入选"十四五"时期国家重点图书出版专项规划
2022年度国家出版基金资助项目

第五版
（修订版）

刑法罪名精释

对最高人民法院、最高人民检察院
关于罪名司法解释的理解和适用

—— 上 ——

主编　胡云腾　熊选国　高憬宏　万　春

EXACT EXPLANATION FOR
ACCUSATIONS OF
CRIMINAL LAW

人民法院出版社

图书在版编目（CIP）数据

刑法罪名精释：对最高人民法院、最高人民检察院关于罪名司法解释的理解和适用 / 胡云腾等主编. 5版，修订版. -- 北京：人民法院出版社，2024.7.
ISBN 978-7-5109-4216-7

Ⅰ. D924.305

中国国家版本馆CIP数据核字第2024JZ9618号

刑法罪名精释（第五版）（修订版）
——对最高人民法院、最高人民检察院关于罪名司法解释的理解和适用

胡云腾　熊选国　高憬宏　万　春　主编

责任编辑	白　鸽　陈晓璇　马　倩　杨佳瑞　姚丽蕾
出版发行	人民法院出版社
地　　址	北京市东城区东交民巷27号（100745）
电　　话	（010）67550662（责任编辑）　67550558（发行部查询）
	65223677（读者服务部）
客 服 QQ	2092078039
网　　址	http://www.courtbook.com.cn
E－mail	courtpress@sohu.com
印　　刷	保定市中画美凯印刷有限公司
经　　销	新华书店
开　　本	787毫米×1092毫米　1/16
字　　数	1644千字
印　　张	107.5
版　　次	2024年7月第1版　2024年7月第1次印刷
书　　号	ISBN 978-7-5109-4216-7
定　　价	358.00元（上、下册）

版权所有　侵权必究

刑法罪名精释

（第五版）（修订版）

编辑委员会

主　编：

胡云腾（最高人民法院大法官，法学博士、教授）

熊选国（司法部原副部长、前大法官，法学博士）

高憬宏（最高人民法院大法官、法学博士）

万　春（最高人民检察院大检察官）

成　员：（按姓氏笔画为序）

于同志（最高人民法院高级法官、法学博士）

万　春（最高人民检察院大检察官）

牛克乾（辽宁省高级人民法院副院长、高级法官，法学博士）

卢宇蓉（最高人民检察院高级检察官、法学博士）

刘为波（最高人民法院高级法官、法学博士）

刘树德（最高人民法院中国应用法学研究所副所长、法学博士）

刘晓虎（中国法学会案例法学研究会常务理事、法学博士）

李文峰（最高人民检察院法律政策研究室副主任、高级检察官，法学博士）

吴光侠（最高人民法院高级法官、法学博士）

张　杰（中南大学法学院特聘教授、法学博士）

张　明（最高人民法院原庭长、法学博士）

张向东　（最高人民法院高级法官、法学博士）

苗生明　（最高人民检察院检察委员会副部级专职委员、大检察官，法学博士）

周加海　（最高人民法院研究室主任、法学博士）

周岸崇　（云南省高级人民法院副庭长、法学博士）

周海洋　（中国应用法学研究所法学博士）

周维明　（中国应用法学研究所副研究员、法学博士）

胡云腾　（最高人民法院大法官，法学博士、教授）

逄锦温　（最高人民法院副庭长、高级法官，法学博士）

姜金良　（南京信息工程大学法政学院讲师、法学博士）

袁登明　（人民法院出版社副总编辑、法学博士）

党建军　（最高人民法院原副庭长、法学博士）

黄　鹏　（最高人民法院高级法官、法学博士）

黄林异　（解放军军事法院原副院长、少将）

喻海松　（最高人民法院研究室副主任、法学博士）

司明灯　（最高人民法院副庭长、高级法官，法学博士）

修订版序言

关于法学专业书籍，曾有句经典名言状之："法律修改一个字，一堆书立马变废纸。"这句话对错参半，思想性强的法学专著，亦能经得起时间的检验，岁月的淘汰，如贝卡利亚的《论犯罪与刑罚》；而实用类的图书，则会随着法律法规的修改和解释的增多而变得过时，必须不断修订，与时俱进，方能延年续命，保持其应有的实用价值，《刑法罪名精释》就是如此。

作为一位接力作者，我感到《刑法罪名精释》的每一次修订都是延续其生命力的实践。本书已有20多年的历史，第五版付梓不过2年，全国人大常委会就通过了《刑法修正案（十二）》，"两高"发布了6个刑事司法解释[①]，"两高"还单独或联合其他部门发布了11个关涉刑法适用的规范性文件[②]。《刑法修正案（十二）》及相关司法解释、规范性文件的密集出台，使得本书有关内容落后于实际，需要予以修订。

---

① 即《最高人民法院、最高人民检察院关于办理危害税收征管刑事案件适用法律若干问题的解释》《最高人民法院、最高人民检察院关于执行〈中华人民共和国刑法〉确定罪名的补充规定（八）》《最高人民法院关于审理破坏森林资源刑事案件适用法律若干问题的解释》《最高人民法院、最高人民检察院关于办理环境污染刑事案件适用法律若干问题的解释》《最高人民法院、最高人民检察院关于办理强奸、猥亵未成年人刑事案件适用法律若干问题的解释》《最高人民法院 最高人民检察院关于办理危害生产安全刑事案件适用法律若干问题的解释（二）》。

② 即《最高人民法院、最高人民检察院、公安部、国家安全部、司法部关于依法惩治"台独"顽固分子分裂国家、煽动分裂国家犯罪的意见》《最高人民法院、最高人民检察院、公安部关于办理医保骗保刑事案件若干问题的指导意见》《最高人民法院、最高人民检察院、公安部、司法部关于办理醉酒危险驾驶刑事案件的意见》《最高人民法院、最高人民检察院、公安部关于依法惩治网络暴力违法犯罪的指导意见》《依法打击涉海砂违法犯罪座谈会纪要》《全国法院毒品案件审判工作会议纪要》《最高人民法院、最高人民检察院、公安部、司法部关于办理性侵害未成年人刑事案件的意见》《最高人民法院 最高人民检察院 公安部 国家文物局关于办理妨害文物管理等刑事案件若干问题的意见》《最高人民法院关于充分发挥环境资源审判职能作用依法惩处盗采矿产资源犯罪的意见》《最高人民法院、最高人民检察院、公安部、国家移民管理局关于依法惩治妨害国（边）境管理违法犯罪的意见》《最高人民法院、最高人民检察院公安部、商务部、国家市场监督管理总局、中央军委后勤保障部、中央军委装备发展部、中央军委训练管理部、中央军委、国防动员部关于军地共同加强部队训练场未爆弹药安全风险防控的意见》。

考虑到第五版修订才过去2年时间，故本次修订的定位顶多算是"小修"，甚至只能算是"补修"，即在原书框架的基础上，仅对相关新出台《刑法修正案（十二）》、司法解释和规范性文件涉及的56个罪名①进行了部分修订。由于工作量不大，修订工作主要由中国应用法学研究所的周海洋与周维明两位同志承担，由我把关终审统稿。第五版发行以来，一些阅读、使用本书的同仁和读者提出了宝贵意见和建议，我们在修订时都进行了认真研究和回应，在此谨向所有关注关心关爱本书的读者和朋友们致以诚挚的感谢！

近年来，在《民法典》出台的鼓舞下，我国立法界和法学法律界兴起了一股法典化立法的浪潮，编纂《环境法典》《行政法典》《教育法典》等法典的活动方兴未艾，刑事诉讼法学界也在借《刑事诉讼法》第四次修改的东风，编纂《刑事诉讼法典》。在此背景下，刑法修改不应当满足于修正案的模式，应当考虑刑法典的制定问题。虽然已经有了12个刑法修正案，但是真正的体系性大修也只有1997年《刑法》而已，这次体系化修改虽不完美，但具有里程碑意义。70多年来，我国刑法立法的发展，经历了一个从无到有、从多法汇一法的过程，可谓艰难曲折，丰富多彩。下一步，应当坚持以习近平新时代中国特色社会主义思想和习近平法治思想为指导，按照法典化的要求，以"全面、统一、系统、完备"的目标，系统梳理、全面总结新中

---

① 包括：（1）分裂国家罪；（2）煽动分裂国家罪；（3）危险驾驶罪；（4）强令、组织他人违章冒险作业罪；（5）危险作业罪；（6）非法经营同类营业罪；（7）为亲友非法牟利罪（8）徇私舞弊低价折股、出售国有资产罪；（9）逃税罪；（10）抗税罪；（11）逃避追缴欠税罪；（12）骗取出口退税罪；（13）虚开增值税专用发票、用于骗取出口退税、抵扣税款发票罪；（14）虚开发票罪；（15）伪造、出售伪造的增值税专用发票罪；（16）非法出售增值税专用发票罪；（17）非法购买增值税专用发票、购买伪造的增值税专用发票罪；（18）非法制造、出售非法制造的用于骗取出口退税、抵扣税款发票罪；（19）非法制造、出售非法制造的发票罪；（20）非法出售用于骗取出口退税、抵扣税款发票罪；（21）持有伪造的发票罪；（22）提供虚假证明文件罪；（23）出具证明文件重大失实罪；（24）强奸罪；（25）负有照护职责人员性侵罪；（26）强制猥亵、侮辱罪；（27）猥亵儿童罪；（28）侮辱罪；（29）诽谤罪；（30）侵犯公民个人信息罪；（31）盗窃罪；（32）故意毁坏财物罪；（33）伪造、变造、买卖国家机关公文、证件、印章罪；（34）破坏计算机信息系统罪；（35）拒不履行信息网络安全管理义务罪；（36）非法利用信息网络罪；（37）掩饰、隐瞒犯罪所得、犯罪所得收益罪；（38）组织他人偷越国（边）境罪；（39）运送他人偷越国（边）境罪；（40）倒卖文物罪；（41）盗掘古文化遗址、古墓葬罪；（42）污染环境罪；（43）非法处置进口的固体废物罪；（44）非法占用农用地罪；（45）非法采矿罪；（46）危害国家重点保护植物罪；（47）盗伐林木罪；（48）滥伐林木罪；（49）非法收购、运输盗伐、滥伐的林木罪；（50）走私、贩卖、运输、制造毒品罪；（51）非法持有毒品罪；（52）贪污罪；（53）单位受贿罪；（54）行贿罪；（55）对单位行贿罪；（56）单位行贿罪。

国成立以来的刑事立法司法和改革经验，参酌其他部门法典及域外刑法典的体例架构，群策群力，起草一部符合中国国情、体现中国特色、彰显中国气派、代表当代法治发展水平的刑法典，以不负当今时代和大国法治的使命。届时，即使本书全部变成废纸也在所不惜，我们更愿意在学习解读刑法典的过程中，让本书焕发出新的生命力！

以上可为第五版的补充修订说明。

胡云腾

2024年7月于火热京城

刑法罪名确定研究

（代序）

罪名，顾名思义，就是犯罪行为的名称，也可以说是给犯罪行为所起的名字。我国刑事诉讼中所适用的罪名，有的照搬刑法的明文规定，有的源于约定俗成，有的来自历史传统，有的借自域外法律，有的因应时代发展而生，有的则是司法经验总结等。作为对犯罪现象最为精确的文字表述，罪名可以反映一个国家、一个社会乃至一个时代的刑事法治水平，折射出刑法制定者和实施者对犯罪现象的理性认识程度。总体上看，人类对罪名的认识经历了从模糊、概括到明确、具体的过程，随着时代发展、犯罪变化和刑法修订，犯罪行为的名称也一直处于变动和调整之中。

一、罪名确定的历史考察

给犯罪行为起个名字，看起来似乎不是什么大不了的事情，但回顾历史可以发现，这其实还是一个颇有争议的问题。比如，要不要在刑法条文中规定犯罪行为的罪名？要不要统一规定犯罪行为的罪名？是由立法机关还是由司法机关确定罪名？确定罪名需要遵循哪些原则或者考虑哪些因素？如何界分形形色色的罪名？如何在实践中认定和把握具体罪名？自古以来，法律工作者就在面对并解决这些问题。

（一）我国传统刑法关于罪名确定的探索

中华法系历史悠久，在两千多年的积淀与发展进程中，传统法典的编纂体例、结构特点与现行刑法已有不少相似之处。一些学者以此为据，对我国古代刑法中是否存在罪名规定持肯定态度。[①] 有学者对历代刑法进行考察后指出，自先秦时的"禹刑""汤刑""吕刑"，到战国时的《法经》，再到唐、宋、明、清等朝法典，传统刑法在发展过程中呈现出由低层次的"以刑统罪"向高水平的"以罪统刑"的演进轨迹。[②] 所谓"以罪统刑"，就是根据性质、对象或方法的相似，将不同的犯罪行为类型化并形成概括的罪名体系，法典编纂时则利用罪名的差异建构篇目差异。按照这一观点，在"以罪统刑"的模式下，自唐以降的历代立法者在刑法的内容设置和结构安排上，"先是作总括，第二步是作分类，第三步是举罪名。"[③] 像古代刑法中"谋杀人""杀一家三人"等位于律文之首的特定词组，皆属于被立法者规定于刑法中的罪名。[④]

论者"以刑统罪"的观点，主要以《晋书·刑法志》中"(法经)所著六篇而已，然皆罪名之制也"的表述为据。[⑤] 然而该处所言之"罪名"，其语义在学界仍有争论。[⑥] 由于语义存疑，一些法史学者为求严谨，在相关研究中并未使用"罪名"字样，而是改用其他词汇。[⑦] 如华东政法大学王立民教授在文章中，就使用"条标"一词代指位于律文之首的词组。[⑧] 这说明，即便是法史学内部，对古代刑法是否存在"罪名"一说仍有分歧。

客观而言，围绕着确定罪名等问题，我国古代的立法者作了很多探索。历代立法者不断对法律文本进行调整和精练，先于律典中设置篇章，后又在律文之首规定条标，使律典尽可能体系化和明确化。我国现行刑法中的很多罪名都来自传统刑法的规定，如盗窃罪、诈骗罪、强奸罪等罪名。但实事

---

① 蔡枢衡：《中国刑法史》，中国法制出版社2005年版，第129~163页。
② 宋四辈：《中国古代刑法典的编纂体例和结构特点——兼论中国传统刑法文化的作用和影响》，载《郑州大学学报（哲学社会科学版）》2003年第4期。
③ 钱大群、夏锦文：《唐律与中国现行刑法比较论》，江苏人民出版社1991年版，第50页。
④ (清)阿桂等纂：《大清律例》，中华书局2015年版，第123页。
⑤ (唐)房玄龄：《晋书》，中华书局1974年版，第922页。
⑥ 李勤通：《论中国古代刑法篇目编纂的理念与标准——兼谈秦汉后法典"以罪统刑"说的片面》，载《中南大学学报（社会科学版）》2021年第2期。
⑦ 张田田：《〈大清律例〉律目研究》，法律出版社2017年版，第3页。
⑧ 王立民：《中国古代律中条标演进之论纲——以唐律、宋刑统、大明律和大清律例为例》，载《甘肃政法学院学报》2008年第1期。

求是地说，考虑到古今立法存在根本差异，即便立法模式转向"以罪统刑"后，那些被放置在古代律文之首的条标词组，仍不能与现代刑法语境下的罪名等量齐观。其原因在于：一是古代律典中的"罪名"有专属含义，不能因为律典中存在"罪名"一词，而机械地认为传统刑法与现代刑法皆有罪名。中国古代刑法中的"罪名"一词，多为法律条文对犯罪行为及其定罪量刑具体方面内容的列举，其语义、用法皆与现代刑法中的罪名一词相去甚远。①二是被部分学者称为"罪名"的条标词组缺乏确定、唯一的筛选分类标准，其在内容表述上与犯罪行为关联不大。如传统刑律中被规定于《名例律》中的"五刑""常赦不原"等词，其律文内容显然不涉及犯罪行为，反而是与刑罚的联系更为紧密。②三是古代律典中某些条标词组尚存在归类有失、标题误导的现象。古代立法者"重特征描述而非原理提炼"，使得许多条标存在逻辑混乱、文不对题的现象。③如清律中"戏杀误杀过失杀"条下收入有关"子孙过失杀父母""妻妾过失杀夫"的条文。若将这些条标词组简单以"罪名"相称，不免欠妥。四是在人治占据主导地位的封建社会中，法律能够把犯罪行为规定清楚明白已是良法，期待其能演化出现代刑法中的罪名显然是强人所难。加之一些治国者为了稳固自身统治地位，始终把确定犯罪的权力牢牢抓在手里，搞言出法随，如秦朝的"口谤"之罪，汉朝的"腹诽"之罪，清朝乾隆时期登峰造极的文字狱犯罪等。故虽然我国封建法典众多，条文卷帙浩繁，罪行多如牛毛，但始终未能演化出类似于近代以来资本主义国家的刑法典所规定的罪名。

总之，认为我国古代刑法就有罪名规定的观点，仍属于"中华传统法律具有大量溢出现代法概念框架之处"的论述范畴，对此还是要谨慎对待。④笔者认为，传统立法的优秀经验虽不容忽视，但就传统刑法中位于律条之首

---

① 有关古今"罪名"的定义，参见高铭暄、王作富、曹子丹主编：《中华法学大辞典：刑法学卷》，中国检察出版社1996年版，第831页；刘晓林：《唐律中的"罪名"：立法的语言、核心与宗旨》，载《法学家》2017年第5期。

② 王立民：《中国古代律中条标演进之论纲——以唐律、宋刑统、大明律和大清律例为例》，载《甘肃政法学院学报》2008年第1期。

③ 张田田：《试论〈大清律例〉律目的局限》，载《探索与争鸣》2017年第12期。

④ 刘晓林：《唐律中的"罪名"：立法的语言、核心与宗旨》，载《法学家》2017年第5期。

的条标词组而言，与其说是罪名，倒不如说是像现代学术论文中提炼的"关键词"，其本质和作用都与现代刑法中的罪名存在较大差别。

（二）两大法系刑法罪名确定概况

西方国家自文艺复兴之后，随着人道主义思想和罪刑法定主义的勃兴，明确性成为资本主义国家刑事立法的重要原则，罪名法定化随之成为刑事立法的重要内容。只是由于资本主义国家不同的法律传统以及宪法对于立法权与司法权配置上的差异，罪名法定化才逐渐形成了两种模式。

1.大陆法系模式（刑法典直接规定罪名）。该种模式是将确定罪名视为立法权力，实行"罪名法定"。德国、日本等大陆法系国家，以及我国台湾地区等，大致属于这种情况。罪名法定与大陆法系实行严格的罪刑法定主义有关，即不仅把规定某种危害行为是不是犯罪看作是立法机关的权力，而且把某种行为属于何种犯罪、叫什么罪名也交由法律规定，既体现了立法权对刑事司法权的严格控制，也体现了对公民权利的缜密保护。①

在实践层面，受罪刑法定和罪名法定限制，检察官、法官不能扩大刑法规定的范围起诉或认定犯罪，也不能随意起诉和认定罪名。故在刑事诉讼中，行为人实施的危害行为触犯了多个条文或者涉及多个罪名，属于牵连犯、竞合犯、结果加重犯和吸收犯的，按照处理这些犯罪的原则起诉和审判；构成数罪的，要按照数罪起诉和认定，不得随意增减，如不得将一罪起诉或认定为数罪，当然也不能将数罪起诉或认定为一罪。不少大陆法系国家和地区的检察官的起诉成功率普遍很高，法官的无罪判决率普遍很低，都与其实行严格的罪刑法定主义和罪名法定化有一定关系。因为一旦检察官起诉错了或者法官判错了罪名，就不属于其行使酌情起诉权或者自由裁量权，而是办错了案件，故检察官、法官都非常在乎起诉和判决的成功率。

2.英美法系模式。在立法层面，受其判例法传统的深远影响，刑事立法早期是不成文的或者是不规范的成文法，故刑法罪名多来自判例法，数量

---

① 需要说明的是，这些国家和地区的"罪名法定"，往往体现为在具体的刑法法条前加上一个概括性的小标题。对这些小标题的解读，实务界与学界有可能存在不同意见。这与我国由"两高"通过司法解释明确确定罪名的名称与数量的做法仍有很大差别。

不多且比较笼统。随着两大法系之间的相互影响融合，实行判例法的英美法系国家也在推行法律成文化并在刑事立法中直接规定罪名，例如《英国2010年贿赂罪法》(Bribery Act 2010)、《2007年企业过失致死罪法》(Corporate Manslaughter and Corporate Homicide Act 2007)等，都规定了具体罪名，这与大陆法系国家和地区的做法已经比较接近了。

在实践层面，英美法系国家检察官的酌情起诉权和法官的自由裁量权仍然较大。从一定意义上讲，立法将具体罪名的确定权赋予了检察官和法官，即纳入公诉权和审判权的范畴，此种情形可以称之为"罪名酌定"。拥有罪名酌定权的检察官和法官，对起诉和认定的罪名及其数量不仅可以自由决定，而且还可以就此问题与被告人及其辩护律师进行交易，如认罪认罚的少起诉几个罪名，否则就多起诉几个；或者对于认罪认罚的起诉轻罪名，不认罪认罚的起诉重罪名；等等。英美法系国家不论哪一级检察院的检察官和哪一级法院的法官，都拥有酌情确定罪名的权力。[①] 曾几何时，英美法系国家的法官既可以通过判例"造罪"，也可以通过判例"造法"，即通过判例把某种行为明确为新的犯罪行为，法官的这一权力即使到现在也没有完全改变。

（三）中华人民共和国成立以来刑法罪名规定的发展

1. 1979年刑法之前的"无法无据时期"。自中华人民共和国成立以来，罪名的确定与上述两种方式便有很大不同，也可以讲具有鲜明的中国特色，且经历了艰难曲折的演变过程。中华人民共和国成立之后至1978年，立法机关没有制定一部系统的刑法，只有中央人民政府在中华人民共和国初期颁布的《惩治反革命条例》《惩治贪污条例》和《惩治货币条例》等3个条例，这3个单行刑法虽然规定了相应的犯罪行为，但适用的范围有限。"镇反""三反""五反"[②] 运动在20世纪50年代初期结束以后，实践中发生的这

[①] 如美国联邦和州的检察官，都有酌情起诉罪名的权力，联邦和州的法官也是如此。
[②] "镇压反革命运动"简称"镇反运动"，是1950年至1951年在全国范围内进行的清查和镇压土匪、特务、恶霸、反动党团骨干和反动会道门头子等5类反革命分子的政治运动。"三反""五反"运动，是指1951年到1952年，我国在党政机关工作人员中开展的"反贪污、反浪费、反官僚主义"运动和在私营工商业者中开展的"反行贿、反偷税漏税、反盗骗国家财产、反偷工减料、反盗窃国家经济情报"的斗争，简称"三反""五反"。

三类案件越来越少,故当时在刑事诉讼中使用的多数罪名,主要是由法院根据当时的刑事政策确定,或者通过总结刑事审判经验后确定。① 另外,还有伴随各种政治运动出现的罪名,如1958年"大跃进"时期的"破坏三面红旗罪","文化大革命"期间的"恶毒攻击罪"等现在看起来很奇葩的罪名,在相关文件和裁判文书中也经常出现,这个时期可称之为罪名确定无法无据且十分混乱的时期。

2.1979年刑法施行以后到1997年刑法修订之前的"法院自由确定时期"。1979年颁布的我国第一部刑法,按照犯罪行为所侵害的客体对刑事犯罪进行了大致的分类,如反革命罪、危害公共安全罪、渎职罪等,一共分了9大类犯罪行为。对于具体犯罪,则采取只规定罪状、未规定罪名(或者条标)的方式。笔者此前没有看到立法界、法学界和司法界关于其中原因的任何解释,在写作本文期间,专门请教了新中国唯一一位自始至终参与了1979年刑法起草、1997年刑法大修和此后11个刑法修正案论证的人民教育家高铭暄先生,才弄清了其中的原委。真实原因是既简单又不简单,连已经过了94周岁生日的老先生现在回想起来似乎颇有点遗憾,现将先生给我的回复以注释的形式抄录如下,也让关心这个问题的同仁了解一下。② 由此可知,由于当时特定的历史环境和立法工作机制,才使得刑法草案中没有列出条标或者规定罪名,而把确定刑法罪名的任务留给了人民法院等司法机关。

立法机关没有在1979年刑法中规定具体罪名,刑法于1980年1月1日

---

① 最高人民法院曾在1956年试图对罪名作出系统总结,研究室起草的《关于罪名、刑种和量刑幅度的初步总结》概括了当时刑事审判中通用的9类罪、92个罪名和10个刑种,但是由于国家政治形势的重大变化,这份总结并没有定稿和下发。参见周道鸾:《论罪名的规范化、统一化及其认定》,载《法律适用》1998年第2期。

② 云腾同志:你在5月22日微信中向我提了一个问题:当年起草刑法时,是否考虑过在分则条文前规定罪名?据我所知,在起草工作初期,就有同志提出,每个条文前面要不要加小标题。如刑法制定的根据、刑法的任务……也包括分则条文的罪名。领导的回答是:"这些事让教科书去做吧!"起草班子听了,没有不同意见。我当时的体会是:立法工作任务很重,条文改来改去,如果加小标题,小标题也得改来改去,工作量加大了。更重要的是我国已颁布实施的宪法和法律,都没有在条文前加小标题,刑法何必突破体例呢?因此刑法草案38个稿本都没有在法条上加小标题。1979年刑法典颁布施行后,我在1981年7月出版的《中华人民共和国刑法的孕育和诞生》一书,就把这件事做了,当然我自知这是学理解释,并无法律效力,但在以后的司法解释出台之前,它的影响力还是有的。今天来看这个问题,我认为当时刑法立法者对条文小标题(包括分则条文的罪名确定)的重要性还没有认识到位,以致把这个问题上的立法权让渡给学理解释(后来实际上是让渡给司法机关)。

施行以后，这一留白给司法实践提出了一系列需要回答或者解决的问题：一是要不要对刑法分则条款所规定的犯罪行为确定罪名？二是如果需要确定，是由各级、各地司法机关自行确定还是由最高司法机关统一确定？三是如果需要最高司法机关统一确定，是由最高人民法院确定，还是由最高人民检察院确定，抑或是由最高人民法院、最高人民检察院（以下简称"两高"）联合确定？四是如果应当由"两高"联合决定，那么是用司法解释确定还是用其他规范性文件规定？正因为这些问题一时没有答案，故1979年刑法实施以后，无论是最高人民法院还是最高人民检察院，都没有对刑法罪名进行统一规定，加上这段时期单行刑法接连不断出台，刑法分则的条款大量增加，致使刑事诉讼中公检法机关之间、上下级法院之间对罪名的认定难免会出现分歧，以致影响了法律统一适用。这一时期可以称之为刑法罪名的"自由确定"时期。①

3.1997年刑法之后的"统一规范时期"。进入20世纪90年代，1979年刑法中的分则条文与20多个单行刑法规定的条文出现了很多重复和不协调，已经影响到法律的统一适用和案件的公正处理，刑法理论界和司法实务界要求系统修订刑法的呼声日渐强烈。在此情况下，立法机关将系统编纂或修订刑法的工作提上日程，并邀请了数十位刑法专家参与刑法修订。笔者当时在中国社会科学院法学研究所工作，有幸成为专家组成员之一。在修订过程中，曾有个别专家提出过在分则条文前规定罪名的建议，遗憾的是，该建议最终没有得到立法机关的采纳。1997年刑法仍然沿用了1979年刑法的模式，只规定到类罪和犯罪行为，而没有明确规定具体罪名。

1997年刑法没有规定具体罪名的做法，给刑法理论界和实务界研究、确定罪名提供了广阔空间。刑法理论界、实务界均认为，应当对刑法中的罪名进行统一规定，以便维护刑法适用的统一。此时最高人民法院和最高人民检察院也高度重视这个问题，都愿意承担这项工作。但在工作协调方面，"两

---

① 例如，对于故意伤害行为，实践中除了使用"故意伤害罪"外，还有使用"故意轻伤罪""故意重伤罪""故意伤害致死罪""致人死亡罪"等；对于过失造成的伤害，则有"过失伤害罪""过失重伤罪""过失重伤致死罪""过失伤害致人死亡罪"等。其他一些罪名，在实际认定中也或多或少存在上述不统一的现象。

高"似乎产生了分歧。在最高人民法院看来，按照惯例和传统，过去一直是由最高人民法院行使确定罪名的权力，因此，由最高人民法院确定罪名顺理成章，因为定罪本来就是人民法院的职责，1996年刑事诉讼法已经明确规定了"未经人民法院依法判决，对任何人都不得确定有罪"这一基本法治原则。而在最高人民检察院看来，我国实行的是"两高"体制而非"一高"体制，最高人民检察院与最高人民法院一样，拥有对法律适用的解释权，故当然也拥有确定刑法罪名的权力。这一认识上的分歧，导致了在1997年刑法出台以后，最高人民法院、最高人民检察院分别出台了关于刑法罪名的司法文件，即《最高人民法院关于执行〈中华人民共和国刑法〉确定罪名的规定》（以下简称《最高人民法院罪名规定》）和《最高人民检察院关于适用刑法分则规定的犯罪的罪名的意见》（以下简称《最高人民检察院罪名意见》）。引发争议的是，《最高人民法院罪名规定》和《最高人民检察院罪名意见》对于1997年刑法中罪名的认识出现了分歧，造成下级检察院、法院办理相关案件时无所适从。① 后经协调，"两高"才将刑法中的罪名加以统一。这件事情表面上看是"两高"对于刑法相关条款理解上的分歧，实际上则反映了"两高"对于刑法罪名确定权的争执。有鉴于此，"两高"此后便采取联合发布司法解释的方式确定罪名，从第一个《刑法修正案》到《刑法修正案（十一）》中的罪名确定，都是采取"两高"联发《关于执行〈中华人民共和国刑法〉确定罪名的补充规定》（以下简称《"两高"罪名规定》）的方式。笔者认为，将刑法分则中犯罪行为的罪名确定权赋予最高人民法院和最高人

---

① 两个文件对罪名的确定基本一致，但在四个条（款）文上存在不一致：（1）关于刑法第397条第2款规定的"国家机关工作人员徇私舞弊，犯前款罪的"行为，《最高人民法院罪名规定》未单独确定罪名，而《最高人民检察院罪名意见》单独确定为"国家机关工作人员徇私舞弊罪"。（2）关于刑法第399条第1款规定的"司法工作人员徇私枉法、徇情枉法，对明知是无罪的人而使他受追诉、对明知是有罪的人而故意包庇不使他受追诉，或者在刑事审判活动中故意违背事实和法律作枉法裁判的"行为，《最高人民法院罪名规定》确定罪名为"徇私枉法罪"，而《最高人民检察院罪名意见》确定罪名为"枉法追诉、裁判罪"；关于第2款规定的"在民事、行政审判活动中故意违背事实和法律作枉法裁判，情节严重的"行为，《最高人民法院罪名规定》确定罪名为"枉法裁判罪"，而《最高人民检察院罪名意见》确定罪名为"民事、行政枉法裁判罪"。（3）关于刑法第406条规定的"国家机关工作人员在签订、履行合同过程中，因严重不负责任被诈骗，致使国家利益遭受重大损失的"行为，《最高人民法院罪名规定》确定罪名为"国家机关工作人员签订、履行合同失职罪"，而《最高人民检察院罪名意见》确定罪名为"国家机关工作人员签订、履行合同失职被骗罪"。

民检察院,由"两高"通过联合发布司法解释加以确定,既克服了立法确定罪名过于死板的缺陷,也避免了检察官、法官自行确定罪名所导致的罪名认定不统一的弊端,况且"两高"在起草有关罪名的司法解释过程中,也会征求立法机关、专家学者、办案人员的意见,从而能够集中立法机关、司法机关和专家学者的智慧,提出社会认同度高的罪名。

进入新世纪以后,随着信息技术的广泛应用和司法公开力度的不断加大,刑事司法实践中存在的量刑不平衡现象引发了法学法律界的高度关注。为解决量刑失衡或者偏差问题,一些基层法院开始主动探索量刑均衡或者规范问题。就全国法院而言,最早开展量刑规范化探索并取得积极成果的是江苏省姜堰市人民法院,① 最早尝试利用电脑程序辅助量刑的是山东省淄博市淄川区人民法院。② 同时,量刑不平衡不规范问题的存在,也引发了最高人民法院的关注。2007 年 7 月 10 日,经最高人民法院时任院长肖扬、常务副院长曹建明批准,最高人民法院研究室和中国应用法学研究所决定牵头开展量刑规范化改革的试点工作。③ 这个时期,检察机关多认为定罪量刑尤其是量刑是法院的事情,与检察机关关系不大,故起诉书通常只向法院提出"根据刑法某条某款,请予惩处"之类的字样,至于被告人应当判处什么罪名和刑罚,起诉书一般不提出指控或者建议。因此,开展量刑规范化改革的目标之一,就是探索检察机关的定罪建议权与量刑建议权问题,推动从检察机关公诉环节开始,就关注定罪准确及量刑公正问题,用一句时髦的话来说,就是要开展对量刑不平衡的源头治理。2010 年以后,量刑规范化改革在全国法

---

① 该院于 2003 年 3 月 7 日通过《量刑规范化指导意见》并在全院试行,这是全国法院首个量刑规范化文件,经媒体报道后,在法学法律界产生了很大影响。参见《人民法院报》2003 年 8 月 14 日、12 月 26 日、12 月 29 日报道。

② 据《量刑规范化改革会议资料》记载,该院于 2004 年 3 月即形成《淄川区人民法院智能数字化量刑辅助系统》并投入试运行,这是全国法院首个量刑辅助系统软件,经媒体报道后曾经在媒体上引发巨大的争议和误解。参见刘春雷、张闻宇:《电脑量刑:在争议中前行》,载《人大建设》2004 年第 11 期。

③ 最高人民法院为此专门成立量刑规范化改革试点课题组,由时任副院长熊选国担任组长,笔者担任副组长并主持试点与课题研究工作,首批选取北京市海淀区人民法院、上海市浦东新区人民法院、山东省淄博市淄川区人民法院、山东省济南市市中区人民法院、江苏省姜堰市人民法院、陕西省西安市新城区人民法院、云南省个旧市人民法院等 8 家基层法院进行试点,其中一个任务就是研究检察机关提不提、如何提定罪、量刑建议问题。

院、检察院普遍推行,最高人民法院、最高人民检察院等中央政法机关均在相关文件中规定,人民检察院要向人民法院提出定罪量刑建议,并且原则上要提出有幅度的量刑建议。① 因此,从发展进程看,检察机关对刑事案件提出定罪量刑建议尤其是量刑建议,是从2010年前后开始的。到2018年全面实行认罪认罚从宽制度改革以后,最高人民法院和最高人民检察院联发的文件进一步规定,检察官不仅可以指控犯罪,而且可以指控罪名,不仅可以指控罪名,而且可以提出量刑建议,不仅可以提出有幅度的量刑建议,而且一般要提出确定刑量刑建议。② 至此,检察机关开始深度参与罪名确定,对认定具体罪名的话语权也相应增大。这一时期,可以称之为罪名确定的"统一规范时期"。

二、我国刑法罪名确定的现状以及存在的问题

进入罪名确定规范化时代以来,从1997年刑法颁布到2020年《刑法修正案(十一)》出台,"两高"已经确定了483个罪名。对这些罪名进行考察,可以发现现阶段我国罪名的确定大致存在以下10种情形。

(一)现阶段我国刑法中罪名确定的主要情形

1. 以刑法规定的简单罪状为罪名。如刑法第108条规定的投敌叛变罪就是以该条中"投敌叛变"这个简单罪状作为罪名;又如故意杀人罪的罪名,也是直接来自刑法第232条规定的简单罪状。简单罪状构成的罪名,都是犯

---

① 2010年2月23日,最高人民检察院公诉厅出台了《人民检察院开展量刑建议工作的指导意见(试行)》,同年10月1日,最高人民法院、最高人民检察院、公安部、国家安全部、司法部联合出台了《关于规范量刑程序若干问题的意见(试行)》,也是在同一天,最高人民法院还单独下发了《人民法院量刑指导意见(试行)》。这几个指导意见和意见聚焦的都是认罪认罚从宽制度中的关键内容即量刑程序和量刑建议,主要内容是尝试建立一个相对独立的量刑程序,并且要求检察机关提出有幅度的量刑建议而不是确定的量刑建议。同年11月6日,最高人民法院、最高人民检察院、公安部、国家安全部、司法部又联合发布了《关于加强协调配合积极推进量刑规范化改革的通知》,这个通知再次重申了检察机关要向法院提出有幅度的量刑建议而不是确定的量刑建议。

② 参见2019年10月16日最高人民法院、最高人民检察院、公安部、国家安全部、司法部联合印发的《关于适用认罪认罚从宽制度的指导意见》第33条。

罪行为+犯罪对象的结构，如生产、销售、提供假药罪，生产、销售、提供是犯罪行为，假药是犯罪对象。我国刑法规定的483个罪名，多数都是简单罪状即犯罪行为加犯罪对象的结构。

2. 对危害行为的本质特征加以抽象、概括后确定为罪名。如伪证罪这个罪名，就是通过对刑法第305条"在刑事诉讼中，证人、鉴定人、记录人、翻译人对与案件有重要关系的情节，故意作虚假证明、鉴定、记录、翻译，意图陷害他人或者隐匿罪证的"规定，进行抽象、概括后确定的。又如负有照护职责人员性侵罪的罪名，也是对刑法第236条之一规定的"对已满十四周岁不满十六周岁的未成年女性负有监护、收养、看护、教育、医疗等特殊职责的人员，与该未成年女性发生性关系"这一行为进行抽象、概括后确定的。从"两高"确定罪名的实践看，能否准确界定一个罪名，关键在于能不能对复杂的罪状规定进行科学地抽象后抓住犯罪行为的本质。

3. 直接将刑法条文中的某个关键词或者词组确定为罪名。如刑法第236条规定的强奸罪，就是将条文中的"强奸"这个词组拎出来作为罪名，因为该词组能够反映违背妇女意志与其发生性关系这一本质特征。又如赌博罪这个罪名，就是根据刑法第303条规定的"以营利为目的，聚众赌博或者以赌博为业的"这句话中的"赌博"二字确定的。刑法中有不少罪名，都是通过这种方式确定的。

4. 以危害行为加危害后果确定罪名。如刑法第167条规定的签订、履行合同失职被骗罪，签订、履行合同是行为，失职被骗是危害后果。刑法中的过失犯罪、渎职犯罪，罪名的确定多是这种行为加后果的结构。

5. 以犯罪主体的特点确定罪名。我国刑法中规定的很多犯罪，从行为特征、危害后果看完全相同，但由于实施的主体不同而被确定为不同犯罪。如军人与非军人实施的相同犯罪行为，国家工作人员与非国家工作人员实施的相同行为，要分别定为不同的罪名，最典型的是玩忽职守罪与重大责任事故罪、受贿罪与非国家工作人员受贿罪等，都是因为犯罪主体的不同而确定为不同罪名。

6. 根据犯罪对象确定罪名。如刑法第151条至第153条规定的10个走私罪的罪名，都是根据走私的对象不同而确定为不同的罪名，如走私武器、弹药罪，走私核材料罪和走私假币罪，走私普通货物、物品罪等。又如刑法第277条第5款规定的袭警罪，在此前，类似行为一直是按照该条第1款规定的妨害公务罪定罪量刑的，《刑法修正案（十一）》把暴力袭击警察的行为单独作为犯罪，也是以犯罪对象的特殊性而确定犯罪。

7. 根据犯罪所侵犯的客体确定罪名。如刑法第299条之一规定的侵害英雄烈士名誉、荣誉罪，就是以该罪侵害的客体即英雄烈士的名誉、荣誉为罪名的关键词。又如刑法第252条规定的侵犯通信自由罪，也是以该行为侵害的客体即通信自由为罪名的关键词。

8. 将特定时间作为罪名确定的关键词。如刑法第376条到第381条、第445条到第446条规定的带有"战时"字样的犯罪行为，都是平时不大可能发生或者即使发生了也不太严重的危害行为，故可以不按照犯罪处理。但是，在我国与敌国开战时，这类行为的社会危害性就很严重，故刑法规定"战时"二字作为限制。在确定罪名时，就不能把"战时"二字舍去。

9. 将行为人拒不履行某种法定义务作为罪名确定的关键词。如刑法第276条之一将"以转移财产、逃匿等方法逃避支付劳动者的劳动报酬或者有能力支付而不支付劳动者的劳动报酬，数额较大，经政府有关部门责令支付仍不支付"的行为规定为犯罪。支付劳动报酬就是法定义务，而拒不支付就是故意违背法定义务，将其作为罪名具有画龙点睛作用，至为恰当。再如刑法第395条规定的巨额财产来源不明罪和隐瞒境外存款罪，也是以行为人没有履行相关的说明与报告义务为罪名的关键词。

10. 根据犯罪行为的具体差别确定罪名。如刑法第266条规定的诈骗罪与第224条规定的合同诈骗罪，行为手段都是虚构事实或者隐瞒真相，不同之处是后者需以签订合同的方式实施。又如刑法分则第三章第五节规定的金融诈骗罪，其手段无不是传统的诈骗手段，但是，刑法之所以将其单独立罪，就是因为它们要么发生在金融领域，要么使用了金融手段，要么以金融活动的名义，故刑法将其从诈骗罪中分离出来，单独成立罪名。

（二）我国刑法罪名确定的特点及存在的问题

以上确定罪名的10种情形，只是就多数罪名而言的，当然还有根据其他因素确定罪名的情况，这里不再细述。从"两高"确定罪名的情况看，可以发现一些共同特点及存在的问题。

1. 确定罪名均采取司法解释中的"规定"或者"补充规定"形式。从既往看，"两高"司法解释的形式也有一个丰富、完善的过程。最高人民法院的司法解释开始只有"解释""规定"和"批复"等三种形式，[①]后来增加到四种形式，即在"解释""规定"和"批复"之外，增加了"决定"这种形式。[②]最高人民检察院对司法解释形式的规范略早于最高人民法院，[③]1996年12月9日发布实施的《最高人民检察院司法解释工作暂行规定》，将司法解释的形式规定为"解释""规定""意见""通知""批复"等5种。两相比较，最高人民法院未将"意见"和"通知"列为司法解释的形式，而最高人民检察院没有把"决定"列为司法解释的形式，从中可见"两高"关于司法解释形式的差别。但近年来，"两高"先后修改了关于司法解释的规定，完善了司法解释的形式。2019年5月13日发布的《最高人民检察院司法解释工作规定》第6条规定，司法解释采用"解释""规则""规定""批复""决定"等形式；2021年6月9日发布的《最高人民法院关于修改〈最高人民法院关于司法解释工作的规定〉的决定》第6条第1款将司法解释的形式亦分为"解释""规定""规则""批复"和"决定"5种。关于如何看待"两高"采用"规定"的形式规定罪名问题，笔者的看法是：从刑法没有规定罪名，而由司法解释规定罪名的角度看，这种形式是恰当的。但从"两高"对于"规定"的定义看，[④]也有不尽符合之处，只是目前还没有比"规定"更好的形式。

2. "两高"确定罪名时采取了多元标准。如前所述，司法解释关于罪名的确定，有的依据犯罪的本质特征，有的依据犯罪构成或者其中的一个要

[①] 见1997年7月1日施行的《最高人民法院关于司法解释工作的规定》（现已失效）第9条。
[②] 见2007年4月1日施行的《最高人民法院关于司法解释工作的规定》（现已修改）第6条。
[③] 《最高人民检察院司法解释工作暂行规定》颁布和施行日期均为1996年12月9日。
[④] 《最高人民法院关于司法解释工作的规定》第6条对于"规定"的定义是："根据立法精神对审判工作中需要制定的规范、意见等司法解释，采用规定的形式。"《最高人民检察院司法解释工作规定》第6条对于"规定"的定义是："对检察工作中需要制定的办案规范、意见等司法解释，采用规定的形式。"

件，有的依据犯罪构成中的某个选择性要件，等等。这就提出了确定罪名究竟以什么为标准，是坚持一元标准（如以危害行为为标准）好还是多元标准好的问题。考虑到我国的法律传统和刑法分则中的条文较多等实际情况，坚持多元标准确定罪名的做法可能更具有灵活性，也更符合当前的刑事立法和司法工作实际。笔者认为，需要深入研究的是，确定类罪名要坚持什么标准，确定个罪罪名要坚持什么标准，这两个标准应当有所不同。同时，确定个罪罪名的标准虽然是多元的，但是也要有比较定型的技术规范，因为罪名的确定与成熟的技术规范有很大的关系，刑事立法和司法解释的技术规范越是成熟，越容易确定准确的罪名。

3. 刑法中模糊条款的解释还有待完善。我国是一个大国，法律传统悠久，各地经济社会发展不平衡，社会治理情况复杂，实行"一部刑法治天下"的立法模式，决定了法律条文需要必要的包容性，有些模糊条款不可避免。在罪名确定上，也需要有包容性比较大的罪名，这便产生了所谓的"口袋罪"现象。1979年刑法虽然规定了类推制度，但由于条文总体上过于简约，出现了若干被学界俗称为"口袋罪"的罪名：一是投机倒把罪[①]，二是流氓罪[②]，三是以其他方法危害公共安全罪[③]。在司法实践中，办案机关便把一些不大好认定为其他罪名、同时又认为需要处罚的危害行为，装进这几个罪名中处理，引发了法学法律界的批评和质疑。1997年全面修订刑法，分解或取消这三个口袋罪成为共识：一是取消投机倒把罪的罪名，把部分非法经营行为规定为非法经营罪；二是拆分流氓罪的罪名，新规定了聚众斗殴罪、寻衅滋事罪和强制猥亵罪；三是将"以其他危险方法危害公共安全罪"限缩为"以危险方法危害公共安全罪"。但是，经过这样修改，旧的大口袋罪虽去，新的小口袋罪犹存。非法经营罪、寻衅滋事罪和以危险方法危害公共安全罪逐渐在实践中形成了新的"口袋罪"，在案件处理中出现了被滥用的情况，不时引发法学法律界的热议，甚至出现了要求严格限制乃至取消这些新口袋

[①] 见1979年刑法第117条。
[②] 见1979年刑法第160条。
[③] 见1979年刑法第106条。

罪的声音。①

如何看待口袋罪问题，笔者的意见是有用可用但不能滥用：一是我国国情非常复杂，犯罪行为形形色色，刑法需要规定一些抽象、概括的条款，用以囊括那些性质相同但表现方式不同的危害行为，同时，罪名确定也需要有一定的包容度，否则刑法中的罪名会更多、更细，具体认定时此罪与彼罪的界限更难以划分。二是口袋罪的形成主要来自刑法中的模糊条款，模糊条款的存在既有危害行为十分复杂的客观原因，也有对危害行为的本质认识不到位或抽象、概括不到位的主观原因。故要从落实罪刑法定原则、加强立法条款精练、准确的角度，尽量减少刑法中的模糊条款，使立法表述尽可能明确具体，这是解决口袋罪的根本途径。三是要考虑在经济社会快速发展的信息社会中，新的犯罪形态层出不穷，立法机关很难提前作出预判，如果都要等到立法明确规定后才处罚，难免会放纵乃至鼓励社会主体恶意创新犯罪行为，人民群众也不会满意。所以，把可以纳入模糊条款处理的新类型犯罪行为按照犯罪处理，不失为一个务实的办法。四是对于刑法中模糊条款的理解与适用，"两高"既要加大司法解释工作力度，又要审慎地进行严格解释，可从刑法谦抑原则、明确性原则和程序控制原则等角度，对模糊条款尽可能作出明确解释。例如，对于可以适用模糊条款处理的危害行为，要具体列举；对于办案机关适用模糊条款处理的新类型犯罪行为，司法解释尚没有明确规定的，特别是第一次出现的，可以采取层报上级办案机关直至最高人民检察院、最高人民法院核准或者审批的程序控制形式，未经上级机关核准的不得处罚，从而防止模糊条款被扩大适用以至恶意适用。

4. 选择性罪名的确定还不尽如人意。根据《"两高"罪名规定》，刑法中有相当一部分罪名是选择性罪名。选择性罪名表面上看是一个罪名，实际

---

① 关于非法经营罪，有人主张取消，参见赵兴洪：《非法经营罪：一个亟待废除的"口袋罪"》，载《金融法苑》2005年第1期。有人主张限缩，参见徐松林：《非法经营罪合理性质疑》，载《现代法学》2003年第6期。

关于寻衅滋事罪，几乎都是一边倒的取消声音，如在2022年全国两会期间，全国政协委员朱征夫律师就向有关部门提出取消寻衅滋事罪的议案，参见《全国政协委员朱征夫：建议适时取消寻衅滋事罪》，载《人民政协报》，https://www.rmzxb.com.cn/c/2022-03-04/3064649.shtml，2022年5月1日访问。

另外，中国政法大学罗翔教授也主张取消寻衅滋事罪，参见罗翔：《寻衅滋事罪的沿革与存废》，载《团结》2018年第6期。

上是多个罪名。例如，刑法第141条规定的生产、销售假药罪，按照《"两高"罪名规定》是一个罪名，但在人民法院的裁判文书中，由于被告人实施的行为不同，实际上会出现"生产、销售、提供假药罪""生产假药罪""销售假药罪""提供假药罪"等4个罪名。又如刑法第347条规定的毒品犯罪，《"两高"罪名规定》只确定一个"走私、贩卖、运输、制造毒品罪"选择性罪名，但在司法实践中，被告人贩卖毒品的，只能定贩卖毒品罪，制造毒品的，也只能定制造毒品罪，以此类推。随着行为人（包括共同犯罪人）实施的选择行为不同，分别会有走私毒品罪，贩卖毒品罪，运输毒品罪，制造毒品罪；走私、贩卖毒品罪，走私、运输毒品罪，走私、制造毒品罪，贩卖、运输毒品罪，贩卖、制造毒品罪，运输、制造毒品罪；走私、贩卖、运输毒品罪，走私、贩卖、制造毒品罪，走私、运输、制造毒品罪，贩卖、运输、制造毒品罪等14个罪名，加上走私、贩卖、运输、制造毒品罪，这个罪名，故该条实际上会出现15个罪名。但这还不是衍生罪名最多的选择性罪名，衍生罪名最多的是我国刑法第125条规定的非法制造、买卖、运输、邮寄、储存枪支、弹药、爆炸物罪，由于该条规定了5种选择性行为，3种选择性对象，故在实践中，随着行为人实施的选择性行为或对象的不同，可能出现多达217个选择性罪名。①

从司法实践看，确定选择性罪名利弊兼而有之，其利主要在于可以减少《"两高"罪名规定》中的罪名数量，防止刑法中的罪名过多过细，更重要的是可以减少数罪并罚的适用。由于选择性罪名只按照一罪处理，故即使行为人实施了所有的选择行为，依法都只能构成一罪而不构成数罪，从而有利于体现刑法的谦抑原则，是对被告人比较有利的罪名确定方式。但是，选择性罪名的弊端也是很明显的：一是容易发生罪刑失衡。因为实施一种选择行为与实施全部选择行为都定一罪，通常都会在一个量刑幅度内量刑，容易造成司法不公和鼓励行为人实施更多的选择行为；二是不利于司法统计和信息化

---

① 按照本条规定的5类行为、3组对象进行推算，本罪可以进一步分解成15个罪名组，对这些罪名组再继续细分，笔者当时只分解出147个选择性罪名，这些罪名笔者曾经专门作文列举过。现在看来，当时的列举有遗漏，还有70个罪名没有列举出来。参见胡云腾：《论社会发展与罪名变迁——兼论选择性罪名的文书引用》，载《东方法学》2008年第2期。

操作。前已指出，选择性罪名会派生出很多具体罪名，给司法统计和信息记载、存储、公开和维护会带来很多难题；三是各种选择行为的社会危害性可能是不同的，按照相同的法定刑处罚可能导致罪刑不相适应，如走私、贩卖、运输、制造毒品罪中四种选择行为的法定刑是一样的，但其社会危害性程度是有区别的，如运输毒品的社会危害性程度就明显小于贩卖毒品的社会危害性程度，如果机械司法的话，就很容易伤害司法公正。在这种情况下，如果刑法能把走私毒品、贩卖毒品、运输毒品和制造毒品分别规定为罪名，并配置不同的法定刑，就能有效解决罪刑关系失衡问题。

三、完善刑法罪名的若干设想

2020年5月28日《民法典》颁布以后，在全社会引发了巨大反响和广泛好评。受其鼓舞，乘其东风，一些全国人大代表、全国政协委员、法学专家、律师及其他法律实务人士，先后提出了进一步修改刑法乃至编纂刑法典的意见和建议，[①] 笔者也赞同立法机关适时启动修改、完善现行刑法的立法议程，出台一部有世界声誉、适应新时代需要的刑法典，但本文对如何系统修改刑法典不作评论，仅就刑法分则条文的修改特别是罪名修改问题谈几点初步看法。

（一）关于是否继续坚持"一部刑法治犯罪"的大一统模式

对于应当按照犯罪论处的所有危害行为，都纳入刑法分则一起规定，还是采取刑法分则、单行刑法及附属刑法的分散型模式进行规定，历来存在不同看法，域外的做法也不相同，但以分散型居多。其中，大陆法系国家基本上已经形成刑法典与单行刑法及附属刑法"双翼齐飞"的局面。如在意大

[①] 参见周光权：《法典化时代的刑法典修订》，载《中国法学》2021年第5期；《全国政协委员陈百灵：民法典诞生后，建议适时制定刑法典》，载《新京报》，https://www.bjnews.com.cn/news/2020/05/23/730707.html，2022年5月1日访问；王立民：《以民法典颁行为契机推动中国法典化进程——学习习近平法治思想中的法典化理论》，载《东方法学》2021年第6期；朱列玉：《全国人大代表朱列玉：建议启动编纂刑法典，增加社保诈骗罪》，载http://www.21jingji.com/article/20210304/herald/597b773a2a4e5eda03c9b8d71f3e8584.html，2021年5月1日访问。

利,"由于刑法典中规定的只是或者说只应该规定那些社会危害比较明显,即属于'传统'刑法调整范围的那些犯罪(如杀人、抢劫、诈骗等),所以,散布于其他法律中的刑法规范,在数量上大大超过了刑法典中的规定"。① 又如现行法国刑法典的内容相当丰富,与此同时,"'特别刑法'也表现得很突出,分散在刑法典的'分则'和各种专门法律、甚至各种专门法典等不同法律文件当中。例如,有关新闻、欺诈、环境保护等方面的专门法律以及《公路法典》《劳动法典》《城市化法典》《公共卫生法典》《选举法典》《农村法典》《海关法典》等专门法典"②中,亦有刑事犯罪规定。德国、日本等国家采用的也是此种分散立法模式。只有极少数国家采用了集中立法的模式。如《俄罗斯联邦刑法典》第1条第1款规定:"俄罗斯联邦的刑事立法由本法典构成。规定刑事责任的新法律,应列入本法典。"根据此条规定,一切涉及刑事犯罪的法律规定都要纳入刑法典,作为其有机组成部分。③

在国内法学法律界,主张刑法分则坚持"大一统模式"的人很多,主张分散型模式的以清华大学张明楷教授为代表。④ 笔者认为,分散型模式更为灵活,便于修改和应对紧急、突发等复杂情况,似乎更适应快速发展的时代和大国的国情;其缺点是随着时间的推移,犯罪的罪名会不断增多,刑法的体系性、统一性会受到削弱,办案适用也不甚方便。尤其是已经被1997年刑法否定了的立法模式,如果再采取分散型模式,就等于回到1997年刑法之前了。很多人已经习惯了刑法分则条文的大一统模式,故改弦易辙的难度较大。笔者也认为,不论编不编纂刑法典,刑法分则的立法模式最好不要走回头路。

---

① [意]杜里奥·帕多瓦尼:《意大利刑法学原理》,陈忠林译,法律出版社1998年版,第2页。另据意大利学者自己的统计,《意大利刑法典》本身规定了约400个罪名,但特别刑法规定的罪名多达5600个。
② 《法国新刑法典》,罗结珍译,中国法制出版社2003年版,第249页。
③ 《俄罗斯联邦刑法典》,黄道秀译,中国民主法制出版社2020年版,第1页。
④ 张明楷教授明确反对编纂刑法典,理由是我国的现行刑法具备法典的基本特征,因而属于刑法典;应倡导刑法立法的分散性,刑法典是中心(树干),既可以且应当在刑法典之外制定单行刑法,也可以且应当在行政法、经济法等法律中直接规定具体犯罪的构成要件与法定刑(附属刑法)。参见张明楷:《刑法修正案与刑法法典化》,载《政法论坛》2021年第4期。

（二）关于我国现有刑法中的罪名数量是否适当问题

前已指出，我国刑法目前有 483 个罪名，有人说多了，反对增加罪名，批评刑法不断增加罪名是搞犯罪化，不符合刑法要低调、谦抑的精神。如中南财经政法大学的齐文远教授明确主张修订刑法应避免过度犯罪化倾向；① 武汉大学何荣功教授也明确表示，反对社会治理"过度刑法化"，主张要积极提倡刑法参与社会治理的最小化，对刑法条文和罪名数量的增持要明确说不；② 中国人民大学谢望原教授亦认为，刑法过分工具主义化在立法上表现为过度犯罪化（集中体现在罪名大量增加方面），在刑事司法上则表现为司法裁量权与解释权的过度扩张，主张在立法上坚守刑法乃是最后手段的立场，司法上要彻底贯彻执行罪刑法定原则以及严格限制刑法解释；③ 中国政法大学刘艳红教授也曾经从另一个角度反对刑法扩张罪域，她认为，重刑轻民的中国法律传统在当今社会以对刑法的过度迷信与依赖、以不断设立新罪的方式变相地表现出来，今后我国刑事立法应该停止刑法调控范围的扩张，拒绝进一步的犯罪化，并适当实行一些犯罪行为的非犯罪化。④

总体上看，尽管有不少专家学者反对增加罪名，但主张适时修改刑法，根据需要适当增加罪名的法律人还是多数，这也是实践发展的需要，可能是不以人的意志为转移的。笔者也主张，在坚持刑法谦抑原则的基础上，根据需要适时增加一些罪名，是符合国情和与犯罪作斗争的规律的，《刑法修正案（十一）》的出台就是证明。

另外，从域外一些国家的刑法典看，我国刑法分则中的罪名似乎是最多的，至少也是最多的之一。例如，日本刑法典现有 424 个罪名，⑤ 德国刑法典

---

① 齐文远：《修订刑法应避免过度犯罪化倾向》，载《法商研究》2016 年第 3 期。
② 何荣功：《社会治理"过度刑法化"的法哲学批判》，载《中外法学》2015 年第 2 期。
③ 谢望原：《谨防刑法过分工具主义化》，载《法学家》2019 年第 1 期。
④ 刘艳红：《我国应该停止犯罪化的刑事立法》，载《法学》2011 年第 11 期。
⑤ 《犯罪名一覧と罪名別の法定刑一覧》，犯罪研究所，http://crime.jp/crime-list/，2022 年 5 月 1 日访问。

有 326 个罪名，① 法国刑法典有 158 个罪名，② 俄罗斯刑法典有 266 个罪名，③ 意大利刑法典有约 400 个罪名。④ 上述都是大陆法系国家的刑法典，英美法系国家刑法典规定的罪名更少，不宜简单比较。但是，这些只是表面现象，很多国家在刑法典之外，还规定有治安犯罪罪名、行政犯罪罪名和经济犯罪罪名等，加起来数量并不少。且这些国家都是中小国家，政治经济法律制度相当成熟，法治发展水平较高，社会秩序长期较好。与之相比，我国面积大、人口多，各地发展不平衡，矛盾纠纷和刑事犯罪还处于多发高发时期，连同军职罪、轻罪在内，只有 400 多个罪名，数量不算多。今后，随着时代发展适时增加必要的犯罪罪名，适度强化刑事立法的威慑和保障作用，为促进经济发展、维护社会稳定、尊重和保障人权保驾护航，还是必要的。

（三）关于是否在刑法分则条文中规定罪名问题

将来如果系统修改刑法，编纂刑法典，需不需要在刑法分则条文中直接规定罪名？这个问题值得研究。从域外经验看，无论是英美法系国家还是大陆法系国家，在刑法中规定罪名的占了绝大多数。从权威性看，立法规定罪名比司法解释确定罪名应当更有权威。从现实性看，"两高"已经确定了 483 个罪名，这些罪名中的绝大多数都是科学的，不需要重新修改，可以直接移进刑法分则条文之中。从可行性看，今后修改刑法，不可能大量增加新罪名，故增设和修改罪名的任务不会很重，立法机关有足够的能力直接确定罪名。综上，在刑法分则条文中直接规定罪名是可取且可行的，笔者也赞同未来刑法修改时，直接在分则条文前规定罪名。

不过，从另一个方面看，在刑法分则条文中直接规定罪名也存在需要斟酌研究之处：第一，从新中国成立以来的习惯做法看，刑法从未直接对罪名作出过规定，而是由司法机关作出规定，且这项工作已经做得越来越规范，改变这种做法是否适当，值得研究。第二，刑法负责规定犯罪行为及其法定

---

① 德国联邦司法部官网，https://www.gesetze-im-internet.de/stgb/，2022 年 5 月 1 日访问。
② 《最新法国刑法典》，朱琳译，法律出版社 2016 年版。
③ 《俄罗斯联邦刑法典》，黄道秀译，中国民主法制出版社 2020 年版。
④ 此数据为中南财经政法大学法学院意大利籍教师伊万博士提供，在此谨致谢忱。

刑，最高人民法院、最高人民检察院负责给犯罪行为起名字，这样分工并不违反罪刑法定原则，因为犯罪和刑罚还是立法机关制定的，司法机关只是起了个名字而已。第三，如果刑法分则直接规定罪名，立法机关起草法律时就要开始琢磨，人手是否足够，实际上能否做到等。例如，我国《立法法》明确规定由立法机关解释法律，但实际上，解释法律的任务多是由"两高"通过司法解释进行的。其根本原因是我国的立法机关与外国的立法机关具有根本区别：专职人大代表和人大常委会委员太少，专门从事立法的工作人员也不多。因此，如果立法机关有足够的时间和人力，当然可以在刑法分则中直接规定罪名，否则，还是维持现状为上。

（四）关于刑法分则罪名的修改、完善问题

关于刑法分则的修改完善，笔者作了一些初步研究，[①]受本文篇幅所限，仅谈以下几点意见：

1. 关于修改、完善类罪规定。目前，刑法按照犯罪客体划分类罪且将全部犯罪划分为10类的做法，是否符合实际，值得研究。反观"两高"确定个罪的罪名主要不是以犯罪客体为标准，更不是以犯罪客体为唯一标准，而是因地制宜、以最能体现犯罪本质的要素为标准。划分刑法分则中的类罪，能否借鉴确定个罪的经验，在坚持以犯罪客体为主要标准的前提下，适当采取其他标准对类罪进行划分，是值得研究的。特别是刑法分则第三章和第六章中的两大类犯罪，具体罪名占到了全部罪名的53%，显得有些庞杂，对其进行科学分类，适当增加一些类罪，是比较合适的。比如，能否考虑把侵犯老年人、残疾人和未成年人的犯罪单独成一类罪，以体现对其特殊保护或重

---

① 笔者关于修改刑法分则的总体思路是"以刑统罪"，即把法定刑相同的犯罪放在一起斟酌比较，然后提出修改完善建议。经初步统计，我国刑法483个罪名的法定最高刑分布如下：（1）最高刑为死刑的罪名共46个；（2）最高刑为无期徒刑的罪名共59个；（3）最高刑为十五年有期徒刑的罪名共68个，其中十年以上的罪名共12个、七年以上共13个、五年以上共43个；（4）最高刑为十年有期徒刑的罪名共71个，其中七年以上的罪名共1个、五年以上共29个、三年以上共41个；（5）最高刑为七年有期徒刑的罪名共104个，其中三年以上的罪名共95个、二年以上共9个；（6）最高刑为五年有期徒刑的罪名共35个，其中二年以上的罪名共1个、六个月以上共34个；（7）最高刑为三年有期徒刑的罪名共82个，其中一年以上有期徒刑的罪名共1个、六个月以上共81个；（8）最高刑为二年有期徒刑的罪名共11个；（9）最高刑为一年有期徒刑的罪名共4个；（10）最高刑为拘役的罪名共3个。

点保护，就值得考虑。再如，对于过失犯罪，是否可以单独成类，也可以讨论。又如，可否借鉴大陆法系国家的做法，以某些犯罪行为为标准分出几类新罪，如生产、销售假货类犯罪、盗窃类犯罪、诈骗类犯罪等。笔者认为，我国刑法分则的类罪确定在20个左右是比较合适的。

2. 关于修改、完善个罪规定。笔者认为，现有刑法分则对于个罪的规定，主要存在如下三个问题：第一，价值失衡。如前不久由"徐州铁链女案"引发的收买被拐卖的妇女、儿童比收买珍稀野生动物刑罚轻的争议，就是典型。根据刑法第241条规定，收买被拐卖的妇女、儿童罪的法定最高刑只有三年有期徒刑，而刑法第341条规定的收买珍贵、濒危野生动物等犯罪行为，法定最低刑就是五年以下有期徒刑或者拘役，最高刑可以判到十五年有期徒刑。有人据此认为买妇女、儿童比买野生动物划算，进而得出刑法认为人不如动物值钱的结论，颇有几分道理，修改刑法时应当解决此类价值失衡问题。第二，同质重复。所谓同质重复，是指犯罪行为的性质基本相同，社会危害性大小也基本一样，法定刑的规定也基本相同，本来可以规定为一罪，但被刑法规定为数罪。例如，可以将刑法分则第三章第五节规定的金融诈骗罪，作为个罪的罪名，取消节罪名。另外，可把刑法分则中所有的诈骗类犯罪，都集中起来整合后归入一章之中，并按照法定刑的轻重进行排列，可以减少很多罪名和不协调之处。第三，取名不当。笔者认为，"两高"对一些罪名的确定，也存在不当之处。如刑法第236条之一规定，负有监护、收养、看护、教育、医疗等特殊职责的人员，与已满14周岁、不满16周岁未成年女性发生性关系的，构成"负有照护职责人员性侵罪"，笔者认为"两高"关于该罪罪名的确定不甚精当，主要理由为：该罪的被害人是女性未成年人，即少女，确定罪名应当突出这个特点；该罪的行为表现是与少女发生性关系，罪名确定应当突出奸淫这个属性，而性侵的外延比发生性关系的外延大，不等于发生性关系。因此，将这个罪名确定为"奸淫少女罪"最为恰当。又如，司法解释将刑法第163条规定的非国家工作人员受贿行为，确定为非国家工作人员受贿罪，就不如确定为商业受贿罪恰当。

3. 关于选择性罪名的修改完善。如前所述，选择性罪名有利有弊，弊大于利，应当修改完善。笔者的观点是尽量少用选择性罪名，具体实现路径如下：第一，将一些选择性罪名确定为单一罪名。如将刑法第 125 条规定的非法制造、买卖、运输、邮寄、储存枪支、弹药、爆炸物罪，表述为"违反枪弹管理罪"，对定罪量刑并无影响。还可以把私藏、非法持有枪弹等行为纳入进来，作为减轻情节处理。又如，将刑法第 347 条规定的"走私、贩卖、运输、制造毒品罪"，表述为"妨害毒品管理罪"，可以减少罪名的字数。第二，对选择性罪名进行整合，精减罪名。如可对刑法第 140 条至第 150 条规定的 10 个造假类犯罪进行整合，表述为"经营伪劣产品罪""经营毒害食品罪""经营假劣药品罪"等三个罪名，既可以精简罪名的文字，同时减少罪名的数量，还不影响对相关犯罪的打击。

结　语

刑法规定的犯罪罪名是刑事立法和刑事司法中的一个重要问题，自古以来即受到立法、司法和研究者的关注。随着时代发展和法律进步，犯罪罪名也在不断更新内容、变换名号。中华法系历史悠久，刑法独秀诸法，对犯罪罪名的产生、发展作出过重大贡献。新中国成立 70 多年来，犯罪罪名也随之不断发展、规范，先后经历了 1979 年刑法之前的"无法无据时期"，1979 年刑法到 1997 年刑法的"法院自由确定时期"和 1997 年刑法之后的"两高""统一规范时期"。现行刑法中的罪名及其数量总体上是适当的，但在全面依法治国、完善中国特色社会主义法律体系的时代背景下，还有进一步提升、完善和规范的空间。

胡云腾
2022 年 6 月

第五版修订说明

一、本版修订的目的：适应法治中国建设的新发展新变化新要求

《刑法罪名精释》第四版自2013年3月问世以来，已经过了九个年头。九年时光荏苒，九年时代变迁。当今世界已进入百年未有之大变局，中国特色社会主义法治国家建设实现了历史性跨越和划时代进步。以习近平同志为核心的党中央提出"五位一体"总体布局和"四个全面"战略布局，法治成为治国理政的基本方式。党的十九大将习近平新时代中国特色社会主义思想写入党章，确立为党必须长期坚持的指导思想，马克思主义中国化、现代化取得了历史性成就。2020年11月召开的中央全面依法治国工作会议正式提出习近平法治思想，为全面依法治国提供了根本遵循和行动指南。思想灯塔定向领航，法治中国乘风破浪。刑事法治建设在中国特色社会主义法治体系建设中举足轻重，着力体现以习近平同志为核心的党中央正确领导，全面贯彻习近平新时代中国特色社会主义思想和习近平法治思想，正确运用习近平法治思想中的刑事法治观指导刑事司法实践，成为新时期刑事法治建设的工作主线，也是本书修订的缘起和追求的目标。

理论是行动的先导，实践是创新的源泉。随着中国特色社会主义进入新时代，实现中华民族伟大复兴中国梦进入崭新阶段，当前社会的主要矛盾已经转化为人民日益增长的美好生活需要和不平衡不充分的发展之间的矛盾，改革发展稳定任务之重前所未有，矛盾风险挑战之多前所未有，人民群众对法治的期待和要求之高前所未有，法治实践中遇到的问题之复杂前所未有，法治改革推进的力度和取得的成效前所未有，中国特色社会主义法学理论创新、发展机遇和客观条件前所未有。九年来，全国人大常委会先后通过

了《刑法修正案（九）》《刑法修正案（十）》和《刑法修正案（十一）》，积极回应了人民群众对平安中国、法治中国建设的新期待，为惩治犯罪、维护稳定、促进发展、保障人权提供了有力的法律依据。在庆祝中国共产党成立100周年庆祝大会上，习近平总书记在天安门城楼上向全世界庄严宣告，我国已经实现了在中华大地上全面建成小康社会第一个百年奋斗目标，正在意气风发地向着全面建成社会主义现代化强国的第二个百年奋斗目标迈进。不断满足人民群众日益增长的司法需求，服务第二个百年奋斗目标，为新时代新征程提供有力法治保障，成为新的历史阶段刑事法治建设的重大课题。宪法法律的生命在于实施，法律规范的精义需要解释，精彩丰富的司法实践经验有待总结，信息时代形形色色的犯罪现象向法学法律界提出的系列挑战亟待应对，对此不能无动于衷，更不能自我感觉良好，必须敢于直面问题，迎接挑战。

二、本版修订的重点：聚焦刑事法学理论与刑事司法实务的最新发展

本书第五版依然聚焦刑事司法实务问题，运用刑法理论最新成果，反映刑事法治的最新发展情况，力求使读者能够立足前沿，把握最新立法、司法和学术动态。

本次修订的重点包括：

（一）补充《刑法修正案（九）》《刑法修正案（十）》《刑法修正案（十一）》新增、修改的罪名。本书第四版共有刑法罪名451个。《刑法修正案（九）》实施后，"两高"发布了《最高人民法院、最高人民检察院关于执行〈中华人民共和国刑法〉确定罪名的补充规定（六）》，确定了20个新罪名，分别是：（1）准备实施恐怖活动罪；（2）宣扬恐怖主义、煽动实施恐怖活动罪；（3）利用极端主义破坏法律实施罪；（4）强制穿戴宣扬恐怖主义、极端主义服饰、标志罪；（5）非法持有宣扬恐怖主义、极端主义物品罪；（6）虐待被监护、看护人罪；（7）使用虚假身份证件、盗用身份证件罪；（8）组织考试作弊罪；（9）非法出售、提供试题、答案罪；（10）代替考试罪；（11）拒不履行信息网络安全管理义务罪；（12）非法利用信息

网络罪；（13）帮助信息网络犯罪活动罪；（14）扰乱国家机关工作秩序罪；（15）组织、资助非法聚集罪；（16）编造、故意传播虚假信息罪；（17）虚假诉讼罪；（18）泄露不应公开的案件信息罪；（19）披露、报道不应公开的案件信息罪；（20）对有影响力的人行贿罪。并将原有的13个罪名修改为11个罪名，分别是：（1）将资助恐怖活动罪修改为帮助恐怖活动罪；（2）将强制猥亵、侮辱妇女罪修改为强制猥亵、侮辱罪；（3）将出售、非法提供公民个人信息罪和非法获取公民个人信息罪修改为侵犯公民个人信息罪；（4）将伪造、变造居民身份证罪修改为伪造、变造、买卖身份证件罪；（5）将非法生产、销售间谍专用器材罪修改为非法生产、销售专用间谍器材、窃听、窃照专用器材罪；（6）将组织、利用会道门、邪教组织、利用迷信致人死亡罪修改为组织、利用会道门、邪教组织、利用迷信致人重伤、死亡罪；（7）将盗窃、侮辱尸体罪修改为盗窃、侮辱、故意毁坏尸体、尸骨、骨灰罪；（8）将拒绝提供间谍犯罪证据罪修改为拒绝提供间谍犯罪、恐怖主义犯罪、极端主义犯罪证据罪；（9）将走私制毒物品罪和非法买卖制毒物品罪修改为非法生产、买卖、运输制毒物品、走私制毒物品罪；（10）将战时拒绝军事征用罪修改为战时拒绝军事征收、征用罪；（11）将非法批准征用、占用土地罪修改为非法批准征收、征用、占用土地罪；另外删除了嫖宿幼女罪。其余26个罪名虽未作修改，但罪状或者法定刑作了修改。

《刑法修正案（十）》《刑法修正案（十一）》实施后，"两高"发布了《最高人民法院、最高人民检察院关于执行〈中华人民共和国刑法〉确定罪名的补充规定（七）》，该《补充规定》确定了17个新罪名，分别是：（1）妨害安全驾驶罪；（2）危险作业罪；（3）妨害药品管理罪；（4）为境外窃取、刺探、收买、非法提供商业秘密罪；（5）负有照护职责人员性侵罪；（6）袭警罪；（7）冒名顶替罪；（8）高空抛物罪；（9）催收非法债务罪；（10）侵害英雄烈士名誉、荣誉罪；（11）组织参与国（境）外赌博罪；（12）非法采集人类遗传资源、走私人类遗传资源材料罪；（13）非法植入基因编辑、克隆胚胎罪；（14）非法猎捕、收购、运输、出售陆生野生动物罪；（15）破坏自然保护地罪；（16）非法引进、释放、丢弃外来入侵物种罪；（17）妨害兴奋剂管理罪。并将原有的10个罪名修改、合并为8个罪名，分别是:(1)将强令违章冒险作业罪修改为强令、组织他人违章冒险作业罪;(2)将生产、销售假药罪修改为生产、销售、提供假药罪;(3)将生产、销售劣药罪修改为生产、销售、提供劣药罪;(4)将欺诈发行股票、债券罪修改为欺诈发行证券罪;(5)将侮辱国旗、国徽罪修改为侮辱国旗、国徽、国歌罪;(6)将非法猎捕、杀害珍贵、濒危野生动物罪和非法收购、运输、出售珍贵、濒危野生动物、珍贵、濒危野生动物制品罪修改为危害珍贵、濒危野生动物罪;(7)将非法采伐、毁坏国家重点保护植物罪和非法收购、运输、加工、出售国家重点保护植物、国家重点保护植物制品罪修改为危害国家重点保护植物罪;(8)将食品监管渎职罪修改为食品、药品监管渎职罪。《刑法修正案(十一)》涉及的另外24种犯罪,虽然罪名未作修改,但罪状或者法定刑被作了修改。

据此,本书第五版共收入刑法罪名483个,比第四版净增32个。其中刑法分则第一章有12个,第二章有54个,第三章有110个,第四章有43个,第五章有13个,第六章有146个,第七章有23个,第八章有14个,第九章有37个,第十章有31个。对这些罪名,有的是新写的,有的是重写的,有的是改写的,绝大多数罪名都根据理论和实务的发展作了修订、补充和完善。

(二)吸纳最新的刑事司法解释和规范性文件内容。本次修订吸收了2013年1月至2022年4月之间,最高人民法院制发的或者最高人民法院与最高人民检察院等政法单位联合制发的刑事司法解释和规范性文件中的新规定,这些刑事司法解释和规范性文件都是围绕如何正确适用刑法而制定的,旨在指导执法、司法人员正确办理刑事案件,帮助他们解决在定罪量刑时遇到的各种法律适用疑难问题,实现司法公正,努力让人民群众在每一个刑事案件中感受到公平正义。根据最高人民法院法发〔2021〕20号文件及关于司法解释的规定,最高人民法院的司法解释由原来的四种增加到了五种,分别是"解释""规定""规则""批复"和"决定"等。刑法类的规范性文件,主要有最高人民法院单独制发的和最高人民法院、最高人民检察院及其他政法单位联合制发的"会议纪要""意见""指导意见""通知"等。据统计,自本书第四版出版到2022年4月底,"两高"发布的司法解释及与公安部、司法部等部门联合发布的规范性文件共有108件,相应地,本书第五版采用和援引的立法和司法资料也截至2022年4月底。

本书第五版修订,继续沿用了第四版的编写体例和修订模式,围绕每个罪名的刑法规定,参酌立法解释、司法解释、规范性文件和司法案例,运用刑法理论,对每个罪名的立法规定、概念定义、构成要件、需要注意的问题和刑事责任等,进行了认真解读和全面阐述,尤其对执法办案中容易遇到的重点、难点问题,专门作了解读。同时,对于已经废止的法律、司法解释及规范性文件的内容,在写作有关内容时也作了必要的删减,以便本书的内容与法律修改和司法实践保持良性互动,体现其一以贯之的实践性、时代性、指导性和权威性。

三、本版修订的特色:努力将刑法规定、刑法理论和刑法案例结合起来

回顾当年,编写本书的主要考虑是为准确定罪、公正司法服务,为刑事司法人员执法办案服务。本次修订不改编写初衷,更加注重理论联系实际,更多运用司法案例辨法析理解释法条,将法条解读与以案释法结合起来,促进案例思维与理论思维相互贯通。当前,案例的引领、指导、教育和规范作用越来越大,法学理论界、司法实务界乃至社会各界越来越重视案例的价值作用,广泛关注案例、认真研究案例、重视运用案例和尊重信赖案例的社会氛围正在形成。社会各界都认识到案例是个取之不尽、用之不竭的法治富矿。习近平总书记多次强调案例的价值,指出"一个案件胜过一沓文件",告诫"要懂得'100-1=0'的道理",要求"努力让人民群众在每一个司法案件中感受到公平正义"。为深入贯彻习近平法治思想特别是关于案例的重要论述,第五版修订中将采撷法学理论成果与开采司法案例矿藏结合起来,列举、分析了包括指导性案例、公报案例、《刑事审判参考》案例在内的具有重要指导价值的典型案例,以案例诠释法理,并从中提炼裁判规则,力求做到深入浅出、说理透彻,努力为刑法理论研究者和司法实务人士提供富有参考研究价值的案例资料,实现以案例法治思维促进刑法理论与实务的进步。个人认为,我国的法治建设正处于由规则法治转向案例法治的时代,案例日

渐成为法治的名片和标杆，案例的影响已经胜过法律，法学研究必然也会由以规范为基础的注释法学、教义法学转向以案例为基础的实践法学，本书也力图增强其固有的实践特色，特别是案例特色。

四、关于本书的撰写分工与审稿、统稿

本书第五版修订由最高人民法院大法官、中国法学会案例法学研究会会长胡云腾教授主持。最高人民检察院检察长张军首席大检察官作为本书的前四版主编之一，对第五版修订工作非常关心，自始至终给予了重要指导，提出了明确要求，为本版修改确定了基调。本书由中国法学会案例法学研究会会长胡云腾大法官、司法部副部长熊选国博士、最高人民法院副院长高憬宏大法官和最高人民检察院万春大检察官担任主编。参与撰写的作者有（按姓氏笔画为序）：于同志、万春、牛克乾、卢宇蓉、刘为波、刘树德、刘晓虎、李文峰、吴光侠、张杰、张明、张向东、苗生明、周加海、周岸紫、周海洋、周维明、胡云腾、逄锦温、姜金良、袁登明、党建军、黄鹏、黄林异、喻海松、司明灯，可谓是一部集体合作而成的作品。

本书第五版文稿由作者按照第五版修订方案撰写出初稿，经编辑加工后报主编审阅，作者根据审阅意见自行作了修改。后又组织部分作者进行了集体统稿，参加统稿的人员有：周加海、于同志、袁登明、喻海松、周岸紫等。统稿后的文稿经主编作最后审定。在全体作者的共同努力下，本书历经三年的修订终于完稿。人民法院出版社对书稿修改提供了大力支持，多位社领导亲自关心过问，编辑付出了辛勤的劳动，在此一并表示感谢。

最后，我们特别向本书前四版主编之一的周道鸾先生表达深切的缅怀之情。周道鸾先生与法同行六十多个春秋，先后在北京法院系统和最高人民法院工作数十年，曾经担任最高人民法院研究室主任等职务。他热爱刑法理论研究，关注刑事审判问题，勤于著书立说，学术成果丰硕，为法学法治司法事业贡献良多。其认真治学的科学态度，鞠躬尽瘁的奉献精神，严谨求实的工作作风，活到老学到老写到老的崇高境界，仍在激励着后辈学人奋发前行。本书从第一版到第四版，周道鸾先生都亲自组织、亲自撰写、亲自协调、亲自统稿。孰料在本书第四版面世后不久便驾鹤西去了，实为人民法院和刑法学界的巨大损失。斯人虽已去,精神犹长存。我们要学其精神、传其品德、承其厚望、续其文脉,将本书继续编下去,并将此作为对先生最好的纪念。

在本书第五版即将付梓之际,我们真诚地希望,本书能够一如既往地对法律人学习刑法理论、掌握刑法规定和办理刑事案件有参考乃至指导价值,这也是我们最大的喜悦。然而,由于犯罪日趋复杂,罪名不断增多、价值趋向多元、理论快速发展,水平毕竟有限等原因,本版难免还存在不妥乃至乖谬之处,恳请法学法律界同仁不吝批评指正。

胡云腾谨识
2022 年 6 月于北京

第四版说明

一、五年来我国的民主法治建设包括刑事法治建设取得了重大成就

本书第三版自 2007 年 11 月问世以来，已过去整整五年。五年来，在党中央的正确领导下，我国的社会主义民主与法治建设又有了新的发展：以宪法为统帅的多层次、多部门的中国特色社会主义法律体系已经形成；继《中华人民共和国刑法修正案（六）》之后，十一届全国人大常委会第七次会议于 2009 年 2 月 28 日颁布了《中华人民共和国刑法修正案（七）》[以下简称《刑法修正案（七）》]；特别是十一届全国人大常委会第十九次会议于 2011 年 2 月 25 日颁布的《中华人民共和国刑法修正案（八）》[以下简称《刑法修正案（八）》]，一次取消了 13 个非暴力性经济犯罪的死刑，并首次对刑法总则的有关条文进行了修改，标志着我国刑法修正与时俱进的重大进展；在对刑事实体法进行修正的同时，十一届全国人大五次会议又对刑事诉讼法进行了第二次修改，于 2012 年 3 月 14 日通过了《关于修改〈中华人民共和国刑事诉讼法〉的决定》，将"尊重和保障人权"首次写入具有"小宪法"之称的刑事诉讼法第 2 条规定的"任务"之中，受到国内外的关注和好评。2012 年年底，最高人民法院、最高人民检察院相继修订了 1996 年刑事诉讼法的司法解释，自 2013 年 1 月 1 日起与 2012 年修正后的刑事诉讼法同步施行。显然，第三版的内容已不适应当前刑事法治建设发展的需要，必须加以修订。

二、第四版修订的重点和特色

《刑法修正案（八）》涉及面广，共 50 个条文，除主要调整死刑与无期徒刑、有期徒刑的刑罚结构外，为适应同犯罪行为作斗争的需要，还增设了若干新罪名，修改了一些原有的罪名。为了贯彻执行《刑法修正案（七）》和《刑法修正案（八）》，最高人民法院和最高人民检察院先后于2009年10月14日和2011年4月27日联合制定、公布了《关于执行〈中华人民共和国刑法〉确定罪名的补充规定（四）》[以下简称《补充规定（四）》]和《关于执行〈中华人民共和国刑法〉确定罪名的补充规定（五）》[以下简称《补充规定（五）》]。很多读者来信、来电殷切希望对本书能及时加以修订。本书的正副主编曾于2010年元月就本书的修订进行过讨论，一致意见待《刑法修正案（八）》提交全国人大常委会第二次审议后启动修订，并于2011年元月制定了详细的修订方案。

第四版修订的重点是：

1. 补充《刑法修正案（七）》和《刑法修正案（八）》新增、修改的罪名。《补充规定（四）》确定新增9个罪名，修改4个罪名，其余4个罪名虽未作修改，但罪状或者法定刑作了修改；《补充规定（五）》确定新增7个罪名，修改3个罪名，其余25个罪名虽未作修改，但罪状或者法定刑作了修改。第四版共计增写新罪名16个，修改罪名7个，对29个罪名的罪状或者法定刑作了修改补充。

根据最高人民法院、最高人民检察院于2007年10月25日公布的《关于执行〈中华人民共和国刑法〉确定罪名的补充规定（三）》时的统计，本书第三版撰写刑法罪名435个，修改罪名31个。截至2011年4月27日《补充规定（五）》确定的罪名，刑法共有罪名451个，修改罪名38个。

2. 将最高人民法院或者最高人民法院与最高人民检察院自2008年1月至2013年1月期间，为贯彻执行1997年刑法和1个《决定》（即全国人大常委会于1998年12月29日颁布的《关于惩治骗购外汇、逃汇和非法买卖外汇犯罪的决定》）、8个《刑法修正案》，针对司法实践中遇到的如何具体应用法律问题作出的重要司法解释和其他规范性文件（包括最高人民法院的"会议纪要""意见"以及以"司法文件"形式公布的"危害食品安全"等典型案例，"两高"或者"两高"与公安部、司法部的"意见""通知"等）共计76件的主要内容吸收到第四版中去，从而大大充实了本书的内容。

第四版修订的最大特色是坚持理论密切联系实际的原则，除收入新的司法解释和其他规范性文件外，不回避在司法实践中遇到的许多适用法律方面的疑难问题（如"非法经营罪"实际上又形成了一个"口袋罪"等问题），并阐明了作者的观点；凡新增和修改的罪名，都注重立法背景，阐明为什么要新增或者修改这个罪名，审议过程中有何不同意见，说明立法和司法解释的要旨，以便读者了解和掌握立法原意，正确适用法律。

三、第四版在坚持撰写体例前提下适度的"瘦身"，对罪与非罪界限的表述进行了规范

第四版仍坚持一直以来简明、清晰的撰写体例，继续分为：（1）罪名的概念和构成要件；（2）认定××罪应当注意的问题；（3）××罪的刑事责任三部分。

（一）鉴于本书第三版已达120.3万字，第四版新增的内容又很多，补充、修改约20万字，如何"瘦身"便成为本书面临的一项重要任务。为此，采取了以下措施：

1. 将各章和第三章、第六章各节开篇的简述均删去。

2. 为节省版面，对书中难免重复的内容作以下处理：对每一章（节）各罪名认定犯罪和刑事责任部分共同适用同一法条或者同一司法解释条款的阐述，凡是重复的内容，在第一个罪名有了完整的叙述，以后再出现相同内容时，如，属于"（二）认定××罪应当注意的问题"时，表述为："具体内容参见本书第×页（二）的叙述"；属于"（三）××罪的刑事责任"部分，在适用本条规定处罚应当注意的问题时，表述为："具体内容参见本书第×页（三）的叙述"。

3. 除直接引用并加引号的法条和司法解释原文的数字保留汉字外，全书在叙述语言中，原用汉字表述的法律条文和金额（数额）一律改为用阿拉伯数字表述。

（二）对涉及罪与非罪界限的表述进行了规范。

1. 凡法律、司法解释和其他规范性文件有明确规定的，引用相关法律、司法解释和其他规范性文件的规定。

2.没有法律、司法解释和其他规范性文件规定的,引用最高人民检察院、公安部联合制定的相关"立案追诉标准"的规定。包括:(1)《关于公安机关管辖的刑事案件立案追诉标准的规定(一)》(2008年6月25日);(2)《关于公安机关管辖的刑事案件立案追诉标准的规定(二)》(2010年5月7日);(3)《关于公安机关管辖的刑事案件立案追诉标准的规定(二)的补充规定》(2011年11月14日);(4)《关于公安机关管辖的刑事案件立案追诉标准的规定(三)》(2012年5月16日)。司法实践中,最高人民法院于2010年6月21日发出了《关于在经济犯罪审判中参照适用〈最高人民检察院、公安部关于公安机关管辖的刑事案件立案追诉标准的规定(二)〉的通知》,使上述规定的适用有了重要依据。本书还参照了《最高人民检察院关于人民检察院直接受理立案侦查案件立案标准的规定(试行)》(1999年9月16日)。

3.既没有法律、司法解释和其他规范性文件规定,又没有"立案追诉标准"和"立案标准"规定的,总结司法实践经验。

(三)书中凡涉及诉讼法条文的,均引用2012年修正后的刑事诉讼法和最高人民法院于2012年12月20日公布的《关于适用〈中华人民共和国刑事诉讼法〉的解释》(自2013年1月1日起施行)的有关规定。

(四)凡书中所涉法律、司法解释和其他规范性文件,均可在网络上快捷查找,故不再注明原载何处。

为进一步提高书稿的质量,本书还从技术上对全书认真进行了规范、勘补和修正。

四、本书的正副主编和分工

本书第四版的修订除体例略有"瘦身"外,书名不变、作者不变、分工不变。本书由国家法官学院教授、中国刑法学研究会顾问兼学术委员会委员周道鸾和中共中央纪律检查委员会副书记,最高人民法院原党组副书记、一级大法官张军博士担任主编,中共新疆维吾尔自治区党委常委、政法委书记,最高人民法院原副院长、二级大法官熊选国博士和最高人民法院审判委员会专职委员、二级大法官、国家法官学院党委书记高憬宏博士担任副主编。

　　本书先由各位作者按第四版修订方案和分工自行修改，然后由周道鸾对修改稿进行初步审改，并将有关章节分送主编、副主编进一步审改。在此基础上，再由周道鸾就修改过程中提出的适用法律方面的疑难问题汇总后向正副主编汇报，逐一反复进行研究。最后由周道鸾对全书进行统稿并审定。

　　本书资料收集时间截至2013年4月。

　　本书在全体作者的共同努力下，历经二年多的修订终于完稿。责任编辑辛秋玲、胡玉莹[①]、陈燕华、赵作栋付出了辛勤的劳动。本书在修订过程中还得到最高人民法院法官刘为波、热心读者赵英武先生的帮助，在此一并表示感谢。

　　本书的出版，冀望对刑事司法实务界同仁正确理解和适用刑法及刑法修正案有所帮助。但由于水平有限，错、漏之处在所难免，敬请法律界同仁教正。

[①] 辛秋玲、胡玉莹二位编辑已调离人民法院出版社。

第三版说明

本书自2003年9月修订以来，受到广大读者特别是司法实务部门读者的肯定和欢迎。在2004年12月由中国法律图书出版发行联合会组织的2002~2003年"首届中国优秀法律图书奖"的评选活动中，本书荣获"中国优秀法律图书奖（法律实务类）"。

一、为什么要进行第三次修订

本书修订发行已整整四年，我国的刑事立法和刑事司法又有了新的发展。为了适应社会、经济的发展和同刑事犯罪作斗争的需要，2003年9月以后，第十届全国人大常委会又于2005年和2006年通过了《中华人民共和国刑法修正案（五）》（2005年2月28日）、《中华人民共和国刑法修正案（六）》（2006年6月19日），以及《关于〈中华人民共和国刑法〉有关信用卡规定的解释》（2004年12月29日）、《关于〈中华人民共和国刑法〉有关文物的规定适用于具有科学价值的古脊椎动物化石、古人类化石的解释》（2005年12月29日）、《关于〈中华人民共和国刑法〉有关出口退税、抵扣税款的其他发票规定的解释》（2005年12月29日）等三个刑法的立法解释，对1997年刑法分则的有关条文作了重要的修改和补充，或者对有关条文的含义作了必要的阐释。与此同时，最高人民法院单独或者最高人民法院与最高人民检察院联合针对刑事审判和刑事检察工作中如何具体应用法律的问题，在深入调查研究的基础上，又制定和公布了包括《关于办理知识产权刑事案件具体应用法律若干问题的解释》《关于审理环境污染刑事案件具体应用法律若干问题的解释》《关于办理危害矿山生产安全刑事案件具体应用法律若干问题的解释》《关于办理受贿刑事案件适用法律若干问题的意见》等在内的

30多件重要刑事司法解释和其他规范性文件。这些修改、完善刑法的刑法修正案、刑法的立法解释和刑事司法解释，对司法机关和司法工作人员正确理解和适用刑法具有十分重要的作用。因此，对本书适时再次进行修订，以适应刑事司法工作的发展，是十分必要的。

二、第三版修订的原则和重点

继续贯彻理论密切联系实际的原则，将刑法的基本理论、立法和司法解释的原意，以及司法实践中遇到的适用法律方面的问题三者有机地结合起来，突出实用。

修订的重点，是将上述全国人大常委会颁布的2个刑法修正案、3个刑法的立法解释，以及"两高"在2003年9月以后作出的有关刑事司法解释和其他规范性文件的内容，全部吸收到本书中去。经修订，增写了强令违章冒险作业罪，大型群众性活动重大安全事故罪，不报、谎报安全事故罪，虚假破产罪，背信损害上市公司利益罪，骗取贷款、票据承兑、金融票证罪，妨害信用卡管理罪，窃取、收买、非法提供信用卡信息罪，背信运用受托财产罪，违法运用资金罪，组织残疾人、儿童乞讨罪，开设赌场罪，枉法仲裁罪，过失损坏武器装备、军事设施、军事通信罪等14种新的犯罪；修改了重大责任事故罪，重大劳动安全事故罪，违规披露、不披露重要信息罪，非国家工作人员受贿罪，对非国家工作人员行贿罪，操纵证券、期货市场罪，违法发放贷款罪，吸收客户资金不入账罪，违规出具金融票证罪，掩饰、隐瞒犯罪所得、犯罪所得收益罪共10种犯罪的罪状或者法定刑；补充了全国人大常委会关于刑法有关信用卡规定，有关出口退税、抵扣税款的其他发票规定，有关文物的规定适用于具有科学价值的古脊椎动物化石、古人类化石等的立法解释，以及近几年来最高人民法院或者"两高"制定的有关知识产权犯罪、环境污染犯罪、走私犯罪、危害矿山生产安全犯罪、受贿犯罪等的司法解释和其他规范性文件的有关规定，不仅内容新，而且大大充实了本书的内容，使之更加具有实用性。

三、第三版的罪名

1. 本书第一版（即1998年版），是根据1997年12月11日《最高人民法院关于执行〈中华人民共和国刑法〉确定罪名的规定》撰写的。按照该规定，1997年刑法共有罪名413个。

2. 本书第二版（即2003年版），是在第九届全国人大常委会于1998年12月至2002年12月期间颁布了《关于惩治骗购外汇、逃汇和非法买卖外汇犯罪的决定》和《中华人民共和国刑法修正案》等4个刑法修正案后，根据最高人民法院、最高人民检察院分别于2002年3月15日和2003年8月15日联合制定和公布的《关于执行〈中华人民共和国刑法〉确定罪名的补充规定》和《关于执行〈中华人民共和国刑法〉确定罪名的补充规定（二）》的基础上撰写的。这两个"补充规定"确定1个决定、4个刑法修正案新增设罪名9个，加上原有罪名413个，截至2002年12月，刑法共有罪名422个，同时修改了原有罪名23个。

3. 本书第三版（即2007年版），是在第十届全国人大常委会于2005年2月和2006年6月期间颁布了《中华人民共和国刑法修正案（五）》和《中华人民共和国刑法修正案（六）》后，根据最高人民法院、最高人民检察院于2007年10月25日公布，11月6日起施行的《关于执行〈中华人民共和国刑法〉确定罪名的补充规定（三）》的基础上撰写的。《补充规定（三）》确定这两个《刑法修正案》新增设罪名14个，修改罪名8个。但由于《刑法修正案（六）》第十三条对刑法第一百八十五条的罪状作了修改，《补充规定（三）》决定将《确定罪名的规定》曾经规定的刑法第一百八十五条为"违法向关系人发放贷款罪"和"非法发放贷款罪"两个罪名，合并为一个罪名，即"违法发放贷款罪"，并取消了"违法向关系人发放贷款罪"的罪名，因而减少了一个罪名。加上第二版原有罪名422个，修改罪名23个，这样，至2006年6月，刑法共有罪名435个，并修改罪名31个。

四、注重阐明立法和司法解释的背景

本书不少作者参加了1997年刑法的修订[①]，有的作者还参加了立法机关主持的刑法修正案的论证，一些作者参加了刑事司法解释的制定。我们充分利用这一优势，十分注重突出立法和司法解释的原意，着重阐明为什么要增设某种犯罪；为什么要修改某一种犯罪的罪状，或者为什么要调整某一种犯罪的法定刑；以及对某种犯罪的法律适用为什么要作出这样的司法解释，使读者了解立法和司法解释的精神，不仅知其然，而且知其所以然，从而有利于帮助读者正确理解和适用法律。

五、第三版修订的具体分工

本书的修订继续实行"四不变"，即书名不变、结构不变、作者不变、分工不变。因此，本书第三版的作者均按原分工章、节完成。

本书由最高人民法院咨询委员会原委员兼秘书长、国家法官学院教授周道鸾和最高人民法院副院长、二级大法官张军担任主编，最高人民法院副院长、二级大法官熊选国和最高人民法院审判委员会委员、刑事审判第三庭庭长高憬宏担任副主编。本书先由各位作者按第三版修订方案和分工自行修改，然后由周道鸾对修改稿进行审改，并将有关章节分送主编、副主编进一步审改。在此基础上，再由正、副主编对修订过程中提出的疑难问题集中反复进行研究。最后由周道鸾对全书进行统稿并审定。

本书资料收集时间截至2007年11月。

本书历经一年零八个月的认真修订终于完稿。回想《刑法罪名精释》从第一版到第三版，走过了十个年头。它见证了中国刑法不断发展、完善的历程，也见证了司法实践不断发展、深化的过程。这个过程，同时也是本书坚持"严"字当头，打造精品，逐步提高书稿质量的过程。在刑法学界同仁庆祝1997年刑法颁行十周年之际，谨以此书作为我们最好的纪念。

[①] 周道鸾、张军时任最高人民法院刑法修改小组的负责人，熊选国、高憬宏为刑法修改小组成员，参加了1997年刑法修订的全过程。

我们真诚地希望，本书对读者正确理解和执行1997年刑法及刑法修正案、刑法的立法解释和刑事司法解释将有所裨益。但由于我们的水平有限，只想以此书为引玉之石，与刑法学界和司法界同仁共同切磋；书中所持的观点也只是一家之言，不一定正确；且难免有疏漏甚至错误的地方，敬请读者不吝赐教。

周道鸾　张军
二〇〇四年十一月十日
于"法官之家"

第二版说明

一、本书自 1998 年 7 月问世以来，受到读者的欢迎。但至今已近五年，我国的刑事立法和刑事司法工作都有了很大发展。为了适应同刑事犯罪作斗争的需要，1997 年修订的刑法生效施行后，全国人大常委会又先后通过了《关于惩治骗购外汇、逃汇和非法买卖外汇犯罪的决定》（1998 年 12 月 29 日）（以下简称《决定》）和《中华人民共和国刑法修正案》[以下简称《刑法修正案》]（1999 年 12 月 25 日）、《中华人民共和国刑法修正案（二）》[以下简称《刑法修正案（二）》]（2001 年 8 月 31 日）、《中华人民共和国刑法修正案（三）》[以下简称《刑法修正案（三）》]（2001 年 12 月 29 日）、《中华人民共和国刑法修正案（四）》[以下简称《刑法修正案（四）》]（2002 年 12 月 28 日）；并加强了立法解释，先后对刑法第九十三条第二款（2000 年 4 月 29 日），刑法第二百二十八条、第三百四十二条、第四百一十条（2001 年 8 月 31 日），刑法第三百八十四条第一款（2002 年 4 月 28 日），刑法第二百九十四条第一款（2002 年 4 月 28 日）和刑法第三百一十三条（2002 年 8 月 29 日）的含义以及刑法第九章渎职罪主体适用问题（2002 年 12 月 28 日）作出了解释。与此同时，最高人民法院或者最高人民法院与最高人民检察院针对在刑事审判和刑事检察工作中如何具体应用法律的问题，在深入调查研究的基础上，制定和公布了 50 多件刑事司法解释和其他规范性文件。这些修改、完善刑法的《决定》、刑法修正案及立法解释和司法解释，对司法机关和司法工作人员正确理解和适用刑法起了重要作用。因此，对本书适时进行修订，以适应刑事司法工作的发展，满足读者的需要，是十分必要的。

二、本书修订的重点，是将上述全国人大常委会颁布的一个《决定》、四个刑法修正案和六个刑法立法解释，以及最高人民法院或者最高人民法院与最高人民检察院在1997年刑法施行后作出的有关司法解释的内容，全部吸收到本书中去。同时，对原来有的阐述不准确或者观点模糊、界限不清楚的地方，认真作了修改、补充，使相关阐释更为准确、清楚。

三、本书1998年版（第一版）是根据1997年12月11日《最高人民法院关于执行〈中华人民共和国刑法〉确定罪名的规定》撰写的。按照该规定，1997年修订的刑法共有罪名413个。2002年3月15日，最高人民法院、最高人民检察院根据上述全国人大常委会的《决定》和三个刑法修正案，联合发布了《关于执行〈中华人民共和国刑法〉确定罪名的补充规定》，增设了五个新罪名。该"补充规定"公布后，2002年12月28日，第九届全国人大常委会第三十一次会议通过了《中华人民共和国刑法修正案（四）》。2003年8月15日，最高人民法院、最高人民检察院根据《刑法修正案（四）》，联合发布了《关于执行〈中华人民共和国刑法〉确定罪名的补充规定（二）》，又增设了4个新罪名。这样，截至2003年8月15日，刑法共有罪名422个。其中，新增设的罪名9个，即资助恐怖活动罪[刑法第一百二十条之一，《刑法修正案（三）》第四条]，隐匿、故意销毁会计凭证、会计账簿、财务会计报告罪（刑法第一百六十二条之一，《刑法修正案》第一条），骗购外汇罪（《决定》第一条），雇用童工从事危重劳动罪[刑法第二百四十四条之一，《刑法修正案（四）》第四条]，投放虚假危险物质罪，编造、故意传播虚假恐怖信息罪[刑法第二百九十一条之一，《刑法修正案（三）》第八条]，非法收购、运输、加工、出售国家重点保护植物、国家重点保护植物制品罪[刑法第三百四十四条，《刑法修正案（四）》第六条]，执行判决、裁定失职罪，执行判决、裁定滥用职权罪[刑法第三百九十九条第三款，《刑法修正案（四）》第八条第三款]。

同时，修改了原有罪名23个，即投放危险物质罪（取消投毒罪罪名），过失投放危险物质罪（取消过失投毒罪罪名），非法制造、买卖、运输、储存危险物质罪（取消非法买卖、运输核材料罪罪名），盗窃、抢夺枪支、弹药、爆炸物、危险物质罪，抢劫枪支、弹药、爆炸物、危险物质罪，走私废物罪（取消走私固体废物罪罪名），国有公司、企业、事业单位人员失职罪，国有公司、企业、事业单位人员滥用职权罪（取消徇私舞弊造成破产、亏损罪罪名），伪造、变造、转让金融机构经营许可证、批准文件罪，编造并传播证券、期货交易虚假信息罪，诱骗投资者买卖证券、期货合约罪，操纵证券、期货交易价格罪，提供虚假证明文件罪（取消中介组织人员提供虚假证明文件罪罪名），出具证明文件重大失实罪（取消中介组织人员出具证明文件重大失实罪罪名），强奸罪（取消奸淫幼女罪罪名），非法占用农用地罪（取消非法占用耕地罪罪名），非法采伐、毁坏国家重点保护植物罪（取消非法采伐、毁坏珍贵树木罪罪名），非法收购、运输盗伐、滥伐的林木罪（取消非法收购盗伐、滥伐的林木罪罪名），滥用职权罪、玩忽职守罪（取消国家机关工作人员徇私舞弊罪罪名），徇私枉法罪（取消枉法追诉、裁判罪罪名），民事、行政枉法裁判罪（取消枉法裁判罪罪名），国家机关工作人员签订、履行合同失职被骗罪（取消国家机关工作人员签订、履行合同失职罪罪名）。因此，这次对本书的修订，是以《决定》、4个刑法修正案和"两高"关于确定罪名的"补充规定"和"补充规定（二）"为依据的。

四、本书仍保持了原有的结构，对每个罪的阐述均由对个罪的概念和构成要件、认定个罪应当注意的问题和对个罪的刑事责任三部分构成。新增设或者修改的罪名，都在该罪概念中作了专门说明，以便使读者对本罪的来龙去脉（1979年刑法、单行刑法、1997年刑法和《决定》、刑法修正案、刑法的立法解释）有一个大概的了解。

鉴于军人违反职责罪一章（第十章），是刑法分则中结构特殊、内容相对独立的一章，除了分则性条文外，还有军职罪的定义等4个属于总则性的条文。因此，本书对这一章在结构上也作了特殊处理，即在各罪之前，就违反军人职责罪的概念和特征、"战时"的概念、军职罪的立法原则三个问题作了阐述。

五、为了突出《决定》、刑法修正案和立法解释的内容，在每一个罪名之后，均列了经《决定》和刑法修正案修正的有关条文和立法解释的全文，以便于读者学习和应用。在正文部分，凡涉及《决定》、刑法修正案和立法解释的条文，都简要阐明了立法的背景，有的还将《决定》、刑法修正案同1997年刑法加以比较研究，以便使读者了解立法机关为什么对刑法有关条文作了修改和补充，以及修改后在罪状、犯罪构成和法定刑方面有哪些变化。

为便于适用、正确理解和援引法律条文，本书对《决定》、刑法修正案和立法解释，分4种不同情况分别加以表述和阐释：

1.属于《决定》新增设的罪名，直接援引《决定》的相关条款加以阐述。如"骗购外汇罪"，直接援引《全国人民代表大会常务委员会关于惩治骗购外汇、逃汇和非法买卖外汇犯罪的决定》第一条的规定。

2.属于刑法修正案新增设的罪名，因为是对1997年刑法相关条文的修正，因此，不直接援引刑法修正案第×条第×款，而援引经修正后的刑法条文。如《刑法修正案（三）》第四条新增设的"资助恐怖活动罪"，就援引经修订后的刑法"第一百二十条之一"；同时用脚注加以注释：〔2001年11月27日《中华人民共和国刑法修正案（三）》第四条修订〕。

3.《决定》和刑法修正案对刑法有关条文的罪状（罪名）、法定刑作了修改的（包括只修改了罪状，没有修改法定刑，或者罪状、法定刑都作了修改的），同理，也不直接援引《决定》或者刑法修正案第×条第×款，而是援引经修订后的刑法条文。如《关于惩治骗购外汇、逃汇和非法买卖外汇犯罪的决定》第三条对刑法第一百九十条规定的逃汇罪的罪状和法定刑都作了修改；《刑法修正案》第六条对刑法第一百八十二条规定的操纵证券交易价格罪的罪状作了修改（罪名相应改为"操纵证券、期货交易价格罪"），但法定刑未作修改。这两种情况均应分别援引刑法"第一百九十条"和"第一百八十二条"的条文，同时用脚注分别注释：〔1998年12月29日《全国人民代表大会常务委员会关于惩治骗购外汇、逃汇和非法买卖外汇犯罪的决定》第三条修订、1999年12月25日《中华人民共和国刑法修正案》第六条修订〕，并注明了原刑法第一百九十条和第一百八十二条的条文。

4.全国人大常委会作出的立法解释与现行法律具有同等的法律效力。属于立法解释的内容，均在每一罪名之前，在刑法的有关条文之后，列了立法解释的全文，并在相关罪名理解与适用部分加以阐述，同时用脚注加以注释。

六、上述关于《决定》、刑法修正案和立法解释的四种不同情况的表述和阐释，是就本书的编写而言的，如果制作刑事裁判文书援引法律条文就不一样了。由于《决定》和刑法修正案并未对修正后的刑法条文编纂后全文公布，因此，人民法院在制作刑事裁判文书涉及援引《决定》和刑法修正案的有关条文作为裁判的法律依据时，应当分别不同情况予以援引[①]：

（一）凡刑法分则条文没有规定，而《决定》、刑法修正案作了补充规定的，应当直接援引《决定》或者刑法修正案的有关规定。如：

1. 骗购外汇罪。应当直接援引《决定》第一条的规定，可表述为："依照《全国人民代表大会常务委员会关于惩治骗购外汇、逃汇和非法买卖外汇犯罪的决定》第一条的规定，判决如下："

2. 资助恐怖活动罪。《刑法修正案（三）》第四条规定："刑法第一百二十条后增加一条，作为第一百二十条之一：……"应当直接援引《刑法修正案（三）》第四条的规定，可表述为："依照《中华人民共和国刑法修正案（三）》第四条的规定，判决如下："

与此相同的，还有《刑法修正案》第一条、《刑法修正案（三）》第八条和《刑法修正案（四）》第四条。

（二）刑法分则条文虽然没有规定，但《决定》、刑法修正案以"在刑法第×××条第×款后增加一款"的形式加以补充规定的，则刑法和《决定》或者《刑法修正案》的有关条文均应援引。如《刑法修正案（四）》第八条新增设的执行判决、裁定失职罪，在裁判文书中则可表述为："依照《中华人民共和国刑法》第三百九十九条和《中华人民共和国刑法修正案（四）》第八条第三款的规定，判决如下："

（三）凡刑法分则条文有规定，《决定》和刑法修正案以"将刑法第×××条修改为：……"的形式作了修改和补充的（包括罪状、法定刑），均应同时援引刑法和《决定》或者刑法修正案的有关条文，并且按照先刑法、后《决定》、刑法修正案的顺序引用。如：

1. 逃汇罪。应同时援引刑法和《决定》的有关条文，可表述为："依照刑法第一百九十条和《全国人民代表大会常务委员会关于惩治骗购外汇、逃汇和非法买卖外汇犯罪的决定》第三条的规定，判决如下："

---

① 这只是作者的意见，待最高人民法院规范后，以最高人民法院的规定为准。

2. 非法收购、运输盗伐、滥伐的林木罪。也应同时援引刑法和《刑法修正案（四）》的有关条文，可表述为："依照刑法第三百四十五条和《中华人民共和国刑法修正案（四）》第七条第三款的规定，判决如下："

刑法自 1997 年 10 月 1 日修订施行以来，在司法实践中积累了丰富的经验。《中华人民共和国最高人民法院公报》上发布的有关刑法的司法解释和典型案例，就是司法实践经验的总结。公报登载的司法解释，因其具有普遍司法效力，是对全国刑事审判工作的具体指导和规范。我们将有关司法解释的内容吸收到修订本中去，进一步充实了书中的内容，使本书不仅具有理论性、科学性，而且更加具有实用性。

七、本书的修订实行"四不变"，即书名不变（只加第二版）、结构不变、作者不变、分工不变。但由于最高人民法院、最高人民检察院共同对罪名作了补充规定，因此，本书的副标题相应改为"——对最高人民法院、最高人民检察院关于罪名司法解释的理解和适用"。

八、本书修订仍由本书原作者按原分工章、节完成。

本书由原最高人民法院咨询委员会委员兼秘书长周道鸾教授，最高人民法院原副院长（现任司法部副部长）张军担任主编，最高人民法院刑事审判第一庭副庭长高憬宏硕士、最高人民法院审判委员会委员、刑事审判第二庭庭长熊选国博士担任副主编。本书由周道鸾初步审改后，将有关章节分送主编、副主编进一步审改，最后由周道鸾对全书进行统稿并审定。

本书资料收集时间截至 2003 年 9 月 7 日。

我们希望，本书的再版，对读者正确理解和执行刑法将有所助益。但由于我们水平有限，书中难免有欠妥甚至错误之处，恳请读者教正。

周道鸾 张军
二〇〇三年九月七日于北京

第一版说明

第八届全国人民代表大会第五次会议修订的《中华人民共和国刑法》已于1997年10月1日起施行。1997年刑法确立的罪刑法定等三项基本原则，对于进一步健全社会主义法制，贯彻依法治国的基本方略，准确惩治犯罪，保护公民、法人的合法权益，具有十分重要的现实意义和深远的历史意义。

罪刑法定，不仅是立法的原则，更是司法的原则。它要求，司法机关定罪处刑，必须严格依照刑法规定。依法定罪，首先应当做到罪名规范、统一。而这个在立法上和司法上都至关重要的问题，即罪名的规范化、统一化问题，无论是1979年制定的刑法，还是这次修订刑法，都没有得到很好的解决，致使在司法实践和刑法理论的研究中，都可以见到针对同一犯罪行为，适用同一刑事法律条文，却可能出现两个甚至三个不同罪名的情况，影响了司法的严肃性。我们作为从事审判工作的法官，长久以来，都在企盼能有一个规范的、统一的，也是权威的罪名规定。这也是社会主义法制不断进步和完善的要求。

为了实现罪名的规范化、统一化，提高司法水平和办案质量，最高人民法院在充分调查研究，广泛征求各方面意见的基础上，于1997年12月9日经审判委员会第951次会议讨论，通过了《最高人民法院关于执行〈中华人民共和国刑法〉确定罪名的规定》①（以下简称《确定罪名规定》），并于1997年12月16日以"最高人民法院公告"的形式对外发布施行。这是最高人民法院为贯彻执行1997年刑法所作的重要司法解释，为正确理解和执行刑法，统一认定罪名，提供了具有法律效力的依据和保证，受到广大司法实际工作

---

① 载《人民法院报》1997年12月16日第1版。

者、刑法理论界、广大律师和热心刑事法律学习的各界人士的欢迎。最高人民法院在《关于司法解释工作的若干规定》中明确指出："最高人民法院制定并发布的司法解释，具有法律效力。"[1] 因此，最高人民法院关于罪名的司法解释公布施行后，作为有权解释，对司法工作具有法律上的约束力，各级人民法院必须认真执行。

有了统一的罪名，如何正确理解和适用最高人民法院关于罪名的司法解释问题，自然地摆在了我们的面前。最高人民法院确定的413个罪名，每一个罪名的概念、来源是什么，在理解、适用中需要注意哪些问题，罪与非罪、此罪与彼罪、一罪与数罪的界限如何区分，等等，这些问题在1997年刑法公布后，在司法实践中就不断遇到。《确定罪名规定》的公布，使研究、解决和探讨这些问题的时机更趋成熟。于是，我们曾经在一起撰写了《刑事诉讼法的修改与适用》《刑法的修改与适用》这两本书的大部分原作者，第三次聚首，将《刑法罪名精释——对最高人民法院关于罪名司法解释的理解和适用》一书捧送在广大读者的面前。这是我们结合司法实践，学习、研究刑法分则和《确定罪名规定》的一些心得、体会。

本书的撰写突出了以下特点：一是将最高人民法院确定的全部413个罪名无一遗漏地进行了研究、撰写；二是重要的新罪、常见的罪重点写；三是对每一个罪名，注意从概念、来源、构成要件等方面进行理论上的充分阐述；四是密切结合司法实践，特别注重罪名的适用，对认定罪名和追究刑事责任应当注意哪些问题，作了论述。

参加本书撰写的同志，许多曾参与了刑法修订的全过程，或者参与了刑法修订后有关司法解释的起草工作。

本书由最高人民法院咨询委员会委员周道鸾教授，最高人民法院研究室副主任张军副教授担任主编，最高人民法院审判委员会秘书高憬宏硕士、最高人民法院研究室刑事处处长熊选国博士担任副主编。本书由主编、副主编分别审改、统稿后，由周道鸾对全书进行统稿并审定。

以司法解释为依据，较系统、全面地阐述刑法罪名，在我们是第一次。

---

[1] 载《中华人民共和国最高人民法院公报》1997年第3期。

我们力求严格根据刑法分则条文的规定、立法原意和司法解释的精神，正确加以阐述。但是，毕竟修订的刑法刚刚施行不久，实践经验有限，最高人民法院尚在陆续作出执行刑法的有关司法解释。为了解决刑法生效后原有司法解释是否和如何适用的问题，最高人民法院在《关于认真学习和宣传贯彻修订后〈中华人民共和国刑法〉的通知》中规定："修订的刑法实施后，对已明令废止的全国人大常委会有关决定和补充规定，最高人民法院原作出的有关司法解释不再适用。但是如果修订的刑法有关条文实质内容没有变化的，人民法院在刑事审判工作中，在没有新的司法解释前，可参照执行。"[①] 据此，经我们研究仍可参照执行的，均作了说明。另外，本书有关适用中应当注意的一些问题的观点，只是作者个人的见解，不一定正确，仅供参考。一旦最高人民法院作出相关的解释，一律以司法解释为准。

我们在希望本书能对读者学习、理解和执行修订的刑法有所帮助的同时，也诚恳地期待着读者对本书的不妥和错漏之处提出批评、指正。

本书在撰写、出版过程中，得到了有关领导的重视和支持，在此表示衷心的感谢。人民法院出版社领导对本书的出版给予了全力支持和帮助，责任编辑辛秋玲、胡玉莹和其他编、校、发行人员为本书的出版付出了辛勤的劳动，在此一并表示深深的谢意。

周道鸾　张军
一九九八年三月二十八日
于北京

---

① 载《中华人民共和国最高人民法院公报》1997 年第 3 期。

CONTENTS 目录

上 册

第一章 危害国家安全罪

一、背叛国家罪 ... 3

二、分裂国家罪 ... 6

三、煽动分裂国家罪 ... 10

四、武装叛乱、暴乱罪 ... 13

五、颠覆国家政权罪 ... 17

六、煽动颠覆国家政权罪 ... 20

七、资助危害国家安全犯罪活动罪 ... 23

八、投敌叛变罪 ... 26

九、叛逃罪 ... 29

十、间谍罪 ... 31

十一、为境外窃取、刺探、收买、非法提供国家秘密、情报罪 ... 34

十二、资敌罪 ... 39

第二章 危害公共安全罪

一、放火罪 ... 45

二、决水罪 ... 49

三、爆炸罪 ... 52

四、投放危险物质罪 54
五、以危险方法危害公共安全罪 56
六、失火罪 59
七、过失决水罪 63
八、过失爆炸罪 64
九、过失投放危险物质罪 65
十、过失以危险方法危害公共安全罪 66
十一、破坏交通工具罪 67
十二、破坏交通设施罪 70
十三、破坏电力设备罪 72
十四、破坏易燃易爆设备罪 75
十五、过失损坏交通工具罪 77
十六、过失损坏交通设施罪 79
十七、过失损坏电力设备罪 80
十八、过失损坏易燃易爆设备罪 82
十九、组织、领导、参加恐怖组织罪 83
二十、帮助恐怖活动罪 87
二十一、准备实施恐怖活动罪 91
二十二、宣扬恐怖主义、极端主义、煽动实施恐怖活动罪 95
二十三、利用极端主义破坏法律实施罪 98
二十四、强制穿戴宣扬恐怖主义、极端主义服饰、标志罪 101
二十五、非法持有宣扬恐怖主义、极端主义物品罪 103
二十六、劫持航空器罪 105
二十七、劫持船只、汽车罪 109
二十八、暴力危及飞行安全罪 112
二十九、破坏广播电视设施、公用电信设施罪 113
三十、过失损坏广播电视设施、公用电信设施罪 116
三十一、非法制造、买卖、运输、邮寄、储存枪支、弹药、爆炸物罪 ...118
三十二、非法制造、买卖、运输、储存危险物质罪 127

三十三、违规制造、销售枪支罪 129

三十四、盗窃、抢夺枪支、弹药、爆炸物、危险物质罪 132

三十五、抢劫枪支、弹药、爆炸物、危险物质罪 133

三十六、非法持有、私藏枪支、弹药罪 135

三十七、非法出租、出借枪支罪 137

三十八、丢失枪支不报罪 140

三十九、非法携带枪支、弹药、管制刀具、危险物品危及公共安全罪 141

四十、重大飞行事故罪 144

四十一、铁路运营安全事故罪 146

四十二、交通肇事罪 147

四十三、危险驾驶罪 151

四十四、妨害安全驾驶罪 160

四十五、重大责任事故罪 163

四十六、强令、组织他人违章冒险作业罪 167

四十七、危险作业罪 170

四十八、重大劳动安全事故罪 174

四十九、大型群众性活动重大安全事故罪 177

五十、危险物品肇事罪 179

五十一、工程重大安全事故罪 182

五十二、教育设施重大安全事故罪 184

五十三、消防责任事故罪 186

五十四、不报、谎报安全事故罪 188

第三章 破坏社会主义市场经济秩序罪

第一节 生产、销售伪劣商品罪

一、生产、销售伪劣产品罪 193

二、生产、销售、提供假药罪 199

三、生产、销售、提供劣药罪 207

四、妨害药品管理罪 213

五、生产、销售不符合安全标准的食品罪 219

六、生产、销售有毒、有害食品罪 225

七、生产、销售不符合标准的医用器材罪 231

八、生产、销售不符合安全标准的产品罪 236

九、生产、销售伪劣农药、兽药、化肥、种子罪 239

十、生产、销售不符合卫生标准的化妆品罪 241

第二节 走私罪

一、走私武器、弹药罪 243

二、走私核材料罪 249

三、走私假币罪 251

四、走私文物罪 254

五、走私贵重金属罪 257

六、走私珍贵动物、珍贵动物制品罪 260

七、走私国家禁止进出口的货物、物品罪 265

八、走私淫秽物品罪 268

九、走私废物罪 272

十、走私普通货物、物品罪 275

第三节 妨害对公司、企业的管理秩序罪

一、虚报注册资本罪 282

二、虚假出资、抽逃出资罪 283

三、欺诈发行证券罪 285

四、违规披露、不披露重要信息罪 288

五、妨害清算罪 292

六、隐匿、故意销毁会计凭证、会计账簿、财务会计报告罪 294

七、虚假破产罪 297

八、非国家工作人员受贿罪 299

九、对非国家工作人员行贿罪 304

十、对外国公职人员、国际公共组织官员行贿罪 306

十一、非法经营同类营业罪 309

十二、为亲友非法牟利罪 312

十三、签订、履行合同失职被骗罪 315

十四、国有公司、企业、事业单位人员失职罪 317

十五、国有公司、企业、事业单位人员滥用职权罪 319

十六、徇私舞弊低价折股、出售公司、企业资产罪 321

十七、背信损害上市公司利益罪 323

第四节 破坏金融管理秩序罪

一、伪造货币罪 328

二、出售、购买、运输假币罪 331

三、金融工作人员购买假币、以假币换取货币罪 336

四、持有、使用假币罪 339

五、变造货币罪 343

六、擅自设立金融机构罪 346

七、伪造、变造、转让金融机构经营许可证、批准文件罪 348

八、高利转贷罪 351

九、骗取贷款、票据承兑、金融票证罪 353

十、非法吸收公众存款罪 361

十一、伪造、变造金融票证罪 365

十二、妨害信用卡管理罪 369

十三、窃取、收买、非法提供信用卡信息罪 374

十四、伪造、变造国家有价证券罪 377

十五、伪造、变造股票、公司、企业债券罪 379

十六、擅自发行股票、公司、企业债券罪 381

十七、内幕交易、泄露内幕信息罪 385

十八、利用未公开信息交易罪 396

十九、编造并传播证券、期货交易虚假信息罪 400

二十、诱骗投资者买卖证券、期货合约罪 403

二十一、操纵证券、期货市场罪 406

二十二、背信运用受托财产罪 414

二十三、违法运用资金罪 417

二十四、违法发放贷款罪 420

二十五、吸收客户资金不入账罪 423

二十六、违规出具金融票证罪 427

二十七、对违法票据承兑、付款、保证罪 430

二十八、逃汇罪 432

二十九、骗购外汇罪 435

三十、洗钱罪 441

第五节 金融诈骗罪

一、集资诈骗罪 447

二、贷款诈骗罪 452

三、票据诈骗罪 456

四、金融凭证诈骗罪 459

五、信用证诈骗罪 462

六、信用卡诈骗罪 464

七、有价证券诈骗罪 469

八、保险诈骗罪 471

第六节 危害税收征管罪

一、逃税罪 475

二、抗税罪 480

三、逃避追缴欠税罪 483

四、骗取出口退税罪 485

五、虚开增值税专用发票、用于骗取出口退税、抵扣税款发票罪 489

六、虚开发票罪 498

七、伪造、出售伪造的增值税专用发票罪 502

八、非法出售增值税专用发票罪 505

九、非法购买增值税专用发票、购买伪造的增值税专用发票罪 507

十、非法制造、出售非法制造的用于骗取出口退税、抵扣税款发票罪 509

十一、非法制造、出售非法制造的发票罪 512

十二、非法出售用于骗取出口退税、抵扣税款发票罪 513

十三、非法出售发票罪 515

十四、持有伪造的发票罪 516

第七节 侵犯知识产权罪

一、假冒注册商标罪 518

二、销售假冒注册商标的商品罪 527

三、非法制造、销售非法制造的注册商标标识罪 531

四、假冒专利罪 538

五、侵犯著作权罪 544

六、销售侵权复制品罪 552

七、侵犯商业秘密罪 558

八、为境外窃取、刺探、收买、非法提供商业秘密罪 570

第八节 扰乱市场秩序罪

一、损害商业信誉、商品声誉罪 573

二、虚假广告罪 578

三、串通投标罪 582

四、合同诈骗罪 586

五、组织、领导传销活动罪 591

六、非法经营罪 595

七、强迫交易罪 609

八、伪造、倒卖伪造的有价票证罪 611

九、倒卖车票、船票罪 614

十、非法转让、倒卖土地使用权罪 617

十一、提供虚假证明文件罪 621

十二、出具证明文件重大失实罪 627

十三、逃避商检罪 629

第四章 侵犯公民人身权利、民主权利罪

一、故意杀人罪 635

二、过失致人死亡罪 645

三、故意伤害罪 649

四、组织出卖人体器官罪 657

五、过失致人重伤罪 661

六、强奸罪 663

七、负有照护职责人员性侵罪 676

八、强制猥亵、侮辱罪 679

九、猥亵儿童罪 683

十、非法拘禁罪 686

十一、绑架罪 690

十二、拐卖妇女、儿童罪 697

十三、收买被拐卖的妇女、儿童罪 703

十四、聚众阻碍解救被收买的妇女、儿童罪 707

十五、诬告陷害罪 709

十六、强迫劳动罪 713

十七、雇用童工从事危重劳动罪 716

十八、非法搜查罪 720

十九、非法侵入住宅罪 722

二十、侮辱罪 724

二十一、诽谤罪 728

二十二、刑讯逼供罪 732

二十三、暴力取证罪 735

二十四、虐待被监管人罪 738

二十五、煽动民族仇恨、民族歧视罪 741

二十六、出版歧视、侮辱少数民族作品罪 743

二十七、非法剥夺公民宗教信仰自由罪 745

二十八、侵犯少数民族风俗习惯罪 747

二十九、侵犯通信自由罪 748

三十、私自开拆、隐匿、毁弃邮件、电报罪 751

三十一、侵犯公民个人信息罪	753
三十二、报复陷害罪	759
三十三、打击报复会计、统计人员罪	761
三十四、破坏选举罪	763
三十五、暴力干涉婚姻自由罪	766
三十六、重婚罪	769
三十七、破坏军婚罪	772
三十八、虐待罪	774
三十九、虐待被监护、看护人罪	778
四十、遗弃罪	780
四十一、拐骗儿童罪	783
四十二、组织残疾人、儿童乞讨罪	785
四十三、组织未成年人进行违反治安管理活动罪	788

第一章　危害国家安全罪

第一章　危害国家安全罪

一、背叛国家罪

第一百零二条　勾结外国，危害中华人民共和国的主权、领土完整和安全的，处无期徒刑或者十年以上有期徒刑。

与境外机构、组织、个人相勾结，犯前款罪的，依照前款的规定处罚。

第一百一十三条　本章上述危害国家安全罪行中，除第一百零三条第二款、第一百零五条、第一百零七条、第一百零九条外，对国家和人民危害特别严重、情节特别恶劣的，可以判处死刑。

犯本章之罪的，可以并处没收财产。

（一）背叛国家罪的概念和构成要件

背叛国家罪，是指勾结外国或者境外机构、组织、个人，危害中华人民共和国的主权、领土完整和安全的行为。

本罪原在1979年《刑法》第91条规定，罪名为"背叛祖国罪"。1997年《刑法》第102条将"祖国"改为"中华人民共和国"，因而罪名也相应地改为"背叛国家罪"。

背叛国家罪的构成要件是：

1.本罪侵犯的客体是中华人民共和国的主权、领土完整和安全。

主权是一个国家处理对内对外事务的最高权力，包括立法权、司法权、行政权、外交权等。例如，司法审判权属于一国的主权，别国无权在他国领域内享有司法权。但是，过去西方列强在中国享有领事裁判权，这就侵犯了中国主权。再如，内河航行权是一国的主权，别国船只无权在一国内河航行。但过去曾有过外国船只包括军舰在中国内河航行的历史。领土是构成国家的三要素之一，包括领陆、领水、领空。领土的完整是一个国家主权独立的标志之一。过去中国清朝政府腐败无能，与西方列强签订了许多不平等条约,割让了中国的大片领土,破坏了中国的领土完整。国家安全是指国家不受外国的军事侵略和武装干涉。如果国家遭到了别国的军事侵略和武装干涉,主权和领土完整也就失去了根本的保障,本国公民的人身财产安全就处在严重的威胁之中。所以,一国的主权、领土完整和安全是国家最根本的利益所在。如果危害了国家的主权、领土完整和安全,就危害了国家的最根本利益。勾结外国,危害国家的主权、领土完整和安全的行为是最严重的犯罪行为。

2. 客观方面表现为勾结外国或者境外机构、组织、个人,危害中华人民共和国的主权、领土完整和安全的行为。

首先,"勾结外国",不仅包括勾结外国官方机构,如政府、军队和其他国家机构,以及这些机构在我国的代表机构如外国政府驻我国的使馆、领馆等官方机构,而且包括勾结外国的政党组织、社会团体及其他组织,如外国的公司、企业组织,还包括勾结外国人,即与外国官方机构、组织以外的个人。"勾结境外机构、组织、个人",是指勾结台湾等地区的官方机构、非政府组织和个人。香港、澳门虽然分别于1997年7月1日和1999年12月20日回归祖国,但在目前情况下仍可视为"境外"。与某些国际组织进行勾结,应视为"勾结外国",不是这里的"勾结境外机构、组织"。对"境外机构、组织、个人",更不应笼统地解释为"中华人民共和国边境以外的国家和地区的官方性组织、社会性团体及外国公民、无国籍人,外籍华人"。因为如作这种解释,必然把本条第1款的内容也包含进第2款之中,而从设立第2款的本意来看,"与境外机构、组织、个人相勾结",应与"勾结外国"相区别,否则就无须规定第1款的内容了。此外,《刑法》第106条规定:"与境外机构、组织、个人相勾结,实施本章第一百零三条、第一百零四条、第一百零五条规定之罪的,依照各该条的规定从重处罚。"这一条未提到《刑法》第102条,也是因为第102条中的"与境外机构、组织、个人相勾结",本身即是犯罪的构成要件,而第106条中的"与境外机构、组织、个人相勾结",仅仅是加重处罚的情节,不是犯罪构成要件。

其次,必须有危害中华人民共和国的主权、领土完整和安全的行为。危害国家主权的行为,如擅自允许外国在中国享有司法权,擅自允许外国军队进驻本国；危害领土完整的行为，如擅自与外国签订条约，割让中国领土；危害军事安全的行为，如勾结外国发动对中国的武装进攻。

3. 犯罪主体必须为中国公民，即具有中国国籍的人。但外国人、无国籍人可以成为本罪的共犯。

由本罪行为的性质决定，能够实施背叛国家罪的人一般是本国掌握党、政、军权力的人物。比如，像签订条约之类的事情，普通的中国公民是无法实施的，必须是掌握国家权力的人才能实施。但并非绝对，有些行为，普通的中国公民也可以实施，如勾结外国军队，对中国军队发动进攻。所以，普通中国公民也可以成为本罪的主体。

4. 主观方面由故意构成，即明知自己勾结外国或者境外机构、组织、个人实施的行为会危害中华人民共和国的主权、领土完整和安全，而希望或者放任这种危害后果的发生。

（二）认定背叛国家罪应当注意的问题

认定背叛国家罪要注意正确认定本罪的既遂与未遂行为。1979年《刑法》对本罪规定为"勾结外国，阴谋危害祖国的主权、领土完整和安全"。即只要有勾结外国，阴谋危害国家主权、领土完整和安全的行为，就构成犯罪既遂。而1997年《刑法》删除了"阴谋"二字。这是考虑到，"阴谋"的含义不明确，可以是一种想法，也可以表现为暗中策划等行为。我国刑法坚决禁止思想犯，构成犯罪必须有危害社会的行为。因此，1997年《刑法》删去"阴谋"二字是完全正确的。但根据立法精神，背叛国家的行为，并不要求造成危害国家主权、领土完整和安全的实际后果，只要行为人实施了勾结外国，危害国家主权、领土完整和安全的行为，就构成本罪。无论是暗中策划，还是将形成的计划付诸实施，均不影响本罪的成立。

（三）背叛国家罪的刑事责任

依照《刑法》第102条第1款规定，犯背叛国家罪的，处无期徒刑或者十年以上有期徒刑。

依照本条第2款规定，与境外机构、组织、个人相勾结，犯本罪的，处无期徒刑或者十年以上有期徒刑。

依照《刑法》第113条第1款规定，犯本罪，对国家和人民危害特别严重、情节特别恶劣的，可以判处死刑。

依照第113条第2款规定，犯本罪的，可以并处没收财产。

依照《刑法》第56条第1款规定，犯本罪的，应当附加剥夺政治权利。

司法机关在适用《刑法》第102条及第113条规定处罚时，应当注意以下问题：

1. 严格掌握适用死刑的条件。根据《刑法》第113条第1款的规定，犯背叛国家罪，首先必须是"对国家和人民危害特别严重、情节特别恶劣的"，才可以判处死刑。其次，法律规定是"可以"判处死刑而不是"处死刑"。"可以"应当理解为一般应当判处死刑，但根据具体案情，有的也可以不判处死刑。最后，死刑包括死缓在内。按照《刑法》第48条的规定，死刑只适用于罪行极其严重的犯罪分子。对于应当判处死刑的犯罪分子，如果不是必须立即执行的，可以判处死刑同时宣告缓期二年执行。

2. 对于犯本罪的，应当附加剥夺政治权利，可以并处没收财产。《刑法》第113条第2款规定："犯本章之罪的，可以并处没收财产。"依照《刑法》第56条规定，犯本罪的，除单处剥夺政治权利的外，应当附加剥夺政治权利。

二、分裂国家罪

第一百零三条第一款　组织、策划、实施分裂国家、破坏国家统一的，对首要分子或者罪行重大的，处无期徒刑或者十年以上有期徒刑；对积极参加的，处三年以上十年以下有期徒刑；对其他参加的，处三年以下有期徒刑、拘役、管制或者剥夺政治权利。

第一百零六条　与境外机构、组织、个人相勾结，实施本章第一百零三条、第一百零四条、第一百零五条规定之罪的，依照各该条的规定从重处罚。

第一百一十三条　本章上述危害国家安全罪行中，除第一百零三条第二

款、第一百零五条、第一百零七条、第一百零九条外，对国家和人民危害特别严重、情节特别恶劣的，可以判处死刑。

犯本章之罪的，可以并处没收财产。

（一）分裂国家罪的概念和构成要件

分裂国家罪，是指组织、策划、实施分裂国家、破坏国家统一的行为。

本罪1979年《刑法》第92条作了规定，罪名为"阴谋分裂国家罪"。1997年《刑法》删除了"阴谋"一词，因而罪名也相应地作了修改。

分裂国家罪的构成要件是：

1. 本罪侵犯的客体是国家的统一。

中国是一个统一的多民族国家，有50多个民族，都在统一的中央人民政府的领导下。实现祖国统一，反对民族分裂，是中华民族的千秋伟业。一个时期以来，国内有一部分人，寻找种种理由，制造民族分裂活动，最终目的是要分裂国家。为了维护国家的统一，必须坚决打击分裂国家的犯罪活动。

2. 客观方面表现为组织、策划、实施分裂国家、破坏国家统一的行为。

"分裂国家"，是指将统一的国家分裂成几个部分，在中央政府之外又另立政府，对抗中央，割据一方，并自立为国，谋取国际上的承认。"破坏国家统一"，是指对实现国家统一的活动和进程进行阻挠、破坏，意图使国家不能实现统一。具体行为方式有三种：一是组织分裂国家、破坏国家统一的活动。即以分裂国家、破坏国家统一为目的，进行组织活动，包括组织人员、组织经费、物资等。二是策划分裂国家、破坏国家统一的活动。即以分裂国家、破坏国家统一为目的，进行策划活动，包括进行商量、计划、阴谋等活动。三是实施分裂国家、破坏国家统一的活动。即根据策划，有组织地进行具体的分裂国家、破坏国家统一的活动。例如，伊某提分裂国家案。被告人伊某提以网站为平台，传播民族分裂思想，攻击我国民族宗教政策，并与境外有关机构和个人相勾连，恶意杜撰、歪曲事实真相，炒作少数民族问题，攻击国家和政府，煽动民族仇视，鼓动少数民族群众对抗政府，为暴力恐怖活动制造借口,以实现分裂国家的目的,构成分裂国家罪。①按照法律规定,行为人只要实施了组织、策划、实施分裂国家、破坏国家统一其中一种行为的,就构成本罪;实施两种以上行为的,仍为一罪,不实行并罚。

3. 犯罪主体为一般主体,既包括中国公民,也包括外国人、无国籍人。

4. 主观方面由故意构成。

(二)认定分裂国家罪应当注意的问题

1. 正确认定犯罪形态。

分裂国家罪有三种行为方式,即组织、策划、实施。虽然从本来意义上看,只有实施行为才是实行犯,而组织、策划行为都是共犯。但由于法条中列举了组织、策划、实施三种行为方式,因此,不宜将组织、策划行为作为共犯行为,而是一种实行行为,策划、组织也不是实施行为的预备,不得根据总则规定对策划行为作为预备犯来从宽处罚。只要有组织、策划行为,即使尚无具体实施分裂国家的行为,也构成分裂国家罪的既遂。

需要注意的是,针对极少数"台独"顽固分子大肆进行"台独"分裂活动,严重危害台湾海峡地区和平稳定,严重损害两岸同胞共同利益和中华民族根本利益的现象,最高人民法院、最高人民检察院、公安部、国家安全部、司法部于2024年5月26日联合印发了《关于依法惩治"台独"顽固分子分裂国家、煽动分裂国家犯罪的意见》(以下简称《惩治"台独"犯罪意见》)。根据该意见,以将台湾从中国分裂出去为目的,组织、策划、实施下列行为之一的,依照《刑法》第103条第1款的规定,以分裂国家罪定罪处罚:(1)发起、建立"台独"分裂组织,策划、制定"台独"分裂行动纲领、计划、方案,指挥"台独"分裂组织成员或者其他人员实施分裂国家、破坏国家统一活动的;(2)通过制定、修改、解释、废止台湾地区有关规定或者"公民投票"等方式,图谋改变台湾是中国一部分的法律地位的;(3)通过推动台湾加入仅限主权国家参加的国际组织或者对外进行官方往来、军事联系等方式,图谋在国际社会制造"两个中国""一中一台""台湾

---

① 参见伊某分裂国家案,载《人民法院报》2014年9月24日第3版。

独立"的;(4)利用职权在教育、文化、历史、新闻传媒等领域大肆歪曲、篡改台湾是中国一部分的事实,或者打压支持两岸关系和平发展和国家统一的政党、团体、人员的;(5)其他图谋将台湾从中国分裂出去的行为。

2. 划清本罪与背叛国家罪的界限。

二者都可能发生领土被分裂的结果,而且分裂国家者往往也寻求一些外国的支持,甚至依附于外国。二者的区别在于:一是后者必须是行为人勾结外国,没有勾结外国的行为,就不可能构成背叛国家罪;而前者行为人虽然也可能勾结外国,但勾结外国不是本罪的构成要件,只是加重处罚的要件。二是后者危害领土完整是指将本国领土割让给外国,但国家仍是原来的国家,并未设立新的国家;而前者行为人的目的是割据一方,另立为国,使本来统一的国家四分五裂,支离破碎,成为几个国家。

(三)分裂国家罪的刑事责任

依照《刑法》第103条第1款规定,犯分裂国家罪的,对首要分子或者罪行重大的,处无期徒刑或者十年以上有期徒刑;对积极参加的,处三年以上十年以下有期徒刑;对其他参加的,处三年以下有期徒刑、拘役、管制或者剥夺政治权利。根据《惩治"台独"犯罪意见》,在"台独"分裂犯罪集团中起组织、策划、指挥作用的,应当认定为"首要分子";实施该意见第2条规定的行为,具有下列情形之一的,应当认定为"罪行重大":(1)直接参与实施"台独"分裂组织主要分裂活动的;(2)实施"台独"分裂活动后果严重、影响恶劣的;(3)其他在"台独"分裂活动中起重大作用的。实施该意见第2条规定的行为,具有下列情形之一的,应当认定为《刑法》"积极参加":(1)多次参与"台独"分裂组织分裂活动的;(2)在"台独"分裂组织中起骨干作用的;(3)在"台独"分裂组织中积极协助首要分子实施组织、领导行为的;(4)其他积极参加的。

依照《刑法》第106条规定,与境外机构、组织、个人相勾结,实施本罪的,应当在《刑法》第103条第1款规定的法定刑的幅度内从重处罚。

依照《刑法》第113条第1款规定,犯本罪,对国家和人民危害特别严重、情节特别恶劣的,可以判处死刑。

依照第113条第2款规定，犯本罪的，可以并处没收财产。

依照《刑法》第56条规定，犯本罪的，除单处剥夺政治权利的外，应当附加剥夺政治权利。

司法机关在适用《刑法》第103条第1款、第113条规定处罚时，应当注意以下问题：

1. 区别是首要分子、罪行重大者还是积极参加者或者一般参加者，分别适用不同法定刑。"首要分子"，是指分裂国家集团中起组织、策划作用者；"罪行重大"，是指具体实施分裂国家、破坏国家统一的实行者中起主要作用的犯罪分子；"积极参加的"，是指主动参加犯罪集团或一经发展当即表示参加的；"其他参加的"，是指虽然参加了犯罪集团，但起次要或者辅助作用的犯罪分子。

2. 严格掌握适用死刑的条件。"危害特别严重、情节特别恶劣"，是适用死刑的必要条件。所谓危害特别严重，司法实践中，一般是指客观危害特别严重，如已经造成国家被分裂的结果，或者引起国内严重动乱等。所谓情节特别恶劣，司法实践中，主要是指犯罪人的犯罪手段特别严重，如采取暗杀、爆炸等手段。同时要注意，法律规定是"可以判处死刑"而不是"处死刑"；死刑包括死缓在内。

三、煽动分裂国家罪

第一百零三条第二款 煽动分裂国家、破坏国家统一的，处五年以下有期徒刑、拘役、管制或者剥夺政治权利；首要分子或者罪行重大的，处五年以上有期徒刑。

第一百零六条 与境外机构、组织、个人相勾结，实施本章第一百零三条、第一百零四条、第一百零五条规定之罪的，依照各该条的规定从重处罚。

第一百一十三条第二款 犯本章之罪的，可以并处没收财产。

（一）煽动分裂国家罪的概念和构成要件

煽动分裂国家罪，是指煽动分裂国家、破坏国家统一的行为。

本罪是1997年《刑法》增设的罪名。1979年《刑法》第102条规定的反革命宣传煽动罪并不包括煽动分裂国家的行为。

煽动分裂国家罪的构成要件是：

1.本罪侵犯的客体是国家的统一，与分裂国家罪侵犯的客体相同。

2.客观方面表现为煽动分裂国家、破坏国家统一的行为。

"煽动"，是指以语言、文字、图像等方式对他人进行鼓动、宣传，使其产生或者刺激、坚定实施分裂国家、破坏国家统一的行为的意图。煽动的内容是分裂国家、破坏国家统一。如公开发表文字，认为西藏不是中国的领土，而是独立的国家，并进而要人们为实现西藏独立而行动；又如，在公开的集会上鼓动人们把新疆从中国分裂出去，依附于其他国家或者自立为国；等等。依照《全国人民代表大会常务委员会关于维护互联网安全的决定》，利用互联网造谣、诽谤或者发表、传播其他有害信息，煽动分裂国家、破坏国家统一的，成立本罪。例如，麦某煽动分裂国家案。被告人麦某明知下载的音频、视频及电子文档中有宣扬宗教极端、暴力恐怖思想的内容，仍将其公开上传至互联网，宣扬、传播宗教极端及暴力恐怖思想，煽动分裂国家、破坏国家统一，其行为构成煽动分裂国家罪。[①]依照《最高人民法院关于审理非法出版物刑事案件具体应用法律若干问题的解释》第1条，明知出版物中载有煽动分裂国家、破坏国家统一的内容，而予以出版、印刷、复制、发行、传播的，成立本罪。依照《最高人民法院、最高人民检察院关于办理妨害预防、控制突发传染病疫情等灾害的刑事案件具体应用法律若干问题的解释》第10条第2款，利用突发传染病疫情等灾害，制造、传播谣言，煽动分裂国家、破坏国家统一的，成立本罪。根据最高人民法院、最高人民检察院、公安部、国家安全部、司法部于2024年5月26日联合印发的《关于依法惩治"台独"顽固分子分裂国家、煽动分裂国家犯罪的意见》（以下简

---

① 河南省南阳市中级人民法院（2014）南刑三初字第00011号。

称《惩治"台独"犯罪意见》），以将台湾从中国分裂出去为目的，实施下列行为之一的，以煽动分裂国家罪定罪处罚：（1）顽固宣扬"台独"分裂主张及其分裂行动纲领、计划、方案的；（2）其他煽动将台湾从中国分裂出去的行为。

3. 犯罪主体为一般主体。

既可以是在国内有一定政治影响的人物，也可以是普通的公民；既可以是中国人，也可以是外国人、无国籍人。

4. 主观方面由故意构成。

意图通过煽动，使他人进行分裂国家、破坏国家统一的活动，或者通过宣传、鼓动，为他人已经进行的组织、策划、实施分裂国家、破坏国家统一的活动，制造舆论，推波助澜，或借此引起国内民族矛盾，导致民族冲突和对抗。

（二）认定煽动分裂国家罪应当注意的问题

1. 本罪是行为犯。

只要行为人实施了煽动分裂国家、破坏国家统一的行为，就构成本罪的既遂，不需要因煽动使他人实施了分裂国家、破坏国家统一的行为。

2. 依照《最高人民法院、最高人民检察院关于办理组织、利用邪教组织破坏法律实施等刑事案件适用法律若干问题的解释》第10条，组织、利用邪教组织破坏国家法律、行政法规实施过程中，又有煽动分裂国家犯罪行为的，依照数罪并罚的规定定罪处罚。

3. 应将本罪与分裂国家罪中的组织、策划行为区别开来。

组织、策划分裂国家的行为其中也可能包含着用言语、文字等方式，但是组织者的行为主要是组织行为，包括组织人力、物力、财力的行为；而策划则是在一起商量、谋划，参与策划者都已决意进行分裂国家、破坏国家统一的行为，策划的目的是如何更周密、更有把握地实施。这与煽动本无分裂国家目的的人产生分裂国家的意图并进而实施分裂国家的行为是不同的。

(三)煽动分裂国家罪的刑事责任

依照《刑法》第 103 条第 2 款规定,犯煽动分裂国家罪的,处五年以下有期徒刑、拘役、管制或者剥夺政治权利;对其中的首要分子或者罪行重大的,处五年以上有期徒刑。根据《惩治"台独"犯罪意见》,实施该意见第 7 条规定的行为,情节严重、造成严重后果或者造成特别恶劣影响的,应当认定为"罪行重大"。

依照《刑法》第 113 条第 2 款规定,犯本罪的,可以并处没收财产。

依照《刑法》第 56 条规定,犯本罪的,除单处剥夺政治权利的外,应当附加剥夺政治权利。

司法机关在适用《刑法》第 103 条第 2 款、第 113 条第 2 款规定处罚时,应当注意以下问题:

1. 本罪规定了两个档次的法定刑,要区别不同情况,正确适用。煽动分裂国家、破坏国家统一的首要分子,是指在聚众煽动中起组织、策划、指挥作用的犯罪分子,其本人并不直接进行煽动,而是组织、策划、指挥他人进行煽动;煽动分裂国家、破坏国家统一罪行重大的,是指直接进行煽动活动,对多人多次进行煽动,或因煽动造成严重后果的。

2. 依照《刑法》第 106 条的规定,与境外机构、组织、个人相勾结实施煽动分裂国家、破坏国家统一的,应当在《刑法》第 103 条第 2 款规定的两个档次的法定刑幅度内,从重处罚。

四、武装叛乱、暴乱罪

第一百零四条 组织、策划、实施武装叛乱或者武装暴乱的,对首要分子或者罪行重大的,处无期徒刑或者十年以上有期徒刑;对积极参加的,处三年以上十年以下有期徒刑;对其他参加的,处三年以下有期徒刑、拘役、管制或者剥夺政治权利。

策动、胁迫、勾引、收买国家机关工作人员、武装部队人员、人民警察、民兵进行武装叛乱或者武装暴乱的,依照前款的规定从重处罚。

第一百零六条　与境外机构、组织、个人相勾结，实施本章第一百零三条、第一百零四条、第一百零五条规定之罪的，依照各该条的规定从重处罚。

第一百一十三条　本章上述危害国家安全罪行中，除第一百零三条第二款、第一百零五条、第一百零七条、第一百零九条外，对国家和人民危害特别严重、情节特别恶劣的，可以判处死刑。

犯本章之罪的，可以并处没收财产。

（一）武装叛乱、暴乱罪的概念和构成要件

武装叛乱、暴乱罪，是指组织、策划、实施武装叛乱或者武装暴乱的行为。

本罪1979年《刑法》第93条和第95条分别作了规定，罪名为"策动叛乱罪""持械聚众叛乱罪"。1997年《刑法》将策动、实施行为规定在一条中，并且增加了武装暴乱的规定，因而罪名相应地改为"武装叛乱、暴乱罪"。

武装叛乱、暴乱罪的构成要件是：

1. 本罪侵犯的客体是复杂客体。既侵害我国人民民主专政的政权，又同时侵害国家和人民的财产安全以及公民的人身安全，但主要侵害的是我国人民民主专政的政权。

武装叛乱、暴乱者以反叛国家和政府为目的，在叛乱、暴乱过程中往往具有杀人、伤害、抢劫、放火、爆炸等行为。因此，本罪不仅危害国家政权和社会主义制度，而且往往还危害公民的人身、财产以及国家社会的财产安全。

2. 客观方面表现为组织、策划、实施武装叛乱或者武装暴乱的行为。

"叛乱"，是指意图投靠境外组织或者境外敌对势力而反叛国家和政府。反叛的方式是采取武装手段，即配备杀伤性、破坏性的武器、弹药、爆炸物、车辆等进行爆炸、放火、杀人，破坏道路、桥梁、建筑，抢劫档案、军火或者其他物资等。"暴乱"，是指不以投靠境外敌对势力为目的，而是采用武力的形式，直接与国家或者政府进行对抗。应当指出的是，构成武装叛乱、暴乱罪，不仅表现为直接实施上述武装叛乱、暴乱的行为，而且包括组织、策划行为。即虽然行为人不亲自实施杀人、放火、爆炸、抢劫等叛乱、暴乱行为，而是组织他人实施这些行为，或者进行策划，制定武装叛乱、武装暴乱计划，作为实施叛乱、暴乱的行动根据，也构成本罪。此外，策动、胁迫、勾引、收买国家机关工作人员、武装部队人员、人民警察、民兵进行武装叛乱或者武装暴乱的，也构成本罪。

3. 犯罪主体为一般主体。包括中国人、外国人、无国籍人。

4. 主观方面由直接故意构成，并且具有武装叛乱、暴乱的目的。武装叛乱的目的是投靠境外敌对势力，破坏、推翻人民民主专政的政权，危害本国社会主义的制度；武装暴乱的目的是推翻、破坏国内的政权、制度。

（二）认定武装叛乱、暴乱罪应当注意的问题

1. 划清本罪与一般群众闹事的界限。

本罪的行为人以破坏人民民主专政的政权、推翻社会主义制度为目的；而一般群众闹事则是由于对党和国家的政策不了解，或者有关部门对某些问题处理不当，引起矛盾激化，但不具有危害政权的目的。有的群众闹事中也有冲击国家机关、殴打国家机关工作人员、毁坏公共财物等行为，但不属于叛乱或者暴乱的性质。此外，构成武装叛乱、暴乱罪必须采取武装形式，即携带或者使用了枪、炮等武器，与国家和政府进行对抗。如果行为人没有携带或者使用武器，只是使用一般性的暴力，如扔石块等，则不能构成武装叛乱、暴乱罪。

2. 划清一罪与数罪的界限。

在武装叛乱、暴乱的过程中，行为人往往同时实施杀人、伤害、爆炸、放火、抢劫等行为。但这些行为已包含于武装叛乱、暴乱的行为之中，属于想象竞合犯，应从一重罪处罚，不实行数罪并罚。

3. 本罪属选择性罪名。

按照法律规定，行为人只要实施了武装叛乱或者武装暴乱其中一种行为，就构成本罪；实施了两种行为的，仍为一罪，不实行并罚，量刑时可作参考。

(三)武装叛乱、暴乱罪的刑事责任

依照《刑法》第104条第1款规定,犯武装叛乱、暴乱罪的,对首要分子或者罪行重大的,处无期徒刑或者十年以上有期徒刑;对积极参加的,处三年以上十年以下有期徒刑;对其他参加的,处三年以下有期徒刑、拘役、管制或者剥夺政治权利。

依照本条第2款规定,策动、胁迫、勾引、收买国家机关工作人员、武装部队人员、人民警察、民兵进行武装叛乱或者武装暴乱的,依照前款的规定从重处罚。

依照《刑法》第106条规定,与境外机构、组织、个人相勾结,实施本罪的,依照第104条规定从重处罚。

依照《刑法》第113条第1款规定,犯本罪,对国家和人民危害特别严重、情节特别恶劣的,可以判处死刑。

依照第113条第2款规定,犯本罪的,可以并处没收财产。

依照《刑法》第56条规定,犯本罪的,除单处剥夺政治权利的外,应当附加剥夺政治权利。

司法机关在适用《刑法》第104条、第106条、第113条规定处罚时,应当注意以下问题:

1. 本罪规定了三个档次的法定刑,要区别不同情况,正确适用。"首要分子",是指组织、策划、指挥武装叛乱、暴乱的犯罪分子;"罪行重大的",是指在实施武装叛乱、暴乱的过程中,进行了杀人、伤害、放火、爆炸、抢劫等行为,并造成严重后果的;"积极参加的",是指听从首要分子的组织、策划,表现积极,但尚不够罪行重大的;"其他参加的",是指被裹挟参加,表现被动、消极的。

2. 严格掌握适用死刑的条件。犯武装叛乱、暴乱罪,判处死刑,必须是对国家和人民危害特别严重、情节特别恶劣。如果整个武装叛乱、暴乱危害特别严重,如造成多人死伤、大面积的建筑物遭受严重破坏,国家财产遭受特别严重损失的;或者情节特别恶劣,如在叛乱、暴乱过程中手段残忍,烧死、吊死他人等,对组织者、策划者和具体实施者,则"可以"判处死刑,

而不是"处死刑";死刑包括死缓在内。

3. 正确理解和适用《刑法》第 104 条第 2 款关于从重处罚的规定。按照该款规定,策动、胁迫、勾引、收买国家机关工作人员、武装部队人员、人民警察、民兵进行武装叛乱或者武装暴乱的,从重处罚。策动、胁迫、勾引、收买其实都是教唆行为。因此,该款规定是对教唆他人武装叛乱、暴乱的规定。如果教唆一般人进行武装叛乱或暴乱,按照教唆者所起的作用、所处的地位处罚;如果教唆的是特殊人员,如国家机关工作人员、武装部队人员、人民警察、民兵,危害性更大,因此,应当从重处罚,即分别不同情况,在《刑法》第 104 条规定的三个档次的法定刑幅度内,从重处罚。

五、颠覆国家政权罪

第一百零五条第一款 组织、策划、实施颠覆国家政权、推翻社会主义制度的,对首要分子或者罪行重大的,处无期徒刑或者十年以上有期徒刑;对积极参加的,处三年以上十年以下有期徒刑;对其他参加的,处三年以下有期徒刑、拘役、管制或者剥夺政治权利。

第一百零六条 与境外机构、组织、个人相勾结,实施本章第一百零三条、第一百零四条、第一百零五条规定之罪的,依照各该条的规定从重处罚。

第一百一十三条第二款 犯本章之罪的,可以并处没收财产。

(一)颠覆国家政权罪的概念和构成要件

颠覆国家政权罪,是指组织、策划、实施颠覆国家政权、推翻社会主义制度的行为。

本罪 1979 年《刑法》第 92 条作了规定,罪名为"阴谋颠覆政府罪"。1997 年《刑法》删去了"阴谋"一词,罪名也相应地改为"颠覆国家政权罪"。

颠覆国家政权罪的构成要件是:

1. 本罪侵犯的客体是人民民主专政的国家政权和社会主义制度。

我国是工人阶级领导的、以工农联盟为基础的人民民主专政的社会主义国家。我国《宪法》规定:"社会主义制度是中华人民共和国的根本制度。……禁止任何组织或者个人破坏社会主义制度。"因此,任何企图以各种非法手段颠覆国家政权,推翻社会主义制度的行为,都是对我国国家安全的严重危害。

2. 客观方面表现为组织、策划、实施颠覆国家政权、推翻社会主义制度的行为。

"颠覆国家政权",是指以各种非法手段推翻国家政权组织,包括我国各级权力机关、行政机关、司法机关、军事机关在内的整个政权;"推翻社会主义制度",是指以各种方式改变以公有制为主体的社会主义的社会制度。颠覆、推翻的手段指武装暴动以外的各种非法手段,可以是公开进行的,也可以是秘密进行的。具体方式有三种:一是组织行为,即为颠覆国家政权而进行组织活动,包括组织人力、物力、财力;二是策划行为,即为颠覆国家政权而进行谋划、制定计划等活动;三是实施行为,即具体实施颠覆国家政权的活动,如发动武装政变等。

3. 犯罪主体为一般主体,主要是在党、政、军内部有一定地位、影响的人物。如林彪、江青反革命集团的成员。外国人、无国籍人可以成为本罪共犯。

4. 主观方面由故意构成,目的是颠覆国家政权、推翻社会主义制度。

(二)认定颠覆国家政权罪应当注意的问题

1. 本罪是行为犯。

构成本罪的既遂不要求行为人已经造成了颠覆国家政权、推翻社会主义制度的实际结果,只要查明行为人有以颠覆国家政权、推翻社会主义制度为目的而进行组织、策划、实施的行为,就构成本罪的既遂。例如,吕某松颠覆国家政权案。被告人吕某松以非法组织"中国民主党"成员的身份和"中国民主党浙江委员会"名义,组织、策划、实施颠覆我国国家政权、推翻我国社会主义制度的一系列行为，构成颠覆国家政权罪。[①]

2. 划清本罪与分裂国家罪的界限。

二者都是为了建立非法政权，但是前者是以新的政权取代原有的政权，而后者则是在中央政权之外另立中央，割据一方，自立为国。

3. 划清本罪与武装暴乱罪的界限。

二者都可能有颠覆政权的企图，但是前者所采取的是武装暴乱以外的非法手段，如高级官员发动军事政变，推翻现政权；后者则是采取武装暴乱的方式，而武装暴乱通常是政权系统外部的人员发动的。军事政变虽然也有暴力，但不是武装暴乱。

（三）颠覆国家政权罪的刑事责任

依照《刑法》第105条第1款规定，犯颠覆国家政权罪的，对首要分子或者罪行重大的，处无期徒刑或者十年以上有期徒刑；对积极参加的，处三年以上十年以下有期徒刑；对其他参加的，处三年以下有期徒刑、拘役、管制或者剥夺政治权利。

依照《刑法》第106条规定，与境外机构、组织、个人相勾结，实施本罪的，依照第105条第1款的规定从重处罚。

依照《刑法》第113条第2款规定，犯本罪的，可以并处没收财产。

依照《刑法》第56条规定，犯本罪的，除单处剥夺政治权利的外，应当附加剥夺政治权利。

司法机关在适用《刑法》第105条第1款、第106条、第113条第2款规定处罚时，应当注意以下问题：

1. 本罪规定了三个档次的法定刑，要区别不同情况，正确适用。"首要分子"，是指组织者、策划者，不包括实施者；"罪行重大的"，是指在颠覆国家政权过程中，具体实施、执行，并直接造成严重后果的犯罪人；"积极参加的"，是指在实施颠覆国家政权的过程中积极参加活动，但尚不够罪行重大者；"其他参加的"，是指在实施颠覆国家政权的犯罪中，被动、消极地

[①] 浙江省高级人民法院（2016）浙刑终311号。

服从,并没有造成严重后果者。

2. 正确适用从重处罚的规定。法律规定,与境外机构、组织、个人相勾结,实施颠覆国家政权罪的,应当从重处罚,是指在《刑法》第105条第1款规定的三个档次的法定刑幅度内判处较重的刑罚。

六、煽动颠覆国家政权罪

第一百零五条第二款 以造谣、诽谤或者其他方式煽动颠覆国家政权、推翻社会主义制度的,处五年以下有期徒刑、拘役、管制或者剥夺政治权利;首要分子或者罪行重大的,处五年以上有期徒刑。

第一百零六条 与境外机构、组织、个人相勾结,实施本章第一百零三条、第一百零四条、第一百零五条规定之罪的,依照各该条的规定从重处罚。

第一百一十三条第二款 犯本章之罪的,可以并处没收财产。

（一）煽动颠覆国家政权罪的概念和构成要件

煽动颠覆国家政权罪,是指以造谣、诽谤或者其他方式煽动颠覆国家政权、推翻社会主义制度的行为。

本罪1979年《刑法》第102条作了规定,罪名为"反革命宣传煽动罪"。1997年《刑法》取消了反革命宣传煽动罪,设置了煽动颠覆国家政权罪。

煽动颠覆国家政权罪的构成要件是:

1. 本罪侵犯的客体是我国人民民主专政的政权和社会主义制度。

虽然行为人可能不亲自去实施颠覆国家政权、推翻社会主义制度的行为,但是行为人通过造谣、诽谤等方式煽动他人去实施颠覆国家政权、推翻社会主义制度的行为,实际上是颠覆国家政权罪的教唆行为,是颠覆国家政权行为的肇始因素,从根本上侵害了我国人民民主专政政权和社会主义制度。

2. 客观方面表现为以造谣、诽谤或者其他方式煽动颠覆国家政权、推翻社会主义制度的行为。

煽动，即宣传、鼓动。煽动的方式包括造谣、诽谤或者其他方式。"造谣"，是指制造谣言，捏造没有事实根据的传闻、消息。"诽谤"，是指恶意诬蔑、中伤。具体形式多种多样，如当众演讲，呼喊反动口号，投寄匿名信，散发、张贴传单等。本罪的行为特征是以非武装暴乱方式颠覆国家政权。依照《全国人民代表大会常务委员会关于维护互联网安全的决定》，利用互联网造谣、诽谤或者发表、传播其他有害信息，煽动颠覆国家政权、推翻社会主义制度的，成立本罪。例如，江某勇煽动颠覆国家政权案。被告人江某勇受反华势力渗透影响，以颠覆国家政权、推翻社会主义制度为目的，通过在互联网上发布文章、接受境外媒体采访、炒作热点案事件等方式抹黑国家政权机关，攻击宪法所确立的制度，煽动颠覆国家政权、推翻社会主义制度，其行为构成煽动颠覆国家政权罪。[①] 依照《最高人民法院关于审理非法出版物刑事案件具体应用法律若干问题的解释》第1条，明知出版物中载有煽动颠覆国家政权、推翻社会主义制度的内容，而予以出版、印刷、复制、发行、传播的，成立本罪。例如被告人王某甲煽动颠覆国家政权案，王某甲就是实施了这些行为从而构成本罪。[②] 依照《最高人民法院、最高人民检察院关于办理妨害预防、控制突发传染病疫情等灾害的刑事案件具体应用法律若干问题的解释》第10条第2款，利用突发传染病疫情等灾害，制造、传播谣言，煽动颠覆国家政权、推翻社会主义制度的，成立本罪。

3. 犯罪主体为一般主体。无论是中国公民、外国公民或者无国籍人，都可成为本罪主体。本罪为任意共同犯罪（单个人可构成犯罪）。

4. 主观方面由故意构成，并且具有颠覆国家政权和推翻社会主义制度的目的。行为人希望通过自己的煽动，把别人煽动起来，实施颠覆国家政权、推翻社会主义制度的行为。

---

① 参见江某勇煽动颠覆国家政权案，载《人民法院报》2017年11月22日第3版。
② 湖北省高级人民法院（2013）鄂刑一终字第00091号。

（二）认定煽动颠覆国家政权罪应当注意的问题

1. 正确认定本罪的既遂。

本罪是行为犯。只要行为人实施了煽动颠覆国家政权、推翻社会主义制度的行为，即使群众没有被煽动起来，也构成犯罪的既遂。因此，本罪不存在未遂问题。

2. 划清罪与非罪的界限。

要把煽动颠覆国家政权罪与群众中的落后言论与不满言论、学术争论中的错误观点、政治性错误等区别开来。罪与非罪的区别主要表现在：（1）是否具有把群众煽动起来颠覆国家政权和推翻社会主义制度的目的。构成煽动颠覆国家政权罪，行为人必须具有上述目的。如果不具有这个目的，就不能构成本罪。而群众由于对国家法律、政策一时不理解，或者由于党和政府工作中的失误，给群众生活、社会风气等造成不良影响，群众出于良好的愿望批评政府，或者在一起发发牢骚等，并不具有煽动颠覆国家政权和推翻社会主义制度的目的，而是意图促进改进党和政府的工作，使国家和社会进步。即使言论有些过激，也不构成犯罪。（2）是否具有煽动行为。颠覆国家政权和推翻社会主义制度的意图必须通过行为表现出来，而煽动行为便是这种意图的体现。只有恶意捏造不存在的事实，或者歪曲事实，诋毁国家政权和社会主义制度的，才能视为煽动。如果没有造谣、诽谤，而是针对政府工作中客观存在的失误和缺点，发表正常的批评意见，不能视为煽动。

3. 依照《最高人民法院、最高人民检察院关于办理组织、利用邪教组织破坏法律实施等刑事案件适用法律若干问题的解释》第10条，组织、利用邪教组织破坏国家法律、行政法规实施过程中，又有煽动颠覆国家政权犯罪行为的，依照数罪并罚的规定定罪处罚。

（三）煽动颠覆国家政权罪的刑事责任

依照《刑法》第105条第2款规定，犯煽动颠覆国家政权罪的，处五年以下有期徒刑、拘役、管制或者剥夺政治权利；首要分子或者罪行重大的，处五年以上有期徒刑。

依照《刑法》第 106 条规定，与境外机构、组织、个人相勾结，实施本罪的，依照第 105 条第 2 款的规定从重处罚。

依照《刑法》第 113 条第 2 款规定，犯本罪的，可以并处没收财产。

依照《刑法》第 56 条规定，犯本罪的，除单处剥夺政治权利的外，应当附加剥夺政治权利。

司法机关在适用《刑法》第 105 条第 2 款、第 106 条、第 113 条第 2 款规定处罚时，应当注意以下问题：

1. 对犯本罪的，应区分罪行一般者与首要分子、罪行重大者，分别适用不同的法定刑。"首要分子"，是指在煽动颠覆国家政权、推翻社会主义制度的犯罪中起组织、策划、指挥作用的犯罪分子，而不是颠覆国家政权犯罪集团中的首要分子；"罪行重大"，是指积极进行煽动，在煽动颠覆国家政权的犯罪中起主要作用的犯罪分子，或者因其煽动，致使他人实施了颠覆国家政权行为，造成严重后果的。

2. 与境外机构、组织、个人相勾结，实施煽动颠覆国家政权罪的，应当根据行为人在犯罪中所起的作用，分别在两个档次的法定刑的幅度内从重处罚。

七、资助危害国家安全犯罪活动罪

第一百零七条 境内外机构、组织或者个人资助实施本章第一百零二条、第一百零三条、第一百零四条、第一百零五条规定之罪的，对直接责任人员，处五年以下有期徒刑、拘役、管制或者剥夺政治权利；情节严重的，处五年以上有期徒刑。

第一百一十三条第二款 犯本章之罪的，可以并处没收财产。

（一）资助危害国家安全犯罪活动罪的概念和构成要件

资助危害国家安全犯罪活动罪，是指境内外机构、组织或者个人资助实施背叛国家罪，分裂国家罪，煽动分裂国家罪，武装叛乱、暴乱罪，颠覆国家政权罪和煽动颠覆国家政权罪的行为。

本罪是1997年《刑法》增设的罪名，1979年《刑法》和单行刑法均没有规定此罪名。2011年2月25日《刑法修正案（八）》第20条对本罪的罪状作了修改，删除了对资助对象身份的限制性规定，但罪名未作修改。刑法原第107条为："境内外机构、组织或者个人资助境内组织或者个人实施本章第一百零二条、第一百零三条、第一百零四条、第一百零五条规定之罪的，对直接责任人员，处五年以下有期徒刑、拘役、管制或者剥夺政治权利；情节严重的，处五年以上有期徒刑。"

资助危害国家安全犯罪活动罪的构成要件是：

1. 本罪侵犯的客体是国家安全。

背叛国家、分裂国家、煽动分裂国家、武装叛乱或者暴乱、颠覆国家政权、煽动颠覆国家政权的行为都是对国家安全具有重大危害的犯罪，特别是背叛国家罪，分裂国家罪，武装叛乱、暴乱罪，颠覆国家政权罪，对国家安全的危害尤甚。进行这些危害国家安全的犯罪活动，无疑需要物质上的支持。可以说，拥有物资、经费等是实施这些犯罪的重要条件。因此，如果对实施这些危害国家安全犯罪的人员予以物质上的资助，实际上就是帮助犯，其帮助行为与其帮助的危害国家安全行为侵害的目标是一致的，都是国家安全。

2. 客观方面表现为资助实施背叛国家罪，分裂国家罪，武装叛乱、暴乱罪，颠覆国家政权罪等犯罪。

鉴于这几种犯罪对国家安全最具危险性，《刑法修正案（八）》删除了《刑法》原第107条规定的资助对象，即"境内组织或者个人"。这样被资助者不再限于境内组织或者个人，资助境外组织、机构或者个人实施危害中华人民共和国国家安全相关犯罪的行为，同样可以根据《刑法》第107条规定定罪处罚。"资助"，是指向实施上述危害国家安全犯罪活动的组织或者个人提供金钱、通讯器材、交通工具或者其他物品。例如，为分裂国家的犯罪分子提供金钱，使其得以在国外到处游说、宣传，进行破坏国家统一、分裂国家的犯罪活动；又如，为进行武装叛乱、暴乱的犯罪分子提供枪炮、弹药、交通工具、通讯工具等。资助可以是事后提供帮助，包括提供场所。超出资助范围而直接参与者按《刑法》第107条所列相关罪定罪处罚。

3.犯罪主体为境内外机构、组织或者个人。

实际上是一般主体，不仅包括自然人，而且包括单位；不仅包括境内机构、组织、个人，而且包括境外机构、组织、个人。《刑法》第6条规定，凡在中华人民共和国领域内犯罪的，除法律有特别规定的以外，都适用中国刑法。犯罪的行为或者结果有一项发生在中华人民共和国领域内的，就认为是在中华人民共和国领域内犯罪。资助危害国家安全犯罪活动，无论资助行为发生在国内还是国外，但因资助的结果肯定发生在中国领域内，所以应为在中国领域内犯罪，适用中国刑法。

4.主观方面由故意构成。即明知境内外的组织或者个人实施或者准备实施背叛国家，分裂国家，煽动分裂国家，武装叛乱、暴乱，颠覆国家政权，煽动颠覆国家政权的行为，却故意加以资助，目的是想通过资助行为，便利境内外组织、人员实施上述危害国家安全的犯罪。过失不构成本罪。

（二）认定资助危害国家安全犯罪活动罪应当注意的问题

1.划清罪与非罪的界限。

构成资助危害国家安全犯罪活动罪，主观上必须是故意，即明知他人在进行背叛国家等危害国家安全的犯罪活动，而予以资助。如果不知道他人进行的是犯罪活动，更不知道进行的是危害国家安全的犯罪活动，而予以物质方面的资助的，不构成犯罪。

2.划清本罪与其他犯罪的界限。

本罪有特定的资助对象，仅限于背叛国家罪，分裂国家罪，煽动分裂国家罪，武装叛乱、暴乱罪，颠覆国家政权罪，煽动颠覆国家政权罪。因此，如果资助其他危害国家安全的犯罪，如资助投敌叛变罪，叛逃罪，间谍罪，为境外窃取、刺探、收买、非法提供国家秘密、情报罪等，不能构成资助危害国家安全犯罪活动罪，但并非不构成犯罪，而是构成上述犯罪的共犯，即帮助犯，应当根据《刑法》总则共同犯罪的规定，作为共犯处理。

3.划清一罪与数罪的界限。

本罪是一个独立的罪名，不是选择性罪名。因此，尽管本罪可具体表现为对背叛国家的资助，对分裂国家的资助，对武装叛乱、暴乱的资助，对颠覆国家政权的资助等，也可能同时或者先后对这几种犯罪都予以资助，但在罪名上都只能定资助危害国家安全犯罪活动罪一个罪，既不能单独定资助背叛国家罪、资助分裂国家罪等，也不能因其同时或者先后资助了数种犯罪，就按数罪实行并罚，而仍应以一个资助危害国家安全犯罪活动罪论处。

（三）资助危害国家安全犯罪活动罪的刑事责任

依照《刑法》第107条规定，犯资助危害国家安全犯罪活动罪的，对直接责任人员，处五年以下有期徒刑、拘役、管制或者剥夺政治权利；情节严重的，处五年以上有期徒刑。

依照《刑法》第113条第2款规定，犯本罪的，可以并处没收财产。

依照《刑法》第56条规定，犯本罪的，除单处剥夺政治权利的外，应当附加剥夺政治权利。

司法机关在适用《刑法》第107条、第113条第2款规定处罚时，应当注意以下问题：

1.《刑法》第107条的"情节严重"，是加重处罚情节，司法实践中，一般是指多次（三次以上）资助他人实施危害国家安全的犯罪活动的；资助多人（三人以上）实施危害国家安全的犯罪活动的；资助的数量很大，或者其资助行为在他人实施危害国家安全的犯罪活动中起到了重要作用的；等等。

2.本罪的行为主体尽管既包括自然人，也包括机构、组织，但责任主体只能是自然人，单位（机构、组织）不承担刑事责任，承担刑事责任的是机构、组织中的"直接责任人员"。所谓直接责任人员，是指机构、组织中对资助危害国家安全犯罪活动起决定作用或者参与策划、组织、指挥以及具体实施的人员，不包括对此并不知情的人员。

八、投敌叛变罪

第一百零八条　投敌叛变的，处三年以上十年以下有期徒刑；情节严重或者带领武装部队人员、人民警察、民兵投敌叛变的，处十年以上有期徒刑或者无期徒刑。

第一百一十三条 本章上述危害国家安全罪行中，除第一百零三条第二款、第一百零五条、第一百零七条、第一百零九条外，对国家和人民危害特别严重、情节特别恶劣的，可以判处死刑。

犯本章之罪的，可以并处没收财产。

（一）投敌叛变罪的概念和构成要件

投敌叛变罪，是指投靠、投奔敌国、敌方，出卖国家和人民利益的行为。

本罪1979年《刑法》第94条作了规定，1997年《刑法》对罪状作了修改，但罪名未改。

投敌叛变罪的构成要件是：

1. 侵犯的客体是国家安全。无论在战争时期还是和平时期，投靠敌国或者敌方的行为，都会危害本国或者本方的利益。

2. 客观方面表现为投敌叛变的行为。投敌，即投靠敌人。所谓敌人，既包括国外的敌人，即敌国，也包括国内的敌人，即与我国合法政府敌对的一方；既包括交战状态下的敌人，也包括和平环境中的敌对营垒。投靠，包括两种情况：一是投奔，即由我国、我方逃到敌国、敌方，脱离我国或者我方的指挥、管辖；二是投降，即在被敌俘虏后宣布脱离我国或者我方，愿意成为敌国或敌方的成员，或者为敌国或敌方服务。所谓叛变，也即背离我国或者我方阵营，成为敌国或敌方的人员。投敌叛变，包括被捕、被俘后叛变的行为。逃往敌国、敌占区而未投敌叛变的，不构成本罪。投靠的"敌方"如为间谍组织，则构成本罪与《刑法》第110条规定的间谍罪的想象竞合，应"择一重罪"处断。

3. 犯罪主体为中华人民共和国公民，但不限于武装部队人员、人民警察、民兵，其他普通百姓、行政官员、司法官员等也可以构成本罪的主体。外国人、无国籍人可以成为本罪的共犯。

4. 主观方面是直接故意，并且以危害我国或者我方利益为目的。间接故意和过失不构成本罪。

（二）投敌叛变罪的刑事责任

依照《刑法》第108条规定，犯投敌叛变罪的，处三年以上十年以下有期徒刑；情节严重或者带领武装部队人员、人民警察、民兵投敌叛变的，处十年以上有期徒刑或者无期徒刑。

依照《刑法》第113条第1款规定，犯本罪，对国家和人民危害特别严重、情节特别恶劣的，可以判处死刑。

依照第113条第2款规定，犯本罪的，可以并处没收财产。

依照《刑法》第56条规定，犯本罪的，除单处剥夺政治权利的外，应当附加剥夺政治权利。

司法机关在适用《刑法》第108条、第113条规定处罚时，应当注意以下问题：

1.区别不同情节，正确适用法定刑。《刑法》第108条规定了两个档次的法定刑。情节一般的，法定最高刑为十年；情节严重或者带领武装部队人员、人民警察、民兵投敌叛变的，法定最高刑为无期徒刑。所谓情节严重，司法实践中，一般是指携带武器或者国家秘密投敌叛变的；带领他人与其一同叛变的；叛变后为敌人效力的；高级官员或者负有重要职责的人叛变的；等等。"带领武装部队人员、人民警察、民兵投敌叛变的"，是指带领一个以上武装部队人员、人民警察、民兵投敌叛变的行为。

2.严格掌握适用死刑的条件。投敌叛变的行为，必须"对国家和人民危害特别严重、情节特别恶劣"，这两个条件同时具备，才"可以"适用死刑；死刑包括死缓在内。所谓对国家和人民危害特别严重、情节特别恶劣，司法实践中，一般是指因投敌叛变，致使我方人员遭到敌人逮捕、杀害，财产遭受特别严重损失的；带领人数众多的武装部队人员、人民警察、民兵投敌叛变的；携带大量武器、弹药、重要国家机密等投敌叛变的；等等。

九、叛逃罪

第一百零九条 国家机关工作人员在履行公务期间,擅离岗位,叛逃境外或者在境外叛逃的,处五年以下有期徒刑、拘役、管制或者剥夺政治权利;情节严重的,处五年以上十年以下有期徒刑。

掌握国家秘密的国家工作人员叛逃境外或者在境外叛逃的,依照前款的规定从重处罚。

第一百一十三条第二款 犯本章之罪的,可以并处没收财产。

(一)叛逃罪的概念和构成要件

叛逃罪,是指国家机关工作人员或者掌握国家秘密的国家工作人员在履行公务期间,擅离岗位,叛逃境外或者在境外叛逃的行为。

本罪是1997年《刑法》增设的罪名,1979年《刑法》和单行刑法均没有规定此罪名。《刑法修正案(八)》第21条对罪状作了修改,但罪名未改。《刑法》原第109条为:"国家机关工作人员在履行公务期间,擅离岗位,叛逃境外或者在境外叛逃,危害中华人民共和国国家安全的,处五年以下有期徒刑、拘役、管制或者剥夺政治权利;情节严重的,处五年以上十年以下有期徒刑。掌握国家秘密的国家工作人员犯前款罪的,依照前款的规定从重处罚。"

叛逃罪的构成要件是:

1.侵犯的客体是国家利益和安全。

国家机关工作人员或者掌握国家秘密的国家工作人员在履行公务期间,擅离岗位,叛逃境外或者在境外叛逃,就可能给国家利益和安全造成危害。如掌握国家秘密的国家工作人员叛逃,就可能泄露国家重要机密,危害我国的国防、外交或者重大经济利益。

2.客观方面表现为在履行公务期间,擅离岗位,叛逃境外或者在境外叛逃的行为。

"履行公务期间",主要指国家机关工作人员在代表国家履行职务的期间,如国家机关派出的代表团在国外访问期间,我国驻外使、领馆的外交人员在执行使、领馆职务期间等;"擅离岗位",是指违反规定私自离开代表国家履行职务的岗位的行为;"叛逃境外",是指同境外的机构、组织联络,由境内逃离到境外的行为,逃往外国驻华使、领馆的,亦应以叛逃境外论处。例如王某军徇私枉法、叛逃、滥用职权、受贿案中,被告人王某军作为国家机关工作人员,叛逃外国驻华使领馆,构成叛逃罪。① "在境外叛逃的",是指国家机关工作人员或者掌握国家秘密的国家工作人员在境外擅自不回国,或者擅自脱离在国外期间的岗位,投靠境外机构、组织的行为。《刑法修正案(八)》第21条对本罪的罪状在两处作了修改:一是在第1款"叛逃境外或者在境外叛逃"之后,删除了"危害中华人民共和国国家安全"的限制条件。国家机关工作人员叛逃构成本罪,不再需要以危害国家安全为要件。二是在第2款将"掌握国家秘密的国家工作人员犯前款罪的",修改为"掌握国家秘密的国家工作人员叛逃境外或者在境外叛逃的",实质删除了在履行公务期间擅离岗位的限定条件,表明掌握国家秘密的国家工作人员无论何时,在何种情况下叛逃都构成本罪。

3. 犯罪主体为特殊主体。即国家机关工作人员和掌握国家秘密的国家工作人员。

国家机关工作人员,是指在国家权力机关、行政机关、司法机关、军事机关中从事公务的人员。掌握国家秘密的国家工作人员,是指掌握国家秘密的国有公司、企业、事业单位、人民团体中从事公务的人员,国家机关、国有公司、企业、事业单位、人民团体委派到非国有公司、企业、事业单位、社会团体从事公务的人员,以及其他依照法律从事公务的人员。因此,国家工作人员的范围比国家机关工作人员的范围要大。

4. 主观方面由直接故意构成。

(二)认定叛逃罪应当注意的问题

1. 划清罪与非罪的界限。

构成本罪,只要有叛逃行为就构成,不必有危害国家安全的行为。但是如果确实情节显著轻微、危害不大的,也可以不认为是犯罪。是否背叛国

---

① 参见王某军徇私枉法、叛逃、滥用职权、受贿案,载黑龙江法院网。

家,也是需要行为来证明的。一般的国家机关工作人员到国外学习、探亲访友、旅游滞留境外不归,不能简单地与"叛逃"画等号。

2. 划清本罪与投敌叛变罪的界限。

二者的区别主要表现在:(1)犯罪主体不尽相同。前者的主体是特殊主体,限于国家机关工作人员和掌握国家秘密的国家工作人员;后者的主体则是一般主体,即具有中华人民共和国国籍的人。(2)构成叛逃罪行为人叛逃到任何一个国家都可以;而构成投敌叛变罪必须是行为人投奔敌国或者敌方。(3)构成叛逃罪必须是在履行公务期间叛逃的。如果虽是国家机关工作人员,但是已离职在国外学习期间叛逃的,也不能构成叛逃罪;构成投敌叛变罪则没有行为时间的限制。

(三)叛逃罪的刑事责任

依照《刑法》第109条第1款规定,犯叛逃罪的,处五年以下有期徒刑、拘役、管制或者剥夺政治权利;情节严重的,处五年以上十年以下有期徒刑。

依照本条第2款规定,掌握国家秘密的国家工作人员叛逃境外或者在境外叛逃的,依照前款的规定从重处罚。

依照《刑法》第113条第2款规定,犯本罪的,可以并处没收财产。

依照《刑法》第56条规定,犯本罪的,除单处剥夺政治权利的外,应当附加剥夺政治权利。

《刑法》第109条第1款规定的"情节严重",是加重处罚情节,司法实践中,一般指因行为人的叛逃给国家安全和利益造成重大损害的;引起我国外交乃至国家声誉上的重大损害的等情形。

十、间谍罪

第一百一十条 有下列间谍行为之一,危害国家安全的,处十年以上有期徒刑或者无期徒刑;情节较轻的,处三年以上十年以下有期徒刑:

(一)参加间谍组织或者接受间谍组织及其代理人的任务的;

（二）为敌人指示轰击目标的。

第一百一十三条　本章上述危害国家安全罪行中，除第一百零三条第二款、第一百零五条、第一百零七条、第一百零九条外，对国家和人民危害特别严重、情节特别恶劣的，可以判处死刑。

犯本章之罪的，可以并处没收财产。

（一）间谍罪的概念和构成要件

间谍罪，是指参加间谍组织或者接受间谍组织及其代理人的任务，或者为敌人指示轰击目标的行为。

本罪1979年《刑法》第97条作了规定，1997年《刑法》对罪状作了修改。

间谍罪的构成要件是：

1. 侵犯的客体是国家安全。

间谍行为是受国外或者境外间谍组织的命令、派遣、指示，专门收集、提供我国的国家秘密、情报的。国家秘密、情报一旦为国外或者境外的间谍组织掌握，就会使我国的国家安全受到严重的威胁或危害。

2. 客观方面表现为以下三种行为：（1）参加国外间谍组织。"间谍组织"，是指外国政府或者境外敌对势力建立的旨在收集其他国家情报，对他国进行颠覆破坏活动，破坏他国国家安全和利益的组织。参加间谍组织，就是经过一定的手续，加入间谍组织，成为间谍组织的一员。参加了间谍组织，就意味着要从事间谍活动，但构成间谍罪，不以已经从事间谍活动为要件，只要参加了间谍组织，即使尚未从事间谍活动，也构成犯罪。（2）接受间谍组织及其代理人的任务。这是指没有从组织上参加间谍组织，而是接受间谍组织以及间谍组织的代理人的指令，完成他们交给的收集情报等任务的。例如，齐某间谍案。被告人齐某接受间谍组织及其代理人的任务提供情报，危害国家安全，其行为构成间谍罪。[①]（3）为敌人指示轰击目标。这是指用各种手段向敌人指示敌人所要轰击的目标，如写信、打电话、发电报、

---

① 云南省昆明市中级人民法院（2015）昆刑一初字第139号。

放信号弹等,以使敌人能够准确地打击我方目标。"轰击",包括炮击、导弹袭击、飞机轰炸等。不论行为人是否为间谍组织正式或者事实上的成员,只要实施了为敌人指示轰击目标的行为,就构成间谍罪。

3. 犯罪主体为一般主体。中国公民、外国人和无国籍人都可构成本罪的主体。

4. 主观方面由直接故意构成,即明知是间谍组织而参加或者明知为间谍组织及其代理人而接受其任务等。间接故意和过失不构成本罪。

(二)认定间谍罪应当注意的问题

1. 划清罪与非罪的界限。

要把参加间谍组织的分子与在间谍机关中工作的非间谍分子区别开来。对于既没有履行参加间谍组织手续,也未进行间谍活动的一般勤杂人员、医务人员、行政事务人员或者临时聘用的工程技术人员,均不构成间谍罪。

2. 划清一罪与数罪的界限。

参加间谍组织或者接受间谍组织及其代理人的任务的,有可能实施其他危害国家安全的行为,如进行暗杀、破坏等活动。如果这些活动是在间谍组织的指令范围内的,则以间谍罪一罪论处即可;如果超出了间谍组织的指令范围,不属间谍犯罪行为,则除了构成间谍罪以外,还应当根据具体行为构成的其他犯罪,实行数罪并罚。

3. 间谍组织以外的人员在未受间谍组织指令的情况下,为境外窃取、刺探、收买、非法提供国家秘密、情报的,构成《刑法》第111条规定的为境外窃取、刺探、收买、非法提供国家秘密、情报罪。

4. 国家机关工作人员、军人在非履行公务期间投敌叛变的,或者非国家机关工作人员、非军人投敌叛变的,均构成《刑法》第108条规定的投敌叛变罪。有《刑法》第110条规定行为的,以间谍罪定罪处罚。

(三)间谍罪的刑事责任

依照《刑法》第110条规定,犯间谍罪的,处十年以上有期徒刑或者无期徒刑;情节较轻的,处三年以上十年以下有期徒刑。

依照《刑法》第113条第1款规定，犯本罪，对国家和人民危害特别严重、情节特别恶劣的，可以判处死刑。

依照第113条第2款规定，犯本罪的，可以并处没收财产。

依照《刑法》第56条规定，犯本罪的，除单处剥夺政治权利的外，应当附加剥夺政治权利。

司法机关在适用《刑法》第110条、第113条规定处罚时，应当注意以下问题：

1. 区别不同情节，正确适用法定刑。《刑法》第110条规定了两个档次的法定刑。情节严重的，法定最高刑为无期徒刑；情节较轻的，法定最高刑为十年有期徒刑。所谓情节较轻，司法实践中，一般是指虽然参加了间谍组织，但尚未从事具体的间谍活动，没有给我国的国家安全造成危害的，或者虽已接受间谍组织及其代理人的任务，但尚未着手实施便被我方抓获的，或者为敌人指示轰击的目标错误，没有给我国的人员、财产及军事利益造成损失的等情形。

2. 严格掌握适用死刑的条件。犯间谍罪，必须对国家和人民危害特别严重、情节特别恶劣，才"可以"适用死刑；死刑包括死缓在内。所谓对国家和人民危害特别严重、情节特别恶劣，司法实践中，一般是指因其间谍行为，致使我国的经济、政治、军事等利益受到特别严重的损失，造成大量人员伤亡、巨额财产损失、军事设施严重破坏的，或者多次从事间谍活动，誓与国家和人民为敌，顽固不化的分子等情形。

十一、为境外窃取、刺探、收买、非法提供国家秘密、情报罪

第一百一十一条 为境外的机构、组织、人员窃取、刺探、收买、非法提供国家秘密或者情报的，处五年以上十年以下有期徒刑；情节特别严重的，处十年以上有期徒刑或者无期徒刑；情节较轻的，处五年以下有期徒刑、拘役、管制或者剥夺政治权利。

第一百一十三条 本章上述危害国家安全罪行中，除第一百零三条第二

款、第一百零五条、第一百零七条、第一百零九条外，对国家和人民危害特别严重、情节特别恶劣的，可以判处死刑。

犯本章之罪的，可以并处没收财产。

（一）为境外窃取、刺探、收买、非法提供国家秘密、情报罪的概念和构成要件

为境外窃取、刺探、收买、非法提供国家秘密、情报罪，是指为境外的机构、组织、人员窃取、刺探、收买、非法提供国家秘密或者情报的行为。

本罪是从《全国人民代表大会常务委员会关于惩治泄露国家秘密犯罪的补充规定》(已失效)，吸收改为《刑法》的具体规定的。

为境外窃取、刺探、收买、非法提供国家秘密、情报罪的构成要件是：

1.侵犯的客体是国家的安全和利益。

无论是国家秘密还是情报，如果被境外机构、组织、人员获取，都会对我国的国家安全和利益造成危害。国家秘密、情报是涉及国家政治、经济、国防、外交等重大利益的事项。按照《保守国家秘密法》第2条、第9条和第10条的规定，"国家秘密"，是指关系国家安全和利益，依照法定程序确定，在一定时间内只限一定范围的人员知悉的事项。下列涉及国家安全和利益的事项，泄露后可能损害国家在政治、经济、国防、外交等领域的安全和利益的，应当确定为国家秘密：国家事务重大决策中的秘密事项；国防建设和武装力量活动中的秘密事项；外交和外事活动中的秘密事项以及对外承担保密义务的秘密事项；国民经济和社会发展中的秘密事项；科学技术中的秘密事项；维护国家安全活动和追查刑事犯罪中的秘密事项；经国家保密行政管理部门确定的其他秘密事项。政党的秘密事项中符合前款规定的，属于国家秘密。国家秘密分为绝密、机密、秘密三种。"绝密"是最重要的国家秘密，泄露会使国家安全和利益遭受特别严重的损害；"机密"是重要的国家秘密，泄露会使国家安全和利益遭受严重的损害；"秘密"是一般的国家秘密，泄露会使国家安全和利益遭受损害。"情报"，是指关系国家安全和利益，尚未公开或者依照有关规定不应公开的事项。

2.客观方面表现为为境外的机构、组织、人员窃取、刺探、收买、非法

提供国家秘密或者情报的行为。

"境外机构",是指中华人民共和国国、边境以外的国家或者地区的机构,如政府、军队及其在中国境内的代表机构或者分支机构,如外国驻华使、领馆;"境外组织",是指中华人民共和国国、边境以外的国家或者地区的政党、社会团体和其他企事业单位及其在中国境内的分支机构;"境外人员",是指不隶属于任何境外机构、组织的外国公民或者无国籍人。本罪的行为方式是窃取、刺探、收买、非法提供。"窃取",是指以文件窃密、照相机窃密、电磁波窃密、电脑窃密等具体形式秘密获取;"刺探",是指用探听或者一定的专门技术获取;"收买",是指利用金钱和物质利益去换取国家秘密或者情报;"非法提供",是指违反法律规定,提供国家秘密或者情报。窃取、刺探、收买都是没有合法掌握国家秘密或者情报的人所采取的获取国家秘密或者情报的手段;而非法提供则是合法掌握国家秘密或者情报的人违反《保守国家秘密法》的规定,向境外的机构、组织、人员提供的行为。例如,赵某荣、徐某某、赵某强、刘某某玩忽职守、泄露国家秘密、为境外人员非法提供国家秘密案中,徐某某、赵某强故意将国家秘密提供给外国人梅某某,意欲使其逃避法律的制裁,构成为境外非法提供国家秘密罪。[①] 窃取、刺探、收买和非法提供者通过互联网将国家秘密或者情报非法发送给境外的机构、组织和个人的,也构成本罪。按照法律规定,行为人只要实施了为境外的机构、组织和人员窃取、刺探、收买、非法提供其中一种行为,就构成本罪;实施了两种以上行为的,仍为一罪,不实行并罚。

3. 犯罪主体为一般主体,既可以是中国公民,也可以是外国人或者无国籍人。具体可以分为两类:一类是没有合法掌握国家秘密或者情报的人;另一类是合法掌握国家秘密或者情报的人。

4. 主观方面是直接故意,即行为人明知是国家秘密或者情报而进行窃取、刺探、收买、非法提供。

根据《最高人民法院关于审理为境外窃取、刺探、收买、非法提供国家

---

① 参见赵某荣、徐某某、赵某强、刘某某玩忽职守、泄露国家秘密、为境外人员非法提供国家秘密案,载法信网,http://www.faxin.cn/。

秘密、情报案件具体应用法律若干问题的解释》（以下简称《审理为境外窃取、刺探、收买、非法提供国家秘密、情报案件解释》）第5条，对于虽未标明密级，但行为人知道或者应当知道所涉事项关系国家安全和利益的，也应视为行为人明知。而且行为人必须明知对方是境外机构、组织、人员而为其窃取、刺探、收买或者非法提供。行为人的动机可能是各种各样的，但动机不影响本罪的成立。不知对方为境外机构、组织、人员而故意或过失泄露的，仍以《刑法》第398条故意泄露国家秘密罪、过失泄露国家秘密罪定罪处罚。

（二）认定为境外窃取、刺探、收买、非法提供国家秘密、情报罪应当注意的问题

1.划清罪与非罪的界限。

在对外交往与合作中，需要提供国家秘密事项的，应当按照规定的程序事先经过批准。这是《保守国家秘密法》第30条所允许的，不属于向境外非法提供国家秘密，不是犯罪。该法第48条还规定："违反本法规定，有下列行为之一的，依法给予处分；构成犯罪的，依法追究刑事责任：（一）非法获取、持有国家秘密载体的；（二）买卖、转送或者私自销毁国家秘密载体的；（三）通过普通邮政、快递等无保密措施的渠道传递国家秘密载体的；（四）邮寄、托运国家秘密载体出境，或者未经有关主管部门批准，携带、传递国家秘密载体出境的；（五）非法复制、记录、存储国家秘密的；（六）在私人交往和通信中涉及国家秘密的；（七）在互联网及其他公共信息网络或者未采取保密措施的有线和无线通信中传递国家秘密的；（八）将涉密计算机、涉密存储设备接入互联网及其他公共信息网络的；（九）在未采取防护措施的情况下，在涉密信息系统与互联网及其他公共信息网络之间进行信息交换的；（十）使用非涉密计算机、非涉密存储设备存储、处理国家秘密信息的；（十一）擅自卸载、修改涉密信息系统的安全技术程序、管理程序的；（十二）将未经安全技术处理的退出使用的涉密计算机、涉密存储设备赠送、出售、丢弃或者改作其他用途的。有前款行为尚不构成犯罪，且不适用处分的人员，由保密行政管理部门督促其所在机关、单位予以处理。"

2.划清本罪与间谍罪的界限。

这两种犯罪都表现为向境外提供国家秘密、情报，但是二者在行为方式上不同。前者表现为为境外机构、组织、人员窃取、刺探、收买、非法提供国家秘密或者情报；而后者表现为参加间谍组织或者接受间谍组织及其代理人的任务，或者为敌人指示轰击目标。因此，虽然两者都是有关提供国家秘密、情报的犯罪，但构成间谍罪行为人必须与间谍组织有直接或者间接的联系，或者限于为敌人指示轰击目标；而构成为境外窃取、刺探、收买、非法提供国家秘密、情报罪，行为人与间谍组织则没有关系。

（三）为境外窃取、刺探、收买、非法提供国家秘密、情报罪的刑事责任

依照《刑法》第111条规定，犯为境外窃取、刺探、收买、非法提供国家秘密、情报罪的，处五年以上十年以下有期徒刑；情节特别严重的，处十年以上有期徒刑或者无期徒刑；情节较轻的，处五年以下有期徒刑、拘役、管制或者剥夺政治权利。

依照《刑法》第113条第1款规定，犯本罪，对国家和人民危害特别严重、情节特别恶劣的，可以判处死刑。

依照第113条第2款规定，犯本罪的，可以并处没收财产。

依照《刑法》第56条规定，犯本罪的，除单处剥夺政治权利的外，应当附加剥夺政治权利。

司法机关在适用《刑法》第111条、第113条规定处罚时，应当注意以下问题：

1.区别不同情节，正确适用法定刑。

《刑法》第111条规定了三个档次的法定刑。其中，情节特别严重的，法定最高刑为无期徒刑；情节较轻的，法定最低刑为单处剥夺政治权利。因此，在司法实践中要善于区别不同情节，恰当量刑。根据《审理为境外窃取、刺探、收买、非法提供国家秘密、情报案件解释》第2条、第3条、第4条，所谓情节较轻，主要是指为境外机构、组织、人员窃取、刺探、收买、非法提供秘密级国家秘密、情报不到三项，且没有造成严重损害的。所谓情

节特别严重,主要是指为境外机构、组织、人员窃取、刺探、收买、非法提供国家秘密、情报的级别达到绝密级国家秘密的;或者机密级的国家秘密、情报达到三项以上;或者国家秘密虽未达到绝密级或三项以上机密级,但对国家安全和利益造成其他特别严重损害的。既不属于"情节较轻"也不属于"情节特别严重"的情形包括:为境外窃取、刺探、收买、非法提供机密级国家秘密的;或者三项以上秘密级国家秘密的;或者虽未达到三项以上秘密级国家秘密或情报,但对国家安全和利益造成其他严重损害的。

2. 严格掌握适用死刑的条件。

实施为境外窃取、刺探、收买、非法提供国家秘密、情报罪,必须对国家和人民危害特别严重、情节特别恶劣,才"可以"适用死刑;死刑包括死缓在内。所谓对国家和人民危害特别严重、情节特别恶劣,是指为境外机构、组织、人员窃取、刺探、收买、非法提供了大量绝密级的国家秘密、情报,并且已经给国家安全和人民利益造成了特别严重的危害和极其恶劣影响等情形。

十二、资敌罪

第一百一十二条 战时供给敌人武器装备、军用物资资敌的,处十年以上有期徒刑或者无期徒刑;情节较轻的,处三年以上十年以下有期徒刑。

第一百一十三条 本章上述危害国家安全罪行中,除第一百零三条第二款、第一百零五条、第一百零七条、第一百零九条外,对国家和人民危害特别严重、情节特别恶劣的,可以判处死刑。

犯本章之罪的,可以并处没收财产。

(一)资敌罪的概念和构成要件

资敌罪,是指在战时供给敌人武器装备、军用物资资敌的行为。

本罪 1979 年《刑法》第 97 条第 2 项作了规定,1997 年《刑法》对罪状作了修改。

资敌罪的构成要件是:

1. 侵犯的客体是我国的军事利益和国家安全。

在我国与敌人交战状态下，武器装备、军用物资的质量、数量是直接影响战争胜负的因素。战时供给敌人武器装备、军用物资的行为，无疑会壮大敌人的力量，危害我方的军事利益甚至国家安全。

2. 客观方面表现为战时供给敌人武器装备、军用物资的行为。

"战时"，是指国家宣布进入战争状态、部队受领作战任务或者遭敌突然袭击时。部队执行戒严任务或者处置突发性暴力事件时，以战时论。构成本罪，还必须具备供给敌人武器装备、军用物资的行为。"供给"，是指非法向敌人提供，既包括无偿提供，也包括非法出售；"武器装备"，是指各种武器、弹药、飞机、坦克、舰艇、军用通讯设备等；"军用物资"，主要是指武器装备以外的其他军用物品，如粮食、医疗用品、被服等。

3. 犯罪主体为中国公民，即具有中华人民共和国国籍的人。外国人或者无国籍人不能成为本罪的主体，但可以成为本罪的共犯。

4. 主观方面由故意构成，过失不构成本罪。

（二）认定资敌罪应当注意的问题

认定资敌罪要注意划清本罪与资助危害国家安全犯罪活动罪的界限。这两种犯罪都有资助的行为。两者的区别在于：（1）资助的对象不同。前者所资助的是敌人，即敌对国家或者敌对阵营；而后者所资助的是犯罪人，即犯背叛祖国、分裂国家等罪行的人。（2）资助的物品不同。前者资助的是武器装备、军用物品；而后者资助的主要是金钱、普通物品等。

（三）资敌罪的刑事责任

依照《刑法》第112条规定，犯资敌罪的，处十年以上有期徒刑或者无期徒刑；情节较轻的，处三年以上十年以下有期徒刑。

依照《刑法》第113条第1款规定，犯本罪，对国家和人民危害特别严重、情节特别恶劣的，可以判处死刑。

依照第113条第2款规定，犯本罪的，可以并处没收财产。

依照《刑法》第56条规定，犯本罪的，除单处剥夺政治权利的外，应当附加剥夺政治权利。

司法机关在适用《刑法》第112条、第113条规定处罚时,应当注意以下问题:

1. 区别不同情节,正确适用法定刑。《刑法》第112条规定了两个档次的法定刑。其中,法定最高刑为无期徒刑,法定最低刑为三年有期徒刑,司法实践中要注意区别对待,恰当量刑。所谓情节较轻,主要是指供给敌人武器装备、军用物资数量较少,质量较差,没有给我方造成重大损失等情形。

2. 严格掌握适用死刑的条件。犯资敌罪,必须对国家和人民危害特别严重、情节特别恶劣,才"可以"适用死刑;死刑包括死缓在内。所谓对国家和人民危害特别严重、情节特别恶劣,一般是指供给敌人武器装备、军用物资数量巨大,致使我方战斗失利或者致使敌人减少或避免损失等情形。

第二章 危害公共安全罪

第二章 危害公共安全罪

一、放火罪

第一百一十四条[①] 放火、决水、爆炸以及投放毒害性、放射性、传染病病原体等物质或者以其他危险方法危害公共安全，尚未造成严重后果的，处三年以上十年以下有期徒刑。

第一百一十五条第一款[②] 放火、决水、爆炸以及投放毒害性、放射性、传染病病原体等物质或者以其他危险方法致人重伤、死亡或者使公私财产遭受重大损失的，处十年以上有期徒刑、无期徒刑或者死刑。

（一）放火罪的概念和构成要件

放火罪，是指故意纵火焚烧公私财物，危害公共安全的行为。

本罪1979年《刑法》第105条和第106条作了规定，1997年《刑法》修改沿用了有关规定。2001年10月27日，全国人大常委会批准了《制止恐怖主义爆炸的国际公约》。2001年12月29日，全国人大常委会通过的《刑法修正案（三）》第1条和第2条，对《刑法》第114条和第115条两处作了重要修改：一是将"投毒"修改为"投放毒害性、放射性、传染病病原体等物质"；二是删去了侵害的对象，即"工厂、矿场、油田、港口、河流、水源、仓库、住宅、森林、农场、谷场、牧场、重要管道、公共建筑物或者其他公私财产"的规定。这是考虑到"随着形势的发展，危害公共安全所指的对象也不断在发生着变化，而且在法律中对其一一列举可能会挂一漏万，因此，对刑法作了这样的修改，修改后的规定，不仅仍然包括原条文所规定的犯罪

[①] 本条经2001年12月29日《刑法修正案（三）》第1条修改。
[②] 本款经2001年12月29日《刑法修正案（三）》第2条修改。

对象的范围，还包括其他随着形势发展，需要由刑法保护的各种对象。"①

放火罪的构成要件是：

1. 本罪侵犯的客体是公共安全。

公共安全，是指不特定多数人的生命、健康和重大公私财产的安全。所谓不特定，是指犯罪行为可能侵害的对象和可能造成的危害结果事先无法确定，行为人对此既无法预料，也难以控制。不论行为人实施犯罪时主观上有无特定的侵害对象或目标，只要其行为具有造成或者可能造成难以预料和难以控制的不特定严重后果的可能性和危险性，就属于危害公共安全。是否危害公共安全，是放火罪与其他用放火方法实施的犯罪的主要区别。侵害的对象，一般是指焚烧公共财产和他人私有财产，包括工厂、矿场、油田、港口、仓库、住宅、森林、农场、谷场、牧场、公共建筑物或者其他公私财产。如果行为人放火焚烧自己的财物，一般不构成放火罪；但是，如果危害了公共安全或者使他人的利益遭受严重损失的，同样构成放火罪。现实中，放火行为虽然主要以财物为依托，通过焚烧财物制造火灾危害公共安全，但并不能排除某些情况下行为人直接以人身为对象制造火灾，危害公共安全。例如，在公共场所向他人泼洒汽油并点燃或者以自焚的方法危害公共安全，这类行为，已经具备放火罪的构成要件，应当以放火罪论处。② 因此，除公私财物外，放火罪的犯罪对象还包括人身。

2. 客观方面表现为实施了放火行为并且造成危害公共安全的后果。

放火，是指使用各种引火物，直接点燃侵害对象，制造火灾的行为。放火行为既可以是作为，如用各种引火物直接点燃侵害对象，也可以是不作为，如电气维修工人故意对应当维修的电气设备不加维修，希望或者放任火灾的发生。本罪在危害后果上有两种表现形式：一是危害公共安全，尚未造成严重后果，即放火罪基本犯的犯罪结果；二是致人重伤、死亡或者使公私

---

① 郎胜主编：《中华人民共和国刑法释义（含刑法修正案八）》，法律出版社2011年版，第139~140页。

② 《最高人民法院、最高人民检察院关于办理组织、利用邪教组织破坏法律实施等刑事案件适用法律若干问题的解释》第12条规定："邪教组织人员以自焚、自爆或者其他危险方法危害公共安全的，依照刑法第一百一十四条、第一百一十五条的规定，以放火罪、爆炸罪、以危险方法危害公共安全罪等定罪处罚。"

财产遭受重大损失，即放火罪结果加重犯的犯罪结果。关于危害公共安全的认定，应从被告人放火焚烧的对象的性质、数量、时间、地点、点火时的风向、风力等客观情况、作案的具体环境、现场勘查的现场燃烧痕迹和残留物、放火现场的安全保障措施、作案后有无控制火势范围的主观意愿和客观措施等方面全面分析，综合衡量，准确认定。每个案件都有其个性特点和特殊细节，需结合具体案情进行具体分析。由于放火是一种严重的犯罪，不仅烧毁公私财物，而且可能危及人身安全，社会危害性很大，所以法律规定只要实施了放火行为，即使尚未造成人员重伤、死亡或者公私财产重大损失等危害公共安全的严重后果的，也构成本罪。当然，如果从放火焚烧的对象和当时的环境看，放火行为不足以危害公共安全，则不构成放火罪。例如，行为人实施了放火行为，但将火势有效地控制在较小的特定范围内，没有也不可能危害不特定多数人的生命、健康或者重大公私财产安全的，就不构成放火罪。对于情节严重的，可以根据案件的具体情况，以故意毁坏财物罪、故意杀人罪或者故意伤害罪等罪论处。

3.犯罪主体为一般主体。即达到法定刑事责任年龄、具有刑事责任能力的人均可构成。由于放火罪严重危害公共安全，所以《刑法》第17条第2款规定，已满14周岁不满16周岁的人，犯放火罪的，应当负刑事责任。

4.主观方面只能由故意构成，包括直接故意和间接故意。犯罪的动机可能是多种多样的：有的是为了湮灭罪迹；有的是为了报复他人；有的是为了嫁祸于人或者其他目的，但动机不影响本罪的成立。

（二）认定放火罪应当注意的问题

1.划清本罪与一般放火违法行为的界限。

一般放火行为，是指情节显著轻微危害不大、不危害公共安全的放火行为。放火罪与一般放火违法行为，在客观上都可能造成轻微的危害后果，但二者区别的关键，不在于危害后果的轻重，而在于是否危害公共安全，即前者危害公共安全，后者不危害公共安全。理论上的界限不难划清，但在司法实践中，在处理具体放火案件时，时常会面临罪与非罪的困扰。

2. 划清本罪与故意杀人罪的界限。

如果行为人以放火为手段杀害特定的人，不可能危及其他不特定的多数人的生命安全的，则应以故意杀人罪定罪处罚。

3. 划清本罪与破坏交通工具等犯罪的界限。

如果行为人以放火的手段，破坏交通工具、交通设施、电力设备、易燃易爆设备、广播电视设施、公用电信设施的，虽然也具有以危险方法危害公共安全的特征，但因法律对这几种破坏行为都已作了专门的规定，因此，应当分别以破坏交通工具罪、破坏交通设施罪、破坏电力设备罪、破坏易燃易爆设备罪或者破坏广播电视设施、公用电信设施罪定罪处罚，而不能认定为放火罪。

4. 划清本罪的既遂与未遂的界限。

放火罪通常以烧毁目的物为犯罪目的，但是，区分放火罪的既遂与未遂，关键不在于行为人是否达到了预期的犯罪目的，而在于其行为是否具备了《刑法》所要求的全部构成要件。我国《刑法》用两个条文规定了放火罪，即第114条和第115条第1款，前者即《刑法》第114条规定了放火罪的基本犯，后者即《刑法》第115条第1款规定了放火罪的结果加重犯。结果加重犯不存在犯罪未遂问题，只有该条文规定的严重后果发生了，才能适用该条文。因此，认定放火罪的既遂、未遂，应以《刑法》第114条规定的放火罪的构成要件为标准。放火罪的基本犯属于危险犯，只要行为人着手实施了放火的行为，已将目的物点燃并独立燃烧，具有危害公共安全的危险性，即使由于行为人意志以外的原因尚未造成严重后果，也构成放火罪的既遂。但是，如果行为人正在着手实施放火行为，因某种客观原因被及时发现阻止或者未能燃烧（如下大雨）的，则属于放火罪的未遂。

5. 划清一罪与数罪的界限。

行为人在实施了杀人等其他犯罪行为以后，为了毁尸灭迹或者毁灭其他罪证而放火，并因此危害公共安全的，应当分别定罪，依照刑法数罪并罚的原则定罪处罚。

（三）放火罪的刑事责任

依照《刑法》第114条规定，犯放火罪尚未造成严重后果的，处三年以上十年以下有期徒刑。

依照《刑法》第115条第1款规定，放火致人重伤、死亡或者使公私财产遭受重大损失的，处十年以上有期徒刑、无期徒刑或者死刑。

根据《刑法》第81条第2款规定，对累犯以及因放火罪被判处十年以上有期徒刑、无期徒刑的犯罪分子，不得假释。

在适用《刑法》第114条、第115条第1款规定处罚时，应当注意根据案件的犯罪事实、情节，主要是造成损失的大小、后果是否严重等情形，来确定应当适用《刑法》第114条还是第115条第1款的规定。所谓尚未造成严重后果，一般是指行为人实施了放火的行为，但尚未造成他人重伤、死亡或者公私财产重大损失等情形。

根据《国家林业局、公安部关于森林和陆生野生动物刑事案件管辖及立案标准》规定，凡故意放火造成森林或者其他林木火灾的都应当立案；过火有林地面积2公顷以上为重大案件；过火有林地面积10公顷以上，或者致人重伤、死亡的，为特别重大案件。

根据《最高人民法院、最高人民检察院关于办理组织、利用邪教组织破坏法律实施等刑事案件适用法律若干问题的解释》第12条的规定，邪教组织人员以自焚方法危害公共安全的，依照《刑法》第114条、第115条的规定，以放火罪定罪处罚。

二、决水罪

第一百一十四条[①] 放火、决水、爆炸以及投放毒害性、放射性、传染病病原体等物质或者以其他危险方法危害公共安全，尚未造成严重后果的，处三年以上十年以下有期徒刑。

[①] 本条经2001年12月29日《刑法修正案（三）》第1条修改。

第一百一十五条第一款[①] 放火、决水、爆炸以及投放毒害性、放射性、传染病病原体等物质或者以其他危险方法致人重伤、死亡或者使公私财产遭受重大损失的，处十年以上有期徒刑、无期徒刑或者死刑。

（一）决水罪的概念和构成要件

决水罪，是指故意破坏堤防、水坝、防水、排水等水利设施，制造水患，危害公共安全的行为。

本罪 1979 年《刑法》第 105 条和第 106 条作了规定。

决水罪的构成要件是：

1. 本罪侵犯的客体是公共安全。

即不特定多数人的生命、健康和重大公私财产的安全。水利设施一旦遭受破坏，水势失控，顷刻就可能使无数良田被淹，大量财物付诸东流，甚至使众多人溺死于非命。

2. 客观方面表现为实施了决水行为并且造成危害公共安全的后果。

所谓"决水"，是指采取开挖水坝、毁坏堤防、堵塞水道、破坏水闸、破坏防水设备等方法，使河、湖、池等水横溢、泛滥成灾的行为。决水手段可能是多种多样的，既可以是作为，如前述手段多是作为，也可以是不作为，如负有关闭水库闸门责任的管理人员故意不关闭闸门。但无论采用何种手段都不影响本罪的成立。利用水的自然力所能产生的破坏作用制造水患，危害公共安全，是本罪客观方面的本质特征。因此，一些破坏水利设施制造水患的手段，如实践中发生的炸毁堤坝决水的案件，实质上是利用水的作用，而不是直接靠爆破的力量使不特定多数人的生命、健康或重大公私财产遭受损害，因而仍属决水罪，而不宜定爆炸罪。本罪在危害后果上有两种表现形式：一是危害公共安全，尚未造成严重后果，即决水罪基本犯的犯罪结果；二是致人重伤、死亡或者使公私财产遭受重大损失，即决水罪结果加重犯的犯罪结果。

3. 犯罪主体是一般主体，即年满 16 周岁并具有刑事责任能力的人，都

[①] 本款经 2001 年 12 月 29 日《刑法修正案（三）》第 2 条修改。

可以成为本罪的主体。

4. 主观方面由故意构成，包括直接故意和间接故意。实施决水的动机可能有多种，动机不影响本罪的成立。

（二）认定决水罪应当注意的问题

1. 决水行为必须危害公共安全，才构成犯罪。

如果决水行为不足以危害不特定多数人的生命、健康或者重大公私财产的安全，如农民之间为争水浇地，擅自扒开水渠放水，致使渠水漫溢，危害不大的，不构成本罪。

2. 划清既遂与未遂的界限。

决水罪的基本犯属于危险犯，决水罪的既遂与未遂应当以法定构成要件是否齐备为标准。鉴于决水罪具有严重的危害性，因此，《刑法》规定，实施决水行为只要足以危害公共安全，即使尚未造成致人重伤、死亡或者使公私财产遭受重大损失的严重后果，也构成本罪。行为人只要实施了决水行为并危害公共安全，即危及多人的生命、健康或者有使公私财产遭受重大损失的现实危险，即构成犯罪既遂。至于如何认定决水行为是否危害公共安全，一般应以被决溃水源的大小、决水后水道冲刷的路径、可能造成财产损失的大小等判定。如果行为人刚刚着手破坏水利设施，或者在破坏过程中，由于犯罪分子意志以外的原因，未及使所决之水开始冲溢，即为决水罪未遂。

（三）决水罪的刑事责任

依照《刑法》第114条规定，犯决水罪尚未造成严重后果的，处三年以上十年以下有期徒刑。

依照《刑法》第115条第1款规定，决水致人重伤、死亡或者使公私财产遭受重大损失的，处十年以上有期徒刑、无期徒刑或者死刑。

三、爆炸罪

第一百一十四条[①] 放火、决水、爆炸以及投放毒害性、放射性、传染病病原体等物质或者以其他危险方法危害公共安全，尚未造成严重后果的，处三年以上十年以下有期徒刑。

第一百一十五条第一款[②] 放火、决水、爆炸以及投放毒害性、放射性、传染病病原体等物质或者以其他危险方法致人重伤、死亡或者使公私财产遭受重大损失的，处十年以上有期徒刑、无期徒刑或者死刑。

（一）爆炸罪的概念和构成要件

爆炸罪，是指故意引起爆炸物爆炸，危害公共安全的行为。

本罪 1979 年《刑法》第 105 条和第 106 条作了规定。

爆炸罪的构成要件是：

1. 本罪侵犯的客体是公共安全，即不特定多数人的生命、健康和重大公私财产的安全。

2. 客观方面表现为采用爆炸的方法实施危害公共安全的行为。

本罪在危害后果上有两种表现形式：一是危害公共安全，尚未造成严重后果，即爆炸罪基本犯的犯罪结果；二是致人重伤、死亡或者使公私财产遭受重大损失，即爆炸罪结果加重犯的犯罪结果。从司法实践看，使用的爆炸物品，除了炸弹、手榴弹、地雷外，多为炸药（包括黄色炸药、黑色炸药和化学炸药）、雷管、导火索等起爆器材和各种自制的爆炸装置（如炸药包、炸药瓶等）。实施爆炸的方法很多，但主要是在人群集中或者财产集中的公共场所、交通线路、财物堆放处等处实施爆炸，如将爆炸物放在船只、飞机、汽车、火车上定时爆炸；在商场、车站、影剧院、街道、群众集会的地方制造爆炸事件。

[①] 本条经 2001 年 12 月 29 日《刑法修正案（三）》第 1 条修改。
[②] 本款经 2001 年 12 月 29 日《刑法修正案（三）》第 2 条修改。

3. 犯罪主体为一般主体。即达到法定刑事责任年龄、具有刑事责任能力的人均可构成。由于爆炸罪严重危害公共安全，所以《刑法》第17条第2款规定，已满14周岁不满16周岁的人，犯爆炸罪的，应当负刑事责任。

4. 主观方面必须出于故意，包括直接故意和间接故意。实施爆炸的动机可能有多种，动机不影响本罪的成立。

（二）认定爆炸罪应当注意的问题

1. 划清本罪同使用爆炸方法故意杀人和故意伤害的界限。

如果爆炸行为指向特定的人，危害的只是也只能是特定人的生命、健康和财产安全，不可能也没有造成其他人人身伤亡和财产损失的，则应分别以故意杀人罪或者故意伤害罪定罪处罚。爆炸行为虽然是指向特定的人，但结果却危害了不特定多数人的生命、健康或者重大公私财产安全的，在性质上则属于危害公共安全的犯罪，应当以爆炸罪定罪处罚。

2. 划清本罪与故意毁坏财物罪的界限。

使用爆炸手段破坏特定的公私财物，往往也会同时侵犯公民的人身权利，或者导致重大财产损失，危害公共安全。如果使用爆炸手段故意毁坏某项特定的公私财物，没有同时侵犯公民的人身权利和其他大量公私财物的，则应以故意毁坏财物罪定罪处罚。

3. 划清本罪的既遂与未遂的界限。

根据《刑法》规定，只要行为人实施了爆炸行为，危害了公共安全，即使尚未造成严重后果，也具备了爆炸罪的全部构成要件，属于爆炸罪既遂；如果发生了致人重伤、死亡或者使公私财产遭受重大损失的后果，则应依照《刑法》第115条第1款规定加重处罚。爆炸罪未遂一般发生在爆炸行为尚未实行终了的阶段（以犯罪行为是否实行终结为标准，犯罪未遂分为实行终了的未遂和未实行终了的未遂），比如刚刚着手引爆或者在引爆过程中，被人发现制止了引爆，使爆炸未能得逞；由于爆炸物失效未引爆的，也是未遂，依法都应当予以从轻或者减轻处罚。

(三) 爆炸罪的刑事责任

依照《刑法》第114条规定，犯爆炸罪尚未造成严重后果的，处三年以上十年以下有期徒刑。

依照《刑法》第115条第1款规定，爆炸致人重伤、死亡或者使公私财产遭受重大损失的，处十年以上有期徒刑、无期徒刑或者死刑。

根据《刑法》第81条第2款规定，对累犯以及因爆炸罪被判处十年以上有期徒刑、无期徒刑的犯罪分子，不得假释。

根据《最高人民法院、最高人民检察院关于办理组织、利用邪教组织破坏法律实施等刑事案件适用法律若干问题的解释》第12条的规定，邪教组织人员以自爆方法危害公共安全的，依照《刑法》第114条、第115条的规定，以爆炸罪定罪处罚。

四、投放危险物质罪

第一百一十四条[①] 放火、决水、爆炸以及投放毒害性、放射性、传染病病原体等物质或者以其他危险方法危害公共安全，尚未造成严重后果的，处三年以上十年以下有期徒刑。

第一百一十五条第一款[②] 放火、决水、爆炸以及投放毒害性、放射性、传染病病原体等物质或者以其他危险方法致人重伤、死亡或者使公私财产遭受重大损失的，处十年以上有期徒刑、无期徒刑或者死刑。

(一) 投放危险物质罪的概念和构成要件

投放危险物质罪，是指故意投放毒害性、放射性、传染病病原体等物质，危害公共安全的行为。

本罪是《刑法修正案（三）》在1997年《刑法》第114条和第115条规定的投毒罪的基础上，针对恐怖犯罪活动出现的新情况修订而成的。由于罪

---

① 本条经2001年12月29日《刑法修正案（三）》第1条修改。
② 本款经2001年12月29日《刑法修正案（三）》第2条修改。

状作了修改，因而罪名也相应作了修改。

投放危险物质罪的构成要件是：

1. 本罪侵犯的客体是不特定多数人的生命、健康或者重大公私财产的安全。这是投放危险物质罪同其他以投放危险物质的方法实施的故意杀人、故意毁坏财物等犯罪的根本区别。

2. 客观方面表现为故意投放毒害性、放射性、传染病病原体等物质，危害公共安全的行为。

所谓毒害性物质，是指以较小剂量进入人体，导致疾病或者死亡的物质，包括含有毒质的有机物或者无机物，如氰化钾、砒霜、剧毒农药等。所谓放射性物质，是指含有能自发放射出穿透力较强射线元素的物质。所谓传染病病原体，包括传染病的病毒、细菌、真菌、螺旋体、原虫等。病原体通过某种方式在人群中传播，造成传染病流行。投放危险物质多发生在公用饮食的场所，如在公用的自来水池、水渠、水井、公共食堂的饭锅、水桶以及公共食品中投放危险物质。危险物质的形态没有限制，可以是气体、液体或者固体。投放危险物质不限于将危险物质放置于固定的容器、场所内，还包括将危险物质投放（释放）于土地、大气中。因此，非法开启装有放射性物质的容器，将放射性物质释放（投放）于大气中，危害公共安全的，也属于投放危险物质的行为。从恐怖犯罪出现的新情况看，目前已经出现了散布、邮寄炭疽、霍乱等传染病病毒、病菌或者其他危险物品的行为。

3. 犯罪主体为一般主体。由于投放危险物质罪严重危害公共安全，所以《刑法》第17条第2款规定，已满14周岁不满16周岁的人，犯投放危险物质罪的，应当负刑事责任。

4. 主观方面表现为故意。投放危险物质的动机多种多样，有的出于报复，有的想嫁祸于人，有的出于嫉妒，有的是为了灭口，等等，但动机不影响本罪的成立。

（二）认定投放危险物质罪应当注意的问题

1. 划清本罪既遂与未遂的界限。

只要投放危险物质行为已经实行终了，足以危害公共安全，即使尚未造成严重危害后果，也构成既遂；如果投放危险物质行为尚未实行终了，比如正要投放即被抓获，则构成投放危险物质罪未遂。

2. 划清本罪同以投放危险物质的方法故意杀人罪的界限。

这两种犯罪的手段和造成的危害后果相同。区别的关键在于，后者毒害的是特定的个人，并不危及公共安全。

3. 划清本罪与故意毁坏财物罪的界限。

如果行为人采用投放危险物质手段毒害特定单位或者个人的牲畜、家禽等，则属于故意毁坏财物罪。

（三）投放危险物质罪的刑事责任

依照《刑法》第114条规定，犯投放危险物质罪尚未造成严重后果的，处三年以上十年以下有期徒刑。

依照《刑法》第115条第1款规定，投放危险物质致人重伤、死亡或者使公私财产遭受重大损失的，处十年以上有期徒刑、无期徒刑或者死刑。

根据《最高人民法院、最高人民检察院关于办理环境污染刑事案件适用法律若干问题的解释》第8条规定，违反国家规定，排放、倾倒、处置含有毒害性、放射性、传染病病原体等物质的污染物，同时构成污染环境罪、非法处置进口的固体废物罪、投放危险物质罪等犯罪的，依照处罚较重的规定定罪处罚。

五、以危险方法危害公共安全罪[①]

第一百一十四条　放火、决水、爆炸以及投放毒害性、放射性、传染病病原体等物质或者以其他危险方法危害公共安全，尚未造成严重后果的，处三年以上十年以下有期徒刑。

第一百一十五条第一款　放火、决水、爆炸以及投放毒害性、放射性、

---

① 参考案例1：孙某铭以危险方法危害公共安全案，四川省高级人民法院（2009）川刑终字第690号。参考案例2：程某康以危险方法危害公共安全案，浙江省宁波市中级人民法院（2014）浙甬刑一初字第98号。参考案例3：丁某刚以危险方法危害公共安全案，江苏省连云港市中级人民法院（2014）连刑初字第00017号。参考案例4：阳某云以危险方法危害公共安全案，载法信网，http://www.faxin.cn/。

传染病病原体等物质或者以其他危险方法致人重伤、死亡或者使公私财产遭受重大损失的，处十年以上有期徒刑、无期徒刑或者死刑。

（一）以危险方法危害公共安全罪的概念和构成要件

以危险方法危害公共安全罪，是指使用放火、决水、爆炸以及投放危险物质以外的其他危险方法，造成或者足以造成不特定多数人的伤亡或者公私财产重大损失，危害公共安全的行为。

以危险方法危害公共安全罪的构成要件是：

1. 本罪的客体是公共安全，即不特定或多数人的生命、健康或者重大公私财产的安全。①

2. 客观方面表现为以放火、决水、爆炸以及投放危险物质以外的其他危险方法，造成或者足以造成不特定或多数人的伤亡或者公私财产重大损失，危害公共安全的行为。

3. 犯罪主体是一般主体，即达到刑事责任年龄、具有责任能力的自然人。

4. 主观方面是故意。

实施本罪的动机有多种，如有的出于报复、泄私愤或实施恐怖活动，有的出于图财、防盗等。不论行为人出于何种动机，都不影响本罪的成立。

（二）认定以危险方法危害公共安全罪应当注意的问题

1. 准确理解和认定"其他危险方法"。

首先，应当准确把握公共危险的含义。危害公共安全罪的保护法益是公共安全，行为具有公共危险的才会危害公共安全。公共危险是对不特定人或者多数人生命、健康或财产的危险。因为公共具有公众性和社会性，重视数量的"多数"；"不特定"意味着随时有向"多数"发展的现实可能性，会使

---

① 这是我国刑法学者近来主张的"不特定或多数人"的通说，参见高铭暄、马克昌主编：《刑法学》，北京大学出版社、高等教育出版社 2000 年版，第 353 页；张明楷：《刑法学》，法律出版社 2003 年版，第 537~538 页。此前刑法学界曾主张"不特定多数人"的观点，参见陈兴良主编：《刑法学》，复旦大学出版社 2003 年版，第 454 页。

社会公众感受到危险，可能使多数人受到侵害。而"不特定多数人"的表述意味着特定的多数人的安全，以及不特定人的安全，都不属于公共安全。这不仅缩小了公共安全的范围，而且与《刑法》规定和司法实践情况不符。因此，对不特定人或者多数人的生命、健康、财产的危险，就是公共危险。只有行为仅侵害特定的少数人的生命、健康、财产时，才不属于公共危险。

其次，对"其他危险方法"应当严格限制解释，不能过于宽泛理解，不能使之成为危害公共安全的"口袋罪"。"其他危险方法"从外延来看，"其他"是指放火、决水、爆炸、投放危险物质等四种《刑法》明确规定以外的所有任何危险方法；从内涵来看，"危险方法"是指与放火、决水、爆炸等危险性相当，甚至更大，足以造成不特定或多数人伤亡或公私财产重大损失的方法。也就是说，这种危险方法同放火、决水、爆炸、投放危险物质具有相当性，一经实施就有可能足以造成不特定或多数人伤亡或者公私财产重大损失。如果采用的方法与上述《刑法》规定的四种危险方法的危险性不相当，不足以危害公共安全，则不属于《刑法》规定的"其他危险方法"。例如，持刀、枪、斧头、棍棒、砖石等，虽然可以伤害不特定的多人，但是其采用的方法不足以危害公共安全，不属于《刑法》规定的"其他危险方法"，伤害多人是其连续多次砍杀、击打的结果。

2.划清以危险方法危害公共安全罪一罪与数罪的界限。

采用危险方法实施犯罪往往危害公共安全，从而涉及罪数问题。涉及一罪与数罪界限的主要有以下情形：

（1）行为人为了一个犯罪目的，实施一个犯罪行为，而同时触犯数个罪名的，属于想象竞合犯，从一重罪处断，不实行数罪并罚。

（2）行为人采用危险方法实施其他犯罪的，因为彼此行为之间具有方法、手段行为与目的行为的牵连关系，属于牵连犯，从一重罪处断，不实行数罪并罚。

（3）行为人组织、领导、参加恐怖组织后，又实施以危险方法危害公共安全行为的，或者实施以危险方法危害公共安全行为后，为掩盖罪行或者报复等，又破坏公用设施或者故意毁坏公私财物构成犯罪的，因其犯意和行为并非一个，构成数罪，应当以危险方法危害公共安全罪和构成的其他犯罪实行数罪并罚。

（三）以危险方法危害公共安全罪的刑事责任

依照《刑法》第114条的规定，犯本罪尚未造成严重后果的，处三年以上十年以下有期徒刑。

依照《刑法》第115条第1款的规定，犯本罪致人重伤、死亡或者使公私财产遭受重大损失的，处十年以上有期徒刑、无期徒刑或者死刑。

司法机关适用上述规定时，应当注意以下问题：

1. 本罪是具体危险犯。只要行为人故意实施了以其他危险方法危害公共安全的行为，足以威胁不特定或多数人的人身、财产安全，就构成犯罪既遂，不要求造成实际严重后果。

2. 根据是否造成严重后果，适用不同处罚。应当根据案件的犯罪事实、情节和危害，主要是造成人员伤亡的多少、财产损失的大小、后果是否严重等，来选择适用上述法条规定的不同处罚。所谓"尚未造成严重后果"，主要是指行为人实施了以其他危险方法危害公共安全的行为，但尚未造成他人重伤、死亡或者使公私财产遭受重大损失的情形。如果造成严重后果，致人重伤、死亡或者使公私财产遭受重大损失的，则依照《刑法》第115条规定处罚。

3. 需要注意司法解释和司法文件有关此罪的规定。

（1）私设电网的；（2）以危险方法自伤、自杀的；（3）驾驶机动车任意冲撞的；（4）故意针对人员密集场所编造、传播虚假恐怖信息的；（5）盗窃、破坏人员密集往来、聚集场所的窨井盖的。

六、失火罪

第一百一十五条[①] 放火、决水、爆炸以及投放毒害性、放射性、传染病病原体等物质或者以其他危险方法致人重伤、死亡或者使公私财产遭受重大损失的，处十年以上有期徒刑、无期徒刑或者死刑。

---

① 本条第1款经2001年12月29日《刑法修正案（三）》第2条修改。

过失犯前款罪的，处三年以上七年以下有期徒刑；情节较轻的，处三年以下有期徒刑或者拘役。

（一）失火罪的概念和构成要件

失火罪，是指由于过失行为引起火灾，致人重伤、死亡或者使公私财产遭受重大损失，危害公共安全的行为。

本罪1979年《刑法》第106条作了规定。

失火罪的构成要件是：

1. 本罪侵犯的客体是公共安全，即不特定多数人的生命、健康或者重大公私财产的安全。

本罪的犯罪对象通常是公私财物，也包括人身。如在公共场所过失将汽油泼洒他人或者自己身上并导致燃烧危害公共安全的。

2. 客观方面表现为行为人实施引起火灾，致人重伤、死亡或者使公私财产遭受重大损失，危害公共安全的行为。

（1）行为人必须实施了引起火灾的行为。失火一般发生在日常生活中，如吸烟入睡引起火灾，取暖做饭用火不慎引起火灾，安装炉灶、烟囱不合防火规则，在森林中乱烧荒，不注意防火，以致酿成火灾，造成重大损失等。如果在工作中严重不负责任或擅离职守；或者在生产、作业中违章作业或强令他人违章作业而引起火灾，可能构成渎职犯罪或者责任事故犯罪，但不构成本罪。如果火灾不是由于行为人的失火行为引起的，而是由于自然原因引起的，不构成失火罪。（2）行为人的行为必须造成了严重后果，即致人重伤、死亡或者使公私财产遭受重大损失。仅有失火行为，未引起危害后果；或者危害后果不严重，不构成失火罪，而属一般失火行为。（3）上述严重后果必须是由失火行为造成的，即同失火行为有着直接的因果关系，这是其承担失火罪刑事责任的客观根据。

3. 犯罪主体为一般主体，即年满16周岁、具有刑事责任能力的人均可成为本罪主体。

国家工作人员或者具有从事某种业务身份的人员，在执行职务中或从事业务过程中过失引起火灾的，不构成本罪。

4.主观方面由过失构成。既可能是出于疏忽大意的过失，也可能是出于过于自信的过失。

这里的"疏忽大意""过于自信"，是指行为人对失火造成的危害后果的心理态度，而不是对导致失火行为的心理态度。比如，有的行为人对导致火灾的行为是明知故犯，如在林区内吸烟等，但其对吸烟引起山林火灾的危害后果是既不希望发生，也不会放任这种后果的发生。因此，行为人对于火灾的发生，主观上具有过失，是其承担失火罪刑事责任的主观根据。

（二）认定失火罪应当注意的问题

1.划清罪与非罪的界限。

失火行为是否致人重伤、死亡或者使公私财产遭受重大损失，是区分失火罪罪与非罪的标准。在处理这类案件时：（1）必须查明行为人的行为与失火事件的发生有没有刑法上的因果关系。如果火灾是由于地震、火山爆发、雷击、天旱等不能预料或者不能抗拒的原因引起，并非人为原因造成，属于意外事件，没有刑法上的因果关系，当然不构成犯罪。（2）必须查明危害后果的程度。换句话说，如果行为人仅仅实施了导致失火的行为，但未引起危害后果，或者造成的危害后果不严重，则不构成本罪，可由公安机关按照《治安管理处罚法》的规定处罚，或者由有关单位给予批评教育或者行政处分。

2.划清本罪与放火罪的界限。

失火罪与放火罪在客观方面都表现为与火灾有关的危害公共安全的行为，但二者之间有着显著的区别：（1）主观罪过的形式不同。放火罪只能由故意构成；失火罪只能由过失构成，这一点也是两罪的最本质区别。（2）危害后果的形式不同。行为人的失火行为必须造成致人重伤、死亡或者使公私财产遭受重大损失的后果，才能构成失火罪；而放火罪则并不要求必须发生上述严重后果作为法定构成要件，只要行为人实施了足以危害公共安全的放火行为，即使没有造成上述严重后果，也构成放火罪。

司法实践中，有时会发生过失犯罪转化为故意犯罪的情况。例如，某人在仓库吸烟时无意中将未熄灭的火柴头扔到草堆上，当即起火。这时行为人本应奋力灭火以避免火灾的发生，而他却扬长而去，漠不关心，任火势蔓延，致酿成灾。这里行为人开始只是无意中将火柴头扔进草堆，并非故意制造火灾，本应认定为失火行为，但由于其先前的失火行为已经造成火灾的危险，行为人负有灭火、消除危险的义务。在其能够履行义务的情况下，明知不灭火可能造成火灾，却不予履行，听任火灾发生。这时行为人主观罪过已转化为间接故意，因而构成以不作为形式实施的放火罪，不应再以失火罪论处。应当注意的是，如果行为人没有履行义务的能力和条件，或者在当时客观条件下即使履行救火义务仍有可能无法避免发生损害后果的，由于不符合不作为放火罪的构成要件，此时就不能转化为故意的放火罪。因此，在审判实践中准确认定引发火灾行为的性质，需要根据案件事实、法律规定、法理分析及社会评价综合判断。在判断行为人主观心态时，不能单纯地以未救火或未报警就认定行为人由过失转化为间接故意，构成不作为犯罪，要结合案件的证据情况，判断不作为是否能成为造成损害结果的主要原因，从而认定案件的性质是放火罪还是失火罪。

（三）失火罪的刑事责任

依照《刑法》第115条第2款规定，犯失火罪的，处三年以上七年以下有期徒刑；情节较轻的，处三年以下有期徒刑或者拘役。

在适用本条规定处罚时，应当注意以下几个问题：

1. 按照《最高人民检察院、公安部关于公安机关管辖的刑事案件立案追诉标准的规定（一）》第1条的规定，过失引起火灾，有该条情形之一的，应予立案追诉。

2. 失火罪"情节较轻"的认定，目前尚无司法解释规定。司法实践中，可从以下方面予以考虑：（1）造成经济的损失较小的；（2）过火林面积较小的；（3）失火后及时报警、主动指挥参加扑救使火灾现场较好恢复的；（4）一贯表现较好，犯罪后主动认罪悔罪的；等等。

3. 根据《国家林业局、公安部关于森林和陆生野生动物刑事案件管辖及立案标准》规定，失火造成森林火灾，过火有林地面积2公顷以上，或者致人重伤、死亡的应当立案；过火有林地面积为10公顷以上，或者致人死亡、重伤5人以上的为重大案件;过火有林地面积为50公顷以上,或者死亡2人以上的,为特别重大案件。

七、过失决水罪

第一百一十五条[①] 放火、决水、爆炸以及投放毒害性、放射性、传染病病原体等物质或者以其他危险方法致人重伤、死亡或者使公私财产遭受重大损失的,处十年以上有期徒刑、无期徒刑或者死刑。

过失犯前款罪的,处三年以上七年以下有期徒刑;情节较轻的,处三年以下有期徒刑或者拘役。

(一)过失决水罪的概念和构成要件

过失决水罪,是指过失引起水灾,危害公共安全的行为。

本罪1979年《刑法》第106条作了规定。

过失决水罪的构成要件是:

1. 本罪侵犯的客体是公共安全,即不特定多数人的生命、健康或者重大公私财产的安全。

2. 客观方面表现为由于过失行为引起水灾,致人重伤、死亡或者使公私财产遭受重大损失,危害公共安全的行为。

所谓引起水灾,主要是指在用水中,由于方法不当,导致水势泛滥成灾的行为,如放水灌溉农田,由于操纵水闸不当,导致大坝决口,淹毁大片农田、庄稼等。这种行为多是发生在日常生活中,由于行为人不注意公共安全以致酿成水灾。如果负责防洪的工作人员,在工作中严重不负责任或擅离职守,过失引起水灾,致人重伤、死亡或者重大公私财产遭受重大损失,不构成本罪,视情形可定为相关渎职犯罪或者相关责任事故犯罪。

3. 犯罪主体为一般主体。

4. 主观方面是出于过失,包括过于自信的过失和疏忽大意的过失。

---

① 本条第1款经2001年12月29日《刑法修正案(三)》第2条修改。

如果行为人对其行为引起的水灾并未预见，而且根据案件发生时的主、客观情况看，也不可能预见的，或者水灾的损害后果是由于不可抗拒的自然原因如山洪暴发、雨水过多、河堤决口、地震等造成的，则属于意外事件，行为人不负刑事责任。

（二）过失决水罪的刑事责任

依照《刑法》第115条第2款规定，犯过失决水罪的，处三年以上七年以下有期徒刑；情节较轻的，处三年以下有期徒刑或者拘役。

八、过失爆炸罪

第一百一十五条[①] 放火、决水、爆炸以及投放毒害性、放射性、传染病病原体等物质或者以其他危险方法致人重伤、死亡或者使公私财产遭受重大损失的，处十年以上有期徒刑、无期徒刑或者死刑。

过失犯前款罪的，处三年以上七年以下有期徒刑；情节较轻的，处三年以下有期徒刑或者拘役。

（一）过失爆炸罪的概念和构成要件

过失爆炸罪，是指过失引起爆炸物爆炸，危害公共安全的行为。

本罪1979年《刑法》第106条作了规定。

过失爆炸罪的构成要件是：

1. 本罪侵犯的客体是不特定多数人的生命、健康或者重大公私财产的安全。

2. 客观方面表现为由于过失行为引起爆炸物爆炸，致人重伤、死亡或者使公私财产遭受重大损失，危害公共安全的行为。

3. 犯罪主体为一般主体。

4. 主观方面是出于过失，即行为人对其引起爆炸物爆炸的行为可能造成

---

① 本条第1款经2001年12月29日《刑法修正案（三）》第2条修改。

的危害公共安全的严重后果已经预见,但轻信能够避免或者是应当预见爆炸行为可能造成的严重后果,由于疏忽大意而没有预见,以致发生了这种后果。

(二)过失爆炸罪的刑事责任

依照《刑法》第115条第2款规定,犯过失爆炸罪的,处三年以上七年以下有期徒刑;情节较轻的,处三年以下有期徒刑或者拘役。

九、过失投放危险物质罪

第一百一十五条[①] 放火、决水、爆炸以及投放毒害性、放射性、传染病病原体等物质或者以其他危险方法致人重伤、死亡或者使公私财产遭受重大损失的,处十年以上有期徒刑、无期徒刑或者死刑。

过失犯前款罪的,处三年以上七年以下有期徒刑;情节较轻的,处三年以下有期徒刑或者拘役。

(一)过失投放危险物质罪的概念和构成要件

过失投放危险物质罪,是指过失投放了毒害性、放射性、传染病病原体等物质,造成致人重伤、死亡或者使公私财产遭受重大损失的严重后果,危害公共安全的行为。

本罪是《刑法修正案(三)》在1997年《刑法》第115条第2款规定的基础上修订而成的。

过失投放危险物质罪的构成要件是:

1. 本罪侵犯的客体是不特定多数人的生命、健康或者重大公私财产的安全。

2. 客观方面表现为过失投放毒害性、放射性、传染病病原体等物质,致人重伤、死亡或者使公私财产遭受重大损失,危害公共安全的行为。

3. 犯罪主体为一般主体。

---

① 本条第1款经2001年12月29日《刑法修正案(三)》第2条修改。

4. 主观方面是出于过失。

（二）过失投放危险物质罪的刑事责任

依照《刑法》第115条第2款规定，犯过失投放危险物质罪的，处三年以上七年以下有期徒刑；情节较轻的，处三年以下有期徒刑或者拘役。

十、过失以危险方法危害公共安全罪

第一百一十五条[①] 放火、决水、爆炸以及投放毒害性、放射性、传染病病原体等物质或者以其他危险方法致人重伤、死亡或者使公私财产遭受重大损失的，处十年以上有期徒刑、无期徒刑或者死刑。

过失犯前款罪的，处三年以上七年以下有期徒刑；情节较轻的，处三年以下有期徒刑或者拘役。

（一）过失以危险方法危害公共安全罪的概念和构成要件

过失以危险方法危害公共安全罪，是指过失以放火、决水、爆炸、投放危险物质以外的其他危险方法，致人重伤、死亡或者使公私财产遭受重大损失，危害公共安全的行为。

本罪1979年《刑法》第106条作了规定。

过失以危险方法危害公共安全罪的构成要件是：

1. 本罪侵犯的客体是不特定多数人的生命、健康或者重大公私财产的安全。

2. 客观方面表现为行为人过失以放火、决水、爆炸、投放危险物质以外的其他危险方法，致人重伤、死亡或者使公私财产遭受重大损失，危害公共安全的行为。

3. 犯罪主体为一般主体。

4. 主观方面由过失构成。

---

① 本条第1款经2001年12月29日《刑法修正案（三）》第2条修改。

（二）过失以危险方法危害公共安全罪的刑事责任

依照《刑法》第 115 条第 2 款规定，犯过失以危险方法危害公共安全罪的，处三年以上七年以下有期徒刑；情节较轻的，处三年以下有期徒刑或者拘役。

司法实践中，本罪中的"情节较轻"，一般是指造成的危害后果不是十分严重的；或者只是造成一定的经济损失，未致人重伤、死亡的；行为人一贯表现良好，事故发生后积极抢救，主观恶性程度较轻的；主观过失不太严重的；被害人宽恕、谅解的；案发后自首的；等等。

根据最高人民法院、最高人民检察院、公安部于 2020 年 3 月 16 日联合印发的《关于办理涉窨井盖相关刑事案件的指导意见》第 2 条第 2 款的规定，由于过失损坏人员密集往来的非机动车道、人行道以及车站、码头、公园、广场、学校、商业中心、厂区、社区、院落等生产生活、人员聚集场所的窨井盖，致人重伤、死亡或者使公私财产遭受重大损失，危害公共安全的，依照《刑法》第 115 条第 2 款的规定，以过失以危险方法危害公共安全罪定罪处罚。根据该意见第 12 条的规定，这里所称的"窨井盖"，包括城市、城乡接合部和乡村等地的窨井盖以及其他井盖。

十一、破坏交通工具罪

第一百一十六条　破坏火车、汽车、电车、船只、航空器，足以使火车、汽车、电车、船只、航空器发生倾覆、毁坏危险，尚未造成严重后果的，处三年以上十年以下有期徒刑。

第一百一十九条第一款　破坏交通工具、交通设施、电力设备、燃气设备、易燃易爆设备，造成严重后果的，处十年以上有期徒刑、无期徒刑或者死刑。

（一）破坏交通工具罪的概念和构成要件

破坏交通工具罪，是指故意破坏火车、汽车、电车、船只、航空器，足以使火车、汽车、电车、船只、航空器发生倾覆、毁坏危险，危害公共安全的行为。

本罪1979年《刑法》第107条和第110条作了规定。1997年《刑法》第116条和第119条在罪状部分增加了有关"航空器"的规定。

破坏交通工具罪的构成要件是：

1. 本罪侵犯的客体是交通运输安全。

破坏交通工具不但对安全运输造成严重威胁，而且严重危害经济建设和公民的生命、财产安全。犯罪对象仅限于正在使用中的火车、汽车、电车、船只、航空器等交通工具。这种交通工具机动性强、速度快、载运量大，一旦发生倾覆、毁坏，就可能造成重大的人员伤亡和公私财产的严重损失。反之，其他非机动交通工具，如自行车、手推车等，由于其自身的速度、载运量、非机动性等条件的限制，即使发生倾覆、毁坏的情况，也不会危害公共安全，因此，不属于本罪的犯罪对象。"正在使用中"的交通工具，包括运行中的和正在使用期间而暂时停置待用的交通工具。如果破坏正在制造或者修理过程中，尚未交付使用的交通工具，不会危害到公共安全，因而也不构成本罪。但如果是负责修理交通工具的人员基于危害公共安全的目的，在修理中故意进行破坏，或者制造隐患，将受到破坏的或者尚未修复的交通工具交付使用，则构成本罪。

2. 客观方面表现为实施破坏火车、汽车、电车、船只、航空器，足以使火车、汽车、电车、船只、航空器发生倾覆、毁坏危险，危害公共安全的行为。

"破坏"，是指以拆卸、碰撞、在燃料中掺以杂质等各种手段和方法破坏交通工具，危害公共安全的行为。"倾覆"，是指火车出轨、颠覆，汽车、电车翻车、撞毁，船只翻沉，航空器坠毁等。"毁坏"，是指使交通工具受到严重破坏或者完全报废，以致不能行驶或者安全行驶。"足以使火车、汽车、电车、船只、航空器发生倾覆、毁坏危险"，是指破坏行为虽未造成交通工具实际的倾覆、毁坏，但具有使之倾覆、毁坏的实际可能性和危险性。确定破坏行为是否足以使交通工具发生倾覆、毁坏的危险，要从破坏的交通工具看其是否正在使用，还要从破坏交通工具的部位、方法、手段、程度等方面进行综合考察。

3. 犯罪主体为一般主体。

4. 主观方面由故意构成。犯罪动机可能是多种多样的，如泄愤报复、捣乱破坏等，但动机不影响本罪的成立。

（二）认定破坏交通工具罪应当注意的问题

1. 划清罪与非罪的界限。

行为人必须破坏了交通工具的重要部位和机件，如交通工具的操作驾驶系统，制动、刹车系统，导航系统等，也只有破坏这些关键部位才可能使交通工具发生倾覆、毁坏，进而危害公共安全。如果行为人只破坏了交通工具的座椅、门窗玻璃、卫生设备或者其他不影响安全行驶的辅助设备的，不构成本罪。

2. 划清以放火、爆炸手段实施的破坏交通工具的犯罪与放火罪、爆炸罪的界限。

前者与放火罪和爆炸罪的犯罪手段相同，而且都危害公共安全。其主要区别在于：前者侵害的对象是正在使用中的火车、汽车、电车、船只、航空器等交通工具；而放火罪、爆炸罪侵害的对象则是停置不用的交通工具或者其他公私财物和不特定多数人的生命、健康。为了保证交通运输安全，《刑法》特别将正在使用中的交通工具作为特殊的保护对象，行为人无论采用何种手段破坏交通工具，只要足以使之发生倾覆、毁坏的危险，就应当以破坏交通工具罪定罪处罚。如果行为人使用放火、爆炸的手段破坏尚未交付使用的交通工具的，则应当根据具体案情，分别以放火罪、爆炸罪或者故意毁坏财物罪定罪处罚。

（三）破坏交通工具罪的刑事责任

依照《刑法》第116条规定，犯破坏交通工具罪，尚未造成严重后果的，处三年以上十年以下有期徒刑。

依照《刑法》第119条第1款规定，破坏交通工具造成严重后果的，处十年以上有期徒刑、无期徒刑或者死刑。

司法实践中应当注意的问题是,所谓尚未造成严重后果,是指行为人实施的破坏交通工具的行为,没有造成任何危害后果或者只造成了轻微的危害后果。所谓造成严重后果,是指因交通工具倾覆、毁坏而致人重伤、死亡或者使公私财产遭受重大损失等情形。

十二、破坏交通设施罪

第一百一十七条 破坏轨道、桥梁、隧道、公路、机场、航道、灯塔、标志或者进行其他破坏活动,足以使火车、汽车、电车、船只、航空器发生倾覆、毁坏危险,尚未造成严重后果的,处三年以上十年以下有期徒刑。

第一百一十九条第一款 破坏交通工具、交通设施、电力设备、燃气设备、易燃易爆设备,造成严重后果的,处十年以上有期徒刑、无期徒刑或者死刑。

(一)破坏交通设施罪的概念和构成要件

破坏交通设施罪,是指故意破坏轨道、桥梁、隧道、公路、机场、航道、灯塔、标志或者进行其他破坏活动,足以使火车、汽车、电车、船只、航空器发生倾覆、毁坏危险,危害公共安全的行为。

本罪1979年《刑法》第108条和第110条作了规定。1997年《刑法》第117条和第119条在罪状部分增加了有关"航空器"的规定。

破坏交通设施罪的构成要件是:

1. 本罪侵犯的客体是交通运输安全。

犯罪对象与破坏交通工具罪不同,本罪破坏的不是交通工具本身,而是保证交通工具安全行驶的各种交通设施,即正在使用中的轨道、桥梁、隧道、公路、机场、航道、灯塔、标志等民用交通设施。这些正在使用中的交通设施直接关系着行车、航行和飞行安全,是交通运输安全、顺利进行的重要保证。破坏军用机场等军用交通设施的,不成立本罪,成立破坏军事设施罪。如果破坏的不是正在使用中的交通设施(如正在施工、修理、储存中或废置不用的交通设施),或者是与交通运输安全无关的设施(如候机室、候车室的生活设施），因其对交通运输安全无直接威胁，故不构成本罪。视案件具体情节可分别以破坏生产经营罪、故意毁坏财物罪或盗窃罪论处。

2.客观方面表现为破坏轨道、桥梁、隧道、公路、机场、航道、灯塔、标志或者进行其他破坏活动，足以使火车、汽车、电车、船只、航空器发生倾覆、毁坏危险的行为。

"破坏"，不仅包括使交通设施遭受有形的损坏，如炸毁铁轨、桥梁、隧道，拔除铁轨道钉，抽掉枕木，拧松或拆卸夹板螺丝，破坏公路路基，堵塞航道，在公路、机场路道上挖掘坑穴，拆毁或挪动灯塔、航标等安全标志，还包括对交通设施正常功能的损害，如使用无线电干扰信号，致使正常行驶中的交通工具与调度、指挥、导航系统无法取得联系，处于极大的危险之中。"其他破坏活动"，是指破坏除轨道、桥梁、隧道、公路、机场、航道、灯塔、标志以外的其他交通设施或者虽然没有直接破坏交通设施，但其破坏行为却足以使火车、汽车、电车、船只、航空器发生倾覆、毁坏危险的行为，如在铁轨上放置石块、涂抹机油等。"足以使火车、汽车、电车、船只、航空器发生倾覆、毁坏危险"，是指行为人对交通设施的破坏程度已经达到了可以使交通工具发生倾覆、毁坏的现实可能和危险。

3.犯罪主体为一般主体。

4.主观方面由故意构成。犯罪动机可能是多种多样的，但动机不影响本罪的成立。

（二）认定破坏交通设施罪应当注意的问题

认定破坏交通设施罪应注意划清罪与非罪的界限。区分破坏交通设施罪与一般违法行为的关键在于，破坏行为必须足以使交通工具发生倾覆、毁坏的危险才构成本罪。如果破坏行为不可能使交通工具发生倾覆、毁坏，没有危及交通运输安全的，则不构成本罪。

由于交通设施与交通工具之间的相互依存关系，破坏交通设施往往引起交通工具的倾覆、毁坏，而且这种危害结果的发生通常是行为人所追求的目的；同样，破坏交通工具也常引起交通设施被破坏。在这种情况下，是定破坏交通设施罪，还是定破坏交通工具罪，要视行为的直接指向而定。如果行为指向交通设施，直接破坏交通设施，应定破坏交通设施罪。其所引起的交通工具的倾覆、毁坏，应视为破坏交通设施，造成严重后果，适用《刑法》第119条规定的破坏交通设施罪的结果加重条文。如果行为指向交通工具，直接破坏交通工具，应定破坏交通工具罪，其所引起的对交通设施的破坏，也应视为破坏交通工具，造成严重后果的情况。

（三）破坏交通设施罪的刑事责任

依照《刑法》第117条规定，犯破坏交通设施罪，尚未造成严重后果的，处三年以上十年以下有期徒刑。

依照《刑法》第119条第1款规定，破坏交通设施造成严重后果的，处十年以上有期徒刑、无期徒刑或者死刑。

司法实践中应当注意的问题是，所谓尚未造成严重后果，是指行为人实施的破坏交通设施的行为，没有造成任何危害后果或者只造成了轻微的危害后果。所谓造成严重后果，是指因交通设施被破坏，致使交通工具倾覆、毁坏而致人重伤、死亡或者使公私财产遭受重大损失等情形。

根据最高人民法院、最高人民检察院、公安部于2020年3月16日联合印发的《关于办理涉窨井盖相关刑事案件的指导意见》第1条第1款的规定，盗窃、破坏正在使用中的社会机动车通行道路上的窨井盖，足以使汽车、电车发生倾覆、毁坏危险，尚未造成严重后果的，依照《刑法》第117条的规定，以破坏交通设施罪定罪处罚；造成严重后果的，依照《刑法》第119条第1款的规定处罚。

十三、破坏电力设备罪

第一百一十八条 破坏电力、燃气或者其他易燃易爆设备，危害公共安全，尚未造成严重后果的，处三年以上十年以下有期徒刑。

第一百一十九条第一款 破坏交通工具、交通设施、电力设备、燃气设备、易燃易爆设备，造成严重后果的，处十年以上有期徒刑、无期徒刑或者死刑。

（一）破坏电力设备罪的概念和构成要件

破坏电力设备罪，是指故意破坏电力设备，危害公共安全的行为。

本罪1979年《刑法》第109条和第110条作了规定。

破坏电力设备罪的构成要件是：

1. 本罪侵犯的客体是公共安全和电力供应安全。

电力是国民经济的基础产业，是保证我国经济可持续发展和人民群众生产生活必不可少的物质条件。近年来，我国电力设备大量遭受破坏，犯罪活动十分猖獗，不仅给电力企业造成了巨大损失，而且直接危害电力供应的安全，扰乱了人民群众正常的生产生活，社会危害较大。犯罪对象是电力设备。根据2007年8月15日《最高人民法院关于审理破坏电力设备刑事案件具体应用法律若干问题的解释》（以下简称《审理破坏电力设备刑事案件解释》）第4条第1款的规定，电力设备，是指处于运行、应急等使用中的电力设备；已经通电使用，只是由于枯水季节或者电力不足等原因暂停使用的电力设备；已经交付使用但尚未通电的电力设备。不包括尚未安装完毕，或者已经安装完毕但尚未交付使用的电力设备。应当注意的是，本罪的犯罪对象是电力设备，而非电力设施。因为有些电力设施，主要是一些辅助设施即使遭到破坏，也不可能对公共安全造成任何影响。

2. 客观方面表现为使用各种方法破坏正在使用中的电力设备，危害公共安全的行为。

破坏电力设备的方法多种多样，如爆炸、放火、毁坏、拆卸重要机件，割断、拆除输电线路，故意违反操作规程使设备损毁等。行为人实施上述破坏电力设备的行为，必须足以危害公共安全，即有可能引起不特定多数人伤亡，使公私财产遭受重大损失，或者使社会的生产、生活秩序受到严重影响，才能构成本罪。

3. 犯罪主体为一般主体。

4. 主观方面由故意构成。

（二）认定破坏电力设备罪应当注意的问题

1. 划清罪与非罪的界限。

破坏行为必须足以使电力设备发生毁坏的危险才构成本罪。如果破坏行为不可能使电力设备发生毁坏，不会危及用电安全的，则不构成本罪。

2. 划清使用放火、爆炸方法破坏电力设备的犯罪同放火罪、爆炸罪的界限。

使用放火、爆炸方法破坏电力设备罪同放火罪、爆炸罪的犯罪方法相同，而且行为后果也都危害了公共安全。它们之间的主要区别在于：前者破坏的对象是电力设备；而后者破坏的对象是特定的电力设备以外的其他公私财物。由于《刑法》将电力设备作为特定对象予以特殊保护，因此，无论以何种方法破坏电力设备，只要是足以危害公共安全，就构成破坏电力设备罪。

3. 对盗窃电力设备行为的定罪处罚。

破坏电力设备罪是危害公共安全的犯罪。该罪所侵犯的客体是公共安全。如果行为人的行为不具有危害公共安全的性质，不能构成该罪。根据《审理破坏电力设备刑事案件解释》第3条的规定，盗窃电力设备，危害公共安全，但不构成盗窃罪的，以破坏电力设备罪定罪处罚；同时构成盗窃罪和破坏电力设备罪的，按照《刑法》处罚较重的规定定罪处罚。盗窃电力设备，没有危及公共安全，但应当追究刑事责任的，可以根据案件的不同情况，按照盗窃罪等犯罪处理。据此，对拆盗某些排灌站、加工厂等生产单位正在使用中的电机设备等，没有危及公共安全，但应当追究刑事责任的，可以根据案件的不同情况，按盗窃罪、破坏集体生产罪或者故意毁坏公私财物罪处理。

（三）破坏电力设备罪的刑事责任

依照《刑法》第118条规定，犯破坏电力设备罪，尚未造成严重后果的，处三年以上十年以下有期徒刑。

依照《刑法》第119条第1款规定，破坏电力设备造成严重后果的，处十年以上有期徒刑、无期徒刑或者死刑。

司法实践中应当注意的问题是，所谓尚未造成严重后果，是指犯罪分子在实施了破坏电力设备的行为以后，由于其意志以外的原因，没有发生电厂、供电线路毁坏等严重后果的情形。按照《审理破坏电力设备刑事案件解释》第1条的规定，"造成严重后果"，是指有以下四种情形之一的后果：（1）造成1人以上死亡、3人以上重伤或者10人以上轻伤的；（2）造成1万以上用户电力供应中断6小时以上，致使生产、生活受到严重影响的；（3）造成直接经济损失100万元以上的；（4）造成其他危害公共安全严重后果的。根据《审理破坏电力设备刑事案件解释》第4条第2款的规定，直接经济损失的计算范围，包括电量损失金额，被毁损设备材料的购置、更换、修复费用，以及因停电给用户造成的直接经济损失等。

十四、破坏易燃易爆设备罪

第一百一十八条 破坏电力、燃气或者其他易燃易爆设备，危害公共安全，尚未造成严重后果的，处三年以上十年以下有期徒刑。

第一百一十九条第一款 破坏交通工具、交通设施、电力设备、燃气设备、易燃易爆设备，造成严重后果的，处十年以上有期徒刑、无期徒刑或者死刑。

（一）破坏易燃易爆设备罪的概念和构成要件

破坏易燃易爆设备罪，是指故意破坏燃气或者其他易燃易爆设备，危害公共安全的行为。

本罪1979年《刑法》第109条和第110条作了规定，1997年《刑法》第118条和第119条在罪状部分增加了有关"燃气设备"的规定。

破坏易燃易爆设备罪的构成要件是：

1. 本罪侵犯的客体是公共安全。

犯罪对象是正在使用中的燃气或者其他易燃易爆设备。"燃气设备"，主要是指生产、储存、输送和使用各种燃气的设施、设备，如煤气罐、煤气管道、天然气罐、天然气管道、天然气锅炉等。"其他易燃易爆设备",主要是指除电力、燃气设备以外的生产、储存和输送易燃易爆物品的设备,如油井、石油输送管道、油库、贮油罐、液化石油罐、加油站以及酒精、煤油、丙酮、炸药、火药等易燃易爆的化学物品的生产、储存、运输设备等。上述易燃易爆设备必须是正在使用中,如果没有使用,如正在制造、运输、安装、架设或尚在库存中,以及虽然已交付使用但正在检修暂停使用的,对其进行破坏,不构成本罪,构成犯罪的,应根据破坏的方法等以他罪如放火罪、爆炸罪、故意毁坏财物罪等论处。还应注意的是,本罪行为的对象在于生产、贮存、运送易燃易爆物品的机器设备,而不是易燃易爆物品本身。如果行为人在生产、贮存、运输、使用易燃易爆物品的过程中,违反危险物品的管理规定,造成爆炸、火灾后果的,则应以危险物品肇事罪定罪。这时的爆炸、火灾发生自然会使易燃易爆设备遭受破坏,但这种破坏不是行为人的行为直接破坏易燃易爆设备所导致,而是行为人的行为造成易燃易爆物品的燃烧、爆炸而间接产生的,易燃易爆物品的燃烧、爆炸乃是易燃易爆设备发生破坏的直接原因。如果行为人直接破坏易燃易爆设备,致使易燃易爆物品发生燃烧、爆炸的,则应以本罪论处。这时的破坏是行为人的行为直接所致并由此成为易燃易爆物品发生燃烧、爆炸的原因。

2. 客观方面表现为故意破坏正在使用中的燃气或者其他易燃易爆设备,危害公共安全的行为。

破坏易燃易爆设备的方法多种多样,可以表现为作为,如爆炸、放火、毁坏、拆卸重要机件,割断、拆除输气管道,故意违反操作规程使设备损毁;也可以表现为不作为,比如维修工在值班时间发现煤气管道破损,有发生火灾、爆炸事故的危险存在而不予维修,任其发生燃烧、爆炸,危害公共安全等。行为人实施上述破坏易燃易爆设备的行为,必须足以危害公共安全,即有可能引起不特定多数人伤亡,使公私财产遭受重大损失,或者使社会的生产、生活秩序受到严重影响,才能构成本罪。

3. 犯罪主体为一般主体。

4. 主观方面由故意构成。犯罪动机可能是多种多样的,如出于贪财图利、报复泄愤、嫁祸于人等。但无论出于何种动机,均不影响本罪的成立。

（二）认定破坏易燃易爆设备罪应当注意的问题

1. 划清罪与非罪的界限。

破坏行为必须足以使易燃易爆设备发生毁坏的危险才构成本罪。如果破坏行为不可能使易燃易爆设备发生毁坏，没有危及公共安全的，则不构成犯罪。

2. 划清使用放火、爆炸方法破坏易燃易爆设备罪同放火罪、爆炸罪的界限。

使用放火、爆炸方法破坏易燃易爆设备罪同放火罪、爆炸罪的犯罪方法相同，而且行为后果都危害了公共安全。它们之间的区别主要在于犯罪对象不同：前者破坏的对象是易燃易爆设备；而后者破坏的对象是特定的易燃易爆设备以外的其他公私财物。由于《刑法》将易燃易爆设备作为特定对象予以特殊保护，因此，无论以何种方法破坏易燃易爆设备，只要是足以危害公共安全的，就构成破坏易燃易爆设备罪。

（三）破坏易燃易爆设备罪的刑事责任

依照《刑法》第118条规定，犯破坏易燃易爆设备罪，尚未造成严重后果的，处三年以上十年以下有期徒刑。

依照《刑法》第119条第1款规定，破坏易燃易爆设备造成严重后果的，处十年以上有期徒刑、无期徒刑或者死刑。

十五、过失损坏交通工具罪

第一百一十九条 破坏交通工具、交通设施、电力设备、燃气设备、易燃易爆设备，造成严重后果的，处十年以上有期徒刑、无期徒刑或者死刑。

过失犯前款罪的，处三年以上七年以下有期徒刑；情节较轻的，处三年以下有期徒刑或者拘役。

（一）过失损坏交通工具罪的概念和构成要件

过失损坏交通工具罪，是指由于过失损坏火车、汽车、电车、船只、航空器，使火车、汽车、电车、船只、航空器发生倾覆、毁坏的严重后果，危害公共安全的行为。

本罪 1979 年《刑法》第 110 条作了规定。

过失损坏交通工具罪的构成要件是：

1. 本罪侵犯的客体是交通运输安全。犯罪对象仅限于正在使用中的火车、汽车、电车、船只、航空器等交通工具。

2. 客观方面表现为过失损坏火车、汽车、电车、船只、航空器，使火车、汽车、电车、船只、航空器发生倾覆、毁坏的严重结果，危害公共安全的行为。

3. 犯罪主体为一般主体。

4. 主观方面由过失构成。

造成严重后果是构成本罪重要的法定要件之一。所谓严重后果，是指致人重伤、死亡或者使公私财产遭受重大损失，如交通工具颠覆、互撞、起火、爆炸、车毁人亡等。只有过失破坏交通工具的行为，并未引起严重后果，不构成本罪。在处理这种犯罪时，还必须查明破坏交通工具的行为同严重后果是否存在因果关系，如果虽然后果严重，但查明不是过失破坏交通工具的行为所引起，不构成过失破坏交通工具罪。

（二）认定过失损坏交通工具罪应当注意的问题

注意划清本罪与破坏交通工具罪的界限。二者都是以交通工具为侵害对象的危害交通运输安全的犯罪，主要区别在于：（1）主观罪过形式不同。前者是过失犯罪；而后者是故意犯罪。（2）对危害结果的要求不同。前者把造成严重后果作为构成犯罪的法定要件。如果行为人过失实施了损坏交通工具的行为，但没有造成严重后果的，不构成本罪；而后者则不论是否发生了严重后果，只要行为人故意实施了破坏交通工具的行为，足以使火车、汽车、电车、船只、航空器发生倾覆、毁坏危险的，就构成破坏交通工具罪。

（三）过失损坏交通工具罪的刑事责任

依照《刑法》第119条第2款规定，犯过失损坏交通工具罪的，处三年以上七年以下有期徒刑；情节较轻的，处三年以下有期徒刑或者拘役。

司法实践中应当注意的问题是，所谓情节较轻，主要是指过失损坏交通工具，虽造成人员重伤、死亡或者公私财产重大损失的后果，但行为人由于自身具有残疾等原因导致危害后果发生，或者积极参与救治、赔偿损失等情节。

十六、过失损坏交通设施罪

第一百一十九条 破坏交通工具、交通设施、电力设备、燃气设备、易燃易爆设备，造成严重后果的，处十年以上有期徒刑、无期徒刑或者死刑。

过失犯前款罪的，处三年以上七年以下有期徒刑；情节较轻的，处三年以下有期徒刑或者拘役。

（一）过失损坏交通设施罪的概念和构成要件

过失损坏交通设施罪，是指由于过失损坏轨道、桥梁、隧道、公路、机场、航道、灯塔、标志等交通设施，致使火车、汽车、电车、船只、航空器发生倾覆、毁坏的严重后果，危害公共安全的行为。

本罪1979年《刑法》第110条作了规定。

过失损坏交通设施罪的构成要件是：

1. 本罪侵犯的客体是交通运输安全。犯罪对象是正在使用中的轨道、桥梁、隧道、公路、机场、航道、灯塔、标志等交通设施。

2. 客观方面表现为过失损坏轨道、桥梁、隧道、公路、机场、航道、灯塔、标志等交通设施，致使火车、汽车、电车、船只、航空器发生倾覆、毁坏等严重后果的行为。

3. 犯罪主体为一般主体。

4. 主观方面由过失构成。

（二）认定过失损坏交通设施罪应当注意的问题

认定过失损坏交通设施罪应注意划清本罪同破坏交通设施罪的界限。二者都是以交通设施为侵害对象的危害交通运输安全的犯罪，主要区别在于：（1）主观罪过形式不同。前者是过失犯罪；而后者是故意犯罪。（2）对危害结果的要求不同。前者把造成严重后果作为构成犯罪的法定要件，如果行为人过失实施了损坏交通设施的行为，没有造成严重后果的，则不构成本罪；而后者则不论是否发生了严重后果，只要行为人故意实施了破坏交通设施的行为，足以使火车、汽车、电车、船只、航空器发生倾覆、毁坏危险，就构成破坏交通设施罪。

（三）过失损坏交通设施罪的刑事责任

依照《刑法》第119条第2款规定，犯过失损坏交通设施罪的，处三年以上七年以下有期徒刑；情节较轻的，处三年以下有期徒刑或者拘役。

根据最高人民法院、最高人民检察院、公安部于2020年3月16日联合印发的《关于办理涉窨井盖相关刑事案件的指导意见》第1条第2款的规定，由于过失损坏正在使用中的社会机动车通行道路上的窨井盖，致使社会机动车发生倾覆、毁坏的严重后果，危害公共安全的，依照《刑法》第119条第2款的规定，以过失损坏交通设施罪定罪处罚。根据该意见第12条的规定，这里所称的"窨井盖"，包括城市、城乡接合部和乡村等地的窨井盖以及其他井盖。

十七、过失损坏电力设备罪

第一百一十九条 破坏交通工具、交通设施、电力设备、燃气设备、易燃易爆设备，造成严重后果的，处十年以上有期徒刑、无期徒刑或者死刑。

过失犯前款罪的，处三年以上七年以下有期徒刑；情节较轻的，处三年以下有期徒刑或者拘役。

（一）过失损坏电力设备罪的概念和构成要件

过失损坏电力设备罪，是指由于过失，致使电力设备毁坏，危害公共安全的行为。

本罪1979年《刑法》第110条作了规定。

过失损坏电力设备罪的构成要件是：

1. 本罪侵犯的客体是公共安全和电力供应安全。犯罪对象是电力设备。"电力设备"，是指用来发电和供电的公用设备，如发电厂、供电站、高压输电线路等。

2. 客观方面表现为过失损坏正在使用中的电力设备，致使电力设备毁坏，危害公共安全的行为。行为人实施上述损坏电力设备的行为，必须造成电力设备毁坏的严重后果，才能构成本罪。

3. 犯罪主体为一般主体。

4. 主观方面由过失构成。

（二）认定过失损坏电力设备罪应当注意的问题

认定过失损坏电力设备罪应注意划清本罪同破坏电力设备罪的界限。二者都是以电力设备为侵害对象的危害电力设备安全的犯罪，主要区别在于：（1）主观罪过形式不同。前者是过失犯罪，而后者是故意犯罪。（2）对危害结果的要求不同。前者把造成严重后果作为构成犯罪的法定要件，如果行为人过失实施了损坏电力设备的行为，没有造成严重后果的，则不构成本罪；而后者则不论是否发生了严重后果，只要行为人故意实施了破坏电力设备的行为，就构成破坏电力设备罪。

（三）过失损坏电力设备罪的刑事责任

依照《刑法》第119条第2款规定，犯过失损坏电力设备罪的，处三年以上七年以下有期徒刑；情节较轻的，处三年以下有期徒刑或者拘役。

根据2007年8月15日《最高人民法院关于审理破坏电力设备刑事案件具体应用法律若干问题的解释》第2条的规定，过失损坏电力设备，造成本解释第 1 条规定的严重后果，方构成犯罪。

何为"情节较轻"，需要通过考察行为人主客观方面的各种事实情况予以综合认定，主要有：（1）行为人的刑事责任年龄和刑事责任能力；（2）行为人犯罪前的一贯表现；（3）行为人的罪过形式（是过于自信的过失，还是疏忽大意的过失）；（4）犯罪客观方面的情节，如犯罪所造成的具体损害情况、犯罪方法和犯罪的时间、地点、对象等；（5）行为人犯罪后的态度等。

十八、过失损坏易燃易爆设备罪

第一百一十九条 破坏交通工具、交通设施、电力设备、燃气设备、易燃易爆设备，造成严重后果的，处十年以上有期徒刑、无期徒刑或者死刑。

过失犯前款罪的，处三年以上七年以下有期徒刑；情节较轻的，处三年以下有期徒刑或者拘役。

（一）过失损坏易燃易爆设备罪的概念和构成要件

过失损坏易燃易爆设备罪，是指由于过失，致使燃气或者其他易燃易爆设备毁坏，危害公共安全的行为。

本罪1979年《刑法》第110条作了规定，1997年《刑法》第119条在罪状部分增加了有关"燃气设备"的规定。

过失损坏易燃易爆设备罪的构成要件是：

1. 本罪侵犯的客体是社会的公共安全。犯罪对象是正在使用中的燃气或者其他易燃易爆设备。

2. 客观方面表现为由于过失损坏正在使用中的燃气或者其他易燃易爆设备，致使燃气或者其他易燃易爆设备毁坏，危害公共安全的行为。行为人实施上述损坏易燃易爆设备的行为，必须造成易燃易爆设备毁坏的严重后果，才能构成本罪。

3. 犯罪主体为一般主体。

4. 主观方面由过失构成。

（二）认定过失损坏易燃易爆设备罪应当注意的问题

认定过失损坏易燃易爆设备罪应注意划清本罪同破坏易燃易爆设备罪的界限。二者都是以易燃易爆设备为侵害对象的危害易燃易爆设备安全的犯罪，主要区别在于：（1）主观罪过形式不同。前者是过失犯罪，而后者是故意犯罪。（2）对危害结果的要求不同。前者把造成严重后果作为构成犯罪的法定要件，如果行为人过失实施了损坏易燃易爆设备的行为，没有造成严重后果的，则不构成本罪；而后者则不论是否发生了严重后果，只要行为人故意实施了破坏易燃易爆设备的行为，就构成破坏易燃易爆设备罪。

（三）过失损坏易燃易爆设备罪的刑事责任

依照《刑法》第119条第2款规定，犯过失损坏易燃易爆设备罪的，处三年以上七年以下有期徒刑；情节较轻的，处三年以下有期徒刑或者拘役。

十九、组织、领导、参加恐怖组织罪

第一百二十条[①] 组织、领导恐怖活动组织的，处十年以上有期徒刑或者无期徒刑，并处没收财产；积极参加的，处三年以上十年以下有期徒刑，并处罚金；其他参加的，处三年以下有期徒刑、拘役、管制或者剥夺政治权利，可以并处罚金。

犯前款罪并实施杀人、爆炸、绑架等犯罪的，依照数罪并罚的规定处罚。

（一）组织、领导、参加恐怖组织罪的概念和构成要件

组织、领导、参加恐怖组织罪，是指以进行恐怖活动为目的，组织、领导或者参加恐怖活动组织的行为。

---

① 本条经2001年12月29日《刑法修正案（三）》第3条、2015年8月29日《刑法修正案（九）》第5条修改。

本罪是1997年《刑法》增设的罪名，1979年《刑法》和单行刑法均没有规定此罪名。《刑法修正案（三）》第3条为了加重对组织、领导恐怖活动组织罪的处罚，对1997年《刑法》第120条第1款作了修改。《刑法修正案（九）》第5条在已提高刑法规定的法定刑的基础上，再增加财产刑的规定，以剥夺这类犯罪分子的可用于再犯罪的经济能力，加强对这类犯罪的惩治和预防。

组织、领导、参加恐怖组织罪的构成要件是：

1. 本罪侵犯的客体是公共安全。

行为人通过组织、领导或者参加恐怖活动组织，进行恐怖活动等方式，危害社会治安，以达到犯罪目的，这是一种危害十分严重的犯罪。近年来，组织、领导恐怖活动组织进行恐怖活动的犯罪在我国已经出现。恐怖活动是现代社会的一大公害。有规模的恐怖组织所策划、实施的恐怖活动对社会生活的正常秩序是一种极大的干扰和破坏，对公民的人身和财产安全，对社会的稳定构成严重的威胁。2001年9月发生在美国的震惊全世界的"9·11"事件，以及2002年先后发生在印度尼西亚的巴厘岛事件、肯尼亚的蒙巴塞事件、莫斯科的劫持人质事件和车臣爆炸政府大楼事件等就是明显的例证。为了遏制这种犯罪的蔓延，1997年修订《刑法》时增设了本罪。

2. 客观方面表现为组织、领导、参加恐怖活动组织的行为。

"组织"，是指鼓动、召集若干人建立或者组织专门从事某一特定恐怖活动的比较稳定的组织或者集团的行为。"领导"是指在恐怖活动组织中起策划、指挥、决定作用的行为。根据《最高人民法院、最高人民检察院、公安部、司法部关于办理恐怖活动和极端主义犯罪案件适用法律若干问题的意见》（以下简称《办理恐怖活动和极端主义犯罪案件意见》）的规定，具有下列情形之一的，应当认定为《刑法》第120条规定的"组织、领导恐怖活动组织"：（1）发起、建立恐怖活动组织的；（2）恐怖活动组织成立后，对组织及其日常运行负责决策、指挥、管理的；（3）恐怖活动组织成立后，组织、策划、指挥该组织成员进行恐怖活动的；（4）其他组织、领导恐怖活动组织的情形。"积极参加"，是指对参与恐怖活动态度积极，如自愿多次参加恐怖活动组织实施的恐怖活动，或者虽然是偶尔参加恐怖组织的活动，但在其参加的恐怖活动中起主要作用的行为。根据《办理恐怖活动和极端主义犯罪案件意见》规定，具有下列情形之一的，应当认定为《刑法》第120条规定的"积极参加"：（1）纠集他人共同参加恐怖活动组织的；（2）多次参加恐怖活动组织的；（3）曾因参加恐怖活动组织、实施恐怖活动被追究刑事责任或者2年内受过行政处罚，又参加恐怖活动组织的；（4）在恐怖活动组织中实施恐怖活动且作用突出的；（5）在恐怖活动组织中积极协助组织、领导者实施组织、领导行为的；（6）其他积极参加恐怖活动组织的情形。"其他参加"，根据《办理恐怖活动和极端主义犯罪案件意见》规定，是指参加恐怖活动组织，但不具有前述组织、领导、积极参加情形的行为，如非自愿参加恐怖组织，或者在恐怖组织中未发挥重要作用等。根据《反恐怖主义法》的规定，"恐怖活动组织"，是指三人以上为实施恐怖活动而组成的犯罪组织。这里所称的恐怖活动，是指恐怖主义性质的下列行为：（1）组织、策划、准备实施、实施造成或者意图造成人员伤亡、重大财产损失、公共设施损坏、社会秩序混乱等严重社会危害的活动的；（2）宣扬恐怖主义，煽动实施恐怖活动，或者非法持有宣扬恐怖主义的物品，强制他人在公共场所穿戴宣扬恐怖主义的服饰、标志的；（3）组织、领导、参加恐怖活动组织的；（4）为恐怖活动组织、恐怖活动人员、实施恐怖活动或者恐怖活动培训提供信息、资金、物资、劳务、技术、场所等支持、协助、便利的；（5）其他恐怖活动。这里所称的恐怖主义，是指通过暴力、破坏、恐吓等手段，制造社会恐慌、危害公共安全、侵犯人身财产，或者胁迫国家机关、国际组织，以实现其政治、意识形态等目的的主张和行为。根据《反恐怖主义法》及《办理恐怖活动和极端主义犯罪案件意见》的规定，国家反恐怖主义工作领导机构对恐怖活动组织和恐怖活动人员作出认定并予以公告的，人民法院可以在办案中根据公告直接认定。国家反恐怖主义工作领导机构没有公告的，有管辖权的中级以上人民法院在审判刑事案件的过程中，应当严格依照《反恐怖主义法》有关恐怖活动组织和恐怖活动人员的定义认定，必要时，可以商地市级以上公安机关出具意见作为参考。按照法律规定，行为人只要实施了组织、领导或者参加恐怖活动组织其中一种行为就构成本罪，实施两种以上行为仍为一罪，不实行并罚。

3. 犯罪主体为一般主体，中国人、外国人或者无国籍人都可以构成本罪的主体。

4. 主观方面由直接故意构成，并且具有共同进行恐怖活动的目的。恐怖活动组织是一种有组织、有计划、有目的地进行恐怖活动的组织，犯罪分子的主观恶性很深，社会危害极大。

（二）认定组织、领导、参加恐怖组织罪应当注意的问题

1. 掌握既遂的标准。

本罪在犯罪形态上属行为犯。行为人只要实施了组织、领导、参加恐怖活动组织的行为，就构成本罪，而不要求恐怖活动组织成立后是否进行了恐怖活动。

2. 划清组织、领导、参加恐怖组织罪与一般犯罪集团的界限。

关键在于前者是以进行恐怖活动为目的的犯罪组织，后者是从事盗窃、抢劫等犯罪活动的一般犯罪集团。

3. 划清一罪与数罪的界限。

恐怖主义犯罪是极其严重的犯罪，因此，《刑法》将有组织、领导、积极参加或者其他参加恐怖活动组织行为之一的，即规定为犯罪，将刑法的防线提前，不等到有其他更严重危害行为时才作犯罪处理。但对犯罪分子而言，组织、领导、参加恐怖活动组织只是手段不是目的。他们的目的是要借助其组织实施暴力恐怖行为，因而往往同时又实施了具体的恐怖活动。对于在组织、领导或者参加恐怖活动组织后又借助该组织实施其他犯罪行为的如何处理，《刑法》第120条第2款作了明确规定。根据该款规定，犯组织、领导、参加恐怖组织罪并实施杀人、爆炸、绑架等犯罪的，应当实行数罪并罚。也就是说，如果恐怖活动组织成立后又实施了杀人、爆炸、绑架或者其他犯罪的，就不再是单纯的组织、领导、参加恐怖组织罪，而应当按照数罪并罚的规定处罚。

（三）组织、领导、参加恐怖组织罪的刑事责任

依照《刑法》第120条第1款规定，组织、领导恐怖活动组织的，处十

年以上有期徒刑或者无期徒刑，并处没收财产；积极参加的，处三年以上十年以下有期徒刑，并处罚金；其他参加的，处三年以下有期徒刑、拘役、管制或者剥夺政治权利，可以并处罚金。

依照《刑法》第120条第2款规定，犯前款罪并实施杀人、爆炸、绑架等犯罪的，依照数罪并罚的规定处罚。

从司法实践的情况看，恐怖活动组织的人员往往情况比较复杂，处理时应当注意贯彻打击少数、争取教育多数的政策精神。打击的重点是恐怖活动的组织者、领导者、积极参加者。对于那些因不明真相而参加恐怖活动组织，一经发觉即表示脱离关系，实际上停止参加恐怖组织活动的，不能认定为犯罪。如果只是参加了一般性活动的，或者被煽惑、利诱参加恐怖组织，但没有积极行动的，以及对于被胁迫参加恐怖活动组织，罪行轻微的等，均应作为其他参加者处理。

二十、帮助恐怖活动罪

第一百二十条之一[①] 资助恐怖活动组织、实施恐怖活动的个人的，或者资助恐怖活动培训的，处五年以下有期徒刑、拘役、管制或者剥夺政治权利，并处罚金；情节严重的，处五年以上有期徒刑，并处罚金或者没收财产。

为恐怖活动组织、实施恐怖活动或者恐怖活动培训招募、运送人员的，依照前款的规定处罚。

单位犯前两款罪的，对单位判处罚金，并对其直接负责的主管人员和其他直接责任人员，依照第一款的规定处罚。

（一）帮助恐怖活动罪的概念和构成要件

帮助恐怖活动罪，是指资助恐怖活动组织、实施恐怖活动的个人，或者

[①] 本条由2001年12月29日《刑法修正案（三）》第4条增设、2015年8月29日《刑法修正案（九）》第6条修改。

资助恐怖活动培训以及为恐怖活动组织、实施恐怖活动或者恐怖活动培训招募、运送人员的行为。

本罪是《刑法修正案（三）》第4条针对惩治恐怖犯罪活动的需要而增设的新罪名。1979年《刑法》和1997年《刑法》均没有规定此罪名。为适应恐怖活动犯罪出现的新情况新问题，《刑法修正案（九）》第6条对本条作了三处修改：一是在第1款中明确将"资助恐怖活动培训"的行为纳入本罪。二是增加了一款，作为第2款，即"为恐怖活动组织、实施恐怖活动或者恐怖活动培训招募、运送人员的，依照前款的规定处罚。"三是将原第2款改为第3款，并对其作了相应的文字修改。修改后的本罪在客观上除了资金、物质上的支持外，还包括提供招募、运送人员等服务，因而罪名相应调整为帮助恐怖活动罪。①

帮助恐怖活动罪的构成要件是：

1. 本罪侵犯的客体是公共安全。

2. 客观方面表现为行为人资助恐怖活动组织、实施恐怖活动的个人，或者资助恐怖活动培训以及为恐怖活动组织、实施恐怖活动或者恐怖活动培训招募、运送人员的行为。

所谓资助，是指为恐怖活动组织、实施恐怖活动的个人或者恐怖活动培训筹集、提供经费、物资或者提供场所以及其他物质便利的行为。所谓招募，是指征召、募集人员的行为。

根据《最高人民法院、最高人民检察院、公安部、司法部关于办理恐怖活动和极端主义犯罪案件适用法律若干问题的意见》（以下简称《办理恐怖活动和极端主义犯罪案件意见》）的规定，具有下列情形之一的，应当认定为《刑法》第120条之一规定的帮助恐怖活动行为：（1）以募捐、变卖房产、转移资金等方式为恐怖活动组织、实施恐怖活动的个人、恐怖活动培训筹集、提供经费，或者提供器材、设备、交通工具、武器装备等物资，或者提供其他物质便利的；（2）以宣传、招收、介绍、输送等方式为恐怖活动组

---

① 参见2015年10月30日发布的《最高人民法院、最高人民检察院关于执行〈中华人民共和国刑法〉确定罪名的补充规定（六）》。

织、实施恐怖活动、恐怖活动培训招募人员的；（3）以帮助非法出入境，或者为非法出入境提供中介服务、中转运送、停留住宿、伪造身份证明材料等便利，或者充当向导、帮助探查偷越国（边）境路线等方式，为恐怖活动组织、实施恐怖活动、恐怖活动培训运送人员的；（4）其他资助恐怖活动组织、实施恐怖活动的个人、恐怖活动培训，或者为恐怖活动组织、实施恐怖活动、恐怖活动培训招募、运送人员的情形。

3. 犯罪主体为一般主体，包括自然人和单位。

4. 主观方面由故意构成，即行为人知道或者应当知道对方是恐怖活动组织、实施恐怖活动的个人或者从事、参加恐怖活动培训而予以资助或者为其招募、运送人员。对于不明真相，或者因上当受骗而提供帮助的，不构成犯罪。犯罪动机可能出于极端民族主义、极端的宗教信仰或者是意识形态等，但不影响本罪的成立。帮助恐怖活动罪的主观故意，应当根据案件具体情况，结合行为人的具体行为、认知能力、一贯表现和职业等综合认定。

（二）认定帮助恐怖活动罪应当注意的问题

1. 准确把握罪与非罪的界限。

首先，本罪只能由故意构成，过失帮助的，不能成立本罪。其次，要把主动帮助恐怖活动组织、实施恐怖活动的人、恐怖活动培训，与受到恐吓、威胁，被迫向恐怖活动组织、实施恐怖活动的人、恐怖活动培训交纳"保护费"，或者受恐怖活动组织、实施恐怖活动的人勒索，被迫向其提供金钱、物资或者其他物质便利的行为严格区分开来。

2. 本罪与资助危害国家安全犯罪活动罪的界限。

资助危害国家安全犯罪活动罪，是指境内外机构、组织或者个人资助实施背叛国家，分裂国家，煽动分裂国家，武装叛乱，暴乱，颠覆国家政权，煽动颠覆国家政权的行为。两者的区别在于侵犯的客体不同。前者侵犯的客体是公共安全；后者侵犯的客体是国家安全。两者的共同之处是都有资助，但资助的对象不同，前者资助的是恐怖活动组织、实施恐怖活动的个人，或者恐怖活动培训，后者则仅限于背叛国家罪，分裂国家罪，煽动分裂国家罪，武装叛乱、暴乱罪，颠覆国家政权罪，煽动颠覆国家政权罪。应当注意的是，一些恐怖活动组织、实施恐怖活动的个人，也会实施危害国家安全的犯罪活动，此时行为人资助实施危害国家安全犯罪活动的恐怖活动组织、实施恐怖活动的个人的，按照想象竞合犯从一重处断的原则，以本罪论处。

3. 划清本罪与资敌罪的界限。

资敌罪是指在战时供给敌人武器装备、军用物资以资助敌方的行为。两者的区别在于侵犯的客体不同。前者侵犯的客体是公共安全；后者侵犯的客体是国家安全。资敌罪必须是战时实施资敌行为才能构成；而帮助恐怖活动罪则是任何时候实施资助恐怖活动的行为均可构成。两者的共同之处是都有资助，但资助的对象不同，资敌罪中资助的对象是战时与我国处于战争状态的敌方；帮助恐怖活动罪中资助的对象是恐怖活动组织、实施恐怖活动的个人，或者恐怖活动培训。资敌罪中资助敌方的是武器装备、军用物资；帮助恐怖活动罪中资助恐怖活动组织、实施恐怖活动的个人或者恐怖活动培训的主要是金钱、物资或者其他物质便利条件等有形的物质性利益。

4. 划清本罪与组织、领导、参加恐怖组织罪的界限。

行为人加入某一恐怖活动组织后，对其所在的恐怖活动组织、组织中实施恐怖活动的个人，或者组织开展的恐怖活动培训提供物质性利益帮助的，不能认定为本罪，可作为行为人组织、领导、参加恐怖组织罪的情节在量刑时予以考虑。如果行为人加入某一恐怖活动组织后，又对其他的恐怖活动组织、实施恐怖活动的个人，或者恐怖活动培训提供物质性利益帮助的，可以认定本罪，与其组织、领导、参加恐怖组织罪并罚。

5. 关于本罪共同犯罪的认定。

根据《办理恐怖活动和极端主义犯罪案件意见》规定，明知是恐怖活动犯罪所得及其产生的收益，为掩饰、隐瞒其来源和性质，而提供资金账户，协助将财产转换为现金、金融票据、有价证券，通过转账或者其他结算方式协助资金转移，协助将资金汇往境外的，以洗钱罪定罪处罚。事先通谋的，以相关恐怖活动犯罪的共同犯罪论处。

（三）帮助恐怖活动罪的刑事责任

依照《刑法》第120条之一第1款规定，资助恐怖活动组织、实施恐怖活动的个人的,或者资助恐怖活动培训的,处五年以下有期徒刑、拘役、管制或者剥夺政治权利,并处罚金;情节严重的,处五年以上有期徒刑,并处罚金或者没收财产。司法实践中,对于有多次资助、持续资助、提供大量资金资助等情形的,可以认定为本款规定的"情节严重"。

依照《刑法》第120条之一第2款规定,为恐怖活动组织、实施恐怖活动或者恐怖活动培训招募、运送人员的,依照前款的规定处罚。即处五年以下有期徒刑、拘役、管制或者剥夺政治权利,并处罚金;情节严重的,处五年以上有期徒刑,并处罚金或者没收财产。司法实践中,对于有多次招募、运送人员,招募、运送人员众多,招募、运送未成年人等情形的,可以认定为本款规定的"情节严重"。

依照《刑法》第120条之一第3款规定,单位犯前两款罪的,对单位判处罚金,并对其直接负责的主管人员和其他直接责任人员,依照第一款的规定处罚。即单位犯本罪的,对单位判处罚金,并对直接负责的主管人员和其他直接责任人员,处五年以下有期徒刑、拘役、管制或者剥夺政治权利,并处罚金;情节严重的,处五年以上有期徒刑,并处罚金或者没收财产。

二十一、准备实施恐怖活动罪

第一百二十条之二[①] 有下列情形之一的,处五年以下有期徒刑、拘役、管制或者剥夺政治权利,并处罚金;情节严重的,处五年以上有期徒刑,并处罚金或者没收财产:

(一)为实施恐怖活动准备凶器、危险物品或者其他工具的;
(二)组织恐怖活动培训或者积极参加恐怖活动培训的;
(三)为实施恐怖活动与境外恐怖活动组织或者人员联络的;
(四)为实施恐怖活动进行策划或者其他准备的。

有前款行为,同时构成其他犯罪的,依照处罚较重的规定定罪处罚。

---

① 本条由2015年8月29日《刑法修正案(九)》第7条增设。

（一）准备实施恐怖活动罪的概念和构成要件

准备实施恐怖活动罪，是指为实施恐怖活动准备凶器、危险物品或者其他工具，组织恐怖活动培训或者积极参加恐怖活动培训，为实施恐怖活动与境外恐怖活动组织或者人员联络，为实施恐怖活动进行策划或者其他准备的行为。

本罪是《刑法修正案（九）》第 7 条针对惩治恐怖犯罪活动的需要而增设的新罪名。1979 年《刑法》和 1997 年《刑法》均没有规定此罪名。

准备实施恐怖活动罪的构成要件是：

1. 本罪侵犯的客体是公共安全。

2. 客观方面表现为行为人为实施恐怖活动准备凶器、危险物品或者其他工具，组织恐怖活动培训或者积极参加恐怖活动培训，为实施恐怖活动与境外恐怖活动组织或者人员联络，为实施恐怖活动进行策划或者其他准备的行为。

（1）为实施恐怖活动准备凶器、危险物品或者其他工具。这里的凶器，是指具有爆炸性、易燃性、放射性、传染性、毒害性、腐蚀性的物品，如汽油、鼠药、硫酸等。这类物品能够引起人身伤亡，或者造成公共利益和人民群众重大财产损害。这里的其他工具，是指上述凶器、危险物品外能够为恐怖活动犯罪提供便利，或者有利于提高暴力恐怖活动能力的物品，如汽车等交通工具、手机等通讯工具、地图、指南针等。

（2）组织恐怖活动培训或者积极参加恐怖活动培训。恐怖活动培训可以使恐怖活动人员形成更顽固的恐怖主义思想，熟练掌握残忍的恐怖活动技能，并在培训过程中加强恐怖活动人员之间的联系而促使他们协同配合进行恐怖活动，具有极大的社会危害性。根据《最高人民法院、最高人民检察院、公安部、司法部关于办理恐怖活动和极端主义犯罪案件适用法律若干问题的意见》（以下简称《办理恐怖活动和极端主义犯罪案件意见》）的规定，包括以当面传授、开办培训班、组建训练营、开办论坛、组织收听收看音频视频资料等方式，或者利用网站、网页、论坛、博客、微博客、网盘、即时通信、通讯群组、聊天室等网络平台、网络应用服务组织恐怖活动培训的，或者积极参加恐怖活动心理体能培训，传授、学习犯罪技能方法或者进行恐怖活动训练的行为。

（3）为实施恐怖活动与境外恐怖活动组织或者人员联络。这是准备实施恐怖活动的常见方式之一。联络的目的，有的是为了参加境外的恐怖活动组织，有的是为了出境参加"圣战"、接受培训，有的是为了寻求支持、支援或者帮助，有的是要求对方提供情报信息，有的是为了协同发动恐怖袭击以制造更大的恐慌和影响等。只要是为了实施恐怖活动而与境外恐怖组织或者人员联络的，都要依照本款规定追究刑事责任。所谓境外的恐怖活动组织，既包括设在境外的恐怖活动组织，也包括境外恐怖活动组织在我国境内的分支。根据《办理恐怖活动和极端主义犯罪案件意见》的规定，包括为实施恐怖活动，通过拨打电话、发送短信、电子邮件等方式，或者利用网站、网页、论坛、博客、微博客、网盘、即时通信、通讯群组、聊天室等网络平台、网络应用服务与境外恐怖活动组织、人员联络的行为，以及为实施恐怖活动出入境或者组织、策划、煽动、拉拢他人出入境的行为。

（4）为实施恐怖活动进行策划或者其他准备。所谓策划，是指为了实施恐怖活动而制定活动计划，选择实施恐怖活动的目标、地点、时间，分配恐怖活动任务等行为。所谓其他准备，是指上述四种情形之外的为实施恐怖活动而进行的其他事先安排，如踩点，在道路上、建筑物内设置或者排除障碍，事先演练等。这是关于准备实施恐怖活动犯罪的兜底性规定。

3.犯罪主体为一般主体，单位不能构成本罪。

4.主观方面由故意构成，并且以实施恐怖活动为目的。是否以实施恐怖活动为目的，应当根据案件具体情况，结合行为人的具体行为、认知能力、一贯表现和职业等综合认定。

（二）认定准备实施恐怖活动罪应当注意的问题

1.准确把握罪与非罪的界限。

本罪只能由故意构成，并且以实施恐怖活动为目的。如果行为人客观上准备了凶器、危险物品，联络境外恐怖活动组织或人员，但目的不是实施恐怖活动，如只是为报私仇准备杀害某人，则不构成本罪。

2. 准确把握本罪的犯罪形态。

虽然本罪是将预备行为实行行为化，但既然《刑法》已将准备实施恐怖活动的行为规定为独立的犯罪，则本罪作为故意犯罪，同样存在犯罪的既遂和各种未完成形态。行为人已经着手实行本罪的准备行为，由于意志以外的原因而没有完成准备行为的，构成本罪的未遂犯。为了实施本罪而实施的准备行为，如为了组织恐怖活动培训而在准备培训课件、联系培训老师、寻找培训场所的过程中被查获的，可以本罪的预备犯处理。教唆、帮助他人实施本罪行为的，可以教唆犯、帮助犯处理。

（三）准备实施恐怖活动罪的刑事责任

依照《刑法》第120条之二第1款规定，犯准备实施恐怖活动罪的，处五年以下有期徒刑、拘役、管制或者剥夺政治权利，并处罚金；情节严重的，处五年以上有期徒刑，并处罚金或者没收财产。司法实践中，对于准备凶器、危险物品数量巨大、培训人员数量众多，与境外恐怖活动组织或人员频繁联络，策划袭击可能造成重大人员伤亡以及重大目标破坏等情形的，可以认定为本款规定的"情节严重"。

依照《刑法》第120条之二第2款规定，有前款行为，同时构成其他犯罪的，依照处罚较重的规定定罪处罚。如行为人在准备实施恐怖活动而非法制造、买卖、运输、储存枪支、弹药、爆炸物的，则成立本罪与非法制造、买卖、运输、储存枪支、弹药、爆炸物罪的竞合，应当依照处罚较重的规定定罪处罚。

根据《办理恐怖活动和极端主义犯罪案件意见》的规定，犯《刑法》第120条之一至之六规定的犯罪，同时构成其他犯罪的，依照处罚较重的规定定罪处罚。

二十二、宣扬恐怖主义、极端主义、煽动实施恐怖活动罪

第一百二十条之三[①] 以制作、散发宣扬恐怖主义、极端主义的图书、音频视频资料或者其他物品,或者通过讲授、发布信息等方式宣扬恐怖主义、极端主义的,或者煽动实施恐怖活动的,处五年以下有期徒刑、拘役、管制或者剥夺政治权利,并处罚金;情节严重的,处五年以上有期徒刑,并处罚金或者没收财产。

(一)宣扬恐怖主义、极端主义、煽动实施恐怖活动罪的概念和构成要件

宣扬恐怖主义、极端主义、煽动实施恐怖活动罪,是指以制作、散发宣扬恐怖主义、极端主义的图书、音频视频资料或者其他物品,或者通过讲授、发布信息等方式宣扬恐怖主义、极端主义的,或者煽动实施恐怖活动的行为。本罪是选择性罪名,行为人实施宣扬恐怖主义、极端主义、煽动实施恐怖活动之一或者几个行为的,应根据具体的行为方式和行为对象确定为一罪,不实行数罪并罚。

本罪是《刑法修正案(九)》第7条针对惩治恐怖犯罪活动的需要而增设的新罪名。1979年《刑法》和1997年《刑法》均没有规定此罪名。在增设本罪之前,司法实践中,对于宣扬恐怖主义、极端主义、煽动实施恐怖活动的,一般是根据其宣扬、煽动的内容,构成煽动分裂国家罪,煽动民族仇恨、民族歧视罪的,依照《刑法》有关规定予以处罚。但这样处理,对宣扬恐怖主义、极端主义的行为没有作出评价,难以发挥刑罚的威慑力和警示作用,并且对于仅仅宣扬恐怖主义、极端主义思想的行为,对于其煽动内容在表面上并不针对具体的某个民族的行为,能否按照前述罪名处理,实践中也存在争议。为有效惩治宣扬恐怖主义、极端主义,煽动恐怖活动犯罪行为,借鉴国际反恐立法经验,《刑法修正案(九)》增设了本罪。

---

① 本条由2015年8月29日《刑法修正案(九)》第7条增设。

宣扬恐怖主义、极端主义、煽动实施恐怖活动罪的构成要件是：

1. 本罪侵犯的客体是公共安全。

2. 客观方面表现为行为人以制作、散发宣扬恐怖主义、极端主义的图书、音频视频资料或者其他物品，或者通过讲授、发布信息等方式宣扬恐怖主义、极端主义的，或者煽动实施恐怖活动的行为。

（1）通过讲授、发布信息等方式宣扬恐怖主义、极端主义。所谓讲授，是指为宣扬对象讲解、传授恐怖主义、极端主义思想、观念、主张的。讲授的对象，可以是明确的一人或者数人，也可以是一定范围内的不特定的人。讲授的场所，可以是公开的场所，也可以是私人场合或者秘密的场所。发布信息，则是面向特定个人或者不特定个人，通过手机短信、电子邮件、网络平台等方式宣扬恐怖主义、极端主义、发布相关信息的行为。根据《最高人民法院、最高人民检察院、公安部、司法部关于办理恐怖活动和极端主义犯罪案件适用法律若干问题的意见》(以下简称《办理恐怖活动和极端主义犯罪案件意见》)的规定，利用教经、讲经、解经、学经、婚礼、葬礼、纪念、聚会和文体活动等宣扬恐怖主义、极端主义属于通过讲授方式宣扬恐怖主义、极端主义。应当注意的是，宣扬恐怖主义、极端主义、煽动实施恐怖活动的方式，不限于前述所列举的情形，只要是宣扬了恐怖主义、极端主义、煽动实施恐怖活动，不管采取何种方式，都应当依法处理。

（2）煽动实施恐怖活动。所谓煽动，是指以口头、书面、音频视频等各种方式对他人进行要求、鼓动、怂恿，意图使他人产生犯意，去实施所煽动的行为。煽动的具体内容，包括煽动参加恐怖活动组织、煽动实施暴力恐怖活动，也包括煽动资助或者以其他方式帮助暴力恐怖活动。至于行为人是否接受煽动而实施恐怖活动犯罪，不影响犯罪的成立。

3. 犯罪主体为自然人，单位不能构成本罪。

4. 主观方面由故意构成。

（二）认定宣扬恐怖主义、极端主义、煽动实施恐怖活动罪应当注意的问题

1. 准确把握罪与非罪的界限。

本罪属于行为犯，即只要行为人实施了宣扬恐怖主义、极端主义、煽动实施恐怖活动的行为就构成犯罪，不论是否有人看到宣传内容，也不论看到的人是否接受宣传内容、被煽动的人是否接受煽动。

2. 准确把握本罪与煽动分裂国家罪的界限。

本罪是选择性罪名，包括煽动实施恐怖活动罪。其与煽动分裂国家罪都属于煽动型犯罪，煽动的内容都可能包含一些极其严重的暴力犯罪，但二者的区别也是明显的：一是所侵犯的客体不同。本罪是公共安全，后者则是国家的统一。二是客观方面有所不同。本罪在客观方面表现为煽动实施恐怖活动犯罪，既可以是煽动实施资助恐怖活动组织、为恐怖活动组织招募恐怖分子等帮助行为，也可以是煽动实施杀人、爆炸、放火等恐怖主义实行行为，后者煽动的内容则是分裂国家、破坏国家统一。

（三）宣扬恐怖主义、极端主义、煽动实施恐怖活动罪的刑事责任

依照《刑法》第120条之三的规定，以制作、散发宣扬恐怖主义、极端主义的图书、音频视频资料或者其他物品，或者通过讲授、发布信息等方式宣扬恐怖主义、极端主义的，或者煽动实施恐怖活动的，处五年以下有期徒刑、拘役、管制或者剥夺政治权利，并处罚金；情节严重的，处五年以上有期徒刑，并处罚金或者没收财产。司法实践中，可以根据制作、散发宣扬恐怖主义、极端主义的图书、音频视频资料或者其他物品的数量，讲授、发布信息的次数和数量，宣扬、煽动的内容、场所和对象范围，以及引起恐怖活动发生的现实危险程度等因素综合考量，认定本款规定的"情节严重"。

应当注意的是，本罪中的煽动行为，不指向具体的恐怖活动犯罪，而是概括性地煽动实施恐怖活动。如果鼓动、要求、怂恿他人参加或者实施特定的具体的恐怖活动犯罪，则应当按照《刑法》关于教唆犯的规定处理。如果同一事实中既有煽动行为也有教唆行为，应当按照处罚较重的规定定罪

处罚；如果多次实施煽动或教唆行为，则可按本罪和所教唆犯罪实行数罪并罚。

根据《办理恐怖活动和极端主义犯罪案件意见》的规定，犯《刑法》第120条之一至之六规定的犯罪，同时构成其他犯罪的，依照处罚较重的规定定罪处罚。

二十三、利用极端主义破坏法律实施罪

第一百二十条之四[①] 利用极端主义煽动、胁迫群众破坏国家法律确立的婚姻、司法、教育、社会管理等制度实施的，处三年以下有期徒刑、拘役或者管制，并处罚金；情节严重的，处三年以上七年以下有期徒刑，并处罚金；情节特别严重的，处七年以上有期徒刑，并处罚金或者没收财产。

（一）利用极端主义破坏法律实施罪的概念和构成要件

利用极端主义破坏法律实施罪，是指利用极端主义煽动、胁迫群众破坏国家法律确立的婚姻、司法、教育、社会管理等制度实施的行为。

本罪是《刑法修正案（九）》第7条针对惩治恐怖犯罪活动的需要而增设的新罪名。1979年《刑法》和1997年《刑法》均没有规定此罪名。

利用极端主义破坏法律实施罪的构成要件是：

1.本罪侵犯的客体是公共安全，即国家法律确立的婚姻、司法、教育、社会管理等制度下公众生活的安宁秩序、社会稳定和国家安全。

2.客观方面表现为行为人利用极端主义煽动、胁迫群众破坏国家法律确立的婚姻、司法、教育、社会管理等制度实施的行为。

根据《反恐怖主义法》的规定，所谓极端主义，是指以歪曲宗教教义或者其他方法煽动仇恨、煽动歧视、鼓吹暴力的思想、主张和行为。极端主义不限于宗教极端主义，还包括其他方法煽动仇恨、煽动歧视、鼓吹暴力的思想、主张和行为，经常表现为对其他文化、观念、族群等的完全歧视和排

---

① 本条由2015年8月29日《刑法修正案（九）》第7条增设。

斥。在日常生活中，极端主义的具体形态多种多样，有的打着宗教的旗号，歪曲宗教教义，强制他人信仰或者不信仰宗教，歧视信仰其他宗教或者不信仰宗教的人，破坏宪法中宗教信仰自由制度的实施；有的披着民族传统、风俗习惯的外衣，打着"保护民族文化"的招牌，煽动仇恨其他民族、风俗习惯不同的群众，主张民族隔离，煽动抗拒现有法律秩序等。

这里的煽动，是指利用极端主义，以各种方式对他人进行要求、鼓动、怂恿，意图使他人产生犯意，去实施破坏国家法律确立的婚姻、司法、教育、社会管理等制度实施的行为。

《最高人民法院、最高人民检察院、公安部、司法部关于办理恐怖活动和极端主义犯罪案件适用法律若干问题的意见》（以下简称《办理恐怖活动和极端主义犯罪案件意见》）规定，以下行为属于利用极端主义破坏法律实施的行为：（1）煽动、胁迫群众以宗教仪式取代结婚、离婚登记，或者干涉婚姻自由的；（2）煽动、胁迫群众破坏国家法律确立的司法制度实施的；（3）煽动、胁迫群众干涉未成年人接受义务教育，或者破坏学校教育制度、国家教育考试制度等国家法律规定的教育制度的；（4）煽动、胁迫群众抵制人民政府依法管理，或者阻碍国家机关工作人员依法执行职务的；（5）煽动、胁迫群众损毁居民身份证、居民户口簿等国家法定证件以及人民币的；（6）煽动、胁迫群众驱赶其他民族、有其他信仰的人员离开居住地，或者干涉他人生活和生产经营的；（7）其他煽动、胁迫群众破坏国家法律制度实施的行为。

3. 犯罪主体为一般主体，单位不能构成本罪。既可以是中国公民，也可以是外国公民或者无国籍人。多数情况下为极端主义分子，但行为人的身份不影响本罪的成立。

4. 主观方面由故意构成。

（二）认定利用极端主义破坏法律实施罪应当注意的问题

1. 准确把握罪与非罪的界限。

首先，行为人在客观上必须利用了极端主义。如果不是利用极端主义的，不构成本罪。如果构成其他犯罪的，按照《刑法》的其他规定处理。其次，行为人利用极端主义必须是破坏了国家法律制度的实施。如果破坏的是地方风俗等非国家法律制度的实施，不构成本罪。如果构成其他犯罪的，按照《刑法》的其他规定处理。最后，本罪属于行为犯，只要行为人实施了利用极端主义煽动、胁迫群众破坏国家法律实施的行为，即构成本罪。至于被煽动、胁迫者是否受到煽动、胁迫或者是否实施了被煽动、胁迫破坏国家法律制度实施的行为，不影响本罪的成立。

2. 准确把握本罪与宣扬恐怖主义、极端主义、煽动实施恐怖活动罪的界限。

二者的主体和侵犯的客体基本相同。区分的关键在于二者的主观心态和客观行为。从主观心态看，虽然都是故意犯罪，但本罪主观故意的内容是行为人希望其利用极端主义所煽动、胁迫的群众可以破坏国家法律制度的实施，而后者则是希望把恐怖主义、极端主义的理念、事迹传播开来，宣扬出去，或者是煽动他人实施恐怖活动。从客观行为看，本罪必须是利用极端主义才能实施，即利用极端主义是实施本罪的客观前提，而后者则不需要任何客观前提就可以实施。本罪客观上虽然也可能存在讲解与宣传所谓宗教教义的行为，但目的是煽动、胁迫群众破坏法律实施，而后者则是一种宣传、传播、煽动，宣扬的内容既包括极端主义，也包括恐怖主义。

（三）利用极端主义破坏法律实施罪的刑事责任

依照《刑法》第120条之四的规定，利用极端主义煽动、胁迫群众破坏国家法律确立的婚姻、司法、教育、社会管理等制度实施的，处三年以下有期徒刑、拘役或者管制，并处罚金；情节严重的，处三年以上七年以下有期徒刑，并处罚金；情节特别严重的，处七年以上有期徒刑，并处罚金或者没收财产。司法实践中，可以根据行为人煽动、胁迫行为的次数、手段、对象，造成的人员伤亡和公私财产损失，国家法律确立的制度无法实施的状况，造成的恶劣影响等等因素综合考量，认定本款规定的"情节严重"。

根据《办理恐怖活动和极端主义犯罪案件意见》的规定，犯《刑法》第120条之一至之六规定的犯罪，同时构成其他犯罪的，依照处罚较重的规定定罪处罚。

在处理此类案件时，应当正确区分敌我矛盾和人民内部矛盾，处理好依法打击和分化瓦解的关系，在依法严厉打击少数极端分子的同时，对受裹胁、蒙蔽的一般群众，应当最大限度地进行区分，进行团结和教育。

二十四、强制穿戴宣扬恐怖主义、极端主义服饰、标志罪

第一百二十条之五[①] 以暴力、胁迫等方式强制他人在公共场所穿着、佩戴宣扬恐怖主义、极端主义服饰、标志的，处三年以下有期徒刑、拘役或者管制，并处罚金。

（一）强制穿戴宣扬恐怖主义、极端主义服饰、标志罪的概念和构成要件

强制穿戴宣扬恐怖主义、极端主义服饰、标志罪，是指以暴力、胁迫等方式强制他人在公共场所穿着、佩戴宣扬恐怖主义、极端主义服饰、标志的行为。

本罪是《刑法修正案（九）》第7条针对惩治恐怖犯罪活动的需要而增设的新罪名。

强制穿戴宣扬恐怖主义、极端主义服饰、标志罪的构成要件是：

1. 本罪侵犯的客体是公共安全。

2. 客观方面表现为行为人以暴力、胁迫等方式强制他人在公共场所穿着、佩戴宣扬恐怖主义、极端主义服饰、标志的行为。

这里的暴力，是指对被害人身体实施强烈的打击或强制，包括殴打、捆绑、伤害等，使被害人不能抗拒或者不敢抗拒。这里的胁迫，是指对被害人施以威胁、恐吓，进行精神上的强制，迫使被害人不敢抗拒。这里的公共场所，是指可以进行公开活动的场所。这里的宣扬恐怖主义、极端主义服饰、标志，是指穿戴的服饰上或标志中包含了恐怖主义、极端主义的一些元素或色彩，如恐怖主义、极端主义的符号、旗帜、徽记、徽章、文字、口号、标语、图形，容易使人联想到恐怖主义、极端主义的色彩等。

---

① 本条由2015年8月29日《刑法修正案（九）》第7条增设。

根据最高人民法院、最高人民检察院、公安部、司法部《关于办理恐怖活动和极端主义犯罪案件适用法律若干问题的意见》(以下简称《办理恐怖活动和极端主义犯罪案件意见》)的规定,以下行为属于强制穿戴宣扬恐怖主义、极端主义服饰、标志的行为:(1)以暴力、胁迫等方式强制他人在公共场所穿着、佩戴宣扬恐怖主义、极端主义服饰的;(2)以暴力、胁迫等方式强制他人在公共场所穿着、佩戴含有恐怖主义、极端主义的文字、符号、图形、口号、徽章的服饰、标志的;(3)其他强制他人穿戴宣扬恐怖主义、极端主义服饰、标志的情形。

3. 犯罪主体为一般主体。既可以是中国公民,也可以是外国公民或者无国籍人。多数情况下为恐怖分子、极端主义分子,但行为人的身份不影响本罪的成立。

4. 主观方面由故意构成。

(二)认定强制穿戴宣扬恐怖主义、极端主义服饰、标志罪应当注意的问题

准确把握罪与非罪的界限。首先,行为人在主观上必须知道或者应当知道强制他人穿戴的是宣扬恐怖主义、极端主义的服饰、标志,并且具有宣扬恐怖主义、极端主义的动机,否则不宜按本罪处理。其次,本罪发生的场所必须是公共场所,如果行为人仅是强制他人私下穿戴,如只在自己家中强制其他家庭成员穿戴的,则不成立本罪。最后,本罪属于行为犯,只要行为人实施了以暴力、胁迫等方式强制他人在公共场所穿着、佩戴宣扬恐怖主义、极端主义服饰、标志的行为,即构成本罪。至于被强制者是否穿戴宣扬恐怖主义、极端主义服饰、标志,不影响本罪的成立。

(三)强制穿戴宣扬恐怖主义、极端主义服饰、标志罪的刑事责任

依照《刑法》第120条之五的规定,以暴力、胁迫等方式强制他人在公共场所穿着、佩戴宣扬恐怖主义、极端主义服饰、标志的,处三年以下有期徒刑、拘役或者管制,并处罚金。

根据《办理恐怖活动和极端主义犯罪案件意见》的规定,犯《刑法》第

120条之一至之六规定的犯罪，同时构成其他犯罪的，依照处罚较重的规定定罪处罚。

二十五、非法持有宣扬恐怖主义、极端主义物品罪

第一百二十条之六① 明知是宣扬恐怖主义、极端主义的图书、音频视频资料或者其他物品而非法持有，情节严重的，处三年以下有期徒刑、拘役或者管制，并处或者单处罚金。

（一）非法持有宣扬恐怖主义、极端主义物品罪的概念和构成要件

非法持有宣扬恐怖主义、极端主义物品罪，是指明知是宣扬恐怖主义、极端主义的图书、音频视频资料或者其他物品而非法持有，情节严重的行为。

本罪是《刑法修正案（九）》第7条针对惩治恐怖犯罪活动的需要而增设的新罪名。1979年《刑法》和1997年《刑法》均没有规定此罪名。

非法持有宣扬恐怖主义、极端主义物品罪的构成要件是：

1. 本罪侵犯的客体是公共安全。

2. 客观方面表现为行为人非法持有宣扬恐怖主义、极端主义的图书、音频视频资料或者其他物品的行为。

这里的非法持有，是指没有法律依据或正当依据而持有宣扬恐怖主义、极端主义的图书、音频视频资料或者其他物品。宣扬恐怖主义、极端主义的图书、音频视频资料或者其他物品属于违禁品，没有正当依据而持有的即为非法持有。持有不仅包括随身携带，还包括在其住所、驾驶的运输工具上发现此类物品。宣扬恐怖主义、极端主义的图书、音频视频资料或者其他物品的界定可以参照宣扬恐怖主义、极端主义、煽动实施恐怖活动罪的规定，主要包括宣扬恐怖主义、极端主义的图书、报刊、文稿、图片、音像制品、电子出版物、传单，带有宣扬恐怖主义、极端主义内容的标识、标志、服饰、旗帜、徽章、器物、纪念品等物品，在手机、移动存储介质、电子阅读器、

---

① 本条由2015年8月29日《刑法修正案（九）》第7条增设。

网络上展示的图片、文稿、音频、视频、音像制品等。应当注意的是，如果行为人在网络空间储存宣扬恐怖主义、极端主义的资料的，本质上与存储在个人电脑、手机、移动硬盘中没有区别，且更容易造成大面积传播，情节严重的，也可构成本罪。涉案物品是否属于宣扬恐怖主义、极端主义物品难以认定的，可商请宗教、民族、新闻出版等部门提供认定意见。

3. 犯罪主体为一般主体。既可以是中国公民，也可以是外国公民或者无国籍人。多数情况下为恐怖分子、极端主义分子，但行为人的身份不影响本罪的成立。

4. 主观方面由故意构成，即行为人明知自己非法持有宣扬恐怖主义、极端主义的图书、音频视频资料或者其他物品会给社会公共安全带来危害，仍然希望或者放任这种危害结果发生的主观心态。这里的明知，是指知道或者应当知道。

（二）认定非法持有宣扬恐怖主义、极端主义物品罪应当注意的问题

准确把握罪与非罪的界限。

首先，行为人在主观上必须知道或者应当知道其持有的是宣扬恐怖主义、极端主义的图书、音频视频资料或者其他物品，否则不构成本罪。如行为人捡拾到保存有宣扬恐怖主义、极端主义音频视频资料的手机、U盘或者其他存储介质的；电脑维修人员为修理电脑而暂时保管他人电脑中的宣扬恐怖主义、极端主义音频视频资料，事先未被告知，待公安机关查办案件时才发现的；等等。对于不明知而持有上述物品的，发现后应立即销毁、删除或者上交公安机关、所在单位或者基层组织，否则可能成立非法持有。其次，本罪客观上必须是非法持有宣扬恐怖主义、极端主义的图书、音频视频资料或者其他物品，如果持有有正当依据的，则不成立本罪。如查办案件的侦查人员在办案期间因办案需要而持有的，专家学者为学术研究而持有少量上述物品的，则不能认定为犯罪。

（三）非法持有宣扬恐怖主义、极端主义物品罪的刑事责任

依照《刑法》第120条之六的规定，明知是宣扬恐怖主义、极端主义的

图书、音频视频资料或者其他物品而非法持有，情节严重的，处三年以下有期徒刑、拘役或者管制，并处或者单处罚金。这里的情节严重，可以根据所持有的恐怖主义、极端主义物品的数量多少、所包含内容的严重程度、曾经因类似行为受到处罚的情况以及其事后的态度等因素进行认定。

根据《最高人民法院、最高人民检察院、公安部、司法部关于办理恐怖活动和极端主义犯罪案件适用法律若干问题的意见》的规定，具体适用中，应当注意以下问题：

1. 明知是载有宣扬恐怖主义、极端主义内容的图书、报刊、文稿、图片、音频视频资料、服饰、标志或者其他物品而非法持有，达到一定数量标准的，以本罪定罪处罚。

2. 非法持有宣扬恐怖主义、极端主义的物品，虽未达到前款规定的数量标准，但具有多次持有，持有多类物品，造成严重后果或者恶劣社会影响，曾因实施恐怖活动、极端主义违法犯罪被追究刑事责任或者二年内受过行政处罚等情形之一的，也可以定罪处罚。

3. 多次非法持有宣扬恐怖主义、极端主义的物品，未经处理的，数量应当累计计算。非法持有宣扬恐怖主义、极端主义的物品，涉及不同种类或者形式的，可以根据本条规定的不同数量标准的相应比例折算后累计计算。

4. 犯《刑法》第120条之一至之六规定的犯罪，同时构成其他犯罪的，依照处罚较重的规定定罪处罚。

二十六、劫持航空器罪

第一百二十一条 以暴力、胁迫或者其他方法劫持航空器的，处十年以上有期徒刑或者无期徒刑；致人重伤、死亡或者使航空器遭受严重破坏的，处死刑。

（一）劫持航空器罪的概念和构成要件

劫持航空器罪，是指以暴力、胁迫或者其他方法劫持航空器的行为。

本罪在1979年《刑法》中没有专门的规定。当时对于劫机犯罪行为，如果具有反革命目的的，可以依照1979年《刑法》第100条反革命破坏罪进行处理；如果不具备反革命目的，则只能根据其具体情况，分别认定为以危险方法危害公共安全罪、故意杀人罪、故意伤害罪、故意毁坏公私财物罪等。劫持航空器是一项严重的国际犯罪。预防与惩治劫持航空器犯罪有4个重要的国际公约和2个议定书，即《东京公约》[①]《海牙公约》[②]《蒙特利尔公约》及其议定书《蒙特利尔议定书》[③]《北京公约》及其议定书《北京议定书》[④]。我国是这些公约的缔约国。为了履行将包括劫机在内的危害民航飞行安全的犯罪纳入本国刑法的公约义务，1992年12月28日，全国人大常委会通过了《全国人民代表大会常务委员会关于惩治劫持航空器犯罪分子的决定》[⑤]（已失效，以下简称《惩治劫持航空器犯罪分子决定》），明确规定了劫持航空器罪。危害民航飞行安全的犯罪有多种表现形式，劫机仅为其中较为典型的一种。我国1979年《刑法》除针对劫机犯罪的规制外，仅在破坏交通工具罪、破坏交通设施罪中对于其他类型的危害民航飞行安全的犯罪有所涉及，显然不能满足公约要求和航行安全需要。1997年《刑法》在修改完善1979年《刑法》相关规定的基础上，将《惩治劫持航空器犯罪分子决定》中的劫持航空器罪吸收规定为单独的罪名，进一步完善了罪状，法定刑档次由三个档次减为两个，法定最低刑由五年提升到十年。此外，1997年《刑法》第123条还新设立了暴力危及飞行安全罪。《刑法》的上述修改完善，进一步织密了维护航空运输安全的刑事法网。

[①] 《东京公约》全称为《关于在航空器内的犯罪和其他某些行为的公约》，于1963年9月14日在日本东京制定，1969年12月14日正式生效。

[②] 《海牙公约》全称为《关于制止非法劫持航空器的公约》，于1970年12月16日在荷兰海牙制定，1971年10月14日正式生效。

[③] 《蒙特利尔公约》全称为《关于制止危害民用航空安全的非法行为的公约》，1971年9月23日制定于加拿大蒙特利尔市，1973年1月26日开始生效。
《蒙特利尔公约议定书》全称为《制止在为国际民用航空服务的机场上的非法暴力行为的议定书》，1988年2月24日订立于加拿大蒙特利尔市。

[④] 《北京公约》全称为《制止与国际民用航空有关的非法行为的公约》；《北京公约议定书》全称为《制止非法劫持航空器公约的补充议定书》。《北京公约》及其议定书均于2010年9月10日在北京签订。《北京公约》于2018年7月1日生效。

[⑤] 该决定规定："为了惩治劫持航空器的犯罪分子，维护旅客和航空器的安全，特作如下决定：以暴力、胁迫或者其他方法劫持航空器的，处十年以上有期徒刑或者无期徒刑；致人重伤、死亡或者使航空器遭受严重破坏或者情节特别严重的，处死刑；情节较轻的，处五年以上十年以下有期徒刑。"

劫持航空器罪的构成要件是：

1. 本罪侵犯的客体是航空运输安全，即旅客和机组人员的生命、健康、运载物品和航空器的安全，以及地面上的人身和财产安全。

犯罪分子利用航空飞行的危险性和易受侵犯性，为达到犯罪目的，不惜以机组人员、乘客的生命安全和航空器的安全为代价，是一种严重危害公共安全的犯罪，必须严加防范、从严惩处。劫持航空器通常是一种严重的国际恐怖活动，有时它也可以表现为纯粹的国内犯罪形式，只有当劫持航空器的行为是为了实现行为人政治、意识形态等目的时，才可被认定为恐怖活动犯罪。犯罪对象只限于正在飞行和使用中的航空器，实践中多为飞机。"正在飞行中"，根据《蒙特利尔公约》的规定，是指航空器从装载完毕、机仓外部各门均已关闭时起，直至打开任一机仓门以便卸载时为止，应被认为是在飞行中；航空器强迫降落时，在主当局接管对该航空器及其所载人员和财产的责任前，应被认为仍在飞行中。"正在使用中"，是指从地面人员或机组为某一特定飞行而对航空器进行飞行前的准备时起，直到降落后 24 小时止，该航空器应被认为是在使用中；在任何情况下，使用的期间应包括航空器是在飞行中的整个时间。"航空器"，从范围上看，根据《芝加哥公约》附件二"空中规则"的规定，凡是能够从空气的反作用，而不是从空气对地面的反作用，在大气中获得支持的任何器械，即称为航空器。诸如飞机、宇宙飞船、运输火箭乃至滑翔机、各种带机械装置的气球等，均可纳入航空器的范畴。从类型上看，航空器可分为民用航空器与国家航空器两大类型，国家航空器即用于军事、海关或者警察部门用途的航空器，国家航空器以外的航空器为民用航空器。根据《民用航空法》第 5 条的规定，民用航空器是指除用于执行军事、海关、警察飞行任务之外的航空器。目前，我国公共航空运输企业用于运输旅客、行李或者货物的航空器，以及用于从事工业、农业、林业、牧业、渔业生产和国家建设服务的作业飞行，以及从事医疗卫生、抢险救灾、海洋及环境监测、科学实验、教育训练、文化体育及游览等项飞行活动的航空器，均为民用航空器之范畴。本罪中航空器的范围既可以是民用航空器，也可以是国家航空器。

2. 客观方面表现为以暴力、胁迫或者其他方法劫持航空器的行为。

"暴力",是指对航空器上的人员,特别是驾驶人员、机组人员,实施殴打、伤害等行为,迫使航空器改变航向或者行为人自己驾驶航空器。"胁迫",是指对航空器上的人员施以精神恐吓或者以暴力相威胁,如爆炸飞机、枪杀旅客、揭发罪行等,使驾驶、操纵人员不敢反抗,服从犯罪分子的指挥或者由其亲自驾驶航空器。"其他方法",是指上述暴力、胁迫以外的任何劫持方法,如麻醉驾驶人员,贿买或者教唆、引诱乘务组人员(包括驾驶员、其他操纵人员),驾驶人员利用驾驶航空器的便利条件直接非法驾机外逃等方法。此外,随着现代科技的迅速发展,通过信息网络技术手段侵入航空器操控系统控制航空器按照行为人的意志飞行的情形成为可能。如《北京公约议定书》将"技术方法"作为劫持航空器的犯罪手段之一。"劫持",是指犯罪分子以上述方法按照自己的意志强行控制航空器的行为,如强迫航空器改变飞行线路、强迫航空器改变着陆地点等。

3. 犯罪主体为一般主体。既可以由中国人构成,也可以由外国人或者无国籍人构成。

4. 主观方面由直接故意构成。不论行为人出于什么目的、动机劫持航空器,都不影响本罪的成立。这是有关国际公约确认并为包括我国在内的所有缔约国承诺的。因此,对于那些以"政治避难"为名劫持航空器的,也应当依法定罪处罚。

(二)认定劫持航空器罪应当注意的问题

1. 劫持航空器罪既遂的认定问题。

本罪的既遂,主要是指行为人用暴力、胁迫或者其他方法劫持了航空器,而并不以犯罪分子的犯罪目的是否达到或者被劫持的航空器是否已经飞离或者飞入国境为准。也就是说,只要行为人劫持并控制了航空器,即构成本罪既遂。

2. 划清本罪与破坏交通工具罪的界限。

《刑法》第116条规定的破坏交通工具罪的犯罪对象中规定有航空器,与本罪的犯罪对象是相同的。但是二者之间的根本区别在于:一是主观方面故意的内容不同。前者是以劫持航空器为手段，意图达到逃避法律制裁等目的；后者破坏交通工具的目的是使已交付使用的交通工具倾覆、毁坏。二是客观方面行为的内容不同。前者在劫持航空器的过程中有可能因使用暴力而使航空器遭受破坏，也可能不造成破坏；而后者则必须是实施了破坏交通工具的行为，并因其破坏行为而足以使交通工具发生倾覆、毁坏的危险或者已经发生倾覆、毁坏的后果。

3.划清一罪与数罪的界限。

行为人在劫持航空器的过程中，为实现其犯罪目的而使用暴力手段，将旅客或者机组人员杀害或者伤害的，应当将杀人、伤害等行为作为量刑的情节，以劫持航空器罪从重处罚，而不应定劫持航空器罪和故意杀人或者故意伤害罪，实行并罚。

（三）劫持航空器罪的刑事责任

依照《刑法》第121条规定，犯劫持航空器罪的，处十年以上有期徒刑或者无期徒刑；致人重伤、死亡或者使航空器遭受严重破坏的，处死刑。

司法机关在适用本条规定，对具体案件裁量刑罚时，要注意区别犯罪的不同情节。特别是本条对死刑的规定采取的是绝对确定的法定刑，因此，应当严格掌握适用死刑的法定条件；对不具备上述法定条件的，不能判处死刑（包括死缓）。所谓致人重伤、死亡，是指行为人在劫持航空器的过程中，向旅客或者机组人员实施暴力，打死、打伤旅客等情形。所谓使航空器遭受严重破坏，是指行为人在劫持航空器过程中，毁坏了航空器上的重要设施、设备，或者在强迫航空器降落时，使航空器毁坏等情形。

二十七、劫持船只、汽车罪

第一百二十二条 以暴力、胁迫或者其他方法劫持船只、汽车的，处五年以上十年以下有期徒刑；造成严重后果的，处十年以上有期徒刑或者无期徒刑。

（一）劫持船只、汽车罪的概念和构成要件

劫持船只、汽车罪，是指以暴力、胁迫或者其他方法劫持船只、汽车的行为。本罪是1997年《刑法》增设的罪名。

劫持船只、汽车罪的构成要件是：

1. 本罪侵犯的客体是船只、汽车的运输安全，即旅客和乘务组人员的生命、健康安全，以及运载物品的船只、汽车的安全。犯罪对象是正在使用中的船只、汽车。

2. 客观方面表现为以暴力、胁迫或者其他方法劫持船只、汽车的行为。"暴力"，是指犯罪分子对船只、汽车上的人员，特别是驾驶人员、乘务组人员，实施殴打、伤害等行为，迫使船只、汽车改变行驶方向或者自己亲自驾驶船只、汽车。"胁迫"，是指对船只、汽车上的人员施以精神或者暴力恐吓，使驾驶、操纵人员不敢反抗，服从犯罪分子的指挥或者由其亲自驾驶船只、汽车。"其他方法"，是指上述暴力、胁迫以外的任何劫持方法，如麻醉驾驶人员，贿买或者教唆、引诱乘务组人员（包括驾驶员、其他操纵人员），驾驶人员利用驾驶船只、汽车的便利条件直接非法控制等方法。此外，随着现代科技的迅速发展，自动驾驶已成为现实，通过信息网络技术手段侵入车、船操控系统进行控制按照行为人的意志行驶的情形成为可能。"劫持"，是指犯罪分子以上述方法按照自己的意志强行控制船只、汽车的行为。"船只"，是指各种运送旅客或者物资的水上运输工具。"汽车"，主要是指公共汽车、卡车、卧车等陆地机动运输工具。

3. 犯罪主体为一般主体，既可以由中国人构成，也可以由外国人或者无国籍人构成。

4. 主观方面由直接故意构成。不论行为人出于什么目的、动机劫持船只、汽车，都不影响本罪的成立。

（二）认定劫持船只、汽车罪应当注意的问题

1. 劫持船只、汽车罪既遂的认定问题。

本罪的既遂，主要是指行为人使用暴力、胁迫或者其他方法劫持了船

只、汽车,而并不以犯罪分子的犯罪目的是否达到为准。也就是说,只要行为人劫持并控制了船只、汽车,即构成本罪既遂。

2. 划清本罪与破坏交通工具罪的界限。

《刑法》第116条规定的破坏交通工具罪的犯罪对象中规定有船只、汽车,与本罪的犯罪对象是相同的。二者之间的根本区别在于:(1)主观方面故意的内容不同。前者是以劫持船只、汽车为手段,意图达到逃避法律制裁等目的;后者破坏交通工具的目的是使已交付使用的交通工具(如船只、汽车)发生倾覆、毁坏。(2)客观方面行为的内容不同。前者在劫持船只、汽车的过程中有可能因使用暴力而使船只、汽车遭受破坏,也有可能不造成破坏;而后者则必须是实施了破坏船只、汽车的行为,并因其破坏行为而足以使船只、汽车发生倾覆、毁坏的危险或者已经发生倾覆、毁坏的后果。

3. 划清本罪与抢劫罪的界限。

行为人实施劫持船只、汽车行为的主要目的不是抢劫车、船所载货物或者是实施海盗行为。有的犯罪分子劫持船只、汽车的目的是绑架人质;有的是为了逃避追捕或者以劫持船只、汽车为要挟手段以求达到其他犯罪目的等,而不是以获取财物为主要目的。抢劫罪则属于侵犯财产的犯罪,犯罪目的就是非法占有财物。因此,对于以抢劫为目的劫持船只、汽车并占有船只或者汽车的行为,应当以抢劫罪定罪处罚。

4. 划清一罪与数罪的界限。

劫持船只、汽车的过程中,行为人如果将驾驶、乘务人员或者其他乘客打死、打伤,而不是因劫持行为导致撞车、沉船致人死、伤的,则应当以劫持船只、汽车罪与故意杀人罪或者故意伤害罪数罪并罚。

(三)劫持船只、汽车罪的刑事责任

依照《刑法》第122条规定,犯劫持船只、汽车罪的,处五年以上十年以下有期徒刑;造成严重后果的,处十年以上有期徒刑或者无期徒刑。

司法实践中应当注意的问题是,所谓造成严重后果,是指由于劫持船只、汽车而造成船只、汽车倾覆,人员伤亡或者使公私财产遭受重大损失等情形。

二十八、暴力危及飞行安全罪

第一百二十三条 对飞行中的航空器上的人员使用暴力，危及飞行安全，尚未造成严重后果的，处五年以下有期徒刑或者拘役；造成严重后果的，处五年以上有期徒刑。

（一）暴力危及飞行安全罪的概念和构成要件

暴力危及飞行安全罪，是指对飞行中的航空器上的人员使用暴力，危及飞行安全的行为。

本罪是1997年《刑法》增设的罪名，1979年《刑法》和单行刑法均没有规定此罪名。

暴力危及飞行安全罪的构成要件是：

1. 本罪侵犯的客体是航空飞行安全。

2. 客观方面表现为对飞行中的航空器上的人员使用暴力，危及飞行安全的行为。所谓"飞行中"，根据《蒙特利尔公约》的规定，是指航空器从装载完毕、机仓外部各门均已关闭时起，直至打开任一机仓门以便卸载时为止，应被认为是在飞行中；航空器强迫降落时，在主当局接管对该航空器及其所载人员和财产的责任前，应被认为仍在飞行中。"使用暴力"，是指对飞行中的航空器上的人员使用暴力，包括对机组人员、乘客或者乘客之间使用暴力。本罪属于具体危险犯，只要行为人对航空器上的人员使用了暴力，危及飞行安全的，就构成本罪，而不论是否发生了严重后果。

3. 犯罪主体为一般主体，中国人、外国人或者无国籍人均可构成本罪的主体。

4. 主观方面由直接故意构成。

（二）认定暴力危及飞行安全罪应当注意的问题

1. 罪与非罪的界限。

认定暴力危及飞行安全罪应注意划清罪与非罪的界限。构成本罪必须同时具备两个条件:(1)使用暴力;(2)危及飞行安全。如果行为人没有在飞行中的航空器上使用暴力或者虽然使用了暴力但尚不足以危及飞行安全的,不构成犯罪。

2.一罪与数罪的问题。

行为人以杀人、伤害等罪的故意,对飞行中的航空器上的人员使用暴力,危及飞行安全的,属于想象竞合犯,从一重罪处断。同理,以暴力手段劫持航空器的行为必然危及飞行安全,同时触犯了劫持航空器罪与本罪,但只能认定为劫持航空器罪,不能将其与本罪并罚。行为人在正在飞行中的航空器上,以杀伤或者非法取财为目的,对他人实施重伤、杀害、抢劫、绑架等暴力行为而危及飞行安全的,仍应从一重罪处断。

(三)暴力危及飞行安全罪的刑事责任

依照《刑法》第123条规定,犯暴力危及飞行安全罪,尚未造成严重后果的,处五年以下有期徒刑或者拘役;造成严重后果的,处五年以上有期徒刑。

司法实践中应当注意的问题是,所谓尚未造成严重后果,是指暴力危及飞行安全没有造成直接的危害后果。所谓造成严重后果,是指因对航空器上的人员使用暴力,使飞行中的航空器重要部件被毁坏,航空器的操纵系统失灵,甚至造成航空器坠毁等情形。

二十九、破坏广播电视设施、公用电信设施罪

第一百二十四条第一款 破坏广播电视设施、公用电信设施,危害公共安全的,处三年以上七年以下有期徒刑;造成严重后果的,处七年以上有期徒刑。

(一)破坏广播电视设施、公用电信设施罪的概念和构成要件

破坏广播电视设施、公用电信设施罪,是指故意破坏广播电视设施、公用电信设施,危害公共安全的行为。

本罪1979年《刑法》第111条作了规定，但罪名为破坏通讯设备罪。1997年《刑法》第124条对罪状作了修改，罪名相应改为破坏广播电视设施、公用电信设施罪。

破坏广播电视设施、公用电信设施罪的构成要件是：

1. 本罪侵犯的客体是广播电视设施、公用电信设施的正常、安全使用。侵害的对象是正在使用中的各种广播电视设施、公用电信设施。

2. 客观方面表现为实施了各种破坏正在使用中的广播电视设施、公用电信设施的行为。

只要行为人实施了破坏行为，不论是否已经造成严重后果，均构成本罪。破坏的方法多种多样，如拆卸、毁坏设备，剪割缆线，删除、修改、增加广播电视设备系统中存储、处理、传输的数据和应用程序，非法占用频率，截断通信线路、损毁通信设备或者删除、修改、增加电信网计算机信息系统中存储、处理或者传输的数据和应用程序等。之所以强调行为人破坏的必须是"正在使用中"的广播电视设施、公用电信设施，是因为只有正在使用中的广播电视设施、公用电信设施被破坏，才有可能发生危害公共安全的后果。如果行为人只破坏了尚未投入使用或者正在检修过程中的广播电视设施、公用电信设施的，虽然也造成了公共财产的损坏，但还不至于发生危害公共安全的后果，因此，不能构成破坏广播电视设施、公用电信设施罪。

3. 犯罪主体为一般主体，即年满16周岁、具有刑事责任能力的自然人均可构成本罪。

4. 主观方面由故意构成，包括直接故意和间接故意。犯罪动机多种多样，有的为了泄愤报复、有的蓄意捣乱等，但动机不影响本罪的成立。

（二）认定破坏广播电视设施、公用电信设施罪应当注意的问题

1. 根据2011年6月13日起施行的《最高人民法院关于审理破坏广播电视设施等刑事案件具体应用法律若干问题的解释》（以下简称《审理破坏广播电视设施刑事案件解释》）的规定：（1）盗窃正在使用的广播电视设施，尚未构成盗窃罪，但危害公共安全的，以破坏广播电视设施罪定罪处罚；同时构成盗窃罪和破坏广播电视设施罪的，依照处罚较重的规定定罪处罚。（2）破坏正

在使用的广播电视设施未危及公共安全,或者故意毁坏尚未投入使用的广播电视设施,造成财物损失数额较大或者有其他严重情节的,以故意毁坏财物罪定罪处罚。(3)实施破坏广播电视设施犯罪,并利用广播电视设施实施煽动分裂国家、煽动颠覆国家政权、煽动民族仇恨、民族歧视或者宣扬邪教等行为,同时构成其他犯罪的,依照处罚较重的规定定罪处罚。(4)建设、施工单位的管理人员、施工人员,在建设、施工过程中,违反广播电视设施保护规定,故意损毁正在使用的广播电视设施,构成犯罪的,以破坏广播电视设施罪定罪处罚。

2. 最高人民法院2004年12月30日公布的《关于审理破坏公用电信设施刑事案件具体应用法律若干问题的解释》(以下简称《审理破坏公用电信设施刑事案件解释》)第3条规定,故意破坏正在使用的公用电信设施尚未危害公共安全,或者故意毁坏尚未投入使用的公用电信设施,造成财物损失,构成犯罪的,依照《刑法》第275条规定,以故意毁坏财物罪定罪处罚。盗窃公用电信设施价值数额不大,但是构成危害公共安全犯罪的,依照《刑法》第124条的规定定罪处罚;盗窃公用电信设施同时构成盗窃罪和破坏公用电信设施罪的,依照处罚较重的规定定罪处罚。

(三)破坏广播电视设施、公用电信设施罪的刑事责任

依照《刑法》第124条第1款规定,犯破坏广播电视设施、公用电信设施罪的,处三年以上七年以下有期徒刑;造成严重后果的,处七年以上有期徒刑。

司法机关在适用本款规定处罚时,应当注意以下问题:

1. 根据《审理破坏广播电视设施刑事案件解释》第1条的规定,采取拆卸、毁坏设备,剪割缆线,删除、修改、增加广播电视设备系统中存储、处理、传输的数据和应用程序,非法占用频率等手段,破坏正在使用的广播电视设施,具有该条情形之一的,依照《刑法》第124条第1款的规定,以破坏广播电视设施罪处三年以上七年以下有期徒刑。

2. 根据《审理破坏公用电信设施刑事案件解释》第1条的规定,采用截断通信线路、损毁通信设备或者删除、修改、增加电信网计算机信息系统中

存储、处理或者传输的数据和应用程序等手段,故意破坏正在使用的公用电信设施,具有该条情形之一的,属于《刑法》第124条规定的"危害公共安全",依照《刑法》第124条第1款规定,以破坏公用电信设施罪处三年以上七年以下有期徒刑。

3.根据《审理破坏广播电视设施刑事案件解释》第2条的规定,具有该条情形之一的,应当认定为《刑法》第124条第1款规定的"造成严重后果",以破坏广播电视设施罪处七年以上有期徒刑。

4.根据《审理破坏公用电信设施刑事案件解释》第2条的规定,具有该条情形之一的,属于《刑法》第124条第1款规定的"严重后果",以破坏公用电信设施罪处七年以上有期徒刑。

三十、过失损坏广播电视设施、公用电信设施罪

第一百二十四条 破坏广播电视设施、公用电信设施,危害公共安全的,处三年以上七年以下有期徒刑;造成严重后果的,处七年以上有期徒刑。

过失犯前款罪的,处三年以上七年以下有期徒刑;情节较轻的,处三年以下有期徒刑或者拘役。

(一)过失损坏广播电视设施、公用电信设施罪的概念和构成要件

过失损坏广播电视设施、公用电信设施罪,是指由于过失致使广播电视设施、公用电信设施遭受破坏,造成严重后果,危害公共安全的行为。

本罪1979年《刑法》第111条作了规定,但罪名为过失破坏通讯设备罪。1997年《刑法》第124条第2款对罪状作了修改,罪名相应改为过失损坏广播电视设施、公用电信设施罪。

过失损坏广播电视设施、公用电信设施罪的构成要件是:

1.本罪侵犯的客体是广播电视设施、公用电信设施的正常、安全、使用。侵害的对象是正在使用中的各种广播电视设施、公用电信设施。"广播设施""电视设施"和"公用电信设施"的范围与破坏广播电视设施、公用电

信设施罪相同。

2.客观方面表现为行为人由于过失,致使广播电视设施、公用电信设施遭受损坏,造成严重后果,危害公共安全的行为。如在城市基本建设、农田建设、修建公路、挖沟等施工中,挖断地下电缆、炸断通信线路或者其他广播电视设施、公用电信设施,造成通信中断等。

3.犯罪主体为一般主体。

4.主观方面由过失构成。

(二)认定过失损坏广播电视设施、公用电信设施罪应当注意的问题

注意划清本罪同破坏广播电视设施、公用电信设施罪的界限。二者都是以广播电视设施、公用电信设施为侵害对象的危害广播电视设施、公用电信设施安全的犯罪,主要区别在于:(1)主观罪过形式不同。前者是过失犯罪,而后者是故意犯罪。(2)对危害结果的要求不同。前者把造成严重后果作为构成犯罪的法定要件,如果没有造成严重后果,不构成本罪;后者则不论是否发生了严重后果,只要行为人故意实施了破坏广播电视设施、公用电信设施的行为,就构成破坏广播电视设施、公用电信设施罪。

(三)过失损坏广播电视设施、公用电信设施罪的刑事责任

依照《刑法》第124条第2款规定,犯过失损坏广播电视设施、公用电信设施罪的,处三年以上七年以下有期徒刑;情节较轻的,处三年以下有期徒刑或者拘役。

司法机关在适用本款规定处罚时,应当注意以下问题:

1.过失损坏正在使用的广播电视设施,造成《最高人民法院关于审理破坏广播电视设施等刑事案件具体应用法律若干问题的解释》(以下简称《审理破坏广播电视设施刑事案件解释》)第2条规定的严重后果的,依照《刑法》第124条第2款的规定,以过失损坏广播电视设施罪处三年以上七年以下有期徒刑;情节较轻的,处三年以下有期徒刑或者拘役。

2.过失损坏广播电视设施构成犯罪,但能主动向有关部门报告,积极赔

偿损失或者修复被损坏设施的，可以酌情从宽处理。

3. 建设、施工单位的管理人员、施工人员，在建设、施工过程中，违反广播电视设施保护规定，过失损毁正在使用的广播电视设施，构成犯罪的，以过失损坏广播电视设施罪定罪处罚。其定罪量刑标准适用《审理破坏广播电视设施刑事案件解释》第3条的规定。

三十一、非法制造、买卖、运输、邮寄、储存枪支、弹药、爆炸物罪[1]

第一百二十五条第一款　非法制造、买卖、运输、邮寄、储存枪支、弹药、爆炸物的，处三年以上十年以下有期徒刑；情节严重的，处十年以上有期徒刑、无期徒刑或者死刑。

第一百二十五条第三款　单位犯前两款罪的，对单位判处罚金，并对其直接负责的主管人员和其他直接责任人员，依照第一款的规定处罚。

（一）非法制造、买卖、运输、邮寄、储存枪支、弹药、爆炸物罪的概念和构成要件

非法制造、买卖、运输、邮寄、储存枪支、弹药、爆炸物罪，是指违反国家关于枪支、弹药、爆炸物管理的法律法规和国家主管部门规定，擅自制造、买卖、运输、邮寄、储存枪支、弹药、爆炸物，危害公共安全的行为。

1979年《刑法》第112条将非法制造、买卖、运输枪支、弹药的行为规定为犯罪，并配置了较为严厉的刑罚。1997年《刑法》规定了非法制造、买卖、运输、邮寄、储存枪支、弹药、爆炸物罪，与1979年《刑法》的相关规定比较，作了以下补充完善：一是将"邮寄""储存"枪支、弹药、爆炸物的行为明确为犯罪行为；二是将"爆炸物"增列为犯罪对象；三是为本罪配置了死刑。

---

[1] 参考案例：郭某明、崔某和非法制造、买卖、运输、邮寄、储存枪支、弹药、爆炸物案，辽宁省高级人民法院（2019）辽刑终196号。

非法制造、买卖、运输、邮寄、储存枪支、弹药、爆炸物罪的构成要件是：

1.本罪侵犯的客体是公共安全，即不特定多数人的生命、健康和重大公私财产的安全。

本罪的犯罪对象为枪支、弹药、爆炸物。由于枪支、弹药、爆炸物具有巨大的杀伤力和破坏性，出于公共安全的考虑，我国一直对枪支、弹药、爆炸物实行严格的管控制度。根据《枪支管理法》的规定，枪支、弹药，是指以火药或者压缩气体等为动力，利用管状器具发射金属弹丸或者其他物质，足以致人伤亡或者丧失知觉的各种枪支及其使用的弹药。所谓爆炸物（本罪中主要指民用爆炸物），根据《民用爆炸物品安全管理条例》的规定，是指用于非军事目的，列入民用爆炸物品品名表的各类火药、炸药以及制品和雷管、导火索等点火、起爆器材。

2.客观方面表现为非法制造、买卖、运输、邮寄、储存枪支、弹药、爆炸物的行为。

"非法制造"，是指未经国家有关主管部门批准，私自制造枪支、弹药、爆炸物的行为，既包括从制造零部件、原材料到组装、配比、包装的整体制作过程，即将原材料加工制作成具有使用目的效能产品的一条龙式生产过程，也包括加工、修理、改装、调配、包装等部分环节的制作行为。"非法买卖"，是指违反规定购买或者出售枪支、弹药、爆炸物的行为。无论出于何种动机和目的，只要明知是枪支、弹药、爆炸物而违反规定购买或者出售，即构成本罪。居间介绍买卖的，成立本罪的共犯。"非法运输"，是指违反规定转移枪支、弹药、爆炸物的行为，即违反规定将枪支、弹药、爆炸物从甲地转移至乙地。只要明知是枪支、弹药、爆炸物而非法转移，无论目的和方式如何，均不影响本罪的成立。通过物流、快递等方式运送、寄递枪支、弹药、爆炸物的，亦属于"非法运输"。"非法邮寄"，是指违反规定，通过国家邮政部门将枪支、弹药、爆炸物寄往他处的行为。邮寄在本质上是运输的一种特殊形式，专称邮政部门的运输业务活动。"非法储存"，一般是指违反规定存放物品。具体到本罪，为与《刑法》第128条规定的非法持有、私藏枪支、弹药罪相区别，《最高人民法院关于审理非法制造、买卖、运输枪支、弹药、爆炸物等刑事案件具体应用法律若干问题的解释》(以下简称《审理涉枪爆刑事案件解释》) 第 8 条第 1 款的规定,"非法储存",是指明知是他人非法制造、买卖、运输、邮寄的枪支、弹药而为其存放的行为,或者非法存放爆炸物的行为。

3. 犯罪主体包括自然人和单位。

4. 主观方面为故意。

本罪在主观方面只能由故意构成,过失不构成本罪,即必须是明知是枪支、弹药、爆炸物而非法制造、买卖、运输、邮寄、储存。

(二)认定非法制造、买卖、运输、邮寄、储存枪支、弹药、爆炸物应当注意的问题

1. 关于枪支、弹药的认定。

《公安机关涉案枪支弹药性能鉴定工作规定》(公通字〔2010〕67 号,2001 年公布,2010 年修订,以下简称《枪弹鉴定工作规定》)第 3 条规定:(1)凡是制式枪支、弹药,无论是否能够完成击发动作,一律认定为枪支、弹药。(2)凡是能发射制式弹药的非制式枪支(包括自制、改制枪支),一律认定为枪支。对能够装填制式弹药,但因缺少个别零件或锈蚀不能完成击发,经加装相关零件或除锈后能够发射制式弹药的非制式枪支,一律认定为枪支。(3)对不能发射制式弹药的非制式枪支,按照《枪支致伤力的法庭科学鉴定判据》(GA/T 718-2007)的规定,当所发射弹丸的枪口比动能大于等于 1.8 焦耳/平方厘米时,一律认定为枪支。(4)对制式枪支、弹药专用散件(零部件),能够由制造厂家提供相关零部件图样(复印件)和件号的,一律认定为枪支、弹药散件(零部件)。(5)对非制式枪支、弹药散件(零部件),如具备与制式枪支、弹药专用散件(零部件)相同功能的,一律认定为枪支、弹药散件(零部件)。该规定同时明确了制式枪支、弹药和非制式枪支、弹药的含义,其第 1 条第 2 款规定:"本规定所称制式枪支、弹药,是指按照国家标准或公安部、军队下达的战术技术指标要求,经国家有关部门或军队批准定型,由合法企业生产的各类枪支、弹药,包括国外制造和历史遗留的各类旧杂式枪支、弹药。"第 1 条第 3 款规定:"非制式枪支、弹

药，是指未经有关部门批准定型或不符合国家标准的各类枪支、弹药，包括自制、改制的枪支、弹药和枪支弹药生产企业研制工作中的中间产品。"对于气枪、仿真枪、气枪铅弹、大口径武器以及彩弹枪、空包弹等是否属于《刑法》中枪支、弹药的认定，也要依照上述的规定进行，凡发射弹丸的枪口比动能大于等于1.8焦耳/平方厘米时，就应当认定为枪支。

2. 关于仿真枪的认定。

公安部《仿真枪认定标准》第1条规定："凡符合以下条件之一的，可以认定为仿真枪：1.符合《中华人民共和国枪支管理法》规定的枪支构成要件，所发射金属弹丸或其他物质的枪口比动能小于1.8焦耳/平方厘米（不含本数）、大于0.16焦耳/平方厘米（不含本数）的；2.具备枪支外形特征，并且具有与制式枪支材质和功能相似的枪管、枪机、机匣或者击发等机构之一的；3.外形、颜色与制式枪支相同或者近似，并且外形长度尺寸介于相应制式枪支全枪长度尺寸的二分之一与一倍之间的。"符合上述条件的仿真枪不具备《枪弹鉴定工作规定》中明确的枪支鉴定标准，因而不属于《刑法》中所指的枪支。但是，由于仿真枪有的仍具有一定的杀伤力，且在外形、颜色、长度等方面与制式枪支相同或者近似，易于被不法动机和目的的人利用，进而危害公共安全，因此对仿真枪仍需管制。《枪支管理法》第22条规定："禁止制造、销售仿真枪。"第44条规定，制造、销售仿真枪的，由公安机关对个人或者单位负有直接责任的主管人员和其他直接责任人员处警告或者15日以下拘留；构成犯罪的，依法追究刑事责任，并由公安机关、工商行政管理部门按照各自职责范围没收其仿真枪，可以并处制造、销售金额5倍以下的罚款，情节严重的，由工商行政管理部门吊销营业执照。

3. 关于涉弩行为的处置。

《公安部关于涉弩违法犯罪行为的处理及性能鉴定问题的批复》规定，（1）弩是一种具有一定杀伤能力的运动器材，但其结构和性能不符合《枪支管理法》对枪支的定义，不属于枪支范畴。因此，不能按照有关司法解释追究刑事责任，仍应按照《公安部、国家工商行政管理局关于加强弩管理的通知》的规定，对非法制造、销售、运输、持有弩的登记收缴，消除社会治安隐患。（2）对弩的鉴定工作，不能参照公安部《公安机关涉案枪支弹药性能鉴定工作规定》（公通字〔2001〕68号）进行。鉴于目前社会上非法制造、销售、运输、持有的弩均为制式产品，不存在非制式弩的情况，因此不需要进行技术鉴定。

4. 关于涉气枪、气枪铅弹行为定罪量刑的把握。

实践中，对于枪口比动能虽大于1.8焦耳／平方厘米，但枪口比动能绝对值并不高，即虽具有一定杀伤力但杀伤力并不大的气枪，能否完全依照《刑法》的规定对相关行为定罪处罚，颇有争议。为妥善解决此类问题，争取更好社会效果，《最高人民法院、最高人民检察院关于涉以压缩气体为动力的枪支、气枪铅弹刑事案件定罪量刑问题的批复》（以下简称《批复》）规定："对于非法制造、买卖、运输、邮寄、储存、持有、私藏、走私以压缩气体为动力且枪口比动能较低的枪支的行为，在决定是否追究刑事责任以及如何裁量刑罚时，不仅应当考虑涉案枪支的数量，而且应当充分考虑涉案枪支的外观、材质、发射物、购买场所和渠道、价格、用途、致伤力大小、是否易于通过改制提升致伤力，以及行为人的主观认知、动机目的、一贯表现、违法所得、是否规避调查等情节，综合评估社会危害性，坚持主客观相统一，确保罪责刑相适应。""对于非法制造、买卖、运输、邮寄、储存、持有、私藏、走私气枪铅弹的行为，在决定是否追究刑事责任以及如何裁量刑罚时，应当综合考虑气枪铅弹的数量、用途以及行为人的动机目的、一贯表现、违法所得、是否规避调查等情节，综合评估社会危害性，确保罪责刑相适应。"《最高人民法院、最高人民检察院、公安部、工业和信息化部、住房和城乡建设部、交通运输部、应急管理部、国家铁路局、中国民用航空局、国家邮政局关于依法惩治涉枪支、弹药、爆炸物、易燃易爆危险物品犯罪的意见》（以下简称《依法惩治涉枪支、弹药等犯罪的意见》）重申了这一意见，其第11条规定，对于非法制造、买卖、运输、邮寄、储存、持有、私藏、走私以压缩气体为动力且枪口比动能较低的枪支以及气枪铅弹的行为，应当依照《刑法》和《批复》的规定，综合考虑案件情节，综合评估社会危害性，坚持主客观相统一，决定是否追究刑事责任以及如何裁量刑罚，确保罪责刑相适应。

5. 烟花爆竹、黑火药、烟火药是否属于《刑法》中的爆炸物。

《审理涉枪爆刑事案件解释》列举了爆炸物的种类,包括炸药、发射药、黑火药、烟火药、雷管、导火索、导爆索、手榴弹、爆炸装置,但不包括烟花爆竹。主要因为:烟花爆竹在我国是一种传统生活用品,在节假日庆典、民间婚丧嫁娶中普遍使用,人民群众更广泛接受,我国一些地方还以生产经营烟花爆竹为传统产业,如将其认定为《刑法》中的爆炸物,通过《刑法》来对其进行严格管制,则难以为社会和广大人民群众认同,也会给司法实践带来诸多问题。《民用爆炸物品管理条例》(国发〔1984〕5号,1984年1月6日发布)以及《公安部关于印发爆炸物品名称的通知》〔〔84〕公发(治)23号,1984年2月13日公布〕将烟花爆竹明确为民用爆炸物品。但是,《民用爆炸物品安全管理条例》(国务院令第466号,2006年9月1日施行,以下简称《爆炸物品安全条例》,《民用爆炸物品管理条例》及《公安部关于印发爆炸物品名称的通知》随之被废止)及与之配套的《民用爆炸物品品名表》(2006年11月9日公布施行)则将烟花爆竹从爆炸物品中排除。

关于烟火药、黑火药,《审理涉枪爆刑事案件解释》将它们明确为爆炸物,这与《民用爆炸物品管理条例》和《公安部关于印发爆炸物品名称的通知》的规定相一致。后来施行的《爆炸物品安全条例》和《民用爆炸物品品名表》将烟花爆竹、烟火药和生产烟火爆竹用的黑火药都排除在民用爆炸物品之外,但是《审理涉枪爆刑事案件解释》没有随之修改,即没有明确烟火药和生产烟花爆竹用的黑火药不再属于爆炸物,这在司法实践中引起一些争议,有人认为烟火药和黑火药已不再属于《刑法》中的爆炸物了。笔者认为,烟火药和黑火药除可用来制造烟花爆竹外,还有其他多项用途,一旦被非法利用,会严重危害公共安全,在当前的社会治安形势下,暂时还不宜放松对烟火药和黑火药的管制,不宜将它们从爆炸物品中排除。在社会管理中,对烟火药和黑火药的日常管控并未放松。《最高人民法院、最高人民检察院、公安部、国家安全监管总局关于依法加强对涉嫌犯罪的非法生产经营烟花爆竹行为刑事责任追究的通知》中明确,非法生产、经营烟花爆竹及相关行为涉及非法制造、买卖、运输、邮寄、储存黑火药、烟火药,构成非法制造、买卖、运输、邮寄、储存爆炸物罪的,应当依照《刑法》第125条的规定定罪处罚。根据上述通知精神,一是对在非法生产、经营烟花爆竹及相关行为中非法制造、买卖、运输黑火药、烟火药构成犯罪的，应当依照本罪关于爆炸物犯罪的规定处置；二是仅非法制造、买卖、运输、邮寄、储存烟花爆竹的，不能以本罪规定的爆炸物犯罪处理，构成非法经营罪、重大责任事故罪、危险物品肇事罪等其他犯罪的，依照相关规定处置。

6. 如何把握涉枪支、弹药行为的定罪量刑标准。

枪支、弹药一直是治安管控的重点，本罪又是配置有死刑的重罪，对涉枪支、弹药、爆炸物的犯罪，定罪量刑要从严把握。《依法惩治涉枪支、弹药等犯罪的意见》第10条规定，对于非法制造、买卖、运输、邮寄、储存、持有、走私枪支、弹药，以及非法制造、买卖、运输、邮寄、储存爆炸物的行为，应当依照《刑法》《审理涉枪爆刑事案件解释》《最高人民法院、最高人民检察院关于办理走私刑事案件适用法律若干问题的解释》等规定，从严追究刑事责任。第12条规定，利用信息网络非法买卖枪支、弹药、爆炸物、易燃易爆危险物品，或者利用寄递渠道非法运输枪支、弹药、爆炸物、易燃易爆危险物品，依法构成犯罪的，从严追究刑事责任。针对具体案情，要注意把握以下几点：

一是在客观行为上，要将非法制造和非法买卖、运输、邮寄等区分开来，非法买卖和运输、邮寄等也要加以区分，非法制造是源头，非法买卖催生了买卖市场和非法制造，应当是刑罚遏制的重点。尽管《刑法》和相关司法解释没有对非法制造、买卖、运输、邮寄、储存枪支、弹药、爆炸物的数量标准没有区分，但在司法实践中，要结合案件的具体情况，根据行为的具体社会危害性大小，有所侧重和区别。二是在主观恶性上，要将为实施违法犯罪、非法营利以及单纯娱乐、正常生产、生活需要区分开来，为实施违法犯罪而非法制造、买卖、运输、邮寄枪支、弹药的，无疑是《刑法》打击的重点。从本罪的罪状和刑罚配置看，打击为非法目的而实施的涉枪支、弹药犯罪应当是本罪设置的基本出发点；对为正常生产生活需要而实施的非法涉枪支、弹药行为，则可适当从宽。三是在犯罪对象上，更要严格区分制式枪支、弹药和非制式枪支、弹药，以压缩气体为动力的枪支、弹药和以火药为动力的枪支、弹药，以及口径不同、出口比动能各异的各类枪支等。对经鉴定虽符合枪支的认定标准，但出口比动能相对较小、行为人主观恶性不深、未造成现实社会危害后果的，要体现从宽。

7. 如何把握非法运输、储存枪支、弹药罪与非法持有、私藏枪支、弹药罪和非法携带枪支、弹药危及公共安全罪的界限。

非法运输枪支、弹药，是指将数量较大的枪支、弹药从某一地点运送、转移至另一地点的行为。根据《审理涉枪爆刑事案件解释》的规定，非法储存，是指明知是他人非法制造、买卖、运输、邮寄的枪支、弹药而为其存放的行为，或者非法存放爆炸物的行为。非法持有，是指不符合配备、配置枪支、弹药条件的人员，违反枪支管理法律、法规的规定，擅自持有枪支、弹药的行为。私藏，是指依法配备、配置枪支、弹药的人员，在配备、配置枪支、弹药的条件消除后，违反枪支管理法律、法规的规定，私自藏匿所配备、配置的枪支、弹药且拒不交出的行为。从上述规定看，非法储存和非法持有都可以表现为控制、占有枪支、弹药的行为，但非法储存是对他人非法制造、买卖、运输、邮寄的枪支、弹药予以控制、占有；从文义的一般意义及法定刑上理解，非法运输、储存的枪支、弹药，应该是数量较大的枪支、弹药，否则，运输、邮寄和储存行为也难以和制造、买卖行为并列。

非法携带枪支、弹药危及公共安全罪，是指非法将枪支、弹药携带在身边，使枪支、弹药置于自身现实支配之下，从而进入公共场所或者公共交通工具，危及公共安全的行为。非法运输、非法持有、非法携带都可以表现为将枪支、弹药运送至另一地点的行为，具有一定竞合关系。如果将数量较大的枪支、弹药带入公共场所或者公共交通工具，从一地运送至另一地的，可以运输枪支、弹药罪定罪处罚。非法携带实际上是非法持有的一种特殊表现形式，将枪支、弹药带入公共场所或者公共交通工具的行为，可能触犯非法持有枪支、弹药罪和非法携带枪支、弹药危及公共安全罪二种犯罪，应当按照想象竞合犯的处罚原则，以非法持有枪支、弹药罪处罚。

8. 如何把握涉爆炸物行为的定罪量刑标准。

《审理涉枪爆刑事案件解释》第9条第1款规定："因筑路、建房、打井、整修宅基地和土地等正常生产、生活需要，以及因从事合法的生产经营活动而非法制造、买卖、运输、邮寄、储存爆炸物，数量虽然达到了解释第一条规定的标准，但是没有造成严重社会危害，并确有悔改表现的，可依法从轻处罚；情节轻微的，可以免除处罚。"所谓正常生产、生活，是指被正常社会生活观念所理解认可，并为社会生活正常运行所需要的生产、生活。《依法惩治涉枪支、弹药等犯罪的意见》第13条规定，确因正常生产、生活需要，以及因从事合法的生产经营活动而非法生产、储存、使用、经营、运输易燃易爆危险物品，依法构成犯罪，没有造成严重社会危害，并确有悔改表现的，可以从轻处罚。第14条还规定，将未经依法批准或者许可生产、储存、使用、经营、运输的易燃易爆危险物品主动上交行政执法机关处置的，可以从轻处罚；未造成实际危害后果，犯罪情节轻微不需要判处刑罚的，可以依法不起诉或者免予刑事处罚；成立自首的，可以依法从轻、减轻或者免除处罚。司法实践中，生产经营活动虽未获批准或者在准备生产经营过程中实施非法制造、买卖爆炸物行为，没有造成严重社会危害，并有悔改认罪表现的，亦可从宽处罚。

9.本罪与相关犯罪关系的把握。

针对实践中较常发生的犯罪分子利用非法制造、买卖的枪支、弹药再实施故意杀人、故意伤害等犯罪的情况，《依法惩治涉枪支、弹药等犯罪的意见》第4条规定，非法制造、买卖、运输、邮寄、储存、盗窃、抢夺、抢劫、持有、私藏、走私枪支、弹药、爆炸物，并利用该枪支、弹药、爆炸物实施故意杀人、故意伤害、抢劫、绑架等犯罪的，依照数罪并罚的规定处罚。

（三）非法制造、买卖、运输、邮寄、储存枪支、弹药、爆炸物罪的刑事责任

依照《刑法》第125条的规定，犯本罪的，处三年以上十年以下有期徒刑；情节严重的，处十年以上有期徒刑、无期徒刑或者死刑。单位犯本罪的，对单位判处罚金，并对其直接负责的主管人员和其他直接责任人员，依照第1款的规定处罚。

司法机关在适用本罪处罚时，应当注意以下问题：

非法制造、买卖、运输、邮寄、储存枪支、弹药、爆炸物罪是包含五种行为和三种对象的选择性罪名，根据具体行为可分解为非法制造枪支罪，非

法制造、买卖枪支罪等诸多罪名。根据选择性罪名的处刑原则，行为人的行为如果能够被选择性罪名概括评价，对行为人不实行数罪并罚，而是根据事实、情节等在法定刑幅度内处刑。如行为人非法制造、买卖枪支后又存放的，存放行为被制造、买卖行为吸收，以非法制造、买卖枪支罪定罪；如非法制造、买卖枪支且另有为他人存放枪支行为的，根据《审理涉枪爆刑事案件解释》，对行为人应以非法制造、买卖、储存枪支罪定罪，仍应在法定刑幅度内量刑，不实行数罪并罚。

三十二、非法制造、买卖、运输、储存危险物质罪

第一百二十五条[①] 非法制造、买卖、运输、邮寄、储存枪支、弹药、爆炸物的，处三年以上十年以下有期徒刑；情节严重的，处十年以上有期徒刑、无期徒刑或者死刑。

非法制造、买卖、运输、储存毒害性、放射性、传染病病原体等物质，危害公共安全的，依照前款的规定处罚。

单位犯前两款罪的，对单位判处罚金，并对其直接负责的主管人员和其他直接责任人员，依照第一款的规定处罚。

（一）非法制造、买卖、运输、储存危险物质罪的概念和构成要件

非法制造、买卖、运输、储存危险物质罪，是指违反法律规定，非法制造、买卖、运输、储存毒害性、放射性、传染病病原体等物质，危害公共安全的行为。

本罪是1997年《刑法》增设的罪名，1979年《刑法》和单行刑法均没有规定此罪名。1997年《刑法》原罪名为"非法买卖、运输核材料罪"。《刑法修正案（三）》第5条针对惩治恐怖犯罪活动的需要，对1997年《刑法》第125条第2款的罪状作了修改，因而罪名也相应作了修改。

非法制造、买卖、运输、储存危险物质罪的构成要件是：

---

① 本条第2款经2001年12月29日《刑法修正案（三）》第5条修改。

1. 本罪侵犯的客体是国家对毒害性、放射性、传染病病原体等危险物质的管理制度。犯罪对象是毒害性、放射性、传染病病原体等危险物质。

2. 客观方面表现为非法制造、买卖、运输、储存毒害性、放射性、传染病病原体等物质，危害公共安全的行为。

"非法制造"是指违反法律规定，也未经国家有关主管部门批准或者许可，私自制造危险物质的行为。"非法买卖"，是指违反法律规定私自购买或者出售危险物质的行为。"非法运输"，是指违反法律规定运输危险物质的行为，运输的方式和目的不影响本罪的成立。"非法储存"，是指违反法律规定存放危险物质的行为。按照法律规定，行为人只要实施了非法制造、买卖、运输或者储存危险物质其中一种行为就构成本罪；实施两种行为的，仍为一罪，不实行并罚。

3. 犯罪主体为一般主体。中国人、外国人、无国籍人和单位都可以构成本罪的主体。

4. 主观方面只能由故意构成，即明知是危险物质，违反法律规定或者国家有关的管理制度而非法制造、买卖、运输、储存。过失不构成本罪。

（二）认定非法制造、买卖、运输、储存危险物质罪应当注意的问题

按照《最高人民检察院、公安部关于公安机关管辖的刑事案件立案追诉标准的规定（一）》第2条的规定，非法制造、买卖、运输、储存毒害性、放射性、传染病病原体等物质，危害公共安全，涉嫌下列情形之一的，应予立案追诉：（1）造成人员重伤或者死亡的；（2）造成直接经济损失10万元以上的；（3）非法制造、买卖、运输、储存毒鼠强、氟乙酰胺、氟乙酰钠、毒鼠硅、甘氟原粉、原液、制剂50克以上，或者饵料2千克以上的；（4）造成急性中毒、放射性疾病或者造成传染病流行、暴发的；（5）造成严重环境污染的；（6）造成毒害性、放射性、传染病病原体等危险物质丢失、被盗、被抢或者被他人利用进行违法犯罪活动的；（7）其他危害公共安全的情形。

（三）非法制造、买卖、运输、储存危险物质罪的刑事责任

依照《刑法》第125条第2款规定，犯非法制造、买卖、运输、储存危险物质罪的，依照该条第1款的规定处罚，即处三年以上十年以下有期徒刑；情节严重的，处十年以上有期徒刑、无期徒刑或者死刑。

依照本条第3款规定，单位犯本罪的，对单位判处罚金，并对其直接负责的主管人员和其他直接责任人员，依照第1款的规定处罚。

司法机关在适用《刑法》第125条规定处罚时，应当注意以下问题：

1. 严格按照2003年9月4日《最高人民法院、最高人民检察院关于办理非法制造、买卖、运输、储存毒鼠强等禁用剧毒化学品刑事案件具体应用法律若干问题的解释》(以下简称《办理涉禁用剧毒化学品刑事案件解释》)规定的量刑标准处刑。

2.《办理涉禁用剧毒化学品刑事案件解释》施行以前，确因生产、生活需要而非法制造、买卖、运输、储存毒鼠强等禁用剧毒化学品饵料自用，没有造成严重社会危害的，可以依照《刑法》第13条关于"情节显著轻微危害不大的，不认为是犯罪"的规定处理。

3.《办理涉禁用剧毒化学品刑事案件解释》施行以后，确因生产、生活需要而非法制造、买卖、运输、储存毒鼠强等禁用剧毒化学品饵料自用，构成犯罪，但没有造成严重社会危害，经教育确有悔改表现的，可以依法从轻、减轻或者免除处罚。

4. 单位非法制造、买卖、运输、储存毒鼠强等禁用剧毒化学品的，依照《办理涉禁用剧毒化学品刑事案件解释》第1条、第2条规定的定罪量刑标准执行。

三十三、违规制造、销售枪支罪

第一百二十六条 依法被指定、确定的枪支制造企业、销售企业，违反枪支管理规定，有下列行为之一的，对单位判处罚金，并对其直接负责的主管人员和其他直接责任人员，处五年以下有期徒刑；情节严重的，处五年

以上十年以下有期徒刑；情节特别严重的，处十年以上有期徒刑或者无期徒刑：

（一）以非法销售为目的，超过限额或者不按照规定的品种制造、配售枪支的；

（二）以非法销售为目的，制造无号、重号、假号的枪支的；

（三）非法销售枪支或者在境内销售为出口制造的枪支的。

（一）违规制造、销售枪支罪的概念和构成要件

违规制造、销售枪支罪，是指依法被指定、确定的枪支制造企业、销售企业，违反枪支管理规定，非法制造、销售枪支的行为。

本罪是1997年《刑法》增设的罪名，1979年《刑法》和单行刑法均没有规定此罪名。

违规制造、销售枪支罪的构成要件是：

1.本罪侵犯的客体是国家对枪支的管理制度。

根据《枪支管理法》的规定，国家严格管制枪支。禁止任何单位或者个人违反法律规定持有、制造（包括变造、装配）、买卖、运输、出租、出借枪支。国家对枪支的制造、配售实行特别许可制度。未经许可，任何单位或者个人不得制造、买卖枪支。只有经国家有关部门确定的企业，才有权从事枪支的制造或者销售。

2.客观方面表现为违反枪支管理规定，非法制造、销售枪支的行为。

这种行为具体可以分为三类：（1）"以非法销售为目的，超过限额或者不按照规定的品种制造、配售枪支"。这主要是指枪支制造企业、销售企业以非法出售枪支获取非法利润为目的，超过国家有关主管部门下达的生产或者配售枪支的数量指标或者任务，或者枪支制造企业未按照国家规定的技术标准生产枪支或者枪支销售企业未按照国家规定的品种、型号配售枪支，而擅自制造、配售枪支的行为。（2）"制造无号、重号、假号的枪支"。这主要是指枪支制造企业在制造枪支过程中，制造没有编号或者重复编号或者虚假编号的枪支，以逃避枪支制造管理的行为。（3）"非法销售枪支或者在境内销售为出口制造的枪支"。这主要是指违反枪支管理规定销售枪支，或者将为出

口制造的枪支，在境内销售牟利的行为。

3. 犯罪主体为特殊主体。即只有依法被指定、确定的枪支制造企业、销售企业才能构成本罪。"依法被指定、确定的枪支制造企业、销售企业"，是指根据《枪支管理法》的规定，由国家有关主管部门指定、确定的枪支制造企业和销售企业。

4. 主观方面由故意构成，并且具有非法销售获利的目的。

（二）认定违规制造、销售枪支罪应当注意的问题

1. 正确认定本罪的既遂。

本罪属于行为犯。只要枪支制造企业或者销售企业实施了违法制造、销售枪支的行为，就构成本罪，而不要求其制造、销售枪支的行为必须导致发生严重后果。

2. 划清本罪与非法制造、买卖枪支罪的界限。

只有依法被指定、确定的枪支制造企业、销售企业才能构成本罪。如果是其他单位或者自然人非法制造、销售枪支的，不构成本罪，而应当以非法制造、买卖枪支罪定罪处罚。

（三）违规制造、销售枪支罪的刑事责任

依照《刑法》第 126 条规定，犯违规制造、销售枪支罪的，对单位判处罚金，并对其直接负责的主管人员和其他直接责任人员，处五年以下有期徒刑；情节严重的，处五年以上十年以下有期徒刑；情节特别严重的，处十年以上有期徒刑或者无期徒刑。

司法机关在适用本条规定处罚时，具体量刑标准，应当按照《最高人民法院关于审理非法制造、买卖、运输枪支、弹药、爆炸物等刑事案件具体应用法律若干问题的解释》的规定执行。

三十四、盗窃、抢夺枪支、弹药、爆炸物、危险物质罪

第一百二十七条[①] 盗窃、抢夺枪支、弹药、爆炸物的，或者盗窃、抢夺毒害性、放射性、传染病病原体等物质，危害公共安全的，处三年以上十年以下有期徒刑；情节严重的，处十年以上有期徒刑、无期徒刑或者死刑。

抢劫枪支、弹药、爆炸物的，或者抢劫毒害性、放射性、传染病病原体等物质，危害公共安全的，或者盗窃、抢夺国家机关、军警人员、民兵的枪支、弹药、爆炸物的，处十年以上有期徒刑、无期徒刑或者死刑。

（一）盗窃、抢夺枪支、弹药、爆炸物、危险物质罪的概念和构成要件

盗窃、抢夺枪支、弹药、爆炸物、危险物质罪，是指秘密窃取或者乘人不备公然夺取枪支、弹药、爆炸物，或者盗窃、抢夺毒害性、放射性、传染病病原体等物质，危害公共安全的行为。

本罪1979年《刑法》第112条作了规定。1997年《刑法》第127条对罪状作了修改，罪名为"盗窃、抢夺枪支、弹药、爆炸物罪"和"抢劫枪支、弹药、爆炸物罪"。《刑法修正案（三）》第6条针对惩治恐怖犯罪活动的需要，再次对罪状作了修改补充，因而罪名也相应作了修改。

盗窃、抢夺枪支、弹药、爆炸物、危险物质罪的构成要件是：

1.本罪侵犯的客体是社会的公共安全，犯罪对象是枪支、弹药、爆炸物、危险物质。国家对枪支、弹药、爆炸物、危险物质实行严格的管制，目的就是防止枪支、弹药、爆炸物及危险物质流散到社会上，对社会治安和国家安全构成威胁。

2.客观方面表现为秘密窃取或者乘人不备公然夺取枪支、弹药、爆炸物、危险物质的行为。

3.犯罪主体为一般主体，即可以是任何达到刑事责任年龄、具有刑事责

[①] 本条经2001年12月29日《刑法修正案（三）》第6条修改。

任能力的人。

4. 主观方面由直接故意构成，间接故意或者过失不构成本罪。

（二）盗窃、抢夺枪支、弹药、爆炸物、危险物质罪的刑事责任

依照《刑法》第127条规定，犯盗窃、抢夺枪支、弹药、爆炸物、危险物质罪的，处三年以上十年以下有期徒刑；情节严重的，处十年以上有期徒刑、无期徒刑或者死刑。

盗窃、抢夺国家机关、军警人员、民兵的枪支、弹药、爆炸物的，处十年以上有期徒刑、无期徒刑或者死刑。

司法机关在适用本条规定处罚时，应当注意以下问题：

1. 犯盗窃、抢夺枪支、弹药、爆炸物罪的具体量刑标准，应当按照《最高人民法院关于审理非法制造、买卖、运输枪支、弹药、爆炸物等刑事案件具体应用法律若干问题的解释》的规定执行。

2. 犯盗窃、抢夺危险物质罪的具体量刑标准尚无司法解释可依据。实践中应根据危险物质的种类、可能造成的危害、犯罪手段是否恶劣或者是否造成严重后果等情形，予以综合判定。

3. 本条第2款规定的"国家机关"，主要是指依法能够装备、使用枪支、弹药、爆炸物的国家机关。"军警人员"，主要是指现役军人、武警官兵、警察（包括司法警察）等人员。"民兵"，是指依法组成的不脱离生产的群众武装组织的成员。

三十五、抢劫枪支、弹药、爆炸物、危险物质罪

第一百二十七条第二款[①] 抢劫枪支、弹药、爆炸物的，或者抢劫毒害性、放射性、传染病病原体等物质，危害公共安全的，或者盗窃、抢夺国家机关、军警人员、民兵的枪支、弹药、爆炸物的，处十年以上有期徒刑、无期徒刑或者死刑。

[①] 本款经2001年12月29日《刑法修正案（三）》第6条第2款修改。

（一）抢劫枪支、弹药、爆炸物、危险物质罪的概念和构成要件

抢劫枪支、弹药、爆炸物、危险物质罪，是指以暴力、胁迫或者其他方法，抢劫枪支、弹药、爆炸物或者抢劫毒害性、放射性、传染病病原体等物质，危害公共安全的行为。

本罪是 1997 年《刑法》增设的罪名，1979 年《刑法》和单行刑法均没有规定此罪名。《刑法修正案（三）》第 6 条第 2 款针对惩治恐怖犯罪活动的需要，再次对罪状作了修改补充，因而罪名也相应作了修改。

抢劫枪支、弹药、爆炸物、危险物质罪的构成要件是：

1. 本罪侵犯的客体是社会的公共安全。犯罪对象是枪支、弹药、爆炸物和毒害性、放射性、传染病病原体等物质。

2. 客观方面表现为使用暴力、胁迫或者其他方法，强行劫取枪支、弹药、爆炸物或者抢劫毒害性、放射性、传染病病原体等物质，危害公共安全的行为，即对枪支、弹药、爆炸物、危险物质的持有者、保管者或者守护者直接使用暴力，或者以暴力相威胁，或者采用其他使人不能反抗、不知反抗的手段，强行将枪支、弹药、爆炸物、危险物质抢走的行为。

3. 犯罪主体为一般主体，即可以是任何达到刑事责任年龄、具有刑事责任能力的人。

4. 主观方面由直接故意构成，即明知是枪支、弹药、爆炸物、危险物质而进行抢劫。实施本罪的动机可能是多种多样的，但动机不影响本罪的成立。间接故意或者过失不构成本罪。

（二）认定抢劫枪支、弹药、爆炸物、危险物质罪应当注意的问题

认定抢劫枪支、弹药、爆炸物、危险物质罪应划清本罪同抢夺枪支、弹药、爆炸物、危险物质罪的界限。前者使用暴力、胁迫或者其他方法强行劫取枪支、弹药、爆炸物、危险物质；后者则是乘人不备，公然夺取枪支、弹药、爆炸物、危险物质，而不使用暴力或者胁迫的方法。因此，是否使用了暴力或者胁迫手段，是区别这两种犯罪的关键。

（三）抢劫枪支、弹药、爆炸物、危险物质罪的刑事责任

依照《刑法》第 127 条第 2 款规定，犯抢劫枪支、弹药、爆炸物、危险物质罪的，处十年以上有期徒刑、无期徒刑或者死刑。

三十六、非法持有、私藏枪支、弹药罪

第一百二十八条第一款 违反枪支管理规定，非法持有、私藏枪支、弹药的，处三年以下有期徒刑、拘役或者管制；情节严重的，处三年以上七年以下有期徒刑。

（一）非法持有、私藏枪支、弹药罪的概念和构成要件

非法持有、私藏枪支、弹药罪，是指违反枪支管理法规，非法持有、私藏枪支、弹药的行为。

本罪中的私藏枪支、弹药行为，在 1979 年《刑法》第 163 条作了规定，属于分则第六章妨害社会管理秩序罪的一种，即私藏枪支、弹药罪。但非法持有枪支、弹药行为，在 1979 年《刑法》和单行刑法中均未规定。1997 年《刑法》修订时，将该罪调整至分则第二章危害公共安全罪中，增加了非法持有枪支、弹药的规定，并对罪状作了修改，将罪名确定为非法持有、私藏枪支、弹药罪。

非法持有、私藏枪支、弹药罪的构成要件是：

1. 本罪侵犯的客体是复杂客体，即国家对枪支、弹药的管理制度和社会的公共安全。

2. 本罪客观方面表现为违反枪支管理法规，非法持有、私藏枪支的行为。

3. 犯罪主体为一般主体，即年满 16 周岁并具有刑事责任能力的人，都可以成为本罪的主体。单位不能成为本罪的主体。

4. 主观方面由故意构成，即明知不能私自持有、藏匿枪支、弹药，而非法持有、私藏，不论行为人出于什么目的。

（二）认定非法持有、私藏枪支、弹药罪应当注意的问题

如何把握本罪罪与非罪的界限。

（1）对于情节显著轻微，危害不大的持有、私藏枪支、弹药的行为，不能按犯罪处理。例如，猎人没有按照有关规定及时领取配备猎枪许可证。经指明，补领了许可证，就不宜按犯罪来处理，可给予必要的治安处罚。

（2）非法持有的器具不具有枪支的特征或性能，不能认定为本罪。可分为两种情形：一是非法持有的具有杀伤力的器具不具有枪支的特征。如根据2006年5月25日《公安部关于涉弩违法犯罪行为的处理及性能鉴定问题的批复》的规定，弩是一种具有一定杀伤能力的运动器材，但其结构和性能不符合《枪支管理法》对枪支的定义，不属于枪支范畴。因此，非法持有弩的行为不能依照本罪处理。二是非法持有的器具不具有枪支的性能。这里指的主要是非法持有仿真枪的认定问题。仿真枪与枪支虽然都受到管制，但二者是具有不同认定标准的两类器具，枪口比动能大于等于1.8焦耳/平方厘米的为枪支，枪口比动能小于1.8焦耳/平方厘米（不含本数）的为仿真枪，不可混为一谈。如果名为仿真枪但经鉴定为枪支的，应按枪支的相关规定处理。经鉴定为仿真枪的，则不构成本罪。

（三）非法持有、私藏枪支、弹药罪的刑事责任

依照《刑法》第128条第1款规定，犯非法持有、私藏枪支、弹药罪的，处三年以下有期徒刑、拘役或者管制；情节严重的，处三年以上七年以下有期徒刑。

司法机关在适用本款规定处罚时，具体量刑标准，应当按照《最高人民法院关于审理非法制造、买卖、运输枪支、弹药、爆炸物等刑事案件具体应用法律若干问题的解释》的规定执行。

此外，根据2018年3月8日最高人民法院、最高人民检察院发布的《关于涉以压缩气体为动力的枪支、气枪铅弹刑事案件定罪量刑问题的批复》的规定，对非法持有、私藏以压缩气体为动力的枪支、气枪铅弹（用铅、铅合金或者其他金属加工的气枪弹）行为的定罪量刑，按照批复执行。

根据1998年11月3日《最高人民检察院关于将公务用枪用作借债质押的行为如何适用法律问题的批复》的规定，依法配备公务用枪的人员，违反法律规定，将公务用枪用作借债质押物，使枪支处于非依法持枪人的控制、使用之下，严重危害公共安全，是《刑法》第128条第2款所规定的非法出借枪支行为的一种形式，应以非法出借枪支罪追究刑事责任；对接受枪支质押的人员，构成犯罪的，根据《刑法》第128条第1款的规定，应以非法持有枪支罪追究其刑事责任。

三十七、非法出租、出借枪支罪

第一百二十八条 违反枪支管理规定，非法持有、私藏枪支、弹药的，处三年以下有期徒刑、拘役或者管制；情节严重的，处三年以上七年以下有期徒刑。

依法配备公务用枪的人员，非法出租、出借枪支的，依照前款的规定处罚。

依法配置枪支的人员，非法出租、出借枪支，造成严重后果的，依照第一款的规定处罚。

单位犯第二款、第三款罪的，对单位判处罚金，并对其直接负责的主管人员和其他直接责任人员，依照第一款的规定处罚。

（一）非法出租、出借枪支罪的概念和构成要件

非法出租、出借枪支罪，是指依法配备公务用枪的人员，违反枪支管理的规定，出租、出借枪支的行为，或者依法配置枪支的人员，违反枪支管理的规定，出租、出借枪支，造成严重后果的行为。

本罪是1997年《刑法》增设的罪名。

非法出租、出借枪支罪的构成要件是：

1. 本罪侵犯的客体是国家对枪支的管理制度。犯罪对象是枪支，包括公务用枪和民用枪支。

2. 客观方面表现为两种情况：一种是依法配备公务用枪的人员，违反枪

支管理的规定，出租、出借枪支的行为。由于公务用枪比民用枪支具有更大的杀伤力，只要行为人将配备的公务用枪出租、出借，即构成本罪，而不论是否发生严重后果；另一种是依法配置枪支的人员，违反枪支管理的规定，出租、出借枪支，造成严重后果的行为。后者只有因出租、出借枪支的行为造成了严重后果，才构成本罪。"公务用枪"，主要是指各种军用枪支，包括手枪、机枪、冲锋枪等。

3. 犯罪主体为特殊主体，即只有依法配备公务用枪的人员和依法配置枪支的人员才能构成本罪，其他人员不能构成本罪。单位可以成为本罪主体。

根据《枪支管理法》第5条的规定，公安机关、国家安全机关、监狱等机关的人民警察，人民法院的司法警察，人民检察院的司法警察和担负案件侦查任务的检察人员，海关的缉私人员，在依法履行职责时确有必要使用枪支的，可以配备公务用枪；国家重要的军工、金融、仓储、科研等单位的专职守护、押运人员在执行守护、押运任务时确有必要使用枪支的，可以配备公务用枪。

根据《枪支管理法》第6条规定，下列单位可以配置民用枪支：（1）经省级人民政府体育行政主管部门批准专门从事射击竞技体育运动的单位、经省级人民政府公安机关批准的营业性射击场，可以配置射击运动枪支；（2）经省级以上人民政府林业行政主管部门批准的狩猎场，可以配置猎枪；（3）野生动物保护、饲养、科研单位因业务需要，可以配置猎枪、麻醉注射枪。猎民在猎区、牧民在牧区，可以申请配置猎枪。猎区和牧区的区域由省级人民政府划定。

根据《枪支管理法》第8条、第9条、第10条的规定，专门从事射击竞技体育运动的单位、营业性射击场经审批可以配置射击运动枪支，狩猎场经审批可以配置猎枪，野生动物保护、饲养、科研单位经审批可以配置猎枪、麻醉注射枪，猎民、牧民经审批可以配置猎枪。营业性射击场、狩猎场配置的民用枪支不得携带出营业性射击场、狩猎场。猎民、牧民配置的猎枪不得携带出猎区、牧区。

4. 主观方面由故意构成。

（二）认定非法出租、出借枪支罪应当注意的问题

1. 划清罪与非罪的界限。

依法配备公务用枪的人员，只要实施了非法出租、出借枪支的行为就构成本罪。而依法配置枪支的人员，只是实施了非法出租、出借枪支的行为，尚不构成犯罪，只有因此造成了严重后果的才构成本罪。根据《最高人民检察院、公安部关于公安机关管辖的刑事案件立案追诉标准的规定（一）》第5条的规定，依法配备公务用枪的人员或单位，非法将枪支出租、出借给未取得公务用枪配备资格的人员或单位，或者将公务用枪用作借债质押物的，应予立案追诉。依法配备公务用枪的人员或单位，非法将枪支出租、出借给具有公务用枪配备资格的人员或单位，以及依法配置民用枪支的人员或单位，非法出租、出借民用枪支，涉嫌下列情形之一的，应予立案追诉：（1）造成人员轻伤以上伤亡事故的；（2）造成枪支丢失、被盗、被抢的；（3）枪支被他人利用进行违法犯罪活动的；（4）其他造成严重后果的情形。

2. 划清非法出租、出借枪支罪与其他罪的界限。

如果行为人在出租、出借枪支时，明知租用人或者借用人将使用租用、借用的枪支进行违法犯罪活动而出租、出借的，对行为人则应以租用人或者借用人所实施的犯罪的共犯追究刑事责任，而不能以非法出租、出借枪支罪定罪处罚。

（三）非法出租、出借枪支罪的刑事责任

依照《刑法》第128条第2款、第3款规定，犯非法出租、出借枪支罪的，依照第128条第1款的规定处罚，即处三年以下有期徒刑、拘役或者管制；情节严重的，处三年以上七年以下有期徒刑。

依照《刑法》第128条第4款规定，单位犯本罪的，对单位判处罚金，并对其直接负责的主管人员和其他直接责任人员，依照第1款的规定处罚。

三十八、丢失枪支不报罪

第一百二十九条 依法配备公务用枪的人员，丢失枪支不及时报告，造成严重后果的，处三年以下有期徒刑或者拘役。

（一）丢失枪支不报罪的概念和构成要件

丢失枪支不报罪，是指依法配备公务用枪的人员，丢失枪支不及时报告，造成严重后果的行为。

本罪是1997年《刑法》增设的罪名，1979年《刑法》和单行刑法均没有规定此罪名。

丢失枪支不报罪的构成要件是：

1. 本罪侵犯的客体是国家对枪支的管理制度。

枪支散失在社会上，是社会治安的一大隐患。少数依法配备枪支的人员，由于各种原因丢失枪支后，未及时采取补救措施，酿成严重刑事犯罪。因此，对丢失枪支不报告，造成严重后果的行为，应当定罪处罚。

2. 客观方面表现为依法配备公务用枪的人员，丢失枪支不及时报告，因而造成严重后果的行为。

这里所说的"枪支"，仅指公务用枪。"丢失枪支"，主要是指枪支被盗、被抢或者遗失等情形。"及时报告"，是指发现前述丢失枪支的情况后，立即向有关部门如实报告。"严重后果"，主要是指丢失的枪支被犯罪分子利用酿成严重刑事案件或者造成了恶劣的社会影响等情形。

3. 犯罪主体为特殊主体，即只有依法配备公务用枪的人员才能构成本罪。

4. 主观方面由故意构成，过失不构成本罪。

（二）认定丢失枪支不报罪应当注意的问题

认定丢失枪支不报罪应当注意划清罪与非罪的界限。构成本罪必须同时具备两个条件：一是"丢失枪支不及时报告"，即行为人在自己配备的枪支丢失后,不及时向有关部门报告枪支丢失的情况。如果行为人在枪支丢失后,立即、如实地向有关部门报告了枪支丢失的情况,及时采取了补救措施的,即使造成严重后果,也不构成本罪。二是必须"造成严重后果"。如果枪支被及时找回,没有造成严重后果的,则不构成本罪。根据《最高人民检察院、公安部关于公安机关管辖的刑事案件立案追诉标准的规定(一)》第6条的规定,依法配备公务用枪的人员,丢失枪支不及时报告,涉嫌下列情形之一的,应予立案追诉:(1)丢失的枪支被他人使用造成人员轻伤以上伤亡事故的;(2)丢失的枪支被他人利用进行违法犯罪活动的;(3)其他造成严重后果的情形。

(三)丢失枪支不报罪的刑事责任

依照《刑法》第129条规定,犯丢失枪支不报罪的,处三年以下有期徒刑或者拘役。

三十九、非法携带枪支、弹药、管制刀具、危险物品危及公共安全罪

第一百三十条 非法携带枪支、弹药、管制刀具或者爆炸性、易燃性、放射性、毒害性、腐蚀性物品,进入公共场所或者公共交通工具,危及公共安全,情节严重的,处三年以下有期徒刑、拘役或者管制。

(一)非法携带枪支、弹药、管制刀具、危险物品危及公共安全罪的概念和构成要件

非法携带枪支、弹药、管制刀具、危险物品危及公共安全罪,是指违反法律、法规,携带枪支、弹药、管制刀具或者危险物品进入公共场所或者公共交通工具,危及公共安全,情节严重的行为。

本罪是1997年《刑法》增设的罪名,1979年《刑法》和单行刑法均没有规定此罪名。《铁路法》第60条对携带危险品进站上车,非法托运危险品及携带炸药、雷管、枪支、子弹、管制刀具进站上车,依照《刑法》有关规定追

究刑事责任作出了规定。1997年修订《刑法》时,以此为基础,增设了本罪。

非法携带枪支、弹药、管制刀具、危险物品危及公共安全罪的构成要件是:

1. 本罪侵犯的客体是不特定多数人的生命、健康及重大公私财物的安全和国家对管制物品和危险物品的管理制度。

2. 客观方面表现为非法携带枪支、弹药、管制刀具或者爆炸性、易燃性、放射性、毒害性、腐蚀性物品,进入公共场所或者公共交通工具,危及公共安全,情节严重的行为。

非法携带枪支、弹药、管制刀具、危险品危及公共安全的行为,除需具备以上构成要件外,还必须达到"情节严重"的程度,才构成本罪。按照《最高人民法院关于审理非法制造、买卖、运输枪支、弹药、爆炸物等刑事案件具体应用法律若干问题的解释》第6条、第7条的规定,非法携带枪支、弹药、爆炸物进入公共场所或者公共交通工具,危及公共安全,具有相应情形之一的,属于《刑法》第130条规定的"情节严重"。行为人非法携带本条第1款第3项规定的爆炸物进入公共场所或者公共交通工具,虽未达到上述数量标准,但拒不交出的,依照《刑法》第130条的规定定罪处罚;携带的数量达到最低数量标准,能够主动、全部交出的,可不以犯罪论处。非法携带成套枪支散件的,以相应数量的枪支计;非成套枪支散件以每30件为一成套枪支散件。

3. 犯罪主体为一般主体,即年满16周岁、具有刑事责任能力的自然人均可构成本罪。

4. 主观方面由故意构成,即行为人明知不能携带枪支、弹药、管制刀具或者爆炸性、易燃性、放射性、毒害性、腐蚀性物品进入公共场所或者公共交通工具的规定,而违法携带。

犯罪动机可能是多种多样的,但动机不影响本罪的成立。有论者认为,本罪在主观方面,由过失构成。[①] 这是值得探讨的,因为它并不要求以造成

---

① 高西江主编:《刑法的修订与适用》,中国方正出版社1997年版,第386页。张文学主编:《刑法条文案例释解》,法律出版社1997年版,第231页。

危害结果作为构成犯罪的要件。

（二）认定非法携带枪支、弹药、管制刀具、危险物品危及公共安全罪应当注意的问题

1. 划清罪与非罪的界限。

非法携带枪支、弹药、管制刀具、危险物品进入公共场所或者公共交通工具，如果情节不严重的，则属违法行为，应当给予治安处罚，不能追究行为人的刑事责任。因执行公务并按照国家规定经过批准而携带枪支、弹药、管制刀具、危险物品进入公共场所或者公共交通工具的行为才是合法行为。

2. 划清本罪与非法持有、私藏枪支、弹药罪的界限。

非法持有、私藏枪支、弹药，又携带枪支、弹药进入公共场所或者公共交通工具，同时符合非法持有、私藏枪支、弹药罪和非法携带枪支、弹药危及公共安全罪构成的，宜按照处罚较重的规定定罪处罚。

（三）非法携带枪支、弹药、管制刀具、危险物品危及公共安全罪的刑事责任

依照《刑法》第130条规定，犯非法携带枪支、弹药、管制刀具、危险物品危及公共安全罪的，处三年以下有期徒刑、拘役或者管制。

司法实践中应当注意以下问题：

1. 根据2010年4月7日《公安部关于将陶瓷类刀具纳入管制刀具管理问题的批复》的规定，陶瓷类刀具具有超高硬度、超高耐磨、刃口锋利等特点，其技术特性已达到或超过了部分金属刀具的性能，对符合公安部《管制刀具认定标准》规定的刀具类型、刀刃长度和刀尖角度等条件的陶瓷类刀具，应当作为管制刀具管理。

2. 根据2001年4月28日《公安部关于对少数民族人员佩带刀具乘坐火车如何处理问题的批复》的规定，根据国务院批准、公安部发布的《对部分刀具实行管制的暂行规定》的规定，少数民族人员只能在民族自治地区佩带、销售和使用藏刀、腰刀、靴刀等民族刀具；在非民族自治地区，只要少数民族人员所携带的刀具属于管制刀具范围，公安机关就应当严格按照相应

规定予以管理。少数民族人员违反《铁路法》和《铁路运输安全保护条例》（已失效，参见《铁路安全管理条例》）携带管制刀具进入车站、乘坐火车的，由公安机关依法予以没收，但在本少数民族自治地区携带具有特别纪念意义或者比较珍贵的民族刀具进入车站的，可以由携带人交其亲友带回或者交由车站派出所暂时保存并出具相应手续，携带人返回时领回；对不服从管理，构成违反治安管理行为的，依法予以治安处罚；构成犯罪的，依法追究其刑事责任。

四十、重大飞行事故罪

第一百三十一条 航空人员违反规章制度，致使发生重大飞行事故，造成严重后果的，处三年以下有期徒刑或者拘役；造成飞机坠毁或者人员死亡的，处三年以上七年以下有期徒刑。

（一）重大飞行事故罪的概念和构成要件

重大飞行事故罪，是指航空人员违反规章制度，致使发生重大飞行事故的行为。

本罪是1997年《刑法》增设的罪名，1979年《刑法》和单行刑法均没有规定此罪名。

重大飞行事故罪的构成要件是：

1.本罪侵犯的客体是航空飞行运输安全，即不特定多数旅客和机组人员的生命、健康、运载物品和航空器的安全，以及地面上的人员和财产的安全。

航空运输对于经济建设和人们的日常生活都具有重要的意义。但是，航空运输也是风险系数相对较高的一个行业，由于受各种客观因素的影响较大，稍有不慎，就有可能发生安全事故，造成巨大的损失。因此，对于航空人员违规操作，因工作失误导致重大飞行安全事故，造成严重后果的，应当追究刑事责任。

2.客观方面表现为航空人员违反规章制度，致使发生重大飞行事故，造成严重后果的行为。

首先,必须实施了违反保障航空活动安全的各种规章制度。其次,必须发生重大飞行事故,造成严重后果。本罪根据后果不同规定了两档法定刑:"造成严重后果的",适用第一档法定刑;"造成飞机坠毁或者人员死亡的",适用第二档法定刑。由此可见,"造成严重后果",应是指造成飞机坠毁或者人员死亡以外的一切严重后果,如航空器严重毁坏、迫降在无法运出的地方等情形。

3. 犯罪主体为特殊主体,即只有航空人员才能构成本罪。根据《民用航空法》第39条的规定,"航空人员",是指下列从事民用航空活动的空勤人员和地面人员:(1)空勤人员,包括驾驶员、飞行机械人员、乘务员;(2)地面人员,包括民用航空器维修人员、空中交通管制员、飞行签派员、航空电台通信员。

4. 主观方面由过失构成,包括疏忽大意和过于自信两种过失。

(二)认定重大飞行事故罪应当注意的问题

1. 划清罪与非罪的界限。

如果航空人员在履行职责义务时,并没有违反规章制度,或者并未导致重大飞行事故的发生,或者虽然发生事故但没有造成严重后果的,都不构成犯罪。

2. 划清本罪与暴力危及飞行安全罪的界限。

两者都属于危害航空运输安全的犯罪,其主要区别在于:(1)在犯罪形态上,前者属于结果犯,即只有导致发生重大飞行事故,造成严重后果的,才构成犯罪;而后者属于行为犯,即只要行为人实施了危及飞行安全的行为,就构成本罪,而不论是否发生了严重后果。(2)前者在主观方面表现为过失;而后者在主观方面表现为直接故意。(3)前者为特殊主体,即只有航空人员才能构成本罪;而后者则为一般主体。

(三)重大飞行事故罪的刑事责任

依照《刑法》第131条规定,犯重大飞行事故罪,造成严重后果的,处三年以下有期徒刑或者拘役；造成飞机坠毁或者人员死亡的，处三年以上七年以下有期徒刑。

四十一、铁路运营安全事故罪

第一百三十二条 铁路职工违反规章制度，致使发生铁路运营安全事故，造成严重后果的，处三年以下有期徒刑或者拘役；造成特别严重后果的，处三年以上七年以下有期徒刑。

（一）铁路运营安全事故罪的概念和构成要件

铁路运营安全事故罪，是指铁路职工违反规章制度，致使发生铁路运营安全事故，造成严重后果的行为。

本罪是1997年《刑法》增设的罪名，1979年《刑法》和单行刑法均没有规定此罪名。

铁路运营安全事故罪的构成要件是：

1.本罪侵犯的客体是铁路运输安全。

铁路运输在国民经济中发挥着重要的作用，在各种运输工具中具有客、货运输载运量大、安全、高效等特点。因此，安全运营至关重要，一旦发生事故，将会造成重大的人员伤亡和财产损失。铁路法中对铁路运营安全问题作了明确的规定。鉴于实践中铁路职工违章作业导致发生运营事故的情况较多，1997年《刑法》修订时将铁路职工违反规章制度，致使发生铁路运营安全事故造成严重后果的行为规定为犯罪，对于保障铁路运营安全，具有重要的意义。

2.客观方面表现为铁路职工违反规章制度，致使发生铁路运营安全事故，造成严重后果的行为。

"铁路职工"，是指从事铁路运输的工作人员，包括铁路运输管理人员、维修人员、列车司机、养路工等。"违反规章制度"，主要是指违反了有关铁路运营安全的各种规章制度，如交通法规、运营管理制度、技术操作规程等。"铁路运营安全事故"，主要是指在铁路运营过程中发生的各类安全事故，如列车出轨、颠覆、爆炸、相撞等安全事故，所谓造成严重后果，主要是指造成人员伤亡或者致使公私财产遭受损失等情形。

3.犯罪主体为特殊主体，即只有铁路职工才能构成本罪。

4.主观方面由过失构成。

（二）认定铁路运营安全事故罪应当注意的问题

认定铁路运营安全事故罪应当注意划清罪与非罪的界限。

本罪属结果犯。如果铁路职工在履行职责义务时，并没有违反规章制度，或者并未导致铁路运营安全事故的发生，或者虽然发生了事故，但没有造成严重后果的，都不能构成本罪。

（三）铁路运营安全事故罪的刑事责任

依照《刑法》第132条规定，犯铁路运营安全事故罪，造成严重后果的，处三年以下有期徒刑或者拘役；造成特别严重后果的，处三年以上七年以下有期徒刑。

具体定罪量刑标准根据2015年12月16日起施行的《最高人民法院、最高人民检察院关于办理危害生产安全刑事案件适用法律若干问题的解释》的有关规定执行。

四十二、交通肇事罪

第一百三十三条 违反交通运输管理法规，因而发生重大事故，致人重伤、死亡或者使公私财产遭受重大损失的，处三年以下有期徒刑或者拘役；交通运输肇事后逃逸或者有其他特别恶劣情节的，处三年以上七年以下有期徒刑；因逃逸致人死亡的，处七年以上有期徒刑。

（一）交通肇事罪的概念和构成要件

交通肇事罪，是指违反交通管理法规而发生重大事故，致人重伤、死亡或者使公私财产遭受重大损失的行为。

1979年《刑法》第113条规定首次规定了交通肇事犯罪。1997年《刑法》第133条作了修改完善，将犯罪情节具体化，提升了法定刑，并将犯罪主体规定为一般主体，删去了非交通运输人员构成交通肇事罪的规定。

交通肇事罪的构成要件是：

1. 本罪侵犯的客体是交通运输的正常秩序和安全。

这里的"交通运输"，主要指公路、水运和城市机动车辆的交通运输。这些交通运输活动一旦发生重大事故，就会危及公共安全，使人民的生命财产遭受重大损失。

2. 客观方面表现为违反交通管理法规，因而发生重大交通事故，致使人重伤、死亡或者使公私财产遭受重大损失的行为。

"违反交通管理法规"，是指违反国家有关交通运输管理的法律、法规和国家有关主管部门制定的交通运输安全的规章等，如《道路交通安全法》《海上交通安全法》《内河交通安全管理条例》等。"违反交通运输管理法规"，是指司机酒后开车、非司机无照驾驶机动车、驾驶员违章操作强行超车、超载等。"重大事故"，主要是指撞车、沉船、翻车、人员伤亡、公私财产受损等情形。

3. 犯罪主体为一般主体，中国人和外国人、无国籍人均可构成本罪的主体。

实践中主要是从事交通运输的人员，包括公路运输人员和水路运输人员等，使用各种机动、非机动交通工具肇事的情形较为普遍。非交通运输人员也可以构成交通肇事罪，如行人违章闯红灯或者乱穿马路，以致发生重大交通事故的情形。

4. 主观方面由过失构成，包括疏忽大意的过失和过于自信的过失。

行为人违反交通法规可能是出于故意，但对于因此而发生的交通肇事的严重后果则是过失的。也就是说行为人并未预见到可能发生严重后果，或者虽然已经预见，但轻信可以避免，以致发生了严重的危害后果。

根据《刑法》第133条的规定，交通肇事的行为，必须发生重大事故，致人重伤、死亡或者使公私财产遭受重大损失的，才构成犯罪。

（二）认定交通肇事罪应当注意的问题

1. 关于罪与非罪的界限。

如果行为人没有违反交通运输管理法规，或者并未导致发生交通事故，或者虽然发生了事故，但并未致人重伤、死亡或者使公私财产遭受损失的，不构成犯罪。

2. 关于本罪与破坏交通工具罪的界限。

两者侵犯的客体都是交通运输的秩序和安全，其主要区别在于：（1）客观方面的表现不同。前者表现为违反交通管理法规而发生重大交通事故，致使人员伤亡或者使公私财产遭受重大损失的行为；而后者表现为实施破坏火车、汽车、电车、船只、航空器，足以使火车、汽车、电车、船只、航空器发生倾覆、毁坏危险，危害公共安全的行为。（2）主观方面的内容不同。前者由过失构成，而后者由故意构成。

3. 关于判定交通肇事责任是否以交管部门出具的责任认定意见为依据的问题。

2000年11月15日《最高人民法院关于审理交通肇事刑事案件具体应用法律若干问题的解释》（以下简称《审理交通肇事刑事案件解释》）强调，分清事故责任是认定交通肇事罪的基础。交通事故责任分为全部责任、主要责任、同等责任和次要责任。负事故次要责任的情形，由于其违章行为在交通事故中作用较小，损失后果不大，一般作行政处罚，不需要追究刑事责任。对发生的重大交通事故承担其他几种责任的情形，则确有追究刑事责任的必要。认定交通肇事罪的焦点问题集中在事故的认定和责任的分析上，比较特殊也很复杂。但是，如果不以此为前提，则无法判定交通肇事行为人与肇事后果间的因果关系，更无法确定其应当承担行政责任还是刑事责任。有关事故责任认定方面的统一执法标准虽然仍需国家有关主管部门进一步规范，但在目前条件下，应坚持以交管部门认定的事故责任为认定交通肇事罪的前提条件。需要注意的是，《刑事诉讼法》第54条第2款规定："行政机关在行政执法和查办案件过程中收集的物证、书证、视听资料、电子数据等证据材料，在刑事诉讼中可以作为证据使用。"交管部门依据有关法律规定，在处理交通事故的过程中对责任的认定意见，无疑属于证据材料。这类证据材料应当依据《刑事诉讼法》第54条第2款的规定，认定其具有刑事证据资格。因此，交管部门出具的责任认定意见原则上可以作为确定行为人是否构成交通肇事罪和构成交通肇事罪后责任大小的证据。但是，证据材料只有经过查证属实的，才能作为定案的根据。总之，除有相反证据外，判定交通肇事责任原则上应当以交管部门出具的责任认定意见为依据，以其作为认定交通肇事罪的前提条件。

4. 关于肇事后逃逸的认定问题。

"交通肇事后逃逸"是1997年《刑法》关于交通肇事罪增加规定的加重处罚的情节。实践中，交通肇事后的逃逸行为具有较大的危害性，往往导致被害人无法得到救助、损失无法得到赔偿、案件查处难度增大等，必须依法予以严惩。《审理交通肇事刑事案件解释》第3条规定："'交通运输肇事后逃逸'，是指行为人具有本解释第二条第一款规定和第二款第（一）至（五）项规定的情形之一，在发生交通事故后，为逃避法律追究而逃跑的行为。"这一解释，将认定交通肇事后逃逸的前提条件界定为"逃避法律追究"。实践中，肇事人逃跑的目的大多是想逃避法律追究，但也有少数人逃跑的目的是怕受害方或者其他围观群众对其进行殴打等，这些人往往在逃离现场后，能够通过报告单位领导或者报警等方式，接受法律的处理。因此，对逃跑行为作上述区分是必要的，以保证准确适用法律，不枉不纵。另外，《审理交通肇事刑事案件解释》所规定的"逃跑"，并没有时间和场所的限定。在论证过程中，有的认为，交通肇事后逃逸，应当理解为"逃离事故现场"的行为，实践中大多也是这种情况。但是，据交管部门提供的情况，有的肇事人并未在肇事后立即逃离现场（有的是不可能逃跑），而是在将伤者送至医院后或者等待交管部门处理时逃跑，类似的情形也有很多。如果仅将逃逸界定为逃离现场，那么性质同样恶劣的逃避法律追究的行为就得不到严惩，可能会影响对这类犯罪行为的惩处力度。因此，只要是在肇事后为逃避法律追究而逃跑的行为，都应视为"交通肇事后逃逸"。

5. 关于逃逸致人死亡的认定问题。

根据《审理交通肇事刑事案件解释》的规定，"因逃逸致人死亡"，是指行为人在交通肇事后为逃避法律追究而逃跑，致使被害人因得不到救助而死亡的情形。这一规定强调的是"被害人因得不到救助而死亡",主要是指行为人主观上并不希望发生被害人死亡的后果,但是没有救助被害人或者未采取得力的救助措施,导致发生被害人死亡结果的情形。

如果行为人在交通肇事后为逃避法律追究,将被害人带离事故现场后隐藏或者遗弃,致使被害人无法得到救助而死亡或者严重残疾的,以故意杀人罪或者故意伤害罪定罪处罚。

6. 关于单位主管人员等指使违章造成交通事故的定性问题。

《审理交通肇事刑事案件解释》第7条规定:"单位主管人员、机动车辆所有人或者机动车辆承包人指使、强令他人违章驾驶造成重大交通事故,具有本解释第二条规定情形之一的,以交通肇事罪定罪处罚。"

7. 关于在公共交通管理的范围外,因使用交通工具致人伤亡行为的定性问题。

《审理交通肇事刑事案件解释》第8条第2款规定:"在公共交通管理的范围外,驾驶机动车辆或者使用其他交通工具致人伤亡或者致使公共财产或者他人财产遭受重大损失,构成犯罪的,分别依照刑法第一百三十四条、第一百三十五条、第二百三十三条等规定定罪处罚。"

(三)交通肇事罪的刑事责任

依照《刑法》第133条规定,犯交通肇事罪的,处三年以下有期徒刑或者拘役;交通运输肇事后逃逸或者有其他特别恶劣情节的,处三年以上七年以下有期徒刑;因逃逸致人死亡的,处七年以上有期徒刑。

司法机关在适用本条规定处罚时,具体量刑标准应当按照《审理交通肇事刑事案件解释》的规定执行。

四十三、危险驾驶罪

第一百三十三条之一 在道路上驾驶机动车,有下列情形之一的,处拘役,并处罚金:

(一)追逐竞驶,情节恶劣的;

（二）醉酒驾驶机动车的；

（三）从事校车业务或者旅客运输，严重超过额定乘员载客，或者严重超过规定时速行驶的；

（四）违反危险化学品安全管理规定运输危险化学品，危及公共安全的。

机动车所有人、管理人对前款第三项、第四项行为负有直接责任的，依照前款的规定处罚。

有前两款行为，同时构成其他犯罪的，依照处罚较重的规定定罪处罚。

（一）危险驾驶罪的概念和构成要件

危险驾驶罪，是指在道路上驾驶机动车追逐竞驶，情节恶劣的；或者在道路上醉酒驾驶机动车的；或者从事校车业务或者旅客运输，严重超过额定乘员载客，或者严重超过规定时速行驶的；或者违反危险化学品安全管理规定运输危险化学品，危及公共安全的行为。

2011年2月25日《刑法修正案（八）》第22条增设《刑法》第133条之一，将在道路上驾驶机动车追逐竞驶，情节恶劣的，或者在道路上醉酒驾驶机动车的行为规定为犯罪。2015年8月29日《刑法修正案（九）》第8条扩充了危险驾驶罪，将从事校车业务或者旅客运输，严重超过额定乘员载客，或者严重超过规定时速行驶的，和违反危险化学品安全管理规定运输危险化学品，危及公共安全的行为增加规定为犯罪，同时明确机动车所有人、管理人对新增的危险驾驶行为负有直接责任的，依照相应规定处罚。

危险驾驶罪的构成要件是：

1.本罪侵犯的客体是道路交通安全。

根据《最高人民法院、最高人民检察院、公安部、司法部关于办理醉酒危险驾驶刑事案件的意见》（以下简称《意见》）的规定，"道路""机动车"，适用《道路交通安全法》的有关规定。按照《道路交通安全法》第119条的规定，"道路"，是指公路、城市道路和虽在单位管辖范围内但允许社会机动车通行的地方，包括广场、公共停车场等用于公众通行的场所。对机关、企事业单位、厂矿、校园、居民小区等单位管辖范围内的路段是否认定为"道路"，应当以其是否具有"公共性"，是否"允许社会机动车通行"作为判断标准。只允许单位内部机动车、特定来访机动车通行的，可以不认定为"道路"。"机动车"，是指以动力装置驱动或者牵引，上道路行驶的供人员乘用或者用于运送物品以及进行工程专项作业的轮式车辆，包括摩托车和农用车，但不包括符合国家标准的电动自行车。至于超过国家限速和自重的"超标"电动自行车是否属于"机动车"，理论界和司法界有不同认识。我们认为，在相关行政法规未明确将"超标"电动自行车规定为机动车之前，不宜认定"超标"电动自行车属于"机动车"。

2. 本罪在客观方面表现为在道路上驾驶机动车追逐竞驶，情节恶劣的；或者在道路上醉酒驾驶机动车的；或者从事校车业务或者旅客运输，严重超过额定乘员载客，或者严重超过规定时速行驶的；或者违反危险化学品安全管理规定运输危险化学品，危及公共安全的行为。

所谓追逐竞驶，根据张某某、金某危险驾驶案（最高人民法院指导案例32号）的裁判要点，是指机动车驾驶人员出于竞技、追求刺激、斗气或者其他动机，在道路上曲折穿行、快速追赶行驶的行为。应当指出的是，追逐竞驶不同于"飙车"。"飙车"，是指以竞技、追求刺激、娱乐或者赌博为目的，驾驶机动车在道路、广场、校区内等地方超速行驶，严重影响道路交通安全和社会秩序的驾驶行为。"飙车"与追逐竞驶虽有类似之处，主要区别在于一人独自飙车，而追逐竞驶至少是二人分别驾驶各自车辆超速行驶。

所谓醉酒驾驶，是指在醉酒状态下驾驶机动车的行为。《意见》没有明确"醉酒驾驶机动车"的含义，但明确了何种状态下及具有何种情形应予追究刑事责任。一是根据《意见》第4条第1款的规定，在道路上驾驶机动车，经呼气酒精含量检测，显示血液酒精含量达到80毫克/100毫升以上的，由公安机关决定是否立案。对情节显著轻微、危害不大，不认为是犯罪的，不予立案。二是根据《意见》第12条第1款第1项的规定，血液酒精含量达到80毫克/100毫升以上，但不满150毫克/100毫升，而且不存在《意见》第10条规定的15种从重处理情形，可以认为属于情节显著轻微、危害不大，公安机关可以不予立案，已经立案的，可以撤销案件。

此外，从事校车业务或者旅客运输，严重超过额定乘员载客，或者严重超过规定时速行驶的，以及违反危险化学品安全管理规定运输危险化学品，危及公共安全的，也属于危险驾驶罪的客观行为方式。

3.犯罪主体为特殊主体，即只有驾驶机动车的人才可以构成本罪的主体。机动车所有人、管理人对校车、客运危险驾驶或者危险化学品涉及的危险驾驶行为负有直接责任的，也可以构成危险驾驶罪。

4.主观方面表现为故意，过失不构成本罪。

按照《刑法》第133条之一第1款的规定，在道路上驾驶机动车追逐竞驶的行为，只有"情节恶劣"的，才构成犯罪。张某某、金某危险驾驶案（最高人民法院指导案例32号）的裁判要点提出："追逐竞驶虽未造成人员伤亡或财产损失，但综合考虑超过限速、闯红灯、强行超车、抗拒交通执法等严重违反道路交通安全法的行为，足以威胁他人生命、财产安全的，属于危险驾驶罪中'情节恶劣'的情形。"

根据《刑法》第133条之一第1款的规定，从事校车业务或者旅客运输，只有"严重超过额定乘员载客"或者"严重超过规定时速行驶"的，才构成犯罪。（1）严重超过额定乘员载客。考虑到行政处罚①与刑事处罚之间的衔接，基于刑法的谦抑性，可以考虑将"严重超过额定乘客载客"限制为超过额定乘员20%的适当标准，如100%的标准。当然，考虑到不同车辆的额定乘员数不同，对于"严重超过额定乘员载客"的认定，不仅应当考虑超过的比例，还应当考虑超过的具体人数，通过综合考量后作出具体判断。（2）严重超过规定时速行驶。考虑到行政处罚②与刑事处罚之间的衔接，基于刑法的谦抑性，宜将"严重超过规定时速行驶"设定为超过规定时速50%的适当标准，如100%的标准。同样，对于"严重超过规定时速行驶"的认定，不仅要考虑超过规定时速的比例，而且应当考虑当时的车速的绝对值，根据驾驶时的环境状况，通过综合考量后作出具体判断。

根据《刑法》第133条之一第1款的规定，违反危险化学品安全管理规定运输危险化学品，只有"危及公共安全"的，才构成犯罪。考虑到"违

---

① 《道路交通安全法》第92条第1款规定："公路客运车辆载客超过额定乘员的，处二百元以上五百元以下罚款；超过额定乘员百分之二十或者违反规定载货的，处五百元以上二千元以下罚款。"

② 《道路交通安全法》第99条规定："有下列行为之一的，由公安机关交通管理部门处二百元以上二千元以下罚款……（四）机动车行驶超过规定时速百分之五十的……""行为人有前款第二项、第四项情形之一的，可以并处吊销机动车驾驶证……"

反危险化学品安全管理规定运输危险化学品"的情况较为复杂,有的违反上述规定的情节非常轻微(如轻微超载、未悬挂警示标志、申报数量有误等),通过行政处罚即可达到惩戒教育的目的,故仅将严重危害公共安全的行为纳入刑法调整的范围。因此,违反危险化学品安全管理规定运输危险化学品构成的犯罪并非抽象危险犯,而是具体危险犯,需在个案中判断危险存在与否。如果通过对特定情况的判断,认为不具备该种具体危险,即违反危险化学品安全管理规定运输危险化学品的行为不会具备危害不特定多数人的生命健康和公共财产安全的危险,则不能认定为危险驾驶罪。

(二)认定危险驾驶罪应当注意的问题

1. 关于本罪与其他相关犯罪的界限。

(1)与以危险方法危害公共安全罪的界限。本罪在犯罪形态上属于抽象危险犯而非具体危险犯。危险驾驶的行为都对道路交通安全造成威胁,但法律规定的某种危害结果的危险状态并未发生。而以危险方法危害公共安全罪,在犯罪形态上则属于具体危险犯,它要求行为人实施了与放火、决水、爆炸、投放危险物质危害性相当的,足以造成不特定多数人伤亡或者公私财产遭受重大损失的其他危害公共安全的行为。

(2)与交通肇事罪的界限。本罪不要求造成实际的危害结果。而交通肇事罪在犯罪形态上属结果犯,不仅要求行为人实施了具体犯罪构成要件的行为,而且必须发生了法律规定的犯罪结果,即必须发生了重大交通事故,致人重伤、死亡或者使公私财产遭受重大损失的行为,才构成交通肇事罪。

(3)一罪与数罪的界限。根据《刑法》第133条之一第3款的规定,构成危险驾驶罪,同时构成其他犯罪,如交通肇事罪、以危险方法危害公共安全罪等罪,且具有竞合关系的,属于想象的数罪,不是实际的数罪,不实行并罚,而应当从一重罪处断,即依照处罚较重的规定定罪处罚。例如,行为人追逐竞驶或者醉酒驾驶,造成人员伤亡或者公私财产重大损失的,应当依照《刑法》第133条的规定,以交通肇事罪定罪处罚,而行为人追逐竞驶或者醉酒驾驶的行为可作为量刑情节予以考虑。

需要注意的是,根据《意见》的规定,醉酒驾驶机动车,以暴力、威胁方法阻碍公安机关依法检查，又构成妨害公务罪、袭警罪等其他犯罪的，依照数罪并罚的规定处罚。

2. 关于血液酒精含量检验鉴定意见。

《意见》第 4 条明确规定，认定犯罪嫌疑人是否醉酒，主要以血液酒精含量鉴定意见作为依据。但是，犯罪嫌疑人经呼气酒精含量检测，显示血液酒精含量达到 80 毫克/100 毫升以上，在提取血液样本前脱逃或者找人顶替的，可以呼气酒精含量检测结果作为认定其醉酒的依据。根据国家标准《车辆驾驶人员血液、呼气酒精含量阈值与检验（GB 19522—2010）》（国家质检总局、国家标准委 2011 年 1 月 14 日发布，2011 年 7 月 1 日起实施）和《关于批准发布 GB 19522—2010〈车辆驾驶人员血液、呼气酒精含量阈值与检验〉国家标准第 1 号修改单的公告》（国家标准委 2017 年 2 月 28 日印发）的规定，车辆驾驶人员血液中酒精含量检验方法按照 GA/T 1073 或者 GA/T 842 的规定，强制执行。《意见》第 5 条规定："公安机关在查处醉酒驾驶机动车的犯罪嫌疑人时，对查获经过、呼气酒精含量检验和抽取血样过程应当制作记录；有条件的，应当拍照、录音或者录像；有证人的，应当收集证人证言。"

3. 关于血液样本的提取、封装、鉴定等的程序、期限要求。

《意见》第 8 条规定，公安机关提取、封装血液样本过程应当全程录音录像。血液样本提取、封装应当做好标记和编号，由提取人、封装人、犯罪嫌疑人在血液样本提取笔录上签字。犯罪嫌疑人拒绝签字的，应当注明。提取的血液样本应当及时送往鉴定机构进行血液酒精含量鉴定。因特殊原因不能及时送检的，应当按照有关规范和技术标准保管检材并在 5 个工作日内送检。鉴定机构应当对血液样品制备和仪器检测过程进行录音录像。鉴定机构应当在收到送检血液样本后 3 个工作日内，按照有关规范和技术标准进行鉴定并出具血液酒精含量鉴定意见，通知或者送交委托单位。血液酒精含量鉴定意见作为证据使用的，办案单位应当自收到血液酒精含量鉴定意见之日起 5 个工作日内，书面通知犯罪嫌疑人、被告人、被害人或者其法定代理人。

对于取证行为不规范或者存在瑕疵情形的处理，《意见》第 9 条规定："具有下列情形之一，经补正或者作出合理解释的，血液酒精含量鉴定意见可以作为定案的依据；不能补正或者作出合理解释的，应当予以排除：（1）血液样本提取、封装、保管不规范的；（2）未按规定的时间和程序送检、出具鉴定意见的；（3）鉴定过程未按规定同步录音录像的；（4）存在其他瑕疵或者不规范的取证行为的。"

4.关于办理醉驾案件适用快速办理机制的要求。

根据《意见》的要求，符合下列条件的醉驾案件，一般应当适用快速办理机制：（1）现场查获，未造成交通事故的；（2）事实清楚，证据确实、充分，法律适用没有争议的；（3）犯罪嫌疑人、被告人自愿认罪认罚的；（4）不具有《刑事诉讼法》第223条规定情形的。适用快速办理机制的醉驾案件，人民法院、人民检察院、公安机关一般应当在立案侦查之日起30日内完成侦查、起诉、审判工作。在侦查或者审查起诉阶段采取取保候审措施的，案件移送至审查起诉或者审判阶段时，取保候审期限尚未届满且符合取保候审条件的，受案机关可以不再重新作出取保候审决定，由公安机关继续执行原取保候审措施。对醉驾被告人拟提出缓刑量刑建议或者宣告缓刑的，一般可以不进行调查评估。确有必要的，应当及时委托社区矫正机构或者有关社会组织进行调查评估。受委托方应当及时向委托机关提供调查评估结果。适用简易程序、速裁程序的醉驾案件，人民法院、人民检察院、公安机关和司法行政机关可以采取合并式、要素式、表格式等方式简化文书。具备条件的地区，可以通过一体化的网上办案平台流转、送达电子卷宗、法律文书等，实现案件线上办理。

（三）危险驾驶罪的刑事责任

依照《刑法》第133条之一第1款规定，犯危险驾驶罪的，处拘役，并处罚金。

依照本条第2款的规定，机动车所有人、管理人对相关危险驾驶行为负有直接责任的，依照前款的规定处罚。

依照本条第3款的规定，有危险驾驶行为，同时构成其他犯罪的，依照处罚较重的规定定罪处罚。

醉驾在危险驾驶罪中占比较大。《意见》对追究醉驾刑事责任问题作了

以下规定:

1. 对于情节显著轻微、危害不大案件的处理。根据《意见》第 12 条,醉驾具有下列情形之一,且不具有《意见》第 10 条规定情形的,可以认定为情节显著轻微、危害不大,依照《刑法》第 13 条、《刑事诉讼法》第 16 条的规定处理:(1)血液酒精含量不满 150 毫克/100 毫升的;(2)出于急救伤病人员等紧急情况驾驶机动车,且不构成紧急避险的;(3)在居民小区、停车场等场所因挪车、停车入位等短距离驾驶机动车的;(4)他人驾驶至居民小区、停车场等场所短距离接替驾驶停放机动车的,或者为了交由他人驾驶,自居民小区、停车场等场所短距离驶出的;(5)其他情节显著轻微的情形。《意见》第 12 条同时规定,醉酒后出于急救伤病人员等紧急情况,不得已驾驶机动车,构成紧急避险的,依照《刑法》第 21 条的规定处理。

2. 对于情节轻微案件的处理。《意见》第 13 条规定:"对公安机关移送审查起诉的醉驾案件,人民检察院综合考虑犯罪嫌疑人驾驶的动机和目的、醉酒程度、机动车类型、道路情况、行驶时间、速度、距离以及认罪悔罪表现等因素,认为属于犯罪情节轻微的,依照刑法第三十七条、刑事诉讼法第一百七十七条第二款的规定处理。"

3. 关于从重处罚、从宽处理的情形。关于从重处罚的情形。《意见》第 10 条规定,醉驾具有下列情形之一,尚不构成其他犯罪的,从重处理:(1)造成交通事故且负事故全部或者主要责任的;(2)造成交通事故后逃逸的;(3)未取得机动车驾驶证驾驶汽车的;(4)严重超员、超载、超速驾驶的;(5)服用国家规定管制的精神药品或者麻醉药品后驾驶的;(6)驾驶机动车从事客运活动且载有乘客的;(7)驾驶机动车从事校车业务且载有师生的;(8)在高速公路上驾驶的;(9)驾驶重型载货汽车的;(10)运输危险化学品、危险货物的;(11)逃避、阻碍公安机关依法检查的;(12)实施威胁、打击报复、引诱、贿买证人、鉴定人等人员或者毁灭、伪造证据等妨害司法行为的;(13)2 年内曾因饮酒后驾驶机动车被查获或者受过行政处罚的;(14)5 年内曾因危险驾驶行为被判决有罪或者作相对不起诉的;(15)其他需要从重处理的情形。

关于从宽处理的情形。根据《意见》第 11 条,醉驾具有下列情形之一的,从宽处理:(1)自首、坦白、立功的;(2)自愿认罪认罚的;(3)造成交通事故,赔偿损失或者取得谅解的;(4)其他需要从宽处理的情形。

4.一般不适用缓刑的情形。根据《意见》第14条,对符合《刑法》第72条规定的醉驾被告人,依法宣告缓刑。具有下列情形之一的,一般不适用缓刑:(1)造成交通事故致他人轻微伤或者轻伤,且负事故全部或者主要责任的;(2)造成交通事故且负事故全部或者主要责任,未赔偿损失的;(3)造成交通事故后逃逸的;(4)未取得机动车驾驶证驾驶汽车的;(5)血液酒精含量超过180毫克/100毫升的;(6)服用国家规定管制的精神药品或者麻醉药品后驾驶的;(7)采取暴力手段抗拒公安机关依法检查,或者实施妨害司法行为的;(8)5年内曾因饮酒后驾驶机动车被查获或者受过行政处罚的;(9)曾因危险驾驶行为被判决有罪或者作相对不起诉的;(10)其他情节恶劣的情形。

关于罚金的适用。根据《意见》第15条,对被告人判处罚金,应当根据醉驾行为、实际损害后果等犯罪情节,综合考虑被告人缴纳罚金的能力,确定与主刑相适应的罚金数额。起刑点一般不应低于《道路交通安全法》规定的饮酒后驾驶机动车相应情形的罚款数额;每增加一个月拘役,增加1000元至5000元罚金。

5.关于行刑衔接。《意见》第19条规定:"对犯罪嫌疑人、被告人决定不起诉或者免予刑事处罚的,可以根据案件的不同情况,予以训诫或者责令具结悔过、赔礼道歉、赔偿损失,需要给予行政处罚、处分的,移送有关主管机关处理。"

《意见》规定,醉驾属于严重的饮酒后驾驶机动车行为。血液酒精含量达到80毫克/100毫升以上,公安机关应当在决定不予立案、撤销案件或者移送审查起诉前,给予行为人吊销机动车驾驶证行政处罚。根据《意见》认定为情节显著轻微危、害不大的案件,公安机关还应当按照《道路交通安全法》规定的饮酒后驾驶机动车相应情形,给予行为人罚款、行政拘留的行政处罚。人民法院、人民检察院依据《意见》认定为情节显著轻微、危害不大的案件以及情节轻微的案件,对被不起诉人、被告人需要予以行政处罚的,应当提出检察意见或者司法建议,移送公安机关依照《意见》的相关规定处理。公安机关应当将处理情况通报人民法院、人民检察院。

四十四、妨害安全驾驶罪

第一百三十三条之二[①] 对行驶中的公共交通工具的驾驶人员使用暴力或者抢控驾驶操纵装置，干扰公共交通工具正常行驶，危及公共安全的，处一年以下有期徒刑、拘役或者管制，并处或者单处罚金。

前款规定的驾驶人员在行驶的公共交通工具上擅离职守，与他人互殴或者殴打他人，危及公共安全的，依照前款的规定处罚。

有前两款行为，同时构成其他犯罪的，依照处罚较重的规定定罪处罚。

（一）妨害安全驾驶罪的概念和构成要件

妨害安全驾驶罪，是指对行驶中的公共交通工具的驾驶人员使用暴力或者抢控驾驶操纵装置，干扰公共交通工具正常行驶，危及公共安全的行为；或者行驶中的公共交通工具上的驾驶人员擅离职守与他人互殴或者殴打他人，危及公共安全的行为。

妨害安全驾驶罪的构成要件是：
本罪是《刑法修正案（十一）》第2条新增的罪名。

1. 本罪侵犯的客体是交通运输安全，具体表现为乘坐公共交通工具的乘客的人身安全，以及道路上不特定人员的人身、财产安全。

2. 客观方面具体有两类行为。第1款规定的行为是，对行驶中的公共交通工具的驾驶人员使用暴力或者抢控驾驶操纵装置。这类行为要求必须发生在行驶中的公共交通工具上，常见情形多发生在公交车、大型或者小型客运车、轮渡、摆渡船等公共交通工具上，发生在火车、动车等公共交通工具上的情形比较罕见。对驾驶人员使用暴力，具体表现为对行驶中的公共交通工具的驾驶人员进行拳打脚踢的殴打、强硬拉扯撕拽等使用强制力的行为，其暴力程度须影响到驾驶人员正常驾驶活动，不对身体使用强制力的辱骂、威

[①] 本条由2020年12月26日《刑法修正案（十一）》第2条增设。

胁等行为不属于暴力行为。抢控驾驶操纵装置,是指行为人实施了抢夺控制方向盘、加速杆、离合器等具有操作公共交通工具行驶方向、行驶速度、停运等作用的装置的行为,并不要求行为人实际控制了操纵装置。行为人的行为必须达到干扰公共交通工具正常行驶,危及公共安全的程度。第2款规定的行为是,驾驶人员在行驶的公共交通工具上擅离职守,与他人互殴或者殴打他人,危及公共安全的行为。这类行为也发生在行驶的公共交通工具上。驾驶人员擅离职守,是指驾驶人员没有履行自身工作职责,可能是驾驶人员没有正当理由且没有采取制动的情况下脱离驾驶座位,也可能是没有脱离驾驶座位但是双手脱离方向盘,导致不能有效控制公共交通工具。行为方式上包括与他人互殴、殴打他人两种,其行为的社会危害性程度必须要求危及公共安全。

3.犯罪主体根据客观行为方式不同对应分为两类。第1款规定的犯罪主体为一般主体,年满16周岁具有刑事责任能力的自然人,通常是乘坐公共交通工具的乘客,也可能是非乘坐公共交通工具的行人等。第2款规定的犯罪主体是行驶中的公共交通工具上的驾驶人员。如果是公共交通工具上的售票员、安保员等工作人员擅离职守,与他人互殴或者殴打他人的,因不是本罪犯罪主体,不构成本罪。

4.犯罪主观方面是故意,包括直接故意和间接故意,过失不构成本罪。

(二)认定妨害安全驾驶罪应当注意的问题

1.划清罪与非罪的界限。

按照罪刑法定原则,在妨害安全驾驶罪罪与非罪的界定上,应严格依照本罪的构成要件。首先,从行为方式上进行判断。实践中,影响行驶中公共交通工具安全行驶的行为可能存在多种形式,依照《刑法》第133条之二的规定,本罪的客观行为方式只有两类,即对行驶中的公共交通工具的驾驶人员使用暴力或者抢控驾驶操纵装置、驾驶人员在行驶的公共交通工具上擅离职守与他人互殴或者殴打他人的行为。对于其他可能影响安全行驶的行为方式,如行为人故意遮挡车辆前窗玻璃、后视镜等影响驾驶员视线的行为,乘客之间因争执引发的厮打互殴行为等,因不属于本罪的客观行为方式,不构成本罪。其次,从行为的社会危害性程度判断,构成本罪要求必须危及公共安全。"危及公共安全",是指造成车辆失控不能安全行驶,随时可能会发生公共交通工具上乘客、道路上行人伤亡,或者财产损失等情况。对驾驶人员虽然有暴力行为但发生在超低速滑行的公共交通工具上,或者对驾驶人员轻微拉扯不影响正常驾驶的行为,没有危及公共安全的,不构成本罪。

2. 与以危险方法危害公共安全罪的界分。

《刑法修正案(十一)》施行前,对于妨害安全驾驶的行为,主要依照最高人民法院、最高人民检察院、公安部2019年1月8日发布的《关于依法惩治妨害公共交通工具安全驾驶违法犯罪行为的指导意见》进行处罚,其中规定:"乘客在公共交通工具行驶过程中,抢夺方向盘、变速杆等操纵装置,殴打、拉拽驾驶人员的行为,或者有其他妨害安全驾驶的行为,危害公共安全,尚未造成严重后果的,依照刑法第一百一十四条的规定,以以危险方法危害公共安全罪定罪处罚。""驾驶人员在公共交通工具行驶过程中,与乘客发生纷争后违规操作或者擅离职守,与乘客厮打、互殴,危害公共安全,尚未造成严重后果的,依照刑法第一百一十四条的规定,以以危险方法危害公共安全罪定罪处罚。"《刑法修正案(十一)》立法过程中,考虑到妨害安全驾驶的行为在犯罪起因上往往因上下车不及时、乘错站、找车票等琐事而起,行为人主观恶性不强,即使造成危险,一般也不会具有直接转化为危害不特定多数人的现实危害,对这类行为按照以危险方法危害公共安全罪论处,一律判处三年以上有期徒刑,会导致刑罚偏重,因此,《刑法修正案(十一)》增设了独立的罪名与法定刑,对于妨害安全驾驶的行为一般不再认定为以危险方法危害公共安全罪,认定为本罪。但是妨害安全驾驶行为也并非完全排除了适用以危险方法危害公共安全罪的空间,如果行为人先前妨害安全驾驶的行为已经危及公共安全,行为人仍然不克制,继续实施妨害安全驾驶行为,而公共交通工具行驶在闹市区等人员密集区或者导致行驶中公共交通工具产生颠覆危险的,实际已经危害到了不特定多数人的生命安全,对其认定为本罪量刑明显偏轻,导致罪责刑不相适应的,应认定为以危险方法危害公共安全罪。

3. 妨害安全驾驶行为中涉正当防卫等行为认定。

对于制止妨害安全驾驶行为的行为,根据不同的情形,符合法定条件的，可以认定为正当防卫、紧急避险等正当行为。依照《最高人民法院、最高人民检察院、公安部关于依法惩治妨害公共交通工具安全驾驶违法犯罪行为的指导意见》规定："对正在进行的妨害安全驾驶的违法犯罪行为，乘客等人员有权采取措施予以制止，制止行为造成违法犯罪行为人损害，符合法定条件的，应当认定为正当防卫。"另外又规定："正在驾驶公共交通工具的驾驶人员遭到妨害安全驾驶行为侵害时，为避免公共交通工具倾覆或者人员伤亡等危害后果发生，采取紧急制动或者躲避措施，造成公共交通工具、交通设施损坏或者人身损害，符合法定条件的，应当认定为紧急避险。"

（三）妨害安全驾驶罪的刑事责任

依照《刑法》第133条之二规定，犯妨害安全驾驶罪的，处一年以下有期徒刑、拘役或者管制，并处或者单处罚金。

《刑法》第133条之二第3款规定，有前两款行为，同时构成其他犯罪的，依照处罚较重的规定定罪处罚。有第1款、第2款规定的妨害安全驾驶的犯罪行为，造成人员伤亡、公私财产重大损失或者车辆倾覆等，符合《刑法》第133条交通肇事罪、第234条故意伤害罪、第232条故意杀人罪、第115条以危险方法危害公共安全罪、第275条故意毁坏财物罪构成要件或者构成其他犯罪的，根据本款的规定，采取从一重罪处罚的原则，即依照处罚较重的规定定罪处罚。由于本条规定的刑罚较轻，一般情况下，应当依照交通肇事罪、故意伤害罪、故意杀人罪、以危险方法危害公共安全罪、故意毁坏财物罪等定罪处罚，而行为人妨害公共交通工具安全驾驶的行为，可作为处罚的量刑情节予以考虑。

四十五、重大责任事故罪

第一百三十四条第一款[①]　在生产、作业中违反有关安全管理的规定，因而发生重大伤亡事故或者造成其他严重后果的，处三年以下有期徒刑或者

[①]　本款经2006年6月29日《刑法修正案（六）》第1条第1款修改。

拘役；情节特别恶劣的，处三年以上七年以下有期徒刑。

（一）重大责任事故罪的概念和构成要件

重大责任事故罪，是指在生产、作业中违反有关安全管理的规定，因而发生重大伤亡事故或者造成其他严重后果的行为。

本罪1979年《刑法》第114条作了规定，1997年《刑法》第134条基本继承了1979年《刑法》的规定，仅将犯罪结果由原来的"因而发生重大伤亡事故，造成严重后果的"修改为"因而发生重大伤亡事故或者造成其他严重后果的"。2006年6月29日公布并施行的《刑法修正案（六）》第1条将《刑法》第134条修改为两款，对重大责任事故罪的罪状作了较大修改，并将"强令他人违章冒险作业，因而发生重大伤亡事故或者造成其他严重后果的"行为从原重大责任事故罪中分立出来作为一种新的犯罪，规定了较重的法定刑。《刑法修正案（十一）》对《刑法》第134条第2款作了修改，增加规定组织他人违章冒险作业的情形，修正后罪名为强令、组织他人违章冒险作业罪。因此，现行的重大责任事故罪，与《刑法修正案（六）》修改前的重大责任事故罪虽然罪名相同，但构成要件不尽相同。原重大责任事故罪已被分解为现行的重大责任事故罪和强令、组织他人违章冒险作业罪两种犯罪。

重大责任事故罪的构成要件是：

1. 本罪侵犯的客体是生产、作业安全。

2. 客观方面表现为在生产、作业中违反有关安全管理的规定，因而发生重大伤亡事故或者造成其他严重后果的行为。包括如下三个方面：

第一，行为违反有关安全管理规定。违反有关安全管理的规定，是指违反国家颁布的各种与安全生产、作业有关的法律、法规、规章等规范性文件和企业、事业单位及其上级管理机关制定的反映安全生产客观规律的各种规章制度，包括工艺技术、生产操作、技术监督、劳动保护、安全管理等方面的规程、规则、章程、条例、办法和制度等。实践中多表现为从事生产、作业的一般员工不服从本单位管理人员的管理，或者不服从本单位领导出于安全生产考虑对工作的安排，或者未按照有关安全管理规定进行生产、作业，或者管理人员违背客观规律瞎指挥、擅离职守、雇用不合格员工、对工人的违章行为默许纵容等。

第二，违反有关安全管理规定的行为须发生在"生产、作业"中。"生产、作业"不仅包括直接的生产、作业活动，还包括与直接生产、作业活动密切相关的前期准备过程，如制订生产计划、进行生产设计等。生产、作业过程并不局限于一定时间和场所内，不能认为脱离了一定的工作场合就不能认定是在生产、作业过程中。在停业整顿期间或者生产、作业中间休息的过程中违反安全管理规定发生重大责任事故的，只要与生产、作业有密切联系，就应当认定发生在生产、作业中。

第三，因上述行为发生重大伤亡事故或者造成其他严重后果。2015年12月16日起施行的《最高人民法院、最高人民检察院关于办理危害生产安全刑事案件适用法律若干问题的解释》(以下简称《办理危害生产安全刑事案件解释》)对于重大伤亡事故或者其他严重后果的认定标准作了明确规定。该解释第6条第1款规定，发生生产安全事故，具有下列情形之一的，应当认定为《刑法》第134条第1款规定的"发生重大伤亡事故或者造成其他严重后果"：(1)造成死亡1人以上，或者重伤3人以上的；(2)造成直接经济损失100万元以上的；(3)造成其他严重后果或者重大安全事故的情形。

3. 犯罪主体为特殊主体，即从事生产、作业的人员。根据《办理危害生产安全刑事案件解释》第1条的规定，本罪的犯罪主体，包括年满16周岁直接从事生产、作业的人员，也包括对生产、作业负有组织、指挥或者管理职责的负责人、管理人员、实际控制人和投资人等人员。单位不能成为本罪的主体。

4. 主观方面由过失构成。

行为人在生产、作业中违反有关安全管理规定，可能是出于故意，也可能是由于过失，但不论是故意还是过失违反有关安全管理规定，行为人对于其行为引起的严重后果只能是出于过失，因为行为人对其行为造成的严重后果是不希望发生的。对于明知自己的行为可能发生严重后果而不采取积极措施，放任严重危害后果发生的，属于间接故意，构成其他犯罪的，按其所构成的犯罪定罪处罚。

（二）认定重大责任事故罪应当注意的问题

1. 认定重大责任事故罪应当注意划清罪与非罪的界限。

第一，重大责任事故罪与一般责任事故的界限。重大责任事故罪是结果犯。行为人在生产、作业中虽然实施了违反有关安全管理规定的行为，但如果没有重大伤亡事故或者没有造成其他严重后果的，只属于一般责任事故，不构成犯罪。关于"重大伤亡事故或者其他严重后果"的认定标准，《办理危害生产安全刑事案件解释》已作出明确规定，人民法院在审判实践中应当按照上述解释的规定严格执行。

第二，重大责任事故罪与自然事故、技术事故的界限。自然事故又称意外事故，是指由于不能预见和不能控制的自然条件发生变化而引起的事故。技术事故是指由于技术条件限制或者设备条件不良造成的事故。这两种事故都不是由于行为人的过失行为造成的，其发生也不以人的意志为转移，主观方面无过失，不具有犯罪的特征，因而不构成犯罪。

2. 发生重大责任事故后及时报告的能否构成自首。

2010年12月22日，最高人民法院印发了《关于处理自首和立功若干具体问题的意见》，其中对交通肇事罪的自首问题作了规定："交通肇事后保护现场、抢救伤者，并向公安机关报告的，应认定为自动投案，构成自首的，因上述行为同时系犯罪嫌疑人的法定义务，对其是否从宽、从宽幅度要适当从严掌握。交通肇事逃逸后自动投案，如实供述自己罪行的，应认定为自首，但应依法以较重的法定刑为基准，视情决定对其是否从宽处罚以及从宽处罚的幅度。"这一规定对于重大责任事故罪自首的认定具有重要的参照意义。我们认为，重大责任事故发生后，行为人及时报告的，原则上应当认定为自动投案。对于负有报告职责的人员来说，不仅要及时报告，还要及时组织或者参与事故抢救，才能认定为自动投案。毕竟，对于负有报告职责的责任人来说，其自动投案的认定要比没有报告义务的人来说更严格一些。如实供述自己罪行的，应认定为自首。在是否从宽及从宽幅度的把握上，也应当参照适用上述意见的规定。

3. 如何把握重大责任事故罪一罪与数罪的界限。

重大责任事故发生后，负有报告职责的人员不报或者谎报事故情况，贻误事故抢救，情节严重的，应当以重大责任事故罪和不报、谎报安全事故罪实行数罪并罚。没有报告职责的事故责任人帮助负有报告职责的人员不报或者谎报事故情况，贻误事故抢救的，对组织者或者积极参加者，以不报、谎报安全事故罪的共犯论处，与重大责任事故罪实行数罪并罚。对组织者或者积极参加者以外的其他事故责任人，则以重大责任事故罪一罪论处。

（三）重大责任事故罪的刑事责任

依照《刑法》第134条第1款规定，在生产、作业中违反有关安全管理的规定，因而发生重大伤亡事故或者造成其他严重后果的，处三年以下有期徒刑或者拘役；情节特别恶劣的，处三年以上七年以下有期徒刑。

构成重大责任事故罪的，司法机关在适用本条规定处罚时，应当根据《办理危害生产安全刑事案件解释》的相关规定执行。

四十六、强令、组织他人违章冒险作业罪

第一百三十四条第二款[①]　**强令他人违章冒险作业，或者明知存在重大事故隐患而不排除，仍冒险组织作业，因而发生重大伤亡事故或者造成其他严重后果的，处五年以下有期徒刑或者拘役；情节特别恶劣的，处五年以上有期徒刑。**

（一）强令、组织他人违章冒险作业罪的概念和构成要件

强令、组织他人违章冒险作业罪，是指强令他人违章冒险作业，或者明知存在重大事故隐患而不排除，仍冒险组织作业，因而发生重大伤亡事故或者造成其他严重后果的行为。

《刑法修正案（六）》第1条为《刑法》原第134条增加一款："强令他

---

① 本款由2006年6月29日《刑法修正案（六）》第1条第2款增设、2020年12月26日《刑法修正案（十一）》第3条修改。

人违章冒险作业，因而发生重大伤亡事故或者造成其他严重后果的，处五年以下有期徒刑或者拘役；情节特别恶劣的，处五年以上有期徒刑。"《最高人民法院、最高人民检察院关于执行〈中华人民共和国刑法〉确定罪名的补充规定（三）》将罪名确定为"强令违章冒险作业罪"。《刑法修正案（十一）》第3条增加规定了组织他人违章冒险作业的情形，《最高人民法院、最高人民检察院关于执行〈中华人民共和国刑法〉确定罪名的补充规定（七）》将罪名调整为强令、组织他人违章冒险作业罪。

强令、组织他人违章冒险作业罪的构成要件是：

1. 本罪侵犯的客体是公共安全中的生产、作业安全。

强令、组织他人违章冒险作业，是对正常的作业安全秩序的严重扰乱和破坏，发生了危害公共安全的后果，即危害了不特定多数人的生命、健康和公私财产的安全。

2. 客观方面表现为强令、组织他人违章冒险作业，因而发生重大伤亡事故或者造成其他严重后果的行为。

根据《最高人民法院、最高人民检察院关于办理危害生产安全刑事案件适用法律若干问题的解释（二）》[以下简称《办理危害生产安全刑事案件解释（二）》]的规定，"强令他人违章冒险作业"，是指对生产、作业等负有管理职责的人员，明知存在事故隐患，继续生产、作业存在危险，仍然违反有关安全管理的规定，以威逼、胁迫、恐吓等手段，强制他人违章作业，或者利用组织、指挥、管理职权，强制他人违章作业，以及其他强令他人违章冒险作业的情形。"冒险组织作业"，是指明知存在重大事故隐患，仍然违反有关安全管理的规定，不排除或者故意掩盖重大事故隐患，组织他人作业。"强令"，不能机械地理解为他人反对、反抗后而强迫他人必须执行，强令者也不一定必须在作业现场。"强令"主要是指强令者发出的指令内容，他人必须或者应当执行，并产生了使他人违心违章冒险作业的危害后果的行为。[①]

根据《刑法》规定，强令、组织他人违章冒险作业的行为，只有发生重

---

① 黄太云：《立法解读：刑法修正案及刑法立法解释》，人民法院出版社2006年版，第105~106页。

大伤亡事故或者造成其他严重后果的，才构成犯罪。《最高人民法院、最高人民检察院关于办理危害生产安全刑事案件适用法律若干问题的解释》（以下简称《办理危害生产安全刑事案件解释》）第6条第2款的规定，强令他人违章冒险作业，因而发生生产安全事故，具有下列情形之一的，应当认定为"发生重大伤亡事故或者造成其他严重后果"：（1）造成死亡1人以上，或者重伤3人以上的；（2）造成直接经济损失100万元以上的；（3）造成其他严重后果或者重大安全事故的情形。从《刑法》的规定看，明知存在重大事故隐患而不排除，仍冒险组织作业，与强令他人违章冒险作业具有相同的罪质，造成重大伤亡事故或者其他严重后果的认定标准，可以参照《办理危害生产安全刑事案件解释》第6条第2款的规定。

根据《办理危害生产安全刑事案件解释（二）》第4条，"重大事故隐患"，依照法律、行政法规、部门规章、强制性标准以及有关行政规范性文件进行认定；难以认定的，可以依据司法鉴定机构出具的鉴定意见、地市级以上负有安全生产监督管理职责的部门或者其指定的机构出具的意见，结合其他证据综合审查，依法作出认定。

3.犯罪主体为一般主体。

根据《办理危害生产安全刑事案件解释》第2条的规定，本罪的犯罪主体为年满16周岁，具有刑事责任能力，对生产、作业负有组织、指挥或者管理职责的负责人、管理人员、实际控制人、投资人等人员。

4.主观方面由过失（主要是过于自信的过失）构成。行为人明知继续作业属于违章冒险行为，可能发生重大伤亡事故或者其他严重后果，或者明知存在重大事故隐患而不排除，心存侥幸，仍然强令或者组织他人冒险作业，从而导致重大伤亡事故或者其他严重后果。

（二）认定强令、组织他人违章冒险作业罪应当注意的问题

1.注意把握本罪发生的领域。

"生产"与"作业"在词意上有一定的区别，"生产"是从大的方面讲的，"作业"则更具体，从立法文字表述上看，本罪"强令他人违章冒险作业""或者明知存在重大事故隐患而不排除，仍冒险组织作业"的行为，似乎

仅限于在"作业"的领域,但从司法实践和生产、作业的实际情况看,在强令、组织他人违章冒险作业罪中,"作业"系泛指,包括"生产"在内。

2.注意划清罪与非罪的界限。

本罪属于结果犯。行为人虽然实施了强令、组织他人违章冒险作业的行为,但如果没有发生重大伤亡事故或者造成其他严重后果,只属于一般责任事故,不构成犯罪。

(三)强令、组织他人违章冒险作业罪的刑事责任

依照《刑法》第134条第2款规定,犯强令、组织他人违章冒险作业罪的,处五年以下有期徒刑或者拘役;情节特别恶劣的,处五年以上有期徒刑。

根据《办理危害生产安全刑事案件解释》第7条第2款的规定,具有下列情形之一的,应当认定为"情节特别恶劣":(1)造成死亡3人以上或者重伤10人以上,负事故主要责任的;(2)造成直接经济损失500万元以上,负事故主要责任的;(3)其他情节特别恶劣的情形。

《办理危害生产安全刑事案件解释》对本罪定罪量刑的其他问题,如从重、从轻处罚情形,罪数形态,禁止令、从业禁止的适用等也作出了规定,实践中应注意适用。

四十七、危险作业罪

第一百三十四条之一[①] 在生产、作业中违反有关安全管理的规定,有下列情形之一,具有发生重大伤亡事故或者其他严重后果的现实危险的,处一年以下有期徒刑、拘役或者管制:

(一)关闭、破坏直接关系生产安全的监控、报警、防护、救生设备、设施,或者篡改、隐瞒、销毁其相关数据、信息的;

(二)因存在重大事故隐患被依法责令停产停业、停止施工、停止使用

---

① 本条由2020年12月26日《刑法修正案(十一)》第4条增设。

有关设备、设施、场所或者立即采取排除危险的整改措施，而拒不执行的；

（三）涉及安全生产的事项未经依法批准或者许可，擅自从事矿山开采、金属冶炼、建筑施工，以及危险物品生产、经营、储存等高度危险的生产作业活动的。

（一）危险作业罪的概念和构成要件

危险作业罪，是指在生产、作业中具有违反有关安全管理规定的特定情形，造成具有发生重大伤亡事故或者其他严重后果的现实危险的行为。

本罪是《刑法修正案（十一）》第4条新增的罪名。

危险作业罪的构成要件是：

1.本罪侵犯的犯罪客体是生产、作业中有关安全生产的管理制度。

近年来，安全生产事故高发，为了实现刑罚惩罚与预防的作用，刑法将刑事处罚的界限前移，规定在生产、作业中，违反有关安全生产的管理制度，不要求实际发生生产、作业事故，只要"具有发生重大伤亡事故或者其他严重后果的现实危险"的，就可以构成本罪。

2.客观方面表现为在生产、作业中具有违反有关安全管理规定的特定情形，造成具有发生重大伤亡事故或者其他严重后果的现实危险。

具体有三种情形：一是关闭、破坏直接关系生产安全的监控、报警、防护、救生设备、设施，或者篡改、隐瞒、销毁其相关数据、信息的。这类情形限定的设施、设备或者数据、信息必须直接关系生产安全，如果与安全生产作业责任事故发生没有直接关系，或者是发生在与安全生产作业没有直接关系的产品出厂的质量检测等环节，不构成本罪。二是因存在重大事故隐患被依法责令停产停业、停止施工、停止使用有关设备、设施、场所或者立即采取排除危险的整改措施，而拒不执行的。这类情形要求必须存在重大事故隐患，经过行政前置程序被依法责令整改，并且最终拒不执行，才可能构成犯罪。根据《最高人民法院、最高人民检察院关于办理危害生产安全刑事案件适用法律若干问题的解释（二）》[以下简称《办理危害生产安全刑事案件解释（二）》]，"拒不执行"是指：（1）无正当理由故意不执行各级人民政府或者负有安全生产监督管理职责的部门依法作出的停产停业、停止施工、停止使用有关设备、设施、场所或者立即采取排除危险的整改措施的行政决定、命令；（2）虚构重大事故隐患已经排除的事实，规避、干扰执行各级人民政府或者负有安全生产监督管理职责的部门依法作出的上述行政决定、命令；（3）以行贿等不正当手段，规避、干扰执行各级人民政府或者负有安全生产监督管理职责的部门依法作出的上述行政决定、命令。解释同时要求，认定是否属于"拒不执行"，应当综合考虑行政决定、命令是否具有法律、行政法规等依据，行政决定、命令的内容和期限要求是否明确、合理，行为人是否具有按照要求执行的能力等因素进行判断。三是涉及安全生产的事项未经依法批准或者许可，擅自从事矿山开采、金属冶炼、建筑施工，以及危险物品生产、经营、储存等高度危险的生产作业活动的。

关于"重大事故隐患""危险物品"的认定。《办理危害生产安全刑事案件解释（二）》明确，"重大事故隐患"，依照法律、行政法规、部门规章、强制性标准以及有关行政规范性文件进行认定；"危险物品"，依照《安全生产法》第117条的规定确定。对于是否属于"重大事故隐患"或者"危险物品"难以确定的，可以依据司法鉴定机构出具的鉴定意见、地市级以上负有安全生产监督管理职责的部门或者其指定的机构出具的意见，结合其他证据综合审查，依法作出认定。

另外，在客观行为的社会危害性上还要求"具有发生重大伤亡事故或者其他严重后果的现实危险的"。"现实危险"，"必须是十分紧迫的危险，原则上只有在行为已经导致出现重大险情，或者已经造成了小的事故，只是因为偶然性的客观因素或者及时开展救援等原因，未造成重大事故后果的，对于这种千钧一发的危险才能认定为'现实危险'，进而以危险作业罪定罪处罚。"[①]司法实践中需要结合案件情况具体认定，如生产作业的场所中可燃性气体已达到一定浓度随时可能发生爆炸、厂房随时可能坍塌等。如果不具有发生重大伤亡事故或者其他严重后果的现实危险，只可能导致一些小的事故的，也不宜认定为本罪。

---

① 滕伟、叶邵生、李加玺：《〈关于办理危害生产安全刑事案件适用法律若干问题的解释（二）〉的理解与适用》，载《中国应用法学》2022年第6期。

3.犯罪主体为一般主体，凡年满16周岁、具有刑事责任能力的自然人均可以构成本罪。主要包括对生产、作业负有组织、指挥或者管理职责的负责人、管理人员、实际控制人、投资人等人员，以及直接从事生产、作业的人员。

4.犯罪主观方面对于"违反有关安全管理的规定"，行为人通常是故意，但不是希望和追求"重大伤亡事故或者其他严重后果发生的现实危险"。

（二）认定危险作业罪应当注意的问题

1.与危险作业行为关联行为的罪名认定。

本罪规定中第3项规定："涉及安全生产的事项未经依法批准或者许可，擅自从事矿山开采、金属冶炼、建筑施工，以及危险物品生产、经营、储存等高度危险的生产作业活动的"，涉及的关联罪名较多。可以根据具体情形认定：

（1）对于涉及安全生产的事项未经依法批准或者许可，擅自从事矿山开采的，造成具有发生重大伤亡事故或者其他严重后果的现实危险的，构成本罪。如果违反《矿产资源法》，未取得采矿许可证擅自采矿，擅自进入国家规划矿区、对国民经济具有重要价值的矿区和他人矿区范围采矿的，或者擅自开采国家规定实行保护性开采的特定矿种，情节严重的行为，又构成《刑法》第343条规定的非法采矿罪的，应从一重罪论处。

（2）未经批准或者许可，进行金属冶炼、建筑施工以及危险物品生产、经营，造成具有发生重大伤亡事故或者其他严重后果的现实危险的，构成本罪。如果经营对象属于一般性经营许可的物品适用本罪的规定；如果经营对象属于法律、行政法规规定的限制买卖的物品，扰乱市场秩序，情节严重的，又构成《刑法》第225条的非法经营罪的，应从一重罪论处。

根据《安全生产法》第117条的规定，"危险物品"是指"易燃易爆物品、危险化学品、放射性物品等能够危及人身安全和财产安全的物品"。未经许可，对放射性物品进行制造、买卖、运输、储存行为，危及公共安全的，符合《刑法》第125条第2款规定的，构成非法制造、买卖、运输、储存危险物质罪；对危险化学品运输行为，违反危险化学品安全管理规定运输危险化学品，危及公共安全的，符合《刑法》第133条之一规定，构成危险驾驶罪。这些情形中还可能构成本罪。可根据案件具体情况从一重罪或者作数罪并罚处理。

2. 危险作业后发生事故的刑事责任认定。

危险作业罪属于对安全生产事故的提前处罚，故规定了较轻的法定刑。对于符合危险作业罪，又发生了生产安全责任事故的，可以根据事故责任造成损失情况分别认定责任。如果发生的事故造成人员伤亡或者经济损失，符合重大责任事故罪入罪条件的，可认定为重大责任事故罪；如果发生的事故较小，造成的经济损失较小，没有造成人员死亡，或者虽有人员受伤但受伤较轻、受伤人数较少，没有达到重大责任事故罪入罪标准的，仍然认定为危险作业罪一罪，发生的事故以及造成的损失作为酌情从重处罚的量刑情节。

（三）危险作业罪的刑事责任

依照《刑法》第134条之一规定，犯危险作业罪的，处一年以下有期徒刑、拘役或者管制。

四十八、重大劳动安全事故罪

第一百三十五条[①] **安全生产设施或者安全生产条件不符合国家规定，因而发生重大伤亡事故或者造成其他严重后果的，对直接负责的主管人员和其他直接责任人员，处三年以下有期徒刑或者拘役；情节特别恶劣的，处三年以上七年以下有期徒刑。**

（一）重大劳动安全事故罪的概念和构成要件

重大劳动安全事故罪，是指安全生产设施或者安全生产条件不符合国家规定，因而发生重大伤亡事故或者造成其他严重后果的行为。

本罪是1997年《刑法》增设的罪名。原罪名为重大劳动安全事故罪。

---

① 本条经2006年6月29日《刑法修正案（六）》第2条修改。

《刑法修正案（六）》第 2 条对罪状作了修改，但犯罪构成没有实质性变化，只是扩大了犯罪主体的适用范围，因而罪名未作修改。

重大劳动安全事故罪的构成要件是：

1. 本罪侵犯的客体是生产安全。

生产安全是各行各业都十分重视的问题，在生产过程中出现一点问题，都有可能导致正常生产秩序的破坏，甚至发生重大伤亡事故，造成财产损失。保护劳动者在生产过程中的安全与健康，是生产经营单位的法律义务和责任。对于无视劳动者的安全，忽视安全生产规定的行为，必须依法惩处。

2. 客观方面表现为安全生产设施或者安全生产条件不符合国家规定，因而发生重大伤亡事故或者造成其他严重后果的行为。

"安全生产设施"，是指用于保护劳动者人身安全的各种设施、设备，如防护网、紧急逃生通道等。"安全生产条件"，主要是指保障劳动者安全生产、作业必不可少的安全防护用品和措施，如用于防毒、防爆、防火、通风等用品和措施。"不符合国家规定"，包括的情形比较广泛，如有的生产经营单位新建或改扩建工程的安全设施未依法经有关部门审查批准，擅自投入生产或使用；有的不为工人提供法定必要的劳动、防护用品；有的不具备安全生产条件或存在重大事故隐患，被行政执法机关责令停产、停业或者取缔、关闭后，仍强行生产经营等。根据法律规定，安全生产设施或者安全生产条件不符合国家规定，只有发生重大伤亡事故或者造成其他严重后果的，才构成犯罪。根据 2015 年 12 月 16 日起施行的《最高人民法院、最高人民检察院关于办理危害生产安全刑事案件适用法律若干问题的解释》（以下简称《办理危害生产安全刑事案件解释》）第 6 条第 1 款的规定，安全生产设施或者安全生产条件不符合国家规定，因而发生生产安全事故，具有下列情形之一的，应当认定为"发生重大伤亡事故或者造成其他严重后果"：（1）造成死亡 1 人以上，或者重伤 3 人以上的；（2）造成直接经济损失 100 万元以上的；（3）造成其他严重后果或者重大安全事故的情形。

3. 犯罪主体为一般主体。根据《办理危害生产安全刑事案件解释》第 3 条的规定，本罪的犯罪主体，包括年满 16 周岁对安全生产设施或者安全生产条件不符合国家规定负有直接责任的生产经营单位负责人、管理人员、实际控制人、投资人，以及其他对安全生产设施或者安全生产条件负有管理、维护职责的人员。

4. 主观方面由过失构成。

即行为人应当预见到安全生产设施或者安全生产条件不符合国家规定所产生的后果，但由于疏忽大意没有预见或者虽然已经预见，但轻信可以避免，结果导致发生了重大安全生产事故。原因是多方面的，有的是不顾安全生产，一味追求经济效益；有的是对工作不负责任；等等。

（二）认定重大劳动安全事故罪应当注意的问题

1. 划清罪与非罪的界限。

本罪属于结果犯。如果直接负责的主管人员和其他直接责任人员对安全生产设施或者安全生产条件不符合国家规定的情形虽然没有采取预防或者补救措施，但没有发生劳动安全事故，或者只发生了较轻的安全事故的，则不构成犯罪。

2. 划清本罪与重大责任事故罪的界限。

两罪都是涉及违反安全生产规定的犯罪，在适用范围上的区别在于：前者更强调劳动场所的硬件设施或者对劳动者提供的安全生产防护用品和防护措施不符合国家规定，追究的是所在单位的责任。考虑到发生安全事故的单位应立即整改，使安全生产设施、安全生产条件达到国家规定，以及对安全事故伤亡人员进行治疗、赔偿，需要大量资金，所以该条在处罚上只追究"直接负责的主管人员和其他直接责任人员"的刑事责任，没有规定对单位判处罚金，因而属于实行单罚制的单位犯罪。后者主要强调自然人在生产、作业过程中违章操作而引起安全生产事故的行为，如在不准使用明火的工作场所使用明火等，处罚的是违章操作的自然人。

（三）重大劳动安全事故罪的刑事责任

依照《刑法》第135条的规定，犯重大劳动安全事故罪的，对直接负责的主管人员和其他直接责任人员，处三年以下有期徒刑或者拘役；情节特别恶劣的，处三年以上七年以下有期徒刑。

本罪属实行单罚制的单位犯罪，只处罚直接负责的主管人员和其他直接责任人员。

根据《办理危害生产安全刑事案件解释》，司法机关在适用本条规定处罚时，应当注意以下问题：

1. 根据《办理危害生产安全刑事案件解释》第 7 条第 1 款的规定，具有下列情形之一的，应当认定为"情节特别恶劣"：（1）造成死亡 3 人以上或者重伤 10 人以上，负事故主要责任的；（2）造成直接经济损失 500 万元以上，负事故主要责任的；（3）其他情节特别恶劣的情形。

《办理危害生产安全刑事案件解释》对本罪定罪量刑的其他问题，如从重、从轻处罚情形，罪数形态，禁止令、从业禁止的适用等也作出了规定，实践中应注意适用。

2. 根据 2009 年 12 月 25 日《最高人民法院研究室关于被告人阮某重大劳动安全事故案有关法律适用问题的答复》的规定，用人单位违反职业病防治法的规定，职业病危害预防设施不符合国家规定，因而发生重大伤亡事故或者造成其他严重后果的，对直接负责的主管人员和其他直接责任人员，可以依照《刑法》第 135 条的规定，以重大劳动安全事故罪定罪处罚。

四十九、大型群众性活动重大安全事故罪

第一百三十五条之一[①]　**举办大型群众性活动违反安全管理规定，因而发生重大伤亡事故或者造成其他严重后果的，对直接负责的主管人员和其他直接责任人员，处三年以下有期徒刑或者拘役；情节特别恶劣的，处三年以上七年以下有期徒刑。**

（一）大型群众性活动重大安全事故罪的概念和构成要件

大型群众性活动重大安全事故罪，是指举办大型群众性活动违反安全管理规定，因而发生重大伤亡事故或者造成其他严重后果的行为。

---

① 本条由 2006 年 6 月 29 日《刑法修正案（六）》第 3 条增设。

本罪是《刑法修正案（六）》第3条增设的罪名。

大型群众性活动重大安全事故罪的构成要件是：

1. 本罪侵犯的客体是公共安全。

2. 客观方面表现为举办大型群众性活动违反安全管理规定，因而发生重大伤亡事故或者造成其他严重后果的行为。

"安全管理规定"，是指国家有关部门为保证大型群众性活动安全、顺利举行制定的管理规定，主要是《大型群众性活动安全管理条例》的有关规定。实践中，违反安全管理规定的行为主要表现为：（1）未经许可，擅自举办大型群众性活动；（2）超过核准人数；（3）场地及其附属设施不符合安全标准，存在安全隐患，如场地建筑不坚固，有发生倒塌坠毁的可能性；各种电线、线路老化，容易引发火灾；（4）消防设施不符合法定要求，如灭火器超过使用期限；没有按照规定安装火灾自动报警系统；消防通道和紧急通道被占用，一旦发生事故，消防车不能开进，人员无法逃离现场；（5）不法分子蓄意破坏，制造爆炸性事件；（6）没有制订安全保卫工作方案；等等。

根据法律规定，举办大型群众性活动违反安全管理规定，必须发生重大伤亡事故或者造成其他严重后果的，才构成犯罪。"重大伤亡事故"，是指致使多人重伤、死亡的事故；"其他严重后果"，是指致使国家财产、人民利益遭受重大损失等情形。根据2015年12月16日起施行的《最高人民法院、最高人民检察院关于办理危害生产安全刑事案件适用法律若干问题的解释》（以下简称《办理危害生产安全刑事案件解释》）第6条第1款的规定，举办大型群众性活动违反安全管理规定，因而发生生产安全事故，具有下列情形之一的，应当认定为"发生重大伤亡事故或者造成其他严重后果"：（1）造成死亡1人以上，或者重伤3人以上的；（2）造成直接经济损失100万元以上的；（3）造成其他严重后果或者重大安全事故的情形。

3. 犯罪主体为对发生大型群众性活动重大安全事故"直接负责的主管人员和其他直接责任人员"。

"直接负责的主管人员"，是指大型群众活动的策划者、组织者、举办者；"其他直接责任人员"，是指对大型活动的安全举行、紧急预案负有具体落实、执行职责的人员。

4. 主观方面由过失构成。

（二）认定大型群众性活动重大安全事故罪应当注意的问题

认定大型群众性活动重大安全事故罪应当注意划清罪与非罪的界限。

本罪属于结果犯。如果没有发生重大伤亡事故或者造成其他严重后果，则不构成犯罪。

（三）大型群众性活动重大安全事故罪的刑事责任

依照《刑法》第135条之一规定，犯大型群众性活动重大安全事故罪的，对直接负责的主管人员和其他直接责任人员，处三年以下有期徒刑或者拘役；情节特别恶劣的，处三年以上七年以下有期徒刑。

本罪属实行单罚制的单位犯罪，只处罚直接负责的主管人员和其他直接责任人员。

根据《办理危害生产安全刑事案件解释》第7条第1款的规定，具有下列情形之一的，应当认定为"情节特别恶劣"：（1）造成死亡3人以上或者重伤10人以上，负事故主要责任的；（2）造成直接经济损失500万元以上，负事故主要责任的；（3）其他情节特别恶劣的情形。

《办理危害生产安全刑事案件解释》对本罪定罪量刑的其他问题，如从重、从轻处罚情形，罪数形态，禁止令、从业禁止的适用等也作出了规定，实践中应注意适用。

五十、危险物品肇事罪

第一百三十六条 违反爆炸性、易燃性、放射性、毒害性、腐蚀性物品的管理规定，在生产、储存、运输、使用中发生重大事故，造成严重后果的，处三年以下有期徒刑或者拘役；后果特别严重的，处三年以上七年以下有期徒刑。

（一）危险物品肇事罪的概念和构成要件

危险物品肇事罪，是指违反爆炸性、易燃性、放射性、毒害性、腐蚀性物品的管理规定，在生产、储存、运输、使用中发生重大事故的行为。

本罪1979年《刑法》第115条作了规定，罪名为违反危险物品管理规定肇事罪。根据1997年《刑法》第136条的规定，罪名改为危险物品肇事罪。

危险物品肇事罪的构成要件是：

1. 本罪侵犯的客体是社会的公共安全。犯罪对象是危险物品，即爆炸性、易燃性、放射性、毒害性、腐蚀性物品。

由于危险物品一旦失控，往往对人民群众的生命、健康或者公私财产造成严重危害，因此，刑法将违反爆炸性、易燃性、放射性、毒害性、腐蚀性物品的管理规定，在生产、储存、运输、使用中发生重大事故，造成严重后果的行为规定为犯罪，是十分必要的。

2. 客观方面表现为违反爆炸性、易燃性、放射性、毒害性、腐蚀性物品的管理规定，在生产、储存、运输、使用中发生重大事故的行为。

3. 犯罪主体为特殊主体，即从事生产、储存、运输、使用危险物品的人员。

4. 主观方面由过失构成。即行为人对违反危险物品管理规定的行为所造成的危害后果具有疏忽大意或者过于自信的主观心理。

（二）认定危险物品肇事罪应当注意的问题

1. 划清本罪与过失爆炸罪的界限。

过失爆炸罪的发生一般都是因为行为人在日常生活中不注意生产、生活安全所致。而危险物品肇事罪的发生，则是因为行为人在生产、储存、运输、使用中，违反爆炸性、易燃性、放射性、毒害性、腐蚀性物品的管理规定，发生重大事故，造成严重后果的行为。换句话说，构成危险物品肇事罪有特定的客观条件的限制。

2. 划清本罪与重大责任事故罪的界限。

其主要区别在于：客观方面表现形式不同。前者表现为违反爆炸性、易燃性、放射性、毒害性、腐蚀性物品的管理规定，在生产、储存、运输、使用中发生重大事故，造成严重后果的行为；而后者表现为行为人在生产、作业中违反有关安全管理的规定，因而发生重大伤亡事故或者造成其他严重后果的行为。

3. 划清本罪与非法制造、买卖、运输、邮寄、储存枪支、弹药、爆炸物罪以及非法制造、买卖、运输、储存危险物质罪的界限。

三者在客观方面虽然都有运输爆炸物的行为。但是：（1）前者运输爆炸性物品、危险物品是合法的行为，只是在运输过程中违反危险物品管理规定，导致发生事故；而后两者运输爆炸物、危险物品则是违反法律规定的犯罪行为。（2）前者为过失犯罪，后两者为故意犯罪。（3）前者实施的运输爆炸物的行为必须造成了严重后果，才能构成犯罪；而非法运输爆炸物、危险物品的行为，只要一经实施，即构成犯罪，不要求实际发生严重后果。

（三）危险物品肇事罪的刑事责任

依照《刑法》第136条规定，犯危险物品肇事罪，造成严重后果的，处三年以下有期徒刑或者拘役；后果特别严重的，处三年以上七年以下有期徒刑。

根据《最高人民法院、最高人民检察院关于办理危害生产安全刑事案件适用法律若干问题的解释》（以下简称《办理危害生产安全刑事案件解释》）第6条第1款的规定，具有下列情形之一的，应当认定为"造成严重后果"：（1）造成死亡1人以上，或者重伤3人以上的；（2）造成直接经济损失100万元以上的；（3）其他造成严重后果的情形。

根据《办理危害生产安全刑事案件解释》第7条第1款的规定，具有下列情形之一的，应当认定为"后果特别严重"：（1）造成死亡3人以上或者重伤10人以上，负事故主要责任的；（2）造成直接经济损失500万元以上，负事故主要责任的；（3）其他后果特别严重的情形。

五十一、工程重大安全事故罪

第一百三十七条 建设单位、设计单位、施工单位、工程监理单位违反国家规定，降低工程质量标准，造成重大安全事故的，对直接责任人员，处五年以下有期徒刑或者拘役，并处罚金；后果特别严重的，处五年以上十年以下有期徒刑，并处罚金。

（一）工程重大安全事故罪的概念和构成要件

工程重大安全事故罪，是指建设单位、设计单位、施工单位、工程监理单位违反国家规定，降低工程质量标准，造成重大安全事故的行为。

本罪是1997年《刑法》增设的罪名，1979年《刑法》和单行刑法均没有规定此罪名。

工程重大安全事故罪的构成要件是：

1.本罪侵犯的客体是建筑工程安全。

2.客观方面表现为建设单位、设计单位、施工单位、工程监理单位违反国家规定，降低工程质量标准，造成重大安全事故的行为。

"建设单位"，是指建筑物的所有人或者使用人。"设计单位"，主要是指对建筑工程专门进行设计的单位。"施工单位"，是指根据建设单位的要求和设计单位的设计，承担具体施工的单位。"工程监理单位"，是指对建筑工程进行监督管理，担任工程质量监督工作的单位。"违反国家规定"，是指违反国家或者行业管理部门制定、发布的有关建筑工程质量标准的法律规定、章程规定的要求等行为。"降低工程质量"，是指违反操作规程粗制滥造、以次料充当好料、不实行严格的质量检测等行为。"造成重大安全事故"是指建筑工程交付使用后，由于工程质量不合格，导致建筑工程坍塌、断裂，造成人员伤亡或者交通工具倾覆等事故。

3.犯罪主体为特殊主体，即只有建设单位、设计单位、施工单位、工程监理单位实施了违反国家规定，降低工程质量标准，造成重大安全事故的行为才构成本罪。其他单位不能成为本罪的主体。

4. 主观方面由过失构成，即建设单位、设计单位、施工单位、工程监理单位的直接责任人员应当知道违反国家规定，降低建筑工程质量可能带来的严重后果，由于疏忽大意而没有预见，或者虽然已经预见，但轻信可以避免，结果导致重大安全事故的发生。

（二）工程重大安全事故罪的刑事责任

依照《刑法》第137条规定，犯工程重大安全事故罪的，对直接责任人员，处五年以下有期徒刑或者拘役，并处罚金；后果特别严重的，处五年以上十年以下有期徒刑，并处罚金。

司法机关在适用本条规定处罚时，应当注意的问题是，本罪属实行单罚制的单位犯罪，只处罚直接责任人员。"直接责任人员"，是指对构成本罪负有直接责任的人，主要是决定违反国家规定，降低工程质量的单位负责人、设计师、工程监理以及组织施工的人员。

根据《最高人民法院、最高人民检察院关于办理危害生产安全刑事案件适用法律若干问题的解释》（以下简称《办理危害生产安全刑事案件解释》），司法机关在适用本条规定处罚时，应当注意以下问题：

根据《办理危害生产安全刑事案件解释》第7条第3款的规定，具有下列情形之一的，应当认定为"后果特别严重"：（1）造成死亡3人以上或者重伤10人以上，负事故主要责任的；（2）造成直接经济损失500万元以上，负事故主要责任的；（3）其他后果特别严重的情形。

《办理危害生产安全刑事案件解释》对本罪定罪量刑的其他问题，如从重、从轻处罚情形，罪数形态，禁止令、从业禁止的适用等也作出了规定，实践中应注意适用。

根据最高人民法院、最高人民检察院、公安部于2020年3月16日联合印发的《关于办理涉窨井盖相关刑事案件的指导意见》第5条第2款的规定，窨井盖建设、设计、施工、工程监理单位违反国家规定，降低工程质量标准，造成重大安全事故的，依照《刑法》第137条的规定，以工程重大安全事故罪定罪处罚。根据该意见第12条的规定，这里所称的"窨井盖"，包括城市、城乡接合部和乡村等地的窨井盖以及其他井盖。

五十二、教育设施重大安全事故罪

第一百三十八条 明知校舍或者教育教学设施有危险,而不采取措施或者不及时报告,致使发生重大伤亡事故的,对直接责任人员,处三年以下有期徒刑或者拘役;后果特别严重的,处三年以上七年以下有期徒刑。

(一)教育设施重大安全事故罪的概念和构成要件

教育设施重大安全事故罪,是指明知校舍或者教育教学设施有危险,而不采取措施或者不及时报告,致使发生重大伤亡事故的行为。

本罪是1997年《刑法》增设的罪名,1979年《刑法》和单行刑法均没有规定此罪名。

教育设施重大安全事故罪的构成要件是:

1. 本罪侵犯的客体是教学活动的安全。

教育机构实施教育教学活动的主要场所就是校舍及其他教育教学设施。因此,校舍及其他教育教学设施的安全直接关系到学校师生的生命健康和安全,进而关系到社会的稳定。《教育法》中对此问题作了明确的规定,目的就是通过法治手段来保障教育教学活动的正常秩序,保证进行教育教学活动的师生的安全。

2. 客观方面表现为明知校舍或者教育教学设施有危险,而不采取措施或者不及时报告,致使发生重大伤亡事故的行为。

"校舍",是指各类学校及其他教育机构的教室、教学楼、行政办公室、学生宿舍、图书馆、阅览室等。"教育教学设施",是指用于教育教学的各种设施、设备,如实验室、实验设备、体育器械等。"明知校舍或者教育教学设施有危险,而不采取措施或者不及时报告",是指明知校舍或者其他教育教学设施有倒塌或者发生人身伤害事故的危险或隐患,不履行应当履行的职责,不积极采取及时、有效的预防或者补救措施,或者不向学校领导、有关主管部门报告的行为。

3. 犯罪主体为特殊主体,即学校校长和其他对教育教学设施安全负有领导、管理职责的人员以及学校上级机关、有关房管部门的主管人员。

4. 主观方面由过失构成。

根据法律规定，明知校舍或者教育教学设施有危险，而不采取措施或者不及时报告，必须导致发生重大伤亡事故的行为，才构成犯罪。所谓重大伤亡事故，主要是指校舍倒塌、教育教学设施毁坏，造成人员伤亡等情形。

（二）认定教育设施重大安全事故罪应当注意的问题

认定教育设施重大安全事故罪应当注意划清罪与非罪的界限。本罪属结果犯。如果没有发生重大伤亡事故或者虽然发生了事故但并未造成人员伤亡等严重后果的，不构成犯罪。根据2015年12月16日起施行的《最高人民法院、最高人民检察院关于办理危害生产安全刑事案件适用法律若干问题的解释》（以下简称《办理危害生产安全刑事案件解释》）第6条第4款的规定，明知校舍或者教育教学设施有危险，而不采取措施或者不及时报告，造成死亡1人以上，或者重伤3人以上的，应当认定为"发生重大伤亡事故"。

（三）教育设施重大安全事故罪的刑事责任

依照《刑法》第138条规定，犯教育设施重大安全事故罪的，对直接责任人员，处三年以下有期徒刑或者拘役；后果特别严重的，处三年以上七年以下有期徒刑。

司法机关在适用本条规定处罚时，应当注意的问题是，本罪属实行单罚制的单位犯罪，只处罚直接责任人员。"直接责任人员"，是指对构成本罪负有直接责任的人，主要包括对危险校舍或设施具有采取措施职责或报告职责，而不采取措施、不报告的人员。

根据《办理危害生产安全刑事案件解释》第7条第4款的规定，符合相关情形之一的，应当认定为"后果特别严重"。

《办理危害生产安全刑事案件解释》对本罪定罪量刑的其他问题，如从重、从轻处罚情形，罪数形态，禁止令、从业禁止的适用等也作出了规定，实践中应注意适用。

五十三、消防责任事故罪

第一百三十九条 违反消防管理法规,经消防监督机构通知采取改正措施而拒绝执行,造成严重后果的,对直接责任人员,处三年以下有期徒刑或者拘役;后果特别严重的,处三年以上七年以下有期徒刑。

(一)消防责任事故罪的概念和构成要件

消防责任事故罪,是指违反消防管理法规,经消防监督机构通知采取改正措施而拒绝执行,造成严重后果的行为。

本罪是 1997 年《刑法》增设的罪名。

消防责任事故罪的构成要件是:

1. 本罪侵犯的客体是消防管理制度。

消防安全直接关系到人民的生命、健康安全和公私财产安全,会直接影响到社会秩序的稳定。特别是随着城市建设的迅猛发展,加强防火设施的建设,保证生产、生活用火的安全显得十分重要。

2. 客观方面表现为违反消防管理法规,经消防监督机构通知采取改正措施而拒绝执行,造成严重后果的行为。

"违反消防管理法规",是指违反国家有关消防方面的法律、法规和消防主管部门制定的有关规定等。这里所说的"消防监督机构",是指根据法律、法规规定设立的专门负责消防监督管理工作的机构,如消防局等。"造成严重后果",是指导致发生重大火灾,造成人员伤亡,或者公私财产遭受重大损失等情形。

3. 犯罪主体为特殊主体,即负有消防安全责任的人员。实践中多为机关、团体、企事业等单位中对消防工作负有直接责任的人员。

4. 主观方面由过失构成。

(二)认定消防责任事故罪应当注意的问题

1. 划清罪与非罪的界限。

行为人违反消防管理法规,经消防监督机构通知采取改正措施而拒绝执行，造成了严重后果的，才能构成本罪。本罪属结果犯。如果没有造成严重后果，或者虽然导致火灾事故的发生，但后果并不严重的，则不构成犯罪。根据2015年12月16日起施行的《最高人民法院、最高人民检察院关于办理危害生产安全刑事案件适用法律若干问题的解释》（以下简称《办理危害生产安全刑事案件解释》）第6条第1款的规定，违反消防管理法规，经消防监督机构通知采取改正措施而拒绝执行，因而发生生产安全事故，符合相关情形之一的，应当认定为"造成严重后果"。

2. 划清本罪与失火罪的界限。

本罪与失火罪的主要区别：（1）客观方面的表现形式不同。前者表现为行为人违反消防管理法规，经消防监督机构通知采取改正措施而拒绝执行，造成严重后果的行为；而后者表现为行为人过失引起火灾，导致人员重伤、死亡或者使公私财产遭受重大损失，危害公共安全的行为。（2）主体不同。前者是对本单位消防工作有直接责任的人员，行为人并未因自己的行为直接引发火灾；而后者的行为人是因用火不当直接导致火灾发生的人。

（三）消防责任事故罪的刑事责任

依照《刑法》第139条规定，犯消防责任事故罪的，对直接责任人员，处三年以下有期徒刑或者拘役；后果特别严重的，处三年以上七年以下有期徒刑。

司法机关在适用本条规定处罚时，应当注意的问题是，本罪属于实行单罚制的单位犯罪，只处罚直接责任人员。这里的"直接责任人员"，是指对拒绝执行消防监督机构通知的改正措施行为负有直接责任的人，既包括单位决定拒绝执行的有关负责人，也包括接到通知后拒绝执行的个人。

根据《办理危害生产安全刑事案件解释》第7条第1款的规定，具有下列情形之一的，应当认定为"后果特别严重"：（1）造成死亡3人以上或者重伤10人以上，负事故主要责任的；（2）造成直接经济损失500万元以上，负事故主要责任的；（3）其他后果特别严重的情形。

《办理危害生产安全刑事案件解释》对本罪定罪量刑的其他问题，如从重、从轻处罚情形，罪数形态，禁止令、从业禁止的适用等也作出了规定，实践中应注意适用。

五十四、不报、谎报安全事故罪

第一百三十九条之一[①] 在安全事故发生后,负有报告职责的人员不报或者谎报事故情况,贻误事故抢救,情节严重的,处三年以下有期徒刑或者拘役;情节特别严重的,处三年以上七年以下有期徒刑。

(一)不报、谎报安全事故罪的概念和构成要件

不报、谎报安全事故罪,是指在安全事故发生后,负有报告职责的人员不报或者谎报事故情况,贻误事故抢救,情节严重的行为。

本罪是《刑法修正案(六)》第4条增设的罪名。

不报、谎报安全事故罪的构成要件是:

1.本罪侵犯的客体是安全事故监管制度。

本罪主要是针对近年来一些事故单位的负责人和对安全事故负有监管职责的人员在事故发生后弄虚作假,结果贻误事故抢救,造成人员伤亡和财产损失进一步扩大的行为而设置的。

2.客观方面表现为在安全事故发生后,负有报告职责的人员不报或者谎报事故情况,贻误事故抢救,情节严重的行为。

不报、谎报安全事故的行为,除需符合本罪的构成要件外,还必须达到"情节严重"的程度,才构成犯罪。根据2015年12月16日起施行的《最高人民法院、最高人民检察院关于办理危害生产安全刑事案件适用法律若干问题的解释》(以下简称《办理危害生产安全刑事案件解释》)第8条第1款的规定,在安全事故发生后,负有报告职责的人员不报或者谎报事故情况,贻误事故抢救,符合相关情形之一的,应当认定为《刑法》第139条之一规定的"情节严重"。

[①] 本条由2006年6月29日《刑法修正案(六)》第4条增设。

3. 犯罪主体为对安全事故"负有报告职责的人员"。

"安全事故"不仅限于生产经营单位发生的安全生产事故、大型群众性活动中发生的重大伤亡事故，还包括《刑法》分则第二章规定的所有与安全事故有关的犯罪，但第129条、第138条除外，因为这两条已将不报告作为构成犯罪的条件之一。根据《办理危害生产安全刑事案件解释》第4条的规定，《刑法》第139条之一规定的"负有报告职责的人员"，是指负有组织、指挥或者管理职责的负责人、管理人员、实际控制人、投资人，以及其他负有报告职责的人员。

4. 主观方面由故意构成。

（二）认定不报、谎报安全事故罪应当注意的问题

认定不报、谎报安全事故罪应当注意划清罪与非罪的界限。不报、谎报安全事故，贻误事故抢救的行为，如果没有达到情节严重的程度，则属一般违法行为，不能追究行为人的刑事责任。

（三）不报、谎报安全事故罪的刑事责任

依照《刑法》第139条之一规定，犯不报、谎报安全事故罪的，处三年以下有期徒刑或者拘役；情节特别严重的，处三年以上七年以下有期徒刑。

根据《办理危害生产安全刑事案件解释》，司法机关在适用本条规定处罚时，应当注意以下问题：

1. 根据《办理危害生产安全刑事案件解释》第8条第2款的规定，具有下列情形之一的，应当认定为"情节特别严重"：（1）导致事故后果扩大，增加死亡3人以上，或者增加重伤10人以上，或者增加直接经济损失500万元以上的；（2）采用暴力、胁迫、命令等方式阻止他人报告事故情况，导致事故后果扩大的；（3）其他情节特别严重的情形。

2. 根据《办理危害生产安全刑事案件解释》第9条的规定，在安全事故发生后，与负有报告职责的人员串通，不报或者谎报事故情况，贻误事故抢救，情节严重的，依照《刑法》第139条之一的规定，以共犯论处。

3. 根据《办理危害生产安全刑事案件解释》第10条的规定，在安全事

故发生后，直接负责的主管人员和其他直接责任人员故意阻挠开展抢救，导致人员死亡或者重伤，或者为了逃避法律追究，对被害人进行隐藏、遗弃，致使被害人因无法得到救助而死亡或者重度残疾的，分别依照《刑法》第232条、第234条的规定，以故意杀人罪或者故意伤害罪定罪处罚。

《办理危害生产安全刑事案件解释》对本罪定罪量刑的其他问题，如从重、从轻处罚情形，罪数形态，禁止令、从业禁止的适用等也作出了规定，实践中应注意适用。

第三章　破坏社会主义市场经济秩序罪

第三章 破坏社会主义市场经济秩序罪

第一节 生产、销售伪劣商品罪

一、生产、销售伪劣产品罪

第一百四十条 生产者、销售者在产品中掺杂、掺假，以假充真，以次充好或者以不合格产品冒充合格产品，销售金额五万元以上不满二十万元的，处二年以下有期徒刑或者拘役，并处或者单处销售金额百分之五十以上二倍以下罚金；销售金额二十万元以上不满五十万元的，处二年以上七年以下有期徒刑，并处销售金额百分之五十以上二倍以下罚金；销售金额五十万元以上不满二百万元的，处七年以上有期徒刑，并处销售金额百分之五十以上二倍以下罚金；销售金额二百万元以上的，处十五年有期徒刑或者无期徒刑，并处销售金额百分之五十以上二倍以下罚金或者没收财产。

第一百四十九条 生产、销售本节第一百四十一条至第一百四十八条所列产品，不构成各该条规定的犯罪，但是销售金额在五万元以上的，依照本节第一百四十条的规定定罪处罚。

生产、销售本节第一百四十一条至第一百四十八条所列产品，构成各该条规定的犯罪，同时又构成本节第一百四十条规定之罪的，依照处罚较重的规定定罪处罚。

第一百五十条[①] 单位犯本节第一百四十条至第一百四十八条规定之罪的，对单位判处罚金，并对其直接负责的主管人员和其他直接责任人员，依照各该条的规定处罚。

---

① 为避免重复，第141条至第148条涉及单位犯罪的，均不再援引第150条的条文。

（一）生产、销售伪劣产品罪的概念和构成要件

生产、销售伪劣产品罪是指，生产者、销售者在产品中掺杂、掺假，以假充真，以次充好或者以不合格产品冒充合格产品，销售金额5万元以上的行为。

本罪是从《全国人民代表大会常务委员会关于惩治生产、销售伪劣商品犯罪的决定》第1条的规定，吸收改为《刑法》的具体规定的。

生产、销售伪劣产品罪的构成要件是：

1. 本罪的客体是消费者的合法权益和产品质量管理制度。

本罪的对象是伪劣产品。依照《产品质量法》第2条的规定，"产品"，是指经过加工、制作，用以销售的各类物品。但并非所有产品都可作为本罪的对象，如建筑工程。①

2. 本罪的客观方面表现为在产品中掺杂、掺假，以假充真，以次充好或者以不合格产品冒充合格产品，销售金额在5万元以上。

根据《最高人民法院、最高人民检察院关于办理生产、销售伪劣商品刑事案件具体应用法律若干问题的解释》（以下简称《办理生产、销售伪劣商品刑事案件解释》）第1条的规定，大致有四种行为方式：

第一种方式："在产品中掺杂、掺假"，是指在产品中掺入杂物、异物，致使产品不符合质量要求，降低、失去应有的使用性能。

第二种方式："以假充真"，是指以不具有某种使用性能的产品冒充具有使用性能的产品。

第三种方式："以次充好"，是指以质量差的产品冒充质量好的产品，也即以低等级、低档次产品冒充高等级、高档次产品。实践中，以残、次、废的零配件组合、拼装后冒充正品或者新产品的属于"以次充好"。

第四种方式："以不合格产品冒充合格产品"。所谓"不合格产品"，依照《办理生产、销售伪劣商品刑事案件解释》第1条第4款的规定，是指不符合《产品质量法》第26条第2款规定的质量要求的产品。

---

① 曲新久：《论生产、销售伪劣产品罪的几个问题》，载《人民检察》2016年第3期。

3. 本罪的主体是一般主体。只要达到刑事责任年龄和具有刑事责任能力的自然人，就符合本罪主体。如个体户、无业人员、工人、农民等。根据《刑法》第 150 条的规定，单位也属于本罪的主体，包括公司、企业、事业单位和社会团体。

4. 本罪的主观方面必须是故意，并且一般具有牟利目的，但牟利目的不是本罪的构成要件要素。

（二）认定生产、销售伪劣产品罪应当注意的问题

1. 划清罪与非罪的界限。

要注意区分本罪与一般违法行为的界限：（1）生产、销售伪劣产品罪的主观方面必须是故意，即行为人明知是伪劣产品而予以生产、销售；如果生产者不知道使用的原材料有假或者不符合标准，销售者不知其销售的商品是伪劣产品，因疏忽大意、不负责任而生产、销售的，不构成本罪。（2）《刑法》第 140 条规定销售金额在 5 万元以上才能构成生产、销售伪劣产品罪。对于销售金额不满 5 万元的，不构成犯罪，应区别不同情况由工商行政管理部门吊销执照，或者由产品质量管理部门给予责令停止生产、销售，没收违法所得或者罚款等行政处罚。

2. 如何认定"销售金额""货值金额"。

（1）未销售情形销售金额的认定。《办理生产、销售伪劣商品刑事案件解释》第 2 条第 1 款明确规定："销售金额是指生产者、销售者出售伪劣产品后所得和应得的全部违法收入。"全部违法收入，不应扣除成本及各种费用，包括所得的和应得的两种违法收入。前者指行为人出售伪劣商品后已经得到的违法收入；后者指行为人已经出售伪劣商品按照合同或者约定将要得到的违法收入。

《办理生产、销售伪劣商品刑事案件解释》第 2 条第 2 款规定："伪劣产品尚未销售，货值金额达到刑法第一百四十条规定的销售金额三倍以上的，以生产、销售伪劣产品罪（未遂）定罪处罚。"关于货值金额的计算方法，根据《产品质量法》第 72 条的规定，货值金额以违法生产、销售产品的标价计算；没有标价的，按照同类产品的市场价格计算。《办理生产、销售伪劣商

刑事案件解释》第2条第3款参照该计算办法进行了规定。同时，对于依照上述办法难以确定货值金额的情形，明确规定，应当按照原国家计划委员会、最高人民法院、最高人民检察院、公安部1997年4月22日联合发布的《扣押、追缴、没收物品估价管理办法》的规定，委托指定的估价机构确定。

（2）合格产品和伪劣产品混杂一起销售金额的认定。对于能够区分的，应当仅认定不合格产品的销售金额。对于不能区分的，应当视情形认定销售金额：第一种情形，为骗取用户的信任，先销售合格产品，后分期销售伪劣产品，但无证据证明具体哪期是合格产品，哪期是伪劣产品的。该情形严格上不是混杂产品，而是证据认定问题。我们认为，应当坚持有利于被告人原则，仅对能够确定为伪劣产品的计算销售金额。第二种情形，掺入伪劣产品后不能分开，导致部分产品性能受到影响且该部分产品比例能够确定的，仅对产品性能受到影响的部分认定销售金额。第三种情形，掺入伪劣产品后不能分开，导致整体产品性能发生影响的，整批产品的销售金额计入销售金额。①例如，四川仁寿齐旭液化气有限公司、仁寿县石某液化气燃料有限责任公司、仁寿县源通液化气有限公司等生产、销售伪劣产品罪案。法院认为，即使被告人将合格产品与伪劣产品混杂在一起销售，该金额现不能区分开来，也应视销售金额为销售伪劣产品的金额。因为行为人故意将合格产品与伪劣产品混杂在一起，导致金额不可分割，不仅是销售者自身的责任，而且常常是他们销售伪劣产品的手段。在此意义上说，其合格产品实际上成为欺诈他人的工具，在这种情况下销售合格产品，本身就是违法的。②

3. 购买零部件组装假冒正品销售或者对旧货翻新未加标示后销售的定性。

生产、销售假冒注册商标的商品，以假充真，以次充好，或者以不合格产品冒充合格产品，表明生产、销售者具有欺骗故意和行为，消费者因陷入认识错误而购买，情节严重的，构成生产、销售伪劣产品罪。其手段行为构成假冒注册商标罪或者销售假冒注册商标的商品罪，结果行为、目的的行为构成生

---

① 周洪波：《生产、销售伪劣产品罪司法认定问题研究》，载《国家检察官学院学报》2004年第1期。
② 四川省仁寿县人民法院（2019）川1421刑初362号。

产、销售伪劣产品罪，可以按照牵连犯的一般处断原则，依照处罚较重的罪名定罪处罚。将部分伪劣商品掺杂在注册商标的商品中予以销售，如果能够分割或者区分的，对掺杂部分商品依照处罚较重的罪名定罪处罚。如果不能分割或者无法区分的，对所销售的全部商品均依照处罚较重的罪名定罪处罚。

4. 生产、销售食品添加剂、包装材料、消毒剂以及不符合食品安全标准的食品的定性。

根据《最高人民法院、最高人民检察院关于办理危害食品安全刑事案件适用法律若干问题的解释》(以下简称《办理危害食品安全刑事案件解释》)第15条的规定，生产、销售不符合食品安全标准的食品添加剂，用于食品的包装材料、容器、洗涤剂、消毒剂，或者用于食品生产经营的工具、设备等，符合《刑法》第140条规定的，以生产、销售伪劣产品罪定罪处罚。生产、销售用超过保质期的食品原料、超过保质期的食品、回收食品作为原料的食品，或者以更改生产日期、保质期、改换包装等方式销售超过保质期的食品、回收食品，适用前款的规定定罪处罚。实施前两款行为，同时构成生产、销售不符合安全标准的食品罪，生产、销售不符合安全标准的产品罪等其他犯罪的，依照处罚较重的规定定罪处罚。

根据《办理危害食品安全刑事案件解释》第17条第2款的规定，对畜禽注水或者注入其他物质，足以造成严重食物中毒事故或者其他严重食源性疾病的，依照《刑法》第143条的规定以生产、销售不符合安全标准的食品罪定罪处罚；虽不足以造成严重食物中毒事故或者其他严重食源性疾病，但符合《刑法》第140条规定的，以生产、销售伪劣产品罪定罪处罚。

5. 生产、销售特定伪劣商品，同时构成生产、销售伪劣产品罪的论处。

生产、销售特定的伪劣商品，销售金额5万元以上的，可能同时构成生产、销售特定伪劣产品罪和生产、销售伪劣商品罪，即发生法条竞合问题。依照《刑法》第149条第2款的规定，应当按照处罚较重的罪名定罪处罚，对未最终论处的犯罪作为量刑情节予以考虑。[1]

---

[1] 张军主编：《刑法（分则）及配套规定新释新解》（上）（第3版），人民法院出版社2013年版，第312~313页。

6. 生产伪劣产品尚未销售的行为的量刑。

《办理生产、销售伪劣商品刑事案件解释》第 2 条明确了在入罪标准上伪劣产品尚未销售情形货值金额必须是销售金额的 3 倍。在量刑上是否也按照这一比例，《办理生产、销售伪劣商品刑事案件解释》未作任何规定。理论界与实务界存在分歧：一种意见认为，既然入罪标准按照货值金额是销售金额的 3 倍，那么量刑标准也应按照这一比例确定。在同一案件中采用两种标准，不利于保障被告人的合法权益；另一种意见认为，在确定法定刑适用幅度时应当按照货值金额等于销售金额的原则，不应按照倍比制。鉴于《刑法》总则已经对未遂犯作出"可以比照既遂犯从轻或者减轻处罚"的规定，分则中没有必要确定未遂犯的数额标准高于既遂犯，否则就会轻纵犯罪。2010 年《最高人民法院、最高人民检察院关于办理非法生产、销售烟草专卖品等刑事案件具体应用法律若干问题的解释》（以下简称《办理非法生产、销售烟草专卖品刑事案件解释》）第 2 条第 2 款规定："销售金额和未销售货值金额分别达到不同的法定刑幅度或者均达到同一法定刑幅度的，在处罚较重的法定刑幅度内酌情从重处罚。"

在部分销售案件中，因为同时存在销售金额和货值金额，如何适用罚金刑，也是司法实践中经常直面的问题。对此，主要存在三种观点：第一种观点主张，分别依照销售金额、货值金额确定罚金刑的数额，然后累计后确定统一的宣告刑。① 第二种观点主张，按照实际销售金额确定罚金刑的适用。没有销售金额，仅有货值金额的，按照销售金额基数为零确定罚金刑的数额。② 第三种观点主张，对罚金刑的数额可以按照入罪标准倍比制进行折算，以折算后的总和确定罚金刑。我们认为，对于此类案件，罚金刑的适用应与主刑保持一致。《办理非法生产、销售烟草专卖品刑事案件解释》出台后，应当按照该解释第 2 条第 2 款规定的原则确定适用的法定刑幅度。

---

① 杨高峰：《生产、销售伪劣产品罪中"销售金额""货值金额"问题探讨》，载《广州大学学报（社会科学版）》2003 年第 12 期。
② 参见单民、李莹莹：《生产、销售伪劣产品罪的若干问题研究》，载《中国刑事法杂志》2009 年第 4 期。

(三)生产、销售伪劣产品罪的刑事责任

依照《刑法》第 140 条规定,犯生产、销售伪劣产品罪的,销售金额 5 万元以上不满 20 万元的,处二年以下有期徒刑或者拘役,并处或者单处销售金额 50% 以上 2 倍以下罚金;销售金额 20 万元以上不满 50 万元的,处二年以上七年以下有期徒刑,并处销售金额 50% 以上 2 倍以下罚金;销售金额 50 万元以上不满 200 万元的,处七年以上有期徒刑,并处销售金额 50% 以上 2 倍以下罚金;销售金额 200 万元以上的,处十五年有期徒刑或者无期徒刑,并处销售金额 50% 以上 2 倍以下罚金或者没收财产。

依照《刑法》第 150 条规定,单位犯本罪的,对单位判处罚金,并对其直接负责的主管人员和其他直接责任人员,依照第 140 条规定处罚。

司法机关在适用《刑法》第 140 条、第 150 条规定处罚时,应当注意以下问题:

1. 根据《最高人民法院、最高人民检察院关于办理妨害预防、控制突发传染病疫情等灾害的刑事案件具体应用法律若干问题的解释》,在预防、控制突发传染病疫情等灾害期间,生产、销售伪劣的防治、防护产品、物资,构成犯罪的,依据《刑法》第 140 条的规定,以生产、销售伪劣产品罪定罪,从重处罚。

2. 犯生产、销售伪劣产品罪造成被害人经济损失的,除依照《刑法》第 140 条的规定追究刑事责任外,并应当根据情况判处赔偿经济损失。

二、生产、销售、提供假药罪

第一百四十一条[①] 生产、销售假药的,处三年以下有期徒刑或者拘役,并处罚金;对人体健康造成严重危害或者有其他严重情节的,处三年以上十年以下有期徒刑,并处罚金;致人死亡或者有其他特别严重情节的,处十年

---

① 本条经 2011 年 2 月 25 日《刑法修正案(八)》第 23 条、2020 年 12 月 26 日《刑法修正案(十一)》第 5 条两次修改。

以上有期徒刑、无期徒刑或者死刑，并处罚金或者没收财产。

药品使用单位的人员明知是假药而提供给他人使用的，依照前款的规定处罚。

（一）生产、销售、提供假药罪的概念和构成要件

生产、销售、提供假药罪，是指生产者、销售者、提供者明知是假药而进行生产、销售、提供的行为。

本罪是从《全国人民代表大会常务委员会关于惩治生产、销售伪劣商品犯罪的决定》第2条的规定，吸收改为《刑法》的具体规定的。1979年《刑法》第164条对制造、贩卖假药罪作了规定。《刑法修正案（八）》对本罪作了较大修改，一是取消"足以严重危害人体健康"的定罪要件，将本罪由危险犯调整为行为犯；二是在加重处罚的情节中增加了"其他严重情节""其他特别严重情节"的规定，以适应刑事打击的需要；三是删去单处罚金和罚金刑数额标准的规定，以解决经济处罚力度不够和罚金刑数额难以确定、罚金刑数额与行政罚款数额不协调的问题。《刑法修正案（十一）》第5条对141条第2款进行了修正，删除了"本条所称假药，是指依照《药品管理法》的规定属于假药和按假药处理的药品、非药品"，增设"药品使用单位的人员明知是假药而提供给他人使用的，依照前款的规定处罚"作为第2款。

生产、销售、提供假药罪的构成要件是：

1.本罪的客体是复杂客体，既侵犯了国家对药品的管理制度，又侵犯了不特定多数人身体健康、生命安全。

本罪的对象限于假药。2019年《药品管理法》修订时删除了以假药论处的相关规定。2019年《药品管理法》第98条第2款规定："有下列情形之一的，为假药：（1）药品所含成份与国家药品标准规定的成份不符；（2）以非药品冒充药品或者以他种药品冒充此种药品；（3）变质的药品；（4）药品所标明的适应症或者功能主治超出规定范围。"为加强与修订后的《药品管理法》衔接，《刑法修正案（十一）》亦进行了相应修正，删除了"本条所称假药，是指依照《中华人民共和国药品管理法》的规定属于假药和按假药处理的药品、非药品"。《最高人民法院、最高人民检察院关于办理危害药品安全

刑事案件适用法律若干问题的解释》（以下简称《办理危害药品安全刑事案件解释》）第19条明确，《刑法》第141条、第142条规定的"假药""劣药"，依照《药品管理法》的规定认定。对于《药品管理法》第98条第2款第2项、第4项及第3款第3项至第6项规定的假药、劣药，能够根据现场查获的原料、包装，结合犯罪嫌疑人、被告人供述等证据材料作出判断的，可以由地市级以上药品监督管理部门出具认定意见。对于依据《药品管理法》第98条第2款、第3款的其他规定认定假药、劣药，或者是否属于第98条第2款第2项、第3款第6项规定的假药、劣药存在争议的，应当由省级以上药品监督管理部门设置或者确定的药品检验机构进行检验，出具质量检验结论。司法机关根据认定意见、检验结论，结合其他证据作出认定。

2.本罪的客观方面表现为生产者、销售者、提供者违反国家的药品管理法律、法规，生产、销售、提供假药的行为。

本罪的行为方式包括：一是生产假药行为；二是销售假药行为；三是提供假药行为；四是实施生产、销售、提供假药中的任两种或三种选择性行为。实施了上述任何一种行为，并达到入罪标准的，即构成本罪。但对其中生产、又销售假药的，在处罚上应当从重。根据《办理危害药品安全刑事案件解释》第6条的规定，"生产"包括以下行为：（1）合成、精制、提取、储存、加工炮制药品原料的行为；（2）在将药品原料、辅料、包装材料制成成品过程中，进行配料、混合、制剂、储存、包装的行为。

《刑法修正案（十一）》增加了提供假药罪的条款，作为《刑法》第141条第2款。根据相关规定，药品使用单位的人员明知是假药而提供给他人使用的，依照提供药品罪定罪处罚。这里的"药品使用单位"包括医疗机构；提供者包括有偿提供和无偿提供。鉴于实践中对销售药品和提供药品的认定存在分歧，对此《办理危害药品安全刑事案件解释》第6条第2款作了明确规定。根据该款规定，药品使用单位及其工作人员明知是假药、劣药而有偿提供给他人使用的，应当认定为《刑法》第141条、第142条规定的"销售"；无偿提供给他人使用的，应当认定为《刑法》第141条、第142条规定的"提供"。

3.本罪主体是一般主体。

4. 主观方面只能由故意构成，即行为人明知是假药而仍予生产、销售、提供。本罪的行为人一般具有营利的目的，但实际上是否达到营利的目的，并不影响定罪，只要是有生产、销售、提供假药行为，就构成本罪。过失不构成本罪。

《办理危害药品安全刑事案件解释》第10条对生产、销售、提供假药罪主观故意的认定明确了指导原则。根据该条规定，办理生产、销售、提供假药刑事案件，应当结合行为人的从业经历、认知能力、药品质量、进货渠道和价格、销售渠道和价格以及生产、销售方式等事实综合判断认定行为人的主观故意。具有下列情形之一的，可以认定行为人有主观故意，但有证据证明确实不具有故意的除外：（1）药品价格明显异于市场价格的；（2）向不具有资质的生产者、销售者购买药品，且不能提供合法有效的来历证明的；（3）逃避、抗拒监督检查的；（4）转移、隐匿、销毁涉案药品、进销货记录的；（5）曾因实施危害药品安全违法犯罪行为受过处罚，又实施同类行为的；（6）其他足以认定行为人主观故意的情形。如果行为人由于违章生产药品，或者工作责任心不强，马马虎虎，生产出不合格产品或粗心大意销售假药的，不能构成本罪。如果行为人不知道是假药而销售、提供的行为也不构成本罪。此种情形，造成严重后果应追究刑事责任的，可以依照重大责任事故罪或玩忽职守罪追究处罚。①

（二）认定生产、销售、提供假药罪应当注意的问题

1. 划清本罪与以危险方法危害公共安全罪的界限。

生产、销售、提供假药罪，既侵犯了国家药品管理制度，又危害了人民群众的生命、健康安全。从某种意义上讲，其属于《刑法》第114条、第115条所规定的"以危险方法危害公共安全罪"的范畴，但《刑法》已对其作了单独规定，故有必要区别适用。生产、销售、提供假药罪，行为人主观上一般是以牟利为目的。为了牟取暴利，明知生产、销售、提供的是假药而

---

① 张军主编：《刑法（分则）及配套规定新释新解》（上）（第3版），人民法院出版社2013年版，第270页。

仍予以生产、销售、提供。至于其行为给人体健康、生命安全造成的严重危害后果，不在行为人追求的直接故意范围之内，或存在过失心理，或属于间接故意心理。如果行为人生产、销售、提供假药，目的就是对他人的生命健康、财产安全造成损害，危害公共安全，则应以以危险方法危害公共安全罪定罪处罚。

2. 销售假药罪与诈骗罪的牵连处理。

销售假药罪，从其构成要件分析，必然含有欺骗消费者的要素，仅从财产占有角度而言，销售假药罪与诈骗罪是种属关系。但毕竟销售假药罪的客体是国家药品管理制度和人体健康，所以其又不同于诈骗罪。一般情况下，销售假药罪与诈骗罪不会构成牵连犯，但在有些案件中，如果行为人为达成销售假药的目的，使用了其他虚构事实、隐瞒真相行为，而且主要是因为这部分行为才导致消费者陷入认识错误的，就可能构成销售假药罪和诈骗罪的牵连犯。例如，2009年新疆李某销售假药案。在该案中，被告人李某虚构事实，以"中国慢性病康复协会"会诊的名义，用免费讲课、检测为诱饵、私售假"糖脂宁胶囊"，并在网络、电视和报纸等媒体上随意夸大药物疗效，骗取消费者购买假"糖脂宁胶囊"。后因新疆喀什地区两名糖尿病患者服用假"糖脂宁胶囊"后死亡而案发。①本案中，李某为达成销售假"糖脂宁胶囊"的目的，使用了多种欺骗手段，其手段行为构成诈骗罪，目的行为构成销售假药罪，目的行为导致二人死亡，按照牵连犯从一重处断原则，应当以销售假药罪论处。

但如果销售假药的行为未导致食用者死亡或其他特别严重后果，且符合诈骗罪构成要件特征的，则存在以诈骗罪论处的可能。

3. 生产、销售假药罪与生产、销售伪劣商品罪的竞合处理。

根据《刑法》第142条之一第2款的规定，实施妨害药品管理罪，同时又构成生产、销售、提供假药罪，生产、销售、提供劣药罪的，依照处罚较重的规定定罪处罚。而根据《刑法》第149条规定，生产、销

---

① 古丽阿扎提·吐尔逊、阿地力江·阿布来提：《从两高司法解释看"假药"案件的司法认定问题》，载《中国检察官》2009年第8期。

售本节第141条至第148条所列产品，不构成各该条规定的犯罪，但是销售金额在5万元以上的，依照本节第140条的规定定罪处罚。生产、销售本节第141条至第148条所列产品，构成各该条规定的犯罪，同时又构成本节第140条规定之罪的，依照处罚较重的规定定罪处罚。《办理危害药品安全刑事案件解释》第8条第3款明确了与《刑法》第142条之一第2款同样的指导原则。同时，《办理危害药品安全刑事案件解释》第11条对生产、销售不符合药用要求的原料、辅料的行为定性明确了指导原则。对于以提供给他人生产、销售、提供药品为目的，违反国家规定，生产、销售不符合药用要求的原料、辅料，符合《刑法》第140条规定的，以生产、销售伪劣产品罪从重处罚；同时构成其他犯罪的，依照处罚较重的规定定罪处罚。

4. 实施非法行医犯罪同时构成其他犯罪的处理原则。

《最高人民法院关于审理非法行医刑事案件具体应用法律若干问题的解释》第5条规定："实施非法行医犯罪，同时构成生产、销售假药罪，生产、销售劣药罪，诈骗罪等其他犯罪的，依照刑法处罚较重的规定定罪处罚。"依照该规定，行为人在非法行医过程中，自己制作或者销售假药，或者以行医为名，诈骗就诊人钱财，同时构成生产、销售假药罪或者诈骗罪的，按照《刑法》关于处理牵连犯的处罚原则，以处罚较重的犯罪论处。

5. 生产、销售、提供假药罪的共犯的认定。

司法实践中，生产、销售、提供假药罪的共同犯罪比较突出，有的人知道或者应当知道他人生产、销售假药，而为其提供资金等经济条件，有的提供生产技术，有的提供其他生产、经营便利条件，还有的为其进行广告等宣传活动。2009年《最高人民法院、最高人民检察院关于办理生产、销售假药、劣药刑事案件具体应用法律若干问题的解释》（已失效）第5条专门明确了指导原则。后2014年《最高人民法院、最高人民检察院关于办理危害药品安全刑事案件适用法律若干问题的解释》（已失效，以下简称2014年《办理危害药品安全刑事案件解释》）第8条针对新发生的提供网络销售渠道、提供标签、说明书的情形亦明确了共犯。《办理危害药品安全刑事案件解释》第9条在此基础上对销售渠道删去了网络销售的限制，同时增加了

"提供虚假药物非临床研究报告、药物临床试验报告及相关材料的""提供其他帮助的"兜底项，进一步严密了法网。根据《办理危害药品安全刑事案件解释》第9条的规定，明知他人实施危害药品安全犯罪，而有下列情形之一的，以共同犯罪论处：（1）提供资金、贷款、账号、发票、证明、许可证件的；（2）提供生产、经营场所、设备或者运输、储存、保管、邮寄、销售渠道等便利条件的；（3）提供生产技术或者原料、辅料、包装材料、标签、说明书的；（4）提供虚假药物非临床研究报告、药物临床试验报告及相关材料的；（5）提供广告宣传的；（6）提供其他帮助的。

6. 生产、销售、提供假药金额的认定。

生产、销售、提供假药的金额，是决定危害药品安全犯罪刑罚适用的一个重要标准。2014年《办理危害药品安全刑事案件解释》第15条对"生产、销售金额"的含义作了专门规定，明确生产、销售假药所得和可得的全部违法收入。《办理危害药品安全刑事案件解释》第20条对此进行了修正，区分了两种情形分别规定：对于生产、提供药品的金额，以药品的货值金额计算；销售药品的金额，以所得和可得的全部违法收入计算。

（三）生产、销售、提供假药罪的刑事责任

1. 三档法定刑。依照《刑法》第141条第1款规定，犯生产、销售、提供假药罪的，有三档法定刑，分别是：

起点法定刑：三年以下有期徒刑或者拘役，并处罚金。

加重法定刑：对人体健康造成严重危害或者有其他严重情节的，处三年以上十年以下有期徒刑，并处罚金。依照《办理危害药品安全刑事案件解释》第2条规定，生产、销售假药，具有下列情形之一的，应当认定为《刑法》第141条规定的"对人体健康造成严重危害"：（1）造成轻伤或者重伤的；（2）造成轻度残疾或者中度残疾的；（3）造成器官组织损伤导致一般功能障碍或者严重功能障碍的；（4）其他对人体健康造成严重危害的情形。

依照《办理危害药品安全刑事案件解释》第3条规定，生产、销售假药，具有下列情形之一的，应当认定为《刑法》第141条规定的"其他严重情节":(1)引发较大突发公共卫生事件的;(2)生产、销售、提供假药的金额20万元以上不满50万元的;(3)生产、销售、提供的假药金额10万元以上不满20万元,并具有本解释第1条规定情形之一的;(4)根据生产、销售、提供的时间、数量、假药种类、对人体健康危害程度等,应当认定为情节严重的。本解释第1条规定的情形是指:(1)涉案药品以孕产妇、儿童或者危重病人为主要使用对象的;(2)涉案药品属于麻醉药品、精神药品、医疗用毒性药品、放射性药品、生物制品,或者以药品类易制毒化学品冒充其他药品的;(3)涉案药品属于注射剂药品、急救药品的;(4)涉案药品系用于应对自然灾害、事故灾难、公共卫生事件、社会安全事件等突发事件的;(5)药品使用单位及其工作人员生产、销售假药的;(6)其他应当酌情从重处罚的情形。

最高法定刑:致人死亡或者有其他特别严重情节的,处十年以上有期徒刑、无期徒刑或者死刑,并处罚金或者没收财产。依照《办理危害药品安全刑事案件解释》第4条规定,生产、销售假药,具有下列情形之一的,应当认定为《刑法》第141规定的"其他特别严重情节":(1)致人重度残疾以上的;(2)造成3人以上重伤、中度残疾或者器官组织损伤导致严重功能障碍的;(3)造成5人以上轻度残疾或者器官组织损伤导致一般功能障碍的;(4)造成10人以上轻伤的;(5)引发重大、特别重大突发公共卫生事件的;(6)生产、销售、提供假药的金额50万元以上的;(7)生产、销售、提供的假药金额20万元以上不满50万元,并具有本解释第1条规定情形之一的;(8)根据生产、销售、提供的时间、数量、假药种类、对人体健康危害程度等,应当认定为情节特别严重的。本解释第1条规定的情形同前。

2. 从重处罚情形。根据《办理危害药品安全刑事案件解释》第1条的规定,生产、销售假药,具有下列情形之一的,应当酌情从重处罚:(1)涉案药品以孕产妇、儿童或者危重病人为主要使用对象的;(2)涉案药品属于麻醉药品、精神药品、医疗用毒性药品、放射性药品、生物制品,或者以药品类易制毒化学品冒充其他药品的;(3)涉案药品属于注射剂药品、急救药品的;(4)涉案药品系用于应对自然灾害、事故灾难、公共卫生事件、社会安全事件等突发事件的;(5)药品使用单位及其工作人员生产、销售假药的;

（6）其他应当酌情从重处罚的情形。

3. 罚金刑的适用。根据《办理危害药品安全刑事案件解释》第15条、第17条的规定，对于犯生产、销售、提供假药罪，罚金一般应当在生产、销售、提供的药品金额2倍以上；共同犯罪的，对各共同犯罪人合计判处的罚金一般应当在生产、销售、提供的药品金额2倍以上。总体上看，《办理危害药品安全刑事案件解释》加大了罚金刑的处罚力度，对于遏制危害药品安全的犯罪具有重大意义。但是在看到这点的同时，也必须认识到其所带来的弊端。如在利益驱动影响下，可能会出现这样一种现象，即个别法院不以犯罪情节为主要依据，一旦发现被告人财力雄厚，就判处巨额罚金。有鉴于此，《办理危害药品安全刑事案件解释》第15条同时规定，生产、销售、提供假药罪的，应当结合被告人的犯罪数额、违法所得，综合考虑被告人缴纳罚金的能力，依法判处罚金。

4. 缓免刑的适用原则。对实施生产、销售假药的犯罪分子，应当依照《刑法》规定的条件，严格缓刑、免予刑事处罚的适用。对于适用缓刑的，应当同时宣告禁止令，禁止犯罪分子在缓刑考验期内从事药品生产、销售及相关活动。

5. 单位犯罪的处罚。单位犯本罪的，对单位判处罚金，并对直接负责的主管人员和其他直接责任人员依照《办理危害药品安全刑事案件解释》规定的自然人犯罪的定罪量刑标准处罚，这里的处罚除了主刑还包括罚金。单位犯罪的，对被告单位及其直接负责的主管人员、其他直接责任人员合计判处的罚金一般应当在生产、销售、提供的药品金额2倍以上。

三、生产、销售、提供劣药罪

第一百四十二条[①]　生产、销售劣药，对人体健康造成严重危害的，处三年以上十年以下有期徒刑，并处罚金；后果特别严重的，处十年以上有期徒刑或者无期徒刑，并处罚金或者没收财产。

---

① 本条经2020年12月26日《刑法修正案（十一）》第6条修改。

药品使用单位的人员明知是劣药而提供给他人使用的,依照前款的规定处罚。

(一)生产、销售、提供劣药罪的概念和构成要件

生产、销售、提供劣药罪,是指生产者、销售者、提供者明知是劣药而进行生产、销售,并对人体健康造成严重危害的行为。

本罪是从《全国人民代表大会常务委员会关于惩治生产、销售伪劣商品犯罪的决定》第2条第2款的规定吸收改为刑法的具体规定的。1979年《刑法》没有生产、销售、提供劣药罪的规定。为加强与《药品管理法》的衔接,《刑法修正案(十一)》对本罪进行了以下两个方面的修正:一是删去了倍比罚金比例,不再对罚金刑的数额设置限制;二是删去了"本条所称劣药,是指依照《中华人民共和国药品管理法》的规定属于劣药的药品"。同时,针对药品使用单位的人员明知是劣药而提供给他人使用的行为,明确了处理原则。

生产、销售、提供劣药罪的构成要件是:

1. 本罪侵犯的客体是国家的药品管理制度和公民的健康权利。犯罪对象仅限于劣药。

2019年《药品管理法》第98条第3款、第4款规定:"有下列情形之一的,为劣药:(一)药品成份的含量不符合国家药品标准;(二)被污染的药品;(三)未标明或者更改有效期的药品;(四)未注明或者更改产品批号的药品;(五)超过有效期的药品;(六)擅自添加防腐剂、辅料的药品;(七)其他不符合药品标准的药品。禁止未取得药品批准证明文件生产、进口药品;禁止使用未按照规定审评、审批的原料药、包装材料和容器生产药品。"《最高人民法院、最高人民检察院关于办理危害药品安全刑事案件适用法律若干问题的解释》(以下简称《办理危害药品安全刑事案件解释》)第19条明确,《刑法》第141条、第142条规定的"假药""劣药",依照《药品管理法》的规定认定。对于《药品管理法》第98条第2款第2项、第4项及第3款第3项至第6项规定的假药、劣药,能够根据现场查获的原料、包装,结合犯罪嫌疑人、被告人供述等证据材料作出判断的,可以由地市级以

上药品监督管理部门出具认定意见。对于依据《药品管理法》第98条第2款、第3款的其他规定认定假药、劣药，或者是否属于第98条第2款第2项、第3款第6项规定的假药、劣药存在争议的，应当由省级以上药品监督管理部门设置或者确定的药品检验机构进行检验，出具质量检验结论。司法机关根据认定意见、检验结论，结合其他证据作出认定。

2. 本罪的客观方面是生产、销售、提供劣药，对人体健康造成严重危害，或者后果特别严重。

本罪的行为方式包括：一是生产劣药行为；二是销售劣药行为；三是提供劣药行为。根据《办理危害药品安全刑事案件解释》第6条的规定，"生产"包括以下行为：（1）合成、精制、提取、储存、加工炮制药品原料的行为；（2）在将药品原料、辅料、包装材料制成成品过程中，进行配料、混合、制剂、储存、包装的行为。药品使用单位及其工作人员明知是劣药而有偿提供给他人使用的，应当认定为"销售"；无偿提供给他人使用的，应当认定为"提供"。

构成本罪，除生产、销售、提供劣药行为外，还必须"对人体健康造成严重危害"，方能构成本罪。根据《办理危害药品安全刑事案件解释》第5条、第2条的规定，具有该条情形之一的，应当认定为"对人体健康造成严重危害"。（1）造成轻伤或者重伤的；（2）造成轻度残疾或者中度残疾的；（3）造成器官组织损伤导致一般功能障碍或者严重功能障碍的；（4）其他对人体健康造成严重危害的情形。

根据《办理危害药品安全刑事案件解释》第5条、第4条的规定，生产、销售、提供劣药，致人死亡，或者具有本解释第4条第1项至第5项规定情形之一的，应当认定为《刑法》第142条规定的"后果特别严重"。第4条规定的情形包括：（1）致人重度残疾以上的；（2）造成3人以上重伤、中度残疾或者器官组织损伤导致严重功能障碍的；（3）造成5人以上轻度残疾或者器官组织损伤导致一般功能障碍的；（4）造成10人以上轻伤的；（5）引发重大、特别重大突发公共卫生事件的。

3. 本罪的主体是一般主体，自然人和单位都可以成为本罪的主体。

凡达到刑事责任年龄、具有刑事能力的自然人，均可构成本罪。而提供劣药罪的主体是特殊主体，必须是药品使用单位的人员。

4. 本罪的主观方面只能由故意构成，即行为人明知是劣药而仍予生产、销售、提供。

《办理危害药品安全刑事案件解释》第10条对生产、销售、提供劣药罪主观故意的认定明确了指导原则。根据该条规定，办理生产、销售、提供劣药刑事案件，应当结合行为人的从业经历、认知能力、药品质量、进货渠道和价格、销售渠道和价格以及生产、销售方式等事实综合判断认定行为人的主观故意。具有下列情形之一的，可以认定行为人有实施相关犯罪的主观故意，但有证据证明确实不具有故意的除外：（1）药品价格明显异于市场价格的；（2）向不具有资质的生产者、销售者购买药品，且不能提供合法有效的来历证明的；（3）逃避、抗拒监督检查的；（4）转移、隐匿、销毁涉案药品、进销货记录的；（5）曾因实施危害药品安全违法犯罪行为受过处罚，又实施同类行为的；（6）其他足以认定行为人主观故意的情形。

（二）认定生产、销售、提供劣药罪应当注意的问题

1. 生产、销售、提供劣药罪与非罪的界限。

依本条的规定，生产、销售、提供劣药的行为，只有对人体健康造成严重危害的，才构成本罪。如果没有对人体健康造成严重危害的，不构成本罪。生产、销售劣药未对人体造成严重危害，但销售金额超过5万元的，构成生产、销售伪劣产品罪；若未超过5万元的，属一般违法行为，不构成犯罪，可给予行政处理。

同时，《办理危害药品安全刑事案件解释》第18条规定，根据民间传统配方私自加工药品或者销售上述药品，数量不大，且未造成他人伤害后果或者延误诊治的，或者不以营利为目的实施带有自救、互助性质的生产、进口、销售药品的行为，不应当认定为犯罪。对于是否属于民间传统配方难以确定的，根据地市级以上药品监督管理部门或者有关部门出具的认定意见，结合其他证据作出认定。对于生产商、销售商明知所谓的"偏方"没有任何主治功能还大量生产、销售，社会危害较大，但又不宜将"偏方"认定为劣药的案件，在审理时，要注意开阔视野，从构成要件上考虑有无更符合案件

特征的罪名，以增加定罪的准确性和科学性。①

2.实施非法行医犯罪同时构成其他犯罪的处理原则。

《最高人民法院关于审理非法行医刑事案件具体应用法律若干问题的解释》第5条规定："实施非法行医犯罪，同时构成生产、销售假药罪，生产、销售劣药罪，诈骗罪等其他犯罪的，依照刑法处罚较重的规定定罪处罚。"

3.生产、销售、提供劣药犯罪与其他犯罪竞合时的处理。

实践中，生产、销售、提供假药罪，生产、销售、提供劣药罪，与生产、销售伪劣产品、侵犯知识产权、非法经营、非法行医、非法采供血等犯罪可能发生竞合。根据《刑法》第142条之一第2款的规定，实施妨害药品管理罪，同时又构成生产、销售、提供假药罪，生产、销售、提供劣药罪的，依照处罚较重的规定定罪处罚。依照《刑法》第149条第2款规定，生产、销售本节第141条至第148条所列产品，不构成各该条规定的犯罪，但是销售金额在5万元以上的，依照本节第140条的规定定罪处罚。生产、销售本节第141条至第148条所列产品，构成各该条规定的犯罪，同时又构成本节第140条规定之罪的，依照处罚较重的规定定罪处罚。《办理危害药品安全刑事案件解释》第8条第3款进一步明确，实施《刑法》第142条之一规定的行为，同时又构成生产、销售、提供假药罪、生产、销售、提供劣药罪或者其他犯罪的，依照处罚较重的规定定罪处罚。《办理危害药品安全刑事案件解释》第11条还规定，以提供给他人生产、销售、提供药品为目的，违反国家规定，生产、销售不符合药用要求的原料、辅料，符合《刑法》第140条规定的，以生产、销售伪劣产品罪从重处罚；同时构成其他犯罪的，依照处罚较重的规定定罪处罚。

4.生产、销售、提供劣药金额的认定。

生产、销售、提供假药的金额，是决定危害药品安全犯罪刑罚适用的一个重要标准。《最高人民法院、最高人民检察院关于办理危害药品安全刑事案件适用法律若干问题的解释》（已失效，以下简称2014年《办理危害药品安全刑事案件解释》）第15条对"生产、销售金额"的含义作了专门规定，

---

① 参见张永彬：《略论制造贩卖假药罪》，载《河北法学》1986年第2期。

明确生产、销售假药所得和可得的全部违法收入。《办理危害药品安全刑事案件解释》第20条对此进行了修正，区分了两种情形分别规定：对于生产、提供药品的金额，以药品的货值金额计算；销售药品的金额，以所得和可得的全部违法收入计算。

5. 生产、销售、提供劣药罪的共犯的认定。

司法实践中，生产、销售、提供劣药罪的共同犯罪比较突出，有的人知道或者应当知道他人生产、销售劣药，而为其提供资金等经济条件，有的提供生产技术，有的提供其他生产、经营便利条件，还有的为其进行广告等宣传活动。2014年《办理危害药品安全刑事案件解释》第8条针对新发生的提供网络销售渠道、提供标签、说明书的情形亦明确了共犯。《办理危害药品安全刑事案件解释》第9条在此基础上对销售渠道删去了网络销售的限制，同时增加了"提供虚假药物非临床研究报告、药物临床试验报告及相关材料的；""提供其他帮助的"兜底项，进一步严密了法网。根据《办理危害药品安全刑事案件解释》第9条的规定，明知他人实施危害药品安全犯罪，而有下列情形之一的，以共同犯罪论处：（1）提供资金、贷款、账号、发票、证明、许可证件的；（2）提供生产、经营场所、设备或者运输、储存、保管、邮寄、销售渠道等便利条件的；（3）提供生产技术或者原料、辅料、包装材料、标签、说明书的；（4）提供虚假药物非临床研究报告、药物临床试验报告及相关材料的；（5）提供广告宣传的；（6）提供其他帮助的。

（三）生产、销售、提供劣药罪的刑事责任

1. 两档法定刑。依照《刑法》第142条第1款规定，犯生产、销售劣药罪的，处三年以上十年以下有期徒刑，并处罚金；后果特别严重的，处十年以上有期徒刑或者无期徒刑，并处罚金或者没收财产。

2. 从重处罚。生产、销售、提供劣药，具有以下情形的应当酌情从重处罚：（1）涉案药品以孕产妇、儿童或者危重病人为主要使用对象的；（2）涉案药品属于麻醉药品、精神药品、医疗用毒性药品、放射性药品、生物制品，或者以药品类易制毒化学品冒充其他药品的；（3）涉案药品属于注射剂药品、急救药品的；（4）涉案药品系用于应对自然灾害、事故灾难、公共卫生事件、社会安全事件等突发事件的;(5)药品使用单位及其工作人员生产、销售假药的;(6)其他应当酌情从重处罚的情形。

3. 罚金刑的适用。根据《办理危害药品安全刑事案件解释》第 15 条、第 17 条的规定，对于犯生产、销售、提供劣药罪，罚金一般应当在生产、销售、提供的药品金额 2 倍以上;共同犯罪的，对各共同犯罪人合计判处的罚金一般应当在生产、销售、提供的药品金额 2 倍以上。总体上看，《办理危害药品安全刑事案件解释》加大了罚金刑的处罚力度，对于遏制危害药品安全的犯罪具有重大意义。但是在看到这点的同时，也必须认识到其所带来的弊端。如在利益驱动影响下，可能会出现这样一种现象，即个别法院不以犯罪情节为主要依据，一旦发现被告人财力雄厚，就判处巨额罚金。有鉴于此，《办理危害药品安全刑事案件解释》第 15 条同时规定，生产、销售、提供劣药罪的，应当结合被告人的犯罪数额、违法所得，综合考虑被告人缴纳罚金的能力，依法判处罚金。

4. 缓免刑的适用原则。对实施生产、销售劣药的犯罪分子，应当依照《刑法》规定的条件，严格缓刑、免予刑事处罚的适用。对于适用缓刑的，应当同时宣告禁止令，禁止犯罪分子在缓刑考验期内从事药品生产、销售及相关活动。

5. 单位犯罪的处罚。单位犯本罪的，对单位判处罚金，并对直接负责的主管人员和其他直接责任人员依照《办理危害药品安全刑事案件解释》规定的自然人犯罪的定罪量刑标准处罚，这里的处罚除了主刑还包括罚金。单位犯罪的，对被告单位及其直接负责的主管人员、其他直接责任人员合计判处的罚金一般应当在生产、销售、提供的药品金额 2 倍以上。

四、妨害药品管理罪

第一百四十二条之一[①] 违反药品管理法规，有下列情形之一，足以严重危害人体健康的，处三年以下有期徒刑或者拘役，并处或者单处罚金;对人体健康造成严重危害或者有其他严重情节的，处三年以上七年以下有期徒

[①] 本条由 2020 年 12 月 26 日《刑法修正案(十一)》第 7 条增设。

刑，并处罚金：

（一）生产、销售国务院药品监督管理部门禁止使用的药品的；

（二）未取得药品相关批准证明文件生产、进口药品或者明知是上述药品而销售的；

（三）药品申请注册中提供虚假的证明、数据、资料、样品或者采取其他欺骗手段的；

（四）编造生产、检验记录的。

有前款行为，同时又构成本法第一百四十一条、第一百四十二条规定之罪或者其他犯罪的，依照处罚较重的规定定罪处罚。

（一）妨害药品管理罪的概念和构成要件

妨害药品管理罪，是指具有违反药品管理法规特定情形，造成足以严重危害人体健康的行为。

本罪是《刑法修正案（十一）》第7条新增的罪名。

妨害药品管理罪的构成要件是：

1.本罪侵犯的客体是药品管理制度和人身健康安全。

2.本罪的客观方面是违反药品管理法规特定情形，足以严重危害人体健康的行为，本罪是危险犯。

违反药品管理法规，包括违反《药品管理法》《中医药法》《药品管理法实施条例》以及其他有关药品监管方面的法律以及行政法规。

对于本罪规定中的违反药品管理的4种法定情形，《药品管理法》均有行政处罚的规定，是否构成犯罪，关键看是否达到"足以严重危害人体健康的"程度。对此，《最高人民法院、最高人民检察院关于办理危害药品安全刑事案件适用法律若干问题的解释》（以下简称《办理危害药品安全刑事案件解释》）明确了认定标准。根据《办理危害药品安全刑事案件解释》第7条的规定，实施妨害药品管理的行为，具有下列情形之一的，应当认定为《刑法》第142条之一规定的"足以严重危害人体健康"：（1）生产、销售国务院药品监督管理部门禁止使用的药品，综合生产、销售的时间、数量、禁止使用原因等情节，认为具有严重危害人体健康的现实危险的。（2）未取得药品相关批准证明文件生产药品或者明知是上述药品而销售，涉案药品属于本解释第1条第1项至第3项规定情形的。（3）未取得药品相关批准证明文件生产药品或者明知是上述药品而销售，涉案药品的适应症、功能主治或者成分不明的。（4）未取得药品相关批准证明文件生产药品或者明知是上述药品而销售，涉案药品没有国家药品标准，且无核准的药品质量标准，但检出化学药成分的。（5）未取得药品相关批准证明文件进口药品或者明知是上述药品而销售，涉案药品在境外也未合法上市的。对于涉案药品是否在境外合法上市，应当根据境外药品监督管理部门或者权利人的证明等证据，结合犯罪嫌疑人、被告人及其辩护人提供的证据材料综合审查，依法作出认定。（6）在药物非临床研究或者药物临床试验过程中故意使用虚假试验用药品，或者瞒报与药物临床试验用药品相关的严重不良事件的。（7）故意损毁原始药物非临床研究数据或者药物临床试验数据，或者编造受试动物信息、受试者信息、主要试验过程记录、研究数据、检测数据等药物非临床研究数据或者药物临床试验数据，影响药品的安全性、有效性和质量可控性的。（8）编造生产、检验记录，影响药品的安全性、有效性和质量可控性的。（9）其他足以严重危害人体健康的情形。《办理危害药品安全刑事案件解释》第1条第1项至第3项规定的情形是指：（1）涉案药品以孕产妇、儿童或者危重病人为主要使用对象的；（2）涉案药品属于麻醉药品、精神药品、医疗用毒性药品、放射性药品、生物制品，或者以药品类易制毒化学品冒充其他药品的；（3）涉案药品属于注射剂药品、急救药品的。

根据《办理危害药品安全刑事案件解释》的规定，对于"足以严重危害人体健康"难以确定的，根据地市级以上药品监督管理部门出具的认定意见，结合其他证据作出认定。

3.犯罪主体是一般主体。既可以是自然人，也可以是单位。

4.犯罪主观方面是故意，过失不可能构成本罪。

（二）认定妨害药品管理罪应当注意的问题

2019年《药品管理法》修订时按照药品功效，对2015年《药品管理法》规定的假药、劣药范围作出了重大调整，由原来的假药、劣药和按假药、劣药论,修改为假药、劣药两类,不再保留按假、劣药论处的概念。根据《药品管理法》第 121 条规定,对假药、劣药的处罚决定,应当依法载明药品检验机构的质量检验结论。因此对于假药、劣药认定原则上须有检验结论通过药品质量予以证明,不再由法律拟制性规定直接予以认定。但是对于原规定中生产、销售以假药、劣药罪的论处的情形,《刑法》并非放任不管,如 2015 年《药品管理法》第 48 条第 3 款规定以假药论的,需要根据具体情形分别处理:有的作为本罪处理,对应本罪第 1 项规定"生产、销售国务院药品监督管理部门规定禁止使用的药品",以及第 2 项中"未取得药品相关批准证明文件生产、进口药品的"情形;还有的情形,原规定以假药论第 3 项药品变质的、第 4 项药品被污染的,需要根据药品的质量检验结论,社会危害性程度,再确定罪名,可能构成生产假药罪,生产、提供劣药罪,或者仅作为行政处罚处理。

此外,《最高人民法院、最高人民检察院关于办理危害药品安全刑事案件适用法律若干问题的解释》(已失效,以下简称 2014 年《办理危害药品安全刑事案件解释》)第 7 条第 1 款规定:"违反国家药品管理法律法规,未取得或者使用伪造、变造的药品经营许可证,非法经营药品,情节严重的,依照刑法第二百二十五条的规定以非法经营罪定罪处罚。"2019 年《药品管理法》修订施行后,普遍认为对于未取得药品批准证明生产、进口药品的行为可以认定为非法经营罪,依照未取得药品批准证明生产、进口药品足以严重危害人体健康的行为才构成本罪。这种观点对于单纯的经营行为处以重罪,以非法经营罪定罪处罚,对于具有特定危险的行为却处以轻罪,明显会导致量刑失衡。因此,《刑法修正案(十一)》施行后,此类情形不宜按照非法经营罪论处。基于这一考虑,《办理危害药品安全刑事案件解释》删除了 2014 年《办理危害药品安全刑事案件解释》第 7 条,意味着对无证经营真药、挂靠经营真药的行为不宜按照非法经营罪论处。最高人民法院相关负责同志认为,对于无证经营真药的行为可以给予相应的行政处罚,不宜适用非法经营罪,构成其他犯罪的依照其他犯罪定罪处罚。危害后果特别严重、社会影响特别恶劣的案件,确有必要以非法经营罪追究刑事责任的,可作为特殊个案,根据 2011 年 4 月 8 日《最高人民法院关于准确理解和适用刑法中"国家规定"的有关问题的通知》要求，逐级向最高人民法院请示。[①]

（三）妨害药品管理罪的刑事责任

1. 入罪情节、加重情节和对应法定刑。依照《刑法》第142条之一第1款的规定，构成妨害药品管理罪的，处三年以下有期徒刑或者拘役，并处或者单处罚金；对人体健康造成严重危害或者有其他严重情节的，处三年以上七年以下有期徒刑，并处罚金。对于"对人体健康造成严重危害或者有其他严重情节"的把握，可以直接适用《办理危害药品安全刑事案件解释》第8条的规定。根据该条规定，实施妨害药品管理的行为，具有以下情形之一的，应当认定为《刑法》第142条之一规定的"对人体健康造成严重危害"：（1）造成轻伤或者重伤的；（2）造成轻度残疾或者中度残疾的；（3）造成器官组织损伤导致一般功能障碍或者严重功能障碍的；（4）其他对人体健康造成严重危害的情形。

实施妨害药品管理的行为，足以严重危害人体健康，并具有下列情形之一的，应当认定为《刑法》第142条之一规定的"有其他严重情节"：（1）生产、销售国务院药品监督管理部门禁止使用的药品，生产、销售的金额50万元以上的；（2）未取得药品相关批准证明文件生产、进口药品或者明知是上述药品而销售，生产、销售的金额50万元以上的；（3）药品申请注册中提供虚假的证明、数据、资料、样品或者采取其他欺骗手段，造成严重后果的；（4）编造生产、检验记录，造成严重后果的；（5）造成恶劣社会影响或者具有其他严重情节的情形。

2. 妨害药品管理罪的相关竞合处理原则。依照《刑法》第142条之一第2款的规定，有妨害药品管理的行为，药品经过质量检验认定为假药、劣药的，可能同时又构成《刑法》第141条生产、销售、提供假药罪，第142条生产、销售、提供劣药罪，或者其他侵犯知识产权犯罪、走私犯罪等其他犯罪的，依照处罚较重的规定定罪处罚。《办理危害药品安全刑事案件解释》

[①] 周加海：《〈关于办理危害药品安全刑事案件适用法律若干问题的解释〉的解读》，载"首都公安法制"微信公众号，2022年3月28日。

第8条第3款进一步明确,实施《刑法》第142条之一规定的行为,同时又构成生产、销售、提供假药罪、生产、销售、提供劣药罪或者其他犯罪的,依照处罚较重的规定定罪处罚。

3. 单位犯妨害药品管理罪的处罚。单位犯本罪的,对单位判处罚金,并对直接负责的主管人员和其他直接责任人员依照《办理危害药品安全刑事案件解释》规定的自然人犯罪的定罪量刑标准处罚,这里的处罚除了主刑还包括罚金。单位犯罪的,对被告单位及其直接负责的主管人员、其他直接责任人员合计判处的罚金一般应当在生产、销售、提供的药品金额2倍以上。

4. 罚金刑的判罚标准。根据《办理危害药品安全刑事案件解释》第15条、第17条的规定,对于犯妨害药品管理罪,罚金一般应当在生产、销售、提供的药品金额2倍以上;共同犯罪的,对各共同犯罪人合计判处的罚金一般应当在生产、销售、提供的药品金额2倍以上。《办理危害药品安全刑事案件解释》加大了罚金刑的处罚力度,对于遏制危害药品安全的犯罪具有重大意义。但是在看到这点的同时,也必须认识到其所带来的弊端。如在利益驱动影响下,可能会出现这样一种现象,即个别法院不以犯罪情节为主要依据,一旦发现被告人财力雄厚,就判处巨额罚金。有鉴于此,《办理危害药品安全刑事案件解释》第16条同时规定,妨害药品管理罪的,应当结合被告人的犯罪数额、违法所得,综合考虑被告人缴纳罚金的能力,依法判处罚金。

5. 缓免刑的适用原则。对实施妨害药品管理的犯罪分子,应当依照《刑法》规定的条件,严格缓刑、免予刑事处罚的适用。对于适用缓刑的,应当同时宣告禁止令,禁止犯罪分子在缓刑考验期内从事药品生产、销售及相关活动。

五、生产、销售不符合安全标准的食品罪

第一百四十三条[①]　生产、销售不符合食品安全标准的食品，足以造成严重食物中毒事故或者其他严重食源性疾病的，处三年以下有期徒刑或者拘役，并处罚金；对人体健康造成严重危害或者有其他严重情节的，处三年以上七年以下有期徒刑，并处罚金；后果特别严重的，处七年以上有期徒刑或者无期徒刑，并处罚金或者没收财产。

（一）生产、销售不符合安全标准的食品罪的概念和构成要件

生产、销售不符合安全标准的食品罪，是指生产者、销售者明知生产、销售的食品不符合安全标准而进行生产、销售，足以造成严重食物中毒事故或者其他严重食源性疾病的行为。

本罪是从《全国人民代表大会常务委员会关于惩治生产、销售伪劣商品犯罪的决定》第3条第1款的规定吸收改为《刑法》的具体规定的，原罪名为"生产销售不符合卫生标准的食品罪"。1979年《刑法》没有规定本罪。《刑法修正案（八）》对本罪作了四点修改：一是根据《食品安全法》的有关规定，将"卫生标准"修改为"食品安全标准"，将"食源性疾患"改为"食源性疾病"；二是在第二档刑罚中，增加了"其他严重情节"的规定，以适应打击犯罪的需要；三是取消了单处罚金刑，加大了打击力度；四是为了解决实践中罚金数额难以确定及与行政罚款不协调的问题，取消了罚金数额的具体规定。

生产、销售不符合安全标准的食品罪的构成要件是：

1.本罪侵犯的客体是国家食品安全管理制度和消费者的健康权利。犯罪对象是不符合安全标准的食品。

2.客观方面表现为违反国家食品安全管理法规，生产、销售不符合安全标准的食品，足以造成严重食物中毒事故或者其他严重食源性疾病的行为。

[①]　本条经2011年2月25日《刑法修正案（八）》第24条修改。

本罪是危险犯。根据《食品安全法》的规定，"食物中毒"，是指食用了被有毒、有害物质污染的食品或者食用了含有毒、有害物质的食品后出现的急性、亚急性疾病。"食源性疾病"，是指食品中致病因素进入人体引起的感染性、中毒性等疾病。根据《最高人民法院、最高人民检察院关于办理危害食品安全刑事案件适用法律若干问题的解释》（以下简称《办理危害食品安全刑事案件解释》）第1条的规定，生产、销售不符合食品安全标准的食品，具有下列情形之一的，应当认定为"足以造成严重食物中毒事故或者其他严重食源性疾病"：（1）含有严重超出标准限量的致病性微生物、农药残留、兽药残留、生物毒素、重金属等污染物质以及其他严重危害人体健康的物质的；（2）属于病死、死因不明或者检验检疫不合格的畜、禽、兽、水产动物肉类及其制品的；（3）属于国家为防控疾病等特殊需要明令禁止生产、销售的；（4）特殊医学用途配方食品、专供婴幼儿的主辅食品营养成分严重不符合食品安全标准的；（5）其他足以造成严重食物中毒事故或者严重食源性疾病的情形。同时，根据《办理危害食品安全刑事案件解释》第24条的规定，"足以造成严重食物中毒事故或者其他严重食源性疾病"等专门性问题难以确定的，司法机关可以依据鉴定意见、检验报告、地市级以上相关行政主管部门组织出具的书面意见，结合其他证据作出认定。必要时，专门性问题由省级以上相关行政主管部门组织出具书面意见。

如果对人体健康造成了严重危害后果或者有其他严重情节的，是结果加重犯或者情节加重犯，要处更重的刑罚。根据《办理危害食品安全刑事案件解释》第2条的规定，生产、销售不符合食品安全标准的食品，具有下列情形之一的，应当认定为"对人体健康造成严重危害"：（1）造成轻伤以上伤害的；（2）造成轻度残疾或者中度残疾的；（3）造成器官组织损伤导致一般功能障碍或者严重功能障碍的；（4）造成10人以上严重食物中毒或者其他严重食源性疾病的；（5）其他对人体健康造成严重危害的情形。

《刑法修正案（八）》第24条在本罪第二量刑档的罪状中在"对人体健康造成严重危害"的同时增加了"或者有其他严重情节的"规定。作这样的修改，主要有以下几方面的考虑：一是不符合安全标准的食品对社会的危害不仅仅在于人体健康的危害，仅以对人体健康是否造成严重危害作为衡量此类犯罪行为是否严重,有以偏概全之虞。二是由于食品销售范围广,对具体是否对人体健康造成严重危害或者具体对多少人的健康造成严重危害难以一一查实。在确认食品基本成分的前提下,结合以往的经验,如果从食品的生产量、销售量和食品扩散的范围等事实能够判断食品安全犯罪行为的社会危害程度,那么从食品的生产量、销售量和食品扩散的范围角度衡量本罪的罪行严重程度就具有一定的科学性。当然,衡量本罪罪行严重程度的参考标准远不止这些,所以以兜底罪状进行周延十分必要。根据《办理危害食品安全刑事案件解释》第3条的规定,生产、销售不符合食品安全标准的食品,具有下列情形之一的,应当认定为"其他严重情节":(1)生产、销售金额20万元以上的;(2)生产、销售金额10万元以上不满20万元,不符合食品安全标准的食品数量较大或者生产、销售持续时间6个月以上的;(3)生产、销售金额10万元以上不满20万元,属于特殊医学用途配方食品、专供婴幼儿的主辅食品的;(4)生产、销售金额10万元以上不满20万元,且在中小学校园、托幼机构、养老机构及周边面向未成年人、老年人销售的;(5)生产、销售金额10万元以上不满20万元,曾因危害食品安全犯罪受过刑事处罚或者2年内因危害食品安全违法行为受过行政处罚的;(6)其他情节严重的情形。三是与第三量刑档的罪状相协调统一。第三量刑档的罪状没有仅限定为"致人死亡"情形,而是代之以"后果特别严重"。同理,第二量刑档在内容上也应相称。

至于"后果特别严重"的认定,根据《办理危害食品安全刑事案件解释》第4条的规定,生产、销售不符合食品安全标准的食品,具有下列情形之一的,应当认定为"后果特别严重":(1)致人死亡的;(2)造成重度残疾以上的;(3)造成3人以上重伤、中度残疾或者器官组织损伤导致严重功能障碍的;(4)造成10人以上轻伤、5人以上轻度残疾或者器官组织损伤导致一般功能障碍的;(5)造成30人以上严重食物中毒或者其他严重食源性疾病的;(6)其他特别严重的后果。

3. 犯罪主体为一般主体,自然人和单位均可构成本罪的主体。

4. 主观方面只能由故意构成,即行为人明知生产、销售的食品不符合安全标准而仍予以生产、销售。

（二）认定生产、销售不符合安全标准的食品罪应当注意的问题

1. 明知该"食用油"来源可疑而销售的行为定性。

根据《最高人民法院、最高人民检察院、公安部关于依法严惩"地沟油"犯罪活动的通知》的规定，对于无法查明"食用油"是否系利用"地沟油"生产、加工，但行为人明知该"食用油"来源可疑而予以销售，经鉴定属于不符合安全标准的食品的，应当以本罪追究刑事责任。

2. 生产、销售含有兴奋剂目录所列物质的食品的行为性质。

根据《最高人民法院关于审理走私、非法经营、非法使用兴奋剂刑事案件适用法律若干问题的解释》第5条的规定，生产、销售含有兴奋剂目录所列物质的食品，符合《刑法》第143条规定的，以生产、销售不符合安全标准的食品罪定罪处罚。

3. 超限量或者超范围滥用食品添加剂的定性处理。

依照《办理危害食品安全刑事案件解释》第5条的规定，在食品生产、销售、运输、贮存等过程中，违反食品安全标准，超限量或者超范围滥用食品添加剂，足以造成严重食物中毒事故或者其他严重食源性疾病的，依照《刑法》第143条的规定以生产、销售不符合安全标准的食品罪定罪处罚。在食用农产品种植、养殖、销售、运输、贮存等过程中，违反食品安全标准，超限量或者超范围滥用添加剂、农药、兽药等，足以造成严重食物中毒事故或者其他严重食源性疾病的，适用前款的规定定罪处罚。

4. 生产、销售不符合食品安全标准的食品添加剂与生产、销售伪劣产品罪的竞合处理。

根据《办理危害食品安全刑事案件解释》第15条的规定，生产、销售不符合食品安全标准的食品添加剂，用于食品的包装材料、容器、洗涤剂、消毒剂，或者用于食品生产经营的工具、设备等，符合《刑法》第140条规定的，以生产、销售伪劣产品罪定罪处罚。生产、销售用超过保质期的食品原料、超过保质期的食品、回收食品作为原料的食品，或者以更改生产日期、保质期、改换包装等方式销售超过保质期的食品、回收食品，适用《刑法》第140条的规定定罪处罚。同时构成生产、销售不符合安全标准的食品

罪，生产、销售不符合安全标准的产品罪等其他犯罪的，依照处罚较重的规定定罪处罚。

此外，根据《办理危害食品安全刑事案件解释》第17条第2款的规定，对畜禽注水或者注入其他物质，足以造成严重食物中毒事故或者其他严重食源性疾病的，依照《刑法》第143条的规定以生产、销售不符合安全标准的食品罪定罪处罚；虽不足以造成严重食物中毒事故或者其他严重食源性疾病，但符合《刑法》第140条规定的，以生产、销售伪劣产品罪定罪处罚。

5. 生产、销售不符合安全标准的食品罪的共犯认定。

根据《办理危害食品安全刑事案件解释》第14条的规定，明知他人生产、销售不符合食品安全标准的食品，具有下列情形之一的，以生产、销售不符合安全标准的食品罪的共犯论处：（1）提供资金、贷款、账号、发票、证明、许可证件的；（2）提供生产、经营场所或者运输、贮存、保管、邮寄、销售渠道等便利条件的；（3）提供生产技术或者食品原料、食品添加剂、食品相关产品的；（4）提供广告宣传的；（5）提供其他帮助行为的。

6. 关于本罪与非法经营罪的竞合处理。

《食品安全法》第35条第1款规定："国家对食品生产经营实行许可制度。从事食品生产、食品销售、餐饮服务，应当依法取得许可。但是，销售食用农产品和仅销售预包装食品的，不需要取得许可。"该法在法律责任一章中通过对刑事责任的规定，在法律意义上形成了与《刑法》相关条款的对接。而《刑法》第225条规定，未经许可经营法律、行政法规规定的专营、专卖物品或者其他限制买卖物品和买卖其他法律、行政法规规定的经营许可证或者批准文件，情节严重的行为，均构成非法经营罪。同时，依照《办理危害食品案件刑事案件解释》第17条规定，违反国家规定，私设生猪屠宰厂（场），从事生猪屠宰、销售等经营活动，情节严重的，依照非法经营罪定罪处罚。

《办理危害食品安全刑事案件解释》第18条对本罪与非法经营罪的竞合处理明确了指导原则。根据该规定，实施本解释规定的非法经营行为，非法经营数额在10万元以上，或者违法所得数额在5万元以上的，应当认定为"情节严重"；非法经营数额在50万元以上，或者违法所得数额在25万元以上的，应当认定为"情节特别严重"。实施本解释规定的非法经营行为，同时构成生产、销售伪劣产品罪，生产、销售不符合安全标准的食品罪，生产、销售有毒、有害食品罪，生产、销售伪劣农药、兽药罪等其他犯罪的，依照处罚较重的规定定罪处罚。

（三）生产、销售不符合安全标准的食品罪的刑事责任

依照《刑法》第143条规定，犯生产、销售不符合安全标准的食品罪的，处3年以下有期徒刑或者拘役，并处罚金；对人体健康造成严重危害或者有其他严重情节的，处3年以上7年以下有期徒刑，并处罚金；后果特别严重的，处7年以上有期徒刑或者无期徒刑，并处罚金或者没收财产。

《刑法》第150条规定，单位犯本罪的，对单位判处罚金，并对其直接负责的主管人员和其他直接责任人员，依照第143条规定处罚。

根据《办理危害食品安全刑事案件解释》第21条、第23条的规定，犯生产、销售不符合安全标准的食品罪，一般应当依法判处生产、销售金额2倍以上的罚金。共同犯罪的，对各共同犯罪人合计判处的罚金一般应当在生产、销售金额的2倍以上。单位实施本解释规定的犯罪的，对单位判处罚金，并对直接负责的主管人员和其他直接责任人员，依照本解释规定的定罪量刑标准处罚。

根据《办理危害食品安全刑事案件解释》第22条的规定，对实施本解释规定之犯罪的犯罪分子，应当依照《刑法》规定的条件，严格适用缓刑、免予刑事处罚。对于依法适用缓刑的，可以根据犯罪情况，同时宣告禁止令。对于被不起诉或者免予刑事处罚的行为人，需要给予行政处罚、政务处分或者其他处分的，依法移送有关主管机关处理。

六、生产、销售有毒、有害食品罪

第一百四十四条[①] 在生产、销售的食品中掺入有毒、有害的非食品原料的,或者销售明知掺有有毒、有害的非食品原料的食品的,处五年以下有期徒刑,并处罚金;对人体健康造成严重危害或者有其他严重情节的,处五年以上十年以下有期徒刑,并处罚金;致人死亡或者有其他特别严重情节的,依照本法第一百四十一条的规定处罚。

(一)生产、销售有毒、有害食品罪的概念和构成要件

生产、销售有毒、有害食品罪,是指生产者、销售者故意在生产、销售的食品中掺入有毒、有害的非食品原料或者销售明知掺有有毒、有害的非食品原料的食品的行为。

本罪是从《全国人民代表大会常务委员会关于惩治生产、销售伪劣商品的犯罪的决定》第3条第2款的规定吸收改为《刑法》的具体规定的。1979年《刑法》没有生产、销售有毒、有害食品罪的规定。《刑法修正案(八)》对本罪作了三处修改:一是取消了单处罚金刑和拘役刑,加大了对本罪的打击力度;二是将《刑法》原加重量刑情节"造成严重食物中毒事故或者其他严重食源性疾患,对人体健康造成严重危害"修改为"对人体健康造成严重危害或者有其他严重情节",以适应实践中的复杂情况;三是不再具体规定罚金数额。[②]

生产、销售有毒、有害食品罪的构成要件是:

1. 本罪的客体是复杂客体,既侵犯了国家食品安全的管理制度,又危及不特定多数人的身体健康和生命安全。

2. 客观方面表现为在生产、销售的食品中掺入有毒、有害的非食品原料或者销售明知掺有有毒、有害的非食品原料的食品的行为。

---

① 本条经2011年2月25日《刑法修正案(八)》第25条修改。
② 张军主编:《〈刑法修正案(八)〉条文及配套司法解释理解与适用》,人民法院出版社2011年版,第198~199页。

具体有两种：一是行为人在生产、销售的食品中掺入有毒、有害的非食品原料的行为。"有毒、有害的非食品原料"，是指对人体具有生理毒性，食用后会引起不良反应，损害肌体健康的不能食用的原料。如用工业酒精兑制白酒、用不能饮用的污水兑制酱油、用石灰水掺进牛奶中等。如果掺入的是食品原料，由于污染、腐败变质或者过量而具有了毒害性，不能构成本罪。至于非食品原料是否有毒、有害，要经过有关机构鉴定确定。根据《最高人民法院、最高人民检察院关于办理危害食品安全刑事案件适用法律若干问题的解释》（以下简称《办理危害食品安全刑事案件解释》）第24条的规定，"有毒、有害的非食品原料"等专门性问题难以确定的，司法机关可以依据鉴定意见、检验报告、地市级以上相关行政主管部门组织出具的书面意见，结合其他证据作出认定。必要时，专门性问题由省级以上相关行政主管部门组织出具书面意见。二是行为人明知是掺有有毒、有害的非食品原料的食品而予以销售。即行为人虽未实施掺入有毒、有害非食品原料的行为，但其明知是有毒、有害的食品仍予以销售。

本罪在犯罪形态上属行为犯，即只要行为人实施了在生产、销售的食品中掺入有毒、有害的非食品原料或者销售明知掺有有毒、有害的非食品原料的食品的行为，就构成犯罪既遂。如果行为人实施上述行为对人体健康造成了严重危害的，属于结果加重犯，应处较重的刑罚。

根据《办理危害食品安全刑事案件解释》第6条、第2条的规定，具有下列情形之一的，应当认定为生产、销售有毒、有害食品罪中的"对人体健康造成严重危害"：（1）造成轻伤以上伤害的；（2）造成轻度残疾或者中度残疾的；（3）造成器官组织损伤导致一般功能障碍或者严重功能障碍的；（4）造成十人以上严重食物中毒或者其他严重食源性疾病的；（5）其他对人体健康造成严重危害的情形。

根据《办理危害食品安全刑事案件解释》第7条的规定，具有下列情形之一的，应当认定为生产、销售有毒、有害食品罪中的"其他严重情节"：（1）生产、销售金额20万元以上不满50万元的；（2）生产、销售金额10万元以上不满20万元，有毒、有害食品的数量较大或者生产、销售持续时间6个月以上的；（3）生产、销售金额10万元以上不满20万元，属于特殊医学用途配方食品、专供婴幼儿的主辅食品的;(4)生产、销售金额 10 万元以上不满 20 万元,且在中小学校园、托幼机构、养老机构及周边面向未成年人、老年人销售;(5)生产、销售金额 10 万元以上不满 20 万元,曾因危害食品安全犯罪受过刑事处罚或者 2 年内因危害食品安全违法行为受过行政处罚的;(6)有毒、有害的非食品原料毒害性强或者含量高的;(7)其他情节严重的情形。

根据《办理危害食品安全刑事案件解释》第 8 条、第 4 条的规定,生产、销售金额 50 万元以上或者具有下列情形之一的,应当认定为生产、销售有毒、有害食品罪中的"其他特别严重情节":(1)造成重度残疾以上的;(2)造成 3 人以上重伤、中度残疾或者器官组织损伤导致严重功能障碍的;(3)造成 10 人以上轻伤、5 人以上轻度残疾或者器官组织损伤导致一般功能障碍的;(4)造成 30 人以上严重食物中毒或者其他严重食源性疾病的;(5)其他特别严重的后果。

3. 犯罪主体为一般主体,自然人和单位均可构成本罪的主体。单位和个人是合法还是非法生产、销售,不影响本罪的成立。

4. 本罪主观方面只能由故意构成,即要求行为人主观上明知,过失不构成本罪。是否出于牟利目的,不是本罪的必要要件。

尤其在认定销售有毒、有害食品罪时,要注意查明行为人主观上必须是"明知"。

(二)认定生产、销售有毒、有害食品罪应当注意的问题

1. 有毒、有害的非食品原料的认定。

根据《办理危害食品安全刑事案件解释》第 9 条的规定,下列物质应当认定为"有毒、有害的非食品原料":(1)因危害人体健康,被法律、法规禁止在食品生产经营活动中添加、使用的物质;(2)因危害人体健康,被国务院有关部门列入《食品中可能违法添加的非食用物质名单》《保健食品中可能非法添加的物质名单》和国务院有关部门公告的禁用农药、《食品动物中禁止使用的药品及其他化合物清单》等名单上的物质;(3)其他有毒、有害的物质。

近年来，全国各地发生不少有关瘦肉精的犯罪案件。"瘦肉精"在医学上称盐酸克伦特罗，系β2肾上腺素受体激动药，用于治疗支气管哮喘、慢性支气管炎和肺气肿等疾病的人工药品，属非食品原料。残留盐酸克伦特罗的肉制品被人食用后导致人体中毒，因此"瘦肉精"属于有毒的非食品原料。养殖者喂养或出售含有"瘦肉精"生猪，屠宰者在明知情形下加工屠宰并销售含有"瘦肉精"生猪，均可构成生产、销售有毒、有害食品罪。明知盐酸克伦特罗是国家禁止在饲料和动物饮用水中使用的药品，而买卖和代买盐酸克伦特罗片，供他人用以养殖供人食用的动物的，应当认定为生产、销售有毒、有害食品罪的共犯。① 如果销售金额达到20万元以上，但未对人体健康造成严重危害或者无其他严重情节的，根据《刑法》第149条的规定，应以生产、销售伪劣产品罪论处。②

在食品生产经营中添加的虽然不是国务院有关部门公布的《食品中可能违法添加的非食用物质名单》和《保健食品中可能非法添加的物质名单》中的物质，但如果该物质与上述名单中所列物质具有同等属性，并且根据检验报告和专家意见等相关材料能够确定该物质对人体具有同等危害的，应当认定为《刑法》第144条规定的"有毒、有害的非食品原料"。同时，根据《办理危害食品安全刑事案件解释》第24条的规定，有毒、有害的非食品原料等专门性问题难以确定的，司法机关可以依据鉴定意见、检验报告、地市级以上相关行政主管部门组织出具的书面意见，结合其他证据作出认定。必要时，专门性问题由省级以上相关行政主管部门组织出具书面意见。

2. 本罪"明知"的认定。

对"明知"的要求不能过窄，"明知"包括知道和应当知道。"明知"不等于确知，行为人只要意识到掺入的物质可能是有毒、有害的非食品原料，或食品中含有有毒、有害的非食品原料，就应当认定为"明知"。

司法实践中，根据《办理危害食品安全刑事案件解释》第10条的规定，认定行为人是否属于"明知"，应当综合行为人的认知能力、食品质量、进

---

① 参见最高人民检察院检例第14号孙某亮等人生产、销售有毒、有害食品案。
② 参见朱妙：《涉"瘦肉精"案件定罪量刑探析》，载《法治论丛》2004年第4期。

货或者销售的渠道及价格等主、客观因素进行认定。具有下列情形之一的，可以认定为本罪的"明知"，但存在相反证据并经查证属实的除外：（1）长期从事相关食品、食用农产品生产、种植、养殖、销售、运输、贮存行业，不依法履行保障食品安全义务的；（2）没有合法有效的购货凭证，且不能提供或者拒不提供销售的相关食品来源的；（3）以明显低于市场价格进货或者销售且无合理原因的；（4）在有关部门发出禁令或者食品安全预警的情况下继续销售的；（5）因实施危害食品安全行为受过行政处罚或者刑事处罚，又实施同种行为的；（6）其他足以认定行为人明知的情形。

3. 涉"地沟油"案件的定性。

"地沟油"犯罪，是指使用餐厨垃圾、废弃油脂、各类肉及肉制品加工废弃物等非食品原料，生产、加工"食用油"，以及明知是利用"地沟油"生产、加工的油脂而作为食用油销售的行为。具体应当根据《最高人民法院、最高人民检察院、公安部关于依法严惩"地沟油"犯罪活动的通知》的规定认定。

4. 掺入罂粟壳等少量毒品行为的定性。

食品生产经营者为吸引顾客，用隐瞒事实真相或者用制造假象等欺骗手段，在食品生产经营或者餐饮加工过程中加入罂粟壳，以达到使他人上瘾后形成依赖而多销的目的，如何定性？[①] 这类行为，侵害的主要是社会主义市场经济秩序和不特定多数人的身体健康，主观目的是谋取非法利益，而不是欺骗他人吸食毒品或者谋取与毒品本身价值相称的对价，因此不构成引诱、欺骗他人吸毒罪或者贩卖毒品罪。如果符合入罪标准要求，应当认定为生产、销售有毒、有害食品罪。

5. 超限量或者超范围滥用添加剂、农药、兽药与掺入、使用有毒、有害非食品原料的定性区别。

对于违反食品安全标准，超限量或者超范围滥用添加剂、农药、兽药的行为，应当适用生产、销售有毒、有害食品罪。根据《办理危害食品安全刑事案件解释》第11条的规定，在食品生产、销售、运输、贮存等过程中，

---

① 参见张永伟：《食品安全刑事案件分析》，载《中国食品卫生杂志》2009年第5期。

掺入有毒、有害的非食品原料，或者使用有毒、有害的非食品原料生产食品的，或者在食用农产品种植、养殖、销售、运输、贮存等过程中，使用禁用农药、食品动物中禁止使用的药品及其他化合物等有毒、有害的非食品原料，以及在保健食品或者其他食品中非法添加国家禁用药物等有毒、有害的非食品原料的，依照生产、销售有毒、有害食品罪定罪处罚。

6.本罪与非法经营罪的竞合处理。

根据《最高人民法院、最高人民检察院关于办理非法生产、销售、使用禁止在饲料和动物饮水中使用的药品等刑事案件具体应用法律若干问题的解释》第3条、第4条、第5条的规定，使用盐酸克仑特罗等禁止在饲料和动物饮用水中使用的药品或者含有该类药品的饲料养殖供人食用的动物，或者销售明知是使用该类药品或者含有该类药品的饲料养殖的供人食用的动物的，或者明知是使用盐酸克仑特罗等禁止在饲料和动物饮用水中使用的药品或者含有该类药品的饲料养殖的供人食用的动物，而提供屠宰等加工服务，或者销售其制品的，构成生产、销售有毒、有害食品罪。如果同时构成非法经营罪的，依照处罚较重的规定定罪处罚。

《办理危害食品安全刑事案件解释》第17条第2款也规定，在畜禽屠宰相关环节，对畜禽使用食品动物中禁止使用的药品及其他化合物等有毒、有害的非食品原料，依照生产、销售有毒、有害食品罪定罪处罚。如果同时构成非法经营罪的，依照处罚较重的规定定罪处罚。

违反国家规定，私设生猪屠宰厂（场），从事生猪屠宰、销售等经营活动，情节严重的，依照《办理危害食品案件刑事案件解释》第17条第1款的规定，应当以非法经营罪定罪处罚。根据《办理危害食品安全刑事案件解释》第18条第2款的规定，实施非法经营行为，同时构成生产、销售伪劣产品罪，生产、销售不符合安全标准的食品罪，生产、销售有毒、有害食品罪，生产、销售伪劣农药、兽药罪等其他犯罪的，依照处罚较重的规定定罪处罚。

7.《办理危害食品安全刑事案件解释》对生产、销售有毒、有害食品犯罪的从严处罚精神体现在哪些方面。

除了定罪标准，主要体现在两个方面：一是罚金适用幅度方面，根据《办理危害食品案件刑事案件解释》第21条规定，犯生产、销售不符合安全标准的食品罪，生产、销售有毒、有害食品罪，一般应当依法判处生产、销售金额2倍以上的罚金，明显重于1倍以上5倍以下的同类犯罪罚金处罚标准。共同犯罪的，对各共同犯罪人合计判处的罚金一般应当在生产、销售金额的2倍以上。二是轻刑适用限制方面，《办理危害食品安全刑事案件解释》第22条规定，对实施本解释规定之犯罪的犯罪分子，应当依照《刑法》规定的条件严格适用缓刑、免予刑事处罚。根据犯罪事实、情节和悔罪表现，对于符合《刑法》规定的缓刑适用条件的犯罪分子，可以适用缓刑，但是应当同时宣告禁止令，禁止其在缓刑考验期限内从事食品生产、销售及相关活动。

（三）生产、销售有毒、有害食品罪的刑事责任

依照《刑法》第144条规定，犯生产、销售有毒、有害食品罪的，处五年以下有期徒刑，并处罚金；对人体健康造成严重危害或者有其他严重情节的，处五年以上十年以下有期徒刑，并处罚金；致人死亡或者有其他特别严重情节的，处十年以上有期徒刑、无期徒刑或者死刑，并处罚金或者没收财产。

《刑法》第144条规定的"对人体健康造成严重危害"，根据《最高人民法院、最高人民检察院关于办理生产、销售伪劣商品刑事案件具体应用法律若干问题的解释》的规定，是指生产、销售的有毒、有害食品被食用后，造成轻伤、重伤或者其他严重后果的。

依照《刑法》第150条规定，单位犯本罪的，对单位判处罚金，并对其直接负责的主管人员和其他直接责任人员，依照第144条规定处罚。

七、生产、销售不符合标准的医用器材罪

第一百四十五条[①] 生产不符合保障人体健康的国家标准、行业标准的医疗器械、医用卫生材料，或者销售明知是不符合保障人体健康的国家标准、行业标准的医疗器械、医用卫生材料，足以严重危害人体健康的，处三

[①] 本条经2002年12月28日《刑法修正案（四）》第1条修改。

年以下有期徒刑或者拘役，并处销售金额百分之五十以上二倍以下罚金；对人体健康造成严重危害的，处三年以上十年以下有期徒刑，并处销售金额百分之五十以上二倍以下罚金；后果特别严重的，处十年以上有期徒刑或者无期徒刑，并处销售金额百分之五十以上二倍以下罚金或者没收财产。

（一）生产、销售不符合标准的医用器材罪的概念和构成要件

生产、销售不符合标准的医用器材罪，是指生产者、销售者明知其生产或者销售的医疗器械、医用卫生材料不符合保障人体健康的国家标准、行业标准，而进行生产、销售，足以严重危害人体健康的行为。

本罪是从《全国人民代表大会常务委员会关于惩治生产、销售伪劣商品犯罪的决定》第4条的规定吸收改为《刑法》的具体规定的。1979年《刑法》没有生产、销售不符合标准的医用器材罪的规定。《刑法修正案（四）》将本罪的犯罪形态从结果犯修改为危险犯，并在法定刑上作了相应的调整。

生产、销售不符合标准的医用器材罪的构成要件是：

1. 本罪侵犯的客体是国家对医疗器械、医用卫生材料的管理制度和人民群众的生命、健康安全。

本罪的犯罪对象为不符合国家标准、行业标准的医疗器械、医用卫生材料。这里规定的"国家标准、行业标准"，主要是指国家卫生主管部门或者医疗器械、医用卫生材料生产行业制定的旨在保障人们使用安全的有关质量与卫生标准。根据2001年4月最高人民法院发布的《关于办理生产、销售伪劣商品刑事案件具体应用法律若干问题的解释》（以下简称《办理生产、销售伪劣商品刑事案件解释》）的规定，没有国家标准、行业标准的医疗器械，其注册产品标准可视为"保障人体健康的行业标准"。

2. 客观方面表现为生产、销售不符合标准的医疗器械、医用卫生材料，足以严重危害人体健康的行为。

医疗机构或者个人知道或者应当知道是不符合保障人体健康的国家标准、行业标准的医疗器械、医用卫生材料而购买并有偿使用的，视为本条规定的"销售"。

3. 犯罪主体为一般主体，自然人和单位均可构成本罪的主体。

4. 主观方面是出于故意。

（二）认定生产、销售不符合标准的医用器材罪应当注意的问题

1. 生产、销售不符合标准的医用器材罪与非罪的界限。

依《刑法》第145条的规定，生产、销售不符合保障人体健康的国家标准、行业标准的医疗器械、医用卫生材料，足以严重危害人体健康的，才构成本罪，如果未足以对人体健康造成严重危害的，不构成本罪。

"足以严重危害人体健康"是生产、销售不符合标准的医用器材罪的重要入罪条件，事关罪与非罪的界限。参照《最高人民检察院、公安部关于公安机关管辖的刑事案件立案追诉标准的规定（一）》的规定，生产不符合保障人体健康的国家标准、行业标准的医疗器械、医用卫生材料，或者销售明知是不符合保障人体健康的国家标准、行业标准的医疗器械、医用卫生材料，具有相关情形之一的，应予立案追诉。

根据2003年《最高人民法院、最高人民检察院关于办理妨害预防、控制突发传染病疫情等灾害的刑事案件具体应用法律若干问题的解释》（以下简称《办理妨害预防、控制突发传染病疫情刑事案件解释》）等规定，在办案中审查认定是否"足以严重危害人体健康"应当从是否具有防护、救治功能，是否可能造成贻误诊治，是否可能造成人体严重损伤，是否可能对人体健康造成严重危害等方面，结合医疗器械的功能、使用方式和适用范围等，综合判断。需要注意的是，根据《刑法》和相关司法解释规定，对于生产、销售不符合标准的医用器材是否"足以严重危害人体健康"难以认定的，如果销售金额5万元以上，或者货值金额15万元以上的，可以依照《刑法》第140条的规定以生产、销售伪劣产品罪定罪处罚。此外，如果同时构成侵犯知识产权犯罪的，依照处罚较重的规定定罪处罚。[①]

2. 没有国家标准、行业标准情形医疗器械"保障人体健康的行业标准"的认定。

---

① 参见《依法惩治妨害疫情防控违法犯罪，切实保障人民群众生命健康安全》，载《人民法院报》2020年2月28日第3版。

实践中，认定生产、销售不符合标准的医用器材罪中的"国家标准、行业标准"是否只包括强制性标准，如果没有强制性标准，只有推荐性标准怎么办？对此，最高人民法院相关负责人明确答复，生产、销售不符合标准的医用器材罪中的"国家标准、行业标准"，应当以有利于保障人体健康为出发点，《刑法》和相关司法解释并未将其限定为强制性国家标准、行业标准。根据《刑法》和《办理生产、销售伪劣商品刑事案件解释》《医疗器械监督管理条例》等规定精神，对于没有国家标准、行业标准的，注册产品标准或者产品技术要求，可以视为行业标准。①

3. 生产、销售不符合标准的医用器材罪与生产、销售伪劣产品罪的界限。

两罪的主要区别：(1)侵犯的客体不同。前者侵犯国家医疗用品管理制度和公民的生命权、健康权；后者则侵犯了国家产品质量监督管理制度和消费者的合法权益。(2)犯罪对象不同。前者的犯罪对象仅限于不符合国家标准、行业标准的医疗器械、医用卫生材料；后者范围很广，包括一切产品。(3)构成犯罪的标准不同。前者是危险犯，只要足以严重危害人体健康的，即构成本罪；后者是数额犯，要求销售金额在5万元以上才构成生产、销售伪劣产品罪。

需要注意的是，根据《刑法》和相关司法解释规定，对于个别防护用品是否系医用器材难以认定的，如果掺杂掺假，以假充真，以次充好或者以不合格产品冒充合格产品，销售金额5万元以上，或者货值金额15万以上的，可以依照《刑法》第140条的规定以生产、销售伪劣产品罪定罪处罚；对于高价销售、牟取暴利，违法所得数额较大或者有其他严重情节，严重扰乱市场秩序的，也可以非法经营罪论处。

(三)生产、销售不符合标准的医用器材罪的刑事责任

依照《刑法》第145条规定，犯生产、销售不符合标准的医用器材罪

---

① 参见《依法惩治妨害疫情防控违法犯罪，切实保障人民群众生命健康安全》，载《人民法院报》2020年2月28日第3版。

的，处三年以下有期徒刑或者拘役，并处销售金额50%以上2倍以下罚金；对人体健康造成严重危害的，处三年以上十年以下有期徒刑，并处销售金额50%以上2倍以下罚金；后果特别严重的，处十年以上有期徒刑或者无期徒刑，并处销售金额50%以上2倍以下罚金或者没收财产。

依照《刑法》第150条规定，单位犯本罪的，对单位判处罚金，并对其直接负责的主管人员和其他直接责任人员，依照第145条规定处罚。

司法机关在适用《刑法》第145条、第150条规定处罚时，应当注意以下问题：

1. 根据《办理生产、销售伪劣商品刑事案件解释》第6条的规定，生产、销售不符合标准的医疗器械、医用卫生材料，致人轻伤或者其他严重后果的，应认定为《刑法》第145条规定的"对人体健康造成严重危害"；生产、销售不符合标准的医疗器械、医用卫生材料，造成感染病毒性肝炎等难以治愈的疾病，1人以上重伤、3人以上轻伤或者其他严重后果的，应认定为"后果特别严重"。生产、销售不符合标准的医疗器械、医用卫生材料，致人死亡、严重残疾、感染艾滋病、3人以上重伤、10人以上轻伤或者造成其他特别严重后果的，应认定为"情节特别恶劣"。

2. 在预防、控制突发传染病疫情等灾害期间，生产用于防治传染病的不符合保障人体健康的国家标准、行业标准的医疗器械、医用卫生材料，或者销售明知是用于防治传染病的不符合保障人体健康的国家标准、行业标准的医疗器械、医用卫生材料，不具有防护、救治功能，足以严重危害人体健康的，根据《办理妨害预防、控制突发传染病疫情刑事案件解释》第3条的规定，应当依照《刑法》第145条的规定，以生产、销售不符合标准的医用器材罪定罪，从重处罚。

3. 单位犯本罪的，对单位判处罚金，并对直接负责的主管人员和其他直接责任人员依照上述对自然人的规定处罚。

八、生产、销售不符合安全标准的产品罪

第一百四十六条 生产不符合保障人身、财产安全的国家标准、行业标准的电器、压力容器、易燃易爆产品或者其他不符合保障人身、财产安全的国家标准、行业标准的产品，或者销售明知是以上不符合保障人身、财产安全的国家标准、行业标准的产品，造成严重后果的，处五年以下有期徒刑，并处销售金额百分之五十以上二倍以下罚金；后果特别严重的，处五年以上有期徒刑，并处销售金额百分之五十以上二倍以下罚金。

（一）生产、销售不符合安全标准的产品罪的概念和构成要件

生产、销售不符合安全标准的产品罪，是指生产不符合保障人身、财产安全的国家标准、行业标准的电器、压力容器、易燃易爆产品或者其他不符合保障人身、财产安全的国家标准、行业标准的产品，或者销售明知是以上不符合保障人身、财产安全的国家标准、行业标准的产品，造成严重后果的行为。

1979年《刑法》未规定生产、销售不符合安全标准的产品罪，《全国人民代表大会常务委员会关于惩治生产、销售伪劣商品犯罪的决定》第5条首次规定本罪，1997年《刑法》修订时正式吸收为《刑法》条款。

生产、销售不符合安全标准的产品罪的构成要件是：

1. 本罪的客体为双重客体，即国家对生产、销售电器、压力容器、易燃易爆产品等的安全监督管理制度和公民的健康权、生命权。

2. 本罪的客观方面表现为生产或者销售不符合保障人身、财产安全的国家标准、行业标准的电器、压力容器、易燃易爆产品或者其他不符合保障人身、财产安全的国家标准、行业标准的产品，并且造成严重后果的行为。

本罪的犯罪对象是不符合保障人身、财产安全的国家标准、行业标准的电器、压力容器、易燃易爆产品或者其他产品。所谓电器，是指各种电讯、电力器材和家用电器。所谓易燃易爆产品，是指容易引起燃烧或者爆炸的物品。所谓其他不符合保障人身、财产安全的国家标准、行业标准的产品，是

指除上述电器、压力容器、易燃易爆产品以外的不符合保障人身、财产安全的国家标准、行业标准的产品。

如果生产、销售的是没有保障人身、财产安全的国家标准或者行业标准的一般性带有燃爆性质的产品，即只有企业标准的产品，就不构成本罪，但这并不排除其行为可能构成他罪，如生产、销售伪劣产品罪等。[①]

本罪为结果犯，其不仅要求有生产、销售上述不符合标准的产品的行为，而且还必须造成严重后果才可构成本罪。

3. 犯罪主体为一般主体。

4. 主观方面由故意构成。

（二）认定生产、销售不符合安全标准的产品罪应当注意的问题

1. 划清罪与非罪的界限。

（1）"造成严重后果"的认定标准。行为人生产、销售不符合安全标准的产品，只有对消费者的人身、财产造成严重后果的，才构成犯罪。关于"造成严重后果"的认定标准，尚无司法解释予以明确。目前，可以参照《最高人民法院、最高人民检察院、公安部关于公安机关管辖的刑事案件立案追诉标准的规定（一）》第22条的规定把握。即具有下列情形之一的，应当认定为"造成严重后果"：①造成人员重伤或者死亡的；②造成直接经济损失10万元以上的；③其他造成严重后果的情形。

（2）准确把握"造成严重后果"的因果关系。电器、压力容器等产品对消费者的人身、财产造成严重后果的原因往往是复杂的。有的确因电器、压力容器等产品不符合安全标准所造成，有的则可能是由于被害人自身使用不当所致。如某地一对夫妻用燃气热水器一起洗澡时吸入一氧化碳中毒死亡的事故。死者家属据此要求该热水器的生产厂家赔偿损失并追究其负责人的刑事责任。经过现场勘查和鉴定，该热水器系合格产品，符合安全标准。造成死亡的原因是被害人在使用热水器时关闭了浴室门和与之相通的安装热水器

[①] 张军主编：《刑法（分则）及配套规定新释新解》（上）（第9版），人民法院出版社2016年版，第366页。

的厨房门窗，又未打开抽油烟机。被害人使用热水器时，顺手将罩在热水器上的纤维布罩向上掀起，致使热水器的排烟口被两层布罩遮盖，不能排烟，造成一氧化碳中毒，其责任当然不应由该热水器的生产者、销售者承担。因此，处理这类案件要认真分析事故发生的原因，准确把握"造成严重后果"的因果关系。

2. 生产、销售劣质井盖的行为定性。

最高人民法院、最高人民检察院、公安部2020年3月16日联合印发了《关于办理涉窨井盖相关刑事案件的指导意见》。该意见第6条明确规定，生产不符合保障人身、财产安全的国家标准、行业标准的窨井盖，或者销售明知是不符合保障人身、财产安全的国家标准、行业标准的窨井盖，造成严重后果的，依照《刑法》第146条的规定，以生产、销售不符合安全标准的产品罪定罪处罚。

3. 本罪与生产、销售伪劣产品罪的界限、竞合处理。

依照《刑法》第149条第1款的规定，生产、销售不符合保障人身、财产安全的国家标准、行业标准的电器、压力容器、易燃易爆产品或者其他不符合保障人身、财产安全的国家标准、行业标准的产品，虽未造成严重后果，但销售金额在5万元以上的，应当依照按照生产、销售伪劣产品罪定罪处罚。

生产、销售不符合安全标准的产品，同时构成生产、销售伪劣产品罪的，依照处罚较重的规定处罚。

（三）生产、销售不符合安全标准的产品罪的刑事责任

依照《刑法》第146条规定，犯生产、销售不符合安全标准的产品罪的，处五年以下有期徒刑，并处销售金额50%以上2倍以下罚金；后果特别严重的，处五年以上有期徒刑，并处销售金额50%以上2倍以下罚金。

依照《刑法》第150条规定，单位犯本罪的，对单位判处罚金，并对其直接负责的主管人员和其他直接责任人员，依照第146条规定处罚。

九、生产、销售伪劣农药、兽药、化肥、种子罪

第一百四十七条 生产假农药、假兽药、假化肥，销售明知是假的或者失去使用效能的农药、兽药、化肥、种子，或者生产者、销售者以不合格的农药、兽药、化肥、种子冒充合格的农药、兽药、化肥、种子，使生产遭受较大损失的，处三年以下有期徒刑或者拘役，并处或者单处销售金额百分之五十以上二倍以下罚金；使生产遭受重大损失的，处三年以上七年以下有期徒刑，并处销售金额百分之五十以上二倍以下罚金；使生产遭受特别重大损失的，处七年以上有期徒刑或者无期徒刑，并处销售金额百分之五十以上二倍以下罚金或者没收财产。

（一）生产、销售伪劣农药、兽药、化肥、种子罪的概念和构成要件

生产、销售伪劣农药、兽药、化肥、种子罪，是指生产假农药、假兽药、假化肥，销售明知是假的或者失去使用效能的农药、兽药、化肥、种子，或者生产者、销售者以不合格的农药、兽药、化肥、种子冒充合格的农药、兽药、化肥、种子，使生产遭受较大损失的行为。

1979年《刑法》未规定生产、销售伪劣农药、兽药、化肥、种子罪。全国人民代表大会常务委员会在其1993年《关于惩治生产、销售伪劣商品犯罪的决定》第6条首次规定本罪。1997年《刑法》正式吸收为《刑法》条款。

生产、销售伪劣农药、兽药、化肥、种子罪的构成要件是：

1. 本罪侵犯的客体是国家对农用生产资料质量的监督管理制度和农业生产。犯罪对象仅限于农药、兽药、化肥、种子。

2. 客观方面表现为行为人生产假农药、假兽药、假化肥、假种子，销售明知是假的或者失去使用效能的农药、兽药、化肥、种子，或者以不合格的农药、兽药、化肥、种子冒充合格的农药、兽药、化肥、种子，使生产遭受较大损失的行为。

3. 犯罪主体为一般主体，自然人和单位均可构成本罪的主体。

4. 主观方面只能由故意构成，即生产者、销售者必须明知是伪劣农药、兽药、化肥、种子而予以生产、销售。

（二）认定生产、销售伪劣农药、兽药、化肥、种子罪应当注意的问题

1. 注意划清罪与非罪的界限。

关键要看行为人有无生产、销售伪劣农药、兽药、化肥、种子的故意和是否致使生产遭受较大的损失。如果行为人不明知是伪劣农药、兽药、化肥、种子而予以销售的，或者行为人生产、销售的伪劣农药、兽药、化肥、种子没有致使生产遭受较大损失的，不构成本罪。

2. 本罪与生产、销售伪劣产品罪的界限。

依照《刑法》第149条第1款的规定，生产、销售伪劣农药、兽药、化肥、种子，虽未造成严重后果，但销售金额在5万元以上的，应当按照生产、销售伪劣产品罪定罪处罚。

生产、销售伪劣农药、兽药、化肥、种子，同时构成生产、销售伪劣农药、兽药、化肥、种子罪和生产、销售伪劣产品罪的，依照处罚较重的规定定罪处罚。

（三）生产、销售伪劣农药、兽药、化肥、种子罪的刑事责任

依照《刑法》第147条规定，犯生产、销售伪劣农药、兽药、化肥、种子罪的，处三年以下有期徒刑或者拘役，并处或者单处销售金额50%以上2倍以下罚金；使生产遭受重大损失的，处三年以上七年以下有期徒刑，并处销售金额50%以上2倍以下罚金；使生产遭受特别重大损失的，处七年以上有期徒刑或者无期徒刑，并处销售金额50%以上2倍以下罚金或者没收财产。

依照《刑法》第150条规定，单位犯本罪的，对单位判处罚金，并对其直接负责的主管人员和其他直接责任人员，依照第147条的规定处罚。

十、生产、销售不符合卫生标准的化妆品罪

第一百四十八条 生产不符合卫生标准的化妆品，或者销售明知是不符合卫生标准的化妆品，造成严重后果的，处三年以下有期徒刑或者拘役，并处或者单处销售金额百分之五十以上二倍以下罚金。

（一）生产、销售不符合卫生标准的化妆品罪的概念和构成要件

生产、销售不符合卫生标准的化妆品罪，是指生产不符合卫生标准的化妆品，或者销售明知是不符合卫生标准的化妆品，造成严重后果的行为。

1979年《刑法》未规定生产、销售不符合卫生标准的化妆品罪。全国人民代表大会常务委员会在其1993年《关于惩治生产、销售伪劣商品犯罪的决定》第7条首次规定本罪。1997年《刑法》正式吸收为《刑法》条款。

生产、销售不符合卫生标准的化妆品罪的构成要件是：

1. 本罪侵犯的是复杂客体，即国家对化妆品的卫生监督管理制度和公民的健康权。

化妆品与人民群众的健康息息相关。犯罪对象是不符合卫生标准的化妆品。

2. 客观方面表现为生产、销售不符合卫生标准的化妆品，并造成严重后果的行为。

"不符合卫生标准"，是指不符合《化妆品卫生标准》（GB 7916—1987）规定的各种化妆品的卫生标准。"造成严重后果"，目前尚无司法解释予以明确规定。参照《最高人民检察院、公安部关于公安机关管辖的刑事案件立案追诉标准的规定（一）》[以下简称《立案追诉标准（一）》]第24条的规定，具有以下情形之一的，应当认定为"造成严重后果"：（1）造成他人容貌毁损或者皮肤严重损伤的；（2）造成他人器官组织损伤导致严重功能障碍的；（3）致使他人精神失常或者自杀、自残造成重伤、死亡的；（4）其他造成严重后果的情形。

3. 犯罪主体为一般主体。单位也能成为本罪的主体。

4. 主观方面由故意构成。即明知是不符合卫生标准的化妆品仍予以生产、销售。

（二）认定生产、销售不符合卫生标准的化妆品罪应当注意的问题

1. 注意划清罪与非罪的界限。

关键要看行为人有无生产、销售不符合卫生标准的化妆品的故意和是否造成严重后果。如果行为人不明知是不符合卫生标准的化妆品而予以销售的，或者行为人生产、销售的不符合卫生标准的化妆品没有造成严重后果的，不构成本罪。关于"造成严重后果"的认定，可以参照《立案追诉标准（一）》第24条的规定。鉴于前文已论及，不再赘述。

应当注意的是，即使在有严重后果的情况下，也要正确区分该严重后果是否由化妆品不符合卫生标准所引起的。有些化妆品使用后可能会引起不良反应，产品说明书已经说明了使用方法和注意事项。但如果由于消费者自身的过错没有按说明书上所说的方法和剂量使用，导致出现不良反应甚至严重后果的，则不应追究化妆品生产者、销售者的刑事责任。

2. 本罪与生产、销售伪劣产品罪的界限、竞合处理。

二者之间存在着被包容与包容的关系，属于法条竞合。本罪系被包容法条，属于特别法条；后者系包容法条，属于普通法条。为此，《刑法》第149条明确规定，生产、销售不符合卫生标准的化妆品，尚未造成严重后果的，但销售金额在5万元以上的，应当按照《刑法》第140条规定的生产、销售伪劣产品罪定罪处罚。对于既构成本罪同时又构成生产、销售伪劣产品罪的，应当按照《刑法》第149条第2款的规定，按照处罚较重的罪名定罪处罚。①

（三）生产、销售不符合卫生标准的化妆品罪的刑事责任

依照《刑法》第148条规定，犯生产、销售不符合卫生标准的化妆品罪

---

① 张军主编：《刑法（分则）及配套规定新释新解》（上）（第9版），人民法院出版社2016年版，第372页。

的，处三年以下有期徒刑或者拘役，并处或者单处销售金额50%以上2倍以下罚金。

依照《刑法》第150条规定，单位犯本罪的，对单位判处罚金，并对其直接负责的主管人员和其他直接责任人员，依照第148条的规定处罚。

第二节　走私罪

一、走私武器、弹药罪

第一百五十一条[①] 第一款　走私武器、弹药、核材料或者伪造的货币的，处七年以上有期徒刑，并处罚金或者没收财产；情节特别严重的，处无期徒刑，并处没收财产；情节较轻的，处三年以上七年以下有期徒刑，并处罚金。

第四款　单位犯本条规定之罪的，对单位判处罚金，并对其直接负责的主管人员和其他直接责任人员，依照本条各款的规定处罚。

第一百五十五条[②] 下列行为，以走私罪论处，依照本节的有关规定处罚：

（一）直接向走私人非法收购国家禁止进口物品的，或者直接向走私人非法收购走私进口的其他货物、物品，数额较大的；

（二）在内海、领海、界河、界湖运输、收购、贩卖国家禁止进出口物品的，或者运输、收购、贩卖国家限制进出口货物、物品，数额较大，没有合法证明的。

第一百五十六条　与走私罪犯通谋，为其提供贷款、资金、账号、发票、证明，或者为其提供运输、保管、邮寄或者其他方便的，以走私罪的共

[①] 本条经2009年2月28日《刑法修正案（七）》第1条、2011年2月25日《刑法修正案（八）》第26条、2015年8月29日《刑法修正案（九）》第9条三次修改。

[②] 本条经2002年12月28日《刑法修正案（四）》第3条修改。

犯论处。

第一百五十七条[①]　武装掩护走私的，依照本法第一百五十一条第一款的规定从重处罚。

以暴力、威胁方法抗拒缉私的，以走私罪和本法第二百七十七条规定的阻碍国家机关工作人员依法执行职务罪，依照数罪并罚的规定处罚。

（一）走私武器、弹药罪的概念和构成要件

走私武器、弹药罪，是指违反海关法规，逃避海关监管，运输、携带、邮寄武器、弹药进出国（边）境的行为。

本罪是将1988年1月21日《全国人民代表大会常务委员会关于惩治走私罪的补充规定》第1条的规定吸收改为《刑法》的具体规定的。1979年《刑法》没有走私武器、弹药罪的规定，走私罪仅仅是一个具体的个罪，罪状极为简单。《全国人民代表大会常务委员会关于惩治走私罪的补充规定》将走私罪划分为数个具体的犯罪，走私罪成为包括若干个罪的小类罪。1997年修订的《刑法》采用了这一立法方式。

走私武器、弹药罪的构成要件是：

1.本罪侵犯的客体是国家海关监督管理制度中关于武器、弹药进出口的监管制度和国家关于武器、弹药的管理制度。犯罪对象是武器、弹药，管制刀具、仿真枪等不是本罪的犯罪对象。

2.客观方面表现为违反海关法规和枪支管理制度，逃避海关监管，运输、携带、邮寄武器、弹药进出国（边）境的行为。

根据《刑法》第155条和《最高人民法院、最高人民检察院关于办理走私刑事案件适用法律若干问题的解释》（以下简称《办理走私刑事案件解释》）第20条的规定，行为人直接向走私人非法收购武器、弹药，或者在内海、领海、界河、界湖运输、收购、贩卖武器、弹药的，应当以走私武器、弹药罪论处。"内海"，包括内河的入海口水域。《刑法》第155条规定的直接购私和水上走私这两种情况，属于非关口走私行为。所谓非关口走私，是

[①]　本条第1款经2011年2月25日《刑法修正案（八）》第28条修改。

指走私行为没有与海关关口发生直接联系，但经《刑法》的特别规定以走私罪论处的行为。直接向走私人非法收购武器、弹药，是指明知是走私行为人而向其非法收购走私的武器、弹药。依照《刑法》第156条的规定，与走私武器、弹药的犯罪分子通谋，为其提供贷款、资金、账号、发票、证明，或者为其提供运输、保管、邮寄或者其他方便的，以走私武器、弹药罪的共犯论处。

3.犯罪主体为一般主体，包括自然人和单位。

4.主观方面由故意构成，即行为人明知走私的对象是武器、弹药。过失不构成本罪。

（二）认定走私武器、弹药罪应当注意的问题

1.走私武器、弹药罪是一个选择性罪名。

行为人只走私武器的，构成走私武器罪；只走私弹药的，构成走私弹药罪。同时走私武器、弹药的，构成走私武器、弹药罪，不实行数罪并罚。

2.关于单位犯走私武器、弹药罪及其直接负责的主管人员和直接责任人员的认定问题。

根据《最高人民法院、最高人民检察院、海关总署关于办理走私刑事案件适用法律若干问题的意见》（以下简称《办理走私刑事案件意见》）第18条的规定，具备下列特征的，可以认定为单位走私犯罪：（1）以单位的名义实施走私犯罪，即由单位集体研究决定，或者由单位的负责人或者被授权的其他人员决定、同意；（2）为单位谋取不正当利益或者违法所得大部分归单位所有。但并非形式上符合上述特征的均为单位犯罪，根据《最高人民法院关于审理单位犯罪案件具体应用法律有关问题的解释》第2条的规定，个人为进行违法犯罪活动而设立的公司、企业、事业单位实施犯罪的，或者个人设立公司、企业、事业单位后，以实施犯罪为主要活动的，不以单位犯罪论处。单位是否以实施犯罪为主要活动，应根据单位实施走私行为的次数、频度、持续时间、单位进行合法经营的状况等因素综合考虑认定。根据单位人员在单位走私犯罪活动中所发挥的不同作用，对其直接负责的主管人员和其他直接责任人员，可以确定为一人或者数人。对于受单位领导指派而积极参

与实施走私犯罪行为的人员，如果其行为在走私犯罪的主要环节起重要作用的，可以认定为单位犯罪的直接责任人员。

走私罪的 10 个罪名均规定有单位犯罪，涉及的相关问题均应按此规定办理。

3. 划清一罪与数罪的界限。

依照《刑法》第 157 条第 2 款的规定，以暴力、威胁方法抗拒缉私的，应当以走私武器、弹药罪和《刑法》第 277 条规定的妨害公务罪，实行并罚。

应划清本罪与非法买卖、运输、邮寄、储存枪支、弹药、爆炸物罪的界限。前者的行为是与逃避海关监管相联系的，表现为非法出入国（边）境的行为；后者的行为发生在国（边）境之内。走私武器、弹药的行为，可能同时触犯非法买卖、运输、邮寄、储存枪支、弹药罪，由于走私行为包含了运输、邮寄、储存等行为，所以，凡是符合走私武器、弹药罪构成要件的，不再认定为非法买卖、运输、邮寄、储存枪支、弹药罪。但是，行为人以出售为目的走私武器、弹药后，又非法出售的，属于牵连犯罪，应按照处理牵连犯罪的原则，从一重处罚。

《刑法》第 151 条规定了走私武器、弹药罪，但没有规定走私爆炸物罪。对于走私爆炸物的行为，可认定为非法运输爆炸物罪。

（三）走私武器、弹药罪的刑事责任

依照《刑法》第 151 条第 1 款规定，犯走私武器、弹药罪的，处七年以上有期徒刑，并处罚金或者没收财产；情节特别严重的，处无期徒刑，并处没收财产；情节较轻的，处三年以上七年以下有期徒刑，并处罚金。

依照《刑法》第 151 条第 4 款规定，单位犯本罪的，对单位判处罚金，并对其直接负责的主管人员和其他直接责任人员，依照本条第 1 款的规定处罚。

司法机关在适用《刑法》第 151 条第 1 款、第 4 款规定处罚时，应当注意以下问题：

1. 走私武器、弹药罪的定罪量刑标准。对应《刑法》第 151 条第 1 款规定的3个量刑幅度，《办理走私刑事案件解释》第1条规定了相应的定罪量刑标准：

（1）走私武器、弹药，具有规定情形之一的，可以认定为《刑法》第151条第1款规定的"情节较轻"。①走私以压缩气体等非火药为动力发射枪弹的枪支2支以上不满5支的；②走私气枪铅弹500发以上不满2500发，或者其他子弹10发以上不满50发的；③未达到上述数量标准，但属于犯罪集团的首要分子，使用特种车辆从事走私活动，或者走私的武器、弹药被用于实施犯罪等情形的；④走私各种口径在60毫米以下常规炮弹、手榴弹或者枪榴弹等分别或者合计不满5枚的。

（2）具有规定的加重情形之一的，依照《刑法》第151条第1款的规定处七年以上有期徒刑，并处罚金或者没收财产：①走私以火药为动力发射枪弹的枪支1支，或者以压缩气体等非火药为动力发射枪弹的枪支5支以上不满10支的；②走私第1款第2项规定的弹药，数量在该项规定的最高数量以上不满最高数量5倍的；③走私各种口径在60毫米以下常规炮弹、手榴弹或者枪榴弹等分别或者合计达到5枚以上不满10枚，或者各种口径超过60毫米常规炮弹合计不满5枚的；④达到第1款第1项、第2项、第4项规定的数量标准，且属于犯罪集团的首要分子，使用特种车辆从事走私活动，或者走私的武器、弹药被用于实施犯罪等情形的。

（3）具有下列情形之一的，应当认定为《刑法》第151条第1款规定的"情节特别严重"：①走私第2款第1项规定的枪支，数量超过该项规定的数量标准的；②走私第1款第2项规定的弹药，数量在该项规定的最高数量标准5倍以上的；③走私第2款第3项规定的弹药，数量超过该项规定的数量标准，或者走私具有巨大杀伤力的非常规炮弹1枚以上的；④达到第2款第1项至第3项规定的数量标准，且属于犯罪集团的首要分子，使用特种车辆从事走私活动，或者走私的武器、弹药被用于实施犯罪等情形的。

走私其他武器、弹药，构成犯罪的，参照上述规定的标准处罚。

2. 走私枪支散件的定性及处罚标准。根据《办理走私刑事案件解释》第3条的规定，走私枪支散件，构成犯罪的，以走私武器罪定罪处罚。成套枪支散件以相应数量的枪支计，非成套枪支散件以每30件为一套枪支散件计。

3. 走私弹头、弹壳的定性及处罚标准。根据《办理走私刑事案件解释》第4条的规定，走私各种弹药的弹头、弹壳，构成犯罪的，以走私弹药罪定罪处罚。具体的定罪量刑标准，按照《办理走私刑事案件解释》第1条规定的数量标准的5倍执行。

走私报废或者无法组装并使用的各种弹药的弹头、弹壳，构成犯罪的，以走私普通货物、物品罪定罪处罚；属于废物的，依照以走私废物罪定罪处罚。弹头、弹壳是否属于"报废或者无法组装并使用"或者"废物"，由国家有关技术部门进行鉴定。

4. 走私仿真枪的定性及处罚标准。根据《办理走私刑事案件解释》第5条的规定，走私国家禁止或者限制进出口的仿真枪、管制刀具，构成犯罪的，以走私国家禁止进出口的货物、物品罪定罪处罚。仿真枪不应当具有致人伤亡或者丧失知觉的功能，实践中由国家有关技术部门进行鉴定。

5. 武装掩护走私的处罚。依照《刑法》第157条第1款的规定，武装掩护走私不是一个独立的罪名，应当根据具体走私对象确定其适用的罪名和法定刑，并且在法定刑幅度内从重处罚。不论行为人所携带的武器是否使用，均应对其从重处罚。据此，武装掩护走私武器、弹药的，应在《刑法》第151条第1款规定的法定刑幅度内从重处罚。有学者认为，《刑法》对武装掩护走私规定了独立的罪状和法定刑，武装掩护走私可作为一个独立的罪名适用。我们认为此观点不符合立法本意。

6. 关于行为人对其走私的具体对象不明确的案件的处理问题。《办理走私刑事案件意见》第6条规定，走私犯罪嫌疑人主观上具有走私犯罪故意，但对其走私的具体对象不明确的，不影响走私犯罪构成，应当根据实际的走私对象定罪处罚。但是，确有证据证明行为人因受蒙骗而对走私对象发生认识错误的，可以从轻处罚。因此，行为人主观上认为是贵重金属而走私，客观上是武器、弹药的，应认定为走私武器、弹药罪，可以从轻处罚。

二、走私核材料罪

第一百五十一条[①]第一款　走私武器、弹药、核材料或者伪造的货币的，处七年以上有期徒刑，并处罚金或者没收财产；情节特别严重的，处无期徒刑，并处没收财产；情节较轻的，处三年以上七年以下有期徒刑，并处罚金。

第四款　单位犯本条规定之罪的，对单位判处罚金，并对其直接负责的主管人员和其他直接责任人员，依照本条各款的规定处罚。

第一百五十五条[②]　下列行为，以走私罪论处，依照本节的有关规定处罚：

（一）直接向走私人非法收购国家禁止进口物品的，或者直接向走私人非法收购走私进口的其他货物、物品，数额较大的；

（二）在内海、领海、界河、界湖运输、收购、贩卖国家禁止进出口物品的，或者运输、收购、贩卖国家限制进出口货物、物品，数额较大，没有合法证明的。

第一百五十六条　与走私罪犯通谋，为其提供贷款、资金、账号、发票、证明，或者为其提供运输、保管、邮寄或者其他方便的，以走私罪的共犯论处。

第一百五十七条[③]　武装掩护走私的，依照本法第一百五十一条第一款的规定从重处罚。

以暴力、威胁方法抗拒缉私的，以走私罪和本法第二百七十七条规定的阻碍国家机关工作人员依法执行职务罪，依照数罪并罚的规定处罚。

[①]　本条经2009年2月28日《刑法修正案（七）》第1条、2011年2月25日《刑法修正案（八）》第26条、2015年8月29日《刑法修正案（九）》第9条三次修改。

[②]　本条经2002年12月28日《刑法修正案（四）》第3条修改。

[③]　本条第1款经2011年2月25日《刑法修正案（八）》第28条修改。

（一）走私核材料罪的概念和构成要件

走私核材料罪，是指违反海关法规，逃避海关监管，运输、携带、邮寄核材料进出国（边）境的行为。

本罪是1997年《刑法》增设的罪名，1979年《刑法》和单行刑法均没有规定此罪名。

走私核材料罪的构成要件是：

1. 本罪侵犯的客体是国家海关监督管理制度中关于核材料进出国（边）境的监管制度。

犯罪对象是核材料，即可以发生原子裂变和聚合反应的放射性材料。根据1987年6月15日国务院发布的《核材料管制条例》的规定，核材料包括：铀-235，含铀-235的材料和制品；铀-233，含铀-233的材料和制品；钚-239，含钚-239的材料和制品；氚，含氚的材料和制品；锂-6，含锂-6的材料和制品；其他需要管制的核材料。

2. 客观方面表现为违反海关法规，逃避海关监管，运输、携带、邮寄核材料进出国（边）境的行为。

行为人直接向走私人非法收购核材料，或者在内海、领海、界河、界湖运输、收购、贩卖核材料的，也应以走私核材料罪论处。"内海"包括内河的入海口水域。直接向走私人非法收购核材料，是指明知是走私行为人而向其非法收购走私的核材料。

3. 犯罪主体为一般主体，包括自然人和单位。

4. 主观方面由故意构成，过失不构成本罪。

（二）认定走私核材料罪应当注意的问题

1. 人民法院在审理案件中，对某一物品是否属于核材料难以认定时，应请有关部门进行鉴定。国家核安全局、国家科学技术工业委员会分别负责民用、军用核材料的监督或管理。

2. 依照《刑法》第156条的规定，与走私核材料的犯罪分子通谋，为其提供贷款、资金、账号、发票、证明，或者为其提供运输、保管、邮寄或者其他方便的,应当以走私核材料罪的共犯论处。

3. 依照《刑法》第 157 条第 2 款的规定,在走私核材料过程中,行为人以暴力、威胁方法抗拒缉私的,应当以走私核材料罪和《刑法》第 277 条规定的妨害公务罪实行并罚。

(三)走私核材料罪的刑事责任

依照《刑法》第 151 条第 1 款规定,犯走私核材料罪的,处七年以上有期徒刑,并处罚金或者没收财产;情节特别严重的,处无期徒刑,并处没收财产;情节较轻的,处三年以上七年以下有期徒刑,并处罚金。

依照《刑法》第 151 条第 4 款规定,单位犯本罪的,对单位判处罚金,并对其直接负责的主管人员和其他直接责任人员,依照本条第 1 款的规定处罚。

司法机关在适用《刑法》第 151 条第 1 款、第 4 款规定处罚时,应当注意以下问题:

根据《刑法》第 157 条第 1 款的规定,武装掩护走私核材料的,应当在《刑法》第 151 条第 1 款规定的法定刑幅度内从重处罚。行为人所携带的武器无论是否使用,均应按照本款的规定处罚。

三、走私假币罪

第一百五十一条[①] 第一款　走私武器、弹药、核材料或者伪造的货币的,处七年以上有期徒刑,并处罚金或者没收财产;情节特别严重的,处无期徒刑,并处没收财产;情节较轻的,处三年以上七年以下有期徒刑,并处罚金。

第四款　单位犯本条规定之罪的,对单位判处罚金,并对其直接负责的主管人员和其他直接责任人员,依照本条各款的规定处罚。

---

① 本条经 2009 年 2 月 28 日《刑法修正案(七)》第 1 条、2011 年 2 月 25 日《刑法修正案(八)》第 26 条、2015 年 8 月 29 日《刑法修正案(九)》第 9 条三次修改。

第一百五十五条① 下列行为，以走私罪论处，依照本节的有关规定处罚：

（一）直接向走私人非法收购国家禁止进口物品的，或者直接向走私人非法收购走私进口的其他货物、物品，数额较大的；

（二）在内海、领海、界河、界湖运输、收购、贩卖国家禁止进出口物品的，或者运输、收购、贩卖国家限制进出口货物、物品，数额较大，没有合法证明的。

第一百五十六条 与走私罪犯通谋，为其提供贷款、资金、账号、发票、证明，或者为其提供运输、保管、邮寄或者其他方便的，以走私罪的共犯论处。

第一百五十七条② 武装掩护走私的，依照本法第一百五十一条第一款的规定从重处罚。

以暴力、威胁方法抗拒缉私的，以走私罪和本法第二百七十七条规定的阻碍国家机关工作人员依法执行职务罪，依照数罪并罚的规定处罚。

（一）走私假币罪的概念和构成要件

走私假币罪，是指违反海关法规，逃避海关监管，运输、携带、邮寄伪造的货币进出国（边）境的行为。

本罪是从《全国人民代表大会常务委员会关于惩治走私罪的补充规定》第1条的规定，吸收改为《刑法》的具体规定的。

走私假币罪的构成要件是：

1.本罪侵犯的客体是复杂客体，既侵犯了国家海关法禁止假币进出口的制度，又侵犯了国家的货币管理制度。本罪的犯罪对象是伪造的货币。

2.客观方面表现为违反海关法规，逃避海关监管，运输、携带、邮寄伪造的货币进出国（边）境的行为。

3.犯罪主体为一般主体，自然人和单位均可构成本罪的主体。

---

① 本条经2002年12月28日《刑法修正案（四）》第3条修改。
② 本条第1款经2011年2月25日《刑法修正案（八）》第28条修改。

4.主观方面由故意构成,即明知是假币而运输、携带、邮寄出入国(边)境。行为人一般具有营利的目的,但是否具有营利的目的,不影响本罪的成立。如果行为人主观上不明知是假币而运输、携带、邮寄出入境的,则不构成本罪。

(二)认定走私假币罪应当注意的问题

1.划清罪与非罪的界限。

依照《刑法》第151条的规定,走私假币即构成走私假币罪。但在司法实践中,也不能把任何走私假币的行为都以犯罪论处。根据《最高人民法院、最高人民检察院关于办理走私刑事案件适用法律若干问题的解释》(以下简称《办理走私刑事案件解释》)的规定,走私伪造的货币,数额在2000元以下,或者数量在200张(枚)以下的,可以视为"情节显著轻微危害不大,不认定是犯罪"。

2.划清一罪与数罪的界限。

行为人走私伪造的货币后,又在境内出售或者运输同一宗伪造的货币,构成牵连犯的,应当按照处理牵连犯的原则,从一重罪处罚。

依照《刑法》第157条第2款的规定,以暴力、威胁方法抗拒缉私的,应当以走私假币罪与妨害公务罪,实行并罚。

3.依照《刑法》第156条的规定,与走私假币的犯罪分子通谋,为其提供贷款、资金、账号、发票、证明,或者为其提供运输、保管、邮寄或者其他方便的,以走私假币罪的共犯论处。

(三)走私假币罪的刑事责任

依照《刑法》第151条第1款规定,犯走私假币罪的,处七年以上有期徒刑,并处罚金或者没收财产;情节特别严重的,处无期徒刑,并处没收财产;情节较轻的,处三年以上七年以下有期徒刑,并处罚金。

依照《刑法》第151条第4款规定,单位犯本罪的,对单位判处罚金,并对其直接负责的主管人员和其他直接责任人员,依照本条第1款的规定处罚。

司法机关在适用《刑法》第151条第1款、第4款规定处罚时,应当注意以下问题:

1.《刑法》对走私假币罪规定了3个档次的量刑幅度,在司法实践中应当区别不同情节,正确适用。根据《办理走私刑事案件解释》第6条的规定:

(1)走私伪造的货币,数额在2000元以上不满2万元,或者数量在200张(枚)以上不满2000张(枚)的,可以认定为《刑法》第151条第1款规定的"情节较轻"。

(2)走私伪造的货币,具有下列情形之一的,依照《刑法》第151条第1款的规定处七年以上有期徒刑,并处罚金或者没收财产:①走私数额在2万元以上不满20万元,或者数量在2000张(枚)以上不满2万张(枚)的;②走私数额或者数量达到第1款规定的标准,且具有走私的伪造货币流入市场等情节的。

(3)走私伪造的货币,具有下列情形之一的,应当认定为《刑法》第151条第1款规定的"情节特别严重":①走私数额在20万元以上,或者数量在2万张(枚)以上的;②走私数额或者数量达到第2款第1项规定的标准,且属于犯罪集团的首要分子,使用特种车辆从事走私活动,或者走私的伪造货币流入市场等情形的。

2.依照《刑法》第157条的规定,武装掩护走私假币的,在刑法第151条第1款规定的法定刑的幅度内从重处罚。行为人所携带的武器无论是否使用,均应按照本款的规定处罚。

四、走私文物罪

第一百五十一条[①] **第二款** 走私国家禁止出口的文物、黄金、白银和其他贵重金属或者国家禁止进出口的珍贵动物及其制品的,处五年以上十年以下有期徒刑,并处罚金;情节特别严重的,处十年以上有期徒刑或者无期徒

[①] 本条经2009年2月28日《刑法修正案(七)》第1条、2011年2月25日《刑法修正案(八)》第26条、2015年8月29日《刑法修正案(九)》第9条三次修改。

刑，并处没收财产；情节较轻的，处五年以下有期徒刑，并处罚金。

第四款 单位犯本条规定之罪的，对单位判处罚金，并对其直接负责的主管人员和其他直接责任人员，依照本条各款的规定处罚。

第一百五十五条[①] 下列行为，以走私罪论处，依照本节的有关规定处罚：

（一）直接向走私人非法收购国家禁止进口物品的，或者直接向走私人非法收购走私进口的其他货物、物品，数额较大的；

（二）在内海、领海、界河、界湖运输、收购、贩卖国家禁止进出口物品的，或者运输、收购、贩卖国家限制进出口货物、物品，数额较大，没有合法证明的。

第一百五十六条 与走私罪犯通谋，为其提供贷款、资金、账号、发票、证明，或者为其提供运输、保管、邮寄或者其他方便的，以走私罪的共犯论处。

第一百五十七条[②] 武装掩护走私的，依照本法第一百五十一条第一款的规定从重处罚。

以暴力、威胁方法抗拒缉私的，以走私罪和本法第二百七十七条规定的阻碍国家机关工作人员依法执行职务罪，依照数罪并罚的规定处罚。

（一）走私文物罪的概念和构成要件

走私文物罪，是指违反海关法规，逃避海关监管，运输、携带、邮寄国家禁止出口的文物出国（边）境的行为。

本罪是对《全国人民代表大会常务委员会关于惩治走私罪的补充规定》第2条的规定吸收并修改为《刑法》的具体规定的。1979年《刑法》第173条规定有盗运珍贵文物出口罪。

走私文物罪的构成要件是：

1. 本罪侵犯的客体是国家文物出口管理制度。犯罪对象是"国家禁止出

---

① 本条经2002年12月28日《刑法修正案（四）》第3条修改。
② 本条第1款经2011年2月25日《刑法修正案（八）》第28条修改。

口的文物"，即国家一、二、三级文物和其他国家禁止出口的文物。

《文物保护法》第60条规定："国有文物、非国有文物中的珍贵文物和国家规定禁止出境的其他文物，不得出境；但依照本法规定出境展览或者因特殊需要经国务院批准出境的除外。"第62条第2款规定："一级文物中的孤品和易损品，禁止出境展览。"2001年4月9日文化部颁发的《文物藏品定级标准》规定："文物藏品分为珍贵文物和一般文物。珍贵文物分为一、二、三级。具有特别重要历史、艺术、科学价值的代表性文物为一级文物；具有重要历史、艺术、科学价值的为二级文物；具有比较重要历史、艺术、科学价值的为三级文物。具有一定历史、艺术、科学价值的为一般文物。"根据全国人民代表大会常务委员会2005年12月29日《关于〈中华人民共和国刑法〉有关文物的规定适用于具有科学价值的古脊椎动物化石、古人类化石的解释》，《刑法》有关文物的规定，适用于具有科学价值的古脊椎动物化石、古人类化石。

2. 客观方面表现为违反海关法规，逃避海关监管，运输、携带、邮寄国家禁止出口的文物出国（边）境的行为。行为人在领海、内海、界河、界湖运输、贩卖国家禁止出口的文物的，也应以走私文物罪论处。

3. 犯罪主体为一般主体，自然人和单位均可构成本罪的主体。

4. 主观方面由故意构成，即明知是国家禁止出口的文物而将其走私出境。过失不构成本罪。

（二）认定走私文物罪应当注意的问题

1. 行为人走私的文物是否属于国家禁止出口的文物，需要由国家文化行政管理部门作出鉴定。走私国家禁止出口的三级文物1件的，即可构成犯罪。走私国家允许进口的文物入境的，不构成本罪；偷逃应纳税款构成犯罪的，以走私普通货物、物品罪论处。

2. 依照《刑法》第156条的规定，与走私文物的犯罪分子通谋，为其提供贷款、资金、账号、发票、证明，或者为其提供运输、保管、邮寄或者其他方便的，应当以走私文物罪的共犯论处。

（三）走私文物罪的刑事责任

依照《刑法》第151条第2款规定，犯走私文物罪的，处五年以上十年以下有期徒刑，并处罚金；情节特别严重的，处十年以上有期徒刑或者无期徒刑，并处没收财产；情节较轻的，处五年以下有期徒刑，并处罚金。

依照《刑法》第151条第4款规定，单位犯本罪的，对单位判处罚金，并对其直接负责的主管人员和其他直接责任人员，依照本条第2款的规定处罚。

司法机关在适用《刑法》第151条第2款、第4款规定处罚时，应当注意以下问题：

1.《刑法》对走私文物罪规定了3个档次的量刑幅度，在司法实践中应当区别不同情节，正确适用。

《最高人民法院、最高人民检察院关于办理妨害文物管理等刑事案件适用法律若干问题的解释》已于2016年1月1日起施行，因此应按照该司法解释追究刑事责任。

2. 武装掩护走私国家禁止出口的文物的，根据《刑法》第157条第1款的规定，在《刑法》第151条第1款规定的法定刑幅度内从重处罚。行为人所携带的武器无论是否使用，均应按照本款的规定处罚。

五、走私贵重金属罪

第一百五十一条[①] **第二款** 走私国家禁止出口的文物、黄金、白银和其他贵重金属或者国家禁止进出口的珍贵动物及其制品的，处五年以上十年以下有期徒刑，并处罚金；情节特别严重的，处十年以上有期徒刑或者无期徒刑，并处没收财产；情节较轻的，处五年以下有期徒刑，并处罚金。

第四款 单位犯本条规定之罪的，对单位判处罚金，并对其直接负责的

---

① 本条经2009年2月28日《刑法修正案（七）》第1条、2011年2月25日《刑法修正案（八）》第26条、2015年8月29日《刑法修正案（九）》第9条三次修改。

主管人员和其他直接责任人员,依照本条各款的规定处罚。

第一百五十五条[①]　下列行为,以走私罪论处,依照本节的有关规定处罚:

(一)直接向走私人非法收购国家禁止进口物品的,或者直接向走私人非法收购走私进口的其他货物、物品,数额较大的;

(二)在内海、领海、界河、界湖运输、收购、贩卖国家禁止进出口物品的,或者运输、收购、贩卖国家限制进出口货物、物品,数额较大,没有合法证明的。

第一百五十六条　与走私罪犯通谋,为其提供贷款、资金、账号、发票、证明,或者为其提供运输、保管、邮寄或者其他方便的,以走私罪的共犯论处。

第一百五十七条[②]　武装掩护走私的,依照本法第一百五十一条第一款的规定从重处罚。

以暴力、威胁方法抗拒缉私的,以走私罪和本法第二百七十七条规定的阻碍国家机关工作人员依法执行职务罪,依照数罪并罚的规定处罚。

(一)走私贵重金属罪的概念和构成要件

走私贵重金属罪,是指违反海关法规,逃避海关监管,运输、携带、邮寄贵重金属出国(边)境的行为。

本罪是对《全国人民代表大会常务委员会关于惩治走私罪的补充规定》第2条的规定吸收并修改为《刑法》的具体规定的。1979年《刑法》没有走私贵重金属罪的规定。

走私贵重金属罪的构成要件是:

1.本罪侵犯的客体是复杂客体,主要侵犯的是国家对贵重金属出境的管理制度,同时也侵犯了国家的金融秩序。

犯罪对象是贵重金属,包括黄金、白银、铂、锇、钌、钯、铱、铑、钛

---

① 本条经 2002 年 12 月 28 日《刑法修正案(四)》第 3 条修改。
② 本条第 1 款经 2011 年 2 月 25 日《刑法修正案(八)》第 28 条修改。

等金属和国家禁止出口的其他贵重金属。

2. 客观方面表现为违反海关法规，逃避海关监管，运输、携带、邮寄贵重金属出国（边）境的行为。行为人在领海、内海、界河、界湖运输、贩卖贵重金属的，也应以走私贵重金属罪论处。

3. 犯罪主体为一般主体，自然人和单位均可构成本罪的主体。

4. 主观方面由故意构成。

（二）认定走私贵重金属罪应当注意的问题

1. 将贵重金属走私入境的，不构成本罪。偷逃应缴税额较大，构成犯罪的，以走私普通货物、物品罪定罪处罚。

2. 依照《刑法》第156条的规定，与走私贵重金属的犯罪分子通谋，为其提供贷款、资金、账号、发票、证明，或者为其提供运输、保管、邮寄或者其他方便的，以走私贵重金属罪的共犯论处。

3. 依照《刑法》第157条第2款的规定，以暴力、威胁方法抗拒缉私的，以走私贵重金属罪和妨害公务罪并罚。

（三）走私贵重金属罪的刑事责任

依照《刑法》第151条第2款规定，犯走私贵重金属罪的，处五年以上十年以下有期徒刑，并处罚金；情节特别严重的，处十年以上有期徒刑或者无期徒刑，并处没收财产；情节较轻的，处五年以下有期徒刑，并处罚金。

依照《刑法》第151条第4款规定，单位犯本罪的，对单位判处罚金，并对其直接负责的主管人员和其他直接责任人员，依照本条第2款的规定处罚。

司法机关在适用《刑法》第151条第2款、第4款规定处罚时，应当注意：

武装掩护走私国家禁止出口的文物的，根据《刑法》第157条第1款的规定，在《刑法》第151条第1款规定的法定刑幅度内从重处罚。行为人所携带的武器无论是否使用，均应按照本款的规定处罚。

六、走私珍贵动物、珍贵动物制品罪

第一百五十一条[①] **第二款** 走私国家禁止出口的文物、黄金、白银和其他贵重金属或者国家禁止进出口的珍贵动物及其制品的,处五年以上十年以下有期徒刑,并处罚金;情节特别严重的,处十年以上有期徒刑或者无期徒刑,并处没收财产;情节较轻的,处五年以下有期徒刑,并处罚金。

第四款 单位犯本条规定之罪的,对单位判处罚金,并对其直接负责的主管人员和其他直接责任人员,依照本条各款的规定处罚。

第一百五十五条[②] 下列行为,以走私罪论处,依照本节的有关规定处罚:

(一)直接向走私人非法收购国家禁止进口物品的,或者直接向走私人非法收购走私进口的其他货物、物品,数额较大的;

(二)在内海、领海、界河、界湖运输、收购、贩卖国家禁止进出口物品的,或者运输、收购、贩卖国家限制进出口货物、物品,数额较大,没有合法证明的。

第一百五十六条 与走私罪犯通谋,为其提供贷款、资金、账号、发票、证明,或者为其提供运输、保管、邮寄或者其他方便的,以走私罪的共犯论处。

第一百五十七条[③] 武装掩护走私的,依照本法第一百五十一条第一款的规定从重处罚。

以暴力、威胁方法抗拒缉私的,以走私罪和本法第二百七十七条规定的阻碍国家机关工作人员依法执行职务罪,依照数罪并罚的规定处罚。

---

① 本条经2009年2月28日《刑法修正案(七)》第1条、2011年2月25日《刑法修正案(八)》第26条、2015年8月29日《刑法修正案(九)》第9条三次修改。

② 本条经2002年12月28日《刑法修正案(四)》第3条修改。

③ 本条第1款经2011年2月25日《刑法修正案(八)》第28条修改。

（一）走私珍贵动物、珍贵动物制品罪的概念和构成要件

走私珍贵动物、珍贵动物制品罪，是指违反海关和野生动物保护法规，逃避海关监管，运输、携带、邮寄珍贵动物及其制品进出国（边）境的行为。

本罪是对《全国人民代表大会常务委员会关于惩治走私罪的补充规定》第2条的规定吸收并修改为《刑法》的具体规定的。1979年《刑法》没有走私珍贵动物、珍贵动物制品罪的规定。

走私珍贵动物、珍贵动物制品罪的构成要件是：

1.侵犯的客体是国家海关监管制度和国家野生动物保护制度。犯罪对象是珍贵动物、珍贵动物制品。

"珍贵动物"，包括列入《国家重点保护野生动物名录》中的国家一、二级保护野生动物，《濒危野生动植物种国际贸易公约》附录一、附录二中的野生动物，以及驯养繁殖的上述动物。国家重点保护的野生动物分为两级：一级保护野生动物和二级保护野生动物。前者指中国特产或者濒于灭绝的野生动物；后者指数量较少或者有濒于灭绝危险的野生动物。1988年12月10经国务院批准，由原林业部、农业部公布了《国家重点保护野生动物名录》，2021年1月4日经国务院批准，国家林业和草原局、农业农村部于2021年2月1日公布了新调整的《国家重点保护野生动物名录》。调整后的《国家重点保护野生动物名录》，共列入野生动物980种和8类，其中国家一级保护野生动物234种和1类、国家二级保护野生动物746种和7类。"珍贵动物制品"是指上述动物的肉、皮、毛、骨等制成品。

2.客观方面表现为违反海关法规和野生动物保护法规，逃避海关监管，运输、携带、邮寄珍贵动物、珍贵动物制品进出国（边）境的行为。

根据《最高人民法院、最高人民检察院关于办理破坏野生动物资源刑事案件适用法律若干问题的解释》（以下简称《办理破坏野生动物资源刑事案件解释》）第1条的规定，具有下列情形之一的，应当认定为《刑法》第151条第2款规定的走私国家禁止进出口的珍贵动物及其制品：（1）未经批准擅自进出口列入经国家濒危物种进出口管理机构公布的《濒危野生动植物种国

际贸易公约》附录一、附录二的野生动物及其制品；（2）未经批准擅自出口列入《国家重点保护野生动物名录》的野生动物及其制品。

根据《刑法》第155条的规定，行为人直接向走私人非法收购珍贵动物及其制品，或者在领海、内海、界河、界湖运输、收购、贩卖上述物品的，也应当以走私珍贵动物、珍贵动物制品罪论处。

3. 犯罪主体为一般主体，自然人和单位均可构成本罪的主体。

4. 主观方面由故意构成，过失不构成本罪。

（二）认定走私珍贵动物、珍贵动物制品罪应当注意的问题

1. 本罪属选择性罪名。

按照《刑法》的规定，行为人只要实施了走私珍贵动物或者走私珍贵动物制品其中一种行为的，就构成本罪；实施了两种行为的，仍为一罪，不实行并罚。

2. 划清罪与非罪的界限。

根据《最高人民法院、最高人民检察院关于办理走私刑事案件适用法律若干问题的解释》（以下简称《办理走私刑事案件解释》）第9条第4款的规定，不以牟利为目的，为留作纪念而走私珍贵动物制品进境，数额不满10万元的，可以免予刑事处罚；情节显著轻微的，不作为犯罪处理。

3. 划清一罪与数罪的界限。

对猎捕、杀害珍贵动物时没有走私的故意，行为实施完毕后又决定走私的，收购珍贵动物或者其制品时没有走私的故意，行为实施完毕后又决定走私的，是定一罪还是数罪，学术界有不同意见。我们认为，本罪与危害珍贵、濒危野生动物罪在客体、客观方面不同。本罪侵犯的客体主要是国家的海关监管制度，后罪侵犯的客体是国家的环境资源保护制度。本罪在客观方面表现为违反海关和野生动物保护法规，逃避海关监管，运输、携带、邮寄珍贵动物、珍贵动物制品进出国（边）境的行为。后罪在客观方面则表现为非法猎捕、杀害或者非法收购、运输、出售国家重点保护的珍贵、濒危野生动物及其制品的行为。行为人如果以走私为目的实施危害珍贵、濒危野生动物犯罪，走私的对象与其是同一宗的，属于牵连犯罪，按照处理牵连犯罪的

原则，从一重罪处罚，即按照走私珍贵动物、珍贵动物制品罪处罚。

4. 依照《刑法》第156条的规定，与走私珍贵动物、珍贵动物制品的犯罪分子通谋，为其提供贷款、资金、账号、发票、证明，或者为其提供运输、保管、邮寄或者其他方便的，以走私珍贵动物、珍贵动物制品罪的共犯论处。

5. 依照《刑法》第157条第2款的规定，以暴力、威胁方法抗拒缉私的，应当以走私珍贵动物、珍贵动物制品罪和《刑法》第277条规定的妨害公务罪，实行并罚。

（三）走私珍贵动物、珍贵动物制品罪的刑事责任

依照《刑法》第151条第2款规定，犯走私珍贵动物、珍贵动物制品罪的，处五年以上十年以下有期徒刑，并处罚金；情节特别严重的，处十年以上有期徒刑或者无期徒刑，并处没收财产；情节较轻的，处五年以下有期徒刑，并处罚金。

依照《刑法》第151条第4款规定，单位犯本罪的，对单位判处罚金，并对其直接负责的主管人员和其他直接责任人员，依照本条第2款的规定处罚。

司法机关在适用刑法《刑法》第151条第2款、第4款规定处罚时，应当注意以下问题：

1.《刑法》对本罪规定了3个档次的量刑幅度，《办理走私刑事案件解释》第9条规定了与之对应的定罪量刑标准：

（1）走私国家一、二级保护动物未达到本解释附表中"（一）"规定的数量标准，或者走私珍贵动物制品数额不满20万元的，可以认定为《刑法》第151条第2款规定的"情节较轻"。

（2）具有下列情形之一的，依照《刑法》第151条第2款的规定处五年以上十年以下有期徒刑，并处罚金：①走私国家一、二级保护动物达到本解释附表中"（一）"规定的数量标准的；②走私珍贵动物制品数额在20万元以上不满100万元的；③走私国家一、二级保护动物未达到本解释附表中"（一）"规定的数量标准，但具有造成该珍贵动物死亡或者无法追回等情节的。

（3）具有下列情形之一的，应当认定为《刑法》第151条第2款规定的"情节特别严重"：①走私国家一、二级保护动物达到本解释附表中"（二）"规定的数量标准的；②走私珍贵动物制品数额在100万元以上的；③走私国家一、二级保护动物达到本解释附表中"（一）"规定的数量标准，且属于犯罪集团的首要分子，使用特种车辆从事走私活动，或者造成该珍贵动物死亡、无法追回等情形的。

走私《办理走私刑事案件解释》附表中未规定的珍贵动物的，参照附表中规定的同属或者同科动物的数量标准执行。走私《办理走私刑事案件解释》附表中未规定珍贵动物的制品的，按照《最高人民法院、最高人民检察院、国家林业局、公安部、海关总署关于破坏野生动物资源刑事案件中涉及的CITES附录Ⅰ和附录Ⅱ所列陆生野生动物制品价值核定问题的通知》（林濒发〔2012〕239号）的有关规定核定价值。

根据《办理破坏野生动物资源刑事案件解释》第2条的规定，走私国家禁止进出口的珍贵动物及其制品，价值20万元以上不满200万元的，应当依照《刑法》第151条第2款的规定，以走私珍贵动物、珍贵动物制品罪处五年以上十年以下有期徒刑，并处罚金；价值200万元以上的，应当认定为"情节特别严重"，处十年以上有期徒刑或者无期徒刑，并处没收财产；价值2万元以上不满20万元的，应当认定为"情节较轻"，处五年以下有期徒刑，并处罚金。实施前款规定的行为，具有下列情形之一的，从重处罚：（1）属于犯罪集团的首要分子的；（2）为逃避监管，使用特种交通工具实施的；（3）二年内曾因破坏野生动物资源受过行政处罚的。实施第1款规定的行为，不具有第2款规定的情形，且未造成动物死亡或者动物、动物制品无法追回，行为人全部退赃退赔，确有悔罪表现的，按照下列规定处理：（1）珍贵动物及其制品价值200万元以上的，可以处五年以上十年以下有期徒刑，并处罚金；（2）珍贵动物及其制品价值20万元以上不满200万元的，可以认定为"情节较轻"，处五年以下有期徒刑，并处罚金；（3）珍贵动物及其制品价值2万元以上不满20万元的，可以认定为犯罪情节轻微，不起诉或者免予刑事处罚；情节显著轻微危害不大的，不作为犯罪处理。

2.虽然本罪对人工繁育的野生动物与自然环境中繁殖的野生动物进行

同等保护，但在办理走私人工繁育的野生动物及其制品的案件时，应当具体案件具体分析。《最高人民法院、最高人民检察院、公安部、司法部关于依法惩治非法野生动物交易犯罪的指导意见》第9条规定，实施本意见规定的行为，在认定是否构成犯罪以及裁量刑罚时，应当考虑涉案动物是否系人工繁育、物种的濒危程度、野外存活状况、人工繁育情况、是否列入国务院野生动物保护主管部门制定的人工繁育国家重点保护野生动物名录，以及行为手段、对野生动物资源的损害程度、食用涉案野生动物对人体健康的危害程度等情节，综合评估社会危害性，确保罪责刑相适应。相关定罪量刑标准明显不适宜的，可以根据案件的事实、情节和社会危害程度，依法作出妥当处理。

3. 依照《刑法》第157条第1款的规定，武装掩护走私珍贵动物、珍贵动物制品的，在《刑法》第151条第1款规定的法定刑幅度内从重处罚。行为人所携带的武器无论是否使用，均应按照本款的规定处罚。

七、走私国家禁止进出口的货物、物品罪

第一百五十一条[①] **第三款** 走私珍稀植物及其制品等国家禁止进出口的其他货物、物品的，处五年以下有期徒刑或者拘役，并处或者单处罚金；情节严重的，处五年以上有期徒刑，并处罚金。

第四款 单位犯本条规定之罪的，对单位判处罚金，并对其直接负责的主管人员和其他直接责任人员，依照本条各款的规定处罚。

第一百五十五条[②] 下列行为，以走私罪论处，依照本节的有关规定处罚：

（一）直接向走私人非法收购国家禁止进口物品的，或者直接向走私人非法收购走私进口的其他货物、物品，数额较大的；

（二）在内海、领海、界河、界湖运输、收购、贩卖国家禁止进出口物

---

① 本条经2009年2月28日《刑法修正案（七）》第1条、2011年2月25日《刑法修正案（八）》第26条、2015年8月29日《刑法修正案（九）》第9条三次修改。

② 本条经2002年12月28日《刑法修正案（四）》第3条修改。

品的，或者运输、收购、贩卖国家限制进出口货物、物品，数额较大，没有合法证明的。

第一百五十六条　与走私罪犯通谋，为其提供贷款、资金、账号、发票、证明，或者为其提供运输、保管、邮寄或者其他方便的，以走私罪的共犯论处。

第一百五十七条[①]　武装掩护走私的，依照本法第一百五十一条第一款的规定从重处罚。

以暴力、威胁方法抗拒缉私的，以走私罪和本法第二百七十七条规定的阻碍国家机关工作人员依法执行职务罪，依照数罪并罚的规定处罚。

（一）走私国家禁止进出口的货物、物品罪的概念和构成要件

走私国家禁止进出口的货物、物品罪，是指违反海关和国家有关行政部门关于禁止进出口货物、物品的法规，逃避海关监管，运输、携带、邮寄国家禁止进出口的货物、物品进出国（边）境的行为。

本罪在1997年《刑法》中的罪名为"走私珍稀植物、珍稀植物制品罪"。《刑法修正案（七）》第1条对本罪的罪状作了修改，采用了概括式的罪状表述，因而罪名也相应地改为"走私国家禁止进出口的货物、物品罪"，同时取消了"走私珍稀植物、珍稀植物制品罪"的罪名。

走私国家禁止进出口的货物、物品罪的构成要件是：

1.侵犯的客体是海关监管制度和国家对禁止进出口货物、物品的管理制度。

犯罪对象是《刑法》第151条、第152条、第347条、第350条等具体列举的武器、弹药、核材料、假币、文物、贵重金属、珍贵动植物及其制品、淫秽物品、废物、毒品、制毒物品、毒品等以外的国家禁止进出口的其他所有货物、物品。禁止进出口的货物、物品由国家有关行政部门根据《对外贸易法》《货物进出口管理条例》等决定并公布，具体种类会随着我国社会、经济形势的发展而变化，主要包括：《禁止进出境物品表》《加工贸易禁

[①] 本条第1款经2011年2月25日《刑法修正案（八）》第28条修改。

止类商品目录》《禁止进口货物目录》《禁止出口货物目录》以及其他法规中列明的禁止进出口的货物、物品。

2. 客观方面表现为违反海关法规和国家有关行政部门关于禁止进出口的货物、物品的法规，逃避海关监管，运输、邮寄、携带国家禁止进出口的货物、物品进出国（边）境的行为。

行为人直接向走私人非法收购国家禁止进出口的货物、物品，或者在领海、内海、界河、界湖运输、收购、贩卖上述物品的，也应当以走私国家禁止进出口的货物、物品罪论处。

3. 犯罪主体为一般主体，自然人和单位均可构成本罪的主体。

4. 主观方面由故意构成，过失不构成本罪。

（二）认定走私国家禁止进出口的货物、物品罪应当注意的问题

1. 划清罪与非罪的界限。

行为是否具有严重社会危害性，是划清走私国家禁止进出口的货物、物品罪与一般违法行为的关键。司法实践中，应根据禁止进出口的货物、物品的性质、走私的数量、犯罪后果等认定是否具有严重社会危害性，情节显著轻微危害不大的，不认为是犯罪。

2. 走私国家禁止进出口的货物、物品罪与走私文物罪的区别。

走私一般的古生物化石，构成犯罪的，以走私国家禁止进出口的货物、物品罪定罪处罚。走私具有科学价值的古脊椎动物化石、古人类化石，构成犯罪的，以走私文物罪定罪处罚。

3. 未经许可进出口国家限制进出口的货物、物品，构成犯罪的，应当依照《刑法》第151条、第152条的规定，以走私国家禁止进出口的货物、物品罪等罪名定罪处罚。

租用、借用或者使用购买的他人许可证，进出口国家限制进出口的货物、物品的，按上述规定定罪处罚。

4. 依照《刑法》第156条的规定，与走私国家禁止进出口的货物、物品的犯罪分子通谋，为其提供贷款、资金、账号、发票、证明或者为其提供运输等方便的，以走私国家禁止进出口的货物、物品的犯罪分子的共犯论处。

5. 依照《刑法》第157条第2款的规定，以暴力、威胁方法抗拒缉私的，应当以走私国家禁止进出口的货物、物品罪和《刑法》第277条规定的妨害公务罪，实行并罚。

（三）走私国家禁止进出口的货物、物品罪的刑事责任

依照《刑法》第151条第3款规定，犯走私国家禁止进出口的货物、物品罪的，处五年以下有期徒刑或者拘役，并处或者单处罚金；情节严重的，处五年以上有期徒刑，并处罚金。

依照《刑法》第151条第4款规定，单位犯本罪的，对单位判处罚金，并对其直接负责的主管人员和其他直接责任人员，依照本条第3款的规定处罚。

《刑法》对本罪规定了两个档次的量刑幅度，《最高人民法院、最高人民检察院关于办理走私刑事案件适用法律若干问题的解释》第11条规定了珍贵植物及其制品、古生物化石、有毒物质、来自境外疫区的动植物及其产品、木炭、硅砂等妨害环境、资源保护的货物、物品、旧机动车、切割车、旧机电产品等较为典型的禁止进出口的货物、物品的定罪量刑标准：

（1）具有规定情形之一的，依照《刑法》第151条第3款的规定处五年以下有期徒刑或者拘役，并处或者单处罚金。

（2）具有规定加重情形之一的，应当认定为《刑法》第151条第3款规定的"情节严重"。

八、走私淫秽物品罪

第一百五十二条第一款 以牟利或者传播为目的，走私淫秽的影片、录像带、录音带、图片、书刊或者其他淫秽物品的，处三年以上十年以下有期徒刑，并处罚金；情节严重的，处十年以上有期徒刑或者无期徒刑，并处罚金或者没收财产；情节较轻的，处三年以下有期徒刑、拘役或者管制，并处罚金。

第三款① 单位犯前两款罪的，对单位判处罚金，并对其直接负责的主管人员和其他直接责任人员，依照前两款的规定处罚。

第一百五十五条② 下列行为，以走私罪论处，依照本节的有关规定处罚：

（一）直接向走私人非法收购国家禁止进口物品的，或者直接向走私人非法收购走私进口的其他货物、物品，数额较大的；

（二）在内海、领海、界河、界湖运输、收购、贩卖国家禁止进出口物品的，或者运输、收购、贩卖国家限制进出口货物、物品，数额较大，没有合法证明的。

第一百五十六条 与走私罪犯通谋，为其提供贷款、资金、账号、发票、证明，或者为其提供运输、保管、邮寄或者其他方便的，以走私罪的共犯论处。

第一百五十七条③ 武装掩护走私的，依照本法第一百五十一条第一款的规定从重处罚。

以暴力、威胁方法抗拒缉私的，以走私罪和本法第二百七十七条规定的阻碍国家机关工作人员依法执行职务罪，依照数罪并罚的规定处罚。

（一）走私淫秽物品罪的概念和构成要件

走私淫秽物品罪，是指违反海关法规，逃避海关监管，以牟利或者传播为目的，运输、携带、邮寄淫秽的影片、录像带、录音带、图片、书刊或者其他淫秽物品，进出国（边）境的行为。

本罪是 1997 年《刑法》增设的罪名，是对《全国人民代表大会常务委员会关于惩治走私罪的补充规定》第 3 条和《全国人民代表大会常务委员会关于惩治走私、制作、贩卖、传播淫秽物品的犯罪分子的决定》第 1 条的规定吸收并修改为《刑法》的具体规定的。

走私淫秽物品罪的构成要件是：

---

① 本款经 2002 年 12 月 28 日《刑法修正案（四）》第 2 条修改。
② 本条经 2002 年 12 月 28 日《刑法修正案（四）》第 3 条修改。
③ 本条第 1 款经 2011 年 2 月 25 日《刑法修正案（八）》第 28 条修改。

1. 本罪侵犯的客体是国家海关监督管理制度和严禁淫秽物品走私传播的制度。犯罪对象是淫秽物品。

2. 客观方面表现为违反海关法规，逃避海关监督，非法运输、携带、邮寄淫秽的书刊、影片、录像带、录音带、图片或者其他淫秽物品进出国（边）境的行为。

3. 犯罪主体为一般主体。单位走私淫秽物品的，也可构成本罪的主体。

4. 主观方面由故意构成，并且具有牟利或者传播的目的。

以牟利为目的，是指行为人走私淫秽物品是为了出卖、出租或者通过其他方式牟取非法利润；以传播为目的，是指行为人走私淫秽物品是为了在社会上进行扩散。具有牟利或者传播目的，是构成本罪在主观方面的必备要件。

（二）认定走私淫秽物品罪应当注意的问题

1. 划清罪与非罪的界限。

查明行为人是否具有牟利或者传播淫秽物品的目的，是划清走私淫秽物品罪的罪与非罪、一般违法与犯罪界限的关键。在司法实践中，认定行为人是否具有上述目的时，应当综合考虑行为人的口供、证人证言和其他事实情况。如果行为人已经将走私的淫秽物品在社会上传播或者出售、出租，则应认定其具有牟利或者传播的目的。此外，走私的对象不属于淫秽的影片、影碟、录像带、录音带、音碟、图片、书刊、电子出版物等的，不构成本罪；如果构成犯罪的，应当依照《刑法》第153条规定的走私普通货物、物品罪定罪处罚。

2. 依照《刑法》第157条第2款的规定，以暴力、威胁方法抗拒缉私的，以走私淫秽物品罪和妨害公务罪数罪并罚。

3. 依照《刑法》第156条的规定，与走私淫秽物品的犯罪分子通谋，为其提供贷款、资金、账号、发票、证明或者为其提供运输、保管、邮寄或者其他方便的，以共犯论处。

（三）走私淫秽物品罪的刑事责任

依照《刑法》第 152 条第 1 款规定，犯走私淫秽物品罪的，处三年以上十年以下有期徒刑，并处罚金；情节严重的，处十年以上有期徒刑或者无期徒刑，并处罚金或者没收财产；情节较轻的，处三年以下有期徒刑、拘役或者管制，并处罚金。

依照《刑法》第 152 条第 3 款规定，单位犯本罪的，对单位判处罚金，并对其直接负责的主管人员和其他直接责任人员，依照第 1 款规定处罚。

司法机关适用《刑法》第 152 条第 1 款、第 3 款规定处罚时，应当注意以下问题：

1.《刑法》对本罪规定了 3 个档次的量刑幅度。《最高人民法院、最高人民检察院关于办理走私刑事案件适用法律若干问题的解释》第 13 条规定了与之对应的定罪量刑标准：

（1）达到下列数量之一的，可以认定为《刑法》第 152 条第 1 款规定的"情节较轻"：①走私淫秽录像带、影碟 50 盘（张）以上不满 100 盘（张）的；②走私淫秽录音带、音碟 100 盘（张）以上不满 200 盘（张）的；③走私淫秽扑克、书刊、画册 100 副（册）以上不满 200 副（册）的；④走私淫秽照片、画片 500 张以上不满 1000 张的；⑤走私其他淫秽物品相当于上述数量的。

（2）走私淫秽物品在前款规定的最高数量以上不满最高数量 5 倍的，依照《刑法》第 152 第 1 款的规定处三年以上十年以下有期徒刑，并处罚金。

（3）走私淫秽物品在第 1 款规定的最高数量 5 倍以上，或者在第 1 款规定的最高数量以上不满 5 倍，但属于犯罪集团的首要分子，使用特种车辆从事走私活动等情形的，应当认定为《刑法》第 152 条第 1 款规定的"情节严重"。

2.依照《刑法》第 157 条第 1 款的规定，武装掩护走私淫秽物品的，在《刑法》第 151 条第 1 款规定的法定刑幅度内，从重处罚。行为人所携带的武器无论是否使用，均应按照本款的规定处罚。

九、走私废物罪

第一百五十二条第二款[①]　逃避海关监管将境外固体废物、液态废物和气态废物运输进境，情节严重的，处五年以下有期徒刑，并处或者单处罚金；情节特别严重的，处五年以上有期徒刑，并处罚金。

第三款[②]　单位犯前两款罪的，对单位判处罚金，并对其直接负责的主管人员和其他直接责任人员，依照前两款的规定处罚。

第一百五十五条[③]　下列行为，以走私罪论处，依照本节的有关规定处罚：

（一）直接向走私人非法收购国家禁止进口物品的，或者直接向走私人非法收购走私进口的其他货物、物品，数额较大的；

（二）在内海、领海、界河、界湖运输、收购、贩卖国家禁止进出口物品的，或者运输、收购、贩卖国家限制进出口货物、物品，数额较大，没有合法证明的。

第一百五十六条　与走私罪犯通谋，为其提供贷款、资金、账号、发票、证明，或者为其提供运输、保管、邮寄或者其他方便的，以走私罪的共犯论处。

第一百五十七条[④]　武装掩护走私的，依照本法第一百五十一条第一款的规定从重处罚。

以暴力、威胁方法抗拒缉私的，以走私罪和本法第二百七十七条规定的阻碍国家机关工作人员依法执行职务罪，依照数罪并罚的规定处罚。

第三百三十九条第三款[⑤]　以原料利用为名，进口不能用作原料的固体废物、液态废物和气态废物的，依照本法第一百五十二条第二款、第三款的规定定罪处罚。

---

① 本款由 2002 年 12 月 28 日《刑法修正案（四）》第 2 条增设。
② 本款经 2002 年 12 月 28 日《刑法修正案（四）》第 2 条修改。
③ 本条经 2002 年 12 月 28 日《刑法修正案（四）》第 3 条修改。
④ 本条第 1 款经 2011 年 2 月 25 日《刑法修正案（八）》第 28 条修改。
⑤ 本款经 2002 年 12 月 28 日《刑法修正案（四）》第 5 条修改。

（一）走私废物罪的概念和构成要件

走私废物罪，是指违反海关法规和国家关于固体废物、液态废物、气态废物管理的规定，逃避海关监管，将境外固体废物、液态废物、气态废物运输进境的行为。

1979年《刑法》和单行刑法均没有规定此罪名。本罪是1997年《刑法》增设的罪名，原为"走私固体废物罪"，《刑法修正案（四）》第2条对罪状作了修改，将固体废物扩大至固体废物、液态废物、气态废物，罪名相应地改为"走私废物罪"，《刑法》条文由原第155条第3项调整为第152条第2款。

走私废物罪的构成要件是：

1. 本罪侵犯的客体是海关监管制度和国家禁止固体废物、液态废物和气态废物进境的制度。犯罪对象是"废物"，包括固体废物、液态废物和气态废物。

2020年4月29日修订后的《固体废物污染环境防治法》第23条规定，禁止中华人民共和国境外的固体废物进境倾倒、堆放、处置。第24条规定，国家逐步实现固体废物零进口。在此之前，固体废物并不属于严格意义上禁止进口的货物、物品。根据《固体废物进口管理办法》的规定，对可以弥补境内资源短缺，且根据国家经济、技术条件能够以无害化方式利用的可用作原料的固体废物，按照其加工利用过程的污染排放强度，实行限制进口和自动许可进口分类管理。取得固体废物进口许可证，可以在许可的范围内进口固体废物。后来，为了贯彻《固体废物污染环境防治法》《国务院办公厅关于印发禁止洋垃圾入境推进固体废物进口管理制度改革实施方案的通知》等法律法规和文件关于固体废物零进口的要求，2021年1月4日，生态环境部发布了《关于废止固体废物进口相关规章和规范性文件的决定》，废止了《固体废物进口管理办法》和相关规范性文件。根据《固体废物污染环境防治法》的规定，固体废物，是指在生产、生活和其他活动中产生的丧失原有利用价值或者虽未丧失利用价值但被抛弃或者放弃的固态、半固态和置于容器中的气态的物品、物质以及法律、行政法规规定纳入固体废物管理的物品、物质。除排入水体的废水之外的液态废物的污染防治，适用《固体废物污染环境防治法》。这就意味着废物已被绝对禁止进口。

2. 客观方面表现为违反海关法规和国家有关规定，逃避海关监管，将境外的固体废物、液态废物、气态废物运输进境的行为。

本罪仅限于将废物走私进境的行为。行为人直接向走私人非法收购废物，或者在内海、领海、界河、界湖运输、收购废物的，应当以走私废物罪论处。

3. 犯罪主体为一般主体，自然人和单位均可构成本罪的主体。

4. 主观方面由故意构成，即明知是境外的固体废物、液态废物、气态废物，却逃避海关监管，将其偷运入境。如果受外方欺骗，将固体废物、液态废物、气态废物误认为是普通货物、物品偷运入境的，则构成走私普通货物、物品罪。

（二）认定走私废物罪应当注意的问题

1. 在《固体废物污染环境防治法》修订及《固体废物进口管理办法》被废止前，可用作原料的废物属于国家限制进口的货物、物品。走私可用作原料的废物的，应当区分情况处理。在我国全面禁止废物进口后，凡是进口废物的行为，构成犯罪的，一律以走私废物罪定罪处罚。

2. 根据《刑法》第157条第2款的规定，以暴力、威胁方法抗拒缉私的，以走私废物罪和妨害公务罪，实行并罚。

3. 根据《刑法》第156条的规定，与走私废物的犯罪分子通谋，为其提供贷款、资金、账号、发票、证明，或者为其提供运输、保管、邮寄或者其他方便的，以走私废物罪的共犯论处。

（三）走私废物罪的刑事责任

依照《刑法》第152条第2款规定，犯走私废物罪的，处五年以下有期徒刑，并处或者单处罚金；情节特别严重的，处五年以上有期徒刑，并处罚金。

依照《刑法》第152条第3款规定，单位犯本罪的，对单位判处罚金，并对其直接负责的主管人员和其他直接责任人员，依照第 2 款的规定处罚。

司法机关在适用《刑法》第 152 条第 2 款、第 3 款规定处罚时，应当注意以下问题：

《刑法》对本罪规定了 2 个档次的量刑幅度，《最高人民法院、最高人民检察院关于办理走私刑事案件适用法律若干问题的解释》第 14 条规定了与之对应的定罪量刑标准。

依照《刑法》第 157 条第 1 款的规定，武装掩护走私废物的，在《刑法》第 151 条第 1 款规定的法定刑幅度内，从重处罚。行为人所携带的武器无论是否使用，均应按照本款的规定处罚。

十、走私普通货物、物品罪

第一百五十三条[①] 走私本法第一百五十一条、第一百五十二条、第三百四十七条规定以外的货物、物品的，根据情节轻重，分别依照下列规定处罚：

（一）走私货物、物品偷逃应缴税额较大或者一年内曾因走私被给予二次行政处罚后又走私的，处三年以下有期徒刑或者拘役，并处偷逃应缴税额一倍以上五倍以下罚金。

（二）走私货物、物品偷逃应缴税额巨大或者有其他严重情节的，处三年以上十年以下有期徒刑，并处偷逃应缴税额一倍以上五倍以下罚金。

（三）走私货物、物品偷逃应缴税额特别巨大或者有其他特别严重情节的，处十年以上有期徒刑或者无期徒刑，并处偷逃应缴税额一倍以上五倍以下罚金或者没收财产。

单位犯前款罪的，对单位判处罚金，并对其直接负责的主管人员和其他直接责任人员，处三年以下有期徒刑或者拘役；情节严重的，处三年以上十年以下有期徒刑；情节特别严重的，处十年以上有期徒刑。

对多次走私未经处理的，按照累计走私货物、物品的偷逃应缴税额

---

① 本条第 1 款经 2011 年 2 月 25 日《刑法修正案（八）》第 27 条修改。

处罚。

第一百五十四条 下列走私行为，根据本节规定构成犯罪的，依照本法第一百五十三条的规定定罪处罚：

（一）未经海关许可并且未补缴应缴税额，擅自将批准进口的来料加工、来件装配、补偿贸易的原材料、零件、制成品、设备等保税货物，在境内销售牟利的；

（二）未经海关许可并且未补缴应缴税额，擅自将特定减税、免税进口的货物、物品，在境内销售牟利的。

第一百五十五条[①] 下列行为，以走私罪论处，依照本节的有关规定处罚：

（一）直接向走私人非法收购国家禁止进口物品的，或者直接向走私人非法收购走私进口的其他货物、物品，数额较大的；

（二）在内海、领海、界河、界湖运输、收购、贩卖国家禁止进出口物品的，或者运输、收购、贩卖国家限制进出口货物、物品，数额较大，没有合法证明的。

第一百五十六条 与走私罪犯通谋，为其提供贷款、资金、账号、发票、证明，或者为其提供运输、保管、邮寄或者其他方便的，以走私罪的共犯论处。

第一百五十七条[②] 武装掩护走私的，依照本法第一百五十一条第一款的规定从重处罚。

以暴力、威胁方法抗拒缉私的，以走私罪和本法第二百七十七条规定的阻碍国家机关工作人员依法执行职务罪，依照数罪并罚的规定处罚。

（一）走私普通货物、物品罪的概念和构成要件

走私普通货物、物品罪，是指违反海关法规，逃避海关监管，运输、携带、邮寄除武器、弹药、核材料、假币、文物、贵重金属、珍贵动物及其制

---

① 本条经 2002 年 12 月 28 日《刑法修正案（四）》第 3 条修改。
② 本条第 1 款经 2011 年 2 月 25 日《刑法修正案（八）》第 28 条修改。

品、珍稀植物及其制品、淫秽物品、固体废物、液态废物、气态废物、毒品、制毒物品等国家禁止进出口的货物、物品以外的其他普通货物、物品进出国（边）境，偷逃应缴税额较大或者一年内曾因走私被两次行政处罚后又走私的行为。

本罪是对《全国人民代表大会常务委员会关于惩治走私罪的补充规定》第4条的规定吸收并修改为《刑法》的具体规定的。《刑法修正案（八）》第27条完善了本罪的定罪量刑标准，将单纯的计赃论罚式改为数额与其他情节结合的方式，且不再规定具体的数额标准。

走私普通货物、物品罪的构成要件是：

1.本罪侵犯的客体是国家对普通货物、物品进出口监管、征收关税的制度。

《海关法》《进出口关税条例》等法律、法规规定了海关对进出境普通货物、物品进行监管、征收关税的制度。违反上述法规，逃避海关监管，偷逃货物、物品进出境应缴税款的行为，直接侵害了国家海关对普通货物、物品进出境的监管、关税征收制度。

2.客观方面表现为违反海关法规，逃避海关监管，运输、携带、邮寄普通货物、物品进出国（边）境，偷逃应缴税额较大或者一年内曾因走私被两次行政处罚后又走私的行为。

"违反海关法规"，是指违反《海关法》《进出口关税条例》等法律、法规。"逃避海关监管"，是指采用隐瞒、隐藏、伪报、蒙混、绕关等方式、方法，躲避海关监督、管理和检查。从行为形式上区分，走私普通货物、物品的行为表现为以下几种：（1）绕关走私；（2）通关走私；（3）后续走私；（4）间接走私；（5）海上（水上）走私。依照《办理走私刑事案件解释》第21条的规定，未经许可进出口国家限制进出口的货物、物品，构成犯罪的，应当依照《刑法》第151条、第152条的规定，以走私国家禁止进出口的货物、物品罪等罪名定罪处罚；偷逃应缴税额，同时又构成走私普通货物、物品罪的，依照处罚较重的规定定罪处罚。依照该条第3款的规定，租用、借用或者使用购买的他人许可证，进出口国家限制进出口的货物、物品的，适用本条第1款的规定定罪处罚。

所谓"偷逃应缴税额较大",是指违反进出口关税管理条例,偷逃应缴进出口关税和进口环节海关代征税的税额,达到一定数额以上的行为。

对于"一年内曾因走私被给予二次行政处罚后又走私的",即便偷逃应缴税额没有达到刑法规定的"数额较大"标准,亦构成走私普通货物、物品罪。这是《刑法修正案(八)》的新规定,是独立于偷逃税额之外的一个定罪情节,偷逃税款的数额不影响此行为罪与非罪的认定。

3. 犯罪主体为一般主体,自然人和单位均可构成本罪的主体。

4. 主观方面由故意构成,过失不构成本罪。

行为人明知自己的行为违反国家海关监管法律、法规,逃避海关监管,偷逃进出境货物、物品的应缴税额,并且希望或者放任危害结果发生的,应认定为具有走私普通货物、物品的故意。如果行为人没有走私的故意,但有违反海关法规,逃避海关监管的行为,则不属于走私行为,一般是由于不懂海关监管规定或者疏忽大意而该报未报或者漏报、错报关税的过失造成的,应由海关依照《海关法》的规定予以行政处理。应当注意的是,虽然《刑法》第153条并未将牟利目的规定为构成走私普通货物、物品罪的要件,但走私普通货物、物品罪的构成事实上必须以偷逃一定税额为要件,如果行为人主观上没有逃税目的,客观上也没有出现偷逃关税和海关代征税的结果,则该行为没有产生本罪所要求的社会危害性,不能认定本罪。而不缴或者少缴税款本身就是一种非法利益,是走私普通货物、物品的社会危害性之所在。因此,牟取非法利益是本罪的犯罪目的。

(二)认定走私普通货物、物品罪应当注意的问题

1. 正确认定走私主观故意中的"明知"。

走私主观故意中的"明知",是指行为人知道或者应当知道所从事的行为是走私行为。具体情形根据《最高人民法院、最高人民检察院、海关总署关于办理走私刑事案件适用法律若干问题的意见》第5条第2款规定认定。

2. 正确理解《刑法》第154条规定的"销售牟利"。

《刑法》第154条第1项、第2项规定的"销售牟利",是指行为人主观上为了牟取非法利益而擅自销售海关监管的保税货物、特定减免税货物。这

种行为是否构成犯罪，应当根据偷逃的应缴税额是否达到数额较大的标准或者是否属于"一年内曾因走私被给予二次行政处罚后又走私的"情形予以认定。实际获利与否或者获利多少并不影响对行为人的定罪。

3. 关于利用购买的加工贸易登记手册、特定减免税批文等涉税单证进口货物行为的定性处理问题。

加工贸易登记手册、特定减免税批文等涉税单证是海关根据国家法律法规以及有关政策性规定，给予特定企业用于保税货物经营管理和减免税优惠待遇的凭证。利用购买的加工贸易登记手册、特定减免税批文等涉税单证进口货物，实质是将一般贸易货物伪报为加工贸易保税货物或者特定减免税货物进口，以达到偷逃应缴税款的目的，应当适用《刑法》第153条以走私普通货物、物品罪定罪处罚。

4. 关于在加工贸易活动中骗取海关核销行为的认定问题。

在加工贸易经营活动中，以假出口、假结转或者利用虚假单证等方式骗取海关核销，致使保税货物、物品脱离海关监管，造成国家税款流失，情节严重的，应当依照《刑法》第153条的规定，以走私普通货物、物品罪追究行为人的刑事责任。

5. 关于伪报价格走私犯罪案件中实际成交价格的认定问题。

走私犯罪案件中的伪报价格行为，是指犯罪嫌疑人、被告人在进出口货物、物品时，向海关申报进口或者出口的货物、物品的价格低于或者高于进出口货物的实际成交价格。从价计征关税的进出口货物，应缴税额＝完税价格×关税税率。完税价格由海关以货物的成交价格以及运输及其相关费用、保险费为基础审查确定，因此货物实际成交价格直接关系到关税的高低。

对实际成交价格的认定，在无法提取真、伪两套合同、发票等单证的情况下，可以根据犯罪嫌疑人、被告人的付汇渠道、资金流向、会计账册、境内外收发货人的真实交易方式，以及其他能够证明进出口货物实际成交价格的证据材料综合认定。

6. 关于出售走私货物已缴纳的增值税应否从走私偷逃应缴税额中扣除的问题。

走私犯罪嫌疑人为出售走私货物而开具增值税专用发票并缴纳增值税，

是其走私行为既遂后在流通领域获取违法所得的一种手段，属于非法开具增值税专用发票。对走私犯罪嫌疑人因出售走私货物而实际缴纳走私货物增值税的，在核定走私货物偷逃应缴税额时，不应当将其已缴纳的增值税额从其走私偷逃应缴税额中扣除。

7. 关于单位走私犯罪案件自首的认定问题。

单位走私犯罪案件中，对单位集体决定自首的，或者单位直接负责的主管人员自首的，应当认定为单位自首。认定单位自首后，如实交代主要犯罪事实的单位负责的其他主管人员和其他直接责任人员，可视为自首；但对拒不交代主要犯罪事实或者逃避法律追究的人员，则不以自首论。

8. 在走私的普通货物、物品中隐藏国家禁止进出口的货物、物品的行为如何定罪。

依照《最高人民法院、最高人民检察院关于办理走私刑事案件适用法律若干问题的解释》第22条的规定，在走私的货物、物品中藏匿《刑法》第151条、第152条、第347条、第350条规定的货物、物品，构成犯罪的，以实际走私的货物、物品定罪处罚；构成数罪的，实行数罪并罚。

9. 根据《刑法》第156条的规定，与走私货物、物品的犯罪分子通谋，为其提供贷款、资金、账号、发票、证明，或者为其提供运输、保管、邮寄或者其他方便的，以走私普通货物、物品罪的共犯论处。

10. 根据《刑法》第157条第2款的规定，以暴力、威胁方法抗拒缉私的，应当以走私普通货物、物品罪和妨害公务罪，实行并罚。

（三）走私普通货物、物品罪的刑事责任

依照《刑法》第153条第1款规定，犯走私普通货物、物品罪的，根据情节轻重，分别依照下列规定处罚：(1)走私货物、物品偷逃应缴税额较大或者一年内曾因走私被给予两次行政处罚后又走私的，处三年以下有期徒刑或者拘役，并处偷逃应缴税额1倍以上5倍以下罚金。(2)走私货物、物品偷逃应缴税额巨大或者有其他严重情节的，处三年以上十年以下有期徒刑，并处偷逃应缴税额1倍以上5倍以下罚金。(3)走私货物、物品偷逃应缴税额特别巨大或者有其他特别严重情节的，处十年以上有期徒刑或者无期徒刑，并处偷逃应缴税额1倍以上5倍以下罚金或者没收财产。

依照《刑法》第153条第2款的规定，单位犯本罪的，对单位判处罚金，并对其直接负责的主管人员和其他直接责任人员，处三年以下有期徒刑或者拘役；情节严重的，处三年以上十年以下有期徒刑；情节特别严重的，处十年以上有期徒刑。

依照《刑法》第153条第3款的规定，对多次走私未经处理的，按照累计走私货物、物品的偷逃应缴税额处罚。

1.《刑法》第153条第3款规定的"多次走私未经处理的"，包括未经行政处罚和刑事处理。但对多次走私未经处理的，应按《刑法》关于追诉时效的规定处理；对已超过追诉时效的，不再适用本条的规定。

2.《刑法》第156条规定的"与走私罪犯通谋"，是指犯罪行为人之间事先或者事中形成的共同的走私故意。下列情形可以认定为通谋：（1）对明知他人从事走私活动而同意为其提供贷款、资金、账号、发票、证明、海关单证，提供运输、保管、邮寄或者其他方便的；（2）多次为同一走私犯罪分子的走私行为提供前项帮助的。

3.正确追究海上走私犯罪案件运输人的刑事责任。《刑法》第155条第2项规定，实施海上走私犯罪行为的运输人、收购人或者贩卖人，应当追究其刑事责任。对运输人，一般应当追究运输工具的负责人或者主要责任人的刑事责任，但对于事先通谋的、集资走私的或者使用特殊的走私运输工具从事走私犯罪活动的，则可以追究其他参与人员的刑事责任。

4.正确处理单位走私犯罪后发生分立、合并或者其他资产重组情形以及单位被依法注销、宣告破产等情况下，如何追究刑事责任的问题。单位走私犯罪后，单位发生分立、合并或者其他资产重组等情况的，只要承受该单位权利义务的单位存在，应当追究单位走私犯罪的刑事责任。走私单位发生分立、合并或者其他资产重组后，原单位名称发生更改的，仍以原单位（名称）作为被告单位。承受原单位权利义务的单位法定代表人或者负责人为诉讼代表人。

第三节 妨害对公司、企业的管理秩序罪

一、虚报注册资本罪

第一百五十八条 申请公司登记使用虚假证明文件或者采取其他欺诈手段虚报注册资本，欺骗公司登记主管部门，取得公司登记，虚报注册资本数额巨大、后果严重或者有其他严重情节的，处三年以下有期徒刑或者拘役，并处或者单处虚报注册资本金额百分之一以上百分之五以下罚金。

单位犯前款罪的，对单位判处罚金，并对其直接负责的主管人员和其他直接责任人员，处三年以下有期徒刑或者拘役。

（一）虚报注册资本罪的概念和构成要件

虚报注册资本罪，是指在申请公司登记过程中，使用虚假证明文件或者采取其他欺诈手段虚报注册资本，欺骗公司登记主管部门，取得公司登记，虚报注册资本数额巨大、后果严重或者有其他严重情节的行为。

本罪是从《全国人民代表大会常务委员会关于惩治违反公司法的犯罪的决定》第1条的规定，吸收改为《刑法》的具体规定的。

虚报注册资本罪的构成要件是：

1. 本罪侵犯的客体是国家对公司的登记管理制度。

本罪原适用于所有虚假出资的公司，但公司注册资本登记制度改革以后，虚报注册资本罪不再适用于实行注册资本认缴登记制的公司。

2. 客观方面表现为使用虚假证明文件或者采取其他欺诈手段虚报注册资本，欺骗公司登记主管部门，取得公司登记，虚报注册资本数额巨大、后果严重或者有其他严重情节的行为。

3. 犯罪主体为申请公司登记的个人或者单位。申请公司登记的个人，在有限责任公司中是指由全体股东指定的代表或者共同委托的代理人；在股份

有限公司中，是指股份有限公司的董事长。申请公司登记的单位，是指申请设立有限责任公司和股份有限公司的机构或者部门。

4. 主观方面由故意构成，而且只能是直接故意。间接故意和过失不构成本罪。

（二）认定虚报注册资本罪应当注意的问题

1. 划清罪与非罪的界限。

构成本罪必须同时具备三个条件：（1）只适用于依照规定仍然实行注册资本实缴登记制的公司。（2）行为人使用虚假证明文件或者采取其他欺诈手段虚报注册资本，欺骗公司登记主管部门，"取得公司登记"。如果在申请登记过程中，受理申请的工商部门没有予以登记的，不构成本罪。（3）行为人具有"虚报注册资本数额巨大、后果严重或者有其他严重情节"。具体标准可以参照《最高人民检察院、公安部关于公安机关管辖的刑事案件立案追诉标准的规定（二）》第3条规定处理。

2. 划清一罪与数罪的界限。

如果行为人在虚报注册资本，取得公司登记后，又以虚报的注册资本作为资信保证进行其他犯罪活动的，例如进行贷款诈骗等，同时构成虚报注册资本罪和贷款诈骗等犯罪的，应当依法实行数罪并罚。

（三）虚报注册资本罪的刑事责任

依照《刑法》第158条规定，犯虚报注册资本罪的，处三年以下有期徒刑或者拘役，并处或者单处虚报注册资本金额1%以上5%以下罚金。

单位犯本罪的，对单位判处罚金，并对其直接负责的主管人员和其他直接责任人员，处三年以下有期徒刑或者拘役。

二、虚假出资、抽逃出资罪

第一百五十九条 公司发起人、股东违反公司法的规定未交付货币、实物或者未转移财产权，虚假出资，或者在公司成立后又抽逃其出资，数额巨大、后果严重或者有其他严重情节的，处五年以下有期徒刑或者拘役，并处或者单处虚假出资金额或者抽逃出资金额百分之二以上百分之十以下罚金。

单位犯前款罪的，对单位判处罚金，并对其直接负责的主管人员和其他直接责任人员，处五年以下有期徒刑或者拘役。

（一）虚假出资、抽逃出资罪的概念和构成要件

虚假出资、抽逃出资罪，是指公司发起人、股东违反公司法的规定未交付货币、实物或者未转移财产权，虚假出资，或者在公司成立后又抽逃其出资，数额巨大、后果严重或者有其他严重情节的行为。

本罪是从《全国人民代表大会常务委员会关于惩治违反公司法的犯罪的决定》第2条的规定，吸收改为《刑法》的具体规定的，1979年《刑法》没有虚假出资、抽逃出资罪的规定。

虚假出资、抽逃出资罪的构成要件是：

1. 本罪侵犯的客体是国家对公司的管理制度。

2. 客观方面表现为违反公司法的规定，未交付货币、实物或者未转移财产权，虚假出资，或者在公司成立后又抽逃出资，数额巨大、后果严重或者有其他严重情节的行为。

3. 犯罪主体为特殊主体。即公司的发起人或者股东，包括单位。

4. 主观方面由故意构成，过失不构成本罪。

（二）认定虚假出资、抽逃出资罪应当注意的问题

认定虚假出资、抽逃出资罪应当注意划清罪与非罪的界限。

首先，本罪只适用于依照规定仍然实行注册资本实缴登记制的公司。其次，公司发起人、股东实施了《刑法》规定的虚假出资、抽逃出资的行为，只有数额巨大、后果严重或者有其他严重情节的，才构成犯罪。具体标准可以参照《最高人民检察院、公安部关于公安机关管辖的刑事案件立案追诉标准的规定（二）》第4条规定处理。同时，参照《最高人民检察院、公安部关于严格依法办理虚报注册资本和虚假出资抽逃出资刑事案件的通知》的精神，对实行注册资本实缴登记制的公司涉嫌虚假出资、抽逃出资犯罪的，办案机关依照《刑法》和前述立案追诉标准的相关规定追究刑事责任时，还应

当认真研究行为性质和危害后果，确保执法办案的法律效果和社会效果。

（三）虚假出资、抽逃出资罪的刑事责任

依照《刑法》第159条规定，犯虚假出资、抽逃出资罪的，处五年以下有期徒刑或者拘役，并处或者单处虚假出资金额或者抽逃出资金额2%以上10%以下罚金。

单位犯本罪的，对单位判处罚金，并对其直接负责的主管人员和其他直接责任人员，处五年以下有期徒刑或者拘役。

三、欺诈发行证券罪

第一百六十条[①]　在招股说明书、认股书、公司、企业债券募集办法等发行文件中隐瞒重要事实或者编造重大虚假内容，发行股票或者公司、企业债券、存托凭证或者国务院依法认定的其他证券，数额巨大、后果严重或者有其他严重情节的，处五年以下有期徒刑或者拘役，并处或者单处罚金；数额特别巨大、后果特别严重或者有其他特别严重情节的，处五年以上有期徒刑，并处罚金。

控股股东、实际控制人组织、指使实施前款行为的，处五年以下有期徒刑或者拘役，并处或者单处非法募集资金金额百分之二十以上一倍以下罚金；数额特别巨大、后果特别严重或者有其他特别严重情节的，处五年以上有期徒刑，并处非法募集资金金额百分之二十以上一倍以下罚金。

单位犯前两款罪的，对单位判处非法募集资金金额百分之二十以上一倍以下罚金，并对其直接负责的主管人员和其他直接责任人员，依照第一款的规定处罚。

（一）欺诈发行证券罪的概念和构成要件

欺诈发行证券罪，是指在招股说明书、认股书、公司、企业债券募集办

---

① 本条经2020年12月26日《刑法修正案（十一）》第8条修改。

法等发行文件中隐瞒重要事实或者编造重大虚假内容，发行股票或者公司、企业债券、存托凭证或者国务院依法认定的其他证券，数额巨大、后果严重或者有其他严重情节的行为。

本罪是从《全国人民代表大会常务委员会关于惩治违反公司法的犯罪的决定》第3条的规定吸收改为《刑法》的具体规定的，1979年《刑法》没有欺诈发行证券罪的规定。《刑法修正案（十一）》第8条从加强证券发行规制、加大惩处力度的角度对本条规定作了六个方面的修改：一是增加量刑档，将法定最高刑由五年有期徒刑上调至十五年有期徒刑；二是扩大本罪犯罪对象的范围，从股票，公司、企业债券扩大至存托凭证及国务院依法定的其他证券；三是取消自然人犯本罪的罚金刑判罚标准，采取无限额罚金制，增加个案判罚的灵活性；四是明确控股股东、实际控制人的定罪处罚意见，强化对"关键少数"的刑事打击，杜绝"抓小放大"现象；五是加大对单位犯罪中有关责任人员的惩处力度，明确适用自然人犯罪的规定处罚；六是对单位犯罪明确了以非法募集资金数额为基数的罚金刑裁量标准。

欺诈发行证券罪的构成要件是：

1. 本罪侵犯的客体是国家关于股票、债券等证券发行管理制度。犯罪对象是股票和公司、企业债券、存托凭证或者国务院依法认定的其他证券。根据《公司法》的有关规定，股份有限公司的股份采取股票的形式。

2. 客观方面表现为在招股说明书、认股书、公司、企业债券募集办法等发行文件中隐瞒重要事实或者编造重大虚假内容，发行股票或者公司、企业债券、存托凭证或者国务院依法认定的其他证券，数额巨大、后果严重或者有其他严重情节的行为。

"在招股说明书、认股书、公司、企业债券募集办法等发行文件中隐瞒重要事实或者编造重大虚假内容"，是指违反《公司法》《证券法》和有关法律、法规规定，制作的招股说明书、认股书、公司、企业债券募集办法等发行文件的内容全部都是虚构的，或者对其中重要的事项和部分内容作虚假的陈述或者记载，或者对某些重要事实进行夸大或者隐瞒，或者故意遗漏有关重要事项等行为。"发行股票或者公司、企业债券、存托凭证或者国务院依法认定的其他证券"，是指已经实际发行了股票、债券等证券行为。如果没有实际发行股票、债券等证券，则不构成犯罪。"数额巨大"，应当以发行股票、债券等证券的面值金额计算。"后果严重"，是指造成了投资者或者其他债权人的重大经济损失，严重影响了债权人、投资人的生产、经营活动等情形。"其他严重情节"，是指除数额巨大和后果严重以外的其他扰乱金融和社会管理秩序的其他情节。

3. 犯罪主体为特殊主体，即法律规定有权发行股票、债券等证券的单位和个人，以及组织、指使实施本罪的控股股东、实际控制人。

4. 主观方面由故意构成，并以募集资金为目的。过失不构成本罪。

(二) 认定欺诈发行证券罪应当注意的问题

认定欺诈发行证券罪应当注意划清罪与非罪的界限。

1. 行为人实施了在招股说明书、认股书、公司、企业债券募集办法等发行文件中隐瞒重要事实或者编造重大虚假内容的行为后，还必须实际发行了股票或者公司、企业债券、存托凭证或者国务院依法认定的其他证券。如果没有实施向社会发行股票、债券等证券的行为，不宜认定构成犯罪。

2. 构成本罪必须是欺诈发行股票、债券等证券，数额巨大、后果严重或者有其他严重情节的行为。如果数额不大、后果不严重或者没有其他严重情节的，也不构成犯罪，可以由行政监管部门视情节给予行政处罚。按照《最高人民检察院、公安部关于公安机关管辖的刑事案件立案追诉标准的规定（二）》第5条的规定，在招股说明书、认股书、公司、企业债券募集办法等发行文件中隐瞒重要事实或者编造重大虚假内容，发行股票或者公司、企业债券、存托凭证或者国务院依法认定的其他证券，涉嫌下列情形之一的，应予立案追诉：（1）非法募集资金金额在1000万元以上的；（2）虚增或者虚减资产达到当期资产总额30%以上的；（3）虚增或者虚减营业收入达到当期营业收入总额30%以上的；（4）虚增或者虚减利润达到当期利润总额30%以上的；（5）隐瞒或者编造的重大诉讼、仲裁、担保、关联交易或者其他重大事项所涉及的数额或者连续12个月的累计数额达到最近一期披露的净资产50%以上的；（6）造成投资者直接经济损失数额累计在100万元以上的；（7）为欺诈发行证券而伪造、变造国家机关公文、有效证明文件或者相关凭证、单据的；（8）为欺诈发行证券向负有金融监督管理职责的单位或者人员行贿的；（9）募集的资金全部或者主要用于违法犯罪活动的；（10）其他后果严重或者有其他严重情节的情形。

（三）欺诈发行证券罪的刑事责任

依照《刑法》第160条规定，犯欺诈发行证券罪的，处五年以下有期徒刑或者拘役，并处或者单处罚金；数额特别巨大、后果特别严重或者有其他特别严重情节的，处五年以上有期徒刑，并处罚金。

控股股东、实际控制人犯本罪的，处五年以下有期徒刑或者拘役，并处或者单处非法募集资金金额20%以上1倍以下罚金；数额特别巨大、后果特别严重或者有其他特别严重情节的，处五年以上有期徒刑，并处非法募集资金金额20%以上1倍以下罚金。

单位犯本罪的，对单位判处非法募集资金金额20%以上1倍以下罚金，并对其直接负责的主管人员和其他直接责任人员，依照第1款的规定处罚。

四、违规披露、不披露重要信息罪

第一百六十一条[①] 依法负有信息披露义务的公司、企业向股东和社会公众提供虚假的或者隐瞒重要事实的财务会计报告，或者对依法应当披露的其他重要信息不按照规定披露，严重损害股东或者其他人利益，或者有其他严重情节的，对其直接负责的主管人员和其他直接责任人员，处五年以下有期徒刑或者拘役，并处或者单处罚金；情节特别严重的，处五年以上十年以下有期徒刑，并处罚金。

前款规定的公司、企业的控股股东、实际控制人实施或者组织、指使实施前款行为的，或者隐瞒相关事项导致前款规定的情形发生的，依照前款的规定处罚。

---

① 本条经2006年6月29日《刑法修正案（六）》第5条、2020年12月26日《刑法修正案（十一）》第9条两次修改。

犯前款罪的控股股东、实际控制人是单位的，对单位判处罚金，并对其直接负责的主管人员和其他直接责任人员，依照第一款的规定处罚。

（一）违规披露、不披露重要信息罪的概念和构成要件

违规披露、不披露重要信息罪，是指依法负有披露义务的公司、企业向股东和社会公众提供虚假的或者隐瞒重要事实的财务会计报告，或者对依法应当披露的其他重要信息不按照规定披露，严重损害股东或者其他人利益，或者有其他严重情节的行为。

本罪是从《全国人民代表大会常务委员会关于惩治违反公司法的犯罪的决定》第4条的规定，吸收改为《刑法》的具体规定的，原罪名为"提供虚假财会报告罪"。1997年《刑法》施行后，原规定在实践运用中遇到了一些问题：一是犯罪主体仅限于上市公司，范围过窄；二是披露的对象仅限于财会报告，范围也过窄；三是行为方式仅限于提供虚假财会报告，未能将该披露不披露的行为纳入规制范围；四是结果要件"严重损害股东或者其他人利益"难以认定。[①] 为此，《刑法修正案（六）》第5条对本罪的罪状作了必要的调整，侵犯的客体就不仅是国家对公司的财务管理制度，更是国家对公司的信息披露制度。近年来，资本市场信息披露造假行为屡禁不止，特别是在2019年修订的《证券法》将证券发行由核准制调整为注册制后，作为监管手段的信息披露将变得更为重要。为规范资本市场健康有序发展，切实保护投资者利益，《刑法修正案（十一）》进一步提高资本市场信息披露犯罪成本，加大惩处力度。《刑法修正案（十一）》再次对本罪再次作了重大修改：一是增加量刑档，将法定最高刑由三年有期徒刑上调至十年有期徒刑；二是取消罚金刑具体判罚标准，采取无限额罚金制，增加个案判罚的灵活性；三是明确控股股东、实际控制人的定罪处罚意见，强化对"关键少数"的刑事打击，杜绝"抓小放大"现象。

违规披露、不披露重要信息罪的构成要件是：

[①] 黄太云：《立法解读：刑法修正案及刑法立法解释》，人民法院出版社2006年版，第112~113页。

1. 本罪侵犯的客体是公司的信息披露制度。

信息披露作为规制证券市场的一项重要法律制度，自产生以来，在保护投资者，保证证券市场高效运营，促进国民经济健康发展方面起到了巨大的推动作用，成为政府干预证券市场，进行宏观调控的重要工具。如果公司、企业披露的财会报告以及其他重要信息有虚假记载、误导性陈述或者重大遗漏，或者该披露的不披露，不仅会使社会公众作出错误判断，从而导致其利益受损，甚至可能影响社会稳定；也会在一定程度上妨害国家经济决策的正确制定，影响国民经济的良性发展。因此，世界各国的证券法毫无例外地确立了信息披露制度。依法负有信息披露义务的公司、企业信息公布的不对称性、信息获取的高成本性、不完全性等这些证券市场的内在缺陷，加之投资者行为的差异，会加剧证券价格对其基础价值的背离，导致"泡沫经济"，而"泡沫"的破灭终将使社会生产力遭到严重破坏。可见，信息披露制度的存在有其深厚的社会经济背景，是建立公平有序证券市场的内在要求。

2. 客观方面表现为向股东和社会公众提供虚假的或者隐瞒重要事实的财务会计报告，或者对依法应当披露的其他重要信息不按照规定披露，严重损害股东或者其他人利益，或者有其他严重情节的行为。

"股东"，是指公司的出资人，既包括有限责任公司的股东，也包括股份有限公司的股东。"社会公众"，是指除股东以外的社会上的其他公民。"虚假的或者隐瞒重要事实的财务会计报告"，是指在财务会计报告中伪造、虚构并不存在的事实，如捏造某笔大宗交易或者隐匿、瞒报应该如实反映的重要事实，如隐瞒公司亏损状况，以此欺骗股东或者社会公众的行为。"依法应当披露的其他重要信息"，是指在依法发行股票、公司、企业债券以及发售基金份额时依法应当公告的招股说明书、债券募集办法、财务会计报告以及基金招募说明书、基金合同、基金托管协议等；在证券、基金份额上市交易前依法应当公告的上市公告书及有关信息，如公司的实际控制人、基金资产净值、基金份额净值等，以及证券、基金份额上市交易后依法应当持续披露的年度报告、中期报告、临时报告以及其他依法应当披露的重要信息。依法应当披露的其他重要信息的具体范围，应当依照《公司法》《证券法》《证券投资基金法》《银行业监督管理法》等法律、行政法规的有关规定，以及国务院证券管理机构的有关规定作出认定。"不按照规定披露"，是指对依法应当披露的信息进行虚假记载，在信息披露中故意有重大遗漏、误导性陈述或者其他法律禁止的内容（如对证券投资业绩进行预测等）。"严重损害股东或者其他人利益"，主要是指使股东和社会公众的经济利益遭受严重损失。"其他严重情节"，是指多次进行虚假信息披露，多次对重要信息不予披露，对多项依法应当披露的重要信息进行虚假披露或者不予披露，因不依法披露信息造成严重后果等情形。

3. 犯罪主体为特殊主体，即依法负有信息披露义务的公司、企业，以及公司、企业的控股股东和实际控制人。

4. 主观方面出于故意。如果是因为过失导致财会报告失真的，不构成本罪。

（二）认定违规披露、不披露重要信息罪应当注意的问题

违规披露、不披露重要信息，只有"严重损害股东或者其他人利益，或者有其他严重情节的"，才构成犯罪。

按照《最高人民检察院、公安部关于公安机关管辖的刑事案件立案追诉标准的规定（二）》第6条的规定，依法负有信息披露义务的公司、企业向股东和社会公众提供虚假的或者隐瞒重要事实的财务会计报告，或者对依法应当披露的其他重要信息不按照规定披露，并具有该条规定情形之一的，应予立案追诉。对于控股股东、实际控制人实施本罪的，不论是单位还是个人，原则上也应参照此标准执行，以体现从严惩处的立法精神。

（三）违规披露、不披露重要信息罪的刑事责任

依照《刑法》第161条第1款规定，犯违规披露、不披露重要信息罪的，对其直接负责的主管人员和其他直接责任人员，处五年以下有期徒刑或者拘役，并处或者单处罚金；情节特别严重的，处五年以上十年以下有期徒刑，并处罚金。本款犯罪属于实行单罚制的单位犯罪，只处罚单位直接负责的主管人员和其他直接责任人员，不处罚单位，因而法律没有规定对公司、企业判处罚金。这主要是考虑到，公司、企业的违法犯罪行为已经严重损害

了广大股东或者其他人的利益，如果对单位再处罚金，势必加重公司、企业的负担，更不利于保护股东或者其他人的合法权益。

依照《刑法》第161条第2款、第3款规定，公司、企业的控股股东、实际控制人实施或者组织、指使实施前款行为的，或者隐瞒相关事项导致前款规定的情形发生的，依照前款的规定处罚；控股股东、实际控制人是单位的，对单位判处罚金，并对其直接负责的主管人员和其他直接责任人员，依照第1款的规定处罚。需要注意的是，控股股东或者实际控制人属于单位的，应当实行双罚制。

五、妨害清算罪

第一百六十二条 公司、企业进行清算时，隐匿财产，对资产负债表或者财产清单作虚伪记载或者在未清偿债务前分配公司、企业财产，严重损害债权人或者其他人利益的，对其直接负责的主管人员和其他直接责任人员，处五年以下有期徒刑或者拘役，并处或者单处二万元以上二十万元以下罚金。

（一）妨害清算罪的概念和构成要件

妨害清算罪，是指公司、企业进行清算时，隐匿财产，对资产负债表或者财产清单作虚伪记载，或者在未清偿债务前分配公司、企业财产，严重损害债权人或者其他人利益的行为。

本罪是从《全国人民代表大会常务委员会关于惩治违反公司法的犯罪的决定》第5条的规定，吸收改为《刑法》的具体规定的，1979年《刑法》没有妨害清算罪的规定。

妨害清算罪的构成要件是：

1.本罪侵犯的客体是国家对公司的破产清算制度。

公司、企业清算是公司、企业因解散、分立、合并或者破产，依照法律规定清理公司、企业的债权、债务的活动。由于清算活动与公司、企业、股东及其他债权人、债务人有着直接的经济利益关系，因此，清算活动必须严格依照法定程序和条件进行。

2. 客观方面表现为在公司、企业进行清算时，隐匿财产，对资产负债表或者财产清单作虚伪记载，或者在未清偿债务前分配公司、企业财产，严重损害债权人或者其他人利益的行为。

"隐匿财产"，是指将公司、企业的财产予以转移、隐藏的行为。这里的财产既包括资金，也包括工具、设备等各种财物。"对资产负债表或者财产清单作虚伪记载"，是指公司、企业在制作资产负债表或者财产清单时，故意采取隐瞒或者欺骗等方法，对资产负债表或者财产清单进行虚报，以达到逃避公司、企业债务的目的。"在未清偿债务前分配公司、企业财产"，是指在清算过程中，违反法律规定，在清偿债务前，将公司、企业的财产予以分配。

3. 犯罪主体为特殊主体，即只有进行清算的公司、企业才能构成本罪的主体。

4. 主观方面由故意构成，过失不构成本罪。

（二）认定妨害清算罪应当注意的问题

认定妨害清算罪要注意划清罪与非罪的界限。

依照法律规定，妨害清算的行为，只有"严重损害债权人或者其他人利益的"，才构成犯罪。对于该行为，要按照《最高人民检察院、公安部关于公安机关管辖的刑事案件立案追诉标准的规定（二）》第7条的规定追究。

（三）妨害清算罪的刑事责任

依照《刑法》第162条规定，犯妨害清算罪的，对其直接负责的主管人员和其他直接责任人员，处五年以下有期徒刑或者拘役，并处或者单处2万元以上20万元以下罚金。

本罪属于实行单罚制的单位犯罪，只处罚单位直接负责的主管人员和其他直接责任人员，不处罚单位，因而法律没有规定对公司、企业判处罚金，理由同前。

六、隐匿、故意销毁会计凭证、会计账簿、财务会计报告罪

第一百六十二条之一[①] 隐匿或者故意销毁依法应当保存的会计凭证、会计账簿、财务会计报告，情节严重的，处五年以下有期徒刑或者拘役，并处或者单处二万元以上二十万元以下罚金。

单位犯前款罪的，对单位判处罚金，并对其直接负责的主管人员和其他直接责任人员，依照前款的规定处罚。

（一）隐匿、故意销毁会计凭证、会计账簿、财务会计报告罪的概念和构成要件

隐匿、故意销毁会计凭证、会计账簿、财务会计报告罪，是指隐匿或者故意销毁依法应当保存的会计凭证、会计账簿、财务会计报告，情节严重的行为。

本罪是《刑法修正案》第1条增设的罪名。

隐匿、故意销毁会计凭证、会计账簿、财务会计报告罪的构成要件是：

1.本罪侵犯的客体是会计管理制度。犯罪对象是会计凭证、会计账簿、财务会计报告。

依照《会计法》的规定，会计凭证、会计账簿、财务会计报告和其他会计资料，必须符合国家统一的会计制度的规定。任何单位和个人不得伪造、变造会计凭证、会计账簿及其他会计资料，不得提供虚假的财务会计报告。

2.客观方面表现为隐匿或者故意销毁依法应当保存的会计凭证、会计账簿、财务会计报告，情节严重的行为。

"隐匿"，包括转移、藏匿等行为。"故意销毁"，包括损坏、毁灭等行为。"会计凭证"，包括原始凭证和记账凭证。"会计账簿"，包括总账、明细账、日记账和其他辅助性账簿。会计账簿登记，必须以经过审核的会计凭证为依据，并符合有关法律、行政法规和国家统一的会计制度的规定。"财务

[①] 本条由1999年12月25日《刑法修正案》第1条增设。

会计报告"，由会计报表、会计报表附注和财务情况说明书组成。财务会计报告应当根据经过审核的会计账簿记录和有关资料编制，并符合《会计法》和国家统一的会计制度关于财务会计报告的编制要求、提供对象和提供期限的规定。

3. 犯罪主体为一般主体，包括自然人和单位。会计凭证、会计账簿、财务会计报告是会计核算的主要依据，但本罪的主体并不仅仅局限于财务会计工作人员。

2002年1月14日，全国人大常委会法制工作委员会在《关于对"隐匿、销毁会计凭证、会计账簿、财务会计报告构成犯罪的主体范围"问题的答复意见》中明确指出，根据全国人大常委会1999年12月25日《刑法修正案》第1条的规定，任何单位和个人在办理会计事务时对依法应当保存的会计凭证、会计账簿、财务会计报告，进行隐匿、销毁，情节严重，构成犯罪的，应当依法追究刑事责任。

4. 主观方面由故意构成。司法实践中，行为人往往出于掩盖贪污、走私、偷税、骗取出口退税等犯罪行为，通过隐匿或者故意销毁会计凭证、会计账簿、财务会计报告等手段，毁灭罪证，以逃避刑法处罚。但不论出于何种目的，均不影响本罪的成立。

按照法律规定，隐匿、故意销毁会计凭证、会计账簿、财务会计报告的行为，除需具备以上构成要件外，还必须达到"情节严重"的程度，才构成犯罪。按照《最高人民检察院、公安部关于公安机关管辖的刑事案件立案追诉标准的规定（二）》第8条的规定，隐匿或者故意销毁依法应当保存的会计凭证、会计账簿、财务会计报告，涉嫌下列情形之一的，应予立案追诉：（1）隐匿、故意销毁的会计凭证、会计账簿、财务会计报告涉及金额在50万元以上的；（2）依法应当向监察机关、司法机关、行政机关、有关主管部门等提供而隐匿、故意销毁或者拒不交出会计凭证、会计账簿、财务会计报告的；（3）其他情节严重的情形。

（二）认定隐匿、故意销毁会计凭证、会计账簿、财务会计报告罪应当注意的问题

划清本罪与妨害清算罪的界限。

本罪与妨害清算罪同属于妨害对公司、企业的管理秩序犯罪，且本罪列为《刑法》第162条之一，表明两罪皆属于故意犯罪，而且在侵害客体上具有一致性。两罪的区别主要表现为三个方面：一是犯罪客观方面不同。前者表现为隐匿或者故意销毁依法应当保存的会计凭证、会计账簿、财务会计报告，情节严重的行为；后者表现为在公司、企业进行清算时，隐匿财产，对资产负债表或者财产清单作虚伪记载，或者在未清偿债务前分配公司、企业财产，严重损害债权人或其他人利益的行为。二是犯罪主体不同。前者的主体为一般主体，既包括自然人也包括单位，而后者的主体为特殊主体，即只有进行清算的公司、企业才能成为该罪的主体。三是犯罪对象不同。前者的对象是财务会计资料，包括会计凭证、会计账簿、会计报表和其他会计资料；后者的对象是公司、企业的财产。

（三）隐匿、故意销毁会计凭证、会计账簿、财务会计报告罪的刑事责任

依照《刑法》第162条之一第1款规定，犯隐匿、故意销毁会计凭证、会计账簿、财务会计报告罪的，处五年以下有期徒刑或者拘役，并处或者单处2万元以上20万元以下罚金。

依照《刑法》第162条之一条第2款规定，单位犯本罪的，实行"双罚制"，即对单位判处罚金，并对其直接负责的主管人员和其他直接责任人员，依照前款的规定处罚。

七、虚假破产罪

第一百六十二条之二[①] 公司、企业通过隐匿财产、承担虚构的债务或者以其他方法转移、处分财产，实施虚假破产，严重损害债权人或者其他人利益的，对其直接负责的主管人员和其他直接责任人员，处五年以下有期徒刑或者拘役，并处或者单处二万元以上二十万元以下罚金。

（一）虚假破产罪的概念和构成要件

虚假破产罪，是指公司、企业通过隐匿财产、承担虚构的债务或者以其他方法转移、处分财产，实施虚假破产，严重损害债权人或者其他人利益的行为。

本罪是《刑法修正案（六）》第6条增设的罪名。近年来，一些公司、企业在没有进入破产清算之前，就以隐匿财产、承担虚构债务、非法转移、处分财产等方式造成资不抵债的假象，申请进入破产程序，以达到假破产、真逃债的目的。这些行为不仅有损债权人和其他人的利益，危害国有资产安全，妨害对公司、企业的正常管理，而且扰乱市场经济秩序，影响社会稳定，社会危害性严重，应当予以惩治。为此，《刑法修正案（六）》增设了本罪。

虚假破产罪的构成要件是：

1.本罪侵犯的客体是公司、企业的破产管理制度。

《刑法》第162条规定了妨害清算罪，对公司、企业在进行清算时，隐匿财产、对资产负债表或者财产清单作虚伪记载或者在未清偿债务前分配公司、企业财产，侵害债权人或者其他人利益的行为，规定了刑事处罚。

2.客观方面表现为公司、企业通过隐匿财产、承担虚构的债务或者以其他方法转移、处分财产，实施虚假破产，严重损害债权人或者其他人利益的行为。

[①] 本条由2006年6月29日《刑法修正案（六）》第6条增设。

"隐匿财产"，是指将公司的财产隐藏，或者对公司、企业的财产清单和资产负债表作虚假记载，或者采用少报、低报的手段，故意隐瞒、缩小公司、企业财产的实际数额。"承担虚构的债务"，是指夸大公司、企业的负债状况，目的是造成公司资不抵债的假象。"以其他方法转移、处分财产"，是指在未清偿债务之前，将公司、企业财产无偿转让、以明显不合理的低价转让财产或者以明显高于市场的价格受让财产、对原来没有财产担保的债务提供财产担保、放弃债权、对公司财产非法进行分配等情形。根据《企业破产法》第33条第2项的规定，承认不真实债务的，也属实施虚假破产的行为之一。"实施虚假破产"，是虚假破产罪的核心构成要件。虚假破产实际上是一种破产诈欺行为，属于诈骗犯罪范畴。如果公司、企业虽有隐匿财产、承担虚构债务等逃避债务的行为，但并未实施虚假破产行为，且主观上也无实施虚假破产打算的，依法不构成犯罪。对公司、企业欠债不还的行为，可通过民事诉讼程序解决。

3. 犯罪主体为特殊主体，即实施虚假破产的公司、企业。

4. 主观方面由故意构成，通常具有逃债的目的。过失不构成本罪。

根据法律规定，虚假破产的行为，除需具备以上构成要件外，还必须达到"严重损害债权人或者其他人利益"的程度，才构成犯罪。"严重损害债权人的利益"，是指通过虚假破产意图逃避偿还债权人的债务数额巨大等情形；"严重损害其他人的利益"，是指搞虚假破产造成公司、企业拖欠的职工工资、社会保险费和国家的税款得不到清偿，或者使公司、企业的其他股东的合法权益受到损害等情形。

（二）认定虚假破产罪应当注意的问题

认定虚假破产罪要注意划清本罪与妨害清算罪的界限。妨害清算罪主要是针对公司、企业进入清算程序以后妨害清算的犯罪行为，即公司、企业因解散、分立、合并或者破产，依照法律规定在清理公司、企业债权债务的活动期间发生的隐匿财产、对资产负债表或者财产清单做虚伪记载或者在未清偿债务前分配公司、企业财产等犯罪行为。本罪主要是针对公司、企业在进入破产程序之前，通过隐匿财产、承担虚构的债务，或者以其他方法转移、处分财产，实施虚假破产的犯罪行为。二者在行为上有相似之处，是否进入清算程序是区分两罪的关键。"实施虚假破产"的时间界限应当截至公司、企业提出破产申请之日，或者因为公司、企业资不抵债，由债权人提出破产申请之日。根据《企业破产法》的有关规定，从提出破产申请之日起，在此之前1年之内恶意处分公司、企业财产的行为无效。如果行为人实施本条规定行为，严重损害债权人或者其他人的利益的，就构成虚假破产罪。而"妨害清算罪"的时间界限是法院宣告破产或企业解散后的清算期间。如果行为人在实施虚假破产犯罪之后，又在清算期间有隐匿财产等行为的，构成妨害清算罪，应予以数罪并罚。

（三）虚假破产罪的刑事责任

依照《刑法》第162条之二规定，犯虚假破产罪的，对其直接负责的主管人员和其他直接责任人员，处五年以下有期徒刑或者拘役，并处或者单处2万元以上20万元以下罚金。

本罪属实行单罚制的单位犯罪，只处罚直接负责的主管人员和其他直接责任人员，不处罚单位，因而法律没有规定对公司、企业判处罚金，理由同前。

八、非国家工作人员受贿罪

第一百六十三条[①] 公司、企业或者其他单位的工作人员，利用职务上的便利，索取他人财物或者非法收受他人财物，为他人谋取利益，数额较大的，处三年以下有期徒刑或者拘役，并处罚金；数额巨大或者有其他严重情节的，处三年以上十年以下有期徒刑，并处罚金；数额特别巨大或者有其他特别严重情节的，处十年以上有期徒刑或者无期徒刑，并处罚金。

公司、企业或者其他单位的工作人员在经济往来中，利用职务上的便利，违反国家规定，收受各种名义的回扣、手续费，归个人所有的，依照前

---

① 本条经2006年6月29日《刑法修正案（六）》第7条、2020年12月26日《刑法修正案（十一）》第10条两次修改。

款的规定处罚。

国有公司、企业或者其他国有单位中从事公务的人员和国有公司、企业或者其他国有单位委派到非国有公司、企业以及其他单位从事公务的人员有前两款行为的，依照本法第三百八十五条、第三百八十六条的规定定罪处罚。

第一百八十四条第一款　银行或者其他金融机构的工作人员在金融业务活动中索取他人财物或者非法收受他人财物，为他人谋取利益的，或者违反国家规定，收受各种名义的回扣、手续费，归个人所有的，依照本法第一百六十三条的规定定罪处罚。

（一）非国家工作人员受贿罪的概念和构成要件

非国家工作人员受贿罪，是指公司、企业或者其他单位的工作人员利用职务上的便利，索取他人财物或者非法收受他人财物，为他人谋取利益，数额较大的行为。

本罪是从《全国人民代表大会常务委员会关于惩治违反公司法的犯罪的决定》第9条的规定吸收改为刑法的规定的，原罪名为"公司、企业人员受贿罪"。2006年《刑法修正案（六）》第7条对本罪的罪状作了修改，因而罪名也相应作了修改。《刑法修正案（十一）》第10条调整了该罪的刑罚配置，增加了罚金刑、刑罚档和相关"情节"的规定。

非国家工作人员受贿罪的构成要件是：

1.本罪侵犯的客体是公司、企业、其他单位的正常管理活动和职务行为的廉洁性、不可收买性。

犯罪对象为索取或者非法收受他人的"财物"。"财物"包括货币、物品和财产性利益。财产性利益包括可以折算为货币的物质利益如房屋装修、债务免除等，以及需要支付货币的其他利益如会员服务、旅游等。后者的犯罪数额，以实际支付或者应当支付的数额计算。

2.客观方面表现为利用职务上的便利，索取他人财物或者非法收受他人财物，为他人谋取利益，数额较大的行为。

"利用职务上的便利"，是指公司、企业或者其他单位的工作人员利用自己或者与自己隶属、制约关系的单位其他人员主管、负责、承办单位某项事务的便利条件。"索取他人财物",是行为人直接、公开或者通过暗示主动向他人索要财物。"非法收受他人财物",是指行为人接受他人主动给予的财物。需要注意的是,与国家工作人员构成的"受贿罪"不同,不管是"索取他人财物"还是"非法收受他人财物",构成"非国家工作人员受贿罪"都需要具备"为他人谋取利益"的要件。"为他人谋取利益",既包括正当的利益,也包括不正当的利益。"为他人谋取利益"包括承诺、实施和实现三个阶段的行为,只要具备其中任何一项行为,即具备为他人谋取利益的要件。

3. 犯罪主体为公司、企业或者其他单位的工作人员。

1997 年《刑法》规定的非国家工作人员受贿罪的犯罪主体仅限于"公司、企业的工作人员",后经过《刑法修正案(六)》将主体扩大到"其他单位的工作人员"。按照《最高人民法院、最高人民检察院关于办理商业贿赂刑事案件适用法律若干问题的意见》(以下简称《办理商业贿赂刑事案件意见》),"其他单位",既包括事业单位、社会团体、村民委员会、居民委员会、村民小组等常设性的组织,也包括为组织体育赛事、文艺演出或者其他正当活动而成立的组委会、筹委会、工程承包队等非常设性的组织。其他单位不包括从事非正当活动的组织,也不包括个体工商户。"其他单位的工作人员",主要是指医院、医疗机构、学校及其他教育机构、科研院所、出版社、报社、印刷厂、社会团体,以及村委会、居委会等单位中的非国家工作人员。依法组建的评标委员会、竞争性谈判采购中谈判小组、询价采购中询价小组的组成人员,在招标、政府采购等事项的评标或者采购活动中,索取他人财物或者非法收受他人财物,为他人谋取利益,数额较大的,以非国家工作人员受贿罪定罪处罚。此外,国有公司、企业以及其他国有单位中的非国家工作人员也属于该罪中规定的"公司、企业或者其他单位的工作人员"。

4. 主观方面由故意构成,过失不构成本罪。

依照法律规定,索取或者非法收受他人财物的行为,除需具备以上构成要件外,还必须达到"数额较大"的程度,才构成犯罪。按照《最高人民法院、最高人民检察院关于办理贪污贿赂刑事案件适用法律若干问题的解释》(以下简称《办理贪污贿赂刑事案件解释》)第 11 条规定,非国家工作人员受贿罪中的"数额较大"按照该解释关于受贿罪"数额较大"标准的2倍执行，即受贿6万元，才予以追诉。

(二)认定非国家工作人员受贿罪应当注意的问题

1. 划清贿赂与馈赠、人情往来的界限。

按照《办理商业贿赂刑事案件意见》，两者的区分主要应当结合个案和以下因素全面分析，综合判断：(1)发生财物往来的背景，如双方是否存在亲友关系及历史上交往的情形和程度；(2)往来财物的价值；(3)财物往来的缘由、时机和方式，提供财物方对于接受方有无职务上的请托；(4)接受方是否利用职务上的便利为提供方谋取利益。

2. 注意"回扣""手续费"型非国家工作人员受贿罪的认定。

按照《刑法》第163条第2款的规定，公司、企业或者其他单位的工作人员在经济往来中，利用职务上的便利，违反国家规定，收受各种名义的回扣、手续费，归个人所有的，应当以非国家工作人员受贿罪定罪处罚。"在经济往来中"，是指行为人在单位的经济业务往来中，而不是指个人在非公务经济交往中，如个人在单位8小时工作以外的私人经商活动中。"违反国家规定"，是指《刑法》第96条规定的违反全国人民代表大会及其常委会制定的法律和决定，国务院制定的行政法规、规定的行政措施、发布的决定和命令，比如《反不正当竞争法》《招投标法》等。要注意区分"回扣""手续费"等与法律允许的"佣金""折扣"。在经营活动中，经营者在交易中给予折扣、佣金等属于比较常见的商业模式，但是这种商业模式也应该合法进行，按照法律规定应该以明示的方式给予、收受，并如实进入单位账目。因此，要注意对这种商业模式进行合法性的区分。违反国家规定，以账外暗中等方式给予、收受此类财物，就可能违法或者犯罪。如果行为人收受各种名义的"回扣""手续费"不入账，归个人所有，就构成非国家工作人员受贿罪。此外，索要、收受"回扣""手续费"也需要利用职务上的便利，方能构成非国家工作人员受贿罪。

3. 注意非国家工作人员和国家工作人员主体的区分认定。

非国家工作人员受贿罪的主体通常是非国有单位的人员，但也并非都是如此。在我国的刑法体系中，对于贿赂行为，并非只要是国有单位的人员就构成《刑法》385条规定的"受贿罪"，只要是非国有单位的人员就构成《刑法》163条规定的"非国家工作人员受贿罪"，还是要结合单位性质、行为人的身份和从事工作的性质（是否从事公务）来综合认定，典型的如《办理商业贿赂刑事案件意见》将学校、医疗机构的人员划分为国家工作人员和非国家工作人员。因此，需要在认定犯罪性质时谨慎对待。非国有公司、企业、单位中的国家工作人员也可能构成受贿罪。依照《刑法》第163条第3款的规定，国有公司、企业或者其他国有单位中从事公务的人员和国有公司、企业或者其他国有单位委派到非国有公司、企业以及其他单位从事公务的人员，如有受贿行为，按照受贿罪处理。依法组建的评标委员会、竞争性谈判采购中谈判小组、询价采购中询价小组中国家机关或者其他国有单位的代表，由于他们已经被《刑法》拟制为国家工作人员，如有受贿行为，应当依照《刑法》第385条、第386条的规定，以受贿罪定罪处罚。

4.正确认定和处理共犯。

按照《办理商业贿赂刑事案件意见》的规定，非国家工作人员与国家工作人员通谋，共同收受他人财物，构成共同犯罪的，根据双方利用职务便利的具体情形，分别定罪追究刑事责任：（1）利用国家工作人员的职务便利为他人谋取利益的，以受贿罪追究刑事责任；（2）利用非国家工作人员的职务便利为他人谋取利益的，以非国家工作人员受贿罪追究刑事责任；（3）分别利用各自的职务便利为他人谋取利益的，按照主犯的犯罪性质追究刑事责任，分不清主从犯的，可以受贿罪追究刑事责任。

（三）非国家工作人员受贿罪的刑事责任

在《刑法修正案（十一）》生效之前，按照第163条第1款规定，犯非国家工作人员受贿罪的，处五年以下有期徒刑或者拘役；数额巨大的，处五年以上有期徒刑，可以并处没收财产。但是为了落实产权平等保护精神，加强企业产权保护和优化营商环境，加大惩治民营企业内部发生的侵害民营企业财产，扰乱企业经营和市场竞争秩序的犯罪，立法机关提高和调整了职务侵占罪、非国家工作人员受贿罪的刑罚配置，增加了罚金刑和刑罚档。修改后的法律规定，犯非国家工作人员受贿罪的，处三年以下有期徒刑或者拘役，并处罚金；数额巨大或者有其他严重情节的，处三年以上十年以下有期徒刑，并处罚金；数额特别巨大或者有其他特别严重情节的，处十年以上有期徒刑或者无期徒刑，并处罚金。

依照《刑法》163条第2款规定，公司、企业或者其他单位的工作人员在经济往来中，利用职务上的便利，违反国家规定，收受各种名义的回扣、手续费，归个人所有的，依照前款的规定处罚。

在该条修订之前，按照《办理贪污贿赂刑事案件解释》第11条规定，非国家工作人员受贿罪中的"数额较大""数额巨大"的数额起点，按照该解释关于受贿罪相对应的数额标准规定的2倍、5倍执行，即对应的是6万和100万元。但是修法之后，"数额较大""数额巨大或者有其他严重情节的""数额特别巨大或者有其他特别严重情节"的具体标准有待司法解释进一步予以明确。在新的司法解释出台前，可参照《刑法》和司法解释规定的相关标准。

九、对非国家工作人员行贿罪

第一百六十四条第一款[①] 为谋取不正当利益，给予公司、企业或者其他单位的工作人员以财物，数额较大的，处三年以下有期徒刑或者拘役，并处罚金；数额巨大的，处三年以上十年以下有期徒刑，并处罚金。

第三款 单位犯前两款罪的，对单位判处罚金，并对其直接负责的主管人员和其他直接责任人员，依照第一款的规定处罚。

第四款 行贿人在被追诉前主动交待行贿行为的，可以减轻处罚或者免除处罚。

（一）对非国家工作人员行贿罪的概念和构成要件

对非国家工作人员行贿罪，是指为谋取不正当利益，给予公司、企业或

[①] 本款经2006年6月29日《刑法修正案（六）》第8条、2015年8月29日《刑法修正案（九）》第10条修改。

者其他单位的工作人员以财物，数额较大的行为。

本罪1997年《刑法》作了规定，原罪名为"对公司、企业人员行贿罪"。《刑法修正案（六）》第8条对本罪的罪状作了修改，增加了向"其他单位"的工作人员行贿的规定，因而罪名也相应作了修改。《刑法修正案（九）》第10条增加了本罪第一个量刑档的罚金刑并罚规定，以此加大对本罪的经济处罚力度。

对非国家工作人员行贿罪的构成要件是：

1. 本罪侵犯的客体是公司、企业或者其他单位的正常管理活动和社会主义公平竞争的交易秩序。

2. 客观方面表现为给予公司、企业或者其他单位的工作人员以数额较大的财物的行为。

"财物"既包括金钱和实物，也包括非财产性利益，如提供房屋装修、含有金额的会员卡、代币卡（券）、旅游费用等。具体数额以实际支付的资费为准。

3. 犯罪主体为一般主体。自然人和单位均可构成本罪的主体。

4. 主观方面由故意构成，且必须具有为自己（本单位）或者他人谋取不正当利益的目的。

"谋取不正当利益"，是指谋取违反法律、法规、规章或者政策规定的利益，或者要求对方提供违反法律、法规、规章、政策或者行业规范的规定提供帮助或者方便条件。

（二）认定对非国家工作人员行贿罪应当注意的问题

划清罪与非罪的界限。构成本罪必须同时具备两个条件：首先，行为人主观上必须是为了谋取"不正当利益"。如果行为人不是为了谋取不正当利益，而是希望公司、企业、其他单位的工作人员提高工作效率、加快办事进度等，则不构成本罪。其次，行贿的财物数额必须达到"数额较大"的标准，才构成本罪。如果数额较小，则属于一般违法行为，不构成犯罪。当前，根据有关司法解释，"数额较大"的标准为6万元以上。

（三）对非国家工作人员行贿罪的刑事责任

依照《刑法》第164条第1款的规定，犯对非国家工作人员行贿罪的，处三年以下有期徒刑或者拘役，并处罚金；数额巨大的，处三年以上十年以下有期徒刑，并处罚金。

依照《刑法》第164条第3款规定，单位犯本罪的，对单位判处罚金，并对其直接负责的主管人员和其他直接责任人员，依照第1款的规定处罚。

依照《刑法》第164条第4款规定，行贿人在被追诉前主动交待行贿行为的，可以减轻处罚或者免除处罚。

司法机关在适用《刑法》第164条第1款、第4款规定处罚时，应当注意以下问题：

1. 正确理解和适用该条第4款关于行为人在被追诉前主动交待行贿行为的，可以减轻处罚或者免除处罚的规定。适用该款必须具备两个条件：（1）"主动交待"，是指行贿人自己或者由其亲属陪同，主动向司法机关或者其他有关部门如实交待行贿事实；（2）"在被追诉前"，是指在监察机关或者司法机关在立案调查（侦查）追究行为人的刑事责任之前。

2. 根据《最高人民法院、最高人民检察院关于办理贪污贿赂刑事案件适用法律若干问题的解释》第11条规定，对非国家工作人员行贿罪中的"数额较大""数额巨大"的数额起点，按照该解释第7条、第8条第1款关于行贿罪的数额标准规定的2倍执行，即6万元以上为"数额较大"，200万元以上为"数额巨大"。

十、对外国公职人员、国际公共组织官员行贿罪

第一百六十四条　为谋取不正当利益，给予公司、企业或者其他单位的工作人员以财物，数额较大的，处三年以下有期徒刑或者拘役，并处罚金；数额巨大的，处三年以上十年以下有期徒刑，并处罚金。[①]

[①] 本款经2006年6月29日《刑法修正案（六）》第8条、2015年8月29日《刑法修正案（九）》第10条两次修改。

为谋取不正当商业利益，给予外国公职人员或者国际公共组织官员以财物的，依照前款的规定处罚。①

单位犯前两款罪的，对单位判处罚金，并对其直接负责的主管人员和其他直接责任人员，依照第一款的规定处罚。

行贿人在被追诉前主动交待行贿行为的，可以减轻处罚或者免除处罚。

（一）对外国公职人员、国际公共组织官员行贿罪的概念和构成要件

对外国公职人员、国际公共组织官员行贿罪，是指为谋取不正当商业利益，给予外国公职人员或者国际公共组织官员以财物的行为。

本罪是《刑法修正案（八）》第29条增设的罪名。我国政府于2003年签署、2005年经全国人大常委会批准的《联合国反腐败国际公约》（以下简称《公约》）第16条"贿赂外国公职人员或者国际公共组织官员"中规定，各缔约国均应当采取必要的立法措施，将下述故意实施的行为规定为犯罪：直接或者间接向外国公职人员或者国际公共组织官员许诺给予、提议给予或者实际给予该公职人员本人或者其他人员或实体不正当好处，以使该公职人员或该官员在执行公务时作为或者不作为，以便获得或者保留与进行国际商务有关的商业或者其他不正当好处。② 显然，本条规定是我国为履行该国际公约在立法上采取的重要举措。

对外国公职人员、国际公共组织官员行贿罪的构成要件是：

1. 本罪侵犯的客体是公平竞争的社会主义市场经济秩序。

2. 客观方面表现为给予外国公职人员或者国际公共组织官员以财物的行为。

根据《公约》第2条第2项的规定，"外国公职人员"系指外国无论是经任命还是经选举而担任立法、行政、行政管理或者司法职务的任何人员，以及为外国，包括为公共机构或者公营企业行使公共职能的任何人员。外国不仅限于"国家"，还包括从国家到地方的各级政府及其各下属部门，有时

---

① 本款由2011年2月25日《刑法修正案（八）》第29条增设。
② 王志祥、郭理蓉等主编：《〈联合国反腐败公约〉暨相关重要文献资料》，中国人民公安大学出版社2004年版，第5、12页。

也包括任何有组织的外国地区或实体,比如自治领土或独立关税地区。① 根据《公约》第 2 条第 3 项的规定,"国际公共组织官员"系指国际公务员或者经此种组织授权代表该组织行事的任何人员。国际公共组织官员主要包括两类:一是受国际组织聘用的国际公务员;二是虽没有受国际组织聘用,但受国际组织授权代表该组织行事的人员。②

3. 犯罪主体为一般主体。自然人和单位均可以构成本罪,而且无论是具有中国国籍的自然人或者单位,还是外国国籍的自然人或者单位,只要其实施对外国公职人员、国际公共组织官员行贿之行为,又在我国刑事管辖的范围内,均可以成为本罪的主体。

4. 主观方面表现为故意,并且必须具有为谋取不正当商业利益的目的。谋取正当商业利益的,不构成本罪。

按照《最高人民法院、最高人民检察院关于办理商业贿赂刑事案件适用法律若干问题的意见》,"谋取不正当利益",是指行贿人谋取违反法律、法规、规章或者政策规定的利益,或者要求对方违反法律、法规、规章、政策、行业规范的规定提供帮助或者方便条件。

(二)认定对外国公职人员、国际公共组织官员行贿罪应当注意的问题

划清罪与非罪的界限。《刑法》第 164 条第 1 款规定,给予非国家工作人员以财物,必须达到"数额较大"的程度,才构成犯罪。《刑法》第 164 条第 2 款规定,给予外国公职人员或者国际公共组织官员以财物的,"依照前款的规定处罚",也应以数额较大作为入罪条件。最高人民检察院、公安部在《关于公安机关管辖的刑事案件立案追诉标准的规定(二)》第 12 条规定:"为谋取不正当商业利益,给予外国公职人员或者国际公共组织官员以

---

① 王志祥、郭理蓉等主编:《〈联合国反腐败公约〉暨相关重要文献资料》,中国人民公安大学出版社 2004 年版,第 5、12 页。
② 王志祥、郭理蓉等主编:《〈联合国反腐败公约〉暨相关重要文献资料》,中国人民公安大学出版社 2004 年版,第 5、12 页。
③ 王志祥、郭理蓉等主编:《〈联合国反腐败公约〉暨相关重要文献资料》,中国人民公安大学出版社 2004 年版,第 5、12 页。

财物，个人行贿数额在三万元以上的，单位行贿数额在二十万元以上的，应予立案追诉。"

（三）对外国公职人员、国际公共组织官员行贿罪的刑事责任

依照《刑法》第164条第2款规定，犯对外国公职人员、国际公共组织官员行贿罪的，依照前款的规定处罚，即处三年以下有期徒刑或者拘役，并处罚金；数额巨大的，处三年以上十年以下有期徒刑，并处罚金。

依照《刑法》第164条第3款规定，单位犯本罪的，对单位判处罚金，并对其直接负责的主管人员和其他直接责任人员，依照第1款的规定处罚。

依照《刑法》第164条第4款规定，行贿人在被追诉前主动交待行贿行为的，可以减轻处罚或者免除处罚。

十一、非法经营同类营业罪

第一百六十五条[①]　国有公司、企业的董事、监事、高级管理人员，利用职务便利，自己经营或者为他人经营与其所任职公司、企业同类的营业，获取非法利益，数额巨大的，处三年以下有期徒刑或者拘役，并处或者单处罚金；数额特别巨大的，处三年以上七年以下有期徒刑，并处罚金。

其他公司、企业的董事、监事、高级管理人员违反法律、行政法规规定，实施前款行为，致使公司、企业利益遭受重大损失的，依照前款的规定处罚。

（一）非法经营同类营业罪的概念和构成要件

非法经营同类营业罪，是指国有公司、企业的董事、监事、高级管理人员利用职务便利，自己经营或者为他人经营与其所任职公司、企业同类的营业，获取非法利益，数额巨大的行为；以及其他公司、企业的董事、监事、高级管理人员违反法律、行政法规规定实施上述经营活动，致使公司、企业

---

① 本条经2023年12月29日《刑法修正案（十二）》第1条修改。

利益遭受重大损失的行为。

本罪是1997年《刑法》增设的罪名，犯罪主体原先限于国有公司、企业的"董事、经理"。2024年3月1日起施行的《刑法修正案（十二）》将犯罪主体由"董事、经理"扩大为"董事、监事、高级管理人员"，实现了与《公司法》等法律规定的衔接；新增条款"其他公司、企业的董事、监事、高级管理人员违反法律、行政法规规定，实施前款行为，致使公司、企业利益遭受重大损失的，依照前款的规定处罚"，进一步加强了对民营企业的平等保护。

非法经营同类营业罪的构成要件是：

1. 本罪侵犯的客体是公司、企业的利益。

2. 客观方面表现为利用职务便利，自己经营或者为他人经营与其所任职国有公司、企业同类的营业，获取非法利益，数额巨大；或在其他公司、企业中违反法律、行政法规规定，实施前述行为，致使公司、企业利益遭受重大损失的行为。

"利用职务便利"，是指行为人利用自己在公司、企业任董事、监事、高级管理人员掌管材料、物资、市场、销售等便利条件。"自己经营"，主要是指以私人名义另行注册公司或者以亲友名义注册公司；"为他人经营"主要是指在他人经办的公司、企业中入股进行经营的行为。"经营与其所任职公司、企业同类的营业"，是指从事与其任职的公司、企业同种类的业务。行为人利用其在公司、企业任职所获得的经营方面的信息或者其他优势，使得自己经营的公司获利，损害公司、企业的利益。数额巨大，"是指通过上述手段，转移利润或者转嫁损失，获取了大量利润，公司、企业由此造成重大损失。"

根据《刑法》第165条第2款规定，其他公司、企业的董事、监事、高级管理人员构成非法经营同类营业罪的一个要件是"违反法律、行政法规规定"。这主要是因为《公司法》等对符合规定的同类营业作了规定，[①] 经公司、

[①] 2023年修订的《公司法》第184条规定：董事、监事、高级管理人员未向董事会或者股东会报告，并按照公司章程的规定经董事会或者股东会决议通过，不得自营或者为他人经营与其任职公司同类的业务。

企业同意的同类营业不作为本罪处理。根据该款规定，实践中对以下情况不作为本罪处理：一是公司、企业同意的经营同类营业，如上述按照《公司法》规定，向公司董事会或者股东会报告并取得决议通过的；二是企业负责人决定另外设立或者投资企业的。①

3.犯罪主体为特殊主体，即只有公司、企业的董事、监事、高级管理人员才能构成本罪。关于"高级管理人员"的范围，《公司法》第265条作了规定，包括经理、副经理、财务负责人、上市公司董事会秘书和公司章程规定的其他人员。需要注意的是，本罪的犯罪主体不限于公司的高级管理人员，还包括企业的高级管理人员。对于高级管理人员的具体范围应当结合《公司法》上述规定和其他有关法律相应规定进行认定，总体范围应当定性为公司、企业的有关主管人员和重要管理人员。②

4.主观方面由故意构成，并且必须具有获取非法利益的目的。过失不构成本罪。

依照法律规定，非法经营同类营业的行为，除需具备以上构成要件外，国有公司、企业的董事、监事、高级管理人员所获取的非法利益，必须达到"数额巨大"的程度；其他公司、企业的董事、监事、高级管理人员实施的行为，必须达到致使公司、企业利益遭受"重大损失"的程度，才构成犯罪。

（二）非法经营同类营业罪的刑事责任

依照《刑法》第165条第1款规定，国有公司、企业的董事、监事、高级管理人员犯非法经营同类营业罪的，处三年以下有期徒刑或者拘役，并处或者单处罚金；数额特别巨大的，处三年以上七年以下有期徒刑，并处罚金。其他公司、企业的董事、监事、高级管理人员依照该款的规定处罚。具体应理解为，其他公司、企业的董事、监事、高级管理人员致使公司、企业利益遭受重大损失的，处三年以下有期徒刑或者拘役，并处或者单处罚金；

---

① 张义健：《〈刑法修正案（十二）〉的理解与适用》，载《法律适用》2024年第2期。
② 张义健：《〈刑法修正案（十二）〉的理解与适用》，载《法律适用》2024年第2期。

致使公司、企业利益遭受特别重大损失的，处三年以上七年以下有期徒刑，并处罚金。①

十二、为亲友非法牟利罪

第一百六十六条② 国有公司、企业、事业单位的工作人员，利用职务便利，有下列情形之一，致使国家利益遭受重大损失的，处三年以下有期徒刑或者拘役，并处或者单处罚金；致使国家利益遭受特别重大损失的，处三年以上七年以下有期徒刑，并处罚金：

（一）将本单位的盈利业务交由自己的亲友进行经营的；

（二）以明显高于市场的价格从自己的亲友经营管理的单位采购商品、接受服务或者以明显低于市场的价格向自己的亲友经营管理的单位销售商品、提供服务的；

（三）从自己的亲友经营管理的单位采购、接受不合格商品、服务的。

其他公司、企业的工作人员违反法律、行政法规规定，实施前款行为，致使公司、企业利益遭受重大损失的，依照前款的规定处罚。

（一）为亲友非法牟利罪的概念和构成要件

为亲友非法牟利罪，是指国有公司、企业、事业单位的工作人员，利用职务便利，实施非法的背职经营，使家利益遭受重大损失的行为，以及其他公司、企业的工作人员违反法律、行政法规规定实施上述背职经营，致使公司、企业利益遭受重大损失的行为。

本罪是1997年《刑法》增设的罪名。犯罪主体原先限于国有公司、企业、事业单位的工作人员。2024年3月1日起施行的《刑法修正案（十二）》第2条将原条文中的"商品"修改为"商品、服务"，作了符合当前的情况变化和实际需要的修正；新增条款"其他公司、企业的工作人员违

---

① 张义健：《〈刑法修正案（十二）〉的理解与适用》，载《法律适用》2024年第2期。
② 本条经2023年12月29日《刑法修正案（十二）》第2条修改。

反法律、行政法规规定，实施前款行为，致使公司、企业利益遭受重大损失的，依照前款的规定处罚"，进一步加强了对民营企业的平等保护。

为亲友非法牟利罪的构成要件是：

1. 本罪侵犯的客体是国家对国有公司、企业的监督管理制度和国有公司、企业、事业单位工作人员职务的廉洁性的监督，以及其他公司、企业的利益。

1997年《刑法》增设此罪名，主要是考虑国有公司、企业、事业单位对国有资产负有经营、管理、保值增值的责任。如果这些单位的工作人员背职经营，势必干扰国家对国有公司、企业、事业单位的监督、管理，导致国有资产的流失。但是，其他公司、企业的工作人员以权谋私为亲友非法牟利，同样会直接损害公司、企业的财产和利益。这也是《刑法修正案（十二）》新增条款的原因。

2. 客观方面表现为利用职务便利，损公肥私，实施非法的背职经营的行为。

背职经营的行为有以下三种：（1）将本单位的盈利业务交由自己的亲友进行经营，指行为人利用自己决定、参与经贸项目、购销往来的工作便利，根据掌握的市场行情，将可以盈利的业务项目交给自己的亲友经营；（2）以明显高于市场的价格从自己的亲友经营管理的单位采购商品、接受服务或者以明显低于市场的价格向自己的亲友经营管理的单位销售商品、提供服务；（3）从自己的亲友经营管理的单位采购、接受不合格商品、服务。国有公司、企业、事业单位工作人员实施的背职经营行为，必须使国家利益遭受重大损失的，才能构成本罪。所谓使国家利益遭受重大损失，主要是指行为人转移国有公司、企业、事业单位的利润或者转嫁自己亲友经营的损失，数额巨大等情形。行为人只要实施了背职经营中的一种行为，就构成本罪；实施了两种以上行为的，仍为一罪，不实行并罚，量刑时可作参考。其他公司、企业的工作人员实施的背职经营行为，必须是违反法律、行政法规规定，致使公司、企业利益遭受重大损失的行为。关于"违反法律、行政法规规定"，要注意与《公司法》的衔接。《公司法》的规定①表明，经过公司同意的有关关联交易行为是允许的，当然也不构成本罪。例如，经过董事会或者股东会决议，有关人员据此进行相关关联交易行为的。又如，个人独资企业、一人公司、单一股东企业、家族企业中具有决策权的老板或者企业的其他产权所有人，自愿将某项盈利业务交给亲友经营，或者决定与亲友单位做交易的，即使影响了企业利益甚至造成损失，也不宜认定为本罪，这是企业自主经营活动或者正常决策行为。实践中要防止出现"我触犯自己的利益，刑法又要处罚我"的不合理情况。②

3. 犯罪主体为特殊主体，即只有国有公司、企业、事业单位和其他公司、企业的工作人员才能构成本罪的主体；不具有上述身份的人，不能构成本罪的主体。

4. 主观方面由故意构成，过失不构成本罪。

依照法律规定，为亲友非法牟利的行为，除需具备以上构成要件外，国有公司、企业、事业单位的工作人员的行为必须"致使国家利益遭受重大损失"，其他公司、企业的工作人员的行为必须"致使公司、企业利益遭受重大损失"，才构成犯罪。

（二）为亲友非法牟利罪的刑事责任

依照《刑法》第166条第1款规定，国有公司、企业、事业单位的工作人员犯为亲友非法牟利罪的，处三年以下有期徒刑或者拘役，并处或者单处罚金；致使国家利益遭受特别重大损失的，处三年以上七年以下有期徒刑，并处罚金。其他公司、企业的工作人员犯本罪的，依照前款规定处罚。具体应理解为：其他公司、企业的工作人员致使公司、企业利益遭受重大损失

---

① 2023年修订的《公司法》第182条规定：董事、监事、高级管理人员的近亲属等与公司订立合同或者进行交易的，应当就有关事项向董事会或者股东会报告，并按照公司章程的规定经董事会或者股东会议通过。第183条规定：董事、监事、高级管理人员不得利用职务便利为自己或者他人谋取属于公司的商业机会。但是，有下列情形之一的除外：（1）向董事会或者股东会报告，并按照公司章程的规定经董事会或者股东会决议通过；（2）根据法律、行政法规或者公司章程的规定，公司不能利用该商业机会。

② 张义健：《〈刑法修正案（十二）〉的理解与适用》，载《法律适用》2024年第2期。

的，处三年以下有期徒刑或者拘役，并处或者单处罚金；致使公司、企业利益遭受特别重大损失的，处三年以上七年以下有期徒刑，并处罚金。①

十三、签订、履行合同失职被骗罪

第一百六十七条 国有公司、企业、事业单位直接负责的主管人员，在签订、履行合同过程中，因严重不负责任被诈骗，致使国家利益遭受重大损失的，处三年以下有期徒刑或者拘役；致使国家利益遭受特别重大损失的，处三年以上七年以下有期徒刑。

（一）签订、履行合同失职被骗罪的概念和构成要件

签订、履行合同失职被骗罪，是指国有公司、企业、事业单位直接负责的主管人员，在签订、履行合同过程中，因严重不负责任被诈骗，致使国家利益遭受重大损失的行为。

本罪是1997年《刑法》增设的罪名，1979年《刑法》和单行刑法均没有规定此罪名。

签订、履行合同失职被骗罪的构成要件是：

1. 本罪侵犯的客体是国有公司、企业、事业单位的正常经营活动。

2. 客观方面表现为国有公司、企业、事业单位直接负责的主管人员，在签订、履行合同过程中，因严重不负责任被诈骗，致使国家利益遭受重大损失的行为。

"严重不负责任"，是指行为人盲目轻信对方，不认真审查对方的合同主体资格、资信情况、履约能力、货源、合同标的的数量、质量等情况，导致被骗。在签订、履行合同过程中，因严重不负责任被诈骗的行为，只有致使国家利益遭受重大损失的，才构成本罪。这种损失应当是指数额巨大的财物被骗无法追回或者导致停产、濒临破产等情形。

3. 犯罪主体为特殊主体，即只有国有公司、企业、事业单位直接负责的

---

① 张义健：《〈刑法修正案（十二）〉的理解与适用》，载《法律适用》2024年第2期。

主管人员才能构成本罪。

《最高人民法院、最高人民检察院关于办理国家出资企业中职务犯罪案件具体应用法律若干问题的意见》第4条第1款规定:"国家出资企业中的国家工作人员在公司、企业改制或者国有资产处置过程中严重不负责任或者滥用职权,致使国家利益遭受重大损失的,依照刑法第一百六十八条的规定,以国有公司、企业人员失职罪或者国有公司、企业人员滥用职权罪定罪处罚。"参照该规定精神,"国有公司、企业、事业单位"直接负责的主管人员,主要是指在国家出资企业(不限于国有独资公司、企业)中能够被认定为国家工作人员的直接负责的主管人员。所谓直接负责的主管人员,是指对签订、履行合同起领导、决策、指挥作用的单位有关负责人。

4. 主观方面由过失构成,故意不构成本罪。

(二)认定签订、履行合同失职被骗罪应当注意的问题

1. 划清罪与非罪的界限。

本罪为结果犯,关键在于由于单位负责人对工作严重不负责任,导致被诈骗,是否造成国家利益遭受重大损失的结果。如果没有造成重大损失的,则属于一般违法行为,不构成犯罪。

2. 根据《全国人民代表大会常务委员会关于惩治骗购外汇、逃汇和非法买卖外汇犯罪的决定》第7条的规定,金融机构、从事对外贸易经营活动的公司、企业的工作人员严重不负责任,造成大量外汇被骗购或者逃汇,致使国家利益遭受重大损失的,应当依照《刑法》第167条规定的签订、履行合同失职被骗罪定罪处罚。

(三)签订、履行合同失职被骗罪的刑事责任

依照《刑法》第167条规定,犯签订、履行合同失职被骗罪的,处三年以下有期徒刑或者拘役;致使国家利益遭受特别重大损失的,处三年以上七年以下有期徒刑。

十四、国有公司、企业、事业单位人员失职罪

第一百六十八条[①] 国有公司、企业的工作人员，由于严重不负责任或者滥用职权，造成国有公司、企业破产或者严重损失，致使国家利益遭受重大损失的，处三年以下有期徒刑或者拘役；致使国家利益遭受特别重大损失的，处三年以上七年以下有期徒刑。

国有事业单位的工作人员有前款行为，致使国家利益遭受重大损失的，依照前款的规定处罚。

国有公司、企业、事业单位的工作人员，徇私舞弊，犯前两款罪的，依照第一款的规定从重处罚。

（一）国有公司、企业、事业单位人员失职罪的概念和构成要件

国有公司、企业、事业单位人员失职罪，是指国有公司、企业的工作人员，由于严重不负责任，造成国有公司、企业破产或者严重损失，致使国家利益遭受重大损失，或者国有事业单位的工作人员，由于严重不负责任，致使国家利益遭受重大损失的行为。

本罪是《刑法修正案》第2条在1997年《刑法》第168条规定的徇私舞弊造成破产、亏损罪的基础上，修订后分立的罪名之一。

国有公司、企业、事业单位人员失职罪的构成要件是：

1.侵犯的客体是国家对国有公司、企业、事业单位的资产管理制度。

2.客观方面表现为国有公司、企业的工作人员，由于严重不负责任，造成国有公司、企业破产或者严重损失，致使国家利益遭受重大损失，或者国有事业单位的工作人员，由于严重不负责任，致使国家利益遭受重大损失的行为。

3.犯罪主体为特殊主体，即国有公司、企业、事业单位的工作人员。非国有公司、企业、事业单位的工作人员不构成本罪。

---

① 本条经1999年12月25日《刑法修正案》第2条修改。

《最高人民法院、最高人民检察院关于办理国家出资企业中职务犯罪案件具体应用法律若干问题的意见》第 4 条第 1 款规定："国家出资企业中的国家工作人员在公司、企业改制或者国有资产处置过程中严重不负责任或者滥用职权，致使国家利益遭受重大损失的，依照刑法第一百六十八条的规定，以国有公司、企业人员失职罪或者国有公司、企业人员滥用职权罪定罪处罚。"据此，国家出资企业中的国家工作人员均属本罪主体，而不以国有独资公司、企业的工作人员为限。

4. 主观方面由过失构成。

（二）认定国有公司、企业、事业单位人员失职罪应当注意的问题

1. 参照《最高人民检察院研究室关于中国农业发展银行及其分支机构的工作人员法律适用问题的答复》，中国农业发展银行及其分支机构的工作人员严重不负责任或者滥用职权，构成犯罪的，应当依照《刑法》第 168 条的规定追究刑事责任。

2. 根据《最高人民法院、最高人民检察院关于办理渎职刑事案件适用法律若干问题的解释（一）》第 7 条的规定，依法或者受委托行使国家行政管理职权的公司、企业、事业单位的工作人员，在行使行政管理职权时滥用职权或者玩忽职守，构成犯罪的，应当依照《全国人民代表大会常务委员会关于〈中华人民共和国刑法〉第九章渎职罪主体适用问题的解释》的规定，适用渎职罪的规定追究刑事责任。

（三）国有公司、企业、事业单位人员失职罪的刑事责任

依照《刑法》第 168 条第 1 款、第 2 款规定，犯国有公司、企业、事业单位人员失职罪的，处三年以下有期徒刑或者拘役；致使国家利益遭受特别重大损失的，处三年以上七年以下有期徒刑。

依照《刑法》第 168 条第 3 款规定，国有公司、企业、事业单位的工作人员，徇私舞弊，犯本罪的，依照第 1 款的规定从重处罚。

"徇私舞弊"是指行为人徇个人私情、私利的行为。由于这种行为置国家利益于不顾，主观恶性较大，所以要在第 1 款规定的法定刑的幅度内从重处罚。

十五、国有公司、企业、事业单位人员滥用职权罪

第一百六十八条[①] 国有公司、企业的工作人员,由于严重不负责任或者滥用职权,造成国有公司、企业破产或者严重损失,致使国家利益遭受重大损失的,处三年以下有期徒刑或者拘役;致使国家利益遭受特别重大损失的,处三年以上七年以下有期徒刑。

国有事业单位的工作人员有前款行为,致使国家利益遭受重大损失的,依照前款的规定处罚。

国有公司、企业、事业单位的工作人员,徇私舞弊,犯前两款罪的,依照第一款的规定从重处罚。

（一）国有公司、企业、事业单位人员滥用职权罪的概念和构成要件

国有公司、企业、事业单位人员滥用职权罪,是指国有公司、企业的工作人员,因滥用职权,造成国有公司、企业破产或者严重损失,致使国家利益遭受重大损失,或者国有事业单位的工作人员,因滥用职权致使国家利益遭受重大损失的行为。

本罪是《刑法修正案》第2条在1997年《刑法》第168条规定的徇私舞弊造成破产、亏损罪的基础上,修订后分立的罪名之一。

国有公司、企业、事业单位人员滥用职权罪的构成要件是：

1.本罪侵犯的客体是国家对国有公司、企业、事业单位的资产管理制度。

国有公司、企业、事业单位在我国国民经济和社会发展中占有举足轻重的地位,国有经济的不断发展、壮大,为国家经济建设、社会进步和人民群众生活水平的提高作出了巨大贡献。但是一个时期以来,一些国有公司、企业、事业单位中国家工作人员因滥用职权而导致国有资产大量流失,造成一些国有企业生产经营困难、出现亏损,甚至破产,严重影响经济发展和社会

[①] 本条经1999年12月25日《刑法修正案》第2条修改。

政治稳定。

2. 客观方面表现为国有公司、企业的工作人员因滥用职权，造成国有公司、企业破产或者严重损失，致使国家利益遭受重大损失，或者国有事业单位的工作人员因滥用职权，致使国家利益遭受重大损失的行为。

"滥用职权"，是指行为人超越职权或者不正当行使职权。"职权"，是指国有公司、企业、事业单位的工作人员在其职务范围内处理公务的职责和权力。按照法律规定，滥用职权的行为，必须造成国有公司、企业破产或者国有公司、企业、事业单位严重损失，致使国家利益遭受重大损失，且破产或者损失结果的发生与滥用职权的行为之间必须存在刑法上的直接因果关系，才能构成本罪。

3. 犯罪主体为特殊主体，即国有公司、企业、事业单位的工作人员。根据相关司法解释，国家出资企业中的国家工作人员亦属于本罪主体。非国有公司、企业、事业单位的工作人员不构成本罪。

4. 主观方面一般由过失构成，但也不排除故意。这是因为：（1）根据《刑法》第14条、第15条的规定，在我国，判断罪过的形式是故意还是过失，应当以行为人对其所实施的行为会发生危害社会的结果所持的心理态度为标准。在我国的刑事立法中，结果犯一般都是过失犯罪。滥用职权行为本身往往是故意的，但对于危害社会结果的发生，即行为造成的严重后果，则往往持过失的心理。因此，《刑法修正案》规定，不论是严重不负责任还是滥用职权，都必须"造成国有公司、企业破产或者严重损失，致使国家利益遭受重大损失的"，才构成犯罪。（2）从处刑上看，国有公司、企业、事业单位人员失职罪与国有公司、企业、事业单位人员滥用职权罪均处三年以下有期徒刑或者拘役；致使国家利益遭受特别重大损失的，处三年以上七年以下有期徒刑。滥用职权一般表现为积极的作为，与严重不负责任的不作为相比，主观恶性更大，如果一为故意犯罪，一为过失犯罪，而处刑完全一样，显然违反了罪刑相适应的原则。

（二）国有公司、企业、事业单位人员滥用职权罪的刑事责任

依照《刑法》第168条第1款、第2款规定，犯国有公司、企业、事业

单位人员滥用职权罪的，处三年以下有期徒刑或者拘役；致使国家利益遭受特别重大损失的，处三年以上七年以下有期徒刑。

依照《刑法》第168条第3款规定，国有公司、企业、事业单位的工作人员，徇私舞弊，犯本罪的，依照第1款的规定从重处罚。

十六、徇私舞弊低价折股、出售公司、企业资产罪

第一百六十九条[①] 国有公司、企业或者其上级主管部门直接负责的主管人员，徇私舞弊，将国有资产低价折股或者低价出售，致使国家利益遭受重大损失的，处三年以下有期徒刑或者拘役；致使国家利益遭受特别重大损失的，处三年以上七年以下有期徒刑。

其他公司、企业直接负责的主管人员，徇私舞弊，将公司、企业资产低价折股或者低价出售，致使公司、企业利益遭受重大损失的，依照前款的规定处罚。

（一）徇私舞弊低价折股、出售公司、企业资产罪的概念和构成要件

徇私舞弊低价折股、出售公司、企业资产罪，是指国有公司、企业或者其上级主管部门直接负责的主管人员，徇私舞弊，将国有资产低价折股或者低价出售，致使国家利益遭受重大损失的行为，以及其他公司、企业直接负责的主管人员，徇私舞弊，将公司、企业资产低价折股或者低价出售，致使公司、企业利益遭受重大损失的行为。

本罪是1997年《刑法》增设的罪名，原罪名为"徇私舞弊低价折股、出售国有资产罪"。2024年3月1日起施行的《刑法修正案（十二）》第3条新增条款"其他公司、企业直接负责的主管人员，徇私舞弊，将公司、企业资产低价折股或者低价出售，致使公司、企业利益遭受重大损失的，依照前款的规定处罚"，进一步加强了对民营企业的平等保护。该罪名也相应地修改为"徇私舞弊低价折股、出售公司、企业资产罪"。

[①] 本条经2023年12月29日《刑法修正案（十二）》第3条修改。

徇私舞弊低价折股、出售公司、企业资产罪的构成要件是：

1. 本罪侵犯的客体是国家对国有资产的管理制度和其他公司、企业的利益。

2. 客观方面表现为国有公司、企业或者其上级主管部门直接负责的主管人员，徇私舞弊，将国有资产低价折股或者低价出售，致使国家利益遭受重大损失的行为，以及其他公司、企业直接负责的主管人员，徇私舞弊，将公司、企业资产低价折股或者低价出售，致使公司、企业利益遭受重大损失的行为。在理解新增加的第2款规定时，需要注意：对于实践中经过公司、企业决策同意或者授权的资产处置行为，即使有关主管人员的处置行为没有达到企业资产处置的预期效果，客观上给企业造成了损失，也不宜将有关人员的行为认定为本罪。①

3. 犯罪主体为特殊主体，即只有国有公司、企业或者其上级主管部门直接负责的主管人员，以及其他公司、企业直接负责的主管人员才能构成本罪。《最高人民法院、最高人民检察院关于办理国家出资企业中职务犯罪案件具体应用法律若干问题的意见》第4条第2款规定："国家出资企业中的国家工作人员在公司、企业改制或者国有资产处置过程中徇私舞弊，将国有资产低价折股或者低价出售给其本人未持有股份的公司、企业或者其他个人，致使国家利益遭受重大损失的，依照刑法第一百六十九条的规定，以徇私舞弊低价折股、出售国有资产罪定罪处罚。"② 据此，国家出资企业中的国家工作人员均属本罪主体，而不以国有独资公司、企业的工作人员为限。

4. 主观方面由故意构成，过失不构成本罪。如在企业资产重组、收购等工作过程中，由于决策失误或者市场行情变化，致使企业资产在交易中受到损失的，不能认定构成本罪。

（二）徇私舞弊低价折股、出售公司、企业资产罪的刑事责任

依照《刑法》第169条第1款规定，国有公司、企业或者其上级主管部

---

① 张义健：《〈刑法修正案（十二）〉的理解与适用》，载《法律适用》2024年第2期。
② 此规定在《刑法修正案（十二）》前出台，因此使用的是旧罪名。

门直接负责的主管人员犯徇私舞弊低价折股、出售公司、企业资产罪的，处三年以下有期徒刑或者拘役；致使国家利益遭受特别重大损失的，处三年以上七年以下有期徒刑。其他公司、企业直接负责的主管人员犯本罪的，依照前款规定处罚。具体应理解为：其他公司、企业直接负责的主管人员致使公司、企业利益遭受重大损失的，处三年以下有期徒刑或者拘役；致使公司、企业利益遭受特别重大损失的，处三年以上七年以下有期徒刑。①

十七、背信损害上市公司利益罪

第一百六十九条之一② 上市公司的董事、监事、高级管理人员违背对公司的忠实义务，利用职务便利，操纵上市公司从事下列行为之一，致使上市公司利益遭受重大损失的，处三年以下有期徒刑或者拘役，并处或者单处罚金；致使上市公司利益遭受特别重大损失的，处三年以上七年以下有期徒刑，并处罚金：

（一）无偿向其他单位或者个人提供资金、商品、服务或者其他资产的；

（二）以明显不公平的条件，提供或者接受资金、商品、服务或者其他资产的；

（三）向明显不具有清偿能力的单位或者个人提供资金、商品、服务或者其他资产的；

（四）为明显不具有清偿能力的单位或者个人提供担保，或者无正当理由为其他单位或者个人提供担保的；

（五）无正当理由放弃债权、承担债务的；

（六）采用其他方式损害上市公司利益的。

上市公司的控股股东或者实际控制人，指使上市公司董事、监事、高级管理人员实施前款行为的，依照前款的规定处罚。

犯前款罪的上市公司的控股股东或者实际控制人是单位的，对单位判处

---

① 张义健：《〈刑法修正案（十二）〉的理解与适用》，载《法律适用》2024 年第 2 期。
② 本条由 2006 年 6 月 29 日《刑法修正案（六）》第 9 条增设。

罚金，并对其直接负责的主管人员和其他直接责任人员，依照第一款的规定处罚。

（一）背信损害上市公司利益罪的概念和构成要件

背信损害上市公司利益罪，是指上市公司的董事、监事、高级管理人员违背对公司的忠实义务，利用职务便利，操纵上市公司进行不正当、不公平的关联交易等，致使上市公司利益遭受重大损失的行为。

本罪是《刑法修正案（六）》第9条增设的罪名。

背信损害上市公司利益罪的构成要件是：

1. 本罪侵犯的客体是上市公司及其股东的合法权益和管理秩序。

近年来，一些上市公司的董事、监事、高级管理人员不但不谨守对其公司的忠实义务，反而利用自身职务便利，以无偿占有或者明显不公平的条件，操纵公司进行不正当的关联交易等非法手段，肆意侵占上市公司资产；还有一些上市公司的控股股东或者实际控制人，指使上市公司董事、监事、高级管理人员实施上述行为。"掏空"上市公司，是中国经济体制转轨和证券市场建设发展过程中较为特殊的现象。《刑法》修正将其纳入刑事打击范围，提高违法行为人违法成本，非常必要。

2. 客观方面表现为上市公司的董事、监事、高级管理人员违背对公司的忠实义务，利用职务便利，操纵上市公司从事下列行为之一，或者上市公司的控股股东、实际控制人，指使上市公司董事、监事、高级管理人员实施下列行为之一，致使上市公司利益遭受重大损失的：（1）无偿向其他单位或者个人提供资金、商品、服务或者其他资产的；（2）以明显不公平的条件，提供或者接受资金、商品、服务或者其他资产的；（3）向明显不具有清偿能力的单位或者个人提供资金、商品、服务或者其他资产的；（4）为明显不具有清偿能力的单位或者个人提供担保，或者无正当理由为其他单位或者个人提供担保的；（5）无正当理由放弃债权、承担债务的；（6）采用其他方式损害上市公司利益的。

3. 犯罪主体为特殊主体，仅限上市公司的董事、监事、高级管理人员、控股股东或者实际控制人。

因此，这些特殊主体有一个共同的特点，就是对上市公司具有控制权或者重大影响力。上市公司的控股股东或者实际控制人是单位的，也可以构成本罪。依照《公司法》第134条的规定，"上市公司"，是指其股票在证券交易所上市交易的股份有限公司。依照《公司法》第265条的规定，"高级管理人员"，是指公司的经理、副经理、财务负责人，以及上市公司董事会秘书和公司章程规定的其他人员。"控股股东"，是指其出资额占有限责任公司资本总额超过50%或者其持有的股份占股份有限公司股本总额超过50%的股东；出资额或者持有股份的比例虽然低于50%，但依其出资额或者持有的股份所享有的表决权已足以对股东会的决议产生重大影响的股东。"实际控制人"，是指通过投资关系、协议或者其他安排，能够实际支配公司行为的人。

4.主观方面出于故意，过失不构成本罪。

（二）认定背信损害上市公司利益罪应当注意的问题

1.划清罪与非罪的界限。

（1）构成本罪，必须以"致使上市公司利益遭受重大损失"为条件。如果行为在客观上并未造成上述后果，不能以犯罪论处。例如，行为人虽有操纵上市公司向明显不具有清偿能力的单位提供担保的行为，但是，后来有关单位因经营得当，自己按期偿还了相关债务，未使上市公司的资产遭受实际损害的，就不能追究行为人的刑事责任。（2）不能仅看是否给上市公司的利益造成重大损失，还要结合构成本罪的前提条件——是否"违背对公司的忠实义务"，去综合分析、判断。如果上市公司的董事、监事、高级管理人员基于对市场判断的错误，虽然给上市公司利益造成损害，也不能追究行为人的刑事责任。（3）对于上市公司中并未实际参与某项损害公司利益的交易决策的董事、监事、高级管理人员，或者在决策中明确发表反对意见的人员，不能以犯罪论处；对于单纯附和有关决策意见的董事、股东等人员，除能证实与操纵者存在共同故意外，也不宜以犯罪论处。

按照《最高人民检察院、公安部关于公安机关管辖的刑事案件立案追诉标准的规定（二）》第13条的规定，上市公司的董事、监事、高级管理人员违背对公司的忠实义务，利用职务便利，操纵上市公司从事损害上市公司利益的行为，以及上市公司的控股股东或者实际控制人，指使上市公司董事、监事、高级管理人员实施损害上市公司利益的行为，具有规定的7种情形之一的，应以涉嫌背信损害上市公司利益罪立案追诉。

2. 关联交易行为与本罪的关系。

利用不正当关联交易侵占上市公司利益是我国上市公司目前面临的严重问题之一。但从公司运作角度讲，关联交易并非一无是处。我国法律、法规、规章和政策导向也并不禁止正当的关联交易。这样就有一个如何区分正当的关联交易与不正当关联交易之间的界限问题，这实际涉及如何准确把握罪与非罪的界限。由于具有关联关系的公司、企业与上市公司都是具有独立法人资格的市场主体，因此，判断一项关联交易是否正当，关键要看是否按照等价有偿的市场竞争原则进行，是否符合正常的或者公认的市场交易条件，以及在交易的决定过程中，上市公司的董事、监事、高级管理人员、控股股东和实际控制人是否利用了他们的控制权和重大影响力。虽然这种控制权和重大影响力的利用并不必然导致不正当关联交易的发生，但是，每一项侵害上市公司利益的关联交易背后，一定会发现非法利用对上市公司控制权和重大影响力的影子。因此，应当结合案件的具体情况具体分析，准确区分违法与犯罪。

（三）背信损害上市公司利益罪的刑事责任

依照《刑法》第169条之一第1款规定，犯背信损害上市公司利益罪的，处三年以下有期徒刑或者拘役，并处或者单处罚金；致使上市公司利益遭受特别重大损失的，处三年以上七年以下有期徒刑，并处罚金。

司法机关在适用《刑法》第169条之一规定处罚时，应当注意以下问题：

1. 依照该条第2款的规定，上市公司的控股股东或者实际控制人，指使上市公司董事、监事、高级管理人员实施前款行为的，依照前款的规定处罚。《刑法修正案（六）》第9条第2款所以作出这样规定是考虑到：在现代公司制度中，公司制企业实行有限责任。由于所有权与经营权的部分相对分离，使控股股东、公司的实际控制人很容易利用其独特的控股地位，运用其权力，通过关联交易来转移资产、收益，侵占上市公司及其中小股东权益。现实情况表明，在很多情况下，上市公司的控股股东、实际控制人往往是掏空上市公司的真正指使者和实际受益者。

2.依照该条第3款的规定，犯前款罪的上市公司的控股股东或者实际控制人是单位的，实行"双罚制"，即对单位判处罚金，并对其直接负责的主管人员和其他直接责任人员，依照第1款的规定处罚。

3.单位是否可以构成共同犯罪，特别是构成一方是单位，另一方是自然人的共同犯罪（即非纯粹单位共犯），涉及对共同犯罪的理解问题，刑法理论界和司法实务界长期以来对此存在激烈的争论。《刑法》第169条之一第3款的规定，实际上明确了作为上市公司控股股东或者实际控制人的单位（法人），可以与上市公司中的其他董事、监事、高级管理人员（自然人）构成共同犯罪。

第四节 破坏金融管理秩序罪

一、伪造货币罪

第一百七十条[①] 伪造货币的,处三年以上十年以下有期徒刑,并处罚金;有下列情形之一的,处十年以上有期徒刑或者无期徒刑,并处罚金或者没收财产:

(一)伪造货币集团的首要分子;

(二)伪造货币数额特别巨大的;

(三)有其他特别严重情节的。

(一)伪造货币罪的概念和构成要件

伪造货币罪,是指仿照真货币的图案、形状、色彩等特征非法制造假币,冒充真币的行为。

1979年《刑法》第122条规定的是伪造国家货币罪,1995年《全国人民代表大会常务委员会关于惩治破坏金融秩序犯罪的决定》第1条将之修改为伪造货币罪,1997年《刑法》予以吸收。2015年《刑法修正案(九)》第11条对本条作出修订,废止了死刑,取消了罚金刑的具体数额标准。

伪造货币罪的构成要件是:

1.本罪侵犯的客体是国家货币管理制度,具体包括货币的发行权和公共信用两项内容。

本罪的犯罪对象为货币,是指正在流通的人民币和境外货币。根据《中国人民银行法》和《人民币管理条例》的规定,人民币包括纸币和硬币,由中国人民银行统一印制、发行;纪念币是具有特定主题的限量发行的人民

[①] 本条经2015年8月29日《刑法修正案(九)》第11条修改。

币，包括普通纪念币和贵金属纪念币。"境外货币"是指境外正在流通使用的所有货币，包括在我国境内可兑换使用和不可兑换的境外货币。

2. 客观方面表现为仿造人民币或者外币的图案、形状、色彩、防伪技术等特征，盗用或者以非货币所用纸张、油墨等材料，采用机制、手工等各种制造方法，非法制造假货币的行为。

行为人不论采用何种方法，伪造上述任何一种或者几种货币，或者同时采用伪造和变造手段，制造真伪拼凑货币，冒充真币，即构成本罪。需要指出的是，伪造中国人民银行发行的普通纪念币和贵金属纪念币，也构成本罪。①

3. 犯罪主体为一般主体。中国人、外国人和无国籍人均可构成本罪的主体。

4. 主观方面由故意构成，并以行使流通为目的。

司法实践中，行为人伪造货币可能出于多种动机，比如包括非法牟利、炫耀技能、制造社会紊乱等，但只要是基于行使的目的而故意实施伪造货币的行为，不论是否实现了上述目的或者其他目的，均不影响本罪的成立。实际生活中，金融、商业等部门为了宣传或者作为艺术图案，模仿货币的样式、色彩等制作出仿真币制品，其大小、材料、质地等均与真货币有明显不同，不可能被作为真币流通、使用，仿制者显然也不是为了冒充真货币使用，因此，不属于伪造货币的犯罪行为。但是，只要制作出的仿真币制品有可能被作为真币冒充使用，则不论仿制者出于何种目的仿制，均属伪造货币的行为。

（二）认定伪造货币罪应当注意的问题

1. 构成犯罪的数额标准问题。

按照2000年9月8日《最高人民法院关于审理伪造货币等案件具体应用法律若干问题的解释》，凡伪造货币的总面额在2000元以上或者币量在200张（枚）以上的，依法追究刑事责任。按照最高人民法院2010年11月3日施行的《关于审理伪造货币等案件具体应用法律若干问题的解释（二）》第4条第2款的规定，假普通纪念币犯罪的数额，以面额计算；假贵金属纪念币犯罪的数额，以贵金属纪念币的初始发售价格计算；第3条第2款规

---

① 《最高人民法院关于审理伪造货币等案件具体应用法律若干问题的解释（二）》。

定，假境外货币犯罪的数额，按照案发当日中国外汇交易中心或者中国人民银行授权机构公布的人民币对该货币的中间价折合成人民币计算，中国外汇交易中心或中国人民银行授权机构未公布汇率中间价的境外货币，按照案发当日境内银行人民币对该货币的中间价折算成人民币，或者该货币在境内银行、国际外汇市场对美元汇率，与人民币对美元汇率中间价进行套算。

2. 伪造货币罪的共犯问题。

司法实践中，如果行为人制造供伪造货币使用的货币版样，或者与他人事前通谋，为他人伪造货币提供版样的，前一行为直接按《刑法》第170条的规定以伪造货币罪定罪处罚；后一行为则以伪造货币罪的共犯论处。无疑，如果明知行为人伪造货币，而为其提供印制假币的机器、专用纸张、油墨等，均属伪造货币罪的共犯。

(三) 伪造货币罪的刑事责任

依照《刑法》第170条规定，犯伪造货币罪的，处三年以上十年以下有期徒刑，并处罚金；有下列情形之一的，处十年以上有期徒刑、无期徒刑，并处罚金或者没收财产：（1）伪造货币集团的首要分子；（2）伪造货币数额特别巨大的；（3）有其他特别严重情节的。

司法机关在适用本条规定处罚时，应当注意以下问题：

1. 伪造货币的方法与量刑的关系。实践中伪造货币的方法多种多样，且随着科学技术的发展，手法不断翻新。尽管伪造方法不同，但性质相同，故伪造货币的具体方法不影响定罪，但量刑时可予适当考虑。比如，与拓印、手工描绘、木刻等方法相比较，机械印刷或复印方法伪造的货币欺骗性更大，更易于流通，社会危害性更为严重，在具体量刑时应当有所考虑，以体现罪刑相适应原则并充分实现刑罚的预防功能、震慑犯罪。

2. 依法从严惩处伪造货币犯罪。在2009年最高人民法院、最高人民检察院、公安部下发的《关于严厉打击假币犯罪活动的通知》（以下简称《通知》）中提出了办理假币犯罪案件要始终坚持依法严惩的原则，坚决杜绝以罚代刑、以拘代刑、重罪轻判、降格处理，并要求人民法院对于假币犯罪累犯、惯犯、涉案假币数额巨大或者全部流入社会的犯罪分子，要坚决重判。

在具体执行《通知》要求时,需要注意全面把握量刑情节。伪造货币犯罪成本小、周期短、收益高,影响恶劣,危害严重,必须依法从严惩处,发挥刑罚的震慑力。对于各种从严从重情节,《通知》作了进一步的细化规定,实践中要注意把握和运用,具体如下:一是犯罪主体方面,《通知》不仅要求对累犯、主犯等主观恶性深、社会危害性大的犯罪分子实行从重打击,而且将假币犯罪中日益增长的职业犯、惯犯纳入从重惩处范围。二是犯罪后果方面,不仅坚持了数额认定标准,而且将"假币全部流入社会"作为定罪量刑的一个重要情节。

二、出售、购买、运输假币罪

第一百七十一条第一款 出售、购买伪造的货币或者明知是伪造的货币而运输,数额较大的,处三年以下有期徒刑或者拘役,并处二万元以上二十万元以下罚金;数额巨大的,处三年以上十年以下有期徒刑,并处五万元以上五十万元以下罚金;数额特别巨大的,处十年以上有期徒刑或者无期徒刑,并处五万元以上五十万元以下罚金或者没收财产。

(一)出售、购买、运输假币罪的概念和构成要件

出售、购买、运输假币罪,是指出售、购买伪造的货币,或者明知是伪造的货币而运输,数额较大的行为。

1979年《刑法》第122条规定了贩运伪造的国家货币罪,犯罪对象限定为"国家货币"。1995年6月《全国人民代表大会常务委员会关于惩治破坏金融秩序犯罪的决定》第2条第1款明确规定了出售、购买、运输假币罪,将犯罪对象修改为"货币",并增加了"三年以下有期徒刑或者拘役"的量刑幅度,规定了具体的罚金数额。1997年《刑法》吸收了《全国人民代表大会常务委员会关于惩治破坏金融秩序犯罪的决定》的相关规定,并在法定刑的没收财产规定之前增加了"并处五万元以上五十万元以下罚金"的规定。之后未有修改。

出售、购买、运输假币罪的构成要件是:

1. 本罪侵犯的客体是国家对货币的管理秩序。

2000年9月《最高人民法院关于审理伪造货币等案件具体应用法律若干问题的解释》（以下简称《审理伪造货币案件解释》）第7条规定，所称"货币"是指可在国内市场流通或者兑换的人民币和境外货币。《最高人民检察院、公安部关于公安机关管辖的刑事案件立案追诉标准的规定（二）》[以下简称《立案追诉标准（二）》]第79条第1款规定，本规定中的"货币"是指在境内外正在流通的以下货币：（1）人民币（含普通纪念币、贵金属纪念币）、港元、澳门元、新台币；（2）其他国家及地区的法定货币。2010年10月《最高人民法院关于审理伪造货币等案件具体应用法律若干问题的解释（二）》[以下简称《审理伪造货币案件解释（二）》]第3条规定，以正在流通的境外货币为对象的假币犯罪，依照《刑法》第170条至第173条的规定定罪处罚。由上述规定可以看出，即使不能在我国国内市场兑换的境外货币，只要是处于流通状态，也就是说在境外可以作为货币使用的，如果其被伪造的，依然可以成为本罪的对象。行为人伪造的没有处于流通状态的货币，不是本罪的犯罪对象。

按照《审理伪造货币案件解释（二）》第1条、第2条规定，仿照真货币的图案、形状、色彩等特征非法制造的冒充真币的货币，或者同时采用伪造和变造手段制造真伪拼凑的货币，应当认定为"伪造的货币"。

2. 本罪的客观方面表现为出售、购买、运输伪造的货币，数额较大的行为。

根据《立案追诉标准（二）》第15条第1款规定，出售、购买伪造的货币或者明知是伪造的货币而运输，涉嫌下列情形之一的，应予立案追诉：（1）总面额在4000元以上或者币量在400张（枚）以上的；（2）总面额在2000元以上或者币量在200张（枚）以上，2年内因出售、购买、运输假币受过行政处罚，又出售、购买、运输假币的；（3）其他出售、购买、运输假币应予追究刑事责任的情形。

3. 本罪的主体为一般主体，任何已满16周岁、具有刑事责任能力的自然人都可以成为本罪主体。但是，对于银行或者其他金融机构的工作人员购买假币的行为，同时构成本罪和金融工作人员购买假币罪的，按照"特别法优于一般法"的适用原则，应当按照金融工作人员购买假币罪定罪处罚。

4. 本罪的主观方面表现为故意，即行为人明知是伪造的货币而予以出售、购买或者运输。

对于运输假币的行为，《刑法》规定要求行为人明知是伪造的货币而运输，这里的明知，就包括行为人知道或者应当知道的情形，反映到行为人的主观方面，则既可能是直接故意，也可能是间接故意。司法实践中，有的行为人隐瞒真相，将假币托付给熟人捎到某地，或者将假币当作普通货物交给他人运输，在被托付人不明真相的情况下运输假币的行为，由于运输行为人不具有犯罪故意，当然不能作为犯罪处理。但是，如果有证据能够证实运输行为人知道或者应当知道其运输的可能是假币，仍然予以运输的，则其主观方面就可能是放任的间接故意。

（二）认定出售、购买、运输假币罪应当注意的问题

1. 如何计算假币的数额。

本罪为数额犯，数额较大的才构成犯罪。假币数额的多少直接关系行为人是否构成犯罪以及适用三个量刑幅度中的哪一个，因此在每一起案件中都应当准确计算假币的数额。

（1）假人民币数额的计算。根据《审理伪造货币案件解释》第7条的规定，货币面额应当以人民币计算。因此，如果行为人出售、购买、运输的假币是假人民币，则可以直接将假人民币的总面额作为犯罪数额。

（2）假境外货币数额的计算。为了准确计算犯罪数额，如果行为人出售、购买、运输的假币是假境外货币，则应当折算成人民币。根据《审理伪造货币案件解释（二）》第3条第2款的规定，假境外货币犯罪的数额，按照案发当日中国外汇交易中心或者中国人民银行授权机构公布的人民币对该货币的中间价折合成人民币计算。中国外汇交易中心或者中国人民银行授权机构未公布汇率中间价的境外货币，按照案发当日境内银行人民币对该货币的中间价折算成人民币，或者该货币在境内银行、国际外汇市场对美元汇率，与人民币对美元汇率中间价进行套算。

（3）假纪念币数额的计算。根据《审理伪造货币案件解释（二）》第4

条第 2 款的规定，假普通纪念币犯罪的数额，以面额计算；假贵金属纪念币犯罪的数额，以贵金属纪念币的初始发售价格计算。

（4）出售、购买、运输同宗假币或者不同宗假币数额的计算。司法实践中，行为人通常是先购买一批假币，然后运输到国内予以出售，即购买、运输和出售的是同一宗假币。对此，应当以行为人购买的这一批假币总数额作为其出售、购买、运输假币犯罪的总数额，而不能因其购买假币后又运输、出售同一宗假币而累计计算该同一宗假币的数额作为其犯罪的总数额。当然，如果行为人出售、购买、运输的是不同宗假币，则应当以不同宗假币的累计数额作为其犯罪的总数额，仍然按照出售、购买、运输假币罪定罪处罚，而不实行数罪并罚。

2. 如何把握罪与非罪的界限。

按照《审理伪造货币案件解释》第 3 条规定，出售、购买假币或者明知是假币而运输，总面额在 4000 元以上不满 5 万元的，属于"数额较大"。可以看出，最高人民法院关于出售、购买、运输假币罪的入罪标准只有总面额 4000 元以上这一个标准。

《立案追诉标准（二）》第 15 条规定，出售、购买伪造的货币或者明知是伪造的货币而运输，涉嫌下列情形之一的，应予立案追诉：（1）总面额在 4000 元以上或者币量在 400 张（枚）以上的；（2）总面额在 2000 元以上或者币量在 200 张（枚）以上，2 年内因出售、购买、运输假币受过行政处罚，又出售、购买、运输假币的；（3）其他出售、购买、运输假币应予追究刑事责任的情形。

为避免入罪标准不一给司法实践带来困惑，最高人民法院专门印发《关于在经济犯罪审判中参照适用〈最高人民检察院、公安部关于公安机关管辖的刑事案件立案追诉标准的规定（二）〉的通知》，就人民法院在审理经济犯罪案件中参照适用《立案追诉标准（二）》的有关问题通知如下：（1）最高人民法院对相关经济犯罪的定罪量刑标准没有规定的，人民法院在审理经济犯罪案件时，可以参照适用《立案追诉标准（二）》的规定。（2）各级人民法院在参照适用《立案追诉标准（二）》的过程中，如认为《立案追诉标准（二）》的有关规定不能适应案件审理需要的，要结合案件具体情况和本地实际，依法审慎稳妥处理好案件的法律适用和政策把握，争取更好的社会效果。

实践中，对于行为人出售、购买、运输假币的数额未达到上述立案追诉标准，尚不构成犯罪的，可以由公安机关给予15日以下拘留、1万元以下罚款的行政处罚。

3. 如何区分本罪与走私假币罪的界限。

司法实践中，如果行为人走私假币进入我国境内后，又将同一宗假币出售、运输的，比较本罪与走私假币罪的法定刑和入罪量刑标准，应当按照走私假币罪这一重罪定罪并从重处罚；如果行为人走私假币进入我国境内后，又有出售、购买、运输其他宗假币的犯罪行为，则应当以走私假币罪与出售、购买、运输假币罪分别定罪，实行数罪并罚。

4. 如何区分本罪与伪造货币罪的界限。

根据《刑法》第171条第3款规定，伪造货币并出售或者运输伪造的货币的，依照本法第170条的规定定罪从重处罚。

司法实践中，行为人伪造货币后往往要出售伪造的货币，为了出售往往会运输伪造的货币，如果行为人伪造的货币与之后出售或者运输的是同一宗假币，则按照伪造货币罪定罪并从重处罚，而不实行数罪并罚。如果行为人伪造货币，同时又出售、购买、运输其他人伪造的货币，则应当以伪造货币罪与出售、购买、运输假币罪分别定罪，实行数罪并罚。

5. 如何区分本罪与持有假币罪的界限。

根据2001年1月《全国法院审理金融犯罪案件工作座谈会纪要》，如果行为人在出售假币时被抓获的，除现场查获的假币应认定为出售假币的犯罪数额外，现场之外在行为人住所或者其他藏匿地查获的假币，亦应认定为出售假币的犯罪数额。如此规定是为了打击行为人避重就轻逃避处罚，因为在行为人住所或者其他藏匿地查获假币后，行为人往往拒不交代假币用途，如果仅按照持有假币罪定罪处罚则容易轻纵犯罪分子。当然，如果有证据证实后来查获的假币是行为人实施其他假币犯罪的除外。

6. 如何区分本罪与使用假币罪的界限。

按照《审理伪造货币案件解释》第2条规定，行为人购买假币后使用，构成犯罪的，依照《刑法》第171条的规定，以购买假币罪定罪，从重处罚。行为人出售、运输假币构成犯罪，同时有使用假币行为的，依照《刑法》第 171 条、第 172 条的规定，以出售、运输假币罪和使用假币罪，实行数罪并罚。

（三）出售、购买、运输假币罪的刑事责任

依照《刑法》第 171 条第 1 款规定，犯出售、购买、运输假币罪，数额较大的，处三年以下有期徒刑或者拘役，并处 2 万元以上 20 万元以下罚金；数额巨大的，处三年以上十年以下有期徒刑，并处 5 万元以上 50 万元以下罚金；数额特别巨大的，处十年以上有期徒刑或者无期徒刑，并处 5 万元以上 50 万元以下罚金或者没收财产。

按照《审理伪造货币案件解释》第 3 条规定，出售、购买假币或者明知是假币而运输，总面额在 4000 元以上不满 5 万元的，属于"数额较大"；总面额在 5 万元以上不满 20 万元的，属于"数额巨大"；总面额在 20 万元以上的，属于"数额特别巨大"。

三、金融工作人员购买假币、以假币换取货币罪

第一百七十一条第二款 银行或者其他金融机构的工作人员购买伪造的货币或者利用职务上的便利，以伪造的货币换取货币的，处三年以上十年以下有期徒刑，并处二万元以上二十万元以下罚金；数额巨大或者有其他严重情节的，处十年以上有期徒刑或者无期徒刑，并处二万元以上二十万元以下罚金或者没收财产；情节较轻的，处三年以下有期徒刑或者拘役，并处或者单处一万元以上十万元以下罚金。

（一）金融工作人员购买假币、以假币换取货币罪的概念和构成要件

金融工作人员购买假币、以假币换取货币罪，是指银行或者其他金融机构的工作人员购买假币或者利用职务上的便利，以假币换取货币的行为。

1979 年《刑法》没有规定此罪名。1995 年 6 月《全国人民代表大会常务委员会关于惩治破坏金融秩序犯罪的决定》第 2 条第 2 款增加规定了金融工作人员购买假币、以假币换取货币罪。1997 年《刑法》吸收了《全国人民

代表大会常务委员会关于惩治破坏金融秩序犯罪的决定》的相关规定，并在法定刑的没收财产规定之前增加了"并处二万元以上二十万元以下罚金"的规定。之后未有修改。

金融工作人员购买假币、以假币换取货币罪的构成要件是：

1. 本罪侵犯的客体是国家对货币的管理秩序和金融机构的信誉。

2. 本罪客观方面表现为银行或者其他金融机构的工作人员购买假币或者利用职务上的便利，以假币换取货币的行为。

本罪客观方面表现为两种行为方式：一是购买伪造的货币；二是利用职务上的便利以伪造的货币换取货币。银行或者其他金融机构的工作人员只要实施其中一种行为的，即可构成本罪。

所谓利用职务上的便利，是指银行或者其他金融机构的工作人员利用本人的职务、职权或者与职务有关的特殊身份，能够接触金融机构经营款的便利条件。如果行为人没有利用职务上的便利，而是在私下场合用自己持有的假币向他人换取真币的，则不构成本罪。

3. 本罪的主体为特殊主体，限于银行或者其他金融机构的工作人员。

4. 本罪的主观方面是故意。

（二）认定金融工作人员购买假币、以假币换取货币罪应当注意的问题

1. 本罪与非罪的界限。

《刑法》第171条第2款没有规定构成金融工作人员购买假币、以假币换取货币罪的数额起点，但这并不意味着只要金融工作人员实施了购买假币或者利用职务上的便利，以假币换取货币的行为就构成犯罪。《最高人民检察院、公安部关于公安机关管辖的刑事案件立案追诉标准的规定（二）》[以下简称《立案追诉标准（二）》]第16条规定，银行或者其他金融机构的工作人员购买伪造的货币或者利用职务上的便利，以伪造的货币换取货币，总面额在2000元以上或者币量在200张（枚）以上的，应予立案追诉。

2. 本罪中犯罪数额的计算。

按照《最高人民法院关于审理伪造货币等案件具体应用法律若干问题

的解释》(以下简称《审理伪造货币案件解释》)第4条和《立案追诉标准(二)》第16条规定，金融工作人员购买假币、以假币换取货币罪的犯罪数额有两种计算方式：一种计算方式为货币的总面额，另一种计算方式为货币的币量。司法实践中，在计算犯罪数额时，只要有一种计算方式达到了本罪的入罪标准或者达到了上一个量刑幅度的标准，就应当对照适用相应的量刑幅度对行为人定罪处罚。

需要注意的是，无论是哪种计算方式，都不能重复计算。如果行为人购买假币后又利用职务上的便利，将购买的全部假币换取货币的，则犯罪数额就是该宗假币的总面额或者币量；如果行为人购买假币后又利用职务上的便利，将购买的部分假币换取货币的，则犯罪数额仍然是该宗假币的总面额或者币量。以上两种情形都不能将行为人购买的假币数量与换取货币的假币数量累计计算，否则就是重复计算。但是，如果行为人既有购买假币的行为，又有利用职务上的便利，将其他宗假币换取货币的行为，则犯罪数额就是行为人购买的假币数量与换取货币的假币数量之和，也就是说应当累计计算，因为这并不是同一宗假币。

3. 金融工作人员购买假币罪与购买假币罪的界限。

《刑法》第171条第1款规定了购买假币罪，第2款规定了金融工作人员购买假币罪，二者都是购买伪造的货币的行为，因此，二者属于刑法上的法条竞合关系。按照法条竞合"特别法优于一般法"的适用原则，如果银行或者其他金融机构的工作人员购买伪造的货币的，应当按照金融工作人员购买假币罪定罪处罚。

(三) 金融工作人员购买假币、以假币换取货币罪的刑事责任

依照《刑法》第171条第2款的规定，犯金融工作人员购买假币、以假币换取货币罪的，处三年以上十年以下有期徒刑，并处2万元以上20万元以下罚金；数额巨大或者有其他严重情节的，处十年以上有期徒刑或者无期徒刑，并处2万元以上20万元以下罚金或者没收财产；情节较轻的，处三年以下有期徒刑或者拘役，并处或者单处1万元以上10万元以下罚金。

按照《审理伪造货币案件解释》第4条和《立案追诉标准(二)》第16

条规定，第一个量刑幅度的适用范围是指行为人的犯罪数额为假币总面额在 4000 元以上不满 5 万元或者币量在 400 张（枚）以上不足 5000 张（枚）；第二个量刑幅度的适用范围是指行为人的犯罪数额为假币总面额在 5 万元以上或者币量在 5000 张（枚）以上或者有其他严重情节；第三个量刑幅度的适用范围是指行为人的犯罪数额为假币总面额在 2000 元以上不满 4000 元或者币量在 200 张（枚）以上不足 400 张（枚）或者具有其他情节较轻情形。司法实践中，其他情节较轻情形，一般是指犯罪数额不大、尚未造成假币通过银行或者其他金融机构流入社会等严重后果的情形。

四、持有、使用假币罪

第一百七十二条 明知是伪造的货币而持有、使用，数额较大的，处三年以下有期徒刑或者拘役，并处或者单处一万元以上十万元以下罚金；数额巨大的，处三年以上十年以下有期徒刑，并处二万元以上二十万元以下罚金；数额特别巨大的，处十年以上有期徒刑，并处五万元以上五十万元以下罚金或者没收财产。

（一）持有、使用假币罪的概念和构成要件

持有、使用假币罪，是指明知是伪造的货币而持有或者使用，数额较大的行为。

1979 年《刑法》没有规定此罪名。1994 年 9 月《最高人民法院关于办理伪造国家货币、贩运伪造的国家货币、走私伪造的货币犯罪案件具体应用法律的若干问题的解释》第 6 条规定了故意使用伪造货币的处罚：伪造国家货币、贩运伪造的国家货币或者走私伪造的货币后又在市场上使用该宗伪造的货币的，分别以伪造国家货币罪、贩运伪造的国家货币罪或者走私罪定罪，从重处罚。收取伪造的货币后，故意在市场上使用，数量较大构成犯罪的，以诈骗罪论处。1995 年 6 月《全国人民代表大会常务委员会关于惩治破坏金融秩序犯罪的决定》第 4 条增加规定了持有、使用假币罪。1997 年《刑法》吸收了《全国人民代表大会常务委员会关于惩治破坏金融秩序犯罪的决

定》的相关规定，并在第一档法定刑增加了"单处"罚金的规定。之后未有修改。

持有、使用假币罪的构成要件是：

1. 本罪侵犯的客体是国家对货币的管理秩序。

2. 本罪的客观方面表现为明知是伪造的货币而持有、使用，数额较大的行为。本罪客观方面表现为两种行为方式：一是持有假币；二是使用假币。行为人只要实施其中一种行为的，即可构成本罪。

所谓"持有"，是指行为人将伪造的货币实际置于自己的支配和控制之下的一种持续性状态的行为。如将假币随身携带或者存放在家中、山洞、草丛以及亲友等处保管。不论假币在何处，只要能证明该假币是行为人所有，即属行为人持有。对于其他涉假币犯罪中行为人对假币的持有，只有在无法证明假币的真实来源和去向时的持有伪造的货币行为，才属于本罪中的持有。

所谓"使用"，是指将伪造的货币投入流通领域，作为一种支付手段而购买商品或者接受服务等。如用假币购物、用假币到银行存款、用假币清偿债务、用伪造的外币在境内兑换人民币等。

3. 本罪的主体为一般主体，任何已满16周岁、具有刑事责任能力的自然人都可以成为本罪主体。

4. 本罪的主观方面表现为故意，即行为人对自己所持有、使用的货币是假币必须明知，否则不构成犯罪。

司法实践中，对于"明知"的认定，不能仅凭行为人的口供，而应根据案件的具体情况综合判定。例如，如果行为人具有拒绝开包检查，甚至反应过激，弃包逃跑等表现，即使行为人拒不承认知道所带巨款是假币，亦可据此综合推定其系"明知"。

（二）认定持有、使用假币罪应当注意的问题

1. 本罪与非罪的界限。

根据《刑法》第172条的规定，持有、使用假币罪为数额犯，数额较大的才构成犯罪。

按照2000年9月《最高人民法院关于审理伪造货币等案件具体应用法律若干问题的解释》(以下简称《审理伪造货币案件解释》)第5条规定，明知是假币而持有、使用，总面额在4000元以上不满5万元的，属于"数额较大"。按照《最高人民检察院、公安部关于公安机关管辖的刑事案件立案追诉标准的规定（二）》[以下简称《立案追诉标准（二）》]第17条规定，明知是伪造的货币而持有、使用，涉嫌下列情形之一的，应予立案追诉：（1）总面额在4000元以上或者币量在400张（枚）以上的；（2）总面额在2000元以上或者币量在200张（枚）以上，2年内因持有、使用假币受过行政处罚，又持有、使用假币的；（3）其他持有、使用假币应予追究刑事责任的情形。

根据2010年6月最高人民法院专门印发《关于在经济犯罪审判中参照适用〈最高人民检察院、公安部关于公安机关管辖的刑事案件立案追诉标准的规定（二）〉的通知》，就人民法院在审理经济犯罪案件中参照适用《立案追诉标准（二）》的有关问题通知如下：（1）最高人民法院对相关经济犯罪的定罪量刑标准没有规定的，人民法院在审理经济犯罪案件时，可以参照适用《立案追诉标准（二）》的规定。（2）各级人民法院在参照适用《立案追诉标准（二）》的过程中，如认为《立案追诉标准（二）》的有关规定不能适应案件审理需要的，要结合案件具体情况和本地实际，依法审慎稳妥处理好案件的法律适用和政策把握，争取更好的社会效果。

2.持有假币罪与其他涉假币犯罪的界限。

根据2001年1月《全国法院审理金融犯罪案件工作座谈会纪要》，明知是伪造的货币而持有，数额较大，根据现有证据不能认定行为人是为了进行其他假币犯罪的，以持有假币罪定罪处罚；如果有证据证明其持有的假币已构成其他假币犯罪的，应当以其他假币犯罪定罪处罚。实践中，行为人持有的假币，其来源有可能是误收，这种情况下数量不会很大。还有就是因为其他涉假币犯罪而持有，如走私、制造、购买、运输假币而持有，而这几种涉假币犯罪的法定刑都比持有假币罪的法定刑重。为了不使犯罪分子规避法律，逃避应有的惩罚，应当在侦查、起诉和审判环节，尽量设法查清涉案假币的真正来源。只有当确实无法获取有关证据的情况下，才能以持有假币罪定罪处罚。

3. 盗窃假币后持有行为的定性。

明知是假币而盗窃的，因假币没有价值和使用价值，不是财物，故不应以盗窃罪处罚，应当根据案件具体情况，以持有、使用、走私、出售、运输假币罪追究其刑事责任。不知是假币而盗窃，窃得假币数额较大的，应当以盗窃罪（未遂）追究刑事责任。这种情况的盗窃未遂，属于刑法理论上的对象不能犯的未遂，具体处罚时应依法从轻或者减轻处罚。

4. 使用假币罪与诈骗罪的界限。

明知自己持有的是假币仍然冒充真币使用的，这种行为本质上属于诈骗罪的一种方式，同时构成使用假币罪和诈骗罪，二者属于法条竞合的关系。根据现行刑法和法条竞合时"特别法优于一般法"的适用原则，这种情形不能再以诈骗罪论处，应当按照使用假币罪定罪处罚。

需要注意的是，按照2010年10月《最高人民法院关于审理伪造货币等案件具体应用法律若干问题的解释（二）》第5条规定，行为人以使用为目的，使用伪造的停止流通的货币的，不构成使用假币罪，而应当依照《刑法》第266条的规定，以诈骗罪定罪处罚。

（三）持有、使用假币罪的刑事责任

依照《刑法》第172条规定，犯持有、使用假币罪，数额较大的，处三年以下有期徒刑或者拘役，并处或者单处1万元以上10万元以下罚金；数额巨大的，处三年以上十年以下有期徒刑，并处2万元以上20万元以下罚金；数额特别巨大的，处十年以上有期徒刑，并处5万元以上50万元以下罚金或者没收财产。

按照《审理伪造货币案件解释》第5条规定，明知是假币而持有、使用，总面额在4000元以上不满5万元的，属于"数额较大"；总面额在5万元以上不满20万元的，属于"数额巨大"；总面额在20万元以上的，属于"数额特别巨大"。

对被告人单处罚金的，一般只能对初犯、偶犯或犯罪行为较轻的适用，并应保证罚金刑能够切实执行。

五、变造货币罪

第一百七十三条 变造货币，数额较大的，处三年以下有期徒刑或者拘役，并处或者单处一万元以上十万元以下罚金；数额巨大的，处三年以上十年以下有期徒刑，并处二万元以上二十万元以下罚金。

（一）变造货币罪的概念和构成要件

变造货币罪，是指以真货币为基础，采用剪贴、挖补、揭层、涂改、移位、重印等手段，改变真货币的形态、价值，数额较大的行为。

1951年4月政务院《妨害国家货币治罪暂行条例》第3条、第4条将以反革命为目的变造国家货币和意图营利变造国家货币规定为犯罪，并规定了不同的法定刑。由于考虑到"变造"一般数量很小，危害不大，1979年《刑法》没有规定此罪名，实践中遇有这种行为，应作为一般违法行为由有关部门予以处理。[①]1994年9月《最高人民法院关于办理伪造国家货币、贩运伪造的国家货币、走私伪造的货币犯罪案件具体应用法律的若干问题的解释》第1条第2款规定：对国家货币采用剪贴、挖补、揭层、涂改等方法加工处理，使国家货币改变形态、升值的变造国家货币行为，以伪造国家货币罪论处。1995年6月《全国人民代表大会常务委员会关于惩治破坏金融秩序犯罪的决定》第5条增加规定了变造货币罪。1997年《刑法》吸收了《全国人民代表大会常务委员会关于惩治破坏金融秩序犯罪的决定》的相关规定，并在第一档法定刑增加了"单处"罚金的规定。之后未有修改。

变造货币罪的构成要件是：

1.本罪侵犯的客体是国家对货币的管理秩序。犯罪对象是可以流通的真的货币，包括人民币和外币。

2.本罪客观方面表现为以真货币为基础，采用剪贴、挖补、揭层、涂改、移位、重印等手段，改变真货币的形态、价值，数额较大的行为。

---

① 参见高铭暄：《中华人民共和国刑法的孕育诞生和发展完善》，北京大学出版社2012年版，第105页。

剪贴变造又称拼凑变造，是指对真币进行裁剪后重新粘贴、通过增加货币张数实现增值的行为。挖补变造是指对票面局部图案或者材料挖走后采取一定的方式进行补全的变造行为。揭层变造主要是指对真币进行一定的处理之后一揭为二，再用白纸等方式进行粘贴的变造行为。涂改变造主要是指对同颜色、同图案、同票幅而面额不同的真币涂改其票面金额的变造行为。此外，实践中还存在涂改年号或者冠字号等的变造行为。移位变造是指将真币的关键性部位移至其他票面的变造行为，相当于挖补变造的反向行为。重印变造是对真币局部或者全部图案通过化学手段等进行脱胎换骨，其纸张质地以及水印、安全线等主要防伪特征都是真的，但金额以至图案却是假的。①另外，根据《最高人民法院研究室关于对外国残损、多形硬币进行加工修复是否属于"变造货币"问题的研究意见》，擅自对内芯和外圈分离的外国残损硬币进行拼装组合、加工修复的行为，可以认定为"变造货币"行为。

3. 本罪的主体为一般主体，任何已满16周岁、具有刑事责任能力的自然人都可以成为本罪主体。

4. 本罪的主观方面表现为故意，行为人通常具有非法牟利的目的。但变造货币并不以增加货币价值为必要条件。实践中，有的人出于好奇或者为显示自己的特殊技能、绘画技巧等，对货币进行挖补、涂改，但没有在市场上使用的，一般不作为犯罪处理。

（二）认定变造货币罪应当注意的问题

1. 本罪与非罪的界限。

按照2000年9月《最高人民法院关于审理伪造货币等案件具体应用法律若干问题的解释》（以下简称《审理伪造货币案件解释》）第6条规定，变造货币的总面额在2000元以上不满3万元的，属于"数额较大"。可以看出，最高人民法院关于变造货币罪的入罪标准只有总面额2000元以上这一个标准。根据《最高人民检察院、公安部关于公安机关管辖的刑事案件立案追诉标准的规定（二）》[以下简称《立案追诉标准（二）》]第18条规定，

---

① 参见刘为波：《〈关于审理伪造货币等案件具体应用法律若干问题的解释（二）〉的理解与适用》，载《人民司法》2010年第23期。

变造货币，涉嫌下列情形之一的，应予立案追诉：（1）总面额在2000元以上或者币量在200张（枚）以上的；（2）总面额在1000元以上或者币量在100张（枚）以上，2年内因变造货币受过行政处罚，又变造货币的；（3）其他变造货币应予追究刑事责任的情形。

2. 本罪与伪造货币罪的界限。

实践中，区分二者的关键就看行为人是否以真的货币为基础实施违法犯罪行为。如果是"无中生有"的行为，则属于伪造货币行为；如果是以真货币为基础，采用剪贴、挖补、揭层、涂改、移位、重印等手段，改变真货币的形态、价值的行为，则属于变造货币行为。

需要注意的是，根据2010年10月《最高人民法院关于审理伪造货币等案件具体应用法律若干问题的解释（二）》第2条规定，如果行为人同时采用伪造和变造手段，制造真伪拼凑货币的行为，依照《刑法》第170条的规定，以伪造货币罪定罪处罚。

（三）变造货币罪的刑事责任

依照《刑法》第173条规定，犯变造货币罪，数额较大的，处三年以下有期徒刑或者拘役，并处或者单处1万元以上10万元以下罚金；数额巨大的，处三年以上十年以下有期徒刑，并处2万元以上20万元以下罚金。

按照《审理伪造货币案件解释》第6条规定，变造货币的总面额在2000元以上不满3万元的，属于"数额较大"；总面额在3万元以上的，属于"数额巨大"。

考虑到本罪须在真币上进行挖补、揭层、涂改等变造行为，因此，一般数量不会很大，实践中也较易被识破。所以，本罪的刑罚明显轻于伪造货币罪。对于初犯、偶犯，犯罪情节较轻的，也可以单独适用罚金刑。

六、擅自设立金融机构罪

第一百七十四条第一款[①] 未经国家有关主管部门批准，擅自设立商业银行、证券交易所、期货交易所、证券公司、期货经纪公司、保险公司或者其他金融机构的，处三年以下有期徒刑或者拘役，并处或者单处二万元以上二十万元以下罚金；情节严重的，处三年以上十年以下有期徒刑，并处五万元以上五十万元以下罚金。

第三款 单位犯前两款罪的，对单位判处罚金，并对其直接负责的主管人员和其他直接责任人员，依照第一款的规定处罚。

（一）擅自设立金融机构罪的概念和构成要件

擅自设立金融机构罪，是指未经国家有关主管部门批准，擅自设立商业银行、证券交易所、期货交易所、证券公司、期货经纪公司、保险公司或者其他金融机构的行为。

1979年《刑法》没有规定此罪名。1995年6月《全国人民代表大会常务委员会关于惩治破坏金融秩序犯罪的决定》规定了本罪。1997年《刑法》沿用了《全国人民代表大会常务委员会关于惩治破坏金融秩序犯罪的决定》的相关规定。1999年12月《刑法修正案》第3条对此罪犯罪对象进行了修改，将"商业银行或者其他金融机构"进一步明确为"商业银行、证券交易所、期货交易所、证券公司、期货经纪公司、保险公司或者其他金融机构"；相应的，将"未经中国人民银行批准"修改为"未经国家有关主管部门批准"。之后未有修改。

擅自设立金融机构罪的构成要件是：

1.本罪侵犯的客体是国家对设立金融机构的管理秩序，犯罪对象是金融机构。

2.本罪客观方面表现为未经国务院银行保险监督管理机构或者国务院证券监督管理机构等国家有关主管部门批准，擅自设立商业银行、证券交易所、

---

① 本款经1999年12月25日《刑法修正案》第3条第1款修改。

期货交易所、证券公司、期货经纪公司、保险公司或者其他金融机构的行为。

所谓"未经批准",既包括行为人根本未向有权批准的国家有关主管部门依法提交申请书和相关资料;也包括虽然提交了申请书等必要资料,但国务院银行保险监督管理机构或者国务院证券监督管理机构等国家有关主管部门经审查认为不符合有关条件或者规定,未予批准;还包括没有批准权的单位违法"批准"设立金融机构,如市、县政府从地方利益出发,违法"批准"设立商业银行、证券交易所、期货交易所、证券公司、期货经纪公司、保险公司或者其他金融机构。

3. 本罪主体既可以是自然人,也可以是单位。

4. 本罪主观方面表现为故意,且一般都具有营利的目的。如果行为人依法申请,尚未获得批准,取得经营金融业务许可证之前,认为批准只是时间问题,即先挂牌营业,但最后获得批准,其擅自提前成立并经营金融业务的行为不宜按犯罪处理。相反,如果最后并未获得批准,而仍然进行经营的,则应当依法追究刑事责任。

(二)认定擅自设立金融机构罪应当注意的问题

1. 本罪与非罪的界限。

《最高人民检察院、公安部关于公安机关管辖的刑事案件立案追诉标准的规定(二)》第19条规定:"未经国家有关主管部门批准,擅自设立金融机构,涉嫌下列情形之一的,应予立案追诉:(一)擅自设立商业银行、证券交易所、期货交易所、证券公司、期货公司、保险公司或者其他金融机构的;(二)擅自设立金融机构筹备组织的。"

实践中,有的地方有个人或者多人合伙设立所谓钱庄,经营放贷、融资等货币业务,如果规模较大,数额巨大的,即属擅自设立金融机构,应按本罪处罚。但民间有的地方组织所谓"邀会"(有的又称"标会"),群众以几百元、几千元、上万元入会,以达到急需大宗货币时相帮相助的目的,虽属违法,应予取缔,但不宜按犯罪处理。如果达到很大规模,经制止而继续运转,危害大或者已造成严重后果的,对"会首"等组织者则应当依本罪或者根据其具体行为依法追究其刑事责任。对于一些在赌场放高利贷的所谓"大耳窿",有的虽亦有上万元甚至十几万元的借贷规模，但毕竟只涉及极少数人的行为，不会由此造成严重的危害金融秩序的后果，虽应取缔，但不宜按本罪处罚。

2. 一罪与数罪的界限。

实践中，行为人为了擅自设立金融机构，往往要伪造公文、证件、印章，会同时构成擅自设立金融机构罪和伪造国家机关公文、证件、印章罪或者伪造公司、企业、事业单位、人民团体印章罪。这种情况属于牵连犯罪，对此不能实行数罪并罚，而应当选择一重罪即擅自设立金融机构罪定罪处罚。

如果行为人擅自设立金融机构后，又利用擅自设立的金融机构进行非法吸收公众存款或者集资诈骗等犯罪活动，会同时构成擅自设立金融机构罪和其他犯罪。这种情况属于牵连犯罪，对此不能数罪并罚，应当在已构成的数罪中，择一重罪定罪处罚。2019年7月《最高人民法院、最高人民检察院、公安部、司法部关于办理非法放贷刑事案件若干问题的意见》第6条规定："为从事非法放贷活动，实施擅自设立金融机构、套取金融机构资金高利转贷、骗取贷款、非法吸收公众存款等行为，构成犯罪的，应当择一重罪处罚。"

（三）擅自设立金融机构罪的刑事责任

依照《刑法》第174条第1款规定，犯擅自设立金融机构罪的，处三年以下有期徒刑或者拘役，并处或者单处2万元以上20万元以下罚金；情节严重的，处三年以上十年以下有期徒刑，并处5万元以上50万元以下罚金。

依照该条第3款规定，单位犯擅自设立金融机构罪的，对单位判处罚金，并对其直接负责的主管人员和其他直接责任人员，依照第1款的规定处罚。

七、伪造、变造、转让金融机构经营许可证、批准文件罪

第一百七十四条第二款[①] 伪造、变造、转让商业银行、证券交易所、期货交易所、证券公司、期货经纪公司、保险公司或者其他金融机构的经营许可证或者批准文件的，依照前款的规定处罚。

---

① 本款经1999年12月25日《刑法修正案》第3条第2款修改。

第三款 单位犯前两款罪的，对单位判处罚金，并对其直接负责的主管人员和其他直接责任人员，依照第一款的规定处罚。

（一）伪造、变造、转让金融机构经营许可证、批准文件罪的概念和构成要件

伪造、变造、转让金融机构经营许可证、批准文件罪，是指伪造、变造、转让商业银行、证券交易所、期货交易所、证券公司、期货经纪公司、保险公司或者其他金融机构的经营许可证或者批准文件的行为。

伪造、变造、转让金融机构经营许可证、批准文件罪的构成要件是：

1. 本罪侵犯的客体是国家对金融机构经营许可证和批准文件的管理秩序。

2. 本罪的客观方面表现为伪造、变造、转让商业银行、证券交易所、期货交易所、证券公司、期货经纪公司、保险公司或者其他金融机构的经营许可证或者批准文件的行为。

所谓"伪造"，是指仿照商业银行、证券交易所、期货交易所、证券公司、期货经纪公司、保险公司或者其他金融机构的经营许可证或者批准文件的形状、特征、色彩、样式，非法制造假的金融机构经营许可证或者批准文件的行为。

所谓"变造"，是指在国家有权机关颁发的金融机构经营许可证或者批准文件上，采用涂改、挖补等手段，改变许可证或者批准文件上的经营业务范围、单位名称、批准日期、批准单位等的行为。

所谓"转让"，是指出于牟利或者其他目的，将国家有权机关颁发给自己拥有的金融机构经营许可证或者批准文件，通过出售、出租、出借、赠与等方式转送给其他机构或者个人使用的行为。

3. 本罪的主体既可以是自然人，也可以是单位。

4. 本罪主观方面表现为故意，过失不构成本罪。

（二）认定伪造、变造、转让金融机构经营许可证、批准文件罪应当注意的问题

1. 本罪与非罪的界限。

《最高人民检察院、公安部关于公安机关管辖的刑事案件立案追诉标准

的规定（二）》第 20 条规定："伪造、变造、转让商业银行、证券交易所、期货交易所、证券公司、期货公司、保险公司或者其他金融机构的经营许可证或者批准文件的，应予立案追诉。"

我国《商业银行法》第 81 条第 2 款规定："伪造、变造、转让商业银行经营许可证，构成犯罪的，依法追究刑事责任。"司法实践中，对于行为人伪造、变造、转让金融机构经营许可证或者批准文件的行为，如果情节显著轻微、危害不大的，可以由国家有关主管部门予以行政处罚。比如行为人不小心将国家有关主管部门制发的经营许可证或者批准文件丢失或者损坏，便伪造或者变造了同样的一份予以代替，这种行为不宜按犯罪处理。

2. 一罪与数罪的界限。

行为人伪造或者变造金融机构经营许可证、批准文件后，凭借伪造或者变造的经营许可证、批准文件又擅自设立金融机构的，虽然实施的是两个独立的行为，但由于只有一个目的，即擅自设立金融机构，伪造或者变造金融机构经营许可证、批准文件的行为只是实现其最终犯罪目的的手段，属于牵连犯罪。对此不应当数罪并罚，由于本罪与擅自设立金融机构罪的法定刑完全相同，司法实践中可以目的行为，即以擅自设立金融机构罪定罪处罚。

（三）伪造、变造、转让金融机构经营许可证、批准文件罪的刑事责任

依照《刑法》第 174 条第 1 款、第 2 款规定，犯伪造、变造、转让金融机构经营许可证、批准文件罪的，处三年以下有期徒刑或者拘役，并处或者单处 2 万元以上 20 万元以下罚金；情节严重的，处三年以上十年以下有期徒刑，并处 5 万元以上 50 万元以下罚金。

依照该条第 3 款规定，单位犯伪造、变造、转让金融机构经营许可证、批准文件罪的，对单位判处罚金，并对其直接负责的主管人员和其他直接责任人员，依照第 1 款的规定处罚。

"情节严重"是加重处罚情节。司法实践中，一般是指伪造、变造、转让多张金融机构经营许可证或者批准文件的；多次从事此类犯罪活动的；严重扰乱国家金融管理秩序的；给客户、经营单位造成重大经济损失等严重后果的；等等。

八、高利转贷罪

第一百七十五条 以转贷牟利为目的,套取金融机构信贷资金高利转贷他人,违法所得数额较大的,处三年以下有期徒刑或者拘役,并处违法所得一倍以上五倍以下罚金;数额巨大的,处三年以上七年以下有期徒刑,并处违法所得一倍以上五倍以下罚金。

单位犯前款罪的,对单位判处罚金,并对其直接负责的主管人员和其他直接责任人员,处三年以下有期徒刑或者拘役。

(一)高利转贷罪的概念和构成要件

高利转贷罪,是指以转贷牟利为目的,套取金融机构信贷资金高利转贷他人,违法所得数额较大的行为。1997年《刑法》增设了此罪名,之后未有修改。

高利转贷罪的构成要件是:

1.本罪侵犯的客体是国家的信贷资金管理秩序。

信贷资金,是指金融机构以信用方式积聚和分配的货币资金。金融机构信贷资金的来源有各项存款、金融债券、对国际金融机构负债、流通中现金、其他项目等;信贷资金的运用有各项贷款、有价证券及投资、黄金占款、外汇买卖、财政借款及在国际金融机构中的资产等。可以看出,信贷资金与信用贷款是两个不同的概念。信用贷款是指以借款人的信誉发放的贷款,借款人不需要提供担保。

2.本罪客观方面表现为套取金融机构信贷资金高利转贷他人,违法所得数额较大的行为。

所谓"套取",是指行为人在不符合贷款条件的前提下,以虚假的贷款理由或者贷款条件,向金融机构申请贷款,并且获取通过正常程序无法得到的贷款。

所谓"金融机构信贷资金",既包括金融机构的信用贷款,也包括金融机构的担保贷款。

所谓"高利转贷他人",是指行为人在取得信贷资金后,又以高于银行或者其他金融机构根据中国人民银行的利率规定而确定的同期贷款利率,再将取得的信贷资金转贷他人,从中谋取非法利益。具体高出原来金融机构贷款利率多少,不影响本罪的成立。

根据法律规定,高利转贷的行为,必须达到"数额较大"的标准,才构成犯罪。这里讲的"数额较大",是指将金融机构信贷资金以高利转贷他人后所获利息差额部分的违法所得数额较大。如果转贷利率与向金融机构套取的信贷资金利率差额不大,但转贷资金数额特别巨大的,其违法所得同样可以达到"数额较大",构成本罪。

3. 本罪的主体既包括自然人,也包括单位。

4. 本罪主观方面表现为故意,并且为直接故意,行为人具有转贷牟利的目的。

(二)认定高利转贷罪应当注意的问题

1. 本罪与非罪的界限。

根据《刑法》第175条规定,高利转贷行为只有违法所得数额较大的才构成犯罪。《最高人民检察院、公安部关于公安机关管辖的刑事案件立案追诉标准的规定(二)》第21条规定:"以转贷牟利为目的,套取金融机构信贷资金高利转贷他人,违法所得数额在50万元以上的,应予立案追诉。"

2. 构成本罪必须是以转贷牟利为目的。

实践中,行为人套取金融机构信贷资金高利转贷他人,必须具有转贷牟利的目的。例如,如果行为人确因与他人签订了一份购销合同,急需一笔资金,从银行贷得此款后,因对方违约,不能供货,行为人所贷资金闲置。由于贷款付息必然造成损失,恰好有一企业急需贷款而银行认为其不符合条件不予借贷。于是,行为人以高出银行贷款利息的利率,将原贷闲置资金高利转贷他人。这种行为,由于行为人贷款当时不具有套取信贷资金进行转贷牟利的目的,其高利转贷的行为不宜按本罪处理。又如,行为人从银行取得贷款后,上级主管机关要求其将取得的贷款转贷给本系统的其他企业,虽然转贷利率高出银行贷款的利率,但行为人不是为了牟利,而是奉上级指示,尽管确有违法所得,也不宜按本罪处理。

需要注意的是,有的行为人以转贷牟利为目的,套取金融机构信贷资金后,表面上将该部分资金用于生产经营,但将自有资金高利借贷他人,违法所得数额较大的,应当认定为本罪;行为人以转贷牟利为目的,套取金融机构信贷资金后,高利借贷给名义上有合资合作关系但实际上并不参与经营的企业,违法所得数额较大的,也应认定为本罪。

3. 本罪与骗取贷款罪的界限。

实践中,行为人"套取"信贷资金的手段包括虚构事实,编造理由如谎报借款用途,采取担保贷款或者信用贷款的方式,向金融机构贷出人民币或外汇等,此后又高利转贷的,构成高利转贷罪。如果行为人不能按期归还贷款,给银行或者其他金融机构造成重大损失或者有其他严重情节的,其套取信贷资金的行为还可能单独构成骗取贷款罪,二者为法条竞合关系,由于二者的犯罪构成标准不同,应当根据具体案情择一重罪处断。

(三)高利转贷罪的刑事责任

依照《刑法》第175条规定,犯高利转贷罪的,处三年以下有期徒刑或者拘役,并处违法所得1倍以上5倍以下罚金;数额巨大的,处三年以上七年以下有期徒刑,并处违法所得1倍以上5倍以下罚金。

单位犯高利转贷罪的,对单位判处罚金,并对其直接负责的主管人员和其他直接责任人员,处三年以下有期徒刑或者拘役。

九、骗取贷款、票据承兑、金融票证罪

第一百七十五条之一[①] 以欺骗手段取得银行或者其他金融机构贷款、票据承兑、信用证、保函等,给银行或者其他金融机构造成重大损失的,处三年以下有期徒刑或者拘役,并处或者单处罚金;给银行或者其他金融机构

[①] 本条由2006年6月29日《刑法修正案(六)》第10条增设,2020年12月26日《刑法修正案(十一)》第11条对本条第1款进行了修改。

造成特别重大损失或者有其他特别严重情节的，处三年以上七年以下有期徒刑，并处罚金。

单位犯前款罪的，对单位判处罚金，并对其直接负责的主管人员和其他直接责任人员，依照前款的规定处罚。

（一）骗取贷款、票据承兑、金融票证罪的概念和构成要件

骗取贷款、票据承兑、金融票证罪，是指以虚构事实或者隐瞒真相的欺骗手段，取得银行或者其他金融机构贷款、票据承兑、信用证、保函等，给银行或者其他金融机构造成重大损失或者有其他严重情节的行为。

以欺骗手段获取贷款、票据承兑、金融票证的行为，使金融产品的使用无法处于金融机构的正常监管之下，严重扰乱金融管理秩序，危及金融安全。因此，有必要予以刑法规制。本罪是《刑法修正案（六）》第10条增设的罪名，《刑法修正案（十一）》删去了"有其他严重情节"的入罪条件。

骗取贷款、票据承兑、金融票证罪的构成要件是：

1.本罪侵犯的客体是金融秩序和安全。

本罪的犯罪对象是银行或者其他金融机构的贷款、票据承兑、信用证、保函等金融信用凭证。"贷款"是指贷款人对借款人提供的并按约定的利率和期限还本付息的货币资金。"票据"是指出票人依票据法签发的，由自己或委托人于票据到期日或见票时无条件支付一定金额给收款人或持票人的一种有价证券，我国的票据包括汇票、本票、支票。"票据承兑"是指票据付款人承诺在汇票到期日支付汇票金额的票据行为，其目的在于使承兑人以票据载明的义务承担支付票据金额的义务。"信用证"是指开证银行根据申请开证人的请求或者自己主动向一方所签发的一种书面约定，如果受益人满足了该书面约定的各种条款，开证银行即向受益人支付该书面约定的款项的凭证。实际上，信用证就是开证行有条件的向受益人支付款项的书面凭证。"保函"是银行应委托人的请求，向受益人开立的一种书面担保凭证，银行作为担保人，对委托人的债务或义务，承担赔偿责任。本罪对信用证和保函有明示规定，这里的"等"应作等外解释，指的是与信用证、保函性质相同都属于信用形式的信用凭证，包括票据、存单、资信证明、银行结算凭证

等。换言之，凡是金融票据和凭证都可以成为本罪的对象。

2.客观方面表现为以欺骗手段取得银行或者其他金融机构贷款、票据承兑、信用证、保函等，给银行或者其他金融机构造成重大损失的行为。

所谓以欺骗手段，是指行为人在申请贷款、票据承兑或者信用证、保函等金融票证时，使用虚构事实、隐瞒真相的手段。比如谎报贷款用途，夸大偿付能力等。所谓给银行或者金融机构造成重大损失，主要是指导致一定数额的金融资金无法归还。具体详解如下：

（1）骗取贷款行为。骗取贷款主要是指通过编造引进资金、项目等虚假理由，利用银行的管理漏洞或者和银行内部工作人员相互勾结来获取贷款的行为。具体手段大致又分为：一是使用虚假的合同。如行为人使用虚假的贸易合同证明扩大生产能力的贷款需要，或者行为人使用虚假的进出口贸易合同向银行申请并开出信用证。二是使用虚假的证明文件。申请人为了获得贷款，可能通过提供虚假的证明材料来获得金融机构的信任。"证明文件"主要包括借款人身份、资信情况（注册资本、银行账户、盈利状况、财务报表等）、还贷能力、信用档案等方面的证明文件。三是使用虚假的产权证明作担保或者超出抵押物价值的重复担保。

（2）骗取票据承兑行为。骗取票据承兑主要是指通过虚假的贸易合同、虚假的税票等文件，欺骗银行开取承兑汇票的行为。行为人通过伪造种种经济合同和法律文件的行为，使银行在核票的过程中，产生错误的认识，并开具承兑汇票。按照现行银行承兑汇票有关规定，当出票人向银行申请承兑时，购销双方只是签订了购销合同，真正的商品交易还未发生，银行审查商品交易的主要依据是购销合同，一些企业借此相互串通签订假购销合同，以此来骗取银行对之承兑。部分银行分支机构为完成任务指标，不惜放低标准四处违规拉票或通过从"倒票"公司购买汇票等方法，通过回避签订银行承兑协议书、不提供担保或者提供虚假担保等行为，实现申请人骗取票据承兑的犯罪结果。

（3）骗取信用证行为。骗取信用证是指以虚构事实、隐瞒真相的方法欺骗银行，使其开具信用证的行为。虚构事实一般表现为以下形式：一是编造申请开立信用证的主体，如编造根本就不存在的公司等外贸企业；二是编造根本就不存在的买卖交易合同；三是虚构投资事实；四是编造申请开立信用证的资信担保等。隐瞒真相，一般是指隐瞒不具备开立信用证的条件，如隐瞒企业没有进出口权的真相、隐瞒企业履约能力较差、资信度低的真相等。

（4）骗取保函行为。骗取保函行为是指虚构事实、隐瞒真相来骗取银行或其他金融机构开具保函的行为。申请人在向银行或其他金融机构提交保函申请材料的时候，还要提交现时有效的营业执照、代码证、贷款卡、必要的经营许可文件以及其他有关资格文件。银行或其他金融机构要对保函申请人进行全面的调查与审查，其内容包括是否具备法人资格、是否具备签约条件、有无偿付能力、资金来源是否可靠、能否提供有效的反担保措施、提供的有关条约内容和条款是否符合国家政策法规、申请出保函的项目是否符合有关规定等。同时还要对申请人的财务状况、人员素质、管理水平、行业经验及经营业绩等进行审查，作出其资信状况和履约能力的综合评价，另外银行或其他金融机构也要对申请人基础合同是否严谨合理等进行审查。

（5）其他危害行为。一般认为本罪的欺诈行为发生在取得银行或其他金融机构准予的贷款或其他金融信用之前，但事实上也可能发生在骗取贷款、票据承兑、信用证、保函等金融信用之后。因为有些银行或其他金融机构的贷款会采用分期付给申请人的形式，或者是金融信用凭证有附加条件给予申请人的形式。在此过程中，会要求申请人持续地提供相关的资信证明、财务报表、资产负债表等证明文件。此时，申请人为了实现其犯罪目的和达到犯罪效果仍然会继续采用欺骗的手段来使银行或其他金融机构工作人员产生错误的认识从而满足申请人的骗贷意愿。[①]

（6）本罪的危害结果必须给银行或者其他金融机构造成重大损失。"给银行或者其他金融机构造成重大损失"是一个客观标准。

3.犯罪主体为一般主体，自然人和单位均可以成为本罪的主体。

4.主观方面表现为故意。

如果是自然人犯本罪的，则行为人不能具有非法占有金融资金的目的，或者说没有充分、确实的证据能够认定或者推定行为人具有上述目的；否则

[①] 张军主编：《刑法（分则）及配套规定新释新解》(上)(第9版)，人民法院出版社2016年版，第579页。

应视情形以贷款诈骗罪、金融诈骗犯罪论处。如果是单位犯本罪的，应当包括以具有非法占有为目的等情形。过失不构成本罪。

（二）认定骗取贷款、票据承兑、金融票证罪应当注意的问题

1. 划清罪与非罪的界限。

构成本罪，必须以"给银行或者其他金融机构造成重大损失"为条件。要注意把本罪与一般民事违法行为区别开来。有些借贷人在申请贷款时就有欺骗情节，在获得贷款后又长期拖欠不还，这种场合下，一定要结合是否已经"给银行或者其他金融机构造成重大损失"的标准予以判断。

2. 本罪与贷款诈骗罪的界限。

本罪与贷款诈骗罪从行为特征上看，虽然都采用了欺骗手段，但本罪的行为人主观上没有非法占有的目的。在司法实践中，认定是否具有非法占有的目的，应当坚持主客观相一致的原则，既要避免单纯根据损失结果客观归罪，也不能仅凭被告人自己的供述，而应当根据案件具体情况具体分析。如果能够证明行为人具有非法占有目的的，以贷款诈骗罪论处；如果不具有非法占有的目的或者该目的难以证明而又实施了虚假陈述的行为的情况，按骗取贷款、票据承兑、金融票证罪论处。

3. 本罪与高利转贷罪的界限。

两者侵犯的客体都是国家金融管理秩序，在行为过程中均存在虚假陈述，整体都属于金融欺诈。本罪主观上只有占用贷款的故意，而高利转贷罪则以转贷牟利为目的。

如果真实原因是其他原因，如银行实现了抵押权，但因银行工作人员在评估过程中对抵押价值严重高估，将本来50%的抵押率评估为80%，与被告隐瞒未向银行说明宅基地已出售，乙和丙出资联建并入住的事实没有因果关系。由此表明，本案被告人虽然具有欺骗手段行为，但并非致使银行遭受重大损失的真实原因，即未发生刑法上的因果关系，故其行为不构成骗取贷款罪。

4. 骗取贷款案件中的利息是否计入损失数额。

以甲骗取贷款案为例。被告人甲骗取银行贷款800万元，案发前还了

100万元。至案发,按照中国人民银行同期贷款利率计算甲某应当支付银行100万元利息。那么甲给银行造成的损失是700万元还是600万元?我们认为,在非法放贷案件中,计算损失时被害人获得的利息一般可以从本金中扣除。实际上这种计算方法,遗漏了按照中国人民银行同期利率计算的利息。如果被害人从银行取出存款交由非法吸收公众存款人,从民事角度计算经济损失,可以主张本金加按照同期银行存款利率计算的利息。但在非法放贷案件中,也有很多被害人的钱款不是从银行取出的,再者为了追求高额利润风险,故在计算损失时提前收取的利息可以从本金中扣除,不再考虑存款利息的问题。然而,骗取银行贷款与非法放贷主体不同。放贷是银行的本职工作,贷款利息应当计入经济损失。因此,100万元贷款利息不应抵扣本金,本案的经济损失应是700万元。

5. 与他人共谋骗取银行贷款过程中本人犯意转化为非法占有目的的行为定性。

如甲欲骗取银行贷款使用,与乙共谋由乙冒充甲编造虚假合同的相对人并提供账户。银行将贷款发放到乙的账户,乙取款后偿还个人债务。甲报案控告乙诈骗。对乙的行为如何定性?我们认为,甲乙属于骗取贷款的共同犯罪,但认定共同犯罪未必认定同一罪名。甲构成骗取贷款罪,乙在共同犯罪实施过程中,因发生了犯意转化,属于实行犯过限行为,其行为另构成贷款诈骗罪。贷款诈骗罪除了必须具有非法占有目的,手段行为可以与骗取贷款罪重合。本案中,对乙的行为无需认定骗取贷款罪和贷款诈骗罪两罪,仅以贷款诈骗罪论处即可。

6. 事后故意不归还贷款行为的定性。

对于行为人以非法占有为目的,以虚构事实、隐瞒真相的方式骗取银行或者其他金融机构贷款的行为,应以贷款诈骗罪认定,基本没有分歧。但是,对于行为人在获取贷款时并无非法占有目的,而在事后却因各种各样的原因产生了占有的目的和占有的行为,应如何定性,理论和实践中争议较大。

司法实践中,此类情况主要表现为:

(1) 以合法手段取得贷款后,再采取欺诈手段不归还贷款。这种情况往往是行为人通过合法的手段申请并获取银行或者其他金融机构的贷款后,在规定的归还日期到来之前,以经营亏损为由,采取转移或隐藏资金、携款潜逃等方式逃避归还贷款。有观点认为,事后故意虽然产生在取得贷款以后,但行为人仍具备"非法占有金融机构贷款"的主观目的。行为人客观行为方式符合《刑法》第193条第5项规定的"以其他方法诈骗贷款"的情况。因此,事后故意行为符合贷款诈骗罪的主客观构成要件,应以贷款诈骗罪处理。对此,《全国法院审理金融犯罪案件工作座谈会纪要》明确指出:对于合法取得贷款后,没有按规定的用途使用贷款,到期没有归还贷款的,不能以贷款诈骗罪定罪处罚;对于确有证据证明行为人不具有非法占有的目的,因为不具备贷款的条件而采取了欺骗手段获取贷款,案发时有能力履行还贷义务,或者案发时不能归还贷款是因为意志以外的原因,如经营不善、被骗、市场风险等,不应以贷款诈骗罪定罪处罚。

(2)以欺诈手段取得贷款后,先使用贷款再采取欺诈手段不归还贷款。这种情况主要是行为人在向银行或者其他金融机构申请并获取贷款时,虽然使用了一定的欺诈手段,但有证据证明行为人主观上并无非法占有目的,而只是想使用贷款,但在使用过程中,行为人萌发占有目的,以经营亏损为由,采取欺诈手段逃避归还贷款。有观点认为,如果行为人具有非法占有的目的,同时又采用了欺骗手段获取贷款且到期不归还的,则可以贷款诈骗罪论处。对于事后故意不归还贷款行为的定性,关键不在于行为人是合法取得贷款还是非法取得贷款,而主要在于查明行为人是否具有非法占有的目的,无论这种目的产生在贷款之前还是贷款之后,只要行为人具有非法占有的目的,均可构成贷款诈骗罪。而行为人如不具有非法占有的目的,即使以欺诈手段获取贷款,也不能构成贷款诈骗罪,而只能构成其他犯罪。[1]

7.内外勾结骗取使用贷款行为的定性。

如果金融机构的工作人员以转贷牟利为目的或者以其他使用为目的,与非金融机构工作人员内外勾结,以欺骗的手段套取银行或者其他金融机构贷款的,对金融机构工作人员应以挪用公款罪或者挪用资金罪论处,其《刑

---

[1] 刘宪权:《金融犯罪刑法学原理》,上海人民出版社2017年版,第462页。

法》依据和原理与上述骗取占有贷款案件相同。其中的非金融机构工作人员如果属于实际使用人的，且使用人与挪用人共谋，指使或者参与策划取得挪用款的，对非金融机构工作人员以挪用公款罪或者挪用资金罪的共犯论处。但是，如果在这类案件中，非金融机构工作人员在故意的产生和行为的具体实施中均起着主要作用。对相关行为实施者应以高利转贷罪或者骗取贷款、票据承兑、金融票证罪的共犯论处。这是因为，在这一情况中，非金融机构工作人员并非以非法占有为目的，而是通过将获取的贷款转手贷给其他单位或个人并收取高额利息，或者以欺骗手段在获取银行或者其他金融机构的贷款后加以滥用，完全符合《刑法》中关于高利转贷罪或骗取贷款、票据承兑、金融票证罪的构成要件，而金融机构工作人员与非金融机构工作人员虽然具有共同故意，但是，金融机构工作人员只是起配合或者帮助作用，因而从刑法原理上应当按照高利转贷罪或者骗取贷款、票据承兑、金融票证罪的共犯论处。①

（三）骗取贷款、票据承兑、金融票证罪的刑事责任

依照《刑法》第175条之一第1款规定，犯骗取贷款、票据承兑、金融票证罪的，处三年以下有期徒刑或者拘役，并处或者单处罚金；给银行或者其他金融机构造成特别重大损失或者有其他特别严重情节的，处三年以上七年以下有期徒刑，并处罚金。

依照《刑法》第175条之一第2款规定，单位犯本罪的，对单位判处罚金，并对其直接负责的主管人员和其他直接责任人员，依照前款的规定处罚。

值得注意的是，本罪的入罪条件已删去"有其他严重情节"的规定，但在第二档刑罚中保留了"有其他特别严重情节的"规定。这种立法体例在其他刑法条文规定中也是有的，如诈骗罪、贷款诈骗罪等。"其他特别严重情节"一般应当以"造成重大损失"为条件，但如果是使用欺骗手段特别严重或者涉及数额极其巨大，给国家金融安全造成特别重大风险的，也可以依法追究刑事责任。

---

① 刘宪权：《金融犯罪刑法学原理》，上海人民出版社2017年版，第461页。

十、非法吸收公众存款罪

第一百七十六条[①] 非法吸收公众存款或者变相吸收公众存款，扰乱金融秩序的，处三年以下有期徒刑或者拘役，并处或者单处罚金；数额巨大或者有其他严重情节的，处三年以上十年以下有期徒刑，并处罚金；数额特别巨大或者有其他特别严重情节的，处十年以上有期徒刑，并处罚金。

单位犯前款罪的，对单位判处罚金，并对其直接负责的主管人员和其他直接责任人员，依照前款的规定处罚。

有前两款行为，在提起公诉前积极退赃退赔，减少损害结果发生的，可以从轻或者减轻处罚。

（一）非法吸收公众存款罪的概念和构成要件

非法吸收公众存款罪，是指违反国家有关规定，非法吸收公众存款或者变相吸收公众存款，扰乱金融秩序的行为。

本罪是从《全国人民代表大会常务委员会关于惩治破坏金融秩序犯罪的决定》第7条的规定，吸收改为《刑法》的具体规定，并经《刑法修正案（十一）》修改。较之于1997年《刑法》规定，《刑法修正案（十一）》就本罪的法定刑和刑罚适用作了三个方面的修改：一是取消罚金刑的具体判罚数额标准，留给司法具体掌握；二是增加一档重刑量刑档，法定最高刑由十年刑期上调至十五年；三是增加从宽处罚规定，以此体现宽严相济刑事政策，最大程度追赃挽损。

非法吸收公众存款罪的构成要件是：

1.本罪侵犯的客体是国家金融管理秩序，主要表现为金融信贷秩序。

2.客观方面表现为违反国家金融管理法律规定，向社会公众吸收资金，扰乱金融秩序的行为。

根据2010年发布并于2022年修改的《最高人民法院关于审理非法集资

[①] 本条经2020年12月26日《刑法修正案（十一）》第12条修改。

刑事案件具体应用法律若干问题的解释》(以下简称《审理非法集资刑事案件解释》)第1条第1款的规定,非法吸收公众存款行为具有四个方面的特征,分别是:未经有关部门依法许可或者借用合法经营的形式吸收资金;通过网络、媒体、推介会、传单、手机信息等途径向社会公开宣传;承诺在一定期限内以货币、实物、股权等方式还本付息或者给付回报;向社会公众即社会不特定对象吸收资金。该四个特征可以简单概括为非法性、公开性、利诱性和社会性。

3. 犯罪主体包括自然人和单位。实践中发生较多的,是具有法人资格甚至有某种特殊背景的公司、企业进行的非法吸收公众存款的活动。

4. 主观方面只能由直接故意构成,并且具有非法牟利的目的。但行为人非法吸收公众存款的行为是否已获利,获利数额大小,甚至亏损,资不抵债,都不影响本罪的成立。

(二)认定非法吸收公众存款罪应当注意的问题

1. 注意本罪的入罪标准。

《刑法》第176条没有规定非法吸收公众存款罪构成犯罪的吸收公众存款数额的起点,但并非只要吸收了公众存款,即使只有几千元、几万元人民币,也要定罪处刑。依照《刑法》第176条第1款的规定,非法吸收公众存款,只有达到"扰乱金融秩序"程度的,才构成犯罪。因此,一些银行或者金融机构本身具有吸收存款的业务,为了完成吸收存款的指标数额,私下提高存款的利率,即使吸收了较大数额的公众存款,也不宜按犯罪处理。其违法吸收存款的行为,可依《商业银行法》等有关规定,予以行政处罚。

《审理非法集资刑事案件解释》采取"数额+情节"方式规定了非法吸收公众存款罪的定罪标准,分别是:非法吸收或者变相吸收公众存款数额在100万元以上的;非法吸收或者变相吸收公众存款对象150人以上的;非法吸收或者变相吸收公众存款,给存款人造成直接经济损失数额在50万元以上的。非法吸收或者变相吸收公众存款数额在50万元以上或者给存款人造成直接经济损失数额在25万元以上,同时具有下列情节之一的,应当依法追究刑事责任:曾因非法集资受过刑事追究的;2年内曾因非法集资受过行政处罚的；造成恶劣社会影响或者其他严重后果的。

2. 正确把握非法吸收公众存款与内部集资的区分界限。

《审理非法集资刑事案件解释》第1条第2款规定："未向社会公开宣传，在亲友或者单位内部针对特定对象吸收资金的，不属于非法吸收或者变相吸收公众存款。"该款规定明确了非法吸收公众存款与内部集资的区分界限，在一定意义上也是非法吸收公众存款罪的公开性和社会性两个特征的逻辑展开和具体说明。在具体适用解释本款规定时，需注意以下问题：（1）关于"亲友"的理解。亲友只是特定对象的具体化，实践中判断是否亲友，关键在于对象是否特定，比如，亲友的亲友通常就不宜认定为亲友。（2）关于"单位内部"的理解。关键在于把握两点：一是集资对象限于单位内部职工；二是集资资金用于单位内部活动。

（三）非法吸收公众存款罪的刑事责任

依照《刑法》第176条第1款规定，非法吸收公众存款或者变相吸收公众存款，扰乱金融秩序的，处三年以下有期徒刑或者拘役，并处或者单处罚金；数额巨大或者有其他严重情节的，处三年以上十年以下有期徒刑，并处罚金；数额特别巨大或者有其他特别严重情节的，处十年以上有期徒刑，并处罚金。

依照本条第2款规定，单位犯本罪的，对单位判处罚金，并对其直接负责的主管人员和其他直接责任人员，依照前款的规定处罚。

依照本条第3款规定，有前两款行为，在提起公诉前积极退赃退赔，减少损害结果发生的，可以从轻或者减轻处罚。

司法机关在适用本条规定决定处罚时，应当注意以下问题：

1. 加重情节认定标准。根据《审理非法集资刑事案件解释》的规定，具有下列情形之一的，应当认定为"数额巨大或者有其他严重情节"：非法吸收或者变相吸收公众存款数额在500万元以上；非法吸收或者变相吸收公众存款对象500人以上；非法吸收或者变相吸收公众存款，给存款人造成直接经济损失数额在250万元以上。非法吸收或者变相吸收公众存款数额在250万元以上或者给存款人造成直接经济损失数额在150万元以上，同时具有本解释第3条第2款第3项情节的,应当认定为"其他严重情节"。具有下列情形之一的,应当认定为《刑法修正案(十一)》增加规定的"数额特别巨大或者有其他特别严重情节":非法吸收或者变相吸收公众存款数额在5000万元以上的;非法吸收或者变相吸收公众存款对象5000人以上的;非法吸收或者变相吸收公众存款,给存款人造成直接经济损失数额在2500万元以上的。非法吸收或者变相吸收公众存款数额在2500万元以上或者给存款人造成直接经济损失数额在1500万元以上,同时具有本解释第3条第2款第3项情节的,应当认定为"其他特别严重情节"。

2. 数额认定。根据《审理非法集资刑事案件解释》的规定,非法吸收或者变相吸收公众存款的数额,以行为人所吸收的资金全额计算。根据2019年《最高人民法院、最高人民检察院、公安部关于办理非法集资刑事案件若干问题的意见》第5条的规定,集资参与人收回本金或者获得回报后又重复投资的数额不予扣除,但可以作为量刑情节酌情考虑。此外,实践中还需注意,吸收公众存款的数额应为实际吸收的金额,约定的利息不应计入犯罪数额。

3. 罚金刑判罚标准。根据《审理非法集资刑事案件解释》的规定,犯非法吸收公众存款罪,判处三年以下有期徒刑或者拘役,并处或者单处罚金的,处5万元以上100万元以下罚金;判处三年以上十年以下有期徒刑的,并处10万元以上500万元以下罚金;判处十年以上有期徒刑的,并处50万元以上罚金。

4. 单位犯罪定罪处罚标准。根据《审理非法集资刑事案件解释》的规定,单位实施非法吸收公众存款犯罪,依照解释规定的相应自然人犯罪的定罪量刑标准,对单位判处罚金,并对其直接负责的主管人员和其他直接责任人员定罪处罚。

5. 宽严相济刑事政策把握。根据《刑法》和《审理非法集资刑事案件解释》的规定,非法吸收或者变相吸收公众存款,在提起公诉前积极退赃退赔,减少损害结果发生的,可以从轻或者减轻处罚;在提起公诉后退赃退赔的,可以作为量刑情节酌情考虑。非法吸收或者变相吸收公众存款,主要用于正常的生产经营活动,能够在提起公诉前清退所吸收资金,可以免予刑事处罚；情节显著轻微危害不大的，不作为犯罪处理。对依法不需要追究刑事责任或者免予刑事处罚的，应当依法将案件移送有关行政机关。

十一、伪造、变造金融票证罪

第一百七十七条 有下列情形之一，伪造、变造金融票证的，处五年以下有期徒刑或者拘役，并处或者单处二万元以上二十万元以下罚金；情节严重的，处五年以上十年以下有期徒刑，并处五万元以上五十万元以下罚金；情节特别严重的，处十年以上有期徒刑或者无期徒刑，并处五万元以上五十万元以下罚金或者没收财产：

（一）伪造、变造汇票、本票、支票的；

（二）伪造、变造委托收款凭证、汇款凭证、银行存单等其他银行结算凭证的；

（三）伪造、变造信用证或者附随的单据、文件的；

（四）伪造信用卡的。

单位犯前款罪的，对单位判处罚金，并对其直接负责的主管人员和其他直接责任人员，依照前款的规定处罚。

（一）伪造、变造金融票证罪的概念和构成要件

伪造、变造金融票证罪，是指行为人以各种方法，非法制造假汇票、本票、支票、信用证、信用证附随的单据、文件、信用卡，以及委托收款凭证、汇款凭证、银行存单等其他银行结算凭证，冒充真金融凭证，或者以真金融凭证为基础，以涂改、挖补等方法，改变其形态、内容，冒充真实、有效金融凭证的行为。

1979年《刑法》没有规定此罪名，但在第123条规定了伪造有价证券罪，犯罪对象包括支票、股票或者其他有价证券，对于伪造、变造其他金融票证的行为没有规定为犯罪。1995年6月《全国人民代表大会常务委员会关于惩治破坏金融秩序犯罪的决定》第11条增加规定了伪造、变造金融票证罪。1997年《刑法》吸收了《全国人民代表大会常务委员会关于惩治破坏金

融秩序犯罪的决定》的相关规定，并在第一档法定刑增加了"单处"罚金的规定，在第三档法定刑没收财产规定之前增加了"并处五万元以上五十万元以下罚金"的规定。之后未有修改。

伪造、变造金融票证罪的构成要件是：

1.本罪侵犯的客体是国家对金融票证的管理秩序。犯罪对象包括汇票、本票、支票，委托收款凭证、汇款凭证、银行存单等其他银行结算凭证，信用证或者附随的单据、文件，信用卡。

2.本罪客观方面表现为行为人违反金融票据管理法规，仿照金融票据的式样、形状、色彩、文字等要素制作假的金融票据或者对真实的金融票据进行改制的行为。具体包括四种行为：（1）伪造、变造汇票、本票、支票的。（2）伪造、变造委托收款凭证、汇款凭证、银行存单等其他银行结算凭证的。（3）伪造、变造信用证或者附随的单据、文件的。（4）伪造信用卡的。

按照法律规定，行为人只要实施了上述四种行为中的一种行为，就构成本罪；实施了两种以上行为的，仍构成本罪，不实行数罪并罚。

3.本罪的主体既包括自然人，也包括单位。

4.本罪主观方面表现为故意，行为人通常具有牟取非法利益的目的。

（二）认定伪造、变造金融票证罪应当注意的问题

1.本罪与非罪的界限。

《最高人民检察院、公安部关于公安机关管辖的刑事案件立案追诉标准的规定（二）》第24条规定："伪造、变造金融票证，涉嫌下列情形之一的，应予立案追诉：（一）伪造、变造汇票、本票、支票，或者伪造、变造委托收款凭证、汇款凭证、银行存单等其他银行结算凭证，或者伪造、变造信用证或者附随的单据、文件，总面额在一万元以上或者数量在十张以上的；（二）伪造信用卡一张以上，或者伪造空白信用卡十张以上的。"

2.此罪与彼罪的界限。

行为人盗窃了印鉴不全或者尚未签名的金融凭证，又伪造印鉴、签名后使用，其行为分别触犯了本罪、盗窃罪和票据诈骗罪或者普通诈骗罪，应当以具体行为可能判处的刑罚较重的一个罪定罪处罚。如果是国家工作人员利

用职务上的便利，在使用金融票证的过程中，采用伪造、变造的手法多报冒领，抵账侵吞单位财物的，则应当以贪污罪定罪处罚。

3. 变造信用卡行为的处理。

依据《银行卡业务管理办法》第 61 条规定，任何单位和个人伪造、变造银行卡的，根据《刑法》及相关法规进行处理。《刑法》第 177 条第 1 款第 4 项仅规定了伪造信用卡的行为构成伪造金融票证罪，但对于变造信用卡的行为，能否认定为变造金融票证罪呢？全国人大常委会法工委在起草《刑法修正案（五）》时，曾对变造信用卡行为作出过解释：在立法调研时了解到，所谓的"变造"形式多样，有的是在过期卡、作废卡、盗窃卡、丢失卡等各种信息完整的真实信用卡上修改关键要素，如重新压印卡号、有效期和姓名，甚至对信用卡磁条重新写磁；有的是对非法获取的发卡银行的空白信用卡进行凸印、写磁，制成信用卡。立法机关经过研究后认为，这种所谓的"变造"，除只保留有信用卡的外形以外，其信用卡的内容与银行发行的真实信用卡都已经有很大不同，其实质就是一张伪造的信用卡，应当按伪造信用卡定性。[1] 因此，根据立法机关的解释，对于行为人变造信用卡的上述行为，其实质就是伪造信用卡的行为，应当按照伪造金融票证罪定罪处罚。

（三）伪造、变造金融票证罪的刑事责任

依照《刑法》第 177 条第 1 款规定，犯伪造、变造金融票证罪的，处五年以下有期徒刑或者拘役，并处或者单处 2 万元以上 20 万元以下罚金；情节严重的，处五年以上十年以下有期徒刑，并处 5 万元以上 50 万元以下罚金；情节特别严重的，处十年以上有期徒刑或者无期徒刑，并处 5 万元以上 50 万元以下罚金或者没收财产。

依照《刑法》第 177 条第 2 款规定，单位犯伪造、变造金融票证罪的，对单位判处罚金，并对其直接负责的主管人员和其他直接责任人员，依照前款的规定处罚。

本罪有四种行为方式、三个量刑幅度，目前司法解释仅对伪造信用卡

---

[1] 参见黄太云：《〈刑法修正案（五）〉的理解与适用》，载《人民检察》2005 年第 6 期。

的行为方式规定了定罪量刑的具体标准，其他三种行为方式仅有立案追诉标准，还没有"情节严重"和"情节特别严重"的具体标准。

2018年11月《最高人民法院、最高人民检察院关于办理妨害信用卡管理刑事案件具体应用法律若干问题的解释》第1条规定，复制他人信用卡、将他人信用卡信息资料写入磁条介质、芯片或者以其他方法伪造信用卡1张以上的，应当认定为《刑法》第177条第1款第4项规定的"伪造信用卡"，以伪造金融票证罪定罪处罚。伪造空白信用卡10张以上的，应当认定为《刑法》第177条第1款第4项规定的"伪造信用卡"，以伪造金融票证罪定罪处罚。

伪造信用卡，有下列情形之一的，应当认定为《刑法》第177条规定的"情节严重"：（1）伪造信用卡5张以上不满25张的；（2）伪造的信用卡内存款余额、透支额度单独或者合计数额在20万元以上不满100万元的；（3）伪造空白信用卡50张以上不满250张的；（4）其他情节严重的情形。

伪造信用卡，有下列情形之一的，应当认定为《刑法》第177条规定的"情节特别严重"：（1）伪造信用卡25张以上的；（2）伪造的信用卡内存款余额、透支额度单独或者合计数额在100万元以上的；（3）伪造空白信用卡250张以上的；（4）其他情节特别严重的情形。

本条所称"信用卡内存款余额、透支额度"，以信用卡被伪造后发卡行记录的最高存款余额、可透支额度计算。

该解释第13条规定，单位实施本解释规定的行为，适用本解释规定的相应自然人犯罪的定罪量刑标准。

十二、妨害信用卡管理罪[①]

第一百七十七条之一[②] **第一款** 有下列情形之一,妨害信用卡管理的,处三年以下有期徒刑或者拘役,并处或者单处一万元以上十万元以下罚金;数量巨大或者有其他严重情节的,处三年以上十年以下有期徒刑,并处二万元以上二十万元以下罚金:

(一)明知是伪造的信用卡而持有、运输的,或者明知是伪造的空白信用卡而持有、运输,数量较大的;

(二)非法持有他人信用卡,数量较大的;

(三)使用虚假的身份证明骗领信用卡的;

(四)出售、购买、为他人提供伪造的信用卡或者以虚假的身份证明骗领的信用卡的。

(一)妨害信用卡管理罪的概念和构成要件

妨害信用卡管理罪,是指持有、运输伪造的信用卡或者数量较大的伪造的空白信用卡,非法持有数量较大的他人的信用卡,使用虚假的身份证明骗领信用卡,或者出售、购买、为他人提供伪造的信用卡或者以虚假的身份证明骗领信用卡的行为。

本罪是《刑法修正案(五)》第1条增设的罪名。1997年《刑法》规定了两个有关信用卡犯罪的罪名,一是第177条规定的伪造、变造金融票证罪,其中规定了伪造信用卡的行为;二是信用卡诈骗罪。但从近些年的实践情况看,这两个罪名已不能完全适应打击和防范信用卡犯罪的客观需要,故《刑法修正案(五)》增设了本罪。

妨害信用卡管理罪的构成要件是:

1.本罪侵犯的客体是信用卡管理秩序。本罪的犯罪对象是信用卡。

[①] 参考案例:石某和妨害信用卡管理案,福州铁路运输法院(2019)闽8601刑初18号。

[②] 本条由2005年2月28日《刑法修正案(五)》第1条增设。

1997年《刑法》第177条规定了伪造、变造金融票证罪，其中对伪造信用卡的犯罪作了专门规定。近年来，伴随着经济的快速发展，信用卡在我国的应用日益普及，伪造信用卡的犯罪活动也出现了一些新的情况，呈现出专业化、集团化甚至境内外相互勾结等特点。从窃取、非法提供他人信用卡信息资料开始，到制作假卡，再到运输、销售伪造的信用卡或者使用伪造的信用卡进行诈骗等各个环节，往往都有专人负责。虽然这些具体的犯罪行为本质上都属于伪造信用卡和使用伪造的信用卡进行诈骗的犯罪，但由于在各个犯罪环节上表现的形式不同，在具体适用《刑法》时存在一定困难。[①] 例如，非法持有伪造的信用卡的行为，这类行为往往是伪造金融票证罪的后续行为（行为人自行伪造信用卡后又非法持有）或者共犯行为（行为人帮助信用卡伪造者非法保管），或者是信用卡诈骗罪的预备行为，但是由于很难查证伪造信用卡的来源，很难查证伪造的信用卡确实是其本人准备用来行骗，因此，也就很难以相关罪名追究行为人的刑事责任。又如，近年来，出现了一种新型的国际信用卡犯罪。表现为国际信用卡犯罪集团首先在他国与资信状况不良者串通，帮助其领取信用卡后予以收买，然后将大量信用卡携带至我国境内消费或者取现。当持卡人收到月度账单时，以未出境为由，向发卡银行否认境外交易，将损失转嫁到外国发卡行和我国收单行。这种行为本是一种信用卡诈骗犯罪，但是，由于涉及跨国取证，通常很难收集到行为人与持卡人相互串通的证据，难以对行为人进行刑事追诉。有鉴于此，为严密法网，有效打击和防范信用卡犯罪，以维护信用卡管理的正常秩序，保护银行等金融机构、信用卡特约商户和社会公众的合法权益，《刑法修正案（五）》增设了本罪，并对信用卡诈骗罪的构成条件作了必要修正。

2.客观方面表现为以下四种妨害信用卡管理秩序的行为：

（1）持有、运输伪造的信用卡的，或者持有、运输伪造的空白信用卡，数量较大的。具体又分为两种情形：一是持有、运输伪造的信用卡，此种情形下构成犯罪原则上并无数量要求；二是持有、运输伪造的空白信用卡，要

[①] 胡康生：《关于〈中华人民共和国刑法修正案（五）〉的说明——2004年10月22日在第十届全国人民代表大会常务委员会第十二次会议上》，载黄太云：《立法解读：刑法修正案及刑法立法解释》，人民法院出版社2006年版，第97~98页。

求行为人所持有、运输的伪造的空白信用卡达到"数量较大"的标准。"伪造"的信用卡,不仅包括利用相应材料和技术手段仿造真信用卡制作的假信用卡,也包括在过期的、作废的、盗来的、捡来的等各种信息完整的真实信用卡上修改关键要素,如重新压印卡号、有效期和姓名,甚至对信用卡磁条重新写磁;或者是对非法获取的发卡银行的空白信用卡进行凸印、写磁,制成的假信用卡。①

(2)非法持有他人信用卡,数量较大的。所谓数量较大,是指非法持有他人信用卡的数量较大,而不是信用卡内的授信额度数额较大。

(3)使用虚假的身份证明骗领信用卡的。按照《最高人民法院、最高人民检察院关于办理妨害信用卡管理刑事案件具体应用法律若干问题的解释》(以下简称《办理妨害信用卡管理刑事案件解释》)第2条的规定,所谓身份证明,是指居民身份证、军官证、士兵证、港澳居民往来内地通行证、台湾居民来往大陆通行证、护照等用以证明信用卡申领人真实身份的文件、资料。违背他人意愿,使用他人身份证明申领信用卡的,或者使用伪造、变造的身份证明申领信用卡的,应当认定为"使用虚假的身份证明骗领信用卡"。需要注意的是,立法只是将"使用虚假的身份证明"骗领信用卡的行为入罪,因为这种方式表明行为人多有进行信用卡诈骗的故意;如果行为人在申领信用卡时提供的身份证明真实,只是在工资收入、财产状况等方面作了不实申报、提供了虚假证明的(通常是为了获取较高授信额度),则不能以犯罪论处。

(4)出售、购买、为他人提供伪造的信用卡或者以虚假的身份证明骗领的信用卡的。具有以上四种行为之一,同时符合其他条件的,即可构成本罪;实施两种以上行为的,仍只构成一罪,不实行并罚。

3.犯罪主体为一般主体,包括自然人和单位。

4.主观方面出于故意。

对于持有、运输伪造的信用卡包括伪造的空白信用卡的行为,立法特别提示必须以行为人"明知"为前提。如果确实不知道所持有、运输的是伪造

---

① 黄太云:《立法解读:刑法修正案及刑法立法解释》,人民法院出版社2006年版,第88页。

的信用卡的，不能以犯罪论处。明知，包括确切知道和知道有可能。是否明知，不能仅以行为人的辩解为据；即使行为人否认，但根据其他相关证据足以推定其应当知道的，仍可认定其明知。对于其他几种行为立法虽未特别强调"明知"，但根据《刑法》总则关于犯罪故意的规定，仍应以行为人"明知"为构成犯罪的条件。从犯罪动机和目的看，多是为了牟利，但这并非本罪的构成要件。

（二）认定妨害信用卡管理罪应当注意的问题

1. 划清罪与非罪的界限。

应当从主客观两方面把握罪与非罪的界限。（1）从客观方面看，持有、运输伪造的空白信用卡，或者非法持有他人的信用卡，数量未达到"较大"标准的，不能以犯罪论处。按照《办理妨害信用卡管理刑事案件解释》第2条的规定，明知是伪造的空白信用卡而持有、运输10张以上不满100张的，应当认定为"数量较大"；非法持有他人信用卡5张以上不满50张的，应当认定为"数量较大"。因此，未达上述标准的，可不以犯罪论处。对于持有、运输伪造的信用卡，或者使用虚假的身份证明骗领信用卡，或者出售、购买、为他人提供伪造的信用卡或者以虚假的身份证明骗领信用卡的行为，《刑法》第177条之一虽未设定数量标准，但结合《刑法》总则第13条的规定，如果是初次实施此类行为，数量不大，情节显著轻微的，也不宜作为犯罪处理，而可交由有关部门给予行政处罚或者批评教育。（2）从主观方面看，如果行为人欠缺相应的犯罪故意，例如，确实不知道是伪造的信用卡而持有、运输、购买的，或者因为疏忽而在申领信用卡时过失提供了他人的身份证明的，不能以犯罪论处。

2. 根据《办理妨害信用卡管理刑事案件解释》第4条的规定，为信用卡申请人制作、提供虚假的财产状况、收入、职务等资信证明材料，涉及伪造、变造、买卖国家机关公文、证件、印章，或者涉及伪造公司、企业、事业单位、人民团体印章，应当追究刑事责任的，依照《刑法》第280条的规定，分别以伪造、变造、买卖国家机关公文、证件、印章罪和伪造公司、企业、事业单位、人民团体印章罪定罪处罚。承担资产评估、验资、验证、会计、审计、法律服务等职责的中介组织或其人员，为信用卡申请人提供虚假的财产状况、收入、职务等资信证明材料，应当追究刑事责任的，依照《刑法》第 229 条的规定，分别以提供虚假证明文件罪和出具证明文件重大失实罪定罪处罚。

3. 划清本罪与伪造金融票证罪的界限。

《办理妨害信用卡管理刑事案件解释》第 1 条规定，复制他人信用卡、将他人信用卡信息资料写入磁条介质、芯片或者以其他方法伪造信用卡 1 张以上的，以及伪造空白信用卡 10 张以上的，均应认定为《刑法》第 177 条第 1 款第 4 项规定的"伪造信用卡"，以伪造金融票证罪定罪处罚。妨害信用管理罪实质是伪造信用卡犯罪和信用卡诈骗犯罪的中间环节；立法规定本罪，主旨在于更加有效地打击和防范信用卡诈骗犯罪。如果能够证实行为人所持有、运输、出售、为他人提供的伪造的信用卡是行为人自行或者伙同他人伪造的，则其行为属于伪造金融票证罪和妨害信用卡管理罪的牵连犯或者吸收犯，应以伪造金融票证罪论处。

（三）妨害信用卡管理罪的刑事责任

依照《刑法》第 177 条之一第 1 款规定，犯妨害信用卡管理罪的，处三年以下有期徒刑或者拘役，并处或者单处 1 万元以上 10 万元以下罚金；数量巨大或者有其他严重情节的，处三年以上十年以下有期徒刑，并处 2 万元以上 20 万元以下罚金。

应当注意的是，"数量巨大"是本罪的加重处罚情节。根据《办理妨害信用卡管理刑事案件解释》的规定，有下列情形之一的，应当认定为"数量巨大"：（1）明知是伪造的信用卡而持有、运输 10 张以上的；（2）明知是伪造的空白信用卡而持有、运输 100 张以上的；（3）非法持有他人信用卡 50 张以上的；（4）使用虚假的身份证明骗领信用卡 10 张以上的；（5）出售、购买、为他人提供伪造的信用卡或者以虚假的身份证明骗领的信用卡 10 张以上的。

单位犯妨害信用卡管理罪的，适用司法解释规定的相应自然人犯罪的定罪量刑标准。

十三、窃取、收买、非法提供信用卡信息罪

第一百七十七条之一[①] 有下列情形之一,妨害信用卡管理的,处三年以下有期徒刑或者拘役,并处或者单处一万元以上十万元以下罚金;数量巨大或者有其他严重情节的,处三年以上十年以下有期徒刑,并处二万元以上二十万元以下罚金:

(一)明知是伪造的信用卡而持有、运输的,或者明知是伪造的空白信用卡而持有、运输,数量较大的;

(二)非法持有他人信用卡,数量较大的;

(三)使用虚假的身份证明骗领信用卡的;

(四)出售、购买、为他人提供伪造的信用卡或者以虚假的身份证明骗领的信用卡的。

窃取、收买或者非法提供他人信用卡信息资料的,依照前款规定处罚。

银行或者其他金融机构的工作人员利用职务上的便利,犯第二款罪的,从重处罚。

(一)窃取、收买、非法提供信用卡信息罪的概念和构成要件

窃取、收买、非法提供信用卡信息罪,是指窃取、收买或者非法提供他人信用卡信息资料的行为。

1997年《刑法》没有规定此罪名。2005年2月28日《刑法修正案(五)》第1条增加规定了窃取、收买、非法提供信用卡信息罪,之后未有修改。

窃取、收买、非法提供信用卡信息罪的构成要件是:

1. 本罪侵犯的客体是国家对信用卡信息资料的管理秩序。

犯罪对象是信用卡信息资料。所谓信用卡信息资料,是指由发卡银行在发卡时使用专用设备写入信用卡的磁条中的一组关于发卡行代码、持卡人账

[①] 本条由2005年2月28日《刑法修正案(五)》第1条增设。

户、账号、密码等内容的加密电子数据，作为 POS 机、ATM 机等终端机识别用户是否合法的依据。没有这些信息，信用卡将无法使用。窃取、收买、非法提供信息卡信息资料的行为，实质上是伪造金融票证罪、信用卡诈骗罪的预备行为。立法将其规定为独立犯罪，目的是更有效地惩治和防范信用卡诈骗犯罪活动。

2. 本罪客观方面表现为窃取、收买或者非法提供他人信用卡信息资料。

这里的"窃取"，应作广义理解，即不仅包括采用偷窥等方式，在持卡人不知情的情况下秘密获取；也包括采用蒙蔽手段，让持卡人"自愿"透露有关信息资料。例如，在 ATM 机上安装吞卡装置，同时张贴假的客户求助电话，当客户信用卡被吞，拨打"求助"电话时，诱骗其说出有关信息资料。又如，通过群发手机短信"提示"持卡人曾在异地消费，要求核实，当持卡人回电质疑时，便设法套其说出信用卡账号、密码等信息资料。

3. 本罪的主体为一般主体。

4. 本罪主观方面表现为故意。

（二）认定窃取、收买、非法提供信用卡信息罪应当注意的问题

1. 本罪与非罪的界限。

本罪的犯罪对象是信用卡信息资料。如果行为人窃取、收买、非法提供的不是信用卡信息资料，而是申领人在申领信用卡时所留的其他信息资料，如电话号码、家庭住址、职业状况等，则一般属于民事侵权行为；对于情节严重的，可以构成侵犯公民个人信息罪，但不能以本罪论处。

《最高人民法院、最高人民检察院关于办理妨害信用卡管理刑事案件具体应用法律若干问题的解释》（以下简称《办理妨害信用卡管理刑事案件解释》）第 3 条规定："窃取、收买、非法提供他人信用卡信息资料，足以伪造可进行交易的信用卡，或者足以使他人以信用卡持卡人名义进行交易，涉及信用卡一张以上不满五张的，依照刑法第一百七十七条之一第二款的规定，以窃取、收买、非法提供信用卡信息罪定罪处罚……"

2. 本罪与伪造、变造金融票证罪的界限。

实践中，如果行为人在窃取、收买信用卡信息资料后，利用这些信息

资料伪造信用卡的,则其行为属于窃取、收买信用卡信息罪与伪造金融票证罪的牵连犯,根据从一重罪处断原则,应当以伪造、变造金融票证罪定罪处罚。

如果行为人在窃取、收买信用卡信息资料后,将这些信息资料非法提供给他人用于伪造信用卡的,则行为人既构成窃取、收买、非法提供信用卡信息罪,也构成伪造金融票证罪的共犯,根据从一重罪处断原则,应当根据案件具体情况特别是行为人在伪造金融票证犯罪中所起的作用,选择一重罪定罪处罚。

如果行为人在窃取、收买信用卡信息资料后,既有利用这些信息资料伪造信用卡的行为,也有非法提供给他人这些信息资料用于伪造信用卡的行为,则行为人既构成窃取、收买、非法提供信用卡信息罪,也构成伪造金融票证罪,应当数罪并罚。

3.本罪与信用卡诈骗罪的界限。

根据行为人的行为所处阶段不同,本罪与伪造、变造金融票证罪、信用卡诈骗罪之间呈现出较为复杂的关系。如果行为人是在实施信用卡诈骗之后被抓获的,而事后查明,其据以行骗的信用卡又是利用窃取、收买的他人信用卡信息资料伪造的,则其行为属于窃取、收买信用卡信息罪、伪造金融票证罪和信用卡诈骗罪三罪的牵连犯,根据从一重罪处断原则,应当按照目的行为以信用卡诈骗罪定罪处罚。

(三)窃取、收买、非法提供信用卡信息罪的刑事责任

依照《刑法》第177条之一第1款、第2款规定,犯窃取、收买、非法提供信用卡信息罪的,处三年以下有期徒刑或者拘役,并处或者单处1万元以上10万元以下罚金;数量巨大或者有其他严重情节的,处三年以上十年以下有期徒刑,并处2万元以上20万元以下罚金。

依照《刑法》第177条之一第3款规定,银行或者其他金融机构的工作人员利用职务上的便利,犯第2款罪的,从重处罚。

"数量巨大"是本罪的加重处罚情节。《办理妨害信用卡管理刑事案件解释》第3条规定:"窃取、收买、非法提供他人信用卡信息资料,足以伪

造可进行交易的信用卡,或者足以使他人以信用卡持卡人名义进行交易……涉及信用卡五张以上的,应当认定为刑法第一百七十七条之一第一款规定的'数量巨大'。"

十四、伪造、变造国家有价证券罪

第一百七十八条第一款 伪造、变造国库券或者国家发行的其他有价证券,数额较大的,处三年以下有期徒刑或者拘役,并处或者单处二万元以上二十万元以下罚金;数额巨大的,处三年以上十年以下有期徒刑,并处五万元以上五十万元以下罚金;数额特别巨大的,处十年以上有期徒刑或者无期徒刑,并处五万元以上五十万元以下罚金或者没收财产。

第三款 单位犯前两款罪的,对单位判处罚金,并对其直接负责的主管人员和其他直接责任人员,依照前两款的规定处罚。

(一)伪造、变造国家有价证券罪的概念和构成要件

伪造、变造国家有价证券罪,是指以各种方法,伪造、变造国库券或者国家发行的其他有价证券,数额较大的行为。

1979年《刑法》第123条规定,伪造支票、股票或者其他有价证券的,处七年以下有期徒刑,可以并处罚金。当时的罪名为伪造有价证券罪。1997年《刑法》第178条对罪状作了修改,并分为两款,将犯罪对象区分为国库券或者国家发行的其他有价证券,以及股票或者公司、企业债券,适用不同的罪名和法定刑,前者为伪造、变造国家有价证券罪,后者为伪造、变造股票、公司、企业债券罪。同时该条还规定,单位也可以构成前两款罪。之后未有修改。

伪造、变造国家有价证券罪的构成要件是:

1.本罪侵犯的客体是国家对国家发行的有价证券的管理秩序。

犯罪对象是国库券或者国家发行的其他有价证券。国库券,是指国家为了解决财政资金、建设资金不足而向社会发行的政府债券。其他有价证券,是指国家面向全社会发行的、以人民币计算面值的、持券人凭券到期取得相

应货币收入的凭证。其他有价证券的种类包括国家重点建设债券、特种国家债券、保值公债券、财政债券、金融债券等。非国家发行的债券,如公司、企业发行的债券,不能成为本罪的对象。

2. 本罪客观方面表现为伪造、变造国库券或者国家发行的其他有价证券,数额较大的行为。

3. 本罪的主体既包括自然人,也包括单位。

4. 本罪主观方面表现为故意,行为人通常具有谋取非法利益的目的。

(二)认定伪造、变造国家有价证券罪应当注意的问题

1. 本罪与非罪的界限。

《最高人民检察院、公安部关于公安机关管辖的刑事案件立案追诉标准的规定(二)》第27条规定:"伪造、变造国库券或者国家发行的其他有价证券,总面额在二千元以上的,应予立案追诉。"实践中,对于行为人伪造、变造国库券或者国家发行的其他有价证券,总面额不满2000元的,属于一般违法行为,可以由相关部门给予行政处罚。

2. 此罪与彼罪的界限。

本罪的犯罪对象只能是国库券或者国家发行的其他有价证券。如果行为人伪造、变造的是股票或者公司、企业证券,虽然也是有价证券,并且有的还可能是国有公司、企业的股票或者有价证券,但也不能构成本罪,数额较大的,构成《刑法》第178条第2款规定的伪造、变造股票、公司、企业债券罪。如果行为人伪造、变造的是汇票、本票、支票,委托收款凭证、汇款凭证、银行存单等其他银行结算凭证,信用证或者附随的单据、文件,信用卡等金融票证的,则构成《刑法》第177条规定的伪造、变造金融票证罪。

3. 一罪与数罪的界限。

实践中,行为人伪造、变造国家有价证券后,又使用自己伪造、变造的国家有价证券骗取公私财物的,会同时构成《刑法》第178条第1款规定的伪造、变造国家有价证券罪和第197条规定的有价证券诈骗罪的牵连犯,应当根据具体案件情况择一重罪定罪处罚。

（三）伪造、变造国家有价证券罪的刑事责任

依照《刑法》第178条第1款规定，犯伪造、变造国家有价证券罪的，处三年以下有期徒刑或者拘役，并处或者单处2万元以上20万元以下罚金；数额巨大的，处三年以上十年以下有期徒刑，并处5万元以上50万元以下罚金；数额特别巨大的，处十年以上有期徒刑或者无期徒刑，并处5万元以上50万元以下罚金或者没收财产。

依照《刑法》第178条第3款规定，单位犯伪造、变造国家有价证券罪的，对单位判处罚金，并对其直接负责的主管人员和其他直接责任人员，依照本条第1款的规定处罚。

十五、伪造、变造股票、公司、企业债券罪

第一百七十八条第二款 伪造、变造股票或者公司、企业债券，数额较大的，处三年以下有期徒刑或者拘役，并处或者单处一万元以上十万元以下罚金；数额巨大的，处三年以上十年以下有期徒刑，并处二万元以上二十万元以下罚金。

第三款 单位犯前两款罪的，对单位判处罚金，并对其直接负责的主管人员和其他直接责任人员，依照前两款的规定处罚。

（一）伪造、变造股票、公司、企业债券罪的概念和构成要件

伪造、变造股票、公司、企业债券罪，是指伪造、变造股票或者公司、企业债券，数额较大的行为。

本罪源于1979年《刑法》第123条关于伪造有价证券罪的规定。1997年《刑法》修订时，对伪造有价证券罪作了进一步细化和修改，针对其中伪造、变造股票、公司、企业债券的行为规定了本罪。

伪造、变造股票、公司、企业债券罪的构成要件是：

1.本罪的客体是国家对股票、公司、企业债券的管理制度。

股份有限公司的资本划分为股份，每股的金额相等。公司的股份采取

股票的形式。"股票",是公司签发的证明股东所持股份的凭证。"公司、企业债券",是指公司、企业依法发行,按券面约定在一定期限还本付息的有价证券。发行股票和债券,是公司、企业筹集资本的重要手段。在资本市场中,购买股票、公司、企业债券已成为公民重要的投资理财途径。伪造、变造股票、公司、企业债券,妨害了国家对股票、公司、企业债券的管理制度,不仅扰乱了正常的市场秩序,损害公司、企业的信誉和利益,也造成投资者对市场认识的混乱,不利于资本市场的健康发展。

2. 客观方面表现为伪造、变造股票或者公司、企业债券的行为。

3. 本罪主体是一般主体,包括自然人和单位。

4. 主观方面是故意,过失不构成本罪。

根据《刑法》规定,伪造、变造股票、公司、企业债券的行为,除需符合以上构成要件外,还必须达到"数额较大",才构罪。按照《最高人民检察院、公安部关于公安机关管辖的刑事案件立案追诉标准的规定(二)》第28条的规定,伪造、变造股票或者公司、企业债券,总面额在3万元以上的,应予立案追诉。

(二)认定伪造、变造股票、公司、企业债券罪应当注意的问题

1. 划清罪与非罪的界限。

伪造、变造股票、公司、企业债券罪是数额犯。伪造、变造股票、公司、企业债券,但数额不大的,不构成犯罪,属于一般违法行为,可由有关部门给予行政处罚或者批评教育。

2. 划清此罪与彼罪的界限。

本罪的犯罪对象是依法发行的股票和公司、企业债券。如果公司、企业未经法定程序报请国家有关主管部门批准擅自发行股票、债券,行为人伪造、变造该擅自发行的股票、债券的,由于伪造、变造行为的对象不是本罪规定的依法发行的股票、公司、企业债券,并未侵犯国家对股票、公司、企业债券的管理制度,只是侵犯了有关公司、企业的财产权,因此,不构成本罪。行为人以非法占有公私财产为目的,伪造、变造未依法报请国家有关主管部门批准擅自发行的股票或者公司、企业债券,数额较大

的，应当以诈骗罪论处。

(三) 伪造、变造股票、公司、企业债券罪的刑事责任

依照《刑法》第178条第2款规定，犯伪造、变造股票、公司、企业债券罪的，处三年以下有期徒刑或者拘役，并处或者单处1万元以上10万元以下罚金；数额巨大的，处三年以上十年以下有期徒刑，并处2万元以上20万元以下罚金。

依照《刑法》第178条第3款规定，单位犯本罪的，对单位判处罚金，并对其直接负责的主管人员和其他直接责任人员，依照第178条第2款的规定处罚。

十六、擅自发行股票、公司、企业债券罪①

第一百七十九条 未经国家有关主管部门批准，擅自发行股票或者公司、企业债券，数额巨大、后果严重或者有其他严重情节的，处五年以下有期徒刑或者拘役，并处或者单处非法募集资金金额百分之一以上百分之五以下罚金。

单位犯前款罪的，对单位判处罚金，并对其直接负责的主管人员和其他直接责任人员，处五年以下有期徒刑或者拘役。

(一) 擅自发行股票、公司、企业债券罪的概念和构成要件

擅自发行股票、公司、企业债券罪，是指未经国家有关主管部门批准，擅自发行股票或者公司、企业债券，数额巨大、后果严重或者有其他严重情节的行为。

1979年《刑法》没有规定本罪。本罪源自1995年《全国人民代表大会常务委员会关于惩治违反公司法的犯罪的决定》，该决定第7条将擅自发行

---

① 参考案例：上海某生物科技股份有限公司、郑某擅自发行股票案，载《中华人民共和国最高人民法院公报》2010年第9期（总第167期）。

股票或者公司债券的行为规定为犯罪。1997年《刑法》修订时吸收了该条内容作为《刑法》第179条，罪名为"擅自发行股票、公司、企业债券罪"。

擅自发行股票、公司、企业债券罪的构成要件是：

1.本罪侵犯的客体是国家对股票和公司、企业债券的发行管理制度。

向社会发行股票、债券必须经过有关监管部门的严格审批，否则，任何机构都可以任意发行股票、债券，必将造成金融秩序的混乱，产生金融风险。①

2.客观方面表现为，未经国家有关主管部门批准，擅自发行股票或者公司、企业债券，数额巨大、造成严重后果或者具有其他严重情节的行为。

实践中对于《刑法》第179条规定的擅自发行股票、公司、企业债券的具体行为方式存在理解分歧，对于以转让股权等形式变相发行股票、债券是否属于擅自发行股票、债券行为以及应以何种罪名进行定罪处罚曾存在不同认识。经研究，《证券法》《国务院办公厅关于严厉打击非法发行股票和非法经营证券业务有关问题的通知》等对此类行为的性质认定作出了明确规定。《证券法》第9条规定，未经依法注册，任何单位和个人不得公开发行证券。有下列情形之一的，为公开发行：（1）向不特定对象发行证券；（2）向特定对象发行证券累计超过200人，但依法实施员工持股计划的员工人数不计算在内；（3）法律、行政法规规定的其他发行行为。对此，《最高人民法院关于审理非法集资刑事案件具体应用法律若干问题的解释》（以下简称《审理非法集资刑事案件解释》）第10条明确规定，未经国家有关主管部门批准实施下述3种行为的，均应认定为《刑法》第179条规定的擅自发行股票、公司、企业债券行为，构成犯罪的，以擅自发行股票、公司、企业债券罪定罪处罚：一是未经国家有关主管部门批准，向社会不特定对象发行股票、公司、企业债券的；二是未经国家有关主管部门批准，向社会不特定对象以转让股权等方式变相发行股票或者公司、企业债券的；三是向特定对象发行、变相发行股票或者公司、企业债券累计超过200人的。

---

① 参见郎胜主编：《中华人民共和国刑法理解与适用》，中国民主法制出版社2015年版，第302页。

3. 犯罪主体是一般主体，即自然人和单位。既包括不具备发行股票、公司、企业债券的个人和单位，也包括虽然具备发行股票、债券资格，但未经国家有关主管部门批准，而擅自发行股票、公司、企业债券的单位和个人。

4. 主观方面只能由故意构成，并且一般具有非法募集资金的目的，为个人或者单位牟取经济利益。

根据法律规定，擅自发行股票、公司、企业债券的行为，必须达到"数额巨大"，或者"后果严重"或者"有其他严重情节"的，才构成犯罪。实践中，具体数额的计算，应当以行为人擅自发行股票、债券的实际价值计算，而不应仅以发行股票、债券的票面数额计算。因为有的发行人溢价发行股票、债券，其实际集资数额可能超出发行股票、债券票面价值几倍。"后果严重"，主要是指擅自发行股票、债券，严重冲击国家债券市场，造成股市大幅波动，引起一时或者一地金融秩序混乱，或者给投资者造成严重损失，导致社会稳定受到较大影响等情形。"其他严重情节"，主要是指以弄虚作假甚至严重违法的手段欺骗国家有关主管部门，获得"批准"，取得"发行权"，或者在违法擅自发行股票、公司、企业债券过程中，经制止仍一意孤行继续违法发行等严重情节。

按照《最高人民检察院、公安部关于公安机关管辖的刑事案件立案追诉标准的规定（二）》[以下简称《立案追诉标准（二）》]第29条的规定，未经国家有关主管部门批准或者注册，擅自发行股票或者公司、企业债券，涉嫌规定情形之一的，应予立案追诉。

（二）认定擅自发行股票、公司、企业债券罪应当注意的问题

1. 划清罪与非罪的界限。

行为人擅自发行股票、公司、企业债券，如果发行数额尚未达到巨大，后果不严重，也不具有其他严重情节的，则属一般违法行为，不构成犯罪，可由有关部门给予行政处罚。

2. 划清此罪与彼罪的界限。

一是与欺诈发行证券罪的界限。本罪行为同时触犯欺诈发行证券罪的，属于想象竞合犯，从一重罪论处。由于两罪的法定刑相同，故应根据个案情

况，比较触犯法条的严重程度和有关追诉标准等规定，选择适用处罚相对重的罪名。

二是与非法吸收公众存款罪的界限。本罪和非法吸收公众存款罪都是破坏金融管理秩序的犯罪，两者区别的关键在于客观行为不同。在非法集资犯罪活动中，非法吸收公众存款罪具有基础性意义，本罪则属于特别规定。根据《审理非法集资刑事案件解释》《立案追诉标准（二）》有关规定，对于不具有发行股票、债券的真实内容，以虚假转让股权、发售虚构债券等方式非法吸收资金的，应当以非法吸收公众存款罪定罪处罚。对于未经国家有关主管部门批准或者注册，向社会不特定对象发行、以转让股权等方式变相发行股票或者公司、企业债券，或者向特定对象发行、变相发行股票或者公司、企业债券累计超过200人的，应当认定为《刑法》第179条规定的"擅自发行股票、公司、企业债券"。构成犯罪的，以擅自发行股票、公司、企业债券罪定罪处罚。

三是与集资诈骗罪的界限。本罪与集资诈骗罪的主要区别在于主观目的不同。本罪主观上是具有非法募集资金的目的，为个人或者单位牟取经济利益；集资诈骗罪主观上必须具有非法占有目的。对于以非法占有为目的，采取隐瞒真相、编造事实等欺骗手段，擅自发行股票、公司、企业债券的，应当以集资诈骗罪定罪处罚。

四是与非法经营罪的界限。对中介机构非法代理买卖非上市公司股票，涉嫌犯罪的，依法应当以非法经营罪追究刑事责任。所代理的非上市公司涉嫌擅自发行股票，构成犯罪的，应当依法以擅自发行股票罪追究刑事责任。非上市公司和中介机构共谋擅自发行股票，构成犯罪的，则应当以擅自发行股票、公司、企业债券罪的共犯论处。未构成犯罪的，依照《证券法》和有关法律规定，给予行政处罚。[①]

[①] 参见2008年1月《最高人民法院、最高人民检察院、公安部、中国证券监督管理委员会关于整治非法证券活动有关问题的通知》。

（三）擅自发行股票、公司、企业债券罪的刑事责任

依照《刑法》第 179 条规定，犯擅自发行股票、公司、企业债券罪的，处五年以下有期徒刑或者拘役，并处或者单处非法募集资金金额 1% 以上 5% 以下罚金。

单位犯本罪的，对单位判处罚金，并对其直接负责的主管人员和其他直接责任人员，处五年以下有期徒刑或者拘役。

"非法募集资金金额"是指擅自发行股票、公司、企业债券所募集的资金数额。确定并处或者单处非法募集资金金额 1% 以上 5% 以下的罚金数额时，其非法募集资金金额应以其实际募集到的资金数额认定，而不能以其擅自发行的股票、债券的票面数额计算。

十七、内幕交易、泄露内幕信息罪

第一百八十条[①] **第一款** 证券、期货交易内幕信息的知情人员或者非法获取证券、期货交易内幕信息的人员，在涉及证券的发行，证券、期货交易或者其他对证券、期货交易价格有重大影响的信息尚未公开前，买入或者卖出该证券，或者从事与该内幕信息有关的期货交易，或者泄露该信息，或者明示、暗示他人从事上述交易活动，情节严重的，处五年以下有期徒刑或者拘役，并处或者单处违法所得一倍以上五倍以下罚金；情节特别严重的，处五年以上十年以下有期徒刑，并处违法所得一倍以上五倍以下罚金。

第二款 单位犯前款罪的，对单位判处罚金，并对其直接负责的主管人员和其他直接责任人员，处五年以下有期徒刑或者拘役。

第三款 内幕信息、知情人员的范围，依照法律、行政法规的规定确定。

[①] 本条经 1999 年 12 月 25 日《刑法修正案》第 4 条、2009 年 2 月 28 日《刑法修正案（七）》第 2 条两次修改。

（一）内幕交易、泄露内幕信息罪的概念和构成要件

内幕交易、泄露内幕信息罪，是指证券、期货交易内幕信息的知情人员或者非法获取证券、期货交易内幕信息的人员，在涉及证券的发行，证券、期货交易或者其他对证券、期货交易价格有重大影响的信息尚未公开前，买入或者卖出该证券，或者从事与该内幕信息有关的期货交易，或者泄露该信息，或者明示、暗示他人从事上述交易活动，情节严重的行为。

本罪是1997年《刑法》增设的罪名。1999年《刑法修正案》第4条修改了本条的罪状，增加了有关期货犯罪的规定。2009年《刑法修正案（七）》第2条再次对本罪罪状作出修改，增加了"明示、暗示他人从事上述交易活动"的罪状描述。

内幕交易、泄露内幕信息罪的构成要件是：

1.本罪侵犯的客体是国家对证券、期货交易的管理制度和投资者的合法权益。

1997年修订《刑法》时增设本罪，为依法惩处内幕交易或者泄露内幕信息的犯罪行为提供了法律依据，但对期货犯罪没有作出规定。后来，随着1998年12月《证券法》的颁布，同时鉴于期货犯罪与证券犯罪在犯罪构成和社会危害等许多方面都相似，1999年立法机关通过《刑法修正案》对《刑法》第180条作了修订，增加了有关期货犯罪的规定。2007年，国务院颁布了《期货交易管理条例》。这些法律、法规的制定和完善为依法惩处证券期货内幕交易违法犯罪提供了必要的法律依据。[①]2012年3月29日，最高人民法院、最高人民检察院联合发布了《关于办理内幕交易、泄露内幕信息刑事案件具体应用法律若干问题的解释》（以下简称《办理内幕交易、泄露内幕信息刑事案件解释》）。针对证券、期货犯罪的发展态势以及司法实践中反映比较突出的问题，明确了指导原则。

2.客观方面表现为行为人通过其职务或者身份获知或者非法获取内幕

---

① 最高人民法院刑事审判第一庭编：《刑事审判参考》（总第6辑），法律出版社2000年版，第76~77页。

信息，在涉及证券的发行，证券、期货交易或者其他对证券、期货交易价格有重大影响的信息尚未公开前，买入或者卖出该证券，或者从事与该内幕信息有关的期货交易，或者泄露该信息，或者明示、暗示他人从事上述交易活动，情节严重的行为。

所谓内幕信息，依据《证券法》第52条的规定，是指证券交易活动中，涉及公司的经营、财务或者对该公司证券的市场价格有重大影响的尚未公开的信息。《期货交易管理条例》第81条对内幕信息的概念作了相类似的规定："内幕信息，是指可能对期货交易价格产生重大影响的尚未公开的信息"。

3. 犯罪主体为特殊主体，即只能由证券、期货交易内幕信息的知情人员或者非法获取证券、期货交易内幕信息的人员构成。自然人和单位均可构成本罪的主体。

（1）内幕信息的知情人员。包括基于管理地位、监督地位、职业地位或者通过职务行为能够接触或者获得内幕信息的人员。关于内幕信息的知情人员范围，《办理内幕交易、泄露内幕信息刑事案件解释》援引了《证券法》第74条（2005年修订，2019年修订版第51条）、《期货交易管理条例》第85条第12项（2007年版，2017年修订版81条第12项）的规定。

《证券法》第51条规定了证券交易内幕信息的知情人员。《期货交易管理条例》第81条第12项规定了内幕信息的知情人员，"是指由于其管理地位、监督地位或者职业地位，或者作为雇员、专业顾问履行职务，能够接触或者获得内幕信息的人员，包括：期货交易所的管理人员以及其他由于任职可获取内幕信息的从业人员，国务院期货监督管理机构和其他有关部门的工作人员以及国务院期货监督管理机构规定的其他人员"。

司法实践中，对内幕信息的知情人员的认定，要注意以下三个问题的把握：

一是严格区分证券、期货监督管理机构的规定与证券、期货监督管理机构的认定。《证券法》第51条、《期货交易管理条例》第81条第12项的兜底项均授予监督管理机构有权规定内幕信息的知情人员。在理解和适用这两条的兜底项时，要将监督管理机构对内幕信息的知情人员的规定与具体案件中监督管理机构对内幕信息的知情人员的认定区分开来。前者是一种抽象行政行为，具有部门规章的性质；而后者往往是应司法机关的请求，基于监督管理机构对专业知识、经验的把握而出具的一种意见材料，既不是抽象行政行为，也不是具体行政行为。证券、期货监督管理机构出具的认定意见，经司法机关审查，具有客观性、真实性和合法性的，可以作为定案的根据。

二是发行人（上市公司）的控股股东、实际控制人控制的其他公司的董事、监事、高级管理人员不是法定的内幕信息的知情人员。实践中，有观点认为，上述人员可以通过发行人、上市公司的内部传阅文件获悉内幕信息，应当通过《办理内幕交易、泄露内幕信息刑事案件解释》将上述人员明确为内幕信息的知情人员，考虑到发行人（上市公司）的内部文件未必都传阅到其控股股东、实际控制人控制的其他公司的董事、监事、高级管理人员，而且这种可能性很大，因而《办理内幕交易、泄露内幕信息刑事案件解释》未将上述人员明确规定为内幕信息的知情人员。

三是内幕信息的知情人员不包括单位。关于内幕信息的知情人员，《证券法》与《期货交易管理条例》《刑法》采用的表述不同。《证券法》采用的是"知情人"的表述，而《期货交易管理条例》和《刑法》均采用的是"知情人员"的表述。由于《证券法》第51条规定的内幕信息的知情人包括持有公司5%以上股份的股东（公司）、发行人控股的公司，有观点认为，《刑法》第180条规定的"人员"，应当包括单位，将"人员"仅解释为自然人，《刑法》第180条规定单位可以成为内幕交易、泄露内幕信息罪的主体相矛盾。我们认为，"人员"指的仅是自然人，而不包括单位，这是汉语中的通解。这样的理解并不与《刑法》关于单位犯内幕交易、泄露内幕信息罪的规定相违背，因为单位犯罪并非必须由单位具体实施，而是通过具体自然人实施的。如果自然人是根据单位集体决议，为了单位利益而从事内幕交易，就应当追究单位犯内幕交易罪的责任。同理，非法获取内幕信息的人员也仅指自然人，不包括单位。

（2）关于非法获取内幕信息的人员的范围。非法获取内幕信息的人员概括起来包括三类：

①关于非法手段型获取内幕信息的人员。《办理内幕交易、泄露内幕信

息刑事案件解释》第 2 条第 1 项对以非法手段获取内幕信息的人员进行了规定。在征求意见过程中，有观点提出，窃取、骗取、套取、窃听、利诱、刺探或者私下交易这些非法手段在含义上存在交叉、重复，不如从行为人有无内幕信息知情的权利角度认定获取内幕信息的行为是否非法，任何内幕信息知情人员以外的人获取内幕信息都属非法获取内幕信息，建议取消非法手段的规定。如果保留本项规定，建议增加被动获悉内幕信息而从事内幕交易的犯罪情形。我们认为，窃取、骗取、套取、窃听、利诱、刺探或者私下交易这些手段在含义上虽然不是彼此完全孤立的，但每种手段都具有明显的特色，将这些手段行为并列规定不至于造成混同。当前，主流观点认为，在定罪过程中应当坚持主客观相统一原则。在这一原则主导下，要认定行为人是非法获取内幕信息，除了要求行为人在客观上通过行为获取信息并从事或者明示、暗示他人从事或者泄露该信息导致他人从事与该信息有关的证券、期货交易，还要求行为人在获悉信息时主观上明知该信息是内幕信息。因此，仅仅从行为人有无内幕信息知情的权利角度认定获取内幕信息是否非法的观点，难以在法理上经得住推敲。

②关于特定身份型非法获取内幕信息的人员。《办理内幕交易、泄露内幕信息刑事案件解释》起草过程中，关于特定身份型非法获取内幕信息人员的范围，主要围绕以下两个问题展开分析讨论：一是应否将特定身份型非法获取内幕信息的人员范围扩展到内幕信息知情人员的配偶、父母、子女之外的其他近亲属。由于内幕信息知情人员的近亲属获取内幕信息具有天然的便利条件，要加大对内幕信息的保密力度，除了强化内幕信息知情人员的保密义务，还应适度设置内幕信息知情人员的近亲属的保密义务，所以《办理内幕交易、泄露内幕信息刑事案件解释》第 2 条第 2 项将内幕信息知情人员的近亲属规定为特定身份型非法获取内幕信息的人员。内幕信息知情人员的兄弟姐妹、（外）祖父母、（外）孙子女以及其他近亲属与内幕信息知情人员的配偶、父母、子女具有同等便利条件，如果仅将特定身份型非法获取内幕信息的人员范围限制为配偶、父母、子女，留给内幕交易犯罪分子规避法律的空间将会非常大。基于这一考虑，《办理内幕交易、泄露内幕信息刑事案件解释》将特定身份型非法获取内幕信息的人员范围扩大到内幕信息知情人员

的所有近亲属。二是应否将特定身份型非法获取内幕信息的人员范围扩大到与内幕信息知情人员关系密切的人。根据《办理内幕交易、泄露内幕信息刑事案件解释》的规定，内幕信息知情人员的情妇、情夫以及其他与其关系密切的人，在获取内幕信息的条件上，具有与内幕信息知情人员的近亲属同等的便利，应当设置此类人员的保密义务，将该类人员有条件地明确为非法获取内幕信息的人员。具体理由如下：第一，与内幕信息知情人员关系密切的人从事内幕交易或者泄露内幕信息的现象越来越普遍，需要在政策上加大打击力度。第二，关系密切的人从内幕信息知情人员那里获取内幕信息，具有与近亲属一样的便利条件，而且由于其身份更具隐秘性，规避法律的空间更大，所以有必要纳入刑法的调整范围。第三，在非法获取内幕信息人员的范围上，行政法与刑法没有本质区别，《最高人民法院关于审理证券行政处罚案件证据若干问题的座谈会纪要》第5条采用了"内幕信息知情人的配偶、父母、子女以及其他有密切关系的人"的规定，为加强行刑衔接，可以参照这一表述。第四，就身份关系而论，与内幕信息知情人员关系密切的人从事内幕交易与《刑法》第388条之一规定的与国家工作人员关系密切的人利用影响力受贿，在利用影响力这一方面具有一定的相似性，在技术规范上援引《刑法》第388条之一的表述并无不妥。

③被动型获取内幕信息的人员应否认定为非法获取内幕信息的人员。首先，必须明确两个前提：一是此处被动型获取内幕信息的人员必须是内幕信息知情人员的近亲属或者与其关系密切的人之外的人，如果是内幕信息知情人员的近亲属或者与其关系密切的人，则无论是主动获取还是被动获取内幕信息，均属于非法获取内幕信息的人员；二是被动型获取内幕信息的人员主观上必须是明知：明知信息的性质，即明知信息是内幕信息；明知信息的来源，即明知信息是内幕信息的知情人员泄露的或者明知信息是他人非法获取的。①

在具备上述两个前提下，被动型获取内幕信息的人员应否认定为非法

---

① 参见刘晓虎：《〈关于办理内幕交易、泄露内幕信息刑事案件具体应用法律若干问题的解释〉的理解与适用》，载《人民司法》2012年第15期。

获取内幕信息的人员，主要存在两种观点。一种观点认为，根据《刑法》的规定，内幕交易、泄露内幕信息罪的主体只有两类，即内幕信息的知情人员和非法获取内幕信息的人员。被动获取内幕信息的人员不具有保密内幕信息的义务，其行为手段也不具有非法性，因此不能认定为非法获取内幕信息的人员。另一种观点认为，内幕交易、泄露内幕信息罪保护的法益是证券、期货交易的管理制度和投资者的合法权益，被动获取内幕信息的人员应否认定为非法获取内幕信息的人员，关键要看被动获取内幕信息的人员有无利用内幕信息侵害这些法益的目的。考虑到我国证券、期货市场尚处于起步发展阶段，被动型获取内幕信息的人员从事内幕交易或者泄露内幕信息的情形又十分复杂，实践中难以准确把握，出于审慎起见，《办理内幕交易、泄露内幕信息刑事案件解释》未将被动型获取内幕信息的人员明确规定为非法获取内幕信息的人员。值得强调的是，如果被动获取内幕信息的人员与传递信息的人员具有犯意联络，则可能构成内幕交易、泄露内幕信息罪的共犯。

4. 主观方面由故意构成，过失不构成本罪。

（二）认定内幕交易、泄露内幕信息罪应当注意的问题

1. 划清罪与非罪的界限。

关于本罪"情节严重"的认定，根据《办理内幕交易、泄露内幕信息刑事案件解释》第6条的规定，在内幕信息敏感期内从事或者明示、暗示他人从事或者泄露内幕信息导致他人从事与该内幕信息有关的证券、期货交易，具有规定情形之一的，应当认定为《刑法》第180条第1款规定的"情节严重"。

2. 关于非法获取内幕信息的人员的认定。

由于窃取、骗取、套取、窃听、利诱、刺探或者私下交易这些手段本身是非法的，所以对于非法手段型获取内幕信息人员的认定相对简单。司法实践中，争议的焦点主要是围绕特定身份型、积极联系型非法获取内幕信息的人员的认定上。

鉴于有关内幕信息的知情人员与其近亲属或者与其关系密切的人之间交流信息的取证十分困难，《办理内幕交易、泄露内幕信息刑事案件解释》规定对特定身份型非法获取内幕信息人员的认定，先由司法机关认定相关交易

行为是否明显异常；在确定这一前提下，司法机关必须进而认定相关明显异常交易有无正当理由或者正当信息来源。相关交易人员，明示、暗示人员或者泄露内幕信息的行为人可以就其行为有无正当理由或者正当信息来源提出抗辩；对无正当理由或者无正当信息来源的，应当认定行为人为非法获取内幕信息的人员。积极联系型获取内幕信息的人员的认定原理同上，在此不再赘述。

3. 相关交易行为明显异常的认定。

内幕交易案件中的"相关交易行为"，包括三类交易行为：第一类是指内幕信息的知情人员从事的与该内幕信息有关的证券、期货交易；第二类是指被明示、暗示的人员从事的与内幕信息有关的证券、期货交易；第三类是指非法获取内幕信息的人员从事的与内幕信息有关的证券、期货交易。

实践中，对"相关交易行为明显异常"的认定主要综合从交易时间吻合程度、交易背离程度、利益关联程度三个方面进行把握。一是时间吻合程度。即从行为时间与内幕信息形成、变化、公开的时间吻合程度把握。所要比对的时间主要有以下三类：行为人开户、销户、激活资金账户或者指定交易（托管）、撤销指定交易（转托管）时间；资金变化时间；相关证券、期货合约买入或者卖出时间。二是交易背离程度。即从交易行为与正常交易的背离程度把握。正常交易主要体现在以下两点：基于平时交易习惯而采取的交易行为；基于证券、期货公开信息反映的基本面而理应采取的交易行为。三是利益关联程度。即从账户交易资金进出与该内幕信息的知情人员或者非法获取人员有无关联或者利害关系把握。

所谓综合把握，是指不能单纯从上述某一个方面认定交易是否明显异常，而必须综合三个方面进行全面分析、论证。①

4. 内幕信息敏感期的认定。

"内幕信息敏感期"是指内幕信息自形成至公开的期间。根据《办理内幕交易、泄露内幕信息刑事案件解释》第5条第1款的规定，"形成至公开

---

① 参见刘晓虎：《〈关于办理内幕交易、泄露内幕信息刑事案件具体应用法律若干问题的解释〉的理解与适用》，载《人民司法》2012年第15期。

的期间"的核心词汇是"期间",公开只是一个点,公开之后,就不在此期限之内,因此"形成至公开的期间"的表述不至于造成混乱。"公开之前"表达的则是一个时段,"至公开之前"表述的期间模糊不定,在逻辑上欠缺严谨,故该意见未被采纳。

5. 内幕信息形成之时的认定。

在司法实践中,一般将《证券法》第 80 条第 2 款、第 81 条第 2 款所列"重大事件"的发生时间以及《期货交易管理条例》第 81 条第 11 项规定的"政策""决定"等的形成时间,认定为内幕信息的形成之时。

6. 单次证券交易成交额、期货交易占用保证金数额的认定。

买入金额、卖出金额均能体现行为的社会危害程度。在有的案件中,买入金额最能准确体现行为的社会危害大小,而在有的案件中,卖出金额最能准确体现行为的社会危害大小。实践中,对于单次买入金额、卖出金额不同的,比较普遍的做法是按照"从一重处断"原则,即将数量大的认定为成交额(占用保证金数额)。

7. 获利或者避免损失数额的认定。

如何认定获利或者避免损失数额,是按照实际所得还是按照账面所得,是司法实践中经常遇到的问题。考虑到实际情况纷繁多变,《办理内幕交易、泄露内幕信息刑事案件解释》未对获利或者避免损失数额的认定确立一个总的原则。实践中比较倾向的观点是,对已抛售的股票按照实际所得计算,对未抛售的股票按照账面所得计算,但对为逃避处罚而卖亏的股票,应当按照账面所得计算。对于涉案股票暂不宜抛售的,在认定获利或者避免损失数额时,应当按照查封股票账户时的账面所得计算,但在具体追缴财产或退赔财产时,可按最终实际所得认定获利或者避免损失数额。

8. 二次以上内幕交易或者泄露内幕信息相关交易数额的累计计算。

"相关交易数额",包括相关交易行为的成交额、占用保证金额、获利或者避免损失数额,不能仅理解为成交额。实践中,对相关交易数额是否累计计算存在分歧。一种观点认为,以初始成交额(占用保证金数额)、获利或者避免损失数额认定行为人的犯罪数额,既有利于被告人,又有利于证据收集,还便于违法所得的计算。如果进行累计,一旦涉案人员对证据进行了销毁,就难以准确计算相关交易数额总量。因此，最好以初始成交额（占用保证金数额）、获利或者避免数额作为最终的犯罪数额，反对将相关交易数额进行累计。另一种观点认为，证券、期货犯罪与其他挪用公款的职务犯罪不同，证券、期货犯罪主要体现在交易量的变化对市场秩序以及由此导致的对股民权益的侵害，应当对成交额（占用保证金数额）、获利或者避免损失数额进行累计。《办理内幕交易、泄露内幕信息刑事案件解释》采纳了后一种观点。

9. 纳入累计的内幕交易行为的范围。

要准确认定累计数额，必须准确认定哪些行为能够作为累计对象。由于一般违法行为和犯罪行为的处罚时效不同，所以首先必须界分一般违法行为和犯罪行为。违法行为必须在行政处罚时效之内的限定旨在限制刑罚权的无限扩大，科学体现刑法的谦抑精神。行政违法行为，处罚时效一般为2年（逃税行为除外），对于已过处罚时效的一般违法行为，如果不能追究行政责任，那么无疑也不宜追究刑事责任，这应是社会主义法治精神的原则性要求。针对已经举报、行政执法机关或者司法机关已经立案，不受行政处罚时效期限或追诉期限限制的违法犯罪行为，行政处罚权或者刑罚权没有限制，因此对这类内幕交易行为应当纳入累计范围。

10. 违法所得数额的认定。

"违法所得数额"通常被理解为"获利数额"，如1995年《最高人民法院关于审理生产、销售伪劣产品刑事案件如何认定"违法所得数额"的批复》（已失效）将"违法所得数额"界定为"生产、销售伪劣产品获利的数额"。由于生产、销售行业的违法犯罪行为很少涉及损失避免的认定，所以将此处的"违法所得"理解为"获利数额"有其一定的合理性。然而，证券、期货交易是一种高风险的投资行业，获取内幕信息后，买入行为可能获取暴利，卖出行为可能避免损失，因此，行为人在内幕信息敏感期内卖出证券、期货所避免的损失应当认定为《刑法》第180条第1款规定的"违法所得"。

11. 共犯情形罚金刑的适用。

共同犯罪情形，是按照共同犯罪数额计算罚金，还是按照各自的犯罪数额计算罚金，在司法实践中不好把握，因此有必要予以明确。

一般情况下，定罪与量刑应坚持同一数额标准，但在共同犯罪案件中，特别是人数众多的共同犯罪案件中，这一原则应有所修正，否则必然导致罚金数额过大，而出现根本无法执行的情况。《办理内幕交易、泄露内幕信息刑事案件解释》第9条第2款，对共同犯罪的罚金刑适用在总额上作了如下限制：构成共同犯罪的，按照共同犯罪行为人的成交总额、占用保证金总额、获利或者避免损失总额定罪处罚，但判处各被告人罚金的总额应掌握在各被告人获利或者避免损失总额的1倍以上5倍以下。①

（三）内幕交易、泄露内幕信息罪的刑事责任

依照《刑法》第180条第1款、第2款规定，犯内幕交易、泄露内幕信息罪的，处五年以下有期徒刑或者拘役，并处或者单处违法所得1倍以上5倍以下罚金；情节特别严重的，处五年以上十年以下有期徒刑，并处违法所得1倍以上5倍以下罚金。

单位犯本罪的，对单位判处罚金，并对其直接负责的主管人员和其他直接责任人员，处5年以下有期徒刑或者拘役。

《办理内幕交易、泄露内幕信息刑事案件解释》第9条第1款规定："同一案件中，成交额、占用保证金额、获利或者避免损失额分别构成情节严重、情节特别严重的，按照处罚较重的数额定罪处罚。"在具体适用时，要把握以下几点：

在内幕交易、泄露内幕信息案件中，只要成交额（期货案件为占用保证金额）、获利额其中之一达到入罪标准，就构成犯罪。从原理分析，社会危害性是定罪量刑最基本的依据，成交额、占用保证金额、获利额均能体现行为的社会危害程度，故三者均可以作为定罪量刑的依据。在有的案件中，交易数额（保证金额）最能准确体现行为的社会危害大小，而在有的案件中，获利或者避免损失数额最能准确体现行为的社会危害大小。理论界和实务界的主流观点均认为，同一行为成交额（占用保证金额）、获利或者避免损失数额构成不同情节的，应当按照"从一重处断"原则确定有关被告人的量刑

---

① 参见刘晓虎：《关于办理内幕交易、泄露内幕信息刑事案件具体应用法律若干问题的解释》的理解与适用》，载《人民司法》2012年第15期。

幅度。

由于内幕交易、泄露内幕信息犯罪有情节严重和情节特别严重两个法定刑幅度，且情节严重、情节特别严重均是通过成交额（占用保证金额）、获利或者避免损失数额来体现的，所以三者不仅是区分罪与非罪的标准，还可能是区分此罪与彼罪的标准。如在牵连犯、想象竞合犯案件中，一般是按处罚较重的罪进行定罪处罚，这就要求准确找到能够体现最重罪行的犯罪数额。这一定罪逻辑，反过来表明，在同一案件中，如果犯罪数额构成不同情节的，一般按照处罚较重的数额确定量刑幅度。

十八、利用未公开信息交易罪

第一百八十条第一款[①] 证券、期货交易内幕信息的知情人员或者非法获取证券、期货交易内幕信息的人员，在涉及证券的发行，证券、期货交易或者其他对证券、期货交易价格有重大影响的信息尚未公开前，买入或者卖出该证券，或者从事与该内幕信息有关的期货交易，或者泄露该信息，或者明示、暗示他人从事上述交易活动，情节严重的，处五年以下有期徒刑或者拘役，并处或者单处违法所得一倍以上五倍以下罚金；情节特别严重的，处五年以上十年以下有期徒刑，并处违法所得一倍以上五倍以下罚金。

第四款[②] 证券交易所、期货交易所、证券公司、期货经纪公司、基金管理公司、商业银行、保险公司等金融机构的从业人员以及有关监管部门或者行业协会的工作人员，利用因职务便利获取的内幕信息以外的其他未公开的信息，违反规定，从事与该信息相关的证券、期货交易活动，或者明示、暗示他人从事相关交易活动，情节严重的，依照第一款的规定处罚。

（一）利用未公开信息交易罪的概念和构成要件

利用未公开信息交易罪，是指证券交易所、期货交易所、证券公司、期货经纪公司、基金管理公司、商业银行、保险公司等金融机构的从业人员以

---

① 本款经1999年12月25日《刑法修正案》第4条第1款修改。
② 本款由2009年2月28日《刑法修正案（七）》第2条第2款增设。

及有关监管部门或者行业协会的工作人员，利用因职务便利获取的内幕信息以外的其他未公开的信息，违反规定，从事与该信息相关的证券、期货交易活动，或者明示、暗示他人从事相关交易活动，情节严重的行为。

本罪是《刑法修正案（七）》第2条第2款增设的新罪名。

利用未公开信息交易罪的构成要件是：

1.本罪侵犯的客体是国家对证券交易的管理制度和投资者的合法权益。

利用未公开信息交易的行为与内幕交易行为一样，严重背离了金融机构从业人员以及有关监管部门或者行业协会的工作人员所负有的诚实信用、忠实勤勉义务，严重破坏了证券、期货市场秩序，严重损害了投资者的合法利益，应当依法追究法律责任。

2.客观方面表现为行为人利用职务便利获取的内幕信息以外的其他未公开的信息，违反规定，从事与该信息相关的证券、期货交易活动，或者明示、暗示他人从事相关交易活动，且情节严重的行为。

这里的"内幕信息以外的其他未公开的信息"，是指在证券、期货交易活动中，法定内幕信息以外的其他对证券、期货的市场价格有重大影响的尚未公开的信息，如基金投资公司即将建仓、出仓的信息、有关金融机构受托管理资金的交易信息、某机构或大户下单方向或者下单量信息、利率或相关税率变化信息、金融政策调整等信息，都是本罪的犯罪对象。根据《最高人民法院、最高人民检察院关于办理利用未公开信息交易刑事案件适用法律若干问题的解释》（以下简称《办理利用未公开信息交易刑事案件解释》）第1条，"内幕信息以外的其他未公开的信息"，包括下列信息：（1）证券、期货的投资决策、交易执行信息；（2）证券持仓数量及变化、资金数量及变化、交易动向信息；（3）其他可能影响证券、期货交易活动的信息。实践中，内幕信息以外的其他未公开的信息难以认定的，司法机关可以在有关行政主（监）管部门的认定意见的基础上，根据案件事实和法律规定作出认定。这里的"违反规定"，是指违反法律、行政法规、部门规章、全国性行业规范有关证券、期货未公开信息保护的规定，以及行为人所在的金融机构有关信息保密、禁止交易、禁止利益输送等规定。"违反规定，从事与该信息相关的证券、期货交易活动"，具体表现形式即为"老鼠仓"交易行为。"明示、暗示他人从事相关交易活动"，本质上也是上述人员间接从事相关交易行为的一种表现。明示、暗示的对象一般是与行为人有密切利益关系的人，如亲属、朋友等。"明示、暗示他人从事相关交易活动"，应当综合以下方面进行认定：（1）行为人具有获取未公开信息的职务便利；（2）行为人获取未公开信息的初始时间与他人从事相关交易活动的初始时间具有关联性；（3）行为人与他人之间具有亲友关系、利益关联、交易终端关联等关联关系；（4）他人从事相关交易的证券、期货品种、交易时间与未公开信息所涉证券、期货品种、交易时间等方面基本一致；（5）他人从事的相关交易活动明显不具有符合交易习惯、专业判断等正当理由；（6）行为人对明示、暗示他人从事相关交易活动没有合理解释。

3. 犯罪主体为特殊主体，即证券交易所、期货交易所、证券公司、期货经纪公司、基金管理公司、商业银行、保险公司等金融机构的从业人员以及有关监管部门或者行业协会的工作人员。

4. 主观方面由故意构成，并且以牟取非法利益为目的。

依照《刑法》规定，利用未公开信息交易行为，除需符合以上构成要件外，还必须达到"情节严重"的程度才能构成本罪。"情节严重"一般是指多次建"老鼠仓"、非法获利数额巨大，或者给客户造成严重损失等情形。根据《办理利用未公开信息交易刑事案件解释》第5条、第6条，本罪构成条件的"情节严重"，可以适用两种标准予以认定：一是"数量认定标准"，即利用未公开信息交易，具有规定情形之一的，应当认定为《刑法》第180条第4款规定的"情节严重"。二是"数额＋情节认定标准"，即利用未公开信息交易，违法所得数额在50万元以上，或者证券交易成交额在500万元以上，或者期货交易占用保证金数额在100万元以上，具有规定情形之一的，应当认定为"情节严重"。

（二）认定利用未公开信息交易罪应当注意的问题

1. 划清罪与非罪的界限。

在证券、期货交易活动中，任何投资者作出买进或者卖出证券或者期货合约的投资决定都是一个内心权衡、决策的过程，影响这一决定的因素很多。因此，在司法审判中决定作为刑事案件追究刑事责任时，应当着重审查确定未公开信息与投资决定之间的因果关系。确有因果关系，符合本罪构成要件，且属"情节严重的"，才能按本罪处罚。

2. 本罪不以实际盈利或避免损失为成立条件。

利用未公开信息进行交易往往能为行为人带来巨额利润或避免重大损失，但是，有必要明确的是，本罪的构成并不以行为人实际盈利或避免损失为要件。只要行为人实施了利用未公开信息交易的行为，且达到了规定的追诉标准，就应以利用未公开信息交易罪追究其刑事责任，而不论其是否实际盈利或避免损失。

3. 划清本罪与内幕交易、泄露内幕信息罪的界限。

两罪的主要区别：一是信息范围不同。内幕交易、泄露内幕信息罪的"内幕信息"，根据《证券法》的规定，是指在证券交易活动中，涉及公司的经营、财务或者对该公司证券的市场价格有重大影响的尚未公开的信息。本罪的"未公开信息"，是指"内幕信息"以外的其他可能对证券、期货的市场价格有重大影响的尚未公开的信息，一般属于单位商业秘密。二是损害对象有所不同。内幕交易、泄露内幕信息罪更多是损害不特定的社会公众投资者的合法权益；利用未公开信息交易罪多是损害作为资产管理机构客户的有关投资者的合法权益。三是主体范围有所不同。内幕交易、泄露内幕信息罪的主体是证券、期货交易内幕信息的知情人员（知情人员的范围，依照法律、行政法规的规定确定）或者非法获取该内幕信息的人员；利用未公开信息交易罪的主体是证券交易所、期货交易所、证券公司、期货经纪公司、基金管理公司、商业银行、保险公司等金融机构的从业人员以及有关监管部门或者行业协会的工作人员，但不包括非法获取该信息的其他人员。

（三）利用未公开信息交易罪的刑事责任

根据最高人民法院、最高人民检察院发布的有关指导性案例，即马某利用未公开信息交易案（检例第24号，指导案例61号），《刑法》第180条第4款利用未公开信息交易罪为援引法定刑的情形，应当是对该条第1款法定刑的全部援引。其中，"情节严重"是入罪标准，在处罚上应当依照该条第1

款内幕交易、泄露内幕信息罪的全部法定刑处罚，即区分不同情形分别依照第 1 款规定的"情节严重"和"情节特别严重"两个量刑档次处罚。

依照《刑法》第 180 条第 1 款和第 4 款的规定，犯利用未公开信息交易罪的，处五年以下有期徒刑或者拘役，并处或者单处违法所得 1 倍以上 5 倍以下罚金；情节特别严重的，处五年以上十年以下有期徒刑，并处违法所得 1 倍以上 5 倍以下罚金。

司法机关适用本条刑罚时，应当注意以下两点：

1. 关于罚金刑的适用。本罪的"违法所得"，是指行为人利用未公开信息从事与该信息相关的证券、期货交易活动所获利益或者避免的损失。行为人明示、暗示他人利用未公开信息从事相关交易活动，被明示、暗示人员从事相关交易活动所获利益或者避免的损失，应当认定为"违法所得"。两次以上利用未公开信息交易，依法应予行政处理或者刑事处理而未经处理的，相关交易数额或者违法所得数额累计计算。行为人未实际从事与未公开信息相关的证券、期货交易活动的，其罚金数额按照被明示、暗示人员从事相关交易活动的违法所得计算。

2. 关于"情节特别严重"的适用。根据《办理利用未公开信息交易刑事案件解释》第 7 条规定，一是利用未公开信息交易，违法所得数额在 1000 万元以上的，应当认定为"情节特别严重"；二是违法所得数额在 500 万元以上，或者证券交易成交额在 5000 万元以上，或者期货交易占用保证金数额在 1000 万元以上，具有本条规定的四种情形之一的，应当认定为"情节特别严重"。

十九、编造并传播证券、期货交易虚假信息罪

第一百八十一条第一款[①]　编造并且传播影响证券、期货交易的虚假信息，扰乱证券、期货交易市场，造成严重后果的，处五年以下有期徒刑或者拘役，并处或者单处一万元以上十万元以下罚金。

---

① 本款经 1999 年 12 月 25 日《刑法修正案》第 5 条第 1 款修改。

第三款 单位犯前两款罪的，对单位判处罚金，并对其直接负责的主管人员和其他直接责任人员，处五年以下有期徒刑或者拘役。

（一）编造并传播证券、期货交易虚假信息罪的概念和构成要件

编造并传播证券、期货交易虚假信息罪，是指行为人故意编造并且传播影响证券、期货交易的虚假信息，扰乱证券、期货交易市场，造成严重后果的行为。

本罪是1997年《刑法》的规定。1997年修订《刑法》时，考虑到改革开放以来我国证券市场发展过程中出现一些新问题、新情况，为了规范证券发行和交易，保障证券交易市场健康、有序发展，在《刑法》中规定了编造并传播证券交易虚假信息罪。随着国家加强对期货市场的整顿和规范工作，1999年《刑法修正案》第5条第1款对《刑法》原第181条的罪状作了补充，增加了编造并传播期货交易虚假信息的犯罪的内容。罪名也由原来的"编造并传播证券交易虚假信息罪"修改为"编造并传播证券、期货交易虚假信息罪"。

编造并传播证券、期货交易虚假信息罪的构成要件是：

1.本罪侵犯的客体是国家对证券、期货交易的管理制度和投资者的合法权益。

2.客观方面表现为编造并传播影响证券、期货交易的虚假信息，扰乱证券、期货交易市场，造成严重后果的行为。

这里的"虚假信息"，是指凭空捏造、歪曲事实或者有误导性的，能引起证券、期货市场交易行情变化的信息。"影响证券交易的虚假信息"主要是指可能对上市公司股票交易价格产生较大影响的虚假信息，如公司分配股利或者增资的计划、债务担保的重大变更、重大亏损或者遭受重大损失，以及减资、合并、分立、解散等。"影响期货交易的虚假信息"主要是指可能对期货合约的交易产生较大影响的虚假信息，如金融政策调整、大户入市、仓量调整，以及供应某特定期货的国家发生动乱、自然灾害等。行为人编造的虚假信息，既可以是国内的重大事件，也可以是国际的重大事件；既可以影响不特定的证券、期货的交易价格，扰乱证券、期货交易市场的正常秩

序，也可以只是针对特定的公司、企业编造的虚假信息，影响某一特定证券、期货的交易价格。行为人必须既有编造上述虚假信息的行为，同时又实施了散布自己编造的虚假信息的行为。至于传播形式，不受限制，可以通过单一途径，也可以通过多种途径；可以通过口头，也可以通过书面；可以通过传统媒体，也可以利用互联网编造并传播影响证券、期货交易虚假信息。

3. 本罪的主体为一般主体，自然人和单位均可构成本罪的主体。

4. 主观方面由故意构成。行为人实施编造并传播影响证券、期货交易虚假信息的目的，一般是为了牟取非法利益，转嫁风险或者损失。但是，行为人实施本罪行为是否能从中牟取到非法利益以及牟利数额的大小，均不影响本罪的成立。

依照法律规定，本罪是结果犯，即编造并传播影响证券、期货交易的虚假信息，必须符合"扰乱证券、期货交易市场，造成严重后果的"，才构成犯罪。所谓"造成严重后果"，是指虚假信息引起股票、期货交易价格大幅波动，或者引起投资者的心理恐慌，大量抛售或者买入某种股票、期货交易品种，给投资者造成重大经济损失，或者造成恶劣社会影响等。按照《最高人民检察院、公安部关于公安机关管辖的刑事案件立案追诉标准的规定（二）》第32条的规定，编造并且传播影响证券、期货交易的虚假信息，扰乱证券、期货交易市场，涉嫌本条规定情形之一的，应予立案追诉。

（二）认定编造并传播证券、期货交易虚假信息罪应当注意的问题

1. 划清罪与非罪的界限。

一是构成本罪，行为人必须既具有编造又具有传播影响证券、期货交易的虚假信息的行为。如果行为人只编造而没有传播，或者仅是道听途说后散布的，均不能以犯罪论处。二是构成本罪，必须是扰乱证券、期货交易市场，造成严重后果的行为。对行为人编造并传播的只是属于小道消息一类的情况，即使其目的是欺骗公众购买或者抛售某一只股票、某一特定期货合约，但没有造成严重后果的，不宜作犯罪处理。

2. 划清此罪与彼罪的界限。

编造并传播证券、期货交易虚假信息罪中"虚假信息"是特指可能引起

证券、期货市场交易行情变化的虚假信息。如果行为人编造、传播的虚假信息,不可能引起证券、期货市场交易行情变化,则不构成本罪;对于其中捏造并散布虚伪事实,损害公司、企业商业信誉、商品声誉,给他人造成重大损失或者有其他严重情节的,应当以损害商业信誉、商品声誉罪定罪处罚。

(三)编造并传播证券、期货交易虚假信息罪的刑事责任

依照《刑法》第181条第1款规定,犯编造并传播证券、期货交易虚假信息罪的,处五年以下有期徒刑或者拘役,并处或者单处1万元以上10万元以下罚金。

依照《刑法》第181条第3款规定,单位犯本罪的,对单位判处罚金,并对其直接负责的主管人员和其他直接责任人员,处五年以下有期徒刑或者拘役。

二十、诱骗投资者买卖证券、期货合约罪

第一百八十一条第二款[①] 证券交易所、期货交易所、证券公司、期货经纪公司的从业人员,证券业协会、期货业协会或者证券期货监督管理部门的工作人员,故意提供虚假信息或者伪造、变造、销毁交易记录,诱骗投资者买卖证券、期货合约,造成严重后果的,处五年以下有期徒刑或者拘役,并处或者单处一万元以上十万元以下罚金;情节特别恶劣的,处五年以上十年以下有期徒刑,并处二万元以上二十万元以下罚金。

第三款 单位犯前两款罪的,对单位判处罚金,并对其直接负责的主管人员和其他直接责任人员,处五年以下有期徒刑或者拘役。

(一)诱骗投资者买卖证券、期货合约罪的概念和构成要件

诱骗投资者买卖证券、期货合约罪,是指证券交易所、期货交易所、证券公司、期货经纪公司的从业人员,证券业协会、期货业协会或者证券期货

---

① 本款经1999年12月25日《刑法修正案》第5条第2款修改。

监督管理部门的工作人员，故意提供虚假信息或者伪造、变造、销毁交易记录，诱骗投资者买卖证券、期货合约，造成严重后果的行为。

本罪最初源于 1997 年《刑法》第 181 条第 2 款规定的诱骗投资者买卖证券罪。随着国家加强对期货市场的规范，1999 年《刑法修正案》第 5 条对《刑法》原第 181 条第 2 款作出修改，增加了诱骗投资者买卖期货合约的犯罪。罪名改为"诱骗投资者买卖证券、期货合约罪"。

诱骗投资者买卖证券、期货合约罪的构成要件是：

1. 本罪侵犯的客体是国家对证券、期货交易的管理制度和投资者的合法权益。

2. 客观方面表现为提供虚假信息或者伪造、变造、销毁交易记录，诱骗投资者买卖证券、期货合约，造成严重后果的行为。

证券，主要是指证券市场中的证券产品，如股票、债券等。期货合约，是指由期货交易所统一制定、规定在将来某一特定的时间和地点交割一定数量标的物的标准化合同，如商品期货合约、金融期货合约等。"提供虚假信息"，是指行为人隐瞒真相、凭空捏造、歪曲事实，向投资者提供影响交易意愿的误导性信息。虚假信息的来源，既包括行为人自己编造的，也包括道听途说来的虚假信息。"伪造交易记录"，是指制作假的交易记录。"变造交易记录"，是指用涂改、擦消、拼接、篡改数据等方法，对真实的业务记录文件进行改动。"销毁交易记录"，是指把真实交易记录加以毁灭的行为。

3. 本罪为特殊主体，只能由证券交易所、证券公司及期货交易所、期货经纪公司的从业人员，证券业协会、期货业协会或者证券期货监督管理部门的工作人员及其所在单位构成。

4. 主观方面是故意，即故意提供虚假信息，诱骗投资者买卖证券、期货合约。

行为人诱骗投资者买卖证券、期货合约的目的是从中牟取非法利益，如通过增加股票、期货合约交易数额，可以收取更多的交易手续费等；通过诱骗投资者大量买入或者卖出某一只证券、期货合约，行为人趁机高价抛出或者低价买入该证券、期货合约，从中牟利。当然，行为人是否实际获利以及获利数额大小，均不影响本罪成立。

依照《刑法》规定，诱骗投资者买卖证券、期货合约的行为，必须是"造成严重后果的"，才构成犯罪。按照《最高人民检察院、公安部关于公安机关管辖的刑事案件立案追诉标准的规定（二）》第33条规定，上述主体诱骗投资者买卖证券、期货合约，涉嫌下列情形之一的，应予立案追诉：（1）获利或者避免损失数额累计在5万元以上的；（2）造成投资者直接经济损失数额在50万元以上的；（3）虽未达到上述数额标准，但多次诱骗投资者买卖证券、期货合约的；（4）致使交易价格和交易量异常波动的；（5）造成其他严重后果的。

（二）认定诱骗投资者买卖证券、期货合约罪应当注意的问题

1. 划清罪与非罪的界限。

诱骗投资者买卖证券、期货合约，如果由于种种原因，行为人发布消息虽然不实，但并未导致投资者合法权益的重大损失，或者造成其他严重后果的，不能以犯罪论处。

2. 划清本罪与编造并传播证券、期货交易虚假信息罪的界限。

两罪的主要区别：一是犯罪主体不同。本罪是特殊主体，只有证券交易所、证券公司及期货交易所、期货经纪公司的从业人员，证券业协会、期货业协会或者证券、期货监督管理部门的工作人员及其所在单位才能构成；而编造并传播证券、期货交易虚假信息罪的主体是一般主体，可以由具有责任能力的任何自然人和单位构成。二是行为方式有所不同。两罪虽然都有提供虚假信息的行为，但本罪还可能以伪造、变造、销毁交易记录的方式进行。

（三）诱骗投资者买卖证券、期货合约罪的刑事责任

依照《刑法》第181条第2款规定，犯诱骗投资者买卖证券、期货合约罪的，处五年以下有期徒刑或者拘役，并处或者单处1万元以上10万元以下罚金；情节特别恶劣的，处五年以上十年以下有期徒刑，并处2万元以上20万元以下罚金。

依照《刑法》第181条第3款规定，单位犯本罪的，对单位判处罚金，并对其直接负责的主管人员和其他直接责任人员，处五年以下有期徒刑或者

拘役。

司法机关在适用本罪处罚时,一是注意"情节特别恶劣"的适用,应当综合全案情况具体认定,需考虑的主要因素包括:行为人是否曾因实施本罪行为被行政处罚或者受到刑事追究、多次实施本罪行为、抗拒逃避国家主管部门审查、造成特别恶劣社会影响、非法获利数额特别巨大,以及是否造成投资者特别重大经济损失等。二是单位犯本罪,只有一档法定刑。

二十一、操纵证券、期货市场罪

第一百八十二条[①] 有下列情形之一,操纵证券、期货市场,影响证券、期货交易价格或者证券、期货交易量,情节严重的,处五年以下有期徒刑或者拘役,并处或者单处罚金;情节特别严重的,处五年以上十年以下有期徒刑,并处罚金:

(一)单独或者合谋,集中资金优势、持股或者持仓优势或者利用信息优势联合或者连续买卖的;

(二)与他人串通,以事先约定的时间、价格和方式相互进行证券、期货交易的;

(三)在自己实际控制的帐户之间进行证券交易,或者以自己为交易对象,自买自卖期货合约的;

(四)不以成交为目的,频繁或者大量申报买入、卖出证券、期货合约并撤销申报的;

(五)利用虚假或者不确定的重大信息,诱导投资者进行证券、期货交易的;

(六)对证券、证券发行人、期货交易标的公开作出评价、预测或者投资建议,同时进行反向证券交易或者相关期货交易的;

(七)以其他方法操纵证券、期货市场的。

---

① 本条经 1999 年 12 月 25 日《刑法修正案》第 6 条、2006 年 6 月 29 日《刑法修正案(六)》第 11 条、2020 年 12 月 26 日《刑法修正案(十一)》第 13 条三次修改。

单位犯前款罪的，对单位判处罚金，并对其直接负责的主管人员和其他直接责任人员，依照前款的规定处罚。

（一）操纵证券、期货市场罪的概念和构成要件

操纵证券、期货市场罪，是指故意操纵证券、期货市场，影响证券、期货交易价格或者证券、期货交易量，情节严重的行为。

本罪是 1997 年《刑法》增设的罪名，当时的罪名是"操纵证券交易价格罪"。1999 年《刑法修正案》第 6 条对本罪作了修改，增加了有关期货犯罪的内容。罪名修改为"操纵证券、期货交易价格罪"。2006 年《刑法修正案（六）》第 11 条再次对本罪作了修改。主要修改内容：一是将原第 1 款中"操纵证券、期货交易价格"修改为"操纵证券、期货市场"，同时删除了"获取不正当利益或者转嫁风险"的规定；二是对操纵证券、期货市场行为的表现形式作了一些修改，如在原第 3 项中增加了"在自己实际控制的账户之间进行证券交易"，同时删除了"以自己为交易对象，进行不转移证券所有权的自买自卖"的规定；三是修改并增加了一档法定刑，将最高法定刑提高到十年。本罪罪名也相应改为"操纵证券、期货市场罪"。随着我国经济社会发展，资本市场运行中的矛盾风险不断显现，为了进一步发挥刑法对防范化解金融风险、维护金融秩序的重要作用，2020 年《刑法修正案（十一）》针对新情况，补充完善了操纵证券、期货罪的情形，进一步严密刑事法网。《刑法修正案（十一）》第 13 条对《刑法》第 182 条第 1 款作了相应修改：一是完善了《刑法》第 182 条第 1 款的有关罪状表述，将"操纵证券、期货市场，情节严重的"修改为"操纵证券、期货市场，影响证券、期货交易价格或者证券、期货交易量，情节严重的"；二是删除《刑法》第 182 条第 1 款第 1 项中"操纵证券、期货交易价格或者证券、期货交易量"，删除了第 2 项、第 3 项中"影响证券、期货交易价格或者证券、期货交易量"；三是增加了三项情形作为第 4 项、第 5 项、第 6 项，将原第 4 项"以其他方法操纵证券、期货市场的"后延至本条第 7 项。新增的三种情形，分别是第 4 项"不以成交为目的，频繁或者大量申报买入、卖出证券、期货合约并撤销申报的"；第 5 项"利用虚假或者不确定的重大信息，诱导投资者

进行证券、期货交易的"；第6项"对证券、证券发行人、期货交易标的公开作出评价、预测或者投资建议，同时进行反向证券交易或者相关期货交易的"。

操纵证券、期货市场罪的构成要件是：

1. 本罪侵犯的客体是国家对证券、期货交易的管理制度和投资者的合法权益。

2. 客观方面表现为操纵证券、期货市场，影响证券、期货交易价格或者证券、期货交易量的行为。《刑法》第180条第1款规定了操纵证券、期货市场犯罪的7种行为方式：

一是"连续交易操纵"，即单独或者合谋，集中资金优势、持股或者持仓优势或者利用信息优势联合或者连续买卖，操纵证券、期货交易价格或者证券、期货交易量的行为。这里规定"单独或者合谋"，意味着操纵证券、期货交易的行为人既可以是买方，也可以是卖方，甚至既是买方也是卖方；可以是一个人所为，也可以是多人联合所为。"集中资金优势、持股或者持仓优势或者利用信息优势"，是指证券、期货的投资大户、会员单位等利用手中持有大量资金、股票、期货合约或者利用了解内幕信息等优势，进行证券、期货交易。"联合买卖"，是指行为人在一段时间内共同对某种股票或者期货合约买进或者卖出的行为。"连续买卖"，是指行为人在短时间内对同一股票或者期货合约反复进行买进和卖出操作。行为人通过这种操纵行为，造成某种股票、期货合约交易一时异常活跃，导致价位出现猛涨或者暴跌的假象，诱使众多中小投资者上当受骗，而行为人自己则在高价位及时抛出，低价位大量买入，获取巨额非法利益，使其他中小投资者被牢牢套住，遭受巨大损失。

二是"约定交易操纵"，即与他人串通，以事先约定的时间、价格和方式相互进行证券、期货交易，影响证券、期货交易价格或者证券、期货交易量的行为。这种操纵行为方式又被称为"对敲"，具体表现为行为人与他人通谋，在约定的时间，以约定的价格相互进行股票、期货交易，目的在于虚假造势，从而影响某种股票、期货的价格，行为人乘机建仓或者平仓，以牟取非法利益。在现行集中交易市场电脑竞价撮合成交的交易状态下，串通者所买进与卖出证券、期货合约的时间、数量完全相同，几乎不可能，但只要串通者在委托时间和价格上具有相似性，数量上具有一致性，即可成立。也不要求必须以整个市场价格为对象，只要影响了某种股票或者期货品种的交易即可。①

三是"自买自卖操纵"，即在自己实际控制的账户之间进行证券交易，或者以自己为交易对象，自买自卖期货合约，影响证券、期货交易价格或者证券、期货交易量的行为。这种操纵方式也被称为"洗售操纵"。根据《最高人民法院、最高人民检察院关于办理操纵证券、期货市场刑事案件适用法律若干问题的解释》(以下简称《办理操纵证券、期货市场刑事案件解释》)第5条，"自己实际控制的账户"包括：(1)行为人以自己名义开户并使用的实名账户；(2)行为人向账户转入或者从账户转出资金，并承担实际损益的他人账户；(3)行为人通过第1项、第2项以外的方式管理、支配或者使用的他人账户；(4)行为人通过投资关系、协议等方式对账户内资产行使交易决策权的他人账户；(5)其他有证据证明行为人具有交易决策权的账户。但是，有证据证明行为人对上述第1项至第3项账户内资产没有交易决策权的除外。这种操纵行为方式，具体表现为行为人一人或者一个单位，非法以自己或者他人的名义开立多个用于炒股、炒作期货的户头，用一个户头卖出证券、期货，同时再用另一个户头买入该笔证券或者期货合约，使其他投资者误以为该证券或者期货合约交易活跃，进而斥资交易，行为人则从中非法获利。

四是"虚假交易操纵"，即不以成交为目的，频繁或者大量申报买入、卖出证券、期货合约并撤销申报的行为。其具体表现为行为人为了操纵证券、期货市场，频繁申报、撤单或者大额申报、撤单，但不以真实交易为目的，其目的在于误导投资者作出投资决策，从而影响证券、期货交易价格或者证券、期货交易量，并根据交易变化情况进行与其申报相反的交易或者谋取相关利益。

---

① 郎胜主编：《〈中华人民共和国刑法〉理解与适用》，中国民主法制出版社2015年版，第313页。

五是"诱导交易操纵",即利用虚假或者不确定的重大信息,诱导投资者进行证券、期货交易的行为。其通常表现为,行为人利用虚假或者不确定的重大信息,诱导投资者作出投资决策,进行证券、期货交易的行为,从而影响证券、期货交易价格或者证券、期货交易量,而行为人同时进行相关交易或者谋取相关利益。这里"虚假的信息",是指能够影响投资者作出交易决策的信息,如公司收购、重组、利好分红等重大信息。这里的虚假信息,既可以是行为人自己编造,也可以表现为明知是虚假信息,而故意利用诱导投资者。"不确定的重大信息",有别于未公开的内幕信息,该信息被行为人利用诱导投资者交易之时,尚处于不确定状态,诱导交易行为完成之后,该信息反映的事项既可能真实发生,也可能没有出现或者没有发生。

六是"评论造势操纵",即对证券、证券发行人、期货交易标的公开作出评价、预测或者投资建议,同时进行反向证券交易或者相关期货交易的行为。其通常表现为,行为人为了操纵证券、期货市场,通过对证券及其发行人、上市公司、期货交易标的公开作出评价、预测或者投资建议,从而误导投资者作出投资决策,影响证券、期货交易价格或者证券、期货交易量,行为人则进行与其评价、预测、投资建议方向相反的证券交易或者相关期货交易,从而获取非法利益。

七是"以其他方法操纵"证券、期货市场的行为。操纵证券、期货市场犯罪客观上主要表现为《刑法》明确列举的6种行为方式,但实践中情况复杂,新的犯罪手段和方法层出不穷,所以《刑法》第182条第1款第7项和有关司法解释都规定了兜底项,即"以其他方法操纵证券、期货市场的"行为。根据《办理操纵证券、期货市场刑事案件解释》第1条规定,这里的"以其他方法操纵证券、期货市场",除《刑法修正案(十一)》第13条对操纵证券、期货市场罪新增补充规定的"虚假交易操纵""诱导交易操纵""评论造势操纵"三种行为方式外,还包括:(1)通过策划、实施资产收购或者重组、投资新业务、股权转让、上市公司收购等虚假重大事项,误导投资者作出投资决策,影响证券交易价格或者证券交易量,并进行相关交易或者谋取相关利益的;(2)通过控制发行人、上市公司信息的生成或者控制信息披露的内容、时点、节奏,误导投资者作出投资决策,影响证券交易价格或者证券交易量，并进行相关交易或者谋取相关利益的；（3）通过囤积现货，影响特定期货品种市场行情，并进行相关期货交易的；（4）以其他方法操纵证券、期货市场的。

3. 犯罪主体为一般主体，自然人和单位均可构成本罪的主体。

司法实践中，一般只有证券、期货投资者才有可能犯本罪，并且只有那些拥有资金、证券或期货合约数额较大的人或者单位，有内幕信息来源的人或者单位，才有"能力"犯本罪。当然，不排除并无资本，但了解证券、期货操作的人纠集其他投资者，共同进行操纵证券、期货市场的犯罪行为。

4. 主观方面由故意构成。

行为人的犯罪目的，一般是为获取不正当利益或者转嫁风险，但该目的不是本罪必备的构成要件。至于行为人客观上是否实现上述目的，不影响本罪的成立。

根据《刑法》规定，操纵证券、期货市场的行为，除了需符合以上构成要件外，还必须达到"情节严重"的程度才能构成犯罪。根据《办理操纵证券、期货市场刑事案件解释》第2条、第3条，实践中，对"情节严重"可以根据以下两个标准予以认定。

一是"数额标准"，即操纵证券、期货市场，具有规定情形之一的，应当认定为《刑法》第182条第1款规定的"情节严重"。二是"数额+情节标准"，即操纵证券、期货市场，违法所得数额在50万元以上，具有规定情形之一的，应当认定为《刑法》第182条第1款规定的"情节严重"。

（二）认定操纵证券、期货市场罪应当注意的问题

1. 划清罪与非罪的界限。

证券、期货交易，在某种意义上是一种投机交易，即低价位时、预期价位将走高时买进，高价位时、预期价位将走低时卖出。投资者都希望证券、期货交易价格能按自己的愿望和预期涨跌。为了达到这一目的，有的行为人则以自己的非法交易行为，人为地促使证券、期货交易价格向自己期望的价位变化。这种行为明显是违法的，但只有达到"情节严重"的程度才构成本罪。如果违规操纵证券、期货市场的行为，尚不属情节严重的，则属于一般

违法行为，可由证券、期货监督管理部门依法予以行政处罚。

在区分本罪与非罪界限中另一个值得注意的问题，是行为人主观故意的认定。如前所述，证券、期货投资者都希望证券、期货交易价格朝自己期望的方向发展、变化。比如，投资大户、专业投资者研究预测证券、期货市场中某一只或者几只证券或期货合约的价格走向，然后投入巨资购入某只或某几只预计价格将走高的证券或期货合约，或者大量抛出预计价格可能走低的证券、期货合约，再过一段时间后，当该证券、期货合约价格确如预测的发生变化后，再抛出或者买入该证券、期货合约，从中获利或者避免损失。这种行为是正常、合法的投资行为，也是投资者精明之处。实践中，对本罪的认定要注意避免客观归罪，对于客观上可能引起该证券、期货合约价格的变化，但行为人主观上不具有本罪故意的，应当根据主客观相一致原则，不认定为犯罪。

2. 划清本罪与内幕交易罪的界限。

本罪与内幕交易罪的区别主要在于：一是有关"信息"特点有所不同。犯本罪所利用的信息，多是行为时已经公开的信息，但该信息在公开前行为人就已经掌握或者了解，并预先作了相关交易的准备。因此，行为人能在该信息公开后的第一时间进行交易，达到操纵证券、期货市场的目的；而内幕交易罪所利用的是内幕信息，即该信息尚未公开，行为人即利用该信息优势来进行证券、期货合约交易，达到非法获利的目的。二是行为方式有所不同。本罪是利用信息优势，人为操纵市场导致证券、期货价格变化，再从中非法获利或者转嫁风险；而内幕交易罪是在该信息公开前，买进或卖出有关证券、期货合约，不必再进行反向交易操作。需注意的是，《刑法》第182条第1款第1项规定的本罪行为中，有"利用信息优势联合或者连续买卖的"。这里的"信息优势"中"信息"范围很广，包括特殊的、影响证券、期货交易价格的内幕信息。就法条关系而言，存在本罪与内幕交易罪的竞合。对行为人利用内幕信息，同时构成操纵证券、期货市场罪和内幕交易罪的，按照牵连犯处断原则从一罪重罪论处。

3. 划清本罪与编造并传播证券、期货交易虚假信息罪的界限。

实践中应当注意把握本罪与《刑法》第181条第1款编造并传播证券、

期货交易虚假信息罪的界限。一是行为方式不同。本罪可以表现为利用虚假或者不确定的重大信息，诱导投资者进行证券、期货交易的行为，这里的"虚假的重大信息"既包括行为人本人编造并传播的重大信息，也包括行为人传播他人编造的重大信息；编造并传播证券、期货交易虚假信息罪表现为行为人本人编造并传播影响证券、期货交易的虚假信息，如果行为人只是编造而没有传播，或者道听途说又散布给他人，不构成该罪。二是主观目的有所不同。本罪的主观目的一般是通过操纵证券、期货市场行为从中谋取利益；后罪是否具有从中谋取利益的主观目的，不影响该罪的构成。三是有关信息特点有所不同。本罪既可以利用虚假信息，也可以利用真实的信息、不确定的信息；编造并传播证券、期货交易虚假信息罪中的"信息"必须是凭空捏造、虚构事实的虚假信息。对于行为人利用虚假信息诱导投资者进行证券、期货交易，同时构成编造并传播证券、期货交易虚假信息罪和操纵证券、期货市场罪的，应当按照牵连犯从一重罪处断原则，以操纵证券、期货市场罪定罪处罚。

（三）利用操纵证券、期货市场罪的刑事责任

依照《刑法》第182条第1款规定，犯操纵证券、期货市场罪的，处五年以下有期徒刑或者拘役，并处或者单处罚金；情节特别严重的，处五年以上十年以下有期徒刑，并处罚金。

依照《刑法》第182条第2款规定，单位犯本罪的，对单位判处罚金，并对其直接负责的主管人员和其他直接责任人员，依照前款的规定处罚。

司法机关在适用本条规定处罚时，应当了解《刑法修正案（六）》第11条对本罪法定刑作了较大调整。一是增设了"情节特别严重"的量刑幅度，法定最高刑由原来的五年有期徒刑提高到十年。二是将原根据违法所得数额的倍比罚金刑修改为无限额罚金刑。三是单位犯罪中对直接负责的主管人员和其他直接责任人员的处罚，由原规定的处自由刑修改为依照前款自然人犯罪的规定处罚，即不仅处自由刑，也处财产刑，同时对单位判处罚金。

根据《办理操纵证券、期货市场刑事案件解释》第4条，一是犯本罪具有规定情形之一的，应当认定为"情节特别严重"。二是实施操纵证券、期

货市场行为，违法所得数额在 500 万元以上，并具有该解释第 3 条规定的 7 种情形之一的，也应当认定为"情节特别严重"。

二十二、背信运用受托财产罪

第一百八十五条之一第一款[①]　商业银行、证券交易所、期货交易所、证券公司、期货经纪公司、保险公司或者其他金融机构，违背受托义务，擅自运用客户资金或者其他委托、信托的财产，情节严重的，对单位判处罚金，并对其直接负责的主管人员和其他直接责任人员，处三年以下有期徒刑或者拘役，并处三万元以上三十万元以下罚金；情节特别严重的，处三年以上十年以下有期徒刑，并处五万元以上五十万元以下罚金。

（一）背信运用受托财产罪的概念和构成要件

背信运用受托财产罪，是指商业银行、证券交易所、期货交易所、证券公司、期货经纪公司、保险公司或者其他金融机构，违背受托义务，擅自运用客户资金或者其他委托、信托的财产，情节严重的行为。

本罪是《刑法修正案（六）》第 12 条第 1 款增设的罪名。

背信运用受托财产罪的构成要件是：

1.本罪侵犯的客体是金融管理秩序和客户的合法权益。

根据《商业银行法》《证券法》《信托法》《证券投资基金法》等法律规定，商业银行、证券交易所、期货交易所、证券公司、期货经纪公司、保险公司或者其他金融机构可以接受他人委托，从事有关委托理财业务。上述金融机构代为管理委托人授权的财产，以其专业知识技能，为实现资产权益人的利益最大化，从事各种投资活动，并按照法定或者约定方式获取一定佣金，投资风险由资产所有人承担。上述有关法律对金融机构受托从事理财活动作出较为严格的管理规定，要求受托的金融机构必须依法运用委托人的财产。上述有关金融机构擅自运用客户财产，不仅违背了受托义务，使投资者的财产

[①] 本款由 2006 年 6 月 29 日《刑法修正案（六）》第 12 条第 1 款增设。

陷入极大风险，动摇社会公众的投资信心，也对金融管理秩序造成严重危害，应予依法惩处。

2. 客观方面表现为违背受托义务，擅自运用客户资金或者其他委托、信托的财产的行为。

"违背受托义务"，不限于违反当事人委托合同所约定的、有关金融机构应当承担的义务，也包括违反有关法律、行政法规以及部门规章所规定的受托人应当承担的义务。"擅自运用"，是指未经客户认可，非法使用客户资金和委托、依托财产。这里的"客户资金"，是指客户存入上述金融机构的资金。"其他委托、信托的财产"，主要是指客户按约定委托金融机构从事有关理财活动中，存放于该金融机构的有关财产，如证券投资业务中的客户交易结算资金、委托理财业务中客户资产、依托业务中的信托财产、证券投资基金等。

3. 犯罪主体只能是单位，包括商业银行、证券交易所、期货交易所、证券公司、期货经纪公司、保险公司或者其他金融机构。"其他金融机构"，主要是指信托投资公司、投资咨询公司、投资管理公司等经国家有关主管部门批准的、有资格开展委托理财等特定业务的金融机构。个人不能成为本罪主体。

4. 主观方面出于故意。

根据《刑法》规定，擅自运用客户财产的行为，除需符合以上构成要件外，必须达到"情节严重"程度的，才构成犯罪。所谓"情节严重"，一般是指涉案金额大、造成客户重大财产损失、造成金融秩序严重紊乱，以及多次违背义务擅自运用受委托的客户资产等情节。按照《最高人民检察院、公安部关于公安机关管辖的刑事案件立案追诉标准的规定（二）》第35条的规定，上述主体涉嫌下列情形之一的，应予立案追诉：（1）擅自运用客户资金或者其他委托、信托的财产数额在30万元以上的；（2）虽未达到上述数额标准，但多次擅自运用客户资金或者其他委托、信托的财产，或者擅自运用多个客户资金或者其他委托、信托的财产的；（3）其他情节严重的情形。

（二）认定背信运用受托财产罪应当注意的问题

1. 划清罪与非罪的界限。

构成本罪，要求擅自运用客户财产的行为，必须达到"情节严重"程度的，才构成犯罪。对于未达到情节严重的，不能追究其刑事责任，应视情形由主管部门予以行政处罚。

2. 划清本罪与挪用资金罪、挪用公款罪的界限。

除犯罪客体、犯罪对象的性质有区别外，本罪与挪用资金罪、挪用公款罪最大的差别是犯罪主体不同。背信运用受托财产罪的主体只限于有关金融机构；而挪用资金罪、挪用公款罪的主体是自然人。如果挪用客户资金的行为是有关人员按领导指令，以单位名义、为单位利益实施的，则应视情形以背信运用受托财产罪论处；反之，如果该行为是金融机构中有关工作人员个人的行为，则应视情形以挪用资金罪、挪用公款罪等罪名定罪处罚。

3. 划清本罪与非法吸收公众存款罪、非法经营罪的界限。

背信运用受托财产罪的主体仅限于依法具有相关金融业务经营资质的金融机构。如果其他单位未经许可，非法开展证券、期货投资等委托理财等业务，从而大量吸收资金，并擅自运用客户财产的，应视情形以非法经营罪、非法吸收公众存款罪等罪名定罪处罚。

（三）背信运用受托财产罪的刑事责任

依照《刑法》第185条之一第1款规定，犯背信运用受托财产罪的，对单位判处罚金，并对其直接负责的主管人员和其他直接责任人员，处三年以下有期徒刑或者拘役，并处3万元以上30万元以下罚金；情节特别严重的，处三年以上十年以下有期徒刑，并处5万元以上50万元以下罚金。

二十三、违法运用资金罪

第一百八十五条之一[①] 商业银行、证券交易所、期货交易所、证券公司、期货经纪公司、保险公司或者其他金融机构,违背受托义务,擅自运用客户资金或者其他委托、信托的财产,情节严重的,对单位判处罚金,并对其直接负责的主管人员和其他直接责任人员,处三年以下有期徒刑或者拘役,并处三万元以上三十万元以下罚金;情节特别严重的,处三年以上十年以下有期徒刑,并处五万元以上五十万元以下罚金。

社会保障基金管理机构、住房公积金管理机构等公众资金管理机构,以及保险公司、保险资产管理公司、证券投资基金管理公司,违反国家规定运用资金的,对其直接负责的主管人员和其他直接责任人员,依照前款的规定处罚。

(一)违法运用资金罪的概念和构成要件

违法运用资金罪,是指社会保障基金管理机构、住房公积金管理机构等公众资金管理机构,以及保险公司、保险资产管理公司、证券投资基金管理公司,违反国家规定运用其管理的公众资金,情节严重的行为。

本罪是《刑法修正案(六)》第12条第2款增设的罪名。

违法运用资金罪的构成要件是:

1. 本罪侵犯的客体是公众资金的安全管理。

犯罪对象是社会保障基金、住房公积金等公众资金。所谓"社会保障基金",是指根据法律的强制性规定,通过向劳动者及其所在用人单位征缴社会保险费,或者由国家财政直接拨款而集中起来,用于社会保险、社会福利、社会救济、医疗保险等社会保障事业的一种专项基金,主要包括基本养老保险基金、基本医疗保险基金、失业保险基金、工伤保险基金、生育保险基金等。"住房公积金",是指各种单位及其在职职工缴存的长期住房储金。职工个人缴存的住房公积金和职工所在单位为职工缴存的住房公积金属于职

[①] 本条由2006年6月29日《刑法修正案(六)》第12条增设。

工个人所有。有关公众资金管理机构违法运用社会保障基金、住房公积金等公众资金,以及接受委托,对公众资金进行资产管理的保险公司、保险资产管理公司、证券投资基金管理公司违反国家规定运用资金的行为,直接危及公众资金的安全,损害广大人民群众的切身利益,严重影响社会稳定,有必要依法惩处。

2. 客观方面表现为违反国家规定运用公众资金的行为。

"违反国家规定",是指违反全国人民代表大会及其常务委员会制定的法律和决定、国务院制定的行政法规、规定的行政措施、发布的决定和命令。违反国家规定运用资金的行为,违背的不是当事人合同或者口头约定的受托义务,而是违反了国家对有关资金运用的条件、程序等规定。

3. 犯罪主体是单位,即社会保障基金管理机构、住房公积金管理机构等公众资金管理机构,以及对公众资金进行资产管理的保险公司、保险资产管理公司、证券投资基金管理公司。自然人不能构成本罪。

4. 主观方面出于故意。过失行为,不构成本罪。

(二)认定违法运用资金罪应当注意的问题

1. 划清罪与非罪的界限。

《刑法》第185条之一第2款罪状表述中虽未明确规定本罪行为必须达到"情节严重"程度的才构成犯罪,但这并不意味着任何违法运用资金的行为都构成本罪,都追究刑事责任。根据该条"依照前款的规定处罚"和立法原意,本罪构成应当符合"情节严重"的程度要求,如擅自动用的数额比较大、社会影响比较恶劣,影响了社会的稳定等。[①] 按照《最高人民检察院、公安部关于公安机关管辖的刑事案件立案追诉标准的规定(二)》第36条规定,社会保障基金管理机构、住房公积金管理机构等公众资金管理机构,以及保险公司、保险资产管理公司、证券投资基金管理公司,违反国家规定运用资金,涉嫌下列情形之一的,应予立案追诉:(1)违反国家规定运用资金

[①] 参见郎胜主编:《〈中华人民共和国刑法〉理解与适用》,中国民主法制出版社2015年版,第321页;黄太云:《刑法修正案解读全编》,人民法院出版社2011年版,第200页。

数额在 30 万元以上的；（2）虽未达到上述数额标准，但多次违反国家规定运用资金的；（3）其他情节严重的情形。

2. 划清本罪与挪用资金罪、挪用公款罪的界限。

本罪与挪用资金罪的主要区别有两点：一是犯罪主体不同，本罪是单位犯罪，挪用资金罪是自然人犯罪；二是犯罪对象不同，本罪侵犯的对象是公众资金，后罪侵犯的是单位资金。如果是有关公众资金管理机构或者受托管理公众资金的金融机构中的工作人员，个人利用职务之便，挪用本单位管理的公众资金的，应当根据行为人的主体身份，视情况以挪用资金罪或者挪用公款罪定罪处罚。

（三）违法运用资金罪的刑事责任

依照《刑法》第 185 条之一第 2 款规定，犯违法运用资金罪的，对其直接负责的主管人员和其他直接责任人员，依照前款的规定处罚，即处三年以下有期徒刑或者拘役，并处 3 万元以上 30 万元以下罚金；情节特别严重的，处三年以上十年以下有期徒刑，并处 5 万元以上 50 万元以下罚金。

需要注意的是，一是《刑法》第 185 条之一第 2 款属于援引法定刑的情形，其应当是对该条第 1 款全部法定刑的引用，即违反国家规定运用资金，情节严重的，对其直接负责的主管人员和其他直接责任人员，处三年以下有期徒刑或者拘役，并处 3 万元以上 30 万元以下罚金；情节特别严重的，处三年以上十年以下有期徒刑，并处 5 万元以上 50 万元以下罚金。二是本罪属于实行单罚制的单位犯罪。因此，与背信运用受托财产罪实行的双罚制不同，《刑法》对本罪只处罚犯罪单位中直接负责的主管人员和其他直接责任人员，而不处罚单位。之所以这样规定，是因为如果同时判处单位罚金，势必会使公众资金受到进一步损害。

二十四、违法发放贷款罪

第一百八十六条[①] 银行或者其他金融机构的工作人员违反国家规定发放贷款,数额巨大或者造成重大损失的,处五年以下有期徒刑或者拘役,并处一万元以上十万元以下罚金;数额特别巨大或者造成特别重大损失的,处五年以上有期徒刑,并处二万元以上二十万元以下罚金。

银行或者其他金融机构的工作人员违反国家规定,向关系人发放贷款的,依照前款的规定从重处罚。

单位犯前两款罪的,对单位判处罚金,并对其直接负责的主管人员和其他直接责任人员,依照前两款的规定处罚。

关系人的范围,依照《中华人民共和国商业银行法》和有关金融法规确定。

(一)违法发放贷款罪的概念和构成要件

违法发放贷款罪,是指银行等金融机构或其工作人员违反国家规定,向他人发放贷款,数额巨大或者造成重大损失的行为。

本罪最初源于1995年6月《全国人民代表大会常务委员会关于惩治破坏金融秩序犯罪的决定》第9条的规定。1997年《刑法》修订,该内容被吸收为《刑法》第186条。根据该条规定,《最高人民法院关于执行〈中华人民共和国刑法〉确定罪名的规定》规定了2个罪名,即"违法向关系人发放贷款罪""违法发放贷款罪"。实践中,一些部门提出执法司法过程中遇到的一些问题:金融机构贷款有一系列程序,包括贷前调查、贷中审查、贷后检查等环节。一旦贷款造成损失,应对哪个环节定罪难以界定;有很多贷款发放后办理过多次借新还旧,对办理过借新还旧的贷款,如何对有关责任人定罪?认识难以统一。另外,对"损失"认定时间和认定标准、损失是以立案时还是以审判时的损失计算等问题,也有分歧认识。为此,建议立法机关对

---

① 本条第1款、第2款经2006年6月29日《刑法修正案(六)》第13条修改。

违法发放贷款行为，只要涉及的资金数额巨大或者有其他严重情节的，就应当追究刑事责任，不要考虑是否造成损失。[①] 鉴此，《刑法修正案（六）》第13条对本条主要作了以下修改：一是统一了原《刑法》规定的"违法向关系人发放贷款罪"和"违法发放贷款罪"的犯罪构成和定罪量刑标准，并规定向关系人发放贷款的，从重处罚；二是对犯罪构成要件作了修改，将入罪门槛由"向关系人发放贷款造成较大损失和向其他人发放贷款造成重大损失的"统一修改为"数额巨大或者造成重大损失的"；三是将该罪第二档法定刑适用标准统一修改为"数额特别巨大或者造成特别重大损失的"。罪名由原来的两个合并为一个，即"违法发放贷款罪"。

违法发放贷款罪的构成要件是：

1. 本罪侵犯的客体是国家对金融机构贷款活动的管理制度。

2. 客观方面表现为违反国家规定发放贷款，数额巨大或者造成重大损失的行为。

"违反国家规定发放贷款"，是指违反法律、行政法规有关贷款发放条件、程序、期限等的规定，向关系人或者关系人以外的其他人发放贷款。例如，根据《商业银行法》规定，商业银行贷款，应当对借款人的借款用途、偿还能力、还款方式等情况进行严格审查，实行审贷分离、分级审批制度；借款人应当提供担保，银行应当对保证人的资质及偿还能力，抵押物、质权的属性、价值及实现抵押权、质权的可行性进行严格审查。对经审查通过的贷款申请，商业银行应当与借款人订立书面合同，约定贷款种类、借款用途、金额、利率、还款期限、违约责任等。行为人在签订贷款合同时，不严格审查借款人、保证人的偿还能力、抵押物情况及实现抵押权的可行性；优于其他借款人同类贷款的条件而向关系人发放贷款；明知申贷人不符合贷款条件，仍为其发放贷款等行为，都属于"违反国家规定发放贷款"。需指出的是，"造成重大损失"，应当是指立案时造成没有归还或者没有全部归还的贷款数额巨大。案发后，司法机关依法将贷款追回，挽回了损失的，不能认为行为人违法发放贷款的行为没有造成损失。司法机关挽回犯罪行为造成损

[①] 黄太云：《刑法修正案解读全编》，人民法院出版社2011年版，第202~203页。

失的措施和实际结果，虽不影响对行为人的定罪，但可以作为量刑情节予以考虑。

3. 犯罪主体为特殊主体，即银行或者其他金融机构的工作人员。上述人员所在的单位，也可以构成本罪。

4. 主观方面为复合罪过，包括故意和过失两种情况。从违法发放贷款"数额巨大"来看，应是故意；从行为人对"造成重大损失"的心态来看，应是过失。

根据《刑法》规定，违法发放贷款必须符合"数额巨大"或者"造成重大损失"的，才能构成犯罪。换言之，违法发放贷款罪的犯罪构成条件有两个结果性条款，任何一项结果成就，都可能构成犯罪。"数额巨大"，是指行为人非法发放的贷款数额巨大。"造成重大损失"，是指行为人非法发放贷款，致使贷款全部不能收回或者部分不能收回给有关金融机构造成重大损失。按照《最高人民检察院、公安部关于公安机关管辖的刑事案件立案追诉标准的规定（二）》第37条的规定，银行或者其他金融机构及其工作人员违反国家规定发放贷款，涉嫌规定情形之一的，应予立案追诉。

（二）认定违法发放贷款罪应当注意的问题

1. 划清罪与非罪的界限。

根据《刑法》规定，一是违法发放贷款罪是法定犯，有关发放贷款的行为构成犯罪必须以"违反国家规定"为前提。合规的放贷行为无论发放贷款数额有多大，或者造成实际损失有多大，都不构成犯罪。二是违法发放贷款罪表现为数额犯和结果犯，有关行为必须符合"数额巨大"或者"造成重大损失"的法定条件，才构成犯罪。

2. 划清一罪和数罪的界限。

违法发放贷款罪具有一定职务性的特点，其犯罪行为发生过程中，往往与滥用职权、玩忽职守等渎职类犯罪，存在特殊法条与普通法条竞合的关系，可以根据特殊法优于一般法的原则，按本罪定罪处罚。对于金融机构工作人员索取或者收受他人贿赂而违法发放贷款的，以受贿罪和违法发放贷款罪数罪并罚。

（三）违法发放贷款罪的刑事责任

依照《刑法》第186条第1款规定，犯违法发放贷款罪的，处五年以下有期徒刑或者拘役，并处1万元以上10万元以下罚金；数额特别巨大或者造成特别重大损失的，处五年以上有期徒刑，并处2万元以上20万元以下罚金。

依照《刑法》第186条第2款规定，银行或者其他金融机构的工作人员违反国家规定，向关系人发放贷款的，依照前款的规定从重处罚。

依照《刑法》第186条第3款规定，单位犯前两款罪的，对单位判处罚金，并对其直接负责的主管人员和其他直接责任人员，依照前两款的规定处罚。

司法机关适用本条规定处罚时，应注意把握从重处罚情节。第2款规定中的"关系人"，根据《商业银行法》第40条第2款规定，是指：（1）商业银行的董事、监事、管理人员、信贷业务人员及其近亲属。（2）前项所列人员投资或者担任高级管理职务的公司、企业和其他经济组织等。

二十五、吸收客户资金不入账罪

第一百八十七条[①] 银行或者其他金融机构的工作人员吸收客户资金不入帐，数额巨大或者造成重大损失的，处五年以下有期徒刑或者拘役，并处二万元以上二十万元以下罚金；数额特别巨大或者造成特别重大损失的，处五年以上有期徒刑，并处五万元以上五十万元以下罚金。

单位犯前款罪的，对单位判处罚金，并对其直接负责的主管人员和其他直接责任人员，依照前款的规定处罚。

（一）吸收客户资金不入账罪的概念和构成要件

吸收客户资金不入账罪，是指银行等金融机构的工作人员吸收客户资金

---

① 本条第1款经2006年6月29日《刑法修正案（六）》第14条修改。

不入账，数额巨大或者造成重大损失的行为。

本罪最初源于 1997 年《刑法》第 187 条规定的"用账外客户资金非法拆借、发放贷款罪"。按照 1997 年《刑法》的规定，本罪是指金融机构或其工作人员以牟利为目的，采取吸收客户资金不入账的方式，将资金用于非法拆借、发放贷款，造成重大损失的行为。实践中，有关部门提出，有的金融机构账外经营的问题时有发生，由于是在账外经营，它所造成的负债无法监控，潜在的风险难以预防，直接影响金融安全。原《刑法》条文中"以牟利为目的""将资金用于非法拆借、发放贷款""造成重大损失"等规定存在适用范围小、认定难等问题。[①] 为此，《刑法修正案（六）》第 14 条对《刑法》原第 187 条第 1 款作了如下修改：一是删去本罪中"以牟利为目的""将资金用于非法拆借、发放贷款"的构成要件。二是增加规定吸收客户资金不入账"数额巨大"的行为也构成本罪。三是将吸收客户资金不入账"数额特别巨大"的情形，增加规定为第二档法定刑的适用条件。本罪罪名相应改为"吸收客户资金不入账罪"。

吸收客户资金不入账罪的构成要件是：

1. 本罪侵犯的客体是国家金融管理制度和存贷款管理制度。

金融机构工作人员吸收客户资金不入账的行为，不仅逃避了国家对金融机构的监管，造成潜在金融风险，危害金融安全，同时也侵犯了他人的财产权，有必要追究刑事责任。

2. 客观方面表现为吸收客户资金不入账，数额巨大或者造成重大损失的行为。

"吸收客户资金不入账"，是指不记入金融机构的法定存款账目，以逃避国家金融监管，至于是否记入法定账目以外设立的账目，不影响该罪成立。这里的"数额巨大"，是指不入账的客户资金数额巨大。"造成重大损失"，主要是指不入账的资金用于非法拆借、发放贷款等活动，造成客户资金本金未能收回或者仅收回部分，以及造成借贷利息损失等重大损失。

---

① 参见郎胜主编：《〈中华人民共和国刑法〉理解与适用》，中国民主法制出版社 2015 年版，第 325 页。

3. 犯罪主体为特殊主体，包括自然人和单位，但只能由银行或者其他金融机构及其工作人员构成。金融机构的工作人员吸收客户资金不入账的，无论是否利用了职务便利，不影响本罪的成立。

4. 主观方面出于故意。

根据《刑法》规定，银行或者其他金融机构的工作人员吸收客户资金不入账，必须符合"数额巨大"或者"造成重大损失"条件的，才构成犯罪。按照《最高人民检察院、公安部关于公安机关管辖的刑事案件立案追诉标准的规定（二）》第38条的规定，银行或者其他金融机构及其工作人员吸收客户资金不入账，涉嫌下列情形之一的，应予立案追诉：（1）吸收客户资金不入账，数额在200万元以上的；（2）吸收客户资金不入账，造成直接经济损失数额在50万元以上的。

（二）认定吸收客户资金不入账罪应当注意的问题

1. 划清罪与非罪的界限。

根据《刑法》规定，吸收客户资金不入账，只有不入账的资金"数额巨大"或者"造成重大损失"的，才构成本罪。这是罪与非罪的界限。未达到上述"数额巨大"，或者没有"造成重大损失"的，属于一般违法行为，可由有关主管部门给予行政处理。

2. 划清本罪与挪用资金罪、挪用公款罪的界限。

对于金融机构工作人员个人利用职务上便利，挪用已经记入金融机构法定存款账户的客户资金归个人使用的，应根据不同情况认定为挪用资金罪或者挪用公款罪。需要注意的是，金融机构工作人员吸收客户资金不入账，却给客户开具银行存单，客户也认为将款已存入银行，该款却被行为人以个人名义借贷给他人的，属于挪用资金或者挪用公款行为。[①] 因为一旦给客户开具银行存单，实际上客户资金就已成为银行或者其他金融机构的资金；如果该资金后因被用于非法拆借、发放贷款而未能收回或者未能全部收回，将由金融机构而不是其工作人员个人对客户承担赔偿责任。对于金融机构来说，

---

① 参见《全国法院审理金融犯罪案件工作座谈会纪要》。

无论其在实施吸收客户资金不入账的行为时是否为客户出具了存单等凭证，都应视情形以本罪论处。

3.划清本罪与背信运用受托财产罪的界限。

背信运用受托财产罪，是针对金融机构委托理财和该资金经营、管理中发生的违背受托义务，擅自运用客户资金或者其他受托、信托财产的行为，专门规定的犯罪。"违背受托义务"是该罪的主要特征。而本罪吸收客户资金不入账行为中吸收的客户资金，不属于委托理财类经营资金，而是储户存款，因此需给储户开具存单。作为存款的客户资金入账后，由银行等金融机构依法用于贷款等经营行为，不受客户约束。本罪法定刑亦重于背信运用受托财产罪的法定刑。因此，对于吸收客户存款不入账后，又用于非法拆借、发放贷款等擅自使用的，应当以本罪定罪处罚。

4.关于共同犯罪的认定问题。

金融机构的工作人员吸收客户资金不入账的行为，有时是在存款客户明知甚至征得其同意下实施的，可以说此时金融机构的工作人员与存款客户已具有共同故意、共同行为，但对存款客户不能以本罪共犯论处。因为，本罪的危害主要是由金融机构及其工作人员的违规经营行为引发的，而不是由客户的"配合"行为引发的；立法设立本罪的主要目的是规范金融机构及其工作人员的行为，而不是为了规范存款客户的行为，将这些客户作为本罪共犯论处，会不适当地扩大处罚范围。如果客户所存系公款或者单位资金，其利用代单位存款的职务便利，与金融机构或其工作人员相勾结，同意甚至指使后者不将存款记入法定账目，以用于非法拆借、发放贷款的，则依法可以挪用公款罪、挪用资金罪等罪名追究行为人的刑事责任。

（三）吸收客户资金不入账罪的刑事责任

依照《刑法》第187条第1款规定，犯吸收客户资金不入账罪的，处五年以下有期徒刑或者拘役，并处2万元以上20万元以下罚金；数额特别巨大或者造成特别重大损失的，处五年以上有期徒刑，并处5万元以上50万元以下罚金。

依照《刑法》第187条第2款规定，单位犯本罪的，对单位判处罚金，并对其直接负责的主管人员和其他直接责任人员,依照前款的规定处罚。

二十六、违规出具金融票证罪

第一百八十八条[①] 银行或者其他金融机构的工作人员违反规定,为他人出具信用证或者其他保函、票据、存单、资信证明,情节严重的,处五年以下有期徒刑或者拘役;情节特别严重的,处五年以上有期徒刑。

单位犯前款罪的,对单位判处罚金,并对其直接负责的主管人员和其他直接责任人员,依照前款的规定处罚。

(一)违规出具金融票证罪的概念和构成要件

违规出具金融票证罪,是指银行或者其他金融机构的工作人员,违反规定,为他人出具信用证或者其他保函、票据、存单、资信证明,情节严重的行为。

本罪最初源于1995年6月《全国人民代表大会常务委员会关于惩治破坏金融秩序犯罪的决定》第15条关于非法出具金融票证犯罪的规定,即"银行或者其他金融机构的工作人员违反规定,为他人出具信用证或者其他保函、票据、资信证明,造成较大损失的,处五年以下有期徒刑或者拘役;造成重大损失的,处五年以上有期徒刑。"1997年《刑法》修订将该内容吸收作为第188条,罪名是"非法出具金融票证罪"。实践中,对如何认定"损失"以及有关行为能否追究刑事责任存在争议,如给金融机构造成的声誉和信誉损失能否计入本罪的损失、非法出具金融票证涉及金额巨大但未造成损失的能否入罪等。为此,《刑法修正案(六)》对《刑法》原第188条作了修改,将"造成较大损失""造成重大损失"修改为"情节严重""情节特别严重"。考虑到"违反规定"与"违反国家规定"的含义不同,《最高人民检察院、最高人民法院关于执行〈中华人民共和国刑法〉确定罪名的补充规定(三)》将本罪罪名改为"违规出具金融票证罪"。

[①] 本条第1款经2006年6月29日《刑法修正案(六)》第15条修改。

违规出具金融票证罪的构成要件是:

1. 本罪侵犯的客体是国家对金融票证的管理制度。

2. 客观方面表现为违反规定,为他人出具信用证或者其他保函、票据、存单、资信证明,情节严重的行为。

"违反规定",包括违反有关金融法律、行政法规、规章,也包括违反银行等金融机构的有关制度规定。为他人出具金融票证中的"他人",既包括个人,也包括单位。金融票证中的"信用证",是指银行根据客户要求,按照有关法律、行政法规和规章制度开具的,只要受益人满足有关约定要求,开证银行即向受益人保证支付的书面凭证。"保函",是指银行以其自身的信用为客户承担责任的担保函件。"票据",在本罪中仅指汇票、本票和支票。"资信证明",是指能证明特定个人或者单位具有一定资金实力和信誉的文件。广义的资信证明,包括前面所述的票据和存单、房契、地契及其他各种产权证明等,还包括由银行出具的有关财产方面的委托书、协议书等,但不包括现金缴款单和进账单。

3. 犯罪主体为特殊主体,即只有银行或者其他金融机构及其工作人员,才能成为本罪的主体。

4. 主观方面为故意,即行为人明知其出具金融票证的行为违反了金融法律法规或者本单位有关制度规定,仍有意为之。

根据《刑法》规定,违反规定开具以上金融凭证的行为,除需符合以上构成要件外,还必须达到"情节严重"的程度,才构成本罪。"情节严重",主要指违反规定开具金融票证造成的经济损失较大,违规出具的金融票证数额巨大,多次违规出具金融票证,违规出具多份金融票证,以及曾受处理又再次违规出具金融票证等情形。按照《最高人民检察院、公安部关于公安机关管辖的刑事案件立案追诉标准的规定(二)》[以下简称《立案追诉标准(二)》]第39条规定,银行或者其他金融机构及其工作人员违反规定,为他人出具有关金融票证,涉嫌下列情形之一的,应予立案追诉:(1)违反规定为他人出具信用证或者其他保函、票据、存单、资信证明,数额在200万元以上的;(2)违反规定为他人出具信用证或者其他保函、票据、存单、资信证明,造成直接经济损失数额在50万元以上的;(3)多次违规出具信用证或者其他保函、票据、存单、资信证明的;(4)接受贿赂违规出具信用证或者其他保函、票据、存单、资信证明的;(5)其他情节严重的情形。

(二)认定违规出具金融票证罪应当注意的问题

1.划清罪与非罪的界限。

本罪是情节犯。行为人违反规定,为他人出具信用证或者其他保函、票据、存单、资信证明的行为,如果情节不严重的,则属于一般违法行为,可由其所在金融机构依法予以行政处罚或者给予行政纪律处分。

2.划清一罪与数罪的界限。

根据《立案追诉标准(二)》第39条第4项规定,银行或者其他金融机构及其工作人员违反规定,为他人出具信用证或者其他保函、票据、存单、资信证明,具有"接受贿赂违规出具信用证或者其他保函、票据、存单、资信证明的情形的",应予立案追诉。实践中,如果行为人的受贿行为尚不构成受贿罪的,应当以违规出具金融票证罪进行处罚。如果行为人索贿或者收受他人贿赂,同时构成受贿罪的,比照《最高人民法院、最高人民检察院关于办理贪污贿赂刑事案件适用法律若干问题的解释》第17条的规定,应当以受贿罪和违规出具金融票证罪数罪并罚。对于行为人与他人共谋实施票据诈骗、信用证诈骗、贪污、职务侵占等犯罪,并实施该犯罪而违规为他人出具有关金融票证的,则其行为同时构成违规出具金融票证罪和票据诈骗罪、信用证诈骗罪、贪污罪、职务侵占罪等罪的共同犯罪,按照牵连犯处断原则,从一重罪论处。

(三)违规出具金融票证罪的刑事责任

依照《刑法》第188条第1款规定,犯违规出具金融票证罪的,处五年以下有期徒刑或者拘役;情节特别严重的,处五年以上有期徒刑。

依照《刑法》第188条第2款规定,单位犯本罪的,对单位判处罚金,并对其直接负责的主管人员和其他直接责任人员,依照前款的规定处罚。

二十七、对违法票据承兑、付款、保证罪

第一百八十九条 银行或者其他金融机构的工作人员在票据业务中,对违反票据法规定的票据予以承兑、付款或者保证,造成重大损失的,处五年以下有期徒刑或者拘役;造成特别重大损失的,处五年以上有期徒刑。

单位犯前款罪的,对单位判处罚金,并对其直接负责的主管人员和其他直接责任人员,依照前款的规定处罚。

(一)对违法票据承兑、付款、保证罪的概念和构成要件

对违法票据承兑、付款、保证罪,是指银行或者其他金融机构及其工作人员,在办理票据业务中,对违反《票据法》规定的票据予以承兑、付款或者保证,造成重大损失的行为。

本罪是1997年《刑法》增设的罪名。

对违法票据承兑、付款、保证罪的构成要件是:

1.本罪侵犯的客体是国家对金融票证的管理制度。犯罪对象只能是《票据法》中明确规定的汇票、本票和支票。

2.客观方面表现为对违反《票据法》规定的票据予以承兑、付款、保证,造成重大损失的行为。

本罪名中所谓"违法票据",是指违反《票据法》规定的票据。《票据法》明确规定,汇票的出票人必须与付款人具有真实的委托付款关系,并且具有支付汇票金额的可靠资金来源。付款人及其代理付款人付款时,应当审查汇票背书的连续性,并审查提示付款人的合法身份证明和有效证件。如果行为人不认真审查,对违反《票据法》规定的票据予以承兑、付款、保证,即构成本罪的行为。

3.犯罪主体为特殊主体,即只能由银行或者其他金融机构及其工作人员构成。"其他金融机构",主要指可以经营金融业务的信托投资公司、农村信用社、城市合作银行等金融机构。

4. 主观方面主要表现为过失。①

一般情况下，行为人主观上是过失，即行为人对违法票据承兑、付款、保证造成重大损失虽然具有可预见性，但并不希望危害后果发生。由于行为人疏忽大意工作不负责、过于自信审查不严，导致造成损失后果。但是，本罪主观方面并不排除故意构成。如行为人出于报复单位等目的，故意实施本罪行为，造成"重大损失"的，亦应构成本罪，且其主观恶性大应作为从重情节予以考量。

（二）认定对违法票据承兑、付款、保证罪应当注意的问题

1. 划清罪与非罪的界限。

本罪是结果犯。实践中，应当注意划清罪与非罪的界限。按照《最高人民检察院、公安部关于公安机关管辖的刑事案件立案追诉标准的规定（二）》第40条的规定，银行或者其他金融机构及其工作人员在票据业务中，对违反《票据法》规定的票据予以承兑、付款或者保证，造成直接经济损失数额在50万元以上的，应予立案追诉。对于违法票据承兑、付款、保证的行为，没有造成重大损失的，不构成犯罪，属于一般违法行为，可由有关部门给予行政处罚或者行政纪律处分。

2. 划清本罪与违规出具金融票证罪的界限。

两罪的主要区别：一是犯罪对象有所不同。本罪的犯罪对象是违反《票据法》规定的票据，包括《票据法》规定的汇票、本票和支票；违规出具金融票证罪的犯罪对象不限于票据，还包括其他金融票证。二是行为方式不同。本罪行为表现为对违反《票据法》规定的票据予以承兑、付款、保证；而后罪表现为违反《票据法》等金融法律、行政法规、规章以及银行等金融机构内部制度规定出具有关金融票证。三是犯罪类型不同。本罪是结果犯，要求对违法票据承兑、付款、保证，造成"重大损失"的，构成犯罪；后罪是情节犯，违规出具金融票证达到"情节严重"程度的，才构成犯罪。

---

① 郎胜主编：《〈中华人民共和国刑法〉理解与适用》，中国民主法制出版社2015年版，第329页。

(三)对违法票据承兑、付款、保证罪的刑事责任

依照《刑法》第189条第1款规定,犯对违法票据承兑、付款、保证罪的,处五年以下有期徒刑或者拘役;造成特别重大损失的,处五年以上有期徒刑。

依照《刑法》第189条第2款规定,单位犯本罪的,对单位判处罚金,并对其直接负责的主管人员和其他直接责任人员,依照前款的规定处罚。

二十八、逃汇罪

第一百九十条[①] 公司、企业或者其他单位,违反国家规定,擅自将外汇存放境外,或者将境内的外汇非法转移到境外,数额较大的,对单位判处逃汇数额百分之五以上百分之三十以下罚金,并对其直接负责的主管人员和其他直接责任人员,处五年以下有期徒刑或者拘役;数额巨大或者有其他严重情节的,对单位判处逃汇数额百分之五以上百分之三十以下罚金,并对其直接负责的主管人员和其他直接责任人员,处五年以上有期徒刑。

(一)逃汇罪的概念和构成要件

逃汇罪,是指公司、企业或者其他单位,违反国家规定,擅自将外汇存放境外,或者将境内的外汇非法转移到境外,数额较大的行为。

本罪是从《全国人民代表大会常务委员会关于惩治走私罪的补充规定》第9条第1款的规定吸收而来。1997年《刑法》修订时首次规定,全国人大常委会后在《关于惩治骗购外汇、逃汇和非法买卖外汇犯罪的决定》(以下简称《决定》)第3条中,对《刑法》第190条规定的逃汇罪作了重要修改。

逃汇罪的构成要件是:

1. 本罪侵犯的客体,是国家外汇管理制度。犯罪对象是外汇。

[①] 本条经1998年12月29日《全国人民代表大会常务委员会关于惩治骗购外汇、逃汇和非法买卖外汇犯罪的决定》第3条修改。

2. 客观方面，为违反国家规定，擅自将外汇存放境外，或者将境内的外汇非法转移到境外，情节严重的行为。

所谓"违反国家规定"，主要是指根据 2008 年 8 月 5 日修订的《外汇管理条例》第 13 条的规定，国有公司、企业或者其他国有单位，对于经常项目外汇收入，如出口或者先支后收转口货物及其他交易行为收入的外汇、境外贷款项下国际招标中标收入的外汇、海关监管下境内经营免税商品收入的外汇等，可以按照国家有关规定保留或者卖给经营结汇、售汇业务的金融机构。行为人违反这一规定，擅自将外汇存放境外，或者将境内的外汇非法转移到境外。《外汇管理条例》第 17 条还规定，境内机构、境内个人向境外直接投资或者从事境外有价证券、衍生产品发行、交易，应当按照国务院外汇管理部门的规定办理登记。国家规定需要事先经有关主管部门批准或者备案的，应当在外汇登记前办理批准或者备案手续。行为人违反国家规定，未经批准或者备案，即属将境内外汇非法转移境外的行为。

根据《决定》的规定，逃汇行为，除需符合以上构成要件外，只有达到"数额较大"的程度，才构成本罪。按照《最高人民检察院、公安部关于公安机关管辖的刑事案件立案追诉标准的规定（二）》第 41 条的规定，公司、企业或者其他单位，违反国家规定，擅自将外汇存放境外，或者将境内的外汇非法转移到境外，单笔在 200 万美元以上或者累计数额在 500 万美元以上的，应予立案追诉。

3. 关于本罪的犯罪主体。由于全国人大常委会上述《决定》将《刑法》对逃汇行为主体的规定扩大到国有公司、企业和国有其他单位以外的所有依法设立的公司、企业和其他单位，因此，犯罪主体不再是特殊主体。任何公司、企业或者其他单位都可以构成本罪的主体。但自然人不能构成本罪的主体。

值得注意的问题是：在实践中，一些行为人为了实施逃汇违法犯罪行为而设立相关贸易公司。根据 1999 年 7 月施行的《最高人民法院关于审理单位犯罪案件具体应用法律有关问题的解释》第 2 条的规定，个人为进行违法犯罪活动而设立的公司、企业、事业单位实施犯罪的，或者公司、企业、事业单位设立后，以实施犯罪为主要活动的，不以单位犯罪论处。行为人为实施逃汇行为，设立公司，能否以自然人不能构成逃汇罪为由否定逃汇罪的成立？

对此，我们认为，对于个人为进行违法犯罪而成立单位实施犯罪的，不以单位犯罪而以个人犯罪论处，有利于防止行为人借单位之名逃避应得处罚。但逃汇罪没有自然人犯罪的规定，对于为逃汇目的而成立单位实施逃汇犯罪行为的，若不以单位犯罪论处，将使行为人逃避定罪处罚，因此对其只能以单位犯罪论处。只要行为人以单位的形式实施逃汇行为，即符合逃汇罪的构成要件，应认定为逃汇罪。不能以行为人成立单位就是为了实施逃汇犯罪，《刑法》没有规定自然人可以构成逃汇罪为由，否定这种情况下逃汇罪的成立。

4. 本罪主观方面只能由故意构成。

（二）认定逃汇罪应当注意的问题

1. 如果逃汇行为尚不属数额较大的，属于一般违法行为，可由国家外汇管理机关依法予以行政处罚。

2. 行为人通过虚假转口贸易并采取"内保外贷"方式流转资金，利用境内外货币汇差及利率差实现融资套利的行为，是否可以认定为逃汇行为。

实施该种行为，行为人主观上的目的在于利用我国因外汇管制而形成的境内外人民币与外汇之间兑换的汇率差，在短时间内攫取高额利润，但客观上，以虚假转口贸易为借口，使外汇违反国家规定从境外流转至境内，又从境内流转至境外，符合《刑法》规定的违反国家规定，将境内的外汇非法转移到境外的有关规定，应以逃汇罪论处。①

3. 1988年《全国人民代表大会常务委员会关于惩治走私罪的补充规定》第9条曾规定，在境内把国家拨给的外汇非法出售牟利的，也构成本罪。但1997年《刑法》和全国人大常委会的《决定》均没有将此规定纳入《刑法》。因此，这类行为在1997年10月1日《刑法》生效施行以后不再按犯罪处理。

---

① 以上海市浦东新区人民法院办理的大某同公司逃汇案为例［参见上海市浦东新区人民法院（2014）浦刑初字第2299号］，该案中，行为人的行为模式概括是：伪造合同、单证等向国内银行谎称存在转口贸易——开具商业本票并由国内银行担保——境外银行贴现——外汇从境外银行汇至境内公司——最终境内担保银行履行担保义务（此时已案发，如不案发则是外汇由境内公司作为商业本票出票人支付给境外贴现行），外汇汇至贴现的境外银行。本案中外汇先由境外进入境内，再由境内回到境外，行为人利用汇率差赚取利润，其实质违反了国家外汇管理制度，被人民法院以逃汇罪论处。

（三）逃汇罪的刑事责任

依照《刑法》第 190 条规定，犯逃汇罪的，对单位判处逃汇数额 5% 以上 30% 以下罚金，并对其直接负责的主管人员和其他直接责任人员处五年以下有期徒刑或者拘役；数额巨大或者有其他严重情节的，对单位判处逃汇数额 5% 以上 30% 以下罚金，并对其直接负责的主管人员和其他直接责任人员处五年以上有期徒刑。

二十九、骗购外汇罪[①]

《全国人民代表大会常务委员会关于惩治骗购外汇、逃汇和非法买卖外汇犯罪的决定》(1998 年 12 月 29 日)

一、有下列情形之一，骗购外汇，数额较大的，处五年以下有期徒刑或者拘役，并处骗购外汇数额百分之五以上百分之三十以下罚金；数额巨大或者有其他严重情节的，处五年以上十年以下有期徒刑，并处骗购外汇数额百分之五以上百分之三十以下罚金；数额特别巨大或者有其他特别严重情节的，处十年以上有期徒刑或者无期徒刑，并处骗购外汇数额百分之五以上百分之三十以下罚金或者没收财产：

（一）使用伪造、变造的海关签发的报关单、进口证明、外汇管理部门核准件等凭证和单据的；

（二）重复使用海关签发的报关单、进口证明、外汇管理部门核准件等凭证和单据的；

（三）以其他方式骗购外汇的。

伪造、变造海关签发的报关单、进口证明、外汇管理部门核准件等凭证和单据，并用于骗购外汇的，依照前款的规定从重处罚。

明知用于骗购外汇而提供人民币资金的，以共犯论处。

---

① 本罪由 1998 年 12 月 29 日《全国人民代表大会常务委员会关于惩治骗购外汇、逃汇和非法买卖外汇犯罪的决定》第 1 条增设。该决定及其后的刑法修正案均未明确骗购外汇罪的条文顺序，编者根据《刑法》分则条文的编排体系，将其列于此处。

单位犯前三款罪的，对单位依照第一款的规定判处罚金，并对其直接负责的主管人员和其他直接责任人员，处五年以下有期徒刑或者拘役；数额巨大或者有其他严重情节的，处五年以上十年以下有期徒刑；数额特别巨大或者有其他特别严重情节的，处十年以上有期徒刑或者无期徒刑。

五、海关、外汇管理部门以及金融机构、从事对外贸易经营活动的公司、企业或者其他单位的工作人员与骗购外汇或者逃汇的行为人通谋，为其提供购买外汇的有关凭证或者其他便利的，或者明知是伪造、变造的凭证和单据而售汇、付汇的，以共犯论，依照本决定从重处罚。

（一）骗购外汇罪的概念和构成要件

骗购外汇罪，是指使用伪造、变造的海关签发的报关单、进口证明、外汇管理部门核准件等凭证和单据，或者重复使用海关签发的报关单、进口证明、外汇管理部门核准件和单据，或者以其他方式骗购国家外汇，数额较大的行为。

本罪是《全国人民代表大会常务委员会关于惩治骗购外汇、逃汇和非法买卖外汇犯罪的决定》（以下简称《决定》）第1条增设的罪名。本罪在1988年1月21日《全国人民代表大会常务委员会关于惩治走私罪的补充规定》（已失效）第9条第2款中，曾作出规定，即"企业事业单位、机关、团体或者个人非法倒买倒卖外汇牟利，情节严重的"，依法追究刑事责任。1997年修订《刑法》时，曾对是否把"套汇罪"规定为刑法条文进行过认真讨论。当时考虑到我国在1996年年底已经接受《国际货币基金组织协定》的有关条款，提前实现了人民币经常项目可兑换，企业在经常项目下的真实用汇和居民个人正常的因私用汇，持相应有效凭证即可到银行购付汇；并且考虑到我国一旦加入世界贸易组织（WTO），国家对外汇的管制将会进一步放宽等原因，刑法没有将其规定为犯罪。[①] 1998年亚洲金融危机爆发，为打击外汇违法犯罪活动，维护正常外汇管理秩序，防范金融风险，最高人民法院

[①] 最高人民法院刑事审判第一庭编：《刑事审判参考》（总第1辑），法律出版社1999年版，第68页。

于1998年9月1日施行了《关于审理骗购外汇、非法买卖外汇刑事案件具体应用法律若干问题的解释》。1998年12月，全国人大常委会以立法的形式，专门作出了修改补充《刑法》的《决定》，增设了"骗购外汇罪"，完善了我国金融法制，具有重要意义。

骗购外汇罪的构成要件是：

1.本罪侵犯的客体，是国家外汇管理制度。

外汇管理制度，是指一个国家为了防止外汇资金自由输出输入，平衡国际收支，增强本币信誉，稳定汇率，而对外汇买卖、国际结算以及外汇汇率实行管理的政策措施。

本罪的犯罪对象是外汇。根据2008年修订的《外汇管理条例》第3条的规定，外汇是指下列以外币表示的可以用作国际清偿的支付手段和资产，具体包括五种形式：（1）外币现钞，包括纸币、铸币；（2）外币支付凭证或者支付工具，包括票据、银行存款凭证、银行卡等；（3）外币有价证券，包括债券、股票等；（4）特别提款权；（5）其他外汇资产。

2.客观方面表现为行为人针对我国实现了人民币经常项目可兑换后，境内机构对外贸易支付用汇只要持与支付方式相应的有效凭证和有效商业单据，便可以从其外汇账户中支付或者到外汇指定银行兑付的国家有关规定，采取以下手段骗购外汇，数额较大：

（1）使用伪造、变造的海关签发的报关单、进口证明、外汇管理部门核准件等凭证和单据骗购外汇。该种方式是以虚假的凭证、单据骗购外汇。报关单是进口商向海关申报进口的凭证，包括进出口货物报关单和登记手册，它必须经海关签发。进口证明是报关单位在申请进口付汇时依法提交的报关单以外的有关单据和凭证，包括进口许可证、进口登记表、进口合同等。外汇管理部门的核准件，是指在进口付汇过程中，由外汇管理部门制发、进口单位和受委托单位填写的，海关据以受理报关、外汇管理部门据以核销付汇的凭证，如外汇登记证、外汇（转）贷款登记证、外汇担保登记证等。其他凭证单据如运输单据、发票、收费单据等。行为人使用的伪造、变造的有关凭证、单据，有的是自己伪造、变造，有的是从其他犯罪分子手中收买，具体方式不影响构成本罪。

（2）重复使用海关签发的报关单、进口证明、外汇管理部门核准件等凭证和单据骗购外汇。

主要指将已使用购汇后的原有效核准件等凭证和单据，经涂改、伪造、变造等特殊处理，销去已使用盖有"付讫"章等无法重复使用的痕迹、记载而当作未使用过的文本非法再次购汇的行为。

（3）以其他方式骗购外汇，即以前两种方式以外的方式欺骗外汇指定银行以购买外汇的行为，如虚构特定事项，骗取外汇管理部门同意售汇的；与海关、外汇管理部门、金融机构、从事对外贸易经营活动的公司、企业或者其他单位的工作人员串通，由后者提供有关凭证、单据进行骗购外汇的，等等。

需要指出的是，骗购外汇必须达到数额较大才构成犯罪。"数额较大"，按照《最高人民检察院、公安部关于公安机关管辖的刑事案件立案追诉标准的规定（二）》第42条的规定，骗购外汇，数额在50万美元以上的，应予立案追诉。

3.犯罪主体为一般主体，自然人和单位。单位包括国有、非国有公司、企业、事业单位、机关、团体等均可构成本罪主体。实践中，单位主体多为拥有进出口经营权的外贸公司、企业或者其他单位，但不排除无进出口经营权的公司、企业谎称其具有进出口经营权或寻求具有进出口经营权的单位共谋实施骗购外汇行为的情形。

4.主观方面只能由故意构成，并且只能是直接故意。至于行为人骗购外汇的目的，可以是各种各样的，如为了将所骗购外汇汇往国（境）外存放、外贸付汇、转存外汇等，均不影响本罪的成立。

（二）认定骗购外汇罪应当注意的问题

1.罪与非罪的界限。

（1）关于采取转口贸易的方式骗购外汇构成骗购外汇罪的问题。当前实践中较少出现采用法条明示行为方式实施骗购外汇犯罪的案件，而以虚假转口贸易名义骗购外汇的行为频现。所谓转口贸易，又称中转贸易或再输出贸易，是指国际贸易中进出口货物的买卖不是在生产国与消费国之间直接进行,而是通过第三国转手进行交易。在人民币汇率变动,特别是离岸与在岸市场人民币汇率价差较大时期,利用转口贸易实施资本套利甚至外汇违法犯罪的情况多发。虚假贸易从境外转移大量资金进入境内,入境的外汇结汇后以存款或保证金形式流入社会融资体系,使人民币投放被动增加,增大社会通胀压力,进而影响我国经济和产业政策的有效性,具有极大的危害性。①

通过虚构转口贸易背景,使用虚假贸易合同和假提单直接到银行购汇或获得外汇贷款的行为,因行为人具有骗购外汇牟利的目的,且客观上采取欺诈手段,使用了虚假的用于购汇的转口贸易合同、提单、发票骗购外汇,侵害国家外汇管理制度,应当认定为"以其他方式骗购外汇",以骗购外汇罪对其追究刑事责任。

(2)骗购外汇罪与套汇业务及一般骗购外汇行为的区别。所谓套汇,是指境内机构或个人,采取各种方式私自向他人用人民币或者物资换取外汇或外汇收益,或者采取"蚂蚁搬家"的方式少量多次向银行兑换外汇,套取国家外汇的行为。2008年修订的《外汇管理条例》第40条规定:"有违反规定以外汇收付应当以人民币收付的款项,或者以虚假、无效的交易单证等向经营结汇、售汇业务的金融机构骗购外汇等非法套汇行为的,由外汇管理机关责令对非法套汇资金予以回兑,处非法套汇金额30%以下的罚款;情节严重的,处非法套汇金额30%以上等值以下的罚款;构成犯罪的,依法追究刑事责任。"从该条规定来看,骗购外汇行为是套汇的一种行为方式,套汇涵盖骗汇,但套汇的范围大于骗汇,数额较大的骗购外汇行为应当以骗购外汇罪追究刑事责任。骗购行为以外的其他套汇行为,由于《刑法》没有将其规定为犯罪,按罪刑法定原则,不能构成骗购外汇罪。

2. 骗购外汇罪共犯及罪数问题。

(1)骗购外汇罪共犯的规定。骗购外汇罪共犯包括两种情形:其一,明知用于骗购外汇而提供人民币资金的。《决定》第1条第3款明确规定对于该种行为以骗购外汇罪的共犯论处。其二,对于海关、外汇管理部门以及金

---

① 参见陈晨:《新形势下外汇犯罪司法实务若干问题研究》,载《中国刑事法杂志》2017年第4期。

融机构、从事对外贸易经营活动的公司、企业或其他单位的工作人员与骗购外汇的行为人同谋，为其提供购买外汇的有关凭证或其他便利的，或者明知伪造、变造的凭证和单据而售汇、付汇的，《决定》第5条明确规定以共犯论，并从重处罚。这是基于特殊身份情节的考虑。"其他便利"不包括提供人民币资金，对于提供人民币资金便利的共同犯罪行为，《决定》第1条第3款已有明确规定。

（2）关于骗购外汇罪的罪数问题。骗购外汇罪的罪数区分以下三种情况：①行为人伪造、变造海关签发的报关单、进口证明、外汇管理部门核准件等凭证和单据，并用于骗购外汇的。海关签发的报关单、进口证明、外汇管理部门的核准件等凭证和单据都是国家机关的证件，行为人进行伪造、变造，又触犯了《刑法》第280条规定的伪造、变造国家机关证件罪。但行为人伪造、变造上述凭证和单据的目的是骗购国家外汇，故属手段行为和目的行为触犯不同罪名构成的牵连犯，按《决定》第1条第2款的规定，行为人伪造、变造报关单、进口证明、核准件等凭证和单据并用于骗购外汇的，按骗购外汇罪从重处罚。②骗购外汇得逞后，行为人又通过黑市炒汇牟取暴利的。在黑市炒汇牟利，情节严重的又构成非法经营罪。此种情形下行为人在黑市买卖外汇牟利是其骗汇所追求的最终结果，是对骗购外汇结果的一种处置，因目的行为与结果行为触犯不同罪名构成牵连犯，同样可按重罪即骗购外汇罪定罪处罚。倘若行为人非法买卖的外汇并非其骗购的外汇，则不存在目的行为与结果行为的牵连，应按骗购外汇罪和非法经营罪两罪并罚。③行为人以进行走私、逃汇、洗钱、骗取出口退税等犯罪活动为目的而骗购外汇的。按照《最高人民法院关于审理骗购外汇、非法买卖外汇刑事案件具体应用法律若干问题的解释》第1条的规定，应当按有关走私犯罪、逃汇罪、洗钱罪、骗取出口退税罪定罪处罚。

3. 骗购外汇罪与非法经营罪的界限。

《决定》第4条规定："在国家规定的交易场所以外非法买卖外汇，扰乱市场秩序，情节严重的，依照刑法第二百二十五条的规定定罪处罚。"根据这一规定，情节严重的非法买卖外汇行为构成非法经营罪。此项规定与《决定》第1条规定的骗购外汇罪的共同点：一是两者主体相同；二是行为对象均为国家严格管制的外汇;三是行为基本方式均为非法买卖外汇。二者之间的不同主要是非法买卖外汇的场所,骗购外汇罪行为只能发生在国家外汇指定银行和其他外汇指定交易场所,而非法买卖外汇以非法经营罪定罪的行为,则必须是发生在国家规定的外汇交易场所以外的地方。

(三)骗购外汇罪的刑事责任

依照《决定》第1条第1款规定,犯骗购外汇罪的,处五年以下有期徒刑或者拘役,并处骗购外汇数额5%以上30%以下罚金;数额巨大或者有其他严重情节的,处五年以上十年以下有期徒刑,并处骗购外汇数额5%以上30%以下罚金;数额特别巨大或者有其他特别严重情节的,处十年以上有期徒刑或者无期徒刑,并处骗购外汇数额5%以上30%以下罚金或者没收财产。

依照《决定》第1条第2款规定,伪造、变造海关签发的报关单、进口证明、外汇管理部门核准件等凭证和单据,并用于骗购外汇的,依照前款的规定从重处罚。

依照《决定》第1条第4款规定,单位犯前三款罪的,对单位依照第1款的规定判处罚金,并对其直接负责的主管人员和其他直接责任人员,处五年以下有期徒刑或者拘役;数额巨大或者有其他严重情节的,处五年以上十年以下有期徒刑;数额特别巨大或者有其他特别严重情节的,处十年以上有期徒刑或者无期徒刑。

三十、洗钱罪

第一百九十一条[①] 为掩饰、隐瞒毒品犯罪、黑社会性质的组织犯罪、恐怖活动犯罪、走私犯罪、贪污贿赂犯罪、破坏金融管理秩序犯罪、金融诈骗犯罪的所得及其产生的收益的来源和性质,有下列行为之一的,没收实施

[①] 本条经2001年12月29日《刑法修正案(三)》第7条、2006年6月29日《刑法修正案(六)》第16条、2020年12月26日《刑法修正案(十一)》第14条三次修改。

以上犯罪的所得及其产生的收益，处五年以下有期徒刑或者拘役，并处或者单处罚金；情节严重的，处五年以上十年以下有期徒刑，并处罚金：

（一）提供资金帐户的；

（二）将财产转换为现金、金融票据、有价证券的；

（三）通过转帐或者其他支付结算方式转移资金的；

（四）跨境转移资产的；

（五）以其他方法掩饰、隐瞒犯罪所得及其收益的来源和性质的。

单位犯前款罪的，对单位判处罚金，并对其直接负责的主管人员和其他直接责任人员，依照前款的规定处罚。

（一）洗钱罪的概念和构成要件

洗钱罪，是指掩饰、隐瞒毒品犯罪、黑社会性质的组织犯罪、恐怖活动犯罪、走私犯罪、贪污贿赂犯罪、破坏金融管理秩序犯罪、金融诈骗犯罪的所得及其产生的收益的来源和性质的行为。本罪1979年《刑法》没有规定。《全国人民代表大会常务委员会关于禁毒的决定》第4条规定了掩饰、隐瞒毒赃性质、来源罪。1997年修订《刑法》时，将本罪的犯罪对象扩大，修改为洗钱罪。"9·11"事件以后，为惩治恐怖活动、洗钱的犯罪活动，保障国家和人民生命、财产安全，《刑法修正案（三）》第7条将掩饰、隐瞒"恐怖活动犯罪"的违法所得及其收益的行为，增加为本罪客观行为之一。为了加大对腐败犯罪、破坏金融秩序犯罪和金融诈骗犯罪的打击力度，维护金融管理秩序，保障金融安全，同时也为了更好地履行我国已加入的联合国《打击跨国有组织犯罪公约》《反腐败公约》等相关国际公约规定的义务，《刑法修正案（六）》第16条再次将"贪污贿赂犯罪、破坏金融管理秩序犯罪、金融诈骗犯罪"增加规定为本罪的上游犯罪。《刑法修正案（十一）》通过修改罪状表述将"自洗钱"纳入定罪范围，细化完善有关洗钱行为方式，增加地下钱庄通过"支付"结算方式洗钱，为有效预防、惩治洗钱犯罪以及境外追逃追赃提供有力的法律保障；取消罚金刑的具体数额判罚标准，增进了经济处罚的灵活性；增加单位洗钱犯罪中责任人员的罚金刑规定，加大了经济处罚力度。

洗钱罪的构成要件是：

1.本罪侵犯的客体是国家金融管理秩序和司法机关的正常活动。

洗钱活动是伴随毒品犯罪、黑社会、恐怖活动等犯罪在世界范围内日益猖獗的一种新类型犯罪活动。主要危害在于为相关经济、财产犯罪活动提供协助，妨害对相关犯罪活动的司法追究。经过"洗钱"，这类犯罪的违法所得及其收益的真正来源、违法性质等得以遮掩、隐藏，犯罪线索和证据得以阻断和湮灭，犯罪分子能够公开、"合法"地把以犯罪手段攫取的财产投入社会使用，进行投资、挥霍、享受。为预防相关犯罪，不让犯罪分子顺利实现金钱利益，依法追究其刑事责任，需要对洗钱行为予以刑事打击。

2.客观方面表现为以各种方法，即掩饰、隐瞒毒品犯罪、黑社会性质的组织犯罪、恐怖活动犯罪、走私犯罪、贪污贿赂犯罪、破坏金融管理秩序犯罪或者金融诈骗犯罪的所得及其产生收益的来源和性质的行为。

洗钱行为表现为《刑法》规定的五种行为：一是提供资金账户；二是将财产转换为现金、金融票据、有价证券；三是通过转账或者其他支付结算方式转移资金；四是跨境转移资产；五是以其他方法掩饰、隐瞒犯罪所得及其收益的来源和性质。其中，提供资金账户，是指行为人为犯罪分子提供银行账户，为其转移犯罪所得及其产生的收益提供方便。将财产转换为现金、金融票据、有价证券，是指将犯罪所得财产或者财产的实物收益通过交易等变为现金、金融票据或者有价证券，从而掩饰财产的原初形态或者真实产权关系。通过转账或者其他支付结算方式转移资金，是指行为人通过银行或者第三方支付平台等以此种方式将犯罪分子的违法所得及其产生的收益非法转往异地，或者以票据形式取得现金，使这笔财产的真实来源被隐藏。跨境转移资产，是指行为人以投资、购物、旅游、存款等各种名义或者通过地下钱庄以汇兑、结算等方式，或者通过携带、运输、邮寄等方式将犯罪所得及其收益跨境转移，使查清此笔资金的真实来源更加困难。"以其他方法掩饰、隐瞒犯罪所得及其收益的来源和性质"，根据《最高人民法院关于审理洗钱等刑事案件具体应用法律若干问题的解释》（以下简称《审理洗钱刑事案件解释》）规定，主要包括以下行为：（1）通过典当、租赁、买卖、投资等方式，协助转移、转换犯罪所得及其收益的；（2）通过与商场、饭店、娱乐场所等现金密集型场所的经营收入相混合的方式，协助转移、转换犯罪所得及其收益的；（3）通过虚构交易、虚设债权债务、虚假担保、虚报收入等方式，协助将犯罪所得及其收益转换为"合法"财物的；（4）通过买卖彩票、奖券等方式，协助转换犯罪所得及其收益的；（5）通过赌博方式，协助将犯罪所得及其收益转换为赌博收益的；（6）协助将犯罪所得及其收益携带、运输或者邮寄出入境的；（7）通过前述规定以外的方式协助转移、转换犯罪所得及其收益的。需要指出的是，第6项情形已经为经《刑法修正案（十一）》修订后的《刑法》第191条第4项规定所完全涵盖。

本罪的犯罪对象包括《刑法》规定的7类上游犯罪的犯罪所得及其产生的收益。根据《最高人民法院关于审理掩饰、隐瞒犯罪所得、犯罪所得收益刑事案件适用法律若干问题的解释》第10条的规定，"犯罪所得"是指通过犯罪直接得到的赃款、赃物；"犯罪所得产生的收益"是指上游犯罪的行为人对犯罪所得进行处理后得到的孳息、租金等。

3.犯罪主体为一般主体，自然人和单位均可构成本罪的主体。

4.主观方面只能由故意构成，即行为人必须明知是毒品犯罪、黑社会性质的组织犯罪、恐怖活动犯罪、走私犯罪、贪污贿赂犯罪、破坏金融管理秩序犯罪或者金融诈骗犯罪的所得及其产生的收益，而仍为其洗钱的才构成犯罪。行为人洗钱的动机、目的不影响本罪的成立。不论行为人是为获取非法所得，还是为了扩大营业额而为犯罪分子洗钱，都不影响本罪的构成。本罪间接故意也可以构成。即行为人只要认为对方资金来路不明，可能是上述7种犯罪所得，为不得罪客户或者牟取私利，仍为其提供账户、转账等，也构成本罪。

《刑法修正案（十一）》取消了"明知"的表述，不意味着"明知"不再是洗钱罪的主观要件。在为他人进行洗钱的犯罪行为当中，"明知"仍然是认定犯罪故意乃至于能否定罪的一个核心要素。对于洗钱罪"明知"的认定，《审理洗钱刑事案件解释》作了详细的规定。该解释指出，对于本罪规定的"明知"，应当结合被告人的认知能力，接触他人犯罪所得及其收益的情况，犯罪所得及其收益的种类、数额，犯罪所得及其收益的转换、转移方式以及被告人的供述等主、客观因素综合认定。具有以下情形之一的，可以认定被告人明知系犯罪所得及其收益，但有证据证明确实不知道的除外：（1）知道他人从事犯罪活动，协助转换或者转移财物的；（2）没有正当理由，通过非法途径协助转换或者转移财物的；（3）没有正当理由，以明显低于市场的价格收购财物的；（4）没有正当理由，协助转换或者转移财物，收取明显高于市场的"手续费"的；（5）没有正当理由，协助他人将巨额现金散存于多个银行账户或者在不同银行账户之间频繁划转的；（6）协助近亲属或者其他关系密切的人转换或者转移与其职业或者财产状况明显不符的财物的；（7）其他可以认定行为人明知的情形。需要强调的是，被告人将洗钱罪7种上游犯罪中某一犯罪的犯罪所得及其收益误认为7种上游犯罪范围内的其他犯罪所得及其收益的，不影响"明知"的认定。

（二）认定洗钱罪应当注意的问题

1. 划清此罪与彼罪的界限。

（1）洗钱罪的犯罪对象只有7种犯罪，即毒品犯罪、黑社会性质的组织犯罪、恐怖活动犯罪、走私犯罪、贪污贿赂犯罪、破坏金融管理秩序犯罪和金融诈骗犯罪的所得及其产生的收益。其他犯罪，如盗窃、抢劫、诈骗等犯罪的违法所得及其产生的收益，行为人以本条所列5种行为之一为其"洗钱"，不能依本罪定罪处罚，而应当根据行为人具体犯罪行为方式、事先是否介入盗窃、抢劫、诈骗等犯罪，依法追究其盗窃、抢劫、诈骗等犯罪共犯，或者《刑法》第312条规定的掩饰、隐瞒犯罪所得、犯罪所得收益罪等犯罪的刑事责任。

（2）对于洗钱罪的主体是否包括上游犯罪行为人，上游犯罪行为人自行洗钱的行为（自洗钱）能否构成洗钱罪，根据对《刑法修正案（十一）》作出修订之前的《刑法》规定的逻辑解读以及长期司法实践的一般做法，答案是否定的，以往实践中对于自洗钱行为一般仅作为上游犯罪的量刑情节予以考虑。同时，我们注意到，过去我国刑法未规定自洗钱犯罪，在一定程度上影响到了对洗钱犯罪的有效打击和反洗钱国际合作。比如，对于部分洗钱犯罪，特别是外国人在我国境外实施上游犯罪之后在我国境内实施自己洗钱的行为，因我国司法机关对其上游犯罪没有管辖权（具有普遍管辖权的上游犯罪除外），自洗钱行为又不单独构成犯罪，不能依法对其追究刑事责任。也正是基于此，《刑法修正案（十一）》对洗钱罪的罪状作出重大修改，取消了"明知""协助"等相关表述，从而为自洗钱的定罪扫除了障碍。应当指出的是，《刑法修正案（十一）》对于自洗钱的修订只是第一步，自洗钱和上游犯罪之间的定罪处罚关系是一个极其复杂的问题，比如，在《刑法》规定了自洗钱之后，自洗钱和上游犯罪同时构成的情况下，是择一重罪处理还是数罪并罚；如果可以数罪并罚，是一概数罪并罚还是应当区分情况分别处理等，均有待司法实践进一步探索和积累经验。

（3）《审理洗钱刑事案件解释》第2条对《刑法》规定的"以其他方法掩饰、隐瞒犯罪所得及其收益的来源和性质"作出了明确规定。根据该规定，实践中存在的所有洗钱行为，包括通过商业银行等银行类金融机构，证券公司、保险公司等非银行类金融机构，商品交易、企业收购、投资等非金融途径以及地下钱庄、赌博、购彩、走私等非法途径实施的洗钱犯罪，只要其对象属于《刑法》第191条规定的上游犯罪的犯罪所得及收益，都应以洗钱罪定罪处罚。

2. 关于上游犯罪对本罪认定的作用。

洗钱罪的认定，应当以上游犯罪事实成立为前提。上游犯罪尚未依法裁判，但查证属实的，不影响洗钱罪的审判；上游犯罪事实可以确认，因行为人死亡等原因不予追究刑事责任的，或者依法以其他罪名定罪处罚的，亦不影响洗钱罪的认定。[①]

（三）洗钱罪的刑事责任

依照《刑法》第191条第1款的规定，自然人犯洗钱罪的，处五年以下有期徒刑或者拘役，并处或者单处罚金；情节严重的，处五年以上十年以下有期徒刑，并处罚金：

依照《刑法》第191条第2款的规定，单位犯洗钱罪的，对单位判处罚金，并对其直接负责的主管人员和其他直接责任人员，依照自然人犯罪的规

[①] 参见《审理洗钱刑事案件解释》。

定处罚。

司法机关在适用本条规定处罚时，应当注意以下问题：

1. "情节严重"，是本罪的加重处罚情节，司法实践中，一般是指洗钱数额特别巨大，洗钱行为造成严重后果，酿成新的严重犯罪，影响了对重大犯罪的及时侦破等情形。

2. 行为人实施洗钱犯罪所涉毒品犯罪、黑社会性质的组织犯罪、恐怖活动犯罪、走私犯罪、贪污贿赂犯罪、破坏金融管理秩序犯罪和金融诈骗犯罪的所得及其产生的收益，应当依法予以没收。

第五节 金融诈骗罪

一、集资诈骗罪[①]

第一百九十二条 以非法占有为目的，使用诈骗方法非法集资，数额较大的，处三年以上七年以下有期徒刑，并处罚金；数额巨大或者有其他严重情节的，处七年以上有期徒刑或者无期徒刑，并处罚金或者没收财产。

单位犯前款罪的，对单位判处罚金，并对其直接负责的主管人员和其他直接责任人员，依照前款的规定处罚。

（一）集资诈骗罪的概念和构成要件

集资诈骗罪，是指以非法占有为目的，违反国家金融管理法律规定，使用诈骗方法进行非法集资，扰乱国家金融管理秩序，侵犯不特定多数人的财产所有权，数额较大的行为。1979年《刑法》没有规定集资诈骗罪，本罪是从《全国人民代表大会常务委员会关于惩治破坏金融秩序犯罪的决定》第8条的规定，吸收改为《刑法》的具体规定的。与上述决定相比，1997年《刑

---

① 本罪经2011年2月25日《刑法修正案（八）》第30条、第31条，2015年8月29日《刑法修正案（九）》第12条，2020年12月26日《刑法修正案（十一）》第15条、第16条修改。

法》对集资诈骗罪作了如下修改：增加规定"数额较大"的定罪要件，将本罪由行为犯调整为数额犯；将死刑适用的法定条件"数额特别巨大或者有其他特别严重情节的"修改为"数额特别巨大并且给国家和人民利益造成特别重大损失的"；单位犯罪中对直接负责的主管人员和其他直接责任人员的最高法定刑为无期徒刑，不再规定死刑。之后，2011年《刑法修正案（八）》加大了本罪的经济处罚力度，增加了单位犯罪中相关责任人员的罚金刑规定。2015年《刑法修正案（九）》废止了本罪的死刑规定。2020年《刑法修正案（十一）》对本罪的法定刑作出结构性调整，将原规定的3个量刑档压缩为2个量刑档，间接调低了重刑的处罚标准；大幅提高起点刑，由五年以下有期徒刑或者拘役上调至三年以上有期徒刑；取消罚金刑具体判罚数额标准，增进经济处罚的灵活性；将单位犯罪的法定刑规定从《刑法》第200条剥离出来作为本罪第2款内容，明确对其直接负责的主管人员和其他直接责任人员依照自然人犯罪的规定处罚，加大了对有关责任人员的刑事处罚力度。

集资诈骗罪的构成要件是：

1.本罪侵犯的客体是国家的金融管理制度和公私财产的所有权。

当前，一些不法分子和单位趁机以各种名义集资，以诈骗手段骗取钱财。有的以引资合作经营为名；有的以共同投资为名；有的采取发行股票、债券等方式，将从社会上骗取的钱财据为己有。这类以非法集资诈骗财产的犯罪活动严重损害了社会公众的利益，特别是损害了出资者的财产利益，扰乱了国家的金融、经济秩序，直接影响到社会的稳定，故此，《刑法》将之规定为犯罪，并配置了严厉的刑罚。

2.客观方面表现为使用诈骗方法非法集资，数额较大的行为。

"使用诈骗方法"，是指行为人虚构事实或者隐瞒非法占有目的骗取集资款的行为。"非法集资"，是指法人、其他组织或者个人违反国家金融管理法律规定，向社会公众吸收资金，扰乱融资秩序的行为。

依照《刑法》规定，集资诈骗的行为，除需具备以上构成要件外，还必须达到"数额较大"的程度，才构成犯罪。根据2010年发布并于2022年修改的《最高人民法院关于审理非法集资刑事案件具体应用法律若干问题的解释》(以下简称《审理非法集资刑事案件解释》)第 8 条的规定，集资诈骗数额在 10 万元以上的，应当认定为"数额较大"。

3. 犯罪主体为一般主体，自然人和单位都可以构成本罪的主体。

4. 主观方面由直接故意构成，并且具有非法占有集资款的目的。

根据《审理非法集资刑事案件解释》第 7 条第 2 款的规定，使用诈骗方法非法集资，具有下列情形之一的，可以认定为"以非法占有为目的"：(1) 集资后不用于生产经营活动或者用于生产经营活动与筹集资金规模明显不成比例，致使集资款不能返还的；(2) 肆意挥霍集资款，致使集资款不能返还的；(3) 携带集资款逃匿的；(4) 将集资款用于违法犯罪活动的；(5) 抽逃、转移资金、隐匿财产，逃避返还资金的；(6) 隐匿、销毁账目，或者搞假破产、假倒闭，逃避返还资金的；(7) 拒不交代资金去向，逃避返还资金的；(8) 其他可以认定非法占有目的的情形。

(二) 认定集资诈骗罪应当注意的问题

1. 划清罪与非罪的界限。

非法集资的行为，如果诈骗的数额不大，则属一般违法行为，应当由有关部门给予行政处罚。

2. 集资诈骗罪中的非法占有目的，应当区分情形进行具体认定。

非法集资犯罪活动往往有一个较为长期的发展演变过程，且多以单位名义实施，参与实施人员众多，一方面，犯罪分子在非法集资之初不一定具有非法占有目的；另一方面，部分共犯不一定具有非法占有目的的犯意联络。为避免客观归罪，《审理非法集资刑事案件解释》第 7 条第 3 款明确："集资诈骗罪中的非法占有目的，应当区分情形进行具体认定。行为人部分非法集资行为具有非法占有目的的，对该部分非法集资行为所涉集资款以集资诈骗罪定罪处罚；非法集资共同犯罪中部分行为人具有非法占有目的，其他行为人没有非法占有集资款的共同故意和行为的，对具有非法占有目的的行为人以集资诈骗罪定罪处罚。"据此，对于非法占有目的产生于非法集资过程当中的，应当只对非法占有目的支配下实施的非法集资犯罪以集资诈骗罪处理，对于之前实施的行为，应以其他非法集资犯罪处理，实行数罪并罚；对于共同非法集资犯罪案件，应当只对具有非法占有目的的犯罪人以集资诈骗罪处理；对于不具有非法占有目的的犯意联络的犯罪人，应对其参与实施的全部事实以其他非法集资犯罪处理。

3. 划清本罪与非法吸收公众存款罪的界限。

两罪的主要区别在于：（1）犯罪的目的不同。前者的犯罪目的是非法占有所募集的资金；而后者的犯罪目的则是企图通过吸收公众存款的方式，进行营利，在主观上并不具有非法占有公众存款的目的，这是两罪最本质的区别。（2）犯罪行为不同。前者的行为人必须使用诈骗的方法；而后者则不以行为人是否使用了诈骗方法作为构成犯罪的要件之一。

4. 根据 2008 年 1 月 2 日《最高人民法院、最高人民检察院、公安部、中国证券监督管理委员会关于整治非法证券活动有关问题的通知》第 2 条第 2 项的规定，未经依法核准，以发行证券为幌子，实施非法证券活动，以非法吸收公众存款罪、集资诈骗罪等追究刑事责任。

（三）集资诈骗罪的刑事责任

依照《刑法》第 192 条第 1 款规定，犯集资诈骗罪的，处三年以上七年以下有期徒刑，并处罚金；数额巨大或者有其他严重情节的，处七年以上有期徒刑或者无期徒刑，并处罚金或者没收财产。

依照《刑法》第 192 条第 2 款规定，单位犯前款罪的，对单位判处罚金，并对其直接负责的主管人员和其他直接责任人员，依照前款的规定处罚。

司法机关在适用《刑法》第 192 条规定处罚时，应当注意以下问题：

1. "数额巨大或者有其他严重情节"的认定标准。"数额巨大或者有其他严重情节"是本罪的加重情节。根据《审理非法集资刑事案件解释》第 8 条的规定，数额在 100 万元以上的，应当认定为"数额巨大"。集资诈骗数额在 50 万元以上，同时具有该解释第 3 条第 2 款第 3 项规定的下列情节的，应当认定为"其他严重情节"：造成恶劣社会影响或者其他严重后果的。

2. 诈骗数额的具体认定。诈骗数额是本罪的客观构成要件之一，直接关系定罪与量刑。《审理非法集资刑事案件解释》第 8 条第 3 款规定："集资诈骗的数额以行为人实际骗取的数额计算，在案发前已归还的数额应予扣除。行为人为实施集资诈骗活动而支付的广告费、中介费、手续费、回扣，或者用于行贿、赠与等费用，不予扣除。行为人为实施集资诈骗活动而支付的利息，除本金未归还可予折抵本金以外，应当计入诈骗数额。"在具体理解和认定集资诈骗数额时，需要注意以下两个问题：第一，诈骗数额的理解。集资诈骗罪属于目的犯，应当从非法占有目的实现的角度来认定诈骗数额。司法实践中，非法集资的规模或者非法集资的标的数额可以作为酌定情节适当予以考虑，但是，"诈骗数额"应以行为人实际骗取的数额计算，对于"拆东墙补西墙"等循环诈骗的案件，进入刑事程序之前已经返还的部分不应计入诈骗数额。第二，诈骗数额的认定依据。集资诈骗案件往往作案时间较长，涉及被害人数众多，且受账簿、借条记载是否准确、规范等客观条件的限制，诈骗数额难以做到精确计算，实践中通常只能作出一个相对合理的数额认定。对于有司法审计报告的，除了据以审计的材料记载或者对于材料的处理有误，比如集资户获取高额回报后又连本带息重新参加集资未作区分导致重复计算并经查证属实需扣除的之外，一般应以司法审计报告作为诈骗数额的认定依据，不能因审计报告的一些细小瑕疵而认为审计报告无效或者认定案件事实不清；对于因没有账簿或者账簿已经销毁无法作司法审计的，可以结合被告人的供述、被害人的陈述、合同、借条等言词证据和书面证据进行综合认定。

  3. 罚金刑判罚标准。根据《审理非法集资刑事案件解释》的规定，犯集资诈骗罪，判处三年以上七年以下有期徒刑的，并处10万元以上500万元以下罚金；判处七年以上有期徒刑或者无期徒刑的，并处50万元以上罚金或者没收财产。

  4. 单位犯罪定罪处罚标准。根据《审理非法集资刑事案件解释》的规定，单位实施集资诈骗犯罪，依照解释规定的相应自然人犯罪的定罪量刑标准，对单位判处罚金，并对其直接负责的主管人员和其他直接责任人员定罪处罚。

二、贷款诈骗罪

第一百九十三条　有下列情形之一，以非法占有为目的，诈骗银行或者其他金融机构的贷款，数额较大的，处五年以下有期徒刑或者拘役，并处二万元以上二十万元以下罚金；数额巨大或者有其他严重情节的，处五年以上十年以下有期徒刑，并处五万元以上五十万元以下罚金；数额特别巨大或者有其他特别严重情节的，处十年以上有期徒刑或者无期徒刑，并处五万元以上五十万元以下罚金或者没收财产：

（一）编造引进资金、项目等虚假理由的；
（二）使用虚假的经济合同的；
（三）使用虚假的证明文件的；
（四）使用虚假的产权证明作担保或者超出抵押物价值重复担保的；
（五）以其他方法诈骗贷款的。

（一）贷款诈骗罪的概念和构成要件

贷款诈骗罪，是指借款人以非法占有为目的，用虚构事实或者隐瞒真相的方法，骗取银行或者其他金融机构的贷款，数额较大的行为。

本罪是从《全国人民代表大会常务委员会关于惩治破坏金融秩序犯罪的决定》第10条的规定，吸收改为《刑法》的具体规定的。

贷款诈骗罪的构成要件是：

1. 本罪侵犯的客体是国家对金融贷款的管理秩序和公私财产所有权。

2. 客观方面表现为用虚构事实或者隐瞒真相的方法，骗取银行或者其他金融机构的贷款，数额较大的行为。

本罪的犯罪对象是银行或者其他金融机构的贷款。作为本罪受害对象之一的"银行"，主要指的是商业银行及各类政策性银行。中国人民银行一般只向银行金融机构提供贷款，通常情况下，中国人民银行的贷款不可能成为本罪的犯罪对象。"其他金融机构"是指非银行金融机构，如信托投资公司、城市信用社等。其他金融机构必须具有中国人民银行批准的经营信贷业务的资格，没有信贷业务资格而违法发放的贷款不能成为本罪的犯罪对象。对于"贷款"的理解，根据《贷款通则》的规定，是指贷款人对借款人提供的并按约定的利率和期限还本付息的货币资金。

《刑法》规定了5种贷款诈骗的方法，分别是：编造引进资金、项目等虚假理由；使用虚假的经济合同；使用虚假的证明文件；使用虚假的产权证明作担保或者超出抵押物价值重复担保；以其他方法诈骗贷款。"编造引进资金、项目等虚假理由"，是指行为人编造根本不存在的或者情况不实的引进资金和引进项目等虚假理由，借口需要配套资金而诈骗贷款，或者编造需要引进设备、技术支付货款骗取贷款等。"使用虚假的经济合同"，是指编造、使用虚假的经济合同或短期内能产生很好效益的经济合同骗取贷款，主要表现为：使用伪造的不存在的经济合同；使用虚构主体签订的经济合同；冒用他人的名义签订的经济合同等。"使用虚假的证明文件"，是指使用编造的或者不真实的向银行或者其他金融机构申请贷款所需要的证明文件，具体包括各种担保书（函）、验资凭证、印鉴，银行存款证明、划款证明，单位经营项目、经营状况、产品市场占有率、负债率、投益率及年检证明等。"使用虚假的产权证明作担保或者超出抵押物价值重复担保"，是指使用不存在或者不具有产权的房屋、设备、汽车等不动产、动产或者与不动产、动产真实价值不符的证明文件，或者隐瞒相关财产已设定担保义务且该财产价值不足以担保贷款的真实情况等情形，较为常见的此种诈骗方法主要有：将租用的房产、土地谎称为自己拥有产权或者使用权；将尚未取得产权或者使用权的房产、土地谎称为已经取得产权或者使用权；将陈旧的机器、设备以新机器、新设备的价格进行评估；房地产开发商以虚构的购房人名义将房产重复抵押贷款等。"以其他方法诈骗贷款"，是指采用前述4种方法以外的其他虚构事实，隐瞒真相的手段，骗取银行或其他金融机构贷款行为。

根据《刑法》规定，贷款诈骗行为只有达到"数额较大"的才构成犯罪。

3.犯罪主体为一般主体，但单位不能成为本罪的主体。

4.主观方面由故意构成，并且必须具有非法占有银行或者其他金融机构贷款的目的。犯罪动机多种多样，有的是为了挥霍、有的是为了进行其他犯罪活动，但动机不影响本罪的成立。

根据《刑法》规定，贷款诈骗的行为，除需符合以上构成要件外，还必须达到"数额较大"的程度，才构成犯罪。根据《最高人民检察院、公安部关于公安机关管辖的刑事案件立案追诉标准的规定（二）》第45条的规定，以非法占有为目的，诈骗银行或者其他金融机构的贷款，数额在5万元以上的，应予立案追诉。

（二）认定贷款诈骗罪应当注意的问题

1. 划清罪与非罪的界限。

一是无论动机如何，构成本罪主观上必须具有非法占有贷款的目的。如果行为人主观上没有非法占有贷款的目的，即使在申请贷款时使用了欺骗的手段，只要贷款到期后能够偿还，就不构成本罪。这种情况在实践中多表现为，行为人不完全具备申请贷款所要求的条件，为了解决生产、经营中的资金困难等问题，编造贷款理由申请贷款。贷款到手后，积极投入生产使用，并按期偿还贷款。对这种行为，由于行为人主观上不具有非法占有贷款的目的，所以不宜作犯罪处理，可由有关部门给予必要的行政处罚或者经济处罚。二是构成本罪必须是诈骗贷款数额较大的行为。如果行为人虽然是以非法占有贷款为目的，但是诈骗银行或者其他金融机构的贷款数额不大的，不作为犯罪处理，可由有关部门给予行政处罚。

2. 单位实施贷款诈骗行为的处理。

《刑法》对贷款诈骗罪仅规定了自然人犯罪主体，但现实生活中，由单位实施的贷款诈骗相当普遍。《全国人民代表大会常务委员会关于〈中华人民共和国刑法〉第三十条的解释》规定："公司、企业、事业单位、机关、团体等单位实施刑法规定的危害社会的行为，刑法分则和其他法律未规定追究单位的刑事责任的，对组织、策划、实施该危害社会行为的人依法追究刑事责任。"据此，对于单位为了本单位利益实施犯罪主体仅限于自然人的犯罪行为，应当以自然人犯罪的《刑法》规定追究相关责任人员的刑事责任。

3. 本罪非法占有目的的认定。

非法占有目的是贷款诈骗罪的法定要件。根据《全国法院审理金融犯罪工作座谈会纪要》的规定，认定是否具有非法占有目的，应当坚持主客观相一致的原则，既要避免单纯根据损失结果客观归罪，也不能仅凭被告人自己的供述，而应当根据案件具体情况具体分析。根据司法实践，对于行为人通过诈骗的方法非法获取资金，造成数额较大资金不能归还，并具有下列情形之一的，可以认定为具有非法占有的目的：（1）明知没有归还能力而大量骗取资金的；（2）非法获取资金后逃跑的；（3）肆意挥霍骗取资金的；（4）使用骗取的资金进行违法犯罪活动的；（5）抽逃、转移资金、隐匿财产，以逃避返还资金的；（6）隐匿、销毁账目，或者搞假破产、假倒闭，以逃避返还资金的；（7）其他非法占有资金、拒不返还的行为。

4.划清本罪与高利转贷罪的界限。

根据《刑法》第175条的规定，高利转贷罪是指以转贷牟利为目的，套取金融机构信贷资金高利转贷他人，违法所得数额较大的行为。贷款诈骗罪与高利转贷罪存在诸多类似之处，比如，犯罪对象均为金融机构的贷款，都侵犯了国家贷款管理秩序这一客体，客观方面都使用了欺骗手段，主观方面都表现为直接故意。两者的区分界限主要表现为：一是主观目的不同。前者以非法直接占有贷款为目的，后者以套取银行贷款后转贷牟利为目的，不具有占有贷款本身的故意。二是欺骗手段具体表现不同。前者侧重于虚构资信、还贷能力、还款意愿方面，后者仅限于虚构贷款用途方面，对于不具有非法占有目的但采取虚构资信、还贷能力等欺骗手段取得银行贷款的，宜以骗取贷款罪处理。三是侵害客体有所差别。前者侧重于对公私财产权的侵害；后者侧重于对贷款使用和利率秩序的侵害。

行为人以转贷牟利为目的套取贷款，在转贷他人之后又产生非法占有目的拒不归还贷款的，首先，取得贷款之后产生非法占有目的的同样可以构成贷款诈骗罪；其次，整体行为构成贷款诈骗罪，同时在贷款的具体使用上又触犯了高利转贷罪，属于因行为本身的复合性而触犯了数个罪名，应认定为想象竞合犯，根据想象竞合犯的择一重罪的处断原则，此种情形应以贷款诈骗罪一罪处理。

5.划清本罪与骗取贷款、票据承兑、金融票证罪的界限。

骗取贷款、票据承兑、金融票证罪是《刑法修正案（六）》增设的罪名。

根据《刑法》第 175 条之一的规定，骗取贷款、票据承兑、金融票证罪是指以欺骗手段取得银行或者其他金融机构贷款、票据承兑、信用证、保函等，给银行或者其他金融机构造成重大损失或者有其他严重情节的行为。骗取贷款、票据承兑、金融票证罪是对象选择犯，其中，骗取贷款与贷款诈骗在客观行为方式上基本相同，两者的主要区别是主观上有无非法占有目的。《刑法》补充规定骗取贷款犯罪，主要是为了解决实践中以欺骗手段取得贷款并造成重大损失、但没有非法占有目的或者非法占有目的难以认定的行为的定罪问题。

（三）贷款诈骗罪的刑事责任

依照《刑法》第 193 条规定，犯贷款诈骗罪的，处五年以下有期徒刑或者拘役，并处 2 万元以上 20 万元以下罚金；数额巨大或者有其他严重情节的，处五年以上十年以下有期徒刑，并处 5 万元以上 50 万元以下罚金；数额特别巨大或者有其他特别严重情节的，处十年以上有期徒刑或者无期徒刑，并处 5 万元以上 50 万元以下罚金或者没收财产。

三、票据诈骗罪

第一百九十四条第一款 有下列情形之一，进行金融票据诈骗活动，数额较大的，处五年以下有期徒刑或者拘役，并处二万元以上二十万元以下罚金；数额巨大或者有其他严重情节的，处五年以上十年以下有期徒刑，并处五万元以上五十万元以下罚金；数额特别巨大或者有其他特别严重情节的，处十年以上有期徒刑或者无期徒刑，并处五万元以上五十万元以下罚金或者没收财产：

（一）明知是伪造、变造的汇票、本票、支票而使用的；

（二）明知是作废的汇票、本票、支票而使用的；

（三）冒用他人的汇票、本票、支票的；

（四）签发空头支票或者与其预留印鉴不符的支票，骗取财物的；

（五）汇票、本票的出票人签发无资金保证的汇票、本票或者在出票时作虚假记载，骗取财物的。

第二百条[①]　单位犯本节第一百九十四条、第一百九十五条规定之罪的，对单位判处罚金，并对其直接负责的主管人员和其他直接责任人员，处五年以下有期徒刑或者拘役，可以并处罚金；数额巨大或者有其他严重情节的，处五年以上十年以下有期徒刑，并处罚金；数额特别巨大或者有其他特别严重情节的，处十年以上有期徒刑或者无期徒刑，并处罚金。

（一）票据诈骗罪的概念和构成要件

票据诈骗罪，是指以非法占有为目的，使用金融票据骗取财物，数额较大的行为。

本罪是从《全国人民代表大会常务委员会关于惩治破坏金融秩序犯罪的决定》第12条的规定，吸收改为《刑法》的具体规定的。2011年《刑法修正案（八）》对本罪的处罚作了两点修改：一是废除了本罪的死刑规定；二是增加单位犯罪中相关责任人员的罚金刑规定，加大了本罪的经济处罚力度。

票据诈骗罪的构成要件是：

1. 本罪侵犯的客体是复杂客体，即国家对金融票据的管理秩序和公私财产的所有权。

金融票据包括汇票、本票、支票。其中，"汇票"是指出票人签发的，委托付款人在见票时或者在指定日期无条件支付确定的金额给收款人或者持票人的票据；"本票"是指由出票人签发的，承诺自己在见票时无条件支付确定的金额给收款人或者持票人的票据；"支票"是指由出票人签发的，委托办理支票存款业务的银行或者其他金融机构在见票时无条件支付确定的金额给收款人或者持票人的票据。票据制度凭借票据所具有的支付、汇兑、流通、信用、融资等功能而成为市场经济中的一项基本制度。犯罪分子伪造或者利用金融票据实施诈骗犯罪活动不仅扰乱金融票据交易管理秩序、妨害金

[①]　本条经2011年2月25日《刑法修正案（八）》第31条、2020年12月26日《刑法修正案（十一）》第16条两次修改。

融票据的正常流通和使用，而且给他人造成经济损失，需依法予以惩处。

2. 客观方面表现为通过虚构事实或者隐瞒真相的方法，利用金融票据骗取财物，数额较大的行为。

《刑法》规定了5种票据诈骗的具体方法。一是明知是伪造、变造的汇票、本票、支票而使用。二是明知是作废的汇票、本票、支票而使用。三是冒用他人的汇票、本票、支票。四是签发空头支票或者与其预留印鉴不符的支票，骗取财物。"签发空头支票"是指出票人签发的支票金额超过其付款时在付款人处实有的存款金额的行为；"与其预留印鉴不符的支票"，是指出票人在其签发的支票上加盖与其预留存在银行或者其他金融机构的印鉴不一致的财务公章或者支票签发人的名章的行为。五是汇票、本票的出票人签发无资金保证的汇票、本票或者在出票时作虚假记载，骗取财物。"无资金保证"是指票据的出票人在承兑票据时不具有按票据支付的能力；"虚假记载"主要是指在汇票、本票的空白处记载与真实情况不一致、除票据签章以外的其他票据事项的行为。

3. 犯罪主体为一般主体，自然人和单位均可以成为本罪的主体。

4. 主观方面由直接故意构成，并以非法占有他人财物为目的。过失和间接故意不构成本罪。

按照法律规定，票据诈骗的行为，除需符合以上构成要件外，还必须达到"数额较大"的程度，才构成犯罪。按照《最高人民检察院、公安部关于公安机关管辖的刑事案件立案追诉标准的规定（二）》第46条的规定，进行金融票据诈骗活动，数额在5万元以上的，应予立案追诉。

（二）认定票据诈骗罪应当注意的问题

1. 划清罪与非罪的界限。

首先，进行票据诈骗数额较小、情节显著轻微不构成犯罪的票据欺诈行为，可以由有关部门作违法行为处理。其次，以非法占有为目的，是区分罪与非罪的又一重要界限。如果行为人由于过失或者其他原因实施了使用伪造、变造的汇票、本票、支票等行为，主观上并不具有诈骗财物的目的，则不构成本罪。

2. 本罪与伪造、变造金融票证罪的区分界限。

伪造、变造金融票证罪惩治的是伪造、变造行为本身，票据诈骗罪惩治的是使用这些金融票据进行诈骗的行为。

行为人伪造、变造票据并使用该伪造、变造的票据进行诈骗行为的，宜认定为牵连犯并择一重罪处理。行为人以诈骗为目的伪造、变造了票据，但尚未着手实施票据诈骗行为的，因不存在具体的诈骗行为，应以伪造、变造金融票证罪定罪处罚。

3. 本罪与贷款诈骗罪的竞合处理。

使用伪造、变造、作废的票据或者假冒他人的票据进行质押贷款，同时符合票据诈骗罪和贷款诈骗罪构成的，择一重罪处理。

（三）票据诈骗罪的刑事责任

依照《刑法》第194条第1款规定，犯票据诈骗罪的，处五年以下有期徒刑或者拘役，并处2万元以上20万元以下罚金；数额巨大或者有其他严重情节的，处五年以上十年以下有期徒刑，并处5万元以上50万元以下罚金；数额特别巨大或者有其他特别严重情节的，处十年以上有期徒刑或者无期徒刑，并处5万元以上50万元以下罚金或者没收财产。

依照《刑法》第200条规定，单位犯本罪的，对单位判处罚金，并对其直接负责的主管人员和其他直接责任人员，处五年以下有期徒刑或者拘役，可以并处罚金；数额巨大或者有其他严重情节的，处五年以上十年以下有期徒刑，并处罚金；数额特别巨大或者有其他特别严重情节的，处十年以上有期徒刑或者无期徒刑，并处罚金。

四、金融凭证诈骗罪

第一百九十四条 有下列情形之一，进行金融票据诈骗活动，数额较大的，处五年以下有期徒刑或者拘役，并处二万元以上二十万元以下罚金；数额巨大或者有其他严重情节的，处五年以上十年以下有期徒刑，并处五万元以上五十万元以下罚金；数额特别巨大或者有其他特别严重情节的，处十年以上有期徒刑或者无期徒刑，并处五万元以上五十万元以下罚金或者没收财产：

（一）明知是伪造、变造的汇票、本票、支票而使用的；

（二）明知是作废的汇票、本票、支票而使用的；

（三）冒用他人的汇票、本票、支票的；

（四）签发空头支票或者与其预留印鉴不符的支票，骗取财物的；

（五）汇票、本票的出票人签发无资金保证的汇票、本票或者在出票时作虚假记载，骗取财物的。

使用伪造、变造的委托收款凭证、汇款凭证、银行存单等其他银行结算凭证的，依照前款的规定处罚。

第二百条① 单位犯本节第一百九十四条、第一百九十五条规定之罪的，对单位判处罚金，并对其直接负责的主管人员和其他直接责任人员，处五年以下有期徒刑或者拘役，可以并处罚金；数额巨大或者有其他严重情节的，处五年以上十年以下有期徒刑，并处罚金；数额特别巨大或者有其他特别严重情节的，处十年以上有期徒刑或者无期徒刑，并处罚金。

（一）金融凭证诈骗罪的概念和构成要件

金融凭证诈骗罪，是指使用伪造、变造的委托收款凭证、汇款凭证、银行存单等其他银行结算凭证骗取财物，数额较大的行为。

本罪是从《全国人民代表大会常务委员会关于惩治破坏金融秩序犯罪的决定》第12条第2款的规定，吸收改为《刑法》的具体规定的。2011年《刑法修正案（八）》对本罪的处罚作了两点修改：一是废除了本罪的死刑规定；二是增加单位犯罪中相关责任人员的罚金刑规定，加大了本罪的经济处罚力度。

金融凭证诈骗罪的构成要件是：

1.本罪侵犯的客体是国家对金融票据的管理制度和公私财产的所有权。

---

① 本条经2011年2月25日《刑法修正案（八）》第31条、2020年12月26日《刑法修正案（十一）》第16条两次修改。

犯罪对象是银行结算凭证，包括委托收款凭证、汇款凭证、银行存单等其他银行结算凭证。

2. 客观方面表现为使用伪造、变造的委托收款凭证、汇款凭证、银行存单等其他银行结算凭证骗取财物，数额较大的行为。

"委托收款凭证"，是指行为人在委托银行向付款人收取款项时所填写、提供的凭据和证明。"汇款凭证"，是指汇款人委托银行将款项汇给外地收款时，所填写的凭据和证明。"银行存单"，是指一种银行结算凭证，它是由储户向银行交存款项，办理开户，银行签发载有户名、账号、存款金额、存期、存入日、到期日、利率等内容的存单。"其他银行结算凭证"，是指除本票、汇票、支票、委托收款凭证、汇款凭证、银行存单以外的办理银行结算的凭据和证明。

3. 犯罪主体为一般主体，自然人和单位均可构成本罪的主体。

4. 主观方面由故意构成，过失不构成本罪。

按照法律规定，利用金融凭证进行诈骗的行为，除需符合以上构成要件外，诈骗的财物必须达到"数额较大"的程度，才构成犯罪。按照《最高人民检察院、公安部关于公安机关管辖的刑事案件立案追诉标准的规定（二）》第47条的规定，使用伪造、变造的委托收款凭证、汇款凭证、银行存单等其他银行结算凭证进行诈骗活动，数额在5万元以上的，应予立案追诉。

（二）认定金融凭证诈骗罪应当注意的问题

1. 划清罪与非罪的界限。

（1）如果行为人仅仅是伪造、变造了委托收款凭证、汇款凭证、银行存单等其他银行结算凭证，并未实际使用的，则不构成本罪。（2）行为人必须明知是伪造、变造的委托收款凭证、汇款凭证、银行存单等其他银行结算凭证而使用的，才构成本罪。如果行为人不明知或者由于其他原因不可能知道委托收款凭证、汇款凭证、银行存单等其他银行结算凭证是伪造或者变造而使用的，则不构成本罪。

2. 何谓"其他银行结算凭证"，由于专业性强，司法实务中有不同意见。中国人民银行办公厅银办函〔2003〕573号《关于其他银行结算凭证有关问题的复函》称:"根据《支付结算办法》(银发〔1997〕393号文印发)的有关规定,办理票据、信用卡和汇兑、托收承付、委托收款等转账结算业务所使用的凭证均属银行结算凭证。此外,银行办理现金缴存或支取业务使用的有关凭证也属银行结算凭证。""而单位定期存款开户证实书、对账单、银行询证函等,只具有证明或事后检查作用,不具有货币给付和资金清算作用,不属于结算凭证。"司法机关在办理案件过程中,应当尊重金融机构的专业解释意见。

（三）金融凭证诈骗罪的刑事责任

依照《刑法》第194条第2款规定,犯金融凭证诈骗罪的,依照前款的规定处罚。所谓"依照前款的规定处罚",是指依照金融凭证诈骗罪定罪,依照票据诈骗罪处罚,即处五年以下有期徒刑或者拘役,并处2万元以上20万元以下罚金;数额巨大或者有其他严重情节的,处五年以上十年以下有期徒刑,并处5万元以上50万元以下罚金;数额特别巨大或者有其他特别严重情节的,处十年以上有期徒刑或者无期徒刑,并处5万元以上50万元以下罚金或者没收财产。

依照《刑法》第200条规定,单位犯本罪的,对单位判处罚金,并对其直接负责的主管人员和其他直接责任人员,处五年以下有期徒刑或者拘役,可以并处罚金;数额巨大或者有其他严重情节的,处五年以上十年以下有期徒刑,并处罚金;数额特别巨大或者有其他特别严重情节的,处十年以上有期徒刑或者无期徒刑,并处罚金。

五、信用证诈骗罪

第一百九十五条 有下列情形之一,进行信用证诈骗活动的,处五年以下有期徒刑或者拘役,并处二万元以上二十万元以下罚金;数额巨大或者有其他严重情节的,处五年以上十年以下有期徒刑,并处五万元以上五十万元以下罚金;数额特别巨大或者有其他特别严重情节的,处十年以上有期徒刑或者无期徒刑,并处五万元以上五十万元以下罚金或者没收财产:

（一）使用伪造、变造的信用证或者附随的单据、文件的；

（二）使用作废的信用证的；

（三）骗取信用证的；

（四）以其他方法进行信用证诈骗活动的。

第二百条[①] 单位犯本节第一百九十四条、第一百九十五条规定之罪的，对单位判处罚金，并对其直接负责的主管人员和其他直接责任人员，处五年以下有期徒刑或者拘役，可以并处罚金；数额巨大或者有其他严重情节的，处五年以上十年以下有期徒刑，并处罚金；数额特别巨大或者有其他特别严重情节的，处十年以上有期徒刑或者无期徒刑，并处罚金。

（一）信用证诈骗罪的概念和构成要件

信用证诈骗罪，是指用虚构事实或者隐瞒真相的方法，利用信用证骗取货物或者银行款项的行为。

本罪是从《全国人民代表大会常务委员会关于惩治破坏金融秩序犯罪的决定》第13条的规定，吸收改为《刑法》的具体规定的。2011年《刑法修正案（八）》对本罪的处罚作了两点修改：一是废除了本罪的死刑规定；二是增加单位犯罪中相关责任人员的罚金刑规定，加大了本罪的经济处罚力度。

信用证诈骗罪的构成要件是：

1. 本罪侵犯的客体是国际金融、贸易秩序和他人的财产所有权。

信用证是普遍适用于国际贸易支付中的一种结算凭证，犯罪分子利用目前对信用证诈骗犯罪防范不严的漏洞，利用信用证诈骗钱财，且犯罪数额巨大，一般都是几百万元，有的甚至上亿元，给被骗的单位造成严重的经济损失，因此，必须依法予以惩处。

2. 客观方面表现为用虚构事实或者隐瞒真相的方法，利用信用证骗取货物或者银行款项的行为。

[①] 本条经2011年2月25日《刑法修正案（八）》第31条、2020年12月26日《刑法修正案（十一）》第16条两次修改。

《刑法》规定了4种利用信用证进行诈骗的方法：（1）使用伪造、变造的信用证或者附随的单据、文件。（2）使用作废的信用证。（3）骗取信用证。（4）以其他方法进行信用证诈骗活动。

3. 犯罪主体为一般主体，包括自然人和单位，也包括外国人和无国籍人。

4. 主观方面由故意构成。

（二）信用证诈骗罪的刑事责任

依照《刑法》第195条规定，犯信用证诈骗罪的，处五年以下有期徒刑或者拘役，并处2万元以上20万元以下罚金；数额巨大或者有其他严重情节的，处五年以上十年以下有期徒刑，并处5万元以上50万元以下罚金；数额特别巨大或者有其他特别严重情节的，处十年以上有期徒刑或者无期徒刑，并处5万元以上50万元以下罚金或者没收财产。

依照《刑法》第200条规定，单位犯本罪的，对单位判处罚金，并对其直接负责的主管人员和其他直接责任人员，处五年以下有期徒刑或者拘役，可以并处罚金；数额巨大或者有其他严重情节的，处五年以上十年以下有期徒刑，并处罚金；数额特别巨大或者有其他特别严重情节的，处十年以上有期徒刑或者无期徒刑，并处罚金。

六、信用卡诈骗罪[①]

第一百九十六条[②] 有下列情形之一，进行信用卡诈骗活动，数额较大的，处五年以下有期徒刑或者拘役，并处二万元以上二十万元以下罚金；数额巨大或者有其他严重情节的，处五年以上十年以下有期徒刑，并处五万元以上五十万元以下罚金；数额特别巨大或者有其他特别严重情节的，处十年以上有期徒刑或者无期徒刑，并处五万元以上五十万元以下罚金或者没收

[①] 参考案例：沈某凑、章某平、涂某胜等信用卡诈骗案，四川省南充市中级人民法院（2020）川13刑终91号。

[②] 本条经2005年2月28日《刑法修正案（五）》第2条修改。

财产：

（一）使用伪造的信用卡，或者使用以虚假的身份证明骗领的信用卡的；

（二）使用作废的信用卡的；

（三）冒用他人信用卡的；

（四）恶意透支的。

前款所称恶意透支，是指持卡人以非法占有为目的，超过规定限额或者规定期限透支，并且经发卡银行催收后仍不归还的行为。

盗窃信用卡并使用的，依照本法第二百六十四条的规定定罪处罚。

（一）信用卡诈骗罪的概念及其构成要件

信用卡诈骗罪，是指用虚构事实或者隐瞒真相的方法，利用信用卡进行诈骗，骗取数额较大的财物的行为。

本罪是从《全国人民代表大会常务委员会关于惩治破坏金融秩序犯罪的决定》第14条的规定，吸收改为1997年《刑法》的具体规定的。1997年《刑法》修订后，《刑法修正案（五）》第2条又对本罪作了进一步修改，即将"使用以虚假的身份证明骗领的信用卡的"行为，增加规定为本罪的行为方式之一。

信用卡诈骗罪的构成要件是：

1. 本罪侵犯的客体是国家对信用卡的管理制度和公私财产所有权。

本罪的犯罪对象是信用卡。根据《全国人民代表大会常务委员会关于〈中华人民共和国刑法〉有关信用卡规定的解释》的规定，"信用卡"，是指由商业银行或者其他金融机构发行的具有消费支付、信用贷款、转账结算、存取现金等全部功能或者部分功能的电子支付卡。不仅包括国际通行意义上的具有透支功能的信用卡，也包括不具有透支功能的借记卡。

2. 客观方面表现为用虚构事实或者隐瞒真相的方法，利用信用卡进行诈骗，骗取财物数额较大的行为。

《刑法》规定了4种利用信用卡进行诈骗的方法：（1）使用伪造的信用卡，或者使用以虚假的身份证明骗领的信用卡。这是指行为人用伪造的信用卡或者使用虚假身份证明骗领来的"真"信用卡，购买商品、在银行或者自动柜员机上支取现金以及接受用信用卡进行支付结算的各种服务等。(2)使用作废的信用卡,主要是指行为人故意使用因法定原因已经失去效用的信用卡的行为。"作废的信用卡"一般包括以下几种情形:信用卡超过有效使用期而自动失效、因挂失而使信用卡失效、持卡人在信用卡有效期限内中途停止使用而将信用卡交回发卡机构等。(3)冒用他人信用卡。这是指非持卡人以持卡人的名义使用信用卡,包括:拾得他人信用卡并使用的;骗取他人信用卡并使用的;窃取、收买、骗取或者以其他非法方式获取他人信用卡信息资料,并通过互联网、通讯终端等使用的;其他冒用他人信用卡的情形。(4)恶意透支。这是指持卡人以非法占有为目的,超过规定限额或者规定期限透支,经发卡银行两次有效催收后超过3个月仍不归还的行为。这里的有效催收,是指同时满足以下条件的催收,即在透支超过规定限额或者规定期限后进行;催收应当采用能够确认持卡人收悉的方式(持卡人故意逃避催收的除外);两次催收至少间隔30日;符合催收的有关规定或者约定。对于是否属于有效催收,应当根据发卡银行提供的电话录音、信息送达记录、信函送达回执、电子邮件送达记录、持卡人或者其家属签字以及其他催收原始证据材料作出判断。

根据法律规定,利用信用卡骗取的财物必须达到"数额较大"的程度,才构成犯罪。按照《最高人民法院、最高人民检察院关于办理妨害信用卡管理刑事案件具体应用法律若干问题的解释》(法释〔2018〕19号,以下简称《办理妨害信用卡管理刑事案件解释》)第5条、第8条的规定,使用伪造的信用卡、以虚假的身份证明骗领的信用卡、作废的信用卡或者冒用他人信用卡,进行信用卡诈骗活动,数额在5000元以上不满5万元的,属于数额较大;恶意透支5万元以上不满50万元的,属于数额较大。恶意透支的数额,是指公安机关刑事立案时尚未归还的实际透支的本金数额,不包括利息、复利、滞纳金、手续费等发卡银行收取的费用。归还或者支付的数额,应当认定为归还实际透支的本金。检察机关在审查起诉、提起公诉时,应当根据发卡银行提供的交易明细、分类账单(透支账单、还款账单)等证据材料,结合犯罪嫌疑人、被告人及其辩护人所提辩解、辩护意见及相关证据材料,审查认定恶意透支的数额;恶意透支的数额难以确定的,应当依据司法会计、审计报告，结合其他证据材料审查认定。人民法院在审判过程中，应当在对上述证据材料查证属实的基础上，对恶意透支的数额作出认定。

3.犯罪主体为一般主体，包括自然人和单位。

4.主观方面由故意构成，并且具有非法占有他人资金的目的。

过失不能成立本罪。对于是否以非法占有为目的，应当综合持卡人信用记录、还款能力和意愿、申领和透支信用卡的状况、透支资金的用途、透支后的表现、未按规定还款的原因等情节作出判断。不得单纯依据持卡人未按规定还款的事实认定非法占有目的。具有以下情形之一的，应当认定为《刑法》第196条第2款规定的"以非法占有为目的"，但有证据证明持卡人确实不具有非法占有目的的除外：（1）明知没有还款能力而大量透支，无法归还的；（2）使用虚假资信证明申领信用卡后透支，无法归还的；（3）透支后通过逃匿、改变联系方式等手段，逃避银行催收的；（4）抽逃、转移资金，隐匿财产，逃避还款的；（5）使用透支的资金进行犯罪活动的；（6）其他非法占有资金，拒不归还的情形。

（二）认定信用卡诈骗罪应当注意的问题

1.划清罪与非罪的界限。

首先，如果行为人使用伪造的信用卡实际骗取的公私财物数额不大，可以由有关部门对其实施的欺诈行为进行行政处罚。其次，行为人虽然实施了冒用他人信用卡的行为，但主观上并没有冒用他人信用卡诈骗财物的目的，而是属于违反信用卡管理和使用方面的规定的违规行为，不能作为犯罪处理。

2.根据《办理妨害信用卡管理刑事案件解释》第12条规定，违反国家规定，使用销售点终端机具（POS机）等方法，以虚构交易、虚开价格、现金退货等方式向信用卡持卡人直接支付现金，情节严重的，以非法经营罪定罪处罚；持卡人以非法占有为目的，采用上述方式恶意透支，应当追究刑事责任的，以信用卡诈骗罪定罪处罚。

3.根据《最高人民检察院关于拾得他人信用卡并在自动柜员机（ATM机）上使用的行为如何定性问题的批复》（高检发释字〔2008〕1号）的规

定，拾得他人信用卡并在自动柜员机（ATM机）上使用的行为，属于《刑法》第196条第1款第3项规定的"冒用他人信用卡"，构成犯罪的，以信用卡诈骗罪追究刑事责任。

4. 根据《办理妨害信用卡管理刑事案件解释》第11条的规定，发卡银行违规以信用卡透支形式变相发放贷款，持卡人未按规定归还的，不适用《刑法》第196条"恶意透支"的规定。构成其他犯罪的，以其他犯罪论处。

5. 依照《刑法》第196条第3款规定，盗窃信用卡并使用的，依照《刑法》第264条盗窃罪的规定定罪处罚。

6. 划清本罪与妨害信用卡管理罪的界限。

如果行为人是在持有、运输伪造的信用卡，或者是非法持有他人的信用卡，或者是使用虚假身份证明骗领信用卡，或者是购买伪造的信用卡、使用虚假身份证明骗领的信用卡的过程中被抓获，同时又能证明行为人目的是进行信用卡诈骗的，则其行为属于妨害信用卡管理罪与信用卡诈骗罪（预备）的想象竞合犯，根据"从一重处断"原则，应对行为人以妨害信用卡管理罪论处。如果行为人是在信用卡诈骗得手之后被抓获，同时又发现其据以行骗的信用卡是使用虚假身份证明骗领来的信用卡，或者是购买的伪造的信用卡，则其行为属于妨害信用卡管理罪与信用卡诈骗罪的牵连犯，应以信用卡诈骗罪论处；如果是在持有伪造的信用卡或者骗领的信用卡行骗的过程中被抓获的，则属于妨害信用卡管理罪与信用卡诈骗罪（未遂）的牵连犯，应根据"从一重处断"原则，对行为人定罪处罚。

（三）信用卡诈骗罪的刑事责任

依照《刑法》第196条规定，犯信用卡诈骗罪的，处五年以下有期徒刑或者拘役，并处2万元以上20万元以下罚金；数额巨大或者有其他严重情节的，处五年以上十年以下有期徒刑，并处5万元以上50万元以下罚金；数额特别巨大或者有其他特别严重情节的，处十年以上有期徒刑或者无期徒刑，并处5万元以上50万元以下罚金或者没收财产。

在适用本条规定处罚时，应当注意以下问题：

1. 掌握"数额巨大""数额特别巨大"的数额标准。根据《办理妨害信用卡管理刑事案件解释》第 5 条、第 8 条的规定，使用伪造的信用卡、以虚假的身份证明骗领的信用卡、作废的信用卡或者冒用他人信用卡，进行信用卡诈骗活动，数额在 5 万元以上不满 50 万元的，属于"数额巨大"；数额在 50 万元以上的，属于"数额特别巨大"。恶意透支，数额在 50 万元以上不满 500 万元的，属于"数额巨大"，数额在 500 万元以上的，属于"数额特别巨大"。

2. 没有区别，就没有政策。根据《办理妨害信用卡管理刑事案件解释》第 10 条规定，恶意透支数额较大，在提起公诉前全部归还或者具有其他情节轻微情形的，可以不起诉；在一审判决前全部归还或者具有其他情节轻微情形的，可以免予刑事处罚。但是，曾因信用卡诈骗受过两次以上处罚的除外。

七、有价证券诈骗罪

第一百九十七条 使用伪造、变造的国库券或者国家发行的其他有价证券，进行诈骗活动，数额较大的，处五年以下有期徒刑或者拘役，并处二万元以上二十万元以下罚金；数额巨大或者有其他严重情节的，处五年以上十年以下有期徒刑，并处五万元以上五十万元以下罚金；数额特别巨大或者有其他特别严重情节的，处十年以上有期徒刑或者无期徒刑，并处五万元以上五十万元以下罚金或者没收财产。

（一）有价证券诈骗罪的概念和构成要件

有价证券诈骗罪，是指使用伪造、变造的国库券或者国家发行的其他有价证券，进行诈骗，数额较大的行为。

本罪是 1997 年《刑法》增设的罪名，1979 年《刑法》和单行刑法均没有规定此罪名。

有价证券诈骗罪的构成要件是：

1. 本罪侵犯的客体是国家对有价证券的发行、管理制度和公私财产的所有权。犯罪对象是有价证券，是证券的一个种类，是指国库券等国家发行的有价证券，不包括非国家发行的有价证券在内。

2. 客观方面表现为使用伪造、变造的国库券或者国家发行的其他有价证券，进行诈骗，数额较大的行为。

"国库券"，是指中央政府为调节国库短期收支差额，弥补政府正常财政收入不足，而由国家财政部门代表国家发行的一种短期或者中期的国家债券。"国家发行的其他有价证券"，是指国家发行的除国库券以外的其他国家有价证券以及国家银行金融债券。"使用伪造、变造的有价证券"，是指行为人以伪造、变造的国库券或者国家发行的其他有价证券用于兑换现金、抵销债务等获取资金或者财产性利益的活动。

3. 犯罪主体为自然人（一般主体），单位不构成本罪。

4. 主观方面由故意构成，并具有牟取非法利益的目的。过失不构成本罪。

根据法律规定，利用有价证券进行诈骗的行为，除需具备以上构成要件外，诈骗的财物必须达到"数额较大"的程度，才构成犯罪。按照《最高人民检察院、公安部关于公安机关管辖的刑事案件立案追诉标准的规定（二）》第50条的规定，使用伪造、变造的国库券或者国家发行的其他有价证券进行诈骗活动，数额在5万元以上的，应予立案追诉。

（二）认定有价证券诈骗罪应当注意的问题

1. 划清罪与非罪的界限。

首先，行为人主观上必须明知是伪造、变造的国库券或者国家发行的其他有价证券而使用。如果行为人不知其所使用的国库券或者国家发行的其他有价证券是伪造、变造的，因不具有诈骗故意而不构成犯罪。其次，行为人使用伪造、变造的国库券或者国家发行的其他有价证券，骗取财物，如果数额不大，可以由有关部门给予行政处罚。

2. 划清本罪与票据诈骗罪的界限。

主要有两点不同。一是客观方面不同。前者表现为利用伪造、变造的国库券或者国家发行的其他有价证券骗取资金；后者表现为利用伪造、变造的汇票、本票、支票，作废的或者冒用他人的汇票、本票、支票，签发空头支票或者与其预留印鉴不符的支票,汇票、本票的出票人签发无资金保证的汇票、本票或者在出票时作虚假记载等手段骗取财物。二是主体不同。前者仅为自然人,后者自然人和单位均可构成。

(三)有价证券诈骗罪的刑事责任

依照《刑法》第197条规定,犯有价证券诈骗罪的,处五年以下有期徒刑或者拘役,并处2万元以上20万元以下罚金;数额巨大或者有其他严重情节的,处五年以上十年以下有期徒刑,并处5万元以上50万元以下罚金;数额特别巨大或者有其他特别严重情节的,处十年以上有期徒刑或者无期徒刑,并处5万元以上50万元以下罚金或者没收财产。

八、保险诈骗罪

第一百九十八条 有下列情形之一,进行保险诈骗活动,数额较大的,处五年以下有期徒刑或者拘役,并处一万元以上十万元以下罚金;数额巨大或者有其他严重情节的,处五年以上十年以下有期徒刑,并处二万元以上二十万元以下罚金;数额特别巨大或者有其他特别严重情节的,处十年以上有期徒刑,并处二万元以上二十万元以下罚金或者没收财产:

(一)投保人故意虚构保险标的,骗取保险金的;

(二)投保人、被保险人或者受益人对发生的保险事故编造虚假的原因或者夸大损失的程度,骗取保险金的;

(三)投保人、被保险人或者受益人编造未曾发生的保险事故,骗取保险金的;

(四)投保人、被保险人故意造成财产损失的保险事故,骗取保险金的;

(五)投保人、受益人故意造成被保险人死亡、伤残或者疾病,骗取保险金的。

有前款第四项、第五项所列行为,同时构成其他犯罪的,依照数罪并罚的规定处罚。

单位犯第一款罪的,对单位判处罚金,并对其直接负责的主管人员和其他直接责任人员,处五年以下有期徒刑或者拘役;数额巨大或者有其他严重情节的,处五年以上十年以下有期徒刑;数额特别巨大或者有其他特别严重情节的,处十年以上有期徒刑。

保险事故的鉴定人、证明人、财产评估人故意提供虚假的证明文件,为他人诈骗提供条件的,以保险诈骗的共犯论处。

(一)保险诈骗罪的概念和构成要件

保险诈骗罪,是指投保人、被保险人或者受益人,以非法占有为目的,采用虚构保险标的、编造保险事故、制造保险事故等方法,骗取保险金,数额较大的行为。

本罪是从《全国人民代表大会常务委员会关于惩治破坏金融秩序犯罪的决定》第16条的规定,吸收改为《刑法》的具体规定的。

保险诈骗罪的构成要件是:

1. 本罪侵犯的客体是国家对于保险业的管理秩序和保险人的财产所有权。

"保险",是指按照保险法规,投保人根据合同规定,向保险人支付保险费,待发生合同约定的保险事故后,或者被保险人死亡、伤残、疾病或者达到合同约定的年龄、期限等条件时,承担给付保险金责任的商业保险行为。保险诈骗是基于保险合同、以保险金为对象而实施的诈骗类犯罪,具有破坏金融秩序和侵犯财产权利的双重危害性。在刑法规定保险诈骗罪之前,此类行为按普通诈骗罪处理。刑法增设保险诈骗罪,有利于突出对于保险诈骗犯罪活动的打击和预防。

2. 客观方面表现为采用虚构保险标的、编造保险事故、制造保险事故等方法,骗取保险金,数额较大的行为。

《刑法》规定了保险诈骗的5种具体行为:一是投保人故意虚构保险标的,骗取保险金。这是指投保人违背保险法律规定,在与保险人订立保险合同时,故意虚构不存在或者与实际不相符的保险标的的行为。人身保险以人的寿命和身体为保险标的,人身保险的投保人在保险合同订立时应当对被保险人具有保险利益;财产保险以财产及其有关利益为保险标的,财产保险的被保险人在保险事故发生时应当对保险标的具有保险利益。二是投保人、被保险人或者受益人对发生的保险事故编造虚假的原因或者夸大损失的程度，骗取保险金。这是指投保人、被保险人或者受益人为了骗取保险金，在发生保险事故后，对造成保险事故的原因作虚假的陈述或者隐瞒真实情况，或者故意夸大由于保险事故造成保险标的损失程度，从而骗取保险金的行为。三是投保人、被保险人或者受益人编造未曾发生的保险事故，骗取保险金。四是投保人、被保险人故意造成财产损失的保险事故，骗取保险金。五是投保人、受益人故意造成被保险人死亡、伤残或者疾病，骗取保险金。

3. 犯罪主体为特殊主体，即投保人、被保险人或者受益人，包括单位和自然人。投保人是指与保险人订立保险合同，并按照合同约定负有支付保险费义务的人。被保险人是指其财产或者人身受保险合同保障，享有保险金请求权的人，投保人可以为被保险人。受益人是指人身保险合同中由被保险人或者投保人指定的享有保险金请求权的人，投保人、被保险人可以为受益人。

4. 主观方面由直接故意构成，并且具有非法占有保险金的目的。

（二）认定保险诈骗罪应当注意的问题

1. 划清罪与非罪的界限。

如果行为人只是因为担心发生保险事故后不能获得足额赔付，而故意多报、虚报保险标的，并未故意制造保险事故或者在保险事故发生后没有实际获取保险金的，或者虽然获取了保险金，但数额较小的，都不宜以犯罪论处。

2. 划清一罪与数罪的界限。

按照法律规定，行为人只要实施了上述5种骗取保险金行为中的一种行为，就构成本罪；实施了两种或者两种以上行为的，仍为一罪，不实行并罚。但是，依照《刑法》第198条第2款的规定，投保人、被保险人故意造成财产损失的保险事故，骗取保险金的行为，或者投保人、受益人实施故意造成被保险人死亡、伤残或者疾病，骗取保险金的行为，同时构成其他犯罪的，则应当依照数罪并罚的规定处罚。

（三）保险诈骗罪的刑事责任

依照《刑法》第 198 条规定，犯保险诈骗罪的，处五年以下有期徒刑或者拘役，并处 1 万元以上 10 万元以下罚金；数额巨大或者有其他严重情节的，处五年以上十年以下有期徒刑，并处 2 万元以上 20 万元以下罚金；数额特别巨大或者有其他特别严重情节的，处十年以上有期徒刑，并处 2 万元以上 20 万元以下罚金或者没收财产。

单位犯本罪的，对单位判处罚金，并对其直接负责的主管人员和其他直接责任人员，处五年以下有期徒刑或者拘役；数额巨大或者有其他严重情节的，处五年以上十年以下有期徒刑；数额特别巨大或者有其他特别严重情节的，处十年以上有期徒刑。

保险事故的鉴定人、证明人、财产评估人故意提供虚假的证明文件，为他人诈骗提供条件的，以保险诈骗的共犯论处。

参照《最高人民检察院、公安部关于公安机关管辖的刑事案件立案追诉标准的规定（二）》第 51 条的规定，进行保险诈骗活动，数额在 5 万元以上的，应予立案追诉。"数额巨大"和"数额特别巨大"的认定标准，实践中可以区分个人犯罪和单位犯罪，参考 2011 年《最高人民法院、最高人民检察院关于办理诈骗刑事案件具体应用法律若干问题的解释》的规定精神并结合当地经济社会发展状况具体确定。

第六节　危害税收征管罪

一、逃税罪[①]

第二百零一条[②]　纳税人采取欺骗、隐瞒手段进行虚假纳税申报或者不申报，逃避缴纳税款数额较大并且占应纳税额百分之十以上的，处三年以下有期徒刑或者拘役，并处罚金；数额巨大并且占应纳税额百分之三十以上的，处三年以上七年以下有期徒刑，并处罚金。

扣缴义务人采取前款所列手段，不缴或者少缴已扣、已收税款，数额较大的，依照前款的规定处罚。

对多次实施前两款行为，未经处理的，按照累计数额计算。

有第一款行为，经税务机关依法下达追缴通知后，补缴应纳税款，缴纳滞纳金，已受行政处罚的，不予追究刑事责任；但是，五年内因逃避缴纳税款受过刑事处罚或者被税务机关给予二次以上行政处罚的除外。

第二百一十一条[③]　单位犯本节第二百零一条、第二百零三条、第二百零四条、第二百零七条、第二百零八条、第二百零九条规定之罪的，对单位判处罚金，并对其直接负责的主管人员和其他直接责任人员，依照各该条的规定处罚。

（一）逃税罪的概念和构成要件

逃税罪，是指纳税人采取欺骗、隐瞒手段进行虚假的纳税申报或者不申报，逃避缴纳税款数额较大的行为。

[①]　2009年10月14日，《最高人民法院、最高人民检察院关于执行〈中华人民共和国刑法〉确定罪名的补充规定（四）》将原偷税罪罪名修改为逃税罪。

[②]　本条经2009年2月28日《刑法修正案（七）》第3条修改。

[③]　为避免重复，第203条、第204条、第207条、第208条、第209条涉及单位犯罪的，均不再援引第211条的条文。

本罪 1979 年《刑法》第 121 条已有规定。《全国人民代表大会常务委员会关于惩治偷税、抗税犯罪的补充规定》第 1 条将偷税罪、抗税罪一分为二，并将本罪由空白罪状改为叙明罪状。1997 年《刑法》、2009 年《刑法修正案（七）》分别作了进一步修改。

逃税罪的构成要件是：

1. 本罪侵犯的客体是国家的税收管理制度。

国家税收管理制度是国家各种税收和税款征收办法的总称，包括征收对象、开征税种、税率、纳税期限、征收管理体制等内容。

2. 客观方面表现为违反国家税收管理法律、法规，采取欺骗、隐瞒的手段进行虚假纳税申报或者不申报，逃避缴纳税款数额较大的行为。

"违反国家税收管理法律、法规"，主要是指违反税收征收管理法、企业所得税法、个人所得税法、增值税暂行条例等有关法律、法规的规定。根据《最高人民法院、最高人民检察院关于办理危害税收征管刑事案件适用法律若干问题的解释》（以下简称《办理危害税收征管案件解释》）的规定，"欺骗、隐瞒手段"是指下列情形之一：（1）伪造、变造、转移、隐匿、擅自销毁账簿、记账凭证或者其他涉税资料的；（2）以签订"阴阳合同"等形式隐匿或者以他人名义分解收入、财产的；（3）虚列支出、虚抵进项税额或者虚报专项附加扣除的；（4）提供虚假材料，骗取税收优惠的；（5）编造虚假计税依据的；（6）为不缴、少缴税款而采取的其他欺骗、隐瞒手段。"不申报"是指以下情形之一：（1）依法在登记机关办理设立登记的纳税人，发生应税行为而不申报纳税的；（2）依法不需要在登记机关办理设立登记或者未依法办理设立登记的纳税人，发生应税行为，经税务机关依法通知其申报而不申报纳税的；（3）其他明知应当依法申报纳税而不申报纳税的。扣缴义务人实施上述行为之一，不缴或者少缴已扣、已收税款，数额较大的，依照《刑法》第 201 条第 1 款的规定定罪处罚。扣缴义务人承诺为纳税人代付税款，在其向纳税人支付税后所得时，应当认定扣缴义务人"已扣、已收税款"。

按照《刑法》规定，逃税数额必须达到数额较大并且占应纳税额 10% 以上的，才构成犯罪。根据《办理危害税收征管案件解释》的规定，"逃避缴纳税款数额"，是指在确定的纳税期间，不缴或者少缴税务机关负责征收的各税种税款的总额。"应纳税额"，是指应税行为发生年度内依照税收法律、行政法规规定应当缴纳的税额，不包括海关代征的增值税、关税等及纳税人依法预缴的税额。"逃避缴纳税款数额占应纳税额的百分比"，是指行为人在一个纳税年度中的各税种逃税总额与该纳税年度应纳税总额的比例；不按纳税年度确定纳税期的，按照最后一次逃税行为发生之日前一年中各税种逃税总额与该年应纳税总额的比例确定。纳税义务存续期间不足一个纳税年度的，按照各税种逃税总额与实际发生纳税义务期间应纳税总额的比例确定。逃税行为跨越若干个纳税年度，只要其中一个纳税年度的逃税数额及百分比达到《刑法》第201条第1款规定的标准，即构成逃税罪。各纳税年度的逃税数额应当累计计算，逃税额占应纳税额的百分比应当按照各逃税年度百分比的最高值确定。纳税人逃避缴纳税款，扣缴义务人不缴或者少缴已扣、已收税款10万元以上、50万元以上的，应当分别认定为《刑法》第201条规定的"数额较大""数额巨大"。

3. 犯罪主体为特殊主体，即纳税人，也包括扣缴义务人。

根据《刑法》第211条的规定，本罪主体也包括单位。狭义的纳税人是指法律、行政法规规定负有纳税义务的单位和个人，如私营企业主、个体工商户、企业事业单位等。本条所说的纳税人是广义的，包括扣缴义务人。扣缴义务人是指法律、行政法规规定的负有代扣代缴、代收代缴义务的单位和个人。代扣代缴义务人，是指有义务从持有的纳税人收入中扣除其应纳税款并代为缴纳的单位和个人。代收代缴义务人，是指有义务借助经济往来关系向纳税人收取应纳税款并代为缴纳的单位和个人。在法律上不负有纳税义务或者扣缴义务的人和单位，不能单独构成本罪，但与纳税义务人相勾结，帮助逃税的，可以构成逃税罪的共犯。

4. 主观方面由直接故意构成，并且具有逃避缴纳应交税款的非法获利目的。

认定行为人有无逃税的故意，主要从行为人的主观条件、业务水平和行为时的具体情况等方面综合分析判断。如果行为人是因一时疏忽而未及时申报纳税，或者因管理混乱，造成账目不清，漏交税款的，则不构成逃税罪。

(二)认定逃税罪应当注意的问题

1. 划清罪与非罪的界限。

并不是所有的逃税行为都是犯罪。绝大多数逃税行为是违法行为,应当依照行政法规的规定,予以行政处罚。这就要注意从行为性质上,划清逃税违法行为和逃税罪的界限,分清是逃税还是漏税、欠税、避税。从逃税的数额或情节上,注意其是否达到法律规定的逃税数额标准。如果从以上方面分析,该逃税行为未达到情节严重的程度,则应由税务部门依照税法的有关规定给予行政处罚,而不能按照逃税犯罪处理。

2. 正确理解附条件不追究逃税行为人刑事责任的规定。

《刑法修正案(七)》第3条第4款规定:"有第一款行为(指逃税行为——笔者注),经税务机关依法下达追缴通知书后,补缴应纳税款,缴纳滞纳金,已受行政处罚的,不予追究刑事责任;但是,五年内因逃避缴纳税款受过刑事处罚或者被税务机关给予二次以上行政处罚的除外。"这是《刑法修正案(七)》修改《刑法》第201条逃税罪而增设的一款,即附条件不追究刑事责任的条款,同时规定了排斥条件。这是考虑到惩治逃税犯罪的主要目的是维护税收管理秩序,保证国家税收收入,同时给涉案企业一次合规整顿机会。根据《办理危害税收征管案件解释》,此款应理解为:在公安机关立案前,经税务机关依法下达追缴通知后,在规定的期限或者批准延缓、分期缴纳的期限内足额补缴应纳税款,缴纳滞纳金,并全部履行税务机关作出的行政处罚决定的,不予追究刑事责任。但是,5年内因逃避缴纳税款受过刑事处罚或者被税务机关给予2次以上行政处罚的除外。纳税人有逃避缴纳税款行为,税务机关没有依法下达追缴通知的,依法不予追究刑事责任。这不仅体现了宽严相济的基本刑事政策和罪刑相适应的刑法基本原则,而且符合当今世界刑法轻刑化的发展趋势,是立法上的一种进步。[①]

3. 正确认定单位逃税案件中的直接负责的主管人员和其他直接责任人员。

---

① 周道鸾:《从〈刑法修正案(七)〉看立法动向》,载《法制日报》2009年4月1日。

这两种人员是指那些主管财务、会计的领导者和其他逃税的决策者、组织者和其他积极实施者。至于一般的积极参加者、消极的奉命执行者，不能不加区别地也当作直接责任人员，一律追究刑事责任。

4. 根据《刑法》第 201 条第 3 款的规定，对多次实施逃税行为，未经处理的，按照累计数额计算。

"多次实施逃税行为"，是指纳税人包括扣缴义务人在 5 年内多次实施逃税行为，但每次逃税数额均未达到《刑法》第 201 条及相关司法解释规定的构成犯罪的数额标准。"未经处理"，包括未经行政处理和刑事处理。"按照累计数额计算"，是指按照行为人历次逃税的数额累计相加。

（三）逃税罪的刑事责任

依照《刑法》第 201 条第 1 款规定，犯逃税罪的，处三年以下有期徒刑或者拘役，并处罚金；数额巨大并且占应纳税额 30% 以上的，处三年以上七年以下有期徒刑，并处罚金。

依照该条第 2 款规定，扣缴义务人采取前款所列手段，不缴或者少缴已扣、已收税款，数额较大的，依照前款的规定处罚。

依照该条第 3 款规定，对多次实施前两款行为，未经处理的，按照累计数额计算。

依照该条第 4 款规定，有第 1 款行为，经税务机关依法下达追缴通知后，补缴应纳税款，缴纳滞纳金，已受行政处罚的，不予追究刑事责任；但是，5 年内因逃避缴纳税款受过刑事处罚或者被税务机关给予 2 次以上行政处罚的除外。

依照《刑法》第 211 条规定，单位犯本罪的，对单位判处罚金，并对其直接负责的主管人员和其他直接责任人员，依照第 201 条规定处罚。

依照《刑法》第 212 条规定，犯逃税罪等相关犯罪，被判处罚金、没收财产的，在执行前，应当先由税务机关追缴相关税款。

司法机关在适用上述规定时，应当注意以下问题：

1. 扣缴义务人逃税数额巨大的，应当如何处罚，《刑法》第 201 条第 2 款没有明确规定。我们认为，从法条的逻辑关系上来看，该款规定的是扣缴义务人犯逃税罪的起刑点,具体适用时,应根据逃税数额的大小,按照前款规定的量刑档次量刑。因此,扣缴义务人逃税数额巨大的,应当处三年以上七年以下有期徒刑,并处罚金。

2. 犯逃税罪,被判处罚金的,执行前,应当先由税务机关追缴税款。司法机关应当协助税务部门追缴行为人不缴、少缴的税款。人民法院在适用罚金刑时,应注意在依法追缴税款的前提下决定罚金的数额。

3. 纳税人、扣缴义务人因同一逃税犯罪行为受到行政处罚,又被移送起诉的,人民法院应当依法受理。依法定罪并判处罚金的,行政罚款应折抵罚金。

此外,纳税人、扣缴义务人在公安机关立案后再补缴应纳税款、缴纳滞纳金或者接受行政处罚的,不影响刑事责任的追究。

二、抗税罪[①]

第二百零二条 以暴力、威胁方法拒不缴纳税款的,处三年以下有期徒刑或者拘役,并处拒缴税款一倍以上五倍以下罚金;情节严重的,处三年以上七年以下有期徒刑,并处拒缴税款一倍以上五倍以下罚金。

(一)抗税罪的概念和构成要件

抗税罪,是指行为人以暴力、威胁方法拒不缴纳税款的行为。在1979年《刑法》中,抗税罪与偷税罪共同规定在第121条。1992年9月4日全国人大常委会通过的《关于惩治偷税、抗税犯罪的补充规定》(已废止,以下简称《补充规定》),将抗税罪与偷税罪分解为2个独立的罪名,在提高主刑的同时增加了罚金刑。[②]1997年修订《刑法》时,基本延续了《补充规定》中

[①] 参考案例1:杜某某抗税案,上海市黄浦区人民法院(1994)黄刑初字第289号。参考案例2:马某某抗税案,云南省武定县人民法院(1995)武刑初字第4号。

[②] 需要注意的是,1979年《刑法》规定"情节严重"的才能构成抗税罪,但《补充规定》将"情节严重"作为法定刑升格的条件。因此,抗税罪不再是情节犯,而是情节加重犯。

确立的罪刑模式。①

抗税罪的构成要件是:

1. 本罪侵犯的客体为复杂客体,不仅包括国家的税收征收管理制度,还包括他人的身体健康权。

2. 客观方面表现为行为人实施了以暴力、威胁方法拒不缴纳税款的行为。

"暴力",是指对税务工作人员实施袭击或者其他强暴手段,如殴打、伤害、捆绑、禁闭等足以危及他人身体健康权的行为,或者冲击、打砸税务机关,如损毁办公设备、账簿等严重破坏税务机关正常秩序的行为。"威胁",是指对税务工作人员进行恐吓,如以杀害、伤害、毁坏财产、损害名誉、揭露隐私等② 相要挟,企图通过精神上的强制,使税务工作人员不能或者不敢履行税收征管职责。③ 威胁可以是当面直接威胁,也可以采取其他方式进行间接威胁,如打威胁电话、寄威胁信件等。

3. 犯罪主体为特殊主体,即纳税人和扣缴义务人。④

1997 年修订后的《刑法》第 211 条已将本罪排除在单位犯罪的成立范围之外。因此,负有纳税义务和代扣代缴、代收代缴税款义务的单位不能构成本罪。

4. 主观方面只能由故意构成,而且需要具有拒不缴纳税款的目的。⑤

---

① 1997 年修订后的《刑法》与《补充规定》在罚金刑的设置上存在差异,《补充规定》中的罚金刑为无限额罚金刑,而 1997 年《刑法》中的罚金刑为限额罚金刑。
② 杀害、伤害、毁坏财产、损害名誉、揭露隐私等行为指向的对象并不限于税务工作人员,也包括税务工作人员的近亲属等相关人员。
③ 参见高铭暄、马克昌主编:《刑法学》(第七版),北京大学出版社 2016 年版,第 425 页。
④ 有观点认为本罪的行为主体只能是纳税人。在司法实务中本罪也多为纳税人实施,但从严密法网的角度出发,不宜将扣缴义务人排除在本罪的犯罪主体之外。
⑤ 由于拒不缴纳税款行为为典型的不作为,为了充分征表本罪的违法性,单有暴力、威胁这类客观的违法要素尚有所不足。因此,在客观的违法要素之外,还需承认主观的违法要素。如果行为人虽对税务工作人员实施了暴力、威胁行为,但并不以拒不缴纳税款为目的的,不构成本罪。需要注意的是,行为人在实施暴力、威胁行为时具有拒不缴纳税款的目的即可,并不需要同时具有非法获利的目的,因为对非法获利的追求不是本罪的犯罪目的,而是促使行为人形成犯罪目的的犯罪动机。

（二）认定抗税罪应当注意的问题

1. 关于罪与非罪的界限。

虽然本罪不是情节犯，但并非所有的抗税行为均应作为犯罪处理，在入罪时需要结合暴力、威胁的具体内容、次数、程度及造成的危害后果等进行综合判断，行为人以暴力、威胁方法拒不缴纳税款，造成税务工作人员轻微伤以上的，以给税务工作人员及其亲友的生命、健康、财产等造成损害为威胁的，聚众抗拒缴纳税款等，应构成犯罪追究刑事责任。[①] 如果税务工作人员因工作失误造成错误征税，或者在税收征管过程中存在不当行为等的，即使行为人使用了暴力、威胁方法，也不以本罪论处。[②]

2. 关于本罪与妨害公务罪的区分。

由于本罪在犯罪构成上能为妨害公务罪所包含，因此，本罪和妨害公务罪为法条竞合关系，根据特别法优于普通法的处理原则，当行为人既构成本罪也构成妨害公务罪时，以本罪定罪处罚。非纳税人和非扣缴义务人对税务工作人员实施暴力、威胁行为的，不构成本罪，但如果其行为客观上阻碍了税务工作人员履行税收征管职责的，可构成妨害公务罪。

3. 关于实施抗税行为致人轻伤、重伤、死亡的定性问题。

根据《最高人民法院、最高人民检察院关于办理危害税收征管刑事案件适用法律若干问题的解释》（以下简称《办理危害税收征管刑事案件解释》）第5条第2款，实施抗税行为致人重伤、死亡，符合《刑法》第234条或者第232条规定的，以故意伤害罪或者故意杀人罪定罪处罚。

4. 关于对同一税款既逃税又抗税的处理问题。

行为人针对同一税款既实施了逃税行为，又实施了抗税行为的，如果其中一个行为尚未构成犯罪，按照已构成犯罪的行为确定罪名，不构成犯罪的

---

① 参见《最高人民检察院、公安部关于公安机关管辖的刑事案件立案追诉标准规定（二）》第53条。
② 例如，赵某被控抗税宣告无罪案，参见湖南省邵阳市中级人民法院（1996）邵中刑经终字第23号刑事判决书。当然，如果构成其他犯罪的，应按其他犯罪定罪处罚。

行为作为量刑情节予以考虑。如果两个行为均构成犯罪的,应数罪并罚。[①]

5.关于本罪的既未遂形态。

由于本罪为行为犯,行为人只要实施了以拒不缴纳税款为目的的暴力、威胁行为,即可认定为既遂,行为人最终缴纳税款与否不影响本罪既未遂的判断。当然,如果行为人构成本罪后,又主动缴纳税款的,可以作为量刑情节酌情考虑。

(三)抗税罪的刑事责任

依照《刑法》第202条规定,犯抗税罪的,处三年以下有期徒刑或者拘役,并处拒缴税款1倍以上5倍以下罚金;情节严重的,处三年以上七年以下有期徒刑,并处拒缴税款1倍以上5倍以下罚金。

根据《办理危害税收征管刑事案件解释》第5条第1款,以暴力、威胁方法拒不缴纳税款,具有下列情形之一的,应当认定为"情节严重":(1)聚众抗税的首要分子;(2)故意伤害致人轻伤的;(3)其他情节严重的情形。

与纳税人或者扣缴义务人共同实施抗税行为的,以本罪的共犯依法处罚。

犯本罪被判处罚金的,在执行前,应当先由税务机关追缴税款。

三、逃避追缴欠税罪[②]

第二百零三条 纳税人欠缴应纳税款,采取转移或者隐匿财产的手段,致使税务机关无法追缴欠缴的税款,数额在一万元以上不满十万元的,处三年以下有期徒刑或者拘役,并处或者单处欠缴税款一倍以上五倍以下罚金;

[①] 需要注意的是,由于二罪的犯罪对象为同一税款,虽然抗税数额不是抗税罪入罪的情节,但却是法定刑升格的条件。因此,为了避免刑法的重复评价,如果行为人涉案的税款数额在逃税罪中被评价后,不能再作为抗税罪中的法定刑升格条件。

[②] 参考案例1:江苏省徐州市某水泥厂逃避追缴欠税案,江苏省徐州市中级人民法院(1998)徐刑终字第237号。参考案例2:张某逃避追缴欠税案,山东省寿光市人民法院(2014)寿刑初字第122号。

数额在十万元以上的，处三年以上七年以下有期徒刑，并处欠缴税款一倍以上五倍以下罚金。

（一）逃避追缴欠税罪的概念和构成要件

逃避追缴欠税罪，是指行为人违反税收征管法律法规，在欠缴应纳税款的情况下，采取转移或者隐匿财产的手段，致使税务机关无法追缴欠缴的税款，数额较大的行为。1979年《刑法》未对本罪进行规定。1992年9月4日全国人大常委会通过的《关于惩治偷税、抗税犯罪的补充规定》将之独立成罪，以示立法者对逃避追缴欠税现象的高度重视。1997年修订《刑法》时，在将"并处"罚金修改为"并处或者单处"罚金的同时，对判处罚金的下限作了明确规定。

逃避追缴欠税罪的构成要件是：

1. 本罪侵犯的客体是国家的税收征收管理制度。

2. 客观方面表现为行为人违反税收征管法律法规，实施了通过采取转移或者隐匿财产的手段，致使税务机关无法追缴欠缴的税款，数额较大的行为。根据《最高人民法院、最高人民检察院关于办理危害税收征管刑事案件适用法律若干问题的解释》第6条规定，"采取转移或者隐匿财产的手段"是指下列情形之一：（1）放弃到期债权的；（2）无偿转让财产的；（3）以明显不合理的价格进行交易的；（4）隐匿财产的；（5）不履行税收义务并脱离税务机关监管的；（6）以其他手段转移或者隐匿财产的。

3. 犯罪主体为特殊主体，即纳税人，[①] 单位也能成为本罪主体。

4. 主观方面只能由故意构成，而且需要具有逃避缴纳应纳税款的目的。

（二）认定逃避追缴欠税罪应当注意的问题

关于本罪与逃税罪的区分。二罪在犯罪构成上颇多相似之处，除犯罪主

[①] 有观点认为扣缴义务人也是本罪主体。根据《税收征收管理法》的相关规定，纳税人是负有纳税义务的单位和个人，扣缴义务人是负有代扣代缴、代收代缴税款义务的单位和个人。由于义务的具体内容不同，二者并不能相互包含。此外，结合1997年修订后的《刑法》第201条第1款和第2款的规定，刑事立法在使用"纳税人"这一概念时，也不认为其可以包含"扣缴义务人"。因此，从体系解释的角度分析，本罪的"纳税人"不应包括"扣缴义务人"。

体不同之外，逃税罪主要通过采取欺骗、隐瞒手段，进行虚假纳税申报或者不申报，从而达到逃避缴纳税款的目的；而本罪是通过转移或者隐匿财产的手段，致使税务机关无法追缴欠缴税款，从而达到逃避缴纳税款的目的。如果行为人针对同一税款，先后实施了逃税和逃避追缴欠税行为的，可认为二罪具有吸收关系，根据重行为吸收轻行为的原则定罪处罚。①

（三）逃避追缴欠税罪的刑事责任

依照《刑法》第203条规定，犯逃避追缴欠税罪的，数额在1万元以上不满10万元的，处三年以下有期徒刑或者拘役，并处或者单处欠缴税款1倍以上5倍以下罚金；数额在10万元以上的，处三年以上七年以下有期徒刑，并处欠缴税款1倍以上5倍以下罚金。

依照《刑法》第211条的规定，单位犯本罪的，对单位判处罚金，并对其直接负责的主管人员和其他直接责任人员，依照本条的规定处罚。

依照《刑法》第212条的规定，犯本罪被判处罚金的，在执行前，应当先由税务机关追缴欠缴的税款。

四、骗取出口退税罪②

第二百零四条 以假报出口或者其他欺骗手段，骗取国家出口退税款，数额较大的，处五年以下有期徒刑或者拘役，并处骗取税款一倍以上五倍以下罚金；数额巨大或者有其他严重情节的，处五年以上十年以下有期徒刑，并处骗取税款一倍以上五倍以下罚金；数额特别巨大或者有其他特别严重情节的，处十年以上有期徒刑或者无期徒刑，并处骗取税款一倍以上五倍以下罚金或者没收财产。

纳税人缴纳税款后，采取前款规定的欺骗方法，骗取所缴纳的税款的，

---

① 有观点认为应数罪并罚。由于二罪的犯罪对象为同一税款，如果进行数罪并罚，存在刑法重复评价的现象，可能会导致刑事处罚过重的不当后果。

② 参考案例1：詹某某等骗取出口退税案，福建省厦门市湖里区人民法院（2013）湖刑初字第155号。参考案例2：王甲某等骗取出口退税案，上海市第二中级人民法院（2010）沪二中刑初字第129号。

依照本法第二百零一条的规定定罪处罚;骗取税款超过所缴纳的税款部分,依照前款的规定处罚。

(一)骗取出口退税罪的概念和构成要件

骗取出口退税罪,是指行为人以假报出口或者其他欺骗手段,骗取国家出口退税款,数额较大的行为。1979年《刑法》未对本罪进行规定。1985年4月17日财政部、海关总署颁布了《关于对进出口产品征、退产品税或者增值税的具体规定》,标志着我国的出口退税[①]制度开始正式全面实施。到了80年代末期,骗取出口退税的犯罪开始出现,进入90年代后日益呈现高涨之势。因此,1992年9月4日全国人大常委会通过的《关于惩治偷税、抗税犯罪的补充规定》(以下简称《补充规定》)增设了骗取出口退税罪。由于《补充规定》对骗取出口退税罪的规定存在较大缺陷,[②]1997年修订《刑法》时对本罪犯罪主体、入罪标准和法定刑等作了重大修改。

骗取出口退税罪的构成要件是:

1. 本罪侵犯的客体为复杂客体,不仅包括国家的税收征收管理制度,还包括国家的财产所有权。[③]

本罪的犯罪对象是国家的出口退税款。由于出口退税是税务机关向出口商品的生产或经营单位,退还该商品在国内生产、流通环节已征收的增值税和消费税。因此,本罪的"出口退税款"只包括在国内征收的增值税和消费税的税款。[④]

2. 客观方面表现为行为人实施了采取假报出口或者其他欺骗手段,骗取

[①] 所谓出口退税,是指国家对出口商品在国内已征收的税款予以退还。参见高铭暄:《新型经济犯罪研究》,中国方正出版社2000年版,第134页。

[②] 有观点认为,《补充规定》对骗取出口退税罪的规定存在如下缺陷:(1)罪与罪之间不协调;(2)两者之间的界限难以严格区分;(3)刑与刑之间不协调。但也有观点认为,《补充规定》对骗取出口退税罪的规定并无多大的不妥当之处,只是犯了轻重倒置的错误。参见高铭暄:《新型经济犯罪研究》,中国方正出版社2000年版,第133页。

[③] 有观点认为本罪的犯罪客体只包括国家的税收征收管理制度,不包括国家的财产所有权。由于本罪对出口退税款的骗只包括凭空骗取方式,即通过申请出口退税的方式无偿骗取国家财产,而不包括完税骗取方式。参见高铭暄:《新型经济犯罪研究》,中国方正出版社2000年版,第133页。因此,如果认为本罪的犯罪客体只有国家的税收征收管理制度,尚无法充分揭示本罪的罪质。

[④] 参见高铭暄、马克昌主编:《刑法学》(第七版),北京大学出版社2016年版,第426页。

国家出口退税款，数额较大的行为。

根据《最高人民法院、最高人民检察院关于办理危害税收征管刑事案件适用法律若干问题的解释》（以下简称《办理危害税收征管刑事案件解释》）第7条规定，具有下列情形之一的，应当认定为《刑法》第204条第1款规定的"假报出口或者其他欺骗手段"：（1）使用虚开、非法购买或者以其他非法手段取得的增值税专用发票或者其他可以用于出口退税的发票申报出口退税的；（2）将未负税或者免税的出口业务申报为已税的出口业务的；（3）冒用他人出口业务申报出口退税的；（4）虽有出口，但虚构应退税出口业务的品名、数量、单价等要素，以虚增出口退税额申报出口退税的；（5）伪造、签订虚假的销售合同，或者以伪造、变造等非法手段取得出口报关单、运输单据等出口业务相关单据、凭证，虚构出口事实申报出口退税的；（6）在货物出口后，又转入境内或者将境外同种货物转入境内循环进出口并申报出口退税的；（7）虚报出口产品的功能、用途等，将不享受退税政策的产品申报为退税产品的；（8）以其他欺骗手段骗取出口退税款的。

3. 犯罪主体为一般主体，单位也能成为本罪主体。

4. 主观方面只能由故意构成，而且需要具有非法占有国家出口退税款的目的。

（二）认定骗取出口退税罪应当注意的问题

1. 关于罪与非罪的界限。

本罪为数额犯，如果骗取的出口退税款未达数额较大的，不构成本罪。根据《办理危害税收征管刑事案件解释》第8条规定，骗取国家出口退税款数额10万元以上的，应当认定为"数额较大"。

2. 关于此罪与彼罪的区分。

纳税人缴纳税款后，采取假报出口或者其他欺骗手段骗取所缴纳税款，如果骗取的出口退税款等于或者小于缴纳税款的，构成逃税罪；如果骗取的出口退税款超过缴纳税款的，对于超过的税款部分，构成本罪。① 行为人以骗税为目的，使用虚假、无效的凭证、商业单据或者采取其他手段向外汇指定银行骗购外汇的，以本罪论处。②

3. 关于本罪的既未遂形态。

根据《办理危害税收征管刑事案件解释》第9条第1款规定，实施骗取国家出口退税行为，没有实际取得出口退税款的，可以比照既遂犯从轻或者减轻处罚。

4. 关于本罪的罪数形态。

实施骗取出口退税犯罪，同时构成虚开增值税专用发票罪等其他犯罪的，如果行为人的主观目的是非法占有国家出口退税款的，由于数罪间存在牵连关系，依照处罚较重的规定定罪处罚。③ 由于本罪也属于采用虚构事实、隐瞒真相的方法，骗取数额较大公共财产的行为。因此，本罪与诈骗罪为法条竞合关系，根据特别法优于普通法的原则，竞合时应以本罪论处。

（三）骗取出口退税罪的刑事责任

依照《刑法》第204条规定，犯骗取出口退税罪的，处五年以下有期徒刑或者拘役，并处骗取税款1倍以上5倍以下罚金；数额巨大或者有其他严重情节的，处五年以上十年以下有期徒刑，并处骗取税款1倍以上5倍以下罚金；数额特别巨大或者有其他特别严重情节的，处十年以上有期徒刑或者无期徒刑，并处骗取税款1倍以上5倍以下罚金或者没收财产。

根据《办理危害税收征管刑事案件解释》第8条规定，骗取国家出口退税款数额50万元以上、500万元以上的，应当分别认定为"数额巨大""数额特别巨大"。

具有下列情形之一的，应当认定为"其他严重情节"：（1）2年内实施

---

① 如果行为人既构成逃税罪，又构成本罪的，应数罪并罚。有观点认为二罪为想象竞合关系，应择重罪从重处罚。如果只按一罪处罚，显然会导致逃税罪或本罪中的涉税数额无法进行刑法评价的问题，从而影响到罪刑的均衡。
② 参见《最高人民法院关于审理骗购外汇、非法买卖外汇刑事案件具体应用法律若干问题的解释》第1条。
③ 当然，如果数罪间没有牵连关系的，应数罪并罚。

虚假申报出口退税行为3次以上，且骗取国家税款30万元以上的；（2）5年内因骗取国家出口退税受过刑事处罚或者2次以上行政处罚，又实施骗取国家出口退税行为，数额在30万元以上的；（3）致使国家税款被骗取30万元以上并且在提起公诉前无法追回的；（4）其他情节严重的情形。

具有下列情形之一的，应当认定为"其他特别严重情节"：（1）2年内实施虚假申报出口退税行为5次以上，或者以骗取出口退税为主要业务，且骗取国家税款300万元以上的；（2）5年内因骗取国家出口退税受过刑事处罚或者2次以上行政处罚，又实施骗取国家出口退税行为，数额在300万元以上的；（3）致使国家税款被骗取300万元以上并且在提起公诉前无法追回的；（4）其他情节特别严重的情形。

国家工作人员参与实施骗取出口退税犯罪活动的，依照本罪的规定从重处罚。

单位犯本罪的，对单位判处罚金，并对其直接负责的主管人员和其他直接责任人员，依照本条的规定处罚。

犯本罪被判处罚金、没收财产的，在执行前，应当先由税务机关追缴被骗取的出口退税款。

五、虚开增值税专用发票、用于骗取出口退税、抵扣税款发票罪

第二百零五条[①] 虚开增值税专用发票或者虚开用于骗取出口退税、抵扣税款的其他发票的，处三年以下有期徒刑或者拘役，并处二万元以上二十万元以下罚金；虚开的税款数额较大或者有其他严重情节的，处三年以上十年以下有期徒刑，并处五万元以上五十万元以下罚金；虚开的税款数额巨大或者有其他特别严重情节的，处十年以上有期徒刑或者无期徒刑，并处五万元以上五十万元以下罚金或者没收财产。

单位犯本条规定之罪的，对单位判处罚金，并对其直接负责的主管人员

---

① 本条经2011年2月25日《刑法修正案（八）》第32条修改。

和其他直接责任人员,处三年以下有期徒刑或者拘役;虚开的税款数额较大或者有其他严重情节的,处三年以上十年以下有期徒刑;虚开的税款数额巨大或者有其他特别严重情节的,处十年以上有期徒刑或者无期徒刑。

虚开增值税专用发票或者虚开用于骗取出口退税、抵扣税款的其他发票,是指有为他人虚开、为自己虚开、让他人为自己虚开、介绍他人虚开行为之一的。

(一)虚开增值税专用发票、用于骗取出口退税、抵扣税款发票罪的概念和构成要件

虚开增值税专用发票、用于骗取出口退税、抵扣税款发票罪,是指违反专用发票管理规定,为他人虚开、为自己虚开、让他人为自己虚开、介绍他人虚开增值税专用发票或者用于骗取出口退税、抵扣税款发票的行为。

本罪是从《全国人民代表大会常务委员会关于惩治虚开、伪造和非法出售增值税专用发票犯罪的决定》第1条的规定,吸收改为《刑法》的具体规定的。《刑法修正案(八)》废除了本罪的死刑。

虚开增值税专用发票、用于骗取出口退税、抵扣税款发票罪的构成要件是:

1.侵犯的客体是国家对增值税发票和其他专用发票的管理制度。

1994年,我国全面推行增值税制度,并确立了以增值税为主体的流转税制。之后陆续颁布的《税收征收管理法》《发票管理办法》《增值税暂行条例》《增值税专用发票使用规定》等法律法规,对专用发票的印制、领购、使用、保管、检查等均作出了明确规定,构成了我国增值税专用发票及其他发票管理的完整制度。

2.客观方面表现为违反专用发票开具管理的规定,实施了虚开增值税专用发票、用于骗取出口退税、抵扣税款发票的行为。

所谓"虚开",是指违规不按照实际情况如实开具专用发票,具体有三层含义:一是在没有货物购销或者没有提供或接受应税劳务的情况下,凭空填开货名、数量、价款和销项税额等商品交易的内容。二是在有一定货物购销或者提供或接受了应税劳务的情况下,填开发票时改变货名、虚增数量、

价款和销项税额。三是进行了实际经营活动，但让他人为自己代开专用发票。虚开的对象既可以是真的，也可以是假的增值税专用发票等专用发票。根据全国人大常委会于 2005 年 12 月 29 日发布的《关于〈中华人民共和国刑法〉有关出口退税、抵扣税款的其他发票规定的解释》，"出口退税、抵扣税款发票"，是除增值税专用发票以外的，具有出口退税、抵扣税款功能的收付款凭证或者完税凭证，如海关代征增值税专用交款书、运输发票、废旧物品收购发票、农业产品收购发票等。

虚开行为主要包括以下四种：第一，"为他人虚开"，通常也称"代开"。具体可分为两种情况：一是在与他人没有商品交易活动或者应税劳务的情况下，用自己的增值税专用发票或者可用于骗取出口退税、抵扣税款的其他发票为他人代开；二是在与他人有商品交易活动或者应税劳务的情况下，用自己的增值税专用发票或者可用于骗取出口退税、抵扣税款的其他发票为他人代开。行为人为他人代开的专用发票，既可以是合法领购的，也可以是非法取得的或伪造的。两种情况虽有区别，但都违反了有关发票自用原则的规定。第二，"为自己虚开"，是与为他人虚开相对而言的犯罪形式，是指行为人在没有商品交易、应税劳务或只有部分商品交易、应税劳务的情况下，自行虚构商品交易的内容或者虚增商品交易的数量、价款和销售税额为自己填开发票。第三，"让他人为自己虚开"，是与"为他人虚开"相伴存在的犯罪形式。通常有三种情况：一是行为人为自己骗取出口退税或者非法抵扣税款，让发票领购人为自己虚开；二是行为人为非法收购、倒卖发票从中牟利，或者为他人骗取出口退税、抵扣税款提供非法凭证，而让发票领购人为自己虚开；三是行为人在没有商品交易、应税劳务或只有部分商品交易、应税劳务的情况下，让发票领购人为自己虚开。第四，"介绍他人虚开"，是指行为人为开票人和受票人之间实施虚开进行中间介绍。介绍虚开大致有两种情况：一是介绍开票人和受票人双方直接见面；二是指使开票人将发票开给指定的受票人，自己从中获取非法利益。当然，是否居间获得实际利益，并不影响介绍行为成立。

根据《最高人民法院、最高人民检察院关于办理危害税收征管刑事案件适用法律若干问题的解释》（以下简称《办理危害税收征管案件解释》）第 10

条第 1 款规定，下列情形应当认定为《刑法》第 205 条第 1 款规定的"虚开增值税专用发票或者虚开用于骗取出口退税、抵扣税款的其他发票"：（1）没有实际业务，开具增值税专用发票、用于骗取出口退税、抵扣税款的其他发票的；（2）有实际应抵扣业务，但开具超过实际应抵扣业务对应税款的增值税专用发票、用于骗取出口退税、抵扣税款的其他发票的；（3）对依法不能抵扣税款的业务，通过虚构交易主体开具增值税专用发票、用于骗取出口退税、抵扣税款的其他发票的；（4）非法篡改增值税专用发票或者用于骗取出口退税、抵扣税款的其他发票相关电子信息的；（5）违反规定以其他手段虚开的。

3. 犯罪主体是一般主体，自然人和单位都可以构成。

根据行为人在虚开环节中所处地位的不同，具体包括开票者、受票者和介绍者三类。

4. 主观方面由直接故意构成。

一般来说，行为人主观上都是以营利为目的，但法律上并未规定"以营利为目的"是构成本罪在主观方面的必备要件。因此，不以营利为目的虚开专用发票的，也可构成本罪。

（二）认定虚开增值税专用发票、用于骗取出口退税、抵扣税款发票罪应当注意的问题

1. 准确认定本罪的犯罪数额。

虚开增值税专用发票犯罪案件中，虚开的税款数额、骗取国家税款的数额以及给国家利益造成损失的大小，是对被告人定罪处罚的主要依据。

（1）虚开税款数额的认定。对于只有虚开销项增值税专用发票或者只有虚开进项增值税专用发票的案件，虚开的税款数额就是行为人虚开的销项税额或者虚开的进项税额。

行为人没有实际经营活动，为掩盖犯罪事实，既虚开销项增值税专用发票，又虚开进项增值税专用发票，其虚开的税款数额应以其中较大的一项计算。

行为人有实际经营活动，为他人虚开销项增值税专用发票后，同时虚开

进项增值税专用发票，用于掩盖为他人虚开的行为和逃避纳税义务抵扣自己应税经营活动的税款，其虚开税款的数额应以虚开的销项税额与进项税额中用于抵扣应税经营活动的税额部分合并计算。

（2）骗取国家税款数额的认定。虚开增值税专用发票骗取国家的税款数额，就是受票方利用虚开的增值税专用发票抵扣的税款或者骗取的出口退税数额，增值税专用发票的开出方和接受方均应对国家税款被骗承担责任。

行为人没有实际经营活动，虚开销项增值税专用发票后，又虚开进项增值税专用发票，其骗取国家的税款数额就是其虚开的销项发票被受票方用于抵扣获取的税款数额。

行为人有实际经营活动，虚开销项增值税专用发票，同时又虚开进项增值税专用发票，并用其虚开的进项增值税专用发票抵扣了应税经营活动税款，则应将其不当抵扣的税款数额与受票方抵扣税款的数额一并计入骗取国家税款的数额。

（3）损失数额的认定。除了虚开税款数额和骗取国家税款数额，给国家利益造成的损失数额也是人民法院对行为人定罪量刑的重要依据。骗取国家税款并且在侦查终结之前仍无法追回的，应认定为给国家利益造成损失。但在人民法院作出判决之前，行为人退赔税款或者税款被追回的，可以酌情从轻处罚。

行为人在领购增值税专用发票时预先缴纳的税款，应在造成国家的损失数额中予以扣除。

2.划清罪与非罪的界限。

本罪属于故意犯罪。如果行为人并非有意虚开，只是因为工作失误、不懂财务知识而错开，或者不明真相、受骗上当而虚开，则不能以犯罪论处。即使故意虚开，如果虚开的数额不大、情节轻微，虚开的税款数额和骗取国家税款数额未达到一定程度，亦不应以犯罪论处。

《办理危害税收征管案件解释》第10条第2款规定："为虚增业绩、融资、贷款等不以骗抵税款为目的，没有因抵扣造成税款被骗损失的，不以本罪论处，构成其他犯罪的，依法以其他犯罪追究刑事责任。"行为人虚开专用发票，大多都是以偷逃、骗取国家税款为目的，但不能认为本罪属于目的犯，从而以是否具有偷逃、骗取国家税款的目的作为本罪与非罪的界限。因为《刑法》第205条并没有明确规定本罪属于目的犯，而且规定了虚开的四种行为方式，"为他人虚开""介绍虚开"这两种形式可能追求的是"开票费"和"介绍费"，偷逃、骗取国家税款并非其行为目的。在行为属于"虚开"的情况下，判断是否构成犯罪，应以是否具有严重的社会危害性为根本标准，而不应以主观目的为判断标准。致使国家税款被骗取及危害税收征管，是本罪严重社会危害性的重要指标。由于增值税专用发票的功能并非单一服务国家税收，行为人也可能基于公司上市、招商、贷款、融资等而虚开，对于确有证据证实行为人主观上不具有偷逃、骗取税款的目的，客观上也不会造成国家税款被骗取或产生风险的，可不以本罪论处。当然，如果其虚开行为所服务的公司上市、招商、贷款、融资等行为触犯其他罪名的，亦应以犯罪论处。

　　据此，对于为虚增营业额、扩大销售收入或者制造企业虚假繁荣，相互对开或循环虚开增值税专用发票的，或者在货物销售过程中，为夸大销售业绩，虚增货物在自己单位的销售环节，虚开进项增值税专用发票和销项增值税专用发票，但依法缴纳增值税并未造成国家税款损失的，以及为夸大企业经济实力，通过虚开进项增值税专用发票虚增企业的固定资产，但并未利用增值税专用发票抵扣税款，国家税款亦未受到损失的，可不以虚开增值税专用发票罪定罪处罚。如果构成提供虚假财务报告等其他犯罪的，应以其他犯罪论处。司法实践中，有种误区是认为在有实际货物交易的情况下，行为人将本应开具给甲的专用发票，因甲并不需要而选择性地开具给乙，而乙将专用发票用于抵扣税款，因为行为人在自己的环节并未给国家税款造成损失，故认为行为人不构成虚开犯罪。我们认为，这种情况下，行为人虽未偷逃和骗取国家税款，但其将甲的发票开具给乙，乙等于接受虚开的发票进行抵扣从而偷逃或骗取国家税款，其行为仍然严重危害国家税收及其征管秩序，应以虚开犯罪论处。

　　3.关于税务机关及其工作人员利用代管监开的增值税专用发票，在税收征管中为他人"高开低征""开大征小"等违规开具专用发票行为的定性问题。

税务机关工作人员"高开低征""开大征小"的行为,无论是无货虚开增值税专用发票,还是在有真实货物交易情况下为小规模纳税人代开增值税专用发票,其后果都是征收少量税款,而受票人拿到增值税专用发票从国家抵扣大量税款,导致国家税款流失。此种行为符合《刑法》第205条的规定,应以虚开增值税专用发票罪定罪处罚。2004年,最高人民检察院法律政策研究室在答复江苏省人民检察院法律政策研究室就该问题的请示时指出,税务机关及其工作人员将不具备条件的小规模纳税人虚报为一般纳税人,并让其采用"高开低征"的方法为他人代开增值税专用发票的行为,属于虚开增值税专用发票。对于造成国家税款损失,构成犯罪的,应当依照《刑法》第205条的规定追究刑事责任。[①]如果行为人的行为同时构成虚开增值税专用发票罪和滥用职权罪、徇私舞弊不征、少征税款罪,则属于一种行为同时触犯刑法规定的多个罪名的法条竞合,应当择一法定刑较重的犯罪即虚开增值税专用发票罪定罪处罚。

4.关于虚开用于抵扣税款的发票冲减营业额偷逃税款行为的定性问题。

《刑法》第205条规定的虚开用于抵扣税款发票罪中的"抵扣税款"具有特定含义,行为人虚开可以抵扣税款的发票,其主观意图不是用于抵扣税款,客观上也没有去抵扣税款,而是为了其他目的去使用虚开的发票,则不能以虚开用于抵扣税款发票罪定性。如果构成逃税罪的,可以逃税罪论处。

5.关于废旧物资经营单位代开增值税专用发票的行为如何处理问题。

2002年国家税务总局下发的国税函〔2002〕893号《关于废旧物质回收经营业务有关税收问题的批复》规定:"废旧物质收购人员(非本单位人员)在社会上收购废旧物质,直接运送到购货方(生产厂家),废旧物质经营单位根据上述双方实际发生的业务,向废旧物资收购人员开具废旧物资收购凭证,在财务上作购进处理,同时向购货方开具增值税专用发票或普通发票,在财务上作销售处理,将购货方支付的购货款以现金方式转付给废旧物资收购人员。鉴于此种经营方式是由目前废旧物资行业的经营特点决定的,且废

[①] 参见《最高人民检察院法律政策研究室关于税务机关工作人员通过企业以"高开低征"的方法代开增值税专用发票的行为如何适用法律问题的答复》(高检研发〔2004〕6号)。

旧物资经营单位在开具增值税专用发票时确实收取了同等金额的货款,并确有同等数量的货物销售,因此,废旧物资经营单位开具增值税专用发票的行为不违背有关税收规定,不应定性为虚开。"

为此,根据前述893号文件,在有实际货物交易的背景下,废旧物质经营单位为废旧物质收购人员向购货方代开增值税专用发票的行为,在一定条件下不能认定为虚开增值税专用发票。在实际执行上述规定时,要注意严格执行,避免得出"废旧物质经营中的虚开一概不应定性为虚开"的结论。对于废旧物资经营中有实货交易但违规代开,无实货交易及少货多开等情形,仍应根据《刑法》第205条的规定,认定为虚开增值税专用发票的行为。

(三)虚开增值税专用发票、用于骗取出口退税、抵扣税款发票罪的刑事责任

依照《刑法》第205条第1款规定,犯虚开增值税专用发票、用于骗取出口退税、抵扣税款发票罪的,处三年以下有期徒刑或者拘役,并处2万元以上20万元以下罚金;虚开的税款数额较大或者有其他严重情节的,处三年以上十年以下有期徒刑,并处5万元以上50万元以下罚金;虚开的税款数额巨大或者有其他特别严重情节的,处十年以上有期徒刑或者无期徒刑,并处5万元以上50万元以下罚金或者没收财产。

依照本条第2款规定,单位犯本罪的,对单位判处罚金,并对其直接负责的主管人员和其他直接责任人员,处三年以下有期徒刑或者拘役;虚开的税款数额较大或者有其他严重情节的,处三年以上十年以下有期徒刑;虚开的税款数额巨大或者有其他特别严重情节的,处十年以上有期徒刑或者无期徒刑。

司法机关在适用本条规定处罚时,应当注意以下问题:

1. 正确把握本罪的数额标准和犯罪情节。《办理危害税收征管案件解释》施行后,《最高人民法院关于适用〈全国人民代表大会常务委员会关于惩治虚开、伪造和非法出售增值税专用发票犯罪的决定〉的若干问题的解释》(法发〔1996〕30号)、《最高人民法院关于审理骗取出口退税刑事案件具体应用法律若干问题的解释》(法释〔2002〕30号)、《最高人民法院关于审理偷税、

抗税刑事案件具体应用法律若干问题的解释》(法释〔2002〕33号)同时废止。《办理危害税收征管案件解释》明确规定了本罪的数额标准和犯罪情节。该解释第11条第1款规定:"虚开增值税专用发票、用于骗取出口退税、抵扣税款的其他发票,税款数额在十万元以上的,应当依照刑法第二百零五条的规定定罪处罚;虚开税款数额在五十万元以上、五百万元以上的,应当分别认定为刑法第二百零五条第一款规定的'数额较大'、'数额巨大'。"

根据《办理危害税收征管案件解释》,《刑法》第205条第1款规定的"其他严重情节"是指:(1)在提起公诉前,无法追回的税款数额达到30万元以上的;(2)5年内因虚开发票受过刑事处罚或者2次以上行政处罚,又虚开增值税专用发票或者虚开用于骗取出口退税、抵扣税款的其他发票,虚开税款数额在30万元以上的;(3)其他情节严重的情形。"其他特别严重情节"是指:(1)在提起公诉前,无法追回的税款数额达到300万元以上的;(2)5年内因虚开发票受过刑事处罚或者2次以上行政处罚,又虚开增值税专用发票或者虚开用于骗取出口退税、抵扣税款的其他发票,虚开税款数额在300万元以上的;(3)其他情节特别严重的情形。

《办理危害税收征管案件解释》同时明确,以伪造的增值税专用发票进行虚开,达到该解释规定相关标准的,应当以虚开增值税专用发票罪追究刑事责任。

2.根据《办理危害税收征管案件解释》,单位实施本罪的定罪量刑标准,依照该解释规定的自然人犯罪的标准执行。

3.虚开增值税专用发票、用于骗取出口退税、抵扣税款的其他发票的犯罪分子与骗取税款的犯罪分子,不论是否构成共犯,均应当对同一虚开的税款数额和实际骗取的税款数额承担刑事责任。

4.依照《刑法》第212条的规定,犯本罪被判处罚金、没收财产的,在执行前,应当先由税务机关追缴税款和所骗取的出口退税款。

六、虚开发票罪[1]

第二百零五条之一[2] 虚开本法第二百零五条规定以外的其他发票,情节严重的,处二年以下有期徒刑、拘役或者管制,并处罚金;情节特别严重的,处二年以上七年以下有期徒刑,并处罚金。

单位犯前款罪的,对单位判处罚金,并对其直接负责的主管人员和其他直接责任人员,依照前款的规定处罚。

(一)虚开发票罪的概念和构成要件

虚开发票罪,是指行为人违反发票管理法律法规,虚开普通发票的行为。1979年《刑法》及1997年修订《刑法》时,均未对本罪进行规定。在1997年修订后的《刑法》中,虽然已将虚开增值税专用发票、用于骗取出口退税、抵扣税款发票的行为规定为犯罪,但对于增值税专用发票等专用发票以外的普通发票的管理仍较为松散,并未纳入《刑法》的规制范围,致使虚开普通发票的现象日益严重。[3]因此,《刑法修正案(八)》增设了本罪。

虚开发票罪的构成要件是:

1.本罪侵犯的客体是国家的发票管理制度。

发票,是指在购销商品、提供或者接受服务以及从事其他经营活动中,开具、收取的收付款凭证。[4]由于1997年《刑法》已对虚开增值税专用发票、用于骗取出口退税、抵扣税款发票的行为设置了专门罪名,因此,作为本罪犯罪对象的"发票",是指除增值税专用发票、用于骗取出口退税、抵扣税

---

[1] 参考案例:崔某某虚开发票案,北京市朝阳区人民法院(2012)朝刑初字第1764号。
[2] 本条由2011年2月25日《刑法修正案(八)》第30条增设。
[3] 参见张军主编:《〈刑法修正案(八)〉条文及配套司法解释理解与适用》,人民法院出版社2011年版,第224页。
[4] 参见《发票管理办法》第3条。

款发票之外的其他发票，即普通发票。①

2.客观方面表现为行为人实施了违反发票管理法律法规，虚开普通发票，即虚开《刑法》第 205 条规定以外的其他发票，情节严重的行为。

"虚开"，是指开具与实际经营业务情况不符的发票的行为，包括为他人虚开、为自己虚开、让他人为自己虚开及介绍他人虚开等情形。

根据《最高人民法院、最高人民检察院关于办理危害税收征管刑事案件适用法律若干问题的解释》（以下简称《办理危害税收征管案件解释》）第 12 条规定，具有下列情形之一的，应当认定为《刑法》第 205 条之一第 1 款规定的"虚开刑法第二百零五条规定以外的其他发票"：（1）没有实际业务而为他人、为自己、让他人为自己、介绍他人开具发票的；（2）有实际业务，但为他人、为自己、让他人为自己、介绍他人开具与实际业务的货物品名、服务名称、货物数量、金额等不符的发票的；（3）非法篡改发票相关电子信息的；（4）违反规定以其他手段虚开的。

3.犯罪主体为一般主体，单位也能成为本罪主体。

本罪犯罪主体包括虚开发票的单位和个人、非法获得虚开发票的单位和个人、虚开发票和购买虚开发票的中介者等。②

---

① 本罪中的"发票"既包括真实的发票，也包括非法制造的发票。参见安徽省界首市人民法院审理的陈某虚开发票案。在虚开增值税专用发票、用于骗取出口退税、抵扣税款发票罪中，将虚开增值税专用发票并骗取税款的行为，与虚开增值税专用发票却没有骗取税款危险的行为相提并论，将明显导致处罚的不协调，违背罪刑相适应原则。因此，对虚开增值税专用发票、用于骗取出口退税、抵扣税款发票罪中的"虚开"，应要求行为人主观上具有骗取增值税款等税收财产的故意与非法占有目的。参见张明楷：《刑法学》（第六版），法律出版社 2021 年版，第 1059 页。虽然虚开增值税专用发票却没有骗取税款目的的行为在社会危害性上，与虚开增值税专用发票并有骗取税款目的的行为有着显著的不同，但并非没有社会危害性。为了严密法网，最高人民法院、最高人民检察院于 2024 年 3 月 15 日联合印发的《关于办理危害税收征管刑事案件适用法律若干问题的解释》第 10 条第 2 款规定，对于为虚增业绩、融资、贷款等不以骗抵税款为目的，没有因抵扣造成税款被骗损失的，不以本罪论处，构成其他犯罪的，依法以其他犯罪追究刑事责任。例如，开票方在不能证明其与受票方存在共同故意的情况下，收取"开票费""税点"后为他人开票的行为，本质上是把增值税专用发票当作商品出售，是非法出售增值税专用发票行为，可以按照非法出售增值税专用发票罪定罪处罚。参见滕伟、董保军、姚龙兵、张淑芬：《"两高"〈关于办理危害税收征管刑事案件适用法律若干问题的解释〉的理解与适用》，载《法律适用》2024 年第 4 期。

② 参见张军主编：《〈刑法修正案（八）〉条文及配套司法解释理解与适用》，人民法院出版社 2011 年版，第 226~227 页。地方税务机关工作人员实施"高开低征"或者"开大征小"等违规开具普通发票行为的定性，可参照《最高人民法院关于对〈审计署关于咨询虚开增值税专用发票罪问题的函〉的复函》（法函〔2001〕66 号）。

4. 主观方面只能由故意构成。①

（二）认定虚开发票罪应当注意的问题

1. 关于罪与非罪的界限。

本罪是情节犯，根据《最高人民检察院、公安部关于公安机关管辖的刑事案件立案追诉标准的规定（二）》第57条，虚开《刑法》第205规定以外的其他发票，涉嫌下列情形之一的，应予立案追诉：（1）虚开发票金额累计在50万元以上的；（2）虚开发票100份以上且票面金额在30万元以上的；（3）5年内因虚开发票受过刑事处罚或者2次以上行政处罚，又虚开发票，数额达到第1项、第2项标准60%以上的。

2. 关于此罪与彼罪的区分。

由于虚开和（非法）出售发票的行为通常都具有有偿性，因此，本罪与非法出售发票罪、出售非法制造的发票罪的区别主要体现为犯罪对象的不同。行为人有偿提供开具好且与实际经营业务情况不符发票的，构成本罪。行为人有偿提供空白发票的，如果空白发票为真实发票，构成非法出售发票罪；如果空白发票系非法制造，构成出售非法制造的发票罪。②

3. 关于本罪的罪数形态。

行为人利用虚开发票的手段逃税或骗取出口退税，构成本罪与逃税罪或骗取出口退税罪的，由于行为人的主观目的是逃避缴纳税款或非法占有国家的出口退税款。因此，数罪间存在牵连关系，依照《刑法》处罚较重的规定定罪处罚。行为人既虚开增值税专用发票、用于骗取出口退税、抵扣税款发票，又虚开普通发票均构成犯罪的，应数罪并罚。

---

① 由于虚开增值税专用发票、用于骗取出口退税、抵扣税款发票却没有骗取税款危险的行为也是本罪规制的对象，本罪不宜再设置主观的违法要素，不需要行为人具有骗取税款的目的。

② 如果行为人将虚开的发票（非法）出售的，例如，甲将为乙虚开的发票（非法）出售给丙或者将大量发票先行虚开后再（非法）出售的。由于虚开和（非法）出售发票的行为侵犯的客体相同，虚开发票罪的犯罪构成能够包含对（非法）出售行为的评价。因此，（非法）出售发票的行为为不可罚的事后行为，仍应以虚开发票罪对行为人定罪量刑。

(三)虚开发票罪的刑事责任

依照《刑法》第205条之一规定,犯虚开发票罪的,处二年以下有期徒刑、拘役或者管制,并处罚金;情节特别严重的,处二年以上七年以下有期徒刑并处罚金。

单位犯本罪的,对单位判处罚金,并对其直接负责的主管人员和其他直接责任人员,依照本条的规定处罚。

适用本罪刑罚时,应注意以下几点:

1. 关于"情节严重""情节特别严重"的认定。虚开发票行为须情节严重或者情节特别严重才能定罪处罚。根据《办理危害税收征管案件解释》的规定,《刑法》第205条之一第1款规定的"情节严重"是指:(1)虚开发票票面金额50万元以上的;(2)虚开发票100份以上且票面金额30万元以上的;(3)5年内因虚开发票受过刑事处罚或者2次以上行政处罚,又虚开发票,票面金额达到上述第1项、第2项规定的标准60%以上的。"情节特别严重"是指:(1)虚开发票票面金额250万元以上的;(2)虚开发票500份以上且票面金额150万元以上的;(3)5年内因虚开发票受过刑事处罚或者2次以上行政处罚,又虚开发票,票面金额达到上述第1项、第2项规定的标准60%以上的。

2. 依照《刑法》第212条的规定,犯本罪被判处罚金的,在执行前,应当先由税务机关追缴税款。

3. 对于虚开伪造的普通发票行为的处置。根据《办理危害税收征管案件解释》的规定,以伪造的普通发票进行虚开,达到该解释规定的虚开发票罪定罪量刑标准的,应当以虚开发票罪追究刑事责任。

七、伪造、出售伪造的增值税专用发票罪[①]

第二百零六条[②] 伪造或者出售伪造的增值税专用发票的,处三年以下有期徒刑、拘役或者管制,并处二万元以上二十万元以下罚金;数量较大或者有其他严重情节的,处三年以上十年以下有期徒刑,并处五万元以上五十万元以下罚金;数量巨大或者有其他特别严重情节的,处十年以上有期徒刑或者无期徒刑,并处五万元以上五十万元以下罚金或者没收财产。

单位犯本条规定之罪的,对单位判处罚金,并对其直接负责的主管人员和其他直接责任人员,处三年以下有期徒刑、拘役或者管制;数量较大或者有其他严重情节的,处三年以上十年以下有期徒刑;数量巨大或者有其他特别严重情节的,处十年以上有期徒刑或者无期徒刑。

(一)伪造、出售伪造的增值税专用发票罪的概念和构成要件

伪造、出售伪造的增值税专用发票罪,是指行为人违反增值税专用发票管理法律法规,伪造或者出售伪造的增值税专用发票的行为。1995年10月30日全国人大常委会制定并颁布《关于惩治虚开、伪造和非法出售增值税专用发票犯罪的决定》(以下简称《决定》)时,增设了本罪。1997年修订《刑法》时,除对单位犯本罪的处罚进行了修改外,基本延续了《决定》中确立的罪刑模式。

伪造、出售伪造的增值税专用发票罪的构成要件是:

1. 本罪侵犯的客体是国家的增值税专用发票管理制度。[③]
2. 客观方面表现为行为人实施了违反增值税专用发票管理法律法规,伪

[①] 参考案例1:邓某等人伪造、出售伪造的增值税专用发票和普通发票案。参考案例2:黄某某等伪造、出售伪造的增值税专用发票案,载法信网,http://www.faxin.cn/。

[②] 本条经2011年2月25日《刑法修正案(八)》第34条修改。

[③] 有观点认为本罪侵犯的客体为复杂客体,既包括国家税收管理制度,也包括国家发票管理制度。由于增值税专用发票管理制度是我国发票管理制度的重要内容,也是我国税收征收管理制度的重要组成部分。因此将本罪理解为单一客体,即增值税专用发票管理制度,是符合增值税专用发票管理制度属于税收征收管理制度组成部分这一逻辑的。参见高铭暄:《新型经济犯罪研究》,中国方正出版社2000年版,第178页。

造或者出售伪造的增值税专用发票的行为。

伪造或者出售伪造的增值税专用发票行为并非一经实施就构成犯罪，仍需要达到一定的社会危害程度才能以犯罪处置。根据《最高人民法院、最高人民检察院关于办理危害税收征管刑事案件适用法律若干问题的解释》（以下简称《办理危害税收征管案件解释》）的规定，伪造或者出售伪造的增值税专用发票，具有下列情形之一的，应当依照《刑法》第206的规定定罪处罚：（1）票面税额10万元以上的；（2）伪造或者出售伪造的增值税专用发票10份以上且票面税额6万元以上的；（3）违法所得1万元以上的。

《办理危害税收征管案件解释》同时明确了构成本罪"数量较大""其他严重情节""数量巨大""其他特别严重情节"的认定标准。"数量较大"是指：伪造或者出售伪造的增值税专用发票票面税额50万元以上的，或者50份以上且票面税额30万元以上的；"其他严重情节"是指5年内因伪造或者出售伪造的增值税专用发票受过刑事处罚或者2次以上行政处罚，又实施伪造或者出售伪造的增值税专用发票行为，票面税额达到"数量较大"标准60%以上的，或者违法所得5万元以上的；"数量巨大"是指伪造或者出售伪造的增值税专用发票票面税额500万元以上的，或者500份以上且票面税额300万元以上的；"其他特别严重情节"是指5年内因伪造或者出售伪造的增值税专用发票受过刑事处罚或者2次以上行政处罚，又实施伪造或者出售伪造的增值税专用发票行为，票面税额达到"数量巨大"标准60%以上的，或者违法所得50万元以上的。

对于伪造并出售同一增值税专用发票的行为，《办理危害税收征管案件解释》规定以伪造、出售伪造的增值税专用发票罪论处，数量不重复计算。对于变造增值税专用发票的行为，解释要求按照伪造增值税专用发票论处。

3. 犯罪主体为一般主体，单位也能成为本罪主体。

4. 主观方面只能由故意构成。

如果行为人主观上并不明知是伪造的增值税专用发票而出售的，不构成本罪。[①]

---

① 可能构成非法出售增值税专用发票罪。

（二）认定伪造、出售伪造的增值税专用发票罪应当注意的问题

1. 关于罪与非罪的界限。

并非所有伪造、出售伪造的增值税专用发票的行为，均构成犯罪，但票面税额累计在10万元以上，或者伪造或者出售伪造的增值税专用发票10份以上且票面税额在6万元以上，或者非法获利数额在1万元以上的，应追究刑事责任。①

2. 关于本罪与虚开增值税专用发票罪的区分。

由于出售和虚开行为通常都具有有偿性，因此，本罪与虚开增值税专用发票罪的区别主要体现为犯罪对象的不同。行为人有偿提供伪造的空白增值税专用发票的，构成出售伪造的增值税专用发票罪；行为人有偿提供开具好且与实际经营业务情况不符的增值税专用发票的，构成虚开增值税专用发票罪。②

3. 关于本罪的罪数形态。

行为人伪造增值税专用发票又虚开，或者进行逃税、骗取出口退税等的，由于数罪间存在牵连关系，依照《刑法》处罚较重的规定定罪处罚。行为人既伪造、出售伪造的增值税专用发票，又非法制造、出售非法制造的用于骗取出口退税、抵扣税款发票或普通发票的，应数罪并罚。③

（三）伪造、出售伪造的增值税专用发票罪的刑事责任

依照《刑法》第206条规定，犯伪造、出售伪造的增值税专用发票罪的，处三年以下有期徒刑、拘役或者管制，并处2万元以上20万元以下罚金；数量较大或者有其他严重情节的，处三年以上十年以下有期徒刑，并处5万元以上50万元以下罚金；数量巨大或者有其他特别严重情节的，处十

---

① 参见《最高人民检察院、公安部关于公安机关管辖的刑事案件立案追诉标准的规定（二）》第58条。
② 如果行为人将伪造的增值税专用发票虚开后又出售的。由于虚开和出售伪造的增值税专用发票的行为侵犯的客体相同，虚开增值税专用发票罪的犯罪构成能够包含对出售行为的评价。因此，出售伪造的增值税专用发票的行为为不可罚的事后行为，仍应以虚开增值税专用发票罪对行为人定罪量刑。
③ 参见曾某某等伪造、出售伪造的增值税专用发票、非法制造、出售非法制造的用于骗取出口退税、抵扣税款发票案。

年以上有期徒刑或者无期徒刑，并处 5 万元以上 50 万元以下罚金或者没收财产。

单位犯本罪的，对单位判处罚金，并对其直接负责的主管人员和其他直接责任人员，处三年以下有期徒刑、拘役或者管制；数量较大或者有其他严重情节的，处三年以上十年以下有期徒刑；数量巨大或者有其他特别严重情节的，处十年以上有期徒刑或者无期徒刑。

八、非法出售增值税专用发票罪[①]

第二百零七条 非法出售增值税专用发票的，处三年以下有期徒刑、拘役或者管制，并处二万元以上二十万元以下罚金；数量较大的，处三年以上十年以下有期徒刑，并处五万元以上五十万元以下罚金；数量巨大的，处十年以上有期徒刑或者无期徒刑，并处五万元以上五十万元以下罚金或者没收财产。

（一）非法出售增值税专用发票罪的概念和构成要件

非法出售增值税专用发票罪，是指行为人违反增值税专用发票管理法律法规，非法出售增值税专用发票的行为。1979 年《刑法》未对本罪进行规定。此后，随着新税制的全面实施，增值税专用发票在国家税收征管中的地位越来越重要，非法出售增值税专用发票的犯罪也越来越呈现出严重趋势。[②]因此，1995 年 10 月 30 日全国人大常委会制定并颁布《关于惩治虚开、伪造和非法出售增值税专用发票犯罪的决定》时，增设了本罪。1997 年修订《刑法》时，除对法定刑进行修改外，基本延续了上述决定中确立的罪刑模式。

非法出售增值税专用发票罪的构成要件是：

1.本罪侵犯的客体是国家的增值税专用发票管理制度。

本罪的犯罪对象是由国家统一印制的增值税专用发票，即真实的增值税

[①] 参考案例：许某某非法出售增值税专用发票案，海南省洋浦经济开发区人民法院（1996）浦法刑初字第 2 号。

[②] 参见高铭暄：《新型经济犯罪研究》，中国方正出版社 2000 年版，第 191 页。

专用发票。行为人出售伪造的增值税专用发票的，不构成本罪。①

2. 客观方面表现为行为人实施了违反增值税专用发票管理法律法规，非法出售增值税专用发票的行为。

"非法出售"，是指行为人违反增值税专用发票管理法律法规，有偿提供增值税专用发票的行为。行为人无偿提供增值税专用发票的，不构成本罪。

3. 犯罪主体为一般主体，单位也能成为本罪主体。

税务机关及其工作人员违反法律、法规出售增值税专用发票的，可以成为本罪的主体。②

4. 主观方面只能由故意构成。

（二）认定非法出售增值税专用发票罪应当注意的问题

并非所有非法出售增值税专用发票的行为，均构成犯罪。根据《最高人民法院、最高人民检察院关于办理危害税收征管刑事案件适用法律若干问题的解释》第15条规定，非法出售增值税专用发票的，依照该解释第14条的定罪量刑标准定罪处罚。

本罪与虚开增值税专用发票罪的区别主要体现为犯罪对象的不同。行为人有偿提供空白增值税专用发票的，构成本罪；行为人有偿提供开具好且与实际经营业务情况不符的增值税专用发票的，构成虚开增值税专用发票罪。③行为人盗窃或骗取增值税专用发票后又非法出售的，由于数罪间存在牵连关系，依照《刑法》处罚较重的规定定罪处罚。行为人既非法出售增值税专用发票，又非法出售用于骗取出口退税、抵扣税款发票或其他发票的，应数罪并罚。④

---

① 应构成出售伪造的增值税专用发票罪。
② 需要注意的是，如果税务机关工作人员在非法出售增值税专用发票的过程中，具有徇私舞弊行为，并致使国家利益遭受重大损失的，还构成徇私舞弊发售发票罪。鉴于二罪为法条竞合关系，应根据重法优于轻法原则定罪处罚。
③ 如果行为人将虚开的增值税专用发票非法出售的，由于虚开和非法出售增值税专用发票的行为侵犯的客体相同，虚开增值税专用发票罪的犯罪构成能够包含对非法出售行为的评价。因此，非法出售增值税专用发票的行为为不可罚的事后行为，仍应以虚开增值税专用发票罪对行为人定罪量刑。
④ 例如，蒋某某等出售伪造的增值税专用发票、非法出售增值税专用发票案，参见北京市第一中级人民法院（2013）一中刑终字第4902号。

（三）非法出售增值税专用发票罪的刑事责任

依照《刑法》第207条规定，犯非法出售增值税专用发票罪的，处三年以下有期徒刑、拘役或者管制，并处2万元以上20万元以下罚金；数量较大的，处三年以上十年以下有期徒刑，并处5万元以上50万元以下罚金；数量巨大的，处十年以上有期徒刑或者无期徒刑，并处5万元以上50万元以下罚金或者没收财产。

单位犯本罪的，对单位判处罚金，并对其直接负责的主管人员和其他直接责任人员，依照本条的规定处罚。

九、非法购买增值税专用发票、购买伪造的增值税专用发票罪[①]

第二百零八条 非法购买增值税专用发票或者购买伪造的增值税专用发票的，处五年以下有期徒刑或者拘役，并处或者单处二万元以上二十万元以下罚金。

非法购买增值税专用发票或者购买伪造的增值税专用发票又虚开或者出售的，分别依照本法第二百零五条、第二百零六条、第二百零七条的规定定罪处罚。

（一）非法购买增值税专用发票、购买伪造的增值税专用发票罪的概念和构成要件

非法购买增值税专用发票、购买伪造的增值税专用发票罪，是指行为人违反增值税专用发票管理法律法规，非法购买增值税专用发票，或者购买伪造的增值税专用发票的行为。1995年10月30日全国人大常委会制定并颁布《关于惩治虚开、伪造和非法出售增值税专用发票犯罪的决定》时，增设了

---

① 参考案例1：庞某某等非法购买增值税专用发票案，江苏省溧水县人民法院（2012）溧刑初字第275号。参考案例2：徐某某购买伪造的增值税专用发票案，浙江省余姚市人民法院（2013）甬余刑初字第569号。

本罪。1997年修订《刑法》时，沿袭了上述决定中确立的罪刑模式。

非法购买增值税专用发票、购买伪造的增值税专用发票罪的构成要件是：

1. 本罪侵犯的客体是国家的增值税专用发票管理制度。

2. 客观方面表现为行为人实施了违反增值税专用发票管理法律法规，非法购买增值税专用发票，或者购买伪造的增值税专用发票的行为。

3. 犯罪主体为一般主体，单位也能成为本罪主体。

4. 主观方面只能由故意构成。

（二）认定非法购买增值税专用发票、购买伪造的增值税专用发票罪应当注意的问题

根据《最高人民法院、最高人民检察院关于办理危害税收征管刑事案件适用法律若干问题的解释》（以下简称《办理危害税收征管刑事案件解释》）第16条第1款、第2款规定，非法购买增值税专用发票或者购买伪造的增值税专用发票票面税额20万元以上的，或者20份以上且票面税额10万元以上的，应当依照《刑法》第208条第1款的规定定罪处罚。非法购买真、伪两种增值税专用发票的，数额累计计算，不实行数罪并罚。

根据《办理危害税收征管刑事案件解释》第16条第3款规定，购买伪造的增值税专用发票又出售的，以出售伪造的增值税专用发票罪定罪处罚；非法购买增值税专用发票用于骗取抵扣税款或者骗取出口退税款，同时构成非法购买增值税专用发票罪与虚开增值税专用发票罪、骗取出口退税罪的，依照处罚较重的规定定罪处罚。

（三）非法购买增值税专用发票、购买伪造的增值税专用发票罪的刑事责任

依照《刑法》第208条规定，犯非法购买增值税专用发票、购买伪造的增值税专用发票罪的，处五年以下有期徒刑或者拘役，并处或者单处2万元以上20万元以下罚金。

单位犯本罪的，对单位判处罚金，并对其直接负责的主管人员和其他直

接责任人员，依照本条的规定处罚。

十、非法制造、出售非法制造的用于骗取出口退税、抵扣税款发票罪①

第二百零九条第一款 伪造、擅自制造或者出售伪造、擅自制造的可以用于骗取出口退税、抵扣税款的其他发票的，处三年以下有期徒刑、拘役或者管制，并处二万元以上二十万元以下罚金；数量巨大的，处三年以上七年以下有期徒刑，并处五万元以上五十万元以下罚金；数量特别巨大的，处七年以上有期徒刑，并处五万元以上五十万元以下罚金或者没收财产。

（一）非法制造、出售非法制造的用于骗取出口退税、抵扣税款发票罪的概念和构成要件

非法制造、出售非法制造的用于骗取出口退税、抵扣税款发票罪，是指行为人违反发票管理法律法规，伪造、擅自制造或者出售伪造、擅自制造的增值税专用发票以外的，可以用于骗取出口退税、抵扣税款的其他发票的行为。1995年10月30日全国人大常委会制定并颁布《关于惩治虚开、伪造和非法出售增值税专用发票犯罪的决定》时，增设了本罪。1997年修订《刑法》时，除对法定刑进行修改外，基本延续了上述决定中确立的罪刑模式。

非法制造、出售非法制造的用于骗取出口退税、抵扣税款发票罪的构成要件是：

1. 本罪侵犯的客体是国家的发票管理制度。

本罪的犯罪对象是增值税专用发票以外的，可以用于骗取出口退税、折抵税款的其他发票。根据《全国人民代表大会常务委员会关于〈中华人民共和国刑法〉有关出口退税、抵扣税款的其他发票规定的解释》的规定，"出口退税、抵扣税款的其他发票"，是指除增值税专用发票以外的，具有出口

---

① 参考案例1：洪某某等非法制造用于抵扣税款发票、非法制造发票案，广东省广州市中级人民法院（2008）穗中法刑二终字第138号。参考案例2：金某某等非法制造、出售非法制造的发票案，浙江省杭州市江干区人民法院（2013）杭江刑初字第34号。

退税、抵扣税款功能的收付款凭证或者完税凭证。税收通用完税证和车辆购置税完税证在具有出口退税、抵扣税款功能时，属于"出口退税、抵扣税款的其他发票"。[①]

2.客观方面表现为行为人实施了违反发票管理法律法规，伪造、[②]擅自制造或者出售伪造、擅自制造的增值税专用发票以外的，可以用于骗取出口退税、抵扣税款的其他发票的行为。

3.犯罪主体为一般主体，单位也能成为本罪主体。

4.主观方面只能由故意构成。

（二）认定非法制造、出售非法制造的用于骗取出口退税、抵扣税款发票罪应当注意的问题

1.关于罪与非罪的界限。

并非所有非法制造或者出售非法制造的用于骗取出口退税、抵扣税款发票的行为。根据《最高人民法院、最高人民检察院关于办理危害税收征管刑事案件适用法律若干问题的解释》（以下简称《办理危害税收征管刑事案件解释》）第17条第1款规定，伪造、擅自制造或者出售伪造、擅自制造的用于骗取出口退税、抵扣税款的其他发票，具有下列情形之一的，应当依照《刑法》第209条第1款的规定定罪处罚：（1）票面可以退税、抵扣税额10万元以上的；（2）伪造、擅自制造或者出售伪造、擅自制造的发票10份以上且票面可以退税、抵扣税额6万元以上的；（3）违法所得1万元以上的。

2.关于本罪与虚开用于骗取出口退税、抵扣税款发票罪的区分。

由于出售和虚开行为通常都具有有偿性，因此，本罪与虚开用于骗取出口退税、抵扣税款发票罪的区别主要体现为犯罪对象的不同。行为人有偿提供非法制造的用于骗取出口退税、抵扣税款的空白发票的，构成出售非法制造的用于骗取出口退税、抵扣税款发票罪；行为人有偿提供开具好且与实际经营业务情况不符的用于出口退税、抵扣税款发票的，构成虚开用于骗取出

[①] 参见《最高人民法院研究室关于税收通用完税证和车辆购置税完税证是否属于发票问题的回函》（法研〔2010〕140号）。

[②] 对"伪造"的理解，可参照伪造增值税专用发票罪。

口退税、抵扣税款发票罪。①

3. 关于本罪的罪数形态。

行为人非法制造用于骗取出口退税、抵扣税款的发票又虚开，或者进行逃税、骗取出口退税等的，由于数罪间存在牵连关系，依照刑法处罚较重的规定定罪处罚。行为人既非法制造或者出售非法制造的用于骗取出口退税、抵扣税款的发票，又伪造、出售伪造的增值税专用发票或非法制造、出售非法制造的普通发票的，应数罪并罚。

（三）非法制造、出售非法制造的用于骗取出口退税、抵扣税款发票罪的刑事责任

依照《刑法》第209条第1款规定，犯非法制造、出售非法制造的用于骗取出口退税、抵扣税款发票罪的，处三年以下有期徒刑、拘役或者管制，并处2万元以上20万元以下罚金；数量巨大的，处三年以上七年以下有期徒刑，并处5万元以上50万元以下罚金；数量特别巨大的，处七年以上有期徒刑，并处5万元以上50万元以下罚金或者没收财产。根据《办理危害税收征管刑事案件解释》第17条第2款规定，伪造、擅自制造或者出售伪造、擅自制造的可以用于骗取出口退税、抵扣税款的其他发票票面可以退税、抵扣税额50万元以上的，或者50份以上且票面可以退税、抵扣税额30万元以上的，应当认定为"数量巨大"；伪造、擅自制造或者出售伪造、擅自制造的可以用于骗取出口退税、抵扣税款的其他发票票面可以退税、抵扣税额500万元以上的，或者500份以上且票面可以退税、抵扣税额300万元以上的，应当认定为"数量特别巨大"。

单位犯本罪的，对单位判处罚金，并对其直接负责的主管人员和其他直接责任人员，依照本条的规定处罚。

---

① 如果行为人将非法制造用于骗取出口退税、抵扣税款的发票虚开又出售的，由于虚开和出售非法制造用于骗取出口退税、抵扣税款发票的行为侵犯的客体相同，虚开用于骗取出口退税、抵扣税款发票罪的犯罪构成能够包含对出售行为的评价。因此，出售非法制造的用于骗取出口退税、抵扣税款发票的行为为不可罚的事后行为，仍应以虚开用于骗取出口退税、抵扣税款发票罪对行为人定罪量刑。

十一、非法制造、出售非法制造的发票罪

第二百零九条第二款 伪造、擅自制造或者出售伪造、擅自制造的前款规定以外的其他发票的,处二年以下有期徒刑、拘役或者管制,并处或者单处一万元以上五万元以下罚金;情节严重的,处二年以上七年以下有期徒刑,并处五万元以上五十万元以下罚金。

(一)非法制造、出售非法制造的发票罪的概念和构成要件

非法制造、出售非法制造的发票罪,是指行为人违反发票管理法律法规,伪造、擅自制造或者出售伪造、擅自制造的除增值税专用发票、可以用于骗取出口退税、抵扣税款发票以外的普通发票的行为。1979年《刑法》未对本罪进行规定。1995年10月30日全国人大常委会制定并颁布《关于惩治虚开、伪造和非法出售增值税专用发票犯罪的决定》时,增设了本罪。1997年修订《刑法》时,除对法定刑进行修改外,基本延续了上述决定中确立的罪刑模式。

非法制造、出售非法制造的发票罪的构成要件是:
1. 本罪侵犯的客体是国家的发票管理制度。

本罪的犯罪对象是除增值税专用发票、可以用于骗取出口退税、抵扣税款发票以外的普通发票。

2. 客观方面表现为行为人实施了违反发票管理法律法规,伪造、擅自制造或者出售伪造、擅自制造的除增值税专用发票、可以用于骗取出口退税、抵扣税款发票以外的普通发票的行为。

3. 犯罪主体为一般主体,单位也能成为本罪主体。

4. 主观方面只能由故意构成。

(二)认定非法制造、出售非法制造的发票罪应当注意的问题

根据《最高人民法院、最高人民检察院关于办理危害税收征管刑事案件适用法律若干问题的解释》(以下简称《办理危害税收征管刑事案件解释》)

第 17 条第 3 款规定，伪造、擅自制造或者出售伪造、擅自制造《刑法》第 209 条第 2 款规定的发票，具有下列情形之一的，应当依照该款的规定定罪处罚：(1) 票面金额 50 万元以上的；(2) 伪造、擅自制造或者出售伪造、擅自制造发票 100 份以上且票面金额 30 万元以上的；(3) 违法所得 1 万元以上的。

《办理危害税收征管刑事案件解释》第 4 款规定，具有下列情形之一的，应当认定为"情节严重"：(1) 票面金额 250 万元以上的；(2) 伪造、擅自制造或者出售伪造、擅自制造发票 500 份以上且票面金额 150 万元以上的；(3) 违法所得 5 万元以上的。

（三）非法制造、出售非法制造的发票罪的刑事责任

依照《刑法》第 209 条第 2 款规定，犯非法制造、出售非法制造的发票罪的，处二年以下有期徒刑、拘役或者管制，并处或者单处 1 万元以上 5 万元以下罚金；情节严重的，处二年以上七年以下有期徒刑，并处 5 万元以上 50 万元以下罚金。

单位犯本罪的，对单位判处罚金，并对其直接负责的主管人员和其他直接责任人员，依照本条的规定处罚。

十二、非法出售用于骗取出口退税、抵扣税款发票罪

第二百零九条第三款 非法出售可以用于骗取出口退税、抵扣税款的其他发票的，依照第一款的规定处罚。

（一）非法出售用于骗取出口退税、抵扣税款发票罪的概念和构成要件

非法出售用于骗取出口退税、抵扣税款发票罪，是指行为人违反发票管理法律法规，非法出售除增值税专用发票以外的，可以用于骗取出口退税、抵扣税款的其他发票的行为。1995 年 10 月 30 日全国人大常委会制定并颁布《关于惩治虚开、伪造和非法出售增值税专用发票犯罪的决定》时，增设了

本罪。1997年修订《刑法》时，基本延续了上述决定中确立的罪刑模式。①

非法出售用于骗取出口退税、抵扣税款发票罪的构成要件是：

1. 本罪侵犯的客体是国家的发票管理制度。

2. 客观方面表现为行为人实施了违反发票管理法律法规，非法出售除增值税专用发票以外的，可以用于骗取出口退税、抵扣税款的其他发票的行为。

3. 犯罪主体为一般主体，单位也能成为本罪主体。

4. 主观方面只能由故意构成。

（二）认定非法出售用于骗取出口退税、抵扣税款发票罪应当注意的问题

根据《最高人民法院、最高人民检察院关于办理危害税收征管刑事案件适用法律若干问题的解释》（以下简称《办理危害税收征管刑事案件解释》）第17条第5款规定，非法出售用于骗取出口退税、抵扣税款的其他发票的，定罪量刑标准依照该条第1款、第2款的规定执行。

（三）出售用于骗取出口退税、抵扣税款发票罪的刑事责任

依照《刑法》第209条第3款规定，犯非法出售用于骗取出口退税、抵扣税款发票罪的，处三年以下有期徒刑、拘役或者管制，并处2万元以上20万元以下罚金；数量巨大的，处三年以上七年以下有期徒刑，并处5万元以上50万元以下罚金；数量特别巨大的，处七年以上有期徒刑，并处5万元以上50万元以下罚金或者没收财产。

单位犯本罪的，对单位判处罚金，并对其直接负责的主管人员和其他直接责任人员，依照本条的规定处罚。

---

① 1997年修订《刑法》时，对非法制造、出售非法制造的用于骗取出口退税、抵扣税款发票罪的法定刑进行了修改，而本罪是根据非法制造、出售非法制造的用于骗取出口退税、抵扣税款发票罪的规定来处罚的。因此，本罪的法定刑实际上已发生了变化。

十三、非法出售发票罪[①]

第二百零九条第四款 非法出售第三款规定以外的其他发票的，依照第二款的规定处罚。

（一）非法出售发票罪的概念和构成要件

非法出售发票罪，是指行为人违反发票管理法律法规，非法出售除增值税专用发票、可以用于骗取出口退税、抵扣税款发票以外的普通发票的行为。[②]1995年10月30日全国人大常委会制定并颁布《关于惩治虚开、伪造和非法出售增值税专用发票犯罪的决定》（以下简称《决定》）时，增设了本罪。1997年修订《刑法》时，除对法定刑进行修改外，[③]基本延续了《决定》中确立的罪刑模式。

非法出售发票罪的构成要件是：

1.本罪侵犯的客体是国家的发票管理制度。

2.客观方面表现为行为人实施了违反发票管理法律法规，非法出售除增值税专用发票、可以用于骗取出口退税、抵扣税款发票以外的普通发票的行为。

3.犯罪主体为一般主体，单位也能成为本罪主体。

4.主观方面只能由故意构成。

（二）认定非法出售发票罪应当注意的问题

根据《最高人民检察院、公安部关于公安机关管辖的刑事案件立案追诉

---

① 由于本罪与非法出售增值税专用发票罪在类型化上高度相似，在进行有权解释时理应遵循相同的原理。因此，对本罪的适用可参照非法出售增值税专用发票罪。
参考案例1：辛某某非法出售发票案；参考案例2：齐某南等非法出售发票案，载法信网，http://www.faxin.cn/。

② 参见高铭暄：《新型经济犯罪研究》，中国方正出版社2000年版，第229页。

③ 在《决定》中，规定本罪"比照刑法第一百二十四条的规定处罚"，而在1997年修订《刑法》时，修改为"依照（本条）第二款的规定处罚"。因此，可以认为对本罪的法定刑进行了修改。

标准（二）》第64条规定，非法出售增值税专用发票、用于骗取出口退税、抵扣税款的其他发票以外的发票100份以上且票面金额累计在30万元以上，或者票面金额累计在50万元以上，或者非法获利数额在1万元以上的，应追究刑事责任。

（三）非法出售发票罪的刑事责任

依照《刑法》第209条第4款规定，犯非法出售发票罪的，处二年以下有期徒刑、拘役或者管制，并处或者单处1万元以上5万元以下罚金；情节严重的，处二年以上七年以下有期徒刑，并处5万元以上50万元以下罚金。

单位犯本罪的，对单位判处罚金，并对其直接负责的主管人员和其他直接责任人员，依照本条的规定处罚。

十四、持有伪造的发票罪[①]

第二百一十条之一[②] 明知是伪造的发票而持有，数量较大的，处二年以下有期徒刑、拘役或者管制，并处罚金；数量巨大的，处二年以上七年以下有期徒刑，并处罚金。

单位犯前款罪的，对单位判处罚金，并对其直接负责的主管人员和其他直接责任人员，依照前款的规定处罚。

（一）持有伪造的发票罪的概念和构成要件

持有伪造的发票罪，是指行为人明知是伪造的发票而持有，且数量较大的行为。1979年《刑法》及1997年修订《刑法》时，均未对本罪进行规定。但在司法实践中，虽然对制售假发票的犯罪行为打击力度很大，但对于持有假发票的行为却缺乏有效的制约，这在一定程度上导致了制售假发票行为的

[①] 参考案例：张某、李某持有伪造的发票案，载法信网，http://www.faxin.cn/。
[②] 本条由2011年2月25日《刑法修正案（八）》第35条增设。

猖獗。① 因此,《刑法修正案（八）》增设了本罪。

持有伪造的发票罪的构成要件是：

1. 本罪侵犯的客体是国家的发票管理制度。

本罪的犯罪对象是伪造的发票,既包括增值税专用发票、用于骗取出口退税、抵扣税款的其他发票,也包括普通发票。

2. 客观方面表现为行为人实施了明知是伪造②的发票而持有,且数量较大的行为。

"持有",是指行为人对伪造的发票处于占有、支配、控制的一种状态,不仅指行为人随身携带伪造的发票,也包括在行为人的住所、驾驶的交通工具上存放的伪造的发票。③委托他人保管,只要在行为人的控制之下,也是"持有"。④ 根据《最高人民法院、最高人民检察院关于办理危害税收征管刑事案件适用法律若干问题的解释》(以下简称《办理危害税收征管刑事案件解释》)第18条第1款规定,具有下列情形之一的,应当认定为"数量较大"：（1）持有伪造的增值税专用发票或者可以用于骗取出口退税、抵扣税款的其他发票票面税额50万元以上的,或者50份以上且票面税额25万元以上的；（2）持有伪造的前项规定以外的其他发票票面金额100万元以上的,或者100份以上且票面金额50万元以上的。

3. 犯罪主体为一般主体,单位也能成为本罪主体。

4. 主观方面只能由故意构成。

（二）持有伪造的发票罪的刑事责任

依照《刑法》第210条之一规定,犯持有伪造的发票罪的,处2年以下有期徒刑、拘役或者管制,并处罚金；数量巨大的,处二年以上七年以下有期徒刑,并处罚金。根据《办理危害税收征管刑事案件解释》第18条第2

---

① 参见张军主编：《〈刑法修正案（八）〉条文及配套司法解释理解与适用》,人民法院出版社2011年版,第231~232页。
② 对"伪造"的理解,可参照伪造、出售伪造的增值税专用发票罪。
③ 高铭暄、马克昌主编：《刑法学》(第七版),北京大学出版社2016年版,第434页。
④ 参见张军主编：《〈刑法修正案（八）〉条文及配套司法解释理解与适用》,人民法院出版社2011年版,第232页。

款规定，持有的伪造发票数量、票面税额或者票面金额达到前述第1款规定的标准5倍以上的，应当认定为"数量巨大"。

单位犯本罪的，对单位判处罚金，并对其直接负责的主管人员和其他直接责任人员，依照本条的规定处罚。

第七节　侵犯知识产权罪

一、假冒注册商标罪

第二百一十三条[①]　未经注册商标所有人许可，在同一种商品、服务上使用与其注册商标相同的商标，情节严重的，处三年以下有期徒刑，并处或者单处罚金；情节特别严重的，处三年以上十年以下有期徒刑，并处罚金。

第二百二十条[②]　单位犯本节第二百一十三条至第二百一十九条之一规定之罪的，对单位判处罚金，并对其直接负责的主管人员和其他直接责任人员，依照本节各该条的规定处罚。

（一）假冒注册商标罪的概念和构成要件

假冒注册商标罪，是指违反商标管理法规，未经注册商标所有人许可，在同一种商品、服务上使用与其注册商标相同的商标，情节严重的行为。

1979年《刑法》第127条首次对假冒注册商标犯罪作了规定。当时明确的犯罪主体必须是工商企业。1982年《商标法》第40条明确规定，假冒他人注册商标，包括擅自制造或者销售他人注册商标标识，对直接责任人员可以依法追究刑事责任。1993年2月22日，第七届全国人大常委会通过了《关于惩治假冒注册商标犯罪的补充规定》，增设了销售假冒注册商标的商品

---

① 本条经2020年12月26日《刑法修正案（十一）》第17条修改。
② 本条经2020年12月26日《刑法修正案（十一）》第24条修改。为避免重复，第214条至第219条之一涉及单位犯罪的，均不再援引第220条的规定内容。

罪和非法制造、销售非法制造的注册商标标识罪。1997年《刑法》修订，将上述三个罪名分别以单条的方式加以规定。《刑法修正案（十一）》将使用商标的载体扩大到"商品、服务"，同时，加大了刑罚力度，删除了拘役，将情节特别严重的最高法定刑由七年提高到十年有期徒刑。

假冒注册商标罪的构成要件是：

1. 本罪的客体是他人的注册商标专用权和国家商标管理制度。

本罪的犯罪对象是注册商标。商标，是商品生产者、经营者或者某项服务的提供者为了把自己销售的商品、服务在市场上同其他商品生产者、经营者的商品或者服务区别开来而使用的专用标志。根据《商标法》第3条的规定，经商标局核准注册的商标为注册商标，包括商品商标、服务商标和集体商标、证明商标。商品商标，是指商品生产者在自己生产或经营的商品上使用的商标。服务商标又称服务标记或劳务标志，是指提供服务的经营者为将自己提供的服务与他人提供的服务相区别而使用的标志。与商品商标一样，服务商标可以由文字、图形、字母、数字、三维标志、声音和颜色组合，以及上述要素的组合而构成。集体商标，是指以团体、协会或者其他组织名义注册，供该组织成员在商事活动中使用，以表明使用者在该组织中的成员资格的标志。证明商标，是指由对某种商品或者服务具有监督能力的组织所控制，而由该组织以外的单位或者个人使用于其商品或者服务，用以证明该商品或者服务的原产地、原料、制造方法、质量或者其他特定品质的标志。

2. 客观方面表现为未经注册商标所有人许可，在同一种商品、服务上使用与其注册商标相同的商标的行为。

构成本罪在客观方面必须齐备以下条件：（1）行为人必须使用了他人已经注册的商标。"他人"，是指向商标局申请商标注册并依法取得商标专用权的人，包括外国企业和外国人在内的企业、事业单位和个体工商户。（2）必须是未经他人许可而使用其注册商标。（3）必须是在同一种商品、服务上使用与他人注册商标相同的商标。上述三个条件涉及以下概念的把握：

第一，关于"同一种商品、服务"。所谓同一种商品、服务，是指同一品种的商品、同一类别的服务或者是完全相同的商品、服务。我国颁布的《商品分类（组别）表》中，对所有商品按照类、组、种三个级次进行了详细分类,同一种商品就是指同一种目下所列举的商品。《最高人民法院、最高人民检察院、公安部关于办理侵犯知识产权刑事案件适用法律若干问题的意见》(法发〔2011〕3号,以下简称《办理侵犯知产刑事案件意见》)第5条规定,名称相同的商品以及名称不同但指同一事物的商品,可以认定为"同一种商品"。"名称"是指国家工商行政管理总局商标局(现为国家知识产权局)在商标注册工作中对商品使用的名称,通常即《商标注册用商品和服务国际分类》中规定的商品名称。

关于"同一种服务"的认定,亟须最高司法机关出台司法解释明确指导原则。在新的司法解释出台前,可以参考"同一种商品"的认定原则。

第二,关于"相同的商标"。《最高人民法院、最高人民检察院关于办理侵犯知识产权刑事案件具体应用法律若干问题的解释》(法释〔2004〕19号,以下简称《办理侵犯知产刑事案件解释》)第8条第1款规定:"刑法第二百一十三条规定的'相同的商标',是指与被假冒的注册商标完全相同,或者与被假冒的注册商标在视觉上基本无差别、足以对公众产生误导的商标。""假冒的注册商标与被假冒的注册商标完全相同",通常是指行为人非法复制、印刷他人的注册商标用于自己的商品,采用盗窃、抢夺、诈骗甚至抢劫等违法犯罪方式占有他人的注册商标,而后用于自己的商品,购买有注册商标的商品使用后重复使用他人的注册商标用于自己的商品,等等。"与被假冒的注册商标在视觉上基本无差别、足以对公众产生误导的假冒商标"通常表现为行为人刻意仿制他人的商标,几乎达到了以假乱真、以假充真的地步,或者行为人通过变造他人的注册商标,对他人的注册商标作一些无关紧要的改变,使得普通消费者在购买商品时难以辨别真伪,将假冒注册商标的商品误以为是有注册商标的商品等。根据2020年《最高人民法院、最高人民检察院关于办理侵犯知识产权刑事案件具体应用法律若干问题的解释(三)》[以下简称《办理侵犯知产刑事案件解释(三)》]第1条的规定,具有下列情形之一的,可以认定为《刑法》第213条规定的"与其注册商标相同的商标":(1)改变注册商标的字体、字母大小写或者文字横竖排列,与注册商标之间基本无差别的;(2)改变注册商标的文字、字母、数字等之间的间距,与注册商标之间基本无差别的;(3)改变注册商标颜色,不影响体现注册商标显著特征的；（4）在注册商标上仅增加商品通用名称、型号等缺乏显著特征要素，不影响体现注册商标显著特征的；（5）与立体注册商标的三维标志及平面要素基本无差别的；（6）其他与注册商标基本无差别、足以对公众产生误导的商标。总体上看，对"相同的商标"的认定仍然是从视觉、内容和影响作用等三个维度来把握。

第三，关于"使用"。《商标法》第48条规定："本法所称商标的使用，是指将商标用于商品、商品包装或者容器以及商品交易文书上，或者将商标用于广告宣传、展览以及其他商业活动中，用于识别商品来源的行为。"《办理侵犯知产刑事案件解释》第8条第2款也规定："刑法第二百一十三条规定的'使用'，是指将注册商标或者假冒的注册商标用于商品、商品包装或者容器以及产品说明书、商品交易文书，或者将注册商标或者假冒的注册商标用于广告宣传、展览以及其他商业活动等行为。"[1] 根据上述规定，只要将注册商标或者假冒的注册商标用于以下三种情形之一，即可认定为"使用"：（1）商品、商品包装；（2）容器以及产品说明书、商品交易文书；（3）广告宣传、展览以及其他商业活动等行为。如果生产者、销售者在广告宣传、展览中用了，但在实际销售的商品中没用，由于可能产生"足以对公众产生误导"的影响，所以也应当认定为"使用"。由此可见，在保护注册商标权方面，司法解释与立法一直保持着良性互动，因应"使用"行为新的变化适时加以应对，办案人员在认定"使用"问题时，要根据案件具体情况，依法认定花样不断翻新的"使用"行为。

3. 犯罪主体为一般主体，包括自然人和单位。

4. 主观方面为故意，包括直接故意和间接故意，过失不构成本罪。

一般具有营利的目的，也有的是为了谋取利益、荣誉或者破坏他人商品的信誉。目的和动机不影响本罪的构成。犯罪主体必须对"同一种商品""相同的商标"主观上明知，即知道或者应当知道其使用的商标与商标所有人注册的商标相同，而且使用的商标系用于与注册商标的商品同一种商品。如果

---

[1] 实践中，对于行为人只是在展览或广告中使用了他人的注册商标，未在商品中使用，如果达到了情节严重的程度，应当对此类行为定罪处罚。

行为人不明知其使用的商标已被他人注册，或者不明知使用的商标系用于与注册商标的商品同一种商品，或者其首先使用的商标没有注册，被他人抢先注册后，在不知情的情况下继续使用的，不构成假冒注册商标罪。对于犯罪主体由多人组成，或者系上游行为主体的，主观上还必须明知"未经注册商标所有人许可"。否则行为人不构成本罪。

《刑法》规定，假冒他人注册商标具备以上构成要件的，具有"情节严重"的情形才构成犯罪。根据《办理侵犯知产刑事案件解释》第1条的规定，假冒注册商标具有下列情形之一的，应当认定为情节严重：（1）非法经营数额在5万元以上或者违法所得数额在3万元以上的；（2）假冒两种以上注册商标，非法经营数额在3万元以上或者违法所得数额在2万元以上的；（3）其他情节严重的情形。

（二）认定假冒注册商标罪应当注意的问题

1. 关于罪与非罪、此罪与彼罪的界限。

假冒他人注册商标的行为，是否齐备犯罪构成要件、情节是否严重，是区分罪与非罪、违法与犯罪的关键。如果不齐备本罪构成要件，不构成本罪。如对类似商品、服务或者类似商标以及未在我国注册的驰名商标，涉及商标权侵权的，不构成本罪。如果情节一般，未达到情节严重的程度，属于一般违法行为，应当依照其他相关法律规定处理。

经营者假冒他人注册商标，擅自使用他人企业名称或姓名，伪造或者冒用认证标志、名优标志等质量标志，伪造产地，对商品、服务质量进行引人误解（即足以误导社会公众的）的虚假表示，情节未达到严重程度的，按照《商标法》的规定作出行政处理。情节严重的，构成假冒注册商标罪。鉴于此种行为虽然对商品、服务质量进行引人误解的虚假表示，但不属于虚假广告的方式，故不构成虚假广告罪。[①] 根据《反不正当竞争法》第20条的规定，经营者违法对其商品作虚假或者引人误解的商业宣传，或者通过组织虚假交

[①] 张军主编：《刑法（分则）及配套规定新释新解》（上）（第3版），人民法院出版社2013年版，第785页。

易等方式帮助其他经营者进行虚假或者引人误解的商业宣传的，属于发布虚假广告。情节未达到严重程度的，依照《广告法》的规定作出行政处理；情节严重的，构成虚假广告罪。在发布虚假广告过程中，擅自使用他人企业名称或姓名，伪造或者冒用认证标志、名优标志等质量标志，伪造产地，情节严重的，同时构成虚假广告罪与假冒注册商标罪，按照处罚较重的假冒注册商标罪定罪处罚。

2. 关于本罪与生产、销售伪劣商品罪的竞合、牵连处理。

本罪与本章第一节规定的9种生产、销售伪劣商品罪关系密切，实践中容易混淆。其关系通常表现为以下三种情形，办案时要根据具体情况处理：一是行为人生产、销售的是没有注册商标的伪劣商品或者自己是注册商标所有人的伪劣商品，这与假冒注册商标没有关系，不存在与本罪的区分问题。二是行为人生产、销售的伪劣商品一部分假冒了他人注册商标，一部分没有假冒他人注册商标，应当分别评价；都构成犯罪的，应当实行数罪并罚。三是行为人生产、销售的伪劣商品同时又假冒了他人的注册商标。行为人实施侵犯知识产权犯罪，同时构成生产、销售伪劣商品犯罪的，有的情形属于牵连犯，但也有的情形属于一个行为触犯数个罪名的想象竞合犯，均应当按照处罚较重的罪名处断。

3. 关于购买印有注册商标的产品零部件组装后销售的定性。

购买同一种商品的真品零部件组装成产品后，未经许可使用他人已经注册的商标，销售牟利的，属于未经注册商标所有人许可，在同一种商品上使用与其注册商标相同的商标，情节严重的，按照假冒注册商标罪论处；购买不同种注册商标的真品零部件组装成产品，未经许可使用他人已经注册的商标，销售牟利的，原则上按照假冒注册商标罪论处。如果行为人购买残次零部件组装成品，或者在组装过程中掺杂、掺假、以假充真、以次充好，或者以不合格产品冒充合格产品的，应当按照假冒注册商标罪和生产、销售伪劣商品罪中处罚较重的罪名定罪处罚。①

---

① 王某华假冒注册商标罪案，江苏省镇江市经济开发区人民法院（2011）镇经知刑初字第0004号。

4.关于"翻新"印有注册商标的旧产品冒充真品销售的定性。

翻新是指通过特殊加工使旧产品或者报废产品的外观或者某些性能恢复到或接近真品新出厂状态的行为。"翻新"相当于生产。对旧货翻新后销售且未经许可使用原注册商标的,必然侵犯注册商标所有人的合法权益。对于翻新旧产品冒充真品出售的,一般按照生产、销售伪劣产品罪定罪处罚。但是,如果行为人已经标明是翻新他人有注册商标的产品,购买者明知是翻新产品的,因行为人不具有欺骗的故意和行为,故应当按照假冒注册商标论处。

5.关于利用非法回收印有注册商标的包装物灌装、装载商品的定性。

实践中,行为人非法回收印有注册商标的商品包装盒和包装容器,灌装、装载其他商品出售,情节严重的,如果商品不属于伪劣产品或者无法鉴定为伪劣产品的,可以按照假冒注册商标罪论处。如果行为人在产品中掺杂掺假、以假充真、以次充好,或者以不合格产品冒充合格产品,同时构成假冒注册商标罪和生产、销售伪劣产品罪的,按照处罚较重的罪名定罪处罚。实践中有观点认为,低档白酒并未失去酒的使用性能,未必属于劣质酒,对于此类行为不应认定生产、销售伪劣产品罪。我们认为,虽然低档白酒具有白酒的一般使用性能,但是以低档白酒冒充高档白酒依然属于《刑法》第140条规定的"以次充好"行为,同时构成假冒注册商标罪和生产、销售伪劣产品罪的,应当按照处罚较重的罪名定罪处罚。

6.非法经营数额、销售金额的计算。

(1)一般计算原则。《办理侵犯知产刑事案件解释》第12条关于非法经营数额的计算规定应当适用于侵犯知识产权犯罪的7个罪名,销售金额应当参照非法经营数额进行认定。根据《办理侵犯知产刑事案件解释》规定,已销售的侵权产品的价值,按照实际销售的价格计算。制造、储存、运输和未销售的侵权产品的价值,按照标价或者已经查清的侵权产品的实际销售平均价格计算。侵权产品没有标价或者无法查清其实际销售价格的,按照被侵权产品的市场中间价格计算。

(2)未标价情形实际销售价格的认定。涉案商品未标价并不意味着实际销售价格无法查清。如在田某泉等销售假冒注册商标的商品一案①中，一审法院认定涉案侵权商品未标价，实际销售价格无法查清，遂委托鉴定机构遂根据被侵权商品的市场中间价认定犯罪数额。二审法院认为，虽然涉案侵权商品未标价，但并不意味着实际销售价格无法查清，最终在查明事实的基础上直接按照涉案侵权商品的实际销售平均价格认定犯罪数额。对于没有标价，存在价格浮动且销售商品数量无法查清的，有办案机关主张只有每次销售侵权商品的价格和数量固定时才能计算实际销售平均价格。我们认为，这种观点无形中增加了侵犯知识产权犯罪证据审查的难度。实践中，侵权产品实际销售价格存在一定幅度的浮动比较普遍正常，否则，就不存在也无需计算实际销售平均价格。此种情形，可以抽样选取一定比例的高价和低价销售商品，按照其平均值认定实际销售平均价格。

（3）关于尚未附着或者尚未全部附着假冒注册商标标识的侵权产品价值是否计入非法经营数额。依照《办理侵犯知产刑事案件意见》第7条的规定，在计算制造、储存、运输和未销售的假冒注册商标侵权产品价值时，对于已经制作完成但尚未附着（含加贴）或者尚未全部附着（含加贴）假冒注册商标标识的产品，如果有确实、充分证据证明该产品将假冒他人注册商标，其价值计入非法经营数额。

（4）关于犯罪数额是否累计以及累计的范围。根据《办理侵犯知产刑事案件意见》第14条的规定，对于多次实施侵犯知识产权行为，未经行政处理或者刑事处罚的，非法经营数额、违法所得数额或者销售金额累计计算。未经行政处理的范围应当限定在2年内，而刑事处罚则限定在追诉时效期限内。需要说明的是，根据国务院《行政执法机关移送涉嫌犯罪案件的规定》第11条之规定，对于侵犯知识产权行为，达到定罪量刑标准的，即使已经过行政处理，仍应移送公安机关立案追究刑事责任。②这就与《办理侵犯知

---

① 田某泉等销售假冒注册商标的商品案，上海市第一中级人民法院（2010）沪一中刑终字第750号。又如邢某某销售假冒注册商标的商品案，新疆维吾尔自治区乌鲁木齐市天山区人民法院（2014）天刑初字第382号。
② 逄锦温、刘福谦、王志广、丛媛：《〈关于办理侵犯知识产权刑事案件适用法律若干问题的意见〉的理解与适用》，载最高人民法院刑事审判第一、二、三、四、五庭主办：《刑事审判参考》（总第78集），法律出版社2011年版。

产刑事案件意见》"未经行政处理"应当累计的规定有所不同，目的是防止重复评价，在追究刑事责任时应充分考虑已被行政处罚的情形。

（三）假冒注册商标罪的刑事责任

依照《刑法》第213条的规定，假冒注册商标，情节严重的，处三年以下有期徒刑，并处或者单处罚金；情节特别严重的，处三年以上十年以下有期徒刑，并处罚金。依照《刑法》第220条的规定，单位犯罪的，对单位判处罚金，并对其直接负责的主管人员和其他直接责任人员，依照第213条的规定处罚。在确定本罪的刑事责任时，须注意把握以下几个问题。

1.关于单位犯罪的刑事责任。关于单位犯罪的定罪量刑标准，曾经有"相同说"和"区别说"之争，司法解释也有一个变化的过程。《办理侵犯知产刑事案件解释》第15条规定，单位实施侵犯知识产权犯罪的，按照相应个人犯罪定罪量刑标准的3倍定罪量刑。但《最高人民法院、最高人民检察院关于办理侵犯知识产权刑事案件具体应用法律若干问题的解释（二）》第6条修正了《办理侵犯知产刑事案件解释》的规定，规定单位实施侵犯知识产权犯罪的，按照相应个人犯罪的定罪量刑标准定罪处罚。

2.关于缓刑的适用。根据《办理侵犯知产刑事案件解释（三）》第8条的规定：具有下列情形之一的，可以酌情从重处罚，一般不适用缓刑：（1）主要以侵犯知识产权为业的；（2）因侵犯知识产权被行政处罚后再次侵犯知识产权构成犯罪的；（3）在重大自然灾害、事故灾难、公共卫生事件期间，假冒抢险救灾、防疫物资等商品的注册商标的；（4）拒不交出违法所得的。

3.关于罚金刑的适用。根据《办理侵犯知产刑事案件解释（三）》第10条的规定，对于侵犯知识产权犯罪的，应当综合考虑犯罪违法所得数额、非法经营数额、给权利人造成的损失数额、侵权假冒物品数量及社会危害性等情节，依法判处罚金。罚金数额一般在违法所得数额的1倍以上5倍以下确定。违法所得数额无法查清的，罚金数额一般按照非法经营数额的50%以上1倍以下确定。违法所得数额和非法经营数额均无法查清，判处三年以下有期徒刑、拘役、管制或者单处罚金的，一般在3万元以上100万元以下确定罚金数额；判处三年以上有期徒刑的，一般在15万元以上 500 万元以下确定罚金数额。

二、销售假冒注册商标的商品罪

第二百一十四条[①] 销售明知是假冒注册商标的商品，违法所得数额较大或者有其他严重情节的，处三年以下有期徒刑，并处或者单处罚金；违法所得数额巨大或者有其他特别严重情节的，处三年以上十年以下有期徒刑，并处罚金。

（一）销售假冒注册商标的商品罪的概念和构成要件

销售假冒注册商标的商品罪，是指销售明知是假冒注册商标的商品，违法所得数额较大或者情节严重的行为。

本罪由 1979 年《刑法》第 127 条规定的假冒注册商标罪分离出来。全国人大常委会于 1993 年 2 月 22 日通过了《关于惩治假冒注册商标犯罪的补充规定》，将假冒注册商标罪由单一的罪名分解成"假冒注册商标罪""销售假冒注册商标的商品罪""非法制造、销售非法制造的注册商标标识罪"等三个罪名。[②] 同年，第七届全国人大常委会第三十次会议通过的《关于修改〈中华人民共和国商标法〉的决定》第 9 条对 1982 年《商标法》第 40 条也进行了相应修正和规定。随着立法技术的不断成熟，立法机关结合附属刑法和单行刑法的规定，在 1997 年修订《刑法》时对销售假冒注册商标的商品罪以单条的形式进行了规定。为进一步加大对知识产权的保护力度，更加严密法网，《刑法修正案（十一）》增加了"其他严重情节""其他特别严重情节"的规定，加大了刑罚力度，删除了拘役，将违法所得数额巨大或者情节特别严重的最高法定刑由七年提高到十年有期徒刑。

销售假冒注册商标的商品罪的构成要件是：

1.本罪侵犯的客体是他人的注册商标专用权和国家的商标管理制度。

[①] 本条经 2020 年 12 月 26 日《刑法修正案（十一）》第 18 条修改。
[②] 王铼、李冰洋等：《常见疑难商业犯罪的认定与处理》，中国政法大学出版社 2013 年版，第 104 页。

销售假冒注册商标的商品，客观上致使大量假冒商品流入市场，既严重侵害了注册商标所有人和消费者的合法权益，也侵害了国家商标管理制度，扰乱了社会主义市场经济秩序。

2. 客观方面表现为销售明知是假冒注册商标的商品，违法所得金额数额较大或者有其他严重情节。具体包括以下三个方面的特征：一是销售了假冒注册商标的商品，这是前提；二是对于自己销售的商品已明知是假冒了他人的注册商标；三是销售行为违法所得数额较大或者有其他严重情节，这是体现社会危害的严重程度。主要涉及以下三个方面的认定：

（1）销售的是"假冒注册商标的商品"。"销售"，是指卖出货物的行为，包括零售、批发、直销、代销等。关于"假冒注册商标的商品"的认定见假冒注册商标罪，在此不再赘述。

（2）"假冒注册商标的商品"的来源。该商品应当是他人生产、提供的，而不是销售者自己生产、加工的。如果在自己生产、加工的"同一种商品、服务"上使用与他人注册商标相同的商标并销售，不应按本罪处理，应当按照假冒注册商标罪定罪处罚。

（3）"违法所得数额较大""其他严重情节"的认定。"违法所得数额""其他严重情节"的认定亟须最高司法机关出台司法解释，在新的司法解释出台前，可以参考当前司法解释关于假冒注册商标罪入罪标准的规定，如违法所得3万元以上的，可视为"违法所得数额较大"；未能查清违法所得金额但查清销售金额5万元以上的，可视为"情节严重"。

3. 犯罪主体为一般主体，包括自然人和单位。个体工商户、合伙企业应当视为自然人主体。

4. 主观方面为故意，包括直接故意和间接故意，过失不构成本罪。本罪要求行为人主观上"明知"。"明知"的认定是具体案件中控辩分歧最普遍的问题。

根据《最高人民法院、最高人民检察院关于办理侵犯知识产权刑事案件具体应用法律若干问题的解释》第9条第2款的规定，具有下列情形之一的，应当认定为"明知"：（1）知道自己销售的商品上的注册商标被涂改、调换或者覆盖的；（2）因销售假冒注册商标的商品受到行政处罚或者承担过民事责任，又销售同一种假冒注册商标的商品；（3）伪造、涂改商标注册人授权文件或者知道该文件被伪造、涂改的；（4）其他知道或者应当知道是假冒注册商标的商品的情形。

除此之外，我们认为，还应综合以下几个方面全面准确把握"明知"的认定：（1）销售商品是否有相应的质量检测报告、鉴定报告；购销货物是否依法设立会计账目并进行纳税申报。（2）假冒注册商标商品的批发、零售价格以及该注册商标的品牌知名度。如果批发、零售价格明显低于市场价格，而该注册商标又属于国家工商总局（现为国家知识产权局）认定的驰名商标的，应当认定行为人明知。实践中在理解和认定明显低于市场或者明显高于市场时，可以结合行为当时当地的市场行情、低于或者高于市场的绝对数、比例数等综合认定。（3）假冒注册商标商品的进货渠道、买卖及交接的时间、地点与方式、方法是否正常。如果进货渠道、买卖及交接的时间、地点与方式、方法极不正常，或者买卖双方没有正常的往来票据、手续，特别是特种商品不从法律规定渠道进货的，可以倾向认定行为人主观上明知。（4）行为人自身的因素，即行为人从事相关行业的时间、规模、销售的经验和认识水平等。（5）行为人将商品藏匿隐秘处有意逃避检查人员检查，对商品的进货渠道进行虚构，案发后毁灭物证等。此外，有必要强调的是，对于根据客观事实推定行为人"应当知道"的情形，有必要保留辩解空间。为避免推定可能陷入武断和绝对化，应当充分听取辩解意见。对于有证据证明行为人确实不知道的，不应认定"明知"。[①] 在有关提供服务的案件中，可以比照以上原则进行认定。

（二）认定销售假冒注册商标的商品罪的主要问题

1. 罪与非罪的界限。

不符合本罪构成要件特征的，不应认定构成犯罪。违法所得金额未达到"数额较大"的，不应以犯罪论处，注册商标所有人可以通过行政、民事途径主张行为人承担相关法律责任。

2. 此罪与彼罪的界限、数罪处断原则。

（1）本罪与假冒注册商标罪的界限与处断。根据《办理侵犯知产刑事

---

① 裴显鼎等主编：《知识产权刑事案例选》，法律出版社2015年版，第42~45页。

案件解释》第13条的规定，实施假冒注册商标犯罪，又销售该假冒注册商标的商品，构成犯罪的，应当以假冒注册商标罪定罪处罚；实施假冒注册商标犯罪，又销售明知是他人的假冒注册商标的商品，即销售假冒注册商标的商品与假冒注册商标的商品不是同一种商品，构成犯罪的，应当实行数罪并罚。

（2）销售假贵金属纪念币的定性。以赵某辉销售假贵金属纪念币案为例。2007年7月，被告人赵某辉明知其购进的是假冒的奥运会纪念币，仍分别以每套1.28万、1.2万元的价格向他人销售3套、7套。法院认为公诉机关指控被告人犯销售假冒注册商标的商品罪成立。[①] 该案之所以未认定出售假币罪，当时主要考虑贵金属纪念币不具有流通手段、价值尺度、支付手段等货币基本功能，不计入货币流通量；贵金属纪念币具有价值和使用价值，商品属性特征明显；制售成本以其实际价值为依托，不会对国家货币信用和金融秩序造成危害。本案判决生效后，最高人民法院制定出台了《关于审理伪造货币等案件具体应用法律若干问题的解释（二）》（法释〔2010〕14号）。根据该解释第4的规定，以中国人民银行发行的普通纪念币和贵金属纪念币为对象的假币犯罪，依照假币犯罪的相关规定处理，今后类似本案的犯罪行为应当以出售假币罪定罪处罚。假普通纪念币犯罪的数额，以面额计算；假贵金属纪念币犯罪的数额，以贵金属纪念币的初始发售价格计算。

3. 尚未销售、部分销售情形的定罪量刑。

根据《最高人民法院、最高人民检察院、公安部关于办理侵犯知识产权刑事案件适用法律若干问题的意见》第8条的规定，具有下列情形之一的，以销售假冒注册商标的商品罪（未遂）定罪处罚：（1）假冒注册商标的商品尚未销售，货值金额在15万元以上的；（2）假冒注册商标的商品部分销售，已销售金额不满5万元，但与尚未销售的假冒注册商标的商品的货值金额合计在15万元以上的。

假冒注册商标的商品尚未销售，货值金额分别达到15万元以上不满25万元、25万元以上的，分别依照《刑法》第214条规定的各法定刑幅度定罪

---

① 裴显鼎等主编：《知识产权刑事案例选》，法律出版社2015年版，第91~97页。

处罚。

销售金额和未销售货值金额分别达到不同的法定刑幅度或者均达到同一法定刑幅度的，在处罚较重的法定刑或者同一法定刑幅度内酌情从重处罚。

（三）销售假冒注册商标的商品罪的刑事责任

依照《刑法》第214条的规定，销售假冒注册商标的商品，违法所得数额较大或者有其他严重情节的，处三年以下有期徒刑，并处或者单处罚金；违法所得数额巨大或者有其他特别严重情节的，处三年以上十年以下有期徒刑，并处罚金。

依照《刑法》第220条的规定，单位犯罪的，对单位判处罚金，并对其直接负责的主管人员和其他直接责任人员，依照第214条的规定处罚。

三、非法制造、销售非法制造的注册商标标识罪

第二百一十五条[①]　伪造、擅自制造他人注册商标标识或者销售伪造、擅自制造的注册商标标识，情节严重的，处三年以下有期徒刑，并处或者单处罚金；情节特别严重的，处三年以上十年以下有期徒刑，并处罚金。

（一）非法制造、销售非法制造的注册商标标识罪的概念和构成要件

非法制造、销售非法制造的注册商标标识罪，是指伪造、擅自制造他人注册商标标识，或者销售伪造、擅自制造的注册商标标识，情节严重的行为。

与销售假冒注册商标的商品罪一样，本罪最早是由1979年《刑法》第127条规定的假冒注册商标罪分离出来。1997年修订《刑法》时对非法制造、销售非法制造的注册商标标识罪以单条的形式进行了规定。《刑法修正案（十一）》加大了刑罚力度，删除了拘役、管制，同时将情节特别严重的

---

① 本条经2020年12月26日《刑法修正案（十一）》第19条修改。

最高法定刑由七年提高到十年有期徒刑。

非法制造、销售非法制造的注册商标标识罪的构成要件是：

1. 本罪侵犯的客体是他人的注册商标专用权和国家的商标管理制度。犯罪对象是他人的注册商标标识。①

本罪的犯罪对象是他人注册商标的标识，包括商品商标标识和服务商标标识。所谓商标标识，是商标专用权的物质载体，通常是指构成商标的文字、字母、图形或者由文字与图形组合而成的商标图样。商标标识代表着商品的质量和信誉，是一种无形资产。如商标纸、商标片、商标织带等。它是表明注册商标的商品显著特征的识别标志。

2. 客观方面表现为伪造、擅自制造他人注册商标标识，或者销售伪造、擅自制造的他人注册商标标识的行为。

伪造，是指仿造他人注册商标的文字、字母、图形或者图样进行的非法制造注册商标标识的行为，一般是指未经注册商标权利人许可，通过临摹、绘制、复印、翻拍、扫描、印刷、印染、制版、刻字、晒蚀、印铁、铸模、冲压、烫版、贴花等各种工艺活动以及通过上述手段的结合方法仿造他人注册商标标识的行为。擅自制造，是指具备印制商标标识资格的企业，超过注册商标所有人授予的权限，在印制商标标识企业与注册商标所有人的商标印制合同规定的印数之外，又私自超量印制商标标识，从中牟利的行为。通常表现为与注册商标所有人委托加工合同期满后继续加工，或在合同期限内超越授权委托数量额外加工，或以不正当手段获取商标标识原版而私自进行印制他人注册商标标识的行为。②

销售伪造、擅自制造的注册商标标识，是指以获取非法利润为目的，故意销售伪造、擅自制造的注册商标标识的行为。如果销售的不是伪造的或擅自制造的注册商标标识，如销售自己的商标标识或者他人真实的注册商标标识，就不构成本罪。销售，指批发、零售和内部销售。由于制造、销售两种

---

① 李少平、南英、张述元、刘学文、胡云腾主编：《中华人民共和国刑法案典》(中)，人民法院出版社 2016 年版，第 1080 页。

② 李少平、南英、张述元、刘学文、胡云腾主编：《中华人民共和国刑法案典》(中)，人民法院出版社 2016 年版，第 1080~1081 页。

行为在实践中既有联系又有区别，制造的目的一般是销售，但有时销售者并不一定是制造者，故法律规定行为人实施了其中一种行为就构成本罪；同时实施两种行为的，按照选择性罪名处理，不实行数罪并罚，但量刑时可作为情节予以考虑。

3. 犯罪主体为一般主体，自然人和法人均可构成本罪的主体。

4. 主观方面由故意构成，即明知是他人的注册商标标识而非法制造或者销售。法律没有明确规定本罪必须以营利为目的，但实践中行为人一般具有营利的目的。

关于明知的认定。明知是指"知道或者应当知道"。一般认为，明知不要求达到"确知"的程度。对于故意而言，只要是行为人知道或者应当知道自己的行为可能发生危害社会的结果即可，并不要求达到"确知"自己的行为可能发生危害社会结果的具体程度。

（二）认定非法制造、销售非法制造的注册商标标识罪应当注意的问题

1. 划清罪与非罪的界限。

依照《刑法》规定，非法制造、销售非法制造的注册商标标识的行为，除必须具备以上构成要件外，还必须达到"情节严重"的程度才构成犯罪。依照《最高人民法院、最高人民检察院关于办理侵犯知识产权刑事案件具体应用法律若干问题的解释》（以下简称《办理侵犯知产刑事案件解释》）第3条的规定处理。

未达到情节严重程度的，属于《商标法》第52条规定的民事侵权行为，应当由有关工商行政管理部门依照《商标法》第53条的规定处理。

2. 印有注册商标标识的空旧瓶子、包装物是否属于商标标识。

国家相关部门多次制订规范性文件对商标标识予以明确。1988年9月27日国家工商行政管理局商标局作出的《国家工商行政管理局商标局关于商标标识含义问题的复函》指出，商标标识一般是指独立于被标志商品的商标的物质表现形式。根据《商标印制管理办法》第15条的规定，商标标识是指与商品配套一同进入流通领域的带有商标的有形载体。参照上述文件规

定,印有注册商标的空旧瓶子、包装物属于与商品配套一同进入流通领域的带有商标的有形载体,同时属于独立于被标志商品的商标的物质表现形式,应当认定为注册商标标识。需要注意的是,如果瓶子、包装物本身已独立注册商标的,瓶子、包装物又不仅是被标志商品的注册商标标识,还是注册商标的商品。

3. 非法制造、回收印有注册商标的瓶子、包装物,装载商品的行为定性。

具体包括以下四种情形:

第一种情形是瓶子、包装物未独立注册商标,尚未灌装、装载被标志的商品。未经注册商标权人许可,对已经丧失区别商品来源等功能的商标标识进行回收整理,并使之重新进入流通领域,再次赋予商标标识功能,实质上属于非法制造注册商标标识的行为。非法制造、回收瓶子、包装物,使用伪造的注册商标的,亦属于非法制造注册商标标识的行为。情节严重的,构成非法制造注册商标标识罪。此处的商标标识是指用于灌装、装载被标志商品的标识。以江苏省宜兴市人民法院审理的王某某非法制造注册商标标识案为例。王某某回收空酒瓶、包装物以及购买假冒的标识,系为了后来采取人工手段将这些原材料制造成可供再次使用的酒类商品包装,其行为属于非法制造注册商标标识。《国家工商行政管理总局、国家商标局关于加工带有商标标识的包装物是否属于商标印制行为的批复》(商标监〔2002〕2号)就类似物理组合行为的定性作了比较权威的确认。该批复认为,北京新某塑料包装制品公司在其生产的塑料光瓶上套上他人印制的商标标识,经热缩紧固,制成带有商标标识的饮料瓶行为,属于"制作带有商标的包装物"的商标印制行为。同理,虽然王某某实施的是简单物理组合行为,但依然符合"制造"的本质特征,应当认定为"制造"。[①] 关于将真伪并存的组装行为在整体上认定为"伪造"的依据还有《最高人民法院关于审理伪造货币等案件具体应用法律若干问题的解释(二)》。该解释第2条明确规定,同时采用伪造和变造手段,制造真伪拼凑货币的行为,以伪造货币罪定罪处罚。参照该条规定,

---

① 参见江苏省宜兴市人民法院(2010)宜知刑初字第2号。

将真品空旧酒瓶、包装物与假冒注册商标标识进行组装的行为，应当认定为伪造注册商标标识行为，情节严重的，构成非法制造注册商标标识罪。

第二种情形是瓶子、包装物未独立注册商标，已进行灌装、装载被标志的商品。既然瓶子、包装物未独立注册商标，就不可能成为注册商标的商品，意味着瓶子、包装物只能印有标识灌装、装载被标志商品的注册商标，瓶子、包装物与商标组合成灌装、装载被标志商品的注册商标标识。非法制造、回收印有此类注册商标的瓶子、包装物，情节严重的，构成非法制造注册商标标识罪。如果将非法制造、回收的印有灌装、装载商品注册商标的瓶子、包装物，进行灌装、装载被标志商品的，属于在（正品灌装、装载商品的）"同一种商品上"使用"与其注册商标相同的商标"，情节严重的，构成假冒注册商标罪。此类行为，同时构成非法制造注册商标标识罪、假冒注册商标罪，依照相关解释的规定，按照处罚较重的罪名定罪处罚。一般情况下，此种情形按照假冒注册商标罪定罪处罚。但有时可能非法制造、回收的瓶子、包装物的数量远大于已灌装、装载被标志商品数量的，或者灌装、装载行为未遂的，此种情形以非法制造注册商标标识罪进行处罚可能重于以假冒注册商标罪进行处罚，按照处罚较重的罪名处罚原则，应当以非法制造注册商标标识罪定罪处罚。

第三种情形是瓶子、包装物已独立注册商标，尚未灌装、装载被标志的商品。一般情况下，瓶子、包装物上印有的注册商标是灌装、装载被标志商品的注册商标。如"飞天茅台"酒瓶上印有的注册商标是飞天茅台品牌酒的注册商标，而不是瓶子本身的注册商标。但有时，灌装瓶子与灌装液体分属于不同的厂家。以深圳市中级人民法院审理的廖某威、廖某觉非法制造、销售非法制造的注册商标标识案为例。该案中，PET空瓶是印有注册商标的商品，该商标权人注册的商标包括塑料包装容器和饮料、苏打水两种，而第6710079号、第6766358号商标均核定使用商品为第20类，包括塑料包装容器等。可见，商标权人针对PET空瓶的商标专门注册了商标，该商标标识的商品不是灌装物饮料、苏打水。廖某威等人未经许可生产印有注册商标的怡宝专用PET瓶，属于未经注册商标所有人许可，在同一种商品上使用与其注册商标相同的商标，情节严重的，构成假冒注册商标罪。同时，廖某威非法购买印有标识饮料、苏打水等灌装商品的假冒注册商标的矿泉水标签、瓶盖、纸箱、封箱纸、提手，与印有注册商标的空瓶配套对外销售，同时构成非法制造、销售非法制造的注册商标标识罪。[①] 由此可以认为，如果行为人同时使用了既标识空旧瓶子、包装物的假冒注册商标，又标识灌装、装载被标志商品的假冒注册商标，意味着同时构成假冒注册商标罪（针对空旧瓶子、包装物）和非法制造注册商标标识罪（针对灌装、装载商品）。而回收空旧瓶子、包装物是为了和标识灌装、装载商品的假冒注册的商标一起形成灌装、装载商品的商标标识，据此可以认定两种行为之间具有手段、目的牵连关系，按照相关司法解释规定，按照处罚较重的罪名定罪处罚。

第四种情形是瓶子、包装物已独立注册商标，已进行灌装、装载被标志的商品。此种情形，意味着行为人既假冒了瓶子、包装物等注册商标的商品，又假冒了灌装、装载物等注册商标的商品，依法构成假冒注册商标罪。依照《办理侵犯知产刑事案件解释》第1条规定的"假冒两种以上注册商标"的情形定罪处罚。

此外，上述行为过程中，行为人掺杂掺假、以假充真、以次充好或者以不合格产品冒充合格产品，情节严重的，同时构成生产、销售伪劣商品罪，按照处罚较重的罪名定罪处罚。

4. 本罪既未遂的认定以及正确处理尚未销售或者部分销售案件的定罪量刑问题。

根据犯罪既遂的一般认定标准——犯罪构成要件齐备说，对于伪造、擅自制造他人注册商标标识的行为，只要行为人完成伪造、擅自制造行为，就应当认定既遂。但也有观点认为，本罪属于情节犯，不存在既未遂。如有实践部门提出：注册商标的标识需要六道工序才能印刷完成，而在印了四道工序时就被执法部门查获，对此类案件是否能够认定犯罪未遂？假如六道工序均已完成，但还未贴盖塑料薄膜、打孔、切开（将整版印刷的标识按个为单位分割开来）等，能否认定为犯罪未遂？非法制造他人注册商标标识罪是否存在犯罪未遂形态？对此，有观点主张，假冒注册商标罪、非法制造、销售

[①] 参见广东省深圳市中级人民法院（2019）粤03刑终183号。

非法制造的注册商标标识罪、假冒专利罪均以情节严重为构成要件，属于刑法理论上的情节犯。理论上一般认为，数额犯、情节犯只有犯罪成立与否的问题，不存在既遂未遂问题。需要多道工序才能印制成商标标识成品，查获时行为人只完成其中部分工序的，但是根据查获时的状况，从标识上确认该假冒的商标标识与某个注册商标相同印制数量达到司法解释规定标准的，认定为情节严重，以犯罪论处。如果不能明确正在印制的标识与某个注册商标相同的，即使数量达到司法解释规定标准，也不应认定为情节严重，不以犯罪论处，应当由行政执法机关予以处罚。故非法制造他人注册商标标识罪不存在未遂。[①] 我们认为，这种观点值得进一步研究。《最高人民法院、最高人民检察院、公安部关于办理侵犯知识产权刑事案件适用法律若干问题的意见》(法发〔2011〕3号，以下简称《办理侵犯知产刑事案件意见》) 第9条已明确规定了未遂的认定原则。同时，根据犯罪停止形态原理，对于具有持续过程的行为，行为人因为意志以外的因素而未得逞的，均可以认定为未遂。对于必要工序未完成的，应当认定为非法制造、擅自制造行为未实施完毕，应当认定犯罪停止形态为未遂。

对于销售伪造、擅自制造的注册商标标识行为，行为人将非法销售行为实施完毕的，可视为犯罪结果已经发生，应当认定犯罪既遂。至于非法销售行为实施完毕的标准，应当以行为人将伪造、擅自制造的注册商标标识交付、脱离自己的控制为准，而不能以买卖双方的钱货两清为准。因为，实践中经常发生行为人先收款后交货，以及先交货后收款等复杂情形，有时两者还可能相距甚远，钱款收取的先后不应影响犯罪既遂的认定。根据《办理侵犯知产刑事案件意见》第9条的规定，销售他人非法制造的注册商标标识犯罪案件中尚未销售或者部分销售，具有下列情形之一的，依照《刑法》第215条的规定，以销售非法制造的注册商标标识罪（未遂）定罪处罚：（1）尚未销售他人伪造、擅自制造的注册商标标识数量在6万件以上的；（2）尚未销售他人伪造、擅自制造的两种以上注册商标标识数量在3万件以上的；（3）部

---

① 张军、熊选国主编：《刑事法律文件解读》（2009年第8辑），人民法院出版社2009年版，第120页。

分销售他人伪造、擅自制造的注册商标标识,已销售标识数量不满 2 万件,但与尚未销售标识数量合计在 6 万件以上的;(4)部分销售他人伪造、擅自制造的两种以上注册商标标识,已销售标识数量不满 1 万件,但与尚未销售标识数量合计在 3 万件以上的。

(三)非法制造、销售非法制造的注册商标标识罪的刑事责任

对非法制造、销售非法制造的注册商标标识的犯罪,《刑法》第 215 条规定了两个处罚档次:对情节严重的,处三年以下有期徒刑,并处或者单处罚金;情节特别严重的,处三年以上十年以下有期徒刑,并处罚金。根据《办理侵犯知产刑事案件解释》的规定,这里的"情节严重"和"情节特别严重"各两种情形,主要以数额和数量体现。

依照《刑法》第 220 条的规定,单位犯罪的,对单位判处罚金,并对其直接负责的主管人员和其他直接责任人员,依照第 215 条的规定处罚。

四、假冒专利罪

第二百一十六条 假冒他人专利,情节严重的,处三年以下有期徒刑或者拘役,并处或者单处罚金。

(一)假冒专利罪的概念和构成要件

假冒专利罪,是指违反国家专利管理法规,在法律规定的专利有效期限内,假冒他人或者单位被授予的专利,侵犯他人或者单位的专利权益,情节严重的行为。

本罪最早来自 1984 年《专利法》第 63 条规定:"假冒他人专利的,依照本法第 60 条的规定处理;情节严重的,对直接责任人员比照刑法(指 1979 年刑法——编者注)第一百二十七条(假冒注册商标罪——编者注)的规定追究刑事责任。"为此,最高人民法院于 1985 年 2 月 16 日在《关于开展专利审判工作的几个问题的通知》中规定:"假冒他人专利,情节严重的,对直接责任人员比照刑法第 127 条的规定,以假冒他人专利罪处罚。"1997

年《刑法》修订时增设了假冒专利罪，将以上规定吸纳为《刑法》具体条文。

假冒专利罪的构成要件是：

1.本罪侵犯的客体是他人的专利权和国家的专利管理制度。犯罪对象是专利权。

所谓专利权，是指专利权人（包括专利权的所有人和持有人）在法律规定的有效期限内，依法对于自己取得的发明创造，包括发明、实用新型和外观设计所享有的专有权或者独占权。"发明"，是指对产品、方法或者其改进所提出的新的技术方案；"实用新型"，是指对产品的形状、构造或者其结合所提出的适于实用的新的技术方案；"外观设计"，是指对产品的形状、图案或者其结合以及色彩与形状、图案的结合所作出的富有美感并适于工业应用的新设计。专利必须向社会公开，并记载于将专利公开、公告的专利证书和专利文献上。1993年10月1日，我国政府向世界知识产权组织递交了《专利合作条约》加入书。从1994年1月起，我国成为专利合作条约成员国，承担了保护专利权的国际义务。我国实施专利管理的机关是国家知识产权局和地方的知识产权局。假冒他人专利的行为，首先侵犯了专利权人的专利专有权，同时破坏了国家的专利管理制度，必须依法予以惩处。

2.客观方面表现为违反国家专利管理法规，在法律规定的专利有效期限内，假冒他人被授予的专利，侵犯他人专利权益的行为。

违反国家专利管理法规，主要是指违反2020年10月17日经第十三届全国人大常委会第二十二次会议第四次修正通过的《专利法》和2010年1月9日《国务院关于修改〈中华人民共和国专利法实施细则〉的决定》第二次修订的《专利法实施细则》。专利有效期限，按照《专利法》第42条的规定，发明专利权的期限为20年，实用新型专利权和外观设计专利权的期限为15年，均自申请日起计算。假冒专利的实质是用自己的产品冒充他人享有专利权的专利产品。此处讲的"他人"，包括单位和个人，也包括在我国申请专利的国外的单位和个人。《专利法》第68条仅简单规定了"假冒专利"，并未列明"假冒专利"的具体行为。《专利法实施细则》第84条规定了以下5类行为属于《专利法》第68条规定的"假冒专利"的行为：（1）在未被授予专利权的产品或者其包装上标注专利标识,专利权被宣告无效后或者终止后继续在产品或者其包装上标注专利标识,或者未经许可在产品或者产品包装上标注他人的专利号;(2)销售第 1 项所述产品;(3)在产品说明书等材料中将未被授予专利权的技术或者设计称为专利技术或者专利设计,将专利申请称为专利,或者未经许可使用他人的专利号,使公众将所涉及的技术或者设计误认为是专利技术或者专利设计;(4)伪造或者变造专利证书、专利文件或者专利申请文件;(5)其他使公众混淆,将未被授予专利权的技术或者设计误认为是专利技术或者专利设计的行为。根据《最高人民法院、最高人民检察院关于办理侵犯知识产权刑事案件具体应用法律若干问题的解释》(以下简称《办理侵犯知产刑事案件解释》)第 10 条的规定,实施下列行为之一的,属于《刑法》第 216 条规定的"假冒他人专利"的行为:(1)未经许可,在其制造或者销售的产品、产品的包装上标注他人专利号的;(2)未经许可,在广告或者其他宣传材料中使用他人的专利号,使人将所涉及的技术误认为是他人专利技术的;(3)未经许可,在合同中使用他人的专利号,使人将合同涉及的技术误认为是他人专利技术的;(4)伪造或者变造他人的专利证书、专利文件或者专利申请文件的。以上规定中的"许可"不是一般的口头同意,必须要签订专利许可合同。专利许可意味着专利权人允许被许可人有权在专利权期限内,在其效力所及的范围内对该发明创造加以利用。如果行为人已经得到专利权人同意,只是还未签订书面许可合同,或者还未向专利权人支付使用费,不构成犯罪。

3. 犯罪主体为一般主体。既包括自然人也包括单位。假冒专利罪的这一主体特征,有利于全方位惩治假冒专利犯罪。

4. 主观方面由故意构成,一般具有非法获取经济利益的目的,但也有时会出于损害他人的声誉,破坏他人专利权益的目的。至于出于何种目的不影响本罪的成立。本罪在主观方面必须出于故意,即明知自己在假冒他人专利,侵犯他人专利权而仍故意实施该行为。对于过失行为,不能构成本罪。至于犯罪的动机则多种多样,有的为了营利,有的为了获取荣誉,有的为了损坏他人名誉等等,但无论动机如何,都不影响本罪的成立。有观点认为,本罪必须以具有非法获取经济利益的目的为前提。该观点尚未有法律依据,需要进一步论证。① 根据法律规定，假冒他人专利的行为，除需具备以上构成要件外，还必须达到"情节严重"的程度，才构成犯罪。所谓情节严重，按照《办理侵犯知产刑事案件解释》第4条的规定，是指具有下列情形之一的行为：（1）非法经营数额在20万元以上或者违法所得数额在10万元以上的；（2）给专利权人造成直接经济损失50万元以上的；（3）假冒两项以上他人专利，非法经营数额在10万元以上或者违法所得数额在5万元以上的；（4）其他情节严重的情形。

（二）认定假冒专利罪应当注意的问题

1. 划清罪与非罪的界限。

按照《刑法》规定，假冒专利行为必须达到情节严重的才构成假冒专利罪。假冒他人专利的行为，情节不严重的，属于一般假冒专利的侵权行为，可以依照《专利法》第65条的规定处理。

如果行为人已经得到专利权人同意，只是还未签订书面许可合同，或者还未向专利权人支付使用费，不构成犯罪。

依照《专利法实施细则》第84条第2款、第3款的规定，下列两种行为不属于假冒专利的行为：一是专利权终止前依法在专利产品、依照专利方法直接获得的产品或者其包装上标注专利标识，在专利权终止后许诺销售、销售该产品的，不属于假冒专利行为。二是销售不知道是假冒专利的产品，并且能够证明该产品合法来源的，由管理专利工作的部门责令停止销售，但免除罚款的处罚。

2. 划清假冒专利与冒充专利的界限。

《专利法》所规定的涉及专利的不法行为有三种类型：一般的专利侵权行为、假冒（他人）专利行为和冒充专利行为。假冒他人专利的行为与专利侵权行为有重合或者交叉。在刑事审判实践中，对一般专利侵权行为不以犯罪论处是明确的，但对假冒他人专利和冒充专利的行为的定性容易产生混淆。根据《专利法》第68条及《专利法实施细则》第84条的规定，假冒他

---

① 参见李少平、南英、张述元、刘学文、胡云腾主编：《中华人民共和国刑法案典》（中），人民法院出版社2016年版，第1085页。

人专利和以非专利产品或方法冒充专利产品或方法是两种完全不同的行为。如在自己的产品、产品包装或有关的广告宣传中标注并不存在的专利号的情节严重之行为，是否可归属假冒专利罪的问题，争议颇大。肯定者认为，标注并不存在的专利号的情节严重的行为，同样侵犯了国家的专利管理秩序和消费者权益，此手段甚至更可能被不法者使用，为害更甚，因此根据举轻以明重的原则，主张将此种行为解释为假冒他人专利，或者主张在《刑法》第216条中去掉"他人"二字。否定者认为，根据罪刑法定的原则，既然立法者明确在第216条罪状中规定了"他人"二字，就不应当将冒充专利、标注并不存在的专利号的行为入罪。《办理侵犯知产刑事案件解释》第10条对"假冒他人专利"行为的列举规定中，并不包括以非专利产品冒充专利产品、以非专利方法冒充专利方法的行为。从目前的《刑法》条文和司法解释的规定看，对于在自己的产品、产品包装或有关的广告宣传中标注并不存在的专利号等冒充专利的严重行为，不宜定"假冒专利罪"，但可以以虚假广告罪论处。①

目前《刑法》《专利法》只规定假冒他人专利，情节严重的，才构成犯罪。因此，根据现有法律，还不能对冒充专利的行为定罪处罚，对《刑法》上的"假冒他人专利"应当按照《专利法实施细则》第84条的规定来解释。对是否将《专利法实施细则》第84条规定的4种假冒他人专利的行为在《办理侵犯知产刑事案件解释》中加以明确有过争议。有观点认为，既然《专利法实施细则》已有规定，《办理侵犯知产刑事案件解释》就没必要重复；也有观点认为，实践中发生过把冒充专利当作假冒他人专利处理的情况，因此《办理侵犯知产刑事案件解释》有必要加以明确。《办理侵犯知产刑事案件解释》采纳了后一种意见。②

3. 划清本罪与假冒商标罪的界限。

二者特征基本相同，客观上都有假冒行为，主观上都是故意，目的一般都是牟取非法利益，主体相同。

---

① 参见熊灿：《冒充专利之严重行为的行为定性》，载《人民法院报》2012年2月8日理论版。
② 参见李晓：《〈关于办理侵犯知识产权刑事案件具体应用法律若干问题的解释〉的理解与适用》，载《人民司法》2005年第1期。

二者主要区别表现在:(1)侵害的客体不同。假冒专利罪侵犯的客体是专利权和国家的专利管理制度;而假冒商标罪侵犯的客体是商标权和国家的商标管理制度。(2)侵害对象不同。假冒专利罪的侵害对象不是注册商标,而是被授予的专利。① (3)前者在客观方面表现为未经专利权人许可,在非专利产品或者包装上标注专利权人的专利标记或者专利号;后者则是未经注册商标所有人许可,在同一种商品上使用与他人注册商标相同的商标。(4)假冒专利罪是专门针对专利权实施的犯罪,相当于非法制造注册商标标识罪。而假冒注册商标的犯罪行为,还必然涉及商品,因此假冒注册商标罪的罪行一般重于假冒专利罪,法定刑设置更重。

4.假冒专利罪与生产、销售伪劣产品罪的界限。

一般情况下,假冒专利罪与生产、销售伪劣产品罪的界限比较明显,不会发生法律适用错误。然而,由于假冒专利罪中涉及产品,且该产品可能涉及"以假充真""以次充好""以不合格产品冒充合格产品"的认定,故可能涉及假冒专利罪和生产、销售伪劣产品罪的辨析。我们认为,生产、销售伪劣产品罪是以产品质量为客体的,其客观方面中伪劣产品表现出的"不合格""假""次"等都是针对产品的质量而言,也即产品的性状、功用是否符合国家产品质量要求而言的。据此,判断假冒他人专利的产品是否属于伪劣产品,也应从该产品的质量要求切入分析。如果该产品符合国家产品质量要求,则不属于伪劣产品,只能构成假冒专利罪;如果该行为人生产、销售的产品在假冒他人专利的同时,质量属于"不合格""假""次",即不符合国家产品质量要求,则同时构成假冒专利罪和生产、销售伪劣产品罪,二者构成想象竞合关系,依照相关规定,应当按照处罚较重的罪名处罚。②

5.假冒专利罪与虚假广告罪的界限。

一般情况下,二者之间的界限是明显的。但是,对于未经许可,在广告或者其他宣传材料中使用他人专利号,使人将所涉及的技术误认为是他人的

---

① 参见张军主编:《刑法(分则)及配套规定新释新解》(上)(第3版),人民法院出版社2013年版,第743页。

② 李少平、南英、张述元、刘学文、胡云腾主编:《中华人民共和国刑法案典》(中),人民法院出版社2016年版,第1087页。

专利技术的情形，假冒专利的行为人是广告主，假冒专利的行为表现是发布虚假广告，二者具有交叉的部分。假冒专利系虚假广告的内容，虚假广告成为假冒专利的形式，二者在理论上构成想象竞合犯。依照相关规定，按照处罚较重的罪名定罪处罚，即按照假冒专利罪论处。[①]如果假冒的是根本未向社会公开、公告或者未记载于专利文献的专利，则不构成假冒专利罪，而仅可能构成虚假广告罪。

（三）假冒专利罪的刑事责任

依照《刑法》第216条规定，犯假冒专利罪的，处三年以下有期徒刑或者拘役，并处或者单处罚金。

依照《刑法》第220条的规定，单位犯罪的，对单位判处罚金，并对其直接负责的主管人员和其他直接责任人员，依照第216条的规定处罚。

五、侵犯著作权罪

第二百一十七条[②] 以营利为目的，有下列侵犯著作权或者与著作权有关的权利的情形之一，违法所得数额较大或者有其他严重情节的，处三年以下有期徒刑，并处或者单处罚金；违法所得数额巨大或者有其他特别严重情节的，处三年以上十年以下有期徒刑，并处罚金：

（一）未经著作权人许可，复制发行、通过信息网络向公众传播其文字作品、音乐、美术、视听作品、计算机软件及法律、行政法规规定的其他作品的；

（二）出版他人享有专有出版权的图书的；

（三）未经录音录像制作者许可，复制发行、通过信息网络向公众传播其制作的录音录像的；

（四）未经表演者许可，复制发行录有其表演的录音录像制品，或者通

---

① 李少平、南英、张述元、刘学文、胡云腾主编：《中华人民共和国刑法案典》（中），人民法院出版社2016年版，第1086页。

② 本条经2020年12月26日《刑法修正案（十一）》第20条修改。

过信息网络向公众传播其表演的；

（五）制作、出售假冒他人署名的美术作品的；

（六）未经著作权人或者与著作权有关的权利人许可，故意避开或者破坏权利人为其作品、录音录像制品等采取的保护著作权或者与著作权有关的权利的技术措施的。

（一）侵犯著作权罪的概念和构成要件

侵犯著作权罪，是指以营利为目的，侵犯他人著作权或者与著作权有关的权利，违法所得数额较大或者有其他严重情节的行为。

本罪是从《全国人民代表大会常务委员会关于惩治侵犯著作权的犯罪的决定》第1条的规定，吸收修改为1997年《刑法》的具体规定的。1979年《刑法》没有侵犯著作权罪的规定。《刑法修正案（十一）》对本罪进行了修改。

侵犯著作权罪的构成要件是：

1. 本罪侵犯的客体是著作权人的著作权和与著作权有关的权利以及国家的著作权管理制度。

著作权是指作者对其创作的文学、艺术和科学作品所享有的占有、使用、收益、处分的专有权利，是重要的民事权利。根据《著作权法》的规定，著作权人包括作者和其他依照《著作权法》享有著作权的自然人、法人或者非法人组织。著作权包括下列人身权和财产权：（1）发表权，即决定作品是否公之于众的权利；（2）署名权，即表明作者身份，在作品上署名的权利；（3）修改权，即修改或者授权他人修改作品的权利；（4）保护作品完整权，即保护作品不受歪曲、篡改的权利；（5）复制权，即以印刷、复印、拓印、录音、录像、翻录、翻拍、数字化等方式将作品制作一份或者多份的权利；（6）发行权，即以出售或者赠与方式向公众提供作品的原件或者复制件的权利；（7）出租权，即有偿许可他人临时使用视听作品、计算机软件的原件或者复制件的权利，计算机软件不是出租的主要标的的除外；（8）展览权，即公开陈列美术作品、摄影作品的原件或者复制件的权利；（9）表演权，即公开表演作品，以及用各种手段公开播送作品的表演的权利；（10）放映权，即通过放映机、幻灯机等技术设备公开再现美术、摄影、视听作品等的权利；（11）广播权，即以有线或者无线方式公开传播或者转播作品，以及通过扩音器或者其他传送符号、声音、图像的类似工具向公众传播广播的作品的权利，但不包括下述第12项规定的权利；（12）信息网络传播权，即以有线或者无线方式向公众提供，使公众可以在其选定的时间和地点获得作品的权利；（13）摄制权，即以摄制视听作品的方法将作品固定在载体上的权利；（14）改编权，即改变作品，创作出具有独创性的新作品的权利；（15）翻译权，即将作品从一种语言文字转换成另一种语言文字的权利；（16）汇编权，即将作品或者作品的片段通过选择或者编排，汇集成新作品的权利；（17）应当由著作权人享有的其他权利。

本罪侵犯的客体主要是著作权，但不限于著作权，还包括与著作权有关的权利，如专有出版权、署名权等。

按照法律规定，著作权属于作者。"作者"，是指创作作品的自然人；由法人或者非法人组织主持，代表法人或者非法人组织意志创作，并由法人或者非法人组织承担责任的作品，法人或者非法人组织视为作者。

本罪的犯罪对象为作品。所谓作品，是指文学、艺术和科学领域内具有独创性并能以一定形式表现的智力成果。这些形式包括：（1）文字作品；（2）口述作品；（3）音乐、戏剧、曲艺、舞蹈、杂技艺术作品；（4）美术、建筑作品；（5）摄影作品；（6）视听作品；（7）工程设计图、产品设计图、地图、示意图等图形作品和模型作品；（8）计算机软件；（9）符合作品特征的其他智力成果。法律规定，中国公民、法人或者非法人组织的作品，不论是否发表，均依照《著作权法》享有著作权。外国人、无国籍人的作品，根据其作者所属国或者经常居住地国同中国签订的协议或者共同参加的国际条约享有的著作权，受《著作权法》保护。外国人、无国籍人的作品首先在中国境内出版的，依照《著作权法》享有著作权。未与中国签订协议或者共同参加国际条约的国家的作者以及无国籍人的作品首次在中国参加的国际条约的成员国出版的，或者在成员国和非成员国同时出版的，受《著作权法》保护。

我国只对合法的著作权给予刑事保护，对下列作品则不受刑事保护：（1）依法禁止出版、传播的作品，包括内容淫秽、反动的作品。（2）超过保护期限的作品。根据《著作权法》的规定，自然人的作品，其发表权、《著作权法》第10条第1款第5项至第17项规定的权利的保护期为作者终生及其死亡后50年，截止于作者死亡后第50年的12月31日；如果是合作作品，截止于最后死亡的作者死亡后第50年的12月31日。法人或者非法人组织的作品、著作权（署名权除外）由法人或者非法人组织享有的职务作品，其发表权的保护期为50年，截止于作品创作完成后第50年的12月31日；《著作权法》第10条第1款第5项至第17项规定的权利的保护期为50年，截止于作品首次发表后第50年的12月31日，但作品自创作完成后50年内未发表的，法律不再保护。视听作品，其发表权的保护期为50年，截止于作品创作完成后第50年的12月31日；《著作权法》第10条第1款第5项至第17项规定的权利的保护期为50年，截止于作品首次发表后第50年的12月31日，但作品自创作完成后50年内未发表的，法律不再保护。总之，超过保护期的作品进入社会，即成为公众作品。(3)依法应当由民事、行政法律规范调整的侵权行为。严重侵犯著作权的犯罪行为，破坏著作权的管理制度，不仅侵犯作者的著作权和与著作权有关的权益，妨碍科学文化事业的发展，而且影响对外科学文化的交流与合作以及经济贸易的发展，必须给以刑事制裁。

2. 客观方面表现为违反我国著作权法规，侵犯著作权的行为。

根据《刑法》第217条的规定，具体表现为：(1)未经著作权人许可，复制发行、通过信息网络向公众传播其文字作品、音乐、美术、视听作品、计算机软件及法律、行政法规规定的其他作品的；(2)出版他人享有专有出版权的图书的；(3)未经录音录像制作者许可，复制发行、通过信息网络向公众传播其制作的录音录像的；(4)未经表演者许可，复制发行录有其表演的录音录像制品，或者通过信息网络向公众传播其表演的；(5)制作、出售假冒他人署名的美术作品的；(6)未经著作权人或者与著作权有关的权利人许可，故意避开或者破坏权利人为其作品、录音录像制品等采取的保护著作权或者与著作权有关的权利的技术措施的。

根据《最高人民法院、最高人民检察院关于办理侵犯知识产权刑事案件具体应用法律若干问题的解释（三）》[以下简称《办理侵犯知产刑事案件解释（三）》]的规定，在《刑法》第217条规定的作品、录音制品上以通常方式署名的自然人、法人或者非法人组织，应当推定为著作权人或者录音制作者，且该作品、录音制品上存在着相应权利，但有相反证明的除外。

根据《最高人民法院、最高人民检察院关于办理侵犯知识产权刑事案件具体应用法律若干问题的解释》（以下简称《办理侵犯知产刑事案件解释》）的规定，"未经著作权人许可"，是指没有得到著作权人授权或者伪造、涂改著作权人授权许可文件或者超出授权许可范围的情形。这是因为，当前伪造、涂改授权许可的情况十分严重，已经造成了很大损失。软件的销售实际上就是软件著作权人对软件使用的许可行为，伪造、涂改授权许可文件在严重侵犯软件著作权人权利的同时，也欺骗了意在使用正版软件的用户，尤其是在假冒软件产品出现质量问题时，将会造成不可估量的损失（如承担重大责任的政府部门、银行、铁路、医院等），扰乱了正常的市场秩序和社会秩序，具有严重的社会危害性。因此，司法解释将伪造、涂改著作权人授权许可文件的行为规定在《刑法》第217条的"未经著作权人许可"之内。

法律只要求行为人具有其中一种行为即构成本罪；具有两种或者两种以上行为的，也只以一罪处罚，不实行数罪并罚，但可作为量刑的具体情节予以考虑。

3. 犯罪主体为一般主体，自然人、法人和非法人单位均可构成本罪主体。

4. 主观方面是由故意构成，并且具有营利的目的。

"以营利为目的"，是构成本罪在主观方面必须具备的要件。按照《最高人民法院、最高人民检察院、公安部关于办理侵犯知识产权刑事案件适用法律若干问题的意见》（以下简称《办理侵犯知产刑事案件意见》）的规定，除销售外，具有下列情形之一的，应认定为"以营利为目的"：（1）以在他人作品中刊登收费广告、捆绑第三方作品等方式直接或者间接收取费用的；（2）通过信息网络传播他人作品，或者利用他人上传的侵权作品，在网站或者网页上提供刊登收费广告服务，直接或者间接收取费用的；（3）以会员制方式通过信息网络传播他人作品，收取会员注册费或者其他费用的；（4）其他利用他人作品牟利的情形。如果行为人是出于教学、科研或者观赏的目的而复制他人的作品或者音像制品，没有将它作为商品进入流通领域，这种行为虽然也是侵权行为，但由于其主观上不是以营利为目的，因而不构成犯罪。间接故意和过失不构成本罪。

根据《刑法》第217条的规定，侵犯著作权的行为，除需具备以上构成要件外，只有达到"违法所得数额较大或者有其他严重情节的"，才构成犯罪。按照《办理侵犯知产刑事案件解释》《最高人民法院、最高人民检察院关于办理侵犯知识产权刑事案件具体应用法律若干问题的解释（二）》[以下简称《办理侵犯知产刑事案件解释（二）》]的规定，以营利为目的，实施《刑法》第217条所列侵犯著作权行为之一，违法所得数额在3万元以上的，属于"违法所得数额较大"。具有下列情形之一的，属于"有其他严重情节"：（1）非法经营数额在5万元以上的；（2）未经著作权人许可，复制发行其文字作品、音乐、电影、电视、录像作品、计算机软件及其他作品，复制品数量合计在500张（份）以上的；（3）其他严重情节的情形。

（二）认定侵犯著作权罪应当注意的问题

1. 划清一罪与数罪的界限。

行为人实施侵犯著作权犯罪，又销售该侵权复制品，构成犯罪的，属牵连犯罪（手段牵连），应当以侵犯著作权罪定罪处罚，不实行数罪并罚。如果行为人既实施侵犯著作权犯罪，又销售明知是他人的侵权复制品，构成犯罪的，则属实质性的数罪，应当实行数罪并罚。

2. 正确理解"复制发行"的含义。

《刑法》第217条第1项中规定的"复制发行"，是指行为人以营利为目的，未经著作权人许可而实施的复制、发行或者既复制又发行其文字作品、音乐、电影、电视、录像作品、计算机软件和其他作品的行为。同时，按照《办理侵犯知产刑事案件解释（二）》，侵权产品的持有人通过广告、征订等方式推销侵权产品的，也属于"发行"的行为。按照《办理侵犯知产刑事案件意见》，"发行"，包括总发行、批发、零售、通过信息网络传播以及出租、展销等活动。非法出版、复制、发行他人作品，侵犯著作权构成犯罪的，按照侵犯著作权罪定罪处罚，不认定为非法经营罪等其他犯罪。

3.复制发行录音录像制品的定罪量刑数量标准,应当与复制发行文字等作品相同。

《办理侵犯知产刑事案件解释》公布施行后,部分高级人民法院和省级人民检察院就办理侵犯著作权刑事案件中涉及录音录像制品的数量标准,是否适用上述解释第5条第1款第2项规定的数量标准问题向最高人民法院、最高人民检察院请示。为此,最高人民法院、最高人民检察院于2005年10月13日发布的《关于办理侵犯著作权刑事案件中涉及录音录像制品有关问题的批复》(法释〔2005〕12号)明确规定,以营利为目的,未经录音录像制作者许可,复制发行其制作的录音录像制品的行为,复制品的数量标准,分别适用《办理侵犯知产刑事案件解释》第5条第1款第2项、第2款第2项的规定。结合《办理侵犯知产刑事案件解释(二)》第1条对侵犯著作权罪定罪量刑的数量标准的修改,以营利为目的,未经著作权人许可,复制发行其文字作品、音乐、电影、电视、录像作品、计算机软件及其他作品,复制品数量合计在500张(份)以上的,属于"有其他严重情节";复制品数量合计在2500张(份)以上的,属于"有其他特别严重情节"。

(三)侵犯著作权罪的刑事责任

依照《刑法》第217条规定,犯侵犯著作权罪的,处三年以下有期徒刑,并处或者单处罚金;违法所得数额巨大或者有其他特别严重情节的,处三年以上十年以下有期徒刑,并处罚金。

依照《刑法》第220条规定,单位犯本罪的,对单位判处罚金,并对其直接负责的主管人员和其他直接责任人员,依照第217条规定处罚。

司法机关在依照《刑法》第217条和第220条规定处罚时,应当注意以下问题:

1.根据《办理侵犯知产刑事案件解释》和《办理侵犯知产刑事案件解释(二)》的规定,以营利为目的,实施《刑法》第217条所列侵犯著作权行为之一,违法所得在3万元以上的,属于"违法所得数额较大";未经著作权人许可,复制发行其文字作品、音乐、电影、电视、录像作品、计算机软件及其他作品,复制品数量合计在500张(份)以上的,属于"有其他严重情节"，应当处三年以下有期徒刑，并处或者单处罚金。违法所得数额在15万元以上，属于"违法所得数额巨大"。具有下列情形之一的，属于"有其他特别严重情节"：（1）非法经营数额在25万元以上的；（2）未经著作权人许可，复制发行其文字作品、音乐、电影、电视、录像作品、计算机软件及其他作品，复制品数量合计在2500张（份）以上的；（3）其他特别严重情节的情形。应当以侵犯著作权罪，判处三年以上十年以下有期徒刑，并处罚金。

2. 按照《办理侵犯知产刑事案件意见》的规定，以营利为目的，未经著作权人许可，通过信息网络向公众传播他人文字作品、音乐、电影、电视、美术、摄影、录像作品、录音录像制品、计算机软件及其他作品，具有下列情形之一的，属于《刑法》第217条规定的"其他严重情节"：（1）非法经营数额在5万元以上的；（2）传播他人作品的数量合计在500件（部）以上的；（3）传播他人作品的实际被点击数达到5万次以上的；（4）以会员制方式传播他人作品，注册会员达到1000人以上的；（5）数额或者数量虽未达到第1项至第4项规定标准，但分别达到其中两项以上标准一半以上的；（6）其他严重情节的情形。

实施前款规定的行为，数额或者数量达到前款第1项至第5项规定标准5倍以上的，属于《刑法》第217条规定的"其他特别严重情节"。

3. 根据《办理侵犯知产刑事案件解释（三）》的规定，具有下列情形之一的，可以酌情从重处罚，一般不适用缓刑：（1）主要以侵犯知识产权为业的；（2）因侵犯知识产权被行政处罚后再次侵犯知识产权构成犯罪的；（3）在重大自然灾害、事故灾难、公共卫生事件期间，假冒抢险救灾、防疫物资等商品的注册商标的；（4）拒不交出违法所得的。

具有下列情形之一的，可以酌情从轻处罚：（1）认罪认罚的；（2）取得权利人谅解的；（3）具有悔罪表现的；（4）以不正当手段获取权利人的商业秘密后尚未披露、使用或者允许他人使用的。

4. 根据《办理侵犯知产刑事案件解释（三）》的规定，对于侵犯知识产权犯罪的，应当综合考虑犯罪违法所得数额、非法经营数额、给权利人造成的损失数额、侵权假冒物品数量及社会危害性等情节，依法判处罚金。

罚金数额一般在违法所得数额的1倍以上5倍以下确定。违法所得数额无法查清的,罚金数额一般按照非法经营数额的 50% 以上 1 倍以下确定。违法所得数额和非法经营数额均无法查清,判处三年以下有期徒刑、拘役、管制或者单处罚金的,一般在 3 万元以上 100 万元以下确定罚金数额;判处三年以上有期徒刑的,一般在 15 万元以上 500 万元以下确定罚金数额。

六、销售侵权复制品罪

第二百一十八条① 以营利为目的,销售明知是本法第二百一十七条规定的侵权复制品,违法所得数额巨大或者有其他严重情节的,处五年以下有期徒刑,并处或者单处罚金。

(一)销售侵权复制品罪的概念和构成要件

销售侵权复制品罪,是指以营利为目的,销售明知是《刑法》第 217 条所规定的侵权复制品,违法所得数额巨大或者情节严重的行为。

本罪是从《全国人民代表大会常务委员会关于惩治侵犯著作权的犯罪的决定》第 2 条的规定,吸收改为《刑法》的具体规定的。《刑法修正案(十一)》加大了处罚范围,增加了"其他严重情节"的入罪条件,更加严密了法网。同时,加大了刑罚力度,删除了拘役,将自由刑的最高法定刑由三年提高到五年有期徒刑。

销售侵权复制品罪的构成要件是:

1. 本罪侵犯的客体是著作权人的著作权和国家著作权管理制度。

本罪侵犯的客体是国家的著作权管理制度以及他人的著作权及与著作权有关的权益,这与侵犯著作权罪侵犯的客体是相同的。二者所不同之处在于,本罪的侵权具有间接性,即对他人著作权和与著作权有关权益的侵犯是由非法复制、出版或者其他制作行为直接造成的,行为人的销售行为只不过是前述直接侵权行为的延续,或者说是对直接侵权行为的一种事后帮助。也正因如此,其危害性比侵犯著作权罪相对要小些。

---

① 本条经 2020 年 12 月 26 日《刑法修正案(十一)》第 21 条修改。

本罪的对象是侵权复制品。所谓侵权复制品，依照本条的规定，主要是指未经著作权人许可而复制发行的文字作品、音乐、电影、电视、录像作品、计算机软件及其他作品、擅自出版的他人享有出版权的图书、未经录音录像制作者许可，复制发行其制作的录音录像制品、假冒他人署名的美术作品。①

2. 客观方面表现为销售明知是《刑法》第217条规定的侵权复制品的行为。即销售明知是未经著作权人许可，复制发行、通过信息网络向公众传播其文字作品、音乐、美术、视听作品、计算机软件及法律、行政法规规定的其他作品；出版他人享有专有出版权的图书；未经录音录像制作者许可，复制发行、通过信息网络向公众传播其制作的录音录像；未经表演者许可，复制发行录有其表演的录音录像制品，或者通过信息网络向公众传播其表演；制作、出售假冒他人署名的美术作品等侵权复制品。

销售是本罪客观行为的具体内容，销售仅指将侵权复制品向消费者出卖，非销售营利行为不能构成销售侵权复制品罪。如果行为人不是销售而是赠与、出借或收买自用等，均不符合本罪行为特征。需要注意的是，本罪的客观方面的销售行为是否包括出租行为？理论上存有争议。肯定说认为，对于侵犯著作权犯罪来说，不管是销售侵权复制品还是出租侵权复制品，都造成了侵权复制品的传播和扩散，其行为性质在社会危害性上并无原则区别，因而从《刑法》第218条的立意看，认为出租侵权复制品行为应该视同销售侵权复制品行为。否定说认为，销售指的是一种出卖行为，出租行为不构成本罪。从罪刑法定的角度而言，出租行为和出售行为有本质区别，前者出让的是使用权，而不包括处分权，后者出让的是包括处分权在内的所有权。因此，出租行为不能解释为销售行为，不能被纳入销售侵权复制品罪的行为范畴。② 现倾向性意见认为，出售和出租侵权复制品的行为都是营利行为，都构成对他人著作权的侵犯。因此，两种行为对客体的侵犯并无本质区别。对

---

① 参见张军主编：《刑法（分则）及配套规定新释新解》（中）（第9版），人民法院出版社2016年版，第849页。
② 参见陈磊、卞飞、闵凯：《刑事案例诉辩审评——侵犯知识产权罪》，中国检察出版社2014年版，第37页。

于出于营利目的把侵权复制品大量出租的也应视为一种"销售"行为,以防止犯罪分子以此逃避罪责。①

3.犯罪主体为一般主体,自然人和单位均可构成本罪的主体。

4.主观方面由直接故意构成,即明知是侵权复制品而予以销售,并且具有营利的目的。

(二)认定销售侵权复制品罪应当注意的问题

1.划清罪与非罪的界限。

按照法律规定,销售侵权复制品的行为,只有达到"违法所得数额巨大或者有其他严重情节"的,才构成犯罪。按照法律规定,销售侵权复制品的行为,违法所得数额达不到巨大或者没有其他严重情节的,属于违法行为,应当依照《著作权法》第47条和第48条的规定,追究其侵权的民事责任。

根据《最高人民法院关于审理非法出版物刑事案件具体应用法律若干问题的解释》(以下简称《审理非法出版物刑事案件解释》),以营利为目的,销售明知是《刑法》第218条所规定的侵权复制品,个人违法所得数额在10万元以上,单位违法所得数额在50万元以上的,属于"违法所得数额巨大"。这是因为,1997年修订《刑法》时,考虑到销售侵权复制品的行为的社会危害性要小于侵犯著作权的行为,因此,构成犯罪数额的标准,也由原来《全国人民代表大会常务委员会关于惩治侵犯著作权的犯罪的决定》规定的"数额较大",修改为"数额巨大"。从立法原意看,《刑法》第218条的规定与其他侵犯知识产权犯罪的规定是有区别的,即只有违法所得"数额巨大",而不是"数额较大"时才构成犯罪。《最高人民法院、最高人民检察院关于办理侵犯知识产权刑事案件具体应用法律若干问题的解释》(以下简称《办理侵犯知产刑事案件解释》)对个人违法所得数额标准保持不变,但第15条对单位定罪量刑进行了调整。该条规定,单位实施《刑法》第213条至第219条规定的行为,按照相应个人犯罪的定罪量刑标准的3倍定罪

---

① 参见张军主编:《刑法(分则)及配套规定新释新解》(中)(第9版),人民法院出版社2016年版,第849页。

量刑。《最高人民法院、最高人民检察院关于办理侵犯知识产权刑事案件具体应用法律若干问题的解释（二）》[以下简称《办理侵犯知产刑事案件解释（二）》]第6条修正了《办理侵犯知产刑事案件解释》的规定，规定单位实施侵犯知识产权犯罪的，按照相应个人犯罪的定罪量刑标准处罚。关于"严重情节"的认定标准，目前尚无司法解释予以明确，可以参考《办理侵犯知产刑事案件解释（二）》第1条等相关规定认定。

2. 划清一罪与数罪的界限。

（1）侵犯著作权罪和销售侵权复制品罪界限与罪数处断。一是主体要件不同。销售侵权复制品罪的主体只能是侵权复制品制作者以外的其他自然人或单位；侵犯著作权罪的主体一般是制作者，有时可能是与制作者通谋的发行者或销售者。二是犯罪客观方面不同。销售侵权复制品罪在客观方面表现为销售侵权复制品且违法所得数额巨大或者有其他严重情节的行为；侵犯著作权罪的行为方式可以是复制、发行。根据《办理侵犯知产刑事案件解释（二）》第2条的规定，侵犯著作权罪中的"复制发行"，包括复制、发行或者既复制又发行的行为。《最高人民法院、最高人民检察院、公安部关于办理侵犯知识产权刑事案件适用法律若干问题的意见》第12条规定，"发行"，包括总发行、批发、零售、通过信息网络传播以及出租、展销等活动。非法出版、复制、发行他人作品，侵犯著作权构成犯罪的，按照侵犯著作权罪定罪处罚。按照一般的理解，行为人如果实施侵犯著作权或与著作权有关权益的行为构成犯罪，又销售其制作的侵权复制品而且违法所得数额巨大或者有其他严重情节的，后一行为属于刑法理论上的不可并罚之事后行为，对其只以侵犯著作权罪论处，而不能再认定销售侵权复制品罪而并罚；如果行为人销售的侵权复制品并非其本人制作的侵权复制品，其两个行为又符合构成犯罪的数额或情节要求的，则应对其定两个罪实行数罪并罚；如果销售侵权复制品的行为人事先与侵犯著作权罪的行为人通谋的，对其应以侵犯著作权罪论处，这属于共同犯罪问题。

3. 销售侵权复制品罪中"明知"的认定。

对于如何认定销售侵权复制品的"明知"，有观点主张可以参照贩卖毒品罪相关规范性文件的规定，从一系列主客观的证据中综合推断行为人是否

"明知"。具体可以参照2008年《全国部分法院审理毒品犯罪案件工作座谈会纪要》的规定。毒品犯罪中，判断被告人对涉案毒品是否明知，不能仅凭被告人供述，而应当依据被告人实施毒品犯罪行为的过程、方式、毒品被查获时的情形等证据，结合被告人的年龄、阅历、智力等情况，进行综合分析判断。[①] 我们认为，随着侵犯知识产权犯罪案件越来越多，对侵犯知识产权领域的主观明知的认定，逐渐形成了一套比较成熟的规则。鉴于侵犯知识产权犯罪的特殊性，对销售侵权复制品罪的主观明知可以参照销售假冒注册商标的商品罪中主观明知的认定。对行为人"主观明知"的认定，除了相关司法解释规定的三种情形，还可以综合销售商品质量和价格、货物来源和销售途径、交付凭证和发票手续、行为主体特点以及应急表现等进行评判。对于推定行为人"应当知道"的情形，应当充分听取辩解意见。有证据证明行为人确实不明知的，不应认定"明知"。行为人"明知"是构成销售假冒注册商标的商品罪的必要条件，主观明知包括知道和应当知道。《办理侵犯知产刑事案件解释》第9条第2款对销售假冒注册商标的商品罪中的行为人"明知"，明确了以下认定标准：（1）知道自己销售的商品上的注册商标被涂改、调换或者覆盖的；（2）因销售假冒注册商标的商品受到过行政处罚或者承担过民事责任，又销售同一种假冒注册商标的商品的；（3）伪造、涂改商标注册人授权文件或者知道该文件被伪造、涂改的；（4）其他知道或者应当知道是假冒注册商标的商品的情形。"法有限，情无穷"，实践中除了依据上述标准，还可以综合以下情形予以认定：（1）销售商品质量和价格。如销售商品的品牌知名度、质量检测报告、鉴定结论、批发和零售价格等。（2）货物来源和销售途径。如进货来源、销售渠道、交付时间、地点、方式，包括为进货销售进行沟通的网页、微信、短信、电话记录。（3）交付凭证和发票手续。如进货、销售公司盖印签字、发票真假、纳税申报等。（4）行为主体特点。行为人从事相关行业的时间、规模、销售的经验和认识水平，以及消费者举报、投诉或者评价情况等。（5）行为人应急表现。如面对有关监管机构

---

① 陈磊、卞飞、闵凯：《刑事案例诉辩审评——侵犯知识产权罪》，中国检察出版社2014年版，第38页。

的检查，行为人是否具有隐蔽销售、销毁证据等表现。

4.销售侵权复制品罪的未遂认定。

销售侵权复制品罪是否存在未遂？《刑法修正案（十一）》颁布后，销售侵权复制品罪既是结果犯，也是情节犯。此前，有观点认为，销售侵权复制品罪是结果数额犯，罪状中的违法所得数额巨大是成立要件而非既遂要件。如"从数额标准与犯罪构成要件的关系出发，数额犯可分为结果数额犯和行为数额犯。凡是以法定的数额作为犯罪构成要件定量标准的为结果数额犯。构成销售侵权复制品罪的违法所得数额巨大，只有在行为人实际销售了侵权复制品的情况下才能发生，因此是对犯罪构成结果要件的规定。没有结果发生，犯罪便不能成立"，因此本罪不存在未遂形态。[①] 而对于情节犯，有观点主张，只有符不符合的问题，而不存在既未遂的认定。我们认为，对于具有持续性的犯罪行为，无论是行为犯还是结果犯，从犯罪形态原理分析，均存在未遂形态。销售行为具有持续过程，存在未遂形态。销售侵权复制品罪作为结果犯，其既遂以侵权复制品被销售出去为标志。如果行为人以销售牟利为目的大量购买了侵权复制品，但侵权复制品尚未销售出去或者仅销售了小部分的，应当认定犯罪未遂。对于以严重情节为入罪条件的，不应一概主张没有未遂形态。严重情节有时是通过经营数额、结果来体现的，仍可能存在行为的持续过程。此类情形，对于行为人因意志之外的原因而未得逞的，应当认定未遂。

（三）销售侵权复制品罪的刑事责任

依照《刑法》第218条规定，犯销售侵权复制品罪的，违法所得数额巨大或者有其他严重情节的，处五年以下有期徒刑，并处或者单处罚金。

依照《刑法》第220条的规定，单位犯罪的，对单位判处罚金，并对其直接负责的主管人员和其他直接责任人员，依照第218条的规定处罚。

[①] 陈磊、卞飞、闵凯：《刑事案例诉辩审评——侵犯知识产权罪》，中国检察出版社2014年版，第38页。

七、侵犯商业秘密罪

第二百一十九条[①] 有下列侵犯商业秘密行为之一，情节严重的，处三年以下有期徒刑，并处或者单处罚金；情节特别严重的，处三年以上十年以下有期徒刑，并处罚金：

（一）以盗窃、贿赂、欺诈、胁迫、电子侵入或者其他不正当手段获取权利人的商业秘密的；

（二）披露、使用或者允许他人使用以前项手段获取的权利人的商业秘密的；

（三）违反保密义务或者违反权利人有关保守商业秘密的要求，披露、使用或者允许他人使用其所掌握的商业秘密的。

明知前款所列行为，获取、披露、使用或者允许他人使用该商业秘密的，以侵犯商业秘密论。

本条所称权利人，是指商业秘密的所有人和经商业秘密所有人许可的商业秘密使用人。

（一）侵犯商业秘密罪的概念和构成要件

侵犯商业秘密罪，是指以不正当手段获取权利人的商业秘密，或者披露、使用或者允许他人使用以不正当手段获取的权利人的商业秘密，或者违反保密义务或者违反权利人有关保守商业秘密的要求，披露、使用或者允许他人使用其所掌握的商业秘密，情节严重的行为。

1993年9月2日，第八届全国人大常委会第三次会议通过的《反不正当竞争法》第10条和第25条将侵犯商业秘密的行为规定为不正当竞争行为，并给予行政处罚，但侵权人只承担民事责任。为加大对侵犯商业秘密行为的惩治力度，1997年《刑法》将侵犯商业秘密的行为规定为犯罪。2019年11月，《中共中央办公厅、国务院办公厅关于强化知识产权保护的意见》进一

---

① 本条经2020年12月26日《刑法修正案（十一）》第22条修改。

步明确要求"加强刑事司法保护，推进刑事法律和司法解释的修订完善"。《刑法修正案（十一）》进行了修正，形成了现在的条文。

侵犯商业秘密罪的构成要件是：

1.本罪侵犯的客体是商业秘密权（商业秘密权利人对商业秘密所拥有的合法权益）以及受国家保护的正常有序的市场经济秩序。[①]

犯罪对象是权利人的商业秘密。所谓商业秘密，一般是指不为公众所知悉、具有商业价值并经权利人采取相应保密措施的技术信息、经营信息等商业信息。我国法律所指的商业秘密包含技术秘密（专利技术之外的有关工业上的生产技术、工艺秘诀或产品配方，其自身不具有独立性或整体性，而须依附于某项专利，或依附于某项商业秘密）在内。其范围既包括生产技巧、工艺秘诀、产品配方这类技术信息，也包括商业经验、经营策略、营业秘密这类营业信息。"不为公众所知悉"，是指商业秘密的秘密特征，是指该信息是不能从公开渠道直接获取的。商业秘密的秘密性是区别于专利的关键所在。专利的内容必须是公开的，且专利权受到一定期限的法律保护。商业秘密持有人不申请专利保护一般是基于以下考虑：一是商业秘密持有人为节省专利费用而不申请专利；二是商业秘密持有人希望无限期保守其商业秘密（专利的保护是有期限的）；三是由于该商业秘密尚未列入专利法保护范围或者达不到专利所要求的"三性"标准；四是某些商业秘密作为某项专利的保留部分留存下来。商业秘密的持有人不想获得专利法所承认的专有权，而意图通过保密维持实际上的专有权，这在法律上也是允许的。[②]"具有商业价值"是指商业秘密的价值特征，是指商业秘密在产品生产、消费、交易中的经济价值，包括现实的或者潜在的经济利益或者竞争优势。此前，《刑法》关于"商业秘密"的表述是"不为公众所知悉、能为权利人带来经济利益、具有实用性并经权利人采取保密措施的技术信息和经营信息"。《刑法修正案（十一）》（草案）将"能为权利人带来经济利益、具有实用性"替代"具

[①] 张军主编：《刑法（分则）及配套规定新释新解》（上）（第3版），人民法院出版社2013年版，第766~767页。

[②] 全国人大常委会法制工作委员会主编：《〈中华人民共和国刑法〉释义》（第5版），法律出版社2011年版，第288页。

有商业价值"。虽然《刑法修正案（十一）》删除了有关"商业秘密"概念的表述，但《刑法修正案（十一）》（草案）关于"商业秘密"的表述比修订前更为简洁凝练，内涵上更为精准。"权利人采取保密措施"，是指商业秘密的保护特征，包括订立保密协议、建立保密制度和采取其他合理的保密措施。"技术信息"，是指技术配方、技术诀窍、技术流程等信息。"经营信息"，是指有关经营的重大决策、与自己往来的客户的情况等信息。"权利人"，是指商业秘密的所有人和经商业秘密所有人许可的商业秘密使用人，包括公民、法人或者其他组织。

商业秘密作为知识产权的一种，已得到《保护工业产权巴黎公约》《关税与贸易总协定》的保护。

需要注意的是，商业秘密权利人不能阻止别人独立研究并占有同一项商业秘密，也不能阻止"反向工程"。如果他人对一项目标产品进行逆向分析及研究，从而演绎并得出该产品的处理流程、组织结构、功能特性及技术规格等设计要素，以制作出功能相近，但又不完全一样的产品，则不属于侵犯商业秘密。

2. 客观方面表现为侵犯商业秘密，情节严重行为。

从《刑法修正案（十一）》的立法趋势看，侵犯商业秘密罪，不强调后果，降低入罪门槛，由结果犯变为情节犯。一般只要情节严重，即使未实际造成严重损失后果，也可以构成本罪。

侵犯商业秘密的行为，根据《刑法》第219条第1款之规定，具体包括5种方式：

（1）以盗窃、贿赂、欺诈、胁迫、电子侵入或者其他不正当手段获取权利人的商业秘密的。《刑法修正案（十一）》将"利诱"修正为"贿赂"，同时增加了"欺诈""电子侵入"两种比较典型的方式。以盗窃手段获取权利人的商业秘密，是指以自认为不被商业秘密的所有人、使用人、保管人等发现的方法秘密窃取其商业秘密的行为。盗窃的对象既可以是原件，也可以是复制件，还可以是自己以秘密的方式加以复制如偷拍、偷录等。在市场经济背景下，利诱行为未必都是非法的，《刑法修正案（十一）》表述为"贿赂"，行为类型更加明确具体，更加强调行为性质的非法性。贿赂，一般是指非法以高薪、金钱、物质、工作条件、帮助解决户口、调动工作、就业、学习、留学等物质或物质性利益甚或女色等为对价，促使了解商业秘密的合营者、保管者、知情人等向其泄露商业秘密，如提供原件或复制件，口头、书面告知其内容。欺诈，是指虚构事实、隐瞒真相等方式致使权利人陷入认识错误，从而从权利人处获取商业秘密。胁迫，是指以杀害生命、伤害身体、加害亲属、毁坏财产、揭露隐私、损害名誉、解除职务、克扣工资、开除工作等相要挟、恐吓，致使商业秘密的知情者向其泄露商业秘密。电子侵入，是一种新型侵犯商业秘密的行为方式。在《刑法修正案（十一）》颁布前不久，司法解释作了专门明确。《最高人民法院、最高人民检察院关于办理侵犯知识产权刑事案件应用法律若干问题的解释（三）》[以下简称《办理侵犯知产刑事案件解释（三）》]第3条第1款规定："采取非法复制、未经授权或者超越授权使用计算机信息系统等方式窃取商业秘密的，应当认定为刑法第二百一十九条第一款第一项规定的'盗窃'。"同时该条第2款规定："以贿赂、欺诈、电子侵入等方式获取权利人的商业秘密的，应当认定为刑法第二百一十九条第一款第一项规定的'其他不正当手段'。"鉴于非法复制、未经授权或者超越授权使用计算机信息系统与电子侵入方式存在交叉，故以电子侵入方式获取商业秘密需要进一步根据具体行为方式进行认定。如果采取非法复制、未经授权或者超越授权使用计算机信息系统等方式窃取商业秘密，应当认定盗窃商业秘密；如果以其他电子侵入方式获取商业秘密，难以认定为窃取性质的，应当认定为"其他不正当手段"获取商业秘密。《刑法修正案（十一）》颁布后，对于以电子侵入方式获取商业秘密的，无需再区分"盗窃"和其他不正当手段，可以统一认定为"电子侵入"。认定"以不正当手段获取商业秘密"的前提是，行为人此前并不掌握、知悉或者持有该项商业秘密，以区别于《刑法》第219条第1款第3项规定的违约侵犯商业秘密的行为。行为人合法正当获取商业秘密后违反保密义务侵犯商业秘密，属于《刑法》第219条第1款第3项规定的行为，而不属于该条款第1项规定的情形。例如，商业秘密权利人的员工参与了商业秘密研发或者因日常工作使用而知悉该项商业秘密，获取行为是合法正当的，其违反保密协议擅自复制商业秘密的行为，不属于《刑法》第219条第1款第1项规定的"不正当手段"的情形。①在李某英、胡某、董某磊、黄某侵犯商业秘密一案中,四被告人因侵犯他人商业秘密,被法院追究刑事责任。②

(2)披露、使用或者允许他人使用以前项手段获取的权利人的商业秘密的。所谓披露,是指通过各种方式向他人泄露商业秘密。有的采取口头告知如当面告诉、电话告知等;有的采取书面方式,如提供商业秘密的原件、复制件、用信件告知其内容等;有的采取让其阅读、抄录、复制商业秘密等。只要通过其行为能让他人了解,获知商业秘密,不管其方式如何,都应以披露论处。所谓使用,则是指将获知的商业秘密用于生产、经营活动。披露、使用或者允许他人使用权利人的商业秘密必须是通过以盗窃、利诱、胁迫或者其他不正当的手段获取的。如果不是通过不正当的手段获取的,即使有披露或者使用行为,也不能以本行为论处。如捡拾了商业秘密材料,或者因工作如打印商业秘密,参与决策、讨论、咨询,进行监督、管理而获取商业秘密,即使有披露、使用或者允许他人使用的行为,也不能以本行为论处。本行为的主体必须是以盗窃、利诱、胁迫或者其他不正当手段获取商业秘密以外的人,否则,应当以第一种情况论。

(3)违反保密义务或者违反权利人有关保守商业秘密的要求,披露、使用或者允许他人使用其所掌握的商业秘密的。商业秘密权利人的合同相对方依据合同或者在签订合同过程中知悉了权利人的商业秘密,违反有关保密义务或者保守商业秘密的要求而披露、使用或者允许他人使用商业秘密的,应当认定为侵犯商业秘密。此前,《刑法》规定的是"违反约定",《刑法修正案(十一)》进一步限缩为"违反保密义务",结合商业秘密的特征,更加具有针对性。如果没有违反保密义务,也没有违反权利人有关保守商业秘密的要求,而是按权利人的约定、要求的范围披露、使用或者允许他人使用其所掌握的商业秘密的,不得以本行为论处。

(4)明知他人实施侵犯商业秘密行为,获取、披露、使用或者允许他人使用该商业秘密的,以侵犯商业秘密论。此种明知商业秘密来源不合法仍获

---

① 林广海、许常海:《〈关于办理侵犯知识产权刑事案件具体应用法律若干问题的解释(三)〉的理解与适用》,载《人民法院报》2020年10月29日第5版。
② 湖南省益阳市中级人民法院(2020)湘09刑终100号。

取、使用、披露的"第二手"侵权行为，虽然相对直接不正当手段获取商业秘密及直接违约侵犯商业秘密行为而言，社会危害性相对小，但具有严重的社会危害性和刑罚可罚性。

3.犯罪主体为一般主体，自然人和单位均可构成本罪的主体。凡达到刑事责任年龄，且具备刑事责任能力的自然人均能构成本罪。依照《刑法》第220条之规定，单位亦能构成本罪主体。

在我国，侵犯商业秘密罪的主体通常有如下几种：（1）企业的厂长、经理和其他管理人员、企业的职工或临时雇佣工等；（2）现已离退休或转调的原企业的人员；（3）受委托并因而知悉、掌握商业秘密的人，如律师、专利代理人、经济顾问等；（4）对企业有监督、检查、调查和管理权的人，比如审计人员、税务人员、主管行政机关人员、工商管理人员等；（5）除上述4种人员可能因披露商业秘密而成为主体外，其他任何人员均可能因盗窃、贿赂、欺诈、胁迫、电子侵入或者其他不正当手段获取权利人的商业秘密而成为该罪的主体；（6）违反依据合同或者权利人有关保守商业秘密的要求，披露、使用或者允许他人使用其所掌握的商业秘密的有关单位及直接责任人员。[①]

此外，为了获取和使用商业秘密与披露商业秘密的犯罪分子事先有通谋的单位或个人，应以共同犯罪论处。

4.主观方面由故意构成，包括直接故意和间接故意。

过失不构成本罪。侵犯商业秘密的动机可能是各种各样的，一般是为了牟取非法利益。另外，有的是为了挤垮对手，有的是为了报复竞争对手等，但动机不影响本罪的成立。

（二）认定侵犯商业秘密罪应当注意的问题

1.划清罪与非罪的界限。

（1）侵犯商业秘密与正当行为的界限。获取他人商业秘密的来源，主要

---

① 张军主编：《刑法（分则）及配套规定新释新解》（上）（第3版），人民法院出版社2013年版，第770页。

有两种：一是非法获取；二是正当获取。非法获取他人商业秘密的，构成侵犯他人商业秘密，情节严重的，还构成犯罪。正当获取他人的商业秘密，例如依据合同获取，依据雇佣关系获取，或者依据业务关系掌握。这些情况下，行为人获取商业秘密的行为是合法的，不能认定为侵犯他人商业秘密，属于正当行为。如果这些获取他人商业秘密的人违反保密义务或者违反商业秘密保护要求，擅自披露、使用或者允许他人使用其所获取的商业秘密的，则依然属于侵犯商业秘密，情节严重的，构成本罪。

（2）侵犯商业秘密行为罪与非罪。对于性质上属于侵犯商业秘密，但尚未达到情节严重的，不构成本罪。《刑法修正案（十一）》颁布前，侵犯商业秘密的行为给商业秘密的权利人造成了重大损失的，才构成犯罪。尚未给商业秘密的权利人造成损失或者虽然造成了损失，但不是重大损失，不构成本罪。为加大对商业秘密的保护力度，最高人民法院、最高人民检察院联合发布《办理侵犯知产刑事案件解释（三）》，对"给商业秘密权利人造成重大损失"降低了认定标准。一是将入罪数额从2004年《最高人民法院、最高人民检察院关于办理侵犯知识产权刑事案件具体应用法律若干问题的解释》（以下简称《办理侵犯知产刑事案件解释》）规定的"五十万元以上"调整至"三十万元以上"。二是扩充入罪情形，将因侵犯商业秘密违法所得数额、因侵犯商业秘密导致权利人破产、倒闭等情形纳入重大损失认定范围。《刑法修正案（十一）》进一步加大了对侵犯知识产权的打击力度，进一步完善了入罪标准，将尚未造成重大损失后果但情节严重的行为纳入打击范围。关于"情节严重"的认定，需要最高人民法院、最高人民检察院明确认定标准。在新的司法解释出台前，可以继续结合《办理侵犯知产刑事案件解释（三）》第4条、第5条的规定把握入罪标准。对于无法从损失后果认定"情节严重"的，可以结合情节严重认定的一般原理和量化标准，同时结合《办理侵犯知产刑事案件解释（三）》第4条，从相当性角度，把握"情节严重"的认定。如从行为次数、手段恶劣程度以及造成的恶劣影响等方面综合把握。

2.划清本罪与三种侵犯国家秘密犯罪的界限。

《刑法》规定了三种侵犯国家秘密的犯罪，即《刑法》第111条的为境外窃取、刺探、收买、非法提供国家秘密、情报罪，第282条第1款的非法获取国家秘密罪和第 398 条第 1 款的故意泄露国家秘密罪（不包括第 2 款的过失泄露国家秘密罪）。本罪与前述三种侵犯国家秘密的犯罪的区别，主要在于犯罪对象不同：前者侵犯的是他人的即商业秘密的权利人的商业秘密，后者侵犯的则是国家秘密。按照 2010 年 4 月 29 日第十一届全国人大常委会第十四次会议修订的《保守国家秘密法》第 2 条的规定，"国家秘密是关系国家的安全和利益，依照法定程序确定，在一定时间内只限一定范围的人员知悉的事项"。国家秘密的范围，根据该法第 9 条的规定，包括国家事务重大决策中的秘密事项、国防建设和武装力量活动中的秘密事项、外交和外事活动中的秘密事项以及对外承担保密义务的秘密事项、国民经济和社会发展中的秘密事项、科学技术中的秘密事项、维护国家安全活动和追查刑事犯罪中的秘密事项等。其中"科学技术中的秘密事项"也属于国家秘密的范围。如果侵犯这种技术成果，就可能同时触犯侵犯商业秘密罪和侵犯国家秘密的有关犯罪。有观点认为，这种情况属于法规竞合，按照特别法优于普通法的原则处理，即按侵犯国家秘密的有关犯罪处理。[①] 也有观点认为，此种情形属于想象竞合关系，应当从一重罪处理。[②] 我们认为，《保守国家秘密法》第 9 条在"帽子"中限定了"涉及国家安全和利益的事项，泄露后可能损害国家在政治、经济、国防、外交等领域的安全和利益的"条件，虽然均属于"科学技术中的秘密事项"，但增加了特殊条件，故将此种法条竞合评价为特别法与一般法的关系更加准确。

3. 划清侵犯商业秘密罪与盗窃罪的界限。

侵犯商业秘密罪与盗窃罪在主体、主观方面等方面均有不同。侵犯商业秘密罪的主体既可以是自然人，也可以是单位。盗窃罪的主体只能是自然人。侵犯商业秘密罪的主观方面为故意侵犯他人商业秘密。盗窃罪的主观方面是故意非法占有公私财物。一般情况下，侵犯商业秘密罪和盗窃罪的区别是明显的，当行为人采用窃取手段侵犯他人商业秘密时，要注意和盗窃罪加

---

① 王作富主编：《刑法分则实务研究》（中）（第四版），中国方正出版社 2010 年版，第 721~722 页。
② 李少平、南英、张述元、刘学文、胡云腾主编：《中华人民共和国刑法案典》（下），人民法院出版社 2016 年版，第 2293 页。

以区分。此时，关键要查明行为人的主观方面。如果行为人以侵犯他人商业秘密为目的，窃取他人商业秘密的载体的，则构成侵犯商业秘密罪。如果行为人以盗窃为目的，窃取的财物恰好是他人商业秘密的载体，则只能构成盗窃罪。如果行为人盗窃该商业秘密载体之后又泄漏了他人的商业秘密，则又构成侵犯商业秘密罪，应当和盗窃罪并罚。①

4. 划清内幕交易、泄露内幕信息罪与侵犯商业秘密罪的界限。

内幕交易、泄露内幕信息罪与侵犯商业秘密罪侵害的对象具有一定的相似性，都属于尚未公开的，可能给当事人带来经济利益的有关信息。但是在侵害对象、客体、行为主体等方面存在区别：（1）就侵害对象而言，内幕信息是尚未公开但将来必然公开的信息，涉及证券的发行，证券、期货交易或者其他对证券、期货交易价格有重大影响的信息；而商业秘密，是指不为公众所知悉，能为权利人带来商业价值并经权利人采取保密措施的技术信息和经营信息。商业秘密必须是未公开的信息，一旦公开就不属于商业秘密。（2）内幕交易、泄露内幕信息罪侵犯的客体是国家金融管理秩序的正常运行，而侵犯商业秘密罪侵犯的是商业秘密权利人对商业秘密所拥有的合法权益以及受国家保护的正常有序的市场经济秩序。（3）内幕交易、泄露内幕信息罪的主体为证券、期货交易内幕信息的知情人员或者非法获取证券、期货交易内幕信息的人员，具有相对的特殊性，而侵犯商业秘密罪的主体为一般主体。

5. 侵犯商业秘密罪重大损失的认定和计算标准。

目前，一般是依照《办理侵犯知产刑事案件解释（三）》进行认定。《办理侵犯知产刑事案件解释（三）》第4条规定："实施刑法第二百一十九条规定的行为，具有下列情形之一的，应当认定为'给商业秘密的权利人造成重大损失'：（一）给商业秘密的权利人造成损失数额或者因侵犯商业秘密违法所得数额在三十万元以上的；（二）直接导致商业秘密的权利人因重大经营困难而破产、倒闭的；（三）造成商业秘密的权利人其他重大损失

---

① 李少平、南英、张述元、刘学文、胡云腾主编：《中华人民共和国刑法案典》（中），人民法院出版社2016年版，第1107页。

的。给商业秘密的权利人造成损失数额或者因侵犯商业秘密违法所得数额在二百五十万元以上的,应当认定为刑法第二百一十九条规定的'造成特别严重后果'。"

根据近年来实践情况,本着罪责刑相一致原则,《办理侵犯知产刑事案件解释(三)》区分不同行为的社会危害程度,明确了"给商业秘密的权利人造成重大损失"不同的认定标准。

(1)通过不正当手段获取商业秘密,但尚未披露、使用或者允许他人使用的情形。鉴于以盗窃等不正当手段获取商业秘密的行为往往更加隐蔽、卑劣,权利人难以通过正常途径予以防范,社会危害性高于违反保密约定或者保密要求滥用商业秘密的行为,应当予以重点打击和防范。行为人通过不正当手段获取权利人的商业秘密,实际上节省了正常情况下获取商业秘密本应支付的许可使用费,该许可使用费正是权利人应当收取而未能收取的,应当属于遭受的损失。此情形下按照该项商业秘密的合理许可使用费确定权利人的损失是合理的,故《办理侵犯知产刑事案件解释(三)》采用了第一种意见。适用本项时应当注意:一是以合理许可使用费作为认定损失的标准,应当限于以不正当手段获取商业秘密的情形,对于违约等其他侵犯商业秘密的行为,仍应当以商业秘密使用造成权利人销售利润的损失作为认定标准。二是合理许可使用费应当综合考虑涉案商业秘密权利人或者其他商业秘密权利人许可使用相同或者类似商业秘密收取的费用、不正当手段获取商业秘密后持有的时间等因素认定。实践中,将涉案商业秘密许可使用费的鉴定评估意见作为认定证据时,应当根据《刑事诉讼法》的有关规定对鉴定评估意见进行认真审查。①

(2)以不正当手段获取权利人的商业秘密后,披露、使用或者允许他人使用的情形。原则上损失数额应当按照商业秘密用于经营造成权利人销售利润的减少这一损失计算,如同时存在前项规定的商业秘密合理许可使用费的,应当就高计算,不应当叠加认定或者任选其一认定。

---

① 林广海、许常海:《〈关于办理侵犯知识产权刑事案件具体应用法律若干问题的解释(三)〉的理解与适用》,载《人民法院报》2020年10月29日第5版。

（3）违约型侵犯商业秘密的情形。鉴于该情形下行为人对商业秘密的占有是合法正当的，较盗窃等不正当手段获取商业秘密行为而言社会危害性相对较小，在入罪门槛上应当有所区别。造成的损失按照行为人使用商业秘密造成权利人销售利润的损失计算，而不应当以商业秘密的合理许可使用费或者商业秘密的商业价值作为认定损失的依据。

（4）"以侵犯商业秘密论"的情形。此种情形，行为人明知商业秘密来源不合法仍获取、使用、披露，属于"第二手"侵权行为，造成的损失亦应当按照行为人使用商业秘密造成权利人销售利润的损失计算。

（5）侵权行为造成商业秘密丧失非公知性或者灭失的情形。该两种情形导致权利人的竞争优势丧失，可以将商业秘密的商业价值作为认定给权利人造成损失的依据。对于商业秘密的商业价值，可以根据该项商业秘密的研究开发成本、实施该项商业秘密的收益综合确定。需要注意的是，以商业秘密的商业价值作为认定损失的依据，只适用于商业秘密已为公众所知悉或者灭失的情形，而不应当扩大适用于其他侵犯商业秘密的情形。[①]

6. 侵犯商业秘密罪违法所得的认定。

实践中，行为人以不正当手段获取商业秘密后或者违反约定将商业秘密转让给第三人使用，第三人往往支付钱款等财物，根据《办理侵犯知产刑事案件解释（三）》的规定，可将该财物作为违法所得予以认定。《办理侵犯知产刑事案件解释（三）》将"财产性利益"纳入违法所得的范畴，旨在囊括实践中行为人将侵犯的商业秘密作价入股、技术出资的情形。需要注意的是，在员工"跳槽"违约侵犯商业秘密的情形下，新公司往往给予员工年薪、安家费等酬薪。如果员工酬薪的取得除了提供相关商业秘密外，还主要与其自身具备的技能、经验等有关，此种情况下，一般不宜将年薪、安家费等酬薪直接认定为违法所得。

7. 侵犯商业秘密行为造成权利人销售利润的损失计算。

一种意见认为，应当采取递进方式认定。另一种意见认为，认定方式可

[①] 林广海、许常海：《〈关于办理侵犯知识产权刑事案件具体应用法律若干问题的解释（三）〉的理解与适用》，载《人民法院报》2020年10月29日第5版。

以不分先后，根据案件情况具体适用。《办理侵犯知产刑事案件解释（三）》采用了递进方式原则。主要理由是，递进方式能够更好地符合"给权利人造成重大损失"的立法本意。实践中，侵权人为获利往往低价销售侵权产品，如果直接以侵权产品销售量乘以每件侵权产品的合理利润计算权利人损失，会导致少计算相关损失，而以权利人减少的销售量乘以权利人每件产品的合理利润计算损失，能够更直接地体现侵权行为的社会危害性。有的案件中，因生产涉案产品的经营者除了商业秘密的权利人和行为人外，还有其他相关经营者，从市场竞争的不确定因素考虑，权利人被侵权后销售量的减少并不一定完全是行为人造成的结果，在这种情况下以侵权人侵权产品的销售量乘以权利人每件产品的合理利润确定损失，也是合理的。司法实践中，针对将商业秘密用于服务等非产品生产经营活动的，《办理侵犯知产刑事案件解释（三）》规定损失数额可以根据权利人因被侵权而减少的合理利润确定。[1]

为进一步加大对商业秘密权利人利益的保护，维护良好的市场竞争秩序，《办理侵犯知产刑事案件解释》第5条第3款规定，商业秘密的权利人为减轻对商业运营、商业计划的损失或者重新恢复计算机信息系统安全、其他系统安全而支出的补救费用，应当计入给商业秘密的权利人造成的损失。适用本款时应当注意，权利人支出的补救费用应当与侵犯商业秘密行为之间具有直接的因果关系，对于权利人怠于采取补救措施或者故意扩大损失而产生的费用，不应当计入给商业秘密权利人造成的损失。[2]

（三）侵犯商业秘密罪的刑事责任

《刑法修正案（十一）》体现了从严处罚态势。修正前，对侵犯商业秘密，情节严重的，可以判处拘役，《刑法修正案（十一）》删除了拘役。同时，提高了加重处罚的最高法定刑，由原来的七年有期徒刑提高到十年有期徒刑。

---

[1] 林广海、许常海：《〈关于办理侵犯知识产权刑事案件具体应用法律若干问题的解释（三）〉的理解与适用》，载《人民法院报》2020年10月29日第5版。

[2] 林广海、许常海：《〈关于办理侵犯知识产权刑事案件具体应用法律若干问题的解释（三）〉的理解与适用》，载《人民法院报》2020年10月29日第5版。

依照《刑法》第220条规定，单位犯本罪的，对单位判处罚金，并对其直接负责的主管人员和其他直接责任人员，依照第219条规定处罚。

八、为境外窃取、刺探、收买、非法提供商业秘密罪

第二百一十九条之一① 为境外的机构、组织、人员窃取、刺探、收买、非法提供商业秘密的，处五年以下有期徒刑，并处或者单处罚金；情节严重的，处五年以上有期徒刑，并处罚金。

（一）为境外窃取、刺探、收买、非法提供商业秘密罪的概念和构成要件

为境外窃取、刺探、收买、非法提供商业秘密罪，是指为境外的机构、组织、人员窃取、刺探、收买、非法提供商业秘密的行为。

本罪是《刑法修正案（十一）》第23条新增的罪名。

为境外窃取、刺探、收买、非法提供商业秘密罪的构成要件是：

1.本罪侵犯的客体是国际市场的公平竞争秩序和商业秘密权利人的权利。

与侵犯商业秘密罪不同，随着世界经济和贸易的不断发展，特定的商业秘密可以保持我国经营者在国际市场中竞争优势，为境外窃取、刺探、收买、非法提供商业秘密不仅会侵犯商业秘密权利人的权利，导致经济利益损失，还会导致我国经营者国际竞争优势丧失，因此也破坏了国际市场的公平竞争秩序。

2.本罪的客观方面表现是为境外的机构、组织、人员窃取、刺探、收买、非法提供商业秘密的行为。

本罪的客观行为方式与《刑法》第111条规定的为境外窃取、刺探、收买、非法提供国家秘密、情报罪，《刑法》第431条第2款规定的为境外窃取、刺探、收买、非法提供军事秘密罪一致。"境外机构"，是指中华人民共和国国（边）境以外的国家或者地区的机构，如政府、军队及其在中国境内

---

① 本条由2020年12月26日《刑法修正案（十一）》第23条增设。

的代表机构或者分支机构，如外国驻华使领馆；"境外组织"，是指中华人民共和国国（边）境以外的国家或者地区的政党、社会团体和其他企事业单位及其在中国境内的分支机构；"境外人员"，是指外国公民或者无国籍人。具体的行为方式是窃取、刺探、收买、非法提供。"窃取"，是指以窃得文件、拍照、音视频等形式秘密获取；"刺探"，是指用探听或者一定的专门技术获取；"收买"，是指用利益去换取；"非法提供"，是指违反法律规定而提供。窃取、刺探、收买都是没有合法掌握商业秘密的人所采取的获取商业秘密的手段；而非法提供则是合法掌握商业秘密的人违反规定，向境外的机构、组织、人员提供的行为。行为人只要实施了为境外的机构、组织和人员窃取、刺探、收买、非法提供其中一种行为，就构成本罪；实施了两种以上行为的，仍为一罪，不实行并罚。本罪的行为对象是商业秘密，关于商业秘密的判断与侵犯商业秘密罪相同，即不为公众所知悉，能为权利人带来经济利益，具有实用性并经权利人采取保密措施的技术信息和经营信息。

3. 犯罪主体是一般主体，既可以是自然人，也可以是单位。凡是年满16周岁、具有刑事责任能力的自然人，均可以构成本罪。

4. 犯罪主观方面是故意，行为人明知对方是境外机构、组织、人员而为其进行窃取、刺探、收买、非法提供商业秘密。行为人的犯罪的动机有的可能是为了获取报酬，有的可能是出于报复权利人，但均不影响定罪。

（二）认定为境外窃取、刺探、收买、非法提供商业秘密罪应当注意的问题

本罪与侵犯商业秘密罪的界分。《刑法》第219条中侵犯商业秘密罪也规定了以不法手段获取商业秘密的行为，以及明知侵犯商业秘密行为，获取、披露、使用或者允许他人使用该商业秘密的，以侵犯商业秘密论。其中非法手段中"以盗窃、贿赂、欺诈、胁迫、电子侵入或者其他不正当手段"，"违反保密义务或者违反权利人有关保守商业秘密的要求，披露、使用或者允许他人使用"，与本罪中行为方式"窃取、刺探、收买、非法提供"也基本可以对应。但是考虑到本罪提供商业秘密的对象是境外的机构、组织和人员，不仅侵犯了商业秘密权利人的权利，还会破坏国际市场公平竞争环境，

导致我国企业在国际上失去竞争力,因此其社会危害性比侵犯商业秘密罪更为严重。表现在构成要件和刑罚规定上比侵犯商业秘密罪也更为严苛,侵犯商业秘密罪入罪条件要求"情节严重",而本罪《刑法》规定为行为犯,只要实施了特定的行为即构成犯罪,如果达到"情节严重"程度的,则依法应加重处罚。

实践中,行为人实施的是与境外的机构、组织和人员没有关联的侵犯商业秘密的行为,如行为人虽然实施了特定行为,但不明知对方是境外机构、组织和人员而实施的,或者误以为对方是境外机构、组织和人员,实际不是的,不构成本罪,若其行为构成《刑法》第219条规定的侵犯商业秘密罪的,依照该规定定罪处罚。

（三）为境外窃取、刺探、收买、非法提供商业秘密罪的刑事责任

依照《刑法》第219条之一的规定,构成为境外窃取、刺探、收买、非法提供商业秘密罪的,处五年以下有期徒刑,并处或者单处罚金;情节严重的,处五年以上有期徒刑,并处罚金。

关于"情节严重"的理解和把握,可以参照《最高人民法院、最高人民检察院关于办理侵犯知识产权刑事案件具体应用法律若干问题的解释（三）》规定,考虑以下因素:给商业秘密的权利人造成损失的数额;行为人实施行为的次数以及获得报酬数额;获取商业秘密的境外组织、机构和个人违法所得的情况;造成权利人公司倒闭、破产等情形。

依照《刑法》第220条的规定,单位犯本罪的,可以对单位判处罚金,并对其直接负责的主管人员和其他直接责任人员,依照《刑法》第219条之一的规定定罪处罚。

第八节　扰乱市场秩序罪

一、损害商业信誉、商品声誉罪[①]

第二百二十一条　捏造并散布虚伪事实，损害他人的商业信誉、商品声誉，给他人造成重大损失或者有其他严重情节的，处二年以下有期徒刑或者拘役，并处或者单处罚金。

第二百三十一条[②]　单位犯本节第二百二十一条至第二百三十条规定之罪的，对单位判处罚金，并对其直接负责的主管人员和其他直接责任人员，依照本节各该条的规定处罚。

（一）损害商业信誉、商品声誉罪的概念和构成要件

损害商业信誉、商品声誉罪，是指以捏造并散布的虚假事实，损害他人的商业信誉、商品声誉，对他人造成重大损失或者有其他严重情节的行为。这一罪名源自1993年《反不正当竞争法》第14条"经营者不得捏造、散布虚伪事实，损害竞争对手的商业信誉、商品声誉"的规定，即对商业诋毁行为的入罪化。该罪名原本较为罕见，但随着近年来网络新媒体的不断发展，呈现出上升趋势。因此，准确认定这一罪名的成立要件，有效规制商业诋毁行为，维护社会主义市场经济秩序，就显得尤为重要。

损害商业信誉、商品声誉罪的构成要件是：

1. 本罪侵犯的客体为双重客体，即商业信誉和商品声誉权利人的合法权益与市场秩序。

所谓"商业信誉"，是指生产、经营者因从事商业活动，参与市场竞争，

[①] 参考案例：訾某佳损害商品声誉案，北京市第二中级人民法院（2007）二中刑初字第01763号。

[②] 为避免重复，第222条至第230条涉及单位犯罪的，均不再援引第231条的条文。

而在社会上所获得的肯定性的评价和赞誉，包括社会公众对该生产、经营者的资信状况、商业道德、技术水平、经济实力、履约能力等方面的积极评价；所谓"商品声誉"，是指商品因其价格、质量、性能、效用等的可信赖程度，在社会上尤其是在消费者中获得的好的评价和赞誉。①

2. 客观方面表现为行为人捏造并散布虚伪事实，损害他人的商业信誉、商品声誉，对他人造成重大损失或者有其他严重情节。

首先，行为人实施了捏造并散布虚伪事实的行为。"捏造"有两种表现形式，一种是虚构、编造完全不符合真相或根本不存在的事实，即凭空捏造；另一种是对既存的事实进行恶意歪曲、夸大，即部分捏造。对于后一种情况，只要行为人的行为使先前的既存事实与改变后的事实丧失同一性，就应当认为是捏造；②未经核实散布虚伪事实的，如果未明显歪曲或者超出信息原意，仅仅属于载体和形式变化与加工的，不宜认定为捏造。③"散布"是指以各种手段将捏造的虚伪事实在社会一定范围内传播扩散，使其处于能够被特定多数人或不特定人知悉或能够知悉的状态。"虚伪事实"是指贬低、毁坏他人商业信誉、商品声誉的虚假的情况；吹捧、抬高他人商业信誉、商品声誉的虚伪事实不属于本罪中的虚伪事实；根据之前对捏造的定义，虚伪事实包括全部虚伪与部分虚伪的事实。关于捏造与散布行为的关系，有观点认为，捏造不是实行行为，散布才是实行行为，即单纯散布虚伪事实的行为即可成立本罪，④现实中也存在采纳这一见解的案例。⑤但是，对《刑法》条文"捏造并散布"作严格解释的话，只有同时具备捏造和散布虚伪事实的行为，才能构成本罪。

其次，行为人的行为损害了他人的商业信誉、商品声誉。对自己商业信誉、商品声誉的损害不构成本罪。"他人"是指所有的市场主体，即从事市场活动的个人、个体工商户、个人合伙、公司、企业在内的生产者、经营者，既包括某个具体的生产者、经营者，也包括某一类商品的生产者和经营

---

① 参见《刑事审判参考》第 597 号訾某佳损害商品声誉案。
② 参见张明楷：《刑法学》，法律出版社 2018 年版，第 829 页。
③ 例如将听到的不实信息加工编辑成文字在网络上发表。
④ 参见张明楷：《刑法学》，法律出版社 2018 年版，第 830 页。
⑤ 参见河北省迁安市人民法院（2019）冀 0283 刑初 554 号。

者。① 由此可见，行为人的行为侵害的对象应当具备一定的特定性，没有明确的指向，社会公众无法确定对象的，不构成本罪。如果行为人没有明确提及某个生产者、经营者的名称或其商品的名称，但根据社会一般公众的普遍认识标准，能够从其捏造并散布的事实内容推测出明确指向的，应当认定为损害了他人的商业信誉、商品声誉。行为人捏造并散布的虚伪信息应当与商业信誉、商品声誉相关。行为人针对某些特定的个人②捏造并散布虚伪事实的，如果虚伪事实与商业信誉、商品声誉没有关联，不能认定为损害了他人的商业信誉、商品声誉；有关特定个人的虚伪事实间接影响他人的商业信誉、商品声誉的，构成本罪。③ 由于商业信誉、商品声誉是一种现实的、能获得未来经济利益的资产，④ 可以理解为影响相关消费者购买意愿的认知或评价，因此与商业信誉、商品声誉是否有关联，应当视是否能影响相关消费者的购买意愿而定。对是否损害了他人的商业信誉、商品声誉的判断，则是相关消费者是否产生误认，即对特定生产者和经营者的商业信誉、商品声誉产生扭曲性认知，影响购买其商品或服务的意愿。⑤

最后，行为人的行为对他人造成重大损失或者有其他严重情节。根据《最高人民检察院、公安部关于公安机关管辖的刑事案件立案追诉标准的规定（二）》[以下简称《立案追诉标准（二）》]第 66 条的规定，"重大损失或者有其他严重情节"包括：（1）给他人造成直接经济损失数额在 50 万元以上的；（2）虽未达到上述数额标准，但造成公司、企业等单位停业、停产 6 个月以上，或者破产的。（3）其他给他人造成重大损失或者有其他严重情节的情形。

根据《立案追诉标准（二）》的理解，此处的"重大损失"是指直接经

---

① 参见《刑事审判参考》第 597 号訾某佳损害商品声誉案。
② 通常是公司企业的法定代表人、高管、核心技术人员。
③ 公司企业的法定代表人、高管、核心技术人员的职务行为信息通常与公司企业的商业信誉、商品声誉相关，其私人信息则一般不会影响到公司企业的商业信用；但对于公司企业法定代表人、高管的犯罪信息，即使个人犯罪，也应视为与公司企业的商业信誉、商品声誉相关。这主要考虑了犯罪行为的负面影响力及公司法定代表人、高管与公司经营的紧密性。参见李双利、何震：《商业诋毁案件中"虚伪事实"的认定》，载《法律适用》2016 年第 4 期。
④ 参见谢晓尧：《论商业诋毁》，载《中山大学学报（社会科学版）》2001 年第 5 期。
⑤ 参见李双利、何震：《商业诋毁案件中"虚伪事实"的认定》，载《法律适用》2016 年第 4 期。

济损失。直接经济损失表现为一个差额,即在假定没有发生损害商誉行为的正常情况下可以获得的收益减去受到侵害以后的实际收益。具体而言,包括商品严重滞销、产品被大量退回、合同被停止履行、企业商誉显著降低、驰名产品声誉受到严重侵损,销售额和利润严重减少、应得收入大量减少、上市公司股票价格大幅度下跌、商誉以及其他无形资产的价值显著降低等。① 被害人为了恢复受到损害的商业信誉和商品声誉所投入的资金② 或者为制止不法侵害事件而扩大的开支③ 属于间接经济损失,一般在量刑或者附带民事诉讼赔偿时酌情加以考虑。在行为人的行为与他人遭受的重大损失之间,必须存在直接因果关系。"其他严重情节",是指除上述给被害人造成重大损失以外的各种综合性评判指标,一般主要包括侵害人主观方面恶性的深浅,行为次数的多少、行为方式恶劣与否、社会影响大小、有无同种劣迹等。

3. 犯罪主体为一般主体,既可以是中国人,也可以是外国人或无国籍人。

4. 主观方面只能由故意构成。

本罪的主观方面为故意,即明知自己的行为会损害他人的商业信誉、商品声誉,并且希望或放任危害结果发生。

(二)认定损害商业信誉、商品声誉罪应当注意的问题

1. 关于罪与非罪的界限。

罪与非罪的判断核心,一方面在于判断生产者与经营者的商业信誉、商品声誉是否受到应受刑法关注程度的侵犯;另一方面在于判断市场的交易秩序,是否因为行为人的商业诋毁行为而受到应受刑法关注程度的侵犯。④ 对于情节显著轻微,损害后果不大的,可依照《刑法》第13条但书规定不认为是犯罪。

---

① 由此可见,直接经济损失既包括有形的、可直接计算的财产损失,如商品滞销或退货;也包括无形的、需加以评估的财产损失,如企业商誉价值的降低。
② 如广告费用。
③ 如诉讼费用。
④ 参见孙本雄:《诋毁商誉型网络谣言的刑事司法认定》,载《人民法院报》2019年11月7日第5版。

没有损害他人商业信誉、商品声誉的目的，只是听信谣言而散布虚伪事实的，不构成本罪。消费者及新闻媒体的合理批评不构成本罪。虽然有犯罪故意，但客观上不存在虚伪事实的，不成立犯罪。纯粹的价值判断或单纯的意见表述不属于"虚伪事实"，不存在"捏造"的余地，因此不属于本罪规制的对象。

2. 关于本罪与其他犯罪的界限。

行为人为了损害竞争对手的商业信誉、商品声誉，在自己生产的劣质产品上假冒他人优质产品的注册商标，从而使他人受到重大损失的，应以假冒注册商标罪论处。[①]

本罪与诽谤罪的区别在于保护客体不同。[②] 针对生产者和经营者中特定个人的诽谤行为，应根据虚构事实是否与商业信誉、商品声誉存在关联确定所构成的罪名。如果行为人的诽谤行为是单纯出于发泄个人不满的目的，不会对他人的商业信誉、商品声誉造成损害，应当认定为诽谤罪；如果行为人的诽谤行为以排挤竞争为目的，在损害被害人名誉权的同时又对他人的商业信誉、商品声誉造成损害，[③] 应当认定为诽谤罪与本罪的想象竞合。

捏造虚伪事实攻击他人的商业信誉、商品声誉的行为，有可能同时也扰乱了企业的正常生产经营，严重影响企业的未来收益，构成破坏生产经营罪，[④] 对此应当以想象竞合原则处理。

（三）损害商业信誉、商品声誉罪的刑事责任

根据《刑法》第 221 条规定，犯损害商业信誉、商品声誉罪的，处二年以下有期徒刑或者拘役，并处或者单处罚金。第 231 条规定，单位犯本罪的，对单位判处罚金，并对其直接负责的主管人员和其他直接责任人员，依照以上规定处罚。

---

① 参见张明楷：《刑法学》，法律出版社 2018 年版，第 829 页。
② 诽谤罪的保护客体是他人的人格尊严、名誉权。
③ 例如编造并散布公司企业高管违法犯罪、违纪违规等虚假信息。
④ 可以考虑对破坏生产经营罪的"其他方法"进行扩张解释，将捏造虚伪事实攻击他人的商业信誉、商品声誉的行为解释为破坏生产经营罪中的"其他方法"。

二、虚假广告罪[①]

第二百二十二条 广告主、广告经营者、广告发布者违反国家规定，利用广告对商品或者服务作虚假宣传，情节严重的，处二年以下有期徒刑或者拘役，并处或者单处罚金。

（一）虚假广告罪的概念和构成要件

虚假广告罪，是指广告主、广告经营者、广告发布者违反国家规定，利用广告对商品或者服务作虚假宣传，情节严重的行为。改革开放后，随着市场经济体制的建立和广告业的迅速发展，虚假广告作为一种不正当竞争行为也逐渐增多，对维护社会主义市场经济秩序、保护公平的市场竞争体系、保障消费者合法权益构成了极大威胁。为此，自20世纪80年代开始，我国先后制定了以《广告法》为核心的诸多法律、法规，并在1997年《刑法》中将虚假广告行为入罪。

虚假广告罪的构成要件是：

1. 本罪侵犯的客体是国家对广告经营的管理制度。

本罪的广告，是指商业性广告，即商品经营者或者服务提供者通过一定媒介和形式直接或者间接地介绍自己所推销的商品或者服务的商业广告活动。

2. 客观方面表现为广告主、广告经营者、广告发布者违反国家规定，利用广告对商品或者服务作虚假宣传，情节严重的行为。

首先，广告主、广告经营者、广告发布者违反国家规定，实施了利用广告对商品或者服务作虚假宣传的行为。"违反国家规定"，根据《刑法》第96条的规定，是指违反全国人民代表大会及其常务委员会制定的法律和决定，国务院制定的行政法规、规定的行政措施、发布的决定和命令。在这里主要

[①] 参考案例：吕某春虚假广告案，江苏省扬州市邗江区人民法院（2002）扬邗刑初字第220号。

是指违反《广告法》①《反不正当竞争法》②以及国家有关广告管理的行政法规、规章和制度。③"虚假宣传",是指以虚假或者引人误解的内容欺骗、误导消费者的广告,即虚假广告。《广告法》第 28 条规定,广告以虚假或者引人误解的内容欺骗、误导消费者的,构成虚假广告。广告有下列情形之一的,为虚假广告:(1)商品或者服务不存在的;(2)商品的性能、功能、产地、用途、质量、规格、成分、价格、生产者、有效期限、销售状况、曾获荣誉等信息,或者服务的内容、提供者、形式、质量、价格、销售状况、曾获荣誉等信息,以及与商品或者服务有关的允诺等信息与实际情况不符,对购买行为有实质性影响的;(3)使用虚构、伪造或者无法验证的科研成果、统计资料、调查结果、文摘、引用语等信息作证明材料的;(4)虚构使用商品或者接受服务的效果的;(5)以虚假或者引人误解的内容欺骗、误导消费者的其他情形。需要注意的是,《广告法》第 28 条规定属于不完全列举,由于社会不断发展,虚假广告完全可能出现新的表现形式。

其次,虚假宣传的行为情节严重。本罪属情节犯,只有情节严重的行为才能构成本罪。"情节严重",应当从作虚假广告的手段、动机、散布范围、次数、持续时间、不良后果等方面综合判断,④具体包括多次作虚假食品广告和人用药品广告的;作虚假广告屡次受到有关部门处罚又作虚假广告的;因虚假广告导致人身伤亡严重后果的;因虚假广告造成消费者重大经济损失的等。⑤根据《最高人民检察院、公安部关于公安机关管辖的刑事案件立案追诉标准的规定(二)》第 67 条的规定,涉嫌规定情形之一的,应予立案追诉。

3. 犯罪主体为特殊主体,包括广告主、广告经营者、广告发布者。

本罪为身份犯,犯罪主体为特殊主体,包括广告主、广告经营者、广告

---

① 《广告法》第 4 条规定:"广告不得含有虚假或者引人误解的内容,不得欺骗、误导消费者。广告主应当对广告内容的真实性负责。"
② 《反不正当竞争法》第 8 条规定:"经营者不得对其商品的性能、功能、质量、销售状况、用户评价、曾获荣誉等作虚假或者引人误解的商业宣传,欺骗、误导消费者。经营者不得通过组织虚假交易等方式,帮助其他经营者进行虚假或者引人误解的商业宣传。"
③ 包括国务院 1987 年发布的《广告管理条例》等。
④ 参见张明楷:《刑法学》,法律出版社 2018 年版,第 831 页。
⑤ 参见邹来水、陈占敏:《司法实践中如何认定虚假广告罪》,载中国法院网,https://www.chinacourt.org/article/detail/2017/12/id/3139756.shtml,最后访问时间:2020 年 12 月 18 日。

发布者，但无身份者可以构成本罪的共犯。

按照《广告法》第 2 条的规定，广告主，是指为推销商品或者服务，自行或者委托他人设计、制作、发布广告的自然人、法人或者其他组织。广告经营者，是指接受委托提供广告设计、制作、代理服务的自然人、法人或者其他组织。广告发布者，是指为广告主或者广告主委托的广告经营者发布广告的自然人、法人或者其他组织。虚假广告罪的广告主体用语与广告法的广告主体用语一脉相承，具有相同的内涵与外延。

原则上，虚假广告罪的犯罪主体包括自然人和单位。但是，1993 年颁布、2006 年修改颁布的《医疗广告管理办法》，均明确规定医疗广告主体只能是依法取得医疗机构执业许可证的医疗机构，个人不能发布医疗广告。自然人违法发布医疗广告是否构成虚假广告罪，存在争议。由于医疗广告属于广告的组成部分，《广告法》的效力当然及于医疗广告领域，因此司法案例对此持肯定态度。①

近年来流行的"直播带货"，实质上属于向观众介绍和推销产品的商业广告活动。对于主播而言，当其在自己能够掌控的直播空间直播并在直播时进行商业推广时，应当被认定为广告经营者。对于直播平台而言，应当被认定为广告发布者。需要注意的是，在主播直接与广告主达成商业推广合作协议，且直播平台并没有任何参与的商业性行为的情况下，由于网络直播的同时性特征，其对主播的直播内容和直播行为无法事先知晓，在此情况下不应当认定其承担刑事责任；但是，在广告主与直播平台达成商业推广合作协议，商务费用直接由广告主支付给平台方，由直播平台同特定主播达成商业推广合意的情况下，如果主播在商业推广时进行虚假宣传，且情节严重，则直播平台也可能以广告发布者的身份构成虚假广告罪的共犯。②

4. 主观方面只能由故意构成。

本罪的主观方面为故意，即明知违反国家规定，利用广告对商品或者

---

① 参见浙江省杭州市江干区人民法院（2007）江刑初字第 631 号；潘水良、江勇：《虚假广告罪的主体认定》，载《人民司法》2009 年第 6 期。
② 参见陈鹏：《主播"直播带货"虚假宣传是否构成虚假广告罪》，载《民主与法制时报》2019 年 11 月 28 日第 7 版。

服务作虚假宣传的行为违反了国家对广告经营的管理制度，会导致扰乱市场秩序，侵害消费者的合法权益的危害结果，却仍然希望或者放任这种结果的发生。

（二）认定虚假广告罪应当注意的问题

1. 关于罪与非罪的界限。

广告通常或多或少都具有一定夸大的内容，一般消费者对此也有认识，所以具有夸大内容的广告不能认为都是虚假广告；但是，如果夸大的程度超出了社会公众认知的程度，足以使通常的消费者陷入认识误区，则构成虚假广告。但是，单纯的虚假广告行为并不等于犯罪，只有达到了"情节严重"程度才成立本罪。

2. 关于本罪与其他犯罪的界限。

经营者假冒他人注册商标，擅自使用他人企业名称或姓名，伪造或者冒用认证标志、名优标志等质量标志，伪造产地，对商品质量作引人误解的虚假表示，情节严重构成犯罪的，应当按假冒注册商标罪处罚，不能以虚假广告罪定性。

如果生产者、销售者在商品中掺杂、掺假，以假充真、以次充好或者以不合格产品冒充合格产品，构成生产、销售伪劣产品罪，同时生产者、销售者又以虚假广告的方法对商品质量作引人误解的欺骗宣传的，在此情况下根据牵连犯的规定，从一重罪处罚。广告经营者和广告发布者在明知的情况下仍为生产、销售伪劣商品者代理、设计、制作、发布虚假广告，情节严重的行为，应当单独成立虚假广告罪。

3. 特别注意规定。

根据最高人民法院2010年12月13日公布、2022年2月23日修正的《关于审理非法集资刑事案件具体应用法律若干问题的解释》第12条规定，广告经营者、广告发布者违反国家规定，利用广告为非法集资活动相关的商品或者服务作虚假宣传，具有下列情形之一的，依照《刑法》第222条的规定，以虚假广告罪定罪处罚：（1）违法所得数额在10万元以上的；（2）造成严重危害后果或者恶劣社会影响的；（3）2年内利用广告作虚假宣传，受过行政处罚2次以上的；（4）其他情节严重的情形。明知他人从事欺诈发行证券、非法吸收公众存款，擅自发行股票、公司、企业债券，集资诈骗或者组织、领导传销活动等集资犯罪活动，为其提供广告等宣传的，以相关犯罪的共犯论处。

4.虚假广告代言人的刑事责任。

《广告法》第2条明确了广告代言人的定义：除广告主以外的，在广告中以自己的名义或者形象对商品、服务作推荐、证明的自然人、法人或者其他组织。广告代言人未被《刑法》纳入虚假广告罪的犯罪主体，因此其不能像其他广告主体一样单独承担虚假广告罪的刑事责任；但是，虚假广告代言人的行为符合虚假广告罪共犯的构成要件时，可以成立共犯。同时，虚假广告代言人视不同情况还可能构成诈骗罪、销售伪劣产品罪、假冒注册商标罪共犯等，此时应当根据想象竞合原则处理。

（三）虚假广告罪的刑事责任

根据《刑法》第222条的规定，犯虚假广告罪的，处二年以下有期徒刑或者拘役，并处或者单处罚金。第231条规定，单位犯本罪的，对单位判处罚金，并对其直接负责的主管人员和其他直接责任人员，依照以上规定处罚。

三、串通投标罪[①]

第二百二十三条 投标人相互串通投标报价，损害招标人或者其他投标人利益，情节严重的，处三年以下有期徒刑或者拘役，并处或者单处罚金。

投标人与招标人串通投标，损害国家、集体、公民的合法利益的，依照前款的规定处罚。

---

① 参考案例：关某庆行贿、串通投标案，山东省临沂市中级人民法院（2017）鲁13刑终389号。

（一）串通投标罪的概念和构成要件

串通投标罪，是指投标人相互串通投标报价，损害招标人或者其他投标人利益，情节严重的，或者投标人与招标人串通投标，损害国家、集体、公民的合法权益的行为。改革开放以来，我国招标投标市场中的串通投标犯罪呈猖獗之势，严重危害公开，公平，公正的招标投标市场环境，因此1997年《刑法》专设串通投标罪，以惩治招标投标中严重不法行为。

串通投标罪的构成要件是：

1.本罪侵犯的客体是复杂客体，既侵害了正常的招标、投标市场秩序，也侵害了国家、集体和公民的合法权益。

2.客观方面表现为投标人相互串通投标报价，损害招标人或者其他投标人利益，情节严重；或者投标人与招标人串通投标，损害国家、集体、公民的合法权益的行为。

《刑法》第223条对串通投标行为的具体方式没有明确规定，按照理论与实务的主流观点，本罪的串通投标分为两种类型：

第一种是投标人相互串通投标报价，损害招标人或者其他投标人利益，情节严重的行为。相互串通投标报价通常表现为投标人之间相互通气，彼此就投标报价形成书面或口头的协议、约定，或者就报价互相通报信息，以期避免相互竞争，牟取不正当的利益。《招标投标法实施条例》第39条、第40条对投标人相互串通投标的具体情形作出了规定。

第二种是投标人与招标人串通投标，损害国家、集体、公民的合法权益的行为。主要表现为招标者与特定投标者在招标投标活动中，以不正当手段从事私下交易，使公开招标投标流于形式。例如招标人有意向某一特定投标人透露其标底，或者招标人在公开开标之前，私下开启投标人标书，并通告给尚未报送标书的投标人等行为。《招标投标法实施条例》第41条对招标人与投标人串通投标的具体情形作出了规定。

需要注意的是，《招标投标法实施条例》第39条至第41条的规定属于不完全列举。例如，投标人之间约定，在类似项目中轮流以高价位或低价位中标，属于投标人相互串通投标；招标人在招标时实行差别对待，招标者故意让不合格投标者中标，投标者给招标者标外补偿，[①]招标者给投标者标外偿金，[②]均属于投标者与招标者串通投标。在司法实践中，应当根据在招投标活动中，投标人之间或者投标人和招标人之间是否相互勾结、串联，违背招标投标行为规范，就招投标的有关事项私下达成协议，意图排除公平竞争，使特定的投标人不正当中标，共同损害他人利益，扰乱市场竞争秩序来作具体认定。

本罪属情节犯，只有情节严重的串通投标报价，损害招标人或者其他投标人利益的行为才能构成本罪。所谓"情节严重"，主要是指采用卑劣手段串通投标的；多次实施串通投标行为的；给招标人或者其他投标人造成严重经济损失的；造成恶劣的影响甚至国际影响的；等等。根据2010年《最高人民检察院、公安部关于公安机关管辖的刑事案件立案追诉标准的规定（二）》第68条的规定，投标人相互串通投标报价，或者投标人与招标人串通投标，涉嫌下列情形之一的，应予立案追诉：（1）损害招标人、投标人或者国家、集体、公民的合法利益，造成直接经济损失数额在50万元以上的；（2）违法所得数额在20万元以上的；（3）中标项目金额在400万元以上的；（4）采取威胁、欺骗或者贿赂等非法手段的；（5）虽未达到上述数额标准，但2年内因串通投标，受过行政处罚2次以上，又串通投标的；（6）其他情节严重的情形。

对于直接经济损失的计算，实践中一般以"司法鉴定的工程造价或者采购商品的市场一般价"与"串通投标的中标价或实际交易价"的差价作为串通投标的直接经济损失的数额。

3. 犯罪主体为特殊主体，仅限于招标人和投标人。

本罪为身份犯，犯罪主体为特殊主体，即招标人[③]和投标人。但无身份者可以构成本罪的共犯。

4. 主观方面只能由故意构成。

[①] 即投标人有意与招标人商定，在公开投标时压低标价，中标后再给招标人以额外补偿。

[②] 即招标者与某投标者商定，在公开投标时，故意抬高标价，使标价高于通常价，而致其他投标者上当吃亏，高价定标后，招标者按约定给故意抬高标价的投标者一定的偿金。

[③] 根据《招标投标法》第50条，此处的招标人包括招标代理机构。

（二）认定串通投标罪应当注意的问题

1. 罪与非罪的界限。

要注意区分拍卖与招标投标，两者是不同的概念，不能混同。因此，在国有资产拍卖过程中，行为人串通竞买的行为不构成串通投标罪。①

2. 关于"围标"的性质认定。

在工程建设领域，挂靠经营的情况十分普遍。一人（或一个单位）常同时挂靠多个单位，然后以多个单位的名义参加某一工程的投标，这在实践中被称为"围标"。如果被挂靠单位明知挂靠者参与"围标"而积极配合的，挂靠者与被挂靠者均应作为串通投标认定，这一点并无问题。但是，在被挂靠的单位不知情的情况下，单个行为人利用掌控、挂名的多个单位参与围标的，能否认定为串通投标罪，存在争议。②考虑到一人控制几家公司投标比与他人的串通更为严重，举轻以明重，以认定为宜。③

3. 关于共同犯罪与数罪并罚的认定。

国家工作人员在参加本单位工程项目招标工作中，采用指使他人参与陪标、授意他人成立新公司参与围标等方法，泄露招投标秘密，与投标人相互串通损害国家利益的，构成串通投标共同犯罪。如发现其在与他人串通投标过程中又收受或索取贿赂的，应实行数罪并罚。④

行为人同时存在串通投标报价、贿赂评审专家的行为的，应当以串通投标罪和对非国家工作人员行贿罪数罪并罚。⑤接受贿赂的评审专家应当以非国家工作人员受贿罪论处。

4. 既未遂标准。

行为人串通投标的行为，如果标书进入到评标环节，排挤其他投标人的

---

① 参见《刑事审判参考》第 1251 号黄某田、许某杰等串通投标案和最高人民检察院检例第 90 号许某某、包某某串通投标立案监督案。
② 参见孙国祥：《串通投标罪若干疑难问题辨析》，载《政治与法律》2009 年第 3 期。
③ 参见李某等串通投标案，湖北省宜昌市夷陵区人民法院（2014）鄂夷陵刑初字第 00027 号。
④ 参见杨某某利用其职务掌握的招标项目和信息与投标人相互串通损害国家利益构成串通投标罪案，江苏省高级人民法院（2013）参阅案例 81 号。
⑤ 参见最高人民检察院发布第二届民营经济法治建设峰会检察机关服务民营经济典型案例之十一：徐某等串通投标案。

公平竞争，损害招标人或者其他投标人利益，由于其犯罪行为已完成串通投标的全过程，即使最后没有中标，也应当认定为犯罪既遂。①

（三）串通投标罪的刑事责任

根据《刑法》第223条的规定，犯串通投标罪的，处三年以下有期徒刑或者拘役，并处或者单处罚金。投标人与招标人串通投标，损害国家、集体、公民的合法利益的，依照前述规定处罚。第231条规定，单位犯本罪的，对单位判处罚金，并对其直接负责的主管人员和其他直接责任人员，依照以上规定处罚。

四、合同诈骗罪

第二百二十四条　有下列情形之一，以非法占有为目的，在签订、履行合同过程中，骗取对方当事人财物，数额较大的，处三年以下有期徒刑或者拘役，并处或者单处罚金；数额巨大或者有其他严重情节的，处三年以上十年以下有期徒刑，并处罚金；数额特别巨大或者有其他特别严重情节的，处十年以上有期徒刑或者无期徒刑，并处罚金或者没收财产：

（一）以虚构的单位或者冒用他人名义签订合同的；

（二）以伪造、变造、作废的票据或者其他虚假的产权证明作担保的；

（三）没有实际履行能力，以先履行小额合同或者部分履行合同的方法，诱骗对方当事人继续签订和履行合同的；

（四）收受对方当事人给付的货物、货款、预付款或者担保财产后逃匿的；

（五）以其他方法骗取对方当事人财物的。

（一）合同诈骗罪的概念和构成要件

合同诈骗罪，是指以非法占有为目的，在签订、履行合同过程中，骗取

---

① 参见李某等串通投标案，湖北省宜昌市夷陵区人民法院（2014）鄂夷陵刑初字第00027号。

对方当事人财物，数额较大的行为。

本罪是1997年《刑法》增设的罪名。在过去的司法实践中，对于利用经济合同进行诈骗，是按照诈骗罪定罪处刑的。鉴于这类犯罪比较严重，又不同于普通的诈骗罪，所以1997年《刑法》将它单独作了规定。

合同诈骗罪的构成要件是：

1. 侵犯的客体是经济合同管理秩序和公私财物的所有权。

"合同"，主要是指经济合同，即公民、法人之间为实现一定的目的依法达成的具有权利义务内容的协议。其形式包括口头合同与书面合同。

2. 客观方面表现为在签订、履行合同过程中，骗取对方当事人财物，数额较大的行为。根据《刑法》第224条的规定，合同诈骗包括以下5种行为：

（1）以虚构的单位或者冒用他人的名义签订合同的。即以凭空捏造出来的单位的名义或者未经他人授权或同意以他人名义签订合同的。

（2）以伪造、变造、作废的票据或者其他虚假的产权证明作担保的。合同担保，是签订合同的当事人，根据法律规定或者双方约定，为保证合同的履行而设定的一种权利与义务关系，是减少合同风险和保障合同履行的常规做法。犯罪分子为了取得对方当事人的信任，往往以伪造、变造、作废的票据或者其他虚假的产权证明作担保，以达到利用合同，骗取钱财的目的。"票据"，是指汇票、本票和支票等金融票据。"其他虚假的产权证明"，是指证明其对某些本不享有权利的财产享有权利的证明文件，如虚假的土地使用证、房屋所有权证以及其他虚假的动产、不动产权属的"证明文件"等。

（3）没有实际履行能力，以先履行小额合同或者部分履行合同的方法，诱骗对方当事人继续签订和履行合同的。履行小额合同或者部分履行合同，往往使对方当事人对其履约能力和诚意信以为真，进而与之签订标的额更大的合同。犯罪分子以此为诱饵就可以比较容易地取得对方的信任，达到诈骗钱财的目的。

（4）收受对方当事人给付的货物、货款、预付款或者担保财产后逃匿的。这种行为是一种比较典型的合同诈骗。行为人根本不想履行合同，只要签订了合同，对方当事人给付了货物、货款、预付款或者担保财产，其犯罪目的就已实现，然后便逃跑、隐藏、躲避。

（5）以其他方法骗取对方当事人财物的。这是一个概括性规定。由于合同诈骗犯罪的手段是多种多样的，法律上不可能穷尽，有必要规定这样一个弹性款项，便于司法机关具体掌握，使犯罪分子难以逃脱法律的制裁。司法实践中主要有以下情况：收受当事人给付的货物、货款、预付款或者担保财产后，无正当理由既不履行合同义务又不退还，用于违法活动；用于挥霍，致使无法返还等。

3. 犯罪主体为一般主体，个人和单位均可构成本罪的主体。

4. 主观方面由故意构成，并且具有非法占有公私财物的目的。这里所说的以非法占有为目的，既包括意图本人对非法所得的占有，也包括意图为单位或者第三人对非法所得的占有。

根据法律规定，合同诈骗的行为，除需具备上述构成要件外，还必须达到"数额较大"的程度，才构成犯罪。

（二）认定合同诈骗罪应当注意的问题

1. 划清合同诈骗罪与合同纠纷的界限。

区分二者的关键在于行为人主观上是否具有非法占有对方当事人财物的目的，客观上是否利用经济合同实施骗取对方当事人数额较大的财物的行为。合同纠纷往往是合同当事人具有一定的履约能力和担保，只是由于客观上的某些原因，虽经多方努力仍不能履行合同而使对方当事人遭受严重损失所产生的纠纷。造成纠纷的当事人并无占有他人财物的故意。因此，不能把这种纠纷当作合同诈骗罪来处理。

2. 划清合同诈骗罪与合同诈欺行为的界限。

合同诈欺行为，是指签订合同的一方当事人弄虚作假，诱使对方当事人在违背其真实意思表示的情况下，签订合同的行为。二者的区别在于：主观目的不同。前者是以诈骗钱财为目的，后者主观上虽有诈欺的故意，但不具有非法占有他人财物的目的，其目的是进行经营，并借以创造履约能力。对于民事欺诈行为引起的纠纷，可通过民事诉讼的方式解决。

3. 划清合同诈骗罪与夸大履约能力骗签合同行为的界限。

合同诈骗罪,行为人往往不具有履约能力,并且具有非法占有他人财物的目的。而夸大履约能力签订合同,行为人虽具有一定的履约能力,但故意夸大自己的履约能力,目的只是使对方当事人信任自己,并与之签订合同。所签的合同应当说是真实的,签订合同后行为人也能积极履行合同,并不具有非法占有他人财物的目的。即使经过努力仍不能全部履行合同,给对方造成经济损失,但有归还所欠财物意图的,就不能按照合同诈骗罪处理。

4. 划清合同诈骗罪与"借鸡生蛋"的界限。

前者是想永久地占有对方当事人财物,后者不过是因一时资金困难,企图临时占用他人财物用于自己的某种临时用途,在短期内还会予以偿还。"借鸡生蛋"的行为人与他人签订合同的目的,既不想履行合同,也不想长期占有,而是应急解决一时困难。只要能在短时间里偿还并赔偿损失,就可不以合同诈骗罪论处。

5. 正确界定合同诈骗罪中的"合同"。

从犯罪客体看,合同诈骗罪规定在《刑法》第三章"破坏社会主义市场经济秩序罪"的第八节"扰乱市场秩序罪"之中。这种犯罪不仅侵犯他人财产所有权,而且侵犯国家合同管理制度,破坏社会主义市场经济秩序。由此可以看出,合同诈骗罪中的"合同",必须存在于合同诈骗罪所保护的客体范围内,能够体现一定的市场秩序,否则与《刑法》的立法宗旨不符。因此,合同诈骗罪中的"合同",主要是指经济合同。凡是与社会主义市场经济秩序无关的合同,如监护、收养、抚养等有关身份关系的合同或者协议,以及赠与合同、劳务合同等,均不属于合同诈骗罪中的合同。

(三)合同诈骗罪的刑事责任

依照《刑法》第224条的规定,犯合同诈骗罪的,处三年以下有期徒刑或者拘役,并处或者单处罚金;数额巨大或者有其他严重情节的,处三年以上十年以下有期徒刑并处罚金;数额特别巨大或者有其他特别严重情节,处十年以上有期徒刑或者无期徒刑,并处罚金或者没收财产。

依照《刑法》第231条的规定,单位犯本罪的,对单位判处罚金,并对其直接负责的主管人员和其他直接责任人员，依照上述规定处罚。

司法机关在适用上述规定处罚时，应当注意以下两个问题：

1. "数额较大"是构成本罪的必要条件。"数额巨大或者有其他严重情节的""数额特别巨大或者有其他特别严重情节的"是判处较重刑罚的条件。至于何谓"数额较大"，根据《最高人民检察院、公安部关于公安机关管辖的刑事案件立案追诉标准的规定（二）》第69条的规定，以非法占有为目的，在签订、履行合同过程中，骗取对方当事人财物，数额在2万元以上的，应予立案追诉。至于何谓"数额巨大""数额特别巨大""其他严重情节""其他特别严重情节"，有待于最高人民法院作出司法解释。在此之前，各地司法机关可根据本地实际情况确定标准和自由裁量。

2. 诈骗数额应当以行为人实际骗取的数额认定。合同标的数额可以作为量刑情节予以考虑。行为人利用合同多次进行诈骗或者连续进行诈骗，用后次诈骗的款项归还前次诈骗款项的，应按最后实际诈骗数额计算，上述情节可作为量刑情节予以考虑。

3. 正确处理部分既遂部分未遂的量刑问题。2016年7月，最高人民法院发布了第62号指导案例即王某明合同诈骗案，以指导性案例的形式确认了最高人民法院、最高人民检察院2011年发布的《关于办理诈骗刑事案件具体应用法律若干问题的解释》所规定的处理原则。该解释第6条规定："诈骗既有既遂，又有未遂，分别达到不同量刑幅度的，依照处罚较重的规定处罚；达到同一量刑幅度的，以诈骗罪既遂处罚。"据此，对于数额犯中犯罪行为既遂与未遂并存且均构成犯罪的情况，在确定全案适用的法定刑幅度时，先就未遂部分进行是否减轻处罚的评价，确定未遂部分所对应的法定刑幅度，再与既遂部分对应的法定刑幅度比较，确定全案适用的法定刑幅度。如果既遂部分对应的法定刑幅度较重或者二者相同的，应当以既遂部分对应的法定刑幅度确定全案适用的法定刑幅度，将包括未遂部分在内的其他情节作为确定量刑起点的调节要素进而确定基准刑。如果未遂部分对应的法定刑幅度较重的，应当以未遂部分对应的法定刑幅度确定全案适用的法定刑幅度，将包括既遂部分在内的其他情节，连同未遂部分的未遂情节一并作为量刑起点的调节要素进而确定基准刑。

五、组织、领导传销活动罪[①]

第二百二十四条之一[②] 组织、领导以推销商品、提供服务等经营活动为名,要求参加者以缴纳费用或者购买商品、服务等方式获得加入资格,并按照一定顺序组成层级,直接或者间接以发展人员的数量作为计酬或者返利依据,引诱、胁迫参加者继续发展他人参加,骗取财物,扰乱经济社会秩序的传销活动的,处五年以下有期徒刑或者拘役,并处罚金;情节严重的,处五年以上有期徒刑,并处罚金。

(一)组织、领导传销活动罪的概念和构成要件

组织、领导传销活动罪,是指行为人组织、领导以推销商品、提供服务等经营活动为名,要求参加者以缴纳费用或者购买商品、服务等方式获得加入资格,并按照一定顺序组成层级,直接或者间接以发展人员的数量作为计酬或者返利依据,引诱、胁迫参加者继续发展他人参加,骗取财物,扰乱经济社会秩序的传销活动的行为。

本罪是2009年2月28日《刑法修正案(七)》第4条增设的罪名。

组织、领导传销活动罪的构成要件是:

1.本罪侵犯的是复杂客体,主要侵犯经济管理秩序,也侵犯公民的财产权利和社会管理秩序。

2.客观方面表现为组织、领导传销活动的行为。

根据2005年11月1日施行的国务院《禁止传销条例》第7条的规定,下列行为属于传销行为:(1)组织者或者经营者通过发展人员,要求被发展人员发展其他人员加入,对发展的人员以其直接或者间接滚动发展的人员数量为依据计算和给付报酬(包括物质奖励和其他经济利益,下同),牟取非法利益的;(2)组织者或者经营者通过发展人员,要求被发展人员交纳费用

[①] 参考案例:叶某生等组织、领导传销活动案,最高人民检察院检例第41号。
[②] 本条由2009年2月28日《刑法修正案(七)》第4条增设。

或者以认购商品等方式变相交纳费用，取得加入或者发展其他人员加入的资格，牟取非法利益的；（3）组织者或者经营者通过发展人员，要求被发展人员发展其他人员加入，形成上下线关系，并以下线的销售业绩为依据计算和给付上线报酬，牟取非法利益的。《刑法》第224条之一，主要涵盖了前两种形式的传销行为，即分别属于"拉人头传销"和"收取入门费传销"情形，而第三种即"团队计酬传销"虽然为行政法所禁止，但仍存在真实销售商品的销售业绩，不宜以犯罪论处。

3.犯罪主体是传销活动的组织者、领导者，既可以是个人，也可以是单位。

传销活动的组织者，是指倡导、发起、策划、指挥、招揽、引诱、胁迫、安排传销活动的人或者单位。传销活动的领导者，是指在传销活动中起统帅、决策、指挥、策划作用的人或者单位。组织者、领导者具有一定的共同性，如都可能是策划者、指挥者。一般来说，在传销网络建立前实施策划、指挥等行为的，属于组织行为；传销组织建立后实施该类行为的，属于领导行为；传销组织成立前后均实施了上述行为的，则属于组织、领导行为。对组织、领导者的认定应以其在传销活动中的地位、作用为依据。在实践中，对下列人员可以认定为传销活动的组织者、领导者：（1）在传销活动中起发起、策划、操纵作用的人员；（2）在传销活动中承担管理、协调等职责的人员；（3）在传销活动中承担宣传、培训等职责的人员；（4）曾因组织、领导传销活动受过刑事处罚，或者1年以内因组织、领导传销活动受过行政处罚，又直接或者间接发展参与传销活动人员在15人以上且层级在3级以上的人员；（5）其他对传销活动的实施、传销组织的建立、扩大等起关键作用的人员。需要注意的是，组织者并不限于策划、发起人。对于传销组织成立后积极加入其中，并在传销活动中起组织、领导作用的，也可以认定为组织者、领导者。

4.主观方面只能由故意构成，并且具有非法牟利的目的。

行为人明知自己组织、领导传销活动为国家法律所禁止，但却通过组织、领导传销活动，达到骗取钱财，牟取非法利益的目的。

（二）认定组织、领导传销活动罪应当注意的问题

1. 区别传销与直销。

所谓直销，根据国务院《直销管理条例》是指直销企业招募直销员，由直销员在固定营业场所之外直接向最终消费者推销商品的经销方式。一般来说，直销是企业的一种常见的合法的营销方式，传销则是法律所禁止的违法行为。

2. 区分组织、领导者与一般参与者。

传销活动往往涉及的人数众多，刑法要惩处的只限于组织者、领导者，不能扩大打击面而追究一般参与者的刑事责任。以单位名义实施组织、领导传销活动犯罪的，对于受单位指派，仅从事劳务性工作的人员，一般不予追究刑事责任。

3. 区分罪与非罪。

按照《最高人民法院、最高人民检察院、公安部关于办理组织领导传销活动刑事案件适用法律若干问题的意见》（公通字〔2013〕37号，以下简称《办理组织领导传销活动刑事案件意见》）第1条的规定，以推销商品、提供服务等经营活动为名，要求参加者以缴纳费用或者购买商品、服务等方式获得加入资格，并按照一定顺序组成层级，直接或者间接以发展人员的数量作为计酬或者返利依据，引诱、胁迫参加者继续发展他人参加，骗取财物，扰乱经济社会秩序的传销组织，其组织内部参与传销活动人员在30人以上且层级在3级以上的，应当对组织者、领导者追究刑事责任。组织、领导多个传销组织，单个或者多个组织中的层级已达3级以上的，可将在各个组织中发展的人数合并计算。组织者、领导者形式上脱离原传销组织后，继续从原传销组织获取报酬或者返利的，原传销组织在其脱离后发展人员的层级数和人数，应当计算为其发展的层级数和人数。这里的"层级"和"级"，系指组织者、领导者与参与传销活动人员之间的上下线关系层次，而非组织者、领导者在传销组织中的身份等级。对传销组织内部人数和层级数的计算，以及对组织者、领导者直接或者间接发展参与传销活动人员人数和层级数的计算，包括组织者、领导者本人及其本层级在内。

此外，传销活动的组织者或者领导者通过发展人员，要求传销活动的被发展人员发展其他人员加入，形成上下线关系，并以下线的销售业绩为依据计算和给付上线报酬，牟取非法利益的，是"团队计酬"式传销活动。但以销售商品为目的、以销售业绩为计酬依据的单纯的"团队计酬"式传销活动，不作为犯罪处理。形式上采取"团队计酬"方式，但实质上属于"以发展人员的数量作为计酬或者返利依据"的传销活动，应当以组织、领导传销活动罪定罪处罚。

4.过去在司法实践中，对这类传销案件多数按非法经营罪处理，也有的按诈骗罪或者集资诈骗罪处理。根据《办理组织领导传销活动刑事案件意见》的规定，对以非法占有为目的，组织、领导传销活动，同时构成组织、领导传销活动罪和诈骗罪或集资诈骗罪的，依照处罚较重的规定定罪处罚。犯组织、领导传销活动罪，并实施故意伤害、非法拘禁、敲诈勒索、妨害公务、聚众扰乱社会秩序、聚众冲击国家机关、聚众扰乱公共场所秩序、交通秩序等行为，构成犯罪的，依照数罪并罚的规定处罚。

（三）组织、领导传销活动罪的刑事责任

依照《刑法》第224条之一规定，犯组织、领导传销活动罪的，处五年以下有期徒刑或者拘役，并处罚金；情节严重的，处五年以上有期徒刑，并处罚金。

依照《刑法》第231条规定，单位犯本罪的，对单位判处罚金，并对其直接负责的主管人员和其他直接责任人员，依照第224条之一的规定处罚。

需要注意的是，"情节严重"，是本罪的加重处罚情节。传销组织的组织者、领导者，具有下列情形之一的，应当认定为"情节严重"：（1）组织、领导的参与传销活动人员累计达120人以上的；（2）直接或者间接收取参与传销活动人员缴纳的传销资金数额累计达250万元以上的；（3）曾因组织、领导传销活动受过刑事处罚，或者1年以内因组织、领导传销活动受过行政处罚，又直接或者间接发展参与传销活动人员累计达60人以上的；（4）造成参与传销活动人员精神失常、自杀等严重后果的；（5）造成其他严重后果或者恶劣社会影响的。

六、非法经营罪

第二百二十五条[①] 违反国家规定,有下列非法经营行为之一,扰乱市场秩序,情节严重的,处五年以下有期徒刑或者拘役,并处或者单处违法所得一倍以上五倍以下罚金;情节特别严重的,处五年以上有期徒刑,并处违法所得一倍以上五倍以下罚金或者没收财产:

(一)未经许可经营法律、行政法规规定的专营、专卖物品或者其他限制买卖的物品的;

(二)买卖进出口许可证、进出口原产地证明以及其他法律、行政法规规定的经营许可证或者批准文件的;

(三)未经国家有关主管部门批准非法经营证券、期货、保险业务的,或者非法从事资金支付结算业务的;

(四)其他严重扰乱市场秩序的非法经营行为。

(一)非法经营罪的概念和构成要件

非法经营罪,是指违反国家规定,从事非法经营活动,扰乱市场秩序,情节严重的行为。

本罪是 1997 年《刑法》增设的罪名。在过去的司法实践中,对非法经营的犯罪行为一般是按照投机倒把罪处理的。鉴于在司法实践中投机倒把罪逐渐形成了一个"口袋罪",1997 年修订《刑法》时,对投机倒把罪作了分解,将非法经营的行为单独作了规定。1997 年《刑法》第 225 条规定的非法经营行为原为三项。1999 年 12 月 25 日,全国人大常委会通过的《刑法修正案》第 8 条规定:"刑法第二百二十五条增加一项,作为第三项:'未经国家有关主管部门批准,非法经营证券、期货或者保险业务的;'原第三项改为第四项。"2009 年 2 月 28 日,全国人大常委会通过的《刑法修正案(七)》

[①] 本条第 3 项经 1999 年 12 月 25 日《刑法修正案》第 8 条、2009 年 2 月 28 日《刑法修正案(七)》第 5 条两次修改。

第5条针对"地下钱庄"猖獗,又对《刑法》第225条第3项进行了修订,增加了"非法从事资金结算业务"的规定。

非法经营罪的构成要件是:

1. 侵犯的客体是我国社会主义市场经济管理制度规范下的市场交易和管理秩序。

2. 客观方面表现为违反国家规定,从事非法经营活动,扰乱市场秩序,情节严重的行为。

首先,《刑法》第96条规定:"本法所称违反国家规定,是指违反全国人民代表大会及其常务委员会制定的法律和决定,国务院制定的行政法规、规定的行政措施、发布的决定和命令。"据此,各级地方人民代表大会及其常务委员会制定的地方性法规、国务院各部委制定的规章以及发布的决定和命令都不属于"国家规定"。2011年,最高人民法院发布了《关于准确理解和适用刑法中"国家规定"的有关问题的通知》,该通知第1条指出:"'国务院规定的行政措施'应当由国务院决定,通常以行政法规或者国务院制发文件的形式加以规定。以国务院办公厅名义制发的文件,符合以下条件的,亦应视为刑法中的'国家规定':(1)有明确的法律依据或者同相关行政法规不相抵触;(2)经国务院常务会议讨论或者经国务院批准;(3)在国务院公报上公开发布。"考虑到"国家规定"形式繁多,实践中应当严格按照法律、行政法规及司法解释和规范性文件的规定准确把握。对于规定不明确的,要审慎予以认定,并应按照前述通知要求,作为法律适用问题,逐级向最高人民法院请示。

其次,《刑法》第225条列举了"从事非法经营活动,扰乱市场秩序"的4种情形,分别是:未经许可经营法律、行政法规规定的专营、专卖物品或者其他限制买卖的物品的,也称为"未经许可经营商品型"的非法经营行为;买卖进出口许可证、进出口原产地证明以及其他法律、行政法规规定的经营许可证或者批准文件的,也称为"买卖许可证或批准性文件型"的非法经营行为;未经国家有关主管部门批准非法经营证券、期货、保险业务的,或者非法从事资金支付结算业务的,也称为"未经批准经营特定金融业务型"的非法经营行为;其他严重扰乱市场秩序的非法经营行为。

关于"未经许可经营商品型"的非法经营行为的认定,需准确把握专营、专卖物品和其他限制买卖物品的范围。"未经许可"是指公民、法人或者其他组织未向行政机关申请,行政机关未对其授权而从事特定活动的行为。"法律、行政法规规定的专营、专卖物品"是指由法律、行政法规明确规定的由专门的机构经营的专营、专卖物品。"其他限制买卖的物品"是指国家根据经济发展和维护国家、社会和人民群众利益的需要,规定在一定时期实行限制性经营的重要生产资料、紧俏生活用品等物品。对于经营非专营、专卖物品和其他限制买卖物品的行为,即使未取得工商营业执照,也不宜按照非法经营罪论处。对于那些已经被《刑法》明确单独规定为犯罪的非法买卖特定物品的行为,不能再以非法经营罪定罪量刑,而应当按照特别法优于普通法的原则,按照特别法条处理。这些特定物品主要有车票、船票、人民警察制式服装、车辆与牌照等专用标志、警械、窃听、窃照等专用器材,文物,国家机关以及武装部队的公文、证件、印章,枪支、弹药、爆炸物、核材料、毒品及毒品原植物、淫秽物品、各种伪劣商品、侵权复制品、假冒注册商标标识及商品等。在我国现阶段,专营、专卖物品和其他限制买卖物品,主要包括烟草、食盐、金银、麻醉物品、煤炭、原油、成品油、农药、兽药、饲料添加剂、兴奋剂、特种设备、危险化学品、出口军用品等。对于已经取得专营专卖许可,但超范围或超地域经营的,以非法经营罪论处需慎重。①

关于"买卖许可证或批准性文件型"的非法经营行为,需准确把握各种许可证或者批准文件的范围。除了进出口许可证制度,我国目前的经营许可证制度还包括各种调整经济生活的许可证制度、有关医药卫生和文化出版的许可证制度、有关公共安全和公共秩序的许可证制度、有关自然资源和生态环境保护的许可证制度以及土地使用和城乡建设中的许可证制度等。这些许可证及相关批准文件虽非商品,但非法买卖严重扰乱市场秩序。

关于"未经批准经营特定金融业务型"的非法经营行为,需准确把握相

---

① 2011年5月6日《最高人民法院关于被告人李明华非法经营请示一案的批复》指出,被告人李明华持有烟草专卖零售许可证,但多次实施批发业务,而且从非指定烟草专卖部门进货的行为,属于超范围和地域经营的情形,不宜按照非法经营罪处理,应由相关主管部门进行处理。

关特定金融业务的内涵。1997年《刑法》制定后，为严厉打击金融领域的非法经营行为，1999年《刑法修正案》在非法经营罪中增加规定了"未经国家有关主管部门批准，非法经营证券、期货或者保险业务"，2009年《刑法修正案（七）》又增加规定了"或者非法从事资金支付结算业务"。

根据《证券法》等法律法规，证券业务包括证券核心业务和证券外延业务，核心业务包括证券承销、证券自营、证券经纪等，外延业务是指核心业务之外围绕证券发行、交易所产生的业务包括证券投资咨询、财务顾问、资产管理等。未经批准从事前述证券核心业务和外延业务，即属于非法经营证券业务。2008年1月，最高人民法院、最高人民检察院、公安部和中国证券监督管理委员会联合发布《关于整治非法证券活动有关问题的通知》中规定："对于中介机构非法代理买卖非上市公司的股票，涉嫌犯罪的，应当依照《刑法》第二百二十五条之规定，以非法经营罪追究刑事责任"。司法实践中，对于未取得证券业务许可证而代理销售未上市公司股权的，应依法以非法经营罪论处。

根据《期货交易管理条例》，期货交易应当在期货交易所、国务院批准或者国务院期货监督管理机构批准的其他交易场所进行；未经国务院期货监督管理机构批准，任何单位和个人不得设立或者变相设立期货公司、经营期货业务。违反《期货交易管理条例》，非法设立期货交易场所或者以其他形式组织期货交易等非法经营活动，应受刑法规制。

根据《保险法》等法律法规，任何单位和个人未经批准，不得设立保险公司或经营保险业务。擅自设立保险公司、保险资产管理公司或者非法经营商业保险业务，擅自设立保险专业代理机构、保险经纪人，或者未取得经营保险代理业务许可证、保险经纪业务许可证从事保险代理业务、保险经纪业务等，均属于非法经营保险业务。

根据《支付结算办法》等法律法规，支付结算是指单位、个人在社会经济活动中使用票据、信用卡和汇兑、托收承付、委托收款等结算方式，进行货币给付及其资金清算的行为。银行是支付结算和资金清算的中介机构。未经中国人民银行（后改为银保监会）批准的非银行金融机构和其他单位不得作为中介机构经营支付计算业务。2019年2月1日起施行的《最高人民法院、最高人民检察院关于办理非法从事资金支付结算业务、非法买卖外汇刑事案件适用法律若干问题的解释》第1条规定："违反国家规定，具有下列情形之一的，属于刑法第二百二十五条第三项规定的'非法从事资金支付结算业务'：（一）使用受理终端或者网络支付接口等方法，以虚构交易、虚开价格、交易退款等非法方式向指定付款方支付货币资金的；（二）非法为他人提供单位银行结算账户套现或者单位银行结算账户转个人账户服务的；（三）非法为他人提供支票套现服务的；（四）其他非法从事资金支付结算业务的情形。"司法实践中，对于"地下钱庄"非法从事资金支付结算业务、利用POS机虚构交易套现等行为，要按照前述解释规定，依法定罪量刑。

关于其他严重扰乱市场秩序的非法经营行为，是《刑法》第225条明确规定的前三类非法经营行为类型之外的"兜底性"或者说"堵截性"规定。根据最高人民法院2018年12月19日发布的第97号指导案例即王某军非法经营再审改判无罪案，对于《刑法》第225条第4项规定的"其他严重扰乱市场秩序的非法经营行为"的适用，应当根据相关行为是否具有与刑法第225条前三项规定的非法经营行为相当的社会危害性、刑事违法性和刑事处罚必要性进行判断。判断违反行政管理有关规定的经营行为是否构成非法经营罪，应当考虑该经营行为是否属于严重扰乱市场秩序。对于虽然违反行政管理有关规定，但尚未严重扰乱市场秩序的经营行为，不应当认定为非法经营罪。为统一司法标准，最高人民法院、最高人民检察院通过出台相关司法解释，明确了15种比较突出的其他严重扰乱市场秩序的非法经营行为，如非法买卖外汇、非法出版、非法经营电信业务、非法传销、非法放贷等（后文详述）。

最后，本罪是情节犯。违反国家规定，扰乱市场秩序的非法经营行为，只有符合"情节严重"的标准才构成犯罪。由于非法经营行为的复杂性，针对不同的非法经营行为，有关司法解释和规范性文件明确了"情节严重"和"情节特别严重"的标准（后文详列）。对于已经确定了情节标准之外的其他非法经营行为，《最高人民检察院、公安部关于公安机关管辖的刑事案件立案追诉标准的规定（二）》[以下简称《立案追诉标准（二）》]第71条第12项规定了立案追诉标准，即个人非法经营数额在5万元以上，或者违法所得数额在1万元以上的；单位非法经营数额在50万元以上，或者违法所得数额在 10 万元以上的；虽未达到上述数额标准，但 2 年内因非法经营行为受过 2 次以上行政处罚，又从事同种非法经营行为的；其他情节严重的情形。按照《最高人民法院关于在经济犯罪审判中适用〈最高人民检察院、公安部关于公安机关管辖的刑事案件立案追诉标准的规定（二）〉的通知》，人民法院在审理非法经营犯罪案件时，可以参照适用《立案追诉标准（二）》的规定。从前述司法解释和规范性文件的规定看，这里的"情节"，既包括非法经营数额、违法所得数额、造成损失数额等犯罪数额，也包括对经济秩序、社会管理秩序的破坏情况，还包括类似行为人因受过行政处罚仍从事非法经营所体现出的主观恶性等情况。司法人员应严格按照司法解释和规范性文件的有关规定，根据案件具体情况，综合具体涉案行为的各种因素，对是否"情节严重""情节特别严重"作出判断。

需要注意的是，司法解释和规范性文件对大部分非法经营行为的个人犯罪和单位犯罪规定了不同的情节标准，比如《最高人民法院关于审理非法出版物刑事案件具体应用法律若干问题的解释》(以下简称《审理非法出版物刑事案件解释》)对个人和单位非法经营出版物的规定；《最高人民法院、最高人民检察院、公安部、国家安全部关于依法办理非法生产销售使用"伪基站"设备案件的意见》对个人和单位非法生产、销售"伪基站"设备的规定等。只对极个别非法经营行为的个人犯罪和单位犯罪规定了相同的情节标准，比如《最高人民法院关于审理扰乱电信市场管理秩序案件具体应用法律若干问题的解释》(以下简称《审理扰乱电信市场管理秩序案件解释》)对个人和单位非法经营电信业务的规定。司法实践中，要严格按照有关司法解释和规范性文件的规定执行。如果遇到没有明确规定的情形，一般应考虑单位和个人在非法经营犯罪方面的差异，对单位应执行高于个人的情节标准。

另外，由于非法经营罪属于行政犯，司法实践中经常遇到曾经受过行政处罚的情形。对于已经受过行政处罚的非法经营行为，涉案数额是否应计入犯罪数额，理论和实务上均存在争议。我们认为，对此应区分不同情形予以认定。一方面，对于行政机关超越职权范围"以罚代刑"的非法经营数额，应当作为未经处理的犯罪数额一并计算。构成犯罪的，依法追究刑事责任；多次非法经营的，犯罪数额累计计算。另一方面，对于行政机关未超越职权范围予以行政处罚的非法经营数额，不得累计计算为犯罪数额。按照《刑法》有关规定，多次非法经营未经处理的，犯罪数额累计计算。

3. 犯罪主体是一般主体，自然人和单位均可构成。

4. 犯罪的主观方面由故意构成，即行为人明知其行为会扰乱市场秩序而从事非法经营。

（二）认定非法经营罪应当注意的问题

1. 准确适用本罪的兜底条款。

最高人民法院 2011 年 4 月 8 日发布的《关于准确理解和适用刑法中"国家规定"的有关问题的通知》第 3 条明确指出："各级人民法院审理非法经营犯罪案件，要依法严格把握刑法第二百二十五条第（四）项的适用范围。对被告人的行为是否属于刑法第二百二十五条第（四）项规定的'其他严重扰乱市场秩序的非法经营行为'，有关司法解释未作明确规定的，应当作为法律适用问题，逐级向最高人民法院请示。"

根据最高人民法院、最高人民检察院有关司法解释和规范性文件，下列 15 种行为，在司法实践中被确定为《刑法》第 225 条第 4 项规定的非法经营犯罪行为：

（1）非法经营出版物。1998 年 12 月 17 日《审理非法出版物刑事案件解释》第 11 条规定，违反国家规定，出版、印刷、复制、发行严重危害社会秩序和扰乱市场秩序的非法出版物，情节严重的，以非法经营罪定罪处罚。根据《立案追诉标准（二）》第 71 条第 4 项，出版、印刷、复制、发行严重危害社会秩序和扰乱市场秩序的非法出版物，具有规定情形之一的，应予立案追诉。

（2）非法经营外汇。1998 年 12 月《全国人民代表大会常务委员会关于惩治骗购外汇、逃汇和非法买卖外汇犯罪的决定》第 4 条规定，在国家规定的交易场所以外非法买卖外汇，扰乱市场秩序，情节严重的，以非法经营罪论处。根据《立案追诉标准（二）》第 71 条第 3 项，实施倒买倒卖外汇或者变相买卖外汇等非法买卖外汇行为，扰乱金融市场秩序，具有下列情形之一的，应予立案追诉：（1）非法经营数额在 500 万元以上的，或者违法所得数额在 10 万元以上的；（2）非法经营数额在 250 万元以上，或者违法所得数额在 5 万元以上，且具有下列情形之一的：①因非法买卖外汇犯罪行为受过刑事追究的；②2年内因非法买卖外汇违法行为受过行政处罚的；③拒不交代涉案资金去向或者拒不配合追缴工作，致使赃款无法追缴的；④造成其他严重后果的。（3）公司、企业或者其他单位违反有关外贸代理业务的规定，采用非法手段，或者明知是伪造、变造的凭证、商业单据，为他人向外汇指定银行骗购外汇，数额在500万美元以上或者违法所得数额在50万元以上的。（4）居间介绍骗购外汇，数额在100万美元以上或者违法所得数额在10万元以上的。

（3）非法经营电信业务。2000年5月12日《审理扰乱电信市场管理秩序案件解释》第1条规定，违反国家规定，采取租用国际专线、私设转接设备或者其他方法，擅自经营国际电信业务或者涉港澳台电信业务进行营利活动，扰乱电信市场管理秩序，情节严重的，以非法经营罪定罪处罚。2002年2月6日《最高人民检察院关于非法经营国际或港澳台地区电信业务行为法律适用问题的批复》规定，违反《电信条例》规定，采取租用电信国际专线、私设转接设备或者其他方法，擅自经营国际或者香港特别行政区、澳门特别行政区和台湾地区电信业务进行营利活动，扰乱电信市场管理秩序，情节严重的，以非法经营罪追究刑事责任。根据《立案追诉标准（二）》第71条第6项，非法经营电信业务，具有下列情形之一的，应予立案追诉：一是经营去话业务数额在100万元以上的；二是经营来话业务造成电信资费损失数额在100万元以上的；三是虽未达到上述数额标准，但具有下列情形之一的：2年内因非法经营国际电信业务或者涉港澳台电信业务行为受过行政处罚2次以上，又非法经营国际电信业务或者涉港澳台电信业务的；因非法经营国际电信业务或者涉港澳台电信业务行为造成其他严重后果的。

（4）在生产、销售的饲料中添加"瘦肉精"等禁止在饲料和动物饮用水中使用的药品，或者销售添加有该类药品的饲料。2002年8月16日《最高人民法院、最高人民检察院关于办理非法生产、销售、使用禁止在饲料和动物饮用水中使用的药品等刑事案件具体应用法律若干问题的解释》第1条规定，未取得药品生产、经营许可证件和批准文号，非法生产、销售盐酸克仑特罗等禁止在饲料和动物饮用水中使用的药品，扰乱药品市场秩序，情节严重的，依照《刑法》第225条第1项的规定，以非法经营罪追究刑事责任。

该解释第 2 条规定，在生产、销售的饲料中添加盐酸克仑特罗等禁止在饲料和动物饮用水中使用的药品，或者销售明知是添加有该类药品的饲料，情节严重的，依照《刑法》第 225 条第 4 项的规定，以非法经营罪定罪处罚。

（5）特定灾害期间，哄抬物价、牟取暴利。在 2003 年"非典"爆发的特定时期，最高人民法院、最高人民检察院于当年 5 月 14 日作出《关于办理妨害预防、控制突发传染病疫情等灾害的刑事案件具体应用法律若干问题的解释》。其中第 6 条规定，违反国家在预防、控制突发传染病疫情等灾害期间有关市场经营、价格管理等规定，哄抬物价、牟取暴利，严重扰乱市场秩序，违法所得数额较大或者有其他严重情节的，以非法经营罪定罪，依法从重处罚。

（6）擅自发行、销售彩票。2005 年 5 月 11 日《最高人民法院、最高人民检察院关于办理赌博刑事案件具体应用法律若干问题的解释》第 6 条规定，未经国家批准擅自发行、销售彩票，构成犯罪的，以非法经营罪定罪处罚。

（7）擅自发行基金份额募集基金。2010 年 12 月 13 日公布、2022 年 2 月 23 日修正的《最高人民法院关于审理非法集资刑事案件具体应用法律若干问题的解释》第 11 条规定，未经依法核准擅自发行基金份额募集基金，情节严重的，以非法经营罪定罪处罚。

（8）非法放贷。2019 年 7 月 23 日《最高人民法院、最高人民检察院、公安部、司法部关于办理非法放贷刑事案件若干问题的意见》（以下简称《意见》）第 1 条第 1 款规定，违反国家规定，未经监管部门批准，或者超越经营范围，以营利为目的，经常性地向社会不特定对象发放贷款，扰乱金融市场秩序，情节严重的，依照《刑法》第 225 条第 4 项的规定，以非法经营罪定罪处罚。该《意见》第 2 条规定，以超过 36% 的实际年利率实施符合《意见》第 1 条规定的非法放贷行为，具有下列情形之一的，属于《刑法》第 225 条规定的"情节严重"，但单次非法放贷行为实际年利率未超过 36% 的，定罪量刑时不得计入：①个人非法放贷数额累计在 200 万元以上的，单位非法放贷数额累计在 1000 万元以上的；②个人违法所得数额累计在 80 万元以上的，单位违法所得数额累计在 400 万元以上的；③个人非法放贷对象累计在 50 人以上的，单位非法放贷对象累计在 150 人以上的；④造成借款人或者其近亲属自杀、死亡或者精神失常等严重后果的。具有下列情形之一的，属于《刑法》第225条规定的"情节特别严重"：①个人非法放贷数额累计在1000万元以上的，单位非法放贷数额累计在5000万元以上的；②个人违法所得数额累计在400万元以上的，单位违法所得数额累计在2000万元以上的；③个人非法放贷对象累计在250人以上的，单位非法放贷对象累计在750人以上的；④造成多名借款人或者其近亲属自杀、死亡或者精神失常等特别严重后果的。该《意见》第3条规定，非法放贷数额、违法所得数额、非法放贷对象数量接近《意见》第2条规定的"情节严重""情节特别严重"的数额、数量起点标准，并具有下列情形之一的，可以分别认定为"情节严重""情节特别严重"：①2年内因实施非法放贷行为受过行政处罚2次以上的；②以超过72%的实际年利率实施非法放贷行为10次以上的。前款规定中的"接近"，一般应当掌握在相应数额、数量标准的80%以上。《意见》第7条第2款规定，黑恶势力非法放贷的，据以认定"情节严重""情节特别严重"的非法放贷数额、违法所得数额、非法放贷对象数量起点标准，可以分别按照《意见》第2条规定中相应数额、数量标准的50%确定；同时具有《意见》第3条第1款规定情形的，可以分别按照相应数额、数量标准的40%确定。

（9）生产、销售用于赌博的电子游戏设施设备或其他专用软件。2014年3月26日《最高人民法院、最高人民检察院、公安部关于办理利用赌博机开设赌场案件适用法律若干问题的意见》第4条规定，以提供给他人开设赌场为目的，违反国家规定，非法生产、销售具有退币、退分、退钢珠等赌博功能的电子游戏设施设备或者其专用软件，情节严重的，依照《刑法》第225条的规定，以非法经营罪定罪处罚。实施前款规定的行为，具有下列情形之一的，属于非法经营行为"情节严重"：①个人非法经营数额在5万元以上，或者违法所得数额在1万元以上的；②单位非法经营数额在50万元以上，或者违法所得数额在10万元以上的；③虽未达到上述数额标准，但2年内因非法生产、销售赌博机行为受过2次以上行政处罚，又进行同种非法经营行为的；④其他情节严重的情形。具有下列情形之一的，属于非法经营行为"情节特别严重"：①个人非法经营数额在25万元以上，或者违法所得数额在5万元以上的;②单位非法经营数额在250万元以上,或者违法所得数额在50万元以上的。

(10)非法经营互联网业务。2004年7月16日《最高人民法院、最高人民检察院、公安部关于依法开展打击淫秽色情网站专项行动有关工作的通知》中规定,对于违反国家规定,擅自设立互联网上网服务营业场所,或者擅自从事互联网上网服务经营活动,情节严重,构成犯罪的,以非法经营罪追究刑事责任。

(11)非法买卖麻黄碱类复方制剂或者麻黄草。2013年5月2日《最高人民法院、最高人民检察院、公安部、农业部、食品药品监管总局关于进一步加强麻黄草管理严厉打击非法买卖麻黄草等违法犯罪活动的通知》第3条第4项规定,违反国家规定采挖、销售、收购麻黄草,没有证据证明以制造毒品或者走私、非法买卖制毒物品为目的,依照《刑法》第225条的规定构成犯罪的,以非法经营罪定罪处罚。

(12)有偿提供删除信息服务。2013年9月6日《最高人民法院、最高人民检察院关于办理利用信息网络实施诽谤等刑事案件适用法律若干问题的解释》第7条规定,违反国家规定,以营利为目的,通过信息网络有偿提供删除信息服务,或者明知是虚假信息,通过信息网络有偿提供发布信息等服务,扰乱市场秩序,具有下列情形之一的,属于非法经营行为"情节严重",依照《刑法》第225条第4项的规定,以非法经营罪定罪处罚:(1)个人非法经营数额在5万元以上,或者违法所得数额在2万元以上的;(2)单位非法经营数额在15万元以上,或者违法所得数额在5万元以上的。实施前款规定的行为,数额达到前款规定的数额5倍以上的,应当认定为《刑法》第225条规定的"情节特别严重"。

(13)非法生产、销售"伪基站"设备。2014年4月13日《最高人民法院、最高人民检察院、公安部、国家安全部关于依法办理非法生产销售使用"伪基站"设备案件的意见》第1条第1项规定,非法生产、销售"伪基站"设备,具有以下情形之一的,依照《刑法》第225条的规定,以非法经营罪追究刑事责任:(1)个人非法生产、销售"伪基站"设备3套以上,或者非法经营数额5万元以上,或者违法所得数额2万元以上的;(2)单位非法生产、销售"伪基站"设备10套以上，或者非法经营数额15万元以上，或者违法所得数额5万元以上的；（3）虽未达到上述数额标准，但2年内曾因非法生产、销售"伪基站"设备受过2次以上行政处罚，又非法生产、销售"伪基站"设备的。实施前款规定的行为，数量、数额达到前款规定的数量、数额5倍以上的，应当认定为《刑法》第225条规定的"情节特别严重"。非法生产、销售"伪基站"设备，经鉴定为专用间谍器材的，依照《刑法》第283条的规定，以非法生产、销售间谍专用器材罪追究刑事责任；同时构成非法经营罪的，以非法经营罪追究刑事责任。2017年6月27日《最高人民法院、最高人民检察院关于办理扰乱无线电通讯管理秩序等刑事案件适用法律若干问题的解释》第4条规定，非法生产、销售"黑广播""伪基站"、无线电干扰器等无线电设备，具有下列情形之一的，应当认定为《刑法》第225条规定的"情节严重"：①非法生产、销售无线电设备3套以上的；②非法经营数额5万元以上的；③其他情节严重的情形。实施前款规定的行为，数量或者数额达到前款第1项、第2项规定标准5倍以上，或者具有其他情节特别严重的情形的，应当认定为《刑法》第225条规定的"情节特别严重"。在非法生产、销售无线电设备窝点查扣的零件，以组装完成的套数以及能够组装的套数认定；无法组装为成套设备的，每3套广播信号调制器（激励器）认定为1套"黑广播"设备，每3块主板认定为1套"伪基站"设备。单位犯解释规定之罪的，对单位判处罚金，并对直接负责的主管人员和其他直接责任人员，依照解释规定的自然人犯罪的定罪量刑标准定罪处罚。

（14）生产、销售非法电视网络接受设备及提供相关服务。2015年9月18日《最高人民法院、最高人民检察院、公安部、国家新闻出版广电总局关于依法严厉打击非法电视网络接收设备违法犯罪活动的通知》第二部分规定，违反国家规定，从事生产、销售非法电视网络接收设备（含软件），以及为非法广播电视接收软件提供下载服务、为非法广播电视节目频道接收提供链接服务等营利性活动，扰乱市场秩序，个人非法经营数额在5万元以上或违法所得数额在1万元以上，单位非法经营数额在50万元以上或违法所得数额在10万元以上，按照非法经营罪追究刑事责任。

值得注意的是，除了上述 14 种非法经营行为，最高人民法院、最高人民检察院还通过司法解释或者规范性文件，明确了以下 4 种行为，按照《刑法》第 225 条第 1 项或者 3 项的规定，以非法经营罪论处：

（1）利用信用卡套现。2018 年 11 月 28 日修正的《最高人民法院、最高人民检察院关于办理妨害信用卡管理刑事案件具体应用法律若干问题的解释》第 12 条第 1 款、第 2 款规定，违反国家规定，使用销售点终端机具（POS 机）等方法，以虚构交易、虚开价格、现金退货等方式向信用卡持卡人直接支付现金，情节严重的，以非法经营罪定罪处罚。实施本行为，数额在 100 万元以上的，或者造成金融机构资金 20 万元以上逾期未还的，或者造成金融机构经济损失 10 万元以上的，应当认定为"情节严重"；数额在 500 万元以上的，或者造成金融机构资金 100 万元以上逾期未还的，或者造成金融机构经济损失 50 万元以上的，应当认定为"情节特别严重"。

（2）非法经营非食品原料、农药、兽药、饲料、饲料添加剂、饲料原料、饲料添加剂原料，私设生猪屠宰厂（场）从事生猪屠宰、销售等经营活动。《最高人民法院、最高人民检察院关于办理危害食品安全刑事案件适用法律若干问题的解释》第 16 条规定，以提供给他人生产、销售食品为目的，违反国家规定，生产、销售国家禁止用于食品生产、销售的非食品原料，情节严重的，依照《刑法》第 225 条的规定以非法经营罪定罪处罚。以提供给他人生产、销售食用农产品为目的，违反国家规定，生产、销售国家禁用农药、食品动物中禁止使用的药品及其他化合物等有毒有害的非食品原料，或者生产、销售添加上述有毒、有害的非食品原料的农药、兽药、饲料、饲料添加剂、饲料原料，情节严重的，依照前款的规定定罪处罚。第 17 条规定，违反国家规定，私设生猪屠宰厂（场），从事生猪屠宰、销售等经营活动，情节严重的，依照《刑法》第 225 条的规定以非法经营罪定罪处罚。在畜禽屠宰相关环节，对畜禽使用食品动物中禁止使用的药品及其他化合物等有毒、有害的非食品原料，依照《刑法》第 144 条的规定以生产、销售有毒、有害食品罪定罪处罚，对畜禽注水或者注入其他物质，足以造成严重食物中毒事故或者其他严重食源性疾病的，依照《刑法》第 143 条的规定以生产、销售不符合安全标准的食品罪定罪处罚，虽不足以造成严重食物中毒事故或者其他严重食源性疾病,但符合《刑法》第140条规定的,以生产、销售伪劣产品罪定罪处罚。

(3)非法贩卖麻醉药品或者精神药品。2015年5月18日《全国法院毒品犯罪审判工作座谈会纪要》第二部分第7条规定,行为人向走私、贩卖毒品的犯罪分子或者吸食、注射毒品的人员贩卖国家规定管制的能够使人形成瘾癖的麻醉药品或者精神药品的,以贩卖毒品罪定罪处罚。行为人出于医疗目的,违反有关药品管理的国家规定,非法贩卖上述麻醉药品或者精神药品,扰乱市场秩序,情节严重的,以非法经营罪定罪处罚。

(4)非法经营兴奋剂目录所列物质。2019年11月18日《最高人民法院关于审理走私、非法经营、非法使用兴奋剂刑事案件适用法律若干问题的解释》第2条规定,违反国家规定,未经许可经营兴奋剂目录所列物质,涉案物质属于法律、行政法规规定的限制买卖的物品,扰乱市场秩序,情节严重的,应当依照《刑法》第225条的规定,以非法经营罪定罪处罚。

2. 准确认定和处理本罪与他罪的法条竞合。

有关司法解释对非法经营罪与相关犯罪法条竞合的处理原则作了明文规定,均要求"依照处罚较重的规定定罪处罚"。2001年4月9日《最高人民法院、最高人民检察院关于办理生产、销售伪劣商品刑事案件具体应用法律若干问题的解释》第10条规定:"实施生产、销售伪劣商品犯罪,同时构成侵犯知识产权、非法经营等其他犯罪的,依照处罚较重的规定定罪处罚。"2000年11月22日《最高人民法院关于审理破坏森林资源刑事案件具体应用法律若干问题的解释》第13条规定:"对于伪造、变造、买卖林木采伐许可证、木材运输证件,森林、林木、林地权属证书,占用或者征用林地审核同意书、育林基金等缴费收据以及其他国家机关批准的林业证件构成犯罪的,依照刑法第二百八十条第一款的规定,以伪造、变造、买卖国家机关公文、证件罪定罪处罚。对于买卖允许进出口证明书等经营许可证明,同时触犯刑法第二百二十五条、第二百八十条规定之罪的,依照处罚较重的规定定罪处罚。"2000年5月12日《审理扰乱电信市场管理秩序案件解释》第5条规定:"违反国家规定,擅自设置、使用无线电台(站),或者擅自占用频率,非法经营国际电信业务或者涉港澳台电信业务进行营利活动,同时构成非法经营罪和刑法第二百八十八条规定的扰乱无线电通讯管理秩序罪的，依照处罚较重的规定定罪处罚。"

（三）非法经营罪的刑事责任

依照《刑法》第 225 条规定，犯非法经营罪的，处五年以下有期徒刑或者拘役，并处或者单处违法所得 1 倍以上 5 倍以下罚金；情节特别严重的，处五年以上有期徒刑，并处违法所得 1 倍以上 5 倍以下罚金或者没收财产。

依照《刑法》第 231 条规定，单位犯本罪的，对单位判处罚金，并对其直接负责的主管人员和其他直接责任人员，依照第 225 条的规定处罚。

七、强迫交易罪[①]

第二百二十六条[②] 以暴力、威胁手段，实施下列行为之一，情节严重的，处三年以下有期徒刑或者拘役，并处或者单处罚金；情节特别严重的，处三年以上七年以下有期徒刑，并处罚金：
（一）强买强卖商品的；
（二）强迫他人提供或者接受服务的；
（三）强迫他人参与或者退出投标、拍卖的；
（四）强迫他人转让或者收购公司、企业的股份、债券或者其他资产的；
（五）强迫他人参与或者退出特定的经营活动的。

（一）强迫交易罪的概念和构成要件

强迫交易罪，是指以暴力、威胁手段强买强卖商品，强迫他人提供服务或者强迫他人接受服务，以及强迫他人参与或者退出招标、拍卖，强迫他人转让或者收购公司、企业的股份、债券或者其他资产，强迫他人参与或者退出特定的经营活动，情节严重的行为。

---

① 参考案例：吴某兰、吴某全强迫交易案，贵州省贵阳市中级人民法院（2019）黔 01 刑终 896 号。
② 本条经 2011 年 2 月 25 日《刑法修正案（八）》第 36 条修改。

本罪是 1997 年《刑法》增设的罪名。1997 年《刑法》生效施行前，司法实践中，对这种犯罪一般是按照投机倒把罪处理的。1997 年《刑法》施行后，《刑法修正案（八）》第 36 条又对本罪作了进一步的修改、完善等。

强迫交易罪的构成要件是：

1. 本罪侵犯的客体是正常的市场商品交易秩序。

市场交易秩序应当是在公平、自由、平等的原则下进行的，市场主体是基于自由意志进行等价有偿的交易活动。但本罪的行为人却使用暴力、威胁手段强买强卖，强迫他人提供服务或者强迫他人接受服务，以及在招投标拍卖、特许经营及公司股份、债券转让过程中强迫他人退出或参与等。这不仅破坏了市场交易的基本准则，而且侵害了交易对方的合法权益。

2. 客观方面表现为以暴力、威胁手段强迫交易的 5 种行为，即强买强卖商品，强迫他人提供服务或者强迫他人接受服务，强迫他人参与或者退出招标、拍卖，强迫他人转让或者收购公司、企业的股份、债券或者其他资产，强迫他人参与或者退出特定的经营活动的行为。

3. 犯罪主体为一般主体，包括自然人和单位。

4. 主观方面由故意构成。

根据法律规定，强迫交易的行为，除需具备上述构成要件外，还必须达到"情节严重"的程度，才构成犯罪。所谓情节严重，在司法实践中，一般是指多次强迫交易的；强迫交易数额巨大的；以强迫交易手段推销伪劣产品的；造成被强迫者人身伤害等后果的；造成恶劣影响或者其他严重后果的等情形。

（二）认定强迫交易罪应当注意的问题

划清罪与非罪的界限。强迫交易的行为，如果情节不严重的，属一般违法行为，应当由工商行政部门给予行政处罚。

根据《最高人民检察院、公安部关于公安机关管辖的刑事案件立案追诉标准规定（一）》第 28 条的规定，以暴力、威胁手段强买强卖商品，强迫他人提供服务或在接受服务，涉嫌规定情形之一的，应予立案追诉。

（三）强迫交易罪的刑事责任

依照《刑法》第 226 条规定，犯强迫交易罪的，处三年以下有期徒刑或者拘役，并处或者单处罚金；情节特别严重的，处三年以上七年以下有期徒刑，并处罚金。

依照《刑法》第 231 条规定，单位犯本罪的，对单位判处罚金，并对其直接负责的主管人员和其他直接责任人员，依照第 226 条的规定处罚。

八、伪造、倒卖伪造的有价票证罪[1]

第二百二十七条第一款 伪造或者倒卖伪造的车票、船票、邮票或者其他有价票证，数额较大的，处二年以下有期徒刑、拘役或者管制，并处或者单处票证价额一倍以上五倍以下罚金；数额巨大的，处二年以上七年以下有期徒刑，并处票证价额一倍以上五倍以下罚金。

（一）伪造、倒卖伪造的有价票证罪的概念和构成要件

伪造、倒卖伪造的有价票证罪，是指伪造或者倒卖伪造的车票、船票、邮票或者其他有价票证，数额较大的行为。1979 年《刑法》原本只有伪造有价票证罪的规定。1997 年《刑法》对罪状作了修改，罪名也相应地改为伪造、倒卖伪造的有价票证罪。

伪造、倒卖伪造的有价票证罪的构成要件是：

1.本罪侵犯的客体为有价票证的管理秩序。

本罪侵犯的客体是有价票证的管理活动，犯罪对象是车票、船票、邮票等有价票证。"其他有价票证"，包括飞机票、邮票、铁路乘车证等，是指除了车票、船票、邮票以外的，由有关主管部门统一发行和管理的能够体现一定价值的票证，不要求具备与所列举的"车票、船票、邮票"完全相同的特

---

[1] 参考案例：李某某倒卖伪造的有价票证案，上海市浦东新区人民法院（2012）浦刑初字第 105 号。

证。① 过期作废或者使用过的票证因不再具有流通或者使用功能，不应认定为有价票证。② 伪造或者倒卖伪造的上述票证，不仅直接给国家经济造成损失，而且给国家的票证管理活动以及同票证管理有关的财政、金融、工商管理活动造成危害，因此，必须依法惩处。

2. 客观方面表现为行为人伪造或者倒卖伪造的车票、船票、邮票或者其他有价票证，数额较大的行为。

首先，行为人实施了伪造或者倒卖伪造的车票、船票、邮票或者其他有价票证的行为。这里的伪造包括"变造"在内，③ 即以真实的有价票证为基础，采用挖补、揭层、涂改、拼接等方法加以处理，改变真实有价票证的内容而以假充真的行为。"倒卖"是指出售、贩卖，不要求先购入后出售，也不要求行为人必须低价收买然后加价出售。④

其次，行为人伪造或者倒卖伪造的有价票证数额较大。"数额较大"，根据《最高人民检察院、公安部关于公安机关管辖的刑事案件立案追诉标准规定（一）》，是指：（1）车票、船票票面数额累计2000元以上，或者数量累计50张以上的；（2）邮票票面数额累计5000元以上，或者数量累计1000枚以上的；（3）其他有价票证价额累计5000元以上，或者数量累计100张以上的；（4）非法获利累计1000元以上的；（5）其他数额较大的情形。

对于"数额巨大"的标准，尚没有统一的司法解释。

3. 犯罪主体为一般主体，既可以是中国人，也可以是外国人或无国籍人。

凡达到刑事责任年龄且具备刑事责任能力的自然人均能构成本罪，单位亦能成为本罪主体。

4. 主观方面只能由故意构成。

本罪的主观方面为故意，是否以营利为目的不是本罪的构成要件。行为人不明知是伪造的车票、船票、邮票或者其他有价票证而出卖的，不构成犯罪。

---

① 参见《刑事审判参考》第426号王某伪造、倒卖伪造的有价票证案。
② 参见《刑事审判参考》第213号董某、岑某等伪造有价票证、职务侵占案。
③ 参见《最高人民法院关于对变造、倒卖变造邮票行为如何适用法律问题的解释》。
④ 参见彭之宇、刘勇：《伪造、倒卖伪造的有价票证罪疑难问题探究》，载《人民检察》2009年第22期。

（二）认定伪造、倒卖伪造的有价票证罪应当注意的问题

1.既未遂的标准。

伪造有价票证的，以伪造出足以使人误以为真的有价票证为既遂标准；已经着手伪造行为但尚未完成，即未达到足以使人误以为真程度的，成立犯罪未遂。

倒卖伪造的有价票证，犯罪是否既遂应分两种情况考察：

（1）行为人为了出售而购买伪造的有价票证的，无论是否已经卖出，只要完成了购买行为，都成立犯罪既遂。这里的购买，不仅包括货款两清的情况，也包括购买时尚未付款，约定售出后再付款的情况。

（2）行为人没有购买行为，或者伪造的有价票证的来源无法查清，而只有出售行为时，应以伪造的有价票证全部或者部分销售出去作为犯罪既遂的标准，在此之前被查获的，成立犯罪未遂。但是，行为人自行伪造、自行出售的情况下，如果在出售之前被查获，只应定伪造有价票证罪。[①]

2.关于本罪与其他犯罪的界限。

本罪属选择性罪名，实施伪造有价票证、倒卖伪造的有价票证行为之一，即构成本罪。行为人自己伪造有价票证，又倒卖他人伪造的有价票证的，仍然成立本罪，不实施并罚。

非法制作或出售非法制作的电话IC卡，数额较大的，以本罪论处。[②]

本罪与伪造、变造金融票证罪和伪造、变造国家有价证券罪在犯罪的客观方面都是伪造行为。区别在于犯罪对象不同。前者是有价票证，后两者则是金融票证罪和国家有价证券，如汇票、本票、支票、国库券、金融债券等。

行为人将伪造的有价票证冒充真实的有价票证予以倒卖的，同时构成诈骗罪的，以想象竞合原则处理。

[①] 参见彭之宇、刘勇：《伪造、倒卖伪造的有价票证罪疑难问题探究》，载《人民检察》2009年第22期。

[②] 参见《最高人民检察院关于非法制作、出售、使用IC电话卡行为如何适用法律问题的答复》。

(三)伪造、倒卖伪造的有价票证罪的刑事责任

根据《刑法》第 227 条第 1 款的规定,犯伪造、倒卖伪造的有价票证罪,数额较大的,处二年以下有期徒刑、拘役或者管制,并处或者单处票证价额 1 倍以上 5 倍以下罚金;数额巨大的,处二年以上七年以下有期徒刑,并处票证价额 1 倍以上 5 倍以下罚金。第 231 条规定,单位犯本罪的,对单位判处罚金,并对其直接负责的主管人员和其他直接责任人员,依照以上规定处罚。

九、倒卖车票、船票罪[①]

第二百二十七条第二款 倒卖车票、船票,情节严重的,处三年以下有期徒刑、拘役或者管制,并处或者单处票证价额一倍以上五倍以下罚金。

(一)倒卖车票、船票罪的概念和构成要件

倒卖车票、船票罪,是指倒卖车票、船票,情节严重的行为。1979 年《刑法》和单行刑法均没有规定此罪名。在特定的社会历史条件下,由于运能与运量之间的紧张关系,倒卖车票、船票开始出现并发展成为严重的社会问题,严重影响了运输秩序和公众的切身利益,因此 1997 年《刑法》遂增设这一罪名。随着我国交通运输行业的发展、运能与运量之间紧张关系的逐步缓解,本罪将经历一个逐步萎缩和限缩解释的过程。

倒卖车票、船票罪的构成要件是:

1. 本罪侵犯的客体为国家对车票、船票的管理秩序。

本罪所称的车票、船票,必须是指真实的车票、船票。如果倒卖的是伪造的车票、船票的,则属于倒卖伪造的有价票证罪的问题。倒卖其他交通运输有价票证的,不成立本罪。所谓车票,是指旅客凭其乘坐各种陆上从事

[①] 参考案例:上海某票务代理有限公司、王某朝等倒卖车票案,上海铁路运输法院(2010)沪铁刑初字第 82 号。

旅客运输的公共交通工具的有价票证，如火车票、公共汽车票、长途汽车票等；坐席、卧铺签字号及订购车票凭证亦属于本罪所称车票性质。所谓船票，是指凭其乘坐水上从事旅客交通运输的公共交通工具的有价票证。

2. 客观方面表现为倒卖车票、船票、情节严重的行为。

首先，行为人实施了倒卖车票、船票的行为。本罪所指的"倒卖"，一般是指先购入后出售，旨在赚取差价的行为，具体包括高价、变价、变相加价倒卖三种形式。① 高价是指车票持有人将原购票价格提高一定幅度进行出售的行为；变相加价是指持票人在原有价格的基础上，以巧立名目的方式，收取一定数量费用的行为。② 以乘车人的真实身份为特定他人代购车票、船票，从中收取一定手续费的，不属于倒卖。③ 理由在于，中间人持乘车人的有效身份证件替乘车人代购车票的行为，当然是合法行为（民事代理行为），仅因增加了"有偿性"便成为犯罪行为，过于苛刻。④ 不具备代办铁路客票资质，使用抢票软件抢票囤积然后加价出售的，应当以本罪论处。⑤ 需要注意的是，根据司法实践的观点，为了出卖而买当然属于"倒卖"的应有之义，因此以出售牟利为目的购买车票的行为，虽然车票尚未售出，仍然构成本罪的既遂。⑥

其次，行为人倒卖车票、船票的行为，达到了"情节严重"的程度。根据《审理倒卖车票刑事案件解释》第 1 条的规定，高价、变相加价倒卖车票或者倒卖坐席、卧铺签字号及订购车票凭证，票面数额在 5000 元以上，或者非法获利数额在 2000 元以上的，构成《刑法》第 227 条第 2 款规定的"倒卖车票情节严重"。

3. 犯罪主体为一般主体，既可以是中国人，也可以是外国人或无国

---

① 参见《最高人民法院关于审理倒卖车票刑事案件有关问题的解释》（法释〔1999〕17 号，以下简称《审理倒卖车票刑事案件解释》）。
② 参见曹敏、潘燕：《倒卖车票行为与主观故意的认定》，载《人民检察》2008 年第 16 期。
③ 参见《广东佛山代人订票收 10 元被刑拘夫妇今日获释》，载新浪网，https://news.qq.com/a/20130123/001351.htm，最后访问时间：2020 年 12 月 25 日。
④ 参见高艳东、祁拓：《互联网时代倒卖车票罪的规范解读——有偿抢票服务入罪论》，载《浙江社会科学》2017 年第 11 期。
⑤ 参见刘某福倒卖车票、船票案，南昌铁路运输中级法院（2019）赣 71 刑终 8 号。
⑥ 参见《刑事审判参考》第 379 号刘某场、李某华倒卖车票案。

籍人。

凡达到刑事责任年龄且具备刑事责任能力的自然人均能构成本罪,单位亦能成为本罪主体。

4. 主观方面只能由故意构成。

本罪的主观方面为故意,是否以营利为目的不是本罪的构成要件。

(二)认定倒卖车票、船票罪应当注意的问题

1. 罪与非罪的界限。

对于代他人购买火车票并收取一定的费用的行为,需要区分其行为是代售火车票还是代购火车票行为,收取的是服务费还是变相加价倒卖火车票。代售火车票是国家铁路车票专营权的一部分,即经铁路主管部门授权、工商行政管理机关核准,代为销售铁路车票。因此,不具备代办铁路客票资质,为他人代办铁路车票并非法加价牟利的,构成倒卖车票罪。[①]而代购火车票则源于客户的委托,按照客户的要求代为向铁路售票部门购买的行为。我国现行法律、法规对代购车票并未作禁止性规定。按照客户的要求,代为购买车票后又提供了送票上门的快递劳务,按约收取服务费的行为与大量套购紧俏车票,囤积居奇,伺机兜售,加价倒卖或以各种名义变相加价倒卖的行为有本质区别。因此,代购车票行为不具有刑事违法性。需要注意的是,行为人在代购车票过程中使用假订票费单据[②]向订购人收取费用的,属于行政违法,不能贸然认定为具有刑事违法性。[③]

2. 既未遂的标准。

在实践中大量存在行为人以牟利为目的购得车票、船票后,尚未卖出即被抓获的情况,此种情况是认定为既遂还是未遂,存在争议。鉴于本罪的保护客体是国家对车票、船票的管理秩序,而行为人以牟利为目的大量购入车

---

① 参见《铁道部、国家发展和改革委员会、公安部、国家工商行政管理总局关于依法查处代售代办铁路客票非法加价和倒卖铁路客票违法犯罪活动的通知》(铁办函〔2006〕81号)。

② 例如"某某宾馆代购船票、火车票手续费""某某铁路分局客运服务公司火车票订票费"等假单据。

③ 参见田某等被控倒卖车票宣告无罪案,上海铁路运输中级法院(1999)沪铁中刑终字第66号。

票、船票时，国家就已经失去了对车票、船票的控制，他人也无法通过正常途径购买到所需要的车票、船票，国家对车票、船票的正常管理秩序已经被侵害，因此以认定为既遂为宜。①

3. 关于本罪与其他犯罪的界限。

本罪与倒卖伪造的有价票证罪在主体、主观方面、客观方面等均相同，但犯罪对象不同。本罪的犯罪对象是真实的车票、船票，而倒卖伪造的有价票证罪，犯罪对象是伪造的车票、船票、邮票或其他有价票证。

（三）倒卖车票、船票罪的刑事责任

根据《刑法》第227条第2款的规定，犯倒卖车票、船票罪的，处三年以下有期徒刑、拘役或者管制，并处或者单处票证价额1倍以上5倍以下罚金。第231条规定，单位犯本罪的，对单位判处罚金，并对其直接负责的主管人员和其他直接责任人员，依照以上规定处罚。

根据《审理倒卖车票刑事案件解释》第2条的规定，对于铁路职工倒卖车票或者与其他人员勾结倒卖车票；组织倒卖车票的首要分子；曾因倒卖车票受过治安处罚2次以上，2年内又倒卖车票，构成倒卖车票罪的，依法从重处罚。

十、非法转让、倒卖土地使用权罪②

第二百二十八条 以牟利为目的，违反土地管理法规，非法转让、倒卖土地使用权，情节严重的，处三年以下有期徒刑或者拘役，并处或者单处非法转让、倒卖土地使用权价额百分之五以上百分之二十以下罚金；情节特别严重的，处三年以上七年以下有期徒刑，并处非法转让、倒卖土地使用权价额百分之五以上百分之二十以下罚金。

---

① 参见马秀成：《为牟利购买大量车票未售出也应认定犯罪既遂》，载《检察日报》2007年2月26日第3版。
② 参考案例：王某晨等非法转让、倒卖土地使用权案，北京市第二中级人民法院（2011）刑终字2066号。

（一）非法转让、倒卖土地使用权罪的概念和构成要件

非法转让、倒卖土地使用权罪，是指以牟利为目的，违反土地管理法规，非法转让、倒卖土地使用权，情节严重的行为。在1988年之前，由于当时土地使用权由国家掌握，不存在出让或转让的可能性，因此不存在非法转让、倒卖土地使用权的行为。在1988年《宪法修正案》规定土地使用权可以依照法律的规定转让后，非法转让、倒卖土地使用权以牟取暴利的行为骤增，严重破坏了社会主义经济的正常运行，1997年《刑法》遂规定了非法转让、倒卖土地使用权罪。

非法转让、倒卖土地使用权罪的构成要件是：

1.本罪侵犯的客体为国家对土地使用权的正常管理制度。

我国是世界第一人口大国，人多地少，土地是重要的生产资料和自然资源。因此，对土地使用权进行严格管理，实现合法有序流转是贯彻"合理利用土地和切实保护耕地"基本国策的重要措施。土地使用权的享有和转让是由国家法律、法规明确规定的，不能作为一种商品进行随意买卖。非法转让、倒卖土地使用权以牟取暴利的行为，破坏了国家的土地管理制度，影响社会稳定，依法应予严惩。

2.客观方面表现为违反土地管理法规，非法转让、倒卖土地使用权的行为。

首先，行为人违反土地管理法规，实施了非法转让、倒卖土地使用权的行为。根据《全国人民代表大会常务委员会关于〈中华人民共和国刑法〉第二百二十八条、第三百四十二条、第四百一十条的解释》，"违反土地管理法规"，是指违反《土地管理法》《森林法》《草原法》等法律以及有关行政法规中关于土地管理的规定。"非法转让土地使用权"，是指在以受让、划拨或其他方式合法取得土地使用权的前提下，违反国家关于土地使用权转让的法律规定，将土地使用权非法转让给他人。"倒卖土地使用权"，是指违反法律规定，以出售牟利为目的，买入土地使用权后又卖出，且买入和卖出具有一致

性和连贯性的行为。①

在实务上,能够以非法转让、倒卖土地使用权罪定罪的,主要表现为以下情形:②(1)将农村集体土地(含农村集体经营性建设用地)擅自直接出租、出售的。包括:①将农村土地作为宅基地出售的;②把农村集体土地非法直接变卖的;③农民将本人承包经营的责任田转让给他人用于房地产开发的;④将集体土地租赁给他人投资办厂的。③(2)擅自改变城市土地用途出售的。(3)合法获批土地后直接出售的。(4)直接转手倒卖城市土地的。

其次,行为人的行为情节严重。根据《最高人民法院关于审理破坏土地资源刑事案件具体应用法律若干问题的解释》第1条,以下行为属于"情节严重":(1)非法转让、倒卖基本农田5亩以上的;(2)非法转让、倒卖基本农田以外的耕地10亩以上的;(3)非法转让、倒卖其他土地20亩以上的;(4)非法获利50万元以上的;(5)非法转让、倒卖土地接近上述数量标准并具有其他恶劣情节的,如曾因非法转让、倒卖土地使用权受过行政处罚或者造成严重后果等。

根据上述解释第2条,实施第1条规定的行为,具有下列情形之一的,属于非法转让、倒卖土地使用权"情节特别严重":(1)非法转让、倒卖基本农田10亩以上的;(2)非法转让、倒卖基本农田以外的耕地20亩以上的;(3)非法转让、倒卖其他土地40亩以上的;(4)非法获利100万元以上的;(5)非法转让、倒卖土地接近上述数量标准并具有其他恶劣情节,如造成严重后果等。

3. 犯罪主体为一般主体。凡达到刑事责任年龄且具备刑事责任能力的自然人均能构成本罪,单位亦能成为本罪主体。需要注意的是,村民委员会、村民小组可成为单位犯罪的主体。④

---

① 参见邹清平:《非法转让、倒卖土地使用权罪探析》,载《法学评论》2007年第4期。
② 参见周光权:《非法倒卖转让土地使用权罪研究》,载《法学论坛》2014年第5期。
③ 根据2019年修正的《土地管理法》第82条的规定,不得擅自将农民集体所有的土地通过出让、转让使用权或者出租等方式用于非农业建设,或者违反《土地管理法》规定,将集体经营性建设用地通过出让、出租等方式交由单位或者个人使用。
④ 参见广州市海珠区某经济合作社等非法转让土地使用权案,广东省广州市海珠区人民法院(2009)海刑初字第397号;庄公辉:《浅议村民委员会可否作为单位犯罪主体》,载中国法院网,https://www.chinacourt.org/article/detail/2013/09/id/1103783.shtml,最后访问时间:2020年1月30日。

4. 主观方面只能由故意构成，且需具备牟利目的。

本罪的主观方面表现为故意，并且以牟利为目的。这里的牟利包括谋集体利益的情况。[①] 行为人虽有故意但没有牟利目的，例如赠与，不能构成本罪。行为人没有牟利目的，也没有非法转让、倒卖的故意，其行为是由于不懂土地市场政策、土地管理活动法规或者由于疏忽大意而发生的，则是过失行为，不构成本罪。

（二）认定非法转让、倒卖土地使用权罪应当注意的问题

1. 罪与非罪的界限。

本罪的成立，不以土地使用权的变更登记为前提，只要事实上转让、倒卖了土地使用权即可。

行为人在取得土地使用权与转让时如果存在差价，一般会被评价为具有牟利目的，这种事实推定大体是妥当的，但是也要注意例外情形。如果行为人有合法的理由转让土地使用权，而不是为了通过转让行为单纯获利，那么即便在客观上真的获取了利润，有时也不能以本罪论处。[②]

最具争议的问题是：行为人以股权转让的形式实现了土地使用权（或房地产项目）转让的真实目的时，是否应当以本罪论处？实践中，有的司法机关将以股权转让方式转让土地使用权的情况认定为"以股权转让为名，变相违规转让土地使用权"而入罪。但有观点认为，2023年修订的《公司法》第48条明确股东可以用土地使用权作价出资；况且，由于股权转让不会导致土地使用权主体变更，因此也不会引起目标公司名下的土地使用权实际转让；再者，民事审判的通行观点认为，[③] 即便股权转让的目的是转让土地使用权，股权转让合同的内容和形式也并不违反法律法规的强制性规定，应当认定该

[①] 参见赵某某非法转让土地使用权案，贵州省清镇市人民法院（2013）清环保刑初字第48号。

[②] 例如，行为人在取得土地后进行了合理的资源开发，但是由于客观原因导致资金链条断裂，难以继续进行开发，不得不将使用权转让，在此情况下即便是存在盈余获利，也不能轻易评价为具有牟利目的。参见佟齐、门美子：《非法转让、倒卖土地使用权罪探析》，载《中国检察官》2014年第21期。

[③] 参见最高人民法院（2004）民一终字第68号、最高人民法院（2007）民二终字第219号、最高人民法院（2013）民一终字第138号等。

股权转让合同合法有效,如果将同一行为认定为犯罪,就势必造成民事上合法但刑事上违法的窘境。① 我们认为,这是典型的刑民交叉案件,从法秩序统一性原理和有利于土地使用权合法流转的角度来看,不宜将以股权转让方式转让土地使用权的情况入罪。

2. 一罪与数罪问题。

行为人非法占用农用地后,后又将土地使用权非法转让、倒卖的,造成农用地大量毁坏的,涉及非法占用农用地罪与非法倒卖、转让土地使用权罪两个罪名,应当按照牵连犯的原则,从一重罪论处。如果行为人在非法转让、倒卖土地使用权过程中,兼有行贿、受贿、贪污、敲诈勒索等犯罪行为,则构成数罪,应当按照数罪并罚原则处理。②

(三)非法转让、倒卖土地使用权罪的刑事责任

根据《刑法》第228条的规定,犯非法转让、倒卖土地使用权罪,情节严重的,处三年以下有期徒刑或者拘役,并处或者单处非法转让、倒卖土地使用权价额5%以上20%以下罚金;情节特别严重的,处三年以上七年以下有期徒刑,并处非法转让、倒卖土地使用权价额5%以上20%以下罚金。第231条规定,单位犯本罪的,对单位判处罚金,并对其直接负责的主管人员和其他直接责任人员,依照以上规定处罚。

十一、提供虚假证明文件罪③

第二百二十九条④ **第一款** 承担资产评估、验资、验证、会计、审计、法律服务、保荐、安全评价、环境影响评价、环境监测等职责的中介组织的人员故意提供虚假证明文件,情节严重的,处五年以下有期徒刑或者拘役,并处罚金;有下列情形之一的,处五年以上十年以下有期徒刑,并处罚金:

---

① 参见周光权:《刑法各论》,中国人民大学出版社2016年版,第329页以下。
② 参见邹清平:《非法转让、倒卖土地使用权罪探析》,载《法学评论》2007年第4期。
③ 参考案例:张某甲等提供虚假证明文件案,湖北省荆州市中级人民法院(2015)鄂荆州中刑终字第00047号。
④ 本条经2020年12月26日《刑法修正案(十一)》第25条修改。

（一）提供与证券发行相关的虚假的资产评估、会计、审计、法律服务、保荐等证明文件，情节特别严重的；

（二）提供与重大资产交易相关的虚假的资产评估、会计、审计等证明文件，情节特别严重的；

（三）在涉及公共安全的重大工程、项目中提供虚假的安全评价、环境影响评价等证明文件，致使公共财产、国家和人民利益遭受特别重大损失的。

第二款　有前款行为，同时索取他人财物或者非法收受他人财物构成犯罪的，依照处罚较重的规定定罪处罚。

（一）提供虚假证明文件罪的概念和构成要件

提供虚假证明文件罪，是指承担资产评估、验资、验证、会计、审计、法律服务、保荐、安全评价、环境影响评价、环境监测等职责的中介组织的人员，故意提供虚假证明文件，情节严重的行为。1979年《刑法》没有规定本罪。在改革开放后，随着市场经济体制的确立，中介组织开始产生、发展和成长，并在社会生活中发挥着越来越重要的作用。为了保证这些活动的顺利、合法、有效进行，1997年《刑法》吸收了全国人大常委会1995年颁布的《关于惩治违反公司法的犯罪的决定》第6条的规定，确定了提供虚假证明文件罪。2020年《刑法修正案（十一）》对本罪又进行了修改。

提供虚假证明文件罪的构成要件是：

1.本罪侵犯的客体为正常的国家中介服务市场的管理秩序。

承担资产评估、验资、验证、会计、审计、法律服务、保荐、安全评价、环境影响评价、环境监测等职责的中介组织的人员，如果故意提供虚假的证明文件，可能致使不具备成立条件的有限责任公司或股份有限公司得以成立，或者涉及公共安全的不合格工程、项目得以上马，从而妨碍国家对相关活动的有效管理，严重扰乱正常的国家中介服务市场管理秩序。

2.客观方面表现为提供虚假的资产评估证明、验资证明、验证证明、会计证明、审计证明、法律建议书、保荐书、安全评价报告、环境影响评价报告和环境监测报告等证明文件，情节严重的行为。

首先，行为人实施了提供虚假证明文件的行为。所谓"证明文件"，主要包括：（1）在公司申请登记或公司经营的验资、验证过程中出具的有关公司成立、经营等内容的证明文件，主要包括资产评估报告、验资证明、验证证明、审计报告、信用评价报告、信用评级报告等；（2）在保荐业务中出具的发行保荐书、上市保荐书等；（3）在涉及公共安全的工程、项目立项过程中出具的安全评价报告、环境影响评价报告和环境监测报告等。所谓"虚假"，是指上述证明文件的内容不符合事实、不真实，或杜撰、编造、虚构了事实，或隐瞒了事实真相。虚假，既可以是全部内容虚假，又可以是其中的主要内容虚假。所谓"提供"，不仅是单纯的交付行为，还包括制作（无形伪造）与交付。①

《最高人民法院、最高人民检察院关于办理危害生产安全刑事案件适用法律若干问题的解释（二）》[以下简称《办理危害生产安全刑事案件解释（二）》]第6条中明确了安全评价领域中的"虚假证明文件"：（1）故意伪造的；（2）在周边环境、主要建（构）筑物、工艺、装置、设备设施等重要内容上弄虚作假，导致与评价期间实际情况不符，影响评价结论的；（3）隐瞒生产经营单位重大事故隐患及整改落实情况、主要灾害等级等情况，影响评价结论的；（4）伪造、篡改生产经营单位相关信息、数据、技术报告或者结论等内容，影响评价结论的；（5）故意采用存疑的第三方证明材料、监测检验报告，影响评价结论的；（6）有其他弄虚作假行为，影响评价结论的情形。《办理危害生产安全刑事案件解释（二）》同时规定，生产经营单位提供虚假材料、影响评价结论，承担安全评价职责的中介组织的人员对评价结论与实际情况不符无主观故意的，不属于《刑法》第229条第1款规定的"故意提供虚假证明文件"。

其次，故意提供虚假证明文件行为情节严重的才能构成犯罪。根据《最高人民检察院、公安部关于公安机关管辖的刑事案件立案追诉标准的规定（二）》第73条规定，涉嫌下列情形之一的，应予立案追诉：（1）给国家、公众或者其他投资者造成直接经济损失数额在50万元以上的；（2）违法所

---

① 参见张明楷：《刑法学》，法律出版社2018年版，第844页。

得数额在 10 万元以上的；（3）虚假证明文件虚构数额在 100 万元以上且占实际数额 30% 以上的；（4）虽未达到上述数额标准，但 2 年内因提供虚假证明文件受过 2 次以上行政处罚，又提供虚假证明文件的；（5）其他情节严重的情形。

3. 犯罪主体为特殊主体，承担资产评估、验资、验证、会计、审计、法律服务、保荐、安全评价、环境影响评价、环境监测等职责的中介组织的人员。

本罪为身份犯，犯罪主体为特殊主体，即承担资产评估、验资、验证、会计、审计、法律服务、保荐、安全评价、环境影响评价、环境监测等职责的中介组织的人员，但无身份者可以构成本罪的共犯。单位亦能成为本罪主体。

公证员能否成为本罪主体，存在争议。2009 年最高人民检察院公布的《关于公证员出具公证书有重大失实行为如何适用法律问题的批复》指出，《公证法》施行以后，公证员在履行公证职责过程中，严重不负责任，出具的公证书有重大失实，造成严重后果的，以出具证明文件重大失实罪追究刑事责任。鉴于《刑法》第 229 条第 3 款明确规定出具证明文件重大失实罪的犯罪主体以"第 1 款规定的人员"，即本罪的主体为依据，从体系解释的角度来看，肯定公证员是本罪主体的观点妥当。①

4. 主观方面由故意构成。

本罪的故意包括直接故意和间接故意，即明知自己所提供的有关证明文件有虚假内容但仍提供，有无牟利目的不影响本罪成立。

（二）认定提供虚假证明文件罪应当注意的问题

1. 罪与非罪的界限。

本罪的成立，以情节严重为必要条件，中介组织人员提供虚假证明文件的行为，如果情节不严重，属于一般违法行为，应当由有关行政主管部门给

---

① 司法实践中也有支持这一观点的案例，例如卢某某、袁某龙等提供虚假证明文件案，上海市第二中级人民法院（2020）沪 02 刑终 897 号。

予行政处罚。《办理危害生产安全刑事案件解释（二）》第 11 条规定："有本解释规定的行为，被不起诉或者免予刑事处罚，需要给予行政处罚、政务处分或者其他处分的，依法移送有关主管机关处理。"

2. 关于本罪与其他犯罪的界限。

本罪与出具证明文件重大失实罪的区别主要在于犯罪的主观方面，前者是故意，后者是过失，亦即，如果行为人是出于过失而不是故意实施了提供虚假证明文件的行为，造成严重后果的，应当以出具证明文件重大失实罪论处。①

根据《刑法》第 229 条第 2 款的规定，有前款提供虚假证明文件的行为，同时索取他人财物或者非法收受他人财物构成受贿罪或者非国家工作人员受贿罪的，依照处罚较重的规定定罪处罚。

3. 特别注意规定。

根据 2018 年 11 月 28 日修正的《最高人民法院、最高人民检察院关于办理妨害信用卡管理刑事案件具体应用法律若干问题的解释》第 4 条第 2 款的规定，承担资产评估、验资、验证、会计、审计、法律服务等职责的中介组织或其人员，如果故意为信用卡申请人提供虚假的财产状况、收入、职务等资信证明材料，应当追究刑事责任的，以提供虚假证明文件罪定罪处罚。

根据 2015 年 10 月 27 日《最高人民检察院关于地质工程勘测院和其他履行勘测职责的单位及其工作人员能否成为刑法第二百二十九条规定的有关犯罪主体的批复》，地质工程勘测院和其他履行勘测职责的单位及其工作人员在履行勘察、勘查、测绘职责过程中，故意提供虚假工程地质勘察报告等证明文件，情节严重的，以提供虚假证明文件罪追究刑事责任。

（三）提供虚假证明文件罪的刑事责任

根据《刑法》第 229 条第 1 款的规定，实施提供虚假证明文件行为，情节严重的，处五年以下有期徒刑或者拘役，并处罚金；有下列情形之一的，

---

① 参见黄某宏、武汉华某房地产评估咨询有限责任公司提供虚假证明文件案，湖北省武汉市中级人民法院（2020）鄂 01 刑终 785 号。

处五年以上十年以下有期徒刑，并处罚金：（1）提供与证券发行相关的虚假的资产评估、会计、审计、法律服务、保荐等证明文件，情节特别严重的；（2）提供与重大资产交易相关的虚假的资产评估、会计、审计等证明文件，情节特别严重的；（3）在涉及公共安全的重大工程、项目中提供虚假的安全评价、环境影响评价等证明文件，致使公共财产、国家和人民利益遭受特别重大损失的。

《刑法》第231条规定，单位犯本罪的，对单位判处罚金，并对其直接负责的主管人员和其他直接责任人员，依照以上规定处罚。

相关司法解释关于"情节严重"等情形的认定。

1. 根据《办理危害生产安全刑事案件解释（二）》的规定，承担安全评价职责的中介组织的人员故意提供虚假证明文件，有下列情形之一的，属于《刑法》第229条第1款规定的"情节严重"：（1）造成死亡1人以上或者重伤3人以上安全事故的；（2）造成直接经济损失50万元以上安全事故的；（3）违法所得数额10万元以上的；（4）2年内因故意提供虚假证明文件受过两次以上行政处罚，又故意提供虚假证明文件的；（5）其他情节严重的情形。该解释同时规定，在涉及公共安全的重大工程、项目中提供虚假的安全评价文件，"致使公共财产、国家和人民利益遭受特别重大损失"的情形是指：造成死亡3人以上或者重伤10人以上安全事故、造成直接经济损失500万元以上安全事故，或者其他致使公共财产、国家和人民利益遭受特别重大损失的情形。

2. 根据《最高人民法院、最高人民检察院关于办理环境污染刑事案件适用法律若干问题的解释》的规定，承担环境影响评价、环境监测、温室气体排放检验检测、排放报告编制或者核查等职责的中介组织的人员故意提供虚假证明文件，具有下列情形之一的，应当认定为《刑法》第229条第1款规定的"情节严重"，处五年以下有期徒刑或者拘役，并处罚金：（1）违法所得30万元以上的；（2）2年内曾因提供虚假证明文件受过2次以上行政处罚，又提供虚假证明文件的；（3）其他情节严重的情形。实施上述行为，在涉及公共安全的重大工程、项目中提供虚假的环境影响评价等证明文件，致使公共财产、国家和人民利益遭受特别重大损失的，应当依照《刑法》第

229 条第 1 款的规定，处五年以上十年以下有期徒刑，并处罚金。

十二、出具证明文件重大失实罪[①]

第二百二十九条[②] **第一款** 承担资产评估、验资、验证、会计、审计、法律服务、保荐、安全评价、环境影响评价、环境监测等职责的中介组织的人员故意提供虚假证明文件，情节严重的，处五年以下有期徒刑或者拘役，并处罚金；有下列情形之一的，处五年以上十年以下有期徒刑，并处罚金：

（一）提供与证券发行相关的虚假的资产评估、会计、审计、法律服务、保荐等证明文件，情节特别严重的；

（二）提供与重大资产交易相关的虚假的资产评估、会计、审计等证明文件，情节特别严重的；

（三）在涉及公共安全的重大工程、项目中提供虚假的安全评价、环境影响评价等证明文件，致使公共财产、国家和人民利益遭受特别重大损失的。

第三款 第一款规定的人员，严重不负责任，出具的证明文件有重大失实，造成严重后果的，处三年以下有期徒刑或者拘役，并处或者单处罚金。

（一）出具证明文件重大失实罪的概念和构成要件

出具证明文件重大失实罪，是指承担资产评估、验资、验证、会计、审计、法律服务、保荐、安全评价、环境影响评价、环境监测等职责的中介组织的人员，严重不负责任，出具的证明文件有重大失实，造成严重后果的行为。

出具证明文件重大失实罪的构成要件是：

本罪的犯罪客体和犯罪主体与提供虚假证明文件罪相同。

1.客观方面表现为严重不负责任，出具的证明文件有重大失实，造成严

---

① 参考案例：张某出具证明文件重大失实案，上海市奉贤区人民法院（2013）奉刑初字第 98 号。

② 本条经 2020 年 12 月 26 日《刑法修正案（十一）》第 25 条修改。

重后果的行为。

首先,行为人在出具证明文件的过程中严重不负责任,实施了出具重大失实的证明文件的行为。所谓"严重不负责任",是指行为人在出具证明文件的过程中,严重违反职责要求,违规出具证明文件的行为。职责义务的认定应以行业规范和习惯为依据。① 所谓"重大失实",是指出具的证明文件与真实情况存在重大出入。

其次,行为人的行为造成了严重后果。所谓"严重后果",根据《最高人民检察院、公安部关于公安机关管辖的刑事案件立案追诉标准的规定(二)》第74条的规定,包括:(1)给国家、公众或者其他投资者造成直接经济损失数额在100万元以上的;(2)其他造成严重后果的情形。《最高人民法院、最高人民检察院关于办理危害生产安全刑事案件适用法律若干问题的解释(二)》[以下简称《办理危害生产安全刑事案件解释(二)》]第8条规定,承担安全评价职责的中介组织的人员,严重不负责任,出具的证明文件有重大失实,有下列情形之一的,属于"造成严重后果":(1)造成死亡1人以上或者重伤3人以上安全事故的;(2)造成直接经济损失100万元以上安全事故的;(3)其他造成严重后果的情形。

2. 主观方面为过失。

如果主观方面为故意,应当以提供虚假证明文件罪论处。

(二)认定出具证明文件重大失实罪应当注意的问题

1. 罪与非罪的界限。

行为人出具证明文件是为他人实施某种行为提供依据的,因此,他人依照重大失实的证明文件实施行为进而造成严重后果的,应当认定为本罪的"严重后果";如果他人明知证明文件重大失实仍然以之为依据实施行为的,不得将严重后果归责于出具证明文件的行为。②

2. 特别注意规定。

---

① 例如,对于公证员的职责义务,应当以《公证法》《公证员执业管理办法》《公证程序规则》中的相关要求为依据。
② 参见张明楷:《刑法学》,法律出版社2018年版,第844页。

根据 2018 年 11 月 28 日修正的《最高人民法院、最高人民检察院关于办理妨害信用卡管理刑事案件具体应用法律若干问题的解释》第 4 条的规定，承担资产评估、验资、验证、会计、审计、法律服务等职责的中介组织或其人员，如果过失为信用卡申请人提供虚假的财产状况、收入、职务等资信证明材料，应当追究刑事责任的，以出具证明文件重大失实罪定罪处罚。

根据 2015 年 10 月 27 日《最高人民检察院关于地质工程勘测院和其他履行勘测职责的单位及其工作人员能否成为刑法第二百二十九条规定的有关犯罪主体的批复》，地质工程勘测院和其他履行勘测职责的单位及其工作人员在履行勘察、勘查、测绘职责过程中，严重不负责任，出具的工程地质勘察报告等证明文件有重大失实，造成严重后果的，以出具证明文件重大失实罪追究刑事责任。

（三）出具证明文件重大失实罪的刑事责任

根据《刑法》第 229 条第 3 款的规定，犯出具证明文件重大失实罪的，处三年以下有期徒刑或者拘役，并处或者单处罚金。第 231 条规定，单位犯本罪的，对单位判处罚金，并对其直接负责的主管人员和其他直接责任人员，依照以上规定处罚。

十三、逃避商检罪[①]

第二百三十条 违反进出口商品检验法的规定，逃避商品检验，将必须经商检机构检验的进口商品未报经检验而擅自销售、使用，或者将必须经商检机构检验的出口商品未报经检验合格而擅自出口，情节严重的，处三年以下有期徒刑或者拘役，并处或者单处罚金。

---

① 参考案例：张某伪造国家机关印章、付某等被控逃避商检裁定准许撤诉案，北京市朝阳区人民法院（2009）朝刑初字第 704 号。

（一）逃避商检罪的概念和构成要件

逃避商检罪，是指违反《进出口商品检验法》的规定，逃避商品检验，将必须经商检机构检验的进口商品未报经检验而擅自销售、使用，或者将必须经商检机构检验的出口商品未报经检验合格而擅自出口，情节严重的行为。1989年《进出口商品检验法》第26条规定对逃避商检行为以1979年《刑法》的玩忽职守罪论处。随着我国改革开放的深入，实践中逃避法定检验的违法行为不断增长，以上规定已经难以适应现实需要，因此1997年《刑法》增设了这一罪名。

逃避商检罪的构成要件是：

1. 本罪侵犯的客体是国家的进出口贸易秩序。

国家通过设立进出口商品检验制度所维护正常的进出口贸易秩序。逃避商检的行为严重扰乱进出口秩序，危及国家利益和人民的人身、财产安全，因此必须予以惩处。

2. 客观方面表现为违反《进出口商品检验法》的规定，逃避商品检验，将必须经商品检验机构检验的进口商品未报经检验而擅自销售、使用，或者将必须经商检机构检验的出口商品未报经检验合格而擅自出口，情节严重的行为。

首先，行为人违反了进出口商品检验法的规定。"进出口商品检验法"是指《进出口商品检验法》《进出口商品检验法实施条例》等法律、法规以及规章等。

其次，行为人实施了逃避海关监管，将必须经商品检验机构检验的进口商品未报经检验而擅自销售、使用，或者将必须经商检机构检验的出口商品未报经检验合格而擅自出口的行为。"必须经商品检验机构检验的进出口商品"，是指列入检验检疫目录，即国家质量监督检验检疫总局与海关总署发布的《出入境检验检疫机构实施检验检疫的进出境商品目录》，或者其他法律、法规、规章规定应当实施出入境检验检疫的商品。"未报经检验而擅自销售、使用"，是指将进口商品未报经商检机构检验就自行将商品在境内销售、使用的行为。"未报经检验合格而擅自出口"，是指没有经商检机构检合格而擅自出口的行为。商检机构，在 2018 年 4 月 20 日出入境检验检疫正式划入中国海关后，即为海关。

最后，行为人的行为情节严重，要根据《最高人民检察院、公安部关于公安机关管辖的刑事案件立案追诉标准的规定（二）》第 75 条的规定认定。

3. 犯罪主体为特殊主体。

本罪为身份犯，犯罪主体为从事商品进出口业务的自然人和单位，即应当向商检机构报检的进出口商品的发货人和收货人。无身份者可以构成共犯。

4. 主观方面为故意。

即行为人明知逃避商检的行为会危害我国正常的进出口贸易秩序，却希望或者放任该种结果的发生。因此，过失不构成本罪。

（二）认定逃避商检罪应当注意的问题

1. 罪与非罪的界限。

并非所有商品都能构成逃避商检罪的犯罪对象，对未列入法检目录且未被其他法律、法规、规章规定为法定必检的商品，即使行为人实施了逃避检验的行为，一般也不构成犯罪。①

实践中有些单位，特别是新成立的或者首次进出口商品的单位，因对我国的进出口商品检验法律法规不了解导致客观上发生逃避商检行为的，一般不宜以逃避商检罪追究刑事责任；对因单位具体经办人员更替，新接手人员业务不熟导致客观上发生逃避商检行为的，也不宜追究当事人的刑事责任。②

私刻商检印章，并在未经检验检疫的进口货物运单上多次加盖使用，致使进口货物脱离国家检验检疫部门监管即进入我国境内，但没有证据证明这些货物是必须经商检机构检验的进口商品的，不构成逃避商检罪，应当以伪造国家机关印章罪追究刑事责任。③

---

① 参见程昊：《逃避商检罪的犯罪对象如何确定》，载《人民法院报》2010 年 7 月 1 日第 7 版。
② 参见李希慧、姚龙兵：《逃避商检罪研究》，载《江淮论坛》2010 年第 1 期。
③ 参见张某伪造国家机关印章、付某等被控逃避商检裁定准许撤诉案，北京市朝阳区人民法院（2009）朝刑初字第 704 号。

本罪为法定犯，进出口商品检验法律法规，包括进出口法定检验商品目录的修改，会导致构成本罪的法律前提发生变化。在行为时属于逃避商检的行为，但在侦查、起诉、审判时因进出口商品检验法律法规的变化，涉案进出口商品无需商检的，按照刑法"从旧兼从轻"原则，不能认定是犯罪。①

2. 单位犯罪的认定。

为降低代理报关货物被海关查验的概率，先后成立多家报关公司以逃避商检的，属于个人为进行违法犯罪活动而设立公司实施犯罪的情形，不属于单位犯罪。②

（三）逃避商检罪的刑事责任

根据《刑法》第230条的规定，犯逃避商检罪的，处三年以下有期徒刑或者拘役，并处或者单处罚金。第231条规定，单位犯本罪的，对单位判处罚金，并对其直接负责的主管人员和其他直接责任人员，依照以上规定处罚。

---

① 参见李希慧、姚龙兵：《逃避商检罪研究》，载《江淮论坛》2010年第1期。
② 参见黄某犯走私武器、弹药罪，吕圣明犯逃避商检罪、行贿罪案，浙江省宁波市中级人民法院（2013）浙甬刑一初字第31号。

第四章 侵犯公民人身权利、民主权利罪

一、故意杀人罪[①]

第二百三十二条 故意杀人的,处死刑、无期徒刑或者十年以上有期徒刑;情节较轻的,处三年以上十年以下有期徒刑。

(一)故意杀人罪的概念和构成要件

故意杀人罪,是指故意非法剥夺他人生命的行为。

本罪在1979年《刑法》第132条作了规定。其刑罚排序与其他犯罪不同,刑罚排序由重到轻,首先是死刑,然后是无期徒刑、十年以上有期徒刑。

故意杀人罪的构成要件是:

1.本罪的客体是他人的生命权利。

这是该罪区别于其他犯罪的本质特征。本罪的对象是有生命的人。人的生命起始标志是胎儿从母体分离出来能够独立进行呼吸,生命结束的标志是人的心脏不可逆转地停止跳动。

2.客观方面表现为非法剥夺他人生命的行为。

首先,行为人必须实施了剥夺他人生命的行为。行为方式一般表现为作为,个别表现为不作为。剥夺他人生命的方法和手段多种多样,如刀砍、棒打、绳勒、手掐、枪击、电击、投毒等,方法和手段不影响本罪的成立。其次,剥夺他人生命的行为必须是非法的。正当防卫行为、依法执行死刑命令、警察依法执行职务的行为,不属于非法剥夺他人生命的行为。

[①] 参考案例1:洪某故意杀人案,福建省厦门市中级人民法院(2015)厦刑初字第85号。参考案例2:李某林故意杀人案,载法信网,http://www.faxin.cn/。参考案例3:陈某发故意杀人、敲诈勒索案,上海市高级人民法院(2003)沪高刑终字第59号。参考案例4:杨某某、杜某某放火案,载法信网,http://www.faxin.cn/。参考案例5:陈某娟故意杀人案,最高人民法院(2012)刑三复61384296号。

3.犯罪主体是一般主体,即达到刑事责任年龄、具有刑事责任能力的自然人。

依照《刑法》第17条第2款和第3款规定,已满14周岁的人犯本罪的,应当负刑事责任。已满12周岁不满14周岁的人犯故意杀人罪致人死亡且情节恶劣,或者虽未致人死亡但以特别残忍手段杀人,致人重伤造成严重残疾,且情节恶劣的,经最高人民检察院核准追诉的,应当负刑事责任。

4.主观方面是具有杀人的故意,既包括对死亡后果持希望态度的直接故意,又包括持放任态度的间接故意。

本罪的动机有多种,如报复、泄愤、贪财、奸情等。不论行为人出于何种动机,都不影响本罪的成立。

(二)认定故意杀人罪应当注意的问题

1.划清引起他人自杀的罪与非罪的界限。

引起他人自杀的,是否承担刑事责任,应当考虑主客观两方面因素:一是客观上行为人的行为与被害人自杀是否具有刑法上的因果关系;二是主观上行为人对被害人自杀是否具有过错。应当区分不同情况分别处理:

(1)由正当行为如批评教育、错误行为如错误处分或一般违法的行为引起他人自杀的,自杀主要由于其心胸狭窄等自身原因造成,行为人不可能预见到其行为会造成他人自杀,故不负刑事责任。

(2)由严重违法行为如当众辱骂、诽谤、恐吓等引起他人自杀的,自杀可视为严重违法行为"情节严重"的入罪条件,可分别以侮辱罪、诽谤罪、寻衅滋事罪等论处。

(3)因犯罪行为引起他人自杀的,如果行为人主观上没有杀人故意,如非法拘禁、暴力干涉婚姻自由、强奸、虐待等,分别以其先前实施的犯罪从重处罚,不以故意杀人罪定罪处罚。例如,蔡某光等非法拘禁案[①]。如果主观上对自杀死亡有故意的,根据《刑法》是否有明文规定区分处理:首先,《刑法》有明文规定时,依照规定处理。如绑架过程中致人自杀的,以绑架

---

① 具体情况参见江苏省启东市法院(2012)启刑初字第30号。

罪处罚；刑讯逼供、暴力取证或者殴打、体罚虐待被监管人，致使被害人自杀的，以故意杀人罪从重处罚。其次，《刑法》没有明文规定时，依照罪数理论处理。如强迫妇女卖淫，妇女不从要自杀，仍逼迫卖淫，致使妇女自杀的，属于想象竞合犯，应按强迫卖淫罪从重处罚。

（4）利用权势、暴力、威胁手段逼人自杀，利用迷信邪说、被害人年幼或者残疾骗人自杀的，或者教唆、帮助他人自杀的，应以故意杀人罪定罪处罚。如最高人民法院、最高人民检察院2017年2月1日施行的《关于办理组织、利用邪教组织破坏法律实施等刑事案件适用法律若干问题的解释》（以下简称《办理邪教组织刑事案件解释》）第11条规定，组织、利用邪教组织，制造、散布迷信邪说，组织、策划、煽动、胁迫、教唆、帮助其成员或者他人实施自杀、自伤的，依照《刑法》第232条、第234条的规定，以故意杀人罪或者故意伤害罪定罪处罚。

2. 划清相约自杀中的罪与非罪的界限。

自杀是基于真实、自由意思结束自己生命的行为，不涉及刑事责任问题。相约自杀，即两人以上共同约定自杀。如果均自杀身亡，无需进行刑法评价。如果有的死亡，对其中自杀未死亡的，可能发生故意杀人问题。实践中相约自杀（以常见两人为例）可分为以下几类情形：

一是相约人各自实施自杀行为，每个人都自主决定自杀，没有教唆、帮助、欺骗他人自杀的。因为每人分别基于真实、自由意思而自己自主实施自杀，对自杀未得逞的，除负有救助义务的外，一般不涉及刑事责任问题。

二是一方请求对方先杀死自己，对方然后自杀，结果受嘱托方自杀得逞的。因受嘱托方杀死对方的行为属于基于被害人承诺的受嘱托杀人，但该承诺同意行为在刑法上是无效的，故仍然构成故意杀人罪，可以从宽处罚。

三是帮助（含利用对方提供的条件）他人自杀行为的。因其帮助行为对自杀者的死亡结果有原因力，应以故意杀人罪定罪处罚。例如，根据前述《办理邪教组织刑事案件解释》第11条规定，组织、利用邪教组织，制造、散布迷信邪说，教唆、帮助其成员或者他人实施自杀、自伤的，以故意杀人罪或者故意伤害罪定罪处罚。例如，洪某故意杀人案。[①]

四是以自杀为名而诱骗、胁迫他人自杀的，或者本人并非真正自杀而教唆、帮助他人自杀的。实际上相约自杀是行为人致他人死亡的手段，他人自杀并非基于自己真实、自由意思，对教唆、帮助者应以故意杀人罪论处。

3. 划清直接故意杀人与间接故意杀人的界限。

直接故意杀人的主观恶性和人身危险性比间接故意大，区分二者对量刑具有意义。区分二者的关键是行为人对他人死亡的认识和意志因素不同：

（1）在认识因素上，对发生死亡结果认识程度有所不同。直接故意杀人认识到他人死亡结果必然或者可能发生，而间接故意杀人只能认识到可能发生。如果行为人明知自己的行为必然致人死亡，则是直接故意杀人。

（2）在意志因素上，二者对死亡结果的心理态度不同。直接故意杀人是持希望态度，行为人会积极创造条件去实现致人死亡的目的，而间接故意是放任态度，即听之任之、不计后果。判断"希望"与"放任"，应当结合案发原因、双方关系、案发时间、地点、环境、行为人使用工具、打击部位、力度以及是否有节制等事实综合分析。

（3）在犯罪形态上，直接故意杀人有未遂问题，不论被害人是否死亡，均构成故意杀人罪；而间接故意杀人不存在未遂问题，如果没有致人死亡的，不成立故意杀人罪。

4. 划清故意杀人罪一罪与数罪的界限。

故意杀人案件有时与其他犯罪交织，涉及一罪与数罪的问题，应当根据《刑法》规定和罪数理论区分不同情况正确认定和处罚。

（1）一般而言，如果行为人实施犯罪前后的行为超出了故意杀人罪的构成要件范围，又符合他罪的构成要件的，应当数罪并罚。如行为人故意杀人后，又放火毁灭罪证而危害公共安全的，应以故意杀人罪与放火罪数罪并罚；杀人后又临时起意拿走财物的，以故意杀人罪和盗窃罪并罚；杀人后又以绑架为名勒索被害人亲属财物的，以故意杀人罪与敲诈勒索罪并罚。如陈

[①] 参见福建省厦门市中级人民法院（2015）厦刑初字第85号。

某发故意杀人、敲诈勒索案。[①] 行为人实施抢劫、强奸后，为灭口等故意杀人的，应以抢劫罪、强奸罪与故意杀人罪并罚。例如，李某林故意杀人案。[②] 被告人为逃避债务故意杀人后又拿走被害人财物，法院以故意杀人罪和盗窃罪，予以数罪并罚。

（2）对于下列情形，《刑法》明确规定数罪并罚：一是犯组织、领导、参加恐怖组织罪并实施故意杀人等犯罪的；二是犯组织、领导、参加黑社会性质组织罪，入境发展黑社会组织罪，包庇、纵容黑社会性质组织罪，又有故意杀人等犯罪行为的；三是保险诈骗的投保人、受益人故意造成被保险人死亡骗取保险金的；四是组织他人偷越国（边）境，对被组织人或者检查人员有杀害行为的；五是运送他人偷越国（边）境，对被运送人或者检查人员有杀害行为的。

（3）在转化犯情形下，只能以转化之罪论处，不能数罪并罚。根据《刑法》规定，实施其他犯罪过程中致人死亡，只构成故意杀人罪一罪的情形如下：一是使用暴力非法拘禁他人或者以其他方法非法剥夺他人人身自由，致人死亡的；二是刑讯逼供或者使用暴力逼取证人证言，致人死亡的；三是监管人员对被监管人进行殴打或者体罚虐待，致人死亡的；四是聚众"打砸抢"，致人死亡的；五是聚众斗殴，致人死亡的。

（4）根据《刑法》规定，以下情形虽有故意杀人行为，但不构成故意杀人罪，杀人行为是处重刑甚至死刑的情节：一是以故意杀人为手段劫持航空器的，构成劫持航空器罪；二是绑架他人后，杀害被绑架人的，构成绑架罪；三是为劫取财物而预谋故意杀人，或者为制服被害人反抗而故意杀人的，构成抢劫罪。

5. 采用放火等危险方法杀人的定性处理。

对于采用放火、爆炸等危险方法杀人，但没有危及公共安全的，以故意杀人罪论处。但采用放火等危险方法杀人，同时危及公共安全的，如何定罪

[①] 参见最高人民法院刑事审判第一、二、三、四、五庭主办：《中国刑事审判指导案例》，法律出版社2009年版，第75~77页。

[②] 参见最高人民法院刑事审判第一、二、三、四、五庭主办：《中国刑事审判指导案例》，法律出版社2009年版，第98~101页。

处罚存在分歧。刑法理论通说认为，如果同时危及公共安全的，以放火等危害公共安全犯罪定罪。①

我们认为，对于采用放火等危险方法杀人，同时危及公共安全的，一般情况下以放火等罪定罪，但在杀人犯罪未遂、尚未造成他人重伤或财产重大损失严重后果的情况下，宜以故意杀人罪定罪处罚。因为采用放火等危险方法杀人，同时危及公共安全的，属于刑法理论上一个行为触犯数个罪名的想象竞合犯，应从一重罪处断。在犯罪既遂的情况下，二者的法定刑幅度一致，但人们观念和司法实践中以放火等定罪更能显示出这种杀人的特殊危险性，遵从通说和习惯合适。但在行为虽然危害公共安全而尚未造成严重后果的情况下，鉴于故意杀人罪的法定刑重于放火等危害公共安全犯罪，以故意杀人罪定罪比较妥当。②

（三）故意杀人罪的刑事责任

依照《刑法》第232条的规定，犯本罪的，处死刑、无期徒刑或者十年以上有期徒刑；情节较轻的，处三年以上十年以下有期徒刑。

司法机关适用上述规定时，应当注意以下问题：

1. 只要行为人实施了故意杀人的行为，就构成犯罪。本罪是结果犯，造成他人死亡后果的，构成犯罪既遂。对此罪应当根据案件的性质、犯罪事实和后果等，选择适用上述法条规定的不同法定刑。

2. 注意"情节较轻的"情况。所谓"情节较轻的"，司法实践中可从犯罪动机、原因、后果等方面考虑，一般是指防卫过当、出于义愤、因受被害人长期迫害、经被害人请求而杀人，或者溺婴、帮助自杀，以及故意杀人的预备、中止等情形。根据最高人民法院、最高人民检察院、公安部、司法部2015年3月2日印发的《关于依法办理家庭暴力犯罪案件的意见》第20条规定，对于因遭受严重家庭暴力，身体、精神受到重大损害而故意杀害施暴人；或者因不堪忍受长期家庭暴力而故意杀害施暴人，犯罪情节不是特别

---

① 参见高铭暄主编：《新编中国刑法学》，中国人民大学出版社1998年版，第514页。
② 参见吴光侠：《死刑裁量论》，法律出版社2016年版，第201页。

恶劣，手段不是特别残忍的，可以认定为《刑法》第232条规定的故意杀人"情节较轻"。

3. 需要注意《刑法》、司法解释、指导案例的有关规定。需要注意的是，根据《刑法》、司法解释有关规定，对以下情形，以故意杀人罪论处：

（1）违背意愿摘取器官的。《刑法修正案（八）》增设的第234条之一第2款规定，未经本人同意摘取其器官，或者摘取不满18周岁的人的器官，或者强迫、欺骗他人捐献器官的，依照《刑法》第234条、第232条的规定定罪处罚。

（2）交通肇事后，隐藏、遗弃被害人，致其死亡的。根据《最高人民法院关于审理交通肇事刑事案件具体应用法律若干问题的解释》第6条规定，行为人在交通肇事后为逃避法律追究，将被害人带离事故现场后隐藏或者遗弃，致使被害人无法得到救助而死亡或者严重残疾的，应当分别以故意杀人罪或者故意伤害罪定罪处罚。

（3）"打砸抢"致人死亡的。根据《最高人民法院、最高人民检察院关于办理妨害预防、控制突发传染病疫情等灾害的刑事案件具体应用法律若干问题的解释》，在预防、控制突发传染病疫情等灾害期间，聚众"打砸抢"，致人死亡的，以故意杀人罪定罪，从重处罚。

（4）殴打或体罚虐待戒毒人员，致其死亡的。根据最高人民检察院2015年2月15日公布施行的《关于强制隔离戒毒所工作人员能否成为虐待被监管人罪主体问题的批复》，对于强制隔离戒毒所监管人员殴打或者体罚虐待戒毒人员，或者指使戒毒人员殴打、体罚虐待其他戒毒人员，造成戒毒人员伤残、死亡后果的，应当依照《刑法》第234条、第232条的规定，以故意伤害罪、故意杀人罪从重处罚。

（5）安全事故后，故意阻扰抢救或隐藏、遗弃被害人，致其死亡的。根据最高人民法院、最高人民检察院2015年12月16日施行的《关于办理危害生产安全刑事案件适用法律若干问题的解释》第10条规定，在安全事故发生后，直接负责的主管人员和其他直接责任人员故意阻挠开展抢救，导致人员死亡或者重伤，或者为了逃避法律追究，对被害人进行隐藏、遗弃，致使被害人因无法得到救助而死亡或者重度残疾的，分别依照《刑法》第232

条、第234条的规定,以故意杀人罪或者故意伤害罪定罪处罚。

(6)盗窃、破坏非公共场所的窨井盖,致人死亡的。根据最高人民法院、最高人民检察院、公安部2020年3月16日印发的《关于办理涉窨井盖相关刑事案件的指导意见》第3条规定,对于该意见第1条(破坏交通设施)、第2条(以危险方法危害公共安全)规定以外的其他场所的窨井盖,明知会造成人员伤亡后果而实施盗窃、破坏行为,致人受伤或者死亡的,依照《刑法》第234条、第232条的规定,分别以故意伤害罪、故意杀人罪定罪处罚。过失致人重伤或者死亡的,分别以过失致人重伤罪、过失致人死亡罪定罪处罚。

(7)邪教组织教唆、帮助自杀的。根据最高人民法院、最高人民检察院2017年2月1日施行的《办理邪教组织刑事案件解释》第11条规定,组织、利用邪教组织,制造、散布迷信邪说,组织、策划、煽动、胁迫、教唆、帮助其成员或者他人实施自杀、自伤的,依照《刑法》第232条、第234条规定,以故意杀人罪或者故意伤害罪定罪处罚。

(8)强制猥亵或猥亵儿童,致其死亡的。最高人民法院、最高人民检察院、公安部、司法部2013年10月23日印发的《关于依法惩治性侵害未成年人犯罪的意见》第22条指出,实施猥亵儿童犯罪,或者对已满14周岁的未成年男性实施猥亵,造成被害人轻伤以上后果,同时符合《刑法》第234条或第232条规定的,以处罚较重的故意伤害罪或故意杀人罪定罪处罚。

(9)未成年人为窝藏赃物、抗拒抓捕或者毁灭罪证,故意杀人的。根据最高人民法院2006年1月23日施行的《关于审理未成年人刑事案件具体应用法律若干问题的解释》第10条第1款规定,已满14周岁不满16周岁的人盗窃、诈骗、抢夺他人财物,为窝藏赃物、抗拒抓捕或者毁灭罪证,当场使用暴力,故意伤害致人重伤或者死亡,或者故意杀人的,应当分别以故意伤害罪或者故意杀人罪定罪处罚。

(10)暴力袭警的。根据《刑法》第277条第5款的规定,暴力袭警的,以袭警罪定罪处罚。结合最高人民法院、最高人民检察院、公安部2020年1月10日印发的《关于依法惩治袭警违法犯罪行为的指导意见》第3条的规定,驾车冲撞、碾压、拖拽、剐蹭民警,或者挤别、碰撞正在执行职务的警用车辆，危害公共安全或者民警生命、健康安全，同时符合《刑法》第114条、第115条、第232条、第234条规定的，应当以以危险方法危害公共安全罪、故意杀人罪或者故意伤害罪定罪，酌情从重处罚。暴力袭警，致使民警重伤、死亡，符合《刑法》第234条、第232条规定的，应当以故意伤害罪、故意杀人罪与袭警罪择一重罪论处，并酌情从重处罚。第6条规定，在民警非执行职务期间，因其职务行为对其实施暴力袭击、拦截、恐吓等行为，符合《刑法》第234条、第232条、第293条等规定的，应当以故意伤害罪、故意杀人罪、寻衅滋事罪等定罪，并根据袭警的具体情节酌情从重处罚。

（11）为杀害特定人员高空抛物的。最高人民法院2019年10月21日印发的《关于依法妥善审理高空抛物、坠物案件的意见》第5条指出，对于高空抛物行为，应当根据行为人的动机、抛物场所、抛掷物的情况以及造成的后果等因素，全面考量行为的社会危害程度，准确判断行为性质。为伤害、杀害特定人员故意从高空抛弃物品的，依照故意伤害罪、故意杀人罪定罪处罚。

（12）注意最高人民法院指导案例涉及因民间矛盾引发的故意杀人案件判处死缓限制减刑的适用。指导案例4号指出：因恋爱、婚姻矛盾激化引发的故意杀人案件，被告人犯罪手段残忍，论罪应当判处死刑，但被告人具有坦白悔罪、积极赔偿等从轻处罚情节，同时被害人亲属要求严惩的，人民法院根据案件性质、犯罪情节、危害后果和被告人的主观恶性及人身危险性，可以依法判处被告人死刑，缓期二年执行，同时决定限制减刑，以有效化解社会矛盾，促进社会和谐。指导案例12号指出：对于因民间矛盾引发的故意杀人案件，被告人犯罪手段残忍，且系累犯，论罪应当判处死刑，但被告人亲属主动协助公安机关将其抓捕归案，并积极赔偿的，人民法院根据案件具体情节，从尽量化解社会矛盾角度考虑，可以依法判处被告人死刑，缓期二年执行，同时决定限制减刑。

4.严格把握故意杀人罪的死刑适用标准。由于故意杀人是侵犯生命权的严重犯罪，除情节较轻或未致人死亡外，往往涉及无期徒刑或死刑适用问题。根据《在审理故意杀人、伤害及黑社会性质组织犯罪案件中切实贯彻宽严相济刑事政策》的规定，是否适用死刑，要综合分析、区别对待、依法慎重决定。

（1）注意区分两类不同性质的案件。故意杀人从性质上通常分为两类：一类是严重危害社会治安、严重影响群众安全感的案件，如极端仇视国家和社会，以不特定人为行凶对象的；一类是因婚姻家庭、邻里纠纷以及山林、水流、田地纠纷等民间矛盾激化引发的案件。对于前者应当作为严惩重点，依法判处被告人重刑直至死刑。如暴力恐怖、黑社会性质组织、恶势力以及其他严重暴力犯罪中故意杀人的首要分子；雇凶杀人的；冒充军警、执法人员杀人的等。对于后者，在判处重刑尤其是适用死刑时应特别慎重，除犯罪情节特别恶劣、犯罪后果特别严重、人身危险性极大的被告人外，一般不应当判处死刑。对于被害人在起因上存在过错或者对矛盾激化负有直接责任，或者被告人案发后积极赔偿，真诚悔罪，取得被害人或其家属谅解的，应依法从宽处罚，对同时有法定从轻、减轻处罚情节的，应考虑在无期徒刑以下裁量刑罚。

（2）充分考虑各种犯罪情节。对于犯罪动机卑劣，或者犯罪手段残忍，或者犯罪后果严重，或者针对妇女、儿童等弱势群体作案等情节恶劣的，又无其他法定或酌定从轻处罚情节，应当从重判处。如暴力抗法而杀害执法人员，以特别残忍的手段杀人，持枪杀人，为实施其他犯罪杀人或者犯罪后杀人灭口，杀人后为掩盖罪行等分尸、碎尸、焚尸灭迹的等。如果犯罪情节一般，被告人真诚悔罪，或有立功、自首等法定从轻情节的，一般考虑从宽处罚。对于罪行极其严重，但只要有法定、酌定从轻情节，依法可不立即执行的，就不判处死刑立即执行。

（3）充分考虑犯罪后果。故意杀人的直接后果主要是致人死亡，但也要考虑对社会治安的影响等其他无形后果。故意杀人未遂的，一般不判处死刑。对于防卫过当致人死亡的，应当减轻或者免除处罚。虽不构成防卫过当，但带有防卫性质的，即使造成死亡结果，也不判处死刑。

（4）充分考虑主观恶性和人身危险性。要从被告人的犯罪动机、犯罪预谋、犯罪过程中的具体情节以及被害人的过错等方面，综合判断被告人的主观恶性。经过精心策划、长时间计划的杀人，主观恶性深；激情犯罪，临时起意的犯罪，因被害人的过错行为引发的犯罪，主观恶性小。对主观恶性深的从严惩处，主观恶性小的可适用较轻刑罚。直接故意与间接故意杀人的主观恶性程度是不同的，在量刑上也应有所区别。

要从被告人有无前科、平时表现、悔罪情况等方面，综合判断被告人的人身危险性。人身危险性大的，要从重判处。如累犯中前罪系暴力犯罪，或者曾因暴力犯罪被判重刑后又故意杀人的；平时横行乡里，寻衅滋事杀人、伤害致人死亡的，应从重判处。人身危险性小的，应体现从宽精神。如平时表现较好，激情犯罪，系初犯、偶犯的；犯罪后积极抢救被害人、减轻危害后果或者防止危害后果扩大的，应酌情从宽处罚。对未成年人、老年人的故意杀人一般从宽处罚。未成年人犯罪只有罪行极其严重的，才可以适用无期徒刑。对于已满14周岁不满16周岁的未成年犯罪人，一般不判处无期徒刑。

5. 从严把握故意杀人共同犯罪的死刑适用。

对于共同犯罪致一人死亡的，原则上只判处一人死刑。有多名主犯的，应当在主犯中进一步区分出罪行最为严重者和较为严重者，不能以分不清主次为由，简单地一律判处死刑。罪行极其严重的主犯因有立功、自首等法定从轻处罚情节而依法不判处死刑立即执行的，也不能对罪行相对较轻的主犯判处死刑立即执行。对于被告人地位、作用相当，责任相对分散，或者罪责确实难以分清的，一般不判处被告人死刑立即执行。确需判处被告人死刑立即执行的，要充分考虑被告人在主观恶性和人身危险性等方面的不同，审慎决定。对于有同案犯在逃的案件，要注意分清罪责，慎重决定对在案被告人判处死刑立即执行。

二、过失致人死亡罪

第二百三十三条 过失致人死亡的，处三年以上七年以下有期徒刑；情节较轻的，处三年以下有期徒刑。本法另有规定的，依照规定。

（一）过失致人死亡罪的概念和构成要件

过失致人死亡罪，是指由于过失而致人死亡的行为。该罪在1979年《刑法》中被命名为"过失杀人罪"，1997年《刑法》改为"过失致人死亡罪"。

过失致人死亡罪的构成要件是：

1. 本罪侵犯的客体为他人的生命。

刑法对人的生命采取绝对保护原则，无论是本国人还是外国人、无国籍人，无论是正常人还是心理生理有缺陷的人，无论是初出生的婴儿还是行将就木的老人，只要是处于生命存续期的人，其生命就一律受到刑法的平等保护。

2. 客观方面表现为行为人由于过失而导致他人死亡。

本罪属结果犯，以发生死亡结果为前提，这就要查明过失行为与死亡结果之间是否存在着刑法上的因果关系。在现实中，除了犯罪行为与损害结果之间存在着直接的引起与被引起的关系之外，还存在某种危害结果的发生由多种原因导致，即所谓"多因一果"的情况。只有当行为人的危害行为对危害结果的发生起直接的决定性作用时，危害行为与危害后果之间才具有刑法上的因果关系。[①] 行为人的行为受外部介入因素的影响而产生危害结果的，如果该介入因素起决定性作用，行为人一般不应对该外部条件引起的危害后果负刑事责任。[②]

介入因素的类型有很多，例如第三人的行为、被害人的特殊体质、被害人的行为等。对于介入因素是否起决定性作用，应当重点考虑三方面的问题：第一，行为人的先前行为导致结果发生的可能性的大小，如果很大，则表明危害结果是行为人行为的实现，不可归属于外部因素的介入；第二，介入因素异常性的大小，如果异常性很大，那么行为人的先前行为与危害结果就不存在因果关系；[③] 第三，介入因素本身对危害结果的作用力大小，介入因

[①] 参见《刑事审判参考》第201号穆某祥被控过失致人死亡案。
[②] 典型的例子就是：甲将乙打成轻伤，乙在医院抢救过程中因医生治疗不当死亡的情形。
[③] 例如，甲持刀杀乙，乙为逃命闯红灯而被撞死的，不能认为车祸的因素属于异常。

素起到独立的重要作用的,则可将危害结果归属于介入因素。①

对于被害人存在特殊体质的情况,如果行为人对此不知情,对被害人的重要部位(例如头部)实施一般殴打行为,②本来不能直接造成被害人轻伤以上的后果,但由于被害人自身的特殊体质产生机体应激反应并促发特殊疾病等原因死亡的,应当认定存在因果关系。行为人并未殴打被害人重要部位且殴打力度轻微,没有导致被害人产生机体应激反应并促发特殊疾病等原因死亡的,即使被害人因为其他原因死亡,也不宜认定存在因果关系。③

3.犯罪主体为一般主体。

凡达到刑事责任年龄且具备刑事责任能力的自然人均能构成本罪。但是单位不能成为本罪主体。

4.主观方面为过失,包括疏忽大意的过失和过于自信的过失。

(二)认定过失致人死亡罪应当注意的问题

1.关于罪与非罪的界限。

要注意区分疏忽大意的过失与意外事件。二者区分的关键在于判断行为人是否具有注意义务,而且应当预见、能够预见危害结果的发生。对于注意义务而言,注意义务不仅来源于法律、法令、职务和业务方面的规章制度所确定的义务,而且包括日常生活准则所提出的义务,即"社会生活上必要的注意"。对于预见能力而言,需要进行具体的判断,首先考察行为人所属的一般人能否预见结果的发生;其次,再考虑行为人的认知水平是高于一般人还是低于一般人,行为人的认知水平高于一般人的,即便一般人不能预见,也应当认定为过失;行为人的认知水平低于一般人的,原则上不能认定为过失,但是如果行为人明知这一情况却仍然进行需要一般人认知水平的活动的,则有认定为过失的余地。④

对于被害人有特殊体质(例如心脏病)的案件,如果行为人的轻微暴力

---

① 参见陈兴良主编:《刑法各论精释》(上),人民法院出版社2015年版,第56页。
② 即不属于意图造成他人身体器官损伤的故意伤害行为。
③ 参见《刑事审判参考》第1079号都某过失致人死亡案。
④ 参见《刑事审判参考》第346号朱某平过失致人死亡案。

行为通常不会造成被害人伤亡的结果，而且行为人对被害人有特殊体质的情况并不知情，那么，即便能够肯定行为人的行为与被害人的死亡之间存在因果关系，也不能认定行为人具有预见能力，主观上不存在过失。[1]

2. 关于本罪与其他犯罪的界限。

《刑法》其他条文规定的失火罪、过失爆炸罪、交通肇事罪等过失犯罪往往也包括了过失致人死亡的后果，这些罪名与本罪构成想象竞合，应择一重罪处断。行为人在实施抢劫、强奸等暴力性犯罪的过程中，过失导致被害人死亡的，构成相应犯罪的结果加重犯。[2]

最重要的是，基于过于自信的过失的本罪与基于间接故意的故意杀人罪、故意伤害罪（致死）之间的区分。就本罪与基于间接故意的故意杀人罪的区别而言，目前刑法理论与司法实践倾向于"放任说"，即行为人对死亡结果的发生持放任态度，既不积极追求，也不采取措施设法避免，该危害结果的发生并不违背其主观意愿。[3]对于这类案件，应着重从以下两方面审查：一是搞清双方关系，双方是否有明显矛盾，矛盾是否达到了行为人希望对方死亡的程度，这是确定行为人是否存在造成对方死亡结果的主观故意问题的关键；二是根据案发时的现场情况，结合行为人感知能力及当时状况，判断当时是否确实存在可能避免死亡结果发生的主客观条件。这种条件的存在是否明显，是判断行为人对避免死亡结果发生的主客观条件是否过于自信的重要依据。[4]

就本罪与故意伤害罪（致死）的区别而言，行为人对于死亡结果都具有过失，区别在于本罪的行为人对被害人的身体伤害没有故意，而故意伤害罪（致死）的行为人则存在故意。[5]在司法实践中，不能单纯因为行为人有故意侵害被害人身体的轻微行为（例如，推了一下被害人胸部致被害人倒地）就

---

[1] 参见杨某顺故意伤害、过失致人死亡案，甘肃省庆阳市人民法院（2014）庆中刑终字第167号。
[2] 参见张明楷：《刑法学》（第五版），法律出版社2016年版，第853页。
[3] 参见《刑事审判参考》第346号朱某平过失致人死亡案。
[4] 参见《刑事审判参考》第450号蒋某、李某过失致人死亡案。
[5] 参见《刑事审判参考》第635号杨某过失致人死亡案。

认定行为人具有伤害他人身体的故意,[1] 也不能因为双方有打架这样的低暴力行为而直接认定故意,[2] 关键还是要从案件起因[3]、行为方式[4]和行为后果发生后被告人的态度[5]来综合判断行为人是否存在伤害的故意。[6]

（三）过失致人死亡罪的刑事责任

过失致人死亡的,处三年以上七年以下有期徒刑;情节较轻的,处三年以下有期徒刑。《刑法》另有规定的,依照规定。

三、故意伤害罪

第二百三十四条 故意伤害他人身体的,处三年以下有期徒刑、拘役或者管制。

犯前款罪,致人重伤的,处三年以上十年以下有期徒刑;致人死亡或者以特别残忍手段致人重伤造成严重残疾的,处十年以上有期徒刑、无期徒刑或者死刑。本法另有规定的,依照规定。

（一）故意伤害罪的概念和构成要件

故意伤害罪,是指故意非法损害他人身体健康的行为。1979年《刑法》第134条第1款对本罪作了规定。

故意伤害罪的构成要件是:

1.侵犯的客体是他人的身体健康。

这是故意伤害罪区别于其他侵犯公民人身权利罪的本质特征。所谓损害他人的身体健康,主要是指损害人体组织的完整或者破坏人体器官的正常功

---

[1] 参见曹某浩过失致人死亡案,浙江省高级人民法院（2014）浙刑一终字第223号。
[2] 参见杨某顺故意伤害、过失致人死亡案,甘肃省庆阳市中级人民法院（2014）庆中刑终字第167号。
[3] 例如,是否有放任危害后果发生的心理动因。
[4] 例如,从打击的部位来看是否存在伤害被害人的故意。
[5] 例如,行为人是否有避免危害后果的意愿。
[6] 参见谢福志、凌燕:《故意伤害致死与过失致人死亡的区别》,载中国法院网,https://www.chinacourt.org/article/detail/2013/05/id/959667.shtml,最后访问时间:2020年12月30日。

能。如果不是对他人的身体健康造成损害，而是损害他人的人格、名誉，或者非法限制他人的人身自由，则不构成本罪。

由于故意伤害罪侵犯的客体是他人的身体健康，因此，故意伤害自己身体健康的，一般不构成犯罪。但是，如果军人在战时逃避执行军事义务而自伤身体的，应按《刑法》第434条规定的战时自伤罪论处；如果为诬陷他人而自伤身体的，应按《刑法》第243条规定的诬告陷害罪论处。

2. 客观方面表现为非法损害他人身体健康的行为。

这种行为必须是非法的。因正当防卫、紧急避险、正当职务行为而致人以伤害，或者因治疗需要经患者同意或推定同意而开刀、体育运动规则所允许的伤害等，均因为缺乏违法性，而不应认定成立故意伤害。故意伤害的手段多种多样，既可以由作为构成，也可以由不作为构成；既可以使用有形的物理力量，也可以采用无形的方法；既可以直接对被害人实施，也可以借助自然力或动物等实施。伤害的结果，可能是轻伤、重伤，也可能是致人死亡。

3. 犯罪主体为一般主体。

年满16周岁、有刑事责任能力的人，均应当对故意伤害罪负刑事责任。根据《刑法》第17条第2款的规定，已满14周岁不满16周岁的人，故意伤害致人重伤或者死亡的，应当负刑事责任。根据《刑法修正案（十一）》第1条的规定，已满12周岁不满14周岁的人，犯故意杀人、故意伤害罪，致人死亡或者以特别残忍手段致人重伤造成严重残疾，情节恶劣，经最高人民检察院核准追诉的，应当负刑事责任。

4. 主观方面由故意构成，包括直接故意和间接故意。

值得注意的是，关于故意伤害致人重伤或者死亡的规定，着眼于因故意伤害而引起重伤或者死亡的后果更严重，并不要求行为人必须具有重伤的故意。即使行为人意图轻伤他人但失手致人重伤或者死亡的，仍应按照故意伤害致人重伤或死亡处罚。

（二）认定故意伤害罪应当注意的问题

1. 划清罪与非罪的界限。

主要是划清故意伤害罪与一般殴打行为的界限。伤害，是指造成人身器质性的或者功能性的损害，必须具有引起或可能引起轻伤或轻伤以上程度的伤害结果的性质。打架斗殴，只是造成人体的痛苦，并不损伤人身健康或者伤害情节显著轻微，属于侵犯人身权利的一般违法行为，可视情况按《治安管理处罚法》的有关规定，给予治安处罚。

2.划清故意重伤与故意杀人未遂的界限。

区分两者的关键，在于查明故意的内容。故意重伤，是行为人只想重伤他人的身体，使其健康受到严重损害，并没有剥夺他人生命的目的；而故意杀人未遂和既遂一样，都预见到自己的行为会剥夺他人的生命，并且希望这种结果的发生。杀人未遂，只是由于行为人意志以外的原因而没有造成被害人死亡结果的发生。因此，两者在犯罪性质上是完全不同的。

3.划清故意伤害致死与直接故意杀人的界限。

故意伤害致死，犯罪分子只有伤害的故意，致人死亡是过失所致。在这种情况下，行为人应当对超出他的伤害故意的死亡后果负罪责。故意伤害致死与直接故意杀人的共同点是：在客观上都造成了被害人死亡的后果，在主观上都有犯罪的故意。但两者故意的内容不同：前者是伤害的故意，后者是杀人的故意。因此，分清这两种犯罪，在于查明行为人是否具有非法剥夺他人生命的故意。在此基础上，分别按不同情况处理：

（1）明显具有杀人的故意，实施了杀人的行为，造成死亡结果的，应按故意杀人定罪。其中，杀人未遂，只造成伤害结果的，按故意杀人的未遂犯处罚。

（2）明显只有伤害的故意，实施了伤害的行为，造成伤害结果的，应按故意伤害定罪。其中，致人死亡的，按故意伤害罪（致人死亡）处罚。

（3）凡因打架斗殴或者群众之间因民事纠纷引起械斗而致人死亡的，除行为人有明显的杀人故意，应按故意杀人定罪外，一般可按故意伤害罪（致人死亡）处罚。因为打架斗殴双方都是出于主动，而且处于互殴的运动状态，一时情急、失手，就可能造成对方死亡。

（4）对有些案情复杂，是故意杀人还是故意伤害致死一时难以区分，内部分歧意见很大的，为了慎重起见，可以按故意伤害罪（致人死亡）论处。

4. 划清故意伤害致死与间接故意杀人的界限。

两者的区别主要在于故意的内容不同。间接故意杀人，是明知自己的行为会造成他人死亡的结果，并且放任这种结果的发生；而故意伤害致人死亡，只是损害他人身体健康，对死亡结果的发生，既不希望，也不放任，而是一种过失的心理状态。对于无故寻衅，动辄用刀子捅人的突发性案件，如何认定其犯罪性质，在刑法学界和司法实践中都有不同的看法。我们认为，凡突然持械行凶的，虽然并不像预谋杀人那样有明显的杀人目的，但其特点是不计后果，不顾被害人死活。在这种情况下，一般可按其实际造成的结果定罪。如果被害人没有死亡，可按故意伤害论处；如果被害人死亡，则可按间接故意杀人论处。

5. 划清故意伤害致死与过失致人死亡的界限。

在司法实践中，两者容易混淆。因为它们在客观方面都造成了被害人死亡的结果；在主观方面都没有杀人的动机和目的，也不希望或者放任死亡结果的发生，在致人死亡这个后果上均属过失。但它们之间的根本区别在于：故意伤害致死虽然无杀人的故意，但有伤害的故意；而过失致人死亡既无杀人的故意，也无伤害的故意。因此，区别故意伤害致死与过失致人死亡，关键是要查明行为人有无伤害的故意。

6. 划清故意伤害罪与虐待罪的界限。

《最高人民法院、最高人民检察院、公安部、司法部关于依法办理家庭暴力犯罪案件的意见》规定，准确区分虐待犯罪致人重伤、死亡与故意伤害、故意杀人犯罪致人重伤、死亡的界限，要根据被告人的主观故意、所实施的暴力手段与方式、是否立即或者直接造成被害人伤亡后果等进行综合判断。对于被告人主观上不具有侵害被害人健康或者剥夺被害人生命的故意，而是出于追求被害人肉体和精神上的痛苦，长期或者多次实施虐待行为，逐渐造成被害人身体损害，过失导致被害人重伤或者死亡的；或者因虐待致使被害人不堪忍受而自残、自杀，导致重伤或者死亡的，属于《刑法》第260条第2款规定的虐待"致使被害人重伤、死亡"，应当以虐待罪定罪并加重处罚。对于被告人虽然实施家庭暴力呈现出经常性、持续性、反复性的特点，但其主观上具有希望或者放任被害人重伤或者死亡的故意，持凶器实施暴力，暴力手段残忍，暴力程度较强，直接或者立即造成被害人重伤或者死亡的，应当以故意伤害罪或者故意杀人罪定罪处罚。对于长期存有虐待行为并有伤害行为的，可按数罪并罚。

7.划清故意伤害罪与故意杀人罪的界限。

区分故意杀人罪与故意伤害罪的重点，是要从查明故意的内容来确定行为的性质。司法实践中，应结合具体案情，从犯罪的起因，使用的犯罪工具，打击的部位，打击的力度，犯罪的时间、地点、环境，行为人对被害人是否有抢救的意愿或者行为，有无预谋犯罪，以及行为人与被害人之间的关系等方面加以综合分析、判断。

8.准确把握转化型的故意伤害罪。

我国《刑法》第238条第2款规定，在非法拘禁过程中，使用暴力致人伤残、死亡，按故意伤害罪、故意杀人罪论处；第247条规定，刑讯逼供或暴力逼取证人证言致人伤残、死亡的，按故意伤害罪、故意杀人罪论处；第248条第1款规定，虐待被监管人致人伤残、死亡的，按故意伤害罪、故意杀人罪从重论处；第333条第2款规定，非法组织卖血、强迫卖血对他人造成伤害的，按故意伤害罪论处；第292条第2款规定，聚众斗殴，致人重伤、死亡的，依照故意伤害罪、故意杀人罪定罪处罚。前述规定，在刑法理论上称为"转化犯"，即行为人实施某一较轻犯罪，由于附加另一行为或出现超出较轻犯罪的严重后果，《刑法》规定按另一较重之罪论处的情形。

司法实践中，对于转化型的故意伤害罪的认定，需要注意把握两个方面：一是从体系解释的角度出发，相关条款中的"伤残""伤害"，不包括轻伤，而只限于重伤。如果仅是造成轻伤的结果，可不必按照转化犯处理，直接按照相关罪名处理即可。只有客观上出现重伤或者死亡的结果，且行为人主观上对此具有预见可能性，才应认定构成故意伤害罪或故意杀人罪。二是转化犯不能唯结果论，即出现死亡结果就定故意杀人罪，出现重伤结果就定故意伤害罪，还应结合行为人的犯意来确定合适的罪名。

9.区别故意伤害罪与包含伤害内容的其他犯罪。

《刑法》第234条第2款规定，故意伤害行为"本法另有规定的，依照规定"。凡刑事法律其他法条对故意伤害行为另有罪名规定的，依照各该条定罪处罚，而不定故意伤害罪。例如，以故意伤害的暴力方法绑架他人或者抢劫，不应另行定故意伤害罪，只定绑架罪或抢劫罪一罪。即使在实施放火、爆炸等危害公共安全罪中，也可能存在放火、爆炸等行为与故意伤害行为的想象竞合，只以放火罪或爆炸罪等一罪论处。此外，根据《刑法》规定，有些侵犯人身权利的犯罪行为，在一定条件下必须按故意伤害罪论处。例如，刑讯逼供致人伤残、暴力取证致人伤残以及虐待被监管人致人伤残、聚众斗殴致人重伤、非法组织他人卖血并对他人造成伤害、强迫他人卖血并对他人造成伤害等。

（三）故意伤害罪的刑事责任

依照《刑法》第234条第1款的规定，犯故意伤害罪的，处三年以下有期徒刑、拘役或者管制。

依照《刑法》第234条第2款的规定，犯故意伤害罪，致人重伤的，处三年以上十年以下有期徒刑；致人死亡或者以特别残忍手段致人重伤造成严重残疾的，处十年以上有期徒刑、无期徒刑或者死刑。本法另有规定的，依照规定。

适用本条规定处罚时，应当注意以下几个问题：

1.《刑法》第234条第1款是关于故意伤害他人身体致人轻伤的处刑规定，应当分别不同情况，妥善处理：

（1）对伤情程度介于轻、重伤边缘的案件，在处罚时要慎重。轻伤中伤情重的，可按《刑法》第234条第1款的规定从重处罚；重伤中伤情轻的，可按同条第2款的规定从轻处罚。

（2）犯故意伤害罪情节轻微，不需要判处刑罚的，依照《刑法》第37条的规定，可以免予刑事处罚；需要赔偿损失或者作其他处理的，按该条的规定办理。

2.本条第2款是关于故意伤害他人身体致人重伤或者死亡的处刑规定，应当正确理解和适用：

（1）按照第2款的规定，故意伤害致人重伤的，一般应当处三年以上十年以下有期徒刑；只有具有致人死亡或者以特别残忍手段致人重伤造成严重残疾的严重后果的，才应当处十年以上有期徒刑、无期徒刑或者死刑。所谓特别残忍手段，是指采取朝人面部泼镪水、用刀划破面部等方法严重毁人容貌，挖人眼睛、砍掉手脚、剜掉髌骨等特别残忍手段，造成他人严重残疾的行为，不是指一般重伤。要准确把握致人重伤造成"严重残疾"的标准。参照2014年9月3日国家质量监督检验检疫总局、国家标准化管理委员会颁布的《劳动能力鉴定 职工工伤与职业病致残等级》（GB/T 16180—2014），"严重残疾"，是指被害人身体器官大部缺损、器官明显畸形、身体器官有中等功能障碍、造成严重并发症等情形之一的。残疾程度可分为一般残疾（十至七级）、严重残疾（六至三级）、特别严重残疾（二至一级），六级以上视为"严重残疾"。

（2）严格掌握故意伤害罪死刑适用的标准。相对于故意杀人犯罪而言，故意伤害犯罪的社会危害性和被告人的主观恶性程度不同，适用死刑应当比故意杀人犯罪更加慎重，标准更加严格。首先，故意伤害罪和故意杀人罪虽然法定最高刑都有死刑，但在犯罪性质上是不相同的：一个是损害他人身体健康的犯罪，一个是剥夺他人生命的犯罪。其次，犯罪性质上的这种区别，反映在法定刑的排列上，故意杀人罪所处刑罚是由重到轻排列，故意伤害罪所处刑罚则是由轻到重排列。再次，在法定刑的形式上，采用的是相对确定的法定刑，即处十年以上有期徒刑、无期徒刑或者死刑，而不是绝对确定的法定刑。最后，致人死亡或者致人重伤造成严重残疾的原因和具体情节比较复杂，彼此有时差别很大。最高人民法院指出，故意伤害致人死亡和间接故意杀人，虽然都造成了死亡的后果，"但行为人故意的性质和内容是截然不同的。不注意区分犯罪的性质和故意的内容，只要有死亡后果就判处死刑的做法是错误的，这在今后的工作中，应当予以纠正。"①

①对故意伤害致人死亡的被告人决定是否适用死刑立即执行时，要将严重危害社会治安的案件与民间纠纷引发的案件有所区别；将手段特别残忍、情节特别恶劣的与手段、情节一般的有所区别；将预谋犯罪与激情犯罪有所

---

① 《全国法院维护农村稳定刑事审判工作座谈会纪要》（法〔1999〕217号）。

区别等。对于下列故意伤害致人死亡的被告人，如果没有从轻情节，可以适用死刑立即执行。如暴力恐怖犯罪、黑社会性质组织犯罪、恶势力犯罪以及其他严重暴力犯罪中故意伤害他人的首要分子；起组织、策划作用或者为主实施伤害行为罪行最严重的主犯；聚众"打砸抢"伤害致人死亡的首要分子；动机卑劣而预谋伤害致人死亡的等。对于故意伤害致人死亡的被告人，如果具有下列情形，一般不判处死刑立即执行。如因婚姻家庭、邻里纠纷以及山林、水流、田地纠纷等民间矛盾激化引发的；被害人有过错，或者对引发案件负有直接责任的；犯罪手段、情节一般的；被告人犯罪后积极救治被害人，或者积极赔偿被害方经济损失并真诚悔罪的；被告人作案时刚满18周岁或者已满75周岁，①且情节不是特别恶劣的；其他经综合考虑所有量刑情节可不判处死刑立即执行的等。

②以特别残忍手段致人重伤造成严重残疾的故意伤害案件，适用死刑时应当更加严格把握，并不是只要达到"严重残疾"的程度就必须判处被告人死刑，还要根据致人"严重残疾"的具体情况，综合考虑犯罪情节和危害后果来决定刑罚。故意伤害致人重伤造成严重残疾，只有犯罪手段特别残忍，后果特别严重的，才能考虑适用死刑（包括死缓）。对于以特别残忍手段造成被害人重伤致特别严重残疾的被告人，可以适用死刑立即执行。但对于那些使用硫酸等化学物质严重毁容，或者采取砍掉手脚等极其残忍手段致使被害人承受极度肉体、精神痛苦的，虽未达到特别严重残疾的程度，但犯罪情节特别恶劣，造成被害人四级以上严重残疾程度的，也可以适用死刑立即执行。

③关于故意伤害共同犯罪的死刑适用，故意伤害案件被告人有自首、立功情节的死刑适用，正确把握故意伤害案件民事赔偿与死刑适用的关系，贯彻人权保障原则等问题，具体内容参见本书故意杀人罪相关的论述。

3.对严重破坏社会秩序的故意伤害犯罪，犯罪分子主观恶性较深、犯罪情节恶劣、罪行严重的，可以依法附加剥夺政治权利。但根据最高人民法院

---

① 《刑法修正案（八）》第3条（《刑法》第49条第2款）规定："审判的时候已满七十五周岁的人，不适用死刑，但以特别残忍手段致人死亡的除外。"

的解释,"除刑法规定'应当'附加剥夺政治权利外,对未成年罪犯一般不判处附加剥夺政治权利"。①

4. 根据《最高人民法院、最高人民检察院关于办理妨害预防、控制突发传染病疫情等灾害的刑事案件具体应用法律若干问题的解释》的规定,在预防、控制突发性传染病疫情等灾害期间,聚众"打砸抢",致人伤残的,可以故意伤害罪定罪,从重处罚。

5. 根据《刑法》第234条之一第2款的规定,未经本人同意摘取其器官,或者摘取不满18周岁的人的器官,或者强迫、欺骗他人捐献器官的,依照《刑法》第234条规定的故意伤害罪或者刑法第232条规定的故意杀人罪定罪处罚。

四、组织出卖人体器官罪

第二百三十四条之一② 组织他人出卖人体器官的,处五年以下有期徒刑,并处罚金;情节严重的,处五年以上有期徒刑,并处罚金或者没收财产。

未经本人同意摘取其器官,或者摘取不满十八周岁的人的器官,或者强迫、欺骗他人捐献器官的,依照本法第二百三十四条、第二百三十二条的规定定罪处罚。

违背本人生前意愿摘取其尸体器官,或者本人生前未表示同意,违反国家规定,违背其近亲属意愿摘取其尸体器官的,依照本法第三百零二条的规定定罪处罚。

(一)组织出卖人体器官罪的概念和构成要件

组织出卖人体器官罪,是指以领导、策划、指挥、控制等方式,组织他人出卖人体器官的行为。本罪是《刑法修正案(八)》第37条第1款增设的

---

① 《最高人民法院关于审理未成年人刑事案件具体应用法律若干问题的解释》第14条第1款。
② 本条由2011年2月25日《刑法修正案(八)》第37条增设。

罪名。

组织出卖人体器官罪的构成要件是：

1. 本罪侵犯的客体是公民的健康权利。

犯罪对象为活体的人体器官。2023年《人体器官捐献和移植条例》第2条规定："在中华人民共和国境内从事人体器官捐献和移植，适用本条例；从事人体细胞和角膜、骨髓等人体组织捐献和移植，不适用本条例。本条例所称人体器官捐献，是指自愿、无偿提供具有特定生理功能的心脏、肺脏、肝脏、肾脏、胰腺或者小肠等人体器官的全部或者部分用于移植的活动。本条例所称人体器官移植，是指将捐献的人体器官植入接受人身体以代替其病损器官的活动。"对于本罪的人体器官的解释没有必要完全限定于此行政法规的前述规定。

2. 客观方面表现为组织他人出卖人体器官的行为。所谓组织行为，就是指以领导、策划、指挥、控制等方式出卖他人人体器官的行为。

因此，本罪的行为既包括经营人体器官出卖活动，也包括以引诱、单向或者居间介绍等手段使他人出卖人体器官的行为。目前，非法的人体器官移植已由早期"供体"与"受体"直接联系交易，发展到由"黑市中介"通过网络或者线下方式控制整个非法的人体器官市场的供应。其中，被组织的众多参与者往往扮演不同的角色，有的采取欺骗、利诱甚至强迫手段，寻找"捐献者"（供体）；有的为捐献者提供生活起居、营养保障和医学检查；有的联系需求方（受体）；有的承担监管、看管"捐献者（供体）"的作用。例如王某涛、刘某、孙某玉、李某伟组织出卖人体器官案[①]。凡是从事人体器官买卖的中介行为，均可构成本罪。也就是说，本罪属于行为犯，只要行为人所从事的行为包含了组织出卖的内容，即可构成本罪。即使因受体器官特殊、担心手术风险大等原因而最终未出现出卖器官结果的，亦应认定为既遂。例如，在邓某伟等组织出卖人体器官案[②]中，被告人邓某伟等共六次组织实施出卖人体器官活动，其中第三次因供体的肾脏为双支血管、手术风险

[①] 江苏省泰兴市人民法院（2012）泰刑初字第352号。
[②] 湖北省武汉市江夏区人民法院（2014）鄂江夏刑初字第00127号。

较大而放弃,第六次因公安人员接到举报后赶到手术室而未得逞。组织出卖的活体器官,既包括被组织者无偿或者有偿提供的,也包括组织者通过窃取等其他手段获得的。组织他人捐献人体器官、出卖者直接将自己的器官出卖给他人、单纯购买人体器官的行为,均不构成本罪。

3. 犯罪主体为一般主体。

凡年满16周岁,具有刑事责任能力的人,均可构成本罪的主体。《刑法》第234条之一没有规定本罪为单位犯罪,医疗机构组织实施出卖人体器官的,仅有组织、策划、实施者构成本罪,不能追究单位的刑事责任。

4. 主观方面由直接故意构成,即行为人明知是组织他人出卖人体器官而依然为之。

司法实践中,一般具有营利的目的。但法律并未明确规定以营利为目的是构成本罪的主观要件,因而是否出于营利目的、营利目的是否最终实现不影响本罪的成立,例如,在周某立组织出卖人体器官案[①]中,被告人周某立获悉介绍买卖肾脏可从中获利后,以张贴广告的形式联系7名有意捐肾者并安排体检,后因4名捐肾者涉嫌犯罪被公安机关抓获而投案。犯罪动机可能是多种多样的,但动机也不影响本罪的成立。

(二)认定组织出卖人体器官罪应当注意的问题

1. 区分违法与犯罪的界限。

违反国务院《人体器官捐献和移植条例》的行为,未构成犯罪的,属于行政违法行为,应当按该条例的行政处罚规定进行处理。

2. 区分本罪与相关犯罪的界限。

《刑法》第234条之一第2款规定,未经本人同意摘取其器官,或者摘取不满18周岁的人的器官,或者强迫、欺骗他人捐献器官的,依照故意伤害罪、故意杀人罪的规定定罪处罚;第3款规定:违背本人生前意愿摘取其尸体器官,或者本人生前未表示同意,违反国家规定,违背其近亲属意愿摘

---

① 河南省河津市人民法院作出判决:被告人周某立犯组织出卖人体器官罪,判处有期徒刑三年,缓刑三年,并处罚金3000元。

取其尸体器官的,依照《刑法》第302条的盗窃尸体罪定罪处罚。违背他人意愿摘取器官侵犯了器官提供者的自主决定权,这种自主决定权包括提供者的知情同意权、拒绝权、临时放弃权等。司法实践中适用《刑法》第234条之一第2款、第3款时,要注意如下几点:

(1)只有完全行为能力人才可以作出自主决定。无行为能力人、限制行为能力人无权决定,其监护人、法定代理人也无权代理处分。公民生前未表示不同意捐献其人体器官的,该公民死亡后,其配偶、成年子女、父母可以以书面形式共同表示同意捐献该公民人体器官的意愿。

(2)不满18周岁者的处分行为是无效的,未成年人由于心智发育并不完全,可能并不理解器官摘除的真正后果,因此摘取不满18周岁的人的器官,即便未成年人同意,这种同意是无效的,摘取行为构成故意伤害罪或故意杀人罪。同样,未成年人的监护人、法定代理人的代理处分行为也是无效的,摘取行为即使取得其监护人、法定代理人的同意,也构成故意伤害罪或者故意杀人罪。

(3)强迫、欺骗他人捐献器官的行为不能定本罪。强迫是指使用暴力、胁迫或其他方法足以压制一般人的反抗,使他人器官被迫摘除,如采用麻醉手段摘除他人器官。欺骗是指虚构事实、隐瞒真相,使他人陷入认识错误,进而处分自己的器官即"同意"被摘取,如医师不履行告知义务,谎称器官病变需要摘除。使用窃取、强迫、欺骗手段,违背他人意愿摘取器官是构成故意杀人罪还是故意伤害罪,关键看摘取人是否具有剥夺他人生命的故意。如果摘除他人的重要器官足以导致他人死亡,例如,摘除他人的心脏、全部的肝脏等,则应当认定为故意杀人罪。若行为人摘取他人器官后将其抛弃在隐蔽地带,使他人无法发现,或者摘取器官后未进行有效的医疗处理,也可构成故意杀人罪。

(4)对于窃取等非法摘取死者器官的行为,若受害者本人生前明确表示拒绝捐献器官,行为人在其死后将其尸体器官摘取的,构成盗窃尸体罪。若死者本人生前未明示是否愿意捐献器官的,近亲属有权决定是否捐献死者器官;若近亲属也未曾表示是否捐献器官,摘取死者器官的行为就侵犯了遗属的尊严,亦构成盗窃尸体罪。

（三）组织出卖人体器官罪的刑事责任

依照《刑法》第 234 条之一第 1 款规定，犯组织出卖人体器官罪的，处五年以下有期徒刑，并处罚金；情节严重的，处五年以上有期徒刑，并处罚金或者没收财产。

此处的"情节严重"，司法实践中，一般是指多次（3 次以上）组织他人出卖人体器官的；组织多人（3 人以上）出卖人体器官的；组织他人出卖人体器官获利数额较大的；组织出卖人体器官造成出卖者死亡或者身体遭受严重伤害的等。

五、过失致人重伤罪

第二百三十五条 过失伤害他人致人重伤的，处三年以下有期徒刑或者拘役。本法另有规定的，依照规定。

（一）过失致人重伤罪的概念和构成要件

过失致人重伤罪，是指过失伤害他人身体，致人重伤的行为。

本罪 1979 年《刑法》第 135 条作了规定，司法实践所适用的罪名为"过失重伤罪"。尽管 1997 年《刑法》第 235 条对罪状未作修改，但司法机关在确定罪名时，考虑到已将"过失杀人罪"改为"过失致人死亡罪"，因而将"过失重伤罪"相应地改为"过失致人重伤罪"。

过失致人重伤罪的构成要件是：

1. 本罪侵犯的客体是公民的健康权利。

2. 客观方面表现为实施致他人身体遭受重伤的行为。

司法实践中，应当在专门鉴定的基础上，参照《人体损伤程度鉴定标准》，正确认定伤害的结果是否符合《刑法》第 95 条规定的重伤标准。过失造成轻伤包括过失造成多人轻伤的，不构成本罪。

3. 犯罪主体为一般主体。

根据《刑法》第 17 条第 2 款的规定，已满 14 周岁不满 16 周岁的未成年人过失致人重伤的行为,不应当负刑事责任,但应责令他的家长或者监护人加以管教;在必要的时候,依法进行专门的矫治教育。

4.主观方面由过失构成,既可以是疏忽大意的过失,也可以是过于自信的过失。

例如,在朱某某过失致人重伤案①中,被告人朱某某在韦某明强行拿走其胶水并被韦某明威吓的情况下抓起石头砸向韦某明的后脑勺,引起双方打架,其间,朱某某拿起镰刀吓唬韦某明,韦某明夺刀过程中站立不稳跌倒受重伤。朱某某拿镰刀只是为了吓唬韦某明,应当预见自己的行为可能伤害被害人,由于疏忽大意没有预见,并造成重伤结果,构成本罪。

(二)认定过失致人重伤罪应当注意的问题

1.划清本罪与意外事件的界限。

一是要查明行为人主观上有无罪过。二是在确认行为人的过失行为已造成重伤结果的情况下,还要进一步查明行为人的过失行为与重伤结果之间有无刑法上的因果关系。如果经过调查,根据行为人的认识能力,行为时的具体时间、地点和条件,证明致人重伤是由于行为人不能预见的原因引起的,则属于刑法上的意外事件,行为人不负刑事责任。

2.划清本罪与故意伤害罪的界限。

两者的区别主要表现在:(1)罪过的形式不同。一个是过失,一个是故意,这是最本质的区别。(2)对行为结果的要求不同。故意伤害罪,不论行为的结果是轻伤还是重伤,都可构成;而过失致人重伤罪,只有达到重伤的程度,方可构成。例如,在陈某发过失致人重伤案②中,被告人陈某发接到因治疗发生争吵的一方的电话赶到现场,在争执过程中用拳头击打另一方患有孔源性视网膜脱离的郑某庆的右眼,致重伤。公诉机关以故意伤害罪起诉,法院经审理后认为,被告人陈某发系在与被害人纠缠过程中,由于过失行为引起本身患有眼疾的被害人的重伤结果,因而构成过失

---

① 广西壮族自治区马山县人民法院作出判决:被告人朱某某犯过失致人重伤罪,判处有期徒刑六个月十五天。
② 广西壮族自治区北流市人民法院(2011)北刑初字第454号。

致人重伤罪。

3. 划清本罪与过失致人死亡罪的界限。

两者的区别主要在于过失行为所造成的结果不同，前者是致人重伤，后者是致人死亡。过失行为当场致人重伤，但因抢救无效死亡的，应当认定为过失致人死亡罪。

（三）过失致人重伤罪的刑事责任

依照《刑法》第 235 条规定，犯过失致人重伤罪的，处三年以下有期徒刑或者拘役。

《刑法》第 235 条同时规定："本法另有规定的，依照规定。"这是明示的竞合规定。除本条的一般性规定外，对于《刑法》规定的其他犯罪中有过失致人重伤的情况，根据特别规定优于一般规定的原则，应当一律适用特别规定。例如《刑法》第 133 条关于交通肇事致人重伤的规定，第 134 条关于重大责任事故致人重伤的规定等，直接按照交通肇事罪、重大责任事故罪等规定处理，而不应当适用本条规定定罪处罚。

六、强奸罪[①]

第二百三十六条[②]　以暴力、胁迫或者其他手段强奸妇女的，处三年以上十年以下有期徒刑。

奸淫不满十四周岁的幼女的，以强奸论，从重处罚。

强奸妇女、奸淫幼女，有下列情形之一的，处十年以上有期徒刑、无期徒刑或者死刑：

（一）强奸妇女、奸淫幼女情节恶劣的；

[①] 参考案例 1：张某某强奸案，载法信网，http://www.faxin.cn/。参考案例 2：李某某等强奸案，广东省佛山市中级人民法院（2007）佛刑一终字第 165 号。参考案例 3：钟某抢劫、强奸、故意杀人案，载法信网，http://www.faxin.cn/。参考案例 4：盛某强奸案，江苏省无锡市南长区人民法院（2007）南刑初字第 10 号。参考案例 5：刘某某强奸案，天津市第一中级人民法院（2014）一中刑少终字第 26 号。

[②] 本条经 2020 年 12 月 26 日《刑法修正案（十一）》第 26 条修改。

（二）强奸妇女、奸淫幼女多人的；

（三）在公共场所当众强奸妇女、奸淫幼女的；

（四）二人以上轮奸的；

（五）奸淫不满十周岁的幼女或者造成幼女伤害的；

（六）致使被害人重伤、死亡或者造成其他严重后果的。

（一）强奸罪的概念和构成要件

强奸罪，是指违背妇女意志，使用暴力、胁迫或者其他手段，强行与妇女性交，或者与不满14周岁幼女发生性关系的行为。包括普通强奸和奸淫幼女两种类型。

本罪主旨是保护妇女人身权利及性自主权，惩治违背妇女意志的强奸犯罪行为。它是刑法重点惩治的性质恶劣的犯罪之一，1979年《刑法》在第139条作了规定。1997年《最高人民法院关于执行〈中华人民共和国刑法〉确定罪名的规定》，将1997年《刑法》第236条确定为强奸罪和奸淫幼女罪两个罪名。2002年《最高人民法院、最高人民检察院关于执行〈中华人民共和国刑法〉确定罪名的补充规定》，将《刑法》第236条第2款的行为确定为强奸罪，取消了奸淫幼女罪的罪名，将其作为强奸罪的特殊类型和法定从重情形。

强奸罪的构成要件是：

1. 本罪的客体是妇女拒绝接受性交的自主权或者幼女的身心健康。犯罪对象只能是女性或者未满14周岁的幼女。

2. 客观方面表现为以暴力、胁迫或者其他使妇女不能抗拒、不敢抗拒、不知抗拒的手段，违背妇女意志，强行与妇女性交的行为。

性交行为违背女性真实、自由意志，不是出于其真实意思，是强奸行为的本质特征。奸淫幼女的，由于幼女身心发育不成熟，缺乏辨别和反抗能力，因此不论采取什么手段，不论幼女是否同意或者是否抗拒，只要与幼女发生性关系，一般就构成强奸罪。

3. 犯罪主体是年满14周岁的男子。女性不能单独构成强奸罪，但可以构成强奸罪的共犯。

4. 主观方面是直接故意，并且具有强行奸淫的目的。间接故意和过失不构成本罪。

（二）认定强奸罪应当注意的问题

1. 划清强奸与通奸的界限。

通奸是双方或一方有配偶的男女，自愿发生的不正当性交行为。从理论上讲二者明显不同，但司法实践中因为证据问题往往难以区分。强奸与通奸的区别在于：强奸违背妇女意愿，通奸出于妇女自愿；强奸一般采取暴力或胁迫手段，通奸一般不使用暴力或胁迫手段。区分二者除考察前述是否"违背妇女意志"外，必须对男女双方平时关系、交往情况、性交的时间、地点、环境、女方事后态度、告发原因等情况进行全面调查和综合分析。

司法实践中，区分强奸与通奸，划清罪与非罪的界限，还需要注意以下几个问题：

（1）强奸与通奸的转化。参照1984年4月26日《最高人民法院、最高人民检察院、公安部关于当前办理强奸案件中具体应用法律的若干问题的解答》的精神，需要注意以下情况：一是把通奸说成强奸的。有的妇女与人通奸，一旦关系恶化，或者事情暴露后怕丢面子，或者为推卸责任等，把通奸说成强奸的，因为实际上是通奸，不能定强奸罪。二是先强奸后通奸的。第一次性交违背妇女意志，事后并未告发，女方又多次真实自愿与该男子性交的，虽然第一次能够成立强奸罪，但考虑到保护女方权益和双方现实关系等因素，除情节严重的外，一般不宜以强奸罪论处。行为人强奸现役军人配偶后，与之同居的，可以构成破坏军婚罪。三是先强奸后继续威胁的。强奸后，对被害妇女实施精神上威胁，以散布隐私、损害名誉等相威胁，迫使其继续忍辱屈从的，应以强奸罪论处。四是先通奸后强奸。男女先通奸，后来女方不愿继续通奸，而男方纠缠不休，以暴力或败坏名誉等进行胁迫，强行与女方性交的，应以强奸罪论处。如张某某强奸案。[①]

（2）利用职权或教养、从属关系的情况。利用职权或有教养、从属关系

---

① 法信码 A6.H5327，先通奸后强奸的认定。

与妇女性交的，不能一律视为强奸，关键看是基于优势地位胁迫，还是双方相互利用。具体注意以下不同情况：

一是行为人与妇女之间有上下级、师生、师徒、教养等特定关系，男方利用优势地位和影响力，迫使其就范，如养（生）父以虐待、克扣生活费迫使养（生）女容忍其奸淫的；或者行为人利用职权，乘人之危，奸淫妇女的，因妇女处于弱势地位，如不答应性交就会招致妇女难以承受的损害，性交是违背妇女真实意愿的，所以构成强奸罪。因此，《刑法》第259条第2款规定，利用职权、从属关系，以胁迫手段奸淫现役军人妻子的，以强奸罪定罪处罚。

二是行为人利用职权引诱女方，允诺给予好处如招录、提拔、加薪等，女方贪图利益，基于相互利用与其性交的，因男女双方相互利用、各有所图，不能认定为强奸罪。

三是男女双方虽然存在特定关系，男方处于优势地位，但是男方没有利用特定关系或职权胁迫女方，女方出于真实自愿与其性交的，不构成强奸罪。

四是注意对未成年人的特殊保护。根据《最高人民法院、最高人民检察院关于办理强奸、猥亵未成年人刑事案件适用法律若干问题的解释》（以下简称《办理强奸、猥亵未成年人刑事案件解释》）第6条规定，对已满14周岁的未成年女性负有特殊职责的人员，利用优势地位或者被害人孤立无援的境地，迫使被害人与其发生性关系的，以强奸罪定罪处罚。

（3）注意妇女"半推半就"的情况。所谓"半推半就"，是指与妇女性交时，妇女处于犹豫不决的徘徊矛盾心理状态，既有不同意的表现（推），又有同意的表现（就）。参照前述《最高人民法院、最高人民检察院、公安部关于当前办理强奸案件中具体应用法律的若干问题的解答》精神，对于"半推半就"的，要全面分析双方平时关系、性交当时环境和情况、事后女方态度、在什么情况下告发等，认真全面审查，根据是否实际确系违背妇女意志，区别对待。

一是"形就实推"。如果因为害怕表面上"就"，违心屈从、无奈顺从、被迫同意，或者开始同意而后来不同意，实际上是"推"，使用暴力、胁迫等手段强行性交的,因确系违背妇女意志,应以强奸罪论处。如盛某强奸案。①

二是"形推实就"。如果出于害羞、怕孕、怕被人发现而表面上"推",实际上是"就",默示同意,或者开始不同意而后同意,没有明显使用暴力、胁迫等手段性交的,因为没有违背妇女真实意思,不能以强奸罪论处。

三是"似推似就"。如果女方"推"与"就"犹豫徘徊,或者"推"与"就"真实意思不明,女方未表示拒绝,男方也没有采取暴力、胁迫等手段强行性交的,一般不宜以强奸罪论处。如果女方明确表示不同意,甚至全力激烈反抗时,男方仍强行性交的,则构成强奸罪。

(4) 使用欺骗手段的情况。以欺骗手段与妇女性交的特点是女性在谎言的迷惑下,自愿甚至主动与男子性交,但实际上违背其真实意愿。欺骗手段包括精神上的强制手段和暴力、胁迫以外的其他手段,如利用邪教迷信,冒充妇女的丈夫、未婚夫、情夫,利用或假冒治病,利用女性年幼或愚昧无知等。

对此是否认定为强奸,关键看是否违背妇女的真实意志,进行具体分析。一是如果谎言对妇女造成精神上的胁迫,如利用会道门、邪教组织、迷信奸淫妇女,则认定为强奸。《刑法》第300条第3款已明确规定组织和利用会道门、邪教组织或者利用迷信奸淫妇女的,以强奸罪论处。二是如果欺骗的谎言对妇女并没有造成精神上胁迫,妇女没有丧失自由意志能力而性交的,不能认定为强奸罪。如谎称自己是高官、大款或其子弟,愿与妇女结婚等,女方出于相互利用而性交的,则不能认定为强奸。三是欺骗性交违背女性真实意思,属于《刑法》规定的"其他手段"的,构成强奸罪。利用女性对性交对象或作用的误认,如冒充妇女的丈夫、未婚夫、情夫,利用或假冒治病,利用女性年幼或愚昧无知。如被告人王某民、王某强奸案。②

2. 准确认定强奸罪中的"违背妇女意志"。

对于如何理解"违背妇女意志",学界有不同表述。③我们认为"违背妇

---

① 参见江苏省无锡市南长区人民法院(2007)南刑初字第10号。
② 参见法信码A6.H5339,强奸妇女、奸淫幼女多人的。
③ 参见高铭暄、马克昌主编:《中国刑法解释》(下卷),中国社会科学出版社2005年版,第1590页。

女意志"，是指违背妇女拒绝性交的意志自由，性交并非出于其意志自由基础上的真实意愿。它包含两种情形：一是在妇女有正常的辨认能力、控制能力和自由意志的情形下，未经妇女同意而违背其意志。二是在妇女无正常的辨认能力、控制能力和自由意志的情形下，如幼女、精神病人，未经或者已征得该妇女同意，也视为违背妇女意志。

违背妇女意志是强奸行为的本质，可以通过客观事实情况进行分析判断。认定是否违背妇女意志，要全面分析男女双方关系、行为表现及其心理状态、整个过程等情况，结合发生性关系的时间、地点、周围环境、女性的年龄、性格、体质等因素综合分析，还要注意从以下正反两方面分析判断性交行为是否违背女性意志。

（1）没有违背女性意志的判断。性交应由男女双方自愿平等协商决定，达成有效性交合意的，不存在强奸；没有达成性交合意或者合意无效的，构成强奸。有效的性交合意，需要同时具备以下条件：一是女性具有性交合意的资格，即已满14周岁且精神正常，具有行为辨认能力和控制能力，理解性行为的意义和后果。幼女、精神病女性、痴呆女性没有性交合意的资格。二是性交合意出于女性的真实意思，即同意性交的合意是在没有外力干扰、神志清醒的自由意志状态下由女性自愿自主达成的。三是女性有性交合意的意思表示，即女性以某种方式表明自己愿意与行为人性交。性交合意的表示形式不限，可明示或暗示，可直接或间接，可语言或形体。

（2）违背女性意志的判断。违背女性意志的表征是采用暴力、胁迫或其他手段，致使女性对性交行为难以或不知抗拒。具体讲，可从以下方面分析判断：一是从时间上看，性交当时被害人当场是否在意志自由基础上真实同意，而不是事后反悔或事后追认。二是从男方采用手段看，行为人是否采用暴力、胁迫或者其他手段，但与有无强制手段并无必然联系。采用暴力、胁迫手段的，可以断定性交行为违背妇女意志；采用其他非强制手段的，同样可能违背妇女意志。三是从女性是否反抗、拒绝看，不仅看妇女有无反抗和拒绝性交的表现，而且应看妇女是否能够反抗、是否知道反抗、是否敢于反抗等情况。只要使被害女性不能反抗、不敢反抗或利用其不知反抗的状态，就足以认定违背妇女意志。对女性没有反抗，或反抗表示不明显的，要从女性自身情况和当时环境等具体分析原因。如现场的地理位置、环境和时间等可能对妇女产生恐惧影响。深夜、偏僻之处让受害人感到孤立无援，产生心理恐惧，往往不敢反抗。如刘某明强奸案。刘凌晨驾车冒充民警，用手铐铐住罗某双手，以罗涉嫌卖淫，要判刑、罚款相要挟，将其奸淫。尽管被害人没有反抗甚至有顺从的表示，也不能认为奸淫行为符合被害人意志，因为其顺从并非出于内心真实意思表示。①

3. 正确认定强奸罪中的"暴力、胁迫或者其他手段"。

"暴力手段"是人身强制，是指直接对被害妇女采取殴打、捆绑、卡脖子、按倒等危害人身安全或人身自由，使妇女不能抗拒的手段。暴力包括轻微的人身强制至最严重的人身重伤，但不包括故意杀人的暴力，因为尸体不能成为强奸罪的对象。暴力手段往往使妇女不能反抗，但并不要求在客观上造成妇女没有反抗的能力。对妇女形成一定的强制作用，致使妇女恐惧、胆怯而不敢反抗的，也可以认定为违背妇女意志。

"胁迫手段"是精神强制，是指对被害妇女进行威胁、恫吓，使其不敢抗拒的手段。胁迫的方式多样，可以暴力胁迫，也可以非暴力胁迫；可以直接胁迫，也可以通过第三者胁迫；可以口头胁迫，也可以书面胁迫。如扬言殴打、行凶，威胁揭发隐私、加害亲属、毁坏名誉或财产等，利用迷信进行恐吓、欺骗，利用教养关系、从属关系、职权及孤立无援的环境条件，进行挟制、迫害、胁迫等，迫使妇女屈从。

"其他手段"是指暴力、胁迫以外，使被害妇女不知或无法抗拒的一切违背妇女意志的手段。司法实践形成共识的有下列几类情况：一是使用非暴力、胁迫手段，致使妇女丧失自控能力而不知或不能抗拒，如用药物麻醉、酒精、催眠术使妇女昏睡；二是使用诈术使妇女不知抗拒，如冒充妇女的丈夫、情夫，假冒治病；三是利用妇女不知或不能反抗的状态，如患重病、昏睡、醉酒、昏迷等；四是利用妇女缺乏辨认和性自卫能力，如精神病女性、痴呆妇女等。

---

① 黎宏主编：《刑事案例诉辩审评——强奸罪拐卖妇女儿童罪》，中国检察出版社2005年版，第88~94页。

需要注意认定暴力、胁迫行为，只要达到使被害人的反抗显著困难的程度即可，而不需要达到抢劫那样完全压制被害人反抗的程度。判断被害人反抗显著困难，应当从一般的社会观念，结合被害人的年龄、精神状态、健康状况和行为的时间、地点、环境等综合分析。①

4. 正确认定奸淫幼女构成的强奸罪与普通强奸罪。

幼女身心发育不成熟、自我保护能力不足，受刑法特殊保护，只要知道对方是不满14周岁的幼女，而与其性交的，就构成强奸罪。奸淫幼女构成的强奸罪有其特殊性，与普通强奸罪有以下不同：(1) 对象不同。前者的犯罪对象是不满14周岁的幼女；后者是已满14周岁的女性。(2) 客观方面采取手段、被害人是否同意不同。前者不论行为人采用什么手段，也不论幼女是否同意，只要与幼女发生性行为，就构成强奸罪；后者要求采用暴力、胁迫等手段，违背妇女意志。(3) 既遂标准不同。前者只要双方生殖器接触，即视为既遂；后者只有性器官插入，全部或者部分插入，才构成既遂。(4) 处罚要求不同。前者是法定从重处罚情节，要在对应条款法定刑的幅度内从重处罚。

5. 划清强奸罪一罪与数罪的界限。

强奸犯罪中，往往伴随其他犯罪，存在罪数问题。一般说来，只要强奸行为与其他犯罪行为不存在牵连、想象竞合等关系或刑法规定以一罪论处情形，就应当数罪并罚。

行为人在强奸以后，出于报复、灭口、逃跑等动机，又伤害或者杀害被害人的，则应分别定强奸罪、故意伤害罪或者故意杀人罪，按数罪并罚原则处罚。如钟某抢劫、强奸、故意杀人案。② 故意杀人后新生犯意而奸尸的，以故意杀人罪与侮辱尸体罪并罚。因女性反抗，先杀后奸的，分两种情形：行奸时被害人尚未死亡的，构成故意杀人罪与强奸罪，按牵连犯处理；行奸时被害人已经死亡的，行为人触犯故意杀人罪、强奸罪（未遂）和侮辱尸体罪，其中杀人与行奸行为具有牵连关系，行奸行为又有想象竞合的属性，即

---

① 参见陈兴良、周光权：《刑法学的现代展开》，中国人民大学出版社2006年版，第544页。
② 参见法信码A6.H15936，强奸被害人后又杀害被害人的。

构成强奸罪（未遂）与侮辱尸体罪的想象竞合犯，应以故意杀人罪从重处罚。非法拘禁或者绑架后起意强奸的，以非法拘禁罪或者绑架罪与强奸罪数罪并罚。强奸后劫取财物或者抢劫后又强奸的，以强奸罪与抢劫罪并罚。强奸后，利用被害人昏迷状态，取得财物的，以强奸罪和盗窃罪并罚。

根据《刑法》明文规定，对下列情形应以强奸罪与其他犯罪进行数罪并罚：（1）收买被拐卖的妇女，强行与其发生性关系的，以收买被拐卖的妇女罪与强奸罪数罪并罚。（2）在组织他人偷越国（边）境过程中，强奸被组织的妇女的，应以组织他人偷越国（边）境罪与强奸罪数罪并罚。（3）在运送他人偷越国（边）境过程中，强奸被运送的妇女的，应以运送他人偷越国（边）境罪与强奸罪数罪并罚。（4）在组织他人卖淫或者强迫他人卖淫过程中，强奸妇女后迫使其卖淫的，应以组织卖淫罪、强迫卖淫罪与强奸罪数罪并罚。（5）犯组织、利用会道门、邪教组织、利用迷信破坏法律实施罪，又有奸淫妇女、诈骗财物等犯罪行为的，依照数罪并罚的规定处罚。

刑法把强奸作为加重量刑情节的，以一罪处罚。根据《刑法》明文规定，拐卖妇女时奸淫被拐卖妇女的，应以拐卖妇女罪处重刑。此情形虽然存在强奸行为，但是强奸行为已作为拐卖妇女罪的加重量刑情节，不数罪并罚。此外，由于强奸过程中的暴力手段包括轻微的人身强制至最严重的重伤害，强奸过程中使用暴力手段致被害人重伤的，属于结果加重犯，只定强奸一罪。

6. 与精神病或痴呆妇女性交的定性处理。

精神病或痴呆妇女缺乏正常的认识和意志能力，与精神病或痴呆妇女性交的，不能以女性是否表示同意为标准，而应以男方是否明知、女方是否有行为辨认和控制能力，根据司法精神病鉴定情况，结合案件具体情况，分别处理。

（1）行为人明知妇女是精神病患者或痴呆妇女（重度）而与其性交的，不管采取什么手段，被害人是否同意、有无反抗，因女方无承诺性交的能力，都应以强奸罪论处。如李某兴、丁某科强奸案。①

（2）与间歇性精神病患者在未发病期间发生性行为，或者与精神病已基本痊愈的妇女性交，妇女同意的，不构成强奸罪。

（3）精神病或痴呆妇女（轻度）尚未完全丧失辨认和控制能力，在女方自愿情况下性交的，不构成强奸罪。

（4）行为人确实不知道女方是精神病或痴呆妇女，将女方的挑逗误认为女方"放荡"而与其性交的，一般不宜以强奸罪论处，但使用暴力或者胁迫手段的，构成强奸罪。

7. 妥善处理奸淫幼女案件中的特殊问题。

幼女是指不满14周岁的女性。幼女身体发育不成熟，对性交的性质、后果缺乏辨认能力，所以刑法对其身心健康进行特殊保护。行为人明知（包含知道或应当知道）是幼女而与其发生性行为的，不论采用何种手段和幼女是否自愿，原则上应以强奸罪定罪，并从重处罚。关于"明知"的认定，《最高人民法院、最高人民检察院、公安部、司法部关于办理性侵害未成年人刑事案件的意见》（以下简称《办理性侵害未成年人刑事案件意见》）第17条规定，知道或者应当知道对方是不满14周岁的幼女，而实施奸淫等性侵害行为的，应当认定行为人"明知"对方是幼女。对不满12周岁的被害人实施奸淫等性侵害行为的，应当认定行为人"明知"对方是幼女。对已满12周岁不满14周岁的被害人，从其身体发育状况、言谈举止、衣着特征、生活作息规律等观察可能是幼女，而实施奸淫等性侵害行为的，应当认定行为人"明知"对方是幼女。

8. 正确认定轮奸。

与不满14周岁的人轮流奸淫同一妇女或幼女的是否认定为轮奸，即轮奸的成立是否要求各行为人均达到法定责任年龄、具有责任能力，存在肯定与否定意见。

轮奸是指两个以上男子在同一时间段的犯罪活动中先后连续轮流强奸

---

① 参见法信码 A6.G3901，明知妇女是不能正确表达自己意志的精神病患者而与之发生性行为的认定。

（奸淫）同一被害女性的行为。认定是否属于轮奸，不应以二人以上的行为是否构成共同强奸犯罪为必要，而是看是否具有共同的奸淫行为。① 轮奸不是一个独立罪名，只是从重处罚的量刑情节，与强奸共同犯罪的构成不能等同，并不要求各行为人必须具有责任能力、构成共同犯罪。与不满14周岁的人轮奸同样具有比一般强奸更严重的社会危害性，根据罪责刑相适应原则，同样需要从重处罚。例如，被告人李某（已满14周岁）伙同未成年人申某某（时年13周岁）将幼女王某（时年8周岁）领到玉米地里，先后对王某轮流奸淫。法院认为，被告人李某构成强奸罪，且系轮奸，鉴于其犯罪时不满16周岁，依法可以减轻处罚，遂判处其有期徒刑六年。②

9. 划清强奸罪的既遂与未遂的界限。

对强奸妇女的既遂，采用"插入说"，以男方阴茎插入女方阴道为既遂标准，否则为未遂。已经着手实施强奸实行行为，即开始实施暴力、胁迫或者其他手段行为，由于犯罪分子意志以外的原因未达到既遂的，则是强奸未遂。由于插入说符合民众的一般观念，有利于保护被害人合法权益，中外刑法理论通说和司法实践对普通强奸采取插入说。需要指出，插入并不要求全部插入，只要有部分插入，即构成强奸罪既遂。处女膜没有破裂的事实，对于成立强奸罪既遂没有影响。

对奸淫幼女的既遂，采用"接触说"，以男女双方生殖器的接触为既遂标准，否则为未遂。这不仅是刑法学界的通说，也是司法实践的一贯做法。早在1984年《最高人民法院、最高人民检察院、公安部关于办理当前强奸案件中具体适用法律的若干问题的解答》就指出：奸淫幼女的强奸罪不同于强奸妇女罪的特征之一，就是只要双方生殖器接触，即可以视为奸淫既遂。之所以这样，是因为考虑到幼女性器官发育尚未成熟的生理特点，尤其幼女为婴幼儿时实际上往往难以插入，更重要的是出于对幼女人身权利的特殊保护，强调对奸淫幼女这种性质恶劣犯罪的严厉惩治。

---

① 参见高铭暄、马克昌主编：《中国刑法解释》（下卷），中国社会科学出版社2005年版，第1607页。
② 最高人民法院刑事审判第一庭、第二庭编：《刑事审判参考》（总第36辑），法律出版社2004年版，第27~29页。

10. 划清强奸未遂与中止的界限。

强奸未遂与中止都已经开始实施强奸行为，都没有达到强奸既遂，但没有既遂的原因不同。强奸未遂是由于行为人意志以外的客观原因，包括行为人本身以外的实际障碍，如被害人的反抗、第三人的阻止、自然力的阻碍等；行为人本身缺乏完成犯罪的能力，如体力不济、能力经验不足等；行为人对客观事实的认识错误。强奸中止是由于行为人主观上的原因自动停止奸淫行为或自动有效防止犯罪发生。如陈某杰强奸案。①

区分强奸未遂与中止主要应以行为人主观上认为在当时特定条件下能否完成奸淫行为为标准。在客观条件已经使奸淫行为不可能完成时，只要行为人并没有认识到这种足以阻碍其奸淫行为的客观条件而自动停止奸淫行为的，同样属于犯罪中止。在强奸共同犯罪中，成立中止犯，不仅要求行为人放弃强奸行为，而且要求其积极有效地制止其他共同犯罪人的强奸行为，防止既遂结果的发生。

（三）强奸罪的刑事责任

依照《刑法》第 236 条第 1 款的规定，犯本罪的，处三年以上十年以下有期徒刑。

依照该条第 2 款的规定，奸淫幼女的，以强奸论，从重处罚。

依照该条第 3 款的规定，强奸妇女、奸淫幼女情节恶劣的；强奸妇女、奸淫幼女多人的；在公共场所当众强奸妇女、奸淫幼女的；二人以上轮奸的；奸淫不满十周岁的幼女或者造成幼女伤害的；致使被害人重伤、死亡或者造成其他严重后果的，处十年以上有期徒刑、无期徒刑或者死刑：

司法机关适用本条规定时，应当注意以下问题：

1. 正确理解和适用第 1 款规定。使用暴力是强奸罪的基本特征之一，如果强奸过程中对被害人只有一般殴打、卡脖子等行为，不具有第 3 款规定情形的，应当按照第 1 款的规定处罚。

2. 正确理解和适用第 2 款规定。如果行为人奸淫幼女，或者既强奸妇

---

① 参见浙江省武义县法院（2003）武刑初字第 183 号。

女,又奸淫幼女的,应当以强奸罪定罪,并从重处罚。

3. 要正确理解和适用第3款情节严重的规定。(1)强奸妇女多人,是指强奸妇女、奸淫幼女3人以上(含3人)。(2)轮奸是指两个以上男子在同一犯罪活动中对同一妇女或幼女进行强行性交或奸淫的行为。(3)致使被害人重伤、死亡,是指在强奸过程中,因使用暴力导致被害人性器官严重损伤,或者造成其他严重伤害,甚至当场死亡或者经治疗无效死亡。理论上认为这是结果加重犯,应当具备伤亡由强奸行为直接造成、强奸过程中特定时间内、对伤亡后果有罪过的条件。(4)奸淫不满10周岁的幼女或者造成幼女伤害的,应加重处罚。注意此处规定中前后两个"幼女"的外延不同,"奸淫不满十周岁的幼女"中的"幼女",仅指客观上不满10周岁,不要求造成其他严重后果;"造成幼女伤害的"中的"幼女",则指不满14周岁的幼女,这里的"伤害",包括轻伤以及严重的精神伤害。《办理性侵害未成年人刑事案件意见》第18条规定,在校园、游泳馆、儿童游乐场、学生集体宿舍等公共场所对未成年人实施强奸犯罪,只要有其他多人在场,不论在场人员是否实际看到,均可以认定为在公共场所"当众"强奸。对在规定列举之外的场所实施强奸未成年人的,只要场所具有相对公开性,且有其他多人在场,有被他人感知可能的,就可以认定为在"公共场所当众"犯罪。最高人民法院对本案的判决表明:学校中的教室、集体宿舍、公共厕所、集体洗澡间等,是不特定未成年人活动的场所,在这些场所实施强奸未成年人犯罪,应当认定为在"公共场所当众"实施犯罪。

4. 注意强奸未成年人的特殊规定。《办理强奸、猥亵未成年人刑事案件解释》第11条规定,强奸未成年人的成年被告人认罪认罚的,是否从宽处罚及从宽幅度应当从严把握;第12条规定,对强奸未成年人的成年被告人判处刑罚时,一般不适用缓刑。《办理性侵害未成年人刑事案件意见》第20条规定,对性侵害未成年人的成年犯罪分子严格把握减刑、假释、暂予监外执行的适用条件。纳入社区矫正的,应当严管严控。

七、负有照护职责人员性侵罪

第二百三十六条之一① 对已满十四周岁不满十六周岁的未成年女性负有监护、收养、看护、教育、医疗等特殊职责的人员，与该未成年女性发生性关系的，处三年以下有期徒刑；情节恶劣的，处三年以上十年以下有期徒刑。

有前款行为，同时又构成本法第二百三十六条规定之罪的，依照处罚较重的规定定罪处罚。

（一）负有照护职责人员性侵罪的概念和构成要件

负有照护职责人员性侵罪，是指对已满 14 周岁不满 16 周岁的未成年女性负有监护、收养、看护、教育、医疗等特殊职责人员，与该未成年女性发生性关系的行为。本罪是《刑法修正案（十一）》第 27 条新增的罪名。

负有照护职责人员性侵罪的构成要件是：

1. 本罪侵犯的客体是未成年女性的身心健康和性权利的不可侵犯性。

本罪既为了保护未成年女性的身心健康，也是为了保护未成年女性的性权利。本罪中被害人身份具有特定性，即必须是已满 14 周岁不满 16 周岁的未成年女性。

2. 客观方面表现为与已满 14 周岁不满 16 周岁的未成年女性发生性关系。

这里发生性关系不论行为手段、该未成年人是否同意，都应追究刑事责任。依照《刑法》规定，在我国，性犯罪中性同意年龄通常为 14 周岁，为体现对未成年女性的特殊保护，在本罪规定的特定情形下提高至 16 周岁。因此，在本罪规定的法定情形下，已满 14 周岁不满 16 周岁的未成年女性同意发生性关系的承诺无效。即使行为人没有使用暴力、胁迫或者其他强迫发生性关系的行为手段，形式上双方是"自愿"的，仍然构成本罪。如果被害

---

① 本条由 2020 年 12 月 26 日《刑法修正案（十一）》第 27 条增设。

人不同意发生性关系，行为人违背被害人意志发生性关系的，其行为构成强奸罪，依照本条第2款规定，依照处罚较重的规定定罪处罚。

3. 犯罪主体为特殊主体，即对已满14周岁不满16周岁的未成年女性负有监护、收养、看护、教育、医疗等特殊职责的人员，包括与未成年人具有共同生活关系且事实上负有照顾、保护等职责的人员。

其中，监护是为保障无民事行为能力与限制民事行为能力人的合法权益，规定特定人员代被监护人行使民事行为的一项制度。《民法典》对监护制度中担任监护人的人员范围、顺序等都有规定，可以依照规定确定监护人员的范围。收养，是依法领养他人子女作为自己子女抚养的一项民事制度。看护人员，是对未成年女性负有照顾职责的人员。教育人员，包括学校教育、教育培训机构等对未成年女性负有教育职责的人员。医疗人员往往是医院、康复中心等各类医疗机构内对未成年女性负有医疗职责的医生、护士等。这里"特殊职责"有的是法律规定的职责，如民法中的监护关系、收养关系产生的职责，或教育法规定的职责；有的是基于民事法律关系产生的职责，如基于雇佣关系形成的看护职责，基于培训机构产生的教育职责，因生病、心理咨询产生的医疗职责等；还有是基于生活事实产生的特殊职责，如一起生活的共同体产生的照护职责等。

4. 犯罪主观方面是直接故意。因本罪的犯罪主体是特殊主体，与被害人熟识，通常情况下对未成年女性的年龄是明知的。

（二）认定负有照护职责人员性侵罪应当注意的问题

1. 划清罪与非罪的界限。

本罪处罚的情形仅限于对已满14周岁不满16周岁的未成年女性负有监护、收养、看护、教育、医疗等特殊职责的人员与该未成年女性发生性关系的情形。对于不具有特殊职责的人，纯粹利用熟人关系与已满14周岁不满16周岁的未成年女性自愿发生性行为的，不应认定为本罪。

2. 本罪既遂的判断标准。

根据我国通说，强奸犯罪以行为人性器官插入被害人性器官作为判断既遂标准；奸淫不满14周岁幼女的，以行为人生殖器与幼女的生殖器接触作为认定既遂标准。本罪中被害人为已满14周岁不满16周岁的未成年女性，可以"插入说"为认定犯罪既遂的标准。

3. 关于"情节恶劣"的认定。

"情节恶劣"是本罪的加重构成情形。对于情节恶劣的具体情形，《最高人民法院、最高人民检察院关于办理强奸、猥亵未成年人刑事案件适用法律若干问题的解释》（以下简称《办理强奸、猥亵未成年人刑事案件解释》）第5条规定，对已满14周岁不满16周岁的未成年女性负有特殊职责的人员，与该未成年女性发生性关系，具有下列情形之一的，应当认定为"情节恶劣"：（1）长期发生性关系的；（2）与多名被害人发生性关系的；（3）致使被害人感染艾滋病病毒或者患梅毒、淋病等严重性病的；（4）对发生性关系的过程或者被害人身体隐私部位制作视频、照片等影像资料，致使影像资料向多人传播，暴露被害人身份的；（5）其他情节恶劣的情形。

4. 与强奸罪的界分。

强奸罪包括违背妇女意志，以暴力、胁迫或者其他手段强行与女性发生性关系的行为，以及与不满14周岁的幼女发生性关系的行为。本罪与强奸罪中奸淫幼女的情形有相似之处，在客观行为方式上都表现为只要发生性关系，不论行为手段、被害人是否同意，均认定为相应的犯罪。但两罪的区别也是非常明显的：其一，犯罪主体不同，本罪主体是具有监护、收养、看护、教育、医疗等特殊职责的人员，而强奸罪主体是一般主体，年满14周岁的具备刑事责任能力的自然人。其二，被害人身份不同，本罪被害人只能是已满14周岁不满16周岁的未成年女性，强奸罪中奸淫幼女的，被害人是年龄不满14周岁的幼女。

根据《办理强奸、猥亵未成年人刑事案件解释》第6条规定，对已满14周岁的未成年女性负有特殊职责的人员，利用优势地位或者被害人孤立无援的境地，迫使被害人与其发生性关系的，依照《刑法》第236条的规定，以强奸罪定罪处罚。其中利用优势地位是利用特殊职责关系，以不给、少给生活费、学费，或者不提供教育、培训、医疗等方式，以使未成年被害人的生活条件、受教育或训练的机会、接受救助或医疗等方面可能受到影响的方式，对未成年被害人施压迫使发生性关系。利用未成年人"孤立无援的境地",是指由于各种原因,未成年被害人处于不得不依赖于特殊职责人员的资助、抚育、照顾和救助等状况,而行为人利用此种状况,迫使未成年被害人与之发生性关系。① 这类情形中因特殊职责人员与未成年被害人发生性关系具有胁迫的性质,又符合强奸罪构成要件的,应当依照处罚较重的规定定罪处罚。

(三)负有照护职责人员性侵罪的刑事责任

依照《刑法》第263条之一第1款的规定,犯负有照护职责人员性侵罪的,处三年以下有期徒刑;情节恶劣的,处三年以上十年以下有期徒刑。

依照《刑法》第236条之一第2款的规定,对已满14周岁不满16周岁的女性未成年人负有监护、收养、看护、教育、医疗等特殊职责的人员,违背该未成年女性的意志,以暴力、胁迫或者其他手段强行与其发生性关系的,还构成强奸罪的,应当依照处罚较重的规定定罪处罚。

八、强制猥亵、侮辱罪

第二百三十七条② 第一款 以暴力、胁迫或者其他方法强制猥亵他人或者侮辱妇女的,处五年以下有期徒刑或者拘役。

第二款 聚众或者在公共场所当众犯前款罪的,或者有其他恶劣情节的,处五年以上有期徒刑。

(一)强制猥亵、侮辱罪的概念和构成要件

强制猥亵、侮辱罪,是指以暴力、胁迫或者其他方法强制猥亵他人或者侮辱妇女的行为。

强制猥亵、侮辱罪的构成要件是:

1. 本罪侵犯的客体是他人的性羞耻心及尊严。

---

① 黄尔梅主编:《最高人民法院、最高人民检察院、公安部、司法部性侵害未成年人犯罪司法政策案例指导与理解适用》,人民法院出版社2014年版,第215页。

② 本条第1款、第2款经2015年8月29日《刑法修正案(九)》第13条修改。

强制猥亵的犯罪对象没有限制，强制侮辱的对象是妇女。男子强制猥亵男子以及妇女强制猥亵男子的，均成立本罪。行为人对尸体实施猥亵、侮辱行为的，则应认定为侮辱尸体罪。

2. 客观方面表现为使用暴力、胁迫或者其他方法，强制猥亵他人或者侮辱妇女的行为。

只要具有强制猥亵他人或者侮辱妇女其中一种行为，就构成本罪；具有两种行为的，仍只构成本罪。"暴力"，是指对被害妇女进行殴打、伤害等危及妇女人身安全和人身自由，使妇女不能反抗的行为，例如，在苗某岗强制猥亵、侮辱妇女案[①]中，被告人苗某岗将开车门取钥匙的女子一把拽住，拉倒在后排座位处，强行抱住后对其乱摸和亲吻，因看护人员帮忙而挣脱控制。"胁迫"，是指对被害妇女进行威胁、恐吓等精神上的强制，以杀害被害人、揭发隐私、毁坏名誉、加害亲属等相威胁，利用职权、从属关系、教养关系和妇女孤立无援的境地相胁迫等手段，使被害妇女不敢反抗的行为。"其他方法"，是指除暴力、胁迫以外的使被害妇女不知抗拒、无法抗拒的行为。如利用妇女患病、熟睡或者假借看病、醉酒、麻醉后进行猥亵、侮辱等。

"强制猥亵他人"，是指针对他人实施的，具有性的意义，侵害他人的性羞耻心及尊严的行为。从行为人—被害人的关系而言，具体分为以下情形：一是直接对被害人实施猥亵行为，或者迫使被害人容忍行为人或者第三人对其实施猥亵行为，如强行抠摸被害人阴部，强行捏摸妇女乳房；二是迫使被害人对行为人或者第三人实施猥亵行为，如强迫被害人为行为人或第三人手淫，胁迫被害人与行为人进行淫秽视频和裸聊；三是强迫被害人自行实施猥亵行为，如强迫被害人当场手淫；四是强迫被害人观看第三人的猥亵行为，如强迫被害人观看男性的鸡奸活动，强迫妇女观看男性阴部。行为人与被害人的性别、年龄，可能会影响本罪成立的范围，例如，男子强行与妇女性交的，应成立强奸罪，而妇女强行与男子性交的，成立本罪；强行脱掉男性上

[①] 陕西省延安市宝塔区人民法院作出判决：被告人苗某岗犯强制猥亵、侮辱妇女罪，判处有期徒刑六个月。

衣或者搂抱男性的，不应认定为本罪，而强行脱掉妇女上衣或者搂抱女性的，则构成本罪。行为人不论在公开场所还是在非公开场所实施强制猥亵行为的，均成立本罪。人们性观念的变化也会影响本罪的成立，例如，当今时代，强行拉住妇女的手或者乘机拍打妇女的大腿，就不再构成本罪。

根据《最高人民法院、最高人民检察院关于办理强奸、猥亵未成年人刑事案件适用法律若干问题的解释》(以下简称《办理强奸、猥亵未成年人案件解释》)，以暴力、胁迫等方法强制他人通过网络视频聊天或者发送视频、照片等方式，暴露身体隐私部位或者实施淫秽行为，属于《刑法》第237条规定的强制猥亵行为，构成犯罪的，以强制猥亵罪定罪处罚。

"强制侮辱妇女"，是指故意向妇女显露生殖器或者用生殖器顶擦妇女身体，追逐、堵截妇女，偷剪妇女发辫、衣服，向妇女身上泼洒腐蚀物、涂抹污物等手段，侮辱妇女的行为。[1]

3. 犯罪主体为一般主体。凡是年满16周岁、具有刑事责任能力的人，均可构成本罪。

4. 主观方面由直接故意构成。行为人明知自己的猥亵、侮辱行为侵犯了他人的性羞耻心及尊严，但仍然强行实施猥亵、侮辱行为。间接故意和过失不构成本罪。

(二) 认定强制猥亵、侮辱罪应当注意的问题

1. 划清罪与非罪的界限。

要将强制猥亵、侮辱妇女的行为与一般猥亵、侮辱妇女的行为区别开来。只有情节比较严重的，才能作为犯罪处理；情节一般的，则属于一般违法行为，应当依照《治安管理处罚法》的相关规定，给予治安处罚。

2. 划清本罪与强奸罪的界限。

两者均是侵犯他人性权利的犯罪，且强奸行为也是强制猥亵行为的一种。既然《刑法》对强奸罪作了特别规定，那么，按照特别规定优先于普通规定的原则，对强奸行为不再认定为本罪。强奸过程中实施的猥亵行为，可

---

[1] 参见郎胜主编：《中华人民共和国刑法释义》，法律出版社2015年版，第389~390页。

按吸收犯的处理原则,以强奸罪论处;以强制猥亵的故意对妇女实施暴力,压制其反抗后又对其实施奸淫行为的,可按转化犯的处理原则,以强奸罪论处。

3. 根据《办理强奸、猥亵未成年人案件解释》,诱骗、胁迫未成年人通过网络直播方式暴露身体隐私部位或者实施其他淫秽行为,同时构成强制猥亵罪、猥亵儿童罪、组织淫秽表演罪的,依照处罚较重的规定定罪处罚。实施猥亵犯罪行为,造成被害人轻伤以上后果,同时构成故意伤害罪、故意杀人罪的,依照处罚较重的规定定罪处罚。

(三)强制猥亵、侮辱罪的刑事责任

依照《刑法》第237条第1款规定,犯强制猥亵、侮辱罪的,处五年以下有期徒刑或者拘役。

依照本条第2款规定,聚众或者在公共场所当众犯本罪的,或者有其他恶劣情节的,处五年以上有期徒刑。此处"聚众",是指由首要分子召集多人实施猥亵、侮辱行为,既包括多人亲手实施猥亵或者侮辱行为,也包括一人亲手实施猥亵或者侮辱而其他人围观起哄的情形。例如,在毕某某等强制猥亵、侮辱案[①]中,被告人毕某某假借民族"拖小姑娘"的风俗,聚众在街道上公然强行将路过的妇女、儿童拖回村庄,并实施强行搂抱、乱摸等行为。此处的"当众"仅要求有多人在公共场所,并不要求其他在场人员实际看到猥亵或者侮辱行为。此处的"其他恶劣情节",应当根据行为次数、行为对象、行为方式、侵害结果等因素加以综合判断。

根据《办理强奸、猥亵未成年人案件解释》,猥亵未成年人的成年被告人认罪认罚的,是否从宽处罚及从宽幅度应当从严把握。对因猥亵未成年人被判处刑罚同时宣告缓刑的,可以根据犯罪情况,同时宣告禁止令,禁止犯罪分子在缓刑考验期限内从事与未成年人有关的工作、活动,禁止其进入中小学校、幼儿园及其他未成年人集中的场所;确因本人就学、居住等原因无

---

① 云南省石林彝族自治县人民法院作出判决:被告人毕某某等5人犯强制猥亵妇女罪、猥亵儿童罪,分别判处三年至八年有期徒刑。

法宣告禁止令的，应经执行机关批准。对于利用职业便利实施猥亵未成年人等犯罪的，人民法院应当依法适用从业禁止。对未成年人实施猥亵等犯罪造成人身损害的，应当赔偿医疗费、护理费、交通费、营养费、住院伙食补助费等为治疗和康复支付的合理费用，以及因误工减少的收入。根据鉴定意见、医疗诊断书等证明需要对未成年人进行精神心理治疗和康复所需的相关费用，应当认定为上述需要赔偿的合理费用。

九、猥亵儿童罪

第二百三十七条第三款[①] 猥亵儿童的，处五年以下有期徒刑；有下列情形之一的，处五年以上有期徒刑：

（一）猥亵儿童多人或者多次的；

（二）聚众猥亵儿童的，或者在公共场所当众猥亵儿童，情节恶劣的；

（三）造成儿童伤害或者其他严重后果的；

（四）猥亵手段恶劣或者有其他恶劣情节的。

（一）猥亵儿童罪的概念和构成要件

猥亵儿童罪，是指猥亵不满14周岁儿童的行为。《刑法修正案（十一）》第28条对本罪进行了修改。

猥亵儿童罪的构成要件是：

1.本罪侵犯的客体是儿童的人格、名誉和身心健康。犯罪对象是儿童，包括男童和女童。

参照最高人民法院对儿童的年龄界限所作的司法解释，"儿童"，是指不满14周岁的人。不满14周岁的儿童，生理和心理发育都不成熟，受到国家的特殊保护。猥亵儿童，必然会摧残儿童的身心健康，影响儿童的正常发育和健康成长。

2.客观方面表现为猥亵儿童的行为。

[①] 本款经2020年12月26日《刑法修正案（十一）》第28条修改。

猥亵行为既可以是强制性的，也可以是非强制性的；既可以是积极的作为，也可以是消极的不作为，例如，儿童主动对行为人实施猥亵行为，行为人具有阻止义务而不阻止的，成立本罪。猥亵儿童行为多在现场当面实施，例如侯某某猥亵儿童案①中，被告人侯某某在其出租屋内将继女王某某（不满14周岁）按倒在床上，压住后用手摸其乳房、抠其阴部的行为，构成本罪。猥亵行为也可以通过网络方式实施，根据《最高人民法院、最高人民检察院关于办理强奸、猥亵未成年人刑事案件适用法律若干问题的解释》（以下简称《办理强奸、猥亵未成年人刑事案件解释》）第9条规定，胁迫、诱骗未成年人通过网络视频聊天或者发送视频、照片等方式，暴露身体隐私部位或者实施淫秽行为，符合《刑法》第237条规定的，以强制猥亵罪或者猥亵儿童罪定罪处罚。在张某龙猥亵儿童案②中，被告人张某龙通过网络QQ聊天等方式，在异地采取威胁、恐吓手段，强迫未成年人自行实施猥亵行为，并要求被害人将相关淫秽照片传送其观赏。不论儿童是否同意，是否进行了反抗，只要对儿童实施了猥亵的行为，就构成本罪。

3.犯罪主体为一般主体。凡是年满16周岁、具有刑事责任能力的人，均可构成本罪。

4.主观方面由直接故意构成，一般具有性刺激、性满足的目的。间接故意和过失不构成本罪。

（二）认定猥亵儿童罪应当注意的问题

1.与奸淫幼女行为的区别

司法实践中，应当注意区分猥亵儿童与奸淫幼女的行为。区分两者的关键在于查明行为人主观上是否具有奸淫的目的，客观上是否实施了奸淫的行为。男性出于奸淫的目的而对不满14周岁的幼女实施猥亵的，成立奸淫幼女的强奸罪（可能是未遂）而不再定本罪。妇女出于奸淫目的而对不满14周岁的幼男实施性交或者其他猥亵行为的，则成立本罪。

---

① 黑龙江省穆棱市人民法院（2017）黑1085刑初68号。
② 广西壮族自治区南宁市西乡塘区人民法院（2014）西刑初字第338号、广西壮族自治区南宁市中级人民法院（2015）南市刑一终字第93号。

第四章 侵犯公民人身权利、民主权利罪

2. 实施猥亵儿童行为同时构成其他犯罪的处理

《办理强奸、猥亵未成年人刑事案件解释》第9条第2款规定，胁迫、诱骗未成年人通过网络直播方式使其暴露身体隐私部位或者实施其他淫秽行为，同时构成强制猥亵罪、猥亵儿童罪、组织淫秽表演罪的，依照处罚较重的规定定罪处罚。《办理强奸、猥亵未成年人刑事案件解释》第10条规定，实施猥亵未成年人犯罪，造成被害人轻伤以上后果，同时构成故意伤害罪、故意杀人罪的，依照处罚较重的规定定罪处罚。

（三）猥亵儿童罪的刑事责任

依照《刑法》第237条第3款规定，犯猥亵儿童罪的，处五年以下有期徒刑；有下列情形之一的，处五年以上有期徒刑：（1）猥亵儿童多人或者多次的；（2）聚众猥亵儿童的，或者在公共场所当众猥亵儿童，情节恶劣的；（3）造成儿童伤害或者其他严重后果的；（4）猥亵手段恶劣或者有其他恶劣情节的。

对猥亵儿童行为追究刑事责任，应注意以下问题：

1. 对"在公共场所当众猥亵"的理解。根据《最高人民法院、最高人民检察院、公安部、司法部关于办理性侵害未成年人刑事案件的意见》第18条规定，在校园、游泳馆、儿童游乐场、学生集体宿舍等公共场所对未成年人实施猥亵犯罪，只要有其他多人在场，不论在场人员是否实际看到，均可以依照《刑法》第237条的规定，认定为在公共场所"当众"猥亵。

例如，在奥某猥亵儿童案[①]中，被告人奥某利用教师身份，在学生午休期间，趁无其他教师在场之机，对一女童进行猥亵，属于在公共场所当众猥亵的情形；在吴某滨强奸、猥亵儿童案[②]中，被告人吴某滨公然在旅客列车硬卧车厢对正在睡觉的幼女采用强行亲吻、抠摸阴部等方式进行猥亵，也属于在公共场所当众猥亵的情形。

2. 对"造成儿童伤害或者其他严重后果"的理解。根据《办理强奸、猥

---

① 山东省青岛市崂山区人民法院作出判决：被告人奥某犯猥亵儿童罪，判处有期徒刑五年，并驱逐出境。

② 呼和浩特铁路运输中级法院（2012）呼铁中刑初字第1号。

亵未成年人刑事案件解释》第7条规定,"造成儿童伤害或者其他严重后果"是指:(1)致使儿童轻伤以上的;(2)致使儿童自残、自杀的;(3)对儿童身心健康造成其他伤害或者严重后果的情形。

3. 对"猥亵手段恶劣或者有其他恶劣情节"的理解。《办理强奸、猥亵未成年人刑事案件解释》第8条规定,具有下列情形之一的,应当认定为"猥亵手段恶劣或者有其他恶劣情节":(1)以生殖器侵入肛门、口腔或者以生殖器以外的身体部位、物品侵入被害人生殖器、肛门等方式实施猥亵的;(2)有严重摧残、凌辱行为的;(3)对猥亵过程或者被害人身体隐私部位制作视频、照片等影像资料,以此胁迫对被害人实施猥亵,或者致使影像资料向多人传播,暴露被害人身份的;(4)采取其他恶劣手段实施猥亵或者有其他恶劣情节的情形。

4. 追究猥亵儿童行为的刑事责任应当从严把握。根据《办理强奸、猥亵未成年人刑事案件解释》,猥亵未成年人的成年被告人认罪认罚的,是否从宽处罚及从宽幅度应当从严把握。对于判处刑罚同时宣告缓刑的,可以根据犯罪情况,同时宣告禁止令,禁止犯罪分子在缓刑考验期限内从事与未成年人有关的工作、活动,禁止其进入中小学校、幼儿园及其他未成年人集中的场所。确因本人就学、居住等原因,经执行机关批准的除外。对于利用职业便利实施猥亵未成年人等犯罪的,人民法院应当依法适用从业禁止。对未成年人实施猥亵等犯罪造成人身损害的,应当赔偿医疗费、护理费、交通费、营养费、住院伙食补助费等为治疗和康复支付的合理费用,以及因误工减少的收入。根据鉴定意见、医疗诊断书等证明需要对未成年人进行精神心理治疗和康复,所需的相关费用,应当认定为为治疗和康复支付的合理费用。

十、非法拘禁罪

第二百三十八条 非法拘禁他人或者以其他方法非法剥夺他人人身自由的,处三年以下有期徒刑、拘役、管制或者剥夺政治权利。具有殴打、侮辱情节的,从重处罚。

犯前款罪,致人重伤的,处三年以上十年以下有期徒刑;致人死亡的,处十年以上有期徒刑。使用暴力致人伤残、死亡的，依照本法第二百三十四条、第二百三十二条的规定定罪处罚。

为索取债务非法扣押、拘禁他人的，依照前两款的规定处罚。

国家机关工作人员利用职权犯前三款罪的，依照前三款的规定从重处罚。

（一）非法拘禁罪的概念和构成要件

非法拘禁罪，是指以非法拘留、禁闭或者其他方法，非法剥夺他人人身自由的行为。

非法拘禁罪的构成要件是：

1. 本罪侵犯的客体是公民的人身自由权利。

2. 客观方面表现为非法对被害人的身体进行强制，使被害人失去行动自由的行为。

由于这种行为本身就是一种违法犯罪行为，法律并不要求有其他危害的后果。犯罪手段是多种多样的，如非法拘留、强行禁闭、隔离审查等。拘禁必须是非法的。司法机关依法对犯罪嫌疑人、被告人采取的拘传、取保候审、监视居住等强制措施都是合法的，不能认为是非法拘禁的行为。但是，司法工作人员如果滥用职权，非法拘禁他人；或者公民以某种理由为借口私设公堂，非法拘禁他人，则是侵犯他人人身自由权利的行为。

3. 犯罪主体为一般主体。任何有刑事责任能力的人均可构成本罪的主体。

4. 主观方面由故意构成，并且以非法剥夺他人人身自由为目的。犯罪动机可能是多种多样的，如挟嫌报复、要特权、逼取口供等。但动机不影响本罪的成立，量刑时可作为一个情节来考虑。

（二）认定非法拘禁罪应当注意的问题

1. 划清罪与非罪的界限。

（1）本罪与错拘错捕的界限。司法工作人员依照法定程序拘留或者逮捕了犯罪嫌疑人或者被告人，后经查明无罪，立即予以释放，这种情况属于错拘错捕，不能认为是非法拘禁。但是，如果已经检察机关或者人民法院依法决定解除强制措施，有关执法人员仍拒不释放或者拖延释放的，则应视为非法拘禁的行为。

（2）本罪与一般拘禁行为的界限。根据《最高人民检察院关于渎职侵权犯罪案件立案标准的规定》，国家机关工作人员利用职权非法拘禁，涉嫌下列情形之一的，应予立案：非法剥夺他人人身自由24小时以上的；非法剥夺他人人身自由，并使用械具或者捆绑等恶劣手段，或者实施殴打、侮辱、虐待行为的；非法拘禁，造成被拘禁人轻伤、重伤、死亡的；非法拘禁，情节严重，导致被拘禁人自杀、自残造成重伤、死亡，或者精神失常的；非法拘禁3人次以上的；司法工作人员对明知是没有违法犯罪事实的人而非法拘禁的；其他非法拘禁应予追究刑事责任的情形。如果非法拘禁行为情节显著轻微，危害不大的，则不构成犯罪。

2. 划清一罪与数罪的界限。

如果在非法拘禁过程中，故意使用暴力致人伤残或者死亡的，则应依照《刑法》的有关规定实行数罪并罚。如果非法拘禁的行为同其他犯罪行为之间存在着牵连关系，如用非法拘禁的方法故意使被害人冻饿而死，就同时触犯了非法拘禁和故意杀人两个罪名，则应当按照处理牵连犯的原则，择一重罪处罚，不必实行并罚。

3. 本罪在犯罪形态上属继续犯，追诉时效从行为实施终了之日起计算。尚在追诉时效之内的"人次"应累计计算。

（三）非法拘禁罪的刑事责任

依照《刑法》第238条第1款规定，犯非法拘禁罪的，处三年以下有期徒刑、拘役、管制或者剥夺政治权利。具有殴打、侮辱情节的，从重处罚。

依照本条第2款规定，犯本罪，致人重伤的，处三年以上十年以下有期徒刑；致人死亡的，处十年以上有期徒刑。使用暴力致人伤残、死亡的，依照《刑法》第234条（故意伤害罪）、第232条（故意杀人罪）的规定定罪处罚。

依照本条第3款规定，为索取债务非法扣押、拘禁他人的，依照前两款的规定处罚。

依照本条第 4 款规定，国家机关工作人员利用职权犯前三款罪的，依照前三款的规定从重处罚。

司法机关在适用《刑法》第 238 条规定处罚时，应当注意以下问题：

1. 非法拘禁他人，且具有殴打、侮辱情节的，从重处罚，并不仅限于在《刑法》第 238 条第 1 款规定的法定刑幅度内从重处罚，只要构成非法拘禁罪，具有殴打、侮辱情节的，无论是适用《刑法》第 238 条第 1 款规定的法定刑，还是适用《刑法》第 238 条第 2 款规定的法定刑，都应当依法从重处罚。

2. 依照该条第 2 款的规定，因非法拘禁致人重伤、死亡的，仍应定非法拘禁罪，分别处三年以上十年以下有期徒刑或者处十年以上有期徒刑。但是，如果使用暴力致人伤残或者死亡的，则应分别定故意伤害（重伤）罪或者故意杀人罪，依照《刑法》第 234 条第 2 款或者第 232 条的规定处罚。

3. 为索取债务非法扣押、拘禁他人的，定非法拘禁罪，依照该条第 1 款的规定处罚；非法拘禁致人重伤、死亡的，或者使用暴力致人伤残、死亡的，依照第 2 款的规定定罪处罚。

4. 行为人为索取高利贷、赌债等法律不予保护的债务，非法扣押、拘禁他人的，也应依照《刑法》第 238 条的规定，以非法拘禁罪定罪处罚。[①]

5. 国家机关工作人员，是指在国家立法机关、行政机关、审判机关、检察机关和军事机关等依法从事公务的人员。他们利用职权非法拘禁他人，或者非法拘禁致人重伤、死亡，性质恶劣，影响很坏，理应根据不同情况，分别依照该条第 1 款、第 2 款或者第 3 款的规定从重处罚。

6. 根据《最高人民法院、最高人民检察院、公安部、司法部关于办理实施"软暴力"的刑事案件若干问题的意见》第 6 条规定，有组织地多次短时间非法拘禁他人的，应当认定为《刑法》第 238 条规定的"以其他方法非法剥夺他人人身自由"。非法拘禁他人 3 次以上、每次持续时间在 4 小时以上，或者非法拘禁他人累计时间在 12 小时以上的，应当以非法拘禁罪定罪处罚。上述规定主要针对黑恶势力采用"软暴力"的手段有组织实施非法拘禁犯罪

[①] 参见《最高人民法院关于对为索取法律不予保护的债务非法拘禁他人行为如何定罪问题的解释》。

的规定。如果不是有组织地实施非法拘禁，在适用上述规定时应当慎重。

7.根据2021年7月1日起实施的《最高人民法院关于常见犯罪的量刑指导意见（试行）》规定：（1）构成非法拘禁罪的，根据下列情形在相应的幅度内确定量刑起点：犯罪情节一般的，在一年以下有期徒刑、拘役幅度内确定量刑起点；致一人重伤的，在三年至五年有期徒刑幅度内确定量刑起点；致一人死亡的，在十年至十三年有期徒刑幅度内确定量刑起点。（2）在量刑起点的基础上，根据非法拘禁人数、拘禁时间、致人伤亡后果等其他影响犯罪构成的犯罪事实增加刑罚量，确定基准刑。非法拘禁多人多次的，以非法拘禁人数作为增加刑罚量的事实，非法拘禁次数作为调节基准刑的量刑情节。（3）有下列情节之一的，增加基准刑的10%~20%：具有殴打、侮辱情节的；国家机关工作人员利用职权非法扣押、拘禁他人的。（4）构成非法拘禁罪的，综合考虑非法拘禁的起因、时间、危害后果等犯罪事实、量刑情节，以及被告人的主观恶性、人身危险性、认罪悔罪表现等因素，决定缓刑的适用。

十一、绑架罪

第二百三十九条[①] 以勒索财物为目的绑架他人的，或者绑架他人作为人质的，处十年以上有期徒刑或者无期徒刑，并处罚金或者没收财产；情节较轻的，处五年以上十年以下有期徒刑，并处罚金。

犯前款罪，杀害被绑架人的，或者故意伤害被绑架人，致人重伤、死亡的，处无期徒刑或者死刑，并处没收财产。

以勒索财物为目的偷盗婴幼儿的，依照前两款的规定处罚。

（一）绑架罪的概念和构成要件

绑架罪，是指以勒索财物或者扣押人质为目的，使用暴力、胁迫或者

[①] 本条经2009年2月28日《刑法修正案（七）》第6条、2015年8月29日《刑法修正案（九）》第14条两次修改。

其他方法，绑架他人的行为。《全国人民代表大会常务委员会关于严惩拐卖、绑架妇女、儿童的犯罪分子的决定》第2条第3款规定了"绑架勒索罪"。1997年修订《刑法》时对罪状作了修改和补充，因而将罪名相应地改为"绑架罪"。2009年2月28日《刑法修正案（七）》对绑架罪的法定刑作了修改，增加了一档法定刑，即"情节较轻的，处五年以上十年以下有期徒刑，并处罚金"。这样修改，既符合惩治绑架犯罪的客观需要，又体现了宽严相济的刑事政策。2015年8月29日《刑法修正案（九）》对绑架罪的绝对确定的死刑作出修改，将绑架罪中"致使被绑架人死亡或者杀害被绑架人的，处死刑，并处没收财产"的规定，修改为"杀害被绑架人的，或者故意伤害被绑架人，致人重伤、死亡的，处无期徒刑或者处死刑，并处没收财产"，从而既适应了绑架罪在实践中的复杂情况，又体现了对绑架罪的罪刑相适应原则。

绑架罪的构成要件是：

1.本罪侵犯的客体是复杂客体，即他人的人身权利和财产权利；在行为人为了实现其他不法要求而绑架他人作为人质时，也会侵犯其他法律保护的利益，但主要客体是他人的人身权利。

因为行为人以暴力、胁迫等手段对他人实施绑架，直接危害被害人的生命健康。在司法实践中，行为人常常以杀害被绑架者相威胁，迫使其家属交付赎金；在绑架过程中，被害人往往受虐待、重伤甚至惨遭杀害；还有的将被害人杀害后再勒索财物。立法者将绑架他人的行为放在侵犯公民人身权利、民主权利罪这一章之中，表明强调的也是对公民人身权利的保护。这种犯罪实际上就是旧社会甚为猖獗的"绑票"行为，新中国成立后一度绝迹，近些年来又重新出现，并有发展的趋势，对社会危害极大。为了有力惩治这种犯罪，刑法将绑架行为单立为一个罪名。犯罪对象是"他人"。"他人"包括妇女、儿童在内的一切人。

2.客观方面表现为使用暴力、胁迫或者其他方法，绑架他人的行为。

"暴力"，是指行为人直接对被害人进行捆绑、堵嘴、蒙眼、装麻袋等人身强制或者对被害人进行伤害、殴打等人身攻击手段。"胁迫"，是指对被害人实行精神强制，或者对被害人及其家属以实施暴力相威胁。"其他方法"，是指除暴力、胁迫以外的方法，如利用药物、醉酒等方法使被害人处于昏睡、昏迷状态等。这三种犯罪手段的共同特征，是使被害人处于不能反抗或者不敢反抗的境地，将被害人非法绑架离开其住所或者所在地，并置于行为人的直接控制之下，使被害人失去行动自由。法律只要求行为人具有绑架他人的其中一种手段就构成本罪。

通常情况下，行为人是通过将被害人非法绑架离开其住所或者所在地置于行为人的直接控制之下，但这不是唯一的表现形式，将被害人控制在其自己的原住所，然后向其亲属或有关单位勒索财物的，仍属于绑架行为。绑架不以暴力、胁迫、麻醉为限，也不以将被害人劫离原地为必要条件。法律上关于绑架的方法未加限定，只要违背被害人或其监护人意志，使其身体被迫置于行为人的控制之下即可认定绑架行为。因此，对于尚未形成自由意志的婴幼儿，如果行为人以勒索财物为目的，采用偷盗、抢夺、拐骗等方式控制婴幼儿的，应当认定为绑架的其他方法。

需要注意的是，在绑架犯罪中，行为人通常会向被绑架人的亲属或者其他利害关系人（包括有关单位甚至国家）提出支付赎金或者其他不法要求，这是实现其绑架目的所必需的阶段和行为，但行为人提出不法要求这种行为并非构成绑架罪的客观行为。是否提出不法要求以及不法要求是否得到满足不影响本罪的成立。

3. 犯罪主体为一般主体，即年满16周岁并具有刑事责任能力的人，都可以成为本罪的主体。

关于已满14周岁不满16周岁的人对本罪是否应负刑事责任的问题。按照罪刑法定原则和《刑法》第17条第2款的规定，已满14周岁不满16周岁的人，如果仅参与了绑架行为的实施，未参与杀害、伤害被绑架人，没有实施《刑法》第17条第2款规定的故意杀人、故意伤害致人重伤或者死亡行为，该未成年人对这种绑架行为不负刑事责任，但应责令他的家长或者监护人加以管教；在必要的时候，依法进行专门矫治教育。如果在绑架过程中实施了杀害或者伤害被绑架人（致人重伤或死亡）的，则应按故意杀人罪、故意伤害罪追究其刑事责任。

4. 主观方面由直接故意构成，并且具有勒索财物或者扣押人质的目的。

"以勒索财物为目的绑架他人",是指采用暴力、胁迫或者麻醉的方法,强行将他人劫持,以杀害、杀伤或者不归还人质相要挟,勒令与人质有关的亲友,在一定期限内交出一定财物,以钱赎人。这里的"财物"应从广义上理解,不局限于钱财,也包括其他财产性利益。"绑架他人作为人质",是指出于政治性目的、逃避追捕或者要求司法机关释放罪犯等其他非法目的,劫持他人作为人质。至于行为人勒索财物或者其他非法目的是否实现以及犯罪动机是什么,不影响本罪的成立,但应作为量刑情节予以考虑。

(二)认定绑架罪应当注意的问题

1.划清本罪与拐卖妇女、儿童罪中绑架妇女、儿童的界限。

这两种犯罪尽管在犯罪手段上都使用了暴力、胁迫或者其他方法,但有明显区别:一是犯罪目的不同。前者以勒索赎金或者其他非法意图为目的,后者以出卖被绑架的妇女、儿童为目的。二是犯罪对象不同。前者绑架的对象是指包括妇女、儿童在内的一切人,后者则仅指妇女和儿童。

2.划清本罪与非法拘禁罪的界限。

第一,犯罪目的不同。前者以勒索财物为目的,即具有非法占有财物的目的,后者以逼索债务为目的,以扣押"人质"作为讨还债务的手段。第二,犯罪对象不同。前者被绑架的人自身完全无过错,而后者被绑架的"人质"大多自身有过错(如欠债不还),甚至有诈骗等违法犯罪行为,也有的纯属无辜。因此,《刑法》第238条第3款明确规定,"为索取债务非法扣押、拘禁他人的",依照非法拘禁罪的规定处罚。

根据《最高人民法院、最高人民检察院、公安部、司法部关于办理"套路贷"刑事案件若干问题的意见》第4条规定,实施"套路贷"过程中,未采用明显的暴力或者威胁手段,其行为特征从整体上表现为以非法占有为目的,通过虚构事实、隐瞒真相骗取被害人财物的,一般以诈骗罪定罪处罚;对于在实施"套路贷"过程中多种手段并用,构成诈骗、敲诈勒索、非法拘禁、虚假诉讼、寻衅滋事、强迫交易、抢劫、绑架等多种犯罪的,应当根据具体案件事实,区分不同情况,依照《刑法》及有关司法解释的规定数罪并罚或者择一重处。因此,对于"套路贷"中本罪与非法拘禁罪的定性,应当区分不同情形认定：一是虽然"套路贷"本质上是以借款为幌子，但客观上毕竟还存在一定的债权债务关系，如果行为人非法拘禁被害人后要求其亲友交钱赎人的数额在被害人实际获取的借款范围内，即使数额上有所增加作为弥补讨债费用或由此带来的其他损失，行为人的主要目的仍是索取债务而非勒索财物，则应认定为非法拘禁罪；二是行为人如果要求交付的数额是故意虚增的借贷金额，则其非法拘禁的真实意图不在于索取债务，而是打着借贷的幌子，非法勒索、占有他人财产，对行为人应以绑架罪定罪处罚。

3. 正确认定偷盗婴幼儿的犯罪性质。

对于偷盗婴幼儿的案件，应当按偷盗婴幼儿的不同目的，分别定罪。根据《刑法》第239条第3款的规定，以勒索财物为目的，偷盗婴幼儿的，应当以绑架罪定罪，并依照《刑法》第239条第1款、第2款的规定处罚；根据《刑法》第240条第1款第6项的规定，以出卖为目的，偷盗婴幼儿的，则应当以拐卖儿童罪定罪，并依照《刑法》第240条第1款的规定处罚；如果出于收养、抚养等目的偷盗婴幼儿的，则成立《刑法》第262条的拐骗儿童罪；如果出于索要债务的目的偷盗婴幼儿的，则成立《刑法》第238条的非法拘禁罪。

4. 划清一罪与数罪的界限。

对于以勒索财物为目的绑架他人，将被害人杀害后勒索财物的行为，是定一个罪还是定两个罪，曾有不同意见。我们认为，此种情形应以绑架罪一罪论处，"杀人"属于绑架罪的法定加重情形，不再并罚。第一，行为人绑架他人的目的虽是勒索财物，但这种犯罪侵犯的不仅是被害人的财产权利，而且首先侵犯的是被害人的人身权利，包括健康和生命权利，所以我国台湾地区"刑法"又称此种犯罪为"掳人勒赎"罪。第二，使用暴力、胁迫的手段绑架他人是本罪在客观方面的重要特征。使用暴力、胁迫手段所造成的后果，就包括在绑架"人质"过程中可能导致"人质"死亡，或者出于灭口等动机将"人质"杀害在内，所以这种犯罪的人身危险性很大。第三，本罪在主观方面是故意。但这种故意属概括的故意，既包括勒索财物的故意，也包括杀害"人质"的故意，而不仅仅是勒索财物的故意。概括故意的犯罪对象是不确定的，它只要求行为人对犯罪的事实有概括的认识就可以构成故意犯罪，并不要求行为人明确犯罪结果发生在什么对象上。第四，鉴于绑架罪的社会危害性很大，因此法定刑很重，按1997年之前《刑法》规定，起刑点就是十年以上；"情节特别严重的"则处死刑。将"人质"绑架并加以杀害，就属"情节特别严重"的情形之一。至于是在勒索财物以前还是在勒索财物未遂之后将"人质"杀害，属于犯罪的具体情节，并不影响犯罪性质的认定。所以，不能以行为人"撕票"前后杀害"人质"，作为认定一罪与数罪的标准。1997年《刑法》将"情节特别严重"具体改为"致使被绑架人死亡或者杀害被绑架人的"，《刑法修正案（九）》又进一步作了修改完善，既加以明确，又便于操作。因此，对于既绑架他人，又将被绑架人杀害的，只能定绑架一个罪，不能定绑架和故意杀人两个罪，实行并罚。

5. 正确掌握本罪的既遂标准。

绑架罪的既遂，应以行为人是否将被害人劫持并实际控制为标准。即行为人只要实施了绑架他人的行为，就构成绑架罪的既遂，而不是以勒索的财物是否到手或者其他目的是否达到为标准。如果由于被害人的反抗或者他人及时进行解救等客观方面的原因，使绑架没有得逞，因而未能实际控制被害人的，则构成绑架罪的未遂。

（三）绑架罪的刑事责任

依照《刑法》第239条第1款规定，犯绑架罪的，处十年以上有期徒刑或者无期徒刑，并处罚金或者没收财产；情节较轻的，处五年以上十年以下有期徒刑，并处罚金。

依照第239条第2款规定，杀害被绑架人的，或者故意伤害被绑架人，致人重伤、死亡的，处无期徒刑或者死刑，并处没收财产。

依照第239条第3款规定，以勒索财物为目的偷盗婴幼儿的，依照前两款的规定处罚。

司法机关在适用《刑法》第239条规定处罚时，应当注意以下问题：

1. 认定是否情节较轻，应当综合考虑绑架手段、绑架对象、绑架后果、时间、地点、形势等多种因素予以判断，如以非暴力手段或轻微暴力手段绑架行为实施完毕之后主动释放被害人的；犯罪人与被害人之间具有亲属关系，且亲属要求从宽处罚的；未成年人实施绑架行为，未造成严重后果的；基于债权债务关系非法拘禁被害人后，勒索明显超出债务数额的财物，以绑架罪论处的；实施勒索型绑架，行为后尚未实施勒索财物行为，或者勒索数额、违法所得数额或造成的损失不大的；实施人质型绑架行为后尚未提出不法要求或者提出的不法要求社会危害性较小的等。

2.《刑法修正案（九）》废除了原先规定的绝对确定的死刑，即杀害被绑架人的，或者故意伤害被绑架人，致人重伤、死亡的，处无期徒刑或者死刑，并处没收财产。在适用本款规定时应当明确：第一，绑架过失致人重伤、死亡的（不包括故意伤害过失致被绑架人死亡的情形），不适用本款规定，不存在死刑适用问题，只能依照本罪第1款的规定，最高处以无期徒刑；第二，绑架罪只有三种情况可能适用死刑：一是杀害被绑架人的，二是故意伤害被绑架人致其重伤的，三是故意伤害被绑架人致其死亡的；第三，上述三种情形并非一概判处死刑，而是要综合考虑行为人的人身危险性、犯罪的动机、手段、结果，犯罪后的态度以及社会影响等思想因素，适用无期徒刑或者死刑。只有实施上述三种行为造成特别严重的危害后果或者情节特别恶劣的，才能考虑适用死刑，否则应优先适用无期徒刑。

绑架行为已经结束，将被害人释放后，又以绑架以外的其他原因将被害人杀死，不属于绑架罪的"杀害被绑架人"，而是另外的独立的故意杀人犯罪行为，应与绑架罪实行数罪并罚。只要行为人劫持被绑架人后有故意杀人的故意及行为，即应适用本款规定，既包括故意杀害被绑架人既遂，也包括杀害被绑架人未遂的情形。但这并不意味着对所有绑架并杀害被绑架人未遂的情形，都必须判处死刑。就杀害被绑架人未遂的情况而言，对其中那些杀害被绑架人手段特别残忍且已造成特别严重后果的，应依法考虑判处死刑立即执行；但造成的后果并非特别严重，如没有造成特别严重残疾的，并非不能从轻判处，如有的可考虑判处死缓，有的可以根据犯罪情节等情况同时决定对其限制减刑，有的情节相对较轻的，可以适用无期徒刑。

"故意伤害被绑架人，致人重伤、死亡"，是指以伤害被绑架人的身体为目的实施各种行为，造成被绑架人重伤、死亡的结果。绑架过程中故意伤害通常可分为如下三种情形：一是绑架过程中故意伤害致人轻伤；二是绑架过程中故意伤害致人重伤；三是绑架过程中故意伤害致人死亡或者以特别残忍手段致人重伤造成严重残疾。对上述三种情形均以绑架罪处理并无异议，但所适用的条款不同：第一种情形应当适用第 1 款的规定，最高可判处无期徒刑；第二种、第三种情形应当适用第 2 款的规定，最高可判处死刑。应当注意的是，这里的故意伤害被绑架人的行为与被绑架人重伤、死亡的加重结果之间应具有直接因果关系，两者仅具有间接关系的，如行为人实施故意伤害行为，被绑架人自杀而造成重伤或者死亡结果的，应适用本罪第 1 款的规定。此外，对行为人过失造成被绑架人重伤、死亡后果的，适用本罪第 1 款的规定，最高可处以无期徒刑。

3. 依照《刑法》第 81 条第 2 款规定，对累犯以及因绑架罪被判处十年以上有期徒刑、无期徒刑的犯罪分子，不得假释。

十二、拐卖妇女、儿童罪

第二百四十条 拐卖妇女、儿童的，处五年以上十年以下有期徒刑，并处罚金；有下列情形之一的，处十年以上有期徒刑或者无期徒刑，并处罚金或者没收财产；情节特别严重的，处死刑，并处没收财产：

（一）拐卖妇女、儿童集团的首要分子；

（二）拐卖妇女、儿童三人以上的；

（三）奸淫被拐卖的妇女的；

（四）诱骗、强迫被拐卖的妇女卖淫或者将被拐卖的妇女卖给他人迫使其卖淫的；

（五）以出卖为目的，使用暴力、胁迫或者麻醉方法绑架妇女、儿童的；

（六）以出卖为目的，偷盗婴幼儿的；

（七）造成被拐卖的妇女、儿童或者其亲属重伤、死亡或者其他严重后果的；

（八）将妇女、儿童卖往境外的。

拐卖妇女、儿童是指以出卖为目的，有拐骗、绑架、收买、贩卖、接送、中转妇女、儿童的行为之一的。

（一）拐卖妇女、儿童罪的概念和构成要件

拐卖妇女、儿童罪，是指以出卖为目的，拐骗、绑架、收买、贩卖、接送或者中转妇女、儿童的行为。1979年《刑法》第141条只有拐卖人口罪的规定。1997年《刑法》吸收修改了《全国人民代表大会常务委员会关于严惩拐卖、绑架妇女、儿童的犯罪分子的决定》的有关条文，规定了拐卖妇女、儿童罪。

拐卖妇女、儿童罪的构成要件是：

1. 本罪侵犯的客体是妇女、儿童的人身自由和人格尊严权利。

犯罪对象是妇女、儿童。所谓妇女，是指已满14周岁的女性，既包括具有中国国籍的妇女，也包括具有外国国籍或无国籍的妇女。被拐卖的外国妇女没有身份证明的，不影响对犯罪分子的定罪处罚。根据《最高人民法院关于审理拐卖妇女儿童犯罪案件具体应用法律若干问题的解释》（以下简称《审理拐卖妇女儿童犯罪案件解释》）第9条的规定，儿童是指不满14周岁的人；其中，不满1周岁的为婴儿，1周岁以上不满6周岁的为幼儿。对于拐卖已满14周岁男子的行为，不能以拐卖妇女、儿童罪论处。被拐卖对象的精神状况、健康状况如何、生活质量好坏以及与行为人的关系，不影响构成本罪。

2. 客观方面表现为拐骗、绑架、收买、贩卖、接送或者中转妇女、儿童的行为。

"拐骗"是指采取欺骗、利诱等非暴力手段使被害人置于行为人的控制之下；"绑架"是指以暴力、胁迫或者麻醉等方法将被害人置于行为人的控制之下；"收买"是指以出卖为目的，用金钱或者其他财物购买妇女、儿童；"贩卖"是指将拐卖、绑架、收买的妇女、儿童转手出卖给他人；"接送""中转"，是指在拐卖妇女、儿童的过程中，进行接应、藏匿、转送、接转被拐卖的妇女、儿童的行为。此外，根据《刑法》第240条的规定，以出卖为目的，偷盗不满6周岁的婴幼儿的行为，也构成拐卖妇女、儿童罪。在司法实践中，行为人只要实施上述行为之一的，就构成本罪；实施两种或两种以上行为的，仍只认定为一罪，不实行数罪并罚，作为量刑情节也应适当考虑。

3. 犯罪主体为一般主体，即年满 16 周岁、具有刑事责任能力的自然人。

根据《审理拐卖妇女儿童犯罪案件解释》第 2 条的规定，医疗机构、社会福利机构等单位的工作人员以非法获利为目的，将所诊疗、护理、抚养的儿童出卖给他人的，以拐卖儿童罪论处。

4. 主观方面由故意构成，且必须"以出卖为目的"。

不以出卖为目的，拐骗不满 14 周岁的未成年人，脱离家庭或者监护人的行为不构成本罪，但构成拐骗儿童罪。

（二）认定拐卖妇女、儿童罪应当注意的问题

1. 划清罪与非罪的界限。

要把借介绍婚姻索取钱财的违法行为与以营利为目的拐卖妇女的犯罪行为区别开来，把妇女被拐骗与自愿外流区别开来。前者"介绍婚姻"，妇女是自愿的，没有违背妇女的意志，行为人也没有采取欺骗或者胁迫手段；后者是行为人以欺骗、利诱或者胁迫手段实施拐骗、贩卖行为，完全违背妇女的意志。还有的妇女因自然灾害等原因，外流到他乡，与他人结婚。可见，查明行为是否违背妇女意志、有无诱骗手段，是区分拐卖妇女、儿童罪与非罪的客观标志。

对此，《审理拐卖妇女儿童犯罪案件解释》第 3 条第 1 款规定："以介绍婚姻为名，采取非法扣押身份证件、限制人身自由等方式，或者利用妇女人地生疏、语言不通、孤立无援等境况，违背妇女意志，将其出卖给他人的，应当以拐卖妇女罪追究刑事责任。"

2. 划清拐卖妇女罪与诈骗罪的界限。

前者是侵犯人身权利的犯罪，后者是侵犯财产的犯罪。凡以贩卖为名，骗财为实的，应认定为诈骗罪。《审理拐卖妇女儿童犯罪案件解释》第 3 条第 2 款规定："以介绍婚姻为名，与被介绍妇女串通骗取他人钱财，数额较大的，应当以诈骗罪追究刑事责任。"

3. 划清借送养之名出卖亲生子女与民间送养行为的界限。

按照《最高人民法院、最高人民检察院、公安部、司法部关于依法惩治拐卖妇女儿童犯罪的意见》，具有下列情形之一的，可以认定属于出卖亲生

子女，应当以拐卖妇女、儿童罪论处：（1）将生育作为非法获利手段，生育后即出卖子女的；（2）明知对方不具有抚养目的，或者根本不考虑对方是否具有抚养目的，为收取钱财将子女"送"给他人的；（3）为收取明显不属于"营养费""感谢费"的巨额钱财将子女"送"给他人的；（4）其他足以反映行为人具有非法获利目的的"送养"行为的。

不是出于非法获利目的，而是迫于生活困难，或者受重男轻女思想影响，私自将没有独立生活能力的子女送给他人抚养，包括收取少量"营养费""感谢费"的，属于民间送养行为，不能以拐卖妇女、儿童罪论处。对私自送养导致子女身心健康受到严重损害，或者具有其他恶劣情节，符合遗弃罪特征的，可以遗弃罪论处；情节显著轻微危害不大的，可由公安机关依法予以行政处罚。

4.以下行为应分别以拐卖妇女罪、拐卖儿童罪或者拐卖妇女、儿童罪论处。

（1）以出卖为目的强抢儿童，或者捡拾儿童后予以出卖，符合《刑法》第240条第2款规定的，应当以拐卖儿童罪论处。以抚养为目的偷盗婴幼儿或者拐骗儿童，之后予以出卖的，以拐卖儿童罪论处。（2）以非法获利为目的，出卖亲生子女的，应当以拐卖妇女、儿童罪论处。（3）将妇女拐卖给有关场所，致使被拐卖的妇女被迫卖淫或者从事其他色情服务的，以拐卖妇女罪论处。有关场所的经营管理人员事前与拐卖妇女的犯罪人通谋的，对该经营管理人员以拐卖妇女罪的共犯论处；同时构成拐卖妇女罪和组织卖淫罪的，择一重罪论处。（4）医疗机构、社会福利机构等单位的工作人员以非法获利为目的，将所诊疗、护理、抚养的儿童贩卖给他人的，以拐卖儿童罪论处。

5.划清一罪与数罪的界限。

（1）行为人在拐卖妇女（包括幼女）过程中又奸淫被害人的，应按拐卖妇女罪并依法加重处罚，不实行数罪并罚。《刑法》第240条第1款第3项规定的"奸淫被拐卖的妇女的"，是指拐卖妇女的犯罪分子在拐卖过程中，与被害妇女发生性关系的行为。不论行为人对被害妇女是否使用了暴力或者胁迫手段，也不论被害妇女是否有反抗行为，都应将奸淫被拐卖妇女的行为作为拐卖妇女罪的情节加重处罚。(2)拐卖妇女、儿童,又对被拐卖的妇女、儿童实施故意杀害、伤害、猥亵、侮辱等行为,构成其他犯罪的,依照数罪并罚的规定处罚。(3)拐卖妇女、儿童或者收买被拐卖的妇女、儿童,又组织、教唆被拐卖、收买的妇女、儿童进行犯罪的,以拐卖妇女、儿童罪或者收买被拐卖的妇女、儿童罪与其所组织、教唆的罪数罪并罚。(4)拐卖未成年人或者收买被拐卖的未成年人,又组织、教唆被拐卖、收买的未成年人进行盗窃、诈骗、抢夺、敲诈勒索等违反治安管理活动的,以拐卖妇女、儿童罪或者收买被拐卖的妇女、儿童罪与组织未成年人进行违反治安管理活动罪数罪并罚。

6. 正确认定共同犯罪。

(1)明知他人拐卖妇女、儿童,仍然向其提供被拐卖妇女、儿童的健康证明、出生证明或者其他帮助的,以拐卖妇女、儿童罪的共犯论处。明知他人收买被拐卖的妇女、儿童,仍然向其提供被收买妇女、儿童的户籍证明、出生证明或者其他帮助的,以收买被拐卖的妇女、儿童罪的共犯论处,但是,收买人未被追究刑事责任的除外。

(2)明知他人系拐卖儿童的"人贩子",仍然利用从事诊疗、福利救助等工作的便利或者了解被拐卖方情况的条件,居间介绍的,以拐卖儿童罪的共犯论处。

(3)对于拐卖妇女、儿童犯罪的共犯,应当根据各被告人在共同犯罪中的分工、地位、作用,参与拐卖的人数、次数,以及分赃数额等,准确区分主从犯。对于组织、领导、指挥拐卖妇女、儿童的某一个或者某几个犯罪环节,或者积极参与实施拐骗、绑架、收买、贩卖、接送、中转妇女、儿童等犯罪行为,起主要作用的,应当认定为主犯。对于仅提供被拐卖妇女、儿童信息或者相关证明文件,或者进行居间介绍,起辅助或者次要作用,没有获利或者获利较少的,一般可认定为从犯。对于各被告人在共同犯罪中的地位、作用区别不明显的,可以不区分主从犯。

7. 本罪的既遂标准的问题。

拐卖妇女、儿童罪的既遂,应以行为人是否实施了拐骗、绑架、收买、贩卖、接送、中转妇女、儿童其中一种行为为标准,而不以被拐卖的妇女、儿童已经出卖为标准。具体而言：(1) 以出卖为目的，拐骗、绑架、收买妇女、儿童时，只要将被害人置于实际控制之下，即构成既遂。(2) 单纯出卖行为，以行为人将被害人出卖为既遂标准。(3) 从司法实践来看，接送、中转行为往往从属于行为人或者其他共同犯罪行为人的拐骗、绑架、收买等行为，无独立的标准，应当从属于其他行为的既遂标准。

(三) 拐卖妇女、儿童罪的刑事责任

依照《刑法》第240条第1款规定，犯拐卖妇女、儿童罪的，处五年以上十年以下有期徒刑，并处罚金；有下列情形之一的，处十年以上有期徒刑或者无期徒刑，并处罚金或者没收财产；情节特别严重的，处死刑，并处没收财产：(1) 拐卖妇女、儿童集团的首要分子；(2) 拐卖妇女、儿童3人以上的；(3) 奸淫被拐卖的妇女的；(4) 诱骗、强迫被拐卖的妇女卖淫或者将被拐卖的妇女卖给他人迫使其卖淫的；(5) 以出卖为目的，使用暴力、胁迫或者麻醉方法绑架妇女、儿童的；(6) 以出卖为目的，偷盗婴幼儿的；(7) 造成被拐卖的妇女、儿童或者其亲属重伤、死亡或者其他严重后果的；(8) 将妇女、儿童卖往境外的。

司法机关在适用《刑法》第240条第1款规定处罚时，应当注意以下问题：

1. 正确理解《刑法》第240条第1款第6项规定的情节。《审理拐卖妇女儿童犯罪案件解释》第1条规定："对婴幼儿采取欺骗、利诱等手段使其脱离监护人或者看护人的，视为刑法第二百四十条第一款第（六）项规定的'偷盗婴幼儿'。"据此，考虑到婴幼儿辨别是非和自我防护能力较弱，对上述两种行为方式应当作一体评价，以体现对婴幼儿的特殊保护。①

2. 正确理解《刑法》第240条第1款第7项规定的情节。"造成被拐卖的妇女、儿童或者其亲属重伤、死亡或者其他严重后果的"，是指由于犯罪

---

① 需要注意的是，此处规定的"欺骗、利诱等手段"须系针对婴幼儿采取，如果对婴幼儿的父母或者其他看护人虚构事实、隐瞒真相加以欺骗，将婴幼儿带走后加以出卖的，则不属于"偷盗婴幼儿"。杜国强、冉容、赵俊甫：《〈关于审理拐卖妇女儿童犯罪案件具体应用法律若干问题的解释〉的理解与适用》，载《人民司法》2017年第13期。

分子拐卖妇女、儿童的行为，直接、间接造成被拐卖的妇女、儿童或者其亲属重伤、死亡或者其他严重后果的。例如，由于犯罪分子采取拘禁、捆绑、虐待等手段，致使被害人重伤、死亡或者造成其他严重后果的；由于犯罪分子的拐卖行为和拐卖中的侮辱、殴打等行为引起被害人或者其亲属自杀、精神失常或者其他严重后果的；等等。

3. 把握打击的重点。对于拐卖妇女、儿童犯罪集团的首要分子，情节严重的主犯、累犯，偷盗婴幼儿、强抢儿童情节严重，将妇女、儿童卖往境外情节严重，拐卖妇女、儿童多人多次，造成伤亡后果，或者具有其他严重情节的，依法从重处罚；情节特别严重的，依法判处死刑。

4. 严格掌握适用死刑的条件。《刑法》第240条第1款规定，拐卖妇女、儿童，情节特别严重的，处死刑，并处没收财产。"情节特别严重"的行为，是指《刑法》第240条第1款所列8种情形中特别严重的情节。在具体执行中，不应在这8种情形之外扩大范围。同时，由于对拐卖妇女、儿童情节特别严重的行为，立法上采用的是绝对确定的法定刑，而且是处死刑，因此，司法机关在适用"情节特别严重"处罚时，应当采取十分慎重的态度，严格掌握适用死刑的条件。

5. 对于拐卖妇女、儿童的犯罪分子，应当注重依法适用财产刑，并切实加大执行力度，以强化刑罚的特殊预防与一般预防效果。

十三、收买被拐卖的妇女、儿童罪

第二百四十一条[①]　收买被拐卖的妇女、儿童的，处三年以下有期徒刑、拘役或者管制。

收买被拐卖的妇女，强行与其发生性关系的，依照本法第二百三十六条的规定定罪处罚。

收买被拐卖的妇女、儿童，非法剥夺、限制其人身自由或者有伤害、侮辱等犯罪行为的，依照本法的有关规定定罪处罚。

---

① 本条第6款经2015年8月29日《刑法修正案（九）》第15条修改。

收买被拐卖的妇女、儿童，并有第二款、第三款规定的犯罪行为的，依照数罪并罚的规定处罚。

收买被拐卖的妇女、儿童又出卖的，依照本法第二百四十条的规定定罪处罚。

收买被拐卖的妇女、儿童，对被买儿童没有虐待行为，不阻碍对其进行解救的，可以从轻处罚；按照被买妇女的意愿，不阻碍其返回原居住地的，可以从轻或者减轻处罚。

（一）收买被拐卖的妇女、儿童罪的概念和构成要件

收买被拐卖的妇女、儿童罪，是指用金钱或者其他财物收买被拐卖的妇女、儿童的行为。1979年《刑法》第141条对拐卖人口的犯罪虽然作了专条规定，但对收买被拐卖妇女、儿童的行为没有规定应追究刑事责任。1997年《刑法》将这种行为明确规定为犯罪。2015年《刑法修正案（九）》第15条又删除了原条文中的"可以不追究刑事责任"的规定，相应地提高了收买行为的刑事责任。

收买被拐卖的妇女、儿童罪的构成要件是：

1. 本罪侵犯的客体是被害妇女、儿童的人身自由、身心健康安全和人格尊严。犯罪对象是被拐卖的妇女和儿童。

"妇女"，既包括具有中国国籍的妇女，也包括具有外国国籍或无国籍的妇女。"儿童"，是指不满14周岁的人。收买被拐卖的妇女、儿童的行为不仅严重侵犯了妇女、儿童的人身权利和身心健康安全，而且客观上会直接助长拐卖妇女、儿童的犯罪活动。

2. 客观方面表现为以金钱或者其他财物将被拐卖的妇女、儿童，将妇女、儿童买归自己非法支配的行为。"收买"不同于收养，其基本特征是将妇女、儿童当作商品买回。

按照《最高人民法院、最高人民检察院、公安部、司法部关于依法惩治拐卖妇女儿童犯罪的意见》（以下简称《依法惩治拐卖妇女儿童犯罪意见》），明知是被拐卖的妇女、儿童而收买，具有下列情形之一的，以收买被拐卖的妇女、儿童罪论处；同时，构成其他犯罪的，依照数罪并罚的规

定处罚：（1）收买被拐卖的妇女后，违背被收买妇女的意愿，阻碍其返回原居住地的；（2）阻碍对被收买妇女、儿童进行解救的；（3）非法剥夺、限制被收买妇女、儿童的人身自由，情节严重，或者对被收买妇女、儿童有强奸、伤害、侮辱、虐待等行为的；（4）所收买的妇女、儿童被解救后又再次收买，或者收买多名被拐卖的妇女、儿童的；（5）组织、诱骗、强迫被收买的妇女、儿童从事乞讨、苦役，或者盗窃、传销、卖淫等违法犯罪活动的；（6）造成被收买妇女、儿童或者其亲属重伤、死亡以及其他严重后果的；（7）具有其他严重情节的。

3.犯罪主体为一般主体。凡年满16周岁，且具有刑事责任能力的人均可构成本罪的主体。

4.主观方面由直接故意构成，行为人既明知是被他人拐卖的妇女、儿童，又明知自己的收买行为侵犯了妇女、儿童的人身自由、身心健康安全和人格尊严，且希望或者放任这种结果发生。过失不构成本罪。若收买人具有出卖目的的，成立拐卖妇女、儿童罪。收买妇女、儿童的动机，不影响本罪的成立。

（二）认定收买被拐卖的妇女、儿童罪应当注意的问题

1.划清罪与非罪的界限。

首先应当明确，一切收买妇女、儿童的行为都是违法的。从司法实践看，收买被拐卖的妇女、儿童的情况比较复杂，对这种行为不能一概追究刑事责任，要具体问题具体分析。根据2016年12月21日《最高人民法院关于审理拐卖妇女儿童犯罪案件具体应用法律若干问题的解释》和上述《依法惩治拐卖妇女儿童犯罪意见》的相关规定，收买被拐卖的妇女、儿童，犯罪情节显著轻微的，依法不追究刑事责任；必要时可以由公安机关予以行政处罚。例如，出于结婚目的收买被拐卖的妇女，或者出于抚养目的收买被拐卖的儿童，涉及多名家庭成员、亲友参与的，对其中起主要作用的人员应当依法追究刑事责任，但是对于其他情节显著轻微危害不大，不认为是犯罪的，可以依法不追究刑事责任。

2.划清本罪与拐卖妇女、儿童罪的界限。

行为人不是以出卖为目的，收买被拐卖的妇女、儿童后，出于其他原

因，又将妇女、儿童出卖的，属于转化犯现象，应以拐卖妇女、儿童罪论处。帮助收买被拐卖的妇女、儿童的，成立收买被拐卖的妇女、儿童罪的共犯，而不按照拐卖妇女、儿童罪的共犯论处。若收买人教唆没有拐卖故意的人拐卖妇女、儿童的，则成立拐卖妇女、儿童罪的共犯。

3. 划清一罪与数罪的界限。

收买被拐卖的妇女、儿童，并强行与被害妇女发生性关系，或者非法剥夺、限制人身自由，或者有伤害、侮辱等犯罪行为的，则应当定收买被拐卖的妇女、儿童罪和强奸罪，或者非法拘禁罪、故意伤害罪、侮辱罪等，实行并罚。如龚某吴收买被拐卖的妇女、儿童，强迫卖淫案[①]。

（三）收买被拐卖的妇女、儿童罪的刑事责任

依照《刑法》第241条第1款规定，犯收买被拐卖的妇女、儿童罪的，处三年以下有期徒刑、拘役或者管制。

司法机关在适用处罚时，应当注意体现宽严相济的刑事政策。按照上述《依法惩治拐卖妇女儿童犯罪意见》的规定，应注意以下几点：

1. 犯收买被拐卖的妇女、儿童罪，对被收买妇女、儿童实施违法犯罪活动或者将其作为牟利工具的，处罚时应当依法体现从严。

2. 收买被拐卖的妇女、儿童，对被收买妇女、儿童没有实施摧残、虐待行为或者与其已形成稳定的婚姻家庭关系，但仍应依法追究刑事责任的，一般应当从轻处罚；符合缓刑条件的，可以依法适用缓刑。

3. 收买被拐卖的妇女、儿童，犯罪情节轻微的，可以依法免予刑事处罚。

4. 在国家机关工作人员排查来历不明儿童或者进行解救时，将所收买的儿童藏匿、转移或者实施其他妨碍解救行为，经说服教育仍不配合的，属于"阻碍对其进行解救"的情形，不得从轻处罚。收买被拐卖的妇女，业已形

---

① 天津市静海县人民法院作出判决：被告人龚某吴犯收买被拐卖的妇女、儿童罪，判处有期徒刑二年；犯强迫卖淫罪，判处有期徒刑十五年，并处罚金人民币1万元，剥夺政治权利四年；决定执行有期徒刑十六年，并处罚金人民币1万元，剥夺政治权利四年。被告人不服一审判决，提起上诉。天津市第一中级人民法院裁定驳回上诉，维持原判。

成稳定的婚姻家庭关系，解救时被买妇女自愿继续留在当地共同生活的，可以视为"按照被买妇女的意愿，不阻碍其返回原住地"的情形，可以从轻或者减轻处罚。

十四、聚众阻碍解救被收买的妇女、儿童罪

第二百四十二条第二款 聚众阻碍国家机关工作人员解救被收买的妇女、儿童的首要分子，处五年以下有期徒刑或者拘役；其他参与者使用暴力、威胁方法的，依照前款的规定处罚。

（一）聚众阻碍解救被收买的妇女、儿童罪的概念和构成要件

聚众阻碍解救被收买的妇女、儿童罪，是指首要分子纠集多人阻碍国家机关工作人员解救被收买的妇女、儿童的行为。

法律规定任何个人或者组织不得以各种形式阻碍对被拐卖的妇女、儿童进行解救，并不得向被收买的、拐卖的妇女、儿童及其家属或者解救人索要收买妇女、儿童的费用和生活费用。但在现实社会生活中，解救被收买的妇女、儿童的行动往往遇到来自收买人及其亲属、朋友、所属农村基层组织的干部等各方面的阻挠，甚至有前去解救的国家机关工作人员遭受到围攻和殴打。而且，聚众阻碍解救被收买的妇女、儿童的为首者，主要进行策划、组织、煽动，一般不直接采用暴力、威胁的方法来阻碍解救，因而难以适用《刑法》第277条的规定。为了有力惩治阻碍解救被收买的妇女、儿童的犯罪行为，《刑法》第242条第1款作了妨碍公务罪的援引式规定，第2款专门针对实践中聚众阻碍解救被收买的妇女、儿童的为首者作出了规定。

聚众阻碍解救被收买的妇女、儿童罪的构成要件是：

1.本罪侵犯的客体是国家机关的公务活动。犯罪对象是正在解救被收买的妇女、儿童的国家机关工作人员。

收买被拐卖的妇女（包括具有外国国籍或无国籍的妇女）、儿童是严重侵犯公民人身自由、身心健康安全和人格尊严的行为。

2. 客观方面表现为聚众阻碍国家机关工作人员执行解救公务的行为。

"聚众",是指聚集多人。法律并不要求行为人必须实施了暴力、威胁的方法,只要实施了聚众阻碍解救被收买的妇女、儿童的行为就构成犯罪。

3. 犯罪主体只限于聚众阻碍国家机关工作人员解救被收买的妇女、儿童的首要分子,其他参与者不构成本罪的主体,但可能构成妨害公务罪。例如,在刘某理聚众阻碍解救被收买的妇女、刘某乾、刘某书妨害公务案[①]中,被告人刘某理是召集者,刘某乾、刘某书在参与阻碍解救过程中使用了暴力,法院分别判处各被告人构成聚众阻碍解救被收买的妇女罪和妨害公务罪。首要分子既可能是一人,也可能是多人。

4. 主观方面由直接故意构成。间接故意和过失不构成本罪。犯罪动机不影响本罪的成立。

(二)认定聚众阻碍解救被收买的妇女、儿童罪应当注意的问题

司法实践中,应当注意将本罪与妨害公务罪区别开来。二者的区别主要在于是否采取了"聚众"的行为方式,以及是否为聚众的首要分子。按照《刑法》第242条第1款的规定,没有聚众形式,但以暴力、威胁方法阻碍国家机关工作人员解救被收买的妇女、儿童的,应当依照《刑法》第277条规定的妨害公务罪处罚。此外,如果阻碍国家机关工作人员解救已被拐骗、绑架但尚未被出卖的妇女、儿童的,则成立拐卖妇女、儿童罪的共犯。

(三)聚众阻碍解救被收买的妇女、儿童罪的刑事责任

依照《刑法》第242条第2款规定,聚众阻碍国家机关工作人员解救被收买的妇女、儿童的首要分子,处五年以下有期徒刑或者拘役;其他参与者使用暴力、威胁方法的,依照妨害公务罪的规定处罚,即处三年以下有期徒刑、拘役、管制或者罚金。

司法机关在适用《刑法》第242条第2款规定处罚时,应当注意分别不

---

① 广西壮族自治区玉林市博白县人民法院作出判决:被告人刘某理犯聚众阻碍解救被收买的妇女罪,判处有期徒刑三年;被告人刘某乾、刘某书犯妨害公务罪,均判处有期徒刑二年,缓刑三年执行。

同情况处理:

1. 对聚众阻碍国家机关工作人员解救被收买的妇女、儿童的首要分子,处五年以下有期徒刑或者拘役。

2. 其他参与者使用暴力、威胁方法阻碍国家机关工作人员解救被收买的妇女、儿童的,根据《刑法》第242条第1款的规定,应当以《刑法》第277条规定的妨碍公务罪定罪处罚。

十五、诬告陷害罪

第二百四十三条 捏造事实诬告陷害他人,意图使他人受刑事追究,情节严重的,处三年以下有期徒刑、拘役或者管制;造成严重后果的,处三年以上十年以下有期徒刑。

国家机关工作人员犯前款罪的,从重处罚。

不是有意诬陷,而是错告,或者检举失实的,不适用前两款的规定。

(一)诬告陷害罪的概念和构成要件

诬告陷害罪,是指故意捏造犯罪事实,向国家机关或者有关单位作虚假告发,意图使他人受刑事追究,情节严重的行为。

诬告陷害罪的构成要件是:

1. 本罪侵犯的客体是他人的人身权利和司法机关的正常活动。

这种犯罪不仅侵犯公民的人身权利,使无辜者的名誉受到损害,而且干扰司法机关的正常活动,破坏司法机关的威信,甚至可能导致冤错案件,造成错捕、错判甚至错杀的严重后果。我国《宪法》第38条规定:"中华人民共和国公民的人格尊严不受侵犯。禁止用任何方法对公民进行侮辱、诽谤和诬告陷害。"这为我们同诬告陷害的犯罪行为作斗争,提供了重要的宪法依据。

2. 客观方面表现为捏造犯罪事实,向国家机关或者有关单位作虚假告发,足以引起司法机关追究活动的行为。

首先,要有捏造犯罪事实的行为。既包括捏造犯罪事实,也包括在发生了犯罪事实的情况下捏造"犯罪人",还包括将不构成犯罪的事实夸大为犯罪事实、将轻罪事实捏造为重罪事实。例如,在崔某琴诬告陷害案①中,被告人崔某琴被葛某芳推倒在地,右手手腕受轻伤以下伤害;为使葛受到刑事追究,崔伪造了骨折的 X 光照片,属于虚构编造部分虚假犯罪事实的情形。如果行为人没有捏造他人犯罪的事实,而是捏造一般的事实,则不构成本罪。其次,必须自发地向有权行使刑事追究活动或者事实上能够对被诬陷人采取限制、剥夺人身自由等措施的国家机关或者有关单位作了虚假告发。这是构成诬告陷害罪的前提条件。行为人虽有捏造他人犯罪事实的行为,但没有进行告发,其诬陷的目的就无法实现,因而也不构成本罪。告发的形式多样,既有书面的,也有口头的;既有署名的,也有匿名的;既有投信告发,也有当面告发;既有向司法机关告发,也有向有关单位告发。不论采用哪种形式告发,只要是实施了告发行为的,就可能构成本罪。最后,告发必须有特定的对象。这个特定的对象就是"他人"。"他人"应当是实在的人,而不是虚无人,当然也不能是行为人本人。被诬陷者的身份没有限定,既可以是国家工作人员,也可以是一般群众,还可以是犯罪嫌疑人、被告人和正在服刑的罪犯;既可以是具有刑事责任能力的人,也可以是没有达到法定年龄或者没有刑事责任能力的人。被诬陷的特定对象必须明确,一般是有名有姓的,但并非要以指名道姓作为先决条件。只要通过告发的事实足以让司法机关确认具体对象,即使没有点名,也可构成本罪;如果行为人只是泛泛地捏造了某种犯罪事实,而没有对任何特定人进行指控的,则不可能引起刑事追诉,因而不构成本罪。诬告的是单位犯罪事实,但足以导致对单位中自然人进行刑事追诉的,也构成本罪。

3.犯罪主体为一般主体。

任何年满 16 周岁,且具有刑事责任能力的人,均可构成本罪的主体。罪犯在被审讯过程中故意供述无辜的他人为共同犯罪人,并使他人被错误逮捕的,亦构成本罪。例如,在陈某辉抢劫、诬告陷害案②中,被告人陈某辉

---

① 江苏省扬州市广陵区人民法院(2007)杨广刑初字第 145 号。
② 海南省海口市振东区人民法院(2001)振刑初字第 243 号。

被抓获后,为包庇他人不受法律制裁,在被审讯过程中多次供述共同参与抢劫的是与其有积怨的同村青年王某,致使王某被错误逮捕关押十余天。

4. 主观方面由故意构成,并且具有使他人受到刑事追究的目的。

行为人明知自己所告发的是捏造的犯罪事实,明知诬告陷害行为会发生侵犯他人人身权利和引发有关机关的刑事追究活动,并且希望或者放任这种结果发生。"意图使他人受刑事追究"不等同于"意图使他人受刑罚处罚"。行为人明知自己的诬告陷害行为不可能使他人受到刑罚处罚,但会使他人被刑事拘留、逮捕等,意图使他人成为犯罪嫌疑人而被立案侦查的,也属于"意图使他人受刑事追究"。被诬陷的人实际上是否受到刑事处罚,不影响本罪的成立。

司法实践中,诬陷他人的动机可能是多种多样的:有的是挟嫌报复、栽赃陷害、发泄私愤;有的是名利熏心、嫉贤妒能、邀功请赏;有的是居心叵测、排除异己、取而代之;有的是自己犯了错误,为了洗刷自己、摆脱困境,嫁祸于人等,但均不影响本罪的成立。例如,在岳某中诬告陷害案①中,被告人岳某中系因被原单位辞退而对原单位负责人及社会产生不满,为报复他人,而以他人名义通过书信的方式发布具有煽动性的颠覆国家政权的言论,并寄给境外知名媒体和本地高校,意图使他人受刑事追究;在高某英诈骗、诬告陷害案②中,被告人高某英因怀疑公安人员办案不公,遂捏造犯罪事实向有关机关告发,意图使其受到刑事追究等。

按照法律规定,诬告陷害的行为,必须达到"情节严重"的程度才构成犯罪。所谓"情节严重",司法实践中,主要是指捏造的犯罪事实情节严重,诬陷手段恶劣,严重影响了司法机关的正常活动或者在社会上造成了恶劣影响等情形。

(二)认定诬告陷害罪应当注意的问题

准确认定本罪,首先必须严格区分罪与非罪。这是关系到惩罚犯罪和保

---

① 天津市第一中级人民法院(2000)一中刑初字第60号。
② 江苏省江阴市人民法院作出判决:被告人高某英犯诬告陷害罪,判处有期徒刑一年六个月。

护公民正当行使民主权利的重要原则问题。从司法实践看，主要是划清两种界限：

1. 诬告与错告的界限。

《刑法》第 243 条第 3 款规定："不是有意诬陷，而是错告，或者检举失实的，不适用前两款的规定。"我国《宪法》第 41 条规定："中华人民共和国公民对于任何国家机关和国家工作人员，有提出批评和建议的权利；对于任何国家机关和国家工作人员的违法失职行为，有向有关国家机关提出申诉、控告或者检举的权利，但是不得捏造或者歪曲事实进行诬告陷害。对于公民的申诉、控告或者检举，有关国家机关必须查清事实，负责处理。"这就要求把诬告与错告区别开来。诬告与错告在主客观方面有着质的不同：前者是故意捏造事实并告发，属于违法犯罪行为；后者是由于客观情况不明或者主观认识片面而在控告、检举中发生差错。其中，是否具有诬陷的故意，是区分诬告与错告的最关键因素。例如，在黄某尧诬告陷害案[①]中，被告人黄某尧在寻找骗走其黄金首饰交易款的过程中，错将被害人当作骗财者，将交易纸条塞进被害人口袋中，并向公安机关报案。此阶段的行为系错告。但当公安机关审查被害人时，黄已经发现自己认错了人，其不向公安机关提出纠正，反而将错就错，一口咬定其就是骗财者，此时其行为由错告转化为诬告。

2. 诬告陷害犯罪与一般诬告陷害行为的界限。

两者的相似点是，都具有捏造事实、诬陷他人的特征。但是，从诬陷的内容和目的上看，又各不相同，要认真加以区别。一般诬陷行为捏造的事实，仅限于犯错误的事实，其目的只是使他人受到某种行政纪律处分。对一般诬陷行为，可根据不同情节和后果，分别给予批评教育或者党纪政纪处分。

（三）诬告陷害罪的刑事责任

依照《刑法》第 243 条第 1 款规定，犯诬告陷害罪的，处三年以下有期

[①] 福建省德化县人民法院作出判决：被告人黄某尧犯诬告陷害罪，判处有期徒刑三年，缓刑三年。

徒刑、拘役或者管制；造成严重后果的，处三年以上十年以下有期徒刑。

依照本条第 2 款规定，国家机关工作人员犯前款罪的，从重处罚。

司法机关在适用本条规定处罚时，应当注意正确理解和掌握国家机关工作人员的范围。国家机关工作人员不同于国家工作人员。按照《刑法》第 93 条第 1 款的规定，国家机关工作人员，是指在国家权力机关、行政机关、审判机关、检察机关和军事机关等国家机关中依法从事公务的人员，不包括该条第 2 款规定的"准国家工作人员"在内。

十六、强迫劳动罪

第二百四十四条[①]　以暴力、威胁或者限制人身自由的方法强迫他人劳动的，处三年以下有期徒刑或者拘役，并处罚金；情节严重的，处三年以上十年以下有期徒刑，并处罚金。

明知他人实施前款行为，为其招募、运送人员或者有其他协助强迫他人劳动行为的，依照前款的规定处罚。

单位犯前两款罪的，对单位判处罚金，并对其直接负责的主管人员和其他直接责任人员，依照第一款的规定处罚。

（一）强迫劳动罪的概念和构成要件

强迫劳动罪，是指以暴力、胁迫或者限制人身自由的方法，强迫他人劳动，或者明知他人以暴力、威胁或者限制人身自由的方法强迫他人劳动，而为其招募、运送人员或者以其他方式协助强迫他人劳动的行为。

本罪是 1997 年《刑法》增设的罪名，原罪名为"强迫职工劳动罪"。《刑法修正案（八）》将强迫劳动的对象由"职工"改为"他人"，因而罪名相应地改为"强迫劳动罪"。

强迫劳动罪的构成要件是：

1. 本罪侵犯的客体是公民的人身权利和我国的劳动管理制度。

[①] 本条经 2011 年 2 月 25 日《刑法修正案（八）》第 38 条修改。

1997年《刑法》第244条曾规定:"用人单位违反劳动管理法规,以限制人身自由方法强迫职工劳动,情节严重的,对直接责任人员,处三年以下有期徒刑或者拘役,并处或者单处罚金。"

2011年2月25日,全国人大常委会通过的《刑法修正案(八)》第38条取消了"用人单位",将强迫劳动的对象由"职工"改为"他人";增加了以"暴力、威胁"作为强迫劳动的手段之一;删除了"情节严重"的要件,从而降低了入罪门槛;量刑由一个档次增加为两个档次,法定最高刑由三年提高到十年;并将明知他人实施强迫劳动行为,而"为其招募、运送人员或者有其他协助强迫他人劳动"的行为,规定为犯罪;单位犯罪由"单罚制"改为"双罚制"。此次从定罪到量刑所作的全面修正,加大了对强迫劳动行为的惩处力度,充分体现了党和政府对所有劳动者劳动权利的保护,同时进一步完善了我国的劳动管理方面的法律制度。

2. 客观方面表现为以暴力、威胁或者限制人身自由的方法,强迫他人劳动,或者明知他人以暴力、威胁或者限制人身自由的方法强迫他人劳动,而为其招募、运送人员或者以其他方式协助强迫他人劳动的行为。

一是直接强迫劳动。"暴力",是指对劳动者实施殴打、捆绑、伤害等危及人身安全的行为,既不要求直接针对被害人的身体实施,也不要求达到压制被害人反抗的程度。"威胁",是指对劳动者以加害人身甚至家属,没收押金、集资款,揭露隐私等相要挟,进行精神强制的行为,不要求达到压制被害人反抗的程度。"限制人身自由",是指以限制离厂、回家、监视出入或者其他人身自由受到限制的行为。例如,在朱某等强迫劳动案[①]中,被告人朱某等采用了殴打、威胁、辱骂、限制人身自由等方法强迫17人劳动(完全民事行为能力的3人、限制民事行为能力的12人、无民事行为能力的2人)。"他人"包括依据《劳动法》和《劳动合同法》建立劳动合同关系的劳动者和未建立劳动合同关系的家庭雇工、非法用工等劳动者。"强迫劳动",是指违反被害人的意愿迫使其从事劳动,既包括强迫从事甲类劳动的人去从

[①] 云南省元谋县人民法院作出判决:被告人朱某犯强迫劳动罪,判处有期徒刑五年,并处罚金人民币1万元。

事乙类劳动,也包括强迫从事甲类劳动的人超强度、超体力、超时间的劳动;既包括强迫从事体力劳动,也包括强迫从事脑力劳动;既包括从事制造产品的劳动,也包括提供服务的劳动等。例如,在袁某红诈骗、强迫劳动,袁某云诈骗案①中,被告人袁某红采用扣押身份证、威胁、殴打、限制单独离开住所及与外界联系,强迫张某某为其提供家政服务长达数月。

二是协助强迫劳动。成立这一类型的犯罪仍以被害人被他人强迫劳动为前提。若行为人以欺骗、利诱等方法将被害人招募、运送到特定地点,但被害人没有被他人强迫劳动的,不构成本罪。

3.犯罪主体为一般主体,单位和自然人均可构成。作为自然人必须是年满16周岁,且具有刑事责任能力的人。

4.主观方面由故意构成,过失不构成本罪。犯罪动机大多是为了通过强迫劳动获取高额利润,但动机不影响犯罪的成立。

(二)认定强迫劳动罪应当注意的问题

1.本罪的犯罪形态为"行为犯"。

按照1997年《刑法》第244条的规定,强迫职工劳动的行为,只有达到"情节严重"的程度,才构成犯罪。《刑法修正案(八)》降低了入罪门槛,删除了"情节严重"的规定,因而本罪在犯罪形态上属于"行为犯"。但是,并非所有强迫劳动的行为都构成犯罪。根据《刑法》总则第13条"但书"的规定,综合全案考虑,如果认定强迫劳动的行为"情节显著轻微危害不大,不认为是犯罪"的,就不构成本罪。

2.划清一罪与数罪的界限。

因强迫他人劳动构成本罪,在实施强迫他人劳动过程中,又有非法拘禁、故意伤害等行为,并构成犯罪的,应当实行数罪并罚。例如,在董某林等强迫劳动、故意伤害案②中,被告人董某林除采取扣押农民工身份证和限

---

① 北京市第一中级人民法院作出裁定维持一审法院的判决,即被告人袁某红犯诈骗罪被判处有期徒刑十一年,犯强迫劳动罪被判处有期徒刑一年六个月,决定执行有期徒刑十二年;被告人袁某云犯诈骗罪被判处有期徒刑三年。

② 安徽省淮北市杜集区人民法院(2001)刑字第60号、安徽省淮北市中级人民法院(2001)刑字第174号。

制其在宿舍和窑厂活动等手段强迫劳动外，其间还因一名农民工未如实交出身上所带的钱，持皮带和铁锨把将其打成轻伤。被告人董某林等人的行为同时构成强迫劳动罪和故意伤害罪，应予数罪并罚。在李某林、李某华强迫劳动、重大责任事故案[①]中，被告人李某林、李某华以限制、恐吓、殴打等手段先后强迫18名智障工人进行高强度劳动，期间因违反安全管理规定，致使一名智障工人被卷入机器当场死亡。其行为同时构成强迫劳动罪和重大责任事故罪，应以数罪并罚。

（三）强迫劳动罪的刑事责任

依照《刑法》第244条第1款规定，犯强迫劳动罪的，处三年以下有期徒刑或者拘役，并处罚金；情节严重的，处三年以上十年以下有期徒刑，并处罚金。司法实践中，强迫3名或者以上未成年人劳动的，被认定为"情节严重"，例如范某等强迫劳动案[②]。

依照《刑法》第244条第2款规定，明知他人实施以暴力、威胁或者限制人身自由的方法强迫他人劳动的行为，为其招募、运送人员或者有其他协助强迫他人劳动行为的，依照前款的规定处罚。

依照《刑法》第244条第3款规定，单位犯本罪的，对单位判处罚金，并对其直接负责的主管人员和其他直接责任人员，依照第1款的规定处罚。

十七、雇用童工从事危重劳动罪

第二百四十四条之一[③]　违反劳动管理法规，雇用未满十六周岁的未成年人从事超强度体力劳动的，或者从事高空、井下作业的，或者在爆炸性、易燃性、放射性、毒害性等危险环境下从事劳动，情节严重的，对直接责任

---

① 新疆维吾尔自治区托克逊县人民法院作出判决：被告人李某林犯强迫劳动罪和重大责任事故罪，数罪并罚，判处有期徒刑四年六个月，并处罚金5万元；被告人李某华犯强迫劳动罪和重大责任事故罪，数罪并罚，判处有期徒刑两年，缓刑三年，并处罚金5万元。
② 广东省广州市越秀区人民法院作出判决：被告人范某犯强迫劳动罪，判处有期徒刑三年，并处罚金1万元。
③ 本条由2002年12月28日《刑法修正案（四）》第4条增设。

人员，处三年以下有期徒刑或者拘役，并处罚金；情节特别严重的，处三年以上七年以下有期徒刑，并处罚金。

有前款行为，造成事故，又构成其他犯罪的，依照数罪并罚的规定处罚。

（一）雇用童工从事危重劳动罪的概念和构成要件

雇用童工从事危重劳动罪，是指违反劳动管理法规，雇用未满16周岁的未成年人从事超强度体力劳动的，或者从事高空、井下作业的，或者在爆炸性、易燃性、放射性、毒害性等危险环境下从事劳动，情节严重的行为。

本罪是《刑法修正案（四）》增设的罪名，1979年《刑法》和1997年《刑法》均没有规定此罪名。

雇用童工从事危重劳动罪的构成要件是：

1. 本罪侵犯的客体是未成年人的身心健康。犯罪对象是童工。

"童工"，是指未满16周岁，与单位或者个人发生劳动关系，从事有经济收入的劳动或者从事个体劳动的少年儿童。在我国，《劳动法》将未成年人分为未成年工和童工两种。"未成年工"，是指年满16周岁、未满18周岁的劳动者。由于未成年人正处在生长发育时期，人体器官尚未定型，在身体、生理结构上和成年人具有不同的特征。因此，我国《劳动法》明确规定，国家对未成年工实行特殊劳动保护的原则，并在就业年龄、工种、工作时间、劳动强度等方面给予了特殊保护。例如，就业最低年龄为16周岁；不得安排未成年工从事矿山井下、有毒有害、国家规定的第四级体力劳动强度的劳动和其他禁忌从事的劳动等。

同时，国家明令禁止使用童工。《劳动法》第15条规定，禁止用人单位招用未满16周岁的未成年人。国务院2002年10月1日修订发布的《禁止使用童工规定》明确规定，国家机关、社会团体、企事业单位、民办非企业单位或者个体工商户均不得招用不满16周岁的未成年人。因此，非法招收和使用童工是一种严重的违法行为，依法应负法律责任。

近年来，有些企业为谋取非法利益，雇用未成年人从事劳动的违法行为比较突出，有的企业甚至雇用童工从事超强度的体力劳动，或者从事高空、井下作业，或者在危险环境下从事劳动，严重危害未成年人的身心健康，有的甚至造成未成年人的死亡，社会危害性严重。所以，为了保护未成年人的合法权益，惩治危害未成年人身心健康的雇用童工从事危重劳动的行为，立法机关通过修改《刑法》作出相应的增设罪名的补充规定，是完全必要的。

2.客观方面表现为违反劳动管理法规，雇用未满16周岁的未成年人从事超强度体力劳动，或者从事高空、井下作业，或者在爆炸性、易燃性、放射性、毒害性等危险环境下从事劳动，情节严重的行为。

"违反劳动管理法规"，是构成本罪的前提条件。所谓违反劳动管理法规，是指违反《劳动法》以及劳动行政法规。这种犯罪行为在客观方面的具体表现形式有三种：

（1）从事超强度体力劳动。这是指从事国家禁止的《体力劳动强度分级》国家标准中第四级体力劳动强度的作业。[①]

（2）从事高空、井下作业。这是指从事国家禁止的《高处作业分级》国家标准中第二级以上的高处作业和矿山井下作业。[②]

（3）在爆炸性、易燃性、放射性、毒害性等危险环境下从事劳动。在"爆炸性"危险环境下劳动，是指从事具有爆炸性能、能够引起爆炸的各种用于爆破、杀伤的物质的劳动，如炸弹、手榴弹、地雷、雷管、导火索、炸药，以及各种固体、液体、气体易爆物品等。在"易燃性"危险环境下劳动，是指在有各种很容易引起燃烧的化学物品、液剂等的环境下从事劳动，如汽油、液化石油、酒精、丙酮、橡胶水等。例如，在黄某某雇用童工从事危重劳动、张某某失火案[③]中，被告人黄某某雇用3名未成年人在无工商执照、无消防许可证、自家私营的冥纸（易燃品）作坊做工。在"放射性"危险环境下劳动，是指从事含有能自发放射出穿透力很强的放射性化学元素和其他各种具有放射性能，并对人体或者牲畜能够造成严重损害的物质的劳动，如铀、钴、镭等。在"毒害性"危险环境下劳动，是指从事含有能致人死亡的毒质的有机物或者无机物的劳动，如砒霜、敌敌畏、氰化钾、西梅

[①] 参见1994年12月9日劳动部颁发的《未成年工特殊保护规定》（劳部发〔1994〕498号）。
[②] 参见1994年12月9日劳动部颁发的《未成年工特殊保护规定》（劳部发〔1994〕498号）。
[③] 福建省龙海市人民法院作出判决：被告人黄某某犯雇用童工从事危重劳动罪，判处有期徒刑二年，并处罚金人民币5000元；被告人张某某犯失火罪，判处有期徒刑五年。

脱、1059剧毒农药、毒气等。

按照法律规定，雇用童工从事危重劳动的行为，必须达到"情节严重"的程度才能构成犯罪。所谓情节严重，在司法实践中一般是指多人、多次非法雇用童工从事法律禁止性的劳动；长时间非法雇用童工从事法律禁止性的劳动；造成危害后果，影响未满16周岁未成年人的身心健康和正常发育等。

行为人只要具有上述三种情形之一，且情节严重的，就构成本罪。

3.犯罪主体为一般主体。既可以由单位构成，也可以由自然人构成。单位构成本罪的，实行"单罚制"仅追究"直接责任人员"的刑事责任，包括直接负责的主管人员和其他直接责任人员。自然人包括个体户、农户、城镇居民等。

4.主观方面由故意构成，且行为人明知是未满16周岁的未成年人而雇用。过失不构成本罪。

（二）认定雇用童工从事危重劳动罪应当注意的问题

1.划清非法雇用童工与合法招用童工的界限。

我国法律原则上禁止使用童工，但同时规定：文艺、体育单位经未成年人的父母或者其他监护人的同意，可以招用不满16周岁的专业文艺工作者、运动员；用人单位应当保障被招用的不满16周岁的未成年人的身心健康，保障其接受义务教育的权利。司法实践中，应注意区分非法雇用童工与合法招用童工。

2.划清罪与非罪的界限。

根据法律规定，情节是否严重，是区分违法与犯罪的关键。在我国，非法使用童工无疑是一种严重的违法行为。但从实践来看，使用童工的情况比较复杂，有的属于家庭困难，出于养家糊口的需要，经本人或者家长自愿而从事劳动。在立法过程中，全国人大常委会根据有关部门的建议，对本罪增加了"违反劳动管理法规"的限制性条件，并对本罪罪状的表述采取了列举的方式，体现了慎重的立法精神。因此，在司法实践中，处理这类案件同样应当采取慎重的态度，根据案件具体情况，严格区分罪与非罪、违法与犯罪的界限。参照《最高人民检察院、公安部关于公安机关管辖的刑事案件立案追诉标准的规定（一）》第32条的规定，违反劳动管理法规，雇用未满16周岁的未成年人从事国家规定的第四级体力劳动强度的劳动，或者从事高空、井下劳动，或者在爆炸性、易燃性、放射性、毒害性等危险环境下从事劳动，涉嫌下列情形之一的，应予立案追诉：（1）造成未满16周岁的未成年人伤亡或者对其身体健康造成严重危害的；（2）雇用未满16周岁的未成年人3人以上的；（3）以强迫、欺骗等手段雇用未满16周岁的未成年人从事危重劳动的；（4）其他情节严重的情形。对情节不严重、不构成犯罪的违法行为，可由劳动行政部门给予行政处理或者行政处罚。

（三）雇用童工从事危重劳动罪的刑事责任

依照《刑法》第244条之一第1款规定，犯雇用童工从事危重劳动罪的，对直接责任人员，处三年以下有期徒刑或者拘役，并处罚金；情节特别严重的，处三年以上七年以下有期徒刑，并处罚金。

依照本条第2款规定，有该条第1款行为，造成事故，又构成其他犯罪的，依照数罪并罚的规定处罚。

十八、非法搜查罪

第二百四十五条 非法搜查他人身体、住宅，或者非法侵入他人住宅的，处三年以下有期徒刑或者拘役。

司法工作人员滥用职权，犯前款罪的，从重处罚。

（一）非法搜查罪的概念和构成要件

非法搜查罪，是指无权搜查的人擅自非法对他人的身体或者住宅进行搜查的行为。

非法搜查罪的构成要件是：

1.本罪侵犯的客体是他人的人身自由权利和住宅不受侵犯的权利。

我国《宪法》第37条规定："中华人民共和国公民的人身自由不受侵犯……禁止非法拘禁和以其他方法非法剥夺或者限制公民的人身自由，禁止非法搜查公民的身体。"第39条规定："中华人民共和国公民的住宅不受侵犯。禁止非法搜查或者非法侵入公民的住宅。"因此，公民的人身自由和住宅安全受宪法保护。

2. 客观方面表现为非法地对他人的身体或者住宅进行搜查的行为。

非法搜查他人身体、住宅的行为包括两种情形：一是无权进行搜查的机关、单位、团体的工作人员或者个人，非法地对他人的身体或者住宅进行搜查。例如，在吴某强、蓝茜武非法搜查案[①]中，被告人吴某强、蓝某武为耍威风而冒充警察非法拦截、搜查他人身体。二是有权进行搜查的国家机关工作人员滥用职权，不经批准擅自决定非法对他人的人身、住宅进行搜查，或者搜查违反法律规定的程序。行为人只要实施其中一种行为，就构成本罪；实施两种行为的，仍为一罪，不实行并罚。

3. 犯罪主体为一般主体。任何年满16周岁，且具有刑事责任能力的人，均可构成本罪的主体。司法工作人员滥用职权犯本罪的，从重处罚。

4. 主观方面只能由直接故意构成。间接故意和过失不构成本罪。犯罪动机不影响本罪的成立。

（二）认定非法搜查罪应当注意的问题

划清罪与非罪的界限。参照《最高人民检察院关于渎职侵权犯罪案件立案标准的规定》，国家机关工作人员利用职权非法搜查，涉嫌下列情形之一的，应予立案：（1）非法搜查他人身体、住宅，并实施殴打、侮辱等行为的；（2）非法搜查，情节严重，导致被搜查人或者其近亲属自杀、自残造成重伤、死亡，或者精神失常的；（3）非法搜查，造成财物严重损坏的；（4）非法搜查3人（户）次以上的；（5）司法工作人员对明知是与涉嫌犯罪无关的人身、住宅非法搜查的；（6）其他非法搜查应予追究刑事责任的情形。根据司法实践经验，对于一般非法搜查他人的身体或者住宅的行为，属于侵犯人身权利的违法行为，应当依照《治安管理处罚法》第40条第3项

---

① 福建省厦门市开元区人民法院作出判决：被告人吴某强犯非法搜查罪，判处有期徒刑一年；被告人蓝某武犯非法搜查罪，判处有期徒刑六个月。

的规定，给予治安处罚。

(三) 非法搜查罪的刑事责任

依照《刑法》第245条第1款规定，犯非法搜查罪的，处三年以下有期徒刑或者拘役。

依照本条第2款规定，司法工作人员滥用职权，犯本罪的，从重处罚。这里的"司法工作人员"，按照《刑法》第94条的规定，是指有侦查、检察、审判和监管职责的工作人员。"滥用职权"，是指司法工作人员超越职权或者违背职责规定行使职权，非法搜查他人身体、住宅的行为。

十九、非法侵入住宅罪

第二百四十五条 非法搜查他人身体、住宅，或者非法侵入他人住宅的，处三年以下有期徒刑或者拘役。

司法工作人员滥用职权，犯前款罪的，从重处罚。

(一) 非法侵入住宅罪的概念和构成要件

非法侵入住宅罪，是指未经法定机关批准或者未经住宅主人同意，非法强行侵入他人住宅，或者经要求退出仍拒绝退出，影响他人正常生活和居住安宁的行为。

非法侵入住宅罪的构成要件是：

1. 侵犯的客体是他人的住宅不受侵犯的权利。

公民的住宅安全受宪法保护。我国《宪法》第39条规定，公民的住宅不受侵犯。禁止非法侵入公民的住宅。非法侵入的对象是"他人的住宅"。所谓"他人"，包括住宅所有权人、对住宅有居住或出入权利的人，以及暂住在某住处的人。只要不是行为人生活其中的住宅，就是"他人的住宅"。住宅包括门洞等进入房屋的辅助性空间。

2. 客观方面表现为未经法定机关批准或者未经住宅主人同意，非法侵入他人住宅，或者经要求退出而拒不退出的行为。

根据我国《刑事诉讼法》的相关规定，公安机关、国家安全机关、人民检察院和人民法院，为了执行搜查、拘留、逮捕等任务，依照法律规定的程序而进入他人住宅的行为是合法的。这里的"非法"具体包括以下情形：一是未经主人同意强行闯入。例如，在郑某峰、郑某强非法侵入住宅案[①]中，被告人郑某峰、郑某强伙同他人未经住宅主人同意，持械强行闯入他人住宅，损毁财物。二是未经主人同意，继续占用其已不再享有所有权的住宅。例如，在金某等非法侵入住宅案[②]中，被告人金某等在其房屋被司法拍卖且强制腾空给吴某后，又继续搬进入住。三是经主人同意进入他人住宅后，主人要求其退出而拒不退出。例如，在乔某云非法侵入住宅案[③]中，被告人乔某云因索要债务而进入债务人家中，债务人配偶强烈要求其退出住宅的情况下，仍拒不退出，经国家工作人员再三劝说，三天后方离开。因法令行为、紧急避险行为、经居住人、看守人等真实承诺或者推定的承诺等而进入他人住宅的，不具有"非法性"，不构成本罪。

3. 犯罪主体是一般主体。任何年满16周岁，且具有刑事责任能力的人，均可构成本罪的主体。司法工作人员滥用职权犯本罪的，从重处罚。

4. 主观方面由直接故意构成，且行为人必须明知自己侵入的是"他人"的"住宅"。间接故意和过失不构成本罪。

犯罪动机不论正当与否，均不影响本罪的成立。例如，在储某故意伤害、非法侵入住宅案[④]中，被告人储某系为求续恋情，在马某拒绝开门的情况下通过楼道窗口攀爬至马某家阳台；在罗某兴盗窃、非法侵入住宅案[⑤]中，被告人罗某兴系出于盗窃的目的，采取爬阳台的手段进入陆某华家，行窃过程中惊醒睡在床上的陆某华，并使其因惊吓而跌落床下致轻伤等。

---

① 福建省福州市仓山区人民法院（2013）仓刑初字第341号。
② 浙江省乐清市人民法院作出判决：被告人金某犯非法侵入住宅罪，判处有期徒刑七个月。
③ 河南省荥阳市人民法院作出判决：被告人乔某云犯非法侵入住宅罪，判处有期徒刑八个月。
④ 安徽省泾县人民法院作出判决：被告人储某犯故意伤害罪、非法侵入住宅罪，数罪并罚，判处有期徒刑一年零五个月。
⑤ 浙江省慈溪市人民法院（2009）甬慈刑初字第151号。

（二）认定非法侵入住宅罪应当注意的问题

注意严格划清罪与非罪的界限。根据司法实践经验，对于一般非法侵入他人住宅的行为，属于侵犯人身权利的违法行为，应当依照《治安管理处罚法》的规定，给予治安处罚。

（三）非法侵入住宅罪的刑事责任

依照《刑法》第245条第1款的规定，犯非法侵入住宅罪的，处三年以下有期徒刑或者拘役。

依照该条第2款规定，司法工作人员滥用职权，犯前款罪的，从重处罚。

二十、侮辱罪

第二百四十六条[①]　以暴力或者其他方法公然侮辱他人或者捏造事实诽谤他人，情节严重的，处三年以下有期徒刑、拘役、管制或者剥夺政治权利。

前款罪，告诉的才处理，但是严重危害社会秩序和国家利益的除外。

通过信息网络实施第一款规定的行为，被害人向人民法院告诉，但提供证据确有困难的，人民法院可以要求公安机关提供协助。

（一）侮辱罪的概念和构成要件

侮辱罪，是指以暴力或者其他方法，公然贬低、损害他人人格，破坏他人名誉，情节严重的行为。

侮辱罪的构成要件是：

1. 本罪侵犯的客体是他人的人格和名誉。

人身权利和人格尊严是我国公民的基本权利之一。尊重他人的人格和名

[①] 本条第3款由2015年8月29日《刑法修正案（九）》第16条增设。

誉，是每一个公民应有的社会主义道德品质和必须遵循的共同生活准则。我国《宪法》第38条规定："中华人民共和国公民的人格尊严不受侵犯。禁止用任何方法对公民进行侮辱、诽谤和诬告陷害。"这为保护公民的人身权利和人格尊严提供了明确的宪法依据。

2.客观方面表现为以暴力或者其他方法公然侮辱他人，且情节严重的行为。

首先，要有侮辱他人的行为。"侮辱"是指对他人的能力、德行、身体状况、身份等作出轻蔑的价值判断的表示。侮辱的方式是很多的，主要有以下几种：（1）暴力侮辱。即对被害人施以暴力或者以暴力相威胁，使其人格、名誉受到损害。但这里讲的暴力，是指直接作为侮辱的手段，而非直接针对他人身体的杀人、伤害、殴打等。例如，强行将粪便塞入他人口中。（2）非暴力的动作侮辱，例如，与人握手后，随即取出纸巾擦拭，作嫌恶状。（3）言语侮辱。即以言语对被害人进行嘲笑、辱骂。（4）文字、视频、图画侮辱。即以大字报、小字报、漫画、标语等形式对被害人进行侮辱。例如，在杨某猛侮辱、诽谤案[①]中，被告人杨某猛利用互联网散发、传播他人裸照、性爱视频照片等方式公然泄露他人隐私，严重损害他人人格和名誉。（5）网络暴力侮辱。在信息网络上采取肆意谩骂、恶意诋毁、披露隐私等方式，公然侮辱他人，贬损他人人格。

其次，侮辱他人的行为必须是公然进行的，即采用不特定或者多数人可能知悉的方式对他人进行侮辱。侮辱行为不要求发生在公共场所，不要求被害人在场。

最后，侮辱必须是针对特定而具体的人实施的。特定的人既可以是一人，也可以是数人，但必须是具体的、可以确认的。在大庭广众之中进行无特定对象的谩骂，不构成本罪。侮辱死者的，不构成本罪，但表面上侮辱死者，实际上是侮辱死者家属的，构成本罪。侮辱法人的，不构成本罪，但表面上侮辱法人，实际上是侮辱法定代表人等自然人的，构成本罪。

[①] 河北省容城县人民法院作出判决：被告人杨某猛犯侮辱罪、诽谤罪，数罪并罚，决定执行有期徒刑三年。

按照《刑法》规定，侮辱行为必须达到"情节严重"的程度，才构成犯罪。所谓"情节严重"，一般是指手段恶劣、后果严重、次数较多的情形。例如，强令被害人当众爬过自己胯下或者做其他严重有损人格的侮辱动作；当众向被害人身上泼粪便；给被害人抹黑脸、挂破鞋并强拉去示众；侮辱致使被害人受到严重刺激而精神失常或者自杀；多次用极为低级下流的言辞进行羞辱等。

3. 犯罪主体为一般主体。任何年满16周岁，且具有刑事责任能力的人，均可构成本罪的主体。

4. 主观方面由故意构成，行为人明知自己的侮辱行为会造成败坏他人名誉的结果，并且希望这种结果的发生。间接故意和过失不构成本罪。

（二）认定侮辱罪应当注意的问题

1. 注意严格划清罪与非罪的界限。

情节不严重的侮辱行为，属于侵犯人身权利的一般违法行为，应当依照《治安管理处罚法》的规定，给予治安处罚。例如，在韦某编被诉侮辱宣告无罪案[①]中，被告人韦某编在受到韦某张不法侵害后，未通过合法途径解决，而是上门争吵、打架，被自诉人刀伤后，用粪水淋于自诉人身上，亦属于不法侵害，但不构成侮辱罪。针对他人言行发表评论、提出批评，即使观点有所偏颇、言论有些偏激，只要不是肆意谩骂、恶意诋毁的，不应当认定为侮辱违法犯罪。

2. 划清本罪与强制猥亵、侮辱罪的界限。

两者的区别，主要在于犯罪目的不同：前者是以败坏他人人格、名誉为目的，后者则具有性刺激、性满足的目的。两者不是对立的关系，公然对他人实施强制猥亵、侮辱行为的，既侵犯他人的性的自主决定权，也损坏他人的名誉，按照想象竞合犯处理原则，应以重罪即强制猥亵、侮辱罪论处。

---

① 广西壮族自治区东兰县人民法院（2007）刑初字第1号、广西壮族自治区河池市中级人民法院（2007）刑一终字第116号。

（三）侮辱罪的刑事责任

依照《刑法》第246条第1款规定，犯侮辱罪的，处三年以下有期徒刑、拘役、管制或者剥夺政治权利。

依照《刑法》第246条第2款规定，犯侮辱罪，"告诉的才处理，但是严重危害社会秩序和国家利益的除外"。所谓告诉的才处理，亦即"告诉乃论"，是指被害人直接向人民法院告发的，法院才受理；被害人没有直接向人民法院告发的，法院则不受理。如果被害人因受强制、威吓无法告诉的，人民检察院和被害人的近亲属也可以告诉。但是，严重危害社会秩序和国家利益的，则应当由人民检察院提起公诉。

依照《刑法》第246条第3款规定，通过信息网络实施侮辱犯罪行为，被害人向人民法院告诉，但提供证据确有困难的，人民法院可以要求公安机关提供协助。

对侮辱犯罪行为人追究刑事责任，应注意以下几点：

1. 区分惩治重点。根据《最高人民法院、最高人民检察院、公安部关于依法惩治网络暴力违法犯罪的指导意见》（以下简称《指导意见》）第8条的规定，实施网络暴力侮辱犯罪行为，要重点打击恶意发起者、组织者、恶意推波助澜者以及屡教不改者。具有下列情形之一的，依法从重处罚：（1）针对未成年人、残疾人实施的；（2）组织"水军""打手"或者其他人员实施的；（3）编造"涉性"话题侵害他人人格尊严的；（4）利用"深度合成"等生成式人工智能技术发布违法信息的；（5）网络服务提供者发起、组织的。

2. 关注对被害人就网络暴力侮辱犯罪提起自诉提供证据存在困难的救助。《指导意见》第11条规定，对于被害人就网络侮辱提起自诉的案件，人民法院经审查认为被害人提供证据确有困难的，可以要求公安机关提供协助。公安机关应当根据人民法院要求和案件具体情况，及时查明行为主体，收集相关侮辱信息传播扩散情况及造成的影响等证据材料。网络服务提供者应当依法为公安机关取证提供必要的技术支持和协助。经公安机关协助取证，达到自诉案件受理条件的，人民法院应当决定立案；无法收集相关证据材料的，公安机关应当书面向人民法院说明情况。

3. 对"严重危害社会秩序"行为的认定。对于严重危害社会秩序和国家利益的侮辱案件,应当适用公诉程序办理。根据《指导意见》第12条,具有下列情形之一的,应当认定为《刑法》第246条第2款规定的"严重危害社会秩序":(1)造成被害人或者其近亲属精神失常、自杀等严重后果,社会影响恶劣的;(2)随意以普通公众为侵害对象,相关信息在网络上大范围传播,引发大量低俗、恶意评论,严重破坏网络秩序,社会影响恶劣的;(3)侮辱多人或者多次散布侮辱信息,社会影响恶劣的;(4)组织、指使人员在多个网络平台大量散布侮辱信息,社会影响恶劣的;(5)其他严重危害社会秩序的情形。

《指导意见》还规定,对于严重危害社会秩序的网络侮辱行为,公安机关应当依法及时立案。被害人同时向人民法院提起自诉的,人民法院可以请自诉人撤回自诉或者裁定不予受理;已经受理的,应当裁定终止审理,并将相关材料移送公安机关,原自诉人可以作为被害人参与诉讼。对于被害人在公安机关立案前提起自诉,人民法院经审查认为有关行为严重危害社会秩序的,应当将案件移送公安机关。对于网络侮辱行为,被害人或者其近亲属向公安机关报案,公安机关经审查认为已构成犯罪但不符合公诉条件的,可以告知报案人向人民法院提起自诉。

二十一、诽谤罪

第二百四十六条 以暴力或者其他方法公然侮辱他人或者捏造事实诽谤他人,情节严重的,处三年以下有期徒刑、拘役、管制或者剥夺政治权利。

前款罪,告诉的才处理,但是严重危害社会秩序和国家利益的除外。

通过信息网络实施第一款规定的行为,被害人向人民法院告诉,但提供证据确有困难的,人民法院可以要求公安机关提供协助。

(一)诽谤罪的概念和构成要件

诽谤罪,是指故意散布捏造的虚假事实,足以损害他人人格,破坏他人名誉,情节严重的行为。

1979年《刑法》第145条规定了本罪,1997年《刑法》第246条对罪状作了补充和修改。为适应互联网的变化,解决被害人取证难的问题,《刑法修正案(九)》增加了本条第3款规定。

诽谤罪的构成要件是:

1.本罪侵犯的客体是公民的人格权和名誉权。

2.客观方面表现为散布捏造的事实,足以损害他人人格、名誉,情节严重的行为。

首先,散布的事实必须是捏造的、有损对他人的社会评价的、具有某种程度的具体内容的事实。诽谤他人的内容完全是捏造和虚构的,既可以自己捏造后再散布,也可以是散布明知是别人捏造的事实。例如,秦某某诽谤、寻衅滋事案[①]中,被告人秦某某在信息网络上所发布的涉案微博内容或无中生有为其本人捏造,或虚假信息所涉及内容有一定来源,经其加以实质性篡改后以原创的方式发布,或虚假信息曾在网络上流传,但已经涉案被害人澄清,其仍然增添内容后又在网络上散布。如果散布的不是凭空捏造的而是客观存在的事实,即使有损他人的人格、名誉,也不构成本罪。其次,要有散布捏造事实的行为。所谓散布,就是扩散。散布的方式基本上有两种:一是言语。即故意捏造事实,并散布足以损害他人人格、名誉的言论。例如,赵某某诽谤案[②]中,被告人赵某某在没有取得真凭实据的情况下,捏造自诉人戴某有性病的虚假事实,并在其工作环境周围对特定人谈及此事,严重损害戴某的人格和名誉。二是文字、图画。即用图画、报刊、书信等方法,故意捏造事实并散布足以损害他人人格和名誉的行为。例如,张某某、杨某某诽谤案[③]中,被告人张某某、杨某某为泄私愤,以"小字报"等方法,捏造、虚构事实,损害他人人格和名誉。最后,诽谤必须是针对特定的人进行的,但不一定要指名道姓,只要从诽谤的内容中知道被害人是谁,就可以构成本罪。如果行为人散布的事实没有特定的对象,不可能损害他人的人格、名誉

---

① 北京市朝阳区人民法院(2013)朝刑初字第2584号。
② 新疆维吾尔自治区乌鲁木齐市沙依巴克区人民法院(2000)沙刑初字第525号、新疆维吾尔自治区乌鲁木齐市中级人民法院(2001)乌中刑终字第38号。
③ 陕西省西安市雁塔区人民法院作出判决:被告人张某某犯诽谤罪,判处有期徒刑二年;被告人杨某某犯诽谤罪,判处有期徒刑二年;陕西省西安市中级人民法院作出裁定:驳回上诉,维持原判。

的,则不能以本罪论处。

2013年9月6日《最高人民法院、最高人民检察院关于办理利用信息网络实施诽谤等刑事案件适用法律若干问题的解释》(以下简称《办理利用信息网络诽谤刑事案件解释》)第1条规定,捏造损害他人名誉的事实,在信息网络上散布,或者组织、指使人员在信息网络上散布的;将信息网络上涉及他人的原始信息内容篡改为损害他人名誉的事实,在信息网络上散布,或者组织、指使人员在信息网络上散布的,属于"捏造事实诽谤他人"。明知是捏造的损害他人名誉的事实,在信息网络上散布,情节恶劣的,以"捏造事实诽谤他人"论。例如,顾某某、贺某某诉尤某某诽谤案[①]中,被告人尤某某在网上大量发帖,散布捏造的事实,损害顾某某、贺某某的人格和名誉,情节严重,构成本罪。

2023年9月20日《最高人民法院、最高人民检察院、公安部关于依法惩治网络暴力违法犯罪的指导意见》(以下简称《指导意见》)第2条规定,在信息网络上制造、散布谣言,贬损他人人格、损害他人名誉,情节严重,符合《刑法》第246条规定的,以诽谤罪定罪处罚。

按照《刑法》规定,诽谤行为必须达到"情节严重"的程度,才构成犯罪。所谓"情节严重",司法实践中一般是指手段十分恶劣的;引起被害人精神失常或者自杀等严重后果的;在社会上造成很坏影响的;多次诽谤的等。

2013年9月6日《办理利用信息网络诽谤刑事案件解释》第2条规定,利用信息网络诽谤他人,具有下列情形之一的,应当认定为"情节严重":同一诽谤信息实际被点击、浏览次数达到5000次以上,或者被转发次数达到500次以上的;造成被害人或者其近亲属精神失常、自残、自杀等严重后果的;2年内曾因诽谤受过行政处罚,又诽谤他人的;其他情节严重的情形。

3. 犯罪主体为一般主体。任何年满16周岁,且具有刑事责任能力的人,均可构成本罪的主体。

4. 主观方面由故意构成,行为人明知自己散布的是足以损害他人名誉的

---

① 江苏省睢宁县人民法院(2008)睢刑自初字第27号。

虚假事实，明知自己的行为会发生损害他人名誉的结果，并且希望这种结果的发生。间接故意和过失不构成本罪。

（二）认定诽谤罪应当注意的问题

1. 严格划清罪与非罪的界限。

按照法律规定，情节是否严重，是区分诽谤罪与非罪界限的关键。情节不严重的诽谤行为，属于侵犯人身权利的违法行为，应当依照《治安管理处罚法》的规定给予治安处罚。例如，郭某纲诽谤案[①]中，被告人郭某纲在网络上发表文章，虚构时任天津市红桥区文化馆馆长的自诉人杨某刚用公款报销装修自家房屋及与女同事同居的事实，但现有证据不足以证明其行为达到情节严重，因而不构成本罪。

2. 划清本罪与侮辱罪的界限。

两者的不同之处主要在于：（1）侮辱不一定用捏造事实的方式进行；诽谤则必须是捏造的事实，并有意加以散布。（2）侮辱的方法既可以是口头、文字的，也可是暴力的、动作的；诽谤的方法只能是口头或者文字的，不可能是暴力的、动作的。（3）侮辱往往是当着被害人的面进行的；诽谤则是当众或者向第三者散布的。

3. 划清本罪与诬告陷害罪的界限。

两者之间的区别主要在于：（1）捏造的事实内容不同。诬陷捏造的是犯罪的事实；诽谤捏造的是足以损害他人人格、名誉的事实，当然也包括捏造犯罪事实。（2）从行为方式看，诬陷是向政府机关和有关部门告发；诽谤是当众或者向第三者散布。（3）在主观目的方面，诬陷是意图使他人受刑事追究；诽谤则是意图损害他人的人格和名誉。行为人向一般人散布所捏造的犯罪事实的，只成立本罪。

---

① 北京市大兴区人民法院作出判决：被告人郭某纲无罪；北京市第一中级人民法院作出裁定：驳回杨某刚的上诉，维持原判。

（三）诽谤罪的刑事责任

依照《刑法》第246条第1款规定，犯诽谤罪的，处三年以下有期徒刑、拘役、管制或者剥夺政治权利。

依照该第2款规定，犯诽谤罪的，"告诉的才处理，但是严重危害社会秩序和国家利益的除外"。如果被害人因受强制、威吓无法告诉的，人民检察院和被害人的近亲属也可以告诉。《办理利用信息网络诽谤刑事案件解释》第3条规定，利用信息网络诽谤他人，具有下列情形之一的，应当认定为"严重危害社会秩序和国家利益"：引发群体性事件的；引发公共秩序混乱的；引发民族、宗教冲突的；诽谤多人，造成恶劣社会影响的；损害国家形象，严重危害国家利益的；造成恶劣国际影响的；其他严重危害社会秩序和国家利益的情形。《指导意见》第12条第2款规定，实施网络侮辱、诽谤行为，具有下列情形之一的，应当认定为"严重危害社会秩序"：（1）造成被害人或者其近亲属精神失常、自杀等严重后果，社会影响恶劣的；（2）随意以普通公众为侵害对象，相关信息在网络上大范围传播，引发大量低俗、恶意评论，严重破坏网络秩序，社会影响恶劣的；（3）侮辱、诽谤多人或者多次散布侮辱、诽谤信息，社会影响恶劣的；（4）组织、指使人员在多个网络平台大量散布侮辱、诽谤信息，社会影响恶劣的；（5）其他严重危害社会秩序的情形。

二十二、刑讯逼供罪

第二百四十七条 司法工作人员对犯罪嫌疑人、被告人实行刑讯逼供或者使用暴力逼取证人证言的，处三年以下有期徒刑或者拘役。致人伤残、死亡的，依照本法第二百三十四条、第二百三十二条的规定定罪从重处罚。

（一）刑讯逼供罪的概念和构成要件

刑讯逼供罪，是指司法工作人员对犯罪嫌疑人或者被告人使用肉刑或者变相肉刑，逼取口供的行为。

1979年《刑法》第136条对本罪作了规定。

刑讯逼供罪的构成要件是：

1. 本罪侵犯的客体是公民的人身权利和司法机关的正常活动。犯罪对象是犯罪嫌疑人和被告人。

实事求是，重证据，重调查研究，不轻信口供，是社会主义司法制度的重要特征，是辩证唯物主义的思想路线在司法工作中的体现。早在抗日战争时期，毛泽东同志在《论政策》一文中就明确指出："对任何犯人，应坚决废止肉刑，重证据而不轻信口供。"[①]

2. 客观方面表现为对犯罪嫌疑人、被告人使用肉刑或者变相肉刑逼取口供的行为。

"使用肉刑"，是指对犯罪嫌疑人、被告人采取捆绑、吊打、非法使用刑具等恶劣手段逼取口供的行为。"变相肉刑"，是指对犯罪嫌疑人、被告人采取长时间的晒、冻、饿、烤等手段，或者不让休息的"车轮战""疲劳战"的审讯方法，使之遭受肉体痛苦和精神折磨逼取口供的行为。在司法实践中，"使用肉刑"和"变相肉刑"这两种方法经常交错使用，以更有效地达到逼取口供的目的。

3. 犯罪主体为特殊主体，即司法工作人员。

根据《刑法》第94条的解释，司法工作人员是指有侦查、检察、审判、监管职责的工作人员，包括公安机关和国家安全机关的侦查人员、检察机关的检察人员、审判机关的审判人员和监狱的监管人员。非司法工作人员私设公堂，刑讯逼供的，不能以刑讯逼供罪论处，其行为构成其他罪的，可按《刑法》分则有关条款的规定处罚。例如，构成故意伤害罪的，按《刑法》第234条规定处罚；构成非法拘禁罪的，按《刑法》第238条规定处罚。

4. 主观方面由故意构成，并且具有逼取口供的目的；不具有这种特定目的的，不构成本罪。犯罪的动机可能是多种多样的，如为了邀功领赏、取得领导信任、挟嫌报复、急于结案等。但动机如何，是否实际逼出口供，均不影响本罪的成立。

[①] 《毛泽东选集》(第2卷)，人民出版社1991年版，第767页。

（二）认定刑讯逼供罪应当注意的问题

1. 划清刑讯逼供的一般违法行为与犯罪行为的界限。

《刑法》第 247 条对刑讯逼供罪的构成虽未加情节上的限制，但不能认为行为人只要具有刑讯逼供的行为就一律构成犯罪。根据《刑法》总则第 13 条"但书"的规定，如果行为人刑讯逼供的行为"情节显著轻微危害不大的，不认为是犯罪"，则不构成犯罪。

参照 2006 年 7 月 26 日公布的《最高人民检察院关于渎职侵权犯罪案件立案标准的规定》，涉嫌下列情形之一的，应予立案：（1）以殴打、捆绑、违法使用戒具等恶劣手段逼取口供的；（2）以较长时间冻、饿、晒、烤等手段逼取口供，严重损害犯罪嫌疑人、被告人身体健康的；（3）刑讯逼供造成犯罪嫌疑人、被告人轻伤、重伤、死亡的；（4）刑讯逼供，情节严重，导致犯罪嫌疑人、被告人自杀、自残造成重伤、死亡或者精神失常的；（5）刑讯逼供，造成错案的；（6）刑讯逼供 3 人次以上的；（7）纵容、授意、指使、强迫他人刑讯逼供，具有上述情形之一的；（8）其他刑讯逼供应予追究刑事责任的情形。

2. 划清本罪与非法拘禁罪的界限。

这两种犯罪都侵犯了公民的人身权利，但有明显区别：一是侵犯的客体不完全相同。前者侵犯的是复杂客体，既侵犯了公民的人身权利，又侵犯了司法机关的正常活动，后者则只侵犯了公民的人身自由权利。二是犯罪对象不同。前者侵犯的对象是被指控有犯罪行为的犯罪嫌疑人、被告人，而后者侵犯的对象是依法享有人身自由权利的任何公民。三是犯罪手段不同。前者表现为使用肉刑、变相肉刑方法逼取口供的行为，后者则表现为非法剥夺公民的人身自由的行为。四是犯罪主体不同。前者为特殊主体，即司法工作人员，而后者为一般主体。五是主观方面的内容不同。前者要求行为人具有逼取口供的目的，而后者没有这一要求。

（三）刑讯逼供罪的刑事责任

依照《刑法》第 247 条规定，犯刑讯逼供罪的，处三年以下有期徒刑或者拘役。致人伤残、死亡的，依照《刑法》第 234 条、第 232 条规定的故意伤害罪、故意杀人罪定罪从重处罚。

司法机关在适用《刑法》第 247 条规定处罚时，应当注意以下问题：

1. 刑讯逼供致人轻伤的，依照《刑法》第 247 条规定的刑讯逼供罪的法定刑处罚。

2. 刑讯逼供致人伤残，即致人重伤、残疾的，则应当依照《刑法》第 234 条规定的故意伤害罪定罪，并按照第 2 款致人重伤或者以特别残忍手段致人重伤造成严重残疾的法定刑从重处罚。如陈某宏、李某林、熊某奇、徐某嘉、何某清故意伤害、刑讯逼供案。五人均系刑侦民警。2007 年 1 月 28 日晚 10 时至次日凌晨 2 时，犯罪嫌疑人邵某青、别某宁、王某因涉嫌抢夺被巡警抓获后，陈、李等人在审讯邵某青过程中，对其采取绳绑、脚踢胸部、警棍击打背部等暴力手段逼取口供，历时达四小时之久。同年 2 月 2 日 18 时，邵某青经送医院抢救无效死亡。一、二审判决认定陈、李、熊三人构成故意伤害（致人死亡）罪，徐、洪二人构成刑讯逼供罪，分别作了判处。①

3. 刑讯逼供致人死亡的，应分析行为人对于死亡的心理态度。如果对死亡结果是过失心理态度，应依照《刑法》第 234 条第 2 款规定的故意伤害（致人死亡）罪定罪处罚；如果是希望或者放任的心理态度，则应当依照《刑法》第 232 条规定的故意杀人罪定罪，并在法定刑的幅度内从重处罚。

二十三、暴力取证罪

第二百四十七条　司法工作人员对犯罪嫌疑人、被告人实行刑讯逼供或者使用暴力逼取证人证言的，处三年以下有期徒刑或者拘役。致人伤残、死亡的，依照本法第二百三十四条、第二百三十二条的规定定罪从重处罚。

（一）暴力取证罪的概念和构成要件

暴力取证罪，是指司法工作人员使用暴力逼取证人证言的行为。

---

① 《中华人民共和国最高人民检察院公报》（2009 年），第 217~219 页。

暴力取证罪的构成要件是：

1. 本罪侵犯的客体是公民的人身权利和司法机关的正常活动。

犯罪对象为"证人"。此处"证人"宜作广义的理解，既包括狭义的刑事诉讼中的证人，即在刑事诉讼中，与案件无直接利害关系，向司法机关提供自己所知道案件情况的人，也包括被害人、鉴定人、不具有作证资格的人、不知道案件真相的人、知道案件情况但拒绝作证的人。民事诉讼、行政诉讼中的证人，也能成为本罪中的证人。从司法实践来看，确有少数司法工作人员，在侦查过程中，为了取得证人证言，不惜采用暴力手段逼迫证人作证或者提供证言。这种行为不仅严重侵犯了公民的人身权利，而且严重扰乱了司法机关的正常活动，损害了司法机关的声誉。为此，新修正的《刑事诉讼法》不仅确立了"不得强迫任何人证实自己有罪"的原则，而且明确规定，"采用暴力、威胁等非法方法收集的证人证言、被害人陈述，应当予以排除"。为了保证证人的合法权利，刑法设立此罪名是有必要的。

2. 客观方面表现为对证人使用暴力手段逼取证人证言的行为。

证人证言（口头陈述与书面陈述），是指证人就自己知道的案件情况向司法机关所作的陈述，是证据的一种。凡是对查明案情有意义的事实都可以作为证人证言的内容。法律要求证人应当如实地向法庭陈述他所知道的事实。使用暴力，是指司法工作人员对证人采用殴打、伤害甚至肉刑等危害证人人身安全的手段，逼取证人证言。例如，周某军暴力取证案[①]中，被告人周某军在询问犯罪嫌疑人许某亭妻子鲁某的过程中，因鲁以笔录与其所述不一致为由拒绝捺指印，朝鲁腹部踢了一脚，致鲁流产。

3. 犯罪主体为特殊主体，即司法工作人员。

按照《刑法》第94条的解释，司法工作人员是指负有侦查、检察、审判和监管职责的工作人员。非司法工作人员不能单独构成本罪的主体。例如，在陈某军、陈某伟被控暴力取证案[②]中，被告人陈某军、陈某伟系海关缉私处工作人员，调查询问梁某权系履行行政执法行为，而非刑事司法行

[①] 河南省淅川县人民法院作出判决：被告人周某军犯暴力取证罪，判处有期徒刑二年，缓刑二年；被告人不服一审判决，提起上诉，河南省南阳市中级人民法院作出裁定：驳回上诉，维持原判。
[②] 广东省深圳市盐田区人民法院（2015）深盐法刑初字第5号。

为,因而其不属于司法工作人员,不构成本罪。

4.主观方面由故意构成,并且具有逼取证人证言的目的。逼取证人证言的动机是各种各样的,但均不影响本罪的成立。

(二)认定暴力取证罪应当注意的问题

1.注意区分暴力取证罪与非罪的界限。

《刑法》第247条没有对暴力取证罪的构成要件作出"情节严重"的限制,但依据《刑法》总则第13条"但书"的规定,暴力取证行为情节显著轻微危害不大的,属于违法行为,不构成犯罪。依照相关立案标准,具有下列情形之一的,应予追诉:(1)以殴打、捆绑、违法使用械具等恶劣手段逼取证人证言的;(2)暴力取证造成证人轻伤、重伤、死亡的;(3)暴力取证,情节严重,导致证人自杀、自残造成重伤、死亡,或者精神失常的;(4)暴力取证,造成错案的;(5)暴力取证3人次以上的;(6)纵容、授意、指使、强迫他人暴力取证,具有上述情形之一的;(7)其他暴力取证应予追究刑事责任的情形。

2.注意划清本罪与刑讯逼供罪的界限。

两者的区别主要表现在以下方面:(1)犯罪对象不同。前者的犯罪对象是证人,后者是犯罪嫌疑人和被告人。(2)犯罪手段不完全相同。前者表现为使用暴力的方法逼取证言,后者表现为使用肉刑或者变相肉刑的方法逼取供述。(3)犯罪故意的内容不同。前者具有逼取需要的证人证言的目的,后者具有逼取犯罪嫌疑人、被告人口供的目的。

(三)暴力取证罪的刑事责任

依照《刑法》第247条规定,犯暴力取证罪的,处三年以下有期徒刑或者拘役。致人伤残、死亡的,依照《刑法》第234条、第232条规定的故意伤害罪、故意杀人罪定罪从重处罚。此处"致人伤残、死亡",应当参照刑讯逼供"致人伤残、死亡"的情形来加以理解适用。

二十四、虐待被监管人罪

第二百四十八条 监狱、拘留所、看守所等监管机构的监管人员对被监管人进行殴打或者体罚虐待，情节严重的，处三年以下有期徒刑或者拘役；情节特别严重的，处三年以上十年以下有期徒刑。致人伤残、死亡的，依照本法第二百三十四条、第二百三十二条的规定定罪从重处罚。

监管人员指使被监管人殴打或者体罚虐待其他被监管人的，依照前款的规定处罚。

（一）虐待被监管人罪的概念和构成要件

虐待被监管人罪，是指监狱、拘留所、看守所等监管机构的监管人员违反国家监管法规，对被监管人进行殴打或者体罚虐待，或者指使被监管人殴打或体罚虐待其他被监管人，情节严重的行为。

虐待被监管人罪的构成要件是：

1. 本罪侵犯的客体是复杂客体。

既侵犯被监管人的人身权利，也侵犯监管机构的正常活动。1979年《刑法》将本罪列为渎职方面的犯罪，表明其侵犯的直接客体主要是监管机构的正常活动。2012年修正的《监狱法》第2条第1款明确规定："监狱是国家的刑罚执行机关。"第4条规定："监狱对罪犯应当依法监管。"第7条第1款规定："罪犯的人格不受侮辱，其人身安全、合法财产和辩护、申诉、控告、检举以及其他未被依法剥夺或者限制的权利不受侵犯。"

1997年《刑法》则认为，虐待被监管人员的行为除违反监管法规之外，更重要的是侵犯了被监管人员的人身权利，因而被移置"侵犯公民人身权利、民主权利罪"之中。

本罪的犯罪对象是被监管人。"被监管人"，是指依法被限制人身自由的人，包括：已经判决的在押罪犯；已被羁押尚未判决的犯罪嫌疑人或者被告人；受到行政拘留或者司法拘留的人员；被强制戒毒人员；被收容教养人员以及其他依法被监管的人员。

2.客观方面表现为违反国家监管法规，对被监管人进行殴打或体罚虐待，或者指使被监管人殴打或体罚虐待其他被监管人，情节严重的行为。

违反国家监管法规，是指违反《监狱法》和其他有关监管的行政法规。"殴打"，是指造成被监管人肉体上的暂时痛苦的行为。"体罚虐待"，是指对被监管人实行肉体上的摧残和精神上的折磨，如捆绑、滥用戒具、任意禁闭、冻饿、罚跪、强迫从事长时间超负荷体力劳动、凌辱人格等。

按照《刑法》规定，体罚虐待被监管人的行为，必须达到"情节严重"的程度，才构成犯罪。所谓"情节严重"，司法实践中一般是指一贯体罚虐待被监管人，屡教不改的；体罚虐待被监管人多人、多次，影响很坏的；指使、纵容"牢头狱霸"体罚虐待其他被监管人的；因体罚虐待致使被监管人精神失常或者造成重伤的严重后果的；手段恶劣，采用酷刑摧残身体、野蛮凌辱的等。

3.犯罪主体为特殊主体，即监管人员。

"监管人员"，是指在监狱、未成年犯管教所、拘留所、看守所、拘役所、收容教养所、强制隔离戒毒所等监管机构中行使监管职责的工作人员。其他不负有监管职责的司法工作人员不能构成本罪的主体。

4.主观方面由直接故意构成。即行为人明知殴打或者体罚虐待被监管人的行为违反监管法规，出于各种动机依然为之。间接故意和过失不构成本罪。

（二）认定虐待被监管人罪应当注意的问题

1.划清罪与非罪的界限。

参照《最高人民检察院关于渎职侵权犯罪案件立案标准的规定》，监狱、拘留所、看守所、拘役所等监管机构的监管人员涉嫌下列情形之一的，应予立案：（1）以殴打、捆绑、违法使用械具等恶劣手段虐待被监管人的；（2）以较长时间冻、饿、晒、烤等手段虐待被监管人，严重损害其身体健康的；（3）虐待造成被监管人轻伤、重伤、死亡的；（4）虐待被监管人，情节严重，导致被监管人自杀、自残造成重伤、死亡，或者精神失常的；（5）殴打或者体罚虐待3人次以上的；（6）指使被监管人殴打、体罚虐待其他被监管人、具有上述情形之一的；（7）其他情节严重的情形。体罚虐待被监管的行为，如果情节一般，属违纪违法行为。《监狱法》第 14 条第 2 款规定，监狱的人民警察有第 1 款所列九种行为（包括体罚虐待罪犯），尚未构成犯罪的，应当予以行政处分。

2. 划清本罪与刑讯逼供罪的界限。

两者的区别主要表现在以下方面：（1）故意的内容不同。前者是基于各种动机而体罚虐待被监管人，后者只是为了取得犯罪嫌疑人或者被告人的供述。（2）主体范围不完全相同。前者的主体范围小，一般是司法工作人员中的监管人员，后者则是司法工作人员。司法工作人员为逼取供述而对被监管的犯罪嫌疑人、被告人实行殴打或体罚虐待的，属于想象竞合犯，从一重罪论处。

（三）虐待被监管人罪的刑事责任

依照《刑法》第 248 条第 1 款规定，犯虐待被监管人罪的，处三年以下有期徒刑或者拘役；情节特别严重的，处三年以上十年以下有期徒刑。致人伤残、死亡的，依照《刑法》第 234 条、第 232 条规定的故意伤害罪、故意杀人罪定罪从重处罚。此处的"致人伤残、死亡"，应当参照刑讯逼供"致人伤残、死亡"来加以理解适用。例如，王某安故意杀人、盘某龙妨害作证案[①]中，被告人王某安作为负有监管职责的看守所干警，违反国家监管法规，指使留所人员用布条捆绑、体罚虐待被监管人黎某阳，并在虐待过程中造成黎死亡，应以故意杀人罪论处。

依照本条第 2 款规定，监管人员指使被监管人殴打或者体罚虐待其他被监管人的，依照前款的规定处罚。此款情形同样需要达到"情节严重"的程度，方构成本罪。至于"情节严重"的判断，既要考虑监管人员的"指使"行为是否情节严重，也要考虑被指使者的殴打、体罚虐待行为是否情节严重。

---

① 广西壮族自治区南宁市中级人民法院（2009）南市刑一初字第 26 号、广西壮族自治区高级人民法院（2010）桂刑三终字第 10 号。

二十五、煽动民族仇恨、民族歧视罪

第二百四十九条 煽动民族仇恨、民族歧视,情节严重的,处三年以下有期徒刑、拘役、管制或者剥夺政治权利;情节特别严重的,处三年以上十年以下有期徒刑。

(一)煽动民族仇恨、民族歧视罪的概念和构成要件

煽动民族仇恨、民族歧视罪,是指以各种蛊惑人心的方法,向不特定人或多数人煽动民族仇恨、民族歧视,情节严重的行为。

煽动民族仇恨、民族歧视罪的构成要件是:

1.本罪侵犯的客体是中华民族的团结。

我国《宪法》第4条规定:"中华人民共和国各民族一律平等。国家保障各少数民族的合法的权利和利益,维护和发展各民族的平等团结互助和谐关系。禁止对任何民族的歧视和压迫,禁止破坏民族团结和制造民族分裂的行为。"民族平等是民族团结的基础,而民族团结是实现民族平等的保证。煽动民族仇恨、民族歧视,正是对民族平等和民族团结关系的破坏。

2.客观方面表现为以各种蛊惑人心的方法,向不特定人或多数人煽动民族仇恨、民族歧视,情节严重的行为。

煽动民族仇恨,是指以激起民族之间的仇恨为目的,利用各民族的来源、历史和风俗习惯的不同,煽动民族之间的相互敌对、仇恨,损害民族平等地位的行为。煽动民族歧视,是指以激起民族之间的歧视为目的,利用各民族的来源、历史和风俗习惯的不同,煽动民族之间的相互排斥、限制,损害民族平等地位的行为。煽动的方法各种各样,例如,书写、张贴、散发标语、传单、印刷、出版、散发非法刊物,录制、播放录音、录像,发表演讲、呼喊口号,利用网络上传视频等。例如,艾某煽动民族仇恨、民族歧视

案[①]中，被告人艾某通过QQ向QQ群组发布煽动民族仇恨的音视频资料，有49人通过链接进入网页观看了相关内容；孙某河煽动民族仇恨、民族歧视案[②]中，被告人孙某河为泄私愤，匿名撰写含有歧视、侮辱信奉伊斯兰教的回族内容的信件，并向单位及个人匿名邮寄。被煽动者是否实际进行了破坏民族团结的行为，不影响本罪的成立。

按照《刑法》规定，煽动民族仇恨、民族歧视的行为，必须达到"情节严重"的程度，才构成犯罪。所谓"情节严重"，司法实践中一般是指使用侮辱、造谣等手段进行煽动的；多次进行煽动，屡教不改的；造成严重后果或者影响恶劣的等。例如，在浦某强煽动民族仇恨、寻衅滋事案中，被告人浦某强作为在网络上具有一定影响力的职业律师和公众人物，在暴恐袭击事件发生后，有关部门正全力开展应急处置工作，有个别别有用心的人企图将暴恐袭击与民族问题混同挑起民族矛盾的情况下；或在相关民族政策颁布、实施期间，部分民众对民族政策存有疑惑的情况下，在网络上多次发布挑拨民族关系、煽动民族仇恨内容的微博，并激起部分网民的民族仇恨、民族对立情绪，已达情节严重的程度。

3.犯罪主体为一般主体。任何年满16周岁，且具有刑事责任能力的人，均可构成本罪的主体。

4.主观方面由直接故意构成，并具有破坏民族团结的目的。间接故意和过失不构成本罪。

(二)认定煽动民族仇恨、民族歧视罪应当注意的问题

1.划清罪与非罪的界限。

煽动民族仇恨、民族歧视的行为，如果情节较轻的，属于违法行为，不构成犯罪，不应当追究刑事责任。对于不明真相的其他参与者，一般也不应当以犯罪论处，必要时可由公安机关给予治安处罚。

[①] 新疆维吾尔自治区哈密市人民法院作出判决：被告人艾某犯煽动民族仇恨、民族歧视罪，判处有期徒刑八年，剥夺政治权利三年。

[②] 北京市石景山区人民法院作出判决：被告人孙某河犯煽动民族仇恨、民族歧视罪，判处有期徒刑二年。

2. 划清本罪与煽动分裂国家罪、煽动颠覆国家政权罪的界限。

根据《刑法》第103条第2款的规定，煽动分裂国家罪，是指进行宣传煽动分裂国家、破坏国家统一的行为。根据《刑法》第105条第2款的规定，煽动颠覆国家政权罪，是指以造谣、诽谤或者其他方式煽动颠覆国家政权，推翻社会主义制度的行为。本罪与后两种犯罪在客观方面都采用了煽动的方法，但有重要区别，具体包括：一是侵犯的客体不同。前者侵犯的是各民族的团结，后两者侵犯的是国家的安全。二是犯罪主体不完全相同。这三种犯罪的主体都属一般主体，但后两者的主体可以是窃据党政军大权的野心家、阴谋家或者是反动的民族分裂主义者以及敌对政治势力的代表人物。三是主观方面的内容不同。前者具有破坏民族团结的目的，后者则具有分裂国家或者颠覆国家政权的目的。

（三）煽动民族仇恨、民族歧视罪的刑事责任

依照《刑法》第249条规定，犯煽动民族仇恨、民族歧视罪的，处三年以下有期徒刑、拘役、管制或者剥夺政治权利；情节特别严重的，处三年以上十年以下有期徒刑。

二十六、出版歧视、侮辱少数民族作品罪

第二百五十条　在出版物中刊载歧视、侮辱少数民族的内容，情节恶劣，造成严重后果的，对直接责任人员，处三年以下有期徒刑、拘役或者管制。

（一）出版歧视、侮辱少数民族作品罪的概念和构成要件

出版歧视、侮辱少数民族作品罪，是指在出版物中刊载歧视、侮辱少数民族的内容，情节恶劣，造成严重后果的行为。

出版歧视、侮辱少数民族作品罪的构成要件是：

1.本罪侵犯的客体是我国各民族平等、团结、互助的关系和少数民族的权利。

我国是各族人民共同缔造的统一的多民族国家。《宪法》"序言"明确规

定:"平等团结互助和谐的社会主义民族关系已经确立,并将继续加强。在维护民族团结的斗争中,要反对大民族主义,主要是大汉族主义,也要反对地方民族主义。"国家保障各少数民族的合法权利和利益,维护和发展各民族的平等、团结、互助、和谐关系,禁止对任何民族的歧视和压迫。但是,近几年来一些单位或者个人在出版的书籍、刊物、音像或者影视作品中刊载歧视、侮辱少数民族的内容,损害了民族关系和民族感情。为了惩治这种行为,1997年《刑法》增设了此罪名。

2.客观方面表现为在出版物中刊载歧视、侮辱少数民族的内容,情节恶劣,造成严重后果的行为。

"出版物",是指编印的报纸、杂志、图书、画册和制作的音像制品、影视作品和电子出版物等。"刊载",是指在出版物中登载、转载。"歧视、侮辱少数民族",是指针对少数民族的来源、历史、风俗习惯等,对少数民族进行贬低、讥讽、蔑视、羞辱等。

按照《刑法》规定,出版歧视、侮辱少数民族作品的行为,必须是"情节恶劣,造成严重后果"的,才构成犯罪。所谓"情节恶劣",司法实践中一般是指刊载的内容严重歪曲历史,甚至制造谣言的;内容十分污秽、卑鄙、恶毒,严重伤害少数民族群众的感情和自尊心的;发行数量大,影响范围广的;多次刊载,屡教不改的等情形。所谓"造成严重后果",主要是指造成恶劣的政治影响,引起民族纠纷、民族骚乱等后果。

3.犯罪主体为特殊主体,即在出版物中刊载歧视、侮辱少数民族内容的直接责任人员,包括作者、责任编辑、录制、摄制人员和其他对刊载上述内容负有直接责任的人员。

4.主观方面由故意构成,包括直接故意和间接故意。过失不构成本罪。

(二)认定出版歧视、侮辱少数民族作品罪应当注意的问题

1.划清罪与非罪的界限。

出版歧视、侮辱少数民族作品的行为,如果情节不恶劣,并且尚未造成严重后果的,属于违法行为,不应当追究刑事责任。

2.划清本罪与侮辱罪的界限。

两者的区别主要表现在以下方面：一是犯罪对象不同。前者为不特定的少数民族，后者为特定的公民个人。二是犯罪客观方面的要件不同。前者必须情节恶劣，并造成严重后果的才构成犯罪，后者必须是情节严重的才构成犯罪。三是犯罪主体不同。前者为特殊主体，后者为一般主体。

3. 划清本罪与煽动民族仇恨、民族歧视罪的界限。

两者区别的关键在于犯罪的目的不同。前者一般是出于民族偏见、取笑或者猎奇的目的，后者则是出于激起民族之间的仇恨、歧视的目的。

（三）出版歧视、侮辱少数民族作品罪的刑事责任

依照《刑法》第250条规定，犯出版歧视、侮辱少数民族作品罪的，处三年以下有期徒刑、拘役或者管制。

二十七、非法剥夺公民宗教信仰自由罪

第二百五十一条 国家机关工作人员非法剥夺公民的宗教信仰自由和侵犯少数民族风俗习惯，情节严重的，处二年以下有期徒刑或者拘役。

（一）非法剥夺公民宗教信仰自由罪的概念和构成要件

非法剥夺公民宗教信仰自由罪，是指国家机关工作人员非法剥夺公民的宗教信仰自由，情节严重的行为。

非法剥夺公民宗教信仰自由罪的构成要件是：

1. 本罪侵犯的客体是公民宗教信仰自由的权利。

宗教信仰自由是我国公民的一项基本权利。《宪法》第36条规定："中华人民共和国公民有宗教信仰自由。任何国家机关、社会团体和个人不得强制公民信仰宗教或者不信仰宗教，不得歧视信仰宗教的公民和不信仰宗教的公民。"这是公民在法律面前一律平等的原则在宗教信仰自由问题上的具体体现。宗教信仰自由的含义包括：每个公民既有信仰宗教的自由，也有不信仰宗教的自由；既有信仰这种宗教的自由，也有信仰那种宗教的自由；在同一宗教里，既有信仰这个教派的自由，也有信仰那个教派的自由；既有过去

不信教、现在信教的自由，也有过去信教、现在不信教的自由。

2. 客观方面表现为非法剥夺公民宗教信仰自由，情节严重的行为。

"非法剥夺"，是指以强制等方法剥夺他人宗教信仰自由的行为。剥夺的方法多种多样，例如，非法干涉公民正常的宗教活动；强迫教徒退教或者改变信仰；强迫公民信教或者信仰同一宗教的某一教派；非法封闭或者捣毁合法的宗教场所、设施等。

按照《刑法》第251条规定，非法剥夺公民宗教信仰自由的行为，必须达到"情节严重"的程度，才构成犯罪。所谓"情节严重"，司法实践中一般是指非法剥夺公民宗教信仰自由手段恶劣，后果严重，政治影响很坏等情形。

3. 犯罪主体为特殊主体，即国家机关工作人员。

按照《刑法》第93条第1款的规定，国家机关工作人员，是指在国家权力机关、行政机关、司法机关和军事机关等机关中依法从事公务的人员。国家机关工作人员应当模范地遵守和执行国家的宗教政策，其中有些国家机关工作人员还专门从事宗教事务工作，如果他们对国家的宗教政策非法进行干涉、破坏，则会造成很坏的影响和更严重的后果。非国家机关工作人员不构成本罪。

4. 主观方面由故意构成，即明知自己的行为会发生非法剥夺他人宗教信仰自由的结果，并且希望或者放任这种结果发生。过失不构成本罪。

（二）认定非法剥夺公民宗教信仰自由罪应当注意的问题

1. 划清罪与非罪的界限。

非法剥夺公民宗教信仰自由的行为，如果情节不严重的，则不构成犯罪，不应当追究刑事责任。

2. 划清正常的宗教活动与利用宗教从事非法活动的界限。

《宪法》第36条第3款规定："国家保护正常的宗教活动。任何人不得利用宗教进行破坏社会秩序、损害公民身体健康、妨碍国家教育制度的活动。"所谓正常的宗教活动，是指有公开的合法组织和正式的教义，按照一定教规，在宗教场所内进行的宗教活动。因此，宗教信仰自由必须以不危害国家利益和不违反国家法律为前提。在司法实践中，要注意划清宗教信仰问题与政治信仰问题的界限；正常的宗教活动与利用宗教进行破坏活动的界限；宗教活动与封建迷信的界限；宗教团体与反动会道门（如"一贯道"）的界限。如果利用宗教信仰自由从事违法犯罪活动的，则不受国家法律保护。

（三）非法剥夺公民宗教信仰自由罪的刑事责任

依照《刑法》第251条规定，犯非法剥夺公民宗教信仰自由罪的，处二年以下有期徒刑或者拘役。

二十八、侵犯少数民族风俗习惯罪

第二百五十一条 国家机关工作人员非法剥夺公民的宗教信仰自由和侵犯少数民族风俗习惯，情节严重的，处二年以下有期徒刑或者拘役。

（一）侵犯少数民族风俗习惯罪的概念和构成要件

侵犯少数民族风俗习惯罪，是指国家机关工作人员以强制手段，非法干涉、破坏少数民族风俗习惯或者强迫少数民族改变风俗习惯，情节严重的行为。

侵犯少数民族风俗习惯罪的构成要件是：

1.本罪侵犯的客体是我国少数民族保持自己风俗习惯自由的权利。

所谓少数民族风俗习惯，是指我国各少数民族在长期的历史过程中形成的具有本民族特色的风俗民情、伦理道德、生活习惯等。尊重少数民族的风俗习惯，是国家民族政策的一项重要内容，受到国家法律的保护。我国《宪法》第4条第4款规定："各民族都有使用和发展自己的语言文字的自由，都有保持或者改革自己的风俗习惯的自由。"

2.客观方面表现为以强制手段，非法干涉、破坏少数民族风俗习惯或者迫使少数民族改变风俗习惯，情节严重的行为。

强制手段既可以是暴力的，也可以是非暴力的（如精神上的胁迫）。这种行为一般表现为两种形式：一是以强制手段干涉、破坏少数民族公民按照自己的风俗习惯举行的正当活动；二是以强制手段改变少数民族的风俗习惯。

按照《刑法》规定，侵犯少数民族风俗习惯的行为，必须达到"情节严重"的程度，才构成犯罪。所谓"情节严重"，司法实践中一般是指侵犯少数民族风俗习惯手段恶劣，后果严重，影响很坏等情形。

3. 犯罪主体为国家机关工作人员。

按照《刑法》第93条第1款的规定，国家机关工作人员，是指在国家权力机关、行政机关、司法机关和军事机关等机关中依法从事公务的人员。非国家工作人员不构成本罪。

4. 主观方面由故意构成。

行为人明知自己的行为会发生侵犯少数民族保持与改革民族风俗习惯的结果，并且希望或者放任这种结果的发生。过失不构成本罪。

（二）认定侵犯少数民族风俗习惯罪应当注意的问题

认定本罪应当注意划清罪与非罪的界限。侵犯少数民族风俗习惯的行为，如果情节不严重的，则不构成犯罪，不应当追究刑事责任。

（三）侵犯少数民族风俗习惯罪的刑事责任

依照《刑法》第251条规定，犯侵犯少数民族风俗习惯罪的，处二年以下有期徒刑或者拘役。

二十九、侵犯通信自由罪

第二百五十二条 隐匿、毁弃或者非法开拆他人信件，侵犯公民通信自由权利，情节严重的，处一年以下有期徒刑或者拘役。

（一）侵犯通信自由罪的概念和构成要件

侵犯通信自由罪，是指故意隐匿、毁弃或者非法开拆他人信件，侵犯公民通信自由权利,情节严重的行为。

侵犯通信自由罪的构成要件是:

1. 本罪侵犯的客体是公民的通信自由和通信秘密的权利。

通信自由,是指公民享有的正当通信自由的权利。通信秘密,是指公民为自己的信件保守秘密,不受非法干涉和侵犯的权利。通信自由和通信秘密是公民的一项基本权利。《宪法》第40条规定:"中华人民共和国公民的通信自由和通信秘密受法律的保护。除因国家安全或者追查刑事犯罪的需要,由公安机关或者检察机关依照法律规定的程序对通信进行检查外,任何组织或者个人不得以任何理由侵犯公民的通信自由和通信秘密。"此处的"依照法律规定的程序",是指2018年修正的《刑事诉讼法》第143条规定的程序,即"侦查人员认为需要扣押犯罪嫌疑人的邮件、电报的时候,经公安机关或者人民检察院批准,即可通知邮电机关将有关的邮件、电报检交扣押。不需要继续扣押的时候,应即通知邮电机关"。犯罪对象为公民的信件。信件是特定人向特定人转达意思、表达感情、记载事实的文书、语音(包括电子邮件以及微信、QQ中的语音等),具体包括信函、明信片、电报、电子邮件,但不包括邮包、汇款通知单以及企业、事业单位、机关、团体之间的来往公函。例如,丁某侵犯通信自由案[①]中,被告人丁某无视国家法律,非法下载获取他人电子邮件3189封,严重侵犯公民的通信自由和通信秘密。

2. 客观方面表现为隐匿、毁弃或者非法开拆他人信件,情节严重的行为。

"隐匿",是指妨害权利人发现信件的所有行为,亦即将他人投寄的信件隐藏起来,使收件人无法查收的行为。"毁弃",是指妨害信件本来效用的所有行为,例如,将他人投寄的信件撕毁、烧毁、丢弃、当废纸出售等。例如,左某侵犯通信自由案[②]中,被告人左某窃取居民信箱内居民信件1519封当废纸卖掉,换取经济来源。"非法开拆",是指违反国家有关规定,未经投寄人或者收件人同意,私自开拆他人信件,使信件内容处于第三者可能知悉

---

① 广东省深圳市福田区人民法院作出判决:被告人丁某犯侵犯通信自由罪,判处有期徒刑十一个月。

② 北京市海淀区人民法院作出判决:被告人左某犯侵犯通信自由罪,判处有期徒刑九个月。

的状态的所有行为。这种行为必须具有非法性。侦查人员经公安机关、国家安全机关或者人民检察院批准依法扣押、检查犯罪嫌疑人、被告人的信件的行为，是合法行为，阻却违法性，不构成犯罪。行为人只要实施了隐匿、毁弃、非法开拆他人信件三种行为中的一种行为，就构成本罪；实施两种或者两种以上行为的，仍只定一罪，不实行数罪并罚。例如，刘某清侵犯通信自由案①中，被告人刘某清未经投寄人或收信人同意，多次私自开拆、烧毁他人信件，并将信件内容泄露给第三人，侵犯了公民的通信自由和通信秘密。

按照《刑法》规定，侵犯通信自由的行为必须达到"情节严重"的程度，才构成犯罪。所谓"情节严重"，司法实践中，一般是指多次、经常实施隐匿、毁弃、非法开拆他人信件的；隐匿、毁弃、非法开拆他人信件数量较大的；造成严重后果的等。

3. 犯罪主体为一般主体。任何年满16周岁，且具有刑事责任能力的人，均可构成本罪的主体。

4. 主观方面由故意构成，过失不构成本罪。

过失毁损或者遗失、误拆他人信件的，不构成本罪。如果误收、误拆他人信件不予退还，侵犯他人通信自由权利的，则应当视情节轻重，分别给予治安处罚或者以侵犯通信自由罪论处。犯罪动机各种各样，例如，为了从信中窃看他人的隐私，出于报复，意图窃取某种证件等，均不影响本罪的成立。

（二）认定侵犯通信自由罪应当注意的问题

注意划清罪与非罪的界限。侵犯通信自由的行为，如果情节不严重，则不构成犯罪，不应当追究刑事责任，而应依照《治安管理处罚法》第48条的规定予以治安处罚。

（三）侵犯通信自由罪的刑事责任

依照《刑法》第252条规定，犯侵犯通信自由罪的，处一年以下有期徒刑或者拘役。

---

① 江西省全南县人民法院作出判决：被告人刘某清犯侵犯通信自由罪，判处拘役一个月。

三十、私自开拆、隐匿、毁弃邮件、电报罪

第二百五十三条 邮政工作人员私自开拆或者隐匿、毁弃邮件、电报的,处二年以下有期徒刑或者拘役。

犯前款罪而窃取财物的,依照本法第二百六十四条的规定定罪从重处罚。

（一）私自开拆、隐匿、毁弃邮件、电报罪的概念和构成要件

私自开拆、隐匿、毁弃邮件、电报罪,是指邮政工作人员利用职务上的便利,私自开拆或者隐匿、毁弃他人邮件、电报的行为。

私自开拆、隐匿、毁弃邮件、电报罪的构成要件是:

1.本罪侵犯的客体是复杂客体。既侵犯公民的通信自由权利,也侵犯邮政事业单位的正常活动。

1979年《刑法》将本罪列为渎职方面的犯罪,表明其侵犯的直接客体主要是国家邮政事业单位的正常活动。1997年《刑法》则认为,本罪的主体大多是从事社会服务工作的人员,并非从事公务的国家工作人员,这些人员私自开拆或者隐匿、毁弃邮件、电报的行为,更主要地侵犯公民的通讯自由权利,因而被移置"侵犯公民人身权利、民主权利罪"之中。

2.客观方面表现为利用职务上的便利,私自开拆或者隐匿、毁弃他人邮件、电报的行为。

"邮件",是指通过邮政部门寄递的信件（信函、明信片）、印刷品、邮包、报刊、汇款通知等。"电报",既包括明码电报、密码电报,也包括传真。私拆、隐匿、毁弃是实施妨害邮电通信行为的三种方式。"私拆",未经寄件人或者收件人同意而使邮件、电报内容处于第三者可能知悉的状态的所有行为。"隐匿",是指妨害权利人发现邮件、电报的所有行为。"毁弃",是指妨害邮件、电报本来效用的所有行为。行为人只要实施了私拆、隐匿、毁弃邮件、电报其中一种行为,就构成本罪;实施两种或者两种以上行为的,也只定一罪,不实行数罪并罚。

3. 犯罪主体为特殊主体，即邮政工作人员，具体包括国家邮政事业部门的营业员、发行员、分拣员、投递员、接发员、押运员，以及受邮政部门委托的代办员、分邮员。只有这些负有与邮件、电报直接有联系职责的特定工作人员，才能构成本罪的主体。

根据有关法律规定，国际邮件的出入境、开拆与分发，由海关人员监管，故监管国际邮件的海关人员应视为邮政工作人员，可以成为本罪主体。非邮政工作人员，不能单独构成本罪的主体。机关收发室的收发员、值班室人员，私自开拆或者隐匿、毁弃他人邮件、电报，构成犯罪的，可以按照《刑法》第252条规定的侵犯通信自由罪论处。

4. 主观方面由直接故意构成，间接故意和过失不构成本罪。

由于疏忽大意而将邮件、电报误拆、丢失，或者由于管理不善导致邮件、电报积压，都属于过失，不构成本罪。如果这些行为使公共财产、国家和人民利益造成重大损失的，可以玩忽职守罪论处。

（二）认定私自开拆、隐匿、毁弃邮件、电报罪应当注意的问题

1. 划清合法行为与犯罪行为的界限。

2018年修正的《刑事诉讼法》第143条第1款规定："侦查人员认为需要扣押犯罪嫌疑人的邮件、电报的时候，经公安机关或者人民检察院批准，即可通知邮电机关将有关的邮件、电报检交扣押。"第2款规定："不需要继续扣押的时候，应即通知邮电机关。"因此，邮政工作人员按照公安机关或者检察机关的通知，将犯罪嫌疑人的邮件、电报予以检交扣押，属于执行职务的合法行为。这同利用职务上的便利，非法开拆他人邮件、电报的行为，在性质上是完全不同的。

2. 划清罪与非罪的界限。

从司法实践看，私自开拆、隐匿、毁弃邮件、电报的行为，如果情节轻微、危害不大，没有造成严重后果的，属于违法行为，可由有关主管部门酌情给予行政纪律处分，不应当作为犯罪处理。但是，对于私拆或者隐匿、毁弃邮件、电报次数较多、数量较大的；私拆或者隐匿、毁弃邮件、电报，并从中窃取财物的；私拆或者隐匿、毁弃邮件、电报虽然次数不多、数量不

大，但给国家利益和公民的合法权益造成严重损害的，则构成私自开拆、隐匿、毁弃邮件、电报罪，应当依法追究刑事责任。

3. 划清本罪与侵犯通信自由罪的界限。

两者的重要区别具体表现在以下方面：一是犯罪对象不完全相同。前者为邮件、电报。"邮件"，是指通过邮政企业寄递的信件、印刷品、邮包、汇款通知、报刊等，范围比信件要广；后者限于公民的信件。二是犯罪的客观方面不完全相同。前者必须以利用职务上的便利为要件；后者与行为人的职务无关。三是犯罪主体不同。前者为特殊主体，即邮政工作人员；后者为一般主体。四是构成犯罪的要求不同。前者不以情节严重为构成要件；后者以情节严重为构成要件。

（三）私自开拆、隐匿、毁弃邮件、电报罪的刑事责任

依照《刑法》第253条第1款规定，犯私自开拆、隐匿、毁弃邮件、电报罪的，处二年以下有期徒刑或者拘役。

依照该条第2款规定，犯本罪而窃取财物的，依照《刑法》第264条规定的盗窃罪定罪从重处罚。

司法机关适用该条第2款的规定处罚时，应当注意，其必须是行为人在实施私自开拆、隐匿、毁弃邮件、电报行为的同时，又从邮件中窃取财物数额较大，构成犯罪的行为，方按盗窃罪的法定刑从重处罚。行为人开拆他人信件，侵犯他人通信自由权利，情节严重，并从中窃取少量财物，或者窃取汇票、汇款支票，骗取汇兑款数额不大的，只以侵犯通信自由罪论处。

三十一、侵犯公民个人信息罪

第二百五十三条之一[①] 违反国家有关规定，向他人出售或者提供公民个人信息，情节严重的，处三年以下有期徒刑或者拘役，并处或者单处罚金；情节特别严重的，处三年以上七年以下有期徒刑，并处罚金。

---

① 本条由2009年2月28日《刑法修正案（七）》第7条增设，经2015年8月29日《刑法修正案（九）》第17条修改。

违反国家有关规定,将在履行职责或者提供服务过程中获得的公民个人信息,出售或者提供给他人的,依照前款的规定从重处罚。

窃取或者以其他方法非法获取公民个人信息的,依照第一款的规定处罚。

单位犯前三款罪的,对单位判处罚金,并对其直接负责的主管人员和其他直接责任人员,依照各该款的规定处罚。

（一）侵犯公民个人信息罪的概念和构成要件

侵犯公民个人信息罪,是指违反国家有关规定,向他人出售或者提供公民个人信息,或者窃取或以其他方法非法获取公民个人信息,情节严重的行为。

《刑法修正案（七）》第7条增设《刑法》第253条之一,规定了"出售、非法提供公民个人信息罪"和"非法获取公民个人信息罪"。《刑法修正案（九）》第17条作了修改完善,扩大犯罪主体的范围,明确规定对在履行职责或者提供服务过程中获得的公民个人信息,出售或者提供给他人的行为从重处罚,并提升法定刑配置水平。修正后,罪名被整合为"侵犯公民个人信息罪"。

侵犯公民个人信息罪的构成要件是：

1. 本罪侵犯的客体为公民个人信息的安全及相关权益。

犯罪对象是"公民个人信息"。根据《最高人民法院、最高人民检察院关于办理侵犯公民个人信息刑事案件适用法律若干问题的解释》（以下简称《办理侵犯公民个人信息刑事案件解释》）第1条的规定,"公民个人信息"是指以电子或者其他方式记录的能够单独或者与其他信息结合识别特定自然人身份或者反映特定自然人活动情况的各种信息,包括姓名、身份证件号码、通信通讯联系方式、住址、账号密码、财产状况、行踪轨迹等。

《最高人民法院、最高人民检察院、公安部关于办理电信网络诈骗等刑事案件适用法律若干问题的意见（二）》第5条规定："非法获取、出售、提供具有信息发布、即时通讯、支付结算等功能的互联网账号密码、个人生物识别信息,符合刑法第二百五十三条之一规定的,以侵犯公民个人信息罪追究刑事责任。""对批量前述互联网账号密码、个人生物识别信息的条数,根据查获的数量直接认定,但有证据证明信息不真实或者重复的除外。"

2. 本罪在客观方面表现为违反国家有关规定,向他人出售或者提供公民个人信息,或者窃取或以其他方法非法获取公民个人信息,情节严重的行为。

根据《办理侵犯公民个人信息刑事案件解释》第 2 条的规定,违反法律、行政法规、部门规章有关公民个人信息保护的规定的,应当认定为"违反国家有关规定"。

根据《办理侵犯公民个人信息刑事案件解释》第 3 条的规定,向特定人提供公民个人信息,以及通过信息网络或者其他途径发布公民个人信息的,应当认定为"提供公民个人信息"。未经被收集者同意,将合法收集的公民个人信息向他人提供的,属于"提供公民个人信息",但是经过处理无法识别特定个人且不能复原的除外。

根据《办理侵犯公民个人信息刑事案件解释》第 4 条的规定,违反国家有关规定,通过购买、收受、交换等方式获取公民个人信息,或者在履行职责、提供服务过程中收集公民个人信息的,属于"以其他方法非法获取公民个人信息"。

根据《刑法》规定,侵犯公民个人信息的行为,必须达到"情节严重"的程度,才构成犯罪。

3. 犯罪主体为一般主体,包括自然人和单位。

在履行职责或者提供服务过程中获得公民个人信息的特殊主体,违反国家有关规定,将相关公民个人信息出售或者提供给他人的,从重处罚。

4. 主观方面表现为故意,过失不构成本罪。

从实践来看,行为人主观上通常表现为牟利的目的,但这并非本罪的成立要件。

(二)认定侵犯公民个人信息罪应当注意的问题

1. 关于"公民个人信息"的主体范围。

从刑法规范用语的角度看,《刑法》第 253 条之一的用语是"公民个人信息",并未限定为"中华人民共和国公民的个人信息",故不应将此处的"公民个人信息"限制为中国公民的个人信息。具体而言,对"公民个人信息"的主体范围应采取相对宽泛的理解,既包括中国公民的个人信息,也包括外国公民和其他无国籍人的个人信息。

2. 关于公民个人公开信息的问题。

公民个人信息不要求具有个人隐私的特征。即便相关信息已经公开,不属于个人隐私的范畴,但仍有可能成为"公民个人信息"。然而,相关公民个人信息既然已经公开,获取行为无疑是合法的,但后续出售、提供的行为是否合法,是否构成侵犯公民个人信息罪,不应一概而论,宜区分情况作出处理:

其一,关于公开公民个人信息获取后出售或者提供的行为,是否需要权利人"二次授权",存在较大争议。《民法典》第1036条规定:"处理个人信息,有下列情形之一的,行为人不承担民事责任:……(二)合理处理该自然人自行公开的或者其他已经合法公开的信息,但是该自然人明确拒绝或者处理该信息侵害其重大利益的除外……"基于此,对于权利人自愿公开,甚至主动公开的公民个人信息,行为人获取相关信息后出售、提供的行为,目前不宜以侵犯公民个人信息罪论处。

其二,对于行为人非自愿公开或者非主动公开的公民个人信息,行为人获取相关信息后出售、提供的行为,可以根据情况以侵犯公民个人信息罪论处。

3. 关于公民个人部分关联信息的问题。

公民个人信息须与特定自然人关联,这是公民个人信息所具有的关键属性。对于与特定自然人的关联,应当是能够单独或者与其他信息结合所具有的功能。[①] 但是,对于不能单独识别特定自然人身份或者反映特定自然人的活动情况的部分关联信息中的哪些信息可以纳入"公民个人信息"的范畴,即公民个人信息所要求的可识别程度,实践中又存在不同认识。我们认为,

---

[①] 例如,身份证号与公民个人身份一一对应,可以单独识别公民个人身份;而工作单位、家庭住址等无法单独识别公民个人身份,需要同其他信息结合才能识别公民个人身份。

在司法适用中具体判断部分关联信息是否可以认定为"公民个人信息"时，可以从信息本身的重要程度、需要结合的其他信息的程度、行为人主观目的等三个方面加以判断。具体而言：（1）信息本身的重要程度。如果涉案的信息与人身安全、财产安全密切相关，敏感程度较高，则对于此类信息在认定是否属于"公民个人信息"时，可以采取相对从宽的标准。（2）需要结合的其他信息的程度。如果涉案信息本身与特定自然人的身份、活动情况关联程度高，需要结合的其他信息相对较少，则认定为"公民个人信息"的可能性较大；反之，如果需要结合的其他信息过多，则认定为"公民个人信息"的可能性较小。（3）行为人主观目的。如果行为人主观上获取涉案信息就不需要识别特定自然人身份或者反映特定自然人活动情况，则此类部分关联信息原则上不宜认定为"公民个人信息"。

4. 关于公民个人敏感信息的范围。

敏感信息涉及人身安全和财产安全，其被非法获取、出售或者提供后极易引发盗窃、诈骗、敲诈勒索等关联犯罪，具有更大的社会危害性。这是认定公民个人敏感信息应当考量的关键因素。整体而言，对于公民个人敏感信息的认定宜从严把握，严格限制其范围。例如，对于行踪轨迹信息，只宜理解为GPS定位信息、车辆轨迹信息等可以直接定位特定自然人具体坐标的信息。又如，对于房地产中介等将房产信息非法提供给装修公司，主要用于推销业务，不太可能涉及侵犯人身、财产权利的，通常也不宜将相关信息纳入"财产信息"范畴。

5. 关于通过"人肉搜索"方式侵犯公民个人信息行为的定性。

根据《最高人民法院、最高人民检察院、公安部关于依法惩治网络暴力违法犯罪的指导意见》第4条规定，组织"人肉搜索"，违法收集并向不特定多数人发布公民个人信息，情节严重，符合《刑法》第253条之一规定的，以侵犯公民个人信息罪定罪处罚；依照《刑法》和司法解释规定，同时构成其他犯罪的，依照处罚较重的规定定罪处罚。

6. 关于侵犯公民个人信息罪与其他犯罪的罪数处理。

《办理侵犯公民个人信息刑事案件解释》第8条规定："设立用于实施非法获取、出售或者提供公民个人信息违法犯罪活动的网站、通讯群组，情节严重的，应当依照刑法第二百八十七条之一的规定，以非法利用信息网络罪定罪处罚；同时构成侵犯公民个人信息罪的，依照侵犯公民个人信息罪定罪处罚。"

《最高人民法院、最高人民检察院、公安部关于办理电信网络诈骗等刑事案件适用法律若干问题的意见》中规定："使用非法获取的公民个人信息，实施电信网络诈骗犯罪行为，构成数罪的，应当依法予以并罚。"据此，对于非法获取公民个人信息后，实施电信网络诈骗等犯罪，构成数罪的，应当依法予以并罚。

7. 关于涉案公民个人信息的数量计算。

根据《办理侵犯公民个人信息刑事案件解释》第11条的规定，结合司法实践的情况，对涉案公民个人信息的数量应当按照如下规则把握：（1）公民个人信息的条数计算。实践中可以综合考虑实践交易规则和习惯，准确认定公民个人信息的条数。特别是，有些情形下"一条"公民个人信息应当理解为"一组"公民个人信息。（2）非法获取公民个人信息后又出售或者提供的，公民个人信息的条数不重复计算；向不同单位或者个人分别出售、提供同一公民个人信息的，公民个人信息的条数累计计算。（3）对批量公民个人信息的条数，根据查获的数量直接认定，但是有证据证明信息不真实或者重复的除外。此外，由于涉敏感信息的案件入罪标准较低，50条或者500条即达到入罪标准。基于此，对于敏感公民个人信息不宜适用《办理侵犯公民个人信息刑事案件解释》第11条第3款的规定，而应当逐一认定。

经审查，对相关个人信息的真实性不能排除合理怀疑的，应当作出有利于犯罪嫌疑人、被告人的认定。

（三）侵犯公民个人信息罪的刑事责任

依照《刑法》第253条之一的规定，犯侵犯公民个人信息罪，处三年以下有期徒刑或者拘役，并处或者单处罚金；情节特别严重的，处三年以上七年以下有期徒刑，并处罚金。

三十二、报复陷害罪

第二百五十四条 国家机关工作人员滥用职权、假公济私,对控告人、申诉人、批评人、举报人实行报复陷害的,处二年以下有期徒刑或者拘役;情节严重的,处二年以上七年以下有期徒刑。

(一)报复陷害罪的概念和构成要件

报复陷害罪,是指国家机关工作人员滥用职权、假公济私,对控告人、申诉人、批评人、举报人实行报复陷害的行为。

报复陷害罪的构成要件是:

1.本罪侵犯的客体是公民的控告权、申诉权、批评监督权与举报权。犯罪对象为控告人、申诉人、批评人、举报人。

控告权、申诉权、批评监督权与举报权,是我国公民享有的重要的民主权利,受到国家宪法的严格保护。《宪法》第41条规定:"中华人民共和国公民对于任何国家机关和国家工作人员,有提出批评和建议的权利;对于任何国家机关和国家工作人员的违法失职行为,有向有关国家机关提出申诉、控告或者检举的权利,但是不得捏造或者歪曲事实进行诬告陷害。对于公民的申诉、控告或者检举,……任何人不得压制和打击报复。"报复陷害,就是对公民上述民主权利的侵犯,应当追究刑事责任。

2.客观方面表现为滥用职权、假公济私,对控告人、申诉人、批评人、举报人实行打击报复陷害的行为。

"滥用职权"是针对他人实施的行为,实质是妨害控告人、申诉人、批评人、举报人行使权利,或者使他们实施没有义务实施的行为。"假公济私"只是"滥用职权"的一种特殊形式。例如,张某安、汪某受贿、报复陷害案①中，被告人张某安身为阜阳市颍泉区委书记，滥用职权，假公济私，通过编造举报信，指使任该区人民检察院检察长的被告人汪某借用这些信件指令下属人员对举报人李某福及其亲属立案查处，并强令其他各有关部门对李某福及其亲属进行查处，以刑事追究方法对举报人打击报复，并导致李某福自缢死亡。报复陷害的手段方式是各种各样的，例如，非法克扣工资、奖金，制造"理由"或"借口"降级、降薪，压制学术、技术职称的评定等，但手段均不影响本罪的成立。如果国家机关工作人员虽然对他人实行报复，但并没有滥用职权的，则不构成本罪。

3. 犯罪主体为特殊主体，即国家机关工作人员，亦即《刑法》第93条第1款规定的"国家机关中从事公务的人员"。非国家机关工作人员对上述四种人实行报复陷害的，应当根据其侵犯的客体、报复行为的性质来加以认定和处理。

4. 主观方面由故意构成，并且具有报复陷害他人的目的。行为人明知自己的报复陷害行为会发生侵犯他人民主权利的结果，并且希望或者放任这种结果发生。过失不构成本罪。

（二）认定报复陷害罪应当注意的问题

1. 划清本罪与一般打击报复行为的界限。

参照《最高人民检察院关于渎职侵权犯罪案件立案标准的规定》，行为人涉嫌下列情形之一的，应予立案：（1）报复陷害，情节严重，导致控告人、申诉人、批评人、举报人或者其近亲属自杀、自残造成重伤、死亡或者精神失常的；（2）致使控告人、申诉人、批评人、举报人或者其近亲属的其他合法权利受到严重损害的；（3）其他报复陷害应予追究刑事责任的情形。

有的国家机关工作人员虽滥用职权、假公济私，对上述四种人实行打击报复，但情节显著轻微，危害不大的，属于违法行为，可予以批评教育，或

---

① 安徽省芜湖市中级人民法院作出判决：被告人张某安犯受贿罪，判处……犯报复陷害罪，判处有期徒刑七年，决定执行死刑，缓期二年执行，剥夺政治权利终身，并处没收个人财产；被告人汪某犯报复陷害罪，判处有期徒刑六年。被告人不服一审判决，提起上诉，安徽省高级人民法院作出裁定：驳回上诉，维持原判。

者建议有关单位给予相应的行政纪律处分,但不构成犯罪,不应当追究刑事责任。

2. 划清本罪与诬告陷害罪的界限。

两者的区别主要表现在以下方面:一是犯罪手段不同。前者实施犯罪必须以利用职务、滥用职权为先决条件,后者并不要求必须利用职权。二是陷害的对象不同。前者的受害人只限于控告人、申诉人、批评人、举报人等这四种人;后者的受害人可以是任何公民,包括罪犯。三是犯罪主体不同。前者为特殊主体,即国家机关工作人员,后者为一般主体。四是犯罪目的不同。前者以报复陷害他人为目的,包括但不限于让他人遭受刑事处罚的目的,后者则是意图使他人受刑事处罚。

(三)报复陷害罪的刑事责任

依据《刑法》第254条规定,犯报复陷害罪的,处二年以下有期徒刑或者拘役;情节严重的,处二年以上七年以下有期徒刑。

三十三、打击报复会计、统计人员罪

第二百五十五条 公司、企业、事业单位、机关、团体的领导人,对依法履行职责、抵制违反会计法、统计法行为的会计、统计人员实行打击报复,情节恶劣的,处三年以下有期徒刑或者拘役。

(一)打击报复会计、统计人员罪的概念和构成要件

打击报复会计、统计人员罪,是指公司、企业、事业单位、机关、团体的领导人员,对依法履行职责、抵制违反会计法、统计法行为的会计、统计人员实行打击报复,情节恶劣的行为。

打击报复会计、统计人员罪的构成要件是:

1. 本罪侵犯的客体是复杂客体,既侵犯公民的人身权利,也侵害国家的会计、统计制度。本罪侵犯的主要客体是公民的人身权利,因而被置于"侵犯公民人身权利、民主权利罪"之中。犯罪对象是依法履行职责的会计人员

和统计人员。

按照《会计法》的规定，企业、事业单位、机关、团体、军队根据会计业务的需要设置会计机构，或者在有关机构中设会计人员并指定会计主管人员；会计人员的主要职责是依法办理会计事务，进行会计核算，实行会计监督。按照《统计法》的规定，各级人民政府、各部门和企事业组织，根据统计任务的需要，设置统计机构和统计人员；统计人员的主要职责是依法对国民经济和社会发展情况进行统计调查，提供统计资料，进行统计分析，实行统计监督。单位领导人员打击报复依法履行职责的会计人员、统计人员，情节恶劣的，应当依法追究刑事责任。

2. 客观方面表现为对依法履行职责，抵制违反会计法、统计法行为的会计、统计人员实行打击报复，情节恶劣的行为。

为了保障会计人员、统计人员依法行使职权，法律规定，各地方、各部门、各单位的行政领导人领导会计机构、会计人员执行《会计法》，保障会计人员的职权不受侵犯，任何人不得对会计人员打击报复；统计机构和统计人员依照《统计法》的规定独立行使统计调查、统计报告、统计监督的职权，不受侵犯。统计人员有权要求有关单位和人员依照国家规定，提供资料；检查统计资料的准确性，要求改正不确实的统计资料；揭发和检举统计调查工作中的违反国家法律和破坏国家计划的行为等。对于违反《会计法》《统计法》的行为，会计人员、统计人员有权利且有义务依法进行抵制。因会计人员、统计人员的依法抵制而对其打击报复的手段是多种多样的，例如，调动工作岗位、撤降职务、强行辞退、克扣工资、奖金等。这些打击报复的行为，均应是基于单位领导人的职权所实施。行为人只要对依法履行职责、抵制违反会计法、统计法行为的会计人员或者统计人员实施上述一种行为的，就构成本罪；实施两种或者两种以上行为的，仍为一罪，不实行数罪并罚。

按照《刑法》规定，打击报复会计、统计人员必须是"情节恶劣"的，才构成犯罪。所谓"情节恶劣"，司法实践中，一般是指打击报复手段恶劣的；对多人进行打击报复的；屡教不改，多次进行打击报复的；打击报复致使会计、统计人员不敢依法履行职责的；打击报复致使会计、统计人员精神失常,造成严重后果的等。

3. 犯罪主体为特殊主体,即公司、企业、事业单位、机关、团体的领导人员。上述领导人员以外的其他人员打击报复会计人员、统计人员的,不构成本罪。

4. 主观方面由直接故意构成,即明知会计、统计人员是依法履行职责而予以打击报复。间接故意和过失不构成本罪。

(二)认定打击报复会计、统计人员罪应当注意的问题

1. 划清罪与非罪的界限。

打击报复会计人员、统计人员的行为如果情节不恶劣,不构成犯罪的,不应当追究刑事责任,而应依照《会计法》《统计法》的有关规定,给予行政处分。

2. 划清本罪与报复陷害罪的界限。

两者的区别主要表现在以下方面:一是犯罪对象不同。前者是依法履行职责、抵制违反《会计法》《统计法》行为的会计人员和统计人员;后者是控告人、申诉人、批评人、举报人。二是犯罪主体不同。前者是公司、企业、事业单位、机关、团体的领导人,其中既有国家机关工作人员,也有非国家机关工作人员;后者是国家机关工作人员,不受是否为"领导人"的限制。

(三)打击报复会计、统计人员罪的刑事责任

依照《刑法》第255条规定,犯打击报复会计、统计人员罪的,处三年以下有期徒刑或者拘役。

三十四、破坏选举罪

第二百五十六条 在选举各级人民代表大会代表和国家机关领导人员时,以暴力、威胁、欺骗、贿赂、伪造选举文件、虚报选举票数等手段破坏选举或者妨害选民和代表自由行使选举权和被选举权,情节严重的,处三年以下有期徒刑、拘役或者剥夺政治权利。

(一)破坏选举罪的概念和构成要件

破坏选举罪,是指在选举各级人民代表大会代表和国家机关领导人员时,以暴力、威胁、欺骗、贿赂、伪造选举文件、虚报选举票数等手段,破坏选举或者妨害选民和代表自由行使选举权和被选举权,情节严重的行为。

破坏选举罪的构成要件是:

1. 本罪侵犯的客体是公民的民主权利和国家的选举制度。

选举权与被选举权是宪法赋予公民的重要的基本权利。《宪法》第34条规定:"中华人民共和国年满十八周岁的公民,不分民族、种族、性别、职业、家庭出身、宗教信仰、教育程度、财产状况、居住期限,都有选举权和被选举权;但是依照法律被剥夺政治权利的人除外。"人民代表大会制度是我国的根本政治制度。《宪法》第3条规定,全国人民代表大会和地方各级人民代表大会都由民主选举产生;国家行政机关、监察机关、审判机关、检察机关都由人民代表大会产生。选举各级人民代表大会代表和各级国家机关领导人员,是人民当家作主、参与管理国家事务的民主权利,受到国家法律的保护。

2. 客观方面表现为在选举各级人民代表大会代表和国家机关领导人员时,以暴力、威胁、欺骗、贿赂、伪造选举文件、虚报选举票数等手段,破坏选举或者妨害选民和代表自由行使选举权和被选举权,情节严重的行为。

首先,破坏选举的活动必须是依法选举各级人民代表大会代表和国家机关领导人员的选举活动,包括选民登记、提出候选人、投票选举、补选、罢免等整个选举活动。其次,破坏选举的手段必须是暴力、威胁、欺骗、贿赂、伪造选举文件、虚报选举票数等。"国家机关"既包括中央国家机关,也包括地方国家机关。"暴力",是指对选民、各级人民代表大会代表、候选人、选举工作人员等进行殴打、捆绑等人身伤害,或者以暴力破坏选举场所,使选举工作无法进行。例如,容某胜等组织、领导、参加黑社会性质组织、赌博、非法拘禁、破坏选举案[①]中,被告人容某胜等人采取殴打、威胁、

[①] 湖北省武汉市洪山区人民法院(2001)洪刑初字第163号。

跟踪流动票箱、监视投票人等手段破坏选举。"威胁",是指以杀害、伤害、破坏名誉、毁坏财产等进行要挟,迫使选民、各级人民代表大会代表、候选人、选举工作人员不能自由行使选举权和被选举权,或者在选举工作中不能正常履行职责。"欺骗",是指编造严重不符合事实的情况或者捏造对选举有重大影响的事实,并加以散布、宣传,扰乱正常的选举活动。"贿赂",是指用金钱或者其他物质利益收买选民、人民代表、候选人、选举工作人员,使他们违反自己的真实意愿参加选举或者在选举工作中进行舞弊活动。例如,玉某等破坏选举案①中,被告人玉某等无视国家法律,在选举国家机关领导人员时,采用贿赂人民代表的手段,破坏选举,妨害代表自由行使选举权。"伪造选举文件",是指伪造选民证、选票等文件。"虚报选举票数",是指选举工作人员对统计出来的选票数、赞成票数、反对票数进行虚报、假报(多报或少报)。司法实践中,除这些明确列举的破坏手段外,还有其他的破坏方法,例如,陈某根破坏选举案②中,被告人陈某根在选举乡人大代表期间,以在选举会场提出非选举事项要求解决,继而以抢走选民小组的所有选票的手段,破坏选举工作,致使选举无法进行。按照《刑法》规定,行为人只要实施了上述行为中的一种行为,就构成本罪;实施两种或者两种以上行为的,仍定一罪,不实行数罪并罚。最后,破坏选举的行为必须造成了破坏选举的正常进行或者妨害选民和代表自由行使选举权和被选举权的后果。

按照《刑法》规定,破坏选举的行为,必须达到"情节严重"的程度,才构成犯罪。所谓"情节严重",司法实践中一般是指破坏选举手段恶劣,后果严重或者造成很坏社会影响等情形。

依照《最高人民检察院关于渎职侵权犯罪案件立案标准的规定》,下列情形应予追诉:(1)以暴力、威胁、欺骗、贿赂等手段,妨害选民、各级人民代表大会代表自由行使选举权和被选举权,致使选举无法正常进行,或者选举无效,或者选举结果不真实的;(2)以暴力破坏选举场所或者选举设备,致使选举无法正常进行的;(3)伪造选民证、选票等选举文件,虚报选

---

① 广西壮族自治区忻城县人民法院(2007)忻刑初字第41号、广西壮族自治区来宾市中级人民法院(2007)来刑一终字第38号。
② 上海市浦东新区人民法院作出判决:被告人陈某根犯破坏选举罪,判处有期徒刑一年六个月。

举票数,产生不真实的选举结果或者强行宣布合法选举无效、非法选举有效的;(4)聚众冲击选举场所或者故意扰乱选举场所秩序,使选举工作无法进行的;(5)其他情节严重的情形。

3. 犯罪主体为一般主体。任何年满16周岁,且具有刑事责任能力的人,均可构成本罪的主体,既可以是有选举权与被选举权的公民,也可以是无选举权与被选举权的公民。有些行为只能由选举工作人员实施,例如,故意将无选举权的人列入选举名单、虚报选举票数字,等等。

4. 主观方面由直接故意构成,并具有破坏选举的目的。破坏选举的动机各种各样,但均不影响本罪的成立。间接故意和过失不构成本罪。

(二)认定破坏选举罪应当注意的问题

注意划清罪与非罪的界限。按照《刑法》规定,破坏选举的行为,情节是否严重,是区分罪与非罪的关键。对于破坏选举或者妨害选民和代表自由行使选举权和被选举权的行为,如果情节不严重的,属于违法行为,应当依照《全国人民代表大会和地方各级人民代表大会选举法》第58条规定,给予必要的行政处分或行政处罚,或者依照《治安管理处罚法》第23条规定,给予罚款或者拘留。

(三)破坏选举罪的刑事责任

依照《刑法》第256条规定,犯破坏选举罪的,处三年以下有期徒刑、拘役或者剥夺政治权利。

三十五、暴力干涉婚姻自由罪

第二百五十七条 以暴力干涉他人婚姻自由的,处二年以下有期徒刑或者拘役。

犯前款罪,致使被害人死亡的,处二年以上七年以下有期徒刑。

第一款罪,告诉的才处理。

（一）暴力干涉婚姻自由罪的概念和构成要件

暴力干涉婚姻自由罪，是指以暴力手段干涉他人结婚或离婚自由的行为。

暴力干涉婚姻自由罪的构成要件是：

1. 本罪侵犯的客体是他人的婚姻自由和人身自由。

婚姻自由是我国宪法赋予公民的一项基本权利。《宪法》第49条第4款规定："禁止破坏婚姻自由。"《民法典》第1041条规定："实行婚姻自由、一夫一妻、男女平等的婚姻制度。"所谓婚姻自由，是指男女双方缔结或者解除婚姻关系，在不违背国家法律的前提下，有权按照本人的意愿，自主地决定自己的婚姻问题，不受任何人的强制和干涉。婚姻自由包括结婚自由和离婚自由。结婚自由，就是结婚必须出于男女双方完全自愿，既不许一方对他方加以强迫或者任何第三者包括父母在内加以干涉，也不受家庭出身、社会地位、个人资历、职业、财产状况等差别的限制。离婚自由，就是夫妻感情确已破裂，不能继续维持夫妻关系，男女双方或者任何一方可以向婚姻登记机关或者人民法院提出解除婚姻关系的请求，这种请求受到法律保护。在刑法上切实保障公民特别是妇女的结婚自由和离婚自由，对于巩固社会主义婚姻家庭制度，具有重要的意义。

2. 客观方面表现为暴力干涉他人婚姻自由的行为。

所谓暴力，是指用捆绑、殴打、禁闭、强抢等对人身实施打击和强制的行为。暴力极为轻微的，例如打一耳光，不能视为本罪的暴力。干涉他人婚姻自由的主要表现形式是：强迫对方与自己结婚；强迫被干涉者与他人结婚或者不准被干涉者与他人结婚；强迫被干涉者与他人离婚或者不准被干涉者与他人离婚；强迫对方与自己结婚或离婚。例如，肉孜暴力干涉婚姻自由案①中，被告人肉孜伙同他人强行将自诉人阿某带至外地，强迫自诉人同意与其结婚。暴力行为不是干涉婚姻自由的手段，或者干涉婚姻自由而没有使用暴力的，均不构成本罪。

---

① 新疆维吾尔自治区伽师县人民法院（2005）刑初字第93号。

3. 犯罪主体为一般主体。

任何年满16周岁，且具有刑事责任能力的人，均可构成本罪的主体。实践中，主要为父母、子女、兄弟、丈夫、族人、奸夫、情妇、干部等，其中以父母干涉子女婚姻自由的为多数。

4. 主观方面是直接故意，即行为人明知自己暴力干涉婚姻自由的行为会发生侵害他人婚姻自由与人身自由的结果，并且希望这种结果发生。

犯罪动机各种各样，例如，父母的干涉大多是为了"门当户对"或者多得彩礼，族人的干涉大多是为了维护本宗族的旧礼教，奸夫的干涉多是为了长期保持通奸关系等，但均不影响本罪的成立。

（二）认定暴力干涉婚姻自由罪应当注意的问题

1. 正确认定案件性质。

由于干涉婚姻自由的案件情况比较复杂，司法机关在处理具体案件时，应当根据立法的基本精神，深入调查研究，对暴力干涉作全面的理解，不能仅从形式上看有了暴力行为就简单地认定为犯罪，而应当将暴力手段的具体性质、危害程度以及其他情况综合起来进行考虑。如果暴力行为对被干涉者的人身侵害程度显著轻微，或者暴力手段不足以使被干涉者争取婚姻自由的斗争受到严重挫折，或者对被干涉者的结婚、离婚自由威胁不大的，一般不宜作为犯罪处理。特别是要查明暴力行为与危害结果之间是否存在着刑法上的因果关系，以便实事求是地作出正确的结论。

2. 严格划清暴力干涉与非暴力干涉的界限。

对于以非暴力手段，例如，以暴力相威胁，以赶出家门、中断供给、断绝关系或者以自杀相威胁等干涉他人婚姻自由的行为，不构成本罪。

3. 按照《刑法》第257条第3款的规定，对于以暴力干涉他人婚姻自由，没有引起被害人死亡的，"告诉的才处理"；即使被干涉者提出了控告，但而后又要求撤销案件的，也应当准予撤销。

（三）暴力干涉婚姻自由罪的刑事责任

依照《刑法》第257条第1款规定，犯暴力干涉婚姻自由罪的，处二年以下有期徒刑或者拘役。

依照本条第 2 款规定，犯前款罪，致使被害人死亡的，处二年以上七年以下有期徒刑。此处"致使被害人死亡"，是指在实施暴力干涉婚姻自由行为的过程中过失导致被害人死亡，以及因暴力干涉婚姻自由而直接引起被干涉者自杀身亡。例如，董某暴力干涉婚姻自由案[①]中，被告人董某催促孙某尽快与其结婚未果后，对孙某进行殴打，隔日孙某喝下农药，因抢救无效于数日后死亡。

三十六、重婚罪

第二百五十八条　有配偶而重婚的，或者明知他人有配偶而与之结婚的，处二年以下有期徒刑或者拘役。

（一）重婚罪的概念和构成要件

重婚罪，是指自己有配偶而与他人结婚，或者明知他人有配偶而与之结婚的行为。

重婚罪的构成要件是：

1. 本罪侵犯的客体是社会主义婚姻家庭制度中的一夫一妻制。

一夫一妻制是以一男一女结为夫妻的婚姻形式。一夫一妻制是我国婚姻法的一项基本原则。《民法典》第 1041 条规定："实行婚姻自由、一夫一妻、男女平等的婚姻制度。"第 1042 条第 2 款规定："禁止重婚。禁止有配偶者与他人同居。"第 1051 条规定，重婚的，婚姻无效。从这些规定来看，在我国，一个男人只能有一个妻子，一个女人只能有一个丈夫，无论男女都不允许同时有两个或者两个以上的配偶。如果已有配偶的人，又非法和第三者结婚，这就构成了重婚。重婚行为直接破坏我国社会主义婚姻家庭制度的一夫一妻制原则，不仅破坏一方或者双方的合法婚姻关系，而且败坏社会道德风尚，腐蚀人们的思想。因此，我国《刑法》把重婚规定为犯罪，予以刑事制

---

① 甘肃省临兆县人民法院作出判决：被告人董某犯暴力干涉婚姻自由罪，判处有期徒刑四年。

裁，是十分必要的。

2. 客观方面表现为有配偶而重婚，或者明知他人有配偶而与之结婚的行为。

所谓有配偶而重婚，是指在夫妻双方的婚姻关系没有依法解除或者在对方没有死亡的时候，又与他人登记结婚或者形成事实婚姻关系的行为。例如，刘某某重婚案[①]中，被告人刘某某明知自己的已婚身份，仍与张某登记结婚，尽管该复婚登记存在当事人未亲自到场、男方信息错误等瑕疵，但不影响本罪的成立；桥本某重婚案[②]中，被告人桥本某（日本籍）尽管通过伪造其配偶的签名骗取了离婚登记，但其在婚姻关系未被依法解除之际又与中国籍女子陈某某在重庆登记结婚，构成本罪。所谓明知他人有配偶而与之结婚，是指自己虽然没有结婚，但是明知对方已经结婚而与其登记结婚或者建立事实婚姻的行为。

3. 犯罪主体为一般主体，具体包括两种人：一是已有配偶的人；二是自己虽然没有配偶，但明知对方已有配偶又与之结婚的人，亦即"相婚者"。

4. 主观方面由直接故意构成，即有配偶者明知自己有配偶而又故意与他人结婚，相婚者必须明知他人有配偶而与之结婚。

如果有配偶的一方隐瞒了事实真相，使无配偶的一方受骗上当而与之结婚的，这种婚姻也是重婚，但对无配偶而上当受骗的一方不能以本罪论处。例如，张某被控重婚宣告无罪案[③]中，被告人张某在卜某六未出示离婚证的情况下即与其以夫妻名义同居生活，确系草率，但不属于明知他人有配偶的情形，因而不构成本罪。

（二）认定重婚罪应当注意的问题

1. 划清重婚与通奸的界限。

通奸，是指男女双方或者一方已有配偶的人之间暗中发生不正当两性关系的行为。通奸的男女双方没有共同的经济生活，不以夫妻相称。在我国大

---

① 重庆市江北区人民法院（2015）江法刑初字第00514号。
② 上海市第一中级人民法院（2010）沪一中刑初字第135号。
③ 安徽省宣城市宣州区人民法院（2002）宣刑初字第106号、安徽省宣城市中级人民法院（2003）宣中刑终字第1号。

陆，通奸是违反社会主义道德的行为，根据《刑法》规定不构成犯罪，[①] 可视具体情况由所在单位组织予以批评教育，或者给予党团、行政纪律处分。

2. 划清事实上的重婚与同居、临时姘居关系的界限。

《民法典》第1042条不仅规定禁止重婚，而且规定"禁止有配偶者与他人同居"。根据2021年1月1日起施行的《最高人民法院关于适用〈中华人民共和国民法典〉婚姻家庭编的解释（一）》第2条的规定，"与他人同居"，是指有配偶者与婚外异性，不以夫妻名义，持续、稳定地共同居住。如果男女双方虽然同居，但不是"持续、稳定地共同居住"，而是随时可以自由拆散的，则只是临时姘居关系，是单纯的同居，不能认为是重婚。在现实生活中，有的虽未登记结婚或者举行结婚仪式，而两人确是以夫妻关系共同生活，即以夫妻关系相对待，群众也公认的，则应认为是事实上的重婚。对于事实上的重婚，1994年12月14日，最高人民法院在《关于〈婚姻登记管理条例〉施行后发生的以夫妻名义非法同居的重婚案件是否以重婚罪定罪处罚的批复》（已失效）中明确规定："新的《婚姻登记管理条例》（1994年1月12日国务院批准，1994年2月1日民政部发布）发布施行后，有配偶的人与他人以夫妻名义同居生活的，或者明知他人有配偶而与之以夫妻名义同居生活的，仍应按重婚罪定罪处罚。"2003年8月8日，《婚姻登记管理条例》经修订后，国务院重新颁布了《婚姻登记条例》，决定自2003年10月1日起施行。司法实践中，上述"批复"中"有配偶的人与他人以夫妻名义同居生活的，或者明知他人有配偶而与之以夫妻名义同居生活的，应按重婚罪定罪处罚"的规定仍可参照执行。

3. 对特殊原因形成的涉台婚姻关系不以重婚对待。

我国法律严格禁止重婚、纳妾的行为。但涉台婚姻案件有其特殊性，需要特别对待。由于夫妻双方在大陆分离后未办理离婚手续又分别在台湾地区或者大陆再婚或者与他人以夫妻名义长期共同生活，形成事实上的夫妻关系的，应当根据"一夫一妻"的原则，对原婚姻关系视为已经消灭，而维持后

[①] 1985年7月18日，《最高人民法院印发〈关于破坏军人婚姻罪的四个案例〉的通知》指出，对长期与现役军人配偶通奸而给军人婚姻造成严重破坏后果的行为，以破坏军婚罪论处。

来的婚姻关系。早在1988年，最高人民法院相关领导在最高人民法院举行的首次新闻发布会上就明确指出："对这种由于特殊原因形成的婚姻关系，我们不以重婚对待。当事人不告诉，人民法院不主动干预；如果其中一方当事人提出与其配偶离婚的，人民法院应当按照离婚案件受理。"①

4.解除非法婚姻关系

人民法院对构成重婚罪的被告人，在依法追究其刑事责任的同时，对犯重婚罪而形成的非法婚姻关系，应当宣告予以解除。

（三）重婚罪的刑事责任

依照《刑法》第258条规定，犯重婚罪的，处二年以下有期徒刑或者拘役。司法个案量刑时，应综合考虑重婚的动机、手段、非法婚姻的数量、造成的后果以及重婚行为发生的特定背景（如战争，自然灾害）等因素。

三十七、破坏军婚罪

第二百五十九条　明知是现役军人的配偶而与之同居或者结婚的，处三年以下有期徒刑或者拘役。

利用职权、从属关系，以胁迫手段奸淫现役军人的妻子的，依照本法第二百三十六条的规定定罪处罚。

（一）破坏军婚罪的概念和构成要件

破坏军婚罪，是指明知他人是现役军人的配偶而与之同居或者结婚的行为。破坏军婚罪的构成要件是：

1.本罪侵犯的客体是现役军人的婚姻家庭关系。

所谓现役军人，根据《刑法》第450条所作的解释，是指中国人民解放军的现役军官、文职干部、士兵及具有军籍的学员和中国人民武装警察部队服役的现役警官、文职干部、士兵及具有军籍的学员。凡属复员退伍军人、

---

① 《中华人民共和国最高人民法院公报》1988年第3期。

转业军人和在军事机关或者武警部队工作而没有军籍的工作人员,以及因犯罪被判刑在执行刑罚期间仍保留军籍的罪犯,都不是现役军人。人民解放军是人民民主专政的柱石,担负着保卫祖国安全和社会主义现代化建设的重任。为了解除军人的后顾之忧,保持和发扬我军的坚强战斗意志,对军人的婚姻予以刑法上的特殊保护,是非常必要的。

2. 客观方面表现为与现役军人的配偶同居或者结婚的行为。

所谓现役军人的"配偶",是指与现役军人已经结婚,包括已在政府登记结婚尚未同居的人,而不包括与军人仅有"婚约"关系的"未婚妻"或者"未婚夫"以及有恋爱关系的人。

所谓与现役军人的配偶"同居",是指"有配偶者与婚外异性不以夫妻名义,持续、稳定地共同生活"。同居包括公开与秘密同居两种情形。这种关系以不正当的两性关系为基础,还往往有经济上和其他生活方面的特殊关系,因而不同于一般的通奸关系。例如,夏某胤破坏军婚案[①]中,被告人夏某胤明知应某是现役军人的配偶而与之同居,且造成军人婚姻关系破裂的严重后果,构成本罪。

所谓与现役军人的配偶"结婚",是指与军人配偶采取欺骗手段正式向政府登记结婚,或者虽然没有履行结婚登记,但以夫妻关系共同生活的事实婚姻行为。

3. 犯罪主体为一般主体,既可以是男子,也可以是女子。

4. 主观方面由直接故意构成,即明知对方是现役军人的配偶而与之同居或者结婚。如果行为人由于军人的配偶隐瞒了事实真相,致使其受骗而与军人配偶同居或者结婚的,则不构成本罪。

(二)认定破坏军婚罪应当注意的问题

1. 人民法院处理破坏军人婚姻案件时,对于不构成犯罪的违法行为,可以建议其所在单位予以批评教育或者给予党团、行政纪律处分。对于这种违

---

① 浙江省永康市人民法院(1996)永刑初字第340号、浙江省金华市中级人民法院(1998)金中刑终字第101号、浙江省永康市人民法院(1998)永刑初字第431号、浙江省金华市中级人民法院(1999)金中刑终字第145号。

法行为，如果军人或者军人所在部队领导机关向人民法院起诉、控告时，也不要简单地以"不构成犯罪"为理由处理了之，而应当注意做好各方面的工作，再转交有关单位妥善处理。

2.依照《刑法》第259条第2款的规定，行为人利用职权、从属关系，以胁迫手段奸淫现役军人的妻子的，应当依照《刑法》第236条规定的强奸罪定罪处罚。此条注意性规定，是1997年《刑法》对破坏军婚罪所作的重要补充规定，体现了国家对现役军人婚姻关系的特殊法律保护，对于稳定军心，巩固国防，树立良好的社会风气，有十分重要的意义。构成本款规定的强奸罪，与《刑法》第236条规定的强奸罪没有本质区别，只是于以下三个方面有所区别：（1）行为人利用了职权、从属关系。如企事业单位领导利用其负责人事调动、工资分配的权力，利用上下级领导与被领导之间的关系等。（2）使用的是胁迫手段。所谓胁迫，是指行为人对现役军人的妻子进行威胁、恫吓，迫使其同意与自己发生两性关系。如以辞退、开除、揭发现役军人妻子的隐私相威胁；利用现役军人的妻子孤立无援的环境相胁迫等。（3）奸淫的对象是现役军人的妻子。

（三）破坏军婚罪的刑事责任

依照《刑法》第259条第1款规定，犯破坏军婚罪的，处三年以下有期徒刑或者拘役。

三十八、虐待罪

第二百六十条[1]　虐待家庭成员，情节恶劣的，处二年以下有期徒刑、拘役或者管制。

犯前款罪，致使被害人重伤、死亡的，处二年以上七年以下有期徒刑。

第一款罪，告诉的才处理，但被害人没有能力告诉，或者因受到强制、威吓无法告诉的除外。

---

[1] 本条第3款经2015年8月29日《刑法修正案（九）》第18条修改。

（一）虐待罪的概念和构成要件

虐待罪，是指以打骂、冻饿、限制自由、凌辱人格、有病不给治疗、强迫从事过度劳动等手段，对共同生活的家庭成员，进行肉体或精神上的摧残折磨，情节恶劣的行为。

虐待罪的构成要件是：

1.本罪侵犯的客体是复杂客体，既侵犯家庭成员间的平等权利，也侵犯家庭成员的人身权利。

《宪法》第49条第4款规定："禁止虐待老人、妇女和儿童。"《民法典》第1041条规定，实行"男女平等"，"保护妇女、未成年人、老年人、残疾人的合法权益"。第1042条规定："禁止家庭暴力。禁止家庭成员间的虐待和遗弃。"虐待家庭成员的犯罪行为，是家长制、男尊女卑、漠视子女利益的封建残余思想在家庭关系中的反映。这种犯罪行为不仅破坏了家庭成员间的民主平等关系，而且直接侵犯了被害人的人身权利，使其身心健康遭受摧残，生命健康遭受严重威胁，对其他家庭成员特别是青少年子女产生恶劣的影响。因此，对虐待家庭成员，情节恶劣的行为予以刑事制裁，是完全必要的。

2.客观方面表现为各种虐待的行为，且情节恶劣的。虐待行为的内容必须表现为进行肉体上的摧残和精神上的折磨，包括使被害人产生肉体上或者精神上痛苦的所有行为。虐待既可以表现为作为，也可以表现为作为与不作为并存，单纯的不作为难以构成。

虐待方式多样，有的是肉体摧残，如捆绑、殴打、冻饿等；有的是精神折磨，如侮辱、讽刺、限制行动自由等；有的是肉体摧残与精神折磨同时或者交替使用。例如，熊某宝虐待案[①]中，被告人熊某宝视奶奶杨某某和父亲熊某某为生活累赘，动辄对二人辱骂、罚跪、用拖鞋或木棍等物殴打、扇耳光、脚踢，杨某某因最后一次受虐待卧床不起，直至去世。

虐待行为必须是经常的、一贯的，并且情节恶劣，才能构成犯罪。所谓

---

① 湖北省宜昌市兴山县人民法院作出判决：被告人熊某宝犯虐待罪，判处有期徒刑二年。

"情节恶劣",司法实践中一般是指虐待手段凶狠残忍的;对年老、年幼、孕妇、哺乳期妇女以及因患重病或者残疾而不能独立生活的人实行虐待的;虐待动机卑鄙的;长期进行虐待的;先后虐待多人的等情形。

3. 犯罪主体为一般主体,但必须与被害人同时是在一个家庭内共同生活的成员。例如,夫妻、父母、子女(包括继父母、养子女)、祖父母、兄弟、姐妹等。非家庭成员的虐待行为,不能构成本罪。

4. 主观方面由直接故意构成,即行为人有意识地对被害人进行肉体上、精神上的摧残和折磨。

(二)认定虐待罪应当注意的问题

1. 划清罪与非罪的界限。

对于虐待行为情节不恶劣、后果不严重的,应当采用批评教育的方式解决。尤其是父母对子女教育方法不当,简单粗暴,甚至打骂,但其主观上不是有意地对子女进行摧残、折磨的,不能视为虐待进而追究其刑事责任。

2. 划清虐待致人重伤、死亡与故意伤害罪、故意杀人罪的界限。

区分时主要注意两点:一是行为的特点不同。从犯罪形态看,虐待罪属于连续犯,虐待行为呈现出经常性、持续性、反复性的特点,一次虐待行为不足以构成虐待罪,更不足以造成被害人伤害、死亡结果的发生;而故意伤害罪、故意杀人罪一次行为即可构成。二是故意的内容不同。虐待罪的故意内容,是使被虐待者肉体上、精神上遭受摧残和折磨,行为人并不想直接造成被害人伤害或者死亡的结果;被害人之所以被致伤、致死,是由于长期受虐待的结果。如果行为人在经常性虐待过程中有一次故意对被害人加以伤害或者杀害的,那就不仅仅构成了虐待罪,还构成了故意伤害罪或者故意杀人罪,应当实行数罪并罚。例如,索某平故意伤害案[①]中,被告人索某平经常虐待父亲索某秀,因生活琐事对其拳打脚踢致死,尤其是其父出现死亡征兆

---

① 山西省忻州市中级人民法院作出判决:被告人索某平犯故意伤害罪,判处死刑,剥夺政治权利终身;山西省高级人民法院作出裁定:驳回上诉,维持原判;最高人民法院作出予以核准的裁定。

后,未进行任何救治,而是私自决定掩埋,构成故意伤害罪。

3. 正确适用"告诉才处理"的原则。

虐待罪总是在家庭成员间发生的,虐待者与被虐待者之间有亲属关系,又生活在同一个家庭中,被虐待者在经济上往往需要依靠虐待者,或者家庭其他成员中还有老幼需要虐待者扶养。在这种情况下,被虐待者往往只要求虐待者改正错误,使自己的处境得到适当改善,并不希望追究虐待者的刑事责任。因此,《刑法》第260条第3款规定,构成虐待罪而没有致人重伤、死亡的,原则上"告诉的才处理"。这就是说,只有被害人向司法机关控告的,才予以处理;控告后要求撤诉的,应予准许。但是,第3款后半段规定,"但被害人没有能力告诉,或者因受到了强制、威吓无法告诉的除外",实践中,有的被害人可能是未成年人而没有告诉的能力,或者受到行为人的恐吓、威胁,不敢告诉的,不受"告诉才处理"的限定,相关司法机关依法可主动立案、侦查,追究行为人刑事责任。此外,虐待致被害人重伤、死亡的,不在此限。

(三)虐待罪的刑事责任

依照《刑法》第260条第1款规定,犯虐待罪的,处二年以下有期徒刑、拘役或者管制。

依照本条第2款规定,犯前款罪,致使被害人重伤、死亡的,处二年以上七年以下有期徒刑。此处的"致使被害人重伤、死亡",是指由于被害人经常受虐待逐渐造成身体的严重损伤或导致死亡,或者由于被害人不堪忍受虐待而自伤、自杀,造成重伤或死亡。例如,蔡某珊虐待案[①]中,被告人蔡某珊在与被害人陈某某共同生活期间,因家庭矛盾经常采用打骂等方式对其进行虐待,致其重伤(偏轻)后果。

---

① 北京市朝阳区人民法院(2012)朝刑初字第2832号。

三十九、虐待被监护、看护人罪

第二百六十条之一[①] 对未成年人、老年人、患病的人、残疾人等负有监护、看护职责的人虐待被监护、看护的人,情节恶劣的,处三年以下有期徒刑或者拘役。

单位犯前款罪的,对单位判处罚金,并对其直接负责的主管人员和其他直接责任人员,依照前款的规定处罚。

有第一款行为,同时构成其他犯罪的,依照处罚较重的规定定罪处罚。

(一)虐待被监护、看护人罪的概念和构成要件

虐待被监护、看护人罪,是指对未成年人、老年人、患病的人、残疾人等负有监护、看护职责的人虐待被监护、看护的人,情节恶劣的行为。

虐待被监护、看护人罪的构成要件是:

1. 本罪侵犯的客体是被监护、看护人的人身权利。

犯罪对象是未成年人、老年人、患病的人、残疾人等没有生活能力或者独立生活能力低下的人。我国法律、行政法规等对这些人的监护、看护作出了规定,例如,2020年修订的《未成年人保护法》第15条第1款规定"未成年人的父母或者其他监护人应当学习家庭教育知识,接受家庭教育指导,创造良好、和睦、文明的家庭环境。共同生活的其他成年家庭成员应协助未成人的父母或者其他监护人抚养、教育和保护未成年人";2018年修正的《残疾人保障法》第9条第2款规定"残疾人的监护人必须履行监护职责,尊重被监护人的意愿,维护被监护人的合法权益";等等。因此,负有监护、看护职责的人对被监护、看护人进行虐待,情节恶劣的,应当追究刑事责任。2015年8月29日全国人大常委会通过的《刑法修正案(九)》第19条增设本罪,填补了《刑法》空白。

2. 客观方面表现为对未成年人、老年人、患病的人、残疾人等负有监

[①] 本条由2015年8月29日《刑法修正案(九)》第19条增设。

护、看护职责的人虐待被监护、看护的人,情节恶劣的行为。

虐待行为既包括以积极的作为方式给被监护、看护人造成肉体或精神上痛苦的所有行为,也包括以消极的不作为方式不满足被监护、看护人生活需要的所有行为。例如,庞某虐待被看护人案①中,被告人庞某在看护老人王某期间,多次以辱骂、推搡、拍打、扇耳光等方式虐待王某,造成王某多处软组织损伤;刘某男虐待被看护人案②中,被告人违背职业道德和看护职责要求,使用针状物对多名幼童进行伤害,情节恶劣,严重损害未成年人的身心健康。

根据《刑法》规定,虐待被监护、看护人行为必须达到"情节恶劣"的程度,方构成犯罪。情节是否恶劣,应当根据虐待行为方式、对象、后果等因素综合加以判断。

3. 犯罪主体为一般主体,包括自然人和单位,但必须是对未成年人、老年人、患病的人、残疾人等负有监护、看管职责的人,或者单位,如儿童福利院、养老机构,幼儿园等。

对看护人员负有监督管理职责的负责人员,明知看护人员实施虐待行为而不加以制止,放任危害结果发生,情节恶劣的,可以构成本罪主体。例如,郑某、梁某等虐待被看护人案③中,被告人梁某等人采用芥末涂抹幼儿口部、手部或让幼儿闻嗅、持芥末恐吓、拉扯、推搡、拍打或喷液体等方式虐待数名幼儿,被告人郑某在日常管理工作中明知存在使用芥末进行管教的情况,不予制止,反而要求其他被告人对幼儿"做规矩"时注意回避监控。被告人郑某的行为亦构成本罪。

4. 主观方面由故意构成,即行为人明知自己对未成年人、老年人、患病的人、残疾人等负有监护、看管职责而仍对这些人进行虐待。过失不构成本罪。

---

① 北京市房山区人民法院作出判决:被告人庞某犯虐待被看护人罪,判处有期徒刑一年,禁止从事看护工作三年。
② 北京市朝阳区人民法院作出判决:被告人刘某男犯虐待被看护人罪,判处有期徒刑一年零六个月,禁止自刑罚执行完毕之日或者假释之日起5年内从事未成年人看护教育工作。
③ 上海市长宁区人民法院(2018)沪0105刑初字第239号。

（二）认定虐待被监护、看护人罪应当注意的问题

要注意区分本罪与非罪的界限。虐待被监护、看护人的行为，情节不恶劣的，属于违法行为，不应当追究刑事责任，但可以按照《治安管理处罚法》等有关规定进行处理。

（三）虐待被监护、看护人罪的刑事责任

根据《刑法》第261条之一的规定，犯虐待被监护、看护人罪的，处三年以下有期徒刑或者拘役。

单位犯前款罪的，对单位判处罚金，并对其直接负责的主管人员和其他直接责任人员，依照前款的规定处罚。

有第1款行为，同时构成其他犯罪的，依照处罚较重的规定定罪处罚。

四十、遗弃罪

第二百六十一条 对于年老、年幼、患病或者其他没有独立生活能力的人，负有扶养义务而拒绝扶养，情节恶劣的，处五年以下有期徒刑、拘役或者管制。

（一）遗弃罪的概念和构成要件

遗弃罪，是指对于年老、年幼、患病或者其他没有独立生活能力的人，负有扶养义务而拒绝扶养，情节恶劣的行为。

遗弃罪的构成要件是：

1. 本罪侵犯的客体是法律所规定的扶养义务。

我国是一个注重传统伦理的国家，历来重视家庭成员之间的扶养和抚养。我国有多部法律对扶养和抚养作出了规定，例如，《民法典》第1059条规定，夫妻有相互扶养的义务。第26条规定，父母对未成年子女负有抚养、教育和保护的义务。成年子女对父母负有赡养、扶助和保护的义务。2018年修正的《妇女权益保障法》第38条规定，禁止溺、弃、残害女婴……禁止

虐待、遗弃病、残妇女和老年妇女。2020年修订的《未成年人保护法》第17条第1项规定，未成年人的父母或者其他监护人不得虐待、遗弃、非法送养未成年人或者对未成年人实施家庭暴力。2018年修正的《残疾人保障法》第9条第1款、第4款规定，"残疾人的扶养人必须对残疾人履行扶养义务"，"……禁止虐待、遗弃残疾人"。负有扶养义务的人拒绝扶养，情节恶劣的，应当受到刑事追究。

2. 客观方面表现为对年老、年幼、患病或者其他没有独立生活能力的人，负有扶养义务而拒绝扶养，情节恶劣的行为。

这种行为的表现形式是不作为。被遗弃的对象必须是年老、年幼、患病或者其他没有独立生活能力的人。这些人的一个共同特点是没有独立生活的能力，如果没有其他人的扶养，就无法生活下去。行为人对于具有独立生活能力的人不予扶养的，不能以本罪论处；否则，就会养成一些人的寄生依赖思想，对社会没有好处。

根据《刑法》规定，遗弃行为必须达到"情节恶劣"的程度，才构成犯罪。情节是否恶劣，应当根据遗弃行为的方式、对象、结果等因素综合加以判断。所谓"情节恶劣"，司法实践中，一般是指由于遗弃而使被害人走投无路，被迫自杀的；被害人因生活无着流离失所的；在遗弃中又有打骂、虐待行为的；遗弃的动机极其卑鄙的；被告人屡教不改的等情形。

3. 犯罪主体必须是对于年老、年幼、患病或者其他没有独立生活能力的人，负有扶养义务的人。

扶养义务的来源不限于法律规定，先行行为等也可以成为义务的来源依据，例如，将他人的未成年人带往外地乞讨的人，对该未成年人具有扶养义务。如果行为人不负有扶养义务而拒绝扶养的，不构成本罪。事实婚姻关系中的双方，可以构成本罪主体。例如，武某清遗弃、王某遗弃、强奸案[①]中，被告人武某清与王某州在没有进行结婚登记的情况下以夫妻名义同居，因王患病后将其遗弃，致其死亡，情节恶劣，构成本罪。

4. 主观方面由故意构成。即行为人明知自己具有扶养义务而对年老、年

---

① 江苏省淮安市清浦区人民法院（2007）浦刑初字第134号。

幼、患病或者其他没有生活能力的人拒绝履行扶养义务。

犯罪动机各种各样,例如,为了自己生活过得更加富裕、舒适而拒不扶养父母,借口已离婚而不扶养子女等。但均不影响本罪的成立。如果是出于过失或者扶养人自己处于生活困境而欠缺扶养能力的,则不构成本罪。

(二)认定遗弃罪应当注意的问题

1. 严格划清本罪与一般遗弃行为的界限。

情节不恶劣的遗弃行为属于不道德行为和违法行为,应当给予批评教育或者党团、行政纪律处分,但不构成犯罪,不能追究刑事责任。根据《治安管理处罚法》第45条第2项规定,对遗弃没有独立生活能力的被扶养人的,处5日以下拘留或者警告。

2. 遗弃婴儿或者出卖亲生子女的处理。

1999年10月27日,最高人民法院下发的《全国法院维护农村稳定刑事审判工作座谈会纪要》规定,"对于出卖子女确属情节恶劣的,可按遗弃罪处罚";2000年3月20日,最高人民法院、最高人民检察院、公安部、民政部、司法部、中华全国妇女联合会联合发布的《关于打击拐卖妇女儿童犯罪有关问题的通知》(公通字〔2000〕26号)规定,"以营利为目的,出卖不满十四周岁子女,情节恶劣的……均应以拐卖儿童罪追究刑事责任";2010年3月15日,最高人民法院、最高人民检察院、公安部、司法部联合下发的《关于依法惩治拐卖妇女儿童犯罪的意见》规定,"以非法获利为目的,出卖亲生子女的,应当以拐卖妇女、儿童罪论处"。这三个文件均属于非司法解释类审判业务文件,参照从新原则精神,司法实践中,行为人以非法获利为目的出卖亲生子女的,应当以拐卖儿童罪论处;出于其他目的而遗弃亲生子女的,应当按遗弃罪定罪处罚。

(三)遗弃罪的刑事责任

依照《刑法》第261条规定,犯遗弃罪的,处五年以下有期徒刑、拘役或者管制。

应当注意的是,法院处理这类案件时,除依法追究被告人的刑事责任外，还应当根据案件的具体情况，责令被告人负责解决被遗弃人的生活问题。

四十一、拐骗儿童罪

第二百六十二条 拐骗不满十四周岁的未成年人，脱离家庭或者监护人的，处五年以下有期徒刑或者拘役。

（一）拐骗儿童罪的概念和构成要件

拐骗儿童罪，是指用蒙骗、利诱或者其他方法，使不满14周岁的未成年人脱离家庭或者监护人的行为。

拐骗儿童罪的构成要件是：

1.本罪侵犯的客体是未成年人的人身自由与身体安全以及他人的家庭关系。拐骗的对象是不满14周岁的未成年人。

"儿童"，是指不满14周岁的未成年人。由于儿童的身心发育尚未成熟，对周围事物缺乏判断能力和自我保护能力，因此，《宪法》《民法典》《未成年人保护法》都强调对儿童应当加以特殊保护。例如，《民法典》规定，保护儿童的合法权益，父母有管教和保护未成年子女的权利和义务。拐骗儿童的行为，不仅给受害儿童的父母造成精神上的极大痛苦，而且使儿童失去父母的爱护和家庭温暖，严重损害儿童的身心健康。因此，同拐骗儿童的犯罪行为作斗争，对于保护社会主义家庭关系，保护下一代的健康成长，是十分重要的。

2.客观方面表现为采用蒙骗、利诱或者其他方法，使男、女儿童脱离家庭或者监护人的行为。

司法实践中，使儿童脱离家庭或者监护人的方式有三种：一是以食品、玩具、娱乐等为诱饵，进行哄骗、诱惑，直接将儿童拐走。例如，托某拐骗儿童案[①]中，被告人托某以蒙骗的方式将阿某（11岁）和艾某（16岁）带

---

① 新疆维吾尔自治区莎车县人民法院作出判决：被告人托某犯拐骗儿童罪，判处有期徒刑四年。

至外地，使其脱离家庭；孙某拐骗儿童案①中，被告人孙某采用利诱的方法使一名孤儿脱离其监护人的监护11天。二是对家长或者监护人进行蒙骗而将儿童拐走，常见的是以当保姆为名，待取得主人信任后，乘机将婴幼儿拐走，或者冒充儿童的亲属，从幼儿园、托儿所将儿童骗走等。例如，任某文拐骗儿童案②中，被告人任福文以家庭寄养为名，对儿童监护人采取蒙骗、利诱方法，使8名不满14周岁的儿童脱离家庭和监护人。三是以偷盗、强取手段，将婴幼儿抱走或者夺走。例如，赵某甲拐骗儿童案③中，被告人赵某甲冒充护士进入医院病房，趁谢某及陪护人员熟睡之际，抱走谢某刚出生之子。但不论采用哪种拐骗手段，只要使儿童脱离了家庭或者监护人，就构成本罪。

3.犯罪主体为一般主体。任何已满16周岁，且具有刑事责任能力的人，均可构成本罪的主体。

4.主观方面由直接故意构成。其目的一般是自己收养，但有的是为了让儿童供自己使唤，而不是为了营利。间接故意和过失不构成本罪。

（二）认定拐骗儿童罪应当注意的问题

1.划清本罪与拐卖儿童罪的界限。

拐卖儿童罪，是指以出卖为目的，拐骗、绑架、收买、贩卖、接送或者中转儿童的行为。两者的区别主要表现在以下方面：一是犯罪行为不同。前者限定于拐骗，后者则包括拐骗、绑架、收买、贩卖、接送、中转。二是主观目的不同。前者没有限定，只是大多为了收养，但不能出于出卖的目的，后者则必须是为了贩卖。如果行为人出于出卖的目的而拐卖儿童的，应以拐卖儿童罪定罪处罚。

2.划清本罪与绑架罪的界限。

绑架罪，是指以勒索财物为目的绑架他人，或者绑架他人作为人质的行

---

① 陕西省旬邑县人民法院作出判决：被告人孙某犯拐骗儿童罪，判处有期徒刑一年六个月，缓刑二年。
② 四川省雷波县人民法院作出判决：被告人任某文犯拐骗儿童罪，判处有期徒刑三年；四川省凉山彝族自治州中级人民法院作出裁定：驳回上诉，维持原判。
③ 江苏省洪泽县人民法院（2015）泽刑初字第00276号。

为。《刑法》第 239 条第 3 款规定，以勒索财物为目的偷盗婴幼儿的，以绑架罪定罪处罚。两者的区别主要表现在以下方面：一是犯罪手段不同。前者是拐骗，后者对婴幼儿使用了偷盗的方法，实质是一种绑架行为。二是犯罪目的不同。前者没有限定，只是大多为了收养，后者必须是为了勒索财物。

（三）拐骗儿童罪的刑事责任

依照《刑法》第 262 条规定，犯拐骗儿童罪的，处五年以下有期徒刑或者拘役。

四十二、组织残疾人、儿童乞讨罪

第二百六十二条之一[①] 以暴力、胁迫手段组织残疾人或者不满十四周岁的未成年人乞讨的，处三年以下有期徒刑或者拘役，并处罚金；情节严重的，处三年以上七年以下有期徒刑，并处罚金。

（一）组织残疾人、儿童乞讨罪的概念和构成要件

组织残疾人、儿童乞讨罪，是指以暴力、胁迫手段，组织残疾人或者未满 14 周岁的未成年人在公共场所进行乞讨，侵害残疾人、儿童的身心健康和合法权益，危害社会治安秩序的行为。

组织残疾人、儿童乞讨罪的构成要件是：

1. 本罪侵犯的客体是复杂客体，既侵犯残疾人、儿童的身心健康及其合法权益，也妨害社会治安管理秩序。

犯罪对象是残疾人、儿童。2018 年修正的《残疾人保障法》第 2 条规定："残疾人是指在心理、生理、人体结构上，某种组织、功能丧失或者不正常，全部或者部分丧失以正常方式从事某种活动能力的人。残疾人包括视力残疾、听力残疾、言语残疾、肢体残疾、智力残疾、精神残疾、多重残疾和其他残疾的人。残疾标准由国务院规定。""儿童"，是指不满 14 周岁的未

[①] 本条由 2006 年 6 月 29 日《刑法修正案（六）》第 17 条增设。

成年人。

残疾人、儿童是社会的弱势群体。他们之中一些人被幕后的"黑手"操纵，充当乞讨牟利的工具，为了博得社会更多的同情，甚至不惜故意恶化残疾儿童的伤口，严重侵犯了残疾人、儿童的人格尊严、身心健康和人身自由。《残疾人保障法》第3条规定："残疾人在政治、经济、文化、社会和家庭生活等方面享有同其他公民平等的权利。残疾人的公民权利和人格尊严受法律保护。禁止基于残疾的歧视。禁止侮辱、侵害残疾人。禁止通过大众传播媒介或者其他方式贬低损害残疾人人格。"2020年修订的《预防未成年人犯罪法》第10条规定："任何组织或者个人不得教唆、胁迫、引诱未成年人实施不良行为或者严重不良行为，以及为未成年人实施上述行为提供条件。"根据上述法律规定的精神，包括未成年人父母、法定监护人在内的任何人，都不得指使、利用未成年人从事乞讨活动。

2. 客观方面表现为以暴力、胁迫手段，组织残疾人或者不满14周岁的未成年人进行乞讨的行为。

"暴力"，是指对被组织的乞讨人员进行殴打、捆绑、拘禁等危害人身安全和限制人身自由的行为。"胁迫"，是指对被组织的乞讨人员进行威胁、恫吓的行为。威胁既可以是口头方式，也可以是举动方式。应当强调指出的是，采用暴力、胁迫手段违背残疾人、儿童的意志，组织残疾人、儿童进行乞讨，是构成本罪在客观方面两个必备的条件，必须同时具备，缺一不可。如果行为人对残疾人或者儿童没有采用暴力、胁迫的手段，而是采用诱骗等其他方法，组织残疾人、儿童乞讨的，则不构成本罪；如果行为人虽对残疾人、儿童采用了暴力、胁迫的手段，迫使其乞讨，但针对的是特定的个人，而不是组织多人，即控制残疾人、儿童多人进行乞讨的，也不构成本罪。例如，宫某兰等组织残疾人、儿童乞讨案[①]中，宫某兰等三名被告人无视国家法律，以暴力、胁迫手段组织三名残疾儿童乞讨，构成本罪。

3. 犯罪主体为一般主体。凡是年满16周岁，且具有刑事责任能力的自

[①] 广东省深圳市福田区人民法院作出判决：被告人宫某兰犯组织残疾人、儿童乞讨罪，判处有期徒刑二年，并处罚金1万元。

然人均可构成本罪的主体。

4. 主观方面由直接故意构成，一般具有牟利的目的。间接故意和过失不构成本罪。

（二）认定组织残疾人、儿童乞讨罪应当注意的问题

1. 划清罪与非罪的界限。

区分本罪与非罪的关键在于，行为人对残疾人、儿童是否采取了暴力、胁迫的手段，对进行乞讨的残疾人、儿童是否有"组织"的行为。如果没有，则属于一般违法行为，应当按照《治安管理处罚法》第41条规定，给予治安处罚。

2. 划清一罪与数罪的界限。

如果行为人在以暴力、胁迫手段组织残疾人、儿童乞讨过程中，实施了非法拘禁、故意伤害、拐骗、拐卖、猥亵儿童的行为，构成犯罪的，应当实行数罪并罚。

3. 本罪属选择性罪名（对象选择）。

行为人只要实施了以暴力、胁迫手段组织残疾人或者儿童进行乞讨其中一种行为，就构成本罪；既组织残疾人，又组织儿童乞讨的，仍为一罪，不实行数罪并罚。

4. 本罪在犯罪形态上属行为犯。

行为人只要实施了以暴力、胁迫手段组织残疾人或者儿童进行乞讨的行为，就构成本罪。法律没有对本罪提出"情节""数额""后果"等方面的要求。

（三）组织残疾人、儿童乞讨罪的刑事责任

依照《刑法》第262条之一规定，犯组织残疾人、儿童乞讨罪的，处三年以下有期徒刑或者拘役，并处罚金；情节严重的，处三年以上七年以下有期徒刑，并处罚金。

司法机关在适用《刑法》第262条之一规定处罚时，应当注意以下问题：

1. 处罚的对象，仅限于以暴力、胁迫手段组织残疾人、儿童进行乞讨的组织者，包括幕后操纵者、指挥者和具体执行者。对于实际上也是受害者的

一般参与乞讨的人员不能以犯罪论处。

2. "情节严重",是本罪的加重处罚情节。司法实践中,一般是指多次(三次以上)组织残疾人、儿童进行乞讨的;组织众多残疾人、儿童进行乞讨,严重扰乱社会治安的;屡教不改,长时间组织残疾人、儿童进行乞讨,在社会上造成恶劣影响的等情形。

四十三、组织未成年人进行违反治安管理活动罪

第二百六十二条之二① 组织未成年人进行盗窃、诈骗、抢夺、敲诈勒索等违反治安管理活动的,处三年以下有期徒刑或者拘役,并处罚金;情节严重的,处三年以上七年以下有期徒刑,并处罚金。

(一)组织未成年人进行违反治安管理活动罪的概念和构成要件

组织未成年人进行违反治安管理活动罪,是指组织未成年人进行盗窃、诈骗、抢夺、敲诈勒索等违反治安管理活动的行为。

组织未成年人进行违反治安管理活动罪的构成要件是:

1. 本罪侵犯的客体是双重客体,既侵犯未成年人的身心健康,也妨害社会治安管理秩序。其中,侵犯的主要客体是未成年人的身心健康,次要客体是社会治安管理秩序。犯罪对象是未成年人。按照2020年修订的《未成年人保护法》第2条规定:"本法所称未成年人是指不满十八周岁的公民。"

在我国,不满18周岁的未成年人的健康成长关系着祖国明天。近年来,社会上的一些不法分子利用未成年人生理、心理发育尚未成熟,辨别是非和自我控制能力差,以及一些未成年人精神空虚、物质缺乏之机,通过诱骗、胁迫甚至暴力手段,组织辍学未成年人、在校学生或者社会流浪少年,对在校学生实施抢夺、敲诈勒索、伤害等活动;在大型商贸区、繁华地带实施盗窃、扒窃、抢夺等活动。这些违法犯罪活动在某些大中城市十分猖獗。这些违法犯罪活动不仅扰乱了当地的社会治安秩序,而且更严重的是剥夺了这些

---

① 本条由2009年2月28日《刑法修正案(七)》第8条增设。

未成年人的受教育权、健康权，使他们逐渐走上了犯罪的道路。

2.客观方面表现为组织未成年人进行盗窃、诈骗、抢夺、敲诈勒索等违反治安管理活动的行为。

首先，必须实施了"组织行为"。但本罪的组织行为，不是《刑法》第26条第3款规定的犯罪集团中起组织、领导作用的行为和《刑法》第290条、第291条规定的聚众扰乱社会秩序和公共场所秩序的首要分子起组织、策划、指挥作用的行为，而是单独构成犯罪的一种实行行为。司法实践中，通常表现为行为人实施了组织、策划和指挥未成年人进行违反治安管理活动的行为。其次，被组织的对象必须是未成年人，包括身体残疾和智力发育不正常的未成年人。最后，必须是组织未成年人进行了违反治安管理活动。按照《治安管理处罚法》的规定，所谓违反治安管理活动，是指进行了扰乱公共秩序，妨害公共安全，侵犯人身权利、财产权利，妨害社会管理等活动。《刑法修正案（七）》列举了盗窃、诈骗、抢夺、敲诈勒索四种常见的典型违反治安管理的行为，但并未穷尽，因而加了一个"等"字，说明在适用范围上并不限于以上四种行为。例如，邓某文组织未成年人进行违反治安管理活动、敲诈勒索案[①]中，被告人邓某文组织未成年人盗窃；楚某超等组织未成年人进行违反治安管理活动案[②]中，被告人楚某超等人采取言语威胁、跟踪监视、经济控制等方式，组织未成年人在娱乐场所有偿陪侍。

3.犯罪主体为一般主体。凡年满16周岁，且具有刑事责任能力的人，均可构成本罪的主体。司法实践中多为成年人。本罪的主体可以是一人，也可以是多人，但必须是组织未成年人进行违反治安管理活动的"组织者"。例如，靳某某组织未成年人进行违反治安管理活动案[③]中，被告人靳某某使用感情笼络、威胁、殴打等手段，管理控制梁某等8名未成年女性在KTV

---

① 广东省韶关市翁源县人民法院作出判决：被告人邓某文犯组织未成年违反治安管理活动罪，判处有期徒刑四年，并处罚金人民币2000元。

② 浙江省瑞安市人民法院作出判决：被告人楚某超犯非法拘禁罪，判处有期徒刑十个月；浙江省温州市中级人民法院作出判决：撤销原审判决，并改判楚某超犯组织未成年人进行违反治安管理活动罪，判处有期徒刑十个月。

③ 江苏省宿迁市宿豫区人民法院作出判决：被告人靳某某犯组织未成年人进行违反治安管理活动罪，判处有期徒刑六年，并处罚金2万元。

有偿陪客人喝酒、唱歌，持续近两年时间。单位不构成本罪。

4. 主观方面由故意构成，包括直接故意和间接故意。过失不构成本罪。司法实践中，犯本罪一般都以牟利为目的，但法律并未明确规定以牟利为目的是构成本罪在主观方面的必备条件。因此，行为人出于扰乱社会秩序等其他目的的，也可以构成本罪。鉴于本罪侵犯的客体是未成年人的身心健康和社会治安管理秩序，不明确规定"以牟利为目的"，更有利于认定和及时惩处这类犯罪，更有力地保护未成年人的合法权益。

（二）认定组织未成年人进行违反治安管理活动罪应当注意的问题

1. 严格区分罪与非罪的界限。

本罪在客观方面要求行为人具有组织未成年人进行违反治安管理活动的"组织行为"，因而，不具备这种组织行为的，不构成犯罪。本罪在法律上没有情节的限制，一般只要行为人组织3名以上未成年人进行违反治安管理活动，就构成本罪。但是，根据《刑法》第13条"但书"规定，如果认定行为人"情节显著轻微危害不大的，不认为是犯罪"的，则不构成犯罪。

2. 划清一罪与数罪的界限。

对于行为人组织未成年人进行乞讨，又组织未成年人进行盗窃等违反治安管理活动的，如何处理？具体应区分两种情况：一是，如果是同一个组织行为，属于想象竞合犯，应当按照处罚较重的一个罪处罚，不实行数罪并罚，否则违反了不得对同一行为进行重复评价的原则；二是，如果行为人先后分别组织不同未成年人进行乞讨或者进行违反治安管理活动，事实上存在两个独立的组织行为的，则构成数罪，应当实行并罚。

3. 本罪与非法拘禁、故意伤害、拐骗儿童等相关犯罪的认定问题。

行为人通过暴力、胁迫、诱骗、教唆等手段，在组织未成年人实施违反治安管理活动过程中，对这些未成年人进行非法拘禁、故意伤害等行为，如何处理？具体应区分两种情况：一是，这些行为属"同一组织行为"，如果尚不构成犯罪，可按组织未成年人进行违反治安管理活动罪处理；二是，如果已构成犯罪，则属想象的数罪，不是实际的数罪，不适用数罪并罚原则，而应当按照想象竞合犯，从一重罪处断，即按其中法定刑重的一个罪处罚。

4. 区分本罪与盗窃、诈骗、抢夺、敲诈勒索等罪的界限。

本罪的适用应排除间接正犯与教唆犯的情形，即组织未成年人实施的盗窃、诈骗、抢夺、敲诈勒索等活动本身并不符合盗窃罪、诈骗罪、抢夺罪、敲诈勒索罪的犯罪构成，仅为"违反治安管理活动的行为"。如果所组织实施的盗窃等行为已经符合盗窃等犯罪构成，则对组织者不能以本罪论处，而应以间接正犯或者教唆犯原理来处理。具体而言：若所利用的未成年人未满16周岁，则所利用的未成年人实为其盗窃、诈骗、抢夺、敲诈勒索等犯罪行为的工具，依间接正犯原理，对组织者直接认定为具体的盗窃罪、抢夺罪等；若所利用的未成年人已满16周岁，则所利用的未成年人本人也应对盗窃、抢夺等承担刑事责任，此时组织者实属教唆犯，且为教唆未成年人犯罪，应当从重处罚。

（三）组织未成年人进行违反治安管理活动罪的刑事责任

依照《刑法》第262条之二规定，犯组织未成年人进行违反治安管理活动罪的，处三年以下有期徒刑或者拘役，并处罚金；情节严重的，处三年以上七年以下有期徒刑，并处罚金。

司法实践中需要注意的是，该条规定的"情节严重"是加重处罚情节。司法实践中，一般是指多次、大量组织未成年人进行违反治安管理活动，给社会造成恶劣影响的；长期以暴力、胁迫等手段组织未成年人进行违反治安管理活动，给未成年人的身心健康造成严重危害的；因组织未成年人进行违反治安管理活动给当地社会治安秩序造成严重后果的等情形。

第五版
（修订版）

刑法罪名精释

对最高人民法院、最高人民检察院
关于罪名司法解释的理解和适用

—— 下 ——

主编 胡云腾 熊选国 高憬宏 万 春

EXACT EXPLANATION FOR
ACCUSATIONS OF
CRIMINAL LAW

人民法院出版社

CONTENTS 目 录

下 册

第五章 侵犯财产罪

- 一、抢劫罪 795
- 二、盗窃罪 810
- 三、诈骗罪 819
- 四、抢夺罪 825
- 五、聚众哄抢罪 831
- 六、侵占罪 833
- 七、职务侵占罪 835
- 八、挪用资金罪 840
- 九、挪用特定款物罪 845
- 十、敲诈勒索罪 848
- 十一、故意毁坏财物罪 851
- 十二、破坏生产经营罪 855
- 十三、拒不支付劳动报酬罪 857

第六章 妨害社会管理秩序罪

第一节 扰乱公共秩序罪

- 一、妨害公务罪 867

二、袭警罪 871
三、煽动暴力抗拒法律实施罪 875
四、招摇撞骗罪 877
五、伪造、变造、买卖国家机关公文、证件、印章罪 879
六、盗窃、抢夺、毁灭国家机关公文、证件、印章罪 884
七、伪造公司、企业、事业单位、人民团体印章罪 886
八、伪造、变造、买卖身份证件罪 888
九、使用虚假身份证件、盗用身份证件罪 892
十、冒名顶替罪 894
十一、非法生产、买卖警用装备罪 897
十二、非法获取国家秘密罪 899
十三、非法持有国家绝密、机密文件、资料、物品罪 900
十四、非法生产、销售专用间谍器材、窃听、窃照专用器材罪 903
十五、非法使用窃听、窃照专用器材罪 905
十六、组织考试作弊罪 906
十七、非法出售、提供试题、答案罪 910
十八、代替考试罪 912
十九、非法侵入计算机信息系统罪 914
二十、非法获取计算机信息系统数据、非法控制计算机信息系统罪 917
二十一、提供侵入、非法控制计算机信息系统程序、工具罪 920
二十二、破坏计算机信息系统罪 924
二十三、拒不履行信息网络安全管理义务罪 928
二十四、非法利用信息网络罪 931
二十五、帮助信息网络犯罪活动罪 934
二十六、扰乱无线电通讯管理秩序罪 942
二十七、聚众扰乱社会秩序罪 945
二十八、聚众冲击国家机关罪 948
二十九、扰乱国家机关工作秩序罪 949
三十、组织、资助非法聚集罪 951

三十一、聚众扰乱公共场所秩序、交通秩序罪..................952
三十二、投放虚假危险物质罪..................956
三十三、编造、故意传播虚假恐怖信息罪..................958
三十四、编造、故意传播虚假信息罪..................961
三十五、高空抛物罪..................964
三十六、聚众斗殴罪..................967
三十七、寻衅滋事罪..................972
三十八、催收非法债务罪..................981
三十九、组织、领导、参加黑社会性质组织罪..................984
四十、入境发展黑社会组织罪..................1000
四十一、包庇、纵容黑社会性质组织罪..................1003
四十二、传授犯罪方法罪..................1006
四十三、非法集会、游行、示威罪..................1009
四十四、非法携带武器、管制刀具、爆炸物参加集会、游行、示威罪..................1011
四十五、破坏集会、游行、示威罪..................1013
四十六、侮辱国旗、国徽、国歌罪..................1015
四十七、侵害英雄烈士名誉、荣誉罪..................1017
四十八、组织、利用会道门、邪教组织、利用迷信破坏法律实施罪..................1020
四十九、组织、利用会道门、邪教组织、利用迷信致人重伤、死亡罪..................1024
五十、聚众淫乱罪..................1026
五十一、引诱未成年人聚众淫乱罪..................1028
五十二、盗窃、侮辱、故意毁坏尸体、尸骨、骨灰罪..................1029
五十三、赌博罪..................1031
五十四、开设赌场罪..................1034
五十五、组织参与国（境）外赌博罪..................1037
五十六、故意延误投递邮件罪..................1039

第二节 妨害司法罪

一、伪证罪..................1041
二、辩护人、诉讼代理人毁灭证据、伪造证据、妨害作证罪..................1043

三、妨害作证罪 1047

四、帮助毁灭、伪造证据罪 1050

五、虚假诉讼罪 1052

六、打击报复证人罪 1058

七、泄露不应公开的案件信息罪 1060

八、披露、报道不应公开的案件信息罪 1064

九、扰乱法庭秩序罪 1067

十、窝藏、包庇罪 1069

十一、拒绝提供间谍犯罪、恐怖主义犯罪、极端主义犯罪证据罪 1074

十二、掩饰、隐瞒犯罪所得、犯罪所得收益罪 1077

十三、拒不执行判决、裁定罪 1084

十四、非法处置查封、扣押、冻结的财产罪 1092

十五、破坏监管秩序罪 1094

十六、脱逃罪 1096

十七、劫夺被押解人员罪 1099

十八、组织越狱罪 1100

十九、暴动越狱罪 1102

二十、聚众持械劫狱罪 1105

第三节 妨害国（边）境管理罪

一、组织他人偷越国（边）境罪 1107

二、骗取出境证件罪 1113

三、提供伪造、变造的出入境证件罪 1116

四、出售出入境证件罪 1119

五、运送他人偷越国（边）境罪 1121

六、偷越国（边）境罪 1125

七、破坏界碑、界桩罪 1128

八、破坏永久性测量标志罪 1130

第四节 妨害文物管理罪

一、故意损毁文物罪 1132

二、故意损毁名胜古迹罪 1134

三、过失损毁文物罪 1136

四、非法向外国人出售、赠送珍贵文物罪 1137

五、倒卖文物罪 1140

六、非法出售、私赠文物藏品罪 1143

七、盗掘古文化遗址、古墓葬罪 1146

八、盗掘古人类化石、古脊椎动物化石罪 1150

九、抢夺、窃取国有档案罪 1153

十、擅自出卖、转让国有档案罪 1155

第五节 危害公共卫生罪

一、妨害传染病防治罪 1157

二、传染病菌种、毒种扩散罪 1160

三、妨害国境卫生检疫罪 1162

四、非法组织卖血罪 1165

五、强迫卖血罪 1167

六、非法采集、供应血液、制作、供应血液制品罪 1169

七、采集、供应血液、制作、供应血液制品事故罪 1172

八、非法采集人类遗传资源、走私人类遗传资源材料罪 1175

九、医疗事故罪 1178

十、非法行医罪 1180

十一、非法进行节育手术罪 1183

十二、非法植入基因编辑、克隆胚胎罪 1185

十三、妨害动植物防疫、检疫罪 1187

第六节 破坏环境资源保护罪

一、污染环境罪 1190

二、非法处置进口的固体废物罪 1197

三、擅自进口固体废物罪 1199

四、非法捕捞水产品罪 1200

五、危害珍贵、濒危野生动物罪 1203

六、非法狩猎罪……………………………………………………………1205

七、非法猎捕、收购、运输、出售陆生野生动物罪…………………1208

八、非法占用农用地罪…………………………………………………1212

九、破坏自然保护地罪…………………………………………………1217

十、非法采矿罪…………………………………………………………1220

十一、破坏性采矿罪……………………………………………………1225

十二、危害国家重点保护植物罪………………………………………1227

十三、非法引进、释放、丢弃外来入侵物种罪………………………1231

十四、盗伐林木罪………………………………………………………1234

十五、滥伐林木罪………………………………………………………1237

十六、非法收购、运输盗伐、滥伐的林木罪…………………………1239

第七节 走私、贩卖、运输、制造毒品罪

一、走私、贩卖、运输、制造毒品罪…………………………………1241

二、非法持有毒品罪……………………………………………………1250

三、包庇毒品犯罪分子罪………………………………………………1256

四、窝藏、转移、隐瞒毒品、毒赃罪…………………………………1260

五、非法生产、买卖、运输制毒物品、走私制毒物品罪……………1264

六、非法种植毒品原植物罪……………………………………………1271

七、非法买卖、运输、携带、持有毒品原植物种子、幼苗罪………1274

八、引诱、教唆、欺骗他人吸毒罪……………………………………1277

九、强迫他人吸毒罪……………………………………………………1281

十、容留他人吸毒罪……………………………………………………1284

十一、非法提供麻醉药品、精神药品罪………………………………1288

十二、妨害兴奋剂管理罪………………………………………………1293

第八节 组织、强迫、引诱、容留、介绍卖淫罪

一、组织卖淫罪…………………………………………………………1297

二、强迫卖淫罪…………………………………………………………1305

三、协助组织卖淫罪……………………………………………………1310

四、引诱、容留、介绍卖淫罪…………………………………………1314

五、引诱幼女卖淫罪 1321

六、传播性病罪 1323

第九节 制作、贩卖、传播淫秽物品罪

一、制作、复制、出版、贩卖、传播淫秽物品牟利罪 1327

二、为他人提供书号出版淫秽书刊罪 1331

三、传播淫秽物品罪 1334

四、组织播放淫秽音像制品罪 1338

五、组织淫秽表演罪 1340

第七章 危害国防利益罪

一、阻碍军人执行职务罪 1345

二、阻碍军事行动罪 1347

三、破坏武器装备、军事设施、军事通信罪 1349

四、过失损坏武器装备、军事设施、军事通信罪 1354

五、故意提供不合格武器装备、军事设施罪 1356

六、过失提供不合格武器装备、军事设施罪 1358

七、聚众冲击军事禁区罪 1360

八、聚众扰乱军事管理区秩序罪 1362

九、冒充军人招摇撞骗罪 1364

十、煽动军人逃离部队罪 1366

十一、雇用逃离部队军人罪 1368

十二、接送不合格兵员罪 1370

十三、伪造、变造、买卖武装部队公文、证件、印章罪 1371

十四、盗窃、抢夺武装部队公文、证件、印章罪 1374

十五、非法生产、买卖武装部队制式服装罪 1377

十六、伪造、盗窃、买卖、非法提供、非法使用武装部队专用标志罪 1379

十七、战时拒绝、逃避征召、军事训练罪 1383

十八、战时拒绝、逃避服役罪 1386

十九、战时故意提供虚假敌情罪 1387

二十、战时造谣扰乱军心罪...1389

二十一、战时窝藏逃离部队军人罪.......................................1390

二十二、战时拒绝、故意延误军事订货罪...............................1392

二十三、战时拒绝军事征收、征用罪....................................1394

第八章　贪污贿赂罪

一、贪污罪...1399

二、挪用公款罪...1412

三、受贿罪...1420

四、单位受贿罪...1432

五、利用影响力受贿罪..1434

六、行贿罪...1440

七、对有影响力的人行贿罪...1447

八、对单位行贿罪..1451

九、介绍贿赂罪...1453

十、单位行贿罪...1455

十一、巨额财产来源不明罪...1459

十二、隐瞒境外存款罪..1462

十三、私分国有资产罪..1464

十四、私分罚没财物罪..1468

第九章　渎职罪

一、滥用职权罪...1473

二、玩忽职守罪...1481

三、故意泄露国家秘密罪...1487

四、过失泄露国家秘密罪...1490

五、徇私枉法罪...1492

六、民事、行政枉法裁判罪...1496

七、执行判决、裁定失职罪 1498

八、执行判决、裁定滥用职权罪 1504

九、枉法仲裁罪 1506

十、私放在押人员罪 1508

十一、失职致使在押人员脱逃罪 1510

十二、徇私舞弊减刑、假释、暂予监外执行罪 1512

十三、徇私舞弊不移交刑事案件罪 1515

十四、滥用管理公司、证券职权罪 1517

十五、徇私舞弊不征、少征税款罪 1520

十六、徇私舞弊发售发票、抵扣税款、出口退税罪 1522

十七、违法提供出口退税凭证罪 1524

十八、国家机关工作人员签订、履行合同失职被骗罪 1525

十九、违法发放林木采伐许可证罪 1527

二十、环境监管失职罪 1530

二十一、食品、药品监管渎职罪 1531

二十二、传染病防治失职罪 1536

二十三、非法批准征收、征用、占用土地罪 1539

二十四、非法低价出让国有土地使用权罪 1542

二十五、放纵走私罪 1544

二十六、商检徇私舞弊罪 1545

二十七、商检失职罪 1547

二十八、动植物检疫徇私舞弊罪 1549

二十九、动植物检疫失职罪 1550

三十、放纵制售伪劣商品犯罪行为罪 1552

三十一、办理偷越国（边）境人员出入境证件罪 1554

三十二、放行偷越国（边）境人员罪 1556

三十三、不解救被拐卖、绑架妇女、儿童罪 1558

三十四、阻碍解救被拐卖、绑架妇女、儿童罪 1559

三十五、帮助犯罪分子逃避处罚罪 1561

三十六、招收公务员、学生徇私舞弊罪 1564

三十七、失职造成珍贵文物损毁、流失罪 1565

第十章　军人违反职责罪

一、战时违抗命令罪 1576

二、隐瞒、谎报军情罪 1578

三、拒传、假传军令罪 1580

四、投降罪 1582

五、战时临阵脱逃罪 1584

六、擅离、玩忽军事职守罪 1586

七、阻碍执行军事职务罪 1588

八、指使部属违反职责罪 1590

九、违令作战消极罪 1592

十、拒不救援友邻部队罪 1594

十一、军人叛逃罪 1596

十二、非法获取军事秘密罪 1598

十三、为境外窃取、刺探、收买、非法提供军事秘密罪 1601

十四、故意泄露军事秘密罪 1603

十五、过失泄露军事秘密罪 1605

十六、战时造谣惑众罪 1607

十七、战时自伤罪 1609

十八、逃离部队罪 1611

十九、武器装备肇事罪 1613

二十、擅自改变武器装备编配用途罪 1616

二十一、盗窃、抢夺武器装备、军用物资罪 1618

二十二、非法出卖、转让武器装备罪 1620

二十三、遗弃武器装备罪 1622

二十四、遗失武器装备罪 1624

二十五、擅自出卖、转让军队房地产罪 1626

二十六、虐待部属罪 1628

二十七、遗弃伤病军人罪 1630

二十八、战时拒不救治伤病军人罪 1632

二十九、战时残害居民、掠夺居民财物罪 1633

三十、私放俘虏罪 1635

三十一、虐待俘虏罪 1636

第五章　侵犯财产罪

一、抢劫罪

第二百六十三条 以暴力、胁迫或者其他方法抢劫公私财物的,处三年以上十年以下有期徒刑,并处罚金;有下列情形之一的,处十年以上有期徒刑、无期徒刑或者死刑,并处罚金或者没收财产:
(一)入户抢劫的;
(二)在公共交通工具上抢劫的;
(三)抢劫银行或者其他金融机构的;
(四)多次抢劫或者抢劫数额巨大的;
(五)抢劫致人重伤、死亡的;
(六)冒充军警人员抢劫的;
(七)持枪抢劫的;
(八)抢劫军用物资或者抢险、救灾、救济物资的。

第二百六十七条第二款 携带凶器抢夺的,依照本法第二百六十三条的规定定罪处罚。

第二百六十九条 犯盗窃、诈骗、抢夺罪,为窝藏赃物、抗拒抓捕或者毁灭罪证而当场使用暴力或者以暴力相威胁的,依照本法第二百六十三条的规定定罪处罚。

(一)抢劫罪的概念和构成要件

抢劫罪,是指以非法占有为目的,当场使用暴力、胁迫或者其他方法,强行立即夺取公私财物的行为。

本罪1979年《刑法》第150条作了规定,1997年《刑法》对原条文作了修改,但罪名未改。

抢劫罪的构成要件是:

1. 侵犯的客体为复杂客体，即不仅侵犯了公私财产的所有权，同时也侵犯了被害人的人身权利。

侵犯双重客体，是构成抢劫罪的一个必备要件，也是本罪区别于其他侵犯财产犯罪和一般侵犯人身权利犯罪的重要标志。由于抢劫罪的最终目的是抢劫财物，侵犯人身权利只是实现犯罪目的而使用的一种手段，所以，刑法将其归入侵犯财产罪一章中。侵犯的对象为公私财物。因抢劫罪具有当场取得财物的特征，所以，被侵犯的公私财物一般表现为动产形式，不动产的财物不能成为抢劫罪的对象。但如果行为人将不动产财物的一部分强行分离后而抢走，则被分离部分已成为动产，应当构成抢劫罪。

2. 客观方面表现为对公私财物的所有者、保管者或者守护者当场使用暴力、胁迫或者其他对人身实行强制的方法，立即抢走财物或者迫使被害人立即交出财物的行为。

"暴力"，是指行为人对被害人身体实施袭击或者使用其他强暴手段，如殴打、伤害、捆绑、禁闭等，足以危及被害人身体健康或者生命安全，致使被害人不能抗拒，被其当即抢走财物，或者被迫立即交出财物。"胁迫"，是指行为人以立即实施暴力相威胁，实行精神强制，使被害人产生恐惧而不敢抗拒，被迫当场交出财物或者任其立即劫取财物。这种胁迫，一般是针对被害人，有的也可以是针对在场的被害人亲属或者其他有关人员。这种胁迫，通常是以明确的语言、示意或者动作进行威胁，其特点为：一是当面向被害人发出；二是以立即实施暴力相威胁；三是当场抢劫财物；四是如遇反抗，会立即转为暴力劫取财物。"其他方法"，是指除了暴力或者胁迫方法之外，对被害人采取诸如用酒灌醉、用药物麻醉等方法，使被害人不知抗拒或者丧失反抗能力，而当场劫取其财物。认定犯罪行为是否构成了抢劫罪，应以行为人非法占有财物的当场是否实际使用了暴力、胁迫或者其他方法为标准。这是抢劫罪区别于其他侵犯财产犯罪的本质特征。

3. 犯罪主体为一般主体。

根据《刑法》第 17 条第 2 款的规定，凡年满 14 周岁并具有刑事责任能力的自然人，均可构成本罪的主体。已满 14 周岁不满 16 周岁的限制刑事责任能力人，实施盗窃、诈骗或者抢夺行为，为窝藏赃物、抗拒抓捕或者毁灭罪证而实施暴力或者以暴力相威胁，或者携带凶器抢夺，或者聚众打砸抢而毁坏、抢走公私财物，从而符合转化型抢劫罪的行为特征的，亦应以抢劫罪追究刑事责任。

4.主观方面只能由直接故意构成，且故意的内容必须以非法占有公私财物为目的。

（二）认定抢劫罪应当注意的问题

1.把握抢劫罪的两个"当场"要件。

构成抢劫罪需具备两个基本要件：一是当场使用暴力或者以当场使用暴力相胁迫等手段；二是当场取得财物，即通常所称的两个"当场"。"当场"不是一个纯粹的时空概念，必须结合行为人的暴力或者胁迫手段，该手段对被害人的身体和精神强制方式、程度及与取得财物之间的内在联系，来加以具体分析认定。一方面，当场不仅仅限于一时一地、此时此地，在暴力、胁迫等手段的持续强制过程中，即使时间延续较长、空间也发生了一定转换，同样可以视为当场，而不必拘泥于某一特定时间、地点；另一方面，"当场"又应以暴力、胁迫手段行为的自然延伸及取得他人财物的必要为限，避免"当场"解释的任意化。

对于暴力挟持被害人，迫使其拿出存折并派同案犯到银行支取现金，从而非法取得被害人财物的行为，应认定具备抢劫罪两个"当场"要件。对于以暴力、胁迫手段要求被害人交出自己的财产，由于被害人的财产不在身边，行为人不得不同意被害人通知其他人送来财产的行为，亦应认定符合抢劫罪的特征。

2.把握抢劫罪的犯罪对象。

抢劫罪的犯罪对象为公私财物。财物，可以分为有形物和无形物、动产和不动产、合法财产与不合法财产。有形物、动产和合法财产可以成为抢劫罪的对象，不动产不能成为抢劫罪的对象，无形物和不合法财产在特定情况下可成为抢劫罪的对象。当然，如果抢劫对象是枪支、弹药、爆炸物等特定物品的，则应按照《刑法》规定的特定罪名即抢劫枪支、弹药、爆炸物罪论处。

关于无形物比如电力、煤气、天然气等，能否成为抢劫罪的对象，考虑到最高人民法院在有关盗窃罪的司法解释中曾明确规定前述无形物可以成为盗窃罪的对象，据此推论，对于以暴力、胁迫等方法迫使他人为自己当场无偿提供电力、煤气、天然气等使用，使对方遭受经济损失的，可以认定构成抢劫罪。如果行为人以威胁方法迫使他人同意日后无偿使用电力、煤气的，应以敲诈勒索论处。

关于技术成果（如设计图纸、技术资料）能否成为抢劫罪的对象，考虑到《刑法》第219条规定的侵犯商业秘密罪的罪状为"以盗窃、贿赂、欺诈、胁迫、电子侵入或者其他不正当手段获取权利人的商业秘密的"，而"其他不正当手段"不应包括与"盗窃、贿赂、欺诈、胁迫、电子侵入"的社会危害性和严重性不相当的抢劫手段，因此，行为人以非法占有技术成果为目的，劫取技术成果的，可以抢劫罪论处。

关于毒品、假币、淫秽物品等违禁品以及赌资、犯罪所得的赃款赃物能否成为抢劫罪的对象，《最高人民法院关于审理抢劫、抢夺刑事案件适用法律若干问题的意见》（以下简称《审理抢劫、抢夺刑事案件意见》）第7条规定，以毒品、假币、淫秽物品等违禁品为对象，实施抢劫的，以抢劫罪定罪；抢劫的违禁品数量作为量刑情节予以考虑。抢劫违禁品后又以违禁品实施其他犯罪的，应以抢劫罪与具体实施的其他犯罪实行数罪并罚。抢劫赌资、犯罪所得的赃款赃物的，以抢劫罪定罪，但行为人仅以其所输赌资或所赢赌债为抢劫对象，一般不以抢劫罪定罪处罚。构成其他犯罪的，依照刑法的相关规定处罚。

3.划清抢劫罪与非罪的界限。

（1）划清抢劫罪与抢劫违法行为的界限。一般情况下，凡是以非法占有为目的，用暴力、胁迫或者其他方法强行立即夺取公私财物的行为，就具备了抢劫罪的基本特征，构成了抢劫罪。但根据《刑法》第13条的规定，某些情节显著轻微危害不大的行为，如偶尔进行恶作剧式的抢劫，行为很有节制，数额极其有限，强索少量财物，抢吃少量食品等，属于一般违法行为，尚不构成抢劫罪。根据《审理抢劫、抢夺刑事案件意见》第7条第3款的规定，为个人使用，以暴力、胁迫等手段取得家庭成员或近亲属财产的，一般不以抢劫罪定罪处罚，构成其他犯罪的，依照《刑法》的相关规定处理；但是，对于教唆或者伙同他人采取暴力、胁迫等手段劫取家庭成员或近亲属财产的，可以抢劫罪定罪处罚。①

（2）划清抢劫罪与民事、家庭、婚姻纠纷的界限。由于借贷或者其他财产纠纷而强行扣留对方财物，用以抵债抵物或者索还欠款欠物的，因为不是以非法占有他人财物为目的，属于讨债索物手段不当的行为，应当查明情况，妥善处理，不构成抢劫罪。对于使用暴力抢走借条、意图免除债务的行为，只要手段节制、被害人能够通过民事起诉等手段进行适当救济，原则上可不以抢劫罪论处，但恶性极大、严重侵害被害人人身和财产权利的除外。因为婚姻家庭纠纷，一方抢回彩礼、陪嫁物或者强行分割并拿走家庭共有财产的，即使抢回、拿走的份额多了，也还是民事、家庭、婚姻纠纷中处理方法不当的问题，不具有非法侵占他人财物的目的，不构成抢劫罪。

（3）根据《最高人民法院关于审理未成年人刑事案件具体应用法律若干问题的解释》第7条的规定，已满14周岁不满16周岁的人使用轻微暴力或者威胁，强行索要其他未成年人随身携带的生活、学习用品或者钱财数量不大，且未造成被害人轻微伤以上或者不敢正常到校学习、生活等危害后果的，不认为是犯罪。已满16周岁不满18周岁的人具有前款规定情形的，一般也不认为是犯罪。

4. 准确认定转化型抢劫罪。

《刑法》第269条规定："犯盗窃、诈骗、抢夺罪，为窝藏赃物、抗拒抓捕或者毁灭罪证而当场使用暴力或者以暴力相威胁的，依照本法第二百六十三条的规定定罪处罚。"适用本条规定应当注意掌握以下四点：（1）适用的前提是"犯盗窃、诈骗、抢夺罪"，即只能是具有这三种行为之一的。（2）使用暴力的目的是"为窝藏赃物、抗拒抓捕或者毁灭罪证"，即指行为人为防护已经到手的赃物不被追回；抗拒公安机关、失主或者其他公民对他的抓捕、扭送；毁灭作案现场上遗留的痕迹、物品等以免成为罪证。

---

① 参见刘某富等抢劫案，载最高人民法院刑事审判第一、二、三、四、五庭主办：《中国刑事审判指导案例》，法律出版社2009年版，第297页。

如果是出于其他目的，则不能适用本条。（3）适用的条件是"当场使用暴力或者以暴力相威胁"。"当场"，是指实施犯罪的现场。在现场发现犯罪人并随之追赶的过程，应视为现场的延伸。"使用暴力或者以暴力相威胁"，是指行为人对抓捕他的人实施足以危及其身体健康或者生命安全的行为，或者以将要实施这种行为相威胁。这是适用本条的关键。（4）犯罪的性质发生转化。由于行为人"当场使用暴力或者以暴力相威胁"，对其原来实施的盗窃、诈骗或者抢夺犯罪的行为，应当以抢劫罪论处。

《审理抢劫、抢夺刑事案件意见》第5条规定，行为人实施盗窃、诈骗、抢夺行为，未达到"数额较大"的成罪标准，为窝藏赃物、抗拒抓捕或者毁灭罪证当场使用暴力或者以暴力相威胁，情节较轻、危害不大的，一般不以犯罪论处；但具有下列情节之一的，可依照《刑法》第269条的规定，以抢劫罪定罪处罚：（1）盗窃、诈骗、抢夺接近"数额较大"标准的；（2）入户或在公共交通工具上盗窃、诈骗、抢夺后在户外或交通工具外实施上述行为的；（3）使用暴力致人轻微伤以上后果的；（4）使用凶器或以凶器相威胁的；（5）具有其他严重情节的。

《最高人民法院关于审理抢劫刑事案件适用法律若干问题的指导意见》（以下简称《审理抢劫刑事案件意见》）第3条在前述《审理抢劫、抢夺刑事案件意见》的基础上，进一步明确了转化型抢劫罪认定的如下四个方面问题：

（1）《刑法》第269条所规定"犯盗窃、诈骗、抢夺罪"，主要是指行为人已经着手实施盗窃、诈骗、抢夺行为，一般不考察盗窃、诈骗、抢夺行为是否既遂。但是所涉财物数额明显低于"数额较大"的标准，又不具有《审理抢劫、抢夺刑事案件意见》第5条所列五种情节之一的，不构成抢劫罪。"当场"是指在盗窃、诈骗、抢夺的现场以及行为人刚离开现场即被他人发现并抓捕的情形。

（2）对于以摆脱的方式逃脱抓捕，暴力强度较小，未造成轻伤以上后果的，可不认定为"使用暴力"，不以抢劫罪论处。

（3）入户或者在公共交通工具上盗窃、诈骗、抢夺后，为了窝藏赃物、抗拒抓捕或者毁灭罪证，在户内或者公共交通工具上当场使用暴力或者以暴力相威胁的，构成"入户抢劫"或者"在公共交通工具上抢劫"。

（4）两人以上共同实施盗窃、诈骗、抢夺犯罪，其中部分行为人为窝藏赃物、抗拒抓捕或者毁灭罪证而当场使用暴力或者以暴力相威胁的，对于其余行为人是否以抢劫罪共犯论处，主要看其对实施暴力或者以暴力相威胁的行为人是否形成共同犯意、提供帮助。基于一定意思联络，对实施暴力或者以暴力相威胁的行为人提供帮助或实际成为帮凶的，可以抢劫共犯论处。

5. 划清本罪与故意杀人罪的界限。

2001年5月26日施行的《最高人民法院关于抢劫过程中故意杀人案件如何定罪问题的批复》规定，行为人为劫取财物而预谋故意杀人，或者在劫取财物过程中，为制服被害人反抗而故意杀人的，以抢劫罪定罪处罚。行为人实施抢劫后，为灭口而故意杀人的，以抢劫罪和故意杀人罪定罪，实行数罪并罚。

6. 划清本罪与绑架罪的界限。

《审理抢劫、抢夺刑事案件意见》第9条对两罪的界限认定作出了具体规定，第一，主观方面不尽相同。抢劫罪中，行为人一般出于非法占有他人财物的故意实施抢劫行为，绑架罪中，行为人既可能为勒索他人财物而实施绑架行为，也可能出于其他非经济目的实施绑架行为；第二，行为手段不尽相同。抢劫罪表现为行为人劫取财物一般应在同一时间、同一地点，具有"当场性"；绑架罪表现为行为人以杀害、伤害等方式向被绑架人的亲属或其他人或单位发出威胁，索取赎金或提出其他非法要求，劫取财物一般不具有"当场性"。绑架过程中又当场劫取被害人随身携带财物的，同时触犯绑架罪和抢劫罪两罪名，应择一重罪定罪处罚。

7. 划清本罪与敲诈勒索行为的界限。

（1）抢劫的威胁，只能是行为人直接向被害人当面发出，而敲诈勒索既可以直接面向被害人，也可以是非面对面式地发出，如通过书信、电话或第三人转达等；（2）抢劫的威胁，只能是以当场实现某种侵害行为相威胁，具有实施的急迫性，被害人除了当场交付财物，考虑、选择的时间余地非常小，而敲诈勒索则一般是以日后实现某种侵害行为相威胁，对被害人的精神强制效果不如前者急迫，被害人在决定是否交付财物上，仍有一定的考虑、选择余地。(3) 抢劫的威胁，只能以直接侵犯被害人人身的暴力威胁为内容，具有当场付诸实施的可能性，而敲诈勒索的威胁多是以毁人名誉、揭发隐私等非暴力为内容，即使是暴力威胁，其威胁要实施的暴力一般也不是直接指向被勒索人，而是指向被勒索人的亲友等，而且威胁内容一般不具有当场实施的即时性。(4) 抢劫取得的财物只能是当场取得，且取得的财物数量，以当场取得为限，而敲诈勒索的财物取得一般为事后取得，勒索行为与财物取得往往会有一定的时空间隔，且勒索人往往会事先确定要勒索的财物数量。

8. 划清本罪与强迫交易罪的界限。

《审理抢劫、抢夺刑事案件意见》第9条规定："从事正常商品买卖、交易或者劳动服务的人，以暴力、胁迫手段迫使他人交出与合理价钱、费用相差不大钱物，情节严重的，以强迫交易罪定罪处罚；以非法占有为目的，以买卖、交易、服务为幌子采用暴力、胁迫手段迫使他人交出与合理价钱、费用相差悬殊的钱物的，以抢劫罪定罪处刑。在具体认定时，既要考虑超出合理价钱、费用的绝对数额，还要考虑超出合理价钱、费用的比例，加以综合判断。"例如，出租车驾驶员在正常营运过程中，采用不足以危及乘客的身体健康或者生命安全的手段（如语言威胁、强行搜身等），向乘客索取与合理价格相差悬殊的高额出租车服务费，情节严重的，其行为构成强迫交易罪，不构成抢劫罪。[①]

9. 划清本罪与寻衅滋事罪的界限。

《审理抢劫、抢夺刑事案件意见》第9条规定，寻衅滋事罪是严重扰乱社会秩序的犯罪，行为人实施寻衅滋事的行为时，客观上也可能表现为强拿硬要公私财物的特征。这种强拿硬要的行为与抢劫罪的区别在于：前者行为人主观上还具有逞强好胜和通过强拿硬要来填补其精神空虚等目的，后者行为人一般只具有非法占有他人财物的目的；前者行为人客观上一般不以严重侵犯他人人身权利的方法强拿硬要财物，而后者行为人则以暴力、胁迫等方式作为劫取他人财物的手段。司法实践中，对于未成年人使用或威胁使用轻

[①] 参见《中华人民共和国最高人民法院公报》2006年第4期，第38页。

微暴力强抢少量财物的行为，一般不宜以抢劫罪定罪处罚。其行为符合寻衅滋事罪特征的，可以寻衅滋事罪定罪处罚。

10. 与其他相似犯罪的界限。

（1）冒充正在执行公务的人民警察、联防人员，以抓卖淫嫖娼、赌博等违法行为为名非法占有财物的行为定性。《审理抢劫、抢夺刑事案件意见》第9条规定，行为人冒充正在执行公务的人民警察"抓赌""抓嫖"，没收赌资或者罚款的行为，构成犯罪的，以招摇撞骗罪从重处罚；在实施上述行为中使用暴力或者暴力威胁的，以抢劫罪定罪处罚。行为人冒充治安联防队员"抓赌""抓嫖"、没收赌资或者罚款的行为，构成犯罪的，以敲诈勒索罪定罪处罚；在实施上述行为中使用暴力或者暴力威胁的，以抢劫罪定罪处罚。

（2）暴力或以暴力相威胁索债行为的定性。《审理抢劫、抢夺刑事案件意见》第9条规定，行为人为索取债务，使用暴力、暴力威胁等手段的，一般不以抢劫罪定罪处罚。构成故意伤害等其他犯罪的，依照《刑法》第234条等规定处罚。

11. 准确认定本罪的既遂与未遂。

《审理抢劫、抢夺刑事案件意见》第10条规定，抢劫罪侵犯的是复杂客体，既侵犯财产权利又侵犯人身权利，具备劫取财物或者造成他人轻伤以上后果两者之一的，均属抢劫既遂；既未劫取财物，又未造成他人人身伤害后果的，属抢劫未遂。据此，《刑法》第263条规定的八种处罚情节中除"抢劫致人重伤、死亡的"这一结果加重情节之外，其余七种处罚情节同样存在既遂、未遂问题，其中属抢劫未遂的，应当根据《刑法》关于加重情节的法定刑规定，结合未遂犯的处理原则量刑。

12. 准确认定本罪的罪数。

《审理抢劫、抢夺刑事案件意见》第8条规定，行为人实施伤害、强奸等犯罪行为，在被害人未失去知觉，利用被害人不能反抗、不敢反抗的处境，临时起意劫取他人财物的，应以此前所实施的具体犯罪与抢劫罪实行数罪并罚；在被害人失去知觉或者没有发觉的情形下，以及实施故意杀人犯罪行为之后，临时起意拿走他人财物的，应以此前所实施的具体犯罪与盗窃罪实行数罪并罚。

对于抢劫过程中使用暴力致人昏迷，误认为被害人已死亡，为毁灭罪证又实施放火行为造成被害人死亡的，应以抢劫罪和放火罪并罚；抢劫被害人财物后放走被害人，并要求被害人继续取钱汇到指定账户，并以炸毁被害人财产进行威胁的行为，应以抢劫罪和敲诈勒索罪并罚；先基于敲诈图财的目的，在犯罪过程中，又产生了暴力图财的犯意，且先后实施了两个性质不同的行为，应分别定罪并罚。

（三）抢劫罪的刑事责任

依照《刑法》第263条的规定，犯抢劫罪的，处三年以上十年以下有期徒刑，并处罚金；有下列情形之一的，处十年以上有期徒刑、无期徒刑或者死刑，并处罚金或者没收财产：（1）入户抢劫的；（2）在公共交通工具上抢劫的；（3）抢劫银行或者其他金融机构的；（4）多次抢劫或者抢劫数额巨大的；（5）抢劫致人重伤、死亡的；（6）冒充军警人员抢劫的；（7）持枪抢劫的；（8）抢劫军用物资或者抢险、救灾、救济物资的。

司法机关在适用本条规定处罚时，应当注意以下问题：

1. 在适用第一档刑罚时，应当注意在判处主刑的同时，并处罚金刑；在适用第二档刑罚时，应当注意在判处主刑的同时，要么并处罚金，要么并处没收财产。在司法实践中，对于判处无期徒刑或者死刑的，应当并处没收财产。

2. 在适用第二档刑罚时，准确理解和掌握八种法定加重情节，是正确处理严重抢劫犯罪案件的关键。

（1）《审理抢劫、抢夺刑事案件意见》以《最高人民法院关于审理抢劫案件具体应用法律若干问题的解释》（以下简称《审理抢劫案件解释》）第1条的规定为基础，明确了认定"入户抢劫"应当注意以下三个问题：一是"户"的范围。"户"在这里是指住所，其特征表现为供他人家庭生活和与外界相对隔离两个方面，前者为功能特征，后者为场所特征。一般情况下，集体宿舍、旅店宾馆、临时搭建工棚等不应认定为"户"，但在特定情况下，如果确实具有上述两个特征的，也可以认定为"户"。二是"入户"目的的非法性。进入他人住所须以实施抢劫等犯罪为目的。抢劫行为虽然发生在户内，但行为人不以实施抢劫等犯罪为目的进入他人住所，而是在户内临时起意实施抢劫的，不属于"入户抢劫"。三是暴力或者暴力胁迫行为必须发生在户内。入户实施盗窃被发现，行为人为窝藏赃物、抗拒抓捕或者毁灭罪证而当场使用暴力或者以暴力相威胁的，如果暴力或者暴力胁迫行为发生在户内，可以认定为"入户抢劫"；如果发生在户外，不能认定为"入户抢劫"。

《审理抢劫刑事案件意见》第2条进一步明确了如下两方面相关问题：第一，认定"入户抢劫"，要注重审查行为人"入户"的目的，将"入户抢劫"与"在户内抢劫"区别开来。以侵害户内人员的人身、财产为目的，入户后实施抢劫，包括入户实施盗窃、诈骗等犯罪而转化为抢劫的，应当认定为"入户抢劫"。因访友办事等原因经户内人员允许入户后，临时起意实施抢劫，或者临时起意实施盗窃、诈骗等犯罪而转化为抢劫的，不应认定为"入户抢劫"。第二，对于部分时间从事经营、部分时间用于生活起居的场所，行为人在非营业时间强行入内抢劫或者以购物等为名骗开房门入内抢劫的，应认定为"入户抢劫"。对于部分用于经营、部分用于生活且之间有明确隔离的场所，行为人进入生活场所实施抢劫的，应认定为"入户抢劫"；如场所之间没有明确隔离，行为人在营业时间入内实施抢劫的，不认定为"入户抢劫"，但在非营业时间入内实施抢劫的，应认定为"入户抢劫"。

对于以假借购物为名，进入他人经营和生活区域缺乏明显隔离的商店抢劫，在个体家庭旅馆针对旅馆主人实施的抢劫，以及子女进入父母住宅抢劫的，不宜认定构成"入户抢劫"；对于进入共同租住的房屋抢劫的行为，如果该房屋是供家庭生活且与外界相对隔离，应认定为"入户抢劫"。

（2）在公共交通工具上抢劫的。《审理抢劫刑事案件意见》第2条进一步明确了如下两方面相关问题：第一，"公共交通工具"，包括从事旅客运输的各种公共汽车，大、中型出租车，火车，地铁，轻轨，轮船，飞机等，不含小型出租车。对于虽不具有商业营运执照，但实际从事旅客运输的大、中型交通工具，可认定为"公共交通工具"。接送职工的单位班车、接送师生的校车等大、中型交通工具，视为"公共交通工具"。第二，"在公共交通工具上抢劫"，既包括在处于运营状态的公共交通工具上对旅客及司售、乘务人员实施抢劫，也包括拦截运营途中的公共交通工具对旅客及司售、乘务人员实施抢劫,但不包括在未运营的公共交通工具上针对司售、乘务人员实施抢劫。以暴力、胁迫或者麻醉等手段对公共交通工具上的特定人员实施抢劫的,一般应认定为"在公共交通工具上抢劫"。

(3)抢劫银行或者其他金融机构的。"银行",既包括国家银行,也包括民营银行和外国在我国境内设立的银行。"其他金融机构",是指银行以外的依法从事货币资金的融通和信用的机构,如证券公司、保险公司、信托投资公司、金融租赁公司、企业集团财务公司等。《审理抢劫案件解释》第3条规定,"抢劫银行或者其他金融机构",是指抢劫银行或者其他金融机构的经营资金、有价证券和客户的资金等。抢劫正在使用中的银行或者其他金融机构的运钞车的,视为"抢劫银行或者其他金融机构"。

值得注意的是,《审理抢劫案件解释》所规定的客户的资金,是指已存入银行或者其他金融机构的客户资金。对于抢劫在银行或者其他金融机构营业大厅等待办理业务的客户资金的行为,不应认定为"抢劫银行或者其他金融机构"。

(4)多次抢劫或者抢劫数额巨大的。"多次",是指三次以上,包括本数在内。根据《审理抢劫、抢夺刑事案件意见》第3条的规定,对于"多次"的认定,应以行为人实施的每一次抢劫行为均已构成犯罪为前提,综合考虑犯罪故意的产生、犯罪行为实施的时间、地点等因素,客观分析、认定。对于行为人基于一个犯意实施犯罪的,如在同一地点同时对在场的多人实施抢劫的;或基于同一犯意在同一地点实施连续抢劫犯罪的,如在同一地点连续地对途经此地的多人进行抢劫的;或在一次犯罪中对一栋居民楼房中的几户居民连续实施入户抢劫的,一般应认定为一次犯罪。

"抢劫数额巨大",是指行为人实际抢得的财物数额巨大,对于行为人以数额巨大的财物为抢劫目标但所抢数额客观上未达巨大标准或因意志以外原因未能抢得财物的,应按其实际抢得的财物数额从重量刑。《审理抢劫案件解释》第4条规定,"抢劫数额巨大"的认定标准,参照各地确定的盗窃罪数额巨大的认定标准执行。关于抢劫特定物品的数额计算问题,《审理抢劫、抢夺刑事案件意见》第6条规定:"抢劫信用卡后使用、消费的,其实际使用、消费的数额为抢劫数额;抢劫信用卡后未实际使用、消费的,不计数额，根据情节轻重量刑。所抢信用卡数额巨大，但未实际使用、消费或者实际使用、消费的数额未达到巨大标准的，不适用'抢劫数额巨大'的法定刑。为抢劫其他财物，劫取机动车辆当作犯罪工具或者逃跑工具使用的，被劫取机动车辆的价值计入抢劫数额；为实施抢劫以外的其他犯罪劫取机动车辆的，以抢劫罪和实施的其他犯罪实行数罪并罚。抢劫存折、机动车辆的数额计算，参照执行《关于审理盗窃案件具体应用法律若干问题的解释》的相关规定。"

（5）抢劫致人重伤、死亡的。对抢劫致人死亡的正确理解，关键在于准确把握抢劫行为与死亡结果之间的因果关系。抢劫致人死亡的"致"，是招致、引起的含义，并不局限于直接造成，只要抢劫行为与被害人死亡的后果之间具有不中断的因果关系存在，就应认定成立该情节。在抢劫过程中，杀害被害人或过失致被害人死亡，抢劫行为与死亡结果之间具有直接、必然的因果关系，无疑应认定为抢劫致人死亡；虽然抢劫行为并非直接导致被害人死亡的原因，被害人死亡由多种因素造成，但抢劫行为是引起被害人死亡的主要原因的，仍可认定属于抢劫致人死亡。对于抢劫致人死亡是否应包括故意杀人行为，或者只应当包括间接故意杀人，而不包括直接故意杀人；是定抢劫或者故意杀人一个罪，还是定抢劫和故意杀人两个罪，前述《最高人民法院关于抢劫过程中故意杀人案件如何定罪问题的批复》已有明确意见。

（6）冒充军警人员抢劫的。"军警人员"，是指现役军人、武装警察、公安和国家安全机构的公安民警，以及人民法院、人民检察院、监狱等部门的司法警察，不包括其他执法人员或者司法人员。"冒充"，是指通过着装、出示假证件或者口头宣称等行为。只要行为人抢劫时有冒充军警人员的行为表示，无论被害人对这种冒充行为是否以假当真还是未被蒙骗，都不影响对此项法定情形的认定。《审理抢劫刑事案件意见》第 2 条规定，认定"冒充军警人员抢劫"，要注重对行为人是否穿着军警制服、携带枪支，是否出示军警证件等情节进行综合审查，判断是否足以使他人误以为是军警人员。对于行为人仅穿着类似军警的服装或仅以言语宣称系军警人员但未携带枪支，也未出示军警证件而实施抢劫的，要结合抢劫地点、时间、暴力或威胁的具体情形，依照常人判断标准，确定是否认定为"冒充军警人员抢劫"。军警人员利用自身的真实身份实施抢劫的，不认定为"冒充军警人员抢劫"，应依法从重处罚。

（7）持枪抢劫的。《审理抢劫案件解释》第5条规定，"持枪抢劫"，是指行为人使用枪支或者向被害人显示持有、佩带的枪支进行抢劫的行为。"枪支"的概念和范围，适用《枪支管理法》的规定。据此，所谓"持枪"，是指行为人在实施抢劫过程中手中持有枪支，无论行为人是否实际使用了枪支，均不影响对此项情形的认定。如果行为人并未实际持有枪支，而是口头上表示有枪，或者虽然随身携带有枪支，但未持在手中，也未向被害人显示的，均不能认定符合这一情形。对于使用玩具枪、假枪、仿真枪支进行抢劫的，不宜认定为"持枪抢劫"。

（8）抢劫军用物资或者抢险、救灾、救济物资。"军用物资"，是指除武器装备以外的，供军事上使用的其他物品，如军用被服、粮秣、油料、建筑材料、药品等。但只包括正在使用的和储存备用的军事物资，不包括已确定报废的军事物资在内，因为已报废的军事物资不能直接形成部队的战斗力。"抢险、救灾、救济物资"，是指抢险、救灾、救济用途已经明确的物资，包括正处于保管、运输或者使用当中的。如果是抢劫曾经用于抢险、救灾、救济方面工作，但已不再属于这种特定性质的物资，则不能认定符合本项情形。对于抢劫军用物资或者抢险、救灾、救济物资的行为，必须查明行为人是否明知而实施；如果行为人事前或者事中并不知道其所抢劫的物资属于这种特定性质的，也不能适用本项情形的规定。

3.严格掌握抢劫罪死刑适用的标准。抢劫罪作为严重侵犯公民人身权利和财产权利、严重危害社会治安的犯罪，是侵犯财产类犯罪中唯一规定死刑的罪名。《审理抢劫刑事案件意见》系统规定了本罪死刑适用的原则问题和具体问题：

（1）对抢劫刑事案件适用死刑，应当坚持"保留死刑，严格控制和慎重适用死刑"的刑事政策，以最严格的标准和最审慎的态度，确保死刑只适用于极少数罪行极其严重的犯罪分子。对被判处死刑缓期二年执行的抢劫犯罪分子，根据犯罪情节等情况，可以同时决定对其限制减刑。

（2）根据《刑法》第263条的规定，具有"抢劫致人重伤、死亡"等八种法定加重处罚情节的,处十年以上有期徒刑、无期徒刑或者死刑,并处罚金或者没收财产。应当根据抢劫的次数及数额、抢劫对人身的损害、对社会治安的危害等情况,结合被告人的主观恶性及人身危险程度,并根据量刑规范化的有关规定,确定具体的刑罚。判处无期徒刑以上刑罚的,一般应并处没收财产。具有下列情形之一的,可以判处无期徒刑以上刑罚:①抢劫致3人以上重伤,或者致人重伤造成严重残疾的;②在抢劫过程中故意杀害他人,或者故意伤害他人,致人死亡的;③具有除"抢劫致人重伤、死亡"外的两种以上加重处罚情节,或者抢劫次数特别多、抢劫数额特别巨大的。

(3)为劫取财物而预谋故意杀人,或者在劫取财物过程中为制服被害人反抗、抗拒抓捕而杀害被害人,且被告人无法定从宽处罚情节的,可依法判处死刑立即执行。对具有自首、立功等法定从轻处罚情节的,判处死刑立即执行应当慎重。对于采取故意杀人以外的其他手段实施抢劫并致人死亡的案件,要从犯罪的动机、预谋、实行行为等方面分析被告人主观恶性的大小,并从有无前科及平时表现、认罪悔罪情况等方面判断被告人的人身危险程度,不能不加区别,仅以出现被害人死亡的后果,一律判处死刑立即执行。

(4)抢劫致人重伤案件适用死刑,应当更加慎重、更加严格,除非具有采取极其残忍的手段造成被害人严重残疾等特别恶劣的情节或者造成特别严重后果的,一般不判处死刑立即执行。

(5)具有《刑法》第263条规定的"抢劫致人重伤、死亡"以外其他七种加重处罚情节,且犯罪情节特别恶劣、危害后果特别严重的,可依法判处死刑立即执行。认定"情节特别恶劣、危害后果特别严重",应当从严掌握,适用死刑必须非常慎重、非常严格。

(6)对于共同抢劫致一人死亡的案件,依法应当判处死刑的,除犯罪手段特别残忍、情节及后果特别严重、社会影响特别恶劣、严重危害社会治安的外,一般只对共同抢劫犯罪中作用最突出、罪行最严重的那名主犯判处死刑立即执行。罪行最严重的主犯如因系未成年人而不适用死刑,或者因具有自首、立功等法定从宽处罚情节而不判处死刑立即执行的,不能不加区别地对其他主犯判处死刑立即执行。

(7)在抢劫共同犯罪案件中,有同案犯在逃的,应当根据现有证据尽量分清在押犯与在逃犯的罪责，对在押犯应按其罪责处刑。罪责确实难以分清，或者不排除在押犯的罪责可能轻于在逃犯的，对在押犯适用刑罚应当留有余地，判处死刑立即执行要格外慎重。

（8）对于可能判处死刑的罪犯具有累犯情节的也应慎重，不能只要是累犯就一律判处死刑立即执行；被告人同时具有累犯和法定从宽处罚情节的，判处死刑立即执行应当综合考虑，从严掌握。

（9）要妥善处理抢劫案件附带民事赔偿工作。审理抢劫刑事案件，一般情况下人民法院不主动开展附带民事调解工作。但是，对于犯罪情节不是特别恶劣或者被害方生活、医疗陷入困境，被告人与被害方自行达成民事赔偿和解协议的，民事赔偿情况可作为评价被告人悔罪态度的依据之一，在量刑上酌情予以考虑。

4.根据《最高人民法院、最高人民检察院关于办理妨害预防、控制突发传染病疫情等灾害的刑事案件具体应用法律若干问题的解释》，在预防、控制突发传染病疫情等灾害期间，聚众"打砸抢"，对毁坏或者抢走公私财物的首要分子，以抢劫罪定罪，从重处罚。

二、盗窃罪[①]

第二百六十四条[②] 盗窃公私财物，数额较大的，或者多次盗窃、入户盗窃、携带凶器盗窃、扒窃的，处三年以下有期徒刑、拘役或者管制，并处或者单处罚金；数额巨大或者有其他严重情节的，处三年以上十年以下有期徒刑，并处罚金；数额特别巨大或者有其他特别严重情节的，处十年以上有期徒刑或者无期徒刑，并处罚金或者没收财产。

第二百六十五条 以牟利为目的，盗接他人通信线路、复制他人电信码号或者明知是盗接、复制的电信设备、设施而使用的，依照本法第二百六十四条的规定定罪处罚。

[①] 参考案例：臧某泉等盗窃、诈骗案，最高人民法院指导案例27号。
[②] 本条经2011年2月25日《刑法修正案（八）》第39条修改。

第五章 侵犯财产罪

（一）盗窃罪的概念和构成要件

盗窃罪，是指以非法占有为目的，窃取他人财物数额较大，或者多次盗窃、入户盗窃、携带凶器盗窃、扒窃的行为。

盗窃罪是常见多发的犯罪。在1979年《刑法》中，盗窃罪与诈骗罪、抢夺罪并列规定在第151条、第152条中。1997年《刑法》第264条单独规定了盗窃罪，并规定盗窃金融机构数额特别巨大或者盗窃珍贵文物情节严重的，可以判处死刑。《刑法修正案（八）》第39条对1997《刑法》第264条的规定进行了修改，一是将"入户盗窃""携带凶器盗窃""扒窃"行为入罪；二是删除了"有下列行为之一，处无期徒刑或者死刑，并处没收财产：（一）盗窃金融机构，数额特别巨大的；（二）盗窃珍贵文物，情节严重的"的内容，主要废止了盗窃罪的死刑。除第264条外，还有一些《刑法》条文和规范性文件将窃取特定物品的行为规定为以盗窃罪定罪处罚。如《刑法》第196条第3款规定，盗窃信用卡并使用的；第210条第1款规定，盗窃增值税专用发票或者可以用于骗取出口退税、抵扣税款的其他发票的；第265条规定，以牟利为目的，盗接他人通信线路、复制他人电信码号或者明知是他人盗接、复制的电信设备、设施而使用的。《全国部分法院审理毒品犯罪案件工作座谈会纪要》中规定，盗窃、抢夺、抢劫毒品的，应当分别以盗窃罪、抢夺罪或者抢劫罪定罪处罚，但不计犯罪数额，根据情节轻重予以定罪量刑。

盗窃罪的构成要件是：

1. 本罪侵犯的客体是公私财产所有权及其他财产权。

传统观点认为，盗窃罪的客体为公私财产所有权，即所有者对财产的占有、使用、收益、处分，四项权能紧密结合在一起，与民法中所有权的概念相一致。但随着经济社会的发展，财产关系的日益复杂化，为充分发挥财产效能，所有权与经营权，占有权、使用权与最终处分权相分离的情况越来越普遍，将盗窃罪的客体仍限定为财产所有权，则明显缩小了盗窃罪的处罚范围。如窃取他人通过依法行使租赁权、抵押权而占有的财产的行为（被害人仅依法占有了抵押财产，没有取得完整的所有权），很明显具有社会危害性，属于盗窃行为。但如果认为盗窃罪的客体仅是财产所有权，那么对此类行为就无法处罚，这不符合本权人（抵押权所有者）和被害人（抵押权人）的利益，也无法有效保护多样性的经济社会关系。因此，我们认为，盗窃罪的客体为公私财产所有权和其他财产权。其他财产权，是指合法占有他人财产的权利，主要包括他物权和债权。对于窃取他人非法占有的财产或者他人占有的违禁品的行为，要区分不同情况分别处理。

盗窃罪的对象是他人（包括单位和个人）占有的能够被控制或者占有、具有一定经济价值的财物，一般为动产，包括有体物、无体物和财产性利益。①有体物包括固体物、液体物和气体物。无体物是指光、热、冷气等无法辨别具体形态的财物。财产性利益主要是指有体物和无体物以外的财产上的利益，包括积极财产的增加和消极财产的减少。《刑法》第196条、第210条、第265条规定的盗窃罪，目的并不在于保护信用卡、增值税专用发票和其他发票以及通信线路、电信码号本身，而主要在于保护上述物品所附有的财产性利益或者可能给所有人造成的财产性利益上的损失。

2. 本罪客观方面表现为秘密窃取公私财物，数额较大或者多次盗窃、入户盗窃、携带凶器盗窃、扒窃的行为。

秘密窃取公私财物，是指行为人采取主观上自认为不会被财物的占有者发觉的方法，暗中窃取其财物的行为。②"盗窃公私财物，数额较大"，是指盗窃公私财物，数额达到《最高人民法院、最高人民检察院关于办理盗窃刑事案件适用法律若干问题的解释》（以下简称《办理盗窃刑事案件解释》）中认定的"数额较大"的标准，即盗窃公私财物价值1000元至3000元以上、3万元至10万元以下。根据《办理盗窃刑事案件解释》第2条的规定，具有"曾因盗窃受过刑事处罚的""一年内曾因盗窃受过行政处罚的""组织、

---

① 2022年最高人民法院、公安部等9部门联合印发《关于军地共同加强部队训练场未爆弹药安全风险防控的意见》，该意见明确规定军用炮弹残片的残值属于军队，任何组织和个人未经相关军事机关许可，不得私自占有。非法进入训练场挖捡炮弹残片，符合《刑法》第264条规定的，以盗窃罪定罪处罚。

② 需要注意的是，"公私财物"也包括树木。根据《最高人民法院关于审理破坏森林资源刑事案件适用法律若干问题的解释》第11条规定，下列行为以盗窃罪定罪处罚：（1）盗窃国家、集体或者他人所有并已经伐倒的树木的；（2）偷砍他人在自留地或者房前屋后种植的零星树木的。另外，非法实施采种、采脂、掘根、剥树皮等行为，符合《刑法》第264条规定的，以盗窃罪论处。

控制未成年人盗窃的""自然灾害、事故灾害、社会安全事件等突发事件期间，在事件发生地盗窃的""盗窃残疾人、孤寡老人、丧失劳动能力人的财物的""在医院盗窃病人或者其亲友财物的""盗窃救灾、抢险、防汛、优抚、扶贫、移民、救济款物的""因盗窃造成严重后果的"八种情形之一，数额较大的标准为500元至1500元以上、15000元至5万元以下。各省、自治区、直辖市高级人民法院可以根据本地区经济发展状况，并考虑社会治安状况，在上述规定的数额幅度内，确定本地区执行的数额较大的具体标准，报最高人民法院批准。

"多次盗窃"，是指2年内盗窃3次以上。成立多次盗窃，不以每次行为达到既遂为标准，盗窃未遂的，也应计算在内，且不要求每次行为构成盗窃罪。

"入户盗窃"，是指非法进入供他人家庭生活、与外界相对隔离的住所实施盗窃。供他人家庭生活和与外界相对隔离是认定"户"的两个主要特征，一般指单独为家庭生活使用的房室、封闭的院落，也包括牧民家庭生活的帐篷、渔民作为家庭生活场所的渔船、为生活租用的房屋等。集体宿舍、旅店宾馆、临时搭建的工棚等，由于不具有家庭生活功能或者无法与外界相对隔离，一般不认定为"户"，如果其中的一个或者几个房间供他人家庭生活，且与外界相对隔离，可以认定为"户"。认定"入户盗窃"，行为人还必须具有实施违法犯罪行为的目的而入户，如行为人无非法目的入户后见财起意实施盗窃的，不属"入户盗窃"。违法犯罪目的，包括实施犯罪和一般违法行为的目的，主要限于盗窃、抢劫、诈骗等侵财类违法犯罪行为。

"携带凶器盗窃"，是指携带枪支、爆炸物、管制刀具等国家禁止个人携带的器械盗窃，或者为了实施违法犯罪携带其他足以危害他人人身安全的器械盗窃。认定携带国家禁止个人携带的器械以外的其他器械盗窃，应当根据行为人的携带目的、器械的通常用途等判断是否具有足以危害他人人身安全的危险性，如携带镊子、刀片等盗窃工具，或者随身携带挂在钥匙圈上的小水果刀等实施盗窃，一般不认定为"携带凶器盗窃"。如果下班途中携带钳子、扳手等生产生活工具盗窃的，应当结合其携带目的等综合判断，如无违法犯罪目的，则不能认定"携带凶器盗窃"。

"扒窃",是指在公共场所或者公共交通工具上盗窃他人随身携带的财物。"随身携带的财物",是指被害人带在身上或者置于身边,能够随时控制、及时获取的财物,如放置在衣服口袋内、手提、肩背的财物;被害人放置在身旁,如椅背上、座椅下、车筐内或者乘坐公共交通工具时放置在行李架上的财物,如能够随时控制,也应认定为"随身携带的财物"。

3. 犯罪主体为一般自然人主体。凡年满 16 周岁且具有刑事责任能力的自然人,都可以成为本罪的主体。

4. 主观方面为故意,并具有非法占有他人财物的目的。

(二)认定盗窃罪应当注意的问题

1. 关于罪与非罪的界限。

盗窃公私财物虽达到数额较大标准,但行为人能够认罪、悔罪,主动退赃、退赔,且具有法定从宽处罚情节、没有参与分赃或者分赃较少、不是主犯、被害人谅解等情节之一,综合考虑情节轻微的,可以免予刑事处罚;必要时,由有关部门予以行政处罚。偷拿家庭成员或者近亲属的财物,获得谅解的,一般可不认为是犯罪;需要追究刑事责任的,应当酌情从宽。

已满 16 周岁不满 18 周岁的人实施盗窃行为未超过 3 次,盗窃财物虽已达到数额较大标准,但案发后能如实供述全部盗窃事实并积极退赃,且具有系又聋又哑的人或盲人、在共同犯罪中起次要或者辅助作用,或者被胁迫以及其他轻微情节,可以认定为"情节显著轻微危害不大",不认为是犯罪。已满 16 周岁不满 18 周岁的人盗窃未遂或者中止的,可以不认为是犯罪。

2. 关于盗窃行为次数的认定。

认定盗窃行为的次数应当坚持主客观相一致的原则,以行为具备《刑法》规定的盗窃行为特征为标准,即应充分满足《刑法》规定的犯罪构成各要件,不能简单以具体行为的个数判断。基于一个犯意,在同一时间段、同一地点对多个被害人实施盗窃的,应当认定为一次;基于一个犯意,在同一时间段、对同一辆公共交通工具内的多名乘客或者一栋居民楼内的多户居民连续盗窃的,也应认定为一次。在同一地点,但基于多个犯意,且在不同时间段内对不同被害人盗窃的,应当认定为多次。在不同时间段、不同地点盗窃同一被害人财物的,也应认定为多次。

3. 关于本罪的既未遂标准和处罚。

盗窃罪是侵财型犯罪,侵财型犯罪以行为人控制所侵犯的财物为既遂标准,行为人通过盗窃行为控制了所盗财物成立盗窃罪既遂;因意志以外的原因未实际控制所盗财物的,属于盗窃未遂。认定是否控制财物,应当根据财物的性质、大小、形状等样态以及盗窃行为的方式等因素,从社会的一般观念出发,综合判断行为人是否已经对所盗财物建立了新的支配关系,排除了被害人对财物的占有、支配。对于小型财物,如手表、戒指、项链、手机等,一般以行为人藏匿到身上、衣服口袋、手提包内等私人支配领域或者物品内为既遂;对于大型财物,如轿车、冰箱、电视、家具等,一般以使财物脱离被害人支配领域为既遂。对于超市内设置条码的财物,一般以将财物带出收费口或者条码监控区为既遂。

多次盗窃、入户盗窃、携带凶器盗窃、扒窃行为,也存在既未遂,同样以行为人是否实际控制财物为区分标准。司法解释没有规定多次盗窃、入户盗窃、携带凶器盗窃、扒窃的数额标准,并不表明实施上述行为没有窃取到任何财物或者价值微小的财物就一定依照既遂定罪处罚,而是要根据《刑法》和司法解释的规定,认定为未遂或者不认定为犯罪;认定为情节严重的,应当根据司法解释的规定,以盗窃未遂追究行为人的刑事责任。

认定盗窃未遂的着手,应当以行为具有使被害人丧失财物的紧急危险为标准。入户盗窃,一般以入户后开始物色或者寻找被盗财物为着手;对于面积较小的单独居室,以侵财为目的进入即可认定为着手。携带凶器盗窃,不以携带好凶器准备盗窃为着手,而仍以盗窃行为造成被害人丧失财物的紧急危险为着手。扒窃,以行为人的手或者盗窃工具接触到财物或者盛放目的财物的提包、包装箱等为着手。

关于盗窃既未遂的处罚。盗窃行为既有既遂,又有未遂,分别达到不同量刑幅度的,依照处罚较重的规定处罚,对于处罚较轻的既遂或者未遂行为,在量刑时也应酌情考虑;既遂和未遂行为达到同一量刑幅度的,依照既遂的规定处罚,对于未遂的情况在量刑时也应予以考虑。

4. 关于盗窃罪的罪数形态。

可能成为盗窃对象的物品包罗万象，盗窃某些物品，在侵害盗窃罪客体的同时，也侵害了《刑法》保护的其他社会关系。对盗窃某些特定物品的行为，《刑法》明确规定构成其他犯罪的，不能以盗窃罪定罪处罚，而应当依照《刑法》的具体规定处理。如盗窃枪支、弹药、爆炸物、危险物质的行为，只要行为人认识到盗窃对象可能是枪支、弹药、爆炸物、危险物质的，应当以盗窃枪支、弹药、爆炸物、危险物质罪定罪处罚；同样，盗窃国家机关公文、证件、印章的，应当以盗窃国家机关公文、证件、印章罪定罪处罚。此外还有盗掘古文化遗址、古墓葬罪，盗掘古人类化石、古脊椎动物化石罪，窃取国有档案罪，盗伐林木罪，盗窃武装部队公文、证件、印章罪，盗窃武器装备、军用物资罪等。

盗窃行为侵害两种以上社会关系，《刑法》没有规定以其他罪名定罪处罚的，一般以想象竞合犯处理。如盗窃处于运行、应急等使用中的电力设备或者广播电视设施、公用电信设施，危害公共安全，同时构成盗窃罪和破坏电力设备罪或者盗窃罪与破坏广播电视设施、公用电信设施罪的，依照《刑法》处罚较重的规定定罪处罚；在盗窃油气过程中，破坏正在使用的油气设备，危害公共安全，同时构成盗窃罪和破坏易燃易爆设备罪的，也依照《刑法》处罚较重的规定定罪处罚。

采用破坏性手段盗窃财物，造成其他财物损毁的，以盗窃罪从重处罚；如盗窃行为未构成犯罪，但损毁财物构成其他犯罪的，以其他犯罪定罪处罚；同时构成盗窃罪和其他犯罪的，因行为人仅实施了盗窃行为，因此择一重罪从重处罚。盗窃犯罪完毕后，为掩盖罪行或者报复等，又故意毁坏其他财物构成犯罪的，因行为人实施了盗窃和故意毁坏两个行为，因此应以盗窃罪和毁坏行为构成的其他犯罪数罪并罚。

为实施盗窃犯罪，盗用其他财物（枪支等特殊物品《刑法》另有规定的除外）作为犯罪工具，如偷开机动车作为犯罪工具使用，使用后非法占有盗用的财物或者造成盗用财物遗弃丢失的，盗用财物的价值计入盗窃数额。为实施其他犯罪盗用财物作为犯罪工具使用，使用后非法占有盗用财物或者造成盗用财物遗弃丢失的，以盗窃罪和实施的其他犯罪数罪并罚；如将盗用的财物送回未丢失或者未损坏的，按照行为人实施的其他犯罪从重处罚。

5. 关于"其他严重情节""其他特别严重情节"的认定。

根据《办理盗窃刑事案件解释》的规定，"其他严重情节""其他特别严重情节"，是指具有入户盗窃、携带凶器盗窃或者组织、控制未成年人盗窃；自然灾害、事故灾害、社会安全事件等突发事件期间，在事件发生地盗窃；盗窃残疾人、孤寡老人、丧失劳动能力的财物；在医院盗窃病人或者其亲友财物；盗窃救灾、抢险、防汛、优抚、扶贫、移民、救济款物；因盗窃造成严重后果情形之一，数额达到 15000 元至 5 万元以上、15 万元至 25 万元以下，15 万元至 25 万元以上。

6. 关于盗窃数额的认定。

根据《办理盗窃刑事案件解释》的规定，盗窃的数额按照下列方法认定：（1）被盗财物有有效价格证明的，根据有效价格证明认定；无有效价格证明，或者根据价格证明认定盗窃数额明显不合理的，应当按照有关规定委托估价机构估价。（2）盗窃外币的，按照盗窃时中国外汇交易中心或者中国人民银行授权机构公布的人民币对该货币的中间价折合成人民币计算；中国外汇交易中心或者中国人民银行授权机构未公布汇率中间价的外币，按照盗窃时境内银行人民币对该货币的中间价折算成人民币，或者该货币在境内银行、国际外汇市场对美元汇率，与人民币对美元汇率中间价进行套算。（3）盗窃电力、燃气、自来水等财物，盗窃数量能够查实的，按照查实的数量计算盗窃数额；盗窃数量无法查实的，以盗窃前 6 个月月均正常用量减去盗窃后计量仪表显示的月均用量推算盗窃数额；盗窃前正常使用不足 6 个月的，按照正常使用期间的月均用量减去盗窃后计量仪表显示的月均用量推算盗窃数额。（4）明知是盗接他人通信线路、复制他人电信码号的电信设备、设施而使用的，按照合法用户为其支付的费用认定盗窃数额；无法直接确认的，以合法用户的电信设备、设施被盗接、复制后的月缴费额减去被盗接、复制前 6 个月的月均电话费推算盗窃数额；合法用户使用电信设备、设施不足 6 个月的，按照实际使用的月均电话费推算盗窃数额。（5）盗接他人通信线路、复制他人电信码号出售的，按照销赃数额认定盗窃数额。（6）盗窃不记名、不挂失的有价支付凭证、有价证券、有价票证的，应当按票面数额和盗窃时应得的孳息、奖金或者奖品等可得收益一并计算盗窃数额。(7)盗窃记名的有价支付凭证、有价证券、有价票证，已经兑现的，按照兑现部分的财物价值计算盗窃数额；没有兑现，但失主无法通过挂失、补领、补办手续等方式避免损失的，按照给失主造成的实际损失计算盗窃数额。

7. 关于盗窃文物价值的认定。

根据《最高人民法院、最高人民检察院关于办理妨害文物管理等刑事案件适用法律若干问题的解释》的规定，盗窃一般文物、三级文物、二级以上文物的，应当分别认定为《刑法》第264条规定的"数额较大""数额巨大""数额特别巨大"。案件涉及不同等级的文物的，按照高级别文物的量刑幅度量刑；有多件同级文物的，五件同级文物视为一件高一级文物，但是价值明显不相当的除外。

盗窃文物，无法确定文物等级，或者按照文物等级定罪量刑明显过轻或者过重的，按照盗窃的文物价值定罪量刑。对文物的价值，根据涉案文物的有效价格证明或者有关价格认证机构作出的价格认定报告认定；无有效价格证明，或者根据价格证明认定明显不合理的，根据销赃数额认定或者结合司法鉴定机构出具的鉴定意见、国务院文物行政部门指定机构出具的报告认定。

8. 关于窃取网络虚拟财产行为的认定。

网络虚拟财产，一般是指网民、游戏玩家在网络游戏账号中积累的以"货币""装备""宠物"等表现出来的电磁记录或者信息系统数据，它虽是游戏玩家投入时间、金钱、精力积累取得，但是不能脱离特定的网络游戏环境，否则就失去了存在意义。根据相关规定，网络游戏虚拟货币的使用范围仅限于兑换自身提供的网络游戏产品和服务，不得用于支付、购买实物或者兑换其他单位的产品和服务。由此可见，网络虚拟财产只能用于获取虚拟服务，不能用于现实交易，也无法客观计算具体价值，不符合现实财产所具有的基本特征。因此，难以将网络虚拟财产认定为现实中的财产；窃取网络虚拟财产的，一般不宜以盗窃罪定罪处罚。从司法实践情况并结合国外的立法例和判例看，对盗窃网络虚拟财产的行为，如情节严重确需刑事处罚的，以非法获取计算机信息系统数据罪等计算机犯罪定罪处罚较为适宜。

(三）盗窃罪的刑事责任

依照《刑法》第264条规定，犯盗窃罪的，处三年以下有期徒刑、拘役或者管制，并处或者单处罚金；盗窃数额巨大或者有其他严重情节的，处三年以上十年以下有期徒刑，并处罚金；盗窃数额特别巨大或者有其他特别严重情节的，处十年以上有期徒刑或者无期徒刑，并处罚金或者没收财产。

司法机关在适用本条规定处罚时，应当注意以下问题：

1. 对单位组织、策划、实施盗窃行为的处罚。全国人大常委会于2014年作出《全国人民代表大会常务委员会关于〈中华人民共和国刑法〉第三十条的解释》，解释规定：公司、企业、事业单位、机关、团体等单位实施《刑法》规定的危害社会的行为，《刑法》分则和其他法律未规定追究单位的刑事责任的，对组织、策划、实施该危害社会行为的人依法追究刑事责任。因此，对单位组织、策划、实施的盗窃行为，依法以盗窃罪追究直接负责的主管人员和其他责任人员的刑事责任。《办理盗窃刑事案件解释》也有类似规定，其第13条明确规定，单位组织、指使盗窃，符合《刑法》第264条及该解释有关规定的，以盗窃罪追究组织者、指使者、直接实施者的刑事责任。

2. 关于附加刑的适用。盗窃罪的附加刑为罚金和没收财产。根据《办理盗窃刑事案件解释》的相关规定，因犯盗窃罪，依法判处罚金刑的，应当在1000元以上盗窃数额的2倍以下判处罚金；没有盗窃数额或者盗窃数额无法计算的，应当在1000元以上10万元以下判处罚金。没收财产，一般在主刑为十年以上有期徒刑或者无期徒刑时适用。

三、诈骗罪

第二百六十六条 诈骗公私财物，数额较大的，处三年以下有期徒刑、拘役或者管制，并处或者单处罚金；数额巨大或者有其他严重情节的，处三年以上十年以下有期徒刑，并处罚金；数额特别巨大或者有其他特别严重情节的，处十年以上有期徒刑或者无期徒刑，并处罚金或者没收财产。本法另有规定的，依照规定。

（一）诈骗罪的概念和构成要件

诈骗罪，是指以非法占有为目的，采用虚构事实或者隐瞒真相的方法，骗取数额较大的公私财物的行为。

本罪1979年《刑法》第151条、第152条作了规定，1997年《刑法》对本罪设专条作了规定，并取消了惯骗罪这一罪名。

诈骗罪的构成要件是：

1. 本罪侵犯的客体是公私财物所有权。

犯罪对象是公私财物。所谓公私财物，是指公共财产、私人所有或者占有的财产，包括财产性利益。所谓财产性利益，是指狭义（普通）财物以外的财产上的利益，包括积极财产的增加与消极财产的减少，如使他人负担某种债务并使自己或第三者取得某种债权等。2014年《全国人民代表大会常务委员会关于〈中华人民共和国刑法〉第二百六十六条的解释》规定："以欺诈、伪造证明材料或者其他手段骗取养老、医疗、工伤、失业、生育等社会保险金或者其他社会保障待遇的，属于刑法第二百六十六条规定的诈骗公私财物的行为。"这里的社会保障待遇，即为财产性利益。

2. 客观方面表现为诈骗财物的行为。

诈骗行为客观方面由实施欺诈行为、对方陷于错误（信假为真）、使"自愿"交付（处分）财物（财产性利益）、进而取得他人财物等一系列连锁行为构成。其中，欺诈行为的方式、方法既可以是积极地虚构事实，也可以是消极地隐瞒事实真相。作为诈骗罪的欺诈行为，应当具有使他人产生错误进而交付处分财产的作用。如果不具有这样的作用，即便使他人产生了错误，也不属于诈骗罪的欺诈行为。他人基于错误的"自愿"交付（处分）财物是诈骗构成的核心要素，是本罪区别于其他侵犯财产犯罪的关键所在。交付（处分）首先应当是转移占有的行为，比如，佯装成顾客到服装店试穿衣服，穿上之后以就近上厕所为名而逃走，即应成立盗窃而非诈骗。其次，被害人对于交付行为需有主观认识，比如，甲发现乙的书中夹有一张价值10万元的珍贵邮票，在乙浑然不知的情况下借走该书，后将书还回但将邮票取走，同样成立盗窃而非诈骗。

3. 犯罪主体为一般主体。凡年满16周岁且具有刑事责任能力的自然人，都可以成为本罪的主体。但单位不能成为诈骗罪的主体。

4. 主观方面只能由直接故意构成，并且具有非法占有公私财物的目的。过失不构成本罪。

根据法律规定，诈骗公私财物的行为，除需符合以上构成要件外，还必须达到"数额较大"的程度，才构成犯罪。按照2011年3月1日《最高人民法院、最高人民检察院关于办理诈骗刑事案件具体应用法律若干问题的解释》(以下简称《办理诈骗刑事案件解释》)，诈骗公私财物价值3000元至1万元以上，应当认定为"数额较大"。

(二) 认定诈骗罪应当注意的问题

1. 划清罪与非罪的界限。

(1) 对于诈骗公私财物数额较小，危害不大的行为，不能以诈骗罪论处。(2)《刑法》已经取消了惯骗罪，因此，不能再对虽有多次诈骗行为，但诈骗数额尚未达到较大的行为人，以诈骗罪定罪处罚。

2. 划清本罪与生产、销售伪劣产品罪的界限。

两者都是故意犯罪，都有掺假掺杂、以假充真的欺骗行为，主要的区别是：(1) 犯罪目的不同。本罪是以非法占有为目的，而生产、销售伪劣产品罪是以获取非法利润为目的。(2) 侵犯客体不同。本罪侵犯的客体是公私财产所有权，而生产、销售伪劣产品罪主要侵犯的是国家对产品质量的监督管理制度以及消费者的合法权益。(3) 欺骗手段的性质不同。本罪往往没有所说的货物，货物与其实际具有的价值相差极大，如用价格极低的玻璃瓶灌自来水冒充白酒出售等，行为人完全是以工商业交易活动的形式无偿非法占有他人财物，而生产、销售伪劣产品罪是为了获取非法利润，决定了其掺杂、掺假、以假充真、以次充好的欺骗手段中，必定有次货、假货或者不合格的货物存在，如以纯化纤织品冒充纯手织品等。

3. 划清本罪与伪造货币罪的界限。

以使用为目的，伪造停止流通的货币，不构成伪造货币罪，以本罪定罪处罚。①

4. 划清本罪与盗窃罪的界限。

盗窃是指以非法占有为目的，秘密窃取公私财物的行为；诈骗是指以非法占有为目的，采用虚构事实或者隐瞒真相的方法，骗取公私财物的行为。两罪的界限通常情况下是清楚的，实践中较为棘手的是既采取秘密窃取手段又采取欺骗手段非法占有财物行为的定性问题。对此，应从行为人采取主要手段和被害人有无处分财物意识两个方面进行具体区分。如果行为人获取财物时起决定性作用的手段是秘密窃取，诈骗行为只是为盗窃创造条件或作掩护，被害人也没有"自愿"交付财物的，应当认定为盗窃；如果行为人获取财物时起决定性作用的手段是诈骗，被害人基于错误认识而"自愿"交付财物，盗窃行为只是辅助手段的，就应当认定为诈骗。这一区分精神在相关司法解释文件中也有体现，比如，《最高人民法院关于审理扰乱电信市场管理秩序案件具体应用法律若干问题的解释》第7条、第8条依次规定：将电信卡非法充值后使用，造成电信资费损失数额较大的，以盗窃罪定罪处罚；盗用他人公共信息网络上网账号、密码上网，造成他人电信资费损失数额较大的，以盗窃罪定罪处罚；以虚假、冒用的身份证件办理入网手续并使用移动电话，造成电信资费损失数额较大的，以诈骗罪定罪处罚。

5. 准确把握欺诈性的"套路贷"以及"套路贷"犯罪的罪名适用。

根据《最高人民法院、最高人民检察院、公安部、司法部关于办理"套路贷"刑事案件若干问题的意见》（以下简称《办理"套路贷"刑事案件意见》）的规定，"套路贷"不是一个严格的法律概念，而是对以非法占有为目的，假借民间借贷之名，诱使或迫使被害人签订"借贷"或变相"借贷""抵押""担保"等相关协议，通过虚增借贷金额、恶意制造违约、肆意认定违约、毁匿还款证据等方式形成虚假债权债务，并借助诉讼、仲裁、公证或者采用暴力、威胁以及其他手段非法占有被害人财物的相关违法犯罪活动的概

---

① 《最高人民法院关于审理伪造货币等案件具体应用法律若干问题的解释（二）》第5条。

括性称谓。"套路贷"具有三个特点：一是行为目的非法性；二是债权债务虚假性；三是"讨债"手段多样性。其中，非法占有目的是"套路贷"的本质特征，也是区分"套路贷"与民间借贷的界限以及认定此罪与彼罪的关键。

"套路贷"不是某一特定罪名，《办理"套路贷"刑事案件意见》第4条对于"套路贷"犯罪案件的罪名适用问题作了提示性规定。"套路贷"犯罪在主观上以非法占有为目的，在客观上行侵财之实，由于犯罪手段、行为方式各有不同，实践中需要根据行为人非法取得他人财产的具体手段、方式，依照《刑法》有关犯罪的构成要件具体确定罪名。对于未采用明显的暴力或者威胁手段，主要靠"骗"取得被害人财物的"套路贷"，一般以诈骗罪论处。同时，实践中实施"套路贷"的手段经常变换，还有可能构成敲诈勒索、非法拘禁、虚假诉讼、寻衅滋事、强迫交易、抢劫、绑架等多种犯罪，要注意根据具体案件事实，区分不同情况，依照《刑法》及有关司法解释的规定确定罪名和罪数。

6.《刑法》另有规定的，应当依照有关规定执行。

（1）《刑法》第266条规定的诈骗罪，属于普通诈骗犯罪。本条关于"本法另有规定的"，是指有关金融诈骗犯罪的规定。因此，对《刑法》已经设立新的罪名的行为，就不能再按照本条规定的诈骗罪论处。（2）根据《刑法》第210条第2款的规定，对于"使用欺骗手段骗取增值税专用发票或者可以用于骗取出口退税、抵扣税款的其他发票的"，应当以诈骗罪定罪处罚。（3）根据《刑法》第300条第3款的规定，对于"组织和利用会道门、邪教组织或者利用迷信……诈骗财物的"，应当以诈骗罪定罪处罚。

（三）诈骗罪的刑事责任

依照《刑法》第266条规定，犯诈骗罪的，处三年以下有期徒刑、拘役或者管制，并处或者单处罚金；数额巨大或者有其他严重情节的，处三年以上十年以下有期徒刑，并处罚金；数额特别巨大或者有其他特别严重情节的，处十年以上有期徒刑或者无期徒刑，并处罚金或者没收财产。《刑法》另有规定的，依照规定。

1. 准确把握电信网络诈骗的定罪量刑标准。

（1）关于电信网络诈骗犯罪的数额标准。《办理诈骗刑事案件解释》规定，诈骗财物价值3000元至1万元以上、3万元至10万元以上的，应当分别认定为诈骗"数额较大"和"数额巨大"，具体数额标准由地方自行确定。电信网络诈骗犯罪具有跨区域的特点，犯罪对象不特定，犯罪行为实施地和结果发生地相分离，被骗人往往遍及全国各地。为此，《最高人民法院、最高人民检察院、公安部关于办理电信网络诈骗等刑事案件适用法律若干问题的意见》（以下简称《办理电信诈骗刑事案件意见》）规定不再由各地自行确定诈骗数额标准，而是实行全国统一的数额标准并采取数额幅度底线标准，即电信网络诈骗财物价值3000元以上和3万元以上的，应当分别认定为《刑法》第266条规定的"数额较大"和"数额巨大"。这样规定，一方面，是设立最低入罪门槛，体现对电信网络诈骗犯罪从严惩处的精神；另一方面，是适应电信网络诈骗跨地区乃至跨国境的突出特征，便于统一适用法律。

（2）为有效惩治电信网络诈骗犯罪，《办理诈骗刑事案件解释》和《办理电信诈骗刑事案件意见》采取数额标准和数量标准并行的做法，明确诈骗数额难以查证，但发送诈骗信息5000条以上的，拨打诈骗电话500人次以上的，或者诈骗手段恶劣、危害严重的，应当认定为《刑法》第266条规定的"其他严重情节"，以诈骗罪（未遂）定罪处罚。同时，发送诈骗信息5万条以上的，拨打诈骗电话5000人次以上的，或者诈骗手段特别恶劣、危害特别严重的，应当认定为《刑法》第266条规定的"其他特别严重情节"，以诈骗罪（未遂）定罪处罚。《最高人民法院、最高人民检察院、公安部关于办理电信网络诈骗等刑事案件适用法律若干问题的意见（二）》进一步规定，有证据证实行为人参加境外诈骗犯罪集团或犯罪团伙，在境外针对境内居民实施电信网络诈骗犯罪行为，诈骗数额难以查证，但一年内出境赴境外诈骗犯罪窝点累计时间30日以上或多次出境赴境外诈骗犯罪窝点的，应当认定为《刑法》第266条规定的"其他严重情节"，以诈骗罪依法追究刑事责任，但是有证据证明其出境从事正当活动的除外。

2. 关于诈骗未遂、既遂的处罚。诈骗未遂，以数额巨大的财物为诈骗目标的，或者具有其他严重情节的，应当定罪处罚。诈骗既有既遂，又有未遂，分别达到不同量刑幅度的，依照处罚较重的规定处罚；达到同一量刑幅度的，以诈骗罪既遂处罚。

3. 诈骗共犯的认定。明知他人实施诈骗犯罪，为其提供信用卡、手机卡、通信工具、通信传输通道、网络技术支持、费用结算等帮助的，以共同犯罪论处。

4. 数罪并罚的处理。冒充国家机关工作人员进行诈骗，同时构成诈骗罪和招摇撞骗罪的，依照处罚较重的规定定罪处罚。

5. 诈骗财物的依法追缴。行为人已将诈骗财物用于清偿债务或者转让给他人，具有下列情形之一的，应当依法追缴：（1）对方明知是诈骗财物而收取的；（2）对方无偿取得诈骗财物的；（3）对方以明显低于市场价的价格取得诈骗财物的；（4）对方取得诈骗财物系源于非法债务或者违法犯罪活动的。他人善意取得诈骗财物的，不予追缴。

四、抢夺罪

第二百六十七条[①] 抢夺公私财物，数额较大的，或者多次抢夺的，处三年以下有期徒刑、拘役或者管制，并处或者单处罚金；数额巨大或者有其他严重情节的，处三年以上十年以下有期徒刑，并处罚金；数额特别巨大或者有其他特别严重情节的，处十年以上有期徒刑或者无期徒刑，并处罚金或者没收财产。

携带凶器抢夺的，依照本法第二百六十三条的规定定罪处罚。

（一）抢夺罪的概念和构成要件

抢夺罪，是指以非法占有为目的，公然夺取公私财物，数额较大，或者多次抢夺的行为。

本罪1979年《刑法》第151条、第152条作了规定，1997年《刑法》

---

① 本条第1款经2015年8月29日《刑法修正案（九）》第20条修改。

对本罪设专条作了规定。2015年《刑法修正案（九）》对本罪作出修改，将"多次抢夺"增加规定为成罪条件。

抢夺罪的构成要件是：

1. 本罪侵犯的客体是公私财产的所有权。

犯罪对象仅限于有形的、作为动产的公私财物。如果行为人所抢夺的对象是《刑法》分则中明确规定的特定物品，如枪支、弹药、爆炸物或者公文、证件、印章等，虽然作案的手段是相同的，但因犯罪目的、动机、对象、客体的不同，所以犯罪性质也不相同，应以特定罪名论处，而不能认定构成抢夺罪。

2. 客观方面表现为公然夺取公私财物，数额较大，或者多次抢夺的行为。

所谓公然夺取，是指行为人当着公私财物所有人、管理人或者其他人的面，强行夺取他人控制之下的公私财物，据为己有或者给第三人所有。公然夺取财物，但不对人身使用暴力或者以暴力相威胁，这是抢夺罪区别于其他侵犯财产犯罪的本质特征。"数额较大"，根据2013年11月11日颁布《最高人民法院、最高人民检察院关于办理抢夺刑事案件适用法律若干问题的解释》（以下简称《办理抢夺刑事案件解释》）第1条的规定，以1000元至3000元为起点，具体标准由各地高级人民法院、省人民检察院根据本地实际确定，具备《办理抢夺刑事案件解释》第2条规定的特定情形的，按照第1条规定标准的50%确定。"多次抢夺"，一般指2年内抢夺3次以上。

3. 犯罪主体为一般主体，即年满16周岁并具有刑事责任能力的自然人，都可以构成本罪。

4. 主观方面由直接故意构成，且故意的内容是以非法占有公私财物为目的。过失不能构成本罪。

（二）认定抢夺罪应当注意的问题

1. 划清罪与非罪的界限。

抢夺罪是以数额较大为构成要件的。因此，对于抢夺财物数额不大，情节显著轻微的，如因生活无着，偶尔抢夺少量食物等行为，不能以抢夺罪论处。

此外，抢夺罪的构成还要求行为人主观上具有非法占有公私财物的目的。如果行为人主观上无此目的，也不构成本罪。比如，债权人为抵债而夺取债务人财物的行为，为临时急用而抢夺他人财物用后归还的行为，属于民事财产纠纷，一般不宜以犯罪论处。

2. 把握在被害人有防备情况下公然夺取其财物行为的性质。

司法实践中，抢夺罪大多表现为"乘人不备"夺取财物。在财物所有人对行为人抢夺财物的意图已有所觉察、有所防备的情况下，行为人利用当时的客观条件（如在偏僻无人的地方、在治安不好、无人敢出面干涉的情况下、在财产所有人或保管人因患病、轻中度醉酒等原因丧失或者基本丧失防护财物能力但神志清醒的情况下），公然用强力夺走或者拿走被害人财物，但未对被害人的人身使用暴力或者以暴力相威胁的，仍应以抢夺罪论处。

3. 划清抢夺罪与盗窃罪的界限。

抢夺罪的主要特征体现为"公然夺取"，而盗窃罪的主要特征体现为"秘密窃取"。要区分是"公然夺取"还是"秘密窃取"，应注意结合主客观相一致的原则，把握以下两点：（1）"公然"是相对财物所有人或保管人而言的。在行为人对财物所有人或保管人发生误认，决意抢夺而真正的所有人或保管人并不知情的情况下，应以行为人的主观认识为准来判断。（2）"公然"是指行为人自以为所有人或保管人在其行为当时会发觉，基于抢夺的主观意志而实施犯罪，如果行为人误以为财物所有人或保管人不会发觉，基于"秘密窃取"的心态取得财物，虽然很快暴露，也应以盗窃罪论处。

4. 划清抢夺罪与诈骗罪的界限。

抢夺罪的主要特征体现为"夺取"，而诈骗罪的主要特征体现为"骗取"。比较容易混淆的是，行为人既使用欺骗手法又公然夺取财物的行为，究竟应定诈骗罪还是抢夺罪。对此，应着重考察两种手段哪种手段更为关键或者说起决定性作用，如果难以区分清楚的，可以抢夺罪论处。

5. 划清抢夺罪与抢劫罪的界限。

两者虽然都是"抢"，犯罪的目的也相同，但有着本质的区别：（1）侵犯的客体不同。抢夺罪侵犯的是单一客体，即公私财产的所有权，而抢劫罪则是双重客体，即不仅侵犯了公私财产的所有权，还侵犯了被害人的人身权利。（2）实施犯罪的方法、手段不同。抢夺罪不使用暴力，而使用强力，并作用于被抢夺的财物，而抢劫罪则是使用暴力，并施加于被害人，强制其身体，以排除被害人的抵抗。（3）抢夺罪以"数额较大"为构成要件，而抢劫罪则不以数额较大为构成要件。（4）犯罪主体不尽相同。抢夺罪的主体是年满16周岁以上的人，而抢劫罪的主体则可以是年满14周岁的人。

对于从被害人手里或身上强抢物品导致被害人伤亡的案件，首先应该根据客观情况判定行为人对于被害人伤亡后果的主观罪过，如果能够推定行为人对于伤亡后果存在主观故意，则应认定构成抢劫罪而不是抢夺罪。其次，如果不能推定行为人对于伤亡后果具有主观故意，则应结合行为人取得财物的数额大小和被害人伤亡的具体情况，确定构成抢夺罪还是过失致人重伤罪或者过失致人死亡罪。2002年7月20日施行的《最高人民法院关于审理抢夺刑事案件具体应用法律若干问题的解释》（已失效）第5条规定，实施抢夺公私财物行为，构成抢夺罪，同时造成被害人重伤、死亡等后果，构成过失致人重伤罪、过失致人死亡罪等犯罪的，依照处罚较重的规定定罪处罚。该解释虽然已经废止，但该条规定精神仍可适用。在行为人并无侵犯人身故意而抢取财物，因过失或者意外造成被害人伤亡的，对行为人应以抢夺罪定罪处罚。在抢取财物的数额达不到"数额较大"标准的情况下，因为抢夺罪的法定定罪标准以数额为基础，故应考虑以过失致人重伤罪、过失致人死亡罪论处。

对于单纯利用被害人不能反抗或不能有效反抗的条件，从被害人处取得财物的案件，考虑到行为人取得财物，只是利用了被害人不能有效反抗的条件，而这个条件并不是行为人通过积极行为造成的，应考虑以抢夺罪论处。

6. 划清抢夺罪与其他抢夺性质的犯罪的界限。

抢夺性质的犯罪，是公然夺取一定物品但并不使用暴力或暴力威胁侵犯人身权利的一种犯罪。我国《刑法》除了规定抢夺罪，还规定了其他几种抢夺性质的犯罪，即抢夺枪支、弹药、爆炸物罪，抢夺国家机关公文、证件、印章罪，抢夺武装部队公文、证件、印章罪，抢夺国有档案罪和抢夺武器装备、军用物资罪。抢夺罪与其他抢夺性质犯罪的客观行为表现形式一样，都是抢夺，但在犯罪对象以及侵犯客体方面存在着明显区别。对于抢夺特定物品对象的行为，只要《刑法》规定了单独的罪名，就不能再以抢夺罪论处。

对于行为人实施抢夺行为，夺得的物品中既有一般财物，也有枪支、弹药、爆炸物、国有档案、国家机关公文、证件、印章等物品的情形，对此，可考虑根据以下原则处理：（1）如果行为人基于概括故意即抢到什么东西都可以，客观上实施了抢夺行为的，应按实际抢得的是一般财物还是特定物品决定构成抢夺罪还是其他抢夺性质的犯罪。如果抢得的物品既有一般财物又有特定物品的，应按照一个行为触犯数个罪名的想象竞合犯的处理原则，择一重罪定罪处罚。（2）如果行为人基于抢夺一般财物的故意而实施夺财行为，但在夺得的财物中却夹有枪支、弹药、爆炸物的，对此，因行为人并无抢夺特定财物的故意，不能认定其行为构成抢夺特定物品的犯罪即抢夺枪支、弹药、爆炸物罪。但是枪支、弹药、爆炸物不允许私人非法持有，可考虑以抢夺罪与非法持有、私藏枪支、弹药、爆炸物罪数罪并罚。（3）如果行为人基于抢夺一般财物的故意而实施夺财行为，但在夺得的财物中夹带有公文、证件、印章或者国有档案的，对此，因《刑法》并未将持有、私藏公文、证件、印章或者国有档案的行为规定为独立的犯罪，因此，只有在行为人抢夺财物达到定罪标准时，才能以抢夺罪定罪，其抢得特定物品的后果可作为量刑情节考虑。

7. 把握抢夺罪转化为抢劫罪的法定条件。

根据《刑法》第269条和第267条第2款的规定，抢夺罪在以下两种情况下转化为抢劫罪：

（1）犯本罪，为窝藏赃物、抗拒抓捕或者毁灭罪证而当场使用暴力或者以暴力相威胁的，应当依照《刑法》第263条规定的抢劫罪定罪处罚。"犯盗窃、诈骗、抢夺罪"，主要是指行为人已经着手实施盗窃、诈骗、抢夺行为，一般不考察盗窃、诈骗、抢夺行为是否既遂，所涉财物是否达到"数额较大"的标准。但是所涉财物数额明显低于"数额较大"的标准，又不具有《最高人民法院关于审理抢劫、抢夺刑事案件适用法律若干问题的意见》（以下简称《审理抢劫、抢夺刑事案件意见》）第5条所列五种情节之一的，不构成抢劫罪。"当场"，是指在盗窃、诈骗、抢夺的现场以及行为人刚离开现场即被他人发现并抓捕的情形。"使用暴力或者以暴力相威胁",是指行为人对被害人或者抓捕人故意实施殴打、伤害等危及人体健康或者生命安全的行为,或者以实施这种暴力相威胁。对于为了逃脱抓捕而冲撞他人,暴力强度较小,未造成伤害后果的,可不认定为"使用暴力",不以抢劫罪论处。入户或者在公共交通工具上盗窃、诈骗、抢夺后,为了窝藏赃物、抗拒抓捕或者毁灭罪证,在户内或者公共交通工具上当场使用暴力或者以暴力相威胁的,构成"入户抢劫"或者"在公共交通工具上抢劫"。

(2)携带凶器并有意加以显示而进行抢夺的,应当依照《刑法》第263条规定的抢劫罪定罪处罚。根据《最高人民法院关于审理抢劫案件具体应用法律若干问题的解释》第6条的规定,"携带凶器",是指在实施抢夺行为时,随身携带枪支、爆炸物、管制刀具等国家禁止个人非法携带的器械进行抢夺或者为了实施犯罪而携带其他器械进行抢夺。《审理抢劫、抢夺刑事案件意见》进一步指出,行为人随身携带国家禁止个人携带的器械以外的其他器械抢夺,但有证据证明该器械确实不是为了实施犯罪准备的,不以抢劫罪定罪;行为人将随身携带的凶器有意加以显示、能为被害人察觉到的,直接适用《刑法》第263条的规定定罪处罚。

两人以上共同实施盗窃、诈骗、抢夺犯罪,其中部分行为人为窝藏赃物、抗拒抓捕或者毁灭罪证而当场使用暴力或者以暴力相威胁的,对于其余行为人是否以抢劫罪共犯论处,主要看其对实施暴力或者以暴力相威胁的行为人是否提供帮助、形成共同犯意。基于一定意思联络,对实施暴力或者以暴力相威胁的行为人提供帮助或实际成为帮凶的,可以抢劫共犯论处。

8. 把握驾驶机动车、非机动车夺取他人财物行为的定性。

对于实践中经常发生的驾驶机动车、非机动车夺取他人财物的案件,《办理抢夺刑事案件解释》第6条明确规定:"驾驶机动车、非机动车夺取他人财物,具有下列情形之一的,应当以抢劫罪定罪处罚:(一)夺取他人财物时因被害人不放手而强行夺取的;(二)驾驶车辆逼挤、撞击或者强行逼倒他人夺取财物的;(三)明知会致人伤亡仍然强行夺取并放任造成财物持有人轻伤以上后果的。"也就是说,一般情况下,驾驶机动车、非机动车夺取他人财物的案件,以抢夺罪论处,符合《办理抢夺刑事案件解释》规定情形的,应以抢劫罪论处。

(三)抢夺罪的刑事责任

依照《刑法》第267条的规定,犯抢夺罪的,处三年以下有期徒刑、拘役或者管制,并处或者单处罚金;数额巨大或者有其他严重情节的,处三年以上十年以下有期徒刑,并处罚金;数额特别巨大或者有其他特别严重情节的,处十年以上有期徒刑或者无期徒刑,并处罚金或者没收财产。

五、聚众哄抢罪

第二百六十八条 聚众哄抢公私财物,数额较大或者有其他严重情节的,对首要分子和积极参加的,处三年以下有期徒刑、拘役或者管制,并处罚金;数额巨大或者有其他特别严重情节的,处三年以上十年以下有期徒刑,并处罚金。

(一)聚众哄抢罪的概念和构成要件

聚众哄抢罪,是指以非法占有为目的,聚众哄抢公私财物,数额较大或者有其他严重情节的行为。

1990年9月7日颁布的《铁路法》第64条规定,对于"聚众哄抢铁路运输物资的",以抢夺罪论处。1997年《刑法》增设了此罪名。

聚众哄抢罪的构成要件是:

1.本罪侵犯的客体是复杂客体,即不仅侵犯了公私财物的所有权,而且侵犯了社会的正常管理秩序,但主要侵犯的是公私财物的所有权。

2.客观方面表现为聚众哄抢公私财物,数额较大或者有其他严重情节的行为。

聚众哄抢的主要特点是聚集多人,依靠人多势众,一哄而上,夺取他人财物。有观点认为,聚众哄抢是一种行为方式,并不要求存在所谓"聚众"与"哄抢"两个行为。没有首要分子,也不妨碍本罪的成立。例如,被害人驾驶的卡车侧翻后,周围的众人自发哄抢财物的,即便没有首要分子,也应对积极参加者追究刑事责任。

何谓"数额较大"或者"有其他严重情节",尚无司法解释作出规定。实践中,可在考虑与盗窃罪、抢夺罪等的平衡,恰当控制打击面的基础上,结合具体案件情况,从哄抢财物的价值、是否属于重要物资、造成的社会影响等方面予以综合把握。

3. 犯罪主体为哄抢公私财物的首要分子和积极参加者。"首要分子",是指在聚众哄抢中起组织、策划、指挥作用的人;"积极参加的",是指积极参与哄抢,在哄抢中起主要作用以及哄抢财物较多的人。

4. 主观方面是直接故意,并具有非法占有目的。

(二)认定聚众哄抢罪应当注意的问题

1. 划清罪与非罪的界限。

对于实施聚众哄抢犯罪行为的一般参与者,或者哄抢行为情节一般,哄抢财物数额较小的,属于一般违法行为,不能以聚众哄抢罪论处。

2. 划清本罪与抢劫罪的界限。

从聚众的法定刑配置看,应当认为,"哄抢"行为不包括暴力、胁迫等强制人身的行为。如果多人共同采取暴力、胁迫等强制人身的行为夺取他人财物,或者在聚众哄抢过程中有人采取暴力、胁迫等强制人身的行为夺取他人财物的,对相关人员应当以抢劫罪追究刑事责任。

3. 划清本罪与抢夺罪的区别。

聚众哄抢行为从性质上看实际是一种抢夺行为,但由于参加者众多,有的一开始只是看热闹、起哄,后又跟着抢,难以都按抢夺罪定罪处罚,所以《刑法》只针对聚众哄抢的首要分子和积极参加的规定了刑罚。[①] 从立法沿革、立法精神看,对符合聚众哄抢罪构成条件的,应当以聚众哄抢罪论处,不能以相关行为同时也符合抢夺罪的构成,而按从一重罪处断原则以抢夺罪论处。

[①] 参见全国人大常委会法制工作委员会刑法室编:《中华人民共和国刑法条文说明、立法理由及相关规定》,北京大学出版社 2009 年版,第 562 页。

(三) 聚众哄抢罪的刑事责任

依照《刑法》第268条规定，犯聚众哄抢罪的，对首要分子和积极参加的，处三年以下有期徒刑、拘役或者管制，并处罚金；数额巨大或者有其他特别严重情节的，处三年以上十年以下有期徒刑，并处罚金。

六、侵占罪

第二百七十条 将代为保管的他人财物非法占为己有，数额较大，拒不退还的，处二年以下有期徒刑、拘役或者罚金；数额巨大或者有其他严重情节的，处二年以上五年以下有期徒刑，并处罚金。

将他人的遗忘物或者埋藏物非法占为己有，数额较大，拒不交出的，依照前款的规定处罚。

本条罪，告诉的才处理。

(一) 侵占罪的概念和构成要件

侵占罪，是指以非法占有为目的，将代为保管的他人财物或者他人的遗忘物、埋藏物占为己有，数额较大且拒不退还或者拒不交出的行为。

侵占罪的构成要件是：

1. 本罪侵犯的客体是公私的财产所有权。侵犯的对象必须是代为保管的他人财物或者是他人的遗忘物、埋藏物。

"他人"，是仅指自然人，抑或也包括单位？对此，理论界有不同认识。我们认为，1997年《刑法》所以增设此罪名，就是意图涵盖司法实践中遇到的所有侵害公私财物的行为，理应包括单位在内。"遗忘物"，是指本应携带因遗忘而没有带走的财物。"埋藏物"，是指为隐藏而埋于地下的财物。一般而言，国家或者单位不存在埋藏物。虽然有些公共财物可能由于某种特殊原因需要埋于地下，但绝不是单纯为了隐藏，所以，这类财物不属于埋藏物。埋藏物不同于地下的文物。文物一般属于国家所有，文物不属于本罪侵犯的对象。

2. 客观方面表现为将他人委托自己代为保管的财物，或者拾得的他人的遗忘物，或者发掘出的他人的埋藏物非法占为己有，数额较大且拒不退还或者拒不交出的行为。

不宜"将代为保管的他人财物"，仅仅作字面的理解，还应当包括司法实践中发生的代购物品、代售物品、代转财物或者代收财物等行为在内。依照法律规定，侵占他人财物的行为，必须达到数额较大，且拒不退还或者拒不交出，才构成犯罪，这是构成本罪在客观方面必须具备的要件，缺一不可。

3. 犯罪主体为特殊主体，即年满16周岁，具有刑事责任能力，持有他人财物的自然人。

4. 主观方面由直接故意构成，即明知自己占有的财物为他人合法所有，自己有义务将该财物交还他人，但故意拒不退还或者拒不交出。故意的内容是以非法占有为目的。"本罪最大的特点是'变合法持有为非法所有'"。[①]这是构成侵占罪的前提条件。"合法持有"，是指以合法的方式取得对他人财物暂时的占有权。

（二）认定侵占罪应当注意的问题

1. 划清罪与非罪的界限。

侵占他人财物的行为，如果数额较小，即使拒不退还或者拒不交出，也不构成犯罪，可按民事纠纷处理。

2. 正确认定拒不退还或者拒不交出的行为。

在具体认定时，应当区分不同情况：一是如果当保管物的委托人、遗忘物的遗忘者、埋藏物的埋藏者或者他们的代理人、继承人向行为人明确提出交还主张，并且确有证据证明该财物属于其合法所有时，行为人无视证据，公然加以明确拒绝的，即应认定为拒不退还或者拒不交出的行为；二是如果行为人在财物所有人明确提出交还主张时，虽承认了其主张并答应交还，但在其后又擅自处理了该财物，致使无法实际交还的，也应认定为属于拒不退

---

① 高铭暄、马克昌主编：《刑法学》（第二版），北京大学出版社、高等教育出版社2005年版，第569页。

还或者拒不交出的行为；三是如果行为人虽有非法侵占的行为，但最终还是退还或者交出了其侵占的财物，则不能视为构成本罪；四是如果行为人在合法所有者明确提出交还主张之前，已经处理了该财物，事后也承认并答应赔偿的，则不能以犯罪论处。

3. 划清本罪与盗窃罪的界限。

前者的行为人在实施侵占他人财物行为时，所侵占的财物就在其实际控制之下；而后者的行为人在实施盗窃财物行为时，所窃取的财物并不在其实际控制之下，这是两罪在客观方面的显著区别。

4. 本罪属于自诉案件范围，即实行"不告不理"原则。

根据《刑法》第270条第1款和《刑法》第87条的规定，对于侵占他人财物数额较大构成犯罪的，其追诉期限为5年；对于侵占他人财物数额巨大或者情节严重的，其追诉期限为10年。追诉期限应从被害人知道其财物被行为人侵占之日起开始计算。

（三）侵占罪的刑事责任

依照《刑法》第270条第1款规定，犯侵占罪的，处二年以下有期徒刑、拘役或者罚金；数额巨大或者有其他严重情节的，处二年以上五年以下有期徒刑，并处罚金。

依照本条第2款规定，将他人的遗忘物或者埋藏物非法占为己有，数额较大，拒不交出的，依照前款的规定处罚。

依照本条第3款规定，本条罪，告诉的才处理。

七、职务侵占罪

第二百七十一条[①] 公司、企业或者其他单位的工作人员，利用职务上的便利，将本单位财物非法占为己有，数额较大的，处三年以下有期徒刑或者拘役，并处罚金；数额巨大的，处三年以上十年以下有期徒刑，并处罚

---

① 本条第1款经2020年12月26日《刑法修正案（十一）》第29条修改。

金；数额特别巨大的，处十年以上有期徒刑或者无期徒刑，并处罚金。

国有公司、企业或者其他国有单位中从事公务的人员和国有公司、企业或者其他国有单位委派到非国有公司、企业以及其他单位从事公务的人员有前款行为的，依照本法第三百八十二条、第三百八十三条的规定定罪处罚。

（一）职务侵占罪的概念和构成要件

职务侵占罪，是指公司、企业或者其他单位的人员利用职务上的便利，将本单位财物占为己有，数额较大的行为。

本罪1979年《刑法》没有规定。1995年2月28日，第八届全国人大常委会第十二次会议通过的《关于惩治违反公司法的犯罪的决定》第10条规定了侵占罪。1997年《刑法》对该条文修改后规定为职务侵占罪。2021年12月26日第十三届全国人大常委会第二十四次会议通过的《刑法修正案（十一）》第29条对本罪的法定刑进行了修改，将法定刑幅度由两个改为三个，将法定最高刑由有期徒刑十五年提高至无期徒刑，增设相应法定刑幅度的财产刑规定，将最高法定刑幅度对应的财产刑由没收财产改为罚金，体现了对非公经济的平等保护和对侵犯非公经济财产利益犯罪活动的同等惩处。

职务侵占罪的构成要件是：

1.本罪侵犯的客体是公司、企业或者其他单位的财产所有权。

犯罪对象，是上述单位所有的各种财物，包括有形物与无体物；包括已在单位控制之中的财物与应归单位所有的财物，后者如单位在银行存款应得的利息。在本单位管理、使用或者运输中的他人财产，应以本单位财产论，也属于本罪的对象。

2.客观方面表现为利用职务上的便利，将本单位财物非法占为己有，数额较大的行为。

利用职务上的便利是构成本罪的要件之一。所谓"利用职务上的便利"，一般是指行为人利用自己在本单位所具有的一定职务，如董事、监事、经理、会计等，并因这种职务所产生的方便条件，即主管、管理、经手本单位财物的便利。对于不是利用职务上的便利，而是利用工作上的便利，侵占本单位财物的行为，不能认定构成本罪。侵占财物实质上就是将财物非法占为己有，实践中一般表现为侵吞、盗窃、骗取等非法手段。数额较大也是构成本罪的要件之一，这是认定行为人侵占单位财物行为的社会危害性已达到应依法追究其刑事责任的标准。

3.犯罪主体为特殊主体，即公司、企业或者其他单位的人员才能构成，而且这些人员不属于从事公务的国家工作人员。

公司，主要是指依照我国《公司法》，经过国家主管机关批准设立的各种有限责任公司和股份有限公司。企业，是指依照我国企业登记法规，经过国家主管机关批准设立的，以营利为目的的各种经济组织。其他单位，是指公司、企业以外的其他组织，如农村的村民委员会、城镇的居民委员会、医院、学校、文艺单位等。

4.主观方面由故意构成，且故意的内容具有将本单位财物非法占为己有的目的。

（二）认定职务侵占罪应当注意的问题

1.准确把握职务侵占罪的犯罪主体。

国有公司、企业或者其他国有单位中的从事劳务的人员，如售货员、售票员、司机、机关勤杂人员等，既不能认定为"国家工作人员"，其利用从事劳务的职务之便，侵占本单位财物的，应以职务侵占罪论处。

根据自2001年5月26日施行的《最高人民法院关于在国有资本控股、参股的股份有限公司中从事管理工作的人员利用职务便利非法占有本公司财物如何定罪问题的批复》和2005年8月11日施行的《最高人民法院关于如何认定国有控股、参股股份有限公司中的国有公司、企业人员的解释》的规定，国家控股、参股的公司中的管理人员，除受委派从事公务的人员之外，其他人员利用职务便利占有本单位财物的，应以职务侵占罪论处。

单位正式职工、合同工和临时工，包括学徒工、实习生和兼职人员等，虽然身份不同，但只要经公司、企业或者其他单位聘用，并赋予主管、管理或者经手本单位财物的权力，利用职务上的便利非法占有单位财物，亦应以职务侵占罪论处。

2. 划清职务侵占罪与盗窃罪、诈骗罪的界限。

职务侵占罪与盗窃罪、诈骗罪，都是侵犯财产权的财产犯罪，主观上都要求具有非法占有的目的，犯罪手段也有相同之处。它们的主要区别是：（1）职务侵占罪的对象只能是公司、企业或者其他单位的财产，盗窃、诈骗罪的对象可以是任何公私财物。但是，如果在公司、企业或其他单位保管、使用或者运输中的他人财产，行为人利用职务上的便利，非法占有这类财产，应构成职务侵占罪。（2）职务侵占罪的主体，是特殊主体，而盗窃罪、诈骗罪主体是一般主体。（3）职务侵占罪只能是利用职务上的便利实施，包括利用职务上持有本单位财产的便利和其他职务上的便利，而盗窃罪、诈骗罪之实施与职务无关。（4）职务侵占罪的方法包括窃取、骗取、侵吞等多种，而盗窃、诈骗罪分别只能窃取和骗取。

3. 划清职务侵占罪与侵占罪的界限。

职务侵占罪与侵占罪，都属于侵占犯罪的范畴，两者主观上都以非法占有为目的，客观上往往表现为变合法持有为非法所有等。二者的主要区别是：（1）前者是特殊主体，只有公司、企业或者其他单位的人员才能构成；后者是一般主体，即年满16周岁，具备刑事责任能力的自然人。（2）前者侵犯的对象，是公司、企业或其他单位的财物，后者是代为保管的他人财物，以及他人的遗忘物、埋藏物。（3）前者持有单位财物的根据是职务上的需要，后者是因他人委托而持有他人财物或者基于某种事实而合法持有。（4）前者犯罪方法有多种，后者只是将自己合法持有的财物，据为己有，拒不交出。（5）前者利用职务上的便利实施，可以表现为利用自己的职权，采用欺骗手段，骗取不在自己持有中的单位财物，后者实施侵占行为与职务无关，只能以自己业已合法持有的他人财物为前提。

4. 关于村民小组长利用职务上的便利非法占有公共财物如何定罪处罚的问题。

根据最高人民法院1999年6月25日公布的《关于村民小组组长利用职务便利非法占有公共财物行为如何定性问题的批复》的规定，对村民小组组长利用职务上的便利，将村民小组集体财产非法占为己有，数额较大的行为，应当依照《刑法》第271条第1款的规定，以职务侵占罪定罪处罚。

5. 关于不同身份者共同侵占本单位财物行为的定罪处罚问题。

根据最高人民法院 2000 年 6 月 30 日公布的《关于审理贪污、职务侵占案件如何认定共同犯罪几个问题的解释》第 2 条的规定，行为人与公司、企业或者其他单位的人员勾结，利用公司、企业或者其他单位人员的职务便利，共同将该单位财物非法占为己有，数额较大的，以职务侵占罪共犯论处。

根据 2003 年 11 月 13 日发布的《全国法院审理经济犯罪案件工作座谈会纪要》第 2 条第 3 项的规定，对于在公司、企业或者其他单位中，非国家工作人员与国家工作人员勾结，分别利用各自的职务便利，共同将本单位财物非法占有的，应当尽量区分主从犯，按照主犯的犯罪性质定罪。司法实践中，如果根据案件的实际情况，各共同犯罪人在共同犯罪中的地位、作用相当，难以区分主从犯的，可以贪污罪定罪处罚。

（三）职务侵占罪的刑事责任

依照《刑法》第 271 条的规定，犯职务侵占罪的，处三年以下有期徒刑或者拘役，并处罚金；数额巨大的，处三年以上十年以下有期徒刑，并处罚金；数额特别巨大的，处十年以上有期徒刑或者无期徒刑，并处罚金。

关于"数额巨大""数额特别巨大"的标准，在有关新的司法解释出台之前，可参照《最高人民法院、最高人民检察院关于办理贪污贿赂刑事案件适用法律若干问题的解释》第 2 条、第 3 条所规定的数额标准的二倍掌握。

根据《最高人民法院、最高人民检察院关于办理妨害预防、控制突发传染病疫情等灾害的刑事案件具体应用法律若干问题的解释》，侵占用于预防、控制突发传染病疫情等灾害的款物，构成犯罪的，依照《刑法》第 271 条的规定，以职务侵占罪，从重处罚。

八、挪用资金罪①

第二百七十二条② 第一款 公司、企业或者其他单位的工作人员,利用职务上的便利,挪用本单位资金归个人使用或者借贷给他人,数额较大、超过三个月未还的,或者虽未超过三个月,但数额较大、进行营利活动的,或者进行非法活动的,处三年以下有期徒刑或者拘役;挪用本单位资金数额巨大的,处三年以上七年以下有期徒刑;数额特别巨大的,处七年以上有期徒刑。

第三款 有第一款行为,在提起公诉前将挪用的资金退还的,可以从轻或者减轻处罚。其中,犯罪较轻的,可以减轻或者免除处罚。

(一)挪用资金罪的概念和构成要件

挪用资金罪,是指公司、企业或者其他单位的工作人员,利用职务上的便利,挪用本单位资金归个人使用或者借贷给他人,数额较大、超过3个月未还的,或者虽然未超过3个月,但数额较大、进行营利活动的,或者进行非法活动的行为。1979年《刑法》未对本罪进行规定。此后,随着社会主义市场经济的发展,民商事活动日益频繁,为有力惩治违反公司法的犯罪行为,全国人大常委会于1995年2月28日颁布了《关于惩治违反公司法的犯罪的决定》(已失效),并在第11条和第14条规定了公司、企业人员挪用本单位资金罪。1997年修订《刑法》时,为严密法网及实现罪刑均衡,在将犯罪主体由公司、企业人员扩展到其他单位人员外,还增设了"挪用资金数额巨大,或者数额较大不退还"的量刑档次。《刑法修正案(十一)》再次对本

---

① 本罪与挪用公款罪均为挪用型犯罪,由于二罪在类型化上高度相似,在进行有权解释时理应遵循相同的原理。例如,全国人大常委会法制工作委员会刑法室在答复公安部经济犯罪侦查局关于挪用资金罪有关问题时,就称挪用资金罪的"归个人使用"与挪用公款罪的"归个人使用"含义基本相同。因此,针对挪用公款罪作出的立法解释、司法解释和指导案例,可以在挪用公款罪的法律适用中予以参照。

参考案例1:洪某某挪用资金案,浙江省金华市婺城区人民法院(2012)金婺刑初字第984号。参考案例2:林某挪用资金案,海南省海口市中级人民法院(2012)海中法刑终字第30号。

② 本条经2020年12月26日《刑法修正案(十一)》第30条修改。

罪进行了修改,在增设"数额特别巨大"的量刑档次之外,不仅将"数额较大不退还"从法定刑升格条件中删除,相反还明确规定了退赔退赃情节具有减轻或免除处罚的量刑功能。

挪用资金罪的构成要件是:

1.本罪侵犯的客体为复杂客体,不仅包括公司、企业或者其他单位财产权中的占有权、使用权和收益权,还包括公司、企业或者其他单位与员工之间的委托信任关系。

本罪的犯罪对象是公司、企业或者其他单位的资金。其他单位是指公司、企业以外的事业单位、社会团体、经济组织、村民委员会、居民委员会、村民小组等。需要注意的是,这里的公司、企业或者其他单位并不限于非国有公司、企业或者其他国有单位。① 资金,是指以货币形式表现的单位财产,包括人民币、外币及股票、支票、债券、国库券等金融票证和有价证券等。根据《最高人民检察院关于挪用尚未注册成立公司资金的行为适用法律问题的批复》的规定,"准备设立的公司在银行开设的临时账户上的资金"也属于资金。此外,资金除了单位所有的以外,还包括单位合法占有或持有的资金。②

2.客观方面表现为行为人利用职务上的便利,实施了挪用本单位资金归个人使用或者借贷给他人的行为。

利用职务上的便利,是指利用本人在职务上主管、经管或经手单位资金的方便条件,例如单位领导利用主管财务的职务,出纳员利用保管现金的职务,以及其他工作人员利用经手单位资金的便利条件。③ 挪用,是指未经合法批准,擅自动用单位资金归个人使用或者借贷给他人,并准备用毕归还的行为。挪用通常是秘密进行的,但也不排除半公开甚至是公开进行的情形。

---

① 根据《最高人民法院关于对受委托管理、经营国有财产人员挪用国有资金行为如何定罪问题的批复》的规定,对于受国家机关、国有公司、企业、事业单位、人民团体委托,管理、经营国有财产的非国家工作人员,利用职务上的便利,挪用国有资金归个人使用构成犯罪的,也构成本罪。

② 参见《刑法》第185条。

③ 参见高铭暄、马克昌主编:《刑法学》(第七版),北京大学出版社2016年版,第513页。职务上的便利不包括熟悉作案环境、易于接近单位资金等方便条件。如果行为人未利用职务上便利的,不构成本罪。

根据《最高人民法院关于如何理解刑法第二百七十二条规定的"挪用本单位资金归个人使用或者借贷给他人"问题的批复》,"挪用本单位资金归个人使用或者借贷给他人"是指挪用本单位资金归本人或者其他自然人使用,或者挪用人以个人名义将所挪用的资金借给其他自然人和单位。① 具体的挪用类型有三种:(1)挪用本单位资金,数额较大、超过3个月未还的。此类型称为"超期未还"型,构成犯罪必须同时具备两个条件,一是数额较大,二是挪用时间超过3个月。② 本类型的挪用人挪用资金后,多用于生活开支等方面,例如,购买房屋、车辆、旅游观光、治病、偿还个人债务、挥霍③ 等。如果挪用人挪用资金后尚未投入实际使用,即"挪而未用"的,可以构成本类型的挪用资金罪。④(2)挪用本单位资金,数额较大、进行营利活动的。此类型称为"营利活动"型,没有挪用时间和是否归还的限制,但数额较大和进行营利活动是必备要件。营利活动,是指挪用单位资金进行生产、经营或者其他谋取利润、利益的行为,如集资、经商、投资、炒股、炒楼、购买国债、存入银行获取利息或用于信贷、担保、注册公司、企业等。⑤(3)挪用本单位资金,进行非法活动的。此类型称为"非法活动"型,没有挪用资金数额和时间的限制,只要是挪用资金进行非法活动的,即构成犯罪。非法活动,是指法律法规禁止的一切活动,包括违法行为和犯罪行为,如非法经营、走私、贩毒、赌博、嫖娼、行贿等。"超期未还"型、"营利活动"型和

---

① 《全国人民代表大会常务委员会关于〈中华人民共和国刑法〉第三百八十四条第一款的解释》将挪用公款"归个人使用"分为三种情况:(1)将公款供本人、亲友或者其他自然人使用;(2)以个人名义将公款供其他单位使用;(3)个人决定以单位名义将公款供其他单位使用,谋取个人利益的。反观该批复,未明确"个人决定以单位名义将挪用的资金供其他单位使用,谋取个人利益的"是否属于"挪用本单位资金归个人使用或者借贷给他人"。此后《最高人民检察院、公安部关于公安机关管辖的刑事案件立案追诉标准的规定(二)》弥补了这一不足,明确"归个人使用"是指:(1)将本单位资金供本人、亲友或者其他自然人使用的;(2)以个人名义将本单位资金供其他单位使用的;(3)个人决定以单位名义将本单位资金供其他单位使用,谋取个人利益的。

② 案发前是否归还不影响本罪的成立。

③ 如果挪用人并无财产来源,也缺乏偿还能力,其挥霍行为不应认定为挪用,而是职务侵占行为。

④ 参照《全国法院审理经济犯罪案件工作座谈会纪要》"四、关于挪用公款罪……(七)挪用公款后尚未投入实际使用的行为性质的认定"的规定。在司法实务中也有相关案例,参见上海市闵行区人民法院审理的王某东挪用资金案。

⑤ 是否实际获取利润、利益不影响本罪的成立,案发前是否归还也不影响本罪的成立。

"非法活动"型是构成本罪的三种不同类型,只要行为人实施了上述三种类型之一的,即可构成本罪。

3.犯罪主体为特殊主体,即公司、企业或者其他单位中的非国家工作人员。①

非本单位工作人员不能构成本罪主体。公司、企业或者其他单位中的非国家工作人员,②既可以是从事管理活动的人员,也可以是从事劳务活动的人员,但合伙企业的合伙人可以成为本罪主体。③个人独资企业中的工作人员虽然可以成为本罪主体,但投资人不能成为本罪主体。④

4.主观方面只能由故意构成,且具有非法使用单位资金的目的。⑤

(二)认定挪用资金罪应当注意的问题

1.关于罪与非罪的界限。

根据《最高人民法院、最高人民检察院关于办理贪污贿赂刑事案件适用法律若干问题的解释》(以下简称《办理贪污贿赂刑事案件解释》)的相关规定,⑥挪用单位资金归个人使用或者借贷给他人,进行营利活动或者超过3个月未还,数额在10万元以上的,应当认定为"数额较大";数额在400万元以上的,应当认定为"数额巨大"。挪用单位资金归个人使用或者借贷给他人,进行非法活动,数额在6万元以上的,应当追究刑事责任;数额在200万元以上,应当认定为"数额巨大"。未达到入罪数额的,应作为违反财经纪律的行为予以处理。

---

① 如果是国有公司、企业或者其他国有单位中从事公务的人员和国有公司、企业或者其他国有单位委派到非国有公司、企业以及其他单位从事公务的人员,利用职务之便挪用本单位资金的,构成挪用公款罪。

② 非国家工作人员不限于正式工作人员,合同工、临时工、实习兼职人员等均可归入非国家工作人员的范围。

③ 根据《合伙企业法》的相关规定,对合伙财产的支配和处分须经全体合伙人的同意。因此,如果未经其他合伙人的同意而擅自挪用合伙企业的资金,侵犯合伙企业财产所有权的,可以构成本罪。

④ 根据《个人独资企业法》的相关规定,个人独资企业的财产为投资人个人所有,而且投资人对企业债务承担无限责任。因此,投资人挪用企业资金属于其处分自己财产的合法行为,不构成犯罪。

⑤ 本罪是目的犯,非法使用单位资金只能是暂时使用,而且准备用毕归还。如果行为人并不准备用毕归还,显然不是非法使用单位资金的目的,而是非法占有单位资金的目的,应构成职务侵占罪。

⑥ 参见《办理贪污贿赂刑事案件解释》第5条、第6条以及第11条。

2. 关于本罪与挪用公款罪、职务侵占罪的区分。

本罪与挪用公款罪同为挪用型犯罪，因此，二罪的主要区别在于挪用人的身份。如果公司、企业或者其他单位中的非国家工作人员，利用职务上的便利挪用单位资金或国有资金的，构成本罪。如果是国家工作人员，利用职务上的便利挪用公款或单位资金的，构成挪用公款罪。本罪与职务侵占罪都是公司、企业或者其他单位的人员，利用职务上的便利侵犯本单位财产的行为，但本罪侵犯的客体是单位财产权中的占有权、使用权和收益权，而职务侵占罪侵犯的客体是单位财产所有权的整体。因此，在犯罪的主观方面，本罪不存在非法占有的目的，而是非法使用单位资金并准备用毕归还的目的，但职务侵占罪主观方面只能基于非法占有的目的。

3. 关于本罪的既未遂形态。

本罪不能以挪用人或者他人对资金的控制与否作为判断既遂未遂的标准。"挪用"一词由"挪"和"用"两种行为结合而成。"挪"是指利用职务上的便利，将本单位的资金转移到本人或者他人的控制之下。"用"是指将资金用于本人或者他人的某种需要。"挪"是前提，"用"是目的。① 因此，本罪为复行为犯，原则上应当将使用单位资金行为实施完毕与否，作为既未遂的标准。但本罪在犯罪构成上较为复杂，应结合以上标准，针对"超期未还"型、"营利活动"型和"非法活动"型挪用资金犯罪的各自特点，进行具体的判断。对于"超期未还"型，如果挪用资金尚未超过3个月的，不构成犯罪，自然也不能成立未遂；对于"非法活动"型和"营利活动"型，应以挪用资金后是否进行营利活动或非法活动作为既遂的标准。如果行为人挪用本单位资金归个人使用或者借贷给他人，欲进行非法活动，或者数额较大，并欲进行营利活动，但由于行为人意志以外的原因而未得逞的，成立犯罪未遂。

4. 关于本罪的罪数形态。

因挪用资金索取、收受财物构成犯罪的，依照数罪并罚的规定处罚。例如，公司、企业或者其他单位的工作人员，索取他人财物或者非法收受他人

---

① 参见高铭暄、马克昌主编：《刑法学》（第七版），北京大学出版社2016年版，第515页。

财物，挪用本单位资金给他人使用的，构成非国家工作人员受贿罪和挪用资金罪。挪用人挪用单位资金进行非法活动构成其他犯罪的，或者因挪用资金又实施其他犯罪的，也应当实行数罪并罚。例如，挪用人将挪用的单位资金用于走私活动的，构成挪用资金罪和走私犯罪。再如，挪用人挪用单位资金构成犯罪后，为掩盖挪用犯罪事实，又通过贪污、诈骗、盗窃等犯罪方法将犯罪所得用于退还挪用资金的，应构成挪用资金罪和贪污罪、诈骗罪、盗窃罪等。①

（三）挪用资金罪的刑事责任

依照《刑法》第272条第1款规定，犯挪用资金罪的，处三年以下有期徒刑或者拘役；挪用本单位资金数额巨大的，处三年以上七年以下有期徒刑；数额特别巨大的，处七年以上有期徒刑。第3款规定，在提起公诉前将挪用的资金退还的，可以从轻或者减轻处罚。其中，犯罪较轻的，可以减轻或者免除处罚。

九、挪用特定款物罪

第二百七十三条 挪用用于救灾、抢险、防汛、优抚、扶贫、移民、救济款物，情节严重，致使国家和人民群众利益遭受重大损害的，对直接责任人员，处三年以下有期徒刑或者拘役；情节特别严重的，处三年以上七年以下有期徒刑。

（一）挪用特定款物罪的概念和构成要件

挪用特定款物罪，是指违反国家规定的关于特定款物专用的财经管理制度，将用于救灾、抢险、防汛、优抚、扶贫、移民、救济的款物挪作他用，情节严重，致使国家和人民群众利益遭受重大损害的行为。

本罪1979年《刑法》第126条作了规定，1997年《刑法》对罪状作了

---

① 参照《最高人民法院关于审理挪用公款案件具体应用法律若干问题的解释》第7条。

修改，并将其从原破坏社会主义经济秩序罪移入侵犯财产罪中。

挪用特定款物罪的构成要件是：

1. 本罪侵犯的客体是复杂客体，既侵犯了国家规定的关于特定款物专用的财经管理制度，又侵犯了公共财产的使用权。

侵犯的对象，只能是专门用于救灾、抢险、防汛、优抚、扶贫、移民、救济的特定款物，其中扶贫和移民的特定款物是1997年《刑法》新增加的内容。上述特定款物，既包括用于上述用途的由国家预算安排的民政事业经费，也包括临时调拨的专项款物，还包括其他由国家、集体或者人民群众募捐的用于上述用途的特定款物等。挪用其他款物的，即使是国家规定的特定专用款物，如教育经费、科研经费等，也不构成本罪。

2. 客观方面表现为擅自将特定用于有关救灾、抢险、防汛、优抚、扶贫、移民、救济等专项款物挪作他用，致使国家和人民群众的利益遭受重大损害的行为。

"挪用"，是指未经合法批准，行为人利用特定的职权，将自己经管的上述款物，非法调拨、使用于其他方面，如修建楼堂馆所、购买小汽车等；必须是将特定款物挪用作其他公用，如果挪归个人使用的，应当视情况以挪用资金罪或者挪用公款罪论处。

根据2003年《最高人民检察院关于挪用失业保险基金和下岗职工基本生活保障资金的行为适用法律问题的批复》，挪用失业保险基金和下岗职工基本生活保障基金属于挪用救济款物。根据2004年《最高人民法院研究室关于挪用退休职工社会养老金行为如何适用法律问题的复函》，退休职工养老保险金不属于特定款物，对挪用退休职工养老保险金的，不能以挪用特定款物罪论处；符合挪用资金罪或者挪用公款罪构成的，可以该两罪追究。

3. 犯罪主体为特殊主体，即保管、分配和使用特定款物的直接责任人员。

4. 主观方面只能是故意，即明知是有关用于救灾、抢险、防汛、优抚、扶贫、移民、救济等专项款物而故意挪作他用。过失不构成本罪。

根据法律规定，挪用特定款物的行为，除需具备以上犯罪构成要件外，还必须是情节严重，给人民群众利益造成重大损害的，才构成犯罪。"情节严重"，司法实践中，一般是指挪用特定款物大吃大喝，或者是挪用数额大，次数多，等等。直接后果是给人民群众利益造成重大损害，如因挪用行为给抢险、救灾工作带来重大困难和损失，致使灾情扩大，给恢复生产和自救带来影响，造成群众逃荒、传染疾病、死亡等情形。"情节严重"和"重大损害"必须同时具备，才能构成本罪。

（二）认定挪用特定款物罪应当注意的问题

1. 划清罪与非罪的界限。

挪用特定款物，只有达到情节严重，致使国家和人民群众利益遭受重大损害的，才构成犯罪。对于一般的挪用行为，则不能按犯罪处理，可予以行政和纪律处罚。

2. 划清本罪与挪用资金罪的界限。

（1）侵犯的对象不同。前者的犯罪对象是有关特定的用于救灾、抢险、防汛、优抚、扶贫、移民、救济的专项款物；后者的犯罪对象是本单位的资金。（2）挪用的用途不同。前者是挪用特定款物作其他公用，如果挪用特定款物归个人使用，应定挪用公款罪，从重处罚；后者是挪用后归自己或他人使用。

3. 划清本罪与挪用公款罪的界限。

（1）侵犯的对象不同。前者侵犯的对象是有关用于救灾、抢险、防汛、优抚、扶贫、移民、救济的特定款物；后者侵犯的对象是公款，其对象范围大于特定款物。（2）客观方面表现不同。前者是将特定款物挪作其他公用事项；而后者是挪用公款归个人使用。（3）犯罪主体不完全相同。前者的主体是经手、管理特定款物的直接责任人员；后者的主体则是国家工作人员。（4）主观方面的目的不同。前者的目的是将特定款物挪作他用，即改变国家特定款物的用途，但仍为公用范畴，如果是挪用特定款物归个人使用，则应以挪用公款罪从重处罚；后者的目的则是归个人或者借给他人使用，包括进行营利活动、非法活动。

（三）挪用特定款物罪的刑事责任

依照《刑法》第273条规定，犯挪用特定款物罪的，对直接责任人员，处三年以下有期徒刑或者拘役；情节特别严重的，处三年以上七年以下有期徒刑。

十、敲诈勒索罪

第二百七十四条[①] 敲诈勒索公私财物，数额较大或者多次敲诈勒索的，处三年以下有期徒刑、拘役或者管制，并处或者单处罚金；数额巨大或者有其他严重情节的，处三年以上十年以下有期徒刑，并处罚金；数额特别巨大或者有其他特别严重情节的，处十年以上有期徒刑，并处罚金。

（一）敲诈勒索罪的概念和构成要件

敲诈勒索罪，是指以非法占有为目的，对被害人实施威胁或者要挟的方法，强行索取数额较大的公私财物或者多次敲诈勒索的行为。

本罪1979年《刑法》第154条作了规定，1997年《刑法》对原条文作了修改，增加了"数额较大"这一犯罪构成要件。考虑到敲诈勒索是黑社会性质组织等犯罪经常采用的一种形式，为加大处罚力度，《刑法修正案（八）》第40条对原条文又作了修改，一是调整了入罪门槛，补充了"多次敲诈勒索"作为本罪的构成要件；二是增设了"数额特别巨大或者有其他特别严重情节的，处十年以上有期徒刑"的量刑档次；三是增加了罚金刑。

敲诈勒索罪的构成要件是：

1.本罪侵犯的客体是公私财产的所有权，有时也同时侵犯被害人的人身权利或者其他权益。但这种对人身权利的侵犯是使用威胁、要挟手段的结果。

侵犯的对象可以是各种具有经济价值的财物或者是能给行为人带来一定利益的物品，包括动产、不动产，有形财产和无形财产，或者是将能给行为

[①] 本条经2011年2月25日《刑法修正案（八）》第40条修改。

人带来一定利益,或者是可以兑现的各种票证、单据,如提单、债券等。

2. 客观方面表现为对被害人实施威胁或者要挟,迫使其当场或者限期交出较大数额的公私财物或者多次实施敲诈勒索的行为。

从威胁或者要挟的方式上看,是多种多样的:有口头的、书面的;有明示的,也有暗示的;有的直接当面向当事人提出,也有的通过第三人转达;等等。从内容上看,有对被害人及其亲属以杀、伤相威胁的;有以揭发、张扬被害人的违法行为、隐私进行要挟的;有以毁坏被害人及其亲属的财物相威胁的;还有以凭借、利用某种权势损害被害人切身利益进行要挟的;等等。从取得他人财物的时间上看,既可以是迫使被害人当场交出,也可以是限期交出。总之,行为人是通过对被害人实行精神强制,使其产生恐惧、害怕心理,不得已而交出公私财物。多次实施敲诈勒索行为,通常是指虽然每次敲诈勒索的财物未达数额较大的标准,但在特定的时间内敲诈勒索3次以上的行为。根据2013年4月27日施行的《最高人民法院、最高人民检察院关于办理敲诈勒索刑事案件适用法律若干问题的解释》(以下简称《办理敲诈勒索刑事案件解释》)第3条明确规定,2年内敲诈勒索3次以上的,应当认定为《刑法》第274条规定的"多次敲诈勒索"。

3. 犯罪主体为一般主体,即年满16周岁并具有刑事责任能力的人,都可以成为本罪的主体。

4. 主观方面由直接故意构成,并且具有非法占有公私财物的目的。

(二)认定敲诈勒索罪应当注意的问题

1. 划清罪与非罪的界限。

1997年《刑法》对敲诈勒索罪增加了"数额较大"这一构成要件。因此,对勒索财物数额较小的行为,属一般违法行为,不构成犯罪。根据《刑法修正案(八)》规定,勒索财物数额虽未达到较大,但次数达到3次以上的行为,应当认定为构成敲诈勒索罪。此外,对在讨回合法债务的过程中,使用了带有某种威胁性的言辞、举动的行为,也不能以敲诈勒索罪论处。

2. 划清本罪与抢劫罪的界限。

两者虽然都使用了威胁手段,但在威胁的内容、方式、程度和时限上,都有所不同。前者是以暴力加害被害人及其亲属，或者以揭发被害人的隐私、毁坏其财产等相威胁、要挟，逼迫被害人当场交出财物，或者限期送交财物；而后者的威胁，则是当面以使用暴力胁迫，当场劫财，遇有抵抗时立即施加暴力。因此，敲诈勒索罪比抢劫罪虽然威胁的内容要广，但是程度稍轻。

3. 划清本罪与强迫交易罪的界限。

两者在行为方式上有许多相似之处，但有严格区别：犯罪主体不同，本罪只能由自然人构成，强迫交易罪还可以由单位构成；主观方面不同，本罪行为人是以占有他人财物为目的，与受害人不存在交易关系，强迫交易罪以存在交易为前提，目的是通过不公平的交易谋取非法经济利益。

4. 冒充正在执行公务的人员非法占有违法犯罪分子财物的行为如何定性。

根据《最高人民法院关于审理抢劫、抢夺刑事案件适用法律若干问题的意见》（法发〔2005〕8号）的规定，行为人冒充正在执行公务的人民警察"抓赌""抓嫖"，没收赌资或者罚款的行为，构成犯罪的，以招摇撞骗罪从重处罚；在实施上述行为中使用暴力或者以暴力威胁的，以抢劫罪定罪处罚。行为人冒充治安联防队队员"抓赌""抓嫖"，没收赌资或者罚款的行为，构成犯罪的，以敲诈勒索罪定罪处罚；在实施上述行为中使用暴力或者以暴力威胁的，以抢劫罪定罪处罚。

（三）敲诈勒索罪的刑事责任

依照《刑法》第274条规定，犯敲诈勒索罪的，处三年以下有期徒刑、拘役或者管制，并处或者单处罚金；数额巨大或者有其他严重情节的，处三年以上十年以下有期徒刑，并处罚金；数额特别巨大或者有其他特别严重情节的，处十年以上有期徒刑，并处罚金。

十一、故意毁坏财物罪[①]

第二百七十五条 故意毁坏公私财物，数额较大或者有其他严重情节的，处三年以下有期徒刑、拘役或者罚金；数额巨大或者有其他特别严重情节的，处三年以上七年以下有期徒刑。

（一）故意毁坏财物罪的概念和构成要件

故意毁坏财物罪，是指故意毁灭或者损坏公私财物，数额较大或者有其他严重情节的行为。1979年《刑法》第156条规定了本罪。1997年修改《刑法》时，将"数额较大"与"情节严重"并列作为入罪标准。同时，为了将不同的毁坏财物行为进行区分，以便更好地实现罪刑均衡，又增设了"数额巨大或者有其他特别严重情节"量刑档次。

故意毁坏财物罪的构成要件是：

1. 本罪侵犯的客体是公私财物的效用价值。[②]

2. 客观方面表现为行为人实施了非法毁灭或者损坏公私财物，数额较大或者有其他严重情节的行为。

毁坏即毁灭和损坏，具体方法多种多样，但并不限于从物理上变更或者消灭财物的形体，应包括使财物的效用减少或者丧失的一切行为。[③] 所谓财物效用的减少或者丧失，不仅包括因为物理上、客观上的损害而导致财物的效用减少或者丧失（如使他人鱼池的鱼游走，将他人的戒指扔入海中、低价抛售他人股票），而且包括因为心理上、感情上的缘故而导致财物的效用

[①] 参考案例1：李某键、李某锻等故意毁坏财物案，福建省厦门市同安区人民法院（2016）闽0212刑初844号。参考案例2：薛某宗故意毁坏财物案，青海省海东市互助土族自治县人民法院（2007）互刑初字第58号。

[②] 传统观点认为，本罪侵犯的客体是公私财物的所有权。但所有权说缺陷明显，而且故意毁坏财物罪是不具有不法取得的意思，而是单纯地侵害他人财物的行为。因此，将本罪侵犯的客体理解为公私财物的效用价值是妥当的。参见陈兴良：《刑法各论精释》（下），人民法院出版社2015年版，第615页。

[③] 关于"毁坏"的含义，理论上存在有形侵害说、物质的毁弃说（物理毁弃说）、一般的效用侵害说、本来的用法侵害说等多种学说。本书采一般的效用侵害说。

减少或者丧失（如将粪便投入他人餐具，使他人不再使用餐具）；不仅包括财物本身的丧失，也包括被害人对财物占有的丧失（如将他人财物隐藏，为了报复泄愤将他人的现金扔入水沟）。"效用"还包括美观方面的效用，使财物外观发生变化的，也可能是毁坏财物。① 公私财物，既可以是国家、集体所有的财物，也可以是个人所有的财物，但财物必须具有价值。② 因此，公私财物既包括动产和不动产，也包括有体物、无体物、债权凭证、虚拟财产等。财物不必须是无生命的物体，作为他人财产的动物也是财物，③ 但人的身体不能成为财物。④

根据《最高人民检察院、公安部关于公安机关管辖的刑事案件立案追诉标准的规定（一）》的相关规定，故意毁坏公私财物，涉嫌下列情形之一的，应予立案追诉：（1）造成公私财物损失 5000 元以上的；（2）毁坏公私财物 3 次以上的；（3）纠集 3 人以上公然毁坏公私财物的；（4）其他情节严重的情形。⑤

3. 犯罪主体为一般主体，即年满 16 周岁并拥有刑事责任能力的人，都可以成为本罪的主体。

4. 主观方面只能由故意构成。除直接故意外，间接故意也能构成本罪。此外，本罪不是目的犯，不需要行为人具有毁坏财物的目的，更不需要具有非法占有的目的。

（二）认定故意毁坏财物罪应当注意的问题

1. 关于罪与非罪的界限。

行为人故意毁坏公私财物，数额较大或者有其他严重情节的，才构成犯罪，过失毁坏财物的，不构成本罪。行为人是否占有该财物，不影响本罪的成立。行为人毁坏自己所有财物的，不构成本罪。毁坏家庭成员或者近亲属

---

① 参见张明楷：《刑法学》（第五版），法律出版社 2016 年版，第 1025~1036 页。
② 这里的价值包括客观价值，例如某些物理性效能；也包括主观价值，例如蕴含所有者心理情感的照片、情书等。
③ 参见北京市西城区人民法院审理的刘某洋故意毁坏财物案。
④ 参见陈兴良：《刑法各论精释》（下），人民法院出版社 2015 年版，第 616~619 页；
⑤ "其他情节严重的情形"，是指社会危害性与前 3 种情形相当的情节。例如，毁坏救灾、抢险等特定财物的，毁坏手段特别恶劣的，毁坏行为引起严重后果的，毁坏动机特别卑劣的，等等。

财物，获得谅解的，可不按犯罪处理，需要追究刑事责任的，也应酌情从宽处罚。① 故意毁坏他人非法所得或非法占有物的，构成本罪。财物是否能够修复，不影响本罪的成立。②

2. 关于本罪与盗窃罪的区分。

本罪与盗窃罪除了在犯罪构成的客观方面存在差异外，在犯罪故意上也有显著的不同，而且本罪不是目的犯，但盗窃罪是目的犯。因此，在以剥夺被害人对财物占有的方法毁坏财物的场合，两罪区分的关键就在于行为人的主观方面。如果行为人以非法占有为目的，剥夺被害人对财物占有的，构成盗窃罪。如果行为人基于毁坏的意思，剥夺被害人对财物占有的，构成本罪。

3. 关于本罪与破坏生产经营罪、寻衅滋事罪的区分。

破坏生产经营罪客观方面的毁坏机器设备、残害耕畜等，以及寻衅滋事罪客观方面的任意毁损公私财物，与本罪客观方面的毁坏公私财物完全一致，在主观方面的毁坏意思上也别无二致，但破坏生产经营罪的成立要求行为人具有泄愤报复或其他个人目的，寻衅滋事罪的成立则要求具有寻求刺激、发泄情绪、逞强耍横等犯罪动机。因此，在犯罪构成上，本罪与破坏生产经营罪、寻衅滋事罪的区别就在于行为人是否具备特定的犯罪目的和犯罪动机。

4. 关于本罪与毁坏特定财物犯罪的区分。

并非所有故意毁坏公私财物的行为，都构成本罪。如果行为人故意毁坏《刑法》另有规定的特定公私财物，应依特别规定处理。这是因为故意毁坏财物罪，与毁坏特定财物犯罪为法条竞合关系，故意毁坏财物罪为普通法，毁坏特定财物罪为特别法，根据法条竞合的处理原则，特别法优于普通法。例如，行为人故意毁灭国家机关公文、证件、印章、损毁文物、毁坏国家重点保护植物等，应构成故意毁灭国家机关公文、证件、印章罪、故意损毁文

---

① 参照《最高人民法院、最高人民检察院关于办理盗窃刑事案件适用法律若干问题的解释》第8条。故意毁坏财物罪和盗窃罪均为侵犯公私财物的犯罪，二罪相比，盗窃罪为重罪，欲出罪或从宽处罚时可举重以明轻。

② 如果行为人在犯罪后主动将被毁坏财物修复的，可在判处刑罚时酌情予以考虑。

物罪、非法毁坏国家重点保护植物罪等。①再如，行为人破坏交通工具、电力设备、广播电视设施、公用电信设施等，应构成破坏交通工具罪、破坏电力设备罪、破坏广播电视设施、公用电信设施罪等。

5. 关于本罪的既未遂形态。

本罪为结果犯，应以财物效用的减少或者丧失作为判断既未遂的标准。但本罪也是数额犯和情节犯，因此，行为人故意毁坏财物造成财物效用减少或者丧失的，还需要具有数额较大或者其他严重情节时，方能构成既遂。如果行为人故意毁坏公私财物造成财物效用减少或者丧失，但尚未达到数额较大或者具有其他严重情节时，不能认为构成本罪未遂。只有行为人欲非法毁灭或者损坏数额较大公私财物，或者欲通过故意毁坏行为实现其他严重情节，但由于行为人意志以外的原因而未得逞的，才成立犯罪未遂。

6. 关于本罪的罪数形态。

首先，行为人使用危害公共安全等方法故意毁坏财物的，可能会触犯其他罪名。例如，行为人用放火、爆炸等危险方法故意毁坏公私财物。再如，行为人先以盗窃方式获得财物后，再进行故意毁坏的。行为人在实施其他犯罪时，也可能会造成公私财物被毁坏的危害结果。例如，行为人未经许可擅自采矿，造成矿产资源破坏的，或者采取破坏性开采方法开采矿产资源的。最后，行为人实施完犯罪后，为掩盖罪行或者报复等，又故意毁坏公私财物的。在这些情形中，行为人应构成数罪。如果数罪间存在想象竞合或牵连关系的，应择一重罪论处；②如果不存在想象竞合或牵连关系的，应数罪并罚。

（三）故意毁坏财物罪的刑事责任

依照《刑法》第275条规定，犯故意毁坏财物罪的，处三年以下有期徒

---

① 需要注意的是，根据《最高人民法院关于审理破坏森林资源刑事案件适用法律若干问题的解释》第3条第2款的规定，不以非法占有为目的，违反《森林法》的规定，进行开垦、采石、采砂、采土或者其他活动，造成国家、集体或者他人所有的林木毁坏，符合《刑法》第275条规定的，以故意毁坏财物罪定罪处罚。

② 如果《刑法》另有规定，依照特别规定论处。例如，根据《最高人民法院、最高人民检察院关于办理盗窃刑事案件适用法律若干问题的解释》的相关规定，采用破坏性手段盗窃公私财物，造成其他财物损毁的，以盗窃罪从重处罚。

刑、拘役或者罚金；数额巨大或者有其他特别严重情节的，处三年以上七年以下有期徒刑。

十二、破坏生产经营罪

第二百七十六条 由于泄愤报复或者其他个人目的，毁坏机器设备、残害耕畜或者以其他方法破坏生产经营的，处三年以下有期徒刑、拘役或者管制；情节严重的，处三年以上七年以下有期徒刑。

（一）破坏生产经营罪的概念和构成要件

破坏生产经营罪，是指以泄愤报复为目的或者其他个人目的，毁坏机器设备、残害耕畜或者以其他方法破坏生产经营的行为。

本罪是从1979年《刑法》第125条规定的破坏集体生产罪演变而来的，1997年《刑法》对原条文修改后，本罪从原破坏社会主义经济秩序罪中移入侵犯财产罪。

破坏生产经营罪的构成要件是：

1. 本罪侵犯的客体是国家、集体或者个人生产经营的正常活动和公私财产利益。其中的"生产经营"包括各种所有制性质的生产经营。

2. 客观方面表现为毁坏机器设备、残害耕畜或者以其他方法破坏生产经营的行为。

"毁坏机器设备""残害耕畜"不难理解，主要是如何把握"其他方法"。"其他方法"包括破坏锅炉、切断电源或者供料线，颠倒生产操作程序，破坏农业排灌设备，毁坏种子、禾苗，对此几无异议。问题是，"其他方法"还包括哪些？以断路、堵门等方式阻扰施工，为中大奖窃取摇奖专用彩球并改变其重量，通过恶意反向刷单打击竞争对手，或者为升职而低于公司限价销售公司产品等，是否能解释为"其他方法"？

一般而言，对法条规定中的"等""其他"用语的解释应当遵循同类解释规则，即对"等""其他"的解释应当与法条明确列举的事项具有类似性、相当性。就破坏生产经营罪而言，如认为"其他方法"必须是毁坏生产工具、生产资料之类的方法,则意味着该罪的适用空间将极其狭窄。考虑到《刑法》设立本罪旨在保护生产经营活动不受破坏的基本精神,结合当前的经济社会发展以及犯罪情况的变化,我们倾向于认为,对"其他方法"可以作必要的、适度宽缓的解释,具体而言,如果有关方法会对生产经营活动造成整体性破坏或者妨害,且其危害程度与毁坏机器设备、残害耕畜相当的,则可以认定为是《刑法》第276条所规定的"其他方法"。

3. 犯罪主体为一般主体,即年满16周岁且具有刑事责任能力的人。

4. 主观方面由故意构成,并且具有泄愤报复或者其他个人的目的。

"泄愤报复",是指由于嫉妒、奸情、私欲等得不到满足;或者受到组织、领导的批评而产生抵触情绪;或者对工作安排心怀不满等原因而寻求报复。"其他个人目的",主要是指为逃避劳动、谋求私利或者其他非法利益等目的。

(二)认定破坏生产经营罪应当注意的问题

1. 划清罪与非罪的界限。

并非破坏生产经营的行为不分情况一律构成犯罪。按照《最高人民检察院、公安部关于公安机关管辖的刑事案件立案追诉标准的规定(一)》的规定,破坏生产经营的行为,涉嫌下列情形之一的,应予立案追诉:造成公私财物损失5000元以上的,破坏生产经营3次以上的;纠集3人以上公然破坏生产经营的;其他破坏生产经营应予追究刑事责任的情形。

2. 划清本罪与放火罪、决水罪、爆炸罪、投放危险物质罪和以危险方法危害公共安全罪的界限。

后几种犯罪的方法有可能被用于破坏生产经营,这样也就同时触犯了后几种罪名,属于牵连犯罪。由于后几种犯罪处罚重于破坏生产经营罪,所以,一般应当以后几种罪论处。

3. 划清本罪与生产、销售伪劣农药、兽药、化肥、种子罪的界限。

两者虽然在危害结果、侵犯的客体等方面有相似相近之处,但有原则区别:(1)犯罪目的不同。前者是为了泄愤报复或者其他个人目的;后者则是为了非法牟利。(2)犯罪手段不同。前者采取的是毁坏机器设备、残害牲畜或者其他方法；后者则是采取生产、销售伪劣农药、兽药、化肥、种子的方式。（3）犯罪客体不完全相同。虽然两者都破坏了生产，但前者还侵犯了公私财产所有权；后者则侵犯了国家对农用生产资料质量的监督管理制度。在司法实践中，经常出现有的行为人为了发泄私愤，采取使用伪劣农药、兽药、化肥、种子的方法破坏生产经营，并且使生产遭受了损失，甚至是特别重大的损失。我们认为，这种行为一般应定破坏生产经营罪。但如果行为人出于发泄私愤等目的，以向农户出售伪劣农药、兽药、化肥、种子的方法破坏生产经营、致使生产遭受重大损失的，可以构成想象竞合关系。由于生产、销售伪劣农药、兽药、化肥、种子罪明显重于破坏生产经营罪，则应认定为生产、销售伪劣农药、兽药、化肥、种子罪。

（三）破坏生产经营罪的刑事责任

依照《刑法》第276条规定，犯破坏生产经营罪的，处三年以下有期徒刑、拘役或者管制；情节严重的，处三年以上七年以下有期徒刑。

十三、拒不支付劳动报酬罪

第二百七十六条之一[①]　以转移财产、逃匿等方法逃避支付劳动者的劳动报酬或者有能力支付而不支付劳动者的劳动报酬，数额较大，经政府有关部门责令支付仍不支付的，处三年以下有期徒刑或者拘役，并处或者单处罚金；造成严重后果的，处三年以上七年以下有期徒刑，并处罚金。

单位犯前款罪的，对单位判处罚金，并对其直接负责的主管人员和其他直接责任人员，依照前款的规定处罚。

有前两款行为，尚未造成严重后果，在提起公诉前支付劳动者的劳动报酬，并依法承担相应赔偿责任的，可以减轻或者免除处罚。

---

① 本条由2011年2月25日《刑法修正案（八）》第41条增设。

（一）拒不支付劳动报酬罪的概念和构成要件

拒不支付劳动报酬罪，是指以转移财产、逃匿等方法，有能力支付而不支付劳动者的劳动报酬，数额较大，经政府有关部门责令支付仍不支付的行为。

《刑法修正案（八）》第41条增设《刑法》第276条之一，规定了拒不支付劳动报酬罪。

拒不支付劳动报酬罪的构成要件是：

1. 本罪侵犯的客体是劳动者的财产所有权。

犯罪对象是"劳动者的劳动报酬"。2013年1月16日《最高人民法院关于审理拒不支付劳动报酬刑事案件适用法律若干问题的解释》（以下简称《审理拒不支付劳动报酬刑事案件解释》）第1条规定："劳动者依照《中华人民共和国劳动法》和《中华人民共和国劳动合同法》等法律的规定应得的劳动报酬，包括工资、奖金、津贴、补贴、延长工作时间的工资报酬及特殊情况下支付的工资等，应当认定为刑法第二百七十六条之一第一款规定的'劳动者的劳动报酬'。"据此，"劳动者的劳动报酬"限于劳动报酬，不包括劳务报酬在内；"劳动者的劳动报酬"不包括用人单位应当支付给劳动者的社会保险福利、劳动保护等方面的费用。

2. 客观方面表现为行为人以转移财产、逃匿等方法，逃避支付劳动者的劳动报酬，或者有能力支付而不支付劳动者的劳动报酬，数额较大，并经政府有关部门责令支付仍不支付的行为。

具体表现为两种行为方式：一是以转移财产、逃匿等方法逃避支付劳动者的劳动报酬；二是有能力支付而不支付劳动者的劳动报酬。

根据《审理拒不支付劳动报酬刑事案件解释》第2条规定，以逃避支付劳动者的劳动报酬为目的，具有下列情形之一的，应当认定为《刑法》第276条之一第1款规定的"以转移财产、逃匿等方法逃避支付劳动者的劳动报酬"：（1）隐匿财产、恶意清偿、虚构债务、虚假破产、虚假倒闭或者以其他方法转移、处分财产的；（2）逃跑、藏匿的；（3）隐匿、销毁或者篡改账目、职工名册、工资支付记录、考勤记录等与劳动报酬相关的材料的；

（4）以其他方法逃避支付劳动报酬的。

实践中，还存在"逃而不匿"导致"逃匿"难以认定的情况。对此，《最高人民法院、最高人民检察院、人力资源社会保障部、公安部关于加强涉嫌拒不支付劳动报酬犯罪案件查处衔接工作的通知》（人社部发〔2014〕100号，以下简称《拒不支付劳动报酬罪查处衔接通知》）规定："行为人拖欠劳动者劳动报酬后，人力资源社会保障部门通过书面、电话、短信等能够确认其收悉的方式，通知其在指定的时间内到指定的地点配合解决问题，但其在指定的时间内未到指定的地点配合解决问题或明确表示拒不支付劳动报酬的，视为刑法第二百七十六条之一第一款规定的'以逃匿方法逃避支付劳动者的劳动报酬'。但是，行为人有证据证明因自然灾害、突发重大疾病等非人力所能抗拒的原因造成其无法在指定的时间内到指定的地点配合解决问题的除外。"

此外，针对行为人逃匿情况下拒不支付劳动报酬的数额确定，《拒不支付劳动报酬罪查处衔接通知》规定："由于行为人逃匿导致工资账册等证据材料无法调取或用人单位在规定的时间内未提供有关工资支付等相关证据材料的，人力资源社会保障部门应及时对劳动者进行调查询问并制作询问笔录，同时应积极收集可证明劳动用工、欠薪数额等事实的相关证据，依据劳动者提供的工资数额及其他有关证据认定事实。调查询问过程一般要录音录像。"

"有能力支付而不支付"，是指雇主本有经济能力而故意长期拖欠劳动者的劳动报酬不予支付。

以上两种不支付劳动报酬的行为，必须是以达到"数额较大"和"经政府有关部门责令支付仍不支付"作为构成本罪必备的要件。

关于"数额较大"的认定。《审理拒不支付劳动报酬刑事案件解释》第3条采用"期限＋数额"或者"人数＋数额"的模式，以贯彻宽严相济刑事政策的要求，防止打击面过宽，刑法介入过度，因而规定，具有下列情形之一的，应当认定为《刑法》第276条之一第1款规定的"数额较大"：（1）拒不支付1名劳动者3个月以上的劳动报酬且数额在5000元至2万元以上的；（2）拒不支付10名以上劳动者的劳动报酬且数额累计在3万元至10万元以上的。考虑到我国地域辽阔，各地经济社会发展不平衡，各省、自治区、直辖市高级人民法院可以根据本地区经济社会发展状况，在前款规定的数额幅度内，研究确定本地区执行的具体数额标准，报最高人民法院备案。

关于"经政府有关部门责令支付仍不支付"的认定。根据《审理拒不支付劳动报酬刑事案件解释》第4条第1款规定，经人力资源社会保障部门或者政府其他有关部门依法以限期整改指令书、行政处理决定书等文书责令支付劳动者的劳动报酬后，在指定的期限内仍不支付的，应当认定为《刑法》第276条之一第1款规定的"经政府有关部门责令支付仍不支付"，但有证据证明行为人有正当理由未知悉责令支付或者未及时支付劳动报酬的除外。鉴于司法实践中，以转移财产、逃匿等方法拒不支付劳动报酬的行为，容易引发群体性事件，政府部门如何责令支付，困扰具体办案部门，各地普遍建议对此予以明确。为此，《审理拒不支付劳动报酬刑事案件解释》第4条第2款规定，行为人逃匿，无法将责令支付文书送交其本人、同住成年家属或者所在单位负责收件的人的，如果有关部门已通过在行为人的住所地、生产经营场所等地张贴责令支付文书等方式责令支付，并采用拍照、录像等方式记录的，应当视为"经政府有关部门责令支付"。

3. 犯罪主体为一般主体。即任何实施了拒不支付劳动者劳动报酬行为的自然人或者单位。单位包括具备合法经营资格的用人单位和不具备合法经营资格的用人单位。

《审理拒不支付劳动报酬刑事案件解释》第8条专门规定："用人单位的实际控制人实施拒不支付劳动报酬行为，构成犯罪的，应当依照刑法第二百七十六条之一的规定追究刑事责任。"

4. 主观方面只能由直接故意构成，间接故意和过失不构成本罪。

（二）认定拒不支付劳动报酬罪应当注意的问题

1. 不具备用工主体资格的单位或者个人违法用工且拒不支付劳动者的劳动报酬行为的定性。

《审理拒不支付劳动报酬刑事案件解释》第7条专门规定："不具备用工主体资格的单位或者个人，违法用工且拒不支付劳动者的劳动报酬，数额较大，经政府有关部门责令支付仍不支付的，应当依照刑法第二百七十六条之一的规定，以拒不支付劳动报酬罪追究刑事责任。"

此外，《劳动保障监察条例》第33条规定："对无营业执照或者已被依法吊销营业执照，有劳动用工行为的，由劳动保障行政部门依照本条例实施劳动保障监察，并及时通报工商行政管理部门予以查处取缔。"根据该条规定，对于不具备用工主体资格的违法用工行为，人力资源社会保障部门可以而且应当进行劳动保障监察，对未支付劳动报酬的应当责令其支付劳动报酬，故而，将此类情形纳入拒不支付劳动报酬罪的调整范围，在司法实践中也是可以操作的。

2. 关于建筑施工领域不具备用工主体资格的组织或者个人（小包工头）可否成为拒不支付劳动报酬罪的犯罪主体。

《国务院办公厅关于切实解决企业拖欠农民工工资问题的紧急通知》（国办发明电〔2010〕4号）规定："因工程总承包企业违反规定发包、分包给不具备用工主体资格的组织或个人，由工程总承包企业承担清偿被拖欠的农民工工资责任。"实践中经常发生的案件是，总承包企业已将工程款（工资是其中的一小部分）支付给小包工头，小包工头却未支付给农民工，甚至卷款潜逃。此种情形下，可以依照国办发明电〔2010〕4号的相关规定，要求违反规定发包、分包的工程总承包企业支付劳动报酬。但是，如果工程总承包企业拒绝再次支付农民工劳动报酬的，由于其已经履行过支付劳动报酬的义务（只是由于小包工头非法扣留、挪用，甚至卷款潜逃），故不宜追究其拒不支付劳动报酬罪的刑事责任。需要注意的是，此种情形下，小包工头虽然不具备用工主体资格，但是政府有关部门仍然应当责令其支付劳动报酬，在政府有关部门责令支付后，小包工头仍然不支付的，应当依照《刑法》第276条之一第1款的规定，以拒不支付劳动报酬罪追究刑事责任。而且，即使工程总承包企业已再次支付农民工劳动报酬的，其在性质上属于垫付，并不影响对小包工头以拒不支付劳动报酬罪追究刑事责任。基于此，《拒不支付劳动报酬罪查处衔接通知》规定："企业将工程或业务分包、转包给不具备用工主体资格的单位或个人，该单位或个人违法招用劳动者不支付劳动报酬的，人力资源社会保障部门应向具备用工主体资格的企业下达限期整改指令书或行政处罚决定书，责令该企业限期支付劳动者劳动报酬。对于该企业有充足证据证明已向不具备用工主体资格的单位或个人支付了劳动者全部的劳动报酬，该单位或个人仍未向劳动者支付的，应向不具备用工主体资格的单位或个人下达限期整改指令书或行政处理决定书，并要求企业监督该单位或个人向劳动者发放到位。"

3. 关于拒不支付劳动报酬罪与拒不执行判决、裁定罪的界分。

由于拒不支付劳动报酬罪的法定最高刑为七年有期徒刑，而拒不执行判决、裁定罪的法定最高刑为三年有期徒刑，二者之间确实存在刑罚不相均衡的问题。这一问题的解决，关键在于把握劳动报酬争议民事案件与拒不支付劳动报酬刑事案件的界限。人民法院对于涉案劳动报酬争议民事案件，如果拒不支付劳动报酬事实清楚、符合拒不支付劳动报酬罪规定的，不应当作为民事案件受理，应当建议有关部门依照拒不支付劳动报酬罪查处。这样一来，就能有效避免拒不执行行政机关作出的责令支付劳动报酬的法律文书最高可以处七年有期徒刑，而拒不支付人民法院关于支付劳动报酬的判决、裁定最高只能处三年有期徒刑的不合理现象。

但是，司法实践中仍然可能存在拒不执行判决、裁定罪和拒不支付劳动报酬罪相交叉的情形。例如，行为人拒不支付劳动报酬，有关部门责令支付后，行为人仍不支付但以劳动报酬数额争议为由提起民事诉讼的，在人民法院生效裁判判决行为人支付劳动报酬后，行为人拒不支付劳动报酬的，此种情况下行为人所拒不执行的是人民法院关于支付劳动报酬的判决，而非之前政府有关部门的责令支付，应当以拒不执行判决、裁定罪定罪处罚。

（三）拒不支付劳动报酬罪的刑事责任

依照《刑法》第276条之一第1款规定，犯拒不支付劳动报酬罪的，处三年以下有期徒刑或者拘役，并处或者单处罚金；造成严重后果的，处三年以上七年以下有期徒刑，并处罚金。

依照本条第2款规定，单位犯本罪的，对单位判处罚金，并对其直接负责的主管人员和其他直接责任人员，依照前款的规定处罚。

依照本条第3款规定，有前两款行为，尚未造成严重后果，在提起公诉前支付劳动者的劳动报酬,并依法承担相应赔偿责任的,可以减轻或者免除处罚。

司法机关在适用本条规定处罚时,应注意以下问题:

1. 关于"造成严重后果的"认定。"造成严重后果",是本罪的加重处罚情节。根据刑法原理,结果加重犯的成立以符合基本犯罪构成为前提。因而《审理拒不支付劳动报酬刑事案件解释》第5条特别规定,拒不支付劳动者的劳动报酬,符合《审理拒不支付劳动报酬刑事案件解释》第3条的规定,并具有下列情形之一的,应当认定为《刑法》第276条之一第1款规定的"造成严重后果":(1)造成劳动者或者其被赡养人、被扶养人、被抚养人的基本生活受到严重影响、重大疾病无法及时医治或者失学的;(2)对要求支付劳动报酬的劳动者使用暴力或者进行暴力威胁的;(3)造成其他严重后果的。

2. 关于从宽处罚的规定。

(1)《刑法》第276条之一第3款规定,拒不支付劳动报酬的行为,尚未造成严重后果,在提起公诉前支付了劳动者的劳动报酬,并依法承担相应赔偿责任的,可以减轻或者免除处罚。

(2)在一审宣判前支付劳动者的劳动报酬,并依法承担相应赔偿责任的,可以从轻处罚。

(3)对于免除刑事处罚的,可以根据案件的不同情况,予以训诫、责令具结悔过或者赔礼道歉。

(4)拒不支付劳动者的劳动报酬,造成严重后果,但在宣判前支付了劳动者的劳动报酬,并依法承担相应赔偿责任的,可以酌情从宽处罚。

3. 单位拒不支付劳动报酬,构成犯罪的,依照《审理拒不支付劳动报酬刑事案件解释》规定的相应个人犯罪的定罪量刑标准,对直接负责的主管人员和其他直接责任人员定罪处罚,并对单位判处罚金。

第六章 妨害社会管理秩序罪

第一节 扰乱公共秩序罪

一、妨害公务罪

第二百七十七条第一款 以暴力、威胁方法阻碍国家机关工作人员依法执行职务的,处三年以下有期徒刑、拘役、管制或者罚金。

第二款 以暴力、威胁方法阻碍全国人民代表大会和地方各级人民代表大会代表依法执行代表职务的,依照前款的规定处罚。

第三款 在自然灾害和突发事件中,以暴力、威胁方法阻碍红十字会工作人员依法履行职责的,依照第一款的规定处罚。

第四款 故意阻碍国家安全机关、公安机关依法执行国家安全工作任务,未使用暴力、威胁方法,造成严重后果的,依照第一款的规定处罚。

（一）妨害公务罪的概念和构成要件

妨害公务罪,是指以暴力、威胁方法阻碍国家机关工作人员、人大代表、红十字会工作人员依法执行职务,履行职责的行为,或者故意阻碍国家安全机关、公安机关依法执行国家安全工作任务,虽未使用暴力、威胁方法,但造成严重后果的行为。

1979年《刑法》第157条对本罪作了规定,1997年《刑法》第277条对罪状作了修改和补充。2015年8月29日第十二届全国人大常委会第十六次会议通过的《刑法修正案（九）》第21条在本条中增加第5款,将暴力袭击正在依法执行职务的人民警察作为从重处罚的明示条款。2021年12月26日第十三届全国人大常委会第二十四次会议通过的《刑法修正案（十一）》

第 31 条对本条第 5 款作出修正，单独规定了暴力袭警的罪状和法定刑，故袭警单独成罪，不再作为妨害公务罪的客观行为方式之一。

妨害公务罪的构成要件是：

1. 侵犯的客体是国家机关、人民代表大会和红十字会的公务活动。

这里的"公务活动"，是指国家机关工作人员、人民代表大会代表、红十字会工作人员依照法律、法规等的规定所进行的职务活动。侵犯的对象是依法正在执行职务或者履行职责的国家机关工作人员、人大代表、红十字会工作人员。阻碍前述三类人员之外的人从事某种活动的，或者虽是前述三类人员，但所从事的活动不是依法正在进行的职务或者职责范围内的活动的，不构成本罪。

2. 客观方面具体表现为以下四种情形：

一是以暴力、威胁的方法阻碍国家机关工作人员依法执行职务。"暴力"，主要是指对正在依法执行职务的国家机关工作人员的身体实行打击或者强制，如捆绑、殴打、非法拘禁、限制人身自由、伤害等，也包括对执行公务所使用的交通工具等物使用暴力的情形。"威胁"主要是指以杀害、伤害、毁坏财产、损坏名誉等进行精神上的恐吓。如果行为人不是采取前述暴力、威胁的方法，或者采取暴力、威胁的程度明显不足以妨害公务正常开展，比如以一般的争吵、纠缠等方法，给执行职务或履行职责造成一定影响的，一般不以妨害公务罪论处，可视情况给予行政或者治安处罚。

二是以暴力、威胁的方法阻碍人民代表大会代表依法执行代表职务。值得注意的是，人大代表属于国家权力机关的工作人员，本罪第 2 款的规定，是 1997 年《刑法》吸收 1992 年颁布的《全国人民代表大会和地方各级人民代表大会代表法》第 39 条的规定而形成的，意在提示阻碍人大代表执行公务的行为也可构成妨害公务罪。如果发生该类案件，司法人员在文书中应同时援引第 1 款和第 2 款。

三是在自然灾害和突发性事件中，以暴力、威胁的方法阻碍红十字会工作人员依法履行职责。根据我国《红十字会法》（2017 年修订）第 11 条的规定，红十字会工作人员的职责主要有：开展救援、救灾的相关工作，建立红十字应急救援体系，包括在战争、武装冲突和自然灾害、事故灾难、公共卫生事件等突发事件中，对伤病人员和其他受害者提供紧急救援和人道救助等。

四是故意阻碍国家安全机关、公安机关的工作人员依法执行国家安全工作任务，未使用暴力、威胁的方法，造成严重后果。"造成严重后果"，主要是指国家安全机关、公安机关执行国家安全工作任务受到严重妨害，如犯罪嫌疑人逃跑、侦查线索中断、犯罪证据灭失、赃款赃物转移，严重妨害对危害国家安全犯罪案件的侦破，或者造成严重的政治影响等情形。如果行为人使用暴力、威胁方法阻碍国家安全机关、公安机关依法执行国家安全工作任务，无论是否造成严重后果，均应以妨害公务罪论处。

3. 犯罪主体为一般主体。即已满16周岁、具有刑事责任能力的自然人均可成为本罪的主体。

实践中，对于某些单位责任人员为了本单位利益，组织本单位或本单位以外的人员，以暴力、威胁方法妨害国家机关工作人员依法执行公务的情况，可对单位直接负责的主管人员和其他直接责任人员以本罪论处。

4. 主观方面只能由故意构成。即必须是明知对方系正在依法执行职务的国家机关工作人员、人大代表，或者正在依法履行职责的红十字会工作人员，而故意对其实施暴力或者威胁，或者明知国家安全机关、公安机关正在依法执行国家安全工作任务，而故意加以阻挠、妨害。如果行为人不明知对方正在依法执行职务或者履行职责，加以阻挠的，不构成本罪。

（二）认定妨害公务罪应当注意的问题

1. 划清罪与非罪的界限。

一是要把群众中由于对某些管理措施不理解，而出现的发牢骚、谩骂，与国家机关工作人员争吵、拉扯等行为同本罪加以区别；二是要把有正当理由的人，在要求有关部门解决问题时，因情绪激动而与国家机关工作人员发生冲突、顶撞的行为同本罪加以区别。因为上述行为虽然会影响国家机关工作人员顺利执行公务，但行为人并不是故意使国家机关工作人员不能执行公务，所以不构成犯罪。

2. 稳妥处理以自残、自杀抗拒执法。

从本质上讲，自残、自杀方式属于"威胁"，只是与通常发生的直接针对执法人员的威胁相比，这种方式是借助行为人自己的身体向执法人员施压。由于自残、自杀行为方式的特殊性，对于即使从形式上看符合妨害公务罪要件的，也要仔细分析案事件发生的来龙去脉，自残、自杀行为自身的程度和后果，对公务活动的实质影响及社会危害，通过综合判断，把握好法律与政策的尺度，审慎确定是否追究行为人的刑事责任。对于假借自残、自杀抗拒执法，引起群体性事件等严重后果的要严厉打击。

3.准确把握阻碍事业编制人员及其他不具有国家机关工作人员身份的人员依法执行公务的行为性质。

2002年12月28日《全国人民代表大会常务委员会关于〈中华人民共和国刑法〉第九章渎职罪主体适用问题的解释》规定：在依照法律、法规规定行使国家行政管理职权的组织中从事公务的人员，或者在受国家机关委托代表国家机关行使职权的组织中从事公务的人员，或者虽未列入国家机关人员编制但在国家机关中从事公务的人员，在代表国家机关行使职权时，有渎职行为，构成犯罪的，依照《刑法》关于渎职罪的规定追究刑事责任。该立法解释虽然没有明示是对"国家机关工作人员"的解释，但渎职罪的主体均为国家机关工作人员，因此等于肯定了国有事业单位人员、事业编制人员以及不在编人员代表国家机关行使职权时的"国家机关工作人员"地位。据此，以暴力、威胁方法阻碍事业编制人员或者其他不具有国家机关工作人员身份的人员依法执行公务的，可以妨害公务罪论处。

4.准确处理抗拒违法执行职务。

妨害公务罪所规定的四种行为类型，均要求针对"依法"执行职务或者履行职责。严格意义上讲，相关人员依法执行职务或者履行职责，不仅要实体合法，而且要程序合法。对于阻碍违法执行职务的情形，包括实体违法和程序违法的情形，一般不应以犯罪论处。但是，应将一般错误的公务行为与违法的公务行为区别开来，对于以暴力、威胁方法阻碍程序有轻微瑕疵的一般错误公务行为的，仍应以妨害公务罪论处。

5.划清本罪与其他犯罪的界限。

本罪的伤害后果应以轻伤为限，对于以暴力阻碍国家机关工作人员、人大代表、红十字会工作人员依法执行职务或者履行职责，造成执行职务或履行职责人员重伤或者死亡的，应以故意伤害罪或者故意杀人罪定罪处罚。

本罪与拒不执行判决、裁定罪，扰乱法庭秩序罪，破坏选举罪，聚众阻碍解救妇女、儿童罪等犯罪之间出现法条竞合时，应按照特别法优于普通法的原则处理。

根据《刑法》第157条第2款的规定，以暴力、威胁方法抗拒缉私的，以走私罪和妨害公务罪数罪并罚。

根据《刑法》第318条第1款第5项和第321条第2款的规定，在组织他人偷越国（边）境中以暴力、威胁方法抗拒检查的，在运送他人偷越国（边）境中以暴力、威胁方法抗拒检查的，直接构成组织他人偷越国（边）境罪或运送他人偷越国（边）境罪的情节加重犯，不再以妨害公务罪论处。

（三）妨害公务罪的刑事责任

依照《刑法》第277条规定，犯妨害公务罪的，处三年以下有期徒刑、拘役、管制或者罚金。

司法机关在适用《刑法》第277条规定处罚时，应当注意根据《最高人民法院关于审理破坏草原资源刑事案件应用法律若干问题的解释》第4条第1款的规定，以暴力、威胁方法阻碍草原监督检查人员依法执行职务，构成犯罪的，依照《刑法》第277条的规定，以妨害公务罪追究刑事责任。

二、袭警罪

第二百七十七条第五款[①] 暴力袭击正在依法执行职务的人民警察的，处三年以下有期徒刑、拘役或者管制；使用枪支、管制刀具，或者以驾驶机动车撞击等手段，严重危及其人身安全的，处三年以上七年以下有期徒刑。

---

① 本款由2015年8月29日《刑法修正案（九）》第21条增设，经2020年12月26日《刑法修正案（十一）》第31条修改。

（一）袭警罪的概念和构成要件

袭警罪，是暴力袭击正在依法执行职务的人民警察的行为。

本罪是《刑法修正案（十一）》第31条新增的罪名。

袭警罪的构成要件是：

1.本罪侵犯的客体是复杂客体，表现为国家正常管理秩序和人民警察的人身权益。

人民警察执法代表了国家对社会秩序的管理，妨碍人民警察的执法，会造成国家正常社会管理秩序难以进行，同时还可能会给执法的人民警察人身权益造成危险或者侵害。

2.客观方面表现为暴力袭击正在依法执行职务的人民警察。

行为方式上必须是实施了暴力袭击行为，但不要求造成伤害后果。依照《最高人民法院、最高人民检察院、公安部关于依法惩治袭警违法犯罪行为的指导意见》第1条规定，对正在依法执行职务的民警实施下列行为的，属于《刑法》第277条第5款规定的"暴力袭击正在依法执行职务的人民警察"：（1）实施撕咬、踢打、抱摔、投掷等，对民警人身进行攻击的；（2）实施打砸、毁坏、抢夺民警正在使用的警用车辆、警械等警用装备，对民警人身进行攻击的。因此这里的暴力不仅仅是对人施加的强制力，也包括对物体实施的阻碍人民警察正常执行公务的强制力。如果行为人实施的不是暴力袭击行为而是威胁行为，则不构成本款犯罪。以威胁方法阻碍警察依法执行职务的，符合第277条第1款规定的，构成妨害公务犯罪。

暴力袭击的对象必须是正在依法执行职务的人民警察。人民警察，包括治安警察、交通警察、司法警察等各类警察。但是，辅警属于警务辅助人员，是根据社会治安形势发展和公安工作实际需要，面向社会招聘，为公安机关日常运转和警务活动提供辅助支持的非人民警察身份人员，不能成为本罪的行为对象。如果行为人袭击的对象不是人民警察而是其他国家机关工作人员，或者袭击的人民警察不是正在依法执行职务，也都不构成本罪。如何正确认定是否"正在依法执行职务"，也是在适用本款犯罪时应当注意的问题。依法执行职务需要在法律职责范围内，如果不在法律职责范围内不属于公务。因为警察属于特殊的执法主体，正在依法执行职务，既可能是在工作时间、工作场所内，也可能是在非工作时间，根据《人民警察法》第19条"人民警察在非工作时间，遇有其职责范围内的紧急情况，应当履行职责"的规定，警察在下班后，遇有紧急情况，只要是履行警察职责，而不要求必须是其实际岗位职责范围内的事，就可以视为是在执行职务。如果行为人暴力袭击的不是执行职务的警察，为了报复其执法行为而对警察实施暴力袭击、拦截、恐吓等行为，符合《刑法》第234条、第232条、第293条等规定的，应当以故意伤害罪、故意杀人罪、寻衅滋事罪等定罪。

3. 犯罪主体是一般主体，属于自然人犯罪。

司法实践中经常发生有的单位负责人、直接责任人为了单位的利益，带头或者组织单位工作人员暴力袭击警察执法的行为，应按照自然人犯罪处理，该主管人员和其他直接责任人员按照本罪定罪处罚。

4. 犯罪主观方面是故意。故意形态只能是直接故意，间接故意和过失不构成本罪。本罪故意内容是行为人明知对方是正在执行公务的人民警察。

（二）认定袭警罪应当注意的问题

1. 划清罪与非罪的界限。

对于袭警的行为并非一律作为犯罪处理，还需要结合行为手段、情节等作出综合性判断。在司法实践中，有的行为人对正在依法执行职务的人民警察只是辱骂，或者实施袭警情节轻微，如抓挠、一般的肢体冲突等，尚不构成犯罪，不认定为本罪，构成违反治安管理行为的，应当依法给予治安管理处罚。①

2. 本罪与妨害公务罪界分。

本罪可以说是妨害公务罪的特殊罪名。与妨害公务罪相比，袭警罪的行为对象和手段行为具有特殊性，行为对象是必须针对正在执行职务的人民警察，手段行为特殊性，是指妨害公务的手段必须具有暴力性质，并对使用枪

---

① 参见许永安主编：《中华人民共和国刑法修正案（十一）解读》，中国法制出版社2021年版，第291页。

支、管制刀具或者驾驶机动车撞击等手段加重处罚。按照上述规定，对于妨害人民警察依法执行职务的，并非一律认定为本罪，而应当根据具体情形进行确定。其一，对于以威胁的方法妨害人民警察依法执行公务的，应认定为妨害公务罪，这里威胁一般是以告知对他人人身、财产等进行侵害或不利后果为手段，让人心理产生恐惧或者畏惧感。对于以威胁手段而非暴力妨害人民警察依法执行职务的，适用《刑法》第277条第1款的规定。其二，对于故意阻碍公安机关依法执行国家安全工作任务，未使用暴力、威胁方法，造成严重后果的，适用《刑法》第277条第3款的规定，认定为妨害公务罪。暴力、威胁之外的其他方法，主要表现为对于公安机关依法执行国家安全工作任务中应该予以配合的不予配合，如拒绝提供应提供的证据、查阅的资料等情形。

另外司法实践中，还存在袭击辅警的情形，因辅警不属于人民警察，袭击辅警的不构成袭警罪。警务辅助人员不具备执法主体资格，不能直接参与公安执法工作，应当在公安民警的指挥和监督下开展辅助性工作。因此，如果人民警察在场，辅警是配合警察依法执行职务的，对辅警进行袭击的，符合《刑法》第277条第1款规定的，可以认定为妨害公务罪。如果警察不在场，因辅警不具有执法主体资格，也不属于妨害公务罪的行为对象，对辅警袭击造成伤害结果的，可以适用《刑法》第234条的规定，认定为故意伤害罪。如果行为人在执法现场既袭击依法执行职务的警察，又袭击辅警的，可以按照吸收犯原理，作为一罪处理，不实行数罪并罚。

3. 关联行为的罪名适用。

根据修正后《刑法》第277条第5款的规定，使用枪支、管制刀具，或者以驾驶机动车撞击等手段，严重危及其人身安全的，处三年以上七年以下有期徒刑。行为在人袭击人民警察时使用了枪支、管制刀具或者驾驶机动车撞击等手段，并且达到了严重危及其人身安全的程度。如果上述行为危害公共安全或者民警生命、健康安全的，依据《最高人民法院、最高人民检察院、公安部关于依法惩治袭警违法犯罪行为的指导意见》的规定，分别处理。驾车冲撞、碾轧、拖拽、剐蹭民警，或者挤别、碰撞正在执行职务的警用车辆，危害公共安全或者民警生命、健康安全，符合《刑法》第114条、第115条、

第 232 条、第 234 条规定的,应当以以危险方法危害公共安全罪、故意杀人罪或者故意伤害罪定罪,酌情从重处罚。抢劫、抢夺民警枪支,符合《刑法》第 127 条第 2 款规定的,应当以抢劫枪支罪、抢夺枪支罪定罪。

（三）袭警罪的刑事责任

依照《刑法》第 275 条第 5 款的规定,犯袭警罪的,处三年以下有期徒刑、拘役或者管制；使用枪支、管制刀具,或者以驾驶机动车撞击等手段,严重危及其人身安全的,处三年以上七年以下有期徒刑。

三、煽动暴力抗拒法律实施罪[①]

第二百七十八条 煽动群众暴力抗拒国家法律、行政法规实施的,处三年以下有期徒刑、拘役、管制或者剥夺政治权利；造成严重后果的,处三年以上七年以下有期徒刑。

（一）煽动暴力抗拒法律实施罪的概念和构成要件

煽动暴力抗拒法律实施罪,是指煽动暴力抗拒国家法律、行政法规实施的行为。

本罪主旨是维护法律权威,保障法律实施,惩治煽动以暴力方式抗拒法律实施的犯罪行为。它是从 1979 年《刑法》第 102 条的规定吸收改为《刑法》具体规定的,是对原反革命宣传煽动罪的分解。该条规定对 1979 年《刑法》规定的"煽动群众抗拒、破坏国家法律、法令实施",进行如下修改：一是增加"暴力"抗拒法律实施,缩小了犯罪圈；二是将法定最高刑由十五年有期徒刑降为七年有期徒刑。

煽动暴力抗拒法律实施罪的构成要件是：

1. 本罪的客体是国家的法律实施和法律秩序。

依法治国是我国的基本治国方略,国家依照法律治理国家,管理社会。

[①] 参考案例：陈某煽动暴力抗拒法律实施案,载法信网,http://www.faxin.cn/。

如果煽动群众暴力抗拒国家法律、行政法规的实施，必然破坏国家的法律秩序和法律权威，影响国家发展和稳定。

2. 客观方面表现为煽动群众暴力抗拒国家法律、行政法规实施的行为。

"煽动"，是指故意用语言、文字等方式公然诱惑、鼓动、劝说群众的行为。煽动的方式是多种多样的，如张贴标语、分发传单、发表演讲、发送书信、发送电子信息等。煽动的内容必须是试图使群众使用暴力手段抗拒国家法律、行政法规实施，如果不是鼓动群众使用暴力方法抗拒，不构成本罪。如果煽动分裂国家、颠覆国家政权、军人逃离部队、实施恐怖活动的，构成刑法规定的相关犯罪。"暴力抗拒国家法律、行政法规实施"，是指以杀害、伤害执法人员或者破坏财物等暴力手段，抗拒国家法律、行政法规的执行。这里的"国家法律"，是指全国人民代表大会及其常委会通过的法律和法律性文件；"行政法规"，是指国务院制定的行政法规。

3. 犯罪主体为一般主体。

4. 主观方面由故意构成，即故意煽动群众使用暴力抗拒法律实施。过失不构成本罪。

（二）认定煽动暴力抗拒法律实施罪应当注意的问题

1. 本罪是举动犯。

行为人只要出于保护地方利益、单位利益、小群体利益等不法目的，一经实施煽动暴力抗拒法律实施的行为，就构成本罪既遂。至于群众是否听信，是否暴力抗拒法律实施，是否造成了实际危害后果，不影响本罪的成立。

2. 划清本罪与煽动分裂国家罪和煽动颠覆国家政权罪的界限。

虽然都是煽动型犯罪，但是犯罪客体、客观行为和主观目的不同，区分关键是犯罪目的和煽动的内容不同。本罪是以阻碍某项国家法律、行政法规实施为目的，煽动群众使用暴力抗拒该项法律、法规的实施；后者则是以分裂国家和颠覆国家政权为目的，煽动民族分裂、地方割据或者煽动推翻人民民主专政的政权和社会主义制度。

（三）煽动暴力抗拒法律实施罪的刑事责任

依照《刑法》第 278 条规定，犯煽动暴力抗拒法律实施罪的，处三年以下有期徒刑、拘役、管制或者剥夺政治权利；造成严重后果的，处三年以上七年以下有期徒刑。

司法机关在适用本条规定处罚时，应当注意以下问题：

1. 注意"造成严重后果"的加重处罚情节。司法实践中，造成严重后果一般是指由于煽动行为，导致群众错误听信，使用暴力抗拒国家法律实施，严重妨碍法律顺利实施的；或者造成人员伤亡、公私财产重大损失；或者由于煽动行为，造成工作、生产、教学、科研等活动较长时间不能正常进行的；或者由于煽动行为在较大范围造成了十分恶劣的社会影响的等情形。

2. 注意本罪想象竞合的处罚。根据 2013 年 9 月 10 日施行的《最高人民法院、最高人民检察院关于办理利用信息网络实施诽谤等刑事案件适用法律若干问题的解释》第 9 条的规定，利用信息网络实施诽谤、寻衅滋事、敲诈勒索、非法经营犯罪，同时又构成本罪的，依照处罚较重的规定定罪处罚。

四、招摇撞骗罪[①]

第二百七十九条 冒充国家机关工作人员招摇撞骗的，处三年以下有期徒刑、拘役、管制或者剥夺政治权利；情节严重的，处三年以上十年以下有期徒刑。

冒充人民警察招摇撞骗的，依照前款的规定从重处罚。

（一）招摇撞骗罪的概念和构成要件

招摇撞骗罪，是指冒充国家机关工作人员进行招摇撞骗活动，损害国家机关的形象、威信和正常活动，扰乱社会公共秩序的行为。

1979 年《刑法》第 166 条对本罪作了规定，1997 年《刑法》第 279 条

---

① 参考案例：王某东招摇撞骗案，河南省驻马店市中级人民法院（2019）豫 17 刑终 591 号。

对罪状作了修改。

招摇撞骗罪的构成要件是：

1. 本罪侵犯的客体是国家机关的形象、威信和社会公共秩序。

国家机关工作人员代表国家机关对社会依法进行管理。冒充国家机关工作人员招摇撞骗，必然损害国家机关的形象、威信，同时，也必然扰乱国家对社会的正常管理活动。

2. 客观方面表现为冒充国家机关工作人员进行招摇撞骗活动。

"冒充国家机关工作人员"，是指非国家机关工作人员假冒国家机关工作人员的身份、职位，或者某一国家机关工作人员冒用其他国家机关工作人员的身份、职位的行为。行为人冒充的对象必须是国家机关工作人员，如果冒充的是非国家机关工作人员，如高干子弟、港商、华侨、烈士子女、劳动模范等骗取非法利益的，不构成本罪。"招摇撞骗"，是指行为人以假冒的国家机关工作人员的身份进行炫耀，利用人们对国家机关工作人员的信任，以骗取非法利益。

3. 犯罪主体为一般主体，既可以是普通公民，也可以是国家机关工作人员。

4. 主观方面由故意构成，一般具有谋取非法利益的目的，如骗取某种荣誉称号、政治待遇、职位、学位、经济待遇、城市户口以及钱财等情形。

（二）认定招摇撞骗罪应当注意的问题

1. 划清本罪与一般违法行为的界限。

在司法实践中，要注意两种情形：（1）行为人冒充的不是国家机关工作人员，而是诸如高干子弟等谋取不法利益的，不构成本罪。（2）招摇撞骗情节显著轻微危害不大的，不以犯罪论处。如为了住宿或者购买车、船票等而冒充国家机关工作人员；为了达到与他人结婚的目的，谎称自己是国家机关工作人员等，虽然也有招摇撞骗的行为，但一般不以犯罪论处。

2. 划清本罪与诈骗罪的界限。

冒充国家机关工作人员招摇撞骗，客观上也是采用欺骗手段，而且谋取的非法利益也可能是财物，容易与诈骗罪混淆。两者的主要区别是：诈骗罪骗取的对象仅限于财物，并且要求达到一定数额，侵犯的是公私财物的所有权；招摇撞骗罪谋取的非法利益，不限于财物，还包括地位、待遇、荣誉以及玩弄女性等，侵犯的客体主要是国家机关的威信和形象。如果行为人冒充国家机关工作人员是为了骗取财物，同时构成诈骗罪与招摇撞骗罪的，根据《最高人民法院、最高人民检察院关于办理诈骗刑事案件具体应用法律若干问题的解释》第8条之规定，应依照处罚较重的规定定罪处罚。即按诈骗罪处罚重时定诈骗罪，如果按招摇撞骗罪处罚重时就定招摇撞骗罪。

（三）招摇撞骗罪的刑事责任

依照《刑法》第279条第1款规定，犯招摇撞骗罪的，处三年以下有期徒刑、拘役、管制或者剥夺政治权利；情节严重的，处三年以上十年以下有期徒刑。

依照《刑法》第279条第2款规定，冒充人民警察招摇撞骗的，依照前款的规定从重处罚。

本条第1款规定的"情节严重"，是本罪的加重处罚情节。司法实践中，一般是指多次冒充国家机关工作人员招摇撞骗的；招摇撞骗造成恶劣社会影响，严重损害国家机关形象和威信的；造成被骗人精神失常、自杀等严重后果的等情形。

五、伪造、变造、买卖国家机关公文、证件、印章罪[①]

第二百八十条第一款[②]　伪造、变造、买卖或者盗窃、抢夺、毁灭国家机关的公文、证件、印章的，处三年以下有期徒刑、拘役、管制或者剥夺政治权利，并处罚金；情节严重的，处三年以上十年以下有期徒刑，并处罚金。

[①] 参考案例1：张某波伪造国家机关公文案，北京市朝阳区人民法院（2008）朝刑初字第3218号。参考案例2：谭某中、崔某乾等招摇撞骗、伪造国家机关公文、印章、伪造公司印章案，载《人民司法》2009年第22期。参考案例3：卢某州诈骗案，山东省高级人民法院（1994）鲁法刑二终字第11号。

[②] 本款经2015年8月29日《刑法修正案（九）》第22条第1款修改。

（一）伪造、变造、买卖国家机关公文、证件、印章罪的概念和构成要件

伪造、变造、买卖国家机关公文、证件、印章罪，是指伪造、变造、买卖国家机关公文、证件、印章的行为。

本罪的主旨是保护国家机关公文、证件、印章的公共信用及其管理秩序，惩治伪造、变造、买卖国家机关此类信物的犯罪行为。它是从1979年《刑法》第167条规定的伪造、变造公文、证件、印章（妨害公文、证件、印章罪），吸收改为1997年《刑法》具体规定的，并增加"买卖"行为。2015年8月29日通过的《刑法修正案（九）》第22条对本罪增加了罚金刑。

伪造、变造、买卖国家机关公文、证件、印章罪的构成要件是：

1.本罪的客体是国家机关的公文、证件、印章的管理秩序和信誉。

国家机关制作的公文，使用的证件和印章，是其行使职权、管理社会的重要凭证和手段。任何伪造、变造、买卖国家机关公文、证件、印章的行为，都会影响其管理秩序，损害其声誉，从而破坏社会管理秩序。

本罪侵犯的对象仅限于国家机关的公文、证件、印章。国家机关，是指各级国家权力机关、行政机关、监察机关、司法机关、军事机关、中国共产党的机关、中国人民政治协商会议机关及其下设机构、派出机构、临时机构；公文，是指国家机关在其职权范围内，以其名义制作的用以指示工作、处理问题或者联系事务的各种书面文件，如决定、命令、决议、指示、通知、报告、信函、电文等；证件，是指国家机关制作颁发的用以证明身份、权利义务关系或者有关事实的凭证，主要包括证件、证书等；印章，是指刻有国家机关组织名称的公章或者某种特殊用途的专用章。公文、证件、印章是国家机关行使职权的符号和标志。用于国家机关公务活动的私人印鉴、图章也应视为公务印章。国家机关中使用的与其职权无关的印章，不属于公务印章，如收发室的印章等，不能成为本罪的对象。

2.客观方面表现为实施伪造、变造、买卖国家机关公文、证件、印章的行为。

伪造，是指非法假造应当由国家机关制作的公文、证件、印章的行为；

变造，是指用涂改、涂抹、拼接等方法，对真实的公文、证件、印章进行改制，变更其原来真实内容的行为；买卖，是指以金钱为交换条件，非法购买或者销售国家机关公文、证件、印章的行为。

3. 犯罪主体为一般主体。

4. 主观方面为故意。

（二）认定伪造、变造、买卖国家机关公文、证件、印章罪应当注意的问题

1. 伪造虚构的国家机关公文、证件、印章的处理。

伪造虚构的国家机关公文、证件、印章的，是否构成犯罪，应当具体分析。一般而言，伪造国家机关公文、证件、印章罪侵害的是国家机关的公共信用，成立的前提是该公文、证件、印章有真实的国家机关存在。如果虚构国家机关之名伪造其公文、证件、印章的，不会侵害真实国家机关的信誉，一般不构成伪造公文、证件、印章罪。同时，从体系解释来看，同一条文规定的"盗窃、抢夺、毁灭国家机关公文、证件、印章罪"中的国家机关必须是真实存在的国家机关，对同一条文中的"国家机关"应当作前后一致的理解。

本罪既保护已由国家机关制作的公文等，又保护应由国家机关制作的公文等。如果虚构的机构在现实中有与其名称（含简称）近似、职能对应的国家机关或者其所属单位为真实的国家机关，容易让社会公众混淆误认，往往会使一般社会公众信以为真，进而对特定的国家机关信誉产生直接影响和危害，相当于伪造了特定的国家机关的公文等，则可以伪造国家机关公文、证件、印章罪论处。例如，张某波伪造国家机关公文案。[①] 当然如果行为人利用伪造虚构的国家机关公文等进行某种犯罪的，则应当按其触犯的相应罪名定罪处罚。

2. 公文、证件、印影原本的复印件属于公文、证件、印章。

我国学者多认为复印件与原本具有同样的社会机能和信用，复印件属于

---

① 参见北京市朝阳区人民法院（2008）朝刑初字第3218号。

本罪中的公文、证件、印章。①因为一方面，随着彩色复印、扫描、照相、传真等科技发展，很容易制作与原本无异的复印件，复印件具有与原本同样的意思内容和外观形式，复印已成为伪造的重要方法；另一方面，社会生活中经常用复印件代替原件来证明资格等事实，复印件作为证明文件与原本具有同样的社会信用和证明作用，伪造复印件同样侵害公共信用。

3. 伪造、变造、买卖国家机关未盖章的公文、证件的空白格式、公用格式、证件外皮的处理。

伪造、变造、买卖国家机关未盖章的公文、证件的空白格式、公用格式、证件外皮等用于制作公文、证件的材料，一般不能以本罪论处，情节严重的可以本罪的预备犯论处。

4. 划清伪造、变造、买卖国家机关公文、证件、印章罪一罪与数罪的界限。

本罪是选择性罪名，只要实施伪造、变造、买卖国家机关公文、证件印章行为之一的，就构成本罪，实施本罪名内多种行为的仍以一罪论处。司法实践中，认定本罪的罪数问题时，应当注意以下问题：

（1）本罪与其他犯罪的法条竞合。《刑法》规定了针对国家机关特定的公文、证件、印章的犯罪，如伪造、变造、买卖武装部队公文、证件、印章罪，伪造、变造、买卖身份证件罪，伪造、变造、转让金融机构经营许可证、批准文件罪，伪造、变造金融票证罪，伪造、变造国家有价证券罪，伪造、出售、购买伪造的增值税专用发票罪，提供伪造、变造的出入境证件罪等。由于国家机关公文、证件、印章概念外延比较广泛，本罪与上述这些犯罪为包容竞合关系，一般应按照特别法优于普通法的原则，以特别法的罪名论处，不能以本罪论处，更不能数罪并罚。

（2）本罪与其他犯罪的牵连关系。行为人往往为了实行诈骗等其他犯罪目的，而把本罪作为实施其他犯罪的手段，即实施本罪后又用该公文、证件、印章实施其他犯罪，从而形成本罪与其他犯罪的牵连关系。对此，一般从一重罪并从重处罚，不实行数罪并罚。根据《最高人民法院关于审理破坏

---

① 参见谢望原主编：《伪造变造犯罪研究》，中国人民公安大学出版社2010年版，第428页。

森林资源刑事案件适用法律若干问题的解释》(以下简称《审理破坏森林资源刑事案件解释》),买卖允许林木进出口证明书等经营许可证明,同时构成《刑法》第225条、第280条规定之罪的,依照处罚较重的规定定罪处罚。

5. 买卖伪造、变造的国家机关公文、证件、印章的处理。

《全国人民代表大会常务委员会关于惩治骗购外汇、逃汇和非法买卖外汇犯罪的决定》第2条规定,买卖伪造、变造的海关签发的报关单、进口证明、外汇管理部门核准件等凭证和单据或者国家机关的其他公文、证件、印章的,依照《刑法》第280条的规定定罪处罚。1998年9月1日施行的《最高人民法院关于审理骗购外汇、非法买卖外汇刑事案件具体应用法律若干问题的解释》第2条重申了相关内容。据此,买卖国家机关公文、证件、印章包括买卖伪造、变造的国家机关公文、证件、印章。

6. 使用伪造、变造、买卖的国家机关公文、证件、印章的处理。

我国《刑法》对使用伪造、变造、买卖的国家机关公文、证件、印章的,没有单独规定为犯罪,在司法实践中应当区分以下不同情况进行处理:

(1) 如果使用者与伪造、变造、买卖者事前有通谋的,构成共同犯罪,以伪造、变造、买卖国家机关公文、证件、印章罪的共犯论处。

(2) 如果行为人伪造、变造、买卖国家机关公文、证件、印章后,又自己使用的,构成伪造、变造、买卖国家机关公文、证件、印章罪。如果通过非法使用又构成诈骗等犯罪的,按照牵连犯从一重罪处断。

(3) 如果使用者明知是伪造、变造、买卖的国家机关公文、证件、印章而非法使用,且没有参与伪造、变造、买卖的,不构成伪造、变造、买卖国家机关公文、证件、印章罪,可以依法予以行政处罚,但非法使用构成诈骗等其他犯罪的,按其构成的诈骗等犯罪处罚。

(4) 如果使用者确实不明真相而单纯使用了他人伪造、变造、买卖的国家机关公文、证件、印章,没有以此进行其他犯罪的,使用者无过错,则不构成犯罪。

(三) 伪造、变造、买卖国家机关公文、证件、印章罪的刑事责任

依照《刑法》第280条第1款规定,犯伪造、变造、买卖国家机关公

文、证件、印章罪的，处三年以下有期徒刑、拘役、管制或者剥夺政治权利，并处罚金；情节严重的，处三年以上十年以下有期徒刑，并处罚金。

司法机关在适用本条第 1 款规定处罚时，应当注意以下问题：

1. 本罪中的"情节严重"是加重处罚情节。司法实践中，一般是指多次或者大量伪造、变造、买卖国家机关公文、证件、印章的；伪造、变造、买卖国家机关重要的公文、证件、印章的；造成恶劣政治影响或者重大经济损失等严重危害后果的；动机、目的十分恶劣，如出于打击报复或者诬陷他人的；等等。

2. 注意伪造、变造、买卖机动车行驶证、登记证书的有关解释。根据 2007 年 5 月 11 日施行的《最高人民法院、最高人民检察院关于办理与盗窃、抢劫、诈骗、抢夺机动车相关刑事案件具体应用法律若干问题的解释》第 2 条的规定，伪造、变造、买卖机动车行驶证、登记证书，累计 3 本以上的，依照《刑法》第 280 条第 1 款的规定，以伪造、变造、买卖国家机关证件罪定罪，处三年以下有期徒刑、拘役、管制或者剥夺政治权利，并处罚金。伪造、变造、买卖机动车行驶证、登记证书，累计达到上述规定数量标准五倍以上的，属于《刑法》第 280 条第 1 款规定中的"情节严重"，处三年以上十年以下有期徒刑，并处罚金。

3. 根据《审理破坏森林资源刑事案件解释》第 10 条的规定，伪造、变造、买卖采伐许可证，森林、林地、林木权属证书以及占用或者征用林地审核同意书等国家机关批准的林业证件、文件构成犯罪的，依照《刑法》第 280 条第 1 款的规定，以伪造、变造、买卖国家机关公文、证件罪定罪处罚。

六、盗窃、抢夺、毁灭国家机关公文、证件、印章罪[①]

第二百八十条第一款[②]　伪造、变造、买卖或者盗窃、抢夺、毁灭国家机关的公文、证件、印章的，处三年以下有期徒刑、拘役、管制或者剥夺政治权利，并处罚金；情节严重的，处三年以上十年以下有期徒刑，并处罚金。

[①] 参考案例 1：刘某伪造公文、盗窃、变造证件案，参考案例 2：李某、商某盗窃国家机关证件案，载法信网，http://www.faxin.cn/。

[②] 本款经 2015 年 8 月 29 日《刑法修正案（九）》第 22 条第 1 款修改。

（一）盗窃、抢夺、毁灭国家机关公文、证件、印章罪的概念和构成要件

盗窃、抢夺、毁灭国家机关公文、证件、印章罪，是指盗窃、抢夺、毁灭国家机关公文、证件、印章的行为。

本罪主旨是维护国家机关公文、证件、印章的公共信用及其管理秩序，惩治盗窃、抢夺、毁灭此类信物的犯罪行为。本罪在1979年《刑法》第167条作了规定。

盗窃、抢夺、毁灭国家机关公文、证件、印章罪的构成要件是：

1. 本罪的客体、犯罪主体、主观方面与伪造、变造、买卖国家机关公文、证件、印章罪相同。本罪的犯罪对象必须是国家机关制作的真实公文、证件、印章。

2. 客观方面表现为盗窃、抢夺、毁灭国家机关公文、证件、印章的行为。盗窃，是指秘密窃取国家机关公文、证件、印章的行为；抢夺，是指趁保管或者经手人员不备的情况下，公然非法夺取国家机关公文、证件、印章的行为；毁灭，是指以烧毁、撕烂、砸碎或者其他方法，故意损毁国家机关公文、证件、印章，使其失去效用或者不能正常使用的行为。使印章的印影丧失效用的，也属于毁灭印章。

3. 犯罪主体为一般主体。

4. 主观方面为故意。

（二）认定盗窃、抢夺、毁灭国家机关公文、证件、印章罪应当注意的问题

本罪是选择性罪名，实施盗窃、抢夺、毁灭三行为之一的，构成一罪，实施数行为的也构成一罪，均按具体行为确定罪名。

本罪中的国家机关公文、证件、印章，是指真实存在的国家机关的公文、证件、印章，无论是国家机关，还是公文、证件、印章都是真实存在的。伪造、变造的国家机关公文、证件、印章，不属于本罪的对象。

（三）盗窃、抢夺、毁灭国家机关公文、证件、印章罪的刑事责任

依照《刑法》第280条第1款规定，犯盗窃、抢夺、毁灭国家机关公文、证件、印章罪的，处三年以下有期徒刑、拘役、管制或者剥夺政治权利，并处罚金；情节严重的，处三年以上十年以下有期徒刑，并处罚金。

该款规定的"情节严重"，是本罪的加重处罚情节。司法实践中，一般是指多次或者大量盗窃、抢夺、毁灭国家机关公文、证件、印章的；盗窃、抢夺、毁灭国家机关重要的公文、证件、印章的；造成恶劣政治影响或者重大经济损失等严重后果的；盗窃、抢夺、毁灭国家机关公文、证件、印章进行其他违法犯罪活动的；出于打击报复或诬陷他人恶劣动机的等情形。

七、伪造公司、企业、事业单位、人民团体印章罪[①]

第二百八十条第二款[②]　伪造公司、企业、事业单位、人民团体的印章的，处三年以下有期徒刑、拘役、管制或者剥夺政治权利，并处罚金。

（一）伪造公司、企业、事业单位、人民团体印章罪的概念和构成要件

伪造公司、企业、事业单位、人民团体印章罪，是指假造公司、企业、事业单位、人民团体印章的行为。

本罪主旨是保护公司、企事业单位、人民团体的印章的公共信用及其管理秩序，惩治伪造其印章的犯罪行为。它是从1979年《刑法》第167条规定的妨害公文、证件、印章罪修改而来，当时规定的是伪造、变造或者盗窃、抢夺、毁灭公文、证件、印章。1997年《刑法》在第280条第2款仅保留规定了伪造公司、企业、事业单位、人民团体印章罪。2015年8月29日，

[①] 参考案例1：沈某某伪造事业单位印章案，北京市第一中级人民法院（2013）一中刑终字第4475号。参考案例2：黄某伪造事业单位印章案，载法信网，http://www.faxin.cn/。参考案例3：路某华挪用资金、伪造公司、企业印章案，安徽省黄山市中级人民法院（2014）黄中法刑终字第00004号。参考案例4：冯某等伪造公司印章案，上海市普陀区人民法院（2013）普刑初字第384号。

[②] 本款经2015年8月29日《刑法修正案（九）》第22条第2款修改。

《刑法修正案（九）》第 22 条对本罪增加了罚金刑。

伪造公司、企业、事业单位、人民团体印章罪的构成要件是：

1. 本罪的客体是公司、企业、事业单位、人民团体印章的信用和管理秩序。犯罪对象是公司、企业、事业单位、人民团体的印章。印章，是指公司、企业、事业单位、人民团体刻制的以文字、图记表明主体同一性的公章、专用章，包括印形和印影。

2. 客观方面表现为伪造公司、企业、事业单位、人民团体印章的行为。

3. 犯罪主体是一般主体。

4. 主观方面只能由直接故意构成。间接故意和过失不构成本罪。

（二）认定伪造公司、企业、事业单位、人民团体印章罪应当注意的问题

1. 划清省略文书与印章的界限。

省略文书也称为简易文书，就是将一定的意思简略表述的文书，不属于印章。区别省略文书与印章的关键是，省略文书重在表示一定意思，印章重在表示单位的同一性。现实生活中，国家机关和企事业单位为处理某项需要反复书写的简单文字而将其制作成"印章"形式的极简文书，通过加盖的方式使用。如骑缝章、校对章、注册章、现金收讫、验讫、检讫等。这些东西称之为章，外形有的也似印章，但其重在表达意思，而不是证明单位的同一性，无法代表特定单位，故属于省略文书，而不是印章。

2. 伪造、贩卖伪造的高等学校学历、学位证明的处理。

2001 年 7 月 5 日施行的《最高人民法院、最高人民检察院关于办理伪造、贩卖伪造的高等院校学历、学位证明刑事案件如何适用法律问题的解释》规定："对于伪造高等院校印章制作学历、学位证明的行为，应当依照刑法第二百八十条第二款的规定，以伪造事业单位印章罪定罪处罚。明知是伪造高等院校印章制作的学历、学位证明而贩卖的，以伪造事业单位印章罪的共犯论处。"

(三)伪造公司、企业、事业单位、人民团体印章罪的刑事责任

依照《刑法》第280条第2款规定,犯伪造公司、企业、事业单位、人民团体印章罪的,处三年以下有期徒刑、拘役、管制或者剥夺政治权利,并处罚金。

适用该款规定时,应当注意以下问题:

1. 划清罪与非罪的界限。《刑法》对伪造单位印章的行为,在犯罪成立上没有作情节上的限制,但本罪情节一般的法定最高刑是三年有期徒刑,《治安管理处罚法》第52条对伪造人民团体、企事业单位印章的有拘留、罚款的规定,在司法实践中仍应考虑《刑法》第13条"但书"的规定,注意区分罪与非罪。如果该行为"情节显著轻微危害不大"的,不认为是犯罪。

判断该行为是否属于"情节显著轻微、危害不大",应当综合考虑行为的动机、次数、手段、对象、后果(数量、危害和影响)等情节及其危害社会的程度。例如,仅涉及单一的一个印章的情形下,内容真实,用于正当用途的,或出于收藏、入学、就业等个人生活、学习、工作需要,未造成严重后果或他人损失的,或符合法定结婚、生育等资格条件的申请人,遭遇工作人员滥用职权或玩忽职守,无理刁难,故意拖延,被逼无奈的等。

2. 注意本罪牵连犯的处罚。伪造单位印章进行其他犯罪活动,如伪造印章,骗取数额较大的财物等,属于牵连犯,应按处理牵连犯的原则,从一重罪处罚。

八、伪造、变造、买卖身份证件罪[①]

第二百八十条第三款[②] 伪造、变造、买卖居民身份证、护照、社会保障卡、驾驶证等依法可以用于证明身份的证件的,处三年以下有期徒刑、拘役、管制或者剥夺政治权利,并处罚金;情节严重的,处三年以上七年以下有期徒刑,并处罚金。

[①] 参考案例1:陈某伪造身份证件、使用虚假身份证件案,浙江省杭州市萧山区人民法院(2016)浙0109刑初1679号。参考案例2:刘某某伪造身份证件、信用卡诈骗案,湖南省湘潭县人民法院(2016)湘0321刑初343号。参考案例3:李某军使用虚假身份证件、盗用身份证件案,广东省广州市海珠区人民法院(2016)粤0105刑初643号。

[②] 本款经2015年8月29日《刑法修正案(九)》第22条第3款修改。

(一)伪造、变造、买卖身份证件罪的概念和构成要件

伪造、变造、买卖身份证件罪,是指伪造、变造、买卖身份证件的行为。

本罪主旨是保护身份的真实性、身份证件的公共信用及其管理秩序,惩治伪造、变造、买卖身份证件的犯罪行为。1979年《刑法》和单行刑法均没有规定此罪名,居民身份证包含于国家机关证件之中。1997年《刑法》增设了伪造、变造居民身份证罪。《刑法修正案(九)》扩大了身份证件的范围,增加"买卖"行为和罚金刑。

伪造、变造、买卖身份证件罪的构成要件是:

1. 本罪的客体是身份证件的公共信用和管理制度。犯罪对象是居民身份证、护照、社会保障卡、驾驶证等依法可以用于证明身份的证件。身份证件可以是长期性的,也可以是临时性的。

"居民身份证",是指公安机关依法制作的,用以证明具有中华人民共和国国籍并定居在中国境内的中国公民身份的证件。"护照"是由公民国籍所在国发给公民的能在国外证明自己身份的证件,是公民出入本国国境口岸和到国外旅行、居留时的必备证件。这里的护照,既包括中国公民申领的由中国有关主管部门发放的护照,又包括外国人持有的相关国家主管部门发放的护照。"社会保障卡"是社会保障部门依照规定向社会保障对象发放的拥有多种功能的证件。社会保障卡以居民身份证号码为统一的信息标识,公民持卡可以进行医疗保险个人账户结算,领取社会保险金,享受其他社会保险待遇等。社会保障卡既是公民享受社会保障待遇的权利凭证,也同时具有社会保障权利人身份证明的属性。"驾驶证"是指道路交通管理部门依照道路交通安全法发放的,用于证明持证人具有机动车驾驶资格的凭证。驾驶证采用全国统一的居民身份证号码作为身份识别标识,除作为驾驶资格证明外,在与交通管理有关的场合也被作为身份证明使用,也属于依法可以用于证明身份的证件。

2.客观方面表现为伪造、变造、买卖身份证件的行为。

"伪造",是制作虚假的身份证件的行为;"变造",是指用涂改、抹擦、拼接等方法,对真实的身份证件进行改制,变更其原有真实内容的行为;"买卖"是指非法购买或者销售身份证件的行为。买卖身份证件既包括买卖真证,又包括买卖伪造、变造的假证。

《最高人民法院、最高人民检察院、公安部关于办理电信网络诈骗等刑事案件适用法律若干问题的意见(二)》第6条第1款规定:"在网上注册办理手机卡、信用卡、银行账户、非银行账户时,为通过网上认证,使用他人身份证件信息并替换他人身份证件相片,属于伪造身份证件行为,符合刑法第二百八十条第三款规定的,以伪造身份证件罪追究刑事责任。"

3.犯罪主体为一般主体。

4.主观方面只能由故意构成。犯罪动机是多种多样的,有的是为了牟利,有的是为了逃避打击,有的是为了进行其他违法犯罪活动,等等。不论出于何种动机,不影响本罪的成立。

(二)认定伪造、变造、买卖身份证件罪应当注意的问题

1.正确理解和认定本罪中的身份证件的范围。

《刑法》第280条第3款明确列举的身份证件目前仅限于居民身份证、护照、社会保障卡、驾驶证这四类证件。由于《刑法》在驾驶证之后又用"等依法可以用于证明身份的证件",进行概括性规定,采用了列举加兜底的立法模式。对"等依法可以用于证明身份的证件",应当理解为是等外规定,但仅限于与明确列举的身份证等四类证件属性和作用具有相当性的证件。

需要说明的是,尽管对身份证件的范围严格依法掌握,但并非对伪造、变造、买卖这四类证件之外的其他证件的不能追究刑事责任。对伪造、变造、买卖这四类证件之外的其他证件的行为,多数可以伪造、变造、买卖国家机关证件、印章罪或伪造公司、企业、事业单位、人民团体印章罪追究。

2.有身份证件制作权的人可以构成伪造、变造身份证件罪。

我国《刑法》同时保护身份证件形式上的真实性和内容实质上的真实性,伪造包括有形伪造和无形伪造,此种情形构成本罪。因为有制作权的人

擅自以国家机关名义制作与事实不符的身份证件的行为，也破坏了国家机关的公共信用和人民群众对身份证件的信赖。即使是公安等主管机关的工作人员，如果其不是负责身份证件制作的人非法制作，或者虽然是负责身份证件制作的人，故意制作内容虚假的身份证件，也同样构成本罪。同样的道理也适用于变造。我国《居民身份证法》第20条第2项就规定，人民警察非法变更居民身份证号码，或者在居民身份证上登载该法第3条第1款规定项目以外的信息或者故意登载虚假信息的，给予行政处分；构成犯罪的，依法追究刑事责任。

（三）伪造、变造、买卖身份证件罪的刑事责任

依照《刑法》第280条第3款规定，犯伪造、变造、买卖身份证件罪的，处三年以下有期徒刑、拘役、管制或者剥夺政治权利，并处罚金；情节严重的，处三年以上七年以下有期徒刑，并处罚金。

适用该规定时，应当注意以下问题：

1. 该款规定的"情节严重"是本罪的加重处罚情节。司法实践中，一般是指伪造、变造、买卖身份证件的次数多、数量大的；非法牟利数额大的；给他人造成严重经济损失或其他损失；因本人或他人使用伪造、变造、买卖的身份证件进行犯罪活动或逃避法律追究，造成严重后果的等情形。

2. 注意罪与非罪的界限。如果行为人仅让他人伪造、买卖身份证件属于情节显著轻微的，可不以犯罪论处。《刑法》第280条对伪造、变造、买卖身份证件的行为，在犯罪成立上没有作情节上的限制，但本罪情节一般的法定最高刑是三年有期徒刑，《治安管理处罚法》第52条对伪造、变造、买卖证件的有拘留、罚款的规定，《居民身份证法》第17条对购买、出售、使用伪造、变造的居民身份证的有罚款、拘留的规定，在司法实践中仍应考虑《刑法》第13条"但书"的规定，注意区分罪与非罪。

3. 注意本罪牵连犯的处罚。伪造身份证件进行其他犯罪活动，如伪造身份证件后，使用虚假身份证件，进行诈骗、非法经营、洗钱等犯罪，属于牵连犯，应按处理牵连犯的原则，从一重罪定罪处罚。

九、使用虚假身份证件、盗用身份证件罪①

第二百八十条之一② 在依照国家规定应当提供身份证明的活动中,使用伪造、变造的或者盗用他人的居民身份证、护照、社会保障卡、驾驶证等依法可以用于证明身份的证件,情节严重的,处拘役或者管制,并处或者单处罚金。

有前款行为,同时构成其他犯罪的,依照处罚较重的规定定罪处罚。

(一)使用虚假身份证件、盗用身份证件罪的概念和构成要件

使用虚假身份证件、盗用身份证件罪,是指在依照国家规定应当提供身份证明的活动中,使用伪造、变造的或者盗用他人的居民身份证、护照、社会保障卡、驾驶证等依法可以用于证明身份的证件,情节严重的行为。

本罪主旨是维护身份证件的管理秩序,维护以实名制为基础的社会管理制度,惩治在依照国家规定应当提供身份证明的活动中,使用虚假身份证件、盗用身份证件的弄虚作假,情节严重的犯罪行为。2015年8月29日通过的《刑法修正案(九)》第23条规定增加了本罪。

使用虚假身份证件、盗用身份证件罪的构成要件是:

1. 本罪的客体、犯罪对象、犯罪主体与伪造、变造、买卖身份证件罪相同。

2. 客观方面表现为在依照国家规定应当提供身份证明的活动中,使用伪造、变造的或者盗用他人的居民身份证、护照、社会保障卡、驾驶证等依法可以用于证明身份的证件,情节严重的行为。

首先,本罪行为必须发生在依照国家规定应当提供身份证明的活动中。这里的"国家规定",是指全国人大及其常委会制定的法律和决定,国务院

---

① 参考案例1:冯某使用虚假身份证件、盗用身份证件案,北京市通州区人民法院(2016)京0112刑初1026号。参考案例2:陈某使用虚假身份证件、盗用身份证件案,浙江省杭州市萧山区人民法院(2016)浙0109刑初1679号。

② 本条由2015年8月29日《刑法修正案(九)》第23条增设。

制定的行政法规、规定的行政措施、发布的决定和命令。国家规定应当提供身份证明的活动，是比较重要的社会经济活动或管理事项。目前已在《居民身份证法》《出境入境管理法》《反洗钱法》《危险化学品安全管理条例》《易制毒化学品管理条例》等规定中，办理户口、兵役、婚姻、收养等登记，出入境、在金融机构开户或接受规定金额以上一次性金融服务，申请剧毒化学品购买许可、购买第一类易制毒化学品，要求提供真实有效的身份证明。

其次，使用伪造、变造的或者盗用他人的身份证件。使用伪造、变造的身份证件，是指把伪造、变造的身份证件作为真实的身份证件而出示、提供，用于证明身份。盗用他人的身份证件，是指把他人的身份证件作为自己身份证明的证件来使用。盗用是相对于验证身份者而言的，盗用的一般是他人真实的身份证件，包括以盗窃、购买、捡拾、夺取等方法取得他人身份证件后冒用。

3. 主观方面是故意，出于何种动机不影响本罪成立。

（二）认定使用虚假身份证件、盗用身份证件罪应当注意的问题

1. 注意划清罪与非罪的界限。

本罪是情节犯，构成本罪必须达到"情节严重"的程度，情节一般，危害不大的，不构成犯罪，可依法予以行政处罚。"情节严重"主要是指次数多、数量大，非法获利数额大，严重扰乱相关事项管理秩序，严重损害他人、第三人的人身或财产权益等。

2. 注意本罪牵连犯的处罚。

本罪的行为往往是行为人实施相关犯罪的手段，与诈骗、洗钱、非法经营等犯罪往往有手段与目的联系，同时又构成其他相关犯罪。对此，根据《刑法》第280条之一第2款规定，依照处罚较重的规定定罪处罚。行为人伪造、变造身份证件后使用的，构成伪造、变造身份证件罪与使用虚假身份证件罪。由于存在手段行为与目的行为的关系，伪造、变造身份证件罪的刑罚重，应以伪造、变造身份证件罪论处。行为人为实施诈骗等其他犯罪，伪造、变造身份证件后使用，进而实施诈骗等其他犯罪的，由于伪造、变造身份证件罪、使用虚假身份证件罪与诈骗等存在牵连关系，应以刑罚重的犯罪

定罪处罚。

(三) 使用虚假身份证件、盗用身份证件罪的刑事责任

依照《刑法》第 280 条之一第 1 款规定,犯本罪的,处拘役或者管制,并处或者单处罚金。

依照《刑法》第 280 条之一第 2 款规定,有前款行为,同时构成其他犯罪的,依照处罚较重的规定定罪处罚。

十、冒名顶替罪

第二百八十条之二[①] 盗用、冒用他人身份,顶替他人取得的高等学历教育入学资格、公务员录用资格、就业安置待遇的,处三年以下有期徒刑、拘役或者管制,并处罚金。

组织、指使他人实施前款行为的,依照前款的规定从重处罚。

国家工作人员有前两款行为,又构成其他犯罪的,依照数罪并罚的规定处罚。

(一) 冒名顶替罪的概念和构成要件

冒名顶替罪,是指盗用、冒用他人身份,顶替他人取得的高等学历教育入学资格、公务员录用资格、就业安置待遇的行为,以及组织、指使他人实施上述行为。

本罪是《刑法修正案(十一)》第 32 条新增的罪名。

冒名顶替罪的构成要件是:

1. 本罪侵犯的客体是关于高考招录、公务员招录以及就业安置待遇等方面制度公平性,还可能侵犯了他人受教育权、就业权等。

2. 本罪的客观行为是盗用、冒用他人身份,顶替他人取得的高等学历教育入学资格、公务员录用资格、就业安置待遇以及组织、指使他人实施上述

---

① 本条由 2020 年 12 月 26 日《刑法修正案(十一)》第 32 条增设。

行为。

"盗用、冒用他人身份",是行为人通过使用他人证明身份材料核实或者验证后,以他人名义从事社会经济活动,并获取相应的法律地位。对于用于证明、核实身份的材料,可能是使用证明身份的身份证、护照、驾驶证等国家机关依法发放的制式证件,也可能是证明身份的出生证明、户口迁移证材料、入学通知书、学籍档案等各类材料,对于使用证明身份的材料形式并未限定。盗用、冒用行为本质都是行为人使用他人身份从事特定活动。在具体行为方式上,盗用一般情形是使用他人身份证明材料为真实的,并且被冒用人并不知情。冒用本意是使用他人的名义,冒用可能是通过盗窃、欺骗、伪造、编造等违法手段获取的他人身份信息,也可能是受他人委托、保管等合法原因持有相关材料后,违背名义人意愿,还可能是偶然捡到、通过交易、买卖等行为获取的,以他人名义对外从事社会活动。

顶替他人的资格待遇限定为三类:第一类是高等学历教育入学资格,根据《高等教育法》第16条第1款规定,具体包括专科、本科和研究生教育入学资格。第二类是公务员录用资格。第三类是就业安置待遇,是指根据法律法规和相关政策规定由政府对特殊主体予以安排就业、照顾就业等优待。我国关于就业安置的对象范围比较广,有的是法律明确规定,例如退役军人、随军配偶家属的安置就业,《退役军人保障法》第22条第4款规定的对退役军士以安排工作方式的安置,《军人保险法》第29条以及配套的《国务院、中央军委关于批转人力资源社会保障部总参谋部总政治部军人随军家属就业安置办法的通知》(国发〔2013〕42号)也有对未就业随军配偶就业安置的相关规定。有的就业安置待遇是行政法规、部门规章规定的。需要说明的是,安置待遇中获取的利益范围较广,有可能获取的是工作机会、荣誉称号、税收减免等各项福利待遇,还可能获取了特定的经济待遇、物质补偿等物质经济利益,本罪规制的范围仅限于就业安置待遇,即提供工作机会,如果通过冒名顶替获取其他安置待遇的,不构成本罪,符合诈骗等犯罪的构成要件的,应以相应犯罪处罚。

组织、指使实施上述行为的,从重处罚。从实践来看,冒名顶替往往存在着行为链条,而很多冒名顶替上学者处于18周岁左右,认知能力相对有限。往往是家长操作、成年亲属或者其他关系密切者组织实施一系列行为或者学校相关人员指使相关人员实施，基于此，从冒名顶替行为各方的社会危害性来看，应当突出对组织者、策划者的惩治。因此，法律明确规定对这类行为予以从重处罚。

3. 犯罪主体是一般主体，即年满16周岁以上的自然人。

4. 犯罪主观方面是故意。故意形态只能是直接故意，间接故意和过失不构成本罪。

（二）认定冒名顶替罪应当注意的问题

1. 虽有冒名但不存在顶替资格的情形。

这类行为是单纯冒名行为，例如冒名者利用被冒名者退学的学籍取得普通高等学校入学考试资格，但并不冒用被冒名者的成绩等其他事项；由于一些历史的原因，在普通高等教育招录中曾要求，上年度已被普通高等学校录取的学生，因故不能报到或者自动放弃入学资格的，不能再报名参加高考。一些高中生考取的成绩不理想或者考取的学校达不到预期的，按照政策不能复读，但个人为了争取更好的升学机会，学校为追求升学率，这些复读生往往以他人的名义再报名参加高考。这种情形下，行为人虽然有冒名行为，但其成绩是通过自己考取的，获取的入学资格是自己真实水平取得的，并不存在顶替行为。同理，在公务员考试中，虽有冒名但是成绩不虚假的行为；在就业安置待遇方面，有的人冒用他人参军资格，服兵役后获取的就业安置待遇资格，都属于虽有冒名，但不存在顶替的行为，不宜认定为本罪。

2. 被顶替者同意情形的认定。

有的冒名顶替案件中，可能存在被顶替者知情、同意甚至是主动配合的情形，有的是基于交易，被顶替者出卖自己的成绩以及取得入学资格，以换取物质利益，有的是基于亲友关系主动出让自己考取的资格。对于这类行为在入罪时，尤其是对被顶替者是否作为犯罪处理，应当慎重把握，需要综合案件情况具体考虑；确须追究刑事责任的，在刑罚裁量时也应当与典型冒名顶替行为有所区别，以实现案件办理的良好效果。

(三)冒名顶替罪的刑事责任

依照《刑法》第280条之二第1款、第2款的规定,犯冒名顶替罪的,处三年以下有期徒刑、拘役或者管制,并处罚金。组织、指使他人实施冒名顶替行为的,从重处罚。

依照《刑法》第280条之二第3款的规定,国家工作人员有前两款行为,又构成其他犯罪的,依照数罪并罚的规定处罚。

十一、非法生产、买卖警用装备罪[①]

第二百八十一条 非法生产、买卖人民警察制式服装、车辆号牌等专用标志、警械,情节严重的,处三年以下有期徒刑、拘役或者管制,并处或者单处罚金。

单位犯前款罪的,对单位判处罚金,并对其直接负责的主管人员和其他直接责任人员,依照前款的规定处罚。

(一)非法生产、买卖警用装备罪的概念和构成要件

非法生产、买卖警用装备罪,是指自然人或者单位非法生产、买卖人民警察制式服装、车辆号牌等专用标志、警械,情节严重的行为。

本罪主旨是维护警用装备管理秩序,惩治非法生产、买卖警用装备的犯罪单位或个人。它是1997年《刑法》规定的罪名。

非法生产、买卖警用装备罪的构成要件是:

1.本罪的客体是人民警察制式服装、车辆号牌等专用标志、警械的管理制度。

本罪侵犯的对象是人民警察制式服装、车辆号牌等专用标志、警械。人民警察的"专用标志",是指为便于公众识别,而用来表明人民警察身份或者用于公安工作的场所、车辆等的外形标记,除制式服装、车辆号牌外,还

[①] 参考案例:陈某非法买卖警用装备案,载法信网,http://www.faxin.cn/。

包括臂章、警徽、警衔、警灯等。"警械",是指人民警察在从事执行逮捕、拘留、押解以及值勤、巡逻、处理治安案件等警务时,依法使用的警用器具,包括警棍、警笛、手铐、脚镣、警绳、催泪弹、高压水枪、特种防爆枪等。

2.客观方面表现为非法生产、买卖人民警察制式服装、车辆号牌等专用标志、警械的行为。

"非法生产",是指无生产权的单位或者个人擅自制造人民警察制式服装、车辆号牌等专用标志、警械,或者虽有生产权,但不按有关部门的订货数量等规定制造的行为;"非法买卖",是指无经营、使用权的单位或者个人,擅自销售、购买人民警察制式服装、车辆号牌等专用标志、警械,或者有权销售的单位、个人向无权购买者销售的行为。买卖包括买进、卖出和既买又卖。

3.犯罪主体为一般主体,单位也可以成为本罪的主体。

4.主观方面由故意构成,即行为人明知自己无权生产、买卖警用装备或者生产、买卖警用装备是非法的而仍予生产、买卖。动机一般是为了牟利,有的是为了实施其他违法犯罪活动。

(二)认定非法生产、买卖警用装备罪应当注意的问题

划清罪与非罪的界限。要注意划清本罪与一般违法行为的界限。根据法律规定,非法生产、买卖警用装备的行为,除需具备以上构成要件外,还必须达到"情节严重"的程度,才构成犯罪。如果生产、买卖警用装备情节一般,例如,行为人出于好奇的心理购买较少警服穿用或收藏的,则不能按犯罪处理。

(三)非法生产、买卖警用装备罪的刑事责任

依照《刑法》第281条第1款规定,犯非法生产、买卖警用装备罪的,处三年以下有期徒刑、拘役或者管制,并处或者单处罚金。

依照《刑法》第281条第2款规定,单位犯本罪的,对单位判处罚金,并对其直接负责的主管人员和其他直接责任人员,依照前款的规定处罚。

十二、非法获取国家秘密罪[1]

第二百八十二条第一款 以窃取、刺探、收买方法,非法获取国家秘密的,处三年以下有期徒刑、拘役、管制或者剥夺政治权利;情节严重的,处三年以上七年以下有期徒刑。

(一)非法获取国家秘密罪的概念和构成要件

非法获取国家秘密罪,是指以窃取、刺探、收买方法,非法获取国家秘密的行为。

本罪主旨是保护国家秘密的安全和国家保密制度,惩治非法获取国家秘密的犯罪行为。它是1997年《刑法》增设的罪名,1979年《刑法》有间谍罪和泄露国家秘密罪。

非法获取国家秘密罪的构成要件是:

1.本罪的客体是国家的保密制度。

犯罪对象是国家秘密。"国家秘密",是指关系国家安全和利益,依照法定程序确定,在一定时间内只限一定范围的人知悉的事项。根据《保守国家秘密法》的规定,我国的国家秘密分为三级,即绝密、机密、秘密。保密期限已满、自行解密的国家秘密,仅有国家秘密标志实际上原本不是国家秘密的,国家秘密以外的情报、信息等,不属于本罪的对象。

2.客观方面表现为以窃取、刺探、收买方法,非法获取国家秘密的行为。

"窃取",是指以秘密盗窃的方法,非法取得国家秘密的行为,包括直接窃取国家秘密文件,利用计算机、互联网窃取国家秘密,采用照相机、摄像机偷拍国家秘密等方法;"刺探",是指行为人暗中对掌握国家秘密的人,通过各种途径和手段,探听、侦察、了解国家秘密的行为;"收买",是指行为

---

[1] 参考案例:伍某文非法获取国家秘密案,北京市第一中级人民法院(2012)一中刑终字第577号。

人用金钱、物质、色情等给予好处的方法，向掌握国家秘密的人交换国家秘密的行为。

3. 犯罪主体为一般主体。

4. 主观方面是由故意构成，即行为人认识自己获取的是或可能是国家秘密，明知自己不应知悉该国家秘密，仍采用窃取、刺探、收买的方法，非法获取国家秘密。

（二）认定非法获取国家秘密罪应当注意的问题

注意划清本罪与为境外窃取、刺探、收买、非法提供国家秘密、情报罪的界限，二者在直接客体、犯罪对象和主观意图方面不同，区别关键是获取国家秘密的主观意图和是否为境外提供。如果行为人窃取、刺探、收买情报是为了提供给境外的机构、组织、人员的，应当以为境外窃取、刺探、收买、非法提供国家秘密、情报罪定罪处罚；如果是出于其他目的的，则应以本罪处罚。由于所非法获取的国家秘密泄露、扩散，而被境外的机构、组织、个人知悉、取得的，只要行为人对此不是故意的，仍应定非法获取国家秘密罪。

（三）非法获取国家秘密罪的刑事责任

依照《刑法》第282条第1款规定，犯非法获取国家秘密罪的，处三年以下有期徒刑、拘役、管制或者剥夺政治权利；情节严重的，处三年以上七年以下有期徒刑。

该款规定的"情节严重"是本罪的加重处罚情节，司法实践中，一般是指非法获取国家绝密级秘密的；非法获取国家秘密导致泄露、扩散，造成严重后果的；多次非法获取或者非法获取大量国家秘密的等情形。

十三、非法持有国家绝密、机密文件、资料、物品罪

第二百八十二条第二款 非法持有属于国家绝密、机密的文件、资料或者其他物品，拒不说明来源与用途的，处三年以下有期徒刑、拘役或者管制。

第六章 妨害社会管理秩序罪

（一）非法持有国家绝密、机密文件、资料、物品罪的概念和构成要件

非法持有国家绝密、机密文件、资料、物品罪，是指非法持有属于国家绝密、机密的文件、资料或者其他物品，拒不说明来源与用途的行为。

本罪 1997 年《刑法》增设的罪名。

非法持有国家绝密、机密文件、资料、物品罪的构成要件是：

1. 本罪的客体是国家的保密制度。

《反间谍法》第 24 条规定，任何单位和个人都不得非法持有属于国家秘密的文件、资料或者其他物品。行为人违反国家规定，非法持有国家绝密、机密的文件、资料或者其他物品，拒不说明来源与用途的行为，是对国家保密工作秩序的严重破坏，危害国家、人民利益，必须予以刑罚处罚。

犯罪对象是"属于国家绝密、机密的文件、资料或者其他物品"，即国家绝密、机密的载体，不包括秘密一级的。"属于国家绝密、机密的文件、资料"，是指依照法定程序确定并且标明为绝密、机密两个密级的文字材料、图纸等；属于国家绝密、机密的"其他物品"，是指依照法定程序被确定为国家绝密、机密的物品，如确定为国家绝密、机密的先进设备、高科技产品、军工产品以及设计、加工、生产的样品、图形等。

2. 客观方面表现为非法持有国家绝密、机密文件、资料、物品，且拒不说明来源与用途的行为。

"非法持有属于国家绝密、机密文件、资料或者其他物品"是指：（1）不应知悉某项国家绝密、机密的人员携带、存放属于该项国家绝密、机密的文件、资料或者其他物品；（2）可以知悉某项国家绝密、机密的人员，未经办理手续，私自携带、留存属于该项国家绝密、机密的文件、资料或者其他物品。非法持有是指依法不该持有而持有，包括携带、存放、传递。"拒不说明来源与用途"，是指在有关机关责令说明其非法持有的属于国家绝密、机密的文件、资料或者其他物品的来源与用途时，行为人拒不回答或者作虚假回答。

3. 犯罪主体为一般主体。既可以是不应知悉某项国家绝密、机密的人

员,也可以是可以知悉某项国家绝密、机密的人员但未经办理手续而私自携带、存放属于该项绝密、机密的人员。

4. 主观方面由故意构成。即行为人明知自己无权持有属于国家绝密、机密文件、资料或者其他物品,但为了达到某种目的而持有,并在有权机关责令其说明来源与用途时拒不说明。

(二) 认定非法持有国家绝密、机密文件、资料、物品罪应当注意的问题

注意划清本罪与非法获取国家秘密罪的界限。两者在侵犯的客体、主体、主观方面都有相同或者相似之处,其主要区别是:一是对象范围有所不同。前者的犯罪对象仅限于属于国家绝密、机密的文件、资料或者其他物品,而后者的犯罪对象则包括任何一级的国家秘密。二是行为方式不同。前者的行为方式是非法持有且拒不说明来源与用途,后者的行为方式则是以窃取、刺探、收买的方法非法获取。

认定非法持有国家绝密、机密文件、资料、物品罪时,应当先查清行为人是否构成非法获取国家秘密等犯罪。如果行为人以窃取、刺探、收买的方法非法获取属于国家绝密、机密的文件、资料或者其他物品后,又非法持有且拒不说明来源与用途的,应以非法获取国家秘密罪一罪处理。

(三) 非法持有国家绝密、机密文件、资料、物品罪的刑事责任

依照《刑法》第282条第2款规定,犯非法持有国家绝密、机密文件、资料、物品罪的,处三年以下有期徒刑、拘役或者管制。

十四、非法生产、销售专用间谍器材、窃听、窃照专用器材罪[①]

第二百八十三条[②] 非法生产、销售专用间谍器材或者窃听、窃照专用器材的，处三年以下有期徒刑、拘役或者管制，并处或者单处罚金；情节严重的，处三年以上七年以下有期徒刑，并处罚金。

单位犯前款罪的，对单位判处罚金，并对其直接负责的主管人员和其他直接责任人员，依照前款的规定处罚。

（一）非法生产、销售专用间谍器材、窃听、窃照专用器材罪的概念和构成要件

非法生产、销售专用间谍器材、窃听、窃照专用器材罪，是指自然人或者单位非法生产、销售专用间谍器材、窃听、窃照专用器材的行为。

1997年《刑法》增设非法生产、销售间谍专用器材罪。随着电子信息技术的快速发展，窃听、窃照器材可能造成的危害日益严重。为此，2015年8月29日通过的《刑法修正案（九）》对该条作了如下修改：一是将"窃听、窃照等专用间谍器材"修改为"专用间谍器材或者窃听、窃照专用器材"；二是将最高法定刑由三年提高到七年有期徒刑，并增加了罚金；三是增加了单位犯罪。

非法生产、销售专用间谍器材、窃听、窃照专用器材罪的构成要件是：

1.本罪的客体是国家对专用间谍器材和窃听、窃照专用器材的生产、销售等管理制度。

近年来，在政治、经济和社会生活中，采用非法手段窃取、刺探政治、经济情报和个人隐私的情况时有发生，非法生产、销售窃听、窃照等专用器材的违法犯罪活动也越来越严重。为了对这类专用器材的生产、销售进行严格和有效的管理，维护正常的社会、生产和生活秩序，刑法将生产、销售这

[①] 参考案例：李某非法生产、销售专用间谍器材案，江苏省宿迁市中级人民法院（2015）宿中刑终字第00122号。

[②] 本条经2015年8月29日《刑法修正案（九）》第24条修改。

类专用器材的行为规定为犯罪是非常必要的。

犯罪对象是专用间谍器材、窃听、窃照专用器材。"专用间谍器材",是指专门用于间谍活动的工具。根据《反间谍法实施细则》第18条的规定,是指用于间谍活动特殊需要的下列器材:(1)暗藏式窃听、窃照器材;(2)突发式收发报机、一次性密码本、密写工具;(3)用于获取情报的电子监听、截收器材;(4)其他专用间谍器材。专用间谍器材的确认,由国务院国家安全主管部门负责。"窃听、窃照专用器材"是指具有窃听、窃照功能,并特地专门用于窃听、窃照的器材,如专用于窃听、窃照的窃听器、微型录音机、微型照相机等。

2. 客观方面表现为非法生产、销售专用间谍器材或者窃听、窃照专用器材的行为。

"非法生产、销售",是指无权生产、销售专用间谍器材的单位和个人,违反国家规定,未经主管部门批准、许可,擅自制造、销售上述器材的行为,以及虽经主管部门批准、许可,有生产、销售权但违反主管部门的规定和下达的指标而超范围、超指标生产和违反规定进行销售的行为。

3. 犯罪主体为一般主体,单位也是本罪的主体。

4. 主观方面由故意构成。

(二)非法生产、销售专用间谍器材、窃听、窃照专用器材罪的刑事责任

依照《刑法》第283条规定,犯本罪的,处三年以下有期徒刑、拘役或者管制,并处或者单处罚金;情节严重的,处三年以上七年以下有期徒刑,并处罚金。

单位犯前款罪的,对单位判处罚金,并对其直接负责的主管人员和其他直接责任人员,依照前款的规定处罚。

适用本条规定时,需要注意"情节严重"的加重处罚情节。这里的"情节严重"可从以下方面综合考量:非法生产、销售专用间谍器材、窃听窃照专用器材的数量、次数,经营额、获利数额,器材流入社会数量,因他人非法使用而对国家安全利益、社会公共利益、公民合法权益造成的实际损害后果等。

十五、非法使用窃听、窃照专用器材罪[①]

第二百八十四条 非法使用窃听、窃照专用器材，造成严重后果的，处二年以下有期徒刑、拘役或者管制。

（一）非法使用窃听、窃照专用器材罪的概念和构成要件

非法使用窃听、窃照专用器材罪，是指非法使用窃听、窃照专用器材，造成严重后果的行为。

本罪是1997年《刑法》增设的罪名。

非法使用窃听、窃照专用器材罪的构成要件是：

1. 本罪的客体是国家对窃听、窃照专用器材的使用管理制度。

国家为了维护正常的社会公共生活秩序，对用于侦查工作的窃听、窃照专用器材的使用作了非常严格的限制。但在现实生活中，一些人出于政治、经济和其他目的，非法使用窃听、窃照专用器材，窃取政治、经济秘密和个人隐私，刺探经营信息、个人隐私等，扰乱了正常的生产和生活秩序，有的造成了严重后果，必须予以刑事处罚。

2. 客观方面表现为非法使用窃听、窃照专用器材，造成严重后果的行为。

"非法使用"，是指违反国家规定使用窃听、窃照专用器材，包括无权使用的人使用和有权的人违反规定使用。

3. 犯罪主体为一般主体。

4. 主观方面由故意构成。在司法实践中，行为人实施窃听、窃照行为，一般是出于某种非法目的，也有的是出于好奇。不论出于何种动机、目的，不影响本罪的成立。

[①] 参考案例：陈某等非法使用窃听、窃照专用器材案，重庆市黔江区人民法院（2012）黔法刑初字第181号。

（二）认定非法使用窃听、窃照专用器材罪应当注意的问题

1. 划清罪与非罪的界限。

构成本罪必须具备非法使用窃听、窃照专用器材和造成严重后果两个条件。如果行为人使用普通照相机、录音机或者使用窃听、窃照以外的方法，获取他人的隐私或者秘密的，不构成本罪；虽然使用了窃听、窃照专用器材，但未造成严重后果的，也不构成本罪。

所谓"造成严重后果"，主要是指由于非法使用窃听、窃照专用器材，造成他人自杀、精神失常，引起杀人、伤害等犯罪发生，或者使被窃听、窃照单位的经济情报、信息泄露，造成重大经济损失等情形。

2. 划清本罪与侵犯商业秘密罪、非法获取国家秘密罪的界限。

两者的主要区别是：前者是用窃听、窃照专用器材，主要获取他人隐私，要求造成严重后果；后者的犯罪手段则多种多样，不限于使用窃听、窃照专用器材，而且侵犯的对象分别是商业秘密和国家秘密，非法获取国家秘密罪不要求造成严重后果。如果行为人使用窃听、窃照专用器材获取他人的商业秘密、国家秘密，同时构成本罪与侵犯商业秘密罪、非法获取国家秘密罪的，属于想象竞合犯，应当按照处理想象竞合犯的原则，从一重罪处罚。

（三）非法使用窃听、窃照专用器材罪的刑事责任

依照《刑法》第284条规定，犯非法使用窃听、窃照专用器材罪的，处二年以下有期徒刑、拘役或者管制。

十六、组织考试作弊罪

第二百八十四条之一① 第一款 在法律规定的国家考试中，组织作弊的，处三年以下有期徒刑或者拘役，并处或者单处罚金；情节严重的，处三年以上七年以下有期徒刑，并处罚金。

---

① 本条由2015年8月29日《刑法修正案（九）》第25条增设。

第二款 为他人实施前款犯罪提供作弊器材或者其他帮助的，依照前款的规定处罚。

（一）组织考试作弊罪的概念和构成要件

组织考试作弊罪，是指在法律规定的国家考试中，组织作弊，或者为他人实施组织考试作弊犯罪提供作弊器材或者其他帮助的行为。

《刑法修正案（九）》第25条增设《刑法》第284条之一第1款、第2款规定了组织考试作弊罪。

组织考试作弊罪的构成要件是：

1. 本罪侵犯的客体为国家公平、公正的考试制度。

在法律规定的国家考试中实施作弊，违反考试的公平、公正原则，对于其他考生的合法权益和国家考试制度造成了严重侵害，必须依法予以惩治。

2. 客观方面表现为在法律规定的国家考试中，组织作弊，或者为他人实施组织考试作弊犯罪提供作弊器材或者其他帮助的行为。

根据《最高人民法院、最高人民检察院关于办理组织考试作弊等刑事案件适用法律若干问题的解释》（以下简称《办理组织考试作弊刑事案件解释》）第1条的规定，"法律规定的国家考试"仅限于全国人民代表大会及其常务委员会制定的法律所规定的考试。

组织作弊，是指领导、策划、指挥他人在法律规定的国家考试中实施作弊行为或者为实施有关行为创造条件、提供便利。此外，为他人在法律规定的国家考试中实施组织考试作弊犯罪提供作弊器材或者其他帮助的行为，也属于组织作弊罪的客观行为方式之一。

3. 犯罪主体为一般主体。

4. 主观方面表现为故意，而且只能是直接故意。

从实践来看，行为人主观上通常表现为牟利的目的，但这并非本罪的成立要件。

（二）认定组织考试作弊罪应当注意的问题

1. 关于"法律规定的国家考试"的范围。

根据《刑法》第284条之一第1款、第2款的规定，组织考试作弊罪的适用范围是"法律规定的国家考试"。《办理组织考试作弊刑事案件解释》第1条第1款对"法律规定的国家考试"作了概括规定，即"刑法第二百八十四条之一规定的'法律规定的国家考试'，仅限于全国人民代表大会及其常务委员会制定的法律所规定的考试"。需要注意的问题有二：一是"法律规定的国家考试"限于法律有规定的考试。例如，关于护士执业资格考试，只有《护士条例》对此有规定，缺乏法律规定，不属于"法律规定的国家考试"。二是"法律规定的国家考试"不限于由中央有关主管部门依照法律统一组织的全国性考试，也包括地方主管部门依照法律规定组织的考试。《办理组织考试作弊刑事案件解释》规定了具体考试种类。

2. 关于作弊器材的认定标准与程序。

《办理组织考试作弊刑事案件解释》第3条第1款对"作弊器材"的认定标准作了明确。具体而言，从功能上将"作弊器材"限定为具有避开或者突破考场防范作弊的安全防范措施（如纽扣式数码相机、眼镜式密拍设备通过伪装，以规避考场检查），并具有获取、记录、传递、接收、存储试题、答案等功能（如密拍设备、数据接收设备可以发送、接收相关信息）。据此，对于普通的手机、相机，不宜认定为"作弊器材"。此外，随着技术发展，未来有可能出现新型作弊器材。例如，在机动车驾驶员考试中，目前实行电子路考，即摒弃原先的考试员监考评分，取而代之的是电脑监控评判，扣分等工作也全部由电脑控制。如果研制相关作弊程序，从而控制电子路考设备，使其失去相应功能，无法进行扣分的，也应当认定为"作弊器材"。基于此，从主观动机角度，将"专门设计用于作弊的程序、工具"规定为"作弊器材"的情形。

《办理组织考试作弊刑事案件解释》第3条第2款明确了作弊器材的认定程序，其规定："对于是否属于刑法第二百八十四条之一第二款规定的'作弊器材'难以确定的，依据省级以上公安机关或者考试主管部门出具的报告，结合其他证据作出认定；涉及专用间谍器材、窃听、窃照专用器材、

'伪基站'等器材的，依照相关规定作出认定。"据此，需要注意的是，有些考试作弊器材可能属于专用间谍器材、窃听窃照专用器材、"伪基站"等器材，应当根据相关规定作出认定。

3.组织考试作弊罪既遂的认定标准。

基于严厉惩治组织考试作弊犯罪的考虑，《办理组织考试作弊刑事案件解释》第4条规定："组织考试作弊，在考试开始之前被查获，但已经非法获取考试试题、答案或者具有其他严重扰乱考试秩序情形的，应当认定为组织考试作弊罪既遂。"需要注意的是，对于组织考试作弊，在考试开始之前被查获，未达到犯罪既遂的，可以以组织考试作弊罪（未遂）定罪处罚；情节严重的，在相应的法定刑幅度内，结合未遂犯的处罚原则量刑。

4.考试作弊犯罪的罪数处断规则。

根据《办理组织考试作弊刑事案件解释》第9条的规定，以窃取、刺探、收买方法非法获取法律规定的国家考试的试题、答案，又组织考试作弊或者非法出售、提供试题、答案，分别符合《刑法》第282条和第284条之一规定的，以非法获取国家秘密罪和组织考试作弊罪或者非法出售、提供试题、答案罪数罪并罚。①

5.在法律规定的国家考试以外的其他考试中实施考试作弊犯罪的处理规则。

《办理组织考试作弊刑事案件解释》第10条规定："在法律规定的国家考试以外的其他考试中，组织作弊，为他人组织作弊提供作弊器材或者其他帮助，或者非法出售、提供试题、答案，符合非法获取国家秘密罪、非法生产、销售窃听、窃照专用器材罪、非法使用窃听、窃照专用器材罪、非法利用信息网络罪、扰乱无线电通讯管理秩序罪等犯罪构成要件的，依法追究刑事责任。"

对于法律规定的国家考试以外的考试而言，相关试题依照有关规定被认定为国家秘密的，考前作弊（即行为人在考前通过盗窃试卷、贿买特定知悉人员等方式非法获取考试试题、参考答案、评分标准等，而后实施组织考试作弊行为）可以适用侵犯国家秘密类犯罪。

---

① 例如，王某军、翁某能等非法获取国家秘密、非法出售、提供试题、答案案。参见江苏省如东县人民法院（2018）苏0623刑初400号。

考中作弊（即行为人通过雇用"枪手"进入考场，将试题非法发送给场外人员，进而作弊的行为）能否认定为侵犯国家秘密类犯罪，则取决于依照相关规定能否将开考后、结束前考的试题认定为国家秘密。稳妥起见，司法机关在办案过程中可以商请有关考试主管部门对相关考试试题在开考后、结束前是否属于国家秘密出具认定意见。

（三）组织考试作弊罪的刑事责任

依照《刑法》第284条之一第1款、第2款规定，犯组织考试作弊罪，处三年以下有期徒刑或者拘役，并处或者单处罚金；情节严重的，处三年以上七年以下有期徒刑，并处罚金。

根据《办理组织考试作弊刑事案件解释》第2条的规定，在法律规定的国家考试中，组织作弊，具有下列情形之一的，应当认定为"情节严重"：（1）在普通高等学校招生考试、研究生招生考试、公务员录用考试中组织考试作弊的；（2）导致考试推迟、取消或者启用备用试题的；（3）考试工作人员组织考试作弊的；（4）组织考生跨省、自治区、直辖市作弊的；（5）多次组织考试作弊的；（6）组织30人次以上作弊的；（7）提供作弊器材50件以上的；（8）违法所得30万元以上的；（9）其他情节严重的情形。

根据《办理组织考试作弊刑事案件解释》第8条的规定，单位实施组织考试作弊行为的，依照该解释规定的相应定罪量刑标准，追究组织者、策划者、实施者的刑事责任。

十七、非法出售、提供试题、答案罪

第二百八十四条之一[①]第一款 在法律规定的国家考试中，组织作弊的，处三年以下有期徒刑或者拘役，并处或者单处罚金；情节严重的，处三年以上七年以下有期徒刑，并处罚金。

第二百八十四条之一第三款 为实施考试作弊行为，向他人非法出售或

---

① 本条由2015年8月29日《刑法修正案（九）》第25条增设。

者提供第一款规定的考试的试题、答案的，依照第一款的规定处罚。

（一）非法出售、提供试题、答案罪的概念和构成要件

非法出售、提供试题、答案罪，是指为实施考试作弊行为，向他人非法出售或者提供法律规定的国家考试试题、答案的行为。

《刑法修正案（九）》第25条增设《刑法》第284条之一，第3款规定了非法出售、提供试题、答案罪。

非法出售、提供试题、答案罪的构成要件是：

1. 本罪侵犯的客体为国家公平、公正的考试制度。

2. 客观方面表现为为实施考试作弊行为，向他人非法出售或者提供法律规定的国家考试试题、答案的行为。

3. 犯罪主体为一般主体。

4. 主观方面表现为故意，过失不构成本罪。

从实践来看，行为人主观上通常表现为牟利的目的，但这并非本罪的成立要件。

（二）认定非法出售、提供试题、答案罪应当注意的问题

1. 关于试题不完整或者答案与标准答案不完全一致的处理。

《最高人民法院、最高人民检察院关于办理组织考试作弊等刑事案件适用法律若干问题的解释》（以下简称《办理组织考试作弊刑事案件解释》）第6条明确了非法出售、提供试题、答案罪涉及的试题不完整或者答案与标准答案不完全一致的处理规则，规定："为实施考试作弊行为，向他人非法出售或者提供法律规定的国家考试的试题、答案，试题不完整或者答案与标准答案不完全一致的，不影响非法出售、提供试题、答案罪的认定。"如果试题本身错误或者答案与标准答案完全或者较大程度不一致的，当然不能认定为非法出售、提供试题、答案罪；符合诈骗罪等其他犯罪的，可以适用相应罪名。

2. 非法出售、提供法律规定的国家考试以外的其他考试试题、答案的处理。

根据《办理组织考试作弊刑事案件解释》第10条的规定，非法出售、

提供法律规定的国家考试以外的其他考试试题、答案的，不构成非法出售、提供试题、答案罪；符合非法获取国家秘密罪、非法生产、销售窃听、窃照专用器材罪、非法使用窃听、窃照专用器材罪、非法利用信息网络罪、扰乱无线电通讯管理秩序罪等犯罪构成要件的，依照其他罪名定罪处罚。

（三）非法出售、提供试题、答案罪的刑事责任

依照《刑法》第284条之一第1款、第3款规定，犯非法出售、提供试题、答案罪，处三年以下有期徒刑或者拘役，并处或者单处罚金；情节严重的，处三年以上七年以下有期徒刑，并处罚金。

根据《办理组织考试作弊刑事案件解释》第5条的规定，为实施考试作弊行为，非法出售或者提供法律规定的国家考试的试题、答案，具有下列情形之一的，应当认定为"情节严重"：（1）非法出售或者提供普通高等学校招生考试、研究生招生考试、公务员录用考试的试题、答案的；（2）导致考试推迟、取消或者启用备用试题的；（3）考试工作人员非法出售或者提供试题、答案的；（4）多次非法出售或者提供试题、答案的；（5）向30人次以上非法出售或者提供试题、答案的；（6）违法所得30万元以上的；（7）其他情节严重的情形。

根据《办理组织考试作弊刑事案件解释》第8条的规定，单位实施非法出售、提供试题、答案行为的，依照该解释规定的相应定罪量刑标准，追究组织者、策划者、实施者的刑事责任。

十八、代替考试罪

第二百八十四条之一[①] **第一款** 在法律规定的国家考试中，组织作弊的，处三年以下有期徒刑或者拘役，并处或者单处罚金；情节严重的，处三年以上七年以下有期徒刑，并处罚金。

第四款 代替他人或者让他人代替自己参加第一款规定的考试的，处拘

[①] 本条由2015年8月29日《刑法修正案（九）》第25条增设。

役或者管制，并处或者单处罚金。

（一）代替考试罪的概念和构成要件

代替考试罪，是指代替他人或者让他人代替自己参加法律规定的国家考试的行为。

《刑法修正案（九）》第25条增设《刑法》第284条之一，第四款规定了代替考试罪。

代替考试罪的构成要件是：

1. 本罪侵犯的客体为国家公平、公正的考试制度。

2. 本罪在客观方面表现为代替他人或者让他人代替自己参加法律规定的国家考试的行为。

3. 犯罪主体为一般主体。

4. 主观方面表现为故意，过失不构成本罪。

从实践来看，行为人主观上通常表现为牟利的目的，但这并非本罪的成立要件。

（二）代替考试罪的刑事责任

依照《刑法》第284条之一第4款、第3款规定，犯代替考试罪，处拘役或者管制，并处或者单处罚金。

根据《最高人民法院、最高人民检察院关于办理组织考试作弊等刑事案件适用法律若干问题的解释》第7条第2款的规定，对于行为人犯罪情节较轻，确有悔罪表现，综合考虑行为人替考情况以及考试类型等因素，认为符合缓刑适用条件的，可以宣告缓刑；犯罪情节轻微的，可以不起诉或者免予刑事处罚；情节显著轻微危害不大的，不以犯罪论处。

十九、非法侵入计算机信息系统罪[1]

第二百八十五条第一款 违反国家规定，侵入国家事务、国防建设、尖端科学技术领域的计算机信息系统的，处三年以下有期徒刑或者拘役。

第四款[2] 单位犯前三款罪的，对单位判处罚金，并对其直接负责的主管人员和其他直接责任人员，依照各该款的规定处罚。

（一）非法侵入计算机信息系统罪的概念和构成要件

非法侵入计算机信息系统罪，是指自然人或者单位违反国家规定，侵入国家事务、国防建设、尖端科学技术领域的计算机信息系统的行为。

本罪是1997年《刑法》增设的罪名，2015年8月29日通过的《刑法修正案（九）》增加单位犯罪的规定。

非法侵入计算机信息系统罪的构成要件是：

1.本罪的客体是国家事务、国防建设、尖端科学技术领域计算机信息系统的安全。

依照《最高人民法院、最高人民检察院关于办理危害计算机信息系统安全刑事案件应用法律若干问题的解释》（以下简称《办理危害计算机信息系统安全刑事案件解释》）的规定，"计算机信息系统"，是指具备自动处理数据功能的系统，包括计算机、网络设备、通信设备、自动化控制设备等。其中，网络设备是指路由器、交换机等组成的用于连接网络的设备；通信设备包括手机、通信基站等用于提供通信服务的设备；自动化控制设备是指在工业中用于实施自动化控制的设备，如电力系统中的监测设备、制造业中的流水线控制设备等。

本罪侵入的计算机信息系统只限于国家事务、国防建设、尖端科学技术领域3类计算机信息系统。国家事务、国防建设和尖端科学技术领域的计算

---

[1] 参考案例：王某甲非法侵入计算机信息系统案，河南省商水县人民法院（2016）豫1623刑初278号。

[2] 本款由2015年8月29日《刑法修正案（九）》第26条增设。

机信息系统传输、处理、存储着大量有关国家事务、国防建设、尖端科学技术的绝密、机密资料和数据信息。如果这一信息系统被非法侵入，则存储在其中的国家事务、国防建设、尖端科学技术秘密便会被浏览、泄露，甚至可能被删除、修改、窃取，从而给国家事务、国防建设和尖端科学技术的研究应用造成重大损失。

2. 客观方面表现为违反国家规定，侵入国家事务、国防建设、尖端科学技术领域计算机信息系统。

"违反国家规定"，是指违反全国人大及其常委会、国务院的保护计算机安全的有关规定，目前主要是指违反《计算机信息系统安全保护条例》规定；"侵入"，即未经授权或同意，通过技术手段非法进入，是指未取得国家有关主管部门合法授权或者批准，通过计算机终端访问国家重要计算机信息系统或者进行数据截收的行为。在司法实践中，通常表现为行为人采用破译、窃取、刺探、骗取电脑安全密码等手段，操作计算机，非法侵入国家事务、国防建设、尖端科学技术领域的计算机信息系统。最高人民检察院指导案例 36 号卫某龙、龚某、薛某东非法获取计算机信息系统数据案指出，超出授权范围使用账号、密码登录计算机信息系统，属于侵入计算机信息系统的行为。

3. 犯罪主体为一般主体，多为精通计算机软件技术的专业人员，单位也是本罪的主体。

4. 主观方面由故意构成。行为人必须是明知是国家事务、国防建设、尖端科学技术领域的计算机信息系统而故意侵入。如果是在操作计算机时无意间进入上述信息系统，一经发现后立即退出，不构成本罪。

（二）认定非法侵入计算机信息系统罪应当注意的问题

1. 划清罪与非罪的界限。

本罪的设立是出于对国家事务、国防建设、尖端科学技术领域的计算机信息系统的特殊保护。只有侵入这 3 类领域的计算机信息系统，才构成本罪。对侵入其他领域计算机信息系统的行为，不能依照本罪定罪处罚。

2. 本罪属于行为犯。

只要行为人实施了侵入国家事务、国防建设、尖端科学技术领域计算机信息系统的行为，就构成本罪既遂，并不要求实际危害后果的发生。如果行为人侵入这些领域的计算机信息系统之后，又窃取了系统中储存的绝密资料和数据或者植入计算机病毒，则又构成非法获取国家秘密罪和破坏计算机信息系统罪，应当按照处理牵连犯的原则，从一重罪处罚。

3. 国家事务、国防建设、尖端科学技术领域的计算机信息系统的检验认定。

考虑到危害计算机信息系统安全犯罪案件的司法认定专业性强，《办理危害计算机信息系统安全刑事案件解释》第10条规定，对于是否属于《刑法》第285条规定的"国家事务、国防建设、尖端科学技术领域的计算机信息系统"难以认定的，应当委托省级以上负责计算机信息系统安全保护管理工作的部门检验。司法机关根据检验结论，并结合案件具体情况认定。实践中，检验部门包括公安、国家安全、保密等部门。

（三）非法侵入计算机信息系统罪的刑事责任

依照《刑法》第285条第1款规定，犯非法侵入计算机信息系统罪的，处三年以下有期徒刑或者拘役。

单位犯本罪的，对单位判处罚金，并对其直接负责的主管人员和其他直接责任人员，依照前款的规定处罚。

适用本条规定时，应当注意本罪与破坏军事通信罪的竞合。根据2007年6月29日施行的《最高人民法院关于审理危害军事通信刑事案件具体应用法律若干问题的解释》第6条第3款规定，违反国家规定，侵入国防建设、尖端科学技术领域的军事通信计算机信息系统，尚未对军事通信造成破坏的，依照《刑法》第285条的规定定罪处罚；对军事通信造成破坏，同时构成《刑法》第285条、第286条、第369条第1款规定的犯罪的，依照处罚较重的规定定罪处罚。

二十、非法获取计算机信息系统数据、非法控制计算机信息系统罪

第二百八十五条第二款[①] 违反国家规定,侵入前款规定以外的计算机信息系统或者采用其他技术手段,获取该计算机信息系统中存储、处理或者传输的数据,或者对该计算机信息系统实施非法控制,情节严重的,处三年以下有期徒刑或者拘役,并处或者单处罚金;情节特别严重的,处三年以上七年以下有期徒刑,并处罚金。

(一)非法获取计算机信息系统数据、非法控制计算机信息系统罪的概念和构成要件

非法获取计算机信息系统数据、非法控制计算机信息系统罪,是指违反国家规定,侵入国家事务、国防建设、尖端科学技术领域以外的计算机信息系统或者采用其他技术手段,获取该计算机信息系统中存储、处理或者传输的数据,或者对该计算机信息系统实施非法控制,情节严重的行为。

《刑法修正案(七)》第9条增设《刑法》第285条第2款,规定了非法获取计算机信息系统数据、非法控制计算机信息系统罪。《刑法修正案(九)》第26条增加了单位犯罪的规定。

非法获取计算机信息系统数据、非法控制计算机信息系统罪的构成要件是:

1.本罪侵犯的客体为复杂客体,包括国家对计算机信息系统安全的管理秩序、计算机信息系统的正常运行秩序及计算机信息系统中存储、处理或者传输的数据的安全。

犯罪对象为国家事务、国防建设、尖端科学技术领域以外的计算机信息系统及其存储、处理或者传输的数据。

2.客观方面表现为违反国家规定,侵入国家事务、国防建设、尖端科

[①] 本款由2009年2月28日《刑法修正案(七)》第9条增设。

学技术领域以外的计算机信息系统或者采用其他技术手段，获取该计算机信息系统中存储、处理或者传输的数据，或者对该计算机信息系统实施非法控制，情节严重的行为。

"违反国家规定"，是指违反《网络安全法》《计算机信息系统安全保护条例》《计算机信息网络国际联网安全保护管理办法》等规定。行为方法上表现为侵入或者采取其他技术手段。所谓侵入，是指未经授权或者超越授权，获得删除、增加、修改或者获取他人计算机信息系统存储、处理或者传输的数据的权限的行为。所谓其他技术手段，是指侵入以外的技术手段，如通过设置钓鱼网站、中途劫持等技术手段，非法获取他人计算机信息系统存储、处理或者传输的数据或者对计算机信息系统实施非法控制的行为。所谓"非法获取数据"，是指行为人通过上述手段方法，获取了计算机信息系统中存储、处理或者传输的数据。而所谓"非法控制"，是指未经授权或者超越授权控制他人计算机信息系统执行特定操作。

3.犯罪主体为一般主体，包括自然人和单位。

凡年满16周岁、具有刑事责任能力的人都可以成为本罪的主体。根据《刑法修正案（九）》增设的《刑法》第285条第4款的规定，单位可以成为本罪的主体。

4.主观方面表现为故意，过失不构成本罪。

即行为人明知是他人的计算机信息系统，仍然故意获取该计算机信息系统中存储、处理或者传输的数据，或者对计算机信息系统实施控制。

（二）认定非法获取计算机信息系统数据、非法控制计算机信息系统罪应当注意的问题

1.关于网络盗窃虚拟财产行为的定性。

从境外刑事立法和司法来看，鲜有将盗窃网络虚拟财产的行为以盗窃罪论处的。而从我国目前的相关规定来看，虚拟财产的财产属性不明。对于盗窃网络虚拟财产的行为，目前宜以非法获取计算机信息系统数据罪定罪处

罚。① 具体而言，对于非法获取虚拟财产的案件，究竟适用非法获取计算机信息系统数据罪还是破坏计算机信息系统罪，需要进一步判断行为方式。需要注意的是，破坏计算机信息系统罪在客观上要求行为人要对计算机信息系统功能进行删除、修改、增加、干扰，造成计算机信息系统不能正常运行，或者是对系统中存储、处理或传输的数据和应用程序进行删除、修改、增加的操作。因此，如果行为人并未实施上述行为，仅仅是非法获取计算机信息系统数据的，只能适用非法获取计算机信息系统数据罪。

2. 关于对他人非法获取的计算机信息系统数据予以倒卖或者使用行为的定性。

《最高人民法院、最高人民检察院关于办理危害计算机信息系统安全刑事案件应用法律若干问题的解释》（以下简称《办理危害计算机信息系统安全刑事案件解释》）规定，对于明知是他人非法获取的计算机信息系统数据，而予以倒卖或者使用的行为，应当适用掩饰、隐瞒犯罪所得罪。

3. 关于对他人非法控制的计算机信息系统的控制权予以倒卖或者使用行为的定性。

（1）明知是他人非法控制的计算机信息系统，而倒卖该计算机信息系统的控制权的，应当以掩饰、隐瞒犯罪所得罪追究刑事责任。

（2）明知是他人非法控制的计算机信息系统，而使用该计算机信息系统的控制权的，使得该计算机信息系统继续处于被控制状态，实际上是对该计算机信息系统实施控制，应当认定为非法控制计算机信息系统，故应当依据非法控制计算机信息系统罪定罪量刑。

（三）非法获取计算机信息系统数据、非法控制计算机信息系统罪的刑事责任

依照《刑法》第285条第2款的规定，犯非法获取计算机信息系统数据、非法控制计算机信息系统罪，处三年以下有期徒刑或者拘役，并处或者

---

① 《民法典》对此也采取了回避态度，第127条规定："法律对数据、网络虚拟财产的保护有规定的，依照其规定。"当然，如果未来相关民事法律明确虚拟财产的财产属性，作为其他部门法的保障法的刑法再行跟上，对于盗窃虚拟财产的行为适用盗窃罪等财产犯罪，我们亦持支持态度。

单处罚金；情节特别严重的，处三年以上七年以下有期徒刑，并处罚金。

根据《办理危害计算机信息系统安全刑事案件解释》的规定：

1. 违反国家规定，侵入《刑法》第285条第1款规定以外的计算机信息系统或者采用其他技术手段，获取该计算机信息系统中存储、处理或者传输的数据，或者对该计算机信息系统实施非法控制，具有下列情形之一的，应当认定为《刑法》第285条第2款规定的"情节严重"：（1）获取支付结算、证券交易、期货交易等网络金融服务的身份认证信息10组以上的；（2）获取第1项以外的身份认证信息500组以上的；（3）非法控制计算机信息系统20台以上的；（4）违法所得5000元以上或者造成经济损失1万元以上的；（5）其他情节严重的情形。

2. 实施前述行为，数量或者数额达到规定标准五倍以上或者具有其他情节特别严重的情形的，应当认定为《刑法》第285条第2款规定的"情节特别严重"。

3. 明知是他人非法控制的计算机信息系统，而对该计算机信息系统的控制权加以利用的，依照前两款的规定定罪处罚。

二十一、提供侵入、非法控制计算机信息系统程序、工具罪[①]

第二百八十五条第三款 提供专门用于侵入、非法控制计算机信息系统的程序、工具，或者明知他人实施侵入、非法控制计算机信息系统的违法犯罪行为而为其提供程序、工具，情节严重的，依照前款的规定处罚。

第四款[②] 单位犯前三款罪的，对单位判处罚金，并对其直接负责的主管人员和其他直接责任人员，依照各该款的规定处罚。

[①] 参考案例：吕某众等提供侵入计算机信息系统程序案，江苏省徐州市鼓楼区人民法院（2009）鼓刑初字第150号。

[②] 本款由2015年8月29日《刑法修正案（九）》第26条增设。

（一）提供侵入、非法控制计算机信息系统程序、工具罪的概念和构成要件

提供侵入、非法控制计算机信息系统程序、工具罪，是指自然人或者单位提供专门用于侵入、非法控制计算机信息系统的程序、工具，或者明知他人实施侵入、非法控制计算机信息系统的违法犯罪行为而为其提供程序、工具，情节严重的行为。

本罪是 2009 年 2 月 28 日通过的《刑法修正案（七）》第 9 条第 2 款增设的罪名。2015 年 8 月 29 日通过的《刑法修正案（九）》增加单位犯罪的规定。

提供侵入、非法控制计算机信息系统程序、工具罪的构成要件是：

1. 本罪的客体是计算机信息系统的安全。

目前，非法侵入和窃取信息活动之所以在网上泛滥，重要原因之一就是有人专门制作、提供用于实施非法侵入计算机系统的程序、工具，大大降低了网络犯罪的技术门槛，使得几乎不需要专门知识即可实施高科技犯罪。因此，有必要将此类行为规定为犯罪予以刑事打击。

2. 客观方面表现为提供专门用于侵入、非法控制计算机信息系统的程序、工具，或者明知他人实施侵入、非法控制计算机信息系统的违法犯罪行为而为其提供程序、工具，情节严重的行为。

所谓"专门用于侵入、非法控制计算机信息系统的程序、工具"，《最高人民法院、最高人民检察院关于办理危害计算机信息系统安全刑事案件应用法律若干问题的解释》（以下简称《办理危害计算机信息系统安全刑事案件解释》）第 2 条的规定包括：（1）具有避开或者突破计算机信息系统安全保护措施，未经授权或者超越授权获取计算机信息系统数据的功能的；（2）具有避开或者突破计算机信息系统安全保护措施，未经授权或者超越授权对计算机信息系统实施控制的功能的；（3）其他专门设计用于侵入、非法控制计算机信息系统、非法获取计算机信息系统数据的程序、工具。"提供"，是向他人供给，既包括出于营利目的的有偿供给，如网上销售，又包括免费供给，如将程序贴在网上供网民免费下载；既包括向特定对象提供，又包括向不特

定的社会公众提供。提供侵入、非法控制计算机信息系统的程序、工具，包括两种情形：一是提供专用程序、工具；二是明知他人实施侵入、非法控制计算机信息系统的违法犯罪行为而为其提供程序、工具。

3. 犯罪主体为一般主体，单位也是本罪的主体。

4. 主观方面由故意构成。

提供此类犯罪的专用程序、工具的，由于其专用程序、工具的用途本身已表明该程序、工具的违法性，进而表明行为人主观上对其提供程序将被用于非法侵入、控制他人计算机信息系统是明知的。提供非专用程序、工具的，由于其提供程序可用于非法用途，也可用于合法用途，需要考虑行为人主观上对其行为性质的认识。明知他人实施侵入、非法控制计算机信息系统的违法犯罪行为而为其提供程序的，构成本罪。如果确实不知他人将其提供程序用于非法侵入、控制计算机信息系统的违法犯罪的，不构成犯罪。

（二）认定提供侵入、非法控制计算机信息系统程序、工具罪应当注意的问题

1. 划清罪与非罪的界限。

本罪为情节犯，只有"情节严重"的才构成犯罪。根据《办理危害计算机信息系统安全刑事案件解释》第3条第1款的规定，具有下列情形之一的，应当认定为"情节严重"：（1）提供能够用于非法获取支付结算、证券交易、期货交易等网络金融服务身份认证信息的专门性程序、工具5人次以上的；（2）提供第1项以外的专门用于侵入、非法控制计算机信息系统的程序、工具20人次以上的；（3）明知他人实施非法获取支付结算、证券交易、期货交易等网络金融服务身份认证信息的违法犯罪行为而为其提供程序、工具5人次以上的；（4）明知他人实施第3项以外的侵入、非法控制计算机信息系统的违法犯罪行为而为其提供程序、工具20人次以上的；（5）违法所得5000元以上或者造成经济损失1万元以上的；（6）其他情节严重的情形。

2. "专门用于侵入、非法控制计算机信息系统的程序、工具"的理解和认定。

具体认定"专门用于侵入、非法控制计算机信息系统的程序、工具"时

需要注意把握以下几点：(1)程序、工具本身具有获取计算机信息系统数据，控制计算机信息系统的功能。"专门用于侵入、非法控制计算机信息系统的程序、工具"，既包括专门用于侵入、非法控制计算机信息系统的程序、工具，也包括通过侵入计算机信息系统而非法获取数据的专门性程序、工具。(2)程序、工具本身具有避开或者突破计算机信息系统安全保护措施的功能。一些"中性"商用程序也可以用于远程控制计算机信息系统，很多商用用户运用这种远程控制程序以远程维护计算机信息系统。"专门"程序区别于"中性"商用远程控制程序的主要特征在于其具有避开或者突破计算机信息系统安全保护措施的特征，如自动停止杀毒软件的功能、自动卸载杀毒软件功能等，在互联网上广泛销售的所谓"免杀"木马程序即属于此种类型的木马程序。(3)程序、工具获取数据和控制功能，在设计上即能在未经授权或者超越授权的状态下得以实现，而"中性"程序、工具不具备在未经授权或超越授权的情况下自动获取数据或者控制他人计算机信息系统的功能。

《办理危害计算机信息系统安全刑事案件解释》第10条规定，对于是否属于《刑法》第285条规定的"专门用于侵入、非法控制计算机信息系统的程序、工具"难以认定的，应当委托省级以上负责计算机信息系统安全保护管理工作的部门检验。司法机关根据检验结论，并结合案件具体情况认定。实践中，检验部门包括公安、国家安全、保密等部门。

3.本罪共同犯罪的认定。

根据《办理危害计算机信息系统安全刑事案件解释》第9条规定，明知他人实施《刑法》第285条、第286条规定的行为，具有下列情形之一的，应当认定为共同犯罪，依照《刑法》第285条、第286条的规定处罚：(1)为其提供用于破坏计算机信息系统功能、数据或者应用程序的程序、工具，违法所得5000元以上或者提供10人次以上的；(2)为其提供互联网接入、服务器托管、网络存储空间、通讯传输通道、费用结算、交易服务、广告服务、技术培训、技术支持等帮助，违法所得5000元以上的；(3)通过委托推广软件、投放广告等方式向其提供资金5000元以上的。实施前款规定行为，数量或者数额达到前款规定标准5倍以上的，应当认定为《刑法》第285条、第286条规定的"情节特别严重"或者"后果特别严重"。

(三）提供侵入、非法控制计算机信息系统程序、工具罪的刑事责任

依照《刑法》第285条第3款规定，犯提供侵入、非法控制计算机信息系统程序、工具罪的，依照前款的规定处罚，即处三年以下有期徒刑或者拘役，并处或者单处罚金；情节特别严重的，处三年以上七年以下有期徒刑，并处罚金。

单位犯本罪的，对单位判处罚金，并对其直接负责的主管人员和其他直接责任人员，依照各该款的规定处罚。

司法机关在适用该款规定处罚时，应当注意以下问题：

1. 加重情节"情节特别严重"的认定。《刑法》第285条第3款仅规定"情节严重的，依照前款的规定处罚"，但是考虑到"前款"，即关于非法获取计算机信息系统数据、非法控制计算机信息系统罪的规定中有"情节特别严重"的处罚规定，故本罪也有加重情节的处罚。

根据前述《办理危害计算机信息系统安全刑事案件解释》第3条第2款的规定，具有下列情形之一的，应当认定为《刑法》第285条第3款规定的"情节特别严重"：（1）数量或者数额达到前款第1项至第5项规定的"情节严重"标准的5倍以上的；（2）其他情节特别严重的情形。

2. 单位犯罪的刑事责任。根据该规定，为了单位利益，以单位名义或形式实施本款规定的行为的，应当以提供侵入、非法控制计算机信息系统程序、工具罪，追究直接负责的主管人员和其他直接责任人员的刑事责任，并对单位判处罚金。

二十二、破坏计算机信息系统罪

第二百八十六条　违反国家规定，对计算机信息系统功能进行删除、修改、增加、干扰，造成计算机信息系统不能正常运行，后果严重的，处五年以下有期徒刑或者拘役；后果特别严重的，处五年以上有期徒刑。

违反国家规定，对计算机信息系统中存储、处理或者传输的数据和应用程序进行删除、修改、增加的操作，后果严重的，依照前款的规定处罚。

故意制作、传播计算机病毒等破坏性程序，影响计算机系统正常运行，后果严重的，依照第一款的规定处罚。

单位犯前三款罪的，对单位判处罚金，并对其直接负责的主管人员和其他直接责任人员，依照第一款的规定处罚。①

（一）破坏计算机信息系统罪的概念和构成要件

破坏计算机信息系统罪，是指违反国家规定，对计算机信息系统功能进行删除、修改、增加、干扰，造成计算机信息系统不能正常运行，或者对计算机信息系统中存储、处理或者传输的数据和应用程序进行删除、修改、增加的操作，或者故意制作、传播计算机病毒等破坏性程序，影响计算机系统正常运行，后果严重的行为。

1997年《刑法》规定了破坏计算机信息系统罪，《刑法修正案（九）》第27条增加了单位犯罪的规定。

破坏计算机信息系统罪的构成要件是：

1. 本罪侵犯的客体为计算机信息系统安全。

犯罪对象为计算机信息系统及其中存储、处理或者传输的数据和应用程序。

2. 客观方面表现为违反国家规定，破坏计算机信息系统，后果严重的行为。

"违反国家规定"，是指违反《网络安全法》《计算机信息系统安全保护条例》《计算机信息网络国际联网安全保护管理办法》等规定。具体破坏行为表现为如下三种形式：（1）对计算机信息系统功能进行删除、修改、增加、干扰，造成计算机信息系统不能正常运行。（2）对计算机信息系统中存储、处理或者传输的数据和应用程序进行删除、修改、增加的操作。（3）故意制作、传播计算机病毒等破坏性程序，影响计算机系统正常运行。

3. 犯罪主体为一般主体，包括自然人和单位。

凡年满16周岁、具有刑事责任能力的人都可以成为本罪的主体。根据

---

① 本款由2015年8月29日《刑法修正案（九）》第27条增设。

《刑法修正案（九）》增设的《刑法》第285条第4款的规定，单位可以成为本罪的主体。

4. 主观方面表现为故意，过失不构成本罪。

即行为人明知自己的行为会发生破坏计算机信息系统的后果，仍然希望或者放任这种危害结果发生。

（二）认定破坏计算机信息系统罪应当注意的问题

1. 关于"计算机信息系统"与"计算机系统"的界定。

《刑法》第286条关于破坏计算机信息系统罪的规定使用了"计算机信息系统"与"计算机系统"两个概念，其中《刑法》第286条第3款有关制作、传播计算机病毒等破坏性程序的条款中使用"计算机系统"的概念，其他条款使用"计算机信息系统"的概念。①

随着计算机技术的发展，计算机操作系统自身（计算机系统）与提供信息服务的系统（计算机信息系统）自身已密不可分。基于此，《最高人民法院、最高人民检察院关于办理危害计算机信息系统安全刑事案件应用法律若干问题的解释》（以下简称《办理危害计算机信息系统安全刑事案件解释》）第11条对二者未作区分，而统一界定为"具备自动处理数据功能的系统"。任何内置有操作系统的智能化设备都可能成为入侵、破坏和传播计算机病毒的对象，应当将这些设备的安全纳入刑法保护范畴。

2. 关于"计算机病毒等破坏性程序"的认定。

根据《办理危害计算机信息系统安全刑事案件解释》的规定，计算机病毒等破坏性程序涵括了如下三类程序：（1）能够通过网络、存储介质、文件等媒介，将自身的部分、全部或者变种进行自我复制、传播的程序（计算机病毒）。此类程序的危害性主要是其传播方式容易引起大规模传播，而且一

---

① 需要注意的是，《最高人民法院、最高人民检察院关于办理环境污染刑事案件适用法律若干问题的解释》第11条第1款规定，违反国家规定，针对环境质量监测系统实施下列行为，或者强令、指使、授意他人实施下列行为，后果严重的，应当依照《刑法》第286条的规定，以破坏计算机信息系统罪定罪处罚：（1）修改系统参数或者系统中存储、处理、传输的监测数据的；（2）干扰系统采样，致使监测数据因系统不能正常运行而严重失真的；（3）其他破坏环境质量监测系统的行为。由此看来，环境质量监测系统也属于"计算机信息系统"。

经传播即无法控制其传播面,也无法对被侵害的计算机逐一取证确认其危害后果。(2)能够在预先设定条件下自动触发并破坏计算机系统数据、功能的程序(逻辑炸弹)。此类程序一旦被触发即可破坏计算机信息系统功能或者程序,但在未触发之前仍存在潜在的破坏性。(3)其他专门设计用于破坏计算机系统功能、数据或者应用程序的程序。

对于是否属于"计算机病毒等破坏性程序"难以确定的,应当委托省级以上负责计算机信息系统安全保护管理工作的部门检验。司法机关根据检验结论,并结合案件具体情况认定。

3. 关于《刑法》第287条的适用。

《刑法》第287条规定:"利用计算机实施金融诈骗、盗窃、贪污、挪用公款、窃取国家秘密或者其他犯罪的,依照本法有关规定定罪处罚。"在此,《刑法》第287条主要强调的是以"计算机"作为犯罪工具实施诈骗、盗窃等传统犯罪的,与传统犯罪并无实质差异,仍然应当依照刑法规定定罪量刑。对此,不能作如下理解:对于利用计算机实施金融诈骗、盗窃、贪污、挪用公款、窃取国家秘密或者其他犯罪,属于牵连犯,《刑法》第287条已对此作出了特别规定,对此种情况只能依据目的行为或者结果行为所触发的罪名定罪处罚,司法实践中无须再判断重罪,应当直接适用目的行为或者结果行为所涉及的罪名。如果作这种理解,在通过危害计算机信息系统安全犯罪进而实施敲诈勒索、破坏生产经营等犯罪的情形下,可能会出现罪刑失衡的问题。[①]因此,此种情况下,仍然依据刑法理论和刑法规定,按照"从一重处断"原则处理,以免出现罪刑失衡的明显不合理之处。

(三)破坏计算机信息系统罪的刑事责任

依照《刑法》第286条的规定,犯破坏计算机信息系统罪的,处五年以下有期徒刑或者拘役;后果特别严重的,处五年以上有期徒刑。

[①] 例如,在2011年4月30日之前,行为人通过实施拒绝服务攻击,对他人实施敲诈勒索的,结果导致出现了大规模网络瘫痪的情况。此种情况下,如果按照敲诈勒索罪定罪处罚,最高只能处十年有期徒刑,而如果按照破坏计算机信息系统罪定罪处罚,最高可以处十五年有期徒刑。更为极端的情况是,行为人实施拒绝服务攻击性行为,以实现破坏他人生产经营的目的,按照破坏生产经营罪最高只能处七年以下有期徒刑,更为不合理。

根据《办理危害计算机信息系统安全刑事案件解释》的规定，对破坏计算机信息系统行为应当区分行为类型适用不同的定罪量刑标准。

二十三、拒不履行信息网络安全管理义务罪

第二百八十六条之一[①]　网络服务提供者不履行法律、行政法规规定的信息网络安全管理义务，经监管部门责令采取改正措施而拒不改正，有下列情形之一的，处三年以下有期徒刑、拘役或者管制，并处或者单处罚金：

（一）致使违法信息大量传播的；

（二）致使用户信息泄露，造成严重后果的；

（三）致使刑事案件证据灭失，情节严重的；

（四）有其他严重情节的。

单位犯前款罪的，对单位判处罚金，并对其直接负责的主管人员和其他直接责任人员，依照前款的规定处罚。

有前两款行为，同时构成其他犯罪的，依照处罚较重的规定定罪处罚。

（一）拒不履行信息网络安全管理义务罪的概念和构成要件

拒不履行信息网络安全管理义务罪，是指网络服务提供者不履行法律、行政法规规定的信息网络安全管理义务，经监管部门责令采取改正措施而拒不改正，致使违法信息大量传播的，或者致使用户信息泄露，造成严重后果的，或者致使刑事案件证据灭失，情节严重的，或者有其他严重情节的行为。

本罪是《刑法修正案（九）》第28条增设的罪名。[②]

拒不履行信息网络安全管理义务罪的构成要件是：

1. 本罪侵犯的客体是正常的信息网络管理秩序。

网络服务提供者不履行法律、行政法规规定的信息网络安全管理义务，

[①]　本条由2015年8月29日《刑法修正案（九）》第28条增设。
[②]　2015年11月1日起施行的《最高人民法院、最高人民检察院关于执行〈中华人民共和国刑法〉确定罪名的补充规定（六）》确定罪名为"拒不履行信息网络安全管理义务罪"。

会导致发生危害网络安全的事件，进而危害网络参与者的权益，必须加以规制。

2. 本罪在客观方面表现为不履行法律、行政法规规定的信息网络安全管理义务，经监管部门责令采取改正措施而拒不改正，情节严重的行为。

本罪在客观方面主要表现为如下四种情形：（1）拒不履行信息网络安全管理义务，致使违法信息大量传播；①（2）拒不履行信息网络安全管理义务，致使用户信息泄露，造成严重后果；（3）拒不履行信息网络安全管理义务，致使影响定罪量刑的刑事案件证据灭失，情节严重；（4）其他拒不履行信息网络安全管理义务的情形。

"经监管部门责令采取改正措施而拒不改正"是本罪的入罪前提。根据《最高人民法院、最高人民检察院关于办理非法利用信息网络、帮助信息网络犯罪活动等刑事案件适用法律若干问题的解释》（以下简称《办理信息网络犯罪刑事案件解释》）第2条的规定，"监管部门责令采取改正措施"，是指网信、电信、公安等依照法律、行政法规的规定承担信息网络安全监管职责的部门，以责令整改通知书或者其他文书形式，责令网络服务提供者采取改正措施。认定"经监管部门责令采取改正措施而拒不改正"，应当综合考虑监管部门责令改正是否具有法律、行政法规依据，改正措施及期限要求是否明确、合理，网络服务提供者是否具有按照要求采取改正措施的能力等因素进行判断。

根据《刑法》第286条之一的规定，网络服务提供者不履行法律、行政法规规定的信息网络安全管理义务，经监管部门责令采取改正措施而拒不改正，只有达到相应情节严重的程度，才构成犯罪。

3. 犯罪主体为特殊主体，即网络服务提供者。单位可以构成本罪。

根据《办理信息网络犯罪刑事案件解释》第1条的规定，提供下列服务的单位和个人，应当认定为"网络服务提供者"：（1）网络接入、域名注册

---

① 例如，《最高人民法院、最高人民检察院、公安部关于依法惩治网络暴力违法犯罪的指导意见》第6条规定，网络服务提供者对于所发现的有关网络暴力违法犯罪的信息不依法履行信息网络安全管理义务，经监管部门责令采取改正措施而拒不改正，致使违法信息大量传播或者有其他严重情节，符合《刑法》第286条之一规定的，以拒不履行信息网络安全管理义务罪定罪处罚。

解析等信息网络接入、计算、存储、传输服务；（2）信息发布、搜索引擎、即时通讯、网络支付、网络预约、网络购物、网络游戏、网络直播、网站建设、安全防护、广告推广、应用商店等信息网络应用服务；（3）利用信息网络提供的电子政务、通信、能源、交通、水利、金融、教育、医疗等公共服务。

4. 主观方面表现为故意，过失不构成本罪。

（二）认定拒不履行信息网络安全管理义务罪应当注意的问题

1. 关于拒不履行信息网络安全管理义务罪中数量累计的时间限度。

拒不履行信息网络安全管理义务罪的入罪，不少涉及数量累计的问题。而由于责令改正这一要件，还会涉及时间限度问题，即只累计责令改正之后的相关数量，还是将责令改正前和责令改正后的相关数量累计。我们认为，拒不履行信息网络安全管理义务罪系不作为犯罪，且不作为的重点不是网络服务提供者不履行信息网络安全管理义务，而是网络服务提供者未按照监管部门的责令采取改正措施。基于此，相关数量累计应当限于责令改正后的时间限度，即限于责令改正后仍然存在的相关数量。①

2. 关于拒不履行信息网络安全管理义务罪与其他犯罪竞合的处理。

根据《刑法》第286条之一第3款的规定，实施拒不履行信息网络安全管理义务犯罪，同时构成其他犯罪的，依照处罚较重的规定定罪处罚。

（三）拒不履行信息网络安全管理义务罪的刑事责任

依照《刑法》第286条之一的规定，犯拒不履行信息网络安全管理义务罪，处三年以下有期徒刑、拘役或者管制，并处或者单处罚金。

根据《刑法》《办理信息网络犯罪刑事案件解释》的规定，拒不履行信息网络安全管理义务，根据不同情形适用不同的入罪标准。

---

① 但是，这并非指责令改正后才出现的相关数量。例如，网络服务提供者未落实信息网络安全管理义务，放任某违法视频在网站上传播的，监管部门责令采取删除的措施，但网络服务提供者拒绝执行。该视频信息并非责令改正后出现的信息，但在责令改正后仍然存在，故可以作为认定"致使违法信息大量传播"这一入罪要件。

单位实施拒不履行信息网络安全管理义务行为的，依照本解释规定的相应自然人犯罪的定罪量刑标准，对直接负责的主管人员和其他直接责任人员定罪处罚，并对单位判处罚金。

综合考虑社会危害程度、认罪悔罪态度等情节，认为犯罪情节轻微的，可以不起诉或者免予刑事处罚；情节显著轻微危害不大的，不以犯罪论处。

多次拒不履行信息网络安全管理义务构成犯罪，依法应当追诉的，或者2年内多次实施前述行为未经处理的，数量或者数额累计计算。

对于实施拒不履行信息网络安全管理义务犯罪被判处刑罚的，可以根据犯罪情况和预防再犯罪的需要，依法宣告职业禁止；被判处管制、宣告缓刑的，可以根据犯罪情况，依法宣告禁止令。

对于实施拒不履行信息网络安全管理义务犯罪的，应当综合考虑犯罪的危害程度、违法所得数额以及被告人的前科情况、认罪悔罪态度等，依法判处罚金。

二十四、非法利用信息网络罪

第二百八十七条之一① 利用信息网络实施下列行为之一，情节严重的，处三年以下有期徒刑或者拘役，并处或者单处罚金：

（一）设立用于实施诈骗、传授犯罪方法、制作或者销售违禁物品、管制物品等违法犯罪活动的网站、通讯群组的；

（二）发布有关制作或者销售毒品、枪支、淫秽物品等违禁物品、管制物品或者其他违法犯罪信息的；

（三）为实施诈骗等违法犯罪活动发布信息的。

单位犯前款罪的，对单位判处罚金，并对其直接负责的主管人员和其他直接责任人员，依照第一款的规定处罚。

有前两款行为，同时构成其他犯罪的，依照处罚较重的规定定罪处罚。

---

① 本条由2015年8月29日《刑法修正案（九）》第29条增设。

（一）非法利用信息网络罪的概念和构成要件

非法利用信息网络罪，是指设立用于实施诈骗、传授犯罪方法、制作或者销售违禁物品、管制物品等违法犯罪活动的网站、通讯群组，或者发布有关制作或者销售毒品、枪支、淫秽物品等违禁物品、管制物品或者其他违法犯罪信息，或者为实施诈骗等违法犯罪活动发布信息，情节严重的行为。

《刑法修正案（九）》第29条增设《刑法》第287条之一，规定了非法利用信息网络罪。

非法利用信息网络罪的构成要件是：

1.本罪侵犯的客体为复杂客体，一方面侵犯了正常的信息网络管理秩序，另一方面，使得网络诈骗等其他违法犯罪得以实施，侵害了被害人的人身、财产等合法权益。

2.客观方面表现为非法利用信息网络，情节严重的行为。

具体而言，表现为利用信息网络实施下列行为之一：

（1）设立用于实施诈骗、传授犯罪方法、制作或者销售违禁物品、管制物品等违法犯罪活动的网站、通讯群组的。根据《最高人民法院、最高人民检察院关于办理非法利用信息网络、帮助信息网络犯罪活动等刑事案件适用法律若干问题的解释》（以下简称《办理信息网络犯罪刑事案件解释》）第8条的规定，以实施违法犯罪活动为目的而设立或者设立后主要用于实施违法犯罪活动的网站、通讯群组，应当认定为"用于实施诈骗、传授犯罪方法、制作或者销售违禁物品、管制物品等违法犯罪活动的网站、通讯群组"。

（2）发布有关制作或者销售毒品、枪支、淫秽物品等违禁物品、管制物品或者其他违法犯罪信息的。根据《办理信息网络犯罪刑事案件解释》第9条的规定，利用信息网络提供信息的链接、截屏、二维码、访问账号密码及其他指引访问服务的，应当认定为"发布信息"。[①]

（3）为实施诈骗等违法犯罪活动发布信息的。对于"实施诈骗等违法犯罪活动"的主观目的，可以根据如下客观情形推定：①曾因发布违法犯罪

[①] 对"为实施诈骗等违法犯罪活动发布信息"中的"发布信息"亦应作如此把握。

信息受过刑事追究，或者曾因发布同类信息受过行政处罚的。这主要是从行为人的一贯表现推定行为人的主观目的。②为实施相关违法犯罪活动准备工具、制造条件或者已经着手实行的。例如，行为人已在购买相关作案工具，可以推定为实施相应违法犯罪活动发布信息。当然，由于上述情形系推定，应当允许行为人提出反证，即有证据证明确非为实施违法犯罪活动发布信息的除外。

（4）传播有关网络暴力违法犯罪的信息。《最高人民法院、最高人民检察院、公安部关于依法惩治网络暴力违法犯罪的指导意见》第5条规定，依法惩治借网络暴力事件实施的恶意营销炒作行为。基于蹭炒热度、推广引流等目的，利用互联网用户公众账号等推送、传播有关网络暴力违法犯罪的信息，符合《刑法》第287条之一规定的，以非法利用信息网络罪定罪处罚。

根据《刑法》第287条之一的规定，非法利用信息网络，只有达到相应情节严重的程度，才构成犯罪。

3. 犯罪主体为一般主体，单位可以构成本罪。

4. 主观方面表现为故意，过失不构成本罪。

（二）认定非法利用信息网络罪应当注意的问题

1. 关于"违法犯罪"的认定。

《刑法》第287条之一多处涉及"违法犯罪"的表述，包括"用于实施诈骗、传授犯罪方法、制作或者销售违禁物品、管制物品等违法犯罪活动的网站、通讯群组""有关制作或者销售毒品、枪支、淫秽物品等违禁物品、管制物品或者其他违法犯罪信息""为实施诈骗等违法犯罪活动"等。对此，《办理信息网络犯罪刑事案件解释》第7条规定："刑法第二百八十七条之一规定的'违法犯罪'，包括犯罪行为和属于刑法分则规定的行为类型但尚未构成犯罪的违法行为。"①

---

① 据此，一方面，对《刑法》第287条之一规定中的"等"，应当作等外的理解，即不只限于该条所明确列举的类型，也包括其他违法犯罪。另一方面，对于刑法未规定、仅在《治安管理处罚法》或者其他法律法规规定的行政违法行为，即使利用信息网络实施，也不应当构成非法利用信息网络罪。例如，对于买卖驾照记分的行为，目前无法直接追究刑事责任；对于此类行为，即使通过互联网、通信群组发布相关信息的，也不构成非法利用信息网络罪。

认定非法利用信息网络罪，以行为人为自己或者为他人所设立的网站、群组用于实施违法犯罪活动，或者所发布的信息内容有关违法犯罪或者为实施诈骗等违法犯罪活动为前提。相关人员客观上是否实施相应违法犯罪活动，不影响非法利用信息网络罪的成立。当然，对于纯粹基于"恶作剧"发布销售毒品、枪支、淫秽物品等违禁物品、管制物品信息的行为，可以综合案件情况考虑是否认定为"情节严重"，必要时也可以根据《刑法》第13条但书的规定不作为犯罪处理。

2. 关于非法利用信息网络罪竞合其他犯罪的处理。

根据《刑法》第287条之一第3款的规定，实施非法利用信息网络犯罪，同时构成其他犯罪的，依照处罚较重的规定定罪处罚。

（三）非法利用信息网络罪的刑事责任

依照《刑法》第287条之一的规定，犯非法利用信息网络罪，处三年以下有期徒刑或者拘役，并处或者单处罚金。

多次非法利用信息网络构成犯罪，依法应当追诉的，或者2年内多次实施前述行为未经处理的，数量或者数额累计计算。

对于实施非法利用信息网络犯罪被判处刑罚的，可以根据犯罪情况和预防再犯罪的需要，依法宣告职业禁止；对于被判处管制、宣告缓刑的，可以根据犯罪情况，依法宣告禁止令。

对于实施非法利用信息网络犯罪的，应当综合考虑犯罪的危害程度、违法所得数额以及被告人的前科情况、认罪悔罪态度等，依法判处罚金。

二十五、帮助信息网络犯罪活动罪

第二百八十七条之二[①]　明知他人利用信息网络实施犯罪，为其犯罪提供互联网接入、服务器托管、网络存储、通讯传输等技术支持，或者提供广告推广、支付结算等帮助，情节严重的，处三年以下有期徒刑或者拘役，并

---

① 本条由2015年8月29日《刑法修正案（九）》第29条增设。

处或者单处罚金。

单位犯前款罪的，对单位判处罚金，并对其直接负责的主管人员和其他直接责任人员，依照第一款的规定处罚。

有前两款行为，同时构成其他犯罪的，依照处罚较重的规定定罪处罚。

(一) 帮助信息网络犯罪活动罪的概念和构成要件

非法利用信息网络罪，是指明知他人利用信息网络实施犯罪，为其犯罪提供互联网接入、服务器托管、网络存储、通讯传输等技术支持，或者提供广告推广、支付结算等帮助，情节严重的行为。

《刑法修正案（九）》第29条增设《刑法》第287条之二，规定了帮助信息网络犯罪活动罪。

帮助信息网络犯罪活动罪的构成要件是：

1.本罪侵犯的客体为复杂客体，为复杂客体，一方面侵犯了正常的信息网络管理秩序，另一方面，使得网络诈骗等其他违法犯罪得以实施，侵害了被害人的人身、财产等合法权益。

2.本罪在客观方面表现为为他人利用信息网络实施犯罪提供互联网接入、服务器托管、网络存储、通讯传输等技术支持，或者提供广告推广、支付结算等帮助，情节严重的行为。

需要注意的是，本罪所涉"帮助"不限于线上的帮助行为，也可以包括线下帮助行为在内。根据《最高人民法院、最高人民检察院、公安部关于办理电信网络诈骗等刑事案件适用法律若干问题的意见（二）》[以下简称《办理电信网络诈骗刑事案件意见（二）》]第7条的规定，为他人利用信息网络实施犯罪而实施下列行为，可以认定为《刑法》第287条之二规定的"帮助"行为：（1）收购、出售、出租信用卡、银行账户、非银行支付账户、具有支付结算功能的互联网账号密码、网络支付接口、网上银行数字证书的；（2）收购、出售、出租他人手机卡、流量卡、物联网卡的。

3.犯罪主体为一般主体，单位可以构成本罪。

4.主观方面表现为故意，过失不构成本罪。

而且，本罪要求主观上明知他人利用信息网络实施犯罪。根据《最高人民法院、最高人民检察院关于办理非法利用信息网络、帮助信息网络犯罪活动等刑事案件适用法律若干问题的解释》(以下简称《办理信息网络犯罪刑事案件解释》)第11条的规定,为他人实施犯罪提供技术支持或者帮助,具有下列情形之一的,可以认定行为人明知他人利用信息网络实施犯罪,但是有相反证据的除外:(1)经监管部门告知后仍然实施有关行为的;(2)接到举报后不履行法定管理职责的;(3)交易价格或者方式明显异常的;(4)提供专门用于违法犯罪的程序、工具或者其他技术支持、帮助的;(5)频繁采用隐蔽上网、加密通信、销毁数据等措施或者使用虚假身份,逃避监管或者规避调查的;(6)为他人逃避监管或者规避调查提供技术支持、帮助的;(7)其他足以认定行为人明知的情形。

根据《办理电信网络诈骗刑事案件意见(二)》第8条的规定,认定《刑法》第287条之二规定的行为人明知他人利用信息网络实施犯罪,应当根据行为人收购、出售、出租前述第7条规定的信用卡、银行账户、非银行支付账户、具有支付结算功能的互联网账号密码、网络支付接口、网上银行数字证书,或者他人手机卡、流量卡、物联网卡等的次数、张数、个数,并结合行为人的认知能力、既往经历、交易对象、与实施信息网络犯罪的行为人的关系、提供技术支持或者帮助的时间和方式、获利情况以及行为人的供述等主客观因素,予以综合认定。

根据《办理电信网络诈骗刑事案件意见(二)》第8条的规定,收购、出售、出租单位银行结算账户、非银行支付机构单位支付账户,或者电信、银行、网络支付等行业从业人员利用履行职责或提供服务便利,非法开办并出售、出租他人手机卡、信用卡、银行账户、非银行支付账户等的,可以认定为《办理信息网络犯罪刑事案件解释》第11条第7项规定的"其他足以认定行为人明知的情形"。但有相反证据的除外。

根据《办理电信网络诈骗刑事案件意见(二)》第10条的规定,电商平台预付卡、虚拟货币、手机充值卡、游戏点卡、游戏装备等经销商,在公安机关调查案件过程中,被明确告知其交易对象涉嫌电信网络诈骗犯罪,仍与其继续交易,符合《刑法》第287条之二规定的,以帮助信息网络犯罪活动罪追究刑事责任。同时构成其他犯罪的,依照处罚较重的规定定罪处罚。

根据《最高人民法院刑事审判第三庭、最高人民检察院第四检察厅、公安部刑事侦查局关于"断卡"行动中有关法律适用问题的会议纪要》(以下简称《"断卡"行动法律问题会议纪要》)第1条的规定,办理"两卡"(即手机卡、信用卡)案件,关于帮助信息网络犯罪活动罪中"明知他人利用信息网络实施犯罪"的理解适用。认定行为人是否"明知"他人利用信息网络实施犯罪,应当坚持主客观相一致原则,即要结合行为人的认知能力、既往经历、交易对象、与信息网络犯罪行为人的关系、提供技术支持或者帮助的时间和方式、获利情况、出租、出售"两卡"的次数、张数、个数,以及行为人的供述等主客观因素,同时注重听取行为人的辩解并根据其辩解合理与否,予以综合认定。司法办案中既要防止片面倚重行为人的供述认定明知;也要避免简单客观归罪,仅以行为人有出售"两卡"行为就直接认定明知。特别是对于交易双方存在亲友关系等信赖基础,一方确系偶尔向另一方出租、出售"两卡"的,要根据在案事实证据,审慎认定"明知"。

在办案过程中,可着重审查行为人是否具有以下特征及表现,综合全案证据,对其构成"明知"与否作出判断:(1)跨省或多人结伙批量办理、收购、贩卖"两卡"的;(2)出租、出售"两卡"后,收到公安机关、银行业金融机构、非银行支付机构、电信服务提供者等相关单位部门的口头或书面通知,告知其所出租、出售的"两卡"涉嫌诈骗、洗钱等违法犯罪,行为人未采取补救措施,反而继续出租、出售的;(3)出租、出售的"两卡"因涉嫌诈骗、洗钱等违法犯罪被冻结,又帮助解冻,或者注销旧卡、办理新卡,继续出租、出售的;(4)出租、出售的具有支付结算功能的网络账号因涉嫌诈骗、洗钱等违法犯罪被查封,又帮助解封,继续提供给他人使用的;(5)频繁使用隐蔽上网、加密通信、销毁数据等措施或者使用虚假身份,逃避监管或者规避调查的;(6)事先串通设计应对调查的话术口径的;(7)曾因非法交易"两卡"受过处罚或者信用惩戒、训诫谈话,又收购、出售、出租"两卡"的等。

根据《刑法》第287条之二的规定,帮助信息网络犯罪活动,只有达到相应情节严重的程度,才构成犯罪。

根据《办理信息网络犯罪刑事案件解释》第12条的规定,明知他人利用信息网络实施犯罪，为其犯罪提供帮助，具有下列情形之一的，应当认定为《刑法》第287条之二第1款规定的"情节严重"：（1）为3个以上对象提供帮助的；①（2）支付结算金额20万元以上的；（3）以投放广告等方式提供资金5万元以上的；（4）违法所得1万元以上的；②（5）2年内曾因非法利用信息网络、帮助信息网络犯罪活动、危害计算机信息系统安全受过行政处罚，又帮助信息网络犯罪活动的；（6）被帮助对象实施的犯罪造成严重后果的；（7）其他情节严重的情形。③实施上述行为，确因客观条件限制无法查证被帮助对象是否达到犯罪的程度，但相关数额总计达到第2项至第4项规定标准五倍以上，或者造成特别严重后果的，应当以帮助信息网络犯罪活动罪追究行为人的刑事责任。

根据《办理电信网络诈骗等刑事案件意见（二）》第9条的规定，明知他人利用信息网络实施犯罪，为其犯罪提供下列帮助之一的，可以认定为《办理信息网络犯罪刑事案件解释》第12条第1款第7项规定的"其他情节严重的情形"：（1）收购、出售、出租信用卡、银行账户、非银行支付账户、具有支付结算功能的互联网账号密码、网络支付接口、网上银行数字证书5张（个）以上的；（2）收购、出售、出租他人手机卡、流量卡、物联网卡20张以上的。

---

① 根据《"断卡"行动法律问题会议纪要》第2条的规定，该项所规定的"为三个以上对象提供帮助"，应理解为分别为三个以上行为人或团伙组织提供帮助，且被帮助的行为人或团伙组织实施的行为均达到犯罪程度。为同一对象提供三次以上帮助的，不宜理解为"为三个以上对象提供帮助"。

② 根据《"断卡"行动法律问题会议纪要》第3条的规定，该项所规定"违法所得一万元"中的"违法所得"，应理解为行为人为他人实施信息网络犯罪提供帮助，由此所获得的所有违法款项或非法收入。行为人收卡等"成本"费用无须专门扣除。

③ 根据《"断卡"行动法律问题会议纪要》第5条的规定，行为人出租、出售的信用卡被用于接收电信网络诈骗资金，但行为人未实施代为转账、套现、取现等行为，或者未实施为配合他人转账、套现、取现而提供刷脸等验证服务的，不宜认定为《办理信息网络犯罪刑事案件解释》第12第1款第2项规定的"支付结算"行为。此外，出租、出售的信用卡被用于实施电信网络诈骗，达到犯罪程度，该信用卡内流水金额超过30万元的，按照符合《办理信息网络犯罪刑事案件解释》第12条规定的"情节严重"处理。在适用时应把握单向流入涉案信用卡中的资金超过30万元，且其中至少3000元经查证系涉诈骗资金。行为人能够说明资金合法来源和性质的，应当予以扣除。以上述情形认定行为"情节严重"的，要注重审查行为人的主观明知程度、出租、出售信用卡的张数、次数、非法获利的数额以及造成的其他严重后果，综合考虑与《办理信息网络犯罪刑事案件解释》第12条第1款其他项适用的相当性。

（二）认定帮助信息网络犯罪活动罪应当注意的问题

1.关于帮助信息网络犯罪活动罪中"犯罪"的认定。

根据《刑法》第287条之二第1款的规定，帮助信息网络犯罪活动罪的客观方式表现为为他人利用信息网络实施"犯罪"提供技术支持或者帮助。司法适用中需要注意：

（1）《办理信息网络犯罪刑事案件解释》第13条规定："被帮助对象实施的犯罪行为可以确认，但尚未到案、尚未依法裁判或者因未达到刑事责任年龄等原因依法未予追究刑事责任的，不影响帮助信息网络犯罪活动罪的认定。"据此，对相关"犯罪"，只应理解为相关犯罪查证属实，而不能理解为要求经人民法院生效裁判确认。

（2）《办理信息网络犯罪刑事案件解释》第12条第2款规定："实施前款规定的行为，确因客观条件限制无法查证被帮助对象是否达到犯罪的程度，但相关数额总计达到前款第二项至第四项规定标准五倍以上，或者造成特别严重后果的，应当以帮助信息网络犯罪活动罪追究行为人的刑事责任。"这实质上将帮助信息网络犯罪活动罪中的"犯罪"作了扩大解释，从而将刑法分则规定的行为类型但尚未构成犯罪的行为涵括在内。

适用上述规定应当注意：一是此种情形下通常是被帮助对象人数众多，对于帮助单个或者少数对象利用信息网络实施犯罪的，必须以被帮助对象构成犯罪为入罪前提；二是确因客观条件限制无法证实被帮助对象实施的行为达到犯罪程度，但经查证确系刑法分则规定的行为的，如果是一般的违法行为也不能适用这一例外规则；三是情节远高于"情节严重"的程度，即此种情形下虽然无法查证被帮助对象构成犯罪，但帮助行为本身具有十分严重的社会危害性，达到独立刑事惩处的程度。

2.关于非法利用信息网络罪与帮助信息网络犯罪活动罪的界分。

帮助信息网络犯罪活动罪通常须以帮助对象构成犯罪为前提，适用空间有限。为此，应当充分利用非法利用信息网络罪以涉及违法犯罪活动的网站、通讯群组或者信息为对象的要件规定，尽量扩大适用空间。故而，对非法利用信息网络罪的客观行为方式界定为包括行为人"为自己或者为他人"

非法利用信息网络的情形。

对非法利用信息网络罪与帮助信息网络犯罪活动罪的具体界分，应当把握住非法利用信息网络罪系"网上"行为独立入罪，而帮助信息网络犯罪活动罪系帮助行为独立入罪的本质属性，再结合具体构成要件，以准确界分；在两罪界分实在困难的情况下，宜优先适用非法利用信息网络罪。①

3. 关于帮助信息网络犯罪活动罪竞合其他犯罪的处理。

根据《刑法》第287条之二第3款的规定，实施帮助信息网络犯罪活动犯罪，同时构成其他犯罪的，依照处罚较重的规定定罪处罚。

根据《"断卡"行动法律问题会议纪要》第5条的规定，在办理涉"两卡"犯罪案件中，存在准确界定帮助信息网络犯罪活动罪、掩饰、隐瞒犯罪所得、犯罪所得收益罪与诈骗罪之间界限的问题。应当根据行为人的主观明知内容和实施的具体犯罪行为，确定其行为性质。以信用卡为例：（1）明知他人实施电信网络诈骗犯罪，参加诈骗团伙或者与诈骗团伙之间形成较为稳定的配合关系，长期为他人提供信用卡或者转账取现的，可以诈骗罪论处。（2）行为人向他人出租、出售信用卡后，在明知是犯罪所得及其收益的情况下，又代为转账、套现、取现等，或者为配合他人转账、套现、取现而提供刷脸等验证服务的，可以掩饰、隐瞒犯罪所得、犯罪所得收益罪论处。（3）明知他人利用信息网络实施犯罪，仅向他人出租、出售信用卡，未实施其他行为，达到情节严重标准的，可以帮助信息网络犯罪活动罪论处。在司法实践中，应当具体案情具体分析，结合主客观证据，重视行为人的辩解理由，确保准确定性。

4. 关于宽严相济刑事政策的把握。

根据《"断卡"行动法律问题会议纪要》第9条的规定，各级人民法院、人民检察院、公安机关要充分认识到当前持续深入推进"断卡"行动的重要意义，始终坚持依法从严惩处和全面惩处的方针，坚决严惩跨境电信网络诈骗犯罪集团和人员、贩卖"两卡"团伙头目和骨干、职业"卡商"、行业

---

① 例如，谭某某、张某等非法利用信息网络案。参见《非法利用信息网络罪、帮助信息网络犯罪活动罪典型案例》，载《人民法院报》2019年10月26日。

"内鬼"等。同时，还应当注重宽以济严，对于初犯、偶犯、未成年人、在校学生，特别是其中被胁迫或蒙骗出售本人名下"两卡"，违法所得、涉案数额较少且认罪认罚的，以教育、挽救为主，落实"少捕慎诉慎押"的刑事司法政策，可以依法从宽处理，确保社会效果良好。

（三）帮助信息网络犯罪活动罪的刑事责任

依照《刑法》第287条之二的规定，犯帮助信息网络犯罪活动罪，处三年以下有期徒刑或者拘役，并处或者单处罚金。

多次帮助信息网络犯罪活动构成犯罪，依法应当追诉的，或者2年内多次实施前述行为未经处理的，数量或者数额累计计算。

对于实施帮助信息网络犯罪活动犯罪被判处刑罚的，可以根据犯罪情况和预防再犯罪的需要，依法宣告职业禁止；对于被判处管制、宣告缓刑的，可以根据犯罪情况，依法宣告禁止令。

对于实施帮助信息网络犯罪活动犯罪的，应当综合考虑犯罪的危害程度、违法所得数额以及被告人的前科情况、认罪悔罪态度等，依法判处罚金。

对于实施帮助信息网络犯罪活动犯罪被判处刑罚的，可以根据犯罪情况和预防再犯罪的需要，依法宣告职业禁止；对于被判处管制、宣告缓刑的，可以根据犯罪情况，依法宣告禁止令。

对于实施帮助信息网络犯罪活动犯罪的，应当综合考虑犯罪的危害程度、违法所得数额以及被告人的前科情况、认罪悔罪态度等，依法判处罚金。

二十六、扰乱无线电通讯管理秩序罪[①]

第二百八十八条[②] 违反国家规定，擅自设置、使用无线电台（站），或者擅自使用无线电频率，干扰无线电通讯秩序，情节严重的，处三年以下有期徒刑、拘役或者管制，并处或者单处罚金；情节特别严重的，处三年以上七年以下有期徒刑，并处罚金。

单位犯前款罪的，对单位判处罚金，并对其直接负责的主管人员和其他直接责任人员，依照前款的规定处罚。

（一）扰乱无线电通讯管理秩序罪的概念和构成要件

扰乱无线电通讯管理秩序罪，是指自然人或者单位违反国家规定，擅自设置、使用无线电台（站），或者擅自使用无线电频率，干扰无线电通讯秩序，情节严重的行为。

本罪是1997年《刑法》增设的罪名。2015年8月29日通过的《刑法修正案（九）》对该条进行如下修改：一是取消原来"经责令停止使用后拒不停止使用"的规定；二是将"造成严重后果"改为"情节严重"；三是增加一档"情节特别严重"的刑罚。

扰乱无线电通讯管理秩序罪的构成要件是：

1. 本罪的客体是国家对无线电通讯的管理制度。

近年来，随着无线电通讯技术的飞速发展，一些单位和个人为了牟取非法利益，置国家规定于不顾，擅自设置、使用无线电台（站），或者擅自占用频率，无线电频率资源日趋紧张，违法犯罪大量增长，监管部门很难监管，严重扰乱无线电管理秩序，有的还给国家、集体和个人造成重大经济损失。因此，《刑法》增设和修改此罪是非常必要的。

2. 客观方面表现为违反国家规定，擅自设置、使用无线电台（站），或者擅自占用无线电频率，干扰无线电通讯秩序，情节严重的行为。

---

① 参考案例：赵某、钱某扰乱无线电通讯管理秩序、非法经营案，载法信网，http://www.faxin.cn/。
② 本条第1款经2015年8月29日《刑法修正案（九）》第30条修改。

这里的"违反国家规定",是指违反国家法律、行政法规等有关无线电的管理规定。如《军事设施保护法》《民用航空法》等有无线电管理规定,有关行政法规较多,如《无线电管理条例》《电信条例》《无线电管制规定》《民用机场管理条例》等有无线电管理的有关规定。

根据最高人民法院、最高人民检察院2017年7月1日施行的《关于办理扰乱无线电通讯管理秩序等刑事案件适用法律若干问题的解释》(以下简称《办理扰乱无线电通讯管理秩序刑事案件解释》)第1条规定,具有下列情形之一的,应当认定为《刑法》第288条第1款规定的"擅自设置、使用无线电台(站),或者擅自使用无线电频率,干扰无线电通讯秩序":(1)未经批准设置无线电广播电台(以下简称"黑广播"),非法使用广播电视专用频段的频率的;(2)未经批准设置通信基站(以下简称"伪基站"),强行向不特定用户发送信息,非法使用公众移动通信频率的;(3)未经批准使用卫星无线电频率的;(4)非法设置、使用无线电干扰器的;(5)其他擅自设置、使用无线电台(站),或者擅自使用无线电频率,干扰无线电通讯秩序的情形。

3. 犯罪主体为一般主体,单位也是本罪的主体。

4. 主观方面由故意构成。

(二)认定扰乱无线电通讯管理秩序罪应当注意的问题

1. 划清罪与非罪的界限。

本罪是情节犯,只有情节严重的才构成犯罪。根据《办理扰乱无线电通讯管理秩序刑事案件解释》第2条规定,违反国家规定,擅自设置、使用无线电台(站),或者擅自使用无线电频率,干扰无线电通讯秩序,具有下列情形之一的,应当认定为《刑法》第288条第1款规定的"情节严重":(1)影响航天器、航空器、铁路机车、船舶专用无线电导航、遇险救助和安全通信等涉及公共安全的无线电频率正常使用的;(2)自然灾害、事故灾难、公共卫生事件、社会安全事件等突发事件期间,在事件发生地使用"黑广播""伪基站"的;(3)举办国家或者省级重大活动期间,在活动场所及周边使用"黑广播""伪基站"的;(4)同时使用3个以上"黑广播""伪基站"的;(5)"黑广播"的实测发射功率500瓦以上,或者覆盖范围10公里以上的；（6）使用"伪基站"发送诈骗、赌博、招嫖、木马病毒、钓鱼网站链接等违法犯罪信息，数量在5000条以上，或者销毁发送数量等记录的；（7）雇佣、指使未成年人、残疾人等特定人员使用"伪基站"的；（8）违法所得3万元以上的；（9）曾因扰乱无线电通讯管理秩序受过刑事处罚，或者2年内曾因扰乱无线电通讯秩序受过行政处罚，又实施刑法第288条规定行为的；（10）其他情节严重的情形。第8条规定，为合法经营活动，使用"黑广播""伪基站"或者实施其他扰乱无线电通讯管理秩序的行为，构成扰乱无线电通讯管理秩序罪，但不属于"情节特别严重"，行为人系初犯，并确有悔罪表现的，可以认定为情节轻微，不起诉或者免予刑事处罚；确有必要判处刑罚的，应当从宽处罚。

2. 划清一罪与数罪的界限。

一是《办理扰乱无线电通讯管理秩序刑事案件解释》第6条规定，擅自设置、使用无线电台（站），或者擅自使用无线电频率，同时构成其他犯罪的，按照处罚较重的规定定罪处罚。明知他人实施诈骗等犯罪，使用"黑广播""伪基站"等无线设备为其发送信息或者提供其他帮助，同时构成其他犯罪的，按照处罚较重的规定定罪处罚。最高人民法院、最高人民检察院、公安部2016年12月19日印发的《关于办理电信网络诈骗等刑事案件适用法律若干问题的意见》指出，在实施电信网络诈骗活动中，非法使用"伪基站""黑广播"，干扰无线电通讯秩序，符合《刑法》第288条规定的，以扰乱无线电通讯秩序罪追究刑事责任。同时构成诈骗罪的，依照处罚较重的规定定罪处罚。

二是根据最高人民法院于2000年5月12日公布的《关于审理扰乱电信市场管理秩序案件具体应用法律若干问题的解释》第5条的规定，违反国家规定擅自设置、使用无线电台（站），或者擅自占用频率，非法经营国际电信业务或者涉港澳台电信业务进行营利活动，同时构成非法经营罪和本罪的，依照处罚较重的规定定罪处罚。

三是根据最高人民法院2007年6月26日公布的《关于审理危害军事通信刑事案件具体应用法律若干问题的解释》的规定，实施本罪的行为，造成军事通信中断或者严重障碍，同时构成《刑法》第288条、第369条第1款规定的犯罪的,依照处罚较重的规定定罪处罚。

(三)扰乱无线电通讯管理秩序罪的刑事责任

依照《刑法》第288条第1款规定,犯扰乱无线电通讯管理秩序罪的,处三年以下有期徒刑、拘役或者管制,并处或者单处罚金;情节特别严重的,处三年以上七年以下有期徒刑,并处罚金。

依照《刑法》第288条第2款规定,单位犯本罪的,对单位判处罚金,并对其直接负责的主管人员和其他直接责任人员,依照前款的规定处罚。

二十七、聚众扰乱社会秩序罪[①]

第二百九十条第一款[②] **聚众扰乱社会秩序,情节严重,致使工作、生产、营业和教学、科研、医疗无法进行,造成严重损失的,对首要分子,处三年以上七年以下有期徒刑;对其他积极参加的,处三年以下有期徒刑、拘役、管制或者剥夺政治权利。**

(一)聚众扰乱社会秩序罪的概念和构成要件

聚众扰乱社会秩序罪,是指聚众扰乱社会秩序,情节严重,致使工作、生产、营业和教学、科研、医疗无法进行,造成严重损失的行为。《刑法修正案(九)》第31条对1997年《刑法》规定的聚众扰乱社会秩序罪进行了修改,增加了"医疗",即将医疗秩序明确为社会秩序的一种,与工作、生产、营业和教学、科研秩序并列。

聚众扰乱社会秩序罪的构成要件:

1.本罪的客体为社会秩序。

社会秩序是一种有序化的社会生活状态,包括生产秩序、交通秩序、公共场所秩序等,工作、生产、营业和教学、科研、医疗秩序都是社会秩序的

[①] 参考案例:顾某国聚众扰乱社会秩序罪案,河南省罗山县人民法院(2010)罗刑初字第165号。

[②] 本款经2015年8月29日《刑法修正案(九)》第30条修改。

具体体现,是社会秩序中较为重要的组成部分。

2. 本罪客观方面表现为聚众扰乱社会秩序,情节严重,致使工作、生产、营业和教学、科研、医疗无法进行,造成严重损失的行为。

"聚众扰乱社会秩序",是指首要分子纠集、教唆、授意、组织、策划、指挥多人,或者利用聚集的多人,于工作、生产、营业或者教学、科研、医疗的某一地点或者场所,进行扰乱其正常秩序和稳定的行为。"情节严重",一般是指纠集的人数众多,声势浩大,社会影响恶劣,或者采用围攻、殴打有关人员,强占工作、生产、营业场所,砸毁、破坏工作、生产用财物、工具等。"致使工作、生产、营业和教学、科研、医疗无法进行",是指由于情节严重的扰乱秩序行为,致使工作人员无法办公、生产停滞、营业停止、教学活动不能进行、科研无法继续、诊疗、手术等医疗活动无法开展。"造成严重损失",是指由于工作、生产、营业等无法进行而造成的严重损失,如重要公务无法办理,生产停滞造成严重财产损失,学校停课,医院手术无法进行、危重病人不能得到及时治疗,工作、生产、营业、医疗等长时间难以恢复等,而不是指人员受伤需要治疗、财物被毁坏等造成的损失。本罪在客观方面要求聚众扰乱社会秩序、情节严重、致使工作、生产、营业和教学、科研、医疗无法进行以及造成严重损失几个条件同时具备,缺一不可。

3. 犯罪主体为一般自然人主体。聚众扰乱社会秩序往往参与人员较多,根据《刑法》规定,只有首要分子和积极参加者构成犯罪。

4. 本罪主观方面为故意。

(二) 认定聚众扰乱社会秩序罪应当注意的问题

1. 关于罪与非罪的界限。

认定本罪要将群众以一些过激行为表达合理利益诉求的行为区别开来。对于严重污染环境、非法开采矿山、非法拆迁、村集体违规使用集体资金等严重侵犯群众合法权益的行为,群众有时会聚集起来,采用拉横幅、喊口号等方式到相关机关、单位静坐、示威,以表达其正当合理诉求。对此类行为,如没有造成严重的社会危害和后果,一般不以犯罪论处,以批评教育和行政处罚为主予以处置。

在医疗机构私设灵堂、摆放花圈、焚烧纸钱、悬挂横幅、堵塞大门或者以其他方式扰乱医疗秩序，尚未造成严重损失，经劝说、警告无效的，要依法驱散，对拒不服从的人员要依法带离现场，依照《治安管理处罚法》的有关规定处罚；聚众实施的，对首要分子和其他积极参加者依法予以治安处罚；造成严重损失或者扰乱其他公共秩序情节严重，构成寻衅滋事罪、聚众扰乱社会秩序罪、聚众扰乱公共场所秩序罪、交通秩序罪的，依照《刑法》有关规定定罪处罚。在医疗机构的病房、抢救室、重症监护室等场所及医疗机构的公共开放区域违规停放尸体，影响医疗秩序，经劝说、警告无效的，依照《治安管理处罚法》的有关规定处罚；严重扰乱医疗秩序或者其他公共秩序，构成犯罪的，依照《刑法》有关规定定罪处罚。

2. 关于本罪的罪数形态。

在实施聚众扰乱社会秩序行为过程中，故意殴打有关人员，造成他人伤亡的，可能构成故意杀人罪或者故意伤害罪；严重毁坏办公用品等财物或者生产设施设备，可能构成故意毁坏财物罪或者破坏生产经营罪，这些行为与聚众扰乱社会秩序行为具有一定的牵连关系，同时构成犯罪的，应当数罪并罚；仅构成故意杀人罪、故意伤害罪或者故意毁坏财物罪等犯罪的，依照构成的犯罪定罪处罚。如殴打他人、毁坏财物行为轻微，尚不构成犯罪，但聚众扰乱社会秩序行为构成犯罪的，依照聚众扰乱社会秩序罪定罪处罚。

（三）聚众扰乱社会秩序罪的刑事责任

依照《刑法》第290条第1款的规定，聚众扰乱社会秩序，情节严重，致使工作、生产、营业和教学、科研、医疗无法进行，造成严重损失的，对首要分子，处三年以上七年以下有期徒刑；对其他积极参加的，处三年以下有期徒刑、拘役、管制或者剥夺政治权利。

司法机关在适用本款规定处罚时，应当注意以下问题：实施聚众扰乱社会秩序行为，仅首要分子和积极参加者可能构成本罪，对围观人员和一般参加者不能以本罪定罪处罚。对在聚众扰乱社会秩序行为中围观或者虽不积极主动参与，但为泄愤报复或者发泄不满，乘机殴打他人、抢砸财物构成其他犯罪的，依照其他犯罪处罚，参与聚众扰乱社会秩序的行为作为量刑情节考虑。

二十八、聚众冲击国家机关罪[①]

第二百九十条第二款 聚众冲击国家机关，致使国家机关工作无法进行，造成严重损失的，对首要分子，处五年以上十年以下有期徒刑；对其他积极参加的，处五年以下有期徒刑、拘役、管制或者剥夺政治权利。

（一）聚众冲击国家机关罪的概念和构成要件

聚众冲击国家机关罪，是指聚众冲击国家机关，致使国家机关工作无法进行，造成严重损失的行为。

1997年《刑法》增设该罪名。

聚众冲击国家机关罪的构成要件是：

1.本罪的客体是国家机关的正常工作秩序。

犯罪对象是国家机关，即各级国家权力机关、党政机关、监察机关、司法机关和军事机关。但是，如果军事机关属于军事禁区或者军事管理区，应按《刑法》第371条的规定定罪处罚。

2.在客观方面表现为聚众冲击国家机关，致使国家机关工作无法进行，造成严重损失的行为。

"聚众冲击国家机关"，是指聚集多人强行冲入、袭击、包围、堵塞国家机关的行为。"致使国家机关工作无法进行"，是指国家机关及其工作人员行使管理职权、执行职务的活动，因受到冲击而被迫中断或者停止。"造成严重损失"，主要是指妨害国家机关重要公务活动的；政治和社会影响恶劣的；致使国家机关长时间无法行使管理职权，严重影响工作秩序的；给国家、集体和个人造成严重损失的等情形。

3.本罪的犯罪主体为一般主体。

根据《刑法》规定，并非所有参加冲击国家机关的人都构成本罪，构成

[①] 参考案例1：雷某全等聚众冲击国家机关、妨害公务、寻衅滋事案，四川省内江市中级人民法院（2011）内刑终字第66号。参考案例2：马某甲等聚众冲击国家机关案，河南省漯河市源江区人民法院（2016）豫1102刑初7号。

犯罪的只是聚众冲击国家机关的首要分子和其他积极参加者。

4. 主观方面由故意构成。

（二）认定聚众冲击国家机关罪应当注意的问题

注意划清本罪与聚众扰乱社会秩序罪的界限。两者之间的主要区别在于犯罪对象不同。前者限于国家机关，后者包括机关、企业、事业单位和人民团体等。

行为人如果采用冲闯、强行进入、占据国家机关或者堵塞国家机关通道的方法扰乱社会秩序的，则应当以聚众冲击国家机关罪论处。如果同时造成致人伤亡、财物损毁的，以想象竞合犯处理。

（三）聚众冲击国家机关罪的刑事责任

依照《刑法》第290条第2款规定，犯聚众冲击国家机关罪的，对首要分子，处五年以上十年以下有期徒刑；对其他积极参加的，处五年以下有期徒刑、拘役、管制或者剥夺政治权利。

根据公安部2013年7月19日印发的《关于公安机关处置信访活动中违法犯罪行为适用法律的指导意见》第四部分第1条要求，聚集多人围堵、冲击国家机关，扰乱国家机关正常秩序，符合《刑法》第290条第2款规定的，对首要分子和其他积极参加者以聚众冲击国家机关罪追究刑事责任。

二十九、扰乱国家机关工作秩序罪[①]

第二百九十条第三款[②] 多次扰乱国家机关工作秩序，经行政处罚后仍不改正，造成严重后果的，处三年以下有期徒刑、拘役或者管制。

[①] 参考案例：宋某胜扰乱国家机关工作秩序案，湖南省张家界市永定区人民法院（2019）湘0802刑初334号。

[②] 本款经2015年8月29日《刑法修正案（九）》第30条增设。

（一）扰乱国家机关工作秩序罪的概念和构成要件

扰乱国家机关工作秩序罪，是指多次扰乱国家机关工作秩序，经行政处罚后仍不改正，造成严重后果的行为。

《刑法修正案（九）》针对没有聚集众人、个人以极端方式冲击或扰乱国家机关工作秩序的情况，增设该罪名。

扰乱国家机关工作秩序罪的构成要件是：

1. 本罪的客体是国家机关的正常工作秩序。犯罪对象是国家机关。

2. 在客观方面表现为多次扰乱国家机关工作秩序，经行政处罚后仍不改正，造成严重后果的行为。

构成本罪需要同时具备多次扰乱国家机关工作秩序、经行政处罚后仍不改正、造成严重后果三个方面条件。"多次"是指3次和3次以上。"扰乱"是指搅扰，使国家机关工作秩序混乱。扰乱方法多种多样，如冲击、哄闹、喧嚣、纠缠、辱骂、损毁等。"造成严重后果"，主要是指妨害国家机关重要公务活动，政治和社会影响恶劣的；长时间扰乱，严重影响机关工作秩序的；给国家、集体和个人造成严重损失的等。

3. 本罪的犯罪主体为一般主体。

4. 主观方面由故意构成。

（二）认定扰乱国家机关工作秩序罪应当注意的问题

划清罪与非罪的界限。构成本罪需要同时具备多次扰乱国家机关工作秩序、经行政处罚后仍不改正、造成严重后果三个方面条件。本罪主要是针对个人以极端方式，扰乱国家机关秩序，经治安处罚后仍继续扰乱国家机关秩序的行为。如果两次以下扰乱、行政处罚后改正或者没有造成严重后果的，不构成犯罪。根据《治安管理处罚法》第23条规定，扰乱机关秩序，致使工作不能正常进行，尚未造成严重损失的，予以警告、罚款、拘留。

第六章 妨害社会管理秩序罪

(三) 扰乱国家机关工作秩序罪的刑事责任

依照《刑法》第 290 条第 3 款规定,犯本罪的,处三年以下有期徒刑、拘役或者管制。

三十、组织、资助非法聚集罪[①]

第二百九十条第四款[②] 多次组织、资助他人非法聚集,扰乱社会秩序,情节严重的,依照前款的规定处罚。

(一) 组织、资助非法聚集罪的概念和构成要件

组织、资助非法聚集罪,是指多次组织、资助他人非法聚集,扰乱社会秩序,情节严重的行为。

《刑法修正案(九)》针对扰乱社会秩序的新情况,增设该罪名,把组织、帮助行为独立犯罪化。

组织、资助非法聚集罪的构成要件是:

1. 本罪的客体是社会公共秩序。

2. 在客观方面表现为多次组织、资助他人非法聚集,扰乱社会秩序,情节严重的行为。

构成本罪需要同时具备多次组织或资助他人非法聚集、扰乱社会秩序、情节严重三个方面条件。这里的"多次"是指 3 次和 3 次以上。"组织"是指组织、策划、指挥、协调非法聚集的行为。"资助"是指用财物帮助他人,筹集、提供活动经费、物资及其他物质便利的行为。"非法聚集"是指未经批准在公共场所集合、集结、集会的行为。"扰乱社会秩序"是指非法聚集造成了社会秩序混乱,致使工作、生产、营业、教学、科研、医疗等活动受

[①] 参考案例 1:杨某强、杨某祥组织非法聚集案,湖北省十堰市中级人民法院(2019)鄂 03 刑终 223 号。参考案例 2:侯某、王某组织非法聚集案,山东省青岛市中级人民法院(2019)鲁 02 刑终 617 号。

[②] 本款由 2015 年 8 月 29 日《刑法修正案(九)》第 30 条增设。

到严重干扰，甚至无法进行。如因非法聚集致使机场、车站、码头、商场、影剧院、运动场馆等人员密集场所秩序混乱，影响公共交通、公共场所正常运行，造成机关、企事业单位的工作、生产、经营、教学、医疗等活动中断等。

3. 本罪的犯罪主体为一般主体。

4. 主观方面由故意构成。过失不构成本罪。

（二）认定组织、资助非法聚集罪应当注意的问题

划清罪与非罪的界限。本罪是情节犯，只有情节严重的才构成犯罪。所谓"情节严重"，主要是指非法聚集人数多、规模大，政治和社会影响恶劣的；非法聚集时间长，严重影响社会秩序的；在重要场所非法聚集，给国家、集体和个人造成严重损失的；造成严重后果，致使工作、生产、营业、教学、科研、医疗等受到严重干扰，造成公共交通、公共场所秩序混乱等。

（三）组织、资助非法聚集罪的刑事责任

《刑法》第290条第4款规定，多次组织、资助他人非法聚集，扰乱社会秩序，情节严重的，处三年以下有期徒刑、拘役或者管制。

三十一、聚众扰乱公共场所秩序、交通秩序罪[①]

第二百九十一条 聚众扰乱车站、码头、民用航空站、商场、公园、影剧院、展览会、运动场或者其他公共场所秩序，聚众堵塞交通或者破坏交通秩序，抗拒、阻碍国家治安管理工作人员依法执行职务，情节严重的，对首要分子，处五年以下有期徒刑、拘役或者管制。

[①] 参考案例1：邢某义等聚众扰乱公共场所秩序案，山东省枣庄市中级人民法院（1999）枣刑终字第86号。参考案例2：杜某扰乱交通秩序案，湖北省武汉市江夏区人民法院（2015）鄂江夏刑初字第00314号。

（一）聚众扰乱公共场所秩序、交通秩序罪的概念和构成要件

聚众扰乱公共场所秩序、交通秩序罪，是指聚众扰乱车站、码头、民用航空站、商场、公园、影剧院、展览会、运动场或者其他公共场所秩序，聚众堵塞交通或者破坏交通秩序，抗拒、阻碍国家治安管理工作人员依法执行职务，情节严重的行为。

本罪 1979 年《刑法》第 159 条作了规定，1997 年《刑法》删除了剥夺政治权利。

聚众扰乱公共场所秩序、交通秩序罪的构成要件是：

1. 本罪的客体是公共场所秩序或者交通秩序。

"公共场所"，是指具有公共性的特点，对外开放，能为不特定的多数人自由出入、停留、使用的场所，主要有车站、码头、民用航空站、商场、公园、影剧院、展览会、运动场等；本罪中的"其他公共场所"，主要是指礼堂、公共食堂、游泳池、浴池、农村集市等；"公共场所秩序"，是指保证公众安全顺利地出入、停留、使用公共场所所规定的公共行为规则和正常状态；"交通秩序"，是指交通工具与行人在交通道路上安全顺利通行的正常状态。

2. 客观方面表现为聚众扰乱公共场所秩序或者交通秩序，抗拒、阻碍国家治安管理工作人员依法执行职务，情节严重的行为。

具体表现为以下两种行为：（1）主要是实施聚众扰乱公共场所秩序或者聚众堵塞交通、破坏交通秩序的行为。"聚众扰乱"公共场所秩序，是指纠集多人以各种方法对公共场所秩序进行干扰和捣乱，主要是故意在公共场所聚众起哄闹事；"聚众堵塞交通、破坏交通秩序"，是指纠集多人堵塞交通使车辆、行人不能通过，或者故意违反交通规则，破坏正常的交通秩序，影响顺利通行和通行安全的行为。（2）附带有抗拒、阻碍国家治安管理工作人员依法执行职务的行为。即实施抗拒、阻碍治安民警、交通民警和其他依法执行治安管理职务的工作人员依法维护公共场所秩序或者交通秩序的行为，不以暴力、胁迫手段为要件。实施该行为，同时触犯妨害公务罪的，属于想象竞合，从一重罪处罚。上述两种行为都是构成本罪的要件，缺一不可。

3.犯罪主体是一般主体。聚众扰乱公共场所秩序、交通秩序的首要分子,即在聚众扰乱公共场所秩序、交通秩序犯罪活动中起组织、策划、指挥作用的人。

4.主观方面是出于故意。行为人往往企图通过这种扰乱活动,制造事端,给有关部门施加压力,以满足某些无理要求或者借机发泄不满情绪。

(二)认定聚众扰乱公共场所秩序、交通秩序罪应当注意的问题

1.划清罪与非罪的界限。

聚众扰乱公共场所秩序、交通秩序罪与违反治安管理的扰乱公共场所秩序、交通秩序行为表现相同,主要区别在于是否情节严重和是否属于首要分子。如果情节较轻或者属于一般参与者,不构成犯罪,是违反治安管理的行为,可给予批评教育或者治安处罚。

根据法律规定,聚众扰乱公共场所秩序的行为,必须达到"情节严重"的程度,才构成犯罪。所谓"情节严重",司法实践中一般是指聚众扰乱公共场所秩序、交通秩序人数多或者时间长的;造成人员伤亡或者公私财物重大损失的;影响或者行为手段恶劣的等情形。

2.划清本罪与聚众扰乱社会秩序罪的界限。

两者主观方面都是故意,动机都是制造事端,给有关单位施加压力,以满足某些无理要求或者借机发泄不满情绪;客观方面都是聚众进行,有扰乱社会秩序的行为。两者的主要区别如下:一是犯罪的地点和犯罪的直接客体不同。本罪发生在公共场所或者交通要道,侵犯的是公共场所秩序或者交通秩序;后者发生在党政机关、企业、事业单位和人民团体驻地及其周围,侵犯的是正常的工作、生产、营业和教学、科研秩序。二是行为方式有所不同。本罪还需要实施抗拒、阻碍国家治安管理工作人员依法执行职务的行为。三是处罚对象不同。本罪仅处罚首要分子,后者处罚首要分子和其他积极参加者。

(三)聚众扰乱公共场所秩序、交通秩序罪的刑事责任

依照《刑法》第291条规定,犯聚众扰乱公共场所秩序、交通秩序罪

的,对首要分子,处五年以下有期徒刑、拘役或者管制。

司法机关适用上述规定时,需要注意以下方面:

一是注意维护医疗秩序。最高人民法院、最高人民检察院、公安部、司法部、国家卫生和计划生育委员会2014年4月22日印发的《关于依法惩处涉医违法犯罪维护正常医疗秩序的意见》第二部分指出:在医疗机构私设灵堂、摆放花圈、焚烧纸钱、悬挂横幅、堵塞大门或者以其他方式扰乱医疗秩序,尚未造成严重损失,经劝说、警告无效的,要依法驱散,对拒不服从的人员要依法带离现场,依照《治安管理处罚法》第23条规定处罚;聚众实施的,对首要分子和其他积极参加者依法予以治安处罚;造成严重损失或者扰乱其他公共秩序情节严重,构成寻衅滋事罪、聚众扰乱社会秩序罪、聚众扰乱公共场所秩序、交通秩序罪的,依照《刑法》有关规定定罪处罚。在医疗机构的病房、抢救室、重症监护室等场所及医疗机构的公开开放区域违规停放尸体,影响医疗秩序,经劝说、警告无效的,依照《治安管理处罚法》第65条规定处罚;严重扰乱医疗秩序或者其他公共秩序,构成犯罪的,依照前款规定定罪处罚。根据《公共场所卫生管理条例》的有关规定,医疗机构内只有候诊室属于公共场所。在候诊室聚众闹事、扰乱秩序,属于扰乱公共场所秩序和扰乱社会秩序,构成寻衅滋事罪、聚众扰乱社会秩序罪、聚众扰乱公共场所秩序罪的,属于想象竞合,依照处罚较重的规定定罪处罚;在医疗机构公开开放区域、机构门口等其他公共场所聚众闹事,构成寻衅滋事罪、聚众扰乱公共场所秩序罪的,依照处罚较重的规定处罚;在医疗机构的病房、抢救室、重症监护室等非公共场所聚众闹事,构成聚众扰乱社会秩序罪、寻衅滋事罪的,依照处罚较重的规定处罚。根据《道路交通安全法》有关规定,在医疗机构管辖范围内但允许社会车辆通行的地方也属于道路,因此聚众堵塞该道路或医疗机构周边的公共道路的,可构成聚众扰乱交通秩序罪。

二是注意维护信访秩序。根据公安部2013年7月19日印发的《关于公安机关处置信访活动中违法犯罪行为适用法律的指导意见》第四部分第2条要求,在车站、码头、商场、公园、广场等公共场所张贴、散发材料,呼喊口号,打横幅,穿着状衣、出示状纸,或者非法聚集,以及在举办文化、体育等大型群众性活动或者国内、国际重大会议期间,在场馆周围、活动区域或者场内实施前述行为,聚众扰乱公共场所秩序,抗拒、阻碍国家治安管理工作人员依法执行职务,情节严重,符合《刑法》第291条规定的,对首要分子以聚众扰乱公共场所秩序罪追究刑事责任。第3条指出,在信访接待场所、其他国家机关门前或者交通通道上堵塞、阻断交通或者非法聚集,影响交通工具正常行驶,符合《刑法》第291条规定的,对首要分子以聚众扰乱交通秩序罪追究刑事责任。

三十二、投放虚假危险物质罪[①]

第二百九十一条之一第一款[②] 投放虚假的爆炸性、毒害性、放射性、传染病病原体等物质,或者编造爆炸威胁、生化威胁、放射威胁等恐怖信息,或者明知是编造的恐怖信息而故意传播,严重扰乱社会秩序的,处五年以下有期徒刑、拘役或者管制;造成严重后果的,处五年以上有期徒刑。

(一)投放虚假危险物质罪的概念和构成要件

投放虚假危险物质罪,是指投放虚假的爆炸性、毒害性、放射性、传染病病原体等物质,严重扰乱社会秩序的行为。

近年来,有的人出于各种目的,向机关、团体、企业、事业单位或者个人以及向公共场所或者公共交通工具投放虚假的毒害性、放射性、传染病病原体等物质,制造恐怖气氛,造成公众心理恐慌,严重扰乱社会秩序。为惩治这类行为,2001年12月29日通过的《刑法修正案(三)》第8条增设该罪名。

投放虚假危险物质罪的构成要件是:

1. 本罪的客体是社会公共秩序。

[①] 参考案例1:石某琴投放虚假危险物质案,福建省福安市人民法院(2011)安刑初字第579号。参考案例2:付某某投放虚假危险物质案,上海市第二中级人民法院(2010)沪二中刑终字第505号。

[②] 本款由2001年12月29日《刑法修正案(三)》第8条增设。

2.客观方面表现为投放了虚假的爆炸性、毒害性、放射性、传染病病原体等物质,严重扰乱社会秩序的行为。

首先,实施投放虚假的爆炸性、毒害性、放射性、传染病病原体等物质的行为。投放虚假危险物质,是指以邮寄、放置、丢弃等方式将假的类似于爆炸性、毒害性、放射性、传染病病原体等物质的物品,置于他人或公众面前或周边。

其次,该投放行为严重扰乱了社会秩序,造成社会恐慌,严重影响工作、社会生活正常进行。如李某因婚姻问题,对妇女怀有敌意。听到有人用扎针方法传播艾滋病病毒的传闻后,携带注射器,趁群众观看节目时,用注射器扎中一名妇女臀部,并注射了不明药液,被扎妇女和周围群众误以为被注射了艾滋病病毒,极度恐慌。行为人如果投放了真实的爆炸性、毒害性、放射性、传染病病原体等物质,则危害了公共安全,应以投放危险物质罪定罪处罚。

3.犯罪主体为一般主体。

4.主观方面由故意构成。动机可能多种多样,如报复他人,对社会不满、搞恶作剧等,但不影响犯罪成立。

(二)认定投放虚假危险物质罪应当注意的问题

本罪与投放危险物质罪在犯罪客体、犯罪对象、发生的结果、立案标准等方面不同。一是犯罪客体不同。本罪的直接客体是社会公共秩序,危害正常、安定的社会秩序;后者危害公共安全,危害不特定多数人的人身、财产安全。二是犯罪对象明显不同。本罪行为人投放的不是真正的危险物质,只是对外宣称是危险物质;后者行为人投放的是真正的危险物质,足以危害公共安全。三是入罪条件不同。本罪的成立要求有严重后果,只有实施的行为导致严重扰乱社会秩序结果的,才构成犯罪;后者是危险犯,只要行为人采用的危险方法足以威胁公共安全,就构成犯罪,不要求造成严重后果。

(三)投放虚假危险物质罪的刑事责任

依照《刑法》第291条之一规定,犯投放虚假危险物质罪的,处五年以下有期徒刑、拘役或者管制；造成严重后果的，处五年以上有期徒刑。

三十三、编造、故意传播虚假恐怖信息罪[1]

第二百九十一条之一第一款[2] 投放虚假的爆炸性、毒害性、放射性、传染病病原体等物质，或者编造爆炸威胁、生化威胁、放射威胁等恐怖信息，或者明知是编造的恐怖信息而故意传播，严重扰乱社会秩序的，处五年以下有期徒刑、拘役或者管制；造成严重后果的，处五年以上有期徒刑。

（一）编造、故意传播虚假恐怖信息罪的概念和构成要件

编造、故意传播虚假恐怖信息罪，是指编造爆炸威胁、生化威胁、放射威胁等恐怖信息，或者明知是编造的恐怖信息而故意传播，严重扰乱社会秩序的行为。

2001年12月29日通过的《刑法修正案（三）》第8条增设该罪名。

编造、故意传播虚假恐怖信息罪的构成要件是：

1. 本罪的客体是社会公共秩序。其社会危害性主要表现为在社会上造成一种恐怖气氛，引起社会秩序的混乱。

2. 客观方面表现为编造、故意传播虚假恐怖信息的行为。

根据2013年9月30日施行的《最高人民法院关于审理编造、故意传播虚假恐怖信息刑事案件适用法律若干问题的解释》（以下简称《审理编造、故意传播虚假恐怖信息刑事案件解释》）第6条规定，"虚假恐怖信息"是指编造、故意传播以发生爆炸威胁、生化威胁、放射威胁、劫持航空器威胁等严重威胁公共安全的事件为内容，可能引起社会恐慌或者公共安全危机的不真实信息。

本罪客观方面包括两种情形：一是故意编造虚假的爆炸威胁、生化威胁、放射威胁等恐怖信息。编造包括完全凭空捏造，也包括对此类信息进行

---

[1] 参考案例1：黄某丽、王某洋编造虚假恐怖信息案，福建省厦门市翔安区人民法院（2016）闽0213刑初421号。参考案例2：刘某春编造、故意传播虚假恐怖信息案，四川省达州市通川区人民法院（2008）通川刑初字第147号。

[2] 本款由2001年12月29日《刑法修正案（三）》第8条增设。

加工、修改。二是明知是编造的虚假恐怖信息而故意传播。传播是指将此类信息传达、散布给不特定或多数人。恐怖信息不是泛指任何令人恐怖的信息,而是由恐怖活动、恐怖分子引起的爆炸威胁、生化威胁、放射威胁等恐怖信息。实施以上两种行为中的一种,并且造成严重扰乱社会秩序后果的,才构成本罪。

认定"严重扰乱社会秩序",应当结合行为对正常的工作、生产、生活、经营、教学、科研、医疗等秩序的影响程度、对公众造成的恐慌程度以及处置情况等因素综合分析判断。根据《审理编造、故意传播虚假恐怖信息刑事案件解释》第2条规定,编造、故意传播虚假恐怖信息,具有下列情形之一的,应当认定为"严重扰乱社会秩序":(1)致使机场、车站、码头、商场、影剧院、运动场馆等人员密集场所秩序混乱,或者采取紧急疏散措施的;(2)影响航空器、列车、船舶等大型客运交通工具正常运行的;(3)致使国家机关、学校、医院、厂矿企业等单位的工作、生产、经营、教学、科研等活动中断的;(4)造成行政村或社区居民生活秩序严重混乱的;(5)致使公安、武警、消防、卫生检疫等职能部门采取紧急应对措施的;(6)其他严重扰乱社会秩序的。

3.犯罪主体为一般主体。

4.主观方面由故意构成,以为是真实的信息而传播的过失不构成本罪。

(二)认定编造、故意传播虚假恐怖信息罪应当注意的问题

1.划清故意传播虚假恐怖信息与谎报恐怖险情的界限。

司法实践中,对一般公民听到某个恐怖信息后,因难以分清信息真伪,又主动告知其他人或者打电话报警,经事后查实是虚假恐怖信息的,因行为人对传播虚假恐怖信息并非出于故意,不构成犯罪。行为人编造、传播的信息内容有一定根据,主观上没有危害社会意图,客观上没有造成严重扰乱社会秩序后果的,不得定罪处罚。但是,如果行为人故意编造恐怖信息报警,则构成本罪。

2.准确认定编造与传播行为。

根据《审理编造、故意传播虚假恐怖信息刑事案件解释》第1条规定,

编造恐怖信息，传播或者放任传播，严重扰乱社会秩序的，认定为编造虚假恐怖信息罪。明知是他人编造的恐怖信息而故意传播，严重扰乱社会秩序的，认定为故意传播虚假恐怖信息罪。根据最高人民检察院2013年5月31日发布的《关于依法严厉打击编造、故意传播虚假恐怖信息威胁民航飞行安全犯罪活动的通知》的规定，编造虚假恐怖信息并向特定对象散布，严重扰乱社会秩序的，即构成编造虚假恐怖信息罪。编造虚假恐怖信息以后向不特定对象散布，严重扰乱社会秩序的，构成编造、故意传播虚假恐怖信息罪。对于编造、故意传播虚假恐怖信息，引起公众恐慌，或者致使航班无法正常起降，破坏民航正常运输秩序的，应当认定为"严重扰乱社会秩序"。如果行为人编造虚假恐怖信息又自行传播的，即"自编自传"，认定为编造虚假恐怖信息罪，因为传播是编造行为的自然延伸，编造行为可以吸收传播行为。

（三）编造、故意传播虚假恐怖信息罪的刑事责任

依照《刑法》第291条之一规定，犯编造、故意传播虚假恐怖信息罪的，处五年以下有期徒刑、拘役或者管制；造成严重后果的，处五年以上有期徒刑。

适用上述规定时，应当注意以下问题：

1. 注意酌情从重处罚情节和加重处罚情节。根据《审理编造、故意传播虚假恐怖信息刑事案件解释》第3条规定，编造、故意传播虚假恐怖信息，严重扰乱社会秩序，具有下列情形之一的，应当依照《刑法》上述规定，在五年以下有期徒刑范围内酌情从重处罚：（1）致使航班备降或返航，或者致使列车、船舶等大型客运交通工具中断运行的；（2）多次编造、故意传播虚假恐怖信息的；（3）造成直接经济损失20万元以上的；（4）造成乡镇、街道区域范围居民生活秩序严重混乱的；（5）具有其他酌情从重处罚情节的。

该条规定的"造成严重后果的"，是本罪的加重处罚情节，司法实践中，应当综合考虑引起公众极度恐慌，造成的人员践踏受伤，或者致使相关单位无法正常营业，造成重大经济损失，或者影响较大区域等因素。根据前述解释第4条规定，编造、故意传播虚假恐怖信息，严重扰乱社会秩序，具有下

列情形之一的,应当认定为《刑法》第291条之一的"造成严重后果",处五年以上有期徒刑:(1)造成3人以上轻伤或者1人以上重伤的;(2)造成直接经济损失50万元以上的;(3)造成县级以上区域范围居民生活秩序严重混乱的;(4)妨碍国家重大活动进行的;(5)造成其他严重后果的。最高人民检察院9号指导案例李某强编造、故意传播虚假恐怖信息案指出,对于实施数个编造、故意传播虚假恐怖信息的,不实行数罪并罚,但应当将其作为量刑情节予以考虑。

2. 注意本罪想象竞合的处罚。根据《审理编造、故意传播虚假恐怖信息刑事案件解释》第5条规定,编造、故意传播虚假恐怖信息,严重扰乱社会秩序,同时又构成其他犯罪的,择一重罪处罚。根据2013年9月10日施行的《最高人民法院、最高人民检察院关于办理利用信息网络实施诽谤等刑事案件适用法律若干问题的解释》第9条规定,利用信息网络实施诽谤、寻衅滋事、敲诈勒索、非法经营犯罪,同时又构成编造、故意传播虚假恐怖信息罪等犯罪的,依照处罚较重的规定定罪处罚。

三十四、编造、故意传播虚假信息罪[①]

第二百九十一条之一第二款[②]　编造虚假的险情、疫情、灾情、警情,在信息网络或者其他媒体上传播,或者明知是上述虚假信息,故意在信息网络或者其他媒体上传播,严重扰乱社会秩序的,处三年以下有期徒刑、拘役或者管制;造成严重后果的,处三年以上七年以下有期徒刑。

(一)编造、故意传播虚假信息罪的概念和构成要件

编造、故意传播虚假信息罪,是指编造虚假的险情、疫情、灾情、警情,在信息网络或者其他媒体上传播,或者明知是上述虚假信息,故意在信

[①] 参考案例1:刘某编造、故意传播虚假信息案,江苏省滨海县人民法院(2018)苏0922刑初12号。参考案例2:徐某编造、故意传播虚假信息案,吉林省永吉县人民法院(2017)吉0221刑初199号。

[②] 本款由2015年8月29日《刑法修正案(九)》第32条增设。

息网络或者其他媒体上传播，严重扰乱社会秩序的行为。

本罪由 2015 年 8 月 29 日通过的《刑法修正案（九）》增设。

编造、故意传播虚假信息罪的构成要件是：

1. 本罪的客体是社会公共秩序。

2. 客观方面表现为编造虚假的险情、疫情、灾情、警情，在信息网络或者其他媒体上传播，或者明知是上述虚假信息，故意在信息网络或者其他媒体上传播，严重扰乱社会秩序的行为。

本罪客观方面的行为方式上包括两种情形：一是故意编造虚假信息后传播。编造是指故意虚构并不存在的情况，包括完全凭空捏造，也包括对此类信息进行加工、修改。二是明知是编造的虚假信息而故意传播。传播方式为将此类虚假信息在信息网络或者其他媒体上发布、转发，散布给不特定多数人。

虚假信息不是泛指任何内容虚假的信息，而是仅限于险情、疫情、灾情、警情这四种虚假信息。险情是指可能造成重大人员伤亡或者重大财产损失的危险情况；疫情是指疫病尤其是传染病的发生、蔓延等情况；灾情是指火灾、水灾、地质灾害等灾害情况；警情是指有违法犯罪行为发生需要警察采取重大措施的情况。根据 2013 年 9 月 10 日施行的《最高人民法院、最高人民检察院关于办理利用信息网络实施诽谤等刑事案件适用法律若干问题的解释》（以下简称《办理利用信息网络诽谤刑事案件解释》）第 10 条规定，信息网络包括以计算机、电视机、固定电话机、移动电话机等电子设备为终端的计算机互联网、广播电视网、固定通信网、移动通信网等信息网络，以及向公众开放的局域网络。其他媒体，是指除信息网络外的报纸等传统媒体。

实施以上两种行为中的一种，并且达到严重扰乱社会秩序程度的，才构成本罪。认定"严重扰乱社会秩序"，应当结合行为对正常的工作、生产、生活、经营、教学、科研、医疗等公共秩序的影响程度、对公众造成的恐慌程度以及处置情况等因素综合分析判断。鉴于本罪与编造、故意传播虚假恐怖信息罪规定在刑法分则同一条文，在犯罪构成和社会危害性上近似，可以参照 2013 年 9 月 30 日施行的《最高人民法院关于审理编造、故意传播虚假恐怖信息刑事案件适用法律若干问题的解释》第2条规定，编造、故意传播虚假信息，具有下列情形之一的，应当认定为"严重扰乱社会秩序"：（1）致使机场、车站、码头、商场、影剧院、运动场馆等人员密集场所秩序混乱，或者采取紧急疏散措施的；（2）影响航空器、列车、船舶等大型客运交通工具正常运行的；（3）致使国家机关、学校、医院、厂矿企业等单位的工作、生产、经营、教学、科研等活动中断的；（4）造成行政村或社区居民生活秩序严重混乱的；（5）致使公安、武警、消防、卫生检疫等职能部门采取紧急应对措施的；（6）其他严重扰乱社会秩序的。

3.犯罪主体为一般主体。

4.主观方面由故意构成。无法辨别信息真伪，误认为是真实的信息而传播的过失不构成本罪。动机多种多样，如出于吸引他人关注、诽谤、经济目的等。

（二）认定编造、故意传播虚假信息罪应当注意的问题

1.划清罪与非罪的界限。

司法实践中，需要划清故意传播虚假信息与误听、误信、轻信而传播的界限。对于有的信息确实难以分清真伪，行为人主观上认为是真实的信息而误传播，危害不大的，因行为人对传播虚假信息并非出于故意，不构成犯罪。行为人编造、传播的信息内容有一定根据，主观上没有危害社会意图，客观上没有造成严重扰乱社会秩序后果的，不得定罪处罚。只有故意编造上述4种虚假信息，并在信息网络或其他媒体上传播，或者明知是他人编造的虚假信息而故意在信息网络、其他媒体上传播，并且造成严重扰乱社会秩序后果的，才以本罪论处；对于散布谣言，谎报险情、疫情、警情或以其他方法故意扰乱公共秩序，但尚未达到严重扰乱社会秩序程度的，可以根据《治安管理处罚法》第25条规定，予以拘留、罚款。

2.突发传染病疫情等灾害信息不再属于恐怖信息。

2003年5月15日施行的《最高人民法院、最高人民检察院关于办理妨害预防、控制突发传染病疫情等灾害的刑事案件具体应用法律若干问题的解释》第10条第1款规定，编造与突发传染病疫情等灾害有关的恐怖信

息，或者明知是编造的此类恐怖信息而故意传播，严重扰乱社会秩序的，依照《刑法》第291条之一的规定，以编造、故意传播虚假恐怖信息罪定罪处罚。该解释曾将疫情、灾情信息列入恐怖信息，但在2015年《刑法修正案（九）》增设本罪后，对疫情、灾情，不能归入恐怖信息了。对编造、故意传播此类信息构成犯罪的，应以本罪论处。

（三）编造、故意传播虚假信息罪的刑事责任

依照《刑法》第291条之一第2款规定，犯本罪的，处三年以下有期徒刑、拘役或者管制；造成严重后果的，处三年以上七年以下有期徒刑。

适用上述规定时，应当注意本罪想象竞合的处罚。参照《办理利用信息网络诽谤刑事案件解释》第9条规定，利用信息网络实施诽谤、寻衅滋事、敲诈勒索、非法经营犯罪，同时又构成编造、故意传播虚假恐怖信息罪等犯罪的，依照处罚较重的规定定罪处罚。

三十五、高空抛物罪

第二百九十一条之二[①]　从建筑物或者其他高空抛掷物品，情节严重的，处一年以下有期徒刑、拘役或者管制，并处或者单处罚金。

有前款行为，同时构成其他犯罪的，依照处罚较重的规定定罪处罚。

（一）高空抛物罪的概念和构成要件

高空抛物罪，是指从建筑物或者其他高空抛掷物品情节严重的行为。
本罪是《刑法修正案（十一）》第33条新增的罪名。
高空抛物罪的构成要件是：

1. 本罪侵犯的客体是社会公共管理秩序，也可能侵犯人身、财产安全。《民法典》第1254条明确规定，禁止从建筑物中抛掷物品。高空抛物会给社会带来不安全感，侵犯社会公共管理秩序，还可能会造成财产损失、人身伤亡。

---

① 本条由2020年12月26日《刑法修正案（十一）》第33条增设。

2.客观方面表现为从建筑物或者其他高空抛掷物品情节严重的行为。

其中"建筑物"是人类建筑合成物,可能是房屋、公寓、别墅等人类居住的建筑物,也可能是工厂、写字楼、学校、医院、电影院等用于生产、办公、学习、医疗、娱乐的公共建筑。"高空"通俗意义上是一定距离的高度空间,没有具体形态的限定,可能是飞机、热气球、支柱、塔吊、脚手架等,既可能是地面以上高度空间,也可能是地下停车场、"深坑酒店"等地下具有高度的空间。

行为方式是抛掷物品,主动将物品投出、扔出,如果是因为管理不当等导致建筑物或者高空物品、悬挂物等脱落的,因不具有抛掷行为,不属于本罪行为方式。

关于"情节严重"的理解与把握,可以综合考量以下因素,作出判断:高空抛物抛掷的物品数量、物品是否具有伤害性;现场的环境情况特别是财产、人员分布的密集程度;抛掷行为的次数;是否曾被行政处罚后又实施高空抛物行为;抛掷造成的危害后果,有无造成财产受损人员受伤等情况。

3.本罪犯罪主体为一般主体,即年满16周岁具备刑事责任能力的自然人。

4.本罪主观方面是故意。对于抛掷行为只能是直接故意,但行为人对于高空抛物造成的危害后果有的是持放任的态度,可能是间接故意。

(二)认定高空抛物罪应当注意的问题

1.与以危险方法危害公共安全罪的界分。

在具体情形认定上,对于高空抛物行为没有造成危害后果的,一般认定为高空抛物罪。对于高空抛物行为虽然造成了一定危害后果,但是尚未构成其他犯罪的,如损害的财物价值较小,给路人造成轻微伤的,仍然可认定为高空抛物罪。但是特定情形下高空抛物的行为,也可能构成以危险方法危害公共安全罪。例如,在高层建筑物中向密集人群大量泼洒高浓度硫酸、尖锐的物体等具有直接伤害性的物品,实际已经造成对不特定多数人生命、身体健康的危险,且危险性程度与爆炸、决水、投放危险物质相当,符合《刑法》第114条规定的,应按照以危险方法危害公共安全罪追究高空抛掷物品行为的刑事责任。如果以本罪定罪处罚，判处一年以下有期徒刑，处罚明显偏轻，也不符合罪责刑相适应的原则。

2. 高空坠物行为的刑事责任认定。

本罪的客观方面是从建筑物或者其他高空抛掷物品的行为，犯罪主观方面是故意，因疏忽大意等过失造成的高空坠物行为不构成本罪。依照《最高人民法院关于依法妥善审理高空抛物、坠物案件的意见》（法发〔2019〕25号）第7条规定："过失导致物品从高空坠落，致人死亡、重伤，符合刑法第二百三十三条、第二百三十五条规定的，依照过失致人死亡罪、过失致人重伤罪定罪处罚。在生产、作业中违反有关安全管理规定，从高空坠落物品，发生重大伤亡事故或者造成其他严重后果的，依照刑法第一百三十四条第一款的规定，以重大责任事故罪定罪处罚。"

（三）高空抛物罪的刑事责任

依照《刑法》第291条之二的规定，构成高空抛物罪的，处一年以下有期徒刑、拘役或者管制，并处或者单处罚金。

《刑法》第291条之二第2款规定："有前款行为，同时构成其他犯罪的，依照处罚较重的规定定罪处罚。"针对构成犯罪竞合的情况，具体情形可以依照《最高人民法院关于依法妥善审理高空抛物、坠物案件的意见》第5条第1款，"对于高空抛物行为，应当根据行为人的动机、抛物场所、抛掷物的情况以及造成的后果等因素，全面考量行为的社会危害程度，准确判断行为性质，正确适用罪名，准确裁量刑罚"之规定处理。从高空抛弃物品，足以危害公共安全的，还可能构成以危险方法危害公共安全罪定罪；故意伤害、杀害他人或者毁坏财物的，造成重伤、死亡或者致使公私财产遭受重大损失的，还可能构成故意伤害罪、故意杀人罪、故意毁坏财物罪，对于上述情形的，应从一重罪论处。

三十六、聚众斗殴罪[①]

第二百九十二条 聚众斗殴的,对首要分子和其他积极参加的,处三年以下有期徒刑、拘役或者管制;有下列情形之一的,对首要分子和其他积极参加的,处三年以上十年以下有期徒刑:

(一)多次聚众斗殴的;

(二)聚众斗殴人数多,规模大,社会影响恶劣的;

(三)在公共场所或者交通要道聚众斗殴,造成社会秩序严重混乱的;

(四)持械聚众斗殴的。

聚众斗殴,致人重伤、死亡的,依照本法第二百三十四条、第二百三十二条的规定定罪处罚。

(一)聚众斗殴罪的概念和构成要件

聚众斗殴罪,是指出于私仇、争霸或者其他不正当目的,纠集多人成帮结伙地进行打架殴斗,破坏公共秩序的行为。

本罪是从1979年《刑法》第160条规定的流氓罪中分解出来的,是《刑法》分则第六章妨害社会管理秩序罪中扰乱公共秩序类罪中一种严重侵犯公共秩序的犯罪。

聚众斗殴罪的构成要件是:

1.本罪的客体是社会公共秩序。

所谓公共秩序,是指人们在社会公共生活中应当遵守的共同准则,而不仅仅是公共场所的秩序。聚众斗殴行为往往发生在公共场所,同时造成对公民人身权利和公私财产的侵犯,但其侵犯的主要不是特定个人或者特定财物,而是由于行为人公然蔑视法纪和社会公德,主要破坏社会公共秩序。

[①] 参考案例1:张某松聚众斗殴案,江西省南昌县人民法院(2011)南刑初字第109号。参考案例2:夏某辉等8人故意杀人、聚众斗殴、开设赌场、窝藏案,载《人民法院报》2018年8月25日。参考案例3:李某故意杀人案,宁夏回族自治区高级人民法院(2017)宁刑终38号。参考案例4:李某峰等人聚众斗殴案,江苏省南通市中级人民法院(2011)通中刑终字第0038号。

2. 客观方面表现为纠集众人结伙殴斗的行为，由聚众和斗殴两个相互关联的行为复合构成。

"聚众斗殴"的行为，包括纠集多人的聚众行为和暴力攻击的斗殴行为，属于必须3人以上的众合犯。聚众是指纠集3人以上，拉帮结伙。斗殴中的暴力具有损害人身健康或者剥夺生命的性质，即使有时仅造成对方身体短暂的疼痛而没有达到轻伤或轻微伤的，如果情节严重或者影响恶劣的，也可以构成本罪。如果行为人仅用语言相互辱骂、威胁，不能认定为殴斗行为。殴斗须双方同在犯罪现场，至于采用的暴力方式，可以拳脚相加，可以持械、持枪攻击。斗殴即暴力攻击对方身体，一般是对立双方聚集多人打斗，也包括单方聚集多人与另一方打斗或者多方混斗。聚众斗殴一般表现为双方主动攻击，或者一方主动攻击，另一方积极应对；如果一方主动攻击，另一方没有斗殴故意，仅被动应付或者逃离的，则另一方不构成聚众斗殴罪。

3. 犯罪主体是一般主体，即已满16周岁具有刑事责任能力的自然人。

但只有聚众斗殴的首要分子和其他积极参加者才以本罪论处。参与斗殴态度一般或者尾随参与，且在斗殴中作用不大的，不构成本罪。

4. 主观方面是直接故意。

（二）认定聚众斗殴罪应当注意的问题

1. 正确理解和认定聚众斗殴中的"聚众"。

"聚众"是指纠集、召集3名以上的人，包括纠集者，并非指构成本罪必须有3个以上的犯罪人。聚众可以事先纠集，也可以临时形成。本罪是必要共同犯罪中的众合犯，又称为共行犯，要求聚众一方3人或3人以上，而不包括"二对一"或"一对一"的情况。"3人或3人以上"既包括首要分子、积极参加者，又包括其他一般参加者。

斗殴双方实施聚众斗殴行为的，应认定双方构成本罪；斗殴的一方实施聚众斗殴行为的，应认定一方构成本罪。聚众斗殴往往人数众多，双方通常同时构成犯罪，但对方参与斗殴的人数不足3人，也不影响聚众方构成本罪。

2. 正确认定聚众斗殴中的首要分子。

根据《刑法》第97条规定，首要分子是指在聚众或者斗殴活动中起组织、策划、指挥作用的犯罪分子。"组织"主要是指纠集、组合其他共同参与人;"策划"主要是指出谋划策,拟订犯罪实施办法、方案;"指挥"主要是指在犯罪各个阶段指使、命令、调遣、安排、指点或示意其他人去实施犯罪行为。① 在幕后起组织、策划、指挥作用的,即使没有直接实施斗殴行为,也应认定为首要分子。由于首要分子是根据其在聚众斗殴犯罪中所起作用认定,首要分子可以是一人,也可以是多人。

3. 正确认定聚众斗殴中的积极参加者。

《刑法》规定的"其他积极参加者"是指首要分子以外,在聚众斗殴中行为积极、主动,起重要作用或直接致死、致伤他人者。行为人以实际行动参加聚众斗殴并发挥积极作用或直接致人死伤者,可认定为积极参加者;虽未直接实施斗殴行为,但在聚众、斗殴准备过程中行为积极,起重要作用的,也可认定为积极参加者。同时,要注意防止对积极参加者认定门槛偏低,导致打击面扩大的情况。对没有参与斗殴,或者被胁迫、诱骗、裹挟参与,主动性不强、作用不大、恶性小的一般参与者,不能认定为积极参加者。

4. 划清聚众斗殴罪与非罪的界限。

认定聚众斗殴罪与非罪,应当注意以下问题:

(1) 本罪属于行为犯,只要实施了聚众斗殴行为,首要分子和积极参加者就构成犯罪既遂。但是情节显著轻微、危害不大,尚未造成严重后果的,不以犯罪论处,可以予以治安处罚。非聚众的斗殴如两三人之间互殴,不应按本罪处理。司法实践中,要注意不能把一些轻微的打架行为认定为聚众斗殴罪,也不能把一些未达到轻伤程度以上的伤害行为,因不能认定为故意伤害罪,而认定为聚众斗殴罪。

(2) 对聚众斗殴罪的认定,必须正确界定行为人在聚众斗殴中的地位和作用。只有聚众斗殴的首要分子和其他积极参加者才构成本罪,聚众斗殴的一般参加者不构成犯罪。

(3) 注意本罪与因民事纠纷、邻里纠纷引发的互相斗殴甚至结伙械斗的

---

① 详见吴光侠:《主犯论》,中国人民公安大学出版社 2007 年版,第 203 页。

行为区别。后者一般事出有因，不具有争霸一方、寻求刺激等动机，后果不严重的以及其他情节显著轻微的，一般不认定为聚众斗殴罪，构成故意伤害等其他犯罪的以其他犯罪处理。

（4）注意本罪与防卫行为的区分问题。最高人民检察院指导案例48号侯某雨正当防卫案指出，单方聚众斗殴的，属于不法侵害，没有斗殴故意的一方可以进行正当防卫。单方持械聚众斗殴，对他人的人身安全造成严重危险的，应当认定为《刑法》第20条第3款规定的"其他严重危及人身安全的暴力犯罪"。

5. 划清聚众斗殴罪与故意伤害罪、故意杀人罪的界限。

聚众斗殴致人重伤、死亡的，应当根据主客观相统一原则，结合犯罪构成要求，看行为人主观故意是否由斗殴转化为故意伤害、故意杀人的故意，是否超出聚众斗殴的行为界限并造成致人（包括本方、对方、无辜他人）重伤、死亡的后果，不能简单以结果定罪，不能对致人死亡的都定故意杀人。如果行为人仅有伤害故意而没有剥夺他人生命故意的，应认定为故意伤害罪。

对于单方聚众，针对特定对象有明确的伤害和杀人故意的行为，则应直接认定为故意伤害罪、故意杀人罪。

6. 划清聚众斗殴罪一罪与数罪的界限。

聚众斗殴致人重伤、死亡的，容易产生罪数认定问题。对于参加聚众斗殴多起，其中一起或者数起中致人重伤、死亡的，以故意伤害罪、故意杀人罪定罪；对其他未造成重伤、死亡后果的，以聚众斗殴罪定罪，依法予以数罪并罚。司法实践中，需要注意以下情形：

（1）对于一次聚众斗殴中同一行为人造成不同对象重伤和死亡的，都在行为人概括故意范围之内，对同一行为人的转化定罪，采取重行为吸收轻行为的原则，认定为故意杀人罪或者故意伤害罪一罪，不实行数罪并罚。同理，如果一次聚众斗殴中既致人死亡，又致人轻伤的，由于致人轻伤仍认定为聚众斗殴罪，同时致人死亡按照转化定罪，也采取重行为吸收轻行为的原则，认定为故意杀人罪或者故意伤害罪一罪，不实行数罪并罚。

（2）一起聚众斗殴案件中部分积极参加者转化为故意杀人罪，部分积极参加者转化为故意伤害罪,如果重伤、死亡的后果均在首要分子概括故意范围内的,首要分子应当对其组织、指挥或参与的全部犯罪承担刑事责任,只要致人重伤、死亡的后果不属于实行过限,采取重行为吸收轻行为的原则,认定为故意杀人罪或者故意伤害罪一罪,不实行数罪并罚。

7. 正确理解和认定聚众斗殴中的"多次"。

关于聚众斗殴中的"多次",是指3次或者3次以上,并不要求每次均构成犯罪,但已受过刑事处罚的聚众斗殴行为不应再计入"多次"之内,否则,有悖"禁止重复评价"的原则。

参照《最高人民法院关于审理抢劫、抢夺刑事案件适用法律若干问题的意见》,"次"的认定,应综合考虑犯罪故意的产生、犯罪行为实施的时间、地点等因素。对于行为人基于一个犯意实施犯罪的,如在同一地点同时对在场的多人实施殴打的;或基于同一犯意在同一地点实施连续殴打的,如在同一地点连续对多人进行殴打的,一般认定为"一次"。

8. 正确认定聚众斗殴未遂等未完成形态。

聚众斗殴罪是直接故意犯罪,存在犯罪预备、未遂、中止等未完成形态。聚众斗殴的实行行为由"聚众"和"斗殴"两部分行为构成,"聚众"是手段行为,"斗殴"是目的行为。这与抢劫罪、强奸罪有相同之处,都是复行为犯。只要开始实行"聚众"这一手段行为,开始实施聚集人员,就意味着已经着手实施犯罪,如果因意志以外的原因而未斗殴的,就应当认定为犯罪未遂。如果还没有开始人员的实际聚集,仅是为聚集而联系、相约,没有实施斗殴行为的,应认定为犯罪预备或者中止。

(三)聚众斗殴罪的刑事责任

依照《刑法》第292条第1款的规定,犯本罪的,对首要分子和其他积极参加者,处三年以下有期徒刑、拘役或者管制;有下列情形之一的,对首要分子和其他积极参加的,处三年以上十年以下有期徒刑:(1)多次聚众斗殴的;(2)聚众斗殴人数多,规模大,社会影响恶劣的;(3)在公共场所或者交通要道聚众斗殴,造成社会秩序严重混乱的;(4)持械聚众斗殴的。

司法机关适用本条规定时,应当注意以下问题:

1. 注意转化犯的处罚。依据《刑法》第292条第2款规定，如果聚众斗殴，致人重伤、死亡的，包括将参加聚众斗殴人员或者周围群众打成重伤或者死亡，则应当依照《刑法》第234条、第232条规定的故意伤害罪或者故意杀人罪定罪处罚，而不能再按本罪处罚。

2. 注意加重处罚情形。关于《刑法》第292条第1款规定的加重处罚四种情形，尚无司法解释明确规定。司法实践中，"多次聚众斗殴的"，一般是指聚众斗殴3次或者3次以上；"聚众斗殴人数多，规模大，社会影响恶劣的"，主要是指10人以上大规模的斗殴，在群众中造成很坏影响，应当综合考虑对当地社会治安的影响程度、是否间接造成政治、经济等方面损失、当地公众反应情况和影响范围等；"在公共场所或者交通要道聚众斗殴，造成社会秩序严重混乱的"，是指在人员聚集的场所或者车辆、行人频繁通行的道路上聚众斗殴，造成公共场所秩序和交通秩序严重混乱；"持械聚众斗殴的"，是指有参加聚众殴斗的人员实际使用或显示刀枪、棍棒等器械进行斗殴。

3. 注意罪与非罪的界限。本罪是行为犯，原则上只要实施了聚众斗殴的行为，组织、策划、指挥的首要分子和其他积极参加聚众斗殴的人，就构成本罪既遂。但是根据《刑法》第13条规定，情节显著轻微危害不大的，不认为是犯罪。根据最高人民检察院、公安部2008年6月25日印发的《关于公安机关管辖的刑事案件立案追诉标准的规定（一）》第36条规定，组织、策划、指挥或者积极参加聚众斗殴的，应予立案追诉。

三十七、寻衅滋事罪[①]

第二百九十三条[②] 有下列寻衅滋事行为之一，破坏社会秩序的，处五年以下有期徒刑、拘役或者管制：

（一）随意殴打他人，情节恶劣的；

[①] 参考案例1：秦某晖诽谤、寻衅滋事案，北京市朝阳区人民法院（2013）朝刑初字第2584号。参考案例2：白某某、王某寻衅滋事案，河北省邯郸市峰峰矿区人民法院（2018）冀0406刑初234号。参考案例3：王某寻衅滋事、危险驾驶案，载《人民法院报》2020年3月19日。参考案例4：龚某云等寻衅滋事、妨害公务案，载《人民法院报》2019年5月9日。

[②] 本条经2011年2月25日《刑法修正案（八）》第42条修改。

（二）追逐、拦截、辱骂、恐吓他人，情节恶劣的；

（三）强拿硬要或者任意损毁、占用公私财物，情节严重的；

（四）在公共场所起哄闹事，造成公共场所秩序严重混乱的。

纠集他人多次实施前款行为，严重破坏社会秩序的，处五年以上十年以下有期徒刑，可以并处罚金。

（一）寻衅滋事罪的概念和构成要件

寻衅滋事罪，是指为寻求刺激、发泄情绪、逞强耍横等，随意殴打、追逐、拦截、辱骂、恐吓他人，在公共场所起哄闹事，强拿硬要或者任意损毁、占用公私财物，破坏公共秩序，情节恶劣或者情节严重、后果严重的行为。

本罪是从1979年《刑法》第160条流氓罪的规定中分解出来的，1997年《刑法》第293条对寻衅滋事罪作了独立规定。2011年2月25日《刑法修正案（八）》第42条对本罪进行了修改，增加第2款规定，纠集他人多次实施寻衅滋事行为的，法定最高刑由五年有期徒刑提高到十年有期徒刑，属于该款行为的可以并处罚金，并在第1款第2项中的"辱骂"之后增加"恐吓"他人的行为。

寻衅滋事罪的构成要件是：

1. 本罪的客体是社会公共秩序。

虽然寻衅滋事表面上是对人身、财产等方面合法权益的侵害，但是实际上是行为人公然蔑视社会法治秩序，侵犯社会成员所组成的共同生活体的秩序。

2. 客观方面表现为寻衅滋事，破坏社会秩序，情节严重、情节恶劣或者后果严重的行为。

寻衅滋事是指在公共场所肆意挑衅，无事生非，借故生非，起哄捣乱，进行破坏骚扰的行为。具体表现为《刑法》规定的随意殴打他人，追逐、拦截、辱骂、恐吓他人，强拿硬要或者任意损毁、占用公私财物，在公共场所起哄闹事。

3. 犯罪主体是一般主体。

4. 主观方面是直接故意，具有逞强争霸、显示威风、发泄不满、报复社会、开心取乐、寻求刺激等动机。间接故意和过失不构成本罪。

（二）认定寻衅滋事罪应当注意的问题

1. 划清寻衅滋事罪与非罪的界限。

根据《刑法》规定，行为人寻衅滋事只有具备《刑法》第293条列举的四种寻衅滋事行为之一的，才可能构成寻衅滋事罪。实施这四种类型行为以外的其他行为，不能按本罪处理。实施寻衅滋事四种类型的行为，必须分别达到"情节恶劣、情节严重或者造成公共场所秩序严重混乱"的程度，才能构成犯罪。对于未达到上述规定程度的一般寻衅滋事行为，不能以犯罪论处，应由公安机关给予行政处罚。

根据《最高人民法院、最高人民检察院关于办理利用信息网络实施诽谤等刑事案件适用法律若干问题的解释》（以下简称《办理利用信息网络诽谤刑事案件解释》）第5条规定："利用信息网络辱骂、恐吓他人，情节恶劣，破坏公共秩序的，依照刑法第二百九十三条第一款第（二）项的规定，以寻衅滋事罪定罪处罚。编造虚假信息，或者明知是编造的虚假信息，在信息网络上散布，或者组织、指使人员在信息网络上散布，起哄闹事，造成公共秩序严重混乱的，依照刑法第二百九十三条第一款第（四）项的规定，以寻衅滋事罪定罪处罚。"如秦某晖（网名秦火火）诽谤、寻衅滋事案[①]。

2. 划清寻衅滋事罪与因民事纠纷闹事行为的界限。

寻衅滋事罪与因民事纠纷引发的闹事行为的界限主要在于是否事出有因，是否具有无事生非、借故生非的动机，是否经制止或处理处罚后继续闹事。有的因民事纠纷或个人恩怨在公共场所殴斗、辱骂他人，在路上拦截、追逐他人，或为索要债务而强拿、毁坏、占用他人财物，虽然行为方式与寻衅滋事相似，但是都事出有因，没有无事生非的动机，一般不能按本罪处理。如果情节严重的，则可以分别按故意伤害罪、故意毁坏财物罪或者侮辱

---

① 参见北京市朝阳区人民法院（2013）朝刑初字第2584号。

罪等定罪处罚。

值得注意的是，根据《最高人民法院、最高人民检察院关于办理寻衅滋事刑事案件适用法律若干问题的解释》（以下简称《办理寻衅滋事刑事案件解释》），行为人因婚恋、家庭、邻里、债务等纠纷，实施殴打、辱骂、恐吓他人或者损毁、占用他人财物等行为的，虽然一般不认定为"寻衅滋事"，但经有关部门批评制止或者处理处罚后，继续实施前列行为，破坏社会秩序的，以寻衅滋事论处。如白某某、王某寻衅滋事案[①]。寻衅滋事除这种"无事生非、没事找事"的外，还有"借故生非、小题大做"和"转化生非、拒不改正"的类型。司法实践中，对一些事出有因、基于报复目的，伤害他人致轻微伤且情节恶劣的，在不构成故意伤害罪的情形下，可以寻衅滋事罪论处。例如，华中科技大学同济医学院附属协和医院泌尿外科主任肖某国花10万元雇用许某春等4人，先后将方某昌、方某子殴打致轻微伤。北京市石景山区人民法院以寻衅滋事罪判处肖某国拘役五个半月，二审维持原判。[②]

3. 划清寻衅滋事罪与故意伤害罪的界限。

本罪中的随意殴打他人与故意伤害罪的行为方式有相似之处，都是对他人人身进行打击，可能造成被害人轻微伤、轻伤、重伤、死亡不同的结果，寻衅滋事可以包容轻伤以下的结果，而寻衅滋事中致人重伤、死亡的，属于一个行为触犯两个罪名的想象竞合，应当以故意伤害罪或者故意杀人罪处理。

对于殴打致人轻伤的，构成寻衅滋事还是故意伤害罪，应当结合案发起因、犯罪对象、侵犯客体等综合判断。对于因偶发矛盾纠纷，借故生非殴打他人的，认定为寻衅滋事，但矛盾由被害人故意引发或被害人对矛盾激化负有主要责任的除外；对于产生矛盾后蓄意报复，殴打特定人的，一般不认定为寻衅滋事，但经有关部门批评制止或处理处罚后，继续实施殴打行为，破坏社会秩序的除外。

4. 划清寻衅滋事罪与抢劫罪、抢夺罪、敲诈勒索、故意毁坏财物罪的界限。

（1）犯罪的直接客体不同。本罪侵犯的是社会公共秩序，针对不特定

[①] 参见河北省邯郸市峰峰矿区人民法院（2018）冀0406刑初234号。
[②] 参见潘庸鲁：《寻衅滋事罪与故意伤害罪比较研究——以方玄昌、方舟子被袭案为切入点》，载《法律适用》2011年第2期。

人；而财产类犯罪侵犯特定人的财产权利。（2）主观动机不同。前者具有逞强好胜和通过强拿硬要填补精神空虚等动机，而后者一般只具有占有他人财物的目的，对动机没有特殊要求。（3）客观行为手段有所不同。前者的行为人一般不以严重侵犯人身权利的方法强拿硬要，没有明显采用暴力、胁迫，而是以语言、神态甚至身体特征等表现出来的霸气，给被害人心理上造成一种压力或威慑；而抢劫采用暴力、胁迫使人不能或不知抗拒的方法劫取财物，抢夺是以强力公然夺取财物，敲诈勒索是以威胁来索取财物，故意毁坏财物并没有直接对被害人施加暴力或威胁。

需要注意的是，如果强拿硬要财物时，遇到被害人反抗，行为人又采用暴力、暴力威胁方法或者公然夺取财物的，就应以抢劫罪、抢夺罪定罪处罚。寻衅滋事罪是个兜底性罪名，具有补充性，实施行为构成其他犯罪的，优先考虑以其他犯罪论处。如果暴力、胁迫手段取得财物的行为达到抢劫、敲诈勒索罪的程度，以及毁坏财物数额较大构成犯罪的，应认定为相应的犯罪，不认定为寻衅滋事罪。实施寻衅滋事行为，同时符合寻衅滋事罪和故意杀人罪、故意伤害罪、故意毁坏财物罪、敲诈勒索罪、抢夺罪、抢劫罪等罪的构成要件的，属于想象竞合，依照处罚较重的规定定罪处罚。

对于犯罪时已满14周岁不满18周岁的未成年人犯罪，根据2005年《最高人民法院关于审理抢劫、抢夺刑事案件适用法律若干问题的意见》的有关规定，对于未成年人使用或者威胁使用轻微暴力强抢少量财物的行为，一般不宜以抢劫罪定罪处罚。其行为符合寻衅滋事罪特征的，可以寻衅滋事罪定罪处罚。根据最高人民法院2006年1月23日施行的《关于审理未成年人刑事案件具体应用法律若干问题的解释》第8条规定，已满16周岁不满18周岁的人出于以大欺小、以强凌弱或者寻求精神刺激，随意殴打其他未成年人、多次对其他未成年人强拿硬要或者任意损毁公私财物，扰乱学校及其他公共场所秩序，情节严重的，以寻衅滋事罪定罪处罚。

5. 划清寻衅滋事罪与聚众扰乱社会秩序罪、聚众扰乱公共场所秩序罪、聚众扰乱交通秩序罪的界限。

一是犯罪地点和直接客体不同。寻衅滋事不要求公共场所等特定地点，不要求必须破坏公共场所、交通等秩序，而这些扰乱犯罪要求在公共场所、交通道路、特定单位等地点聚众进行,破坏公共场所、交通秩序或具体单位秩序。二是犯罪动机和目的有所不同。本罪的行为人无事生非,借故生非,肆意挑起事端,具有耍威风、寻求精神刺激的动机;而聚众扰乱犯罪的行为人往往是要达到某种个人目的,用聚众闹事的方式施加压力,要挟国家机关、企业、事业单位,没有寻衅滋事的动机。三是行为方式略有不同。寻衅滋事不要求必须聚众进行,其他犯罪必须聚众进行,聚众扰乱公共场所秩序、交通秩序的,还需实施抗拒、阻碍国家治安管理工作人员依法执行职务的行为。四是处罚对象不同。寻衅滋事是一般主体,聚众扰乱社会秩序罪处罚的是首要分子和其他积极参加者,聚众扰乱公共场所秩序、交通秩序罪处罚的是首要分子。

6. 划清寻衅滋事罪与聚众斗殴罪的界限。

(1)客观行为表现不同。随意殴打他人的寻衅滋事,参与人数一般相对较少,暴力程度和后果也相对较轻;聚众斗殴一般参与人员多,规模较大,暴力程度和行为后果更为严重。

(2)犯罪对象不同。寻衅滋事的犯罪对象具有随意性和不特定性;聚众斗殴的犯罪对象在一定范围内具有针对性,直接指向斗殴的对方。

(3)犯罪动机不同。寻衅滋事的动机一般是肆意挑衅,无事生非,借故生非,目的是寻求精神刺激;聚众斗殴的动机一般是为了逞强争霸,或是团伙之间循环报复,目的是通过斗殴恐吓、制服对方。

7. 寻衅滋事致人重伤、死亡的定性处理。

随意殴打他人的后果,应以轻伤为限,如果造成重伤、死亡的,应以想象竞合犯处理,以故意伤害罪或者故意杀人罪一罪论处,不应实行数罪并罚。[①] 这样处理,不仅符合罪刑相适应原则的要求,也符合司法实践中的普遍做法。主要理由是:(1)司法解释对此有从一重罪论处的规定。《办理寻衅滋事刑事案件解释》第 7 条规定:"实施寻衅滋事行为,同时符合寻衅滋事罪和故意杀人罪、故意伤害罪、故意毁坏财物罪、敲诈勒索罪、抢夺罪、

---

① 参见王作富主编:《刑法分则实务研究》(中)(第三版),中国方正出版社 2007 年版,第 1244、1249 页。

抢劫罪等罪的构成要件的，依照处罚较重的犯罪定罪处罚。"（2）从法定刑来看，寻衅滋事罪的法定最高刑一般是五年有期徒刑，故意伤害致人重伤、故意杀人的，即使情节较轻，也要处三年以上十年以下有期徒刑，并且法定最高刑是死刑。显然，从罪刑相适应角度看，寻衅滋事的法定刑决定了它不能包容重伤、死亡的严重后果。否则，就会罚不当罪。（3）寻衅滋事致人重伤、死亡的行为人只实施了一个殴打行为，应按照一行为触犯两个罪名的想象竞合从一重罪处理。

（三）寻衅滋事罪的刑事责任

依照《刑法》第293条第1款的规定，犯本罪的，处五年以下有期徒刑、拘役或者管制。

依照该条第2款的规定，纠集他人多次实施寻衅滋事行为，严重破坏社会秩序的，处五年以上十年以下有期徒刑，可以并处罚金。

司法机关适用本条规定时，需要注意以下几点：

1.注意定罪标准和加重处罚情形。《办理寻衅滋事刑事案件解释》第2条至第5条规定和最高人民检察院、公安部2017年4月27日印发的《关于公安机关管辖的刑事案件立案追诉标准的规定（一）的补充规定》第8条规定，随意殴打他人，追逐、拦截、辱骂、恐吓他人，强拿硬要或者任意损毁、占用公私财物，在公共场所起哄闹事，只有达到情节恶劣、情节严重或造成公共场所秩序严重混乱，破坏社会秩序的，才应予立案追诉。

《刑法》第293条第2款中的"多次"是指3次以上。"严重破坏社会秩序"，不仅指造成公共场所秩序严重混乱，而且造成所在地区的治安秩序紧张，人心惶惶，影响到群众正常生活和工作秩序。

2.注意寻衅滋事的相关司法解释规定。《办理寻衅滋事刑事案件解释》第1条规定："行为人为寻求刺激、发泄情绪、逞强耍横等，无事生非，实施刑法第二百九十三条规定的行为的，应当认定为'寻衅滋事'。行为人因日常生活中的偶发矛盾纠纷，借故生非，实施刑法第二百九十三条规定的行为的，应当认定为'寻衅滋事'，但矛盾系由被害人故意引发或者被害人对矛盾激化负有主要责任的除外。行为人因婚恋、家庭、邻里、债务等纠纷，实施殴打、辱骂、恐吓他人或者损毁、占用他人财物等行为的,一般不认定为'寻衅滋事',但经有关部门批评制止或者处理处罚后,继续实施前列行为,破坏社会秩序的除外。"第 6 条规定:"纠集他人三次以上实施寻衅滋事犯罪,未经处理的,应当依照刑法第二百九十三条第二款的规定处罚。"第 7 条规定:"实施寻衅滋事行为,同时符合寻衅滋事罪和故意杀人罪、故意伤害罪、故意毁坏财物罪、敲诈勒索罪、抢夺罪、抢劫罪等罪的构成要件的,依照处罚较重的犯罪定罪处罚。"第 8 条规定:"行为人认罪、悔罪,积极赔偿被害人损失或者取得被害人谅解的,可以从轻处罚;犯罪情节轻微的,可以不起诉或者免予刑事处罚。"

3. 注意"软暴力"涉及寻衅滋事的情况。根据《最高人民法院、最高人民检察院、公安部、司法部关于办理实施"软暴力"的刑事案件若干问题的意见》,"软暴力"是指行为人为谋取不法利益或形成非法影响,对他人或者在有关场所进行滋扰、纠缠、哄闹、聚众造势等,足以使他人产生恐惧、恐慌进而形成心理强制,或者足以影响、限制人身自由、危及人身财产安全,影响正常生活、工作、生产、经营的违法犯罪手段。采用"软暴力"手段,使他人产生心理恐惧或者形成心理强制,分别属于《刑法》第 226 条规定的"威胁"、《刑法》第 293 条第 1 款第 2 项规定的"恐吓",同时符合其他犯罪构成要件的,应当分别以强迫交易罪、寻衅滋事罪定罪处罚。《办理寻衅滋事刑事案件解释》第 2 条至第 4 条中的"多次"一般应当理解为 2 年内实施寻衅滋事行为 3 次以上。根据《办理寻衅滋事刑事案件解释》第 6 条规定,纠集他人 3 次以上实施寻衅滋事犯罪,未经处理的,应当依照《刑法》第 293 条第 2 款的规定处罚。

4. 注意利用信息网络寻衅滋事。根据《办理利用信息网络诽谤刑事案件解释》第 5 条规定,利用信息网络辱骂、恐吓他人,情节恶劣,破坏公共秩序的,依照《刑法》第 293 条第 1 款第 2 项的规定,以寻衅滋事罪定罪处罚。编造虚假信息,或者明知是编造的虚假信息,在信息网络上散布,或者组织、指使人员在信息网络上散布,起哄闹事,造成公共秩序严重混乱的,依照《刑法》第 293 条第 1 款第 4 项的规定,以寻衅滋事罪定罪处罚。第 8 条规定,明知他人利用信息网络实施寻衅滋事犯罪,为其提供资金、场所、技术支持等帮助的，以共同犯罪论处。

5. 注意在公共交通工具上寻衅滋事。《最高人民法院、最高人民检察院、公安部关于依法惩治妨害公共交通工具安全驾驶违法犯罪行为的指导意见》第一部分有关规定，乘客在公共交通工具行驶过程中，随意殴打其他乘客，追逐、辱骂他人，或者起哄闹事，妨害公共交通工具运营秩序，符合《刑法》第293条规定的，以寻衅滋事罪定罪处罚。

6. 注意疫情防控期间寻衅滋事的从重处罚。根据《最高人民法院、最高人民检察院关于办理妨害预防、控制突发传染病疫情等灾害的刑事案件具体应用法律若干问题的解释》第11条规定，在预防、控制突发传染病疫情等灾害期间，强拿硬要或者任意损毁、占用公私财物情节严重，或者在公共场所起哄闹事，造成公共场所秩序严重混乱的，依照《刑法》第293条的规定，以寻衅滋事罪定罪，从重处罚。

7. 注意涉医的寻衅滋事。《最高人民法院、最高人民检察院、公安部、司法部、国家卫生和计划生育委员会关于依法惩处涉医违法犯罪维护正常医疗秩序的意见》第二部分指出：一是随意殴打医务人员情节恶劣、任意损毁公私财物情节严重，构成寻衅滋事罪的，依照《刑法》有关规定定罪处罚。二是在医疗机构私设灵堂、摆放花圈、焚烧纸钱、悬挂横幅、堵塞大门或者以其他方式扰乱医疗秩序，造成严重损失或者扰乱其他公共秩序情节严重，构成寻衅滋事罪、聚众扰乱社会秩序罪、聚众扰乱公共场所秩序、交通秩序罪的，依照《刑法》有关规定定罪处罚。在医疗机构的病房、抢救室、重症监护室等场所及医疗机构的公开开放区域违规停放尸体，严重扰乱医疗秩序或者其他公共秩序，构成犯罪的，依照前款规定定罪处罚。三是采取暴力或者其他方法公然侮辱、恐吓医务人员情节严重（恶劣），构成侮辱罪、寻衅滋事罪的，依照刑法有关规定定罪处罚。四是对于故意扩大事态，教唆他人实施针对医疗机构或者医务人员的违法犯罪行为，或者以受他人委托处理医疗纠纷为名实施敲诈勒索、寻衅滋事等行为的，依照治安处罚法和刑法有关规定从严惩处。

8. 注意黑恶势力寻衅滋事。《最高人民法院、最高人民检察院、公安部、司法部关于办理黑恶势力犯罪案件若干问题的指导意见》第17条指出，黑恶势力为谋取不法利益或形成非法影响，有组织地采用滋扰、纠缠、哄闹、聚众造势等手段扰乱正常的工作、生活秩序，使他人产生心理恐惧或者形成心理强制，分别属于《刑法》第293条第1款第2项规定的"恐吓"、《刑法》第226条规定的"威胁"，同时符合其他犯罪构成条件的，应分别以寻衅滋事罪、强迫交易罪定罪处罚。《办理寻衅滋事刑事案件解释》第2条至第4条中的"多次"一般应当理解为2年内实施寻衅滋事行为3次以上。2年内多次实施不同种类寻衅滋事行为的，应当追究刑事责任。为强索不受法律保护的债务或者因其他非法目的，雇佣、指使他人有组织地采用上述手段寻衅滋事，构成寻衅滋事罪的，对雇佣者、指使者，一般应当以共同犯罪的主犯论处；为追讨合法债务或者因婚恋、家庭、邻里纠纷等民间矛盾而雇佣、指使，没有造成严重后果的，一般不作为犯罪处理，但经有关部门批评制止或者处理后仍继续实施的除外。

9. 注意寻衅滋事袭警的从重处罚。《最高人民法院、最高人民检察院、公安部关于依法惩治袭警违法犯罪行为的指导意见》第6条规定，在民警非执行职务期间，因其职务行为对其实施暴力袭击、拦截、恐吓等行为，符合《刑法》第234条、第232条、第293条等规定的，应当以故意伤害罪、故意杀人罪、寻衅滋事罪等定罪，并根据袭警的具体情节酌情从重处罚。

10. 注意信访活动中的寻衅滋事。公安部《关于公安机关处置信访活动中违法犯罪行为适用法律的指导意见》第四部分第10条指出，任意损毁、占用信访接待场所、国家机关或者他人财物，符合《治安管理处罚法》第26条第3项规定的，以寻衅滋事予以治安管理处罚；符合《刑法》第293条规定的，以寻衅滋事罪追究刑事责任。

三十八、催收非法债务罪

第二百九十三条之一① 有下列情形之一，催收高利放贷等产生的非法债务，情节严重的，处三年以下有期徒刑、拘役或者管制，并处或者单处罚金：

---

① 本条由2020年12月26日《刑法修正案（十一）》第34条增设。

（一）使用暴力、胁迫方法的；

（二）限制他人人身自由或者侵入他人住宅的；

（三）恐吓、跟踪、骚扰他人的。

（一）催收非法债务罪的概念和构成要件

催收非法债务罪，是指使用暴力、胁迫方法，限制他人人身自由或者侵入他人住宅，恐吓、跟踪、骚扰他人等方法，催收高利放贷等产生的非法债务，情节严重的行为。

本罪是《刑法修正案（十一）》第34条新增的罪名。

催收非法债务罪的构成要件是：

1. 本罪侵犯的客体是社会公共管理秩序，具体表现为以侵犯人身、住宅、隐私等权益的方式，固定、实现非法债务。

2. 客观方面是使用暴力、胁迫方法，限制他人人身自由或者侵入他人住宅，恐吓、跟踪、骚扰他人等方法，催收高利放贷等产生的非法债务，情节严重的行为。

具体行为方式有三类：

（1）使用暴力、胁迫方法。"暴力"是对身体使用强制力，关于暴力的程度应限于轻伤以下，根据《刑法》234条规定，致人重伤的，处三年以上十年以下有期徒刑；致人死亡或者以特别残忍手段致人重伤造成严重残疾的，处十年以上有期徒刑、无期徒刑或者死刑。而本罪属于轻罪，法定刑是三年以下有期徒刑、拘役或者管制，并处或者单处罚金，如果包括重伤情形明显会导致罪刑失衡。"胁迫"是以使用暴力、揭发隐私等方式相威胁。

（2）限制他人人身自由或者侵入他人住宅。限制他人人身自由是使用关押、扣留等手段非法剥夺他人人身自由、限制他人人身自由活动。侵入他人住宅是没有正当理由进入他人住宅，或者是有正当理由进入但是经权利人要求仍拒不退出的行为。

（3）恐吓、跟踪、骚扰他人。这是非法讨债常用的"软暴力"手段，具体表现为一人或者几人对被害人实施言语威吓、恐吓、尾随、跟踪、堵截、骚扰等侵犯被害人人身权益的违法行为。需要说明的是，非法催要行为中的被害人，既可能是所谓的债务人本人，也可能是其父母、子女、同事等亲友。

催收的债务是"非法债务"。非法债务是法律不予保护的债务。除了明确规定的高利放贷产生的非法债务，司法实践中常见的非法债务还有：因赌博产生的赌债，因嫖娼产生的嫖资，买卖毒品、枪支等违禁物品产生的毒资、黑赃等。

行为"情节严重"的才构成本罪，对于"情节严重"的判断可以考虑以下因素作出认定：多次实施催收非法债务的行为；曾经受过行政处罚又实施的；针对多人实施的；对被害人的日常生活、工作、学习造成较大影响、影响生产经营活动等情况。

3.犯罪主体为一般主体，即年满16周岁具备刑事责任能力的自然人。

4.犯罪主观方面是故意，是直接故意，并且具有催收非法债务的目的。

（二）认定催收非法债务罪应当注意的问题

1.与抢劫罪界分。

本罪是在总结扫黑除恶经验基础上，为规制"高利贷"行为中非法讨债行为而专门作出的规定。在讨要非法债务行为中，一般债务行为产生在前，且很多情况下催要债务的行为人属于职业讨债人，对于前期债权债务发生的过程也并不清楚，仅知道讨要的数额，因此行为人一般不具有非法占有的目的，行为人使用暴力、胁迫当场取得公私财物的，一般不宜认定为抢劫罪。

2.与非法拘禁罪界分。

依照《刑法》第238条第3款的规定："为索取债务非法扣押、拘禁他人的，依照前两款的规定处罚"，即以非法拘禁罪定罪处罚，一般可判处三年以下有期徒刑、拘役、管制或者剥夺政治权利。《最高人民法院关于对为索取法律不予保护的债务非法拘禁他人行为如何定罪问题的解释》进一步明确，行为人为索取高利贷、赌债等法律不予保护的债务，非法扣押、拘禁他人的，依照非法拘禁罪定罪处罚。《刑法修正案（十一）》施行前，对于以非法拘禁方式索要非法债务的认定为非法拘禁罪。《刑法修正案（十一）》施行后，以限制他人人身自由催要非法债务行为，情节严重的，构成本罪，同时构成非法拘禁罪的,应从一重处罚。对于应当在非法拘禁罪第一档法定刑定罪处罚的,一般认定为本罪,处三年以下有期徒刑、拘役或者管制,并处或者单处罚金,这样可以实现对非法催要行为和催要非法债务的全面评价,具有殴打、侮辱情节的从重处罚。在限制他人人身自由过程中,致人重伤的,依照《刑法》第238条第2款规定,应认定为非法拘禁罪的加重情节,处三年以上十年以下有期徒刑;致人死亡的,处十年以上有期徒刑;使用暴力致人伤残、死亡的,依照《刑法》第234条故意伤害罪、第232条故意杀人罪的规定定罪处罚。

3. 与寻衅滋事罪界分。

在《刑法》专门规定本罪后,对于非法催讨非法债务的行为,一般应以本罪论处。但是,如果非法催讨行为同时扰乱公共场所秩序,比如在公共场所以软暴力方式催债,引起公共场所秩序混乱,同时符合寻衅滋事罪构成的,可以按照从一重处断原则,以寻衅滋事罪定罪处罚。

(三)催收非法债务罪的刑事责任

依照《刑法》第293条之一的规定,构成催收非法债务罪的,处三年以下有期徒刑、拘役或者管制,并处或者单处罚金。

三十九、组织、领导、参加黑社会性质组织罪

第二百九十四条[①] **第一款** 组织、领导黑社会性质的组织的,处七年以上有期徒刑,并处没收财产;积极参加的,处三年以上七年以下有期徒刑,可以并处罚金或者没收财产;其他参加的,处三年以下有期徒刑、拘役、管制或者剥夺政治权利,可以并处罚金。

第四款 犯前三款罪又有其他犯罪行为的,依照数罪并罚的规定处罚。

第五款 黑社会性质的组织应当同时具备以下特征:

(一)形成较稳定的犯罪组织,人数较多,有明确的组织者、领导者,

---

① 本条经2011年2月25日《刑法修正案(八)》第43条修改。

骨干成员基本固定；

（二）有组织地通过违法犯罪活动或者其他手段获取经济利益，具有一定的经济实力，以支持该组织的活动；

（三）以暴力、威胁或者其他手段，有组织地多次进行违法犯罪活动，为非作恶，欺压、残害群众；

（四）通过实施违法犯罪活动，或者利用国家工作人员的包庇或者纵容，称霸一方，在一定区域或者行业内，形成非法控制或者重大影响，严重破坏经济、社会生活秩序。

（一）组织、领导、参加黑社会性质组织罪的概念和构成要件

组织、领导、参加黑社会性质组织罪，是指组织、领导、参加以暴力、威胁或者其他手段，有组织地进行违法犯罪活动，为非作恶，欺压、残害群众，称霸一方，在一定区域或者行业内，形成非法控制或者重大影响，严重破坏经济、社会生活秩序的黑社会性质组织的行为。

本罪是1997年《刑法》增设的罪名，《最高人民法院关于审理黑社会性质组织犯罪的案件具体应用法律若干问题的解释》（法释〔2000〕42号，以下简称《2000年审理黑社会性质组织犯罪案件解释》），对黑社会性质组织的四个特征等作出了明确。2002年4月，《全国人民代表大会常务委员会关于〈中华人民共和国刑法〉第二百九十四条第一款的解释》进一步明确了黑社会性质组织的四个特征的具体内容，解决了司法实践中"保护伞"究竟是不是黑社会性质组织必备要件的认识分歧，统一了认识。2009年12月，最高人民法院、最高人民检察院、公安部印发《办理黑社会性质组织犯罪案件座谈会纪要》（法〔2009〕382号，以下简称《2009年办理黑社会性质组织犯罪案件纪要》），对黑社会性质组织四个特征的理解与把握作出了较为细致的规定。2011年，《刑法修正案（八）》对黑社会性质组织的组织者、领导者与积极参加者的法定刑设置进行了区分，提高了组织者、领导者的法定刑幅度，相应降低了积极参加者的法定刑幅度，并增设了财产刑的规定。同时将立法解释规定的黑社会性质组织的认定标准写入刑法条文。2015年10月，最高人民法院印发《全国部分法院审理黑社会性质组织犯罪案件工作座谈会

纪要》(法〔2015〕291号，以下简称《2015年审理黑社会性质组织犯罪案件纪要》)，对黑社会性质组织犯罪的认定标准又作了进一步的明确。

2018年，全国扫黑除恶专项斗争启动以来，中央政法各部门为解决司法实践中遇到的突出问题，先后印发多个规范性文件，[①]进一步厘清了黑社会性质组织犯罪、恶势力犯罪，"套路贷"犯罪、"软暴力"犯罪、利用信息网络实施黑恶势力犯罪、"保护伞"犯罪以及涉黑涉恶犯罪财产的认定和追缴等一系列重大问题，进一步拓展了对黑恶势力犯罪的认识深度和广度。2021年12月，第十三届全国人民代表大会常务委员会第三十二次会议通过了《反有组织犯罪法》，并于2022年5月1日正式施行。《反有组织犯罪法》是我国第一部专门、系统、完备规范反有组织犯罪工作的法律，是党中央开展扫黑除恶专项斗争的标志性成果，是常态化扫黑除恶的法治保障。根据该法第2条第1款的规定，有组织犯罪，"是指《中华人民共和国刑法》第二百九十四条规定的组织、领导、参加黑社会性质组织犯罪，以及黑社会性质组织、恶势力组织实施的犯罪。"《反有组织犯罪法》通过明确相关法律概念，有利于依法精准严惩黑恶势力违法犯罪。

组织、领导、参加黑社会性质组织罪的构成要件是：

1.本罪侵犯的客体是正常的社会秩序。

黑社会犯罪是国际上公认的最为严重的犯罪之一，是有组织犯罪的最高形态。"在我国，明显的、典型的黑社会犯罪还没有出现，但带有黑社会性质的犯罪集团已经出现，横行乡里、称霸一方，为非作歹，欺压、残害群众

[①] 《最高人民法院、最高人民检察院、公安部、司法部关于办理黑恶势力犯罪案件若干问题的指导意见》(以下简称《办理黑恶势力犯罪案件指导意见》)、《最高人民法院、最高人民检察院、公安部、司法部关于办理恶势力刑事案件若干问题的意见》(以下简称《办理恶势力刑事案件意见》)、《最高人民法院、最高人民检察院、公安部、司法部关于办理"套路贷"刑事案件若干问题的意见》《最高人民法院、最高人民检察院、公安部、司法部关于办理实施"软暴力"的刑事案件若干问题的意见》和《最高人民法院、最高人民检察院、公安部、司法部关于办理黑恶势力刑事案件中财产处置若干问题的意见》。2019年10月，最高人民法院、最高人民检察院、公安部、司法部又印发了《关于办理非法放贷刑事案件若干问题的意见》《关于办理利用信息网络实施黑恶势力犯罪刑事案件若干问题的意见》《关于跨省异地执行刑罚的黑恶势力罪犯坦白检举构成自首立功若干问题的意见》，并会同国家监察委员会共同印发了《关于在扫黑除恶专项斗争中分工负责、互相配合、互相制约严惩公职人员涉黑涉恶违法犯罪问题的通知》。2020年3月，最高人民法院、最高人民检察院、公安部、司法部又印发《关于依法严惩利用未成年人实施黑恶势力犯罪的意见》。

的有组织犯罪时有出现。"①黑社会性质组织是与主导的、正常的社会形态相对立的非法的组织形态，其建立的是与主流社会相背离的生存秩序，具有反社会性和反政府性。这种非法组织一旦成立，就会削弱、甚至对抗政府对社会正常的管理，对正常的社会生产、生活秩序造成严重冲击和破坏，特别是通过需求"保护伞"的包庇、纵容，动摇社会公众对党和政府的信任。近几年，随着我国经济转轨、社会转型，受市场经济负面效应刺激、封建帮派残余思想影响、境外黑社会组织渗透和社会治理能力局限，黑恶势力在我国一些地方、行业、领域滋生蔓延，并呈现一些新的动向，严重危害人民群众人身权、人格权、财产权，社会危害性极大，对我国经济、社会生活秩序和基层政权建设构成严重威胁。

需要注意的是：本罪所侵犯的客体区别于行为人组织、领导、参加黑社会性质组织后所实施的后续性犯罪（如故意杀人、故意伤害、强迫交易等）所侵犯的经济和社会秩序、人身和财产安全。本罪所侵犯的客体是组织、领导、参加黑社会性质组织的行为事实本身所侵犯的正常的社会秩序，换言之，组织、领导、参加黑社会性质组织这一事实本身即具有刑事违法性和严重的社会危害性。

2. 本罪的客观方面表现为组织、领导、参加黑社会性质组织。在具体理解和把握本罪的客观方面时需注意以下几点：

（1）"黑社会性质组织"的认定。根据《刑法》第294条的规定，黑社会性质组织应当同时具备组织特征、经济特征、行为特征和危害性特征（亦称为"非法控制特征"）四个方面的特征。涉案犯罪组织只有同时具备该四个特征，才可以认定为黑社会性质组织。需要指出的是，由于实践中许多黑社会性质组织并非这"四个特征"都很明显，在具体认定时，应根据立法本意，认真审查、分析黑社会性质组织"四个特征"相互间的内在联系，准确评价涉案犯罪组织所造成的社会危害，做到不枉不纵。

第一，关于组织特征。

根据《刑法》的规定，主要指"形成较稳定的犯罪组织，人数较多，有

---

① 王汉斌：《关于〈中华人民共和国刑法（修订草案）〉的说明》，载中国人大网。

明确的组织者、领导者，骨干成员基本固定"。在具体把握时需要注意以下几点：

①组织具有稳定性，即"形成较稳定的犯罪组织"。黑社会性质组织不是一个松散的临时纠合体，而是一个在较长时期内有组织地从事违法犯罪活动的具有一定稳定性的犯罪组织。

②组织"在一定时期内持续存在"。组织在一定时期内持续存在是组织具有稳定性的表征之一，也是判断某一犯罪团伙、犯罪集团是否满足组织特征的一个重要考量因素。黑社会性质组织一般在短时间内难以形成，并且从普通犯罪集团、"恶势力"团伙向黑社会性质组织发展是一个渐进的过程，没有明显的性质转变的节点，故对黑社会性质组织存在时间不宜作出"一刀切"的规定。对于那些已存在一定时间，且成员人数较多的犯罪组织，在定性时要根据是否已具备一定的经济实力，是否已在一定区域或者一定行业形成非法控制或重大影响等情况综合分析判断。总的来说，组织存在的时间越短，认定符合组织特征就应当越慎重。组织存续时间明显过短的，如不足半年，甚至不足三个月的，认定符合组织特征时要特别慎重，其他三个特征也不明显的，可以不再认定为黑社会性质组织。

③组织人数较多。犯罪组织符合组织特征进而成立黑社会性质组织，需要组织成员"人数较多"。在"人数较多"的具体把握上，成员人数超过10人的，又同时符合组织特征其他标准的，一般可以认定符合组织特征，成员人数少于10人的，应严格把握，特别是成员人数少于7人的，若组织存续时间较短，其他三个特征也不突出，如经济实力规模不大，所实施的违法犯罪活动欺压残害群众特征不明显的，一般不应认定符合组织特征。

第二，关于经济特征。

根据《刑法》的规定，主要指"有组织地通过违法犯罪活动或者其他手段获取经济利益，具有一定的经济实力，以支持该组织的活动"。在具体把握时需要注意以下几点：

①关于经济利益的来源、获取方式及性质。一是有组织地通过违法犯罪活动或其他不正当手段聚敛；二是有组织地以投资、控股、参股、合伙等方式通过合法的生产、经营活动获取；三是由组织成员提供或通过其他单位、

组织、个人资助取得。

②关于经济特征中用以"支持该组织的活动"的把握。犯罪团伙或者犯罪集团通过合法的或者非法的手段获取经济利益后，必须将经济利益用以支持组织的活动，才符合黑社会性质组织的经济特征。一般包括以下几类情形：一是购买作案工具、提供作案经费，购置、租赁活动场所、物资设备以供组织及其成员使用。二是为组织成员及其家属提供工资、奖励、福利、生活费用等。如购买车辆、组织旅游、提供住宿、奖励股份，等等。三是出资安抚、笼络组织成员，为组织成员个人、亲属提供经济支持。如为受伤、死亡的组织成员提供医疗费、丧葬费，为组织成员等从事经营活动提供资金支持，作案后为组织成员提供逃跑资金、藏匿场所，组织成员被处罚后为其亲属提供生活费、慰问金等。四是犯罪组织出资贿赂、拉拢有关国家工作人员，以寻求"保护伞"的非法保护等。五是其他与实施有组织的违法犯罪活动有关的费用支出，如提供生产经营资金、支付用以维持组织存续的日常开支等。

第三，关于行为特征。

根据《刑法》的规定，主要指"以暴力、威胁或者其他手段，有组织地多次进行违法犯罪活动，为非作恶，欺压、残害群众"。在具体把握时需要注意以下几点：

一是准确把握"黑社会性质组织实施的违法犯罪活动"的情形。主要包括：①为该组织争夺势力范围打击竞争对手、形成强势地位、谋取经济利益、树立非法权威、扩大非法影响、寻求非法保护、增强犯罪能力等实施的；②按照该组织的纪律规约、组织惯例实施的；③组织者、领导者直接组织、策划、指挥、参与实施的；④由组织成员以组织名义实施，并得到组织者、领导者认可或者默许的；⑤多名组织成员为逞强争霸、插手纠纷、报复他人、替人行凶、非法敛财而共同实施，并得到组织者、领导者认可或者默许的；⑥其他应当认定为黑社会性质组织实施的。

二是"多次进行违法犯罪活动"的含义。①如果仅实施了违法活动，而没有实施犯罪活动的，则不能认定为黑社会性质组织。①②此处的"多次进行违法犯罪活动"应严格把握。应当满足犯罪集团的全部特征，即应当有组织地实施多次犯罪活动（三次以上犯罪活动）。换言之，犯罪组织仅有组织地实施一起或者两起犯罪活动，包括有组织地实施违法活动才满足三次以上标准的，不符合黑社会性质组织的行为特征。③犯罪组织"多次进行违法犯罪活动"，最终能否认定为黑社会性质组织，还要结合其他三个特征是否已经具备来加以判断。一些案件中，犯罪组织所实施的违法犯罪活动数十起，甚至几十起，远远超出"三次"标准，但综合犯罪行为性质和社会危害程度，综合判断该犯罪组织尚不足以形成非法控制或者重大影响的，也不能认定为黑社会性质组织。

三是犯罪组织所实施的违法犯罪活动具有"为非作恶，欺压、残害群众"的特征。犯罪组织"多次进行违法犯罪活动"是认定黑社会性质组织行为特征的必要条件之一，同时还要评价犯罪组织所实施的违法犯罪活动是否具有"为非作恶，欺压、残害群众"的特征。黑社会性质组织所实施的违法犯罪活动通常具有"扰民"特征，即对人民群众正常的生产生活秩序造成干扰、破坏，如横行乡里、欺行霸市，充当村霸、路霸、市霸、行霸等。不能简单地认为，只要犯罪组织实施三次以上犯罪的，即满足了行为特征的要求。

第四，关于危害性特征。

根据《刑法》规定，主要指"通过实施违法犯罪活动，或者利用国家工作人员的包庇或者纵容，称霸一方，在一定区域或者行业内，形成非法控制或者重大影响，严重破坏经济、社会生活秩序"。在具体把握时需要注意以下几点：

其一，危害性特征是黑社会性质组织的本质特征，即黑社会性质组织"通过实施违法犯罪活动，或者利用国家工作人员的包庇或者纵容"，在一定区域或者一定行业内，形成非法控制或者重大影响，最终严重破坏经济、社

---

① 因为黑社会性质组织首先应当是犯罪集团，具备犯罪集团的基本特征，即应当是为共同实施犯罪活动而组成的犯罪组织。如果某一团伙没有实施犯罪活动的预备行为或实行行为，则不属于犯罪集团，更不可能属于黑社会性质组织。

会生活秩序是本罪的本质特征。黑社会性质组织追求在一定区域或者一定行业内的非法控制，是其区别于前述危害国家安全犯罪、暴恐犯罪、电信诈骗集团犯罪、毒品集团犯罪以及涉众型经济犯罪的最根本标准，上述组织犯罪、集团犯罪，或者具有特定的犯罪目的，或者通过实施犯罪活动严重危害公民人身、财产安全，但均不具有通过借助"保护伞"的包庇或者纵容，或者通过实施多次违法犯罪活动，谋求在"一定区域"或者"一定行业"内的非法控制，"称王称霸"，实现为非作恶，欺压残害群众的主观目的和现实危害。有鉴于此，认定黑社会性质组织犯罪，其他三个特征虽不太明显不够突出，但危害性特征（非法控制特征）比较突出的，依法可以"定黑"；反之，其他三个特征虽较为明显，但危害性特征不明显不突出的，"定黑"要特别慎重。

其二，"在一定区域或者行业内，形成非法控制或者重大影响，严重破坏经济、社会生活秩序"的认定。①致使在一定区域内生活或者在一定行业内从事生产、经营的多名群众合法利益遭受犯罪或严重违法活动侵害后，不敢通过正当途径举报、控告的；②对一定行业的生产、经营形成垄断，或者对涉及一定行业的准入、经营、竞争等经济活动形成重要影响的；③插手民间纠纷、经济纠纷，在相关区域或者行业内造成严重影响的；④干扰、破坏他人正常生产、经营、生活，并在相关区域或者行业内造成严重影响的；⑤干扰、破坏公司、企业、事业单位及社会团体的正常生产、经营、工作秩序，在相关区域、行业内造成严重影响，或者致使其不能正常生产、经营、工作的；⑥多次干扰、破坏党和国家机关、行业管理部门以及村委会居委会等基层群众自治组织的工作秩序，或者致使上述单位、组织的职能不能正常行使的；⑦利用组织的势力、影响，帮助组织成员或他人获取政治地位，或者在党政机关、基层群众自治组织中担任一定职务的；⑧其他形成非法控制或者重大影响，严重破坏经济、社会生活秩序的情形。

当前，在办理黑社会性质组织犯罪案件时，应该严格按照《办理黑恶势力犯罪案件指导意见》的上述规定执行。特别需要指出的是，由于敲诈勒索、聚众扰乱社会秩序等具体犯罪所造成的危害后果也有可能符合前述八种情形之一，因此，不能简单地认为只要具备《办理黑恶势力犯罪案件指导意见》列举的八种情形之一的，即充足黑社会性质组织的危害性特征。为纠正在该问题上的片面认识，《2015年审理黑社会性质组织犯罪案件纪要》专门作出明确，根据实践经验，在黑社会性质组织犯罪案件中，《2009年办理黑社会性质组织犯罪案件纪要》规定的八种情形一般不会单独存在，往往是两种以上的情形同时并存、相互交织，从而严重破坏经济、社会生活秩序。

（2）"组织、领导、参加"黑社会性质组织的认定。根据《办理黑恶势力犯罪案件指导意见》的规定，发起、创建黑社会性质组织，或者对黑社会性质组织进行合并、分立、重组的行为，应当认定为"组织黑社会性质组织"；实际对整个组织的发展、运行、活动进行决策、指挥、协调、管理的行为，应当认定为"领导黑社会性质组织"。黑社会性质组织的组织者、领导者，既包括通过一定形式产生的有明确职务、称谓的组织者、领导者，也包括在黑社会性质组织中被公认的事实上的组织者、领导者。

关于参加黑社会性质组织的认定。根据《办理黑恶势力犯罪案件指导意见》的规定，知道或者应当知道是以实施违法犯罪为基本活动内容的组织，仍加入并接受其领导和管理的行为，应当认定为"参加黑社会性质组织"。参加黑社会性质组织并具有以下情形之一的，一般应当认定为"积极参加黑社会性质组织"：多次积极参与黑社会性质组织的违法犯罪活动，或者积极参与较严重的黑社会性质组织的犯罪活动且作用突出，以及其他在组织中起重要作用的情形，如具体主管黑社会性质组织的财务、人员管理等事项。需要指出的是，没有加入黑社会性质组织的意愿，受雇到黑社会性质组织开办的公司、企业、社团工作，未参与黑社会性质组织违法犯罪活动的，不应认定为"参加黑社会性质组织"。

根据《刑法》第294条第4款的规定，组织、领导、参加黑社会性质组织这一行为事实本身就是犯罪行为，行为人在组织、领导、参加黑社会性质组织后，又实施其他犯罪行为的，应当依法数罪并罚。

3. 本罪的犯罪主体为自然人，即黑社会性质组织的组织者、领导者、积极参加者和一般参加者。当前，一些黑社会性质组织成立公司、企业，甚至以公司、企业为依托，通过公司化方式管理组织成员，借助公司牟取非法利益的，尽管该公司、企业具有独立的法人资格，但亦不属于本罪的犯罪主体。

4.本罪的主观方面是故意，即明知是组织、领导、参加黑社会性质组织的行为而有意实施的主观心理状态。

（二）认定组织、领导、参加黑社会性质组织罪应当注意的问题

1.关于黑社会性质组织成员的认定。

（1）行为人客观上必须加入了黑社会性质组织（接受组织者、领导者的领导并受其管理），并参与黑社会性质组织所实施的违法犯罪活动（至少实施一起违法犯罪活动），或者为黑社会性质组织提供其他帮助行为，如协助黑社会性质组织管理人、财、物等。行为人客观上没有实施上述行为，则不应该认定为组织成员。

（2）行为人主观上知道或者应当知道其所加入的组织是以实施违法犯罪为基本活动内容的组织。其一，对行为人主观认识的考察，只要求行为人主观上知道或者应当知道其所参加的是由多人组成的、具有一定规模一定层级结构的组织即可，不要求行为人对自己所参加的组织为黑社会性质组织有明确认识。其二，行为人知道或者应当知道其所参加的组织主要从事违法犯罪活动，或者该组织虽有形式合法的生产、经营活动，但仍是以有组织地实施违法犯罪活动为基本行为方式，进而欺压、残害群众。其三，对行为人主观明知的认定，不能仅靠行为人的口供或者辩解，应当综合全案证据进行认定或者推定。办案中应避免就事论事，单纯调查某一起犯罪事实是否成立，而忽视行为人对该起犯罪事实对组织的发展、壮大，以及所产生影响力的主观认知等。

《办理黑恶势力犯罪案件指导意见》第5条规定："没有加入黑社会性质组织的意愿，受雇到黑社会性质组织开办的公司、企业、社团工作，未参与黑社会性质组织违法犯罪活动的，不应认定为'参加黑社会性质组织'。"该规定在认定黑社会性质组织成员时坚持了主客观相统一的标准。在具体把握时还需要注意以下两种较为特殊的情形：①行为人主观上没有加入黑社会性质组织的意愿，受雇到黑社会性质组织开办的公司、企业、社团工作，仅参与少量的（如一、二起）黑社会性质组织所实施的违法犯罪活动的，是否认

定为黑社会性质组织成员？笔者认为，行为人仅参与少量的（如一、二起）黑社会性质组织所实施的违法犯罪活动，若该违法犯罪活动不属于罪行重大的，综合在案其他证据，难以认定或者推定行为人主观上明知其已加入以实施违法犯罪为基本活动内容的组织的，可以不认定行为人系黑社会性质组织成员，仅就所参与实施的具体犯罪活动承担相应的刑事责任即可。②行为人受雇到黑社会性质组织开办的公司、企业、社团工作，多次参与黑社会性质组织实施的违法犯罪活动或者积极参与罪行重大的犯罪活动的，即使其辩解主观上没有加入黑社会性质组织的意愿，根据主客观相一致的认定标准，行为人伙同其他组织成员多次实施违法犯罪活动或者积极参与罪行重大的犯罪活动的行为事实本身，足以推定行为人主观上知道或者应当知道其所参加的组织是以实施违法犯罪为基本活动内容的组织，可以认定黑社会性质组织成员。

此外，《2015年审理黑社会性质组织犯罪案件纪要》还列举了以下两种人员不属于黑社会性质组织成员：一是"因临时被纠集、雇佣或受蒙蔽为黑社会性质组织实施违法犯罪活动或者提供帮助、支持、服务的人员"，二是"为维护或扩大自身利益而临时雇佣、收买、利用黑社会性质组织实施违法犯罪活动的人员。"鉴于《2015年审理黑社会性质组织犯罪案件纪要》印发执行后，该两类人员是否应当被认定为组织成员一直存在不同认识，《办理黑恶势力犯罪案件指导意见》未再明确将其排除在外。笔者认为，该两类人员是否属于组织成员，要坚持主客观相一致原则从严把握认定。即使认定为组织成员，在量刑时也要区别于其他组织成员，确保罪责刑相适应。

2. 关于黑社会性质组织涉案财产的认定和处置。

（1）黑社会性质组织涉案财产与"涉黑财产"的认定。涉案财产区别于"涉黑财产"，涉案财产是公安机关等在刑事诉讼活动中，根据《刑事诉讼法》等的规定，通过依法采取查封、扣押、冻结等措施所控制的不动产、特定动产及其他财产等。《反有组织犯罪法》设专章对有组织犯罪的涉案财产认定和处置问题作出了规定。涉案财产揭示的是相关财产与违法犯罪活动之间具有关联性，即该财产"涉案"，涉案财产既包括犯罪分子违法所得的一切财物，也可能包括被害人的合法财产、案外第三人的财产以及一些违禁品等。"涉黑财产"是审判实践中对黑社会性质组织及组织、领导、参加黑社会性质组织的犯罪分子聚敛的财物及其收益,以及用于犯罪的工具等的总称。《2000年审理黑社会性质组织犯罪案件解释》《2009年办理黑社会性质组织犯罪案件纪要》和《2015年审理黑社会性质组织犯罪案件纪要》等均对"涉黑财产"的认定标准作了规定,2018年,《办理黑恶势力犯罪案件指导意见》在前述司法文件基础上又作了进一步明确。

根据《办理黑恶势力犯罪案件指导意见》的规定,下列财产属于"涉黑财产",应当依法追缴、没收:"(1)组织及其成员通过违法犯罪活动或其他不正当手段聚敛的财产及其孳息、收益;(2)组织成员通过个人实施违法犯罪活动聚敛的财产及其孳息、收益;(3)其他单位、组织、个人为支持该组织活动资助或主动提供的财产;(4)通过合法的生产、经营活动获取的财产或者组织成员个人、家庭合法资产中,实际用于支持该组织活动的部分;(5)组织成员非法持有的违禁品以及供犯罪所用的本人财物;(6)其他单位、组织、个人利用黑社会性质组织及其成员的违法犯罪活动获取的财产及其孳息、收益;(7)其他应当追缴、没收的财产。"需要注意的是,其一,《反有组织犯罪法》第46条也规定了有组织犯罪组织及其成员应当依法予以追缴、没收的财产种类,即"(一)为支持或者资助有组织犯罪活动而提供给有组织犯罪组织及其成员的财产;(二)有组织犯罪组织成员的家庭财产中实际用于支持有组织犯罪活动的部分;(三)利用有组织犯罪组织及其成员的违法犯罪活动获得的财产及其孳息、收益"。上述规定精神是一致的。其二,组织成员为了隐匿、"漂白"其聚敛的资财,往往会通过合伙、入股、并购等方式,将非法所得与其他单位、个人的合法财产相互混合。因此,办案时应当全面收集、审查证明其来源、性质、用途、权属及价值大小的有关证据,在打击犯罪的同时,确保相关合法权益不受侵害。

(2)黑社会性质组织涉案财产的处置。《刑法》第64条对涉案财产的处置作出了明确,即"犯罪分子违法所得的一切财物,应当予以追缴或者责令退赔;对被害人的合法财产,应当及时返还;违禁品和供犯罪所用的本人财物,应当予以没收。没收的财物和罚金,一律上缴国库,不得挪用和自行处理。"黑社会性质组织犯罪案件涉案财产的处置,首先应当遵循《刑法》的上述规定,并在此基础上,结合相关司法文件的具体规定予以执行。

其一，被害人的合法财产、案外第三人的财产应依法返还。《办理黑恶势力犯罪案件指导意见》规定："对于依法查封、扣押、冻结的涉案财产，有证据证明确属被害人合法财产，或者确与黑社会性质组织及其违法犯罪活动无关的应当予以返还。"同时，根据《公安机关涉案财物管理若干规定》第19条的规定，有关违法犯罪事实查证属实后，对于有证据证明权属明确且无争议的被害人、被侵害人合法财产及其孳息，凡返还不损害其他被害人、被侵害人或者利害关系人的利益，不影响案件正常办理的，应当在登记、拍照或者录像和估价后，报经县级以上公安机关负责人批准，开具发还清单并返还被害人、被侵害人。

其二，"涉黑财产"依法追缴、没收。"涉黑财产"已经被公安机关依法查封、扣押或者冻结的，则人民法院应当依法判决予以追缴、没收。对于违法所得已用于清偿债务或者转让给他人，具有下列情形之一的，应当依法追缴：一是对方明知是通过违法犯罪活动或者其他不正当手段聚敛的财产及其孳息、收益的；二是对方无偿或者以明显低于市场价格取得的；三是对方是因非法债务或者违法犯罪活动而取得的；四是通过其他方式恶意取得的。对于依法应当追缴、没收的财产无法找到、被他人善意取得、价值灭失或者与其他合法财产混合且不可分割的，可以追缴、没收黑社会性质组织的其他等值财产。此外，黑社会性质组织犯罪嫌疑人、被告人逃匿，在通缉一年后不能到案，或者犯罪嫌疑人、被告人死亡的，应当依照法定程序没收其违法所得。

3. 关于恶势力组织、恶势力犯罪集团与黑社会性质组织的区分。

（1）恶势力的概念。《办理恶势力刑事案件意见》第14条规定：恶势力，是指经常纠集在一起，以暴力、威胁或者其他手段，在一定区域或者行业内多次实施违法犯罪活动，为非作恶，欺压百姓，扰乱经济、社会生活秩序，造成较为恶劣的社会影响，但尚未形成黑社会性质组织的违法犯罪组织。其中"尚未形成黑社会性质组织的违法犯罪组织"这一表述揭示了恶势力组织与黑社会性质组织间的内在联系。作为一种共同违法犯罪的特殊形式，恶势力组织在组织形式、行为方式、危害后果等方面与黑社会性质组织均有相似之处。因此，恶势力组织的定义与黑社会性质组织的认定标准也有相似性和对应性。如二者都要求"以暴力威胁或者其他手段，多次实施违法犯罪活动";又如,恶势力定义中的"为非作恶,欺压百姓",与黑社会性质组织行为特征中的"为非作恶,欺压、残害群众"相对应,"造成较为恶劣的社会影响"与黑社会性质组织危害性特征中的"形成非法控制或者重大影响"相对应,等等。特别需要指出的是,《反有组织犯罪法》第一次以法律的形式明确了"恶势力组织"的概念。根据该法第2条第2款规定,恶势力组织,"是指经常纠集在一起,以暴力、威胁或者其他手段,在一定区域或者行业领域内多次实施违法犯罪活动,为非作恶,欺压群众,扰乱社会秩序、经济秩序,造成较为恶劣的社会影响,但尚未形成黑社会性质组织的犯罪组织。"在司法适用时应注意,《办理恶势力刑事案件意见》适用的是"恶势力"概念,且"恶势力"是"违法犯罪组织",既包括仅构成违法但尚未成立犯罪的组织,也包括已成立犯罪应当依法追究刑事责任的组织,但《反有组织犯罪法》认定的"恶势力组织",是指已实施违法犯罪活动且应当依法追究刑事责任的犯罪组织,是有组织犯罪的一个类型。

(2)恶势力犯罪集团的认定。《办理黑恶势力犯罪案件指导意见》首次明确了恶势力犯罪集团的概念,即"恶势力犯罪集团是符合犯罪集团法定条件的恶势力犯罪组织,其特征表现为:有三名以上的组织成员,有明显的首要分子,重要成员较为固定,组织成员经常纠集在一起,共同故意实施三次以上恶势力惯常实施的犯罪活动或者其他犯罪活动。"《办理恶势力刑事案件意见》第11条也对恶势力犯罪集团的概念进行了明确,即符合恶势力全部认定条件,同时又符合犯罪集团法定条件的犯罪组织。

(3)准确区分恶势力组织、恶势力犯罪集团与黑社会性质组织。从共同犯罪角度看,团伙犯罪是共同犯罪的一种表现形式,该犯罪团伙若经常纠集在一起,以暴力、威胁或者其他手段,在一定区域或者行业内多次实施违法犯罪活动,为非作恶,欺压百姓(群众),扰乱经济、社会生活秩序,造成较为恶劣的社会影响的,即属于"恶势力组织"。在"恶势力组织"不断发展壮大过程中,随着恶势力组织的组织结构更加稳定、组织成员更加紧密,符合"犯罪集团"特征的,即为"恶势力犯罪集团"。随着"恶势力犯罪集团"进一步发展壮大,有的最终发展成黑社会性质组织。因此,恶势力犯罪集团是恶势力组织向黑社会性质组织转变的中间状态。在认定恶势力组织犯罪时，应当根据具体情况进行分析认定：如果恶势力组织符合犯罪集团特征的，应当认定为恶势力犯罪集团，反之，则是普通的恶势力组织。黑社会性质组织是恶势力犯罪集团发展壮大的必然结果。关于恶势力组织和黑社会性质组织的区别，《2009年办理黑社会性质组织犯罪案件纪要》明确指出："结合组织化程度的高低、经济实力的强弱、有无追求和实现对社会的非法控制等特征，对黑社会性质组织与'恶势力'团伙加以正确区分。"这一政策精神，在《反有组织犯罪法》正式施行后，仍具有参考价值，即在具体把握时，要结合黑社会性质组织"四个特征"和恶势力组织犯罪的相关规定，从上述角度准确区分，既不能人为拔高，也不能降格处理，确保不枉不纵。

（三）组织、领导、参加黑社会性质组织罪的刑事责任

依照《刑法》第294条第1款规定，组织、领导黑社会性质的组织的，处七年以上有期徒刑，并处没收财产；积极参加的，处三年以上七年以下有期徒刑，可以并处罚金或者没收财产；其他参加的，处三年以下有期徒刑、拘役、管制或者剥夺政治权利，可以并处罚金。

依照《刑法》第294条第4款规定，犯本罪又有其他犯罪行为的，依照数罪并罚的规定处罚。

司法机关在适用《刑法》第294条第1款、第4款规定处罚时，应当注意以下问题：

1.关于组织者、领导者的刑事责任。黑社会性质组织是犯罪集团的一种，《刑法》第26条第3款规定："对组织、领导犯罪集团的首要分子，按照集团所犯的全部罪行处罚。"因此，《2000年审理黑社会性质组织犯罪案件解释》和《2009年办理黑社会性质组织犯罪案件纪要》均强调，对于黑社会性质组织的组织者、领导者，应当按照其所组织、领导的黑社会性质组织所犯的全部罪行处罚。在具体理解和把握时，要注意两个问题：一要严格区分组织罪行和个人罪行。即某一违法犯罪事实只有被认定为组织罪行后，作为黑社会性质组织的组织者、领导者，才应当承担相应的刑事责任，不属于组织罪行的，如组织成员个人所实施的违法犯罪活动，组织者、领导者不承担相应的刑事责任。二要将组织者、领导者承担刑事责任的范围同承担刑事责

任的程度区别开。组织者、领导者按照该黑社会性质组织所犯的全部罪行承担刑事责任的相关规定，主要明确了组织者、领导者所承担责任的范围，即对什么样的罪行作为组织者、领导者才为此承担刑事责任。同时，《2009年办理黑社会性质组织犯罪案件纪要》还规定："组织者、领导者对于具体犯罪所承担的刑事责任，应当根据其在该起犯罪中的具体地位、作用来确定。"该规定又进一步明确了组织者、领导者在具体犯罪中所承担责任的程度，即组织者、领导者虽然是黑社会性质组织的灵魂、核心人物，但在具体犯罪中，其所承担刑事责任的大小，还要结合其在该起具体犯罪中的地位和作用实事求是地确定，不能简单"一刀切"地认为组织者、领导者当然应当承担罪责最为严重的刑事责任。

例如，在某起具体犯罪中，犯意的提起，相关预谋、准备、实施等环节均由其他组织成员完成，组织者、领导者虽予认可或默许，但并未具体参与，那么，组织者、领导者虽应当就该起组织罪行承担刑事责任，但所应当承担的刑事责任程度，一般应小于造意犯、实行犯，量刑时要有所区别。

2.关于积极参加者和其他参加者（一般参加者）的刑事责任。对于积极参加者和其他参加者（一般参加者），应按照其所参与的犯罪，根据其在具体犯罪中的地位和作用，依照罪责刑相适应的原则，确定应承担的刑事责任。值得注意的是，作为黑社会性质组织骨干成员的积极参加者，由于其在犯罪组织中的地位和作用仅次于组织者、领导者，在具体犯罪中通常比其他积极参加者更为积极，人身危险性更深，社会危害性更大，在认定所承担的刑事责任时，一般要体现从严惩处精神，从而落实罪责刑相一致原则。

实践中，有的黑社会性质组织涉及面广，参加人数众多，参加者情况复杂，其中有些参加者仅仅履行了参加黑社会性质组织的手续，没有实施其他违法犯罪活动，有些则属于受蒙蔽、胁迫参加黑社会性质组织，虽有轻微的不良行为或者违法事实，但危害不大。如果对这些参加者统统定罪处罚，不仅增加了司法成本，而且不能有效发挥刑罚的分化、瓦解功能，难以收到很好的政治效果、法律效果和社会效果。对于这些情况，要积极运用《刑法》第13条但书的规定，对情节显著轻微、危害不大的，不作为犯罪处理，即不再追究相关人员的刑事责任。

四十、入境发展黑社会组织罪

第二百九十四条① **第二款** 境外的黑社会组织的人员到中华人民共和国境内发展组织成员的，处三年以上十年以下有期徒刑。

第四款 犯前三款罪又有其他犯罪行为的，依照数罪并罚的规定处罚。

（一）入境发展黑社会组织罪的概念和构成要件

入境发展黑社会组织罪，是指境外的黑社会组织的人员到中华人民共和国境内发展组织成员的行为。本罪是 1997 年《刑法》增设的罪名。《最高人民法院、最高人民检察院、公安部、司法部关于办理黑恶势力犯罪案件若干问题的指导意见》明确将"境外黑社会入境发展渗透以及跨国跨境的黑恶势力"作为打击重点之一。

入境发展黑社会组织罪的构成要件是：

1.本罪侵犯的客体是我国正常的社会管理秩序。

近年来，随着境内外交流日趋频繁，美国、日本和香港、澳门的黑恶势力成熟的组织架构、"先进"的管理经验，已被境内一些黑恶势力照搬模仿。例如，自 2014 年以来，广东惠州打掉的黑社会性质组织中，即有被香港"水房""和胜和"渗透的情况。广东深圳陈某东黑社会性质组织在香港黑社会"新义安"成员的影响下，成立深圳沙井"新义安"，网罗骨干 100 余人，资产逾 10 亿元。境外黑社会组织通过入境发展组织成员，加剧向境内渗透，进行跨地域、跨境犯罪，② 严重危害我国社会安全和正常的社会管理秩序，因此，对入境发展黑社会性质组织的犯罪行为必须严厉打击。

2.本罪的客观方面表现为境外的黑社会组织的人员到我国境内发展组织成员的行为。

本罪是行为犯，只要行为人客观上实施了到我国境内发展黑社会组织的

---

① 本条经 2011 年 2 月 25 日《刑法修正案（八）》第 43 条修改。
② 参见张向东：《当前中国黑恶势力犯罪的基本态势》，载《人民司法》2018 年第 25 期。

行为，即构成本罪。被发展的对象最终是否从事了违法犯罪活动，是否实际上参加了黑社会组织，均不影响本罪的成立。根据《最高人民法院关于审理黑社会性质组织犯罪的案件具体应用法律若干问题的解释》的规定，"发展组织成员"，是指将境内、外人员吸收为该黑社会组织成员的行为。对黑社会组织成员进行内部调整等行为，可视为"发展组织成员"。港、澳、台黑社会组织到内地发展组织成员的，适用《刑法》第294条第2款的规定定罪处罚。入境发展黑社会组织罪的犯罪对象，包括我国境内的我国公民和港、澳、台居民、外国公民、无国籍人。到我国境内进行内部调整等活动的黑社会组织的人员也视为本罪的犯罪对象。

3. 本罪的犯罪主体为特殊主体，即境外的黑社会组织的人员。

境外的黑社会组织的人员，是指中华人民共和国境外的黑社会组织的人员，包括中国香港、澳门、台湾地区的黑社会组织的人员。至于该人员是境外黑社会组织的组织、领导者还是一般参与者，是境外居民还是境内居民，不影响本罪的成立。境外的黑社会组织的人员既包括境外黑社会组织的所有成员，也包括境外黑社会组织委托的人员。所谓"委托的人员"，是指明知境外黑社会组织为发展组织而入境从事受委托事项的非黑社会组织成员的其他人员。对于境外黑社会组织及其人员的认定标准应当根据我国的法律、司法解释并参照境外当地的法律文件和有关规定。一般情况下，具有以下情形之一的，可以认定境外黑社会组织及其人员的身份：一是有境外司法行政当局提供的相关法律文件证明该黑社会组织及人员身份的；二是该人员本人供认其系境外某黑社会组织的人员，有两个以上证人（含同案犯）证言能够印证其供述事实的；三是该人员本人不承认其系境外某黑社会组织的人员，但有两个以上证人（含同案犯）证言证明，并有相关出入境书证、物证及体现其与境外黑社会组织关系的视听资料或者书证、物证印证的。

4. 本罪的主观方面由故意构成，且须是直接故意，其犯罪目的是入境发展黑社会组织。

境外黑社会组织的人员不以入境发展黑社会组织为目的，也未发展我国境内的人员加入其黑社会组织，在我国境内勾结我国境内的人员实施犯罪活动，不以本罪论处。此外，境外黑社会组织的人员为了躲避当地司法行政当局的打击，逃到我国境内，或者以其他目的到境内，只是进行经商、投资等活动，经商、投资所得也未投入发展黑社会组织的活动，不以本罪论处。

（二）认定入境发展黑社会组织罪应当注意的问题

1. 注意划清一罪与数罪的界限。

行为人只要具有入境发展黑社会组织成员的行为，就构成本罪。如果发展组织成员后，又实施了其他犯罪活动的，则应当依照《刑法》第294条第4款的规定，实行数罪并罚。

2. 关于入境发展黑社会组织罪与组织、领导、参加黑社会性质组织罪的关系。

由于入境发展黑社会组织罪是行为犯，因而，评价入境发展黑社会组织罪不要求有像组织、领导、参加黑社会性质组织罪的支撑性违法犯罪行为。具体而言，其一，境外黑社会组织的人员以发展黑社会组织为目的，在我国大陆境内发展组织，并领导该犯罪组织，应当以入境发展黑社会组织罪定罪，并从重处罚。其二，境外黑社会组织的人员没有发展黑社会组织的目的，在我国境内网罗违法犯罪分子形成黑社会性质组织或者加入当地的黑社会性质组织，应当以组织、领导、参加黑社会性质组织罪定罪处罚。其三，在我国境内被发展而加入黑社会组织的人员，应当以参加黑社会性质组织罪定罪处罚。

（三）入境发展黑社会组织罪的刑事责任

依照《刑法》第294条第2款的规定，犯入境发展黑社会组织罪的，处三年以上十年以下有期徒刑。

依照本条第4款规定，犯入境发展黑社会组织罪又有其他犯罪行为的，依照数罪并罚的规定处罚。

四十一、包庇、纵容黑社会性质组织罪

第二百九十四条[①] **第三款** 国家机关工作人员包庇黑社会性质的组织，或者纵容黑社会性质的组织进行违法犯罪活动的，处五年以下有期徒刑；情节严重的，处五年以上有期徒刑。

第四款 犯前三款罪又有其他犯罪行为的，依照数罪并罚的规定处罚。

（一）包庇、纵容黑社会性质组织罪的概念和构成要件

包庇、纵容黑社会性质组织罪，是指国家机关工作人员包庇黑社会性质的组织，或者纵容黑社会性质的组织进行违法犯罪活动的行为。

本罪是1997年《刑法》增设的罪名。《刑法修正案（八）》提高了本罪的法定刑幅度，并通过对前后款的次序调整，明确犯本罪又有其他犯罪行为的，应当数罪并罚。

包庇、纵容黑社会性质组织罪的构成要件是：

1. 本罪侵犯的客体是司法机关同黑社会犯罪作斗争的正常活动。

黑社会性质组织之所以在一定区域或者一定行业内能够坐大成势，欺压残害人民群众，与黑社会性质组织无所不用其极地向政治领域渗透，千方百计拉拢腐蚀党政干部，从而将其作为靠山，以寻求保护、逃避打击密切相关。严惩包庇、纵容黑社会性质组织犯罪，是进一步净化基层政治生态、维护国家政治安全和正常社会管理秩序的应有之义。

2. 本罪的客观方面表现为包庇黑社会性质的组织，或者纵容黑社会性质的组织进行违法犯罪活动的行为。

根据《最高人民法院关于审理黑社会性质组织犯罪的案件具体应用法律若干问题的解释》（以下简称《2000年审理黑社会性质组织犯罪案件解释》）和《最高人民法院、最高人民检察院、公安部、司法部关于办理黑恶势力犯罪案件若干问题的指导意见》的规定，"包庇"，是指国家机关工作人员为使

[①] 本条经2011年2月25日《刑法修正案（八）》第43条修改。

黑社会性质组织及其成员逃避查禁，而通风报信、隐匿、毁灭、伪造证据，阻止他人作证、检举揭发，指使他人作伪证，帮助逃匿，或者阻挠其他国家机关工作人员依法查禁等行为。《刑法》第294条第3款中规定的"包庇"行为，不要求相关国家机关工作人员利用职务便利。利用职务便利包庇黑社会性质组织的，酌情从重处罚。"纵容"，是指国家机关工作人员不依法履行职责，放纵黑社会性质组织进行违法犯罪活动的行为。有以下情形之一的，可以认定具有纵容行为：（1）国家机关工作人员依法应当查禁或者追诉黑社会性质组织成员的违法犯罪行为，故意不履行职责的；（2）负责行政管理职责的国家机关工作人员，故意不履行职责，使黑社会性质组织通过违法犯罪手段非法获取利益的，等等。

需要注意的是，一是包庇黑社会性质组织的行为只能发生在被包庇者实施犯罪之后。包庇、纵容黑社会性质组织的行为均应与黑社会性质组织的组织者、领导者、积极参加者、其他参加者事先无通谋，如果事先有通谋，事后又进行包庇、纵容的，根据《刑法》第310条第2款规定"事先通谋的，以共同犯罪论处"的原则，则应当属于组织、领导、参加黑社会性质组织罪或者是黑社会性质组织所实施的其他犯罪的共犯。二是对于黑社会性质组织的包庇、纵容行为不要求国家机关工作人员对整个组织的行为进行包庇、纵容，只要在其职权范围内对黑社会性质组织所实施的某一违法犯罪行为进行包庇、纵容即可。三是国家机关工作人员本人或者利用本人职权或地位形成的便利条件，通过其他国家机关工作人员，包庇、纵容黑社会性质组织及其违法犯罪活动，均可构成本罪。四是本罪是行为犯，只要行为人客观上实施了包庇、纵容的行为，即构成本罪。

3.本罪的犯罪主体是国家机关工作人员。

4.本罪的主观方面由故意构成，过失不构成本罪。即行为人明知是黑社会性质的组织，明知其进行违法犯罪活动而予以包庇、纵容。

审判实践中，确定某一犯罪组织是否属于黑社会性质组织，需要经历一个极为复杂的司法认定过程。根据《最高人民法院、最高人民检察院、公安部关于办理黑社会性质组织犯罪案件座谈会纪要》的规定，只要行为人知道或者应当知道是从事违法犯罪活动的组织，仍对该组织及其成员予以包庇，或者纵容其实施违法犯罪活动，即可认定本罪。至于行为人是否明知该组织系黑社会性质组织，不影响本罪的成立。

（二）认定包庇、纵容黑社会性质组织罪应当注意的问题

1. 包庇、纵容黑社会性质组织罪的犯罪对象。

本罪包庇的犯罪对象是黑社会性质组织及其成员，纵容的犯罪对象是黑社会性质组织所实施的违法犯罪活动。根据《2000年审理黑社会性质组织犯罪案件解释》的规定，本罪包庇、纵容的对象还包括境外黑社会组织在境内实施的违法犯罪活动及其在境外实施的侵害中国或者中国公民的违法犯罪活动。包庇黑社会性质组织的首要分子、骨干成员或者一般成员的可以认定为国家机关工作人员包庇黑社会性质组织；纵容首要分子、骨干成员或者一般成员进行违法犯罪行为的可以认定为国家机关工作人员纵容黑社会性质组织进行违法犯罪。

2. 关于包庇、纵容黑社会性质组织罪与组织、领导、参加黑社会性质组织罪的关系。

首先，国家机关工作人员既实施了组织、领导、参加黑社会性质组织的行为又实施了包庇、纵容黑社会性质组织的行为，且组织、领导、参加黑社会性质组织与包庇、纵容的黑社会性质组织是同一组织的，应当以组织、领导、参加黑社会性质组织罪认定，从重处罚。其次，包庇、纵容黑社会性质组织罪与其相关联的组织、领导、参加黑社会性质组织罪，可同步取证，并案处理。最后，本罪的犯罪主体是国家机关工作人员。非国家机关的国家工作人员实施包庇、纵容黑社会性质组织的行为，应依法认定为"保护伞"，其行为构成其他犯罪的，依法定罪处罚。

3. 关于包庇、纵容黑社会性质组织罪与刑法其他条款的关系。

其一，行为人犯包庇、纵容黑社会性质组织罪，同时该行为又触犯包庇罪、伪证罪、徇私枉法罪、滥用职权罪、帮助犯罪分子逃避处罚罪、徇私舞弊不移交刑事案件罪等其他犯罪行为的，应当择一重罪处罚。其二，国家机关工作人员实施包庇、纵容黑社会性质组织的行为，又实施受贿等其他犯罪行为的，依照数罪并罚的规定处罚。

（三）包庇、纵容黑社会性质组织罪的刑事责任

依照《刑法》第294条第3款规定，犯包庇、纵容黑社会性质组织罪的，处五年以下有期徒刑；情节严重的，处五年以上有期徒刑。

"情节严重"，是本罪的加重处罚情节，根据2000年《审理黑社会性质组织犯罪案件解释》第6条的规定认定。

四十二、传授犯罪方法罪[①]

第二百九十五条[②] 传授犯罪方法的，处五年以下有期徒刑、拘役或者管制；情节严重的，处五年以上十年以下有期徒刑；情节特别严重的，处十年以上有期徒刑或者无期徒刑。

（一）传授犯罪方法罪的概念和构成要件

传授犯罪方法罪，是指用语言、文字、动作或者其他方法，将实施犯罪的具体做法、经验传授给他人的行为。

1983年9月2日全国人民代表大会常务委员会第二次会议通过的《关于严惩严重危害社会治安的犯罪分子的决定》（已失效）第2条增设传授犯罪方法罪的规定。1997年《刑法》将其吸收纳入，增设拘役、管制。2011年2月25日通过的《刑法修正案（八）》第44条修订了《刑法》规定，取消了死刑，将"五年以上有期徒刑"修改为"五年以上十年以下有期徒刑"，在情节特别严重一档增加"十年以上有期徒刑"，保留原来的无期徒刑为最高刑。

传授犯罪方法罪的构成要件是：

1. 本罪的客体是社会治安管理秩序。传授的对象没有限制，可以是特定的个人、不特定多人，也不问对方是否达到法定年龄、是否具有责任能力。

[①] 参考案例1：赵某庆盗窃、传授犯罪方法案，上海市第一中级人民法院（2018）沪01刑终1275号。参考案例2：冯某钊传授犯罪方法案，北京市朝阳区人民法院（2010）朝刑初字第2656号。

[②] 本条经2011年2月25日《刑法修正案（八）》第44条修改。

2. 客观方面表现为传授犯罪方法的行为。

传授是指把犯罪方法教给他人。"犯罪方法",主要是指犯罪的技能与经验,包括实施犯罪的手段、步骤、进行犯罪准备、排除犯罪障碍、反侦查方法等;"传授犯罪方法",是指以语言、文字、动作、图像或者其他方法,故意将实施某种犯罪的具体方法、技能、经验传授给他人的行为。传授犯罪方法的方式是多种多样的,可以是口头传授,也可以是书面传授;可以采取公开的方式传授,也可以采取秘密的方式传授;可以用语言、动作传授,即"言传",也可以是实施犯罪活动传授,即"身教";既可以面对面直接传授,又可以通过第三者、通讯工具、媒体等传授;既可以传授一种犯罪方法,也可以传授多种犯罪方法。犯罪方法不限于实施具体犯罪实行行为的方法,也包括犯罪预备、反侦查、逃避制裁等行为的方法。

3. 犯罪主体为一般主体。在实践中,多为具有犯罪经验和技能的人,尤其是惯犯、累犯、再犯,包括在押的罪犯。

4. 主观方面由故意构成,过失不构成本罪。

(二)认定传授犯罪方法罪应当注意的问题

1. 本罪属于举动犯。

只要行为人故意实施传授犯罪方法的行为,就可构成本罪既遂。至于行为人是否教唆被传授人实施犯罪,被传授人是否掌握、接受了犯罪方法,是否利用、实施了所传授的犯罪方法,是否已经造成了实际的危害结果,都不影响本罪的成立。

2. 划清本罪与教唆犯罪的界限。

传授犯罪方法是个独立罪名,单独规定了具体刑罚。教唆犯不是独立罪名,是共同犯罪人的一种,其罪名以被教唆人具体实施的犯罪行为来确定,刑罚根据教唆犯在共同犯罪中所起的作用来确定。两者的主要区别是:(1)犯罪的直接客体不同。前者侵犯的是社会治安管理秩序;后者的直接客体不确定,取决于教唆犯罪的性质。(2)客观方面的表现不同。前者是传授犯罪的作案具体方法、技能和经验,他人原来可能有犯罪意图,也可能没有;后者是语言、示意、旁敲侧击等笼统方法,引起他人的犯罪意图。

（3）故意的内容不同。前者只是传授犯罪的技能和经验，后者则是希望被教唆的人实施他所教唆的犯罪。（4）犯罪既遂、未遂的标准不同。前者只要实施了传授犯罪方法的行为就构成既遂，后者既遂、未遂取决于被教唆者的犯罪行为。（5）成立共同犯罪的情况不同。前者即使被传授的人按照所传授的犯罪方法实施了犯罪，也不一定成立共犯；后者被教唆的人犯被教唆的罪的，教唆人与被教唆人成立共犯。（6）定罪量刑的标准不同。前者是独立犯罪，按法律规定的量刑幅度处罚；后者是共同犯罪，按其在共同犯罪中所起的作用处罚。

实践中，有传授犯罪方法与教唆犯罪竞合的情况，即对同一种犯罪，同时实施教唆和传授犯罪方法的行为，或者用传授犯罪方法的手段使他人产生犯罪决意，从而形成想象竞合，对此从一重罪处罚。如果行为人分别对不同对象实施传授犯罪方法和教唆行为，或者对同一对象教唆此罪而传授彼罪的犯罪方法，则以教唆的罪与传授犯罪方法罪数罪并罚。

（三）传授犯罪方法罪的刑事责任

依照《刑法》第295条规定，犯传授犯罪方法罪的，处五年以下有期徒刑、拘役或者管制；情节严重的，处五年以上十年以下有期徒刑；情节特别严重的，处十年以上有期徒刑或者无期徒刑。

判断传授犯罪方法"情节严重"或"情节特别严重"可从以下方面综合分析：一是传授的后果，传授的犯罪方法是否被用于实施犯罪、犯罪性质、造成后果等，是决定刑罚轻重的重要因素；二是传授的次数和人数；三是传授的对象，向恐怖组织、邪教组织、黑恶势力成员、未成年人等对象传授的危害大于向一般人传授；四是传授内容；五是传授方式，公开传授的危害大于秘密传授，直接传授的危害大于间接传授；六是传授的动机和目的。

四十三、非法集会、游行、示威罪①

第二百九十六条 举行集会、游行、示威,未依照法律规定申请或者申请未获许可,或者未按照主管机关许可的起止时间、地点、路线进行,又拒不服从解散命令,严重破坏社会秩序的,对集会、游行、示威的负责人和直接责任人员,处五年以下有期徒刑、拘役、管制或者剥夺政治权利。

(一)非法集会、游行、示威罪的概念和构成要件

非法集会、游行、示威罪,是指举行集会、游行、示威,未依照法律规定申请或者申请未获许可,或者未按照主管机关许可的起止时间、地点、路线进行,又拒不服从解散命令,严重破坏社会秩序的行为。

1989年10月31日颁布的《集会游行示威法》第29条第3款规定,非法集会、游行、示威的,依照1979年《刑法》第158条规定的扰乱社会秩序罪论处。1997年《刑法》增设该罪名。

非法集会、游行、示威罪的构成要件是:

1. 本罪的客体是集会、游行、示威的管理秩序。

2. 客观方面表现为非法举行集会、游行、示威,即实施不按照《集会游行示威法》的规定申请或者申请未获许可,或者未按照主管机关许可的起止时间、地点、路线进行,又拒不服从解散命令,严重破坏社会秩序的行为。

3. 犯罪主体为一般主体,只有集会、游行、示威的负责人和直接责任人员,才承担刑事责任。这里的"负责人",根据《集会游行示威法》的规定,是指符合法定条件,为了保证这类活动有组织、有计划地进行,并明确代表全体参加人利益的人;"直接责任人员",是指在非法的集会、游行、示威过程中具体实施了严重破坏社会秩序行为的人。

4. 主观方面由故意构成,过失不构成本罪。

---

① 参考案例:钱某巧等非法集会、示威案,云南省昆明市官渡区人民法院(2000)官刑初字第311号。

（二）认定非法集会、游行、示威罪应当注意的问题

1. 划清罪与非罪的界限。

根据最高人民检察院、公安部 2008 年 6 月 25 日印发的《关于公安机关管辖的刑事案件立案追诉标准的规定（一）》第 38 条规定，举行集会、游行、示威，未依照法律规定申请或者申请未获许可，或者未按照主管机关许可的起止时间、地点、路线进行，又拒不服从解散命令，严重破坏社会秩序的，应予立案追诉。只有非法举行集会、游行、示威，又拒不服从解散命令，并且严重破坏社会秩序的，才构成犯罪。虽有非法举行集会、游行、示威的行为，但没有拒不服从解散命令或者没有造成严重破坏社会秩序后果的，不构成犯罪。部分人服从解散命令、部分人不服从解散命令的，对于服从解散命令的人，包括负责人，不能认定为犯罪。本罪只追究负责人和直接责任人员的刑事责任，对于一般参加非法举行的集会、游行、示威的人员，不追究刑事责任，可以进行批评教育或给予必要的行政处分。

2. 划清本罪与其他聚众犯罪的界限。

本罪与聚众扰乱社会秩序罪、聚众冲击国家机关罪、聚众扰乱公共场所秩序、交通秩序罪都具有聚众性，都可能发生在公共场所，都会造成严重破坏社会秩序的后果。在非法举行集会、游行、示威的过程中，伴有扰乱工作、生产、营业和教学、科研秩序或者公共场所秩序、交通秩序的，应视为本罪的扰乱社会秩序的情况；聚众进行不具有集会、游行、示威性质的活动，扰乱工作、生产、营业和教学、科研秩序或者公共场所秩序、交通秩序的，则应当依照刑法其他有关规定定罪处罚。

3. 划清一罪与数罪的界限。

实践中，行为人在非法集会、游行、示威过程中可能伴有其他犯罪行为，需要以一罪或数罪并罚处理。一是行为人非法举行集会等过程中，拒不服从解散命令，使用暴力、威胁方法妨害警察执行公务的，按照牵连犯从一重罪处断，即以本罪论处。二是如果使用暴力致人伤亡的，则以故意伤害罪、故意杀人罪与本罪举行数罪并罚。三是如果伴有抢劫、毁坏财物、殴打他人、侮辱、聚众哄抢等犯罪行为的，则参与或单独实施该犯罪行为的人构

成上述犯罪，并与本罪实行数罪并罚。但是，如果行为人不是举行集会等的负责人和直接责任人员而实施上述犯罪的，则只以上述行为定罪，而不能与本罪并罚。

（三）非法集会、游行、示威罪的刑事责任

依照《刑法》第296条规定，犯非法集会、游行、示威罪的，对集会、游行、示威的负责人和直接责任人员，处五年以下有期徒刑、拘役、管制或者剥夺政治权利。

四十四、非法携带武器、管制刀具、爆炸物参加集会、游行、示威罪①

第二百九十七条　违反法律规定，携带武器、管制刀具或者爆炸物参加集会、游行、示威的，处三年以下有期徒刑、拘役、管制或者剥夺政治权利。

（一）非法携带武器、管制刀具、爆炸物参加集会、游行、示威罪的概念和构成要件

非法携带武器、管制刀具、爆炸物参加集会、游行、示威罪，是指违反法律规定，携带武器、管制刀具或者爆炸物参加集会、游行、示威的行为。

1989年10月31日颁布的《集会游行示威法》第27条规定，携带武器、管制刀具、爆炸物品，比照《刑法》第163条规定（私藏枪支弹药罪）追究刑事责任。1997年《刑法》增设该罪名。

非法携带武器、管制刀具、爆炸物参加集会、游行、示威罪的构成要件是：

1. 本罪的客体是集会、游行、示威的安全和秩序。

2. 客观方面表现为违反法律规定，携带武器、管制刀具或者爆炸物参加

---

① 参考案例：刘某勇等携带武器、管制刀具、爆炸物参加集会、游行、示威案，载法信网，http://www.faxin.cn/。

集会、游行、示威的行为。

集会、游行、示威，可以是合法的，也可以是不合法的。"违反法律规定"，主要是指违反《集会游行示威法》第5条关于"集会、游行、示威应当和平地进行，不得携带武器、管制刀具和爆炸物，不得使用暴力或者煽动使用暴力"等规定。本罪中的"携带"，既包括随身藏带，也包括利用他人身体、容器、运输工具夹带武器、管制刀具或者爆炸物；可以是秘密携带，也可以是公开携带。只要违反法律规定，携带武器、管制刀具或者爆炸物参加集会、游行、示威的，无论行为人对这些物品是非法持有，还是合法持有，均构成本罪。

3. 犯罪主体为一般主体。

4. 主观方面由故意构成。即明知是武器、管制刀具、爆炸物仍携带参加集会、游行、示威。至于动机如何，不影响本罪成立。过失不构成本罪。

（二）认定非法携带武器、管制刀具、爆炸物参加集会、游行、示威罪应当注意的问题

注意划清本罪与非法持有、私藏枪支、弹药罪的界限。二者除直接客体不同外，主要还在客观方面与犯罪对象上不同。（1）客观方面行为地点有所不同。前者仅限于在集会、游行、示威中非法携带，不论行为人对武器是合法持有，还是非法持有；后者在客观上表现为没有合法依据，持有、私自藏匿枪支、弹药的行为。（2）犯罪对象不同。本罪的对象包括枪支弹药等武器、管制刀具和其他爆炸物；后者的对象仅限于枪支和弹药。如果行为人非法持有、私藏枪支、弹药，同时又携带参加集会、游行、示威的，则应当依法实行数罪并罚。

（三）非法携带武器、管制刀具、爆炸物参加集会、游行、示威罪的刑事责任

依照《刑法》第297条规定，犯非法携带武器、管制刀具、爆炸物参加集会、游行、示威罪的，处三年以下有期徒刑、拘役、管制或者剥夺政治权利。

四十五、破坏集会、游行、示威罪[①]

第二百九十八条 扰乱、冲击或者以其他方法破坏依法举行的集会、游行、示威，造成公共秩序混乱的，处五年以下有期徒刑、拘役、管制或者剥夺政治权利。

（一）破坏集会、游行、示威罪的概念和构成要件

破坏集会、游行、示威罪，是指扰乱、冲击或者以其他方法破坏依法举行的集会、游行、示威，造成公共秩序混乱的行为。

本罪是1997年《刑法》增设的罪名。

破坏集会、游行、示威罪的构成要件是：

1.本罪的客体是社会公共秩序和公民依法享有集会、游行、示威的权利。犯罪对象是依法举行的集会、游行、示威。

"依法举行的集会、游行、示威"，是指依照《集会游行示威法》规定提出申请并获得许可、按照主管部门许可的起止时间、地点、路线进行的集会、游行、示威。对非法举行的集会、游行、示威进行扰乱、冲击的，不构成本罪。

2.客观方面表现为扰乱、冲击或者以其他方法破坏依法举行的集会、游行、示威，造成公共秩序混乱的行为。具体表现为两个方面：

一是破坏依法举行的集会、游行、示威。"破坏"，是指采用扰乱、冲击或者以其他方法进行捣乱，致使依法举行的集会、游行、示威不能正常进行；"扰乱"，是指针对集会、游行、示威起哄、闹事，破坏其正常秩序的行为；"冲击"，主要是指冲散、冲入依法举行的集会、游行、示威队伍，使集会、游行、示威不能正常进行的行为；"其他方法"，是指扰乱、冲击方法以外的破坏依法举行的集会、游行、示威的方法，如堵塞集会、游行、示威队伍行进、停留的通道、场所等。

[①] 参考案例：王某、陈某破坏游行案，载法信网，http://www.faxin.cn/。

二是造成公共秩序混乱。这主要是指造成集会、游行、示威行经地或举行地的场所秩序或交通秩序混乱的；使依法举行的集会、游行、示威无法进行的；因之发生骚乱或者打砸抢事件的，等等。没有造成公共秩序混乱的，不构成犯罪，予以治安处罚。

3. 犯罪主体为一般主体。

4. 主观方面由故意构成，过失不构成本罪。

（二）认定破坏集会、游行、示威罪应当注意的问题

1. 划清罪与非罪的界限。

构成本罪关键是看是否造成公共秩序混乱的结果。尚未造成这一后果的，不构成犯罪，可以治安处罚。另外，从破坏的对象来看，如果破坏的不是依法正在举行的，或者在合法集会、游行、示威开始举行前或举行完毕后破坏的，不构成本罪，如构成其他犯罪的，以其他犯罪论处。

2. 划清一罪与数罪的界限。

构成破坏集会、游行、示威罪本身要求造成公共秩序混乱，因而造成交通秩序、公共场所秩序、公共秩序混乱的，行为人只构成本罪一罪，不能同时认定为构成聚众扰乱公共场所、交通秩序、聚众扰乱社会秩序罪，并予以并罚。

如暴力破坏集会等造成他人轻伤的，仍以本罪论处。但如造成重伤以上后果，或者乘机抢劫，或者危害公共安全的，应以本罪与构成的其他犯罪进行数罪并罚。

如行为人针对依法举行的集会等，进行聚众斗殴、寻衅滋事，造成公共秩序混乱的，属于想象竞合，应从一重罪处断。因聚众斗殴、寻衅滋事罪要求造成公共秩序严重混乱，而本罪要求造成公共秩序混乱即可，且法定刑基本相当，所以对此应以本罪论处。

（三）破坏集会、游行、示威罪的刑事责任

依照《刑法》第298条规定，犯破坏集会、游行、示威罪的，处五年以下有期徒刑、拘役、管制或者剥夺政治权利。

四十六、侮辱国旗、国徽、国歌罪[①]

第二百九十九条[②] 在公共场合，故意以焚烧、毁损、涂划、玷污、践踏等方式侮辱中华人民共和国国旗、国徽的，处三年以下有期徒刑、拘役、管制或者剥夺政治权利。

在公共场合，故意篡改中华人民共和国国歌歌词、曲谱，以歪曲、贬损方式奏唱国歌，或者以其他方式侮辱国歌，情节严重的，依照前款的规定处罚。

（一）侮辱国旗、国徽、国歌罪的概念和构成要件

侮辱国旗、国徽、国歌罪，是指在公共场合故意以焚烧、毁损、涂划、玷污、践踏等方式，侮辱中华人民共和国国旗、国徽，或者故意篡改中华人民共和国国歌歌词、曲谱，以歪曲、贬损方式奏唱国歌，或以其他方式侮辱国歌，情节严重的行为。

1990年6月28日第七届全国人民代表大会常务委员会第十四次会议通过的《关于惩治侮辱中华人民共和国国旗国徽罪的决定》(已失效)，设立了侮辱国旗、国徽罪。1997年《刑法》将其吸收为《刑法》的具体规定。2017年11月4日通过的《刑法修正案（十）》将"公众场合"改为"公共场合"，以与国旗法、国徽法和侮辱国歌的规定表述一致，并增设侮辱国歌的犯罪。

侮辱国旗、国徽、国歌罪的构成要件是：

1.本罪的客体是国家对国旗、国徽的使用和管理，对国歌的奏唱、播放和使用管理制度以及国家的尊严。

2.客观方面表现为在公共场合，故意以焚烧、毁损、涂划、玷污、践踏等方式，侮辱中华人民共和国国旗、国徽的行为，或者故意篡改中华人民

[①] 参考案例1：张某某等侮辱国旗案，重庆市沙坪坝区人民法院（2009）沙法刑初字第135号。参考案例2：吴某侮辱国旗案，湖南省长沙县人民法院（2020）湘0121刑初110号。参考案例3：胡某彩等组织、利用会道门、邪教组织、利用迷信破坏法律实施、侮辱国歌案，新疆生产建设兵团车排子垦区人民法院（2019）兵0702刑初36号。

[②] 本条第2款由2017年11月4日《刑法修正案（十）》增设。

共和国国歌歌词、曲谱，以歪曲、贬损方式奏唱国歌，或以其他方式侮辱国歌，情节严重的行为。

"公共场合"，一是指根据《国旗法》《国徽法》规定悬挂国旗、国徽的公共场所或者国家机关所在地；二是指人群聚集的公共场所和其他人员聚集的场所，可以包括网络空间。如果发生在非公共场合，不构成本罪。"焚烧"，是指放火燃烧国旗、国徽的行为。"毁损"，是指撕毁、砸毁或者以其他破坏方式使国旗、国徽受到毁坏、损坏的行为。"涂划"，是指用笔墨、颜料等在国旗、国徽上涂抹刻画的行为。"玷污"，是指用唾沫、粪便等污物玷污国旗、国徽的行为。"践踏"，是指将国旗、国徽放在脚下、车轮下等处进行踩踏、碾压的行为。侮辱国旗、国徽的行为不止上述五种，实施其他侮辱行为，如故意倒插、倒放等，也可构成本罪。

就侮辱国歌而言，在具体行为方式上，包括以下三种情形：一是故意篡改中华人民共和国国歌歌词、曲谱。国歌歌词、曲谱有专门规定，词和曲都不得篡改。篡改包括全部或部分篡改歌名、歌词和曲谱，尤其是改成讽刺、侮辱性语言，用哀乐演唱等。二是以歪曲、贬损方式奏唱国歌。奏唱包括演奏和歌唱。歪曲、贬损方式，如以轻佻、恶搞的方式奏唱国歌，伴有侮辱性肢体语言、着装等。三是以其他方式侮辱国歌。这是兜底性规定，如在场人员嘘国歌、做不雅手势，在互联网传播配有侮辱性图画、影像、文字的国歌奏唱音视频等。

3. 犯罪主体为一般主体。

4. 主观方面由故意构成。

（二）认定侮辱国旗、国徽、国歌罪应当注意的问题

注意划清犯罪与违法行为的界限。侮辱国旗、国徽的行为，虽然情节一般的就可追究刑事责任，但根据《国旗法》《国徽法》对情节较轻的予以行政处罚的规定，如果行为情节显著轻微的、不作为犯罪处理。

情节是否显著轻微，应当综合考虑侮辱的次数、方法、场合、在场人数、政治和社会影响、是否为首要分子或主要参与人、动机、认知程度等因素。如因个人利益受到国家机关的不当侵犯，为表示不满，弄污了国旗，经

教育及时改正的，可由公安机关给予行政处罚。

侮辱国歌的行为，只有达到"情节严重"程度的，才构成犯罪。根据《国歌法》第 15 条对侮辱国歌的，由公安机关处以警告或 15 日以下拘留的规定，如果该行为情节显著轻微的、不作为犯罪处理。

（三）侮辱国旗、国徽、国歌罪的刑事责任

依照《刑法》第 299 条规定，犯侮辱国旗、国徽、国歌罪的，处三年以下有期徒刑、拘役、管制或者剥夺政治权利。

四十七、侵害英雄烈士名誉、荣誉罪

第二百九十九条之一[①] **侮辱、诽谤或者以其他方式侵害英雄烈士的名誉、荣誉，损害社会公共利益，情节严重的，处三年以下有期徒刑、拘役、管制或者剥夺政治权利。**

（一）侵害英雄烈士名誉、荣誉罪的概念和构成要件

侵害英雄烈士名誉、荣誉罪，是指侮辱、诽谤或者以其他方式侵害英雄烈士的名誉、荣誉，损害社会公共利益，情节严重的行为。

本罪是《刑法修正案（十一）》第 35 条新增的罪名。

侵害英雄烈士名誉、荣誉罪的构成要件是：

1. 本罪侵犯的客体是国家对英雄烈士的名誉、荣誉的保护秩序。

英雄烈士的名誉、荣誉权与民法意义上自然人的名誉权、荣誉权并不完全等同，虽然在内容上都属于道德品质获得了社会良好评价，但英雄烈士的名誉、荣誉与英雄烈士的事迹和精神密不可分，是中华民族共同的历史记忆和宝贵的精神财富，也是社会主义核心价值观的重要内容，属于社会公共利益的范围。为保护英雄烈士，2018 年全国人大常委会制定并通过了《英雄烈士保护法》。

---

① 本条由 2020 年 12 月 26 日《刑法修正案（十一）》第 35 条增设。

本罪的侵犯的行为对象是"英雄烈士的名誉、荣誉"。关于"英雄烈士"的判断依照《英雄烈士保护法》。对英雄烈士的评定，实际工作中有一套成熟的制度和办法，在法律实施中总结实践经验，不断加以完善。[①] 因此对于英雄的名录并未确认下来。如果不在目录内英雄，可以由行政机关出具相应的认定意见，结合英雄人物的行为事迹、弘扬的精神，综合足以作出认定。

2. 本罪的客观方面表现为侮辱、诽谤或者以其他方式侵害英雄烈士的名誉、荣誉，损害社会公共利益，情节严重的行为。

其中，"其他方式"是指侮辱、诽谤以外的以还原历史、探究真相为名义贬损、否定英雄烈士的名誉、荣誉的行为。侵害行为必须达到"情节严重"才构成犯罪。对于情节严重可以根据侵害行为方式、涉及英雄烈士的人数，相关信息的数量、传播方式、传播范围、传播持续时间，相关信息实际被点击、浏览、转发次数，引发的社会影响、危害后果以及行为人前科情况等综合判断。根据案件具体情况，必要时，可以参照适用《最高人民法院、最高人民检察院关于办理利用信息网络实施诽谤等刑事案件适用法律若干问题的解释》的规定。

根据《最高人民法院、最高人民检察院、公安部关于依法惩治侵害英雄烈士名誉、荣誉违法犯罪的意见》的规定，本罪适用中应注意贯彻宽严相济的刑事政策。达到入罪标准，行为人认罪悔罪，综合考虑案件具体情节，认为犯罪情节轻微的，可以不起诉或者免予刑事处罚。对没有主观恶意，仅因模糊认识、好奇等原因而发帖、评论的，或者行为人系在校学生、未成年人的，要以教育转化为主。对利用抹黑英雄烈士恶意攻击我国基本社会制度、损害社会公共利益，特别是与境外势力勾连实施恶意攻击，以及长期、多次实施侵害行为的，要依法予以严惩。

3. 犯罪主体是年满16周岁具有刑事责任能力的自然人。

4. 犯罪主观方面是故意，而且通常具有侵害英雄烈士的名誉、荣誉，损害社会公共利益的目的。

---

① 许安标、钱锋主编：《中华人民共和国英雄烈士保护法释义》，中国民主法制出版社2019年版，第47~48页。

（二）认定侵害英雄烈士名誉、荣誉罪应当注意的问题

本罪与侮辱罪、诽谤罪行为方式上虽然具有相似性，但区分相对比较明确。第一，侵犯的客体和行为对象具有明显不同，侮辱罪、诽谤罪是侵犯的他人人身权利的犯罪，侵犯的是自然人的名誉，而本罪属于违反社会管理秩序类犯罪，侵犯的是国家对英雄烈士的名誉、荣誉的保护秩序，属于公共利益；第二，从行为方式上看，虽然本罪与侮辱罪、诽谤罪都可以采取口头言语、文字、图画等侮辱、诽谤的方式实施，但侮辱罪可以采取现实中暴力侮辱的方式，如对被害人采取强制行为脱衣服、在身体上涂抹一些标志等行为，以此降低被害人的社会评价，本罪一般不通过这种方式实施，在行为方式上除了侮辱、诽谤还规定了其他方式；第三，侮辱罪、诽谤罪属于告诉才处理的案件，但是严重危害社会秩序和国家利益的除外，本罪属于公安机关立案侦查并经检察机关公诉的案件。

另外，对于侮辱、诽谤在世的英雄的合法权益，损害社会公共利益，情节严重的行为，应以侮辱罪、诽谤罪等罪名定罪处罚，不适用本罪。这是因为本罪规定与《英雄烈士保护法》相互对应，范围保持一致，根据第2条第2款"毕生奋斗、英勇献身"的规定，可以认为"英雄烈士"主要是指已经牺牲或者去世的英雄烈士；[1] "现实中的英雄模范人物和群体……不适用《英雄烈士保护法》。《英雄烈士保护法》规定的英雄烈士，与宪法精神和人民英雄纪念碑碑文、《全国人民代表大会常务委员会关于设立烈士纪念日的决定》《民法典》等相关法律、行政法规规定是一致的"。[2] 被侵害英雄烈士群体中既有已经牺牲的烈士，也有健在的英雄模范人物的，可以统一适用侵害英雄烈士名誉、荣誉罪。

---

[1] 许安标、钱锋主编：《中华人民共和国英雄烈士保护法释义》，中国民主法制出版社2019年版，第31、46~47页。

[2] 许安标、钱锋主编：《中华人民共和国英雄烈士保护法释义》，中国民主法制出版社2019年版，第47页。

（三）侵害英雄烈士名誉、荣誉罪的刑事责任

依照《刑法》第299条之一的规定，构成侵害英雄烈士名誉、荣誉罪的，处三年以下有期徒刑、拘役、管制或者剥夺政治权利。

四十八、组织、利用会道门、邪教组织、利用迷信破坏法律实施罪[①]

第三百条[②] **第一款** 组织、利用会道门、邪教组织或者利用迷信破坏国家法律、行政法规实施的，处三年以上七年以下有期徒刑，并处罚金；情节特别严重的，处七年以上有期徒刑或者无期徒刑，并处罚金或者没收财产；情节较轻的，处三年以下有期徒刑、拘役、管制或者剥夺政治权利，并处或者单处罚金。

第三款 犯第一款罪又有奸淫妇女、诈骗财物等犯罪行为的，依照数罪并罚的规定处罚。

（一）组织、利用会道门、邪教组织、利用迷信破坏法律实施罪的概念和构成要件

组织、利用会道门、邪教组织、利用迷信破坏法律实施罪，是指组织和利用会道门、邪教组织或者利用迷信破坏国家法律、行政法规实施的行为。

1979年《刑法》第99条规定了组织、利用封建迷信、会道门进行反革命活动罪。1983年9月2日全国人大常委会通过的《关于严惩严重危害社会治安的犯罪分子的决定》（已失效）作出补充规定，对于组织反动会道门，利用封建迷信，进行反革命活动，严重危害社会治安的，可以判处死刑。1997年修订《刑法》时，除了将"进行反革命活动"删去、减轻法定刑外，还将

[①] 参考案例1：李某、王某文、纪某武、姚某组织、利用邪教组织破坏法律实施案，北京市第一中级人民法院（1999）一中刑初字第2075号。参考案例2：赵某财利用邪教组织破坏法律实施案，湖北省宜昌市中级人民法院（2006）宜中刑终字第00206号。

[②] 本条经2015年8月29日《刑法修正案（九）》第33条修改。

本罪移至"妨害社会管理秩序罪"下的"扰乱公共秩序罪"一节中。此外，1979 年《刑法》第 165 条神汉、巫婆借迷信造谣、诈骗财物罪的相关内容，被移至本条下形成第 3 款。为了体现从严惩治邪教犯罪的精神，《刑法修正案（九）》再次对本罪进行了修改。①

组织、利用会道门、邪教组织、利用迷信破坏法律实施罪的构成要件是：

1. 本罪侵犯的客体是国家实施法律、行政法规的正常秩序。

2. 客观方面表现为行为人实施了组织、利用会道门、邪教组织或利用迷信破坏国家法律、行政法规实施的行为。

本罪为选择性罪名，客观方面具体表现为三种方式：（1）组织、利用会道门破坏国家法律、行政法规实施。会道门，是指诸如"一贯道""九宫道""先天道"等这样的封建迷信组织。（2）组织、利用邪教组织破坏国家法律、行政法规实施。邪教组织，是指冒用宗教、气功或者以其他名义建立，神化、鼓吹首要分子，利用制造、散布迷信邪说等手段蛊惑、蒙骗他人，发展、控制成员，危害社会的非法组织。（3）利用迷信破坏国家法律、行政法规实施。迷信，指与科学相对立，信奉鬼仙神怪的观念与做法。② 法律是由全国人民代表大会及其常务委员会制定的规范性文件。行政法规是由国家最高行政机关即国务院制定的政治、经济、教育、科技、文化、外事等各类法规的总称。如果行为人组织、利用会道门、邪教组织、利用迷信破坏地方性法规、规章、自治条例等实施的，不构成本罪。

根据《最高人民法院、最高人民检察院关于办理组织、利用邪教组织破坏法律实施等刑事案件适用法律若干问题的解释》（以下简称《办理邪教组织刑事案件解释》）的相关规定，组织、利用会道门、邪教组织破坏国家法律、行政法规实施的，包括下列行为：建立邪教组织，或者邪教组织被取缔后又

---

① 除了提高主刑、增设财产刑外，还将犯组织、利用会道门、邪教组织、利用迷信破坏法律实施罪，又有奸淫妇女、诈骗财物等犯罪行为的，由"分别依照强奸罪和诈骗罪处理"，修改为"依照数罪并罚的规定处罚"。

② 迷信并不一定为封建社会所独有。1979 年《刑法》第 99 条表述为"组织、利用封建迷信、会道门"，而在 1997 年修订后的《刑法》中，表述为"利用迷信"，已将"封建"删去。因此，不宜再在"迷信"前冠以"封建"。

恢复、另行建立邪教组织的；使用暴力、胁迫或者以其他方法强迫他人加入或者阻止他人退出邪教组织的；使用"伪基站""黑广播"等无线电台（站）或者无线电频率宣扬邪教的；发展邪教组织成员 50 人以上的；敛取钱财或者造成经济损失 100 万元以上的；等等。利用迷信破坏国家法律、行政法规实施，通常是指利用烧纸走阴、跳神请仙、看相算命等形式，散布迷信谣言，制造混乱、恐慌，蛊惑民众，严重扰乱社会公共秩序，从而破坏国家法律实施的。

3. 犯罪主体为一般主体。

4. 主观方面只能由故意构成。

在司法实务中，组织、利用会道门、邪教组织、利用迷信破坏法律实施的行为人不一定以破坏国家法律、行政法规的实施，或煽动他人破坏国家法律、行政法规的实施为目的，对法律实施的破坏多沦为达到某一目的的手段。例如，行为人将组织、利用会道门、邪教组织、利用迷信破坏法律实施作为手段，可能以分裂国家、破坏国家统一、颠覆国家主权等为目的，也可能以敛聚钱财、获取暴利、奸淫妇女等为目的。因此，不宜将本罪认定为目的犯。

（二）认定组织、利用会道门、邪教组织、利用迷信破坏法律实施罪应当注意的问题

1. 关于罪与非罪的界限。

首先，要将本罪与合法的宗教活动相区别。宗教信仰自由是我国公民的基本权利，宗教活动也在国家的保护之列，而会道门、邪教组织和迷信本身就是对合法宗教的亵渎，因此，本罪惩治的重点是会道门和邪教组织，打着宗教的幌子利用迷信活动等，实施扰乱社会公共秩序，破坏国家法律实施的犯罪活动。① 其次，要将本罪与违法行为相区别。需要严格按照《刑法》和

---

① 迷信属于民间的习惯，涉及民间的传说，反映民间的理想和愿望。因此，迷信与会道门和邪教组织不同，少数群众实施的迷信活动虽然对社会风尚有消极影响，但未危害社会的，不构成犯罪。只有神汉、巫婆等迷信职业人员在迷信活动中，以跳神请仙、看相算命等为借口，妖言惑众，装神弄鬼，骗取钱财，甚至伤人性命，严重危害社会秩序和民众身心健康的，才能根据行为人行为侵犯的客体来定罪处罚。

司法解释确定的入罪标准来具体把握。既不能将行政违法行为人为拔高为刑事犯罪，以刑代罚；也不能将刑事犯罪降格为行政违法行为，以罚代刑。行为人虽然实施的行为已达入罪标准，但情节轻微，确有悔改表现，不致再危害社会的，也可不以犯罪论处。最后，要将会道门和邪教组织的组织者、骨干分子与参加的一般人员相区别。重点打击组织和利用会道门、邪教组织进行犯罪活动的组织、策划、指挥者和屡教不改的骨干分子。对受蒙蔽、胁迫参加会道门、邪教组织或已退出，不再参加活动的人员，视具体情况可不作为犯罪处理、不起诉或免予刑事处罚。

2. 关于此罪与彼罪的区分。

组织、利用邪教组织，制造、散布迷信邪说，组织、策划、煽动、胁迫、教唆、帮助其成员或者他人实施自杀、自伤的，以故意杀人罪或者故意伤害罪定罪处罚。①组织和利用会道门、邪教组织或者利用迷信蒙骗他人，过失致人重伤、死亡的，以组织、利用会道门、邪教组织、利用迷信致人重伤、死亡罪定罪处罚。②邪教组织人员以自焚、自爆或者其他危险方法危害公共安全的，以放火罪、爆炸罪、以危险方法危害公共安全罪等定罪处罚。③

3. 关于本罪的既未遂形态。

本罪为行为犯，只要行为人实施了司法解释列举的相关行为的即构成既遂。但在制作、传播邪教宣传品的情形中，仍然存在既未遂的区分。根据《办理邪教组织刑事案件解释》的相关规定，为了传播而持有、携带，或者传播过程中被当场查获的，如果邪教宣传品不是行为人制作，尚未传播的，以犯罪预备处理；在传播过程中被查获的，以犯罪未遂处理。④

4. 关于本罪的罪数形态。

行为人犯组织、利用会道门、邪教组织、利用迷信破坏法律实施罪，又

---

① 如果组织、利用邪教组织，制造、散布迷信邪说，故意剥夺他人生命或者伤害他人身体的，本来就应该构成故意杀人罪或者故意伤害罪。
② 如果组织和利用会道门、邪教组织或者利用迷信，在故意和过失之外，因意外致人重伤、死亡的，构成组织、利用会道门、邪教组织、利用迷信破坏法律实施罪，但可认定为"情节特别严重"。
③ 以上情形中，如果行为人还构成组织、利用会道门、邪教组织、利用迷信破坏法律实施罪的，应数罪并罚。
④ 例如，卢某某利用邪教组织破坏法律实施案，参见河南省扶沟县人民法院（2009）扶刑初字第152号。

有奸淫妇女、诈骗财物等犯罪行为的，依照数罪并罚的规定处罚。组织、利用邪教组织破坏国家法律、行政法规实施过程中，又有煽动分裂国家、煽动颠覆国家政权或者侮辱、诽谤他人等犯罪行为的，依照数罪并罚的规定处罚。

（三）组织、利用会道门、邪教组织、利用迷信破坏法律实施罪的刑事责任

依照《刑法》第300条第1款规定，犯组织、利用会道门、邪教组织、利用迷信破坏法律实施罪的，处三年以上七年以下有期徒刑，并处罚金；情节特别严重的，处七年以上有期徒刑或者无期徒刑，并处罚金或者没收财产；情节较轻的，处三年以下有期徒刑、拘役、管制或者剥夺政治权利，并处或者单处罚金。

四十九、组织、利用会道门、邪教组织、利用迷信致人重伤、死亡罪[①]

第三百条[②] **第一款** 组织、利用会道门、邪教组织或者利用迷信破坏国家法律、行政法规实施的，处三年以上七年以下有期徒刑，并处罚金；情节特别严重的，处七年以上有期徒刑或者无期徒刑，并处罚金或者没收财产；情节较轻的，处三年以下有期徒刑、拘役、管制或者剥夺政治权利，并处或者单处罚金。

第二款 组织、利用会道门、邪教组织或者利用迷信蒙骗他人，致人重伤、死亡的，依照前款的规定处罚。

[①] 参考案例：卫某迷信致人死亡案，载法信网，http://www.faxin.cn/。
[②] 本条经2015年8月29日《刑法修正案（九）》第33条修改。

（一）组织、利用会道门、邪教组织、利用迷信致人重伤、死亡罪的概念和构成要件

组织、利用会道门、邪教组织、利用迷信致人重伤、死亡罪，是指组织和利用会道门、邪教组织或者利用迷信蒙骗他人，致人重伤、死亡的行为。1997年修订《刑法》时，规定了组织、利用会道门、邪教组织、利用迷信致人死亡罪。《刑法修正案（九）》增设致人重伤的处罚，罪名相应修改为组织、利用会道门、邪教组织、利用迷信致人重伤、死亡罪。

组织、利用会道门、邪教组织、利用迷信致人重伤、死亡罪的构成要件是：

1. 本罪侵犯的客体是复杂客体，既侵犯了社会管理秩序，又侵犯了他人的健康权和生命权。

2. 客观方面表现为行为人实施了组织和利用会道门、邪教组织或者利用迷信，蒙骗他人，以致引起他人重伤或者致人死亡的行为。

根据《最高人民法院、最高人民检察院关于办理组织、利用邪教组织破坏法律实施等刑事案件适用法律若干问题的解释》（以下简称《办理邪教组织刑事案件解释》）的相关规定，"蒙骗他人，致人重伤、死亡"，是指组织、利用邪教组织，制造、散布迷信邪说，蒙骗成员或者他人绝食、自虐等，或者蒙骗病人不接受正常治疗，致人重伤、死亡的。

3. 犯罪主体为一般主体。

4. 主观方面只能由过失构成。[①]

[①] 有观点认为本罪可为间接故意和过失构成。首先，犯罪只能区分为故意型犯罪和过失型犯罪，不存在故意、过失型犯罪。如果一个犯罪既可以由故意构成，也可以由过失构成的话，将无法为该罪设置恰当的法定刑。因此，通常认为，《刑法》中的罪名只能由故意或者过失构成。其次，根据《办理邪教组织刑事案件解释》的相关规定，组织、利用邪教组织，制造、散布迷信邪说，蒙骗成员或者他人绝食、自虐等，或者蒙骗病人不接受正常治疗，致人重伤、死亡的，应当认定为"蒙骗他人，致人重伤、死亡"。从行为的性质分析，"绝食""自虐"及"不接受正常治疗"等，均为广义的"自杀"或"自伤"行为。如果行为人对致人重伤、死亡的危害后果有故意的，根据《办理邪教组织刑事案件解释》的相关规定，应该构成故意伤害罪或故意杀人罪。因此，本罪只能由过失构成。

（二）认定组织、利用会道门、邪教组织、利用迷信致人重伤、死亡罪应当注意的问题

组织、利用邪教组织，制造、散布迷信邪说，组织、策划、煽动、胁迫、教唆、帮助其成员或者他人实施自杀、自伤的，不构成本罪，以故意杀人罪或者故意伤害罪定罪处罚。如果组织、利用会道门、邪教组织、利用迷信蒙骗他人，因意外致人重伤、死亡的，也不构成本罪，以组织、利用会道门、邪教组织、利用迷信破坏法律实施罪定罪处罚。①

（三）组织、利用会道门、邪教组织、利用迷信致人重伤、死亡罪的刑事责任

依照《刑法》第 300 条规定，犯组织、利用会道门、邪教组织、利用迷信致人重伤、死亡罪的，处三年以上七年以下有期徒刑，并处罚金；情节特别严重的，处七年以上有期徒刑或者无期徒刑，并处罚金或者没收财产；情节较轻的，处三年以下有期徒刑、拘役、管制或者剥夺政治权利，并处或者单处罚金。

五十、聚众淫乱罪②

第三百零一条第一款 聚众进行淫乱活动的，对首要分子或者多次参加的，处五年以下有期徒刑、拘役或者管制。

（一）聚众淫乱罪的概念和构成要件

聚众淫乱，是指聚众进行淫乱活动或者多次参加聚众淫乱活动的行为。本罪是从 1979 年《刑法》第 160 条规定的流氓罪分解而来。

聚众淫乱罪的构成要件是：

---

① "致人重伤、死亡"，可认定为"情节特别严重"。
② 参考案例：刘某锋聚众淫乱案，广西壮族自治区钦州市中级人民法院（1999）钦刑一终字第 100 号。

1. 本罪的客体是社会公共秩序和社会风化。

男女多人自愿在一起性交或者进行性变态的行为，严重败坏了社会风气，是一种蔑视社会道德、伤风败俗的犯罪行为。

2. 客观方面表现为聚众进行淫乱活动的行为。

"聚众"，是指在首要分子的组织、指挥、策划下，纠集3人以上聚集在一起进行淫乱活动。这里的"多人"，既可以是男性多人，也可以是女性多人，还可以是男女混杂多人。"淫乱"，主要是指聚集男女多人在一起进行性交，即群奸群宿，也包括进行其他刺激、满足性欲的行为，如鸡奸、口交、手淫等。聚众淫乱表现为多人自愿在同一时间段内在同一地点一起淫乱，具有同时同地性和自愿性。如果强迫妇女参加淫乱的，则根据行为的性质、次数与具体情况，认定为强奸罪、强制猥亵罪或者与本罪数罪并罚。

3. 犯罪主体为一般主体，在本罪中是指聚众淫乱活动的首要分子和多次参加者。

4. 主观方面由故意构成。目的是寻求感官刺激，满足自己的淫乱需求。

（二）认定聚众淫乱罪应当注意的问题

注意划清罪与非罪的界限。构成本罪的只能是聚众淫乱活动的首要分子和多次参加者。对于偶尔参加的，或者虽有淫乱活动但未聚众进行的，应当进行批评教育，或者给予必要的治安处罚，不构成犯罪。根据《最高人民检察院、公安部关于公安机关管辖的刑事案件立案追诉标准的规定（一）》第41条规定，组织、策划、指挥3人以上进行淫乱活动或者参加聚众淫乱活动3次以上的，应予立案追诉。

（三）聚众淫乱罪的刑事责任

依照《刑法》第301条第1款规定，犯聚众淫乱罪的，处五年以下有期徒刑、拘役或者管制。

五十一、引诱未成年人聚众淫乱罪[①]

第三百零一条 聚众进行淫乱活动的,对首要分子或者多次参加的,处五年以下有期徒刑、拘役或者管制。

引诱未成年人参加聚众淫乱活动的,依照前款的规定从重处罚。

（一）引诱未成年人聚众淫乱罪的概念和构成要件

引诱未成年人聚众淫乱罪,是指引诱未成年人参加聚众淫乱活动的行为。

本罪是从1979年《刑法》第160条规定的流氓罪分解而来。

引诱未成年人聚众淫乱罪的构成要件是:

1. 本罪的客体是社会公共秩序和未成年人的身心健康。

犯罪对象是未成年人。"未成年人",是指不满18周岁的未成年男女。

2. 客观方面表现为引诱未成年人参加聚众淫乱活动的行为。

"引诱",是指通过语言、表演、示范、观看录像等手段,诱惑未成年的男女参加淫乱活动的行为。在司法实践中,往往是通过传播淫秽物品、宣讲性体验、性感受甚至直接进行性表演等方法进行拉拢、腐蚀、引诱未成年人参加淫乱活动。参加包括加入淫乱活动中,也包括到淫乱现场观看。

3. 犯罪主体为一般主体。

4. 主观方面是由故意构成,动机主要是寻求下流无耻的精神刺激,过失不构成本罪。

（二）认定引诱未成年人聚众淫乱罪应当注意的问题

1. 划清罪与非罪的界限。

根据《最高人民检察院、公安部关于公安机关管辖的刑事案件立案追诉

[①] 参考案例1:杨某飞引诱未成年人聚众淫乱案,浙江省金华市中级人民法院（2016）浙07刑更5254号。参考案例2:胡某东组织卖淫、引诱未成年人聚众淫乱案,河南省信阳市中级人民法院（2016）豫15刑更818号。

标准的规定（一）》第 42 条规定，引诱未成年人参加聚众淫乱活动的，应予立案追诉，无需具备"多次"的条件。

如果引诱未成年人参加的不是淫乱活动，或者不是聚众的淫乱，不构成本罪。如果引诱成年人参加聚众淫乱活动，并进行聚众淫乱的，首要分子和多次参加者构成聚众淫乱罪。

2. 划清一罪与数罪的界限。

聚众淫乱的首要分子、多次参加者在聚众淫乱活动中，又引诱未成年人参加的，应以聚众淫乱罪与本罪数罪并罚。但聚众淫乱中的其他人引诱未成年人参加聚众淫乱的，只构成本罪一罪。如果行为人引诱多名未成年人，并自己组织他们一起进行集体淫乱活动，属于引诱未成年人聚众淫乱与聚众淫乱的想象竞合，应以引诱未成年人聚众淫乱罪从重处罚。如果行为人引诱未成年人参加聚众淫乱活动，其本人又与幼女发生性关系的，应以强奸罪与本罪数罪并罚。

（三）引诱未成年人聚众淫乱罪的刑事责任

依照《刑法》第 301 条第 2 款规定，犯引诱未成年人聚众淫乱罪的，依照第 301 条第 1 款的规定（即处五年以下有期徒刑、拘役或者管制）从重处罚。

五十二、盗窃、侮辱、故意毁坏尸体、尸骨、骨灰罪[①]

第三百零二条[②] 盗窃、侮辱、故意毁坏尸体、尸骨、骨灰的，处三年以下有期徒刑、拘役或者管制。

（一）盗窃、侮辱、故意毁坏尸体、尸骨、骨灰罪的概念和构成要件

盗窃、侮辱、故意毁坏尸体、尸骨、骨灰罪，是指盗窃、侮辱、故意毁

[①] 参考案例：胡某红故意杀人、盗窃、侮辱尸体案，湖南省高级人民法院（2018）湘刑核83388065 号。

[②] 本条经 2015 年 8 月 29 日《刑法修正案（九）》第 34 条修改。

坏尸体、尸骨、骨灰的行为。

1997年《刑法》增设盗窃、侮辱尸体罪。2015年8月29日通过的《刑法修正案（九）》对该罪进行修改，增加了尸骨、骨灰，增加故意毁坏行为。

盗窃、侮辱、故意毁坏尸体、尸骨、骨灰罪的构成要件是：

1. 本罪的客体是社会风俗习惯。

盗窃、侮辱、故意毁坏尸体、尸骨、骨灰，一向被人们视为对死者的亵渎，是对我国善良民族习惯和传统的侵犯。不仅严重伤害社会风化，而且容易引起群众之间的矛盾，酿成大的冲突，具有较大的社会危害性，必须给予刑事处罚。犯罪对象是尸体、尸骨、骨灰。尸体，是指自然人死亡后所遗留的躯体。尸骨是指人死亡后留下的遗骨、遗发。骨灰是指人的尸体焚烧后化成的灰。

2. 客观方面表现为盗窃、侮辱、故意毁坏尸体、尸骨、骨灰的行为。

"盗窃"，是指行为人以秘密的方式，将尸体及其遗留物从坟墓、停尸房等原位移走，置于自己的控制之下；"侮辱"，是指对尸体及其遗留物进行猥亵、毁损、奸尸、遗弃等凌辱行为；"故意毁坏"，是指对尸体及其遗留物进行物理或化学性破坏、损毁，如肢解、割裂尸体，损毁死者面容，抛撒骨灰等。

3. 犯罪主体为一般主体。

4. 主观方面由故意构成。犯罪动机是多种多样的，有的是为了出卖，有的是出于迷信结所谓的"阴亲"，有的是为了泄愤报复，等等。但动机不影响本罪的成立。

（二）认定盗窃、侮辱、故意毁坏尸体、尸骨、骨灰罪应当注意的问题

1. 划清罪与非罪的界限。

区分罪与非罪，还应当综合考虑手段是否恶劣、次数和数量多少、是否造成恶劣影响和严重后果、是否造成公共秩序混乱及影响人们正常工作和生活、是否出于牟利、奸尸动机等情节及其危害程度。如果情节显著轻微、危害不大的，不认为是犯罪，可以《治安管理处罚法》第65条规定予以拘留、

罚款。

2. 划清一罪与数罪的界限。

由于本罪属于选择性罪名，盗窃尸体后又加以侮辱的，或者为了侮辱尸体而先盗窃的，仍只定盗窃、侮辱尸体一罪，不实行数罪并罚。故意杀人后为毁灭罪证、掩盖罪迹而毁坏、抛弃、侮辱尸体的，后一行为已为前一行为所吸收，仍只定故意杀人一个罪。但是杀人后为损害尸体尊严和生者感情而侮辱尸体的，因为行为人另起犯意，又有侮辱尸体的犯意和行为，应当实行数罪并罚。如果在盗窃尸体的同时，又盗窃了尸体上物品或者墓葬里的其他随葬物品的，则应以盗窃尸体罪与盗窃罪实行并罚。如果行为人破坏埋葬遗体、骨灰的墓地、墓碑的，可以故意毁坏财物罪论处；如果毁坏他人坟墓进而盗窃、侮辱、故意毁坏尸体、尸骨、骨灰的，可以在故意毁坏财物罪与本罪之间择一重罪处罚。

（三）盗窃、侮辱、故意毁坏尸体、尸骨、骨灰罪的刑事责任

依照《刑法》第302条规定，犯盗窃、侮辱、故意毁坏尸体、尸骨、骨灰罪的，处三年以下有期徒刑、拘役或者管制。

根据《刑法》第234条之一第3款的规定，违背本人生前意愿摘取其尸体器官，或者本人生前未表示同意，违反国家规定，违背其近亲属意愿摘取其尸体器官的，依照《刑法》第302条规定定罪处罚。

五十三、赌博罪[①]

第三百零三条第一款[②]　以营利为目的，聚众赌博或者以赌博为业的，处三年以下有期徒刑、拘役或者管制，并处罚金。

[①] 参考案例：冯某成、冯某平、王某刚等赌博案，陕西省宝鸡市中级人民法院（2020）陕03刑终153号。

[②] 本款经2006年6月29日《刑法修正案（六）》第18条第1款修改。

(一)赌博罪的概念和构成要件

赌博罪,是指以营利为目的,聚众赌博或者以赌博为业的行为。

1979年《刑法》第168条对本罪作了规定,1997年《刑法》第303条对赌博罪的罪状作了补充。《刑法修正案(六)》第18条第2款将"开设赌场"的行为从赌博罪中分离出来作为《刑法》第303条第2款,设立独立犯罪。

赌博罪的构成要件是:

1. 本罪侵犯的客体是社会管理秩序和社会风尚。

赌博不仅危害社会秩序,影响工作、生产和生活,而且还往往诱发其他犯罪,对社会危害很大,必须予以打击。

2. 客观方面表现为聚众赌博或者以赌博为业的行为。

"聚众赌博",是指为赌博提供赌场、赌具,组织、招引他人参加赌博,本人从中抽头渔利的行为。这种人俗称"赌头"。赌头可能参与赌博,也可能不参与赌博,可能是一人,也可能是多人(3人以上),均不影响犯罪的成立。"以赌博为业",是指以赌博为常业,即以赌博所得为其生活或者挥霍的主要来源的行为。这种人俗称"赌棍"。赌棍有的无正当职业,专事赌博;有的有业不就,主要从事赌博;有的虽有正当职业,但以赌博为兼业,赌博输赢的数额大大超过其正当收入的数额。按照法律规定,行为人只要具备聚众赌博或者以赌博为业两种行为之一的,即可构成本罪。

3. 犯罪主体为一般主体。

应当注意的是,《刑法》第7条规定:"中华人民共和国公民在中华人民共和国领域外犯本法规定之罪的,适用本法,但是按本法规定的最高刑为三年以下有期徒刑的,可以不予追究。"《刑法》第303条第1款规定的赌博罪的最高法定刑为三年,依法可以不予追究。但是,为了保护我国的利益,2005年5月11日《最高人民法院、最高人民检察院关于办理赌博刑事案件具体应用法律若干问题的解释》(法释〔2005〕3号,以下简称《办理赌博刑事案件解释》)规定:"中华人民共和国公民在我国领域外周边地区聚众赌博、开设赌场,以吸引中华人民共和国公民为主要客源,构成赌博罪的,可以依照刑法规定追究刑事责任。"这种情况下追究刑事责任，以"我国领域外周边地区"以及"以吸引中华人民共和国公民为主要客源"为条件。"我国领域外周边地区"，主要是指与我国领土主要是陆地接壤的国家和地区。

4. 主观方面由故意构成，并且具有营利的目的。

行为人聚众赌博、以赌博为业，是为了获取数额较大的金钱或者其他财物，而不是为了消遣、娱乐。行为人获取财物的方式，主要包括以下几种情况：（1）抽头渔利，即组织、招引他人赌博，从他人赌博赢取的财物中按照一定比例，抽取费用；（2）直接参赌获利；（3）组织中国公民赴境外赌博，从中获取回扣、介绍费等。以营利为目的，并不要求行为人一定要赢得钱财，只要是为了获取钱财，即使实际上没有赢钱甚至输了钱，也不影响本罪的成立。

（二）认定赌博罪应当注意的问题

1. 划清犯罪与一般赌博违法行为的界限。

两者的主要区别是行为人主观上是否以营利为目的，客观上是否具有聚众赌博或者以赌博为业的行为。根据《办理赌博刑事案件解释》第1条的规定，以营利为目的，有下列情形之一的，属于刑法第303条规定的"聚众赌博"：（1）组织3人以上赌博，抽头渔利数额累计达到5000元以上的；（2）组织3人以上赌博，赌资数额累计达到5万元以上的；（3）组织3人以上赌博，参赌人数累计达到20人以上的；（4）组织中华人民共和国公民10人以上赴境外赌博，从中收取回扣、介绍费的。不以营利为目的，进行带有少量财物输赢的娱乐活动，以及提供棋牌室等娱乐场所只收取正常的场所和服务费用的经营行为等，不以赌博论处。

2. 正确认定抢赌资行为的性质。

如果没有参加赌博的人，使用暴力或者胁迫的方法抢赌场的，或者参赌者使用暴力抢劫他人赌资、有预谋抢劫赌场的，均应以抢劫罪处罚。如果参赌者仅以其所输赌资为抢劫对象，不宜按抢劫罪定罪处罚。构成赌博、故意伤害等其他犯罪的，依照刑法的相关规定处罚。

3. 未经国家批准擅自发行、销售彩票，构成犯罪的，依照《刑法》第

225条第4项的规定,以非法经营罪定罪处罚。

4.通过赌博或者为国家工作人员赌博提供资金的形式实施行贿、受贿行为,构成犯罪的,应依照《刑法》关于贿赂犯罪的规定定罪处罚。

(三)赌博罪的刑事责任

依照《刑法》第303条第1款规定,犯赌博罪的,处三年以下有期徒刑、拘役或者管制,并处罚金。

司法机关在适用《刑法》第303条第1款规定处罚时,应当注意运用经济上的制裁手段。根据《办理赌博刑事案件解释》第8条的规定,赌博犯罪中用作赌注的款物、换取筹码的款物和通过赌博赢取的款物属于赌资。在利用计算机网络进行的赌博活动中,分赌场、下级庄家或者赌博参与者在组织参与赌博前向赌博组织者、上级庄家或者赌博公司交付的押金,应当视为赌资。赌博现场没有赌资,而是以筹码或者事先约定事后交割等方式代替的,赌资数额经调查属实后予以认定。个人投注的财物数额无法确定时,按照参赌财物的价值总额除以参赌人数的平均值计算。通过计算机网络实施赌博犯罪的,赌资数额可以按照在计算机网络上投注或者赢取的点数乘以每一点实际代表的金额认定。赌博的次数,可以按照在计算机网络上投注的总次数认定。赌资应当依法予以追缴;赌博用具、赌博违法所得以及赌博犯罪分子所有的专门用于赌博的资金、交通工具、通信工具等,应当依法予以没收。对参与赌博人员使用的交通、通信工具未作为赌注的,不得没收。

五十四、开设赌场罪[1]

第三百零三条第二款[2] 开设赌场的,处五年以下有期徒刑、拘役或者管制,并处罚金;情节严重的,处五年以上十年以下有期徒刑,并处罚金。

---

[1] 参考案例:洪某强、洪某沃、洪某泉、李某荣开设赌场案,最高人民法院指导案例105号。
[2] 本款经2006年6月29日《刑法修正案(六)》第18条、2020年12月26日《刑法修正案(十一)》第36条修改。

第六章 妨害社会管理秩序罪

（一）开设赌场罪的概念和构成要件

开设赌场罪，是指以营利为目的，为赌博提供场所、空间、赌具等，设定赌博方式、规则，组织、控制赌博进行或者经营赌博的行为。

本罪是根据《刑法修正案（六）》第18条、《刑法修正案（十一）》第36条的规定修改。"开设赌场"，原为《刑法》第303条赌博罪中的一个具体罪状，《刑法修正案（六）》将其单独规定，另列一款，作为第303条第2款，并增加了一档"情节严重"的法定刑，成立开设赌场罪。《刑法修正案（十一）》对《刑法》第303条又作了重大修改：提高了开设赌场罪的法定刑，将"三年以下有期徒刑"以及"三年以上十年以下有期徒刑"修改为"五年以下有期徒刑"和"五年以上十年以下有期徒刑"。

开设赌场罪的构成要件是：

1.本罪的客体为社会公共秩序。

开设赌场犯罪通过控制、组织赌博这种违法犯罪活动来获取不义之财，是赌博得以进行的基本条件，不但破坏中华民族崇尚的通过劳动和合法行为获得报酬的良善社会风尚，还易于导致抢劫、盗窃、故意杀人等犯罪，对正常社会秩序产生严重影响。

2.本罪客观方面表现为为赌博提供场所、网络空间、赌具、筹码等，设定赌博方式、规则，控制、组织赌博进行的行为。

开设赌场罪在客观方面主要包括传统方式、开设赌博网站以及利用赌博机组织赌博等行为。所谓传统方式，是指提供房屋、场馆、赌具、筹码等看得见、摸得着的实物，设定赌博方式、规则，组织、控制赌博进行的行为。开设赌博网站，是指利用互联网、移动通讯终端建立赌博网站，接受投注，传输赌博视频、数据，组织赌博活动的行为，主要包括建立赌博网站并接受投注、建立赌博网站并提供给他人组织赌博、为赌博网站担任代理并接受投注、参与赌博网站利润分成等行为。目前查证的中文赌博网站主要设置在中国香港特别行政区、台湾地区、东南亚国家、美国等，在大陆从事开设赌场犯罪活动的主要是这些网站的各级代理。网上赌博具有快捷、方便，无需现实空间，赌客不需要聚集，司法机关查证困难等特点，因此开设赌博网站的行为日益增多。利用赌博机组织赌博,是指设置具有退币、退分、退钢珠等赌博功能的电子游戏设施设备,并以现金、有价证券等贵重款物作为奖品,或者以回购奖品方式给予他人现金、有价证券等组织赌博活动的行为。

3. 犯罪主体为一般主体。

4. 本罪主观方面为故意。

(二)认定开设赌场罪应当注意的问题

1. 关于罪与非罪的界限。

鉴于我国广大地区民间消遣娱乐的实际和习惯,认定开设赌场案件要特别注意把握罪与非罪的界限,准确把握犯罪构成,防止扩大打击面。对于以营利为目的开设赌场,非法获利数额巨大,造成恶劣社会影响,严重影响公共秩序和败坏社会风尚的,要依法惩处。要重点打击那些公开、长期开设赌场、赌资数额特别巨大,社会影响恶劣,以暴力和黑社会性质组织为背景开设赌场的行为。对于不以营利为目的,组织进行带有少量财物输赢的娱乐活动,以及提供棋牌室等娱乐场所只收取正常的场所和服务费用的经营行为的,不能以本罪定罪处罚。

要重点打击开设赌场的出资者、经营者。对受雇为赌场从事接送参赌人员、望风看场、发牌坐庄、兑换筹码等活动的人员,除参与赌场利润分成或者领取高额固定工资的以外,一般不追究刑事责任,可由公安机关依法给予治安管理处罚。对设置游戏机,单次换取少量奖品的娱乐活动,不以违法犯罪论处。

2. 关于本罪与赌博罪的界限。

本罪与赌博罪中的聚众赌博在行为上相似,都可以表现为组织他人参与赌博的行为,主要区别在于:第一,开设赌场罪是一种经营行为,一般通过长期、固定地提供场所、空间、赌具、设定赌博方式等获取营利,营利主要是抽头渔利。行为人是否在开设的赌场中参赌,不影响开设赌场罪的认定。聚众赌博的行为人也可能提供场所、赌具、设定赌博方式等,但是一般不具有长期性、固定性,营利可能是抽头渔利,也可能是行为人参赌赢取的财物。第二,开设赌场罪的行为人对赌博活动具有明显的控制性,通过控制使赌博活动顺利进行，从而获得更大的非法利益，这种控制性主要通过对场所、赌博方式等的控制来实现。聚众赌博主要表现为召集、邀约进行赌博，行为人对赌博活动不具有明显的控制性。第三，开设赌场罪一般是团伙或者共同犯罪，通过一定的组织分工、他人协助来实现。聚众赌博行为人之间关系较为松散，一般没有组织性。如果行为既经常积极主动邀约、组织他人参赌，又长期为赌博活动提供场所等基本条件，组织、控制赌博进行，可以开设赌场罪和赌博罪数罪并罚。

3. 关于利用赌博机组织赌博行为的性质认定。

根据《最高人民法院、最高人民检察院、公安部关于办理利用赌博机开设赌场案件适用法律若干问题的意见》的规定，设置具有退币、退分、退钢珠等赌博功能的电子游戏设施设备，并以现金、有价证券等贵重款物作为奖品，或者以回购奖品方式给予他人现金、有价证券等贵重款物组织赌博活动的，应当认定为《刑法》第303条第2款规定的"开设赌场"行为。

（三）开设赌场罪的刑事责任

依照《刑法》第303条第2款的规定，犯开设赌场罪的，处五年以下有期徒刑、拘役或者管制，并处罚金；情节严重的，处五年以上十年以下有期徒刑，并处罚金。

五十五、组织参与国（境）外赌博罪

第三百零三条第二款 开设赌场的，处五年以下有期徒刑、拘役或者管制，并处罚金；情节严重的，处五年以上十年以下有期徒刑，并处罚金。

第三款[①] 组织中华人民共和国公民参与国（境）外赌博，数额巨大或者有其他严重情节的，依照前款的规定处罚。

---

① 本款由2020年12月26日《刑法修正案（十一）》第36条第3款增设。

（一）组织参与国（境）外赌博罪的概念和构成要件

组织参与国（境）外赌博罪，是指组织中华人民共和国公民参与国（境）外赌博，数额巨大或者有其他严重情节的行为。

组织参与国（境）外赌博罪的构成要件是：

本罪是《刑法修正案（十一）》第36条新增的罪名。

1. 本罪的犯罪客体是复杂客体，侵犯了国家管理秩序和良好的社会风尚，也会造成资金外流。

2. 本罪的客观方面是组织中华人民共和国公民前往国（境）外参与赌博，数额巨大或者具有其他严重情节。

"国（境）外"包括国外和境外两种情形。国外是从国家与国家对外而言，是中华人民共和国以外的其他国家，境外是我国"一国两制"制度下，香港、澳门、台湾地区。在行为方式上既包括组织中国公民前往国（境）外参与赌博，也包括组织中国公民通过网络参与国外赌博网站的赌博活动。

3. 犯罪主体是一般主体，年满16周岁就有刑事责任能力的自然人。

4. 犯罪主观方面是故意。

（二）认定组织参与国（境）外赌博罪应当注意的问题

实践中，对于有些旅行社、导游在我国公民赴国（境）外旅游过程中，会引导甚至是主动招揽游客参与国（境）外的赌博，对此是否可以认定为"具有其他严重情节"，作为犯罪处理。这种情形，应区分类型认定：如果在国（境）外旅游活动中，仅仅将参与国（境）外作为吸引游客的方式，且游客参赌数额较小，导游人员没有收取赌场的好处费，或者仅收取少量好处费的，可以看作是旅游项目或者旅游过程中娱乐项目，不作为犯罪处理。如果组织我国公民赴国（境）外旅游，主要活动就是参与赌博，实际上只是以旅游的名义组织前往国（境）外参与赌博的行为。

（三）组织参与国（境）外赌博罪的刑事责任

依照《刑法》第303条第3款的规定，构成组织参与国（境）外赌博罪的，处五年以下有期徒刑、拘役或者管制，并处罚金；情节严重的，处五年以上十年以下有期徒刑，并处罚金。

五十六、故意延误投递邮件罪①

第三百零四条 邮政工作人员严重不负责任，故意延误投递邮件，致使公共财产、国家和人民利益遭受重大损失的，处二年以下有期徒刑或者拘役。

（一）故意延误投递邮件罪的概念和构成要件

故意延误投递邮件罪，是指邮政工作人员严重不负责任，故意延误投递邮件，致使公共财产、国家和人民利益遭受重大损失的行为。

本罪是1997年《刑法》增设的罪名。

故意延误投递邮件罪的构成要件是：

1. 本罪的客体是国家邮政管理秩序。

犯罪对象是邮件。"邮件"，是指通过邮政企业及其分支机构寄送、递交的信件、电报、传真、印刷品、邮包、汇款通知、报纸杂志等。

2. 客观方面表现为邮政工作人员严重不负责任，故意延误投递邮件，致使公共财产、国家和人民利益遭受重大损失的行为。

3. 犯罪主体为特殊主体，即邮政工作人员。

邮政工作人员是指邮政企业及其分支机构的营业员、投递员、押运员和其他从事邮政工作的人员。其他人员，如一般单位收发室人员故意延误邮件投递的，不构成本罪。

4. 主观方面由故意构成，包括直接故意和间接故意。即明知是应当按期投递的邮件，有条件投递而故意不投递或者延误投递。过失不构成本罪。

---

① 参考案例：苗某故意延误投递邮件案，载法信网，http://www.faxin.cn/。

（二）认定故意延误投递邮件罪应当注意的问题

1. 注意罪与非罪的界限。

本罪只有故意延误投递行为致使公共财产、国家和人民利益遭受重大损失的，才构成犯罪。即使故意延误投递，但没有造成重大损失结果的，也不构成犯罪。按照《最高人民检察院、公安部关于公安机关管辖的刑事案件立案追诉标准的规定（一）》第45条的规定，邮政工作人员严重不负责任，故意延误投递邮件，涉嫌下列情形之一的，应予立案追诉：（1）造成直接经济损失2万元以上的；（2）延误高校录取通知书或者其他重要邮件投递，致使他人失去高校录取资格或者造成其他无法挽回的重大损失的；（3）严重损害国家声誉或者造成恶劣社会影响的；（4）其他致使公共财产、国家和人民利益遭受重大损失的情形。

2. 划清一罪与数罪的界限。

司法实践中，邮政工作人员将故意延误投递的邮件私拆、隐匿、毁弃的，涉及罪数问题，需要区分不同情况处理：

（1）故意延误投递邮件，并私拆、隐匿、毁弃，但没有造成公共财产、国家和人民利益遭受重大损失的，故意延误投递邮件行为不构成犯罪而为后行为吸收，应以私自开拆、隐匿、毁弃邮件罪论处。

（2）故意延误投递邮件，并私拆、隐匿、毁弃，因而造成公共财产、国家和人民利益遭受重大损失的，则行为人出于两个故意，实施两个危害行为，一个是不作为一个是作为，符合两个犯罪构成，应当进行数罪并罚。

（3）如果邮政工作人员将故意延误投递的邮件私拆，并从中窃取财物的，根据《刑法》第253条第2款规定，依照第264条的规定定罪从重处罚。即按照牵连犯从一重罪处断原则，以盗窃罪定罪并从重处罚。

（三）故意延误投递邮件罪的刑事责任

依照《刑法》第304条规定，犯故意延误投递邮件罪的，处二年以下有期徒刑或者拘役。

第二节 妨害司法罪

一、伪证罪[①]

第三百零五条 在刑事诉讼中,证人、鉴定人、记录人、翻译人对与案件有重要关系的情节,故意作虚假证明、鉴定、记录、翻译,意图陷害他人或者隐匿罪证的,处三年以下有期徒刑或者拘役;情节严重的,处三年以上七年以下有期徒刑。

(一)伪证罪的概念和构成要件

伪证罪,是指在刑事诉讼中,证人、鉴定人、记录人、翻译人对与案件有重要关系的情节,故意作虚假证明、鉴定、记录、翻译,意图陷害他人或者隐匿罪证的行为。

1979年《刑法》第148条对本罪作了规定,1997年《刑法》第305条保留相关规定。

伪证罪的构成要件是:

1. 本罪侵犯的客体是司法机关的正常活动。

2. 客观方面表现为在刑事诉讼中,对于与案件有重要关系的情节,作虚假的证明、鉴定、记录、翻译,意图陷害他人或者隐匿罪证的行为。

刑事诉讼是指对刑事案件的侦查、起诉、审判活动。如果伪证行为发生在犯罪嫌疑人归案之前或者审判、脱逃之后则不构成伪证罪而构成包庇罪。所谓与案件有重要关系的情节,是指对于行为是否构成犯罪、犯罪的性质或者罪行的轻重有重大影响的情节,也就是能够影响定罪量刑的情节,包括犯罪主体的年龄与精神状态、犯罪的故意或者过失、危害行为、特定的犯罪目

[①] 参考案例:梅某、胥某学、许某英伪证案,江西省抚州市中级人民法院(2019)赣10刑终274号。

的、时间、地点、手段,以及法律明确规定的从轻、减轻、免除处罚和从重处罚的情节,还包括法律没有明确规定而由司法机关在办理案件的过程中具体掌握的酌定情节,如犯罪的动机、目的、被告人一贯表现、认罪态度等。

3.犯罪主体为特殊主体,包括证人、鉴定人、记录人、翻译人。

这四种主体以外的人不能单独构成伪证罪的主体。证人,是指知道案件情况,并向司法机关作出陈述的人;鉴定人,是指应司法机关的指定,对案件中的某些专门性问题进行鉴定,并作出鉴定结论的人;记录人,是指在司法机关对案件进行侦查、起诉和审判的过程中,为调查、搜查、询问证人、被害人或者审讯被告人担任文字记录的人;翻译人,是指在刑事诉讼中,受司法机关指派或者聘请担任外国语、民族语或哑语翻译的人。本条规定中的鉴定人、记录人、翻译人均指聘用人员。如果是司法工作人员担任鉴定、记录、翻译任务且对与案件有重要关系的情节,故意作虚假鉴定、记录、翻译、意图陷害他人或者隐匿罪证,则应以徇私枉法罪定罪处罚。

4.主观方面由直接故意构成。

行为人明知自己作虚假证明、鉴定、记录、翻译会使他人受到不应有的刑事处罚或者使犯罪人逃避法律制裁,却希望这种结果发生。犯罪目的是希望通过伪证行为陷害他人或者包庇罪犯。

(二)认定伪证罪应当注意的问题

1.划清罪与非罪的界限。

如果证人由于对案情了解不全面或者记忆不清楚作了与事实不符的证明;鉴定人由于业务水平低作出错误的鉴定结论;记录人由于业务能力差和理解问题出现错记、漏记;翻译人由于未听清讲话内容造成错译、漏译的,由于他们主观上没有罪过,因而都不构成伪证罪。如果行为人对与案件关系不重要的情节作了虚假的证明、鉴定、记录、翻译,因客观上达不到陷害他人、包庇罪犯的目的,也不构成伪证罪。

2.划清本罪与诬告陷害罪的界限。

两罪的区别表现在:(1)主体不同。前者是特殊主体,后者是一般主体。(2)行为发生的阶段不同。前者发生在刑事诉讼过程中,后者发生在诉讼开始以前,其"诬告"常常是刑事案件立案的前提。(3)犯罪目的不同。前者的犯罪目的包括陷害他人和包庇罪犯两种,而后者的犯罪目的只有陷害一种。

3. 划清本罪与提供虚假证明文件罪的界限。

前者在客观方面也表现为提供虚假证明的行为,但这种虚假证明是作为诉讼证据而向司法机关提供的,提供者是证人、鉴定人、记录人、翻译人等特定人员,主观上是意图陷害他人或者隐匿罪证,侵害的是司法机关的正常活动。后者行为人提供的是资产评估、验资、验证、会计、审计、法律服务等方面的虚假证明文件,提供者是承担资产评估、验资、验证、会计、审计、法律服务的中介组织人员,主观上可能是出于哥们义气、朋友关系或者为了获取其他不正当利益,侵犯的客体是正常的市场经济秩序。

(三)伪证罪的刑事责任

依照《刑法》第 305 条规定,犯伪证罪的,处三年以下有期徒刑或者拘役;情节严重的,处三年以上七年以下有期徒刑。

该条中的"情节严重",是本罪的加重处罚情节,司法实践中,一般是指因伪证导致被害人被无辜定罪或判处了重刑的;或者导致有罪的人被无罪释放的等情形。

二、辩护人、诉讼代理人毁灭证据、伪造证据、妨害作证罪

第三百零六条 在刑事诉讼中,辩护人、诉讼代理人毁灭、伪造证据,帮助当事人毁灭、伪造证据,威胁、引诱证人违背事实改变证言或者作伪证的,处三年以下有期徒刑或者拘役;情节严重的,处三年以上七年以下有期徒刑。

辩护人、诉讼代理人提供、出示、引用的证人证言或者其他证据失实,不是有意伪造的,不属于伪造证据。

(一) 辩护人、诉讼代理人毁灭证据、伪造证据、妨害作证罪的概念和构成要件

辩护人、诉讼代理人毁灭证据、伪造证据、妨害作证罪，是指在刑事诉讼中，辩护人或者诉讼代理人毁灭、伪造证据，帮助当事人毁灭、伪造证据，威胁、引诱证人违背事实改变证言或者作伪证的行为。

本罪是1997年《刑法》增设的罪名。

辩护人、诉讼代理人毁灭证据、伪造证据、妨害作证罪的构成要件是：

1. 本罪侵犯的客体是国家司法机关的正常刑事诉讼活动。

《律师法》第3条第1款规定："律师执业必须遵守宪法和法律，恪守律师职业道德和执业纪律。"《刑事诉讼法》第44条第1款规定："辩护人或者其他任何人，不得帮助犯罪嫌疑人、被告人隐匿、毁灭、伪造证据或者串供，不得威胁、引诱证人作伪证以及进行其他干扰司法机关诉讼活动的行为。"违反该规定的，应当依法追究法律责任。

"被告人有权获得辩护"，是《宪法》规定的一项原则，辩护制度是刑事诉讼的一项重要制度。改革开放以来，随着我国民主法制建设的不断发展，律师担任辩护人、诉讼代理人参与刑事诉讼活动的日益增多，对保障犯罪嫌疑人、被告人的合法权利起了重要作用。但也有的辩护人、诉讼代理人在办案过程中，严重违背法律规定和执业道德、执业纪律，毁灭、伪造证据，帮助当事人毁灭、伪造证据，威胁、引诱证人违背事实改变证言或者作伪证，严重妨害了司法机关正常的诉讼活动。因此，《刑法》增设本罪以预防和惩治这种行为。

2. 客观方面表现为以下三种行为：

（1）辩护人或者诉讼代理人毁灭、伪造证据；（2）辩护人、诉讼代理人帮助当事人毁灭、伪造证据；（3）辩护人、诉讼代理人威胁、引诱证人违背事实改变证言或者作伪证。"毁灭证据"，是指使证据完全消灭或者完全丧失证据的作用。如烧毁足以证明犯罪的书证、物证，清除犯罪现场的血迹，等等。"伪造证据"，是指制造虚假的证据，如制造虚假的书证、物证或者视听资料，等等。"威胁证人作伪证"，是指以暴力或者其他方法使证人因惧怕而

作出虚假的证言。"引诱证人作伪证",是指以金钱、物质或者其他利益诱使证人作虚假的证言。例如,刘某辩护人妨害作证案中,被告人刘某在担任李某受贿一案的辩护人期间,采用证言劝导证人、改记证言内容的手段,引诱多名证人违背事实提供或者改变原有证言,妨碍了刑事诉讼活动的正常进行,构成辩护人妨害作证罪。①需要注意的是,此处的"证人"应作广义理解,除证人外,还包括被害人在内。例如肖某泉辩护人妨害作证案中,被告人肖某泉在担任梅某宝强奸一案辩护人期间,违反《刑事诉讼法》的规定,擅自向被害人调查取证,并贿买被害人作虚假陈述,也构成辩护人妨害作证罪。②

3. 犯罪主体为特殊主体,限于辩护人和诉讼代理人。

"辩护人",是指在刑事诉讼中,包括在侦查、起诉、审判阶段,犯罪嫌疑人、被告人委托的或者由人民法院指定的为犯罪嫌疑人、被告人提供法律帮助的人。辩护人既可以是律师,也可以是犯罪嫌疑人、被告人委托的不具有律师身份的其他公民,如人民团体或者被告人所在单位推荐的人,被告人的监护人、亲友。"诉讼代理人",是指公诉案件的被害人及其法定代理人或者近亲属、自诉案件的自诉人及其法定代理人委托代为参加诉讼的人,以及附带民事诉讼的当事人及其法定代理人委托代为参加诉讼的人。其职责主要是根据事实和法律,为保护被害人的合法利益,提供材料和意见。担任诉讼代理人的人员范围与辩护人的范围相同。

4. 主观方面由直接故意构成。其动机可能是包庇犯罪嫌疑人、被告人,或者是陷害犯罪嫌疑人、被告人。

(二)认定辩护人、诉讼代理人毁灭证据、伪造证据、妨害作证罪应当注意的问题

1. 划清罪与非罪的界限。

主要是划清本罪与提供证据失实的界限。实践中,由于辩护人、诉讼代

---

① 参见《刑事审判参考》第 62 号刘某辩护人妨害作证案。
② 参见《刑事审判参考》第 444 号肖某泉妨害作证案。

理人工作上的失误或者证人提供虚假证言，辩护人、诉讼代理人不知情而在刑事诉讼中向法庭提供、出示、引用的证人证言或者其他证据失实，不是有意伪造的，根据《刑法》第306条第2款的规定，不属于伪造证据，不构成犯罪。

2. 划清本罪与伪证罪的界限。

二者的区别在于：（1）犯罪主体不同。前者的主体是辩护人、诉讼代理人，而后者的主体是证人、鉴定人、记录人、翻译人。（2）主观方面不尽相同。后者必须是意图陷害他人或者隐匿罪证、包庇他人，前者则不限于此。（3）客观方面不同。前者表现为帮助犯罪嫌疑人、被告人隐匿、毁灭、伪造证据，威胁、引诱证人违背事实改变证言或者作伪证的行为，而后者只表现为对与案件有重要关系的情节，故意作虚假的证明、鉴定、记录、翻译。

3. 注意本罪成立的时空范围。本罪仅存在于刑事诉讼活动中。如果辩护人、诉讼代理人在刑事案件非诉讼阶段或者民事、行政案件中，辩护人、诉讼代理人之外的人在刑事、民事、行政案件中，实施妨害作证、毁灭证据、伪造证据行为的，依照《刑法》第307条的规定，以妨害作证罪、帮助毁灭、伪造证据罪定罪处罚。

4. 本罪属于选择性罪名。

按照法律规定，行为人只要实施了毁灭、伪造证据，或者帮助当事人毁灭、伪造证据，或者威胁、引诱证人违背事实改变证言或作伪证其中一种行为，就构成本罪；实施了两种以上行为的，仍为一罪，不实行并罚，量刑时可作参考。

（三）辩护人、诉讼代理人毁灭证据、伪造证据、妨害作证罪的刑事责任

依照《刑法》第306条第1款的规定，犯辩护人、诉讼代理人毁灭证据、伪造证据、妨害作证罪的，处三年以下有期徒刑或者拘役；情节严重的，处三年以上七年以下有期徒刑。

该条第1款规定的"情节严重"，是本罪的加重处罚情节。司法实践中，一般是指行为人的犯罪手段恶劣，严重妨害了刑事诉讼的正常进行，使有罪

的人逃避了刑事追究，或者使无罪的人受到了刑事追究。

三、妨害作证罪

第三百零七条第一款 以暴力、威胁、贿买等方法阻止证人作证或者指使他人作伪证的，处三年以下有期徒刑或者拘役；情节严重的，处三年以上七年以下有期徒刑。

第三款 司法工作人员犯前两款罪的，从重处罚。

（一）妨害作证罪的概念和构成要件

妨害作证罪，是指以暴力、威胁、贿买等方法阻止证人作证或者指使他人作伪证的行为。

本罪是 1997 年《刑法》增设的罪名。

妨害作证罪的构成要件是：

1. 本罪侵犯的客体是司法机关的正常的诉讼活动。

司法机关的诉讼活动主要包括公安机关对刑事案件的侦查活动，检察机关对刑事案件的侦查、起诉活动，审判机关对刑事、民事、行政等案件的审判活动。

2. 客观方面表现为在诉讼过程中或者诉讼过程之外，以暴力、威胁、贿买等方法阻止证人作证或者指使、贿买、胁迫他人作伪证的行为。

因此，本罪的行为可以分为两类：一类是以各种非法手段阻止证人依法作证；另一类是以各种非法手段指使他人作伪证，既包括指使了解案件情况的证人向司法机关作虚假的证明，也包括指使不了解案件情况的人假称了解案件情况向司法机关作虚假的证明。

非法手段各种各样。首先是暴力，如对证人施以绑架、拘禁，使证人因人身自由受到剥夺而无法向司法机关提供证言。"暴力"，是指致人轻伤以下程度的暴力。如因实施暴力致人重伤、死亡的，应以故意伤害罪、故意杀人罪定罪处罚。其次是威胁，即对证人以暴力威胁或者以其他损害证人的利益进行要挟，如声言如果作证就要对证人或者证人的亲属施加暴力，或者揭发其隐私等,使证人不敢向司法机关作证。再次是贿买,所谓贿买,就是给证人以一定的金钱、财物或者其他利益,或者向证人许诺给其一定的金钱、财物或其他利益,使证人因贪图钱财而不愿向司法机关作证或者作伪证。"等",即指除了暴力、威胁、贿买以外的其他阻止证人作证或者让其作伪证的方法,如唆使等。这里的证人和他人,同样包括被害人、鉴定人、翻译人等。例如前文所述的肖某泉辩护人妨害作证案中,被告人梅某琴在被告人肖某泉的指引下,出资收买被害人作虚假陈述,构成妨害作证罪。①

3. 犯罪主体为一般主体。

在司法实践中主要是与案件有利害关系的人,如犯罪嫌疑人、被告人的亲戚、朋友;或者民事、行政案件中的当事人等。如果是犯罪嫌疑人、被告人本身采取非法手段妨害作证的,也构成本罪。例如万某华妨害作证案。被告人万某华为逃避债务,伙同他人提起虚假民事诉讼并指使他人作伪证,妨害人民法院正常司法活动,构成妨害作证罪。②

4. 主观方面是故意。即意图通过种种非法手段使证人不能作证、不敢作证、不愿作证,或者指使证人或者其他人作伪证。

(二)认定妨害作证罪应当注意的问题

1. 划清本罪与非法拘禁罪的界限。

非法拘禁罪,是指非法拘禁或者以其他方法非法剥夺他人人身自由的行为。阻止证人作证的方法中包括了暴力方法,而暴力方法中包括了非法剥夺他人的人身自由。因此,如果行为人采取剥夺证人人身自由的方法阻止证人作证的,既构成了妨害作证罪,又同时构成了非法拘禁罪,应当按照处理想象竞合犯的原则,按其中较重的罪处罚。

2. 划清本罪与伪证罪的界限。

证人对与案件有重要关系的情节,故意作虚假证明的,构成伪证罪。如果该证人作伪证是行为人指使的,行为人本应构成伪证罪的共犯(教唆伪

---

① 参见《刑事审判参考》第 444 号肖某泉妨害作证案。
② 参见《中华人民共和国最高人民法院公报》2012 年第 12 期,万某华妨害作证案。

证），但由于刑法已将这种情况单独作了规定，因此，对指使证人作伪证的，就不再以伪证罪的共犯论处，而应直接定妨害作证罪。

3. 对于辩护人、诉讼代理人妨害作证、毁灭证据、伪造证据的，如果存在于刑事诉讼阶段，则依照《刑法》第306条第1款的规定，以辩护人、诉讼代理人毁灭证据、伪造证据、妨害作证罪定罪处罚；如果存在于刑事案件"非诉讼"阶段或者民事、行政案件中，则以本条规定的妨害作证罪，帮助毁灭、伪造证据罪定罪处罚。

（三）妨害作证罪的刑事责任

依照《刑法》第307条第1款规定，犯妨害作证罪的，处三年以下有期徒刑或者拘役；情节严重的，处三年以上七年以下有期徒刑。

依照《刑法》第307条第3款规定，司法工作人员犯本罪的，从重处罚。

司法机关在适用《刑法》第307条第1款、第3款规定处罚时，应当注意以下问题：

1. 该条第1款规定的"情节严重"，是本罪的加重处罚情节，司法实践中，一般是指因妨害作证造成了严重后果的情形，如导致冤、假、错案发生，或严重妨害司法机关正常诉讼活动的；手段特别恶劣的；经批评教育后仍继续实施妨害行为的等情形。

2. 该条第3款规定，司法工作人员犯本罪的，从重处罚。这里的司法工作人员，是指具有侦查、检察、审判、监管职责的工作人员。由于他们有职务上、工作上的便利，犯本罪更易得逞，而且会造成更加恶劣的影响，所以对犯本罪的司法工作人员从重处罚，是完全必要的。

3. 辩护人、诉讼代理人在刑事案件非诉讼阶段或者民事、行政案件中；辩护人、诉讼代理人之外的人在刑事、民事、行政案件中，实施妨害作证，帮助毁灭证据、伪造证据行为的，依照《刑法》第307条的规定，以妨害作证罪，帮助毁灭、伪造证据罪定罪处罚。

四、帮助毁灭、伪造证据罪

第三百零七条第二款 帮助当事人毁灭、伪造证据,情节严重的,处三年以下有期徒刑或者拘役。

第三款 司法工作人员犯前两款罪的,从重处罚。

(一)帮助毁灭、伪造证据罪的概念和构成要件

帮助毁灭、伪造证据罪,是指帮助当事人毁灭、伪造证据,情节严重的行为。

本罪是1997年《刑法》增设的罪名,1979年《刑法》和单行刑法均没有规定此罪名。

帮助毁灭、伪造证据罪的构成要件是:

1. 本罪侵犯的客体是司法机关正常的诉讼活动。

证据是证明案件真实情况的事实,无论在刑事诉讼还是民事、行政诉讼中,证据对于司法机关正确认定案件事实起到了决定性的作用。但是,如果证据被毁灭,或者出现伪造的证据,就会使司法机关难以作出公正的裁判或者作出错误的裁判。因此,帮助当事人毁灭、伪造证据,妨害了司法机关的正常司法活动。

2. 客观方面表现为帮助当事人毁灭、伪造证据,情节严重的行为。

"帮助当事人毁灭、伪造证据",是指与当事人共谋,共同毁灭、伪造证据,或者受当事人指使为当事人毁灭、伪造证据提供帮助的行为。

"当事人",既包括刑事案件中的自诉人、被告人、被害人,也包括民事、行政等案件中的原告、被告、第三人等。"毁灭"证据,是指使证据从物质形态上消失,如将书证烧毁,将物证抛入大海等。"伪造"证据,包括两种情况:一种是"无中生有",即凭空捏造出证据;另一种是"改头换面",即对原来真实的证据加以改造,使证据的证明方向发生改变。例如,徐某宝、郑某洋帮助伪造证据案中,被告人徐某宝、郑某洋受同案被告人蔡某方指使,在庭审中提供虚假证言,严重侵害正常的司法秩序,构成帮助伪

造证据罪。同案被告人蔡某方构成妨害作证罪。①

3. 犯罪主体为一般主体。

但在刑事诉讼中不包括辩护人、诉讼代理人。因为《刑法》第306条规定了在刑事诉讼中，辩护人、诉讼代理人帮助当事人毁灭、伪造证据的行为。

4. 主观方面由故意构成。犯罪动机多种多样，但动机不影响本罪的成立。

根据法律规定，帮助毁灭、伪造证据的行为，除需符合以上构成要件外，还必须达到"情节严重"的程度，才构成犯罪。"情节严重"，司法实践中，一般是指帮助毁灭、伪造重要证据、关键证据的；多次（3次以上）帮助当事人或者帮助多个当事人（3人以上）毁灭、伪造证据的；帮助当事人毁灭、伪造证据引起严重后果等情形。

（二）认定帮助毁灭、伪造证据罪应当注意的问题

1. 划清罪与非罪的界限。帮助毁灭、伪造证据的行为，如果情节不严重的，属一般违法行为，不构成犯罪。

2. 划清本罪与伪证罪的界限。

二者的区别在于：（1）前者不限于刑事诉讼；后者则必须发生在刑事诉讼中。（2）前者的主体是一般主体；而后者的主体是特殊主体，即证人、鉴定人、记录人、翻译人。（3）前者只是帮助当事人毁灭、伪造证据；而后者表现为对与案件有重要关系的情节，故意作虚假证明。

3. 划清本罪与辩护人、诉讼代理人妨害作证罪的界限。

辩护人、诉讼代理人在刑事诉讼中帮助当事人毁灭、伪造证据的，构成辩护人、诉讼代理人妨害作证罪，与本罪属法条竞合关系。按照特别法优于普通法的原则，应定辩护人、诉讼代理人妨害作证罪。

---

① 参见《刑事审判参考》第933号徐某宝、郑某洋帮助伪造证据案。

(三)帮助毁灭、伪造证据罪的刑事责任

依照《刑法》第 307 条第 2 款规定,犯帮助毁灭、伪造证据罪的,处三年以下有期徒刑或者拘役。

依照《刑法》第 307 条第 3 款规定,司法工作人员犯本罪的,从重处罚。

五、虚假诉讼罪①

第三百零七条之一② 以捏造的事实提起民事诉讼,妨害司法秩序或者严重侵害他人合法权益的,处三年以下有期徒刑、拘役或者管制,并处或者单处罚金;情节严重的,处三年以上七年以下有期徒刑,并处罚金。

单位犯前款罪的,对单位判处罚金,并对其直接负责的主管人员和其他直接责任人员,依照前款的规定处罚。

有第一款行为,非法占有他人财产或者逃避合法债务,又构成其他犯罪的,依照处罚较重的规定定罪从重处罚。

司法工作人员利用职权,与他人共同实施前三款行为的,从重处罚;同时构成其他犯罪的,依照处罚较重的规定定罪从重处罚。

(一)虚假诉讼罪的概念和构成要件

虚假诉讼罪,是指以捏造的事实提起民事诉讼,妨害司法秩序或者严重侵害他人合法权益的行为。随着我国社会主义法治的进一步完善,特别是立案登记制的实施,民商事诉讼案件的数量不断增加。与此同时,虚假诉讼愈演愈烈,类型日趋广泛,在民间借贷、以物抵债、破产、第三人撤销之诉和执行异议之诉中反映尤为明显,严重影响了司法的权威与公信力,侵害了公

---

① 参考案例:高某民虚假诉讼案,福建省石狮市人民法院(2018)闽 0581 刑初 1715 号。
② 本条由 2015 年 8 月 29 日《刑法修正案(九)》第 35 条增设。

民的合法权益。①2015年11月施行的《刑法修正案（九）》增设了虚假诉讼罪，第一次将虚假诉讼行为入刑，有效规制虚假诉讼行为。最高人民法院、最高人民检察院于2018年9月26日公布了《关于办理虚假诉讼刑事案件适用法律若干问题的解释》（以下简称《办理虚假诉讼刑事案件解释》），以及2021年3月4日最高人民法院、最高人民检察院、公安部、司法部联合印发的《关于进一步加强虚假诉讼犯罪惩治工作的意见》（以下简称《加强虚假诉讼犯罪惩治意见》），明确了虚假诉讼罪的行为特征和定罪量刑标准等方面问题，为司法实践中准确适用本罪提供了依据。

虚假诉讼罪的构成要件是：

1. 本罪侵犯的客体为双重客体，即正常的司法秩序和他人的合法权益。

虚假诉讼罪涉及两个客体，即正常的司法秩序和他人的合法权益，对此没有什么争议，有争议的是两者之间的关系。有观点认为两者是选择关系，也有观点认为是主次关系，甚至还有观点认为是司法秩序这一单一客体。②但是，现实中发生的虚假诉讼罪很少有与侵害他人合法权益无关的；实务界也承认，两者在司法实践中存在交叉重合关系，很难完全割裂或截然分开。③本书认为，任何虚假诉讼都会妨害司法秩序，而刑法不可能对此一一处罚，以"严重侵害他人合法权益"作为限制条件限缩入罪范围具有合理性，因此"妨害司法秩序"与"严重侵害他人合法权益"之间属于包容关系，即严重侵害他人合法权益的不法包含了妨害司法秩序的不法，两者往往体现为手段与目的的关系。④由此看来，对于单纯破坏政策性规定，浪费司法资源，妨害司法秩序，但并不侵害案外人合法权益的行为，在认定是否成立本罪时应当特别慎重，尽量作为民事诉讼违法行为予以制裁。

2. 客观方面表现为行为人以捏造的事实提起民事诉讼，妨害司法秩序或

---

① 据统计，2019年人民法院审结虚假诉讼犯罪案件826件，是2014年的118倍。参见最高人民法院2020年12月11日"严厉打击虚假诉讼 助力诚信社会建设"新闻发布会。

② 参见张明楷：《刑法学》，法律出版社2018年版，第1092页。

③ 参见缐杰、吴峤滨：《〈关于办理虚假诉讼刑事案件适用法律若干问题的解释〉重点难点解读》，载《检察日报》2018年9月27日。

④ 参见储陈城、王晶晶：《虚假诉讼罪的法益关系与司法适用》，载《法治现代化研究》2020年第2期。

者严重侵害他人合法权益。

首先，行为人实施了以捏造的事实提起民事诉讼的行为。"事实"是指据以提起民事诉讼的，对启动民事诉讼具有决定性作用的事实。"捏造"是指无中生有、凭空虚构特定事实的行为。需要注意的是，《办理虚假诉讼刑事案件解释》将捏造限定为"无中生有型"行为，未将"部分篡改型"行为纳入本罪。因此对既有民事法律关系进行部分篡改的行为①不属于捏造。②"部分篡改型"行为不成立虚假诉讼罪并不代表也不成立其他犯罪，《办理虚假诉讼刑事案件解释》第 7 条规定，采取伪造证据等手段篡改案件事实，骗取人民法院裁判文书的，可以以伪造公司、企业、事业单位、人民团体印章罪或者妨害作证罪等罪名定罪处罚。③

对于"捏造的事实"，《办理虚假诉讼刑事案件解释》第 1 条作了列举性规定，包括：（1）与夫妻一方恶意串通，捏造夫妻共同债务的；（2）与他人恶意串通，捏造债权债务关系和以物抵债协议的；（3）与公司、企业的法定代表人、董事、监事、经理或者其他管理人员恶意串通，捏造公司、企业债务或者担保义务的；（4）捏造知识产权侵权关系或者不正当竞争关系的；（5）在破产案件审理过程中申报捏造的债权的；（6）与被执行人恶意串通，捏造债权或者对查封、扣押、冻结财产的优先权、担保物权的；（7）单方或者与他人恶意串通，捏造身份、合同、侵权、继承等民事法律关系的其他行为。

隐瞒债务已经全部清偿的事实，向人民法院提起民事诉讼，要求他人履行债务的，以"以捏造的事实提起民事诉讼"论。

向人民法院申请执行基于捏造的事实作出的仲裁裁决、公证债权文书，或者在民事执行过程中以捏造的事实对执行标的提出异议、申请参与执行财产分配的，属于《刑法》第 307 条之一第 1 款规定的"以捏造的事实提起民事诉讼"。

---

① 典型的就是隐瞒借款已部分清偿的事实。
② 参见周峰、李加玺：《虚假诉讼罪具体适用中的两个问题》，载《人民法院报》2019 年 9 月 12 日。
③ 参见《刑事审判参考》第 1375 号胡某光、王某炎妨害作证、帮助伪造证据案。

对于隐瞒真相（事实）是否属于捏造事实，存在争议。考虑到"捏造"一词本身既包括积极虚构事实，也具有隐瞒真相的含义，客观上既不必要也无可能明确区分二者，因此还是以肯定说为当。司法实践也支持肯定说。①

"捏造的事实"并不限于行为人自行捏造，也包括利用他人捏造的事实。

关于"提起民事诉讼"，这里的"民事诉讼"并不是指《民事诉讼法》规定的所有诉讼程序，而是指：（1）民事案件普通一审程序；（2）第三人撤销之诉和执行异议之诉；（3）特别程序、督促程序、公示催告程序；（4）原告增加诉讼请求，被告提出反诉，有独立请求权的第三人提出与本案有关的诉讼请求；（5）审判监督程序；②（6）企业破产程序；（7）执行程序。③案件获得人民法院受理立案、进行诉讼程序后，当事人提出新的独立的诉讼请求的，实质上属于诉的合并，也可以认定为"提起民事诉讼"。④"民事诉讼"不包括仲裁（包括劳动仲裁）和公证。如果行为人利用虚假的事实提起仲裁、公证，导致仲裁、公证机构作出了错误的仲裁裁决书、公证文书，之后再凭此向法院申请强制执行的，仍然属于"以捏造的事实提起民事诉讼"。

其次，行为人的行为造成了妨害司法秩序或者严重侵害他人合法权益的后果。本罪为结果犯，即行为人的虚假诉讼行为严重妨害了司法秩序或者严重损害了他人的合法权益。⑤对于"严重侵害他人合法权益"作为结果要件，并不存在异议；但是对于"妨害司法秩序"，由于有观点认为只要以捏造的事实提起诉讼必然妨害司法秩序，因此存在这一要件到底是行为犯还是结果

---

① 例如，《办理虚假诉讼刑事案件解释》第1条规定，隐瞒债务已经全部清偿的事实，向人民法院提起民事诉讼，要求他人履行债务的，以"以捏造的事实提起民事诉讼"论。

② 此处仅包括《民事诉讼法》第238条规定的执行过程中案外人提起审判监督程序中的案外人申请再审。

③ 包括申请执行仲裁裁决和公证债权文书、在执行过程中对执行标的提出异议和申请参与执行财产分配等三种情形。

④ 参见周峰、汪斌、李加玺：《〈关于办理虚假诉讼刑事案件适用法律若干问题的解释〉的理解与适用》，载《人民司法》2019年第4期。

⑤ "妨害司法秩序"，是指对国家司法机关进行审判活动、履行法定职责的正常秩序造成妨害，包括导致司法机关作出错误判决造成司法权威和司法公信力的损害，也包括提起虚假诉讼占用了司法资源，影响了司法机关的正常司法活动等；"严重侵害他人合法权益"，是指虚假诉讼活动给被害人的财产权等合法权益造成严重损害。如司法机关执行错误判决或者因为行为人提起诉讼采取保全措施造成被害人财产的严重损失，被害人一定数额的合法债权得不到及时清偿等。参见雷建斌主编：《〈中华人民共和国刑法修正案（九）〉释解与适用》，人民法院出版社2015年版，第278页。

犯的争议。从刑法谦抑性与补充性的角度来看，捏造的事实虽然在一定程度上会妨害司法秩序，但是在《民事诉讼法》第115条已经规定了驳回请求，并根据情节轻重予以罚款、拘留，构成犯罪的依法追究刑事责任的情况下，对虚假诉讼行为的各种制裁措施应当体现为递进关系，即刑事制裁只能作为针对最严重的虚假诉讼行为的最后手段使用。① 所谓最严重的虚假诉讼行为，就是指捏造的事实足以对民事诉讼的程序与裁判结论产生影响，足以影响公正裁决。如果行为人捏造的事实并不对公正裁决产生任何影响，就不应认定为虚假诉讼罪。② 例如，债权人不慎丢失借条，于是伪造了相同金额的借条向法院提起民事诉讼的行为，由于并不会影响法院的公正裁决，因此不应认定为虚假诉讼罪。

根据《办理虚假诉讼刑事案件解释》第2条的规定，以捏造的事实提起民事诉讼，有下列情形之一的，应当认定为《刑法》第307条之一第1款规定的"妨害司法秩序或者严重侵害他人合法权益"：（1）致使人民法院基于捏造的事实采取财产保全或者行为保全措施的；（2）致使人民法院开庭审理，干扰正常司法活动的；（3）致使人民法院基于捏造的事实作出裁判文书、制作财产分配方案，或者立案执行基于捏造的事实作出的仲裁裁决、公证债权文书的；（4）多次以捏造的事实提起民事诉讼的；（5）曾因以捏造的事实提起民事诉讼被采取民事诉讼强制措施或者受过刑事追究的；（6）其他妨害司法秩序或者严重侵害他人合法权益的情形。

3. 主体为特殊主体，包括自然人与单位。

本罪的行为主体既可以是自然人，也可以是单位。单纯根据《刑法》第307条第1款的字面含义，只有民事诉讼原告才能成为犯罪主体；被告不是本罪设定的主体，但被告提起反诉时，因为具备了原告的身份，因此能够成为犯罪主体；有独立请求权的案外第三人享有诉权，具备原告资格，因此能够成为犯罪主体；原告之外的其他民事诉讼参与人不能单独成为犯罪主体，

---

① 《办理虚假诉讼刑事案件解释》第9条也体现了这一思路。
② 参见张明楷：《虚假诉讼罪的基本问题》，载《法学》2017年第1期。

但可以与原告成立共犯。①

4. 主观方面为故意，包括直接故意与间接故意，是否有谋取不正当利益的目的不影响本罪成立。

(二)认定虚假诉讼罪应当注意的问题

1. 关于罪与非罪的界限。

对于是否"捏造事实"，应当坚持实质性判断，不能进行形式化、简单化认定。根据《民事案件案由规定》的规定，行为人起诉的法律关系与实际诉争的法律关系不一致的，人民法院结案时应当根据法庭查明的当事人之间实际存在的法律关系的性质，相应变更案件的案由，不能一概认定为捏造民事法律关系。

我国民事诉讼二审程序采用续审制原则，二审审理范围原则上不超出一审之诉和上诉请求的范围。因此，行为人在一审宣判后以捏造的事实提出上诉的，不符合"无中生有"的要件，一般不属于虚假诉讼罪中的"提起民事诉讼"。同理，原审当事人申请再审的，针对的是原生效裁判认定的事实和确认的诉讼请求，一般不涉及新的诉讼请求，不成立本罪。

行为人已经提起真实合法的民事诉讼，在法院审理过程中提交虚假证据材料的，由于不能评价为"提起"民事诉讼，因此不能以虚假诉讼罪论处。

2. 关于本罪与其他犯罪的竞合。

有意见认为，本罪仅限于"双方串通型"一种形式。对于"单方欺诈型"行为②是否可以认定为诈骗罪等侵犯财产型犯罪，理论和实践中存在较大争议。《办理虚假诉讼刑事案件解释》认可了"单方欺诈型"行为，第4条规定，行为人实施虚假诉讼犯罪行为，非法占有他人财产或者逃避合法债务，又构成诈骗罪，职务侵占罪，拒不执行判决、裁定罪，贪污罪等犯罪的，依照处罚较重的规定定罪从重处罚。

虚假诉讼的手段行为同时构成伪造公司、企业、事业单位、人民团体印

---

① 参见商希雪：《虚假诉讼罪的主体资格与共犯情形的探讨——以不同诉讼身份参与人为视角》，载《河南警察学院学报》2018年第5期。

② 典型的就是所谓"诉讼诈骗"。

章罪或者妨害作证罪等其他犯罪的，应当根据牵连犯和想象竞合犯原则从一重罪处罚。

3. 关于本罪的既遂标准。

本罪为具体危险犯，只要法院开庭审理案件，通常情况下捏造的事实就会对正常的司法秩序和他人的合法权益造成现实紧迫的危险，应当以既遂论处；但是，如果法院刚开始法庭调查就被识破或自愿认罪的，不作为犯罪处理；同理，行为人提起诉讼后又撤诉的，如果不存在现实紧迫的危险，应当按照犯罪中止处理。

4. 关于共同犯罪。

《办理虚假诉讼刑事案件解释》第5条规定，司法工作人员利用职权，与他人共同实施《刑法》第307条之一前三款行为的，从重处罚；同时构成滥用职权罪，民事枉法裁判罪，执行判决、裁定滥用职权罪等犯罪的，依照处罚较重的规定定罪从重处罚。第6条规定，诉讼代理人、证人、鉴定人等诉讼参与人与他人通谋，代理提起虚假民事诉讼、故意作虚假证言或者出具虚假鉴定意见，共同实施《刑法》第307条之一前三款行为的，依照共同犯罪的规定定罪处罚；同时构成妨害作证罪，帮助毁灭、伪造证据罪等犯罪的，依照处罚较重的规定定罪从重处罚。

（三）虚假诉讼罪的刑事责任

根据《刑法》第307条之一的规定，犯虚假诉讼罪的，处三年以下有期徒刑、拘役或者管制，并处或者单处罚金；情节严重的，处三年以上七年以下有期徒刑，并处罚金。单位犯本罪的，对单位判处罚金，并对其直接负责的主管人员和其他直接责任人员，依照以上规定处罚。

六、打击报复证人罪

第三百零八条 对证人进行打击报复的，处三年以下有期徒刑或者拘役；情节严重的，处三年以上七年以下有期徒刑。

第六章 妨害社会管理秩序罪

（一）打击报复证人罪的概念和构成要件

打击报复证人罪，是指对证人进行打击报复的行为。

本罪是 1997 年《刑法》增设的罪名。

打击报复证人罪的构成要件是：

1. 本罪侵犯的客体是复杂客体，既侵犯了司法机关的正常诉讼活动，又侵犯了证人的人身权利和其他权利。

证人证言是诉讼中的重要证据。对证人进行打击报复的行为，将使证人不敢作证、不愿作证，必然影响司法机关对案件的处理。同时，对证人进行打击报复，必然侵犯证人的人身权利、民主权利和其他权利。

2. 客观方面表现为对证人进行打击报复的行为。

证人是知道案件真实情况并进行作证的人，包括刑事、民事、行政案件中的证人。对证人进行打击报复可以表现为多种形式，如对证人进行殴打、侮辱、诽谤，利用职务对证人进行降级、降职、停薪、辞退，等等。例如刘某、彭某打击报复证人案中，被告人彭某、刘某因对出庭担任证人的张某不满，遂对张某进行殴打，致张某轻伤，妨害司法，构成打击报复证人罪。[①] 对证人的亲属进行打击报复的，也应视为是对证人的打击报复。

3. 犯罪主体为一般主体。通常是案件的当事人和其他有关人员。

4. 主观方面由故意构成。动机是报复，即对证人因作出对自己或者与自己有关的他人不利的证言的报复。

（二）认定打击报复证人罪应当注意的问题

1. 划清罪与非罪的界限。

构成打击报复证人罪，必须严重损害证人的合法权益，如经常辱骂、殴打，等等。如果虽然实施了对证人的打击报复，但情节显著轻微的，可不以犯罪论处，如偶尔的轻微的辱骂、殴打等。

---

① 参见刘某、彭某打击报复证人案，载最高人民法院中国应用法学研究所编：《人民法院案例选》2018 年第 5 辑（总第 123 辑），人民法院出版社 2018 年版。广东省广州市白云区人民法院（2017）粤 0111 刑初 408 号。

2. 划清本罪与故意伤害罪的界限。

如果采取伤害证人的办法打击报复，要区分伤害的程度。如果造成轻伤，仍然定打击报复证人罪；如果造成重伤，则应当以故意伤害（致人重伤）罪论处。

3. 划清本罪与侮辱罪的界限。如果采取侮辱的手段打击报复证人，因打击报复证人的法定刑较重，故应定打击报复证人罪。

4. 注意本罪与妨害作证罪的界限。

妨害作证罪是以暴力、威胁、贿买等方法阻止证人作证或者指使、贿买、胁迫他人作伪证的行为。本罪是发生在证人依法提供证言之后，因认为证人的证言对自己不利而进行的打击报复；而妨害作证罪则是证人在提供证言之前或者提供证言的过程中，阻止证人作证或指使其非法作证等，二者的界限相对清晰。

（三）打击报复证人罪的刑事责任

依照《刑法》第 308 条规定，犯打击报复证人罪的，处三年以下有期徒刑或者拘役；情节严重的，处三年以上七年以下有期徒刑。

该条的"情节严重"，是本罪的加重处罚情节，司法实践中，一般是指对证人多次进行打击报复的；打击报复行为给证人造成身心严重痛苦的；打击报复的手段恶劣的；打击报复行为造成严重后果或者恶劣社会影响的等情形。

七、泄露不应公开的案件信息罪

第三百零八条之一[①] **第一款** 司法工作人员、辩护人、诉讼代理人或者其他诉讼参与人，泄露依法不公开审理的案件中不应当公开的信息，造成信息公开传播或者其他严重后果的，处三年以下有期徒刑、拘役或者管制，并处或者单处罚金。

[①] 本条由 2015 年 8 月 29 日《刑法修正案（九）》第 36 条增设。

第六章　妨害社会管理秩序罪

第二款　有前款行为，泄露国家秘密的，依照本法第三百九十八条的规定定罪处罚。

（一）泄露不应公开的案件信息罪的概念和构成要件

泄露不应公开的案件信息罪，是指司法工作人员、辩护人、诉讼代理人或者其他诉讼参与人，泄露依法不公开审理的案件中不应公开的信息，造成信息公开传播或者其他严重后果的行为。

本罪是 2015 年《刑法修正案（九）》增设的罪名。

泄露不应公开的案件信息罪的构成要件是：

1. 本罪侵犯的客体是司法机关的正常司法活动及案件当事人的隐私权等合法权益。

根据我国法律规定，无论是刑事、民事案件，还是行政案件，都是以公开审理为原则、不公开审理为例外。公开审理，既能使公民和媒体对案件审理活动进行监督，促进司法公正，又可对民众进行有效的法律宣传教育。但某些案件有可能涉及一些重要信息不能对外公开或为他人所知悉，否则可能给国家、社会、个人带来严重的损害，所引发的社会舆论也可能给人民法院的独立公正审判带来严重的影响。为此，我国《刑事诉讼法》《民事诉讼法》和《行政诉讼法》均规定了不公开审理的案件的特殊情况。近年来，陆续出现了一些依法不公开审理的案件的诉讼参与人，泄露或者借助媒体、自媒体公开传播案件中不应当公开的信息的情况，有的甚至造成了严重的危害后果，具有严重的社会危害性。同时，案件信息被泄露甚至公开传播也必然损害当事人的合法权益。为了维护司法权威，保证审判机关依法独立公正行使审判权，保障诉讼参与人的合法权益，《刑法修正案（九）》增设了泄露不应公开的案件信息罪。

2. 客观方面表现为泄露依法不公开审理的案件中不应公开的信息，造成信息公开传播或者其他严重后果。

构成本罪，在客观方面必须同时具备两个条件：第一，泄露依法不公开审理案件中的不应当公开的信息。所谓"泄露"，是指将本不应告知他人的信息让他人知悉。泄露的方式有多种，如向媒体提供、自己在信息网络上发布等。"依法不公开审理的案件",是指根据我国三大诉讼法以及《未成年人保护法》等法律规定,不得进行公开审理的案件。具体来讲,主要有以下几类:一是涉及国家秘密的案件;二是涉及个人隐私的案件,包括当事人申请不公开审理的离婚案件;三是未成年人犯罪的案件;四是涉及商业秘密且当事人申请不公开审理的案件。"不应当公开的信息",是指公开以后可能对国家安全和利益、当事人受法律保护的隐私权、商业秘密造成损害,以及对涉案未成年人的身心健康造成不利影响的信息。包括案件涉及的国家秘密、个人隐私、商业秘密本身,也包括其他与案件有关不宜为诉讼参与人以外人员知悉的信息,如案件事实的细节,诉讼参与人在参加庭审时发表言论的具体内容,被性侵被害人的个人信息等。对于未成年人犯罪案件,未成年犯罪嫌疑人、被告人的姓名、住所、照片、图像以及可能推断出该未成年人的资料,都属于不应当公开的信息。第二,造成信息公开传播或者其他严重后果。"造成信息公开传播",是指不应让司法工作人员、辩护人、诉讼代理人或其他诉讼参与人以外的其他人所知悉的信息为大范围社会公众所知悉。"其他严重后果",是指信息公开传播以外的其他严重的危害后果,如造成被害人不堪受辱自杀自残,给商业秘密所有者带来严重经济损失,造成审判活动被干扰导致无法顺利进行等。

3. 犯罪主体为特殊主体,是指司法工作人员、辩护人、诉讼代理人或者其他诉讼参与人,即参与不公开审理的案件诉讼活动,知悉不应当公开的案件信息的人。

其中,"司法工作人员",在刑事诉讼中,包括侦查人员、检察人员、审判人员和有监管职责的人员,在民事诉讼和行政诉讼中主要是指审判人员。"其他诉讼参与人",是指除司法工作人员、辩护人、诉讼代理人之外其他参加诉讼的人员,包括证人、鉴定人、出庭的有专门知识的人、记录人、翻译人等。

4. 主观方面由故意构成。

直接故意和间接故意均可,即行为人明知其所泄露的是依法不公开审理案件中不应当公开的信息,而希望或者放任这种后果的发生。至于主观目的与动机则在所不问。

(二)认定泄露不应公开的案件信息罪应当注意的问题

1. 划清罪与非罪的界限。

首先,本罪为特殊主体,行为人应当是参与依法不公开审理的案件中的司法工作人员、辩护人、诉讼代理人或者其他诉讼参与人,未参与该案件的其他人员泄露不应当公开的案件信息不构成本罪。单位也不构成本罪。其次,行为人所泄露的应当是依法不公开审理的案件中不应当公开的信息,但不包括依法不公开审理的案件中所有的案件信息。对于可以不公开审理的情形,如果当事人没有向人民法院申请进行不公开审理,那么行为人即使实施了泄露案件信息的行为,也不构成本罪。再次,本罪的成立还要求造成信息公开传播或者其他严重后果。没有造成信息公开传播或者给利益相关者所带来严重后果的,不构成本罪。最后,过失不构成本罪。在司法公开的过程中,很可能存在过失泄露有关信息的情形,对此可以予以行政处罚。毕竟不公开审理案件的相关信息与国家秘密、军事秘密相比,其重要性远不及后者,基于刑法的谦抑精神,不宜将过失泄露不公开审理案件信息的行为以本罪追究刑事责任。

2. 划清本罪与侵犯商业秘密罪、侵犯公民个人信息罪的界限。

区别主要体现在三个方面:第一,关于犯罪客体,本罪侵犯的是司法机关的正常司法活动及案件当事人的合法权益,而侵犯商业秘密罪侵犯的是他人的商业秘密权,侵犯公民个人信息罪侵犯的是公民的个人信息权。第二,关于犯罪的客观方面,本罪表现为泄露依法不公开审理案件中的不应公开信息,且信息的范围较广,而侵犯商业秘密罪通常表现为通过不正当手段获取商业秘密,或者未经允许擅自披露、使用商业秘密等行为,犯罪对象仅限于商业秘密,侵犯公民个人信息罪则表现为向他人出售或者提供公民个人信息的行为,犯罪对象为公民个人信息。第三,关于犯罪主体,本罪为特殊主体,是指司法工作人员、辩护人、诉讼代理人或者其他诉讼参与人,且单位不能构成;侵犯商业秘密罪、侵犯公民个人信息罪则为一般主体,且单位可以构成。

3. 本罪与泄露国家秘密犯罪竞合时的处理。

根据三大诉讼法的规定,涉及国家秘密的案件实行不公开审理,这类案件中的国家秘密属于不应当公开的案件信息。《刑法》第398条规定了故意或者过失泄露国家秘密罪。行为人泄露不公开审理案件中的国家秘密的，既触犯了本条规定的泄露不应公开的案件信息罪，同时也触犯了《刑法》第398条的泄露国家秘密罪。对于这种情形，应当如何处理？鉴于《刑法》第398条是针对泄露国家秘密犯罪的专门规定，其规定的法定刑也较本条规定更重，对泄露不公开审理的案件中的国家秘密的行为依照第398条定罪处罚，更能够体现对泄露国家秘密犯罪从严惩处的精神。因此，本条第2款专门作出规定，有本条第1款规定的泄露依法不公开审理的案件中不应公开的信息的行为，泄露国家秘密的，依照《刑法》第398条的规定定罪处罚。

（三）泄露不应公开的案件信息罪的刑事责任

依照《刑法》第308条之一第1款规定，犯泄露不应公开的案件信息罪的，处三年以下有期徒刑、拘役或者管制，并处或者单处罚金。

八、披露、报道不应公开的案件信息罪

第三百零八条之一[①] **第一款** 司法工作人员、辩护人、诉讼代理人或者其他诉讼参与人，泄露依法不公开审理的案件中不应当公开的信息，造成信息公开传播或者其他严重后果的，处三年以下有期徒刑、拘役或者管制，并处或者单处罚金。

第三款 公开披露、报道第一款规定的案件信息，情节严重的，依照第一款的规定处罚。

第四款 单位犯前款罪的，对单位判处罚金，并对其直接负责的主管人员和其他直接责任人员，依照第一款的规定处罚。

---

① 本条由2015年8月29日《刑法修正案（九）》第36条增设。

（一）披露、报道不应公开的案件信息罪的概念和构成要件

披露、报道不应公开的案件信息罪，是指公开披露、报道依法不公开审理的案件中不应当公开的信息，情节严重的行为。

本罪是 2015 年《刑法修正案（九）》增设的罪名。

披露、报道不应公开的案件信息罪的构成要件是：

1. 本罪侵犯的客体是司法机关的正常司法活动及案件当事人的隐私权等合法权益。

借助新闻媒体向社会公众公开披露、报道依法不公开审理的案件中不应当公开的案件信息，不仅干扰司法机关对案件的办理，也会损害当事人的合法权益，具有严重的社会危害性，有必要予以刑事规制。为此，《刑法修正案（九）》增设本罪，以维护司法权威，保护人权。

2. 客观方面表现为公开披露、报道依法不公开审理的案件中不应当公开的信息，情节严重的行为。

构成本罪，在客观方面必须齐备两个条件：一是公开披露、报道依法不公开审理的案件中不应公开的信息。"依法不公开审理的案件""不应公开的信息"的含义，和泄露不应公开的案件信息罪相同。"公开披露"是指通过各种途径向公众发布、发表。"公开报道"，是指通过报刊、广播、电视、互联网等媒体向公众公开传播。二是必须达到情节严重的程度。所谓"情节严重"，主要是指造成信息大量公开传播、为公众所知悉，给司法秩序和当事人合法权益造成严重损害，以及其他与此类似的严重后果的情形。

3. 犯罪主体为一般主体。

既可以是自然人，也可以是单位，但不包括司法工作人员、辩护人、诉讼代理人在内，一般为新闻媒体工作者和相关新闻媒体机构。自媒体人也可以成为本罪的主体。

4. 本罪的主观方面为故意，既可以是直接故意，也可以是间接故意，即行为人明知其所公开披露、报道的是依法不公开审理案件中不应当公开的信息，而希望或者放任这种后果的发生。至于主观目的与动机如何，对是否构成本罪没有影响。

（二）认定披露、报道不应公开的案件信息罪应当注意的问题

1. 划清罪与非罪的界限。

必须实施有公开披露或者公开报道的行为，如果仅仅是私下传播，不构成本罪。就披露和报道的内容而言，不是指所有的案件信息，而是指依法不公开审理的案件中不应当公开的案件信息，否则也不构成本罪。需要强调的是，即使行为人实施了公开披露、报道不应公开的案件信息的行为，如果情节一般，尚未达到情节严重程度的，同样也不能认定为犯罪。

2. 划清与泄露不应公开的案件信息罪的界限。

二者的区别主要在于客观方面和犯罪主体。客观方面，本罪的表现形式是公开披露、报道，而泄露不应公开的案件信息罪则表现为泄露，但不包括公开披露、报道的泄露方式。犯罪主体方面，本罪为一般主体，自然人和单位都能构成；泄露不应公开的案件信息罪则为特殊主体，为司法工作人员、辩护人、诉讼代理人或者其他诉讼参与人，除此之外的其他人员以及单位都不是该罪的主体。

3. 与关联犯罪竞合时的处理。

对于公开披露、报道的案件信息为国家秘密，在构成本罪的同时也构成泄露国家秘密罪的，依照《刑法》第308条之一第2款的规定，应当依照《刑法》第389条的规定按泄露国家秘密罪论处。如果行为人公开披露、报道的不应公开的案件信息中含有公民姓名、年龄、家庭情况、职业经历、住址、电话等个人信息的，在构成本罪的同时也可能会触犯《刑法》第253条之一规定的侵犯公民个人信息罪。相比较而言，本罪的法定刑轻于侵犯公民个人信息罪，根据从一重处断原则，应当以侵犯公民个人信息罪定罪处罚。对于公开披露、报道的不应公开的案件信息为商业秘密的，则会同时触犯本罪和《刑法》第219条规定的侵犯商业秘密罪。对此，同样因为本罪的法定刑轻于侵犯商业秘密罪，应以侵犯商业秘密罪追究刑事责任。

（三）披露、报道不应公开的案件信息罪的刑事责任

依照《刑法》第308条之一第3款规定，犯披露、报道不应公开的案件

信息罪的,处三年以下有期徒刑、拘役或者管制,并处或者单处罚金。

依照本条第 4 款规定,单位犯披露、报道不应公开的案件信息罪的,对单位判处罚金,并对直接负责的主管人员和其他直接责任人员,处三年以下有期徒刑、拘役或者管制,并处或单处罚金。

九、扰乱法庭秩序罪

第三百零九条[①] 有下列扰乱法庭秩序情形之一的,处三年以下有期徒刑、拘役、管制或者罚金:

(一)聚众哄闹、冲击法庭的;

(二)殴打司法工作人员或者诉讼参与人的;

(三)侮辱、诽谤、威胁司法工作人员或者诉讼参与人,不听法庭制止,严重扰乱法庭秩序的;

(四)有毁坏法庭设施,抢夺、损毁诉讼文书、证据等扰乱法庭秩序行为,情节严重的。

(一)扰乱法庭秩序罪的概念和构成要件

扰乱法庭秩序罪,是指聚众哄闹、冲击法庭,殴打司法工作人员或者诉讼参与人,侮辱、诽谤、威胁司法工作人员或者诉讼参与人,不听法庭制止,严重扰乱法庭秩序,毁坏法庭设施,抢夺、损毁诉讼文书、证据等扰乱法庭秩序,情节严重的行为。

本罪是 1997 年《刑法》增设的罪名。《刑法修正案(九)》进行了修改。

扰乱法庭秩序罪的构成要件是:

1.本罪侵犯的客体是人民法院庭审活动的正常秩序。

法庭,是人民法院行使国家审判权,审理案件,进行诉讼活动的场所,是极其庄严的地方,必须有良好的秩序。严重扰乱法庭秩序,是一种藐视国家法律权威的行为,严重破坏了司法活动的正常进行,必须予以惩处。

---

① 本条经 2015 年 8 月 29 日《刑法修正案(九)》第 37 条修改。

2. 客观方面表现为严重扰乱法庭秩序的行为。

具体有以下四种情形：一是聚众哄闹，冲击法庭。"聚众哄闹"，是指聚集多人在法庭内外起哄、喧闹，干扰审判活动的正常进行；"冲击法庭"，是指未被法庭允许参加庭审活动和旁听的人员强行冲进法庭或者在法庭进行破坏等行为。二是殴打司法工作人员或者诉讼参与人。既包括殴打正在法庭上执行公务的审判人员、法警、书记员，也包括殴打正在出庭参加诉讼的公诉人等其他司法工作人员。在法庭外对正准备参加开庭审理的司法工作人员进行暴力袭击的，也应视为本条中的"殴打司法工作人员"。三是侮辱、诽谤、威胁司法工作人员或者诉讼参与人，且不听法庭制止。该情形必须达到严重扰乱法庭秩序的程度才构成犯罪。"严重扰乱法庭秩序"，一般是指法庭秩序严重混乱，案件无法继续正常审理，或者案件审理被迫中断等情形。四是毁坏法庭设施，抢夺、损毁诉讼文书、证据等扰乱法庭秩序行为。该情形认定为犯罪必须情节严重。例如，刘某损毁笔录、殴打法官案。被告人刘某在人民法院开庭审理刘某与其丈夫离婚纠纷一案过程中，因对法官张某制作的调解笔录内容不满，在法庭内公然将笔录撕毁，并连续追逐、殴打张某直到法庭之外，致使庭审被迫中断、张某轻微伤，构成扰乱法庭秩序罪。[①]

3. 犯罪主体为一般主体。

4. 主观方面由故意构成，即行为人明知自己的行为会严重扰乱法庭秩序，而希望或者放任这种后果的发生。

（二）认定扰乱法庭秩序罪应当注意的问题

1. 划清罪与非罪的界限。

处理扰乱法庭秩序的案件，只有对严重扰乱法庭秩序的行为，才能以犯罪论处。对于扰乱法庭秩序情节轻微，经制止、劝阻而停止实施干扰行为的，以及因情绪激动、性格急躁等原因在法庭上言语过激或行为失当但主观上无扰乱法庭秩序的意图的，不能认定为犯罪，可依照《刑事诉讼法》第

[①] 刘某损毁笔录、殴打法官案，参见最高人民法院中国应用法学研究所编：《人民法院案例选》2017年第11辑（总第117辑），人民法院出版社2018年版。

199条第1款、《民事诉讼法》第113条的规定处理。

2. 划清本罪与聚众扰乱社会秩序罪的界限。

聚众扰乱社会秩序罪，是指扰乱社会秩序，情节严重，致使工作、生产、营业和教学、科研无法进行，造成严重损失的行为。法庭秩序在广义上也属于社会秩序的一种。但由于刑法对严重扰乱法庭秩序的行为已单独定罪，因此，对符合《刑法》第309条规定的行为，不能再以聚众扰乱社会秩序罪定罪处罚。

3. 划清本罪与聚众冲击国家机关罪的界限。

聚众冲击国家机关罪，是指聚众冲击国家机关，致使国家机关工作无法进行，造成严重损失的行为。法庭是人民法院审判案件的场所，具有临时性，它虽然代表的是人民法院，但还不是作为国家审判机关的法院本身。因此，聚众冲击法庭，致使审判活动无法进行的，只构成扰乱法庭秩序罪，不构成聚众冲击国家机关罪。

（三）扰乱法庭秩序罪的刑事责任

依照《刑法》第309条规定，犯扰乱法庭秩序罪的，处三年以下有期徒刑、拘役、管制或者罚金。

十、窝藏、包庇罪[①]

第三百一十条[②] 明知是犯罪的人而为其提供隐藏处所、财物，帮助其逃匿或者作假证明包庇的，处三年以下有期徒刑、拘役或者管制；情节严重的，处三年以上十年以下有期徒刑。

犯前款罪，事前通谋的，以共同犯罪论处。

---

① 参考案例：于某龙、刘某、刘某平故意杀人、窝藏、包庇案，安徽省高级人民法院（2018）皖刑终34号。

② 本条经2015年8月29日《刑法修正案（九）》第38条修改。

（一）窝藏、包庇罪的概念和构成要件

窝藏、包庇罪，是指明知是犯罪的人而为其提供隐藏处所、财物，帮助其逃匿或者作假证明包庇的行为。

本罪1979年《刑法》第162条作了规定，1997年《刑法》第310条对罪状作了修改。

窝藏、包庇罪的构成要件是：

1.本罪侵犯的客体是司法机关对罪犯的刑事追诉和刑罚执行活动。

窝藏、包庇行为客观上帮助犯罪分子逃避司法机关的侦查、起诉、审判、执行，给司法机关对犯罪分子的侦查、起诉、审判、执行活动造成障碍或者根本无法进行。窝藏、包庇的对象是犯罪人，不受其所犯之罪的性质、应判刑罚的种类的限制。作为窝藏、包庇罪对象的犯罪人包括判决前的犯罪嫌疑人和判决后的犯罪人。判决前的犯罪嫌疑人包括犯罪后尚未被司法机关发现的，已被司法机关发现但尚未采取强制措施的，或者虽已决定采取强制措施但尚未执行的，已被执行强制措施但尚未判决的。

2.客观方面表现为为犯罪人提供隐藏处所、财物，帮助其逃匿，或者作假证明包庇的行为。

具体包括两个方面：（1）帮助犯罪分子逃逸的窝藏行为。根据《最高人民法院、最高人民检察院关于办理窝藏、包庇刑事案件适用法律若干问题的解释》（以下简称《办理窝藏、包庇刑事案件解释》），窝藏行为主要表现为犯罪人提供隐藏处所、交通工具、通讯工具、金钱财物等，帮助犯罪人逃匿。比如，将犯罪人隐匿于家中、山洞、地窖等处，使其不被司法机关发现；为犯罪人指示逃跑的路线、方向；为犯罪人提供躲藏的地址；为犯罪人提供钱财、衣物、食物和其他物品，使犯罪人在逃跑过程中不为生活所困，以利于犯罪人长期躲避。此外，司法实践中还有诸如为犯罪人提供介绍信、通行证等能证明其身份的文件，或者为犯罪人通风报信、出谋划策等帮助其逃避的行为。以上这些帮助犯罪人隐藏、逃匿的方式，行为人往往同时使用，如既资助犯罪人钱物，又为其指明逃跑的路线、方向，提供去外地躲藏的地址，等等，而且在同一案件中，行为人往往既为犯罪人提供隐藏处所，又采用上述方法帮助犯罪人外逃、藏匿。根据《刑法》第362条之规定，对于旅馆业、饮食服务业、文化娱乐业、出租汽车业等单位的人员，在公安机关查处卖淫、嫖娼活动时，为违法犯罪分子通风报信，情节严重的，以包庇罪定罪处罚。国家机关工作人员在查禁案件时，以通风报信等手段帮助犯罪分子逃避刑事处罚，可构成帮助犯罪分子逃避处罚罪。（2）作假证明包庇犯罪人。根据《办理窝藏、包庇刑事案件解释》的规定，包庇行为主要表现为帮助犯罪分子逃避刑事追究或者获得从宽处罚的行为。实践中常见的行为方式如通过伪造（变造）证据、隐藏证据、毁灭证据的方式对犯罪人进行包庇，包括：隐藏、毁灭物证、书证；制造虚伪的证人证言，如使证人不予作证或者使其作虚伪的证言，或假冒证人作虚伪的证言，或指使假冒证人作虚伪证言；制造虚伪的被害人陈述，如收买、威胁被害人不告发犯罪或者推翻控告，假冒被害人作虚伪陈述，指使他人假冒被害人作虚伪陈述；制造虚伪的被告人供述，如使犯罪人作虚伪供述，假冒犯罪人作虚伪供述，指使他人假冒犯罪人作虚伪供述；指使、收买、威胁鉴定人作虚伪的鉴定结论；伪造犯罪现场，等等。本条罪名为选择性罪名。不论行为人实施了窝藏及包庇两种行为，还是仅实施了其中一种行为，仍为一罪，不实行数罪并罚。

3. 犯罪主体为一般主体。

在实践中多为犯罪人的亲属、朋友等。犯罪人本人不能成为本罪的主体，共同犯罪人相互之间也不能成为本罪的主体。

4. 主观方面由故意构成，即明知对方是犯罪人而故意加以窝藏、包庇。

所谓明知，既包括行为人确定对方必然是犯罪人，也包括只认识到对方可能是犯罪人。行为人将犯罪的人所犯之罪误认为是其他犯罪的，不影响"明知"的判断。如果确实不知对方是犯罪人，因受欺骗而为其提供了一定的处所或者帮助其逃往他处，则不构成本罪。

（二）认定窝藏、包庇罪应当注意的问题

1. 划清罪与非罪的界限。

对于没有为犯罪的人提供隐藏处所或者财物，或以作假证明方式掩盖罪行，而仅仅是消极地不予检举揭发的，除《刑法》另有特别规定的以外，不能以犯罪论处。

2. 划清本罪与其他共同犯罪的界限。

对于事先通谋，即在他人犯罪之前与之约定事后为其提供隐藏处所或者财物，或者以作假证明方式掩盖其罪行的，不能以本罪论处，而应认定为其他犯罪的共犯。

3. 划清本罪与伪证罪的界限。

证人、鉴定人、记录人、翻译人为隐匿罪证，对与案件有重要关系的情节故意作虚假证明、鉴定、记录、翻译，广义上也是一种包庇行为。但由于法律已对此专设罪名，就不再按包庇罪处理，而应按伪证罪处理。伪证罪与包庇罪的区别有：（1）侵犯的客体不同。前者侵犯的是司法机关同犯罪分子作斗争的正常活动，而后者所侵犯的则是复杂客体，包括公民的人身权利以及司法机关同犯罪分子作斗争的正常活动。（2）包庇的对象不同。前者包庇的对象既可以是未经逮捕、审判而潜逃的犯罪分子，也可以是正在服刑而脱逃的犯罪分子，而后者包庇的对象只能是未决犯。（3）包庇的内容不同。前者所掩盖的既可以是犯罪分子的全部犯罪事实，也可以是犯罪分子的主要罪行，而后者则是为犯罪分子掩盖与案件有重要关系的情节。（4）犯罪的时间不同。前者既可以发生在犯罪分子被逮捕、关押之前，也可以发生在服刑之后，而后者只能发生在判决以前的侦查、起诉、审判过程中。（5）犯罪的主体不同。前者的主体可以是任何一个具备刑事责任能力的人，而后者的主体只能是证人、鉴定人、记录人、翻译人。

4. 划清本罪与辩护人、诉讼代理人毁灭证据、伪造证据、妨害作证罪的界限。

二者的区别主要在于犯罪主体不同。前者的主体是一般主体，后者的主体是特殊主体。凡是辩护人、诉讼代理人实施包庇行为的都不再按包庇罪处理。此外，两罪在客观方面的表现不尽相同。前者在客观上只能是包庇刑事犯罪人，而后者在客观上不限于包庇刑事犯罪人。

5. 划清本罪与帮助毁灭、伪造证据罪的界限。

尽管这两种犯罪在犯罪主体和主观方面相同，在侵犯的客体和犯罪的客观方面也存在着相互包容、交叉的关系，但两者有区别，主要在于：（1）犯罪对象不完全相同。前者仅指"犯罪的人";后者则为"当事人",既包括刑事案件的自诉人、被告人、受害人,也包括民事、行政案件的原告、被告、第三人,范围更宽。(2)客观方面的表现形式不完全相同。前者表现为为犯罪人提供隐藏处所、财物,帮助其逃逸或者作假证明的行为;后者表现为帮助当事人毁灭证据或者伪造证据,情节严重的行为。如果行为人同样是采取帮助当事人(被告人)毁灭证据,在这种情况下,区分两罪的关键,就在于行为人是否向司法机关作假证明。例如,被告人赵某于2002年8月31日18时45分左右,应同事潘某的要求,驾驶轿车至潘某住处。潘告知赵已将女友袁某杀害并肢解,并要求赵帮忙将尸体运至一油库后山处理。赵帮潘将装有尸体的牛仔包抬进汽车后备箱,连同潘抬进的另一包尸体和作案工具一并拉到油料库的一后山上。公安机关找赵谈话时,即如实作了交待。法院在审理此案过程中,对本案的定性有两种不同意见:一种意见主张定帮助毁灭证据罪,另一种意见主张定包庇罪。法院认为,本案中,被害人的尸体是重要的证据。赵帮助潘抬、运装有尸体的牛仔包的行为,属于毁灭证据的行为,且情节严重,已构成帮助毁灭证据罪,依法作了判处。如果公安机关调查时,赵否认帮潘运送尸体的事实,作假证明,则构成包庇罪。

6.划清包庇罪与包庇、纵容黑社会性质组织罪的界限。

两者的主要区别在于包庇的对象不同。后者包庇的对象是特定的,即黑社会性质的组织,不包括其他犯罪分子;如果包庇其他犯罪分子的,应当以包庇罪或者其他的罪定罪处罚。

(三)窝藏、包庇罪的刑事责任

依照《刑法》第310条第1款规定,犯窝藏、包庇罪的,处三年以下有期徒刑、拘役或者管制;情节严重的,处三年以上十年以下有期徒刑。

司法机关在适用《刑法》第310条规定处罚时,应当注意以下问题:

1.该款规定的"情节严重",是本罪的加重处罚情节,司法实践中,一般是指窝藏、包庇的对象是危害严重的犯罪分子,如重大的危害国家安全的犯罪分子,严重危害社会治安的犯罪分子,严重破坏经济的犯罪分子;窝藏、包庇犯罪分子的人数较多的;窝藏、包庇犯罪分子的时间较长,致使犯罪分子长期逍遥法外的；多次（3次以上）窝藏、包庇犯罪分子的等情形。根据《办理窝藏、包庇刑事案件解释》第4条规定，窝藏、包庇犯罪的人，具有下列情形之一的，应当认定为《刑法》第310条第1款规定的"情节严重"：（1）被窝藏、包庇的人可能被判处无期徒刑以上刑罚的；（2）被窝藏、包庇的人犯危害国家安全犯罪、恐怖主义或者极端主义犯罪，或者系黑社会性质组织犯罪的组织者、领导者，且可能被判处十年有期徒刑以上刑罚的；（3）被窝藏、包庇的人系犯罪集团的首要分子，且可能被判处十年有期徒刑以上刑罚的；（4）被窝藏、包庇的人在被窝藏、包庇期间再次实施故意犯罪，且新罪可能被判处五年有期徒刑以上刑罚的；（5）多次窝藏、包庇犯罪的人，或者窝藏、包庇多名犯罪的人的；（6）其他情节严重的情形。前款所称"可能被判处"刑罚，是指根据被窝藏、包庇的人所犯罪行，在不考虑自首、立功、认罪认罚等从宽处罚情节时应当依法判处的刑罚。

2.依照该条第2款的规定，犯第1款之罪，事前通谋的，以共犯论处。

十一、拒绝提供间谍犯罪、恐怖主义犯罪、极端主义犯罪证据罪

第三百一十一条[①]　明知他人有间谍犯罪或者恐怖主义、极端主义犯罪行为，在司法机关向其调查有关情况、收集有关证据时，拒绝提供，情节严重的，处三年以下有期徒刑、拘役或者管制。

（一）拒绝提供间谍犯罪、恐怖主义犯罪、极端主义犯罪证据罪的概念和构成要件

拒绝提供间谍犯罪、恐怖主义犯罪、极端主义犯罪证据罪，是指明知他人有间谍犯罪或者恐怖主义、极端主义犯罪行为，在司法机关向其调查有关情况、收集有关证据时拒绝提供，情节严重的行为。

本罪是1997年《刑法》增设的罪名。《刑法修正案（九）》进行了修改。

[①] 本条经2015年8月29日《刑法修正案（九）》第38条修改。

1997年《刑法》第311条规定:"明知他人有间谍犯罪行为,在国家安全机关向其调查有关情况、收集有关证据时,拒绝提供,情节严重的,处三年以下有期徒刑、拘役或者管制。"

拒绝提供间谍犯罪、恐怖主义犯罪、极端主义犯罪证据罪的构成要件是:

1.本罪侵犯的客体是司法机关打击和防范间谍犯罪、恐怖主义犯罪和极端主义犯罪的正常活动。

间谍、恐怖主义、极端主义都是严重危害国家安全的犯罪。为了维护国家安全,各国的司法机关都积极开展反间谍、反恐怖主义、反极端主义工作。为了稳、准、狠地打击这些犯罪活动,必须收集到充分、确实的证据。这一方面要靠国家司法机关的专门工作,另一方面也要靠广大公民的积极协助配合。如果知道间谍犯罪、恐怖主义犯罪、极端主义犯罪情况和掌握有关证据的人拒绝提供,必然妨碍司法机关对这些犯罪行为的打击和防范。

2.客观方面表现为拒绝向司法机关提供有关间谍犯罪、恐怖主义犯罪、极端主义犯罪的情况和证据的行为。

"拒绝",是指当司法机关向其了解间谍犯罪、恐怖主义犯罪、极端主义犯罪的有关情况或者收集有关证据时不予提供。在司法机关向行为人调查有关情况、收集有关证据时,行为人逃匿的,构成本罪。如果司法机关并未向其了解情况、收集证据,即使其知道情况、掌握证据而未主动向司法机关提供的,不构成本罪。司法机关,通常是指公安机关、检察机关、人民法院、国家安全机关和负有侦查职责的监狱、军队的保卫部门等。

3.犯罪主体为一般主体,凡是年满16周岁、具备刑事责任能力的人都可以构成本罪的主体。

4.主观方面由故意构成,即明知他人有间谍犯罪、恐怖主义犯罪、极端主义犯罪的情况,掌握他人间谍犯罪、恐怖主义犯罪、极端主义犯罪的证据而故意不予提供。动机各种各样,有的是为了包庇他人,有的则是怕遭到报复,但动机不影响本罪的成立。

根据法律规定,拒绝向司法机关提供间谍犯罪、恐怖主义犯罪、极端主义犯罪证据的行为,除需符合以上构成要件外,还必须达到"情节严重"的程度，才构成犯罪。所谓情节严重，在司法实践中，一般是指因行为人拒绝提供情况和证据导致重大间谍、恐怖主义、极端主义犯罪行为发生，间谍、恐怖主义、极端主义分子逍遥法外，或者给国家造成重大损失的；出于对重大间谍犯罪、恐怖主义犯罪、极端主义犯罪进行包庇的意图而拒绝提供相关犯罪证据的；多次拒绝提供的等情形。

（二）认定拒绝提供间谍犯罪、恐怖主义犯罪、极端主义犯罪证据罪应当注意的问题

1. 划清罪与非罪的界限。

拒绝提供间谍犯罪、恐怖主义犯罪、极端主义犯罪证据罪将拒绝提供的证据限于间谍犯罪、恐怖主义犯罪、极端主义犯罪证据。因此，如果拒绝提供间谍犯罪、恐怖主义犯罪、极端主义犯罪以外的其他犯罪的证据，无论是危害国家安全犯罪的证据，还是其他普通刑事犯罪的证据，都不构成犯罪。

2. 划清本罪与包庇罪的界限。

本罪行为人可能是出于包庇的意图。在这种情况下，拒绝提供间谍犯罪、恐怖主义犯罪、极端主义犯罪证据的行为也是一种包庇行为。但是，这种包庇行为是一种消极的不作为，而包庇罪的行为只限于积极的作为，不包括消极的不作为在内。根据《最高人民法院、最高人民检察院关于办理窝藏、包庇刑事案件适用法律若干问题的解释》第3条的规定，明知他人有间谍犯罪或者恐怖主义、极端主义犯罪行为，在司法机关向其调查有关情况、收集有关证据时，故意作假证明包庇的，以包庇罪从重处罚。

（三）拒绝提供间谍犯罪、恐怖主义犯罪、极端主义犯罪证据罪的刑事责任

依照《刑法》第311条规定，犯拒绝提供间谍犯罪、恐怖主义犯罪、极端主义犯罪证据罪的，处三年以下有期徒刑、拘役或者管制。

十二、掩饰、隐瞒犯罪所得、犯罪所得收益罪

第三百一十二条[①] 明知是犯罪所得及其产生的收益而予以窝藏、转移、收购、代为销售或者以其他方法掩饰、隐瞒的,处三年以下有期徒刑、拘役或者管制,并处或者单处罚金;情节严重的,处三年以上七年以下有期徒刑,并处罚金。

单位犯前款罪的,对单位判处罚金,并对其直接负责的主管人员和其他直接责任人员,依照前款的规定处罚。

(一)掩饰、隐瞒犯罪所得、犯罪所得收益罪的概念和构成要件

掩饰、隐瞒犯罪所得、犯罪所得收益罪,是指明知是犯罪所得及其产生的收益而予以窝藏、转移、收购、代为销售或者以其他方法掩饰、隐瞒的行为。

1979年《刑法》第172条规定了窝赃、销赃罪。1997年《刑法》第312条增加了转移、收购赃物的行为,罪名相应改为窝藏、转移、收购、销售赃物罪。2006年6月29日《刑法修正案(六)》第19条对本罪的行为方式、犯罪对象和法定刑均作了修改,将本罪改造为洗钱犯罪的一般性条款。随后《最高人民法院、最高人民检察院关于执行〈中华人民共和国刑法〉确定罪名的补充规定(三)》将本罪罪名修改为掩饰、隐瞒犯罪所得、犯罪所得收益罪。2009年《刑法修正案(七)》将本罪主体扩大至单位,以满足对单位犯罪的实践打击需要。

掩饰、隐瞒犯罪所得、犯罪所得收益罪的构成要件是:

1. 本罪侵犯的客体主要是司法机关对刑事犯罪进行追究的活动。

犯罪所得如赃款、赃物既是犯罪所追求的目标,也是证明犯罪的主要证据。及时查获犯罪所得是揭露、证实犯罪,打击犯罪分子和赔偿被害人损失

[①] 本条第1款经2006年6月29日《刑法修正案(六)》第19条修改,本条第2款由2009年2月28日《刑法修正案(七)》第10条增设。

的重要手段。而窝藏、收购、转移、销售或者以其他方法掩饰、隐瞒犯罪所得及其产生的收益的行为严重妨害了公安、司法机关侦查、起诉、审判相关犯罪分子的正常活动，为相关犯罪分子逃避法律制裁创造了条件，故需予以刑事处罚。

本罪的犯罪对象包括两类：一是犯罪所得，二是犯罪所得产生的收益。根据2015年发布并于2021年修改的《最高人民法院关于审理掩饰、隐瞒犯罪所得、犯罪所得收益刑事案件适用法律若干问题的解释》（以下简称《审理掩饰、隐瞒犯罪所得、犯罪所得收益刑事案件解释》）第10条的规定，"犯罪所得"是指通过犯罪直接得到的赃款、赃物；"犯罪所得产生的收益"是指上游犯罪的行为人对犯罪所得进行处理后得到的孳息、租金等。

2. 客观方面表现为"窝藏、转移、收购、代为销售或者以其他方法掩饰、隐瞒"的行为。

"窝藏"是指提供藏匿犯罪所得及其收益的场所；"转移"是指将犯罪所得及其产生的收益从一个地点转移到另一个地点；"收购"是指为自己或者为他人购买赃物，如买赃自用等；"代为销售"是指明知是犯罪所得的赃物而为犯罪分子代为销售；"其他方法"是指上述行为以外的掩饰、隐瞒行为，根据《审理掩饰、隐瞒犯罪所得、犯罪所得收益刑事案件解释》第10条的规定以及参照《刑法》第191条洗钱罪的规定，主要包括居间介绍买卖，收受，持有，使用，加工，提供资金账户，将财物转换为现金、金融票据、有价证券，跨境转移资金等情形。

3. 犯罪主体为一般主体。自《刑法修正案（七）》生效实施后，本罪主体包括单位。根据《刑法修正案（十一）》对于《刑法》第191条洗钱罪规定的修订精神，上游犯罪行为人本人也可以构成本罪主体。

4. 主观方面是故意。

即行为人明知自己窝藏、转移、收购、代为销售或者以其他方法掩饰、隐瞒的是犯罪所得或者犯罪所得产生的收益。"明知"，不一定是"确知"，即行为人无需认识到这些财物一定是犯罪所得或者犯罪所得产生的收益，只要行为人认识到这些财物可能是犯罪所得或者犯罪所得产生的收益即可。

根据《最高人民法院关于审理洗钱等刑事案件具体应用法律若干问题的

解释》第1条第2款之规定，具有下列情形之一的，可以认定被告人明知系犯罪所得及其收益，但有证据证明确实不知道的除外：（1）知道他人从事犯罪活动，协助转换或者转移财物的；（2）没有正当理由，通过非法途径协助转换或者转移财物的；（3）没有正当理由，以明显低于市场的价格收购财物的；（4）没有正当理由，协助转换或者转移财物，收取明显高于市场的"手续费"的；（5）没有正当理由，协助他人将巨额现金散存于多个银行账户或者在不同银行账户之间频繁划转的；（6）协助近亲属或者其他关系密切的人转换或者转移与其职业或者财产状况明显不符的财物的；（7）其他可以认定行为人明知的情形。

根据《最高人民法院、最高人民检察院、公安部关于办理医保骗保刑事案件若干问题的指导意见》（以下简称《办理医保骗保案件指导意见》）第9条规定，明知系利用医保骗保购买的药品而非法收购、销售的，依照《刑法》第312条和相关司法解释的规定，以掩饰、隐瞒犯罪所得罪定罪处罚。对于主观上是否明知，应当根据药品标志、收购渠道、价格、规模及药品追溯信息等综合认定。具有下列情形之一的，可以认定行为人具有主观明知，但行为人能够说明药品合法来源或作出合理解释的除外：（1）药品价格明显异于市场价格的；（2）曾因实施非法收购、销售利用医保骗保购买的药品，受过刑事或行政处罚的；（3）以非法收购、销售基本医疗保险药品为业的；（4）长期或多次向不特定交易对象收购、销售基本医疗保险药品的；（5）利用互联网、邮寄等非接触式渠道多次收购、销售基本医疗保险药品的；（6）其他足以认定行为人主观明知的。

根据《最高人民法院、最高人民检察院、中国海警局依法打击涉海砂违法犯罪座谈会纪要》（以下简称《打击涉海砂犯罪会议纪要》），具有下列情形之一的，对过驳和运输海砂的船主或者船长，依照《刑法》第312条的规定，以掩饰、隐瞒犯罪所得罪定罪处罚：（1）未与非法采挖海砂犯罪分子事前通谋，指使或者驾驶运砂船前往相关海域，在非法采砂行为已经完成后，明知系非法采挖的海砂，仍直接从采砂船过驳和运输海砂的；（2）与非法收购海砂犯罪分子事前通谋，指使或者驾驶运砂船前往指定海域过驳和运输海砂的；（3）无证据证明非法采挖、运输、收购海砂犯罪分子之间存在事前通谋或者事中共同犯罪故意，但受其中一方雇佣后，指使或者驾驶运砂船前往指定海域，明知系非法采挖的海砂，仍从其他运砂船上过驳和运输海砂的。判断过驳和运输海砂的船主或者船长是否具有犯罪故意，应当依据其任职情况、职业经历、专业背景、培训经历、本人因同类行为受到行政处罚或者刑事责任追究情况等证据，结合其供述，进行综合分析判断。实践中，具有下列情形之一，行为人不能作出合理解释的，一般可以认定其"明知系非法采挖的海砂"，但有相反证据的除外：（1）故意关闭船舶自动识别系统，或者船舶上有多套船舶自动识别系统，或者故意毁弃船载卫星电话、船舶自动识别系统、定位系统数据及手机存储数据的；（2）故意绕行正常航线和码头、在隐蔽水域或者在明显不合理的隐蔽时间过驳和运输，或者使用暗号、暗语、信物等方式进行联络、接头的；（3）使用"三无"船舶、虚假船名船舶或非法改装船舶，或者故意遮蔽船号，掩盖船体特征的；（4）虚假记录船舶航海日志、轮机日志，或者进出港未申报、虚假申报的；（5）套用相关许可证、拍卖手续、合同等合法文件资料，或者使用虚假、伪造文件资料的；（6）无法出具合法有效海砂来源证明，或者拒不提供海砂真实来源证明的；（7）以明显低于市场价格进行交易的；（8）支付、收取或者约定的报酬明显不合理，或者使用控制的他人名下银行账户收付海砂交易款项的；（9）逃避、抗拒执法检查，或者事前制定逃避检查预案的；（10）其他足以认定的情形。

根据《最高人民法院、最高人民检察院、公安部、国家文物局关于办理妨害文物管理等刑事案件若干问题的意见》，明知是盗窃文物、盗掘古文化遗址、古墓葬等犯罪所获取的文物，而予以窝藏、转移、收购、加工、代为销售或者以其他方法掩饰、隐瞒的，符合相关司法解释规定的，以《刑法》第312条规定的掩饰、隐瞒犯罪所得罪追究刑事责任。对是否"明知"，应当结合行为人的认知能力、既往经历、行为次数和手段，与实施盗掘、盗窃、倒卖文物等犯罪行为人的关系，获利情况，是否故意规避调查，涉案文物外观形态、价格等主、客观因素进行综合审查判断。具有下列情形之一，行为人不能作出合理解释的，可以认定其"明知"，但有相反证据的除外：（1）采用黑话、暗语等方式进行联络交易的；（2）通过伪装、隐匿文物等方式逃避检查，或者以暴力等方式抗拒检查的；（3）曾因实施盗掘、盗窃、走私、倒卖文物等犯罪被追究刑事责任，或者 2 年内受过行政处罚的；（4）有其他证据足以证明行为人应当知道的情形。

（二）认定掩饰、隐瞒犯罪所得、犯罪所得收益罪应当注意的问题

1. 对象认识错误的处理。

本罪发生对象认识错误的情形较为常见，实践中应注意区分情形分别处理：一是将犯罪所得、犯罪所得收益误认为合法所得，因不具有主观明知，不应以本罪处理。二是将他人合法所得误认为犯罪所得、犯罪所得收益而予以掩饰、隐瞒的，理论上通常主张以犯罪未遂处理。因不具有客观危害性，实践中对于情节较轻的一般可不作为犯罪处理。三是将犯罪所得误认为一般违法行为所得的，不影响本罪的认定。

2. 划清本罪与窝藏、包庇罪的界限。

本罪的犯罪对象是犯罪所得或者犯罪所得产生的收益；而窝藏、包庇罪的犯罪对象不是犯罪所得财物或者收益，而是犯罪人本身。本罪妨害的是司法机关追索犯罪人犯罪所得的正常活动，而窝藏、包庇罪妨害的是司法机关追查犯罪的正常活动。构成本罪需要明知是犯罪所得及其产生的收益而予以窝藏、转移、收购、代为销售或者以其他方法掩饰、隐瞒，而构成窝藏、包庇罪要求明知是犯罪人或犯罪嫌疑人而为其提供隐藏处所、财物，帮助其逃匿或者作假证明包庇，意图使其逃避法律制裁。

3. 划清本罪与洗钱罪的界限。

本罪与洗钱罪的区分界限仅仅在于上游犯罪的不同。《刑法修正案（六）》对《刑法》第 312 条进行修改，目的是将传统的赃物犯罪条款改造成洗钱犯罪的一般性条款。只要上游犯罪属于《刑法》第 191 条规定的 7 类上游犯罪的，均应以洗钱罪定罪处罚。

4. 划清单独犯罪与共同犯罪的界限。

掩饰、隐瞒犯罪所得、犯罪所得收益犯罪是事后帮助行为，参照《刑法》第 310 条第 2 款关于"犯窝藏、包庇罪，事前通谋的，以共同犯罪论处"的规定精神，《审理掩饰、隐瞒犯罪所得、犯罪所得收益刑事案件解释》第 5 条明确，事前与盗窃、抢劫、诈骗、抢夺等犯罪分子通谋，掩饰、隐

瞒犯罪所得及其产生的收益的，以盗窃、抢劫、诈骗、抢夺等犯罪的共犯论处。

（三）掩饰、隐瞒犯罪所得、犯罪所得收益罪的刑事责任

依照《刑法》第312条第1款规定，犯掩饰、隐瞒犯罪所得、犯罪所得收益罪的，处三年以下有期徒刑、拘役或者管制，并处或者单处罚金；情节严重的，处三年以上七年以下有期徒刑，并处罚金。

依照《刑法》第312条第2款规定，单位犯本罪的，对单位判处罚金，并对其直接负责的主管人员和其他直接责任人员，依照前款的规定处罚。

司法机关在适用《刑法》第312条规定处罚时，应当注意以下问题：

1. 正确掌握本罪的定罪标准。刑法未对本罪的入罪情节作出规定，根据《审理掩饰、隐瞒犯罪所得、犯罪所得收益刑事案件解释》第1条的规定，具有下列情形之一的，应当定罪处罚：一年内曾因掩饰、隐瞒犯罪所得及其产生的收益行为受过行政处罚，又实施掩饰、隐瞒犯罪所得及其产生的收益行为；掩饰、隐瞒的犯罪所得系电力设备、交通设施、广播电视设施、公用电信设施、军事设施或者救灾、抢险、防汛、优抚、扶贫、移民、救济款物；掩饰、隐瞒行为致使上游犯罪无法及时查处，并造成公私财物损失无法挽回；实施其他掩饰、隐瞒犯罪所得及其产生的收益行为，妨害司法机关对上游犯罪进行追究。根据2021年修改司法解释的精神，人民法院审理掩饰、隐瞒犯罪所得、犯罪所得收益刑事案件时，应综合考虑上游犯罪的性质、掩饰、隐瞒犯罪所得及其收益的情节、后果及社会危害程度等，依法定罪处罚，避免唯数额论。根据《审理掩饰、隐瞒犯罪所得、犯罪所得收益刑事案件解释》第2条的规定，掩饰、隐瞒犯罪所得及其产生的收益行为符合解释第1条的规定，认罪、悔罪并退赃、退赔，且具有下列情形之一的，可以认定为犯罪情节轻微，免予刑事处罚：具有法定从宽处罚情节；为近亲属掩饰、隐瞒犯罪所得及其产生的收益，且系初犯、偶犯；有其他情节轻微情形。

2.《刑法修正案（六）》将本罪的法定最高刑由三年提高为七年，加重了对本罪的处罚力度。"情节严重"，是本罪的加重处罚情节。对于这里的

"情节严重",根据《审理掩饰、隐瞒犯罪所得、犯罪所得收益刑事案件解释》第3条的规定,主要是指掩饰、隐瞒犯罪所得及其产生的收益价值总额达到10万元以上的,或者掩饰、隐瞒犯罪所得及其产生的收益10次以上,或者3次以上且价值总额达到5万元以上等情形。

3. 按照2007年1月15日公布的《最高人民法院、最高人民检察院关于办理盗窃油气、破坏油气设备等刑事案件具体应用法律若干问题的解释》,明知是盗窃犯罪所得的油气或者油气设备,而予以窝藏、转移、收购、加工、代为销售或者以其他方法掩饰、隐瞒的,依照《刑法》第312条的规定定罪处罚。实施上述行为,事前通谋的,以盗窃犯罪的共犯定罪处罚。

4. 按照2007年5月9日公布的《最高人民法院、最高人民检察院关于办理与盗窃、抢劫、诈骗、抢夺机动车相关刑事案件具体应用法律若干问题的解释》第1条和第6条的规定,明知是盗窃、抢劫、诈骗、抢夺的机动车,实施下列行为之一的,依照《刑法》第312条的规定,以掩饰、隐瞒犯罪所得、犯罪所得收益罪定罪,处三年以下有期徒刑、拘役或者管制,并处或者单处罚金:(1)买卖、介绍买卖、典当、拍卖、抵押或者用其抵债的;(2)拆解、拼装或者组装的;(3)修改发动机号、车辆识别代号的;(4)更改车身颜色或者车辆外形的;(5)提供或者出售机动车来历凭证、整车合格证、号牌以及有关机动车的其他证明和凭证的;(6)提供或者出售伪造、变造的机动车来历凭证、整车合格证、号牌以及有关机动车的其他证明和凭证的。"明知",是指涉及的机动车有下列情形之一的:(1)没有合法有效的来历凭证;(2)发动机号、车辆识别代号有明显更改痕迹,没有合法证明的。另外,盗窃、抢劫、诈骗、抢夺的机动车5辆以上或者价值总额达到50万元以上的,属于《刑法》第312条规定的"情节严重",处三年以上七年以下有期徒刑,并处罚金。

5. 根据《办理医保骗保案件指导意见》第9条第2款规定,因明知系利用医保骗保购买的药品而非法收购、销售,被以掩饰、隐瞒犯罪所得罪定罪处罚的,不受利用医保骗保购买药品的行为人是否被追究刑事责任的影响。

6. 根据《打击涉海砂犯罪会议纪要》,认定非法运输、收购、代为销售或者以其他方法掩饰、隐瞒非法采挖的海砂及其产生的收益构成掩饰、隐瞒犯罪所得、犯罪所得收益罪，以上游非法采矿犯罪事实成立为前提。上游犯罪尚未依法裁判，但查证属实的，不影响掩饰、隐瞒犯罪所得、犯罪所得收益罪的认定。上游非法采挖海砂未达到非法采矿罪"情节严重"标准的，对下游对应的掩饰、隐瞒行为可以依照《海洋环境保护法》《海域使用管理法》《治安管理处罚法》等法律法规给予行政处罚。明知是非法采挖的海砂及其产生的收益，而予以运输、收购、代为销售或者以其他方法掩饰、隐瞒，1年内曾因实施此类行为受过行政处罚，又实施此类行为的，应当依照《刑法》第312条的规定，以掩饰、隐瞒犯罪所得、犯罪所得收益罪定罪处罚。多次实施此类行为，未经行政处罚，依法应当追诉的，犯罪所得、犯罪所得收益的数额应当累计计算。以掩饰、隐瞒犯罪所得、犯罪所得收益罪定罪处罚的，应当注意与上游非法采矿犯罪保持量刑均衡。

十三、拒不执行判决、裁定罪

第三百一十三条[①]　对人民法院的判决、裁定有能力执行而拒不执行，情节严重的，处三年以下有期徒刑、拘役或者罚金；情节特别严重的，处三年以上七年以下有期徒刑，并处罚金。

单位犯前款罪的，对单位判处罚金，并对其直接负责的主管人员和其他直接责任人员，依照前款的规定处罚。

（一）拒不执行判决、裁定罪的概念和构成要件

拒不执行判决、裁定罪，是指对人民法院已经发生法律效力的判决、裁定有能力执行而拒不执行，情节严重的行为。

1979年《刑法》并没有拒不执行判决、裁定罪的规定，而是将拒绝履行人民法院生效的判决、裁定的行为归属为第157条所规定的妨害公务罪。从20世纪80年代后期开始，因被执行人规避执行、抗拒执行等原因导致的"执行难"严重损害债权人利益、司法公信和法治权威，1997年《刑法》通

---

① 本条经2015年8月29日《刑法修正案（九）》第39条修改。

过第313条的规定,对拒不执行法院判决、裁定的行为,以独立罪名进行刑法规制。2002年8月29日第九届全国人大常委会第二十九次会议对刑法第313条的含义作出了解释。《刑法修正案(九)》第39条对本罪作出修改,增加了一档"情节特别严重"的法定刑,并增加了本罪单位犯罪的规定。

拒不执行判决、裁定罪的构成要件是:

1. 侵犯的客体是人民法院裁判的权威。犯罪对象是人民法院依法作出的具有执行内容并已经发生法律效力的判决、裁定。

人民法院是国家的审判机关。判决、裁定,是人民法院代表国家行使审判权的一种形式,是国家权力的象征。"判决",是指人民法院就案件实体问题所作的处理决定;"裁定",是人民法院在审理案件或者执行过程中,就案件的诉讼程序问题和部分实体问题所作的决定。"已发生法律效力"的判决、裁定,是指已过法定期限没有上诉、抗诉的判决、裁定和终审的判决、裁定。裁判一经生效,就具有法律的强制力,有关单位和个人必须坚决执行。维护人民法院裁判的权威,就是维护法治的权威。但是,长期以来,经济生活中欠债不还的现象较为突出,有些债务人有能力还债而赖账不还,甚至经人民法院判决、裁定,仍采取转移财产等方式拒不履行法院判决、裁定所确定的义务。在人民法院依法强制执行生效法律文书过程中,一些地方单位、企业和个人拒不执行或者以暴力手段抗拒人民法院执行的事件屡屡发生。这种违法犯罪行为,严重妨害司法秩序,损害债权人的合法权益,扰乱社会主义市场经济的健康发展。党的十八届四中全会提出"切实解决执行难"的要求后,全国各级人民法院用三年时间在2019年实现了"基本解决执行难"的目标,但在"切实解决执行难"的进程中,仍需依法严厉打击屡禁不止的拒不执行判决、裁定犯罪行为。

第九届全国人大常委会第二十九次会议通过了《关于〈中华人民共和国刑法〉第三百一十三条的解释》(以下简称《第三百一十三条立法解释》),对《刑法》第313条的含义作出了明确的解释,指出:"刑法第三百一十三条规定的'人民法院的判决、裁定',是指人民法院依法作出的具有执行内容并已发生法律效力的判决、裁定。人民法院为依法执行支付令、生效的调解书、仲裁裁决、公证债权文书等所作的裁定属于该条规定的裁定。"这对人民法院正确理解和执行刑法，从立法上加大惩治拒不执行判决、裁定的行为的力度，有重要的意义。

2. 客观方面表现为对人民法院已经发生法律效力的判决、裁定，有能力执行而拒不执行，情节严重的行为。

按照《第三百一十三条立法解释》的规定，所谓"有能力执行而拒不执行，情节严重的行为"，是指具有下列情形之一的行为：（1）被执行人隐藏、转移、故意毁损财产或者无偿转让财产、以明显不合理的低价转让财产，致使判决、裁定无法执行的；（2）担保人或者被执行人隐藏、转移、故意毁损或者转让已向人民法院提供担保的财产，致使判决、裁定无法执行的；（3）协助执行义务人接到人民法院协助执行通知书后，拒不协助执行，致使判决、裁定无法执行的；（4）被执行人、担保人、协助执行义务人与国家机关工作人员通谋，利用国家机关工作人员的职权妨害执行，致使判决、裁定无法执行的；（5）其他有能力执行而拒不执行，情节严重的情形。

《最高人民法院关于审理拒不执行判决、裁定刑事案件适用法律若干问题的解释》（以下简称《审理拒不执行判决、裁定刑事案件解释》）第2条规定：负有执行义务的人有能力执行而实施下列行为之一的，应当认定为全国人民代表大会常务委员会关于《刑法》第313条的解释中规定的"其他有能力执行而拒不执行，情节严重的情形"：（1）具有拒绝报告或者虚假报告财产情况、违反人民法院限制高消费及有关消费令等拒不执行行为，经采取罚款或者拘留等强制措施后仍拒不执行的；（2）伪造、毁灭有关被执行人履行能力的重要证据，以暴力、威胁、贿买方法阻止他人作证或者指使、贿买、胁迫他人作伪证，妨碍人民法院查明被执行人财产情况，致使判决、裁定无法执行的；（3）拒不交付法律文书指定交付的财物、票证或者拒不迁出房屋、退出土地，致使判决、裁定无法执行的；（4）与他人串通，通过虚假诉讼、虚假仲裁、虚假和解等方式妨害执行，致使判决、裁定无法执行的；（5）以暴力、威胁方法阻碍执行人员进入执行现场或者聚众哄闹、冲击执行现场，致使执行工作无法进行的；（6）对执行人员进行侮辱、围攻、扣押、殴打，致使执行工作无法进行的；（7）毁损、抢夺执行案件材料、执行公务车辆和其他执行器械、执行人员服装以及执行公务证件，致使执行工作无法进行的；（8）拒不执行法院判决、裁定，致使债权人遭受重大损失的。可见，《审理拒不执行判决、裁定刑事案件解释》在《第三百一十三条立法解释》的基础上，明确了负有执行义务的人拒不履行特定行为的作为义务，即"拒不交付法律文书指定交付的财物、票证或者拒不迁出房屋、退出土地，致使判决、裁定无法执行的"，与拒不履行财产交付义务一样，亦属于"有能力执行而拒不执行，情节严重的"情形。

3. 犯罪主体是特殊主体，即负有执行人民法院判决、裁定义务的自然人和单位。

根据《第三百一十三条立法解释》的规定，本罪的主体具体包括被执行人、协助执行义务人、担保人。被执行人是指人民法院已经生效的判决书、裁定书所确定的，负有履行判决书、裁定书载明的义务的人员。被执行人一般是案件的当事人，此外，还包括一些虽然不是案件当事人，但在执行程序中被人民法院确定为被执行人，承担履行判决、裁定所确定的义务的人员。如作为案件当事人的法人分立、合并、终止后承担其权利义务的拒不交付法律文书指定交付的财物、票证或者拒不迁出房屋、退出土地，致使判决、裁定无法执行的组织；案件当事人死亡后，继承其遗产的人等。协助执行义务人是指因各种原因，实际持有、管理、控制执行标的物，被人民法院通知协助人民法院执行已生效的判决、裁定的人员。担保人包括财产保全担保人和执行担保人。财产保全担保人是指在人民法院采取财产保全措施时，财产保全的申请人或者被申请人，根据人民法院的要求提供的保证申请人或者被申请人，在将来人民法院判决、裁定确定后，履行相应义务的人员。执行担保人是指在人民法院依法执行过程中，被执行人提供的保证被执行人在确定的期限履行判决、裁定确定的义务的人员。不负有执行人民法院判决、裁定义务的人，如被执行人的同事、亲友、邻居、单位领导等不构成本罪的主体。如果其以暴力、威胁方法单独实施妨害执行行为的，应构成妨害公务罪；如果其与被执行人等共同实施妨害法院裁判执行行为的，可构成拒不执行判决、裁定罪的共犯。

司法实践中，拒不执行判决、裁定的行为人相当一部分是法人或者其他组织，而1997年《刑法》条文和《第三百一十三条立法解释》中没有明确规定以拒不执行判决、裁定罪追究单位的刑事责任。但并不意味着既不能处理单位，也不能追究直接责任人员。最高人民法院1998年4月发布了《关于审理拒不执行判决、裁定案件具体应用法律若干问题的解释》。①该司法解释第4条规定："负有执行人民法院判决、裁定义务的单位直接负责的主管人员和其他直接责任人员，为了本单位的利益实施本解释第三条所列行为之一，造成特别严重后果的，对该主管人员和其他直接责任人员依照刑法第三百一十三条的规定，以拒不执行判决、裁定罪定罪处罚。"2015年《刑法修正案（九）》彻底解决了本罪的单位犯罪问题，明确规定单位可以成为本罪的犯罪主体，实行双罚制。

4. 主观方面由故意构成，且为直接故意。即行为人明知自己的行为会造成妨害法院裁判正常执行或者致使法院裁判不能执行的结果，并且希望这种结果的发生。行为人的动机多种多样，如逃避履行裁判确定的义务或者对法院裁判具有抵触情绪，等等。但动机不影响本罪的成立。

（二）认定拒不执行判决、裁定罪应当注意的问题

1. 划清本罪与非罪的界限。

构成拒不执行判决、裁定罪必须是情节严重的行为，因此，拒不执行法院判决、裁定但情节轻微的，不能以犯罪论处；拒不执行判决、裁定罪必须是行为人有能力执行而拒不执行的行为。因此，如果行为人因没有能力执行而未能执行的，也不能以犯罪论处。关于何谓"情节严重"，《第三百一十三条立法解释》明确规定了四种致使判决、裁定无法执行的情形。因此，实施《第三百一十三条立法解释》第2款第1~4项的行为，并发生致使判决、裁定无法执行的结果的，就符合《刑法》规定的情节严重的条件。如果行为人实施上述行为，虽然未致使判决、裁定最终无法执行，但其手段、情节特别恶劣或者造成特别严重的后果，符合情节严重的条件的，应当按照《第三百一十三条立法解释》第2款第5项的规定处理。

---

① 参见《中华人民共和国最高人民法院公报》1998年第2期，人民法院出版社1998年版。该司法解释有关内容已被后出台的《审理拒不执行判决、裁定刑事案件解释》替代，但有关单位犯本罪的处理与立法无矛盾且该司法解释并未规定，故仍可执行。

需要注意的是,《第三百一十三条立法解释》所规定的"致使判决、裁定无法执行",既包括行为人拒不执行的行为致使判决、裁定全部无法执行的情况,也包括致使判决、裁定部分无法执行的情况。致使判决、裁定部分无法执行,但达到情节严重程度的,如致使判决、裁定大部分无法执行、无法执行的数额特别巨大等,亦可以本罪论处。既包括行为人拒不执行的行为致使永久性无法执行,也包括致使在一定阶段内无法执行。只要行为人隐藏、转移财产等行为,严重干扰人民法院正常的执行工作,使之无法进行的,就可以认定为致使判决、裁定无法执行。即使人民法院最终通过各种途径找到被隐藏、转移的财产的,也不影响对其追究刑事责任。

2. 掌握本罪的行为起算时间。

《第三百一十三条立法解释》和最高人民法院、最高人民检察院、公安部2007年8月30日印发的《关于依法严肃查处拒不执行判决裁定和暴力抗拒法院执行犯罪行为有关问题的通知》均规定,"协助执行义务人接到人民法院协助执行通知书"后,拒不协助执行,致使判决、裁定无法执行的,属于"有能力执行而拒不执行,情节严重"。前述立法解释和司法文件所规定的行为起算时间,明显不利于打击在人民法院发出执行通知或者协助执行通知之前所实施的拒不执行判决、裁定行为。为解决司法实践中的疑惑,最高人民法院2016年12月28日发布了第71号指导案例即毛某文拒不执行判决、裁定案,明确了拒不执行的行为起算时间,应从判决、裁定发生法律效力时起算。

3. 划清本罪与妨害公务罪的界限。

二者的区别在于:(1)侵犯的客体不同。前者侵犯的是人民法院裁判的权威,而后者侵犯的则是公共秩序。(2)行为手段不同。前者不以暴力、威胁方法为必备要件,而后者必须使用暴力、威胁方法才能构成。(3)犯罪主体不同。前者是特殊主体,即具有执行法院判决、裁定义务的被执行人、协助执行义务人、担保人等自然人或单位,而后者是一般主体。

4. 划清本罪与故意杀人罪、故意伤害罪的界限。

1998年4月17日《最高人民法院关于审理拒不执行判决、裁定案件具体应用法律若干问题的解释》规定,暴力抗拒人民法院执行判决、裁定,杀害、重伤执行人员的，依照《刑法》第232条、第234条第2款的规定定罪处罚。我们认为，该司法解释已失效，对于此种情形，应认定构成故意杀人罪、故意伤害罪和拒不执行判决、裁定罪，依法两罪并罚。

5. 划清本罪与非法处置查封、扣押、冻结的财产罪的界限。

拒不执行判决、裁定罪与非法处置查封、扣押、冻结的财产罪的主要区别：一是客观行为表现不同，后者只限于非法隐藏、转移、变卖、毁损已被司法机关查封、扣押、冻结的财产，而前者不限于此类行为，包括任何有能力执行而不执行的行为。二是犯罪主体不同，后者是一般主体，而前者是特殊主体，即负有执行法院判决、裁定确定的义务的自然人和单位。三是行为发生的时段不同，后者可以发生在整个诉讼过程中，而前者只能发生在法院的判决、裁定发生法律效力之后。四是犯罪故意不同，后者不要求特殊目的，而前者则具有拒不执行法院裁判的目的。

对于非法处置被司法机关查封、扣押、冻结的财产的行为定性，应当区分以下几种情况：如果非法隐藏、转移、变卖、毁损已被司法机关查封、扣押、冻结的财产的行为发生在诉讼保全程序中，人民法院的裁判尚未生效，那么，应当以非法处置查封、扣押、冻结的财产罪定罪；如果此种行为发生在人民法院的裁判生效之后，但行为人并不是负有执行法院裁判义务的人，亦应以非法处置查封、扣押、冻结的财产罪定罪；如果是负有执行法院裁判义务的人实施了此种行为，因该行为系作为拒不执行法院裁判的手段实施的，两罪的法定刑相同，以拒不执行判决、裁定罪定罪更为适当。

6. 把握拒不执行判决、裁定案件的管辖。

根据《审理拒不执行判决、裁定刑事案件解释》的规定，拒不执行判决、裁定刑事案件，一般由执行法院所在地人民法院管辖。适用中应注意两个方面：一是一般管辖原则不能突破级别管辖的规定，不能与《刑事诉讼法》中关于管辖的规定相冲突；二是审判管辖不能与公安机关侦查、检察机关公诉相冲突。

7. 把握拒不执行判决、裁定案件的追诉程序。

为解决对本罪的追究渠道不畅的问题，《审理拒不执行判决、裁定刑事案件解释》第3条规定，申请执行人有证据证明同时具有下列情形，人民法院认为符合《刑事诉讼法》第210条第3项规定的,以自诉案件立案审理:(1)负有执行义务的人拒不执行判决、裁定,侵犯了申请执行人的人身、财产权利,应当依法追究刑事责任的;(2)申请执行人曾经提出控告,而公安机关或者人民检察院对负有执行义务的人不予追究刑事责任的。第4条规定,该解释第3条规定的自诉案件,依照《刑事诉讼法》第212条的规定,自诉人在宣告判决前,可以同被告人自行和解或者撤回自诉。据此,除公诉途径外,部分案件的申请执行人可以作为被害人向法院对拒不执行判决、裁定的执行义务人提起刑事自诉。

2018年5月30日,最高人民法院发布《关于拒不执行判决、裁定罪自诉案件受理工作有关问题的通知》,对本罪作为自诉案件的受理工作作出了相关规定。(1)申请执行人向公安机关控告负有执行义务的人涉嫌拒不执行判决、裁定罪,公安机关不予接受控告材料或者在接受控告材料后60日内不予书面答复,申请执行人有证据证明该拒不执行判决、裁定行为侵犯了其人身、财产权利,应当依法追究刑事责任的,人民法院可以自诉案件立案审理。(2)人民法院向公安机关移送拒不执行判决、裁定罪线索,公安机关决定不予立案或者在接受案件线索后60日内不予书面答复,或者人民检察院决定不起诉的,人民法院可以向申请执行人释明;申请执行人有证据证明负有执行义务的人拒不执行判决、裁定侵犯了其人身、财产权利,应当依法追究刑事责任的,人民法院可以自诉案件立案审理。(3)公安机关接受申请执行人的控告材料或者人民法院移送的拒不执行判决、裁定罪线索,经过60日之后又决定立案的,对于申请执行人的自诉,人民法院未受理的,裁定不予受理;已经受理的,可以向自诉人释明让其撤回起诉或者裁定终止审理。此后再出现公安机关或者人民检察院不予追究情形的,申请执行人可以依法重新提起自诉。

(三)拒不执行判决、裁定罪的刑事责任

依照《刑法》第313条规定,犯拒不执行判决、裁定罪,处三年以下有期徒刑、拘役或者罚金;情节特别严重的,处三年以上七年以下有期徒刑,并处罚金。

单位犯前款罪的，对单位判处罚金，并对其直接负责的主管人员和其他直接责任人员，依照前款的规定处罚。

十四、非法处置查封、扣押、冻结的财产罪

第三百一十四条 隐藏、转移、变卖、故意毁损已被司法机关查封、扣押、冻结的财产，情节严重的，处三年以下有期徒刑、拘役或者罚金。

（一）非法处置查封、扣押、冻结的财产罪的概念和构成要件

非法处置查封、扣押、冻结的财产罪，是指隐藏、转移、变卖、故意毁损已被司法机关查封、扣押、冻结的财产，情节严重的行为。

本罪是1997年《刑法》增设的罪名。

非法处置查封、扣押、冻结的财产罪的构成要件是：

1. 本罪侵犯的客体是司法机关的正常活动。

司法机关查封、扣押、冻结财产的活动是司法机关在诉讼过程中，为了保证诉讼的正常进行，对有关的财产采取的保全措施。如果在司法机关对财产进行查封、扣押、冻结以后，隐藏、转移、变卖、故意毁损这些财产，不仅严重破坏国家司法机关的正常诉讼活动，而且可能导致司法机关的裁判无法得到执行，造成国家、集体或者公民个人财产损失。犯罪对象是被司法机关查封、扣押、冻结的财产。"查封"，是指司法机关对需要采取财产保全措施的财物清点后，加贴封条，就地封存或者移地封存。"扣押"，是指司法机关将需要采取财产保全措施的财物就地扣留或者送到一定的场所予以扣留。"冻结"，是指司法机关通知有关银行或者信用社等金融机构，不准被申请人提取或者处分其存款。

2. 客观方面表现为隐藏、转移、变卖、故意毁损已被司法机关查封、扣押、冻结的财产，情节严重的行为。

"隐藏"，是指将已被查封、扣押的财产就地隐蔽、收藏起来，使司法机关不能或者难以发现；"转移"，是指将已被司法机关查封、扣押、冻结的财产从一个处所转移到另一个处所；"变卖"，是指将司法机关查封、扣押的财

产予以有偿转让;"毁损",是指毁灭、损坏,使财产从物质形态上消失,或者失去或减少其价值。

3.犯罪主体为一般主体。主要是被查封、扣押、冻结的财产的所有人、保管人。其他人如果出于妨害司法机关的查封、扣押、冻结活动的意图实施上述行为的,也可以构成本罪的主体。

4.主观方面由故意构成。即明知财产已被司法机关查封、扣押、冻结,却故意予以隐藏、转移、变卖、毁损。过失不构成本罪。

根据法律规定,非法处置查封、扣押、冻结的财产的行为,除需符合以上构成要件外,还必须达到"情节严重"的程度,才构成犯罪。

(二)认定非法处置查封、扣押、冻结的财产罪应当注意的问题

划清本罪与盗窃罪的界限。如果出于非法占有的目的,被查封、扣押、冻结的财产的所有人、保管人以外的其他人采取秘密手段窃取被司法机关查封、扣押的财产,数额较大或多次窃取的,无论该财产是否已被查封、扣押,都应以盗窃罪论处,不构成非法处置查封、扣押、冻结的财产罪。例如何某、汪某某非法处置扣押的财产案。被告人何某、汪某某在公安机关明确告知了车辆被依法扣押的情况下,将扣押的车辆予以转移,其行为扰乱了司法机关的正常活动,构成非法处置扣押的财产罪。没有证据证实两被告人对涉案车辆具有非法占有的目的,故其行为不构成盗窃罪。[1]

(三)非法处置查封、扣押、冻结的财产罪的刑事责任

依照《刑法》第314条规定,犯非法处置查封、扣押、冻结的财产罪的,处三年以下有期徒刑、拘役或者罚金。

---

[1] 参见《刑事审判参考》第1177号何某、汪某某非法处置扣押的财产案。

十五、破坏监管秩序罪

第三百一十五条 依法被关押的罪犯，有下列破坏监管秩序行为之一，情节严重的，处三年以下有期徒刑：

（一）殴打监管人员的；

（二）组织其他被监管人破坏监管秩序的；

（三）聚众闹事，扰乱正常监管秩序的；

（四）殴打、体罚或者指使他人殴打、体罚其他被监管人的。

（一）破坏监管秩序罪的概念和构成要件

破坏监管秩序罪，是指依法被关押的罪犯，破坏监管秩序，情节严重的行为。

本罪是1997年《刑法》增设的罪名。

破坏监管秩序罪的构成要件是：

1. 本罪侵犯的客体是监狱的正常监押管理秩序，即监狱依照《监狱法》等有关监狱法规、管理规章制度对服刑罪犯进行惩罚、教育、改造的正常活动。

良好的监管秩序，是对罪犯进行有效管理、改造的保障。破坏监管秩序的行为，必然会危害监狱的正常管理活动，妨害对罪犯的教育改造。本罪行为主要发生在监管场所，但也可能发生在其他劳动作业场所或者押解途中。

2. 客观方面表现为破坏监管秩序，情节严重的行为。

《刑法》第315条规定了破坏监管秩序的四种行为方式：（1）殴打监管人员；（2）组织其他被监管人破坏监管秩序；（3）聚众闹事，扰乱正常监管秩序；（4）殴打、体罚或者指使他人殴打、体罚其他被监管人。《监狱法》第58条规定了八种破坏监管秩序的行为，即聚众哄闹监狱，扰乱正常秩序的；辱骂或者殴打人民警察的；欺压其他罪犯的；盗窃、赌博、打架斗殴、寻衅滋事的；有劳动能力拒不参加劳动或者消极怠工，经教育不改的；以自伤、自残手段逃避劳动的；在生产劳动中故意违反操作规程，或者有意损坏生产工具的；有违反监规纪律的其他行为的。可见，《刑法》规定的破坏监管秩序的行为基本属于《监狱法》第 58 条规定的八种破坏监管秩序行为中的第一、第二、第三种行为。至于组织其他被监管人破坏监管秩序，处罚的是组织行为，被组织人的破坏监管秩序的行为，属于《监狱法》第 58 条规定的其他破坏监管秩序的行为，如拒不参加劳动、消极怠工，在生产劳动中故意违反操作规程，有意损坏生产工具的。因此，被组织者不构成本罪，只有组织者才构成本罪。

3. 犯罪主体为特殊主体，即依法被关押的罪犯。

所谓罪犯，是指经法院生效判决认定犯有罪行的人。在判决生效以后，根据判处的刑罚的不同，有的罪犯予以关押，有的罪犯则不予关押。破坏监管秩序罪的主体仅限于被关押的罪犯。行为人被解除关押后，对曾经的监管人员实施殴打，不构成本罪。

4. 主观方面由故意构成，即明知自己的行为会破坏监管秩序，仍有意为之。过失不构成本罪。

根据法律规定，破坏监管秩序的行为，必须达到"情节严重"的程度，才构成犯罪。所谓情节严重，司法实践中，一般是指多次破坏监管秩序经监狱给予警告、记过或者禁闭后仍不悔改的；破坏监管秩序造成严重后果的，如因破坏监管秩序引起其他在押犯乘混乱之机脱逃，因欺压其他罪犯导致罪犯自杀、精神失常的等情形。如果情节不严重，根据《监狱法》第 58 条的规定，可由监狱给予警告、记过或者禁闭。例如周某某破坏监管秩序案。被告人周某某在监狱服刑期间，不服从监管人员的管教，当众殴打监管人员，又多次殴打其他被监管人员，属于情节严重，构成破坏监管秩序罪。①

（二）认定破坏监管秩序罪应当注意的问题

1. 划清本罪与故意伤害罪的界限。

破坏监管秩序的四种行为中有两种是侵犯他人身体健康的，即殴打监管人员；殴打、体罚或者指使他人殴打体罚其他被监管人。如果殴打、体罚没

---

① 参见周某某破坏监管秩序案，四川省眉山市彭川区人民法院（2016）川 1403 刑初 65 号。

有造成他人组织、器官结构的损害或者部分功能障碍的,只能定破坏监管秩序罪;如果因殴打造成了他人轻微伤害,达不到轻伤标准的,也只能定破坏监管秩序罪;如果因殴打、体罚造成他人器官、组织的损害或者部分功能障碍达到了轻伤标准的,既构成破坏监管秩序罪,又构成故意伤害罪(轻伤),属于想象竞合犯,应按处理想象竞合犯的原则,从一重罪处罚。

2. 划清本罪与寻衅滋事罪的界限。

依照《刑法》第293条规定,寻衅滋事的行为中包括:随意殴打他人,情节恶劣的;在公共场所起哄闹事,造成公共场所秩序严重混乱等,这与破坏监管秩序罪中殴打他人,起哄闹事的行为有一定的相似性,但两者有区别:(1)场所不同。前者的行为是发生在社会上以及公共场所,而后者的行为则是发生在监狱内。(2)主体不同。前者主体是一般主体,而后者的主体则是特殊主体,限于被监管的罪犯。(3)侵犯对象不同。前者侵犯的对象是社会上的普通公民,而后者侵犯的对象则是监管人员以及其他被监管人员。(4)客体不同。前者侵犯的是社会公共秩序,而后者侵犯的则是监狱内的监管秩序。

(三)破坏监管秩序罪的刑事责任

依照《刑法》第315条规定,犯破坏监管秩序罪的,处三年以下有期徒刑。

十六、脱逃罪

第三百一十六条第一款　依法被关押的罪犯、被告人、犯罪嫌疑人脱逃的,处五年以下有期徒刑或者拘役。

(一)脱逃罪的概念和构成要件

脱逃罪,是指依法被关押的罪犯、被告人、犯罪嫌疑人脱逃监管的行为。

1979年《刑法》第161条第1款对本罪作了规定,1997年《刑法》第

316条第1款对罪状作了修改。

脱逃罪的构成要件是：

1. 本罪侵犯的客体是监管机关对罪犯、被告人、犯罪嫌疑人的正常监管秩序。

目前，我国的监管机关包括监狱、少年犯管教所、看守所等，这些机关都是通过剥夺人身自由的方式对罪犯、被告人、犯罪嫌疑人实施管理，强制羁押是维持正常管理秩序的必要条件。而脱逃行为正是破坏了监管机关实施的强制羁押。

2. 客观方面表现为从羁押场所脱逃的行为。

脱逃是指行为人逃离监管场所或者摆脱监押人员控制（如押解途中逃跑）的行为，可以分为暴力性脱逃与非暴力性脱逃两种。"暴力性脱逃"，是指使用暴力或者以暴力相威胁实施的脱逃，如伤害看守人员或者将看守人员捆绑起来。但是，如果使用了严重暴力，造成了他人重伤、死亡后果的，则应实行数罪并罚，或者按照较重的罪定罪处刑。"非暴力性脱逃"，是指未对看守人员使用暴力或者以暴力相威胁实施的脱逃。如乘看守人员不备而秘密脱逃的，破坏监狱设备或者戒具而脱逃的，等等。监管场所应作广义理解，除监狱、少年犯管教所、看守所外，涉嫌职务犯罪的人从留置场所逃跑的，也可以构成本罪。而且，罪犯在劳动作业场所、医院就医期间逃跑，也构成本罪。例如夏某脱逃、故意杀人案，被告人夏某在服刑期间因病被送至医院，在就医期间逃跑，构成脱逃罪。①

3. 犯罪主体为特殊主体，即被关押的罪犯、被告人和犯罪嫌疑人。不处于被关押状态的罪犯、被告人和犯罪嫌疑人，不能成为本罪的主体。被行政拘留的人即使逃离监管场所，也不构成本罪。

这里的"罪犯"，是指已经法院判决，宣告有罪的人，即已决犯；"被告人"，是指人民检察院已经向人民法院起诉，控告其实施犯罪的人；"犯罪嫌疑人"，是指在公安机关（含国家安全机关）或者检察机关立案侦查期间被认为实施犯罪的人。监察机关立案调查期间被认为实施职务犯罪的人，也可

---

① 参见夏某脱逃、故意杀人案，最高人民法院（2013）刑监复87846941号。

以成为本罪的主体。

4.主观方面由故意构成,即行为人明知脱逃犯罪行为会造成破坏司法机关监管秩序的危害结果,并希望这种结果的发生。犯罪目的是希望通过实施脱逃犯罪行为从而非法逃避司法机关强制监押。

(二)认定脱逃罪应当注意的问题

1.划清罪与非罪的界限。

对多次逃离监管区域又自动及时返回的,由于行为人主观上没有逃避监管的意图,客观上也没有追求和实现脱逃结果,因而这种行为不符合脱逃罪的基本特征,对其不应以脱逃罪处罚。如果经教育之后确有悔改,或者初犯之后没有重复实施的,一般可依照监管规定给予处罚。

2.划清本罪与故意伤害罪、故意杀人罪的界限。

依法被关押的罪犯、被告人、犯罪嫌疑人在脱逃时使用暴力的程度,应以致人轻伤为限。如果其暴力造成监管人员重伤、死亡的,则应按处理牵连犯的原则,从一重罪处罚,即以故意伤害罪或者故意杀人罪定罪处罚。

3.掌握本罪未遂与既遂的标准。

在司法实践中,对于脱逃罪既遂与未遂的标准有三种意见:第一种意见认为,应以是否逃出羁押场所为标准,逃出的是既遂,未逃出的是未遂;第二种意见认为,应以是否逃出监管机关和监管人员的控制范围为标准,逃出控制范围的是既遂,未逃出控制范围的是未遂;第三种意见认为,应以脱逃行为是否完成为标准,凡达到逃避羁押监管程度的是既遂,未达到这一程度的是未遂。应当认为,第三种意见较为正确。对于逃避羁押和关押的程度的实际掌握,一般应以脱逃行为是否突破有形的制约标志为依据。例如,被羁押于监狱、看守所的,如果已经脱离了羁押的建筑物、围墙,就应视为既遂。罪犯在院外劳动,如果脱离划定的警戒线,就应视为既遂。

(三)脱逃罪的刑事责任

依照《刑法》第316条第1款规定,犯脱逃罪的,处五年以下有期徒刑或者拘役。

司法机关在适用《刑法》第 316 条第 1 款规定处罚时，应当注意将脱逃罪的处罚与原罪所判的刑罚，依照《刑法》第 71 条的规定实行数罪并罚。即一般采取限制加重的原则，决定执行的刑罚，而不是将脱逃罪所判处刑罚直接加在原来判处的刑罚之上，实行合并相加。

十七、劫夺被押解人员罪

第三百一十六条第二款 劫夺押解途中的罪犯、被告人、犯罪嫌疑人的，处三年以上七年以下有期徒刑；情节严重的，处七年以上有期徒刑。

（一）劫夺被押解人员罪的概念和构成要件

劫夺被押解人员罪，是指劫夺押解途中的罪犯、被告人、犯罪嫌疑人的行为。

本罪是 1997 年《刑法》增设的罪名。

劫夺被押解人员罪的构成要件是：

1. 本罪侵犯的客体是司法机关押解罪犯、被告人、犯罪嫌疑人的正常活动。犯罪对象必须是罪犯、被告人、犯罪嫌疑人，如果劫夺的对象是一般违法人员，则不构成本罪。

司法机关为了进行正常的刑事诉讼，如起诉、审判、执行等，将罪犯、被告人、犯罪嫌疑人由一个处所押往另一处所，以保证刑事诉讼活动的正常进行。劫夺被押解人员，必然会破坏正常的刑事诉讼活动。

2. 客观方面表现为劫夺押解途中的罪犯、犯罪嫌疑人、被告人的行为。

"劫夺"，包括劫与夺两种行为。劫，就是使用暴力、胁迫等强制手段强行取得。但本罪中的"暴力"，不包括故意致伤、致死、杀害押解人的行为。夺，就是乘押解人不备，把被押解的罪犯、被告人、犯罪嫌疑人夺走。例如，陈某举劫夺被押解人员案。被告人陈某举明知其子陈某宾系犯罪嫌疑人，阻拦押解的警车，劫夺陈某宾，导致陈某宾戴铐脱逃，其行为构成劫夺被押解人员罪。①

3. 犯罪主体为一般主体。

4. 主观方面由故意构成，即明知被押解的是罪犯、被告人、犯罪嫌疑人，仍加以劫夺。

（二）认定劫夺被押解人员罪应当注意的问题

1. 关于一罪与数罪问题。

在劫夺被押解人员的过程中，如果行为人实施了杀害、重伤押解人的行为的，又触犯了故意杀人罪、故意伤害罪，应当按照处理想象竞合犯的原则，从一重罪处罚。

2. 关于共犯问题。

如果被押解人与行为人事前共谋，由行为人在押解途中劫夺的，被押解人可以构成脱逃罪，但不构成劫夺被押解人员罪。

（三）劫夺被押解人员罪的刑事责任

依照《刑法》第316条第2款规定，犯劫夺被押解人员罪的，处三年以上七年以下有期徒刑；情节严重的，处七年以上有期徒刑。

该款规定的"情节严重"，是本罪的加重处罚情节，司法实践中，一般是指劫夺重刑犯或者重大案件的被告人、犯罪嫌疑人；多人进行劫夺或者劫夺多人的；造成严重后果的等情形。

十八、组织越狱罪

第三百一十七条第一款 组织越狱的首要分子和积极参加的，处五年以上有期徒刑；其他参加的，处五年以下有期徒刑或者拘役。

---

① 参见陈某举劫夺被押解人员案，载最高人民法院中国应用法学研究所编：《人民法院案例选》1999年第2辑（总第28辑），时事出版社1999年版。

（一）组织越狱罪的概念和构成要件

组织越狱罪，是指在押犯罪人、被告人、犯罪嫌疑人结伙使用暴力或者其他手段有组织、有计划地从羁押场所逃跑的行为。

1979年《刑法》第96条对本罪作了规定。1997年《刑法》保留了此罪名，但将其从1979年《刑法》的反革命罪一章移至妨害社会管理秩序罪一章之中。

组织越狱罪的构成要件是：

1. 本罪侵犯的客体是国家司法机关对罪犯、被告人、犯罪嫌疑人的监管秩序。

2. 客观方面表现为在首要分子的策划下，结伙有组织、有计划地从羁押场所逃跑的行为。

"有组织、有计划"，是指在首要分子的组织、策划、指挥下，制定越狱方案，进行分工，经过周密准备，选择适当时机实施越狱行为。一般是组织在押犯采取非暴力的手段，如挖通监房的墙壁或者地道，集体秘密逃跑。因而不具有暴力性，或者只有比较轻微的暴力行为。

3. 犯罪主体为特殊主体，即只能是被关押的罪犯、被告人和犯罪嫌疑人。

组织越狱是共同犯罪的行为，一般是三人以上实施犯罪活动，否则就不成立组织越狱。狱外人参与犯罪的，应按组织越狱罪的共犯论处。

4. 主观方面由直接故意构成。

犯罪目的是脱离监管机关的羁押，非法恢复人身自由。犯罪动机多种多样，但动机不影响本罪的成立。间接故意和过失不构成本罪。

（二）认定组织越狱罪应当注意的问题

注意划清本罪与脱逃罪的界限。这两种犯罪在客观上都实施了脱离监管场所的行为，组织越狱行为从广义上说也是一种脱逃行为，但两者有区别，表现在：脱逃罪既可以单个人实施，也可以数人共同实施，在数人共同实施时，属于普通共同犯罪，不属于聚众犯罪；而组织越狱罪只能由多人聚众实施，在聚众实施的过程中有明显的首要分子，有明确的分工，有严密的组织。例如，黄某等组织越狱案。被告人黄某等人为了逃脱监狱生活，制定越狱计划，进行分工，勘察地形，后在黄某的组织策划下，黄某等四人通过下水道挖地下通道逃出监狱，构成组织越狱罪。①

（三）组织越狱罪的刑事责任

依照《刑法》第317条第1款规定，犯组织越狱罪的，对首要分子和积极参加的，处五年以上有期徒刑；其他参加的，处五年以下有期徒刑或者拘役。

司法机关在适用该规定处罚时，应当注意，组织越狱的行为社会危害性很大，必须依法严惩。同时，要区别是首要分子、积极参加者还是一般参加者，恰当量刑。"首要分子"，是指组织、策划、指挥越狱的犯罪分子。首要分子可以是一个人，也可以是几个人。"积极参加的"，是指虽不是首要分子，但是在组织越狱过程中表现积极，起主要作用的犯罪分子。"其他参加的"，是指在组织越狱犯罪中只是被动参加，起次要或者辅助作用的犯罪分子。

十九、暴动越狱罪

第三百一十七条第二款　暴动越狱或者聚众持械劫狱的首要分子和积极参加的，处十年以上有期徒刑或者无期徒刑；情节特别严重的，处死刑；其他参加的，处三年以上十年以下有期徒刑。

（一）暴动越狱罪的概念和构成要件

暴动越狱罪，是指依法被关押的罪犯、被告人、犯罪嫌疑人，在首要分子的组织、策划、指挥下，有组织、有计划，采用暴动的形式脱离监管场所的行为。

---

① 参见黄某等组织越狱案，载法信网，https://www.faxin.cn/。

本罪是 1997 年《刑法》增设的罪名，是从 1979 年《刑法》第 96 条规定的"组织越狱罪"中分离出来的。

暴动越狱罪的构成要件是：

1. 本罪侵犯的客体是复杂客体，既侵害了监管机关对罪犯、被告人、犯罪嫌疑人的合法羁押，又侵害了监管人员的人身权利。由于采用了武力暴动的方式以及使用武器等手段，就会危及监管人员的人身安全，造成监管人员被杀害、伤害等结果。

2. 客观方面表现为以集体暴动的方式脱离监管机关的羁押、看管的行为。

"暴动"，是指多人聚集在一起，使用枪械、棍棒等武器或者以其他武力方式对抗监管机关的行为。暴力手段主要包括：殴打、杀害监管人员或者警卫人员，捣毁监门、围墙，破坏监狱设施，抢夺枪支弹药，劫持监管人员作为人质，等等。因此，这种犯罪具有强烈的暴力性，往往造成重伤、死亡和重大破坏的严重后果。

3. 犯罪主体为特殊主体，即只能是依法被关押的罪犯、被告人、犯罪嫌疑人。

4. 主观方面由直接故意构成。行为人的犯罪目的是使自己逃避继续关押。间接故意和过失不构成本罪。

（二）认定暴动越狱罪应当注意的问题

1. 划清本罪与组织越狱罪的界限。

暴动越狱罪与组织越狱罪都是集体越狱的行为。按照 1979 年《刑法》第 96 条的规定，暴动越狱属于组织越狱行为的一种。1997 年《刑法》对暴动越狱行为予以单独规定，将其从组织越狱罪中分离出来。二者的区别主要在于越狱的手段不同，暴动越狱所采取的手段限于暴力方式，而组织越狱所采取的手段主要不是暴力，而是集体秘密脱逃的非暴力方式。

2. 一罪与数罪问题。

在暴动越狱过程中，行为人实施了伤害、杀害监管人员、警卫人员的行为，或者抢劫、抢夺枪支、弹药的行为，只定暴动越狱罪即可，不需要再定故意伤害罪、故意杀人罪、抢劫枪支、弹药罪。因为这些行为已为暴动越狱罪所包含；且由于暴动越狱罪法定最高刑为死刑，只定暴动越狱罪也可罚当其罪。例如，唐某等暴动越狱案。唐某等被告人组织多名罪犯采用暴力方式强行越狱，其间虽然在越狱过程中将监管人员打伤，但该行为已经被暴动越狱所包含，因此唐某等人的行为构成暴动越狱罪一罪，不另行成立故意伤害罪。①

（三）暴动越狱罪的刑事责任

依照《刑法》第317条第2款规定，犯暴动越狱罪的，对首要分子和积极参加的，处十年以上有期徒刑或者无期徒刑；情节特别严重的，处死刑；其他参加的，处三年以上十年以下有期徒刑。

司法机关在适用《刑法》第317条第2款规定处罚时，应当注意以下问题：

1. 划清首要分子、积极参加者、其他参加者，恰当量刑。"首要分子"，是指在暴动越狱犯罪中起组织、策划、指挥作用的犯罪分子；"积极参加的"，是指在暴动越狱过程中表现积极，起主要作用的犯罪分子。"其他参加的"，是指在暴动越狱犯罪中只是被动参加，起次要或者辅助作用的犯罪分子。

2. 按照法律规定，"情节特别严重的"，处死刑，这是绝对确定的法定刑，适用时要特别慎重，严格掌握适用死刑的条件。所谓情节特别严重，司法实践中，一般是指暴动越狱造成了极其严重的危害后果的，如致多人死、伤，众多被关押的罪犯、犯罪嫌疑人和被告人脱逃；抢夺监所的武器、弹药，占领监所与司法机关对峙的；扣押监管人员作为人质的；犯罪手段特别残忍的；社会影响特别恶劣的等情形。

---

① 参见唐某等暴动越狱案，载法信网，https://www.faxin.cn/。

二十、聚众持械劫狱罪

第三百一十七条第二款 暴动越狱或者聚众持械劫狱的首要分子和积极参加的，处十年以上有期徒刑或者无期徒刑；情节特别严重的，处死刑；其他参加的，处三年以上十年以下有期徒刑。

（一）聚众持械劫狱罪的概念和构成要件

聚众持械劫狱罪，是指关押场所以外的人聚集多人，有组织、有计划地持械劫夺被依法关押的罪犯、被告人、犯罪嫌疑人的行为。

1979年《刑法》第96条称本罪为"聚众劫狱罪"，1997年《刑法》第317条第2款对罪状作了修改，因而罪名相应地改为"聚众持械劫狱罪"。

聚众持械劫狱罪的构成要件是：

1. 侵犯的客体是复杂客体，既侵犯了监管机关对罪犯、被告人、犯罪嫌疑人的合法羁押，又侵犯了监管人员的人身权利。

由于采用了使用武器等手段，就会危及监管人员的人身安全，造成监管人员被杀害、伤害等结果。劫夺对象必须是被关押在监狱、看守所、少年犯管教所的罪犯、被告人、犯罪嫌疑人。如果劫夺押解途中的罪犯、被告人、犯罪嫌疑人，则不构成本罪。

2. 客观方面表现为多人聚集在一起使用枪械等武器或者其他暴力方式劫夺被依法关押的罪犯、被告人、犯罪嫌疑人的行为。

其特点一是聚众性，即纠集了较多的人；二是持械，即持有武器或者其他具有杀伤力和破坏作用的器械，如刀、匕首、棍棒等。三是使用暴力劫夺。暴力手段主要包括：殴打、杀害监管人员或警卫人员，捣毁监门、围墙，破坏监狱设施，抢夺枪支、弹药，等等。例如，李某琴等聚众持械劫狱、窝藏、私藏枪支弹药、销赃案。被告人李某琴等人纠集多人，有预谋、有策划、有分工地持枪暴力劫走在押的罪犯，使之逃避关押，构成聚众持械劫狱罪。[①]

[①] 参见李某琴等聚众持械劫狱、窝藏、私藏枪支弹药、销赃案，载《中国审判案例要览·1998年刑事审判案例卷》，广西壮族自治区柳州市中级人民法院（1997）柳铁中刑初字第31号。

3. 犯罪主体为一般主体。

依法被关押人以外的具有刑事责任能力的人，都可以成为本罪的主体。在押的罪犯、被告人、犯罪嫌疑人与聚众持械劫狱行为人通谋的，可构成脱逃罪、组织越狱罪、暴动越狱罪。

4. 主观方面由直接故意构成，行为人的目的，是把被依法关押者从监狱或者其他羁押场所劫夺出来，使之逃避继续关押。间接故意和过失不构成本罪。

（二）认定聚众持械劫狱罪应当注意的问题

1. 划清本罪与劫夺被押解人员罪的界限。

这两种犯罪的区别表现在：（1）劫夺的对象和地点不同。劫夺被押解人员只能劫夺在押解途中的罪犯、被告人、犯罪嫌疑人；而聚众持械劫狱所劫夺的人员，只是被关押在监狱、看守所里的罪犯、被告人、犯罪嫌疑人。（2）劫夺的手段不同。劫夺被押解人员既可能使用武器，也可能不使用武器；而聚众持械劫狱，则必须使用武器。（3）劫夺被押解人员不一定聚众，也可能单个人或者几个人实施，而聚众持械劫狱则必然要求纠集较多的人实施。

2. 划清一罪与数罪问题。

如果在聚众持械劫狱过程中又实施了杀害、伤害监管人员的行为的，由于杀人、伤害行为已包含于聚众持械劫狱的行为之中，属想象竞合犯，按照处理想象竞合犯的原则，应从一重罪处罚。而聚众持械劫狱罪重于故意杀人罪与故意伤害罪，所以只定聚众持械劫狱罪即可，不构成数罪。

（三）聚众持械劫狱罪的刑事责任

依照《刑法》第317条第2款规定，犯聚众持械劫狱罪的，对首要分子和积极参加的，处十年以上有期徒刑或者无期徒刑；情节特别严重的，处死刑；其他参加的，处三年以上十年以下有期徒刑。

司法机关在适用《刑法》第317条第2款规定处罚时，应当注意以下问题：

1. 本罪属严重的犯罪。法律根据被告人的身份（首要分子、积极参加的、其他参加的）和情节不同，规定了三个档次的量刑幅度，要注意区别对待，恰当量刑。

2. 对"情节特别严重的"，法律规定"处死刑"，而且采用的是绝对确定的法定刑。因此，适用时要特别慎重，严格掌握适用死刑的条件。所谓情节特别严重，司法实践中，一般是指携带、使用武器、弹药劫狱，造成监管人员伤亡或者监所严重破坏的；攻占监管场所，劫走重要案犯或者致使大量被关押人员脱逃的等情形。

第三节 妨害国（边）境管理罪

一、组织他人偷越国（边）境罪

第三百一十八条 组织他人偷越国（边）境的，处二年以上七年以下有期徒刑，并处罚金；有下列情形之一的，处七年以上有期徒刑或者无期徒刑，并处罚金或者没收财产：

（一）组织他人偷越国（边）境集团的首要分子；

（二）多次组织他人偷越国（边）境或者组织他人偷越国（边）境人数众多的；

（三）造成被组织人重伤、死亡的；

（四）剥夺或者限制被组织人人身自由的；

（五）以暴力、威胁方法抗拒检查的；

（六）违法所得数额巨大的；

（七）有其他特别严重情节的。

犯前款罪，对被组织人有杀害、伤害、强奸、拐卖等犯罪行为，或者对检查人员有杀害、伤害等犯罪行为的，依照数罪并罚的规定处罚。

（一）组织他人偷越国（边）境罪的概念和构成要件

组织他人偷越国（边）境罪，是指非法组织他人偷越国（边）境的行为。

1997年《刑法》吸收《全国人民代表大会常务委员会关于严惩组织、运送他人偷越国（边）境犯罪的补充规定》第1条，规定了组织他人偷越国（边）境罪。1979年《刑法》规定的是组织、运送他人偷越国（边）境罪。

组织他人偷越国（边）境罪的构成要件是：

1. 本罪侵犯的客体是国家对国（边）境的正常管理秩序。

"国境"，是指我国与外国的国界；"边境"，是指我国大陆与港、澳、台地区的交界。

2. 客观方面表现为非法组织他人偷越国（边）境的行为。

"组织他人偷越国（边）境"，根据《最高人民法院、最高人民检察院关于办理妨害国（边）境管理刑事案件应用法律若干问题的解释》[以下简称《办理妨害国（边）境管理刑事案件解释》]的规定，是指领导、策划、指挥他人偷越国（边）境或者在首要分子指挥下，实施拉拢、引诱、介绍他人偷越国（边）境等行为。因此，"组织他人偷越国（边）境"的行为，主要有两种方式：一是领导、策划、指挥他人偷越国（边）境的行为；二是在首要分子的指挥下，实施拉拢、引诱、介绍他人偷越国（边）境的行为。认定第二种"组织"行为，必须是在首要分子指挥下，如果没有首要分子指挥实施上述行为的，不构成"组织"行为；行为方式主要限于拉拢、引诱、介绍等三种方式。由于组织他人偷越国（边）境犯罪环节较多，参与人员情况复杂，对于实施拉拢、引诱、介绍三种方式以外的其他一般协助行为，不宜认定为"组织"行为。

根据《最高人民法院、最高人民检察院、公安部、国家移民管理局关于依法惩治妨害国（边）境管理违法犯罪的意见》[以下简称《惩治妨害国（边）境管理犯罪意见》]第2条第1款规定，"组织他人偷越国（边）境"行为，具体是指：（1）组织他人通过虚构事实、隐瞒真相等方式掩盖非法出入境目的，骗取出入境边防检查机关核准出入境的；（2）组织依法限定在我国边境地区停留、活动的人员，违反国（边）境管理法规，非法进入我国非边境地区的。根据《惩治妨害国（边）境管理犯罪意见》第11条规定，领导、策划、指挥他人偷越国（边）境，并实施徒步带领行为的，以组织他人偷越国（边）境罪论处。

3. 犯罪主体为一般主体，既可以是中国人，也可以是外国人或者无国籍人。

4. 主观方面只能由故意构成，而且一般具有牟利的目的，但不以牟利为构成要件。

（二）认定组织他人偷越国（边）境罪应当注意的问题

1. 准确理解组织他人偷越国（边）境罪中的"偷越国（边）境"。

《办理妨害国（边）境管理刑事案件解释》第6条规定："具有下列情形之一的，应当认定为刑法第六章第三节规定的'偷越国（边）境'行为：（一）没有出入境证件出入国（边）境或者逃避接受边防检查的；（二）使用伪造、变造、无效的出入境证件出入国（边）境的；（三）使用他人出入境证件出入国（边）境的；（四）使用以虚假的出入境事由、隐瞒真实身份、冒用他人身份证件等方式骗取的出入境证件出入国（边）境的；（五）采用其他方式非法出入国（边）境的。"根据上述规定，组织他人以骗得的形式上合法的证件出境，应当认定为组织偷越国（边）境。

2. 准确界分组织他人偷越国（边）境罪既遂与未遂。

《办理妨害国（边）境管理刑事案件解释》第1条第3款规定："以组织他人偷越国（边）境为目的，招募、拉拢、引诱、介绍、培训偷越国（边）境人员，策划、安排偷越国（边）境行为，在他人偷越国（边）境之前或者偷越国（边）境过程中被查获的，应当以组织他人偷越国（边）境罪（未遂）论处；具有刑法第三百一十八条第一款规定的情形之一的，应当在相应的法定刑幅度基础上，结合未遂犯的处罚原则量刑。"据此，关于组织他人偷越国（边）境罪的既遂、未遂问题，应当注意把握以下两点：（1）本罪包含一般构成和加重构成，无论是一般构成，还是加重构成，都存在界分既、未遂的问题。无论是基本犯罪构成，还是结果犯罪构成，对于构成未遂形态的，都应当在相应的法定刑幅度基础上，结合未遂犯的处罚原则量刑。（2）组织他人偷越国（边）境既遂与未遂的标准在于偷越国（边）境者是否越过国（边）境线。只有偷渡者越过了国（边）境线，才对国（边）境管理秩序构成实际妨害，才能认定组织偷越国（边）境的行为构成既遂。组织他人后，他人尚未偷越国（边）境的，应以组织偷越国（边）境罪未遂论处。

3. 准确把握偷越国（边）境的次数。

根据《惩治妨害国（边）境管理犯罪意见》第8条规定，对于偷越国（边）境的次数，按照非法出境、入境的次数分别计算。但是，对于非法越境后及时返回，或者非法出境后又入境投案自首的，一般应当计算为一次。

4. 准确适用《刑法》第318条第2款的规定。

根据《刑法》第318条第2款的规定，犯组织他人偷越国（边）境罪，对被组织人有杀害、伤害、强奸、拐卖等犯罪行为，或者对检查人员有杀害、伤害等犯罪行为的，依照数罪并罚的规定处罚。在司法实践中，适用本条规定应注意把握如下几个问题：

（1）"等犯罪行为"的理解。这里的"等犯罪为"应当符合如下两个特征：①与组织偷越国（边）境罪密切相关的犯罪。②未列入组织、偷越国（边）境罪的加重犯罪构成。非法拘禁、妨害公务等犯罪虽然与组织偷越国（边）境密切相关，但是由于列入了组织偷越国（边）境罪的加重犯罪构成，不能对这些犯罪数罪并罚，以免出现重复评价。

（2）"杀害、伤害"的理解。对该款中的"杀害、伤害"应当作统一理解，只包括故意杀人、故意伤害的情形。《刑法》第318条之所以要对一些与组织他人偷越国（边）境的犯罪行为实行数罪并罚，主要是考虑到被组织人杀害、伤害、强奸、拐卖或者对检查人员杀害、伤害等犯罪行为的社会危害性大，而组织偷越国（边）境罪的法定刑最高为无期徒刑，即使将其规定为结果加重情节，也不足以评价行为的社会危害程度。故意杀人、故意伤害、强奸、拐卖等犯罪行为的社会危害性大，难以为组织偷越国（边）境的加重犯罪构成所涵盖，而过失致人死亡、重伤的行为的社会危害性能够为组织偷越国（边）境罪的加重犯罪构成所评价。对检查人员的过失致人死亡、重伤虽然未明确被列为组织偷越国（边）境的加重犯罪构成，但是可以解释为加重犯罪构成中的"有其他特别严重情节的"这一兜底条款，不会存在处罚上的漏洞，不会出现打击不力的情况。

（3）关于出于拐卖目的而组织妇女、儿童偷越国（边）境的条款的理解问题。有论者认为，在《刑法》第240条关于拐卖妇女、儿童罪的规定中，对于将妇女、儿童卖往境外的，已经明确规定为拐卖妇女、儿童罪的加重情节。如果对此实行数罪并罚，必然产生对同一行为适用不同法条重复评价的问题。①我们认为，上述看法确有道理，因此要合理确定《刑法》第318条第2款对被组织人拐卖情形的范围，以免出现《刑法》第318条第2款的规定与《刑法》第240条的规定相矛盾的情况。在《刑法》第240条拐卖妇女、儿童罪加重犯罪构成中的"将妇女、儿童卖往境外的"的情形中，行为人的犯罪目的是拐卖妇女、儿童卖往境外。为了实现这一犯罪目的，行为人在拐卖过程中自然可能实施组织被拐卖人偷越国（边）境的行为。由于此种情形已被拐卖妇女、儿童罪的加重犯罪构成所评价，对于组织偷越国（边）境的行为，不再重复评价。而《刑法》第318条第2款中"对被组织人拐卖"情形，是指组织妇女、儿童偷越国（边）境，在妇女、儿童偷越国（边）境成功后，再对妇女、儿童实施的拐卖行为。在此种情形下，根据《刑法》第318条第2款的规定，应以组织偷越国（边）境罪和拐卖妇女、儿童罪并罚。

（三）组织他人偷越国（边）境罪的刑事责任

依照《刑法》第318条第1款规定，犯组织他人偷越国（边）境罪的，处二年以上七年以下有期徒刑，并处罚金；有下列情形之一的，处七年以上有期徒刑或者无期徒刑，并处罚金或者没收财产：（1）组织他人偷越国（边）境集团的首要分子；（2）多次组织他人偷越国（边）境或者组织他人偷越国（边）境人数众多的；（3）造成被组织人重伤、死亡的；（4）剥夺或者限制被组织人人身自由的；（5）以暴力、威胁方法抗拒检查的；（6）违法所得数额巨大的；（7）有其他特别严重情节的。

对组织他人偷越国（边）境行为适用刑罚时，应注意以下几点：

---

① 龚培华：《妨害国（边）境犯罪司法适用研究》，载《人民检察》2001年第11期。

1.司法机关在适用《刑法》第318条规定处罚时,应当注意关于该条第1款规定中"有下列情形之一的",即特别严重情节的认定问题。

(1)组织他人偷越国(边)境集团的首要分子,是指策划、领导、指挥、组织他人偷越国(边)境集团的犯罪分子。(2)多次组织他人偷越国(边)境,是指组织他人偷越国(边)境三次或者三次以上的;组织他人偷越国(边)境人数众多,根据《办理妨害国(边)境管理刑事案件解释》的规定,一般是指组织他人偷越国(边)境人数在10人以上的。(3)造成被组织人重伤、死亡的,是指在组织偷越国(边)境过程中,由于运输工具出现故障等原因导致被组织人重伤、死亡或者导致被组织人自杀等情形的。(4)剥夺或者限制被组织人人身自由的,是指采取强制方法对被组织人人身自由进行剥夺或者限制的。(5)以暴力、威胁方法抗拒检查的,是指对边防、海关等依法执行检查任务的人员实施殴打、伤害、杀害等暴力行为或者以暴力相威胁,抗拒检查的。(6)违法所得数额巨大的,是指以牟利为目的组织他人偷越国(边)境,违法所得数额在20万元以上的。(7)有其他特别严重情节的,是指除以上6种情形以外,具有其他后果特别严重、手段特别残忍、影响特别恶劣等特别严重的情节,如组织他人偷越国(边)境后使被组织人遭受迫害、奴役等情形。

2.**区分惩治重点**。根据《惩治妨害国(边)境管理犯罪意见》第23条、第24条规定,对于妨害国(边)境管理犯罪团伙、犯罪集团,应当重点惩治首要分子、主犯和积极参加者;对于组织他人偷越国(边)境,进而在他人偷越国(边)境之后组织实施犯罪的,要作为惩治重点,符合数罪并罚规定的,应当数罪并罚。

对受雇佣或者被利用从事信息登记、材料递交等辅助性工作人员,未直接实施妨害国(边)境管理行为的,一般不追究刑事责任,可以由公安机关、移民管理机构依法作出行政处罚或者其他处理。

对于为非法用工而组织他人偷越国(边)境,或者明知是偷越国(边)境的犯罪分子而招募用工的,在决定是否追究刑事责任以及如何裁量刑罚时,应当综合考虑越境人数、违法所得、前科情况、造成影响或者后果等情节,恰当评估社会危害性,依法妥当处理。其中,单位实施上述行为,对组织者、策划者、实施者依法追究刑事责任的，定罪量刑应作综合考量，适当体现区别，确保罪责刑相适应。

二、骗取出境证件罪[①]

第三百一十九条 以劳务输出、经贸往来或者其他名义，弄虚作假，骗取护照、签证等出境证件，为组织他人偷越国（边）境使用的，处三年以下有期徒刑，并处罚金；情节严重的，处三年以上十年以下有期徒刑，并处罚金。

单位犯前款罪的，对单位判处罚金，并对其直接负责的主管人员和其他直接责任人员，依照前款的规定处罚。

（一）骗取出境证件罪的概念和构成要件

骗取出境证件罪，是指为组织他人偷越国（边）境使用，以劳务输出、经贸往来或者其他名义，弄虚作假，骗取护照、签证等出境证件的行为。1979年《刑法》并未将骗取出境证件的行为规定为犯罪。《全国人民代表大会常务委员会关于严惩组织、运送他人偷越国（边）境犯罪的补充规定》中规定将骗取出境证件的行为按组织他人偷越国（边）境罪论处。1997年修订《刑法》时，鉴于骗取出境证件的犯罪行为在司法实践中仍然十分猖獗，遂将该行为从组织他人偷越国（边）境罪中分立出来单独设置为一罪。[②]

骗取出境证件罪的构成要件是：

1. 本罪侵犯的客体是国家的出境管理秩序。

2. 客观方面表现为行为人以劳务输出、经贸往来或者其他名义，弄虚作假，骗取护照、签证等出境证件。

根据《最高人民法院、最高人民检察院关于办理妨害国（边）境管理刑

[①] 参考案例1：孟某妍、张某川、马某刚骗取出境证件案，黑龙江省哈尔滨市南岗区人民法院（2016）黑0103刑初428号。参考案例2：尼某等骗取出境证件案，浙江省温州市中级人民法院（2000）温刑初字第164号。

[②] 这种立法现象称为帮助犯的正犯化。虽然骗取出境证件行为被正犯化了，但其违法性源于共同犯罪中的帮助犯。

事案件应用法律若干问题的解释》[以下简称《办理妨害国（边）境管理刑事案件解释》]的相关规定，"弄虚作假"是指为组织他人偷越国（边）境，编造出境事由、身份信息或者相关的境外关系证明的情形。因此，并非所有的骗取出境证件行为都要定罪处罚。①"出境证件"包括护照或者代替护照使用的国际旅行证件，中华人民共和国海员证，中华人民共和国出入境通行证，中华人民共和国旅行证，中国公民往来香港、澳门、台湾地区证件，边境地区出入境通行证，签证、签注、出国（境）证明、名单，以及其他出境时需要查验的资料。骗取入境证件的，不构成本罪。②

3. 犯罪主体为一般主体，单位也能成为本罪主体。

4. 主观方面只能由故意构成，而且需要具有为组织他人偷越国（边）境使用的目的。

本罪为目的犯，如果骗取出境证件，不是为了组织他人偷越国（边）境使用，而是自己偷越国（边）境使用③或是帮助他人偷越国（边）境使用④的，不构成本罪。

（二）认定骗取出境证件罪应当注意的问题

1. 关于罪与非罪的界限。

本罪没有对骗取出境证件的入罪标准作出明确规定，应结合骗取出境证件的数量、骗取情节的恶劣程度、营利情况、是否造成严重后果等综合进行判断。⑤通常来说，骗取出境证件罪的成立，不要求行为人与组织他人偷越国（边）境的组织人之间事先有过通谋，也不要求行为人为组织他人偷越国（边）境的目的已经实现。如果行为人为组织他人偷越国（边）境使用，骗取出境证件已达情节严重程度的，尽管最终骗取的出境证件并未在组织他人

---

① 例如，有观点就认为，行为人通过伪造中小学校印章、成绩单等，为中小学生去国外就读骗取签证的，不构成骗取出境证件罪，而构成伪造事业单位印章罪。
② 这种情形可能构成提供伪造、变造的出入境证件罪或出售出入境证件罪。
③ 如果行为人本人偷越国（边）境的行为构成犯罪，以偷越国（边）境罪论处。
④ 如果他人偷越国（边）境的行为构成犯罪，以偷越国（边）境罪共犯论处。
⑤ 如果骗取出境证件数量低于5份，行为人并未营利或该出境证件并未实际使用，尚未造成严重外交事件的，可以不认为构成犯罪。反之，如果骗取的出境证件数量虽为1份，但系组织严重刑事犯罪分子偷越国（边）境使用的，可认为构成犯罪。

偷越国（边）境时使用，或者被组织人并未实施偷越国（边）境行为以及被组织人实施的行为不属于偷越国（边）境行为的，一般不影响行为人犯罪的成立。①

2. 关于本罪的既未遂标准。

因本罪为结果犯，②故应以是否骗出出境证件作为判断既未遂的标准，尚未成功骗出出境证件的应作为未遂处理。③如果行为人骗取出境证件已达情节严重程度而又未遂的，④应在情节严重的法定刑幅度内，按未遂犯的处罚原则量刑。

3. 关于本罪的罪数形态。

由于立法已将骗取出境证件罪单列，因此，行为人为了组织他人偷越国（边）境使用，从而实施了骗取出境证件行为的，与组织他人偷越国（边）境的组织人之间不再成立共同犯罪，行为人仅构成骗取出境证件罪。如果行为人既实施了骗取出境证件行为，又实施了组织他人偷越国（边）境行为的，构成数罪但依照处罚较重的罪名定罪处罚。⑤如果行为人既实施了骗取出境证件行为，又实施了与骗取证件无关的组织他人偷越国（边）境行为的，构成数罪并进行并罚。行为人为骗取出境证件，又私刻公章、伪造公函等的，应构成数罪，但由于行为人骗取出境证件为目的行为，私刻公章、伪造公函为手段行为，应按牵连犯处断原则处理。

（三）骗取出境证件罪的刑事责任

依照《刑法》第319条第1款规定，犯骗取出境证件罪的，处三年以

---

① 由于骗取出境证件罪和组织他人偷越国（边）境罪的共同犯罪关系已被立法切断，没有理由认为骗取出境证件罪的成立须以组织他人偷越国（边）境罪的成立为前提。但在裁量刑罚时，以上情节可酌情从轻处罚。
② 这里的结果不是已组织他人偷越了国（边）境。
③ 参见江苏省邗江县人民法院审理的金某月骗取出境证件案。
④ 例如，行为人欲图骗取出境证件10本，但被主管机关识破未得逞。行为人构成骗取出境证件罪的严重情节，但最终未得逞又成立未遂。
⑤ 如果骗取出境证件未独立成罪，其行为人又实施组织他人偷越国（边）境的，可以按照吸收犯理论（正犯行为吸收共犯行为），对行为人按组织他人偷越国（边）境罪一罪处罚。但骗取出境证件已独立成罪，鉴于行为人实施了数个犯罪行为，应构成数罪。考虑到骗取行为与组织行为之间存在牵连关系，应按牵连犯处断原则处理。

下有期徒刑，并处罚金；情节严重的，处三年以上十年以下有期徒刑，并处罚金。

依照《刑法》第319条第2款规定，单位犯前款罪的，对单位判处罚金，并对其直接负责的主管人员和其他直接责任人员，依照前款的规定处罚。

根据《办理妨害国（边）境管理刑事案件解释》的相关规定，"情节严重"是指：（1）骗取出境证件5份以上的；（2）非法收取费用30万元以上的；（3）明知是国家规定的不准出境的人员而为其骗取出境证件的；（4）其他情节严重的情形。

三、提供伪造、变造的出入境证件罪[①]

第三百二十条 为他人提供伪造、变造的护照、签证等出入境证件，或者出售护照、签证等出入境证件的，处五年以下有期徒刑，并处罚金；情节严重的，处五年以上有期徒刑，并处罚金。

（一）提供伪造、变造的出入境证件罪的概念和构成要件

提供伪造、变造的出入境证件罪，是指为他人提供伪造、变造的护照、签证等出入境证件的行为。1979年《刑法》并未将提供伪造、变造的出入境证件的行为规定为犯罪。《全国人民代表大会常务委员会关于严惩组织、运送他人偷越国（边）境犯罪的补充规定》（以下简称《补充规定》）中将向他人提供伪造、变造的护照、签证等出入境证件的行为均规定为犯罪。1997年修订《刑法》时沿袭了《补充规定》中的规定。

提供伪造、变造的出入境证件罪的构成要件是：

1.本罪侵犯的客体是国家出入境证件的管理制度。

2.客观方面表现为行为人实施了为他人提供伪造、变造的出入境证件的

[①] 参考案例：李某某、毛某某提供伪造、变造的出入境证件案，上海市长宁区人民法院（2015）长刑初字第1112号。

行为。

"他人",是指行为人以外的任何人。行为人本人使用伪造、变造的出入境证件不构成本罪。① "提供"并不限于有偿提供,无偿提供也属于"提供"。② "伪造",是指对真实出入境证件进行仿造、非法制造的行为。"变造",是指对真实出入境证件采用涂改、揭换、剪粘、挖补、拼接等方法进行加工、改造的行为。"出入境证件"包括骗取出入境证件罪中的"出境证件"和其他入境时需要查验的资料。③ 本罪的行为方式是"提供"而非"伪造""变造",因此,"伪造""变造"的主体可以是行为人本人,也可以是他人。

3.犯罪主体为一般主体。

4.主观方面只能由故意构成,不要求行为人具有营利的目的。

如果行为人对伪造、变造的出入境证件缺乏主观明知,不构成本罪。④ 行为人是否知悉所提供伪造、变造出入境证件的用途,并不影响本罪的成立。⑤

(二)认定提供伪造、变造的出入境证件罪应当注意的问题

1.关于罪与非罪的界限。

本罪没有对入罪标准作出明确规定,应结合提供伪造、变造出入境证件的数量、营利情况、是否造成严重后果等综合进行判断。伪造、变造的出入境证件的来源及使用情况均不影响犯罪的成立。如果明知他人是为了组织他人偷越国(边)境,而提供伪造、变造的出入境证件的,构成本罪,不构成

---

① 如果行为人使用伪造、变造的出入境证件偷越国(边)境,达到入罪标准的,构成偷越国(边)境罪。
② 虽然本罪在立法之初的确有"谋取非法利益"的考虑,司法实务中,行为人也多为有偿提供,但从严密法网和预防犯罪的角度出发,不宜将"提供"限于有偿提供的情形。
③ 例如回乡证、返乡证等。
④ 如果行为人以非法占有为目的,明知是伪造、变造的出入境证件,而冒充真实出入境证件,提供给被害人骗取钱财的,构成诈骗罪。
⑤ 如果行为人明知他人欲偷越国(边)境,还提供了伪造、变造的出入境证件的,若他人构成偷越国(边)境罪,行为人应与之成立共同犯罪,但行为人自身构成提供伪造、变造的出入境证件罪,二罪为想象竞合犯关系,行为人仍应构成提供伪造、变造的出入境证件罪。

了组织他人偷越国（边）境罪。①

2. 关于本罪的既未遂标准。

本罪应以伪造、变造的出入境证件的交付或转移作为判断既未遂的标准。如果行为人提供伪造、变造的出入境证件已达情节严重程度而又未遂的，应在情节严重的法定刑幅度内，按未遂犯的处罚原则量刑。

3. 关于本罪的罪数形态。

如果行为人既实施了"伪造、变造"行为，又实施了"提供"行为的，构成伪造、变造国家机关证件罪和提供伪造、变造的出入境证件罪，如果二罪存在牵连关系，按牵连犯的处断原则处罚；如果二罪没有牵连关系，则应数罪并罚。实施组织他人偷越国（边）境犯罪，同时构成提供伪造、变造的出入境证件罪的，不构成数罪，依照处罚较重的规定定罪处罚。

（三）提供伪造、变造的出入境证件罪的刑事责任

依照《刑法》第320条规定，犯提供伪造、变造的出入境证件罪的，处五年以下有期徒刑，并处罚金；情节严重的，处五年以上有期徒刑，并处罚金。

根据《办理妨害国（边）境管理刑事案件解释》的相关规定，"情节严重"是指：（1）为他人提供伪造、变造的出入境证件或者出售出入境证件5份以上的；（2）非法收取费用30万元以上的；（3）明知是国家规定的不准出入境的人员而为其提供伪造、变造的出入境证件或者向其出售出入境证件的；（4）其他情节严重的情形。

---

① 就这种情形而言，即便提供伪造、变造的出入境证件未独立成罪也能处罚，因为可以作为组织他人偷越国（边）境罪的共犯论处。最高人民法院在1993年印发的《关于严厉打击偷渡犯罪活动的通知》中即是如此规定的，但次年全国人大常委会在制定《补充规定》时并未采纳这种观点，而是将提供伪造、变造的出入境证件的行为独立为一罪。因此，将本罪理解为组织他人偷越国（边）境罪共犯的正犯化是妥当的。既然提供伪造、变造的出入境证件罪是组织他人偷越国（边）境罪共犯的正犯化，那么明知他人是为了组织他人偷越国（边）境，而提供伪造、变造的出入境证件的，自然不再构成了组织他人偷越国（边）境罪。需要注意的是，不能反过来认为提供伪造、变造的出入境证件的行为人主观上需要具有为组织他人偷越国（边）境的目的或故意，既然提供伪造、变造的出入境证件罪已经独立成罪，自然不再受必须与组织他人偷越国（边）境的组织人构成共同犯罪的限制。

四、出售出入境证件罪[①]

第三百二十条 为他人提供伪造、变造的护照、签证等出入境证件，或者出售护照、签证等出入境证件的，处五年以下有期徒刑，并处罚金；情节严重的，处五年以上有期徒刑，并处罚金。

（一）出售出入境证件罪的概念和构成要件

出售出入境证件罪，是指行为人向他人出售护照、签证等出入境证件的行为。1979年《刑法》并未将出售出入境证件的行为规定为犯罪，1994年颁布的《全国人民代表大会常务委员会关于严惩组织、运送他人偷越国（边）境犯罪的补充规定》（以下简称《补充规定》）首次将该行为入罪。1997年修订《刑法》时沿袭了《补充规定》中的规定。

出售出入境证件罪的构成要件是：

1. 本罪侵犯的客体是国家出入境证件的管理制度。

2. 客观方面表现为行为人实施了出售出入境证件的行为。

"出售"，是指出卖、卖出的行为，通常认为具有有偿转让、提供的性质。"出入境证件"包括骗取出入境证件罪中的"出境证件"和其他入境时需要查验的资料。[②] 这里的"出入境证件"只能是国家机关制作和颁发的真实的证件，包括真实但无效的证件，证件是否在有效期内，不影响本罪的成立。[③] 既包括行为人本人的证件，也包括他人的证件。

3. 犯罪主体为一般主体。

[①] 参考案例：秦某等出售出入境证件、偷越国（边）境案，广西壮族自治区桂林市中级人民法院（2012）桂市刑一终字第99号。

[②] 例如回乡证、返乡证等。

[③] 有观点认为，本罪的"出入境证件"必须是真实有效的证件。从司法实务中的具体情况分析，出入境证件大致可以分为真实的证件和虚假的证件，而真实的证件又未必是有效的。因此，如果行为人提供、出售虚假的出入境证件，构成提供伪造、变造的出入境证件罪；如果行为人提供、出售真实且有效的出入境证件，构成出售出入境证件罪。但如果行为人提供、出售真实却无效的出入境证件，将面临刑法处罚上的间隙，因为真实却无效的出入境证件显然不属于虚假证件。因此，将真实却无效的出入境证件归入本罪的"出入境证件"范围是妥当的。

4. 主观方面只能由故意构成。

虽然行为人一般具有营利的目的，但不宜将本罪认定为目的犯。① 行为人是否知悉所出售出入境证件的用途，并不影响本罪的成立。②

（二）认定出售出入境证件罪应当注意的问题

1. 关于罪与非罪的界限。

本罪没有对入罪标准作出明确规定，应结合出售的出入境证件数量、营利情况、是否造成严重后果等综合进行判断。出售的出入境证件的来源及使用情况均不影响犯罪的成立。如果明知他人是为了组织他人偷越国（边）境，而提供伪造、变造的出入境证件的，构成本罪，不构成组织他人偷越国（边）境罪。

2. 关于本罪的既未遂标准。

本罪应以出入境证件的交付或转移作为判断既未遂的标准。如果行为人出售出入境证件已达情节严重程度而又未遂的，应在情节严重的法定刑幅度内，按未遂犯的处罚原则量刑。

3. 关于本罪的罪数形态。

由于某些出入境证件兼具国家机关证件的性质，③ 因此，行为人出售这些出入境证件时，还可能触犯买卖国家机关证件罪。由于二罪为想象竞合犯关系，不构成数罪，从一重罪处罚。组织他人偷越国（边）境犯罪，同时构成出售出入境证件罪的，不构成数罪，依照处罚较重的规定定罪处罚。

---

① 1994年颁布的《补充规定》中对本罪的描述是"倒卖护照、签证等出入境证件的，处五年以下有期徒刑，并处罚金"，"倒卖"一词，强调的是"低价买进后高价卖出"，具体而言是指"从事商业活动的单位扮演了中间商的角色，低价买入高价卖出，赚取差额利润的一种经济活动"。因此，将本罪的罪状描述为"倒卖"时，可以认为行为人具有营利的目的。但1997年修订《刑法》时，立法语言由"倒卖"修正为"出售"，"出售"一词较为中性，通常是指"以取得金钱为目的的卖出行为"。因此，"出售"不太强调行为人的逐利动机和目的。此外，在司法实务中，行为人非以牟利为目的出售出入境证件的行为并非不存在，如果将本罪限定为目的犯，可能会不当地缩小了犯罪圈。

② 如果行为人明知他人欲偷越国（边）境，还出售出入境证件的，若他人构成偷越国（边）境罪，行为人应与之成立共同犯罪，但行为人自身构成出售出入境证件罪，二罪为想象竞合关系，行为人仍应构成出售出入境证件罪。

③ 例如护照。

(三)出售出入境证件罪的刑事责任

依照《刑法》第 320 条规定,犯出售出入境证件罪的,处五年以下有期徒刑,并处罚金;情节严重的,处五年以上有期徒刑,并处罚金。

根据《最高人民法院、最高人民检察院关于办理妨害国(边)境管理刑事案件应用法律若干问题的解释》的相关规定,"情节严重"是指:(1)出售出入境证件 5 份以上的;(2)非法收取费用 30 万元以上的;(3)明知是国家规定的不准出入境的人员而向其出售出入境证件的;(4)其他情节严重的情形。

五、运送他人偷越国(边)境罪[①]

第三百二十一条 运送他人偷越国(边)境的,处五年以下有期徒刑、拘役或者管制,并处罚金;有下列情形之一的,处五年以上十年以下有期徒刑,并处罚金:

(一)多次实施运送行为或者运送人数众多的;

(二)所使用的船只、车辆等交通工具不具备必要的安全条件,足以造成严重后果的;

(三)违法所得数额巨大的;

(四)有其他特别严重情节的。

在运送他人偷越国(边)境中造成被运送人重伤、死亡,或者以暴力、威胁方法抗拒检查的,处七年以上有期徒刑,并处罚金。

犯前两款罪,对被运送人有杀害、伤害、强奸、拐卖等犯罪行为,或者对检查人员有杀害、伤害等犯罪行为的,依照数罪并罚的规定处罚。

---

① 参考案例:何某科运送他人偷越国(边)境案,广东省珠海市香洲区人民法院(2013)珠香法刑初字第 339 号。

（一）运送他人偷越国（边）境罪的概念和构成要件

运送他人偷越国（边）境罪，是指违反国家出入境管理法规，非法运送他人偷越国（边）境的行为。在1979年《刑法》中，组织他人偷越国（边）境罪与运送他人偷越国（边）境罪作为一个罪名规定在第177条中。全国人大常委会于1994年3月5日制定并颁布《全国人民代表大会常务委员会关于严惩组织、运送他人偷越国（边）境犯罪的补充规定》（以下简称《补充规定》）时，将之分解为两个独立的罪名。1997年修订《刑法》时，基本延续了《补充规定》中确立的罪刑模式。

运送他人偷越国（边）境罪的构成要件是：

1. 本罪侵犯的客体是国家的出入境管理秩序。

2. 客观方面表现为行为人违反国家出入境管理法规，实施了非法运送他人偷越国（边）境的行为。

"运送"是指使用车辆、船舶、航空器等交通工具将他人送出或接入国（边）境的行为。根据《最高人民法院、最高人民检察院、公安部、国家移民管理局关于依法惩治妨害国（边）境管理违法犯罪的意见》[以下简称《惩治妨害国（边）境管理犯罪意见》]的规定，明知是偷越国（边）境人员，分段运送其前往国（边）境的，应当认定为《刑法》第321条规定的"运送他人偷越国（边）境"；徒步带领他人通过隐蔽路线逃避边防检查偷越国（边）境的，属于运送他人偷越国（边）境。虽然通常认为运送他人偷越国（边）境罪的成立，需要被运送人具有偷越国（边）境的行为，但并不以被运送人构成偷越国（边）境罪为前提。

3. 犯罪主体为一般主体，既可以是中国人，也可以是外国人或无国籍人。①

4. 主观方面只能由故意构成。

行为人是否出于营利目的实施运送他人偷越国（边）境行为的，不影响本罪的成立。

---

① 参见上海市第一中级人民法院（2010）沪一中刑初字第215号。

(二)认定运送他人偷越国(边)境罪应当注意的问题

1.关于罪与非罪的界限。

《刑法》对运送多少人偷越国(边)境才构成犯罪,没有明确规定,因此,需要考虑社会危害性理论和刑法谦抑原则,行为人除运送他人偷越国(边)境外,还需要具备一些恶劣情节,具有一定程度的社会危害性,才按照本罪论处。运送合法入境的外国人非法进入不对外国人开放地区的,不构成本罪。① 此外,运送合法进入我国边境地区的外国人,非法进入非边境地区的,也不宜按照犯罪论处。②

2.关于本罪的既未遂标准。

本罪应以被运送人偷越国(边)境行为的完成与否作为判断既未遂的标准,不以到达行为人所欲到达的国家或地区为必要。如果运送他人偷越国(边)境已达情节严重程度而又未遂的,应在情节严重的法定刑幅度内,按未遂犯的处罚原则量刑。

3.关于本罪的罪数形态。

行为人在运送他人偷越国(边)境的过程中,因过失或意外造成被组织人重伤、死亡的,或者导致被运送人自伤、自杀等重伤、死亡后果的,或者以暴力、威胁方法抗拒检查的,以结果加重犯或情节加重犯论,不构成数罪。行为人在运送过程中对被运送人有杀害、伤害、强奸、拐卖等犯罪行为,或者对检查人员有杀害、伤害等犯罪行为的,由于其存在数个犯罪故意,且实施了数个犯罪行为,应实行数罪并罚。

4.关于人数及次数的计算。根据《惩治妨害国(边)境管理犯罪意见》,"人数",以实际运送的人数计算;未到案人员经查证属实的,应当计算在内。对于偷越国(边)境的次数,按照非法出境、入境的次数分别计算。但

---

① 由于合法入境的外国人非法进入不对外国人开放地区的,不构成偷越国(边)境罪。那么,运送合法入境的外国人,非法进入不对外国人开放地区的,自然不能认定构成运送他人偷越国(边)境罪。

② 由于合法进入我国边境地区的外国人非法进入非边境地区的,不构成偷越国(边)境罪。那么,运送合法进入我国边境地区的外国人,非法进入非边境地区的,自然不能认定构成运送他人偷越国(边)境罪。

是，对于非法越境后及时返回，或者非法出境后又入境投案自首的，一般应当计算为一次。《惩治妨害国（边）境管理犯罪意见》还明确，对于《刑法》第321条第1款规定的"多次实施运送行为"，累计运送人数一般应当接近10人。

（三）运送他人偷越国（边）境罪的刑事责任

依照《刑法》第321条第1款规定，犯运送他人偷越国（边）境罪的，处五年以下有期徒刑、拘役或者管制，并处罚金；有下列情形之一的，处五年以上十年以下有期徒刑，并处罚金：（1）多次实施运送行为或者运送人数众多的；（2）所使用的船只、车辆等交通工具不具备必要的安全条件，足以造成严重后果的；（3）违法所得数额巨大的；（4）有其他特别严重情节的。

依照《刑法》第321条第2款规定，在运送他人偷越国（边）境中造成被运送人重伤、死亡，或者以暴力、威胁方法抗拒检查的，处七年以上有期徒刑，并处罚金。

司法机关在适用该条规定处罚时，应当注意以下问题：

1. 关于多次实施运送行为或者运送人数众多。"多次"，通常应为3次以上。根据《最高人民法院、最高人民检察院关于办理妨害国（边）境管理刑事案件应用法律若干问题的解释》[以下简称《办理妨害国（边）境管理刑事案件解释》]的相关规定，"人数众多"是指10人以上。

2. 关于足以造成严重后果。"足以造成严重后果"，是指所使用的船只、车辆等交通工具不符合基本的安全条件，足以造成船只沉没、车辆倾覆事故的。

3. 关于违法所得数额巨大根据《办理妨害国（边）境管理刑事案件解释》的相关规定，"数额巨大"是指20万元以上。

4. 关于其他特别严重情节。"其他特别严重情节"，是指社会危害性与以上3种情形相当的情节。例如，造成恶劣国际影响或者引起重大外交事件的，等等。

5. 区分惩治重点。根据《惩治妨害国（边）境管理犯罪意见》，对于运送他人偷越国（边）境犯罪，要重点惩治以此为业、屡罚屡犯、获利巨大和其他具有重大社会危害的情形。对于犯罪团伙、犯罪集团，应当重点惩治首要分子、主犯和积极参加者。对于运送他人偷越国（边）境，进而在他人偷越国（边）境之后组织实施犯罪的，也要作为惩治重点，符合数罪并罚规定的，应当数罪并罚。

对受雇佣或者被利用从事信息登记、材料递交等辅助性工作人员，未直接实施妨害国（边）境管理行为的，一般不追究刑事责任，可以由公安机关、移民管理机构依法作出行政处罚或者其他处理。对于为非法用工而运送他人偷越国（边）境，或者明知是偷越国（边）境的犯罪分子而招募用工的，在决定是否追究刑事责任以及如何裁量刑罚时，应当综合考虑越境人数、违法所得、前科情况、造成影响或者后果等情节，恰当评估社会危害性，依法妥当处理。其中，单位实施上述行为，对组织者、策划者、实施者依法追究刑事责任的，定罪量刑应作综合考量，适当体现区别，确保罪责刑相适应。

六、偷越国（边）境罪[①]

第三百二十二条[②] 违反国（边）境管理法规，偷越国（边）境，情节严重的，处一年以下有期徒刑、拘役或者管制，并处罚金；为参加恐怖活动组织、接受恐怖活动培训或者实施恐怖活动，偷越国（边）境的，处一年以上三年以下有期徒刑，并处罚金。

（一）偷越国（边）境罪的概念和构成要件

偷越国（边）境罪，是指违反国家出入境管理法规，偷越国（边）境，情节严重的行为。1979年《刑法》第176条规定了偷越国（边）境罪。《全国人民代表大会常务委员会关于严惩组织、运送他人偷越国（边）境犯罪的补充规定》（以下简称《补充规定》）虽然将偷越国（边）境罪的法定刑

---

① 参考案例：胡某平、张某华偷越国境案，上海市黄浦区人民法院（1992）黄法刑字第335号。
② 本条经2015年8月29日《刑法修正案（九）》第40条修改。

提高，但也明确对于达不到情节严重的行为人由公安机关按行政违法处理。1997年修订《刑法》时，再次调整了本罪的法定刑，将《补充规定》中的并处罚金予以保留，但主刑沿袭了1997年《刑法》的规定。《刑法修正案（九）》对法定刑再次进行了调整，将偷越国（边）境参加恐怖活动组织、接受恐怖活动培训或者实施恐怖活动的作为法定刑升格的条件。

偷越国（边）境罪的构成要件是：

1. 本罪侵犯的客体是国家的出入境管理秩序。

2. 客观方面表现为行为人违反国家出入境管理法规，实施了偷越国（边）境的行为。

"偷越国（边）境"，是指行为人在没有依法获得国家出入境管理部门批准的情况下，擅自出入国（边）境的行为。具体而言，根据《最高人民法院、最高人民检察院关于办理妨害国（边）境管理刑事案件应用法律若干问题的解释》[以下简称《办理妨害国（边）境管理刑事案件解释》]的相关规定，包括没有出入境证件出入国（边）境或者逃避接受边防检查的；使用伪造、变造、无效的出入境证件出入国（边）境的；使用他人出入境证件出入国（边）境的；使用以虚假的出入境事由、隐瞒真实身份、冒用他人身份证件等方式骗取的出入境证件出入国（边）境的；采用其他方式非法出入国（边）境的。① 合法入境的外国人非法进入不对外国人开放地区的，不构成本罪。此外，外国人合法进入我国边境地区，而后非法进入非边境地区的，不

---

① 在司法实务中，偷越国（边）境的行为是多种多样的，不能认为仅限司法解释列举的范围与种类。例如，有观点就认为，对于转道跳板型的偷渡行为也属于偷越国（边）境行为。所谓转道跳板型的偷渡行为，是指通过第三国作为跳板，然后再进入偷渡目的国。在司法实务中，通常由"蛇头"先在容易办到签证的非洲、拉丁美洲的一些国家为偷渡者办理好申请出国所需的法律文书，由偷渡者向公安机关申请旅游、探亲或者商务护照，然后由这些国家的驻华使领馆办妥入境签证，合法出境。偷渡者订妥的联程机票均经过欧洲发达国家，尔后在候机厅、出境飞机上或者境外通过换持伪假证件、调换登机牌等实施偷渡。

构成本罪。①

3. 犯罪主体为一般主体，既可以是中国人，也可以是外国人或无国籍人。

4. 主观方面只能由故意构成。

（二）认定偷越国（边）境罪应当注意的问题

1. 关于罪与非罪的界限。

行为人并非只要实施了偷越国（边）境的行为均构成犯罪，只有情节严重的才能入罪。行为人因过失或迷失道路、方向等原因，误越过国（边）境的，不构成本罪。边境地区的居民为探亲访友、赶集、从事国境作业或生产等原因偶尔非法出入国（边）境的，不构成本罪。

2. 关于本罪的既未遂标准。

应以偷越国（边）境行为的完成与否作为判断既未遂的标准，如果行为人未能越过国（边）境，进入对方国家或我国境内的，不能认定为既遂。

（三）偷越国（边）境罪的刑事责任

依照《刑法》第 322 条规定，偷越国（边）境，情节严重的，处一年以下有期徒刑、拘役或者管制，并处罚金；为参加恐怖活动组织、接受恐怖活动培训或者实施恐怖活动，偷越国（边）境的，处一年以上三年以下有期徒刑，并处罚金。

根据《办理妨害国（边）境管理刑事案件解释》的相关规定，"情节严重"是指：（1）在境外实施损害国家利益行为的；（2）偷越国（边）境 3 次

---

① "国境"是指相邻国家领土之间的分界线，而对外国人开放地区及不对外国人开放地区、边境地区与非边境地区均为我国领土范围内的不同区域。将一国领土范围内不同区域之间的分界线也视为"国境"的，不能认为系对"国境"作出的扩大解释。因为这种解释已经超越了"国境"所可能具有的含义，并且破坏了国民的预测可能性，应属类推解释。此外，由于我国刑法中的"边境"具有特定的含义，也不宜将此两种行为认定为偷越边境。另一方面，外国人由对外国人开放地区违法进入不对外国人开放地区、由边境地区非法进入非边境地区的，毕竟是具有一定社会危害性的行为，如果情节严重的，也可定罪处罚。但对此一立法漏洞，只能通过刑法修正案或立法解释的方式进行填补。如果是民族自治地方，则可依照《刑法》第 90 条，由自治区或省的人民代表大会制定变通或者补充规定，认定构成犯罪应予处罚。

以上或者3人以上结伙偷越国（边）境的；（3）拉拢、引诱他人一起偷越国（边）境的；（4）勾结境外组织、人员偷越国（边）境的；（5）因偷越国（边）境被行政处罚后1年内又偷越国（边）境的；（6）其他情节严重的情形。"其他情节严重的情形"，一般认为包括为逃避法律制裁偷越国（边）境的、有以暴力、威胁方法抗拒有关部门检查等违法行为或造成严重后果的、偷越国（边）境引起外交纠纷的等。①

根据《最高人民法院关于审理发生在我国管辖海域相关案件若干问题的规定（二）》的相关规定，行为人违反我国国（边）境管理法规，非法进入我国领海的，"情节严重"是指：（1）经驱赶拒不离开的；（2）被驱离后又非法进入我国领海的；（3）因非法进入我国领海被行政处罚或者被刑事处罚后，1年内又非法进入我国领海的；（4）非法进入我国领海从事捕捞水产品等活动，尚不构成非法捕捞水产品等犯罪的；（5）其他情节严重的情形。

七、破坏界碑、界桩罪②

第三百二十三条 故意破坏国家边境的界碑、界桩或者永久性测量标志的，处三年以下有期徒刑或者拘役。

（一）破坏界碑、界桩罪的概念和构成要件

破坏界碑、界桩罪，是指明知是国家设立在边境上的界碑、界桩而故意加以破坏的行为。1979年《刑法》第175条规定了本罪，1997年修订《刑法》时除了将该条第2款③删去外，未作其他的修改。

破坏界碑、界桩罪的构成要件是：

1.本罪侵犯的客体是国家对边境界碑、界桩的管理制度。

---

① 根据《最高人民法院、最高人民检察院、公安部关于对非法越境去台人员的处理意见》的相关规定，国家工作人员、现役军人、人民警察、民兵或者共产党员非法越境去台的，应当依法从重惩处。因此，偷越人的身份也可列入"其他情节严重的情形"予以考虑。例如，郑某腾偷越国（边）境案，参见福建省莆田县人民法院（1998）莆刑初字第154号。
② 参考案例：周某某破坏国（边）境界碑、界桩案，载法信网，http://www.faxin.cn/。
③ 1979年《刑法》第175条第2款为"以叛国为目的的，按照反革命罪处罚"。

2.客观方面表现为行为人实施了破坏界碑、界桩的行为。

"界碑",是指在陆地接壤地区埋设的指示边境分界及其走向的石质标志物。"界桩",是指在陆地接壤地区埋设的指示边境分界及其走向的木质标志物。界碑和界桩没有实质的区别,只是形状和材质不同。"破坏",是指将界碑、界桩砸毁、拆除、挖掉、盗走、移动、掩埋或者改变原样、原貌,从而使其失去原有的意义和作用的行为。

3.犯罪主体为一般主体。

4.主观方面只能由故意构成。

如果行为人不知道是界碑、界桩而将其破坏的,不构成本罪。

(二)认定破坏界碑、界桩罪应当注意的问题

本罪没有对破坏界碑、界桩的入罪标准作出明确规定,应结合破坏界碑、界桩的数量、价值、破坏的动机和目的、是否造成严重后果[①]等综合进行判断,不宜将行为人的破坏行为一概入罪。本罪应以界碑、界桩是否丧失应有的意义和作用作为判断既未遂的标准。[②]由于界碑、界桩也具有一定的经济价值,如果行为人破坏界碑、界桩的行为,又构成故意毁坏财物罪、盗窃罪的,属于想象竞合犯,应择一重罪处罚。[③]

(三)破坏界碑、界桩罪的刑事责任

依照《刑法》第323条规定,犯破坏界碑、界桩罪的,处三年以下有期徒刑或者拘役。

[①] 例如,破坏界碑、界桩行为如果导致了外交争议或领土纠纷的,即便行为人破坏的数量不多、动机、目的也并不恶劣,也应该构成本罪。

[②] 不要求界碑、界桩应有的意义和作用全部丧失,部分丧失的也应认定为既遂。

[③] 有观点认为,破坏界碑、界桩罪与故意毁坏财物罪是法条竞合关系,应按照特殊法条即破坏界碑、界桩罪定罪处罚。由于界碑、界桩属于广义的财物范畴,因此破坏界碑、界桩也可以认为是故意毁坏财物的行为,但需要注意的是,故意毁坏财物罪为数额犯,虽然破坏界碑、界桩在入罪时应当考虑界碑、界桩本身的经济价值,但界碑、界桩本身的经济价值并不是入罪的唯一标准。因此,由于破坏的界碑、界桩达不到故意毁坏财物罪的入罪标准不构成犯罪时,行为人的破坏行为却可能构成破坏界碑、界桩罪。质言之,不能认为破坏界碑、界桩罪能为故意毁坏财物罪所包含,二罪并非普通法与特别法关系,而是交叉关系。对于交叉关系导致的法条竞合,应按照重罪优于轻罪的原则定罪量刑。这样处断的话,则与按想象竞合犯的处理结果并无二致。

八、破坏永久性测量标志罪

第三百二十三条 故意破坏国家边境的界碑、界桩或者永久性测量标志的,处三年以下有期徒刑或者拘役。

(一)破坏永久性测量标志罪的概念和构成要件

破坏永久性测量标志罪,是指故意破坏国家设立的永久性测量标志的行为。1979年《刑法》第175条规定了本罪,1997年修订《刑法》时除了将该条第2款[①]删去外,未作其他的修改。

破坏永久性测量标志罪的构成要件是:

1.本罪侵犯的客体是国家对永久性测量标志的管理制度。

2.客观方面表现为行为人实施了破坏永久性测量标志的行为。

"永久性测量标志",是指国家测绘单位在全国各地进行测绘工作所建立的地上、地下或者水上的各种测量标志物,包括各等级的三角点、导线点、军用控制点、重力点、天文点、水准点的木质觇标、钢质觇标和标石标志,地形测量、工程测量和形变测量的各种固定标志,等等。[②][③]破坏永久性测量标志的手段,有拔除、移动、毁坏等。不论采取什么手段,只要使永久性测量标志丧失原有的作用,即应视为破坏行为。[④]

3.犯罪主体为一般主体。

4.主观方面只能由故意构成。

如果行为人不知道是永久性测量标志而将其破坏的,或者行为人基于过失将永久性测量标志破坏的,不构成本罪。

---

① 1979年《刑法》第175条第2款为"以叛国为目的的,按照反革命罪处罚"。

② 根据《测量标志保护条例》的规定,测量标志包括永久性测量标志和测量中正在使用的临时性测量标志。针对临时性测量标志或非测量标志进行破坏的,不构成本罪。

③ 有观点认为,法条中的"国家边境的"并不是"永久性测量标志"的定语,因此,本罪虽然规定在"妨害国(边)境管理罪"一节中,但并不属于妨害国(边)境管理的犯罪,永久性测量标志也不限于"国家边境的永久性测量标志"。

④ 具体破坏行为的认定可参见《测量标志保护条例》的相关规定。

（二）认定破坏永久性测量标志罪应当注意的问题

本罪没有对破坏永久性测量标志的入罪标准作出明确规定，应结合破坏永久性测量标志的数量、价值、破坏的动机和目的、是否造成严重后果等综合进行判断，不宜将行为人的破坏行为一概入罪。本罪应以永久性测量标志是否丧失应有的作用[①]作为判断既未遂的标准。行为人对永久性测量标志进行盗窃的，如果未认识到是永久性测量标志的，构成盗窃罪；如果明知是永久性测量标志的，构成盗窃罪和破坏永久性测量标志罪，由于二罪具有想象竞合犯关系，应择一重罪论处。行为人构成破坏永久性测量标志罪的同时，亦构成故意毁坏财物罪的，属于想象竞合犯，应择一重罪处罚。[②]

（三）破坏永久性测量标志罪的刑事责任

依照《刑法》第323条规定，犯破坏永久性测量标志罪的，处三年以下有期徒刑或者拘役。

[①] 不要求永久性测量标志应有的作用全部丧失，部分丧失的也应认定为既遂。
[②] 有观点认为，破坏永久性测量标志罪与故意毁坏财物罪是法条竞合关系，应按照特殊法条即破坏永久性测量标志罪定罪处罚。由于永久性测量标志属于广义的财物范畴，因此破坏永久性测量标志也可以认为是故意毁坏财物的行为，但需要注意的是，故意毁坏财物罪为数额犯，虽然破坏永久性测量标志罪在入罪时应当考虑永久性测量标志本身的经济价值，但永久性测量标志本身的经济价值并不是入罪的唯一标准。因此，由于破坏的永久性测量标志达不到故意毁坏财物罪的入罪标准不构成犯罪时，行为人的破坏行为却可能构成破坏永久性测量标志罪。质言之，不能认为破坏永久性测量标志罪能为故意毁坏财物罪所包含，二罪并非普通法与特别法关系，而是交叉关系。对于交叉关系导致的法条竞合，应按照重罪优于轻罪的原则定罪量刑。这样处断的话，则与按想象竞合犯的处理结果并无二致。

第四节 妨害文物管理罪

一、故意损毁文物罪[①]

第三百二十四条第一款 故意损毁国家保护的珍贵文物或者被确定为全国重点文物保护单位、省级文物保护单位的文物的，处三年以下有期徒刑或者拘役，并处或者单处罚金；情节严重的，处三年以上十年以下有期徒刑，并处罚金。

（一）故意损毁文物罪的概念和构成要件

故意损毁文物罪，是指故意损毁国家保护的珍贵文物或者被确定为全国重点文物保护单位、省级文物保护单位的文物的行为。

本罪是在1979年《刑法》第174条规定的破坏珍贵文物、名胜古迹罪基础上，分解修改而成的。

故意损毁文物罪的构成要件是：

1. 本罪侵犯的客体是国家文物管理制度。

本罪的犯罪对象是国家保护的珍贵文物或者被确定为全国重点文物保护单位、省级文物保护单位的文物。"珍贵文物"，是指具有重大历史、艺术、科学价值的可移动文物，包括历史上各时代重要实物、艺术品、文献、手稿、图书资料、代表性实物等。根据《文物保护法》的规定，凡属一、二、三级的文物均是珍贵文物。"全国重点文物保护单位、省级文物保护单位的文物"，是指由国务院或者省、自治区、直辖市人民政府划定并公布的，具有一定历史、艺术、科学价值的不可移动的文物，包括古文化遗址、古墓葬、古建筑、石窟寺、石刻、壁画、近代现代重要史迹和代表性建筑等，但

[①] 参考案例：刘某、曹某故意损毁文物案，载法信网，http://www.faxin.cn/。

仅限于全国重点文物保护单位、省级文物保护单位的本体，而不包括周边的保护范围。

2. 客观方面表现为故意损毁国家保护的珍贵文物或者被确定为全国重点文物保护单位、省级文物保护单位的文物的行为。"损毁"，是指以捣毁、焚烧、污损、拆除、挖掘等方式，将国家保护的珍贵文物毁坏或者将全国重点文物保护单位、省级文物保护单位的文物破坏的行为。

3. 犯罪主体为一般主体，只能由自然人构成，单位不能构成本罪的主体。单位实施故意损毁文物行为的，追究组织者、策划者、实施者的刑事责任。

4. 主观方面只能由故意构成，即明知是国家保护的珍贵文物或者被确定为全国重点文物保护单位、省级文物保护单位的文物而加以损毁。

（二）故意损毁文物罪的刑事责任

依照《刑法》第324条第1款规定，犯故意损毁文物罪的，处三年以下有期徒刑或者拘役，并处或者单处罚金；情节严重的，处三年以上十年以下有期徒刑，并处罚金。

司法机关在适用本条规定处罚时，应当注意以下问题：

1. "情节严重"，是本罪的加重处罚情节。根据《最高人民法院、最高人民检察院关于办理妨害文物管理等刑事案件适用法律若干问题的解释》（以下简称《办理妨害文物管理刑事案件解释》）第3条第2款的规定，实施本罪行为，具有下列情形之一的，应当认定为"情节严重"：（1）造成五件以上三级文物损毁的；（2）造成二级以上文物损毁的；（3）致使全国重点文物保护单位、省级文物保护单位的本体严重损毁或者灭失的；（4）多次损毁或者损毁多处全国重点文物保护单位、省级文物保护单位的本体的；（5）其他情节严重的情形。

2. 本罪还有从重处罚情节。根据《办理妨害文物管理刑事案件解释》第3条第3款的规定，实施本罪行为，拒不执行国家行政主管部门作出的停止侵害文物的行政决定或者命令的，酌情从重处罚。具有这种情节，说明行为人主观恶性和社会危害性相对更大。

3. 要注意不同等级涉案文物之间的折算规则。根据《办理妨害文物管理刑事案件解释》第13条的规定，案件涉及不同等级的文物的，按照高级别文物的量刑幅度量刑；有多件同级文物的，五件同级文物视为一件高一级文物，但是价值明显不相当的除外。

4. 要贯彻落实认罪认罚从宽制度的要求。根据《办理妨害文物管理刑事案件解释》第16条第2款的规定，实施本罪行为，虽已达到应当追究刑事责任的标准，但行为人系初犯，积极赔偿损失，并确有悔罪表现的，可以认定为犯罪情节轻微，不起诉或者免予刑事处罚。

二、故意损毁名胜古迹罪[①]

第三百二十四条第二款 故意损毁国家保护的名胜古迹，情节严重的，处五年以下有期徒刑或者拘役，并处或者单处罚金。

（一）故意损毁名胜古迹罪的概念和构成要件

故意损毁名胜古迹罪，是指损毁国家保护的名胜古迹，情节严重的行为。

本罪是在1979年《刑法》第174条规定的破坏珍贵文物、名胜古迹罪基础上，分解修改而成的。

故意损毁名胜古迹罪的构成要件是：

1. 本罪侵犯的客体是国家对名胜古迹的管理制度。

犯罪对象是国家保护的名胜古迹。"名胜"，是指可供人游览的著名风景区。"古迹"，是指故意损毁文物罪的犯罪对象（全国重点文物保护单位、省级文物保护单位）以外的不可移动文物，即市、县级文物保护单位及未被确定为文物保护单位的古文化遗址、古墓葬、古建筑、石窟寺、石刻、壁画、近现代重要史迹和代表性建筑等。与故意损毁文物罪的犯罪对象同理，本罪

[①] 参考案例：张某明、毛某明、张某故意损毁名胜古迹案，江西省上饶市中级人民法院（2018）赣刑初34号、江西省高级人民法院（2020）赣刑终44号。

的犯罪对象仅为风景名胜区的核心景区、不可移动文物的本体，而不包括风景名胜区周边的保护范围。

2.客观方面表现为故意损毁国家保护的名胜古迹、情节严重的行为。

"损毁"，是指拆改、捣毁、挖掘、焚烧、爆炸等行为。根据《最高人民法院、最高人民检察院关于办理妨害文物管理等刑事案件适用法律若干问题的解释》（以下简称《办理妨害文物管理刑事案件解释》）第4条第2款的规定，故意损毁名胜古迹，具有下列情形之一的，应当认定为"情节严重"：（1）致使名胜古迹严重损毁或者灭失的；（2）多次损毁或者损毁多处名胜古迹的；（3）其他情节严重的情形。

3.犯罪主体为一般主体，只能由自然人构成，单位不能构成本罪的主体。单位实施故意损毁名胜古迹行为的，追究组织者、策划者、实施者的刑事责任。

4.主观方面由故意构成，即明知是国家保护的名胜古迹而加以损毁。

（二）认定故意损毁名胜古迹罪应当注意的问题

划清罪与非罪的界限。在国家名胜风景区、文物古迹区，有的游客在名胜古迹上随意刻画，如刻上自己的名字、心愿等。这种行为，虽然对名胜古迹也有所损毁，但情节显著轻微，危害不大，不认为是犯罪，一般应进行批评教育或者予以行政处罚。

（三）故意损毁名胜古迹罪的刑事责任

依照《刑法》第324条第2款规定，犯故意损毁名胜古迹罪的，处五年以下有期徒刑或者拘役，并处或者单处罚金。

司法机关在适用本条规定处罚时，应当注意以下问题：

1.故意损毁风景名胜区内被确定为全国重点文物保护单位、省级文物保护单位的文物的，应按照故意损毁文物罪定罪处罚。

2.根据《办理妨害文物管理刑事案件解释》第4条第3款的规定，实施本罪行为，拒不执行国家行政主管部门作出的停止侵害文物的行政决定或者命令的，酌情从重处罚。

3. 根据《办理妨害文物管理刑事案件解释》第 16 条第 2 款的规定，实施本罪行为，虽已达到应当追究刑事责任的标准，但行为人系初犯，积极赔偿损失，并确有悔罪表现的，可以认定为犯罪情节轻微，不起诉或者免予刑事处罚。

三、过失损毁文物罪①

第三百二十四条第三款 过失损毁国家保护的珍贵文物或者被确定为全国重点文物保护单位、省级文物保护单位的文物，造成严重后果的，处三年以下有期徒刑或者拘役。

（一）过失损毁文物罪的概念和构成要件

过失损毁文物罪，是指过失损毁国家保护的珍贵文物或者被确定为全国重点文物保护单位、省级文物保护单位的文物，造成严重后果的行为。

本罪是 1997 年《刑法》增设的罪名。

过失损毁文物罪的构成要件是：

1. 本罪侵犯的客体是国家文物管理制度。

犯罪对象是国家保护的珍贵文物或者被确定为全国重点文物保护单位、省级文物保护单位的文物。

2. 客观方面表现为过失损毁国家保护的珍贵文物或者被确定为全国重点文物保护单位、省级文物保护单位的文物，造成严重后果的行为。

这里所说的"损毁"，是指因过失而致使文物受到毁损。比如，因保管、管理不善，使文物遭受火灾；施工单位违章施工，造成古建筑、古文化遗址、古墓葬等受到破坏。过失损毁文物，必须是造成严重后果的才构成本罪。这里所说的"严重后果"，是指客观上已经实际发生的后果，不包括可能发生的潜在危险。根据《最高人民法院、最高人民检察院关于办理妨害文物管理等刑事案件适用法律若干问题的解释》（以下简称《办理妨害文物管理

---

① 参考案例：靳某过失损毁文物案，北京市东城区人民法院（2000）东刑初字第 255 号。

刑事案件解释》)第3条第2款、第5条的规定,过失损毁文物,具有下列情形之一的,应当认定为"造成严重后果":(1)造成5件以上三级文物损毁的;(2)造成二级以上文物损毁的;(3)致使全国重点文物保护单位、省级文物保护单位的本体严重损毁或者灭失的。

3.犯罪主体为一般主体,只能由自然人构成,单位不能构成本罪的主体。单位实施过失损毁文物行为的,追究组织者、策划者、实施者的刑事责任。

4.主观方面只能是由过失构成,既可能是疏忽大意的过失,也可能是过于自信的过失。

(二)过失损毁文物罪的刑事责任

依照《刑法》第324条第3款规定,犯过失损毁文物罪的,处三年以下有期徒刑或者拘役。

司法机关在适用本条规定处罚时,应当注意以下问题:

1.根据《办理妨害文物管理刑事案件解释》第13条的规定,案件涉及不同等级的文物的,按照高级别文物的量刑幅度量刑;有多件同级文物的,五件同级文物视为一件高一级文物,但是价值明显不相当的除外。

2.根据《办理妨害文物管理刑事案件解释》第16条第2款的规定,实施本罪行为,虽已达到应当追究刑事责任的标准,但行为人系初犯,积极赔偿损失,并确有悔罪表现的,可以认定为犯罪情节轻微,不起诉或者免予刑事处罚。

四、非法向外国人出售、赠送珍贵文物罪[①]

第三百二十五条 违反文物保护法规,将收藏的国家禁止出口的珍贵文物私自出售或者私自赠送给外国人的,处五年以下有期徒刑或者拘役,可以并处罚金。

---

① 参考案例:苗某非法向外国人出售、赠送的珍贵文物案,载法信网,http://www.faxin.cn/。

单位犯前款罪的，对单位判处罚金，并对其直接负责的主管人员和其他直接责任人员，依照前款的规定处罚。

（一）非法向外国人出售、赠送珍贵文物罪的概念和构成要件

非法向外国人出售、赠送珍贵文物罪，是指违反文物保护法规，将收藏的国家禁止出口的珍贵文物私自出售或者私自赠送给外国人的行为。

本罪是1997年《刑法》增设的罪名。1991年修改的《文物保护法》曾规定，任何组织或者个人将国家禁止出口的珍贵文物私自出售或者私自赠送给外国人的，以走私论处。1997年《刑法》修订过程中，在此基础上进行吸纳修改，最终作了有别于"以走私论处"的专门规定。

非法向外国人出售、赠送珍贵文物罪的构成要件是：

1.本罪侵犯的客体是国家文物管理制度。

本罪的犯罪对象是国家禁止出口的珍贵文物。根据《文物保护法》规定，国有文物、非国有文物中的珍贵文物和国家规定禁止出境的其他文物，除了依法出境展览或者因特殊需要经国务院批准出境的之外，不得出境。

2.客观方面表现为违反文物保护法规，将收藏的国家禁止出口的珍贵文物私自出售或者私自赠送给外国人的行为。

文物保护法规，是指国家关于文物保护的法律、法规、行政规章，如《文物保护法》《文物保护法实施条例》等。"收藏"，包括受国家委托而保管，也包括个人所有。这里要说明的是，文物不同于一般财产，尤其珍贵文物，是一个民族、一个国家的重要文化遗产，国家予以特殊保护，即使个人对文物拥有所有权，也不能随意将其出售和赠予外国人。"私自"，是指未经国家有关部门许可而擅自为之。"出售"，是指将珍贵文物卖给外国人的行为。"赠送"，是指将珍贵文物无偿送给外国人的行为。"外国人"，是指无中国国籍的人，包括具有其他国家国籍的人和无国籍人。按照法律规定，行为人只要实施了将国家禁止出口的文物私自出售或者私自赠送给外国人其中一种行为就构成本罪；实施两种行为的，仍为一罪，不实行并罚。

3.犯罪主体为一般主体，既可以是自然人，也可以是单位。这里所说的单位，主要是指国有的和非国有的博物馆、图书馆、纪念馆等单位。

4.主观方面由故意构成,即明知是国家禁止出口的珍贵文物而私自出售或私自赠送给外国人。至于行为人是出于什么动机、目的,不影响本罪的成立。

(二)认定非法向外国人出售、赠送珍贵文物罪应当注意的问题

1.划清罪与非罪的界限。

本罪中的私自出售、赠送的文物,必须是国家禁止出口的文物。如果不是国家禁止出口的文物,只是将私人收藏的一般文物私自出售、赠送外国人的,应由国家工商行政管理机关处以罚款,并可没收其文物和非法所得,但不应作为犯罪处理。

2.划清本罪与走私文物私罪的界限。

《刑法》第151条第2款对走私国家禁止出口的文物的行为,单独规定为走私文物罪。与本罪相比,走私文物罪的客体更为复杂,而且主要客体是国家对外贸易管制制度;在客观方面表现为违反海关法规,逃避海关监管,运输、携带、邮寄国家禁止出口的文物出国(边)境,以及在领海、内海、界河、界湖运输、贩卖国家禁止出口的文物的行为。如果犯罪分子先将珍贵文物偷运、携带、邮寄出境,然后在境外出售或赠送给外国人,应该认定为走私文物罪。如果犯罪分子与外国人相勾结,以出售、赠送为名,行共同走私之实的,则应按走私文物罪的共犯论处。

(三)非法向外国人出售、赠送珍贵文物罪的刑事责任

依照《刑法》第325条第1款规定,犯非法向外国人出售、赠送珍贵文物罪的,处五年以下有期徒刑或者拘役,可以并处罚金。

依照《刑法》第325条第2款规定,单位犯本罪的,对单位判处罚金,并对其直接负责的主管人员和其他直接责任人员,依照前款的规定处罚。

司法机关在适用本条规定处罚时,应当注意以下问题:

1.根据《最高人民法院、最高人民检察院关于办理妨害文物管理等刑事案件适用法律若干问题的解释》第16条第1款的规定,实施本罪行为,虽已达到应当追究刑事责任的标准,但行为人系初犯,积极退回或者协助追回

文物,未造成文物损毁,并确有悔罪表现的,可以认定为犯罪情节轻微,不起诉或者免予刑事处罚。

2. 在对犯罪分子适用《刑法》的同时,对非法出售、赠送的珍贵文物应当予以没收,对非法所得应当予以追缴或者责令退赔。没收的文物和财物,一律上缴国库,不得挪用和自行处理。

五、倒卖文物罪①

第三百二十六条 以牟利为目的,倒卖国家禁止经营的文物,情节严重的,处五年以下有期徒刑或者拘役,并处罚金;情节特别严重的,处五年以上十年以下有期徒刑,并处罚金。

单位犯前款罪的,对单位判处罚金,并对其直接负责的主管人员和其他直接责任人员,依照前款的规定处罚。

(一)倒卖文物罪的概念和构成要件

倒卖文物罪,是指以牟利为目的,倒卖国家禁止经营的文物,情节严重的行为。

本罪是 1997 年《刑法》增设的罪名。在 1997 年《刑法》施行以前,司法实践中对于倒卖文物的行为,按照投机倒把罪处理。

倒卖文物罪的构成要件是:

1. 本罪侵犯的客体是国家文物管理制度。

犯罪对象是国家禁止经营的文物,既包括珍贵文物,也包括禁止经营的一般文物。文物是不可再生的文化资源,国家对文物的交易流通依法实行专营和管控。根据《文物保护法》的规定,文物收藏单位可以通过购买、接受捐赠、依法交换及法律、行政法规规定的其他方式取得文物,国有文物收藏单位还可以通过文物行政部门指定保管或者调拨方式取得文物;文物收藏

---

① 参考案例:吕某某、刘某倒卖文物案,陕西省子长县人民法院(2015)子长刑初字第00097号、陕西省延安市中级人民法院(2016)陕06刑终4号。

单位以外的公民、法人和其他组织可以收藏通过依法继承或者接受赠与、从文物商店购买、从经营文物拍卖的拍卖企业购买、公民个人合法所有的文物相互交换或者依法转让等合法方式取得的文物。文物商店、经营文物拍卖的拍卖企业，分别由省、自治区、直辖市人民政府文物行政部门批准设立并管理、颁发文物拍卖许可证。公民、法人和其他组织不得买卖国有文物、非国有馆藏珍贵文物、国有不可移动文物中的壁画、雕塑、建筑构件等以及来源不合法的文物。考古发掘的文物，任何单位或者个人不得侵占。

2. 客观方面表现为倒卖国家禁止经营的文物，情节严重的行为。

"倒卖"，是指以牟利为目的，违反国家文物保护法规买卖文物的行为，既包括出售，也包括为出售而收购、运输、储存。既可以是从私人手中收购文物后进行倒卖，也可以是从有关单位购买文物后进行倒卖。根据《最高人民法院、最高人民检察院关于办理妨害文物管理等刑事案件适用法律若干问题的解释》(以下简称《办理妨害文物管理刑事案件解释》)第6条第2款的规定，倒卖文物，具有下列情形之一的，应当认定"情节严重"：(1)倒卖三级文物的；(2)交易数额在5万元以上的；(3)其他情节严重的情形。

3. 犯罪主体为一般主体，包括自然人和单位。这里所说的单位，既包括依法有权从事文物经营活动的单位，也包括无文物经营权的单位。

4. 主观方面由故意构成，并且具有牟利的目的。①

（二）认定倒卖文物罪应当注意的问题

1. 划清罪与非罪的界限。

构成本罪，倒卖的必须是国家禁止经营的文物。首先要查清经营者是否有经营权，是否经国家文物局、省级文物行政管理部门批准，是否已取得了工商行政管理部门的营业执照等。即使是有文物经营权的单位，也要进一步查清所经营的文物是否为国家所禁止经营的文物。一、二级文物属于国家禁

---

① 按照《最高人民法院、最高人民检察院、公安部、国家文物局关于办理妨害文物管理等刑事案件若干问题的意见》规定，出售或为出售而收购、运输、储存《文物保护法》第51条规定的"国家禁止买卖的文物"，可以结合行为人的从业经历、认知能力、违法犯罪记录、供述情况，交易的价格、次数、件数、场所，文物的来源、外观形态等综合审查判断，认定其行为系《刑法》第326条规定的"以牟利为目的"，但文物来源符合《文物保护法》第50条规定的除外。

止买卖的文物，三级文物和某些一般文物属于国家限制买卖的文物。对于非法经营国家限制买卖的文物的，也可以构成本罪。反之，对于有权经营文物的单位在其登记的经营范围内依法从事经营活动，所经营的文物又不属于国家禁止经营的文物的，则不构成犯罪。

2. 划清本罪与非法向外国人出售珍贵文物罪的界限。

二者的犯罪客体、犯罪客观方面、犯罪主体有相同或者相似之处，如侵犯的客体都是国家文物管理制度、客观方面都可表现为售卖行为、犯罪主体都是包括自然人和单位的一般主体。区别主要在于：前者的犯罪对象既包括珍贵文物，也包括禁止经营的一般文物，而后者的犯罪对象仅指珍贵文物；前者对倒卖相对方的国籍无要求，而后者的出售相对方限于无中国国籍的人；前者的犯罪主体可以是任何人，后者的犯罪主体一般是珍贵文物的持有者或占有者；前者在犯罪主观方面必须有牟利的目的，后者无此要求；前者属于对合犯，即买卖双方都构成本罪，而后者购买珍贵文物的外国人并不构成该犯罪。

（三）倒卖文物罪的刑事责任

依照《刑法》第326条第1款规定，犯倒卖文物罪的，处五年以下有期徒刑或者拘役，并处罚金；情节特别严重的，处五年以上十年以下有期徒刑，并处罚金。

依照《刑法》第326条第2款规定，单位犯本罪的，对单位判处罚金，并对其直接负责的主管人员和其他直接责任人员，依照前款的规定处罚。

司法机关在适用本条规定处罚时，应当注意以下问题：

1. "情节特别严重"，是本罪的加重处罚情节。根据《办理妨害文物管理刑事案件解释》第6条第3款的规定，实施本罪行为，具有下列情形之一的，应当认定为"情节特别严重"：（1）倒卖二级以上文物的；（2）倒卖三级文物5件以上的；（3）交易数额在25万元以上的；（4）其他情节特别严重的情形。

2. 对于倒卖一般文物的，不依据数量认定构成倒卖文物罪，除非具有交易数额在5万元以上的情形。

3. 倒卖不可移动文物整体的，如石碑、石像、经幢、石塔等，根据所属不可移动文物的等级定罪量刑。《办理妨害文物管理刑事案件解释》第12条第1款规定：（1）尚未被确定为文物保护单位的不可移动文物，适用一般文物的定罪量刑标准；（2）市、县级文物保护单位，适用三级文物的定罪量刑标准；（3）全国重点文物保护单位、省级文物保护单位，适用二级以上文物的定罪量刑标准。

4. 倒卖不可移动文物的可移动部分的，如建筑构件、壁画、雕塑、石刻等，根据建筑构件、壁画、雕塑、石刻等文物本身的等级或者价值定罪量刑，所属不可移动文物的等级，应当作为量刑情节予以考虑。脱离不可移动文物成为独立物存在的建筑构件、壁画、雕塑、石刻等，依然具有历史、艺术或科学价值，一般可以作为可移动文物认定等级。但因违法犯罪行为造成脱离后，其所属不可移动文物的整体价值必然会受到影响。

5. 根据《办理妨害文物管理刑事案件解释》第13条的规定，案件涉及不同等级的文物的，按照高级别文物的量刑幅度量刑；有多件同级文物的，五件同级文物视为一件高一级文物，但是价值明显不相当的除外。

6. 根据《办理妨害文物管理刑事案件解释》第16条第1款的规定，实施本罪行为，虽已达到应当追究刑事责任的标准，但行为人系初犯，积极退回或者协助追回文物，未造成文物损毁，并确有悔罪表现的，可以认定为犯罪情节轻微，不起诉或者免予刑事处罚。

六、非法出售、私赠文物藏品罪[①]

第三百二十七条 违反文物保护法规，国有博物馆、图书馆等单位将国家保护的文物藏品出售或者私自送给非国有单位或者个人的，对单位判处罚金，并对其直接负责的主管人员和其他直接责任人员，处三年以下有期徒刑或者拘役。

---

① 参考案例：某博物馆非法出售、私赠文物藏品案，载法信网，http://www.faxin.cn/。

（一）非法出售、私赠文物藏品罪的概念和构成要件

非法出售、私赠文物藏品罪，是指国有博物馆、图书馆等单位违反文物保护法规，将国家保护的文物藏品出售或者私自赠送给非国有单位或者个人的行为。

本罪是1997年《刑法》为了与《文物保护法》相衔接而增设的罪名。按照当时的《文物保护法》规定，全民所有制博物馆、图书馆等单位将文物藏品出售或者私自赠送给非全民所有制单位或者个人的，对主管人员和直接责任人员比照玩忽职守罪的规定追究刑事责任。

非法出售、私赠文物藏品罪的构成要件是：

1. 本罪侵犯的客体是国家文物管理制度和国家对文物所有权。

犯罪对象是国家保护的文物藏品，既包括国有博物馆、图书馆以及其他国有单位收藏的文物，也包括一些执法机关所管理的涉案文物；既包括珍贵文物，也包括一般文物。《文物保护法》第5条对属于国家所有的文物范围作出了明确规定，并宣示国有文物所有权受法律保护，不容侵犯。《文物保护法》明确禁止国有文物收藏单位将馆藏文物赠与、出租或者出售给其他单位、个人。也就是说，国有单位对文物藏品只有保管权，没有所有权，无权将文物藏品出售或者赠送给他人。如果国有单位将收藏或者管理的国家保护的文物藏品非法出售给非国有单位和个人，国家就会丧失对文物的所有权，从而使国家的文化财产遭到损失。

2. 客观方面表现为违反文物保护法规，将收藏或者管理的国家保护的文物藏品出售或者私自送给非国有单位或者个人的行为。

文物保护法规，不仅指《文物保护法》等法律，还包括有关文物保护的行政法规、行政规章等。非国有单位，是指国有单位以外的各种形式的企业、事业单位、社会团体和组织。按照法律规定，行为人只要实施了将国家保护的文物藏品出售或者私自送给非国有单位或者个人其中一种行为，就构成本罪；实施了两种行为的，仍为一罪，不实行并罚。

3. 犯罪主体为单位，自然人不能成为本罪的主体。

这里所说的单位，主要是指国有的博物馆、图书馆等文物收藏单位，也

包括国有公司、企业、事业单位、机关、团体等其他国有单位。司法实践中，一些执法机关将所管理的属于国家保护的文物藏品的涉案文物，出售或者私自赠送给非国有单位或者个人的，也构成本罪。

4. 主观方面由故意构成。动机可能是出于牟利、送人情等，不影响本罪的成立。

（二）认定非法出售、私赠文物藏品罪应当注意的问题

1. 划清本罪与倒卖文物罪的界限。

二者有许多相同或者相似之处，如侵犯的客体都包括文物管理制度，在客观方面都可以表现为出售文物的行为，犯罪主体都可以由单位构成。区别主要在于：犯罪主体，前者只能是国有博物馆、图书馆等单位，后者不限于国有博物馆、图书馆，还包括有权或无权经营文物的单位；销售对象，前者只限于非国有单位或者个人，后者可以是任何人；主观方面，前者不一定要以牟利为目的，后者必须是以牟利为目的。

2. 划清本罪与非法向外国人出售、赠送珍贵文物罪的界限。

二者都属于非法转让文物的行为，区别主要在于：转让的相对方，前者是出售、赠送给非国有单位或者个人，后者出售、赠送给外国人或者无国籍人；犯罪主体，前者只能是国有博物馆、图书馆等单位，后者可以是各种类型的单位，也可以是个人；犯罪对象，前者是文物藏品，后者是单位或者个人收藏的国家禁止出口的文物。

（三）非法出售、私赠文物藏品罪的刑事责任

依照《刑法》第327条规定，犯非法出售、私赠文物藏品罪的，对单位判处罚金，并对其直接负责的主管人员和其他直接责任人员，处三年以下有期徒刑或者拘役。

七、盗掘古文化遗址、古墓葬罪[1]

第三百二十八条第一款[2] 盗掘具有历史、艺术、科学价值的古文化遗址、古墓葬的,处三年以上十年以下有期徒刑,并处罚金;情节较轻的,处三年以下有期徒刑、拘役或者管制,并处罚金;有下列情形之一的,处十年以上有期徒刑或者无期徒刑,并处罚金或者没收财产:

(一)盗掘确定为全国重点文物保护单位和省级文物保护单位的古文化遗址、古墓葬的;

(二)盗掘古文化遗址、古墓葬集团的首要分子;

(三)多次盗掘古文化遗址、古墓葬的;

(四)盗掘古文化遗址、古墓葬,并盗窃珍贵文物或者造成珍贵文物严重破坏的。

(一)盗掘古文化遗址、古墓葬罪的概念和构成要件

盗掘古文化遗址、古墓葬罪,是指盗掘具有历史、艺术、科学价值的古文化遗址、古墓葬的行为。

本罪是源于1991年6月29日第七届全国人大常委会第二十次会议通过的《关于惩治盗掘古文化遗址古墓葬犯罪的补充规定》,《刑法》将其吸收修改成为本罪的具体规定。

盗掘古文化遗址、古墓葬罪的构成要件是:

1.本罪侵犯的是复杂客体,既侵犯了国家文物管理制度,也侵犯了国家对古文化遗址、古墓葬的所有权。

本罪的犯罪对象是古文化遗址、古墓葬。盗掘对象是否属于古文化遗址、古墓葬,应当按照《最高人民法院、最高人民检察院关于办理妨害文物

---

[1] 参考案例:杨某平等人盗掘古文化遗址、古墓葬案,河南省济源市中级人民法院(2009)济中刑初字第2号。

[2] 本款经2011年2月25日《刑法修正案(八)》第45条修改,删除了1997年《刑法》第328条第1款法定刑中"死刑"的规定。

管理等刑事案件适用法律若干问题的解释》（以下简称《办理妨害文物管理刑事案件解释》）第8条、第15条的规定作出认定。"古文化遗址"，是指清代以前（含清代）中华民族历史发展中，由先民创造并留下的表明其文化发展水平的地区，如石窟、地下城、古建筑等。"古墓葬"，是指清代以前（含清代）中华民族先民建造并留下的墓穴及其有关设施，如历代帝王陵墓。正确理解和把握本罪中古文化遗址、古墓葬的范围，应注意以下几点：（1）古文化遗址、古墓葬包括水下古文化遗址、古墓葬。我国水下文物遗存十分丰富，特别是在我国南海海域，水下文物的存在对于证明我国对南海争议区域的主权具有重要意义，必须加强司法保护。（2）古文化遗址、古墓葬不以公布为不可移动文物的古文化遗址、古墓葬为限。一些被盗掘的古文化遗址、古墓葬并非文物保护单位，甚至尚未被公布为不可移动文物，比如行为人先于文物考古工作者发现该古文化遗址、古墓葬，法律对这些古文化遗址、古墓葬一体保护。（3）辛亥革命以后，与著名历史事件有关的遗址和纪念地、名人墓葬，如革命烈士墓等也视同古文化遗址、古墓葬，受国家保护。（4）古文化遗址、古墓葬不包括古建筑、石窟寺、石刻、壁画、近代现代重要史迹和代表性建筑等其他不可移动文物。但是，针对古建筑、石窟寺等不可移动文物中包含的古文化遗址、古墓葬部分实施盗掘，符合《刑法》第328条规定的，以盗掘古文化遗址、古墓葬罪追究刑事责任。（5）无论古代、近代的文化遗址、还是墓葬，必须是具有历史、艺术、科学价值的才能成为本罪的犯罪对象。

2.客观方面表现为盗掘具有历史、艺术、科学价值的古文化遗址、古墓葬的行为。

"盗掘"，是指未经国家文物主管部门批准私自挖掘的行为。这种行为可能是秘密进行的，也可能是公然进行的，本质上是损害了古文化遗址、古墓葬的历史、艺术、科学价值的行为。按照法律规定，行为人只要实施了盗掘古文化遗址或者古墓葬其中一种行为就构成本罪；实施了两种行为的仍为一罪，不实行并罚。

3.犯罪主体为一般主体，只能由自然人构成，单位不能构成本罪的主体。单位实施盗掘古文化遗址、古墓葬行为的，追究组织者、策划者、实施者的刑事责任。

4. 主观方面由故意构成，一般具有非法占有古文化遗址、古墓葬中文物的目的。

（二）认定盗掘古文化遗址、古墓葬罪应当注意的问题

1. 正确认定本罪的既遂与未遂。

（1）本罪在犯罪既遂形态分类上属行为犯而不是结果犯，不以实际盗取文物为既遂标准。《刑法》设立盗掘古文化遗址、古墓葬罪，主要是为了保护古文化遗址、古墓葬的历史、艺术、科学价值。只要盗掘行为已涉及古文化遗址、古墓葬的文化层，损害了古文化遗址、古墓葬的历史、艺术、科学价值，即应当认定为既遂。[①] 至于是否盗取了文物，盗取文物的数量、等级，应作为量刑情节予以考虑。

（2）实施盗掘行为，但未涉及古文化遗址、古墓葬的文化层，未损害古文化遗址、古墓葬的历史、艺术、科学价值的，构成本罪未遂。比如，行为人对古文化遗址的保护范围和建设控制地带的界限认识不清，仅在建设控制地带进行盗掘，未能具备本罪犯罪构成要件的全部要素的，属于犯罪未遂。

2. 正确认定本罪与走私文物、倒卖文物等犯罪。盗掘古文化遗址、古墓葬后，又走私、倒卖盗取的文物的，应当数罪并罚。

3. 正确认定与本罪相关联的犯罪。

根据《办理妨害文物管理刑事案件解释》第8条第3款和第9条的规定：

（1）采用破坏性手段盗窃古文化遗址、古墓葬以外的古建筑、石窟寺、石刻、壁画、近代现代重要史迹和代表性建筑等其他不可移动文物的，依照《刑法》第264条的规定，以盗窃罪追究刑事责任。

（2）明知是盗窃文物、盗掘古文化遗址、古墓葬等犯罪所获取的三级以上文物，而予以窝藏、转移、收购、加工、代为销售或者以其他方法掩饰、

---

① 以盗掘为目的，在古文化遗址、古墓葬表层进行钻探、爆破、挖掘等作业，因意志以外的原因，尚未损害古文化遗址、古墓葬的历史、艺术、科学价值的，属于盗掘古文化遗址、古墓葬未遂。

隐瞒的，依照《刑法》第312条的规定，以掩饰、隐瞒犯罪所得罪追究刑事责任；事先有通谋的，以共同犯罪论处。

（三）盗掘古文化遗址、古墓葬罪的刑事责任

依照《刑法》第328条第1款规定，犯盗掘古文化遗址、古墓葬罪的，处三年以上十年以下有期徒刑，并处罚金；情节较轻的，处三年以下有期徒刑、拘役或者管制，并处罚金；有下列情形之一的，处十年以上有期徒刑或者无期徒刑，并处罚金或者没收财产：（1）盗掘确定为全国重点文物保护单位和省级文物保护单位的古文化遗址、古墓葬的；（2）盗掘古文化遗址、古墓葬集团的首要分子；（3）多次盗掘古文化遗址、古墓葬的；（4）盗掘古文化遗址、古墓葬，并盗窃珍贵文物或者造成珍贵文物严重破坏的。

司法机关在适用本条款规定处罚时，应当注意以下问题：

1.《刑法》对本罪规定了三个档次的量刑幅度，最低刑为管制，最高刑为无期徒刑，司法机关应当注意区别不同情节，恰当量刑。

2.正确理解和把握可以判处十年以上有期徒刑或者无期徒刑的四种情形：

（1）确定为全国重点文物保护单位和省级文物保护单位的古文化遗址、古墓葬具有极高的历史、艺术、科学价值，应受到特别重点的保护。被盗掘窃取的文物等级及其历史、艺术、科学价值应进行鉴定。

（2）盗掘古文化遗址、古墓葬集团的首要分子，是指在盗掘古文化遗址、古墓葬的犯罪集团中起组织、策划、指挥作用的犯罪分子。对首要分子应作为打击重点，严厉惩处。

（3）"多次"盗掘古文化遗址、古墓葬，是指盗掘三次以上。对于行为人基于同一或者概括犯意，在同一古文化遗址、古墓葬本体周边一定范围内实施连续盗掘，已损害古文化遗址、古墓葬的历史、艺术、价值的，一般应认定为一次盗掘。

（4）由于行为人盗掘手段、技术的原因往往会给被盗掘的古文化遗址、古墓葬造成损坏甚至严重损坏的后果，其行为既触犯了本罪，又触犯了故意损毁文物罪，对这种情况应择一重罪即盗掘古文化遗址、古墓葬罪定罪处

罚，并将造成珍贵文物严重破坏作为加重处罚情节。对盗掘古文化遗址、古墓葬又窃取文物的，行为人盗掘古文化遗址、古墓葬的目的是非法占有其中的文物。如果采取秘密方式盗掘、窃取其中的文物，客观上犯罪手段与盗窃罪相同，1997年《刑法》修订以前，对这种行为要按照盗窃罪处理。但《刑法》专门规定了本罪之后，对这种窃取文物的行为就不能再单独定罪量刑了，而应作为本罪的加重处罚情节。

3. 在对行为人适用自由刑的同时，还应并处"罚金"或者"没收财产"，同时对违法所得一律追缴。

4. 根据《办理妨害文物管理刑事案件解释》第16条第1款的规定，实施本罪行为，虽已达到应当追究刑事责任的标准，但行为人系初犯，积极退回或者协助追回文物，未造成文物损毁，并确有悔罪表现的，可以认定为犯罪情节轻微，不起诉或者免予刑事处罚。

八、盗掘古人类化石、古脊椎动物化石罪[①]

第三百二十八条[②] 盗掘具有历史、艺术、科学价值的古文化遗址、古墓葬的，处三年以上十年以下有期徒刑，并处罚金；情节较轻的，处三年以下有期徒刑、拘役或者管制，并处罚金；有下列情形之一的，处十年以上有期徒刑或者无期徒刑，并处罚金或者没收财产：

（一）盗掘确定为全国重点文物保护单位和省级文物保护单位的古文化遗址、古墓葬的；

（二）盗掘古文化遗址、古墓葬集团的首要分子；

（三）多次盗掘古文化遗址、古墓葬的；

（四）盗掘古文化遗址、古墓葬，并盗窃珍贵文物或者造成珍贵文物严重破坏的。

盗掘国家保护的具有科学价值的古人类化石和古脊椎动物化石的，依照

[①] 参考案例：张某某盗掘古人类化石案，载法信网，http://www.faxin.cn/。
[②] 本条经2011年2月25日《刑法修正案（八）》第45条修改，删除了《刑法》第328条第1款法定刑中"死刑"的规定，该条第2款也取消了死刑的规定。

前款的规定处罚。

《全国人民代表大会常务委员会关于〈中华人民共和国刑法〉有关文物的规定适用于具有科学价值的古脊椎动物化石、古人类化石的解释》（2005年12月29日）

全国人民代表大会常务委员会根据司法实践中遇到的情况，讨论了关于走私、盗窃、损毁、倒卖或者非法转让具有科学价值的古脊椎动物化石、古人类化石的行为适用刑法有关规定的问题，解释如下：

刑法有关文物的规定，适用于具有科学价值的古脊椎动物化石、古人类化石。

（一）盗掘古人类化石、古脊椎动物化石罪的概念和构成要件

盗掘古人类化石、古脊椎动物化石罪，是指盗掘国家保护的具有科学价值的古人类化石、古脊椎动物化石的行为。

本罪是1997年《刑法》增设的罪名。

盗掘古人类化石、古脊椎动物化石罪的构成要件是：

1. 本罪侵犯的客体是国家对古化石的管理制度。

犯罪对象是古人类化石、古脊椎动物化石。化石是古代生物的遗体、遗物或者遗迹埋藏在地下形成的石化了的物体和印迹。"古人类化石"，是指距今1万年以前的石化了的古人类遗骸或者遗迹，包括直立人和早期、晚期智人的遗骸等。"古脊椎动物化石"，是指距今1万年以前的石化了的古脊椎动物的遗骸或者遗迹。古脊椎动物主要是指古爬行动物、哺乳动物等。古人类化石、古脊椎动物化石对人类发展史、自然科学的研究具有十分珍贵的价值。我国《文物保护法》规定，具有科学价值的古脊椎动物化石和古人类化石同文物一样受国家保护。

2. 客观方面表现为盗掘国家保护的具有科学价值的古人类化石和古脊椎动物化石的行为。

"盗掘"，是指未经国家文物主管部门批准擅自挖掘的行为。这种行为可能是秘密进行的，也可能是公然进行的。考古工作人员未经批准或者超越授权范围擅自挖掘的，也属于盗掘。

3. 犯罪主体为一般主体，只能由自然人构成，单位不能构成本罪的主体。单位实施盗掘古人类化石、古脊椎动物化石行为的，追究组织者、策划者、实施者的刑事责任。

4. 主观方面由故意构成，并具有非法占有古人类化石、古脊椎动物化石的目的。

（二）认定盗掘古人类化石、古脊椎动物化石罪应当注意的问题

1. 正确认定古化石的性质和价值。

本罪的犯罪对象只限于古人类化石、古脊椎动物化石，而且这两种化石必须是具有科学价值并受国家保护的化石。因此，对化石的性质、价值，应由有关主管部门进行鉴定。

2. 正确认定本罪与其他以古人类化石、古脊椎动物化石为对象的犯罪。

1997年《刑法》颁行后，一些地方出现了走私、盗窃、损毁、倒卖、非法转让具有科学价值的古人类化石、古脊椎动物化石的严重违法行为，由于刑法对此没有专门作出处罚规定，办案机关在处理这些行为时产生了不同认识。全国人大常委会于2005年12月29日通过了《关于〈中华人民共和国刑法〉有关文物的规定适用于具有科学价值的古脊椎动物化石、古人类化石的解释》，规定：刑法有关文物的规定，适用于具有科学价值的古脊椎动物化石、古人类化石。这个法律解释明确了法律界限，统一了适用标准，体现了《刑法》对文物和古化石全面保护的原则。即是说，对于盗掘古人类化石、古脊椎动物化石的行为，按照本罪定罪量刑；对于走私、盗窃、损毁、倒卖或者非法转让具有科学价值的古脊椎动物化石、古人类化石，或者失职造成具有科学价值的古脊椎动物化石、古人类化石损毁、流失等行为，依照《刑法》对走私文物罪、盗窃文物罪、故意损毁文物罪、倒卖文物罪或者过失损毁文物罪等犯罪的规定定罪量刑。

（三）盗掘古人类化石、古脊椎动物化石罪的刑事责任

依照《刑法》第328条第2款规定，盗掘国家具有科学价值的古人类化石和保护的古脊椎动物化石罪的，依照前款的规定处罚，即处三年以上十

第六章 妨害社会管理秩序罪

年以下有期徒刑，并处罚金；情节较轻的，处三年以下有期徒刑、拘役或者管制，并处罚金；有下列情形之一的，即盗掘国家、省级重点保护的古人类化石、古脊椎动物化石的；盗掘古人类化石、古脊椎动物化石集团的首要分子；多次盗掘古人类化石、古脊椎动物化石的；盗掘并盗窃古人类化石、古脊椎动物化石或者造成古人类化石、古脊椎动物化石严重破坏的，处十年以上有期徒刑或者无期徒刑，并处罚金或者没收财产。

九、抢夺、窃取国有档案罪[①]

第三百二十九条第一款 抢夺、窃取国家所有的档案的，处五年以下有期徒刑或者拘役。

第三款 有前两款行为，同时又构成本法规定的其他犯罪的，依照处罚较重的规定定罪处罚。

（一）抢夺、窃取国有档案罪的概念和构成要件

抢夺、窃取国有档案罪，是指抢夺、窃取国家所有的档案的行为。

本罪是 1997 年《刑法》增设的罪名，1979 年《刑法》第 100 条反革命破坏罪中曾规定有抢劫国家档案的行为。《档案法》于 1988 年施行、1996 年修正，对档案的管理、利用、公布以及法律责任等都作了明确规定，《刑法》修改时与此衔接，就保护国有档案作出专门规定。

抢夺、窃取国有档案罪的构成要件是：

1. 本罪侵犯的客体是国家档案管理制度。

2. 客观方面表现为抢夺、窃取国家所有的档案的行为。

"抢夺"，是指以非法占有为目的，当着档案管理人员的面，公然夺取国家所有的档案的行为。"窃取"，是指以非法占有为目的，采取自以为不会使档案管理人员发现的方法，秘密取得国家所有的档案的行为。按照法律规

[①] 参考案例：兰某仕、李某斌窃取国有档案案，载《中华人民共和国最高人民法院公报》2002 年第 3 期。

定，行为人只要实施了抢夺或者窃取国家所有的档案其中一种行为，就构成本罪；实施了两种行为的，仍为一罪，不实行并罚。

3. 犯罪主体为一般主体，但只能由自然人构成，单位不能成为本罪的主体。

4. 主观方面由故意构成，一般具有非法占有国家所有的档案的目的。

（二）认定抢夺、窃取国有档案罪应当注意的问题

1. 划清罪与非罪的界限。

如果行为人抢夺或者窃取的不是国家所有而是集体或者个人所有的档案，则不构成犯罪。

2. 正确处理一罪与数罪的关系。

国家所有的档案多属保密档案，在按规定向社会公布和开放之前，都不允许公开和流转。而抢夺、窃取国家所有档案的行为人，很多是为了获取这种档案中的国家秘密，其行为既触犯了抢夺、窃取国有档案罪，又触犯了《刑法》第282条第1款非法获取国家秘密罪。对这种情况，《刑法》第329条第3款已作出了规定：有抢夺、窃取国家所有的档案的行为，同时又构成本法规定的其他犯罪的，依照处罚较重的规定定罪处罚。非法获取国家秘密罪有"处三年以下有期徒刑、拘役、管制或者剥夺政治权利"和"处三年以上七年以下有期徒刑"两档法定刑，如果属于窃取国有档案，并且非法获取其中的国家秘密，情节一般的，则依照本罪定罪处罚；如果属于非法获取其中的国家秘密，情节严重的，则依照非法获取国家秘密罪定罪处罚。再比如，有的犯罪分子抢夺国有档案的目的，是为境外的机构、组织、人员非法提供国家秘密，应依照《刑法》第111条为境外非法提供国家秘密罪定罪处罚。

3. 正确认定抢劫国有档案的行为。

1997年《刑法》没有规定抢劫国有档案罪，也没有将抢劫行为规定在本罪的罪状中。抢劫行为的社会危害性远大于抢夺、窃取行为，不能为本罪罪状所包含。《刑法》对抢劫罪的规定要重于本罪，且对犯罪数额没有要求。行为人以非法占有为目的，采取暴力、胁迫或者其他方法劫取国有档案，可

直接以抢劫罪定罪处罚。

(三)抢夺、窃取国有档案罪的刑事责任

依照《刑法》第329条第1款规定,犯抢夺、窃取国有档案罪的,处五年以下有期徒刑或者拘役。

依照《刑法》第329条第3款规定,有抢夺、窃取国有档案行为,同时又构成本法规定的其他犯罪的,依照处罚较重的规定定罪处罚。

十、擅自出卖、转让国有档案罪[①]

第三百二十九条第二款 违反档案法的规定,擅自出卖、转让国家所有的档案,情节严重的,处三年以下有期徒刑或者拘役。

第三款 有前两款行为,同时又构成本法规定的其他犯罪的,依照处罚较重的规定定罪处罚。

(一)擅自出卖、转让国有档案罪的概念和构成要件

擅自出卖、转让国有档案罪,是指违反《档案法》的规定,擅自出卖、转让国有档案,情节严重的行为。

本罪是1997年《刑法》为了与《档案法》衔接而增设的罪名。

擅自出卖、转让国有档案罪的构成要件是:

1. 本罪侵犯的客体是国家档案管理制度。

2. 客观方面表现为擅自出卖、转让国家所有的档案,情节严重的行为。

"擅自出卖",是指未经批准将国家所有的档案出售牟利的行为。"转让",是指未经批准将国家所有的档案无偿送给他人的行为。"情节严重",在司法实践中,一般是指:擅自出卖、转让属于国家政治、经济、军事等领域的重要档案的;擅自出卖、转让具有文物性质的珍贵档案的;泄露国家秘密的;多次擅自出卖、转让国有档案或者擅自出卖、转让国有档案数量较大

---

① 参考案例:赖某某擅自转让国有档案案,载法信网,http://www.faxin.cn/。

的，等等。按照法律规定，行为人只要实施了出卖或者转让国家所有的档案的其中一种行为，就构成本罪；实施了两种行为的，仍为一罪，不实行并罚。

3. 犯罪主体为特殊主体，即国有档案管理人员。只有这些人才具有擅自出卖、转让国有档案的条件。

4. 主观方面由故意构成。犯罪动机可能是为了牟利或者获取其他非法利益，但具体动机不影响本罪的成立。

（二）认定擅自出卖、转让国有档案罪应当注意的问题

1. 划清罪与非罪的界限。

根据《档案法》第22条的规定，非国有企业、社会服务机构等单位和个人形成的档案、对国家和社会具有重要保存价值的或者应当保密的，档案所有者可以向国家档案馆寄存或者转让；对保管条件不符合要求或者存在其他原因可能导致档案严重损毁和不安全的，省级以上档案主管部门可以给予帮助，或者经协商采取指定档案馆代为保管等确保档案完整和安全的措施；必要时，依法收购或者征购。

2. 根据《刑法》第329条第3款的规定，实施本罪行为，同时又构成《刑法》规定的其他犯罪的，依照处罚较重的规定定罪处罚。如擅自出卖、转让国有档案，泄露国家秘密，情节特别严重的，可视行为人主观方面的具体情况，按照《刑法》第398条的规定，以故意泄露国家秘密罪或者过失泄露国家秘密罪定罪处罚。

（三）擅自出卖、转让国有档案罪的刑事责任

依照《刑法》第329条第2款规定，犯擅自出卖、转让国有档案罪的，处三年以下有期徒刑或者拘役。

依照《刑法》第329条第3款规定，有擅自出卖、转让国有档案行为，同时又构成本法规定的其他犯罪的，依照处罚较重的规定定罪处罚。

第五节　危害公共卫生罪

一、妨害传染病防治罪

第三百三十条[①]　违反传染病防治法的规定，有下列情形之一，引起甲类传染病以及依法确定采取甲类传染病预防、控制措施的传染病传播或者有传播严重危险的，处三年以下有期徒刑或者拘役；后果特别严重的，处三年以上七年以下有期徒刑：

（一）供水单位供应的饮用水不符合国家规定的卫生标准的；

（二）拒绝按照疾病预防控制机构提出的卫生要求，对传染病病原体污染的污水、污物、场所和物品进行消毒处理的；

（三）准许或者纵容传染病病人、病原携带者和疑似传染病病人从事国务院卫生行政部门规定禁止从事的易使该传染病扩散的工作的；

（四）出售、运输疫区中被传染病病原体污染或者可能被传染病病原体污染的物品，未进行消毒处理的；

（五）拒绝执行县级以上人民政府、疾病预防控制机构依照传染病防治法提出的预防、控制措施的。

单位犯前款罪的，对单位判处罚金，并对其直接负责的主管人员和其他直接责任人员，依照前款的规定处罚。

甲类传染病的范围，依照《中华人民共和国传染病防治法》和国务院有关规定确定。

(一) 妨害传染病防治罪的概念和构成要件

妨害传染病防治罪，是指违反《传染病防治法》的规定，实施了引起甲

[①] 本条第1款经2020年12月26日《刑法修正案（十一）》第37条修改。

类传染病以及依法确定采取甲类传染病预防、控制措施的传染病传播或者有传播严重危险的行为。

本罪是1997年《刑法》增设的罪名，《刑法修正案（十一）》对本罪进行了修改。

妨害传染病防治罪的构成要件是：

1. 本罪侵犯的客体是公共卫生，即公众的身体健康。

传染病是严重影响人民身体健康的疾病，如果得不到及时有效的防治会引起大范围的传染。按照《传染病防治法》的规定，传染病分为甲类、乙类和丙类三种。本罪的犯罪对象是甲类传染病以及依法确定采取甲类传染病预防、控制措施的传染病。甲类传染病，是指鼠疫、霍乱。依法确定采取甲类传染病预防、控制措施的传染病，如2020年至2022年新冠肺炎疫情防控期间的新型冠状病毒肺炎（COVID-19，已更名为新型冠状病毒感染）[①]。

2. 客观方面表现为违反传染病防治法的规定，引起甲类传染病以及依法确定采取甲类传染病预防、控制措施的传染病的传播或者有传播严重危险的行为。

（1）必须有违反《传染病防治法》规定的下列行为：①供水单位供应的饮用水不符合国家规定的卫生标准的；②拒绝按照疾病预防控制机构提出的卫生要求，对传染病病原体污染的污水、污物、场所和物品进行消毒处理的；③准许或者纵容传染病病人、病原携带者和疑似传染病的病人从事国务院卫生行政部门规定禁止从事的易使该传染病扩散的工作的；④出售、运输疫区中被传染病病原体污染或者可能被传染病病原体污染的物品，未进行消毒处理的；⑤拒绝执行县级以上人民政府、疾病预防控制机构依照《传染病防治法》提出的预防、控制措施的。"国家规定的卫生标准"，主要指《传染病防治法实施办法》和《生活饮用水卫生标准（GB 5749—2006）》中规定的卫生标准。

[①] 根据2023年1月7日最高人民法院等五部门联合发布的《关于适应新阶段疫情防控政策调整依法妥善办理相关刑事案件的通知》，自2023年1月8日起，新型冠状病毒感染不再纳入检疫传染病管理，实施"乙类乙管"。

（2）必须因实施了上述行为而引起甲类传染病或者依法确定采取甲类传染病预防、控制措施的传染病的传播或者有传播的严重危险。甲类传染病包括鼠疫和霍乱两种，是最严重的两种传染病。"按甲类管理的传染病"，是指乙类传染病中传染性非典型肺炎、炭疽中的肺炭疽、人感染高致病性禽流感以及国务院卫生行政部门根据需要报经国务院批准公布实施的其他需要按甲类管理的乙类传染病和突发原因不明的传染病。如果引起其他传染病的传播或者有传播严重危险的，不构成本罪。"传播"，是指在一定范围内的扩散。"有传播的严重危险"，是指根据情况证明极有可能引起传染病的传播，但尚未实际引起传播的。

3.犯罪主体既包括自然人，也包括单位。

作为本罪的犯罪主体，自然人根据具体行为而有所不同。如有《刑法》第330条第1款第1项行为的，主体应为供水单位的主管人员和直接责任人员；有第1款第3项行为的，主体应为有关单位的主管工作安排的人员，如食品公司的负责人，安排传染病病人从事食品加工的，可构成本罪；而有第1款第2项、第4项行为的，主体既可能是有关单位的责任人员，也可能是一般的个人。比如，患有传染病的个人或者病人家属拒绝执行卫生防疫机构提出的预防、控制措施的，也可构成本罪。

4.主观方面由过失构成。

（二）认定妨害传染病防治罪应当注意的问题

1.划清罪与非罪的界限。

构成妨害传染病防治罪，必须引起了甲类传染病的传播或者有传播的严重危险。因此，虽然有违反《传染病防治法》规定的行为，但是既未引起甲类传染病的传播，也未引起传播的严重危险的，则不构成犯罪。此外，如果引起传播或者有传播危险的传染病，不是甲类传染病和依法确定采取甲类传染病预防、控制措施的传染病，而是除按甲类管理之外的乙类，以及丙类传染病，也不构成犯罪。

2.划清本罪与以危险方法危害公共安全罪的界限。

妨害传染病防治罪是过失犯罪，即对造成甲类传染病传播或者有引起传播的严重危险的结果，行为人主观上是过失的心理状态；如果行为人出于报复社会，发泄不满等动机，希望造成甲类传染病传播的，如故意使霍乱或者鼠疫的菌种、毒种扩散，则不应定妨害传染病防治罪，而应定以危险方法危害公共安全罪。这种行为，即使没有造成严重后果，也构成犯罪。

（三）妨害传染病防治罪的刑事责任

司法机关在适用《刑法》第330条第1款规定处罚时应当注意，该款规定的后果特别严重，是加重处罚情节。在司法实践中，一般是指造成人员因病死亡或者严重残疾的后果。对于犯妨害传染病防治罪，只引起传播严重危险的，则只能处三年以下有期徒刑或者拘役。因为如果只造成传染病传播的严重危险，不可能属于"后果特别严重"的情形，因此不应适用加重的法定刑。

二、传染病菌种、毒种扩散罪

第三百三十一条　从事实验、保藏、携带、运输传染病菌种、毒种的人员，违反国务院卫生行政部门的有关规定，造成传染病菌种、毒种扩散，后果严重的，处三年以下有期徒刑或者拘役；后果特别严重的，处三年以上七年以下有期徒刑。

（一）传染病菌种、毒种扩散罪的概念和构成要件

传染病菌种、毒种扩散罪，是指从事实验、保藏、携带、运输传染病菌种、毒种的人员，违反国务院卫生行政部门的有关规定，造成传染病菌种、毒种扩散，后果严重的行为。

本罪是1997年《刑法》增设的罪名，1979年《刑法》和单行刑法均没有规定此罪名。

传染病菌种、毒种扩散罪的构成要件是：

1.本罪侵犯的客体是公共卫生，即多数人的身体健康和动植物的健康生长。犯罪对象是传染病菌种、毒种。

菌种、毒种，是指可能引起《传染病防治法》规定的传染病发生的细菌菌种和病毒毒种。从事实验、保藏、携带、运输这些菌种、毒种的人员应严格按照规定实验、携带、运输。根据《传染病防治法实施办法》，传染病菌种、毒种，主要包括三类：一类是鼠疫耶尔森氏菌、霍乱弧菌；天花病毒、艾滋病病毒；二类是布氏菌、炭疽菌、麻风杆菌、肝炎病毒、狂犬病毒、出血热病毒、登革热病毒；斑疹伤寒立克次体；三类是脑膜炎双球菌、链球菌、淋病双球菌、结核杆菌、百日咳嗜血杆菌、白喉棒状杆菌、沙门氏菌、志贺氏菌、破伤风梭状杆菌；钩端螺旋体、梅毒螺旋体；乙型脑炎病毒、脊髓灰质炎病毒、流感病毒、流行性腮腺炎病毒、麻疹病毒、风疹病毒。

2.客观方面表现为违反国务院卫生行政部门的有关规定，造成传染病菌种、毒种扩散，后果严重的行为。

构成本罪，首先要有违反这些规定的行为。如因疏忽大意没有封闭保藏病菌的容器等。其次，必须造成了传染病菌种、毒种的扩散。所谓扩散，是指传染病菌种、毒种离开保藏、实验、运输的容器，进入其他范围，在一定区域内传播。最后，构成本罪，还必须造成严重后果，即造成不特定多数的人体、动植物重伤、死亡或者其他严重损害。例如，胡某某传染病菌种、毒种扩散案。被告人胡某某作为运输传染病毒种的专业人员，违反法规，将不能邮寄的二类毒种乙型肝炎病毒通过邮局邮寄，造成乙型肝炎病毒扩散，多人被感染，其行为构成传染病菌种、毒种扩散罪。①

3.犯罪主体为特殊主体，即从事实验、保藏、携带、运输传染病菌种、毒种的人员。这些人员对于传染病菌种、毒种要按照国务院卫生行政部门的规定严格管理。上述人员以外的其他人员不能构成本罪。

4.主观方面由过失构成。

(二)认定传染病菌种、毒种扩散罪应当注意的问题

1.划清罪与非罪的界限。

根据《刑法》第331条的规定，构成本罪必须是引起传染病菌种、毒种

---

① 参见胡某某传染病菌种、毒种扩散案，载法信网，https://www.faxin.cn/。

的扩散,并造成了严重后果的行为。因此,如果虽然有违反国务院卫生行政部门的管理规定的行为,但未引起传染病菌种、毒种的扩散,未造成严重后果的,不构成犯罪;如果虽然引起了传染病菌种、毒种的扩散,但尚未引起严重后果的,如由于发现、防治及时,没有引起人员健康受到损害的,也不构成犯罪。具体入罪标准可以参照《最高人民检察院、公安部关于公安机关管辖的刑事案件立案追诉标准的规定(一)》第50条的规定把握。

2.划清本罪与危险物品肇事罪的界限。

两者的区别在于:(1)犯罪对象不同。前者的犯罪对象是传染病菌种、毒种;后者的犯罪对象是爆炸性、易燃性、放射性、毒害性、腐蚀性物品。(2)侵犯的客体不同。前者侵犯的客体是公共卫生秩序,后者侵犯的客体是公共安全。(3)客观方面不同。前者在客观上违反的是国务院卫生行政部门关于传染病菌种、毒种实验、保藏、携带、运输的管理规定,而后者违反的是爆炸性、易燃性、放射性、毒害性、腐蚀性物品的管理规定;前者的行为发生在传染病菌种、毒种的实验、保藏、携带、运输过程中,后者则发生在生产、储存、运输、使用过程中。

(三)传染病菌种、毒种扩散罪的刑事责任

《刑法》第331条规定的后果特别严重,是本罪的加重处罚情节,司法实践中,一般是指引起传染病大面积传播或者长时间传播;致人死亡、多人残疾;引起公众极度恐慌,造成社会秩序严重混乱等情形。

三、妨害国境卫生检疫罪

第三百三十二条 违反国境卫生检疫规定,引起检疫传染病传播或者有传播严重危险的,处三年以下有期徒刑或者拘役,并处或者单处罚金。

单位犯前款罪的,对单位判处罚金,并对其直接负责的主管人员和其他直接责任人员,依照前款的规定处罚。

第六章 妨害社会管理秩序罪

（一）妨害国境卫生检疫罪的概念和构成要件

妨害国境卫生检疫罪，是指违反国境卫生检疫规定，引起检疫传染病传播或者有传播严重危险的行为。

本罪1979年《刑法》第178条作了规定。

妨害国境卫生检疫罪的构成要件是：

1.本罪侵犯的客体是国境卫生检疫的正常秩序和公众的身体健康。

2.客观方面表现为违反国境卫生检疫规定，引起检疫传染病传播或者有引起检疫传染病传播严重危险的行为。

"引起检疫传染病传播"，是指造成检疫传染病在一定空间范围内以及一定的人群中流行、传染。"引起检疫传染病传播严重危险"，是指虽然尚未引起检疫传染病的传播，但是根据行为人所实施的违反国境卫生检疫规定的行为，极有可能引起检疫传染病的传播。国境卫生检疫法对入境、出境的人员和交通工具的检疫作了具体规定，主要原则是：（1）入境、出境的人员、交通工具、运输设备以及可能传播检疫传染病的行李、货物、邮包等物品都应当接受检疫。经国境卫生检疫机关许可方准入境或者出境。（2）除紧急情况外，未经国境卫生检疫机关或者当地卫生行政部门许可，任何人不准上下船舶、航空器，不准装卸行李、货物、邮包等物品。（3）如果被确认是检疫传染病染疫人，必须立即隔离；如果被确认是检疫传染病染疫嫌疑人应当留验。（4）对患有监测传染病的人、来自国外监测传染病流行区的人或者与监测传染病人密切接触的人，国境卫生检疫机关应当区别情况，发给就诊方便卡，实施留验或者实施其他预防、控制措施。（5）入境的交通工具如果是来自检疫传染病疫区的或者被检疫传染病污染的，或者发现有与人类健康有关的啮齿动物、病媒昆虫的，应当实施消毒、除鼠、除虫或者进行其他卫生处理。

构成本罪，在违反上述规定的基础上，必须引起检疫传染病的传播或者有传播的严重危险的行为。所谓检疫传染病，是指根据我国参加《国际卫生条例（2005）》规定的各成员国普遍实施检疫的鼠疫、霍乱、黄热病等国务院确定和公布的其他传染病。检疫传染病不包括监测传染病。所谓监测传染病，是指按照世界卫生组织的要求，由各成员国根据各自的情况确定的传染病。目前，我国国家卫生健康委员会确定和公布的监测传染病有流感、脊髓灰质炎、登革热、疟疾、斑疹伤寒、回归热等。引起监测传染病传播或者有严重传播危险的，不构成妨害国境卫生检疫罪。

3. 犯罪主体为一般主体。

自然人和单位均可构成本罪的主体。由于这种犯罪的性质，本罪的主体只能是进出境人员以及有货物、车辆进出境的单位和自然人。我国公民、外国公民和无国籍人均可成为本罪的主体。

4. 主观方面由过失构成。

（二）认定妨害国境卫生检疫罪应当注意的问题

1. 划清罪与非罪的界限。

妨害国境卫生检疫罪是过失犯罪，构成过失犯罪必须是行为造成了一定的后果。就本罪而言，必须是因违反国境卫生检疫规定的行为，引起了检疫传染病传播或者有传播严重危险的（有传播的严重危险也是一种后果）。因此，如果行为既未引起检疫传染病的传播，也未引起传播的严重危险的，则不构成犯罪。此外，如果引起传播或者有传播严重危险的传染病不是检疫传染病，也不构成犯罪。

最高人民法院、最高人民检察院、公安部、司法部、海关总署2020年3月13日联合发布的《关于进一步加强国境卫生检疫工作依法惩治妨害国境卫生检疫违法犯罪的意见》具体规定了六类"妨害国境卫生检疫行为"。实施这些行为，引起鼠疫、霍乱、黄热病等国务院确定和公布的其他检疫传染病传播或者有传播严重危险的，以妨害国境卫生检疫罪定罪处罚。

2. 划清本罪与妨害传染病防治罪的界限。

两者有一定的相似之处，即都违反了有关传染病预防、检疫方面的法规，且都引起了传染病的传播或者有传播的严重危险。但两者又有一定的区别：（1）侵害的直接客体不同。前者侵犯的是国境卫生检疫管理秩序；后者侵犯的则是国内的传染病防治管理秩序。（2）行为表现不同。前者表现为违反国境卫生检疫规定，逃避对其人身和物品的检查；后者则表现为实施违传染病防治法规定的行为。(3)危害结果不同。前者除了引起甲类以及采取甲类预防的传染病,还包括其他检疫传染病的传播或传播的严重危险,如黄热病、天花、艾滋病等;后者则只限于引起甲类以及采取甲类预防的传染病的传播和有传播的严重危险。

(三)妨害国境卫生检疫罪的刑事责任

适用《刑法》第332条规定时,应当注意根据犯罪的事实、犯罪的性质、情节和对于社会的危害程度,决定适当的刑罚。

四、非法组织卖血罪

第三百三十三条 非法组织他人出卖血液的,处五年以下有期徒刑,并处罚金;以暴力、威胁方法强迫他人出卖血液的,处五年以上十年以下有期徒刑,并处罚金。

有前款行为,对他人造成伤害的,依照本法第二百三十四条的规定定罪处罚。

(一)非法组织卖血罪的概念和构成要件

非法组织卖血罪,是指未经卫生行政主管部门批准,组织他人出卖血液的行为。

本罪是1997年《刑法》增设的罪名,1979年《刑法》和单行刑法均没有规定此罪名。

非法组织卖血罪的构成要件是:

1. 侵犯的客体是公众使用血液的安全性和献血者的人身健康权利。

2. 客观方面表现为违反有关献血的规定,未经国家卫生行政主管部门的批准,组织他人出卖血液的行为。

组织的方法包括通过集会动员、广告招募、以言辞劝说、以金钱引诱,等等。

3. 犯罪主体为一般主体。实践中一般组织他人出卖血液者的身份各种各样,有工人、农民、社会闲散人员。

4. 主观方面由故意构成。行为人一般以营利为目的。

（二）认定非法组织卖血罪应当注意的问题

1. 划清罪与非罪的界限。

从实践来看，组织他人卖血的一般都是以牟取非法利益为目的。如果不是出于牟取非法利益的目的，而是在组织献血过程中违反有关规定的，一般不以犯罪论处。具体入罪标准可以参照《最高人民检察院、公安部关于公安机关管辖的刑事案件立案追诉标准的规定（一）》第52条的规定把握。

2. 正确理解和掌握非法组织卖血罪的既遂与未遂问题。

本罪是行为犯，只要为使他人出卖血液而实施了组织行为，即使被组织者尚未出卖血液，也构成非法组织卖血罪的既遂。因此，本罪不存在未遂问题。

3. 非法组织卖血过程中造成他人伤害如何定罪的问题。

《刑法》第333条第2款规定，非法组织他人卖血的行为，对他人造成伤害的，依照《刑法》第234条规定的故意伤害罪定罪处罚。这是因为，在非法组织他人卖血过程中，由于超量卖血或者血液不合格，可能会对卖血者和使用血液者的身体造成伤害。但由于本罪的法定最高刑为五年有期徒刑，而故意伤害致人轻伤的法定最高刑为三年有期徒刑，因此，当造成轻伤时，仍应定非法组织卖血罪；当造成重伤以上的危害后果时，则应按故意伤害罪定罪处罚。组织艾滋病病毒、乙型肝炎病毒、丙型肝炎病毒、梅毒螺旋体携带者卖血，并将血液提供给其他人，另触犯故意杀人、故意伤害、以危险方法危害公共安全等罪名的，应数罪并罚。

（三）非法组织卖血罪的刑事责任

适用《刑法》第333条规定时，应该注意根据犯罪的事实、犯罪的性质、情节和对于社会的危害程度，决定适当的刑罚。

五、强迫卖血罪

第三百三十三条 非法组织他人出卖血液的，处五年以下有期徒刑，并处罚金；以暴力、威胁方法强迫他人出卖血液的，处五年以上十年以下有期徒刑，并处罚金。

有前款行为，对他人造成伤害的，依照本法第二百三十四条的规定定罪处罚。

（一）强迫卖血罪的概念和构成要件

强迫卖血罪，是指以暴力、威胁方法，强迫他人出卖血液的行为。

本罪是1997年《刑法》增设的罪名，1979年《刑法》和单行刑法均没有规定此罪名。

强迫卖血罪的构成要件是：

1. 侵犯的客体是公众使用血液的安全和他人的人身权利。

2. 客观方面表现为违背他人意志，以暴力、威胁方法，强迫他人出卖血液的行为。"暴力"，是指采用殴打、捆绑、关押、伤害等足以造成人体疼痛或器官机能损害的方法，但这里的暴力不包括杀害；"威胁"，是指以实施暴力或者揭发他人隐私、毁坏他人财产、破坏他人名誉等相要挟，迫使他人违背自己的意愿，不得不出卖血液的行为。

3. 犯罪主体为一般主体。

4. 主观方面由故意构成。行为人一般以营利为目的。

（二）认定强迫卖血罪应当注意的问题

1. 划清罪与非罪的界限。

强迫卖血一般发生在组织他人卖血过程中。如果不是组织他人卖血，而是家庭内、亲属间因经济困难等原因家庭成员强迫其他的家庭成员卖血的，一般不以犯罪论处。

2. 强迫卖血过程中造成他人伤害如何定罪的问题。

根据《刑法》第 333 条第 2 款的规定，以暴力、威胁方法强迫他人出卖血液，对他人造成伤害的，依照《刑法》第 234 条规定的故意伤害罪定罪处罚。由于《刑法》第 234 条规定了故意伤害致人轻伤、故意伤害致人重伤、故意伤害致人死亡或者以特别残忍手段致人重伤造成严重残疾三种情况，故意伤害致人轻伤的法定最高刑只有三年有期徒刑，故意伤害致人重伤（其中不包括以特别残忍手段致人残疾的）的法定最高刑是十年有期徒刑，法定最低刑是三年有期徒刑；而强迫卖血罪的法定最高刑是十年有期徒刑，法定最低刑是五年有期徒刑，显然不仅重于故意轻伤的法定刑，也重于故意重伤（不包括以特别残忍手段致人残疾的）的法定刑。按照从一重罪处罚的原则，应当以强迫卖血罪定罪处罚。只有当实施的暴力方法致人死亡或者造成严重残疾，其法定刑重于强迫卖血罪的法定刑时，才应当按故意伤害罪定罪处罚。例如石某某等强迫卖血案。被告人石某某等人为牟取暴利，在组织无业人员卖血过程中，威逼和殴打不愿意按其指令去卖血的人，造成多人轻伤，其行为构成强迫卖血罪。①

3. 强迫卖血过程中实施了非法拘禁如何定罪的问题。

强迫卖血罪中的暴力方法，包括对他人实施非法拘禁，使其丧失人身自由，以迫使他人卖血的行为。行为人的行为同时触犯强迫卖血罪和非法拘禁罪两个罪名，应按处理牵连犯的原则，从一重罪处罚。由于非法拘禁罪的法定刑轻于强迫卖血罪，所以应当以强迫卖血罪论处。

（三）强迫卖血罪的刑事责任

适用《刑法》第 333 条的规定时，应当注意根据犯罪的事实、犯罪的性质、情节和对于社会的危害程度，决定适当的刑罚。

---

① 参见石某某等强迫卖血案，载法信网，https://www.faxin.cn/。

六、非法采集、供应血液、制作、供应血液制品罪

第三百三十四条第一款 非法采集、供应血液或者制作、供应血液制品,不符合国家规定的标准,足以危害人体健康的,处五年以下有期徒刑或者拘役,并处罚金;对人体健康造成严重危害的,处五年以上十年以下有期徒刑,并处罚金;造成特别严重后果的,处十年以上有期徒刑或者无期徒刑,并处罚金或者没收财产。

(一)非法采集、供应血液、制作、供应血液制品罪的概念和构成要件

非法采集、供应血液、制作、供应血液制品罪,是指非法采集、供应血液或者制作、供应血液制品,不符合国家规定的标准,足以危害人体健康或者对人体健康造成严重危害的行为。

本罪是1997年《刑法》增设的罪名,1979年《刑法》和单行刑法均没有规定此罪名。

非法采集、供应血液、制作、供应血液制品罪的构成要件是:

1. 本罪侵犯的客体是复杂客体,既侵犯了国家对血液和血液制品的采集、供应和制作的管理制度,又侵犯了不特定多数人的身体健康的权利。犯罪对象是人的血液和血液制品。

"血液",是指全血、成分血和特殊血液成分。"血液制品",是指各种人血浆蛋白制品。随着医学的进步,血液和血液制品在医疗、防疫领域中的使用日益广泛,在医疗中需要大量的血液及其制品。但是,血液不是普通商品,不符合标准的血液及其制品不仅不能达到治疗的目的,反而可能导致输血者的病情恶化甚至死亡。因此,国家对血液的采集、供应和血液制品的制作规定了严格的条件。非法采集、供应血液或者制作、供应血液制品的行为,严重破坏了正常的采供血液、制供血液制品的秩序。

2. 客观方面表现为非法采集、供应血液或者非法制作、供应血液制品,不符合国家规定的标准,足以危害人体健康的行为。

根据《最高人民法院、最高人民检察院关于办理非法采供血液等刑事案

件具体应用法律若干问题的解释》（以下简称《办理非法采供血液刑事案件解释》）第1条的规定，"非法采集、供应血液或者制作、供应血液制品"，是指未经国家主管部门批准或者超过批准的业务范围，采集、供应血液或者制作、供应血液制品。根据上述解释第2条的规定，"不符合国家规定的标准，足以危害人体健康"，是指：（1）采集、供应的血液含有艾滋病病毒、乙型肝炎病毒、丙型肝炎病毒、梅毒螺旋体等病原微生物的；（2）制作、供应的血液制品含有艾滋病病毒、乙型肝炎病毒、丙型肝炎病毒、梅毒螺旋体等病原微生物，或者将含有上述病原微生物的血液用于制作血液制品的；（3）使用不符合国家规定的药品、诊断试剂、卫生器材，或者重复使用一次性采血器材采集血液，造成传染病传播危险的；（4）违反规定对献血者、供血浆者超量、频繁采集血液、血浆，足以危害人体健康的；（5）其他不符合国家有关采集、供应血液或者制作、供应血液制品的规定标准，足以危害人体健康的。例如，高某某等非法制作血液制品案。被告人高某某擅自设立采血点采集血液后制成血液制品并予以出售，不符合国家规定标准，足以危害人体健康，其行为构成非法制作血液制品罪。[①]

3.犯罪主体为一般主体。

4.主观方面由故意构成。

（二）认定非法采集、供应血液、制作、供应血液制品罪应当注意的问题

1.划清罪与非罪的界限。

本罪是危险犯。只要采供血液或者制供的血液制品足以危害人体健康的，即使尚未造成实际危害，也构成犯罪。但是，如果虽然采供血液或者制供血液制品的行为未经卫生行政主管部门批准，属于非法行为，但只要其采供的血液或者制供的血液制品符合国家规定的标准，不足以危害人体健康的，就不构成犯罪。判断是否足以危害人体健康，主要看采供血液或者制供血液制品的设备是否符合标准；采集、制作的程序是否严格按照国家规定，

[①] 参见高某某等非法制作血液制品案，载法信网，https://www.faxin.cn/。

如采血前是否对供血者经过严格的身体检查,消毒措施是否严格;等等。

2. 划清本罪与生产、销售伪劣产品罪的界限。

非法采集、供应血液或者制作、供应血液制品,不符合国家规定的标准,广义上也是一种生产、销售伪劣产品的行为。但血液和血液制品是属于对人体健康有重大影响的特殊产品,其生产、销售有更加严格的规定。《刑法》既然已经把这种行为单独规定为犯罪,就不能以生产、销售伪劣产品罪论处。

(三)非法采集、供应血液、制作、供应血液制品罪的刑事责任

司法机关在适用《刑法》第334条第1款规定处罚时应当注意,该条第1款规定了三种量刑幅度,对人体健康造成严重危害、造成特别严重后果,是加重处罚情节。

根据《办理非法采供血液刑事案件解释》第3条、第4条规定,"对人体健康造成严重危害"是指以下情形:(1)造成献血者、供血浆者、受血者感染乙型肝炎病毒、丙型肝炎病毒、梅毒螺旋体或者其他经血液传播的病原微生物的;(2)造成献血者、供血浆者、受血者重度贫血、造血功能障碍或者其他器官组织损伤导致功能障碍等身体严重危害的;(3)对人体健康造成其他严重危害的。"造成特别严重后果"是指以下情形:(1)因血液传播疾病导致人员死亡或者感染艾滋病病毒的;(2)造成5人以上感染乙型肝炎病毒、丙型肝炎病毒、梅毒螺旋体或者其他经血液传播的病原微生物的;(3)造成5人以上重度贫血、造血功能障碍或者其他器官组织损伤导致功能障碍等身体严重危害的;(4)造成其他特别严重后果的。例如尹某非法采集、供应血液案。被告人尹某系某医院检验科及输血科原负责人,其所在的医院违规多次自采血液,在不能确保用血安全情况下,为106名患者输血,造成了偏远山区的重大艾滋病疫情,案发前,已发现16例艾滋病人及HIV抗体感染者。对此疫情尹某负有不可推卸的责任,其行为构成非法采集、供应血液罪,且造成了特别严重的后果,被判处十年有期徒刑。①

---

① 参见尹某非法采集、供应血液案,载法信网,https://www.faxin.cn/。

七、采集、供应血液、制作、供应血液制品事故罪

第三百三十四条第二款 经国家主管部门批准采集、供应血液或者制作、供应血液制品的部门，不依照规定进行检测或者违背其他操作规定，造成危害他人身体健康后果的，对单位判处罚金，并对其直接负责的主管人员和其他直接责任人员，处五年以下有期徒刑或者拘役。

（一）采集、供应血液、制作、供应血液制品事故罪的概念和构成要件

采集、供应血液、制作、供应血液制品事故罪，是指经国家主管部门批准采集、供应血液或者制作、供应血液制品的部门，不依照规定进行检测或者违背其他操作规定，造成危害他人身体健康后果的行为。

本罪是 1997 年《刑法》增设的罪名，1979 年《刑法》和单行刑法均没有规定此罪名。

采集、供应血液、制作、供应血液制品事故罪的构成要件是：

1. 本罪侵犯的客体是国家对血液或者血液制品的采集、制作、供应的管理制度。

2. 客观方面表现为在采集、供应血液或者制作、供应血液制品过程中，不按照规定进行检测或者违背其他操作规定，造成危害他人身体健康后果的行为。

构成本罪必须具备以下两个条件：

（1）必须有不依照规定进行检测或者违背其他操作规定的行为，即在采集、供应血液或者制作、供应血液制品过程中，违章操作。《最高人民法院、最高人民检察院关于办理非法采供血液等刑事案件具体应用法律若干问题的解释》（以下简称《办理非法采供血液刑事案件解释》）第 5 条对经国家主管部门批准采集、供应血液或者制作、供应血液制品的部门"不依照规定进行检测或者违背其他操作规定"的具体情形作了规定。但需要注意的是，随着时间推移，相关前置规定有所调整，司法实践中应当根据相关规定妥当

把握。

（2）已经造成了危害他人身体健康的后果，如感染传染病或者其他疾病等。根据《办理非法采供血液刑事案件解释》第6条规定，具有下列情形之一的，应认定为"造成危害他人身体健康后果"：①造成献血者、供血浆者、受血者感染艾滋病病毒、乙型肝炎病毒、丙型肝炎病毒、梅毒螺旋体或者其他经血液传播的病原微生物的；②造成献血者、供血浆者、受血者重度贫血、造血功能障碍或者其他器官组织损伤导致功能障碍等身体严重危害的；③造成其他危害他人身体健康后果的。由于本罪是实害犯，因此，只有实际造成危害才构成犯罪。例如，某市血站、史某某等人采集、供应血液，制作、供应血液制品事故案。某市血站及该站主管人员、直接责任人员史某某等人不依照规定进行检测，违背国家规定的操作规程，使采集的血液、制作的血液制品含有传染病病毒，致6名病人感染上乙肝病毒或者艾滋病病毒，其行为构成采集、供应血液、制作、供应血液制品事故罪。[①]

3. 犯罪主体为经国家主管部门批准采集、供应血液或者制作、供应血液制品的部门。

主要是指医院、血站等承担血液采集、供应或者血液制品的制作、供应的单位。《办理非法采供血液刑事案件解释》第7条规定，经国家主管部门批准的采供血机构和血液制品生产经营单位，应认定为"经国家主管部门批准采集、供应血液或者制作、供应血液制品的部门"。因此，本罪是单位犯罪。

4. 主观方面由过失构成。

（二）认定采集、供应血液、制作、供应血液制品事故罪应当注意的问题

1. 划清罪与非罪的界限。

本罪属于实害犯。也就是说，行为必须实际上造成了危害人民群众身体

[①] 参见某市血站、史某某等人采集、供应血液，制作、供应血液制品事故案，载法信网，https://www.faxin.cn/。

健康的实际后果,才构成犯罪。因此,采集、供应血液或制作、供应血液制品的过程中,不依照规定进行检测或者违背其他操作规定,但未造成危害人民群众身体健康后果的,只属于一般违法行为,对直接责任人员和单位主管人员可以给予行政处分。

2. 划清本罪与非法采集、供应血液、制作、供应血液制品罪的界限。

两者的相同点在于:客观上都实施了采集、供应血液或者制作、供应血液制品的行为,并都有可能造成危害他人身体健康的后果。两者的区别在于:(1)犯罪主体不同。前者的犯罪主体仅限于单位,即有权采集、供应血液或者制作、供应血液制品的单位,而后者的犯罪主体既包括单位,也包括自然人,即无权采集、供应血液或者制作、供应血液制品的自然人或者单位。(2)客观方面的要求不同。前者在客观上必须已经实际造成危害他人身体健康的后果才构成犯罪;而后者只要有危害人体健康的危险就可以构成。

3. 划清本罪与重大责任事故罪的界限。

两者的区别表现在:(1)犯罪主体不同。前者只限于经国家主管部门批准采集、供应血液或者制作、供应血液制品的部门;后者为从事生产、作业的人员,包括年满16周岁直接从事生产、作业的人员,也包括对生产、作业负有组织、指挥或者管理职责的负责人,管理人员,实际控制人和投资人等人员。(2)犯罪客观方面不同,前者表现为采集、供应血液或者制作、供应血液制品的过程中未依照规定进行检测或违背了其他操作规定,并造成危害人民群众身体健康的后果;后者则表现为生产、作业活动中不服从管理、违反规章制度,或者强令工人违章冒险作业,因而发生重大伤亡事故或者造成其他严重后果。显然,后者涉及的领域更为广泛。(3)犯罪客体不同。前者专指国家对采集、供应血液或者制作、供应血液制品的管理制度;而后者是指国家对工厂、矿山、林场、建筑企业或者其他企业、事业单位的生产、作业的管理规定。显然,后者涉及的范围更为广泛。

(三)采集、供应血液、制作、供应血液制品事故罪的刑事责任

本罪属于实行"双罚制"的单位犯罪,除对单位判处罚金外,还应当依法追究直接负责的主管人员和其他直接责任人员的刑事责任。

八、非法采集人类遗传资源、走私人类遗传资源材料罪

第三百三十四条之一① 违反国家有关规定,非法采集我国人类遗传资源或者非法运送、邮寄、携带我国人类遗传资源材料出境,危害公众健康或者社会公共利益,情节严重的,处三年以下有期徒刑、拘役或者管制,并处或者单处罚金;情节特别严重的,处三年以上七年以下有期徒刑,并处罚金。

(一)非法采集人类遗传资源、走私人类遗传资源材料罪的概念和构成要件

非法采集人类遗传资源、走私人类遗传资源材料罪,是指违反国家有关规定,非法采集我国人类遗传资源或者非法运送、邮寄、携带我国人类遗传资源材料出境,危害公众健康或者社会公共利益,情节严重的行为。

本罪是《刑法修正案(十一)》第 38 条新增的罪名。

非法采集人类遗传资源、走私人类遗传资源材料罪的构成要件是:

1. 本罪侵犯的客体是对我国人类遗传资源的管理制度。

人类遗传资源是关于人类整体生物特征,关系到健康、疾病等信息,关系到社会公众的健康权益。因此《生物安全法》作了相应管理规定,国家对我国人类遗传资源和生物资源享有主权,对其利用应符合法律规定。

2. 客观方面是违反国家有关规定,非法采集我国人类遗传资源或者非法运送、邮寄、携带我国人类遗传资源材料出境,危害公众健康或者社会公共利益,情节严重的行为。

违反国家有关规定,即违反了包括全国人民代表大会及其常务委员会制定的法律和决定,国务院制定的行政法规、规定的行政措施、发布的决定和命令、相关主管部门制定的部门规章中关于我国人类遗传资源的相关规定,主要是《生物安全法》《人类遗传资源管理条例》《人类遗传资源管理暂行办

---

① 本条由 2020 年 12 月 26 日《刑法修正案(十一)》第 38 条增设。

法》等具体规定。在具体的行为方式上，第一种是非法采集我国人类遗传资源，是指未经国家有关部门批准采集我国人类遗传资源。关于我国人类遗传资源采集的具体条件主要依照《人类遗传资源管理条例》，其中第11条[①]对采集的基本条件进行了规定，第12条[②]对采集的程序作了规定。非法采集既可能是不符合采集的审批等基本条件，也可能是违反了采集的程序规定，还可能是都不符合法律规定。人类遗传资源包括人类遗传资源材料和人类遗传资源信息，人类遗传资源材料是指含有人体基因组、基因等遗传物质的器官、组织、细胞等遗传材料，人类遗传资源信息是指利用人类遗传资源材料产生的数据等信息资料。非法采集我国人类遗传资源，既包括非法采集我国人类遗传资源材料的行为，也包括非法采集我国人类遗传资源信息的行为。第二种是非法运送、邮寄、携带我国人类遗传资源材料出境的行为，根据《生物安全法》和《人类遗传资源管理条例》的有关规定，运送、邮寄、携带我国人类遗传资源材料出境，应当满足一定条件并经国务院科学技术主管部门批准，未经审批即为非法。运送是通过车辆、船只等交通工具将我国人类遗传资源材料运送出境，邮寄是通过快递公司等他人寄送方式出境，携带是行为人自己随身带出境。

在行为的社会危害性上，必须危害公众健康或者社会公共利益，情节严重的才构成犯罪。

3. 犯罪主体为一般主体。

需要注意的是，法律中未规定单位可以构成本罪，由于单位犯罪的法定性，实践中可能存在着境外的组织、机构或者我国境内的公司、科研机构等单位实施本罪的情形，不应认定为单位犯罪，但对单位的负责人以及其他责

[①] 《人类遗传资源管理条例》第11条规定，采集我国重要遗传家系、特定地区人类遗传资源或者采集国务院科学技术行政部门规定种类、数量的人类遗传资源的，应当符合下列条件，并经国务院科学技术行政部门批准：(1) 具有法人资格；(2) 采集目的明确、合法；(3) 采集方案合理；(4) 通过伦理审查；(5) 具有负责人类遗传资源管理的部门和管理制度；(6) 具有与采集活动相适应的场所、设施、设备和人员。

[②] 《人类遗传资源管理条例》第12条规定，采集我国人类遗传资源，应当事先告知人类遗传资源提供者采集目的、采集用途、对健康可能产生的影响、个人隐私保护措施及其享有的自愿参与和随时无条件退出的权利，征得人类遗传资源提供者书面同意。在告知人类遗传资源提供者前款规定的信息时，必须全面、完整、真实、准确，不得隐瞒、误导、欺骗。

任人按照自然人犯罪处理。

4. 犯罪主观方面为故意。

（二）认定非法采集人类遗传资源、走私人类遗传资源材料罪应当注意的问题

1. 划清罪与非罪的界限。

本罪在入罪条件上要求必须达到危害公众健康或者社会公共利益，情节严重。因此，区分行政违法和刑事违法之间界限，需要综合考虑以下因素，认定是否属于情节严重：行为对象人类遗传资源包括人类遗传资源材料和人类遗传资源信息的种类、数量以及重要性程度；是否多次从事相关行为；人类遗传资源被使用的用途去向，是否被用作正当的科学、医疗、卫生领域；违法所得的数额；造成被采集信息的人员身体健康受损、隐私受到侵害；等等。

2. 被采集人同意对本罪认定的影响。依照《人类遗传资源管理条例》，采集我国人类遗传资源的既要符合实体性条件，也要符合程序条件。如果采集不符合其中任一条件都可能构成本罪。《人类遗传资源管理条例》第12条规定采集我国人类遗传资源，应当事先告知人类遗传资源提供者采集目的、采集用途、对健康可能产生的影响、个人隐私保护措施及其享有的自愿参与和随时无条件退出的权利，征得人类遗传资源提供者书面同意。在告知人类遗传资源提供者前款规定的信息时，必须全面、完整、真实、准确，不得隐瞒、误导、欺骗。

一些境外机构、组织和个人为非法采集我国人类遗传资源，往往以科学研究需要采取招募志愿者为理由的方式，或者支付一定的费用，让我国公民同意采集其身体内遗传资源。这种情形下，如果未经我国科学技术部门审批的采集具有违法性，如果经过审批的，告知的内容不真实、不完整，采取隐瞒、误导、欺骗方式取得同意，也不符合国家有关规定的要求，仍然属于非法采集。

（三）非法采集人类遗传资源、走私人类遗传资源材料罪的刑事责任

适用《刑法》第 334 条之一的规定时，应当注意根据犯罪的事实、犯罪的性质、情节和对于社会的危害程度，决定适当的刑罚。

九、医疗事故罪[①]

第三百三十五条 医务人员由于严重不负责任，造成就诊人死亡或者严重损害就诊人身体健康的，处三年以下有期徒刑或者拘役。

（一）医疗事故罪的概念和构成要件

医疗事故罪，是指医务人员严重不负责任，造成就诊人死亡或者严重损害就诊人身体健康的行为。

本罪是 1997 年《刑法》增设的罪名，1979 年《刑法》和单行刑法均没有规定此罪名。

医疗事故罪的构成要件是：

1. 侵犯的客体是就诊人的生命、健康权利和医疗单位的正常活动。犯罪对象为医疗事故。

根据 2002 年 9 月 1 日起施行的国务院《医疗事故处理条例》第 2 条的规定，医疗事故，是指医疗机构及其医务人员在医疗活动中，违反医疗卫生管理法律、行政法规、部门规章和诊疗护理规范、常规，过失造成患者人身损害的事故。

2. 客观方面表现为严重不负责任，造成就诊人死亡或者严重损害就诊人身体健康的行为。

"严重不负责任"，是指在诊疗护理工作中严重违反法律、法规、规章和诊疗护理规范、常规。在实践中，违反法律、法规、规章和诊疗护理规范、常规的行为是各种各样的，包括诊断、用药、手术、麻醉、输血、护理等方

[①] 参考案例：王某国医疗事故案，辽宁省朝阳县人民法院（2019）辽 1321 刑初 163 号。

面的违章行为。如在诊断时不认真不细致,把有病诊断为无病,把此病诊断为彼病,从而使病人失去治疗的时间、机会,造成严重后果。在用药方面,粗心大意,不认真核对,错把毒药或者非药物品当作治疗用药,导致病人死亡。在手术方面,由于马虎粗心,将不应切除的器官切除,或者将手术器械遗留在病人体内。在麻醉方面,违反麻醉禁忌或用药前不核对,用药量过大或误将其他药物当麻醉药使用,造成病人死亡。在输血方面,由于违反规章制度,查对不严格,给病人输入异型血液,导致病人死亡。在护理方面,如不按规定核对病人姓名而发错药、打错针,对一些需要特别护理的病人,如神志不清的患者,行动不能自理的患者,不采取必要的安全措施,致使发生严重事故,造成病人死亡、重伤等。上述各种各样的行为按照其表现形式可分为两类:一类是作为,一类是不作为。所谓作为,就是指医务人员实施诊疗护理的规章制度和常规所禁止的行为;所谓不作为,就是指医务人员本应履行应尽的职责而没有履行,如值班人员擅离职守,致使急诊的危重病人没有得到及时的抢救而死亡等。

上述行为必须造成了就诊人死亡或者严重损害就诊人身体健康的后果,才构成犯罪。根据《医疗事故处理条例》第4条的规定,医疗事故分为四级:一级医疗事故是指造成患者死亡、重度残疾;二级医疗事故是指造成患者中度残疾、器官组织损伤导致严重功能障碍;三级医疗事故是指造成患者轻度残疾、器官组织损伤导致一般功能障碍;四级医疗事故是指造成患者明显人身损害的其他后果。因此,构成本罪,必须是达到一级医疗事故或者二级医疗事故。如果行为人虽然有违反法律、法规、规章和诊断护理规范、常规的行为,但仅造成三级和四级医疗事故的,不构成犯罪。

3.犯罪主体为特殊主体,主要是医务人员。

4.主观方面由过失构成。

(二)认定医疗事故罪应当注意的问题

注意划清罪与非罪的界限:

1.把医疗事故罪与一般医疗事故区别开来。

构成医疗事故罪必须属于严重医疗事故,即一、二级医疗事故。如果虽然行为人在主观上有过失，客观上有违法、违规行为，也发生了一定的损害结果，但是这种损害结果较为轻微，未达到致就诊人死亡、重度和中度残疾或者严重功能障碍的程度，则不能构成医疗事故罪。

2. 把医疗事故犯罪与医疗过程中发生的意外事故区别开来。

后者是指在诊疗护理工作中，由于病情或者病人的体质特殊而发生了医务人员难以预料和防范的不良后果，导致病人死亡、残废或者功能障碍。由于对这种严重后果的发生医务人员主观上没有过失，行为人也没有违法、违规的行为，不良后果的发生是行为人无法预见和无法避免的，因而不构成医疗事故罪。

3. 把医疗事故与医疗技术事故区别开来。

后者是指医务人员因医疗技术水平不高、缺乏经验等造成的事故。医疗技术事故不是因为医务人员责任心不强、违反规章制度造成的，行为人主观上没有过失，因而这种因技术水平不高等原因造成事故的，不构成医疗事故罪。

（三）医疗事故罪的刑事责任

具体依照《刑法》第335条的规定，确定刑事责任。

十、非法行医罪

第三百三十六条第一款 未取得医生执业资格的人非法行医，情节严重的，处三年以下有期徒刑、拘役或者管制，并处或者单处罚金；严重损害就诊人身体健康的，处三年以上十年以下有期徒刑，并处罚金；造成就诊人死亡的，处十年以上有期徒刑，并处罚金。

（一）非法行医罪的概念和构成要件

非法行医罪，是指未取得医生执业资格的人非法行医，情节严重的行为。

本罪是1997年《刑法》增设的罪名，1979年《刑法》和单行刑法均没有规定此罪名。

非法行医罪的构成要件是：

1. 本罪侵犯的客体是复杂客体，既侵犯了国家对医疗机构和医务从业人员的管理秩序，又侵犯了公民的身体健康权利。

2. 客观方面表现为未取得医生执业资格而非法行医，情节严重的行为。

根据《最高人民法院关于审理非法行医刑事案件具体应用法律若干问题的解释》（以下简称《审理非法行医刑事案件解释》）第1条的规定，"未取得医生执业资格的人非法行医"是指：（1）未取得或者以非法手段取得医师资格从事医疗活动的；（2）被依法吊销医师执业证书期间从事医疗活动的；（3）未取得乡村医生执业证书，从事乡村医疗活动的；（4）家庭接生员实施家庭接生以外的医疗行为的。其中的"医疗活动""医疗行为"，应当参照《医疗机构管理条例实施细则》中的"诊疗活动""医疗美容"认定。未取得医师执业证书或者医疗机构执业许可证，但具有医生执业资格的人行医的，不构成本罪。例如周某钧被控非法行医案，就属于这种情况。周某钧从医院退休后非法行医，但其在给被害人注射青霉素针时，没有违反技术操作规范，被害人因青霉素过敏死亡，属意外事件，不构成犯罪。①

3. 犯罪主体为一般主体。既可以是一般的公民，也可以是虽然具有医疗技术，但尚未取得合法行医资格的人，还可以是具有行医资格，但不具有从事特定医疗业务资格的人。

4. 主观方面由故意构成，即明知自己不具备行医资格而从事医疗业务活动。

对于造成就诊人身体受损、死亡等严重后果，行为人则是过失或间接故意，即其应当预见非法行医行为有可能造成就诊人死亡、伤害的严重后果，因为疏忽大意而没有预见，或者已经预见而轻信能够避免，或者已经预见到可能发生上述后果而放任危害结果的发生。患者自愿求医的，不影响本罪的成立。例如，周某某非法行医案。被告人周某某未取得医生执业资格，应就诊孕妇亲属之邀进行接生，因违规用药，引起孕妇强烈宫缩致胎死宫内，其

---

① 参见《刑事审判参考》第283号周某钧被控非法行医案。

行为构成非法行医罪。①

根据法律规定，非法行医的行为，除需符合以上构成要件外，还必须达到"情节严重"的程度，才构成犯罪。按照《审理非法行医刑事案件解释》第2条的规定，所谓情节严重，是指具有下列情形之一的行为：（1）造成就诊人轻度残疾、器官组织损伤导致一般功能障碍的；（2）造成甲类传染病传播、流行或者有传播、流行危险的；（3）使用假药、劣药或不符合国家规定标准的卫生材料、医疗器械，足以严重危害人体健康的；（4）非法行医被卫生行政部门行政处罚两次以后，再次非法行医的；（5）其他情节严重的情形。

（二）认定非法行医罪应当注意的问题

1. 划清罪与非罪的界限。

构成非法行医罪必须是情节严重的行为，如果情节较轻，如民间的一些"土医生"，利用一些具有一定医疗效果的偏方、秘方为群众偶尔治病的，不属于违法犯罪。但长期无照行医，则属于违法行为，应给予行政处罚。

2. 划清本罪与诈骗罪的界限。

非法行医者主观上以营利为目的，通过行医收取就诊人钱财，其中一些医术不高者采取一定的欺骗手段，向就诊人收取高额的医药费用，客观上与诈骗钱财相似。但构成诈骗罪，必须纯粹以诈骗钱财为目的，行为人根本不懂医术，只是利用就诊人的愚昧、迷信，使用根本无治疗效果的手段，对病人进行所谓的治疗，借以骗取病人的钱财。根据《审理非法行医刑事案件解释》第5条的规定，实施非法行医犯罪，同时构成生产、销售假药罪，生产、销售劣药罪，诈骗罪等其他犯罪的，依照刑法处罚较重的规定定罪处罚。

（三）非法行医罪的刑事责任

《刑法》第336条第1款规定的"严重损害就诊人身体健康"，是本罪的

---

① 参见《刑事审判参考》第316号周某某非法行医案。

加重处罚情节,根据《审理非法行医刑事案件解释》第3条,是指:(1)造成就诊人中度以上残疾、器官组织损伤导致严重功能障碍的;(2)造成3名以上就诊人轻度残疾、器官组织损伤导致一般功能障碍的。

该条规定的"造成就诊人死亡",也是本罪的加重处罚情节。根据《审理非法行医刑事案件解释》第4条,非法行医行为系造成就诊人死亡的直接、主要原因的,应认定为该条规定的"造成就诊人死亡"。非法行医行为并非造成就诊人死亡的直接、主要原因的,可不认定为该条规定的"造成就诊人死亡"。但是,根据案件情况,可以认定为该条规定的"情节严重"。

十一、非法进行节育手术罪

第三百三十六条第二款 未取得医生执业资格的人擅自为他人进行节育复通手术、假节育手术、终止妊娠手术或者摘取宫内节育器,情节严重的,处三年以下有期徒刑、拘役或者管制,并处或者单处罚金;严重损害就诊人身体健康的,处三年以上十年以下有期徒刑,并处罚金;造成就诊人死亡的,处十年以上有期徒刑,并处罚金。

(一)非法进行节育手术罪的概念和构成要件

非法进行节育手术罪,是指未取得医生执业资格的人,擅自为他人进行节育复通手术、假节育手术、终止妊娠手术或者摘取宫内节育器,情节严重的行为。

本罪是1997年《刑法》增设的罪名,1979年《刑法》和单行刑法均没有规定此罪名。

非法进行节育手术罪的构成要件是:

1.本罪侵犯的客体是国家的计划生育政策和计划生育人的身体健康。

2.客观方面表现为未取得医生执业资格,擅自为他人进行节育复通手术、假节育手术、终止妊娠手术、摘取宫内节育器等手术,情节严重的行为。

《医师法》规定,国家实行医师资格考试制度。"未取得医生执业资格",是指未通过医师资格考试,取得医师资格。"擅自为他人进行节育复通手术",是指未取得医师执业资格的人,为他人进行输卵(精)管复通手术的行为。"假节育手术",是指为他人进行假结扎输卵(精)管手术的行为。"终止妊娠手术",是指私自为孕妇进行手术,使母体内正在发育的胚胎停止发育的行为。"摘取宫内节育器",是指替育龄妇女摘取为计划生育放置的避孕环等宫内节育器的行为。违法进行上述手术,往往造成计划外怀孕、生育,甚至造成女性胎儿引产、流产的后果。

3.犯罪主体为未取得医生执业资格而非法行医的人员。虽然国家实行医师执业注册制度,但已取得医生执业资格的人实施了上述破坏计划生育行为的,即使未经医师注册取得执业证书,也不构成本罪。

4.主观方面由故意构成,即行为人明知未取得医生执业资格,并且明知为他人进行的节育手术是非法的,却故意实施这种行为。

根据法律规定,非法进行节育手术的行为,除需符合以上构成要件外,还必须达到"情节严重"的程度,才构成犯罪。所谓情节严重,是指《最高人民检察院、公安部关于公安机关管辖的刑事案件立案追诉标准的规定(一)》第58条规定的下列情形:(1)造成就诊人轻伤、重伤、死亡或者感染艾滋病、病毒性肝炎等难以治愈的疾病的;(2)非法进行节育复通手术、假节育手术、终止妊娠手术或者摘取宫内节育器五人次以上的;(3)致使他人超计划生育的;(4)非法进行选择性别的终止妊娠手术的;(5)非法获利累计五千元以上的;(6)其他情节严重的情形。

(二)认定非法进行节育手术罪应当注意的问题

注意划清本罪与非法行医罪的界限。破坏节育的行为广义上也是一种非法行医的行为。为了突出保障计划生育政策的执行,《刑法》增设了破坏节育的犯罪。因此,凡是未取得医生执业资格的人,擅自为他人进行有关生育方面的医疗行为,不再以非法行医罪论处,而直接定非法进行节育手术罪。

(三)非法进行节育手术罪的刑事责任

《刑法》第336条第2款规定的"严重损害就诊人身体健康",应当参照

《最高人民法院关于审理非法行医刑事案件具体应用法律若干问题的解释》关于非法行医罪"严重损害就诊人身体健康"的认定标准。例如，徐某涵非法进行节育手术案。被告人徐某涵未取得医生执业资格，擅自为他人摘取节育器，致人重伤，但被害人的损伤程度为十级伤残，未达到中度残疾、器官组织损伤导致严重功能障碍的程度，不属于严重损害就诊人身体健康，应当在三年有期徒刑以下进行量刑。①

十二、非法植入基因编辑、克隆胚胎罪

第三百三十六条之一② 将基因编辑、克隆的人类胚胎植入人体或者动物体内，或者将基因编辑、克隆的动物胚胎植入人体内，情节严重的，处三年以下有期徒刑或者拘役，并处罚金；情节特别严重的，处三年以上七年以下有期徒刑，并处罚金。

（一）非法植入基因编辑、克隆胚胎罪的概念和构成要件

非法植入基因编辑、克隆胚胎罪，是指将基因编辑、克隆的人类胚胎植入人体或者动物体内，或者将基因编辑、克隆的动物胚胎植入人体内，情节严重的行为。

本罪是《刑法修正案（十一）》第39条新增的罪名。

非法植入基因编辑、克隆胚胎罪的构成要件是：

1. 本罪侵犯的客体是关于基因编辑和克隆技术的管理秩序。

2. 客观方面表现为将基因编辑、克隆的人类胚胎植入人体或者动物体内，或者将基因编辑、克隆的动物胚胎植入人体内，情节严重的行为。

具体有两类行为：一是将基因编辑、克隆的人类胚胎植入人体或者动物体内；二是将基因编辑、克隆的动物胚胎植入人体内。两类行为要求必须是已经"植入"，如果是前期的准备工作未植入的，不作为犯罪处理。随着科

---

① 参见《刑事审判参考》第732号徐某涵非法进行节育手术案。
② 本条由2020年12月26日《刑法修正案（十一）》第39条增设。

学技术发展，模拟的人体子宫、动物子宫等体外培育的技术已经成为可能，本罪客观方面仅规定了植入人体或者动物体内情形，生物体外培育的不构成本罪。两类行为要求必须情节严重的，才构成犯罪。

3.犯罪主体为一般主体，即年满16周岁具备刑事责任能力的自然人，一般需要具备一定的专业知识和技能。

这里的主体可能是直接从事基因编辑、克隆胚胎移植的科学研究技术人员、医务人员等，也可能是对非法基因编辑、克隆胚胎移植的出资的赞助人、积极组织的科研机构的直接负责人等。

4.犯罪主观方面是故意，且只能是直接故意。

结合本罪行为主体的身份特点，行为人对其实施的行为性质是明知的，且积极追求。行为人的动机可能是为了科技实验，追逐知名度，也可能是为了谋取经济利益等，但是均不影响本罪的认定。

（二）认定非法植入基因编辑、克隆胚胎罪应当注意的问题

关于本罪中"情节严重"的认定和把握，可以考虑以下一项或者多项因素，综合作出判断：是否存在将不同生物体基因进行混合编辑、进行不符合人类伦理的克隆等严重违背科学伦理的情形；基因编辑、克隆的动机与用途，为了治愈人类疾病、商业用途或者其他用途等；基因编辑、克隆的人类胚胎、动物胚胎的数量多少；植入体内后胚胎是否成功培育、出生，如果行为人自动终止培育的，可以不认为是情节严重；出生后的胎儿是否存在残疾等情况；以及随着生物科学技术方式发展发现的其他情节因素。

（三）非法植入基因编辑、克隆胚胎罪的刑事责任

适用《刑法》第336条之一的规定时，应当注意根据犯罪的事实、犯罪的性质、情节和对于社会的危害程度，决定适当的刑罚。

十三、妨害动植物防疫、检疫罪

第三百三十七条[①] 违反有关动植物防疫、检疫的国家规定，引起重大动植物疫情的，或者有引起重大动植物疫情危险，情节严重的，处三年以下有期徒刑或者拘役，并处或者单处罚金。

单位犯前款罪的，对单位判处罚金，并对其直接负责的主管人员和其他直接责任人员，依照前款的规定处罚。

（一）妨害动植物防疫、检疫罪的概念和构成要件

妨害动植物防疫、检疫罪，是指违反有关动植物防疫、检疫的国家规定，引起重大动植物疫情的，或者有引起重大动植物疫情危险，情节严重的行为。

本罪是1997年《刑法》增设的罪名，1979年《刑法》和单行刑法均没有规定此罪名。2009年2月28日《刑法修正案（七）》对本条第1款的罪状作了修改，罪名也相应地由原来的"逃避动植物检疫罪"改为"妨害动植物防疫、检疫罪"。

妨害动植物防疫、检疫罪的构成要件是：

1. 本罪侵犯的客体是国家对动植物防疫、检疫的管理制度。

2. 客观方面表现为违反有关动植物防疫、检疫的国家规定，引起重大动植物疫情，或者有引起重大动植物疫情危险，情节严重的行为。

所谓"违反有关动植物防疫、检疫的国家规定"，主要是指违反《进出境动植物检疫法》及《动物防疫法》的规定。前者对动植物的进境检疫、出境检疫、过境检疫、携带、邮寄物检疫和运输工具检疫作了具体规定。违反进出境动植物检疫规定，逃避动植物检疫的行为实践中多种多样。例如，未报检或者未依法办理检疫审批手续；未经口岸动植物检疫机关许可，擅自将进境动植物、动植物产品或者其他检疫物卸离运输工具；擅自调离或者处理

[①] 本条第1款经2009年2月28日《刑法修正案（七）》第11条修改。

口岸动植物检疫机关指定的隔离场所中隔离检疫的动植物；报检的动植物、动植物产品或者其他检疫物与实际不符；擅自开拆过境动植物、动植物产品或者其他检疫物的包装；擅自将过境动植物、动植物产品或者其他检疫物卸离运输工具；擅自抛弃过境动物的尸体、排泄物、铺垫材料或者其他废弃物等。后者对动物疫病的预防，动物疫情的报告、通报和公布，动物疫病的控制和扑灭，动物和动物产品的检疫等作了具体规定。所谓重大动植物疫情，按照国家行政主管部门的有关规定认定，一般是指严重的动物传染病、寄生虫病的大规模爆发或流行，或植物危险性病、虫、杂草的大规模传播、滋生、蔓延，等等。

3. 犯罪主体包括自然人和单位。中国人和外国人均可构成本罪的主体。如果是动植物检疫机关的检疫人员严重不负责任，不执行或者不认真执行动植物检疫规定，以致引起重大动植物疫情，造成重大损失的，构成《刑法》第413条规定的动植物检疫失职罪，不构成本罪。

4. 主观方面由过失构成。

根据法律规定，妨害动植物防疫、检疫的行为引起重大动植物疫情的，构成本罪。有引起重大动植物疫情危险的，必须达到"情节严重"的程度，才构成犯罪。关于情节严重，可以参照《最高人民检察院、公安部关于公安机关管辖的刑事案件立案追诉标准的规定（一）的补充规定》第9条第2款的规定具体把握。例如，詹某海、詹某文、詹某勇等妨害动植物防疫、检疫案。被告人詹某海等人不顾可能引起重大动物疫情跨区域传播的危险，擅自将非法跨省调运过境时被依法扣押、本应进行无害化处理的48只生猪偷运过境出售，情节严重，其行为构成妨害动植物防疫、检疫罪。[①]

（二）认定妨害动植物防疫、检疫罪应当注意的问题

1. 划清罪与非罪的界限。

构成本罪，除了要有违反有关动植物防疫、检疫的国家规定的行为外，

---

① 参见詹某海、詹某文、詹某勇等妨害动植物防疫、检疫案，福建省武平县人民法院（2019）闽0824刑初199号。

还必须引起重大动植物疫情的发生或者有引起重大动植物疫情危险且情节严重。如果行为人虽然有逃避动植物检疫等行为，但没有引起重大动植物疫情，或者虽有引起重大动植物疫情危险但情节轻微则不构成犯罪。

2.划清本罪与妨害国境卫生检疫罪的界限。

二者的区别在于：（1）违反的法律不同。前者违反的是动植物防疫、检疫的国家规定；后者违反的是《国境卫生检疫法》。（2）检疫的对象不同。前者的检疫对象主要是动植物、动植物产品及其装载容器、包装物，来自动植物检疫区的运输工具，不包括人；后者的检疫对象包括人身及其所带物品，但不包括动植物及其产品。（3）引起的疫情种类不同。前者引起的疫情主要是动植物疫情，如口蹄疫、焦虫病、猪丹毒；后者引起的疫情是人体传染病，如鼠疫、霍乱、天花、黄热病等。（4）构成犯罪的结果要件不同。前者必须已经引起重大动植物疫情的结果，或者有引起重大动植物疫情的危险且情节严重，才构成犯罪；后者只要有引起检疫传染病传播的严重危险，就构成犯罪。

（三）妨害动植物防疫、检疫罪的刑事责任

适用《刑法》第337条的规定时，应当注意根据犯罪的事实、犯罪的性质、情节和对于社会的危害程度，决定适当的刑罚。

第六节　破坏环境资源保护罪

一、污染环境罪

第三百三十八条[①]　违反国家规定，排放、倾倒或者处置有放射性的废物、含传染病病原体的废物、有毒物质或者其他有害物质，严重污染环境的，处三年以下有期徒刑或者拘役，并处或者单处罚金；情节严重的，处三年以上七年以下有期徒刑，并处罚金；有下列情形之一的，处七年以上有期徒刑，并处罚金：

（一）在饮用水水源保护区、自然保护地核心保护区等依法确定的重点保护区域排放、倾倒、处置有放射性的废物、含传染病病原体的废物、有毒物质，情节特别严重的；

（二）向国家确定的重要江河、湖泊水域排放、倾倒、处置有放射性的废物、含传染病病原体的废物、有毒物质，情节特别严重的；

（三）致使大量永久基本农田基本功能丧失或者遭受永久性破坏的；

（四）致使多人重伤、严重疾病，或者致人严重残疾、死亡的。

有前款行为，同时构成其他犯罪的，依照处罚较重的规定定罪处罚。

第三百四十六条[②]　单位犯本节第三百三十八条至第三百四十五条规定之罪的，对单位判处罚金，并对其直接负责的主管人员和其他直接责任人员，依照本节各该条的规定处罚。

（一）污染环境罪的概念和构成要件

污染环境罪，是指违反国家规定，排放、倾倒或者处置有放射性的废

[①]　本条经2011年2月25日《刑法修正案（八）》第46条、2020年12月26日《刑法修正案（十一）》第40条两次修改。

[②]　为避免重复，《刑法》第339条至第345条涉及单位犯罪的，均不再援引第346条的条文。

物、含传染病病原体的废物、有毒物质或者其他有害物质，严重污染环境的行为。

1997年《刑法》吸收修改附属刑法的条文，规定了重大环境污染事故罪。《刑法修正案（八）》第46条作了调整，扩大了污染物的范围，降低了入罪门槛。修改后，罪名调整为"污染环境罪"。《刑法修正案（十一）》对本罪进行了修改。

污染环境罪的构成要件是：

1. 本罪侵犯的客体是国家对环境保护和污染防治的管理秩序。

行为对象为有放射性的废物、含传染病病原体的废物、有毒物质或者其他有害物质。

2. 客观方面表现为违反国家规定，排放、倾倒或者处置有放射性的废物、含传染病病原体的废物、有毒物质或者其他有害物质，严重污染环境的行为。

具体而言，其一，必须违反国家规定，即违反国家有关环境保护的法律、法规或者相关国家规定，如《环境保护法》《大气污染防治法》《水污染防治法》《海洋环境保护法》等。对于向环境排放、倾倒或者处置有害物质未违反有关国家规定的，属于对环境的合理利用，不构成犯罪。其二，必须实施了排放、倾倒或者处置有放射性的废物、含传染病病原体的废物、有毒物质或者其他有害物质的行为。"排放"，是指将有害物质向水体、土地、大气等排入的行为，包括泵出、溢出、泄出、喷出和倒出等行为。"倾倒"，是指通过船舶、航空器、平台或者其他运载工具，向水体、土地、滩涂、森林、草原以及大气等处置有害物质的行为。"处置"，主要是指以焚烧、填埋等方式处理有害物质的活动。根据《最高人民法院、最高人民检察院关于办理环境污染刑事案件适用法律若干问题的解释》（以下简称《办理环境污染案件解释》）的规定，无危险废物经营许可证，以营利为目的，从危险废物中提取物质作为原材料或者燃料，并具有超标排放污染物、非法倾倒污染物或者其他违法造成环境污染的情形的行为，应当认定为"非法处置危险废物"。

虽然《刑法修正案（八）》将排放、倾倒或者处置行为的对象"土地、水体、大气"予以删除，但通常情况下仍然是向土地、水体、大气排放、倾倒或者处置有害物质。"土地"，包括耕地、林地、草地、荒地、山岭、滩涂、河滩地及其他陆地。"水体"是指中华人民共和国领域内的江河、湖泊、运河、渠道、水库等地表水体以及地下水体，还包括内海、领海以及中华人民共和国管辖的一切其他海域。"大气"，是指包围地球的空气层总体。[①] 行为人只要实施了向土地、水体、大气排放、倾倒或者处置有害物质的其中一种行为即可构成本罪；实施两种以上行为的，仍为一罪，不实行数罪并罚。其三，必须严重污染环境。"严重污染环境"，既包括发生了造成财产损失或者人身伤亡的环境事故，也包括虽然还未造成环境污染事故，但是已经使环境受到严重污染或者破坏的情形。[②]

根据《办理环境污染案件解释》的规定，实施《刑法》第338条规定的行为，具有下列情形之一的，应当认定为"严重污染环境"：（1）在饮用水水源保护区、自然保护地核心保护区等依法确定的重点保护区域排放、倾倒、处置有放射性的废物、含传染病病原体的废物、有毒物质的；（2）非法排放、倾倒、处置危险废物3吨以上的；（3）排放、倾倒、处置含铅、汞、镉、铬、砷、铊、锑的污染物，超过国家或者地方污染物排放标准3倍以上的；（4）排放、倾倒、处置含镍、铜、锌、银、钒、锰、钴的污染物，超过国家或者地方污染物排放标准10倍以上的；（5）通过暗管、渗井、渗坑、裂隙、溶洞、灌注、非紧急情况下开启大气应急排放通道等逃避监管的方式排放、倾倒、处置有放射性的废物、含传染病病原体的废物、有毒物质的；（6）2年内曾因在重污染天气预警期间，违反国家规定，超标排放二氧化硫、氮氧化物等实行排放总量控制的大气污染物受过2次以上行政处罚，又实施此类行为的；（7）重点排污单位、实行排污许可重点管理的单位篡改、伪造自动监测数据或者干扰自动监测设施，排放化学需氧量、氨氮、二氧化硫、氮氧化物等污染物的；（8）2年内曾因违反国家规定，排放、倾倒、处置有放射性的废物、含传染病病原体的废物、有毒物质受过2次以上行政处罚，

---

① 参见全国人大常委会法制工作委员会刑法室编：《中华人民共和国刑法修正案（八）·条文说明、立法理由及相关规定》，北京大学出版社2011年版，第177页。

② 参见全国人大常委会法制工作委员会刑法室编：《中华人民共和国刑法修正案（八）·条文说明、立法理由及相关规定》，北京大学出版社2011年版，第178页。

又实施此类行为的;(9)违法所得或者致使公私财产损失30万元以上的;(10)致使乡镇集中式饮用水水源取水中断12小时以上的;(11)其他严重污染环境的情形。

3.犯罪主体为一般主体,单位也可构成本罪的主体。

4.主观方面通常由故意构成。

(二)认定污染环境罪应当注意的问题

1.关于污染环境罪的主观过错。

鉴于司法实践中环境污染犯罪的主观罪过形式通常表现为故意,故《最高人民法院、最高人民检察院、公安部、司法部、生态环境部关于办理环境污染刑事案件有关问题座谈会纪要》(以下简称《办理环境污染刑事案件纪要》)对判断行为人是否具有环境污染犯罪的故意作出专门规定:

一是综合分析判断规则。《办理环境污染刑事案件纪要》规定:"判断犯罪嫌疑人、被告人是否具有环境污染犯罪的故意,应当依据犯罪嫌疑人、被告人的任职情况、职业经历、专业背景、培训经历、本人因同类行为受到行政处罚或者刑事追究情况以及污染物种类、污染方式、资金流向等证据,结合其供述,进行综合分析判断。"

二是主观故意推定规则。根据《办理环境污染刑事案件纪要》的规定,具有下列情形之一,犯罪嫌疑人、被告人不能作出合理解释的,可以认定其故意实施环境污染犯罪,但有证据证明确系不知情的除外:(1)企业没有依法通过环境影响评价,或者未依法取得排污许可证,排放污染物,或者已经通过环境影响评价并且防治污染设施验收合格后,擅自更改工艺流程、原辅材料,导致产生新的污染物质的;(2)不使用验收合格的防治污染设施或者不按规范要求使用的;(3)防治污染设施发生故障,发现后不及时排除,继续生产放任污染物排放的;(4)生态环境部门责令限制生产、停产整治或者予以行政处罚后,继续生产放任污染物排放的;(5)将危险废物委托第三方处置,没有尽到查验经营许可的义务,或者委托处置费用明显低于市场价格或者处置成本的;(6)通过暗管、渗井、渗坑、裂隙、溶洞、灌注等逃避监管的方式排放污染物的;(7)通过篡改、伪造监测数据的方式排放污染物的；(8)其他足以认定的情形。

2. 关于污染环境罪未遂的认定与处理。

根据《办理环境污染刑事案件纪要》的规定，对于行为人已经着手实施非法排放、倾倒、处置有毒有害污染物的行为，由于有关部门查处或者其他意志以外的原因未得逞的情形，可以污染环境罪（未遂）追究刑事责任。

3. 关于罪数的处理。

根据《办理环境污染案件解释》，违反国家规定，排放、倾倒、处置含有毒害性、放射性、传染病病原体等物质的污染物，同时构成污染环境罪、非法处置进口的固体废物罪、投放危险物质罪等犯罪的，依照处罚较重的规定定罪处罚。

4. 关于无危险废物经营许可证处置危险废物行为的处理。

根据《办理环境污染案件解释》，无危险废物经营许可证从事收集、贮存、利用、处置危险废物经营活动，严重污染环境的，按照污染环境罪定罪处罚；同时构成非法经营罪的，依照处罚较重的规定定罪处罚。实施上述行为，不具有超标排放污染物、非法倾倒污染物或者其他违法造成环境污染的情形的，可以认定为非法经营情节显著轻微危害不大，不认为是犯罪；构成生产、销售伪劣产品等其他犯罪的，以其他犯罪论处。明知他人无危险废物经营许可证，向其提供或者委托其收集、贮存、利用、处置危险废物，严重污染环境的，以共同犯罪论处。

（三）污染环境罪的刑事责任

在确定本罪的刑事责任时，须注意把握以下几个问题：

1. "情节严重"的认定。根据《办理环境污染案件解释》第2条规定，实施《刑法》第338条规定的行为，具有下列情形之一的，应当认定为"情节严重"，处三年以上七年以下有期徒刑，并处罚金：（1）在饮用水水源保护区、自然保护地核心保护区等依法确定的重点保护区域排放、倾倒、处置有放射性的废物、含传染病病原体的废物、有毒物质，造成相关区域的生态功能退化或者野生生物资源严重破坏的；（2）向国家确定的重要江河、湖泊水域排放、倾倒、处置有放射性的废物、含传染病病原体的废物、有毒物质，造成相关水域的生态功能退化或者水生生物资源严重破坏的；（3）非法排放、倾倒、处置危险废物100吨以上的；（4）违法所得或者致使公私财产损失100万元以上的；（5）致使县级城区集中式饮用水水源取水中断12小时以上的；（6）致使永久基本农田、公益林地10亩以上，其他农用地20亩以上，其他土地50亩以上基本功能丧失或者遭受永久性破坏的；（7）致使森林或者其他林木死亡50立方米以上，或者幼树死亡2500百株以上的；（8）致使疏散、转移群众5000人以上的；（9）致使30人以上中毒的；（10）致使1人以上重伤、严重疾病或者3人以上轻伤的；（11）其他情节严重的情形。

2. 污染环境，应当处七年以上有期徒刑并处罚金的情形。根据《办理环境污染案件解释》第3条规定，实施《刑法》第338条规定的行为，具有下列情形之一的，应当处七年以上有期徒刑，并处罚金：（1）在饮用水水源保护区、自然保护地核心保护区等依法确定的重点保护区域排放、倾倒、处置有放射性的废物、含传染病病原体的废物、有毒物质，具有下列情形之一的：①致使设区的市级城区集中式饮用水水源取水中断12小时以上的；②造成自然保护地主要保护的生态系统严重退化，或者主要保护的自然景观损毁的；③造成国家重点保护的野生动植物资源或者国家重点保护物种栖息地、生长环境严重破坏的；④其他情节特别严重的情形。（2）向国家确定的重要江河、湖泊水域排放、倾倒、处置有放射性的废物、含传染病病原体的废物、有毒物质，具有下列情形之一的：①造成国家确定的重要江河、湖泊水域生态系统严重退化的；②造成国家重点保护的野生动植物资源严重破坏的；③其他情节特别严重的情形。（3）致使永久基本农田50亩以上基本功能丧失或者遭受永久性破坏的；（4）致使3人以上重伤、严重疾病，或者1人以上严重残疾、死亡的。

3. 从重处罚情节的认定。根据《办理环境污染案件解释》第5条规定，实施污染环境犯罪行为，具有下列情形之一的，应当从重处罚：（1）阻挠环境监督检查或者突发环境事件调查，尚不构成妨害公务等犯罪的；（2）在医院、学校、居民区等人口集中地区及其附近，违反国家规定排放、倾倒、处置有放射性的废物、含传染病病原体的废物、有毒物质或者其他有害物质的;(3)在突发环境事件处置期间或者被责令限期整改期间,违反国家规定排放、倾倒、处置有放射性的废物、含传染病病原体的废物、有毒物质或者其他有害物质的;(4)具有危险废物经营许可证的企业违反国家规定排放、倾倒、处置有放射性的废物、含传染病病原体的废物、有毒物质或者其他有害物质的;(5)实行排污许可重点管理的企业事业单位和其他生产经营者未依法取得排污许可证,排放、倾倒、处置有放射性的废物、含传染病病原体的废物、有毒物质或者其他有害物质的。

对于发生在长江经济带十一省(直辖市)的下列环境污染犯罪行为,可以从重处罚:(1)跨省(直辖市)排放、倾倒、处置有放射性的废物、含传染病病原体的废物、有毒物质或者其他有害物质的;(2)向国家确定的重要江河、湖泊或者其他跨省(直辖市)江河、湖泊排放、倾倒、处置有放射性的废物、含传染病病原体的废物、有毒物质或者其他有害物质的。

4. 单位实施污染环境行为的定罪量刑标准。单位实施《刑法》第338条规定的犯罪的,依照自然人犯罪的定罪量刑标准,对直接负责的主管人员和其他直接责任人员定罪处罚,并对单位判处罚金。

5. 不起诉、缓刑或者免予刑事处罚的适用。具有下列情形之一的,一般不适用不起诉、缓刑或者免予刑事处罚:(1)不如实供述罪行的;(2)属于共同犯罪中情节严重的主犯的;(3)犯有数个环境污染犯罪依法实行并罚或者以一罪处理的;(4)曾因环境污染违法犯罪行为受过行政处罚或者刑事处罚的;(5)其他不宜适用不起诉、缓刑、免予刑事处罚的情形。

人民法院审理环境污染刑事案件拟适用缓刑或者免予刑事处罚的,应当分析案发前后的社会影响和反映,注意听取控辩双方提出的意见。对于情节恶劣、社会反映强烈的环境污染犯罪,不得适用缓刑、免予刑事处罚。人民法院对判处缓刑的被告人,一般应当同时宣告禁止令,禁止其在缓刑考验期内从事与排污或者处置危险废物有关的经营活动。生态环境部门根据禁止令,对上述人员担任实际控制人、主要负责人或者高级管理人员的单位,依法不得发放排污许可证或者危险废物经营许可证。

二、非法处置进口的固体废物罪

第三百三十九条第一款 违反国家规定,将境外的固体废物进境倾倒、堆放、处置的,处五年以下有期徒刑或者拘役,并处罚金;造成重大环境污染事故,致使公私财产遭受重大损失或者严重危害人体健康的,处五年以上十年以下有期徒刑,并处罚金;后果特别严重的,处十年以上有期徒刑,并处罚金。

(一)非法处置进口的固体废物罪的概念和构成要件

非法处置进口的固体废物罪,是指违反国家规定,将我国境外的固体废物进境倾倒、堆放、处置的行为。

本罪是1997年《刑法》增设的罪名,1979年《刑法》和单行刑法均没有规定此罪名。

非法处置进口的固体废物罪的构成要件是:

1.本罪侵犯的客体是国家对进口固体废物的管理制度。

犯罪对象是非法处置进口的固体废物。固体废物,是指在生产、生活和其他活动中产生的丧失原有利用价值或者虽未丧失利用价值但被抛弃或者放弃的固态、半固态和置于容器中的气态的物品、物质以及法律、行政法规规定纳入固体废物管理的物品、物质。

2.客观方面表现为违反国家规定,将境外的固体废物进境倾倒、堆放、处置的行为。

"违反国家规定",主要是指违反《固体废物污染环境防治法》。该法规定,"禁止中华人民共和国境外的固体废物进境倾倒、堆放、处置""禁止进口不能用作原料或者不能以无害化方式利用的固体废物;对可以用作原料的固体废物实行限制进口和非限制进口分类管理"。"境外",是指在我国国(边)境以外的国家和地区。"倾倒",是指通过船舶、航空器、平台或者其他运载工具,向水体处置废弃物或者其他有害物质的行为。"堆放",是指向土地直接弃置固体废物的行为。"处置",是指将固体废物焚烧、填埋和用其他改变固体废物的物理、化学、生物特性的方法,达到减少已产生的固体废物数量、缩小固体废物体积、减少或者消除其危险成分的活动。

3. 犯罪主体为一般主体,单位也可构成本罪的主体。

4. 主观方面由故意构成。行为人虽然一般都具有牟取非法利益的目的,但该目的不是构成本罪在主观方面的必要要件。

(二)认定非法处置进口的固体废物罪应当注意的问题

1. 划清罪与非罪的界限。

从《刑法》第339条规定看,非法处置进口的固体废物罪之入罪,并不要求有严重污染环境或者其他严重后果的发生。[①] 如果将境外固体废物进境倾倒、堆放、处置,数量微小,情节显著轻微,危害不大的,应当根据《刑法》第13条规定,不认为是犯罪。

2. 划清本罪与走私废物罪的界限。

两者的区别是:前者不逃避海关监管,后者则逃避海关监管;前者处罚的是将固体废物在我国境内倾倒、堆放、处置的行为,后者处罚的是走私行为。因此,如果行为人走私固体废物并在我国境内倾倒、堆放、处置的,则既构成走私废物罪,又构成非法处置进口的固体废物罪,应当实行数罪并罚。

(三)非法处置进口的固体废物罪的刑事责任

具体依照《刑法》第339条第1款的规定,确定刑事责任。

依照《刑法》第346条规定,单位犯本罪的,对单位判处罚金,并对其直接负责的主管人员和其他直接责任人员,依照第339条第1款规定处罚。

[①] "致使公私财产遭受重大损失或者严重危害人体健康"为法定刑升格条件。根据《最高人民法院、最高人民检察院关于办理环境污染刑事案件适用法律若干问题的解释》第4条规定,具有下列情形之一的,应当认定为"致使公私财产遭受重大损失或者严重危害人体健康":(1)致使公私财产损失100万元以上的;(2)具有本解释第2条第5项至第10项规定情形之一的;(3)其他致使公私财产遭受重大损失或者严重危害人体健康的情形。

三、擅自进口固体废物罪

第三百三十九条第二款 未经国务院有关主管部门许可，擅自进口固体废物用作原料，造成重大环境污染事故，致使公私财产遭受重大损失或者严重危害人体健康的，处五年以下有期徒刑或者拘役，并处罚金；后果特别严重的，处五年以上十年以下有期徒刑，并处罚金。

第三款[①] 以原料利用为名，进口不能用作原料的固体废物、液态废物和气态废物的，依照本法第一百五十二条第二款、第三款的规定定罪处罚。

（一）擅自进口固体废物罪的概念和构成要件

擅自进口固体废物罪，是指未经国务院有关主管部门许可，擅自进口固体废物用作原料，造成重大环境污染事故，致使公私财产遭受重大损失或者严重危害人体健康的行为。

本罪是1997年《刑法》增设的罪名，1979年《刑法》和单行刑法均没有规定此罪名。

擅自进口固体废物罪的构成要件是：

1.本罪侵犯的客体是国家对进口固体废物的管理制度。犯罪对象是境外的固体废物。

2.客观方面表现为未经国务院有关主管部门许可，擅自进口固体废物用作原料，造成重大环境污染事故，致使公私财产遭受重大损失或者严重危害人体健康的行为。

3.犯罪主体为一般主体，自然人和单位均可构成本罪的主体。

4.主观方面由故意构成。

（二）擅自进口固体废物罪的刑事责任

适用《刑法》第339条第2款、第3款的规定时，应当注意根据犯罪

---

① 本款经2002年12月28日《刑法修正案（四）》第5条修改。

的事实、犯罪的性质、情节和对于社会的危害程度，决定适当的刑罚。依照《刑法》第346条规定，单位犯本罪的，对单位判处罚金，并对其直接负责的主管人员和其他直接责任人员，依照第339条第2款规定处罚。

四、非法捕捞水产品罪①

第三百四十条 违反保护水产资源法规，在禁渔区、禁渔期或者使用禁用的工具、方法捕捞水产品，情节严重的，处三年以下有期徒刑、拘役、管制或者罚金。

（一）非法捕捞水产品罪的概念和构成要件

非法捕捞水产品罪，是指违反国家关于保护水产资源的法律法规，在禁渔区、禁渔期或者使用禁用的工具、方法捕捞水产品，情节严重的行为。

非法捕捞水产品罪的构成要件：

1. 本罪的客体是国家对水产资源和水生态环境的保护管理制度。

2. 本罪在客观方面表现为违反保护水产资源法律法规，在禁渔区、禁渔期或者使用禁用的工具、方法捕捞水产品，情节严重的行为。

水产资源保护法律法规，主要是指《渔业法》《水产资源繁殖保护条例》等保护水产资源的法律法规。禁渔区，是指渔业主管部门对某些重要鱼、虾、贝类产卵场、越冬场、幼体索饵场、洄游通道及生长繁殖场所等，划定的禁止全部捕捞作业或者限制捕捞作业的一定区域。禁渔期，是指针对某些鱼类幼苗出现的不同生长盛期，渔业主管部门规定的禁止捕捞作业或者限制捕捞作业的一定期限。禁用的工具，是指禁止使用的捕捞工具，即超过国家按照不同的捕捞对象所分别规定的最小网眼尺寸的网具和其他禁止使用的渔具。禁用的方法，是指禁止使用的严重损害水产资源正常生长繁殖的捕捞方法，如向水体通电、投洒药物、投放炸药等方法，即电鱼、毒鱼、炸鱼等方

---

① 参考案例：李某斌、舒某非法捕捞水产品案，四川省沐川县人民法院（2018）川1129刑初66号。

法。实施上述一种行为,即可构成本罪,如在禁渔期捕捞,或者在禁渔区捕捞,都可构成本罪,但同时实施几种行为,如在禁渔区使用禁用的方法捕捞,也构成本罪。

3.犯罪主体包括自然人和单位。

4.本罪主观方面为故意,即行为人明知是禁渔期、禁渔区或者是禁止使用的工具、方法而仍然实施捕捞行为。对于明知的认定,不要求行为人准确知道禁渔区的具体界线、禁渔期的具体日期以及禁用工具的具体尺寸大小等,也不能以行为人的具体供述为判断标准,而应结合有关部门在当地的宣传程度、行为人的文化程度、职业、一贯表现、是否有前科等综合判断。对于初犯、偶犯,在案证据印证确实不知道为禁渔区、禁渔期或者禁用工具、方法的,不能认定为本罪。

(二)认定非法捕捞水产品罪应当注意的问题

1.关于罪与非罪的界限。

构成本罪需要情节严重。相关司法解释将本罪"情节严重"的标准分为内陆水域和海洋水域二种情况。《最高人民法院、最高人民检察院关于办理破坏野生动物资源刑事案件适用法律若干问题的解释》(以下简称《办理破坏野生动物资源刑事案件解释》)第3条规定,在内陆水域,违反保护水产资源法规,在禁渔区、禁渔期或者使用禁用的工具、方法捕捞水产品,具有下列情形之一的,应当认定为《刑法》第340条规定的"情节严重",以非法捕捞水产品罪定罪处罚:(1)非法捕捞水产品500公斤以上或者价值1万元以上的;(2)非法捕捞有重要经济价值的水生动物苗种、怀卵亲体或者在水产种质资源保护区内捕捞水产品50公斤以上或者价值1000元以上的;(3)在禁渔区使用电鱼、毒鱼、炸鱼等严重破坏渔业资源的禁用方法或者禁用工具捕捞的;(4)在禁渔期使用电鱼、毒鱼、炸鱼等严重破坏渔业资源的禁用方法或者禁用工具捕捞的;(5)其他情节严重的情形。

在海洋水域非法捕捞"情节严重"的标准,《最高人民法院关于审理发生在我国管辖海域相关案件若干问题的规定(二)》第4条规定,违反保护水产资源法规,在海洋水域,在禁渔区、禁渔期或者使用禁用的工具、方法捕捞水产品，具有下列情形之一的，应当认定为《刑法》第340条规定的"情节严重"：（1）非法捕捞水产品1万公斤以上或者价值10万元以上的；（2）非法捕捞有重要经济价值的水生动物苗种、怀卵亲体2000公斤以上或者价值2万元以上的；（3）在水产种质资源保护区内捕捞水产品2000公斤以上或者价值2万元以上的；（4）在禁渔区内使用禁用的工具或者方法捕捞的；（5）在禁渔期内使用禁用的工具或者方法捕捞的；（6）在公海使用禁用渔具从事捕捞作业，造成严重影响的；（7）其他情节严重的情形。

根据《办理破坏野生动物资源刑事案件解释》第3条第2款的规定，具有以下5种情形之一的，从重处罚：（1）暴力抗拒、阻碍国家机关工作人员依法履行职务，尚未构成妨害公务罪、袭警罪的；（2）2年内曾因破坏野生动物资源受过行政处罚的；（3）对水生生物资源或者水域生态造成严重损害的；（4）纠集多条船只非法捕捞的；（5）以非法捕捞为业的。

2. 关于本罪的罪数形态。

实施非法捕捞水产品行为，使用禁用的方法，如电鱼、炸鱼、毒鱼等方法，可能同时构成危害公共安全犯罪，与非法捕捞水产品罪形成想象竞合，按重罪处罚；本罪的对象为野外环境中自然生长的水产资源，非法捕捞他人养殖的水产品、人工繁育的水生生物，不构成本罪，构成盗窃罪、破坏生产经营罪等犯罪的，依照相关犯罪定罪处罚；在非法捕捞过程中，捕捞、杀害珍贵、濒危水生野生动物的，可能同时构成非法捕捞水产品罪和危害珍贵、濒危野生动物罪，按照重罪——危害珍贵、濒危野生动物罪定罪处罚；多次实施非法捕捞行为构成犯罪，并有捕捞、杀害珍贵、濒危野生动物行为的，可以非法捕捞水产罪和危害珍贵、濒危野生动物罪并罚。在实施非法捕捞过程中，以暴力、威胁方法抗拒抓捕、查处，构成妨害公务等犯罪的，应当数罪并罚。

3. 关于生态环境修复责任的承担。

对提起附带民事公益诉讼的非法捕捞犯罪案件，要求行为人承担生态环境修复责任应把握以下两点：一是确定生态环境修复责任时，不能完全依赖相关部门出具的鉴定意见或者报告，要结合行为人主观恶性、对生态的实际破坏程度、生态恢复的可能性、时间长短等全案证据综合判断；二是对主动承担生态修复责任且积极履行，并具有其他危害较轻情形的，判处刑罚要尽可能体现从宽。《办理破坏野生动物资源刑事案件解释》第3条第3款规定，非法捕捞行为构成犯罪，但根据渔获物的数量、价值和捕捞方法、工具等，认为对水生生物资源危害明显较轻的，综合考虑行为人自愿接受行政处罚、积极修复生态环境等情节，可以认定为犯罪情节轻微，不起诉或者免予刑事处罚；情节显著轻微危害不大的，不作为犯罪处理。

（三）非法捕捞水产品罪的刑事责任

适用《刑法》第340条的规定时，应当注意根据犯罪的事实、犯罪的性质、情节和对于社会的危害程度，决定适当的刑罚。

五、危害珍贵、濒危野生动物罪

第三百四十一条第一款 非法猎捕、杀害国家重点保护的珍贵、濒危野生动物的，或者非法收购、运输、出售国家重点保护的珍贵、濒危野生动物及其制品的，处五年以下有期徒刑或者拘役，并处罚金；情节严重的，处五年以上十年以下有期徒刑，并处罚金；情节特别严重的，处十年以上有期徒刑，并处罚金或者没收财产。

（一）危害珍贵、濒危野生动物罪的概念和构成要件

危害珍贵、濒危野生动物罪，是指非法猎捕、杀害国家重点保护的珍贵、濒危野生动物，或者非法收购、运输、出售国家重点保护的珍贵、濒危野生动物及其制品的行为。

1979年《刑法》规定了非法狩猎罪。为了加大对珍贵、濒危野生动物保护力度，1988年《全国人民代表大会常务委员会关于惩治捕杀国家重点保护的珍贵、濒危野生动物犯罪的补充规定》增加规定了非法捕杀国家重点保护的珍贵、濒危野生动物罪。1997年修订《刑法》时吸收了上述决定的相关规定，并作了进一步完善，增加了非法收购、运输、出售国家重点保护的珍贵、濒危野生动物及其制品的规定，同时加重了法定刑。

危害珍贵、濒危野生动物罪的构成要件是：

1. 本罪侵害的客体是国家的野生动物资源。

2. 客观方面表现为非法猎捕、杀害珍贵、濒危野生动物，或者非法收购、运输、出售国家重点保护的珍贵、濒危野生动物及其制品的行为。

"非法"是指违反《野生动物保护法》《渔业法》等法律法规。野生动物保护法规定，禁止猎捕、杀害国家重点保护野生动物。因科学研究、种群调控、疫源疫病监测或者其他特殊情况，需要猎捕国家一级保护野生动物的，应当向国务院野生动物保护主管部门申请特许猎捕证；需要猎捕国家二级保护野生动物的，应当向省、自治区、直辖市人民政府野生动物保护主管部门申请特许猎捕证。未取得特许猎捕证或者虽取得特许猎捕证，但未按特许猎捕证规定的种类、数量、地点等而捕猎、杀害国家野生动物的，属于"非法猎捕、杀害"。"收购"包括以营利、自用、食用等为目的的购买行为；"运输"包括采用携带、邮寄、利用他人、使用交通工具等方法进行运送的行为；"出售"包括出卖和以营利为目的的加工利用行为。

3. 犯罪主体为一般主体，自然人和单位均可构成本罪的主体。

4. 主观方面由故意构成。构成本罪，需以行为人明知涉案动物是珍贵、濒危野生动物为前提，确实不知道涉案动物是珍贵、濒危野生动物的，不能以本罪论处。明知包括知道和应当知道（即推定明知）。是否明知，应当综合行为人的供述与辩解、认知能力、涉案动物的交易方式和价格等作出认定。

（二）认定危害珍贵、濒危野生动物罪应当注意的问题

非法运输珍贵、濒危野生动物及其制品的认定。非法运输珍贵、濒危野生动物及其制品犯罪的情形，一般是指对非法猎捕、杀害、购买的野生动物进行运输，或者以非法出售为目的运输等。这类非法运输行为是危害珍贵、濒危野生动物的一个环节，危害严重，应当依法惩处。对于单纯违反有关行政管理措施，对野生动物并无实质危害的，不能认定为本罪中的"非法运输"。修订后的《野生动物保护法》规定，运输野生动物应当持有有关合法来源的证明文件和检疫证明，不需要另行向野生动物行政主管部门申请运

输许可，因此，不能将马戏团、民间艺人为进行异地表演而未经批准运输珍贵、濒危野生动物的行为认定为本罪。①

（三）危害珍贵、濒危野生动物罪的刑事责任

在适用《刑法》第341条第1款、第346条规定处罚时，应当注意以下问题：

关于非法收购、运输、出售珊瑚、砗磲或者其他珍贵、濒危水生野生动物及其制品，构成本罪"情节严重""情节特别严重"的认定标准。根据《最高人民法院关于审理发生在我国管辖海域相关案件若干问题的规定（二）》第6条第1款的规定确定。

关于非法收购、运输、出售在长江流域重点水域非法猎捕、杀害的中华鲟、长江鲟、长江江豚或者其他国家重点保护的珍贵、濒危水生野生动物及其制品，构成本罪及"情节严重""情节特别严重"的认定标准，参据最高人民法院、最高人民检察院、公安部、农业农村部于2020年12月17日联合发布的《依法惩治长江流域非法捕捞等违法犯罪的意见》确定。

六、非法狩猎罪②

第三百四十一条第二款 违反狩猎法规，在禁猎区、禁猎期或者使用禁用的工具、方法进行狩猎，破坏野生动物资源，情节严重的，处三年以下有期徒刑、拘役、管制或者罚金。

（一）非法狩猎罪的概念和构成要件

非法狩猎罪，是指违反狩猎法规，在禁猎区、禁猎期或者使用禁用的工具、方法进行狩猎，破坏野生动物资源，情节严重的行为。

本罪源于1979年《刑法》第130条的规定，当时属于破坏社会主义经

---

① 参见王爱立主编：《〈中华人民共和国刑法〉释解与适用》（下），人民法院出版社2021年版，第1019~1020页。
② 参考案例：施某华非法狩猎案，2019年度人民法院环境资源典型案例。

济秩序犯罪。

非法狩猎罪的构成要件是：

1. 本罪侵犯的客体是国家对野生动物资源的管理制度。

本罪的犯罪对象是指珍贵、濒危的陆生和水生野生动物以外的未列入国家重点保护野生动物名录的陆生野生动物，属于非国家重点保护野生动物。

2. 客观方面表现为违反狩猎法规，在禁猎区、禁猎期或者使用禁用的工具、方法进行狩猎，破坏野生动物资源，情节严重的行为。

"违反狩猎法规"，主要是指违反《野生动物保护法》及有关法规规章，这是构成本罪的前提条件。《野生动物保护法》规定，猎捕者应当按照特许猎捕证、狩猎证规定的种类、数量、地点、工具、方法和期限进行猎捕。持枪猎捕的，应当依法取得公安机关核发的持枪证。

"禁猎区"，是指依法划定的不准狩猎的区域，比如野生动物资源贫乏或者破坏严重的地区、适宜野生动物栖息繁殖的地区、需要保护自然环境的地区等，如城镇、工矿区、革命圣地等，也不准狩猎。"禁猎期"，是指依法设定的不准狩猎的期间，一般是根据野生动物的生长、繁殖规律而采取的季节性保护措施。《野生动物保护法》规定，在相关自然保护区域和禁猎（渔）区、禁猎（渔）期内，禁止猎捕以及其他妨碍野生动物生息繁衍的活动，但法律法规另有规定的除外。禁猎区、禁猎期由县级以上人民政府或者其野生动物行政主管部门划定和公布。

"禁用的工具"，是指足以破坏野生动物资源，危害人畜安全，或者破坏森林、草原的工具；"禁用的方法"，是指足以损害野生动物资源正常繁殖、生长的方法。《野生动物保护法》规定，禁止使用毒药、爆炸物、电击或者电子诱捕装置以及猎套、猎夹、地枪、排铳等工具进行猎捕，禁止使用夜间照明行猎、歼灭性围猎、捣毁巢穴、火攻、烟熏、网捕等方法进行猎捕，但因科学研究确需网捕、电子诱捕的除外。其他禁止使用的猎捕工具和方法，由县级以上地方人民政府规定并公布。

按照法律规定，行为人只要具备了"在禁猎区狩猎""在禁猎期狩猎""使用禁用的工具狩猎""使用禁用的方法进行狩猎"情形之一，并且破坏野生动物资源，情节严重，就构成本罪。

"情节严重",根据《最高人民法院、最高人民检察院关于办理破坏野生动物资源刑事案件适用法律若干问题的解释》(以下简称《审理破坏野生动物资源刑事案件解释》)第7条第1款的规定,包括:非法猎捕野生动物价值1万元以上的;在禁猎区使用禁用的工具或者方法狩猎的;在禁猎期使用禁用的工具或者方法狩猎的;其他情节严重的情形。

3. 犯罪主体为一般主体,单位亦可构成本罪主体。

4. 主观方面由故意构成,犯罪目的和动机不影响本罪的成立。

(二)认定非法狩猎罪应当注意的问题

1. 划清罪与非罪的界限。

实施非法狩猎的行为,如果情节并不严重,没有造成野生动物资源严重破坏的,则属一般违法行为,应当由行政主管部门予以行政处罚,不能追究行为人的刑事责任。

2. 划清本罪与危害珍贵、濒危野生动物罪的界限。

主要在于犯罪对象不同:前者的犯罪对象包括除珍贵、濒危野生动物以外的未列入国家重点保护野生动物名录的陆生野生动物,后者的犯罪对象是珍贵、濒危野生动物,包括陆生野生动物和水生野生动物。行为人明确以珍贵、濒危野生动物为狩猎对象的,应当直接按照《刑法》第341条第1款规定的危害珍贵、濒危野生动物罪定罪量刑。

(三)非法狩猎罪的刑事责任

司法机关在适用本条规定处罚时,应当注意以下问题:

1. 要正确贯彻落实宽严相济刑事政策,依法用足从严、用好从宽,确保罚当其罪、不枉不纵。根据《审理破坏野生动物资源刑事案件解释》第7条第2款的规定,对于犯本罪并具有下列情形之一的,从重处罚:(1)暴力抗拒、阻碍国家机关工作人员依法履行职务,尚未构成妨害公务罪、袭警罪的;(2)对野生动物资源或者栖息地生态造成严重损害的;(3)2年内曾因破坏野生动物资源受过行政处罚的。根据《审理破坏野生动物资源刑事案件解释》第7条第3款的规定,实施非法狩猎的行为虽然形式上达到"情节严重"的标准,但根据猎获物的数量、价值和狩猎方法、工具等,认为对野生动物资源危害明显较轻的,综合考虑猎捕的动机、目的、行为人自愿接受行政处罚、积极修复生态环境等情节,可以认定为犯罪情节轻微,不起诉或者免予刑事处罚;情节显著轻微危害不大的,不作为犯罪处理。根据《审理破坏野生动物资源刑事案件解释》第14条的规定,实施非法狩猎的行为被不起诉或者免予刑事处罚的行为人,依法应当给予行政处罚、政务处分或者其他处分的,依法移送有关主管机关处理。

2. 要正确认定以食用为目的实施的非法狩猎行为。根据《审理破坏野生动物资源刑事案件解释》第8条第2款的规定,对于以食用为目的非法狩猎,同时符合本罪与非法猎捕陆生野生动物罪构成要件的,应当依照《刑法》第341条第3款的规定,以非法猎捕陆生野生动物罪定罪处罚。

3. 要正确认定本罪的下游犯罪。根据《全国人民代表大会常务委员会关于〈中华人民共和国刑法〉第三百四十一条、第三百一十二条的解释》,知道或者应当知道是《刑法》第341条第2款规定的非法狩猎的野生动物而购买的,属于《刑法》第312条第1款规定的明知是犯罪所得而收购的行为。但如果事先有通谋,应当以共同犯罪论处。《审理破坏野生动物资源刑事案件解释》第9条亦规定,明知是非法狩猎犯罪所得的猎获物而收购、贩卖或者以其他方法掩饰、隐瞒,符合《刑法》第312条规定的,以掩饰、隐瞒犯罪所得罪定罪处罚。

七、非法猎捕、收购、运输、出售陆生野生动物罪

第三百四十一条第三款[①] 违反野生动物保护管理法规,以食用为目的非法猎捕、收购、运输、出售第一款规定以外的在野外环境自然生长繁殖的陆生野生动物,情节严重的,依照前款的规定处罚。

---

① 本款由 2020 年 12 月 26 日《刑法修正案(十一)》第 41 条增设。

（一）非法猎捕、收购、运输、出售陆生野生动物罪的概念和构成要件

非法猎捕、收购、运输、出售陆生野生动物罪是违反野生动物保护管理法规，以食用为目的非法猎捕、收购、运输、出售国家重点保护的珍贵、濒危野生动物以外的在野外环境自然生长繁殖的陆生野生动物，情节严重的行为。

本罪是《刑法修正案（十一）》第41条新增的罪名。

非法猎捕、收购、运输、出售陆生野生动物罪的构成要件是：

1. 本罪侵犯的客体是国家对陆生野生动物资源的管理制度和公共卫生安全。

2. 客观方面表现为违反野生动物保护管理法规，非法猎捕、收购、运输、出售《刑法》第341条第1款规定以外的在野外环境自然生长繁殖的陆生野生动物，情节严重的行为。

客观方面以违反野生动物保护管理法规为前提条件，野生动物保护管理法规包括《全国人民代表大会常务委员会关于全面禁止非法野生动物交易、革除滥食野生动物陋习、切实保障人民群众生命健康安全的决定》（以下简称《全国人大常委会决定》）、《野生动物保护法》及其实施条例等涉及野生动物保护的法律法规。

行为方式包括猎捕、收购、运输、出售等行为。猎捕是从野外直接获取。《最高人民法院、最高人民检察院关于办理破坏野生动物资源刑事案件适用法律若干问题的解释》（以下简称《办理破坏野生动物资源刑事案件解释》）第5条规定：收购，包括以营利、自用等为目的的购买行为；运输，包括采用携带、邮寄、利用他人、使用交通工具等方法进行运送的行为；出售，包括出卖和以营利为目的的加工利用行为。《刑法》第341条第3款规定的"收购""运输""出售"三种行为方式是指以食用为目的而实施的。

行为对象是在野外环境自然生长繁殖的非珍贵、濒危的陆生野生动物。不包括水生野生动物，也不包括家禽。《全国人大常委会决定》第3条规定："列入畜禽遗传资源目录的动物，属于家畜家禽，适用《中华人民共和国畜

牧法》的规定。国务院畜牧兽医行政主管部门依法制定并公布畜禽遗传资源目录。"

入罪需要达到"情节严重"。根据《办理破坏野生动物资源刑事案件解释》第8条规定，具有下列情形之一的，应当认定为"情节严重"：（1）非法猎捕、收购、运输、出售有重要生态、科学、社会价值的陆生野生动物或者地方重点保护陆生野生动物价值1万元以上的；（2）非法猎捕、收购、运输、出售第1项规定以外的其他陆生野生动物价值5万元以上的；（3）其他情节严重的情形。"其他情节严重的情形"可以综合考虑以下因素：捕获的野生动物的数量；是否多次实施相关行为，是否受到过行政处罚后仍然从事相关行为；是否造成公共卫生的危险或者后果等。需要注意的是，本罪"惩治的重点是以食用为目的而进行的规模化、手段恶劣的猎捕行为，以及针对野生动物的市场化、经营化、组织化的运输、交易行为，且定罪门槛上要求情节严重。对公民为自己食用而猎捕、购买一般的野生动物，或者对于个人在日常劳作生活中捕捉到少量野生动物并食用的，比如个人捕捉到的野兔、野猪、麻雀并食用的，不宜以本款罪论处。"[①]因此，本罪适用中应坚持综合裁量原则，确保宽严相济、刚柔并济。

3. 犯罪主体为一般主体，既包括自然人，也包括单位。

4. 主观方面是故意，并要求以食用为犯罪目的，不以食用为目的的，不构成本罪。

食用是作为食品使用，以食用为目的应当综合涉案动物及其制品的特征，被查获的地点，加工、包装情况，以及可以证明来源、用途的标识、证明等证据作出认定。根据《办理破坏野生动物资源刑事案件解释》第11条规定，具有下列情形之一的，可以认定为"以食用为目的"：（1）将相关野生动物及其制品在餐饮单位、饮食摊点、超市等场所作为食品销售或者运往上述场所的；（2）通过包装、说明书、广告等介绍相关野生动物及其制品的食用价值或者方法的；（3）其他足以认定以食用为目的的情形。

---

① 参见许永安主编：《〈中华人民共和国刑法修正案（十一）〉解读》，中国法制出版社2021年版，第395页。

（二）认定非法猎捕、收购、运输、出售陆生野生动物罪应当注意的问题

1. 与非法狩猎罪的界分。

本罪与非法狩猎罪之间主要区别是：（1）从侵犯的客体上，非法狩猎罪侵害的是野生动物资源，表现为对野生动物保护法律法规确立的狩猎制度的违反，如对"禁猎区""禁猎期""禁用工具""禁用方法"等制度的破坏，本罪侵害的客体是国家对陆生野生动物资源的管理制度和公共卫生安全。主要是防止"病从口入"，侧重于公共卫生安全。（2）两罪的行为方式和对象存在差别。非法狩猎罪的行为方式限于猎捕，对象主要是有重要生态、科学、社会价值的陆生野生动物和地方保护陆生野生动物本身。本罪行为方式包括猎捕、收购、运输、出售等整个行为链条，作为选择性罪名，可适用于四类行为，行为对象是国家重点保护的珍贵、濒危野生动物以外的在野外环境自然生长繁殖的陆生野生动物。（3）犯罪主观方面不同，本罪要求必须具备"以食用为目的"的主观要素，非法狩猎罪则不需要该犯罪目的。

本罪与非法狩猎罪也有交叉，主要是针对行为对象是有重要生态、科学、社会价值的陆生野生动物和地方重点保护陆生野生动物的情形。具体而言，针对有重要生态、科学、社会价值的陆生野生动物和地方重点保护野生动物进行狩猎，违反狩猎法规，在禁猎区、禁猎期或者使用禁用的工具、方法进行狩猎的，符合《刑法》第341条第2款规定的，构成非法狩猎罪。以食用为目的，非法猎捕有重要生态、科学、社会价值的陆生野生动物和地方重点保护野生动物，符合《刑法》第341条第3款规定的，构成本罪，同时构成非法狩猎罪的，以本罪定罪处罚。此外，以食用为目的，针对此类动物实施非法收购、运输、出售的行为，符合《刑法》第341条第3款规定的，构成本罪。

2. 与掩饰、隐瞒犯罪所得罪的界分。

对于猎捕野生动物犯罪的后续收购、销赃行为，属于掩饰、隐瞒犯罪所得的行为。掩饰、隐瞒犯罪所得罪属于赃物犯罪的一般性规定，动物犯罪有规定的属于特殊性规定，根据"特别法优于一般法"适用原则。本罪相对于

掩饰、隐瞒犯罪所得罪属于特殊法规定。根据2014年《全国人民代表大会常务委员会关于〈中华人民共和国刑法〉第三百四十一条、第三百一十二条的解释》规定，知道或者应当知道是《刑法》第341条第2款规定的非法狩猎的野生动物而购买的，属于《刑法》第312条第1款规定的明知是犯罪所得而收购的行为。对于收购、运输、出售等掩饰、隐瞒非法狩猎罪狩猎所得动物的，适用掩饰、隐瞒犯罪所得罪的一般性规定；有特殊性规定的，对非法收购、出售国家重点保护的珍贵、濒危野生动物及其制品的，适用危害珍贵、濒危野生动物罪；① 对于以食用为目的，收购、运输、出售非珍贵、濒危在野外环境自然生长繁殖的陆生野生动物的，适用本罪规定。

（三）非法猎捕、收购、运输、出售陆生野生动物罪的刑事责任

适用《刑法》第341条第3款的规定时，应当注意根据犯罪的事实、犯罪的性质、情节和对于社会的危害程度，决定适当的刑罚。依照《刑法》第346条规定，单位犯本罪的，对单位判处罚金，并对其直接负责的主管人员和其他直接责任人员，依照《刑法》第341条第3款的规定处罚。

八、非法占用农用地罪②

第三百四十二条③ 违反土地管理法规，非法占用耕地、林地等农用地，改变被占用土地用途，数量较大，造成耕地、林地等农用地大量毁坏的，处五年以下有期徒刑或者拘役，并处或者单处罚金。

---

① 2021年3月1日《最高人民法院、最高人民检察院关于执行〈中华人民共和国刑法〉确定罪名的补充规定（七）》取消原罪名"非法猎捕、杀害珍贵、濒危野生动物罪"和"非法收购、运输、出售珍贵、濒危野生动物、珍贵、濒危野生动物制品罪"，将其合并修改为"危害珍贵、濒危野生动物罪"。

② 参考案例1：纪某非法占用农用地案，广东省肇庆市高要区人民法院（2016）粤1283刑初160号。参考案例2：刘某民非法占用农用地案，内蒙古自治区锡林郭勒盟多县人民法院（2014）多刑初字第27号。

③ 本条经2001年8月31日《刑法修正案（二）》修改。

（一）非法占用农用地罪的概念和构成要件

非法占用农用地罪，是指违反土地管理法规，非法占用耕地、林地、草原等农用地，改变被占用土地用途，数量较大，造成耕地、林地、草原等农用地大量毁坏的行为。1979年《刑法》未对本罪进行规定，1997年修订《刑法》时特别增设了非法占用耕地罪。《刑法修正案（二）》再次对本罪进行了修改，将对耕地的保护扩大到林地等农用地。

非法占用农用地罪的构成要件是：

1. 本罪侵犯的客体是国家的农用地管理制度。

2. 客观方面表现为行为人实施了违反土地管理法规，非法占用耕地、林地、草原等农用地，改变被占用土地用途，数量较大，造成耕地、林地、草原等农用地大量毁坏的行为。

根据全国人大常委会的立法解释①，违反土地管理法规，是指违反《土地管理法》《森林法》《草原法》等法律以及有关行政法规中关于土地管理的规定。非法占用，通常是指行为人违反土地利用总体规划或土地利用年度计划，未经自然资源主管部门审核批准而擅自占用，或者超过批准的用地数量而占用，或者采取欺骗手段骗取批准而占用。②根据《土地管理法》的相关规定，农用地，是指直接用于农业生产的土地，包括耕地③、林地、草地、农田水利用地、养殖水面等。改变被占用土地用途，是指行为人将自然资源主管部门批准专用的土地擅自改作他用。

根据《最高人民法院关于审理破坏土地资源刑事案件具体应用法律若干问题的解释》（以下简称《审理破坏土地资源刑事案件解释》）的相关规定，非法占用耕地"数量较大"，是指非法占用基本农田5亩以上或者非法占用

---

① 即《全国人民代表大会常务委员会关于〈中华人民共和国刑法〉第二百二十八条、第三百四十二条、第四百一十条的解释》。

② 从加强刑行衔接的角度考虑，由无权批准机关批准或者由超越批准权限的机关批准而占用农用地的，或者不按照土地利用总体规划确定的用途批准用地的，或者违反法律规定的程序批准占用农用地的，也应该归入"非法占用"的范围。

③ 耕地是否处于使用中不影响本罪的成立。闲置、荒芜并不改变耕地的性质和用途，而且根据《土地管理法》的相关规定，耕地闲置、荒芜本身就是一种违法行为。因此，行为人非法占用闲置、荒芜耕地的，也应构成本罪。

基本农田以外的耕地10亩以上。"造成耕地大量毁坏",是指行为人非法占用耕地建窑、建坟、建房、挖沙、采石、采矿、取土、堆放固体废弃物或者进行其他非农业建设,造成基本农田5亩以上或者基本农田以外的耕地10亩以上种植条件严重毁坏或者严重污染。

根据《最高人民法院关于审理破坏森林资源刑事案件适用法律若干问题的解释》(以下简称《审理破坏森林资源刑事案件解释》)第1条的规定,违反土地管理法规,非法占用林地,改变被占用林地用途,具有下列情形之一的,应当认定为造成林地"毁坏":(1)在林地上实施建窑、建坟、建房、修路、硬化等工程建设的;(2)在林地上实施采石、采砂、采土、采矿等活动的;(3)在林地上排放污染物、堆放废弃物或者进行非林业生产、建设,造成林地被严重污染或者原有植被、林业生产条件被严重破坏的。实施前款规定的行为,具有下列情形之一的,应当认定为"数量较大,造成耕地、林地等农用地大量毁坏":(1)非法占用并毁坏公益林地5亩以上的;(2)非法占用并毁坏商品林地10亩以上的;(3)非法占用并毁坏的公益林地、商品林地数量虽未分别达到第1项、第2项规定标准,但按相应比例折算合计达到有关标准的;(4)2年内曾因非法占用农用地受过2次以上行政处罚,又非法占用林地,数量达到第1项至第3项规定标准一半以上的。

根据《最高人民法院关于审理破坏草原资源刑事案件应用法律若干问题的解释》(以下简称《审理破坏草原资源刑事案件解释》)的相关规定,非法占用草原[①]"数量较大",是指非法占用草原,改变被占用草原用途,数量在20亩以上的,或者曾因非法占用草原受过行政处罚,在3年内又非法占用草原,改变被占用草原用途,数量在10亩以上的。"造成草原大量毁坏",是指:(1)开垦草原种植粮食作物、经济作物、林木的;(2)在草原上建窑、建房、修路、挖砂、采石、采矿、取土、剥取草皮的;(3)在草原上堆放或者排放废弃物,造成草原的原有植被严重毁坏或者严重污染的;(4)违反草原保护、建设、利用规划种植牧草和饲料作物,造成草原沙化或者水土严重

---

① 根据《审理破坏草原资源刑事案件解释》的相关规定,"草原"是指天然草原和人工草地,天然草原包括草地、草山和草坡,人工草地包括改良草地和退耕还草地,不包括城镇草地。

流失的；（5）其他造成草原严重毁坏的情形。①

3.犯罪主体为一般主体，单位也能成为本罪主体。②

4.主观方面只能由故意构成。

（二）认定非法占用农用地罪应当注意的问题

1.关于罪与非罪的界限。

本罪的入罪标准采用的是数量模式，因此，行为人必须违反土地管理法规，非法占用农用地，改变被占用土地用途并数量较大，而且还要造成农用地大量毁坏的，才构成犯罪。如果行为人仅只是非法占用农用地而未改变土地用途的，无论数量多少，均不构成本罪。如果未改变土地用途但导致农用地大量毁坏的，不成立本罪。③如果已改变土地用途但尚未造成农用地大量毁坏的，也不成立本罪。④如果合法占用农用地但擅自改变土地用途，并导致农用地大量毁坏的，不成立本罪。⑤此外，行为人在农村责任田上违法建房进行出售的，不宜以本罪追究刑事责任。

2.关于此罪与彼罪的区分。

国家机关工作人员徇私舞弊，违反土地管理法规，滥用职权，非法批准

---

① 需要注意的是，对造成草原大量毁坏的判断标准，司法解释采用的是混合规定模式。对于非法开垦草原种植粮食作物、经济作物、林木，或者在非法占用的草原上建窑、建房、修路、挖砂、采石、采矿、取土、剥取草皮的采取"改变用途即毁坏的认定标准"，即只要在非法占用的草原上实施以上行为的，就应认定已对草原造成毁坏；对于在非法占用的草原上堆放或者排放废弃物，或者违反草原保护、建设、利用规划种植牧草和饲料作物的，分别以"造成草原的原有植被严重毁坏或者严重污染"或者"造成草原沙化或者水土严重流失"作为认定标准。

② 居委会、村委会能否成为本罪的犯罪主体，在理论上尚有争议。但在司法实务中，部分司法机关认为居委会、村委会可以成为犯罪主体。例如，李某非法占用农用地案，参见江苏省泗阳县人民法院（2005）泗刑初字第251号判决书。该案虽然最终只判处自然人构成非法占用农用地罪，但人民法院经过研判认为居委会可以作为单位犯罪的主体，只是由于公诉机关未将居委会列为被告单位，人民法院才未能作出居委会有罪的判决。

③ 例如，行为人未改变耕地用途，但违规使用超标或国家禁止使用的农药、化肥等，造成耕地种植条件严重毁坏或者严重污染的。由于行为人并未改变土地用途，不构成本罪，但视具体情节可能构成污染环境罪等。

④ 虽然在非法占用草原的犯罪中，对于非法开垦草原种植粮食作物、经济作物、林木，或者在非法占用的草原上建窑、建房、修路、挖砂、采石、采矿、取土、剥取草皮的并不需要出现具体的毁坏结果，但此处并非否定具体毁坏结果的存在，而是一旦改变用途即推定毁坏结果的存在。

⑤ 因行为人并无非法占用行为，即使导致农用地大量毁坏的，也不能认定构成本罪，但视具体情节可能构成污染环境罪、故意毁坏财物罪或破坏生产经营罪等。

占用土地、林地、草原，情节严重的，以非法批准占用土地罪定罪处罚。非法占用农用地的行为人以暴力、威胁方法阻碍监督检查人员依法执行职务，构成犯罪的，以妨害公务罪追究刑事责任。行为人煽动群众暴力抗拒农用地法律、行政法规实施的，构成煽动暴力抗拒法律实施罪。①

3. 关于本罪的既未遂形态。

本罪为结果犯，行为人实施了非法占用农用地并改变土地用途的，还需要出现农用地大量毁坏的后果时，方能构成既遂。如果行为人非法占用农用地并改变土地用途，足以导致大量农用地毁坏，但由于行为人意志以外的原因而未得逞的，应成立犯罪未遂。

4. 关于本罪的罪数形态。

行为人采用行贿方式获得非法批准后占用农用地的，不能按照牵连犯理论择一重罪论处，而应进行数罪并罚。行为人在非法占用农用地后，因堆放或排放废弃物、采石、采矿、取土、剥取草皮等又构成污染环境罪、非法处置进口的固体废物罪、非法采矿罪、盗伐林木罪等的，鉴于数罪间构成想象竞合犯关系，应择一重罪论处。

（三）非法占用农用地罪的刑事责任

具体依照《刑法》第342条的规定确定刑事责任。依照《刑法》第346条规定，单位犯本罪的，对单位判处罚金，并对其直接负责的主管人员和其他直接责任人员，依照第342条规定处罚。

根据《审理破坏土地资源刑事案件解释》《审理破坏森林资源刑事案件解释》《审理破坏草原资源刑事案件解释》的相关规定，单位犯非法占有土地罪的定罪量刑标准，按照自然人的定罪量刑标准执行。

---

① 虽然只有《审理破坏草原资源刑事案件解释》作出了明确规定，但该规定为注意规定。因此，在非法占用耕地、林地的犯罪中也应照此原则处理。如果行为人还构成非法占用农用地罪的，由于数罪之间存在牵连关系，应择一重罪论处；如果不存在牵连关系，应数罪并罚。

九、破坏自然保护地罪

第三百四十二条之一[①] 违反自然保护地管理法规，在国家公园、国家级自然保护区进行开垦、开发活动或者修建建筑物，造成严重后果或者有其他恶劣情节的，处五年以下有期徒刑或者拘役，并处或者单处罚金。

有前款行为，同时构成其他犯罪的，依照处罚较重的规定定罪处罚。

（一）破坏自然保护地罪的概念和构成要件

破坏自然保护地罪，是指违反自然保护地管理法规，在国家公园、国家级自然保护区进行开垦、开发活动或者修建建筑物，造成严重后果或者有其他恶劣情节的行为。

本罪是《刑法修正案（十一）》第 42 条新增的罪名。

破坏自然保护地罪的构成要件是：

1. 本罪侵犯的客体是国家对自然保护地的管理秩序。

2. 客观方面表现为违反自然保护地管理法规，在国家公园、国家级自然保护区进行开垦、开发活动或者修建建筑物，造成严重后果或者有其他恶劣情节的行为。

关于违反自然保护地管理法规的范围。因生态环境类犯罪属于行政犯，行为首先应具有行政违法性，表现为违反自然保护地管理法规。根据自然保护地的类型对应前置的管理法规：一类是关于国家公园的管理法规，一类是关于自然保护区的管理法规，是指《自然保护区条例》。需要说明的，因本罪刑事立法体现了前瞻性，我国对国家公园尚未有专门的立法，仅有中共中央办公厅、国务院办公厅印发的《建立国家公园体制总体方案》规定，我国《国家公园法》被十三届全国人大常委会列入二类立法规划，尚未制定。有的观点主张《风景名胜区条例》属于实质上国家公园法，属于国家公园的管理法规范围。因为在实践中，由于专门性国家公园法的缺失，而国家级风景

[①] 本条由 2020 年 12 月 26 日《刑法修正案（十一）》第 42 条增设。

名胜区在我国保护地体系归类中其实已经相当于国家公园的概念，实质意义上的国家公园主要是依靠我国《风景名胜区条例》等相关立法予以规制。现行关于风景名胜区保护的专门立法有 2006 年 9 月 6 日国务院通过的《风景名胜区条例》以及 1993 年建设部（现为住房和城乡建设部）发布的《风景名胜区建设管理规定》。自然保护地是关于自然保护的全新机制，与现行自然资源保护措施等并不直接对应，还需要重新评定生态价值后再行确定保护强度和等级。《风景名胜区条例》第 2 条规定："本条例所称风景名胜区，是指具有观赏、文化或者科学价值，自然景观、人文景观比较集中，环境优美，可供人们游览或者进行科学、文化活动的区域。"风景名胜区又采取分级保护的方式，按景物的观赏、文化、科学价值和环境质量、规模大小、游览条件等，风景名胜区可划分为两级：国家级风景名胜区、省级风景名胜区。可见其范围还是较宽，因此其内涵必然不能与由国家批准设立并主导管理的国家公园对应，现阶段不宜参照适用《风景名胜区条例》。

  本罪的行为对象是国家公园和国家级自然保护区。根据建设自然保护地的工作规划，按照自然生态系统原真性、整体性、系统性及其内在规律，依据管理目标与效能并借鉴国际经验，自然保护地按生态价值和保护强度高低依次分为国家公园、自然保护区和自然公园三类。本罪保护是国家公园和国家级自然保护区。依照中共中央办公厅、国务院办公厅印发的《建立国家公园体制总体方案》规定，国家公园是指由国家批准设立并主导管理，边界清晰，以保护具有国家代表性的大面积自然生态系统为主要目的，实现自然资源科学保护和合理利用的特定陆地或海洋区域。依照《自然保护区条例》第 2 条规定，自然保护区，是指对有代表性的自然生态系统、珍稀濒危野生动植物物种的天然集中分布区、有特殊意义的自然遗迹等保护对象所在的陆地、陆地水体或者海域，依法划出一定面积予以特殊保护和管理的区域。自然保护区分为国家级自然保护区和地方级自然保护区。本罪中破坏的生态资源保护载体是国家级自然保护区。

  本罪行为方式有三种表现：开垦行为、进行开发活动和修建建筑物。开垦表现为改变原土地生态状态后变为农田进行农业生产，种植粮食作物、经济作物、林木等行为。开垦行为会导致自然生态体系破坏或者退化。进行开发活动的范围比较广，不仅有生产经营活动，还有科学研究、科学试验等活动，常见有修路、采伐林木、挖土、采矿、采砂、采石、放牧、捕猎、捕捞、采药等。修建建筑物，主要是指供人民进行生产、生活、经营或者其他活动的房屋或者场所。

在入罪条件上还要求"造成严重后果或者有其他恶劣情节"。"造成严重后果"主要表现为开垦行为、开发活动和修建建筑物占用自然保护地达到一定的面积、导致自然保护地内的森林、其他林木、幼苗、野生动物死亡，对自然保护地的修复费用达到一定数额或者造成了一定经济损失等情况。"其他恶劣情节"主要表现为违法所得或者经营达到一定规模或者数额，在自然保护区内禁止人为活动的核心区内从事开垦、开发或者修建建筑物等情形。

3. 犯罪主体为一般主体，既包括自然人，也包括单位。

4. 犯罪主观方面是故意。

（二）破坏自然保护地罪的刑事责任

依照《刑法》第345条之一第2款的规定，对自然保护地开垦行为、进行开发活动和修建建筑物行为过程中，可能会对自然保护地内的生态环境各种载体进行破坏，伴随着盗伐林木、狩猎、捕捞、采矿、采砂等行为，这些行为可能构成盗伐林木罪、非法狩猎罪、非法采矿罪等，还可能会对整体环境造成严重污染，使环境受到严重污染或者破坏，甚至发生造成财产损失或者人身伤亡的环境事故，还可能构成污染环境罪。这类情形依照《刑法》规定应从一重罪论处。

依照《刑法》第346条规定，单位犯本罪的，对单位判处罚金，对其直接负责的主管人员和其他直接责任人员，依照《刑法》第345条之一规定处罚。

十、非法采矿罪

第三百四十三条第一款[①] 违反矿产资源法的规定，未取得采矿许可证擅自采矿，擅自进入国家规划矿区、对国民经济具有重要价值的矿区和他人矿区范围采矿，或者擅自开采国家规定实行保护性开采的特定矿种，情节严重的，处三年以下有期徒刑、拘役或者管制，并处或者单处罚金；情节特别严重的，处三年以上七年以下有期徒刑，并处罚金。

（一）非法采矿罪的概念和构成要件

非法采矿罪，是指违反矿产资源法的规定，未取得采矿许可证擅自采矿，擅自进入国家规划矿区、对国民经济具有重要价值的矿区和他人矿区范围采矿，或者擅自开采国家规定实行保护性开采的特定矿种，情节严重的行为。

1979年《刑法》并未规定专门的矿产资源犯罪。1986年通过、1996年修正的《矿产资源法》以附属刑法形式规定，对破坏性采矿的，可依照1979年《刑法》第156条的规定以故意毁坏财物罪追究刑事责任。[②] 1997年修订《刑法》时，在《刑法》分则第六章第六节"破坏环境资源保护罪"一节，专门规定了非法采矿罪。但根据1997年《刑法》第343条第1款的规定，构成非法采矿罪须以"经责令停止开采后拒不停止开采"为条件，而实践中，这一要件很难满足，导致实践中非法采矿罪很少得到适用，影响了对矿产资源的有效保护。鉴此，《刑法修正案（八）》对非法采矿罪作了进一步完善，将"经责令停止开采后拒不停止开采，造成矿产资源破坏"的要件修改为"情节严重"，降低了入罪门槛；并将升档处罚情节由"造成矿产资源严重破坏"修改为"情节特别严重"。

非法采矿罪的构成要件是：

[①] 本款经2011年2月25日《刑法修正案（八）》第47条修改。
[②] 1986年《矿产资源法》第39条、第40条、第44条，1996年《矿产资源法》第39条、第40条、第44条。

1. 本罪侵害的客体是国家对矿产资源的所有权。

矿产资源是人类生活资料与生产资料的主要来源，是非可再生资源，储量有限，法律予以特别保护。

2. 本罪在客观方面表现为：违反矿产资源法的规定，未取得采矿许可证擅自采矿，擅自进入国家规划矿区、对国民经济具有重要价值的矿区和他人矿区范围采矿，或者擅自开采国家规定实行保护性开采的特定矿种，情节严重的行为。

对《刑法》第343条规定中的矿产资源法，应作从广义理解，即不仅限于《矿产资源法》。根据《最高人民法院、最高人民检察院关于办理非法采矿、破坏性采矿刑事案件适用法律若干问题的解释》（以下简称《办理非法采矿、破坏性采矿刑事案件解释》）第1条的规定，违反《水法》等其他法律、行政法规有关矿产资源开发、利用、保护和管理的规定的，也应当认定违反《矿产资源法》的规定。

根据《办理非法采矿、破坏性采矿刑事案件解释》第2条，"具有下列情形之一的，应当认定为刑法第三百四十三条第一款规定的'未取得采矿许可证'：（一）无许可证的；（二）许可证被注销、吊销、撤销的；（三）超越许可证规定的矿区范围或者开采范围的；（四）超出许可证规定的矿种的（共生、伴生矿种除外）；（五）其他未取得许可证的情形。"

构成本罪，必须达到"情节严重"的程度。根据《办理非法采矿、破坏性采矿刑事案件解释》第3条第1款的规定，实施非法采矿行为，具有下列情形之一的，应当认定为"情节严重"：（1）开采的矿产品价值或者造成矿产资源破坏的价值在10万元至30万元以上的；（2）在国家规划矿区、对国民经济具有重要价值的矿区采矿，开采国家规定实行保护性开采的特定矿种，或者在禁采区、禁采期内采矿，开采的矿产品价值或者造成矿产资源破坏的价值在5万元至15万元以上的；（3）2年内曾因非法采矿受过两次以上行政处罚，又实施非法采矿行为的；（4）造成生态环境严重损害的；（5）其他情节严重的情形。根据《办理非法采矿、破坏性采矿刑事案件解释》第13条的规定，非法开采的矿产品价值，根据销赃数额认定；无销赃数额，销赃数额难以查证，或者根据销赃数额认定明显不合理的，根据矿产品价格和数量认定。矿产品价值难以确定的，依据下列机构出具的报告，结合其他证据作出认定：（1）价格认证机构出具的报告；（2）省级以上人民政府国土资源、水行政、海洋等主管部门出具的报告；（3）国务院水行政主管部门在国家确定的重要江河、湖泊设立的流域管理机构出具的报告。根据《办理非法采矿、破坏性采矿刑事案件解释》第8条的规定，多次非法采矿构成犯罪，依法应当追诉的，或者2年内多次非法采矿未经处理的，价值数额累计计算。此外，根据《办理非法采矿、破坏性采矿刑事案件解释》第4条的规定，在河道管理范围内非法采砂，或者非法采挖海砂，虽不具有《办理非法采矿、破坏性采矿刑事案件解释》第3条第1款规定的情形，但严重影响河势稳定，危害防洪安全，或者造成海岸线严重破坏的，也应当认定为情节严重。

3. 本罪主体是一般主体。单位可以成为本罪的主体。

4. 本罪的主观方面是故意。

（二）认定非法采矿罪应当注意的问题

1. 划清罪与非罪的界限。

是否取得采矿许可证是区分非法采矿与合法采矿的主要界限。在认定本罪之构成要件"未取得采矿许可证"时，需注意以下问题：

（1）在采矿许可证被依法暂扣期间擅自开采的，不属于"未取得采矿许可证"。2007年《最高人民法院、最高人民检察院关于办理危害矿山生产安全刑事案件具体应用法律若干问题的解释》（已废止）第8条第1款曾规定："在采矿许可证被依法暂扣期间擅自开采的，视为刑法第三百四十三条第一款规定的'未取得采矿许可证擅自采矿'。"但《办理非法采矿、破坏性采矿刑事案件解释》未吸收上述规定，主要考虑：采矿许可证被暂扣，行为人仍是采矿权人，与自始未取得许可证或者许可证已被吊销、撤销有本质不同；因存在重大安全隐患被暂扣采矿许可证期间擅自开采的，不适用非法采矿罪，构成其他犯罪的，可以按照其他犯罪处理，并不存在法律适用漏洞。

（2）采矿许可证到期后继续开采的不能一律认定为"未取得采矿许可证"。实践中采矿许可证到期后继续开采的情形、成因比较复杂，一律以

"未取得采矿许可证"认定有所不妥,故《办理非法采矿、破坏性采矿刑事案件解释》未将此种情形明确列为"未取得采矿许可证"的情形。对于其中情节严重的,可以吊销许可证,此后再采矿的可以认定为非法采矿。

(3)采挖河砂、海砂的,是否系"未取得采矿许可证",应适用特别规则。采挖河砂、海砂不仅受《矿产资源法》的规制,还受《水法》《海域使用管理法》等法律、行政法规的规制。根据相关规定,采挖海砂的,除了需要申请海砂开采海域使用权证外,还应向国土资源部门申请采矿许可证。根据《最高人民法院、最高人民检察院、中国海警局依法打击涉海砂违法犯罪座谈会纪要》(以下简称《打击涉海砂违法犯罪纪要》)第1条规定,未取得海砂开采海域使用权证,且未取得采矿许可证,在中华人民共和国内水、领海采挖海砂,符合《刑法》第343条第1款和《办理非法采矿、破坏性采矿刑事案件解释》第2条、第3条规定的,以非法采矿罪定罪处罚。对于在中华人民共和国毗连区、专属经济区、大陆架以及中华人民共和国管辖的其他海域实施前款规定的行为,适用我国刑法追究刑事责任的案件,参照前款规定定罪处罚。《打击涉海砂违法犯罪纪要》第2条第1款规定,具有下列情形之一的,对过驳和运输海砂的船主或者船长,以非法采矿罪定罪处罚:①与非法采挖海砂犯罪分子事前通谋,指使或者驾驶运砂船前往指定海域直接从采砂船过驳和运输海砂的;②未与非法采挖海砂犯罪分子事前通谋,但受其雇佣,指使或者驾驶运砂船前往指定海域,在非法采砂行为仍在进行时,明知系非法采挖的海砂,仍直接从采砂船过驳和运输海砂的;③未与非法采挖海砂犯罪分子事前通谋,也未受其雇佣,在非法采砂行为仍在进行时,明知系非法采挖的海砂,临时与非法采挖海砂犯罪分子约定时间、地点,直接从采砂船过驳和运输海砂的。对采挖河砂,目前则缺少统一的行政许可规则,各地做法不一,有的实行"一证"管理,即有水行政主管部门发放的河道采砂许可证即可,有的则要求有"两证",即除要申领河道采砂许可证,还要向国土资源管理部门申请采矿许可证。考虑当前相关行政管理的现状,同时基于刑法谦抑精神,《办理非法采矿、破坏性采矿刑事案件解释》第4条第1款、第5条第1款特别规定:"在河道管理范围内采砂,具有下列情形之一,符合刑法第三百四十三条第一款和本解释第二条、第三条规定的,以非法采矿罪定罪处罚：（一）依据相关规定应当办理河道采砂许可证，未取得河道采砂许可证的；（二）依据相关规定应当办理河道采砂许可证和采矿许可证，既未取得河道采砂许可证，又未取得采矿许可证的。"申言之，对于实行一证管理的区域，以是否取得该许可证为认定非法采矿的标准；对于实行两证管理的区域，只要取得一个许可证的，即不能认定为非法采矿，不以非法采矿罪论处。

2.划清本罪与盗窃罪的界限。

在《刑法修正案（八）》施行之前，实践中存在对非法采矿以盗窃罪论处的案例。这在当时，或有可以理解的现实原因，主要是非法采矿罪的入罪门槛过高、很难满足，而有关的非法采矿行为危害又很严重，需要予以刑事处罚。但在《刑法修正案（八）》对非法采矿罪作出修改，将"经责令停止开采后拒不停止开采，造成矿产资源破坏"的入罪要件修改为"情节严重"后，对有关案件的处理应当回归本位，即不宜再按盗窃罪定罪处罚。主要考虑：尽管矿产资源也是财产的一种，但与作为盗窃罪犯罪对象的一般的公私财物相比，具有明显的特殊性。从社会公众的一般认识来看，通常不会认为非法采矿是在偷盗国家或者他人财产，就像不会认为非法捕捞水产品是在盗窃一样。在《刑法》已将盗挖矿产资源专门规定为非法采矿罪的情况下，对有关行为应当适用非法采矿罪，不再适用盗窃罪。否则，由于非法采矿罪的定罪量刑标准高于盗窃罪，将会导致非法采矿罪被虚置，《刑法》专门设立非法采矿罪的目的落空，《刑法》适用陷入混乱。

（三）非法采矿罪的刑事责任

根据《办理非法采矿、破坏性采矿刑事案件解释》第3条第2款的规定，实施非法采矿行为，具有下列情形之一的，应当认定为"情节特别严重"：（1）开采的矿产品价值或者造成矿产资源破坏的价值在50万元至150万元以上的；（2）在国家规划矿区、对国民经济具有重要价值的矿区采矿，开采国家规定实行保护性开采的特定矿种，或者在禁采区、禁采期内采矿，开采的矿产品价值或者造成矿产资源破坏的价值在25万元至75万元以上的；（3）造成生态环境特别严重损害的；（4）其他情节特别严重的情形。

《办理非法采矿、破坏性采矿刑事案件解释》第 10 条规定："实施非法采矿犯罪，不属于'情节特别严重'，或者实施破坏性采矿犯罪，行为人系初犯，全部退赃退赔，积极修复环境，并确有悔改表现的，可以认定为犯罪情节轻微，不起诉或者免予刑事处罚。"第 11 条规定："对受雇佣为非法采矿、破坏性采矿犯罪提供劳务的人员，除参与利润分成或者领取高额固定工资的以外，一般不以犯罪论处，但曾因非法采矿、破坏性采矿受过处罚的除外。"这是宽严相济刑事政策的具体体现，对恰当处理相关案件具有重要意义。

另需指出的是，要正确理解和把握非法采矿案件中"供犯罪所用的本人财物"。《刑法》第 64 条规定，违禁品和供犯罪所用的本人财物，应当予以没收。在非法采矿特别是非法采砂案件中，用于采砂、运砂的船只往往价值巨大，[①]哪些情况下应予依法没收，常常存在不同认识，是相关案件处理中的难点问题。为此，《办理非法采矿、破坏性采矿刑事案件解释》第 12 条第 2 款规定，对用于非法采矿、破坏性采矿犯罪的专门工具和供犯罪所用的本人财物，应当依法没收。具体而言，对于采（吸）砂船，由于其是专门用于非法采矿，无论价值大小，均应依法没收；对于运砂船，则需区分情况加以考虑：如果是专门用于或者经常性用于运输非法采挖的河砂、海砂的，也应依法没收，反之，如果是偶尔用于运输非法采挖的河砂、海砂，主要用于正常的生产生活，特别是价值巨大的，则不宜认为是"供犯罪所用"的财物，不宜没收。否则，最终的处理结果就会违反比例原则，不符合人民群众的公平正义观念。

十一、破坏性采矿罪

第三百四十三条第二款　违反矿产资源法的规定，采取破坏性的开采方法开采矿产资源，造成矿产资源严重破坏的，处五年以下有期徒刑或者拘役，并处罚金。

---

① 有的案件，如非法采挖的河砂、海砂价值有限，只有几万元，用于运输河砂、海砂船只的价值则高达四五百万元。

（一）破坏性采矿罪的概念和构成要件

破坏性采矿罪，是指违反《矿产资源法》的规定，采取破坏性的开采方法开采矿产资源，造成矿产资源严重破坏的行为。

1979年《刑法》并未规定专门的矿产资源犯罪。1986年通过、1996年修正的《矿产资源法》以附属刑法形式规定，对破坏性采矿的，可依照1979年《刑法》第156条的规定以故意毁坏财物罪追究刑事责任。1997年修订《刑法》时，在《刑法》分则第六章第六节"破坏环境资源保护罪"一节，专门规定了非法采矿罪。

破坏性采矿罪的构成要件是：

1. 本罪侵犯的客体是国家对矿产资源的管理制度。

2. 客观方面表现为违反矿产资源法的规定，采取破坏性的开采方法开采矿产资源，造成矿产资源严重破坏的行为。

2003年《最高人民法院关于审理非法采矿、破坏性采矿刑事案件具体应用法律若干问题的解释》第4条曾规定，"采取破坏性的开采方法开采矿产资源"，是指行为人违反地质矿产主管部门审查批准的矿产资源开发利用方案开采矿产资源，并造成矿产资源严重破坏的行为。2016年《最高人民法院、最高人民检察院关于办理非法采矿、破坏性采矿刑事案件适用法律若干问题的解释》（以下简称《办理非法采矿、破坏性采矿刑事案件解释》）未沿用上述规定，未再明确"采取破坏性的开采方法开采矿产资源"的认定标准。这主要是考虑：其一，现行法律并未规定"矿产资源开发利用方案"，只有《矿产资源开采登记管理办法》第5条规定采矿权申请人申请办理采矿许可证中提及"矿产资源开发利用方案"。而《矿产资源开采登记管理办法》属于行政法规，效力位阶不如法律。其二，在开采过程中，受制于地质等因素影响，采矿权人可能违反矿产资源开发利用方案，但未必会造成矿产资源严重破坏，故以矿产资源开发利用方案作为认定破坏性的开采方法的依据，可能存在不妥。考虑到相关问题认定的专业性较强，《办理非法采矿、破坏性采矿刑事案件解释》第14条规定，对是否属于破坏性的开采方法难以确定的，依据省级以上人民政府国土资源主管部门出具的报告，结合其他证据作出认定。

根据《办理非法采矿、破坏性采矿刑事案件解释》第6条、第8条规定，造成矿产资源破坏的价值在50万元至100万元以上，或者造成国家规划矿区、对国民经济具有重要价值的矿区和国家规定实行保护性开采的特定矿种资源破坏的价值在25万元至50万元以上的，应当认定为《刑法》第343条第2款规定的"造成矿产资源严重破坏"。多次破坏性采矿构成犯罪，依法应当追诉的，或者二年内多次破坏性采矿未经处理的，价值数额累计计算。

3.犯罪主体为一般主体，单位也可构成本罪的主体。

4.主观方面由故意构成，过失不构成本罪。

（二）破坏性采矿罪的刑事责任

违反《矿产资源法》的规定，采取破坏性的开采方法开采矿产资源，造成重大伤亡事故或者其他严重后果，同时构成《刑法》第343条第2款规定的破坏性采矿罪和《刑法》第134条规定的重大责任事故罪、强令违章冒险作业罪或者《刑法》第135条规定的重大劳动安全事故罪的，应当依照数罪并罚的规定处罚。

十二、危害国家重点保护植物罪

第三百四十四条[①] 违反国家规定，非法采伐、毁坏珍贵树木或者国家重点保护的其他植物的，或者非法收购、运输、加工、出售珍贵树木或者国家重点保护的其他植物及其制品的，处三年以下有期徒刑、拘役或者管制，并处罚金；情节严重的，处三年以上七年以下有期徒刑，并处罚金。

（一）危害国家重点保护植物罪的概念和构成要件

危害国家重点保护植物罪，是指违反国家规定，非法采伐、毁坏珍贵树

---

① 本条经2002年12月28日《刑法修正案（四）》第6条修改。

木或者国家重点保护的其他植物，或者非法收购、运输、加工、出售珍贵树木或者国家重点保护的其他植物及其制品的行为。

本罪是1997年《刑法》增设的罪名，原罪名为"非法采伐、毁坏珍贵树木罪"。《刑法修正案（四）》第6条对本罪的犯罪对象作了扩充，将珍贵树木以外的国家重点保护的其他植物也纳入本罪的对象范围，同时增加了非法收购、运输、加工、出售珍贵树木或者国家重点保护的其他植物及其制品的规定。修改后，《最高人民法院、最高人民检察院关于执行〈中华人民共和国刑法〉确定罪名的补充规定（二）》将《刑法》第344条的罪名确定为"非法采伐、毁坏国家重点保护植物罪""非法收购、运输、加工、出售国家重点保护植物、国家重点保护植物制品罪"。考虑到确定为两个罪名过于复杂、烦冗，且常常引发罪数认定的困难和争议，《最高人民法院、最高人民检察院关于执行〈中华人民共和国刑法〉确定罪名的补充规定（七）》将两个罪名整合为"危害国家重点保护植物罪"一罪。

危害国家重点保护植物罪的构成要件是：

1. 本罪侵犯的客体是国家的植物资源。

犯罪对象是国家重点保护的植物及其制品。国家重点保护的植物包括珍贵树木或者国家重点保护的其他植物。2020年《最高人民法院、最高人民检察院关于适用〈中华人民共和国刑法〉第三百四十四条有关问题的批复》（以下简称《批复》）规定，古树名木以及列入《国家重点保护野生植物名录》的野生植物，属于《刑法》第344条规定的"珍贵树木或者国家重点保护的其他植物"。需要注意的是：

（1）根据2016年《全国绿化委员会关于进一步加强古树名木保护管理的意见》的规定，古树是指树龄在100年以上的树木。名木是指具有重要历史、文化、景观与科学价值和具有重要纪念意义的树木。从相关行政管理实践看，古树是按照树龄直接认定的，并非由省级以上林业主管部门或者其他部门确定。因此，《批复》中未再对"古树名木"的概念作进一步的界定。司法实践中，按照《城市绿化条例》以及相关主管部门的文件、各地关于古树名木资源的认定、登记、建档、公布、挂牌情况综合认定即可。

（2）《批复》删去了"国家禁止、限制出口的珍贵树木"的规定，即不再将国家禁止、限制出口的珍贵树木一律视为《刑法》第344条规定的国家重点保护的植物。这主要是考虑，《刑法》第344条主要是保护我国的生物多样性和生态平衡，而国家禁止、限制出口珍贵树木，主要是为了履行《濒危野生动植物种国际贸易公约》（我国于1980年12月25日加入）规定的公约义务，是"为了保护某些野生动物和植物物种不致由于国际贸易而遭到过度开发利用"。从《濒危野生动植物种国际贸易公约》附录的具体内容看，列入附录一、附录二的植物多达54个科、约22000种，其中一些甚至涵盖了科下的所有属，或者属下的所有种，例如兰科所有种（约18000种）都列入了附录一或者附录二，仙人掌科所有种（约2500种）也都列入了附录一或者附录二［而我国《国家重点保护野生植物名录（第一批）》中尚没有兰科植物和仙人掌科植物］。将以上所有植物均纳入《刑法》第344条的规制范围，一律定罪处刑，恐违背人民群众对公平正义的一般认知。根据《批复》规定，《濒危野生动植物种国际贸易公约》附录一、附录二中的植物，同时列入《国家重点保护野生植物名录》的，属于《刑法》第344条的犯罪对象；反之，没有列入《国家重点保护野生植物名录》的，不属于《刑法》第344条的犯罪对象。列入《濒危野生动植物种国际贸易公约》附录一、附录二，但没有列入《国家重点保护野生植物名录》的植物，走私入境后有窝藏、转移、收购、代为销售等行为，符合《刑法》第312条规定的，可以按照掩饰、隐瞒犯罪所得、犯罪所得收益罪追究刑事责任。

（3）根据野生植物保护条例的规定，野生植物限于原生地天然生长的植物。人工培育的植物，除古树名木外，不属于《刑法》第344条规定的"珍贵树木或者国家重点保护的其他植物"。非法采伐、毁坏或者非法收购、运输人工培育的植物（古树名木除外），构成盗伐林木罪、滥伐林木罪、非法收购、运输盗伐、滥伐的林木罪等犯罪的，依照相关规定追究刑事责任。

2.客观方面表现为违反国家规定，非法采伐、毁坏珍贵树木或者国家重点保护的其他植物，或者非法收购、运输、加工、出售珍贵树木或者国家重点保护的其他植物及其制品的行为。

"违反国家规定"，是指违反森林法、野生植物保护条例等法律、行政法规的规定。"非法采伐"，是指没有取得采伐许可证而进行采伐或者违反许可证规定的面积、株数、树种进行采伐的行为。"毁坏",是指行为人采用剥皮、砍枝、取脂使用等方式,使珍贵树木或者国家重点保护的其他植物死亡或者影响其正常生长的行为。"收购",包括以营利、自用等为目的的购买行为;"运输",包括采用携带、邮寄、利用他人、使用交通工具等方法进行运送的行为;"加工",是指人为制作成品或者半成品的行为;"出售",包括出卖和以营利为目的的加工利用行为。

根据《批复》规定,非法移栽珍贵树木或者国家重点保护的其他植物,属于非法采伐。依法应当追究刑事责任的,以危害国家重点保护植物罪定罪处罚。鉴于移栽在社会危害程度上与砍伐存在一定差异,对非法移栽珍贵树木或者国家重点保护的其他植物的行为,在认定是否构成犯罪以及裁量刑罚时,应当考虑植物的珍贵程度、移栽目的、移栽手段、移栽数量、对生态环境的损害程度等情节,综合评估社会危害性,确保罪责刑相适应。

3. 犯罪主体为一般主体。自然人和单位均可构成本罪的主体。

4. 主观方面由故意构成,即行为人明知其采伐、毁坏的是珍贵树木或者国家重点保护的其他植物,仍进行采伐、毁坏。过失不构成本罪。

(二)危害国家重点保护植物罪的刑事责任

《最高人民法院关于审理破坏森林资源刑事案件适用法律若干问题的解释》(以下简称《审理破坏森林资源刑事案件解释》)明确了危害国家重点保护植物行为的定罪量刑标准。

1. 定罪入刑标准。根据《审理破坏森林资源刑事案件解释》第2条第1款规定,违反国家规定,非法采伐、毁坏列入《国家重点保护野生植物名录》的野生植物,或者非法收购、运输、加工、出售明知是非法采伐、毁坏的上述植物及其制品,具有下列情形之一的,应当依照《刑法》第344条的规定,以危害国家重点保护植物罪,处三年以下有期徒刑、拘役或者管制,并处罚金:(1)危害国家一级保护野生植物1株以上或者立木蓄积1立方米以上的;(2)危害国家二级保护野生植物2株以上或者立木蓄积2立方米以上的;(3)危害国家重点保护野生植物,数量虽未分别达到第1项、第2项规定标准,但按相应比例折算合计达到有关标准的;(4)涉案国家重点保护野生植物及其制品价值2万元以上的。

2."情节严重"的认定标准。根据《审理破坏森林资源刑事案件解释》第2条第2款规定，实施危害国家重点保护植物犯罪行为，具有下列情形之一的，应当认定为《刑法》第344条规定的"情节严重"，处三年以上七年以下有期徒刑，并处罚金：（1）危害国家一级保护野生植物五株以上或者立木蓄积5立方米以上的；（2）危害国家二级保护野生植物10株以上或者立木蓄积10立方米以上的；（3）危害国家重点保护野生植物，数量虽未分别达到第1项、第2项规定标准，但按相应比例折算合计达到有关标准的；（4）涉案国家重点保护野生植物及其制品价值20万元以上的；（5）其他情节严重的情形。

3.对危害古树名木行为的处理。根据《审理破坏森林资源刑事案件解释》第2条第3款规定，违反国家规定，非法采伐、毁坏古树名木，或者非法收购、运输、加工、出售明知是非法采伐、毁坏的古树名木及其制品，涉案树木未列入《国家重点保护野生植物名录》的，根据涉案树木的树种、树龄以及历史、文化价值等因素，综合评估社会危害性，依法定罪处罚。

4.从重处罚的情形。根据《审理破坏森林资源刑事案件解释》第12条规定，实施包括危害国家重点保护植物罪等在内的破坏森林资源犯罪，具有下列情形之一的，从重处罚：（1）造成林地或者其他农用地基本功能丧失或者遭受永久性破坏的；（2）非法占用自然保护地核心保护区内的林地或者其他农用地的；（3）非法采伐国家公园、国家级自然保护区内的林木的；（4）暴力抗拒、阻碍国家机关工作人员依法执行职务，尚不构成妨害公务罪、袭警罪的；（5）经行政主管部门责令停止违法行为后，继续实施相关行为的。

十三、非法引进、释放、丢弃外来入侵物种罪

第三百四十四条之一[①] 违反国家规定，非法引进、释放或者丢弃外来入侵物种，情节严重的，处三年以下有期徒刑或者拘役，并处或者单处罚金。

[①] 本条由2020年12月26日《刑法修正案（十一）》第43条增设。

（一）非法引进、释放、丢弃外来入侵物种罪的概念和构成要件

非法引进、释放、丢弃外来入侵物种罪，是指违反国家规定，非法引进、释放或者丢弃外来入侵物种，情节严重的行为。

本罪是《刑法修正案（十一）》第 43 条新增的罪名。

非法引进、释放、丢弃外来入侵物种罪的构成要件是：

1. 本罪侵犯的客体是生物多样性和生态安全。

2. 客观方面是违反国家规定，非法引进、释放或者丢弃外来入侵物种，情节严重的行为。

违反国家规定是违反全国人民代表大会及其常务委员会制定的法律和决定，国务院制定的行政法规、规定的行政措施、发布的决定和命令中有关外来物种的相关规定。我国现行的多部法律如《生物安全法》《环境保护法》《野生动物保护法》《长江保护法》《进出境动植物检疫法》《农业法》《草原法》《种子法》等都有关外来物种的规定，其中《生物安全法》第 23 条规定："国家建立首次进境或者暂停后恢复进境的动植物、动植物产品、高风险生物因子国家准入制度。"行政法规《濒危野生动植物进出口管理条例》等也有所规定。

具体的行为方式包括非法引进、释放或者丢弃。非法引进是未经审批许可，从境外运输、邮寄等方式输入物种，非法释放一般是对处于关押状态的动物进行解除，任其自由活动，非法丢弃是对原持有、保管、饲养的物种随意处置，其中非法释放、非法丢弃行为中原来的持有、保管外来物种的行为可能是合法的，但对其处置不符合法律规定。例如，《陆生野生动物保护实施条例》第 22 条规定："从国外或者外省、自治区、直辖市引进野生动物进行驯养繁殖的，应当采取适当措施，防止其逃至野外；需要将其放生于野外的，放生单位应当向所在省、自治区、直辖市人民政府林业行政主管部门提出申请，经省级以上人民政府林业行政主管部门指定的科研机构进行科学论证后，报国务院林业行政主管部门或者其授权的单位批准。"

外来入侵物种，既可能是植物，也可能是动物，还可能是动物、植物的繁殖材料如种子、卵等。《生物安全法》第 60 条第 1 款规定："国家加强对

外来物种入侵的防范和应对，保护生物多样性。国务院农业农村主管部门会同国务院其他有关部门制定外来物种名录和管理办法。"对于外来入侵物种可以依照名录认定。非法引进、释放或者丢弃外来入侵物种"情节严重"才构成犯罪。

3.犯罪主体为一般主体。

4.犯罪主观方面是故意，包括直接故意和间接故意。

在故意的内容方面，要求行为人对外来入侵物种明知，对于是否明知可结合行为人获取外来入侵物种的来源、运送途径、生活阅历等作出认定。对于造成生态环境的破坏结果可能是积极追求，更多情形是放任发生的间接故意。对于行为人在进口的木材等物品中无意夹带进来的外来入侵物种，行为人主观上不明知的，不应认定为本罪。

（二）认定非法引进、释放、丢弃外来入侵物种罪应当注意的问题

1.划清罪与非罪的界限。

《生物安全法》第81条规定，非法引进外来物种的，由县级以上人民政府有关部门根据职责分工，没收引进的外来物种，并处5万元以上25万元以下的罚款；非法释放或者丢弃外来物种的，由县级以上人民政府有关部门根据职责分工，责令限期捕回、找回释放或者丢弃的外来物种，处1万元以上5万元以下罚款。因此，对于非法处置外来入侵物种的行为，并非一律作为犯罪处理，而是应该根据情节是否严重进行区分。

关于"情节严重"，可以考虑以下因素作出判断：非法引进外来入侵物种的数量多少；外来入侵物种在自然环境中是否已经独立存活并繁衍形成一定规模和数量；外来入侵物种给自然生态造成的损害程度、经济损失等情况。

2.外来入侵物种的具体判断。

关于外来入侵物种，我国行政主管部门曾经发布多个名录：（1）2003年，原国家环境保护总局和中国科学院联合发布《中国第一批外来入侵物种名单》，列明16个外来入侵物种名单，包括紫茎泽兰、豚草、薇甘菊、互花米草等9个植物物种和蔗扁蛾、湿地松粉蚧等7个动物物种。（2）2010年，

环境保护部和中国科学院联合发布《中国第二批外来入侵物种名单》，列明 19 个外来入侵物种，包括马缨丹、三裂叶豚草、大藻等 10 个植物物种和桉树枝瘿姬小蜂、椰心叶甲等 9 个动物物种。（3）2014 年《中国外来入侵物种名单（第三批）》，列明 18 个外来入侵物种，包括反枝苋、三叶鬼针草、小蓬草等 10 个植物物种，巴西龟、尼罗罗非鱼等 8 个动物物种。（4）2016 年《中国自然生态系统外来入侵物种名单（第四批）》，列明 18 个外来入侵物种，包括长芒苋、垂序商陆、五爪金瓜等 11 个植物物种，食蚊鱼、德国小蠊等 7 个动物物种。四批共公布了 71 个外来入侵物种，其中植物物种 40 个、动物物种 31 个。此外 2012 年农业部曾发布过《国家重点管理外来入侵物种名录（第一批）》，其中共计 52 种，其中植物中常见的有水葫芦等，动物包括美国白蛾等。《生物安全法》第 60 条规定："国家加强对外来物种入侵的防范和应对，保护生物多样性。国务院农业农村主管部门会同国务院其他有关部门制定外来物种名录和管理办法。"关于外来物种应制定统一的目录，对于外来入侵物种可以依照名录认定。

（三）非法引进、释放、丢弃外来入侵物种罪的刑事责任

具体依照《刑法》第 344 条之一的规定确定刑事责任。依照《刑法》第 346 条的规定，单位犯本罪的，对单位判处罚金，并对其直接负责的主管人员和其他直接责任人员，依照《刑法》第 344 条之一的规定处罚。

十四、盗伐林木罪

第三百四十五条第一款　盗伐森林或者其他林木，数量较大的，处三年以下有期徒刑、拘役或者管制，并处或者单处罚金；数量巨大的，处三年以上七年以下有期徒刑，并处罚金；数量特别巨大的，处七年以上有期徒刑，并处罚金。

第四款　盗伐、滥伐国家级自然保护区内的森林或者其他林木的，从重处罚。

（一）盗伐林木罪的概念和构成要件

盗伐林木罪，是指以非法占有为目的，盗伐森林或者其他林木，数量较大的行为。

本罪1979年《刑法》第128条作了规定，1997年《刑法》沿用。

盗伐林木罪的构成要件是：

1. 本罪侵犯的客体是国家对林业资源的管理制度。

本罪的犯罪对象是森林或者其他林木。"森林"是指大面积的原始森林和人造林，具体可分为防护林、用材林、经济林、薪炭林、特殊用途林五类。"其他林木"是指小面积的树林和零星树木，但不包括农民在自留地和房前屋后种植的零星树木。森林和其他林木，包括竹林、竹子。

2. 客观方面表现为盗伐森林或者其他林木，数量较大的行为。

根据《最高人民法院关于审理破坏森林资源刑事案件适用法律若干问题的解释》（以下简称《审理破坏森林资源刑事案件解释》）第3条第1款规定，以非法占有为目的，具有下列情形之一的，应当认定为"盗伐森林或者其他林木"：（1）未取得采伐许可证，擅自采伐国家、集体或者他人所有的林木的；（2）违反《森林法》第56条第3款的规定，擅自采伐国家、集体或者他人所有的林木的；（3）在采伐许可证规定的地点以外采伐国家、集体或者他人所有的林木的。

根据《审理破坏森林资源刑事案件解释》第4条第1款规定，盗伐森林或者其他林木，涉案林木具有下列情形之一的，应当认定为"数量较大"：（1）立木蓄积5立方米以上的；（2）幼树200株以上的；（3）数量虽未分别达到第1项、第2项规定标准，但按相应比例折算合计达到有关标准的；（4）价值2万元以上的。

3. 犯罪的主体为一般主体，单位也可构成本罪的主体。

4. 主观方面由故意构成，并且具有以非法占有他人林木为目的。过失不构成本罪。

（二）认定盗伐林木罪应当注意的问题

1. 划清罪与非罪的界限。

如果盗伐林木数量较小，则不构成犯罪，应当依照《森林法》规定，由林业行政主管部门予以行政处罚。

2. 划清本罪与盗窃罪的界限。

（1）对于将国家、集体、他人所有并已经伐倒的树木窃为己有，以及偷砍他人房前屋后、自留地种植的零星树木，符合《刑法》第264条规定的，应当以盗窃罪定罪处罚。（2）非法实施采种、采脂、挖笋、掘根、剥树皮等行为，符合《刑法》第264条规定的，应当以盗窃罪定罪处罚；同时构成其他犯罪的，依照处罚较重的规定定罪处罚。（3）《刑法》第345条与第264条之间存在特别法与普通法的关系。按照法条竞合通常的特别法优于普通法理论，对盗伐林木的数量没有达到盗伐林木罪的定罪标准但达到盗窃罪的定罪标准，不宜转而适用盗窃罪，而宜按照《森林法》的规定，以一般违法行为论处；同时符合盗伐林木罪和盗窃罪的构成的，按照盗窃罪论处处罚更重的，也不宜转而适用盗窃罪，而宜仍按盗伐林木罪论处。

3. 划清本罪与危害国家重点保护植物罪的界限。

（1）对于非法采伐珍贵树木，同时触犯盗伐林木罪的，应从一重罪处断。立法为危害国家重点保护植物罪配置的最高法定刑只有七年有期徒刑，反比盗伐林木罪轻，或是考虑通常不太可能出现大量非法采伐国家重点保护植物的情况。如确实出现这样的案件，仍按危害国家重点保护植物罪论处，显然不符合罪责刑相适应的刑法基本原则。因此，此种情形下，应例外适用重法优于轻法的原则。①（2）既盗伐林木数量较大，又另有非法采伐珍贵树木的，应当实行数罪并罚。

---

① 有观点认为，危害国家重点保护植物罪与盗伐林木罪不是特别关系，非法采伐珍贵林木，同时构成非法采伐国家重点保护植物罪和盗伐林木罪的，属于想象竞合。[参见张明楷：《刑法学》（第五版），法律出版社2016年版，第1138页；王作富主编：《刑法分则实务研究》（下）（第五版），中国方正出版社2013年版，第1431页] 该观点或是因为对法条竞合、想象竞合的概念和区分标准仍未形成共识。

(三）盗伐林木罪的刑事责任

关于"数量巨大""数量特别巨大"的认定标准，依照《审理破坏森林资源刑事案件解释》第 4 条第 2 款确定的标准，达到前述第 1 款第 1 项至第 4 项规定标准 10 倍、50 倍以上的，应当分别认定为"数量巨大""数量特别巨大"。

十五、滥伐林木罪

第三百四十五条第二款 违反森林法的规定，滥伐森林或者其他林木，数量较大的，处三年以下有期徒刑、拘役或者管制，并处或者单处罚金；数量巨大的，处三年以上七年以下有期徒刑，并处罚金。

第四款 盗伐、滥伐国家级自然保护区内的森林或者其他林木的，从重处罚。

（一）滥伐林木罪的概念和构成要件

滥伐林木罪，是指违反《森林法》的规定，滥伐森林或者其他林木，数量较大的行为。

本罪由 1979 年《刑法》第 128 条作了规定，1997 年《刑法》沿用。

滥伐林木罪的构成要件是：

1.本罪侵犯的客体是国家对林业资源的管理制度。

2.客观方面表现为违反《森林法》的规定，滥伐森林或者其他林木，数量较大的行为。

依照《最高人民法院关于审理破坏森林资源刑事案件适用法律若干问题的解释》（以下简称《审理破坏森林资源刑事案件解释》）第 5 条的规定，具有下列情形之一的，属于滥伐林木：（1）未取得采伐许可证，或者违反采伐许可证规定的时间、地点、数量、树种、方式，任意采伐本单位或者本人所有的林木的；（2）违反《森林法》第 56 条第 3 款的规定，任意采伐本单位或者本人所有的林木的；（3）在采伐许可证规定的地点，超过规定的数量采伐国家、集体或者他人所有的林木的。林木权属存在争议，一方未取得采伐许可证擅自砍伐的，以滥伐林木论处。

《审理破坏森林资源刑事案件解释》第6条第1款规定，滥伐森林或者其他林木，涉案林木具有下列情形之一的，应当认定为《刑法》第345条第2款规定的"数量较大"：（1）立木蓄积20立方米以上的；（2）幼树1000株以上的；（3）数量虽未分别达到第1项、第2项规定标准，但按相应比例折算合计达到有关标准的；（4）价值5万元以上的。

3. 犯罪主体为一般主体，单位也可构成本罪的主体。

4. 主观方面由故意构成，过失不构成本罪。

（二）认定滥伐林木罪应当注意的问题

1. 划清罪与非罪的界限。

（1）违反《森林法》的规定，滥伐森林或者其他林木，如果数量不大，只是一般零星地滥伐林木，则属于一般违法行为，应当由林业行政主管部门给予行政处罚，不能作为犯罪处理。

（2）通常而言，存活的林木才具有生态资源价值。因此，实施滥伐林木的行为，所涉林木系风倒、火烧、水毁或者林业有害生物等自然原因死亡或者严重毁损的，一般不以犯罪论处；确有必要追究刑事责任的，应当从宽处理。

2. 划清本罪与盗伐林木罪的界限。

一般情况下，两者并不难区分。需要注意的主要是，根据《审理破坏森林资源刑事案件解释》第5条第2款规定，林木权属存在争议，一方未取得采伐许可证擅自砍伐的，以滥伐林木论处。

（三）滥伐林木罪的刑事责任

"数量巨大"，是本罪的加重处罚情节。依照《审理破坏森林资源刑事案件解释》第6条第2款的规定，达到前述第1款第1项至第4项规定标准5倍以上的，应当认定为"数量巨大"。

十六、非法收购、运输盗伐、滥伐的林木罪

第三百四十五条第三款[①]　非法收购、运输明知是盗伐、滥伐的林木，情节严重的，处三年以下有期徒刑、拘役或者管制，并处或者单处罚金；情节特别严重的，处三年以上七年以下有期徒刑，并处罚金。

（一）非法收购、运输盗伐、滥伐的林木罪的概念和构成要件

非法收购、运输盗伐、滥伐的林木罪，是指非法收购、运输明知是盗伐、滥伐的林木，情节严重的行为。

本罪是 1997 年《刑法》增设的罪名，原罪名为"非法收购盗伐、滥伐的林木罪"。《刑法》第 345 条第 3 款原来规定的以牟利为目的非法收购明知是盗伐、滥伐的林木的行为，限定在林区，且只有非法收购，没有非法运输。有关部门提出，近年来各地加大了植树的力度，林区与非林区的界限已不明显，非林区也存在成片的森林需要保护。无论是否以牟利为目的，都会破坏国家森林资源。同时，这类犯罪案件大量是在运输环节查获的，有些非法运输人员往往就是盗伐、滥伐、非法收购行为的直接参与者或者帮助者。因此，《刑法修正案（四）》第 7 条第 3 款对本罪的罪状作了修改，删除了"以牟利为目的"的要件，取消了"在林区"的限制，同时增加规定了非法运输行为。《刑法》修改后，罪名也作了相应调整。

非法收购、运输盗伐、滥伐的林木罪的构成要件是：

1. 本罪侵犯的客体是国家对林业资源的管理制度。

犯罪对象是盗伐、滥伐的林木。

2. 客观方面表现为非法收购、运输明知是盗伐、滥伐的林木，情节严重的行为。

按照《最高人民法院关于审理破坏森林资源刑事案件适用法律若干问题的解释》（以下简称《审理破坏森林资源刑事案件解释》）第 8 条第 1 款的规

[①]　本款经 2002 年 12 月 28 日《刑法修正案（四）》第 7 条第 3 款修改。

定,非法收购、运输明知是盗伐、滥伐的林木,具有下列情形之一的,应当认定为"情节严重":(1)涉案林木立木蓄积20立方米以上的;(2)涉案幼树1000株以上的;(3)涉案林木数量虽未分别达到第1项、第2项规定标准,但按相应比例折算合计达到有关标准的;(4)涉案林木价值5万元以上的;(5)其他情节严重的情形。

3.犯罪主体为一般主体。

4.主观方面由故意构成,目的、动机具体如何不影响本罪认定。

(二)认定非法收购、运输盗伐、滥伐的林木罪应当注意的问题

1.要注意划清本罪与掩饰、隐瞒犯罪所得、犯罪所得收益罪的界限。

《刑法》第345条与《刑法》第312条之间存在特别法与普通法的关系。根据特别法优于普通法的适用原则,对非法收购、运输明知是盗伐、滥伐的林木,情节严重的行为,应当按非法收购盗伐、滥伐的林木罪论处。对于明知是盗伐、滥伐的林木及其收益而予以窝藏、代为销售或者以其他方法掩饰、隐瞒的,应当以掩饰、隐瞒犯罪所得、犯罪所得收益罪论处。

2.对主观明知的认定。

按照《审理破坏森林资源刑事案件解释》第7条的规定,认定"明知是盗伐、滥伐的林木",应当根据涉案林木的销售价格、来源以及收购、运输行为违反有关规定等情节,结合行为人的职业要求、经历经验、前科情况等作出综合判断。具有下列情形之一的,可以认定行为人明知是盗伐、滥伐的林木,但有相反证据或者能够作出合理解释的除外:(1)收购明显低于市场价格出售的林木的;(2)木材经营加工企业伪造、涂改产品或者原料出入库台账的;(3)交易方式明显不符合正常习惯的;(4)逃避、抗拒执法检查的;(5)其他足以认定行为人明知的情形。

(三)非法收购、运输盗伐、滥伐的林木罪的刑事责任

《刑法》第345条第3款中的"情节特别严重",是本罪的加重处罚情节。按照《审理破坏森林资源刑事案件解释》第8条第2款的规定,实施前

述第 1 款规定的行为，达到第 1 项至第 4 项规定标准 5 倍以上或者具有其他特别严重情节的，应当认定为"情节特别严重"。

第七节　走私、贩卖、运输、制造毒品罪

一、走私、贩卖、运输、制造毒品罪

第三百四十七条　走私、贩卖、运输、制造毒品，无论数量多少，都应当追究刑事责任，予以刑事处罚。

走私、贩卖、运输、制造毒品，有下列情形之一的，处十五年有期徒刑、无期徒刑或者死刑，并处没收财产：

（一）走私、贩卖、运输、制造鸦片一千克以上、海洛因或者甲基苯丙胺五十克以上或者其他毒品数量大的；

（二）走私、贩卖、运输、制造毒品集团的首要分子；

（三）武装掩护走私、贩卖、运输、制造毒品的；

（四）以暴力抗拒检查、拘留、逮捕，情节严重的；

（五）参与有组织的国际贩毒活动的。

走私、贩卖、运输、制造鸦片二百克以上不满一千克、海洛因或者甲基苯丙胺十克以上不满五十克或者其他毒品数量较大的，处七年以上有期徒刑，并处罚金。

走私、贩卖、运输、制造鸦片不满二百克、海洛因或者甲基苯丙胺不满十克或者其他少量毒品的，处三年以下有期徒刑、拘役或者管制，并处罚金；情节严重的，处三年以上七年以下有期徒刑，并处罚金。

单位犯第二款、第三款、第四款罪的，对单位判处罚金，并对其直接负责的主管人员和其他直接责任人员，依照各该款的规定处罚。①

---

① 依照本条第 6 款的规定，利用、教唆未成年人走私、贩卖、运输、制造毒品，或者向未成年人出售毒品的，从重处罚。为了节省文字，在刑事责任部分不再援引。

利用、教唆未成年人走私、贩卖、运输、制造毒品，或者向未成年人出售毒品的，从重处罚。①

对多次走私、贩卖、运输、制造毒品，未经处理的，毒品数量累计计算。

第三百五十六条 因走私、贩卖、运输、制造、非法持有毒品罪被判过刑，又犯本节规定之罪的，从重处罚。

（一）走私、贩卖、运输、制造毒品罪的概念和构成要件

走私、贩卖、运输、制造毒品罪，是指走私、贩卖、运输、制造鸦片、海洛因、甲基苯丙胺（冰毒）、吗啡、大麻、可卡因和其他毒品的行为。

1979年《刑法》第171条只有制造、贩卖、运输毒品罪的规定，并未将走私毒品罪置于毒品犯罪的条文之中，对于走私毒品罪的刑法规制，则要根据《刑法》第116条、第118条走私罪的规定定罪处罚。本罪是吸收《全国人民代表大会常务委员会关于禁毒的决定》第2条的内容，修改成为1997年《刑法》的具体规定的。

走私、贩卖、运输、制造毒品罪的构成要件是：

1.本罪侵犯的客体是国家对毒品的管理制度，走私毒品行为还侵犯了国家的海关监管秩序，犯罪对象是毒品。

所谓毒品，是指鸦片、海洛因、甲基苯丙胺（冰毒）、甲基苯丙胺片剂（麻古）、氯胺酮（K粉）、吗啡、大麻、可卡因、甲卡西酮、芬太尼以及国家规定管制的其他能够使人形成瘾癖的麻醉药品和精神药品。我国在历史上深受烟毒之害。中华人民共和国成立后，禁绝了烟毒。但20世纪80年代以来，国际上贩毒活动猖獗，不断向我国渗透。进入20世纪90年代后，我国毒品犯罪呈直线上升之势，使我国原来已基本绝迹的贩毒、吸毒现象在一些地区死灰复燃，个别地区出现蔓延的态势。这些毒品犯罪活动，极大地危害人民的身心健康，毒化社会风气，并诱发其他犯罪活动，严重危害社会治

---

① 依照本条第5款的规定，单位犯走私、贩卖、运输、制造毒品罪的，实行"双罚制"。为了节省文字，在刑事责任部分不再援引。

安。我国一贯重视禁毒工作。1979年《刑法》和《全国人民代表大会常务委员会关于严惩严重破坏经济的罪犯的决定》《全国人民代表大会常务委员会关于惩治走私罪的补充规定》和《全国人民代表大会常务委员会关于禁毒的决定》，对走私、贩卖、运输、制造毒品犯罪规定了严厉的刑罚。我国还先后于1985年和1989年参加了联合国《1961年麻醉品单一公约》《1971年联合国精神药物公约》和《联合国禁止非法贩运麻醉药品和精神药物公约》。1997年修订《刑法》时，将《全国人民代表大会常务委员会关于禁毒的决定》的相关条文吸收修改为《刑法》的具体条文，从而为我国同毒品犯罪作斗争提供了重要法律武器。2000年后，最高人民法院、最高人民检察院等司法机关又制定了一系列惩处毒品犯罪的司法解释和规范性司法文件，为准确适用《刑法》打击毒品犯罪提供了依据。

在党中央的高度重视和正确领导下，近年来，各有关部门通力合作，共同推进禁毒人民战争，我们的禁毒斗争取得了显著成效。同时也要看到，由于各方面的原因，我国毒品犯罪仍处于高发态势，禁毒工作总体形势依然较为严峻。从审判角度看，毒品犯罪特点集中体现在以下几个方面：第一，罪名分布方面。走私、贩卖、运输、制造毒品罪始终占据主导地位，2015年至2020年占比一直在65%以上。容留他人吸毒罪次之，2015年以来占比始终在25%左右。值得注意的是，非法种植毒品原植物罪呈逐年增长态势，2020年较2015年增长了2.27倍，案件量在2020年已超过此前排在第三位的非法持有毒品罪。第二，犯罪手段方面。利用互联网、即时通讯工具、定位系统、物流寄递等非接触渠道实施毒品犯罪的案件增多，犯罪手段更加隐蔽，侦查取证工作的难度加大、专业性增强，也对证据审查认定工作提出了新要求。第三，犯罪类型方面。源头性毒品犯罪呈加剧之势。"金三角""金新月"等境外毒品通过边境地区向我国走私渗透的案件增多。国内的制造毒品犯罪呈分散蔓延趋势，且新的制毒原料、方法不断出现。列管麻醉药品、精神药品及易制毒化学品流入非法渠道的犯罪仍时有发生。第四，涉案毒品方面。出现了传统毒品、合成毒品和新型毒品并存的局面。特别是新型毒品滥用和犯罪呈上升趋势，部分毒品极具伪装性、欺骗性，严重威胁青少年身心健康。部分地方还出现了制造、贩卖合成大麻素等新精神活性物质犯罪案件。

2. 本罪的客观方面表现为走私、贩卖、运输、制造毒品的行为。

"走私",是指明知是毒品而违反海关法规,非法运输、携带、邮寄国家禁止进出口的鸦片、海洛因、甲基苯丙胺、吗啡、大麻、可卡因等毒品进出国(边)境,逃避海关监管的行为。直接向走私人非法收购走私进口的毒品,或者在内海、领海、界河、界湖运输、收购、贩卖毒品的,也属于走私毒品的行为。"贩卖",是指明知是毒品而非法销售或者以贩卖为目的而非法收买的行为。"运输",是指明知是毒品而采用携带、寄递、托运、利用他人或者使用交通工具等方法非法运送毒品的行为。"制造",是指非法从毒品原植物中提炼毒品或者用化学合成方法加工、配制毒品,或者以改变毒品成分和效用为目的,用混合等物理方法加工配制毒品的行为。为便于隐蔽运输、销售、使用、欺骗购买者,或者为了增重,对毒品掺杂使假,添加或者去除其他非毒品物质,不属于制造毒品的行为。

在司法实践中,只要具有走私、贩卖、运输、制造毒品其中一种行为,即构成本罪。走私、贩卖、运输、制造毒品罪是选择性罪名,对同一宗毒品实施两种以上犯罪行为,应当按照所实施的犯罪行为的性质并列确定罪名,毒品数量不重复计算,不实行数罪并罚。对不同宗的毒品分别实施了不同种犯罪行为的,应对不同行为并列确定罪名,累计毒品数量,不实行数罪并罚。对被告人一人走私、贩卖、运输、制造两种以上毒品的,不实行数罪并罚,量刑时可综合考虑毒品的种类、数量及危害,依法处理。罪名不以行为实施的先后、毒品数量或者危害大小排列,一律以《刑法》条文规定的顺序表述。下级法院在判决中确定罪名不准确的,上级法院可以减少选择性罪名中的部分罪名或者改动罪名顺序,在不加重原判刑罚的情况下,也可以改变罪名,但不得增加罪名。

3. 本罪的犯罪主体为一般主体。

自然人和单位均可构成本罪的主体。

4. 本罪的主观方面由故意构成。

(二)认定走私、贩卖、运输、制造毒品罪应当注意的问题

1. 准确区分走私、贩卖、运输、制造毒品罪与非法持有毒品罪。

非法持有毒品罪，是指明知是鸦片、海洛因、甲基苯丙胺或者其他毒品而非法持有，且数量较大（即鸦片200克以上、海洛因或者甲基苯丙胺10克以上或者其他毒品数量较大的）的行为。

根据长期的司法实践经验，只有在非法持有毒品的行为人拒不说明毒品的来源，而司法机关根据已查获的证据，又不能认定非法持有较大数量的毒品是为了进行走私、贩卖、运输或者窝藏毒品的，才构成本罪。如果有证据能够证明行为人持有毒品是为了进行走私、贩卖、运输或者窝藏毒品的，则应当以走私、贩卖、运输或者窝藏毒品罪论处。

2.被告人对毒品的"明知"认定问题。

走私、贩卖、运输、非法持有毒品罪主观故意中的"明知"，是指行为人知道或者应当知道所实施的行为是走私、贩卖、运输、非法持有毒品的行为。这说明，这里讲的"明知"，包括"明知必然"和"明知可能"两种情形。主客观相一致，是认定被告人的行为是否构成犯罪必须坚持的原则之一，毒品犯罪也不例外。由于毒品犯罪的隐蔽性强、犯罪分子往往具有较强的反侦查、反制裁的准备，因而在被告人拒不如实供述的情况下，较难取得证据有效证明其主观上明知行为对象系毒品，给毒品犯罪的认定带来困难。为解决这一问题，2007年《最高人民法院、最高人民检察院、公安部办理毒品犯罪案件适用法律若干问题的意见》（以下简称《办理毒品犯罪案件意见》）规定了可以认定"明知"的几种情形。2008年《全国部分法院审理毒品犯罪案件工作座谈会纪要》（以下简称《大连会议纪要》）在此基础上，结合司法实践经验，列举了可以认定被告人主观明知的具体情形。2023年《全国法院毒品案件审判工作会议纪要》（以下简称《昆明会议纪要》）在吸收《大连会议纪要》等规范性文件中相关规定的基础上，对主观明知认定问题作出专节规定，明确了运用证据证明明知和运用推定认定明知的基本原则以及需要综合分析考虑的因素，并完善了推定明知的具体情形，主要包括：第一，丰富完善了运用证据证明明知的原则，规定对于被告人否认明知是毒品的案件，首先应当综合运用在案证据加以证明，并列举了据以判断明知的证据种类。第二，对运用推定认定明知提出新要求。首先，强调在综合运用在案证据仍无法证明被告人明知是毒品时，才可以运用推定来认定明知，防止盲目扩大推定适用范围；其次，新增了运用推定认定明知应当注意审查反证能否成立的提示性内容，防止不当运用推定，导致认定错误；，最后再者，首次在规范性文件中明确，对于运用推定认定明知的案件，在决定对被告人是否适用死刑时更要特别慎重。第三，对推定明知的具体情形加以完善，将《大连会议纪要》列举的 10 种情形修改整合为 8 种，特别是针对物流寄递逐渐成为毒品贩运重要方式的新特点，增加了相关内容。①

2012 年 6 月 18 日发布的《最高人民法院、最高人民检察院、公安部关于办理走私、非法买卖麻黄碱类复方制剂等刑事案件适用法律若干问题的意见》规定，犯罪嫌疑人、被告人的行为是否构成走私、制造毒品等罪，对其主观目的与明知进行判断时，应当根据物证、书证、证人证言以及犯罪嫌疑人、被告人供述和辩解等在案证据，结合犯罪嫌疑人、被告人的行为表现，重点考虑以下因素综合予以认定：（1）购买、销售麻黄碱类复方制剂的价格是否明显高于市场交易价格；（2）是否采用虚假信息、隐蔽手段运输、寄递、存储麻黄碱类复方制剂；（3）是否采用伪报、伪装、藏匿或者绕行进出境等手段逃避海关、边防等检查；（4）提供相关帮助行为获得的报酬是否合理；（5）此前是否实施过同类违法犯罪行为；（6）其他相关因素。

司法实践中，判断是否明知应当注意以下几个问题：一是判断是否明知应当以客观实际情况为依据。尽管明知是行为人知道或者应当知道行为对象是毒品的心理状态，但是判断被告人主观是否明知，不能仅凭被告人是否承认，而应当综合考虑案件中的各种客观实际情况，依据实施毒品犯罪行为的过程、行为方式、毒品被查获时的情形和环境等证据，结合被告人的年龄、阅历、智力及掌握相关知识情况，进行综合分析判断。二是用作推定前提的基础事实必须以已经确凿的证据证明。首先要查明行为人携带、运输的东西确实是毒品，同时行为人有上述列举的反常行为表现。三是依照上述规定认定的明知，允许行为人提出反证加以推翻。由于推定明知不是以确凿证据证明的，而是根据基础事实与待证事实的常态联系，运用情理判断和逻辑推理

---

① 参见李睿懿等：《〈全国法院毒品案件审判工作会议纪要〉的理解与适用》，载《法律适用》2023 年第 10 期。

得出的，有可能出现例外情况。如果被告人能作出合理解释，有证据证明确实受蒙骗，其辩解有事实依据或者合乎情理，就不能认定其主观上明知是毒品。

（三）走私、贩卖、运输、制造毒品罪的刑事责任

司法机关在适用《刑法》第347条的规定处罚时，应当注意以下问题：

1. 如何掌握走私、贩卖、运输、制造毒品犯罪案件的定罪量刑数量标准。

根据2016年《最高人民法院关于审理毒品犯罪案件适用法律若干问题的解释》（以下简称2016年《审理毒品犯罪案件解释》）第1条、第2条的规定，走私、贩卖、运输、制造下列毒品的，应当认定为《刑法》第347条第2款第1项规定的"其他毒品数量大"：（1）可卡因50克以上；（2）3，4-亚甲二氧基甲基苯丙胺（MDMA）等苯丙胺类毒品（甲基苯丙胺除外）、吗啡100克以上；（3）芬太尼125克以上；（4）甲卡西酮200克以上；（5）二氢埃托啡10毫克以上；（6）哌替啶（度冷丁）250克以上；（7）氯胺酮500克以上；（8）美沙酮1千克以上；（9）曲马多、γ-羟丁酸2千克以上；（10）大麻油5千克、大麻脂10千克、大麻叶及大麻烟150千克以上；（11）可待因、丁丙诺啡5千克以上；（12）三唑仑、安眠酮50千克以上；（13）阿普唑仑、恰特草100千克以上；（14）咖啡因、罂粟壳200千克以上；（15）巴比妥、苯巴比妥、安钠咖、尼美西泮250千克以上；（16）氯氮卓、艾司唑仑、地西泮、溴西泮500千克以上；（17）上述毒品以外的其他毒品数量大的。

走私、贩卖、运输、制造下列毒品的，应当认定为《刑法》第347条第3款规定的"其他毒品数量较大"：（1）可卡因10克以上不满50克；（2）3，4-亚甲二氧基甲基苯丙胺（MDMA）等苯丙胺类毒品（甲基苯丙胺除外）、吗啡20克以上不满100克；（3）芬太尼25克以上不满125克；（4）甲卡西酮40克以上不满200克；（5）二氢埃托啡2毫克以上不满10毫克；（6）哌替啶（度冷丁）50克以上不满250克；（7）氯胺酮100克以上不满500克；（8）美沙酮200克以上不满1000克；（9）曲马多、γ-羟丁酸

400克以上不满2000克；（10）大麻油1千克以上不满5千克、大麻脂2千克以上不满10千克、大麻叶及大麻烟30千克以上不满150千克；（11）可待因、丁丙诺啡1千克以上不满5千克；（12）三唑仑、安眠酮10千克以上不满50千克；（13）阿普唑仑、恰特草20千克以上不满100千克；（14）咖啡因、罂粟壳40千克以上不满200千克；（15）巴比妥、苯巴比妥、安钠咖、尼美西泮50千克以上不满250千克；（16）氯氮卓、艾司唑仑、地西泮、溴西泮100千克以上不满500千克；（17）上述毒品以外的其他毒品数量较大的。

此外，2016年《审理毒品犯罪案件解释》还规定，国家定点生产企业按照标准规格生产的麻醉药品或者精神药品被用于毒品犯罪的，根据药品中毒品成分的含量认定涉案毒品数量。这样规定主要基于以下几点考虑：第一，药品中水分、淀粉、糖分、色素等成分占有相当大的比重，有效药物成分（即毒品成分）的含量较低，如果根据药品的总重量认定涉案毒品数量，势必同毒品成分的实际数量有明显差距，难以体现罚当其罪。第二，对于不同厂家生产或者同一厂家生产的不同规格的同类药品，在总重量相同的情况下，其有效药物成分的含量可能存在较大差异，如果根据药品的总重量认定涉案毒品数量，会影响量刑平衡。第三，从药品生产、使用单位流入非法渠道的麻醉药品和精神药品，其有效药物成分的含量有严格标准，不涉及毒品的含量鉴定问题，不会给司法实践带来操作上的困难，有关实务部门也均同意这种毒品数量认定方法。第四，本款规定仅适用于国家定点企业生产、流入非法渠道的麻醉药品和精神药品，并非国家定点企业生产的麻醉药品和精神药品以及海洛因、甲基苯丙胺等没有临床用途的麻醉药品和精神药品不在此列。另外，对于以制造毒品为目的生产出的纯度不高的毒品以及为了增加毒品数量而掺杂、掺假的情形，均应按照毒品的全部数量认定。第五，本款并非2016年《审理毒品犯罪案件解释》的创设性规定，2000年6月6日发布的《最高人民法院关于审理毒品案件定罪量刑标准有关问题的解释》（以下简称《2000年审理毒品案件定罪量刑标准解释》，已失效）对度冷丁和盐酸二氢埃托啡均作了类似规定，多年来在执行过程中并未发现问题。

2. 对毒品犯罪如何正确根据《昆明会议纪要》适用死刑。

毒品犯罪的死刑适用应当切实贯彻宽严相济的刑事政策和"数量加情节"的原则。《大连会议纪要》和2015年《全国法院毒品犯罪审判工作座谈会纪要》(即《武汉会议纪要》)对毒品犯罪的死刑适用问题作了较为系统的规定,《昆明会议纪要》对此进行了整合完善,并在总结近年审判实践经验的基础上,补充增加了一些新的内容。

(1)关于死刑适用有关数量标准。《昆明会议纪要》坚持"毒品数量+其他情节"的标准,针对不同数量层级,匹配了轻重有别的"其他情节",从宽严两方面规范死刑适用。毒品数量"巨大"标准主要针对案情复杂、涉案人员较多的毒品案件而设置,体现了毒品犯罪死刑适用数量标准的层次化、精细化,各地可以根据当地毒品犯罪形势和惩治毒品犯罪的实际需要,按照基础数量标准的一定倍数掌握。与以往不同的是,《昆明会议纪要》基于规范死刑适用的考虑,经认真研究未再设置毒品数量"特别巨大"标准。

(2)关于可以判处死刑的情形。《昆明会议纪要》在《大连会议纪要》相关规定的基础上作了修改完善,分别以毒品数量"接近""刚超过"实际掌握的死刑适用数量为标准,规定了两种情形。其一,对于"接近"实际掌握的死刑适用数量标准,应理解为略低于实际掌握的死刑适用标准,但不能有较大差距。对于具有累犯、毒品再犯等法定从重处罚情节的被告人,在决定死刑适用时,也应根据其前罪的性质和罪行轻重体现区别对待,不能简单化、一刀切。其二,鉴于"达到"涵盖了毒品数量刚超过和超过实际掌握的死刑适用数量标准较多的情况,《昆明会议纪要》将《大连会议纪要》规定的毒品数量"达到"实际掌握的死刑适用数量标准,改为"刚超过",以与后文的严重情节相匹配。同时,根据2016年《审理毒品犯罪案件解释》第4条的规定,对该数量标准下可以判处死刑的具体情节作了调整,其中《大连会议纪要》规定的"在毒品犯罪中诱使、容留多人吸毒"的情节,根据该解释规定精神,应按照数罪并罚的原则处理,故不再作为可以判处死刑的情节规定。

(3)关于可以不判处死刑的情形。对于毒品数量达到实际掌握的死刑适用数量标准,可以不判处被告人死刑的情形,《昆明会议纪要》对《大连会议纪要》相关规定作了较大修改,将原规定的9种情形减为5种,其中删除

2种、调位2种,并对保留的除兜底项之外的4种情形均作了修改。①

二、非法持有毒品罪

第三百四十八条 非法持有鸦片一千克以上、海洛因或者甲基苯丙胺五十克以上或者其他毒品数量大的,处七年以上有期徒刑或者无期徒刑,并处罚金;非法持有鸦片二百克以上不满一千克、海洛因或者甲基苯丙胺十克以上不满五十克或者其他毒品数量较大的,处三年以下有期徒刑、拘役或者管制,并处罚金;情节严重的,处三年以上七年以下有期徒刑,并处罚金。

(一)非法持有毒品罪的概念和构成要件

非法持有毒品罪,是指明知是鸦片、海洛因、甲基苯丙胺或者其他毒品,而非法持有且数量较大的行为。

1979年《刑法》没有非法持有毒品罪的规定。本罪是吸收《全国人民代表大会常务委员会关于禁毒的决定》第3条的内容,修改成为1997年《刑法》的具体规定的。

非法持有毒品罪的构成要件是:

1. 本罪侵犯的客体是国家对毒品的管理制度和公民的健康权利。

2. 本罪客观方面表现为非法持有较大数量毒品的行为。

把握非法持有毒品罪的客观特征,应从以下几个方面考虑:

(1)行为人持有毒品具有非正当性。非正当性即"非法"。"非法"是指行为人违反了我国《药品管理法》《麻醉药品和精神药品管理条例》等有关禁止个人持有毒品的规定。经有关国家主管部门批准或许可,为医疗、教学、科研或其他目的而持有毒品,即为正当、合法。除此之外,持有毒品均为非法。

(2)行为人须实际持有毒品。持有毒品就是行为人使毒品处于自己的支

---

① 参见李睿懿等:《〈全国法院毒品案件审判工作会议纪要〉的理解与适用》,载《法律适用》2023年第10期。

配和控制之下。持有的外在表现为通过占有、携带、存放、隐藏等方法控制和支配毒品，不要求必须随身携带。只要行为人认识到毒品存在，并能对其进行有效的控制和支配，就是持有。持有不以行为人是毒品的所有者或占有者为要件，即使毒品是他人所有或者处于他人占有之下，但行为人能够控制和支配毒品，决定毒品处置的，也为持有。综上，只有毒品在一定时间内持续处于行为人控制、支配之下，才可以称之为持有。行为人持有毒品的时间极其短暂的，不宜以犯罪论处。例如，甲当面将用于吸食的毒品交给乙时，在场的第三者顺手转递的，则该第三者的转递行为不宜以犯罪论处。

（3）行为人持有毒品无其他毒品犯罪目的。持有必须不以进行其他毒品犯罪为目的或者作为其他犯罪的延续。如果有证据证明，行为人持有毒品是为了走私、贩卖、运输毒品，或是因为制造、窝藏毒品而持有，则应以走私、贩卖、运输、制造或窝藏毒品罪定罪处罚。

（4）行为人持有毒品须达到一定数量。行为人非法持有毒品的数量必须要达到法律规定的最低标准，才构成犯罪。我国《刑法》第348条明确规定了构成非法持有毒品罪的起点数量标准，即非法持有鸦片200克以上、海洛因或者甲基苯丙胺10克以上或者其他毒品数量较大的，这是法律规定构成非法持有毒品罪的最低数量标准。

3. 本罪犯罪主体为一般主体。

4. 本罪主观方面由故意构成，即明知是毒品而非法持有。过失不构成本罪。

其心理态度既包括直接故意，明知是毒品还要非法持有；也包括间接故意，明知他人委托保管的物品中藏有毒品而持放任态度履行保管义务。构成非法持有毒品罪的主观故意，其认识因素主要根据行为人对毒品是否"明知"来认定。行为人表示不明知的，可从其年龄、知识水平、生活阅历、行为表现、证人证言等方面的情况来综合判断，推定其是否"明知"。但推定明知必须符合客观事实，且允许当事人提出反证，不能滥用。

（二）认定非法持有毒品罪应当注意的问题

1. 非法持有毒品罪与走私、贩卖、运输、制造毒品罪的区分。

二者的主要区别有：一是主观故意的内容不同。非法持有毒品的"故意"内容具有多样性、不确定性。可能是为了个人消费，也可能是为了其他无法查证的目的。而走私、贩卖、运输、制造毒品犯罪的"故意"内容十分明确。二是行为表现形式不同。非法持有毒品的行为表现为将毒品藏于身上、家中或者其他隐蔽的地方，简单地控制和支配，不能证明与其他毒品犯罪有联系。而走私、贩卖、运输、制造毒品的行为人除非法持有毒品外，还实施了联系买主、协商价款等一系列的积极行为，其持有毒品是为后续毒品犯罪服务。三是定罪的标准不同。非法持有毒品罪必须达到一定的数量标准，才构成犯罪，而走私、贩卖、运输、制造毒品的行为，无论数量多少，一旦实施，即构成犯罪。四是量刑幅度不同。非法持有毒品的最高刑是无期徒刑，而走私、贩卖、运输、制造毒品的最高刑是死刑。五是犯罪主体有所不同。非法持有毒品罪的犯罪主体只能是自然人，而走私、贩卖、制造、运输毒品罪的犯罪主体既可以是自然人，也可以是单位。

值得注意的是，在走私、贩卖、运输、制造毒品的过程中，必然包含对毒品非法持有的行为，不持有毒品，就不可能进行走私、贩卖、运输、制造毒品等犯罪活动，因此，两者之间还存在着涵盖关系。对于行为人在走私、贩卖、运输毒品之前或在进行过程中非法持有毒品的，属于吸收犯或想象竞合犯，应以走私、贩卖、运输、制造毒品一罪论处。对于行为人制造毒品后又继续保存的，由于此种非法持有毒品是由制造毒品所派生出来的，两者之间具有吸收关系，应按重行为吸收轻行为的原则，以制造毒品罪论处。实践中，只有在非法持有毒品的人拒不说明毒品的来源，而司法机关根据已查获的证据，又不能认定行为人持有毒品是为了走私、贩卖、运输，或直接来源于制造毒品行为的情况下，才构成本罪。如果有证据证明行为人持有毒品是为了进行走私、贩卖、运输毒品犯罪活动或者持有本人制造的毒品的，则应当以走私、贩卖、运输、制造毒品罪论处。

2. 非法持有毒品罪与窝藏毒品罪的区别。

窝藏毒品必然要非法持有毒品，故二者属于法条竞合关系。二者的区别在于：第一，二者侵犯的客体不同。窝藏毒品罪侵犯的客体是司法机关打击毒品犯罪的正常活动，而非法持有毒品罪侵犯的客体是国家对毒品的监管制度。第二，二者的主观目的不同。窝藏毒品罪中，行为人的主观目的明确，是为走私、贩卖、运输、制造毒品犯罪分子藏匿毒品，使其逃避司法机关的惩处；非法持有毒品罪持有毒品的主观目的具有不确定性。第三，二者的客观表现不同。窝藏毒品罪的客观表现是行为人为毒品犯罪分子藏匿毒品，使其逃避法律制裁；而非法持有毒品罪的客观表现就是将毒品置于自己的支配和控制范围之内。第四，定罪标准不同。非法持有毒品达到"数量较大"标准的才构成犯罪。但《刑法》并未为窝藏毒品罪设定入罪数量要求。

（三）非法持有毒品罪的刑事责任

依照《刑法》第348条规定，非法持有鸦片1000克以上、海洛因或者甲基苯丙胺50克以上或者其他毒品数量大的，处七年以上有期徒刑或者无期徒刑，并处罚金；非法持有鸦片200克以上不满1000克、海洛因或者甲基苯丙胺10克以上不满50克或者其他毒品数量较大的，处三年以下有期徒刑、拘役或者管制，并处罚金；情节严重的，处三年以上七年以下有期徒刑，并处罚金。

司法机关在适用《刑法》第348条规定罪处罚时，应当注意以下问题：

1.非法持有"其他毒品数量较大""其他毒品数量大"的认定标准。

根据2016年《最高人民法院关于审理毒品犯罪案件适用法律若干问题的解释》（以下简称2016年《审理毒品犯罪案件解释》）的规定，非法持有毒品达到下列标准的，应当认定为《刑法》第348条规定的"其他毒品数量较大"：（1）可卡因10克以上不满50克；（2）3,4-亚甲二氧基甲基苯丙胺（MDMA）等苯丙胺类毒品（甲基苯丙胺除外）、吗啡20克以上不满100克；（3）芬太尼25克以上不满125克；（4）甲卡西酮40克以上不满200克；（5）二氢埃托啡2毫克以上不满10毫克；（6）哌替啶（度冷丁）50克以上不满250克；（7）氯胺酮100克以上不满500克；（8）美沙酮200克以上不满1000克；（9）曲马多、γ-羟丁酸400克以上不满2000克；（10）大麻油1千克以上不满5千克、大麻脂2千克以上不满10千克、大麻叶及大麻烟30千克以上不满150千克；（11）可待因、丁丙诺啡1千克以上不满5千克；（12）三唑仑、安眠酮10千克以上不满50千克；（13）阿普唑仑、恰特草 20 千克以上不满 100 千克；（14）咖啡因、罂粟壳 40 千克以上不满 200 千克；（15）巴比妥、苯巴比妥、安钠咖、尼美西泮 50 千克以上不满 250 千克；（16）氯氮卓、艾司唑仑、地西泮、溴西泮 100 千克以上不满 500 千克；（17）上述毒品以外的其他毒品数量较大的。

非法持有毒品达到下列标准的，应当认定为《刑法》第 348 条规定的"其他毒品数量大"：（1）可卡因 50 克以上；（2）3,4-亚甲二氧基甲基苯丙胺（MDMA）等苯丙胺类毒品（甲基苯丙胺除外）、吗啡 100 克以上；（3）芬太尼 125 克以上；（4）甲卡西酮 200 克以上；（5）二氢埃托啡 10 毫克以上；（6）哌替啶（度冷丁）250 克以上；（7）氯胺酮 500 克以上；（8）美沙酮 1 千克以上；（9）曲马多、γ-羟丁酸 2 千克以上；（10）大麻油 5 千克、大麻脂 10 千克、大麻叶及大麻烟 150 千克以上；（11）可待因、丁丙诺啡 5 千克以上；（12）三唑仑、安眠酮 50 千克以上；（13）阿普唑仑、恰特草 100 千克以上；（14）咖啡因、罂粟壳 200 千克以上；（15）巴比妥、苯巴比妥、安钠咖、尼美西泮 250 千克以上；（16）氯氮卓、艾司唑仑、地西泮、溴西泮 500 千克以上；（17）上述毒品以外的其他毒品数量大的。

此外，针对非法持有不同毒品，且《刑法》、司法解释没有规定定罪量刑数量标准但有相关折算标准的情况，大连、武汉两个会议纪要均规定可以直接按照相关标准折算后定罪量刑，但是随着毒品犯罪形势的发展变化，原有规定在执行中暴露出一些问题。比较典型的是，一些新类型毒品，折算比例较高，但纯度极低，直接按照相关折算标准折算后定罪量刑，明显罪刑不相适应。鉴于折算标准主要是从药理学、依赖性角度加以规定，未充分考虑滥用情况、犯罪形势、毒品纯度等社会危害性因素，与刑法、司法解释规定的定罪量刑数量标准在制定依据和效力上均有所不同，《昆明会议纪要》将此类情形修改为参考折算标准，并综合考虑各种因素依法定罪量刑。针对非法持有不同毒品，且刑法、司法解释既无定罪量刑数量标准亦无折算标准的，应由有关专业机构确定致瘾癖性等相关技术标准，由审判人员综合考虑各项社会危害性因素，依法定罪量刑。①

2.非法持有毒品罪"情节严重"的认定。

2016年《审理毒品犯罪案件解释》第5条规定，非法持有毒品达到《刑法》第348条或者本解释第2条规定的"数量较大"标准，且具有下列情形之一的，应当认定为《刑法》第348条规定的"情节严重"：（1）在戒毒场所、监管场所非法持有毒品的；（2）利用、教唆未成年人非法持有毒品的；（3）国家工作人员非法持有毒品的；（4）其他情节严重的情形。

2000年《最高人民法院关于审理毒品案件定罪量刑标准有关问题的解释》没有对非法持有毒品罪的"情节严重"认定标准作出规定。为便于实践中准确认定，2016年《审理毒品犯罪案件解释》结合近年来的司法实践，从犯罪主体、犯罪情节等方面对该问题作了规定。其中，第1项从非法持有毒品的场所角度作出规定。在强制隔离戒毒所、看守所、监狱等特定场所非法持有毒品的，破坏了上述场所的监管秩序，具有更大的社会危害性，故属于"情节严重"情形。第2项是针对利用、教唆未成年人非法持有毒品的情况作出的规定。对此，实践中主要有两种意见：一种意见认为，此类行为在实践中时有发生，既增大了查缉难度，也对未成年人的权益造成了侵害，应当从严惩处，建议将其作为严重情节加以规定；另一种意见认为，《刑法》第347条将"利用、教唆未成年人走私、贩卖、运输、制造毒品的"规定为从重处罚情节，本条却将"利用、教唆未成年人非法持有毒品的"规定为加重处罚情节，在逻辑上存在矛盾，建议不予规定。根据立法机关意见，该项规定与《刑法》第347条并无实质冲突，且对利用、教唆未成年人非法持有毒品的行为确有从严惩处的必要，故将其作为严重情节予以规定。第3项是从非法持有毒品主体的特殊身份角度作出的规定。

此外，关于能否单独将毒品数量规定为非法持有毒品罪的"情节严重"情形，实践中也存在分歧意见。经征求立法机关意见，2016年《审理毒品犯罪案件解释》最终没有将毒品数量规定为非法持有毒品罪"情节严重"的情

---

① 参见李睿懿等：《〈全国法院毒品案件审判工作会议纪要〉的理解与适用》，载《法律适用》2023年第10期。

形之一,与该解释第4条未将毒品数量作为认定走私、贩卖、运输、制造少量毒品"情节严重"的理由相同,在此不再赘述。

3. 行为人非法持有假毒品的行为定性。

如果行为人持有的"毒品"不属于《刑法》第357条第1款规定的毒品,应根据具体情况,区别处理:(1)行为人明知是假毒品而持有,但主观上没有实施其他犯罪故意的,例如只是出于好奇,或向人吹嘘、炫耀自己拥有"毒品"的,不构成犯罪。(2)行为人明知是假毒品而持有,并准备将假毒品当作真毒品出售的,行为人实际上是企图通过出售假毒品来骗取他人财物。该行为符合诈骗罪的特征,应以诈骗罪论处。行为人尚未卖出假毒品并骗得他人财物的,应视具体情况认定为诈骗未遂或预备。(3)行为人误将其他物质当作毒品而持有,如果能查明行为人主观上具有实施其他毒品犯罪的故意,且行为人正在为实施该犯罪作准备或者已经着手实施该犯罪的,则按照其意图实施的毒品犯罪行为定罪处罚。比如,行为人出于贩卖目的而持有假毒品,并已准备出卖毒品或者着手出卖毒品的,应以贩卖毒品罪论处。如果不能查明行为人主观上具有实施其他毒品犯罪故意的,此种情形属于刑法上的对象认识错误。由于具体对象错误不能阻却持有犯的故意犯罪,故应以非法持有毒品罪(未遂)论处。只是,这种情形属于行为实行终了的未遂,在处罚时可以根据具体的案件情况,予以从轻或减轻处罚。

三、包庇毒品犯罪分子罪

第三百四十九条 包庇走私、贩卖、运输、制造毒品的犯罪分子的,为犯罪分子窝藏、转移、隐瞒毒品或者犯罪所得的财物的,处三年以下有期徒刑、拘役或者管制;情节严重的,处三年以上十年以下有期徒刑。

缉毒人员或者其他国家机关工作人员掩护、包庇走私、贩卖、运输、制造毒品的犯罪分子的,依照前款的规定从重处罚。

犯前两款罪,事先通谋的,以走私、贩卖、运输、制造毒品罪的共犯论处。

（一）包庇毒品犯罪分子罪的概念和构成要件

包庇毒品犯罪分子罪，是指明知是走私、贩卖、运输、制造毒品的犯罪分子，而向司法机关作假证明，掩盖其罪行，或者帮助其毁灭罪证，以使其逃避法律制裁的行为。

本罪是吸收《全国人民代表大会常务委员会关于禁毒的决定》第4条的内容，修改成为1997年《刑法》的具体规定的。1979年《刑法》没有包庇毒品犯罪分子罪的规定。依照1979年《刑法》，对包庇毒品犯罪分子的行为以窝藏、包庇罪论处。

包庇毒品犯罪分子罪的构成要件是：

1. 本罪侵犯的客体是国家对毒品的管理制度和国家的司法秩序。

本罪的犯罪对象是特定的毒品犯罪分子，而非全部的毒品犯罪分子。包庇的犯罪分子必须是已实施了《刑法》规定的走私、贩卖、运输、制造毒品的犯罪行为应当追究刑事责任的犯罪分子，即包括尚未被司法机关发觉的犯罪分子和作案后潜逃尚未抓获归案的犯罪分子，也包括脱逃的未决犯和已决犯。至于毒品犯罪分子具体触犯的是何种罪名以及最终将被判处何种刑罚，则不影响本罪的成立。

2. 本罪的客观方面表现为对走私、贩卖、运输、制造毒品的犯罪分子予以包庇的行为。

所谓"包庇"，是指向司法机关作假证明掩盖走私、贩卖、运输、制造毒品的犯罪分子罪行，或者帮助其毁灭罪证，以使其逃避法律制裁的行为。实践中，如果明知是公安机关正在追捕的走私、贩卖、运输、制造毒品的案犯，而仍向其提供资助或者交通工具，帮助该案犯潜逃的，或者帮助毒品犯罪分子隐匿、转移、销毁罪证等，都是包庇毒品犯罪分子的行为。尽管包庇毒品犯罪分子手段多种多样，但目的只有一个，就是帮助毒品犯罪分子逃避法律的制裁。

3. 本罪的犯罪主体为一般主体。

4. 本罪的主观方面表现为故意，过失不构成犯罪。

（二）认定包庇毒品犯罪分子罪应当注意的问题

1. 划清罪与非罪的界限。

按照《最高人民检察院、公安部关于公安机关管辖的刑事案件立案追诉标准的规定（三）》第3条的规定，包庇走私、贩卖、运输、制造毒品的犯罪分子，涉嫌下列情形之一的，应予立案追诉：（1）作虚假证明，帮助掩盖罪行的；（2）帮助隐藏、转移或者毁灭证据的；（3）帮助取得虚假身份或者身份证件的；（4）以其他方式包庇犯罪分子的。

实践中要注意正确区分本罪与知情不举行为的界限。"知情不举"是指明知是毒品犯罪分子，而不向司法机关检举揭发，也没有向司法机关作虚假证明，对犯罪分子也不提供积极帮助，表现为消极不作为。由于我国法律没有规定知情不举罪，该行为仍属于社会道德调整的范畴，故不构成包庇毒品犯罪分子罪。出于对毒品犯罪从严打击的考虑，《刑法》规定，包庇走私、贩卖、运输、制造毒品的犯罪分子即构成犯罪，但司法实践中应综合考虑全案各种情况。如果被包庇的毒品犯罪分子所进行的毒品犯罪情节轻微，毒品数量很小，受刑罚处罚较轻，或不需要追究刑事责任，而且包庇毒品犯罪分子的主观恶性也比较小，那么包庇行为本身社会危害性就小，根据《刑法》第13条规定，不作为犯罪处罚。

2. 划清本罪与包庇罪的界限。

包庇罪是明知是犯罪的人而作假证明包庇的行为。两罪是特别法与普通法的关系。包庇毒品犯罪分子罪是从包庇罪中分离出来的罪名，二者在犯罪主体、犯罪客体等构成要件方面相同，主要区别在于包庇的对象不同。前者包庇的对象是特定的毒品犯罪分子，即已经实施了走私、贩卖、运输、制造毒品的犯罪分子；而后者的犯罪对象是除走私、贩卖、运输、制造毒品犯罪分子以外的其他刑事犯罪分子，包括非法持有毒品，走私、非法买卖制毒物品，非法种植毒品原植物，引诱、教唆、欺骗他人吸毒，强迫、容留他人吸毒等涉毒犯罪分子。

3. 划清本罪与毒品犯罪共犯的界限。

二者的区分界限主要看事先是否有通谋。包庇毒品犯罪分子的行为，只能发生在走私、贩卖、运输、制造毒品犯罪分子实施犯罪之后，并且事先没有通谋。如果事前通谋，事后又包庇的，则属于帮助犯，应以共同犯罪论处。事中通谋也应以共同犯罪论处。

（三）包庇毒品犯罪分子罪的刑事责任

司法机关在适用《刑法》第349条第1款的规定处罚时，应当注意以下问题：

1. 包庇毒品犯罪分子罪"情节严重"的认定。

2016年《最高人民法院关于审理毒品犯罪案件适用法律若干问题的解释》（以下简称2016年《审理毒品犯罪案件解释》）第6条第1款规定，包庇走私、贩卖、运输、制造毒品的犯罪分子，具有下列情形之一的，应当认定为《刑法》第349条第1款规定的"情节严重"：（1）被包庇的犯罪分子依法应当判处十五年有期徒刑以上刑罚的；（2）包庇多名或者多次包庇走私、贩卖、运输、制造毒品的犯罪分子的；（3）严重妨害司法机关对被包庇的犯罪分子实施的毒品犯罪进行追究的；（4）其他情节严重的情形。关于包庇毒品犯罪分子罪"情节严重"的认定，以往司法解释和规范性文件均未作规定，2016年《审理毒品犯罪案件解释》第6条第1款从不同角度对此作出规定。第1项从包庇对象的角度加以规定。走私、贩卖、运输、制造毒品罪是性质最为严重的毒品犯罪，十五年有期徒刑以上刑罚是该罪的最高法定刑幅度，包庇因犯该罪依法应当判处十五年有期徒刑以上刑罚的毒品犯罪分子，体现了包庇行为的严重性，故属于"情节严重"。第2项从包庇情节的角度加以规定。包括多次实施包庇行为和虽未达多次但包庇人数达到多人的情形。第3项从包庇行为的后果角度加以规定。"严重妨害"是指包庇者毁灭重要证据导致司法机关难以认定犯罪，作伪证严重影响司法机关准确认定犯罪事实，以及帮助犯罪分子藏匿、潜逃严重妨害其及时到案等情形。

2. 免予刑事处罚情形。

为全面贯彻宽严相济刑事政策，2016年《审理毒品犯罪案件解释》在第6条第3款规定了实施《刑法》第349条规定的犯罪，可以免予刑事处罚的特定情形。即包庇走私、贩卖、运输、制造毒品的近亲属，不具有本条前两款规定的"情节严重"情形,归案后认罪、悔罪、积极退赃,但考虑到严惩毒品犯罪的政策要求,对适用条件作了严格限制,即需要同时具备以下几个条件:一是不具有本条前两款规定的"情节严重"情形。即被告人犯罪情节较轻,论罪应当判处三年以下有期徒刑、拘役或者管制。二是归案后认罪、悔罪并积极退赃。三是属初犯、偶犯。即可以免予刑事处罚者仅限于初犯、偶犯情形,对于再次犯罪者则应依法惩处。四是综合评价其行为属于《刑法》第37条规定的"犯罪情节轻微不需要判处刑罚的"情形。

3. 从重处罚情形。

依照《刑法》第349条第2款的规定,缉毒人员或者其他国家机关工作人员掩护、包庇走私、贩卖、运输、制造毒品的犯罪分子的,应当在《刑法》第349条第1款规定的法定刑幅度内,从重处罚。缉毒人员主要是指负有毒品查缉、毒品犯罪侦查职责的国家机关工作人员,如公安机关、海关等部门的缉毒工作人员等。

四、窝藏、转移、隐瞒毒品、毒赃罪

第三百四十九条第一款 包庇走私、贩卖、运输、制造毒品的犯罪分子的,为犯罪分子窝藏、转移、隐瞒毒品或者犯罪所得的财物的,处三年以下有期徒刑、拘役或者管制;情节严重的,处三年以上十年以下有期徒刑。

第三款 犯前两款罪,事先通谋的,以走私、贩卖、运输、制造毒品罪的共犯论处。

(一)窝藏、转移、隐瞒毒品、毒赃罪的概念和构成要件

窝藏、转移、隐瞒毒品、毒赃罪,是指明知是毒品或者毒品犯罪所得财物而为犯罪分子窝藏、转移、隐瞒的行为。

本罪是吸收《全国人民代表大会常务委员会关于禁毒的决定》第4条的内容,修改成为1997年《刑法》的具体规定的。1979年《刑法》没有窝藏、转移、隐瞒毒品、毒赃罪的规定。

窝藏、转移、隐瞒毒品、毒赃罪的构成要件是:

1. 本罪侵犯的客体是国家司法机关打击毒品犯罪的正常活动。

本罪的犯罪对象是走私、贩卖、运输、制造毒品的犯罪分子的毒品、毒赃。所谓毒赃，是指犯罪分子进行毒品犯罪所得财物，以及利用毒品违法犯罪所得的财物从事孳息或者经营活动所获取的财物，包括金钱、物品、股票、利息、股息、红利、用毒品犯罪所得购置的房地产、经营的工厂、公司等。

2. 本罪的客观方面表现为窝藏、转移、隐瞒毒品或者毒品犯罪所得财物的行为。

"窝藏"是指将犯罪分子的毒品、毒赃窝藏在自己的住所或者其他隐蔽的场所，以逃避司法机关的追查；"转移"主要是指将犯罪分子的毒品、毒赃从一地转移到另一地，以抗拒司法机关对毒品、毒赃的追缴，帮助犯罪分子逃避法律的制裁，或者便于犯罪分子进行毒品交易等犯罪活动；"隐瞒"是指在司法机关询问调查有关犯罪分子的情况时，自己明知犯罪分子的毒品、毒赃藏在何处，而有意对司法机关进行隐瞒。窝藏的毒品、毒赃，必须是走私、贩卖、运输、制造毒品的犯罪分子的毒品、毒赃。按照法律规定，行为人只要具有窝藏、转移、隐瞒毒品或者毒品犯罪所得财物其中一种行为，就构成本罪；具有两种或者两种以上行为的，仍为一罪，不实行数罪并罚。

3. 本罪的主体为一般主体。

4. 本罪的主观方面是故意。表现为行为人明知是用于走私、贩卖、运输、制造的毒品、毒赃而故意予以窝藏、转移、隐瞒。犯罪动机可能是多种多样的，但动机不影响本罪的成立。如果事前有通谋的，以走私、贩卖、运输、制造毒品罪的共犯论处。

（二）认定窝藏、转移、隐瞒毒品、毒赃罪应当注意的问题

1. 划清罪与非罪的界限。

本罪的成立以他人的先行行为构成走私、贩卖、运输、制造毒品犯罪为前提。如果他人的先行涉毒行为尚未构成犯罪，行为人对这些毒品、毒赃进行窝藏、转移、隐瞒的，窝藏、转移、隐瞒毒品、毒赃罪无从谈起。值得

注意的是，他人的先行行为构成犯罪，应指实质意义上的犯罪，不包括他人因责任能力缺陷未认定为犯罪的情况。行为人明知是未成年人走私来的毒品而加以窝藏，则不能因为未认定未成年人构成犯罪而不认定该行为人构成窝藏毒品罪。另外要注意的是，《刑法》对本罪未设定入罪标准，窝藏、转移、隐瞒毒品、毒赃的行为都可构成犯罪。但司法实践中，要综合全案情况具体分析，不能把一切窝藏、转移、隐瞒的行为都认定为犯罪，如果窝藏、转移、隐瞒毒品、毒赃的数量十分微小，情节显著轻微的，一般可不作为犯罪处罚。

2. 划清本罪与掩饰、隐瞒犯罪所得、犯罪所得收益罪的界限。

两者的区别主要在于：首先，这两种犯罪的犯罪对象不同。前者为毒品或者毒品犯罪所得的财物；后者为实施其他犯罪（如盗窃、抢劫、诈骗等）所得的赃物。其次，两罪客观方面的表现形式也不完全相同。后者除采取窝藏、转移赃物的手段外，还包括收购、代为销售赃物的手段。

3. 划清本罪与洗钱罪的界限。

如果行为人通过提供资金账户，协助将财产转换为现金或者金融票据；通过转账或者其他结算方式将资金转移或者汇往境外等方法，以掩饰、隐瞒毒品犯罪、黑社会性质的组织犯罪、恐怖活动犯罪、走私犯罪、贪污贿赂犯罪、破坏金融管理秩序犯罪、金融诈骗犯罪的违法所得及其产生的收益的来源和性质的，则构成《刑法》第191条规定的洗钱罪。

4. 划清本罪与毒品犯罪共犯的界限。

二者的区分界限主要看事先是否有通谋。窝藏、转移、隐瞒毒品或者毒品犯罪所得的财物的行为，只能发生在走私、贩卖、运输、制造毒品的犯罪分子实施犯罪之后，并且事先没有通谋。如果事前或者事中通谋，事后又为其窝藏、转移、隐瞒毒品、毒赃的，则属于帮助犯，应以共同犯罪论处。

（三）窝藏、转移、隐瞒毒品、毒赃罪的刑事责任

1. 窝藏、转移、隐瞒毒品、毒赃罪"情节严重"的认定。

2016年《最高人民法院关于审理毒品犯罪案件适用法律若干问题的解释》（以下简称2016年《审理毒品犯罪案件解释》）第6条第2款规定，为

走私、贩卖、运输、制造毒品的犯罪分子窝藏、转移、隐瞒毒品或者毒品犯罪所得的财物，具有下列情形之一的，应当认定为《刑法》第349条第1款规定的"情节严重"：（1）为犯罪分子窝藏、转移、隐瞒毒品达到《刑法》第347条第2款第1项或者本解释第1条第1款规定的"数量大"标准的；（2）为犯罪分子窝藏、转移、隐瞒毒品犯罪所得的财物价值达到5万元以上的；（3）为多人或者多次为他人窝藏、转移、隐瞒毒品或者毒品犯罪所得的财物的；（4）严重妨害司法机关对该犯罪分子实施的毒品犯罪进行追究的；（5）其他情节严重的情形。

窝藏、转移、隐瞒毒品、毒赃罪与包庇毒品犯罪分子罪对应的法定刑相同，但犯罪对象不同，故对本罪"情节严重"的规定，既要体现两罪量刑情节的相当，也要考虑到两罪犯罪对象的差异。2016年《审理毒品犯罪案件解释》第6条第1项是从窝藏、转移、隐瞒毒品数量的角度加以规定。考虑到本项中的犯罪对象是毒品，危害性大于一般的窝藏赃物行为，故设定的毒品数量标准不宜过高。同时，从不同罪名法定刑衔接的角度考虑，走私、贩卖、运输、制造毒品"数量大"判处十五年有期徒刑以上刑罚，非法持有毒品"数量大"判处七年以上有期徒刑或者无期徒刑，将窝藏、转移、隐瞒毒品"数量大"规定为"情节严重"，判处三年以上十年以下有期徒刑，较好体现了不同罪名犯罪性质的差异。并且，这也与前款第1项包庇依法应当判处十五年有期徒刑以上刑罚的毒品犯罪分子属于"情节严重"的规定相对应。第2项是从窝藏、转移、隐瞒毒赃数额的角度加以规定。窝藏、转移、隐瞒毒赃行为的危害性要小于窝藏、转移、隐瞒毒品行为，但大于一般的掩饰、隐瞒犯罪所得行为。最高人民法院2015年制定并于2021年修正的《关于审理掩饰、隐瞒犯罪所得、犯罪所得收益刑事案件适用法律若干问题的解释》第3条规定，一般情况下，掩饰、隐瞒犯罪所得及其产生的收益价值总额达到10万元以上的属于"情节严重"，但掩饰、隐瞒救灾、扶贫等特定款物价值达5万元的即为"情节严重"。最高人民法院、最高人民检察院2011年制定的《关于办理危害计算机信息系统安全刑事案件应用法律若干问题的解释》第7条也规定，涉及此类犯罪而掩饰、隐瞒违法所得5万元以上的属于"情节严重"。考虑到毒品犯罪的特殊性，为体现依法严惩，2016年《审理毒品犯罪案件解释》将窝藏、转移、隐瞒毒赃"情节严重"的标准规定为5万元以上。第3项是从犯罪情节的角度加以规定。第4项是从行为后果角度作出规定。

2.免予刑事处罚情形。

2016年《审理毒品犯罪案件解释》第6条第3款规定，为走私、贩卖、运输、制造毒品的近亲属窝藏、转移、隐瞒毒品或者毒品犯罪所得的财物，不具有本条前两款规定的"情节严重"情形，归案后认罪、悔罪、积极退赃，且系初犯、偶犯，犯罪情节轻微不需要判处刑罚的，可以免予刑事处罚。设定该免责条款的依据和具体含义，在包庇毒品犯罪分子罪中已有介绍，故不再赘述。

五、非法生产、买卖、运输制毒物品、走私制毒物品罪

第三百五十条[①]　违反国家规定，非法生产、买卖、运输醋酸酐、乙醚、三氯甲烷或者其他用于制造毒品的原料、配剂，或者携带上述物品进出境，情节较重的，处三年以下有期徒刑、拘役或者管制，并处罚金；情节严重的，处三年以上七年以下有期徒刑，并处罚金；情节特别严重的，处七年以上有期徒刑，并处罚金或者没收财产。

明知他人制造毒品而为其生产、买卖、运输前款规定的物品的，以制造毒品罪的共犯论处。

单位犯前两款罪的，对单位判处罚金，并对其直接负责的主管人员和其他直接责任人员，依照前两款的规定处罚。

（一）非法生产、买卖、运输制毒物品、走私制毒物品罪的概念和构成要件

非法生产、买卖、运输制毒物品、走私制毒物品罪，是指违反国家规定，在境内非法生产、买卖、运输醋酸酐、乙醚、三氯甲烷或者其他用于制

---

① 本条第1款、第2款经2015年8月29日《刑法修正案（九）》第41条修改。

造毒品的原料或者配剂，或者携带、运输、邮寄上述物品进出国（边）境，情节较重的行为。

1979年《刑法》没有关于制毒物品犯罪的规定。1997年《刑法》吸收《全国人民代表大会常务委员会关于禁毒的决定》第5条的规定，在《刑法》第350条中规定了走私制毒物品罪，并增设了非法买卖制毒物品罪。2015年《刑法修正案（九）》对《刑法》第350条第1款、第2款作了修正，将非法生产、运输制毒物品的行为规定为犯罪，并将该罪的法定刑从两档调整为"情节较重""情节严重"和"情节特别严重"三档，将该罪的法定最高刑从十年有期徒刑提高为十五年有期徒刑，财产刑方面增加了没收财产。

非法生产、买卖、运输制毒物品、走私制毒物品罪的构成要件是：

1. 本罪侵犯的客体是国家对制毒物品的管理制度。

犯罪对象为制毒物品（行政管理领域称之为易制毒化学品），即醋酸酐、乙醚、三氯甲烷等用于制造毒品的原料或者配剂，具体品种范围按照国家关于易制毒化学品管理的规定确定。2005年《易制毒化学品管理条例》（以下简称《条例》）规定："易制毒化学品分为三类。第一类是可以用于制毒的主要原料，第二类、第三类是可以用于制毒的化学配剂。易制毒化学品的具体分类和品种，由本条例附表列示。"根据《条例》的规定，经国务院批准，公安部、商务部、卫生部、海关总署、国家安监总局、国家食药监局等单位又多次联合发布公告，先后将羟亚胺、邻氯苯基环戊酮、1-苯基-2-溴-1-丙酮和3-氧-2-苯基丁腈等易制毒化学品增列为第一类易制毒化学品进行管制。

2. 本罪客观方面表现为违反国家有关规定，在境内非法生产、买卖、运输醋酸酐、乙醚、三氯甲烷或者其他用于制造毒品的原料或者配剂的行为，或者非法携带、运输、邮寄上述物品进出国（边）境，情节较重的行为。

根据2009年《最高人民法院、最高人民检察院、公安部关于办理制毒物品犯罪案件适用法律若干问题的意见》（以下简称2009年《办理制毒物品犯罪案件意见》），违反国家规定，实施下列行为之一的，应认定为非法买卖制毒物品行为：（1）未经许可或者备案，擅自购买、销售易制毒化学品的；（2）超出许可证明或者备案证明的品种、数量范围购买、销售易制毒化学品的；（3）使用他人的或者伪造、变造、失效的许可证明或者备案证明购买、销售易制毒化学品的；（4）经营单位违反规定，向无购买许可证明、备案证明的单位、个人销售易制毒化学品的，或者明知购买者使用他人的或者伪造、变造、失效的购买许可证明、备案证明，向其销售易制毒化学品的；（5）以其他方式非法买卖易制毒化学品的。

3.本罪的主体包括自然人和单位。

4.本罪的主观方面只能是故意犯罪，过失不构成本罪。

本罪的主观方面为明知是国家管制的用于制造毒品的原料和配剂。何谓"明知"？按照2009年《办理制毒物品犯罪案件意见》，有下列情形之一，且查获了易制毒化学品，结合犯罪嫌疑人、被告人的供述和其他证据，经综合审查判断，可以认定其"明知"是制毒物品而走私或非法买卖，但有证据证明确属被蒙骗的除外：（1）改变产品形状、包装或者使用虚假标签、商标等产品标志的；（2）以藏匿、夹带或者其他隐蔽方式运输、携带易制毒化学品逃避检查的；（3）抗拒检查或者在检查时丢弃货物逃跑的；（4）以伪报、藏匿、伪装等蒙蔽手段逃避海关、边防等检查的；（5）选择不设海关或者边防检查站的路段绕行出入境的；（6）以虚假身份、地址办理托运、邮寄手续的；（7）以其他方法隐瞒真相，逃避对易制毒化学品依法监管的。

（二）认定非法生产、买卖、运输制毒物品、走私制毒物品罪应当注意的问题

1.非法生产、买卖、运输制毒物品、走私制毒物品罪的定罪标准。

2016年《最高人民法院关于审理毒品犯罪案件适用法律若干问题的解释》（以下简称2016年《审理毒品犯罪案件解释》）第7条第1款规定了全部33种已列管制毒物品的定罪数量标准。即违反国家规定，非法生产、买卖、运输制毒物品、走私制毒物品，达到下列数量标准的，应当认定为《刑法》第350条第1款规定的"情节较重"：（1）麻黄碱（麻黄素）、伪麻黄碱（伪麻黄素）、消旋麻黄碱（消旋麻黄素）1千克以上不满5千克；（2）1-苯基-2-丙酮、1-苯基-2-溴-1-丙酮、3,4-亚甲基二氧苯基-2-丙酮、羟亚胺2千克以上不满10千克；（3）3-氧-2-苯基丁腈、邻氯苯基环戊

酮、去甲麻黄碱（去甲麻黄素）、甲基麻黄碱（甲基麻黄素）4千克以上不满20千克；（4）醋酸酐10千克以上不满50千克；（5）麻黄浸膏、麻黄浸膏粉、胡椒醛、黄樟素、黄樟油、异黄樟素、麦角酸、麦角胺、麦角新碱、苯乙酸20千克以上不满100千克；（6）N-乙酰邻氨基苯酸、邻氨基苯甲酸、三氯甲烷、乙醚、哌啶50千克以上不满250千克；（7）甲苯、丙酮、甲基乙基酮、高锰酸钾、硫酸、盐酸100千克以上不满500千克；（8）其他制毒物品数量相当的。

2016年《审理毒品犯罪案件解释》在确定制毒物品定罪数量标准时的考虑因素包括：一是在制造毒品过程中发挥的作用。包括该类制毒物品属于主要原料还是配剂，是否具有不可替代性，制造毒品的用量、比例等。二是当前的犯罪形势。包括该类制毒物品流入制毒渠道的数量、走向，在制造毒品犯罪中出现的频率等。三是制成毒品的种类、危害。例如，因甲基苯丙胺与氯胺酮的定罪量刑数量标准差距较大，制造甲基苯丙胺的主要原料麻黄碱与制造氯胺酮的主要原料羟亚胺的定罪量刑标准也要体现一定差别。四是合法用途和管制级别。包括该类制毒物品是否存在合法用途，在工农业生产和日常生活中是否广泛使用，行政管制级别的高低等。

为加大对制毒物品犯罪的惩治力度，2016年《审理毒品犯罪案件解释》下调了麻黄碱、羟亚胺等25种制毒物品的定罪数量起点。同时，为防止刑法设定的较高幅度法定刑出现虚置，2016年《审理毒品犯罪案件解释》将适用三年有期徒刑以下刑罚（"情节较重"）的制毒物品数量标准上限，从以往定罪数量起点的10倍一律下调至5倍。例如，考虑到麻黄碱是制造甲基苯丙胺的主要原料，在制毒犯罪中应用广泛，将非法生产、买卖、运输或走私麻黄碱的定罪数量标准从5千克以上不满50千克下调为1千克以上不满5千克；考虑到羟亚胺在制造氯胺酮犯罪中起到重要作用，且出品率较高，将非法生产、买卖、运输或走私羟亚胺的定罪数量标准从10千克以上不满100千克下调为2千克以上不满10千克。

除单纯的数量标准外，2016年《审理毒品犯罪案件解释》第7条第2款还从"数量+其他情节"的角度规定了该罪的定罪标准。即违反国家规定，非法生产、买卖、运输制毒物品、走私制毒物品，达到前款规定的数量标准最低值的50%，且具有下列情形之一的，应当认定为《刑法》第350条第1款规定的"情节较重"：（1）曾因非法生产、买卖、运输制毒物品、走私制毒物品受过刑事处罚的；（2）2年内曾因非法生产、买卖、运输制毒物品、走私制毒物品受过行政处罚的；（3）一次组织5人以上或者多次非法生产、买卖、运输制毒物品、走私制毒物品，或者在多个地点非法生产制毒物品的；（4）利用、教唆未成年人非法生产、买卖、运输制毒物品、走私制毒物品的；（5）国家工作人员非法生产、买卖、运输制毒物品、走私制毒物品的；（6）严重影响群众正常生产、生活秩序的；（7）其他情节较重的情形。也就是说，制毒物品数量达到2016年《审理毒品犯罪案件解释》第7条第1款规定的定罪数量起点的50%，且具有第2款所列几种情形之一的，应当以非法生产、买卖、运输制毒物品、走私制毒物品罪定罪处罚。这几种情形分别从违法犯罪经历、犯罪情节、犯罪主体、危害后果等方面作出规定。其中，第3项将一次组织5人以上实施犯罪和在多个地点非法生产规定为"情节较重"，是考虑到该罪涉案人员、加工窝点众多的具体情况。第6项主要是指生产制毒物品过程中污染水源或者土壤，导致养殖的鱼类、牲畜或者种植的农作物大量死亡等严重影响群众生产、生活秩序的情形。

此外，《最高人民检察院、公安部关于公安机关管辖的刑事案件立案追诉标准（三）》第6条规定，违反国家规定，在境内非法买卖制毒物品，数量达到本规定第5条第1款规定情形之一的，应予立案追诉。非法买卖两种以上制毒物品，每种制毒物品的数量均没有达到定罪数量标准，但按前款规定的立案追诉数量比例折算成一种制毒物品后累计相加达到上述数量标准的，应予立案追诉。

2.不予追究刑事责任的例外情形。

2016年《审理毒品犯罪案件解释》第7条第3款规定，易制毒化学品生产、经营、购买、运输单位或者个人未办理许可证明或者备案证明，生产、销售、购买、运输易制毒化学品，确实用于合法生产、生活需要的，不以制毒物品犯罪论处。该款吸收了2009年《办理制毒物品犯罪案件意见》的相关规定，并对原有规定作了调整。绝大部分制毒物品具有双重性，既可能被用于制造毒品，又在工农业生产和人们的日常生活中发挥重要作用。因此，对制毒物品违法犯罪活动的打击，不能影响到正常的生产、生活需要。根据《禁毒法》和《易制毒化学品管理条例》，我国对易制毒化学品的生产、经营、购买、运输和进出口实行严格的分类管理和许可、备案制度。但实践中确实存在未办理许可证明或者备案证明而生产、销售、购买、运输易制毒化学品，且实际用于合法生产、生活需要的情形。对于此类行为，不应以制毒物品犯罪论处。

3. 划清本罪与制造毒品罪共犯的界限。

依照《刑法》第350条第2款的规定，行为人明知他人制造毒品而为其提供制造毒品的原料或者配剂的，应以制造毒品罪的共犯论处。"明知"，是指行为人知道他人需要化学物品是用于制造毒品而仍向他人提供所需的化学物品。"提供"，是指出售、赠送、以物易物或者用其他方法将上述化学物品交给制毒者的行为。明知他人制造毒品而为其提供制造毒品的原料或者配剂的，行为人与制造毒品的犯罪分子有共同犯罪故意，并实施了提供制毒原料或者配剂的帮助行为，故应依法认定为制造毒品罪的共犯。

（三）非法生产、买卖、运输制毒物品、走私制毒物品罪的刑事责任

司法机关在适用《刑法》第350条规定处罚时，应当注意以下问题：

1. 非法生产、买卖、运输制毒物品、走私制毒物品罪"情节严重"的标准。

2016年《审理毒品犯罪案件解释》第8条第1款规定，违反国家规定，非法生产、买卖、运输制毒物品、走私制毒物品，具有下列情形之一的，应当认定为《刑法》第350条第1款规定的"情节严重"：（1）制毒物品数量在本解释第7条第1款规定的最高数量标准以上，不满最高数量标准5倍的；（2）达到本解释第7条第1款规定的数量标准，且具有本解释第7条第2款第3项至第6项规定的情形之一的；（3）其他情节严重的情形。

以上第1项规定了认定非法生产、买卖、运输制毒物品、走私制毒物品罪"情节严重"的数量标准。该数量标准的起点为定罪数量标准的上限（即定罪数量起点的5倍），该数量标准的上限为起点的5倍（即定罪数量起点

的25倍）。第2项规定了认定"情节严重"的"数量+其他情节"标准，即达到"情节较重"数量标准，同时具有第7条第2款第3项至第6项情形之一的，应当认定为"情节严重"。之所以未将第1项情形规定在内，主要考虑被告人"曾因非法生产、买卖、运输制毒物品、走私制毒物品受过刑事处罚"后又实施同类犯罪的，可能构成累犯，若将该情形规定为"情节严重"，则该情形同时成为从重处罚情节和加重处罚情节，既存在重复评价问题，也存在逻辑上的矛盾。根据"举重以明轻"的刑法解释原理，既然曾受刑事处罚的情形不属于该罪的"情节严重"，曾受行政处罚的自然也不应当被认定为"情节严重"。

2. 非法生产、买卖、运输制毒物品、走私制毒物品罪"情节特别严重"的标准。

2016年《审理毒品犯罪案件解释》第8条第2款规定，违反国家规定，非法生产、买卖、运输制毒物品、走私制毒物品，具有下列情形之一的，应当认定为《刑法》第350条第1款规定的"情节特别严重"：（1）制毒物品数量在本解释第7条第1款规定的最高数量标准5倍以上的；（2）达到前款第1项规定的数量标准，且具有本解释第7条第2款第3项至第6项规定的情形之一的；（3）其他情节特别严重的情形。

以上第1项规定了认定非法生产、买卖、运输制毒物品、走私制毒物品罪"情节特别严重"的数量标准，即达到"情节严重"一档的最高数量标准（定罪数量起点的25倍）以上的，就属于"情节特别严重"。第2项规定了认定"情节特别严重"的"数量+其他情节"标准，即达到"情节严重"的数量标准，同时具有第7条第2款第3项至第6项情形之一的，应当认定为"情节特别严重"。

3. 按照《最高人民法院、最高人民检察院、公安部关于办理走私、非法买卖麻黄碱类复方制剂等刑事案件适用法律若干问题的意见》第6条的规定，实施走私、非法买卖麻黄碱类复方制剂的行为，以走私制毒物品罪、非法买卖制毒物品罪定罪处罚的，应当以涉案麻黄碱类复方制剂中麻黄碱类物质的含量作为涉案制毒物品的数量。以制造毒品罪定罪处罚的，应当将涉案麻黄碱类复方制剂所含的麻黄碱类物质可以制成的毒品数量作为量刑情节考虑。多次实施走私、非法买卖麻黄碱类复方制剂的行为未经处理的，涉案制毒物品的数量累计计算。

4.非法生产、买卖、运输制毒物品、走私制毒物品行为同时构成其他犯罪的，依照处罚较重的规定定罪处罚。

六、非法种植毒品原植物罪

第三百五十一条 非法种植罂粟、大麻等毒品原植物的，一律强制铲除。有下列情形之一的，处五年以下有期徒刑、拘役或者管制，并处罚金：

（一）种植罂粟五百株以上不满三千株或者其他毒品原植物数量较大的；

（二）经公安机关处理后又种植的；

（三）抗拒铲除的。

非法种植罂粟三千株以上或者其他毒品原植物数量大的，处五年以上有期徒刑，并处罚金或者没收财产。

非法种植罂粟或者其他毒品原植物，在收获前自动铲除的，可以免除处罚。

（一）非法种植毒品原植物罪的概念和构成要件

非法种植毒品原植物罪，是指明知是罂粟、大麻、古柯树等毒品原植物而非法种植且数量较大，或者经公安机关处理后又种植，或者抗拒铲除的行为。

本罪是吸收《全国人民代表大会常务委员会关于禁毒的决定》第6条的内容，修改为1997年《刑法》的具体规定的。1979年《刑法》没有种植毒品原植物罪的规定。

非法种植毒品原植物罪的构成要件是：

1.本罪侵犯的客体是国家对毒品原植物的管理制度。犯罪对象是毒品原植物。

"毒品原植物"，是指能从中加工、提炼出毒品的原植物，如罂粟、大麻、古柯树等。毒品的原植物是毒品的主要来源。如罂粟的果实是生产鸦片、海洛因的原料。多数毒品特别是一些烈性毒品就是从毒品原植物中提炼或者加工制成的。所以，从某种意义上讲，种植毒品原植物是其他毒品犯罪的基础。要惩治毒品犯罪，必须首先惩治种植毒品原植物的犯罪。

2. 本罪客观方面表现为违反国家有关规定，非法种植毒品原植物数量较大，或者经公安机关处理后又种植，或者抗拒铲除毒品原植物的行为。

"种植"，指播种、插栽、施肥、灌溉、割收津液和收取种子等行为。种植毒品原植物的行为必须是非法的。根据医疗、教学、科研的需要，卫生行政主管部门依照法律、行政法规的规定，可以指定特定的地方种植限定数量的毒品原植物，以生产麻醉药品，这种种植毒品原植物的行为是合法的，受法律保护。非法种植毒品原植物的行为还必须达到"数量较大"的程度，才构成犯罪；数量较小的，不构成犯罪，可由公安机关给予治安处罚。按照法律规定，种植罂粟500株为"数量较大"的起点。"经公安机关处理后又种植"，是指行为人曾经种植毒品原植物，经公安机关发现强制铲除或者予以行政处罚后，仍不悔改，又非法种植毒品原植物，即使种植数量不大，也应以非法种植毒品原植物罪定罪处罚。"抗拒铲除"，是指行为人非法种植毒品原植物被公安机关发现后予以铲除或者强制其铲除而以暴力相对抗，拒绝铲除，即使种植数量不大，也应以非法种植毒品原植物罪定罪处罚。至于行为人种植毒品原植物后是否收割，是自己种植还是雇佣他人种植，不影响本罪的成立。

3. 本罪的犯罪主体为一般主体。

4. 本罪主观方面由故意构成。无论行为人的目的是否为营利，都不影响本罪的成立。

（二）认定非法种植毒品原植物罪应当注意的问题

1. 划清罪与非罪的界限。

符合下列条件的，应当按照非法种植毒品原植物罪追究刑事责任：

（1）种植毒品原植物量较大。非法种植罂粟不满500株或者其他少量毒品原植物的，属违法行为，应当根据《治安管理处罚法》第71条第1项的规定，由公安机关给予治安处罚，即处10日以上15日以下拘留，可以并处

3000元以下罚款；情节较轻的，处5日以下拘留或者500元以下罚款。根据《刑法》第351条第1款第1项的规定，非法种植罂粟500株以上不满3000株或者其他毒品原植物数量较大的，应当以非法种植毒品原植物罪追究刑事责任。

根据2016年《最高人民法院关于审理毒品犯罪案件适用法律若干问题的解释》（以下简称2016年《审理毒品犯罪案件解释》）第9条第1款的规定，非法种植毒品原植物，具有下列情形之一的，应当认定为《刑法》第351条第1款第1项规定的"数量较大"：（1）非法种植大麻5000株以上不满3万株的；（2）非法种植罂粟200平方米以上不满1200平方米、大麻2000平方米以上不满12000平方米，尚未出苗的；（3）非法种植其他毒品原植物数量较大的。其中，对于第2项中已经播种毒品原植物但尚未出苗的情形，鉴于这种情况下无法逐一清点植株数量，只能从播种面积的角度作出规定，"数量较大"标准的起点系根据单位面积正常条件下的出芽率、成活率等指标，综合考虑尚未出苗的社会危害明显低于已成活植株的情况而确定的。同时，2016年《审理毒品犯罪案件解释》参照《刑法》对罂粟植株数量标准的规定，将"数量较大"标准的上限设定为起点的6倍，即罂粟1200平方米、大麻12000平方米。

（2）经公安机关处理后又种植的。经公安机关处理是指行为人因种植毒品原植物受过治安处罚，或是经公安机关铲除后又种植的。对于被公安机关处罚或铲除的数额，根据"一事不再罚"的原则，不计于构成此罪的数额之中。

（3）抗拒铲除的。是指行为人在公安机关或其他主管机关进行铲除的情况下，采用暴力，或以暴力相威胁、胁迫，或者其他强制手段，足以妨碍铲除的行为。

2. 划清本罪与制造毒品罪的界限。

前者是指种植毒品原植物的行为；后者则是指将毒品原植物进行加工、提炼、配制，使之成为可使用的毒品的行为。

3. 划清一罪与数罪的界限。

非法种植毒品原植物数量较大，又实施其他制造毒品行为的，应当分别以非法种植毒品原植物罪和制造毒品罪,实行并罚。

(三)非法种植毒品原植物罪的刑事责任

司法机关在适用《刑法》第351条的规定处罚时,应当注意以下问题:

1.具有经公安机关处理后又种植或者抗拒铲除情节的,非法种植罂粟即使不满500株或者其他毒品原植物数量较小的,也应按《刑法》第351条的规定追究行为人的刑事责任。

2.非法种植罂粟或者其他毒品原植物,在收获前自动铲除的,可以免除处罚。

3.非法种植毒品原植物的"数量大"标准。根据2016年《审理毒品犯罪案件解释》第9条第2款的提示性规定:非法种植毒品原植物,达到前款规定的最高数量标准的,应当认定为《刑法》第351条第2款规定的"数量大"。即,非法种植大麻3万株以上,非法种植尚未出苗的罂粟1200平方米以上、大麻12000平方米以上,或者非法种植其他毒品原植物数量大的,依法应处五年以上有期徒刑,并处罚金或者没收财产。

4.非法种植毒品原植物数量较大,又以其为原料制造加工提炼成鸦片等毒品的,则应当按照重罪吸收轻罪的原则,以制造毒品罪,从重处罚。

七、非法买卖、运输、携带、持有毒品原植物种子、幼苗罪

第三百五十二条 非法买卖、运输、携带、持有未经灭活的罂粟等毒品原植物种子或者幼苗,数量较大的,处三年以下有期徒刑、拘役或者管制,并处或者单处罚金。

(一)非法买卖、运输、携带、持有毒品原植物种子、幼苗罪的概念和构成要件

非法买卖、运输、携带、持有毒品原植物种子、幼苗罪,是指违反国家有关规定,非法买卖、运输、携带、持有未经灭活的罂粟等毒品原植物种子或者幼苗,数量较大的行为。

本罪是 1997 年《刑法》增设的罪名，1979 年《刑法》和《全国人民代表大会常务委员会关于禁毒的决定》均没有规定此罪名。

非法买卖、运输、携带、持有毒品原植物种子、幼苗罪的构成要件是：

1. 本罪侵犯的客体是国家对毒品原植物种子及其幼苗的管理制度。

犯罪对象是未经灭活的罂粟等毒品原植物种子和幼苗。禁毒实践证明，禁绝毒品必须堵住源头，必须严格禁止非法买卖、运输、携带、持有未经灭活的毒品原植物种子或者幼苗的行为。

2. 本罪的客观方面表现为违反国家有关规定，非法买卖、运输、携带、持有未经灭活的罂粟等毒品原植物种子或者幼苗，数量较大的行为。

"非法买卖"，是指以金钱或者实物作价，非法购买或者出售未经灭活的毒品原植物种子或者幼苗。"非法运输"，是指将未经灭活的毒品原植物种子或者幼苗在国内或者在国（边）境非法运输。"非法携带"，是指违反国家有关规定，随身携带未经灭活的毒品原植物种子或者幼苗。"非法持有"，是指违反国家有关规定，私藏未经灭活的毒品原植物种子或者幼苗。"未经灭活的罂粟等毒品原植物种子"，是指没有经过物理、化学等方法杀灭植物生长细胞，还能继续繁殖、发芽的罂粟等毒品原植物种子。《联合国禁止非法贩运麻醉药品和精神药物公约》规定，对罂粟籽严格加以管制。按照法律规定，行为人只要具有非法买卖、运输、携带、持有未经灭活的毒品原植物种子或者幼苗其中一种行为，就构成本罪；具有两种或者两种以上行为的，仍为一罪，不实行并罚。按照法律规定，非法买卖、运输、携带、持有未经灭活的罂粟等毒品原植物种子或者幼苗的行为，必须是数量较大的，才构成犯罪。

3. 本罪的犯罪主体为一般主体。

4. 本罪的主观方面由故意构成。

（二）认定非法买卖、运输、携带、持有毒品原植物种子、幼苗罪应当注意的问题

1. 划清罪与非罪的界限。

非法买卖、运输、携带、持有少量未经灭活的罂粟等毒品原植物种子或

者幼苗的，属违法行为，应当由公安机关根据《治安管理处罚法》第71条第2项的规定给予治安处罚，即处10日以上15日以下拘留，可以并处3000元以下罚款；情节较轻的，处5日以下拘留或者500元以下罚款。非法买卖、运输、携带、持有未经灭活的罂粟等毒品原植物种子或者幼苗数量较大的，才构成犯罪。2016年《最高人民法院关于审理毒品犯罪案件适用法律若干问题的解释》(以下简称2016年《审理毒品犯罪案件解释》)第10条规定，非法买卖、运输、携带、持有未经灭活的毒品原植物种子或者幼苗，具有下列情形之一的，应当认定为《刑法》第352条规定的"数量较大"：（1）罂粟种子50克以上、罂粟幼苗5000株以上；（2）大麻种子50千克以上、大麻幼苗5万株以上；（3）其他毒品原植物种子、幼苗数量较大的。2016年《审理毒品犯罪案件解释》第10条充分吸收了《最高人民检察院、公安部关于公安机关管辖的刑事案件立案追诉标准（三）》第8条的相关内容。考虑到此类犯罪的社会危害要小于非法种植毒品原植物犯罪，故将非法买卖、运输、携带、持有罂粟、大麻幼苗的定罪数量标准分别规定为非法种植罂粟、大麻定罪数量标准的10倍，即罂粟幼苗5000株和大麻幼苗5万株以上。另外，按照种子与幼苗相对应的原则，根据农业部门提供的数据和计算方法，将非法买卖、运输、携带、持有罂粟、大麻种子的定罪数量标准规定为罂粟种子50克和大麻种子50千克以上。

2. 划清本罪与非法种植毒品原植物罪的界限。

两罪的主要区别在于：一是犯罪手段不同。前者采用非法买卖、运输、携带和持有的手段，后者则采用非法种植的手段。二是犯罪对象不同。前者是未经灭活的毒品的原植物种子或者幼苗，后者是毒品原植物。

3. 划清本罪与非法生产、买卖、运输制毒物品、走私制毒物品罪的界限。

两罪的主要区别在于：一是犯罪对象不同。本罪的对象是毒品的原植物种子或者幼苗，不可直接用于制造毒品。非法生产、买卖、运输制毒物品、走私制毒物品罪的对象是可用于制造毒品的原料或配剂。二是犯罪行为实施的区域不完全相同，本罪行为实施的地点可以是国内或国（边）境。而非法生产、买卖、运输制毒物品罪的实施地只能是境内，走私制毒物品罪的实施地只能是在国（边）境，或是其后续行为。三是犯罪行为的内容不同。本罪除非法买卖、运输行为之外，还包括非法携带和持有行为。非法生产、买卖、运输制毒物品、走私制毒物品罪则还包括非法生产行为及走私行为。

（三）非法买卖、运输、携带、持有毒品原植物种子、幼苗罪的刑事责任

适用《刑法》第 352 条的规定时，应当注意根据犯罪的事实、犯罪的性质、情节和对于社会的危害程度，决定适当的刑罚。

八、引诱、教唆、欺骗他人吸毒罪

第三百五十三条第一款 引诱、教唆、欺骗他人吸食、注射毒品的，处三年以下有期徒刑、拘役或者管制，并处罚金；情节严重的，处三年以上七年以下有期徒刑，并处罚金。

第三款 引诱、教唆、欺骗或者强迫未成年人吸食、注射毒品的，从重处罚。

（一）引诱、教唆、欺骗他人吸毒罪的概念和构成要件

引诱、教唆、欺骗他人吸毒罪，是指以引诱、教唆、欺骗的方法，促使他人吸食、注射毒品的行为。

本罪是吸收《全国人民代表大会常务委员会关于禁毒的决定》第 7 条的内容，修改成为 1997 年《刑法》的具体规定的。1979 年《刑法》没有引诱、教唆、欺骗他人吸毒罪的规定。

引诱、教唆、欺骗他人吸毒罪的构成要件是：

1. 本罪侵犯的客体是国家对毒品的管理制度和公民的健康权利。犯罪对象是从未吸食、注射过毒品的人，或者曾吸食、注射过毒品但已戒除的人。

与其他毒品犯罪一样，引诱、教唆、欺骗他人吸毒，必然侵犯国家对毒品的管制。同时，引诱、教唆、欺骗他人吸毒，也必然使被害人的身体健康受到损害，因此，本罪侵犯的客体是复杂客体。

2.本罪的客观方面表现为引诱、教唆、欺骗他人吸食、注射毒品的行为。

"引诱",是指以金钱、物质或精神上的享受及其他方法,勾引、诱使、拉拢本无吸毒意愿的人吸食、注射毒品的行为。"教唆",是指以宣扬吸毒后的"体验"、示范吸毒方法和劝说、授意、怂恿、激将等其他方法,故意唆使他人产生吸毒的意图进而吸食、注射毒品的行为。教唆的方法可以是口头的、书面的,也可以是示意性的动作。"欺骗",是指用隐瞒事实真相或者制造假象等方法,使他人吸食、注射毒品的行为。如暗地里在药品中掺入毒品,供他人吸食或者使用,使其不知不觉地染上毒瘾。行为人只要实施了引诱、教唆、欺骗其中一种行为,就构成本罪。实施两种以上行为的,可以作为选择性罪名,按一罪处罚,不实行并罚。至于被引诱、教唆、欺骗的人吸食、注射毒品后是否成瘾,不影响本罪的成立。

3.本罪的主体为一般主体。

4.本罪的主观方面由故意构成,行为人犯罪的动机各种各样,但不影响本罪的成立,可作为量刑时的一个情节予以考虑。

(二)认定引诱、教唆、欺骗他人吸毒罪应当注意的问题

1.行为人引诱、教唆、欺骗他人吸毒后,又向他人贩卖毒品的,如何处理。

贩毒分子为了获取非法利益,拓展毒品消费市场,往往采用引诱、教唆、欺骗手段使他人吸食、注射毒品,待吸毒人员成瘾后,再高价向其出售毒品。对此情形,需区分不同情况分别处理。如果行为人出于贩卖毒品的目的而引诱、教唆、欺骗他人吸食、注射毒品,其贩卖毒品行为与引诱、教唆、欺骗他人吸毒行为之间存在一种目的行为与手段行为之间的牵连关系,符合牵连犯的特征,因此,在一般情况下,应按照牵连犯的原则,择一重罪处罚。但是,如果行为人引诱、教唆、欺骗他人吸毒后,因各种原因未出售毒品的,而是在相隔较长一段时间后才向被引诱、被教唆或被欺骗者出售毒品的,此时,引诱、教唆、欺骗他人吸毒行为与贩卖毒品行为实际上是两种完全独立的行为,两者之间不存在目的行为和手段行为之间的牵连关系,不

符合牵连犯的特征，故此时应以引诱、教唆、欺骗他人吸毒罪与贩卖毒品罪并罚。

2.引诱、教唆、欺骗他人吸毒，致被害人重伤、死亡的，如何处理。

行为人出于伤害或杀人故意，引诱、教唆、欺骗他人吸食、注射毒品的，引诱、教唆、欺骗他人吸毒行为实质上是行为人实施伤害或杀人犯罪的一种手段，被害人因吸毒而致重伤或死亡后果的，应以故意伤害罪或故意杀人罪论处。此种情形下，被害人吸食、注射的毒品数量，不影响对行为的定性。引诱、教唆、欺骗他人吸毒罪存在情节加重犯。《刑法》第353条第1款规定，引诱、教唆、欺骗他人吸食、注射毒品，情节严重的，处三年以上七年以下有期徒刑，并处罚金。行为人在没有伤害、杀人故意的情况下，引诱、教唆、欺骗他人吸食、注射毒品，导致被害人重伤或者死亡的，无论行为人对被害人重伤、死亡后果有无过失，均可直接按照《刑法》第353条第1款规定的"情节严重"情形处理，没有必要按照过失致人死亡罪、过失致人重伤罪的想象竞合犯处理。实际上，《刑法》第353条第1款规定的"情节严重"的法定刑中，其主刑与《刑法》第233条规定的过失致人死亡罪的法定最高主刑相同，比《刑法》第235条规定的过失致人重伤罪的主刑高，而《刑法》第353条第1款还规定了附加刑。因此，相比之下，《刑法》第353条第1款"情节严重"情形的法定刑更高，处罚力度更大，也更有利于打击犯罪。

（三）引诱、教唆、欺骗他人吸毒罪的刑事责任

司法机关在适用《刑法》第353条规定处罚时，应当注意以下问题：

1.引诱、教唆、欺骗他人吸毒罪"情节严重"的认定。《刑法》和《最高人民检察院、公安部关于公安机关管辖的刑事案件立案追诉标准（三）》均没有对引诱、教唆、欺骗他人吸毒罪设定入罪条件，故实施此类行为的一般均应追究刑事责任。2016年《最高人民法院关于审理毒品犯罪案件适用法律若干问题的解释》第11条规定了引诱、教唆、欺骗他人吸毒罪的"情节严重"认定标准问题，分别从犯罪情节、危害后果、犯罪主体等角度作出规定。具体为，引诱、教唆、欺骗他人吸食、注射毒品，具有下列情形之一

的，应当认定为《刑法》第353条第1款规定的"情节严重"：（1）引诱、教唆、欺骗多人或者多次引诱、教唆、欺骗他人吸食、注射毒品的；（2）对他人身体健康造成严重危害的；（3）导致他人实施故意杀人、故意伤害、交通肇事等犯罪行为的；（4）国家工作人员引诱、教唆、欺骗他人吸食、注射毒品的；（5）其他情节严重的情形。该条第2项中"对他人身体健康造成严重危害"的认定，可以参照2022年《最高人民法院、最高人民检察院关于办理危害药品安全刑事案件适用法律若干问题的解释》第2条的规定执行，包括导致被害人死亡、重伤、轻伤、轻度残疾、中度残疾、功能障碍等后果，也包括引诱、教唆、欺骗他人吸食、注射毒品，导致其实施自伤、自残行为，对身体健康造成严重危害的情形。需要说明的是，行为人对上述结果的发生应属过失心态，如果故意通过引诱、教唆、欺骗他人吸毒的手段实施伤害、杀人行为，构成故意伤害罪、故意杀人罪的，应依法定罪处罚。第3项是指他人因吸毒致幻而实施杀人、伤害、危害公共安全、交通肇事等犯罪的情形。

2.从重处罚情形。《刑法》第353条第3款规定，引诱、教唆、欺骗未成年人吸食、注射毒品的，从重处罚。该加重处罚情节是基于对未成年人的特别保护而设立的，行为人客观上只要实施了引诱、教唆、欺骗未成年人吸毒行为的，无论其主观上是否明知对方系未成年人，均应从重处罚。因为，行为人引诱、教唆、欺骗未成年人吸毒，无论其主观上是否明知对方是未成年人，其行为对未成年人产生的危害后果都是相同的。从字面上看，《刑法》第353条第3款也是旨在强调对引诱、教唆、欺骗未成年人吸食、注射毒品的从重打击，并未要求行为人明知对方是未成年人。

3.既未遂认定标准。本罪应以他人实际上是否因引诱、教唆、欺骗而吸食、注射毒品作为认定既遂与未遂的标准。至于是否因被引诱、教唆、欺骗吸毒而成瘾，不影响既遂的认定。

九、强迫他人吸毒罪

第三百五十三条第二款 强迫他人吸食、注射毒品的,处三年以上十年以下有期徒刑,并处罚金。

第三款 引诱、教唆、欺骗或者强迫未成年人吸食、注射毒品的,从重处罚。

(一)强迫他人吸毒罪的概念和构成要件

强迫他人吸毒罪,是指违背他人意志,以暴力、威胁或者其他方法,迫使他人吸食、注射毒品的行为。

本罪是吸收《全国人民代表大会常务委员会关于禁毒的决定》第7条第2款的内容,修改成为1997年《刑法》的具体规定的。1979年《刑法》没有强迫他人吸毒罪的规定。

强迫他人吸毒罪的构成要件是:

1. 本罪侵犯的客体是国家对毒品的管理制度和公民的健康权利。

犯罪对象是不愿吸食、注射毒品的人,既包括不吸食、注射毒品的人,也包括吸食、注射毒品的人以及吸毒成瘾的人。

2. 本罪的客观方面表现为违背他人意志,采用暴力、胁迫或者其他方法,迫使他人吸食、注射毒品的行为。

这是强迫他人吸毒罪的本质特征,也是同其他毒品犯罪的根本区别。"暴力",是指对不愿吸毒的人进行禁闭、殴打、捆绑、伤害等足以危及人身健康甚至生命安全的强制性手段,迫使其违心地吸食、注射毒品。"胁迫",是指对不愿吸毒的人以立即实施暴力、实行精神强制等方法,迫使其违心地吸食、注射毒品。"其他方法",是指利用他人处于醉酒状态或者熟睡之机等方法为其吸食、注射毒品。

3. 本罪的犯罪主体为一般主体。

4. 本罪的主观方面由故意构成。

（二）认定强迫他人吸毒罪应当注意的问题

1.划清本罪与引诱、教唆、欺骗他人吸毒罪的界限。

两罪的主要区别在于客观方面的表现形式不同。前者直接采用暴力、胁迫手段，使他人违背自身的意志而吸食、注射毒品；后者采用引诱、教唆、欺骗手段，使他人接受行为人的意志而吸食、注射毒品。

实践中，有的行为人出于各种动机，既实施了引诱、教唆、欺骗他人吸食、注射毒品行为，又实施了强迫他人吸食、注射毒品行为。对此种情形，如何处理，应视具体情况而论。（1）行为人针对不同犯罪对象分别实施引诱、教唆、欺骗吸毒行为和强迫吸毒行为的，其行为分别构成引诱、教唆、欺骗他人吸毒罪和强迫他人吸毒罪，应数罪并罚。（2）行为人针对同一犯罪对象实施引诱、教唆、欺骗吸毒行为和强迫吸毒行为的，又分两种情况处理：一是如果前后两种行为之间在时间和空间上是连续的，则以强迫他人吸毒罪论处。因为，在此种情形下，引诱、教唆、欺骗吸毒行为与强迫吸毒行为之间存在吸收关系，按照吸收犯的处理原则，其中较重的强迫吸毒行为吸收较轻的引诱、教唆、欺骗吸毒行为，以强迫他人吸毒罪论处，不实行并罚。二是如果前后两种行为之间在时间和空间上不连续的，即存在明显的时空间隔的，引诱、教唆、欺骗他人吸毒行为与强迫他人吸毒行为分别构成引诱、教唆、欺骗他人吸毒罪和强迫他人吸毒罪，应实行并罚。值得注意的是，时空上是否连续，不能机械地理解，应根据具体案件情况而定。如果行为人实施的引诱、教唆、欺骗吸毒行为与强迫吸毒行为前后连贯，具有内在联系，在时间和空间上没有明显间隔的，应视为是连续的。如甲出于报复目的在酒吧内引诱乙口服摇头丸，遭乙拒绝后，甲即萌发了强迫乙服用摇头丸的念头。两小时后，乙离开酒吧，甲尾随其至数里外无人处后，对乙进行暴力殴打，迫使乙服用了药丸。本案中，尽管甲实施的引诱吸毒行为与强迫吸毒行为在时间和空间上都有一定间隔，但前后行为之间是连贯的，具有内在联系，因而应认定是连续的。故对甲的行为只能以强迫他人吸毒罪论处。

2.划清本罪与贩卖毒品罪的界限。

两者的主要区别在于：（1）侵犯的客体和犯罪对象不同。前者侵犯的是复杂客体，即国家对毒品的管理制度和公民的健康权利，犯罪对象是不愿吸食、注射毒品的人；后者侵犯的是单一客体，即国家对毒品的管理制度，犯罪对象是毒品。（2）客观方面的表现不同。前者表现为以暴力、胁迫等手段，迫使他人吸食、注射毒品的行为；后者表现为非法销售或者以贩卖为目的而非法收买毒品的行为。

行为人强迫他人吸食、注射毒品后又向他人贩卖毒品，强迫他人吸毒行为与贩卖毒品行为之间具备牵连关系的，择一重罪论处；不具备牵连关系的，予以数罪并罚。

3. 划清一罪与数罪的界限。

行为人在强迫他人吸食、注射毒品的过程中，因捆绑、殴打致人轻伤的，可以按照处理牵连犯的原则，从一重罪处罚，即按强迫他人吸毒罪定罪处罚；导致被害人重伤、死亡的，应根据案件情况具体分析。

（1）被害人因吸食、注射毒品而重伤、死亡的。又分以下几种情况：①行为人以重伤或杀死被害人为目的，强迫其吸食、注射毒品的。此时，强迫吸食、注射毒品行为实际上是伤害或杀人的手段，如果被害人因吸食、注射毒品而致重伤或死亡的，对行为人应以故意伤害罪或故意杀人罪论处。②强迫他人吸食、注射过量毒品，行为人认识到其行为可能导致被害人重伤或死亡，但置被害人的生死于不顾，仍强迫其吸食、注射毒品，从而导致被害人重伤或死亡的。在此种情形下。行为人对被害人重伤或死亡的后果持放任态度，主观上具有放任重伤或死亡后果发生的间接故意，符合间接故意伤害罪或间接故意杀人罪的特征。行为人强迫他人吸食、注射毒品的行为同时符合强迫他人吸毒罪和故意伤害罪或故意杀人罪的构成要件，属于想象竞合犯，按照想象竞合犯择一重罪处罚的处理原则，应以故意伤害罪或故意杀人罪论处。③强迫他人吸食、注射少量毒品，致被害人重伤或死亡的。由于《刑法》第353条第2款并未对强迫他人吸毒罪规定加重处罚结果，故只能以强迫他人吸毒罪，在三年以上十年以下有期徒刑的法定刑幅度内从重处罚。

（2）在强迫他人吸食、注射毒品的过程中，强迫行为直接致被害人重伤、死亡的。此种情形也应视行为人实施暴力时，主观上对被害人重伤或死亡后果的心态而论。如果行为人明知强迫行为可能导致被害人重伤或死亡的，而放任该结果发生的，行为人的行为同时构成强迫他人吸毒罪和故意伤害罪或故意杀人罪，属于想象竞合犯，应以故意伤害罪或故意杀人罪论处。如果行为人对被害人重伤或死亡的后果是过失的，则以强迫他人吸毒罪从重处罚。

（3）被害人因反抗强迫吸毒而致重伤、死亡，或被迫吸毒后，因不堪毒品折磨而自伤、自杀的。在《刑法》第353条第2款没有规定结果加重犯的情况下，只能以强迫他人吸毒罪从重处罚。

（三）强迫他人吸毒罪的刑事责任

司法机关在适用《刑法》第353条第2款、第3款规定处罚时，应当注意以下问题：

1. 强迫他人吸毒罪的既遂与未遂认定标准。

本罪的既遂与未遂标准，应以行为人实施强制行为，且被害人实际吸食、注射毒品为准。至于被害人吸食、注射的毒品数量和纯度，以及是否染上毒瘾，不影响既遂的成立。但如果被害人被迫吸食的是假毒品，则属于未遂。行为人实施强制行为后，因各种意志以外的原因，被害人没有实际吸食、注射毒品的，也系未遂。

2. 从重处罚情节。

《刑法》第353条第3款规定，强迫未成年人吸食、注射毒品的，从重处罚。该规定是对未成年人的特殊保护，与引诱、教唆、欺骗未成年人吸食、注射毒品犯罪一样，适用该规定时，也不要求行为人主观上是否明知被害人是未成年人，只要行为人强迫吸食、注射毒品的对象是未成年人的，均应从重处罚。

十、容留他人吸毒罪

第三百五十四条　容留他人吸食、注射毒品的，处三年以下有期徒刑、拘役或者管制，并处罚金。

第六章　妨害社会管理秩序罪

（一）容留他人吸毒罪的概念和构成要件

容留他人吸毒罪，是指为他人吸食、注射毒品提供场所，或者允许他人在自己管理、支配的场所内吸食、注射毒品的行为。

1979年《刑法》没有规定此罪名。《全国人民代表大会常务委员会关于禁毒的决定》第9条规定了"容留他人吸毒并出售毒品罪"，1997年修订《刑法》时对该罪的罪状作了修改，因而将罪名相应地改为"容留他人吸毒罪"。

容留他人吸毒罪的构成要件是：

1. 本罪侵犯的客体是国家对毒品的管理制度和公民的健康权利。犯罪对象是自愿吸食、注射毒品的人。

2. 本罪的客观方面表现为容留他人吸食、注射毒品的行为。

"容留"，是指为他人吸食、注射毒品提供场所，或者允许他人在自己管理、支配的场所内吸食、注射毒品的行为。容留行为既可以是主动实施的，也可以是被动实施的，既可以是有偿的，也可以是无偿的。实践中，容留他人吸毒犯罪既表现为行为人利用自己的住房、租房或者其他场所，长期或者多次为他人吸食、注射毒品提供场所；也表现为酒店、宾馆、饭店及茶馆、歌舞厅等休闲娱乐场所的经营者、管理者出于招揽生意或者牟取非法利益的目的而容留他人吸毒。这是导致目前一些地方吸毒者增多和戒毒后又重新吸毒的重要原因之一，而且往往具有一定聚众性质，社会危害严重，因而规定为独立的犯罪，并予以惩处。

3. 本罪的犯罪主体为一般主体。饭店、旅馆、咖啡厅、酒吧等营业性场所的经营、服务人员，如果利用管理、支配这些场所的便利条件，容留他人吸食、注射毒品，以此招揽生意的，也应依法追究其刑事责任。

4. 本罪的主观方面由故意构成。即明知他人吸食、注射毒品而容留。在允许他人在自己管理、支配的场所内吸食、注射毒品的场合，只要行为人认识到他人是在自己管理、支配的场所吸食、注射毒品即可，至于他人吸食、注射毒品的种类和数量，不要求行为人明知。行为人犯罪的动机，一般是为了牟取非法利益。但法律并没有规定以牟取非法利益为目的是构成本罪主观方面的要件。吸毒人员利用自己的住所或者租房无偿容留毒友吸毒,达到相应定罪标准的,也可以构成本罪。

(二)认定容留他人吸毒罪应当注意的问题

1. 容留他人吸毒的定罪条件。

《刑法》第354条并没有为容留他人吸毒罪设定入罪条件。但《禁毒法》第61条规定,容留他人吸食、注射毒品,构成犯罪的,依法追究刑事责任;尚不构成犯罪的,由公安机关处10日以上15日以下拘留,可以并处3000元以下罚款;情节较轻的,处5日以下拘留或者500元以下罚款。以上规定表明,并非只要实施容留他人吸食、注射毒品的行为就一律构成犯罪。对于情节轻微的容留他人吸毒行为,可以通过行政处罚手段予以惩戒。

2016年《最高人民法院关于审理毒品犯罪案件适用法律若干问题的解释》(以下简称2016年《审理毒品犯罪案件解释》)第12条第1款规定,容留他人吸食、注射毒品,具有下列情形之一的,应当依照《刑法》第354条的规定,以容留他人吸毒罪定罪处罚:(1)一次容留多人吸食、注射毒品的;(2)2年内多次容留他人吸食、注射毒品的;(3)2年内曾因容留他人吸食、注射毒品受过行政处罚的;(4)容留未成年人吸食、注射毒品的;(5)以牟利为目的容留他人吸食、注射毒品的;(6)容留他人吸食、注射毒品造成严重后果的;(7)其他应当追究刑事责任的情形。其中,第1项保留了《立案追诉标准(三)》中一次容留3人以上吸食、注射毒品的规定,在表述上将3人以上调整为多人。第2项对《立案追诉标准(三)》中容留他人吸食、注射毒品2次以上的规定作了修改,增加了"二年内"的时间限制,并要求是多次容留他人吸食、注射毒品的才入罪,即2年内第3次容留他人吸食、注射毒品的才作为犯罪处理。第3项在《立案追诉标准(三)》原有规定的基础上增加了"二年内"的时间限制。第4项、第5项、第6项保留了《立案追诉标准(三)》的原有规定,因这三项均属于社会危害大、应予追究刑事责任的情形,故未在时间、人数、次数上设定条件。第5项中的"以牟利为目的"主要是指为赚取场所使用费或者为了招揽生意而容留他人吸食、注射毒品的情形,如专门开设地下烟馆容留他人吸食、注射毒品并收取场地使用费，或者娱乐场所经营者、管理者为招揽生意而容许顾客在场所内吸食、注射毒品的。需要注意的是，在司法工作中，可以将行为人"曾因容留他人吸食、注射毒品受过刑事处罚的"认定为第1款第7项中"其他应当追究刑事责任的情形"。如果行为人不构成累犯的，依法定罪处罚；行为人构成累犯的，可以认定累犯但不予从重处罚，以免违反"禁止重复评价"原则。

2.容留他人吸食、注射毒品并向其贩卖毒品行为的定性。

2016年《审理毒品犯罪案件解释》第12条第2款规定，向他人贩卖毒品后又容留其吸食、注射毒品，或者容留他人吸食、注射毒品并向其贩卖毒品，符合该条第1款规定的容留他人吸毒罪的定罪条件的，以贩卖毒品罪和容留他人吸毒罪数罪并罚。实践中，对于向他人贩卖毒品后容留其吸食、注射毒品，或者容留他人吸食、注射毒品并向其贩卖毒品的，有的地方以容留他人吸毒罪与贩卖毒品罪数罪并罚，也有的地方以贩卖毒品罪一罪定罪处罚。但是，通常情况下贩卖毒品行为与容留他人吸毒行为并不具有《刑法》上的牵连关系，故原则上应单独评价，在容留他人吸毒行为达到2016年《审理毒品犯罪案件解释》第12条第1款规定的定罪标准的情况下，认定行为人构成容留他人吸毒罪，并与其所犯贩卖毒品罪数罪并罚。对于实践中常见的多次让他人在相关场所"试吸"毒品后又向其贩卖毒品的，因让他人"试吸"毒品的行为属于贩卖毒品的手段行为，该容留吸毒行为从属于贩卖毒品行为，并不具有独立评价的意义，故不宜认定为容留他人吸毒罪并数罪并罚，可仅按照贩卖毒品罪一罪处理。

3.间接故意容留他人吸毒罪的认定。

当前，娱乐场所的经营者、管理者出于经济利益考虑或者碍于情面，默许消费者在其经营、管理的场所内吸食、注射毒品的情况时有发生。《禁毒法》第65条规定，娱乐场所经营管理人员明知场所内发生聚众吸食、注射毒品或者贩毒活动，不向公安机关报告，构成犯罪的，依法追究刑事责任；尚不构成犯罪的，依照有关法律、行政法规的规定给予处罚。根据《禁毒法》的规定，娱乐场所的经营者、管理者，对发生在经营场所内的吸毒行为有制止或者报警的法定义务。因此，对于娱乐场所的经营者、管理者，明知他人在其管理的场所内吸食、注射毒品而予以放任，没有履行法定义务向公安机关报告的，应以容留他人吸毒罪定罪处罚。但是，对场所有共同居住、使用权的一方放任另一方在共同的住所内容留他人吸食、注射毒品的，因共同居住人并不具有报警或者制止他人容留吸毒行为的法定义务，不具备按照不作为犯罪追究刑事责任的条件，故不宜按照容留他人吸毒罪的共犯处理。

（三）容留他人吸毒罪的刑事责任

2016年《审理毒品犯罪案件解释》第12条第3款规定，容留近亲属吸食、注射毒品，情节显著轻微危害不大的，不作为犯罪处理；需要追究刑事责任的，可以酌情从宽处罚。对于容留近亲属吸食、注射毒品的，实践中普遍认为具有可宽宥性。主要考虑，吸毒是违法行为而不是犯罪行为，容留近亲属吸食、注射毒品的多系不得已而为之，吸毒者的近亲属在某种程度上也是受害人，对此类情形从宽处罚，既能够彰显司法的人性化，也符合宽严相济刑事政策。因此，对于情节显著轻微，危害不大的，应不作为犯罪处理。如父母2年内多次在自己家中容留已单独居住的成年子女吸食毒品的，或者同胞姐姐在自己家中容留未成年弟弟吸食毒品的，一般可认定为"情节显著轻微危害不大"，不作为犯罪处理。容留近亲属吸食、注射毒品，确实需要追究刑事责任的，除极少数情节恶劣的情形外，一般也应酌情从宽处罚。这里的近亲属，可根据民事法律规定的范围从宽掌握，包括配偶、父母、子女、兄弟姐妹、祖父母、外祖父母、孙子女、外孙子女等。

十一、非法提供麻醉药品、精神药品罪

第三百五十五条　依法从事生产、运输、管理、使用国家管制的麻醉药品、精神药品的人员，违反国家规定，向吸食、注射毒品的人提供国家规定管制的能够使人形成瘾癖的麻醉药品、精神药品的，处三年以下有期徒刑或者拘役，并处罚金；情节严重的，处三年以上七年以下有期徒刑，并处罚金。向走私、贩卖毒品的犯罪分子或者以牟利为目的，向吸食、注射毒品的人提供国家规定管制的能够使人形成瘾癖的麻醉药品、精神药品的，依照本法第三百四十七条的规定定罪处罚。

单位犯前款罪的，对单位判处罚金，并对其直接负责的主管人员和其他直接责任人员，依照前款的规定处罚。

（一）非法提供麻醉药品、精神药品罪的概念和构成要件

非法提供麻醉药品、精神药品罪，是指依法从事生产、运输、管理、使用国家管制的麻醉药品、精神药品的单位和人员，违反国家规定，向明知是吸食、注射毒品的人，提供国家规定管制的能够使人形成瘾癖的麻醉药品、精神药品的行为。

本罪是吸收《全国人民代表大会常务委员会关于禁毒的决定》第10条第2款的内容，修改成为1997年《刑法》的具体规定的。1979年《刑法》没有非法提供麻醉药品、精神药品罪的规定。

非法提供麻醉药品、精神药品罪的构成要件是：

1.本罪侵犯的客体是国家对麻醉药品、精神药品的管理制度。犯罪对象是麻醉药品和精神药品。

"麻醉药品"，是指连续使用后易产生身体依赖性，能成瘾癖的药品。"精神药品"，是指直接作用于中枢神经系统，使之兴奋或者抑制，连续使用能产生依赖性的药品。麻醉药品和精神药品具有药品和毒品的双重属性，一旦被滥用，则会危害公民身体健康，进而危害社会。因此，2005年7月26日国务院第100次常务会议通过了《麻醉药品和精神药品管理条例》，对麻醉药品和精神药品的生产、经营、使用、存储、运输等活动实行严格管制，并附表规定了这两种药品的种类和管制级别。麻醉药品和精神药品主要供医疗、教学、科研使用。国家对麻醉药品和精神药品实行定点生产、定点经营制度，国务院药品监督管理部门根据医疗、教学和科研工作的需要，依照法律、行政法规的规定，可以指定特定的企业生产、经营限定数量的麻醉药品、精神药品。但是，对这些药品必须实行严格的管制，以免移作他用，使人成瘾，或者使一些"瘾君子"用作代用品，抵制戒毒。依法从事麻醉药品和精神药品生产、运输、管理和使用的单位和个人，擅自向吸食、注射毒品的人提供管制麻醉药品或精神药品的，既违反了国家对麻醉药品和精神药

的管理法规，又侵犯了国家对麻醉药品和精神药品的管理制度。

2. 本罪的客观方面表现为违反国家关于麻醉药品、精神药品的管理规定，向吸食、注射毒品的人非法提供国家规定管制的麻醉药品和精神药品的行为。具体包括以下几个方面的内容：

（1）行为的违法性。即行为人提供麻醉药品、精神药品的行为违反了国家有关麻醉药品、精神药品的管理法规，这是本罪成立的前提条件。我国管理麻醉药品、精神药品的法规主要有《麻醉药品和精神药品管理条例》等。如果行为人依据国家规定，向他人提供国家管制的麻醉药品、精神药品的，属于合法的业务行为，无违法性可言，不构成犯罪。如医务人员因治疗需要，按照规定向病人提供麻醉药品、精神药品的，即属此种情形。只有违反国家规定，非法提供管制的麻醉药品、精神药品的，才可能构成犯罪。

（2）行为对象的特定性。非法提供麻醉药品、精神药品的对象，只能是吸食、注射毒品的人。如果明知对方是毒品犯罪分子，而向其提供国家管制的麻醉药品、精神药品的，则构成有关毒品犯罪的共犯。根据《刑法》第355条的规定，依法从事生产、运输、管理、使用国家管制的麻醉药品、精神药品的单位和个人违反国家规定，向既不是吸毒人员，也不是贩卖、走私毒品的人员提供国家管制的麻醉药品、精神药品的，不构成本罪。

（3）行为人提供的是国家管制的麻醉药品、精神药品。毒品实际上是受国家管制的特殊药品，包括麻醉药品和精神药品。我国有关法律法规对能成为毒品的药品范围、种类作了明确规定。根据国家食品药品监督管理总局（现国家市场监督管理总局）、公安部、国家卫生健康委员会2013年11月11日联合公布的《麻醉药品品种目录（2013年版）》和《精神药品品种目录（2013年版）》的规定，我国目前管制的麻醉药品有121种（除非另有规定，包括其可能存在的盐和单方制剂、其可能存在的异构体、酯及醚），精神药品有149种（除非另有规定，包括其可能存在的盐和单方制剂、其可能存在的异构体）。行为人只有非法提供上述被管制的麻醉药品、精神药品的，才构成本罪。

3. 本罪的犯罪主体为特殊主体，即依法从事生产、运输、管理、使用国家管制的麻醉药品和精神药品的单位和人员。

"生产",是指依照国务院药品监督管理部门、国务院农业主管部门的授权,种植用于提炼加工麻醉药品、精神药品的原植物,制造或者试制麻醉药品、精神药品的成品、半成品、制剂。"运输",是指将国家规定管制的麻醉药品、精神药品的原植物、成品、半成品、制剂从一个地方到另一个地方的陆路、水路、空中运输,包括进出口过程中的运输。"管理",是指国家规定管制的麻醉药品、精神药品的保管、批发、调拨、供应等。"使用",是指有关单位和人员依照国家法律、行政法规规定,将麻醉药品和精神药品用于医疗、教学和科研工作。

4.本罪的主观方面由直接故意构成。无论出于何种动机,均不影响本罪的成立。

(二)认定非法提供麻醉药品、精神药品罪应当注意的问题

1.划清罪与非罪的界限。

关于非法提供麻醉药品、精神药品罪的定罪标准。2016年《最高人民法院关于审理毒品犯罪案件适用法律若干问题的解释》(以下简称2016年《审理毒品犯罪案件解释》)结合实践情况,对有关规定加以完善。2016年《审理毒品犯罪案件解释》第13条第1款规定,依法从事生产、运输、管理、使用国家管制的麻醉药品、精神药品的人员,违反国家规定,向吸食、注射毒品的人提供国家规定管制的能够使人形成瘾癖的麻醉药品、精神药品,具有下列情形之一的,应当依照《刑法》第355条第1款的规定,以非法提供麻醉药品、精神药品罪定罪处罚:(1)非法提供麻醉药品、精神药品达到《刑法》第347条第3款或者本解释第2条规定的"数量较大"标准最低值的50%,不满"数量较大"标准的;(2)2年内曾因非法提供麻醉药品、精神药品受过行政处罚的;(3)向多人或者多次非法提供麻醉药品、精神药品的;(4)向吸食、注射毒品的未成年人非法提供麻醉药品、精神药品的;(5)非法提供麻醉药品、精神药品造成严重后果的;(6)其他应当追究刑事责任的情形。前述第1项规定了非法提供麻醉药品、精神药品罪的定罪数量标准。因该罪系向吸食、注射毒品的人无偿提供麻精药品,被告人的主观恶性相对小于贩卖毒品罪,故在设定其定罪量刑数量标准时,需要注意与贩卖

毒品罪的协调、衔接问题。

2. 划清本罪与贩卖毒品罪的界限。

(1) 本罪提供毒品的对象，只能是吸食、注射毒品的人。如果行为人明知对方是走私、贩卖毒品的犯罪分子而向其提供国家管制的麻醉药品、精神药品的，表明其主观上具有为此类犯罪分子实施走私、贩卖毒品犯罪提供帮助的故意，其提供麻醉药品、精神药品的行为客观上也为此类犯罪分子实施走私、贩卖毒品犯罪提供了帮助，故行为人与走私、贩卖毒品犯罪分子构成共同犯罪，对其行为应以走私、贩卖毒品罪论处。(2) 以牟利为目的，向吸食、注射毒品的人提供国家规定管制的麻醉药品、精神药品的，鉴于其主观恶性和危害后果都与贩卖毒品的行为相同，应当依照《刑法》第347条的规定以贩卖毒品罪定罪处罚。

(三) 非法提供麻醉药品、精神药品罪的刑事责任

1. 关于非法提供麻醉药品、精神药品罪"情节严重"的认定标准。

2016年《审理毒品犯罪案件解释》第13条第2款规定，具有下列情形之一的，应当认定为《刑法》第355条第1款规定的"情节严重"：(1) 非法提供麻醉药品、精神药品达到《刑法》第347条第3款或者本解释第2条规定的"数量较大"标准的；(2) 非法提供麻醉药品、精神药品达到前款第1项规定的数量标准，且具有前款第3项至第5项规定的情形之一的；(3) 其他情节严重的情形。前述第1项规定了认定"情节严重"的数量标准。同样是考虑到该罪与贩卖毒品罪的量刑标准衔接问题，2016年《审理毒品犯罪案件解释》将该罪的"情节严重"数量标准设定为"数量较大"标准。这样规定，非法提供麻醉药品、精神药品达到"数量较大"标准的，处三年以上七年以下有期徒刑；走私、贩卖、运输、制造毒品达到"数量较大"标准的，处七年以上有期徒刑，两个罪名的法定刑之间实现了较好的衔接。第2项规定了认定非法提供麻醉药品、精神药品罪"情节严重"的"数量+其他情节"标准。达到第1款规定的定罪数量标准，但同时具有向多人或者多次非法提供，向吸食、注射毒品的未成年人非法提供，造成严重后果等情形之一的，即可认定为"情节严重"。

2. 依照《刑法》第 355 条第 2 款规定，单位犯本罪的，实行"双罚制"，即对单位判处罚金，并对其直接负责的主管人员和其他直接责任人员，依照前款规定的法定刑处罚。

十二、妨害兴奋剂管理罪

第三百五十五条之一[①] 引诱、教唆、欺骗运动员使用兴奋剂参加国内、国际重大体育竞赛，或者明知运动员参加上述竞赛而向其提供兴奋剂，情节严重的，处三年以下有期徒刑或者拘役，并处罚金。

组织、强迫运动员使用兴奋剂参加国内、国际重大体育竞赛的，依照前款的规定从重处罚。

（一）妨害兴奋剂管理罪的概念和构成要件

妨害兴奋剂管理罪，是指引诱、教唆、欺骗运动员使用兴奋剂参加国内、国际重大体育竞赛，或者明知运动员参加上述竞赛而向其提供兴奋剂，情节严重的行为，以及组织、强迫运动员使用兴奋剂参加国内、国际重大体育竞赛的行为。

本罪是《刑法修正案（十一）》第 44 条新增的罪名。

妨害兴奋剂管理罪的构成要件是：

1. 本罪侵犯的犯罪客体是兴奋剂使用的管理秩序。

具体表现为，通过使用兴奋剂违反体育竞赛活动公平性，也可能会对运动员身心健康造成伤害，在国际体育赛事中使用兴奋剂的，还可能会损害国家形象。

2. 客观方面表现为引诱、教唆、欺骗运动员使用兴奋剂参加国内、国际重大体育竞赛，或者明知运动员参加上述竞赛而向其提供兴奋剂，情节严重的行为，以及组织、强迫运动员使用兴奋剂参加国内、国际重大体育竞赛的行为。具体有三类情形。

[①] 本条由 2020 年 12 月 26 日《刑法修正案（十一）》第 44 条增设。

一是引诱、教唆、欺骗运动员使用兴奋剂参加国内、国际重大体育竞赛，情节严重的行为。"引诱"往往是以竞赛成绩、金钱奖励、许诺职务职位等物质性、非物质性利益加以诱导。"教唆"是唆使行为，使得原本没有使用兴奋剂意愿、意图的运动员产生使用的意愿或者同意使用。"欺骗"是在运动员不知情的情形下，对其使用兴奋剂。

关于"兴奋剂"，依照《反兴奋剂条例》进行认定，其中第2条规定："本条例所称兴奋剂，是指兴奋剂目录所列的禁用物质等。兴奋剂目录由国务院体育主管部门会同国务院药品监督管理部门、国务院卫生主管部门、国务院商务主管部门和海关总署制定、调整并公布。"具体由《兴奋剂目录》规定为准，该目录具有动态性，可以根据兴奋剂最新发现、认定情况予以调整。常见的国内重大体育竞赛如全运会等，国际重大体育竞赛包括奥林匹克运动会、各类世界锦标赛等。对于"兴奋剂""国内、国际重大体育竞赛"等专业性问题的认定，最高人民法院发布的《关于审理走私、非法经营、非法使用兴奋剂刑事案件适用法律若干问题的解释》（以下简称《审理兴奋剂刑事案件解释》）第8条规定："对于是否属于本解释规定的'兴奋剂''兴奋剂目录所列物质''体育运动''国内、国际重大体育竞赛'等专门性问题，应当依据《中华人民共和国体育法》《反兴奋剂条例》等法律法规，结合国务院体育主管部门出具的认定意见等证据材料作出认定。"需要说明的是，使用兴奋剂参加国内、国际重大体育竞赛，并非单指在体育竞赛中使用兴奋剂，也可能是在竞赛前使用或者长期使用的情形。

二是明知运动员参加国内、国际重大体育竞赛而向其提供兴奋剂，情节严重的行为。引诱、教唆、欺骗运动员使用兴奋剂参加国内、国际重大体育竞赛或者明知运动员参加上述竞赛而向其提供兴奋剂的，都以"情节严重"作为入罪条件。对于提供大剂量兴奋剂、向多人提供使用兴奋剂、损害运动员身体健康的或者因违规使用兴奋剂被查处造成恶劣影响等情形，可以认定为"情节严重"。

三是组织、强迫运动员使用兴奋剂参加国内、国际重大体育竞赛的行为。"组织"是使多名运动员大规模的使用兴奋剂，"强迫"是对不愿意使用兴奋剂的运动员强制使用。这类行为社会危害性明显更重，因此，刑法明确规定对其从重处罚。

3.犯罪主体为一般主体，年满16周岁具有刑事责任能力的自然人。

结合实践以及《反兴奋剂条例》规定，主要是体育社会团体、运动员管理单位直接管理人员为获得体育成绩，非法使用兴奋剂，也有体育社会团体、运动员管理单位的教练、医生、看护等人员非法向运动员提供使用兴奋剂的情形。运动员本人非法使用兴奋剂的，不构成本罪。这是因为：一方面，运动员使用兴奋剂后其身心也可能受到影响，自身也是受害者；另一方面，运动员使用兴奋剂后面临取消成绩、禁赛等后果，丧失了体育竞赛资格，已经是严厉的处罚措施，具有明显的威慑作用。

4.主观方面是故意，且只能是直接故意。

（二）认定妨害兴奋剂管理罪应当注意的问题

1.与使用兴奋剂相关行为的刑事责任认定。

为依法惩治违规使用兴奋剂行为，《刑法修正案（十一）》施行前，最高人民法院于2019年11月18日发布了《审理兴奋剂刑事案件解释》，对使用兴奋剂相关行为的刑事责任进行明确。《刑法修正案（十一）》施行后，对于与兴奋剂相关联行为的刑事责任仍然可以按照《审理兴奋剂刑事案件解释》认定：（1）走私兴奋剂目录所列物质的刑事责任认定。《审理兴奋剂刑事案件解释》第1条规定："运动员、运动员辅助人员走私兴奋剂目录所列物质，或者其他人员以在体育竞赛中非法使用为目的走私兴奋剂目录所列物质，涉案物质属于国家禁止进出口的货物、物品，具有下列情形之一的，应当依照刑法第一百五十一条第三款的规定，以走私国家禁止进出口的货物、物品罪定罪处罚：（一）一年内曾因走私被给予二次以上行政处罚后又走私的；（二）用于或者准备用于未成年人运动员、残疾人运动员的；（三）用于或者准备用于国内、国际重大体育竞赛的；（四）其他造成严重恶劣社会影响的情形。实施前款规定的行为，涉案物质不属于国家禁止进出口的货物、物品，但偷逃应缴税额一万元以上或者一年内曾因走私被给予二次以上行政处罚后又走私的，应当依照刑法第一百五十三条的规定，以走私普通货物、物品罪定罪处罚。对于本条第一款、第二款规定以外的走私兴奋剂目录所列物质行为，适用《最高人民法院、最高人民检察院关于办理走私刑事案件适用法律若干问题的解释》（法释〔2014〕10号）规定的定罪量刑标准。"（2）非法经营兴奋剂目录所列物质的刑事责任认定。《审理兴奋剂刑事案件解释》第2条规定："违反国家规定，未经许可经营兴奋剂目录所列物质，涉案物质属于法律、行政法规规定的限制买卖的物品，扰乱市场秩序，情节严重的，应当依照刑法第二百二十五条的规定，以非法经营罪定罪处罚。"

2. 国际、国内体育竞赛外其他领域违规使用兴奋剂的刑事责任认定。

本罪规定的使用兴奋剂的情形限于参加国内、国际体育竞赛中，但目前兴奋剂使用面临着社会化的趋势，在一些体育测试、竞赛选拔、普通体育竞赛中也有所使用，这些情形不构成本罪。可以根据具体情况分别认定：（1）对未成年人、残疾人负有监护、看护职责的人组织未成年人、残疾人在体育运动中非法使用兴奋剂行为。《审理兴奋剂刑事案件解释》第3条规定："对未成年人、残疾人负有监护、看护职责的人组织未成年人、残疾人在体育运动中非法使用兴奋剂，具有下列情形之一的，应当认定为刑法第二百六十条之一规定的'情节恶劣'，以虐待被监护、看护人罪定罪处罚：（一）强迫未成年人、残疾人使用的；（二）引诱、欺骗未成年人、残疾人长期使用的；（三）其他严重损害未成年人、残疾人身心健康的情形。"因此，符合司法解释规定情形的，应以《刑法》第260条之一规定的虐待被监护、看护人罪定罪处罚。（2）在法律规定的国家考试中使用兴奋剂的行为。《审理兴奋剂刑事案件解释》第4条规定："在普通高等学校招生、公务员录用等法律规定的国家考试涉及的体育、体能测试等体育运动中，组织考生非法使用兴奋剂的，应当依照刑法第二百八十四条之一的规定，以组织考试作弊罪定罪处罚。明知他人实施前款犯罪而为其提供兴奋剂的，依照前款的规定定罪处罚。"

（三）妨害兴奋剂管理罪的刑事责任

适用《刑法》第355条之一的规定时，应当注意根据犯罪的事实、犯罪的性质、情节和对于社会的危害程度，决定适当的刑罚。

第八节 组织、强迫、引诱、容留、介绍卖淫罪

一、组织卖淫罪[①]

第三百五十八条[②] **第一款** 组织、强迫他人卖淫的,处五年以上十年以下有期徒刑,并处罚金;情节严重的,处十年以上有期徒刑或者无期徒刑,并处罚金或者没收财产。

第二款 组织、强迫未成年人卖淫的,依照前款的规定从重处罚。

第三款 犯前两款罪,并有杀害、伤害、强奸、绑架等犯罪行为的,依照数罪并罚的规定处罚。

第三百六十一条[③] 旅馆业、饮食服务业、文化娱乐业、出租汽车业等单位的人员,利用本单位的条件,组织、强迫、引诱、容留、介绍他人卖淫的,依照本法第三百五十八条、第三百五十九条的规定定罪处罚。

前款所列单位的主要负责人,犯前款罪的,从重处罚。

(一)组织卖淫罪的概念和构成要件

组织卖淫罪是1991年《全国人民代表大会常务委员会关于严禁卖淫嫖娼的决定》第1条所设的罪名,1997年《刑法》第358条吸收了这一罪名,2015年《刑法修正案(九)》又对该罪名进行了修改完善。

根据现行《刑法》的规定,组织卖淫罪,是指以招募、雇佣、纠集等手段,管理或者控制他人卖淫,卖淫人员在3人以上的行为。

组织卖淫罪的构成要件是:

[①] 参考案例:周某英组织卖淫案,《刑事审判参考》第1292号案例。
[②] 本条经2015年8月29日《刑法修正案(九)》第42条修改。
[③] 为避免重复,《刑法》第358条其他款项、第359条涉及此处的,均不再援引第361条的条文。

1. 本罪侵犯的客体是社会主义道德风尚和治安管理秩序。

伴随有强迫手段的组织卖淫活动，同时还侵犯了他人的人身权利。本罪的对象是他人，即除了本人之外的其他自然人，多数情况下是女性，但男性也可以成为本罪的对象；本罪对象是多人，根据2017年《最高人民法院、最高人民检察院关于办理组织、强迫、引诱、容留、介绍卖淫刑事案件适用法律若干问题的解释》（以下简称《办理卖淫刑事案件解释》）第1条规定，应为"三人以上"。

2. 本罪在客观方面表现为组织3人以上进行卖淫的行为。

所谓组织，是指以招募、雇佣、纠集等手段，管理或者控制他人卖淫的行为。"招募"，是指在社会上物色对象、网罗、招收卖淫人员；"雇佣"，是指用金钱收买他人从事卖淫活动；"纠集"，是指召集、纠合卖淫人员。在刑法意义上，组织行为是一种复合行为，包含招募、雇佣、纠集等手段，引诱、容留、强迫等行为也隐含在组织者的方法之中。"组织"行为的状态或结果是"管理或者控制"他人卖淫活动，其中的"管理"，体现了不少卖淫人员是自愿卖淫的情形，并且自愿接受、服从组织者的管理；而"控制"则是指通过对卖淫人员施加物理或心理的影响，进而左右卖淫人员的意志，使其难以摆脱行为人的影响，即"控制"体现了对不愿意从事卖淫的人员进行的强制性卖淫活动。在规模要件即卖淫人数方面，相关司法解释将被组织人员的人数明确规定为3人以上，从而和强迫、引诱、容留、介绍卖淫等犯罪行为相区别。

3. 本罪的主体是一般主体。

单位不能成为本罪的主体。如果旅馆业、饮食服务业、文化娱乐业等单位的人员或者负责人，利用本单位的条件，组织他人卖淫的，也应按自然人犯罪处理，即追究组织者的刑事责任。可见，本罪的主体必须是卖淫活动的组织者，也就是那些开设卖淫场所的"老鸨"或者是以其他方式组织他人卖淫的人。这里所说的组织者，有的是犯罪集团的首要分子，有的是临时纠合在一起进行组织卖淫活动的不法分子，有的是纠集控制三个以上的卖淫人员从事卖淫活动的个人。组织者可以是一个人，也可以是几个人。作为卖淫活动的被组织者，除非其积极参与组织卖淫活动，否则，也不能成为本罪的

第六章 妨害社会管理秩序罪

主体。

4. 本罪在主观方面表现为故意，一般出于营利的目的。

（二）认定组织卖淫罪应当注意的问题

1. 如何认定刑法意义上的"卖淫"行为。

所谓卖淫，一般是指以营利为目的，与不特定对方（不限于异性）发生性关系以满足不特定对方性欲的行为。认定刑法意义上的"卖淫"，有两个关键问题，一是是否要求必须"以营利为目的"；二是"卖淫"行为的外延如何把握。关于第一个问题，一般认为，"以营利为目的"是卖淫行为的常态，虽然不是判断卖淫行为的必要条件，但在实践中不以营利为目的的卖淫行为实属罕见，可以认为，以营利为目的是组织卖淫罪的不成文构成要件。该问题没有太多讨论的现实意义。这里重点讨论第二个问题，如何理解刑法意义上的"卖淫"行为内涵与外延。卖淫的具体表现即行为外延，《刑法》及相关司法解释对此均无明确规定，理论界与实务界也有一定的争议。目前认识相对一致的主要有：[1]（1）对传统意义上的提供性交服务并收取财物的行为应当认定为卖淫。（2）男性也可以提供卖淫服务。随着社会的发展变迁，男性也存在为获取物质利益而与不特定的女性发生性关系的现象，以及男性进行同性卖淫活动。将此现象理解为卖淫，已经得到了立法和司法的肯定。[2]如现行《刑法》关于组织卖淫罪的表述是组织"他人"卖淫而非仅仅组织"妇女"卖淫可见一斑。（3）肛交、口交应当列入卖淫的方式。这既是对传统卖淫概念的突破，也能被大众所认同，在男男之间、女女之间可以卖淫的现实情况及法律规定下，肛交、口交显然是同性卖淫的主要方式，且异性卖淫也可采取肛交、口交的方式。肛交、口交的共性都是一方生殖器进入另一方的体内，均属于进入式性活动，与自然意义上的性交行为具有等同性。并且，从传播性病的角度看，此三种方式的性活动，均可引起性病的传播。争

---

[1] 参见周峰、党建军、陆建红、杨华：《〈关于审理组织、强迫、引诱、容留、介绍卖淫刑事案件适用法律若干问题的解释〉的理解与适用》，载《人民司法》2017年第25期。

[2] 如江苏南京法院审理的李某组织卖淫案。参见最高人民法院刑事审判第一、二、三、四、五庭主办：《中国刑事审判指导案例》（妨害社会管理秩序罪），法律出版社2009年版，第294~296页。

议最大莫过于提供手淫等非进入式的色情服务能否认定为刑法意义上的"卖淫"行为？理论与实务中有肯定说与否定说之争。肯定说主要是持公安部的相关行政性文件为依据。公安部在对同性之间的卖淫活动如何处理的相关意见中曾规定：不特定的异性之间或者同性之间以金钱、财物为媒介发生不正当性关系的行为，包括口淫、手淫、鸡奸等行为，都属于卖淫嫖娼行为，对行为人应当依法处理。[①] 否定说认为，公安部批复可作为行政执法和行政处罚的依据，但并不能当然成为认定刑法意义上卖淫概念的依据。因为行政违法不等同于刑事犯罪，违法概念也不等同于犯罪概念。出于社会良好秩序管理的需要，行政法规及规章扩大解释可以把所有的性行为方式都纳入卖淫行为范畴并进行行政处罚，但刑法罪名的设立、犯罪行为的界定及解释应遵循谦抑性原则，司法解释对刑法规范上的概念不应进行过度扩张解释。因此，司法实践中对于如何认定刑法意义上的卖淫，应当依照刑法的基本含义，结合大众的普遍理解及公民的犯罪心理预期等进行认定，并严格遵循罪刑法定原则。如前所述，卖淫行为之所以可包括肛交、口交的方式，因其具有最普通共识的卖淫行为——提供性交服务的基本特质：都是一方生殖器进入另一方的体内，均属于进入式性活动，均可引起性病传播的危险等，而手淫虽然也能满足性欲，但其显然不具有上述三种行为方式的共性特质，在刑法意义上，若将其也解释为"卖淫"行为，实属不当的扩大解释甚至是类推解释。故此，我们认为，在《刑法》及相关司法解释没有明确规定手淫行为属于《刑法》意义上的"卖淫"的情况下，对以营利为目的提供手淫服务的行为不宜入罪。

2. 组织卖淫活动有无场所限定问题。

在一般情况下，组织卖淫行为人是设置或者变相设置卖淫场所的，如以宾馆、洗浴中心、会所为固定场所或者以经营宾馆、洗浴中心、会所等为名，行组织卖淫之实。但近些年来，面对严厉的"扫黄"活动，一些不法之徒采取动态管理方式，即不建立固定的卖淫窝点，而是利用现代化的交通与通信设施，指挥、控制着多人从事卖淫活动。这种动态管理模式，将组织卖

---

① 参见 2001 年 2 月 18 日《公安部关于对同性之间以钱财为媒介的性行为定性处理问题的批复》（公复字〔2001〕4 号）。

淫行为化整为零，或者将分散的单个卖淫行为组织起来，既能扩大卖淫的范围，又便于逃避公安机关的追查。这类没有固定场所的组织卖淫行为，依然明显地体现出组织者的管理、控制行为，即淫者并非作为单个个体而存在，而是受制于组织者，随时接受他们的指令去实施违法行为，有一定的组织性和纪律性。基于以上理由，《办理卖淫刑事案件解释》第1条第2款规定："组织卖淫者是否设置固定的卖淫场所、组织卖淫者人数多少、规模大小，不影响组织卖淫行为的认定。"

3.组织卖淫活动中的罪与非罪的问题。

应当指出的是，由于《刑法》与《治安管理处罚法》同时对卖淫行为进行了规定，在实践中要注意区分组织卖淫行为的罪与非罪问题。一方面，要看行为人在主观上是否具有组织他人进行卖淫的故意。根据《刑法》规定，本罪只处罚组织者，对于一般参与卖淫者则不以犯罪论处，而通常按照违反《治安管理处罚法》来处理。如果数个卖淫者为了赚取更多钱财，结伙卖淫，相互传递信息、互相提供方便，互为掩护，共同从事卖淫活动的，由于身份都是卖淫者，没有主从之分，也没有较为固定的组织策划、管理者，因此对其一般不应以犯罪论处，而应以治安管理处罚。但是，如果行为人既自己参与卖淫，又组织他人卖淫的，则构成组织卖淫罪。另一方面，要看行为人在客观上是否实施了管理、控制等组织他人卖淫的行为。如果没有组织他人卖淫的故意或者没有实施组织他人卖淫的行为，不构成犯罪。如有些饭店、酒店等服务人员卖淫，其负责人虽有放松管理的行为，但只要不具有组织他人卖淫的客观行为，就不构成组织卖淫罪而应予以治安管理处罚。

4.组织卖淫罪与强迫、引诱、容留、介绍卖淫等罪名之间的关联与界限。

组织卖淫罪中的组织性体现为对卖淫人员及卖淫活动起到了控制、管理或支配作用，与组织者是否是卖淫场所的经营者或承包者没有必然关联。同时，这种控制、管理应当直接针对卖淫活动本身，而非仅在外围为组织、策划或指挥卖淫提供帮助。组织卖淫罪与其他组织类犯罪相比，法定最低刑比较高（五年以上有期徒刑），这就要求我们对组织卖淫罪中的"组织行为"进行严格解释，才能符合罪刑相适应原则。组织他人卖淫采取的手段是招募、雇佣、强迫、引诱、容留、介绍等，这些手段行为本身也完全可能构成强迫卖淫罪，引诱、容留、介绍卖淫罪、引诱幼女卖淫罪等犯罪，但是因为这些手段行为是组织卖淫行为的有机组成部分，规定组织卖淫罪的法条与规定这些犯罪的法条间形成法条竞合关系，应当按照法条竞合处理原则——"全部法优于部分法""重法优于轻法"等原则，按组织卖淫罪定罪处罚。①如果这些行为是对被组织者以外的其他人实施的，仍应当分别定罪，实行数罪并罚。

虽然组织卖淫罪与引诱、容留、介绍卖淫等罪名存在一定程度的包容、竞合关系，但基于罪质的不同，界限也是存在的，区分组织卖淫罪与引诱、容留、介绍卖淫等罪名的关键是看其是否具有组织性，具体体现在以下三方面：第一，是否建立卖淫组织。无论是否具有固定的卖淫场所，组织卖淫必然要建立相应的卖淫组织。卖淫组织的建立一般首先是组织者采取各种手段纠集卖淫人员，在纠集卖淫人员的过程中，组织者是处于发起、负责的地位，目的是管理一定的卖淫人员，以实现组织卖淫，从中牟利。第二，是否对卖淫者进行管理。组织者通过制定、确立相关的人、财、物管理方法，与卖淫人员之间形成组织和被组织、管理和被管理的关系。第三，是否组织、安排卖淫活动。主要是指组织者在卖淫组织中有无参与组织、安排具体的卖淫活动，具体方式有推荐、介绍卖淫活动，招揽嫖客、安排相关服务、提供物质便利条件等。

5.组织卖淫罪的罪数问题。

根据《刑法修正案（九）》的规定，犯组织卖淫罪，并有杀害、伤害、强奸、绑架等犯罪行为的，依照数罪并罚的规定处罚。尤其需要指出的是，行为人在组织他人卖淫、强迫他人卖淫过程中又实施了强奸行为的，应当实行数罪并罚。这就改变了修正前《刑法》所规定的强奸行为被认定为组织卖淫罪、强迫卖淫罪的法定的加重情节而只认定组织卖淫罪或者强迫卖淫罪一罪的模式，这一修订，更符合罪数理论和罪刑本质特征，同时，也有利于在

---

① 但这里需要说明的是，如果组织卖淫过程中又有强迫他人卖淫的，应当定性为组织、强迫卖淫罪，即组织、强迫卖淫罪属于选择性罪名，这一点不同于组织卖淫行为与引诱、容留、介绍卖淫之间的包容关系，具体理由在本书关于强迫卖淫罪部分阐述。

立法层面上适度削减死刑的政策实现。不仅如此，根据修正后的《刑法》第358条第3款的规定，在组织卖淫、强迫卖淫的过程中，又有杀害、伤害、绑架等犯罪行为，与强奸行为一样，应当以故意杀人罪、故意伤害罪、绑架罪等与组织卖淫罪或者强迫卖淫罪实行数罪并罚。

（三）组织卖淫罪的刑事责任

关于组织卖淫罪中的"情节严重"，《办理卖淫刑事案件解释》第2条予以了明确，即组织他人卖淫，具有下列情形之一的，应当认定为《刑法》第358条第1款规定的"情节严重"：（1）卖淫人员累计达10人以上的；（2）卖淫人员中未成年人、孕妇、智障人员、患有严重性病的人累计达5人以上的；（3）组织境外人员在境内卖淫或者组织境内人员出境卖淫的；（4）非法获利人民币100万元以上的；（5）造成被组织卖淫的人自残、自杀或者其他严重后果的；（6）其他情节严重的情形。

上述解释从如下几个方面细化了组织卖淫罪"情节严重"的具体情形：一是从卖淫人员的人数方面进行规定。行为人管理或者控制的卖淫人员数量体现了组织卖淫活动的规模，直接反映了其社会危害程度。将卖淫人数累计达到10人以上作为组织卖淫"情节严重"的起点标准，基本能够反映情节严重案件与情节一般案件的比例要求；需要指出的是，这里的"10人以上"不要求行为人组织卖淫活动时同时管理或者控制卖淫人员达到10人以上，只要累计达到10人以上即可。二是从特殊保护的角度进行规定。将组织未成年人、孕妇、智障人员、患有严重性病的人员等具有特殊身份或者需要特殊保护的人进行卖淫的，认定"情节严重"的卖淫人数标准，依照组织普通人员卖淫人数标准的50%确认，即累计达到5人以上即属于组织卖淫"情节严重"。之所以将组织这几类人员卖淫行为作为从严惩处的对象，是因为这些对象较易被侵害如未成年人、智障人员，或者极易造成伤害如未成年人、孕妇，或者对社会极易造成危害如患有严重性病的人员。"严重性病"的范围应依照《刑法》第360条的规定进行认定。需要指出的是，这里的"累计5人以上"并不要求被组织的某一类特殊人员如未成年人累计为5人以上，而是被其控制或者管理的未成年人、孕妇、智障人员、患有严重性病的人员相加累计为5人以上即可。三是从社会影响层面进行的规定，即"组织境外人员在境内卖淫或者组织境内人员出境卖淫"的，只要构成犯罪，就属于"情节严重"。四是从危害程度方面进行规定，将"非法获利人民币100万元以上"作为织卖淫犯罪活动"情节严重"的情形之一。如上所述，组织卖淫罪作为不成文的目的犯，营利性是其犯罪行为的基本特征，组织卖淫活动获利越多，越能在较大程度上反映其组织卖淫的规模、次数、存续时间长短等，体现其社会危害性的严重程度。五是从危害后果方面进行规定，将造成卖淫人员自残、自杀或者其他严重后果作为"情节严重"的情形之一。需要注意的是，这里的严重后果不是基于组织者的故意行为。如果是组织者的故意行为造成的，则应当按照《刑法》第358条第3款的规定，以组织卖淫罪与故意杀人、故意伤害罪等对组织者实施数罪并罚。六是将"其他情节严重的情形"作为组织卖淫罪"情节严重"的兜底性条款。如实践中争议较大的组织卖淫次数能否作为"情节严重"的问题。毋庸讳言，组织卖淫的次数当然也是组织卖淫罪情节严重的重要因素，但在司法实践中，卖淫的次数问题，取证通常比较困难，在认定的证据上往往会比较缺乏。另外，组织卖淫的次数与人数相比，显然人数的危害比次数大得多。同时，"非法获利"情况必然也与次数内在关联，组织卖淫活动获利在很大程度上反映了组织卖淫的次数多寡，而从收集证据角度来看，获利情况相对容易查明。

根据《刑法》第361条的规定，旅馆业、饮食服务业、文化娱乐业、出租汽车业等单位的人员，利用本单位的条件，组织、强迫、引诱、容留、介绍他人卖淫的，对这些单位的主要负责人依照组织卖淫罪等规定罪并从重处罚。根据最高人民法院、最高人民检察院、公安部、司法部2013年10月23日联合发布的《关于依法惩治性侵害未成年人犯罪的意见》第26条的规定，组织、强迫、引诱、容留、介绍未成年人卖淫构成犯罪的，应当从重处罚。对未成年人负有特殊职责的人员、与未成年人有共同家庭生活关系的人员、国家工作人员，实施组织、强迫、引诱、容留、介绍未成年人卖淫等性侵害犯罪的，更要依法从严惩处。

二、强迫卖淫罪

第三百五十八条[①] 第一款 组织、强迫他人卖淫的,处五年以上十年以下有期徒刑,并处罚金;情节严重的,处十年以上有期徒刑或者无期徒刑,并处罚金或者没收财产。

第二款 组织、强迫未成年人卖淫的,依照前款的规定从重处罚。

第三款 犯前两款罪,并有杀害、伤害、强奸、绑架等犯罪行为的,依照数罪并罚的规定处罚。

(一)强迫卖淫罪的概念和构成要件

强迫卖淫罪,是指以暴力、胁迫、虐待或者其他强制手段,违背他人意志,迫使他人卖淫的行为。

本罪是1979年《刑法》第140条的规定,罪名曾为"强迫妇女卖淫罪"。《全国人民代表大会常务委员会关于严禁卖淫嫖娼的决定》第2条将罪状修改为"强迫他人卖淫的"。1997年修订《刑法》时对罪状作了修改,罪名相应地改为强迫卖淫罪。

强迫卖淫罪的构成要件是:

1. 本罪侵犯的客体是社会主义道德风尚和他人的人身权利(尤其是性的不可侵犯的权利)。

犯罪对象为"他人",虽然实践中多为妇女,但也包括男人以及不满14周岁的幼女和男童在内。如果行为人强迫未成年人卖淫的,应当从重处罚。强迫的对象既可以是品行良好、从未有过卖淫史的人,也可以是有过卖淫史,但已不再卖淫或者在某具体时间段或某具体地点不愿再卖淫的人。

2. 本罪在客观方面表现为违背他人意志,用暴力、胁迫、虐待或者其他方法迫使他人卖淫的行为。

这是本罪的本质特征,也是与引诱、容留、介绍卖淫犯罪行为的主要区别。

[①] 本条经2015年8月29日《刑法修正案(九)》第42条修改。

违背他人的真实意愿是强迫卖淫的内在特征，行为手段的强制性是强迫卖淫的外在表现。"违背意愿"的判断应当结合具体时空条件具体化，既包括根本不愿意卖淫的情形，也包括不愿意继续卖淫，或者不愿意以某种方式卖淫，或者不愿意在某个时间段卖淫，或者不愿意在某种场所卖淫，或者不愿意向某（类）人卖淫等。强迫性手段既包括直接使用暴力手段或者以暴力相威胁，也包括使用其他非暴力的逼迫手段，实践中多体现为暴力、胁迫，如采用对他人殴打、虐待、捆绑或以实施杀害、伤害、揭发隐私、断绝生活来源相威胁，或利用他人走投无路的情况采用挟持的方法迫使他人卖淫。无论采取哪种手段，只要卖淫者不是出于自愿，而是在被逼迫下从事了卖淫活动，即构成强迫卖淫罪。如果仅仅是采用物质引诱、暗示、鼓动他人卖淫，没有违背他人意志的，不能构成本罪，可以成立组织卖淫罪，容留、引诱他人卖淫罪等。

3. 本罪的主体是一般主体。

4. 本罪在主观方面表现为故意，且为直接故意。行为人一般是以营利为目的，但这并不是构成本罪主观方面的必备要件。只要行为人实施了强迫卖淫的行为即构成本罪，而不论其动机、目的如何。

（二）认定强迫卖淫罪应当注意的问题

1. 划清强迫卖淫罪与组织卖淫罪的界限。

强迫卖淫罪与组织卖淫罪规定在同一法条之中、适用相同的法定刑档次，在许多场合，二者属于手段与目的的关系，即强迫卖淫多为组织卖淫的手段行为，组织卖淫犯罪中常伴随有强迫卖淫的行为。但是，二者的区别也是非常明显的。第一，侵犯的客体不同。组织卖淫罪侵犯的是社会道德风尚及社会治安管理秩序；而强迫卖淫罪除侵犯社会道德风尚及社会治安管理秩序外，还包括他人的人身权利。第二，实施行为的内容及行为本质不同。组织卖淫的行为，是指以招募、雇佣、引诱、容留的手段，管理或者控制多人从事卖淫活动，是否违背被组织者的意志在所不问，行为本质在于组织性，行为对象须为多人即3人以上；而强迫卖淫罪的行为人是采用暴力、胁迫等强制手段，强迫卖淫者违背自身意愿的意志，其行为本质在于强制性，行为对象既可以是1人，也可以是多人。第三，故意的内容不同。组织卖淫罪的行为人主观上具有组织多人卖淫的故意；而强迫卖淫罪行为人主观上是强迫他人卖淫的故意。

组织卖淫罪是一种较具综合性的犯罪，往往也会牵连强迫、引诱、容留、介绍他人卖淫罪，而强迫卖淫往往也有非法拘禁、伤害、胁迫、侮辱、强奸和违背他人意志等犯罪。实践中，单独的强迫卖淫犯罪并不多见，一般都是组织卖淫犯罪中夹带着强迫卖淫犯罪的行为。对此现象，过去理论和实务的普遍认识和做法是：对其中的被组织者实施强迫行为，基于二者性质的相近性、组织行为的复合性等特征，不必实行数罪并罚，而以组织卖淫罪一罪论处。这在《刑法修正案（九）》出台之前毫无疑问是正确的，但是在现行刑事立法模式下，是采取单一罪名即以组织卖淫罪定罪、将强迫行为作为量刑情节论处还是以选择性罪名即组织、强迫卖淫罪论处，则值得讨论，目前大多数刑法教科书仍采取单一罪名的模式。对此问题，我们需要简要回顾《刑法修正案（九）》对《刑法》第358条组织卖淫、强迫卖淫行为罪刑规范的变化。修订前的第358条表述为"组织他人卖淫或者强迫他人卖淫的"，据此，最高人民法院1997年12月11日发布的《关于执行〈中华人民共和国刑法〉确定罪名的规定》中，将"组织卖淫罪""强迫卖淫罪"作为两个相对独立的罪名予以表述，并延续至今。但《刑法修正案（九）》将第358条的罪状表述作了修改，将原来的"组织他人卖淫或者强迫他人卖淫的"修改为"组织、强迫他人卖淫的"，完全符合选择性罪名的立法规范模式，我们认为第358条第1款的罪名表述应该采取选择性罪名模式，即表述为"组织、强迫卖淫罪"，这一变化在2017年7月25日起实施的《最高人民法院、最高人民检察院关于办理组织、强迫、引诱、容留、介绍卖淫刑事案件适用法律若干问题的解释》（以下简称《办理卖淫刑事案件解释》）中也得到体现。① 基于此，我们认为，如果在实施组织卖淫活动中，被其组织、

---

① 《刑法修正案（九）》出台后，最高人民法院、最高人民检察院对《刑法》第358条第1款的罪名表述没有专门作出规定，但一般认为，《办理卖淫刑事案件解释》是由最高人民法院、最高人民检察院联合发布的，可以理解为最高人民法院、最高人民检察院根据《刑法修正案（九）》的规定，对组织卖淫、强迫卖淫犯罪行为的罪名作了修正。参见陆建红：《审理组织、强迫、引诱、容留、介绍卖淫等刑事案件若干疑难问题探讨》，载最高人民法院刑事审判第一、二、三、四、五庭主办：《刑事审判参考》（总第117集），法律出版社2019年版，第216~217页。

管理的卖淫者均属于自愿参加的，没有具体强制性的行为，对行为人以组织卖淫罪定罪处罚；如果行为人在实施组织卖淫活动过程中，对其中的被组织者又有强迫卖淫行为的，则应当以组织、强迫卖淫罪论处。不仅如此，如果被强迫者与被组织者不具有同一性，即对被组织者以外的其他人实施强迫卖淫的，基于选择性罪名的原理，也应以组织、强迫卖淫罪论处，无须实行数罪并罚。

2. 强奸型强迫卖淫犯罪行为的认定问题。

根据现行《刑法》第358条的规定，行为人在组织他人卖淫、强迫他人卖淫过程中又实施了强奸行为的，应当实行数罪并罚。这就改变了修正前《刑法》所规定的强奸行为被认定为组织卖淫罪、强迫卖淫罪的法定的加重情节而只认定组织卖淫罪或者强迫卖淫罪一罪的模式，这一修订，更符合罪数理论和罪刑本质特征，同时，也有利于在立法层面上适度削减死刑的政策实现。

强迫卖淫活动中伴随着强奸行为的司法认定，应区分情形采取不同处罚原则。同时，强迫卖淫罪应认定为行为犯，即被强迫者实施了卖淫行为的，强迫卖淫罪即为既遂。如果行为人采取强奸手段迫使被害人卖淫的，对此应以强奸罪与强迫卖淫罪数罪并罚；如果强奸后被害人并没有卖淫的，此时在成立强奸罪的同时，还成立强迫卖淫罪未遂，但实属于一行为触犯数罪名，属于想象竞合，按照重罪处罚，原则上以强奸罪论处；如果强迫他人仅与特定的个人发生性关系或从事猥亵活动的，即便出于营利等目的，但基于"卖淫是以营利为目的与不特定对方发生性关系的行为"，被强迫者的行为不符合卖淫的特征，不能认定为强迫卖淫罪，但应认定为强奸罪、强制猥亵罪等；同理，如果行为人强迫他人仅与自己发生性关系并支付性行为对价的，也应认定为强奸罪而非强迫卖淫罪。

3. 强迫卖淫罪中的"强迫"行为的暴力程度问题。

根据现行《刑法》第358条第3款的规定，在组织卖淫、强迫卖淫的过程中，又有杀害、伤害、绑架等犯罪行为，与强奸行为一样，应当以故意杀人罪、故意伤害罪、绑架罪等与组织卖淫罪或者强迫卖淫罪实行数罪并罚。这里需要讨论的是，强迫卖淫罪中的"强迫"的暴力程度问题，是否包括致人轻伤的程度？应该说，《刑法》意义上作为故意伤害罪构成要件的"伤害"，包括轻伤及以上程度的，如果行为人在使用殴打的暴力手段强迫他人卖淫，造成轻伤以上程度并对该伤害程度持故意心态的，该暴力程度已超越强迫卖淫罪的"强迫"，应成立故意伤害罪，并与强迫卖淫罪并罚。

（三）强迫卖淫罪的刑事责任

如何认定强迫卖淫罪中的"情节严重"，《办理卖淫刑事案件解释》第6条予以了明确，即强迫他人卖淫，具有下列情形之一的，应当认定为《刑法》第358条第1款规定的"情节严重"：（1）卖淫人员累计达5人以上的；（2）卖淫人员中未成年人、孕妇、智障人员、患有严重性病的人累计达3人以上的；（3）强迫不满14周岁的幼女卖淫的；（4）造成被强迫卖淫的人自残、自杀或者其他严重后果的；（5）其他情节严重的情形。

结合《办理卖淫刑事案件解释》关于组织卖淫罪"情节严重"的规定，可以看出，强迫卖淫罪的"情节严重"标准在门槛设置上要低于组织卖淫罪，体现对强迫卖淫罪更严厉打击的精神，主要原因是强迫卖淫罪的行为人对卖淫人员的人身具有更大的侵害性，侵害的是双重法益。如在犯罪对象的人数上，规定"卖淫人员累计达5人以上"即属于情节严重情形，此标准参照组织卖淫罪人员的一半标准设置；再如卖淫人员中未成年人、孕妇、智障人员、患有严重性病的，累计达3人以上即属于强迫卖淫罪情节严重情形。而对于强迫不满14周岁幼女卖淫的，直接规定为情节严重的情形。对于强迫幼女卖淫的问题专门作出规定，即强迫幼女卖淫的，不需要人数的限定，只要强迫幼女卖淫的，即属于"情节严重"，这主要是考虑到：首先，与组织卖淫的构成要件要求组织3人以上卖淫不同的是，强迫卖淫罪的构成要件没有人数限制，只要卖淫人员是被强迫卖淫的即可。其次，《刑法》第359条第2款规定了引诱幼女卖淫罪，其法定刑幅度为五年以上有期徒刑，与强迫卖淫罪基本法定刑幅度持平，而强迫幼女卖淫的行为显然比引诱幼女卖淫的危害性更大，相当于引诱幼女卖淫"情节严重"的量刑幅度。此规定所蕴含的立法精神是，针对幼女实施的犯罪行为应当作为加重处罚情节。据此，强迫幼女卖淫也应当体现比强迫其他人员卖淫更严厉的处罚。

此外，如前所述，行为人既有组织卖淫犯罪行为，又有强迫卖淫犯罪行为的,应当以组织、强迫卖淫罪论处。对于同时具有组织行为和强迫行为的选择性罪名,毕竟比单一的组织行为或者强迫行为更为严重,在其他情节相同的情形下,应当比组织卖淫罪或强迫卖淫罪适用较重的刑罚。

三、协助组织卖淫罪

第三百五十八条第四款[①] 为组织卖淫的人招募、运送人员或者有其他协助组织他人卖淫行为的,处五年以下有期徒刑,并处罚金;情节严重的,处五年以上十年以下有期徒刑,并处罚金。

(一)协助组织卖淫罪的概念和构成要件

协助组织卖淫罪是指为组织卖淫的人招募、运送人员或者有其他协助组织他人卖淫的行为。《最高人民法院、最高人民检察院关于办理组织、强迫、引诱、容留、介绍卖淫刑事案件适用法律若干问题的解释》(以下简称《办理卖淫刑事案件解释》)第4条规定,明知他人实施组织卖淫犯罪活动而为其招募、运送人员或者充当保镖、打手、管账人等的,依照《刑法》第358条第4款的规定,以协助卖淫罪定罪处罚,不以组织卖淫罪的从犯论处。

协助组织卖淫罪的构成要件是:

1. 本罪侵犯的客体是良好的社会风化和治安管理秩序。

2. 本罪在客观方面表现为对他人的组织卖淫犯罪活动实施了协助作用的犯罪行为。

被协助的人是实施组织卖淫犯罪活动的人,如果被协助人的行为不构成犯罪,则为其提供协助的人也不应构成犯罪。所谓协助,主要是指为组织者顺利地实行组织卖淫活动提供便利条件的行为,常见的有为组织者招募、运送人员或者充当打手、保镖、管账人员等,其实质是组织卖淫犯罪行为的帮助犯。在组织卖淫犯罪中,其组织行为即实行行为是指以雇佣、引诱、容

[①] 本款(原为第3款)经2011年2月25日《刑法修正案(八)》第48条修改,2015年8月29日《刑法修正案(九)》第42条将本款改为第4款。

留、强迫等手段，管理或者控制多人从事卖淫的行为；其协助行为即帮助行为是指没有具体参与实施上述行为而只是为他人实施上述行为提供物质上的、体力上或者精神上帮助的行为，如充当爪牙、望风放哨等行为就是典型的协助组织卖淫行为。

3. 本罪的主体是一般主体。

4. 本罪在主观方面表现为具有协助组织他人卖淫的协助故意。

（二）认定协助组织卖淫罪应当注意的问题

1. 协助组织卖淫罪与组织卖淫罪、强迫卖淫罪等关联与界限。

在本质上，协助组织卖淫行为是组织卖淫罪的一种帮助行为，在刑法理论上应属于共同犯罪现象，但我国《刑法》将组织卖淫的帮助犯单独定罪，即采取帮助行为正犯化立法模式，不再适用《刑法》总则关于从犯的处罚原则，从而避免了将该帮助行为作为组织卖淫罪的从犯从而予以"从轻、减轻或者免于处罚"，充分体现了立法者对协助组织卖淫行为的严厉打击意图。但是在实践中，如何区分组织卖淫行为与协助组织卖淫行为存在诸多混淆之处，需要进行仔细区分。

在构成要件上，组织卖淫罪与协助组织卖淫罪的主客观构成要件方面有着明显的区别。在主观方面，组织卖淫罪的行为人是基于"组织故意"，而协助组织卖淫罪的行为人是基于"协助故意"；在客观方面，组织卖淫罪表现为通过招募、雇佣、强迫、引诱、容留等手段，有计划、有组织地使他人从事卖淫的活动，而协助组织卖淫罪则表现为实施了对组织他人卖淫犯罪活动提供某方面帮助作用的犯罪行为。一方面，行为人是在协助他人实施组织卖淫犯罪。被协助的人是实施犯罪行为的人，如果被协助人的行为不构成犯罪，则为其提供帮助的人也不应构成犯罪。协助行为从属于犯罪实行行为；同时，行为人协助他人实施的是组织卖淫罪。如果行为人帮助他人实施的是其他犯罪，则不构成协助组织卖淫罪，而可能构成其他犯罪的共犯。另一方面，协助组织卖淫罪的行为人实施的是组织卖淫罪的帮助行为。所谓组织卖淫罪的帮助行为是指在多人共同实施组织卖淫犯罪活动中，为组织卖淫者实施犯罪创造条件的行为，比如为组织卖淫犯罪行为人充当打手、保镖、管账人员等。如丁某骏、何某等组织卖淫、协助组织卖淫案中，被告人丁某骏、何某、宋某波利用经营歌厅的便利条件，以牟利为目的，采取招募和容留的手段组织多名陪唱人员从事卖淫活动，制定一系列的管理措施和收费标准，统一安排卖淫人员吃住等，3人互有分工、相互配合，构成组织卖淫罪；而同案的杨某等另5名被告人受被告人丁某骏、何某、宋某波的雇佣和指派，为组织卖淫提供帮助，管理账目、望风放哨、限制卖淫人员人身自由，5人均构成协助组织卖淫罪，但在协助组织卖淫罪中，根据5人具体的协助方式和作用大小，又有主从之分。①

对于在他人组织卖淫犯罪活动中充当打手的行为，如何定性需要具体分析。如果行为人是强迫他人卖淫的打手，实属强迫卖淫的实行行为，应以强迫卖淫罪而非协助组织卖淫罪论处；如果不是强迫他人卖淫，而是为避免他人干涉、抗拒检查、防止嫖客闹事、维护卖淫组织等充当打手的，应认定为协助组织卖淫罪。

2.组织卖淫罪的从犯是否均应认定为协助组织卖淫罪。

如前所述，协助组织卖淫罪实质属于组织卖淫罪的从犯，但并非组织卖淫罪的所有从犯均应以协助组织卖淫罪论处，不能把组织卖淫犯罪中的从犯一律简单地认定为协助组织卖淫罪。司法实践中认定协助组织卖淫罪一定要注意将其与在其同犯罪中起次要作用的从犯相区别，明确协助组织卖淫罪仅属于组织卖淫罪的帮助犯，而非所有的从犯。虽然在刑法理论上看，起帮助作用的从犯和起次要作用的从犯在共同犯罪中的地位与主犯相比都是次要、从属的地位。但是，起次要作用的从犯是具体参与实施了《刑法》分则规定的构成要件客观方面的实行行为的人员，只是参与程度、对犯罪完成所起的作用、直接造成的危害等比主犯轻；而帮助犯是没有具体参与实施《刑法》分则规定的构成要件客观方面的实行行为的人员。在组织卖淫犯罪中，构成要件的实行行为是指以招募、雇佣、引诱、容留等手段，管理或者控制多人从事卖淫的行为。组织卖淫罪中的帮助犯即协助组织卖淫的人员是指没有具

---

① 参见最高人民法院刑事审判第一、二、三、四、五庭主办：《刑事审判参考》（总第117集），法律出版社2019年版，第76~83页。

体参与实施上述行为而只是为他人实施上述行为提供物质上的、体力上或者精神上帮助的行为人员，如充当爪牙、望风放哨等行为就是典型的协助组织卖淫行为。与之不同的是，组织卖淫罪共犯中起次要作用的从犯是指那些遵照首要分子或其他主犯的组织、策划、指挥，在一定程度上参与了实行行为但危害相对较轻的人员，比如组织卖淫集团中网罗卖淫人员等行为，但次数较少、危害较轻的人员就属于从犯。对于组织卖淫犯罪中起次要作用的从犯，由于法律并没有将之单独规定为一罪，因此应根据《刑法》总则的规定，仍应以组织卖淫罪定罪处刑，同时依法适用《刑法》总则关于从犯的处罚规定。

3. 准确把握协助组织卖淫罪的入罪标准与出罪条件。

司法实践中，准确把握协助组织卖淫罪的入罪标准，应注意从正反两个角度掌握。首先，作为组织卖淫罪的帮助犯性质的协助组织卖淫行为，其入罪标准应依托于组织卖淫行为是否构成犯罪，因为只有在组织卖淫行为构成犯罪的前提下，协助行为才构成协助组织卖淫罪。基于同理，作为法定刑升格的条件——"情节严重"认定标准，协助组织卖淫罪也基本上是参照组织卖淫罪来认定的。[①] 其次，注意掌握协助行为的出罪条件。《办理卖淫刑事案件解释》第4条第2款规定：在具有营业执照的会所、洗浴中心等经营场所担任保洁员、收银员、保安员等，从事一般服务性、劳务性工作，仅领取正常薪酬，且无前款所列协助组织卖淫行为的，不认定为协助组织卖淫罪。这种现象在刑法理论上被称之为"中立的帮助行为"。判断是否属于"中立的帮助行为"而予以出罪处理，应坚持社会一般人的认识标准：一是看行为人从事服务的场所是否有营业执照，是否为较为规范的营业场所；二是看行为人从事的具体行为是否具有不可替代性，如保洁、收银、保安的工作多属于较易替代，可谓对组织卖淫行为的作用力甚小；三是看行为人是否获取了明显超出其工作内容、难度、强度的不当收益、是否仅领取正常薪酬等。

---

① 如根据《办理卖淫刑事案件解释》第5条规定的协助组织卖淫"情节严重"的情形，除非法获利以组织卖淫"情节严重"的一半即50万元为标准外，其他标准均完全一致。

（三）协助组织卖淫罪的刑事责任

如何认定协助组织卖淫罪中的"情节严重"，《办理卖淫刑事案件解释》第5条予以了明确，即协助组织他人卖淫，具有下列情形之一的，应当认定为《刑法》第358条第4款规定的"情节严重"：（1）招募、运送卖淫人员累计达10人以上的；（2）招募、运送的卖淫人员中未成年人、孕妇、智障人员、患有严重性病的人累计达5人以上的；（3）协助组织境外人员在境内卖淫或者协助组织境内人员出境卖淫的；（4）非法获利人民币50万元以上的；（5）造成被招募、运送或者被组织卖淫的人自残、自杀或者其他严重后果的；（6）其他情节严重的情形。

四、引诱、容留、介绍卖淫罪

第三百五十九条第一款 引诱、容留、介绍他人卖淫的，处五年以下有期徒刑、拘役或者管制，并处罚金；情节严重的，处五年以上有期徒刑，并处罚金。

（一）引诱、容留、介绍卖淫罪的概念和构成要件

引诱、容留、介绍卖淫罪，是指利用金钱、物质等手段诱使他人卖淫，为他人卖淫提供场所，以及在卖淫者和嫖客之间牵线搭桥的行为。

引诱、容留、介绍卖淫罪的构成要件是：

1. 本罪侵犯的客体是社会治安管理秩序。

本罪的犯罪对象是他人，此处的他人主要是指女性，但也包括男性。但是，引诱的对象不包括未满14周岁的幼女，否则应以引诱幼女卖淫罪定罪处罚；引诱、容留、介绍的"他人"可以是单个人，也可以是多人。

2. 本罪的客观方面为引诱、容留、介绍他人卖淫的行为。

"引诱"，是指以金钱、物质或者腐朽的生活方式勾引、诱惑他人从事卖淫活动的行为，既包括物质利益的诱惑也包括精神思想的诱导。"容留"，是指提供固定的或者不固定的、短期的或者长期的卖淫场所的行为。这里所说

的"容留",既包括在自己所有、管理、使用、经营的固定场所,如私人住宅、宾馆、饭店、餐厅、歌厅、理发店等场所容留卖淫、嫖娼人员从事卖淫嫖娼活动,也包括在流动场所,如汽车、轮船中容留他人卖淫、嫖娼。"介绍",是指在卖淫者与嫖娼者之间进行引见、沟通、撮合,包括通过互联网发布卖淫信息,使卖淫嫖娼行为得以实现的行为。行为人只要实施了引诱、容留、介绍三种行为中的一种行为,即可构成本罪。因此,本罪属于选择性罪名。如果行为人同时实施了引诱、容留、介绍他人卖淫行为的,应定为引诱、容留、介绍卖淫罪,但不实行数罪并罚。如果行为人只实施了其中一种或两种行为的,则以其所实施的行为确定罪名。

3.本罪主体为一般主体,即任何达到刑事责任年龄、具有刑事责任能力的自然人实施了引诱、容留、介绍他人卖淫行为的,都可构成本罪。

单位不构成本罪主体,旅馆业、饮食服务业、文化娱乐业、出租汽车业等单位的人员,利用本单位的条件,实施引诱、容留、介绍他人卖淫的,根据《刑法》第361条的规定,应以引诱、容留、介绍卖淫罪追究该单位主要负责人员或直接责任人员刑事责任。根据最高人民法院、最高人民检察院、公安部、司法部2013年10月23日联合发布的《关于依法惩治性侵害未成年人犯罪的意见》第26条的规定,对未成年人负有特殊职责的人员、与未成年人有共同家庭生活关系的人员、国家工作人员,实施引诱、容留、介绍未成年人卖淫等性侵害犯罪的,依法从严惩处。

4.本罪主观方面由直接故意构成,而且一般具有营利的目的,但法律并未作出明确规定。因此,是否具有营利的目的不是构成本罪在主观方面的必备要件。《最高人民法院、最高人民检察院关于办理组织、强迫、引诱、容留、介绍卖淫刑事案件适用法律若干问题的解释》(以下简称《办理卖淫刑事案件解释》)第8条第3款明确指出:引诱、容留、介绍他人卖淫是否以营利为目的,不影响本罪的成立。

(二)认定引诱、容留、介绍卖淫罪应当注意的问题

1.关于引诱、容留、介绍卖淫罪客观行为的具体把握。

(1)关于引诱卖淫的行为。引诱是指行为人利用金钱、物质利益或非

物质利益作诱饵，或者采取其他手段，拉拢、勾引、劝导、怂恿、诱惑、唆使他人从事卖淫活动。此处的物质利益，是指除金钱以外的具有财产价值的物品，如金银首饰、珠宝古玩、家电房产、有价证券、公司股权等。此处的非物质利益，是指金钱、物质利益以外的其他利益，如提供招工指标、调换优越工作、给予出国机会等。此处的其他手段，是指向他人宣传腐朽生活方式，灌输"性解放""及时行乐"等腐朽思想，或者允诺向他人提供毒品等等。至于行为人的引诱行为是以言语、文字、举动、图画或者其他方式实施，与本罪的成立有无关系，引诱者允诺的内容有无实现，由谁实现，以及如何实现，也不影响本罪的成立。

（2）关于容留卖淫的行为。容留是指行为人为他人卖淫提供场所或者其他便利条件的行为。这里所说的"提供场所"，是指行为人安排专供他人卖淫的处所或者其他指定的地方，比如在行为人的长期居住地、暂时租住的房屋或者采取欺骗手段借得的亲朋好友的住（居）所以及其他地点和处所。需要特别注意的是，此处的场所，不仅仅限于房屋，其他诸如汽车、船舶等交通工具亦可作为行为人提供的场所。将自己所有或者经营、使用的交通工具，尤其是出租汽车提供给他人作卖淫场所之用，是当前这方面犯罪的一个重要特点。这种流动场所更为隐蔽，更易逃避打击。这里的"提供其他便利条件"，是指行为人为他人卖淫提供需要的物品、用具及其他一些条件，如为他人卖淫把风望哨等。为他人卖淫提供场所以外的其他便利条件，促成他人卖淫活动得以实现，也是容留他人卖淫的一种表现形式，因而不能仅仅将本罪的容留狭窄地理解为是指为他人卖淫提供场所。至于行为人的容留行为是主动实施，还是应卖淫者或嫖客之请实施，不影响本罪的成立；容留的时限长短，有无获利，在此不问，但是对量刑有影响。

（3）关于介绍卖淫的行为。介绍是指在卖淫者和嫖客之间穿针引线、牵线搭桥、勾通撮合，使他人卖淫活动得以实现的行为。由此不难看出，介绍行为有其自身质的规定性，既不同于引诱，又与容留有异。在实践中，介绍的方式多表现为双向介绍，如将卖淫者引见给嫖客，或将嫖客领到卖淫者住处当面撮合，但也不排斥单向介绍，如单纯地向卖淫者提供信息，由卖淫者自行与嫖娼者联系。行为人利用信息网络、短信发布招嫖违法信息等公开介绍卖淫的，依法构成介绍卖淫罪的同时，还符合《刑法》第287条之一关于非法利用信息网络罪的构成，属于想象竞合关系，依照处罚较重的规定定罪处罚。

引诱、容留、介绍卖淫罪是一个选择性罪名。引诱、容留、介绍他人卖淫这三种行为，不论是同时实施还是只实施其中一种行为，均构成本罪。如：介绍他人卖淫的，成立介绍卖淫罪；介绍并容留他人卖淫的，成立容留、介绍卖淫罪；兼有引诱、容留、介绍他人卖淫三种行为的，定引诱、容留、介绍卖淫罪，不实行数罪并罚。例如，马某燕、张某德容留、介绍卖淫案。① 马某燕、张某德在北京市丰台区黄土岗巴庄子村其租住屋内，容留多名女青年进行卖淫活动。法院经审理认为：被告人马某燕、张某德为多人卖淫嫖娼活动提供场所，且被告人马某燕为他人卖淫嫖娼牵线搭桥，情节严重，被告人马某燕的行为构成容留、介绍卖淫罪，被告人张某德的行为构成容留卖淫罪。

2.关于引诱、容留、介绍卖淫罪与非罪的界限。

对于引诱、容留、介绍卖淫罪，值得注意的是该罪是否有"情节"的要件。根据现行《刑法》第359条第1款的规定，引诱、容留、介绍他人卖淫的，"处五年以下有期徒刑、拘役或者管制，并处罚金"。由此来看，是否构成该罪原则上并不需要有"情节"的考量，而"情节严重的"，则要提高法定刑档次。当然，引诱、容留、介绍卖淫行为的社会危害性毕竟要小于组织、强迫卖淫行为，所以，如果行为人的行为符合《刑法》总则第13条情节显著轻微，危害不大的，不应认为构成犯罪，可依照《治安管理处罚法》规定予以行政处罚。《办理卖淫刑事案件解释》第8条明确规定了引诱、容留、介绍他人卖淫行为入罪的标准。该条规定，具有下列情形之一的，应当依照《刑法》第359条第1款的规定，以引诱、容留、介绍卖淫罪定罪处罚：（1）引诱他人卖淫的；（2）容留、介绍2人以上卖淫的；（3）容留、介绍未成年人、孕妇、智障人员、患有严重性病的人卖淫的；（4）一年内曾因引诱、容留、介绍卖淫行为被行政处罚，又实施容留、介绍卖淫行为的；

---

① 参见北京市丰台区人民法院（2006）丰初字第1179号。

(5)非法获利人民币1万元以上的。

根据上述司法解释的规定,引诱、容留、介绍卖淫罪的入罪条件主要从卖淫人数、卖淫人员类别、有无类似前科劣迹以及行为人获利情况等综合考量。(1)关于人数问题。虽然《刑法》关于引诱、容留、介绍卖淫规定在同一个定罪量刑条款,但从罪质看,引诱他人卖淫,是让本没有卖淫意愿的人走上了卖淫的道路,而容留、介绍卖淫的对象,本身就是曾经卖淫,至少是具有卖淫意愿的人。因此,同样情形下,引诱的社会危害性比容留、介绍更大,故此对引诱他人卖淫的入罪条件未作人数的限定,即只要引诱1人卖淫即构成犯罪,而容留、介绍的则以2人作为入罪标准,也保留了行政处罚的空间。(2)关于针对特殊人员实施容留、介绍卖淫的问题。特殊人员指未成年人、孕妇、智障人员、患有严重性病的人。这类人员或者是需要特殊保护的对象,或者其卖淫对社会会造成更大危害如患有严重性病的人。因此,容留、介绍上述特殊人员卖淫的,没有人数限制,即容留、介绍上述人员一人卖淫即构成容留、介绍卖淫罪,基于举轻明重的刑法解释原理,引诱上述特殊人员卖淫的,更不应该有人数的限制。(3)关于具有同类行为被行政处罚过的人的入罪门槛问题。上述解释规定,一年内曾因引诱、容留、介绍卖淫行为被行政处罚,又实施容留、介绍卖淫行为的,以容留、介绍卖淫罪定罪处罚。这样规定,是因为此类人员主观恶性较深,人身危害性更大些,因此,在入罪门槛上更低些。需要说明的是,因引诱他人卖淫一人即构成犯罪,故引诱卖淫行为构成犯罪不需要前科劣迹的条件,因此只对容留、介绍卖淫行为,在具有前述前科劣迹的情况下以犯罪化处理。(4)关于非法获利的数额问题。上述解释规定,容留、介绍他人卖淫,非法获利1万元以上的,即可入罪。实践证明,非法收入比查处容留、介绍的次数更容易,操作性更强,也基本能涵括容留、介绍卖淫的次数问题。同理,这里的非法获利1万元主要是针对容留和介绍卖淫的情形,因为引诱他人卖淫入刑的并无人数、次数的限定,当然也不应该有非法获利数额的限定问题。

3.划清引诱、容留、介绍卖淫罪与组织卖淫罪、协助组织卖淫罪的界限。

组织卖淫罪、协助组织卖淫罪,与引诱、容留、介绍卖淫罪在犯罪的客体、客观方面、主观方面有相同或者相似之处。在组织他人卖淫活动中，经常伴随有引诱、容留、介绍等行为。但是，组织卖淫罪中的引诱、容留、介绍行为是以管理、控制多人为基本特征的，引诱、容留、介绍等仅仅是行为组织卖淫活动的一个具体环节，完全被组织卖淫行为所吸收；在协助组织他人卖淫的活动中，也不排除存在引诱、容留、介绍卖淫的行为，但协助组织他人卖淫的行为主要是在组织他人卖淫犯罪中起帮助作用的行为，其中的引诱、容留、介绍可能是协助他人组织卖淫的具体表现如提供或安排场所、招募行为等；而引诱、容留、介绍他人卖淫的行为，则表现为纯粹的引诱、容留、介绍他人卖淫的行为，因此，如果明知他人组织卖淫活动而为其提供或安排场所、招募人员等，应以协助组织卖淫罪而非引诱、容留、介绍卖淫罪论处。例如，在他人组织卖淫活动中介绍卖淫女进行卖淫的行为如何定性？如果行为人不知道他人从事组织卖淫活动而为该他人介绍卖淫女进行卖淫的，自然成立介绍卖淫罪无疑。但是，对于行为人明知道他人从事组织卖淫活动而为其介绍卖淫女或者介绍他人组织的卖淫女进行卖淫活动的，介绍人与组织者间形成共犯关系，介绍人对组织卖淫活动起了帮助作用，介绍人本属组织卖淫罪的从犯，只是由于《刑法》将之单独设为协助组织卖淫罪，因此这种情况下对介绍人应该按协助组织卖淫罪定罪量刑。当然，如果介绍人积极为他人组织卖淫活动介绍卖淫女或者介绍他人组织的卖淫女从事卖淫活动，其行为符合组织、策划、指挥卖淫活动特征的，不应认为是一种帮助行为，而应认为是组织行为，以组织卖淫罪定罪处罚。

4.关于特定行业单位人员实施引诱、容留、介绍他人卖淫的刑事责任问题。

司法实践中，特定行业如旅馆业、饮食服务业、文化娱乐业、出租汽车业等单位的人员，利用本单位的条件，实施组织、强迫、引诱、容留、介绍他人卖淫的是涉卖淫刑事案件中较为突出的现象，这里以引诱、容留、介绍卖淫罪的刑事责任为例进行简要分析。《刑法》第361条规定，旅馆业、饮食服务业、文化娱乐业、出租汽车业等单位的人员，利用本单位的条件，组织、强迫、引诱、容留、介绍他人卖淫的，视案件情况分别按照组织卖淫罪、协助组织卖淫罪、强迫卖淫罪或者引诱、容留、介绍卖淫罪定罪处罚。

同时，对构成这几种犯罪的单位的主要负责人要从重处罚。其实，即使没有《刑法》第361条第1款的规定，旅馆业、饮食服务业等单位的人员利用本单位的条件实施了组织、强迫、引诱、容留、介绍他人卖淫的行为，同样能构成相应犯罪。因此，可以说该条款是对特定行业、单位的人员利用本单位条件构成上述犯罪的宣示和强调，属于注意规定。因为实践中，利用本单位条件，组织、强迫、引诱、容留、介绍他人卖淫的情况，多发生在旅馆业、饮食服务业、文化娱乐业、出租汽车业。但是，该款用了"等单位"的表述，意在说明两点：一是此处的人员不限于旅馆业、饮食服务业、文化娱乐业、出租汽车业的人员；二是对这些单位的人员利用本单位的条件，构成组织卖淫罪、协助组织卖淫罪、强迫卖淫罪或者引诱、容留、介绍卖淫罪的，按照自然人犯罪的规定处罚。所谓利用本单位的条件，既包括利用本单位的设备、场所、通讯工具、交通工具等物质性条件，也包括利用工作的便利，如宾馆工作人员为卖淫人员提供本宾馆的客人住宿情况或者明知其主管或者管理的区域内有卖淫行为而进行放任、纵容等的行为。但该规定并非说明是单位犯罪，从《刑法》规定与学理研究上看，《刑法》第358条至第360条所规定犯罪仍为自然人犯罪，即单位不构成本类犯罪。

《刑法》第361条第1款规定的是对特定单位的人员犯组织卖淫罪，协助组织卖淫罪、强迫卖淫罪或者引诱、容留、介绍卖淫罪的，要从重处罚。此处要满足三个条件：（1）必须是旅馆业、饮食服务业、文化娱乐业、出租汽车业等单位的主要负责人，即必须是这些单位的主要领导、指挥人员。（2）必须是利用了本单位的条件。如果这些行业的主要负责人没有利用本单位的条件，实施组织、强迫、引诱、容留、介绍他人卖淫的行为，不能适用该款从重处罚。（3）构成的犯罪是特定的，即组织卖淫罪、协助组织卖淫罪、强迫卖淫罪或者引诱、容留、介绍卖淫罪。如果这些单位的负责人利用单位条件，构成其他侵犯社会风尚类的犯罪，并不适用该款依法从重的规定，即适用《刑法》分则具体规定正常处理即可。

（三）引诱、容留、介绍卖淫罪的刑事责任

如何认定引诱、容留、介绍卖淫罪中的"情节严重"，《办理卖淫刑事案件解释》第 9 条予以了明确，即引诱、容留、介绍他人卖淫，具有下列情形之一的，应当认定为《刑法》第 359 条第 1 款规定的"情节严重"：（1）引诱 5 人以上或者容留、介绍 10 人以上卖淫的；（2）引诱 3 人以上的未成年人、孕妇、智障人员、患有严重性病的人卖淫，或者容留、介绍 5 人以上该类人员卖淫的；（3）非法获利人民币 5 万元以上的；（4）其他情节严重的情形。上述《办理卖淫刑事案件解释》从人数、非法获利情况等方面对引诱、容留、介绍卖淫"情节严重"问题作了规定。关于人数方面，《办理卖淫刑事案件解释》将引诱他人卖淫与容留、介绍他人卖淫分别对待，将引诱、容留、介绍一般人员卖淫与引诱、容留、介绍特殊人员卖淫区别对待，即将容留、介绍 10 人卖淫作为"情节严重"的起点，而引诱他人卖淫的，按照容留、介绍卖淫人数的一半计算即以 5 人为起点；引诱、容留、介绍特殊人员卖淫的，均按照同比减半计算"情节严重"的起点；关于以非法获利为依据认定"情节严重"的问题，《办理卖淫刑事案件解释》以构成犯罪基数的 5 倍即 5 万元作为"情节严重"的起点标准。这里需要特别说明的是，由于引诱、容留、介绍卖淫是选择性罪名，如果被引诱卖淫的人数达到 5 人以上的，即构成"情节严重"。如果被引诱卖淫的人数虽然不到 5 人，但被引诱、容留、介绍卖淫的人数达到 10 人以上的，也构成"情节严重"。

五、引诱幼女卖淫罪

第三百五十九条第二款　引诱不满十四周岁的幼女卖淫的，处五年以上有期徒刑，并处罚金。

（一）引诱幼女卖淫罪的概念和构成要件

引诱幼女卖淫罪，是指利用金钱、物质或者腐朽思想等手段诱使不满 14 周岁的幼女进行卖淫活动的行为。

引诱幼女卖淫罪的构成要件是：

1. 本罪侵犯的客体是复杂客体，即在侵犯了社会治安管理秩序的同时，还严重侵犯了幼女的身心健康。

本罪的犯罪对象特指不满14周岁的幼女,这是本罪与《刑法》第359条第1款的引诱卖淫罪的关键区别。构成本罪的行为仅限于引诱,如果是容留或介绍幼女卖淫,则构成《刑法》第359条第1款的容留、介绍卖淫罪。

2. 客观方面表现为引诱幼女进行卖淫的行为。

"引诱",是指用金钱、物质或者其他方法诱使幼女卖淫的行为,其他方法多为非物质性的,如灌输腐朽思想等。

3. 本罪主体为一般主体,即任何达到刑事责任年龄、具有刑事责任能力的自然人实施了引诱幼女卖淫行为的,都可构成本罪。

根据相关司法解释的规定,对未成年人负有特殊职责的人员、与未成年人有共同家庭生活关系的人员、国家工作人员,实施引诱幼女卖淫的,依法从严惩处。

4. 本罪在主观方面是出于故意,即行为人明知对方是不满14周岁的幼女而诱使其卖淫的。

所谓明知,根据案件的具体情况,行为人知道或者应当知道被引诱卖淫的对象是不满14周岁的幼女的,即可推定为明知。根据最高人民法院、最高人民检察院、公安部、司法部2013年10月23日联合发布的《关于依法惩治性侵害未成年人犯罪的意见》第19条的规定,如果被引诱的是不满12周岁的幼女的,原则上应认定行为人"明知"对方是幼女;对于已满12周岁不满14周岁的幼女,从其身体发育状况、言谈举止、衣着特征、生活作息规律等观察可能是幼女的,应推定行为人"明知"对方是幼女。如果确实不知是幼女而予以引诱卖淫的,不应按本罪处理,应按引诱卖淫罪处理。

(二)认定引诱幼女卖淫罪应当注意的问题

1. 划清引诱幼女卖淫罪与强迫卖淫罪的界限。

实践中,因为不满14周岁的幼女身心发育不健全,还不能辨别是非,她们因行为人的蛊惑、诱使、威逼而卖淫,表面上似乎是自愿的,实质上不一定是其真实意愿甚至是完全违背真实意愿的,因而究竟是以强迫卖淫罪还是引诱幼女卖淫罪处罚,需要认真甄别辨析,准确把握被害幼女卖淫前及卖淫中的真实意愿,如"被害人有机会呼救、报警却不呼救、报警"以及"在卖淫时被公安机关抓获却不向公安机关求救"的现象能否说明"被害人"就属于自愿卖淫的人员？对此要结合具体案件证据和事实、涉案幼女的具体年龄、成长环境等，并基于当时的情景，综合判断涉案幼女是否为不知、不会或者不敢、不能报警等。未呼救、未报警与自愿卖淫并非两个等同的概念，自愿卖淫的人当然不会呼救和报警，但不能反过来推论说凡未呼救、未报警就是自愿卖淫的结论。

2. 关于引诱幼女卖淫罪的罪数问题。

组织卖淫犯罪中的被组织者可能有幼女，该幼女也可能是由于受引诱而卖淫的。在这种情况下，应当将引诱幼女卖淫的行为，作为组织卖淫罪的从重情节予以考虑，而不再单定引诱幼女卖淫罪。但如果不属于组织卖淫犯罪的前提下，引诱幼女卖淫并有引诱、容留、介绍他人卖淫行为的，应当实行数罪并罚。这是因为引诱幼女卖淫是引诱他人卖淫的一种特殊情形，刑法对此有特殊规定，如果将引诱幼女卖淫罪包括在引诱、容留、介绍他人卖淫罪之中予以处罚，就失去了本罪单独确定罪名的意义。相关司法解释对此也有明确规定，即行为人既引诱幼女卖淫，又引诱其他人员卖淫的，以引诱幼女卖淫罪和引诱卖淫罪并罚，以此明确对引诱幼女卖淫犯罪从严打击的立场。

（三）引诱幼女卖淫罪的刑事责任

适用《刑法》第359条第2款的规定时，应当注意根据犯罪的事实、犯罪的性质、情节和对于社会的危害程度，决定适当的刑罚。

六、传播性病罪

第三百六十条 明知自己患有梅毒、淋病等严重性病卖淫、嫖娼的，处五年以下有期徒刑、拘役或者管制，并处罚金。

（一）传播性病罪的概念和构成要件

传播性病罪，是指明知自己患有梅毒、淋病等严重性病而进行卖淫、嫖娼的行为。

传播性病罪的构成要件是：

1. 本罪侵犯的客体是复杂客体，即良好社会风尚和公民的人身健康权利。

2. 本罪的客观方面表现为行为人在患有梅毒、淋病等严重性病的情况下而实施卖淫、嫖娼的行为。

卖淫、嫖娼活动是本罪发生的必要前提，传播性病罪必须是通过卖淫、嫖娼的途径传播的。所谓卖淫，是指以营利为目的，与不特定对方（不限于异性）发生性关系以满足对方性欲的行为，包括与不特定的对方发生性交和实施类似性交的行为。所谓嫖娼，则是指以交付金钱或者其他财物为代价，使对方满足自己性欲的行为，包括与卖淫者发生性交和实施类似性交的行为。类似性交行为如肛交、口交等都属于进入式性活动，与自然意义上的性交行为具有等同性，而且从传播性病的角度看，此三种方式，均可引起性病的传播。在《刑法》及相关司法解释没有明确规定手淫行为属于刑法意义上的"卖淫"的情况下，对该类行为不宜视为《刑法》意义上的"卖淫"或者"嫖娼"。因此，患有严重性病的行为人不是进行卖淫、嫖娼活动，而是与特定对象发生性关系的，即便导致对方染上性病，也不能认定为传播性病罪，但可能构成故意伤害罪等。如果行为人明知自己患有严重性病而强行与他人发生性关系的，不论是否支付金钱、财物，均不属于卖淫、嫖娼行为，而是强奸性质的问题，对行为人应以强奸罪论处，同时明知自己患有性病的事实可以作为酌定或者法定从重的量刑情节。

3. 本罪的主体是年满16周岁、具有刑事责任能力的严重性病患者。

一般的卖淫、嫖娼行为并不构成犯罪，只有严重性病患者的卖淫、嫖娼行为才构成犯罪，且《刑法》并不要求实际上引起性病传染，刑法惩罚的是严重性病患者卖淫或嫖娼的行为，可见，传播性病罪的本质是"严重性病患者卖淫嫖娼罪"，其主体限定为患有严重性病的卖淫者或嫖娼者。行为人患有严重性病是构成本罪的前提条件。所谓"严重性病"，主要是指梅毒、淋病等。至于其他严重性病的范围，应当在《传染病防治法》规定的范围和卫生部门作为性病监测的性病范围内从严掌握，不能将普通性病作为严重性病，防止扩大打击面。通常情况下，卖淫是就妇女而言，嫖娼是就男性而言,但对此不能绝对化,如患有严重性病的男子卖淫或者患有严重性病的女子嫖宿,均可构成传播性病罪。

4.本罪的主观方面为故意,且只能是直接故意构成,该直接故意的内容是行为人明知自己患有严重性病,至于行为人是否具有传播性病的故意并非本罪主观故意的内容。但在司法实践中,行为人常否认知道自己患有性病,因此有必要对哪些情况下能够认定行为人明知自己患有性病予以明确。为此,《最高人民法院、最高人民检察院关于办理组织、强迫、引诱、容留、介绍卖淫刑事案件适用法律若干问题的解释》(以下简称《办理卖淫刑事案件解释》)第11条第1款规定了应当认定为明知自己患有性病的三种情形:(1)有证据证明曾到医院或者其他医疗机构就医或者检查,被诊断为患有严重性病的;(2)根据本人的知识和经验,能够知道自己患有严重性病的;(3)通过其他方法能够证明行为人是"明知"的。如果行为人确实不知道自己患有严重性病而卖淫、嫖娼的,不构成本罪。

(二)认定传播性病罪应当注意的问题

1.刑法意义上"严重性病"的范围及其判断。

"严重性病"的范围及其判断是认定传播性病罪的关键所在。所谓严重性病,主要是指梅毒、淋病等。梅毒是由梅毒螺旋体引起的慢性传染病,淋病则由淋菌感染所引起的泌尿生殖器官的传染病。《刑法》关于"严重性病"仅列举了梅毒、淋病两种,其他严重性病未作明确规定。其他性病能否认定为刑法意义上的"严重性病",《办理卖淫刑事案件解释》第11条第3款给予指向性的规定,即其他性病是否认定为"严重性病",应当根据《传染病防治法》《性病防治管理办法》的规定,在国家卫生与计划生育委员会①规定实行性病监测的性病范围内,依照其危害、特点与梅毒、淋病相当的原则,从严掌握。可见,对于社会危害性不大,不能与梅毒、淋病的严重性、危害性相当的性病,不能认定为传播性病罪罪状中规定的严重性病。这里需要明确的是"艾滋病"是否属于刑法意义上的"严重性病"。《刑法》第360条所

---

① 现应为国家卫生健康委员会。

列举的严重性病中,并未列举出艾滋病。但在现代医学上,艾滋病的危害,实际上远远大于梅毒、淋病等。梅毒、淋病等严重性病,基本可以经过治疗而痊愈,艾滋病则很难根治,且易致人死亡。一般认为,考虑到传播艾滋病与其他性病在侵害法益、侵害方式及所涉及人群等方面的相似性,以及艾滋病的高度传染性、对人体的严重危害性和不可治愈性,传播艾滋病的行为应当认定为传播性病罪。现行《传染病防治法》将艾滋病和淋病、梅毒均列为乙类传染病,且将艾滋病列在淋病、梅毒之前。国务院制定《艾滋病防治条例》时,已将对艾滋病的防治放到了更加重要的战略高度,并将艾滋病与其他性病区别开来。作为部委规章的《性病防治管理办法》依据《传染病防治法》和《艾滋病防治条例》制定,根据艾滋病的危害程度和特点,当前艾滋病是较梅毒、淋病属于危害更加严重的性病。① 因此,上述《办理卖淫刑事案件解释》第12条规定,明知自己患有艾滋病或者感染艾滋病病毒而卖淫、嫖娼的,以传播性病罪,从重处罚,即"艾滋病"属于《刑法》意义上的"严重性病"。

2. 传播性病罪的犯罪既遂问题。

一般认为,传播性病罪是行为犯,《刑法》并不要求实际上引起性病传染,即并不要求发生性病传染给他人的结果,也不要求具有引起性病传播的具体危险。严重性病患者实施卖淫或者嫖娼行为的,即构成本罪,且属于犯罪既遂,性病是否事实上被传播既不影响本罪的成立也不影响犯罪既遂的问题。

3. 故意传播艾滋病的行为定性。

如前所述,由于艾滋病应当认为属于《刑法》意义上的"严重性病",所以明知自己患有艾滋病或者感染艾滋病病毒而卖淫、嫖娼的,以传播性病罪定罪处罚。但艾滋病患者故意传播艾滋病病毒致使他人感染艾滋病病毒的如何认定,则要具体分析。如果行为人是在卖淫、嫖娼过程中致使他人感染艾滋病病毒的,既构成传播性病罪,同时也构成故意伤害罪,属于想象竞合关系,应择一重罪论处。染上艾滋病病毒的,属于"其他对于人身健康有重大伤害的"的情形,符合《刑法》第95条关于重伤的界定,故此原则上应

---

① 参见周峰、党建军、陆建红、杨华:《关于审理组织、强迫、引诱、容留、介绍卖淫刑事案件适用法律若干问题的解释》的理解与适用》,载《人民司法》2017年第25期。

以故意伤害罪论处。如果行为人并非在卖淫、嫖娼而是在其他性关系过程中致使他人感染艾滋病病毒的，则要看行为人是否采取了防范措施，若故意不采取防范措施的，则足以证明行为人对"他人感染艾滋病病毒"的结果持希望或放任的心态，故应当以故意伤害罪论处；如果采取了防范措施，但仍导致对方感染艾滋病病毒的，则可成立过失致人重伤罪。

（三）传播性病罪的刑事责任

司法机关在适用《刑法》第360条规定处罚时，应当注意：由于法律规定，对卖淫、嫖娼的要一律强制进行性病检查；对患有性病的要进行强制医疗。因此，被判处刑罚的人，如果性病在判决时仍未痊愈，按照《刑事诉讼法》第254条第1款第1项"有严重疾病需要保外就医"的规定，可以决定暂予监外执行；对符合刑法规定适用缓刑条件的人，可以判处缓刑，以利于对其进行强制医疗。

第九节　制作、贩卖、传播淫秽物品罪

一、制作、复制、出版、贩卖、传播淫秽物品牟利罪

第三百六十三条第一款　以牟利为目的，制作、复制、出版、贩卖、传播淫秽物品的，处三年以下有期徒刑、拘役或者管制，并处罚金；情节严重的，处三年以上十年以下有期徒刑，并处罚金；情节特别严重的，处十年以上有期徒刑或者无期徒刑，并处罚金或者没收财产。

第三百六十六条　单位犯本节第三百六十三条、第三百六十四条、第三百六十五条规定之罪的，对单位判处罚金，并对其直接负责的主管人员和其他直接责任人员，依照各该条的规定处罚。[①]

---

① 为避免重复，第363条第2款、第364条、第365条涉及单位犯罪的，原则上均不再援引第366条的条文。

（一）制作、复制、出版、贩卖、传播淫秽物品牟利罪的概念和构成要件

制作、复制、出版、贩卖、传播淫秽物品牟利罪，是指以牟利为目的，制作、复制、出版、贩卖、传播淫秽物品的行为。

1997年《刑法》吸收《全国人民代表大会常务委员会关于惩治走私、制作、贩卖、传播淫秽物品的犯罪分子的决定》第2条，规定了制作、复制、出版、贩卖、传播淫秽物品牟利罪。1979年《刑法》只有制作、贩卖淫书、淫画罪。

制作、复制、出版、贩卖、传播淫秽物品牟利罪的构成要件是：

1. 本罪侵犯的客体是社会主义道德风尚和国家对文化娱乐制品市场的管理制度。

犯罪对象是淫秽物品。根据《刑法》第367条的规定，淫秽物品，是指具体描绘性行为或者露骨宣扬色情的诲淫性的书刊、影片、录像带、录音带、图片及其他淫秽物品，包括具体描绘性行为或者露骨宣扬色情的诲淫性的视频文件、音频文件、电子刊物、图片、文章、短信息等互联网、移动通讯终端、电子信息和声讯台语言信息等。有关人体生理、医学知识的科学著作，电子信息和声讯台语言信息不是淫秽物品。包含有色情内容的有艺术价值的文学、艺术作品不视为淫秽物品。

2. 客观方面表现为制作、复制、出版、贩卖、传播淫秽物品的行为。

"制作"，是指生产、录制、摄制、编写、译著、绘画、印刷、刻印、洗印等行为；"复制"，是指复印、拓印、翻印、翻拍、复写、复录、抄写等仿造行为；"出版"，是指编辑、印刷等行为；"贩卖"，是指发行、批发、零售、倒卖等行为；"传播"，是指播放、放映、出租、出借、承运、邮寄等行为。

本罪属选择性罪名。制作、复制、出版、贩卖、传播淫秽物品的五种行为，分别是五种犯罪。行为人实施其中一种行为的，以该行为确定罪名；行为人同时实施其中几种行为的，应将所实施的行为并列为一个罪名，如既制作又贩卖、传播的，则只定制作、贩卖、传播淫秽物品牟利罪，不实行数罪并罚。

3.犯罪主体是一般主体，包括自然人和单位。

4.主观方面均出于故意，即明知是淫秽物品而进行制作、复制、出版、贩卖、传播，并且必须以牟利为目的。

行为人是否已经实际取得了利益，获利多少，并不影响本罪的成立，可作为量刑的情节加以考虑。

（二）认定制作、复制、出版、贩卖、传播淫秽物品牟利罪应当注意的问题

1.对鉴定结论要严格审查。

淫秽物品的鉴定，关系到这类案件性质的正确认定，关系到罪与非罪的界限问题。因此，司法机关一定要委托权威的鉴定部门进行鉴定，并对鉴定结论严格审查，必要时应当另行委托鉴定。

2.查清淫秽物品的数量、传播对象、危害后果等关系到定罪量刑的事实和证据。对淫秽物品"源头和去向"一时难以查清的，可先按能认定的犯罪事实处理。

3.划清本罪与走私淫秽物品罪的界限。

本罪与走私淫秽物品罪的主要区别在于侵犯的客体不同。前者侵犯的客体是对社会的管理制度和社会主义社会风尚；后者侵犯的客体主要是海关监管制度。如果行为人走私淫秽物品后以该宗淫秽物品为牟利贩卖、传播，这种行为属于走私淫秽物品罪的后续行为，不应当再定贩卖、传播淫秽物品牟利罪，而应当只定走私淫秽物品罪一罪。如果行为人走私的是这一批淫秽物品，为牟利贩卖、传播的是另一批淫秽物品，则应当定走私淫秽物品罪和贩卖、传播淫秽物品牟利罪，实行数罪并罚。

（三）制作、复制、出版、贩卖、传播淫秽物品牟利罪的刑事责任

司法机关在适用《刑法》第363条第1款、第366条规定处罚时，应当注意以下问题：

1.《刑法》对本罪规定了三个档次的量刑幅度。司法机关在适用本条规定处罚时，要注意区别不同情节，恰当量刑。根据《最高人民法院关于审

理非法出版物刑事案件具体应用法律若干问题的解释》（以下简称《审理非法出版物刑事案件解释》）第8条第2款的规定，以牟利为目的，实施《刑法》第363条第1款规定的行为，具有下列情形之一的，应当认定为制作、复制、出版、贩卖、传播淫秽物品牟利罪"情节严重"：（1）制作、复制、出版淫秽影碟、软件、录像带250张（盒）至500张（盒）以上，淫秽音碟、录音带500张（盒）至1000张（盒）以上，淫秽扑克、书刊、画册500副（册）至1000副（册）以上，淫秽照片、画片2500张至5000张以上的；（2）贩卖淫秽影碟、软件、录像带500张（盒）至1000张（盒）以上，淫秽音碟、录音带1000张（盒）至2000张（盒）以上，淫秽扑克、书刊、画册1000副（册）至2000副（册）以上，淫秽照片、画片5000张至1万张以上的；（3）向他人传播淫秽物品达1000人次至2000人次以上，或者组织播放淫秽影像达50场次至100场次以上的；（4）制作、复制、出版、贩卖、传播淫秽物品，获利3万元至5万元以上的。

2. 以牟利为目的，实施《刑法》第363条第1款规定的行为，其数量（数额）达到《审理非法出版物刑事案件解释》第8条第2款规定的数量（数额）5倍以上的，应当认定为制作、复制、出版、贩卖、传播淫秽物品牟利罪"情节特别严重"。

3. 根据《最高人民法院、最高人民检察院关于办理利用互联网、移动通讯终端、声讯台制作、复制、出版、贩卖、传播淫秽电子信息刑事案件具体应用法律若干问题的解释（一）》[以下简称《办理淫秽电子信息刑事案件解释（一）》]第2条的规定，实施第1条规定的行为，或者数额达到第1条第1款第1项至第6项规定标准5倍以上的，应当认定为《刑法》第363条第1款规定的"情节严重"；达到规定标准25倍以上的，应当认定为"情节特别严重"。第5条第2款规定，实施第1款规定行为，数量或者数额达到前款第1项至第2项规定标准5倍以上的，应当认定为《刑法》第363条第1款规定的"情节严重"；达到规定标准25倍以上的，应当认定为"情节特别严重"。《办理淫秽电子信息刑事案件解释（一）》第6条同时规定了应当从重处罚的情形。

4. 根据《最高人民法院、最高人民检察院关于利用网络云盘制作、复制、贩卖、传播淫秽电子信息牟利行为定罪量刑问题的批复》的规定，对于以牟利为目的，利用网络云盘制作、复制、贩卖、传播淫秽电子信息的行为，是否应当追究刑事责任，适用《刑法》和《办理淫秽电子信息刑事案件解释（一）》《最高人民法院、最高人民检察院关于办理利用互联网、移动通讯终端、声讯台制作、复制、出版、贩卖、传播淫秽电子信息刑事案件具体应用法律若干问题的解释（二）》的有关规定；对于以牟利为目的，利用网络云盘制作、复制、贩卖、传播淫秽电子信息的行为，在追究刑事责任时，鉴于网络云盘的特点，不应单纯考虑制作、复制、贩卖、传播淫秽电子信息的数量，还应充分考虑传播范围、违法所得、行为人一贯表现以及淫秽电子信息、传播对象是否涉及未成年人等情节，综合评估社会危害性，恰当裁量刑罚，确保罪责刑相适应。

二、为他人提供书号出版淫秽书刊罪

第三百六十三条第二款 为他人提供书号，出版淫秽书刊的，处三年以下有期徒刑、拘役或者管制，并处或者单处罚金；明知他人用于出版淫秽书刊而提供书号的，依照前款的规定处罚。

（一）为他人提供书号出版淫秽书刊罪的概念和构成要件

为他人提供书号出版淫秽书刊罪，是指向他人提供书号，致使淫秽书刊出版的行为。

为他人提供书号出版淫秽书刊罪的构成要件是：

1.本罪侵犯的客体是国家对书刊出版的管理活动和社会主义道德风尚。

书号，是国家为了对图书出版进行管理而设置的图书出版"许可证"。没有书号就不能出版图书。依照国家的有关规定，书号只能由出版机关自己使用。只有在协作出版的情况下，才允许出版机构将书号提供给他人。而协作出版行为国家是有专门规定的，其范围只限于学术著作、自然科学和工程技术方面的著作。协作出版的对象也只限于国家科研、教学单位、机关和国有企业事业单位，不能是个人或者其他单位。协作出版的书稿也要经过出版社终审终校。如果违反上述规定，无论是以协作出版的名义，还是以其他名义向他人提供书号，都是违法的。

2. 本罪在客观方面表现为违反国家规定向他人提供书号，造成淫秽书刊出版的结果。

这里所说的"他人"，主要是非出版单位或者个人；这里所说的"提供"，是指以协作出版、合作出版、自费出版等名义将书号有偿或者无偿提供给他人的行为。只要行为人实施了向他人提供书号的行为，并造成淫秽书刊借此书号出版的后果，都可以构成本罪。不论是何种名义、方式向他人提供书号、期刊号，不论其提供的是一个书号还是多个书号，也不论淫秽出版物的出版数量大小，均不影响本罪的成立。但是，如果行为人虽然向他人提供了书号，但该书号未被用于出版淫秽书刊，未造成淫秽书刊已经出版的后果，则行为人不构成犯罪。

3. 本罪的主体可以是单位，也可以是个人。

非出版单位或者个人接受了出版单位或者工作人员提供的书号后，又将书号转手提供给他人出版淫秽书刊的，也可构成本罪。

4. 本罪的主观方面由过失构成。

即行为人在其为他人违规提供书号时，并不知道对方是用于出版淫秽书刊，但对于购买书号的人可能将书号用于出版淫秽书刊，行为人则是具有过失的。如果明知他人使用书号出版淫秽书刊而提供的，则应以《刑法》第363条第1款的出版淫秽物品牟利罪论处。

（二）认定为他人提供书号出版淫秽书刊罪应当注意的问题

1. 为他人提供刊号、版号出版淫秽出版物的处理。

《刑法》第363条第2款规定的是为他人提供"书号"出版淫秽书刊的，构成为他人提供书号出版淫秽书刊罪。根据《最高人民法院关于审理非法出版物刑事案件具体应用法律若干问题的解释》第9条的规定，为他人提供（期）刊号，出版淫秽期刊的，或者为他人提供版号，出版淫秽音像制品的，依照为他人提供书号出版淫秽书刊罪定罪处罚。可见，对这里的"书号"应作广义理解，不仅包括狭义的书号，也包括（期）刊号、版号在内。至于

"期刊""音像制品"均属于出版物，也可解释为《刑法》意义上的"书刊"。

2.划清本罪与出版淫秽物品牟利罪的界限。

二者的主要区别在于：一是行为人主观方面不同。前者主观方面是出于过失，即对淫秽书刊的出版结果是不知情的；而后者是出于故意，且出于牟利的目的。如果明知他人用于出版淫秽书刊而向其提供书号刊号的，则依照《刑法》第363条第1款的规定，以出版淫秽物品牟利罪论处。二是客观方面有所不同。前者中出版淫秽书刊的行为是"他人"实施的，行为人与其也不构成共犯关系；而后者出版淫秽物品的行为是行为人或者同案犯实施的。

3.构成本罪并不以使用该书号的"他人"构成出版淫秽物品牟利罪为必要条件。

在认定为他人提供书号出版淫秽书刊罪时应注意：构成本罪并不以使用该书号的"他人"构成出版淫秽物品牟利罪为必要条件。实践中，使用该书号的"他人"多为购买书号者，其出版了淫秽书刊，才追究提供书号者的刑事责任。但是，《刑法》并没有规定为他人提供书号出版淫秽书刊罪必须以购买书号的人构成出版淫秽物品牟利罪为必要条件。购买书号出版淫秽书刊的人也可能因为犯罪情节较轻不构成犯罪，但是提供书号者的行为是违法的源头，犯罪情节较重，如向多人提供书号、提供书号非法获利数额巨大的等。在这种情况下，即使购买者不构成犯罪，但只要购买者利用该书号出版了淫秽书刊，提供书号者就可能构成犯罪。当然，对于购买者出版淫秽书刊是否构成犯罪的问题，也反映了提供者的行为造成的社会危害后果的大小。这对为他人提供书号出版淫秽书刊罪的行为人的量刑是有影响的，也是应当在量刑时考虑的。

（三）为他人提供书号出版淫秽书刊罪的刑事责任

具体依照《刑法》第363条第2款的规定确定刑事责任。依照《刑法》第366条的规定，单位犯本罪的，对单位判处罚金，并对其直接负责的主管人员和其他直接责任人员，依照《刑法》第363条第2款的规定处罚。这里所说的"单位"，具体说就是出版社、期刊社；"直接负责的主管人员"，主要是指提供书号的决策者；"其他直接责任人员"，是指除决策者之外的具体实施者。上述两种人员的范围应当从严掌握，避免扩大打击面。

三、传播淫秽物品罪

第三百六十四条第一款 传播淫秽的书刊、影片、音像、图片或者其他淫秽物品，情节严重的，处二年以下有期徒刑、拘役或者管制。

第四款 向不满十八周岁的未成年人传播淫秽物品的，从重处罚。

（一）传播淫秽物品罪的概念和构成要件

传播淫秽物品罪，是指不以牟利为目的，传播淫秽书刊、影片、音像、图片或者其他淫秽物品，情节严重的行为。

传播淫秽物品罪的构成要件是：

1.本罪侵犯的客体是复杂客体，既侵犯了国家对文化娱乐市场的管理秩序，又破坏了社会主义道德风尚。

本罪的犯罪对象是淫秽书刊、影片、音像、图片或者其他淫秽物品。本罪的对象是各种淫秽物品，包括各种淫秽书刊、报纸、图片、影片、音像制品、淫秽玩具、娱乐用品以及印刷、雕刻有淫秽文字、图案的生活用品等。

2.本罪的客观方面表现为传播淫秽物品，情节严重的行为。

传播即广泛散布，使淫秽物品流散于社会。这里的社会并非指全社会范围内或者在整个国家、某个地区的广大范围内，而是公共场所或者公众得以进入之场所。换言之，其所传播或者企图传播的范围是开放的而不是封闭的，对此要进行实质性判断。如行为人传播淫秽物品的地点虽然是在深宅大院之内、密室之中，但只要对进入、参加的人没有资格或者范围限制，也不妨碍其在社会上传播的性质。相反，如对淫秽物品的传播在对象范围内有限制，一般社会成员不在其传播对象范围内的，如在家庭成员之间、亲朋好友之间，单位内部等特定人员范围内传播淫秽物品的，不是本罪所规定的传播淫秽物品罪。另外，应该注意本罪的"传播"与传播淫秽物品牟利罪的"传播"在具体方式上有所不同，如出租、有偿放映等以换取一定对价为目的的使用行为不是本罪的"传播"。本罪的传播方式包括播放、出借、运输、携带、展览、发表等。(1)播放行为，一般是指对音像型淫秽物品的传播。由于本条第2款将组织播放淫秽音像制品的行为独立成罪，因而此处所指的播放限于非组织性的播放行为。(2)出借行为，即指出租人转移淫秽物品的占有，由借用人在一定时期内使用该淫秽物品的行为。该行为必须是不以牟利为目的的，行为人也不具有获取对价的目的。(3)运输行为，即指用交通工具将淫秽物品从一个地方运输到另一个地方。(4)携带行为，即指行为人随身带有一定数量的淫秽物品。如果行为人携带淫秽物品是为自用的，则不能认为是犯罪。(5)展览行为，即陈列以供他人观看。展览是一种静态的展示，行为人将淫秽物品较为固定地置于一定的空间内，招揽或引诱不特定的或特定的多数人前来观看。(6)发表行为，即公之于众，公之于不特定的多数人。(7)邮寄行为，指通过邮电部门传递淫秽物品，如利用信件夹带等。(8)利用计算机网络技术的传播行为。构成传播淫秽物品罪的，必须是情节严重的行为。

3.本罪的主体是一般主体，既包括自然人，也包括单位。

4.本罪在主观方面上是故意，但不具有牟利目的。

(二)认定传播淫秽物品罪应当注意的问题

1.划清罪与非罪的界限。从司法实践中来看，传播淫秽物品行为罪与非罪的界限问题主要集中在如下几个方面：

(1)关于淫秽物品的范围。《刑法》第367条从正反两方面规定了淫秽物品范围，其中以下几种物品不属于《刑法》意义上的淫秽物品：一是有关性科学的著作不是淫秽物品，这类著作虽然与性有关，但其是为了人体科学、医学等科学发展的需要而创作的；二是夹杂有色情内容而具有艺术价值的文学艺术作品，这类文学艺术作品虽夹杂有色情内容，但从整体上看其艺术价值可以淡化其色情的色彩；三是色情出版物，根据《新闻出版署关于认定淫秽及色情出版物的暂行规定》第3条的规定，色情出版物，是指在整体上不是淫秽的，但其中一部分具有淫秽的内容，对普通人特别是未成年人的身心健康有毒害，而缺乏艺术价值或者科学价值的出版物。这类出版物虽然具有部分淫秽内容，且缺乏艺术价值或者科学价值，但其整体上不是淫秽的，所以不能认定为淫秽物品。

（2）关于传播行为的界定。本罪的社会危害性体现在淫秽物品在社会上传播，对社会道德风尚造成破坏。如果是在亲友之间、家庭成员之间传看、传抄淫秽音像、书刊的，或者传播的范围较小，观看的人数较少的，不构成犯罪，可视情节轻重，给予批评教育或者治安处罚。

（3）关于"情节严重"的判断。构成传播淫秽物品罪的，必须是情节严重的行为。一般来说，传播淫秽物品情节严重应该符合以下情形之一：①传播淫秽物品数量大、人数多、时间长；②传播淫秽物品造成恶劣的社会影响；③有人因淫秽物品的腐蚀而走上犯罪道路；④因传播淫秽物品受过处分仍不思悔改的等。对此，相关司法解释分别针对具体情形下"情节严重"进行了较为明确的规定。如1998年12月23日施行的《最高人民法院关于审理非法出版物刑事案件具体应用法律若干问题的解释》第10条第1款规定，向他人传播淫秽的书刊、影片、音像、图片等出版物达300人次至600人次以上或者造成恶劣社会影响的，属于"情节严重"，应当依照《刑法》第364条第1款的规定，以传播淫秽物品罪定罪处罚；2004年9月6日施行的《最高人民法院、最高人民检察院关于办理利用互联网、移动通讯终端、声讯台制作、复制、出版、贩卖、传播淫秽电子信息刑事案件具体应用法律若干问题的解释（一）》第3条规定，不以牟利为目的，利用互联网或者移动通讯终端传播淫秽电子信息，具有下列情形之一的，依照《刑法》第364条第1款的规定，以传播淫秽物品罪定罪处罚：①数量达到第1条第1款第1项至第5项规定标准2倍以上的；②数量分别达到第1条第1款第1项至第5项两项以上标准的；③造成严重后果的。2010年2月4日施行的《最高人民法院、最高人民检察院关于办理利用互联网、移动通讯终端、声讯台制作、复制、出版、贩卖、传播淫秽电子信息刑事案件具体应用法律若干问题的解释（二）》第2条第2款对涉及不满14周岁未成年人淫秽电子信息的传播行为适用本罪的标准又降低了一半，体现了对未成年人的特殊保护。

2.传播淫秽物品牟利罪与传播淫秽物品罪的界限。

（1）犯罪客观方面不尽相同。虽然两罪在客观上都表现为传播淫秽物品的行为，但是由于两罪的主观目的不同，所以传播的具体形式有所不同：传播淫秽物品罪不包括出卖、出租等牟利性传播方式，而传播淫秽物品牟利罪也不包括赠送等非牟利性传播方式。

（2）犯罪情节要求不同。传播淫秽物品罪必须具备"情节严重"的要件，而传播淫秽物品牟利罪是行为犯，不要求达到"情节严重"只要实施上述行为即可构成犯罪，"情节严重"是其加重法定刑的情节。

（3）犯罪主观方面不同。传播淫秽物品罪在主观上既可以是直接故意也可以是间接故意，而且行为人不具备牟利的目的；而传播淫秽物品牟利罪在主观上只能表现为直接故意，而且具有牟利的目的。

3. 划清本罪与走私淫秽物品罪的界限。

本罪与走私淫秽物品罪的主要区别在于侵犯的客体不同。前者侵犯的客体主要是对社会的管理制度和社会主义社会风尚；后者侵犯的客体是海关监管制度。如果行为人走私淫秽物品后以该宗淫秽物品进行非牟利性传播，这种行为属于走私淫秽物品罪的后续行为，不应当再定传播淫秽物品罪，而应当只定走私淫秽物品罪一罪。如果行为人走私的是这一批淫秽物品，进行非牟利性传播的是另一批淫秽物品，则应当定走私淫秽物品罪和传播淫秽物品牟利罪，实行数罪并罚。

（三）传播淫秽物品罪的刑事责任

依照《刑法》第364条第4款的规定，向不满18周岁的未成年人传播淫秽物品的，从重处罚。即在《刑法》第364条第1款规定的法定刑幅度内，从重处罚。但是，如果行为人利用淫秽物品引诱、教唆未成年人犯强奸罪，强制猥亵、侮辱罪或者传授犯罪方法的，则应当按强奸罪，强制猥亵、侮辱罪的教唆犯或者传授犯罪方法罪处罚。

依照《刑法》第366条规定，单位犯本罪的，对单位判处罚金，并对其直接负责的主管人员和其他直接责任人员，依照第364条第1款、第4款规定处罚。

四、组织播放淫秽音像制品罪

第三百六十四条第二款 组织播放淫秽的电影、录像等音像制品的,处三年以下有期徒刑、拘役或者管制,并处罚金;情节严重的,处三年以上十年以下有期徒刑,并处罚金。

第三款 制作、复制淫秽的电影、录像等音像制品组织播放的,依照第二款的规定从重处罚。

第四款 向不满十八周岁的未成年人传播淫秽物品的,从重处罚。

(一)组织播放淫秽音像制品罪的概念和构成要件

组织播放淫秽音像制品罪,是指不以牟利为目的,组织播放淫秽的电影、录像等音像制品的行为。

组织播放淫秽音像制品罪的构成要件是:

1. 本罪侵犯的客体是社会主义道德风尚。

2. 本罪客观方面表现为组织播放淫秽的电影、录像、录音等音像制品的行为。"组织",是指为播放淫秽音像制品而进行策划、指挥以及召集观(听)众、提供淫秽音像制品、播放设备、播放场所等活动;"播放",是指将淫秽的电影、录像等音像制品的内容展现出来,使多数人或者不特定人可视可闻的行为。至于在什么场所播放,对构成本罪没有影响。但如果只对个别人播放,不构成犯罪。提供淫秽音像制品、播放工具、播放地点的行为,可能是组织播放的行为内容,也可能是组织播放行为的帮助犯,可以构成本罪的共犯。这里所说的淫秽的电影、录像等音像制品,包括淫秽影片、录像带、幻灯片、录音带、激光视盘、激光唱片、存储有淫秽内容的计算机软件等。

3. 本罪犯罪主体为一般主体,包括单位和自然人。

4. 本罪主观方面是出于故意,但不以牟利为目的,否则构成传播淫秽物品牟利罪。

（二）认定组织播放淫秽音像制品罪应当注意的问题

1. 注意划清罪与非罪的界限。

本罪的处罚对象是"组织播放者"，即在播放的起意、人员的召集、设备的提供等过程中起主要作用的人。至于一般的参与者和观看者，均不构成本罪。对于因审查不严等过失而播放了具有淫秽内容的音像制品的，也不能按本罪定罪处理。此外，组织播放淫秽音像制品的行为，除需具备上述构成要件外，还必须达到"情节严重"的程度才构成犯罪。根据1998年12月23日《最高人民法院关于审理非法出版物刑事案件具体应用法律若干问题的解释》第10条第2款的规定，组织播放淫秽的电影、录像等音像制品达15至30场次以上或者造成恶劣社会影响的，属于"情节严重"。

2. 注意本罪与相关淫秽物品犯罪的界限。

组织播放淫秽音像制品，本质上是传播淫秽物品的一种具体形式。但这种传播方式比其他的传播方式更直接、更形象、更有刺激性和腐蚀性，且传播对象往往面广人多，危害也更大，所以《刑法》将这种行为单独规定，并较之传播淫秽物品罪规定了更重的法定刑，体现了对这种犯罪从严惩处的立法精神。从犯罪构成特征上来说，作为一种特殊的传播淫秽物品犯罪行为，组织播放淫秽音像制品罪的特定性体现在两个方面：一是行为对象的特定性，仅限于淫秽的电影、录像等音像制品，而非所有的淫秽物品；二是行为方式的特定性，仅限于组织播放行为，如果仅有播放行为而无组织行为，也不能构成该罪，但可能构成传播淫秽物品罪。如果行为人主观上出于牟利目的组织播放淫秽音像制品的，应以《刑法》第363条第1款的传播淫秽物品牟利罪处理。

根据《刑法》第364条第3款的规定，行为人制作、复制淫秽的电影、录像等音像制品组织播放的，依照组织播放音像制品罪并从重处罚。这是指行为人既制作、复制淫秽的电影、录像等音像制品又组织播放的行为，显然比单独的组织播放行为危害性要大。但如果行为人出于牟利目的，实施该行为的，则应以《刑法》第363条第1款的制作、复制、传播淫秽物品牟利罪定罪处罚；如果制作、复制时没有牟利目的，但后来以牟利目的组织播放的，应认定为传播淫秽物品牟利罪。

（三）组织播放淫秽音像制品罪的刑事责任

具体依照《刑法》第364条第2款、第3款、第4款的规定确定刑事责任。依照《刑法》第366条规定，单位犯本罪的，对单位判处罚金，并对其直接负责的主管人员和其他直接责任人员，依照第364条第2款、第3款、第4款的规定处罚。

五、组织淫秽表演罪

第三百六十五条 组织进行淫秽表演的，处三年以下有期徒刑、拘役或者管制，并处罚金；情节严重的，处三年以上十年以下有期徒刑，并处罚金。

（一）组织淫秽表演罪的概念和构成要件

组织淫秽表演罪，是指组织淫秽性演出的行为。

组织淫秽表演罪的构成要件是：

1. 本罪侵犯的客体是社会道德风尚和社会治安秩序。

2. 本罪的客观方面为组织他人当众进行色情淫荡、挑动人们性欲的形体或动作表演。

"组织他人"，表现为招揽安排表演人员、时间、场次、地点、编排动作节目等；"当众进行"，一般是指3人以上，至于在什么场所表演在所不论；"淫秽表演"，是指露骨宣扬色情内容的表演，一般应当同时具备如下特征：（1）内容的淫秽性。即通过表演向观众描绘性行为或者宣扬色情淫荡形象，刺激观众不健康的性欲。这是淫秽表演的本质特征。（2）表演的动态性。如果不具有动态因素而是纯静态的展示，不能认定为淫秽表演，可能成立传播淫秽物品犯罪的问题。（3）形式的多样性。不仅包括淫秽的形体展示，还包括性行为动作，如脱衣舞、裸体舞等表现情欲、性欲的各种形态、动作等。因此，对于具有一定的色情内容，但是从整体上看艺术性比较强的表演，不宜认定为淫秽表演。

3.本罪的主体是一般主体，即达到法定刑事责任年龄并具有刑事责任能力的自然人。单位也可构成本罪。

本罪的主体是淫秽表演的组织者，而非表演者。在实践中一般是文化娱乐场所、饮食服务行业的经营者，如歌厅、舞厅、夜总会的经营者。

4.本罪的主观方面为故意，但并不要求出于牟利的目的。

（二）认定组织淫秽表演罪应当注意的问题

1.划清罪与非罪的界限。

首先，要划清淫秽表演与夹杂有一些色情内容的表演的区别。二者的主要区别在于：从内容上看，淫秽表演无所谓故事情节，整体上是淫秽内容。夹杂色情内容的表演，一般有表现的主题，有一定的故事情节，只是在表现某一剧情时有一些色情内容；从表现方式上看，淫秽表演是赤裸裸的表演性行为、暴露生殖器。而夹杂有色情内容的表演，在表现性行为时，往往比较含蓄，有所遮掩，不暴露性器官；从给人的感受上看，淫秽表演只带给人以性欲刺激，夹杂有色情内容的表演主要使观众感受全剧的主题，而不仅仅是获得情欲上的刺激。

其次，要注意本罪惩罚的对象是淫秽表演的组织者而非仅仅是表演者。组织淫秽表演罪中的"组织"通常被认为是策划、指挥、安排的行为，即本罪惩罚的是实施淫秽表演的策划、指挥、安排的行为人，进行淫秽表演的行为本身在刑法上不可罚。由于刑法并没有规定本罪为"组织他人进行淫秽表演"，因此理论界认为关于本罪的组织对象——"淫秽表演"不限于"他人"，既包括组织他人进行淫秽表演，也包括组织人与动物之间进行的淫秽表演。由于本罪处罚的是组织淫秽表演的行为，因此不论该组织者在该表演团体中处于什么地位，只要明知是淫秽表演而进行了组织活动，就可以构成本罪。

2.划清本罪与聚众淫乱罪的区别。

聚众淫乱罪，往往在行为人进行淫乱活动时，也有在旁边观看的。但这些观看者，也大都是淫秽活动的参与者，不是纯粹的观众。这种淫乱活动也没有明显的组织者、表演者和观众的区别。对于这种行为，应当定聚众淫乱罪。而组织淫秽表演，则明显具有一定的商业性，既有组织者、表演者，也有众多的观众。

（三）组织淫秽表演罪的刑事责任

司法机关在适用《刑法》第 365 条、第 366 条处罚时，应当注意以下问题：

一是处罚的对象应仅限于淫秽表演的组织者。有的组织者同时也是表演者，应予以从重处罚。对于提供场地、设备或者其他帮助的人，如果符合共犯条件的，应按共犯处罚。对于表演者、一般服务人员，不按犯罪处罚。

二是正确掌握"情节严重"的情形。构成本罪不需要"情节严重"这一要件，"情节严重"是对本罪加重处罚的情形。司法实践中，一般是指多次组织淫秽表演的；以暴力、胁迫或者其他手段强迫他人进行淫秽表演的；社会影响极为恶劣的；观看人数多、表演时间长，表演内容淫秽的；组织未成年人进行淫秽表演或者向未成年人组织淫秽表演；组织淫秽表演造成恶劣社会影响等情形。

第七章　危害国防利益罪

一、阻碍军人执行职务罪[①]

第三百六十八条第一款 以暴力、威胁方法阻碍军人依法执行职务的,处三年以下有期徒刑、拘役、管制或者罚金。

(一)阻碍军人执行职务罪的概念和构成要件

阻碍军人执行职务罪,是指以暴力、威胁方法阻碍军人依法执行职务的行为。

本罪是1997年《刑法》增设的罪名。

阻碍军人执行职务罪的构成要件是:

1. 本罪侵犯的客体是军人依法执行职务的活动。

"军人依法执行职务",是指军人根据国家法律和军队条令、条例及本人的职务和所执行的任务而进行的各项活动。如防卫作战、军事训练、战备勤务、教学科研、后勤保障等。阻碍军人依法执行职务的行为,违反《国防法》规定的公民国防义务,直接危害国防利益。

犯罪对象是军人,包括中国人民解放军的现役军官、文职干部、士兵及具有军籍的学员和中国人民武装警察部队的现役警官、文职干部、士兵及具有军籍的学员;执行军事任务的预备役人员和其他人员,以军人论。"预备役人员",是指编入民兵组织或者经过登记服预备役的公民。"其他人员",是指在军队和武警部队的机关、部队、院校、医院、基地、仓库等队列单位和事业单位工作的正式职员、工人,以及临时征用或者受委托执行军事任务的地方人员。

2. 客观方面表现为以暴力、威胁方法阻碍军人依法执行职务的行为。

[①] 参考案例:邓某等阻碍军人执行职务案,载法信网,http://www.faxin.cn/。

"暴力",是指对依法执行职务的军人实施捆绑、拘禁、殴打、伤害及其他危害人身安全和限制人身自由,阻碍其执行职务的行为;"威胁",是指以实施杀伤身体、破坏名誉、毁坏财物及其他严重损害他人合法权益的行为,对依法执行职务的军人进行要挟、恐吓,阻碍其执行职务。

3. 犯罪主体为一般主体,既可以是非军人,也可以是军人。

4. 主观方面由故意构成。

(二)认定阻碍军人执行职务罪应当注意的问题

1. 划清罪与非罪的界限。

行为人阻碍的是军人依法执行职务的行为,而且必须使用了暴力、威胁方法。如果行为人没有使用暴力、威胁方法,而只是一般的劝阻、纠缠,则不构成犯罪。如果行为人使用了暴力、威胁方法,但阻碍的不是军人依法执行职务的行为,而是其他的行为,也不构成本罪。

2. 正确认定因实施暴力造成人员伤害的行为的性质。

行为人在阻碍军人依法执行职务过程中,因实施暴力造成军人身体伤害的,属于牵连犯,应按照处理牵连犯的原则,从一重罪处罚。即如果是轻伤害,可以阻碍军人执行职务定罪处罚;如果造成重伤以上后果的,应以故意伤害罪定罪处刑。

(三)阻碍军人执行职务罪的刑事责任

司法机关在适用《刑法》第368条第1款规定处罚时,应当注意以下问题:

1. 全面分析本罪的量刑情节。要对行为人所采用手段的强制程度、所阻碍的军人执行职务活动的重要程度、犯罪的地点、当时的形势、所造成的后果,以及行为人的认罪悔罪态度等,进行全面分析研究,综合考虑,依照《刑法》第368条第1款的规定,确定适当刑罚。

2. 酌情适用非刑罚处理方法。根据《刑法》第36条的规定,因犯罪行为造成被害人经济损失的,对犯罪分子除依法判处刑罚外,还应根据情况判处赔偿被害人的经济损失。

二、阻碍军事行动罪[①]

第三百六十八条第二款 故意阻碍武装部队军事行动,造成严重后果的,处五年以下有期徒刑或者拘役。

(一)阻碍军事行动罪的概念和构成要件

阻碍军事行动罪,是指故意阻碍武装部队军事行动,造成严重后果的行为。

本罪是1997年《刑法》增设的罪名。

阻碍军事行动罪的构成要件是:

1. 本罪侵犯的客体是武装部队的军事行动。

"军事行动",是指为达到一定政治目的而有组织地使用武装力量的活动。武装部队的军事行动,是为防备和抵抗武装侵略,防备和粉碎颠覆政府、分裂国家的阴谋,保卫国家主权统一、领土完整和安全所进行的具体活动。犯罪对象是武装部队,包括中国人民解放军的现役部队、预备役部队和中国人民武装警察部队。

2. 客观方面表现为阻碍武装部队军事行动,造成严重后果的行为。

"阻碍武装部队军事行动",是指采取设置交通障碍,煽动群众围堵,停止水、电、气等供应,污染饮用水源,以及用投掷燃烧瓶、爆炸物等严重威胁军人生命和武器装备、军用物资安全的危险方法,故意阻止和妨碍武装部队进行作战、戒严、演习、训练、修筑军事设施、部署兵力兵器、抢险救灾等履行职能的活动。"造成严重后果",是指因阻碍武装部队军事行动而贻误战机的,导致作战部署作较大调整的,致使战斗、战役或者其他重要军事行动遭受损失的,影响部队完成重要任务的,造成人员重伤死亡的,严重毁损武器装备、军事设施、军用物资的,造成其他严重经济损失的等。

3. 犯罪主体为一般主体,既可以是非军人,也可以是军人;可以是中国

[①] 参考案例:动乱暴徒阻碍军事行动案,载法信网,http://www.faxin.cn/。

公民，也可以是外国人、无国籍人。

4.主观方面由故意构成。

（二）认定阻碍军事行动罪应当注意的问题

1.划清罪与非罪的界限。

本罪属于结果犯，以"故意"阻碍武装部队军事行动，并"造成严重后果"作为犯罪构成要件。因此，过失阻碍武装部队军事行动不构成犯罪；虽然是故意阻碍武装部队军事行动，但未造成严重后果的，也不构成犯罪。从司法实践看，阻碍武装部队军事行动，往往由少数人煽动、蒙骗一些不明真相的人参与。对那些受蒙骗参与一般活动的人员，一般不宜按犯罪处理。

2.划清本罪与阻碍军人执行职务罪的界限。

两罪在犯罪主体、主观方面相同。其主要区别在于：（1）犯罪对象不同。本罪的犯罪对象是武装部队，后罪的犯罪对象是军人，是武装部队中执行某一项任务的少数人。（2）侵犯的直接客体不同。本罪侵犯的直接客体是武装部队的军事行动，后罪侵犯的直接客体是军人依法执行职务的活动。（3）犯罪的客观方面不同。本罪的犯罪手段可以多种多样，但采取什么手段并不是犯罪构成的要件，后罪以采用暴力、威胁方法作为犯罪构成要件；本罪以造成严重后果作为犯罪构成要件，后罪则没有把行为造成的后果作为犯罪构成要件。

3.正确认定以武装叛乱、暴乱方式阻碍军事行动的行为的性质。

以武装叛乱、暴乱方式阻碍军事行动，属于牵连犯，应按照处理牵连犯的原则，从一重罪处罚，即以武装叛乱、暴乱罪定罪处罚。如果在阻碍军事行动过程中，策动、勾引、收买武装部队人员进行叛乱，则应分别以阻碍军事行动罪和武装叛乱罪定罪处刑，并实行数罪并罚。

4.正确认定在阻碍军事行动中造成人员伤亡或者武器装备、军事设施、军用物资严重毁损行为的性质。

行为人实施阻碍军事行动犯罪，造成人员伤亡或者武器装备、军事设施、军用物资严重毁损，同时构成故意伤害罪或者破坏武器装备、军事设施、军用物资罪，因与本罪有牵连关系，根据处理牵连犯的原则，从一重罪定罪处罚。

（三）阻碍军事行动罪的刑事责任

司法机关在适用《刑法》第 368 条第 2 款规定处罚时，应当注意对共犯要区别情况，给予不同的处罚。阻碍军事行动比较常见的是共同犯罪。依照《刑法》总则关于共同犯罪的规定，对组织、策划阻碍军事行动的首要分子，应当按照其所参与的或者组织、指挥的全部犯罪处罚；对在犯罪中起次要或者辅助作用的人，应当从轻、减轻或者免除处罚。

三、破坏武器装备、军事设施、军事通信罪[①]

第三百六十九条第一款[②]　破坏武器装备、军事设施、军事通信的，处三年以下有期徒刑、拘役或者管制；破坏重要武器装备、军事设施、军事通信的，处三年以上十年以下有期徒刑；情节特别严重的，处十年以上有期徒刑、无期徒刑或者死刑。

第三款　战时犯前两款罪的，从重处罚。

（一）破坏武器装备、军事设施、军事通信罪的概念和构成要件

破坏武器装备、军事设施、军事通信罪，是指以贪利、泄愤报复或者其他个人目的，故意破坏武器装备、军事设施、军事通信的行为。

本罪是从 1981 年 6 月 10 日第五届全国人民代表大会常务委员会第十九次会议通过的《惩治军人违反职责罪暂行条例》第 12 条的规定，吸收改为《刑法》现行规定的。

破坏武器装备、军事设施、军事通信罪的构成要件是：

1. 本罪侵犯的客体是国防建设秩序。

武器装备、军事设施、军事通信设备和器材是重要的国防资产，是部队

[①] 参考案例 1：吴某平破坏军事设施案，福建省泉州市中级人民法院（2004）泉刑终字第 29 号。参考案例 2：张某某破坏军事通信案，载法信网，http://www.faxin.cn/。

[②] 本款经 2005 年 2 月 28 日《刑法修正案（五）》第 3 条修改。

战斗力的重要组成部分,是国防建设的重要内容。故意破坏武器装备、军事设施、军事通信的行为,违反国防法律规定的公民国防义务,损害部队战斗力,削弱国防能力,危害国防安全。

本罪的犯罪对象:(1)武器装备,它是武装部队用于实施和保障作战行动的武器、武器系统和军事技术器材的统称。包括匕首、枪械、火炮、火箭、导弹、弹药、坦克、装甲车辆及其他军用车辆、作战飞机及其他军用飞机、战斗舰艇、登陆作战舰艇、勤务舰船、陆军船艇、鱼雷、水雷、生物武器、化学武器、核武器、通信指挥装备、侦察情报装备、测绘气象装备、电子对抗装备、工程装备、"三防"装备、后勤装备等。武器装备的训练模拟器材,以武器装备论。(2)军事设施,即国家直接用于军事目的的建筑、场地和设备。包括指挥机关、地面和地下指挥工程、作战工程;军用机场、港口、码头;营区、训练场、试验场;军用洞库、仓库;军用通信、侦察、导航、观测台站和测量、导航、助航标志;军用公路、铁路专用线、军用通信、输电线路,军用输油、输水管道;边防、海防管控设施;国务院和中央军委规定的其他军事设施,包括军队为执行任务必需设置的临时设施等。(3)军事通信,这是指武装部队为实施指挥和武器控制而运用各种通信手段进行的信息传递活动。通常的手段有卫星通信、无线电通信、有线电通信、光通信、运动通信、简易信号通信等。关于军事通信的具体范围、通信中断和严重障碍的标准,参照中国人民解放军通信主管部门的有关规定确定。

2. 客观方面表现为对武器装备、军事设施、军事通信实施了破坏的行为。这种破坏,手段可能多种多样,既包括对武器装备、军事设施、军事通信设施和设备本身的破坏,也包括对其功能的损坏,使其不能正常发挥效能,如故意实施损毁军事通信线路、设备,破坏军事通信计算机信息系统,干扰、侵占军事通信电磁频谱等行为。

3. 犯罪主体为一般主体,既可以是军人,也可以是非军人;可以是中国公民,也可以是外国人,无国籍人。按照《最高人民法院关于审理危害军事通信刑事案件具体应用法律若干问题的解释》(以下简称《审理危害军事通信刑事案件解释》),建设、施工单位直接负责的主管人员、施工管理人员,明知是军事通信线路、设备而指使、强令、纵容他人予以损毁的,或者不听管护人员劝阻，指使、强令、纵容他人违章作业，造成军事通信线路、设备损毁的，以破坏军事通信罪定罪处罚。

4. 主观方面由故意构成。

（二）认定破坏武器装备、军事设施、军事通信罪应当注意的问题

1. 全面理解和掌握破坏武器装备、军事设施、军事通信罪犯罪对象的内涵和外延。

本罪中的武器装备、军事设施、军事通信的内涵和外延，比人们通常所了解的更深刻、更广泛。武器装备包括武装部队用于实施和保障作战行动的武器、武器系统和军事技术器材，军事设施包括国家直接用于军事目的的所有建筑、场地和设备，军事通信包括武装部队为实施指挥和武器控制而运用各种通信手段所进行的信息传递活动。如果不能全面理解和掌握其具体内容，容易混淆罪与非罪、此罪与彼罪的界限，造成打击不力，放纵罪犯。

2. 正确认定本罪既遂的标准。

本罪属于行为犯，只要行为人对武器装备、军事设施、军事通信实施了破坏行为，就构成本罪，而不要求其破坏行为必须导致发生严重后果。

3. 划清本罪与危害公共安全的一些犯罪的界限。

本罪与破坏交通工具、交通设施、公用电信设施等犯罪的主体、主观方面和犯罪客观方面相同或近似，一个行为可能发生多种后果，根据《审理危害军事通信刑事案件解释》第6条规定，破坏、过失损坏军事通信，并造成公用电信设施损毁，危害公共安全，同时构成《刑法》第124条和第369条规定的犯罪的，依照处罚较重的规定定罪处罚。

4. 正确认定因盗窃而引起破坏武器装备、军事设施、军事通信的行为的性质。

实践中，因盗窃财物造成武器装备、军事设施、军事通信遭受破坏的事件时有发生，此行为属于牵连犯。在认定时，首先要根据因盗窃所破坏的武器装备、军事设施、军事通信的重要程度、犯罪情节、所盗物品的价值，分别确定破坏武器装备、军事设施、军事通信罪与盗窃罪应当适用的法定刑，然后按照从一重罪处断的原则定罪处罚。根据《审理危害军事通信刑事案件

解释》，盗窃军事通信线路、设备，不构成盗窃罪，但破坏军事通信的，依照《刑法》第 369 条第 1 款的规定定罪处罚；同时构成《刑法》第 124 条、第 264 条和第 369 条第 1 款规定的犯罪的，依照处罚较重的规定定罪处罚。

5. 关于非法侵入、破坏军事通信计算机系统行为的定罪处罚问题。

根据《审理危害军事通信刑事案件解释》，违反国家规定，侵入国防建设、尖端科学技术领域的军事通信计算机信息系统，尚未对军事通信造成破坏的，依照《刑法》第 285 条的规定定罪处罚；对军事通信造成破坏，同时构成《刑法》第 285 条、第 286 条、第 369 条第 1 款规定的犯罪的，依照处罚较重的规定定罪处罚。

6. 关于干扰无线电通信管理秩序行为的定罪处罚问题。

根据《审理危害军事通信刑事案件解释》，违反国家规定，擅自设置、使用无线电台、站，或者擅自占用频率，经责令停止使用后拒不停止使用，干扰无线电通讯正常进行，构成犯罪的，依照《刑法》第 288 条的规定定罪处罚；造成军事通信中断或者严重障碍，同时构成《刑法》第 288 条、第 369 条第 1 款规定的犯罪的，依照处罚较重的规定定罪处罚。

（三）破坏武器装备、军事设施、军事通信罪的刑事责任

司法机关在适用《刑法》第 369 条第 1 款、第 3 款规定处罚时，应当注意以下问题：

1. 把握好量刑的主要依据。武器装备、军事设施、军事通信设施和设备价值悬殊。量刑时，主要而且首先应考虑犯罪行为对国防利益危害的大小，然后结合犯罪动机、手段和给国家财产造成的经济损失，正确适用刑罚。如有些军事通信设备本身价值虽不大，但受到破坏后，致使军事通信中断，危害极大，就应严惩。

2. 分清哪些是重要的武器装备、军事设施、军事通信。重要武器装备，是指部队的主要武器装备和其他在作战中有重要作用的武器装备，包括各种导弹、飞机、作战舰艇、登陆舰、1000 吨以上辅助船、坦克、装甲车辆、85 毫米以上口径的地面火炮、岸炮、高炮、雷达、声呐、指挥仪、15 瓦以上电台、电子对抗装备、舟桥、60 千瓦以上的工程机械、汽车、陆军船艇等。重

要军事设施,是指指挥中心、大型作战工程,各类通信、导航、观测枢纽,机场、港口、码头、大型仓库、洞库、军用公路、铁路专用线、重要管线、道路,以及其他对作战具有重要作用的军事设施。军事禁区的军事设施均视为重要军事设施。重要军事通信,是指军事首脑机关及重要指挥中心的通信,部队作战中的通信,等级战备通信,飞行航行训练、抢险救灾、军事演习或者处置突发性事件中的通信,以及执行试飞、试航、武器装备科研试验或者远洋航行等重要军事任务中的通信。根据《刑法》第369条的规定,破坏重要武器装备、军事设施、军事通信的,量刑时,除情节特别严重外,应在三年以上十年以下有期徒刑幅度内确定。

3.正确把握犯罪情节。本条规定了三个量刑幅度,法定最低刑为管制,法定最高刑为死刑,应当区别案件的不同情节,恰当量刑。破坏武器装备、军事设施"情节特别严重",是指致使大批或者重要武器装备报废的,造成大批或者重要军事设施丧失使用效能的,战时破坏重要武器装备、军事设施的,因破坏武器装备、军事设施致使战斗、战役或者其他重要军事行动遭受重大损失的,造成伤亡多人或者重大经济损失的等。破坏军事通信"情节特别严重",根据《审理危害军事通信刑事案件解释》,是指造成重要军事通信中断或者严重障碍,严重影响部队完成作战任务或者致使部队在作战中遭受损失的;造成部队执行抢险救灾、军事演习或者处置突发性事件等任务的通信中断或者严重障碍,并因此贻误部队行动,致使死亡3人以上、重伤10人以上或者财产损失100万元以上的;破坏重要军事通信3次以上的;其他情节特别严重的情形。

4.严格执行战时从严原则。战时犯本罪的,应在法定刑幅度内从重判处。

四、过失损坏武器装备、军事设施、军事通信罪[①]

第三百六十九条 破坏武器装备、军事设施、军事通信的,处三年以下有期徒刑、拘役或者管制;破坏重要武器装备、军事设施、军事通信的,处三年以上十年以下有期徒刑;情节特别严重的,处十年以上有期徒刑、无期徒刑或者死刑。

过失犯前款罪,造成严重后果的,处三年以下有期徒刑或者拘役;造成特别严重后果的,处三年以上七年以下有期徒刑。[②]

战时犯前两款罪的,从重处罚。

(一)过失损坏武器装备、军事设施、军事通信罪的概念和构成要件

过失损坏武器装备、军事设施、军事通信罪,是指由于过失致使武器装备、军事设施、军事通信遭受损坏,造成严重后果,危害国防利益的行为。

本罪是《刑法修正案(五)》第3条增设的罪名。1997年《刑法》第369条规定,只有故意破坏武器装备、军事设施、军事通信的行为,才构成犯罪。但是近年来,一些地方在生产建设过程中野蛮施工、违章作业,致使军事通信光缆等通信设施遭到损坏的情况比较突出,严重危及国家的军事设施和军事通信的安全。为了维护国防利益,打击这类犯罪,立法机关在《刑法》第369条中增加1款,将这类过失行为造成严重后果的,规定为犯罪。

过失损坏武器装备、军事设施、军事通信罪的构成要件是:

1. 本罪侵犯的客体是国防建设秩序。犯罪对象是武器装备、军事设施、军事通信。

2. 客观方面表现为对武器装备、军事设施、军事通信实施了损坏的行为,并造成了严重后果。如在城市基本建设、农田水利建设等施工中,挖断地下军用通信电缆,致使军事通信中断;由于违规操作或操作不当,致使舰

[①] 参考案例1:李某过失破(损)坏军事通信案,参考案例2:吴甲、顾乙过失损坏军事通信案,载法信网,http://www.faxin.cn/。

[②] 本款由2005年2月28日《刑法修正案(五)》第3条增设。

船撞坏军用港口、码头设施等。

3. 犯罪主体为一般主体，既可以是军人，也可以是非军人；可以是中国公民，也可以是外国人、无国籍人。按照《最高人民法院关于审理危害军事通信刑事案件具体应用法律若干问题的解释》（以下简称《审理危害军事通信刑事案件解释》），建设、施工单位直接负责的主管人员、施工管理人员，忽视军事通信线路、设备保护标志，指使、纵容他人违章作业，致使军事通信线路、设备损毁，构成犯罪的，以过失损坏军事通信罪定罪处罚。

4. 主观方面由过失构成，既可能是疏忽大意的过失，也可能是过于自信的过失。

（二）认定过失损坏武器装备、军事设施、军事通信罪应当注意的问题

1. 划清罪与非罪的界限。

本罪属于结果犯，行为人过失损坏武器装备、军事设施、军事通信的行为是否构成犯罪，关键在于行为是否造成了严重后果。只有其行为造成了严重后果的，才构成犯罪，否则，不构成犯罪。

2. 划清本罪与故意破坏武器装备、军事设施、军事通信罪的界限。

这两种犯罪的主要区别：(1) 主观方面不同。本罪行为人主观方面表现为过失，后罪行为人主观方面表现为故意。(2) 对危害结果的要求不同。本罪把造成严重后果作为构成犯罪的法定要件，而后罪则不论是否发生了严重后果，只要行为人故意实施了破坏行为，就构成犯罪。关键是准确把握间接故意与过失心理的界限。

（三）过失损坏武器装备、军事设施、军事通信罪的刑事责任

依照本条第 3 款规定，战时犯本罪的，从重处罚。

司法机关在适用《刑法》第 369 条第 2 款、第 3 款规定处罚时，应当注意以下问题：

1. 正确把握犯罪情节。"造成严重后果"，是构成本罪的要件，具体是指因过失损坏行为造成重要或者大量武器装备、军事设施损毁或者丧失使用效

能的,造成重要军事通信中断或者严重障碍的,造成人员伤亡的,影响部队完成重要任务的,致使国家财产遭受重大损失的等。"造成特别严重后果",是指造成特别重要或者大量重要武器装备、军事设施损毁或者丧失使用效能的,造成多人伤亡的,严重影响部队完成重要任务的,致使国家财产遭受特别重大损失的。根据《审理危害军事通信刑事案件解释》,过失损坏军事通信"造成特别严重后果",是指造成重要军事通信中断或者严重障碍,严重影响部队完成作战任务或者致使部队在作战中遭受损失的,造成部队执行抢险救灾、军事演习或者处置突发性事件等任务的通信中断或者严重障碍,并因此贻误部队行动,致使死亡3人以上、重伤10人以上或者财产损失100万元以上的,其他后果特别严重的情形。

2.严格执行战时从严原则。战时犯本罪的,应在法定刑内从重处罚。

五、故意提供不合格武器装备、军事设施罪①

第三百七十条第一款 明知是不合格的武器装备、军事设施而提供给武装部队的,处五年以下有期徒刑或者拘役;情节严重的,处五年以上十年以下有期徒刑;情节特别严重的,处十年以上有期徒刑、无期徒刑或者死刑。

第三款 单位犯第一款罪的,对单位判处罚金,并对其直接负责的主管人员和其他直接责任人员,依照第一款的规定处罚。

(一)故意提供不合格武器装备、军事设施罪的概念和构成要件

故意提供不合格武器装备、军事设施罪,是指明知是不合格的武器装备、军事设施,而故意提供给武装部队的行为。

本罪是1997年《刑法》增设的罪名。

故意提供不合格武器装备、军事设施罪的构成要件是:

1.本罪侵犯的客体是武器装备、军事设施质量管理秩序。

本罪的犯罪对象是武器装备、军事设施。武器装备、军事设施是保卫国

---

① 参考案例:孙某故意提供不合格武器装备案,载法信网,http://www.faxin.cn/。

家、巩固国防的重要物质基础,是国防资产的重要组成部分。

2.客观方面表现为将不合格的武器装备、军事设施提供给武装部队的行为。

"不合格",是指不符合规定的质量标准;"提供",是指生产、修理、施工、采购等单位和有关人员用承建、承制、承修、出租、销售、调拨等方式,交付给武装部队。

3.犯罪主体包括自然人和单位。

4.主观方面由故意构成。

（二）认定故意提供不合格武器装备、军事设施罪应当注意的问题

划清罪与非罪的界限。本罪属于行为犯,行为人只要故意提供不合格武器装备、军事设施,就构成犯罪。按照《最高人民检察院、公安部关于公安机关管辖的刑事案件立案追诉标准的规定（一）》第87条的规定,有下列情形之一的：造成人员轻伤以上的；造成直接经济损失10万元以上的；提供不合格的枪支3支以上、子弹100发以上、雷管500枚以上、炸药5000克以上或者其他较重要武器装备、军事设施的；影响作战、演习、抢险救灾等重大任务完成的；发生在战时的；其他故意提供不合格武器装备、军事设施应予追究刑事责任的情形,均构成犯罪,都应依法追究刑事责任。但如果行为人提供的不合格武器装备、军事设施数量很少,且没有造成损失或其他后果的,则不构成犯罪。

（三）故意提供不合格武器装备、军事设施罪的刑事责任

司法机关在适用《刑法》第370条第1款规定处罚时,应当注意以下问题：

1.正确把握犯罪情节。本条规定了三个量刑幅度,法定最低刑为拘役,法定最高刑为死刑,应当结合个案情况,区别不同情节,恰当量刑。本罪的"情节严重",是加重处罚情节,司法实践中,一般是指为牟取私利而提供不合格武器装备、军事设施的,提供大批或者重要武器装备、军事设施不合格的,战时提供不合格武器装备、军事设施的,因提供不合格武器装备、军事

设施影响部队完成重要任务或者造成严重后果的等情形。"情节特别严重",是指战时提供大批或者重要武器装备和军事设施不合格的,因提供不合格武器装备、军事设施致使战斗、战役或者其他重要军事行动遭受重大损失的,严重影响部队完成重要任务或者造成特别严重后果的等情形。

2. 严格依法追究单位犯罪的刑事责任。单位犯本罪的,除对单位判处罚金外,还应对其直接负责的主管人员和其他直接责任人员,依照《刑法》第370条第1款的规定处罚。

六、过失提供不合格武器装备、军事设施罪[①]

第三百七十条第一款 明知是不合格的武器装备、军事设施而提供给武装部队的,处五年以下有期徒刑或者拘役;情节严重的,处五年以上十年以下有期徒刑;情节特别严重的,处十年以上有期徒刑、无期徒刑或者死刑。

第二款 过失犯前款罪,造成严重后果的,处三年以下有期徒刑或者拘役;造成特别严重后果的,处三年以上七年以下有期徒刑。

(一)过失提供不合格武器装备、军事设施罪的概念和构成要件

过失提供不合格武器装备、军事设施罪,是指行为人因过失将不合格的武器装备、军事设施提供给武装部队,造成严重后果的行为。

本罪是1997年《刑法》增设的罪名。

过失提供不合格武器装备、军事设施罪的构成要件是:

1. 本罪侵犯的客体是武器装备、军事设施质量管理秩序。犯罪对象是武器装备、军事设施。

2. 客观方面表现为将不合格的武器装备、军事设施提供给武装部队的行为。

3. 犯罪主体包括自然人和单位。

4. 主观方面由过失构成。

---

① 参考案例:某炮兵部队武器装备质量案,载法信网,http://www.faxin.cn/。

（二）认定过失提供不合格武器装备、军事设施罪应当注意的问题

1. 划清罪与非罪的界限。

本罪属于结果犯，过失提供不合格武器装备、军事设施罪是以该行为造成严重后果作为犯罪构成的法定要件的。如果该行为没有造成严重后果，则不构成犯罪。

2. 准确认定罪名。

划清本罪与故意提供不合格武器装备、军事设施罪的界限。两罪的行为人虽然都明知是不合格的武器装备、军事设施而提供给武装部队，其区别在于：各自对行为的后果所持的心理状态是不同的，本罪的行为人，对自己行为可能发生危害国防安全的结果，应当预见而疏忽大意没有预见，或者虽然预见却轻信能够避免；而后罪的行为人，明知自己的行为会发生危害国防安全的结果，却希望或者放任这种危害结果的发生。

（三）过失提供不合格武器装备、军事设施罪的刑事责任

司法机关在适用《刑法》第370条第2款规定处罚时，应注意分清犯罪情节。根据《最高人民检察院、公安部关于公安机关管辖的刑事案件立案追诉标准的规定（一）》第88条的精神，本罪"造成严重后果"，是指因提供不合格武器装备、军事设施造成死亡1人或者重伤3人以上的；造成直接经济损失30万元以上的；造成大批或者重要武器装备、军事设施毁损的；影响部队完成作战、演习、抢险救灾等重大任务的等情形。"造成特别严重后果"，是指造成多人重伤、死亡的；造成大批重要武器装备、军事设施报废的；造成特别重大经济损失的；严重影响部队完成作战、演习、抢险救灾等重大任务的等情形。

七、聚众冲击军事禁区罪[①]

第三百七十一条第一款 聚众冲击军事禁区，严重扰乱军事禁区秩序的，对首要分子，处五年以上十年以下有期徒刑；对其他积极参加的，处五年以下有期徒刑、拘役、管制或者剥夺政治权利。

（一）聚众冲击军事禁区罪的概念和构成要件

聚众冲击军事禁区罪，是指聚众冲击军事禁区，严重扰乱军事禁区秩序的行为。

本罪是1997年《刑法》增设的罪名，是从1990年2月23日第七届全国人民代表大会常务委员会第十二次会议通过的《军事设施保护法》第33条的规定，吸收改为《刑法》的具体规定的。

聚众冲击军事禁区罪的构成要件是：

1. 本罪侵犯的客体是军事禁区秩序。

犯罪对象是军事禁区，包括禁区内的军事设施、各种建筑、自然环境、周围设置的障碍物等。"军事禁区"，是指国家根据军事设施的性质、作用、安全保密的需要和使用效能的特殊要求，在设有重要军事设施或者军事设施具有重大危险因素，需要国家采取特殊措施加以重点保护的，依照法定程序和标准划定的军事区域，包括一定范围的陆地军事禁区、水域军事禁区和空中军事禁区。

2. 客观方面表现为聚众冲击军事禁区，严重扰乱军事禁区秩序的行为。

"聚众冲击军事禁区"，是指纠集多人，强行闯入军事禁区，占据办公地点，毁坏财物，殴打人员等情形。按照法律规定，聚众冲击军事禁区的行为，除需具备以上构成要件外，还必须达到"严重扰乱军事禁区秩序"的程度，才构成犯罪。"严重扰乱军事禁区秩序"，是指干扰、破坏军事禁区的秩序，致使作战、战备、训练、教学、科研等正常工作无法进行。司法实践

[①] 参考案例：范某聚众冲击军事禁区案，载法信网，http://www.faxin.cn/。

中，按照《最高人民检察院、公安部关于公安机关管辖的刑事案件立案追诉标准的规定（一）》第89条的规定，具有下列情形之一的：冲击军事禁区3次以上或者1次冲击持续时间较长的，持械或者采取暴力手段冲击的，冲击重要军事禁区的，战时冲击军事禁区的等，其他严重扰乱军事禁区秩序的，都应依法追究刑事责任。

3. 犯罪主体为一般主体，可以是非军人，也可以是军人。但必须是犯罪活动中的首要分子或其他积极参加者。

4. 主观方面由故意构成。

（二）认定聚众冲击军事禁区罪应当注意的问题

1. 划清罪与非罪的界限。

如果有聚众冲击军事禁区的行为，但未达到严重扰乱军事禁区秩序的程度，则不构成犯罪。

2. 正确认定聚众冲击军事禁区罪中阻碍军人依法执行职务的行为的性质。这种行为属于牵连犯，应按照处理牵连犯的原则，从一重罪定罪处罚，不实行数罪并罚。

（三）聚众冲击军事禁区罪的刑事责任

司法机关在适用《刑法》第371条第1款规定处罚时，应当注意以下问题：

1. 本罪只追究聚众冲击军事禁区的首要分子和积极参加者的刑事责任，而不追究一般参与者。"首要分子"，是指在聚众冲击军事禁区犯罪活动中，起组织、策划、指挥作用的犯罪分子；"积极参加的"，是指主动参加冲击军事禁区犯罪活动的，在实施犯罪中起了重要作用或者有其他犯罪行为的等。

2. 正确适用数罪并罚原则。本罪行为人在聚众冲击军事禁区时如果趁机盗窃公私财物、杀人、抢劫的，应分别定罪，按数罪实行并罚。对于行为人出于聚众冲击军事禁区的故意，实施扰乱军事禁区秩序的行为时，其手段或者结果触犯其他罪名，构成牵连犯的，应按照从一重罪定罪处罚。

3. 适当适用附加刑。对聚众冲击军事禁区的首要分子，在判处主刑的同时，一般也应附加剥夺政治权利。

八、聚众扰乱军事管理区秩序罪

第三百七十一条第二款 聚众扰乱军事管理区秩序，情节严重，致使军事管理区工作无法进行，造成严重损失的，对首要分子，处三年以上七年以下有期徒刑；对其他积极参加的，处三年以下有期徒刑、拘役、管制或者剥夺政治权利。

（一）聚众扰乱军事管理区秩序罪的概念和构成要件

聚众扰乱军事管理区秩序罪，是指聚众扰乱军事管理区秩序，情节严重，致使军事管理区工作无法进行，造成严重损失的行为。

本罪是1997年《刑法》增设的罪名，是从《军事设施保护法》第33条的规定吸收改为《刑法》现行规定的。

聚众扰乱军事管理区秩序罪的构成要件是：

1. 本罪侵犯的客体是军事管理区秩序。

犯罪对象是军事管理区，包括管理区内的军事设施、各种建筑和山林、水面、草原、滩涂等。"军事管理区"，是指国家根据军事设施的特点、作用、安全保密需要和使用效能的要求，在设有较重要军事设施或者军事设施有较大危险因素，需要国家采取特殊措施加以保护，依照法定程序和标准划定的军事区域。包括一定范围的陆地军事管理区和水域军事管理区。

2. 客观方面表现为聚众扰乱军事管理区秩序，情节严重，致使军事管理区工作无法进行，造成严重损失的行为。

3. 犯罪主体为一般主体，可以是非军人，也可以是军人。但必须是犯罪活动的首要分子或其他积极参加者。

4. 主观方面由故意构成。

聚众扰乱军事管理区秩序的行为，除需具备以上构成要件外，还必须达到"情节严重"的程度才构成犯罪。司法实践中，"情节严重"一般是指造成人员轻伤以上的，扰乱三次以上或者一次扰乱持续时间较长的，造成直接经济损失五万元以上的、持械或者采取暴力手段的、扰乱重要军事管理区秩序的、发生在战时的,其他聚众扰乱军事管理区秩序应予追究刑事责任的情形。①"造成严重损失",主要是指导致军事秘密泄露的,致人重伤或死亡的,造成严重经济损失或者其他严重后果的等情形。

（二）认定聚众扰乱军事管理区秩序罪应当注意的问题

1. 划清罪与非罪的界限。

本罪以聚众扰乱军事管理区秩序"情节严重""致使军事管理区工作无法进行""造成严重损失"作为犯罪构成要件。认定时,这三个条件必须同时具备,缺一不可。否则,不构成犯罪。

2. 划清本罪与聚众冲击军事禁区罪的界限。

两罪在犯罪主体、主观方面相同,其主要区别:（1）侵犯的直接客体不同。本罪侵犯的直接客体是军事管理区秩序,后罪侵犯的直接客体是军事禁区秩序。（2）犯罪的客观方面不同。本罪表现为聚众扰乱军事管理区秩序,情节严重,致使军事管理区工作无法进行,造成严重损失的行为;而后罪表现为聚众冲击军事禁区,严重扰乱军事禁区秩序的行为。（3）侵犯的对象不同。本罪侵犯的对象是军事管理区,后罪侵犯的对象是军事禁区。

3. 正确认定聚众扰乱军事管理区秩序罪中阻碍军人依法执行职务的行为的性质。此行为属于牵连犯,应按照处理牵连犯的原则,从一重罪处罚,不实行数罪并罚。

（三）聚众扰乱军事管理区秩序罪的刑事责任

司法机关在适用《刑法》第371条第2款规定处罚时,应当注意以下问题:

1. 本罪只追究聚众扰乱军事管理区秩序的首要分子和积极参加者的刑事责任,而不追究一般参与者的刑事责任。"首要分子",是指在聚众扰乱军

---

① 《最高人民检察院、公安部关于公安机关管辖的刑事案件立案追诉标准的规定（一）》第90条。

事管理区秩序犯罪活动中起组织、策划、指挥作用的犯罪分子。"积极参加的",是指主动参加扰乱军事管理区秩序犯罪活动的,在实施犯罪中起了重要作用或者有其他犯罪行为的等。

2. 正确适用数罪并罚原则。本罪行为人在聚众扰乱军事管理区秩序时,如果趁机盗窃公私财物、杀人、抢劫、重伤他人的,应分别定罪,实行数罪并罚。对于行为人出于聚众扰乱军事管理区秩序的故意,实施扰乱军事管理区秩序行为时,其手段或者结果触犯其他罪名,属牵连犯,应从一重罪定罪处罚。

3. 适当适用附加刑。对聚众扰乱军事管理区秩序的首要分子,在判处主刑的同时,一般也应附加剥夺政治权利。

九、冒充军人招摇撞骗罪[①]

第三百七十二条 冒充军人招摇撞骗的,处三年以下有期徒刑、拘役、管制或者剥夺政治权利;情节严重的,处三年以上十年以下有期徒刑。

(一)冒充军人招摇撞骗罪的概念和构成要件

冒充军人招摇撞骗罪,是指以谋取非法利益为目的,冒充军人进行招摇撞骗的行为。

本罪是1997年《刑法》增设的罪名。

冒充军人招摇撞骗罪的构成要件是:

1. 本罪侵犯的客体是复杂客体,主要侵犯军队的声誉及其正常活动,同时侵犯社会管理秩序。

2. 客观方面表现为冒充军人身份招摇撞骗的行为。

"冒充军人身份",既包括非军人身穿佩戴有军人专用标志的军服,使用、携带证明军人身份的证件、公文,或者自称是某军事单位的军人;也包

[①] 参考案例1:谭某等冒充军人招摇撞骗并抢劫案,广东省广州市中级人民法院(2007)穗中法刑二终字第120号。参考案例2:赵某某冒充军人招摇撞骗案,载法信网,http://www.faxin.cn/。

括军衔、职务低的军人冒充军衔、职务高的军人，一个单位的军人冒充另一个单位的军人。"招摇撞骗"，是指假冒军人名义骗取政治荣誉、职务待遇或者其他非法利益，冒充军事单位名义开办企业、签订合同、销售产品，以及招兵、招工、招干，骗取钱财，或者进行其他欺骗活动。

3.犯罪主体为一般主体，主要是非军人。

4.主观方面由故意构成。

（二）认定冒充军人招摇撞骗罪应当注意的问题

1.确定冒充的对象。

行为人冒充的对象仅为中国人民解放军和中国人民武装警察部队的现役军人，不包括执行军事任务的预备役人员和其他人员。

2.划清罪与非罪的界限。

构成本罪，行为人既要有冒充军人的行为，又要有为谋取非法利益而进行招摇撞骗的行为，两者缺一不可。如果行为人仅仅为了满足自己的虚荣心而冒充军人，没有为谋取非法利益进行招摇撞骗的活动，则不构成犯罪。

3.划清本罪与招摇撞骗罪的界限。

《刑法》对这两个罪的规定存在法条竞合关系。其主要区别在于：（1）侵犯的客体不同。本罪侵犯的直接客体主要是军队的声誉及其正常活动，后罪侵犯的直接客体主要是国家机关的声誉及其正常活动。（2）犯罪对象不同。本罪的犯罪对象是现役军人身份，后罪的犯罪对象是除军事机关外的国家机关工作人员身份。

4.划清本罪与诈骗罪的界限。

两罪在犯罪主体、主观方面、客观方面相同或者近似，其主要区别在于：（1）侵犯的客体不同。本罪侵犯的客体是军队的声誉及其正常活动和社会管理秩序，后罪侵犯的客体是公私财产的所有权。（2）犯罪的目的不同。本罪以获取非法利益为目的，除骗取财物外，还包括政治荣誉、职务待遇等其他非法利益；后罪的目的是非法占有公私财物。（3）骗取财物数额不同。一般情况下，本罪骗取的公私财物的数额较少，而后罪骗取的公私财物数额较大。如果行为人冒充军人诈骗财物数额特别巨大或者有其他特别严重情节的，属于牵连犯，应按照择一重罪处罚的原则，以诈骗罪定罪，从重处罚，不实行数罪并罚。

5.准确认定冒充军人实施其他犯罪行为的性质。

冒充军人的身份进行其他犯罪活动，一般应按照处理牵连犯的原则，从一重罪处断。但如果冒充军人招摇撞骗的行为与其他犯罪行为没有牵连关系，就应分别定罪，实行数罪并罚。

（三）冒充军人招摇撞骗罪的刑事责任

司法机关在适用《刑法》第372条规定处罚时，应当注意以下问题：

1.正确把握本罪的犯罪情节。冒充军人招摇撞骗"情节严重"，是加重处罚情节，司法实践中，一般是指冒充军人招摇撞骗屡教不改的或者手段恶劣的，战时冒充军人招摇撞骗的，因冒充军人招摇撞骗引起军政、军民、军警纠纷的，造成严重经济损失或者恶劣影响、严重损害军队声誉的，造成其他严重后果的等情形。

2.适当适用附加刑。对冒充军人招摇撞骗情节严重的行为，在判处主刑的同时，一般应附加剥夺政治权利。

3.冒充军人使用伪造、盗窃、买卖、非法提供的武装部队车辆号牌，情节严重的，根据2011年7月20日公布的《最高人民法院、最高人民检察院关于办理妨害武装部队制式服装、车辆号牌管理秩序等刑事案件具体应用法律若干问题的解释》第6条"实施刑法第三百七十五条规定的犯罪行为，同时又构成逃税、诈骗、冒充军人招摇撞骗等犯罪的，依照处罚较重的规定定罪处罚"的规定，应以冒充军人招摇撞骗罪定罪处罚。

十、煽动军人逃离部队罪[①]

第三百七十三条 煽动军人逃离部队或者明知是逃离部队的军人而雇用，情节严重的，处三年以下有期徒刑、拘役或者管制。

---

① 参考案例：刘某煽动军人逃离部队案，载法信网，http://www.faxin.cn/。

（一）煽动军人逃离部队罪的概念和构成要件

煽动军人逃离部队罪，是指以语言、文字等形式，鼓动军人逃离部队，情节严重的行为。

本罪是 1997 年《刑法》增设的罪名。

煽动军人逃离部队罪的构成要件是：

1. 本罪侵犯的客体是部队兵员管理秩序。

2. 客观方面表现为煽动军人逃离军队，情节严重的行为。

"煽动军人逃离部队"，是指用语言、文字、图画，如面谈、发表演说、寄送宣传材料、散发标语传单，煽惑、鼓动正在服役的军人不经领导批准，擅自离开部队，或者经批准离队后逾期拒不归队，逃避兵役义务，包括不经请假就私自离开部队，工作调动中离开原单位后不到新单位报到，病愈出院、完成出差任务、休假期满后不回部队等。

3. 犯罪主体为一般主体，既可以是非军人，也可以是军人。

4. 主观方面由故意构成。

按照法律规定，煽动军人逃离部队的行为，除需具备以上构成要件外，还必须达到"情节严重"的程度，才构成犯罪。"情节严重"，一般是指煽动 3 人以上逃离部队的，煽动指挥人员、值班值勤人员或者其他担负重要职责的人员逃离部队的，因煽动军人逃离部队影响重要军事任务完成的，发生在战时的，其他情节严重的情形。①

（二）认定煽动军人逃离部队罪应当注意的问题

1. 划清罪与非罪的界限。

行为人虽然实施了煽动军人逃离部队的行为，但不属于情节严重的，或者军人家属、亲友确有困难，而写信劝说现役军人早日退出现役的，或者煽动的对象不是现役军人的，都不构成犯罪。

---

① 《最高人民检察院、公安部关于公安机关管辖的刑事案件立案追诉标准的规定（一）》第 91 条。

2.正确认定煽动军人逃离部队后又组织逃离部队军人实施其他犯罪活动的性质。

行为人煽动军人逃离部队后,又组织逃离部队军人实施其他犯罪活动的,应当分别定罪处刑,实行数罪并罚。如果行为人煽动军人逃离部队是为了实施武装叛乱、暴乱或者投敌叛变、叛逃行为,应按照重罪吸收轻罪的原则,以武装叛乱、暴乱罪或者投敌叛变罪、叛逃罪定罪,从重处罚,不实行数罪并罚。

(三)煽动军人逃离部队罪的刑事责任

司法机关在适用《刑法》第373条规定处罚时,应注意全面分析本罪的量刑情节,要对煽动逃离部队的军人数量、煽动行为次数、犯罪手段、犯罪对象身份、犯罪时间、犯罪后果、犯罪前后表现等进行综合考虑,确定适当刑罚。

十一、雇用逃离部队军人罪[①]

第三百七十三条 煽动军人逃离部队或者明知是逃离部队的军人而雇用,情节严重的,处三年以下有期徒刑、拘役或者管制。

(一)雇用逃离部队军人罪的概念和构成要件

雇用逃离部队军人罪,是指明知是逃离部队的军人而雇用,情节严重的行为。

本罪是1997年《刑法》增设的罪名。

雇用逃离部队军人罪的构成要件是:

1.本罪侵犯的客体是部队兵员管理秩序。

2.客观方面表现为雇用逃离部队军人,情节严重的行为。"雇用逃离部队军人",是指有偿让逃离部队军人提供劳务。

---

① 参考案例:魏某雇用逃离部队军人案,载法信网,http://www.faxin.cn/。

3.犯罪主体为非军人,多数是公司、企业、事业单位的主管人员和个体经营者。

4.主观方面由故意构成。

雇用逃离部队军人的行为,除需具备以上构成要件外,还必须达到"情节严重"的程度才构成犯罪。"情节严重",在司法实践中,按照《最高人民检察院、公安部关于公安机关管辖的刑事案件立案追诉标准的规定(一)》第92条的规定,一般是指雇用1人6个月以上的,雇用3人以上的,明知是逃离部队的指挥人员、值班、值勤人员或者其他负有重要职责的军人而雇用的,阻碍部队将被雇用军人带回的,其他情节严重的情形。

(二)认定雇用逃离部队军人罪应当注意的问题

1.划清罪与非罪的界限。

如果行为人不知道雇用的是逃离部队的军人,或者明知雇用的是逃离部队的军人,但不属于情节严重的,则不构成犯罪。

2.正确认定雇用逃离部队军人实施其他犯罪活动的性质。

行为人雇用逃离部队军人后,又组织逃离部队军人实施其他犯罪活动,触犯其他罪名的,应当分别定罪处刑,实行数罪并罚。如果行为人雇用逃离部队军人是为了实施其他犯罪活动,则应按照重罪吸收轻罪的原则定罪,从重处罚,不实行数罪并罚。

(三)雇用逃离部队军人罪的刑事责任

司法机关在适用《刑法》第373条规定处罚时,应注意全面分析本罪的量刑情节,要对雇用逃离部队军人数量、雇用时间、次数、雇用对象情况及所造成的后果等进行综合考虑,依照《刑法》第373条的规定确定适当刑罚。

十二、接送不合格兵员罪[①]

第三百七十四条 在征兵工作中徇私舞弊,接送不合格兵员,情节严重的,处三年以下有期徒刑或者拘役;造成特别严重后果的,处三年以上七年以下有期徒刑。

(一)接送不合格兵员罪的概念和构成要件

接送不合格兵员罪,是指在征兵工作中徇私舞弊,接送不合格兵员,情节严重的行为。

本罪是 1997 年《刑法》增设的罪名,是从 1984 年 5 月 31 日第六届全国人民代表大会第二次会议通过的《兵役法》第 62 条的规定,吸收改为《刑法》现行规定的。

接送不合格兵员罪的构成要件是:

1. 本罪侵犯的客体是国家征兵工作秩序。

2. 客观方面表现为在征兵工作中徇私舞弊,接送不合格兵员,情节严重的行为。

"在征兵工作中徇私舞弊",是指在征兵工作中的兵役登记、体格检查、政治审查、审定新兵、交接兵员等过程中,为牟取私利而弄虚作假,欺骗组织,将不符合政治、身体、年龄、文化等征集条件的应征公民接收或者输送到部队。

3. 犯罪主体为特殊主体,即军队和地方担负征兵工作的体检人员、政审人员、接兵人员和其他有关责任人员。

4. 主观方面由故意构成,即行为人明知是不合格兵员而接送,对其危害军队建设和国防利益的后果,持放任或者希望的态度。过失不构成本罪。

按照《最高人民检察院、公安部关于公安机关管辖的刑事案件立案追诉标准的规定(一)》第 93 条的规定,接送不合格兵员的行为,除需具备以上构成要件外,还必须达到"情节严重"的程度才构成犯罪。"情节严重",一

[①] 参考案例:李某宾徇私枉法、接送不合格兵员案,载法信网,http://www.faxin.cn/。

般是指：接送不合格特种条件兵员 1 名以上或者普通兵员 3 人以上的；发生在战时的；造成严重后果的；其他情节严重的情形。

（二）认定接送不合格兵员罪应当注意的问题

1. 划清罪与非罪的界限。

本罪以在征兵工作中"徇私舞弊"，接送不合格兵员"情节严重"作为犯罪构成要件。如果行为人没有徇私舞弊，而是因工作疏忽接送了不合格兵员，或者虽有徇私舞弊的行为，并接送了不合格兵员，但尚未达到情节严重的程度，均不构成犯罪。

2. 正确认定因行贿受贿而接送不合格兵员的行为的性质。

在征兵过程中，如果行为人的行贿或者受贿行为构成犯罪，而接送不合格兵员的行为尚未达到情节严重的程度，应按行贿罪或者受贿罪定罪处罚；如果行贿或者受贿行为不构成犯罪，但接送不合格兵员情节严重，构成犯罪的，则应以接送不合格兵员罪定罪，从重处罚。如果两种行为都构成犯罪，则应按照牵连犯的处罚原则，择一重罪处罚，不实行数罪并罚。

（三）接送不合格兵员罪的刑事责任

司法机关在适用《刑法》第 374 条规定时，应注意把握本罪所造成的严重后果。"造成特别严重后果"，是加重处罚情节，司法实践中，一般是指接送的不合格兵员到部队实施严重刑事犯罪的；接送不合格兵员造成大批退兵的；因接送不合格兵员严重影响部队完成重要任务等情形。

十三、伪造、变造、买卖武装部队公文、证件、印章罪[①]

第三百七十五条第一款 伪造、变造、买卖或者盗窃、抢夺武装部队公文、证件、印章的，处三年以下有期徒刑、拘役、管制或者剥夺政治权利；情节严重的，处三年以上十年以下有期徒刑。

---

① 参考案例 1：寇某明等买卖武装部队证件案，临汾铁路运输法院（2001）刑字第 33 号。参考案例 2：叶某伪造武装部队证件案，载法信网，http://www.faxin.cn/。

（一）伪造、变造、买卖武装部队公文、证件、印章罪的概念和构成要件

伪造、变造、买卖武装部队公文、证件、印章罪，是指故意伪造、变造、买卖武装部队公文、证件、印章的行为。

本罪是 1997 年《刑法》增设的罪名。

伪造、变造、买卖武装部队公文、证件、印章罪的构成要件是：

1. 侵犯的客体是武装部队公文、证件、印章管理秩序。

本罪的犯罪对象是武装部队的公文、证件、印章。"武装部队的公文"，是指由武装部队制作、印发，用于公务活动的通知、批复、函件、通告、命令等文书；"武装部队的证件"，是指由武装部队制作、签发，用以证明单位和人员身份、资历、授权、许可、权属等事项的文件，如军官证、士兵证、车辆行驶证、车辆驾驶证等；"武装部队的印章"，是指由武装部队使用的单位公章、各种特殊用途的专用章、用于公务的个人印章及其他印章。

2. 客观方面表现为伪造、变造、买卖武装部队公文、证件、印章的行为。

"伪造"，是指无权制作的人员和单位非法制作的行为；"变造"，是指利用涂改、擦消、拼接、更换照片等方法，非法改变其原来真实内容的行为；"买卖"，是指为了某种目的，购进和出售的行为。

3. 犯罪主体为一般主体，包括非军人和军人。

4. 主观方面由故意构成。犯罪动机多种多样，多数是出于实施诈骗活动，牟取非法利益的需要，如骗取受害人的信任，骗取对方的钱财，与被害女方发生两性关系等。其中买卖武装部队公文、证件、印章罪必须以非法获利为目的。

（二）认定伪造、变造、买卖武装部队公文、证件、印章罪应当注意的问题

1. 正确掌握定罪标准。

根据《最高人民法院、最高人民检察院关于办理妨害武装部队制式服

装、车辆号牌管理秩序等刑事案件具体应用法律若干问题的解释》(以下简称《办理妨害武装部队制式服装、车辆号牌管理秩序刑事案件解释》),伪造、变造、买卖武装部队公文1件以上的;伪造、变造、买卖武装部队军官证、士兵证、车辆行驶证、车辆驾驶证或者其他证件2本以上的;伪造、变造、买卖武装部队机关印章、车辆牌证印章或者其他印章1枚以上的,即构成犯罪,以伪造、变造、买卖武装部队公文、证件、印章罪定罪处罚。

2. 正确认定以虚构的部队名称实施的行为。

伪造公文、证件、印章,进行犯罪活动的性质。行为人以虚构的部队名称伪造公文、证件、印章进行犯罪活动,实施什么犯罪行为就定什么罪,不以本罪论处。

3. 正确认定买卖伪造、变造的武装部队公文、证件、印章行为的性质。

根据《办理妨害武装部队制式服装、车辆号牌管理秩序刑事案件解释》,对于买卖伪造、变造的武装部队公文、证件、印章情节严重的,适用买卖武装部队公文、证件、印章罪的定罪量刑标准,进行定罪处罚。

4. 正确认定伪造、变造、买卖武装部队公文、证件、印章进行其他犯罪活动的性质。

行为人伪造、变造、买卖武装部队公文、证件、印章是为了进行其他犯罪活动,则应按照处理牵连犯的原则,从一重罪定罪处罚。如果伪造、变造、买卖武装部队公文、证件、印章的行为与其他犯罪行为的法定刑相同时,可选择以犯罪目的条款定罪处罚。

5. 准确认定伪造、变造、买卖武装部队公文、证件、印章罪的共犯。

明知他人实施伪造、变造、买卖武装部队公文、证件、印章的犯罪行为,而为其提供专用材料、制作技术、资金等帮助的,应以共犯论处。

(三)伪造、变造、买卖武装部队公文、证件、印章罪的刑事责任

司法机关在适用《刑法》第375条第1款规定处罚时,应当注意以下问题:

1. 正确把握伪造、变造、买卖武装部队公文、证件、印章的犯罪情节。"情节严重"是加重处罚情节,司法实践中,一般是指战时伪造、变造、买

卖武装部队公文、证件、印章的；伪造、变造、买卖武装部队重要公文、证件、印章的；伪造、变造、买卖武装部队公文、证件、印章数量较多的；伪造、变造、买卖武装部队的公文、证件、印章成为他人犯罪条件的；因伪造、变造、买卖武装部队公文、证件、印章严重损害武装部队声誉或者引起军政、军民、警民纠纷的；销赃牟取暴利的；给国家或部队造成重大经济损失或者其他严重后果的等情形。根据《办理妨害武装部队制式服装、车辆号牌管理秩序刑事案件解释》，具有下列情形之一的，即伪造、变造、买卖武装部队公文5件以上的；伪造、变造、买卖武装部队军官证、士兵证、车辆行驶证、车辆驾驶证或者其他证件10本以上的；伪造、变造、买卖武装部队机关印章、车辆牌证印章或者其他印章5枚以上的；或者造成其他严重后果的，应认定为《刑法》第375条第1款规定的"情节严重"，处三年以上十年以下有期徒刑。

2. 对以本罪为手段的牵连犯罪不实行并罚。本罪规定的行为往往是行为人进行其他犯罪的手段。如果行为人实施本罪的行为是为了进行其他犯罪活动，则应按照处理牵连犯的原则，选择一重罪定罪处刑，不实行数罪并罚。

十四、盗窃、抢夺武装部队公文、证件、印章罪[①]

第三百七十五条第一款 伪造、变造、买卖或者盗窃、抢夺武装部队公文、证件、印章的，处三年以下有期徒刑、拘役、管制或者剥夺政治权利；情节严重的，处三年以上十年以下有期徒刑。

（一）盗窃、抢夺武装部队公文、证件、印章罪的概念和构成要件

盗窃、抢夺武装部队公文、证件、印章罪，是指盗窃、抢夺武装部队公文、证件、印章的行为。

本罪1979年《刑法》第167条作了规定，但罪名为伪造、变造、盗窃、

---

① 参考案例1：郝某盗窃武装部队公文、证件、印章案，参考案例2：徐某抢夺武装部队证件案，载法信网，http://www.faxin.cn/。

抢夺、毁灭国家机关公文、证件、印章罪。由于盗窃、抢夺武装部队公文、证件、印章的行为，直接危害国防安全和军队建设，因此，1997年修订《刑法》时，单独规定一条，并将其移入危害国防利益罪一章中。罪名改为盗窃、抢夺武装部队公文、证件、印章罪。

盗窃、抢夺武装部队公文、证件、印章罪的构成要件是：

1.侵犯的客体是武装部队公文、证件、印章管理秩序。

2.客观方面表现为盗窃、抢夺武装部队公文、证件、印章的行为。"盗窃"，是指秘密窃取的行为；"抢夺"，是指乘持有人不备、公然夺取的行为。

3.犯罪主体为一般主体，包括非军人和军人。

4.主观方面由故意构成。犯罪的动机是多种多样的，主要是出于进行诈骗等违法犯罪活动的需要。

（二）认定盗窃、抢夺武装部队公文、证件、印章罪应当注意的问题

1.正确掌握定罪标准。

根据《最高人民法院、最高人民检察院关于办理妨害武装部队制式服装、车辆号牌管理秩序等刑事案件具体应用法律若干问题的解释》（以下简称《办理妨害武装部队制式服装、车辆号牌管理秩序刑事案件解释》），盗窃、抢夺武装部队公文1件以上的；盗窃、抢夺武装部队军官证、士兵证、车辆行驶证、车辆驾驶证或者其他证件2本以上的；盗窃、抢夺武装部队机关印章、车辆牌证印章或者其他印章1枚以上的，即构成犯罪，以盗窃、抢夺武装部队公文、证件、印章罪定罪处罚。

2.正确认定盗窃、抢夺伪造、变造的武装部队公文、证件、印章行为的性质。

根据《办理妨害武装部队制式服装、车辆号牌管理秩序刑事案件解释》，对于盗窃、抢夺伪造、变造的武装部队公文、证件、印章情节严重的，适用盗窃、抢夺武装部队公文、证件、印章罪的定罪量刑标准，进行定罪处罚。

3.正确认定行为人盗窃、抢夺武装部队公文、证件、印章进行其他犯罪活动的性质。

行为人盗窃、抢夺武装部队公文、证件、印章是为了进行其他犯罪活动，则应当按照处理牵连犯的原则，从一重罪处罚。如果盗窃、抢夺武装部队公文、证件、印章的行为和进行其他犯罪的行为的法定刑相同时，可选择以犯罪目的条款定罪。

（三）盗窃、抢夺武装部队公文、证件、印章罪的刑事责任

司法机关在适用《刑法》第375条第1款规定处罚时，应当注意以下问题：

1. 正确把握盗窃、抢夺武装部队公文、证件、印章的犯罪情节。"情节严重"，一般是指战时盗窃、抢夺武装部队公文、证件、印章的；盗窃、抢夺武装部队重要公文、证件、印章的；盗窃、抢夺武装部队公文、证件、印章数量较多的；盗窃、抢夺武装部队的公文、证件、印章成为他人犯罪条件的；因盗窃、抢夺武装部队公文、证件、印章严重损害武装部队声誉或者引起军政、军民、警民纠纷的；销赃牟取暴利的；给国家或部队造成重大经济损失或者其他严重后果的等情形。根据《办理妨害武装部队制式服装、车辆号牌管理秩序刑事案件解释》，具有下列情形之一的，即盗窃、抢夺武装部队公文5件以上的；盗窃、抢夺武装部队军官证、士兵证、车辆行驶证、车辆驾驶证或者其他证件10本以上的；盗窃、抢夺武装部队机关印章、车辆牌证印章或者其他印章5枚以上的，或者造成其他严重后果的，应认定为《刑法》第375条第1款规定的"情节严重"，处三年以上十年以下有期徒刑。

2. 对以本罪为手段实施的牵连犯罪不实行数罪并罚。本罪规定的行为往往是行为人进行其他犯罪的手段。如果行为人实施本罪的行为是为了进行其他犯罪活动，则应按照处理牵连犯的原则，择一重罪处罚，不实行数罪并罚。

十五、非法生产、买卖武装部队制式服装罪[1]

第三百七十五条[2] **第二款** 非法生产、买卖武装部队制式服装,情节严重的,处三年以下有期徒刑、拘役或者管制,并处或者单处罚金。

第四款 单位犯第二款、第三款罪的,对单位判处罚金,并对其直接负责的主管人员和其他直接责任人员,依照各该款的规定处罚。

(一) 非法生产、买卖武装部队制式服装罪的概念和构成要件

非法生产、买卖武装部队制式服装罪,是指违反法律规定,生产、买卖武装部队现行装备的制式服装,情节严重的行为。

本罪是 1997 年《刑法》增设的罪名。2009 年《刑法修正案(七)》第 12 条对其进行了修改,将非法生产、买卖武装部队制式服装罪作为第 2 款予以保留,单列一个罪名。

非法生产、买卖武装部队制式服装罪的构成要件是:

1. 本罪侵犯的客体是武装部队制式服装管理秩序。犯罪对象是武装部队制式服装和标志服饰。

武装部队制式服装是指由武装部队订购、监制,专供武装部队使用的制式服装和标志服饰,包括武装部队人员统一穿着的服装,以及其他表明武装部队性质和人员身份的军衔标志、级别资历章、姓名牌、胸标、帽徽、肩章、臂章、袖标、领花、专业符号等标志服饰。它是武装部队人员同其他人员相区别的外部标志。

2. 客观方面表现为非法生产、买卖武装部队制式服装情节严重的行为。

"非法生产、买卖",是指违反有关法律、法规,未经主管部门批准,擅自制作、销售、购买,包括指定生产的工厂不按规定擅自超额生产、销售和

---

[1] 参考案例 1:朱某川等伪造、买卖武装部队证件、非法买卖武装部队制式服装、买卖武装部队专用标志案,广东省汕头市龙湖区人民法院(2012)汕龙法刑初字第 388 号。参考案例 2:石某等非法买卖武装部队制式服装案,浙江省杭州市余杭区人民法院(2013)杭余刑初字第 34 号。

[2] 本条第 2 款、第 4 款经 2009 年 2 月 28 日《刑法修正案(七)》第 12 条修改。

其他单位、人员私自仿制、销售、购买。

3. 犯罪主体为一般主体。

4. 主观方面由故意构成，其中多数是以营利为目的。

按照法律规定，非法生产、买卖武装部队制式服装的行为，除需具备以上构成要件外，还必须达到"情节严重"的程度，才构成犯罪。"情节严重"，一般是指战时非法生产、买卖武装部队制式服装的；多次或者非法生产、买卖武装部队制式服装数量较多的；经教育后不改继续非法生产、买卖武装部队制式服装的；非法生产、买卖的武装部队制式服装成为他人犯罪条件或者造成其他严重后果的等情形。根据《最高人民法院、最高人民检察院关于办理妨害武装部队制式服装、车辆号牌管理秩序等刑事案件具体应用法律若干问题的解释》(以下简称《办理妨害武装部队制式服装、车辆号牌管理秩序刑事案件解释》)，非法生产、买卖成套制式服装30套以上，或者非成套制式服装100件以上的；非法生产、买卖帽徽、领花、臂章等标志服饰合计100件（副）以上的；非法经营数额2万元以上的；违法所得数额5000元以上的；以及具有其他严重情节的，应认定为《刑法》第375条第2款规定的"情节严重"，以非法生产、买卖武装部队制式服装罪定罪处罚。

（二）认定非法生产、买卖武装部队制式服装罪应当注意的问题

1. 划清罪与非罪的界限。

如果行为人实施了非法生产、买卖武装部队制式服装的行为，尚未达到情节严重的程度，则不构成犯罪。

2. 准确认定非法生产、买卖武装部队制式服装罪的共犯。

根据《办理妨害武装部队制式服装、车辆号牌管理秩序刑事案件解释》，明知他人实施非法生产、买卖武装部队制式服装的犯罪行为，而为其生产、提供专用材料或者提供资金、账号、技术、生产经营场所等帮助的，应以共犯论处。

3. 正确认定非法生产、买卖仿制的武装部队制式服装行为的性质。

根据《办理妨害武装部队制式服装、车辆号牌管理秩序刑事案件解释》，非法生产、买卖仿制的武装部队制式服装情节严重的，适用非法生产、买卖

武装部队制式服装罪的定罪量刑标准，进行定罪处罚。

（三）非法生产、买卖武装部队制式服装罪的刑事责任

司法机关在适用《刑法》第 375 条第 2 款、第 4 款规定处罚时，应当注意以下问题：

1. 准确把握对单位犯罪有关人员的处罚。单位犯本罪的，"依照各该款的规定处罚"，是指除对单位判处罚金外，还应对其直接负责的主管人员和其他直接责任人员，依照《刑法》第 375 条第 2 款的规定，按自然人犯非法生产、买卖武装部队制式服装罪处罚。即应依照《办理妨害武装部队制式服装、车辆号牌管理秩序刑事案件解释》中关于非法生产、买卖武装部队制式服装罪的定罪量刑标准确定对相关人员的处罚。

2. 注意对犯罪分子和单位适用财产刑。单位和多数犯罪分子非法生产、买卖武装部队制式服装是为了营利。为了不使犯罪分子和单位在经济上得到好处，应当严格依照刑法的有关规定判处财产刑，其罚金的数额一般应大于非法获利的数额。

十六、伪造、盗窃、买卖、非法提供、非法使用武装部队专用标志罪①

第三百七十五条② 第三款 伪造、盗窃、买卖或者非法提供、使用武装部队车辆号牌等专用标志，情节严重的，处三年以下有期徒刑、拘役或者管制，并处或者单处罚金；情节特别严重的，处三年以上七年以下有期徒刑，并处罚金。

第四款 单位犯第二款、第三款罪的，对单位判处罚金，并对其直接负责的主管人员和其他直接责任人员，依照各该款的规定处罚。

---

① 参考案例 1：李某峰等伪造、买卖武装部队专用标志案，湖南省长沙市雨花区人民法院（2012）雨刑初字第 92 号。参考案例 2：朱某川等伪造、买卖武装部队证件、非法买卖武装部队制式服装、买卖武装部队专用标志案，广东省汕头市龙湖区人民法院（2012）汕龙法刑初字第 388 号。

② 本条第 3 款由 2009 年 2 月 28 日《刑法修正案（七）》第 12 条增设，第 4 款经第 12 条修改。经《刑法修正案（七）》第 12 条修改后，原第 3 款调整为第 4 款。

（一）伪造、盗窃、买卖、非法提供、非法使用武装部队专用标志罪的概念和构成要件

伪造、盗窃、买卖、非法提供、非法使用武装部队专用标志罪，是指违反法律规定，伪造、盗窃、买卖或者提供、使用武装部队专用标志，情节严重的行为。

本罪是《刑法修正案（七）》第12条增设的罪名。1997年修订后的《刑法》将本罪规定在《刑法》第375条非法生产、买卖军用标志罪中。近年来，妨害武装部队专用标志管理秩序的犯罪活动猖獗，严重损害了国防利益和社会管理秩序。由于行为方式不同，而且伪造、盗窃、买卖、非法提供、非法使用武装部队专用标志比非法生产、买卖武装部队制式服装具有更大的社会危害性，按照确定罪名明确和罪刑相适应的原则，2009年《刑法修正案（七）》第12条对《刑法》第375条进行了重大修改，将非法生产、买卖武装部队制式服装罪作为第2款予以保留，增加伪造、盗窃、买卖、非法提供、非法使用武装部队专用标志罪，作为第3款，设置了两档法定刑，并对其中情节特别严重的处以更重的刑罚。

伪造、盗窃、买卖、非法提供、非法使用武装部队专用标志罪的构成要件是：

1.本罪侵犯的客体是武装部队专用标志管理秩序。犯罪对象是武装部队专用标志。

"武装部队专用标志"，是指由武装部队订购、监制，专供武装部队使用的标志。包括武装部队车辆统一悬挂的号牌，以及其他表明武装部队性质的军旗、军徽、军种符号等，这是武装部队同其他组织相区别的外部标志。伪造、盗窃、买卖、非法提供、非法使用武装部队专用标志的行为，不仅严重妨害社会管理秩序和部队管理秩序，损害武装部队的声誉，而且容易被不法分子利用这些专用标志进行违法犯罪活动，危害国防利益。

2.客观方面表现为伪造、盗窃、买卖或者非法提供、使用武装部队车辆号牌等专用标志情节严重的行为。

"伪造"是指仿照武装部队专用标志的内容、材料、形状、图案、色彩

等，加工制作假武装部队专用标志的行为。"盗窃"是指秘密窃取武装部队专用标志的行为。"买卖"是指违反法律规定，私自购买或者出售武装部队专用标志的行为。"非法提供"是指违反法律和有关规定，擅自将武装部队专用标志提供给武装部队以外的单位和人员使用的行为。"非法使用"是指违反法律和有关规定，无权和无资格使用武装部队专用标志的单位和个人使用武装部队专用标志的行为。

3. 犯罪主体为一般主体。

犯罪主体包括军人和非军人；单位既包括有权生产、制作武装部队专用标志而超过主管部门规定数量的单位，也包括滥用武装部队专用标志管理权的单位，还包括无权生产、制作、管理武装部队专用标志的单位。

4. 主观方面由故意构成，其中多数是以营利和获取非法利益为目的，如使用伪造、盗窃、购买的武装部队的车辆号牌，不缴或者少缴应纳的车辆购置税、车辆使用税，骗免养路费、通行费等。过失不构成本罪。

按照法律规定，伪造、盗窃、买卖、非法提供、非法使用武装部队专用标志的行为，除需具备以上构成要件外，还必须达到"情节严重"的程度，才构成犯罪。"情节严重"一般是指战时伪造、盗窃、买卖、非法提供、非法使用武装部队专用标志的，多次或者伪造、盗窃、买卖、非法提供、非法使用武装部队专用标志数量较多的，非法提供、非法使用武装部队专用标志时间较长的，经教育后仍然伪造、盗窃、买卖、非法提供、非法使用武装部队专用标志的，伪造、盗窃、买卖、非法提供、非法使用的武装部队专用标志成为他人犯罪条件或者造成其他严重后果的等。根据《最高人民法院、最高人民检察院关于办理妨害武装部队制式服装、车辆号牌管理秩序等刑事案件具体应用法律若干问题的解释》（以下简称《办理妨害武装部队制式服装、车辆号牌管理秩序刑事案件解释》），伪造、盗窃、买卖或者非法提供、使用武装部队军以上领导机关车辆号牌1副以上或者其他车辆号牌3副以上的；伪造、盗窃、买卖、非法提供、使用军徽、军旗、军种符号或者其他军用标志合计100件（副）以上的；非法提供、使用军以上领导机关车辆号牌之外的其他车辆号牌累计6个月以上的；造成其他严重后果或者恶劣影响的，应当认定为《刑法》第375条第3款规定的"情节严重"，以伪造、盗窃、买卖、非法提供、非法使用武装部队专用标志罪定罪处罚。

（二）认定伪造、盗窃、买卖、非法提供、非法使用武装部队专用标志罪应当注意的问题

1. 划清罪与非罪的界限。

行为人虽然实施了伪造、盗窃、买卖、非法提供、非法使用武装部队专用标志的行为，如果未达到"情节严重"的程度，则不构成本罪。

2. 正确认定使用伪造、盗窃、购买等非法手段获取的武装部队专用标志实施其他犯罪行为的性质。

行为人使用非法获取的武装部队专用标志实施走私、逃税、非法运输违禁品、危险品等犯罪活动，属于牵连犯，应根据处理牵连犯的原则，从一重罪处断，不实行数罪并罚。

3. 准确认定伪造、买卖武装部队专用标志罪的共犯。

根据《办理妨害武装部队制式服装、车辆号牌管理秩序刑事案件解释》，明知他人实施伪造、买卖武装部队专用标志的犯罪行为，而为其生产、提供专用材料或者提供资金、账号、技术、生产经营场所等帮助的，应以共犯论处。

4. 正确认定盗窃、买卖、提供、使用伪造、变造的武装部队专用标志行为的性质。

根据《办理妨害武装部队制式服装、车辆号牌管理秩序刑事案件解释》，盗窃、买卖、提供、使用伪造、变造的武装部队车辆号牌等专用标志，情节严重的，适用盗窃、买卖、非法提供、非法使用武装部队专用标志罪的定罪量刑标准，进行定罪处罚。

（三）伪造、盗窃、买卖、非法提供、非法使用武装部队专用标志罪的刑事责任

司法机关在适用《刑法》第375条第3款规定处罚时，应注意以下问题：

1. 准确理解和把握本罪的犯罪情节。伪造、盗窃、买卖、非法提供、非

法使用武装部队专用标志"情节特别严重",是加重处罚情节,司法实践中,一般是指伪造、盗窃、买卖、非法提供、非法使用武装部队专用标志数量大或者时间长的;伪造、盗窃、买卖、非法提供、非法使用武装部队专用标志造成特别严重后果或者特别恶劣影响的等。根据《办理妨害武装部队制式服装、车辆号牌管理秩序刑事案件解释》,伪造、盗窃、买卖或者非法提供、使用武装部队军以上领导机关车辆号牌5副以上或者其他车辆号牌15副以上的;伪造、盗窃、买卖或者非法提供、使用军徽、军旗、军种符号或者其他军用标志合计500件(副)以上的;非法提供、使用军以上领导机关车辆号牌累计6个月以上或者其他车辆号牌累计1年以上的;造成特别严重后果或者特别恶劣影响的,应认定为《刑法》第375条第3款规定的"情节特别严重",进行处罚。

2.准确把握对单位犯罪及有关人员的处罚。对于单位犯本罪,其定罪量刑标准,应依照《办理妨害武装部队制式服装、车辆号牌管理秩序刑事案件解释》,采取与自然人犯罪标准一致的原则。除了对单位判处罚金外,对其直接负责的主管人员和其他直接责任人员应根据其犯罪的不同情节、本人在犯罪中所处的地位、所起的作用,分别确定适当刑罚。

3.要重视适用财产刑。单位和多数犯罪分子伪造、盗窃、买卖或者非法提供、非法使用武装部队专用标志,是为了牟取非法利益。为了不使犯罪分子和单位在经济上得到好处,应当严格依照刑法的有关规定判处财产刑,其罚金的数额一般应大于非法获利的数额。

十七、战时拒绝、逃避征召、军事训练罪[①]

第三百七十六条第一款 预备役人员战时拒绝、逃避征召或者军事训练,情节严重的,处三年以下有期徒刑或者拘役。

[①] 参考案例:沈某拒绝、逃避征召案,载法信网,http://www.faxin.cn/。

(一)战时拒绝、逃避征召、军事训练罪的概念和构成要件

战时拒绝、逃避征召、军事训练罪,是指预备役人员战时拒绝、逃避征召或者军事训练,情节严重的行为。

本罪是1997年《刑法》增设的罪名,是从《国防法》《兵役法》《预备役军官法》和《征兵工作条例》等法律、法规的有关规定,吸收改为《刑法》的具体规定的。

战时拒绝、逃避征召、军事训练罪的构成要件是:

1. 本罪侵犯的客体是战时预备役人员管理秩序。

《国防法》《兵役法》《预备役军官法》和《征兵工作条例》等法律、法规规定,预备役人员必须按照规定参加军事训练,随时准备参军参战,保卫祖国;战时国家发布动员令后,随时准备应召服现役,在接到通知后,必须按时到指定的地点报到。预备役人员战时拒绝、逃避征召或者军事训练,违反国防法律规定的公民国防义务,影响部队兵员的补充和素质的提高,危害国防利益。

2. 客观方面表现为战时拒绝、逃避征召或者军事训练情节严重的行为。

"战时",是指国家宣布进入战争状态、部队受领作战任务或者遭敌突然袭击时,部队执行戒严任务或者处置突发性暴力事件时,以战时论;"征召",是指兵役机关依法向预备役人员发出通知,要求其按规定时间和地点报到,准备转服现役的活动;"军事训练",是指军事理论教育和作战技能教练的活动;"拒绝征召、军事训练",是指接到征召、军事训练通知后,拒不报到或者报到后拒不参加军事训练;"逃避征召、军事训练",是指以谎报年龄、自伤、自残身体、假装伤病、外出不归、藏匿、找人顶替等方法躲避征召、军事训练。

3. 犯罪主体为特殊主体,即预备役人员。

根据兵役法的规定,"预备役人员",是指依法编入民兵组织或者经过登记服预备役的人员,分为预备役军官和预备役士兵。预备役军官包括退出现役转为预备役的军官,确定服军官预备役的退出现役的士兵、高等院校毕业生、专职人武干部、民兵干部、非军事部门的干部和专业技术人员;预备役

士兵包括编入基层民兵组织的人员，经过预备役登记的 28 周岁以下退出现役的士兵和经过预备役登记的 28 周岁以下的专业技术人员，编入普通民兵组织的人员和经过预备役登记的 29 周岁至 35 周岁退出现役的士兵，以及其他符合服士兵预备役条件的男性公民。

4. 主观方面由故意构成，行为人的动机多种多样，主要是为了逃避服现役。

按照《最高人民检察院、公安部关于公安机关管辖的刑事案件立案追诉标准的规定（一）》第 95 条的规定，战时拒绝、逃避征召、军事训练的行为，除需具备以上构成要件外，还必须达到"情节严重"的程度，才构成犯罪。"情节严重"，一般是指无正当理由经教育后仍然拒绝、逃避征召或者军事训练的；以暴力、威胁、欺骗等手段，或者采取自伤、自残等方式拒绝、逃避征召或者军事训练的；联络、煽动他人共同拒绝、逃避征召或者军事训练的；其他情节严重的情形。

（二）认定战时拒绝、逃避征召、军事训练罪应当注意的问题

1. 划清罪与非罪的界限。

如果行为人是平时拒绝、逃避征召或军事训练，或者虽然是战时拒绝、逃避征召或者军事训练，但不属于情节严重的，均不构成犯罪。如果经教育不改，则应由基层人民政府强制其履行兵役义务。

2. 正确认定以暴力、行贿等手段拒绝、逃避征召、军事训练的行为的性质。

行为人战时拒绝、逃避征召和军事训练，往往采用暴力或者行贿等手段，有可能触犯妨害公务、故意伤害、行贿等罪名，这属于牵连犯，应按照重罪吸收轻罪的原则定罪处罚。

（三）战时拒绝、逃避征召、军事训练罪的刑事责任

司法机关在适用《刑法》第 376 条第 1 款规定处罚时，应注意根据犯罪手段、时间和危害后果等情节，全面考虑，处以适当刑罚。

十八、战时拒绝、逃避服役罪[①]

第三百七十六条第二款 公民战时拒绝、逃避服役,情节严重的,处二年以下有期徒刑或者拘役。

（一）战时拒绝、逃避服役罪的概念和构成要件

战时拒绝、逃避服役罪,是指公民战时拒绝、逃避服兵役,情节严重的行为。

本罪是1997年《刑法》增设的罪名,是从《国防法》和《兵役法》关于中华人民共和国公民都有依法服兵役义务的规定,吸收改为《刑法》的具体规定的。

战时拒绝、逃避服役罪的构成要件是：

1. 本罪侵犯的客体是国家战时兵役管理秩序。

2. 客观方面表现为战时拒绝、逃避服役情节严重的行为。"拒绝、逃避服役",是指拒不履行兵役义务或者以谎报年龄、自伤、自残身体、假装伤病、外出不归、藏匿、找人顶替等方法逃避服役。

3. 犯罪主体为一般主体,主要是除预备役人员外的符合《兵役法》规定的战时服役条件的公民。

4. 主观方面由故意构成,目的是逃避兵役义务。

按照《最高人民检察院、公安部关于公安机关管辖的刑事案件立案追诉标准的规定（一）》第96条的规定,战时拒绝、逃避服役的行为除需具备以上构成要件外,还必须达到"情节严重"的程度,才构成犯罪。"情节严重",一般是指无正当理由经教育后仍然拒绝、逃避服役的,以暴力、威胁、欺骗等手段或者采取自伤、自残等方式拒绝、逃避服役的,联络、煽动他人共同拒绝、逃避服役的,其他情节严重的情形。

[①] 参考案例：梁某逃避服役案,载法信网,http://www.faxin.cn/。

（二）认定战时拒绝、逃避服役罪应当注意的问题

1. 划清罪与非罪的界限。

如果行为人是平时拒绝、逃避服役，或者是战时拒绝、逃避服役，尚未达到情节严重的程度，均不构成犯罪。如果行为人经初次教育不改，应由基层人民政府强制其履行兵役义务。

2. 划清本罪与战时拒绝、逃避征召罪的界限。

两罪在犯罪客体、客观方面、主观方面、犯罪时间相同或者近似，其主要区别在于犯罪主体不同。本罪的犯罪主体是除预备役人员外的符合战时服役条件的男性公民。后罪的犯罪主体是预备役人员。

3. 正确认定以暴力、行贿等手段拒绝、逃避服役的行为的性质。

行为人战时拒绝、逃避服役，往往采用暴力或者行贿等手段，有可能触犯妨害公务、故意伤害、行贿等罪名，这属于牵连犯，应按照从一重罪处断的原则定罪处罚。

（三）战时拒绝、逃避服役罪的刑事责任

司法机关在适用《刑法》第376条第2款规定处罚时，应根据行为人的犯罪手段、时间和危害后果、认罪态度等情节，全面考虑，处以适当刑罚。

十九、战时故意提供虚假敌情罪

第三百七十七条 战时故意向武装部队提供虚假敌情，造成严重后果的，处三年以上十年以下有期徒刑；造成特别严重后果的，处十年以上有期徒刑或者无期徒刑。

（一）战时故意提供虚假敌情罪的概念和构成要件

战时故意提供虚假敌情罪，是指战时故意向武装部队提供虚假敌情，造成严重后果的行为。

本罪是1997年《刑法》增设的罪名。

战时故意提供虚假敌情罪的构成要件是：

1. 本罪侵犯的客体是武装部队作战指挥秩序。

2. 客观方面表现为战时故意向武装部队提供虚假敌情，造成严重后果的行为。

"虚假敌情"，是指不真实的敌方的军事及与军事有关的政治、经济、科技、气象、地理等情况。"造成严重后果"，是指因提供虚假敌情导致贻误战机的，致使作战部署进行较大调整的，影响部队完成重要任务的，致使战斗、战役或者其他重要军事行动遭受挫折的，造成我方人员重伤、死亡的，严重毁损武器装备、军事设施、军用物资的，造成其他严重经济损失的等情形。

3. 犯罪主体为非军人。

4. 主观方面由故意构成。

（二）认定战时故意提供虚假敌情罪应当注意的问题

划清罪与非罪的界限。本罪以"战时""故意"向武装部队提供虚假敌情"造成严重后果"作为犯罪构成要件。如果行为人是平时向武装部队提供虚假敌情，或者是过失提供虚假敌情，或者是战时故意提供虚假敌情尚未造成严重后果的，均不构成本罪。

（三）战时故意提供虚假敌情罪的刑事责任

司法机关在适用《刑法》第377条规定处罚时，首先应准确理解和把握好本罪的犯罪情节。"造成特别严重后果"是加重处罚情节，司法实践中，一般是指因故意提供虚假敌情贻误重要战机的，导致作战部署作重大调整的，严重影响部队完成重要任务的，造成我方人员重大伤亡的，造成大量或者重要武器装备、军用物资、军事设施严重毁损的，致使战斗、战役失利或者其他重要军事行动遭受重大损失等情形。同时结合行为人的犯罪动机、实际造成的后果，以及一贯表现和认罪态度处以适当刑罚。

二十、战时造谣扰乱军心罪

第三百七十八条 战时造谣惑众，扰乱军心的，处三年以下有期徒刑、拘役或者管制；情节严重的，处三年以上十年以下有期徒刑。

（一）战时造谣扰乱军心罪的概念和构成要件

战时造谣扰乱军心罪，是指战时造谣惑众，扰乱军心的行为。

本罪是1997年《刑法》增设的罪名，1979年《刑法》和单行刑法均没有规定此罪名。

战时造谣扰乱军心罪的构成要件是：

1. 本罪侵犯的客体是战时宣传舆论秩序。
2. 客观方面表现为战时造谣惑众，扰乱军心的行为。

"造谣惑众、扰乱军心"，是指编造谣言在部队中散布，煽动怯战、厌战及恐怖情绪，以蛊惑官兵，涣散部队斗志。如故意夸大敌军的兵力和装备优势，极力贬低我军武器装备的性能，虚构敌方的战绩和对我方不利的战况等。行为人散布谣言的方式，可以是当众散布，也可以是在私下传播；可以是口头散布，也可以是通过文字、图像、微博、微信、视频传播。不论采取何种方式，只要是故意将谣言让武装部队人员知道，就是造谣惑众。"扰乱军心"，是造谣惑众足以造成或者已经造成的危害结果。行为人只要实施了造谣惑众的行为，足以造成扰乱军心的危害结果，就构成本罪。

3. 犯罪主体为非军人。
4. 主观方面由故意构成。

（二）认定战时造谣扰乱军心罪应当注意的问题

1. 划清罪与非罪的界限。

本罪以"战时"造谣惑众，扰乱军心作为构成要件。如果行为人是平时造谣惑众，扰乱军心，则不构成犯罪。

2. 划清本罪与煽动军人逃离部队罪的界限。

两罪侵犯的同类客体、犯罪对象、主观方面相同，在客观方面都可以通过造谣惑众方式实施，都可能产生军人逃离部队的危害后果。其主要区别：（1）侵犯的直接客体不同。本罪侵犯的是武装部队战时宣传舆论秩序，后罪侵犯的是武装部队兵员管理秩序。（2）犯罪构成的时间要件不同。本罪只能发生在战时；后罪可以发生在战时，也可以发生在平时。（3）犯罪客观方面的行为方式不一样。本罪的行为方式仅限于造谣惑众；后罪的行为方式多种多样，既可以是造谣惑众行为，也可以是物质引诱等其他行为。（4）犯罪目的不同。本罪的犯罪目的是扰乱军心，后罪的目的是促使军人逃离部队。

（三）战时造谣扰乱军心罪的刑事责任

司法机关在适用《刑法》第378条规定处罚时，应当注意的问题是：

1. 重点打击谣言的制造者和极少数积极传播者。战时散布、传播谣言，扰乱军心，有时参与的人较多，一定要牢牢把握打击的重点，而对一般信谣传谣者可不追究刑事责任。

2. 把握好本罪的犯罪情节。"情节严重"，是加重处罚情节，司法实践中，一般是指勾结敌人造谣惑众的，在公开场合造谣惑众的，散布谣言范围广的，组织他人造谣惑众的，在紧要关头或者危急时刻造谣惑众的，谣言内容煽动性大的，因散布谣言影响部队完成重要任务或者引起部队混乱、指挥失控、人员逃亡或者其他严重后果的等情形。

二十一、战时窝藏逃离部队军人罪

第三百七十九条　战时明知是逃离部队的军人而为其提供隐蔽处所、财物，情节严重的，处三年以下有期徒刑或者拘役。

（一）战时窝藏逃离部队军人罪的概念和构成要件

战时窝藏逃离部队军人罪，是指战时明知是逃离部队的军人而为其提供隐蔽处所、财物，情节严重的行为。

本罪是 1997 年《刑法》增设的罪名。

战时窝藏逃离部队军人罪的构成要件是：

1. 本罪侵犯的客体是战时部队兵员管理秩序。

2. 客观方面表现为战时明知是逃离部队的军人，而为其提供隐蔽处所、财物，情节严重的行为。

"提供隐蔽处所"，是指将逃离部队的军人隐蔽起来，以逃避军队和有关部门查找；"提供财物"，是指为逃离部队的军人提供物质帮助，为其逃跑或隐藏创造条件。

3. 犯罪主体为一般主体，多数是逃离部队军人的亲属、朋友、同学、同乡等。

4. 主观方面由故意构成。

按照法律规定，战时窝藏逃离部队军人的行为，除需具备以上构成要件外，还必须达到"情节严重"的程度，才构成犯罪。"情节严重"，司法实践中，一般是指窝藏三人次以上的明知是指挥人员、值班人员、执勤人员或者其他负有重要职责人员而窝藏的；有关部门查找时拒不交出窝藏军人的；其他情节严重的情形。

（二）认定战时窝藏逃离部队军人罪应当注意的问题

1. 划清罪与非罪的界限。

本罪以"战时""明知"是逃离部队的军人而窝藏和"情节严重"作为犯罪构成要件。如果行为人是在平时，或者不知是逃离部队的军人而窝藏的，以及战时明知是逃离部队的军人而窝藏，但不属于情节严重的，均不构成犯罪。

2. 正确认定煽动军人逃离部队后予以窝藏的行为的性质。

凡是煽动军人逃离部队后予以窝藏的，即使没有其他严重情节，平时应以煽动军人逃离部队罪定罪处罚，战时应以战时窝藏逃离部队军人罪定罪处罚。

3. 划清本罪与雇用逃离部队军人罪的界限。

两罪在犯罪客体、主观方面、犯罪对象、犯罪形态方面相同，其主要区别在于：(1) 犯罪客观方面不同。本罪表现为行为人为逃离部队的军人提供隐蔽处所、财物，帮助其逃避部队和有关部门查找；后罪表现为行为人有偿让逃离部队的军人提供劳务。(2) 犯罪主体不同。本罪是一般主体，包括军人和非军人，多数是逃离部队军人的亲属、朋友、同学、同乡；后罪是非军人，多数是公司、企业、事业单位的主管人员和个体户老板。(3) 构成犯罪的时间不同。本罪以"战时"为构成犯罪的必备时间要件；后罪平时、战时都可以构成犯罪。(4) 犯罪动机不一样。本罪的动机是帮助逃离部队军人逃避作战和紧张艰苦的部队生活；后罪的动机是让逃离部队的军人为其有偿提供劳务。

(三) 战时窝藏逃离部队军人罪的刑事责任

司法机关在适用《刑法》第379条规定处罚时，应根据行为人的犯罪情节，特别是造成的危害，以及犯罪动机，认罪态度和一贯表现，处以适当刑罚。

二十二、战时拒绝、故意延误军事订货罪

第三百八十条 战时拒绝或者故意延误军事订货，情节严重的，对单位判处罚金，并对其直接负责的主管人员和其他直接责任人员，处五年以下有期徒刑或者拘役；造成严重后果的，处五年以上有期徒刑。

(一) 战时拒绝、故意延误军事订货罪的概念和构成要件

战时拒绝、故意延误军事订货罪，是指科研、生产、销售单位战时无正当理由拒绝或者故意延误军事订货的行为。

本罪是1997年《刑法》增设的罪名，是从1997年《国防法》第51条的规定吸收改为《刑法》的具体规定的。

战时拒绝、故意延误军事订货罪的构成要件是：

1. 本罪侵犯的客体是军事订货秩序。

军事订货是军事部门根据国防需要，向军工部门或者其他企业、经济部

门订购武器装备和军用物资的活动。军事订货是保证部队武器装备和军用物资的供应,满足国防需要的主要手段。

2. 客观方面表现为战时无正当理由拒绝或者故意延误军事订货,情节严重的行为。

"拒绝或者故意延误军事订货",是指具备按规定要求完成订货任务的条件,却拒不接受军事订货,或者故意延迟耽误交付军事订货。

3. 犯罪主体为特殊主体,即科研、生产、销售武器装备、军用物资的企业、单位及其直接负责的主管人员和其他直接责任人员。

4. 主观方面由故意构成。

按照法律规定,战时拒绝、故意延误军事订货的行为,除需具备以上构成要件外,还必须达到"情节严重"的程度,才构成犯罪。"情节严重",司法实践中,一般是指拒绝或者故意延误军事订货3次以上的,联络、煽动他人共同拒绝或者故意延误军事订货的,因拒绝或者故意延误军事订货影响重要军事任务完成的,其他情节严重的情形。

(二)认定战时拒绝、故意延误军事订货罪应当注意的问题

1. 划清罪与非罪的界限。

本罪以"战时"拒绝或者"故意"延误军事订货"情节严重"作为犯罪构成要件。如果科研、生产、销售单位因不具备完成军事订货任务的条件而拒绝军事订货;平时拒绝、故意延误军事订货;过失延误军事订货;或者虽然是战时拒绝、故意延误军事订货,但尚未达到情节严重的程度,均不构成犯罪。

2. 科研、生产、销售单位是本罪的主体。

因为军事订货是军事部门向有关科研、生产、销售单位订购的,所以,拒绝或者故意延误军事订货是科研、生产、销售单位的行为,情节严重的,应依法追究单位和有关人员的刑事责任。

(三)战时拒绝、故意延误军事订货罪的刑事责任

司法机关在适用《刑法》第380条规定处罚时,应注意根据本罪的犯罪

情节和所造成的严重后果，分别确定适当的刑罚。尤其是对单位直接负责的主管人员的处罚要从严。"造成严重后果"，是加重处罚情节，司法实践中，一般是指因拒绝、故意延误军事订货，致使战斗、战役失利或者其他重要军事行动遭受严重损失的；严重影响部队完成重要任务的；造成人员重伤死亡的；造成武器装备、军用物资、军事设施严重毁损的等情形。

二十三、战时拒绝军事征收、征用罪

第三百八十一条 战时拒绝军事征收、征用，情节严重的，处三年以下有期徒刑或者拘役。

（一）战时拒绝军事征收、征用罪的概念和构成要件

战时拒绝军事征收、征用罪，是指公民战时拒绝武装部队和政府根据军事行动需要，依法使用其设备设施、交通工具和其他物资，情节严重的行为。

本罪是对1997年《刑法》增设的战时拒绝军事征用罪罪名的修订。1997年《刑法》曾规定为战时拒绝军事征用罪。2009年8月27日《全国人民代表大会常务委员会关于修改部分法律的决定》，将《刑法》第381条中的"征用"修改为"征收、征用"。扩大了本罪的适用范围。

战时拒绝军事征收、征用罪的构成要件是：

1.本罪侵犯的客体是战时军事征用秩序。

"军事征收、征用"，是指武装部队和县级以上人民政府根据作战和其他军事行动的需要，依法使用组织和公民个人的设备设施、交通工具和其他物资。战时拒绝军事征用情节严重的行为，违反国防法规定的公民国防义务，严重妨害武装部队的作战和其他军事行动，危害国防利益。

2.客观方面表现为战时拒绝军事征收、征用情节严重的行为。

"拒绝军事征收、征用"，是指行为人故意不将被征收、征用的个人设备设施、交通工具和其他物资交付武装部队使用，既可以是对有关的征收、征用通知置之不理，经教育后仍不改正，又可以表现为以暴力、威胁方法拒绝

军事征收、征用。

3. 犯罪主体为一般主体，即自然人，不包括单位。

4. 主观方面由故意构成。

按照《最高人民检察院、公安部关于公安机关管辖的刑事案件立案追诉标准的规定（一）》第 99 条的规定，战时拒绝军事征收、征用的行为，除需具备以上构成要件外，还必须达到"情节严重"的程度，才构成犯罪，"情节严重"，司法实践中，一般是指无正当理由拒绝军事征收、征用三次以上的；采取暴力、威胁、欺骗等手段拒绝军事征收、征用的；联络、煽动他人共同拒绝军事征收、征用的；拒绝重要军事征收、征用，影响重要军事任务完成的；其他情节严重的情形。

（二）认定战时拒绝军事征收、征用罪应当注意的问题

1. 划清罪与非罪的界限。

本罪以"战时"拒绝军事征收、征用"情节严重"作为构成要件。如果行为人是平时拒绝军事征收、征用，或者是战时拒绝军事征收、征用，尚未达到情节严重的程度，均不构成犯罪。

2. 划清本罪与阻碍军事行动罪的界限。

两罪侵犯的同类客体、犯罪主体、主观方面、客观方面相同或近似。其主要区别：（1）犯罪表现形式不同。本罪从根本上讲，是一种不作为犯罪，而后罪既可以是积极的作为，也可以由消极的不作为构成。（2）犯罪形态不同，本罪属于情节犯，而后罪属于结果犯。

（三）战时拒绝军事征收、征用罪的刑事责任

司法机关在适用《刑法》第 381 条规定处罚时，要注意把握好本罪的犯罪情节。根据犯罪的手段、时间、地点、危害后果以及一贯表现和认罪态度，确定适当刑罚。

第八章 贪污贿赂罪

第八章 贪污贿赂罪

一、贪污罪

第三百八十二条 国家工作人员利用职务上的便利,侵吞、窃取、骗取或者以其他手段非法占有公共财物的,是贪污罪。

受国家机关、国有公司、企业、事业单位、人民团体委托管理、经营国有财产的人员,利用职务上的便利,侵吞、窃取、骗取或者以其他手段非法占有国有财物的,以贪污论。

与前两款所列人员勾结,伙同贪污的,以共犯论处。

第三百八十三条[①] 对犯贪污罪的,根据情节轻重,分别依照下列规定处罚:

(一)贪污数额较大或者有其他较重情节的,处三年以下有期徒刑或者拘役,并处罚金。

(二)贪污数额巨大或者有其他严重情节的,处三年以上十年以下有期徒刑,并处罚金或者没收财产。

(三)贪污数额特别巨大或者有其他特别严重情节的,处十年以上有期徒刑或者无期徒刑,并处罚金或者没收财产;数额特别巨大,并使国家和人民利益遭受特别重大损失的,处无期徒刑或者死刑,并处没收财产。

对多次贪污未经处理的,按照累计贪污数额处罚。

犯第一款罪,在提起公诉前如实供述自己罪行、真诚悔罪、积极退赃,避免、减少损害结果的发生,有第一项规定情形的,可以从轻、减轻或者免除处罚;有第二项、第三项规定情形的,可以从轻处罚。

犯第一款罪,有第三项规定情形被判处死刑缓期执行的,人民法院根据犯罪情节等情况可以同时决定在其死刑缓期执行二年期满依法减为无期徒刑

[①] 本条经 2015 年 8 月 29 日《刑法修正案(九)》第 44 条修改。

后，终身监禁，不得减刑、假释。

第三百九十四条　国家工作人员在国内公务活动或者对外交往中接受礼物，依照国家规定应当交公而不交公，数额较大的，依照本法第三百八十二条、第三百八十三条的规定定罪处罚。

《全国人民代表大会常务委员会关于〈中华人民共和国刑法〉第九十三条第二款的解释》(2009年8月27日修正)

全国人民代表大会常务委员会讨论了村民委员会等村基层组织人员在从事哪些工作时属于刑法第九十三条第二款[①]规定的"其他依照法律从事公务的人员"，解释如下：

村民委员会等村基层组织人员协助人民政府从事下列行政管理工作，属于刑法第九十三条第二款规定的"其他依照法律从事公务的人员"：

（一）救灾、抢险、防汛、优抚、扶贫、移民、救济款物的管理；

（二）社会捐助公益事业款物的管理；

（三）国有土地的经营和管理；

（四）土地征收、征用补偿费用的管理；

（五）代征、代缴税款；

（六）有关计划生育、户籍、征兵工作；

（七）协助人民政府从事的其他行政管理工作。

村民委员会等村基层组织人员从事前款规定的公务，利用职务上的便利，非法占有公共财物、挪用公款、索取他人财物或者非法收受他人财物，构成犯罪的，适用刑法第三百八十二条和第三百八十三条贪污罪、第三百八十四条挪用公款罪、第三百八十五条和第三百八十六条受贿罪的规定。[②]

[①] 1997年《刑法》第93条第2款规定："国有公司、企业、事业单位、人民团体中从事公务的人员和国家机关、国有公司、企业、事业单位委派到非国有公司、企业、事业单位、社会团体从事公务的人员，以及其他依照法律从事公务的人员，以国家工作人员论。"

[②] 为避免重复，第383条至第386条涉及"其他依照法律从事公务的人员"的，均不再援引《全国人民代表大会常务委员会关于〈中华人民共和国刑法〉第九十三条第二款的解释》的条文。

（一）贪污罪的概念和构成要件

贪污罪，是指国家工作人员利用职务上的便利，侵吞、窃取、骗取或者以其他手段，非法占有公共财物的行为。

本罪在1979年《刑法》第155条和《全国人民代表大会常务委员会关于惩治贪污罪贿赂罪的补充规定》第1条中均有规定。1997年修订《刑法》时对犯罪主体、犯罪对象作了修改。2015年8月《刑法修正案（九）》对本罪的法定刑进行了修改，将原来不合时宜的量化数额标准改为概括性规定，增设了终身监禁。

贪污罪的构成要件是：

1. 本罪侵犯的客体是公共财产的所有权和国家的廉政建设制度。侵犯的对象是公共财产。

关于"公共财产"的范围，《刑法》第91条明确规定是指以下财产：（1）国有财产，（2）劳动群众集体所有的财产，（3）用于扶贫和其他公益事业的社会捐助或者专项基金的财产。对在国家机关、国有公司、企业、集体企业和人民团体管理、使用或者运输中的私人财产，以公共财产论。"国有财产"，即国家所有的财产，包括国家机关、国有公司、企业、国有事业单位、人民团体拥有的财产，以及国有公司、企业、国有事业单位在合资企业、股份制企业中的财产及其控股的公司的财产。以上公共财物和国有财物的范围，必须严格依法认定，不能随意扩大或者缩小。

2. 客观方面表现为利用职务上的便利，以侵吞、窃取、骗取或者以其他手段，非法占有公共财物的行为。

"利用职务上的便利"，是指行为人利用本人职务范围内主管、支配、使用和具体负责经营、管理公共财物所形成的便利条件。利用职务便利，不等于只能直接非法占有本人主管、经手或者使用的财物，如国家工作人员因公出差后报销差旅费，属于职务行为。但其使用假票据乘机骗取、冒领非本人经管的公款，也是贪污行为。贪污的手段各种各样，但主要是侵吞、盗窃和骗取公物占为己有。"侵吞"，是指行为人利用职务上的便利，以涂改账目、收入不记账等不露"痕迹"的手段，将自己依职务管理、经手的公共财物非法占为己有的行为。"盗窃",是指行为人利用职务上的便利,以秘密窃取的方法,监守自盗,将自己管理、经手的公共财物非法占为己有的行为。"骗取",是指行为人利用职务上的便利,采取虚构事实或者隐瞒真相的方法,将公共财物非法占为己有的行为。如工程项目负责人伪造工资表,冒领根本不存在的工人工资占为己有的行为。"其他手段",是指采取侵吞、窃取、骗取以外的方法,将公共财物占为己有的行为。如以"挪用"的形式、"借用"的名义,或者谎称公共财物被骗、被抢,实际为自己占有的行为等情形。

根据《刑法》第394条的规定,国家工作人员在国内公务活动或者在对外交往中接受礼物,依照国家规定应当交公而不交公,数额较大的,以贪污罪定罪处罚。

3.犯罪主体为特殊主体,即国家工作人员和受国家机关、国有公司、企业、事业单位或者人民团体委托,管理、经营国有财产的人员。

"国家工作人员"的范围,《刑法》第93条作了明确规定,包括:

(1)国家机关中从事公务的人员,指各级国家权力机关、行政机关、审判机关、检察机关和军事机关中从事公务的人员。根据2002年12月28日第九届全国人大常委会第三十一次会议通过的《关于〈中华人民共和国刑法〉第九章渎职罪主体适用问题的解释》的规定,在依照法律、法规规定行使国家行政管理职权的组织中从事公务的人员,如银保监会、证监会等事业单位中从事公务的人员;或者在受国家机关委托代表国家机关行使职权的组织中从事公务的人员,如在受卫生行政部门委托向餐饮业发放卫生许可证的卫生防疫站中从事公务的人员;或者虽未列入国家机关人员编制但在国家机关中从事公务的人员,如合同制民警,视为国家机关工作人员。此外,在乡(镇)以上中国共产党机关、人民政协机关中从事公务的人员,是依法履行公职、纳入国家行政编制、由国家财政负担工资福利的人员,根据2018年12月29日修订的《公务员法》第2条的规定,属公务员范畴,司法实践中也应当视为国家机关工作人员。

(2)国有公司、企业、事业单位、人民团体中从事公务的人员。

(3)国家机关、国有公司、企业、事业单位委派到非国有公司、企业、事业单位、社会团体中从事公务的人员。"委派",即委任、派遣,其形式多种多样,既可以是事前、事中的任命、指派、提名、推荐、批准,也可以是事后的认可、同意、批准等。2010年11月26日最高人民法院、最高人民检察院发布的《关于办理国家出资企业中职务犯罪案件具体应用法律若干问题的意见》第6条规定:"经国家机关、国有公司、企业、事业单位提名、推荐、任命、批准等,在国有控股、参股公司及其分支机构中从事公务的人员,应当认定为国家工作人员。具体的任命机构和程序,不影响国家工作人员的认定。经国家出资企业中负有管理、监督国有资产职责的组织批准或者研究决定,代表其在国有控股、参股公司及其分支机构中从事组织、领导、监督、经营、管理工作的人员,应当认定为国家工作人员。国家出资企业中的国家工作人员,在国家出资企业中持有个人股份或者同时接受非国有股东委托的,不影响其国家工作人员身份的认定。"但国有公司、企业改制为股份有限公司后,原国有公司、企业的工作人员和股份有限公司新任命的人员中,除代表国有投资主体行使监督、管理职权的人外,不以国家工作人员论。[1] 实践中,受委派从事公务的人员主要是指在国有控股或者参股的有限责任公司、股份有限公司、中外合资企业、中外合作企业中对国有资产负有监管职责的人员,通常为董事长、董事、监事以及总经理等高级管理人员。根据有关法律规定,这些人员的产生有特定程序,不能直接由国有单位以任命方式决定。例如,依照《公司法》第126条的规定,股份有限公司设经理,由董事会决定聘任或者解聘。但是,在股份有限公司中参股、控股的国有单位对公司经理的产生仍可起到决定性的作用,"推荐""提名"就是国有单位行使人事权的表现。非经国有单位推荐或提名,有关人员也许就不可能受聘;即使受聘,也不可能具有代表国有单位监管国有资产的权力和职责。相反,若国有单位依权利推荐或提名,就意味着其是国有单位的人,就负有代表国有单位监管国有资产的使命,即使之后其受聘经过了由董事会决定的程序,也不能改变他是受国有单位委派从事公务的性质。换言之,司法实践中,不能仅因涉案人员的职务是经混合所有制单位的有关组织机构选举、聘

---

[1] 2003年11月13日最高人民法院发布《全国法院审理经济犯罪案件工作座谈会纪要》,参见《中华人民共和国最高人民法院公报》(2003年卷),人民法院出版社2004年版,第127~132页。

任、决定,就简单地认定其不属于受委派从事公务的国家工作人员,不具备贪污罪的主体资格,而要看国有单位在其出任相关职务过程中是否行使了相应的人事决定权。此外,被"委派"的人员,在被"委派"以前,可以是国家工作人员,也可以不是国家工作人员,如工人、农民、待业人员等。不论被"委派"以前是什么身份,只要被上述国有单位委派到上述非国有单位、社会团体中从事公务,就是国家工作人员。

(4)其他依照法律从事公务的人员。主要指依法履行职责的各级人民代表大会代表,被依法选出的在人民法院履行职务的人民陪审员以及履行特定手续被聘为特邀检察员的人员等。2009年8月27日,全国人大常委会修正《关于〈中华人民共和国刑法〉第九十三条第二款的解释》,以立法解释的形式,明确规定:"村民委员会等村基层组织人员协助人民政府从事下列行政管理工作时,属于刑法第九十三条第二款规定的'其他依照法律从事公务的人员':(一)救灾、抢险、防汛、优抚、扶贫、移民、救济款物的管理;(二)社会捐助公益事业款物的管理;(三)国有土地的经营和管理;(四)土地征收、征用补偿费用的管理;(五)代征、代缴税款;(六)有关计划生育、户籍、征兵工作;(七)协助人民政府从事的其他行政管理工作。"同时规定,村民委员会等村基层组织人员从事前款规定的公务,利用职务上的便利,非法占有公共财物,构成犯罪的,适用《刑法》第382条和第383条贪污罪的规定。该立法解释中"所说的'村民委员会等村基层组织人员',主要是指村党支部、村委会和村经联社、经济合作社、农工商联合企业等掌管村经济活动的组织的人员"。①

《刑法》第93条所指的国家工作人员中,第2种、第3种、第4种人员均"以国家工作人员论",即为"准国家工作人员"。《刑法》第382条第2款规定的"受国家机关、国有公司、企业、事业单位、人民团体委托管理、经营国有财产的人员",主要是指以承包、租赁等方式,管理、经营国有公司、企业,或者其中的某个车间、工程队、门市部等,以承包人、租赁人的身份等,在承包、租赁合同约定的时间、权限范围内,管理、经营国有财产

---

① 黄太云:《立法解读:刑法修正案及刑法立法解释》,人民法院出版社2006年版,第199页。

的人员。这部分人在受委托,以承包、租赁等方式管理、经营国有财产前,可以是工人、农民或者从事其他职业或待业的人员。因此,这部分人侵吞、窃取、骗取承包、租赁企业的财产,构成贪污罪,非法占有的只能是"国有财物"。

4. 主观方面由故意构成,并且具有非法占有公共财物的目的。对受委托管理、经营国有财产的人员,其利用职务便利以各种手段非法占有单位财物,不要求必须明知是"国有财物"而占有才构成本罪。只要行为人知道其非法占有的是其管理、经营的单位的"公物",而不是自己或者其他个人的财产,便构成本罪。

(二)认定贪污罪应当注意的问题

1. 划清本罪与职务侵占罪的界限。

两者在客观方面和主观方面基本相同。主要区别:一是犯罪主体不同。前者只能由国家工作人员和受国有单位委派管理、经营国有财产的人员构成;后者则可以由非国有公司、企业或者其他单位,如非国有事业单位、社会团体等单位中的非国家工作人员构成。二是犯罪客体与犯罪对象不同。前者侵犯的客体是公共财物所有权,行为人非法占有的只能是包括国有财产在内的公共财产;后者侵犯的是单位财物所有权,行为人非法占有的可以是公共财产,也可以是私营企业、合资企业、合伙企业中非公有的财产。

2. 正确认定和处理国有公司、企业改制过程中的贪污犯罪。

根据最高人民法院、最高人民检察院2010年11月26日下发的《关于办理国家出资企业中职务犯罪案件具体应用法律若干问题的意见》(以下简称《办理国家出资企业中职务犯罪案件意见》)第1条的规定,国家工作人员或者受国家机关、国有公司、企业、事业单位、人民团体委托管理、经营国有财产的人员利用职务上的便利,在国家出资企业改制过程中故意通过低估资产、隐瞒债权、虚设债务、虚构产权交易等方式隐匿公司、企业财产,转为本人持有股份的改制后公司、企业所有,应当依法追究刑事责任的,依照《刑法》第382条、第383条的规定,以贪污罪定罪处罚。贪污数额一般应当以所隐匿财产全额计算;改制后公司、企业仍有国有股份的,按股份比例扣除归于国有的部分。在企业改制过程中未采取低估资产、隐瞒债权、虚设债务、虚构产权交易等方式故意隐匿公司、企业财产的，一般不应当认定为贪污；造成国有资产重大损失，依法构成《刑法》第168条或者第169条规定的国有公司、企业、事业单位人员失职罪，国有公司、企业、事业单位人员滥用职权罪，徇私舞弊低价折股、出售国有资产罪和背信损害上市公司利益罪的，依照该规定定罪处罚。

3.准确认定贪污罪的既遂与未遂。

根据2003年11月13日下发的《全国法院审理经济犯罪案件工作座谈会纪要》第2条第1项的规定，贪污罪是一种以非法占有为目的的财产性职务犯罪，与盗窃、诈骗、抢夺等侵犯财产罪一样，应当以行为人是否实际控制财物作为区分贪污罪既遂与未遂的标准。对于行为人利用职务上的便利，实施了虚假平账等贪污行为，但公共财物尚未实际转移，或者尚未被行为人控制就被查获的，应当认定为贪污未遂。行为人控制公共财物后，是否将财物据为己有，不影响贪污既遂的认定。2010年11月26日下发的《办理国家出资企业中职务犯罪案件意见》第1条第2款，在前述纪要有关规定的基础上进一步明确，国家出资企业改制过程中，行为人隐匿公司、企业财产，转为本人持有股份的改制后公司、企业所有的，"所隐匿财产在改制过程中已为行为人实际控制，或者国家出资企业改制已经完成的，以犯罪既遂处理"。

4.正确认定贪污罪的共犯。

《刑法》第382条第3款规定，与国家工作人员或者受委托管理、经营国有财产的人员勾结，"伙同贪污的，以共犯论处"。与上述人员伙同贪污的人员的身份，刑法没有限制，其在共同犯罪中的地位、作用，法律也没有限定。因此，这部分人不论是否国家工作人员，是否被委托管理、经营国有财产的人员，也不论其在共同犯罪中处于主犯还是从犯的地位，都构成贪污罪的共犯，对所有共同犯罪人均应以贪污罪定罪处罚。毫无疑问，参与共同犯罪的人，必须是利用了其中的国家工作人员或者受委托管理、经营国有财产人员的职务上的便利，非法占有了公共财物或者国有财物。这在2000年7月8日《最高人民法院关于审理贪污、职务侵占案件如何认定共同犯罪几个问题的解释》第1条规定中也得到明确。该解释规定："行为人与国家工作人员勾结,利用国家工作人员的职务便利,共同侵吞、窃取、骗取或者以其他手段非法占有公共财物的,以贪污罪共犯论处。"关于国家工作人员与非国有公司、企业等单位工作人员共同在一合资公司、企业等单位中工作,相互勾结,共同侵吞单位的财物,该解释第3条规定:"……不具有国家工作人员身份的人与国家工作人员勾结,分别利用各自的职务便利,共同将本单位财物非法占为己有的,按照主犯的犯罪性质定罪。"这与前条司法解释规定的不同之处在于,前条司法解释规定的是行为人本身不具有职务上的便利条件,而是纯粹利用国家工作人员的职务便利,非法占有公共财物,按照《刑法》第382条第3款的规定,行为人与国家工作人员相勾结,伙同贪污的,应以贪污罪的共犯论处。本条司法解释则是对具有不同身份的共同犯罪各行为人,分别利用自己的职务便利,伙同侵吞本单位财物时,如何对全案定性作出的特别规定。值得指出的是,在国家工作人员与不具有国家工作人员身份的人,分别利用各自职务便利,共同将本单位财物非法占为己有的共同犯罪中,有时可能难以分出主从犯。根据《全国法院审理经济犯罪案件工作座谈会纪要》的精神,对此种共同犯罪,可全案以贪污罪定罪处罚。

(三)贪污罪的刑事责任

司法机关在适用《刑法》第383条规定处罚时,应当注意以下几个问题:

1. 准确把握本罪的数额和情节标准。《刑法修正案(九)》取消了原刑法条文中关于贪污罪、受贿罪的定罪量刑的数额标准,代之以"数额较大""数额巨大""数额特别巨大",以及"较重情节""严重情节""特别严重情节"。对此,最高人民法院、最高人民检察院根据全国人大常委会授权,在充分论证经济社会发展变化和案件实际情况的基础上,于2016年3月通过《最高人民法院、最高人民检察院关于办理贪污贿赂刑事案件适用法律若干问题的解释》(以下简称《办理贪污贿赂刑事案件解释》),对两罪的定罪量刑标准作出规定,将两罪"数额较大"的一般标准由1997年《刑法》确定的5000元调整至3万元以上不满20万元,"数额巨大"的一般标准确定为20万元以上不满300万元,"数额特别巨大"的一般标准确定为300万元以上。

同时规定，贪污"一万元以上不满三万元"，"十万元以上不满二十万元"，"一百五十万元以上不满三百万元"，具有下列情形之一的，分别属于"较重情节""严重情节""特别严重情节"：（1）贪污救灾、抢险、防汛、优抚、扶贫、移民、救济、防疫、社会捐助等特定款物的；（2）曾因贪污、受贿、挪用公款受过党纪、行政处分的；（3）曾因故意犯罪受过刑事追究的；（4）赃款赃物用于非法活动的；（5）拒不交待赃款赃物去向或者拒不配合追缴工作，致使无法追缴的；（6）造成恶劣影响或者其他严重后果的。

2. 准确把握本罪的法定从宽情节。根据本条第1款、第3款的规定，犯第1款罪，在提起公诉前如实供述自己罪行、真诚悔罪、积极退赃，避免、减少损害结果的发生，有第1项规定情形的，可以从轻、减轻或者免除处罚；有第2项、第3项规定情形的，可以从轻处罚。最高人民法院、最高人民检察院2009年3月印发的《关于办理职务犯罪案件认定自首、立功等量刑情节若干问题的意见》第3条规定，犯罪分子依法不成立自首，但如实交待犯罪事实，有下列情形之一的，可以酌情从轻处罚：（1）办案机关掌握部分犯罪事实，犯罪分子交待了同种其他犯罪事实的；（2）办案机关掌握的证据不充分，犯罪分子如实交待有助于收集定案证据的。犯罪分子如实交待犯罪事实，有下列情形之一的，一般应当从轻处罚：（1）办案机关仅掌握小部分犯罪事实，犯罪分子交待了大部分未被掌握的同种犯罪事实的；（2）如实交待对于定案证据的收集有重要作用的。本意见第4条规定，贪污案件中赃款赃物全部或者大部分追缴的，一般应当考虑从轻处罚。犯罪分子及其亲友主动退赃或者在办案机关追缴赃款赃物过程中积极配合的，在量刑时应当与办案机关查办案件过程中依职权追缴赃款赃物的有所区别。职务犯罪案件立案后，犯罪分子及其亲友自行挽回的经济损失，司法机关或者犯罪分子所在单位及其上级主管部门挽回的经济损失，或者因客观原因减少的经济损失，不予扣减，但可以作为酌情从轻处罚的情节。本意见的施行虽然早于《刑法修正案（九）》出台，但其第3条关于"如实交待犯罪事实的认定和处理"和第4条"关于赃款赃物追缴等情形的处理"的规定，仍可作为解读本罪法定从轻情节中"如实供述自己罪行""积极退赃""避免、减少损害结果发生"的依据。

3. 准确适用财产刑。针对司法实践中对贪污贿赂犯罪财产刑适用标准不统一的问题，《办理贪污贿赂刑事案件解释》第19条规定，对贪污罪、受贿罪判处三年以下有期徒刑或者拘役的，应当并处10万元以上50万元以下的罚金；判处三年以上十年以下有期徒刑的，应当并处20万元以上犯罪数额二倍以下的罚金或者没收财产；判处十年以上有期徒刑或者无期徒刑的，应当并处50万元以上犯罪数额二倍以下的罚金或者没收财产。

4. 严格掌握适用死刑、终身监禁的条件。根据本条第1款、第4款的规定，犯第1款罪，有第3项规定情形被判处死刑缓期执行的，人民法院根据犯罪情节等情况可以同时决定在其死刑缓期执行二年期满依法减为无期徒刑后，终身监禁，不得减刑、假释。《刑法修正案（九）》增加终身监禁的规定，是立法贯彻宽严相济政策的典范，既体现了慎用死刑的精神，也从法律层面封堵了官员的"赎身暗门"。《办理贪污贿赂刑事案件解释》严格遵循立法精神，在第4条第1款明确规定了可以判处死刑的条件，即犯罪数额特别巨大，同时要犯罪情节特别严重、社会影响特别恶劣、给国家和人民利益造成特别重大损失。在第4条第2款规定了可以判处死刑缓期二年执行的条件，即符合可以判处死刑立即执行的情形，但具有自首、立功，如实供述自己罪行、真诚悔罪、积极退赃，或者避免、减少损害结果的发生等情节。在第4条第3款规定了终身监禁的条件，即符合可以判处死刑立即执行的情形，根据犯罪情节等情况判处死刑立即执行过重，判处死刑缓期二年执行又偏轻的。值得注意的是，凡决定终身监禁的，人民法院应在第一审或第二审作出死刑缓期二年执行裁判的同时一并作出终身监禁的决定，而不能等到死缓执行期间届满再视情而定。终身监禁一经作出应无条件执行，不得减刑、假释。

《刑法》第383条和《办理贪污贿赂刑事案件解释》第4条第3款均规定，人民法院"根据犯罪情节等情况"对被告人决定终身监禁。此处的"犯罪情节等情况"是指由刑法规定的，体现行为的社会危害性程度和行为人的人身危险性程度，从而影响定罪和量刑的各种事实情况。首先，对反映被告人犯罪行为的社会危害性的情节进行判断，是否属于"贪污、受贿数额特别巨大，犯罪情节特别严重、社会影响特别恶劣、给国家和人民利益造成特别重大损失的"情形，确定是否达到判处死刑立即执行的条件；其次，对反映被告人主观恶性和人身危险性的情节进行判断，确定是否满足"不是必须立即执行"所要求的从宽条件；最后，综合行为人全部犯罪情节，将从严情节和从宽情节的价值相比较，进行准确的评价。实践中的案件存在"从刚达到判处死刑标准"到"远超过判处死刑标准"的不同层次，从宽情节也存在不同层次，因而这个比较的过程是动态的，取决于具体贪污受贿犯罪之罪责的质、量与相关宽宥情节价值的比较。具体影响量刑的因素除了犯罪数额外，还包括犯罪的手段、对当地或所在单位造成的恶劣影响、给国家和人民利益造成的损失情况等。比如，索贿在全部犯罪数额中占比较大的，通常说明犯罪人的主观恶性大，社会影响也更恶劣；犯罪的时间长、次数多，通常反映行为人法纪意识淡薄，具有更深的犯罪恶习；犯罪人是正常履职后受贿还是收受他人贿赂为他人谋取不正当利益也反映了犯罪分子对公平规则和自由竞争秩序的破坏程度不同。

2015年11月1日开始施行的《最高人民法院关于〈中华人民共和国刑法修正案（九）〉时间效力问题的解释》第8条规定："对于2015年10月31日以前实施贪污、受贿行为，罪行极其严重，根据修正前刑法判处死刑缓期执行不能体现罪刑相适应原则，而根据修正后刑法判处死刑缓期执行同时决定在其死刑缓期执行二年期满依法减为无期徒刑后，终身监禁，不得减刑、假释可以罚当其罪的，适用修正后刑法第三百八十三条第四款的规定。根据修正前《刑法》判处死刑缓期执行足以罚当其罪的，不适用修正后刑法第三百八十三条第四款的规定。"例如，2000年至2013年，被告人白某培利用担任青海省委书记、云南省委书记、全国人大环境与资源保护委员会副主任委员等职务上的便利，直接或通过其妻受贿2.46亿余元，人民法院适用修正后《刑法》的相关规定，对其以受贿罪判处死刑缓期二年执行，并决定终身监禁。[①] 本案系我国适用终身监禁的第一案，之所以对白某培适用终身监禁，除其受贿数额特别巨大外，还综合考虑了其以权谋私破坏当地经济发展

---

① 参见最高人民法院刑事审判第一、二、三、四、五庭主办：《刑事审判参考》（总第118集），法律出版社2019年版，第296~303页。

和政治生态所造成的恶劣影响、给国家利益造成特别重大损失、贪财动机强烈等从重情节，如实供述罪行、主动交待司法机关尚未掌握的大部分事实、认罪悔罪、赃款赃物已全部追缴等从轻情节。白某培的行为发生在《刑法修正案（九）》之前，按照修正前的《刑法》规定，应对其判处死刑立即执行，人民法院根据立法原意并综合考虑"从旧兼从轻"原则，适用了修正后《刑法》的规定，决定对其终身监禁。

5. 正确理解"个人贪污数额"。在共同贪污犯罪案件中，"个人贪污数额"应理解为个人所参与或者组织、指挥共同贪污的数额，不能只按个人实际分得的赃款数额来认定。对共同贪污犯罪中的从犯，应当按照其所参与的共同贪污的数额确定量刑幅度，并依照《刑法》第27条第2款的规定，从轻、减轻处罚或者免除处罚。

6. 根据2003年《最高人民法院、最高人民检察院关于办理妨害预防、控制突发传染病疫情等灾害的刑事案件具体应用法律若干问题的解释》第14条第1款，贪污用于预防、控制突发传染病疫情等灾害的款物，构成犯罪的，依照《刑法》第382条、第383条的规定，以贪污罪定罪，从重处罚。

7. 根据《最高人民法院、最高人民检察院、公安部关于办理医保骗保刑事案件若干问题的指导意见》（以下简称《办理医保骗保案件指导意见》）第5条规定，定点医药机构（医疗机构、药品经营单位）的国家工作人员，利用职务便利，实施下列行为之一，骗取医疗保障基金的，以贪污罪定罪处罚：（1）诱导、协助他人冒名或者虚假就医、购药，提供虚假证明材料，或者串通他人虚开费用单据；（2）伪造、变造、隐匿、涂改、销毁医学文书、医学证明、会计凭证、电子信息、检测报告等有关资料；（3）虚构医药服务项目、虚开医疗服务费用；（4）分解住院、挂床住院；（5）重复收费、超标准收费、分解项目收费；（6）串换药品、医用耗材、诊疗项目和服务设施；（7）将不属于医疗保障基金支付范围的医药费用纳入医疗保障基金结算；（8）其他骗取医疗保障基金支出的行为。

《办理医保骗保案件指导意见》同时明确，医疗保障行政部门及经办机构工作人员利用职务便利，骗取医疗保障基金支出的，以贪污罪定罪处罚。

二、挪用公款罪

第三百八十四条 国家工作人员利用职务上的便利,挪用公款归个人使用,进行非法活动的,或者挪用公款数额较大、进行营利活动的,或者挪用公款数额较大、超过三个月未还的,是挪用公款罪,处五年以下有期徒刑或者拘役;情节严重的,处五年以上有期徒刑。挪用公款数额巨大不退还的,处十年以上有期徒刑或者无期徒刑。

挪用用于救灾、抢险、防汛、优抚、扶贫、移民、救济款物归个人使用的,从重处罚。

《全国人民代表大会常务委员会关于〈中华人民共和国刑法〉第三百八十四条第一款的解释》(2002年4月28日)

全国人民代表大会常务委员会讨论了刑法第三百八十四条第一款规定的国家工作人员利用职务上的便利,挪用公款"归个人使用"的含义问题,解释如下:

有下列情形之一的,属于挪用公款"归个人使用":

(一)将公款供本人、亲友或者其他自然人使用的;

(二)以个人名义将公款供其他单位使用的;

(三)个人决定以单位名义将公款供其他单位使用,谋取个人利益的。

(一)挪用公款罪的概念和构成要件

挪用公款罪,是指国家工作人员利用职务上的便利,挪用公款归个人使用,进行非法活动,或者挪用公款数额较大,进行营利活动,或者挪用公款数额较大,超过3个月未还的行为。

本罪是从《全国人民代表大会常务委员会关于惩治贪污罪贿赂罪的补充规定》(已失效)第3条的规定,吸收改为《刑法》的具体规定的,1979年《刑法》没有挪用公款罪的规定。

挪用公款罪的构成要件是:

1. 本罪侵犯的客体,是国家工作人员职务行为的廉洁性以及公款的占有、使用、收益权。即行为人在一定时间内，利用职务便利，对公款予以占有、使用，从而侵犯了公款所有权中的部分权利。

"挪用"，是改变用途，将公共财产挪作私用，但最终还要归还。因此，本罪不是从根本上侵犯了公共财产的所有权。但由于所有权是具体的而不是抽象的权利，包括了对财产，即对"物"占有、使用、收益和处分的权利。对所有权内容，即合法的占有权、使用权、收益权的侵犯，当然也是对所有权的侵犯。所以挪用公款构成犯罪的行为人应当依法受到刑事处罚。对挪用公款不退还的情况如何处理？由于行为人是基于"挪用"的故意，"不退还"，是指客观上不能还，不包括主观上不想还，只是属于挪用公款行为的最严重后果，行为人的主观心态未发生变化，其挪用行为的性质亦未改变。从犯罪的主客观相一致原则出发，挪用公款不退还的，仍应以挪用公款罪处罚。

本罪的犯罪对象是公款和特定款物。公款的典型表现形式是货币，除此之外，股票、债券等有价证券以及金融凭证也属于公款。特定款物是指用于救灾、抢险、防汛、优抚、扶贫、移民、救济款物，既包括公款，也包括公物。非特定公物不能成为本罪的犯罪对象。根据2003年1月28日《最高人民检察院关于挪用失业保险基金和下岗职工基本生活保障资金的行为适用法律问题的批复》，国家工作人员利用职务上的便利，挪用失业保险基金和下岗职工基本生活保障资金归个人使用，构成犯罪的，应当依照《刑法》第384条的规定，以挪用公款罪追究刑事责任。

2.客观方面表现为三种挪用公款的具体行为。

（1）挪用公款归个人使用，进行非法活动。根据2002年4月28日《全国人民代表大会常务委员会关于〈中华人民共和国刑法〉第三百八十四条第一款的解释》的规定，挪用公款"归个人使用"，是指将公款供本人、亲友或者其他自然人使用；或者以个人名义将公款供其他单位使用；或者个人决定以单位名义将公款供其他单位使用，谋取个人利益。"进行非法活动"，是指用挪用的公款进行赌博、走私、吸毒、嫖娼和其他非法经营、放高利贷等为国家法律、行政法规所禁止的行为。挪用公款归还赌债等非法行为产生的个人债务属于进行非法活动。《最高人民法院、最高人民检察院关于办理贪污贿赂刑事案件适用法律若干问题的解释》（以下简称《办理贪污贿赂刑事案件解释》）第5条规定，挪用公款归个人使用，进行非法活动，数额在3万元以上的，应当依照《刑法》第384条的规定以挪用公款罪追究刑事责任。此外，挪用公款归个人使用，进行非法活动，不受挪用时间的限制。

（2）挪用公款数额较大，归个人进行营利活动。这是指挪用公款归个人使用，进行经营性活动，包括用于做生意、买股票或者将公款存入银行等金融机构，以获取利润、利息收入等。将挪用的公款用于注册公司、企业或者归还个人在经营活动中产生的欠款，属于进行营利活动。司法实践中，对于挪用公款进行营利活动，个人是否确实已营利，甚至亏本经营，不影响对本罪的认定。挪用公款进行营利活动，"数额较大"的才构成犯罪。根据《办理贪污贿赂刑事案件解释》第6条的规定，挪用公款5万元为"数额较大"的起点。对于该类行为，由于法律未对挪用公款的时间和是否归还作限定，因此，只要挪用公款数额较大，用于个人的营利性活动，即使只用了几天，乃至已经归还，也可以依法追究刑事责任。

（3）挪用公款归个人使用，数额较大，超过3个月未还。这是指挪用公款用于自己或者其他个人的合法生活，非经营性支出等合法用途，自挪用公款之日起至案发之日，超过3个月未还的情况。如果挪用公款数额较大，超过3个月未还，但在案发前也就是被司法机关、主管部门、有关单位发现前已归还，按1997年《刑法》修订前最高人民法院的有关司法解释规定，可不以犯罪论处。但是，最高人民法院1998年5月9日《关于审理挪用公款案件具体应用法律若干问题的解释》（以下简称《审理挪用公款案件解释》）严格规定，对此种情况应当认为已构成犯罪，只是对挪用人可以从轻处罚或者免除处罚。因挪用公款，给国家、集体造成损失，如利息等损失的，应予追缴或者退赔。这种情况挪用公款"数额较大"的标准，同挪用公款归个人进行营利活动的"数额较大"定罪处罚的标准相同，即以5万元为"数额较大"的起点。

以上三种挪用公款的犯罪活动，都必须是行为人利用了职务上的便利，即利用了本人职务范围内，主管、经手、管理、使用公款所形成的方便条件。《全国法院审理经济犯罪案件工作座谈会纪要》第4条第3项规定："国有单位领导利用职务上的便利指令具有法人资格的下级单位将公款供个人使用的,属于挪用公款行为,构成犯罪的,应以挪用公款罪定罪处罚。"

根据《审理挪用公款案件解释》规定,对于多次挪用公款不还的,挪用公款数额应当累计计算,挪用时间应从挪用公款数额累计达到追究刑事责任的起点之日起认定并计算。数次挪用公款,并以后次挪用公款归还前次挪用的公款,挪用公款数额应以案发时未还的实际数额认定,挪用时间从挪用公款构成犯罪之日起认定并计算。

3.犯罪主体为特殊主体,即只有国家工作人员才可能构成本罪的主体。单位不能构成本罪的主体。关于国家工作人员的认定,与前述有关贪污罪主体的认定原则相同,不再赘述。

4.主观方面由故意构成。挪用公款的动机不影响本罪的成立。

(二)认定挪用公款罪应当注意的问题

1.关于罪与非罪的界限。

挪用公款行为是否构成犯罪,是否已达到必须追究刑事责任的程度,要从挪用公款的具体数额、挪用公款的目的、用途、时间、是否归还、造成损失大小等方面综合分析,加以认定。司法实践中,应注意对一般违反财经纪律的挪用公款行为,不应以挪用公款罪处理。

(1)对于承包、租赁企业中挪用公款罪与非罪的界限,一般较难掌握。我们认为,国家工作人员承包、租赁企业中的流动资金如果仍属公款,即发包方拨付给的一定经营款,行为人将其挪作承包、租赁项目以外的其他个人用途,同样具有社会危害性,属于挪用公款归个人使用的性质。但考虑到承包、租赁企业经营、管理的实际情况,对承包、租赁企业中的挪用公款犯罪的认定要特别从严掌握,不宜轻易定罪。只要承包、租赁人到期完成了合同,没有给本单位造成实际损失的,对其挪用公款的行为可不按犯罪处理。

(2)参照《全国法院审理经济犯罪案件工作座谈会纪要》第4条第4项的规定,挪用金融凭证、有价证券用于质押,使公款处于风险之中,与挪用公款为他人提供担保没有实质的区别,符合《刑法》关于挪用公款罪规定的,以挪用公款罪定罪处罚,挪用公款数额以实际或者可能承担的风险数额认定。

（3）关于国家出资企业中国家工作人员挪用改制公司、企业资金担保个人贷款，用于购买改制公司、企业股份的行为处理。按照2010年11月26日《最高人民法院、最高人民检察院关于办理国家出资企业中职务犯罪案件具体应用法律若干问题的意见》第3条的规定，国家出资企业的国家工作人员在公司、企业改制过程中为购买公司、企业股份，利用职务上的便利，将公司、企业的资金或者金融凭证、有价证券等用于个人贷款担保的，以挪用公款罪定罪处罚；行为人在改制前的国家出资企业持有股份的，不影响挪用数额的认定，但量刑时应当酌情考虑。如以上行为经有关部门批准或者按照有关政策规定而实施，可以视具体情况不作为犯罪处理。

2. 正确理解挪用公款"归个人使用"的含义。

2002年4月28日，《全国人民代表大会常务委员会关于〈中华人民共和国刑法〉第三百八十四条第一款的解释》作了如下解释："有下列情形之一的，属于挪用公款'归个人使用'：（一）将公款供本人、亲友或者其他自然人使用的；（二）以个人名义将公款供其他单位使用的；（三）个人决定以单位名义将公款供其他单位使用，谋取个人利益的。"对立法机关作出的上述法律解释，司法机关要正确理解和适用。上述解释中的"个人决定"，既包括行为人在职权范围内决定，也包括超越职权范围决定。"谋取个人利益"，既包括行为人与使用人事先约定谋取个人利益实际尚未获取的情况，也包括虽未事先约定但实际已获取了个人利益的情况。其中的"个人利益"，既包括不正当利益，也包括正当利益；既包括财产性利益，也包括非财产性利益，但这种非财产性利益应当是具体的实际利益，如升学、就业等。

对于经单位领导集体研究决定将公款给个人使用，或者单位负责人为了单位的利益，决定将公款给个人使用的，不能以挪用公款罪定罪处罚。上述行为致使单位遭受重大损失，构成其他犯罪的，依照《刑法》的有关规定对责任人员定罪处罚。

3. 挪用公款追诉期限的计算。

最高人民法院2003年9月18日通过的《关于挪用公款犯罪如何计算追诉期限问题的批复》规定："挪用公款归个人使用，进行非法活动的，或者挪用公款数额较大、进行营利活动的，犯罪的追诉期限从挪用行为实施完毕之日起计算；挪用公款数额较大、超过三个月未还的，犯罪的追诉期限从挪用公款罪成立之日起计算。挪用公款行为有连续状态的，犯罪的追诉期限应当从最后一次挪用行为实施完毕之日或者犯罪成立之日起计算。"

4.划清本罪与贪污罪的界限。

两罪的本质区别：（1）主观方面内容不同。主要区别是主观上是否具有非法占有公款的目的。前者是为了临时"使用"而暂时占有公款，准备将来归还；后者则是为了将公款据为己有，不准备归还。（2）行为方式不同。前者因属非法借用，因此总是在账面、他人面前留有"挪用"的痕迹，甚至留下借条、没有平账，一查一问便可知道公款被行为人挪用；后者则通常存在隐瞒、掩盖其侵吞、窃取、骗取公款的行为，因此，很难发现公款已被侵占，即使因怀疑而追查，也很难弄清该公款已被行为人非法占有，因为行为人已采取虚假发票平账、涂改或者销毁了账簿，以假货、次货填补了被自己侵吞的货物等。

对于挪用公款后不退还的，在《全国人民代表大会常务委员会关于惩治贪污罪贿赂罪的补充规定》（已失效）中规定，"挪用公款数额较大不退还的，以贪污罪论处"。但是现行《刑法》第384条中明确，对于挪用公款数额巨大不退还的，"处十年以上有期徒刑或者无期徒刑"，即仍然属于挪用公款罪。但是并不是所有不退还的行为都应当认定为挪用公款罪，《审理挪用公款案件解释》作了限定，即是指挪用公款数额巨大，因"客观原因"不能退还，这里的"客观原因"主要是指主观上愿意还，但客观上没有退还的能力或者可能性，如果是主观上的不归还，应认定为贪污。到底是否是客观上的不退还，应根据行为人挪用目的、事后行为以及主观意愿来认定。"不退还"的时间，根据《审理挪用公款案件解释》规定，应掌握在人民法院审理该案一审宣判前没有退还。

按照《全国法院审理经济犯罪案件工作座谈会纪要》的规定，在司法实践中，具有一些特殊情形的，可以认定为具有非法占有公款的目的，进而将挪用行为转化认定为贪污罪，其中包括：（1）根据《审理挪用公款案件解释》第6条的规定，行为人"携带挪用的公款潜逃的"，对其携带挪用的公款部分，以贪污罪定罪处罚。（2）行为人挪用公款后采取虚假发票平账、销毁有关账目等手段，使所挪用的公款已难以在单位财务账目上反映出来，且没有归还行为的，应当以贪污罪定罪处罚。（3）行为人截取单位收入不入账，非法占有，使所占有的公款难以在单位财务账目上反映出来，且没有归还行为的，应当以贪污罪定罪处罚。（4）有证据证明行为人有能力归还所挪用的公款而拒不归还，并隐瞒挪用的公款去向的，应当以贪污罪定罪处罚。

5. 划清本罪与挪用特定款物罪的界限。

依照《刑法》第384条第2款的规定，挪用用于救灾、抢险、防汛、优抚、扶贫、移民、救济款物归个人使用的，属于挪用公款罪。《刑法》第273条规定了挪用救灾、抢险、防汛、优抚、救济款物予以刑事处罚的挪用特定款物罪。两罪的主要区别在于：前者挪用公款的目的是归个人使用，而后者是将上述特定款、物挪作单位的其他生产、工作中使用，没有"专款专用"，但仍系公用。两者的入罪标准也存在较大差别，挪用特定款物罪要求"情节严重，致使国家和人民群众利益遭受重大损害"的才构成犯罪。

6. 挪用公款罪的数罪问题。

因挪用公款而向他人索取、收受贿赂构成犯罪的，应当实行数罪并罚。挪用公款后进行非法活动，如以挪用的公款进行走私、贩毒、赌博，构成犯罪的，应当以挪用公款罪和所犯的其他罪，实行数罪并罚。

7. 挪用公款的共同犯罪问题。

在挪用公款给其他个人使用的案件中，常常是使用人与挪用人共谋，指使或者提供种种方便，参与策划取得挪用的公款。因为使用人与挪用人具有共同的故意、共同挪用公款的行为，所以对使用人应以挪用公款罪的共犯定罪处罚。但应注意，如果使用人未参与策划、未指使行为人挪用公款，仅仅知道使用的是行为人挪用的公款，则不应以挪用公款罪的共犯追究其刑事责任。

（三）挪用公款罪的刑事责任

司法机关在适用《刑法》第384条规定处罚时，应当注意以下问题：

1. 从《刑法》第384条第1款可以看出，法律对本罪规定了三档量刑幅度。

第一档是五年以下有期徒刑或者拘役。根据《办理贪污贿赂刑事案件解释》第 5 条的规定，挪用公款归个人使用，进行非法活动的，以挪用公款 3 万元作为追究刑事责任的起点；根据第 6 条的规定，挪用公款归个人使用，进行营利活动或者超过 3 个月未还，以挪用公款数额 5 万元为"数额较大"的起点。

第二档是五年以上有期徒刑。根据《办理贪污贿赂刑事件解释》第 5 条的规定，挪用公款归个人使用，进行非法活动，具有下列情形之一的，应当认定为《刑法》第 384 条第 1 款规定的"情节严重"：（1）挪用公款数额在 100 万元以上的；（2）挪用救灾、抢险、防汛、优抚、扶贫、移民、救济特定款物，数额在 50 万元以上不满 100 万元的；（3）挪用公款不退还，数额在 50 万元以上不满 100 万元的；（4）其他严重的情节。

根据《办理贪污贿赂刑事案件解释》第 6 条规定，挪用公款归个人使用，进行营利活动或者超过 3 个月未还，具有下列情形之一的，应当认定为《刑法》第 384 条第 1 款规定的"情节严重"：（1）挪用公款数额在 200 万元以上的；（2）挪用救灾、抢险、防汛、优抚、扶贫、移民、救济特定款物，数额在 100 万元以上不满 200 万元的；（3）挪用公款不退还，数额在 100 万元以上不满 200 万元的；（4）其他严重的情节。

第三档量刑幅度是十年以上有期徒刑或者无期徒刑。根据《办理贪污贿赂刑事案件解释》第 5 条的规定，挪用公款归个人使用，进行非法活动，数额在 300 万元以上的，应当认定为《刑法》第 384 条第 1 款规定的"数额巨大"。根据《办理贪污贿赂刑事案件解释》第 6 条的规定，挪用公款归个人使用，进行营利活动或者超过 3 个月未还，数额在 500 万元以上的，应当认定为《刑法》第 384 条第 1 款规定的"数额巨大"。

2. 根据《审理挪用公款案件解释》规定，挪用公款归个人使用，未进行营利活动或者非法活动，数额较大，超过 3 个月但在案发前全部归还本金的，可以从轻处罚或者免除处罚；数额巨大，超过 3 个月，案发前全部归还的，可以酌情从轻处罚。挪用公款数额较大，归个人进行营利活动，案发前部分或者全部归还本息的，可以从轻处罚；情节轻微的，可以免除处罚。

3. 依照《刑法》第384条第2款的规定，挪用用于救灾、抢险、防汛、优抚、扶贫、移民、救济款物归个人使用的，从重处罚。即以挪用公款罪在第1款规定的法定刑的幅度内，从重处罚。

4. 根据2003年5月14日《最高人民法院、最高人民检察院关于办理妨害预防、控制突发传染病疫情等灾害的刑事案件具体应用法律若干问题的解释》，对于国家工作人员，挪用用于预防、控制突发传染病疫情等灾害的款物归个人使用，构成犯罪的，依照《刑法》第384条的规定，以挪用公款罪定罪，从重处罚。

三、受贿罪

第三百八十五条 国家工作人员利用职务上的便利，索取他人财物的，或者非法收受他人财物，为他人谋取利益的，是受贿罪。

国家工作人员在经济往来中，违反国家规定，收受各种名义的回扣、手续费，归个人所有的，以受贿论处。

第三百八十六条 对犯受贿罪的，根据受贿所得数额及情节，依照本法第三百八十三条的规定处罚。索贿的从重处罚。

第三百八十八条 国家工作人员利用本人职权或者地位形成的便利条件，通过其他国家工作人员职务上的行为，为请托人谋取不正当利益，索取请托人财物或者收受请托人财物的，以受贿论处。

（一）受贿罪的概念和构成要件

受贿罪，是指国家工作人员利用职务上的便利，索取他人财物，或者非法收受他人财物，为他人谋取利益以及利用本人职权或地位形成便利条件，通过其他国家工作人员职务上的行为，为请托人谋取不正当利益，索取或者收受请托人财物的行为。

本罪是从1979年《刑法》第185条和《全国人民代表大会常务委员会关于惩治贪污罪贿赂罪的补充规定》第4条、第5条的规定，吸收改为《刑法》的具体规定的。2015年《刑法修正案（九）》对《刑法》第383条进行了修改，调整了贪污、受贿罪的法定刑及幅度，将过去单一数额认定标准修改为数额与情节结合认定标准。

受贿罪的构成要件是：

1. 本罪侵犯的客体，是国家机关和国有公司、企业、事业单位、人民团体的正常工作秩序和国家的廉政建设制度，包括国家工作人员职务行为的廉洁性。

2. 客观方面表现为利用职务上的便利，索取他人财物，或者非法收受他人财物并为他人谋取利益，以及利用本人职权或地位形成便利条件，通过其他国家工作人员职务上的行为，为请托人谋取不正当利益，索取或者收受请托人财物的行为。

受贿可以划分为直接受贿和斡旋受贿两种类型。权钱交易是受贿罪的本质特征。参照《全国法院审理经济犯罪案件工作座谈会纪要》第3条第1项的规定，"利用职务上的便利"，既包括利用本人职务上主管、负责、承办某项公共事务的职权，也包括利用职务上有隶属、制约关系的其他国家工作人员的职权。担任单位领导职务的国家工作人员通过不属于自己主管的下级部门的国家工作人员的职务为他人谋取利益的，应当认定为"利用职务上的便利"为他人谋取利益。

按照《刑法》规定，受贿有两种形式：一种是"索取他人财物"，是指行为人直接、公开或者通过暗示主动向他人索要财物。索取他人财物的索贿行为，构成受贿罪，不以行为人为被索取财物者谋取利益为条件，但同样要求具备利用职务便利的要件，且索贿人和被索贿人对所要的财物即贿赂款作为职务行为的对价具有认知。另一种是"非法收受他人财物"，是指行为人允诺或者默许为他人谋取利益，接受他人主动给予财物的行为。"为他人谋取利益"，是指行为人利用本人职务上的便利，为行贿人谋取各种好处，包括物质性利益与非物质性利益。所谋取的利益，对行贿人来说，可以是其应当获得的合法利益，也可以是其不应当获取的非法利益。在斡旋受贿中，谋取的利益要求是"不正当利益"。《最高人民法院、最高人民检察院关于办理贪污贿赂刑事案件适用法律若干问题的解释》（以下简称《办理贪污贿赂刑事案件解释》）第13条第1款规定，具有下列情形之一的，应当认定为"为他人谋取利益"：（1）实际或者承诺为他人谋取利益的；（2）明知他人有具体请托事项的；（3）履职时未被请托，但事后基于该履职事由收受他人财物的。第13条第2款规定，国家工作人员索取、收受具有上下级关系的下属或者具有行政管理关系的被管理人员的财物3万元以上，可能影响职权行使的，视为承诺为他人谋取利益。对于收受型受贿必须同时具备收受他人财物和为他人谋取利益这两个方面的条件，才构成犯罪；只收受他人财物而没有为他人谋取利益的，不构成犯罪。至于行为人允诺为行贿人谋取利益，但出于种种考虑或者其他原因，最终没有实施为行贿人谋取利益的行为，不影响受贿罪的成立。

《刑法》第388条规定的斡旋受贿中，"利用本人职权或者地位形成的便利条件"，是指行为人与被其利用的国家工作人员之间在职务上虽然没有隶属、制约关系，但是行为人利用了本人职权或者地位产生的影响和一定的工作联系，如单位内不同部门的国家工作人员之间、上下级单位没有职务上隶属、制约关系的国家工作人员之间、有工作联系的不同单位的国家工作人员之间等。"通过其他国家工作人员职务上的行为"，是指行为人本人没有直接为请托人谋取利益（因其不具有这种职务便利），而是让其他国家工作人员利用职务上的便利，为请托人谋取不正当利益。对上述行为"以受贿论处"，就是指按受贿罪定罪处罚。对此类以受贿论处的案件，"索贿"的也应当有为请托人谋取不正当利益的条件。司法实践中，对这类受贿行为以受贿罪定罪处罚，应当同时援引《刑法》第388条的规定和《刑法》第385条的规定。

需要指出的是，受贿罪中的索取或者收受财物，不只限于行为人将贿赂款物收归己有，也可以表现为行为人指定行贿人、请托者将财物送给其他第三人等。

3.犯罪主体为特殊主体，即只能由国家工作人员构成。

国家工作人员的范围及其认定，与前述贪污罪主体的认定范围相同。对国家工作人员离退休以后，利用本人原有职权或者地位形成的便利条件，通过在职的国家工作人员职务上的行为，为请托人谋取不正当利益，而本人从中向请托人收取财物的行为，在最高人民法院、最高人民检察院执行《全国人民代表大会常务委员会关于惩治贪污罪贿赂罪的补充规定》的司法解释性质文件中,曾规定可以按受贿罪定罪处罚。1997年《刑法》自1997年10月1日生效施行以后,已离退休的国家工作人员,不能再成为这类受贿罪的主体。但是,国家工作人员利用职务上的便利,为请托人谋取利益,并与请托人事先约定,在其离退休后收受请托人财物,构成犯罪的,根据2000年7月21日施行的《最高人民法院关于国家工作人员利用职务上的便利为他人谋取利益离退休后收受财物行为如何处理问题的批复》的规定,应当"以受贿罪定罪处罚"。

《刑法》第385条第2款规定:"国家工作人员在经济往来中,违反国家规定,收受各种名义的回扣、手续费,归个人所有的,以受贿论处。"该条规定一般被理解为受贿罪的注意规定。"在经济往来中",是指行为人在单位的经济业务往来中,而不是指个人在非公务经济交往中,如个人在单位8小时工作以外的私人经商活动中。"违反国家规定",是指《刑法》第96条规定的违反全国人民代表大会及其常委会制定的法律和决定,国务院制定的行政法规和行政措施、发布的决定和命令,具体如《反不正当竞争法》等。违反这些国家规定,在单位经济往来业务中,收受各种名义的"回扣""手续费",不在单位有关经济账目上如实记载,归个人所有的,应当以受贿论处,以受贿罪定罪处罚。

4. 主观方面是故意。

(二)认定受贿罪应当注意的问题

1. 划清罪与非罪的界限。

《刑法修正案(九)》对受贿罪的定罪和起刑标准进行了修改,由"计赃论罪"的处罚原则修改为数额加情节的定罪量刑模式。根据《办理贪污贿赂刑事案件解释》的规定,受贿罪的入罪数额标准有两种情况,一种是单独数额标准,另一种是数额加情节的定罪标准。认定行为人的行为是否构成犯罪应注意以下问题:

(1)单纯数额的定罪标准。一般情况下,不具有《办理贪污贿赂刑事案件解释》第1条规定的"其他较重情节"的,受贿罪的起点是3万元。

（2）数额加情节的定罪标准。具有《办理贪污贿赂刑事案件解释》第1条规定的"其他较重情节"，受贿罪数额在1万元以上不满3万元的，构成受贿罪。"其他较重情节"是指具有以下情形之一：多次索贿的；为他人谋取不正当利益，致使公共财产、国家和人民利益遭受损失的；为他人谋取职务提拔、调整的。曾因贪污、受贿、挪用公款受过党纪、行政处分的；曾因故意犯罪受过刑事追究的；赃款赃物用于非法活动的；拒不交待赃款赃物去向或者拒不配合追缴工作，致使无法追缴的；造成恶劣影响或者其他严重后果的。

2. 划清借款与受贿的界限。

借款是一种正当、合法的民事行为，与受贿有本质的区别。司法实践中，犯罪分子为了逃避制裁，常常把受贿狡辩、歪曲成"借款"，对此需注意甄别。对于国家工作人员利用职务上的便利，以借为名向他人索取财物，或者非法收受财物为他人谋取利益的，应当依法认定为受贿。具体认定时，不能仅仅看是否有书面借款手续，还应当参照《全国法院审理经济犯罪案件工作座谈会纪要》第3条第6项，"以借款为名索取或者非法收受财物行为的认定"，根据以下因素综合判定：（1）有无正当、合理的借款事由；（2）款项的去向；（3）双方平时关系如何、有无经济往来；（4）国家工作人员是否利用职务上的便利为出借方谋取利益；（5）借款后是否有归还的意思表示和行为；（6）是否有归还的能力；（7）未归还的原因等情形。

3. 关于受贿罪的共犯问题。

受贿罪是特殊主体，且只能由国家工作人员利用职务上的便利构成。参照《全国法院审理经济犯罪案件工作座谈会纪要》第3条第5项"共同受贿犯罪的认定"的规定，根据《刑法》关于共同犯罪的规定，非国家工作人员与国家工作人员勾结，伙同受贿的，应当以受贿罪的共犯追究刑事责任。非国家工作人员是否构成受贿罪共犯，取决于双方有无共同受贿的故意和行为。国家工作人员的近亲属向国家工作人员代为转达请托事项，收受请托人财物并告知该国家工作人员，或者国家工作人员明知其近亲属收受了他人财物，仍按照近亲属的要求利用职权为他人谋取利益的，对该国家工作人员应认定为受贿罪，其近亲属以受贿罪共犯论处。近亲属以外的其他人与国家工作人员通谋，由国家工作人员利用职务上的便利为请托人谋取利益，收受请托人财物后双方共同占有的，构成受贿罪共犯。

认定非国家工作人员与国家工作人员是否构成共同受贿犯罪时，应注意把非国家工作人员向国家工作人员介绍贿赂区别开来。介绍贿赂的，非国家工作人员只在国家工作人员与行贿人中间起牵线搭桥、沟通关系、撮合条件的作用，没有介入为行贿人谋取利益的具体行为。介绍贿赂人即使从行贿人处得到钱物，也只是行贿人单独给他的好处费、感谢费，而不是行贿。共同受贿罪中的非国家工作人员，则参与了国家工作人员利用职务便利为他人谋取利益的行为。没有该非国家工作人员的参与，国家工作人员一般无法独自利用职务便利为他人谋取利益。

4. 关于因受贿又犯其他罪的数罪并罚问题。

《全国人民代表大会常务委员会关于惩治贪污罪贿赂罪的补充规定》第5条第2款规定："因受贿而进行违法活动构成其他罪的，依照数罪并罚的规定处罚。"1997年修订《刑法》时没有将这一内容纳入《刑法》，但并不是修改了这一原则，对这种情况不能适用数罪并罚的规定，而是因为《刑法》总则对数罪并罚原则已有规定。《刑法》总则的一般性规定，适用于《刑法》分则规定的任何犯罪，所以没有必要在分则的具体条文后再作规定。①《办理贪污贿赂刑事案件解释》第17条规定，国家工作人员利用职务上的便利，收受他人财物，为他人谋取利益，同时构成受贿罪和《刑法》分则第三章第三节、第九章规定的渎职犯罪的，除刑法另有规定外，以受贿罪和渎职犯罪数罪并罚。

5. 关于新类型受贿案件的认定与处理。

近年来，司法实践中受贿犯罪出现了一些新的形式和方法，受贿案件的处理遇到了一些新的问题。为解决新类型受贿案件的政策、法律界限和处理标准问题，2007年7月8日，最高人民法院、最高人民检察院联合出台了《关于办理受贿刑事案件适用法律若干问题的意见》(以下简称《办理受贿刑事案件意见》)，对于以下新形式受贿犯罪及有关政策界限问题，首次作出原

---

① 胡康生、李福成主编：《中华人民共和国刑法释义》，法律出版社1997年版，第552页。

则规范。

（1）关于以交易形式收受贿赂问题。《办理受贿刑事案件意见》指出，国家工作人员利用职务上的便利为请托人谋取利益，以下列交易形式收受请托人财物的，以受贿论处：以明显低于市场的价格向请托人购买房屋、汽车等物品的，以明显高于市场的价格向请托人出售房屋、汽车等物品的，以其他交易形式非法收受请托人财物的。受贿数额按照交易时当地市场价格与实际支付价格的差额计算。这里所说市场价格包括商品经营者事先设定的不针对特定人的最低优惠价格。根据商品经营者事先设定的各种优惠交易条件，以优惠价格购买商品的，则不属于受贿。

（2）关于收受干股问题。《办理受贿刑事案件意见》指出，干股是指未出资而获得的股份。国家工作人员利用职务上的便利为请托人谋取利益，收受请托人提供的干股的，以受贿论处。进行了股权转让登记，或者相关证据证明股份发生了实际转让的，受贿数额按转让行为时股份价值计算，所分红利按受贿孳息处理。股份未实际转让，以股份分红名义获取利益的，实际获利数额应当认定为受贿数额。

（3）关于以开办公司等合作投资名义收受贿赂问题。《办理受贿刑事案件意见》指出，国家工作人员利用职务上的便利为请托人谋取利益，由请托人出资，"合作"开办公司或者进行其他"合作"投资的，以受贿论处。受贿数额为请托人给国家工作人员的出资额。国家工作人员利用职务上的便利为请托人谋取利益，以合作开办公司或者其他合作投资的名义获取"利润"，没有实际出资和参与管理、经营的，以受贿论处。

（4）关于以委托请托人投资证券、期货或者其他委托理财的名义收受贿赂问题。《办理受贿刑事案件意见》指出，国家工作人员利用职务上的便利为请托人谋取利益，以委托请托人投资证券、期货或者其他委托理财的名义，未实际出资而获取"收益"，或者虽然实际出资，但获取"收益"明显高于出资应得收益的，以受贿论处。前一情形的受贿数额，以"收益"额计算；后一情形的受贿数额，则以"收益"额与出资应得收益额的差额计算。

（5）关于以赌博形式收受贿赂的认定问题。《办理受贿刑事案件意见》认为，根据2005年5月11日《最高人民法院、最高人民检察院关于办理赌博刑事案件具体应用法律若干问题的解释》第7条规定，国家工作人员利用职务上的便利为请托人谋取利益，通过赌博方式收受请托人财物的，构成受贿。实践中应注意区分贿赂与赌博活动、娱乐活动的界限。具体认定时，主要应当结合以下因素进行判断：赌博的背景、场合、时间、次数，赌资来源，其他赌博参与者有无事先通谋，输赢钱物的具体情况和金额大小。

（6）关于特定关系人"挂名"领取薪酬问题。《办理受贿刑事案件意见》指出，国家工作人员利用职务上的便利为请托人谋取利益，要求或者接受请托人以给特定关系人安排工作为名，使特定关系人不实际工作却获取所谓薪酬的，以受贿论处。关于特定关系人的范围，《办理受贿刑事案件意见》特别规定，"特定关系人"，是指与国家工作人员有近亲属、情妇（夫）以及其他共同利益关系的人。

（7）关于由特定关系人收受贿赂问题。《办理受贿刑事案件意见》指出，国家工作人员利用职务上的便利为请托人谋取利益，授意请托人以《办理受贿刑事案件意见》所列形式，将有关财物给予特定关系人的，以受贿论处。特定关系人与国家工作人员通谋，共同实施这一行为的，对特定关系人以受贿罪的共犯论处。特定关系人以外的其他人与国家工作人员通谋，由国家工作人员利用职务上的便利为请托人谋取利益，收受请托人财物后双方共同占有的，则应以受贿罪的共犯论处。

（8）关于收受贿赂物品未办理权属变更问题。《办理受贿刑事案件意见》指出，国家工作人员利用职务上的便利为请托人谋取利益，收受请托人房屋、汽车等物品，未变更权属登记或者借用他人名义办理权属变更登记的，不影响受贿的认定。认定以房屋、汽车等物品为对象的受贿，《办理受贿刑事案件意见》要求，要注意与借用的区分。具体认定时，除双方交待或者书面协议之外，主要应当结合以下因素进行判断：有无借用的合理事由，是否实际使用，借用时间的长短，有无归还的条件，有无归还的意思表示及行为。

（9）关于收受财物后退还或者上交问题。《办理受贿刑事案件意见》认为，国家工作人员收受请托人财物后及时退还或者上交的，不是受贿。但是，国家工作人员受贿后，因自身或者与其受贿有关联的人、事被查处，为掩饰犯罪而退还或者上交的，则不影响受贿罪的认定。注意这里的"收受"后退还或上交不构成受贿的前提是收受时就没有受贿的故意，如果当时有受贿故意，只要收受了财物就构成受贿罪，事后再因为后悔、掩饰等原因退还、上交均不影响受贿罪的成立。

（10）关于在职时为请托人谋利，离职后收受财物问题。《办理受贿刑事案件意见》指出，国家工作人员利用职务上的便利为请托人谋取利益之前或者之后，约定在其离职后收受请托人财物，并在离职后收受的，以受贿论处。国家工作人员利用职务上的便利为请托人谋取利益，离职前后连续收受请托人财物的，离职前后收受的部分均应计入受贿数额。

《办理受贿刑事案件意见》就司法实践中认定和处理上述10种新形式受贿案件中，如何正确贯彻宽严相济刑事司法政策的问题，提出了明确要求："依照本意见办理受贿刑事案件，要根据刑法关于受贿罪的有关规定和受贿罪权钱交易的本质特征，准确区分罪与非罪、此罪与彼罪的界限，惩处少数，教育多数。在从严惩处受贿犯罪的同时，对于具有自首、立功等情节的，依法从轻、减轻或者免除处罚。"从而保证案件处理的法律效果、政策效果和社会效果。

6.关于商业贿赂犯罪中涉及受贿罪的认定和处理。

商业贿赂是滋生腐败的温床。为依法惩治商业贿赂犯罪，2008年11月20日，最高人民法院、最高人民检察院联合发布了《关于办理商业贿赂刑事案件适用法律若干问题的意见》（以下简称《办理商业贿赂刑事案件意见》）。商业贿赂犯罪涵盖了包括受贿罪在内的刑法规定的全部8种贿赂犯罪，《办理商业贿赂刑事案件意见》对商业贿赂行为中构成受贿罪的情形和处理作了明确规定。

（1）关于在医疗、教育、政府采购、招投标等领域受贿犯罪的认定问题。根据《办理商业贿赂刑事案件意见》规定，医疗机构中的国家工作人员，在药品、医疗器械、医用卫生材料等医药产品采购活动中，利用职务上的便利，索取销售方财物，或者非法收受销售方财物，为销售方谋取利益，构成犯罪的；学校及其他教育机构中的国家工作人员，在教材、教具、校服或者其他物品的采购等活动中，利用职务上的便利，索取销售方财物，或者非法收受销售方财物,为销售方谋取利益,构成犯罪的;依法组建的评标委员会、竞争性谈判采购中谈判小组、询价采购中询价小组的国家工作人员,在招标、政府采购等事项的评标或者采购活动中,索取他人财物或者非法收受他人财物,为他人谋取利益,构成犯罪的,分别依照《刑法》第385条的规定,以受贿罪定罪处罚。

(2)关于贿赂的范围及数额认定。根据《办理商业贿赂刑事案件意见》规定,商业贿赂中的财物,既包括金钱和实物,也包括可以用金钱计算数额的财产性利益,如提供房屋装修、含有金额的会员卡、代币卡(券)、旅游费用等。具体数额以实际支付的资费为准。收受银行卡的,不论受贿人是否实际取出或者消费,卡内的存款数额一般应全额认定为受贿数额。使用银行卡透支的,如果由给予银行卡的一方承担还款责任的,透支数额也应当认定为受贿数额。

(三)受贿罪的刑事责任

1. 一般规定。

依照《刑法》第386条规定,对犯受贿罪的,根据受贿所得数额及情节,依照《刑法》第383条的规定处罚。《刑法修正案(九)》第44条对《刑法》第383条进行修改,将受贿罪分为三个量刑幅度:

(1)数额较大或者有其他较重情节的,处三年以下有期徒刑或者拘役,并处罚金。

根据《办理贪污贿赂刑事案件解释》第1条的规定,受贿数额在3万元以上不满20万元的,应当认定为《刑法》第383条第1款规定的"数额较大",依法判处三年以下有期徒刑或者拘役,并处罚金。

受贿数额在1万元以上不满3万元,具有下列情形之一的,应当认定为《刑法》第383条第1款规定的"其他较重情节",依法判处三年以下有期徒刑或者拘役,并处罚金:多次索贿的;为他人谋取不正当利益,致使公共财产、国家和人民利益遭受损失的;为他人谋取职务提拔、调整的;曾因贪污、受贿、挪用公款受过党纪、行政处分的;曾因故意犯罪受过刑事追究的;赃款赃物用于非法活动的;拒不交待赃款赃物去向或者拒不配合追缴工作,致使无法追缴的;造成恶劣影响或者其他严重后果的。

(2)数额巨大或者有其他严重情节的,处三年以上十年以下有期徒刑,并处罚金或者没收财产。

根据《办理贪污贿赂刑事案件解释》第2条的规定,受贿数额在20万元以上不满300万元的,应当认定为《刑法》第383条第1款规定的"数额巨大",依法判处三年以上十年以下有期徒刑,并处罚金或者没收财产。

受贿数额在10万元以上不满20万元,具有前述8种情形之一的,应当认定为"其他严重情节",依法判处三年以上十年以下有期徒刑,并处罚金或者没收财产。

(3)受贿数额特别巨大或者有其他特别严重情节的,处十年以上有期徒刑或者无期徒刑,并处罚金或者没收财产;数额特别巨大,并使国家和人民利益遭受特别重大损失的,处无期徒刑或者死刑,并处没收财产。

根据《办理贪污贿赂刑事案件解释》第3条的规定,受贿数额在300万元以上的,应当认定为《刑法》第383条第1款规定的"数额特别巨大",依法判处十年以上有期徒刑、无期徒刑或者死刑,并处罚金或者没收财产。

受贿数额在150万元以上不满300万元,具有前述八种情形之一的,应当认定为"其他特别严重情节",依法判处十年以上有期徒刑、无期徒刑或者死刑,并处罚金或者没收财产。

2.其他应当注意的问题。

(1)数额对贪污罪与受贿罪的量刑影响不同。由于贪污罪侵犯的客体是公共财物的所有权,因此,对贪污罪的处罚主要应根据贪污罪的数额决定具体刑罚的轻重。而受贿罪侵犯的客体主要是国家廉政建设制度和国家工作人员职务行为的廉洁性,而不是公私财物的所有权,因此,在适用《刑法》第383条规定,具体决定对受贿犯罪分子的刑罚时,应注意不能仅仅根据受贿所得数额大小决定刑罚轻重。如果受贿所得数额与贪污所得数额相同,一般情况下,受贿行为给国家、集体利益造成的损害更大。根据刑法总则规定的罪刑相适应的原则,受贿罪的刑罚也就应当重于贪污同样数额的犯罪分子的刑罚。因此,受贿案件中赃款赃物全部或者大部分追缴的,视具体情况可以酌定从轻处罚，①而不是适用于贪污案件中的"一般应当从轻处罚"。其他对受贿罪处罚应注意的问题，与对贪污罪的处罚没有不同，可参考本章对贪污罪的处罚应当注意的问题。

（2）多次受贿数额的计算。根据《办理贪污贿赂刑事案件解释》第15条规定，对多次受贿未经处理的，累计计算受贿数额。国家工作人员利用职务上的便利为请托人谋取利益前后多次收受请托人财物，受请托之前收受的财物数额在1万元以上的，应当一并计入受贿数额。

（3）关于从宽处罚。《刑法》第383条第3款，犯受贿罪，数额较大或者有其他较重情节的，在提起公诉前如实供述自己罪行、真诚悔罪、积极退赃，避免、减少损害结果的发生，可以从轻、减轻或者免除处罚；数额巨大或者有其他严重情节的或者受贿数额特别巨大或者有其他特别严重情节的，可以从轻处罚。

（4）判处死刑的相关规定。根据《办理贪污贿赂刑事案件解释》第4条的规定，贪污、受贿数额特别巨大，犯罪情节特别严重、社会影响特别恶劣、给国家和人民利益造成特别重大损失的，可以判处死刑。

符合前款规定但具有自首，立功，如实供述自己罪行、真诚悔罪、积极退赃，或者避免、减少损害结果的发生等情节，不是必须立即执行的，可以判处死刑缓期二年执行。

符合第1款规定情形的，根据犯罪情节等情况可以判处死刑缓期二年执行，同时裁判决定在其死刑缓期执行二年期满依法减为无期徒刑后，终身监禁，不得减刑、假释。

（5）关于赃款赃物用于公务支出或者社会捐赠的。《办理贪污贿赂刑事案件解释》第16条规定，国家工作人员出于贪污、受贿的故意，非法占有公共财物、收受他人财物之后，将赃款赃物用于单位公务支出或者社会捐赠的，不影响贪污罪、受贿罪的认定，但量刑时可以酌情考虑。

（6）索贿的处罚。《刑法》第386条规定，索贿的从重处罚，是指在《刑法》第383条规定的法定幅度内，从重处罚。

---

① 2009年3月12日《最高人民法院、最高人民检察院关于办理职务犯罪案件认定自首、立功等量刑情节若干问题的意见》。

（7）关于罚金刑。根据《办理贪污贿赂刑事案件解释》第 19 条的规定，对贪污罪、受贿罪判处三年以下有期徒刑或者拘役的，应当并处 10 万元以上 50 万元以下的罚金；判处三年以上十年以下有期徒刑的，应当并处 20 万元以上犯罪数额二倍以下的罚金或者没收财产；判处十年以上有期徒刑或者无期徒刑的，应当并处 50 万元以上犯罪数额二倍以下的罚金或者没收财产。

（8）收受股票的数额计算。当贿赂财物为股票时，参照《全国法院审理经济犯罪案件工作座谈会纪要》的相关规定，应当注意：国家工作人员利用职务上的便利，索取或者非法收受股票，没有支付股本金，为他人谋取利益，构成受贿罪的，其受贿数额按照收受股票时的实际价格计算；股票已上市且已升值，行为人仅支付股本金，其"购买"股票时的实际价格与股本金的差价部分应认定为受贿。但是，对于行为人支付股本金而购买较有可能升值的股票的，由于不是无偿收受请托人财物，则不应以受贿罪论处；符合其他犯罪构成的，可以其他罪论处。

四、单位受贿罪

第三百八十七条[①] 国家机关、国有公司、企业、事业单位、人民团体，索取、非法收受他人财物，为他人谋取利益，情节严重的，对单位判处罚金，并对其直接负责的主管人员和其他直接责任人员，处三年以下有期徒刑或者拘役；情节特别严重的，处三年以上十年以下有期徒刑。

前款所列单位，在经济往来中，在帐外暗中收受各种名义的回扣、手续费的，以受贿论，依照前款的规定处罚。

（一）单位受贿罪的概念和构成要件

单位受贿罪，是指国家机关、国有公司、企业、事业单位、人民团体，索取、非法收受他人财物，为他人谋取利益，情节严重的行为。

本罪是从《全国人民代表大会常务委员会关于惩治贪污罪贿赂罪的补

---

① 本条第 1 款经 2023 年 12 月 29 日《刑法修正案（十二）》第 4 条修改。

充规定》第6条的规定，吸收改为1997年《刑法》的具体规定的，1979年《刑法》没有单位受贿罪的规定。

单位受贿罪的构成要件是：

1. 本罪侵犯的客体，是国家机关、国有公司、企业、事业单位和人民团体的正常工作秩序和国家的廉政建设制度。

2. 客观方面表现为索取或者非法收受他人财物，为他人谋取利益的行为。

与受贿罪不同，单位受贿罪中，无论是索取他人财物还是收受财物，都必须同时具备为他人谋取利益的要件，利益正当与否在所不论。

3. 犯罪主体为特殊主体，只有国家机关、国有公司、企业、事业单位和人民团体才能构成本罪的主体。单位受贿的主体既可以是国有单位整体，也可以是国有单位的内设机构。上列国家机关、国有单位，在经济往来中，在账外暗中收受各种名义的回扣、手续费，无论用于私分还是本单位的其他用途，均属受贿行为，应以单位受贿论。

4. 主观方面是故意，且故意是体现单位的意志。形式上必须以单位的名义，实质上是经过单位决策程序形成的意志。如果个人冒用单位名义，实质上未经单位决策程序或者无权作出相关决定，索取或收受他人财物归个人所有，为他人谋取利益的，应认定为个人受贿。过失不构成本罪。

根据法律规定，单位受贿的行为，除需符合以上构成要件外，必须是"情节严重的"，才能构成犯罪。所谓情节严重，要根据受贿的数额、行为手段、造成的影响和后果等方面考虑。《最高人民检察院关于人民检察院直接受理立案侦查案件立案标准的规定（试行）》规定的单位受贿罪的立案标准可以作为"情节严重"的参考。即，单位受贿涉嫌下列情形之一的，应予立案：（1）单位受贿数额在10万元以上的；（2）单位受贿数额不满10万元，但具有下列情形之一的：故意刁难、要挟有关单位、个人，造成恶劣影响的，强行索取财物的，致使国家或者社会利益遭受重大损失的。

（二）认定单位受贿罪应当注意的问题

1. 划清罪与非罪的界限。

对于不具有情节严重的单位受贿行为，属于一般违纪、违法行为，应当由纪委监委对直接负责的主管人员和其他直接责任人员予以党纪、政务处分。

2. 单位受贿罪的数罪并罚问题。

同个人犯罪一样，单位受贿的同时，实施《刑法》规定的其他犯罪活动，如进行非法经营、生产销售伪劣商品、走私等，又构成犯罪的，对单位应按数罪并罚的规定予以处罚。单位受贿的直接负责的主管人员和其他直接责任人员，在单位受贿同时进行违法活动构成其他犯罪的，如实施渎职行为的，除《刑法》另有规定外，均应与单位受贿罪一并依照数罪并罚的规定予以定罪处罚。

（三）单位受贿罪的刑事责任

依照《刑法》第387条第1款规定，犯单位受贿罪的，对单位判处罚金。关于罚金刑的标准，按照《最高人民法院、最高人民检察院关于办理贪污贿赂刑事案件适用法律若干问题的解释》第19条第2款规定，"对刑法规定并处罚金的其他贪污贿赂犯罪，应当在十万元以上犯罪数额二倍以下判处罚金"。但是，2024年3月1日实施的《刑法修正案（十二）》增加了"情节特别严重"这一法定刑档次，在此档是否应当提高罚金数额，可能还需要未来的司法解释予以确定。

依照《刑法》第387条第2款规定，国家机关、国有公司、企业、事业单位、人民团体，在经济往来中，在账外暗中收受各种名义的回扣、手续费的，以受贿论，依照第1款的规定处罚。

五、利用影响力受贿罪

第三百八十八条之一[①]　国家工作人员的近亲属或者其他与该国家工作人员关系密切的人，通过该国家工作人员职务上的行为，或者利用该国家工作人员职权或者地位形成的便利条件，通过其他国家工作人员职务上的行

---

① 本条由2009年2月28日《刑法修正案（七）》第13条增设。

为，为请托人谋取不正当利益，索取请托人财物或者收受请托人财物，数额较大或者有其他较重情节的，处三年以下有期徒刑或者拘役，并处罚金；数额巨大或者有其他严重情节的，处三年以上七年以下有期徒刑，并处罚金；数额特别巨大或者有其他特别严重情节的，处七年以上有期徒刑，并处罚金或者没收财产。

离职的国家工作人员或者其近亲属以及其他与其关系密切的人，利用该离职的国家工作人员原职权或者地位形成的便利条件实施前款行为的，依照前款的规定定罪处罚。

（一）利用影响力受贿罪的概念和构成要件

利用影响力受贿罪，是指国家工作人员的近亲属或者其他与该国家工作人员关系密切的人，通过该国家工作人员职务上的行为，或者利用该国家工作人员职权或者地位形成的便利条件，以及离职的国家工作人员或者其近亲属、其他与其关系密切的人，利用该离职的国家工作人员原职权或者地位形成的便利条件，通过其他国家工作人员职务上的行为，为请托人谋取不正当利益，索取请托人财物或者收受请托人财物，数额较大或者有其他较重情节的行为。

本罪是《刑法修正案（七）》第13条增设的罪名。

利用影响力受贿罪的构成要件是：

1. 本罪侵害的客体是国家工作人员职务行为的廉洁性。

2. 客观方面表现在行为人利用其对国家工作人员的影响力，通过国家工作人员职务上的行为，为请托人谋取不正当利益，索取或者收受请托人财物，数额较大或者有其他严重情节的行为。以行为主体和所利用影响力不同，可分为三种类型：

（1）国家工作人员的近亲属或者其他与该国家工作人员关系密切的人，通过该国家工作人员职务上的行为，为请托人谋取不正当利益，索取或者收受请托人财物。根据2003年11月13日《全国法院审理经济犯罪案件工作座谈会纪要》的精神，这里的"国家工作人员职务上的行为"，既包括利用该国家工作人员本人职务上主管、负责、承办某项公共事务的职权所实施的相关行为，也包括利用与该国家工作人员职务上有隶属、制约关系的其他国家工作人员的职权所实施的相关行为。

（2）国家工作人员的近亲属或者其他与该国家工作人员关系密切的人，利用该国家工作人员职权或者地位形成的便利条件，通过其他国家工作人员职务上的行为，为请托人谋取不正当利益，索取或者收受请托人财物。这里的"利用该国家工作人员职权或者地位形成的便利条件"，应当与斡旋受贿中的"利用职权或者地位形成的便利条件"作相同的理解，即该国家工作人员与被其利用的、具体为请托人谋取不正当利益的国家工作人员之间在职务上虽然没有隶属、制约关系，但是前者利用了其本人职权或者地位产生的影响和一定的工作联系对后者施加了影响。

（3）离职的国家工作人员或者其近亲属以及其他与其关系密切的人，利用该离职的国家工作人员原职权或者地位形成的便利条件，通过国家工作人员职务上的行为，为请托人谋取不正当利益，索取或者收受请托人财物。需要注意的是，这里的"利用该离职的国家工作人员原职权或者地位形成的便利条件"，不仅包括该离职的国家工作人员与被其利用的国家工作人员之间原来在职务上并无隶属、制约关系，但是有一定工作联系，或者前者的原有职权、地位能够对后者施加一定影响的情形，更包括该离职的国家工作人员与被其利用的国家工作人员在职务上原有隶属、制约关系的情形。

根据《刑法》规定，行为人必须为"请托人谋取不正当利益"，才能构成利用影响力受贿罪。在理解和把握这一构成条件时，需要注意以下几点：其一，为请托人所谋取的利益是否正当，应当参照《最高人民法院、最高人民检察院关于办理行贿刑事案件具体应用法律若干问题的解释》第12条的规定作出认定，具体而言，符合下列三种情形之一的，应认定为为请托人谋取不正当利益：一是为请托人谋取的利益违反法律、法规、规章、政策规定的；二是通过国家工作人员违反法律、法规、规章、政策、行业规范的规定，为请托人提供帮助或者方便条件的；三是通过国家工作人员的职务行为，为请托人在经济、组织人事管理等活动中，谋取违背公平、公正原则的竞争优势的。其二，与受贿罪中的"为他人谋取利益"类似，这里的"为请托人谋取不正当利益"也包括承诺、实施和实现三个阶段的行为。如行为人明知对方给予财物,是为了利用其对国家工作人员的影响力谋取不正当利益,而仍予收受的,即可认定为承诺为请托人谋取不正当利益;至于其是否实际为请托人谋得了不正当利益,不影响本罪构成。其三,与事后受贿也构成受贿类似,利用影响力为请托人谋取不正当利益,事后索取、收受财物的,也应当认定为利用影响力受贿。

3. 犯罪主体是特殊主体,包括国家工作人员的近亲属或者其他与该国家工作人员关系密切的人,离职的国家工作人员或者其近亲属以及其他与其关系密切的人。

这里的"其他关系密切的人",是指除近亲属之外的,与国家工作人员或者离职的国家工作人员(以下简称国家工作人员)有血缘、亲属、恋人、情人、朋友、同学、师生、战友、同事、同乡等关系,可以通过感情、利益等对国家工作人员施加一定影响的人。需要注意的是,"关系密切的人"与"特定关系人"并非同一概念。"特定关系人"是在《刑法修正案(七)》增设利用影响力受贿罪之前,司法机关为解决受贿犯罪,特别是共同受贿犯罪认定中的难题提出的一个概念。2007年《最高人民法院、最高人民检察院关于办理受贿刑事案件适用法律若干问题的意见》第7条规定:"国家工作人员利用职务上的便利为请托人谋取利益,授意请托人……将财物给予特定关系人的,以受贿论。特定关系人与国家工作人员通谋,共同实施前款行为的,对特定关系人以受贿罪的共犯论处。特定关系人以外的其他人与国家工作人员通谋,由国家工作人员利用职务上的便利为请托人谋取利益,收受请托人财物后双方共同占有的,以受贿罪的共犯论处。"第10条规定:"特定关系人,是指与国家工作人员有近亲属、情妇(夫)以及其他共同利益关系的人。"在《刑法修正案(七)》制定过程中,曾有部门建议将《刑法》第388条之一中的"近亲属"及"其他与其关系密切的人"改为"特定关系人"。立法机关经研究认为,有的人是国家工作人员的同学、战友、老部下、老上级或者老朋友,交往甚密,有些关系密切到甚至可以相互称兄道弟,这些人对国家工作人员的影响力也非同一般。以此影响力为请托人办事,自己收受财物的案件屡见不鲜。如果将利用影响力受贿罪的主体仅限于"特定关系人",内涵及外延显然窄了,不利于惩治人民群众深恶痛绝的腐败犯罪,故未采纳上述意见。① 由此可见,"关系密切的人"的范围要远远广于"特定关系人"。

4.主观方面为故意。

构成本罪,以行为人受贿"数额较大"或者"有其他较重情节"为要件。根据《最高人民法院、最高人民检察院关于办理贪污贿赂刑事案件适用法律若干问题的解释》(以下简称《办理贪污贿赂刑事案件解释》)第10条第1款、第1条的规定,利用影响力受贿罪的定罪量刑适用标准,参照受贿罪执行,即受贿数额在3万元以上不满20万元的,认定为"数额较大";受贿数额在1万元以上不满3万元,具有下列情形之一的,认定为《刑法》第383条第1款规定的"其他较重情节":(1)曾因贪污、受贿、挪用公款受过党纪、行政处分的;(2)曾因故意犯罪受过刑事追究的;(3)赃款赃物用于非法活动的;(4)拒不交待赃款赃物去向或者拒不配合追缴工作,致使无法追缴的;(5)造成恶劣影响或者其他严重后果的;(6)多次索贿的;(7)为他人谋取不正当利益,致使公共财产、国家和人民利益遭受损失的;(8)为他人谋取职务提拔、调整的。

(二)认定利用影响力受贿罪应当注意的问题

1.划清利用影响力受贿罪与斡旋受贿的界限。

利用影响力受贿罪的主体通常是非国家工作人员,而《刑法》第388条规定的斡旋受贿的主体是国家工作人员,一般情况下,两者并不难区分。但是,需要注意的是,国家工作人员也并非完全不可能成为利用影响力受贿罪的主体。例如,甲是A地某街道办事处普通工作人员,其舅舅乙是B地市委书记。甲收取开发商丙500万元后,请乙帮助丙中标某工程。从常情判断,甲之所以能够影响乙,显然不是因为其职权和地位,而是因为其与乙具有亲属关系,属于乙的关系密切的人,故对甲应以利用影响力受贿而不是斡旋受贿论处。

---

① 参见黄太云:《刑事立法的理解与适用——刑事立法背景、立法原意深度解读》,中国人民公安大学出版社2014年版,第141~142页。

当行为人自身具有国家工作人员身份,同时又与其他特定的国家工作人员具有密切关系时,如其通过该其他国家工作人员职务上的行为,为请托人谋取不正当利益,如何定性,应当视其对其他国家工作人员施加的是何种性质的影响而定。总体而言:如所施加的是权力性影响,即是利用其本人职权或者地位形成的便利条件,或者所施加的影响中有权力因素,均以斡旋受贿论处;如所施加的单纯是非权力性影响,则应实事求是地依法以利用影响力受贿罪论处。究竟利用的是权力性影响还是非权力性影响,应当根据具体案件情况,结合社会公众的一般认知作出判定。

2. 划清利用影响力受贿罪与受贿共犯的界限。

根据共同犯罪的法律规定和刑法理论,行为人虽不具有国家工作人员身份,但与国家工作人员具有共同受贿的故意和行为的,则应以二者受贿共犯论处。这是区分利用影响力受贿罪与受贿共犯的一般界限。需要注意的是,共同受贿的故意的成立,并不以事先通谋为必要,事中也可以形成共同故意;共同受贿行为的成立,也不以共同占有贿赂款物为必要,国家工作人员替人办事、由非国家工作人员收人钱财的,也属于共同受贿。因此,国家工作人员的近亲属或者其他与该国家工作人员关系密切的人,通过该国家工作人员职务上的行为,为请托人谋取不正当利益,索取或者收受请托人财物,如果该国家工作人员事先通谋或者事中知情的,则无论该国家工作人员有未与关系密切人共同占有请托人给予的财物,均已符合共同受贿的成立条件。

如果国家工作人员是事后知情的,则应区分情形依法处理:特定关系人,即与国家工作人员有近亲属、情妇(夫)以及其他共同利益关系的人索取、收受他人财物,国家工作人员知道后未退还或者上交的,由于国家工作人员与特定关系人有共同利益关系、"事后受贿"也成立受贿,按照《办理贪污贿赂刑事案件解释》第16条第2款的规定,对国家工作人员及特定关系人应按共同受贿论处;特定关系人以外的与国家工作人员关系密切的人,索取、收受他人财物,国家工作人员事后知情的,由于国家工作人员客观上并未占有贿赂款物、主观上并无受贿故意,对其不应以受贿论处,而应根据其为请托人谋取不正当利益的情况,视情以有关渎职犯罪论处;相应的,对与国家工作人员关系密切的人,也不能以共同受贿认定,而应认定为利用影响力受贿。

（三）利用影响力受贿罪的刑事责任

适用《刑法》第388条之一第1款的规定时，应当注意根据犯罪的事实、犯罪的性质、情节和对于社会的危害程度，决定适当的刑罚。

六、行贿罪

第三百八十九条　为谋取不正当利益，给予国家工作人员以财物的，是行贿罪。

在经济往来中，违反国家规定，给予国家工作人员以财物，数额较大的，或者违反国家规定，给予国家工作人员以各种名义的回扣、手续费的，以行贿论处。

因被勒索给予国家工作人员以财物，没有获得不正当利益的，不是行贿。

第三百九十条[①]　对犯行贿罪的，处三年以下有期徒刑或者拘役，并处罚金；因行贿谋取不正当利益，情节严重的，或者使国家利益遭受重大损失的，处三年以上十年以下有期徒刑，并处罚金；情节特别严重的，或者使国家利益遭受特别重大损失的，处十年以上有期徒刑或者无期徒刑，并处罚金或者没收财产。

有下列情形之一的，从重处罚：

（一）多次行贿或者向多人行贿的；

（二）国家工作人员行贿的；

（三）在国家重点工程、重大项目中行贿的；

（四）为谋取职务、职级晋升、调整行贿的；

（五）对监察、行政执法、司法工作人员行贿的；

---

① 本条经2015年8月29日《刑法修正案（九）》、2023年12月29日《刑法修正案（十二）》第5条两次修改。

（六）在生态环境、财政金融、安全生产、食品药品、防灾救灾、社会保障、教育、医疗等领域行贿，实施违法犯罪活动的；

（七）将违法所得用于行贿的。

行贿人在被追诉前主动交待行贿行为的，可以从轻或者减轻处罚。其中，犯罪较轻的，对调查突破、侦破重大案件起关键作用的，或者有重大立功表现的，可以减轻或者免除处罚。

（一）行贿罪的概念和构成要件

行贿罪，是指行为人为谋取不正当利益，给予国家工作人员以财物的行为。

本罪是从1979年《刑法》第185条第3款和《全国人民代表大会常务委员会关于惩治贪污罪贿赂罪的补充规定》第七条的规定，吸收改为《刑法》的具体规定的。2015年《刑法修正案（九）》对行贿罪的处罚进行了修改。2024年3月1日施行的《刑法修正案（十二）》对行贿罪的刑罚结构作了调整，以与受贿罪刑罚相衔接，并在行贿罪中增加一款作为第2款，规定了从重处罚的行贿情形，包括多次行贿或者向多人行贿等七类情形，在法律上明确释放"受贿行贿一起查"的政策要求。

行贿罪的构成要件是：

1.本罪侵犯的客体与受贿罪相同。犯罪对象只能是国家工作人员。

2.客观方面表现为谋取不正当利益，给予国家工作人员以财物的行为，或者在经济往来中，违反国家规定，给予国家工作人员以财物，数额较大，以及违反国家规定，给予国家工作人员以各种名义的回扣、手续费的行为。何为"不正当利益"？2012年12月26日，《最高人民法院、最高人民检察院关于办理行贿刑事案件具体应用法律若干问题的解释》（以下简称《办理行贿刑事案件解释》）第12条明确规定："行贿犯罪中的'谋取不正当利益'，是指行贿人谋取的利益违反法律、法规、规章、政策规定，或者要求国家工作人员违反法律、法规、规章、政策、行业规范的规定，为自己提供帮助或者方便条件。违背公平、公正原则，在经济、组织人事管理等活动中，谋取竞争优势的，应当认定为'谋取不正当利益'。"《刑法》第389条第1款规定的典型的行贿罪，行贿人必须具有为谋取不正当利益而向国家工作人员行贿的目的。这是构成行贿罪的前提条件。当然，获得的利益是否正当，是根据规范作的一个客观判断，并不以当事人是否认识到为标准。如果当事人本来以为谋取的是不正当利益而给予国家工作人员财物，但是实际上谋取的是正当利益，则按照法条的规定很难认定为行贿罪。该条第2款规定的在经济往来中给予其各种名义的回扣、手续费，虽然没有明确要求具有谋取不正当利益的目的，但要求系"违反国家规定"而给予回扣、手续费，因此应当理解为为了谋取不正当利益。这里的"违反国家规定"是指违反全国人大及其常委会制定的法律和决定，国务院制定的行政法规和行政措施、发布的决定和命令。

3.犯罪主体为一般主体，但仅限于自然人，不包括单位。

4.主观方面由故意构成，如果没有实际获得不正当利益，也还要具备"为了谋取不正当利益"的主观目的。

（二）认定行贿罪应当注意的问题

1.划清罪与非罪的界限。

行为人是否具有谋取不正当利益的目的而给予国家工作人员以财物，是区分本罪与非罪界限的重要标志。为谋取正当利益给予国家工作人员以财物，依法不构成行贿罪。为谋取不正当利益而给予国家工作人员以财物，构成行贿罪的，法律没有规定构成犯罪的具体数额标准。但这不等于为获取不正当利益行贿，构成犯罪不要求行贿财物的数额大小。根据《刑法》第386条规定，犯受贿罪的，还要根据受贿所得数额及情节予以处罚。根据立法精神，对行贿罪的处罚同样应当考虑行贿财物的具体数额。《最高人民法院、最高人民检察院关于办理贪污贿赂刑事案件适用法律若干问题的解释》（以下简称《办理贪污贿赂刑事案件解释》）第7条规定，一般情况下行贿罪的入罪起点是3万元；但具备六种特殊情形的，入罪起点是1万元（下文将详述）。根据《办理行贿刑事案件解释》的规定，对"多次行贿未经处理的，按照累计行贿数额处罚"。司法实践中，对于行贿行为情节较轻的，虽不应当追究其刑事责任，但行贿所得非法财物则应当依法追缴、责令退赔或者返还被害人。

对于在经济往来中违反国家规定，给予国家工作人员以各种名义的回扣、手续费构成行贿罪，同样必须达到一定数额才能追究刑事责任。具体数额标准，应当依照《办理贪污贿赂刑事案件解释》掌握。

对于因被勒索给予国家工作人员以财物，没有获得不正当利益的，不论给予国家工作人员财物数额大小，均不是行贿行为，不能以行贿罪论处。

2. 划清本罪与妨害作证罪的界限。

如果证人是国家工作人员，用贿买的方法妨害该证人作证的，从形式上看，与行贿罪相近。但这种情况下行为人仅是使该国家工作人员利用其证人的身份为自己谋取不正当利益，而不是利用其职务上的便利。因此，只构成妨害作证罪，不构成行贿罪。

（三）行贿罪的刑事责任

2015年《刑法修正案（九）》对《刑法》第390条作了修改，一是对行贿罪增加了罚金刑，二是进一步严格了对行贿罪从宽处罚的条件。2024年3月1日施行的《刑法修正案（十二）》对行贿罪的刑罚结构作了调整，并在行贿罪中增加一款作为第2款，规定了从重处罚的七类行贿情形。

司法机关在适用《刑法》第389条、第390条规定处罚时，应当注意以下问题：

1. 一般处罚规定。

《刑法》第390条第1款规定了3个量刑幅度，其中"情节严重""情节特别严重"，是加重处罚情节，对应两个加重处罚档。根据《办理贪污贿赂刑事案件解释》第7条的规定，为谋取不正当利益，向国家工作人员行贿，数额在3万元以上的，应当依照《刑法》第390条的规定以行贿罪追究刑事责任。行贿数额在1万元以上不满3万元，具有下列情形之一的，应当依照《刑法》第390条的规定以行贿罪追究刑事责任：（1）向三人以上行贿的；（2）将违法所得用于行贿的；（3）通过行贿谋取职务提拔、调整的；（4）向负有食品、药品、安全生产、环境保护等监督管理职责的国家工作人员行贿，实施非法活动的；（5）向司法工作人员行贿，影响司法公正的；（6）造成经济损失数额在50万元以上不满100万元的。需要注意的是，《刑法修正案（十二）》新增了七类从重处罚情形，其中部分情形可能会与《办理贪污贿赂刑事案件解释》第7条的部分规定交叉，① 要注意情节严重与从重处罚的区别与认定标准。

　　根据《办理贪污贿赂刑事案件解释》第8条规定，犯行贿罪，具有下列情形之一的，应当认定为《刑法》第390条第1款规定的"情节严重"：（1）行贿数额在100万元以上不满500万元的；（2）行贿数额在50万元以上不满100万元，并具有该解释第7条第2款第1项至第5项规定的情形之一的；（3）其他严重的情节。为谋取不正当利益，向国家工作人员行贿，造成经济损失数额在100万元以上不满500万元的，应当认定为《刑法》第390条第1款规定的"使国家利益遭受重大损失"。需要注意的是，《刑法修正案（十二）》新增了七类从重处罚情形，其中部分情形可能会与《办理贪污贿赂刑事案件解释》第8条的部分规定交叉，② 要注意"情节严重"的标准与从重处罚情形交叉的情况，勿将二者混为一谈。

　　根据《办理贪污贿赂刑事案件解释》第9条规定，犯行贿罪，具有下列情形之一的，应当认定为《刑法》第390条第1款规定的"情节特别严重"：（1）行贿数额在500万元以上的；（2）行贿数额在250万元以上不满500万元，并具有该解释第7条第2款第1项至第5项规定的情形之一的；（3）其他特别严重的情节。为谋取不正当利益，向国家工作人员行贿，造成经济损失数额在500万元以上的，应当认定为《刑法》第390条第1款规定的"使国家利益遭受特别重大损失"。需要注意的是，《刑法修正案（十二）》新增了七类从重处罚情形，其中部分情形可能会与《办理贪污贿赂刑事案件解

---

　　① 例如，七类加重处罚情形中"多次行贿或者向多人行贿的"是从重处罚情形，而《办理贪污贿赂刑事案件解释》第7条中的行贿数额在1万元以上不满3万元且"向三人以上行贿的"是入罪标准。行为人在达到入罪标准的同时，必然也符合"向多人行贿"的从重处罚条件，此种情况下应当如何处理？如果对同一行为既入罪同时又从重处罚，是否有违"禁止重复评价"的法理？

　　② 例如，七类加重处罚情形中"多次行贿或者向多人行贿的"是从重处罚情形，而《办理贪污贿赂刑事案件解释》第8条中的行贿数额在50万元以上不满100万元且"向三人以上行贿的"是"情节严重"的标准。行为人在达到"情节严重"的标准的同时，必然也符合"向多人行贿"的从重处罚条件，此种情况下应当如何处理？如果既以"情节严重"提高法定刑档次同时又从重处罚，是否有违"禁止重复评价"的法理？

释》第 9 条的部分规定交叉,①要注意区分"情节特别严重"与"从重处罚"的区别和认定标准。

2. 行贿人被追诉前主动交待行贿行为从宽处理的特别规定。

2015 年修正前的《刑法》规定,"行贿人在被追诉前主动交待行贿行为的,可以减轻处罚或者免除处罚"。党的十八大之后,提出行贿、受贿一起查,《刑法修正案(九)》对行贿罪从宽处理作了严格限制。2015 年修正后的《刑法》第 390 条第 2 款②规定:"行贿人在被追诉前主动交待行贿行为的,可以从轻或者减轻处罚。其中,犯罪较轻的,对侦破重大案件起关键作用的,或者有重大立功表现的,可以减轻或者免除处罚。"由此限制了从宽处罚的幅度和免除处罚的适用范围。关于"被追诉前"的界定,根据《办理行贿刑事案件解释》的规定,是指检察机关对行贿人的行贿行为刑事立案前。监察体制改革后,对于监察机关立案调查的案件"被追诉前"是指监察机关立案调查前。

一般情况下,被追诉前主动交待行贿行为的,可以从轻或者减轻处罚。但是在被追诉前主动交待行贿行为的前提下,具备以下三个条件之一,对行贿人可以减轻或者免除处罚:一是犯罪情节较轻。根据《办理贪污贿赂刑事案件解释》第 14 条第 1 款的规定,"犯罪较轻"是指根据行贿犯罪的事实、情节,可能被判处三年有期徒刑以下刑罚的。二是对侦破重大案件起关键作用。根据《办理贪污贿赂刑事案件解释》第 14 条第 2 款的规定,重大案件是指根据犯罪的事实、情节,已经或者可能被判处十年有期徒刑以上刑罚的,或者案件在本省、自治区、直辖市或者全国范围内有较大影响的。"对侦破重大案件起关键作用"是指具有下列情形之一的:(1)主动交待办案机关未掌握的重大案件线索的;(2)主动交待的犯罪线索不属于重大案件的线索,但该线索对于重大案件侦破有重要作用的;(3)主动交待行贿事实,对于重大案件的证据收集有重要作用的;(4)主动交待行贿事实,对于重大案件的追逃、追赃有重要作用的。三是具有重大立功表现的。这里的重大立功

---

① 与前注同理。
② 在《刑法修正案(十二)》实施后,应为第 3 款,同时将本款中"对侦破重大案件起关键作用的"修改为"对调查突破、侦破重大案件起关键作用的"。

表现与《刑法》第 68 条规定的重大立功表现相同，具体表现可以参照《最高人民法院关于处理自首和立功具体应用法律若干问题的解释》以及《最高人民法院、最高人民检察院关于办理职务犯罪案件认定自首、立功等量刑情节若干问题的意见》等相关司法解释和司法解释性文件的规定认定。

需要注意的是，因行贿人主动交待行贿行为而破获相关受贿案件的，对行贿人不适用《刑法》第 68 条关于立功的规定，而是依照《刑法》第 390 条第 3 款的规定，予以从宽处罚。此外符合《刑法》第 390 条第 3 款规定的"行贿人在被追诉前主动交待行贿行为"的情形，自然也符合《刑法》第 67 条的规定，构成自首。因为本条款对行贿犯罪的"自首"作了特别规定，因此，作为特别规定，行贿人构成犯罪，在被追诉前主动交待行贿行为的，不再以一般自首对待，而应当直接引用本条款的规定，对被告人可以依法从宽处罚。

3. 其他特别处罚规定。

《办理行贿刑事案件解释》还对司法实践中常见的对行贿人处罚中的一些疑难问题作出了规定：（1）行贿人谋取不正当利益的行为构成犯罪的，应当与行贿犯罪实行数罪并罚。（2）行贿人被追诉后如实供述自己罪行的，依照《刑法》第 67 条第 3 款的规定，可以从轻处罚；因其如实供述自己罪行，避免特别严重后果发生的，可以减轻处罚。（3）行贿人揭发受贿人与其行贿无关的其他犯罪行为，查证属实的，依照《刑法》第 68 条关于立功的规定，可以从轻、减轻或者免除处罚。（4）实施行贿犯罪，具有下列情形之一的，一般不适用缓刑和免予刑事处罚：①向三人以上行贿的；②因行贿受过行政处罚或者刑事处罚的；③为实施违法犯罪活动而行贿的；④造成严重危害后果的；⑤其他不适用缓刑和免予刑事处罚的情形。具有《刑法》第 390 条第 3 款规定的情形的，不受前款规定的限制。（5）行贿犯罪取得的不正当财产性利益应当依照《刑法》第 64 条的规定予以追缴、责令退赔或者返还被害人。因行贿犯罪取得财产性利益以外的经营资格、资质或者职务晋升等其他不正当利益，建议有关部门依照相关规定予以处理。

4. 关于七类从重处罚情形。

七类情形的确定主要是与中央纪委国家监委等发布的《关于进一步推进

受贿行贿一起查的意见》规定范围相衔接。理解和把握这些情形，需要注意的有：（1）七类情形从不同角度作出规定，相互间可能会存在有所交叉的情况，如第2项"国家工作人员行贿的"与第4项"为谋取职务、职级晋升、调整行贿的"，当国家工作人员为谋求岗位晋升而行贿时，同时符合第2项与第4项，这时只作为一个从重情节予以考虑更为妥当。（2）第3项"国家重点工程、重大项目"的确定，可以参考国家发改委每年发布的有关重点项目清单等认定。（3）第5项规定"对监察、行政执法、司法工作人员行贿的"，有人认为，这里的"行政执法"与第6项规定的"生态环境"等八个具体领域重合，但是第5项规定主要是从通过行贿干涉案件公正处理的角度作出的规定，两者有所不同。（4）第6项规定"在生态环境、财政金融、安全生产、食品药品、防灾救灾、社会保障、教育、医疗等领域行贿，实施违法犯罪活动的"，该项列举的领域主要涉及重要民生领域和公众人身、财产安全领域，体现了对民生和公共安全的保护。同时，根据情况变化和需要，本项同时保留"等"字，为其他需要从重处罚的情形提供法律依据。本项中的"实施违法犯罪活动"，不是指行贿本身获取不正当利益都属于"实施违法犯罪活动"，而是指行贿所从事的事项本身属于"实施违法犯罪活动"，比如为了生产销售伪劣食品、安全生产不达标、排污等而行贿的。两项条件合在一起，更好地把握了从重范围和条件。[①]

七、对有影响力的人行贿罪

第三百九十条之一[②]　为谋取不正当利益，向国家工作人员的近亲属或者其他与该国家工作人员关系密切的人，或者向离职的国家工作人员或者其近亲属以及其他与其关系密切的人行贿的，处三年以下有期徒刑或者拘役，并处罚金；情节严重的，或者使国家利益遭受重大损失的，处三年以上七年以下有期徒刑，并处罚金；情节特别严重的，或者使国家利益遭受特别重大

[①] 张义健：《〈刑法修正案（十二）〉的理解与适用》，载《法律适用》2024年第2期。
[②] 本条由2015年8月29日《刑法修正案（九）》第46条增设。

损失的，处七年以上十年以下有期徒刑，并处罚金。

单位犯前款罪的，对单位判处罚金，并对其直接负责的主管人员和其他直接责任人员，处三年以下有期徒刑或者拘役，并处罚金。

（一）对有影响力的人行贿罪的概念和构成要件

对有影响力的人行贿罪是指个人或单位，为谋取不正当利益，给予国家工作人员的近亲属或者其他与该国家工作人员关系密切的人，或者向离职的国家工作人员或者其近亲属以及其他与其关系密切的人给予财物的行为。

本罪是《刑法修正案（九）》第46条增设的罪名。

对有影响力的人行贿罪的构成要件是：

1. 本罪侵犯的客体，是国家机关和国有公司、企业、事业单位、人民团体的正常工作秩序和国家的廉政建设制度。

2. 客观方面主要表现为谋取不正当利益，向国家工作人员的近亲属或者其他与该国家工作人员关系密切的人，或者向离职的国家工作人员或者其近亲属以及其他与其关系密切的人给予财物的行为。本罪的行贿对象有：（1）国家工作人员的近亲属；（2）其他与该国家工作人员关系密切的人；（3）离职的国家工作人员；（4）离职的国家工作人员的近亲属；（5）其他与离职的国家工作人员关系密切的人。近亲属、关系密切的人的内涵界定参见利用影响力受贿罪，在此不再赘述。

3. 犯罪主体为一般主体，既包括自然人也包括单位。

4. 主观方面是故意，并且具有谋取不正当利益的目的。

（二）认定对有影响力的人行贿罪应当注意的问题

1. 划清罪与非罪的界限。

行为人是否具有谋取不正当利益的目的而给予相关人员以财物，是区分本罪与非罪界限的重要标志。为谋取正当利益给予相关人员以财物，依法不构成对有影响力的人行贿罪。《刑法》对本罪的入罪门槛，未规定具体的数额和情节。但这并不等于说只要存在相关行为，即一概追究刑事责任。司法实践中，对这类行贿行为，也应当结合所谋取不正当利益的性质、行贿财物数额的大小和因行贿给国家、集体利益造成的损失大小等情况，综合判定行贿行为是否应当追究刑事责任。

根据《最高人民法院、最高人民检察院关于办理贪污贿赂刑事案件适用法律若干问题的解释》（以下简称《办理贪污贿赂刑事案件解释》）第10条第2款、第3款规定，对有影响力的人行贿罪的定罪量刑适用标准，参照本解释关于行贿罪的规定执行。

2.划清对有影响力的人行贿罪与行贿罪的区别。

（1）两罪的客观方面不同。行贿罪的对象是国家工作人员，如果是离职的国家工作人员，双方必须是在国家工作人员在职时事先有约定。对有影响力的人行贿罪的对象不属于在职国家工作人员，包括五类，即国家工作人员的近亲属，其他与该国家工作人员关系密切的人，离职的国家工作人员，离职的国家工作人员的近亲属，其他与离职的国家工作人员关系密切的人。（2）两罪的主体不同。行贿罪的主体仅限于自然人，如果单位给国家工作人员行贿的，构成单位行贿罪，对有影响力的人行贿罪的主体既包括自然人也包括单位。

（三）对有影响力的人行贿罪的刑事责任

根据《办理贪污贿赂刑事案件解释》第10条第2款、第3款规定，对有影响力的人行贿罪的定罪量刑适用标准，参照本解释关于行贿罪的规定执行。

参照《办理贪污贿赂刑事案件解释》关于行贿罪定罪量刑适用标准的规定，为谋取不正当利益，向国家工作人员的近亲属或者其他与该国家工作人员关系密切的人，或者向离职的国家工作人员或者其近亲属以及其他与其关系密切的人行贿，数额在3万元以上的，应当依照《刑法》第390条之一的规定以对有影响力的人行贿罪追究刑事责任。

行贿数额在1万元以上不满3万元，具有下列情形之一的，应当依照《刑法》第390条之一的规定以对有影响力的人行贿罪追究刑事责任：（1）向3人以上行贿的；（2）将违法所得用于行贿的；（3）通过行贿谋取职务提拔、调整的；（4）向负有食品、药品、安全生产、环境保护等监督管理职责的国家工作人员的近亲属或者其他与该国家工作人员关系密切的人行贿,实施非法活动的;(5)向司法工作人员的近亲属或者其他与该国家工作人员关系密切的人行贿,影响司法公正的;(6)造成经济损失数额在50万元以上不满100万元的。

犯对有影响力的人行贿罪,具有下列情形之一的,应当认定为《刑法》第390条之一第1款规定的"情节严重":(1)行贿数额在100万元以上不满500万元的;(2)行贿数额在50万元以上不满100万元,并具有《办理贪污贿赂刑事案件解释》第7条第2款第1项至第5项规定的情形之一的;(3)其他严重的情节。

为谋取不正当利益,向国家工作人员的近亲属或者其他与该国家工作人员关系密切的人,或者向离职的国家工作人员或者其近亲属以及其他与其关系密切的人行贿,造成经济损失数额在100万元以上不满500万元的,应当认定为《刑法》第390条之一第1款规定的"使国家利益遭受重大损失"。

犯对有影响力的人行贿罪,具有下列情形之一的,应当认定为《刑法》第390条之一第1款规定的"情节特别严重":(1)行贿数额在500万元以上的;(2)行贿数额在250万元以上不满500万元,并具有《办理贪污贿赂刑事案件解释》第7条第2款第1项至第5项规定的情形之一的;(3)其他特别严重的情节。

为谋取不正当利益,向国家工作人员的近亲属或者其他与该国家工作人员关系密切的人,或者向离职的国家工作人员或者其近亲属以及其他与其关系密切的人行贿,造成经济损失数额在500万元以上的,应当认定为《刑法》第390条第1款规定的"使国家利益遭受特别重大损失"。

单位对有影响力的人行贿数额在20万元以上的,应当依照《刑法》第390条之一的规定以对有影响力的人行贿罪追究刑事责任。

需要注意的是,《刑法》第390条第2款规定对行贿人被追诉前主动交待行贿行为的,可以从轻或者减轻处罚。其中,犯罪较轻的,对侦破重大案件起关键作用的,或者有重大立功表现的,可以减轻或者免除处罚。这一规定是对一般行贿犯罪的规定,也应考虑适用于对有影响力的人行贿罪,以体现刑法的平等适用和我国宽严相济的刑事政策。①

八、对单位行贿罪

第三百九十一条② 为谋取不正当利益，给予国家机关、国有公司、企业、事业单位、人民团体以财物的，或者在经济往来中，违反国家规定，给予各种名义的回扣、手续费的，处三年以下有期徒刑或者拘役，并处罚金；情节严重的，处三年以上七年以下有期徒刑，并处罚金。

单位犯前款罪的，对单位判处罚金，并对其直接负责的主管人员和其他直接责任人员，依照前款的规定处罚。

（一）对单位行贿罪的概念和构成要件

对单位行贿罪是指为谋取不正当利益，给予国家机关、国有公司、企业、事业单位、人民团体以财物的，或者在经济往来中，违反国家规定，给予各种名义的回扣、手续费的行为。

本罪是1997年《刑法》增设的罪名，1979年《刑法》和单行刑法均没有规定此罪名。2015年《刑法修正案（九）》对单位行贿罪进行了修改，增加了"并处罚金"的规定。2024年3月1日施行的《刑法修正案（十二）》调整、提高了对单位行贿罪的法定刑。

对单位行贿罪的构成要件是：

1. 本罪的犯罪对象只能是国家机关、国有公司、企业、事业单位和人民团体。向其他单位或者个人行贿，均不构成本罪。

2. 客观方面表现为为谋取不正当利益给予国家机关、国有公司、企业、事业单位、人民团体以财物，或者在经济往来中，违反国家规定，给予各种名义的回扣、手续费的行为。

3. 犯罪主体为一般主体，自然人和单位均可成为本罪的主体。

---

① 参见王爱立：《中华人民共和国刑法解读》（第五版），中国法制出版社2018年版，第960页。
② 本条第1款经2015年8月29日《刑法修正案（九）》第47条、2023年12月29日《刑法修正案（十二）》第6条两次修改。

4. 主观方面由故意构成，并且必须具有"为谋取不正当利益"的目的，这是构成本罪的前提条件。何谓"谋取不正当利益"，详见前述关于行贿罪中"谋取不正当利益"的分析。过失不构成本罪。

（二）认定对单位行贿罪应当注意的问题

划清罪与非罪的界限。对单位行贿罪，法律没有规定构成犯罪的行贿数额或者其他情节方面的标准。但这并不是说只要对单位行贿的，一概构成犯罪。首先，为谋取不正当利益，向单位行贿，要考虑所谋取的不正当利益的具体性质，给国家利益造成损害的大小以及行贿数额的大小。其次，在经济往来中，违反国家规定，给予国有单位各种名义的回扣、手续费的，要考虑给国有单位、国家利益造成损失的大小，以及给予各种名义的回扣、手续费的数额大小。《最高人民检察院关于人民检察院直接受理立案侦查案件立案标准的规定（试行）》中规定，对单位行贿的行为，"涉嫌下列情形之一的，应予立案：1. 个人行贿数额在10万元以上、单位行贿数额在20万元以上的；2. 个人行贿数额不满10万元、单位行贿数额在10万元以上不满20万元，但具有下列情形之一的：（1）为谋取非法利益而行贿的；（2）向3个以上单位行贿的；（3）向党政机关、司法机关、行政执法机关行贿的；（4）致使国家或者社会利益遭受重大损失的"。在最高人民法院、最高人民检察院作出新的司法解释以前，此立案标准可供办审理此类案件时参考。司法实践中，对于向单位行贿情节较轻、数额较小的，可不以犯罪论处。

（三）对单位行贿罪的刑事责任

2015年《刑法修正案（九）》增加了对单位行贿罪的罚金刑。根据《最高人民法院、最高人民检察院关于办理贪污贿赂刑事案件适用法律若干问题的解释》（以下简称《办理贪污贿赂刑事案件解释》）第19条第2款规定，对刑法规定并处罚金的其他贪污贿赂犯罪，应当在10万元以上犯罪数额2倍以下判处罚金。对单位行贿罪属于该款规定的"其他贪污贿赂犯罪"范围，适用这一罚金刑的判罚标准。但是，2024年3月1日施行的《刑法修正案（十二）》增加了"情节严重"这一法定刑档次，在此档是否应当提高罚金数额，可能还需要未来的司法解释予以确定。

《刑法》第 391 条第 2 款规定，单位犯本罪的，对单位判处罚金，并对其直接负责的主管人员和其他直接责任人员，依照前款的规定处罚。本款虽然在《刑法修正案（九）》中未明确修改，但因修改了第 1 款，增加了"并处罚金"的规定，按照第 2 款依照前款规定处罚的表述，对单位犯对单位行贿罪中的个人除了判处自由刑外，还应并处罚金。即按照《办理贪污贿赂刑事案件解释》第 19 条第 2 款的规定，应当在 10 万元以上犯罪数额 2 倍以下判处罚金。对单位则判处罚金应当在 10 万元以上犯罪数额 2 倍以下判处。

九、介绍贿赂罪

第三百九十二条[①] 向国家工作人员介绍贿赂，情节严重的，处三年以下有期徒刑或者拘役，并处罚金。

介绍贿赂人在被追诉前主动交待介绍贿赂行为的，可以减轻处罚或者免除处罚。

（一）介绍贿赂罪的概念和构成要件

介绍贿赂罪，是指向国家工作人员介绍贿赂，情节严重的行为。

本罪 1979 年《刑法》第 185 条第 3 款作了规定，1997 年《刑法》对罪状作了修改和补充。2015 年《刑法修正案（九）》对介绍贿赂罪再次进行了完善，增设了"并处罚金"以及"介绍贿赂人在被追诉前主动交待介绍贿赂行为的，可以减轻处罚或者免除处罚"的规定。

介绍贿赂罪的构成要件是：

1. 本罪侵犯的客体是国家工作人员职务行为的不可收买性。行为的对象只能是国家工作人员。

2. 客观方面表现为介绍贿赂行为人在行贿人和受贿的国家工作人员之间进行沟通联系、牵线搭桥、撮合条件，促使贿赂行为得以实现的行为。

[①] 本条第 1 款经 2015 年 8 月 29 日《刑法修正案（九）》第 48 条修改。

3.犯罪主体为一般主体,任何自然人都可以成为本罪的主体。

4.主观方面由故意构成,在具体案件中,行为人应当知道行贿人有为谋取利益向国家工作人员行贿的意图或者知道国家工作人员有索要或收受财物为他人谋取利益的意图,也就是对"贿赂行为"要有认知,进而在双方之间沟通联系、牵线搭桥。如果行为人对双方这种行受贿意图和行为没有认知,则不构成介绍贿赂。如果双方本来不存在行受贿的意图,而撮合行受贿,则可能构成行受贿的教唆或帮助犯,而不是介绍贿赂。行贿人谋取利益是否正当,介绍贿赂行为人从中是否获利,均不影响介绍贿赂罪的成立。

根据法律规定,介绍贿赂的行为,除需符合以上构成要件外,还必须达到"情节严重"的程度,才构成犯罪。所谓情节严重,要根据贿赂的数额、介绍的对象身份、介绍的次数多少、从介绍行为中获得好处多少、造成的影响和后果等方面考虑。《最高人民检察院关于人民检察院直接受理立案侦查案件立案标准的规定(试行)》规定的介绍受贿罪的立案标准可以作为"情节严重"的参考。即介绍贿赂,涉嫌下列情形之一的,应予立案:(1)介绍个人向国家工作人员行贿,数额在2万元以上的;介绍单位向国家工作人员行贿,数额在20万元以上的;(2)介绍贿赂数额不满上述标准,但具有下列情形之一的:①为使行贿人获取非法利益而介绍贿赂的;②3次以上或者为3人以上介绍贿赂的;③向党政领导、司法工作人员、行政执法人员介绍贿赂的;④致使国家或者社会利益遭受重大损失的。

(二)认定介绍贿赂罪应当注意的问题

1.划清罪与非罪的界限。

对于不具有情节严重的介绍受贿行为,则不认为是犯罪。如果具有党员、公职人员身份,涉嫌一般违纪、违法的,应当由纪委监委对其予以党纪、政务处分。

2.划清介绍贿赂与行贿、受贿犯罪的界限。

介绍贿赂罪的法定最高刑为三年有期徒刑,而行贿罪与受贿罪的法定最高刑分别为无期徒刑和死刑,两者法定刑差别极大,如果不能准确进行界定区分,容易导致处理结果的较大差异,进而导致罪责刑不相适应。介绍贿赂中行为人对行受贿有认知，又客观上促成了行受贿，对行受贿起到了帮助作用，因此是成立介绍贿赂还是构成行受贿的共犯较难区分。在案件审查办理中，应当从共同犯罪角度，审查是否构成受贿罪、行贿罪的共同犯罪，而不能认为对行贿受贿两边帮助反而成立更轻的介绍贿赂罪，或者认为介绍贿赂罪是行贿罪或者受贿罪帮助犯的一种特殊"从轻"规定。因此，对介绍贿赂中的"介绍"应当作较为狭义的理解，主要表现是居间引荐、介绍、沟通、转送贿款等，如果与行受贿有共谋或者犯意教唆，又积极地参与到谋利行为的实施、赃款的筹集、分配等行受贿行为中，则可认定为行受贿犯罪的共犯，从而实现罪刑相适应。

（三）介绍贿赂罪的刑事责任

关于罚金刑的标准，《最高人民法院、最高人民检察院关于办理贪污贿赂刑事案件适用法律若干问题的解释》第 19 条第 2 款规定："对刑法规定并处罚金的其他贪污贿赂犯罪，应当在十万元以上犯罪数额二倍以下判处罚金。"

依照《刑法》第 392 条第 2 款规定，介绍贿赂人在被追诉前主动交待介绍贿赂行为的，可以减轻处罚或者免除处罚。

十、单位行贿罪

第三百九十三条[①] 单位为谋取不正当利益而行贿，或者违反国家规定，给予国家工作人员以回扣、手续费，情节严重的，对单位判处罚金，并对其直接负责的主管人员和其他直接责任人员，处三年以下有期徒刑或者拘役，并处罚金；情节特别严重的，处三年以上十年以下有期徒刑，并处罚金。因行贿取得的违法所得归个人所有的，依照本法第三百八十九条、第三百九十条的规定定罪处罚。

---

① 本条经 2015 年 8 月 29 日《刑法修正案（九）》第 49 条、2023 年 12 月 29 日《刑法修正案（十二）》第 7 条两次修改。

(一)单位行贿罪的概念和构成要件

单位行贿罪,是指单位为谋取不正当利益而行贿,或者违反国家规定,给予国家工作人员以回扣、手续费,情节严重的行为。

本罪是从《全国人民代表大会常务委员会关于惩治贪污罪贿赂罪的补充规定》吸收改为1997年《刑法》的具体规定的。2015年《刑法修正案(九)》对单位行贿罪进行了修改,增加了"并处罚金"的规定。2024年3月1日施行的《刑法修正案(十二)》调整、提高了单位行贿罪的法定刑。

单位行贿罪的构成要件是:

1. 本罪侵犯的客体是国家工作人员的职务廉洁性和国家廉政制度。犯罪对象是国家工作人员,单位对非国家工作人员行贿的,构成对非国家工作人员行贿罪。

2. 本罪的客观方面表现为两种形式:一是为谋取不正当利益而向国家工作人员行贿的行为。谋取不正当利益是构成该种单位行贿罪的前提条件,且这里的不正当利益归属于单位。何谓"谋取不正当利益",可参考前述关于行贿罪的分析。二是违反国家规定,给予国家工作人员以回扣、手续费,情节严重的行为。

3. 本罪的犯罪主体为特殊主体,只有单位才能构成本罪,这里的单位是指《刑法》第30条规定的公司、企业、事业单位、机关、团体。

4. 本罪的主观方面为故意。但这种故意是经单位决策机关授权和同意,体现单位意志,由其直接负责的主管人员和其他直接责任人员以故意行贿的行为表现出来。过失不构成本罪。

(二)认定单位行贿罪应当注意的问题

1. 划清罪与非罪的界限。

单位为谋取不正当利益而行贿构成犯罪的,法律未规定具体的情节。但这并不等于说只要单位为谋取不正当利益而行贿,即一概追究刑事责任。司法实践中,对这类行贿行为,仍应当结合所谋取不正当利益的性质、行贿财物数额的大小和因行贿给国家、集体利益造成的损失大小等情况,综合判定行贿行为是否应当追究刑事责任。

违反国家规定给予国家工作人员以回扣、手续费的行为，则必须达到"情节严重"的程度才构成犯罪。所谓情节严重，司法实践中，一般是指账外、暗中给以回扣、手续费数额巨大的；给国家利益造成较大损失的；多次违反国家规定，给予国家工作人员以回扣、手续费，屡教不改等情形。最高人民检察院在《最高人民检察院关于人民检察院直接受理立案侦查案件标准的规定（试行）》以及《最高人民检察院关于行贿罪立案标准的规定》中均确定了单位行贿罪的立案条件："涉嫌下列情形之一的，应予立案：1. 单位行贿数额在二十万元以上的；2. 单位为谋取不正当利益而行贿，数额在十万元以上不满二十万元，但具有下列情形之一的：（1）为谋取非法利益而行贿的；（2）向三人以上行贿的；（3）向党政领导、司法工作人员、行政执法人员行贿的；（4）致使国家或者社会利益遭受重大损失的。"在最高人民法院、最高人民检察院作出新的司法解释以前，上述立案标准可供办理此类案件时参考。单位行贿危害后果不大等情节较轻的，可不以犯罪论处。

2. 划清本罪与行贿罪的界限。

（1）本罪的犯罪主体是任何所有制形式的单位，而行贿罪主体是自然人，不包括单位。根据1999年《最高人民法院关于审理单位犯罪案件具体应用法律有关问题的解释》，《刑法》第30条规定的"公司、企业、事业单位"，既包括国有、集体所有的公司、企业、事业单位，也包括依法设立的合资经营、合作经营企业和具有法人资格的独资、私营等公司、企业、事业单位。

（2）个人为进行违法犯罪活动而设立的公司、企业、事业单位实施犯罪的，或者公司、企业、事业单位设立后，以实施犯罪为主要活动的，这样的单位实施行贿行为，应构成行贿罪而不构成单位行贿罪。

（3）根据《刑法》第393条的规定，因行贿取得的违法所得归个人所有的，依照行贿罪定罪处罚。

（4）单位行贿罪要求"情节严重的"才构成犯罪，行贿罪则无此要求。

3. 划清本罪与对单位行贿罪的界限。

两罪的主要区别：（1）犯罪的主体不同。前者只能由单位构成；而后者,既可以由单位构成,也可以由自然人构成。(2)行贿的对象不同。前者的行贿对象是国家工作人员;而后者行贿的对象必须是单位,且只能是国家机关、国有公司、企业、事业单位和人民团体。(3)犯罪成立条件不同。单位行贿罪中违反国家规定,给予国家工作人员以回扣、手续费的行为要求情节严重;而成立对单位行贿罪只有数额要求,没有情节要求。

(三)单位行贿罪的刑事责任

《刑法修正案(九)》对单位行贿罪的直接负责的主管人员和其他直接责任人员增加了并处罚金的规定。根据《最高人民法院、最高人民检察院关于办理贪污贿赂刑事案件适用法律若干问题的解释》第19条第2款规定,对《刑法》规定并处罚金的其他贪污贿赂犯罪,应当在10万元以上犯罪数额2倍以下判处罚金。单位行贿罪属于该条款规定的"其他贪污贿赂犯罪"范围,应当适用这一罚金刑的判罚标准。2024年3月1日施行的《刑法修正案(十二)》增加了"情节特别严重"这一法定刑档次,此法定刑档次的罚金数额,在没有新的司法解释情况下,可以参照上述司法解释确定。

司法机关在适用《刑法》第393条规定处罚时,应当注意以下问题:

1. 因单位行贿取得的违法所得,如果归上述单位直接负责的主管人员和其他直接责任人员个人所有,对上述人员则应当依照《刑法》第389条、第390条的规定,以行贿罪定罪处罚。

2. 人民法院在审理单位向国有单位行贿的案件时,行贿单位构成《刑法》第391条规定的对单位行贿罪,但不能构成《刑法》第393条规定的单位行贿罪。单位行贿罪的对象是国家工作人员,而不是国有单位。

3. 《最高人民法院、最高人民检察院关于办理行贿刑事案件具体应用法律若干问题的解释》第7条第2款规定:"单位行贿的,在被追诉前,单位集体决定或者单位负责人决定主动交待单位行贿行为的,依照刑法第三百九十条第二款①的规定,对单位及相关责任人员可以减轻处罚或者免除处罚;受委托直接办理单位行贿事项的直接责任人员在被追诉前主动交待自

---

① 在《刑法修正案(十二)》实施后,应为第3款。

己知道的单位行贿行为的,对该直接责任人员可以依照刑法第三百九十条第二款的规定①减轻处罚或者免除处罚。"由于《刑法修正案(九)》对原第390条第2款②进行了修改,将行贿人被追诉前主动交待行贿行为的,可以减轻或免除处罚,修改为"被追诉前主动交待行贿行为的,可以从轻或者减轻处罚。其中,犯罪较轻的,对侦破重大案件起关键作用的,或者有重大立功表现的,可以减轻或者免除处罚"。《刑法修正案(十二)》将其中的"对侦破重大案件起关键作用的"修改为"对调查突破、侦破重大案件起关键作用的"。单位行贿罪中的单位和直接责任人被追诉前主动交待行贿行为的从宽处罚幅度,应依据《刑法修正案(十二)》的新规定予以执行。

十一、巨额财产来源不明罪

第三百九十五条第一款③ 国家工作人员的财产、支出明显超过合法收入,差额巨大的,可以责令该国家工作人员说明来源,不能说明来源的,差额部分以非法所得论,处五年以下有期徒刑或者拘役;差额特别巨大的,处五年以上十年以下有期徒刑。财产的差额部分予以追缴。

(一)巨额财产来源不明罪的概念和构成要件

巨额财产来源不明罪,是指国家工作人员的财产、支出明显超过合法收入,差额巨大,不能说明来源的行为。

巨额财产来源不明罪最早规定于1988年《全国人民代表大会常务委员会关于惩治贪污罪贿赂罪的补充规定》,1997年《刑法》修改时吸收了相关规定。2009年《刑法修正案(七)》对巨额财产来源不明罪作了进一步完善,一是将本罪罪状中的"本人不能说明其来源是合法的"修改为"可以责令该国家工作人员说明来源,不能说明来源的";二是为本罪增设了一档法定刑,增加规定"差额特别巨大的,处五年以上十年以下有期徒刑"。

---

① 在《刑法修正案(十二)》实施后,应为第3款。
② 在《刑法修正案(十二)》实施后,应为第3款。
③ 本款经2009年2月28日《刑法修正案(七)》第14条修改。

巨额财产来源不明罪的构成要件是：

1. 本罪侵犯的客体是国家工作人员职务行为的廉洁性。

2. 客观方面表现为财产、支出明显超过合法收入，差额巨大，经有关机关责令说明来源，行为人不能说明。

"财产、支出明显超过合法收入"，是指行为人的全部财产与能够认定的所有支出之和明显超过其各项合法收入之和。根据2003年《全国法院审理经济犯罪案件工作座谈会纪要》，在具体计算、认定时，应当注意以下问题：一是应把国家工作人员个人财产和与其共同生活的家庭成员的财产、支出一并计算，而且一并减去他们所有的合法收入以及确属与其共同生活的家庭成员个人的非法收入。二是行为人所有的财产包括房产、家具、生活用品、学习用品及股票、基金、债券、存款等动产和不动产；支出包括合法支出和不法的支出，包括日常生活、工作、学习费用、罚款及向他人行贿的财物等。三是为了便于计算犯罪数额，对于行为人的财产和合法收入，一般可以从行为人有比较确定的收入和财产时开始计算。此外，从司法实践看，在一些案件中，由于行为人担任国家工作人员的时间较长，要一一查明每一笔收支的具体数额并非易事。对相关收入、支出的数额存在疑问时，根据疑义有利被告的原则，对于收入的认定应当就高不就低，对支出的认定则应就低不就高。

关于"差额巨大"，1999年《最高人民检察院关于人民检察院直接受理立案侦查案件立案标准的规定（试行）》规定："涉案巨额财产来源不明，数额在30万元以上的，应予立案。"由于上述标准只是追诉标准，且制定于20多年前，近年来，《刑法修正案（九）》及相关司法解释对贪污、受贿定罪量刑标准作了重大调整，因此，不宜将其作为定罪标准。"差额巨大"的标准具体如何把握，有待司法解释作出明确。

"不能说明"，根据《全国法院审理经济犯罪案件工作座谈会纪要》规定，包括四种情形：一是拒不说明财产来源；二是无法说明财产的具体来源；三是所说的财产来源经查证不属实；四是所说的财产来源因线索不具体等原因，无法查实，但能排除存在来源合法的可能性和合理性。

3. 犯罪主体为特殊主体，只有国家工作人员才可以构成本罪的主体。对于已经退休、辞职等离职的国家工作人员，如果发现其有来源不明的巨额财产，同时又有证据证明有关财产积累于其担任国家工作人员期间，则对其也可适用本罪。

4. 主观方面由故意构成，即行为人对本人占有的明显超过其合法收入的差额巨大的财产是明知的。明知而占有，又不能说明并证明其来源，因而是故意犯罪。

（二）认定巨额财产来源不明罪应当注意的问题

1. 划清罪与非罪的界限。

本罪的罪名为"巨额财产来源不明"。只有国家工作人员的财产或者支出明显超过合法收入，差额"巨大"的才可能构成犯罪。"差额巨大"的标准，最高人民检察院曾在《关于人民检察院直接受理立案侦查案件立案标准的规定（试行）》中规定："涉嫌巨额财产来源不明，数额在30万元以上的，应予立案。"该规定制定的时间较早，且仅是检察机关当年作为自侦案件的立案标准，对现实的司法判决参考意义有限。如果最高人民法院后续出台新的司法解释，应当依据相关司法解释作出裁判。由于本罪中说明财产来源的证明责任在被告人本人，因此，认定时应当慎重。实际上，在查明本罪时，司法机关应当尽量通过各种法定的侦查和调查手段、方法，努力查明行为人的财产是以贪污、受贿、挪用公款或者其他犯罪方法取得的，应当以贪污罪、受贿罪、挪用公款罪或者其他犯罪追究刑事责任。确实无法查清，又确属"差额巨大"的，才应按巨额财产来源不明罪定罪处罚。

2. 正确计算非法所得数额。

参照《全国法院审理经济犯罪案件工作座谈会纪要》第5条第2项的规定，《刑法》第395条规定的"非法所得"，一般是指行为人的全部财产与能够认定的所有支出的总和减去能够证实的有真实来源的所得。在具体计算时，应当注意以下问题：（1）应把国家工作人员个人财产和与其共同生活的家庭成员的财产、支出等一并计算，而且一并减去他们所有的合法收入以及确属与其共同生活的家庭成员个人的非法收入。（2）行为人所有的财产包括房产、家具、生活用品、学习用品及股票、债券、存款等动产和不动产；行为人的支出包括合法支出和不合法支出,包括日常生活、工作、学习费用、罚款及向他人行贿的财物等;行为人的合法收入包括工资、奖金、稿酬、继承等法律和政策允许的各种收入。(3)为了便于计算犯罪数额,对于行为人的财产和合法收入,一般可以从行为人有比较确定的收入和财产时开始计算。

(三)巨额财产来源不明罪的刑事责任

适用《刑法》第 395 条第 1 款的规定时,应当注意根据犯罪的事实、犯罪的性质、情节和对于社会的危害程度,决定适当的刑罚。

十二、隐瞒境外存款罪

第三百九十五条第二款 国家工作人员在境外的存款,应当依照国家规定申报。数额较大、隐瞒不报的,处二年以下有期徒刑或者拘役;情节较轻的,由其所在单位或者上级主管机关酌情给予行政处分。

(一)隐瞒境外存款罪的概念和构成要件

隐瞒境外存款罪,是指国家工作人员对于个人在境外的存款,违反国家规定,隐瞒不予申报,且数额较大的行为。

本罪是从《全国人民代表大会常务委员会关于惩治贪污罪贿赂罪的补充规定》第 11 条的规定,吸收为《刑法》的具体规定的。1979 年《刑法》没有隐瞒境外存款罪的规定。

隐瞒境外存款罪的构成要件是:

1.本罪侵犯的客体,是国家对国家工作人员在境外存款的申报制度和国家的廉政制度。

任何国家工作人员都应当遵守国家的法律、法规。国家工作人员的个人财产,特别是境外存款的申报,与国家廉政制度密切相关。国家工作人员在境外存款隐瞒不报,往往与该存款不具有合法来源有关;有意违反国家规定予以隐瞒,潜在社会危害很大,所以刑法将隐瞒境外存款,不按国家规定进行申报的行为规定为犯罪。

2.客观方面表现为国家工作人员在境外的存款,应当依照国家规定申报,而隐瞒不报,且数额较大的行为。

犯罪对象是"境外的存款",具体是指在设立地为中华人民共和国境外其他国家或者地区的银行或公司内的存款,既包括在国外的存款,也包括在我国边境以外的香港、澳门特别行政区和台湾地区的存款。所存之款既包括外币,如美元、日元,也包括境外的港币、澳币和台币;还包括金融衍生品,如债券、股票等有价证券。"数额较大、隐瞒不报"是构成本罪的必要条件,其具体标准,在制定出台新的司法解释之前,应参照《最高人民检察院关于人民检察院直接受理立案侦查案件立案标准的规定(试行)》关于"涉嫌隐瞒境外存款,折合人民币数额在30万元以上的,应予立案"的规定执行。

本罪中的境外存款既可能是合法收入,也有可能是违法、犯罪所得,存款来源的性质不影响本罪的成立。隐瞒境外存款罪属于典型的不作为犯罪,隐瞒不报的时间,应当界定在司法机关立案后仍不报告。

3.犯罪主体为特殊主体,只有国家工作人员才能成为本罪的主体。

4.主观方面由故意构成。

(二)认定隐瞒境外存款罪应当注意的问题

1.划清罪与非罪的界限。

国家工作人员在境外的存款数额较大,隐瞒不报,是本罪的关键。没有达到"数额较大"标准的,属于违反国家规定的行为,可由其所在单位或者上级主管机关酌情给予行政处分,不应追究其刑事责任。此外,实践中可能有的国家工作人员确实不知晓有关国家工作人员在境外存款应当申报的规定,而未向有关部门申报,但当其知道或者被告知有关规定后,能如实申报的,只要查明他此前确实不知晓这一国家规定的,也不应当追究其刑事责任。

2.划清本罪与贪污、受贿等罪的界限。

本罪与贪污、受贿等罪的本质区别在于,本罪在境外的存款,一般是行为人个人所有的合法存款,只是未按规定申报;而贪污、受贿等罪,犯罪分子可能将贪污、受贿财物兑换成外币存放境外,当然也不会申报。在这种情况下,如果能够查清行为人隐瞒在境外的存款系其贪污、受贿或实施其他犯罪所得,存放境外只是行为人转移赃款、赃物的一种手段,一般不应以隐瞒境外存款罪定罪。

(三)隐瞒境外存款罪的刑事责任

适用《刑法》第 395 条第 2 款的规定时,应当注意根据犯罪的事实、犯罪的性质、情节和对于社会的危害程度,决定适当的刑罚。

十三、私分国有资产罪

第三百九十六条第一款 国家机关、国有公司、企业、事业单位、人民团体,违反国家规定,以单位名义将国有资产集体私分给个人,数额较大的,对其直接负责的主管人员和其他直接责任人员,处三年以下有期徒刑或者拘役,并处或者单处罚金;数额巨大的,处三年以上七年以下有期徒刑,并处罚金。

(一)私分国有资产罪的概念和构成要件

私分国有资产罪,是指国家机关、国有公司、企业、事业单位、人民团体,违反国家规定,以单位名义将国有资产集体私分给个人,数额较大的行为。

本罪是 1997 年《刑法》增设的罪名,1979 年《刑法》和单行刑法均没有规定此罪名。

私分国有资产罪的构成要件是:

1.本罪侵犯的客体,是国有财产所有权和国家的廉政制度。犯罪对象是"国有资产",即国家依法取得和认定的,或者国家以各种形式对企业投资和投资收益、国家向行政事业单位拨款等形成的资产。

2.客观方面表现为违反国家规定,以单位名义,将国有资产集体私分给个人,数额较大的行为。

"违反国家规定",主要是指违反国家有关管理、使用、保护国有资产方面的法律、行政法规规定。

"以单位名义集体私分",是指由单位领导个人或者经领导集体讨论作出决定,将国有资产分给单位所有职工或者单位绝大多数职工的行为。如果仅是单位内少数几个人暗中私分国有资产,则属贪污行为。

3. 本罪为单位犯罪,犯罪主体为特殊主体,只能由国家机关、国有公司、企业、事业单位、人民团体构成,其他非国有单位和任何个人不能构成本罪的主体。

4. 主观方面由直接故意构成。间接故意和过失不构成本罪。

根据法律规定,私分国有资产的行为,除需符合以上构成要件外,还必须达到"数额较大"的程度,才构成犯罪。"数额较大",是指集体私分的国有资产数额较大,而不是指私分以后个人分得的数额较大。《最高人民检察院关于人民检察院直接受理立案侦查案件立案标准的规定(试行)》规定,涉嫌私分国有资产,累计数额在10万元以上的,应予立案。这一立案标准可供人民法院审理此类案件时参考。

(二)认定私分国有资产罪应当注意的问题

1. 划清罪与非罪的界限。

集体私分国有资产,必须违反国家规定,且私分数额必须达到"较大"的,才构成犯罪。司法实践中,有的国有企业的产品质量不好,产品销不出去,单位则发不出工资,在这种情况下,将产品代工资分给全体职工,具体数额可能多于工资,也可能与工资相等。这种情况是亏损企业临时应付工资支出的一种特殊做法,与私分国有资产在本质上有所不同,即使分配给职工的产品折价可能高于职工的工资,也不能按犯罪处理。

2. 划清本罪与贪污罪的界限。

本罪与贪污罪都侵犯国有资产所有权,但两者有明显的区别:

一是前者只侵犯国有资产的所有权,后者同时还侵犯国有资产以外的其他公共财物的所有权。

二是在客观方面,前者由于是"集体私分",因此,犯罪行为在单位内部是公开的；而后者只能是秘密的，不为他人所知的。《最高人民法院、最高人民检察院关于办理国家出资企业中职务犯罪案件具体应用法律若干问题的意见》第2条明确规定，国有公司、企业违反国家规定，在改制过程中隐匿公司、企业财产，转为职工集体持股的改制后公司、企业所有的，对其直接负责的主管人员和其他直接责任人员，以私分国有资产罪定罪处罚；如改制后的公司、企业中只有改制前公司、企业的管理人员或者少数职工持股，改制前公司、企业的多数职工未持股的，则以贪污罪定罪处罚。对于单位负责人共同贪污与私分国有资产之间的区分，关键在于是否以单位名义集体私分：共同贪污罪在侵吞公共财物时是以几个行为人的名义实施，而私分国有资产罪是以单位名义进行。对此，正确认定"以单位名义"，应当从是否由单位负责人决定或领导班子集体决策，犯罪所得归属是否单位职工集体有份等方面进行区分。

三是犯罪主体有所不同。私分国有资产罪只有国有单位才能构成，自然人不能成为本罪的主体；共同贪污罪的犯罪主体系自然人。

四是主观方面有所区别。贪污罪中的共同贪污，在主观上是出于几个行为人的个人犯罪意志，具有将公共财产非法据为己有的目的，因此，要求每个成员均有非法占有公共财物的贪污故意，且犯罪动机主要是以权谋私。而私分国有资产罪主观上则表现为一种集体犯罪意志，且具有非法用国有资产为单位人员谋利的目的。司法实践中，私分国有资产罪的主观故意常常表现为单位主管人员明知私分国有资产违反国家规定，而抱着法不责众的侥幸心理，以单位集体的名义实施私分行为，其动机往往是为了改善福利待遇，提高单位工作人员的工作积极性，同时，也为自己获取私利找借口。

3. 单位的内设部门或下设的分支机构可否成立本罪。

2001年最高人民法院印发的《全国法院审理金融犯罪案件工作座谈会纪要》规定，以单位的分支机构或者内设机构、部门的名义实施犯罪，违法所得亦归分支机构或者内设机构、部门所有的，应当认定为单位犯罪。不能因为单位的分支机构或者内设机构、部门没有可供执行罚金的财产，就不将其定为单位犯罪，而按照个人犯罪处理。因此，单位是依法成立的组织，该组织的内设部门和分支机构也包含在其中，单位犯罪也不要求具备法人资格。

单位的分支机构或者内设机构、部门出于单位利益私分国有资产的,应当构成本罪。

4.单位私分"小金库"行为能否构成本罪。

小金库是指违反法律法规及其他有关规定,应列入而未列入符合规定的单位账簿的各项资金(含有价证券)及其形成的资产。对于"小金库"可否成为私分国有资产罪的对象,理论上有不同的观点。我们认为,私分国有资产罪的对象是否包含"小金库",最主要的是看"小金库"中包含财产的性质。如果"小金库"中的财产属于国有资产,则私分"小金库"中财产的行为就应认定为私分国有资产罪;如果"小金库"中的财产不属于国有资产,则这种私分的行为就不能够被认定成私分国有资产罪,但是可按照一般的违纪行为处理。

1999年9月16日,《最高人民检察院关于人民检察院直接受理立案侦查案件立案标准的规定(试行)》在附则部分规定:"国有资产,系指国家依法取得和认定的,或者国家以各种形式对企业投资和投资收益、国家向行政事业单位拨款等形成的财产。"2009年4月中共中央纪委、监察部、财政部、审计署下发的《关于在党政机关和事业单位开展"小金库"专项治理工作的实施办法》指出:"小金库"主要表现形式包括:(1)违规收费、罚款及摊派设立"小金库";(2)用资产处置、出租收入设立"小金库";(3)以会议费、劳务费、培训费和咨询费等名义套取资金设立"小金库";(4)经营收入未纳入规定账簿核算设立"小金库";(5)虚列支出转出资金设立"小金库";(6)以假发票等非法票据骗取资金设立"小金库";(7)上下级单位之间相互转移资金设立"小金库"。

从以上7种形式可以看出,罚没财物不属国有资产,私分罚没财产,可构成私分罚没财物罪。第6种形式的小金库,可能涉及发票类犯罪。但是,第2种、第3种、第4种、第5种、第7种形式形成的"小金库",如果以单位名义进行私分资金资产、体现单位意志,都可能构成私分国有资产罪,如果仅在少数人之间进行私分、体现个人意志,则可能构成贪污罪。

（三）私分国有资产罪的刑事责任

司法机关在适用《刑法》第 396 条第 1 款规定处罚时，应当注意以下问题：

1. 本罪虽属单位犯罪，但实行的是单罚制，即只追究该单位直接负责的主管人员和其他直接责任人员的刑事责任，不追究单位的刑事责任，不对单位判处罚金。

2. 根据《刑法》第 64 条的规定，犯罪分子违法所得的一切财物，应当予以追缴或者责令退赔。本罪中承担刑事责任的单位有关责任人员应当退赔私分的国有资产；其他分得国有资产的单位职工，虽不构成犯罪，不承担刑事责任，但其分得的财物是国有资产，也应当退赔。

十四、私分罚没财物罪

第三百九十六条第二款 司法机关、行政执法机关违反国家规定，将应当上缴国家的罚没财物，以单位名义集体私分给个人的，依照前款的规定处罚。

（一）私分罚没财物罪的概念和构成要件

私分罚没财物罪，是指司法机关、行政执法机关违反国家规定，将应当上缴国家的罚没财物，以单位名义集体私分给个人的行为。

本罪是 1997 年《刑法》增设的罪名，1979 年《刑法》和单行刑法均没有规定此罪名。

私分罚没财物罪的构成要件是：

1. 本罪侵犯的客体是国家罚没财物的管理制度和国家的廉政制度。犯罪对象为"罚没财物"。

2. 客观方面表现为司法机关、行政执法机关违反国家规定，将应当上缴国家的罚没财物，以单位名义集体私分给个人的行为。

根据《刑法》第 94 条规定的精神，这里对"司法机关"应作广义理解，包括公安机关、国家安全机关、海警机关、检察机关、审判机关和监狱管理机关。"行政执法机关",是指政府所属的工商、税务、海关、质量监督、卫生检疫、交通管理、环境保护等机关,这类机关依照有关行政、经济方面的法律规定,均对公民、单位有行政处罚的权力。"罚没财物",既包括司法机关在办理刑事案件过程中追回的赃款赃物、追缴的罚金、没收的财产,也包括行政执法机关在执法活动中没收的和处罚收缴的财物、罚款。

3.犯罪主体为特殊主体,只有国家司法机关、行政执法机关才能构成本罪的主体,其他任何单位和个人都不能成为本罪的主体。

4.主观方面由直接故意构成。间接故意和过失不构成本罪。

根据法律规定,私分罚没财物的行为,除需符合以上构成要件外,还必须达到"数额较大"的程度,才构成犯罪。如果每次只私分数量较小的罚没财物,却经常私分,则应当累计私分的数额,达到数额较大的,应当依法追究司法机关或者行政执法机关有关责任人员的刑事责任。《最高人民检察院关于人民检察院直接受理立案侦查案件标准的规定》规定,涉嫌本罪,"私分罚没财物,累计数额在十万元以上的,应予立案"。这一立案标准可供人民法院审理此类案件时参考。

(二)认定私分罚没财物罪应当注意的问题

1.划清罪与非罪的界限。

司法实践中,不能把私分罚没财物的任何行为均当作犯罪处理。私分罚没财物的,数额未达到立案追诉标准,属情节显著轻微危害不大的,不作为犯罪处理,对其相关责任人员,可以依法依纪给予相应的政务、纪律处分,并追回被私分的财物。

2.划清本罪与私分国有资产罪的界限。

两者私分的都属于国有财物。两者的区别,一是犯罪主体不同。前者只能由司法机关、行政执法机关构成;而后者可以由任何国家机关、国有公司、企业、事业单位、人民团体构成。二是犯罪对象有所不同。前者私分的必须是司法和行政执法活动中执行罚金、没收、追缴和罚款所得,尚未上缴国库的财物;而后者私分的是本单位掌控的国有资产,如国家给本单位的拨款,或者由本单位用于生产、经营的国有财产及其收益等。

(三)私分罚没财物罪的刑事责任

司法机关在适用《刑法》第396条第2款规定处罚时,应当注意以下问题:

1. 本罪同私分国有资产罪一样,属于实行单罚制的单位犯罪,只追究单位直接负责的主管人员和其他直接责任人员的刑事责任,不追究单位的刑事责任,不对单位判处罚金。

2. 根据《刑法》第64条的规定,凡分得罚没款物的个人,不论是否已承担了刑事责任的单位有关责任人员,均应退赔所分得的罚没财物。

第九章 渎职罪

一、滥用职权罪①

第三百九十七条 国家机关工作人员滥用职权或者玩忽职守，致使公共财产、国家和人民利益遭受重大损失的，处三年以下有期徒刑或者拘役；情节特别严重的，处三年以上七年以下有期徒刑。本法另有规定的，依照规定。

国家机关工作人员徇私舞弊，犯前款罪的，处五年以下有期徒刑或者拘役；情节特别严重的，处五年以上十年以下有期徒刑。本法另有规定的，依照规定。

《全国人民代表大会常务委员会关于〈中华人民共和国刑法〉第九章渎职罪主体适用问题的解释》（2002年12月28日）

全国人大常委会根据司法实践中遇到的情况，讨论了刑法第九章渎职罪主体的适用问题，解释如下：

在依照法律、法规规定行使国家行政管理职权的组织中从事公务的人员，或者在受国家机关委托代表国家机关行使职权的组织中从事公务的人员，或者虽未列入国家机关人员编制但在国家机关中从事公务的人员，在代表国家机关行使职权时，有渎职行为，构成犯罪的，依照刑法关于渎职罪的规定追究刑事责任。②

（一）滥用职权罪的概念和构成要件

滥用职权罪，是指国家机关工作人员滥用职权，致使公共财产、国家和人民利益遭受重大损失的行为。

---

① 参考案例：刘某锋受贿、滥用职权案，河南省高级人民法院（2016）豫刑终459号。
② 为避免重复，第九章渎职罪涉及"渎职罪主体的适用问题"的，均不再援引《全国人民代表大会常务委员会关于〈中华人民共和国刑法〉第九章渎职罪主体适用问题的解释》的条文。

本罪是 1997 年《刑法》增设的罪名，1979 年《刑法》和单行刑法均没有规定此罪名。

滥用职权罪的构成要件是：

1. 本罪侵犯的客体是国家机关的正常活动。

国家立法、行政、司法和军事等机关的工作人员依照法律、法规规定代表国家行使管理政治、经济、文化、社会、军事等事务的职权，如果职权不正当运用尤其是滥用，不仅违反了这些规定中关于正当、合理地行使职权的基本要求，妨害国家机关的正常活动和工作秩序，还会给公共财产、国家和人民利益造成不可估量或者无法弥补的损失。

2. 客观方面表现为滥用职权，致使公共财产、国家和人民利益遭受重大损失的行为。

首先，有滥用职权的行为。"职权"，指职务范围以内的权力。职务的范围及权力一般由法律、法规及规章作出具体规定。"滥用"，则指超越限定的范围或胡乱、随意地使用（权力）。"滥用职权"，则指违反法律规定的权限和程序，表现为两种情形：（1）不认真运用权力，即在职务范围内随便、随意或者马虎地行使权力；（2）过度运用权力，即超越职务范围行使权力，或者在职务范围内超越法定的前提、条件（如时间、地点、对象等）、程序等要求行使权力。上述两种情形均属不正确履行职责，但稍有差别：前者是不认真履行职责，后者则是超越职务范围或者要求履行职责。据此，可以说滥用职权行为是一种作为。

至于滥用职权行为的具体形式，需结合具体案件而定。

其次，滥用职权行为造成了"致使公共财产、国家和人民利益遭受重大损失"的危害结果，且与这一结果之间具有刑法上的因果关系。

3. 犯罪主体为特殊主体，即国家机关工作人员，包括在国家各级权力机关、行政机关、审判机关、检察机关、军事机关中从事公务的人员。

2002 年 12 月 28 日，《全国人民代表大会常务委员会关于〈中华人民共和国刑法〉第九章渎职罪主体适用问题的解释》规定："在依照法律、法规规定行使国家行政管理职权的组织中从事公务的人员，或者在受国家机关委托代表国家机关行使职权的组织中从事公务的人员，或者虽未列入国家机关人员编制但在国家机关中从事公务的人员，在代表国家机关行使职权时，有渎职行为，构成犯罪的，依照刑法关于渎职罪的规定追究刑事责任。"

为了依法从严惩处渎职犯罪，做到严之有度，《最高人民法院、最高人民检察院关于办理渎职刑事案件适用法律若干问题的解释（一）》[以下简称《办理渎职刑事案件解释（一）》]在第5条中除了规定"国家机关负责人员违法决定，或者指使、授意、强令其他国家机关工作人员违法履行职责或者不履行职责，构成刑法分则第九章规定的渎职犯罪的，应当依法追究刑事责任"外，还首次明确："以'集体研究'形式实施的渎职犯罪，应当依照刑法分则第九章的规定追究国家机关负有责任的人员的刑事责任。对于具体执行工作人员，应当在综合认定其行为性质、是否提出反对意见、危害结果大小等情节的基础上决定是否追究刑事责任和应当判处的刑罚。"①

4. 主观方面一般由过失构成，但也不排除故意的存在。

1997年修订《刑法》时增设了滥用职权罪，但由于《刑法》分则条文中没有明确滥用职权罪的罪过形式，刑法理论界形成了不同看法，概括起来有"过失说""故意说"和"过失、间接故意并存说"（或"间接故意、过失并存说"）三种观点。"过失说"认为，"行为人滥用职权行为本身往往是故意的，但对损害结果，则是过失的"。②"故意说"认为，"本罪在主观方面是故意，既可以是直接故意，也可以是间接故意。其故意的具体内容是行为人明知自己滥用职权的行为会发生公共财产、国家和人民的利益遭受重大损失的结果，而希望或者放任结果的发生。""过失、间接故意并存说"认为，"主观上，行为人滥用职权是故意的，但对造成的危害结果往往是过失的，当然也不排除间接故意"，③ 或者"本罪在主观方面是间接故意或者过失"。④ 有学者认为，《刑法》第397条第1款将滥用职权行为和玩忽职守行为确定为两罪

---

① 上述立法和司法解释可适用于本章各罪关于犯罪主体的部分。以下罪名中涉及主体的这部分，不再赘述。
② 何秉松主编：《刑法教科书》（下卷），中国法制出版社2000年版，第1142~1143页。
③ 欧阳涛等主编：《中华人民共和国新刑法注释与适用》，人民法院出版社1997年版，第777页；高西江主编：《中华人民共和国刑法的修订与适用》，中国方正出版社1997年版，第875页。
④ 黄太云、滕炜主编：《中华人民共和国刑法释义与适用指南》，红旗出版社1997年版，第596页。

的根本原因在于,"刑法理论通说认为,滥用职权罪是故意犯罪,而玩忽职守罪是过失犯罪"。①我们认为,在刑法理论界,玩忽职守罪属于过失犯罪是一种通说,但不好说滥用职权罪属故意犯罪是通说了。

我们提出滥用职权罪一般由过失构成,主要基于三点考虑:(1)根据我国《刑法》第14条、第15条的规定,判断行为出于故意还是过失,应当以行为人对其所实施行为的危害结果持有的心理态度,而不是以行为人对其所实施行为本身的心理态度为标准。行为人对滥用职权行为本身,如同酒后开车、闯红灯一样往往是出于故意,但对其行为所导致的危害结果则出于过失。(2)在我国刑事立法中,结果犯一般都是过失犯罪(有的故意犯罪也是结果犯)。按照《刑法》第397条第1款的规定,行为人无论有滥用职权行为,还是玩忽职守行为,均以"致使公共财产、国家和人民利益遭受重大损失"为构成犯罪的结果要件,这说明滥用职权罪属于结果犯。(3)滥用职权罪与玩忽职守罪的处刑(包括情节加重犯)相同。如果一罪为故意,另一罪为过失,前者的主观恶性还要大于后者,这时处刑如相同,显然违背了罪刑相适应原则。有人指出,《刑法》第432条规定的故意泄露军事秘密罪和过失泄露军事秘密罪处刑也相同,故不足以说明滥用职权罪由过失构成。我们认为,这可能是由于立法不严谨所致。因此,立法部门的专家强调指出,滥用职权行为和玩忽职守行为是渎职犯罪中最典型的两种行为类型。"两种行为的构成要件,除客观方面不一样以外,其他均相同。"②

当然,我们同时认为,滥用职权罪也不排除故意的存在。从《刑法》分则第九章渎职罪的立法例看,除规定有滥用职权罪外,还将若干特殊的滥用职权行为规定为犯罪,如徇私枉法罪,招收公务员、学生徇私舞弊罪等。在司法实践中,对于其他特殊刑法条款不能涵盖的滥用职权行为,只能由《刑法》第397条来"兜底",即以滥用职权罪定罪处罚,而其他特殊的滥用职权犯罪实际上是不排除可出于故意的,如招收公务员、学生徇私舞弊罪。况且,从《刑法》第397条第2款"国家机关工作人员徇私舞弊,犯前款罪"

---

① 黄京平、石磊:《论〈刑法修正案〉(四)新增犯罪罪名的确定》,载《人民法院报》2003年2月10日第3版。

② 胡康生、李福成主编:《中华人民共和国刑法释义》,法律出版社1997年版,第562页。

的规定看，从逻辑上分析也是不能排除故意的存在的。

（二）认定滥用职权罪应当注意的问题

1. 关于罪与非罪的界限。

"致使公共财产、国家和人民利益遭受重大损失"是本罪的结果要件，也是区分本罪罪与非罪的重要标准。行为人虽有滥用职权行为，但实际上没有造成这一危害结果，或者给公共财产、国家和人民利益造成的损失尚未达到"重大"程度的，均不构成犯罪。《办理渎职刑事案件解释（一）》第1条第1款规定了认定为"致使公共财产、国家和人民利益遭受重大损失"的若干情形：（1）造成死亡1人以上，或者重伤3人以上，或者轻伤9人以上，或者重伤2人、轻伤3人以上，或者重伤1人、轻伤6人以上的；（2）造成经济损失30万元以上的；（3）造成恶劣社会影响的；（4）其他致使公共财产、国家和人民利益遭受重大损失的情形。该解释第8条还界定了"经济损失"的含义："本解释规定的'经济损失'，是指渎职犯罪或者与渎职犯罪相关联的犯罪立案时已经实际造成的财产损失，包括为挽回渎职犯罪所造成损失而支付的各种开支、费用等。立案后至提起公诉前持续发生的经济损失，应一并计入渎职犯罪造成的经济损失。债务人经法定程序被宣告破产，债务人潜逃、去向不明，或者因行为人的责任超过诉讼时效等，致使债权已经无法实现的，无法实现的债权部分应当认定为渎职犯罪的经济损失。渎职犯罪或者与渎职犯罪相关联的犯罪立案后，犯罪分子及其亲友自行挽回的经济损失，司法机关或者犯罪分子所在单位及其上级主管部门挽回的经济损失，或者因客观原因减少的经济损失，不予扣减，但可以作为酌定从轻处罚的情节。"审判实践中把握本罪罪与非罪的界限时，上述情形应当作为依据。

2. 关于本罪与特殊滥用职权犯罪的界限。

《刑法》第397条第1款和第2款均有"本法另有规定的，依照规定"的表述，这表明该条是对滥用职权犯罪的一般规定，属普通法。《刑法》分则另外还有滥用职权型犯罪的特别规定，属特别法，如第403条滥用管理公司、证券职权罪，第410条非法批准征用、占用土地罪，第427条指使部属违反职责罪和第443条虐待部属罪等。本罪与这些特别的滥用职权犯罪之间存在着法条竞合关系。在司法实践中，应当根据《办理渎职刑事案件解释（一）》第 2 条的规定，区别情况适用法律：一是国家机关工作人员实施滥用职权行为，触犯《刑法》分则第九章第 398 条至第 419 条规定的，依照该规定定罪处罚；二是国家机关工作人员滥用职权，因不具备徇私舞弊等情形不符合《刑法》分则第九章第 398 条至第 419 条的规定，但依法构成《刑法》第 397 条规定的犯罪的，以滥用职权罪定罪处罚。

3. 关于本罪与国有公司、企业、事业单位人员滥用职权罪的界限。

1999 年 12 月 25 日《刑法修正案》第 2 条将《刑法》第 168 条修改为两个罪名，即国有公司、企业、事业单位人员失职罪和国有公司、企业、事业单位人员滥用职权罪。本罪与国有公司、企业、事业单位人员滥用职权罪的区别主要在于主体不同：前者为国家机关工作人员，后者则为国有公司、企业、事业单位的工作人员。

4. 关于共犯的处理。①

根据《办理渎职刑事案件解释（一）》第 4 条第 2 款、第 3 款的规定，国家机关工作人员与他人共谋，利用其职务行为帮助他人实施其他犯罪行为，同时构成渎职犯罪和共谋实施的其他犯罪共犯的，依照处罚较重的规定定罪处罚。国家机关工作人员与他人共谋，既利用其职务行为帮助他人实施其他犯罪，又以非职务行为与他人共同实施该其他犯罪行为，同时构成渎职犯罪和其他犯罪的共犯的，依照数罪并罚的规定定罪处罚。

5. 关于追诉时效的规定。②

根据《办理渎职刑事案件解释（一）》第 6 条的规定，以危害结果为条件的渎职犯罪的追诉期限，从危害结果发生之日起计算；有数个危害结果的，从最后一个危害结果发生之日起计算。

6. 关于灾害防控工作中相关行为的定性。

根据《最高人民法院、最高人民检察院关于办理妨害预防、控制突发传染病疫情等灾害的刑事案件具体应用法律若干问题的解释》第 15 条的规定，

---

① 关于共犯处理的规定，适用于本章所有渎职犯罪，以后不再赘述。
② 关于追诉时效的规定，适用于本章所有渎职犯罪，以后不再赘述。

在预防、控制突发传染病疫情等灾害的工作中，负有组织、协调、指挥、灾害调查、控制、医疗救治、信息传递、交通运输、物资保障等职责的国家机关工作人员，滥用职权，致使公共财产、国家和人民利益遭受重大损失的，以滥用职权罪定罪处罚。

7. 关于涉禁用剧毒化学品案件相关行为的定性。

根据《最高人民法院、最高人民检察院关于办理非法制造、买卖、运输、储存毒鼠强等禁用剧毒化学品刑事案件具体应用法律若干问题的解释》第4条的规定，对非法制造、买卖、运输、储存毒鼠强等禁用剧毒化学品行为负有查处职责的国家机关工作人员，滥用职权，致使公共财产、国家和人民利益遭受重大损失的，以滥用职权罪追究刑事责任。

8. 关于涉盗窃油气、破坏油气设备案件相关行为的定性。

根据《最高人民法院、最高人民检察院关于办理盗窃油气、破坏油气设备等刑事案件具体应用法律若干问题的解释》第7条的规定，国家机关工作人员滥用职权，实施下列行为之一，致使公共财产、国家和人民利益遭受重大损失的，以滥用职权罪定罪处罚：（1）超越职权范围，批准发放石油、天然气勘查、开采、加工、经营等许可证的；（2）违反国家规定，给不符合法定条件的单位、个人发放石油、天然气勘查、开采、加工、经营等许可证的；（3）违反《石油天然气管道保护条例》等国家规定，在油气设备安全保护范围内批准建设项目的；（4）对发现或者经举报查实的未经依法批准、许可擅自从事石油、天然气勘查、开采、加工、经营等违法活动不予查封、取缔的。

9. 关于履行安全监督管理职责中相关行为的定性。

根据《最高人民法院、最高人民检察院关于办理危害生产安全刑事案件适用法律若干问题的解释》第15条的规定，国家机关工作人员在履行安全监督管理职责时滥用职权，致使公共财产、国家和人民利益遭受重大损失的，以滥用职权罪定罪处罚。公司、企业、事业单位的工作人员在依法或者受委托行使安全监督管理职责时滥用职权，构成犯罪的，应当依照《全国人民代表大会常务委员会关于〈中华人民共和国刑法〉第九章渎职罪主体适用问题的解释》的规定，适用渎职罪的规定追究刑事责任。

10. 关于反兴奋剂管理中相关行为的定性。

根据《最高人民法院关于审理走私、非法经营、非法使用兴奋剂刑事案件适用法律若干问题的解释》第 6 条，国家机关工作人员以及依法或者受委托行使反兴奋剂管理职权的单位的工作人员，在行使反兴奋剂管理职权时滥用职权，造成严重兴奋剂违规事件，严重损害国家声誉或者造成恶劣社会影响，构成犯罪的，以滥用职权罪定罪处罚。

11. 关于涉民事执行相关行为的处罚。

根据《全国人民代表大会常务委员会关于〈中华人民共和国刑法〉第三百一十三条的解释》，国家机关工作人员收受贿赂或者滥用职权，有该解释第 4 项行为，即被执行人、担保人、协助执行义务人与国家机关工作人员通谋，利用国家机关工作人员的职权妨害执行，致使判决、裁定无法执行的，同时又构成《刑法》第 385 条、第 397 条规定之罪的，依照处罚较重的规定定罪处罚。

（三）滥用职权罪的刑事责任

司法机关在适用《刑法》第 397 条规定处罚时，应当注意以下问题：

1. 根据《办理渎职刑事案件解释（一）》第 1 条第 2 款的规定，"情节特别严重"是指如下情形：（1）造成伤亡达到前款第 1 项规定人数 3 倍以上的；（2）造成经济损失 150 万元以上的；（3）造成前款规定的损失后果，不报、迟报、谎报或者授意、指使、强令他人不报、迟报、谎报事故情况，致使损失后果持续、扩大或者抢救工作延误的；（4）造成特别恶劣社会影响的；（5）其他特别严重的情节。审判实践中认定"情节特别严重"时，上述情形应当作为依据。

2. 根据最高人民法院、最高人民检察院于 2007 年 5 月 9 日公布的《关于办理与盗窃、抢劫、诈骗、抢夺机动车相关刑事案件具体应用法律若干问题的解释》第 3 条第 1 款、第 3 款、第 4 款和第 6 条的规定，国家机关工作人员滥用职权，有下列情形之一，致使盗窃、抢劫、诈骗、抢夺的机动车被办理登记手续，数量达到 3 辆以上或者价值总额达到 30 万元以上的，以滥用职权罪定罪，处三年以下有期徒刑或者拘役：（1）明知是登记手续不全或者不符合规定的机动车而办理登记手续的;(2)指使他人为明知是登记手续不全或者不符合规定的机动车办理登记手续的;(3)违规或者指使他人违规更改、调换车辆档案的;(4)其他滥用职权的行为。

国家机关工作人员实施上述行为,致使盗窃、抢劫、诈骗、抢夺的机动车被办理登记手续,分别达到上述规定数量、数额标准5倍以上的,或者明知是盗窃、抢劫、诈骗、抢夺的机动车而办理登记手续的,属于《刑法》第397条第1款规定的"情节特别严重",处三年以上七年以下有期徒刑。另外,涉及的机动车有下列情形之一的,应当认定行为人主观上具有"明知":(1)没有合法有效的来历凭证;(2)发动机号、车辆识别代号有明显更改痕迹,没有合法证明的。

3.国家机关工作人员徇私舞弊,滥用职权,构成犯罪的,应当以滥用职权罪定罪,并依照《刑法》第397条第2款的规定处罚。所谓"徇私舞弊",指因依从私利、私情而使用欺诈蒙骗方法(做违法乱纪的事情)。①

二、玩忽职守罪②

第三百九十七条 国家机关工作人员滥用职权或者玩忽职守,致使公共财产、国家和人民利益遭受重大损失的,处三年以下有期徒刑或者拘役;情节特别严重的,处三年以上七年以下有期徒刑。本法另有规定的,依照规定。

国家机关工作人员徇私舞弊,犯前款罪的,处五年以下有期徒刑或者拘役;情节特别严重的,处五年以上十年以下有期徒刑。本法另有规定的,依照规定。

---

① 在现代汉语中,徇私舞弊一词由"徇私""舞弊"组成偏正词组,其中"徇私"是"舞弊"的动机,而"舞弊"则是"徇私"的外化。"徇私"指依从私利、私情(而做不合法或错误的事),其中的"徇"指依从、曲从,"私"则指个人的事或为了个人的事。"舞弊"指使用欺诈蒙骗的方法(做违法乱纪的事),其中的"舞"指施展、使用,"弊"则指欺蒙。《刑法》分则第九章渎职罪中,多个犯罪的罪状都有"徇私舞弊"的表述,我们认为,它整体上应被看作是一个行为要件。当然,"徇私"实际上是行为人实施"舞弊"乃至滥用职权、玩忽职守行为的动机。以下涉及本章犯罪的,"徇私舞弊"的理解部分不再赘述。

② 参考案例:张某敏玩忽职守案,贵州省高级人民法院(2017)黔刑终507号。

(一)玩忽职守罪的概念和构成要件

玩忽职守罪,是指国家机关工作人员玩忽职守,致使公共财产、国家和人民利益遭受重大损失的行为。

本罪在1979年《刑法》第187条中作了规定。

玩忽职守罪的构成要件是:

1. 本罪侵犯的客体是国家机关的正常活动。

2. 客观方面表现为玩忽职守,致使公共财产、国家和人民利益遭受重大损失的行为。

首先,有玩忽职守的行为。在现代汉语中,"玩忽"指因态度不严肃而不经于心、不重视(某事或某物),其中的"玩"字指"用不严肃的态度来对待","忽"则有"不注意、不重视"的意思。有两种类型:

一是不履行职责型,即行为人应当履行且能够履行,但没有履行其职责。这种类型一般表现为不作为,包括以下情形:(1)离岗不履职,即违反职责中关于时间和空间的要求,在特定时间里离开特定场所,以致没有履行其职责,如在抢险、救灾中擅自离开现场;(2)在岗不履职,即虽然身在工作岗位,但没有按照职责要求行事,以致没有履行其职责,如拒绝、放弃或者不及时履行职责。二是不正确履行职责型,即行为人应当履行且能够履行,但错误地履行了职责,主要表现为履职不尽心、不得力。

至于玩忽职守行为的表现形式,需结合具体案件而定。

其次,玩忽职守行为造成了"致使公共财产、国家和人民利益遭受重大损失"的危害结果,且与这一结果之间具有刑法上的因果关系。

3. 犯罪主体为特殊主体,即国家机关工作人员。[①]

4. 主观方面只能由过失构成,即行为人应当预见自己玩忽职守的行为会致使公共财产、国家和人民利益遭受重大损失,因为疏忽大意而没有预见,或者已经预见而轻信能够避免。

[①] 关于国家机关工作人员的具体范围和规定,请参照前述滥用职权罪的相关内容。

（二）认定玩忽职守罪应当注意的问题

1. 关于罪与非罪的界限。

其一，要划清工作失误、一般官僚主义错误与本罪的界限。工作失误和玩忽职守罪客观上都可能给公共财产、国家和人民利益造成一定损失，区别主要在于对待职责的心理态度。工作失误者并没有违反其职责，甚至是认真、严肃地履行了职责，只是由于条件变化而判断失误，导致了一定损失的发生。一般官僚主义错误和玩忽职守罪的共同点在于行为人都违反了职责，没有履行或者不正确履行职责，主要区别在于行为造成的危害结果在程度上不同。实际上，玩忽职守罪是严重官僚主义的一种表现，成立犯罪须在客观上给公共财产、国家和人民利益造成重大损失。如果造成的损失不属重大，则属一般官僚主义错误。对于工作失误和一般官僚主义错误，可以根据情节给予行政处分。根据《最高人民法院、最高人民检察院关于办理渎职刑事案件适用法律若干问题的解释（一）》[以下简称《办理渎职刑事案件解释（一）》]第1条第1款的规定，"致使公共财产、国家和人民利益遭受重大损失"指下列情形之一：（1）造成死亡1人以上，或者重伤3人以上，或者轻伤9人以上，或者重伤2人、轻伤3人以上，或者重伤1人、轻伤6人以上的；（2）造成经济损失30万元以上的；（3）造成恶劣社会影响的；（4）其他致使公共财产、国家和人民利益遭受重大损失的情形。司法实践中把握本罪与非罪的界限时，上述情形应当作为依据。

其二，要划清意外事件与本罪的界限。两者的共同点在于行为都导致了"重大损失"，但意外事件中的损害结果是由于行为人不能抗拒或者不能预见的原因造成的，而玩忽职守罪的行为人对于"重大损失"的危害结果是能够预见的，只是因为疏忽大意而没有预见，或者已经预见而轻信能够避免，以致发生了这种结果。

2. 正确认定责任主体。

玩忽职守案件中，由于危害结果往往是由于多人的行为综合作用造成的，属"一果多因"，因此归责可能牵涉多人。在认定本罪的责任主体时，应当准确区分直接责任人员和间接责任人员，根据玩忽职守行为与重大损失之间有无刑法上的因果关系做区别对待。对于前者，应依照《刑法》第397条的规定追究刑事责任；对于后者，一般不追究刑事责任，可以根据情节由有关部门给予行政处分。

3. 关于本罪与滥用职权罪的界限。

两者的区别主要在于：本罪在客观方面表现为不履行或者不正确履行职责，滥用职权罪则主要表现为不认真履行职责，或者超越职务范围履行职责。

4. 关于本罪与特殊玩忽职守犯罪的界限。

《刑法》第397条第1款中有"本法另有规定的，依照规定"的表述，这表明该条是对玩忽职守罪的一般规定，属普通法。《刑法》分则另外还有玩忽职守犯罪的特别规定，属特别法，如第400条第2款失职致使在押人员脱逃罪，第406条国家机关工作人员签订、履行合同失职被骗罪，第408条环境监管失职罪，第409条传染病防治失职罪，第425条擅离、玩忽军事职守罪等。本罪与这些特别的玩忽职守犯罪之间存在法条竞合关系。在司法实践中，应当根据《办理渎职刑事案件解释（一）》第2条的规定，区别情况适用法律：一是国家机关工作人员实施玩忽职守行为，触犯《刑法》分则第9章第398条至第419条的规定的，依照该规定定罪处罚；二是国家机关工作人员玩忽职守，因不具备徇私舞弊等情形不符合《刑法》分则第九章第398条至第419条的规定，但依法构成第397条规定的犯罪的，以玩忽职守罪定罪处罚。另外，《刑法》第139条之一"不报、谎报安全事故罪"也属特别法，但与玩忽职守罪有所区别，主要在于主体不同：前罪是安全事故事发现场、单位中的"负有报告职责的人员"，根据《最高人民法院、最高人民检察院关于办理危害生产安全刑事案件适用法律若干问题的解释》第4条的解释，指负有组织、指挥或者管理职责负责人、管理人员、实际控制人、投资人以及其他负有报告职责的人员，而玩忽职守罪仅限于负有报告职责的国家机关工作人员。

5. 关于本罪与国有公司、企业、事业单位人员失职罪的界限。

两者的区别主要在于主体不同：前者为国家机关工作人员，后者则为国有公司、企业、事业单位的工作人员。

6. 关于本罪与医疗事故罪的界限。

两者都是因严重不负责任而造成严重后果的行为，其区别在于：（1）犯罪主体不同。后者限于医务人员，前者则是国家机关工作人员；（2）危害结果的范围不尽相同。后者是人的死亡或者身体健康受到重大损害，前者除了人的死亡、重伤外，还包括财产重大损失。

7. 关于本罪与消防责任事故罪的界限。

两者的区别主要在于主体不同：前者是国家机关工作人员，属特殊主体；后者则是一般主体，实践中多为机关、团体、企事业等单位中对消防工作负有直接责任的人员。

8. 关于灾害防控工作中相关行为的定性。

根据《最高人民法院、最高人民检察院关于办理妨害预防、控制突发传染病疫情等灾害的刑事案件具体应用法律若干问题的解释》第 15 条的规定，在预防、控制突发传染病疫情等灾害的工作中，负有组织、协调、指挥、灾害调查、控制、医疗救治、信息传递、交通运输、物资保障等职责的国家机关工作人员，玩忽职守，致使公共财产、国家和人民利益遭受重大损失的，以玩忽职守罪定罪处罚。

9. 关于涉禁用剧毒化学品案件相关行为的定性。

根据《最高人民法院、最高人民检察院关于办理非法制造、买卖、运输、储存毒鼠强等禁用剧毒化学品刑事案件具体应用法律若干问题的解释》第 4 条的规定，对非法制造、买卖、运输、储存毒鼠强等禁用剧毒化学品行为负有查处职责的国家机关工作人员，玩忽职守，致使公共财产、国家和人民利益遭受重大损失的，以玩忽职守罪追究刑事责任。

10. 关于涉盗窃油气、破坏油气设备案件相关行为的定性。

根据《最高人民法院、最高人民检察院关于办理盗窃油气、破坏油气设备等刑事案件具体应用法律若干问题的解释》第 7 条的规定，国家机关工作人员玩忽职守，实施下列行为之一，致使公共财产、国家和人民利益遭受重大损失的，以玩忽职守罪定罪处罚：（1）超越职权范围，批准发放石油、天然气勘查、开采、加工、经营等许可证的；（2）违反国家规定，给不符合法定条件的单位、个人发放石油、天然气勘查、开采、加工、经营等许可证的;(3)违反《石油天然气管道保护条例》等国家规定,在油气设备安全保护范围内批准建设项目的;(4)对发现或者经举报查实的未经依法批准、许可擅自从事石油、天然气勘查、开采、加工、经营等违法活动不予查封、取缔的。

11. 关于履行安全监督管理职责中相关行为的定性。

根据《最高人民法院、最高人民检察院关于办理危害生产安全刑事案件适用法律若干问题的解释》第15条的规定,国家机关工作人员在履行安全监督管理职责时玩忽职守,致使公共财产、国家和人民利益遭受重大损失的,以玩忽职守罪定罪处罚。公司、企业、事业单位的工作人员在依法或者受委托行使安全监督管理职责时玩忽职守,构成犯罪的,应当依照《全国人民代表大会常务委员会关于〈中华人民共和国刑法〉第九章渎职罪主体适用问题的解释》的规定,适用渎职罪的规定追究刑事责任。

12. 关于反兴奋剂管理中相关行为的定性。

根据《最高人民法院关于审理走私、非法经营、非法使用兴奋剂刑事案件适用法律若干问题的解释》第6条,国家机关工作人员以及依法或者受委托行使反兴奋剂管理职权的单位的工作人员,在行使反兴奋剂管理职权时玩忽职守,造成严重兴奋剂违规事件,严重损害国家声誉或者造成恶劣社会影响,构成犯罪的,以玩忽职守罪定罪处罚。

(三)玩忽职守罪的刑事责任

司法机关在适用《刑法》第397条规定处罚时,应当注意以下问题:

1. 根据《办理渎职刑事案件解释(一)》第1条第2款的规定,"情节特别严重"是指如下情形之一:(1)造成伤亡达到前款第1项规定人数3倍以上的;(2)造成经济损失150万元以上的;(3)造成前款规定的损失后果,不报、迟报、谎报或者授意、指使、强令他人不报、迟报、谎报事故情况,致使损失后果持续、扩大或者抢救工作延误的;(4)造成特别恶劣社会影响的;(5)其他特别严重的情节。审判实践中认定"情节特别严重"时,上述情形应当作为依据。

2. 根据《最高人民法院、最高人民检察院关于办理与盗窃、抢劫、诈骗、抢夺机动车相关刑事案件具体应用法律若干问题的解释》第3条第2款、第3款、第4款和第6条的规定，国家机关工作人员疏于审查或者审查不严，致使盗窃、抢劫、诈骗、抢夺的机动车被办理登记手续，数量达到5辆以上或者价值总额达到50万元以上的，依照《刑法》第397条第1款的规定，以玩忽职守罪定罪，处三年以下有期徒刑或者拘役。

国家机关工作人员实施第3条第1款和第2款规定的行为，致使盗窃、抢劫、诈骗、抢夺的机动车被办理登记手续，分别达到第3条第1款和第2款规定数量、数额标准5倍以上的，或者明知是盗窃、抢劫、诈骗、抢夺的机动车而办理登记手续的，属于《刑法》第397条第1款规定的"情节特别严重"，处三年以上七年以下有期徒刑。"明知"，指涉及的机动车有下列情形之一的：（1）没有合法有效的来历凭证；（2）发动机号、车辆识别代号有明显更改痕迹，没有合法证明的。

3.国家机关工作人员徇私舞弊，玩忽职守，构成犯罪的，应当以玩忽职守罪定罪，并依照《刑法》第397条第2款的规定处罚。

三、故意泄露国家秘密罪[①]

第三百九十八条 国家机关工作人员违反保守国家秘密法的规定，故意或者过失泄露国家秘密，情节严重的，处三年以下有期徒刑或者拘役；情节特别严重的，处三年以上七年以下有期徒刑。

非国家机关工作人员犯前款罪的，依照前款的规定酌情处罚。

（一）故意泄露国家秘密罪的概念和构成要件

故意泄露国家秘密罪，是指国家机关工作人员违反保守国家秘密法的规定，故意泄露国家秘密，情节严重的行为。

本罪是从1988年9月5日第七届全国人民代表大会常务委员会第三次

---

① 参考案例：王某故意泄露国家秘密案，海南省海口市中级人民法院（2018）琼01刑终136号。

会议通过的《保守国家秘密法》第31条吸收改为《刑法》的具体规定的。1979年《刑法》第186条只有泄露国家重要机密罪的规定。

故意泄露国家秘密罪的构成要件是：

1. 本罪侵犯的客体是国家保密制度，即国家关于保守国家秘密的法律、法规和规章的总称。

犯罪对象是国家秘密，是指关系国家安全和利益，依照法律程序确定，在一定时间内只限于一定范围的人员知悉的事项。根据《保守国家秘密法》第9条的规定，下列事项应当确定为国家秘密：（1）国家事务重大决策中的秘密事项；（2）国防建设和武装力量活动中的秘密事项；（3）外交和外事活动中的秘密事项以及对外承担保密义务的秘密事项；（4）国民经济和社会发展中的秘密事项；（5）科学技术中的秘密事项；（6）维护国家安全活动和追查刑事犯罪中的秘密事项；（7）经国家保密行政管理部门确定的其他秘密事项。将上述重要事项确定为国家秘密，规定在一定时间内只限于一定范围的人员知悉，就是为了保护国家安全和利益。这些事项一旦泄露，就可能损害国家在政治、经济、国防、外交等领域的安全和利益。因此，对于违反保密制度而泄露国家秘密的人员，轻者要给予行政处分；情节严重的，应当追究其刑事责任。

2. 客观方面表现为违反《保守国家秘密法》的规定，泄露国家秘密，情节严重的行为。

首先，违反《保守国家秘密法》的规定。《保守国家秘密法》将国家秘密分为"绝密""机密""秘密"三级。"绝密"是最重要的国家秘密，泄露会使国家安全和利益遭受特别严重的损害；"机密"是重要的国家秘密，泄露会使国家的安全和利益遭受严重的损害；"秘密"是一般的国家秘密，泄露会使国家安全和利益遭受损害。

其次，有泄露国家秘密的行为。"泄露"，一般指不应该让人知道的事情让人知道了。这里的"泄露国家秘密"，指行为人使自己掌管或者知悉的秘密事项被不应知悉的人员知悉的行为。至于泄露的具体方式，是多种多样的：可以是口头告知或者传播，也可以用书面或网络的形式；可以是私下告知，也可以是公开传播、散播；可以是向一人泄露，也可以是向数人或者众人泄露。不管采取何种方式，只要是使秘密事项被不应该知悉的人员知悉，即属泄露。

最后，泄露国家秘密行为达到"情节严重"的程度。关于"情节严重"，可以从泄露秘密的手段、时间、地点、危害结果、秘密级别与不应知悉人员的情况等方面考虑，并结合泄密人员的动机、目的以及一贯表现、认罪悔过情况进行综合判断。

3. 犯罪主体一般是国家机关工作人员，非国家机关工作人员也可以构成。

4. 主观方面由故意构成。

（二）认定故意泄露国家秘密罪应当注意的问题

1. 关于罪与非罪的界限。

"情节严重"是本罪的情节要件。行为人虽有故意泄露国家秘密的行为，但尚未达到"情节严重"程度的，属于一般违法行为，不构成犯罪。《最高人民检察院关于渎职侵权犯罪案件立案标准的规定》在"一、渎职犯罪案件（三）故意泄露国家秘密案"中规定了应予立案的8种情形；在最高人民法院出台相关司法解释之前，审判实践中认定"情节严重"时，上述立案标准可以作为参考。

2. 关于本罪与为境外窃取、刺探、收买、非法提供国家秘密、情报罪的界限。

两者的区别主要在于在犯罪客体、对象和主体等方面不完全相同：后者的犯罪客体是国家安全，犯罪对象除了国家秘密以外还包括情报，犯罪主体为一般主体。但是，如果国家机关工作人员故意将国家秘密泄露给境外的机构、组织、人员，两者会发生法条竞合，应当按照重法优于轻法的处罚原则，以为境外窃取、刺探、收买、非法提供国家秘密、情报罪定罪处罚。当然，如果行为人不明知是境外的机构、组织、人员而故意泄露的，仍应以本罪论处。

3. 关于一罪与数罪的界限。

国家机关工作人员收受贿赂又实施本罪，受贿行为同时构成犯罪的，应当以故意泄露国家秘密罪和受贿罪实行并罚。司法实践中，对于犯《刑法》第399条之外的渎职犯罪同时构成受贿罪的情形是择一重处还是数罪并罚存在认识分歧，做法也不一。《最高人民法院、最高人民检察院关于办理渎职刑事案件适用法律若干问题的解释（一）》第3条规定："国家机关工作人员实施渎职犯罪并收受贿赂，同时构成受贿罪的，除刑法另有规定外，以渎职犯罪和受贿罪数罪并罚。"这是因为，受贿罪不以为他人实际谋取利益为构成要件，更不以渎职为他人谋取非法利益为构成要件，渎职犯罪和受贿罪具有相对独立性，实行并罚不存在明显的重复评价问题。因此，这一规定有助于提高对渎职犯罪的社会认知，推进对渎职犯罪的查处，也有利于体现罪刑相适应的原则。①

（三）故意泄露国家秘密罪的刑事责任

司法机关在适用《刑法》第398条规定处罚时，应当注意以下问题：

1. "情节特别严重"是本罪的加重处罚情节，司法实践中一般指泄露国家秘密已对国家安全和利益造成特别严重危害的；泄露国家秘密次数多或者数量大的；向多人泄露国家秘密，危害特别严重的等情形。

2. "依照前款的规定酌情处罚"，指对犯本罪的非国家机关工作人员，要根据案件和行为人的具体情况在第1款规定的法定刑幅度内判处适当刑罚。

四、过失泄露国家秘密罪②

第三百九十八条 国家机关工作人员违反保守国家秘密法的规定，故意或者过失泄露国家秘密，情节严重的，处三年以下有期徒刑或者拘役；情节特别严重的，处三年以上七年以下有期徒刑。

非国家机关工作人员犯前款罪的，依照前款的规定酌情处罚。

---

① 以下涉及渎职犯罪和受贿罪的处罚原则时，不再赘述。
② 参考案例：龚某宇过失泄露国家秘密案，云南省威信县人民法院（2015）威刑初字第66号。

（一）过失泄露国家秘密罪的概念和构成要件

过失泄露国家秘密罪，是指国家机关工作人员违反《保守国家秘密法》的规定，过失泄露国家秘密，情节严重的行为。

本罪是从《保守国家秘密法》第 31 条吸收改为《刑法》的具体规定的。1979 年《刑法》第 186 条只有泄露国家重要机密罪的规定。

过失泄露国家秘密罪的构成要件是：

1. 犯罪客体是国家保密制度。犯罪对象是国家秘密，包括"绝密""机密"和"秘密"三个级别。

2. 客观方面表现为违反《保守国家秘密法》的规定，泄露国家秘密，情节严重的行为。

3. 犯罪主体一般为国家机关工作人员，非国家机关工作人员也可以构成。

4. 主观方面由过失构成。

（二）认定过失泄露国家秘密罪应当注意的问题

1. 关于罪与非罪的界限。

"情节严重"是本罪的情节要件。行为人虽有过失泄露国家秘密的行为，但尚未达到"情节严重"程度的，属一般违法行为，不构成犯罪。《最高人民检察院关于渎职侵权犯罪案件立案标准的规定》在"一、渎职犯罪案件（四）过失泄露国家秘密案"中规定了应予立案的 6 种情形。在最高人民法院出台相关司法解释之前，司法实践中认定"情节严重"时，上述立案标准可以作为参考。

2. 关于本罪与故意泄露国家秘密罪的界限。

《刑法》第 398 条第 1 款包括两个独立罪名，即过失泄露国家秘密罪和故意泄露国家秘密罪。两者区别的关键在于主观方面不同：前者是过失，后者则是故意。因此，准确判断行为人是出于过失还是故意，直接影响案件性质的确定。

(三) 过失泄露国家秘密罪的刑事责任

适用《刑法》第 398 条的规定时，应当注意根据犯罪的事实、犯罪的性质、情节和对于社会的危害程度，决定适当的刑罚。

五、徇私枉法罪[①]

第三百九十九条第一款 司法工作人员徇私枉法、徇情枉法，对明知是无罪的人而使他受追诉、对明知是有罪的人而故意包庇不使他受追诉，或者在刑事审判活动中故意违背事实和法律作枉法裁判的，处五年以下有期徒刑或者拘役；情节严重的，处五年以上十年以下有期徒刑；情节特别严重的，处十年以上有期徒刑。

第四款[②] 司法工作人员收受贿赂，有前三款行为的，同时又构成本法第三百八十五条规定之罪的，依照处罚较重的规定定罪处罚。

(一) 徇私枉法罪的概念和构成要件

徇私枉法罪，是指司法工作人员为了徇私、徇情，故意违背事实和法律作枉法决定或者裁判的行为。

本罪在 1979 年《刑法》第 188 条中作了规定，罪名为徇私舞弊罪。根据 1997 年《刑法》第 399 条第 1 款的规定，最高人民法院将本罪的罪名改为徇私枉法罪，最高人民检察院则确定为"枉法追诉、裁判罪"。2002 年 3 月 15 日，最高人民法院、最高人民检察院联合发布《关于执行〈中华人民共和国刑法〉确定罪名的补充规定》，将本罪的罪名明确为"徇私枉法罪"，取消了"枉法追诉、裁判罪"的罪名。

徇私枉法罪的构成要件是：

1. 本罪侵犯的客体是国家司法机关的正常活动。
2. 客观方面表现为违背事实和法律作枉法决定或者裁判的行为。

[①] 参考案例：孙某中、张某忠徇私枉法案，内蒙古自治区高级人民法院（2018）内刑再 2 号。

[②] 本款经 2002 年 12 月 28 日《刑法修正案（四）》第 8 条修改。

首先，行为发生在追诉或者刑事审判活动中。其次，有违背事实和法律作枉法决定或者裁判的行为。"违背事实和法律"，指不忠于事实真相，不遵守法律规定，有两种具体表现：（1）在追诉活动中作枉法决定，主要指在侦查、起诉活动中，违反法律关于追究刑事责任、强制措施、立案侦查、移送起诉、提起公诉和不起诉等制度规定，对明知是无罪的人而使他受追诉、对明知是有罪的人而故意包庇不使他受追诉。"追诉"，指从立案到向法院提起公诉的法律实施行为。作枉法决定一般采取书面形式，如立案或者不立案决定书，批准逮捕或者不批准逮捕决定书，起诉书或者不起诉决定书等。（2）在刑事审判活动中作枉法裁判，既包括把有罪的人判为无罪，也包括把无罪的人判为有罪，还包括对有罪的人轻罪重判或者重罪轻判等情形。

3.犯罪主体为特殊主体，即司法工作人员，根据《刑法》第94条的规定，具体指有侦查、检察、审判、监管职责的工作人员，负有监管职责的工作人员依法对罪犯在监狱内犯罪的案件进行侦查时也可以成为本罪主体。

另外，人民陪审员也可以构成本罪的主体。行政执法人员有本款行为，构成犯罪的，可以《刑法》第310条包庇罪或者第402条徇私舞弊不移交刑事案件罪定罪处罚。非司法工作人员与司法工作人员通谋，由司法工作人员实施徇私枉法行为，构成犯罪的，对非司法工作人员，以徇私枉法罪的共犯追究刑事责任。

4.主观方面只能由直接故意构成，即行为人明知自己所作决定或裁判是违背事实和法律的，并且希望枉法结果的发生。行为人的动机是徇私、徇情，① 如为了贪图钱财、袒护亲友、泄愤报复或者其他私情私利。间接故意和过失不构成本罪。

（二）认定徇私枉法罪应当注意的问题

1.关于罪与非罪的界限。

司法工作人员所作决定或裁判虽然违背事实和法律，但不是出于故意，只是由于思想方法片面，工作方法简单、不认真或法律水平、工作能力不

---

① "徇"，有"依从、曲从"之意。

高，因而导致错捕、错诉、错判，情节显著轻微、危害不大的，不以犯罪论处。《最高人民检察院关于渎职侵权犯罪案件立案标准的规定》(以下简称《渎职侵权案件立案标准规定》)在"一、渎职犯罪案件(五)徇私枉法案"中规定了应予立案的6种情形。在最高人民法院出台相关司法解释之前，审判实践中把握本罪罪与非罪的界限时，上述立案标准可以作为参考。

2. 关于一罪与数罪的界限。

司法工作人员滥用职权，以妨害作证(即以暴力、威胁等方法阻止证人作证，或者指使他人作伪证)或者帮助当事人毁灭、伪造证据的手段徇私枉法，手段行为同时构成犯罪的，应当按照牵连犯的处理原则，从重罪即徇私枉法罪定罪处罚。同样，司法工作人员犯徇私枉法罪，其手段行为又触犯刑讯逼供罪或者暴力取证罪的，也应从重罪即徇私枉法罪定罪处罚。

3. 关于追诉型枉法裁判行为。

根据《渎职侵权案件立案标准规定》"徇私枉法案"的规定，徇私枉法，具有下列情形之一的，构成《刑法》第399条第1款"枉法追诉"型(即对明知是无罪的人而使他受追诉)或者"枉法不究"型(即对明知是有罪的人而故意包庇不使他受追诉)的犯罪：(1)对明知是无罪的人予以立案、侦查、起诉的；(2)对明知是有罪的人不予立案、侦查、起诉的；(3)故意使罪重的人受较轻的追诉，或者使罪轻的人受较重的追诉的；(4)在立案后，隐瞒事实、违反法律，应当采取强制措施而不采取强制措施，或者虽然采取强制措施，但不当作为，致使犯罪嫌疑人、被告人实际脱离司法机关侦控的。

4. 关于涉刑事附带民事案件相关行为的处理。

在刑事附带民事审判中，司法工作人员对刑事部分作枉法裁判的，构成《刑法》第399条第1款徇私枉法罪。但是，如果对刑事部分和附带民事部分都作枉法裁判，同时构成本罪和《刑法》同条第2款民事、行政枉法裁判罪的，应从一重罪处断。

5. 关于枉法不徇私、不徇情行为的定性。

司法工作人员故意违反事实和法律作枉法决定或者裁判，但没有徇私、徇情的，不构成本罪；构成滥用职权罪的，以滥用职权罪定罪处罚。

6. 关于涉伪证行为的定性。

司法工作人员（包括司法机关中的专业技术人员）对与案件有重要关系的情节，故意作虚假鉴定、记录、翻译，意图陷害他人或者隐匿罪证，严重影响刑事追诉活动的，应当根据《刑法》第399条第1款、《刑法》第305条和《最高人民检察院关于办理徇私舞弊犯罪案件适用法律若干问题的解释》，以徇私枉法罪定罪处罚。

7. 关于相关包庇行为的定性。

司法工作人员徇私、徇情，以作假证明、笔录，毁灭证据、伪造证据、妨害作证等手段包庇犯罪分子，同时触犯《刑法》第399条第1款和《刑法》第305条、第307条的，应从重罪即徇私枉法罪定罪处罚，不再适用伪证罪，帮助毁灭、伪造证据罪，妨害作证罪等规定。在查禁案件和刑事诉讼活动之外有上述行为，构成犯罪的，以相应犯罪定罪处罚。在查禁案件中，通风报信、提供便利，帮助犯罪分子（含走私、贩卖、运输、制造毒品的犯罪分子）逃避刑事处罚的，依照《刑法》第417条帮助犯罪分子逃避处罚罪定罪处罚；徇私舞弊，放纵制售伪劣商品犯罪行为，不履行法律规定的追究职责，情节严重的，依照《刑法》第414条放纵制售伪劣商品犯罪行为罪定罪处罚。

（三）徇私枉法罪的刑事责任

司法机关在适用《刑法》第399条第1款规定处罚时，应当注意以下问题：

1. "情节严重""情节特别严重"均是本罪的加重处罚情节。司法实践中，"情节严重"主要指犯罪手段恶劣，严重损害公民合法权益的；因徇私枉法而按无罪处理或被宣告无罪的人重新犯罪的；造成严重社会影响的等情形。"情节特别严重"主要指因徇私枉法而按无罪处理或被宣告无罪的人实施严重暴力犯罪，致人死亡、重伤的，或者报复社会，严重危害公共安全的；造成其他特别严重后果的等情形。

2. 根据《刑法》第399条第4款的规定，司法工作人员收受贿赂又实施本罪，受贿行为同时构成犯罪的，应当依照处罚较重的规定定罪处罚。① 判断"处罚较重的规定"，首先要分别确定所犯受贿罪和徇私枉法罪的情节轻重及其相应的量刑幅度，其次要比较两罪法定刑的轻重，最后要确定处罚较重的罪名及其法定刑。

六、民事、行政枉法裁判罪②

第三百九十九条第二款 在民事、行政审判活动中故意违背事实和法律作枉法裁判，情节严重的，处五年以下有期徒刑或者拘役；情节特别严重的，处五年以上十年以下有期徒刑。

第四款③ 司法工作人员收受贿赂，有前三款行为的，同时又构成本法第三百八十五条规定之罪的，依照处罚较重的规定定罪处罚。

（一）民事、行政枉法裁判罪的概念和构成要件

民事、行政枉法裁判罪，是指审判人员在民事、行政审判活动中，故意违背事实和法律作枉法裁判，情节严重的行为。

本罪是1997年《刑法》增设的罪名，1979年《刑法》和单行刑法均没有规定此罪名。根据1997年《刑法》第399条第2款的规定，最高人民法院将本罪的罪名确定为"枉法裁判罪"。《刑法修正案（四）》第8条对本条作修改后，《最高人民法院、最高人民检察院关于执行〈中华人民共和国刑法〉确定罪名的补充规定》将本罪的罪名确定为"民事、行政枉法裁判罪"，取消了"枉法裁判罪"这一罪名。

民事、行政枉法裁判罪的构成要件是：

---

① 这是《刑法》第399条的特殊规定，但对于其他同时犯渎职罪和受贿罪的情形的处罚，则应当实行并罚，而不是依照处罚较重的规定定罪处罚。《最高人民法院、最高人民检察院关于办理渎职刑事案件适用法律若干问题的解释（一）》第3条规定，国家机关工作人员实施渎职犯罪并收受贿赂，构成受贿罪的，除刑法另有规定外，以渎职犯罪和受贿罪数罪并罚。

② 参考案例：卜某贤、吴某国民事枉法裁定案，甘肃省白银市中级人民法院（2018）甘04刑终141号。

③ 本款经2002年12月28日《刑法修正案（四）》第8条修改。

1. 本罪侵犯的客体是人民法院民事、行政审判的正常活动。

2. 客观方面表现为在民事、行政审判活动中，违背事实和法律作枉法裁判，情节严重的行为。

首先，行为发生在民事、行政审判活动中。其次，有违背事实和法律作枉法裁判的行为。"违背事实和法律"，指不忠于事实真相，不遵守法律规定。民事审判，指依法适用民事诉讼法审判案件的活动，包括民商事案件、海事案件和知识产权案件的审判；行政审判，指依法适用行政诉讼法审判案件的活动。"裁判"，包括判决、裁定和决定。最后，枉法裁判行为达到"情节严重"的程度。

3. 犯罪主体为特殊主体，即审判人员。人民陪审员也可以成为本罪的主体。

4. 主观方面只能由直接故意构成，即行为人明知自己的行为是违背事实和法律的，并且希望枉法结果的发生。行为人的动机是徇私、徇情。间接故意和过失不构成本罪。

（二）认定民事、行政枉法裁判罪应当注意的问题

1. 关于罪与非罪的界限。

"情节严重"是本罪的情节要件。民事、行政审判人员所作裁判虽然违背事实和法律，但尚未达到"情节严重"程度的，属于一般违法行为，不构成犯罪。如果所作裁判虽然违背事实和法律，但不是出于故意，只是由于思想方法片面，工作方法简单、不认真或法律水平、工作能力不高，因而导致错判，情节显著轻微、危害不大的，也不以犯罪论处。《最高人民检察院关于渎职侵权案件立案标准的规定》在"一、渎职犯罪案件（六）民事、行政枉法裁判案"中规定了应予立案的7种情形。在最高人民法院出台相关司法解释之前，审判实践中认定"情节严重"时，上述立案标准可以作为参考。

2. 划清本罪与徇私枉法罪的界限。

两者的区别主要在于：（1）主体不完全相同。前者只能是审判人员，后者除审判人员外，负有侦查、检察、监管职责的公安人员、检察人员和监狱工作人员也可以构成；（2）发生领域不同。前者发生在民事、行政审判活动

中，后者则发生在刑事诉讼（包括刑事审判）过程中；（3）客观要件不同。前者以"情节严重"为构成要件，后者不以此为要件。在刑事附带民事审判中，审判人员如果仅对附带民事部分枉法裁判，由于附带民事诉讼解决的是物质损失赔偿问题，对此枉法裁判行为仍应以本罪论处；如果对刑事部分和附带民事部分都作枉法裁判，同时构成本罪和徇私枉法罪的，应从一重罪处断。

3. 关于一罪与数罪的界限。

审判人员在民事、行政审判中以毁灭证据、伪造证据、妨害作证等手段包庇当事人，同时触犯《刑法》第399条第2款和《刑法》第307条的，应从一重罪处断，即以民事、行政枉法裁判罪定罪处罚，不再适用帮助毁灭、伪造证据罪和妨害作证罪的规定。

（三）民事、行政枉法裁判罪的刑事责任

司法机关在适用《刑法》第399条第2款规定处罚时应当注意，审判人员收受贿赂又实施本罪，受贿行为同时构成犯罪的，应当根据《刑法》第399条第4款的规定，依照处罚较重的规定定罪处罚。

七、执行判决、裁定失职罪[①]

第三百九十九条[②]第三款 在执行判决、裁定活动中，严重不负责任或者滥用职权，不依法采取诉讼保全措施、不履行法定执行职责，或者违法采取诉讼保全措施、强制执行措施，致使当事人或者其他人的利益遭受重大损失的，处五年以下有期徒刑或者拘役；致使当事人或者其他人的利益遭受特别重大损失的，处五年以上十年以下有期徒刑。

第四款 司法工作人员收受贿赂，有前三款行为的，同时又构成本法第

---

① 参考案例：王某林执行判决、裁定失职案，安徽省马鞍山市中级人民法院（2017）皖05刑终34号。

② 本条第3款由2002年12月28日《刑法修正案（四）》第8条第3款增设，第4款经《刑法修正案（四）》第8条修改。

三百八十五条规定之罪的,依照处罚较重的规定定罪处罚。

（一）执行判决、裁定失职罪的概念和构成要件

执行判决、裁定失职罪,是指人民法院从事执行工作的人员,在执行判决、裁定活动中,严重不负责任,不依法采取诉讼保全措施、不履行法定执行职责,致使当事人或者其他人的利益遭受重大损失的行为。

本罪是《刑法修正案（四）》第8条第3款增设的罪名,1979年《刑法》、单行刑法和1997年《刑法》均没有规定此罪名。

执行判决、裁定失职罪的构成要件是：

1. 本罪侵犯的客体是人民法院执行判决、裁定的正常活动。

《刑法》第399条第1款、第2款原来只规定了徇私枉法罪和民事、行政枉法裁判罪。在《刑法》实施过程中,有关部门提出,司法工作人员徇私舞弊的情况除在侦查、起诉、审判阶段存在外,执行阶段也同样存在。有的司法工作人员徇私舞弊,对能够执行的案件故意拖延执行,或者违法采取诉讼保全措施、强制执行措施,给当事人或者其他人的利益造成重大损失,社会危害较大,也需要追究刑事责任。全国人大常委会法制工作委员会与有关部门、专家学者研究后认为,上述行为,按照《刑法》第397条规定的滥用职权罪和玩忽职守罪是可以追究刑事责任的,而司法实践中对这种行为没有及时追究,主要是由于《刑法》未作具体规定,司法机关在适用法律上认识不明确造成的。有关部门、专家学者还提出,这种行为与《刑法》第399条规定的犯罪在性质和表现形式上更接近,故建议在《刑法》第399条中作出明确规定。2002年12月28日,第九届全国人大常委会第三十一次会议经过审议,决定以《刑法修正案（四）》第8条第3款在《刑法》第399条第2款后增加一款,规定"在执行判决、裁定活动中,严重不负责任或者滥用职权,不依法采取诉讼保全措施、不履行法定执行职责,或者违法采取诉讼保全措施、强制执行措施,致使当事人或者其他人的利益遭受重大损失的",应当追究刑事责任。

本罪对象是"判决、裁定",对此应作广义理解。根据《全国人民代表大会常务委员会关于〈中华人民共和国刑法〉第三百一十三条的解释》,《刑

法》第313条规定的"人民法院的判决、裁定",是指人民法院依法作出的具有执行内容并已发生法律效力的判决、裁定。人民法院为依法执行支付令、生效的调解书、仲裁裁决、公证债权文书等所作的裁定属于该条规定的裁定。至于判决、裁定的"执行",主要指对于已经发生法律效力的民事、行政判决、裁定和刑事案件关于财产部分的判决、裁定,人民法院依照法定程序强制一方当事人履行裁判确定的义务的活动。

2.客观方面表现为在执行判决、裁定活动中,严重不负责任,不依法采取诉讼保全措施、不履行法定执行职责,致使当事人或者其他人的利益遭受重大损失的行为。

首先,行为发生在执行判决、裁定活动中。对"执行判决、裁定"应作广义理解,既包括执行具有执行内容并已发生法律效力的判决、裁定,也包括执行案件判决前采取诉讼保全措施的裁定。

其次,有严重不负责任的行为。"严重不负责任",是《刑法》分则第九章渎职罪中多次出现的刑法用语。我们认为,理解"严重不负责任"的刑法意义涉及几个问题:

(1)"严重不负责任"的法律定位。在渎职罪一章一开始,《刑法》第397条规定了一般的渎职犯罪,即滥用职权罪、玩忽职守罪,而第398条至第419条规定的则是特殊的渎职犯罪,可分为滥用职权型和失职型两类。按照《刑法》第397条中"本法另有规定的,依照规定"的规定,对一般的渎职犯罪,应以滥用职权罪或玩忽职守罪定罪处罚,而对特殊的渎职犯罪,则应以行为分别对应的相关犯罪定罪处罚。值得注意,对于渎职罪一章中的其他8个失职型犯罪,①罪状里都没有"玩忽职守"一词,对应的用语却是"严重不负责任"。我们认为,这些失职型犯罪都是特殊的玩忽职守犯罪,故应当围绕"玩忽职守"的行为特征来理解和把握"严重不负责任"。

(2)"严重不负责任"的行为表现。"责任",有两层意思:一是分内应做的事,如"尽责";二是没有做好分内应做的事,因而应当承担的过失,如

---

① 即执行判决、裁定失职罪,失职致使在押人员脱逃罪,国家机关工作人员签订、履行合同失职被骗罪,环境监管失职罪,传染病防治失职罪,商检失职罪,动植物检疫失职罪,失职造成珍贵文物损毁、流失罪。

"追究责任"。① 从责任机制运作来看，规定责任和追究责任之间实际上还存在着一个责任评价阶段。在这个阶段，先是根据有关规范所规定的责任，判断主体是否做了分内应做之事、做得好不好，再得出其是"负责任"或"不负责任"的结论作为表彰或追责的依据，结论中可能包含如"很负责任、高度负责任"或"很不负责任、严重不负责任"的程度性评价。在此之后，才会决定是否追究责任。从使用语境来看，"严重不负责任"有较强的口语色彩，但既然已为《刑法》所用，就要作为法律用语来理解。从客观要件的立法例来看，玩忽职守罪采取"玩忽职守+致使"的标准模式，其他8个失职型犯罪则分属三种模式：一是标准式——"（由于）严重不负责任+致使（或导致、造成）"，包括失职致使在押人员脱逃罪，国家机关工作人员签订、履行合同失职被骗罪，环境监管失职罪，传染病防治失职罪，失职造成珍贵文物损毁、流失罪；② 二是限缩式——"严重不负责任+不履职+致使"，只有执行判决、裁定失职罪；三是扩展式——"严重不负责任+不履职、延误履职、不正确履职+致使"，包括商检失职罪、动植物检疫失职罪。三种模式里，只有第一种与玩忽职守罪相同，"严重不负责任"后没有列举行为的具体表现，可以认为同样涵盖不履行职责、不正确履行职责的行为。第二种对"严重不负责任"作了限缩，只列举了行为的一种表现——不履行职责，即"不依法采取诉讼保全措施、不履行法定执行职责"。第三种则对"严重不负责任"表现作了扩展，列举的行为表现除了不履行职责、不正确履行职责（即对应当检验的物品、检疫物不检验、不检疫或者错误出证）以外，又增加了延误履行职责的情形，即延误检验、检疫出证。所以，我们认为，"严重不负责任"的《刑法》意义与"玩忽职守"大体相同，但行为表现有宽有严，因罪而异，故本罪中的"严重不负责任"主要指不履行职责的情形。

（3）本罪中"严重不负责任"的含义。以民事执行为例。《民事诉讼法》第九章"保全和先予执行"、第二十一章"执行措施"分别规定了诉讼保全

---

① 中国社会科学院语言研究所词典编辑室编：《现代汉语词典》(第六版)，商务印书馆2012年版，第1627页。
② 《刑法》分则第六章扰乱社会管理秩序罪中的医疗事故罪（《刑法》第335条）亦属此模式。

措施、强制措施的种类，①明确了适用的对象、范围、条件和程序。这些规定既是人民法院执行案件的必要手段和法律依据，也是执行工作人员应担负的法律责任。不执行这些规定的，即属"严重不负责任"，具体包含两种情形：一是"不依法采取诉讼保全措施"。为了避免出现判决难以执行或者造成当事人其他损害的情况，法律授权人民法院在案件判决前裁定进行诉讼保全，包括诉前财产保全和行为保全。前者是对诉讼标的物或与本案有关的财物采取查封、扣押、冻结或者法律规定的其他方法（如保存价款、扣押房屋、车辆等财产权证照、保全抵押物、留置物、保全第三人财产）；后者则是责令当事人作出或者禁止其作出一定行为，如停止侵害、排除妨碍、限制活动等。不依法采取应当采取的这类保全措施的，即属"不依法采取诉讼保全措施"。二是"不履行法定执行职责"，指不依法履行法定执行职责的情形。为了保证判决、裁定确定的执行事项得以实现，法律规定了执行强制措施，如扣留、提取收入，查封、扣押、拍卖、变卖财产，搜查被申请执行人隐匿的财产等；还规定了先予执行、执行回转、继续执行、执行威慑等制度。不履行法律规定的这类执行职责的，即属"不履行法定执行职责"。

最后，严重不负责任行为造成"致使当事人或者其他人的利益遭受重大损失"的危害结果。至于《刑法》第399条第3款规定的"当事人"，是指刑事诉讼中的自诉人、嫌疑人、被告人、被害人，以及民事、行政诉讼中的原告、被告、第三人；"其他人"，是指当事人之外与案件存在利益关联的人员。

3. 犯罪主体为特殊主体，即司法工作人员，具体指在人民法院从事执行工作的人员。②

4. 主观方面只能由过失构成。故意不构成本罪。

---

① 诉讼保全措施有诉前财产保全（查封、扣押、冻结或者法律规定的其他方法）和行为保全，强制措施则有：强制报告财产情况，查询、扣押、冻结、划拨、变价存款、债券、股票、基金份额等财产，扣留、提取收入，查封、扣押、拍卖、变卖财产，搜查被申请执行人隐匿的财产，强制交付财物或票证，强制迁出房屋、退出土地，强制完成法律文书指定的行为，强制支付迟延履行金，强制办理财产权证照转移手续等。

② 2018年10月26日修订通过的《人民法院组织法》删除了"执行员"的用语。

（二）认定执行判决、裁定失职罪应当注意的问题

1.关于罪与非罪的界限。

"致使当事人或者其他人的利益遭受重大损失"是本罪的结果要件。行为人有严重不负责任的行为，但没有造成这一结果，或者造成的损失尚未达到"重大"程度的，不构成犯罪。《最高人民检察院关于渎职侵权犯罪案件立案标准的规定》在"一、渎职犯罪案件（七）执行判决、裁定失职案"中规定了应予立案的5种情形。在最高人民法院出台相关司法解释之前，审判实践中认定"重大损失"时，上述立案标准可以作为参考。

2.关于本罪与徇私枉法罪及民事、行政枉法裁判罪的界限。

三者的区别主要在于：（1）犯罪客体不完全相同。前者侵犯的是人民法院正常的裁判执行活动，后两者侵犯的是正常的侦查、检察、审判活动；（2）客观方面不同。前者表现为在执行活动中严重不负责任的行为，后两者表现为在追诉或者刑事审判活动中枉法决定或者裁判的行为，或者在民事、行政审判活动中枉法裁判的行为。（3）犯罪主体不同。虽然三种犯罪都是特殊主体，但前者是执行工作人员，后两者是刑事诉讼活动中的侦查、检察、审判人员，或者民事、行政诉讼活动中的民事、行政审判人员。（4）主观方面不同。前者由过失构成，后两者由故意构成。

3.关于刑事责任有无和罪过大小的界限。

"执行难"是困扰人民法院工作的一个突出问题。为贯彻落实中共中央十八届四中全会关于"切实解决执行难""依法保障胜诉当事人及时实现权益"的目标和要求，2016年至2018年，全国法院如期实现"基本解决执行难"这一阶段性目标。当然，与人民群众的期待相比还有差距，在有些方面、有些地区，"执行难"问题仍然存在甚至还较为突出。司法实践中，"执行难"有多方面的原因，既有执行工作人员严重不负责任、滥用职权的原因，也有外界因素干扰，特别是地方和部门保护主义干扰的原因，还有被执行人抗拒或规避执行的原因等。因此，在本罪的侦查、起诉、审判过程中，要全面了解案情，充分听取当事人、其他人和涉案执行工作人员的意见、辩解，查清行为人对于当事人或者其他人遭受重大利益损失有无责任，分清罪

过大小，严格依法作出决定和裁判。

（三）执行判决、裁定失职罪的刑事责任

适用《刑法》第399条第3款、第4款的规定时，应当注意根据犯罪的事实、犯罪的性质、情节和对于社会的危害程度，决定适当的刑罚。

八、执行判决、裁定滥用职权罪[①]

第三百九十九条第三款[②] 在执行判决、裁定活动中，严重不负责任或者滥用职权，不依法采取诉讼保全措施、不履行法定执行职责，或者违法采取诉讼保全措施、强制执行措施，致使当事人或者其他人的利益遭受重大损失的，处五年以下有期徒刑或者拘役；致使当事人或者其他人的利益遭受特别重大损失的，处五年以上十年以下有期徒刑。

第四款 司法工作人员收受贿赂，有前三款行为的，同时又构成本法第三百八十五条规定之罪的，依照处罚较重的规定定罪处罚。

（一）执行判决、裁定滥用职权罪的概念和构成要件

执行判决、裁定滥用职权罪，是指人民法院从事执行工作的人员，在执行判决、裁定活动中，滥用职权，违法采取诉讼保全措施、强制执行措施，致使当事人或者其他人的利益遭受重大损失的行为。

本罪是《刑法修正案（四）》第8条第3款增设的罪名，1979年《刑法》、单行刑法和1997年《刑法》均没有规定此罪名。

执行判决、裁定滥用职权罪的构成要件是：

1. 本罪侵犯的客体是人民法院执行判决、裁定的正常活动。
2. 客观方面表现为在执行判决、裁定活动中，滥用职权，违法采取诉

[①] 参考案例：张某执行判决、裁定滥用职权、贪污、受贿案，四川省高级人民法院（2017）川刑再12号。

[②] 本条第3款由2002年12月28日《刑法修正案（四）》第8条第3款增设，第4款经《刑法修正案（四）》第8条修改。

讼保全措施、强制执行措施，致使当事人或者其他人的利益遭受重大损失的行为。

首先，行为发生在执行判决、裁定活动中。其次，有滥用职权，违法采取诉讼保全措施、强制执行措施的行为，即违反法律规定的范围、条件、权限和程序等要求，采取诉讼保全措施、强制执行措施。最后，滥用职权行为造成"致使当事人或者其他人的利益遭受重大损失"的危害结果。《刑法》第399条第3款规定中的"当事人"，是指刑事诉讼中的自诉人、嫌疑人、被告人、被害人，以及民事、行政诉讼中的原告、被告、第三人；"其他人"，是指当事人之外与案件存在利益关联的人员。

3.犯罪主体为特殊主体，即司法工作人员，具体指在人民法院从事执行工作的人员。

4.主观方面一般由过失构成。行为人对滥用职权如同交通肇事闯红灯、酒后开车一样，是出于故意，但对重大损失结果的发生，一般是出于过失。按照我国的刑事立法例，过失犯罪为结果犯。《刑法》第399条第3款规定的执行判决、裁定失职罪与执行判决、裁定滥用职权罪均为结果犯，且处刑相同，这表明本罪的罪过形式一般为过失，但也不排除故意的存在。理由同前，不再赘述。

（二）认定执行判决、裁定滥用职权罪应当注意的问题

1.关于罪与非罪的界限。

"致使当事人或者其他人的利益遭受重大损失"是本罪的结果要件。《最高人民检察院关于渎职侵权犯罪案件立案标准的规定》在"一、渎职犯罪案件（八）执行判决、裁定滥用职权案"中规定了应予立案的5种情形。在最高人民法院出台相关司法解释之前，审判实践中认定"致使当事人或者其他人的利益遭受重大损失"时，上述立案标准可以作为参考。

2.关于本罪与执行判决、裁定失职罪的界限。

两者的区别主要在于：（1）行为方式不同。前者主要是一种作为，表现为违反法律规定的范围、条件、权限和程序等要求，而采取诉讼保全措施、强制执行措施；后者则主要是一种不作为，表现为不履行职责，即不依法采

取诉讼保全措施、不履行法定执行职责。（2）主观方面不完全相同。前者一般由过失构成，但也不排除故意的存在，后者只能由过失构成。

（三）执行判决、裁定滥用职权罪的刑事责任

适用《刑法》第399条第3款、第4款的规定时，应当注意根据犯罪的事实、犯罪的性质、情节和对于社会的危害程度，决定适当的刑罚。

九、枉法仲裁罪[①]

第三百九十九条之一[②] 依法承担仲裁职责的人员，在仲裁活动中故意违背事实和法律作枉法裁决，情节严重的，处三年以下有期徒刑或者拘役；情节特别严重的，处三年以上七年以下有期徒刑。

（一）枉法仲裁罪的概念和构成要件

枉法仲裁罪，是指依法承担仲裁职责的人员，在仲裁活动中故意违背事实和法律作枉法裁决，情节严重的行为。

本罪是《刑法修正案（六）》第20条增设的罪名，1979年《刑法》、单行刑法和1997年《刑法》均没有规定此罪名。

枉法仲裁罪的构成要件是：

1. 本罪侵犯的客体是国家仲裁制度。

依照《仲裁法》第7条关于"仲裁应当根据事实，符合法律规定，公平合理地解决纠纷"的规定，仲裁必须在事实清楚、证据确实充分的基础上，依法、公正地作出裁决。但在实践中，也出现了少数仲裁人员故意违背事实和法律作裁决的现象，不仅有损法律的严肃性和仲裁的公正性，也严重损害了当事人的合法权益，挫伤了当事人对仲裁的信任。在司法实践中，过去这种行为没有受到刑事追究，主要是由于《刑法》对此未作具体规定。为此，

[①] 参考案例：薛某峰、舒某良枉法仲裁、受贿案，云南省昆明市中级人民法院（2018）云01刑终703号。

[②] 本条由2006年6月29日《刑法修正案（六）》第20条增设。

2006年《刑法修正案（六）》增加规定了枉法仲裁罪。

2. 客观方面表现为在仲裁活动中违背事实和法律作枉法裁决，情节严重的行为。

首先，行为发生在仲裁活动中。"仲裁活动"，指仲裁机构按照法定的程序，对平等主体的公民、法人和其他组织之间发生的合同纠纷和其他财产权益纠纷，依据事实和法律进行调解或者作出裁决的活动。其次，有违背事实和法律作枉法裁决的行为。"违背事实和法律"，指不忠于事实真相，不遵守法律规定。"作枉法裁决"，指在当事人没有达成和解协议或者仲裁庭调解不成的情况下，违背开庭查清的事实和国家法律、仲裁法规，对纠纷作出不公正的裁决。最后，枉法仲裁行为达到情节严重的程度。"情节严重"，司法实践中一般是指犯罪手段恶劣，严重侵犯当事人合法权益的；给当事人的生产、经营或者生活造成严重困难的；造成恶劣社会影响的等情形。

3. 犯罪主体为特殊主体，即依法承担仲裁职责的人员，具体指被仲裁委员会聘任为仲裁员，组成仲裁庭对纠纷开庭仲裁并作出裁决的人。

4. 主观方面只能由直接故意构成，行为人的动机是徇私、徇情。间接故意和过失不构成本罪。

（二）认定枉法仲裁罪应当注意的问题

1. 关于罪与非罪的界限。

"情节严重"是本罪的情节要件。枉法仲裁行为尚未达到"情节严重"程度的，属于一般违法行为，不构成犯罪。如果所作仲裁裁决虽然违背事实和法律，但不是出于故意，只是由于思想方法片面，工作方法简单、不认真或法律水平、工作能力不高而导致错判，情节显著轻微、危害不大的，不以犯罪论处。

2. 关于本罪与民事、行政枉法裁判罪的界限。

两者的区别主要在于：（1）主体不同。前者只能是承担仲裁职责的人员，后者则是审判人员。（2）行为发生领域不同。前者发生在仲裁活动中，后者则发生在民事、行政审判活动中。

（三）枉法仲裁罪的刑事责任

司法机关在适用《刑法》第399条之一的规定处罚时，应当注意，行为人收受贿赂又实施本罪，受贿行为同时构成非国家工作人员受贿罪的，应当以枉法仲裁罪和非国家工作人员受贿罪实行并罚。

十、私放在押人员罪[①]

第四百条第一款 司法工作人员私放在押的犯罪嫌疑人、被告人或者罪犯的，处五年以下有期徒刑或者拘役；情节严重的，处五年以上十年以下有期徒刑；情节特别严重的，处十年以上有期徒刑。

（一）私放在押人员罪的概念和构成要件

私放在押人员罪，是指司法工作人员私放在押的犯罪嫌疑人、被告人或者罪犯的行为。

1979年《刑法》第190条对本罪作了规定，但罪名为私放罪犯罪。根据1997年《刑法》第400条的规定，该罪名改为私放在押人员罪。

私放在押人员罪的构成要件是：

1.本罪侵犯的客体是国家对在押人员的监管制度。犯罪对象是在押的犯罪嫌疑人、被告人和罪犯。

2.客观方面表现为利用监管职务的便利，私放在押的犯罪嫌疑人、被告人或者罪犯的行为。

首先，有利用监管职务便利的行为。"利用监管职务的便利"，指利用本人监管在押人员的职权或者地位形成的便利条件，如利用看守、押解、关押在押人员等职务的便利。

其次，有私放在押的犯罪嫌疑人、被告人或者罪犯的行为。"私放"，指

[①] 参考案例：刘某照、张某受贿、私放在押人员案，河南省洛阳市中级人民法院（2015）洛刑二终字第129号。

擅自、非法地将在押人员释放，使其逃出监管机关监控范围。所谓的监控范围，既包括看守、关押在押人犯的固定场所，也包括押解途中，还包括监管场所以外的劳动、作业场所。总之，监管机关依法监管在押人员的经常性或临时性的场所，均可视为监控范围。私放的行为表现是多种多样的，概括起来有两类：一是作为方式，如打开监门或在押解途中打开戒具，让在押人员逃走的；伪造、变造、涂改法律文书或者擅自、非法制作释放证书，将在押人员放走的；利用监管职务的便利，为在押人员脱逃创造条件或者提供工具、服装、化装用品，使其脱逃的；等等。二是不作为方式，如在押解途中或者在狱外劳动、作业时故意视而不见，使在押人员脱逃的；发现在押人员脱逃时，能够追捕而故意不予追捕，使其脱逃的；等等。

3.犯罪主体为特殊主体，即负有监管职责的司法工作人员。虽然在监管机关工作但不具有监管职责的司法工作人员，不构成本罪的主体。相反，不在监管机关工作，但负有看管、押解、决定拘留或者批准、决定逮捕的司法工作人员，也可以构成本罪的主体。

4.主观方面由直接故意构成。行为人的动机是徇私、徇情。间接故意和过失不构成本罪。

（二）认定私放在押人员罪应当注意的问题

1.关于罪与非罪的界限。

《最高人民检察院关于渎职侵权犯罪案件立案标准的规定》在"一、渎职犯罪案件（九）私放在押人员案"中规定了应予立案的4种情形。在最高人民法院出台相关司法解释之前，审判实践中把握本罪罪与非罪的界限时，上述立案标准可以作为参考。

2.关于与在押人员相约如期返回狱所的行为定性。

关于司法工作人员出于贪利等动机，与在押人员私下约定其在保证按期返回狱所时秘密将其释放的行为定性问题，应分情况处理：（1）被私放的在押人员没有按约如期返回狱所而逃跑的，对司法工作人员应以私放在押人员罪论处；（2）被私放的在押人员按约如期返回狱所的，由于私放罪犯行为已成立犯罪，在押人员如期返回可以作为情节在量刑时予以考虑。

3. 关于本罪既遂与未遂的界限。

本罪应以在押人员是否摆脱司法机关的实际监控范围为区分既遂与未遂的标准。

（三）私放在押人员罪的刑事责任

司法机关在适用《刑法》第 400 条第 1 款的规定处罚时，应当注意以下问题：

1. 该条款规定了三个量刑幅度，除了基本犯以外，还有"情节严重"和"情节特别严重"两个加重处罚情节。"情节严重"，司法实践中一般是指私放罪行严重的危害国家安全、公共安全和社会治安的罪犯；私放被判处死刑、无期徒刑、十年以上有期徒刑等重刑的罪犯以及可能被判处死刑、无期徒刑的犯罪嫌疑人、被告人；私放在押人员多人、多次的；在押人员被私放后实施犯罪，危害社会的；在押人员被私放后，对检举人、控告人、证人或者司法工作人员行凶报复的；造成其他严重后果的；等等。"情节特别严重"，一般是指在押人员被私放后实施严重暴力犯罪，致人死亡、重伤，或者报复社会，严重危害公共安全的；造成其他特别严重后果的；等等。

2. 司法实践中，负有监管职责的司法工作人员收受在押人员或其家属的贿赂又实施本罪，受贿行为同时构成犯罪的，应当依照《最高人民法院、最高人民检察院关于渎职刑事案件适用法律若干问题的解释（一）》第 3 条的规定，以私放在押人员罪和受贿罪实行并罚。

十一、失职致使在押人员脱逃罪[①]

第四百条第二款 司法工作人员由于严重不负责任，致使在押的犯罪嫌疑人、被告人或者罪犯脱逃，造成严重后果的，处三年以下有期徒刑或者拘役；造成特别严重后果的，处三年以上十年以下有期徒刑。

---

① 参考案例：李某失职致使在押人员脱逃案，河南省洛阳市中级人民法院（2018）豫 03 刑终 693 号。

（一）失职致使在押人员脱逃罪的概念和构成要件

失职致使在押人员脱逃罪，是指司法工作人员严重不负责任，致使在押的犯罪嫌疑人、被告人或者罪犯脱逃，造成严重后果的行为。

本罪是1997年《刑法》增设的罪名，1979年《刑法》和单行刑法均没有规定此罪名。

失职致使在押人员脱逃罪的构成要件是：

1. 犯罪客体是国家对在押人员的监管制度。犯罪对象是犯罪嫌疑人、被告人和罪犯。

2. 客观方面表现为严重不负责任，致使在押的犯罪嫌疑人、被告人或者罪犯脱逃，造成严重后果的行为。首先，有严重不负责任行为，即不履行或者不正确履行监管职守；其次，失职行为致使在押人员脱逃，即逃出、摆脱司法机关的实际控制范围；最后，失职行为造成了严重后果。

3. 犯罪主体为特殊主体，即负有监管职责的司法工作人员。

4. 主观方面是过失，即应当预见自己严重不负责任会致使在押人员脱逃，由于疏忽大意而没有预见，或者已经预见到而轻信能够避免。故意不构成本罪。

（二）认定失职致使在押人员脱逃罪应当注意的问题

1. 关于罪与非罪的界限。

"造成严重后果"是本罪的结果要件。《最高人民检察院关于渎职侵权案件立案标准的规定》在"一、渎职犯罪案件（十）失职致使在押人员脱逃案"中规定了应予立案的4种情形。在最高人民法院出台相关司法解释之前，审判实践中把握本罪罪与非罪的界限时，上述立案标准可以作为参考。另外，司法实践中还可以包括：致使在押人员多人脱逃的；刑事诉讼活动因在押人员脱逃受到严重干扰或无法继续进行的；在押人员脱逃中杀伤军警人员、司法工作人员或者群众的；造成恶劣社会影响的；等等。

2. 关于本罪与私放在押人员罪的界限。

两者的主要区别在于主观方面不同：前者是过失，后者只能是故意。

（三）失职致使在押人员脱逃罪的刑事责任

司法机关在适用《刑法》第 400 条第 2 款的规定处罚时，应当注意，"造成特别严重后果"是本罪的加重处罚情节，司法实践中一般是指在押人员脱逃后实行严重暴力犯罪的；造成极为恶劣的社会影响的；在押人员脱逃中杀死、伤害多人的；等等。

十二、徇私舞弊减刑、假释、暂予监外执行罪[①]

第四百零一条 司法工作人员徇私舞弊，对不符合减刑、假释、暂予监外执行条件的罪犯，予以减刑、假释或者暂予监外执行的，处三年以下有期徒刑或者拘役；情节严重的，处三年以上七年以下有期徒刑。

（一）徇私舞弊减刑、假释、暂予监外执行罪的概念和构成要件

徇私舞弊减刑、假释、暂予监外执行罪，是指司法工作人员徇私舞弊，对不符合减刑、假释、暂予监外执行条件的罪犯，予以减刑、假释或者暂予监外执行的行为。

本罪是 1997 年《刑法》增设的罪名，1979 年《刑法》和单行刑法均没有规定此罪名。

徇私舞弊减刑、假释、暂予监外执行罪的构成要件是：

1.本罪侵犯的客体是国家对罪犯的监管活动。

犯罪对象是罪犯，即被人民法院依法判处刑罚，正在监狱或者其他场所服刑的人。

2.客观方面表现为徇私舞弊，对不符合减刑、假释、暂予监外执行条件的罪犯，予以减刑、假释或者暂予监外执行的行为。

首先，有徇私舞弊的行为，如虚构、夸大事实或者隐瞒事实真相，伪造

[①] 参考案例：吴某发受贿、徇私舞弊减刑、假释、暂予监外执行案，湖北省高级人民法院（2019）鄂刑终 330 号。

有关材料。

其次，有对不符合减刑、假释、暂予监外执行条件的罪犯，予以减刑、假释或者暂予监外执行的行为。关于减刑、假释、暂予监外执行的对象、范围和程序，《刑法》《刑事诉讼法》和《监狱法》以及最高人民法院有关司法解释都有明确规定。(1)关于"减刑"。《刑法》第78条规定，被判处管制、拘役、有期徒刑、无期徒刑的犯罪分子，在执行期间，如果认真遵守监规，接受教育改造，确有悔改表现，或者有立功表现的，可以减刑；有重大立功表现的，应当减刑。据此，减刑一般指适当改轻刑种或者减轻原判刑期的制度。还有一种特殊的减刑制度。根据《刑法修正案（八）》第4条对《刑法》第50条的修改，对判处死刑缓期执行的罪犯，也会发生减刑的问题。如果该罪犯在死刑缓期执行期间，没有故意犯罪，二年期满后，减为无期徒刑；确有重大立功表现的，二年期满以后，减为二十五年有期徒刑。在办理这种减刑时，同样会出现徇私舞弊的情况。所以，这里的"减刑"应作广义理解。(2)关于"假释"。根据《刑法》第81条的规定，指符合条件的罪犯服刑尚未期满，因认真遵守监规，接受教育改造，确有悔改表现，没有再犯罪的危险性，而对其暂予释放。(3)"暂予监外执行"。根据2018年修正的《刑事诉讼法》第265条的规定，"暂予监外执行"指被判处有期徒刑或者拘役的罪犯，有严重疾病需要保外就医，怀孕或者正在哺乳自己婴儿的妇女，或者生活不能自理，适用暂予监外执行不致危害社会的；或者被判处无期徒刑的罪犯系怀孕或者正在哺乳自己婴儿的妇女的，暂时让其在监外服刑。

3.犯罪主体为特殊主体，即司法工作人员，具体指刑罚执行机关和审判机关中负有决定减刑、假释、暂予监外执行的职责的人员，包括刑罚执行机关工作人员、审判人员和监狱管理机关、公安机关的工作人员。

另外，根据《最高人民检察院关于渎职侵权犯罪案件立案标准的规定》"徇私舞弊减刑、假释、暂予监外执行案"的规定，不具有报请、裁定、决定或者批准减刑、假释、暂予监外执行权的司法工作人员，利用职务上的便利，伪造有关材料，导致不符合减刑、假释、暂予监外执行条件的罪犯被减刑、假释、暂予监外执行的，也可成为本罪的主体。

4.主观方面由故意构成，行为人的动机是徇私、徇情。过失不构成本罪。

（二）认定徇私舞弊减刑、假释、暂予监外执行罪应当注意的问题

1. 关于罪与非罪的界限。

行为人徇私舞弊，对不符合法定条件的罪犯予以减刑、假释或者暂予监外执行的，即成立犯罪，但是，如果情节显著轻微、危害不大的，不以犯罪论处。实践中，行为人虽然有错误减刑、假释或暂予监外执行的行为，但没有徇私舞弊，而是由于思想方法片面，工作方法简单、不认真或法律水平、工作能力不高，情节显著轻微、危害不大的，也不以犯罪论处。《最高人民检察院关于渎职侵权犯罪案件立案标准的规定》在"一、渎职犯罪案件（十一）徇私舞弊减刑、假释、暂予监外执行案"中规定了应予立案的5种情形。在最高人民法院出台相关司法解释之前，审判实践中把握本罪罪与非罪的界限时，上述立案标准可以作为参考。

2. 关于罪名的适用。

本罪为选择性罪名。行为人徇私舞弊，有对不符合减刑、假释或者暂予监外执行的罪犯，予以减刑、假释、暂予监外执行行为之一的，即成立本罪；实施两种以上行为的，仍为一罪，不实行并罚，可以作为情节在量刑时考虑。

3. 关于本罪既遂与未遂的界限。

本罪既遂与未遂的标准是，行为人是否作出了不符合法定条件的减刑、假释或暂予监外执行裁定或者决定，该裁定或决定一经作出，即属既遂。如果司法工作人员仅有建议的职权，自裁定或决定被批准作出后，即构成既遂；尚未批准的，构成未遂。另外，在既遂状态下，罪犯是否实际离开监管场所，可以作为情节在量刑时考虑。

（三）徇私舞弊减刑、假释、暂予监外执行罪的刑事责任

司法机关在适用《刑法》第401条的规定处罚时，应当注意以下问题：

1."情节严重"是本罪的加重处罚情节，司法实践中可从以下方面把握：徇私舞弊的次数，罪犯被判刑的轻重、人数，罪犯出狱后是否继续犯罪或行凶报复，社会影响恶劣程度；等等。

2.行为人收受在押人员或者其亲友的贿赂又实施本罪,受贿行为同时构成犯罪的,应当以徇私舞弊减刑、假释、暂予监外执行罪和受贿罪实行并罚。

十三、徇私舞弊不移交刑事案件罪[①]

第四百零二条 行政执法人员徇私舞弊,对依法应当移交司法机关追究刑事责任的不移交,情节严重的,处三年以下有期徒刑或者拘役;造成严重后果的,处三年以上七年以下有期徒刑。

（一）徇私舞弊不移交刑事案件罪的概念和构成要件

徇私舞弊不移交刑事案件罪,是指行政执法人员徇私舞弊,对依法应当移交司法机关追究刑事责任的案件不移交,情节严重的行为。

本罪是1997年《刑法》增设的罪名,1979年《刑法》和单行刑法均没有规定此罪名。

徇私舞弊不移交刑事案件罪的构成要件是:

1.本罪侵犯的客体是国家行政执法和司法活动。

在行政执法活动中,国家机关工作人员发现应当追究刑事责任的案件时,应依照法定程序移交司法机关处理。但在实践中,少数行政执法人员置法律于不顾,徇私情、贪私利,对于应当追究刑事责任的案件只作行政违法案件处理,"以罚代刑",致使一些犯罪分子逃脱法网,没有受到应有的刑事制裁。因此,对于这种行为,应当追究刑事责任。

2.客观方面表现为徇私舞弊,对依法应当移交司法机关追究刑事责任的案件不移交,情节严重的行为。

首先,有徇私舞弊的行为。其次,有对依法应当移交司法机关追究刑事责任的案件不予移交的行为。"依法应当移交",指根据法律规定应当移交司

[①] 参考案例：黄某国、谢某荣徇私舞弊不移交刑事案件、玩忽职守案，湖南省娄底市中级人民法院（2019）湘13刑终594号。

法机关处理;"不移交",泛指不向司法机关移交,这是一种不作为,但实际上行为人往往先采取"徇私舞弊"的作为方式,如歪曲、虚构、淡化事实,避重就轻或者轻描淡写地描述事实,以求"以罚代刑"。最后,徇私舞弊不移交刑事案件行为达到"情节严重"的程度,司法实践中一般指:应当移交的刑事案件案情重大的;隐瞒或者毁灭犯罪证据的;态度蛮横,经多次教育仍拒不移交的;妨害其他刑事案件侦破或者审判的;造成恶劣社会影响的;多次不移交的;等等。

3. 本罪的主体为特殊主体,即行政执法人员,泛指所有负有执行行政法规职责的国家机关工作人员。

应当注意,公安机关工作人员在依据治安管理法规行使职权时,徇私舞弊,对明知行为已构成犯罪的人应当移交而不移交公安机关刑侦部门处理的,应当从重罪即徇私枉法罪定罪处罚。

4. 主观方面由故意构成。行为人的动机是徇私、徇情。过失不构成本罪。

(二)认定徇私舞弊不移交刑事案件罪应当注意的问题

1. 关于罪与非罪的界限。

"情节严重"是本罪的客观要件之一。行为人虽有徇私舞弊不移交刑事案件的行为,但尚未达到"情节严重"程度的,属一般违法行为,不构成犯罪。《最高人民检察院关于渎职侵权犯罪案件立案标准的规定》在"一、渎职犯罪案件(十二)徇私舞弊不移交刑事案件案"中规定了应予立案的8种情形。在最高人民法院出台相关司法解释之前,审判实践中认定"情节严重"时,上述立案标准可以作为参考。

2. 关于本罪与徇私枉法罪的界限。

两者的区别主要在于:(1)前者的主体是行政执法人员,后者只能是司法工作人员;(2)前者是不将有罪的人移交司法机关处理,后者既有使有罪的人不受追诉,也有使无罪的人受到追诉。

3. 关于一罪与数罪的界限。

行政执法人员收受贿赂又实施本罪,受贿行为同时构成犯罪的,以徇私舞弊不移交刑事案件罪和受贿罪实行并罚。拒不移交案件而放纵的行为涉及制售伪劣商品犯罪行为，同时构成本罪和《刑法》第414条放纵制售伪劣商品犯罪行为罪的，应从一重罪处断。

4.关于履行安全监督管理职责中相关行为的定性。

根据《最高人民法院、最高人民检察院关于办理危害生产安全刑事案件适用法律若干问题的解释》第15条的规定，国家机关工作人员在履行安全监督管理职责时徇私舞弊，对发现的刑事案件依法应当移交司法机关追究刑事责任而不移交，情节严重的，以徇私舞弊不移交刑事案件罪定罪处罚。

（三）徇私舞弊不移交刑事案件罪的刑事责任

司法机关在适用《刑法》第402条的规定处罚时，应当注意，"造成严重后果"是本罪的加重处罚情节，司法实践中一般是指：因不移交刑事案件而严重妨碍其他刑事案件侦破或者审判的；应当移交的刑事案件涉及重大犯罪的；造成极为恶劣的社会影响的；等等。

十四、滥用管理公司、证券职权罪[①]

第四百零三条　国家有关主管部门的国家机关工作人员，徇私舞弊，滥用职权，对不符合法律规定条件的公司设立、登记申请或者股票、债券发行、上市申请，予以批准或者登记，致使公共财产、国家和人民利益遭受重大损失的，处五年以下有期徒刑或者拘役。

上级部门强令登记机关及其工作人员实施前款行为的，对其直接负责的主管人员，依照前款的规定处罚。

[①] 参考案例：刘某兵滥用管理公司、证券职权、受贿案，江西省共青城市人民法院（2018）赣0482刑初22号。

（一）滥用管理公司、证券职权罪的概念和构成要件

滥用管理公司、证券职权罪，是指国家有关主管部门的国家机关工作人员，徇私舞弊，滥用职权，对不符合法律规定条件的公司设立、登记申请或者股票、债券发行、上市申请，予以批准或者登记，致使公共财产、国家和人民利益遭受重大损失的行为。

本罪是1997年《刑法》增设的罪名，是从1995年2月28日第八届全国人民代表大会常务委员会第十二次会议通过的《关于惩治违反公司法的犯罪的决定》第8条的规定，吸收改为《刑法》具体规定的。1979年《刑法》没有规定此罪名。

滥用管理公司、证券职权罪的构成要件是：

1. 本罪侵犯的客体是国家对公司、证券的管理活动。

2. 客观方面表现为徇私舞弊，滥用职权，对不符合法律规定条件的公司设立、登记申请或者股票、债券发行、上市申请，予以批准或者登记，致使公共财产、国家和人民利益遭受重大损失的行为。

首先，有徇私舞弊的行为。其次，有滥用职权的行为，这里具体指滥用批准或者登记公司、证券相关申请的权力。再次，有对不符合法律规定条件的公司设立、登记申请或者股票、债券发行、上市申请，予以批准或者登记的行为，具体表现为对依法不应当批准、登记的相关申请予以批准、登记。"法律规定条件"，指《公司法》和有关法规关于公司设立、登记申请或者股票、债券发行、上市申请的必备要件。例如，关于股东或发起人的人数、法定资本最低限额、公司章程、公司名称及组织机构、生产经营的场所和条件；公司净资产、累计债券总额、可分配利润、资金投向、利率；认购股份、募股申请、发行新股；股本总额、开业时间、业绩、股东人数等条件。最后，滥用管理公司、证券职权行为造成"致使公共财产、国家和人民利益遭受重大损失"的危害结果。

3. 犯罪主体为特殊主体，即国家有关主管部门中的国家机关工作人员，具体指市场监督管理机关和中国证券监督管理委员会中对公司设立、登记申请或者股票、债券发行、上市申请具有批准或者登记职权的国家机关工作

人员。上级部门强令登记机关及其工作人员违法或登记公司、证券相关申请的，其直接负责的主管人员也可以构成本罪的主体。

4.主观方面由故意构成，行为人的动机是徇私、徇情。过失不构成本罪。

（二）认定滥用管理公司、证券职权罪应当注意的问题

1.关于罪与非罪的界限。

"致使公共财产、国家和人民利益遭受重大损失"是本罪的结果要件。行为人虽有滥用管理公司、证券职权的行为，但造成的损失尚未达到"重大"程度的，不构成犯罪。《最高人民检察院关于渎职侵权犯罪案件立案标准的规定》在"一、渎职犯罪案件（十三）滥用管理公司、证券职权案"中规定了应予立案的6种情形。在最高人民法院出台相关司法解释之前，审判实践中认定"致使公共财产、国家和人民利益遭受重大损失"时，上述立案标准可以作为参考。

2.关于本罪与玩忽职守罪的界限。

行为人玩忽职守，不正确履行批准或者登记公司、证券相关申请职责，致使公共财产、国家和人民利益遭受重大损失的，可以玩忽职守罪论处。

3.关于一罪与数罪的界限。

行为人收受贿赂又实施本罪，受贿行为同时构成犯罪的，以滥用管理公司、证券职权罪和受贿罪实行并罚。

（三）滥用管理公司、证券职权罪的刑事责任

适用《刑法》第403条的规定时，应当注意根据犯罪的事实、犯罪的性质、情节和对于社会的危害程度，决定适当的刑罚。

十五、徇私舞弊不征、少征税款罪[①]

第四百零四条 税务机关的工作人员徇私舞弊，不征或者少征应征税款，致使国家税收遭受重大损失的，处五年以下有期徒刑或者拘役；造成特别重大损失的，处五年以上有期徒刑。

（一）徇私舞弊不征、少征税款罪的概念和构成要件

徇私舞弊不征、少征税款罪，是指税务机关的工作人员徇私舞弊，不征或者少征应征税款，致使国家税收遭受重大损失的行为。

本罪是1997年《刑法》增设的新罪名，是从《税收征收管理法》第54条的规定吸收改为《刑法》的具体规定的。1979年《刑法》和单行刑法均没有规定此罪名。

徇私舞弊不征、少征税款罪的构成要件是：

1. 本罪侵犯的客体是国家税收征收管理制度。

2. 客观方面表现为徇私舞弊，不征或者少征应征税款，致使国家税收遭受重大损失的行为。

首先，有徇私舞弊的行为。其次，有不征或者少征应征税款行为。"应征税款"，指国家有关税收的法律、法规根据纳税主体、征税对象、税率等指标确定的，税收机关必须征收的纳税款额，具体应根据税法规定进行判断。"不征"指对依据税法应当征收的税款而不予征收，因而是一种不作为。"少征"则指虽然依据税法征收了应当征收的税款，但未达到或者少于法定或税收机关确定的征收数额，因而就未征收部分的税款而言，"少征"亦属不作为。应当注意，不征或者少征行为只要具备其中之一的，即能成立犯罪；同时有两种行为，构成犯罪的，仍为一罪。最后，徇私舞弊不征、少征税款行为造成"致使国家税收遭受重大损失"的危害结果。

[①] 参考案例：董某营、杨某受贿、徇私舞弊不征、少征税款案，湖北省武汉市中级人民法院（2018）鄂01刑终651号。

3. 犯罪主体为特殊主体，即税务机关的工作人员，具体指在税务机关从事税收征收管理工作的国家机关工作人员。

4. 主观方面由故意构成，行为人的动机是徇私、徇情。过失不构成本罪。

（二）认定徇私舞弊不征、少征税款罪应当注意的问题

1. 关于罪与非罪的界限。

"致使国家税收遭受重大损失"是本罪的结果要件。行为人虽然徇私舞弊，不征或者少征应征税款，给国家税收造成了一定损失，但尚未达到"重大损失"程度的，不构成犯罪，可由税务机关给予行政处分。《最高人民检察院关于渎职侵权犯罪案件立案标准的规定》在"一、渎职犯罪案件（十四）徇私舞弊不征、少征税款案"中规定了应予立案的4种情形。在最高人民法院出台相关司法解释之前，审判实践中认定"致使国家税收重大损失"时，上述立案标准可以作为参考。

2. 关于本罪与玩忽职守罪的界限。

如果行为人严重不负责任，如因工作马虎、不认真而计算错误，没有征收或者少征了应征税款，致使国家税收遭受重大损失的，可以玩忽职守罪论处。

3. 关于一罪与数罪的界限。

税收工作人员接受贿赂又实施本罪，受贿行为同时构成犯罪的，以徇私舞弊不征、少征税款罪和受贿罪实行并罚。

（三）徇私舞弊不征、少征税款罪的刑事责任

司法机关在适用《刑法》第404条的规定处罚时，应当注意，"造成特别重大损失"是本罪的加重处罚情节，司法实践中一般是指给国家税收造成的直接经济损失特别巨大等情形。

十六、徇私舞弊发售发票、抵扣税款、出口退税罪[1]

第四百零五条第一款 税务机关的工作人员违反法律、行政法规的规定,在办理发售发票、抵扣税款、出口退税工作中,徇私舞弊,致使国家利益遭受重大损失的,处五年以下有期徒刑或者拘役;致使国家利益遭受特别重大损失的,处五年以上有期徒刑。

(一)徇私舞弊发售发票、抵扣税款、出口退税罪的概念和构成要件

徇私舞弊发售发票、抵扣税款、出口退税罪,是指税务机关的工作人员违反法律、行政法规的规定,在办理发售发票、抵扣税款、出口退税工作中,徇私舞弊,致使国家利益遭受重大损失的行为。

本罪是1997年《刑法》增设的罪名,是从1995年《全国人民代表大会常务委员会关于惩治虚开、伪造和非法出售增值税专用发票犯罪的决定》第9条的规定,吸收改为《刑法》的具体规定的。1979年《刑法》没有规定此罪名。

徇私舞弊发售发票、抵扣税款、出口退税罪的构成要件是:

1. 本罪侵犯的客体是国家税收管理制度。

2. 客观方面表现为违反法律、行政法规的规定,在办理发售发票、抵扣税款、出口退税工作中,徇私舞弊,致使国家利益遭受重大损失的行为。

首先,行为违反法律、行政法规的规定。这里的"规定",指有关税收的法律、行政法规关于办理发票发售、抵扣税款、出口退税工作的具体规定。其次,在办理发售发票、抵扣税款、出口退税工作中有徇私舞弊的行为。"发票",指增值税专用发票、用于办理抵扣税款、出口退税手续的发票以及其他普通发票。"抵扣税款",指税务机关将购货方在购进商品时已由供货方缴纳的增值税款抵扣掉,只征收购货方作为生产者、经营者在销售其产

---

[1] 参考案例:裴某忠等徇私舞弊发售发票案,北京市第二中级人民法院(2019)京02刑终333号。

品或者商品环节增值部分的税款。"出口退税",指除特殊产品外,国家对于国内已经征收产品税、增值税、营业税、特别消费税的产品,在出口时将已经征收的税款退还,这是国家鼓励企业出口创汇、增强我国产品在国际市场的竞争力的一项特殊优惠政策。应当注意,有违法办理发售发票或者抵扣税款、出口退税工作行为其中之一的,即能成立犯罪;同时有两种行为,构成犯罪的,仍为一罪。"徇私舞弊",是构成本罪的前提要件。最后,徇私舞弊发售发票、抵扣税款、出口退税行为造成"致使国家利益遭受重大损失"的危害结果。

3. 犯罪主体为特殊主体,即税务机关的工作人员。

4. 主观方面由故意构成,行为人的动机是徇私、徇情。过失不构成本罪。

(二)认定徇私舞弊发售发票、抵扣税款、出口退税罪应当注意的问题

1. 关于罪与非罪的界限。

"致使国家利益遭受重大损失"是本罪的结果要件。如果虽有徇私舞弊而发售发票、抵扣税款或者出口退税的行为,但给国家利益造成的损失尚未达到"重大"程度的,不构成犯罪。《最高人民检察院关于渎职侵权犯罪案件立案标准的规定》在"一、渎职犯罪案件(十五)徇私舞弊发售发票、抵扣税款、出口退税案"中规定了应予立案的3种情形。在最高人民法院出台相关司法解释之前,审判实践中认定"致使国家利益遭受重大损失"时,上述立案标准可以作为参考。

2. 关于本罪与玩忽职守罪的界限。

行为人在办理发售发票、抵扣税款、出口退税工作中,严重不负责任,致使国家利益遭受重大损失的,可以玩忽职守罪论处。

3. 关于一罪与数罪的界限。

行为人收受贿赂又实施本罪,受贿行为同时构成犯罪的,以徇私舞弊发售发票、抵扣税款、出口退税罪和受贿罪实行并罚。

（三）徇私舞弊发售发票、抵扣税款、出口退税罪的刑事责任

司法机关在适用《刑法》第405条第1款的规定处罚时，应当注意，"致使国家利益遭受特别重大损失"是本罪的加重处罚情节，司法实践中一般是指致使国家税收遭受特别重大损失，如被骗走的税款特别巨大等情形。

十七、违法提供出口退税凭证罪[①]

第四百零五条第二款 其他国家机关工作人员违反国家规定，在提供出口货物报关单、出口收汇核销单等出口退税凭证的工作中，徇私舞弊，致使国家利益遭受重大损失的，依照前款的规定处罚。

（一）违法提供出口退税凭证罪的概念和构成要件

违法提供出口退税凭证罪，是指税务机关工作人员以外的其他国家机关工作人员违反国家规定，在提供出口退税凭证的工作中，徇私舞弊，致使国家利益遭受重大损失的行为。

本罪是1997年《刑法》增设的罪名，1979年《刑法》和单行刑法均没有规定此罪名。

违法提供出口退税凭证罪的构成要件是：

1. 本罪侵犯的客体是国家出口退税制度。

犯罪对象是出口退税凭证，即由海关、商检、外汇管理部门管理和核发，企业或个人在申办出口退税事宜时向税务机关提交的出口货物报关单、出口收汇核销单等可用于退税的证明文件。这些凭证是税务机关办理出口退税的重要依据。

2. 客观方面表现为违反国家规定，在提供出口货物报关单、出口收汇核销单等出口退税凭证工作中，徇私舞弊，致使国家利益遭受重大损失的

[①] 参考案例：卢某荣犯受贿罪、违法提供出口退税凭证案，浙江省宁波市北仑区人民法院（2013）甬仑刑初字第732号。

行为。

3. 犯罪主体是除税务机关工作人员以外的其他国家机关工作人员，如海关、商检、外汇管理部门的工作人员。

4. 主观方面由故意构成，行为人的动机是徇私、徇情。过失不构成本罪。

（二）认定违法提供出口退税凭证罪应当注意的问题

关于罪与非罪的界限。"致使国家利益遭受重大损失"是本罪的结果要件。行为人虽然违法提供出口退税凭证，但给国家利益造成的损失尚未达到"重大"程度的，不构成犯罪。《最高人民检察院关于渎职侵权犯罪案件立案标准的规定》在"一、渎职犯罪案件（十六）违法提供出口退税凭证案"中规定了应予立案3种情形。在最高人民法院出台相关司法解释之前，审判实践中认定"致使国家利益遭受重大损失"时，上述立案标准可以作为参考。

（三）违法提供出口退税凭证罪的刑事责任

适用《刑法》第405条第2款的规定时，应当注意根据犯罪的事实、犯罪的性质、情节和对于社会的危害程度，决定适当的刑罚。

十八、国家机关工作人员签订、履行合同失职被骗罪[①]

第四百零六条 国家机关工作人员在签订、履行合同过程中，因严重不负责任被诈骗，致使国家利益遭受重大损失的，处三年以下有期徒刑或者拘役；致使国家利益遭受特别重大损失的，处三年以上七年以下有期徒刑。

---

① 参考案例：林某国家机关工作人员签订、履行合同失职被骗案，新疆维吾尔自治区布尔津县人民法院（2019）新4321刑初106号。

（一）国家机关工作人员签订、履行合同失职被骗罪的概念和构成要件

国家机关工作人员签订、履行合同失职被骗罪，是指国家机关工作人员在签订、履行合同过程中，因严重不负责任被诈骗，致使国家利益遭受重大损失的行为。

本罪是1997年《刑法》增设的罪名，1979年《刑法》和单行刑法均没有规定此罪名。《最高人民法院、最高人民检察院关于执行〈中华人民共和国刑法〉确定罪名的补充规定》将本罪罪名确定为"国家机关工作人员签订、履行合同失职被骗罪"，取消了原确定的"国家机关工作人员签订、履行合同失职罪"这一罪名。

国家机关工作人员签订、履行合同失职被骗罪的构成要件是：

1. 本罪侵犯的客体是国家机关的正常活动和国有资产安全。

2. 客观方面表现为在签订、履行合同过程中，因严重不负责任被诈骗，致使国家利益遭受重大损失的行为。

首先，行为发生在合同的签订、履行过程中。其次，有严重不负责任被诈骗的行为，即不履行或者不正确履行签订、履行合同时应当履行的职责，致使被骗。例如，不认真调查了解对方的资信情况、经营状况，如是否依法成立、实际履约能力以及供货的质量、来源等，不认真审查有关证件、证明，即与对方签订合同；对另一方提供的不符合合同要求的货物，应当检查而不检查；轻信对方的谎言，在资金、货款未到位或者未提供必要担保时即擅自同意发货；财物被诈骗走后，不及时采取补救措施追回财物、减少损失、延误索赔时机或者不予索赔；等等。最后，签订、履行合同失职被骗行为造成"致使国家利益遭受重大损失"的危害结果，如被诈骗的资金、财产数额巨大的；国家机关正常工作受到严重影响的；等等。

3. 犯罪主体为特殊主体，即国家机关工作人员，具体指国家机关中负有签订、履行合同职责的工作人员。

4. 主观方面由过失构成，故意不构成本罪。

（二）认定国家机关工作人员签订、履行合同失职被骗罪应当注意的问题

1. 关于罪与非罪的界限。

行为人在签订、履行合同过程中，因国家政策、市场行情发生变化等不能抗拒或者不能预见的原因，致使国家利益遭受重大损失的，或者虽然有失职被骗的行为，但给国家利益造成的损失未达到"重大"程度的，不构成犯罪，可给予必要的行政处分。《最高人民检察院关于渎职侵权犯罪案件立案标准的规定》在"一、渎职犯罪案件（十七）国家机关工作人员签订、履行合同失职被骗案"中规定了应予立案的2种情形。在最高人民法院出台相关司法解释之前，审判实践中认定"致使国家利益遭受重大损失"时，上述立案标准可以作为参考。

2. 关于本罪与签订、履行合同失职被骗罪的界限。

两者的区别主要在于主体不同：前者是国家机关工作人员，后者只能是国有公司、企业、事业单位中直接负责的主管人员。

（三）国家机关工作人员签订、履行合同失职被骗罪的刑事责任

司法机关在适用《刑法》第406条的规定处罚时，应当注意，本罪处罚的对象只能是单位直接负责的主管人员，应当结合行为人在造成重大损失或特别重大损失上的责任大小、程度裁量刑罚，做到罪刑相适应。

十九、违法发放林木采伐许可证罪[①]

第四百零七条 林业主管部门的工作人员违反森林法的规定，超过批准的年采伐限额发放林木采伐许可证或者违反规定滥发林木采伐许可证，情节严重，致使森林遭受严重破坏的，处三年以下有期徒刑或者拘役。

---

① 参考案例：刘某、张某1违法发放林木采伐许可证案，内蒙古自治区呼伦贝尔市中级人民法院（2019）内07刑终121号。

（一）违法发放林木采伐许可证罪的概念和构成要件

违法发放林木采伐许可证罪，是指林业主管部门的工作人员违反森林法的规定，超过批准的年采伐限额发放林木采伐许可证或者违反规定滥发林木采伐许可证，情节严重，致使森林遭受严重破坏的行为。

本罪是 1997 年《刑法》增设的罪名，是从 1984 年《森林法》第 35 条的规定吸收改为《刑法》具体规定的。1979 年《刑法》和单行刑法均没有规定此罪名。

违法发放林木采伐许可证罪的构成要件是：

1. 本罪侵犯的客体是国家森林资源管理制度。

2. 客观方面表现为违反《森林法》的规定，超过批准的年采伐限额发放林木采伐许可证或者违反规定滥发林木采伐许可证，情节严重，致使森林遭受严重破坏的行为。

首先，有违反《森林法》规定的行为。"违反森林法的规定"，指违反《森林法》关于发放林木采伐许可证的规定。其次，有超过批准的年采伐限额发放林木采伐许可证或者违反规定滥发林木采伐许可证的行为，具体包括：（1）超发，即"超过批准的年采伐限额发放林木采伐许可证"。年采伐林木的限额由林业主管部门依据森林法规作具体规定，并列入林木生产的年度计划。林业工作人员擅自在年度计划之外向申请者发放林木采伐许可证，即属此种情形。（2）滥发，即"违反规定滥发林木采伐许可证"，指违反法律关于发放对象或者发放限额的规定，对不符合发放条件的申请人发放林业采伐许可证，或者超过规定的一定时期采伐许可证的发放限额向申请人发放林业采伐许可证。应当注意，要结合林业主管部门的有关规定，来确定年采伐限额、采伐许可证的发放对象和发放限额的具体标准以及是否应当发放。最后，违法发放林木采伐许可证行为具备"情节严重，致使森林遭受严重破坏"的要件，缺一不可。

3. 犯罪主体为特殊主体，即林业主管部门的工作人员，具体是指林业主管部门负有发放林木采伐许可证职责的工作人员。

4. 主观方面一般由过失构成，但也不排除故意的存在。

(二)认定违法发放林木采伐许可证罪应当注意的问题

1. 关于罪与非罪的界限。

"情节严重,致使森林遭受严重破坏"是本罪的必备要件。行为人虽然有违法发放林木采伐许可证的行为,但不具备该要件的,不构成犯罪,可给予行为人行政处分。《最高人民检察院关于渎职侵权犯罪案件立案标准的规定》(以下简称《渎职侵权案件立案标准规定》)在"一、渎职犯罪案件(十八)违法发放林木采伐许可证案"中规定了应予立案的6种情形。在最高人民法院出台新的相关司法解释之前,审判实践中认定"情节严重,致使森林遭受严重破坏"时,上述立案标准可以作为参考。

2. 关于本罪与滥用职权罪、玩忽职守罪的界限。

根据《渎职侵权案件立案标准规定》的相关规定,林业主管部门工作人员之外的国家机关工作人员,违反《森林法》的规定,滥用职权或者玩忽职守,致使林木被滥伐40立方米以上或者幼树被滥伐2000株以上,或者致使防护林、特种用途林被滥伐10立方米以上或者幼树被滥伐400株以上,或者致使珍贵树木被采伐、毁坏4立方米或者4株以上,或者致使国家重点保护的其他植物被采伐、毁坏后果严重的,或者致使国家严禁采伐的林木被采伐、毁坏情节恶劣的,以滥用职权罪或者玩忽职守罪追究刑事责任。

3. 划清本罪与滥伐林木罪共犯的界限。

林业主管部门工作人员与滥伐林木犯罪分子通谋,超发或滥发采伐林木许可证,帮助其滥伐林木的,构成滥伐林木罪的共犯。

(三)违法发放林木采伐许可证罪的刑事责任

适用《刑法》第407条的规定时,应当注意根据犯罪的事实、犯罪的性质、情节和对于社会的危害程度,决定适当的刑罚。

二十、环境监管失职罪[①]

第四百零八条 负有环境保护监督管理职责的国家机关工作人员严重不负责任,导致发生重大环境污染事故,致使公私财产遭受重大损失或者造成人身伤亡的严重后果的,处三年以下有期徒刑或者拘役。

（一）环境监管失职罪的概念和构成要件

环境监管失职罪,是指负有环境保护监督管理职责的国家机关工作人员严重不负责任,导致发生重大环境污染事故,致使公私财产遭受重大损失或者造成人身伤亡的严重后果的行为。

本罪是1997年《刑法》增设的罪名,是从《水污染防治法》第43条、《大气污染防治法》第38条的规定,吸收改为《刑法》的具体规定的。1979年《刑法》和单行刑法均没有规定此罪名。

环境监管失职罪的构成要件是:

1. 本罪侵犯的客体是国家环境保护监管制度。

2. 客观方面表现为严重不负责任,导致发生重大环境污染事故,致使公私财产遭受重大损失或者造成人身伤亡的严重后果的行为。

3. 犯罪主体为特殊主体,即负有环境保护监督管理职责的国家机关工作人员。

4. 主观方面是过失,故意不构成本罪。

（二）认定环境监管失职罪应当注意的问题

1. 关于罪与非罪的界限。

"导致发生重大环境污染事故,致使公私财产遭受重大损失或者造成人身伤亡的严重后果"是本罪的结果要件。行为人虽有严重不负责任的行为,

---

[①] 参考案例:贺某泉、姚某平环境监管失职案,湖南省岳阳市中级人民法院(2017)湘06刑终359号。

但没有造成这一危害结果,或者造成的危害结果尚未达到重大、严重程度的,不构成犯罪。

2. 关于本罪与污染环境罪的界限。

两者的区别在于:(1)主体不同。前者是特殊主体,即国家机关工作人员,后者是一般主体,包括自然人和单位;(2)行为要件不同。前者表现为严重不负责任行为,后者则表现为违反国家规定,向土地、水体、大气排放、倾倒或者处置有放射性的废物、含传染病病原体的废物、有毒物质或者其他有害物质的行为。

(三)环境监管失职罪的刑事责任

适用《刑法》第408条的规定时,应当注意根据犯罪的事实、犯罪的性质、情节和对于社会的危害程度,决定适当的刑罚。

二十一、食品、药品监管渎职罪[①]

第四百零八条之一[②] 负有食品药品安全监督管理职责的国家机关工作人员,滥用职权或者玩忽职守,有下列情形之一,造成严重后果或者有其他严重情节的,处五年以下有期徒刑或者拘役;造成特别严重后果或者有其他特别严重情节的,处五年以上十年以下有期徒刑:

(一)瞒报、谎报食品安全事故、药品安全事件的;

(二)对发现的严重食品药品安全违法行为未按规定查处的;

(三)在药品和特殊食品审批审评过程中,对不符合条件的申请准予许可的;

(四)依法应当移交司法机关追究刑事责任不移交的;

(五)有其他滥用职权或者玩忽职守行为的。

---

① 参考案例:高某食品监管渎职、受贿案,山东省滨州市中级人民法院(2014)滨中刑二终字第77号。

② 本条由2011年2月25日《刑法修正案(八)》第49条增设,2020年12月26日《刑法修正案(十一)》第45条对本条第1款进行了修改。

徇私舞弊犯前款罪的，从重处罚。

(一) 食品、药品监管渎职罪的概念和构成要件

食品、药品监管渎职罪，是指负有食品药品安全监督管理职责的国家机关工作人员，滥用职权或者玩忽职守，造成严重后果或者有其他严重情节的行为。

本罪是在《刑法修正案（八）》第49条增设罪名的基础上，根据《刑法修正案（十一）》确定的罪名。①

食品、药品监管渎职罪的构成要件是：

1.本罪侵犯的客体是国家食品药品安全监督管理活动。

食品药品安全是重大的民生和公共安全问题，事关人民群众身体健康和社会和谐稳定，始终是国人关注的重点和热点。目前，我国食品药品安全问题比较突出，食品安全事故、药品安全事件时有发生。为了保证食品药品安全，确保公众的身体健康和生命安全，国家对危害食品药品安全的违法犯罪规定了严格的法律责任，同时制定法律、法规和规章来规范和约束负有食品药品安全监督管理职责的国家机关工作人员的职务行为。《食品安全法》（第八章、第九章）、《药品管理法》（第十章、第十一章）分别对"监督管理"以及违反监管职责应承担的法律责任作了规定。《刑法修正案（八）》在《刑法》第408条（环境监管失职罪）后增加一条，设立了"食品监管渎职罪"。《刑法修正案（十一）》第45条又将该罪的客观表现从"食品安全"监管领域扩展到"食品药品安全"监管活动领域，主体也相应扩大为"负有食品药品安全监督管理职责的国家机关工作人员"，还明确列举了成立本罪的5种情形，旨在加大监管人员的法律责任，预防和减少重大食品安全事故和药品安全事件的发生。

2.客观方面表现为在食品药品安全监督管理活动中，滥用职权或者玩忽

---

① 2011年5月1日起施行的《最高人民法院、最高人民检察院关于执行〈中华人民共和国刑法〉确定罪名的补充规定（五）》确定罪名为"食品监管渎职罪"。根据《最高人民法院、最高人民检察院关于执行〈中华人民共和国刑法〉确定罪名的补充规定（七）》的规定，修改本罪罪名为"食品、药品监管渎职罪"。

职守,造成严重后果或者有其他严重情节的行为。

首先,行为发生在食品药品安全监督管理活动中。食品药品安全监督管理,一般指法律规定的食品药品安全风险监测和评估、食品药品检验检查、食品药品生产经营监督检查、药品和特殊食品审批审评、食品药品安全信息发布、食品药品安全违法行为查处以及食品药品安全刑事案件移送等监管活动。

其次,有滥用职权或玩忽职守的行为。"滥用职权",指超越食品药品安全监管职责,违法决定、办理与食品药品安全监管相关的事项,或者违反程序处理该事项;"玩忽职守",指依法应当履行且能够履行食品药品安全监管职责,但没有履行职责,或者因不严肃认真而错误履行职责。

最后,行为具有以下5种情形之一,而且造成严重后果或者有其他严重情节:(1)瞒报、谎报食品安全事故、药品安全事件的。食品安全事故、药品安全事件都属于食品药品安全事件。[①]"食品安全事故",指食物中毒、食源性疾病、食品污染等源于食品,对人体健康有危害或者可能有危害的事故;[②]"药品安全事件",指突然发生,对社会公众健康造成或可能造成严重损害的药品群体不良事件、重大药品质量事件以及其他严重影响公众健康的药品安全事件。[③](2)对发现的严重食品药品安全违法行为未按规定查处的。"未按规定查处",包括按规定该查处但未予查处、未在规定的期限内查处等情形。(3)在药品和特殊食品审批审评过程中,对不符合条件的申请准予许可的。这里的"特殊食品",专指保健食品、特殊医学用途配方食品和婴幼

[①] 2013年8月14日国家食品药品监督管理总局发布实施的《国家食品药品监督管理总局食品药品安全事件防范应对规程(试行)》第2条。

[②] 2011年10月5日修订的《国家食品安全事故应急预案》"总则:1.3事故分级"规定。食品安全事故共分四级,即特别重大食品安全事故(Ⅰ级)、重大食品安全事故(Ⅱ级)、较大食品安全事故(Ⅲ级)和一般食品安全事故(Ⅳ级)。

[③] 2011年8月3日修订的《药品和医疗器械安全突发事件应急预案(试行)》(国食药监办〔2011〕370号)"总则:1.3事件分级"规定。药品安全事件,亦分四级:特别重大药品安全突发事件(Ⅰ级)、重大药品安全突发事件(Ⅱ级)、较大药品安全突发事件(Ⅲ级)和一般药品安全突发事件(Ⅳ级)。该分级标准中规定的"药品"含医疗器械。

儿配方食品这三类，而实践中遇到更多的可能是婴幼儿配方食品。①（4）依法应当移交司法机关追究刑事责任不移交的。（5）有其他滥用职权或者玩忽职守行为的。

在司法实践中，"造成严重后果"主要指导致发生重大食品安全事故（Ⅱ级）或重大药品安全突发事件（Ⅱ级）；"有其他严重情节"，一般指造成有重大社会影响的食品药品安全舆情事件。

3. 犯罪主体为特殊主体，即负有食品药品安全监督管理职责的国家机关工作人员，包括县级以上人民政府及其卫生行政、农业行政、质量监督、工商行政管理、食品药品监督管理等部门中负有食品药品监管职责的工作人员。

另外，受人民政府委托行使食品药品安全监督管理职责的事业单位中从事公务的工作人员，也可以构成本罪主体。②根据《食品安全法》和《药品管理法》的相关规定，上述工作人员因所在部门不同，其具体职责也略有差异，在主体认定时应当特别注意。

4. 在主观方面，滥用职权型的食品、药品监管渎职罪一般由过失构成，但也不排除故意的存在，而玩忽职守型的食品、药品监管渎职罪只能由过失构成。如果行为人徇私舞弊，在食品药品安全监督管理活动中滥用职权或者玩忽职守，造成前述严重后果或者有其他严重情节的，以本罪定罪从重处罚。

（二）认定食品、药品监管渎职罪应当注意的问题

1. 关于罪与非罪的界限。

"造成严重后果或者有其他严重情节"是本罪的必要要件。行为人虽有

---

① 根据2021年4月29日修正的《食品安全法》第74条的规定，保健食品、特殊医学用途配方食品（FSMP）、婴幼儿配方食品都属于特殊食品。国家对这三类特殊食品制定食品安全国家标准，并实行比普通食品更加严格的监督管理。

② 2002年12月28日《全国人民代表大会常务委员会关于〈中华人民共和国刑法〉第九章渎职罪主体适用问题的解释》规定："……在受国家机关委托代表国家机关行使职权的组织中从事公务的人员……在代表国家机关行使职权时，有渎职行为，构成犯罪的，依照刑法关于渎职罪的规定追究刑事责任。"

食品药品监管渎职行为，但尚未造成严重后果或者不具有其他严重情节，如导致发生较大食品安全事故、较大药品安全事件（III级）或者一般食品安全事故、一般药品安全事件（IV级），但不属于重大（或特别重大）食品安全事故、重大（或特别重大）药品安全事件的，不构成犯罪。① 至于"造成严重后果或者有其他严重情节"的认定，在最高人民法院出台相关司法解释之前，可以参考《最高人民检察院关于渎职侵权犯罪案件立案标准的规定》"滥用职权案"的规定以及国家关于食品药品的安全分级标准，从死伤人数、直接经济损失数额和事故的危害范围、对公众食品药品安全的危害程度等方面综合考虑。

2. 关于本罪与徇私舞弊不移交刑事案件罪、商检徇私舞弊罪、商检失职罪、动植物检疫徇私舞弊罪、动植物检疫失职罪、放纵制售伪劣商品犯罪行为罪的界限。

负有食品药品安全监督管理职责的国家机关工作人员渎职，对于涉嫌犯罪的危害食品药品安全违法行为，依法应当移交司法机关追究刑事责任而不移交，造成严重后果或者有其他严重情节的，构成本罪。但是，如果其行为同时构成食品、药品监管渎职罪和徇私舞弊不移交刑事案件罪、商检徇私舞弊罪、商检失职罪、动植物检疫徇私舞弊罪、动植物检疫失职罪或放纵制售伪劣商品犯罪行为罪的，应当依据或参照《最高人民法院、最高人民检察院关于办理危害食品安全刑事案件适用法律若干问题的解释》（以下简称《办理危害食品安全刑事案件解释》）第20条第1款的规定，应当依照处罚较重的规定定罪处罚。当然，如果其行为不构成食品、药品监管渎职罪，但构成前述其他渎职犯罪的，应当依照或参照《办理危害食品安全刑事案件解释》第20条第2款的规定，分别以徇私舞弊不移交刑事案件罪、商检徇私舞弊罪、商检失职罪、动植物检疫徇私舞弊罪、动植物检疫失职罪或放纵制售伪劣商品犯罪行为罪定罪处罚。

---

① 食品安全事故、药品安全事件等级的评估核定，由卫生行政部门会同有关部门依照有关规定进行。

3. 关于本罪与危害食品药品安全犯罪共犯的界限。

负有食品药品安全监督管理职责的国家机关工作人员与危害食品药品安全的犯罪人共谋，利用其职务行为帮助实施危害食品药品安全犯罪行为，同时构成渎职犯罪和危害食品药品安全犯罪的共犯的，应当依照或者参照《办理危害食品安全刑事案件解释》第20条第3款的规定，依照处罚较重的规定定罪从重处罚。

4. 关于一罪与数罪的界限。

行为人在食品药品安全监管活动中收受贿赂又实施本罪，受贿行为同时构成犯罪的，应实行并罚。

（三）食品、药品监管渎职罪的刑事责任

司法机关在适用《刑法》第408条之一的规定处罚时，应当注意以下问题：

"造成特别严重后果或者有其他特别严重情节"是本罪的加重处罚情节，司法实践中一般指导致发生特别重大食品安全事故、特别重大药品安全事件，或者对人体健康有潜在的特别严重危害并造成特别严重不良社会影响的食品安全事故、药品安全事件。

二十二、传染病防治失职罪[①]

第四百零九条 从事传染病防治的政府卫生行政部门的工作人员严重不负责任，导致传染病传播或者流行，情节严重的，处三年以下有期徒刑或者拘役。

（一）传染病防治失职罪的概念和构成要件

传染病防治失职罪，是指从事传染病防治的政府卫生行政部门的工作人员严重不负责任，导致传染病传播或者流行，情节严重的行为。

---

① 参考案例：周某某传染病防治失职案，广西壮族自治区巴马瑶族自治县人民法院（2014）巴刑初字第64号。

本罪是1997年《刑法》增设的罪名，是从1989年2月21日第七届全国人民代表大会常务委员会第六次会议通过的《传染病防治法》第39条的规定，吸收改为《刑法》的具体规定的。1979年《刑法》和单行刑法均没有规定此罪名。

传染病防治失职罪的构成要件是：

1. 本罪侵犯的客体是国家关于传染病防治的管理制度。

2. 客观方面表现为严重不负责任，导致传染病传播或者流行，情节严重的行为。

首先，有严重不负责任的行为。其次，严重不负责任行为导致传染病传播或者流行，且情节严重。"导致传染病传播或者流行"，根据《最高人民检察院关于渎职侵权犯罪案件立案标准的规定》"一、渎职犯罪案件（二十）传染病防治失职案（第四百零九条）"的规定，指导致甲类传染病传播或者乙类、丙类传染病流行。"情节严重"，根据《最高人民法院、最高人民检察院关于办理妨害预防、控制突发传染病疫情等灾害的刑事案件具体应用法律若干问题的解释》第16条第2款的规定，指：（1）对发生突发传染病疫情等灾害的地区或者突发传染病病人、病原携带者、疑似突发传染病病人，未按照预防、控制突发传染病疫情等灾害工作规范的要求做好防疫、检疫、隔离、防护、救治等工作，或者采取的预防、控制措施不当，造成传染范围扩大或者疫情、灾情加重的；（2）隐瞒、缓报、谎报或者授意、指使、强令他人隐瞒、缓报、谎报疫情、灾情，造成传染范围扩大或者疫情、灾情加重的；（3）拒不执行突发传染病疫情等灾害应急处理指挥机构的决定、命令，造成传染范围扩大或者疫情、灾情加重的；（4）具有其他严重情节的。

3. 犯罪主体为特殊主体，即从事传染病防治的政府卫生行政部门的工作人员。

4. 主观方面是过失，故意不构成本罪。

（二）认定传染病防治失职罪应当注意的问题

1. 关于罪与非罪的界限。

"导致传染病传播或者流行，情节严重"是本罪的结果要件。行为虽然导致传染病传播或者流行,但尚未达到"情节严重"程度的,属一般违法行为,不构成犯罪。

2. 关于本罪与玩忽职守罪的界限。

两者的区别主要在于主体不同:前者是特殊的国家工作人员。根据《最高人民法院、最高人民检察院关于办理妨害预防、控制突发传染病疫情等灾害的刑事案件具体应用法律若干问题的解释》第16条第1款的规定,具体指在预防、控制突发传染病疫情等灾害期间,代表政府卫生行政部门行使职权的下列人员之一:从事传染病防治的政府卫生行政部门的工作人员;在受政府卫生行政部门委托代表政府卫生行政部门行使职权的组织中从事公务的人员;虽未列入政府卫生行政部门人员编制,但在政府卫生行政部门从事公务的人员。后者则是一般的国家工作人员。根据同一解释第15条的规定,具体指在预防、控制突发传染病疫情等灾害的工作中,负有组织、协调、指挥、灾害调查、控制、医疗救治、信息传递、交通运输、物资保障等职责的国家机关工作人员。

3. 关于本罪与妨害传染病防治罪的界限。

两者的区别在于:(1)主体不同。前者的主体为特殊主体,后者的主体为一般主体,包括自然人和单位;(2)结果要件不同。前者是导致甲类传染病传播或者乙类、丙类传染病流行,并不包括有传播危险,后者仅是为引起甲类传染病传播,还包括有严重传播危险。

(三)传染病防治失职罪的刑事责任

适用《刑法》第409条的规定时,应当注意根据犯罪的事实、犯罪的性质、情节和对于社会的危害程度,决定适当的刑罚。

二十三、非法批准征收、征用、占用土地罪[①]

第四百一十条 国家机关工作人员徇私舞弊,违反土地管理法规,滥用职权,非法批准征收、征用、占用土地,或者非法低价出让国有土地使用权,情节严重的,处三年以下有期徒刑或者拘役;致使国家或者集体利益遭受特别重大损失的,处三年以上七年以下有期徒刑。

《全国人民代表大会常务委员会关于〈中华人民共和国刑法〉第二百二十八条、第三百四十二条、第四百一十条的解释》(2009年8月27日修正)

全国人民代表大会常务委员会讨论了刑法第二百二十八条、第三百四十二条、第四百一十条规定的"违反土地管理法规"和第四百一十条规定的"非法批准征收、征用、占用土地"的含义问题,解释如下:

第二百二十八条、第三百四十二条、第四百一十条规定的"违反土地管理法规",是指违反土地管理法、森林法、草原法等法律以及有关行政法规中关于土地管理的规定。

刑法第四百一十条规定的"非法批准征收、征用、占用土地",是指非法批准征收、征用、占用耕地、林地等农用地以及其他土地。

(一)非法批准征收、征用、占用土地罪的概念和构成要件

非法批准征收、征用、占用土地罪,是指国家机关工作人员徇私舞弊,违反土地管理法规,滥用职权,非法批准征收、征用、占用土地,情节严重的行为。

本罪是1997年《刑法》增设的罪名,是从1986年6月25日第六届全国人民代表大会常务委员会第十六次会议通过、1988年第七届全国人民代表大会常务委员会修正的《土地管理法》第48条的规定,吸收改为《刑法》

[①] 参考案例:罗某焰、刘某林非法批准征用、占用土地、受贿案,贵州省高级人民法院(2017)黔刑终443号。

具体规定的。①1979年《刑法》和单行刑法均没有规定此罪名。2001年8月13日，全国人大常委会对《刑法》第410条关于"违反土地管理法规"和"非法批准征用、占用土地"的含义作出了解释。

非法批准征收、征用、占用土地罪的构成要件是：

1. 本罪侵犯的客体是国家土地管理制度。

2. 客观方面表现为徇私舞弊，违反土地管理法规，滥用职权，非法批准征收、征用、占用土地的行为。"违反土地管理法规"，根据立法解释，指违反土地管理法、森林法、草原法等法律以及有关行政法规中关于土地管理的规定。"征收"，这里指为了公共利益，依法将农民集体所有的土地转化为国有土地；"征用"，指为了公共利益，依法使用农民集体所有的土地；"占用"，指一般地使用土地。

3. 犯罪主体为特殊主体，即国家机关工作人员，具体指具有土地管理职权的国家机关工作人员。

4. 主观方面由故意构成，行为人的动机是徇私、徇情。过失不构成本罪。

根据法律规定，非法批准征收、征用、占用土地的行为必须达到"情节严重"的程度，才构成犯罪。依照《最高人民法院关于审理破坏土地资源刑事案件具体应用法律若干问题的解释》（以下简称《审理破坏土地资源刑事案件解释》）第4条的规定，国家机关工作人员徇私舞弊，违反土地管理法规，滥用职权，非法批准征用、占用土地，具有下列情形之一的，属于"情节严重"：（1）非法批准征用、占用基本农田10亩以上的；（2）非法批准征用、占用基本农田以外的耕地30亩以上的；（3）非法批准征用、占用其他土地50亩以上的；（4）虽未达到上述数量标准，但非法批准征用、占用土地造成

---

① 根据2009年8月27日公布施行的《全国人民代表大会常务委员会关于修改部分法律的决定》"二"之第1项的规定，《刑法》第410条和《全国人民代表大会常务委员会关于〈中华人民共和国刑法〉第二百二十八条、第三百四十二条、第四百一十条的解释》中的"征用"修改为"征收、征用"。据此，本罪罪名应作相应修改，宜确定为"非法批准征收、征用、占用土地罪"。

直接经济损失30万元以上;造成耕地大量毁坏等恶劣情节的。①

依照《最高人民法院关于审理破坏草原资源刑事案件应用法律若干问题的解释》(以下简称《审理破坏草原资源刑事案件解释》)第3条第1款的规定,国家机关工作人员徇私舞弊,违反《草原法》等土地管理法规定,具有下列情形之一的,应当认定为《刑法》第410条规定的"情节严重":(1)非法批准征收、征用、占用草原40亩以上的;(2)非法批准征收、征用、占用草原,造成20亩以上草原被毁坏的;(3)非法批准征收、征用、占用草原,造成直接经济损失30万元以上,或者具有其他恶劣情节的。

(二)认定非法批准征收、征用、占用土地罪应当注意的问题

1. 关于罪与非罪的界限。

"情节严重"是本罪的情节要件。行为人虽有非法批准征收、征用、占用土地的行为,但尚未达到"情节严重"程度的,属于一般违法行为,不构成犯罪。

2. 关于本罪与滥用职权罪的界限。

两者的区别主要在于:前者属特别法的规定,其主体是具有土地管理职权的国家机关工作人员,滥用的是批准征收、征用、占用土地的职权;后者则属一般法的规定,其主体是一般国家机关工作人员,滥用的是一般职权。

(三)非法批准征收、征用、占用土地罪的刑事责任

司法机关在适用《刑法》第410条规定处罚时,应当注意以下问题:
"致使国家或者集体利益遭受特别重大损失"是本罪的加重处罚情节。
根据《审理破坏土地资源刑事案件解释》第5条的规定,具有下列情形

---

① 《审理破坏土地资源刑事案件解释》于2000年6月16日通过。鉴于2009年8月27日《全国人民代表大会常务委员会关于修改部分法律的决定》的"二、对下列法律和法律解释中关于'征用'的规定作出修改"之第1项将《刑法》第410条和《全国人民代表大会常务委员会关于〈中华人民共和国刑法〉第二百二十八条、第三百四十二条、第四百一十条的解释》中的"征用"修改为"征收、征用",在把握《审理破坏土地资源刑事案件解释》关于《刑法》第410条中"非法批准征用、占用土地,情节严重"的情形时,应将"征用"理解为"征收、征用"。"非法批准征用、占用土地,致使国家或者集体利益遭受特别重大损失"的情形,与此相同。

之一的，属于非法批准征用、占用土地"致使国家或者集体利益遭受特别重大损失"：（1）非法批准征用、占用基本农田20亩以上的；（2）非法批准征用、占用基本农田以外的耕地60亩以上的；（3）非法批准征用、占用其他土地100亩以上的；（4）非法批准征用、占用土地，造成基本农田5亩以上，其他耕地10亩以上严重毁坏的；（5）非法批准征用、占用土地造成直接经济损失50万元以上等恶劣情节的。

二十四、非法低价出让国有土地使用权罪[①]

第四百一十条[②] 国家机关工作人员徇私舞弊，违反土地管理法规，滥用职权，非法批准征收、征用、占用土地，或者非法低价出让国有土地使用权，情节严重的，处三年以下有期徒刑或者拘役；致使国家或者集体利益遭受特别重大损失的，处三年以上七年以下有期徒刑。

（一）非法低价出让国有土地使用权罪的概念和构成要件

非法低价出让国有土地使用权罪，是指国家机关工作人员徇私舞弊，违反土地管理法规，滥用职权，非法低价出让国有土地使用权，情节严重的行为。

本罪是1997年《刑法》增设的罪名，是从1986年6月25日第六届全国人民代表大会常务委员会第十六次会议通过的《土地管理法》第48条的规定，吸收改为《刑法》的具体规定的。1979年《刑法》和单行刑法均没有规定此罪名。

非法低价出让国有土地使用权罪的构成要件是：

1.本罪侵犯的客体是国家土地管理制度。

---

① 参考案例：黄某远非法低价出让国有土地使用权、滥用职权、受贿案，广西壮族自治区上林县人民法院（2014）上刑初字第98号。
② 根据2009年8月27日公布施行的《全国人民代表大会常务委员会关于修改部分法律的决定》的"二、对下列法律和法律解释中关于'征用'的规定作出修改"之第1项的规定，《刑法》第410条和《全国人民代表大会常务委员会关于〈中华人民共和国刑法〉第二百二十八条、第三百四十二条、第四百一十条的解释》中的"征用"修改为"征收、征用"。

2. 客观方面表现为徇私舞弊，违反土地管理法规，滥用职权，非法低价出让国有土地使用权，情节严重的行为。这里的"出让"，指国家以土地所有者的身份将国有土地的使用权在一定年限内让与土地使用者，并由土地使用者向国家支付土地使用权出让金，一般采取协议、招标、拍卖等方式。非法低价出让国有土地使用权行为还必须达到"情节严重"的程度。

3. 犯罪主体为特殊主体，即国家机关工作人员，具体指具有土地管理职权的国家机关工作人员。

4. 主观方面由故意构成，行为人须出于徇私的动机。过失不构成本罪。

（二）认定非法低价出让国有土地使用权罪应当注意的问题

1. 关于罪与非罪的界限。

"情节严重"是本罪的情节要件。行为人虽有非法低价出让国有土地使用权的行为，但尚未达到"情节严重"程度的，属于一般违法行为，不构成犯罪。根据《最高人民法院关于审理破坏土地资源刑事案件具体应用法律若干问题的解释》（以下简称《审理破坏土地资源刑事案件解释》）第6条的规定，非法低价出让国有土地使用权，具有下列情形之一的，属于"情节严重"：（1）出让国有土地使用权面积在30亩以上，并且出让价额低于国家规定的最低价额标准的60%的；（2）造成国有土地资产流失价额在30万元以上的。

2. 关于本罪与非法批准征收、征用、占用土地罪的界限。两者的主要区别在于行为要件不同：前者是非法低价出让国有土地使用权，后者则是非法批准征收、征用、占用土地。

3. 关于一罪与数罪的界限。

行为人收受贿赂又实施本罪，受贿行为同时构成犯罪的，以非法低价出让国有土地使用权罪和受贿罪实行并罚。

（三）非法低价出让国有土地使用权罪的刑事责任

司法机关在适用《刑法》第410条规定处罚时，应当注意以下问题：

"致使国家和集体利益遭受特别重大损失"是本罪的加重处罚情节，根据《审理破坏土地资源刑事案件解释》第 7 条规定，是指下列情形之一：（1）非法低价出让国有土地使用权面积在 60 亩以上，并且出让价额低于国家规定的最低价额标准的 40% 的；（2）造成国有土地资产流失价额在 50 万元以上的。

二十五、放纵走私罪[①]

第四百一十一条 海关工作人员徇私舞弊，放纵走私，情节严重的，处五年以下有期徒刑或者拘役；情节特别严重的，处五年以上有期徒刑。

（一）放纵走私罪的概念和构成要件

放纵走私罪，是指海关工作人员徇私舞弊，放纵走私，情节严重的行为。

本罪是 1997 年《刑法》增设的罪名，是从 1987 年 1 月 22 日第六届全国人民代表大会常务委员会第十九次会议通过的《海关法》第 56 条的规定，吸收改为《刑法》的具体规定的。1979 年《刑法》和单行刑法均没有规定此罪名。

放纵走私罪的构成要件是：

1. 本罪侵犯的客体是国家海关监督管理制度。

2. 客观方面表现为徇私舞弊，放纵走私，情节严重的行为。"放纵走私"，指对应当查缉的走私货物、物品不予查缉，或者对应当追究法律责任的走私活动人不予追究。放纵走私行为还必须达到"情节严重"的程度。

3. 犯罪主体为特殊主体，即海关工作人员。

4. 主观方面由故意构成，行为人的动机是徇私、徇情。过失不构成本罪。

[①] 参考案例：郑某受贿、放纵走私案，云南省高级人民法院（2017）云刑终 929 号。

（二）认定放纵走私罪应当注意的问题

1. 关于罪与非罪的界限。

"情节严重"是本罪的情节要件。行为人虽有放纵走私的行为，但尚未达到"情节严重"程度的，属于一般违法行为，不构成犯罪。《最高人民检察院关于渎职侵权犯罪案件立案标准的规定》在"一、渎职犯罪案件（二十三）放纵走私案"中规定了应予立案的5种情形。在最高人民法院出台相关司法解释之前，审判实践中认定"情节严重"时，上述立案标准可以作为参考。

2. 关于本罪与走私罪共犯的界限。

海关工作人员与走私犯罪分子通谋，通过放纵走私为其提供帮助的，构成走私罪的共犯。

3. 关于一罪与数罪的界限。

根据《最高人民法院、最高人民检察院、海关总署关于办理走私刑事案件适用法律若干问题的意见》第16条"关于放纵走私罪的认定问题"的规定，海关工作人员收受贿赂又实施本罪，受贿行为同时构成犯罪的，应以受贿罪和放纵走私罪实行并罚。

（三）放纵走私罪的刑事责任

司法机关在适用《刑法》第411条的规定处罚时，应当注意根据犯罪的事实、犯罪的性质、情节和对于社会的危害程度，决定适当的刑罚。

二十六、商检徇私舞弊罪[①]

第四百一十二条第一款 国家商检部门、商检机构的工作人员徇私舞弊，伪造检验结果的，处五年以下有期徒刑或者拘役；造成严重后果的，处五年以上十年以下有期徒刑。

---

① 参考案例：张某犯受贿罪、商检徇私舞弊案，湖北省黄石市下陆区人民法院（2016）鄂0204刑初123号。

（一）商检徇私舞弊罪的概念和构成要件

商检徇私舞弊罪，是指国家商检部门、商检机构的工作人员徇私舞弊，伪造检验结果的行为。

本罪是 1997 年《刑法》增设的罪名，是从 1989 年 2 月 21 日第七届全国人民代表大会常务委员会第六次会议通过的《进出口商品检验法》第 29 条的规定，吸收改为《刑法》的具体规定的。1979 年《刑法》和单行刑法均没有规定此罪名。

商检徇私舞弊罪的构成要件是：

1. 本罪侵犯的客体是国家进出口商品检验制度。

2. 客观方面表现为徇私舞弊，伪造检验结果的行为。

"伪造检验结果"，指明知是不合格的商品，不经过检验或者经检验不合格，而作虚假的证明或者出示不真实的结论。其中的"伪造"，包括对商品检验的单证、印章、标志、封志、质量认证标志和商品的质量、数量、规格、重量、包装以及安全、卫生指标等内容作不真实的记载。

3. 犯罪主体为特殊主体，即国家商检部门、商检机构的工作人员。

4. 主观方面由故意构成，行为人的动机是徇私、徇情。过失不构成本罪，行为人出于过失的，可以构成商检失职罪。

（二）认定商检徇私舞弊罪应当注意的问题

关于本罪成立的客观要件。行为人徇私舞弊，伪造检验结果的，即成立本罪，不要求发生具体的损害结果；造成严重后果的，构成本罪的结果加重犯。《最高人民检察院关于渎职侵权犯罪案件立案标准的规定》在"一、渎职犯罪案件（二十四）商检徇私舞弊案"中规定了应予立案的 4 种情形。在最高人民法院出台相关司法解释之前，审判实践中把握本罪罪与非罪的界限时，上述立案标准可以作为参考。

（三）商检徇私舞弊罪的刑事责任

司法机关在适用《刑法》第 412 条第 1 款规定处罚时，应当注意以下问题：

1."造成严重后果"是本罪的加重处罚情节，司法实践中一般是指致使不合格的商品进口或者出口，给国家利益造成严重损失的，如进口的商品因不合格给国家造成严重经济损失；因出口的商品不合格，外方向我索赔，致使我方赔偿数额巨大的等情形。

2.商检工作人员收受贿赂又实施本罪，受贿行为同时构成犯罪的，应当以商检徇私舞弊罪和受贿罪实行并罚。

二十七、商检失职罪[1]

第四百一十二条 国家商检部门、商检机构的工作人员徇私舞弊，伪造检验结果的，处五年以下有期徒刑或者拘役；造成严重后果的，处五年以上十年以下有期徒刑。

前款所列人员严重不负责任，对应当检验的物品不检验，或者延误检验出证、错误出证，致使国家利益遭受重大损失的，处三年以下有期徒刑或者拘役。

（一）商检失职罪的概念和构成要件

商检失职罪，是指国家商检部门、商检机构的工作人员严重不负责任，对应当检验的物品不检验，或者延误检验出证、错误出证，致使国家利益遭受重大损失的行为。

本罪是1997年《刑法》增设的罪名，是从《进出口商品检验法》第29条的规定吸收改为刑法的具体规定的。1979年《刑法》和单行刑法均没有规定此罪名。

商检失职罪的构成要件是：

1.本罪侵犯的客体是国家进出口商品检验制度。

2.客观方面表现为严重不负责任，致使国家利益遭受重大损失的行为。

---

[1] 参考案例：王某某受贿、商检失职案，广东省深圳市中级人民法院（2012）深中法刑二终字第824号。

"应当检验的物品",是国家商检部门列入《商检机构实施检验的进出口商品种类表》的商品和其他法律、行政法规规定的必须经检验的进出口商品。"延误检验出证",指在外贸合同约定的索赔期内没有检验完毕,与检验结果的正误无关。"错误出证",指出具的检验结果与事实不符。行为人有不检验、延误检验出证、错误出证行为其中之一的,即可成立本罪;有两种以上行为的,仍为一罪,不实行并罚。商检失职行为还必须造成"致使国家利益遭受重大损失"的危害结果。

3. 犯罪主体为国家商检部门、商检机构的工作人员。

4. 主观方面是过失,故意不构成本罪。

（二）认定商检失职罪应当注意的问题

1. 关于罪与非罪的界限。

"致使国家利益遭受重大损失"是本罪的结果要件。行为人虽有商检失职行为,但造成的损失尚未达到"重大"程度的,属于一般违法行为,不成立犯罪。《最高人民检察院关于渎职侵权犯罪案件立案标准的规定》在"一、渎职犯罪案件（二十五）商检失职案"中规定了应予立案的6种情形。在最高人民法院出台相关司法解释之前,审判实践中认定"致使国家利益遭受重大损失"时,上述立案标准可以作为参考。

2. 关于本罪与商检徇私舞弊罪的界限。

两者的区别在于:（1）主观方面不同。前者只能由过失构成,后者则由故意构成。（2）犯罪形态不同。前者是结果犯,以行为造成"致使国家利益遭受重大损失"的危害结果为犯罪成立的要件;后者则属行为犯,只要有徇私舞弊,伪造检验结果的行为,即成立犯罪。

（三）商检失职罪的刑事责任

司法机关在适用《刑法》第412条第2款的规定处罚时,应当注意根据犯罪的事实、犯罪的性质、情节和对于社会的危害程度,决定适当的刑罚。

二十八、动植物检疫徇私舞弊罪[①]

第四百一十三条第一款 动植物检疫机关的检疫人员徇私舞弊，伪造检疫结果的，处五年以下有期徒刑或者拘役；造成严重后果的，处五年以上十年以下有期徒刑。

（一）动植物检疫徇私舞弊罪的概念和构成要件

动植物检疫徇私舞弊罪，是指动植物检疫机关的检疫人员徇私舞弊，伪造检疫结果的行为。

本罪是1997年《刑法》增设的罪名，是从1991年《进出境动植物检疫法》第45条的规定吸收改为《刑法》的具体规定的。1979年《刑法》和单行刑法均没有规定此罪名。

动植物检疫徇私舞弊罪的构成要件是：

1. 本罪侵犯的客体是国家进出境动植物检疫制度。

2. 客观方面表现为徇私舞弊，伪造检疫结果的行为。

"伪造检疫结果"，指明知是不合标准的动植物，不经过检疫或者经检疫不合标准，而伪造检疫的单证、印章、标志、封识等作出虚假的证明或者不真实的结论。

3. 犯罪主体为动植物检疫机关的检疫人员，包括国务院设立的动植物检疫机关中从事动植物检疫工作的人员，和国家动植物检疫机关在对外开放的口岸以及进出境动植物检疫业务集中的地点设立的口岸动植物检疫机关中具体实施进出境动植物检疫工作的人员。

4. 主观方面由故意构成，行为人的动机是徇私、徇情。

[①] 参考案例：吴某动植物检疫徇私舞弊案，广西壮族自治区玉林市中级人民法院（2020）桂09刑终58号。

（二）认定动植物检疫徇私舞弊罪应当注意的问题

1. 关于本罪成立的客观要件。

行为人徇私舞弊，伪造检疫结果的，即成立本罪，不要求发生具体的损害结果；造成严重后果的，构成本罪的结果加重犯。《最高人民检察院关于渎职侵权犯罪案件立案标准的规定》在"一、渎职犯罪案件（二十六）动植物检疫徇私舞弊案"中规定了应予立案的4种情形。在最高人民法院出台相关司法解释之前，审判实践中把握本罪的罪与非罪的界限时，上述立案标准可以作为参考。

2. 关于一罪与数罪的界限。

动植物检疫人员收受贿赂又实施本罪，受贿行为同时构成犯罪的，应当以动植物检疫徇私舞弊罪和受贿罪实行并罚。

（三）动植物检疫徇私舞弊罪的刑事责任

司法机关在适用《刑法》第413条第1款的规定处罚时，应当注意以下问题：

"造成严重后果"是本罪的加重处罚情节，司法实践中一般是指致使带有传染病、寄生虫病和植物危险性病、虫、杂草传入或者传出国境，引起重大疫情或者使国家蒙受重大损失的等情形。

二十九、动植物检疫失职罪[①]

第四百一十三条　动植物检疫机关的检疫人员徇私舞弊，伪造检疫结果的，处五年以下有期徒刑或者拘役；造成严重后果的，处五年以上十年以下有期徒刑。

前款所列人员严重不负责任，对应当检疫的检疫物不检疫，或者延误检

[①] 参考案例：李某动植物检疫失职、受贿案，山东省日照市岚山区人民法院（2016）鲁1103刑初240号。

疫出证、错误出证，致使国家利益遭受重大损失的，处三年以下有期徒刑或者拘役。

（一）动植物检疫失职罪的概念和构成要件

动植物检疫失职罪，是指动植物检疫机关的检疫人员严重不负责任，对应当检验的检疫物不检疫，或者延误检疫出证、错误出证，致使国家利益遭受重大损失的行为。

本罪是1997年《刑法》增设的罪名，是从《进出境动植物检疫法》第45条的规定，吸收改为《刑法》的具体规定的。1979年《刑法》和单行刑法均没有规定此罪名。

动植物检疫失职罪的构成要件是：

1. 本罪侵犯的客体是国家进出境动植物检疫制度。

2. 客观方面表现为严重不负责任，对应当检疫的检疫物不检疫，或者延误检疫出证、错误出证，致使国家利益遭受重大损失的行为。

"应当检疫的检疫物"，指国家进出境动植物检疫法律和法规中规定的应当检疫的物品，主要包括：动物及其制品，植物种子、种苗及其他繁殖材料，装载前述物品及其他检疫物的容器、包装物，来自动植物疫区的运载工具等。"延误检疫出证"，指超出规定的期限而没有检疫完毕并出具检疫证明。"错误出证"，指出具的检疫证明文件与被检疫物的实际情况不相符合。行为人有不检疫、延误检疫出证、错误出证行为其中之一的，即可成立本罪；有两种以上行为的，仍为一罪，不实行并罚。动植物检疫失职行为还必须造成"致使国家利益遭受重大损失"的危害结果。

3. 犯罪主体为特殊主体，即动植物检疫机构的检疫人员。

4. 主观方面是过失，故意不构成本罪。

（二）认定动植物检疫失职罪应当注意的问题

1. 关于罪与非罪的界限。

"致使国家利益遭受重大损失"是本罪的结果要件。行为人虽然有动植物检疫失职行为，但造成的损失尚未达到"重大"程度的，属于一般违法行为，不成立犯罪。《最高人民检察院关于渎职侵权犯罪案件立案标准的规定》在"一、渎职犯罪案件（二十七）动植物检疫失职案"中规定了应予立案的6种情形。在最高人民法院出台相关司法解释之前，审判实践中认定"致使国家利益遭受重大损失"时，上述立案标准可以作为参考。

2. 关于本罪与动植物检疫徇私舞弊罪的界限。

两者的区别在于：（1）主观方面不同。前者只能由过失构成，后者则由故意构成。（2）犯罪形态不同。前者是结果犯，以行为造成"致使国家利益遭受重大损失"的危害结果为犯罪成立的要件；后者则属行为犯，只要有徇私舞弊，伪造检疫结果行为，即成立犯罪。

（三）动植物检疫失职罪的刑事责任

司法机关在适用《刑法》第413条第2款的规定处罚时，应当注意根据犯罪的事实、犯罪的性质、情节和对于社会的危害程度，决定适当的刑罚。

三十、放纵制售伪劣商品犯罪行为罪[①]

第四百一十四条 对生产、销售伪劣商品犯罪行为负有追究责任的国家机关工作人员，徇私舞弊，不履行法律规定的追究职责，情节严重的，处五年以下有期徒刑或者拘役。

（一）放纵制售伪劣商品犯罪行为罪的概念和构成要件

放纵制售伪劣商品犯罪行为罪，是指对生产、销售伪劣商品犯罪行为负有追究责任的国家机关工作人员，徇私舞弊，不履行法律规定的追究职责，情节严重的行为。

本罪是1997年《刑法》增设的罪名，是从1993年《全国人民代表大会常务委员会关于惩治生产、销售伪劣商品犯罪的决定》第10条第2款的规

---

① 参考案例：张某峰、许某放纵制售伪劣商品犯罪行为、受贿、滥用职权案，山东省临沂市中级人民法院（2017）鲁13刑终157号。

定,吸收改为《刑法》的具体规定的。1979年《刑法》没有规定此罪名。

放纵制售伪劣商品犯罪行为罪的构成要件是:

1. 本罪侵犯的客体是国家对犯罪的追诉活动。犯罪对象是生产、销售伪劣商品犯罪行为。

2. 客观方面表现为徇私舞弊,不履行法律规定的追究职责,情节严重的行为。

"不履行法律规定的追究职责",指不履行法律规定的对犯罪行为进行查处的职责。此种放纵行为还必须达到"情节严重"的程度。

3. 犯罪主体是对生产、销售伪劣商品犯罪负有追究责任的国家机关工作人员。

4. 主观方面由故意构成,行为人的动机是徇私、徇情。过失不构成本罪。

(二)认定放纵制售伪劣商品犯罪行为罪应当注意的问题

1. 关于罪与非罪的界限。

"情节严重"是本罪的情节要件。行为人虽然有放纵制售伪劣商品犯罪行为的行为,但尚未达到"情节严重"程度的,属一般违法行为,不成立犯罪。依照《最高人民法院、最高人民检察院关于办理生产、销售伪劣商品刑事案件具体应用法律若干问题的解释》第8条规定,具有下列情形之一的,属于"情节严重":(1)放纵生产、销售假药或者有毒、有害食品犯罪行为的;(2)放纵依法可能判处二年有期徒刑以上刑罚的生产、销售、伪劣商品犯罪行为的;(3)对三个以上有生产、销售伪劣商品犯罪行为的单位或者个人不履行追究职责的;(4)致使国家和人民利益遭受重大损失或者造成恶劣影响的。另外,《最高人民检察院关于渎职侵权犯罪案件立案标准的规定》在"一、渎职犯罪案件(二十八)放纵制售伪劣商品犯罪行为案"中规定了应予立案的6种情形。审判实践中认定"情节严重"时,应当以上述解释为依据,同时可以参考上述立案标准中该解释未作规定的内容。

2. 关于本罪与徇私枉法罪的界限。

两者的区别在于:(1)行为表现不同。前者是不查处犯罪,后者则主要是故意包庇使有罪的人不受追诉。（2）主体不同。前者除司法工作人员以外，还包括国家行政机关的工作人员，后者只能由司法工作人员构成。（3）犯罪对象不同。前者仅限于制售伪劣商品犯罪行为，后者可以是其他任何犯罪行为。

3.关于本罪与徇私舞弊不移交刑事案件罪的界限。

两者的区别在于：（1）主体不同。前者是对生产、销售伪劣商品犯罪行为负有追究职责的国家机关工作人员，后者只能是行政执法人员。（2）行为表现不同。前者是不履行法律规定的查处职责，后者则是不移交依法应当移交司法机关追究刑事责任的案件，只作行政处罚，"以罚代刑"。

（三）放纵制售伪劣商品犯罪行为罪的刑事责任

司法机关在适用《刑法》第414条的规定处罚时，应当注意，相关国家工作人员收受贿赂又实施本罪，受贿行为同时构成犯罪的，应以放纵制售伪劣商品犯罪行为罪和受贿罪实行并罚。

三十一、办理偷越国（边）境人员出入境证件罪[①]

第四百一十五条　负责办理护照、签证以及其他出入境证件的国家机关工作人员，对明知是企图偷越国（边）境的人员，予以办理出入境证件的，或者边防、海关等国家机关工作人员，对明知是偷越国（边）境的人员，予以放行的，处三年以下有期徒刑或者拘役；情节严重的，处三年以上七年以下有期徒刑。

（一）办理偷越国（边）境人员出入境证件罪的概念和构成要件

办理偷越国（边）境人员出入境证件罪，是指负责办理护照、签证以及其他出入境证件的国家机关工作人员，对明知是企图偷越国（边）境的人

[①] 参考案例：张某办理偷越国（边）境人员出入境证件案，载《人民法院案例选》2003年第1辑（总第43辑），人民法院出版社2003年版。

员，予以办理出入境证件的行为。

本罪是1997年《刑法》增设的罪名，是从1994年《全国人民代表大会常务委员会关于严惩组织、运送他人偷越国（边）境犯罪的补充规定》第6条的规定，吸收改为《刑法》的具体规定的。1979年《刑法》没有规定此罪名。

办理偷越国（边）境人员出入境证件罪的构成要件是：

1.本罪侵犯的客体是国家出入境管理制度。犯罪对象是企图偷越国（边）境的人员。

2.客观方面表现为对企图偷越国（边）境的人员，予以办理出入境证件的行为。

出入境证件，包括护照、签证以及其他出入境时必须持有的证件。"护照"，指一国的政府主管机关发给本国出国履行公务、旅行或者在外居留的公民，用以证明其国籍和身份的证件，包括外交护照、公务护照和普通护照；"签证"，则指一国国内或者驻国外主管机关在本国或者外国公民所持的护照或者其他旅行证件上签证、盖章，表示准许其出入本国国境或者过境的手续；"其他出入境证件"，是除护照、签证以外其他用于出入境或过境的证明文件，主要有边防证、海员证、过境证等。"办理"，指为准备出入国（边）境的人员发放有效的相应证件。

3.犯罪主体为特殊主体，即负责办理护照、签证以及其他出入境证件的国家机关工作人员，包括在外交部或者外交部授权的地方外事部门、港务监督局或者港务监督局授权的港务监督部门以及公安部或者外交部授权的地方公安机关中从事办理护照、签证以及其他出入境证件工作的人员。

4.主观方面由故意构成，且明知予以办理出入境证件的人是企图偷越国（边）境的人员。过失不构成本罪。

（二）认定办理偷越国（边）境人员出入境证件罪应当注意的问题

1.关于一罪与数罪的界限。

行为人明知是企图偷越国（边）境的人员而向其出售护照、签证以及其他出入境证件，同时触犯办理偷越国（边）境人员出入境证件罪和《刑法》

第 320 条规定的出售出入境证件罪的,应从一重罪处断,不实行并罚。

2. 关于本罪与窝藏罪的竞合。

行为人明知企图偷越国(边)境的人员是犯罪的人而为其办理出入境证件,同时触犯办理偷越国(边)境人员出入境证件罪和窝藏罪的,应从一重罪处断,不实行并罚。

3. 关于本罪与组织他人偷越国(边)境罪、运送他人偷越国(边)境罪共犯的界限。

行为人与组织、运送他人偷越国(边)境的犯罪分子通谋,为企图偷越国(边)境的人员办理出入境证件的,构成组织他人偷越国(边)境罪或运送他人偷越国(边)境罪的共犯。

(三)办理偷越国(边)境人员出入境证件罪的刑事责任

司法机关在适用《刑法》第 415 条的规定处罚时,应当注意,"情节严重"是本罪的加重处罚情节,司法实践中一般是指多次或给多人办理出入境证件的;造成严重后果的等情形。

三十二、放行偷越国(边)境人员罪[①]

第四百一十五条 负责办理护照、签证以及其他出入境证件的国家机关工作人员,对明知是企图偷越国(边)境的人员,予以办理出入境证件的,或者边防、海关等国家机关工作人员,对明知是偷越国(边)境的人员,予以放行的,处三年以下有期徒刑或者拘役;情节严重的,处三年以上七年以下有期徒刑。

(一)放行偷越国(边)境人员罪的概念和构成要件

放行偷越国(边)境人员罪,是指边防、海关等国家机关工作人员,对

[①] 参考案例:张某升放行偷越国(边)境人员案,载最高人民法院刑事审判第一、二、三、四、五庭主办:《中国刑事审判指导案例 5——妨害社会管理秩序罪》,法律出版社 2012 年版,第 189 页。

明知是偷越国（边）境的人员，予以放行的行为。

本罪是 1997 年《刑法》增设的罪名，是从《全国人民代表大会常务委员会关于严惩组织、运送他人偷越国（边）境犯罪的补充规定》第 6 条的规定，吸收改为《刑法》的具体规定的。1979 年《刑法》没有规定此罪名。

放行偷越国（边）境人员罪的构成要件是：

1. 本罪侵犯的客体是国家出入境管理制度。
2. 客观方面表现为对偷越国（边）境的人员予以放行的行为。
3. 犯罪主体为特殊主体，即边防、海关等国家机关工作人员。
4. 主观方面由故意构成，且对予以放行的人是偷越国（边）境的人员具有明知。过失不构成本罪。

（二）认定放行偷越国（边）境人员罪应当注意的问题

1. 关于本罪的对象。

本罪的对象是偷越国（边）境的人员，无论其是否持有出入境证件，也不论持有的出入境证件是伪造、变造还是失效，只要行为人明知予以放行的人是偷越国（边）境人员的，即可构成本罪。

2. 关于本罪与窝藏罪的竞合。

行为人明知偷越国（边）境的人员是犯罪的人而予以放行，同时触犯本罪和窝藏罪的，应从一重罪处罚，不实行并罚。

3. 关于本罪与组织他人偷越国（边）境罪、运送他人偷越国（边）境罪共犯的界限。

行为人与组织、运送他人偷越国（边）境的犯罪分子通谋，对偷越国（边）境的人员予以放行的，构成组织他人偷越国（边）境罪或者运送他人偷越国（边）境罪的共犯。

（三）放行偷越国（边）境人员罪的刑事责任

司法机关在适用《刑法》第 415 条的规定处罚时，应当注意，"情节严重"是本罪的加重处罚情节，司法实践中一般是指多次或者对多人放行的；造成严重后果的等情形。

三十三、不解救被拐卖、绑架妇女、儿童罪[①]

第四百一十六条第一款 对被拐卖、绑架的妇女、儿童负有解救职责的国家机关工作人员,接到被拐卖、绑架的妇女、儿童及其家属的解救要求或者接到其他人的举报,而对被拐卖、绑架的妇女、儿童不进行解救,造成严重后果的,处五年以下有期徒刑或者拘役。

(一)不解救被拐卖、绑架妇女、儿童罪的概念和构成要件

不解救被拐卖、绑架妇女、儿童罪,是指对被拐卖、绑架的妇女、儿童负有解救职责的国家机关工作人员,接到被拐卖、绑架的妇女、儿童及其家属的解救要求或者接到其他人的举报,而对被拐卖、绑架的妇女、儿童不进行解救,造成严重后果的行为。

本罪是1997年《刑法》增设的罪名,是从1991年《全国人民代表大会常务委员会关于严惩拐卖、绑架妇女、儿童的犯罪分子的决定》第5条的规定,吸收改为《刑法》的具体规定的。1979年《刑法》没有规定此罪名。

不解救被拐卖、绑架妇女、儿童罪的构成要件是:

1. 本罪侵犯的客体是国家对被拐卖、绑架妇女、儿童的正常解救活动。

犯罪对象是被拐卖、绑架的妇女、儿童。"妇女",既包括具有中国国籍的妇女,也包括具有外国国籍或者无国籍的妇女。"儿童",指不满14周岁的未成年人。

2. 客观方面表现为接到被拐卖、绑架的妇女、儿童及其家属的解救要求或者接到其他人的举报,而对被拐卖、绑架的妇女、儿童不进行解救,造成严重后果的行为。

3. 犯罪主体为特殊主体,即对被拐卖、绑架的妇女、儿童负有解救职责的国家机关工作人员。

4. 主观方面多为间接故意,但也不排除直接故意的存在。

[①] 参考案例:田某不解救被拐卖、绑架妇女、儿童案,载法信网,http://www.faxin.cn/。

（二）认定不解救被拐卖、绑架妇女、儿童罪应当注意的问题

1.关于罪与非罪的界限。

"造成严重后果"是本罪的结果要件。行为人虽然有不解救被拐卖、绑架妇女、儿童的行为，但尚未造成"严重后果"的，属于一般违法行为，不构成犯罪。《最高人民检察院关于渎职侵权犯罪案件立案标准的规定》在"一、渎职犯罪案件（三十一）不解救被拐卖、绑架妇女、儿童案"中规定了应予立案的5种情形。在最高人民法院出台相关司法解释之前，审判实践中认定"造成严重后果"时，上述立案标准可以作为参考。

2.关于本罪与拐卖妇女、儿童罪共犯的界限。

行为人与拐卖妇女、儿童犯罪分子通谋，拒不解救被拐卖、绑架的妇女、儿童的，构成拐卖妇女、儿童罪的共犯。

3.关于一罪与数罪的界限。

行为人收受贿赂又实施本罪，受贿行为同时构成犯罪的，应以不解救被拐卖、绑架妇女、儿童罪和受贿罪实行并罚。

（三）不解救被拐卖、绑架妇女、儿童罪的刑事责任

司法机关在适用《刑法》第416条第1款的规定处罚时，应当注意根据犯罪的事实、犯罪的性质、情节和对于社会的危害程度，决定适当的刑罚。

三十四、阻碍解救被拐卖、绑架妇女、儿童罪[①]

第四百一十六条第二款 负有解救职责的国家机关工作人员利用职务阻碍解救的，处二年以上七年以下有期徒刑；情节较轻的，处二年以下有期徒刑或者拘役。

---

① 参考案例：王某阻碍解救被拐卖、绑架妇女、儿童案，载法信网，http://www.faxin.cn/。

（一）阻碍解救被拐卖、绑架妇女、儿童罪的概念和构成要件

阻碍解救被拐卖、绑架妇女、儿童罪，是指负有解救职责的国家机关工作人员利用职务阻碍解救被拐卖、绑架的妇女、儿童的行为。

本罪是1997年《刑法》增设的罪名，是从《全国人民代表大会常务委员会关于严惩拐卖、绑架妇女、儿童的犯罪分子的决定》第5条的规定，吸收改为《刑法》的具体规定的。1979年《刑法》没有规定此罪名。

阻碍解救被拐卖、绑架妇女、儿童罪的构成要件是：

1. 本罪侵犯的客体是国家对被拐卖、绑架妇女、儿童的正常解救活动。

2. 客观方面表现为利用职务阻碍解救被拐卖、绑架的妇女、儿童的行为。

"解救"，指负有解救职责的国家机关及其工作人员为使妇女、儿童脱离被拐卖、绑架的困境而依法采取的措施或者进行的活动。"利用职务阻碍解救"，指利用职务上的便利，阻止、妨碍相关解救活动，有但不限于以下两种形式：一是利用主管、分管解救工作的职务之便，不让进行解救或者给解救活动设置障碍；二是将自己因职务关系掌握的解救计划、行动方案故意泄露给他人，使之阻碍解救或者致使解救无法进行。

3. 犯罪主体为特殊主体，即对被拐卖、绑架的妇女、儿童负有解救职责的国家机关工作人员。

4. 主观方面由故意构成，并对予以阻碍解救的人是被拐卖、绑架的妇女、儿童具有明知。过失不构成本罪。

（二）认定阻碍解救被拐卖、绑架妇女、儿童罪应当注意的问题

1. 关于本罪的成立要件。

行为人只要有利用职务阻碍解救被拐卖、绑架的妇女、儿童的行为，无论解救活动是否实际受到阻碍，都构成本罪。《最高人民检察院关于渎职侵权犯罪案件立案标准的规定》在"一、渎职犯罪案件（三十二）阻碍解救被拐卖、绑架妇女、儿童案"中规定了应予立案的3种情形。在最高人民法院出台相关司法解释之前，审判实践中把握本罪成立要件时，上述立案标准可

以作为参考。

2. 关于本罪与妨害公务罪的界限。

本罪广义上也是一种妨害公务行为，但又与妨害公务罪有所不同：（1）主体不同。前者是特殊主体，后者则为一般主体；（2）行为表现不同。前者是利用职务阻碍解救被拐卖、绑架的妇女、儿童，后者则是以暴力、威胁方法阻碍国家机关工作人员依法执行职务。

3. 关于一罪与数罪的界限。

行为人收受贿赂又实施本罪，受贿行为同时构成犯罪的，应以阻碍解救被拐卖、绑架妇女、儿童罪和受贿罪实行并罚。

（三）阻碍解救被拐卖、绑架妇女、儿童罪的刑事责任

司法机关在适用《刑法》第416条第2款的规定处罚时，应当注意，"情节较轻"是指没有造成严重后果，如解救活动没有实际受到阻碍的；没有造成恶劣社会影响的等情形。

三十五、帮助犯罪分子逃避处罚罪[①]

第四百一十七条 有查禁犯罪活动职责的国家机关工作人员，向犯罪分子通风报信、提供便利，帮助犯罪分子逃避处罚的，处三年以下有期徒刑或者拘役；情节严重的，处三年以上十年以下有期徒刑。

（一）帮助犯罪分子逃避处罚罪的概念和构成要件

帮助犯罪分子逃避处罚罪，是指有查禁犯罪活动职责的国家机关工作人员，向犯罪分子通风报信、提供便利，帮助犯罪分子逃避处罚的行为。

本罪是1997年《刑法》增设的罪名，是从1991年《全国人民代表大会常务委员会关于严禁卖淫嫖娼的决定》第9条的规定，吸收改为《刑法》的

---

① 参考案例：李某明受贿、帮助犯罪分子逃避处罚案，广东省高级人民法院（2018）粤刑终1006号。

具体规定的。1979年《刑法》没有规定此罪名。

帮助犯罪分子逃避处罚罪的构成要件是：

1. 本罪侵犯的客体是国家对犯罪的查禁活动。犯罪对象是犯罪分子。

2. 客观方面表现为向犯罪分子通风报信、提供便利，帮助犯罪分子逃避处罚的行为。

"通风报信"，指向犯罪分子或者通过其亲友、他人向犯罪分子泄漏、告知或通报有关部门查禁犯罪活动的部署、措施、计划以及时间、地点等情况；"提供便利"，指为犯罪分子提供隐藏处所、交通工具、通讯设备、钱物等便利条件。"通风报信"和"提供便利"是为了实现"帮助犯罪分子逃避处罚"的目的。

3. 犯罪主体为特殊主体，即负有查禁犯罪活动职责的国家机关工作人员，包括国家安全机关、公安机关、检察机关中负有查禁犯罪活动职责的司法工作人员。

根据《最高人民检察院关于渎职侵权犯罪案件立案标准的规定》（以下简称《渎职侵权案件立案标准规定》）的相关规定，行政执法工作人员也可以成为本罪的主体。所谓"查禁犯罪活动"，主要指为发现犯罪人、查清犯罪事实而依法进行的司法活动。

4. 主观方面由直接故意构成，且具有帮助犯罪分子逃避处罚的目的。"逃避处罚"，主要指逃避刑事追诉活动而不受刑事处罚。间接故意和过失不构成本罪。

（二）认定帮助犯罪分子逃避处罚罪应当注意的问题

1. 关于本罪成立要件。

行为人出于帮助犯罪分子逃避处罚的目的，向犯罪分子通风报信、提供便利的，即成立犯罪，至于犯罪分子是否实际逃避了处罚，不影响本罪成立，但可作为情节在量刑时考虑。《渎职侵权案件立案标准规定》在"一、渎职犯罪案件（三十三）帮助犯罪分子逃避处罚案"中规定了应予立案的5种情形。在最高人民法院出台相关司法解释之前，审判实践中把握本罪成立要件时，上述立案标准可以作为参考。

2.关于本罪与其他犯罪共犯的界限。

行为人与犯罪分子事前通谋,在犯罪分子实施犯罪后,为其通风报信、提供便利的,构成犯罪分子所实施犯罪的共犯。非司法工作人员、非行政执法工作人员与负有查禁犯罪活动职责的国家机关工作人员通谋,共同帮助犯罪分子逃避处罚的,可以构成本罪的共犯。

3.关于本罪与徇私枉法罪的界限。

司法工作人员在查禁犯罪活动中,对明知是有罪的人而采取伪造、隐匿、毁弃证据的方法掩盖犯罪事实,故意包庇不使其受追诉的,构成徇私枉法罪。

4.关于本罪与徇私舞弊不移交刑事案件罪的界限。

在主观目的上,徇私舞弊不移交刑事案件也是为了帮助犯罪分子逃避处罚,但与本罪的区别主要在于主体不同:后者只能是行政执法人员,前者则是特定的司法工作人员。

5.关于一罪与数罪的界限。

行为人收受贿赂又实施本罪,受贿行为同时构成犯罪的,应以帮助犯罪分子逃避处罚罪和受贿罪实行并罚。

(三)帮助犯罪分子逃避处罚罪的刑事责任

司法机关在适用《刑法》第417条的规定处罚时,应当注意,"情节严重"是本罪的加重处罚情节,司法实践中一般指多次向犯罪分子或者向多名犯罪分子通风报信、提供便利的;致使罪行严重的犯罪分子逃避处罚的;造成恶劣社会影响的等情形。

三十六、招收公务员、学生徇私舞弊罪[①]

第四百一十八条 国家机关工作人员在招收公务员、学生工作中徇私舞弊,情节严重的,处三年以下有期徒刑或者拘役。

（一）招收公务员、学生徇私舞弊罪的概念和构成要件

招收公务员、学生徇私舞弊罪,是指国家机关工作人员在招收公务员、学生工作中徇私舞弊,情节严重的行为。

本罪是1997年《刑法》增设的罪名,是从1995年《教育法》第77条的规定,吸收改为《刑法》的具体规定的。1979年《刑法》和单行刑法均没有规定此罪名。

招收公务员、学生徇私舞弊罪的构成要件是:

1. 本罪侵犯的客体是国家招收公务员、学生工作的正常活动。

2. 客观方面表现为在招收公务员、学生工作中徇私舞弊,情节严重的行为。

首先,行为发生在招收公务员、学生工作中。其次,有徇私舞弊行为,具体表现为利用主管、分管或者负责招收公务员、学生工作的职务之便,伪造、变造、篡改有关材料,捏造、夸大事实或者隐瞒、掩盖事实真相,将不合格的人员冒充合格人员予以录用、招收,或者将合格的人员而不予录用、招收。最后,招收公务员、学生徇私舞弊行为还必须达到"情节严重"的程度。

3. 犯罪主体为特殊主体,即国家机关工作人员,具体指国家机关中负责招收公务员、学生工作的工作人员。

4. 主观方面由故意构成,行为人的动机是徇私、徇情。过失不构成本罪。

[①] 参考案例:胡某犯招收学生徇私舞弊罪案,河南省西华县人民法院（2015）西刑初字第217号。

（二）认定招收公务员、学生徇私舞弊罪应当注意的问题

1. 关于罪与非罪的界限。

"情节严重"是本罪的情节要件。行为人虽然在招收公务员、学生工作中有徇私舞弊行为，但尚未达到"情节严重"程度的，属于一般违法行为，不构成犯罪。《最高人民检察院关于渎职侵权犯罪案件立案标准的规定》在"一、渎职犯罪案件（三十四）招收公务员、学生徇私舞弊案"中规定了应予立案的 6 种情形。在最高人民法院出台相关司法解释之前，审判实践中认定"情节严重"时，上述立案标准可以作为参考。

2. 关于一罪与数罪的界限。

行为人收受贿赂又实施本罪，受贿行为同时构成犯罪的，应以招收公务员、学生徇私舞弊罪和受贿罪实行并罚。

（三）招收公务员、学生徇私舞弊罪的刑事责任

司法机关在适用《刑法》第 418 条的规定处罚时，应当注意根据犯罪的事实、犯罪的性质、情节和对于社会的危害程度，决定适当的刑罚。

三十七、失职造成珍贵文物损毁、流失罪[①]

第四百一十九条 国家机关工作人员严重不负责任，造成珍贵文物损毁或者流失，后果严重的，处三年以下有期徒刑或者拘役。

（一）失职造成珍贵文物损毁、流失罪的概念和构成要件

失职造成珍贵文物损毁、流失罪，是指国家机关工作人员严重不负责任，造成珍贵文物损毁或者流失，后果严重的行为。

本罪是 1997 年《刑法》增设的罪名，是从《文物保护法》第 31 条的规

---

① 参考案例：肖某斌失职造成珍贵文物损毁、流失案，湖北省红安县人民法院（2018）鄂 1122 刑初 26 号。

定吸收改为《刑法》的具体规定的。1979年《刑法》和单行刑法均没有规定此罪名。

失职造成珍贵文物损毁、流失罪的构成要件是：

1. 本罪侵犯的客体是国家文物保护管理制度。犯罪对象是珍贵文物。

2. 客观方面表现为严重不负责任，造成珍贵文物损毁或者流失，后果严重的行为。

"损毁"，指珍贵文物全部或者部分遭到破坏、损坏，以致无法恢复原状；"流失"，指珍贵文物丢失或者流传到国外、民间，以致无法追回；"后果严重"，一般是指造成损毁的珍贵文物数量大的；珍贵文物损毁或流失情况严重的等情形。

3. 犯罪主体为特殊主体，即国家机关工作人员，具体是指文物保护管理行政部门、公安机关、工商行政管理部门、海关、城乡建设规划等部门的工作人员，实践中依法管理、经手珍贵文物的国家机关工作人员均可成为本罪的主体。

4. 主观方面是过失，故意不构成本罪。

（二）认定失职造成珍贵文物损毁、流失罪应当注意的问题

1. 关于罪与非罪的界限。

"后果严重"是本罪的结果要件。行为人严重不负责任，造成珍贵文物损毁或者流失，但造成的后果尚未达到"严重"程度的，属于一般违法行为，不成立犯罪。《最高人民检察院关于渎职侵权犯罪案件立案标准的规定》在"一、渎职犯罪案件（三十五）失职造成珍贵文物损毁、流失案"中规定了应予立案的3种情形。在最高人民法院出台相关司法解释之前，审判实践中认定"后果严重"时，上述立案标准可以作为参考。

2. 关于本罪与过失损毁文物罪的界限。

两罪的区别主要在于：（1）主体不同。前者是国家机关工作人员，后者则为一般主体。（2）行为要件不同。前者是严重不负责任，造成珍贵文物"损毁"或者"流失"；后者仅限于"损毁"，不包括"流失"。

(三)失职造成珍贵文物损毁、流失罪的刑事责任

司法机关在适用《刑法》第419条的规定处罚时,应当注意根据犯罪的事实、犯罪的性质、情节和对于社会的危害程度,决定适当的刑罚。

第十章 军人违反职责罪

第十章 军人违反职责罪

第四百二十条 军人违反职责，危害国家军事利益，依照法律应当受刑罚处罚的行为，是军人违反职责罪。

这一章的内容，是 1997 年修订《刑法》时，在 1981 年 6 月 10 日第五届全国人民代表大会常务委员会第十九次会议通过的《惩治军人违反职责罪暂行条例》的基础上修改形成的（1979 年《刑法》没有规定军人违反职责罪），是《刑法》分则中结构特殊、内容相对独立的一章。它除了有 28 条定罪处刑的分则性条文外，还有 4 条总则性条文，分别对军人违反职责罪的定义（第 420 条）、本章的适用范围（第 450 条）、战时概念（第 451 条）和战时缓刑制度（第 449 条）等内容作了规定，这是《刑法》分则其他各章所没有的。了解这些规定，对于正确适用本章的各个罪名具有重要意义。因此，在阐述本章规定的各种犯罪之前，对军人违反职责罪的概念和特征、"战时"的概念、军人违反职责罪的立法原则等三个问题阐释如下：

（一）军人违反职责罪的概念和特征

根据《刑法》第 420 条的规定，军人违反职责罪，是指军人违反职责，危害国家军事利益，依照法律应当受刑罚处罚的行为。这一规定表明，本章的各种军人违反职责的犯罪，在构成要件上具有以下特征：

1.犯罪主体是军人。

根据《刑法》第 450 条的规定，军人违反职责罪的犯罪主体包括中国人民解放军和中国人民武装警察部队的现役军官（警官）、文职干部、士兵和具有军籍的学员，以及执行军事任务的预备役人员和其他人员。现役军官（警官）、文职干部、士兵和具有军籍的学员都属于军队和武警部队的在编人员。根据《兵役法》第 6 条的规定，预备役人员，是指预编到现役部队或者编入预备役部队服预备役的人员。其他人员，是指在军队（含武警部队，下同）机关、部队、院校、医院、基地、仓库等队列单位和事业单位工作的正式职员、工人，聘用的文职人员和非现役公勤人员，临时征召或者受委托执行军事任务的地方人员等。执行军事任务，是指从事与军事活动有直接关系的具体工作，如参战、参训、随同部队执行任务、保障部队正常工作等。军人违反职责罪的犯罪主体中有的是正在军队服役的现役军人，有的是与军队有正式人事、劳动关系并长期在军队服务的职工，也有的虽是地方人员身份，但是应聘在军队工作或执行军事任务，所以他们都负有与军事有关的职责，属于军职人员，简称军人。军人违反职责罪的主体相对于刑法其他犯罪的主体来说，属于特殊主体。但是在军人违反职责罪的主体中也有一般和特殊之分。一般主体是指军队中的所有军人，特殊主体包括军队中的指挥人员、各级首长、值班和值勤人员、医务人员、现役军人等。军人违反职责罪中的某些犯罪只能由特殊主体构成，而其他犯罪则可以由一般主体即所有军人构成。

2. 侵犯的客体是国家的军事利益。

国家军事利益是指与军事活动有直接关系的国家利益。维护国家军事利益是维护国家主权、领土完整与安全，防备和抵抗武装侵略，制止武装颠覆和分裂，巩固政权的需要。国家军事利益体现在国防和武装力量的建设、战争的准备与实施等一系列的军事活动之中，如作战行动、设防部署、战备值勤、演习训练、设施建设、武器装备管理、物资保障、军事科研、军工生产、部队管理等。军人违反职责的行为，必然造成危害国家军事利益的后果。因此，危害国家军事利益也是军人违反职责罪的一个重要特征。这种危害既可以表现为已造成了一定的损害结果，如作战失利、武器装备和军事设施毁损、人员伤亡等，也可以表现为足以造成这些损害结果，如违抗命令、谎报军情、临阵脱逃、泄露军事秘密等都可能导致作战失利的结果。

3. 客观方面表现为违反军人职责的行为。

军人职责是每一名军人根据国家的法律、法规，军队的条令、条例和自己的职务所必须承担的责任和应当履行的义务，分为共同职责、基本职责和专业职责。如《中国人民解放军内务条令（试行）》规定，军人必须以宣誓的方式对自己肩负的神圣职责和光荣使命作出承诺和保证，其誓言包括"服从命令""严守纪律""英勇顽强，不怕牺牲""苦练杀敌本领""时刻准备战斗""绝不叛离军队，誓死保卫祖国"等。《中国人民解放军内务条令（试行）》和《中国人民解放军保密条例》都规定了军人必须严守保密纪律，遵守保密守则，保守军事秘密等。这些都属于军人的共同职责。此外，《中国人民解放军内务条令（试行）》还分别规定了士兵、军官、首长和主管人员的基本职责。同时，《中国人民解放军内务条令（试行）》和其他一些专业条令、条例和规章制度对担任专门工作的军人规定了专业职责，如《中国人民解放军司令部条例》《中国人民解放军政治工作条例》和《中国人民解放军后勤条例》分别规定了有关人员的职责，《中国人民解放军内务条令（试行）》规定了值班、值勤人员的职责，各种战斗条令规定了参战人员的职责，飞行条令规定了飞行员的职责，舰艇条令规定了舰长的职责等。军人违反职责罪在客观方面的行为必须是违反上述军人职责的行为，即违职行为。如果行为人所实施的行为没有违反军人职责，即使对国防利益和军事利益造成危害，也不能构成军人违反职责罪，这是军人违反职责罪与刑法其他犯罪的本质区别。

（二）"战时"的概念

本章的31个罪名中有10个罪名属于战时犯罪，有3个罪名规定了战时犯罪的法定刑重于平时犯罪的法定刑，有1个罪名规定了战时从重处罚。因此，准确认定"战时"，对于正确适用本章定罪量刑具有重要意义。根据《刑法》第451条的规定，"战时，是指国家宣布进入战争状态、部队受领作战任务或者遭敌突然袭击时"，这是典型意义上的战时。除此之外，"部队执行戒严任务或者处置突发性暴力事件时"，由于随时准备使用或者已经使用武力，与战时使用武力有相同之处，所以"以战时论"。"执行戒严任务"，是指根据《戒严法》的规定，在实行戒严的地区和期间，部队依法履行各项戒严勤务。"处置突发性暴力事件"，是指在履行职责中处置需要被迫使用武力的事件。

（三）军人违反职责罪的立法原则

在适用本章各个罪名时，除应依照《刑法》总则的规定外，还应了解并正确把握军人违反职责罪的立法原则。这些原则是根据《刑法》的基本原则和惩办与宽大相结合的基本刑事政策，结合军队的实际情况确立的，是立法机关制定本章各罪的基本依据，对司法实践中正确理解和适用好本章各罪具有重要的指导作用。主要有以下四项原则：

1. 军法从严的原则。军人违反职责的犯罪直接违背了军队的职能，危害国家安全，在一定意义上比普通公民犯罪造成的危害更大，必须从严惩处。这一原则主要体现在两个方面：（1）某些行为由普通公民甚至国家机关工作人员来实施可能不构成犯罪，但由军人实施则可能构成犯罪。如违抗上级命令、临阵脱逃、指使部属进行违反职责的活动、见危不救、自伤身体、虐待部属等。（2）某些犯罪普通公民实施处罚较轻，军人实施则处罚较重。如国家机关工作人员叛逃的，法定最高刑是十年有期徒刑，而军人叛逃的，法定最高刑是死刑；普通公民以暴力、威胁方法阻碍国家机关工作人员依法执行职务的，法定最高刑是三年有期徒刑，而军人以暴力、威胁方法阻碍指挥人员或者值班、值勤人员执行职务的，法定最高刑是无期徒刑；国家机关工作人员故意或者过失泄露国家秘密的，法定最高刑是七年有期徒刑，而军人故意或者过失泄露军事秘密的，平时可判处十年有期徒刑，战时可判处无期徒刑。

2. 战时从严的原则。战时军人违反职责的行为与平时相比，危害更严重，只有从严惩处，才有利于惩戒军人战时违反职责的犯罪行为，保障我军夺取作战的胜利。战时从严的原则体现在三个方面：（1）有些行为虽然平时也具有社会危害性，但不构成犯罪，只有在战时才构成犯罪。如违抗命令、见危不救、造谣惑众、自伤身体等行为。（2）有些行为平时和战时都构成犯罪，但战时犯罪的法定刑更重。如逃离部队罪，平时的法定最高刑是三年有期徒刑，而战时的法定最高刑是七年有期徒刑；又如，故意或者过失泄露军事秘密罪，平时的法定最高刑是十年有期徒刑，而战时的法定最高刑是无期徒刑。（3）有些行为平时和战时都构成犯罪，但法律明文规定"战时从重处罚"，如阻碍执行军事职务罪。刑法对其他军人违反职责罪虽然没有这样明文规定，但法院在决定量刑时，战时也可以酌情从重处罚。

3. 军人中负有特殊职责的人员从严的原则。军人的特殊职责反映了保护国家军事利益的特殊需要，军人违反特殊职责所造成的危害往往更加严重，所以对担任特殊职务或者工作的军人违反职责的，应从严惩处。在立法上，特殊人员主要包括各级首长、指挥人员、值班和值勤人员、医务人员、现役军人等。在司法上，除了上述人员外，还有各级军官和干部，机要、保密人员，其他担负特殊职责的人员。特殊人员从严原则在立法上表现为，某些行为一般军人实施了不一定构成犯罪，而具有特殊职责的军人实施了就可能构成犯罪，也就是这些犯罪由特殊主体构成。如一般军人临阵畏缩，作战消极的，或者对处于危难中的友邻部队见危不救的，不构成军人违反职责罪，只能按违反军纪处理；而指挥人员则可能分别构成违令作战消极罪或者拒不救援友邻部队罪。在司法上，这一原则表现为从严定罪、从重处刑，就是说具有特殊职责的军人与一般军人实施了同样的行为，一般军人可能不构成犯罪或者虽构成犯罪但处刑较轻，而具有特殊职责的军人则可能构成犯罪或者处刑较重。如同样情节的逃离部队行为，对士兵可能不属情节严重，因而不构成犯罪，而对军官则可能属情节严重，构成犯罪；同样情节的临阵脱逃行为，对军官就要比士兵处刑重。

4.酌情从宽的原则。"惩办与宽大相结合"是党和国家一贯坚持的基本刑事政策，对惩治军人违反职责罪同样适用。酌情从宽的原则正是这一政策的具体体现。这一原则要求对军人违反职责罪的惩处必须从军队的实际出发，根据具体情况区别对待，该从宽的要从宽。这样才有利于转化消极因素，充分调动积极因素，教育改造犯罪军人。如处理部队中最常见的枪支走火致人死亡问题。如果适用《刑法》第233条的规定以过失致人死亡罪论处，一般应判处三年以上七年以下有期徒刑。但从军队的实际情况考虑，军人整天接触武器装备，本身就有较大的危险，容易发生伤亡事故。预防这类问题，主要应通过加强管理教育和训练，即使追究刑事责任，也不宜判刑过重。所以在军人违反职责罪中规定了武器装备肇事罪，其中致人死亡的处刑一般是三年以下有期徒刑或者拘役，比过失致人死亡罪的实际处刑要轻。还有战时缓刑制度。被宣告缓刑的犯罪军人在战时确有立功表现的，可以撤销原判刑罚，不以犯罪论处。这种从宽处理的特别规定也是《刑法》的普通缓刑制度中所没有的。

上述原则中,"军法从严""战时从严"和"军人中负有特殊职责的人员从严"的原则,体现了宽严相济的刑事政策中从严的一面,而"酌情从宽"的原则则体现了从宽的一面。

一、战时违抗命令罪[①]

第四百二十一条 战时违抗命令,对作战造成危害的,处三年以上十年以下有期徒刑;致使战斗、战役遭受重大损失的,处十年以上有期徒刑、无期徒刑或者死刑。

(一)战时违抗命令罪的概念和构成要件

战时违抗命令罪,是指战时违抗命令,对作战造成危害的行为。

本罪是从《惩治军人违反职责罪暂行条例》第17条的规定,吸收改为《刑法》现行规定的。

战时违抗命令罪的构成要件是:

1. 本罪侵犯的客体是战时的作战指挥秩序。

2. 客观方面表现为在战时违背并抗拒执行命令,对作战造成危害的行为。

根据最高人民检察院、解放军总政治部2013年2月26日印发的《军人违反职责罪案件立案标准的规定》第1条,"违抗命令",司法实践中是指主观上出于故意,客观上违背、抗拒首长、上级职权范围内的命令,包括拒绝接受命令,拒不执行命令,或者不按照命令的具体要求行动等。违抗命令的行为必须发生在战时才能构成犯罪。"对作战造成危害",泛指一切可能对作战造成不利影响的结果,如扰乱作战部署,或者贻误战机的;造成作战任务不能完成或者迟缓完成的;造成我方人员死亡1人以上,或者重伤2人以上,或者轻伤3人以上的;造成武器装备、军事设施、军用物资损毁等,直接影响作战任务完成的;对作战造成其他危害的。这种危害既可以是现实

[①] 参考案例:朱某民战时违抗命令案,载法信网,http://www.faxin.cn/。

的、具体的，也可以是潜在的、抽象的。违抗命令的具体形式因命令的内容而有所不同，既有不服从调遣，拒不接受上级部署的任务，该前进不前进，该撤退不撤退等不作为的行为，也有执行潜伏任务时主动攻击敌人，进攻敌人时有意改变攻击目标等作为的行为，但本质上都是没有执行命令。

3.犯罪主体是所有军人。

根据《中国人民解放军内务条令（试行）》的规定，首长有权对部属下达命令。因此，在违抗命令的行为人与该命令的发布人之间，行政职务上必须有隶属关系，行为人有义务执行该命令。

4.主观方面由故意构成。战时违抗命令的动机，有的是贪生怕死，畏敌怯战；有的是对上级部署不满，自以为是；也有的是居功自傲，不服从指挥。不论具体动机如何，都不影响本罪的成立。

（二）认定战时违抗命令罪应当注意的问题

必须严格区分罪与非罪的界限。

命令通常由首长以口头、书面等部属能够接受的方式下达，其内容是首长在职权范围内向部属作出的指示、决定或者要求。如果首长违背自己的职责，滥用权力，向部属提出不正当的要求，部属在根据《中国人民解放军内务条令（试行）》的规定按级或者越级提出意见的同时，没有按照其要求去做的，不应视为违抗命令，不构成犯罪。

同时，战场情况是复杂多变的，如果军人在执行命令中，发现情况发生急剧变化，或者命令的内容与客观实际不符，原命令确实无法继续执行，而又来不及或者无法请示报告时，根据《中国人民解放军内务条令（试行）》的规定，部属根据首长总的意图，以高度负责的精神，积极主动地机断行事，坚决完成任务，事后迅速向首长报告。这种情况虽然部属没有执行原命令，但不能认定其有违抗命令的主观故意，也不构成犯罪。

（三）战时违抗命令罪的刑事责任

司法机关在适用《刑法》第421条规定处罚时，应当注意以下问题：

1.正确理解和把握犯罪行为造成的后果。本条中的"致使战斗、战役遭受重大损失",是加重处罚情节。司法实践中,一般是指造成我军人员重大伤亡;武器装备、军事设施和军用物资严重损失;直至战斗、战役失利等情形。

2. 全面分析掌握犯罪情节,恰当适用刑罚。本条规定了两个量刑幅度,法定最低刑期是三年有期徒刑,法定最高刑是死刑。在审理案件时,应根据案件的不同情节,如犯罪动机,主观恶性的大小,犯罪后果的严重程度,造成损失的大小,犯罪处于战时的哪个阶段,行为人的一贯表现,以及认罪的态度等,区别对待,恰当量刑。

二、隐瞒、谎报军情罪①

第四百二十二条　故意隐瞒、谎报军情或者拒传、假传军令,对作战造成危害的,处三年以上十年以下有期徒刑;致使战斗、战役遭受重大损失的,处十年以上有期徒刑、无期徒刑或者死刑。

(一)隐瞒、谎报军情罪的概念和构成要件

隐瞒、谎报军情罪,是指故意将应该报告的军情隐而不报,或者报告虚假军情,对作战造成危害的行为。

本罪是吸收《惩治军人违反职责罪暂行条例》第18条谎报军情罪的规定,改为《刑法》现行规定的。

隐瞒、谎报军情罪的构成要件是:

1. 本罪侵犯的客体是作战指挥秩序。

2. 客观方面表现为将按规定应该向首长和上级报告的军情隐瞒不报,掩盖事实真相,或者违背客观事实,将编造或者篡改的虚假军情向首长和上级报告,欺骗领导,对作战造成危害的行为。

隐瞒是不作为的行为方式,谎报是作为的行为方式。这两种行为既可以单独实施,也可以结合在一起实施。军情是指与军事特别是与作战有关的

---

① 参考案例1:赵某隐瞒军情案,参考案例2:王某谎报军情案,载法信网, http://www.faxin.cn/。

情况，如敌军的兵力、装备、部署、活动等情况，我军的兵员、装备、作战准备、战斗进展等情况，战区的地形、地貌、水文、气象等自然情况，以及与军事有关的政治、经济、科技等方面的情况等。军事情报机关搜集的情报，不论其内容与军事活动有无直接关系，都属军情。隐瞒或者谎报军情对作战造成危害，主要表现为因其隐瞒或者谎报军情造成首长、上级决策失误的；造成作战任务不能完成或者迟缓完成的；造成武器装备、军事设施、军用物资损毁直接影响作战任务完成的；对作战造成其他危害的。① 这种危害既可以是现实的、具体的，也可以是潜在的、抽象的。本罪没有限定为战时犯罪，因为部队平时的战备工作本身就是一种作战准备活动，隐瞒或者谎报军情都可能导致首长和上级在作战及其准备上决策失误，最终对作战造成危害。

3.犯罪主体为所有军人。通常是各级指挥人员和情报工作人员，但在特殊情况下，其他军人也可成为本罪的主体。

4.主观方面由故意构成。

（二）认定隐瞒、谎报军情罪应当注意的问题

1.划清罪与非罪的界限。

如果行为人是为了准确核实情况而没有及时报告，或者因情况紧急来不及进一步核实情况，造成误报或者错报，都不应认定行为人有隐瞒、谎报军情的主观故意，则不构成犯罪。

2.注意划清本罪与战时故意提供虚假敌情罪的界限。

两者在犯罪的直接客体、客观方面、主观方面相同或者近似，其主要区别在于：（1）犯罪主体不同。前者的犯罪主体是军人，而后者的犯罪主体是非军人。（2）提供情报的内容不一样。前者提供的虚假情报既可以是敌方的，也可以是我军或者友军的；后者提供的虚假情报则仅限于敌方的。

---

① 《军人违反职责罪案件立案标准的规定》第2条。

(三) 隐瞒、谎报军情罪的刑事责任

司法机关在适用《刑法》第422条规定处罚时，应当注意以下问题：

本条中的"致使战斗、战役遭受重大损失"是加重处罚情节。司法实践中，一般是指造成我方人员重大伤亡的，造成武器装备、军事设施、军用物资严重损失的，致使战斗、战役失利等情形。

三、拒传、假传军令罪[①]

第四百二十二条 故意隐瞒、谎报军情或者拒传、假传军令，对作战造成危害的，处三年以上十年以下有期徒刑；致使战斗、战役遭受重大损失的，处十年以上有期徒刑、无期徒刑或者死刑。

(一) 拒传、假传军令罪的概念和构成要件

拒传、假传军令罪，是指负有传递军令职责的军人，明知是军令而故意拒绝传递、拖延传递，或者传递伪造、篡改的军令，对作战造成危害的行为。

本罪是吸收《惩治军人违反职责罪暂行条例》第18条假传军令罪的规定，改为刑法现行规定的。

拒传、假传军令罪的构成要件是：

1. 本罪侵犯的客体是作战指挥秩序。

2. 客观方面表现为有条件传递军令而拒绝、拖延传递，或者故意伪造、篡改军令而予以传递或发布，对作战造成危害的行为。

拒传是不作为的行为方式，假传是作为的行为方式。这两种行为既可以单独实施，也可以结合在一起实施。军令是指与部队军事行动有关的命令、指示，如平时部队的设防，担负的战备任务，进入或者解除等级战备，受领作战任务，战时部队开进、集结，兵力部署，火力配置，战斗梯队编成，协

[①] 参考案例：夏某假传军令案，载法信网，http://www.faxin.cn/。

同计划，保障方案等涉及作战准备和实施的内容。拒传或者假传军令对作战造成的危害，主要表现为有关部队在作战中无法正确执行上级的命令，或者执行了违背上级意图的错误指令，造成首长、上级决策失误的；造成作战任务不能完成或者迟缓完成的；造成我方人员死亡1人以上，或者重伤2人以上，或者轻伤3人以上的；造成武器装备、军事设施、军用物资损毁，直接影响作战任务完成的；对作战造成其他危害的。① 这种危害既可以是现实的、具体的，也可以是潜在的、抽象的。本罪没有限定为战时犯罪，因为部队平时的战备工作本身就是一种作战准备活动，拒传或者假传军令都可能导致部队无法正确执行上级的命令，最终对作战造成危害。

3.犯罪主体是负有传递军令职责的军人，如通信、机要人员等。假传命令的犯罪主体除了负有传递军令职责的军人外，还包括其他军人。

4.主观方面由故意构成。行为人拒不传递军令时，是否希望阻止有关部队和人员执行该命令，或者传递虚假的军令是否希望接受假命令的人执行，都不影响对其拒传、假传军令的主观故意的认定。因此，本罪可以由间接故意构成。

（二）认定拒传、假传军令罪应当注意的问题

严格区分罪与非罪的界限。战场情况复杂多变，如果受客观条件的限制，无法及时传递，如联络中断等，或者轻信他人编造的军令，将其传递发布，均不能认定行为人有拒传、假传军令的故意，则不构成犯罪。

（三）拒传、假传军令罪的刑事责任

司法机关在适用《刑法》第422条规定处罚时，应当注意：本条中的"致使战斗、战役遭受重大损失"是加重处罚情节。司法实践中，一般是指造成我方人员重大伤亡；造成武器装备、军事设施、军用物资严重损失；致使战斗、战役失利等情形。

---

① 《军人违反职责罪案件立案标准的规定》第3条。

四、投降罪[1]

第四百二十三条 在战场上贪生怕死,自动放下武器投降敌人的,处三年以上十年以下有期徒刑;情节严重的,处十年以上有期徒刑或者无期徒刑。

投降后为敌人效劳的,处十年以上有期徒刑、无期徒刑或者死刑。

（一）投降罪的概念和构成要件

投降罪,是指在战场贪生怕死,自动放下武器,投降敌人的行为。

本罪是从《惩治军人违反职责罪暂行条例》第19条的规定,吸收改为《刑法》现行规定的。

投降罪的构成要件是:

1. 本罪侵犯的客体是军人参战秩序和国防安全秩序。

2. 客观方面表现为在战场上自动放下武器向敌人投降的行为。

"在战场上"限定了本罪只能发生在敌我双方直接交战的场合,实践中较多的是发生在敌众我寡、敌强我弱、被敌人包围或者追击的情况下。自动放下武器是本罪在客观方面的主要行为特征。对此应作广义的理解,即行为人当时能够使用武器杀伤敌人,保护自己,却不使用武器,自行放弃抵抗,而不能仅仅理解为将武器从手中放下。向敌人投降,主要是指向战争或者武装冲突中的敌对一方屈服。根据《刑法》第451条的规定,部队执行戒严任务或者处置突发性暴力事件应以战时论,所以在这种情况下向暴力侵害者投降,也应视为向敌人投降。

3. 犯罪主体为所有军人。

4. 主观方面由故意构成,动机是畏惧战斗、贪生怕死。

---

[1] 参考案例:付某某投降案,载法信网,http://www.faxin.cn/。

（二）认定投降罪应当注意的问题

1. 划清本罪与被敌俘虏的界限。

一般情况下，投降敌人是主动的，被敌俘虏则完全是被迫的；投降敌人时具有自动放下武器的情节，而被敌俘虏时已不具备使用武器进行抵抗的条件。如因弹药耗尽、武器毁损、严重伤病、极度疲惫而无法使用武器进行抵抗被敌人俘获的；或者遭到敌人突然袭击，措手不及未能使用武器进行抵抗而被敌人抓获的，都属于被敌俘虏，而不应认定为投降敌人。即使被俘后叛变，积极为敌人效劳的，也不应以本罪论处，而应适用《刑法》第108条以投敌叛变罪论处。

2. 划清本罪与投敌叛变罪的界限。

两罪主观方面都是出于故意，客观方面都有主动放弃抵抗、投靠敌人的表现，容易发生混淆。其主要区别在于：（1）犯罪主体不同。投降敌人的主体只能是参加作战的军人，而投敌叛变的主体既可以是军人，也可以是普通公民。（2）主观故意的内容不同。投降敌人在主观方面是迫于敌人的武装压力，为了保全自己的性命，而背弃自己的政治使命，屈服于敌人；投敌叛变则是出于信仰动摇、政治变节而投靠敌人。（3）实施犯罪的时间、地点不同。投降敌人只能发生在战场上，特别是敌我双方短兵相接、面临战斗的情况下；而投敌叛变主要发生在平时，即使发生在战时，一般也不是在面临战斗的情况下，如部队正在休整、待机或者转移途中，没有遭遇敌人的时候。如果行为人蓄谋叛变，在战场上直接投敌的，应属投敌叛变。投降后为敌人效劳的，虽其犯罪性质已转化为投敌叛变，但鉴于是在投降敌人后才实施上述行为的，可以作为投降罪的一个加重处罚情节，不再进行数罪并罚。

（三）投降罪的刑事责任

司法机关在适用《刑法》第423条规定处罚时，应当注意以下问题：

1. 全面分析和正确把握犯罪情节，恰当适用刑罚。本条第1款中的"情节严重"，是加重处罚情节，司法实践中，一般是指指挥人员或者其他负有重要职责的人员投降的；在紧要关头或者危急时刻投降的；率领部队或者部属投降的；胁迫他人投降的；策动多人或者策动指挥人员和其他负有重要职责的人员投降的；携带重要武器装备投降的；因投降导致战斗、战役遭受重大损失的等情形。

2. 准确理解本条第 2 款中的"投降后为敌人效劳"的含义。司法实践中，投降后为敌人效劳，一般是指主动向敌人提供我军重要军事秘密；积极为敌人出谋划策；煽动、勾引我军被俘人员叛变投敌；接受敌人派遣任务；主动要求参加敌军与我方作战等情形。但投降后被迫为敌人服劳役的，如挖工事、搬弹药等，不宜认定为敌人效劳。

五、战时临阵脱逃罪[①]

第四百二十四条 战时临阵脱逃的，处三年以下有期徒刑；情节严重的，处三年以上十年以下有期徒刑；致使战斗、战役遭受重大损失的，处十年以上有期徒刑、无期徒刑或者死刑。

（一）战时临阵脱逃罪的概念和构成要件

战时临阵脱逃罪，是指在战斗中或者在接受作战任务后，逃离战斗岗位的行为。

本罪是从《惩治军人违反职责罪暂行条例》第 16 条的规定，吸收改为《刑法》现行规定的。

战时临阵脱逃罪的构成要件是：

1. 本罪侵犯的客体是军人参战秩序。

2. 客观方面表现为战时临阵脱逃的行为。

战时临阵脱逃是指在战斗中或者在接受作战任务后，逃离战斗岗位逃避参加作战。"临阵"包括两种情况：一种是正在进行战斗，如进攻敌方阵地，坚守我方阵地，与敌机、敌舰正在交战，遭敌突然袭击被迫应战等；另一种是已受领了具体的战斗任务，正在准备实施，如待命出击，临上阵地换防

[①] 参考案例：吴某发临阵脱逃案，载法信网，http://www.faxin.cn/。

等。不论哪种情况，面临的作战任务都应该是具体的、明确的，不能泛指参战。因此，部队奉命向战区开进、集结，在战区休整待命等，不应视为已面临战斗任务。逃离战斗岗位是逃避参加作战的具体表现，泛指脱离正在进行战斗的特定区域或者准备参加战斗的部队，包括作为与不作为两种方式，如与敌交战中擅自撤出战斗，从遭敌攻击的阵地上退下来，有意不随部队进入阵地等。逃离岗位只是为了逃避参加战斗，并不一定要逃离部队。

3. 犯罪主体为所有军人。

4. 主观方面由故意构成，动机较多的是贪生怕死、畏惧战斗，也有的是不顾大局保存实力。行为人只要不是出于积极的战术目的，如在攻防作战中有组织地退却，诱敌深入，或者在遭遇战中为完成原定任务不与敌人恋战，而有意回避作战等，都应认定有临阵脱逃的主观故意。

（二）认定战时临阵脱逃罪应当注意的问题

划清本罪与投降罪的界限。两罪犯罪主体、主观方面相同，侵犯的客体近似，客观方面都发生在战时，都存在脱离战斗、放弃抵抗的因素。其主要区别在于前者是通过脱离战斗岗位逃避参加作战的方法达到保全性命的目的；而后者是通过放下武器，屈服于敌人的方法达到保全性命的目的。如果在具体案件中出现犯罪竞合现象，如正在作战时行为人扔下武器逃往敌人的阵地，一般应以投降罪论处，但如果致使战斗、战役遭受重大损失的，则应以战时临阵脱逃罪论处。

（三）战时临阵脱逃罪的刑事责任

司法机关在适用《刑法》第424条的规定处罚时，应当注意的问题是：

全面分析和把握犯罪情节，恰当适用刑罚。本条中的"情节严重"，是加重处罚情节，司法实践中，一般是指指挥人员或者其他负有重要职责人员临阵脱逃的，在紧要关头或者危急时刻临阵脱逃的，率领部队或者部属临阵脱逃的，携带重要武器装备临阵脱逃的，胁迫他人临阵脱逃的，策动多人或策动指挥人员和其他负有重要职责的人员临阵脱逃的等情形。

本条中的"致使战斗、战役遭受重大损失"，主要是指造成我军人员重大伤亡，武器装备、军事设施和军用物资严重损失，直至战斗、战役失利等情形。

六、擅离、玩忽军事职守罪[①]

第四百二十五条 指挥人员和值班、值勤人员擅离职守或者玩忽职守，造成严重后果的，处三年以下有期徒刑或者拘役；造成特别严重后果的，处三年以上七年以下有期徒刑。

战时犯前款罪的，处五年以上有期徒刑。

（一）擅离、玩忽军事职守罪的概念和构成要件

擅离、玩忽军事职守罪，是指指挥人员或者值班、值勤人员，擅自离开正在履行职责的岗位，或者在履行职责的岗位上，严重不负责任，不履行或者不正确履行职责，造成严重后果的行为。

本罪是从《惩治军人违反职责罪暂行条例》第5条的规定，吸收改为《刑法》现行规定的。

擅离、玩忽军事职守罪的构成要件是：

1. 本罪侵犯的客体是指挥和值班、值勤秩序。

2. 客观方面表现为擅离职守或者玩忽职守，造成严重后果的行为。

擅离职守是指行为人擅自离开正在履行职责的岗位，如哨兵擅自离开哨位，值班人员擅自离开值班室，值勤人员擅自离开值勤点等。玩忽职守是指行为人在履行职责的岗位上，严重不负责任，不履行或者不正确履行职责，如值班人员酗酒、哨兵睡觉等。擅离职守的行为从广义上看，也属于玩忽职守性质。按照法律规定，擅离、玩忽军事职守的行为必须"造成严重后果"才构成犯罪。司法实践中，一般是指造成重大任务不能完成或者迟缓完成的；造成死亡1人以上，或者重伤3人以上，或者重伤2人、轻伤4人以

[①] 参考案例1：薛某军擅离军事职守案，参考案例2：周某锋玩忽军事职守案，载法信网，http://www.faxin.cn/。

上，或者重伤1人、轻伤7人以上，或者轻伤10人以上的；造成枪支、手榴弹、爆炸装置或者子弹10发、雷管30枚、导火索或者导爆索30米、炸药1千克以上丢失、被盗，或者不满规定数量，但后果严重的，或者造成其他重要武器装备、器材丢失、被盗的；造成武器装备、军事设施、军用物资或者其他财产毁损，直接经济损失30万元以上，或者直接经济损失、间接经济损失合计150万元以上的；造成其他严重后果的。① 这些严重后果应和指挥人员和值班、值勤人员违反其指挥和值班、值勤的特殊职责具有内在的因果关系。换言之，这些危害后果本应是指挥人员和值班、值勤人员正确履行职责可以避免的。如担任警戒勤务的哨兵应保证警卫目标的安全，如果其不认真履行哨兵职责，导致警卫目标遭到破坏，则属于哨兵擅离职守或者玩忽职守造成了严重后果。

3. 犯罪主体为军队中的指挥人员和值班、值勤人员，属于军人违反职责罪中的特殊主体。

指挥人员是指对部队或者部属负有组织、领导、管理职责的人员。专业主管人员虽然和其他军人没有行政隶属关系，不具有全面的指挥职责，但由于其主管某一方面的业务，具有特殊的职责和相应的管理职权，因而在其主管的业务范围内，具有一定的指挥职权，应视其为指挥人员。如连队的军械员和卫生员分别负责连队的军械管理和卫生工作，在这两个方面应视其为指挥人员。值班人员是指军队各单位、各部门为保持指挥或者履行职责不间断而设立的、定期轮流负责处理本单位、本部门特定事务的人员。如各级值班首长，作战、通信、机要部门的值班参谋，各单位节假日的值班员等。值勤人员是指正在担任作战、警卫、巡逻、观察、纠察、押运等勤务的人员等。

4. 主观方面由过失构成。

（二）认定擅离、玩忽军事职守罪应当注意的问题

本罪是选择性罪名，行为人只要实施了擅离职守或者玩忽职守其中一种行为就可构成本罪；实施两种行为的，仍为一罪，不实行数罪并罚。

---

① 《军人违反职责罪案件立案标准的规定》第6条。

（三）擅离、玩忽军事职守罪的刑事责任

司法机关在适用《刑法》第425条规定处罚时，应注意的问题是：

1. 正确理解和把握"造成严重后果""造成特别严重后果"的含义，恰当适用刑罚。本条第1款中的"造成特别严重后果"，是加重处罚情节，司法实践中，一般是指严重影响部队完成重要任务的；造成部队人员重大伤亡的；造成重要武器装备、军事设施、军用物资或者其他财产严重毁损，直接经济损失100万元以上的以及发生其他重大责任事故等情形。

2. 坚持战时从严的原则。战时犯本罪的，应在法定刑内从重处罚。

七、阻碍执行军事职务罪[①]

第四百二十六条[②] 以暴力、威胁方法，阻碍指挥人员或者值班、值勤人员执行职务的，处五年以下有期徒刑或者拘役；情节严重的，处五年以上十年以下有期徒刑；情节特别严重的，处十年以上有期徒刑或者无期徒刑。战时从重处罚。

（一）阻碍执行军事职务罪的概念和构成要件

阻碍执行军事职务罪，是指以暴力、威胁方法阻碍指挥人员或者值班、值勤人员执行职务的行为。

本罪是从《惩治军人违反职责罪暂行条例》第10条的规定，吸收改为《刑法》现行规定的。1997年《刑法》第426条曾规定本罪"致人重伤、死亡的，或者有其他特别严重情节的，处无期徒刑或者死刑"。2015年《刑法修正案（九）》取消了本罪适用死刑的规定。

阻碍执行军事职务罪的构成要件是：

1. 本罪侵犯的客体是指挥和值班、值勤秩序。

---

① 参考案例1：李某阻碍执行军事职务案，参考案例2：冯某阻碍执行军事职务案，载法信网，http://www.faxin.cn/。

② 本条经2015年8月29日《刑法修正案（九）》第50条修改。

2. 客观方面表现为对指挥人员或者值班、值勤人员施以暴力、威胁，阻挠或者妨碍其执行职务的行为。

本罪侵害的对象是正在执行职务的部队指挥人员或者值班、值勤人员。如正在哨位上执勤的哨兵，指挥部队作战、训练、施工等活动的军人等。如果军人没有在履行指挥或者值班、值勤职责，仅是在正常进行个人的日常工作，不能作为本罪的侵害对象。侵害的方法是施以暴力、威胁。暴力泛指捆绑、拘禁、殴打、伤害和其他危害人身安全和限制人身自由的行为，以及强行毁坏指挥人员或者值班、值勤人员用以执行职务的装备、设施，使其无法正常执行职务的行为。威胁是指以实施暴力逼迫、恫吓等方式相胁迫，使其不能正常执行职务的行为。如果行为人仅以打击报复、揭发隐私等非暴力方法对被害人进行要挟，因其不足以对指挥人员和值班、值勤人员执行职务造成强制性的阻碍，则不属于本罪的威胁方法。行为人对指挥人员或者值班、值勤人员使用暴力、威胁方法，阻碍其执行职务，包括强制指挥人员和值班、值勤人员停止或者放弃执行职务，变更执行职务的内容等。

3. 犯罪主体为所有军人。

4. 主观方面由故意构成。

（二）认定阻碍执行军事职务罪应当注意的问题

1. 划清本罪与阻碍军人执行职务罪的界限。

这两种犯罪在犯罪客体和客观方面有相近或交叉之处，其主要区别：（1）本罪的犯罪主体仅限于军人，而阻碍军人执行职务罪的犯罪主体包括非军人；（2）本罪的犯罪对象仅限于指挥人员或者值班、值勤人员，而阻碍军人执行职务罪的犯罪对象包括所有执行职务的军人，而不论其是否属于指挥人员或者值班、值勤人员。

2. 正确处理犯阻碍执行军事职务罪致人重伤、死亡的定罪问题。

以故意伤害他人的暴力方法阻碍指挥人员或者值班、值勤人员执行职务时，可能会造成被害人重伤或者死亡的后果，虽然行为人对此也有伤害他人的主观故意，但其伤害行为已与阻碍执行职务的行为发生犯罪竞合关系。鉴于刑法对阻碍执行军事职务罪有特别规定，而且《刑法》第234条还明确规定:"本法另有规定的,依照规定",所以应一律以阻碍执行军事职务罪定罪处罚。

(三)阻碍执行军事职务罪的刑事责任

司法机关在适用《刑法》第426条规定处罚时,应当注意以下问题:

1. 正确理解和把握犯罪情节,恰当适用刑罚。本条中的"情节严重",是加重处罚情节,一般是指聚众阻碍执行职务的首要分子;使用武器装备阻碍执行职务的;在紧要关头或者危急时刻阻碍执行职务的;阻碍担负重要职责的指挥人员或者值班、值勤人员执行职务的;阻碍执行职务造成严重后果的等情形。"情节特别严重",主要是指聚众使用武器装备阻碍执行职务的;在紧要关头或者危急时刻阻碍担负重要职责的指挥人员或者值班、值勤人员执行职务的;阻碍执行职务致人重伤、死亡或者造成其他特别严重后果的等情形。

2. 坚持战时从严的原则。战时犯本罪的,应当在法定刑幅度内从重处罚。

八、指使部属违反职责罪[①]

第四百二十七条 滥用职权,指使部属进行违反职责的活动,造成严重后果的,处五年以下有期徒刑或者拘役;情节特别严重的,处五年以上十年以下有期徒刑。

(一)指使部属违反职责罪的概念和构成要件

指使部属违反职责罪,是指指挥人员滥用职权,指使部属进行违反职责的活动,造成严重后果的行为。

本罪是1997年《刑法》增设的罪名。

指使部属违反职责罪的构成要件是:

---

① 参考案例:朱某指使部属违反职责案,载法信网,http://www.faxin.cn/。

1.本罪侵犯的客体是正当行使指挥权的秩序。

2.客观方面表现为滥用职权,指使部属进行违反职责的活动,造成严重后果的行为。

滥用职权即超越职责范围,不正当地运用职务上的权力,如违法决定和处理无权决定的事项、违反规定处理公务等。指使部属进行违反职责的活动,是指指使部属实施军队条令、条例和国家法律、法规禁止的、违反军人共同职责、基本职责和专业职责的行为。从所进行的违反职责活动的严重程度看,包括违纪行为和一般违法行为。指使部属进行犯罪活动虽也属进行违反职责的活动,但因这种情况本身已属共同犯罪,而《刑法》对共同犯罪有专门规定,因此,不能再按指使部属进行违反职责的活动看待。按照法律规定,指使部属违反职责的行为必须"造成严重后果"才构成犯罪。司法实践中,"造成严重后果"通常是指造成重大任务不能完成或者迟缓完成的;造成死亡1人以上,或者重伤2人以上,或者重伤1人、轻伤3人以上,或者轻伤5人以上的;造成武器装备、军事设施、军用物资或者其他财产损毁,直接经济损失20万元以上,或者直接经济损失、间接经济损失合计100万元以上的;造成其他严重后果等情形。①

3.犯罪主体为军队中的各级首长和其他有权指挥他人的人员,属于军人违反职责罪中的特殊主体。

本罪的犯罪主体与侵害对象之间必须有指挥与被指挥的隶属关系,既包括军官与士兵,也包括上级军官与下级军官,甚至士兵与士兵。如部队中的班长也是士兵,但有权指挥本班其他士兵,对全班的工作负完全责任,因此,班长属于本罪的犯罪主体之一。

4.主观方面由过失构成。

(二)认定指使部属违反职责罪应当注意的问题

正确处理指使部属违反职责罪中犯罪主体和部属共同犯罪的关系。

指使部属违反职责罪属于过失犯罪,因此,行为人指使部属实施违反职

---

① 《军人违反职责罪案件立案标准的规定》第8条。

责的行为不能包括故意犯罪的内容。当行为人指使部属进行犯罪活动时，从共同犯罪的法律规定看，应属于行为人和部属共同实施犯罪（部属不能预见或者辨认的除外）。因此，应按行为人指使部属实施的犯罪认定罪名，以共同犯罪论处，但对部属可适用《刑法》第28条规定，减轻或者免除处罚，而不能对行为人以指使部属违反职责罪论处。

（三）指使部属违反职责罪的刑事责任

司法机关在适用《刑法》第427条规定处罚时，应注意准确理解和把握"造成严重后果""情节特别严重"的含义，恰当适用刑罚。

该条中的"情节特别严重"，是加重处罚情节，司法实践中，一般是指造成的后果特别严重的；战时指使部属违反职责的；指使建制部队（分队）违反职责的；不顾部属的反对意见强迫部属违反职责的等情形。

九、违令作战消极罪[①]

第四百二十八条 指挥人员违抗命令，临阵畏缩，作战消极，造成严重后果的，处五年以下有期徒刑；致使战斗、战役遭受重大损失或者有其他特别严重情节的，处五年以上有期徒刑。

（一）违令作战消极罪的概念和构成要件

违令作战消极罪，是指指挥人员违抗命令，临阵畏缩，作战消极，造成严重后果的行为。

本罪是1997年《刑法》增设的罪名。

违令作战消极罪的构成要件是：

1. 本罪侵犯的客体是军人参战秩序。

2. 客观方面表现为违抗命令，临阵畏缩，作战消极，造成严重后果的行为。

---

① 参考案例：某连长违令作战消极案，载法信网，http://www.faxin.cn/。

本罪只能发生在作战过程中。违抗命令是指故意违背、抗拒执行首长、上级的命令。临阵畏缩、作战消极是指面临战斗任务而畏难怕险，怯战怠战，行动消极。对临阵畏缩、作战消极的行为，如果尚未造成严重后果，应给予批评教育和军纪处分；如果造成了严重后果，则应依法追究刑事责任。因此，造成严重后果是构成本罪的必要条件。严重后果主要是指扰乱作战部署或者贻误战机的；造成作战任务不能完成或者迟缓完成的；造成我方人员死亡1人以上，或者重伤2人以上，或者轻伤3人以上的；造成武器装备、军事设施、军用物资或者其他财产损毁，直接经济损失20万元以上，或者直接经济损失、间接经济损失合计100万元以上的；造成其他严重后果的。[①]如果行为人主观上积极努力，创造条件争取完成任务，但由于客观条件的限制，无法达到预期目的，以致造成严重后果的，不能认定行为人有作战消极的行为。

3. 犯罪主体为各级指挥人员，即对部队和部属负有领导、管理职责的军人，属于军人违反职责罪中的特殊主体。

4. 主观方面由过失构成。

（二）认定违令作战消极罪应当注意的问题

划清本罪与战时违抗命令罪的界限。这两种犯罪侵犯的客体、客观方面近似，且都有违抗命令的行为，容易混淆界限。其主要区别在于：（1）犯罪主体不同。本罪限于指挥人员，而战时违抗命令罪是所有军人；（2）犯罪客观方面的内容和侧重点不同。在战时违抗命令罪中，违抗命令的行为本身就是犯罪客观方面的主要内容，是需要追究刑事责任的基本依据，不需要再有其他具体的危害行为；而在违令作战消极罪中，犯罪客观方面的主要内容是临阵畏缩，作战消极，并造成严重后果，违抗命令仅仅是限制条件，说明行为人违反并抗拒执行上级命令，但尚未达到战时违抗命令罪那样的严重程度。因此，在违令作战消极罪中，仅凭其违抗命令的行为本身是不能追究刑事责任的。当然，如果行为人在违令作战消极罪中，违抗命令的行为本身性

[①]《军人违反职责罪案件立案标准的规定》第9条。

质恶劣，危害严重，符合战时违抗命令罪的构成条件的，应按处理想象竞合犯的原则，以战时违抗命令罪定罪处罚。（3）主观方面不同。本罪属于过失犯罪，而后罪是故意犯罪。

（三）违令作战消极罪的刑事责任

司法机关在适用《刑法》第 428 条规定处罚时，应注意准确理解和把握"造成严重后果""致使战斗、战役遭受重大损失""其他特别严重情节"的含义，恰当适用刑罚。

该条中的"造成严重后果"，一般是指扰乱作战部署或者贻误战机的；造成作战任务不能完成或者迟缓完成的；造成我方人员死亡 1 人以上，或者重伤 2 人以上，或者轻伤 3 人以上的；造成武器装备、军事设施、军用物资或者其他财产损毁，直接经济损失 20 万元以上，或者直接经济损失、间接经济损失合计 100 万元以上的；造成其他严重后果的。①

该条中的"致使战斗、战役遭受重大损失"，是加重处罚情节，一般是指造成我军人员重大伤亡，武器装备、军事设施或者军用物资严重损毁，致使战斗、战役失利等情形，"其他特别严重情节"，主要是指造成特别严重后果的，执行重要作战任务行动消极的，在紧要关头或者危急时刻作战消极的，煽动、串通其他部队和人员消极怠战的等情形。

十、拒不救援友邻部队罪 ②

第四百二十九条 在战场上明知友邻部队处境危急请求救援，能救援而不救援，致使友邻部队遭受重大损失的，对指挥人员，处五年以下有期徒刑。

---

① 《军人违反职责罪案件立案标准的规定》第 9 条。
② 参考案例：某连长拒不救援友邻部队案，载法信网，http://www.faxin.cn/。

（一）拒不救援友邻部队罪的概念和构成要件

拒不救援友邻部队罪，是指指挥人员在战场上，明知友邻部队面临被敌人包围、追击或者阵地将被攻陷等危急情况请求救援，能救援而不救援，致使友邻部队遭受重大损失的行为。

本罪是1997年《刑法》增设的罪名。

拒不救援友邻部队罪的构成要件是：

1. 本罪侵犯的客体是我军在战场上的友邻关系。

2. 客观方面表现为行为人明知友邻部队处境危急请求救援，自己有条件组织部队前去救援而没有救援，以致友邻部队遭受重大损失的行为。

友邻部队是指由于驻地、配置地域或者执行任务而相邻的没有隶属关系的部队及其分队。处境危急是指被敌人包围、追击或者阵地将被攻陷等紧急情况。能救援而不救援是本罪在客观方面的主要特征，其含义是指根据当时自己部队及其分队所处的环境、作战能力及所担负的任务，完全有条件救援，却没有救援。致使友邻部队遭受重大损失是构成本罪的必要条件，如造成战斗失利的；造成阵地失陷的；造成突围严重受挫的；造成我方人员死亡3人以上，或者重伤10人以上，或者轻伤15人以上的；造成武器装备、军事设施、军用物资严重损毁直接经济损失100万元以上的；造成其他重大损失的。[①] 如果虽发现友邻部队处境有危险，但友邻部队没有请求救援，行为人此时没有及时组织救援的，不能认为是能救援而不救援。

3. 犯罪主体为部队的各级指挥人员，即对部队和部属负有领导、管理职责的军人，属于军人违反职责罪中的特殊主体。

4. 主观方面由过失构成。

（二）认定拒不救援友邻部队罪应当注意的问题

注意划清本罪与玩忽军事职守罪的界限。这两种犯罪客观上都可能因未尽职责而造成严重后果，主观上又都是过失犯罪，因此可能混淆。其区别在

---

① 《军人违反职责罪案件立案标准的规定》第10条。

于前者所未尽的职责是指挥人员基于部队友邻关系而产生的，而后者所未尽的职责是指挥人员自身职务所要求的。指挥人员对所属部队处境危急不积极组织支援构成犯罪的，应以玩忽军事职守罪论处；对友邻部队见危不救构成犯罪的，应以拒不救援友邻部队罪论处。

（三）拒不救援友邻部队罪的刑事责任

司法机关在适用《刑法》第429条规定处罚时，主要应注意根据友邻部队遭受损失的大小，同时还要考虑行为人的一贯表现及认罪态度，确定适当刑罚。

十一、军人叛逃罪[1]

第四百三十条 在履行公务期间，擅离岗位，叛逃境外或者在境外叛逃，危害国家军事利益的，处五年以下有期徒刑或者拘役；情节严重的，处五年以上有期徒刑。

驾驶航空器、舰船叛逃的，或者有其他特别严重情节的，处十年以上有期徒刑、无期徒刑或者死刑。

（一）军人叛逃罪的概念和构成要件

军人叛逃罪，是指军人在履行公务期间，擅离岗位，叛逃境外或者在境外叛逃，危害国家军事利益的行为。

《惩治军人违反职责罪暂行条例》第7条曾规定了偷越国（边）境外逃罪，限定为"偷越国（边）境"外逃，因而把该罪归入妨害国（边）境管理秩序罪，这不能反映军人叛逃的本质特征及其危害，况且仅限于从境内叛逃到境外，没有包括合法出境后叛逃的情形。1997年修订的《刑法》，从叛逃的角度对《惩治军人违反职责罪暂行条例》第7条的罪状作了修改，删除了偷越国（边）境的限制，将罪状的主要内容修改表述为"叛逃境外或者在境

---

[1] 参考案例：周某军人叛逃案，载法信网，http://www.faxin.cn/。

外叛逃的"，罪名修改为军人叛逃罪。

军人叛逃罪的构成要件是：

1. 本罪侵犯的客体是国防安全秩序。

2. 客观方面表现为在履行公务期间，擅离岗位，叛逃境外或者在境外叛逃，危害国家军事利益的行为。

"履行公务"，是指履行国家、国防事务以及其他军事事务。"叛逃境外"，是指行为人以背叛祖国为目的，从境内叛逃至境外的行为。既包括通过合法手续出境而叛逃的，也包括采取非法手段出境而叛逃的情形。叛逃至外国驻华使馆、领馆的，应以叛逃境外论。"在境外叛逃"，是指行为人因履行公务出境后以背叛祖国为目的，擅自离队或者与派出单位和有关部门脱离关系，并滞留境外不归而叛逃。叛逃行为必须发生在履行公务期间，并且必须危害了国家军事利益才构成本罪。如果行为人是因私合法出境后与派出单位和有关部门脱离关系，并滞留境外不归的，属于出走，不应认定在境外叛逃，但如果在境外有投敌叛变的行为，则应以投敌叛变罪论处。

3. 犯罪主体为所有军人。

4. 主观方面由故意构成。主观上，必须具有背叛祖国的目的。行为人是否具有背叛国家的目的，应以其出逃的原因以及在境外的行为来分析认定。凡因反对国家政权和社会主义制度而出逃的，掌握、携带军事秘密出境后滞留不归的，申请政治避难的，公开发表叛国言论的，投靠境外的反动机构或者组织的，出逃到交战对方区域的，进行其他危害国家军事利益活动的，[①] 都应认定有背叛国家的目的。行为人因贪图享受、求学、婚嫁或其他一些个人原因出逃，在境外没有实施上述背叛国家言行的，不应认定其有背叛国家的目的。

（二）认定军人叛逃罪应当注意的问题

1. 正确处理本罪与《刑法》第109条叛逃罪的法条竞合问题。《刑法》对这两种叛逃罪的规定存在法条竞合关系，军人叛逃的，应优先适用本条的

[①] 《军人违反职责罪案件立案标准的规定》第11条。

规定,以军人叛逃罪定罪处罚。

2.划清本罪与投敌叛变罪的界限。这两种犯罪都有叛变行为,其区别在于前者是出逃到境外,叛逃后并不一定投靠具体的机构、组织,即使投靠也不是投靠敌对的机构、组织;而后者则不一定逃到境外,但必须有具体的投靠对象,而且这些投靠对象是敌对的国家、集团、机构、组织等。

(三)军人叛逃罪的刑事责任

司法机关在适用《刑法》第 430 条规定处罚时,应当注意准确理解和把握"情节严重""情节特别严重"的含义,恰当适用刑罚。

本条中的"情节严重",是加重处罚情节,司法实践中,一般是指指挥人员和其他担负重要职责的人员叛逃的,策动他人叛逃的,携带军事秘密叛逃的,战时叛逃的等情形。

本条中的"其他特别严重情节",主要是指劫持航空器、舰船叛逃的,胁迫他人叛逃的,策动多人或者策动指挥人员和其他负有重要职责的人员叛逃的,携带重要或者大量军事秘密叛逃的,叛逃后积极从事危害国家安全和国防利益活动的等情形。

十二、非法获取军事秘密罪[①]

第四百三十一条第一款 以窃取、刺探、收买方法,非法获取军事秘密的,处五年以下有期徒刑;情节严重的,处五年以上十年以下有期徒刑;情节特别严重的,处十年以上有期徒刑。

(一)非法获取军事秘密罪的概念和构成要件

非法获取军事秘密罪,是指违反国家和军队的保密规定,采取窃取、刺探、收买方法,非法获取军事秘密的行为。

《惩治军人违反职责罪暂行条例》第 4 条第 3 款曾规定了"为敌人或者

---

① 参考案例:某记者非法获取军事秘密案,载法信网,http://www.faxin.cn/。

外国人窃取、刺探军事机密罪"。但对不是为敌人或者外国人而是为国内不法分子窃取、刺探军事秘密的,或者收买军事秘密的,都无法适用该款规定定罪处罚。为了加强对军事秘密的全面保护,防止无关人员采取非法手段知悉军事秘密,1997年修订《刑法》时,将以窃取、刺探、收买的方法,非法获取军事秘密的行为,单独规定为非法获取军事秘密罪。

非法获取军事秘密罪的构成要件是:

1. 本罪侵犯的客体是军事秘密的安全。

2. 客观方面表现为以窃取、刺探、收买的方法,非法获取军事秘密的行为。

"窃取",是指秘密获取;"刺探",是指暗中打听、观察、探知、搜集等;"收买",是指以财物交换。这是几种最常见的非法手段,其他一些非法手段,如骗取、敲诈等,从广义上看也属窃取行为。"军事秘密",是指关系国防安全和军事利益,依照规定的权限和程序确定,在一定时间内只限一定范围的人员知悉的事项。包括以下内容:国防和武装力量建设规划及其实施情况;军事部署,作战、训练以及处置突发事件等军事行动中需要控制知悉范围的事项;军事情报及其来源,军事通信、信息对抗和其他特种业务的手段、能力,密码及有关资料;武装力量的组织编制,部队的任务、实力、状态等情况中需要控制知悉范围的事项,特殊单位以及师级以下部队的番号;国防动员计划及其实施情况;武器装备的研制、生产、配备情况和补充、维修能力,特种军事装备的战术技术性能;军事学术和国防科学技术研究的重要项目、成果及其应用情况中需要控制知悉范围的事项;军队政治工作中不宜公开的事项;国防费分配和使用的具体事项,军事物资的筹措、生产、供应和储备等情况中需要控制知悉范围的事项;军事设施及其保护情况中不宜公开的事项;对外军事交流与合作中不宜公开的事项;其他需要保密的事项。① 军事秘密按其重要程度分为绝密、机密和秘密三级。无关人员采取前述不正当方法知悉军事秘密的内容,即属非法获取军事秘密。

3. 犯罪主体为所有军人。

---

① 《军人违反职责罪案件立案标准的规定》第12条。

4. 主观方面由故意构成。

(二)认定非法获取军事秘密罪应当注意的问题

1. 正确处理非法获取军事秘密后又将军事秘密故意泄露的定罪问题。

对此,应当根据具体情况区别对待。平时故意泄露军事秘密的,因平时故意泄露军事秘密罪的法定刑比非法获取军事秘密罪的法定刑轻,所以应定非法获取军事秘密罪,而将故意泄露军事秘密的行为作为非法获取军事秘密罪的从重处罚情节,在量刑时予以考虑。如果是在战时将非法获取的军事秘密又故意泄露的,因战时故意泄露军事秘密罪的法定刑比非法获取军事秘密罪的法定刑重,所以应定故意泄露军事秘密罪,而将非法获取军事秘密的行为作为从重处罚的情节予以考虑。

2. 正确处理以盗窃武器装备、军用物资的方式非法获取军事秘密的定罪问题。

军队的许多武器装备、军用物资本身就包含需要保密的内容,如性能、构造、成分等,是军事秘密的载体。为了非法获取军事秘密而盗窃武器装备、军用物资的,其行为同时触犯了非法获取军事秘密罪和盗窃武器装备、军用物资罪,属于想象竞合犯,应当根据具体案情,选择适用处罚较重的刑法条文定罪。

(三)非法获取军事秘密罪的刑事责任

司法机关在适用《刑法》第431条第1款规定处罚时,要注意区别情节,正确量刑。

该条中的"情节严重",是加重处罚情节,司法实践中,一般是指利用职权非法获取军事秘密的,从作战、机要、保密等重要部门非法获取军事秘密的,非法获取机密级或者多项秘密级军事秘密的,非法获取军事秘密的手段特别恶劣的,战时非法获取军事秘密的,将非法获取的军事秘密又泄露的,非法获取军事秘密造成严重后果的等情形。

该条中的"情节特别严重",一般是指利用职权非法获取机密级或者多项秘密级军事秘密的,从作战、机要、保密等重要部门非法获取机密级或者多项秘密级军事秘密的,非法获取绝密级或者多项机密级军事秘密的,为敌人非法获取军事秘密的,将非法获取的机密级或者多项秘密级军事秘密又泄露的,非法获取军事秘密造成特别严重后果的等情形。

十三、为境外窃取、刺探、收买、非法提供军事秘密罪[①]

第四百三十一条第二款[②] 为境外的机构、组织、人员窃取、刺探、收买、非法提供军事秘密的,处五年以上十年以下有期徒刑;情节严重的,处十年以上有期徒刑、无期徒刑或者死刑。

(一)为境外窃取、刺探、收买、非法提供军事秘密罪的概念和构成要件

为境外窃取、刺探、收买、非法提供军事秘密罪,是指违反国家和军队的保密规定,为境外的机构、组织、人员窃取、刺探、收买、非法提供军事秘密的行为。

《惩治军人违反职责罪暂行条例》第4条第3款曾规定了"为敌人或者外国人窃取、刺探、提供军事机密罪"。但对为非敌对的台、港、澳人员窃取、刺探、提供军事秘密的,或者用收买方法为敌人或者外国人获取军事秘密的,都无法适用该款规定定罪处罚。1997年修订《刑法》时对罪状作了修改,因而将罪名相应地改为"为境外窃取、刺探、收买、非法提供军事秘密罪"。扩大了适用范围,进一步加强了对军事秘密的保护,也为司法机关打击此类犯罪提供了法律依据,2020年《刑法修正案(十一)》修订了本罪的法定刑。

为境外窃取、刺探、收买、非法提供军事秘密罪的构成要件是:

1. 本罪侵犯的客体是军事秘密的安全和国防安全。
2. 客观方面表现为为境外的机构、组织、人员窃取、刺探、收买、非法

[①] 参考案例:林某、郑某平为敌人提供军事机密案,载法信网,http://www.faxin.cn/。
[②] 本款经2020年12月26日《刑法修正案(十一)》第46条修改。

提供军事秘密的行为。

"境外的机构、组织、人员"，是指外国的或者境外地区的机构、组织、人员。窃取、刺探、收买属于非法获取军事秘密的方法，其含义与非法获取军事秘密罪相同。"非法提供"，是指违反保守国家秘密法和军队有关保密法规的规定，未经事先批准而擅自将军事秘密提供给他人的行为。

3. 犯罪主体为所有军人。

4. 主观方面由故意构成，行为人的犯罪动机不论是为了危害国防安全还是为了达到个人目的，都不影响本罪主观故意的成立。

（二）认定为境外窃取、刺探、收买、非法提供军事秘密罪应当注意的问题

1. 注意正确处理为境外窃取、刺探、收买、非法提供军事秘密罪与《刑法》第111条为境外窃取、刺探、收买、非法提供国家秘密、情报罪的法条竞合问题。

《刑法》对这两种犯罪的规定存在法条竞合关系，军人为境外的机构、组织、人员窃取、刺探、收买、非法提供军事秘密的，应优先适用本条的规定，以为境外窃取、刺探、收买、非法提供军事秘密罪定罪处罚。

2. 准确认定罪名。

本罪是选择性罪名，行为方式有4种，行为人只要实施了其中一种，即构成本罪。但在认定具体罪名时，应根据行为方式来定。如果行为人采取窃取的手段又非法提供军事秘密，就定为境外窃取、非法提供军事秘密罪。如果行为人实施了两种以上行为方式，也只定一个罪名，不实行数罪并罚。

（三）为境外窃取、刺探、收买、非法提供军事秘密罪的刑事责任

司法机关在适用《刑法》第431条第2款规定处罚时，首先，要正确理解和把握犯罪情节严重的含义。情节严重一般是指利用职权非法获取并提供机密级或者多项秘密级军事机密的，从作战、机要、保密等重要部门非法获取并提供机密级或者多项秘密级军事秘密的；非法获取并提供多项机密级军事秘密的；为敌人非法获取并提供军事秘密的；非法获取并提供军事秘密造

成特别严重后果的等情形。同时，要注意根据行为人的犯罪动机、手段，军事秘密的等级、数量，造成的后果，以及一贯表现和认罪态度等全面衡量，处以适当刑罚。

十四、故意泄露军事秘密罪①

第四百三十二条 违反保守国家秘密法规，故意或者过失泄露军事秘密，情节严重的，处五年以下有期徒刑或者拘役；情节特别严重的，处五年以上十年以下有期徒刑。

战时犯前款罪的，处五年以上十年以下有期徒刑；情节特别严重的，处十年以上有期徒刑或者无期徒刑。

（一）故意泄露军事秘密罪的概念和构成要件

故意泄露军事秘密罪，是指违反国家和军队的保密法规，故意使军事秘密被不应知悉者知悉或者超出了限定的接触范围，情节严重的行为。

本罪是从《惩治军人违反职责罪暂行条例》第4条第1款、第2款的规定，吸收改为《刑法》的具体规定的。

故意泄露军事秘密罪的构成要件是：

1. 本罪侵犯的客体是军事秘密的安全。

2. 客观方面表现为违反国家和军队的保密法规，故意泄露军事秘密的行为。

故意泄露军事秘密的行为必然违反保密法规。其表现方式是多种多样的，从最简单的口头陈述泄密，到高技术条件下的计算机网络泄密。不论哪种形式，只要故意使无关人员知悉军事秘密的内容，或者超出了限定的接触范围，均属故意泄露军事秘密的行为。在故意泄露军事秘密时，泄密行为往往是由行为人直接实施的，如将军事秘密的内容亲口告诉他人，将涉及军事

---

① 参考案例1：周某才故意泄露军事秘密案，参考案例2：梁某某泄露军事秘密案，载法信网，http://www.faxin.cn/。

秘密的文件交给他人阅看等。

3. 犯罪主体为所有军人。

4. 主观方面由故意构成。

按照法律规定，故意泄露军事秘密的行为，除需具备以上构成要件外，还必须达到"情节严重"的程度才构成犯罪。"情节严重"，司法实践中，一般是指泄露绝密级或者机密级军事秘密1项（件）以上的，泄露秘密级军事秘密3项（件）以上的，向公众散布、传播军事秘密的，泄露军事秘密造成严重后果的，利用职权指使或者强迫他人泄露军事秘密的，负有特殊保密义务的人员泄密的，以牟取私利为目的泄露军事秘密的，执行重大任务时泄密的，有其他情节严重行为的。①

（二）认定故意泄露军事秘密罪应当注意的问题

1. 划清罪与非罪的界限。

关键在于违反国家和军队保密法规，故意泄露军事秘密的行为情节是否严重。对于情节不严重的故意泄露军事秘密的行为，应当按违反军纪处理。

2. 正确处理故意将军事秘密泄露给境外的机构、组织、人员的定罪问题。

这种行为从表面看是泄露军事秘密，但实质上是将军事秘密非法提供给境外的机构、组织、人员。因此，应根据《刑法》第431条第2款的规定，以为境外窃取、刺探、收买非法提供军事秘密罪论处，不能再定故意泄露军事秘密罪。

（三）故意泄露军事秘密罪的刑事责任

司法机关在适用《刑法》第432条规定处罚时，应当注意的问题是：

1. 准确理解和把握"情节特别严重"的含义，恰当适用刑罚。该条第1款中的"情节特别严重"，是加重处罚情节，司法实践中，一般是指机要、保密人员或者其他负有特殊保密职责的人员泄露多项机密级军事秘密的，出

---

① 《军人违反职责罪案件立案标准的规定》第14条。

卖机密级或者多项秘密级军事秘密的，泄露绝密级或者多项机密级军事秘密的，因泄露军事秘密而造成特别严重后果的等情形。

2. 贯彻"战时从严"的原则。战时犯同样的罪行，都应提高一个档次判处刑罚。

十五、过失泄露军事秘密罪[①]

第四百三十二条 违反保守国家秘密法规，故意或者过失泄露军事秘密，情节严重的，处五年以下有期徒刑或者拘役；情节特别严重的，处五年以上十年以下有期徒刑。

战时犯前款罪的，处五年以上十年以下有期徒刑；情节特别严重的，处十年以上有期徒刑或者无期徒刑。

（一）过失泄露军事秘密罪的概念和构成要件

过失泄露军事秘密罪，是指违反保守国家和军队的保密法规，过失泄露军事秘密，致使军事秘密被不应知悉者知悉或者超出了限定的接触范围，情节严重的行为。

本罪是从《惩治军人违反职责罪暂行条例》第4条第1款、第2款的规定，吸收改为《刑法》现行规定的。

过失泄露军事秘密罪的构成要件是：

1. 本罪侵犯的客体是军事秘密的安全。

2. 客观方面表现为违反国家和军队的保密法规，过失泄露军事秘密的行为。其表现方式是多种多样的，从最简单的口头陈述泄密，丢失文件泄密，到计算机网络泄密，微博、微信、视频泄密，不论哪种形式，只要能让无关人员知悉军事秘密的内容，或者超出了限定的接触范围，均属泄露军事秘密的行为。

这种泄密行为既可以由行为人直接实施，如误用明码电报拍发秘密电

---

① 参考案例：周某强、王某平过失泄露军事秘密案，载法信网，http://www.faxin.cn/。

文,在微信群中转发属于军事秘密的信息;也可以不由行为人直接实施,而是由他人直接实施,如行为人违反保密法规将秘密文件或者录制有军事秘密内容的光盘、电脑带到公共场所后,导致被盗或者丢失。在这种情况下,行为人违反保密规定的行为与泄密的结果存在着刑法上的因果关系,所以应属过失泄露军事秘密的行为。按照法律规定,过失泄露军事秘密的行为,必须达到"情节严重"的程度,才构成犯罪。"情节严重"一般是指泄露绝密级军事秘密1项(件)以上的,泄露机密级军事秘密3项(件)以上的,泄露秘密级军事秘密4项(件)以上的,负有特殊保密义务的人员泄密的,泄露军事秘密或者遗失军事秘密载体后隐情不报或者不如实提供有关情况或者未及时采取补救措施的,有其他情节严重行为的情形[①]。

3. 犯罪主体为所有军人。

4. 主观方面由过失构成。

(二)认定过失泄露军事秘密罪应当注意的问题

1. 划清罪与非罪的界限。

本罪以泄密行为情节是否严重为犯罪构成要件,对于情节不严重的过失泄露军事秘密的行为,不构成犯罪,应当按违反军纪处理。

2. 划清本罪与擅离、玩忽军事职守罪的界限。

这两种犯罪主观上都是过失,客观上又都可能造成泄密的严重后果,其区别在于,前者所违反的是保守军事秘密的法规、制度,违背的是军人保守军事秘密的一般职责;而后者所违反的是指挥和值班、值勤的规章制度,违背的是指挥人员和值班、值勤人员的特殊职责。如保密室的值勤人员擅离职守、玩忽职守导致保密室被盗的,应定擅离、玩忽军事职守罪;而作战指挥人员使用电话了解部队情况时,忘记加密而造成泄密的,则应以过失泄露军事秘密罪论处。

[①] 《军人违反职责罪案件立案标准的规定》第15条。

（三）过失泄露军事秘密罪的刑事责任

司法机关在适用《刑法》第432条规定处罚时，应当注意的问题是：

1.准确理解和把握"情节特别严重"的含义，恰当适用刑罚。该条第1款中的"情节特别严重"，是加重处罚情节，司法实践中，一般是指机要、保密人员或者其他负有特别保密职责的人员泄露多项机密级军事秘密的，其他人员泄露绝密级或者多项机密级军事秘密的，因泄露军事秘密造成特别严重后果的等情形。

2.贯彻"战时从严"的原则。战时犯同样的罪行，都应提高一个档次判处刑罚。

十六、战时造谣惑众罪[①]

第四百三十三条[②] 战时造谣惑众，动摇军心的，处三年以下有期徒刑；情节严重的，处三年以上十年以下有期徒刑；情节特别严重的，处十年以上有期徒刑或者无期徒刑。

（一）战时造谣惑众罪的概念和构成要件

战时造谣惑众罪，是指战时造谣惑众，动摇军心的行为。

本罪是从《惩治军人违反职责罪暂行条例》第14条的规定，吸收改为《刑法》现行规定的。1997年《刑法》第433条曾规定"勾结敌人造谣惑众，动摇军心的，处十年以上有期徒刑或者无期徒刑；情节特别严重的，可以判处死刑"。2015年《刑法修正案（九）》取消了本罪适用死刑的规定。

战时造谣惑众罪的构成要件是：

1.本罪侵犯的客体是战时宣传舆论秩序。

2.客观方面表现为战时造谣惑众，动摇军心的行为。

[①] 参考案例：米某泉战时造谣惑众案，载法信网，http://www.faxin.cn/。
[②] 本条经2015年8月29日《刑法修正案（九）》第51条修改。

本罪只能发生在战时。"造谣惑众、动摇军心",是指故意编造、散布谣言,煽动怯战、厌战或者恐怖情绪,蛊惑官兵,造成或者足以造成部队情绪恐慌,士气不振,军心涣散的行为。如果行为人将道听途说的内容不负责任地又向他人散布,不能认定为造谣。行为人所散布的内容必须是虚假的,而且是与作战有直接关系的,如夸大敌人的兵力和装备优势,虚构敌方的战绩和对我方不利的战况等。如果行为人所散布的内容确属实情,即使对我军不利,也不宜认定为造谣。动摇军心是对造谣惑众的内容和可能造成的危害后果的限制,而不是必须已造成实际的危害后果。因此,只要行为人制造并散布的谣言足以动摇军心,不论是否已经产生了动摇军心的实际后果,如引起部队混乱、指挥失控、人员逃亡等,均应属造谣惑众,动摇军心。行为人散布谣言的方式,可以是在公开场合散布,也可以是私下传播;可以是口头散布,也可以通过文字、图像或其他途径散布,只要是将谣言让他人知道,均属散布谣言。

3. 犯罪主体为所有军人。

4. 主观方面由故意构成,动机、目的不影响本罪的成立。但如果是勾结敌人造谣惑众的,即直接受敌人指使或者暗中与敌人串通,为了配合敌人对我军的军事行动而造谣惑众的,则属于本罪的加重处罚情节。

(二)认定战时造谣惑众罪应当注意的问题

1. 划清本罪与谎报军情罪的界限。

这两种犯罪的犯罪主体、主观方面相同,客观方面近似,都有虚构事实并加以扩散的情节,而且其虚构的内容可能很相似。其主要区别是:前者是将编造的谣言在公众中散布,散布的对象包括下级、同级和上级,但不是在履行职责;而后者是将编造的情况按隶属关系和职责要求向上级报告,其表现形式是在履行职责。

2. 划清本罪与战时故意提供虚假敌情罪的界限。

两者在犯罪的主观方面相同,客观方面都有传播虚假情况的行为,容易混淆界限。其主要区别在于:一是犯罪主体不同。前者的犯罪主体是军人,而后者的犯罪主体是非军人。二是侵犯的客体不同。本罪侵犯的客体是战时宣传舆论秩序，后罪侵犯的是武装部队作战秩序。三是传播虚假情况的内容不一样。前者传播的虚假情况既可以是敌方的，也可以是我军或友军的，而后者则仅限于敌方的。四是传播的范围不同。前者是在公众中传播扩散，而后者是向有责任接收情报的机构或者人员提供。

（三）战时造谣惑众罪的刑事责任

司法机关在适用《刑法》第433条规定处罚时，应当注意准确理解和把握"情节严重"和"情节特别严重"的含义，恰当适用刑罚。

该条的"情节严重"，是加重处罚情节，司法实践中，一般是指指挥人员造谣惑众的，谣言散布范围广的，谣言内容煽动性大的，在紧要关头或者危急时刻造谣惑众的，引起部队混乱、指挥失控、人员逃亡等情形。"情节特别严重"，一般是指指挥人员在紧要关头或者危急时刻造谣惑众的，引起部队严重混乱、多人逃亡的，或者勾结敌人造谣惑众等情形。

十七、战时自伤罪[①]

第四百三十四条 战时自伤身体，逃避军事义务的，处三年以下有期徒刑；情节严重的，处三年以上七年以下有期徒刑。

（一）战时自伤罪的概念和构成要件

战时自伤罪，是指战时为了逃避军事义务，故意伤害自己身体的行为。

本罪是从《惩治军人违反职责罪暂行条例》第13条的规定，吸收改为《刑法》现行规定的。

战时自伤罪的构成要件是：

1. 本罪侵犯的客体是军人参战秩序。
2. 客观方面表现为战时自伤身体的行为。

[①] 参考案例1：文某仁战时自伤身体案，参考案例2：高某某战时自伤案，载法信网，http://www.faxin.cn/。

本罪只能发生在战时。"自伤身体",是指有意识地伤害自己的身体,包括加重已有的伤害的行为。对自伤的部位、方法和伤害的程度,应从广义上理解,不论是伤害哪一部位,是造成轻伤还是重伤,是利用枪击、刀砍还是其他方法,是行为人自己伤害自己的身体,还是利用他人的故意或者过失行为伤害自己的身体,均属自伤身体的行为。

3. 犯罪主体为所有军人。

4. 主观方面由故意构成。

(二)认定战时自伤罪应当注意的问题

1. 划清罪与非罪的界限。

本罪自伤身体是以逃避军事义务的目的。逃避军事义务是指逃避临战准备、作战行动、战场勤务和其他作战保障任务等与作战有关的义务。如果行为人自伤身体不是为了逃避军事义务,而是为了骗取荣誉或者掩盖失误,则不构成本罪。

2. 应注意正确处理战时自伤罪与本章其他犯罪牵连的问题。

行为人在实施投降、战时违抗命令、战时临阵脱逃、违令作战消极等犯罪时,可能会采取自伤身体的方法来达到犯罪目的,此时行为人自伤行为与其欲实施的其他犯罪行为发生牵连,应按照处理牵连犯的原则,以其中法定刑最重的一个罪定罪处罚,不再定战时自伤罪,实行数罪并罚。

(三)战时自伤罪的刑事责任

司法机关在适用《刑法》第434条规定处罚时,应注意准确理解和把握犯罪情节。本条中的"情节严重",是加重处罚情节,司法实践中,一般是指指挥人员或者其他负有重要职责的人员自伤的,紧要关头或者危急时刻自伤的,因自伤造成严重后果的等情形。同时根据行为人的一贯表现和认罪态度,处以适当刑罚。

十八、逃离部队罪[①]

第四百三十五条 违反兵役法规,逃离部队,情节严重的,处三年以下有期徒刑或者拘役。

战时犯前款罪的,处三年以上七年以下有期徒刑。

(一)逃离部队罪的概念和构成要件

逃离部队罪,是指违反兵役法规,逃离部队,情节严重的行为。

本罪是从《惩治军人违反职责罪暂行条例》第6条的规定吸收改为《刑法》现行规定的。

逃离部队罪的构成要件是:

1. 本罪侵犯的客体是兵役秩序。

2. 客观方面表现为违反兵役法规,逃离部队的行为。

我国《宪法》《国防法》和《兵役法》都规定公民有义务依法服兵役。兵役法还明确规定,现役军人必须遵守军队的条令和条例,忠于职守,随时为保卫祖国而战斗。现役军人逃离部队的行为违反了上述法律规定。逃离部队是指擅自离开部队或者经批准外出,逾期拒不归队。

3. 犯罪主体为具有服兵役义务的现役军人,包括士兵、学员、军官(警官)和文职干部,属于军人违反职责罪的特殊主体。

根据《兵役法》第67条第1款的规定,现役军人以逃避服兵役为目的,拒绝履行职责或者逃离部队的,按照中央军事委员会的规定给予处分;构成犯罪的,依法追究刑事责任。因此,只有现役军人是本罪的犯罪主体。部队的正式职工、文职人员和非现役公勤人员不具有履行兵役的义务,因而不能成为本罪的主体。预备役人员虽然也属于正在履行兵役义务,但根据《兵役法》第66条第1款、第4款的规定,预备役人员战时拒绝、逃避参加军事训练和执行军事勤务,构成犯罪的,依法追究刑事责任。《刑法》第376条

[①] 参考案例:葛某银逃离部队案,载法信网,http://www.faxin.cn/。

第1款为此专门规定了预备役人员战时拒绝、逃避征召或者军事训练的犯罪。预备役人员在平时执行军事任务期间即使擅自离队，拒绝执行军事任务，因其身份仍是预备役人员而非现役军人，所以，不属本罪的犯罪主体，不能以本罪追究刑事责任。

4. 主观方面由故意构成。

在司法实践中，对擅自离队或者经批准外出不归的军人，如果经教育仍拒不返回部队，或者有意脱离与部队联系的，应认定其具有逃避服兵役的主观故意。如果行为人确属家庭有实际困难或者其他特殊原因，能主动向部队说明情况，或者经教育后及时归队的，不应认定其有逃避服兵役的主观故意。

按照法律规定，逃离部队的行为，除需具备以上构成要件外，还必须达到"情节严重"的程度，才构成犯罪。这是考虑到处理军人逃离部队的问题，应遵循惩办与教育相结合的原则，只对其中情节严重的个别人才给予刑事制裁。所谓情节严重，司法实践中，一般是指逃离部队持续时间达3个月以上或者3次以上或者累计时间达6个月以上的，担负重要职责的人员逃离部队的，策动3人以上或者胁迫他人逃离部队的，在执行重大任务期间逃离部队的，携带武器装备逃离部队的，有其他情节严重行为的。①

（二）认定逃离部队罪应当注意的问题

1. 划清罪与非罪的界限。

逃离部队行为情节严重是本罪构成的基本要件。对于情节不严重的逃离部队的行为，不构成犯罪，应当按违反军纪处理。

2. 正确处理军人逃离部队又实施其他犯罪行为的定罪问题。

对军人逃离部队时或者逃离部队后又实施其他犯罪行为的定罪问题，应根据不同情况区别对待。如果军人逃离部队的行为达到"情节严重"的程度，构成逃离部队罪的，应与其又实施的其他犯罪行为进行数罪并罚；如果军人逃离部队的行为达不到"情节严重"的程度，可将逃离部队作为其他犯

---

① 《军人违反职责罪案件立案标准的规定》第18条。

罪行为从重处罚的情节,不再定逃离部队罪。

(三)逃离部队罪的刑事责任

司法机关在适用《刑法》第435条规定处罚时,应注意准确理解和把握"情节严重"的含义,并结合行为人的一贯表现及认罪态度,同时贯彻"战时从严"的原则,处以适当刑罚。

十九、武器装备肇事罪[①]

第四百三十六条 违反武器装备使用规定,情节严重,因而发生责任事故,致人重伤、死亡或者造成其他严重后果的,处三年以下有期徒刑或者拘役;后果特别严重的,处三年以上七年以下有期徒刑。

(一)武器装备肇事罪的概念和构成要件

武器装备肇事罪,是指违反武器装备使用规定,情节严重,因而发生责任事故,致人重伤、死亡或者造成其他严重后果的行为。

本罪是从《惩治军人违反职责罪暂行条例》第3条的规定,吸收改为《刑法》现行规定的。

武器装备肇事罪的构成要件是:

1. 本罪侵犯的客体是部队武器装备的使用秩序。

2. 客观方面表现为违反武器装备使用规定,情节严重,因而发生责任事故,致人重伤、死亡或者造成其他严重后果的行为。

"武器装备",是指部队用于实施和保障作战行动的武器、武器系统和军事技术器材,通常包括枪械、火炮、火箭、导弹、弹药、坦克及其他装甲战斗车辆、作战飞机、战斗舰艇等武器;通信指挥器材、侦察探测器材、军用测绘器材、气象保障器材、雷达、电子对抗装备、情报处理设备、军用电

[①] 参考案例1:张某君武器装备肇事案,参考案例2:王某平武器装备肇事案,载法信网,http://www.faxin.cn/。

子计算机、工程机械及器材、"三防"装备、后勤装备、辅助飞机、勤务舰船、军用车辆等军事技术装备。"使用规定",泛指中央军委、各总部、各军兵种根据各种武器装备的用途和技术性能制定和颁发的,关于武器装备的日常维护保养、保管、检查及使用的规定,以及各种武器装备的操作规程和安全规范等。这些规定是保障武器装备经常处于良好的技术状态,正确地使用武器装备,防止发生事故的重要规章制度。武器装备肇事在客观方面首先表现为行为人的行为违反了这些规章制度,即具有违章行为。武器装备肇事罪中的违章行为不是一般情节的违章行为,而是情节严重的违章行为。"情节严重",一般是指故意违反武器装备的使用规定,或者在使用过程中严重不负责任的等。违章行为的表现方式是多种多样的,如有的明知违章冒险蛮干,有的不懂装懂随意摆弄,也有的有章不循自行其是。对于入伍不久的士兵或者部队新换装的武器装备,由于尚未熟练掌握武器装备的使用规定而出现的违章行为,不宜认定为情节严重。情节严重的违章行为一旦发生责任事故,致人重伤、死亡或者造成其他严重后果,即构成武器装备肇事罪。"责任事故",是指因行为人违反规章制度的失职行为而造成的事故。由于不能预见和不能控制的自然条件发生变化而引起的自然事故,由于技术条件限制或者武器装备陈旧、年久失修造成的技术事故,不属于责任事故。《惩治军人违反职责罪暂行条例》第3条曾规定为发生"重大责任事故",1997年修订《刑法》时改为"责任事故"。这是因为,原规定发生重大责任事故造成致人重伤、死亡的后果,才追究刑事责任,而根据军队有关责任事故等级划分的规定,致人重伤、死亡仅属于一般责任事故或者严重责任事故,只有重伤、死亡达到一定的数量界限才属于重大责任事故。这样修改后,使罪状的表述更加准确,避免了犯罪构成要件与有关军事规章之间的矛盾。本条规定中"发生责任事故,致人重伤、死亡或者造成其他严重后果",是指影响重大任务完成的;造成死亡1人以上;或者重伤1人以上,或者轻伤3人以上的;造成武器装备、军事设施、军用物资或者其他财产损毁,直接经济损失30万元以上,或者直接经济损失、间接经济损失合计150万元以上的;严重损害国家和军队声誉，造成恶劣影响的；造成其他严重后果的。[①]

3.犯罪主体为所有军人。从司法实践看，主要是武器装备的操作使用人员。

4.主观方面由过失构成。

（二）认定武器装备肇事罪应当注意的问题

正确处理武器装备肇事致人重伤、死亡的定罪问题。枪支走火致人伤亡是在部队中比较常见的。这种情况从广义上来说，也属于过失致人死亡或者重伤。在《惩治军人违反职责罪暂行条例》施行以前，是按过失杀人或者过失伤害致人重伤定罪的。《惩治军人违反职责罪暂行条例》规定了武器装备肇事罪后，均以武器装备肇事罪论处。现军职罪已编入《刑法》，并仍保留了武器装备肇事罪。因此，根据《刑法》第233条和第235条对过失致人死亡罪和过失致人重伤罪所规定的"本法另有规定的，依照规定"，武器装备肇事致人重伤、死亡的，应以武器装备肇事罪定罪处罚。

（三）武器装备肇事罪的刑事责任

司法机关在适用《刑法》第436条规定处罚时，应注意准确理解和把握"造成严重后果"和"后果特别严重"的含义，并结合行为人的一贯表现和认罪态度，处以适当刑罚。

该条中的"后果特别严重"，是加重处罚情节，司法实践中，一般是指毁损重要武器装备、军事设施、军用物资的；造成多人重伤死亡的；致使国家财产遭受特别重大损失的等情形。

[①] 《军人违反职责罪案件立案标准的规定》第19条。

二十、擅自改变武器装备编配用途罪[1]

第四百三十七条 违反武器装备管理规定，擅自改变武器装备的编配用途，造成严重后果的，处三年以下有期徒刑或者拘役；造成特别严重后果的，处三年以上七年以下有期徒刑。

（一）擅自改变武器装备编配用途罪的概念和构成要件

擅自改变武器装备编配用途罪，是指违反武器装备管理规定，未经有权机关批准，擅自将编配的武器装备改作其他用途，造成严重后果的行为。

本罪是1997年《刑法》增设的罪名。

擅自改变武器装备编配用途罪的构成要件是：

1. 本罪侵犯的客体是部队武器装备的管理秩序。

2. 客观方面表现为违反武器装备的管理规定，未经有权机关批准，擅自改变武器装备的编配用途，造成严重后果的行为。

武器装备的管理规定是相对于武器装备的操作规程、安全规范等使用规定而言的，主要是指涉及武器装备的动用权限、编配用途、使用范围等管理内容的规定。擅自改变武器装备的编配用途是指未经有权机关批准而自行将用于某一用途的武器装备改作其他用途，如随意启封使用作战储备的武器装备，将特殊用途的武器装备改作其他用途，随意将武器装备出租、出借等。按照法律规定，擅自改变武器装备编配用途的行为必须是"造成严重后果"才构成犯罪。在司法实践中，"造成严重后果"，是指造成重大任务不能完成或者迟缓完成的；造成死亡1人以上，或者重伤3人以上，或者重伤2人、轻伤4人以上，或者重伤1人、轻伤7人以上，或者轻伤10人以上的；造成武器装备、军事设施、军用物资或者其他财产损毁，直接经济损失30万元以上，或者直接经济损失、间接经济损失合计150万元以上的；造成其他

---

[1] 参考案例1：孙某擅自改变武器装备编配用途案，中国人民解放军南京军事法院（2017）军0102刑初3号。参考案例2：赵某擅自改变武器装备编配用途案，载法信网，http://www.faxin.cn/。

严重后果的。①

3. 犯罪主体为所有军人。从司法实践看，主要是各级指挥人员和武器装备的管理人员。

4. 主观方面由过失构成。如果行为人对违反武器装备管理规定，擅自改变武器装备编配用途的行为可能造成的严重后果采取希望或者放任的态度，则应根据不同的犯罪构成要件以故意犯罪论处。例如，明知他人借用枪支是为了报复杀人而仍将枪支借给他人，应以故意杀人罪的共犯论处。

（二）认定擅自改变武器装备编配用途罪应当注意的问题

1. 正确处理本罪与玩忽军事职守罪的法条竞合问题。

两罪存在部分法条竞合关系。当指挥人员玩忽职守的行为表现为不正确履行职责，擅自改变武器装备编配用途时，虽然其擅自改变武器装备编配用途的行为本质上也是一种玩忽职守行为，但应以擅自改变武器装备编配用途罪论处。如果是指挥人员战时擅自改变武器装备编配用途构成犯罪的，根据罪刑相当的原则，应以玩忽军事职守罪定罪处罚。

2. 正确处理使用武器装备实施其他犯罪的定罪问题。

使用武器装备实施其他犯罪的，如使用装备枪支杀人，动用舰艇、军用飞机走私等，一般应将其擅自改变武器装备编配用途的行为作为实施其他犯罪的一个情节从重处罚。但是在使用武器装备实施其他犯罪过程中，发生武器装备毁损后果的，则应实行数罪并罚。

（三）擅自改变武器装备编配用途罪的刑事责任

司法机关在适用《刑法》第437条规定处罚时，应注意准确理解和把握"造成严重后果"和"造成特别严重后果"的含义，并结合行为人的一贯表现和认罪态度，处以适当刑罚。本条中的"造成特别严重后果"，是加重处罚情节，司法实践中，一般是指造成重要的武器装备、军事设施、军用物资和其他财产损毁严重的；造成多人死亡、重伤的；严重影响部队执行作战等重要任务的情形。

---

① 《军人违反职责罪案件立案标准的规定》第20条。

二十一、盗窃、抢夺武器装备、军用物资罪[①]

第四百三十八条 盗窃、抢夺武器装备或者军用物资的,处五年以下有期徒刑或者拘役;情节严重的,处五年以上十年以下有期徒刑;情节特别严重的,处十年以上有期徒刑、无期徒刑或者死刑。

盗窃、抢夺枪支、弹药、爆炸物的,依照本法第一百二十七条的规定处罚。

(一)盗窃、抢夺武器装备、军用物资罪的概念和构成要件

盗窃、抢夺武器装备、军用物资罪,是指以非法占有为目的,秘密窃取或者乘人不备公然夺取武器装备或者军用物资的行为。

本罪是从《惩治军人违反职责罪暂行条例》第11条的规定,吸收改为《刑法》现行规定的。

盗窃、抢夺武器装备、军用物资罪的构成要件是:

1. 本罪侵犯的客体是部队武器装备、军用物资的所有权。
2. 客观方面表现为盗窃、抢夺武器装备、军用物资的行为。

"盗窃",是指采取秘密窃取的方法非法占有武器装备、军用物资的行为;"抢夺",是指采取乘人不备、公然夺取的方法非法占有武器装备、军用物资的行为。盗窃、抢夺的对象是部队在编的、正在使用的和储存备用的武器装备或者军用物资,不包括已确定退役报废的武器装备、军用物资,因为退役报废的武器装备、军用物资已不能直接形成部队的战斗力。武器装备的重要零件、部件应以武器装备论。用于实施和保障作战行动的军用动物,如军马、军驼、军犬、军鸽等,应视为武器装备。盗窃、抢夺武器装备、军用物资不受部队隶属关系的限制,即这个部队的人盗窃、抢夺那个部队的武器

[①] 参考案例1:陶某、许某民盗窃武器装备、抢劫案,四川省高级人民法院(1991)川法刑一字第414号。参考案例2:王某军盗窃军用物资案,北京市房山区人民法院(2014)房刑初字第420号。

装备、军用物资,现役军人盗窃、抢夺预备役部队的武器装备、军用物资,均属盗窃、抢夺部队的武器装备、军用物资。正在生产过程中,尚未交付部队的产品和物资,不能视为部队的武器装备、军用物资。军用物资是指除武器装备以外,供军事上使用的其他物资,如被装、粮秣、油料、建材、药材等。盗窃、抢夺军用物资构成犯罪的数额标准,可以参照《刑法》第264条和第267条对盗窃罪、抢夺罪的数额标准从严认定。

3. 犯罪主体为所有军人。

4. 主观方面由故意构成。

(二)认定盗窃、抢夺武器装备、军用物资罪应当注意的问题

1. 正确认定采取破坏性方法盗窃武器装备、军用物资的性质。

在具体案件中,采取破坏性方法盗窃武器装备、军用物资的,可能出现与破坏武器装备、军事设施罪竞合的现象。因这两种犯罪的法定刑相同,行为人的目的是盗窃,如符合盗窃武器装备、军用物资罪的构成要件,应以盗窃武器装备、军用物资罪论处,行为人所采取的破坏性方法及其所造成的损失可作为量刑情节来考虑。

2. 正确认定军人携带武器逃离部队的性质。

在过去的司法实践中,对军人携带武器逃离部队是作为情节严重的逃离部队行为,只定逃离部队罪。这样处理忽略了军人非法占有武器特别是枪支、弹药、爆炸物的严重危害性。配发给军人个人使用的武器,所有权属于部队,个人无权据为己有。军人携带武器逃离部队,不仅逃避服兵役,而且将部队的武器盗走,是一种特殊方式的盗窃行为。因此,应以盗窃武器装备罪论处。

(三)盗窃、抢夺武器装备、军用物资罪的刑事责任

司法机关在适用《刑法》第438条规定处罚时,应当注意以下问题:

1. 准确理解和把握"情节严重"和"情节特别严重"的含义,并结合行为人的一贯表现和认罪态度,处以适当刑罚。《刑法》第438条第1款规定的"情节严重",是加重处罚情节,在司法实践中,一般是指盗窃、抢夺重

要武器装备或者多件武器装备的,盗窃、抢夺军用物资数额巨大的,盗窃、抢夺武器装备、军用物资严重影响部队完成战备执勤任务的,采取破坏性方法盗窃、抢夺武器装备或者军用物资的,盗窃、抢夺武器装备、军用物资造成严重后果的,多次盗窃、抢夺武器装备或者军用物资的等情形。"情节特别严重",一般是指盗窃、抢夺多件重要武器装备或者多次盗窃、抢夺重要武器装备的,盗窃、抢夺军用物资的价值达到数额特别巨大的,盗窃、抢夺武器装备或者军用物资严重影响部队完成作战等重大任务的,盗窃、抢夺武器装备或者军用物资造成特别严重后果的,战时盗窃、抢夺武器装备或者军用物资,情节严重的等情形。

2. 正确适用《刑法》第438条第2款的规定。《刑法》第438条第2款规定了军人盗窃、抢夺部队的枪支、弹药、爆炸物的,依照本法第127条的规定处罚。为了保障公共安全,《刑法》第127条规定了盗窃、抢夺枪支、弹药、爆炸物、危险物质罪,并对盗窃、抢夺军警人员的枪支、弹药、爆炸物的行为予以加重处罚,规定了比盗窃、抢夺武器装备、军用物资罪更重的法定刑。部队的武器装备、军用物资种类繁多,其中包括枪支、弹药、爆炸物。军人盗窃或者抢夺部队的枪支、弹药、爆炸物的,因《刑法》第438条相对于第127条来说属于特别法,按照法律适用原则,应当优先适用,所以应以盗窃或者抢夺武器装备、军用物资罪定罪,依照《刑法》第127条,处十年以上有期徒刑、无期徒刑或者死刑。

二十二、非法出卖、转让武器装备罪[①]

第四百三十九条 非法出卖、转让军队武器装备的,处三年以上十年以下有期徒刑;出卖、转让大量武器装备或者有其他特别严重情节的,处十年以上有期徒刑、无期徒刑或者死刑。

---

① 参考案例:褚某非法出卖武器装备案,载法信网,http://www.faxin.cn/。

（一）非法出卖、转让武器装备罪的概念和构成要件

非法出卖、转让武器装备罪，是指非法将部队的武器装备出卖或者转让给他人的行为。

本罪是 1997 年《刑法》增设的罪名。

非法出卖、转让武器装备罪的构成要件是：

1. 本罪侵犯的客体是部队武器装备的管理秩序。

2. 客观方面表现为非法出卖、转让武器装备的行为。

"非法出卖、转让"，是指违反武器装备管理规定，未经有权机关的批准，擅自用武器装备换取金钱、财物或者其他利益，或者将武器装备馈赠他人的行为。犯罪对象是部队在编的、正在使用的以及储存备用的武器装备，不包括已确定退役报废的武器装备，因为退役报废的武器装备已不能直接形成部队的战斗力。武器装备的重要零件、部件应以武器装备论。用于实施和保障作战行动的军用动物，如军马、军驼、军犬、军鸽等，应视为武器装备。行为人非法出卖、转让武器装备是企图改变武器装备的所有权。如果行为人是将武器装备暂时出借、出租给他人，不打算改变其所有权，不能认为是转让武器装备；造成了严重后果的，可以擅自改变武器装备编配用途罪论处。非法出卖、转让的武器装备既可以是配发给行为人个人使用的，也可以是依照职权由其管理的，还可以是行为人通过非法手段占有的。

3. 犯罪主体为所有军人。

4. 主观方面由故意构成。如果行为人明知他人将使用其出卖、转让的武器装备实施更严重的犯罪，则应对行为人以他人所实施的犯罪共犯论处，不再单独定非法出卖、转让武器装备罪。

（二）认定非法出卖、转让武器装备罪应当注意的问题

正确处理单位非法出卖、转让武器装备的问题。从司法实践看，非法出卖、转让武器装备多数是由单位主管领导决定，以单位名义非法出卖、转让。由于本罪没有规定单位犯罪，根据《刑法》第 30 条的规定，不能按单

位犯罪处理，只能依照本条的规定，追究行为人的刑事责任。

（三）非法出卖、转让武器装备罪的刑事责任

司法机关在适用《刑法》第439条规定处罚时，应注意的问题是：

1. 准备把握本罪构成的数量标准。凡非法出卖、转让枪支、手榴弹、爆炸装置的；非法出卖、转让子弹10发、雷管30枚、导火索或者导爆索30米、炸药1千克以上，或者不满规定数量，但后果严重的；非法出卖、转让武器装备零部件或者维修器材、设备，致使武器装备报废或者直接经济损失30万元以上的，即构成犯罪，应追究其刑事责任。①

2. 准确理解和把握"其他特别严重情节"的含义，并结合行为人的一贯表现和认罪态度，处以适当刑罚。该条中的"其他特别严重情节"，是加重处罚情节，司法实践中，一般是指出卖、转让重要武器装备的；战时出卖、转让武器装备的；致使武器装备流散社会造成严重后果的；严重影响部队完成重要任务的；出卖、转让给境外的机构、组织、人员的等情形。

二十三、遗弃武器装备罪②

第四百四十条 违抗命令，遗弃武器装备的，处五年以下有期徒刑或者拘役；遗弃重要或者大量武器装备的，或者有其他严重情节的，处五年以上有期徒刑。

（一）遗弃武器装备罪的概念和构成要件

遗弃武器装备罪，是指负有保管、使用武器装备义务的军人，违抗命令，故意遗弃武器装备的行为。

本罪是1997年《刑法》增设的罪名。

遗弃武器装备罪的构成要件是：

---

① 《军人违反职责罪案件立案标准的规定》第22条。
② 参考案例：某连长遗弃武器装备案，载法信网，http://www.faxin.cn/。

1. 本罪侵犯的客体是部队武器装备的管理秩序。

2. 客观方面表现为违抗命令，遗弃武器装备的行为。

"违抗命令"，是指违反并拒不执行上级的命令；"遗弃"，是指故意丢掉，弃置不顾。遗弃的场所法律没有限制，一般是在战场、军事行动地区和野外训练场等。遗弃的对象是行为人依法持有或者有权管理的、能够供部队使用的武器装备，包括暂时损坏但能够修复的武器装备。在战场上，行为人自行将战场损坏无法及时修复的武器装备丢弃，不属于遗弃武器装备。将盗窃、抢夺的武器装备又遗弃的，应作为盗窃、抢夺武器装备罪的从重处罚情节。

3. 犯罪主体是所有军人。

4. 主观方面由故意构成。根据作战的需要，有组织、有计划地丢弃一些武器装备，以达到轻装或者迷惑敌人等战术目的，或者因战事紧急，来不及妥善处理武器装备，不得已而丢弃的，以及在紧急情况下为了避免造成更大的危害结果而采取的舰艇人员弃舰求生、飞行员弃机跳伞等行为的，不能认为行为人有遗弃武器装备的主观故意。

（二）认定遗弃武器装备罪应当注意的问题

1. 划清本罪与破坏武器装备罪的界限。

本罪与《刑法》第369条规定的破坏武器装备罪犯罪对象相同，客观上都可能造成武器装备毁损的后果，其主要区别除了主观故意的内容不同外，在客观方面，遗弃武器装备的行为表现为消极地将武器装备丢弃不管，而破坏武器装备的行为表现为采取各种方法，积极地将武器装备毁坏。如果行为人所采取的遗弃武器装备的方法必然造成武器装备毁坏或者灭失的，如飞行员无重大危险而弃机跳伞，或者故意将武器装备投入深海等，应属破坏武器装备的行为。

2. 正确认定军人战时临阵脱逃或者平时逃离部队过程中，又有遗弃武器装备行为的定罪问题。

军人在犯战时临阵脱逃、逃离部队等罪时遗弃武器装备的，其行为如果符合不同的犯罪构成要件的，应分别定罪，并实行数罪并罚。但平时逃离部队的行为情节不严重，不构成犯罪，而遗弃武器装备的，只定遗弃武器装备罪，其逃离部队的行为，应在量刑时予以考虑。

（三）遗弃武器装备罪的刑事责任

司法机关在适用《刑法》第440条规定处罚时，应当注意的问题是：

1. 准确把握本罪构成的数量标准。凡遗弃枪支、手榴弹、爆炸装置的；遗弃子弹10发、雷管30枚、导火索或者导爆索30米、炸药1千克以上，或者不满规定数量，但后果严重的；遗弃武器装备零部件或维修器材、设备，致使武器装备报废或者直接经济损失30万元以上的；即构成本罪，应追究其刑事责任。①

2. 准确理解和把握"重要武器装备"和"其他严重情节"的含义，并结合行为人的一贯表现和认罪态度等，处以适当刑罚。该条中的"重要武器装备"，是指部队的主要武器装备和其他在作战中急需或者必不可少的武器装备。根据军队有关武器装备管理规定，主要武器装备指的是各种导弹、飞机、作战舰艇、登陆舰和1000吨以上辅助船、坦克、装甲车辆、85毫米以上口径的地面火炮、岸炮、高炮、雷达、声呐、指挥仪、15瓦以上电台和电子对抗装备、舟桥、60千瓦以上的工程机械、汽车、陆军船艇等武器装备。

该条中的"其他严重情节"，司法实践中，一般是指指挥人员带头遗弃的、煽动他人遗弃的、战时遗弃的、严重影响部队完成任务的、造成严重后果的等情形。

二十四、遗失武器装备罪②

第四百四十一条 遗失武器装备，不及时报告或者有其他严重情节的，处三年以下有期徒刑或者拘役。

---

① 《军人违反职责罪案件立案标准的规定》第23条。
② 参考案例：某战士遗失武器装备案，载法信网，http://www.faxin.cn/。

(一)遗失武器装备罪的概念和构成要件

遗失武器装备罪,是指遗失武器装备,不及时报告或者有其他严重情节的行为。

本罪是1997年《刑法》增设的罪名,《惩治军人违反职责罪暂行条例》没有规定此罪名。

遗失武器装备罪的构成要件是:

1. 本罪侵犯的客体是部队武器装备的管理秩序。

2. 客观方面表现为遗失武器装备,不及时报告或者有其他严重情节的行为。"遗失",包括丢失和被盗,属于不作为的行为。遗失的武器装备是行为人依法持有和使用的。"不及时报告",包括故意隐瞒情况不报告或者没有按规定报告,以致丧失追查、寻找的机会。武器装备一时找不到,正在积极设法寻找,不能确认已遗失而未向上级报告,不能认为是不及时报告。"其他严重情节",是指遗失武器装备严重影响重大任务完成的;给人民群众生命财产安全造成严重危害的;遗失的武器装备被敌人或者境外的机构、组织和人员或者国内恐怖组织和人员利用,造成严重后果或者恶劣影响的;遗失的武器装备数量多、价值高的;战时遗失的。[①]

3. 犯罪主体为所有军人。从司法实践看,主要是武器装备的操作使用人员。

4. 主观方面由过失构成。

(二)认定遗失武器装备罪应当注意的问题

正确认定本罪的刑事责任人。根据我国刑法罪责自负的原则,本罪应追究的是遗失武器装备的行为人本人的刑事责任。"不及时报告",仅限于遗失人没有及时向主管领导报告。如果一个单位发生了遗失武器装备的事件,主管领导没有及时向上级报告,不应以遗失武器装备罪追究主管领导的刑事责任。

[①] 《军人违反职责罪案件立案标准的规定》第24条。

（三）遗失武器装备罪的刑事责任

司法机关在适用《刑法》第441条规定处罚时，应注意根据遗失武器装备的重要程度、危害后果，结合行为人的一贯表现和认罪态度等，处以适当刑罚。

二十五、擅自出卖、转让军队房地产罪[①]

第四百四十二条 违反规定，擅自出卖、转让军队房地产，情节严重的，对直接责任人员，处三年以下有期徒刑或者拘役；情节特别严重的，处三年以上十年以下有期徒刑。

（一）擅自出卖、转让军队房地产罪的概念和构成要件

擅自出卖、转让军队房地产罪，是指违反军队房地产管理和使用规定，未经有权机关批准，擅自出卖、转让军队房地产，情节严重的行为。

本罪是1997年《刑法》增设的罪名。

擅自出卖、转让军队房地产罪的构成要件是：

1. 本罪侵犯的客体是军队房地产的管理秩序。

2. 客观方面表现为违反军队房地产管理和使用规定，擅自出卖、转让军队房地产的行为。

"军队房地产"，是指依法由军队使用、管理的土地及其地上地下用于营房保障的建筑物、构筑物、附属设施、设备，以及其他附着物。"违反规定"，是指违反《中国人民解放军内务条令（试行）》《中国人民解放军房地产管理条例》及其他有关军队房地产管理和使用的规定。未经有权机关依法审批，任何单位和个人都不得随意处理军队房地产，违者即属擅自处理军队房地产。出卖、转让分别是指有偿或者无偿改变军队房地产的产权关系。如

[①] 参考案例：张某、孙某擅自出卖、转让军队房地产案，载法信网，http://www.faxin.cn/。

果是临时出租或出借给他人使用，到期收回，不改变产权关系的，不属于出卖或者转让。

3.犯罪主体为军队各单位的主管人员和负有房地产管理职责的人员，属于军人违反职责罪中的特殊主体。

本罪没有对犯罪主体作明文限定，只规定追究直接责任人员的刑事责任，从本罪的犯罪构成看，由于房地产的不动产属性，决定了出卖、转让军队房地产的行为只能由上述人员实施。

4.主观方面由故意构成。

按照法律规定，擅自出卖、转让军队房地产的行为，除需具备上述构成要件外，还必须达到"情节严重"的程度，才构成犯罪。所谓情节严重，司法实践中，一般是指擅自出卖、转让军队房地产；价值30万元以上的，擅自出卖、转让军队房地产影响部队正常战备、训练、工作、生活和完成军事任务的，擅自出卖、转让军队房地产给军事设施安全造成严重危害的，有其他情节严重行为的。①

（二）认定擅自出卖、转让军队房地产罪应当注意的问题

1.划清罪与非罪的界限。

擅自出卖、转让军队房地产均属违法行为，其中情节严重的才能构成擅自出卖、转让军队房地产罪。对于擅自出卖、转让军队房地产情节不严重的行为，应当按照违反军纪处理。

2.正确处理单位擅自出卖、转让军队房地产的问题。

从司法实践看，擅自出卖、转让军队房地产多数是由单位主管领导决定，以单位名义出卖、转让的。由于本罪没有规定单位犯罪，根据《刑法》第30条的规定，不能按单位犯罪处理，只能依照本条的规定，追究直接责任人员的刑事责任。

---

① 《军人违反职责罪案件立案标准的规定》第25条。

(三)擅自出卖、转让军队房地产罪的刑事责任

司法机关在适用《刑法》第442条规定处罚时,应注意准确理解和把握"情节严重"和"情节特别严重"的含义,并结合行为人的一贯表现和认罪态度,处以适当刑罚。

该条中的"情节特别严重",是加重处罚情节,司法实践中,一般是指擅自出卖、转让军队房地产的数量多或者价值巨大的,擅自出卖、转让特别重要的军队房地产的,擅自出卖、转让军队房地产给境外的机构、组织、人员的,因擅自出卖转让军队房地产造成不可挽回的严重损失或者严重影响部队正常战备训练、工作和生活等情形。

二十六、虐待部属罪[①]

第四百四十三条 滥用职权,虐待部属,情节恶劣,致人重伤或者造成其他严重后果的,处五年以下有期徒刑或者拘役;致人死亡的,处五年以上有期徒刑。

(一)虐待部属罪的概念和构成要件

虐待部属罪,是指滥用职权,虐待部属,情节恶劣,致人重伤、死亡或者造成其他严重后果的行为。

本罪是从《惩治军人违反职责罪暂行条例》第9条的规定,吸收改为《刑法》现行规定的。

虐待部属罪的构成要件是:

1.本罪侵犯的客体是我军官兵一致的上下级关系和部属的人身权利。

2.客观方面表现为滥用职权,虐待部属,致人重伤或者造成其他严重后果的行为。

滥用职权是指超越职责范围,不正当地使用职权。虐待部属是指采取

[①] 参考案例:王某某虐待部属案,载法信网,http://www.faxin.cn/。

殴打、体罚、冻饿或者其他有损身心健康的手段，折磨、摧残部属的行为。《惩治军人违反职责罪暂行条例》第9条规定有迫害部属罪，1997年修订《刑法》时删除了有关迫害的内容。因为迫害多指政治迫害，这与虐待是两种不同性质的行为，不宜混在一起，况且这类问题情况比较复杂，司法实践中难以认定。对部属管理上的简单粗暴或者在训练、施工及其他体力活动上提出过高要求，也不应以虐待行为对待。致人重伤或者造成其他严重后果是构成本罪的必要条件，而致人死亡则是本罪加重处罚的条件。致人重伤或者死亡是指因虐待行为直接导致被害人伤亡，如殴打致伤致死，有病不让治疗致使病情恶化而死亡。其他严重后果是指部属不堪忍受虐待而自杀、自残造成重伤或者精神失常的；诱发其他案件、事故的；导致部属1人逃离部队3次以上，或者2人以上逃离部队的；造成恶劣影响的等。①

3. 犯罪主体为部队中的各级首长和其他有权指挥他人的人员，属于军人违反职责罪中的特殊主体。

本罪的犯罪主体与侵害对象之间必须有指挥与被指挥的隶属关系，即包括军官与士兵，也包括上级军官与下级军官，甚至士兵与士兵，如部队中的班长也是士兵，但有权指挥本班其他士兵，对全班的工作负完全责任，因此，班长属于本罪的犯罪主体之一。没有隶属关系的军人之间，一方凭借资历或其他有利条件，对另一方实施虐待，如老兵虐待新兵，不能以本罪论处。

4. 主观方面由故意构成。

（二）认定虐待部属罪应当注意的问题

1. 划清罪与非罪的界限。

从司法实践看，打骂、体罚士兵，虐待部属，在一些单位屡有发生。解决这一问题，对绝大多数人应是通过批评教育或者给予相应的纪律处分，追究个别人的刑事责任必须严格依法办事。既要防止放纵罪犯，打击不力，又要避免扩大打击面。具体操作上，对确有情节恶劣的虐待行为，如虐待手段

---

① 《军人违反职责罪案件立案标准的规定》第26条。

残酷的；虐待3人以上的；虐待部属3次以上的；虐待伤病残部属的。① 虐待部属情节恶劣又致人重伤或者造成其他严重后果的，应坚决依法追究刑事责任。相反，对没有明显的虐待行为，只是管理方法上简单粗暴，一时的过激行为，或者虽有虐待行为但情节尚不恶劣的，不能以虐待部属罪追究刑事责任。

2. 正确认定虐待部属中故意伤害部属的性质。

行为人在实施虐待部属的行为时，如果有无节制的殴打行为，甚至使用足以致人伤亡的器具，造成伤亡结果的，则应以故意伤害罪论处。

（三）虐待部属罪的刑事责任

司法机关在适用《刑法》第443条规定处罚时，应注意根据行为人的犯罪动机、手段及危害后果，结合其一贯表现及认罪态度，处以适当刑罚。

二十七、遗弃伤病军人罪②

第四百四十四条 在战场上故意遗弃伤病军人，情节恶劣的，对直接责任人员，处五年以下有期徒刑。

（一）遗弃伤病军人罪的概念和构成要件

遗弃伤病军人罪，是指在战场上故意遗弃我方伤病军人，情节恶劣的行为。

本罪是从《惩治军人违反职责罪暂行条例》第15条的规定，吸收改为《刑法》现行规定的。

遗弃伤病军人罪的构成要件是：

1. 本罪侵犯的客体是战场救护秩序。

我军是人民军队，官兵政治上一律平等，彼此应相互关心和爱护，救护

---

① 《军人违反职责罪案件立案标准的规定》第26条。
② 参考案例1：刘某清遗弃伤员案，参考案例2：郭某某遗弃伤病军人案，载法信网，http://www.faxin.cn/。

伤病军人是这一要求在战场上的具体体现。在战场上遗弃伤病军人的行为，违背战场救护的要求，直接破坏战场救护秩序，伤害广大官兵的感情，影响部队士气，对部队作战将造成严重危害。

2. 客观方面表现为在战场上将伤病军人遗弃的行为。

遗弃是指对有条件救护的伤病军人弃置不顾，一般表现为不作为的形式。遗弃行为必须发生在战场上，遗弃的对象应是我军因负伤、生病需要他人给予救护的人员，不包括受伤、生病的俘虏。

3. 犯罪主体为对遗弃伤病军人负有直接责任的各级指挥人员、救护人员及其他实施遗弃行为的军人。

4. 主观方面由故意构成。

在紧急情况下，为了执行更重要的作战任务，或者确实无条件带走伤病军人，不得已而放弃的，不应认为有遗弃伤病军人的主观故意。

根据法律规定，在战场上故意遗弃伤病军人的行为，除需具备上述构成要件外，行为的性质还必须是"情节恶劣"的，才构成犯罪。"情节恶劣"，司法实践中，一般是指为挟嫌报复而遗弃伤病军人的；遗弃伤病军人3人以上的；遗弃后导致伤病军人死亡、失踪、被俘的；有其他恶劣情节的。

（二）认定遗弃伤病军人罪应当注意的问题

正确区分罪与非罪的界限。战场上的情况错综复杂，对遗弃伤病军人的行为要具体分析，区别对待。刑法规定只有遗弃伤病军人，情节恶劣的行为，才构成本罪；对情节不恶劣的一般遗弃伤病军人的行为，则应按违反军纪处理。

（三）遗弃伤病军人罪的刑事责任

司法机关在适用《刑法》第444条规定处罚时，应根据犯罪情节、后果、当时的战场环境，结合行为人的一贯表现及认罪态度，处以适当刑罚。

二十八、战时拒不救治伤病军人罪[1]

第四百四十五条 战时在救护治疗职位上,有条件救治而拒不救治危重伤病军人的,处五年以下有期徒刑或者拘役;造成伤病军人重残、死亡或者有其他严重情节的,处五年以上十年以下有期徒刑。

（一）战时拒不救治伤病军人罪的概念和构成要件

战时拒不救治伤病军人罪,是指战时在救护治疗职位上,有条件救治而拒不救治危重伤病军人的行为。

本罪是1997年《刑法》增设的罪名,《惩治军人违反职责罪暂行条例》没有规定本罪。

战时拒不救治伤病军人罪的构成要件是：

1. 本罪侵犯的客体是战时救护秩序。

2. 客观方面表现为战时有条件救治而拒不救治危重伤病军人的行为。本罪限于战时才能构成。

拒不救治的对象是我军的伤病军人,而且伤情、病情危险、紧急、严重,如不及时给予救治,将可能危及生命安全。拒不救治表现为拒绝提供必要的抢救、治疗,以控制、缓解伤情、病情,挽救伤病军人的生命或者避免造成终身严重残疾。拒不救治的行为可以发生在医疗救护的各个环节上,如值班护士拒不接诊,医生拒不检诊和进行抢救,检验人员拒不进行检验等。有条件救治是构成本罪的关键,应根据伤病军人的伤情或者病情,结合救护人员的技术水平、医疗单位的医疗条件及当时的客观环境等因素,综合分析认定。

3. 犯罪主体为正在履行救护治疗职责的医务工作人员,属于军人违反职责罪中的特殊主体。如果医务人员正在休假或者从事其他工作,不是正在履行救护治疗职责,则不能成为本罪的犯罪主体。

---

[1] 参考案例：李某战时拒不救治伤病军人案,载法信网,http://www.faxin.cn/。

4. 主观方面由故意构成。

（二）认定战时拒不救治伤病军人罪应当注意的问题

划清本罪与遗弃伤病军人罪的界限。这两种犯罪侵犯的客体、犯罪主体和主观方面相同，而且都涉及战时的伤病军人，界限不易划清，其区别在于客观方面有所不同。本罪是使伤病军人在有条件得到医疗救护的情况下却得不到救治，不存在伤病军人脱离部队的危险；后罪是将伤病军人丢弃，使其不仅得不到救护治疗，而且还面临脱离部队的更大危险。

（三）战时拒不救治伤病军人罪的刑事责任

司法机关在适用《刑法》第445条规定处罚时，首先应注意准确理解和把握本罪的"严重情节"的含义，除了造成伤病军人重残、死亡外，该条中的"其他严重情节"，一般是指挟嫌报复拒不救治的，煽动其他医务人员共同拒不救治的，引起官兵强烈义愤造成严重事件的等情形。同时，结合行为人的一贯表现和认罪态度，处以适当刑罚。

二十九、战时残害居民、掠夺居民财物罪[①]

第四百四十六条 战时在军事行动地区，残害无辜居民或者掠夺无辜居民财物的，处五年以下有期徒刑；情节严重的，处五年以上十年以下有期徒刑；情节特别严重的，处十年以上有期徒刑、无期徒刑或者死刑。

（一）战时残害居民、掠夺居民财物罪的概念和构成要件

战时残害居民、掠夺居民财物罪，是指战时在军事行动地区，残害无辜居民或者掠夺无辜居民财物的行为。

本罪是从《惩治军人违反职责罪暂行条例》第20条的规定，吸收改为《刑法》现行规定的。

[①] 参考案例：石某战时残害居民案，载法信网，http://www.faxin.cn/。

战时残害居民、掠夺居民财物罪的构成要件是：

1. 本罪侵犯的客体是战时群众工作秩序。

2. 客观方面表现为战时在军事行动地区残害无辜居民或者掠夺无辜居民财物的行为。

这些行为都只能发生在战时，而且是在军事行动地区，即战区，包括国内战区和境外的战区。受侵害的对象都是战区无辜居民，即对我军没有采取武装敌对行动的平民。残害不是一种具体的犯罪行为表现，而是一个集合的犯罪行为概念，往往包括一系列违法犯罪行为，如殴打、体罚、虐待、监禁、奸淫、杀伤无辜居民，焚烧、毁坏无辜居民的财物等，掠夺财物也是一个集合的犯罪行为概念，包括抢劫、抢夺、敲诈勒索无辜居民财物等。

3. 犯罪主体为所有军人。

4. 主观方面由故意构成，即行为人明知自己残害无辜居民、掠夺无辜居民财物的行为损害战区无辜居民的利益，会破坏战时群众工作秩序，造成危害作战的结果，却希望或者放任这种危害结果的发生。

（二）认定战时残害居民、掠夺居民财物罪应当注意的问题

本罪属于选择性罪名。犯罪行为方式有两种，只要行为人实施了残害无辜居民或者掠夺无辜居民财物其中一种行为方式，就构成本罪；但在确定具体罪名时，还应根据实施犯罪的行为方式来确定。如果行为人只残害居民，就定战时残害居民罪，如果同时实施两种行为方式的，仍是一罪，不实行数罪并罚，但量刑时可作参考。

（三）战时残害居民、掠夺居民财物罪的刑事责任

司法机关在适用《刑法》第446条规定处罚时，应当注意以下问题：

1. 准确理解和把握构成本罪的数量标准。凡故意造成无辜居民死亡、重伤或者轻伤3人以上的；强奸无辜居民的；故意损毁无辜居民财物价值5000元以上，或者不满规定数额，但手段恶劣、后果严重的；抢夺无辜居民财物价值2000元以上，或者不满规定数额，但手段恶劣、后果严重的，都构成

本罪，应追究其刑事责任。①

2. 正确理解和把握本罪"情节严重"和"情节特别严重"的含义。本条规定中的"情节严重""情节特别严重"，都是加重处罚情节。司法实践中，"情节严重"，一般是指聚众残害无辜居民、掠夺无辜居民财物的首要分子，残害无辜居民多人的，掠夺无辜居民财物数额巨大的，残害无辜居民手段恶劣的，严重影响我军军事行动的，造成其他严重后果的等情形。"情节特别严重"，一般是指残害大批无辜居民的，残害无辜居民手段特别恶劣的，掠夺无辜居民财物数额特别巨大的，严重影响我军重要军事行动的，造成其他特别严重后果的等情形。

三十、私放俘虏罪 ②

第四百四十七条　私放俘虏的，处五年以下有期徒刑；私放重要俘虏、私放俘虏多人或者有其他严重情节的，处五年以上有期徒刑。

（一）私放俘虏罪的概念和构成要件

私放俘虏罪，是指擅自将俘虏放走的行为。

本罪是1997年《刑法》增设的罪名。

私放俘虏罪的构成要件是：

1. 本罪侵犯的客体是俘虏管理秩序。

2. 客观方面表现为擅自放走俘虏的行为。

俘虏是指在作战中被我方俘获的敌方武装人员，及其他为敌方武装部队服务的人员。我军对俘虏的处理，要经过甄别、审讯、教育后，区别对待。未经批准，不得私自放走俘虏。私放俘虏的行为既可以发生在战时，也可以发生在战后，所以本罪没有限定为战时犯罪。

3. 犯罪主体为所有军人。在司法实践中，多为负有看押、管理俘虏职责

---

① 《军人违反职责罪案件立案标准的规定》第29条。
② 参考案例：某战士私放俘虏案，载法信网，http://www.faxin.cn/。

的军人。

4. 主观方面由故意构成。

（二）认定私放俘虏罪应当注意的问题

正确认定在私放俘虏过程中收受俘虏钱物行为的性质。行为人收受俘虏的钱物是受贿行为，如果构成受贿罪，除数额特别巨大的以外，则按照牵连犯的处罚原则，按私放俘虏罪定罪处罚，其受贿行为可作为从重情节处理。

（三）私放俘虏罪的刑事责任

司法机关在适用《刑法》第447条规定处罚时，应正确理解和把握犯罪的"严重情节"的含义，并根据行为人的一贯表现和认罪态度，处以适当刑罚。该条中的"私放重要俘虏"，一般是指私放俘虏中的中级、高级军官，掌握重要秘密的人员，或者专为了解敌情抓的俘虏等人员；"私放俘虏多人"，是指私放俘虏3人以上；"其他严重情节"，一般是指暴露我军秘密的、收受俘虏钱财的、造成严重后果等情形，均为加重处罚情节。

三十一、虐待俘虏罪[①]

第四百四十八条 虐待俘虏，情节恶劣的，处三年以下有期徒刑。

（一）虐待俘虏罪的概念和构成要件

虐待俘虏罪，是指虐待俘虏，情节恶劣的行为。

本罪是从《惩治军人违反职责罪暂行条例》第21条的规定，吸收改为《刑法》现行规定的。

虐待俘虏罪的构成要件是：

1. 本罪侵犯的客体是俘虏管理秩序。
2. 客观方面表现为虐待俘虏的行为。

---

① 参考案例：豆某利虐待俘虏案，载法信网，http://www.faxin.cn/。

虐待的对象必须是俘虏。虐待行为一般表现为采取不人道的生活待遇，打骂、体罚、折磨及施以其他酷刑，强迫从事危险性和屈辱性的工作等方法，摧残、折磨俘虏。随意杀死俘虏的行为属于严重侵害俘虏人身权利的犯罪，不应再以本罪论处。虐待俘虏的行为既可以发生在战时，也可以发生在战后，所以本罪没有限定为战时犯罪。

3.犯罪主体为所有军人。在司法实践中，多为负有看押、管理俘虏职责的军人。

4.主观方面由故意构成。

（二）认定虐待俘虏罪应当注意的问题

1.严格区分罪与非罪的界限。

本罪以虐待俘虏情节恶劣作为犯罪构成要件，对于虐待俘虏情节轻微的，则不构成犯罪。"情节恶劣"一般是指指挥人员虐待俘虏的，虐待俘虏3人以上或者虐待俘虏3次以上的，虐待俘虏的手段特别残忍的，虐待伤、病俘虏的，因虐待导致俘虏自杀、逃跑等严重后果的，造成恶劣影响的，有其他恶劣情节的。[①] 由于虐待俘虏的行为在很大程度上是出于对敌人的仇恨和报复心理，因此，制止这种行为主要应依靠思想教育。只对极少数虐待俘虏情节恶劣的人员，追究刑事责任。

2.故意枪杀俘虏的，应以故意杀人罪定罪处罚。

（三）虐待俘虏罪的刑事责任

司法机关在适用《刑法》第448条规定处罚时，应注意主要根据犯罪的情节，同时结合行为人的一贯表现和认罪态度，处以适当刑罚。

---

① 《军人违反职责罪案件立案标准的规定》第31条。